창녕방언사전

창녕방언사전

昌寧方言辭典

성기각

도서출판 북인

추천사

군민 모두의 행복과 더 큰 번영을 위해 힘차게 전진하는 이때에 『창녕방언사전』 발간이라는 의미 있고 뜻깊은 소식을 듣고 전하게 되어 매우 기쁘게 생각하며, 6만 3천여 군민과 함께 진심으로 축하를 드립니다. 지난 2017년 『경남방언사전』이 발간된 이후 창녕지역만의 방언을 집대성한 방언사전이 발간된 것은 창녕군민 모두가 자부심을 느낄 만한 일이며 지역의 큰 업적이 될 것입니다.

언어는 단순한 소통의 도구만이 아니며 같은 시대, 같은 생각을 공유하는 사람들의 삶의 방식이자 시대의 반영입니다. 특히, 이 사전에 수록한 1만3천여 단어 하나하나에는 창녕군민의 삶이 고스란히 담겨 있어 더없이 소중합니다. 따라서 방언을 보존하는 일은 그 지역의 역사와 문화를 보존하는 일이라 할 것입니다.

이렇듯 소중한 방언이 시대의 변화와 함께 빠르게 사라져가고 있어 지역만의 언어문화를 보존하고 계승하기 위한 노력이 절실하게 필요하였으나 표준어에 비해 연구와 보존에 대한 관심이 덜 했던 것이 사실입니다. 다행히 우리 창녕군이 1970년대 이후 한반도에서 멸종된 우포따오기를 복원하여 마침내 우포늪 하늘 위를 다시 날게 했듯이, 창녕방언을 지키고자 하는 문인들의 노력이 마침내 한 권의 책으로 결실을 보아 오늘 이처럼 『창녕방언사전』을 발간하게 되었습니다.

창녕의 말을 지키기 위해 각고의 노력을 기울이신 창녕문인협회의 헌신과 열정에 대하여 큰 감사와 격려를 드리며, 지역의 소중한 언어유산을 보존하기 위한 이 첫걸음이 다른 지역까지 크게 파급되길 기대합니다. 끝으로, 『창녕방언사전』이 창녕에서 삶을 살아가는 많은 사람들의 정서와 문화를 이해하는 소중한 자료로 널리 활용되길 바라며, 함께 하신 모든 분들의 가정에 평안과 행복이 가득하시기를 기원 드립니다.

2019년 가을, 창녕군수 한정우

발간사

경남 창녕군 대지면 석동마을에서 태어난 나는 이곳에서 고등학교까지 다녔다. 대학 공부하던 10년 남짓을 객리에서 살았지만 지금껏 진자리에서 살고 있으니, 과시(果是) 창녕토박이라 자처해도 좋을 터이다.

방언은 그 지역 사람들의 삶과 영혼까지 '말키' 담고 있는 함지박과도 같은 문화유산이다. 더불어 우리 한국어를 풍성하게 하는 밑거름이기도 하다. 상투가 없어지고 망건조차 내다버린 처지에 구수한 토박이말까지 팽개친다면 그 얼마나 황량한 세상이 되겠는가. 급속하게 사라져가는 우리 창녕 토박이말이 아깝고 안타까워 나는 오랜 나날을 바쳐 '나만사람'들의 말씨 하나하나를 기(記)하고 록(錄)하였다.

붙들고 씨름하느라, 내 푸르른 한시절을 오지게도 잡아먹은 이 『창녕방언사전』을 매조지고 보니 '객강시리' 온갖 생각들이 떠오른다. 20년 전 『창녕군지』 편찬 작업에 불려가 전통문화 부분을 집필한 적이 있었다. 그 당시 특히 방언 부분에서 밑절미가 허술하여 여기저기 경로당을 쫓아다니며 채록하곤 하였지만 『창녕군지』에는 제대로 올려놓지도 못했다.

창녕군 14개 읍면의 토박이말을 걷어서 쟁여놓고 보니 그냥 버려두기엔 아까웠다. 그리하여 내가 총대를 메고, 사전을 내기로 우리 창녕 문인동지들과 결의한 게 5년 저쪽이었다. 우러러보는 선배님이자 은사님이기도 한 김정대 박사께서 나를 '애질갑게' 밀고 당겨주지 않았더라면 이 작업은 엄두도 내지 못했으리라. 또한 사단법인 경남방언연구보존회 김승호 회장님과 김성재 부회장님의 조언도 큰 몫을 했다. 돌아보면 내가 겁도 없이 덤벼들게 된 데에는 그만한 켯속이 있었다.

우리 창녕 땅에 관한 나의 '애살'만큼이나 1만 3천 단어가 넘는 토박이 말들을 꼼꼼히 정리하려고 '몰움'을 썼다. 발음이 지닌 높낮이를 표시하고, 예문은 창녕사람들이 흔히 쓰는 속담과 관용구를 최대한 활용하여 살아 있는 방언사전이 되도록 '다담밧이' 챙겼다고 자부하지만 뒤가 그리 쾌하지는 않다. 제 아무리 여무지게 쓸어 담아도 알곡 몇 낱이야 빠트리게 마련 아니던가. 허나 창녕사람들이 즐겨 쓰는 곰삭은 말씨들을 힘껏 담아놓았으니 무슨 미련이 남고 무슨 여한이 있으랴.

글쟁이로 타고났다고 여기면서도 사전을 만드는 일이 이토록 손이 많이 가고 내 청춘까지 잡아먹을 줄은 미처 몰랐다. 적어도 십 년 세월은 후딱 앞당겨 늙어버린 느낌이다. 카프(KAPF) 지도자 박영희의 말투를 빌리자면, 얻은 것은 방언사전이요 잃은 것은 육신이다. 그러나 무겁고 쩌릿쩌릿한 내 어깻죽지보다 우리 창녕 토박이말들이 간추려져 세상에 나온다고 생각하니 마음 하나는 저 우포늪 따오기 깃털처럼 '가배얍다'.

여기에 담은 어휘들은 '소롯이' 팔십을 넘긴 한뉘를 창녕에서만 사시다 산천에 가신 유어면 태생 광지댁 할머님과 대합면 출신 대동댁 어머님, 그리고 대지면 이 집에 사셨던 아버님의 생전 말씨에 크게 기댔다. 더불어 이십여 년 전 스스럼없이 녹음에 임해주시던 여러 어르신들의 해맑은 모습도 눈에 쟁쟁하다.

독불장군이 되기 싫어 죄 없는 집사람까지 괴롭혔다. 오랜 기간 머리 맞대고 검토 작업을 해주신 남기태 고문님과 차수경 수필가를 비롯한 우리 창녕문인협회 동지들께는 무싯날을 받아 돼지 갈빗살 몇 '모타리' 자글자글 구워드릴까 한다. 물심양면으로 밀어주신 한정우 군수님께도 맑디맑은 소주잔을 올리고 싶다. 무거운 짐 하나를 벗으며 두루두루 고두감읍(叩頭感泣)할 따름이다.

2019년 초가을에 성기각 쓰다.

일러두기

1. 올림말

1) 수록 범위

(1) 이 『창녕방언사전』에는 창녕군 14개 읍면에서 사용하는 말 가운데 표준어와 차이가 나는 말 전부를 올리는 것을 원칙으로 하였다. 영산면의 경우에는 예전에는 영산현으로, 창녕현과 행정구역을 달리했으나 그 말에서 창녕읍과 변별되지 않았다. 낙동강을 끼고 있는 읍면의 경우에는 인접한 함안 의령 합천방언과 대구 경북방언의 흔적이 나타나지만 이 또한 창녕의 방언 영역에서 크게 벗어난 형태로 보기는 어려웠다. 따라서 이 사전에 수록한 올림말은 각 읍면을 명기하지 않고 창녕지역 토박이들이 두루 쓰는 토박이말을 채택하였다. 그러나 토박이말 중에서 현재 국립국어원 표준국어대사전과 같은 표준어 사전에 등재된 말은 제외하였다. 그리하여 이 『창녕방언사전』에는 약 13,000개의 올림말을 수록하였다.

(2) 표준어와 차이 나는 말이란 다음과 같은 두 가지 경우를 포함하는 개념이다.

① 표준어와 같은 뜻을 갖지만, 어형이 다른 말.

<보기> **지머구**[_ _-] → 이 말은 표준어 '가시연'과 같은 뜻을 갖지만, 인근 지역 방언과는 어형이 다른 창녕방언이다. 『창녕방언사전』의 올림말 다수는 이 부류에 속하는 말이다.

② 표준어와 형태는 같으나, 뜻이 다른 말.

<보기> **낭창하다**[_ _-_] 형 ≒느긋하다. 실상은 일처리를 급히 해야 하지만 마음이나 태도가 서두르는 기색이 없이 한가롭다. *표준어 '낭창하다(朗暢--)'는 '밝고 구김살이 없다.'는 뜻으로 긍정적인 의미로만 사용하지만 창녕방언'낭창하다'는 부정적인 의미로만 쓴다. ¶낭창하기 있다가 인자사 난리지긴다. =느긋하게 있다가 이제야 난리친다.

(3) 단어나 단어 이하의 형태를 싣는 것을 원칙으로 하였지만, 단어처럼 굳어진 구적(句的) 표현도 실었다.

<보기> **나만사람**[- -_-] 명 노인(老人). → '나이 많은 사람'은 <보기>와 같이 쉼 없이 발음된다. 이는 하나의 단어로 굳어진 것으로 볼 수 있다.

(4) 거의 구적(句的)인 표현으로 쓰이는 말이라도 그 어근이 분명할 경우에는 어근

을 주된 올림말로 잡고, 구적인 표현은 부수적인 올림말로 잡았다.

<보기> **보갈**[_-] 명 부아. 노엽거나 분한 마음. ☞보골. 부애.

보갈나다[_--_] 동 부아나다. ☞보갈묵다. 보갈채이다. 부애채이다.

(5) 표준어에서 이중모음으로 발음해야 하는 한자어가 단순히 단모음으로 발음되는 경우는 올림말로 채택하지 않는 것을 원칙으로 하였다. 다음 <보기(갑)>은 채택하고 <보기(을)>은 버렸다. 다만 <보기(을)>과 같은 경우 예문에서는 실제 발음에 따라 적었다.

<보기(갑)> **뱅온**[_-] 명 병원(病院).

<보기(을)> **빙언**[_-] 명 병원(病院).

(6) 원말이 외래어인 경우에는 그 발음이 외래어와는 달리 실현되는 <보기(갑)>은 택하고, 특히 일본어에서 온 말이 매우 유사한 발음으로 실현되는 <보기(을)>은 버렸다.

<보기(갑)> **주봉**[_-] 명 바지. *프랑스어 '즈봉[jupon]'.

<보기(을)> **독구리**[도꾸리 _-_] 명 스웨터[sweater]. *일본어 '도꾸리(とっくり)'.

2) 제시 방법

(1) 올림말의 표기에는 한글을 사용하였고, 표준어에 한자 등 다른 문자를 병용하였다.

(2) 한글 자모 순서로 올림말을 제시하였다.

(3) 한 올림말에 대한 설명은 다음 순서로 하였다.

① 올림말 → ② 발음 → ③ 성조 → ④ 품사 → ⑤ 표준어 → ⑥ 뜻풀이 → ⑦ 예문 → ⑧ 활용정보 → ⑨ 이음동의어.

(4) (3)에서 언급한 내용을 정리하면 다음과 같다.

① 올림말

가. 올림말은 현행 한글 맞춤법 원리에 따라 적었다.

<보기> **젓이다(○), 젓다(×)** → '젓다'의 창녕방언은 [전따]로 발음되지만, [저시고--_] 등으로 활용되기 때문에, 기저형은 '젓이다'가 된다. 표준어 '젓다'는 'ㅅ' 불규칙 활용을 하는 동사지만, 창녕방언의 '젓이다'는 규칙 활용을 하는 동사이다.

딜입다(○), 디립다(×) → 표준어 '들입다'에 해당하는 '딜입다'의 창녕방언은 [디립따]로 발음되지만, 어법에 맞게 전자를 취

하고 후자를 버렸다.

나. 현행 한글로 적을 수 없는 말은 방언화자의 발음에 최대한 가깝게 적는다. 단, 실제 발음에서 그 앞뒤 모음이 비모음으로 발음하는 경우에는 [ ] 표시 안에 '~ (물결표)'를 제시하였다.

<보기 1> **히이**[히~이 -_] → '형(兄)'을 뜻하는 이 말은 [힝이]도 아니고 [히이]도 아닌 비모음으로 발음되는 상태이다.

<보기 2> **아서**[~아서 -_] 조 에서. ¶너거는 마다아서 놀아라. =너희들은 마당에서 놀아라.

다. 같은 뜻을 지녔지만 각 읍면에 따라 형태가 약간씩 다른 변이형들은 이음동의어로 표시하였다.

<보기> **삐꿈타다**[-___] 동 삐치다. 성나거나 못마땅해서 토라지다. ¶【속담】없는 넘이 삐꿈탄다. =가난한 놈이 삐친다. ☞삐끼다. 삐지다.

라. 어형은 같으나 다른 뜻을 지니는 말인 동음어(同音語)는 어깨번호로 이를 구별하였다.

<보기> **씨다**[1][__] 형 세다.

씨다[2][-_] 동 쓰다.

마. 장음으로 발음되는 말은 앞 음절과 같은 모음으로 처리했다. 창녕방언은 축약이 매우 생산적으로 일어나고, 다른 방언에서 보기 어려운 동화 현상도 활발한 언어다.

<보기> **구룸**[--] 명 구름.

윗움[위쑴 -_] 명 웃음.

② 발음 : 방언 현장의 발음을 [ ] 안에 표기하였다.

<보기> **넘가다**[넝가다 --_] 동 넘기다.

③ 성조 : 올림말 다음에 성조 표시를 하는 것을 원칙으로 하였다. 전형적인 창녕방언의 성조는 고조, 중조, 저조의 3성조 체계이지만, 여기에서는 상대적인 고저만 고려하여, 가장 높은 소리만을 고조로 보고, [-]로 표시하였다. 고조가 아닌 소리는 모두 저조로 보고 [_]로 표시하였다.

<보기> **소똥꼬부레이**[소똥꼬부레~이 ____-_] 명 ((식물))민들레. '소똥꼬부레이'의 전형적인 창녕방언 성조는 '저-중-저-중-고-저'이지만, 상대적으로 가장 높은 음인 5음절에 고조를 표시하고 나머지는 저조로 표시하였다.

④ 품사 : 학교문법 9품사 체계에 따라 나타내었다.

⑤ 표준어

가. 해당 방언과 일 대 일로 대응하는 표준어가 있을 경우 그 표준어를 제시하였다.

<보기> **수시**[_-] 명 ((식물))수수. …….

나. 일 대 일로 대응하지는 않으나 뜻이 표준어와 비슷할 경우에는 '≒' 표시를 하고 표준어를 제시하였다.

<보기> **따까**[--] 부 ≒마구. …….

다. 일 대 일로 대응하는 하나의 올림말이 표준어에 없을 경우에는 표준어에 가장 가까운 말로 풀어서 '≒' 표시하여 뜻풀이를 하였다.

<보기> **갈롱재이**[갈롱재~이 _--_] 명 ≒멋쟁이. '멋쟁이'를 낮잡아 이르는 말.

⑥ 뜻풀이

가. 표준어와 일 대 일로 대역되는 말로서, 표준어를 보는 것만으로 의미가 분명하다고 느끼는 경우를 제외하고 가급적 충실하게 뜻풀이를 달았다. 단, 이음동의어의 경우에는 올림말 순서가 앞선 것에만 다는 것을 원칙으로 하였다.

<보기> **매**[7][-] 부 푹. 흠씬 익을 정도로 몹시 끓이거나 삶거나 고는 모양을 나타내는 말. ☞매매.

매매[6][--] 부 푹. ☞매.

나. 표준어와 일 대 일로 대역되는 말이지만, 표준어를 보는 것만으로 의미가 분명하다고 느껴지지 않을 경우에는 별표(*)를 표시하여 별도의 뜻풀이를 달았다. 뜻풀이는 대응 표준어 바로 뒤에 오게 하였다.

<보기> **얌새이**[얌새~이 _-_] 명 ((동물))흰 염소. *창녕방언에서 염소를 '얌새이'와 '염새이'로 구분하는 것이 특이하다. 즉 흰 염소는 '얌새이' 또는 '얌소'라 이르고 '흑염소'는 '염소' 또는 '염새이'라 한다.

다. 다의어적인 뜻풀이가 필요한 경우는 원문자 안에 아라비아 숫자로써 이를 나타내었다.

<보기> **닳다**[달따 -_] 동 닳다. ①갈리거나 오래 쓰여서 어떤 물건이 낡아지거나, 그 물건의 길이, 두께, 크기 따위가 줄어들다. ②…….

라. 어원(필요한 경우): 별표(*)를 표시하여 밝혔다.

<보기> **가빠**[--] 명 방수포(防水布). '천'의 한 종류. *포르투갈어 '카파[capa]'에서 온 말.

마. 문법적 분석 등(필요한 경우): 별표(*)를 표시하여 설명하였다.

<보기> **굶**[궁ㄱ _] 명 구멍. *중세 국어 '굼ㄱ'의 계승형으로, 뒤에 모음으로 시작되는 말이 올 경우 선택된다. 그러나 모음이 오더라도 '굼ㄱ' 아닌, '구뭉, 구녕'이 쓰이기도 한다. 예로부터 내려오는 익은말 등에 한정적으로 쓰일 뿐이다. 곡용형은 [궁기, 궁글, 궁게] 정도로 쓰이고 [궁그로]는 잘 쓰이지 않는다.

⑦ 예문

가. 예문은 '¶'로 표시하여 올림말이 실제 사용되는 형태를 파악할 수 있도록 창녕방언 화자들이 흔히 사용하는 속담과 관용구를 가능한 풍부하게 들되, 방언 제보자들이 현장에서 실제로 구사하는 입말 중심으로 드는 것을 원칙으로 하였다. 예문으로 활용한 관용구는 기본형을 제시하였고, 속담은 창녕방언 화자들만 사용하는 것과 기존 속담을 변형해서 사용하는 것을 실제 언어 현장의 형태를 그대로 살려서 적었다.

<보기> **건대**[_-] 명 근수(斤數). ¶【관용구】건대가 나가다. =무게가 나가다.
강새이[강새~이 _-_] 명 ((동물))강아지. ¶【속담】밉운 강새이 우쭐대미 똥싼다. =미운 강아지 우쭐대며 똥 싼다.

나. 올림말이 받침(종성)을 갖는 경우라면, 그 받침의 정확한 발음을 알 수 있는 예를 들었다.

<보기> ¶바아다아 약을 칬나? =방에다 약을 쳤니?

다. 예문은 가능하면 여러 환경을 보이는 것으로 하였다. 곡용형일 경우 여러 격조사와 통합하는 예를 들었고, 활용형일 경우 여러 어미와 통합하는 예를 들었다.

<보기> **내비두다**[-_-_] 동 내버려두다. ①어떤 사람이 일이나 다른 사람을 건드리거나 상관하지 않고 그대로 두다. ¶지 하분채 놀구로 내비두라. =제 혼자 놀게 내버려둬라. ②돌보거나 보살피지 않다. ¶젖믹이 알라로 기양 내비돴다. =젖먹이 애를 그냥 내버려뒀다.

라. 변이형들이 있을 때는 뜻풀이 등 주된 설명은 대표형 항에서 하지만, 예문은 각 변이형 항에서도 필요하다고 판단되는 경우에는 달았다.

<보기> **요니러**[_-_] 관 요놈의. ¶【속담】요니러 소상들아! =요놈의 소생들아! ☞요넘우. 요놈우.

마. 각 예문은 다음과 같이 표준어 대역을 하였다.

첫째, 전체 대역 : 방언 예문이 끝난 곳에 '='와 같은 형식으로 띄우기 없이 처리했다.

<보기> **알개미**[_-_] 명 알갱이. ¶곡석 <u>알개미가</u> 야무다. =곡식 알갱이가 야물다.

둘째, 부분 대역 : 예문의 한두 군데 표현만 독특할 경우는 다음과 같이 부분 대역을 했다.

<보기> ¶<u>미검털감칠</u>(먼지투성이). ¶<u>피투시이</u>(피투성이).

⑧ 활용정보(필요한 경우) : 용언의 경우에 '-고, -지'와 같이 자음으로 시작하는 어미 둘과 '-어야, -었다'와 같이 모음으로 시작하는 어미 둘 등 모두 네 어형과 통합한 어형을 제공하였다.

<보기> **낫아다**[나사다 _-_] 동 '낫다'의 사동사. (병을) 낫게 하다. *낫아고[나사고 _-_], 낫아지[나사지 _-_], 낫아야[나사야 _-_], 낫았다[나삳따 _-_].

⑨ 동음이의어 : 올림말에 어깨번호를 사용하여 나타내었다. 올림말의 성조나 장단 구분 없이 표기가 같은 것은 싸잡아 동음이의어로 처리하였다.

<보기> **씨다**[1][__] 형 세다.

씨다[2][-_] 동 쓰다.

⑩ 이음동의어 : 올림말 말미에 '☞' 표시를 하여 제공하였다. 이 경우 올림말이 거의 이음동의어에 가깝다고 짐작되는 것들은 유의어 항목을 따로 두지 않고 이음동의어로 취급하였다. 또한 방언화자가 같은 상황에서 달리 구사하여 명확한 뜻을 변별하기 어려운 경우에도 이음동의어로 처리하였다.

<보기> **꾸루무리하다**[____-_] 형 궂다. ☞꾸룸하다. 꾸무리하다.

노로짱하다[___-_] 형 노르스레하다. ☞노리끼리하다.

⑪ 한자어 : 올림말의 원 말이 한자어일 경우에는 그 뜻을 명확하게 하기 위해 표준어 괄호 안에 한자를 표시하였다.

<보기> **궁구**[_-] 명 권구(眷口).

2. 전사

1) 기본 정신 : 창녕사람들의 실제 발음을 한글 맞춤법 원리에 맞게 적는 것을 원칙으로 한다.

2) 창녕방언에는 표준어에 비해 발음되지 않는 모음의 수가 많다. 'ㅒ, ㅙ, ㅚ, ㅟ, ㅢ'가 발음되지 않는 모음들이다. 'ㅡ, ㅓ'는 변별되지 않는다. 'ㅔ, ㅐ'가 구별되지 않는다. 이들 소리에 대한 전사 문제는 아래에서 다시 다룬다.

3) 'ㅔ, ㅐ' 전사 문제

창녕 지역에서는 'ㅔ[e]'와 'ㅐ[ɛ]'가 변별되지 않고, 그 중간 소리 [E]로 발음된다. 이 [E]를 전사하는 원칙은 다음과 같다.

(1) 'ㅔ' 또는 'ㅐ'로 적음

① 올림말이 표준어에도 있는 것이면, <보기>와 같이 표준어 어형에 맞춰 적는다.

<보기> **국개**[구깨 --] 명 개흙.

메띠기[_-_] 명 ((동물))메뚜기. → 창녕방언 '국개'와 '메띠기'에서 'ㅐ'와 'ㅔ' 음소는 모두 'ㅐ'이지만, 표준어에 맞춰 각각 '국개'와 '메띠기'로 적는다.

② 'ㅏ'와 'ㅓ'에서 움라우트된 소리는 각각 'ㅐ'와 'ㅔ'로 적는다.

<보기> **망개지다**[_-__] 동 망가지다.

에리다[-__] 동 어리다.

(2) 'ㅔ'로 적음

① 'ㅗ'에서 움라우트된 소리가 최종적으로 'ㅐ'로 된 소리는 'ㅔ'로 적는다.

<보기> **게기**[-_] 명 고기. → '기기'는 '고기'에서 움라우트된 '괴기'가 다시 단모음화한 말인데, '개'가 아닌 '게'로 적는다.

② 표준어로 보면 'ㅐ'로 적어야 하는 경우에도 방언 화자의 발음이 현저하게 'ㅔ'로 발음되는 경우에는 'ㅔ'로 적는다.

<보기> ¶내는 니로 밉어한데이. =나는 너를 미워한다.

(3) 'ㅐ'로 적음

① 올림말로서 참고할 표준어도 없는 경우라면, 'ㅐ'로 통일하여 적는다.

<보기> **맨치로**[-__] 조 처럼. → 성조를 제외한 '맨치로'의 실제 발음은 참고할 표준어가 없는 방언이기 때문에 이를 '맨'처럼 'ㅐ'로 적는다.

② 표준어 'ㅙ'에서 단모음화한 말은 'ㅐ'로 적음.

<보기> **애넘**[-_] 명 왜놈(倭-).

③ 표준어 'ㅕ'에서 단모음화한 말 중에서 방언화자가 'ㅔ'로 발음하는 것은 'ㅔ'로, 'ㅐ'로 발음하는 것은 'ㅐ'로 적는다. 이 경우 음운현상으로 볼 때 'ㅕ→ㅔ→ㅣ'로 고모음화가 일어나는 것이 자연스런 설명이겠으나 화자의 발음대로 'ㅐ'로 적는다.

<보기> **갱노당**[__-] 명 경로당(敬老堂). ☞깅노당.

살갤[살깰 -_] 명 살결. ☞살길.

4) 'ㅡ, ㅓ' 전사 문제

창녕 지역에서는 'ㅡ'와 'ㅓ'가 변별되지 않고, 그 중간 소리로 발음된다. 이 중간소리를 전사하는 원칙은 다음과 같다.

(1) 'ㅜ'로 적음

• 올림말 그 자체로는 표준어에 없지만, 표준어에 관련되는 말이 있으면 표준어 어형을 참조하여 적는다.

<보기> **쌉쑤룸하다**[___-_] 형 쌉싸래하다.

(2) 'ㅓ'로 적음

• 표준어에서 'ㅡ' 아닌 모음이 'ㅓ'로 발음되면 'ㅓ'로 적는다.

<보기> **원더막**[__-] 명 원두막. → 표준어 '원두막'을 창녕 지역에서는 '원더막'으로 발음하는데, '두'와 '더'의 시각적 공통점을 고려하여 'ㅓ'로 적는다.

5) 'ㅟ, ㅚ, ㅢ, ㅕ' 전사 문제

창녕에서는 'ㅟ'와 'ㅚ'를 단모음으로 발음하지 않는다. 'ㅚ'를 간혹 [we]처럼 발음하는 경우가 있지만 개인차로 보인다.

(1) 'ㅟ' 전사 : 'ㅟ'는 실제로 소리 나는 대로 적는다.

<보기> **지구뭉**[__-] 명 쥐구멍.

(2) 'ㅚ' 전사 : 'ㅚ'도 실제로 소리 나는 대로 적는다.

<보기> **애갓집**[애가찝 -__] 명 외갓집((外家-).

위갓집[위가찝 -__] 명 외갓집((外家-).

이갓집[이가찝 -__] 명 외갓집((外家-).

(3) 창녕에서는 'ㅢ'를 복모음으로 발음하지 않는다. 따라서 방언화자의 발음에 따라 적되, <보기 1>과 같은 순우리말은 올림말로 취급하고 <보기 2>와 같은 한자어의 경우에는 올림말로 취급하지 않는 것을 원칙으로 하고 예문에서는 그 발음에 따라 적는다.

<보기 1> **어붓애비**[어붓애비 _--_] 명 의붓아비. ☞다선애비.

<보기 2> **이자**[-_] 명 의자(倚子).

어심[_-] 명 의심(疑心).

(4) 한자어의 경우 창녕에서는 'ㅕ'를 복모음으로 발음하지 않는다. 일반적으로 'ㅣ'로 발음하므로 이는 'ㅣ'로 적되, 'ㅔ'로 발음하는 경우에는 'ㅔ'로, 'ㅐ'로 발음하는 경우에는 'ㅐ'로 적는다.

<보기> **빌로**[--] 부 별로(別-).
벤오사[_-_] 명 변호사(辯護士).
갤온[개론 --] 명 결혼(結婚).

3. 동식물에 관한 표기.

동물은 포유류, 양서류, 어류, 곤충 따위를 따로 구분하지 않고 뭉뚱그려 ((동물))로 표기하였으며 식물의 경우도 목본과 초본, 수생식물, 양치식물 등을 따로 구분하지 않고 싸잡아 ((식물))로 표기하였다.

4. 약어 및 기호

1) 품사 및 문법 요소

명은 명사와 대명사를 두루 아우른다. 수는 수사를, 동은 동사를 아우른다. 형은 형용사를, 관은 관형사를, 부는 부사, 감은 감탄사, 조는 조사, 접은 접두사와 접미사를 아우른다. 어는 어간 어미를 아우른다. 그리고 구는 구(句)를 나타낸다.

2) 기타 기호

'[ ]'는 발음의 고저를, '(( ))'는 동식물 구분과 문법적 설명을 덧붙일 때 표시하였다. '¶'는 예문을 제시할 때, '='는 예문 풀이를 할 때 사용했다. '*'는 별도의 뜻풀이가 필요할 때와 용언의 활용 형태나 활용정보를 나타낼 때 사용했다. 동음이의어에는 어깨번호를 달았으며 이음동의어를 제시할 때는 '☞' 표시하여 제시하였다. 예문에 사용한 속담이나 관용구는【 】를 사용하여 표시하였다.

5. 색인(索引)

사전 말미에는 올림말을 '표준어로 찾아보기' 쉽도록 표준어 색인을 하였다. 색인은 방언 올림말에 해당하는 표준어를 먼저 제시하고 품사를 표시하였다. 표준어 중에서 어미와 접사 그리고 조사는 소용에 크게 닿지 않는다고 여겨, 표준어로 대역할 수 없는 방언 올림말과 더불어 제외하였다.

차례

가[1][-] 조 로. 로써. 어떤 일의 수단이나 도구를 나타내는 말. ¶【속담】칼가 이 일난 나라는 칼로 망안다. =칼로 일어난 나라는 칼로 망한다. ¶돌가 문땐다. =돌로써 문지른다. ☞가꼬. 가아.

가[2][-] 조 로써. 어떤 일의 수단이나 도구를 나타내는 말. ¶돌가 문땐다. =돌로써 문지른다. ☞가꼬. 가아.

-가[-] 어 -니. -이니. ((의문사가 없는 경우에 쓰이는)) 해라체에 해당하는 의문형 종결어미. *창녕방언에서는 의문사가 있는 의문형 종결어미는 '-고'로 실현되고, 의문사가 없는 의문형 종결어미는 '-가'로 실현된다. ¶야야, 니가 올개 및 살고? 수물 둘가, 수물 서이가? =애야, 네가 올해 나이가 몇 살이니? 스물둘이니, 스물 셋이니? ¶이기이 밥가, 죽가? =이것이 밥이니, 죽이니?

-가-[-] 접 -기-. ((일부 용언의 어간에 붙어)) 사동의 뜻을 더하는 접사. ¶굶가다(굶기다). ¶남가다(남기다). ¶넘가다(넘기다). ¶팅가다(튕기다).

가가이다[가가~이다 _-__] 형 가관이다(可觀--). ①꼴이 볼 만하다는 뜻으로, 격에 맞지 않거나 아니꼬운 언행이나 상태를 놀림조로 이르는 말. ¶【관용구】하는 짓이 가가이다. =하는 짓이 가관이다. ②경치나 어떤 모습 따위가 좋아서 꽤 볼 만함. ¶【관용구】깅치가 가가이다. =경치가 가관이다.

가게[1][-_] 명 과거(科擧). ¶【속담】가게로 안 볼 바에사 시가이사[試官--] 개떡이다. =과거를 안 볼 바에야 시관이야 개떡이다. ☞과게.

가게[2][-_] 명 홍역(紅疫). *홍역을 뜻하는 '가게'는 '과거(科擧)'에서 온 말임. ¶【관용구】가게로 치라다. =홍역을 치르다. ¶【속담】가게는 펑생에 안 걸리마 무덤에서래도 앓는다. =홍역은 평생에 안 걸리면 무덤에서라도 앓는다. ☞과게. 홍진손.

가게하다[-___] 동 홍역앓다(紅疫--). 과거시험을 치르듯 인생의 큰 역경을 겪다. ☞소임하다.

가까다[_-_] 동 가꾸다. ①식물을 손질하고 보살피다. ¶【속담】가깔 낭근 밑둥치로 높우기 짜런다. =가꿀 나무는 밑둥치를 높게 자른다. ②몸매나 얼굴 따위를 아름답게 보이도록 매만지고 다듬다. ¶【관용구】낯을 가까다. =낯을 가꾸다.

가꼬[1][-_] 조 로. ☞가. 가아.

가꼬[2][-_] 조 로써. ☞가. 가아.

가꼬[3][-_] 부 가지고. 몸에 지니고. *창녕 방언에서 '가'는 '가지고'라는 본래 뜻을 갖는 경우에 '가:꼬', '가:아'로 축약된다. 그러나 '그래 가지고'(그래서)와 같이, '가지고' 본래 뜻으로가 아니라 보조적인 의미로 쓰일 때에는 주로 '가주고'로 쓰인다. ¶【속담】선떡 가꼬 친정에 간다. =선떡 가지고 친정에 간다. ☞가아. 가주고.

가꿈[_-] 부 가끔. 시간이나 공간의 간격이 조금씩 뜨게. ¶여게는 가꿈 놀로 옵미더. =여기는 가끔 놀러 옵니다.

가꿈가다가[_---_] 부 가끔가다가. ☞혹가다가.

가꿈썩[_-_] 부 가끔씩. 어쩌다가 한 번씩. ¶가꿈썩 치안 딸래미가 생앙킨다. =가끔씩 시집보낸 딸내미가 생각난다. ☞혹가다.

가나다[1][_-_] 동 가누다. ①몸을 바른 자세로 가지다. ¶지 몸띠이도 몬 가난다. =제 몸뚱이도 못 가눈다. ②기운이나 정신을 가다듬어 차리다. ¶【관용구】숨질로 가나다. =숨결을 가누다. ③일을 휘어잡아 처리해 내다. ¶어렵운 일로 도맡아 가난다. =어려운 일을 도맡아 가눈다.

가나다[2][_-_] 동 겨누다. ①활이나 총 따위를 쏠 때 목표물을 향해 방향과 거리를 잡다. ¶포시가 총을 삐둘끼인데 가난다. =포수가 총을 비둘기한테 겨눈다. ②한 물체의 길이나 넓이 따위를 대중이 될 만한 다른 물체와 견주어 헤아리다. ¶옷을 대강 가나서 샀다. =옷을 대강 겨누어서 샀다. ③상대와 힘 따위를 비교하다. ¶【관용구】어깨로 가나다. =어깨를 겨누다. ☞꼬라다. 야꼬라다. 여자다. 전자다. 전주다.

가난재이[가난재~이 __-_] 명 가난뱅이. '가난한 사람'을 홀하게 이르는 말. ¶【속담】인색한 부재가 손씨는 가난재이보담아 낫다. =인색한 부자가 손쓰는 가난뱅이보다 낫다.

가날푸다[_--_] 형 가냘프다. ①몸이 가늘고 연약하다. ¶딸아가 가날푸서 한걱정입미더. =딸애가 가냘파서 한걱정입니다. ②소리가 가늘고 약하다. ¶개이 우는 소리가 가날푸기 딛긴다. =고양이 우는 소리가 가냘프게 들린다. ☞애리애리하다.

가누소롬하다[____-_] 형 가느스름하다. 조금 가늘다. ¶가누소롬한 풍개낭글 숭궀다. =가느스름한 자두나무를 심었다.

가느다리하다[____-_] 형 가느다랗다. 아주 가늘다. ¶가느다리한 빗바알. =가느다란 빗방울. ☞가느리하다.

가느리하다[___-_] 형 가느다랗다. ☞가느다리하다.

가니라꼬[--__] 부 가느라고. ¶멀기 여행을 가니라꼬 마암이 바뿌다. =멀리 여행을 가느라고 마음이 바쁘다.

가다다[_-_] 동 가두다. 강제로 넣어 두어 자유롭게 출입하지 못하게 하다. ¶강새이 여어 바리 모도 집 안에 가닸다.

=강아지 여섯 마리 모두 집 안에 가두었다. ☞가닿다.

가다둠다[가다둠따 _ _-_] 동 가다듬다. ①정신이나 마음 따위를 바로 차리거나 진정하여 다잡다. ¶【속담】정신을 가다둠우마 바우도 뚧는다. =정신을 가다듬으면 바위도 뚫는다. ②옷차림이나 자세 따위를 바르게 하다. ¶【관용구】옷매무시로 가다둠다. =옷매무새를 가다듬다. ③호흡이나 목청을 고르게 하다. ¶【관용구】목충을 가다둠다. =목청을 가다듬다.

가다라다[_ _-_] 동 가다루다. ①쟁기나 써레 따위로 논밭을 갈아서 고르다. ¶돌짝밭을 가다란다. =자갈밭 가다룬다. ②모내기할 논을 써레질 하다. ¶물논을 가다랐다. =무논을 가다루었다.

가다지다[-_ _ _] 동 가라앉다. ①통증이나 흥분이 잦아들어 정상적인 상태로 되다. ¶통찡이 가다짔다. =통증이 가라앉았다. ②붓기가 점차 사라지다. ¶붓었던 눈뚜부리가 가다진다. =부었던 눈두덩이 가라앉는다. ③세찬 바람 따위가 잠잠해지다. ¶언자 비바램이 쫌 가다짔다. =이제 비바람이 좀 가라앉았다.

가닿다[가다타 _-_] 동 가두다. ¶개로 창꼬에 가닿지 마래이. =개를 창고에 가두지 마라. *가닿고[가다코 _-_], 가닿지[가다치 _-_], 가닿야[가다야 _-_], 가닿다[가닫따 _-_]. ☞가다다.

가댁[-_] 명 가닥. ((수 관형사 뒤에서 의존적 용법으로 쓰여)) 한군데에서 풀어지거나 갈라져서 나온 낱낱의 줄을 세는 단위를 나타내는 말. ¶실 한 가댁마 주바라. =실 한 가닥만 줘봐라.

가더미로[----] 부 가자마자. 어떤 장소에 도착 직후에. ¶집에 가더미로 쌀 씪어 안치래이. =집에 가자마자 쌀 씻어 안쳐라. ☞가덤질로. 가자말자.

가덤질로[----] 부 가자마자. ☞가더미로. 가자말자.

가똑띠기[_--_] 명 과똑똑이(過---). 실제는 보잘것없으면서 겉으로만 똑똑한 체하는 사람. ¶【속담】가똑띠기 지맛에 산다. =과똑똑이 제멋에 산다. ☞가똑띠이. 겉똑띠기. 똑뚝새.

가똑띠이[가똑띠~이 _--_] 명 과똑똑이(過---). ☞가똑띠기. 겉똑띠기. 똑뚝새.

가라다[_-_] 동 가리다. 보이지 않도록 감추거나 막다. ¶【속담】눈 가라고 아옹한다. =눈 가리고 아옹한다. ☞개리다.

가락[_-] 명 자루. 기름하게 생긴 연장을 세는 단위를 나타내는 말. *창녕방언에서 '가락'은 낫이나 호미, 부엌칼 따위처럼 자루가 있는 작은 연장을 셀 때 쓴다. 삽이나 괭이 같이 큰 연장은 '자리'로 쓴다. ¶낫 시 가락. =낫 세 자루. ¶호매이 니 가락. =호미 네 자루. ☞자리.

가랑잎사구[_ _ _-_] 명 가랑잎. 활엽수의 마른 잎. ¶【속담】가랑잎사구에 불 딩가기다. =가랑잎에 불 댕기기다. ¶【속담】가랑잎사구로 눈 가란다. =가랑잎으로 눈 가린다. ¶【속담】기집아는 가랑잎사구 구불어가는 거마 바도 윘는다. =계집애는 가랑잎 굴러가는 것만 봐도 웃는다. ☞갈방잎사구.

가랑풀[_-_] 명 ((식물))자귀풀.

가래[-_] 명 가리. 물고기 잡는 데 쓰는 도구. 쪼갠 대 따위를 이용해 원뿔모양으로 만들어 얕은 물에서 헤엄치는 물고기를 덮어씌워 잡는 데 사용한다.

가래이[가래~이 _-_] 명 가랑이. ①원래의 몸에서 끝이 갈라져 나란히 벌어진 부분. ¶【속담】가실 중 가래이 째진다. =가을 중 가랑이 찢어진다. ②바지 따위에서 다리가 들어가게 된 부분. ¶【속담】한 가래이에 두 다리 옇는다. =한 가랑이에 두 다리 넣는다.

가래질[-__] 명 가리질. 가리를 이용해서 물고기를 잡는 일. ¶【관용구】가래질로 낳다. =가리질을 하다.

가래톳이[가래토시 __-_] 명 가래톳. 넓적다리 윗부분의 림프샘이 부어 생긴 멍울. ¶허북지에 가래토시가 섰다. =허벅지에 가래톳이 섰다.

가롬하다[__-_] 형 갸름하다. 사람이나 물건이 조금 가늘고 긴 듯하다. ¶알라가 낯이 가롬하이 생깄다. =아기가 낯이 갸름하게 생겼다. ☞개롬하다.

가리[1][_-] 명 가루. 아주 잘게 갈리거나 부스러진 마른 것. ¶【속담】가리는 칠수록이 곱고 말은 할수록이 어씨진다. =가루는 칠수록 곱고 말은 할수록 거칠어진다. ☞갈리.

가리[2][-_] 명 번지. 탈곡한 곡식을 긁어모으는 데 쓰는 농기구. 직사각형 널조각의 두 쪽 끝에 채 둘을 대어 뒤에서 잡고, 앞쪽에는 두 줄을 꿰어서 한 사람이나 두 사람이 잡아당긴다. ¶【관용구】가리로 낳다. =번지질을 하다.

가리[3][__] 명 가로. 좌우로 된 방향. 또는 그 길이. ¶【관용구】가리 띠고 세로 띠다. =가로 뛰고 세로 뛰다. ¶【관용구】질로 가리 질러가다. =길을 가로 질러가다.

가리[4][-_] 명 가래. 떡이나 엿 따위를 둥글고 길게 늘여 만든 토막. ¶【관용구】오야, 니 똥 가리 굵다. =오냐, 네 똥 가래 굵다.

가리내다[_-__] 동 가려내다. 여럿 중에서 분간하여 추려내다. ¶몬 씰 거는 가리냈다. =못 쓸 것은 가려냈다. ☞개리내다. 추리내다.

가리넘가다[가리넝가다 ___-_] 동 사레들리다. 식도가 아니라 기도로 음식물을 잘못 삼켜 갑자기 기침을 뿜어내다. ¶미싯가리 묵다가 가리넘갔다. =미숫가루 먹다가 사레들렸다. ☞새알들리다.

가리늦가[가리늗까 ___-] 부 뒤늦게. 이미 제때가 지나 꽤 늦게. ¶【속담】가리늦가 딘서방 걸린다. =뒤늦게 된서방 걸린다. ☞디늦까.

가리늦가사[가리늑까사 ___-_] 부 뒤늦게야. 이미 제때가 지나 꽤 늦게야. ¶가마이 있다가 가리늦가사 저칸다. =가만히 있다가 뒤늦게야 저런다. ☞디늦까사.

가리다[_-_] 동 고르다. 둘 이상의 대상에서 필요한 대상을 가려 집어내다. ¶【속담】씨종자 잘몬 가리마 농사 조진다. =씨앗 잘못 고르면 농사 망친다. ¶【속담】뿕운 콩도 가리서 묵는다. =볶은 콩도 골라서 먹는다. ☞개리다. 골라다.

가리마[_-_] 명 가르마. 이마에서 정수리까지의 머리카락을 양쪽으로 갈랐을 때 생기는 금. ¶【관용구】가리마 타다. =가르마 타다. ☞가리매. 가리미.

가리막다[_ _-_] 동 가로막다. ①다른 대상을 앞을 가로질러 막다. ¶안개가 찌서 앞을 가리막았다. =안개가 끼어서 앞을 가로막았다. ②다른 사람의 일을 못하게 방해하거나 막다. ¶아부지가 하는 일로 어무이가 가리막았다. =아버지가 하는 일을 어머니가 가로막았다. ③다른 사람의 말을 가로채거나 하지 못하게 하다. ¶넘우 말로 가리막지 마래이. =남의 말을 가로막지 마라. ☞가리막하다.

가리막하다[가리마카다 _ _ _-_] 동 가로막다. ☞가리막다.

가리매[_-_] 명 가르마. ☞가리마. 가리미.

가리맥히다[가리매키다 _ _ _-_] 동 가로막히다. '가로막다'의 피동사. ¶질이 가리맥힜다. =길이 가로막혔다.

가리모시[_ _-_] 명 가루모이. 가루를 알맞게 섞어서 만든 모이.

가리미[_-_] 명 가르마. ☞가리마. 가리매.

가리방상하다[_ _ _ _-_] 형 엇비슷하다. 거의 비슷하다. ¶두 넘 심이 가리방상하다. =두 놈 힘이 엇비슷하다. ☞비수무리하다.

가리사분[_-_ _] 명 가루비누. ¶가리사분 물에 옷을 담았다. =가루비누 물에 옷을 담갔다.

가리지기로[_ _-_ _] 부 가로로. 가로 방향이 되게. ¶각기목을 가리지기로 낳아라. =각목을 가로로 놓아라.

가리지러다[_ _ _-_] 동 가로지르다. 길이나 움직이는 물체가 어디를 잘라 지나다. ¶들판을 가리지러마 빠러다. =들판을 가로지르면 빠르다

가리찜[_ _-] 명 ≒가래질. 타작마당에서 벼나 보리를 타작한 뒤, 쭉정이나 검불을 가려내기 위해 바람이 불어오는 반대 방향으로 벼나 보리 낱알을 가래로 떠서 흩날리는 행위. ¶【관용구】가리찜을 낳다. =가래질을 하다.

가리채다[_ _-_] 동 가로채다. ①다른 사람의 것을 옳지 못한 방법을 써서 자기 것으로 만들다. ¶넘우 꺼로 가리챘다. =남의 것을 가로챘다. ②다른 사람이 말하는 도중에 끼어들어 계속하지 못하게 하다. ¶어른 말로 가리채다. =어른 말을 가로채다.

가림옷[가림옫 _-_] 명 나들이옷. ¶가림옷을 채리입윴다. =나들이옷을 차려입었다.

가마때기[_ _-_] 명 가마니. 곡식 따위를 담기 위하여 만든 용기. ¶【속담】가마이 있은께네 사램을 가마때기로 본다. =가만히 있으니까 사람을 가마니로 본다. ☞가마이.

가마이[1][가마~이 -_ _] 명 가마니. ☞가마때기.

가마이[2][가마~이 _-_] 부 몰래. 남모르게

살짝. ¶【속담】책망은 가마이 하고 칭송은 알기 해라캤다. =책망은 몰래 하고 칭송은 알게 하랬다. ☞몰리.

가마이[3][가마~이 _ _-] 뿌 가만히. ①움직이지 않고 아무 말이 없이. ¶【속담】가마이 무우라 칸께네 떠굽다 칸다. =가만히 먹어라 하니까 뜨겁다 한다. ②아무런 대책도 취하지 않은 상태 그대로. ¶아푼데 가마이 있어라꼬? =아픈데 가만히 있으라고? ③차분하게 골똘히. ¶가마이 생각해본께네 그렇구마는. =가만히 생각해보니까 그렇구먼.

가마이[4][가마~이 -_ _] 뿌 걔만큼. 그 애만큼. 특정한 아이의 능력이나 상황 따위를 이르는 말. ¶가마이 불쌍한 아아는 없다. =걔만큼 불쌍한 애는 없다.

가맣다[가마타 _-_] 형 멀다. ①거리가 많이 떨어져 있다. ¶여어서 부산꺼지는 가맣다. =여기서 부산까지는 멀다. ②수준이나 정도가 다른 것에 미치기에 부족하다. ¶【관용구】따라갈라카마 가맣다. =따라가려면 멀다.

가매[1][-_] 명 가마(旋毛). 머리에 소용돌이를 일으키는 부분. ¶【속담】가매가 둘이마 장개 두 분 간다. =가마가 둘이면 장가 두 번 간다.

가매[2][_-] 명 가마. 조그마한 집 모양의 탈것. ¶【속담】가매 타고 시집가기는 틀맀다. =가마 타고 시집가기는 틀렸다. ¶【속담】가매 타고 옷고룸 단다. =가마 타고 옷고름 단다.

가매[3][_-] 명 가마[窯]. 숯이나 도자기, 기와, 벽돌 따위를 구워 내는 시설.

가매[4][-_] 명 가마. 아주 크고 우묵한 솥. ¶【속담】지름 가매 머리에 이고 불로 띠든다. =기름 가마 머리에 이고 불로 뛰어든다. ¶【속담】가매가 껌끼로 밥또 껌우까이. =가마가 검기로 밥도 검으랴.

가매솥[가매솓 _ _-] 명 가마솥. 아주 크고 우묵한 솥. ¶【속담】가매솥 밑이 노구솥 밑을 껌따 칸다. =가마솥 밑이 노구솥 밑을 검다 한다.

가매지다[_-_ _] 동 멀어지다. 거리가 많이 떨어지게 되다. ¶버씨로 가매짔네예. =벌써 멀어졌네요.

가무살[-_ _] 명 ≒가뭄. *'가무살'은 '가뭄'과는 그 뜻이 조금 다르다. '가뭄'은 '들다' 따위와 호응하지만 '가무살'은 '타다'와 호응한다. '가뭄이 심하다'는 되지만 '가무살이 심하다'는 성립하지 않는다. '가뭄'의 창녕방언은 '가물움'이다. ¶【속담】가무살 탄 논뚜룽에 콩 나듯기. =가뭄 탄 논두렁에 콩 나듯이.

가무치[-_ _] 명 ((동물))가물치. 가물칫과의 민물고기. ¶【속담】가무치 콧구뭉이다. =가물치 콧구멍이다.

가무타다[1][_-_ _] 동 삐다. 뼈마디가 어긋나게 접질리다. ¶발묵을 가무탔다. =발목을 삐었다. ☞삐아다.

가무타다[2][_-_ _] 동 접질리다. 몸의 일부나 그 관절이 어떤 물체와 부딪치거나 삐끗하여 삘 지경에 이르다.

가문눈쑵[_ _-_] 명 속눈썹. ☞쏙눈쑵. 잠눈쑵.

가물움[가무룸 --_] 명 가뭄. ¶【속담】가물움 끝은 있어도 장매 끝은 없다. =가뭄 끝은 있어도 장마 끝은 없다. ¶【속담】삼년 가물움에 쏘내기 만낸 거 겉다. =삼년 가뭄에 소나기 만난 것 같다.

가배얍다[가배얍따 _ _-_] 형 가비얍다. '가볍다'의 옛말. 어떤 대상의 가벼운 모습을 더욱 강조하여 나타낼 때 쓴다. ¶【관용구】갯줌치가 가배얍다. =호주머니가 가비얍다. ¶【관용구】궁디이가 가배얍다. =궁둥이가 가비얍다. ¶【관용구】발걸움이 가배얍다. =발걸음이 가비얍다.

가보리[-_ _] 명 ((동물))가오리. ☞가부리.

가보리연[-_ _-] 명 가오리연(---鳶). 가오리 모양으로 만들어 꼬리를 길게 만들어 띄우는 연. ¶【속담】가보리연 꽁대기 촐랑대딧기. =가오리연 꼬리 촐랑대듯. ☞가부리연. 조리연.

가부[_-] 명 과부(寡婦). 남편을 잃고 혼자 사는 여자. ¶【속담】살로온 가부 겉다. =살러온 과부 같다.

가부나리[_ _-_] 명 ((동물))진드기. ¶【관용구】가부나리가? 방구 안 끼구로. =진드기니? 방귀 안 뀌게. ¶【속담】가부나리 방구 끼는 소리한다. =진드기 방귀 뀌는 소리한다. ☞가분다리. 찐디기.

가부띡이[가부띠기 _--_] 명 과부댁(寡婦宅). ¶【속담】가부띡이 쏙꼿 바람 겉이 씷다. =과부댁 속곳 바람 같이 시원하다. ¶【속담】가부띡이 사정은 호불애비가 안다. =과부댁 사정은 홀아비가 안다.

가부리[-_ _] 명 ((동물))가오리. ☞가보리.

가부리연[-_ _-] 명 가오리연(---鳶). ☞가보리연. 조리연.

가부조압장[_--_ _] 명 과부조합장(寡婦組合長). 바람둥이 남자를 빈정대며 일컫는 말.

가부차[_-_] 명 오토바이[auto bicycle]. *'오토바이'를 타는 남정네들이 사고로 죽는 경우가 많아 생겨난 말. *가부[寡婦]+차(車) ☞오도바이.

가분다리[_ _-_] 명 ((동물))진드기. ☞가부나리. 찐디기.

가분데[_-_] 명 가운데. ①어느 한쪽으로 치우치지 않은 한복판. ¶질 가분데서 머 하노? =길 가운데에서 뭐 하니? ②양쪽의 사이. ¶【속담】시누부 올키 춤치는데 가분데 올키라꼬 몬 치까이. =시누이 올케 춤추는데 가운데 올케라고 못 출까. ③여럿이 있는 일정한 범위의 안. ¶저 가분데 마암에 드는 거 있나? =저 가운데 맘에 드는 게 있니? ☞가온데.

가븧다[가분타 _-_] 형 과분하다(過分--). 분에 넘친다. ¶【관용구】니인데는 가븧다. =네게는 과분하다. *가븧고[가분코 _-_], 가븧지[가분치 _-_], 가분어서[가부너서 _-_ _], 가분었다[가부넏따 _-_ _]. ☞대택이다. 엄첩다. 오감다.

가빠[--] 명 방수포(防水布). '천'의 한 종류. 비바람이나 눈보라를 막기 위하여 만든 두꺼운 천. *포르투갈어 '카파[capa]'에서 온 말. ¶담부랑이 뭉개지까 짆어서 가빠로 둘루씨았다. =담벼락이 무너질까 싶어서 방수포로 둘러 씌웠다.

가뿌다[_-_] 형 가쁘다. 숨이 몹시 차다. ¶띠오서 숨이 가뿌다. =뛰어와서 숨이 가쁘다.

가뿍[1][_-] 부 잔뜩. 아주 심하게. ¶술이 가뿍 치했다. =술이 잔뜩 취했다. ☞갑씬. 목씬. 볼쏙. 항거석. 항검.

가뿍[2][_-] 부 가득. 무엇이 어떤 장소나 범위에 꽉 차 있는 모양을 나타내는 말. ¶솥에 물로 가뿍 버어라. =솥에 물을 가득 부어라.

가사롭다[_ _-_] 형 가소롭다. 언행이 같잖고 어이없어 우습다. ¶가사롭운 꼬라지. =가소로운 꼴.

가사리때[_-_ _] 명 ((식물))물수세미.

가사일로[_ _-_] 부 가령(假令). 가정하여 말하여. *가사(假使)+일러. ¶가사일로 대통양이래도 우짤 수가 없다. =가령 대통령이라도 어쩔 수가 없다.

가새[-_] 명 가위. 옷감, 종이, 머리털 따위를 자르는 기구. *갓[斷]+애<가새. ☞가시개.

가서나[_ _-] 명 계집애. 여자아이. ¶【속담】가서나 몬뗀 기이 오래비캉 내우한다. =계집애 못된 것이 오라비랑 내외한다. ☞가시내. 기집아. 기집애. 지집아. 지집애.

가설나무내[--_ _ _] 감 가설랑은. 어떤 말을 하다가 막힐 때 나오는 감탄사. ¶가설나무내 …… 거기이 머더라. =가설랑은 …… 그게 뭐더라.

가세[-_] 명 가. *갓에<가세<가시. '가세' 또는 '가시'는 '가(명사)+에(조사)'이나, 창녕방언에서는 이미 하나의 명사로 굳어진 말이다. ①바깥쪽 경계가 되는 가장자리 부분이나 그 부근. ¶【속담】서쭉 무지개 서마 질 가세에 소 매낳지 마라. =서쪽 무지개 서면 길 가에 소 매놓지 마라. ②병이나 그릇 따위의 아가리의 주변. ¶그륵 가세에 머 묻윴다. =그릇 가에 뭐 묻었다. ☞가시.

가수띡이[가수띠기 _--_] 명 과수댁(寡守宅). 남편이 죽고 혼자 사는 여자. ¶【속담】인정 많은 가수띡이 속꼿 마룰 날 없다. =인정 많은 과수댁 속곳 마를 날 없다.

가숨[-_] 명 가슴. ①신체의 어깨로부터 시작해 명치에 이르는 부분. ¶【관용구】가숨을 피다. =가슴을 펴다. ②심장이나 폐. ¶가숨이 두군기린다. =가슴이 두근거린다. ③마음이나 생각. ¶【관용구】가숨이 째지다. =가슴이 찢어지다. ¶【관용구】가숨이 아푸다. =가슴이 아프다. ④'가슴' 부분에 해당하는 옷의 부분. ¶멩찰은 가숨에 달아라. =명찰은 가슴에 달아라. ☞가심.

가숨패기[_ _-_] 명 가슴팍. ☞가심패기.

가시[_-] 명 가. *갓에<가세<가시. ☞가세.

가시개[_-_] 명 가위. ☞가새.

가시내[_ _-] 명 계집애. ☞가서나. 기집아. 기집애. 지집아. 지집애.

가시랑구[_ _-_] 명 ((식물))벋음씀바귀. ☞칼씬내이.

가신가신[_ _ _-] 부 갈씬갈씬. 물 따위 액체 따위가 넘칠 듯 말 듯. ¶못에 물이

가신가신 찼다. =저수지에 물이 갈씬 갈씬 찼다. ☞가신가신.

가신가신하다[____-_] 동 갈씬갈씬하다. 거리 양 무게 등, 어떤 기준에 미칠 듯 말듯하다. ¶학조에 가신가신하이 대이서 지각은 민했다. =학교에 갈씬갈씬하게 닿아서 지각은 면했다. ☞가씬가씬하다.

가신했으마[가신핻으마 __-__] 부 하마터면. 조금만 잘못하였더라면. ¶가신했마 다칠 뻔했다. =하마터면 다칠 뻔했다. ☞가씬했으마. 까딱했으마. 제깍했으마.

가실[1][_-] 명 과실(果實). ¶【속담】가실 망신은 모개가 씨긴다. =과실 망신은 모과가 시킨다.

가실[2][_-] 명 가을. 한 해의 네 철 가운데 셋째 철. ¶【속담】가실에는 죽운 송장도 일난다. =가을에는 죽은 송장도 일어난다. ☞가알.

가실내[_-_] 부 가으내. 한가을 내내. ¶빙낫울라꼬 가실내 난리로 지깄다. =병 고치려고 가으내 난리를 쳤다. ☞가알내.

가실니비[__-_] 명 가을누에. 가을에 치는 누에. ☞가알니비.

가실무시[___-] 명 ((식물))가을무. ¶【속담】가실무시 꽁대기가 길마 그해 저실은 칩다. =가을무 꼬리가 길면 그해 겨울은 춥다. ☞가알무시.

가실밭[가실받 __-] 명 가을밭. 가을 맞은 밭. ¶【속담】가실밭은 없이사는 친정보담 낫다. =가을밭은 가난한 친정보다 낫다. ¶【속담】가실밭을 밟으마 떡이 시 개요 봄밭을 밟으마 빰때기가 시 대다. =가을밭을 밟으면 떡이 세 개요 봄밭을 밟으면 빰따귀가 세 대다. ☞가알밭.

가실벹[가실벧 __-] 명 가을볕. 가을철에 따갑게 쬐는 볕. ¶【속담】봄벹에는 미너리 내낳고 가실벹에는 딸 내낳는다. =봄볕에는 며느리 내놓고 가을볕에는 딸 내놓는다. ☞가알벹.

가실비[가실삐 _-_] 명 가을비. 추수(秋收) 때 오는 비. ¶【속담】여룸비는 잠비 가실비는 떡비. =여름비는 잠비 가을비는 떡비. ¶【속담】가실비 올 쩍마다 쏙꼿 한 불썩. =가을비 올 적마다 속옷 한 벌씩. ☞가알비.

가실하다[__-_] 동 가을하다. 농작물 따위를 거두어들이다. ¶【속담】백중 때 물 없는 나락 가실할 꺼 없다. =백중 때 물 없는 벼 가을할 것 없다. ¶【속담】바뿌다꼬 물 보리 가실하까. =바쁘다고 물 보리 가을하랴. ☞가알하다.

가심[-_] 명 가슴. ☞가숨.

가심패기[__-_] 명 가슴팍. ☞가숨패기.

가씬가씬[___-] 부 갈씬갈씬. ☞가신가신.

가씬가씬하다[____-_] 동 갈씬갈씬하다. ☞가신가신하다.

가씬했으마[가씬핻으마 __-__] 부 하마터면. 조금만 잘못하였더라면. ☞가신했으마. 가씬했으마. 까딱했으마. 제깍했으마.

가아[1][가~아 -_] 명 걔. '그 아이'가 줄어든 말. ¶가아는 왔나? =걔는 왔니? ¶

가아가 가아가? =걔가 걔니?

가아[2][가아 -_] 뮈 가지고. 몸에 지니고. ☞가꼬. 가주고.

가아[3][까아 -_] 뮈 가에. ①'주변'의 뜻을 나타내는 말. ¶【속담】물가아 아아 앉하놓은 거 겉다. =물가에 애 앉혀놓은 것 같다. ②어떤 중심 되는 곳에서 가까운 부분. ¶마당가아 꼬치로 널어놓았다. =마당가에 고추를 널어놓았다.

가아[4][-_] 조 로. ☞가. 가꼬.

가아[5][-_] 조 로써. ☞가. 가꼬.

-가아[1][-_] 어 -아서. ①이유나 근거를 나타내는 연결어미. ¶소리가 너무 짝아가아 안 딜린다. =소리가 너무 작아서 안 들린다. ②시간적 선후 관계를 나타내는 연결어미. ¶【속담】밥 팔아가아 똥 사무울 넘. =밥 팔아서 똥 사먹을 놈. ☞-가아꼬. -가주고.

-가아[2][-_] 어 -어서. ①이유나 근거를 나타내는 연결어미. ¶학조꺼정 걸어가아 가는 바램에 늦을 뻔했디라. =학교까지 걸어서 가는 바람에 늦을 뻔했더니라. ②시간적 선후 관계를 나타내는 연결어미. ¶【속담】개 겉이 벌이가아 정승 겉이 씨라. =개 같이 벌어서 정승 같이 쓰라. ☞-가아꼬. -가주고.

가아가다[-_-_] 동 가져가다. 물건을 어디로 옮겨 가다. ¶이거는 가아가서 옴마 조라. =이건 가져가서 엄마 줘라. ☞가주가다. 가지가다.

-가아꼬[1][-__] 어 -아서. ☞-가아. -가주고.

-가아꼬[2][-__] 어 -어서. ☞-가아. -가주고.

가아다가[-___] 뮈 가져다가. ¶아깝운 돈을 가아다가 저래 씨뿐다. =아까운 돈을 가져다가 저렇게 써버린다. ☞가주다가. 가지다가.

가아오다[-_-_] 동 가져오다. 물건을 어디로 움직여 옮겨오다. ¶일로 가아온나. =이리로 가져오너라. ☞가주오다. 가지오다. 고오다.

가알[_-] 명 가을. ☞가실.

가알내[_-_] 뮈 가으내. ☞가실내.

가알니비[__-_] 명 가을누에. ☞가실니비.

가알무시[___-] 명 ((식물))가을무. ☞가실무시.

가알밭[가알받 __-] 명 가을밭. ☞가실밭.

가알벨[가알벨 __-] 명 가을별. ☞가실벨.

가알비[가알삐 _-_] 명 가을비. ☞가실비.

가알주다[1][가알쭈다 -___] 동 가르쳐주다. 알게 하다. ¶【속담】한 글자로 가알주마 천 글자로 알아야 덴다. =한 글자를 가르쳐주면 천 글자를 알아야 된다. ☞갈차주다. 갈치주다. 갤차주다. 갤치주다.

가알주다[2][-___] 동 일러바치다. 다른 사람의 비밀이나 허물을 고하여 알리다. ¶동상이 잘몬한 것로 아부지인데 가알줐다. =동생이 잘못한 것을 아버지한테 일러바쳤다. ☞갈차주다. 갈치주다. 갤차주다. 갤치주다. 꼰질라다. 이르다. 일라주다. 찌르다.

가알치다[1][_-__] 동 가르치다. 깨닫거나 익히게 하다. ¶【속담】넘우 자석 쑹보지 말고 내 자석 가알치라. =남의 자식 흉보지 말고 내 자식 가르쳐라. ☞가알키다. 갈차다. 갈치다. 갈키다. 갤차다. 갤치다.

가알치다[2][_-__] 동 가리키다. 특별히 짚어 보이거나 알리다. ¶여어서 대구가 오덴지 가알치 바라. =여기서 대구가 어딘지 가리켜 봐라. ☞가알키다. 갈차다. 갈치다. 갈키다. 갤차다. 갤치다.

가알키다[1][_-__] 동 가르치다. ☞가알치다. 갈차다. 갈치다. 갈키다. 갤차다. 갤치다.

가알키다[2][_-__] 동 가리키다. ☞가알치다. 갈차다. 갈치다. 갈키다. 갤차다. 갤치다.

가알하다[__-_] 동 가을하다. ☞가실하다.

가암[-_] 명 고함(高喊). ☞괌.

가암지르다[--___] 동 고함지르다(高喊---). ¶옴마인데 가암지르마 안 덴다. =엄마한테 고함지르면 안 된다. ☞괌지르다.

가연[_-] 부 과연(果然). ①결과적으로 사실로. ¶가연 니 말대로 데까? =과연 네 말대로 될까? ②알고 보니 정말로. ¶듣던 대로 가연 대댢기는 대댢다. =듣던 대로 과연 대단하기는 대단하다.

가온데[_-_] 명 가운데. ☞가분데.

가옷[가옫 -_] 명 가웃. 되, 말, 자를 셀 때, 그 분량의 약 반에 해당하는 양의 단위를 나타내는 말. ¶지비쌀이 두 디 가옷은 델다. =좁쌀이 두 되 가웃은 되겠다.

-가옷[가옫 -_] 접 -가웃. ((수량을 나타내는 명사 또는 명사구 뒤에 붙어)) 수량을 나타내는 표현에 사용된 단위의 절반 정도 분량의 뜻을 더하는 접미사. ¶이거는 질이가 자가옷은 넘어예. =이건 길이가 자가웃은 넘어요.

가입시더[1][--__] 동 가세요. '갑시더'보다 좀 더 정중한 인사말로 '잘 가세요'의 뜻을 나타내는 말. ¶잘 살피 가입시더. =잘 살펴 가세요. ☞가입시데이. 갑시더. 갑시데이.

가입시더[2][--__] 동 갑시다. '갑시더'보다 좀 더 정중한 말로 '함께 가자'는 청유형. ¶내캉 같이 가입시더. =나랑 같이 갑시다. ☞가가입시데이. 갑시더. 갑시데이.

가입시데이[1][--___] 동 가세요. ☞가입시더. 갑시더. 갑시데이.

가입시데이[2][--___] 동 갑시다. ☞가입시더. 갑시더. 갑시데이.

가자말자[-___] 부 가자마자. 어떤 장소에 도착 직후에. ☞가더미로. 가덤질로.

가자풀[_-_] 명 ((식물))졸방제비꽃.

가재미[_-_] 명 ((동물))가자미. ☞납새미.

가재미눈[_-__] 명 가자미눈. 화가 나서 옆으로 흘겨보는 눈을 가자미의 눈에 비유하여 이르는 말. ¶【관용구】가재미눈을 뺄씨다. =가자미눈을 부릅뜨다.

가재이[가재~이 _-_] 명 가지. 나무의 원줄기로부터 갈라져 나와 뻗은 줄기. ¶【속담】새도 가재이로 개리서 앉는다. =새도 가지를 가려서 앉는다.

가주가다[-_-_] 동 가져가다. ☞가아가다. 가지가다.

가주고[-__] 부 가지고. 어떤 사물을 지니고. ¶거거 일로 가주고 온나. =그것 이리로 가지고 오너라. ☞가꼬. 가아.

-가주고[1][-__] 어 -아서. *앞에 오는 말이 수단이나 방법이 됨을 강조하여 보조적 의미를 실현한다. '-가주고'를 직역하면 '가지고'이지만, 이는 거의 문법화하여 '-아서' 또는 '-어서'라는 의미를 지닌다. ¶【속담】누구는 땅 팔아가주고 장사하나. =누구는 땅 팔아서 장사하나. ☞-가아. -가아꼬.

-가주고[2][-__] 어 -어서. ☞-가아. -가아꼬.

가주다가[-___] 동 가져다가. ¶이거로 가주다가 오데 씰꼬? =이걸 가져다가 어디 쓸까? ☞가아다가. 가지다가.

가주다주다[-____] 동 가져다주다. 다른 곳에서 옮겨 건네주다. ¶누부야인데 책을 가주다줬다. =누나에게 책을 가져다주었다. ☞가지다주다.

가주오다[-_-_] 동 가져오다. ☞가아오다. 가지오다. 고오다.

가죽기[가주끼 _-_] 부 가까이. ①어떤 장소나 사물이 다른 것과 거리가 짧게. ¶【속담】멀기 있는 단 내이보담아 가죽기 있는 씬내이가 낫다. =멀리 있는 단냉이보다는 가까이 있는 씀바귀가 낫다. ②시간이 오래지 않은 상태로. ¶언자 봄도 가죽기 왔다. =이제 봄도 가깝게 왔다. ③일정한 수에 거의 비슷한 상태로. ¶여개 산 지도 십년 가죽기 뎄다. =여기 산 지도 십년 가까이 됐다. ④스스럼없이 친하고 정답게. ¶그 사람캉 가죽기 지낸다. =그 사람과 가까이 지낸다. ☞가찹기.

가죽나무[가중나무 _-__] 명 ((식물))참죽나무. *어린잎을 식용하는 것을 표준어에서는 '참죽나무'인데, 창녕에서는 식용하는 것을 '가죽나무'라 한다. '참죽나무'라는 말은 창녕방언에 없다.

가죽나물[가중나물 _-__] 명 참죽나물. 참죽순을 데쳐서 소금과 기름에 무친 나물.

가죽다[가죽따 _-_] 형 가깝다. ①거리가 짧다. ¶【속담】법은 멀고 주묵은 가죽다. =법은 멀고 주먹은 가깝다. ②스스럼없이 친하고 정답다. ¶니캉 내캉은 가죽제? =너랑 나랑은 가깝지? ③촌수가 멀지 않다. ¶저 냥반은 우리캉 가죽운 집안이라예. =저 양반은 우리랑 가까운 집안이라오. ☞가찹다.

가죽순[가죽쑨 _-_] 명 참죽순(--筍). 참죽나무에 딸린 어린잎.

가죽자반[_-__] 명 참죽자반. 참죽순으로 만든 자반 반찬.

가지가다[-___] 뫄 가져가다. ☞가아가다. 가주가다.

가지다가[-___] 뫄 가져다가. ¶니 꺼 가지다가 주라미. =네 것 가져다가 줘라. ☞가아다가. 가주다가.

가지다주다[-____] 동 가져다주다. ☞가주다주다.

가지오다[-_-_] 동 가져오다. ☞가아오다. 가주오다. 고오다.

가징시럽다[_--__] 형 가증스럽다(可憎---). 언행이 괘씸하고 얄미운 데가 있다. ¶저런 가징시럽운 사램을 밨나! =저런 가증스러운 사람을 봤나!

가짆다[가징타 _-_] 형 가증하다(可憎--). 언행이 괘씸하고 얄밉다. ¶날로 쏙하는 기이 가짢다. =나를 속이는 게 가증하다.

가짢다[가짠타 _-_] 형 같잖다. 행위나 모습이 제격에 맞지 않아 거슬리거나 아니꼽다. ¶【속담】가짢은 기이 갓 씨고 장 보로 간다. =같잖은 게 갓 쓰고 장 보러 간다. ☞걸짢다.

가찹기[가찹끼 _-_] 부 가까이. ☞가죽기.

가찹다[_-_] 형 가깝다. ☞가죽다.

가택이[가태기 _-_] 명 과댁(寡宅).

가토 묵다[가토 묵따 __-_] 구 벌레 먹다. 농작물을 벌레가 먹다. ¶【속담】가토 무운 콩 몬 씬다. =벌레 먹은 콩 못 쓴다.

가피다[_-_] 동 고이다. 흐르지 않고 모이다. ¶【속담】굳운 따아 물이 가핀다. =굳은 땅에 물이 고인다. ¶【속담】봄물은 소 발재죽에 가핀 물도 아깝다. =봄물은 소 발자국에 고인 물도 아깝다. ☞개피다.

각기목[가끼목 __-] 명 각목(角木). ¶각기목 한나 고오바라. =각목 하나 가져와 봐라.

각띠[--] 명 각대(角帶). 주로 여자들 허리에 두르는 띠. *'각띠'의 본뜻은 예전에, 벼슬아치가 예복에 두르는 띠를 통틀어 이르던 말.

각밸나다[--__] 형 각별하다(各別--). 어떤 일에 대한 느낌이나 자세 따위가 유달리 특별하다. ¶우리들네는 각밸나기 지냅미더. =우리들은 각별하게 지냅니다. ☞각빌나다.

각밸이[각배리 _-_] 부 각별히(各別-). ¶【관용구】각밸이 이이다. =각별히 여기다. ☞각빌이.

각빌나다[각삘나다 --__] 형 각별하다(各別--). ☞각밸나다.

각빌이[각비리 _-_] 부 각별히(各別-). ☞각밸이.

각주우[각주~우 _-_] 부 갑자기. 촌각(寸刻) 중에. ¶【속담】각주우 무운 밥은 맥힌다. =갑자기 먹은 밥은 체한다. ☞각중에. 갑째기.

각중에[각쭝에 _-_] 부 갑자기. ☞각주우. 갑째기.

간가이[간가~이 _-_] 부 간간이(間間-). ①시간적인 사이를 두고 가끔씩. ¶풀꾹새 우는 소리가 간가이 딜린다. =뻐꾸기 우는 소리가 간간이 들린다. ②공간적인 사이를 두고 드물게. ¶산에 죽운 낭기 간가이 비인다. =산에 죽은 나무가 간간이 보인다.

간기기[--_] 명 자반. 고등어나 굴비 따위의 생선을 소금에 절인 반찬감. ¶자아 가서 간기기 사왔다. =장에 가서 자반 사왔다.

간낭[--] 명 ((식물))양배추(洋--). ☞양뱁차. 카뱁차.

간대로[--_] 부 뜻대로. 마음먹은 대로. ¶【관용구】시상사 간대로 안 덴다. =세상사 뜻대로 안 된다.

간두다[_-_] 동 관두다. 하던 일이나 하려던 일을 멈추고 더 이상 하지 않다. ¶언자 고마 간두라. =이제 그만 관둬라.

간때미[1][_-_] 명 간짓대. 대나무 끝을 두 갈래로 갈라지게 하여 높은 데에 달린 과일을 딸 때 쓰는 장대. ¶【속담】나그네 기는 간때미 기다. =나그네 귀는 간짓대 귀다.

간때미[2][_-_] 명 바지랑대. 빨랫줄을 받치는 긴 막대기. ¶간때미 끈티이에 꼬치철기가 앉있네. =바지랑대 끄트머리에 고추잠자리가 앉았네.

간떵거리[_-__] 명 간땡이(肝--). '간'을 속되게 이르는 말. ¶【관용구】간떵거리가 붓웄다. =간땡이가 부었다. ¶【속담】간떵거리 큰 넘이 널[棺] 장시 한다. =간땡이 큰 놈이 널 장사 한다. ☞간띠이.

간띠이[간띠~이 _-_] 명 간땡이(肝--). ☞간떵거리.

간마알[_-_] 명 간 마늘. '통마늘'과 상대되는 뜻으로, 갈아놓은 상태의 마늘. *'간마알'은 표준어로 보면 구(句)지만 창녕방언에서는 굳어진 말이라 하나의 명사로 보는 게 낫다.

간물[--] 명 소금물. 소금을 녹인 물. ¶뱁차로 간물에 절아낳았다. =배추를 소금물에 절여놓았다.

간빵[--] 명 건빵(乾-). ①딱딱하게 구운 네모꼴의 밀가루 과자. ②'건빵'에 나 있는 아주 작은 홈을 빗대어 크기가 아주 작은 사물 따위를 이르는 말. ¶【관용구】아부지 간빵 옴마 찌찌. =아버지 건빵 엄마 찌찌.

간살시럽다[-____] 형 가살스럽다. 말이나 행동 따위가 얄밉고 되바라진 데가 있다. ¶말로 간살시럽기 한다. =말을 가살스럽게 한다. ☞깨살시럽다.

간십하다[간시파다 -___] 동 간섭하다(干涉--). 남의 일에 참견하다. ¶맥찌 넘우 일에 간십한다. =남의 일에 간섭한다. ☞똥까이하다.

간씸[_-] 동 안간힘. 어떤 일을 이루기 위해서 깡그리 내어 쏟아붓는 힘이나 노력. ¶이거는 간씸 씨도 몬 든다. =이건 안간힘 써도 못 든다.

간재살[_-_] 명 관재살(官災煞). 관재(官災)와 관련된 살(煞). 관청에서 비롯되는 재앙과 관련된 좋지 않은 일. ¶손재살하고 간재살하고 말키 다 뚜아 갔다 이이라. =손재살하고 관재살하고 모두 다 닦아 갔다 여겨라.

간절님[--_] 명 관절염(關節炎). ¶할마시가 간절님 때미로 디기 고상한다. =할멈이 관절염 때문에 되게 고생한다.

간조구[--_] 명 간조기. 소금에 절여서 통째로 말린 조기. ¶간조구 한 손. =간조기 한 손.

간조롬이[간조로미 __-_] 부 가지런히. 층이 나지 않고 나란하거나 고르게. ¶축담 우에 신을 간조롬이 벗이 낳았다. =축담 위에 신을 가지런히 벗어 놓았다.

간조롬하다[___-_] 형 가지런하다. 층이 나지 않고 나란하거나 고르다. ¶솔낭글 간조롬하이 숭궜다. =소나무를 가지런하게 심었다. ☞간지롬하다.

간조찡[_-_] 명 조바심. 조마조마하여 마음을 졸임. ¶【관용구】간조찡을 내다. =조바심을 치다.

간종키다[_-__] 동 간추리다. 흐트러진 것을 가지런히 바로잡다. ¶【관용구】매타붆기 간종키다. =깔끔하게 간추리다.

ㄱ

☞삼치다. 추리다.

간지라다[_ _-_] 동 간질이다. 간지럽게 하다. ¶얼라 등더리 간지라지 마래이. =아기 등 간질이지 마라.

간지람[_ _-] 명 간지럼. 간지러운 느낌. ¶【관용구】간지람 타다. =간지럼 타다. ¶【관용구】간지람 태아다. =간지럼 태우다. ☞간지룸.

간지랍다[간지랍따 _ _-_] 형 간지럽다. ①무엇이 살갗에 살살 닿을 때처럼 자리자리한 느낌이 있다. ¶【관용구】콧디이가 간지랍다. =콧등이 간지럽다. ②낯이 계면쩍고 어색하다. ¶【관용구】간지랍운 소리하다. =간지러운 소리하다. ☞간지룹다.

간지롬하다[1][_ _ _-_] 형 간잔지런하다. ①물건 따위가 매우 가지런하다. ¶간지롬하이 따둠웄다. =간잔지런하게 다듬었다. ②졸리거나 술에 취해서 위아래의 눈시울이 맞닿을 듯이 가느다랗다. ¶간지롬한 눈우로 치라본다. =간잔지런한 눈으로 쳐다본다.

간지롬하다[2][_ _ _-_] 형 가지런하다. 층이 나지 않고 나란하거나 고르다. ¶니는 잇바지가 간지롬하네. =너는 잇바디가 가지런하네. ☞간조롬하다.

간지룸[_ _-] 명 간지럼. 간지러운 느낌. ☞간지롬.

간지룹다[간지룹따 _ _-_] 형 간지럽다. ☞간지랍다.

간지매[_-_] 명 통조림(桶--). *일본어 '간즈매 缶詰(かんづめ)'에서 온 말. ¶복숭 간지매. =복숭아 통조림.

간지삐[_-_] 명 광대뼈. ¶【속담】간지삐 티노온 사램은 팔자가 사냅다. =광대뼈가 튀어나온 사람은 팔자가 사납다. ☞강치삐.

간태아다[_-_ _] 동 애태우다. *간(肝)+태우다. ①근심스럽거나 안타까운 일 때문에 매우 마음을 졸이다. ¶내가 니 머리 얼매나 간태았던동 모룬다. =내가 너 때문에 얼마나 애태웠던지 모른다. ②다른 사람을 매우 근심스럽게 하거나 가슴 졸이게 하다. ¶자석이 부몬님 간태안다. =자식이 부모님 애태운다. ☞애달카다. 애태아다.

간판재이[간판재~이 _ _-_] 명 간판장이(看板--). 간판 만드는 기술자.

같아지다[가다지다 _-_ _] 동 가두어지다. 물이나 공기 따위의 물질을 어디에 머물러 있게 되다. ¶덤붕에 물이 같아짔다. =웅덩이에 물이 가두어졌다.

갈[-] 명 ((식물))가래.

갈가마구[_ _-_] 명 ((동물))갈까마귀. ¶【속담】갈가마구 떼 걷다. =갈까마귀 떼 같다.

갈가세이[갈가세~이 _ _-_] 명 ((동물))장구벌레. ¶【속담】갈가세이 오굴기리딧기. =장구벌레 오글거리듯. ☞물벌개이.

갈기씨다[--_ _] 동 갈겨쓰다. 글씨를 아무렇게나 마구 쓰다. ¶한자로 갈기씨마우예 이러노? =한자를 갈겨쓰면 어찌 읽니? ☞날리씨다. 날치다.

갈라다[1][_-_] 동 치이다. 치이게 하다. 무거운 물건에 부딪히거나 깔리게 하다.

¶차가 개로 갈랐다. =차가 개를 치었다. ☞칭가다.

갈라다[2][-__] 동 갈리다. '갈다'의 사동사. 쟁기 따위의 도구로 논밭을 갈게 하다. ¶머숨인데 밭을 갈랐다. =머슴에게 밭을 갈렸다.

갈라묵기[1][갈라무끼 __-_] 명 나눠먹기. 여럿이 돈이나 이익, 물건 따위를 갈라서 나누어 가지는 일. ¶【관용구】갈라묵기 하다. =나눠먹기 하다. ☞나나묵기. 노나묵기.

갈라묵기[2][갈라무끼 __-_] 명 노느매기. 여러 몫으로 갈라 나누는 일. ¶대애지로 잡아가아 이우지캉 갈라묵기 했다. =돼지를 잡아서 이웃과 노느매기 했다.

갈라묵다[-___] 동 나눠먹다. 여럿이 음식이나 이익, 물건 따위를 갈라서 나누어 가지다. ¶【속담】기신 떡 갈라묵는 소리 한다. =귀신 떡 나눠먹는 소리 한다. ¶【속담】미친개 기기 갈라묵듯기 한다. =미친개 고기 나눠먹듯 한다. ☞나나묵다. 노나묵다. 반타서묵다.

갈라주다[-___] 동 나눠주다. ¶그만쿰 가짔으마 쫌 갈라주지 그카노? =그만큼 가졌으면 좀 나눠주지 그러니? ☞나나주다. 노나주다. 반타주다.

갈라티리다[__-__] 동 가르다. ①대상을 따로 나누어 서로 구분을 짓다. ¶칸맥이로 방을 둘로 갈라티맀다. =칸막이로 방을 둘로 갈랐다. ②사물을 칼 따위로 베거나 쪼개어 둘 이상으로 만들다. ¶대애지로 잡아서 배로 갈라티맀다. =돼지를 잡아서 배를 갈랐다. ☞기리다. 따개다. 따다. ③움직이는 물체가 물이나 공기 따위를 두 갈래로 나누며 아주 빠르게 지나가다. ¶배가 물살로 갈라티린다. =배가 물살을 가른다. ④가까운 관계를 멀어지게 하거나 끊어지게 하다. ¶죽움도 우리 새를 갈라티릴 수가 없다. =죽음도 우리 사이를 가를 수가 없다.

갈롱떨다[1][_-__] 동 애교부리다(愛嬌---). *창녕방언 '갈롱'은 표준어 '간능(幹能)'에서 온 말로 보이지만 그 뜻이 사뭇 다르다. ¶미너리가 시아부지인데 갈롱떤다. =며느리가 시아버지한테 애교부린다. ☞갈롱부리다. 갈롱지기다. 애지랑부리다.

갈롱떨다[2][_-__] 동 ≒멋부리다. 멋있게 보이도록 꾸미거나 행동하는 것을 낮잡아 이르는 말. ¶이래 갈롱떨민서 어데 갈라카노? =이렇게 멋부리면서 어딜 가려느냐? ☞갈롱부리다. 갈롱지기다.

갈롱부리다[1][_--__] 동 애교부리다(愛嬌---). ☞갈롱떨다. 갈롱지기다. 애지랑부리다.

갈롱부리다[2][_--__] 동 ≒멋부리다. ☞갈롱떨다. 갈롱지기다.

갈롱재이[갈롱재~이 _--_] 명 ≒멋쟁이. '멋쟁이'를 낮잡아 이르는 말. ☞멋재이.

갈롱지기다[1][_--__] 동 애교부리다(愛嬌---). ☞갈롱떨다. 갈롱부리다. 애지랑부리다.

갈롱지기다[2][_--__] 동 ≒멋부리다. ☞갈롱떨다. 갈롱부리다.

ㄱ

갈리[-_] 명 가루. ☞가리.

갈리가다[_-__] 동 전근하다(轉勤--). ¶우리 선상님이 갈리갔다. =우리 선생님이 전근했다.

갈리다¹[_-_] 동 치이다. 무거운 물건에 부딪히거나 깔리다. ¶추럭에 갈렀다. =트럭에 치였다. ☞칭기다.

갈리다²[_-_] 동 헤어지다. ①모여 있던 사람들이 따로따로 흩어지다. ¶친구들캉 갈리서 곧바리 집으로 왔다. =친구들과 헤어져서 곧장 집으로 왔다. ②사귐이나 맺은 정을 끊고 갈라서다. ¶그 여자캉 갈린 지가 버씨로 삼 년이나 뎄어예. =그 여자랑 헤어진 지가 벌써 삼 년이나 됐어요. ③살갗이 터져 갈라지다. ¶춥우 때미로 입수구리가 갈렀다. =추위 때문에 입술이 헤어졌다. ☞히이다. 히이지다.

갈리오다[_-__] 동 전근해오다(轉勤---). ¶너거 선상님 갈리왔제? =너희 선생님 전근해왔지?

갈방니[_-_] 명 가랑니. 서캐에서 갓 깨어난 새끼 이. ¶【속담】갈방니가 더 문다. =가랑니가 더 문다. ☞깔방니.

갈방잎사구[갈방입사구 ___-_] 명 가랑잎. ☞가랑잎사구.

갈세[--] 명 괄시(恝視). 사람을 업신여겨 하찮게 대함. ¶【속담】나만사람 갈세는 해도 아아들 갈세는 안 한다. =노인 괄시는 해도 아이들 괄시는 안 한다. ¶【속담】씨이미한테 갈세 받아 본 미너리래야 난제 미너리 바아도 갈세 안 한다. =시어미한테 괄시 받아 본 며느리라야 나중에 며느리 보아도 괄시 않는다.

갈세하다[--__] 동 괄시하다(恝視--). ¶【속담】호박꽃도 꽃이라칸께네 오는 나부 갈세한다. =호박꽃도 꽃이라니까 오는 나비 괄시한다.

갈수록이[갈수로기 -___] 부 갈수록. 계속 될수록 점점 더. ¶【속담】갈수록이 태사이다. =갈수록 태산이다. ☞갈수룩. 갈수룩이.

갈수룩[-__] 부 갈수록. ☞갈수록이. 갈수룩이.

갈수룩이[갈수루기 -___] 부 갈수록. ☞갈수록이. 갈수룩.

갈차다¹[_-_] 동 가르치다. ☞가알치다. 가알키다. 갈치다. 갈키다. 갤차다. 갤치다.

갈차다²[_-_] 동 가리키다. ☞가알치다. 가알키다. 갈치다. 갈키다. 갤차다. 갤치다.

갈차주다¹[_--_] 동 가르쳐주다. ☞가알주다. 갈치주다. 갤차주다. 갤치주다.

갈차주다²[_--_] 동 일러바치다. ☞가알주다. 갈치주다. 갤차주다. 갤치주다. 꼰질라다. 이르다. 일라주다. 찌르다.

갈치다¹[-__] 동 가르치다. ☞가알치다. 가알키다. 갈차다. 갈키다. 갤차다. 갤치다.

갈치다²[-__] 동 가리키다. ☞가알치다. 가알키다. 갈차다. 갈키다. 갤차다. 갤치다.

갈치주다¹[__-_] 동 가르쳐주다. ☞가알주다. 갈차주다. 갤차주다. 갤치주다.

갈치주다[2][__-_] 동 일러바치다. ☞가알주다. 갈차주다. 갤차주다. 갤치주다. 이르다. 일라주다. 찌르다.

갈키다[1][-__] 동 가르치다. ☞가알치다. 가알키다. 갈차다. 갈치다. 갤차다. 갤치다.

갈키다[2][-__] 동 가리키다. ☞가알치다. 가알키다. 갈차다. 갈치다. 갤차다. 갤치다.

갈피리[_-_] 명 ((동물))왕등이(王--). 큰 피라미의 수컷.

갊다[갈따 _-] 동 가래다. 맞서서 옳고 그름을 따지다. ¶【관용구】갊아 주다. =가래어 주다. ¶【관용구】몬 갊을 넘. =못 가랠 놈. *갊고[갈꼬 _-], 갊지[갈찌 _-], 갊아[갈바 -_], 갊았다[갈받따 -__].

감가무리하다[1][____-_] 형 감감하다. ①소식을 모르거나 연락이 없다. ¶【관용구】소식이 감가무리하다. =소식이 감감하다. ②앞날이 흐리거나 아득하다. ¶【관용구】앞날이 감가무리하다. =앞날이 감감하다. ③아주 조용하다. ¶【관용구】지 죽은 딧기 감가무리하다. =쥐 죽은 듯이 감감하다.

감가무리하다[2][____-_] 형 간간하다. 입맛 당기게 약간 짠 듯하다. ¶나물로 감가무리하이 문치라. =나물을 간간하게 무쳐라. ☞감감하다.

감감하다[__-_] 형 간간하다. ☞감가무리하다.

감낭ㄱ[감낭ㄱ _-] 명 ((식물))감나무. *창녕방언은 '나무'에 'ㄱ'이 붙는다. 이것은 중세국어에서 'ㄱ곡용'이 남은 흔적이다. ¶【속담】마이 열린 감낭근 가재이가 늘어진다. =많이 열린 감나무는 가지가 늘어진다.

감바가치[감빠가치 __-_] 명 쇠죽바가지(-粥---). 나무를 파서 만든 바가지. 쇠죽을 풀 때나 곡식을 퍼거나 담을 때 쓴다. ☞소죽바가치.

감악살이[가막싸리 __-_] 명 감옥살이(監獄--). ¶【속담】감악살이 십녀이마 바알로 파옥한다. =감옥살이 십년이면 바늘로 파옥한다.

감악소[가막쏘 __-] 명 감옥(監獄). ¶【속담】감악소 기신을 맨든다. =감옥 귀신을 만든다.

감이[가미 _-] 부 감히(敢-). ①자신의 신분이나 능력 따위를 넘어서서 주제넘게. ¶감이 한 말쌈 여짭겠습미더예. =감히 한 말씀 여쭙겠습니다. ②두려움을 무릅쓰고 과감하게. ¶감이 날로 건디리다이. =감히 나를 건드리다니. ③크게 고민하거나 어려워하지 않고 쉽게. ¶【관용구】감이 얼굴도 몬 들다. =감히 얼굴도 못 들다.

감차다[_-_] 동 감추다. 가리거나 숨기다. ¶【관용구】꼬랑대이 감차다. =꼬리 감추다. ¶【속담】개이가 발텁 감찬다. =고양이가 발톱 감춘다. ¶【속담】감찰 줄운 모루고 찌팔 줄마 안다. =감출 줄은 모르고 훔칠 줄만 안다.

감치이다[1][_-__] 동 휘감기다. 길고 가는 것이 무엇에 휘둘러 감기다. ¶【속담】칠개이덩굴 감치이듯기 한다. =칡덩굴 휘감기듯 한다.

감치이다[2][_-__] 동 휘말리다. ①어떤 감정이나 일 따위에 완전히 휩쓸려 들어가다. ¶나쁜 일에 감치있다. =나쁜 일에 휘말렸다. ②물살 따위에 휩쓸려 들어가다. ¶대애지가 강물에 감치이서 죽웄다. =돼지가 강물에 휘말려서 죽었다. ③얇고 넓적한 물건이 대충 둥글게 감싸이다. ¶조오가 똘똘 감치있다. =종이가 돌돌 휘말렸다.

감홍시[_-_] 명 홍시(紅柿). ¶【속담】감홍시가 널찌마 무울라꼬 감낭게 가서 입 벌씨고 눕웄다. =홍시가 떨어지면 먹으려고 감나무에 가서 입 벌리고 누웠다.

갑다[갑따 -_] 형 보다. 추측이나 불확실한 단정을 나타내는 보조 형용사. ¶구룸이 찌인 거 보이 비 올란 갑다. =구름이 낀 걸 보니 비 오려나 보다.

갑때기[_-_] 명 대님. 남자들이 한복을 입을 때, 바지의 발목 부분을 매는 좁은 끈. ¶【관용구】갑때기 매다. =대님 치다. ☞다임.

갑시더[1][-__] 동 가세요. '가입시더'보다 좀 더 무뚝뚝한 인사말로 '잘 가세요'의 뜻을 나타내는 말. ¶살피 갑시더. =살펴 가세요. ☞가입시더. 가입시데이. 갑시데이.

갑시더[2][-__] 동 갑시다. '가입시더'보다 좀 더 무뚝뚝한 말로 '함께 가자'는 청유형. ¶내캉 같이 갑시더. =나랑 같이 갑시다. ☞가입시더. 가입시데이. 갑시데이.

갑시데이[1][--__] 동 가세요. ☞가입시더. 가입시데이. 갑시더.

갑시데이[2][--__] 동 갑시다. ☞가입시더. 가입시데이. 갑시더.

갑씨다[_-_] 동 ≒갑시다. 차가운 물의 찬 기운 때문에 갑자기 숨이 막힐 듯한 느낌을 갖다. *표준어 '갑시다'는 '세찬 바람이나 물 따위가 갑자기 목구멍에 들어갈 때, 숨이 막히게 되다.'로 되어 있는데, 이는 창녕방언에서의 의미와 많이 다르다. 창녕방언에서는 몸이 찬 물 속에 들어가거나 찬물을 덮어썼을 경우 그 차가움 때문에 숨이 막히는 듯할 때 이 표현을 쓴다. ¶아이구 찹아라, 갑씬다. =아이쿠 차가워라, 갑신다.

갑씬[_-] 부 잔뜩. ①매우 심하게. ¶【관용구】욕을 갑씬 얻우묵다. =욕을 잔뜩 얻어먹다. ②대단히 많이. ¶【관용구】술에 갑씬 치하다. =술에 잔뜩 취하다. ③어떤 한도에 꽉 차도록. ¶【관용구】짐을 갑씬 실다. =짐을 잔뜩 싣다. ☞가뿍. 목씬. 볼쏙. 항거석. 항검.

갑씬하다[__-_] 형 거나하다. 술 따위에 어지간히 취한 상태에 있다. ¶술이 갑씬하게 치했다. =술이 거나하게 취했다.

갑짝시럽기[__-__] 부 갑작스레. ¶갑짝시럽기 쏘내기가 쏟아진다. =갑작스레 소나기가 쏟아진다. ☞갑짝시리.

갑짝시리[__-_] 부 갑작스레. ☞갑짝시럽기.

갑째기[_-_] 부 갑자기. ☞각주우. 각중에.

갑하다[가파다 _-_] 동 갇히다. 물이나 눈물 따위의 액체가 낮은 곳이나 우묵한 곳에 흐르지 않고 고이게 하다. ¶웅디이로 파서 물로 갑핬다. =웅덩이를 파서 물을 갇혔다.

값우치[가부치 --_] 명 값어치. 일정한 값에 해당하는 가치. ¶【속담】잃아뿐 물견이 더 값우치 있다. =잃어버린 물건이 더 값어치 있다.

갓[갇 -] 명 멧갓. 나무나 풀 따위를 함부로 베지 못하도록 하여 가꾸는 산. ¶남우 갓에다가 미로 썼다. =남의 멧갓에다 묘를 썼다.

갓다가[가따가 _-_] 부 가져다. ((특별한 뜻을 지니지 않고 체언 뒤에 '을/를/로/'에 입버릇으로 붙어)) 강조의 뜻을 나타내는 말. *창녕방언에서는 이런 경우가 흔히 나타난다. ¶멀건 밥을 갓다가 애삐린다. =멀쩡한 밥을 가져다 내버린다. ¶얼라를 갓다가 바아 하분채 낳아뚠다. =애를 가져다 방에 혼자 놓아둔다.

갓다리[가따리 _-_] 명 곁다리. ①어떤 일에 직접 관계도 없는데 끼어드는 언행. ¶【관용구】갓다리 찡기다. =곁다리 끼다. ②자신과는 아무런 관계도 없는데 끼어드는 사람을 낮잡아 이르는 말. ¶【속담】갓다리 지 하분채 잘났다. =곁다리 제 혼자 잘났다.

갓재이[갇재~이 --_] 명 갓장이. 갓을 만들거나 고치는 일을 업으로 하는 사람. ¶【속담】갓재이는 헌 갓 씨고 무당은 넘 빌리서 굿한다. =갓장이는 헌 갓 쓰고 무당은 남 빌려서 굿한다.

갔다오다[갇따오다 -_-_] 동 다녀오다. 어느 곳에 갔다가 돌아오다. ¶【속담】까토리 북한 갔다온 셈이다. =까투리 북한 다녀온 셈이다. ¶학조 갔다오겠습미더. =학교 다녀오겠습니다. ☞댕기오다.

강가세[_-_] 명 강가(江-). 강물이 뭍에 잇닿은 그 부근. *'강가세'는 '강가+ㅅ+에<강갓에<강가세'로 분석된다. 이런 경우 창녕방언에서는 처소격 조사 '에'가 습관처럼 붙어 다니는 특징이 있다. ¶【속담】지심 모루고 강가세에 씨룸 가까이. =제힘 모르고 강가에 씨름 갈까. ☞강가시.

강가시[_-_] 명 강가(江-). ☞강가세.

강검[_-] 명 ≒소금버캐. 소금기가 내돋아서 엉기어 말라붙은 것. *'강검'은 소금기가 매우 강하다는 뜻이다. *강(强)+검(소금). ¶이 짐치는 강검이다. =이 김치는 소금버캐다.

강검하다[-_-_] 동 강권하다(強勸--). 권력이나 위력으로 남의 자유의사를 억눌러 원하지 않는 일을 억지로 권하다. *'강검하다'는 '감금하다(監禁--)'를 창녕방언으로 발음한 것인데, 의미 변화도 수반된 것이다. ¶이전에는 술로 못 해묵구로 강검했다. =예전에는 술을 못해먹게 강권했다. ¶정부서 통일베 숭구라꼬 강검했디라. =정부에서 통일벼 심으라고 강권했더니라.

강구[-_] 명 ((동물))바퀴벌레.

강기[1][_-] 명 감기(感氣). ¶【속담】오니얼

강기는 개도 안 딜린다. =오뉴월 감기는 개도 안 걸린다.

강기²[강끼 --] 명 간기(-氣). 짠 기운. ¶【관용구】강기로 빼다. =간기를 빼다.

강꽂[강꼳 _-] 명 감꽃. 감나무의 꽃. *창녕방언에서 '감나무' 또는 '감낭게'처럼 쓰일 때에는 '감'으로 실현되지만 '감꽃'은 '강꽂'이 된다.

강새[_-] 명 강샘. 다른 사람이 잘되거나 좋은 처지에 있는 것 따위를 공연히 미워하고 깎아내리려는 증세. ¶【관용구】강새로 내다. =강샘을 내다. ☞강찡.

강새이[강새~이 _-_] 명 ((동물))강아지. ①개의 새끼. ¶【관용구】강새이 지 이미 배에 달라붙딧기. =강아지 제 어미 배에 달라붙듯이. ¶【속담】밉운 강새이 우쭐대미 똥 싼다. =미운 강아지 우쭐대며 똥 싼다. ¶【속담】대감 죽운 데는 조문 안 해도 대감 강새이 죽운 데는 조문한다. =대감 죽은 데는 조문 안 해도 대감 강아지 죽은 데는 조문한다. ②주로 어린 자식이나 손자 손녀를 귀엽게 이르는 말. ¶하이고, 이뿐 내 강새이. =아이고, 예쁜 내 강아지.

강새이풀[강새~이풀 _--_] 명 ((식물))강아지풀.

강엿[강엳 -_] 명 갱엿. 푹 고아 여러 번 켜지 않고 그대로 굳혀 만든, 검붉은 빛깔의 엿. ¶【속담】강엿 젓이다가 주기 뿌쌓기 여사다. =갱엿 젓다가 주걱 부수기 예사다.

강지리[_-_] 명 광주리. 대나무 따위 성기게 엮어 만든 그릇. ¶【속담】입이 강지리래도 말 몬 한다. =입이 광주리라도 말 못 한다.

강찡[_-] 명 강샘. *'강찡'은 '강샘+증'이 합성된 말. ¶【관용구】강찡을 내다. =강샘을 내다. ☞강새.

강철기[-__] 명 ((동물))청동잠자리(靑銅---).

강치삐[__-] 명 광대뼈. ☞간지삐.

강태[--] 명 북어(北魚). 말린 명태. ¶【속담】강태 껍띠기 오구라들딧기. =북어 껍질 오그라들듯.

강탯국[강태꾹 __-] 명 북엇국(北魚-). ¶【속담】강탯국 묵고 쏙 채리라. =북엇국 먹고 속 차려라.

갖다[갇따 -_] 형 짧다. 음식을 적게 먹거나 가려 먹는 버릇이 있다. ¶【관용구】입이 갖다. =입이 짧다. *갖고[가꼬 -_], 갖지[가찌 -_], 갖아서[가자서 -__], 갖았다[가잗따 -__]. ☞짜러다.

갖인[가진 -_] 관 갖은. ①골고루 다 갖춘. ¶【속담】갖인 항아라. =갖은 황아라. ②이런저런 가지가지의. ¶【관용구】갖인 고상을 하다. =갖은 고생을 하다.

갖인소리[가진소리 -___] 명 갖은소리. 쓸데없는 여러 가지 말. ¶【관용구】갖인소리로 하다. =갖은소리를 하다.

갖차다[같차다 _-_] 동 갖추다. ①있어야 할 것을 가지거나 차리다. ¶【관용구】삐대로 갖차다. =뼈대를 갖추다. ②지켜야 할 도리나 절차를 따르다. ¶【관용구】에이로 갖차다. =예의를 갖추다.

갗[갇-] 명 ((식물))갓. *표준어 '갓'과는 달리 받침이 'ㅊ'이다. ¶우리들네는 갖으로 오만 거로 다 맨들어 묵눈다. =우리는 갓으로 온갖 것을 다 만들어 먹는다. *갖이[가치 --], 갖을[가츨 --], 갖으로[가츠로 --_], 갖만[간만 --].

갖짐치[갇침치 --_] 명 갓김치. 갓으로 담근 김치.

같애지다[가태지다 --__] 동 같아지다. *'…과'가 나타나지 않을 때는 여럿임을 뜻하는 말이 주어로 온다. ¶【관용구】둘이가 똑 같애지다. =둘이 똑 같아지다.

-개[_] 접 -가(哥). ((성(姓)을 나타내는 대다수 명사 뒤에 붙어)) '그 성씨 자체' 또는 '그 성씨를 가진 사람'의 뜻을 더하는 접미사. *창녕방언에서 '-가'는 일반적인 호칭이고, '-개'는 쌍놈 짓을 하는 사람에게 붙이는 속된 말이다. ¶씨쌍넘 짓 하는 이(李)개(哥) 글마. =불상놈 짓 하는 이가 그놈.

개겁다[_-_] 형 가볍다. *창녕방언에서 '개겁다'는 ㅂ규칙활용을 하는 용언이다. ①무게가 적다. ¶【속담】무굽운 절 떠나기보담은 개겁운 중이 떠난다. =무거운 절 떠나기보다 가벼운 중이 떠난다. ②병이나 죄 따위가 정도가 심하지 않다. ¶【관용구】개겁은 일이 아이다. =가벼운 일이 아니다. ③언행 따위가 침착하지 못하고 경솔하다. ¶【관용구】입이 개겁다. =입이 가볍다. ¶【관용구】궁디이가 개겁다. =궁둥이가 가볍다. ④동작이 재빠르고 경쾌하다. ¶【관용구】소이 개겁다. =손이 가볍다. ¶【관용구】몸이 개겁다. =몸이 가볍다. ⑤옷차림이나 마음 따위가 가뿐하고 경쾌하다. ¶【관용구】마움이 개겁다. =마음이 가볍다. *개겁고[개겁꼬 _-_], 개겁지[개겁찌 _-_], 개겁어야[개거버야 _-__], 개겁어서[개거버서 _-__], 개겁웠다[개거붇따 _-__]. ☞개굽다. 날리다. 해꼽다. 해꼽하다. 해꼽다. 해꼽하다.

개고랑버들[____-] 명 ((식물))갯버들. ☞땅버들.

개고랑풀[__-_] 명 ((식물))붕어마름. ☞개꼬래이. 개사리풀.

개골때[_-_] 명 ((식물))매자기.

개골창[__-] 명 개울. 골짜기나 들에 흐르는 작은 물줄기. ¶【속담】돌다리도 개골창을 만내야 낳는다. =돌다리도 개울을 만나야 놓는다. ☞개구랑. 개굴창. 걸. 깨뚝.

개구녕바지[___-_] 명 개구멍바지. 오줌똥을 누기에 편하도록 밑을 터서 만든 어린아이의 바지.

개구랑[__-] 명 개울. ☞개골창. 개굴창. 걸. 깨뚝.

개구신[개구씬 __-] 명 술망나니. 술주정이 몹시 심한 사람을 비난조로 이르는 말. ☞술구신.

개국화[개구콰 __-] 명 ((식물))개망초.

개굴창[__-] 명 개울. ☞개골창. 개구랑. 걸. 깨뚝.

개굽다[개굽따 _-_] 형 가볍다. ☞개겁다. 날리다. 해꼽다. 해꼽하다. 해꼽다. 해꼽하다.

개꼬랑대이[개꼬랑대~이 ___-_] 명 개꼬리. 개의 꼬리. ¶【속담】개꼬랑대이 검잡고 선소리 할다. =개꼬리 검잡고 선소리 하겠다. ¶【속담】힌 개꼬랑대이 굴뚝에 삼 년 두우도 황모 안 덴다. =흰 개꼬리 굴뚝에 삼 년 두어도 황모 안 된다. ☞개꽁대기.

개꼬래이[1][개꼬래~이 __-_] 명 ((식물))물까치수염.

개꼬래이[2][개꼬래~이 __-_] 명 ((식물))붕어마름. ☞개고랑풀. 개사리풀.

개꽁대기[__-_] 명 개꼬리. ☞개꼬랑대이.

개눈깔[__-] 명 인공눈알(人工--). ¶【관용구】개눈깔 박다. =인공눈알 시술하다.

개다리판[___-] 명 개다리상(---床). 상다리 모양이 개의 다리처럼 휜 막치 소반. ☞개상판.

개덕[_-] 명 변덕(變德). *'개덕'은 표준어 '괴덕'에서 온 말로, 그 뜻은 '언행이 수선스럽고 믿음직하지 못한 데가 있음'을 뜻하지만 창녕방언에서는 '이랬다저랬다 잘 변하는 태도나 성질'을 뜻하는 '변덕'으로 쓰인다. ¶【관용구】개덕이 쭉 끓딧기 하다. =변덕이 죽 끓듯 하다. ☞밴덕. 빈덕.

개덕맞다[개덕맏따 _--_] 형 변덕맞다(變德--). 사람이나 현상이 자주 변하는 성질이나 태도가 있다. ☞개덕지기다. 밴덕맞다. 밴덕지기다. 빈덕맞다. 빈덕지기다.

개덕시럽다[_--__] 형 변덕스럽다(變德---). ¶【속담】장매철 날씨만쿰 개덕시럽우까이. =장마철 날씨만큼 변덕스러울까. ☞밴덕시럽다. 빈덕시럽다.

개덕시리[_--_] 부 변덕스레(變德--). ¶【관용구】개덕시리 그캐쌓다. =변덕스레 그러해쌓다. ☞밴덕시리. 빈덕시리.

개덕재이[개덕재~이 _--_] 명 변덕쟁이(變德--). 변덕이 심한 사람. ☞밴덕재이. 빈덕재이.

개덕지기다[_--__] 형 변덕맞다(變德--). ☞개덕맞다. 밴덕맞다. 밴덕지기다. 빈덕맞다. 빈덕지기다.

개덜[_-] 명 ≒행전(行纏). 행전 모양의 족의(足衣)의 일종. 종아리 아래쪽부터 발목까지 싸는 짧은 행전. ¶【관용구】개덜로 치다. =행전을 치다. ☞개항. 마끼항. 행건.

개따나[_-_] 부 가뜩이나. 그러지 않아도 매우. ¶【속담】개따나 밉운 넘이 도래질한다. =가뜩이나 미운 놈이 도리질한다. ¶개따나 이뿐데 애지랍기꺼정 하다. =가뜩이나 예쁜데 상냥하기까지 하다. ☞개뜩이나.

개딸기[_-_] 명 ((식물))뱀딸기. ☞구리딸. 배암딸. 뱀딸.

개때기[_-] 명 딱지(-紙). 종이를 손으로 접어서 만든 장난감의 하나. '개때기'와 상대되는 '참때기'는 두꺼운 종이쪽에 그림을 그리거나 글을 쓴 것을 지칭하는 말이다. '개때기'는 치면서 노는 놀이이고, '참때기'는 손 안에 때기를 넣어 '짓기'로 하는 놀이이다. 이를 통칭하여 '때기'라 칭하지만 '참때기'와 상대되는 것을 '개때기'라 한다. ☞때기. 참때기.

개때까리[_ _-_] 명 개좆부리. '감기(感氣)'를 속되게 이르는 말. ¶【관용구】개때까리로 앓다. =개좆부리를 앓다. ☞개짓때까리.

개땡깔[_--] 명 ((식물))까마중. ☞똥땡깔.

개떡수지비[_-_ _ _] 명 개떡수제비. 보릿겨를 반죽하여 만든 수제비. ¶【속담】음석 겉짢은 개떡수지비에 입천장 딘다. =음식 같잖은 개떡수제비에 입천장 덴다.

개떡시럽다[_-_ _ _] 형 괴덕스럽다. 말이나 행동이 실없고 수선스러워 미덥지 못하다. ¶【관용구】개떡시럽운 짓을 하다. =괴덕스러운 짓을 하다.

개똥벌개이불[개똥벌개~이뿔 _ _ _-_-] 명 반딧불. 반딧불이의 꽁무니에서 나오는 빛. ¶【속담】개똥벌개이불로 빌을 대적하까. =반딧불로 별을 대적하랴. ☞까래이불.

개똥벌거지[_ _ _-_] 명 ((동물))개똥벌레. ¶【속담】개똥벌거지는 지 몸띠이 더럽운 줄 모룬다. =개똥벌레는 제 몸뚱이 더러운 줄 모른다. ☞까래이.

개뜩이나[개뜨기나 _--_] 부 가뜩이나. ☞개따나.

개띠비이[개띠비~이 _ _-_] 명 ≒밥뚜껑. 놋쇠 밥그릇의 뚜껑. ¶밥 식하지 말고 개띠비이 닫거라. =밥 식히지 말고 밥뚜껑 닫아라. ☞띠비이. 밥띠비이.

개락[--] 명 포락(浦落). 비가 많이 오거나 물 따위의 액체가 쏟아지거나 넘쳐서 엉망이 된 상태.

개락지다[--_ _] 동 포락하다(浦落--). 비가 많이 오거나 물 따위의 액체가 쏟아지거나 넘쳐서 엉망진창이 되어버리다. ¶물로 쏟아서 방구숙이 개락짔다. =물을 쏟아서 방구석이 포락했다.

개렵다[--_] 형 피곤하다(疲困--). ¶【관용구】몸이 개렵다. =몸이 피곤하다. ☞고롭다. 기렵다. 피곤시렵다.

개롬하다[_ _-_] 형 갸름하다. 보기 좋을 정도로 조금 가늘고 긴 듯하다. ¶기랄매이로 개롬하다. =계란처럼 갸름하다. ☞가롬하다.

개리내다[_-_ _] 동 가려내다. 여럿 가운데서 일정한 것을 골라내다. ☞가리내다. 추리내다.

개리다[1][-_ _] 동 쟁이다. 곡식이나 땔나무 따위를 단으로 쌓아 더미를 짓다. ¶둥구리로 개리낳았다. =장작을 쟁여놓았다. ☞당가리치다. 재아다. 재애다. 짜다.

개리다[2][-_ _] 동 그느다. 젖먹이가 오줌이나 똥을 눌 때를 가리다. ¶【관용구】똥오짐도 몬 개리다. =똥오줌도 못 그느다.

개리다[3][-_ _] 동 고르다. 여럿 가운데 가려내거나 뽑다. ☞가리다. 골라다.

개리다[4][-_ _] 동 가리다. 세상의 물정이나 형편을 사리에 맞도록 헤아려 판단하다. ¶【속담】물불로 안 개린다. =물불을 안 가린다.

개리다[5][-_ _] 동 가리다. 보이지 않도록 감추거나 막다. ¶【속담】개림은 있어야 이복이라 칸다. =가림은 있어야 의복이라 한다. ☞가라다. ②좋고 나쁨을

ㄱ

까다롭게 따지다. ¶【관용구】찹운밥 뜨신밥 안 개린다. =찬밥 더운밥을 안 가린다.

개망내이[개망내~이 _ _-_] 명 개망나니. 언행이나 성질이 아주 막되고 못된 사람을 욕하여 이르는 말. '망나니'보다 더 심한 표현이다. ¶【속담】개망내이 짓을 한다 캐도 금간자[金貫子] 서실에 큰지침한다. =개망나니 짓을 한다 해도 금관자 서슬에 큰기침한다.

개머리[_ _-] 명 ((식물))개머루. ¶【속담】개머리 묵딧기 한다. =개머루 먹듯 한다.

개목딱[_--] 명 목탁(木鐸). *개(강세접사)+목탁. ①몹시 못생긴 형상을 빗댄 말. ¶【관용구】개목딱겉이 생기다. =목탁같이 생기다. ②아주 마뜩잖은 말이나 상황을 빗댄 말. ¶【관용구】개목딱 겉은 소리한다. =목탁 같은 소리한다. ☞목딱.

개물[_-] 명 괴팍. 붙임성이 없이 까다롭고 별남. ¶【관용구】개물로 지기다. =괴팍을 부리다.

개물시럽다[_-_ _ _] 형 괴팍스럽다. 사람이나 그 성격이 까다롭고 별난 데가 있다. ¶글마는 성객이 개물시럽어서 모도 싫다칸다. =그놈은 성격이 괴팍스러워서 모두 싫어한다.

개물시리[_-_ _] 부 괴팍스레. ¶【관용구】개물시리 거라다. =괴팍스레 굴다.

개미[-_] 명 기미(氣味). 그 음식이 지닌 본연의 냄새와 맛. ¶【관용구】음석에 개미가 없다. =음식에 기미가 없다. ☞깨미.

개민떡[_-_] 명 계면떡. 굿이 끝난 뒤에 무당이 구경꾼들에게 나누어주는 떡. ¶굿재이가 고시레로 한 디에 기깅꾼한테 개민떡을 갈라좄다. =무당이 고수레를 한 뒤에 구경꾼에게 계면떡을 나눠주었다. ☞기민떡.

개발새발[_-_-] 명 괴발개발. 글씨를 아무렇게나 함부로 쓴 것을 비유적으로 이르는 말. 괴는 고양이의 옛말로, 고양이 발자국이나 개 발자국처럼 무질서하다는 뜻에서 나온 말이다. ¶【관용구】개발새발 기리다. =괴발개발 그리다.

개밥그륵[개밥끄륵 _ _-_] 명 개밥그릇. ①개의 밥그릇. ¶【속담】매 훑아낳안 개밥그륵 겉다. =깨끗이 핥아놓은 개밥그릇 같다. ②홀로 세상에 던져진 듯한 외로움이나 그러한 자기 자신을 스스로 이르는 말. ¶【관용구】개밥그륵 신세가 데다. =개밥그릇 신세가 되다.

개방구[_-_] 명 개방귀. 아무런 쓸모도 없는 하찮은 것을 비유적으로 이르는 말. ¶【관용구】넘우 말은 개방구로 안다. =남의 말은 개방귀로 안다.

-개비[-_] 접 -개비. '어떤 특징을 가진 사람'이나 '물건'을 낮잡아 이를 때 붙는 접미사. ¶어중개비(어정잡이) ¶찰랑개비(경솔한 사람). ¶해딱개비(달랑쇠).

개비다[-_ _] 동 개키다. 옷이나 이부자리 따위를 겹치거나 접어서 단정하게 포개다. ¶안 입울 옷은 개비낳았다. =안 입을 옷은 개켜놓았다.

개사리풀[_ _-_] 명 ((식물))붕어마름. ☞개고랑풀. 개꼬래이.

개살대[개쌀때 _--] 명 ((식물))말똥비름.

개살부리다[_---_] 동 앙살하다. 엄살을 부리며 반항하다. ¶옴마인데 개살부리지 마래이. =엄마한테 앙살하지 마라. ☞앙살지기다.

개상판[_-_] 명 개다리상(---床). ☞개다리판.

개씸[_-] 명 개씨바리. 환한 곳에서는 눈을 뜨기가 힘들 정도로 눈이 부시고 눈에 핏발이 서며 눈곱이 끼는 '눈병'을 속되게 이르는 말. *'개+씹+앓이'가 과도하게 축약되고 음운이 변한 말이다. ¶【속담】강기 개씸도 넘 안 준다. =감기 개씨바리도 남 안 준다.

개아덜넘[_ _-_] 명 개놈. ((관형어 '우떤'과 어울려)) 특정하지 않은 사람을 빗대어 맞닥뜨린 상황을 빈정거리는 말. *개+아들+놈. ¶우떤 개아덜넘이 이랬노? =어떤 개놈이 이랬니? ¶우떤 개아덜넘이 날로 펂기 살구로 해주까이. =어떤 개놈이 나를 편히 살게 해주랴.

개아하다[_ _-_] 동 개화하다(開花--). ¶개아한 무시는 몬 묵는다. =개화한 무는 못 먹는다.

개앉다[개안타 _-_] 형 괜찮다. ①별로 나쁘지 않고 보통 이상으로 좋다. ¶작년에 요랑하마 개앉다. =작년에 비하면 괜찮다. ②무엇이 어찌하여도 꺼려지거나 문제될 것이 없다. ¶내 하분채 가도 개앉다. =나 혼자 가도 괜찮다. ③사람이나 사물이 별 탈이나 이상이 없다. ¶아푸다가 언자는 개앉다. =아프다가 이젠 괜찮다. ④살림이나 생활이 경제적으로 별로 부족하지 않다. ¶살기가 개앉다. =살기가 괜찮다. ☞갠찮다.

개암[--] 명 고욤. 고욤나무의 열매. 감과 비슷하나 훨씬 작고 갸름하며, 검붉고 달면서도 좀 떫다. ¶【속담】개암 맛 알아 감 묵는다. =고욤 맛 알아 감 먹는다. ¶【속담】떫기로 개암 한나 몬 무우까이. =떫기로 고욤 하나 못 먹으랴. ¶【속담】감캉 개암은 뚜딜기 따야 잘 열린다. =감과 고욤은 두드려 따야 잘 열린다. ☞기암.

개암낭ㄱ[---] 명 ((식물))고욤나무. ¶【속담】까마구가 개암낭글 마다하까이. =까마귀가 고욤나무를 마다하랴. ☞기암낭ㄱ.

개앰치[_-_] 명 호주머니(胡---). *'개앰치'는 '개화주머니(開化---)'에서 온 말이며 '호주머니'는 '만주사람들의 주머니'에서 온 말로 보인다. ①물건을 넣어 담고 다닐 수 있도록 옷에 대거나 곁들여 만든 천. ¶【속담】할배 개앰치에 돈 떨어지마 손지 정내미도 떨어진다. =할아버지 호주머니에 돈 떨어지면 손자 정나미도 떨어진다. ②경제적인 사정을 비유적으로 이르는 말. ¶【관용구】개앰치 사정이 좋다. =호주머니 사정이 좋다. ¶【관용구】개앰치 사정이 하잖다. =호주머니 사정이 나쁘다. ☞갯주무이. 갯줌치. 보게또. 쫌치. 호주무이.

개오지[_-_] 명 ((동물))개호주. ①범의 새끼. ②앞니가 빠진 어린이를 빗댄 말. ¶【관용구】앞니 빠진 개오지, 살강 밑에 앉지 마라. =앞니 빠진 개호주, 살강 밑에 앉지 마라. ☞개우지.

개우[--] 명 주발(周鉢). 놋쇠로 만든 밥그릇. ¶지삿밥은 개우에 떠야 덴다. =제삿밥은 주발에 떠야 된다.

개우지[_-_] 명 ((동물))개호주. ☞개오지.

개이[개~이 _-] 명 ((동물))고양이. ¶【관용구】개이 시수하덧기. =고양이 세수하듯이. ¶【속담】개이가 지 생각듯기. =고양이가 쥐 생각해주듯이. ¶【속담】개이는 지 사정 안 바준다. =고양이는 쥐 사정 안 봐준다. ☞고애이. 살찌이.

-개이[개~이 -_] 접 -갱이. 낮잡아 이르는 사람이나 물건을 나타내는 접미사. ¶미천개이(미치광이). ¶꼬중개이(꼬챙이).

개이다[_-_] 동 개다. 하늘이나 날씨가 흐리거나 궂어 있던 것이 맑게 되다. ¶【속담】하알도 한 굼티이부텀 개인다. =하늘도 한 귀퉁이부터 갠다.

개장시[_-_] 명 개장수. 개를 사고파는 사람. ¶【속담】골갱이 없는 개장시. =올가미 없는 개장수.

개주디이[개주디~이 __-_] 명 개 주둥이. 아무런 도움이 안 되는 말을 낮잡아 이르는 말. *개+주둥이. '개주디이'는 표준어로 보면 명사구지만 창녕방언에서는 굳어진 말이라 하나의 명사로 보는 게 낫다. ¶【속담】삭운 바자구뭉에 개주디이. =삭은 바자구멍에 개 주둥이.

개지름[_-_] 명 개기름. 얼굴에 번질번질하게 끼는 기름을 비속하게 이르는 말. ¶【관용구】개지름이 뻔지리하다. =개기름이 번지르르하다.

개짓때가리[개짇때까리 ___-_] 명 개좆부리. ☞개때까리.

개촌수[__-] 명 ≒먼 촌수. 의미가 없는 촌수(寸數)를 낮잡아 이르는 말. *'개촌수'는 표준어로 보면 명사구지만 창녕방언에서는 굳어진 말이라 하나의 명사로 보는 게 낫다. ¶【속담】처갓집 촌수는 개촌수. =처갓집 촌수는 먼 촌수.

개피[_-] 명 망신(亡身). 말이나 행동을 잘못하여 자기의 지위, 명예, 체면 따위를 손상함. *개[犬]+피[血].

개피다[_-_] 동 고이다. ☞가피다.

개피보다[_--_] 동 피보다. 크게 봉변을 당하거나 곤욕을 치르다. ¶어집짢기 개피밨다. =어쭙잖게 피보았다.

개항[_-] 명 행전(行纏). ☞개덜. 마끼항. 행건.

개히엄[_-_] 명 개헤엄. ¶【속담】양반은 물에 빠지도 개히엄은 안 친다. =양반은 물에 빠져도 개헤엄은 안 친다.

객[-] 명 격(格). ①((관형사형 어미나 명사 뒤에 쓰여)) '셈', '식', '꼴'의 뜻을 나타내는 말. ¶개따나 안 가고 집운데, 고 말은 니가 지룸 벗는 객이다. =가뜩이나 안 가고 싶은데, 고 말은 네가 기름 붓는 격이다. ②주위 환경이나 일의 형편에 걸맞게 어울리는 분수와 품위. ¶저 어룬은 비안 분답기 말씨가 객이 달라예. =저 어른은 배운 분답게 말씨가 격이 달라요. ☞긱.

객강시럽다[개깡시럽다 ---_ _] 형 객스럽다(客---). ①하지 않던 일을 이제 와서 하는 것이 보기에 두드러진 데가 있다. ¶안 하던 짓을 객강시럽기 한다. =안 하던 짓을 객스럽게 한다. ②공연히 지난 일을 들추어내는 듯한 느낌이 있다. ¶그 일로 와 객강시럽기 꺼잡아내노? =그 일을 왜 객스럽게 끄집어내니? ☞굴쭉시럽다. 시삼시럽다.

객강시리[개깡시리 ---_] 부 객스레(客--). ☞굴쭉시리.

객구[개꾸 --] 명 객귀(客鬼). 객지에서 죽은 사람의 혼령. 떠돌아다니는 귀신. ¶【속담】객구 들랐나. =객귀 들었나. ¶【속담】선무당이 객구 물린다. =선무당이 객귀 물리친다.

객리[-_] 명 객지(客地). *'객리(客裏)'의 원래 뜻은 '객지에 있는 동안'이지만 창녕방언에서는 '객지'라는 의미로 사용한다. ¶【속담】객리 소문 들을라카마 구장 집 사라아 가라. =객지 소문 들으려면 이장 집 사랑에 가라.

갠시리[_ _-] 부 괜스레. 까닭이나 실속이 없이. ¶갠시리 저칸다. =괜스레 저런다.

갠찮다[갠찬타 _-_] 형 괜찮다. ☞개않다.

갤갤거리다[_ _-_ _] 동 빌빌거리다. 자꾸 기운 없이 행동하다. ¶개가 갤갤거리더마는 죽우뿄다. =개가 빌빌거리더니 죽어버렸다. ☞뻴뻴거리다.

갤국[-_] 명 결국(結局). 일이 마무리되는 단계. ¶저카다가 갤국에는 일낸다. =저러다가 결국에는 일내겠다. ☞길국.

갤론[-_] 명 결론(結論). ☞길론.

갤심[갤씸 -_] 명 결심(決心). ¶【관용구】갤심을 굳하다. =결심을 굳히다. ☞길심.

갤온[개론 -_] 명 결혼(結婚). ☞길온.

갤온식[개론씩 -_] 명 결혼식(結婚式). ☞길온식.

갤정[갤쩡 -_] 명 결정(決定). ☞길정.

갤차다[1][_-_] 동 가르치다. ☞가알치다. 가알키다. 갈차다. 갈치다. 갈키다. 갤치다.

갤차다[2][_-_] 동 가리키다. ☞가알치다. 가알키다. 갈차다. 갈치다. 갈키다. 갤치다.

갤차주다[1][_-_ _] 동 가르쳐주다. ☞가알주다. 갈차주다. 갈치주다. 갤치주다.

갤차주다[2][_-_ _] 동 일러바치다. ☞가알주다. 갈차주다. 갈치주다. 갤치주다. 꼰질라다. 이르다. 일라주다. 찌르다.

갤치다[1][_-_] 동 가르치다. ☞가알치다. 가알키다. 갈차다. 갈치다. 갈키다. 갤차다.

갤치다[2][_-_] 동 가리키다. ☞가알치다. 가알키다. 갈차다. 갈치다. 갈키다. 갤차다.

갤치주다[1][_ _-_] 동 가르쳐주다. ☞가알주다. 갈차주다. 갈치주다. 갤차주다.

갤치주다[2][_ _-_] 동 일러바치다. ☞가알주다. 갈차주다. 갈치주다. 갤차주다. 꼰질라다. 이르다. 일라주다. 찌르다.

갤판[-_] 명 결판(決判). ¶【관용구】갤판을 내다. =결판을 내다. ☞길판.

갬사[_-] 명 겸사(兼事). 어떤 일을 하면서 다른 일도 동시에 맡아 함. ¶니도 볼 갬사 놀로왔다. =너도 볼 겸사 놀러왔다. ☞김사.

갬사갬사[___-] 부 겸사겸사(兼事兼事). ¶바램도 씨이고 갬사갬사 노왔지예. =바람도 쏘이고 겸사겸사 나왔지요. ☞김사김사. 이점저점. 이참저참.

갯주무이[개쭈무~이 __-_] 명 호주머니(胡---). ☞개앰치. 갯줌치. 보게또. 쫌치. 호주무이.

갯줌치[개쭘치 _-_] 명 호주머니(胡---). ☞개앰치. 갯주무이. 보게또. 쫌치. 호주무이.

갱개빗대[갱개비때 _-__] 명 ((식물))댑싸리. ☞빗자리나무.

갱기다[_-_] 동 감기다. '감다'의 피동사. ①어떤 물체를 다른 물체에 말거나 빙 두르다. ¶밧줄에 발이 갱깄다. =밧줄에 발이 감겼다. ②옷 따위가 몸을 친친 감듯 달라붙다. ¶추진 주우가래이가 맨살에 갱긴다. =축축한 바짓가랑이가 맨살에 감긴다. ③음식 따위가 감칠맛이 있게 착착 달라붙다. ¶음석이 입에 착착 갱긴다. =음식이 입에 착착 감긴다. ④사람이나 동물이 달라붙어서 떠나지 아니하다. ¶손지가 저거 할매 다리에 갱깄다. =손자가 자기 할머니 다리에 감겼다.

갱끼하다[-___] 동 경기하다(驚氣--). 풍으로 인해 갑자기 의식을 잃고 경련을 일으키다. ¶알라가 툭하마 갱끼한다. =아기가 툭하면 경기한다. ☞깅끼하다. 정기하다.

갱노당[__-] 명 경로당(敬老堂). ¶우리들네사 날씨고 갱노다아서 노지예. =우리들은 날마다 경로당에서 놀죠. ☞깅노당.

갱단지[갱딴지 -__] 명 꿀단지. 목이 짧고 배가 부른 작은 항아리. ¶【속담】갱단지 겉어리로 핥는다. =꿀단지 겉을 핥는다. ¶【속담】집에 갱단지 묻우 낳았나. =집에 꿀단지 묻어 놓았나.

갱물[1][-_] 명 바닷물. ¶【속담】온 갱물로 다 마시야 맛이까. =온 바닷물을 다 마셔야 맛이랴.

갱물[2][-_] 명 군물. 짠 국물에 간을 맞추기 위해 붓는 물. ¶【관용구】갱물이 돌다. =군물이 돌다.

갱분[1][_-] 명 강가(江-). *'갱분'은 표준어에서 말하는 '강물이 뭍에 잇닿는 언저리 부근'을 뜻하는 '강변'이라는 뜻으로 쓰이기도 하지만 주로 '농작물을 심은 시냇가나 강가'라는 뜻으로 쓴다. ¶갱분이래야 몰개바람 일바신다. =강가라야 모래바람 일으킨다. ☞갱비랑.

갱분[2][_-] 명 강변(江邊). 강물이 뭍에 잇닿는 언저리 부근. ¶【속담】불난 갱분에 딘 소 날띠딧기 한다. =불난 강변에 덴 소 날뛰듯 한다. ☞갱비랑.

갱비[-_] 명 경비(經費). 어떤 일을 하는데 쓰이는 비용. ¶제주도 여앵 갈라카마 갱비가 지북 든다. =제주도 여행 가려면 경비가 제법 든다. ☞깅비.

갱비랑[__-] 명 강변(江邊). ☞갱분.

갱비리[__-] 명 ((동물))진딧물. ¶【속담】장매에 갱비리 찌딧기. =장마에 진딧물 끼듯. ☞비리.

갱사[_-] 명 경사(京辭). 서울 말씨. ¶갱사 씨는 저 냥반은 누고? =경사 쓰는 저 양반은 누구니? ☞갱어. 깅사. 깅어.

갱어[_-] 명 경사(京辭). ☞갱사. 깅사. 깅어.

갱엄[-_] 명 경험(經驗). ¶【관용구】갱엄이 없다. =경험이 없다. ☞깅엄.

갱오[-_] 명 경우(境遇). ①어떤 조건 아래에 놓인 그때의 상황이나 형편. ¶내 갱오는 쪼꿈 달라예. =나의 경우는 조금 달라요. ②어떤 일의 이치나 사람이 지켜야 할 도리. ¶【관용구】갱오가 바러다. =경우가 밝다. ¶【관용구】갱오가 없다. =경우가 없다. ☞깅우.

갱운기[_-_] 명 경운기(耕耘機). ☞기운기.

갱제[_-] 명 경제(經濟). ¶오새는 갱제가 안 좋아예. =요새는 경제가 안 좋아요. ☞깅제.

갱찰[_-] 명 경찰(警察). ¶갱찰이 와 욌으꼬? =경찰이 왜 왔을까? ☞깅찰.

갱치[--] 명 경치(景致). ¶여어는 갱치가 아룸답아예. =여기는 경치가 아름다워요. ☞깅치.

갱치석[--_] 명 견치석(犬齒石). 석축을 쌓는 데 쓰는, 앞면이 판판하고 네모진 돌. ☞깅치석.

갱피[_-] 명 ((식물))강피.

갱피죽[갱피쭉 _-_] 명 강피죽(--粥). 강피로 쑨 죽. ¶【속담】사알에 갱피죽또 한 보시 몬 무운 넘 겉다. =사흘에 강피죽도 한 보시기 못 먹은 놈 같다.

갱핀[_-] 명 개평. 노름이나 내기 따위에서 남이 가지게 된 몫에서 조금 얻어 가지는 공것. ¶【관용구】갱핀을 얻다. =개평을 얻다. ¶【관용구】갱핀을 주다. =개평을 주다. ¶【관용구】갱핀을 뜯다. =개평을 뜯다.

갱핀꾼[_--] 명 개평꾼. 개평을 뜯는 사람.

거[_] 명 것. 사물이나 일, 현상 따위를 추상적으로 이르는 말. ¶쫌 더 큰 거. =좀 더 큰 것. ¶묵고 집운 거. =먹고 싶은 것. ☞꺼. 끼.

거거[_-] 명 그것. 듣는 이에게 가까이 있거나 듣는 이나 말하는 이가 생각하고 있는 사물을 가리키는 말. ¶거거는 저짜로 치아라. =그것은 저쪽으로 치워라.

거것가아[거거까아 __-_] 부 그걸로. *표준어에서 도구를 지시하는 대명사 '그것'에 부사격 조사 '가아'가 붙은 말. '그것으로'의 구어적 표현에 해당하는 말이다. ¶거것가아 안 데마 이것가아 해바라. =그걸로 안 되면 이걸로 해봐라.

거게[-_] 명 거기. *'거기'를 뜻하는 창녕방언에는 '거어'와 '거게'가 있다. 공시론적으로 볼 때, '거게'는 '거기+에'로 분석 가능하지만, '거어'에 대한 설명은 쉽지 않다. 이론적으로 말하면, '거어'가 '거기'의 뜻이고 장음(하강조)은 처격조사 '에'가 앞 모음에 완전 동화한 결과이다. '거기'가 '거어'로 되는 과정이 설명하기 어려운 부분이다. 창녕방언 처격조사 '에'가 체언의 끝소리가 'ㅇ'이거나 모음이면 앞 체언의 마지막 모음에 완전 동화되는 일은 자

ㄱ

연스러운 현상처럼 보인다. '여어/여게, 저어/저게'도 같은 양상을 보인다. '이, 그, 저'와 관련되면서도 모음이 변이하는 '요오/요게, 고오/고게, 조오[조~오]/조게'도 성조까지 동일한 양상을 보인다. ①듣는 이에게 가까운 곳을 가리키는 지시 대명사. ¶거거는 거게 있제? =그것은 거기 있지? ②앞에서 이미 이야기한 대상을 가리키는 지시 대명사. ¶내또 거게꺼정은 생각 몬했다. =나도 거기까지는 생각 못했다. ③듣는 이를 조금 낮잡아 이르는 이인칭 대명사. ¶그넘이나 그녀이나 거게서 거어다. =그놈이나 그년이나 거기서 거기다. ☞거어. 고오.

거게다가[-___] 부 게다가. ①그렇잖아도 어려운 상황에 더해서. ¶물도 없고 불도 없고 거게다가 지사는 지내야 데고. =물도 없고 불도 없고 게다가 제사는 지내야 되고. ②그 지점이나 위치에다. ¶풍개낭글 거게다가 숭구낳았다. =자두나무를 게다가 심어놓았다. ☞거따가. 거어다. 거어다가. 게따나.

거게서[-__] 부 거기서. 그 장소에서. ¶니는 거게서 머 하노? =너는 거기서 뭐 하니? ☞거어서.

거기[_-] 명 그게. '그것이'의 준말. ¶거기 머꼬? =그게 무엇이냐?

거꺼지끼[_-__] 명 그끄저께. 그저께의 전날. 오늘로부터 사흘 전의 날을 이른다. ¶저거 이아재가 거꺼지끼 밤에 참시 왔다가 갔어예. =자기 외삼촌이 그끄저께 밤에 잠시 왔다가 갔어요.

거는[-_] 부 건. 의존 명사 '거'에 보조사 'ㄴ'이 붙은 말. '것은'의 구어적 표현이다. ¶【속담】승갱이 새끼 겉은 거는 말키 날기기 묵눈다. =승냥이 새끼 같은 건 모두 날고기 먹는다.

거니리다[_-__] 동 거느리다. ①두 집 살림을 하다. ¶【속담】핑생 신수가 핀할라마 두 집을 거니리지 마라캤다. =평생 신수가 편하려면 두 집을 거느리지 말랬다. ②어떤 사람이 다른 사람을 떠맡아 그 생활을 돌보다. ¶【속담】한 부모는 열 자석 거니리도 열 자석은 한 부모 몬 거니린다. =한 부모는 열 자식을 거느려도 열 자식은 한 부모를 못 거느린다. ③어떤 사람이 다른 사람을 자신의 뒤를 따르게 하다. ¶큰미너리가 자석들 짜다리 거니리고 친저어 간다. =큰며느리가 자식들 많이 거느리고 친정에 간다.

거다다[_-_] 동 거두다. ①웃음이나 눈길, 말 따위를 멈추게 하거나 그치게 하다. ¶【관용구】눈질로 거다다. =눈길을 거두다. ¶【관용구】눈물로 거다다. =눈물을 거두다. ②곡식이나 열매를 수확하여 한곳에 모으다. ¶【속담】지가 흩인 씨는 지가 거다기 매러이다. =제가 흩은 씨는 제가 거두기 마련이다. ③사물 따위를 수습하다. ¶【속담】죽운 사람 하나가 산 사람 열 거단다. =죽은 사람 하나가 산 사람 열 거둔다. ④다른 사람이나 일을 맡아 책임지고 보살피거나 키우다. ¶【관용구】처자석 거다 믹이다. =처자식 거두어 먹이다.

거두[_-] 명 거도(鋸刀). *주로 크기가 큰 톱을 이르는 말이다.

거두재이[거두재~이 _--_] 명 큰톱장이. 지난날, 큰톱으로 큰 재목을 켜내는 일을 업으로 삼던 사람.

-거들랑[-__] 어 -거든. '어떤 일이 이루어지면' 또는 '어떤 일을 희망한다면'의 뜻을 나타내는 연결어미. ¶이거 하고 집거들랑 잔주코 있거라. =이것 갖고 싶거든 잠자코 있어라.

거들묵기리다[___-__] 동 거들먹거리다. 신이 나서 잘난 체하며 자꾸 함부로 거만하게 행동하다. ¶【관용구】거들묵기리미 사다. =거들먹거리며 살다. ☞건갈지이다. 꺼떡대다.

거들처매[___-] 명 겹치마. 치마폭이 3m에 이른다. 평소 부엌에서 일 할 때에도 입었다고 한다. 속에 단속곳을 갖추어 입고 그 위에 무명이나 모시 4폭으로 만든 앞치마를 둘렀으므로 옷을 추스르지 못해 시집살이가 큰 고역이기도 했다. ☞꼬리처매. 웃처매. 자락처매. 큰처매.

거따가[_-_] 부 게다가. ☞거게다가. 거어다. 거어다가. 게따나.

거따다[_-_] 부 그곳에다가. ☞거어다.

-거라[-_] 어 -어라. ((동사의 어간 뒤에 붙어)) 상대에게 명령의 뜻을 나타내는 말. 해라체에 쓰인다. ¶【속담】열 버부리가 말을 해도 가마이 있거라. =열 벙어리가 말을 해도 가만히 있어라.

거라다[_-_] 동 굴다. 어떠하게 행동을 하거나 남을 대하다. ¶기찮구로 거라지 마라, 좀! =귀찮게 굴지 마라, 좀!

-거래이[-_] 어 -거라. ((동사의 어간 뒤에 붙어)) 상대에게 명령의 뜻을 나타내는 종결어미. 해라체로 쓰인다. 표준어 '-거라'보다 훨씬 다정다감한 느낌을 준다. ¶차 떨갈라, 퍼떡 가거래이. =차 놓칠라 빨리 가거라.

거러지[_-_] 명 거지. 남에게 구걸하여 거저 얻어먹고 사는 사람. *창녕방언에서 '거지'에 해당하는 말은 주로 '거러지'나 '껄배이'로 실현되지만, '거레이 짐치국'이라는 관용적 표현 같은 경우에는 '거레이'를 쓴다. ¶【속담】거러지인데 옷 해 입힌 셈 치라. =거지에게 옷 해 입힌 셈 쳐라. ¶【속담】부잿집 이상뺀다마 거러지 맞돈이 낫다. =부잣집 외상보다는 거지 맞돈이 낫다. ☞거레이. 껄배이.

거레이[거레~이 _-_] 명 거지. 남에게 구걸하여 거저 얻어먹고 사는 사람. ¶【관용구】거레이 짐치국맨치로. =거지 김칫국처럼. ☞거러지. 껄배이.

거로[1][-_] 명 걸. ((의존 명사 '거'에 목적격 조사 '로'가 붙어)) 화자가 추측한 어떤 사실을 상대에게 가볍게 반박하여 나타내거나 스스로 가볍게 감탄하여 나타내는 말. ¶【속담】아는 거로 보이 소강절(邵康節) 똥구뭉에 움막 짓고 살았겄다. =아는 걸 보니 소강절 똥구멍에 움막 짓고 살았겠다. ☞꺼로.

거로[2][-_] 부 것으로. *'수단'이나 '방법'을 나타내는 의존명사(거)+연결어미(-으로, -을). ¶이래 생긴 거로 더 고

온나. =이렇게 생긴 것으로 더 가져오너라.

거룸[_-] 명 거름. 농작물을 잘 자라게 하기 위해서 흙에 주는 영양 물질. ¶【속담】넘이 자아 간께네 거룸 지고 따라간다. =남이 장에 가니까 거름 지고 따라간다.

거룸바다리[___-_] 명 거름바지게. 거름을 져 나르는 데 쓰는 지게에 얹은 발채. ☞거룸바자리. 거룸바지기.

거룸바자리[___-_] 명 거름바지게. ☞거룸바다리. 거룸바지기.

거룸바지기[___-_] 명 거름바지게. ☞거룸바다리. 거룸바자리.

거룸소꾸리[___-_] 명 삼태기. 거름 따위를 담아 나르는 데 쓰는 기구. 짚이나 새끼 따위로 만드는데 앞은 벌어지고 뒤는 우긋하며 좌우 양편은 울이 지게 엮어서 만든다. ¶【속담】거룸소꾸리로 앞개린다. =삼태기로 앞가린다. ☞짚소꾸리.

거리[--] 부 그곳으로. 그 위치나 장소로. ¶이거는 거리 보내주꾸마. =이것은 그곳으로 보내주마.

거리기신[_--_] 명 역마살(驛馬煞). 한곳에 머물지 못하고 늘 이리저리 떠돌아다녀야만 하는 액운. ¶【관용구】거리기신이 들리다. =역마살이 끼다.

거무[-_] 명 ((동물))거미. ¶【속담】거무는 작애도 줄마 잘 친다. =거미는 작아도 줄만 잘 친다.

거무리[__-] 명 ((동물))거머리. ¶【관용구】거무리 겉은 넘. =거머리 같은 놈.

거무잡다[거무잡따 -___] 동 거머잡다. 손으로 휘감아 잡다. ¶대짜꼬짜 손을 거무잡데예. =다짜고짜 손을 거머잡데요. ☞꺼무잡다.

거무줄[-__] 명 거미줄. ¶【속담】거무줄에 목매라. =거미줄에 목매라. ¶【속담】산 입에 거무줄 치까이. =산 입에 거미줄 치랴. ¶【속담】거무줄에 걸린 나부꼴이다. =거미줄에 걸린 나비꼴이다.

거무지다[-___] 동 거머쥐다. ①틀어잡거나 휘감아 쥐다. ¶알라가 저거 옴마 옷자락을 거무지고 안 낳는다. =어린 아이가 자기 엄마 옷자락을 거머쥐고 안 놓는다. ②무엇을 완전히 소유하거나 장악하다. ¶마너래로 거무지고 산다. =마누라를 거머쥐고 산다. ☞꺼무지다.

거물못[거물몯 __-] 명 거멀못. 나무 그릇 따위의 터지거나 벌어진 곳이나 벌어질 염려가 있는 곳에 거멀장처럼 겹쳐서 박는 못. ¶【관용구】거물못을 박다. =거멀못을 박다.

거물쎄[_-_] 명 거멀쇠. 목재를 한데 대어 붙일 때 떨어지거나 틈이 벌어지지 않도록 띠처럼 둘러매어 죄는 쇠. ¶【관용구】거물쎄로 조아다. =거멀쇠를 죄다. ☞거물씨.

거물씨[_-_] 명 거멀쇠. ☞거물쎄.

거물장[거물짱 __-] 명 거멀장. 가구나 나무 그릇의 사개를 맞춘 모서리에 걸쳐 대는 쇳조각. ¶【관용구】거물장을 대다. =거멀장을 대다.

거북시럽다[_--__] 형 거북스럽다. 어찌하

기가 자연스럽지 못하거나 자유롭지 못한 느낌이 있다. ¶거어는 거북시럽어서 몬 있겠데예. =거기는 거북스러워서 못 있겠던데요.

거실다[_-_] 동 거스르다. 건드려 마음을 언짢게 하다. ¶【속담】천심(天心)은 거실 수가 없다. =천심은 거스를 수가 없다.

거실리다[_ _-_] 동 거슬리다. 순순히 받아들여지지 않고 언짢은 느낌이 들며 기분이 상하다. ¶【관용구】비우가 거실리다. =비위가 거슬리다. ¶【속담】몸에 이한 말은 기에 거실린다. =몸에 이로운 말은 귀에 거슬린다. ☞거실치다.

거실치다[_ _-_] 동 거슬리다. ☞거실리다.

거십[_-] 명 거섶. *표준어 '거섶'은 '비빔밥에 섞는 나물'을 뜻하나 창녕방언에서는 '채소를 재료로 만든 나물 전체'를 뜻한다. ¶거십을 무우마 몸에 이하다. =거섶을 먹으면 몸에 이롭다.

거씨다[--_] 형 거세다. ①현상이나 그 기세 따위가 거칠게 느껴질 만큼 힘이 있다. ¶바램이 거씨기 분다. =바람이 거세게 분다. ②성질이나 마음씨 따위가 거칠고 억세다. ¶【속담】싱미 거씬 장딹이 씨암딹 거니린다. =성미 거센 수닭이 씨암탉 거느린다.

거씬하마[_ _-_] 부 걸핏하면. 조금이라도 일이 있기만 하면 곧. ¶거씬하마 썽을 낸다. =걸핏하면 성을 낸다. ☞꺼떡하마. 뻬떡하마. 삐떡하마.

거양[-_] 부 그냥. ①어떠한 작용을 가하지 않거나 상태의 변화 없이 있는 그대로. ¶【속담】통시가 칼클으마 들왔던 도독도 거양 나간다. =뒷간이 깨끗하면 들어왔던 도둑도 그냥 나간다. ¶【속담】참새가 방깐 거양 지내가까이. =참새가 방앗간 그냥 지나가랴. ②그런 모양으로 줄곧. ¶하리 쩡일 거양 울고마 있으마 우야노? =하루 종일 그냥 울고만 있으면 어떻게 하니? ③어떤 조건이나 수고로움도 없이. ¶【속담】공긴 염통이 거양 나오까이. =곪은 염통이 그냥 나오랴. ☞기냥. 기양. 노. 마. 마아. 밍창.

거어[거~어 -_] 명 거기. '거기'를 문어적으로 이르는 말. ①듣는 이에게 가까운 곳을 가리키는 지시 대명사. ¶거어서 여어꺼정 질이 오데고. =거기서 여기까지 길이 어디니. ②앞에서 이미 이야기한 곳을 가리키는 지시 대명사. ¶이때꿈 그 동네 거어 살았다. =여태까지 그 동네 거기 살았다. ③듣는 이를 조금 낮잡아 이르는 이인칭 대명사. ¶거어는 그런 소리로 와 하능교? =거기는 그런 소리를 왜 합니까? ☞거게.

거어다[1][거~어다 -_ _] 부 게다가. ☞거게다가. 거따가. 거어다가. 게따나.

거어다[2][거~어다 -_ _] 부 그곳에다가. ☞거따다.

거어다가[거~어다가 -_ _ _] 부 게다가. ☞거게다가. 거따가. 거어다. 게따나.

거어서[거~어서 -_ _] 부 거기서. 거기에서. ¶【관용구】거어서 거어다. =거기서 거기다. ☞거게서.

거우[-_] 명 ((동물))거위. ☞기우.

거울[_-] 명 거름풀. 논밭에 거름으로 주기 위하여 벤 풀이나 나뭇잎. ¶거울을 비다가 거룸깐에 재낳았다. =거름풀을 베다가 두엄간에 쟁여놓았다.

-거이[거~이 __] 어 -거니. 대립되는 두 동작이나 상태가 되풀이됨을 나타내는 연결어미. ¶술잔을 주거이 받거이 한다. =술잔을 주거니 받거니 한다.

거지[_-] 부 거저. ①아무런 노력이나 치르는 대가가 없이. ¶거지 가아가다. =거저 가져가다. ②아무것도 가지지 않고 빈손으로. ¶넘우 잔칫집에 거지 가마 안 데지. =남의 잔칫집에 거저 가면 안 되지.

거지묵기[거지묵끼 __-_] 명 거저먹기. 힘을 들이지 아니하고 일을 해내거나 어떤 것을 차지하는 것. ¶이런 일쭘이사 거지묵기로 해치알 수 있다. =이런 일쯤이야 거저먹기로 해치울 수 있다. ☞호시뺑빼이.

거지묵다[거지묵따 __-_] 동 거저먹다. 노력이나 대가 없이 얻거나 이루다. ¶넘우 꺼로 거지무울라 칸다. =남의 것을 거저먹으려 한다.

거진[_-] 부 거의. 어느 한도에 매우 가까운 정도. ¶인자사 집에 거진 다 옸다. =이제야 집에 거의 다 왔다.

거천하다[_-__] 동 돌보다. 보살펴 챙기다. ¶이 불쌍한 얼라 쫌 거천해라. =이 불쌍한 애 좀 돌보아라. ☞걷아다.

거치이다[거치~이다 _-__] 동 거치적거리다. 신경 쓰이는 존재나 대상이 되다. ¶너거는 거치이기마 한다. =너희는 거치적거리기만 한다. ☞걸거치다.

거치장시럽다[___-__] 형 거추장스럽다. 자꾸 거칫거려서 다루기에 거북하고 주체스러운 데가 있다. ¶이래 거치장시럽운 일로 내인데 씨긴다. =이리 거추장스러운 일을 내게 시킨다.

거탐하다[_-__] 형 간탐하다(慳貪--). 몹시 인색하고 욕심이 많다. ¶【속담】늙은 당나구가 거탐한다. =늙은 당나귀가 간탐한다.

거퍼[-_] 부 거푸. 잇따라 거듭 되풀이하여. ¶안지 없는 술로 거퍼 마싰다. =안주 없는 술을 거푸 마셨다.

거하다[_-_] 형 걸다. 음식 따위가 마음이 흐뭇할 정도로 매우 많고 넉넉하다. ¶【관용구】거하기 묵고 펑기 자다. =걸게 먹고 편히 자다.

걱정시럽다[걱쩡시럽다 __-__] 형 걱정스럽다.

건갈지이다[-_-__] 동 거들먹거리다. 신이 나서 잘난 체하며 거만하게 행동하다. ¶글마가 또 건갈지이제? =그놈이 또 거들먹거리지? ☞거들묵기리다. 꺼떡대다.

건거이[경거~이 _-_] 부 근근이(僅僅-). 어렵사리 겨우. ¶없이사는 집에 시집오가아 건거이 묵고 살았디라. =가난한 집에 시집와서 근근이 먹고 살았더니라.

건니[-_] 명 건너. 어떤 곳 너머의 맞은편. 또는 그 방향. ¶질 건니 사는 아지매들이 놀로 옸다. =길 건너 사는 아줌마들이 놀러 왔다.

건니가다[_--_] 동 건너가다. 무엇을 사이

에 두고 이쪽에서 저쪽 맞은편으로 가다. ¶【속담】당나구 찬물 건니가딧기 이런다. =당나귀 찬물 건너가듯 읽는다. ¶【속담】물 건니간 송안치다. =물 건너간 송아지다.

건니다[_-_] 동 건너다. ①넘거나 지나서 맞은편으로 옮기다. ¶【속담】냇물은 건니바야 알고, 사램은 젺어바야 안다. =냇물은 건너봐야 알고, 사람은 겪어봐야 안다. ¶【속담】본처로 배반하마 대동강을 몬 건닌다. =본처를 배반하면 대동강을 못 건넌다. ②기간이나 차례를 빼고 거르다. ¶배탈이 나서 저심을 건넜다. =배탈이 나서 점심을 건넜다.

건니댕기다[_--__] 동 건너다니다. 사람이나 탈것이 강이나 바다, 다리 따위를 넘거나 지나서 왔다갔다하다. ¶강 이짜서 저짜로 배가 건니댕긴다. =강 이쪽에서 저쪽으로 배가 건너다닌다.

건니띠다[_--_] 동 건너뛰다. ①일정한 공간을 사이에 두고 건너편으로 뛰다. ¶이쭉에서 저쭉우로 건니띠라. =이쪽에서 저쪽으로 건너뛰어라. ②차례를 거치지 않고 거르다. ¶【속담】보리숭년에 아직은 굶꼬 저심은 건니띠고 지익에는 기양 잔다. =보리흉년에 아침은 굶고 점심은 건너뛰고 저녁에는 그냥 잔다.

건니방[건니빵 __-] 명 건넌방(--房). 안방에서 대청을 건너 맞은편에 있는 방. ¶건니바아서 자거래이. =건넌방에서 자거라.

건니오다[_--_] 동 건너오다. 무엇을 사이에 두고 저쪽 맞은편에서 이쪽으로 오다. ¶다무네기는 일본서 건니왔다. =양파는 일본에서 건너왔다.

건니집[건니찝 __-] 명 건넌집. 이웃하여 있는 집들 가운데 한 집 또는 몇 집 건너서 있는 집. ¶건니집 아재는 공자아 일하로 댕긴다. =건넌집 아저씨는 공장에 일하러 다닌다.

건니핀[_-_] 명 건너편(--便). 마주 대하고 있는 저편. ¶저 건니핀에 비이는 기이 우리 할배 산소다. =저 건너편에 보이는 게 우리 할아버지 산소다.

건달비[_-_] 명 ((식물))곤달비.

건대[_-] 명 근수(斤數). ①사물의 무거운 정도. ¶【관용구】건대가 나가다. =근수가 나가다. ②언행이나 태도에 드러난 진지하고 차분한 성격. ¶【속담】건대가 천 그이나 덴다. =근수가 천 근이나 된다.

건디기[_-_] 명 건더기. ¶【속담】건디기 묵는 넘이나 국물 묵는 넘이나. =건더기 먹는 놈이나 국물 먹는 놈이나. ☞껀디기.

건디리다[_-__] 동 건드리다. ①손으로 만지거나 무엇으로 대다. ¶【속담】똥은 건디릴수록이 꾸룽내마 난다. =똥은 건드릴수록 구린내만 난다. ②말이나 행동으로 거들어서 좋지 않은 작용이나 자극을 일으키다. ¶【속담】묵을 때는 개도 안 건디린다. =먹을 때는 개도 안 건드린다. ¶【속담】작장불캉 지집은 건디리마 탈난다. =장작불과 계집은 건드리면 탈난다.

건방시럽다[__-__] 형 건방지다. 언행이 자기 분수에 맞지 않게 잘난 체하거나 다른 사람을 낮추어 보듯이 행동하는 데가 있다. ¶【속담】건방시럽운 똥 떵거리 낙동강 칠도(七道) 오룬다. =건방진 똥 덩어리 낙동강 칠도 오른다.

건아다[_-_] 동 권하다(勸--). ¶【관용구】술로 건아다. =술을 권하다.

건잡다[1][건잡따 _-_] 동 검잡다. 휘감아 잡다. ¶【속담】물에 빠진 사램은 지푸래기래도 건잡는다. =물에 빠진 사람은 지푸라기라도 검잡는다. *건잡고[건잡꼬 _-_], 건잡지[건잡찌 _-_], 건잡아야[건자바야 _-__], 건잡았다[건자바따 _-__].

건잡다[2][건잡따 _-_] 동 붙잡다. ①놓치지 않도록 단단히 쥐다. ¶엄마 손 건잡아래이. =엄마 손 붙잡아라. ②다른 사람을 떠나지 못하게 말리다. ¶자석이 건잡아도 하룻밤마 자고 올 끼다. =자식이 붙잡아도 하룻밤만 자고 올 게다. ③사람 또는 물품 따위를 자기 것으로 만들다. ¶좋은 사램인머리 깍 건잡아라. =좋은 사람이니까 꽉 붙잡아라.

건줄가[__-] 명 권주가(勸酒歌). ¶【속담】초상집 술에 건줄가 부룬다. =초상집 술에 권주가 부른다.

건지내다[-___] 동 건져내다. 집어내거나 끌어내다. ¶【속담】물에 빠진 넘 건지내 낳아이 보따리 내낳라 칸다. =물에 빠진 놈 건져내 놓으니 보따리 내놔라 한다.

건지럽다[건지럽따 __-_] 형 가렵다. 피부에 긁고 싶은 느낌이 있다. ¶【관용구】디통시가 건지럽다. =뒤통수가 가렵다. ¶【관용구】기가 건지럽다. =귀가 가렵다. ¶【속담】아푼 거는 참아도 건지럽운 거는 몬 참는다. =아픈 것은 참아도 가려운 것은 못 참는다. ☞낀지럽다.

건털리다[__-_] 동 건드려지다. '건드리다'의 피동사. 다른 사람이나 사물을 손으로 만지거나 무엇으로 대는 것에 당하다. ¶다친 데가 쪼매마 건털리도 마이 아푸다. =다친 곳이 조금만 건드려져도 많이 아프다.

걷아다[1][거다다 _-_] 동 걷다. ①다른 사람이나 단체에게서 돈이나 물품을 달라고 해서 모으다. ¶놀로 간다꼬 돈을 걷았다. =놀러 간다고 돈을 걷었다. ②다 익은 곡식이나 열매를 수확하여 한 곳에 모으다. ¶【속담】씨도 안 흩이고 걷알라 칸다. =씨도 안 흩고 걷으려 한다. ③널려 있거나 흩어져 있는 것들을 한데 모아들이다. ¶말란 빨래로 걷았다. =말린 빨래를 걷었다.

걷아다[2][거다다 _-_] 동 걸다. 다리나 발 또는 도구 따위를 이용하여 상대편을 넘어뜨리려는 동작을 하다. ¶【속담】내 발묵을 내가 걷았다. =내 발목을 내가 걸었다.

걷아다[3][거다다 _-_] 동 돌보다. 보살펴 챙기다. ¶【속담】여자캉 집구숙은 걷아기 나룸이다. =여자랑 집구석은 돌보기 나름이다. ☞거천하다.

걷이다[거지다 -__] 동 걷다. ①옷이나 천

의 드리워진 부분을 위쪽으로 개키거나 말아 올리다. ¶【관용구】팔로 걷이고 나서다. =팔을 걷고 나서다. ②걸거나 널어놓은 것을 벗겨 내다. ¶빨래로 걷이서 개앴다. =빨래를 걷어서 갰다.

걷이붙이다[거지부치다 -_-__] 동 걷어붙이다. 소매나 바짓가랑이를 걷어서 말끔하게 올리다. ¶【관용구】팔로 걷이붙이다. =팔을 걷어붙이다.

걸[_] 명 개울. *'걸가'의 형식으로 쓰인다. ☞개골창. 개구랑. 개굴창. 깨뚝.

걸가[걸까 _-] 명 개울가. 개울의 주변. ¶걸가에 함 가 바라. =개울가에 한번 가 봐라.

걸거치다[__-_] 동 거치적거리다. ☞거치이다.

걸구신[걸꾸신 --_] 명 걸귀(乞鬼). 식욕이 매우 왕성하고, 음식을 지나치게 탐내는 귀신을 이르는 말. ¶【관용구】걸구신 들린 넘. =걸귀 든 놈.

걸구신딜리다[--____] 동 걸신들리다(乞神---). 굶주려 음식에 대한 욕심에 사로잡히다. ¶와 저래 걸구신딜린 거매로 묵노. =왜 저리 걸신들린 것처럼 먹나.

걸궁[--] 명 광대. 가면극이나 인형극, 줄타기, 땅재주, 판소리 따위를 하던 직업적 예능인을 통틀어 이르던 말.

걸궁패[--_] 명 걸립패(乞粒牌). ①풍물놀이를 하는 사람들의 조직적인 무리. ②동네 경비를 마련하기 위해 무리 지어 집집마다 풍악을 울려주고 돈이나 곡식을 얻어가는 패거리.

걸라다[_-_] 동 걸리다. 걷게 하다. '걷다'의 사동사. ¶【속담】시 살 무운 이손지는 걸라고 다아 살 무운 친손지 업는다. =세 살 먹은 외손자는 걸리고 다섯 살 먹은 친손자 업는다.

걸러묵다[걸러묵따 __-_] 동 틀려먹다. ①어떤 일이나 상태 따위가 바라거나 하려는 일이 순조롭게 되지 못하다. ¶저 냥반이 사나아 구실하기는 초지익에 걸러무윴다. =저 양반이 사내 구실하기는 초저녁에 틀려먹었다. ②마음이나 행동이 올바르지 못하고 비뚤어지다. ¶졸마는 하는 행우지가 걸러무윴다. =조놈은 하는 행동이 틀려먹었다.

걸맣다[걸망타 --_] 형 ≒걸망하다. 외양이 또래들보다 나이가 더 많아 보이다. *표준어에서는 '걸망하다'를 '어른스럽다'는 뜻으로 설명하나, 창녕방언에서는 그 뜻이 사뭇 다르다. ¶아아가 데기 걸맣다. =애가 되게 걸망하다. *걸맣고[걸망코 --_], 걸맣지[걸망치 --_], 걸망어서[걸망어서 --__], 걸망었다[걸망얻따 --__].

걸무지다[__-_] 동 걸머지다. ①짐을 짐바에 걸어 등에 지다. ¶【속담】저 중 잘 띤다 칸께네 장삼 벗이서 걸무지고 띤다. =저 중 잘 뛴다니까 장삼 벗어 걸머지고 뛴다. ②임무나 책임을 모두 맡다. ¶【관용구】어깨에 걸무지다. =어깨에 걸머지다. ③빚을 갚아야 할 의무를 지다. ¶【속담】뺑덕이미 에상 빚 걸무지딧기. =뺑덕어멈 외상 빚 걸머지듯.

걸무지아다[__-__] 동 걸머지우다. ①무엇

을 다른 사람에게 등이나 어깨 따위에 걸치어 들게 하다. ¶【속담】몬뗀 아재가 조캐인데 등짐 걸무지안다. =못된 아재비가 조카한데 등짐 걸머지운다. ②책임이나 임무를 다른 사람에게 억지로 넘기다. ¶【관용구】책엄을 걸무지아다. =책임을 걸머지우다.

걸빵[1][_-] 명 질빵. 짚이나 나무 따위를 질 수 있도록 어떤 물건 따위에 연결한 줄. ¶지게는 걸빵이 맞아야 지고 일나기 수얿다. =지게는 질빵이 맞아야 지고 일어나기 수월하다.

걸빵[2][_-] 명 멜빵. 짐을 걸어 어깨에 둘러메는 끈. ☞밀빵.

걸씨[_-] 명 걸쇠. 문을 걸어 잠글 때 빗장으로 쓰는 'ㄱ' 자 모양의 쇠. *창녕 방언에서 '걸씨'는 '걸쇠'라는 의미로 사용되기도 하고 '자물쇠'를 이르는 말로도 쓴다. ¶【속담】대지마구에 주석 걸씨. =돼지우리에 주석 자물쇠. ☞자물씨.

걸아다[거라다 _-_] 동 걸우다. 흙이나 거름 따위를 기름지고 양분이 많게 하다. '걸다'의 사동사. ¶땅을 걸아야 농사가 잘 덴다. =땅을 걸우어야 농사가 잘 된다.

걸움[거룸 -_] 명 걸음. ①두 발을 번갈아 옮겨 놓는 동작. ¶【관용구】걸움을 띠다. =걸음을 떼다. ②어떤 방향으로 나아가는 기회나 길. ¶【관용구】걸움이 잘데다. =걸음이 잘되다. ③오고가고 하는 일. ¶【관용구】걸움이 없다. =걸음이 없다. ④((수 관형사 뒤에서 의존적 용법으로 쓰여)) 세는 단위를 나타내는 말. ¶【관용구】한 걸움썩 나가다. =한 걸음씩 나가다.

걸움걸이[거룸거리 __-_] 명 걸음걸이. ①걸음을 걷는 모양새. ¶【관용구】걸움걸이가 얄궂다. =걸음걸이가 얄궂다. ②일이 진행되어 가는 모양새를 비유적으로 이르는 말. ¶【관용구】걸움걸이가 수얿다. =걸음걸이가 수월하다.

걸움마[거룸마 _-_] 명 걸음마. 어린아이가 걸음을 익힐 때 발을 떼어 놓는 걸음걸이. ¶【관용구】걸움마로 띠다. =걸음마를 떼다.

걸찍하다[걸찌카다 __-_] 형 걸쭉하다. ①액체 농도가 묽지 않고 꽤 진하다. ¶탁배기로 걸찍하이 걸러래이. =탁주를 걸쭉하게 걸러라. ②꽤 푸지고 진하다. ¶잔치가 걸찍하기 벌어짔다. =잔치가 걸쭉하게 벌어졌다.

걸차다[_-_] 동 걸치다. 가로질러 걸리게 하다. ¶담부랑에 간때미 걸차아낳아라. =담에 간짓대 걸쳐놓아라.

걸치다[_-_] 동 ≒마시다. '술을 마시다'의 속된 말. ¶【관용구】한 잔 걸치다. =한 잔 마시다. ☞둘루마시다.

걸치앉다[걸치안따 _--_] 동 걸터앉다. 엉덩이 부분만을 대고 걸치어 앉다. ¶여개 걸치앉이라. =여기에 걸터앉아라.

걸치이다[_-__] 동 걸리다. '걸다'의 피동사. 벽이나 못 따위에 어떤 물체가 떨어지지 않도록 매달리다. ¶【속담】대추낭게 연(鳶) 걸치딧기. =대추나무에 연 걸리듯.

걸팡지다[_-__] 형 거방지다. ①몸집이 크다. ¶【관용구】덩빨이 걸팡지다. =덩치가 거방지다. ②음식 따위가 매우 푸짐하다. ¶【관용구】걸팡지기 묵다. =거방지게 먹다. ③능력이나 재주가 빼어나다. ¶【관용구】걸팡지기 잘하다. =거방지게 잘하다.

검까락지[_--_] 명 금가락지(金---).

검푸루다[_-__] 형 검푸르다. 사물이나 그 빛이 검은빛을 띠면서 푸르다. ¶미거지 덩더리는 검푸루다. =메기 등은 검푸르다.

겁재이[겁재~이 --_] 명 겁쟁이(怯--).

겂[겁 -] 명 겁(怯). 무서워하거나 두려워하는 마음. 또는 무서움을 잘 타거나 두려움을 잘 느끼는 심리적 경향. ¶【관용구】겂을 지이묵다. =겁을 집어먹다. *겂이[겁시 -_], 겂도[겁또 -_], 겂은[겁슨 -_].

겂이나다[겁시나다 -___] 동 겁나다(怯--). 무섭거나 두려운 마음이 생기다. ¶【관용구】꿈에서래도 보이까 겂이난다. =꿈에서라도 보일까 겁난다.

-겄[걷 _] 어 -겠. ①((용언이나 선어말 어미 뒤에 붙어)) 미래의 일이나 추측한 바를 나타내는 말. ¶앞일로 우예 알겄고? =앞일을 어찌 알겠니? ②((용언의 어간 뒤에 붙어)) 어떤 일에 대한 가능성이나 능력을 나타내는 말. ¶하분채 다 해치알 수 있겄어? =혼자 다 해치울 수 있겠어? ③((용언의 어간 또는 선어말 어미 뒤에 붙어)) 어떤 말을 단정적으로 표현하지 않고 완곡하게 표현하는 태도를 나타내는 말. ¶참시 드가도 데겄습미꺼? =잠시 들어가도 되겠습니까? ④((주로 부사 '다'와 함께 쓰여)) 상대에게 의아스럽거나 불만스러운 상태임을 나타내는 말. ¶사다 사다 빌소리로 다 듣겄다. =살다 살다 별소리를 다 듣겠다.

겅거리[__-] 명 겅그레. 솥에 무엇을 찔 때, 찌는 것이 솥 안의 물에 잠기지 않도록 받침으로 놓는 물건. 흔히 댓조각을 얽어서 만드는데, 임시로 나뭇개비를 걸쳐 놓기도 한다. ☞엉거리.

겅굿줄[겅구쭐 __-] 명 금줄(禁-). 부정한 것의 침범이나 접근을 막기 위하여 문이나 길 어귀에 건너질러 매거나 신성한 대상물에 매는 새끼줄. ¶미너리가 손지를 놓자말자 씨오마이가 겅굿줄로 쳤다. =며느리가 손자를 낳자마자 시어머니가 금줄을 쳤다.

겉다[걷따 --] 형 같다. ①다른 것과 비교하여 그것과 다르지 않다. ¶【관용구】양기비 겉다. =양귀비 같다. ¶【관용구】마움은 꿀떡 겉다. =마음은 꿀떡 같다. ¶【속담】비 맞은 중 겉다. =비 맞은 중 같다. ¶【속담】굿 맞은 무당이요 재 들은 중 겉다. =굿 맞은 무당이요 재 든 중 같다. ②그런 부류에 속한다는 뜻을 나타내는 말. ¶우리 할배 겉은 분은 시상에 또 없을 끼다. =우리 할아버지 같은 분은 세상에 또 없을 거다. ③'-으면'의 뜻을 나타내는 말. ¶가실 겉으마 좋을 낀데. =가을 같으면 좋을 건데. ④'기준에 합당한'의 뜻을 나타내는 말. ¶【관용구】말 겉은 말로 해야지. =말 같은 말을 해야지. ¶【관용구】사람 겉은 사램이래야 상대로 하지. =사람 같은 사람이라야 상대를 하지. ⑤ '그 시간에 벌어진 일이나 상황 따위가 계속된다면'의 뜻으로 쓰여, 그러한 상황이 지속되지 않기를 바라는 마음을 나타내는 말. ¶오새 겉으마사 살맛이 안 난다. =요새 같다면야 살맛이 안 난다.

겉돌다[걷똘다 _-_] 동 헛돌다. 제구실을 못하고 제자리에서 헛되이 돌다. ¶차가 국개구디이에 빠지가아 발통이 자꾸 겉돈다. =차가 진구렁에 빠져서 바퀴가 자꾸 헛돈다.

겉똑띠기[걷똑띠기 __-_] 명 과똑똑이(過---). ☞가똑띠기. 가똑띠이. 똑뚝새.

겉비기[걷삐기 _-_] 명 겉보기. 겉으로 드러나 보이는 모양새. ¶【관용구】겉비기캉은 딴파이다. =겉보기와는 딴판이다.

겉애서[거태서 --_] 부 같아서. 앞선 서술 내용과 비슷해서. ¶【관용구】내 자석 겉애서 하는 말. =내 자식 같아서 하는 말. ¶【속담】말이 반찬 겉앴으마 상다리 뿔라지겠다. =말이 반찬 같았으면 상다리 부러지겠다.

겉애서는[거태서는 --__] 부 같아서는. '지금의 마음이나 형편에 따르자면'의 뜻으로 쓰여 실제로는 그렇지 못함을 나타내는 말. ¶마움 겉애서는 당장이래도 띠가고 집다. =마음 같아서는 당장이라도 뛰어가고 싶다.

겉어리[거터리 _-_] 명 겉. 밖으로 드러난 모습이나 현상. ¶【속담】사램은 겉어리마 보마 안 덴다. =사람은 겉만 보면 안 된다. ¶【속담】겉어리 다르고 쏙 다르다. =겉 다르고 속 다르다.

겉어리옷[거터리옫 _-_] 명 겉옷. 겉에 입는 옷. ¶겉어리옷은 쫌 까무꾸리해야 때로 안 탄다. =겉옷은 좀 까무끄름해야 때를 안 탄다. ☞깝데기.

겉어리핥기[거터리할끼 ___-_] 명 겉핥기. ¶【속담】수박 겉어리핥기다. =수박 겉핥기다.

겉으마[거트마 -__] 부 같으면. 앞선 서술 내용과 비슷하거나 같다면. ¶【속담】대모간자 겉으마 데겠다. =대모관자 같으면 되겠다. ¶【속담】시집가 석 달 장개가 석 달 겉으마 살림 몬할 사람 없다. =시집가서 석 달 장가가서 석 달 같으면 살림 못할 사람 없다.

겉으마사[거트마사 --__] 부 같다면야. 어떤 조건을 가정하여 뒤 절에 대한 조건으로 삼는 뜻을 힘주어 나타내는 말이다. ¶이거 겉으마사 사겠다. =이것 같다면야 사겠다.

겉이[거치 --] 조 같이. ((체언 뒤에 붙어)) 모양이 서로 비슷하거나 같음을 나타내는 격 조사. *창녕방언에서 사용하는 비교부사격 조사는 아주 다양하게 실현된다. 모양이 같고 다름에 두루 쓰이는 것이 '캉', '하고'이고, 같음에만 쓰이는 것은 '매이, 매이로, 맨치로, 맹쿠로'와 '겉이'이다. 그리고 정도의 비등함을 견줄 때에는 '만치'와 '마이'이고, 차등이 남을 견줄 때에는 '보담'과 '카마'가 쓰인다. ¶축기겉이 와 암소리도 몬 하노? =축구같이 왜 아무 소리도 못 하니? ☞매로. 매이로. 맨치로. 맹쿠로.

겉짜이[걷짜~이 --_] 뷔 같잖이. 제 격에 맞지 않아 거슬리거나 아니꼽게. ¶【관용구】사람 겉짜이 이이다. =사람 같잖이 여기다.

겉짢다[걷짠타 --_] 혱 같잖다. 제 격에 맞지 않아 거슬리거나 아니꼽다. ¶【속담】겉짢은 기이 갓 씨고 장 보로 간다. =같잖은 게 갓 쓰고 장 보러 간다. ☞가짢다.

겉치리[걷치리 _-_] 명 겉치레. 겉만 보기 좋게 꾸미어 드러냄. ¶【관용구】겉치리마 뻔지리하다. =겉치레만 번지르르하다.

겉치리하다[걷치리하다 _-___] 동 겉치레하다. ¶옷마 요란시리 겉치리했네. =옷만 요란스레 겉치레했네.

게[-] 조 에게. *창녕방언의 여격조사의 특징은, 기원적으로 속격조사인 '에'('에게'의 '에')를 지배하지 않고 그냥 '게'를 체언 뒤에 통합한다. 이는 중세국어의 흔적으로 보인다. ¶씬 나물은 사랑게 이하다. =쓴 나물은 사람에게 이롭다. ☞끼. 보고. 인데.

게기[-_] 명 고기. *고기<괴기<게기<기기. ¶【속담】게기도 무우본 넘이 묵눈다. =고기도 먹어본 놈이 먹는다. ¶【속담】게기는 씹울수록이 맛이 나고 말은 할수록이 어씨진다. =고기는 씹을수록 맛이 나고 말은 할수록 거칠어진다. ☞기기.

게기깞[게기깝 -__] 명 고기값. ¶【속담】중넘 대애지 게기깞 낸다. =중놈 돼지 고기값 치른다. ☞기기깞.

게기맛[게기맏 -__] 명 고기맛. ¶【속담】중이 게기맛을 알마 법다아 파래이로 안 남간다. =중이 고기맛을 알면 법당에 파리를 안 남긴다. ☞기기맛.

게따나[_-_] 뷔 게다가. 뒤 내용에서 앞 내용보다 한층 더한 사실을 덧붙일 때 쓰여 앞뒤 어구나 문장을 이어 주는 말. ¶마암씨가 좋고 게따나 인물꺼정 밀꿈하다. =마음씨가 좋고 게다가 인물도 말끔하다. ☞거게다가. 거따가. 거어다. 거어다가.

게딴에[게따네 _-_] 뷔 그러잖아도. '그리하지 아니하여도'가 준 말. ¶게따나 바뿐데 아아꺼정 다치서 우야노? =그러잖아도 바쁜데 애까지 다쳐서 어쩌나? ☞그라내도. 안그캐도.

게띠놀이하다[게띠노리하다 __-___] 동 숨바꼭질하다. 술래가 숨은 아이들을 찾으러 다니는 동안 숨었던 아이가 술래보다 먼저 처음 약속한 장소에 나타나 '겟똥'이라고 한다. 그러면 놀이가 다시 시작된다. *'게띠놀이'에서 '게띠'는 일본어 '게따'에서 온 말. ¶【속담】멀꺼디이 디이서 게띠놀이한다. =머리카락 뒤에서 숨바꼭질한다. ☞숨박꼭질하다.

게라다[_-_] 동 겨루다. 서로 버티어 승부를 다투다. ¶【관용구】입심을 게라다.

=입심을 겨루다. ☞시라다. 씨라다.

게랄[-_] 명 계란(鷄卵). *계란+알>게랄>기랄. ¶【속담】게랄에도 뻬가 있다. =계란에도 뼈가 있다. ¶【속담】게랄로 바구치기. =계란으로 바위치기. ☞기랄.

게럽기[게럽끼 --_] 부 괴로이. 몸이나 마음이 편하지 않고 고통스럽게. ¶너무 게럽기 이이지 마이소오. =너무 괴로이 여기지 마세요.

게럽다[1][게럽따 --_] 형 괴롭다. 몸이나 마음이 편하지 않고 고통스럽다. ¶【관용구】마암이 게럽다. =마음이 괴롭다. ¶【관용구】몸띠이가 게럽다. =몸뚱이가 괴롭다. ¶【속담】늙은 개가 문 지키기 게럽다. =늙은 개가 문 지키기 괴롭다. ☞고롭다. 기럽다.

게럽다[2][게럽따 --_] 형 피곤하다(疲困--). ☞고롭다. 기럽다.

게럽어하다[게러버하다 --___] 동 괴로워하다. ☞고롭어하다. 기럽어하다.

게럽히다[게러피다 --__] 동 괴롭히다. ①심리적으로 고통을 받아 견뎌 내기 힘들게 하다. ¶자석이 보모로 게럽힌다. =자식이 부모를 괴롭힌다. ②성가시거나 귀찮게 하다. ¶글마가 따라댕기미 게럽히제? =그놈이 따라다니며 괴롭히지? ③병이나 상처 따위 고통으로 참기 어렵게 하다. ¶【속담】떡도 떡 같잖은 딩기떡이 뱃속을 게럽힌다. =떡도 떡 갈잖은 개떡이 뱃속을 괴롭힌다. ☞고롭히다. 기럽히다.

게숨추리[___-] 부 게슴츠레. 졸리거나 술에 취해서 눈이 흐리멍덩하며 거의 감길 듯한 모양. ¶눈을 게숨추리 뜨고 있다. =눈을 게슴츠레 뜨고 있다.

게숨추리하다[____-_] 형 게슴츠레하다. 졸리거나 술에 취해서 눈이 정기가 풀리고 흐리멍덩하며 거의 감길 듯하다. ¶잠이 오서 누이 게숨추리하네. =잠이 와서 눈이 게슴츠레하네.

게씸하다[_-__] 동 괘씸하다. 신의에 어긋난 짓을 당하여 분하고 밉살스럽다. ¶【속담】밍태 대가리는 한나는 놀랩지 안해도 개이 소위가 게씸하다. =명태 대가리 하나는 놀랍지 않아도 고양이 소위가 괘씸하다.

게아[개아 _-] 명 기와. ¶【속담】게아 한 장 애낄라다가 대둘보 썩한다. =기와 한 장 아끼려다 대들보 썩힌다. ☞기아.

게아내다[-___] 동 게워내다. ①먹은 것을 삭이지 못하고 도로 입 밖으로 내어놓다. ¶엥꼽우서 말키 게아냈다. =매스꺼워서 모두 게워냈다. ②부당하게 차지했던 남의 재물을 도로 내어놓다. ¶받았던 거로 다부 게아냈다. =받았던 것을 도로 게워냈다. ☞기아내다. 밭아내다.

게아다[-__] 동 게우다. ¶무운 거로 말키 게았다. =먹은 것을 모두 게웠다. ☞기아다. 올리다.

게악질나다[게악찔나다 _-___] 동 구역질나다(嘔逆---). 속이 메스꺼워 자꾸 토하려고 하는 욕구가 일어나다. ¶쏙이 메시껍우서 게악질난다. =속이 메스꺼워서 구역질난다. ¶절마는 치라만 바도 게악질난다. =저놈은 쳐다만 봐도 구역질난다. ☞게액질나다.

게앗장[게아짱 __-] 명 기왓장. 기와의 낱장. ¶【속담】토째비 게앗장 디비딧기 한다. =도깨비 기왓장 뒤지듯 한다. ☞기앗장. 쟷장.

게앗집[게아찝 __-] 명 기와집. 지붕을 기와로 인 집. ¶【속담】가난한 넘이 게앗집마 짓는다. =가난한 놈이 기와집만 짓는다. ¶【속담】술 치하마 사촌안테도 게앗집 사준다. =술을 취하면 사촌한테도 기와집 사 준다. ☞기앗집. 쟷집.

게액[_-] 명 계획(計劃). ¶【관용구】게액을 시아다. =계획을 세우다.

게액질나다[게액찔나다 _-___] 동 구역질나다(嘔逆---). ☞게악질나다.

게우[_-] 부 겨우. ①기껏해야 고작. ¶【속담】인생은 게우 오십 년. =인생은 겨우 오십 년. ②일정한 목표나 기준에 이르는 데 아슬아슬하게. ¶빚진 거는 인자 게우 다 갚았니라. =빚진 것은 이제 겨우 다 갚았느니라. ③힘에 겹게 간신히. ¶【속담】묵지 몬할 풀이 오얼에 게우 노온다. =먹지 못할 풀이 오월에 겨우 나온다. ☞기우. 제우. 지우.

게울[-_] 명 겨울. ¶【속담】게울로 나바야 봄이 기립운 줄 안다. =겨울을 나봐야 봄이 그리운 줄 안다. ☞기울. 저실.

게울내[-__] 부 겨우내. 한겨울 동안 계속해서. ¶【관용구】초장 춥우에 떨마 게울내 떤다. =초장 추위에 떨면 겨우내 떤다. ☞기울내. 저실내.

게울초[-__] 명 ((식물))유채(油菜). ☞기울초. 유치.

게팍시럽다[_--__] 동 괴팍스럽다. 붙임성이 없이 까다롭고 별난 데가 있다. ¶【관용구】싱미가 게팍시럽다. =성미가 괴팍스럽다.

겐이[게니 _-] 부 괜히. 아무 까닭이나 실속이 없게. ¶겐이 때까리 뜯는다. =괜히 트집 잡는다. ☞맥찌. 맥찌로. 메일없이. 백찌. 백찌로. 진차이.

-겠구마는[겓꾸마는 --__] 어 -련만. '-련마는'의 준말. 어떤 조건이 충족되면 이러이러한 결과가 기대되는데, 아쉽게도 그 조건이 충족되지 못하여 기대하는 결과도 이루어질 수 없음을 나타내는 연결어미. ¶쪼매이마 더 컸으마 좋겠구마는. =조금만 더 컸으면 좋으련만.

고[_] 명 절굿공이. 절구에 넣은 곡식을 찧는 기구. ¶【속담】터진 고로 보리알 대끼딧기 한다. =터진 절굿공이로 보리알 찧듯 한다. ¶【속담】고가 순갱[巡更] 돌마 집아이 망안다. =절굿공이가 순경 돌면 집안이 망한다. ☞도굿대. 미이.

-고[1][_] 어 -니. 의문형 종결어미. *창녕방언에서 의문형 어미는, 의문사('어찌', '어떻게', '무엇', '왜', '누구', '얼마', '몇' 등)가 있고 서술어가 용언이면, '-고' 또는 '-노', '-나'가 선택된다. 그러나 의문사가 없는 의문형 어미는 '-나'나 '-제'로 실현된다. ¶이기이 누고? =이게 누구니? ¶니는 운제 갈 끼고? =너는 언제 갈 거니?

-고[2][_] 어 -지. ①((용언 어간이나 어미

뒤에 붙어 해할 자리에 쓰여)) 어떤 사실을 묻는 뜻을 나타내는 종결어미. ¶할매는 운제 오시능고? =할머니는 언제 오시는지? ②비교되는 사실을 나타내는 종결어미. ¶둘 중에 어넌 기이 더 무굽운고? =둘 중에 어느 게 더 무거운지?

고거[_-] 명 고것. 듣는 이에게 가까이 있거나 듣는 이나 말하는 이가 생각하고 있는 사물을 가리키는 말. ¶고거 일로 고온나. =고것 이리로 가져 오너라. ☞고고.

고고[_-] 명 고것. ☞고거.

고구매[__-] 명 ((식물))고구마. ¶【속담】하지(夏至) 고구매는 춤마 밭아도 산다. =하지 고구마는 침만 뱉어도 산다. ☞고오매.

고기[_-] 명 고게. ①대명사 '고것'에 주격조사 '이'가 붙어서 준 말. ¶니가 암고 있는 고기 머꼬? =네가 안고 있는 고게 무엇이냐? ②고놈이. ¶고기 고런 말을 하더나? =고놈이 고런 말을 하더니?

고까이[고까~이 _-_] 관 고까짓. 겨우 고만한 정도의. ¶고까이 꺼 갖고 와 카노? =고까짓 것 가지고 왜 그러니? ☞고깐.

고깐[_-] 관 고까짓. ☞고까이.

고깨이[1][고깨~이 --_] 명 곡괭이. 쇠로 황새의 부리처럼 양쪽으로 길게 날을 내고 가운데 구멍에 긴 자루를 박은 괭이. ☞곡깽이. 모깨이. 목깨이. 목깽이.

고깨이[2][고깨~이 --_] 명 익살꾼. 우스갯짓을 잘 하는 사람을 낮잡아 이르는 말. *일본어 '곡개이(こっけい)' 즉 '골계(滑稽)'에서 온 말. ¶저 사람은 고깨이다. =저 사람은 익살꾼이다. ☞씨분대. 씨싸이. 씨씩바리.

고깨이짓[고깨~이짇 --__] 명 우스갯짓. 남을 웃기려고 하는 짓. ☞우수갯짓. 위서갯짓.

고넘[-_] 명 고놈. '고놈 아이'가 줄어든 말. ¶고넘 참 덕성시럽기 생깄다. =고놈 참 덕성스럽게 생겼다. ☞고넘아. 골마.

고넘아[고너마 __-] 명 고놈. '고놈 아이'가 줄어든 말. ☞고넘. 골마.

고넘우[고너무 _-_] 관 고놈의. 말하는 이나 듣는 이로부터 떨어진 곳에 있는 물건이나 일, 남자 따위를 얕잡아 가리키는 말. ¶고넘우 기운기가 쏙을 씨깄다. =고놈의 경운기가 속을 썩혔다. ☞고놈우. 고니러.

고놈우[고노무 _-_] 관 고놈의. ☞고넘우. 고니러.

고니러[_-_] 관 고놈의. 화난 상태에서 욕설처럼 속되게 하는 말. ¶고니러 자석은 오데 갔노? =고놈의 자식은 어디 갔니? ☞고넘우. 고놈우.

고다리[--_] 명 고. 옷고름이나 노끈 따위의 매듭이 풀리지 않도록 한 가닥을 고리처럼 맨 것. ¶옷고룸에 고다리가 풀맀다. =옷고름에 고가 풀렸다.

고단새[__-] 명 고새. 고사이에. 비교적 짧은 동안에. *그동안+사이. ¶고단새 비가 옸네. =고새 비가 왔네. ☞고단에.

고단에[고다네 _-_] 명 고새. 고사이에. ☞

고단새.

고달푸다[_-__] 형 고달프다. 몸이나 처지가 몹시 고단하다. ¶묵고 사는 기이 고달푸다. =먹고 사는 게 고달프다.

고대[1][-_] 명 고지. 누룩이나 메주 따위를 디디어 만들 때 쓰는 나무틀. 쳇바퀴나 밑이 없는 모말처럼 생겼는데, 누룩이나 메주의 재료를 싼 보자기를 그 안에 넣고 발로 디디어 단단하게 다진다. ¶디딘 누룩을 고대서 끄잡아냈다. =디딘 누룩을 고지에서 끄집어냈다.

고대[2][_-] 명 ((식물))고랭이.

고도롬[--_] 명 고드름. ¶【속담】고도롬 초장 걸다. =고드름 초장 같다. ☞고두룸.

고동[1][_-] 명 깍지. 손가락에 끼고 논을 맬 수 있도록, 대나무 토막으로 만든 연모. 길이는 3cm 정도이다. 논 제초기가 보편적으로 보급되지 않은 1960년대까지만 해도 이 '고동'을 끼고 논김을 없애던 것이 보통이었다. 그 뒤 논 제초기가 보급되어 서서 논김을 매게 되었고, 그 뒤 제초제가 개발되어 이제는 논김을 매는 일은 거의 없어졌다. ☞손고동.

고동[2][_-] 명 ((동물))고둥. ☞고디이.

고동각시[__-_] 명 ((동물))노래기. 절지동물로 몸은 원통형으로 길며 발이 많다. 건드리면 둥글게 말리고, 몸에서 고약한 노린내가 난다. ¶【속담】고동각시 휘도 묵겄다. =노래기 회도 먹겠다. ¶【속담】고동각시 발도 한나 없다. =노래기 발도 하나 없다. ☞노랑재이. 문디이각시.

고두룸[--_] 명 고드름. ☞고도롬.

고둥어[_-_] 명 ((동물))고등어. ¶【관용구】고둥어 가운데 톰배기 걸다. =고등어 가운데 토막 같다.

고둥학조[고둥학쪼 _-__] 명 고등학교(高等學校). ¶고둥학조는 수물 안짝에 졸웁한다. =고등학교는 스물 안쪽에 졸업한다. ☞고둥핵교. 고둥핵조.

고둥핵교[고둥핵꾜 _-__] 명 고등학교(高等學校). ☞고둥학조. 고둥핵조.

고둥핵조[고등핵쪼 _-__] 명 고등학교(高等學校). ☞고둥학조. 고둥핵교.

고디이[고디~이 _-_] 명 ((동물))고둥. ☞고동.

고따구[_-_] 관 고따위. 고러한 부류의 대상을 낮잡아 가리키는 말. ¶머 고따구 인가이 다 있노. =뭐 고따위 인간이 다 있나.

고따만쿰[__-_] 부 고만큼. ①고만한 정도로. ¶일로 고따만쿰 했으마 인자 쫌 시라. =일을 고만큼 했으면 이제 좀 쉬어라. ②그만큼. 그만한 정도. ¶돈을 고따만쿰은 몬 벌어예. =돈을 고만큼은 못 벌어요. ☞고마이. 고만침. 고만쿰.

고때사[-__] 부 그제야. ①앞에서 이미 이야기한 바로 그때에 이르러서야 비로소. ¶대문을 수시껀 뚜딜긴께네 고때사 노오더라. =대문을 내내 두드리니까 그제야 나오더라. ②하필이면 그 시간에. ¶고때사 말고 집에 아무도 없었다. =그제야 말고 집에 아무도 없었다. ☞고때야. 고제사. 고지사. 그때사. 그제사. 그지사.

고때야[-__] 뮈 그제야. ☞고때사. 고제사. 고지사. 그때사. 그제사. 그지사.

고라고[_-_] 뮈 그리고. 앞뒤 내용을 나란히 연결할 때 쓰여 앞뒤 문장을 이어 주는 말. ¶청소 말키 해낳나? 고라고 숙제해래이. =청소 모두 해놓았니? 그리고 숙제해라. ☞그라고. 그래고.

고라다[1][_-_] 동 고르다. 바닥을 높낮이가 없도록 평평하게 만들다. ¶땅빠닥을 반반하이 고랐다. =땅바닥을 반반하게 골랐다. ☞고루다. 골라다. 공구라다. 반틀라다. 빈지라다.

고라다[2][_-_] 동 고러다. ①고렇게 행동하다. ¶고라다 금상 망알 끼다. =고러다 금방 망할 게다. ②고렇게 말하다. ¶니가 말로 고라다가는 욕본데이. =네가 말을 고러다가는 고생한다. ☞고카다.

고라마[_-_] 뮈 고러면. ①앞의 내용이 뒤의 내용의 조건이 될 때 쓰는 접속 부사. ¶이거마 가아가래이. 고라마 델 끼다. =이것만 가져가라. 고러면 될 것이다. ②앞의 내용을 받아들이거나 그것을 전제로 새로운 주장을 할 때 쓰는 접속 부사. ¶언자 고라마 집에 가재이. =이제 고러면 집에 가자. ③'고리하면'이 줄어든 말. ¶동상보고 고라마 안데. =동생에게 고러면 안 돼.

고라분[_-_] 명 크림[cream]. ¶춥을 때는 고라분을 발라야 살끼가 부두룹우진다. =추울 때는 크림을 발라야 살갗이 부드러워진다.

고라이[고라~이 _-_] 명 ((동물))고라니. ¶【속담】산중 농사지이서 고라이 좋운 일마 했다. =산중 농사지어서 고라니 좋은 일만 했다.

고라이께네[고라~이께네 _-___] 뮈 고러니까. ①앞 내용이 뒤 내용의 이유나 근거가 될 때 쓰여 앞뒤 문장을 이어 주는 말. ¶니는 아주꺼정 시상을 몰라. 고라이께네 어룬 말로 듣거라. =너는 아직 세상을 몰라. 고러니까 어른 말을 들어라. ②앞 내용에 대해 부연이나 보충할 때 쓰여 앞뒤 어구나 문장을 이어 주는 말. ¶후 뿐 장날, 고라이께네 오는 열 하릿날 보입시더. =후 번 장날, 고러니까 오는 열 하룻날 봅시다. ☞고란께네. 고런께네.

고란께네[_-__] 뮈 고러니까. ☞고라이께네. 고런께네.

고랄끼[__-] 동 고럴게. '고렇게 할게'의 준말. ¶고랄끼 아이고 이래 한분 해바라. =고럴게 아니고 이렇게 한번 해봐라. ☞고칼끼.

고랄래[__-] 동 고럴래. 고렇게 할래? ¶운제꺼정 고랄래? =언제까지 고럴래? ☞고칼래.

고람[_-] 명 번지. 논밭의 흙을 고르는 데 쓰는 농기구. 보통 씨를 뿌리기 전에 모판을 판판하게 고르는 데 쓴다.

고랑[_-] 명 이랑. 갈아 놓은 밭의 한 두둑과 한 고랑을 아울러 이르는 말. *밭골을 탔을 때 골에 있던 흙이 높아진 데가 '이랑', 낮아져 물이 흘러가게 되는 곳은 '고랑'이 된다. 창녕방언에서는 '고랑'과 '이랑'을 구분하지 않고 두루 쓰인다. ☞이렁.

고랑망태이[고랑망태~이 ___-_] 명 고주망태. 술에 몹시 취하여 정신을 가누지 못하는 상태. 또는 그런 사람. ¶고랑망태이가 데도록 술로 마싰다. =고주망태가 되도록 술을 마셨다.

고랑태[_-_] 명 골탕. 손해를 입거나 낭패를 당하는 일. ¶【관용구】고랑태 묵다. =골탕 먹다. ¶【관용구】고랑태 미이다. =골탕 먹이다.

고래¹[-_] 감 고렇지. ①틀림없이 고렇다는 뜻으로 하는 말. ¶고래, 고래 하는 기이 맞아. =고렇지, 고렇게 하는 게 맞아. ②'고러하지'가 줄어든 말. ¶없는 넘들은 다 고래. =없는 놈들은 다 고렇지.

고래²[--] 부 고렇게. ①고러한 정도로. ¶고래 잘났으마 니가 해라. =고렇게 잘났으면 네가 해라. ②고러한 모양으로. 또는 고러한 방식으로. ¶음석을 와 고래 깨작깨작 묵노? =음식을 왜 고렇게 깨작깨작 먹니? ☞고렇굼. 고렇기. 고렇짐. 고리.

고래³[--] 부 고리. ①상태나 성질 따위가 고러한 정도나 모양으로. 또는 그와 같이. ¶고마 물러간께네 고래 아시기 바랍미더. =그만 물러가니까 고리 아시기 바랍니다. ②((부정어와 함께 쓰여)) 고러한 정도까지. ¶배껕 날씨가 고래 춥지 안하다. =바깥 날씨가 고리 춥지는 않다. ③((모양, 성질 따위가)) 그러한 모양. ¶고래 생기문 그륵. =고리 생겨먹은 그릇.

고래⁴[--] 부 고다지. ①(('않다', '모르다', '없다' 따위와 함께 쓰여)) 별로 고렇게까지. ¶오올은 고래 안 떱다. =오늘은 고다지 안 덥다. ②((놀라움이나 감탄을 나타낼 때 쓰여)) 고러한 정도로까지. ¶고 일이 고래 심든 일가? =고 일이 고다지 힘든 일이냐? ③고렇게도. 고러한 정도까지. ¶고래 머라캤으마 뎄지 머. =고다지 야단쳤으면 됐지 뭐.

고래가아[---_] 동 고래서. '고렇게 해서'의 준말. ¶고래가아 곤치지까 집다. =고래서 고쳐질까 싶다.

고래가암[__-_] 명 고래고함(--高喊). 크게 지르는 소리. ¶【관용구】고래가암을 치다. =고래고함을 지르다.

고래구로[-_--] 부 그러구러. 시간이 그럭저럭 지나는 모양을 나타내는 말. ¶아푸던 다리가 고래구로 낫았다. =아프던 다리가 그러구러 나았다. ☞고러구로. 그래구로. 그러구로.

고래놓이[고래노~이 -_-_] 부 고러놓으니까. '고러해 놓으니까'의 준말. 앞의 내용이 뒤의 내용의 이유나 근거 따위가 될 때 쓰는 접속 부사. ¶아부지가 고래놓이 자석이 그렇제. =아버지가 고러놓으니까 자식이 그렇지.

고래장[_-_] 명 고려장(高麗葬).

고랫구녕[고래꾸녕 ___-] 명 방고래(房--). 방의 구들장 밑으로 낸 고랑. ¶【관용구】고랫구녕이 맥히다. =방고래가 막히다. ¶【관용구】고랫구녕이 티이다. =방고래가 트이다. ☞고랫구뭉.

고랫구뭉[고래꾸뭉 ___-] 명 방고래(房--). ☞고랫구녕.

고러구로[-_--] 부 그러구러. ☞고래구로. 그래구로. 그러구로.

고런께네[__-_] 부 고러니까. ☞고라이께네. 고란께네.

고런따나[-_-_] 부 고나마. ①좋지 않거나 모자라기는 하지만 고것이나마. ¶아푸기는 하겠지만서도 고런따나 다앵이다. =아프긴 하겠지만 고나마 다행이다. ②좋지 않거나 모자라지만. ¶적지만서도 고런따나 가아가래이. =적지만 고나마 가져가라.

고런머리[-_-_] 부 고래서. 고렇기 때문에. *'고런머리'는 '고렇기 때문에'라는 뜻을 갖는, 일종의 연어(連語)이다. ¶비가 오서, 고런머리 고상한다. =비가 와서, 고래서 고생한다. ☞고머리.

고렁[-_] 관 고런. ①상태, 모양, 성질 따위가 고러한. ¶참이는 고렁 기이 더 맛입다. =참외는 고런 게 더 맛있다. ②'고리한'이 줄어든 말. ¶진작에 고렁 줄로 알았으마 내가 가밨을 낀데. =진즉에 고런 줄을 알았으면 내가 가봤을 건데.

고렇구롬[고러쿠롬 --__] 부 고렇게나. '고렇게'를 강조하여 이르는 말. ¶옴마가 고렇구롬 좋나? =엄마가 고렇게나 좋니? ☞고렇굼이나. 고렇기나. 고렇짐이나.

고렇굼[고러쿰 --_] 부 고렇게. ①고러한 정도로. ¶【속담】고렇굼 하마 딋간에 옻칠하나. =고렇게 하면 뒷간에 옻칠하나. ②앞의 내용을 받거나 뒤에서 말할 내용을 지시하여 가리킬 때 쓰는 말. ¶【속담】포도청 딋문에서도 고렇굼 핧지는 않겄다. =포도청 뒷문에서도 고렇게 싸지는 않겠다. ③고러한 모양으로. ¶고렇굼 생긴 거는 내삐리라. =고렇게 생긴 건 내버려라. ☞고래. 고렇기. 고렇짐. 고리.

고렇굼이나[고러쿰이나 --___] 부 고렇게나. ☞고렇구롬. 고렇기나. 고렇짐이나.

고렇기[고러키 --_] 부 고렇게. ☞고래. 고렇굼. 고렇짐. 고리.

고렇기나[고러키나 --__] 부 고렇게나. ☞고렇구롬. 고렇굼이나. 고렇짐이나.

고렇지만서도[고러치만서도 -__-__] 부 고렇지만. 서로 일치하지 아니하거나 상반되는 사실을 나타내는 두 문장을 이어 줄 때 쓰는 접속 부사. ¶니가 잘몬한 기 많다. 고렇지만서도 한분마 더 바준다. =네가 잘못한 게 많다. 고렇지만 한번만 더 봐준다. ☞고롷지만서도.

고렇짐[고러침 --_] 부 고렇게. ☞고래. 고렇굼. 고렇기. 고리.

고렇짐이나[고러침이나 --___] 부 고렇게나. ☞고렇구롬. 고렇굼이나. 고렇기나.

고롬[1][_-] 명 고름. 몸 안에 병균이 들어가 일으킨 염증. ¶【속담】고롬은 살 안 덴다. =고름은 살 안 된다. ☞고룸.

고롬[2][-_] 명 고름. 저고리나 두루마기 앞에 기다랗게 달아 양쪽 옷자락을 여미어 매는 끈. ¶【속담】새 옷에 헌 고롬 달기다. =새 옷에 헌 고롬 달기다. ☞고룸.

고롭다[1][고롭따 --_] 형 괴롭다. ☞게럽다. 기럽다.

고롭다[2][고롭따 --_] 형 피곤하다(疲困--). ☞개럽다. 기럽다. 피곤시럽다.

고롭어하다[고로버하다 --_-_] 동 괴로워하다. ☞게럽어하다. 기럽어하다.

고롭히다[고로피다 --__] 동 괴롭히다. ☞게럽히다. 기럽히다.

고롷다[고로타 --_] 형 고렇다. 고러하다. ¶【관용구】고롷고 고롷다. =고렇고 고렇다.

고롷다시[고로타시 --__] 부 고렇듯이. 고러하듯이. ¶넘들도 다 고롷다시 심들기 살았디라. =남들도 다 고렇듯이 힘들게 살았더니라.

고루다[_-_] 동 고르다. 여럿이 다 높낮이를 반반하게 하다. ☞고라다. 골라다. 공구라다. 반틀라다. 빈지라다.

고룸[1][_-] 명 고름. 몸 안에 병균이 들어가 일으킨 염증. ☞고롬.

고룸[2][-_] 명 고름. 저고리나 두루마기 앞에 기다랗게 달아 양쪽 옷자락을 여미어 매는 끈. ☞고롬.

고리[1][--] 부 고렇게. ☞고래. 고렇굼. 고렇기. 고렇짐.

고리[2][_-] 부 고루. 차이가 없이 엇비슷하거나 같게. ¶대리미로 옷 주롬을 고리 폈다. =다리미로 옷 주름을 고루 폈다.

고리고리[___-] 부 고루고루. 두루 빼놓지 않고. ¶니남없이 고리고리 갈라주라. =내남없이 고루고루 나눠줘라.

고리째기[__-_] 명 고리짝. 고리버들의 가지나 대오리 따위로 엮어서 상자같이 만든 물건. 주로 옷을 넣어 두는 데 쓴다. ¶시리떡 한 고리째기. =시루떡 한 고리짝.

고마[1][-_] 부 고만. ①고 정도까지만. ¶인자 고마 일나래이. =이제 고만 일어나라. ②고대로 곧. ¶고질로 고마 가 뺐다. =그길로 고만 가 버렸다. ③고 정도로 하고. ¶이쭘 하고 고마 가입시더. =이쯤 하고 고만 갑시다. ④자신도 모르는 사이에. ¶너무 놀래서 고마 가암을 질렀다. =너무 놀라서 고만 고함을 질렀다. ⑤달리 해 볼 도리가 없이. ¶질이 막히서 고마 늦었습미더. =길이 막혀서 고만 늦었습니다. ☞마. 마아.

고마[2][-_] 부 곧장. ①옆길로 빠지지 아니하고 곧바로. ¶어물기리지 말고 고마 댕기온나. =어물거리지 말고 곧장 다녀오너라. ②곧이어 바로. ¶눕자말자 고마 잤뿄어예. =눕자마자 곧장 자버렸어요.

고마고마하다[____-_] 형 고만고만하다. ①그만한 정도로 여럿이 다 비슷비슷하다. ¶이넘이나 저넘이나 말키 고마고마하다. =이놈이나 저놈이나 모두 고만고만하다. ②사실이나 내용이 고렇고 고렇다. ¶어지는 고마고마한 일로 몬 왔다. =어제는 고만고만한 일로 못 왔다.

고마이[고마~이 _-_] 부 고만큼. ☞고따만쿰. 고만침. 고만쿰.

고마이다[고마~이다 _-__] 형 고만이다. ①고것으로 끝이다. ¶【속담】비싼 놈우 떡 안 사무우마 고마이다. =비싼 놈의 떡 안 사먹으면 고만이다. ¶【속담】핑안감사도 지 싫으마 고마이다. =평안

감사도 저 싫으면 고만이다. ②더할 나위 없이 좋다. ¶【관용구】거지 고마이 다. =그저 고만이다.

고마하다[__-_] 동 그만하다. 어떤 일을 계속하지 않고 멈추다. ¶씰데없는 소리 고마해라. =쓸데없는 소리 그만해라.

고만침[1][_-_] 부 고만치. ①고만한 정도로. ¶고만침 놀았으마 인자 일로 해야지. =고만치 놀았으면 이제 일을 해야지. ②고쯤 떨어진 곳으로. ¶저거는 고만침 내낳아라. =저건 고만치 내놓아라.

고만침[2][_-_] 부 고만큼. ☞고따만쿰. 고마이. 고만쿰.

고만쿰[_-_] 부 고만큼. ☞고따만쿰. 고마이. 고만침.

고맙어하다[고마버하다 __-__] 동 고마워하다. 고맙게 여기다. ¶저분에 부지해조서 저가부지가 고맙어합디더예. =저번에 부조해줘서 애아버지가 고마워합디다. *고맙고[고맙꼬 _-_], 고맙지[고맙찌 _-_], 고맙어서[고마버서 __-_], 고맙었다[고마벋따 __-_].

고매똥[_-_] 명 고구마똥. 보잘 것 없는 물건을 빗댄 말. *'고매똥'은 표준어로 보면 명사구지만 창녕방언에서는 굳어진 말이라 하나의 단어로 보는 게 낫다. ¶【속담】시불 고매똥 겉다. =세 벌 고구마똥 같다.

고매쭐구리[___-_] 명 고구마줄기. ¶고매쭐구리 옇어가아 송에 찌짔다. =고구마줄기 넣어서 붕어 지졌다.

고머리[_-_] 부 고래서. 고렇기 때문에. ☞고런머리.

고모리[--_] 명 글피. 모레의 그다음 날. ¶고모리가 장날 맞제? =글피가 장날 맞지? ☞구패. 그모리. 내모레. 내모리. 저모리.

고모아재[-_-_] 명 고모부(姑母夫). 고모의 남편.

고모아지매[-_-__] 명 고모(姑母). 아버지의 여형제. ☞고무.

고무[-_] 명 고모(姑母). ☞고모아지매.

고무딲개[고무따깨 __-_] 명 고무지우개. ¶잘몬 씬 글자는 고무딲개로 지아라. =잘못 쓴 글자는 고무지우개로 지워라.

고바우[--_] 명 급경사(急傾斜). *일본어 '고바이 こうばい'에서 온 말. ¶추룩이 고바우로 올라갔다. =트럭이 급경사로 올라갔다.

고방[_-] 명 광. 세간이나 그 밖의 여러 가지 물건을 넣어 두는 곳. ¶【속담】고바아서 인심난다. =광에서 인심난다. ☞도장.

고빼이달다[고빼~이달다 _-___] 동 연결하다(連結--). 차량 따위의 사물과 사물을 잇달다. *'고빼이'는 프랑스어 'coupe'[꾸빼]에서 온 말로, '열차의 칸'을 뜻한다. ¶깅운기로 추럭에 고빼이달아가 끟고 갔다. =경운기를 트럭에 연결해서 끌고 갔다.

고상[--] 명 고생(苦生). 어렵고 고된 일을 겪음. ¶【속담】젊우 고상은 돈 주고도 산다. =젊어 고생은 돈 주고도 산다. ¶【속담】고상 끝에 낙이 온다. =고생 끝에 낙이 온다.

고상문[--_] 명 고생문(苦生門). 괴롭고 힘든 일을 겪을 운명. ¶【관용구】고상무이 헌하다. =고생문이 훤하다.

고상시럽다[--___] 형 고생스럽다(苦生---).

고상시리[--__] 부 고생스레(苦生--). ¶고상시리 숭구난 배차로 말키 말라서 직이 낳았다. =고생스레 심어놓은 배추를 모두 말려서 죽여 놓았다.

고상씨기다[--___] 동 고생시키다(苦生---). ¶맨날 이래 고상씨기서 우얍미꺼. =만날 이리 고생시켜 어떡해요. ☞욕비다.

고상하다[--__] 동 고생하다(苦生--). ¶【관용구】사서 고상하다. =사서 고생하다. ☞쎄빠지다. 씨빠지다. 욕보다. 초빼이치다.

고생받기[--__] 명 레슬링과 비슷한 아이들 놀이의 일종. *'고생받기'는 자유형 레슬링과 비슷하여 상대방을 누르거나 조이든지 어떤 방법을 써서라도 항복을 받아내는 과격한 놀이이다.

고손지[_-_] 명 고손자(高孫子). 손자의 손자. ¶【관용구】고손지 볼다. =고손자 보겠다.

고솔여[_-_] 명 고손녀(高孫女). 손자의 손녀. ¶【관용구】고솔여 시집갈 때꺼정 살겄다. =고손녀 시집갈 때까지 살겠다.

고솜도치[__-_] 명 ((동물))고슴도치. ¶【속담】고솜도치도 지 자석 터리기는 부두룹다 칸다. =고슴도치도 제 자식 털은 부드럽다고 한다.

고수[_-] 명 우두머리. ¶【관용구】고수 노릇하다. =우두머리 노릇하다. ☞원대가리.

고시다[_-_] 형 고소하다. ①볶은 깨, 참기름 따위에서 나는 맛이나 냄새와 같다. ¶【관용구】땅내가 고시다. =땅내가 고소하다. ¶【관용구】흙내가 고시다. =흙내가 고소하다. ②남이 잘못되는 것을 보니 시원하고 재미있다. ¶【속담】내 집 송안치 죽우도 이우지 강새이 죽는 기이 고시다. =내 집 송아지 죽어도 이웃 강아지 죽는 게 고소하다. ☞꼬솜하다. 꼬시다. 꼬심하다.

고시라이[고시라~이 __-_] 부 고스란히. 건드리지 아니하여 조금도 축이 나거나 변하지 아니하고 그대로 온전한 상태로. ¶【속담】호박씨 까가아 고시라이 하입에 털어 옇었다. =호박씨 까서 고스란히 한입에 털어 넣었다. ☞소롯이. 솔배기.

고시라지다[_-___] 동 고스러지다. 농작물이 거둘 때가 지나서 이삭이 꼬부라지고 앙상하게 되다. ¶마알이 말키 고시라졌다. =마늘이 모두 고스러졌다.

고시레[-__] 감 고수레. 야외에서 음식을 들 때나, 다른 집에서 온 제삿밥 등을 자기 집에서 들 때, 음식의 일부를 사방이나, 마당에 던지면서 하는 말. 객귀(客鬼)를 달래는 의미가 있음. ¶한데 노오서 밥을 무우마 "고시레!" 카고 나서 무우야지. =한데 나와서 밥을 먹으면 "고수레!" 하고 나서 먹어야지.

고신내[_-_] 명 고소한 냄새. *'고신내'는 표준어로 보면 명사구지만 창녕방언에서는 굳어진 말로, 한 단어로 쓴다. ¶【관용구】고신내가 등천하다. =고소한 냄새가 진동하다. ☞꼬신내.

고아다[1][-__] 동 괴다. 기울어지거나 쓰러지지 않도록 아래를 받쳐 안정시키다. ¶【속담】고아놓안 지게 짝대기로 찬다. =괴어놓은 지게 작대기를 찬다. ☞공가다. 바치다. 방가다. 방가치다.

고아다[2][-__] 동 고다. 고기나 뼈 따위를 무르거나 진액이 빠지도록 끓는 물에 푹 삶다. ¶소삐간지 고안 국물. =소뼈 고은 국물. *고아니[고아니 -__], 고아마[고아마 -__], 고았다[고안따 -__]. ☞소꾸라다. 소쿠라다.

고양[1][--] 명 고향(故鄕). ¶【속담】고양을 떠나마 사람이 천해진다. =고향을 떠나면 사람이 천해진다.

고양[2][-_] 부 고냥. ①모양이나 상황 등이 바뀌지 않고 본래 있던 대로. ¶【속담】칼로 빼서는 고양 칼집에 꽂지로 안한다. =칼을 뽑고는 고냥 칼집에 꽂지를 않는다. ②아무런 조치 없이 고렇게. ¶아푸다 카는데 고양 낳아뚜마 우짭미꺼? =아프다고 하는데 고냥 놓아두면 어쩝니까?

고얘이[고얘~이 __-] 명 ((동물))고양이. ☞개이. 살찌이.

고오[고~오 --] 명 고기. 듣는 이에게 가까운 곳을 좀 귀엽게 가리키는 말. ¶버씨로 고오꺼정 갔디나? =벌써 고기까지 갔었니?

고오다[--_] 동 가져오다. ☞가아오다. 가주오다. 가지오다.

고오매[__-] 명 ((식물))고구마. ☞고구매.

고오서[고~오서 -__] 부 고기서. 고 위치나 장소에서. ¶너거는 고오서 그카지 말고 배껕마다아 나가래이. =너희들은 고기에서 그러지 말고 바깥마당에 나가거라.

고올[_-] 명 고을. ¶고올 원님. =고을 원님.

고이[1][고~이 -_] 명 ((동물))고니.

고이[2][고~이 -_] 명 곤이(鯤鮞). 물고기의 뱃속에 든 알이나 새끼.

고자배기[__-_] 명 고주박. 나무를 베고 남은 아랫동아리.

고제사[-__] 부 그제야. ☞고때사. 고때야. 고지사. 그때사. 그제사. 그지사.

고지리[_-_] 명 ((동물))고자리. 잎벌레의 애벌레. ¶【속담】고지리 묵고 큰 호박 꼬라지다. =고자리 먹고 자란 호박 꼴이다.

고지사[-__] 부 그제야. ☞고때사. 고때야. 고제사. 그때사. 그제사. 그지사.

고질로[-__] 부 그길로. ①어떤 장소에 도착한 그 걸음으로. ¶하도 디서 집에 오자말자 고질로 잤다. =하도 되서 집에 오자마자 그길로 잤다. ②어떤 일이 있은 다음 곧. ¶다친 고질로 빙언에 갔디라. =다친 그길로 병원에 갔더니라. ☞그질로.

고집피아다[--___] 동 고집부리다. 고집이 드러나는 행동을 하다. ¶날 춥운데 고집피아지 말고 이 잠바 입고 가래이. =날 추운데 고집부리지 말고 이 점퍼 입고 가라. ☞엉티이부리다.

고짜[_-] 명 고쪽. *'고짜'는 '그짜'보다 가리키는 범위가 좁은 느낌을 준다. ①듣는 이에게 가까운 곳이나 방향을 가리키는 지시 대명사. ¶고짜로 가서 이약하자. =고쪽으로 가서 이야기하자. ②말하는 이와 듣는 이가 이미 알고 있는 곳이나 방향을 가리키는 지시 대명사. ¶고짜가 너거 이삼촌 사는 곳이제? =고쪽이 너희 외삼촌 사는 곳이지? ③말하는 이와 듣는 이가 이미 알고 있는 사람 또는 그런 사람을 가리키는 삼인칭 대명사. ¶고짜 생각부텀 말해 보이소오. =고쪽 생각부터 말해 보세요. ④듣는 이 또는 듣는 이들을 가리키는 이인칭 대명사. ¶고짜서 고래 생각한다카마 내는 할 말이 없어예. =고쪽에서 고렇게 생각한다면 나는 할 말이 없어요. ⑤듣는 이와 듣는 이를 포함한 집단을 가리키는 이인칭 대명사. ¶고짜서 그라마 우리들네도 우짤 수가 없지예. =고쪽에서 그러면 우리들도 어쩔 수가 없지요. ☞고짝. 고쭈. 고쭉.

고짜로[_-_] 부 고쪽으로. 고쪽 방향으로. ☞고짝우로. 고쭈로. 고쭉우로. 골로.

고짝 명 고쪽. ☞고짜. 고쭈. 고쭉.

고짝우로[고짜구로 _-__] 부 고쪽으로. ☞꼬짜로. 고쭈로. 고쭉우로. 골로.

고쭈[_-] 명 고쪽. ☞고짜. 고짝. 고쭉.

고쭈로[_-_] 부 고쪽으로. ☞꼬짜로. 고짝우로. 고쭉우로. 골로.

고쭉[_-] 명 고쪽. ☞고짜. 고짝. 고쭈.

고쭉우로[고쭈구로 _-__] 부 고쪽으로. ☞꼬짜로. 고짝우로. 고쭈로. 골로.

고카다[_-_] 동 고러다. '무엇을 고렇게 하다'의 준말. ☞고라다.

고칼끼[__-] 부 고럴게. '고렇게 할게'의 준말. ☞고랄끼.

고칼래[__-] 동 고럴래. '고렇게 할 거니.'의 준말. ☞고랄래.

고푸다[_-_] 형 고프다. ¶【속담】배가 고푼 데에는 밥이 약이다. =배가 고픈 데에는 밥이 약이다.

곡갱이[--_] 명 곡괭이. ☞고깨이. 모깨이. 목깨이. 목갱이.

곡석[-_] 명 곡식(穀食). ¶【속담】곡석에 제비 걸다. =곡식에 제비 같다. ¶【속담】헌 섬에 곡석이 더 든다. =헌 섬에 곡식이 더 든다. ¶【속담】입춘에 샛바람 불마 곡석이 천하다. =입춘에 샛바람 불면 곡식이 흔하다.

곡철[--] 명 용수철(龍鬚鐵).

곤총[_-] 명 권총(拳銃).

곤치다[-__] 동 고치다. ①낡거나 못 쓰게 된 것을 손질하여 쓸 수 있도록 만들다. ¶자안차로 곤칬다. =자전거를 고쳤다. ②질병을 낫게 하다. ¶【속담】화타(華陀)가 지 빙 몬 곤친다. =화타가 제 병 못 고친다. ③내용이나 모양을 바꾸다. ¶【속담】머리로 곤치마 얼굴도 달라진다. =머리를 고치면 얼굴도 달라진다. ④잘못된 모양 따위를 바로잡거나 새롭게 하다. ¶【속담】풍개나무 밑에서 갓끈 곤치 매지 마라. =자두나무 밑에서 갓끈 고쳐 매지 마라. ¶【속담】소뿔 곤칠라다가 소 쥑인다. =

소뿔 고치려다가 소 죽인다. ⑤잘못되거나 틀린 내용을 올바르게 하다. ¶연실문을 곤치다. =연설문을 고치다. ⑥어떤 것을 전혀 다른 상황으로 바꾸다. ¶【속담】타고난 팔자(八字)는 몬 곤친다. =타고난 팔자는 못 고친다. ☞낫아다. 낫우다.

곤투[_-] 명 권투(拳鬪).

곧[-] 명 곳. 공간적인 또는 추상적인 일정한 자리나 지역. ¶#갑: 어데로 갔다 오노? =어디를 갔다 오니? #을: 하리 곧에 갔디라. =하루 만에 갔다 올 수 있는 곳에 갔더니라. ¶딸로 해삼곧에 시집을 보내 낳고 딸네 집에 가서 해삼을 묵는데, 저까치질로 몬해서 몬 무윴다. =딸을 해삼이 나는 곳에 시집을 보내 놓고 딸네 집에 가서 해삼을 먹는데, 젓가락질을 못해서 못 먹었다. *곧에[고데 -_], 곧을[고들 -_], 곧도[고또/곧또 -_], 곧만[곧만 -_], 곧하고[고타고 --_]. *'곳'으로 발음되기도 한다. ☞곳.

곧바리[곧빠리 __-] 부 곧바로. ①지체 없이 바로 그 즉시. ¶핵조서 곧바리 집으로 왔다. =학교에서 곧장 집으로 왔다. ②멀지 않고 바로 가까이에. ¶민소는 보군소 젙에 곧바리 있어예. =면사무소는 보건소 곁에 곧바로 있어요. ③곧은 방향으로. ¶이 질 따라가마 곧바리 한질이 노온다. =이 길 따라가면 곧바로 한길이 나온다. ☞막바리.

곧하다[1][고차다 _-_] 동 굳히다. ①단단하게 하다. ¶【속담】비가 오야 따이 곧하진다. =비가 와야 땅이 굳혀진다. ②굳게 하다. ¶【관용구】배창시 곧하다. =배창자 굳히다. ③'굳다'의 사동사. ¶돌까리를 버어서 곧핬다. =시멘트를 부어서 굳혔다. ④확고부동하게 하다. ¶【관용구】길심을 곧하다. =결심을 굳히다. ☞굳하다.

곧하다[2][고차다 _-_] 동 곧추다. '곧다'의 사동사. 휘어지거나 비뚤어진 것을 바르게 하다. ¶꾸부루진 거로 곧핬다. =구부러진 것을 곧추었다. ¶삐뚤우진 질로 곧핬다. =비뚤어진 길을 곧추었다.

골[_] 명 ((식물))왕골. ☞골대.

골갱이[_-_] 명 올가미. ①새끼나 노 따위로 옭아서 고를 내어 짐승을 잡는 장치. ¶【속담】백정도 골갱이가 있어야 소로 잡는다. =백정도 올가미가 있어야 소를 잡는다. ②사람이 걸려들게 만든 수단이나 술책. ¶【관용구】골갱이에 걸리다. =올가미에 걸리다. ¶【관용구】골갱이 씌아다. =올가미 씌우다. ☞올개미. 홀깨미. 홀깨이. 홀치기.

골고리[_-_] 부 골고루. 여럿이 다 차이 없이 고르게. ¶【속담】우는 쪼꿈 알로는 골로리. =위는 조금 아래로는 골고루.

골기아[_-_] 명 수키와. 두 암키와 사이를 엎어 잇는 기와. ☞쑥게아.

골다[-_] 동 굶다. ¶【속담】골기로 밥 묵딧기 한다. =굶기를 밥 먹듯 한다.

골대[골때 --] 명 ((식물))왕골. ☞골.

골따리[_-_] 명 다랑이. 산골짜기의 비탈진 곳 따위에 있는 계단식으로 된 좁고 긴 논배미. ¶골따리는 홀치이 갖다 대기도 심들다. =다랑이는 쟁기 가져다 대기도 힘들다. ☞골따리논.

골따리논[_-_-] 명 다랑이. ☞골따리.

골라다[1][_-_] 동 고르다. 가려서 집어내거나 뽑다. ☞가리다. 개리다.

골라다[2][_-_] 동 고르다. 높낮이를 일정하게 만들다. ☞고라다. 고루다. 공구라다. 반틀라다. 빈지라다.

골로[--] 부 고쪽으로. 고쪽 방향으로. ¶골로 가마 학조가 노온다. =고쪽으로 가면 학교가 나온다. ☞고짜로. 고짝우로. 고쭈로. 고쭉우로.

골로 가다[-_ -_] 동 ((속된 말로)) 죽다. ¶잘몬하마 골로 간다. =잘못하면 죽는다. ☞꼬두라지다. 질기눕다.

골로 보내다[-_ _-_] 동 ((속된 말로)) 죽이다. ¶조래 나뿐 넘들은 골로 보내 뿌야 덴다. =저리 나쁜 놈들은 죽여 버려야 된다. ☞쥑이다. 직이다.

골마[_-] 명 고놈. '고놈 아이'가 줄어든 말. ¶골마 참 덕시럽기 생깄다. =고놈 참 덕스럽게 생겼다. ☞고넘. 고넘마.

골매골매[_-_-] 감 예전에 아이들이 호박이나 과일 따위가 떨어지라고 손가락질하며 내는 짓궂은 소리. ¶손가락질로 하민서 '골매골매' 카마 저 호박 널찐다. =손가락질을 하면서 '골매골매' 하면 저 호박 떨어진다.

골묵[_-] 명 골목. ¶【속담】개도 얻우맞은 골묵에는 안 간다. =개도 얻어맞은 골목에는 안 간다.

골묵골묵[_-_-] 명 골목골목. ¶골묵골묵을 찾아 댕깄다. =골목골목을 찾아 다녔다.

골묵대장[_--_] 명 골목대장(--大將).

골묵질[골묵찔 _ _-] 명 골목길. ¶비잡운 골묵질. =비좁은 골목길.

골미[-_] 명 골무. 바느질할 때 바늘귀를 밀기 위하여 손가락에 끼는 도구. ¶【속담】골미는 죽운 씨이미 넋이라. =골무는 죽은 시어미 넋이라

골밋감[골미깜 --_] 명 골뭇감. 골무를 만드는 헝겊이나 가죽 따위의 재료. ¶【속담】노리 잡기 전에 골밋감 매련한다. =노루 잡기 전에 골뭇감 마련한다.

골백분[--_] 명 골백번(-百番). '백번(百番)'을 강조하거나 속되게 이르는 말. ¶고넘우 일이 골백분 새앙킨다. =고놈의 일이 골백번 생각난다.

골벵[-_] 명 골병(-病). *'골벵'과 '인벵'은 겉으로 드러나지 않고 속으로 앓는 병이라는 공통점이 있으나, 전자는 주로 육체적인 것에 의하여 생기고, 후자는 '사람으로 인한 스트레스'에 해당한다는 차이점이 있다. ¶가실한다꼬 골벵이 들었다. =추수하느라고 골병이 났다. ☞골빙.

골빙[-_] 명 골병(-病). ☞골벵.

골쌔리다[--_ _] 동 골때리다. ((속된 말로)) 어이없고 터무니없다. ¶어지는 골쌔리는 일로 만냈다. =어제는 골때리는 일을 만났다.

골용[-_] 명 권련(卷煙). 얇은 종이로 가늘고 길게 말아 놓은 담배. ¶【속담】골용 마는 당지(唐紙)로 인갱을 쌀라 칸다.

=궐련 마는 당지로 인경을 싸려 한다.

골칫덩거리[골치떵거리 --___] 명 골칫덩어리. 귀찮고 걱정스럽게 하는 일이나 사람을 속되게 이르는 말. ¶애삐릴 수도 없는 골칫덩거리. =내버릴 수도 없는 골칫덩어리.

골팬[_-] 명 볼펜(ball pen).

곰바리[__-] 명 ((식물))곰팡이. ¶【관용구】입에 곰바리 피다. =입에 곰팡이 피다. ¶【속담】믿는 낭게서 곰바리 핀다. =믿는 나무에서 곰팡이 핀다. ☞곰배이. 곰패이.

곰바리내[_-__] 명 곰팡내. 곰팡이 냄새. ¶【속담】소굼도 곰바리내 낸다. =소금도 곰팡내 낸다. ☞꼼내.

곰배[_-] 명 곰방메. ①논밭의 흙을 고르는 데에 쓰는 'T' 자 모양의 기구. ②앞짱구나 뒤짱꾸 애를 놀림조로 이르는 말. ¶곰배 대가리. =곰방메 대가리.

곰배다리[___-] 명 번정다리. ①다리가 꼬부라져 붙어 펴지 못하는 사람을 얕잡아 이르는 말. ¶【관용구】곰배다리 춤 치딧기. =번정다리 춤추듯. ②꼬부라져 펴지지 않는 다리. ¶【속담】곰배다리에 목판 찡기듯기. =번정다리에 목판 끼이듯. ☞뻐덩개다리.

곰배상[__-] 명 개다리소반(---小盤). 상다리 모양이 개의 뒷다리처럼 구부러진 작은 밥상. ¶【관용구】사또 곰배상 겉다. =사또 개다리소반 같다.

곰배이[곰배~이 _-_] 명 ((식물))곰팡이. ☞곰바리. 곰패이.

곰패이[곰패~이 _-_] 명 ((식물))곰팡이. ☞곰바리. 곰배이.

곱상시럽다[__-__] 형 곱상하다. 외모나 성격이 예쁘장하고 얌전하다. ¶하는 짓이 우째 저래 곱상시럽우까. =하는 짓이 어찌 저리 곱상할까.

곱신곱신[___-] 부 굽실굽실. *'곱신곱신'은 '곱+신(身)'에서 온 말. ①고개나 허리를 자꾸 깊숙이 구부리는 모양을 나타내는 말. ¶허리로 곱신곱신 인사한다. =허리를 굽실굽실 인사한다. ②남의 비위를 맞추느라고 자꾸 비굴하게 행동하는 모양을 나타내는 말. ¶허리로 곱신곱신 수구린다. =허리를 굽실굽실 숙인다.

곱신곱신하다[____-_] 동 굽실굽실하다. ①다른 사람에게 고개나 허리를 자꾸 앞으로 구부리다. ¶어룬을 보마 곱신곱신하기 인사해라. =어른을 보면 굽실굽실하게 인사해라. ②다른 사람에게 비위를 맞추느라고 자꾸 비굴하게 행동하다. ¶졸마는 돈 많은 사램인데 곱신곱신한다. =조놈은 돈 많은 사람한테 굽실굽실한다.

곱아하다[고바하다 __-_] 형 예뻐하다. 사랑스럽고 귀엽다고 여기다. ¶【속담】알라로 곱아하마 옷에 똥칠을 한다. =아이를 예뻐하면 옷에 똥칠을 한다. ☞예뿌하다. 예쁘하다. 이뿌하다.

곱운[고분 _-] 관 고운. 상냥하고 순한. ¶【관용구】곱운 정 밉운 정 다 들다. =고운 정 미운 정 다 들다. ¶【속담】곱운 자석 매차리로 키안다. =고운 자식 매로 키운다.

곱운때[고분때 _ _ -] 명 고운때. 보기에 흉하지 않을 정도로 살짝 묻은 때. ¶우리 할매 분옹저구리에 곱운때가 묻읐다. =우리 할머니 분홍저고리에 고운때가 묻었다.

곱운체[고분체 _ _ -] 명 고운체. 가는 올로 촘촘하게 짜서 구멍이 작은 체. ¶곱운 가리 얻을라꼬 곱운체로 친다. =고운 가루 얻으려고 고운체로 친다. ☞접치이.

공가다[1][_ - _] 동 괴다. ☞고아다. 바치다. 방가다. 방가치다.

공가다[2][_ - _] 동 대다. 차, 배 따위의 탈것을 멈추어 서게 하다. ¶차로 한질에 공갔다. =차를 한길에 댔다.

공가다[3][_ - _] 동 ≒넘어뜨리다. *상대를 혼내기 위해 '넘어지게 하다'라는 뜻의 비속어. 시비 중에 있는 상대방의 중심을 갑자기 무너뜨려 쓰러지게 하는 행위를 말한다. '발로 차서 넘어뜨리다'라는 의미가 강하다. ¶이 자석을 확 공가 뿌까? =이 자식을 확 넘어뜨려 버릴까? ☞구불치다. 넘가띠리다. 넘우띠리다. 님기띠리다. 보티리다. 부티리다.

공가다[4][_ - _] 동 방이다. 어떤 곳을 힘 있게 치다. ¶골마 여꾸리로 한 방 공갔더마는 기양 나자빠라지데예. =고놈 옆구리를 한 방 방였더니 그냥 나자빠지데요.

공개[- _] 명 팽이. 둥글고 짧은 나무의 한쪽 끝을 뾰족하게 깎아서 쇠구슬 따위의 심을 박아 만든 아이들의 장난감. ¶【관용구】공개 돌리다. =팽이 치다. ☞핑비이.

공개치기[- _ _ _] 명 팽이치기.

공구라다[_ _ - _] 동 고르다. '공그르다'는 사전에 북한어로 나와 있으며 '바닥을 높낮이 없도록 평평하게 만들다.'란 뜻을 지니고 있다. ☞고라다. 고루다. 반틀라다. 빈지라다.

공구리[- _ _] 명 콘크리트(concrete). *일본어 '곤꾸리또(コンクリート)'. ¶【관용구】공구리로 치다. =콘크리트를 하다.

공구산[_ - -] 명 공동묘지(共同墓地). 공동으로 시체를 묻는 산. '구(具)'는 시체를 세는 단위. ¶【속담】사태 만낸 공구산 겉다. =사태 만난 공동묘지 같다. ☞공동산.

공굴대[공굴때 _ - _] 명 평미레(平--). 말이나 되에 곡식을 담아 그 위를 평평하게 밀어, 정확한 양을 재는 데 쓰는 방망이 모양의 기구. *'공굴대'는 '공글(공그르다)+대'로 이루어진 합성어다. ¶【관용구】공굴대 미다. =평미레 밀다. ¶【속담】디재이 공굴대 겉다. =말감고 평미레 같다. ☞디방매이.

공기다[- _ _] 동 곪다. ①상처에 염증이 생겨 고름이 들게 되다. ¶【속담】공기 빠지도 마움은 조바아(助幇-) 있다. =곪아 빠져도 마음은 조방에 있다. ②((비유적으로)) 내부에 부패나 감정이 쌓이고 쌓여 터질 정도에 이르다. ¶【속담】쏙이 공기는데 겉어리다 약 바런다. =속이 곪는데 겉에다 약 바른다. ☞띠부리키다. 부리키다. 익히다.

공꺼[_-] 명 공것(空-). 힘이나 돈을 들이지 않고 거저 얻은 물건. ¶【속담】공꺼로 무울라 카는 참이만 한 기이. =공것을 먹으려고 하는 참외만 한 것. ¶【속담】공꺼라 카마 양잿물도 묵는다. =공것이라 하면 양잿물도 먹는다. ¶【속담】공꺼 바래기는 무당서방이라. =공것 바라기는 무당서방이라.

공단겉다[공단걷따 _-__] 형 ≒아름답다. *공단(貢緞)+같다. '공단'은 두껍고, 무늬는 없지만 윤기가 도는 고급 비단에 속한다. ¶새딕이 낯이 공단겉다. =새댁 얼굴이 아름답다. ☞아룸답다.

공달[공딸 _-] 명 윤달(閏-). 날짜상의 계절과 실제의 계절이 어긋나는 것을 막기 위한 것으로, 몇 년에 한 번씩 돌아오는 달. ¶【속담】공달 든 도장낭기다. =윤달 든 회양목이다. ¶【속담】숭년에 공달이다. =흉년에 윤달이다.

공동산[_--] 명 공동묘지(共同墓地). ☞공구산.

공딜이다[공디리다 __-_] 동 공들이다(功---). ¶【속담】공딜인 탑이 뭉가지까이. =공든 탑이 무너지랴.

공민학조[공민학쪼 _-__] 명 공민학교(公民學校). 해방직후 초등 교육을 받지 못하고 취학 연령을 넘긴 사람에게 국민 생활에 필요한 기초 교육을 실시하기 위하여 설립한 교육기관. 중학교 교육과정을 실시하는 학교는 '고등공민학교'라고 했다. ¶【속담】공민학조 월사굼 내딧기. =공민학교 월사금 내듯. ☞공민핵교. 공민핵조.

공민핵교[공민핵꾜 _-__] 명 공민학교(公民學校). ☞공민학조. 공민핵조.

공민핵조[공민핵쪼 _-__] 명 공민학교(公民學校). ☞공민학조. 공민핵교.

공빼이[공빼~이 _-_] 명 공짜배기. ¶【속담】공빼이 좋아하마 이망 벗거진다. =공짜배기 좋아하면 이마 벗겨진다.

공산[_-] 명 개상(-床). 곡식의 낟알을 떨어내는 데 쓰이는 재래식 농기구. 서까래 같은 통나무 네댓 개를 가로로 엮고, 다리를 네 개 붙인 후 넓적한 돌을 얹거나 통나무를 그대로 얹어서 쓴다. ¶나락단을 공산에다가 둘루치마 나락이 우루루 쏟아진다. =볏단을 개상에다가 둘러메치면 벼가 와르르 쏟아진다. ☞톰바아.

공산타작[_-__] 명 개상타작(-床打作). 개상을 도구로 곡식의 낟알을 줄기에서 떨어내어 거둠. *손훑깨타작(벼훑이타작), 공산타작(개상타작), 훑깨타작(그네타작) 등은 근대화 이전의 탈곡방식이고 와롱기(호롱기), 탈곡기, 콤바인 등은 근대화 이후의 탈곡방식이다.

공여이[공여~이 _-_] 부 공연히(公然-). 아무런 까닭이나 실속이 없이. ¶공여이 고집피안다. =공연히 고집부린다.

곶[곧 -] 명 곳. *창녕방언 '곶'은 받침 'ㅈ'이 그대로 살아 있다. ①공간적인 또는 추상적인 자리나 지역. ¶【속담】깡철이 가는 곶은 가실도 봄이다. =강철이 가는 곳은 가을도 봄이다. *곶에[고제 -_], 곶이[고지 -_], 곶을[고즐 -_]. ☞곧.

곶곶이[곧고지 --_] 뷔 곳곳이. 이르는 곳마다. ¶핑소에 안 하던 운동을 했더마는 몸 곶곶이 쑤씬다. =평소에 안 하던 운동을 했더니 몸 곳곳이 쑤신다.

과게[1][-_] 명 과거(科擧). ☞가게.

과게[2][-_] 명 홍역(紅疫). ☞가게. 홍진손.

괌[-] 명 고함(高喊). ☞가암.

괌지르다[-___] 동 고함지르다(高喊---). ☞가암지르다.

괗다[과타 _-] 형 과하다(過--). 사물이나 언행이 일정한 한도를 넘어 지나치다. ¶【관용구】말이 괗다. =말이 과하다. ¶【관용구】술이 괗다. =술이 과하다.

-교[_] 어 -니까. 높임 의문형 종결어미. *창녕방언에서 높임말로 쓰이는 의문형 어미는, '-능게'와 '-능교' 그리고 '-미꺼'가 있다. 이 셋 중 '능게'는 '하게체'로 쓰이고 '-능교'는 '하오체'로, '-미꺼'는 '합쇼체'로 실현된다. '-능교'는 '-교'로 실현되기도 한다. ¶이거 모지리 다 합치마 얼만교? =이것 모조리 다 합하면 얼마입니까? ☞-능게. -능교. -미꺼.

교팬[_-] 명 교편(教鞭). ¶【관용구】교팬을 잡다. =교편을 잡다. ☞교핀.

교핀[_-] 명 교편(教鞭). ☞교팬.

구구[_-] 명 계산(計算). 속셈. *'구구'는 일반적으로는 속셈과 관련될 때 '구구'라는 말을 쓰고 '구구가 있따(속셈이 있다.), 구구가 머꼬(속셈이 머냐)?', 계산한다고 할 때는 '구구로 댄다.'는 형식으로 쓰인다. ¶【관용구】구구로 대다. =계산을 하다. ¶【관용구】구구대로 하다. =계산대로 하다.

구구자[_-_] 명 ((식물))구기자(枸杞子).

구녕[_-] 명 구멍. *창녕방언에서 '구멍'은 '구녕, 구늉, 구뭉, 구중, 굶' 등이 모두 쓰이지만 그 중 '구뭉'이 가장 널리 사용된다. ¶【속담】돌도 십 년을 치라보고 있으마 구녕이 떫힌다. =돌도 십 년을 쳐다보고 있으면 구멍이 뚫린다. ¶【관용구】돌담부랑 구녕에 쪽지비 눈깔이다. =돌담 구멍에 족제비 눈깔이다. ☞구늉. 구뭉. 구중. 굶.

구늉[_-] 명 구멍. ☞구녕. 구뭉. 구중. 굶.

구더리[_-_] 명 ((동물))구더기. ¶【속담】구더리 무섭아서 딘장 몬 담을까이. =구더기 무서워서 된장 못 담그랴. ☞기더리.

구둘[_-] 명 구들. 아궁이에 불을 때어 그 불기운이 방바닥 밑으로 난 방고래를 통해 퍼지도록 하여 방을 덥게 하는 난방 장치. ¶【관용구】구둘에 불이 잘 딜이다. =구들에 불이 잘 들어가다. ☞불묵.

구둘돌[구둘똘 _-_] 명 구들돌. 방고래 위에 덮어 바닥을 만드는 얇고 널찍한 돌. ☞불묵돌.

구둘막[__-] 명 아랫목. 온돌방에서, 아궁이에 가까운 쪽의 방바닥. ¶【속담】사람 안 죽운 구둘막 없다. =사람 안 죽은 아랫목 없다. ¶【속담】난제 들온 넘이 구둘막 차지한다. =나중에 들어온 놈이 아랫목 차지한다. ¶【속담】솔깔비 구둘막을 객이 먼첨 차지한다. =솔가리 아랫목을 객이 먼저 차지한다. ☞

ㄱ

구둘묵. 아랫묵. 아릿목. 아릿묵.

구둘막장군[_ _ _ -_] 명 ≒은둔자(隱遁者). 아랫목을 차지하고 있으면서 밖에 나오지 않는 사람을 빗댄 말. ¶그 냥반은 구둘막장군이래서 몬 본지 오래 뎄어예. =그 양반은 은둔자라서 못 본지 오래 됐어요.

구둘묵[_ _-] 명 아랫목. ☞구둘막. 아랫묵. 아릿목. 아릿묵.

구둘방[구둘빵 _ _-] 명 온돌방(溫突房).

구둘장[구둘짱 _ _-] 명 구들장. 방고래 위에 깔아 방바닥을 만드는 얇고 넓은 돌. ¶【속담】구둘장 지기 생겄다. =구들장 지게 생겼다. ¶【속담】구둘장 젊우진다. =구들장 젊어진다.

구디기[_-_] 명 구덩이. 땅이 움푹하게 팬 곳. ¶국개구디기(개흙구덩이). ¶똥구디기(똥구덩이). ¶물구디기(물구덩이). ☞구디이.

구디기물[_-_ _] 명 똥물. *옛날 변소는 구덩이를 파고 그 속에 독을 묻은 것이었기 때문에 '똥물'을 '구디기물'이라 한다. ¶【관용구】구디기물에 티갈 넘. =똥물에 튀길 놈. ¶【속담】구디기물에도 파도가 있고 소똥에도 칭게가 있다. =똥물에도 파도가 있고 쇠똥에도 층계가 있다.

구디이[구디~이 _-_] 명 구덩이. ☞구디기.

-구로[1][-_] 어 -도록. ((앞의 내용이 뒤에서 가리키는 사태의 목적이나 결과, 방식, 정도 따위가 됨을 나타내는)) 연결어미. ¶옷을 지가 입구로 나뚜라. =옷을 제가 입도록 놔둬라. ¶모상이 잘 커구로 물로 마이 준다. =모종이 잘 자라도록 물을 많이 준다.

-구로[2][-_] 어 -지. ((당연하다는 의미로)) '그렇지'에 해당하는 종결어미. ¶고래 머라캤으이 다알나고도 남구로. =그리 야단쳤으니 달아나고도 남지.

-구로[3][-_] 어 -게. ((당연하다는 의미로)) '그렇지'에 해당하는 종결어미. ¶말해 머하구로. =말해 뭐하게.

구루다[_-_] 동 구르다. 돌면서 움직이다. ¶【속담】구루는 돌미이에는 물때가 안 찌인다. =구르는 돌멩이에는 이끼가 안 낀다. ¶【속담】둥군 돌은 구루지마는 모난 돌은 백힌다. =둥근 돌은 구르지만 모난 돌은 박힌다. ¶【속담】얽은 유자는 사또 사아 오르고 곱운 탱자는 개똥밭에 구룬다. =얽은 유자는 사또 상에 오르고 고운 탱자는 개똥밭에 구른다. ☞구불다. 굼불다.

구룸[_-] 명 구름. ¶【속담】어니 구룸에서 비가 올랑가. =어느 구름에서 비가 올는지.

구룽티이[구룽티~이 _ _-_] 명 구렁텅이. ①몹시 험하고 깊은 구렁. ¶추룩이 구룽티이에 빠잤다. =트럭이 구렁텅이에 빠졌다. ②빠지면 헤어나기 어려운 환경을 비유적으로 이르는 말. ¶【관용구】구룽티이에 빠지다. =구렁텅이에 빠지다.

구리[_-] 명 ((동물))구렁이. *표준어에서 '구리'는 '능구렁이'를 지칭하지만 창녕방언에서는 주로 크기가 큰 구렁이를 통틀어 '구리'라 하며 작은 것은

'뱀이' 또는 '배암', '비암', '진짐승'이라 일컫는다. *구렁이<구리이<구리. ¶【관용구】구리 알 겉은 내 돈. =구렁이 알 같은 내 돈. ¶【속담】댓진 무운 구리. =댓진 먹은 구렁이. ¶【속담】구리 담부랑 넘우가딧기 한다. =구렁이 담 넘어가듯 한다.

구리구리하다[____-_] 형 부리부리하다. 눈망울이 억실억실하게 크고 열기가 있다. ¶누이 구리구리하이 잘 생깄다. =눈이 부리부리하게 잘 생겼다.

구리딸[__-] 명 ((식물))뱀딸기. ☞개딸기. 배암딸. 뱀딸.

-구마는[1][--_] 어 -는데. 앞 절의 사태가 이미 어떠하니 뒤 절의 사태는 이러할 것이 기대되는데도 그렇지 못함을 나타내는 연결어미. 기대가 어그러지는 데 대한 실망의 느낌이 비친다. ¶바램은 불구마는 덥우는 고대로다. =바람은 부는데 더위는 그대로다. ☞-느마는. -는마는.

-구마는[2][--_] 어 -건만. 앞의 상황과 반대되는 판단을 할 때 쓰는 연결어미. ¶마움이사 날아가겠구마는 몸이 안 따라준다. =마음이야 날아가겠건만 몸이 안 따라준다. ☞-느마는. -는마는.

-구마는[3][--_] 어 -구먼. ①((용언의 어간 뒤에 붙어)) 해할 자리나 혼잣말에 쓰여, 화자가 새롭게 알게 된 사실에 주목함을 나타내는 종결어미. 흔히 감탄의 뜻이 수반된다. 청자가 손윗사람일 경우에 뒤에는 보조사 '예'가 온다. ¶어둡운 낯을 보이 먼 일이 있었던 모냥이구마는. =어두운 표정을 보니 무슨 일이 있었던 모양이구먼. ②((용언의 어간 뒤에 붙어)) 화자가 새롭게 알게 된 사실에 대하여 상대에게 자기 뜻을 나타내는 말. ¶언자 보이 저래도 데겠구마는. =이제 보니 저리해도 되겠구먼. ☞-느마는. -는마는.

구뭉[_-] 명 구멍. ¶【속담】바다 구뭉에도 용수는 있다. =바다 구멍에도 용수는 있다. ☞구녕. 구늉. 구중. 굶.

구미구미[_-_-] 부 끼리끼리. 여럿이 무리를 지어 따로따로. ¶【관용구】구미구미 어불린다. =끼리끼리 어울린다. ☞찌리찌리.

구부라다[__-_] 동 굴리다. ①둥근 물체를 돌면서 움직이게 하다. ¶【속담】핑풍에 모개 구부라듯기 한다. =병풍에 모과 굴리듯 한다. ②자신의 몸이나 물건을 잘 간수하지 않고 함부로 아무 곳이나 돌아다니도록 하다. ¶몸을 함부두룩 구부란다. =몸을 함부로 굴린다. ③차를 몰고 다니거나 운행하다. ¶【관용구】자가용 구부라다. =자가용 굴리다. ④돈을 투자하거나 거래하거나 하여 이익을 도모하다. ¶【관용구】돈을 구부라다. =돈을 굴리다. ☞구불라다.

구불다[_-_] 동 구르다. ☞구루다. 굼불다.

구불라다[__-_] 동 굴리다. ☞구부라다.

구불어가다[구부러가다 _-_-_] 동 굴러가다. ①바퀴를 단 것이나 둥근 물체가 어디로 구르며 나아가다. ¶【속담】은쟁반에 옥구실 구불어가딧기. =은쟁반에 옥구슬 굴러가듯. ②일이나 모임이 계속되거나 운영되어 나아가다. ¶【관용구】일이 지대로 구불어가다. =일이 제대로 굴러가다.

구불어댕기다[구부러댕기다 _-_-__] 동 굴러다니다. ①물건이 어디에서 이리저리 구르면서 왔다갔다하다. ¶【관용구】여게저게 구불어댕기다. =여기저기 굴러다니다. ②사람이 어디에서 정처 없이 이리저리 옮겨 다니다. ¶【관용구】어데서 구불어댕기다가 온 넘인지. =어디서 굴러다니다가 온 놈인지.

구불어오다[구부러오다 _-_-_] 동 굴러오다. 굴러서 오다. ¶【속담】호박이 넝꿀째 구불어온다. =호박이 넝쿨 째 굴러온다. ¶【속담】구불어온 복을 지 발로 찬다. =굴러온 복을 제 발로 찬다.

구불우지다[구부루지다 _-___] 동 넘어지다. ¶【속담】콩마당에 구불우졌나. =콩마당에 넘어졌나. ☞넘우지다.

구불치다[_-__] 동 넘어뜨리다. ¶【속담】좀 벌개이가 지둥 구불친다. =좀 벌레가 기둥 넘어뜨린다. ☞공가다. 넘가띠리다. 넘우띠리다. 넘기띠리다. 보티리다. 부티리다.

구사리[_-_] 명 면박(面駁). 면전에서 꾸짖어 나무람. *일본어 '쿠싸리(腐くさり)'에서 온 말.

구숙[_-] 명 구석. ①모퉁이 진 곳의 안쪽. ¶【관용구】구숙에 몰리다. =구석에 몰리다. ②잘 드러나지 않는 치우친 곳을 속되게 이르는 말. ¶【관용구】위진 구숙에 사다. =외진 구석에 살다. ③마음의 한 부분이나 사물의 한 군데. ¶【관용구】구숙이 비다. =구석이 비다. ☞구식.

구숙구숙[구숙꾸쑥 ___-] 명 구석구석. 이 구석 저 구석. ¶구숙구숙 씰고 딲았다. =구석구석 쓸고 닦았다. ☞구식구식.

구숙때기[__-_] 명 구석빼기. 잘 드러나지 않는 치우친 곳을 속되게 이르는 말. ¶【속담】구숙때기에 처백힌 개밥그륵신세. =구석빼기에 처박힌 개밥그릇 신세.

구시[-_] 명 소구유. 소에게 먹이를 담아 주는 그릇. 흔히 큰 나무토막이나 큰 돌을 길쭉하게 파내어 만든다. ¶【속담】사우가 무던하마 구시 씪는다. =사위가 무던하면 소구유 씻는다. ☞소구시. 소죽구시.

구시다[_-_] 형 구수하다. 입맛이 당기도록 좋다. ¶딘장국이 구시다. =된장국이 구수하다. ¶【관용구】목청이 구시다. =목소리가 구수하다. ☞꾸숨하다. 꾸시다. 꾸심하다.

구시리다[_-__] 동 구슬리다. 그럴듯한 말로 꾀어 마음을 움직이다. ¶【관용구】구시리 쌂다. =구슬려 삶다. ¶【관용구】구시리 넘가다. =구슬려 넘기다.

구식[_-] 명 구석. ☞구숙.

구식구식[___-] 부 구석구석. ☞구숙구숙.

구신[_-] 명 귀신(鬼神). 죽은 사람의 넋. ¶【관용구】구신 씨아다. =귀신 씌우다. ¶【속담】여자는 시집가마 시집 구신이다. =여자는 시집가면 시댁 귀신이다. ¶【속담】구신도 깅문[經文]에 매이 산다. =귀신도 경문에 매여 산다. ¶【속담】구신 떡 갈라 묵는 소리한다. =귀신 떡 나눠 먹는 소리한다. ☞기신.

구신겉다[_-__] 형 귀신같다(鬼神--). ①추측, 눈치 따위가 매우 정확하다. ¶눈치 하나는 구신겉다. =눈치 하나는 귀신같다. ②어떤 일에 뛰어난 재주가 있다. ¶【관용구】솜씨가 구신겉다. =솜씨가 귀신같다. ③생김새나 몰골이 몹시 사납다. ¶【속담】구신매이로 입고 장승매이로 간다. =귀신처럼 입고 장승처럼 간다. ☞기신겉다.

구신떡당새이[구신떡당새~이 ____-_] 명 엉망진창. 일이나 사물이 제멋대로 뒤엉켜 심하게 갈피를 잡을 수 없도록 되어 버린 상태를 비유적으로 이르는 말. *구신(귀신)+떡당새이(떡고리). ¶【관용구】구신떡당새이맨치로 해놓다. =엉망진창으로 해놓다. ☞기신떡당새이. 쑥씨기범북. 쑤씨방트레.

구신지기다[_-___] 동 행패부리다(行悖---). ¶술로 묵고 구신지긴다. =술을 먹고 행패부린다. ☞기신지기다. 깽판부리다. 땡깡부리다. 떵깡부리다.

구실[1][_-] 명 구설(口舌). 공연히 시비하거나 헐뜯는 말. ¶【관용구】구실에 오루다. =구설에 오르다.

구실[2][-_] 명 구슬. 유리나 보석 따위를 둥글게 만든 것. ¶【속담】구실 없는 용. =구슬 없는 용. ¶【속담】구실이 시 말이래도 끼이야 보배다. =구슬이 서 말이라도 꿰어야 보배다.

구실땀[-__] 명 구슬땀. 구슬처럼 방울방울 맺힌 땀. ¶【관용구】구실땀을 흘리다. =구슬땀을 흘리다.

구실비[_-_] 명 이슬비. 는개보다 굵고 가랑비보다는 가늘게 내리는 비. ¶【속담】가리 팔로 간께네 바람 불고 소곰 팔로 간께네 구실비 온다. =가루 팔러 가니까 바람 불고 소금 팔러 가니까 이슬비 온다. ☞이실비.

구실수[구실쑤 __-] 명 구설수(口舌數). 남과 시비하거나 남에게서 헐뜯는 말을 듣게 될 운수. ¶【관용구】구실수에 오루다. =구설수에 오르다.

구실푸다[__-_] 형 구슬프다. 처량하고 슬프다. ¶노래로 구실푸기 합미더. =노래를 구슬프게 합니다.

구중[_-] 명 구멍. ¶【속담】해산 구중에 바람 들라. =해산 구멍에 바람 들라. ☞구녕. 구늉. 구뭉. 굶.

구질짭잘하다[___-__] 형 구지레하다. 상태나 언행 따위가 더럽고 지저분하다. ¶꼬라지가 구질짭잘하다. =꼴이 구지레하다. ☞꾸지리하다. 꾸질하다.

구찮구로[구찬쿠로 _-__] 부 귀찮게. 마음에 들지 아니하고 괴롭거나 성가시게. ¶지발 좀 구찮구로 하지 마래이. =제발 좀 귀찮게 하지 마라. ☞구찮기. 기찮구로. 기찮기. 시장시럽구로.

구찮기[구찬키 _-_] 부 귀찮게. ☞구찮구로. 기찮구로. 기찮기. 시장시럽기.

구찮다[구찬타 _-_] 형 귀찮다. 마음에 들지 아니하고 괴롭거나 성가시다. ¶【관용구】만사가 다 구찮다. =만사가 다 귀찮다. ☞구찮시럽다. 기찮다. 기찮시럽다. 시장시럽다.

구찮시럽다[구찬시럽따 _-___] 형 귀찮다. 귀찮은 데가 있다. *'구찮(귀찮)+시럽다(스럽다)'로 된 말인데, 형용사 어간에 다시 형용사화 접미사가 붙은 게 특이하다. ¶오라이 가라이 구찮시럽구로 한다. =오라니 가라니 귀찮게 한다. ☞구찮다. 기찮다. 기찮시럽다. 시장시럽다.

구천띡이[1][구천띠기 --__] 명 잡동사니(雜---). *구천+댁(宅)이. ①별 소용이 없는 물건. ¶몬 씨는 구천띡이는 말키 치아라. =못 쓰는 잡동사니는 모두 치워라. ②남에게 천대받는 사람을 비유적으로 이르는 말. ¶저 구천띡이는 여게와 왔으꼬? =저 잡동사니는 여기에 왜 왔을까? ☞잡동사이.

구천띡이[2][구천띠기 --__] 명 천덕꾸러기. 업신여김과 푸대접을 받는 사람. 또는 그런 물건. ☞눈치꾸리기. 천덕꾸리기.

구카다[--_] 동 그러다. ①그렇게 하다. ¶구카다가 지 풀에 지치서 간둘 텐께네 기양 내비두우이소오. =그러다가 제 풀에 지쳐서 관둘 테니 그냥 내버려두세요. ②그렇게 말하다. ¶니가 구카이 내 구카지 니 안 구카마 내 구카나? =네가 그러니 내가 그러지 네 안 그러면 내가 그러나? ③그렇게 하다. ¶칼 가아 구카다가 다치는 수가 있니라. =칼 갖고 그러다가 다치는 수가 있느니라. ☞고라다. 그라다. 그어카다. 그카다.

구패[-_] 명 글피. 모레의 다음 날. ☞고모리. 그모리. 내모레. 내모리. 저모리.

국개[구깨 --] 명 개흙. 늪 바닥이나 진펄 같은 데에 있는 거무스름하고 미끈미끈한 흙. ¶【속담】내미나는 국개에서 이뿐 연꽃이 핀다. =냄새나는 개흙에서 예쁜 연꽃이 핀다.

국개덤비기[--___] 명 개흙더버기. 개흙이 무더기로 쌓이거나 덕지덕지 붙은 것. 또는 그 상태.

국개털감칠[구깨털감칠 --_-_] 명 개흙칠갑(--漆甲). 개흙을 뒤집어쓴 상태. ¶얼라가 국개털감칠을 해서 왔다. =어린애가 개흙칠갑을 해서 왔다.

국개투시이[구깨투시~이 --___] 명 개흙투성이. 개흙을 뒤집어쓴 상태.

국매[궁매 --] 명 국마(國馬). 국둔마(國屯馬). 나라에서 경영하던 목장의 말. '국마'는 개인 말에 비해 별로 할일이 없었던 데에서, 일은 하지 않고 밥만 먹고 빈둥빈둥 노는 사람을 빗댄 말로 쓰인다. ¶저 국매로 패지이도 몬하고 우짜꼬. =저 국마를 패죽이지도 못하고 어쩌나.

국매좆[궁매졷 ---] 명 ≒놈팡이. 국마(國馬)의 좆. 빈둥거리며 엉뚱한 곳에 관심을 두는 사람을 일컫는 일종의 욕설이다. ¶에라이, 니넘은 국매좆이다. =에라, 네놈은 놈팡이다.

국민학조[궁민학쪼 --__] 명 초등학교(初等學校). ¶내는 제우 국민학조 졸웁했어예. =나는 겨우 초등학교 졸업했어요. ☞국민핵교. 국민핵조.

국민핵교[궁민핵꾜 --__] 명 초등학교(初等學校). ☞국민학조. 국민핵조.

국민핵조[궁민핵쪼 --__] 명 초등학교(初

等學校). ☞국민학조. 국민핵교.

국시[국씨 -_] 명 국수. ¶【속담】미물밭에서 국시 쌂아라 칸다. =메밀밭에서 국수 삶아라고 한다.

국시기[_-_] 명 김치죽(--粥). 배추 통김치를 잘게 썰어 넣고 쌀과 함께 끓인 죽. ¶국시기 낋이무웄다. =김치죽 끓여먹었다.

군데[_-] 명 그네. 민속놀이의 하나. ¶【속담】꼬치낭게 군데로 띠고 잣 껍띠기로 배로 맨들어 타겄다. =고추나무에 그네를 뛰고 잣 껍데기로 배를 만들어 타겠다. ☞근데.

군데발판[_ _--] 명 밑싣개. 그넷줄의 맨 아래에 걸쳐 놓아 두 발을 디디거나 앉을 수 있게 만든 물건. ☞발판.

군맴[--] 명 군마음. 쓸데없는 생각을 품은 마음. ¶【관용구】군맴 묵다. =군마음 먹다.

군시럽다[--_ _] 형 성가시다. ①정신이 없을 정도로 시끄럽다. ¶자석들이 바아서 설친께네 군시럽다. =자식들이 방에서 설치니까 성가시다. ②괴롭고 귀찮다. ¶이거는 군시럽운 일이래서 하기 싫어예. =이건 성가신 일이라서 하기 싫어요. ☞성가실다. 송싫다.

군음석[--_] 명 군음식(-飮食). 끼니 이외에 더 먹는 음식. ¶【관용구】군음석을 질기다. =군음식을 즐기다.

군지리기[_ _-_] 명 군식구(-食口). 원래 식구 외에 덧붙어서 얻어먹고 있는 식구. ¶이전에는 집집마당 군지리기 한 둘은 있었구마는. =예전에는 집집마다 군식구 한 둘은 있었지.

굳씨다[--_] 형 굳세다. 의지나 태도가 굽힘이 없이 굳고 세차다. ¶【속담】빠른 바램에 굳씬 풀로 안다. =빠른 바람에 굳센 풀을 안다.

굳웅살[구둥쌀 _-_] 명 굳은살. 잦은 마찰로 손바닥이나 발바닥에 생긴 두껍고 단단한 살. ¶【관용구】굳웅살이 백이다. =굳은살이 박이다. ☞꾿웅살.

굳하다[_-_] 동 굳히다. 굳게 하다. ☞곧하다.

굴레씨염[-_ _-] 명 구레나룻. 귀밑에서 턱까지 잇달아 난 수염. ¶【속담】빰 맞는데 굴레씨엄이 한 부지. =뺨 맞는 데 구레나룻이 한 부조.

굴루묵다[굴루묵따 -_ _ _] 동 굴러먹다. 이리저리 떠돌아다니면서 온갖 일을 다 겪으며 천하게 살다. ¶【관용구】오데서 굴루무웄는지. =어디서 굴러먹었는지.

굴리[-_] 명 굴레. ①행동이나 의사의 자유를 얽매는 일. ¶【관용구】굴리로 벗다. =굴레를 벗다. ②소나 말을 다루기 위하여 목에서 고삐에 걸쳐 얽어매는 줄. ¶【속담】꽁매이로 굴리로 벗고 씬다. =꿩처럼 굴레를 벗고 쓴다. ¶【속담】약기는 지새낀지 참새 굴리래도 씨알다. =약기는 쥐새낀지 참새 굴레라도 씌우겠다. ③베틀에서, 바디집비녀 옆에 바디집을 걸쳐 매는 끈. ¶【속담】바뿌마 굴리 끄내끼 벗기서 소도 묶안다. =바쁘면 굴레 끈 벗겨서 소도 묶는다.

굴묵[_-] 명 굴뚝. *창녕방언에서 '굴묵'

ㄱ

은 '굴뚝'을 뜻한다. 그러나 이는 단독으로 실현되지 않고 '굴묵에(굴뚝 있는 곳)'나 '굴묵디(굴뚝+뒤)'처럼 부사어나 합성명사로 실현된다. ¶굴묵에 가서 둥굴이 좀 갖고 온나. =굴뚝 있는 곳에 가서 장작 좀 갖고 오너라. ☞꿀뚝.

굴묵디[굴묵띠 _-_] 명 뒤꼍. *'굴묵디'는 '굴뚝이 있는 뒤란'이라는 공간을 지칭하는 합성어. ¶굴묵디에 살캐이가 박실박실하다. =뒤꼍에 살쾡이가 버글버글하다. ☞디안. 딧단.

굴보[_-] 명 욕심꾸러기(慾心---). ¶【속담】굴보 실인심(失人心) 하딧기. =욕심꾸러기 실인심 하듯. ☞욕심꾸리기.

굴쭉시럽다[__-__] 형 새삼스럽다. ☞객강시럽다. 시삼시럽다.

굴쭉시리[-___] 부 새삼스레. ☞객강시리. 시삼시리.

굴척시럽다[__-__] 형 엉뚱하다. 말이나 행동, 생각 따위가 분수에 맞지 않게 지나쳐 좀 이상스럽다. ¶【관용구】굴척시럽운 소리로 하다. =엉뚱한 소리를 하다. ☞엉떵하다.

굴티이[굴티~이 _-_] 명 굴퉁이. ①씨가 여물지 아니한 늙은 호박. ¶늙다리호박이라꼬 땄더마는 굴티이더라. =청둥호박이라고 땄더니 굴퉁이더라. ②겉모양은 그럴듯하나 속은 보잘것없는 물건이나 사람을 빗댄 말. ¶아무짝에도 씰모없는 굴티이. =아무짝에도 쓸모없는 굴퉁이.

굵딴하다[굴딴하다 _-__] 형 굵다랗다. 꽤 굵다. ¶이 낭근 엄청시리 굵딴합미더. =이 나무는 엄청나게 굵다랗습니다.

굶[굼ㄱ _] 명 구멍. *중세 국어 '굼ㄱ'의 계승형으로, 뒤에 모음으로 시작되는 말이 올 경우 선택된다. 그러나 모음이 오더라도 '굼ㄱ' 아닌, '구뭉, 구녕'이 쓰이기도 한다. 예로부터 내려오는 익은말 등에 한정적으로 쓰인다. *곡용형은 [궁기, 궁글, 궁게] 정도로 쓰이고 [궁그로]는 잘 쓰이지 않는다. ¶【관용구】굶게 든 비암이다. =구멍에 든 뱀이다. ¶【속담】너구리도 들 굶 날 굶기 있다. =너구리도 들 구멍 날 구멍이 있다. ☞구녕. 구늉. 구뭉. 구중.

굶가다[굼가다 _-_] 동 굶기다. 끼니를 거르게 하다. ¶【속담】밥 굶간 씨이미 겉다. =밥 굶긴 시어미 같다. ¶【속담】대보룸날 개 굶가딧기 한다. =대보름날 개 굶기듯이 한다.

굼논[--] 명 구렁논. 움푹 팬 곳에 있어, 항상 물이 고여 있는 논. ¶【관용구】굼논 거무리 못잖다. =구렁논 거머리 못잖다.

굼불[--] 명 군불. 음식을 하기 위해서가 아니라 오로지 방을 덥히려고 아궁이에 때는 불. ¶【속담】넘우 굼불에 밥 익한다. =남의 군불에 밥 익힌다. ¶【속담】굼불 장댄강 키마 크다. =군불 장대인가 키만 크다.

굼불다[_-_] 동 구르다. ☞구루다. 구불다.

굼비이[굼비~이 _-_] 명 ((동물))굼벵이. ¶【속담】굼비이도 굼불 재조가 있다. =굼벵이도 구르는 재주가 있다. ¶【속담】굼비이가 담비락을 떫한다. =굼벵이가 담을 뚫는다.

굼티이[굼티~이 _-_] 명 귀퉁이. 사물이나 마음의 한구석이나 부분. ¶【속담】하알도 한 굼티이부텀 개인다. =하늘도 한 귀퉁이부터 갠다. ☞기이기. 기때기. 기티이.

굽두리[굽뚜리 _-_] 명 징두리. 비바람 따위로부터 집을 보호하려고 집채 안팎 벽의 밑동 둘레에다 벽을 덧쌓은 부분. ¶【관용구】굽두리 싸다. =징두리 쌓다. ☞굽찌이. 도릿발.

굽신기리다[__-__] 동 굽실거리다. 남의 비위를 맞추느라고 자꾸 비굴하게 행동하다. *굽+신(身)+거리다. ¶엔가이 굽신기리라. =어지간히 굽실거려라.

굽찌이[꿉찌~이 -__] 명 징두리. ☞굽두리. 도릿발.

굽하다[구파다 _-_] 동 굽히다. 굽게 하다. '굽다'의 사동사. ①물체나 신체의 일부를 직선 방향에서 다른 각도로 치우치게 하거나 안쪽으로 접히게 하다. ¶허리가 안 굽하진다. =허리가 안 굽혀진다. ¶철사로 굽한다. =철사를 굽힌다. ☞꾸부라다. 꿉히다. ②뜻, 주장, 지조 따위를 꺾게 하다. ¶넘우 주장을 굽핬다. =남의 주장을 굽혔다. ☞꿉하다.

굿일[군닐 --] 명 잡일(雜-). 여러 가지 자질구레한 일. *창녕방언 '굿일'은 표준어 '굿일'이 뜻하는 '뫼를 쓰기 위해 구덩이를 파는 일'과는 다르다. ¶하리 쩡일 굿일마 했다. =하루 종일 잡일만 했다.

굿재이[굳재~이 --_] 명 무당(巫堂). ¶【속담】굿재이는 지 굿 몬하고 점바치는 지 죽울 날 모룬다. =무당은 제 굿 못하고 점쟁이는 저 죽을 날 모른다. ¶【속담】이우지 굿재이뽀담아 먼 데 굿재이가 더 영엄하다. =이웃 무당보다는 먼 데 무당이 더 영험하다.

궁구[_-] 명 권구(眷口). 한집에 사는 식구. ¶우리 잔집에는 궁구가 모도 아옵이라예. =우리 작은집에는 권구가 모두 아홉이라오.

궁굴다[-__] 형 궁글다. ①단단한 물체 속이 텅 빈 데가 있다. ¶대낭근 궁굴웄다. =대나무는 궁글었다. ②착 달라붙어 있어야 할 물체가 들떠서 속이 비어 있다. ¶방빠닥이 궁굴웄다. =방바닥이 궁글었다. ③소리가 울리는 것이 웅숭깊거나 텅 빈 느낌이 있다. ¶북이나 장구는 쏙이 궁굴어서 소리가 크기 난다. =북이나 장구는 속이 궁글어서 소리가 크게 난다.

궁굶다[궁굼타 --_] 형 궁금하다. ①무엇이 알고 싶어 마음이 답답하고 안타깝다. ¶궁굶지마는 안 물우볼란다. =궁금하지만 안 물어보련다. ②배가 출출하여 무엇이 먹고 싶다. ¶【관용구】입이 궁굶다. =입이 궁금하다.

궁냥[1][--] 명 궁량. 마음속으로 이리저리 따져 깊이 생각함. ¶【관용구】궁냥 없다. =궁량 없다.

궁냥[2][--] 명 국량(局量). 사람을 포용하는 도량(度量)과 일을 처리하는 능력이나 재주. ¶【관용구】궁냥이 너르다. =국량

ㄱ

이 넓다.

궁디이[궁디~이 _-_] 명 궁둥이. *표준어에서는 볼기의 아랫부분은 '궁둥이'로, 볼기 전체를 지칭하는 말은 '엉덩이'로 구분하지만 창녕방언에서는 이를 뭉뚱그려 모두 '궁디이'라고 칭한다. ¶【관용구】궁디이로 붙이다. =궁둥이를 붙이다. ¶【속담】촉새 궁디이 겉다. =촉새 궁둥이 같다. ¶【속담】궁디이서 비파소리가 난다. =궁둥이에서 비파소리가 난다.

궁디이바아[궁디~이바~아 _-___] 명 엉덩방아. ¶【관용구】궁디이바아로 쩧다. =엉덩방아를 찧다.

궁상밪다[궁상바따 __-_] 형 궁상맞다(窮狀--). 외양이 꾀죄죄하고 초라하다. ¶궁상밪구로 비로 맞고 댕긴다. =궁상맞게 비를 맞고 다닌다.

궁시렁기리다[___-__] 동 구시렁거리다. 못마땅하여 군소리를 듣기 싫도록 자꾸 하다. ¶【관용구】비 맞은 중매로 궁시렁기리다. =비 맞은 중처럼 구시렁거리다.

궁압[-_] 명 궁합(宮合). 부부로서의 길흉을 예측하는 점이나 비유적으로 사람이나 사물이 어울리는 상태를 이르는 말. ¶【관용구】궁압이 맞다. =궁합이 좋다.

궂운날[구준날 -__] 명 궂은날. *표준어 '궂은날'과는 달리 창녕방언 '궂운날'은 넓은 의미로 쓰인다. ①눈이 올 듯이 구름이 끼어 춥고 궂은 날씨. ¶【속담】궂운날 가리서 자아 간다. =궂은날 골라서 장에 간다. ②비가 흩뿌려 바깥 일하기 어려운, 궂은 날씨. ¶【속담】궂운날 난서밭에 물 준다. =궂은날 남새밭에 물 준다. ③중요한 일을 하는 데에 있어서 꺼리는 날. ¶손 없는 날 낳아뚜고 해필이마 궂운날 이새간다. =손 없는 날 놓아두고 하필이면 궂은날 이사한다. ☞궂인날. 샛날.

궂운비[구준비 -__] 명 궂은비. 날이 흐리고 침침하게 오랫동안 내리는 비. ¶궂운비가 니맀다. =궂은비가 내렸다. ☞궂인비.

궂운일[구준닐 -__] 명 궂은일. ①마음에 거리끼고 언짢아서 하기 싫은 일. ¶【속담】궂운일에는 일개만 한 이가 없다. =궂은일에는 일가만 한 이가 없다. ¶【속담】묵는 데는 넘이요 궂운일에는 일개라. =먹는 데는 남이요 궂은일에는 일가라. ②초상을 치르는 일. ¶동네 궂운일로 부들웄다. =동네 궂은일을 거들었다. ☞궂인일.

궂인날[구진날 -__] 명 궂은날. ☞궂운날. 샛날.

궂인비[구진비 -__] 명 궂은비. ☞궂운비.

궂인일[구진닐 -__] 명 궂은일. ☞궂운일.

그거[_-] 명 그것. ①듣는 이에게 가까이 있거나 듣는 이나 말하는 이가 생각하고 있는 사물을 가리키는 말. ¶니 젙에 있는 그거는 머꼬? =네 곁에 있는 그것은 뭐니? ②앞에서 이미 말한 것이나 알려져 있는 대상을 가리키는 말. ¶니가 말한 그거는 안 델다. =네가 말한 그것은 안 되겠다.

그기나따나[_-___] 부 그것이나마. ①좋지 않거나 모자라기는 하지만 그것이나마. ¶그기나따나 가주가래이. =그것이나마 가져가라. ②좋지 않거나 모자라는데 그것마저도. ¶그기나따나 징기고 있었으마 좋았겠구마는. =그것이나마 지니고 있었으면 좋았으련만.

그까이[그까~이 _-_] 관 그까짓. 겨우 그만한 정도의. ¶그까이 끼 머라고 그캐쌓노? =그까짓 게 뭐라고 그러느냐? ☞그깐.

그깐[_-] 관 그까짓. ☞그까이.

그넘[-_] 명 그놈. '그놈 아이'가 줄어든 말. ¶그넘 참 잘 생깄다. =그놈 참 잘 생겼다. ☞그넘아. 글마.

그넘아[그너마 __-] 명 그놈. ☞그넘. 글마.

그넘우[그너무 _-_] 관 그놈의. 말하는 이나 듣는 이로부터 떨어진 곳에 있는 물건이나 일, 남자 따위를 얕잡아 가리키는 말. ¶그넘우 돌짝밭은 농사가 안뎁미더. =그놈의 자갈밭은 농사가 안 됩니다. ☞그놈우. 그니러.

그놈우[그노무 _-_] 관 그놈의. ☞그넘우. 그니러.

그니러[_-_] 관 그놈의. 화난 상태에서 욕설처럼 속되게 하는 말. ¶그니러 자석이 와 왔노? =그놈의 자식이 왜 왔니? ☞그넘우. 그놈우.

그단새[__-] 명 그새. 그사이에. 조금 멀어진 어느 때부터 다른 어느 때까지의 비교적 짧은 동안. *그동안+사이. ¶그단새 차가 왔다. =그사이에 차가 왔다. ☞그단에.

그단에[그다네 _-_] 명 그새. 그사이에. ☞그단새.

그따구[1][_-_] 명 그따위. 그러한 부류의 대상을 낮잡아 이르는 지시 대명사. ¶먼 인가이 그따구가 다 있노. =뭔 인간이 그따위가 다 있나.

그따구[2][_-_] 관 그따위. ((낮잡는 뜻으로)) 이러한 부류의 것을 이르는 관형사. ¶그따구 짓을 와 하노? =그따위 짓을 왜 하니?

그따만쿰[__-_] 부 그만큼. 그러한 정도로. ¶그따만쿰 큰 거로 오데서 구했노? =그만큼 큰 것을 어디서 구했니? ☞그마이. 그만침. 그만쿰.

그때사[-__] 부 그제야. ☞고때사. 고때야. 고제사. 고지사. 그제사. 그지사.

그라고[1][_-_] 부 그리고. ☞그래고.

그라고[2][_-_] 부 그러고. '그렇게 하고'의 준말. ¶그라고 나마 우얄래? =그러고 나면 어쩔래?

그라나마[__-_] 부 그렇잖으면. '그리하지 아니하면'이 준 말. ¶꽃에 물로 흠뻑 조라. 그라나마 직인다. =꽃에 물을 흠뻑 줘라. 그렇잖으면 죽인다.

그라내도[__-_] 부 그러잖아도. '그리하지 아니하여도'가 준 말. ¶그라내도 시방 갈라 캤다. =그렇잖아도 지금 가려고 했다. ☞게딴에. 안그캐도.

그라다[1][_-_] 동 그러다. 그렇게 하다. ¶그라다 말겠지 머. =그러다 말겠지 뭐. ☞그카다.

그라다[2][__-] 부 그러다가. 지금 하고 있

ㄱ

는 것처럼 계속 행동하다가. ¶그라다 해 지알다. =그러다가 해 지게 하겠다. ☞그라다가. 그카다. 그카다가.

그라다가[_ _-] 부 그러다가. ☞그라다. 그카다. 그카다가.

그라마[_-_] 부 그러면. ①앞의 내용이 뒤의 내용의 조건이 될 때 쓰는 접속 부사. ¶이짝 질로 가거라. 그라마 덴다. =이쪽 길로 가거라. 그러면 된다. ②앞의 내용을 받아들이거나 그것을 전제로 새로운 주장을 할 때 쓰는 접속 부사. ¶그라마 인자 이 일은 고마해도 데제? =그러면 이제 이 일은 그만해도 되지? ③'그리하면'이 줄어든 말. ¶자꾸 그라마 오뿌라. =자꾸 그러면 와버려라.

그라이[그라~이 _-_] 부 그러니. 앞의 내용이 뒤의 내용의 이유나 근거 따위가 될 때 쓰는 접속 부사. ¶날이 이래 떱꼬 그라이 모개이가 설치제. =날씨가 이렇게 덥고 그러니 모기가 설치지. ☞그러이.

그라이께네[그라~이께네 _-_-_] 부 그러니까. ☞고라이께네. 그란께네. 그런께네.

그라이시더[그라~이시더 _-_ _ _] 동 그럽시다. '그렇게 합시다'의 준말. ¶정 그라마 그라이시더. =정 그러면 그럽시다.

그라자[_-_] 동 그리하자. '그렇게 하자'의 준말. ¶우리도 그라자. =우리도 그리하자. ☞그래하자.

그라제[_-_] 동 그러지. '그렇게 하지?'의 준말. ¶선상님이 니보고 잘했다 그라제? =선생님이 너더러 잘했다 그러지? ☞그카제.

그란께네[_-_ _] 부 그러니까. ☞고라이께네. 그라이께네. 그런께네.

그란다꼬[_ _-_] 동 그런다고. ¶아부지가 그란다꼬 짜나? =아버지가 그런다고 우니?

그란데[_-_] 부 그런데. ①화제를 앞의 내용과 관련시키면서 다른 방향으로 이끌어 나갈 때 쓰는 접속 부사. ¶그 말이 맞네예. 그란데 그때는 와 그 말씸을 안 했십미꺼? =그 말이 맞네요. 그런데 그때는 왜 그 말씀을 안 하셨습니까? ②앞의 내용과 상반되는 내용을 이끌 때 쓰는 접속 부사. ¶동상은 버씨로 갔어예. 그란데 내는 안죽꺼정 바빠서 몬 갑미더. =동생은 벌써 갔어요. 그런데 나는 아직까지 바빠서 못 갑니다. ③'그러한데'가 줄어든 말. ¶글마는 본래부텀 그란데 우야겠노. =그놈은 원래부터 그런데 어쩌겠니. ☞그은데.

그랄끼[_ _-] 동 그럴게. '그렇게 할게'의 준말. ¶그랄끼 아이고 뱅언에 가바라. =그럴게 아니고 병원에 가보아라. ☞그칼끼.

그랄라마[_ _-_] 부 그러려면. '그렇게 하려면'의 준말. ¶그랄라마 집에는 와 온노? =그러려면 집엔 왜 왔느냐? ☞그랄라카마. 그칼라마. 그칼라카마.

그랄라카마[_ _ _-_] 부 그러려면. ☞그랄라마. 그칼라마. 그칼라카마.

그랄래[_ _-] 동 그럴래. '그렇게 할 거니?'의 준말. ¶날씨고 그랄래? =날마다 그럴래? ☞ 그칼래.

그랑풀[_-_] 명 ((식물))흑삼릉.

그래[1][-_] 감 그렇지. 틀림없이 그렇다는 뜻으로 하는 말. ¶그래, 바리 그기야. =그렇지, 바로 그거야. ☞긇지. 긇지러.

그래[2][-_] 부 그렇게. 그러한 정도로. ¶그래, 애씰 필오가 있으까? =그렇게 애쓸 필요가 있을까?

그래[3][-_] 부 그리. ((부정어와 함께 쓰여)) 그러한 정도까지. ¶골마는 그래 나뿐 사램이 아이다. =고놈은 그리 나쁜 사람이 아니다.

그래[4][--] 부 그다지. ((‘않다’ 따위와 함께 쓰여)) 별로 그렇게까지. ¶날이 그래 춥운 거 겉지도 안하다. =날씨가 그다지 추운 것 같지도 않다. ☞애차. 짜다라. 짜다리. 짜달시리.

그래고[_-_] 부 그리고. ☞고라고. 그라고.

그래구로[-___] 부 그러구러. ☞고래구로. 고러구로. 그러구로.

그래꾸마[__-_] 동 그러마. ‘그렇게 하마’의 준말. *여기서 ‘그래꾸마’는 ‘그래(그렇게)+하마’로 분석할 수 있는데, ‘-꾸마’는 창녕방언의 약속법어미로 기능한다. ¶언자는 안 그래꾸마. =이제는 안 그러마.

그래놓이[그래노~이 -_-_] 부 그러놓으니까. ‘그러해 놓으니까’의 준말. 앞의 내용이 뒤의 내용의 이유나 근거 따위가 될 때 쓰는 접속 부사. ¶그래놓이 말로 안 했구나. =그러놓으니까 말을 안 했구나.

그래하자[__-_] 동 그리하자. ‘그렇게 하자’의 준말. ☞그라자.

그러구로[-_--] 부 그러구러. ☞고래구로. 고러구로.

그러이[그러~이 _-_] 부 그러니. ☞그라이.

그럭데다[__-_] 동 그릇되다. ①생각이나 행동 따위가 올바르지 않거나 나쁘다. ¶【관용구】그럭덴 포시로 하다. =그릇된 표시를 하다. ②어떤 일이나 상황이 애초 예상과 달리 잘못되다. ¶【속담】마마 그럭데듯기. =마마 그릇되듯.

그런강[-__] 부 그런지. ‘그러한지’의 준말. 그러한 이유 때문인지. ¶내가 머라캐서 그런강 아아가 심룽하네. =내가 야단쳐서 그런지 애가 무뚝뚝하네.

그런께네[-_-_] 부 그러니까. ☞고라이께네. 그라이께네. 그란께네.

그런능 거[-_- _] 구 그런 것. *창녕방언에서는 형용사 어간 뒤에, 그리고 ‘동사 어간+-었-’ 뒤에 ‘-느-’가 통합한 다음에 관형사형 어미가 다시 통합할 수 있다는 특징이 있다. ‘그런능거’는 ‘그렇-(←그러하-)+-느-+-ㄴ+거(←것)’에서 온 것인데, 표준어적인 용법에는 ‘그렇는 것’과 같은 것이 존재하지 않는다. ‘앉았는 사람’과 같은 ‘동사 어간+-았-+-느-’ 뒤에 다시 관형사형 어미가 통합한 뒤에 다시 ‘-느-’가 통합한 예이다. ¶우붕뿌리이매이로 그런능 거는 쌂아서 문치묵지예. =우엉뿌리처럼 그런 것은 삶아서 무쳐먹지요.

그런따나[-_-_] 부 그나마. ①좋지 않거나 모자라기는 하지만 그것이나마. ¶그런따나 만분다앵이다. =그나마 천만

ㄱ

다행이다. ②좋지 않거나 모자라지만. ¶국시가 그런따나 자시보소. =국수가 그나마 자셔보세요.

그런머리[-_-_] 부 그래서. 그렇기 때문에. *'그런머리'는 '그렇기 때문에'라는 뜻을 갖는, 일종의 연어(連語)이다. ¶날이 춥우서, 그런머리 고상한다. =날씨가 추워서, 그래서 고생한다. ☞그머리.

그렁[-_] 관 그런. ①상태, 모양, 성질 따위가 그러한. ¶이전에는 그렁 그륵이 없었다. =예전에는 그런 그릇이 없었다. ②'그리한'이 줄어든 말. ¶내는 그렁 줄도 모루고 있었디라. =나는 그런 줄 모르고 있었더니라.

그렁지[_-_] 명 그늘. ¶【속담】사이 커야 그렁지도 크다. =산이 커야 그늘도 크다. ¶【속담】성인 그렁지 팔십 리 간다. =성인 그늘 팔십 리 간다. ¶【속담】금강산 그렁지 관동 팔십 리. =금강산 그늘 팔십 리.

그렇구롬[그러쿠롬 -___] 부 그렇게나. ①그러한 정도로는. ¶그렇구롬 이뿌지도 안 하네예. =그렇게나 예쁘지도 않네요. ②그러한 정도로. 또는 그렇게까지. ¶무신 걱정이 그렇구롬이나 많노? =무슨 걱정이 그렇게나 많으냐? ③'그렇게'의 강조어법. ¶가아가 그렇구롬 좋나? =걔가 그렇게나 좋니? ☞그렇기나. 그렇짐이나.

그렇굼[그러쿰 -__] 부 그렇게. ①그러한 정도로. ¶하앙사이 그렇굼 높더나? =화왕산이 그렇게 높더냐? ②그러한 모양으로. 또는 그러한 방식으로. ¶그 때미로 그렇굼 말했다. =그 때문에 그렇게 말했다. ③앞에서 말한 내용을 받아 그것을 가리킬 때 쓰는 말. ¶그단세 그렇굼 욕을 밨구나. =그동안에 그렇게 고생을 했구나. ☞그렇기. 그렇짐.

그렇기[그러키 -__] 부 그렇게. ☞그렇굼. 그렇짐.

그렇기나[그러키나 -___] 부 그렇게나. ☞그렇구롬. 그렇짐이나.

그렇다시[그러타시 __-_] 부 그렇듯이. 그러한 정도로까지 몹시. ¶너거는 그렇다시 새가 좋네. =너희들은 그렇듯이 사이가 좋네.

그렇지만서도[그러치만서도 -__-__] 부 그렇지만. ☞고렇지만서도.

그렇짐[그러침 -__] 부 그렇게. ☞그렇굼. 그렇기.

그렇짐이나[그러치미나 -____] 부 그렇게나. ☞그렇구롬. 그렇기나.

그륵[-_] 명 그릇. ①음식이나 물건 따위를 담는 기구를 통틀어 이르는 말. ¶【속담】그륵도 차마 넘친다. =그릇도 차면 넘친다. ¶【속담】기한 그륵 숩기 깨진다. =귀한 그릇 쉬 깨진다. ②어떤 일을 해 나갈 만한 능력이나 도량 또는 그런 능력이나 도량을 비유적으로 이르는 말. ¶【관용구】그륵이 커닿다. =그릇이 커다랗다.

그리[-_] 감 그래. 상대방의 말에 대하여 감탄 또는 가벼운 놀라움을 나타낼 때 하는 말. ¶옳지 그리! 니 말대로 하꾸마. =옳지 그래! 네 말대로 하마. ☞

어어.

그리치다[_-__] 동 그르치다. 일을 잘못하여 어그러지게 하다. ¶【관용구】일로 그리치다. =일을 그르치다.

그마이[그마~이 _-_] 부 그만큼. ☞그따만쿰. 그만침. 그만쿰.

그마이다[그마~이다 _-__] 형 그만이다. ①그것으로 끝이다. ¶【속담】돈피에 잣 죽도 지 싫으마 그마이다. =돈피에 잣죽도 제 싫으면 그만이다. ②더할 나위 없이 좋다. ¶【속담】모로 가도 서울마 가마 그마이다. =모로 가도 서울만 가면 그만이다.

그만때[_-_] 명 그맘때. 그만큼 된 때. ¶맨날 그만때 데마 집에 온다. =매일 그맘때 되면 집에 온다.

그만침[1][_-_] 부 그만치.

그만침[2][_-_] 부 그만큼. ☞그따만쿰. 그마이. 그만쿰.

그만쿰[_-_] 부 그만큼. ☞그따만쿰. 그마이. 그만침.

그머리[_-_] 부 그래서. 그렇기 때문에. ☞그런머리.

그모리[-__] 명 글피. 모레의 다음 날. ☞고모리. 구패. 내모레. 내모리. 저모리.

그뭄[--] 명 그믐. 그믐날. ¶【속담】팔얼 그뭄에 음석이 마지막으로 신다. =팔월 그믐에 음식이 마지막으로 쉰다.

그뭄끼[--_] 명 그믐께. 그믐날 앞뒤의 며칠 동안. ¶이 달 그뭄끼에 위할배 지사 든다. =이 달 그믐께에 외할아버지 제사 든다.

그뭄달[그뭄딸 --_] 명 그믐달. ¶【속담】그뭄달 보자꼬 초지익부텀 나선다. =그믐달 보자고 초저녁부터 나선다.

그뭄밤[그뭄빰 --_] 명 그믐밤. ¶【속담】그뭄밤에 홍두깨다. =그믐밤에 홍두깨다.

그쌓디이[그싿디~이 -__-] 부 그러해쌓더니. *'쌓더니'는 '쌓'이 '싿'으로 발음된 뒤에, '더니'가 '더이→더이→데→디'의 변화를 거쳐 최종적으로 '싿디이'로 발음된다. ¶놀래고 그쌓디이 언자는 개않다. =놀라고 그러해쌓더니 이제는 괜찮다.

그아레[-__] 명 그저께. 어제의 전날. ¶그아레 손묵을 다칬다. =그저께 손목을 다쳤다. ☞그아리. 그지끼. 아레끼. 아렛분에. 아리끼.

그아리[-__] 명 그저께. ☞그아레. 그지끼. 아레끼. 아렛분에. 아리끼.

그어쌓다[그어싸타 -_-_] 동 그러해쌓다. ((동사 뒤에서 '-어 쌓다' 구성으로 쓰여)) 앞말이 뜻하는 행동을 반복하거나 그 행동의 정도가 심함을 나타내는 말. ¶암만 그어쌓지만 콧방구도 안 낀다. =아무리 그러해쌓지만 콧방귀도 안 뀐다. ☞그캐쌓다.

그어카다[-___] 동 그러다. ☞구카다. 그라다. 그카다.

그은데[-_-] 부 그런데. ☞그란데.

그자[-_] 감 그지. 그렇지. *표준어인 '그렇지' 준말에 의문사가 붙어 강조 어법으로 쓰는 감탄사. ¶자아는 낯이 뽀항다 그자? =쟤는 낯이 뽀얗다 그지?

그제사[-__] 부 그제야. 앞에서 이미 이야

기한 바로 그때에 이르러서야 비로소. ¶가암을 지른께네 그제사 내다보데예. =고함을 지르니까 그제야 내다보데요. ☞고때사. 고때야. 고제사. 고지사. 그때사. 그지사.

그지[-_] 명 그제. 어제의 전날. ¶그지가 장날이었은께네 오올은 무싯날이다. =그제가 장날이었으니까 오늘은 무싯날이다. ☞아레. 아리.

그지끼[-__] 명 그저께. 어제의 전날. ☞그아레. 그아리. 아레끼. 아렛분에. 아리끼.

그지사[-__] 부 그제야. ☞고때사. 고때야. 고제사. 고지사. 그때사. 그제사.

그질로[-__] 부 그길로. ☞고질로.

그짜[_-] 명 그쪽. ①듣는 이에게 먼 곳이나 방향을 가리키는 지시 대명사. ¶그짜로 가마 질이 노온다. =그쪽으로 가면 길이 나온다. ②말하는 이와 듣는 이가 이미 알고 있는 곳이나 방향을 가리키는 지시 대명사. ¶오올도 그짜서 노다가 왔다. =오늘도 그쪽에서 놀다가 왔다. ③말하는 이와 듣는 이가 이미 알고 있는 사람 또는 그런 사람을 가리키는 삼인칭 대명사. ¶그짜는 우예 생각능교? =그쪽은 어찌 생각합니까? ④듣는 이 또는 듣는 이들을 가리키는 이인칭 대명사. ¶그짜서 싫다카마 내도 싫어예. =그쪽에서 싫다하면 나도 싫어요. ⑤듣는 이와 듣는 이를 포함한 집단을 가리키는 이인칭 대명사. ¶그짜 사램들이 그라마 우리들네도 그라자. =그쪽 사람들이 그러면 우리도 그러자. ☞그짝. 그쭈. 그쭉.

그짜로[_-_] 부 그쪽으로. 말하는 이와 듣는 이로부터 멀리 있는 곳으로. ¶퍼떡 그짜로 가바라. =빨리 그쪽으로 가봐라. ☞그짝우로. 그쭈로. 그쭉우로. 글로.

그짝[_-] 명 그쪽. ☞그짜. 그쭈. 그쭉.

그짝우로[_-__] 부 그쪽으로. ☞그짜로. 그쭈로. 그쭉우로. 글로.

그짬[1][_-] 명 그쯤. ①그만한 정도. ¶어지는 그짬에서 히있습미더. =어제는 그쯤에서 헤어졌습니다. ②거기쯤. ¶그짬꺼정 거두로 끊이뿌라. =그쯤까지 톱으로 잘라버려라. ☞그쭘.

그짬[2][_-] 부 그쯤. ①그만한 정도로. ¶그짬 말했으마 알아 묵겠지. =그쯤 말했으면 알아먹겠지. ②거기쯤에. ¶그짬 낭글 숭구마 뎁다. =그쯤 나무를 심으면 되겠다. ☞그쭘.

그짬치[_-_] 부 그쯤에. 거기쯤에. ¶너거는 그짬치 내시 앉이라. =너는 그쯤에 물러나 앉아라. ☞그쭘치.

그쭈[_-] 명 그쪽. ☞그짜. 그짝. 그쭉.

그쭈로[_-_] 부 그쪽으로. ☞그짜로. 그짝우로. 그쭉우로. 글로.

그쭉[_-] 명 그쪽. ☞그짜. 그짝. 그쭈.

그쭉우로[그쭈구로 _-__] 부 그쪽으로. ☞그짜로. 그짝우로. 그쭈로. 글로.

그쭘[1][_-] 명 그쯤. ☞그짬.

그쭘[2][_-] 부 그쯤. ☞그짬.

그쭘치[_-_] 부 그쯤에. ☞그짬치.

그카다[1][_-_] 동 그러다. ☞고라다. 구카다. 그라다. 그어카다.

그카다[2][_-_] 부 그러다가. ☞고라다. 구카다. 그라다. 그어카다.

그카다가[_ _-_] 뷰 그러다가. ☞그라다. 그라다가. 그카다.

그카제[_-_] 동 그러지. ☞그라제.

그칼끼[_ _-] 동 그럴게. '그렇게 할게'의 준말. ☞그랄끼.

그칼라마[_ _-_] 뷰 그러려면. ☞그랄라마. 그랄라카마. 그칼라카마.

그칼라카마[_ _ _-_] 뷰 그러려면. ☞그랄라마. 그랄라카마. 그칼라마.

그칼래[_ _-] 동 그럴래. '그렇게 할 거니'의 준말. ☞그랄래.

그캐쌓다[그캐싸타 _--_] 동 그러해쌓다. ☞그어쌓다.

근데[_-] 명 그네. 민속놀이의 하나. ☞군데.

근치다[-_ _] 동 그치다. ①계속되던 일이나 현상, 움직임 따위가 더 이상 계속되지 않다. ¶【속담】지내가는 쏘내기는 금상 근친다. =지나가는 소나기는 금방 그친다. ②계속하던 일이나 움직임을 더 이상 계속하지 않다. ¶우던 알라가 근칬다. =울던 애기가 그쳤다. ③일이나 현상이 어떤 상태에 더 이상 진전이 없이 머무르다. ¶【관용구】말로마 근치다. =말로만 그치다. ☞끈치다.

글꾼[1][--] 명 글쟁이. 글 쓰는 것을 직업으로 하는 사람을 얕잡아 이르는 말. ☞글재이.

글꾼[2][--] 명 식자(識者). 학식과 견문이 있는 사람. ¶【관용구】일꾼도 아이고 글꾼도 아인 어중개비. =일꾼도 아니고 식자도 아닌 어정잡이.

글로[--] 뷰 그쪽으로. ☞그짜로. 그짝우로. 그쭈로. 그쭉우로.

글마[_-] 명 그놈. ☞그넘. 그넘아.

글씨[--] 감 글쎄. ①남의 물음이나 요구에 대하여 분명하지 않은 태도를 나타낼 때 쓰는 말. 해할 자리에 쓴다. ¶글씨, 가아가 잘 할 수 있으까? =글쎄, 걔가 잘 할 수 있을까? ②자신의 뜻을 다시 강조하거나 고집할 때 쓰는 말. ¶아 글씨, 그렇다 안 캅미꺼. =아 글쎄, 그렇다고 하지 않습니까.

글재이[글재~이 --_] 명 글쟁이. ☞글꾼.

글치리[--_] 명 글치레. 글의 형식이나 표현을 잘 꾸며 내는 일. ¶이 주우서 누가 글치리로 잘 합미꺼? =이 중에서 누가 글치레를 잘 합니까?

글케[-_] 감 그러게. ①자신의 말이 옳았음을 강조할 때 쓰는 말. ¶글케, 니가 잘몬한 기이 아이라카이. =그러게, 네가 잘못한 게 아니라니까. ②앞서 일어난 결과나 판단에 호응할 때 쓰는 말. ¶글케, 내가 말기도 안 데더라카이. =그러게, 내가 말려도 안 되더라니까. ③상대편의 말에 찬성하는 뜻을 나타낼 때 감탄사로 쓰는 말. ¶글케, 이거로 가아가는 기이 맞겠구마는. =그러게, 이걸 가져가는 게 맞겠구먼.

글키[-_] 뷰 그토록. 그러한 정도로까지. ¶올 자아 사램이 글키 많더나? =오늘 장에 사람이 그토록 많더냐?

긇기도[글키도 -_ _] 뷰 그렇게도. '그렇게'의 강조 어법으로 쓰는 말. ¶어메가 긇기도 보고 집더나? =어미가 그렇게도

ㄱ

보고 싶더냐?

긇다[글타 -_] 형 그렇다. ①상태, 모양, 성질 따위가 그와 같다. ¶아모리 싱미가 긇다 캐도 이거는 아입미더. =아무리 성미가 그렇다고 해도 이건 아닙니다. ②특별한 변화가 없다. ¶오새도 내나 긇지예. =요즘도 항상 그렇지요. ③마음에 들지 아니하다. ¶이 물견은 쫌 긇다. =이 물건은 좀 그렇다.

긇지[글치 --] 감 그렇지. ¶긇제, 내 말 맞제? =그렇지, 내 말 맞지? ☞그래. 긇지러.

긇지러[글치러 --] 감 그렇지. ☞그래. 긇지.

금분[-_] 부 원체(元體). *'금분'은 '근본(根本)'에서 와전 된 말. ①두드러지게 아주. ¶일이 금분 바쁩미더. =일이 원체 바쁩니다. ②본디부터 원래. ¶막내이가 금분 말로 더듬기리서 한걱정입미더예. =막내가 원체 말을 더듬거려서 한걱정입니다. ☞언캉.

금비네[_ _-] 명 금비녀(金--).

금상[_-] 명 금방(今方). ①말하고 있는 때보다 바로 조금 전에. ¶금상 먼 소리 몬 들었나? =금방 무슨 소리 못 들었나? ②말하고 있는 때로부터 바로 후에. ¶【속담】금상 무울 떡에도 소로 박는다. =금방 먹을 떡에도 소를 박는다. ③빠른 시간에. ¶【속담】금상 딸카진 냄비가 금상 식는다. =금방 달궈진 냄비가 금방 식는다.

금시[_-] 부 금세. 지금 바로. *표준어에서 '금세'는 '금시(今時)에'가 줄어든 말이다. 창녕방언에서는 조사 '에'가 생략된 채로 실현된다. ¶얄궂운 소문은 금시 퍼진다. =얄궂은 소문은 금세 퍼진다.

금치나무[_ _ _-] 명 ((식물))층꽃나무.

급하기[--_] 부 급히(急-). 사정이나 형편이 서둘러 돌보거나 빨리 처리해야 할 상태에 있게. ¶돈을 쫌 급하기 챘았다. =돈을 좀 급히 빌렸다.

기[1][-] 명 귀. ¶【관용구】기에다가 말목 박았나. =귀에다 말뚝 박았나. ¶【관용구】기는 동냥 보냈나. =귀는 동냥 보냈나. ¶【관용구】기에 콩이 익을다. =귀에 콩이 익겠다.

기[2][_] 명 궤(櫃). 물건을 넣기 위하여 네모나게 나무로 만든 그릇. ¶【속담】기 쏙에서 녹씬 돈은 똥도 몬 산다. =궤 속에서 녹슨 돈은 똥도 못 산다. ☞기짝.

-기[1][_] 어 -게. ((용언의 어간 또는 어미 뒤에 붙어)) 앞의 내용이 뒤에서 가리키는 사태의 목적이나 결과, 방식, 정도 따위가 됨을 나타내는 연결어미. *창녕방언에서 부사형 어미 '-게'는 고모음화하여 '-기'로 실현된다. ¶【속담】겁 많은 개가 크기 짓는다. =겁 많은 개가 크게 짖는다.

-기[2][_] 접 체언에 붙어 어형 확대 기능을 하는 접미사. ¶나무치기(나머지). ¶덤비기(더미). ¶땀때기(땀띠). ¶버지기(버치). ¶뽈치기(볼거리). ¶쭉띠기(쭉정이). ¶터리기(털).

기갈[-_] 명 성깔(性-). ¶【관용구】기갈이 사냅다. =성깔이 사납다. ¶【속담】기갈 씬 씨이미가 맨맨한 미너리 앞에서 지익 걱정한다. =성깔 센 시어머니가 만만한 며느리 앞에서 저녁밥 걱정한다.

기갈지이다[기갈지~이다 __-__] 동 성깔부리다(性----).

기경[_-] 명 구경. *구경<귀경<기경<기경<기깅<기잉. ¶【관용구】난알 기경을 몬하다. =난알 구경을 못하다. ¶【관용구】학조 기경을 몬하다. =학교 구경을 못하다. ¶【속담】촌닭 관청 기경 온 거 겉다. =촌닭 관청 구경 온 것 같다. ¶【속담】봉사가 굿 기경하듯기. =봉사가 굿 구경하듯이. ☞기깅. 기잉.

기경꺼리[__-_] 명 구경거리. ¶【관용구】기경꺼리 나다. =구경거리 나다. ☞기깅꺼리. 기잉꺼리.

기경꾼[_-_] 명 구경꾼. ¶【속담】기경꾼뽀담아 풍각재이가 더 많다. =구경꾼보다 풍각쟁이가 더 많다. ☞기깅꾼. 기잉꾼.

기경하다[_-__] 동 구경하다. ¶【속담】굿 기경할라카마 개민떡이 노오두룩 해라. =굿 구경하려면 계면떡이 나오도록 해라. ☞기깅하다. 기잉하다.

기게똥[-__] 명 기계충(機械-). 머리 밑에 피부 사상균이 침입하여 일어나는 피부병인 '두부백선(頭部白癬)'을 일상적으로 이르는 말. ☞도래버짐. 이발독.

기고리[_-_] 명 귀고리. 귓불에 다는 장식품.

기기[-_] 명 고기. ☞게기.

기기깞[기기깝 -__] 명 고기값. ☞게기깞.

기기맛[기기맏 -__] 명 고기맛. ☞게기맛.

기깅[_-] 명 구경. ☞기경. 기잉.

기깅꺼리[__-_] 명 구경거리. ☞기경꺼리. 기잉꺼리.

기깅꾼[_-_] 명 구경꾼. ☞기경꾼. 기잉꾼.

기깅하다[__-_] 동 구경하다. ☞기경하다. 기잉하다.

기껀[_-] 부 기껏. 정도나 힘이 미치는 데까지. ¶니는 일로 아직부텀 시작더마는 기껀 이거빼이 몬했나? =너는 일을 아침부터 시작하더니만 기껏 이것밖에 못했니? ☞까지껀. 꼴랑. 한검. 호부.

기껀해야[__-_] 부 기껏해야. ①아무리 한다고 하여도. ¶니는 기껀해야 이래빽이 몬하구나. =너는 기껏해야 이리밖에 못하구나. ②((수를 나타내는 말 앞에 쓰여)) 아무리 많게 잡아도. 또는 최대한도로 하여도. ¶저 처이는 기껀해야 시무 살 정도로 비인다. =저 처녀는 기껏해야 스무 살 정도로 보인다. ☞까지껀해야. 한검해야.

기냥[-_] 부 그냥. ☞거양. 기양. 노. 마. 마아. 밍창.

기넘우듣다[기너무드따 _-___] 동 귀넘어듣다. 다른 사람의 말을 주의를 기울이지 않고 대수롭지 않게 들어 넘기다. ¶선상님 말쌈을 기넘우들었제? =선생님 말씀을 귀넘어들었지?

기담아듣다[기다마드따 --___] 동 귀담아듣다. 다른 사람의 말을 주의를 기울이고 듣다. ¶【속담】업운 아아 말또 기담아들으랜다. =업은 애 말도 귀담아들으란다.

기더리[_-_] 명 ((동물))구더기. ☞구더리.

기때기[1][_-_] 명 귀때기. '귀'를 낮잡아 이르는 말. ¶【관용구】기때기가 새파란 넘. =귀때기가 새파란 놈. ¶【관용구】기때기 시럽다. =귀때기 시리다.

기때기[2][_-_] 명 귀퉁이. ☞굼티이. 기이기. 기티이.

기땜[--] 명 귀띔. 상대편이 상황이나 일의 진행 따위를 알아차릴 수 있도록 슬그머니 미리 일깨워 주는 일. ¶【관용구】기땜을 해주다. =귀띔을 해주다.¶【관용구】기땜조창도 안하다. =귀띔조차도 않다.

기떠래미[_ _-_] 명 ((동물))귀뚜라미. ¶【속담】칠얼 기떠래미가 가실 알듯기 한다. =칠월 귀뚜라미가 가을 알듯 한다. ¶【속담】아는 벱이 모진 베룩빡 떫고 노온 중방 밑 기떠래미라. =아는 법이 모진 바람벽 뚫고 나온 중방 밑 귀뚜라미라.

기똥차기[---_] 부 기똥차게. '기막히게'의 속된 말. 무어라고 말할 수 없을 만큼 대단하게. ¶【관용구】기똥차기 알다. =기똥차게 알다. ¶【관용구】기똥차기 하다. =기똥차게 하다. ¶【관용구】기똥차기 맛입다. =기똥차게 맛있다.

-기라[-_] 어 거야. *'기라'는 창녕방언에서 아주 즐겨 쓰이는 문장 종결법의 하나이다. 이 말은 '게(의존명사)+일(계사의 기원형)+-아(반말어미)'에서 유래한 것이다. ¶장보로 갔디라 카민서 빈걸로 오는 기라. =장보러 갔더라고 하면서 빈손으로 오는 거야.

기라다[_-_] 동 기르다. ①동식물이 몸의 길이가 자라게 하다. ¶【속담】기란 개도 무는 개 있다. =기른 개도 무는 개 있다. ¶【속담】기란 개가 아달 봉알 끊이 묵눈다. =기른 개가 아들 불알 끊어 먹는다. ②머리카락이나 수염 따위를 깎지 않고 길게 자라도록 하다. ¶씨엄을 기라다. =수염을 기르다. ③성장하도록 보살피다. ¶【속담】자석 기라는 거 배아고 시집가는 가서나 없다. =자식 기르는 것 배우고 시집가는 계집애 없다. ¶【속담】내 밉어 기란 알라 넘이 싸고돈다. =내 미워 기른 애기 남이 싸고돈다. ☞지라다. 지루다. 키아다.

기랄[-_] 명 계란(鷄卵). ☞게랄.

기랄꽃[기랄꼳 -_ _] 명 개망초꽃. *기랄[鷄卵]+꽃.

기럭지[기럭찌 _-_] 명 길이. 한끝에서 다른 한끝까지의 거리. ¶【관용구】기럭지가 짜리다. =길이가 짧다. ¶【관용구】기럭지가 질다. =길이가 길다. ☞지럭배기. 질이.

기럽다[1][기럽따 --_] 형 그립다. 보고 싶거나 만나고 싶은 마음이 간절하다. ¶인날 동무가 기럽어서 눈물이 난다. =옛날 동무가 그리워서 눈물이 난다. ☞기립다.

기럽다[2][기럽따 --_] 형 괴롭다. ☞게럽다. 고롭다.

기럽다[3][기럽따 --_] 형 피곤하다(疲困--). ☞게럽다. 고롭다. 피곤시럽다.

기럽어하다[1][기러버하다 --_ _ _] 동 그리워하다. ☞기립어하다.

기럽어하다[2][기러버하다 --_ _ _] 동 괴로워하다. ☞게럽어하다. 고롭어하다.

기럽히다[기러피다 --_ _] 동 괴롭히다. ☞게럽히다. 고롭히다.

-기로[-_] 어 -고말고. '당연히 그러함'을 나타내는 종결어미. ¶고럼, 고래 하기로. =그럼, 그리 하고말고. ¶암마, 그라마 데기로. =아무렴, 그러면 되고말고.

기리기[--_] 명 ((동물))기러기. ¶【관용구】기리기 부룬다. =기러기 부른다. ¶【속담】기리기는 백 년 수(壽)로 갖는다. =기러기는 백 년의 수를 갖는다. ¶【속담】새 망에 기리기 걸린다. =새 망에 기러기 걸린다. ☞기우리. 말기우.

기리다[1][--_] 동 그리다. 어떤 모양을 연필, 붓 따위로 나타내다. ¶【속담】핑풍에 기린 닭이 해로 치마. =병풍에 그린 닭이 홰를 치면.

기리다[2][--_] 동 긋다. ①칼 따위로 베거나 쪼개어 둘 이상으로 만들다. ¶칼로 기리다. =칼로 긋다. ②어떤 일정한 부분을 강조하거나 나타내기 위하여 금이나 줄을 그리다. ¶마다아 금을 기맀다. =마당에 금을 그었다. ③성냥이나 끝이 뾰족한 물건을 평면에 댄 채로 어느 방향으로 약간 힘을 주어 움직이다. ¶성양을 기리가아 불을 붙있다. =성냥을 그어서 불을 붙였다. ④외상으로 처리하다. ¶장부에 이상을 기맀다. =장부에 외상을 그었다. ☞끗다.

기리다[3][--_] 동 가르다. 양쪽으로 열어젖히다. ¶물기기 배로 기리고 창시로 뺐다. =물고기 배를 가르고 창자를 뺐다. ☞갈라티리다. 따개다. 따다.

기리다[4][--_] 동 타다. 줄이나 골을 내어 두 쪽으로 나누다. ¶밭에 골로 기맀다. =밭에 골을 탔다.

기리다[5][--_] 동 골다. 자면서 거친 숨결이 콧구멍을 울려 드르렁거리는 소리를 내다. ¶【관용구】코로 기리다. =코를 골다.

-기리다[_-_] 접 -거리다. ((동작 또는 상태를 나타내는 일부 어근 뒤에 붙어)) '그런 상태가 잇따라 계속됨'의 뜻을 더하고 동사를 만드는 접미사. ¶껄떡기리다(껄떡거리다). ¶덤벙기리다(덤벙거리다). ¶할랑기리다(할랑거리다).

기림[-_] 명 그림. ¶【속담】개가 기림 떡 바래딧기. =개가 그림 떡 바라듯.

기립다[기립따 --_] 동 그립다. ☞기럽다.

기립어하다[기리버하다 --_-_] 동 그리워하다. ☞기럽어하다.

기마기[_-_] 명 귀마개.

기맥히다[기매키다 --_ _] 형 기막히다(氣---). ①어떠한 일이 놀랍거나 언짢아서 어이없다. ¶기맥히서 아무 말도 몬 했십미더. =기막혀서 아무 말도 못 했습니다. ②어떻다고 말할 수 없을 만큼 좋거나 정도가 높다. ¶노래로 기맥히기 잘한다. =노래를 기막히게 잘한다.

기머기리[_ _-_] 명 귀머거리. '청각 장애인'을 낮잡아 이르는 말. ¶【속담】기머기리 기 있으나 마나. =귀머거리 귀 있으나 마나. ¶【속담】기머기리 지 마암에 있는 소리 한다. =귀머거리 제 마음에 있는 소리 한다. ☞기먹재이. 먹티이. 먹찌꺼리.

기먹재이[기먹재~이 _ _-_] 명 귀머거리. ☞기머기리. 먹티이. 먹찌꺼리.

기묵다[기묵따 --_] 동 귀먹다. 청력이 약하여 소리가 잘 들리지 않다. ¶【관용구】기무운 욕. =귀먹은 욕. ¶【속담】기무운 중 마 캐딧기. =귀먹은 중 마 캐듯.

기물[--] 명 걸물(傑物). ①어떤 방면에 뛰어난 사람을 가볍게 이르는 말. ¶그 넘 참 기물이다. =그놈 참 걸물이다. ②사물이 유달리 잘 생긴 경우에 이르는 말. ¶다무네기 농사로 기물로 지이낳았네. =양파농사를 걸물로 지어놓았네.

기민떡[_-_] 명 계면떡. ☞개민떡.

기밀[_-] 명 ((식물))귀리. ☞기보리.

기밍물[_-_] 명 개숫물. 음식 그릇을 씻을 때 쓰는 물. ☞기엉물.

기밍통[_-_] 명 개수통(--桶). 음식 그릇을 씻을 때 쓰는, 물을 담는 통.

기밝애술[기발개술 _-_ _] 명 귀밝이술. 음력 정월 대보름날 아침에 마시는 술. 이날 아침에 데우지 않은 찬 술을 마시면 귀가 밝아지고 귓병이 생기지 않으며 한 해 동안 좋은 소식을 듣게 된다고 한다.

기밸[-_] 명 기별(奇別). 전하여 알리는 일. ¶기밸도 없이 찾아왔다, =기별도 없이 찾아왔다. ☞기빌. 끼꾸.

기보리[1][_ _-] 명 ((식물))귀리. ☞기밀.

기보리[2][_ _-] 명 ((식물))오리새.

기빌[-_] 명 기별(奇別). ☞기밸. 끼꾸.

기빵매이[기빵매~이 _ _-_] 명 귀싸대기. 귀와 뺨의 중간 정도 되는 부분을 낮잡아 이르는 말. ¶【관용구】기빵매이로 올리다. =귀싸대기를 올리다. ☞기싸대기.

기뿌다[_-_] 형 기쁘다. ¶【속담】소낭기 무성하마 잣낭기 기뿌한다. =소나무가 무성하면 잣나무가 기뻐한다. ¶【속담】굶운 개 딧간 보고 기뿌한다. =굶은 개 뒷간 보고 기뻐한다.

기뿔[--] 명 귀뿌리. 귓바퀴가 뺨에 붙은 부분. ¶기뿔이 떨어지 나갈 거매로 칩다. =귀뿌리가 떨어져 나갈 것처럼 춥다.

기뿜[_-] 명 기쁨. ¶【속담】슬품은 나나도 기뿜은 몬 나난다. =슬픔은 나누어도 기쁨은 못 나눈다.

기석하다[기스카다 _ _-_] 형 그윽하다. 깊숙하여 아늑하고 고요하다. ¶기석한 데다가 집을 지있다. =그윽한 데다 집을 지었다.

기시다[_-_] 동 계시다. '있다'의 높임말. ①((윗사람이 어떤 장소에)) 자리를 차지하고 머물다. ¶너거매 집에 기시나? =너희 어머니 집에 계시냐? ②앞말이 뜻하는 동작이나 상황이 계속되거나 또는 그 결과가 지속됨을 높여 나타내는 말. ¶아부지는 일하고 기신다. =아버지는 일하고 계신다.

기식고[기시꼬 _-_] 동 계셨고. *'계시다' 활용형인 '기식꼬'는 '계시-+-었-+-고'가 창녕방언 음운 현상에 따라 변한 것이다. 즉, '계시었고→계시얻고→계시얻꼬→계셛꼬→계셷꼬→게셷꼬→

게싣꼬→기식꼬'와 같이, 축약, 귀착, 된소리화, 'ㅕ>ㅖ>ㅣ'화 등의 음운 현상이 적용된 것이다. ¶젊운 시절에는 시어무이도 기식고, 시아부지도 기싰지예. =젊은 시절에는 시어머니도 계셨고 시아버지도 계셨지요.

기신[_-] 명 귀신(鬼神). ☞구신.

기신겉다[_-__] 형 귀신같다(鬼神--). ☞구신겉다.

기신떡당새이[____-_] 명 엉망진창. ☞구신떡당새이. 쑥씨기범북. 쑤씨방트레.

기신지기다[_--__] 동 행패부리다(行悖---). ☞구신지기다. 깽판부리다. 땡깡부리다. 띵깡부리다.

기싸대기[__-_] 명 귀싸대기. ☞기빵매이.

기쑥[-_] 명 ((식물))떡쑥.

기아[_-] 명 기와. ☞게아.

기아내다[-___] 동 게워내다. ☞게아내다. 밭아내다.

기아다[--_] 동 게우다. ☞게아다. 올리다.

기암[--] 명 고욤. ☞개암.

기암낭ㄱ[---] 명 ((식물))고욤나무. ☞개암낭ㄱ.

기암하다[--__] 동 기함하다(氣陷--). 갑자기 몹시 놀라거나 아프거나 하여 소리를 지르면서 넋을 잃거나 기겁하다. ¶구리로 보고 기암했디라. =구렁이를 보고 기함했더니라. ☞기얌하다.

기앗장[기아짱 __-] 명 기왓장. ☞게앗장. 잿장.

기앗집[기아찝 __-] 명 기와집. ☞게앗집. 잿집.

기애하다[_-__] 동 귀여워하다. 어떠한 대상의 모양이나 행동이 앙증맞고 곱살스러워 예쁘고 정겹게 여기다. ¶【속담】손지로 기애하마 할애비 씨엄 잡는다. =손자를 귀여워하면 할아비 수염 잡는다. ☞기엽어하다.

기얌하다[--__] 동 기함하다(氣陷--). ☞기암하다.

기양[1][-_] 명 귀양. 예전에, 죄인을 고향이 아닌 먼 시골이나 섬으로 보내어 일정한 기간 동안 제한된 곳에서만 살게 하는 형벌을 이르던 말. ¶【속담】기양이 홀빅에 가랐다. =귀양이 흘벽에 가렸다

기양[2][--] 명 기왕(既往). 이미 지나간 이전. ¶【속담】기양이마 빨간 처매. =기왕이면 빨간 치마.

기양[3][-_] 부 그냥. ☞거양. 기냥. 노. 마. 마아. 밍창.

기양에[--_] 부 기왕에(既往-). 이미 정하여진 사실로서 그렇게 된 바에. ¶【관용구】기양에 비린 몸. =기왕에 버린 몸. ¶【관용구】기양에 그륵덴 일. =기왕에 그릇된 일. ☞기양지.

기양지[--_] 부 기왕에(既往-). ☞기양에.

기어꼬[_-_] 부 기어코(期於-). ¶넘 말 안 듣고 기어꼬 지 하고 집운 대로 하네. =남 말 안 듣고 기어코 제 하고 싶은 대로 하네.

기엉물[_-_] 명 개숫물. ☞기밍물.

기여[_-] 부 기어이(期於-). ①마지막에 이르러서. ¶날이 꾸루무리하디마는 기여 비가 오네. =날씨가 궂더니만 기어이 비가 오네. ②어떠한 일이 있더라

도 반드시. ¶【관용구】기여 해내다. =기어이 해내다. ☞기여이.

기여이[기여~이 _-_] 뿌 기어이(期於-). ☞기여.

기염디이[기염디~이 _--_] 명 귀염둥이. 귀여운 아이.

기염상[_-_] 명 귀염성. 귀염을 받을 만한 바탕이나 성질. ¶【관용구】기염상이 있다. =귀염성이 있다.

기엽기[_-_] 뿌 귀엽게. 앙증맞고 곱살스럽게. ¶알라가 오묵조묵 기엽기 생깄다. =아기가 오목조목 귀엽게 생겼다.

기엽다[기엽따 _-_] 형 귀엽다. 모양이나 행동이 앙증맞고 곱살스러워 예쁘고 정겹다. ¶내 땅 까마구는 껌우도 기엽다. =내 땅 까마귀는 검어도 귀엽다.

기엽어하다[기여버하다 _-___] 동 귀여워하다. 귀엽게 여기다. ¶자아는 지 동상을 디기 기엽어합미더. =쟤는 제 동생을 되게 귀여워합니다. ☞기애하다.

기오리[-__] 명 철새. *기러기, 고니, 청둥오리, 가창오리 등의 철새를 총칭하여 '기오리' 또는 '기우리'라고 한다. ¶날이 춥우지마 소벌에 기오리가 엄청시리 날라온다. =날이 추워지면 우포늪에 철새가 엄청나게 날아온다. ☞기우리.

기우[1][-_] 명 ((동물))거위. ☞거우.

기우[2][_-] 뿌 겨우. ☞게우. 제우. 지우.

기우리[1][-__] 명 철새. ☞기오리.

기우리[2][-__] 명 ((동물))기러기. ☞기리기. 말기우.

기운기[_-_] 명 경운기(耕耘機). ☞갱운기.

기울[-_] 명 겨울. ☞게울. 저실.

기울초[1][-__] 명 ((식물))솔나물.

기울초[2][-__] 명 ((식물))유채(油菜). ☞게울초. 유치.

기이[-_] 명 게. '것이'의 준말. ¶【속담】싼 기이 비지떡이다. =싼 게 비지떡이다. ¶【속담】꽁 잡는 기이 매다. =꿩 잡는 게 매다. ¶【속담】모루는 기이 약이다. =모르는 게 약이다. ☞께. 끼.

기이[기~이 -_] 명 옹이. ①나무의 몸에 박힌 가지의 밑 부분. ¶【속담】기이에 매디. =옹이에 마디. ②'굳은살'을 비유적으로 이르는 말. ¶【관용구】기이가 백이다. =옹이가 박히다. ③가슴에 맺힌 감정 따위를 비유적으로 이르는 말. ¶【관용구】기이가 지다. =옹이가 지다.

기이가다[--__] 동 기어가다. ①벌레나 작은 짐승 따위가 어디로 발을 놀리어 가다. ¶【속담】께로 쪽바리 기이가구로 할 수는 없다. =게를 똑바로 기어가게 할 수는 없다. ②사람이 몸을 구부려 배를 바닥으로 향하고 팔다리로 짚어서 가다. ¶【속담】모로 가나 기이가나 서울마 가마 그마이다. =모로 가나 기어가나 서울만 가면 그만이다.

기이기[_-_] 명 귀퉁이. ☞굼티이. 기때기. 기티이.

기이오루다[-____] 동 기어오르다. ①높은 곳에 몸을 구부려 올라가다. ¶아아가 낭게 기이오루네. =애가 나무에 기어오르네. ②어른이나 윗사람에게 버릇없이 굴면서 대들다. ¶좀 잘해준께네 언자 기이오룰라 카네. =좀 잘해주니까 이제 기어오르려 하네.

기잉[_-] 명 구경. ☞기경. 기깅.

기잉꺼리[__-_] 명 구경거리. ☞기경꺼리. 기깅꺼리.

기잉꾼[_-_] 명 구경꾼. ☞기경꾼. 기깅꾼.

기잉하다[__-_] 동 구경하다. ☞기경하다. 기깅하다.

기주기[_-_] 명 기저귀. ¶【속담】시집도 가기 전에 기주기 매런한다. =시집도 가기 전에 기저귀 마련한다. ¶【속담】아아도 놓기 전에 기주기부텀 장만는다. =애도 낳기 전에 기저귀부터 장만한다. ☞똥걸레.

기줘이다[기줘기다 --__] 동 기죽이다(氣---). '기죽다'의 사동사. ¶아아가 아모리 잘몬했어도 기줘이지 마이소오. =아이가 아무리 잘못했어도 기죽이지 마세요.

기지기[_-_] 명 기지개. 주로 피로하거나 나른할 때 몸을 쭉 펴고 팔다리를 뻗는 짓. ¶【관용구】기지기로 피다. =기지개를 켜다. ☞지지개.

기집[_-] 명 계집. ①'아내'를 낮잡아 이르는 말. ¶【속담】기집 매도 마이 맞으마 아푸다. =계집 매도 많이 맞으면 아프다. ¶【속담】가실 아욱국은 기집 쫒아내고 묵는다. =가을 아욱국은 계집 쫓아내고 먹는다. ②나이든 여자를 낮잡아 이르는 말. ¶【속담】기집이 늙으마 여시가 덴다. =계집이 늙으면 여우가 된다. ¶【속담】복 없는 기집은 봉당에 눕우도 고자 젙에 눕는다. =복 없는 계집은 봉당에 누워도 고자 곁에 눕는다. ☞지집.

기집년[기짐년 __-] 명 계집년. '계집'을 비속하게 이르는 말. ¶【속담】기집녀이 집구숙에 밥이 끓넝강 죽이 끓넝강 모른다. =계집년이 집에 밥이 끓는지 죽이 끓는지 모른다. ☞지집년.

기집아[기지바 __-] 명 계집애. ☞가서나. 가시내. 기집애. 지집아. 지집애.

기집애[기지배 __-] 명 계집애. ☞가서나. 가시내. 기집아. 지집아. 지집애.

기집자석[__-_] 명 계집자식(--子息). ①처와 자식, 즉 '처자(妻子)'를 얕잡아 이르는 말. ¶【관용구】지집자석 믹이 살릴라카이 가래이 째진다. =계집자식 먹여 살리려니 가랑이 찢어진다. ②'딸자식(-子息)'을 얕잡아 이르는 말. ☞지집자석.

기집질[기집찔 __-] 명 계집질. 자기 아내가 아닌 여자와 육체적인 관계를 가지는 짓. ¶【속담】없는 넘이 지집질까지 하까이. =가난한 놈이 계집질까지 하랴. ☞지집질.

기짝[_-] 명 궤(櫃). ☞기.

기차[-_] 명 지차(之次). 맏이 이외의 자식들. *'지차'가 '기차'로 변한 것은 과도한 교정이 일어난 경우이다.

기찮구로[기찬쿠로 _--_] 부 귀찮게. ☞구찮구로. 구찮기. 기찮기. 시장시럽기.

기찮기[기찬키 _--] 부 귀찮게. ☞구찮구로. 구찮기. 기찮구로. 시장시럽구로.

기찮다[기찬타 _-_] 형 귀찮다. ☞구찮다. 구찮시럽다. 기찮시럽다. 시장시럽다.

기찮시럽다[기찬시럽따 _-___] 형 귀찮다. ☞구찮다. 구찮시럽다. 기찮다. 시장시럽다.

기창[--] 명 귀지. 귓구멍 속에 낀 때. ¶기창 쫌 후비도고. =귀지 좀 후벼다오. ☞깃밥.

기추[_-] 명 계취(契聚). 계원의 모임. *계취>계추(어말 ㅣ 탈락)>게추>기추(고모음화).

기추하다[__-_] 동 계취하다(契聚--). 계원이 모임을 갖다. ¶기추하는 날이 모리 맞지예? =계취하는 날이 모레 맞지요?

기퉁바리[__-_] 명 귀퉁이. ①귀의 언저리를 속되게 이르는 말. ¶【관용구】기퉁바리로 쌔리다. =귀퉁이를 쌔리다. ②넓적한 바닥의 구석진 모퉁이나 모가 난 물건의 모서리. ¶배껕마당 기퉁바리. =바깥마당 귀퉁이.

기퉁배기[__-_] 명 귀퉁배기. 귀의 언저리인 '귀퉁이'를 낮잡아 이르는 말. ¶【관용구】기퉁배기 맞다. =귀퉁배기 맞다.

기티이[기티~이 --_] 명 귀퉁이. ①넓적한 바닥의 구석진 모퉁이나 모가 난 물건의 모서리. ¶책상 기티이에 궁디이가 받힜다. =책상 귀퉁이에 엉덩이가 부딪혔다. ☞굼티이. 기때기. 기이기. ②마음속 한구석이나 부분. ¶마암 한 기티이가 빈 거 겉다. =마음 한 귀퉁이가 빈 것 같다. ③귀의 언저리를 속되게 이르는 말. ¶【관용구】기티이로 쌔리다. =귀퉁이를 때리다.

기파개[_-_] 명 귀이개. 귀지를 파내는 도구. ☞기히비개.

기피앗다[기피앋따 __-_] 동 거피하다(去皮--). 떡고물 등으로 쓰기 위해 콩, 팥, 녹두 따위의 껍질을 벗기다. ¶녹디로 기피앗았다. =녹두를 거피했다.

기하다[_-_] 형 귀하다(貴--). ①신분, 지위 따위가 높다. ¶기한 어룬이 찾아오싰다. =귀한 어른이 찾아오셨다. ②아주 보배롭고 소중하다. ¶【속담】기한 자석 매로 키안다. =귀한 자식 매로 키운다. ③구하거나 얻기가 아주 힘들 만큼 드물다. ¶【속담】기한 그륵 숩기 깨진다. =귀한 그릇 쉬이 깨진다.

기히비개[__-_] 명 귀이개. ☞기파개.

긱[-] 명 격(格). ☞객.

긴조[--] 명 ((동물))버들붕어.

긴피[_-] 명 낌새. ¶【관용구】긴피가 이상타. =낌새가 이상하다. ¶【관용구】그랄 긴피가 안 비이다. =그럴 낌새가 안 보이다.

길국[-_] 명 결국(結局). ☞갤국.

-길래[-_] 어 -기에. ((용언의 어간 또는 선어말 어미 뒤에 붙어)) 어떤 일이 발생한 원인이나 이유를 나타내는 말. ¶머 하길래 이래 늦으까? =뭐 하기에 이리 늦을까? ¶잘 산다 카길래 그렁 줄 알았지 머. =잘 산다 하기에 그런 줄 알았지 뭐.

길론[-_] 명 결론(結論). ☞갤론.

길밍자[--_] 명 ((식물))결명자(決明子).

길심[길씸 -_] 명 결심(決心). ☞갤심.

길온[기론 -_] 명 결혼(結婚). ☞갤온.

길온식[기론씩 -_] 명 결혼식(結婚式). ☞갤온식.

길정[길쩡 -_] 명 결정(決定). ☞갤정.

길쭘하다[_ _-_] 형 길쭉하다. 사물이 꽤 길다. ¶길쭘한 물이. =길쭉한 오이. ☞젤쭉하다. 젤쭘하다. 질쭉하다. 쩰쫌하다. 찔쭉하다. 찔쭘하다.

길판[-_] 명 결판(決判). ☞갤판.

김사[_-] 명 겸사(兼事). ☞갬사.

김사김사[_ _ _-] 부 겸사겸사(兼事兼事). ☞갬사갬사. 이점저점. 이참저참.

깃구녕[기꾸녕 _ _-] 명 귓구멍. ¶【관용구】깃구녕이 너르다. =귓구멍이 넓다. ¶【속담】깃구녕에 마알쪽 박았나. =귓구멍에 마늘쪽 박았나. ¶【속담】깃구녕이 나발 통 겉다. =귓구멍이 나팔 통 같다. ☞깃구늉. 깃구뭉. 깃구중.

깃구늉[기꾸늉 _ _-] 명 귓구멍. ☞깃구녕. 깃구뭉. 깃구중.

깃구뭉[기꾸뭉 _ _-] 명 귓구멍. ☞깃구녕. 깃구늉. 깃구중.

깃구중[기꾸중 _ _-] 명 귓구멍. ☞깃구녕. 깃구늉. 깃구뭉.

깃딜이다[기띠리다 _-_ _] 동 곁들이다. 요리나 술에 다른 요리나 술을 함께 먹다. ¶【관용구】술 깃딜인 음석. =술 곁들인 음식.

깃밥[1][기빱 --] 명 귓불. 귓바퀴의 아래쪽에 붙어 있는 살.

깃밥[2][기빱 --] 명 귀지. ☞기창.

깃속[기쏙 --] 명 귓속. ¶【속담】비상을 입에 옇고는 참지 깃속에 옇고는 몬 참는다. =비상을 입에 넣고는 참지 귓속에 넣고는 못 참는다.

깅가밍가[_ _--] 부 기연가미연가(其然-未然-). 그런지 그렇지 않은지 분명하지 않은 모양. ¶【관용구】깅가밍가 잘 모루다. =기연가미연가 잘 모르다.

깅끼하다[-_-_] 동 경기하다(驚氣--). ☞갱끼하다. 정기하다.

깅노당[_ _-] 명 경로당(敬老堂). ☞갱노당.

깅비[-_] 명 경비(經費). ☞갱비.

깅사[_-] 명 경사(京辭). 서울 말씨. ☞갱사. 갱어. 깅어.

깅어[_-] 명 경사(京辭). 서울 말씨. ☞갱사. 갱어. 깅사.

깅엄[-_] 명 경험(經驗). ☞갱엄.

깅우[_ 어 -] 명 경우(境遇). ☞갱오.

깅제[_-] 명 경제(經濟). ☞갱제.

깅찰[_-] 명 경찰(警察). ☞갱찰.

깅치[--] 명 경치(景致). ☞갱치.

깅치석[--_] 명 견치석(犬齒石). ☞갱치석.

-까-[-] 접 -우-. ((일부 동사 어간 뒤에 붙어)) 사동의 뜻을 더하는 접미사. ¶돋까다(돋우다). ¶미까다(메우다).

-까[-] 어 -랴. 자신이 장차 하려는 행동이나 일에 대하여 상대의 의사를 묻는 뜻을 나타내는 종결어미. 해라체로 쓰인다. ¶【속담】없는데 봉알 빼주까. =없는데 불알 빼주랴.

까깝하다[까까파다 _ _-_] 형 갑갑하다. ① 옷 따위가 여유 없이 달라붙거나 압박하여 유쾌하지 못한 상태에 있다. ¶옷이 짝애서 까깝하다. =옷이 작아서 갑갑하다. ②좁고 닫힌 공간 속에 있어 꽉 막힌 느낌이 있다. ¶【속담】친손지는 걸리고 이손지는 업고 가민서 업힌 아아 까깝해한다. =친손자는 걸리고 외손자는 업고 가면서 업힌 아이 갑갑해한다. ③너무 더디거나 지루하여 견디기에 진력이 나다. ¶【관용구】없는 자궁이 까깝하다. =없는 자궁이 갑갑하다. ④일이 뜻대로 되지 않아 답답하다. ¶【속담】까깝한 넘이 송사한다. =갑갑한 놈이 송사한다. ☞깝깝하다.

까꺼랍다[까꺼랍따 __-_] 형 까다롭다. ①일이나 그 조건, 절차 따위가 복잡하고 미묘하여 다루기 어렵다. ¶이 일은 참 까꺼랍다. =이 일은 참 까다롭다. ②성미나 취향 따위가 원만하지 않고 별스럽게 까탈이 많다. ¶【속담】까꺼랍기는 옹생언 똥꾸뭉이라. =까다롭기는 옹생원 똥구멍이라. ☞까탈시럽다. 깨꺼럽다. 꼭딱시럽다. 상그랍다.

까꺼래기[__-_] 명 까끄라기. 벼, 보리 따위의 낟알 껍질에 붙은 깔끄러운 수염. *'까끌-(어근)+래기(접미사)'로 된 말이다. ¶【속담】보리 까끄래기도 씰모가 있다. =보리 까끄라기도 쓸모가 있다. ☞까꺼리기. 깔꺼리기.

까꺼리기[__-_] 명 까끄라기. ☞까꺼래기. 깔꺼리기.

까꾸래이[까꾸래~이 __-_] 명 갈고랑이. 끝이 뾰족하고 꼬부라진 물건. 흔히 쇠로 만들어 물건을 걸고 끌어당기는 데 쓴다. ☞깔꾸랭이.

까꾸리[_-_] 명 갈퀴. 검불이나 곡식 따위를 긁어모으는 데 쓰는 기구. ¶【관용구】돈을 까꾸리로 껌는다. =돈을 갈퀴로 검는다. ☞깔꾸리.

까꾸리반두[_-___] 명 그물코를 성글게 만든 그물. 늪에서 큰 물고기를 잡을 때 쓴다.

까낳다[까나타 _-_] 동 까놓다. 마음속에 품은 생각이나 비밀 따위를 숨김없이 다 드러내다. ¶【관용구】까낳고 털어낳다. =까놓고 털어놓다. ☞깨낳다.

-까네[--] 어 -니까. ((모음이나 어간 또는 선어말 어미 뒤에 붙어)) 앞 절이 뒤 절에 대한 원인이나 이유가 됨을 나타내는 말. ¶【속담】높운 사알 피한까네 비렁이 앞에 나선다. =높은 산을 피하니까 벼랑이 앞에 나선다. ¶【속담】종넘 자석 기애한까네 생원님 상투에 꼬꼬마 단다. =종놈 자식 귀애하니까 생원님 상투에 꼬꼬마 단다. ☞-께네. -머리.

까다[-_] 동 치장하다(治粧--). 치장하는 행위를 속되게 이르는 말. ¶맬가이 까 갖고 어데 가능교? =말갛게 치장하고는 어딜 갑니까?

까대기[_-_] 명 낟가리. 낟알이 붙은 곡식 그대로 쌓은 더미. ¶【속담】까대기에 불 질러낳고 손 찌알 넘. =낟가리에 불 질러 놓고 손 쬐일 놈. ☞삐까리.

까대다[_-_] 동 ≒까불대다. 건방지고 주제넘게 굴다. *'까대다'는 표준어에서 속된 말로, '어떤 사람이 다른 사람을 계속 몰아세우거나 호되게 비판해대다'는 뜻으로 쓰이나 창녕방언에서는 '까불대다'의 의미에 가깝다. ¶절마 저거, 디기 까댄다. =저놈 저거, 되게 까불댄다. ☞까불락대다.

까디비다[__-_] 동 까뒤집다. '까서 뒤집다'의 준말. ¶【관용구】눈까리로 까디비다. =눈깔을 까뒤집다. ¶【속담】밉운 가서나 궁디이 까디비고 춤친다. =미운 계집애 궁둥이 까뒤집고 춤춘다.

까디집히다[까디지피다 ___-_] 동 까뒤집히다. '까뒤집다'의 피동사. ¶개쭘치로 까디집힜다. =호주머니를 까뒤집혔다.

까딱[_-] 부 자칫. 어떤 일이 어긋나거나 그릇되어 감을 나타내는 말과 함께 쓰여, '조금이라도', '아차 하면', '손쓸 사이 없이'의 뜻을 나타내는 말. ¶저카다가 까딱 디지는 수도 있다. =저러다가 자칫 뒈지는 수도 있다.

까딱하다[까따카다 __-_] 동 자칫하다. 어쩌다가 조금 어긋나 잘못되다. ¶티노온 테가리에 까딱하마 받히겄다. =튀어나온 모서리에 자칫하면 받히겠다. ☞잘몬하다.

까딱했으마[까딱햇으마 __-__] 부 하마터면. 조금만 잘못하였더라면. ☞가신했으마. 가씬했으마. 제깍했으마.

까라문때다[--___] 동 짓이기다. 함부로 마구 이기다. ¶벌개이로 까라문때서 직있다. =벌레를 짓이겨서 죽였다. ☞이개다.

까라앉다[까라안따 ---_] 동 가라앉다. ①통증이나 흥분이 잦아들어 정상적인 상태로 되다. ¶통찡이 까라앉있다. =통증이 가라앉았다. ②사물이 물속으로 내려앉다. ¶배가 물쏙우로 까라앉있다. =배가 물속으로 가라앉았다.

까라앉하다[까라안차다 ___-_] 동 가라앉히다. '가라앉다'의 사동사.

까라지다[--__] 동 늘어지다. ①기운이 풀려 몸을 가누지 못하는 상태가 되다. ¶몸띠이가 착 까라짔다. =몸뚱이가 착 늘어졌다. ②물건의 끝이 아래로 처지다. ☞디라지다.

까락지[까락찌 _-_] 명 가락지.

까래이[까래~이 _-_] 명 ((동물))개똥벌레. ☞개똥벌거지.

까래이불[까래~이뿔 _-__] 명 반딧불. ☞개똥벌개이불.

까러비다[1][__-_] 동 할퀴다. 손톱이나 날카로운 물건으로 긁어 상처를 내다. ¶【속담】개 새끼는 짓꼬 개이 새끼는 까러빈다. =개 새끼는 짖고 고양이 새끼는 할퀸다. ☞끍다.

까러비다[2][__-_] 동 파헤치다. 속에 있는 것이 드러나도록 파서 젖히다. ¶달구새끼가 거룸무디이로 끄러비낳았다. =닭이 거름무더기를 파헤쳐놓았다. ☞파허씨다.

까리까리하다[____-_] 형 빳빳하다. 풀기가 세거나 팽팽하다. ¶까리까리한 쌔돈. =빳빳한 새 돈.

까리다[-__] 동 ≒솎다. *창녕방언 '까리다'는 표준어 '솎다'에 가깝지만 '솎다'와 '까리다'가 구별된다. '솎다'는 여러 포기 가운데서 촘촘한 것 몇몇을 뽑아내는 것을 말하고, '까리다'는 한 포기 안에서 촘촘한 것을 떼어내는 것을 말하기 때문이다. ¶부상치로 까맀다. =상추를 솎았다. ☞깔기다. 쏚다. 쏚아다. 쏚우라다.

까리빵상하다[____-_] 형 ≒깔끔하다. '깔끔하다'를 낮잡아 이르는 말. ¶까리빵상하이 챙기 입웠다. =깔끔하게 챙겨 입었다. ☞깔꿈밪다. 깔꿈하다. 깔쌈하다. 깨꿈밪다. 다담밪다. 매타붆다. 맨도롬하다.

까마구[_-_] 명 ((동물))까마귀. ¶【속담】빙든 까마구 어물전 돌듯기. =병든 까마귀 어물전 돌듯. ¶【속담】내 땅 까마구는 껌어도 이뿌다. =내 땅 까마귀는 검어도 예쁘다.

까마딱지[까마딱찌 __-_] 명 주근깨. 얼굴 군데군데에 생기는 갈색의 작은 점. ☞까무딱지. 주군깨.

까마이[까마~이 _-_] 부 까맣게. '가맣게' 보다 센 느낌을 준다. ①불빛이 전혀 없는 밤하늘과 같이 검게. ¶낯이 까마이 끄실렀다. =얼굴이 까맣게 그을렸다. ②거리나 시간이 아득하게 멀리. ¶까마이 먼 인날 일. =까맣게 먼 옛날 일. ③기억이나 아는 바가 전혀 없이. ¶징조할배 지삿날로 까마이 잊아뿠다. =증조할아버지 제삿날을 까맣게 잊어버렸다. ④헤아릴 수 없을 정도로 많이. ¶사램들이 까마이 몰리온다. =사람들이 까맣게 몰려온다. ⑤놀라거나 아파서 살색이 짙어져서. ¶아파서 낯이 까마이 뎄다. =아파서 낯이 까맣게 됐다. ☞까맣기.

까막깐치[_-__] 명 ((동물))까막까치. ¶【속담】까막깐치라꼬 쏙꺼지 껌우까이. =까막까치라고 속까지 검으랴.

까막싸리[__-_] 명 ((식물))가막사리.

까맣기[까마키 _-_] 부 까맣게. ☞까마이.

까무꾸리하다[____-_] 형 까무끄름하다. 물체나 그 빛깔이 좀 어둡게 까무스름하다. ¶이 나락이색은 까무꾸리하다. =이 벼이삭은 까무끄름하다.

까무딱지[1][까무딱찌 __-_] 명 점(點). 사람의 살갗 또는 짐승의 털 위에 생겨난 얼룩. ¶눈 우에 까마딱지가 니 개나 있다. =눈 위에 점이 네 개나 있다.

까무딱지[2][까무딱찌 __-_] 명 주근깨. ☞까마딱지. 주군깨.

까무리하다[___-_] 형 까뭇하다. 색깔이 까무스름하다. ¶포도싱이가 까무리하다. =포도송이가 까뭇하다.

까무뿌다[_-__] 동 잊어버리다. 한번 알았던 것을 모두 기억하지 못하거나 전혀 기억하여 내지 못하다. ¶【속담】장개로 시 분 가마 불 꺼자는 거로 까무뿐다. =장가를 세 번 가면 불 꺼뜨리는 걸 잊어버린다. ☞잊아뿌다. 잊이삐리다.

까무수룸하다[____-_] 형 까무스름하다. 물체나 그 빛깔이 좀 어둡게 까무레하다. ☞깜시리하다.

까묵다[까묵따 _-_] 동 까먹다. ①껍질이나 껍데기 따위에 싸여 있는 것을 내어 먹다. ¶【속담】다램지 밤 까묵덧기. =다람쥐 밤 까먹듯. ②실속 없이 써 버리다. ¶【속담】깨목 까묵기. =개암 까먹기. ③어떤 사실이나 내용 따위를 잊어버리다. ¶【속담】전쟁터 가민서 총 갖고 가는 거로 까묵눈다. =전쟁터 가면서 총 갖고 가는 걸 까먹는다. ☞잊앟다. ④손아랫사람이 손윗사람을 제 마음대로 부리다. ¶절마가 저거 히이로 까무울라 칸다. =저놈이 자기 형을 까먹으려고 한다.

까문태다[1][__-_] 동 지우다. ¶항칠해낳안 거로 까문태라. =낙서해놓은 걸 지워라. ☞문때다. 뭉때다. 엉때다. 지아다.

까문태다[2][__-_] 동 짓뭉개다. 함부로 마구 뭉개다. ¶밤시이는 발로 까문태야 안 다친다. =밤송이는 발로 짓뭉개야 안 다친다.

까문태다[3][__-_] 동 까뭉개다. ①높은 곳을 파서 깎아 내리다. ¶산을 까문태서 질 낸다. =산을 까뭉개서 길 낸다. ②인격 따위를 무시해버리다. ¶【관용구】사램을 까문태다. =사람을 까뭉개다.

까배다[_-_] 동 깨우다. 잠에서 벗어나 정신이 맑은 상태로 되게 하다. ¶잘 자는 아아로 말라꼬 까배노? =잘 자는 애를 뭐하려고 깨우느냐? ☞깨배다. 깨아다.

까불라다[__-_] 동 까부르다. 곡식을 키에 담아 키 끝을 위아래로 흔들어 안에 든 곡식의 쭉정이나 검불 따위를 바람에 날리다. ¶치이로 나락을 까불란다. =키로 벼를 까부른다.

까불락기리다[___-__] 동 까불거리다. ①가볍게 자꾸 흔들려 움직이다. 또는 그렇게 하다. ¶나락 이푸리가 까불락기린다. =벼 이파리가 까불거린다. ②경솔하게 자꾸 까불다. ¶우째 저래 까불락기리능가 모룰다. =어찌 저리 까불거리는지 모르겠다. ☞욜랑거리다.

까불락대다[___-_] 동 까불대다. ☞까대다.

까빡[1][_-] 부 깜빡. ①기억이나 생각 따위가 잠깐 흐릿해지는 모양을 나타내는 말. ¶아이고, 까빡 잊았네. =아차, 깜박 잊었네. ②불빛 따위가 잠깐 어두워졌다가 밝아지는 모양을 나타내는 말. ¶불이 까빡 키지더마는 금상 꺼지 뿄다. =불이 깜빡 켜지더니만 금방 꺼져 버렸다. ③눈을 잠깐 감았다가 뜨는 모양을 나타내는 말. ¶그단새 까빡 졸았제? =그사이에 깜박 졸았지?

까빡[2][_-] 부 깔딱. 약한 숨이 끊어질 듯 말 듯 하는 소리. 또는 그 모양. ¶【관용구】숨이 까빡 넘우가다. =숨이 깔딱 넘어가다.

까빡기리다[__-__] 동 깜빡거리다. ①기억이나 생각 따위가 잠깐 흐릿해지다. ¶정시이 까빡기립미더. =정신이 깜빡거립니다. ②불빛 따위가 잠깐 어두워졌다가 밝아지다. ¶저개 까빡기리는 기이 멉미꺼? =저기 깜빡거리는 게 뭡니까? ③눈을 잠깐 감았다가 뜨다. ¶잠이 오서 누이 자꾸 까빡기리네. =잠이 와서 눈이 자꾸 깜빡거리네.

까시[-_] 명 가시. ①바늘처럼 뾰족하게 돋친 것. ¶【관용구】눈에 까시다. =눈에 가시다. ②물고기의 잔뼈. ¶【속담】까시 많은 물기기가 맛닉다. =가시 많은 물고기가 맛있다. ③살에 박힌 나무 따위의 가늘고 뾰족한 거스러미. ¶손바댁에 까시가 백힜다. =손바닥에 가시가 박혔다.

까시끌티이[까시끌티~이 ___-_] 명 가시랭이. 풀이나 나무의 가시 부스러기. ¶까시끌티이에 손묵이 긁힜다. =가시랭이에 손목이 긁혔다.

까시낭ㄱ[-_-] 명 ((식물))가시나무. ¶【속담】까시낭게서 까시 난다. =가시나무에서 가시 난다. ¶【속담】까시낭게 목을 맨다. =가시나무에 목을 맨다.

까시덩꿀[_ _-_] 명 가시덤불. ¶【관용구】까시덩꿀 우구진 질로 가다. =가시덤불 우거진 길로 가다. ¶【속담】까시덩꿀에 새끼 친다. =가시덤불에 새끼 친다. ☞까시디이.

까시독새[_ _ _-] 명 ((동물))까치살모사(--殺母蛇).

까시디이[까시디~이 _ _-_] 명 가시덤불. ☞까시덩꿀.

까시리기[_ _-_] 명 거스러미. 손발톱 뒤의 살 껍질이나 나무의 결 따위가 가시처럼 얇게 터져 일어나는 부분. ¶【속담】눈칫밥을 무우마 까시리기 생긴다. =눈칫밥을 먹으면 거스러미 생긴다.

까시리지다[_-_ _ _] 동 가스러지다. ①잔털 따위가 좀 거칠게 일어나다. ¶【관용구】옷이 까시리지다. =옷이 가스러지다. ②성질이 온순하지 못하고 좀 거칠어지다. ¶【관용구】싱미가 까시리지다. =성미가 가스러지다.

까실까실[_-_-] 부 까슬까슬. 살결이나 물건의 거죽이 매끄럽지 않고 까칠하거나 빳빳한 모양. ¶보리 씨엄이 까실까실 살로 찔러댄다. =보리 까끄라기가 까슬까슬 살갗을 찔러댄다.

까실까실하다[_ _ _ _-_] 형 까슬까슬하다. ①살결이나 물건의 거죽이 매끄럽지 않고 까칠하거나 빳빳하다. ¶텍에 씨엄이 까실까실하다. =턱에 수염이 까슬까슬하다. ②곡식 따위가 잘 말라서 습기가 없어 까칠하거나 빳빳하다. ¶잘 말란 나락이 까실까실하다. =잘 말린 벼가 까슬까슬하다. ③피부 따위가 터서 까칠한 느낌을 주다. ¶입수구리가 터서 까실까실하다. =입술이 터서 까슬까슬하다.

까아다[--_] 동 꼬다. ①가는 줄 따위의 여러 가닥을 비비면서 엇감아 한 줄로 만들다. ¶【관용구】새끼로 까아다. =새끼를 꼬다. ②몸의 일부분을 이리저리 뒤틀다. ¶【관용구】다리로 까아다. =다리를 꼬다. ③남을 비꼬다. ¶【관용구】말로 까아다. =말을 꼬다. ☞꽈다.

-까이[까~이 -_] 어 -랴. 어떤 사실을 반어적인 의문으로 강하게 긍정하거나 부정하는 뜻을 나타내는 종결어미. 해라체로 쓰인다. ¶【속담】개가 똥 마다 하까이. =개가 똥 마다 하랴. ¶【속담】설마더라 보리 주마 참이 안 주까이. =설마하니 보리 주면 참외 안 주랴.

까이꺼[-_ _] 감 까짓것. 별것 아니라는 뜻으로, 무엇을 포기하거나 용기를 낼 때 하는 말. ¶까이꺼, 오올 몬하마 니일 하지 머. =까짓것, 오늘 못하면 내일 하지 뭐. ☞까지꺼. 깐니러꺼.

까자[-_] 명 과자(菓子). ¶나멘 모냥 까자. =라면 모양 과자.

까재[1][_-] 명 ((동물))가재. ¶【속담】넘우 불에 까재 잡는다. =남의 불에 가재 잡는다.

까재[2][_-] 명 ((동물))물방개. *노란빛이 도는 물방개는 '빵까재' 혹은 '참까재'

라고 이른다. 이와 대립되는 것으로 '검정물방개'를 일컫는 '똥까재'가 있다. '빵까재'는 구워먹기도 했으나 '검은물방개'를 뜻하는 '똥까재'는 구워먹지 않았다.

까죽[_-] 명 가죽. ①동물의 몸에서 벗겨낸 껍질을 가공해서 만든 물건. ¶【속담】까죽이 있어야 터리기가 난다. =가죽이 있어야 털이 난다. ②사람의 피부를 낮잡아 이르는 말. ¶【속담】눈꾸뭉은 까죽이 모지라서 떫어낳았나. =눈구멍은 가죽이 모자라서 뚫어놓았나.

까죽신[까죽씬 _-_] 명 갖신. 동물의 가죽으로 만든 신. ¶【속담】촌녀이 아전 서방을 하더마는 초장에 길청 문배겉에 오서 까죽신 사 도라 칸다. =촌년이 아전 서방을 하더니만 초장에 길청 문밖에 와서 갖신 사 달라 한다. ☞까직신.

까죽헐끈[___-] 명 가죽허리띠.

까지[_-] 명 ((식물))가지. ¶【속담】복 많은 지집은 자빠라지도 까지 밭에 자빠라진다. =복 많은 계집은 자빠져도 가지 밭에 자빠진다. ☞까지낭ㄱ.

까지꺼[-__] 감 까짓것. 대수롭지 않다는 뜻으로, 무엇을 포기하거나 용기를 낼 때 하는 말. ¶까지꺼, 떡 사무운 텍 치지 머. =까짓것, 떡 사먹은 셈 치지 뭐. ☞까이꺼. 깐니러꺼.

까지껀[__-] 부 기껏. 정도나 힘이 미치는 데까지. ¶양석이라꼬는 까지껀 이거 뿌입미더예. =양식이라고는 기껏 이것 뿐입니다. ☞기껀. 꼴랑. 한검. 호부.

까지껀해야[___-_] 부 기껏해야. ☞기껀해야. 한검해야.

까지낭ㄱ[__-] 명 ((식물))가지. *창녕방언 화자들은 '가지'가 초본식물이지만 목본식물처럼 이른다. 이는 열매채소인 '고추' 등도 마찬가지로 적용된다. ¶【속담】까지낭게 목을 매단다. =가지나무에 목을 매단다. ☞까지.

까직신[_-_] 명 가죽신. ☞까죽신.

까치[-_] 명 개비. 가늘고 짤막하게 쪼갠 토막을 세는 단위. ¶댐배 까치. =담배 개비. ☞깨비.

까칠복숭[___-] 명 유월도(六月桃). 음력 유월에 익는 복숭아.

까탈시럽다[-____] 형 까다롭다. ☞까꺼랍다. 깨꺼럽다. 꼭딱시럽다. 상그랍다.

까토리[_-_] 명 ((동물))까투리. 꿩의 암놈. ¶【속담】약아빠지기로는 양지짝 까토리다. =약아빠지기로는 양지쪽 까투리다.

까푸막[__-] 명 가풀막. 몹시 비탈진 땅바닥. ¶아부지가 까푸막을 배삐 올라 가싰다. =아버지가 가풀막을 바삐 올라 가셨다. ☞까풀막.

까푸막지다[___-_] 형 가풀막지다. 땅바닥이 몹시 비탈지다. ¶까푸막진 어덕. =가풀막진 언덕. ☞까풀막지다.

까풀막[__-] 명 가풀막. ☞까푸막.

까풀막지다[___-_] 형 가풀막지다. ☞까푸막지다.

깍[1][-] 부 꼭. ①야무지게 힘을 주어 누르거나 죄는 모양. ¶【관용구】입수구리로 깍 다물다. =입술을 꼭 다물다. ②힘들

ㄱ

여 참거나 견디는 모양. ¶【관용구】눈을 깍 깜다. =눈을 꼭 감다. ☞딱. 똑.

깍[2][-] 부 꽉. ①힘을 주어 누르거나 잡거나 묶는 모양. ¶깍 건잡아라. =꽉 검잡아라. ②가득 차거나 막힌 모양. ¶주준자에 물로 깍 채았다. =주전자에 물을 꽉 채웠다. ¶사방이 깍 막힜다. =사방이 꽉 막혔다. ③슬픔이나 괴로움 따위의 감정을 드러내지 아니하려고 애써 참거나 견디는 모양. ¶아푸마 이로 깍 물우라. =아프면 이를 꽉 물어라. ☞깡. 볼꼰. 불꾼. 뽈꼰. 뿔꾼.

깍단[깍딴 _-] 명 언덕. ¶【속담】깍단에 둔덕 대듯기. =언덕에 둔덕 대듯. ¶【속담】니 깍단 아이마 내 소 뿔따구 뿔라짔으까. =네 언덕 아니면 내 소 뿔 부러졌을까. ¶【속담】소도 깍단이 있어야 엉땐다. =소도 언덕이 있어야 비빈다. ☞어덕.

깍대기[깍때기 _-_] 명 깍지. 콩 따위의 꼬투리에서 알맹이를 까낸 껍질. ¶【관용구】깍대기 까다. =깍지 까다.

깍대기짐치[깍때기짐치 _-___] 명 깍두기. ¶깍대기짐치 쫌 담아라. =깍두기 좀 담가라.

깍마르다[_-_] 형 강마르다. ①물기가 없이 바싹 메마르다. ¶가물움에 논빠닥이 깍말랐다. =가뭄에 논바닥이 강말랐다. ②성미가 부드럽지 못하고 메마르다. ¶【관용구】싱미가 깍마르다. =성미가 강마르다. ③살이 없이 몹시 수척하다. ¶굶우서 깍말랐다. =굶어서 강말랐다.

깍성바지[---_] 명 각성바지(各姓--). 성이 각각 다른 사람. ¶우리 동네는 깍성바지가 및 안 덴다. =우리 동네는 각성바지가 몇 안 된다.

깍재이[깍재~이 _-_] 명 깍쟁이. 이기적이고 인색한 사람. 아주 약빠른 사람. ¶【속담】시골 깍재이 서울 곰마 몬하다. =시골 깍쟁이 서울 곰만 못하다.

깍차다[_-_] 형 쌔다. 쌓일 만큼 퍽 흔하고 많이 있다. ¶우리 집에는 개이가 깍찼다. =우리 집에는 고양이가 쌨다. 쌨앴다. ☞쌔앴다.

깐니러[-__] 관 까짓. 별것 아닌. 또는 하찮은. ¶깐니러 거기이 머라꼬 저카까. =까짓 그게 뭐라고 저럴까.

깐니러꺼[-___] 감 까짓것. ☞까이꺼. 까지꺼.

깐마알[--_] 명 깐 마늘. '피 마늘'과 상대되는 뜻으로, 껍질을 깐 상태의 마늘. *'깐마알'은 표준어로 보면 구(句)지만 창녕방언에서는 굳어진 말이라 하나의 명사로 보는 게 낫다.

깐얼라[까널라 __-] 명 갓난아기. 태어난 지 얼마 안 되는 아이를 귀엽게 이르는 말. ¶봉사 깐얼라 더둠듯기. =봉사 갓난아기 더듬듯. ☞깔방알라.

깐채이[깐채~이 _-_] 명 ((동물))까치. ¶【속담】지익 깐채이는 근심 깐채이. =저녁 까치는 근심 까치. ¶【속담】깐채이 발로 뽂우마 도독질한 사램이 말라 죽는다. =까치 발을 볶으면 도둑질한 사람이 말라 죽는다. ¶【속담】아직에 깐채이 울마 좋운 일이 있고 밤에 까마구가 울마 대비이[大變-] 있다. =아침에 까치 울면 좋은 일이 있고 밤에 까마귀가 울면 대변이 있다. ☞깐치.

깐치[_-] 명 ((동물))까치. ☞깐채이.

깐치걸움[깐치거룸 __-_] 명 까치걸음. 발뒤꿈치를 들고 살살 걷는 걸음. ¶【관용구】깐치걸움을 띠다. =까치걸음을 떼다.

깐치밥[_-_] 명 까치밥. ①까치 따위의 날짐승이 먹으라고 따지 않고 몇 개 남겨 두는 감. ¶가실에 감낭게 감을 따더래도 깐치밥 한 개는 낭가낳아야 덴다. =가을에 감나무에 감을 따더라도 까치밥 한 개는 남겨놓아야 된다. ②찔레 열매. *빨갛게 익은 찔레 열매의 씨를 빼낸 뒤에 그 안에 청산가리를 넣어 꿩이나 기러기 따위를 잡기도 했다.

깐치집[_-_] 명 까치집. ①까치둥지. ¶【속담】깐치집에 삐둘끼 들었다. =까치집에 비둘기 들었다. ¶【속담】소리개 깐치집 빼들딧기. =솔개 까치집 빼앗듯이. ②부스스하게 흐트러진 머리를 비유적으로 이르는 말. ¶깐치집 지있다. =까치집 지었다.

깐치풀[_-_] 명 ((식물))도깨비바늘. ☞도독넘까시. 문디이까시.

깔기다[-__] 동 숆다. ☞까리다. 쏚다. 쏚아다. 쏚우라다.

깔꺼리기[__-_] 명 까끄라기. ☞까꺼래기. 까꺼리기.

깔꾸랭이[__-_] 명 갈고랑이. ☞까꾸래이.

깔꾸리[_-_] 명 갈퀴. ☞까꾸리.

깔꿈떨다[_-__] 동 깔끔떨다. 사람 또는 물체의 생김새 따위를 지나치게 깔끔하게 하려고 하다. ¶와 저래 깔꿈떠꼬? =왜 저리 깔끔떨까?

깔꿈밪다[깔꿈받따 __-_] 동 깔끔하다. ①모습이나 차림새가 매끈하고 깨끗하다. ¶골묵을 깔꿈밪기 씰어낳았다. =골목을 깔끔하게 쓸어놓았다. ②일하는 솜씨나 성품이 야무지고 산뜻하다. ¶글씨로 깔꿈밪기 씼다. =글씨를 깔끔하게 썼다. *깔꿈밪고[깔굼바꼬 __-_], 깔꿈밪지[깔굼바찌 __-_], 깔꿈밪아[깔굼바자 __-_], 깔꿈밪았다[깔굼바잗따 __-__]. ☞까리빵상하다. 깔꿈하다. 깔쌈하다. 깨꿈밪다. 다담밪다. 매타붆다. 맨도롬하다.

깔꿈하다[__-_] 형 깔끔하다. ☞까리빵상하다. 깔꿈밪다. 깔쌈하다. 깨꿈밪다. 다담밪다. 매타붆다. 맨도롬하다.

깔따구[_-_] 명 ((동물))각다귀. ☞왕모구.

깔딱요구[__-_] 명 ≒요기(療飢). 적은 양의 음식으로 겨우 시장기를 면하는 요기를 함. ¶【관용구】깔딱요구로 하다. =요기를 하다.

깔딱질[_-_] 명 딸꾹질. ¶【속담】¶하품에 깔딱질. =하품에 딸꾹질. ☞따꾹질.

깔때[_-] 명 ((식물))갈대.

깔띠기[_-_] 명 깔때기. ¶【관용구】깔띠기로 꼽다. =깔때기를 꽂다. ☞나발. 수대.

깔락깔락하다[____-_] 형 ≒연약하다(軟弱--). 몸집이 작고 약하다. ¶【관용구】몸띠이가 깔락깔락하다. =몸뚱이가 연약하다. ☞놀롤하다.

ㄱ

깔래받기[_ _-_] 명 공기놀이. 공깃돌을 상대방과 순서대로 돌아가며 '한 동', '두 동'하며, 다섯 동을 먼저 내면 이긴다. ¶【속담】깔래받기 자꾸 하마 숭년진다. =공기놀이 자꾸 하면 흉년든다. ☞살구받기.

깔방니[_-_] 명 ((동물))가랑니. 서캐에서 깨어 나온 지 얼마 안 되는 새끼 이. ¶【속담】깔방니가 더 물우띤다. =가랑니가 더 물어뜯는다. ☞갈방니.

깔방알라[_ _ _-] 명 갓난아기. ☞깐얼라.

깔보[_-] 명 갈보. 돈을 받고 몸을 파는 여자를 속되게 이르는 말. ¶【속담】넘 사정 바주다가 깔보 덴다. =남 사정 봐주다가 갈보 된다.

깔비[-_] 명 솔가리. 말라서 땅에 떨어져 쌓인 솔잎. ¶【속담】깔비는 한 짐 하고 한심은 석 짐 진다. =솔가리는 한 짐 하고 한숨은 석 짐 진다. ☞솔깔비.

깔쌈하다[_ _-_] 형 깔끔하다. ☞까리빵상하다. 깔꿈밪다. 깔꿈하다. 깨꿈밪다. 다담밪다. 매타붆다. 맨도롬하다.

깔아문태다[까라문태다 _-_-_] 동 깔아뭉개다. ①무엇을 밑에 두고 짓이겨질 정도로 세게 누르다. ¶홍시가 있는 줄 모루고 깔아문태뿠다. =홍시가 있는 줄 모르고 깔아뭉개버렸다. ②상대를 억눌러버리거나 무시하다. ¶넘들 보는 데서 깔아문태마 우짜노? =남들 보는 데에서 깔아뭉개면 어쩌나?

깔앉다[까란따 --_] 동 가라앉다. ①통증이나 흥분이 잦아들어 정상적인 상태로 되다. ¶아푸더마는 언자 깔앉있다. =아프더니 이제 가라앉았다. ②사물이 물속으로 내려앉다. ¶【속담】작은 물이 새서 큰 배가 깔앉는다. =적은 물이 새어 큰 배가 가라앉는다. *깔앉고[까란꼬 --_], 깔앉지[까란찌 --_], 깔앉아[까란자 --_], 깔앉있다[까란진따 --_ _].

깔어비다[까러비다 _ _-_] 동 허비다. 손톱이나 발톱 또는 날카로운 물건으로 긁아 내거나 긁거나 파다. *깔(강세접사)+허비다. ¶【속담】첫사랑에 깔어빈 꼴이다. =첫사랑에 허빈 꼴이다. ☞히비다.

깔짝깔짝[_ _ _-] 부 갉작갉작. 날카롭고 뾰족한 끝으로 자꾸 바닥이나 거죽을 문지르는 모양. ¶앵기손가락으로 눈가시로 깔짝깔짝 끍는다. =새끼손가락으로 눈가를 갉작갉작 긁는다. ¶내 썽질 자꾸 깔짝깔짝 건디릴래? =내 성질 자꾸 갉작갉작 건드릴래?

깔찌뜯다[깔찌뜨따 _ _-_] 동 쥐어뜯다. 상대방을 마구 쥐어뜯다. *깔(강세 접사)+쥐어뜯다>깔지이뜯다>깔찌이뜯다>깔찌뜯다. 여기서 '깔'은 강세의 의미를 더하는 역할을 하는데 이와 같은 강세의 의미를 가지고 있는 방언으로 '깔허비다'를 들 수 있다. '깔찌뜯다'는 '강하게 쥐어뜯다'는 의미이며 '깔'은 의미를 강화하는 역할을 함. ¶멀꺼디이로 깔찌뜯고 야다이다. =머리카락을 쥐어뜯고 야단이다. ☞지이뜯다.

깔치[-_] 명 ((동물))갈치. ¶【속담】깔치가 깔치 꼬랑대기 문다. =갈치가 갈치 꼬리 문다. ☞칼치.

깔피리[_-_] 명 ((동물))송사리. ¶【속담】숭년에는 기기도 깔피리빼이 없다. =흉년에는 고기도 송사리밖에 없다. ¶【속담】잉어 숭어가 오이 물기기라꼬 깔피리도 온다. =잉어 숭어가 오니 물고기라고 송사리도 온다. ☞눈채이. 들꼬지.

깕다[깔따 -_] 동 갉다. ①날카롭고 뾰족한 끝으로 바닥이나 거죽을 박박 문지르다. ¶【속담】늙은 지가 문쭈방 매 깕는다. =늙은 쥐가 문지방 야무지게 갉는다. ②남을 좀스럽게 헐뜯다. ¶쪼잔하이 넘을 깕는다. =좀스럽게 남을 갉는다. *깕고[깔꼬 -_], 깕아[깔가 -_], 깕았다[깔간따 -__].

깕아묵다[깔가묵따 -___] 동 갉아먹다. ①사람이나 짐승이 음식물을 이 따위로 긁거나 쪼아서 먹다. ¶【속담】니비는 뽕이푸리로 깕아무우야 산다. =누에는 뽕잎을 갉아먹어야 산다. ②다른 사람의 재물을 비열하게 조금씩 빼앗아 가지다. ¶【관용구】넘우 돈을 깕아묵다. =남의 돈을 갉아먹다.

깜[-] 명 감. ①((일부 명사 뒤에 붙어)) 대상이 되는 도구, 사물, 사람, 재료의 뜻을 나타내는 말. ¶일깜(일감). ¶기깅깜(구경감). ¶양님깜(양념감). ¶【속담】깜이 재가이다 =감이 재간이다 ②어떤 일을 할 만한 능력이 있는 사람. ¶장군깜(장군감). ¶맏미너리깜(맏며느릿감).

깜끼다[1][-__] 동 감기다. 감게 하다. '감다'의 사동사. ①위아래의 눈시울이 한데 맞닿게 하다. ¶【관용구】눈을 깜끼다. =눈을 감기다. ②물에 담가서 씻게 하다. ¶【속담】껌둥개 목 깜끼듯기. =검둥개 멱 감기듯. ☞깸끼다.

깜끼다[2][_-_] 동 감기다. 감겨지다. 위아래의 눈시울이 한데 맞닿게 되다. '감다'의 피동사. ¶【관용구】누이 깜기다. =눈이 감기다. ☞깸끼다.

깜냥없다[깜냥엄따 -___] 형 염치없다(廉恥--). 체면을 생각하거나 부끄러움을 아는 마음이 전혀 없다. *창녕방언 '깜냥'은 표준어에서 '어떤 일을 가늠해 보아 해낼 만한 능력'이라는 뜻과는 전혀 다르게 쓰인다. 또한 '없다'와 부정호응하며 '깜냥있다'는 쓰이지 않는다. ¶【관용구】깜냥없는 짓. =염치없는 짓. ☞염체없다.

깜다[1][깜따 -_] 동 감다. ①머리나 몸을 물로 씻어 때를 없애다. ¶【관용구】머리 깜다. =머리 감다. ☞빨다. ②눈꺼풀을 내려 눈동자를 덮다. ¶눈을 깜다. =눈을 감다. *깜고[깜꼬 -_], 깜지[깜찌 -_], 깜아야[까마야 --_], 깜았다[까맏따 --_].

깜다[2][깜따 _-] 형 까맣다. 숯이나 먹의 빛깔과 같이 아주 어둡고 짙다. ¶낯짝이 깜다. =낯이 까맣다. *깜고[깜꼬 _-], 깜지[깜찌 _-], 깜애야[까매야 _-_], 까맸다[까맨따 _-_].

깜디이[깜디~이 _-_] 명 깜둥이. ①'흑인(黑人)'을 낮잡아 이르는 말. ②얼굴이 검은 사람을 놀림조로 이르는 말.

깜배기[_-_] 명 깜부기. 깜부깃병에 걸려서 까맣게 된 곡식 따위의 이삭. ☞깜비기.

깜비기[_-_] 명 깜부기. ☞깜배기.

깜시리하다[___-_] 형 까무스름하다. ☞까무수룸하다.

깜짹이다[깜째기다 _-__] 동 깜짝이다. 눈이 감겼다 떴다 하다. ¶【관용구】눈 깜짹일 새. =눈 깜짝할 사이.

깝깝하다[깝까파다 __-_] 형 갑갑하다. ☞까깝하다.

깝떼기[_-_] 명 겉옷. '겉옷'을 낮잡아 비유적으로 이르는 말. ¶【관용구】깝떼기로 빗기다. =겉옷을 벗기다. ☞걸어리옷.

-깝세[-_] 어 -더라도. 뒤 절이 앞 절의 내용에 매이지 않도록 어떤 일이나 상황을 가정하여 양보하는 뜻을 나타내는 말. ¶【속담】양반은 굶우죽울깝세 얻우묵지는 안한다. =양반은 굶어죽더라도 얻어먹지는 않는다. ☞-더래도.

깝아들다[까바들다 -___] 동 줄어들다. ①수효나 분량이 더 낮은 수치로 되다. ¶우리 동네는 채채로 사램이 깝아듭미더. =우리 동네는 사람이 차차로 줄어듭니다. ②시간이나 기간이 더 짧아지다. ¶바빠서 시는 시가이 마이 깝아들었다. =바빠서 쉬는 시간이 많이 줄어들었다. ③재산이나 살림이 더 적어지다. ¶자석들 머리 살림이 자꾸 깝아든다. =자식들 때문에 살림이 자꾸 줄어든다. ☞줄우들다. 쭐우들다.

깝아지다[까바지다 -___] 동 까부라지다. 사물이 썩거나 삭아서 둘레나 부피가 점점 줄어들다. ¶호박이 썩더마는 깝아졌다. =호박이 썩더니만 까부라졌다. ☞줄우지다. 쭐우지다.

깝치다[1][-__] 동 재촉하다. 다른 사람에게 행동이나 일 따위를 빨리하도록 다그치다. ¶이래 안 깝치도 알아서 하께예. =이리 재촉하지 않아도 알아서 할게요.

깝치다[2][-__] 동 조르다. 어떤 사람이 다른 사람에게 어찌하라고 끈덕지게 계속 요구하다. ¶돈 내낳라꼬 디기 깝치댄다. =돈 내놓으라고 되게 졸라댄다. ☞조라다. 조아다. 조우다. 쪼라다. 쪼우다. 쫄라다.

깝하다[까파다 _-_] 동 꺼뜨리다. ①수량이 줄어들게 하다. ¶【관용구】양석을 깝하다. =양식을 꺼뜨리다. ②음식물을 소화시키다. ¶【관용구】배로 깝하다. =배를 꺼뜨리다. ☞꺼자다. 꺼주우다.

깞[깝 -] 명 값. 물건을 사고팔기 위하여 정한 액수. 또는 사고팔 때 주고받는 돈. ¶【속담】깞도 모루고 쌀자리 내민다. =값도 모르고 쌀자루 내민다.

깡[_] 부 꽉. 아주 단단히. ¶【관용구】깡 야물다. =꽉 여물다. ☞깍. 볼끈. 불끈. 뽈끈. 뿔끈.

깡깡[_-] 부 꽁꽁. 물체가 매우 단단히 언 모양. ¶간밤에 얼매나 춥웄으마 개밥 그륵이 깡깡 얼었다. =얼마나 추웠으면 개밥그릇이 꽁꽁 얼었다.

깡내이[깡내~이 _-_] 명 ((식물))강냉이. ¶

【속담】깡내이나 옥수시나. =강냉이나 옥수수나.

깡내이박상[깡내~이박산 _-_-_] 명 옥수수튀밥.

깡밥[-_] 명 강정. 튀밥이나 볶은 깨, 튀긴 콩 따위를 되직한 물엿에 버무려 만든 과자. 주로 설날 차례음식으로 쓴다. ¶【속담】쏙 빈 깡밥이다. =속 빈 강정이다. ☞어리.

깡술[_-] 명 강술. 안주 없이 마시는 술. ¶청승맞기 깡술로 마신다. =청승맞게 강술을 마신다.

깡쏘지[_-_] 명 강소주(-燒酒). 안주 없이 먹는 소주. ¶깡쏘주 마시마 쏙뼁 난다. =강소주 마시면 속병 난다.

깡철이[깡처리 -__] 명 강철이(强鐵-). 지나가기만 하면 초목이나 곡식이 다 말라 죽는다고 하는 전설상의 악독한 용(龍). ¶【속담】깡철이 간 데는 가실도 봄이다. =강철이 간 데는 가을도 봄이다. ¶【속담】내가 가는 데가 깡철이 가는 데다. =내가 가는 데가 강철이 가는 데다. ☞꽝철이.

깡태이[깡태~이 _-_] 명 고갱이. 풀이나 나무의 줄기 한가운데에 있는 연한 심. ¶뱁차 깡태이. =배추 고갱이. ☞알개이.

깨고리[_-_] 명 ((동물))개구리. ¶【속담】방죽을 파야 깨고리가 띠들지. =방죽을 파야 개구리가 뛰어들지. ¶【속담】깨고리도 옴치야 띤다. =개구리도 옴쳐야 뛴다. ¶【속담】깨고리 오골채이 쩍 생각 몬한다. =개구리 올챙이 적 생각 못한다. ☞깨구리.

깨골깨골[___-] 부 개굴개굴. ¶청깨고리가 깨골깨골 울마 비 온데이. =청개구리가 개굴개굴 울면 비 온다. ☞깨굴깨굴.

깨구리[_-_] 명 ((동물))개구리. ☞깨고리.

깨구리풀[_-__] 명 ((식물))개구리밥. ☞맹경지심.

깨굴깨굴[___-] 부 개굴개굴. ¶떡깨구리가 깨굴깨굴 운다. =떡개구리가 개굴개굴 운다. ☞깨골깨골.

깨굴창[__-] 명 실개천(--川). ¶【속담】봉사 깨굴창 건니딧기. =봉사 실개천 건너듯.

깨굼발[깨굼빨 _-_] 명 앙감질. 한 발은 들고 한 발로만 뛰는 짓. ¶【속담】씨가 깨굼발로 띤다. =혀가 앙감질을 한다. ☞깽깨이.

깨깡시럽다[--___] 형 난데없다. 급작스럽거나 꽤 엉뚱해서 어디서 나왔는지 알 수 없다. ¶【관용구】깨깡시럽은 소리하다. =난데없는 소리하다.

깨깡시리[--__] 부 난데없이. 쓸데없고 실없는 느낌이 있게. ¶【관용구】깨깡시리 그라다. =난데없이 그러다.

깨꺼럽다[__-_] 형 까다롭다. ☞까꺼랍다. 까탈시럽다. 꼭딱시럽다. 상그랍다.

깨꾸리[_-_] 명 ((동물))꾀꼬리. ¶여게는 깨꾸리가 연녀이 찾아온다. =여기에는 꾀꼬리가 연년이 찾아온다. ☞깨꿀새.

깨꿀새[_-_] 명 ((동물))꾀꼬리. ☞깨꾸리.

깨꿈밪다[깨꿈바따 __-_] 형 깔끔하다. ☞까리빵상하다. 깔꿈밪다. 깔꿈하다. 깔쌈하다. 다담밧다. 매타붆다. 맨도롬하다.

깨나[--] 부 꽤나. 보통보다 더한 정도로. ¶깨나 모모한 사람. =꽤나 유명한 난 사람.

깨나다[--_] 동 깨어나다. ①흐리거나 비 오던 날씨가 맑아지다. ¶【관용구】날이 깨나다. =날씨가 깨어나다. ②사람이 되살아나다. ¶【관용구】죽읐다 깨나도. =죽었다 깨어나도.

깨낳다[깨나타 --_] 동 까놓다. 마음속에 품은 생각이나 비밀 따위를 숨김없이 다 드러내다. ¶【관용구】깨낳고 말하다. =까놓고 말하다. ☞까낳다.

깨누리[--_] 명 ((동물))애벌레. 주로 들깻잎에 붙어사는 나비 애벌레를 이르는 말.

깨뚝[_-] 명 개울. 작은 시내. ¶깨뚝에서 목 깜는다. =개울에서 멱 감는다. ☞개골창. 개구랑. 개굴창. 걸.

깨라다[_-_] 동 끄르다. ①잠긴 것이나 채워져 있는 것을 따다. ¶쎗대가 없어서 문을 몬 깨랐다. =열쇠가 없어서 문을 못 끌렀다. ②맺은 것이나 맨 것을 풀다. ¶이 단추 좀 깨라줄래? =이 단추 좀 끌러줄래? ☞끌라다. 끼라다.

깨롬하다[_ _-_] 형 꺼림칙하다. 매우 꺼림하다. 마음에 걸려 몹시 언짢은 느낌이 있다. ¶자석들 공부 몬 씨긴 기이 깨롬하다. =자식들 공부 못 시킨 게 꺼림칙하다. ☞끼꾸룸하다.

깨목[1][_-] 명 ((식물))개암. 개암나무의 열매. ¶【속담】깨목 까묵듯기. =개암 까먹듯. ☞깨묵.

깨목[2][_-] 명 깻묵. 기름을 짜내고 남은 깨의 찌끼. ¶【속담】깨목에도 씨가 있다. =깻묵에도 씨가 있다.

깨묵[_-] 명 ((식물))개암. ☞깨목.

깨미[1][-_] 명 ((동물))개미. ¶【속담】깨미인데 봉알 물린다. =개미한테 불알 물린다.

깨미[2][-_] 명 기미(氣味). ☞개미.

깨방낳다[깨방나타 _--_] 동 훼방하다(毁謗--). 남의 일을 방해하다. ¶맥찌로 깨방낳는다. =괜히 훼방한다. ☞끼살지이다. 찡짜부리다. 해작낳다.

깨배다[_-_] 동 깨우다. ☞까배다. 깨아다.

깨붆다[깨분타 _-_] 형 개운하다. ①기분이나 몸이 상쾌하고 가뜬하다. ¶마움이 깨붆다. =마음이 개운하다. ②음식의 맛이 산뜻하고 시원하다. ¶콩지름국은 맛이 깨붆다. =콩나물국은 맛이 개운하다.

깨비[-_] 명 개비. ☞까치.

깨빙[-_] 명 꾀병(-炳). ¶【관용구】깨빙을 부리다. =꾀병을 부리다. ¶【속담】깨빙에 말라 죽울다. =꾀병에 말라 죽겠다. ☞끼빙.

깨뿌다[-_ _] 동 깨버리다. ①잠, 꿈 따위에서 벗어나다. 또는 벗어나게 하다. ¶씨끄럽어서 자다아 깨뿠다. =시끄러워서 자다가 깨버렸다. ②단단한 물체를 쳐서 조각이 나게 하다. ¶꽂비이로 깨뿠다. =꽃병을 깨버렸다. ③머리나 무릎 따위를 부딪치거나 맞거나 하여 상처가 나게 하다. ¶장개이로 깨뿠다. =정강이를 깨버렸다.

깨살[_-] 명 가살. 말씨나 하는 짓이 얄밉고 되바라짐. ¶【관용구】깨살을 지기다. =가살을 부리다.

깨살맞다[깨살맏따 _--_] 형 가살궂다. 말씨나 행동이 가량맞고 야살스럽다. ¶【관용구】깨살맞은 행우지로 하다. =가살궂은 행실머리를 하다.

깨살시럽다[_--__] 형 가살스럽다. 말이나 행동 따위가 얄밉고 되바라진 데가 있다. ☞간살시럽다.

깨살재이[깨살재~이 _--_] 명 가살쟁이. 가살스러운 사람을 낮잡아 이르는 말.

깨살지기다[_--__] 동 가살 부리다. 가살스런 행동을 하다. *'깨살지기다'는 표준어로 보면 동사구지만 창녕방언에서는 굳어진 말이라 하나의 동사로 보는 게 낫다.

깨소곰[__-] 명 깨소금. ¶【관용구】깨소곰 맛이다. =깨소금 맛이다. ¶【속담】불감청(不敢請)이언정 깨소곰이라. =불감청이언정 깨소금이라. ☞깨소굼.

깨소굼[__-] 명 깨소금. ☞깨소곰.

깨싸다[_-_] 동 깨다. ①단단한 물체를 쳐서 조각이 나게 하다. ¶【속담】상자[上佐] 중이 많으마 가매솥 깨싼다. =상좌 중이 많으면 가마솥 깬다. ②머리나 무릎 따위를 부딪치거나 맞거나 하여 상처가 나게 하다. ¶【속담】안 데는 인간은 디로 자빠라지도 이망빼기 깨싼다. =안 되는 인간은 뒤로 자빠져도 이마빼기 깬다. ☞뿌싸다.

깨싸지다[_-__] 동 깨지다. 단단한 물건이 무엇에 부딪쳐서 조각이 나다. ¶【관용구】툭사리 깨싸지는 소리. =뚝배기 깨지는 소리. ¶【관용구】깨싸진 그륵 이 맞찬다. =깨진 그릇 이 맞춘다. ¶【속담】뚜루박은 새미 안에서 깨싸진다. =두레박은 우물 안에서 깨진다.

깨쌓다[깨싸타 _-_] 동 깨뜨리다. 단단한 물체를 조각이 나게 부수다. ¶와 멀쩡한 그륵을 깨쌓고 이라노. =왜 멀쩡한 그릇을 깨뜨리고 이러니.

깨씹다[깨씹따 _-_] 동 곱씹다. 말이나 생각 따위를 곰곰이 되풀이하다. ¶지내간 일로 와 자꾸 깨씹어쌓노? =지나간 일을 왜 자꾸 곱씹어쌓니?

깨아다[-__] 동 깨우다. '깨다'의 사동사. ☞까배다. 깨배다.

깨이[깨~이 -_] 명 괭이. 땅을 파거나 흙을 고르는 데 쓰는 농기구. ☞꾀이.

깨이다[_-_] 동 깨다. ①잠이나 술기운이 사라져 정신이 맑은 상태로 되다. ¶잠이 일쩍 깨있다. =잠이 일찍 깼다. ②생각이나 의식이 사리를 깨달을 수 있게 되다. ¶생각하는 기이 깨이 있는 사람. =생각하는 게 깨어 있는 사람.

깨작기리다[__-__] 동 깨죽거리다. 음식을 먹기 싫은 듯이 자꾸 되씹다. ¶깨작기리지 말고 어푼 무우라. =깨죽거리지 말고 얼른 먹어라.

깨재재하다[___-_] 형 괴죄죄하다. 옷차림이나 모양새가 매우 지저분하고 궁상스럽다. ¶저 할마씨는 처매가 깨재재하다. =저 할망구는 치마가 괴죄죄하다.

깩소리[깩소리 _-_] 명 끽소리. ((부정이나 금지하는 말과 함께 쓰여)) 아주 조금이라도 떠들거나 반항하려는 말이나 태도. ¶골마는 내인데 깩소리도 몬 한다. =고놈은 내게 끽소리도 못 한다.

깩이[깨끼 -_] 명 ≒깎음. 곡식 될 때 되나 말의 윗부분을 깎아서 되는 것. *깎+이<깩이. ¶깩이 쌀 서 디. =깎음 쌀 세 되. ¶깩이 보리 다앗 말. =깎음 보리 다섯 말.

-깩이[깨끼 -_] 접 -깎이. ¶염필깩이(연필깎이). ¶손텁깩이(손톱깎이).

깩이다[1][깨끼다 _-_] 동 깎이다. '깎다'의 피동사. ①머리나 털이 잘라 내어지다. ¶알라 머리가 이뿌기 깩있네예. =애기 머리가 예쁘게 깎였네요. ②거죽이나 껍질이 칼로 얇게 베어 내지다. ¶염필이 미하기 깩있다. =연필이 예쁘게 깎였다. ③길이나 두께, 액수 따위가 줄거나 적게 되다. ¶점수가 마이 깩있다. =점수가 많이 깎였다. ④체면이나 명예가 손상되거나 실추되다. ¶【관용구】낯이 깩이다. =낯이 깎이다. ⑤권력이나 지위가 억지로 빼앗기거나 낮추어지다. ¶비실이 깩이다. =벼슬이 깎이다.

깩이다[2][깨끼다 -__] 동 깎이다. '깎다'의 사동사. 깎게 하다.

깸끼다[1][-__] 동 감기다. 감게 하다. '감다'의 사동사. ☞깜끼다.

깸끼다[2][_-_] 동 감기다. 감겨지다. '감다'의 피동사. ☞깜끼다.

깻단[깨딴 --] 명 볏단. 벼를 베어 묶은 단. *참깨나 들깨를 묶은 단 역시 '깻단'이라 한다. ¶깻단을 묶았다. =볏단을 묶었다. ☞나락단.

깽가리[_-_] 명 꽹과리. 농악놀이에서 사용하는 타악기의 하나. ¶【속담】사램을 치는 깽가린 줄로 안다. =사람을 치는 꽹과린 줄을 안다. ¶【속담】싼다구가 깽가리 겉다. =상판대기가 꽹과리 같다. ☞매구. 씨.

깽깨이[1][깽깨~이 _-_] 명 해금(奚琴). 향악기에 속하는 찰현 악기의 하나. ¶【속담】대묵장에 깽깨이 통 뿌싸진다. =대목장에 해금 통 깨진다. ☞앵금.

깽깨이[2][깽깨~이 _-_] 명 앙감질. 한쪽발로 뛰는 아이들의 놀이 중 하나. ¶아아들이 깽깨이 하민서 논다. =애들이 앙감질 하면서 논다. ☞깨굼발.

깽판[-_] 명 행패(行悖). 일을 그르치게 하는 난폭한 짓. ☞땡깡. 떵깡.

깽판부리다[__--_] 동 행패부리다(行悖---). ☞구신지기다. 기신지기다. 땡깡부리다. 떵깡부리다.

꺼[-] 명 것. ((사람을 나타내는 명사나 대명사 뒤에 쓰여)) 그 사람의 소유물임을 나타내는 말. ¶【관용구】내 꺼도 내 꺼, 니 꺼도 내 꺼. =내 것도 내 것, 네 것도 내 것. ¶【속담】내 꺼 주고 빰 때기 맞는다. =내 것 주고 뺨 맞는다. ☞거. 끼.

-꺼[-] 어 -까. *창녕방언에서 의문형 종결어미는 '-꺼' 형태와 '-꼬' 형태로 나누어진다. '-꺼' 형태는 청자에 대한 높임이고, '-꼬' 형태는 낮춤으로 실현된

다. ¶저어 저기이 머미꺼? =저기 저게 무엇입니까?

꺼꺼럽다[1][꺼꺼럽따 __-_] 형 깔깔하다. ①감촉이 보드랍지 못하고 까칠까칠하다. ¶삼비옷은 꺼꺼럽어서 입기가 불펺다. =삼베옷은 깔깔해서 입기가 불편하다. ②혓바닥이 깔끄럽고 입맛이 없다. ¶입이 꺼꺼럽어서 밥맛이 없다. =입이 깔깔해서 밥맛이 없다.

꺼꺼럽다[2][꺼꺼럽따 __-_] 형 껄끄럽다. 무난하거나 원만하지 못하고 매우 거북한 데가 있다. ¶요줌은 두 사람 새가 꺼꺼럽어짔다. =요즘은 두 사람 사이가 껄끄러워졌다.

꺼꾸로[__-] 부 거꾸로. 차례나 방향, 또는 형편 따위가 반대로 되게. ¶【관용구】나로 꺼꾸로 묵다. =나이를 거꾸로 먹다. ¶【속담】입춘을 꺼꾸로 붙있나. =입춘을 거꾸로 붙였나. ¶【속담】꺼꾸로 당걸어매도 사는 시상이 낫다. =거꾸로 매달아도 사는 세상이 낫다. ☞꺼꾸리. 꺼꿀로. 꺼꿀배기로. 디비. 디비씨.

꺼꾸리[__-] 부 거꾸로. ☞꺼꾸로. 꺼꿀로. 꺼꿀배기로. 디비. 디비씨.

꺼꿀로[__-] 부 거꾸로. ☞꺼꾸로. 꺼꾸리. 꺼꿀배기로. 디비. 디비씨.

꺼꿀배기로[__-__] 부 거꾸로. ☞꺼꾸로. 꺼꾸리. 꺼꿀로. 디비. 디비씨.

꺼끼이[1][꺼끼~이 _-_] 명 ((동물))지렁이. ¶꺼끼이도 볿으마 꿈틀한다. =지렁이도 밟으면 꿈틀한다. ☞꺼시이.

꺼끼이[2][꺼끼~이 _-_] 명 ((동물))회충(蛔蟲). ☞꺼시이. 인.

꺼떡대다[__-_] 동 거들먹거리다. ☞거들묵기리다. 건갈지이다.

꺼떡지떡[___-] 부 건들건들. ①사람이 건드러진 태도로 되바라지게 행동하는 모양. ¶건달매이로 꺼떡지떡 걸어 댕긴다. =건달처럼 건들건들 걸어 다닌다. ②할일이 없거나 착실하지 않아 빈둥빈둥하는 모양. ¶술이나 퍼묵고 꺼떡지떡 논다. =술이나 퍼먹고 건들건들 논다.

꺼떡하마[꺼떠카마 __-_] 부 걸핏하면. 조금이라도 일이 있기만 하면 곧. ¶꺼떡하마 썽을 낸다. =걸핏하면 성을 낸다. ☞거씬하마. 빼떡하마. 삐떡하마.

꺼럼지[_-_] 명 꾸러미. ①꾸리어 싼 물건. ¶음석을 한 꺼럼지 싸주데예. =음식을 한 꾸러미 싸주던데요. ②꾸려서 싼 물건을 세는 단위. ¶자반 시 꺼럼지. =자반 세 꾸러미. ¶열무시 두 꺼럼지. =열무 두 꾸러미. ③달걀 열 개를 묶어 세는 단위. ¶기랄 니 꺼럼지. =달걀 네 꾸러미. ☞꾸리미.

꺼로[-_] 명 걸. 화자가 추측한 어떤 사실을 상대에게 나타내는 말. *의존 명사 '거'에 목적격 조사 'ㄹ'이 붙은 말. '것을'의 구어적 표현이다. ¶그칼 꺼 겉으마 안 올 꺼로. =그럴 것 같으면 안 올 걸. ☞거로.

꺼리[-_] 명 ((동물))꺽지.

꺼리탕[-__] 명 꺽지탕(--湯). ¶【속담】꺼리탕에 깨구리 죽는다. =꺽지탕에 개구리 죽는다.

ㄱ

꺼머이[꺼머~이 _-_] 뷔 꺼멓게. 물체의 빛깔이 조금 지나치게 검게. ¶낯이 꺼머이 타서 우야노. =낯이 꺼멓게 타서 어쩌나. ☞꺼멓기.

꺼멓기[꺼머키 _-_] 뷔 꺼멓게. ☞꺼머이.

꺼무끼리하다[____-_] 형 거무스름하다. 빛깔이 조금 검은 듯하다. ¶쌀에 곰바리가 피서 꺼무끼리하다. =쌀에 곰팡이가 피어서 거무스름하다. ☞꺼무수룸하다.

꺼무딜이다[꺼무디리다 -_--_] 동 거머들이다. 휘몰아 들이다. ¶우리 이아재는 돈을 꺼무딜인다. =우리 외삼촌은 돈을 거머들인다.

꺼무묵다[꺼무묵따 ---_] 동 거머먹다. 이것저것 욕심스럽게 급히 걷어 먹다. ¶걸구신딜린 거매이로 막 꺼무묵눈다. =걸신들린 것처럼 마구 거머먹는다.

꺼무수룸하다[____-_] 형 거무스름하다. ☞꺼무끼리하다.

꺼무안다[꺼무안따 -__-] 동 거머안다. 두 팔로 휘감듯이 안다. ¶선사로 한 아람 꺼무안꼬 옸다. =선물을 한 아름 거머안고 왔다.

꺼무잡다[꺼무잡따 -_-_] 동 거머잡다. 손으로 휘감아 잡다. ¶【관용구】멕살로 꺼무잡다. =멱살을 거머잡다. ☞거무잡다.

꺼무지다[-___] 동 거머쥐다. ☞거무지다.

꺼무티티하다[____-_] 형 거무튀튀하다. 너저분해 보일 정도로 탁하게 거무스름하다. ¶우와기가 와 이래 꺼무티티하노? =웃옷이 왜 이리 거무튀튀하니?

꺼무틱틱하다[꺼무틱티카다 ____-_] 형 거무칙칙하다. 산뜻하지 않고 짙게 검다. ¶하알이 각중에 꺼무틱틱해짔다. =하늘에 갑자기 거무칙칙해졌다.

꺼부지기[1][__-_] 명 검부러기. 검불의 부스러기. ¶꺼부지기로 디집우썼다. =검부러기를 뒤집어썼다.

꺼부지기[2][__-_] 명 검불. 마른 나뭇가지, 마른풀, 마른 낙엽 따위를 통틀어 이르는 말. ¶【관용구】남산 꺼부지기 북산 꺼부지기 다 모칬다. =남산 검불 북산 검불 다 모였다.

꺼부치[_-_] 명 몫. 여럿으로 나누어 가지는 각 부분. ¶지 꺼부치는 한다. =제 몫은 한다.

꺼비이[꺼비~이 _-_] 명 꺼병이. ①꿩의 어린 새끼. ¶【속담】꺼비이는 지 갈 질로 간다. =꺼병이는 제 갈 길로 간다. ②옷차림 따위의 겉모습이 썩 어울리지 아니하고, 어리바리하게 생긴 사람을 비유적으로 이르는 말. ¶열시 살 무운 꺼비이. =열세 살 먹은 꺼병이. ☞꽁삘가리. 꽁새끼.

꺼빠라지다[_-_-_] 동 죽어버리다. 화가 났을 때 상대방에게 하는 욕설에 가까운 말. ¶에라이! 고마 꺼빠라짔뿌라. =에이! 그만 죽어버려라.

꺼뻑[_-] 뷔 아주. ¶【관용구】꺼뻑 자물시다. =아주 까무러지다.

꺼시럼[__-] 명 그을음. ¶청솔가리 태아마 꺼시럼이 마이 난다. =청솔가지 태우면 그을음이 많이 난다.

꺼시이[1][꺼시~이 _-_] 명 ((동물))지렁이.

☞꺼끼이.

꺼시이[2][꺼시~이 _-_] 명 ((동물))회충(蛔蟲). ☞꺼끼이. 인.

꺼시이배[꺼시~이배 _-__] 명 거위배. 회충으로 인한 배앓이. ¶【관용구】꺼시이배로 앓다. =거위배를 앓다. ☞인배.

꺼어땡기다[-_-__] 동 그러당기다. ①흩어진 것을 한데 모아 당기다. ¶고오매 푸대로 이짜로 꺼어땡기라. =고구마 부대를 이쪽으로 그러당겨라. ②상대방에게 자기편을 들게 하다. ¶우리 핀으로 꺼어땡깄다. =우리 편으로 그러당겼다. ③수도나 전기 따위를 연결하다. ¶전기로 꺼어땡깄다. =전기를 그러당겼다.

꺼자다[_-_] 동 꺼뜨리다. ①불을 꺼지게 하다. ¶【관용구】불씨로 꺼자다. =불씨를 꺼뜨리다. ②소화(消化)가 되게 하다. ¶【관용구】배로 꺼자다. =배를 꺼뜨리다. ☞깝하다. ③공이나 바퀴 따위의 공기를 빠지게 하다. ¶【관용구】바램을 꺼자다. =바람을 꺼뜨리다. ☞깝하다. 꺼주우다.

꺼잡다[꺼잡따 _-_] 동 끄집다. 끌어 집다. ¶어깨받이로 꺼잡았다. =어깻죽지를 끄집었다.

꺼잡아내다[꺼자바내다 _-___] 동 끄집어내다. ①속에 있는 것을 끄집어서 밖으로 내다. ¶【속담】꿀뚝에서 꺼잡아내낳안 쪽찌비 겉다. =굴뚝에서 끄집어내놓은 족제비 같다. ②약점이나 잘못을 들추어내다. ¶넘우 약점을 꺼잡아낸다. =남의 약점을 끄집어낸다. ③이야깃거리를 일부러 꺼내다. ¶인날이약을 꺼잡아냈다. =옛날이야기를 끄집어냈다.

꺼잡아땡기다[꺼자바땡기다 _-_-__] 동 꺼당기다. 앞으로 끌어당기다. ¶저거로 앞쭉우로 꺼잡아땡기라. =저것을 앞쪽으로 꺼당겨라.

꺼잽히다[꺼재피다 __-_] 동 붙잡히다. '붙잡다'의 피동사. ¶넘우 꺼를 찌파다가 주인인데 꺼잽힜다. =남의 것을 훔치다가 주인한테 붙잡혔다. ☞붙잽히다.

꺼정[-_] 조 까지. ①((주로 시간이나 장소를 나타내는 체언의 뒤에 붙어)) 앞말이 주어진 범위의 끝임을 나타내는 보조사. ¶【속담】쑥대지 새끼 놓올 때꺼정 바랳고 있거라. =수퇘지 새끼 낳을 때까지 기다리고 있어라. ②((체언이나 부사어의 뒤에 붙어)) 어떤 것이 이미 있는데 그 위에 또 더해짐을 나타내는 보조사. ¶【속담】행랑 빌린 나그네 안방꺼정 든다. =행랑 빌린 나그네 안방까지 든다. ③((체언이나 부사어의 뒤에 붙어)) 그것이 극단적인 경우임을 강조하여 나타내는 보조사. ¶【속담】소굼이 실 때꺼정 해 보자. =소금이 쉴 때까지 해 보자. ④((체언의 뒤에 붙어)) 앞말이 주어진 범위에 포함되는 것을 나타내는 보조사. ¶【속담】미너리가 밉우마 손지꺼정 밉다. =며느리가 미우면 손자까지 밉다. ☞꺼지.

-꺼정[-_] 접 -끼리. ((복수성을 가지는 대다수 명사 또는 명사구 뒤에 붙어)) '그 부류만이 서로 함께'의 뜻을 더하

는 접미사. ¶너거꺼정 먼첨 가라. =너희끼리 먼저 가라. ☞-꺼지. -찌리.

꺼주구리하다[____-_] 형 추레하다. 겉모습이 몹시 초라하고 볼품이 없다. ¶와 저래 꺼주구리하노? =왜 저리 추레하니? ☞씨주구리하다. 씹주구리하다. 추리하다.

꺼주우다[_-__] 동 꺼뜨리다. ☞깝하다. 꺼자다.

꺼죽[_-] 명 살가죽. 사람이나 짐승의 몸 전체를 싸고 있는 껍질. ¶개가 굶우서 꺼죽마 남았다. =개가 굶어서 살가죽만 남았다.

꺼죽눈[꺼중눈 _-_] 명 거적눈. 윗눈시울이 축 늘어진 눈. ☞꺼직이눈.

꺼지[-_] 조 까지. ☞꺼정.

-꺼지[-_] 접 -끼리. ☞-꺼정. -찌리.

꺼직띠기[__-_] 명 거적때기. 헌 거적 조각. ¶【관용구】꺼직띠기 두루다. =거적때기 두르다.

꺼직이[꺼지기 _-_] 명 거적. 짚을 두툼하게 엮거나, 새끼로 날을 하여 짚으로 쳐서 자리처럼 만든 물건. ¶【속담】꺼직이 씬 넘 니러온다. =거적 쓴 놈 내려온다.

꺼직이눈[꺼지기눈 _-__] 명 거적눈. 윗눈시울이 축 늘어진 눈. ☞꺼죽눈.

꺼직이문[꺼지기문 _-__] 명 거적문(--門). ¶【속담】꺼직이문에 돌쩌귀. =거적문에 돌쩌귀.

꺼치리하다[___-_] 형 거칠거칠하다. 물체의 표면이 여러 군데가 매끄럽지 않고 윤기가 없다. ¶소이 꺼치리하네예. =손이 거칠거칠하네요.

꺼푸리[1][_-_] 명 표지(表紙). ☞꺼풀. 책꺼푸리. 책꺼풀.

꺼푸리[2][_-_] 명 포장지(包裝紙). ¶선사 꺼푸리. =선물 포장지. ☞꺼풀.

꺼푸리[3][_-_] 명 껍질. 겉껍질. ¶늙다리호박은 꺼푸리가 땐땐하다. =청둥호박은 껍질이 단단하다. ☞꺼풀.

꺼풀[1][-_] 명 표지(表紙). ☞꺼푸리. 책꺼푸리. 책꺼풀.

꺼풀[2][_-_] 명 포장지(包裝紙). ☞꺼푸리.

꺼풀[3][-_] 명 껍질. 겉껍질. ☞꺼푸리.

꺽따구[_-_] 명 ((동물))꺽저기.

껀덕지[1][껀덕찌 _-_] 명 근거(根據). ¶【관용구】껀덕지가 없다. =근거가 없다. ☞모티이. 얼틀거지.

껀덕지[2][껀덕찌 _-_] 명 일거리. 일을 하여 돈을 벌 거리. ¶묵고 살라꼬 몰움을 써도 껀덕지가 있어야 말이제. =먹고 살려고 애를 써도 일거리가 있어야 말이지.

껀디기[_-_] 명 건더기. ☞건디기.

껀지다[-__] 동 건지다. ①액체 속에 들어 있거나 떠 있는 것을 집어내거나 끌어내다. ¶【속담】떡 다 껀지는 미너리 없다. =떡 다 건지는 며느리 없다. ②어려운 형편에 처해 있던 상황에서 벗어나다. 또는 그리되게 하다. ¶【관용구】목심을 껀지다. =목숨을 건지다. ③손해 본 것이나 투자한 밑천 따위를 도로 찾다. ¶【속담】밑천도 몬 껀지는 장시한다. =밑천도 못 건지는 장사한다.

껀지럽다[1][__-_] 형 가렵다. ☞건지럽다.

껀지럽다[2][_ _-_] 형 근지럽다. 살갗에 무언가 닿아 스치는 것처럼 가려운 느낌이 있다. ¶장디이가 껀지럽다. =등짝이 근지럽다.

껀질다[_-_] 동 긁다. ¶【속담】껀질어 부시럼. =긁어 부스럼. ☞끍다.

껄[_] 명 거리. ((명사에 붙어)) 근처에 있는 길을 나타내는 말. *'껄'은 단독으로 쓰이지 않고 마치 접사와 같은 기능을 한다. ¶비찌껄에서 여어꺼정 걸어왔다. =비석거리에서 여기까지 걸어왔다. ¶이거는 삽짝껄에 내낳아라. =이건 사립문거리에 내놓아라.

껄띠이다[1][_-_ _] 동 껄떡대다. 매우 먹고 싶거나 갖고 싶어 입맛을 다시거나 안달하는 일을 낮잡아 이르는 말. ¶니는 술마 보마 껄띠이네. =너는 술만 보면 껄떡이네. ☞짤감대다.

껄띠이다[2][_-_ _] 동 집적대다. 남의 일에 자꾸 함부로 손을 대거나 끼어들어 참견하는 일을 낮잡아 이르는 말. ¶넘우 일에 나서서 껄띠일 필오는 없지. =남의 일에 나서서 집적댈 필요는 없지. ☞찝쩍대다.

껄배이[껄배~이 _-_] 명 거지. ¶【속담】껄배이도 손 볼 날이 있다. =거지도 손님 맞을 날이 있다. ¶【속담】기가 큰 껄배이는 있어도 코가 큰 껄배이는 없다. =귀가 큰 거지는 있어도 코가 큰 거지는 없다. ¶【속담】껄배이도 입우야 빌우묵눈다. =거지도 입어야 빌어먹는다. ☞거러지. 거레이.

껄티기[1][_-_] 명 그루터기. 나무나 고식 따위를 베고 남은 아랫동아리. ¶【속담】나무 끌티기에 앉이서 토까이 죽기로 바랭긴다. =나무 그루터기에 앉아서 토끼 죽기를 기다린다. ¶【속담】가물움 껄티기는 있어도 장매 껄티기는 없다. =가물 그루터기는 있어도 장마 그루터기는 없다. ☞썩둥구리.

껄티기[2][_-_] 명 언턱거리. 남에게 억지를 부리거나 떼를 쓸 만한 핑계나 근거. ¶【관용구】끌티기 잡다. =언턱거리 잡다.

껌다[1][껌따 _-] 형 검다. 숯이나 먹의 빛깔과 같이 아주 어둡고 짙다. ¶【속담】껌운 기기가 더 맛입다. =검은 고기가 더 맛있다.

껌다[2][껌따 _-] 동 검다. 흩어져 있는 물건을 손이나 갈퀴 따위로 긁어모으다. ¶돈을 껌어서 몬안다. =돈을 검어서 모은다. ☞끎다.

껌둥[_-] 명 검정. 꺼먼 빛깔이나 물감. ¶【속담】껌둥 송안치는 말키 니 송안치가? =검정 송아지는 모두 네 송아지냐? ☞껌정.

껌둥개[_-_] 명 검둥개. 빛깔이 검은 개. ¶【속담】껌둥개는 대애지 핀이다. =검둥개는 돼지 편이다. ¶【속담】껌둥개는 씪기도 안 히진다. =검둥개는 씻겨도 안 희어진다. ☞껌정개. 씰개.

껌둥깨[_-_] 명 검은깨. 빛깔이 검은 깨. ☞껌정깨. 먹깨.

껌둥소[_-_] 명 껌정소. 빛깔이 검은 소[牛]. ¶【속담】같은 값이마 껌둥소 자아묵눈다. =같은 값이면 껌정소 잡아

ㄱ

먹는다. ☞껌운소.

껌둥쌀[_-_] 명 흑미(黑米). ☞껌정쌀.

껌디이[껌디~이 _-_] 명 검둥이. ①잘못이 있는 사람을 놀림조로 이르는 말. ¶【속담】껌디이가 숯디이 나무랜다. =검둥이가 숯덩이 나무란다. ②'흑인(黑人)'을 속되게 이르는 말.

껌뿍껌뿍[_-_-] 부 껌뻑껌뻑. ☞껌쩍껌쩍. 꿈뿍꿈뿍.

껌뿍껌뿍하다[_-_--_] 동 껌뻑껌뻑하다. ①눈을 자꾸 느리게 감았다가 떴다가 하다. ¶지익 술묵마 낳아마 껌뿍껌뿍하미 좁미더. =저녁 숟갈만 놓으면 껌뻑껌뻑하며 좁니다. ②큰 불빛이나 별빛 따위가 자꾸 어두워졌다가 밝아졌다가 하는 모양을 나타내는 말. ¶전기다마가 껌뿍껌뿍한다. =전구가 껌뻑껌뻑한다. ☞껌쩍껌쩍하다. 꿈뿍꿈뿍하다.

껌우지다[꺼무지다 _-_] 동 검어지다. 색깔이 꺼멓게 되다. ¶【속담】먹[墨]을 가죽기 하마 껌우진다. =먹을 가까이 하면 검어진다.

껌운소[_-_] 명 껌정소[牛]. ☞껌둥소.

껌운조시[꺼문조시 _-_] 명 검은자위. 눈알의 검은 부분. ☞껌운창.

껌운창[꺼문창 _-] 명 검은자위. ☞껌운조시.

껌정[_-] 명 검정. 어떤 물질이 불에 탈 때 불꽃과 함께 연기에 섞여 나오는 먼지 모양의 검은 가루. ¶【속담】숯이 껌정 나무랜다. =숯이 검정 나무란다. ☞껌둥.

껌정개[_-_] 명 검둥개. ☞껌둥개. 씰개.

껌정깨[_-_] 명 검은깨. ☞껌둥깨. 먹깨.

껌정쌀[_-_] 명 흑미(黑米). ☞껌둥쌀.

껌정털감칠[___-_] 명 검정칠갑(--漆甲). ¶얼라가 저신에 껌정털감칠로 했네. =애가 온데 검정칠갑을 했네.

껌쩍[1][_-] 부 꿈쩍. 몸을 둔하고 느리게 움직이는 모양. ¶【관용구】껌쩍 몬 하다. =꿈쩍 못 하다.

껌쩍[2][_-] 부 껌벅. ①큰 불빛이나 별빛 따위가 잠깐 어두워졌다 밝아지는 모양. 또는 밝아졌다 어두워지는 모양. ¶껌쩍 빛이 났다. =껌벅 빛이 났다. ②큰 눈이 잠깐 감겼다 뜨이는 모양. ¶【관용구】눈도 껌쩍 안한다. =눈도 껌벅 않는다.

껌쩍껌쩍[___-] 부 껌뻑껌뻑. ☞껌뿍껌뿍. 꿈뿍꿈뿍.

껌쩍껌쩍하다[껌쩍껌쩌카다 _-__-_] 동 껌뻑껌뻑하다. ☞껌뿍껌뿍하다. 꿈뿍꿈뿍하다.

껍띠기[_-_] 명 껍데기. 물체의 겉을 싸고 있는 단단한 물질. *창녕방언에서 '껍디기'는 주로 달걀, 조개 따위의 단단한 겉면이나 곡식, 뿌리채소의 겉면을 일컫는다. 그러나 '껍지'는 과일의 겉면을 일컬을 때 주로 쓴다. ¶【속담】조갑지가 껍띠기 녹 씨까이. =조개가 껍데기 녹 쓰랴.

껍지[-_] 명 껍질. 물체의 겉을 싸고 있는 단단하지 않은 물질. ¶【속담】눈까리에 밍태 껍지로 둘리씼나. =눈깔에 명태 껍질을 둘러썼나.

께[1][_] 명 ((동물))게. ¶【속담】까재는 께 핀이다. =가재는 게 편이다. ¶【속담】마파람에 께 눈 감차딧기. =마파람에 게 눈 감추듯. ¶【속담】께가 엄지발 떨가고 사까이. =게가 엄지발 떨어뜨리고 살랴. ☞끼.

께[2][-] 명 게. '것이'의 준말. ¶내 께 니 꺼보담아 더 좋다. =내 게 네 것보다 더 좋다. ☞기이. 끼.

-께네[--] 어 -니까. ☞-까네. -머리.

께으럼[_ _-] 명 게으름. ☞끼으럼.

께을밪다[께을받따 _ _-_] 형 게으르다. 행동이 느리고 움직이거나 일하기를 싫어하다. ¶【속담】께을밪은 말이 짐 탐살한다. =게으른 말이 짐 탐한다. ¶【관용구】께을밪은 여핀네 얼라 핑게대듯기. =게으른 여편네 아기 핑계하듯. *께을밪고[께을바꼬 _ _-_], 께을밪은[께을바즌 _ _-_], 께을밪아서[께을바자서 _ _-_ _], 께을밪았다[께을바잗따 _ _-_ _]. ☞께읋다. 끼을밪다. 끼읋다. 망태겉다.

께을배이[께을배~이 _ _-_] 명 게으름뱅이. '게으름쟁이'를 낮잡아 이르는 말. ¶【속담】께을배이 선비 책장마 넘간다. =게으름뱅이 선비 책장만 넘긴다. ☞끼을배이.

께읋기[께을키 _-_] 부 게을리. 움직이거나 일하기를 몹시 싫어하는 모양. ¶고래 께읋기 공부하마 안 덴다. =그리 게을리 공부하면 안 된다. ☞끼읋기.

께읋기하다[께을키하다 _-_ _ _] 동 게을리하다. 움직이거나 일하기를 몹시 싫어하여 제대로 하지 않다. ¶께읋기하마 이 밭 지섬 오올 다 몬 맨다. =게을리하면 이 밭 김 오늘 다 못 맨다. ☞끼읋기하다.

께읋다[께을타 _-_] 형 게으르다. *께읋고[께을코 _-_], 께읋지[께을치 _-_], 께읋었다[께을얻따 _-_ _]. ☞께을밪다. 끼을밪다. 끼읋다. 망태겉다.

꼬[_] 조 라고. ①앞말이 직접 인용되는 말임을 나타내는 격조사. 원래 말해진 그대로 인용됨을 나타낸다. ¶아부지가 아재보고 "잘 전디라."꼬 캅디더예. =아버지가 아저씨더러 "잘 견디라."라고 합디다. ②어떤 대상을 바로 집어서 대수롭지 않게 가리키는 뜻을 나타내는 보조사. ¶꼬치농사라꼬 이렇짐 지밨어예. =고추농사라고 이렇게 지어보았어요. ☞라꼬.

-꼬[1][-] 어 -고. ①((어간이나 선어말 어미 뒤에 붙어)) 예전에 들었던 말이나 다른 사람이 앞서 말한 내용을 재차 확인하듯 물어 보는 뜻을 나타내는 말. ¶너거 핵교가 어데 있다꼬? =너희 학교가 어디 있다고? ②((어간이나 선어말 어미 뒤에 붙어)) 자신이 앞서 말한 내용을 상대에게 확인시키기 위하여 반복하여 말하는 뜻을 나타내는 말. ¶내 말은 그기이 아이라, 그부이 우리 아부지라꼬. =내 말은 그게 아니라, 그분이 우리 아버지라고. ③((어간이나 선어말 어미 뒤에 붙어)) 자신이 잘못 알았거나 오해한 내용을 제대로 알게 되었거나 의문을 가진 내용이 별것이 아님을

깨달았음을 나타내는 말. ¶철수네. 난 또 누라꼬. =철수네. 난 또 누구라고.

-꼬[2][-] 어 -냐. 물음을 나타내는 종결어미. *창녕방언에서 의문형 종결어미는 '-꼬' 형태와 '-꺼' 형태로 나누어진다. '-꼬' 형태는 청자에 대한 낮춤이고, '-꺼' 형태는 높임으로 실현된다. ¶니가 잘하는 기이 머꼬? =네가 잘하는 게 뭐냐? ¶이 집서 질 맛닉는 음석이 머미꺼? =이 집에서 제일 맛있는 음식이 무엇입니까?

-꼬[3][-] 어 -고. 동사 어간에 붙어 쓰이는 연결어미. ¶요줌에는 뜨신 옷 입꼬 댕깁미더. =요즘에는 따듯한 옷을 입고 다닙니다.

꼬개꼬개[_-_-] 부 꼬깃꼬깃. 고김살이 생기게 자꾸 함부로 고기는 모양. '고깃고깃'보다 센 느낌을 준다. ¶꼬개꼬개 접운 돈. =꼬깃꼬깃 접은 돈.

꼬개다[_-_] 동 꾸기다. ①종이나 천 따위의 엷은 물체가 비벼지거나 접혀져서 잔금이 생기다. ¶옷을 꼬갰다. =옷을 꾸겼다. ②((속되게)) 얼굴 따위를 찌푸리다. ¶【관용구】낯을 꼬개다. =낯을 꾸기다. ③체면이 깎이다. ¶【관용구】치민을 꼬개다. =체면을 꾸기다. ☞꾸개다.

꼬개지다[_-__] 동 꾸겨지다. '꾸기다'의 피동사. ①종이나 천 따위의 엷은 물체가 비벼지거나 접혀져서 잔금이 생기다. ¶책이 꼬개짔다. =책이 꾸겨졌다. ②일의 진행이나 살림이 순조롭게 되지 아니하고 꼬이고 막히다. ¶【관용구】일이 꼬개지다. =일이 꾸겨지다. ③마음이 언짢게 되다. ¶【관용구】마암이 꼬개지다. =마음이 꾸겨지다. ☞꾸개지다.

꼬까[_-] 명 고까옷. 어린아이의 말로, 알록달록하게 곱게 만든 아이의 옷을 이르는 말. ¶꼬까 사주꾸마. =고까옷 사주마.

꼬깔[-_] 명 고깔. 중이나 무당, 풍물패 등이 머리에 쓰는, 끝이 뾰족하고 세모지게 만든 모자. ¶【속담】꼬깔 디에 군 헝겁. =고깔 뒤의 군 헝겊

꼬깔모자[__-_] 명 고깔모자(--帽子). 고깔 모양으로 생긴 모자를 통틀어 이르는 말. ¶【속담】꼬깔모자로 씨아다. =고깔모자를 씌우다.

꼬깝다[_-_] 형 고깝다. 섭섭하고 야속하여 마음이 언짢다. ¶【관용구】꼬깝기 이이다. =고깝게 여기다.

꼬깝아하다[꼬까바하다 _-___] 동 고까워하다. 섭섭하고 야속한 느낌으로 언짢게 여기다. ¶할마씨가 낼로 데기 꼬깝아했다. =할망구가 나를 되게 고까워했다.

꼬꼽하다[꼬꼬파다 __-_] 형 꼽꼽하다. 조금 촉촉하다. ¶서답이 안주 꼬꼽합미더. =빨래가 아직 꼽꼽합니다.

꼬꾸람[__-] 명 향부자(香附子). 방동사니의 뿌리. 예전에는 어린아이들이 캐먹기도 했다. 물기가 많지 않고 단맛도 없다.

꼬꾸람때[__-_] 명 ((식물))방동사니.

꼬꾸랑[__-] 명 꼬부랑. 꼬불꼬불하게 휘

어짐을 뜻하는 말. ¶【관용구】꼬꾸랑 늙으이. =꼬부랑 늙은이.

꼬꾸랑말[_ _-_] 명 꼬부랑말. 영어 따위의 서양 말을 속되게 이르는 말. ¶점방 이룸을 꼬꾸랑말로 지있다. =가게 이름을 꼬부랑말로 지었다.

꼬꾸랑질[_ _-_] 명 꼬부랑길. 이리저리 많이 구부러져 나 있는 작은 길. ¶꼬꾸랑질로 댕긴다. =꼬부랑길로 다닌다.

꼬꾸랑하다[_ _ _-_] 형 꼬부랑하다. 안으로 휘어들어 곱다. '고부랑하다'보다 센 느낌을 준다. ¶울할매도 인자 허리가 꼬꾸랑하네. =우리 할머니도 이제 허리가 꼬부랑하네.

꼬꾸랑할매[_ _ _-_] 명 꼬부랑할멈. 허리가 심하게 굽은 할머니. ¶꼬꾸랑할매가 꼬꾸랑 지팽이로 짚고 꼬구랑 고개로 꼬꾸랑꼬꾸랑 넘우갔다. =꼬부랑할멈이 꼬부랑 지팡이를 짚고 꼬부랑 고개를 꼬부랑꼬부랑 넘어갔다.

꼬꾸리다[_-_ _] 동 구부리다. 한쪽으로 구붓하게 굽히다. ¶【속담】몸을 꼬꾸리는 자벌개이는 장차 곧기 필라는 기이다. =몸을 구부리는 자벌레는 장차 곧게 펴려는 것이다. ¶【속담】핑풍도 꼬꾸리야 덴다. =병풍도 구부려야 된다. ☞꼬불라다. 꼬불차다. 꼬불치다.

꼬더리[_-_] 명 자반고등어. 소금에 절인 고등어. ¶꼬더리 한 손을 사욌다. =자반고등어 한 손을 사왔다.

꼬도밥[_-_] 명 고두밥. ¶꼬도밥 찌야 술로 맹글지. =고두밥을 쪄야 술을 만들지. ☞꼬두밥.

꼬두라지다[1][_ _-_ _] 동 꼬꾸라지다. 앞으로 고부라져 쓰러지다. ¶술에 치해서 꼬두라짔다. =술에 취해서 꼬꾸라졌다.

꼬두라지다[2][_ _-_ _] 동 죽다. '죽다'를 속되게 이르는 말. ¶뱁차모상이 말키 꼬두라짔다. =배추모종이 모두 죽었다. ☞골로 가다. 질기눕다.

꼬두밥[_-_] 명 고두밥. ☞꼬도밥.

꼬둘꼬둘[_ _ _-] 부 꼬들꼬들. 밥알 따위가 물기가 적거나 말라서 속은 무르고 겉은 조금 굳은 상태. '고들고들'보다 센 느낌을 준다. ¶밥이 꼬둘꼬둘 말라뺐다. =밥이 꼬들꼬들 말라버렸다.

꼬둘빼이[꼬둘빼~이 _ _-_] 명 ((식물))고들빼기.

꼬디이[꼬디~이 _-_] 명 ((동물))우렁이. 논우렁이. *창녕방언에서 '꼬디이'는 '고둥'이 아니라 '논우렁이'를 일컫는 말이다. '할매고디이'는 '달팽이'를, '소래고디이'는 '다슬기'를 이르는 말이다. ☞논고동. 논꼬디이.

꼬라다[1][_-_] 동 꼬느다. 무게가 좀 나가는 물건의 한쪽 끝을 쥐고 치켜들어서 내뻗치다. ¶몽디이로 짐승을 꼬란다. =몽둥이로 짐승을 꼬는다.

꼬라다[2][_-_] 동 겨누다. ☞가나다. 야꼬라다. 여자다. 전자다. 전주다.

꼬라보다[_-_ _] 동 꼬나보다. ①미운 감정으로 어떠한 대상을 매섭게 계속 바라보다. ¶맥찌로 꼬라본다. =괜히 꼬나본다. ②탐이 나서 눈독 들여 겨누어 보다. ¶개이가 지로 꼬라본다. =고양이가 쥐를 꼬나본다. ☞꼴씨보다.

꼬라지[1][_-_] 명 꼬락서니. '꼴'을 낮잡아 이르는 말. ¶【속담】고지리 묵고 큰 호박 꼬라지. =고자리 먹고 자란 호박 꼬락서니. ¶【속담】개 꼬라지 밉우서 낙지 산다. =개 꼬락서니 미워서 낙지 산다.

꼬라지[2][_-_] 명 꼴. ①사람의 모습이나 행색을 낮추거나 비웃어 이르는 말. ¶【관용구】꼬라지도 비기 싫다. =꼴도 보기 싫다. ②어떤 상황이나 형편 또는 처지를 낮추거나 비웃어 이르는 말. ¶【관용구】험한 꼬라지 닳다. =험한 꼴 당하다.

꼬라지[3][_-_] 명 생김새. '외모'를 속되게 이르는 말. ¶【속담】대애지 꼬라지 보고 자아묵나. =돼지 생김새 보고 잡아먹나. ¶【속담】꼬라지 보고 이룸 짓는다. =생김새 보고 이름 짓는다. ☞생긴바꾸.

꼬라지[4][_-_] 명 몰골. 사람의 볼품없는 모습이나 얼굴. ¶【속담】꼬랑대기 빠진 달구새끼 꼬라지. =꽁지 빠진 닭 몰골. ☞몰꼴.

꼬라지값[꼬라지깝 _-_-] 명 꼴값. '얼굴값'을 속되게 이르는 말. ¶【관용구】꼬라지값을 하다. =꼴값을 하다.

꼬락꼬락하다[꼬락꼬라카다 ____-_] 동 골골하다. 병이 오래되거나 몸이 약하여 곧 죽을 것 같아 보이다. ¶【관용구】빙든 닭매로 꼬락꼬락한다. =병든 닭처럼 골골한다.

꼬랑내[_-_] 명 고린내. 썩은 사물에서 나는 것과 같은 고약한 냄새. *창녕방언에서 '꼬랑내'는 주로 발 냄새에 쓰여 '발꼬랑내'로 실현되고, '꾸렁내'는 주로 똥냄새와 결합하여 '똥꾸렁내'로 실현된다. ¶【속담】지 발 꼬랑내는 꼬시다. =제 발 고린내는 고소하다.

꼬랑대기[1][__-_] 명 꼬리. ①동물의 꽁무니에 가늘고 길게 내밀어 뻗친 부분. ¶【관용구】꼬랑대기 치다. =꼬리 치다. ¶【관용구】꼬랑대기 내라다. =꼬리 내리다. ¶【관용구】꼬랑대기 숨카다. =꼬리 숨기다. ¶【속담】윽대가 짓은께네 개가 꼬랑대기 친다. =늑대가 짖으니까 개가 꼬리 친다. ¶【속담】꼬랑대기 치는 개는 안 쌔린다. =꼬리 치는 개는 안 때린다. ②사물의 한쪽에 길게 늘어진 부분을 비유적으로 이르는 말. ¶콩지름 꼬랑대기. =콩나물 꼬리. ③어떤 사건이나 현상이 완전히 사라지지 않고 자취를 남겨 놓은 것을 비유적으로 이르는 말. ¶【속담】꼬랑대기가 질마 볿힌다. =꼬리가 길면 밟힌다. ④'꼬리'를 낮잡아 이르는 말. ¶【관용구】꼬랑대기 없는 소가 뎄다. =꼬리 없는 소가 되었다. ☞꼬랑대이.

꼬랑대기[2][__-_] 명 꽁지. ①새의 꽁무니에 있는 기다란 깃. ¶【속담】꼬랑대기 빠진 공작새다. =꽁지 빠진 공작새다. ②'꽁지'를 비유적으로 이르는 말. ¶【관용구】꼬랑대기가 빠지기 다알나다. =꽁지가 빠지게 달아나다. ☞꼬랑대이. 꽁대기.

꼬랑대이[1][꼬랑대~이 __-_] 명 꼬리. ☞꼬랑대기. 꽁대기.

꼬랑대이[2][꼬랑대~이 _ _-_] 명 꽁지. ☞꼬랑대기. 꽁대기.

꼬랑창[_-_] 명 시궁창. 시궁의 바닥. 또는 그 속. ¶【속담】꼬랑차아 빠진 쌩지 겉다. =시궁창에 빠진 생쥐 같다. ¶【속담】개 꽁대기 꼬랑차아 삼 년 묻얐다 바도 개 꽁대기다. =개 꼬리 시궁창에 삼 년 묻었다 봐도 개 꼬리다.

꼬롬하다[1][_ _-_] 형 야비하다(野卑--). 성질이나 행동이 몹시 이기적이고 천하다. ¶행우지가 꼬롬하다. =행실머리가 야비하다. ☞얍삽하다.

꼬롬하다[2][_ _-_] 형 구릿하다. 냄새가 좀 구린 듯하다. ¶딘장독에서 꼬롬한 내미가 난다. =된장독에서 구릿한 냄새가 난다. ☞꼬리하다.

꼬리처매[-_ _-] 명 겹치마. ☞거들처매. 자락처매. 웃처매. 큰처매.

꼬리하다[_ _-_] 형 구릿하다. ☞꼬롬하다.

꼬매다[_-_] 동 꿰매다. 옷 따위의 해지거나 뚫어진 데를 바늘로 깁거나 얽어매다. ¶【속담】깨진 냄비캉 꼬맨 뚜꿍. =깨어진 냄비와 꿰맨 뚜껑. ☞꾸매다. 끼매다. 집우매다.

꼬물락거리다[_ _ _-_ _] 동 꼬무락거리다. 작고 매우 느리게 자꾸 움직이다. ¶기 속에 벌거재이가 꼬물락거리는 거 겉다. =귀 속에 벌레가 꼬무락거리는 것 같다.

꼬바리[_-_] 명 담배꽁초. ¶【속담】댐배는 꼬바리 맛으로 피안다. =담배는 꽁초 맛으로 피운다.

꼬부랑태기[_ _ _-_] 명 꼬부랑노인(---老人). '등 굽은 노인'을 속되게 이르는 말.

꼬부래이[꼬부래~이 _ _-_] 명 고부랑이. 한쪽으로 옥아 들어 곱은 물건이나 등이 굽은 노인. ¶물이 꼬부래이. =오이 고부랑이. ¶꼬부래이 영감재이. =고부랑이 영감쟁이.

꼬불라다[_ _-_] 동 구부리다. ☞꼬꾸리다. 꼬불차다. 꼬불치다.

꼬불차다[_ _-_] 동 구부리다. ☞꼬꾸리다. 꼬불라다. 꼬불치다.

꼬불치다[1][_-_ _] 동 구부리다. ☞꼬꾸리다. 꼬불라다. 꼬불차다.

꼬불치다[2][_-_ _] 동 빼돌리다. 돈 따위를 빼서 몰래 감추다. ¶【관용구】넘우 돈을 꼬불칬다. =남의 돈을 빼돌렸다. ☞제끼다.

꼬불탕[_ _-] 부 꼬불꼬불. 이리저리 자꾸 많이 구부러져 있는 모양을 나타내는 말. ¶꼬불탕 굽운 논두룽. =꼬불꼬불 굽은 논두렁.

꼬불탕하다[_ _ _-_] 형 꼬불꼬불하다. 길고 가는 것이 이리저리 많이 구부러져 있다. ¶꼬불탕한 산질. =꼬불꼬불한 산길

꼬빼이[꼬빼~이 _-_] 명 고삐. 소를 몰거나 부리려고 코뚜레 굴레에 잡아매는 줄. ¶【관용구】꼬빼이로 잡다. =고삐를 잡다. ¶【속담】꼬빼이 풀린 망새이. =고삐 풀린 망아지. ☞소꼬빼이.

꼬사내다[_-_ _] 동 꾀어내다. 다른 사람을 꾀를 쓰거나 유혹하여 밖으로 불러내

ㄱ

다. ¶【속담】깨꿀새 둥지서 풀꾹새 새끼 꼬사내딧기. =뙤꼬리 둥지에서 뻐꾸기 새끼 꾀어내듯이. ☞꼬시내다.

꼬사다[_-_] 동 꼬드기다. 그럴듯한 말이나 행동으로 속이거나 부추겨 자신이 의도한 대로 행하도록 하다. ¶【속담】살구 씨로 야시 꼬산다. =살구 씨로 여우 꼬드긴다. ☞꼬시다. 꼬아다.

꼬사리[_-_] 명 ((식물))고사리. ¶【관용구】꼬사리 겉은 손. =고사리 같은 손.

꼬솜하다[__-_] 형 고소하다. ☞고시다. 꼬시다. 꼬심하다.

꼬시내다[-___] 동 꾀어내다. ☞꼬사내다.

꼬시다[1][_-_] 형 고소하다. ☞고시다. 꼬솜하다. 꼬심하다.

꼬시다[2][-__] 동 꼬드기다. ☞꼬사다. 꼬아다.

꼬시랑머리[___-_] 명 고수머리. 곱슬머리. ¶【속담】꼬시랑머리캉 옹니재이 하고는 말또 하지 마라. =고수머리랑 옥니박이 하고는 말도 하지 마라. ☞꼽실머리.

꼬시래기[__-_] 명 문절망둑(文鰤--). 망둑엇과의 바닷물고기. ¶【속담】꼬시래기 지 살 뜯어묵기. =문절망둑 제 살 뜯어먹기.

꼬시키다[__-_] 동 꾀이다. 꾐에 넘어가다. '꾀다'의 피동사. ¶골마인데 꼬시킸다. =고놈에게 꾀였다.

꼬신내[_-_] 명 고소한 냄새. ☞고신내.

꼬실꼬실하다[____-_] 형 고슬고슬하다. 밥이 되지도 질지도 않고 알맞다. ¶꼬실꼬실한 쌀밥은 맛입다. =고슬고슬한 쌀밥은 맛있다.

꼬실라다[1][__-_] 동 피우다. 담배를 빨아 연기를 들이마셨다가 내보내다. ¶심심초 한 대 꼬실랐다. =담배 한 대 피웠다. ☞펏다. 풋다. 피아다.

꼬실라다[2][__-_] 동 그을리다. 그을리게 하다. ¶덜 익은 밀을 비서 불에 꼬실라마 맛이 고시다. =덜 익은 밀을 베서 불에 그을리면 맛이 고소하다. ☞끄실라다.

꼬실리다[__-_] 동 그을리다. 햇볕이나 불, 연기 따위를 오래 쬐어 검게 되다. ¶햇빛에 낯이 껌기 꼬실렀다. =햇볕에 얼굴이 검게 그을었다. ☞끄실리다.

꼬심하다[__-_] 형 고소하다. ☞고시다. 꼬솜하다. 꼬시다.

꼬아다[-__] 동 꼬드기다. ☞꼬사다. 꼬시다.

꼬오[꼬~오 -_] 명 고개. 산이나 언덕을 넘어 다니도록 길이 나 있는 비탈진 곳. ¶돌꼬오(돌고개). ¶옻꼬오(옻고개).

꼬잡다[_-_] 동 꼬집다. ①주로, 엄지와 검지로 살을 집어서 뜯듯이 당기거나 비틀다. ¶【속담】내간[內官] 새끼매로 꼬잡기도 잘한다. =내관 새끼처럼 꼬집기도 잘한다. ②어떤 사람이 다른 사람의 감정, 사실 따위를 찌르듯이 날카롭게 건드리거나 드러내다. ¶【관용구】꼬잡아 말하다. =꼬집어 말하다. ☞째비다.

꼬장[-_] 명 고추장(--醬). ¶【속담】밥보다 마 꼬장이 더 많다. =밥보다 고추장이

더 많다. ¶【속담】꼬장 단지가 열둘이래도 서방님 비우는 몬 맞찬다. =고추장 단지가 열둘이라도 서방님 비위는 못 맞춘다. ☞꼬치장.

꼬장주우[꼬장주~우 ___-] 명 고쟁이. 한복에 입는 여자 속옷의 하나. ¶【관용구】꼬장주우로 팔애서래도. =고쟁이를 팔아서라도. ¶【관용구】마누래 꼬장주우도 팔아무울 넘. =마누라 고쟁이도 팔아먹을 놈.

꼬재이[꼬재~이 _-_] 명 꼬챙이. ①나무로 만든 가늘고 길쭉하며 끝이 뾰족한 물건. ¶【속담】고산 강새이 감 꼬재이 물고 나서듯기 한다. =고산 강아지 감 꼬챙이 물고 나서듯 한다. ②몸이 깡마른 사람을 비유적으로 이르는 말. ¶꼬재이 겉이 말랐다. =꼬챙이 같이 말랐다. ☞꼬중가리. 꼬중개이.

꼬잽히다[꼬재피다 __-_] 동 꼬집히다. '꼬집다'의 피동사.

꼬중가리[__-_] 명 꼬챙이. ☞꼬재이. 꼬중개이.

꼬중개이[꼬중개~이 __-_] 명 꼬챙이. ☞꼬재이. 꼬중가리.

꼬치[1][_-] 명 ((식물))고추. 고추의 열매. ¶【속담】짝은 꼬치가 냅다. =작은 고추가 맵다. ¶【속담】꼬치 무운 소리한다. =고추 먹은 소리한다.

꼬치[2][-_] 명 누에고치. ☞누비꼬치. 뉘비꼬치. 니비고치.

꼬치[3][_-] 명 고추. 사내아이의 성기(性器)를 빗대어 이르는 말. ¶문디이 꼬치 띠묵딧기. =문둥이 고추 떼먹듯.

꼬치갈리[__-_] 명 고춧가루. ¶【관용구】꼬치갈리 흩이다. =고춧가루 흩다. ¶【속담】힌죽에 꼬치갈리. =흰죽에 고춧가루. ¶【속담】눈빙에 꼬치갈리. =눈병에 고춧가루. ☞꼬치까리.

꼬치까리[__-_] 명 고춧가루. ☞꼬치갈리.

꼬치낭ㄱ[__-_] 명 ((식물))고추. *표준어 '고추나무'는 낙엽 활엽 관목으로, 가짓과에 속한 한해살이풀인 매운 열매가 달리는 '고추'와는 전혀 다르다. 창녕방언 화자들은 '고추'를 초본식물이 아닌 목본식물처럼 이른다. ¶【속담】꼬치낭게 군데 매서 떨다. =고추에 그네 매서 뛰겠다.

꼬치이푸리[___-_] 명 고춧잎.

꼬치장[_-_] 명 고추장(--醬). ☞꼬장.

꼬치철기[_-__] 명 ((동물))고추잠자리.

꼬치푸리[__-_] 명 고추이파리. *'꼬치푸리'는 '고추+이파리'이다. 이 경우 '이파리'의 '이'가 묵음이 된다. 그리고 사이시옷이 첨가될 수 있는 합성명사 구성인데도 그것이 들어가지 않는 게 특이하다.

꼬타리[_-_] 명 꼬투리. ①콩과 식물의 씨앗을 싸고 있는 껍질. ¶이푸리 물든 콩 꼬타리가 여물웄다. =이파리 물든 콩 꼬투리가 여물었다. ②남을 해코지하거나 헐뜯을 만 한 거리. ¶【관용구】꼬타리 잡다. =꼬투리 잡다.

꼭두마리[1][__-_] 명 도리깨꼭지. 도리깨자루 끝의 구멍에 끼워 도리깻열을 매는 데 쓰는 나무로 된 비녀못. 도리깻열을 위아래로 돌릴 때 축의 구실을 한다.

꼭두마리[2][_ _-_] 명 꼭지마리. 물레나 풍로 따위를 돌리는 손잡이.

꼭따리[1][_-_] 명 꼭지. ①잎사귀나 열매를 가지에 달려 있게 하는 짧은 줄기. ¶꼬치 꼭따리(고추 꼭지). ¶수박 꼭따리(수박 꼭지). ②종(鐘)이나 그릇 뚜껑의 손잡이. ¶【속담】인깅 꼭따리나 만치 바라. =인경 꼭지나 만져 보아라. ¶냄비 꼭따리(냄비 꼭지). ③주전자 따위에서 내용물이 흘러나오게 된 관(管)의 끄트머리. ¶주준자 꼭따리(주전자 꼭지). ¶수도꼭따리(수도꼭지).

꼭따리[2][_-_] 명 ≒넷째 딸. 딸을 둘이나 셋을 낳은 집에서 꼭따리(꼭지) 달린 아들을 얻기 위해서 주로 네 번째 딸을 부르는 말. 아들에게는 해당하지 않는다. 호적상 이름은 주로 '곡지(谷之)' 또는 '곡지(曲之)'로 표기한다. ¶너거 집 꼭따리가 버씨로 시집가나? =너희 집 넷째 딸이 벌써 시집가니? ☞꼭지.

꼭따리사구[_-_ _ _] 명 꼭지자배기. 꼭지가 달린 자배기. *'버치'와 모양은 유사하나 크기가 작은 것을 두고 이르는 말이다.

꼭딱시럽다[_ _-_ _] 형 까다롭다. ☞까꺼랍다. 까탈시럽다. 깨꺼럽다. 상그랍다.

꼭뚜배기[_ _-_] 명 꼭대기. 높이가 있는 사물의 맨 위쪽. ¶【관용구】머리 꼭뚜배기에 앉있다. =머리 꼭대기에 앉아 있다. ¶【속담】바우 꼭뚜배기에 앉하놓아도 굶우죽지는 안하겄다. =바위 꼭대기에 앉혀놓아도 굶어죽지는 않겠다. ☞낭낭끈티이. 만대이.

꼭뚜사이[꼭뚜사~이 _ _-_] 명 ((식물))꼭두서니.

꼭지[-_] 명 ≒넷째 딸. ☞꼭따리.

꼰[-] 명 고누. 땅이나 종이 위에 말밭을 그려 놓고 두 편으로 나누어 말을 많이 따거나 말 길을 막는 것을 다투는 민속놀이. '새미꼰(우물고누)', '니발꼰(네밭고누)', '엿발꼰(육밭고누)', '열두발꼰(열두밭고누)' 따위가 있다.

꼰또[_-] 명 꼴찌. 성적이나 등수 등의 차례에서 맨 끝. ¶도부띠기로 해가아 꼰또 했다. =달리기를 해서 꼴찌 했다. ☞꼰또바리. 꽁바리.

꼰또바리[_ _-_] 명 꼴찌. ☞꼰또. 꽁바리.

꼰지꼰지[_ _ _-] 감 곤지곤지. 젖먹이에게 왼손 손바닥에 오른손 집게손가락을 댔다 뗐다 하라는 뜻으로 내는 소리. ☞진진진진.

꼰질라다[_-_ _] 동 일러바치다. ☞가알주다. 갈차주다. 갈치주다. 갤차주다. 이르다. 일라주다. 찌르다.

꼰짓발[꼰지빨 _-_] 명 까치발. 발뒤꿈치를 든 발. ¶【관용구】꼰짓발 들다. =까치발 들다.

꼴깝지기다[-_ _ _ _] 동 꼴값하다. 꼴값을 떨다. 생김새에 어울리지 않는 볼썽사나운 행동을 하다. ¶몬 생긴 넘이 꼴깝지긴다. =못생긴 놈이 꼴값한다.

꼴난[_-] 부 고작. 기껏 따져 보거나 헤아려 보아야. ¶꼴난 고만침 해놓고 큰소리친다. =고작 고만치 해놓고 큰소리친다.

꼴딱[_-] 부 꼬박. ①일정한 상태를 고스란히 그대로 지속하는 모양을 나타내는 말. ¶밤을 꼴딱 새았다. =밤을 꼬박 새웠다. ②자기도 모르는 사이에 순간적으로 잠이 드는 모양을 나타내는 말. ¶잠이 꼴딱 들었어예. =잠이 꼬박 들었어요. ☞꼽빡.

꼴띠기[_-_] 명 ((동물))꼴뚜기. ¶【속담】어물전 망신은 꼴띠기가 씨긴다. =어물전 망신은 꼴뚜기가 시킨다.

꼴랑[_-] 부 기껏. 겨우 그 정도. ¶꼴랑 이거뿐가? =기껏 이것뿐이니? ☞기껀. 까지껀. 한검. 호부.

꼴박다[_-_] 동 꼬라박다. ①거꾸로 내리박다. ¶차가 개골창에 꼴박았다. =차가 개울에 꼬라박았다. ②돈 따위를 어떤 일에 헛되이 써 버리다. ¶돈을 노름판에 꼴박았다. =돈을 노름판에 꼬라박았다.

꼴부리[_-_] 명 ((동물))다슬기. 다슬깃과의 연체동물. ☞소래꼬디이.

꼴상시럽다[-_-__] 형 꼴사납다. 하는 짓이나 겉모습이 아주 흉하다. ¶하는 짓이 꼴상시럽어서 몬 바주겄다. =하는 짓이 꼴사나워 못 봐주겠다.

꼴씨보다[-_-_] 동 꼬나보다. ☞꼬라보다.

꼴아재비[꼬라재비 __-_] 명 사카린[saccharin]. 톨루엔을 원료로 하여 만든 인공 감미료. 꿀보다 몇 배나 달아서 '꼴아재비' 혹은 '꿀아재비'라 한다. *꼴(꿀)+아재비. ☞꿀아재비. 사까리.

꼴짝[_-] 명 골짝. 산과 산 사이에 깊숙이 패어 들어간 곳. ¶꼴짝에서 물이 니러온다. =골짝에서 물이 내려온다. ☞꼴째기.

꼴짭하다[꼴짜파다 __-_] 형 졸렬하다(拙劣--). 옹졸하고 천하다. ¶졸마는 찬말로 꼴짭하다. =조놈은 정말로 졸렬하다.

꼴째기[_-_] 명 골짜기. ☞꼴짝.

꿇다[꼴타 --] 동 잃다. 노름 따위로 재물을 빼앗기거나 손해를 보다. ¶【속담】돈 꿇고 장개이 피 말란다. =돈 잃고 정강이 피 말린다. *꿇고[꼴코 -_], 꿇지[꼴치 -_], 꿇아서[꼬라서 --_], 꿇았다[꼬랃따 --_]. ☞뽂히다. 잃왕다.

꼼꼼하다[__-_] 형 콤콤하다. 곰팡이나 먼지 따위의 냄새와 같다. ¶바아서 꼼꼼한 내미가 난다. =방에서 콤콤한 냄새가 난다.

꼼내[-_] 명 곰팡내. 곰팡이 냄새. ☞곰바리내.

꼼밥[_-] 명 달걀밥. 달걀 껍데기에 쌀을 채워 잿불 위에 얹어 구워먹는 밥. ☞닥알밥. 달갈밥.

꼼보[_-] 명 곰보. 얼굴이 얽은 사람. ¶【속담】꼼보가 째보더러 몬났다 칸다. =곰보가 언청이더러 못났다고 한다. ☞꼼보딱지. 빡지. 얼굼배이.

꼼보딱지[_--_] 명 곰보. ☞꼼보. 빡지. 얼굼배이.

꼼보뱁차[_-_-] 명 ((식물))뱀차즈기. 논두렁, 언덕 등에서 자라는 봄나물의 하나. 이파리의 생김새가 곰보를 닮아 붙은 이름이다. ☞문디이뱁차. 문디이풀.

꼼비기[_--] 명 호미씻이. 농가에서 농사

일, 특히 논매기의 만물을 끝낸 음력 7월쯤에 날을 받아 음식을 실컷 먹으며 하루를 즐겨 노는 일. ¶【관용구】꼼비기 묵다. =호미씻이 음식을 먹다.

꼼재이[1][꼼재~이 -__] 명 깍쟁이. 인색하고 이기적인 사람을 얕잡아 이르는 말. ¶【관용구】꼼재이 짓을 하다. =깍쟁이 짓을 하다.

꼼재이[2][꼼재~이 _-_] 명 ((동물))먹장어(-長魚).

꼽[-] 명 곱. 같은 수량이나 분량을 몇 번이고 거듭 합치는 일. ¶니뿌다마 내가 꼽은 빠를 끼다. =너보다는 내가 곱은 빠를 것이다.

꼽다[꼽따 -_] 동 꽂다. 쓰러지거나 빠지지 아니하게 박아 세우거나 끼우다. ¶【관용구】말묵을 꼽다. =말뚝을 꽂다. ¶【관용구】깃발로 꼽다. =깃발을 꽂다. ¶【속담】뽑운 칼은 고대로 칼집에 꼽지 안한다. =뽑은 칼은 그대로 칼집에 꽂지 않는다.

꼽따시[__-] 부 곱다시. 변함이 없이 그대로 고스란히. ¶【관용구】꼽따시 뜬눈우로 시아다. =곱다시 뜬눈으로 새우다. ¶【관용구】꼽따시 죽는 줄 알다. =곱다시 죽는 줄 알다.

꼽딸시럽다[__-__] 형 꼼꼼하다. 일처리가 매우 차근차근하고 자세하여 빈틈이 없다. ¶【관용구】일로 꼽딸시럽기 하다. =일을 꼼꼼하게 하다.

꼽빡[_-] 부 꼬박. 어떤 상태를 고스란히 그대로. ¶【관용구】날로 꼽빡 시아다. =날을 꼬박 새우다. ¶꼽빡 여을 걸렸다. =꼬박 열흘 걸렸다. ☞꼴딱.

꼽빡대다[__-_] 동 꼬박이다. 머리나 몸을 앞으로 조금 숙였다가 들다. ¶빙든 뼬개이맨치로 꼽빡대미 존다. =병든 병아리처럼 꼬박이며 존다.

꼽빼기[_-_] 명 곱빼기. ¶【관용구】짜장맨 꼽빼기. =자장면 곱빼기.

꼽새[_-] 명 곱사등이. 꼽추. '척추 장애인'을 낮잡아 이르는 말. ¶【속담】꼽새 짐 지나마나. =곱사등이 짐 지나마나. ¶【속담】친구 망신은 꼽새가 씨긴다. =친구 망신은 곱사등이가 시킨다.

꼽실꼽실[___-] 부 곱슬곱슬. 털이나 실 따위가 고불고불하게 말려 있는 모양. ¶멀꺼디이가 꼽실꼽실 엉기 붙웄다. =머리카락이 곱슬곱슬 엉겨 붙었다. ☞오골오골. 오굴오굴.

꼽실머리[__-_] 명 곱슬머리. ☞꼬시랑머리.

꼽쌂다[꼽쌈따 _-_] 동 곱삶다. 두 번 삶다. ¶꼽쌂운 꽁동보리밥. =곱삶은 꽁보리밥.

꼽쌂이[1][꼽쌀미 _-_] 명 곱삶이. 보리쌀로만 지은 밥. ☞꽁동보리밥.

꼽쌂이[2][꼽쌀미 _-_] 명 꽁보리밥. 보리쌀로만 지은 밥. ☞꽁동보리밥.

꼽야이[꼼야~이 _-_] 명 구두쇠. 인색한 사람을 낮춰 부르는 말. ☞때때모찌. 땐땐모찌.

꼽장내[_-_] 명 곱장리(-長利). 곱절로 받는 이자. ¶【관용구】꼽장내로 내다. =곱장리를 내다.

꼽장시[--_] 명 곱장사. 이익을 곱절로 남

기는 장사.

꼽창[-_] 명 곱창. 소의 작은창자.

꼽히다[꼬피다 _-_] 동 꽂히다. ①사물이 어디에 박히어 세워지거나 찔리어 넣어지다. ¶하살이 쪽바리 날라가서 꼽혔다. =화살이 똑바로 날아가서 꽂혔다. ②어떤 대상에 마음이 사로잡히다. ¶오새도 노룸에 꼽히서 사는 인가이 있다. =요새도 노름에 꽂혀서 사는 인간이 있다.

꽁[-] 명 ((동물))꿩. ¶【속담】꽁 잡는 기이 매다. =꿩 잡는 게 매다. ¶【속담】꽁 묵고 알 묵고. =꿩 먹고 알 먹고. ¶【속담】꽁 무운 자리다. =꿩 먹은 자리다.

꽁꽁[_-] 부 꼭꼭. 단단히 힘을 주어 자꾸 세게 누르거나 죄는 모양을 나타내는 말. ¶【관용구】꽁꽁 묶아다. =꼭꼭 묶다. ☞매. 매매.

꽁대기[1][_ _-_] 명 꼬리. ☞꼬랑대기. 꼬랑대이.

꽁대기[2][_ _-_] 명 꽁지. ☞꼬랑대기. 꼬랑대이.

꽁대기[3][_-_] 명 꽁다리. 짤막하게 남은 동강이나 끄트머리. ¶무시 꽁대기. =무 꽁다리. ¶칼치 꽁대기. =갈치 꽁다리.

꽁동보리밥[1][_ _ _-_] 명 곱삶이. 보리쌀로만 지은 밥. ☞꼽쌂이.

꽁동보리밥[2][_ _ _-_] 꽁보리밥. 보리쌀로만 지은 밥. ☞꼽쌂이.

꽁바리[_-_] 명 꼴찌. ☞꼰또. 꼰또바리.

꽁삘가리[_ _-_] 명 ((동물))꺼병이. 꿩의 어린 새끼. ☞꺼비이. 꽁새끼.

꽁새끼[_-_] 명 ((동물))꺼병이. ☞꺼비이. 꽁삘가리.

꽁알[-_] 명 꿩알. ¶【속담】어쓱한 데에 꽁알 놓는다. =으슥한 데에 꿩알 낳는다.

꽁치다[-_ _] 동 처박다. ①힘에 부치거나 균형을 잘못 잡아 지니고 있던 사물을 함부로 박다. ¶짐 지고 가다가 개굴창에 꽁치뿄다. =짐 지고 가다가 개울에 처박아버렸다. ②상대방을 넘어지게 하여 무참하게 쓰러뜨리다. ¶발묵을 걸어서 꽁칬다. =발목을 걸어서 처박았다. ☞때리박다. 쌔리박다.

꽁치이다[_--_] 동 처박히다. *'처박다'의 피동사. ①힘에 부치거나 균형을 잘못 잡아 사물이 함부로 박히다. ¶자안차가 논뚜룽 밑으로 꽁치있다. =자전거가 논두렁 밑으로 처박혔다. ②상대방에 의해 넘어져 무참하게 쓰러지다. ¶철수캉 씨룸하던 영수가 꽁치있다. =철수랑 씨름하던 영수가 처박혔다. ☞때리백히다. 쌔리백히다. 처백히다.

꽂감[꼳깜 --] 명 곶감. ¶【속담】꽂감 빼묵듯기 한다. =곶감 빼먹듯 한다. ¶【속담】우신 묵기는 꽂감이 다다. =우선 먹기는 곶감이 달다.

꽂가지[꼳까지 -_ _] 명 골마지. 된장이나 김치 따위의 물기 많은 음식물 겉면에 생기는 곰팡이 같은 물질. *'꽃이 가지에 피다'에서 유래한 말. ¶【관용구】꽂가지 피다. =골마지 끼다.

꽂기기[꼬끼기 _-_] 명 ((동물))줄꽁치. *꽂고기<꼳고기<꼬고기<꼬끼기.

꽂다불[꼳따불 _-_] 명 꽂다발. 여러 개의

꽃을 한데 묶어 만든 다발. ¶【관용구】꽃다불로 앵기다. =꽃다발을 안기다.

꽃몽아리[꼳몽아리 __-_] 명 꽃봉오리. ☞꽃봉우리.

꽃봉우리[꼳봉우리 __-_] 명 꽃봉오리. ☞꽃몽아리.

꽃시이[꼳시~이 _-_] 명 꽃송이.

꽃피아다[꼳피아다 _-__] 동 꽃피우다. 한창 왕성하게 일어나거나 벌어지게 하다. ¶이바구를 꽃피았다. =이야기를 꽃피웠다.

꽈다[-_] 동 꼬다. ☞까아다.

꽝철이[꽝처리 -__] 명 강철이(强鐵-). ☞깡철이.

꾀이[꾀~이 --] 명 괭이. ☞깨이.

꾸개다[_-_] 동 꾸기다. ☞꼬개다.

꾸개지다[_--_] 동 꾸겨지다. '꾸기다'의 피동사. ☞꼬개지다.

꾸꾸리다[1][_-__] 동 꾸부리다. 한쪽으로 구붓하게 굽히다. ¶허리로 꾸꾸리다. =허리를 꾸부리다.

꾸꾸리다[2][_-__] 동 수그리다. 깊이 숙이다. ¶문찌바아 이망 대일라. 꾸꾸리라. =문지방에 이마 닿을라. 수그려라. ☞수구리다.

꾸꿉하다[꾸꾸파다 __-_] 형 꿉꿉하다. ①조금 축축하다. ¶덜 말라서 꾸꿉하다. =덜 말라서 꿉꿉하다. ②날씨나 기온이 기분 나쁠 정도로 습하다. ¶장매철에는 늘상 꾸꿉하다. =장마철엔 늘 꿉꿉하다.

-꾸나[-_] 어 -게. 허락을 나타내는 종결어미. ¶오야, 사주꾸나. =오냐, 사줄게. ☞-꾸마.

꾸더러지다[_-___] 동 고드러지다. 마르거나 굳어서 빳빳하게 되다. ¶떡국가리가 딱딱하기 꾸더러졌다. =가래떡이 딱딱하게 고드러졌다.

꾸덜꾸덜하다[____-_] 형 꾸덕꾸덕하다. 물기 있는 물체의 거죽이 좀 마르거나 얼어서 꽤 굳어 있다. ¶꽂감이 꾸덜꾸덜하다. =곶감이 꾸덕꾸덕하다. ☞삐더거리하다. 삐덜삐덜하다.

꾸렁내[_-_] 명 쿠린내. 똥이나 방귀 냄새와 같이 고약한 냄새. *창녕방언에서 '꼬랑내'는 주로 발 냄새에 쓰여 '발꼬랑내'로 실현되고, '꾸렁내'는 주로 똥 냄새와 결합하여 '똥꾸렁내'로 실현된다. ¶【속담】꾸렁내 안 나는 똥 없다. =쿠린내 안 나는 똥 없다. ¶【속담】지 똥 꾸렁내 나는 줄 모른다. =제 똥 쿠린내 나는 줄 모른다. ☞꾸룽내.

꾸루무리하다[____-_] 형 끄무레하다. 비나 눈이 올 듯하여 날씨가 나쁘다. ¶【관용구】날이 꾸루무리하다. =날이 궂다. ☞꾸룸하다. 꾸무리하다.

꾸룸하다[__-_] 형 끄무레하다. ☞꾸루무리하다. 꾸무리하다.

꾸룽내[_-_] 명 쿠린내. ☞꾸렁내.

-꾸리기[_-_] 접 -꾸러기. 좋지 않은 일을 나타내는 일부 명사 뒤에 붙어, '그러한 일을 습관적으로 하거나 자주 겪는 사람'의 뜻을 더하여 명사를 만드는 말. ¶말썽꾸리기(말썽꾸러기). ¶심술꾸리기(심술꾸러기). ¶욕심꾸리기(욕심꾸러기). ¶잠꾸리기(잠꾸러기).

꾸리꾸리하다[____-_] 형 쿰쿰하다. 곰팡이나 먼지 냄새와 같이 구리고 텁텁하여 산뜻하지 않다. ¶기기 맛이 와 이래 꾸리꾸리하노? =고기 맛이 왜 이리 쿰쿰하니?

꾸리미[_-_] 명 꾸러미. ☞꺼럼지.

-꾸마[1][-_] 어 -마. ((받침 없는 동사 어간 뒤에 붙어)) 해라할 자리에 쓰여, 상대편에게 약속하는 뜻을 나타내는 종결어미. 해라체로, 구어체에 쓰인다. ¶퍼떡 오라 카꾸마. =빨리 오라고 하마.

-꾸마[2][-_] 어 -게. 허락을 나타내는 종결어미. ¶오야, 일찍 가꾸마. =오냐, 일찍 갈게. ☞-꾸나.

꾸매다[_-_] 동 꿰매다. ☞꼬매다. 끼매다. 집우매다.

꾸무대다[__-_] 동 꾸물대다. 게으르고 굼뜨게 행동하다. ¶굼비이매로 꾸무대지 말고 어푼 노온나. =굼벵이처럼 꾸물대지 말고 얼른 나오너라.

꾸무리하다[___-_] 형 끄무레하다. ☞꾸루무리하다. 꾸룸하다.

꾸무작기리다[___-__] 동 꾸물거리다. 매우 느리게 움직이다. ¶머 한다꼬 이적지 꾸무작기렸노? =뭐 하느라고 이제껏 꾸물거렸니?

꾸부당하다[___-_] 형 꾸부정하다. 몸의 일부나 사물 따위가 굽어 많이 휜 상태에 있다. ¶【관용구】허리가 꾸부당하다. =허리가 꾸부정하다. ¶【관용구】질이 꾸부당하다. =길이 꾸부정하다. ☞꾸부덩하다. 꾸부장하다. 꾸부중하다.

꾸부덩하다[___-_] 형 꾸부정하다. ☞꾸부당하다. 꾸부장하다. 꾸부중하다.

꾸부라다[__-_] 동 굽히다. '굽다'의 사동사. ☞굽하다.

꾸부라지다[__-__] 동 꾸부러지다. 한쪽으로 구붓하게 휘어지다. ¶꾸부라진 철사는 발라가 씨라. =꾸부러진 철사는 바루어서 써라. ☞꾸부루지다. 꿉히다.

꾸부루지다[_-___] 동 꾸부러지다. ☞꾸부라지다. 꿉히다.

꾸부장하다[___-_] 형 꾸부정하다. ☞꾸부당하다. 꾸부덩하다. 꾸부중하다.

꾸부중하다[___-_] 형 꾸부정하다. ☞꾸부당하다. 꾸부덩하다. 꾸부장하다.

꾸불라다[__-_] 동 꾸부러뜨리다. 어떤 힘이 곧은 것을 한쪽으로 꾸부러지게 하다. ¶멀쩡한 거로 와 꾸불랐노? =멀쩡한 걸 왜 꾸부러뜨렸니? ☞꾸불치다. 꿉하다.

꾸불치다[_-__] 동 꾸부러뜨리다. ☞꾸불라다. 꿉하다.

꾸불텅하다[___-_] 형 꾸불꾸불하다. 이리저리 구부러져 있다. ¶질이 꾸불텅하다. =길이 꾸불꾸불하다.

꾸숨하다[__-_] 형 구수하다. ☞구시다. 꾸시다. 꾸심하다.

꾸시다[_-_] 형 구수하다. ☞구시다. 꾸숨하다. 꾸심하다.

꾸심하다[__-_] 형 구수하다. ☞구시다. 꾸숨하다. 꾸시다.

꾸쌂다[꾸쌈따 -__] 동 구워삶다. 여러 가지 수단과 방법을 써서 상대편이 자기의 생각대로 움직이도록 만들다. ¶우옛기나 꾸쌂아 바라. =어쨌거나 구워 삶아 봐라. ☞꿉우쌂다.

꾸우묵다[1][꾸우묵따 -_-_] 동 구워먹다. 불에 익혀서 먹다. ¶【관용구】꾸우묵던동 찌서 묵던동. =구워먹든지 쪄서 먹든지. ¶【속담】꽁 꾸우묵운 소식. =꿩 구워먹은 소식. ¶【속담】소봉알 널찌마 꾸우무울란다. =쇠불알 떨어지면 구워 먹으련다. ¶【속담】봉홧불에 짐 꾸우묵눈다. =봉홧불에 김 구워먹는다. ☞꿉어묵다. 꿉우묵다.

꾸우묵다[2][꾸우묵따 -_-_] 동 빼먹다. 규칙적으로 하던 일을 하지 않다. ¶【관용구】학조로 꾸우묵다. =학교를 빼먹다. ¶【관용구】직장(職場)을 꾸우묵다. =직장을 빼먹다. ☞꿉어묵다. 꿉우묵다. 빠자묵다. 빼묵다. 제끼다.

꾸중구라다[___-_] 동 휘정거리다. 잡것을 섞어서 맑지 아니하게 하다. ¶【속담】미꾸래이 한 바리가 온 돌캉물 꾸중구란다. =미꾸라지 한 마리가 온 도랑물 휘정거리다. ☞흐라다.

꾸중물[1][_-_] 명 구정물. 무엇을 빨거나 씻거나 하여 더러워진 물. ¶서답 빤 꾸중물. =빨래 빤 구정물.

꾸중물[2][_-_] 명 흙탕물. 흙이 풀려 몹시 흐려진 물. ¶차가 꾸중물을 팅갔다. =차가 흙탕물을 튕겼다. ☞뻘탕물.

꾸지럼[_-] 명 꾸지람. 윗사람이 아랫사람의 잘못을 따져 꾸짖음. ¶【속담】씨이미인데 꾸지럼 듣고 개 배때지 찬다. =시어머니한테 꾸지람 듣고 개 배때기 찬다.

꾸지리하다[___-_] 형 구지레하다. 상태나 언행 따위가 더럽고 지저분하다. ¶빈밍을 꾸지리하기 늘어낳는다. =변명을 구지레하게 늘어놓는다. ☞구질짭잘하다. 꾸질하다.

꾸질하다[__-_] 형 구지레하다. ☞구질짭잘하다. 꾸지리하다.

꾼이 달다[꾸~이 다다 -_ -_] 구 손이 많다. 많은 사람이 열정적으로 함께하다. *'꾼이 다다'는 '사람들이 많다'로 풀 수 있으나, 특이한 점은 '꾼'이 표준어가 뜻하는 '어떤 분야의 일에 능숙한 사람을 속되게 이르는 말'이 아니라 그 자체로 '복수의 사람'을 의미한다. 이는 접미사 '-꾼'(농사꾼, 노름꾼 등)으로 쓰인 경우가 아닌 점도 특이하다. 합성된 '달다'는 표준어에서 '열을 받아 몹시 뜨거워지다'라는 뜻과 유사하다. ¶꾼이 달아서 일로 금상 해치았다. =손이 많아서 일을 금방 해치웠다.

꿀웅살[꾸둥살 _-_] 명 굳은살. 잦은 마찰로 손바닥이나 발바닥에 생긴 두껍고 단단한 살. ¶【관용구】꿀웅살이 백이다. =굳은살이 박이다. ☞굳웅살.

꿀꾹[_-] 부 꿀꺽. ①액체나 음식물 따위가 목구멍이나 좁은 구멍으로 한꺼번에 많이 넘어가는 소리. ¶한꺼분에 꿀꾹 생키뿌라. =한꺼번에 꿀꺽 삼켜버려라. ②옳지 못한 방법으로 남의 재물 따위를 제 것으로 만드는 모양. ¶넘우 돈을 꿀꾹 생킸다. =남의 돈을 꿀꺽 삼켰다.

꿀뚝[_-] 명 굴뚝. 불을 땔 때 연기가 밖

으로 빠져나가도록 만든 장치. ¶【관용구】꿀뚝울 지고 앉다. =굴뚝을 지고 앉다. ¶【속담】안 땐 꿀뚝에 영기 나까이. =안 땐 굴뚝에 연기 나랴. ☞굴묵.

꿀뚝겉다[_-__] 형 굴뚝같다. 바라거나 그리워하는 마음이나 생각이 매우 절실하다. ¶【관용구】마암이사 꿀뚝겉다. =마음이야 굴뚝같다.

꿀밤[-_] 명 도토리. 참나무의 열매로, 식용한다. ¶【속담】딸자석 두마 충청도 꿀밤도 구불어온다. =딸자식을 두면 충청도 도토리도 굴러온다.

꿀밤묵[-__] 명 도토리묵.

꿀아재비[꾸라재비 __-_] 명 사카린[saccharin]. *꿀+아재비. ☞꼴아재비. 사까리.

꿇라다[꿀라다 _-_] 동 꿇리다. '꿇다'의 사동사. ①무릎을 구부려 바닥에 대게 하다. ¶【관용구】무릎 꿇라다. =무릎 꿇리다. ②자기가 마땅히 할 차례에 못하게 하다. ¶핵조로 한 해 꿇랐다. =학교를 한 해 꿇렸다.

꿇이앉다[꾸리안따 ---_] 동 꿇어앉다. ¶【속담】비룩이가 꿇이앉일 땅도 없다. =벼룩이 꿇어앉을 땅도 없다.

꿇이앉하다[꾸리안차다 -__-_] 동 꿇어앉히다. ¶선상님이 말 안 듣는 아아들로 꿇이앉했다. =선생님이 말 안 듣는 애들을 꿇어앉혔다.

꿈갤[꿈깰 --] 명 꿈결. 꿈을 꾸는 어렴풋한 동안. ¶【관용구】꿈갤에도 비이다. =꿈결에도 보이다. ☞꿈질.

꿈뿍꿈뿍[___-] 부 껌뻑껌뻑. ☞껌뿍껌뿍. 껌쩍껌쩍.

꿈뿍꿈뿍하다[____-_] 동 껌뻑껌뻑하다. ☞껌뿍껌뿍하다. 껌쩍껌쩍하다.

꿈지이다[1][_-__] 동 잔일하다. 잔손이 많이 드는 자질구레한 일을 하다. ¶할매가 언자 사살 꿈지이예. =할머니가 이제 살살 잔일해요. ☞꿈직이다.

꿈지이다[2][_-__] 동 꿈적이다. 사람이나 동물이 몸을 자꾸 움직이다. ¶【속담】소는 꿈지이마 똥을 싸고 사램은 꿈지이마 돈을 씬다. =소는 꿈적이면 똥을 싸고 사람은 꿈적이면 돈을 쓴다. ¶【속담】시앗을 보마 돌부치도 꿈지인다. =시앗을 보면 돌부처도 꿈적인다. ☞꿈직이다.

꿈직이다[1][꿈지기다 _-__] 동 잔일하다. ☞꿈지이다.

꿈직이다[2][꿈지기다 _-__] 동 꿈적이다. ☞꿈지이다.

꿈질[꿈찔 --] 명 꿈결. ☞꿈갤.

꿈툴기리다[__-__] 동 꿈틀거리다. ¶【속담】지내가던 달패이도 볿으마 꿈툴기린다. =지나가던 달팽이도 밟으면 꿈틀거린다.

꿈툴꿈툴[_-_-] 부 꿈틀꿈틀. 몸을 이리저리 세게 뒤틀거나 구부리며 자꾸 움직이는 모양을 나타내는 말. ¶뻘개이가 꿈툴꿈툴 기이간다. =벌레가 꿈틀꿈틀 기어간다.

꿉다[1][꿉따 _-] 동 굽다. 불에 익히다. ¶【속담】벙갯불에 콩 꿉우서 묵딧기. =번갯불에 콩 구워 먹듯이. *꿉고[꿉꼬 _-], 꿉지[꿉찌 _-], 꿉우야[꾸부야

ㄱ

-__], 꿉웠다[꾸붇따 -__].

꿉다[2][꿉따 _-] 동 굽다. 윷놀이에서 말을 둘 이상 업다.

꿉어묵다[1][꾸버묵따 -_-_] 동 구워먹다. ☞꾸우묵다. 꿉우묵다.

꿉어묵다[2][꾸버묵따 -_-_] 동 빼먹다. ☞꾸우묵다. 꿉우묵다. 빠자묵다. 빼묵다. 제끼다.

꿉어쌂다[꾸버쌈따 -___] 동 구워삶다. ☞꾸쌂다.

꿉우묵다[1][꾸부묵따 -_-_] 동 구워먹다. ☞꾸우묵따. 꿉어묵다.

꿉우묵다[2][꾸부묵따 -_-_] 동 빼먹다. ☞꾸우묵다. 꿉어묵다. 빠자묵다. 빼묵다. 제끼다.

꿉운밤[꾸분밤 -__] 명 군밤. 구운 밤. ¶【관용구】꿉운밤 둥지 걸다. =군밤 둥우리 같다. ¶【속담】꼴에 꿉운밤 사무울다. =꼴에 군밤 사먹겠다.

꿉하다[1][꾸파다 _-_] 동 굽다. '굽다'의 사동사. 열에 의해 익혀지게 하다. ¶땡뼅에 낯을 꿉핬다. =땡볕에 낯을 굽혔다.

꿉하다[2][꾸파다 _-_] 동 구부러뜨리다. ☞꾸불라다. 꾸불치다.

꿉하다[3][꾸파다 _-_] 동 굽히다. 굽게 하다. '굽다'의 사동사. ☞굽하다. 꾸부라다.

꿉히다[1][꾸피다 _-_] 동 굽히다. '굽다'의 피동사. 고기 따위가 직접 열에 의해 익혀지다. ¶소기기뽀담은 대지기기가 잘 안 꿉힙미더. =소고기보다는 돼지고기가 잘 안 굽힙니다.

꿉히다[2][_-_] 동 꾸부러지다. ☞꾸부라지다. 꾸부루지다.

꿍꿍[_-] 부 끙끙. 몹시 힘들거나 아파서 자꾸 앓는 소리를 나타내는 말. ¶몸치가 나서 꿍꿍 앓았십미더. =몸살이 나서 끙끙 앓았습니다.

꿍심[-_] 명 꿍꿍이셈. 남에게 드러내 보이지 아니하고 속으로만 어떤 일을 꾸며 우물쭈물하는 속셈. ¶고넘아는 먼가 꿍심이 있을 끼다. =고놈은 뭔가 꿍꿍이셈이 있을 게다.

끄끼가다[_-__] 동 끌려가다. 남이 시키는 대로 억지로 딸려서 가다. ¶【관용구】도살자아 끄끼가는 소걸움. =도살장에 끌려가는 소걸음. ☞끌리가다. 끟기가다.

끄끼다[1][_-_] 동 끌리다. 바닥에 댄 채로 잡아당겨지다. ¶처매가 바닥에 질질 끄낀다. =치마가 바닥에 질질 끌린다.

끄끼다[2][_-_] 동 이끌리다. 다른 사람에게 잡혀 앞으로 가게 되다. ¶친구들인데 끄끼서 술집에 갔디라. =친구들에게 이끌려서 술집에 갔더니라.

끄내끼[_-_] 명 끈. 물건을 묶거나 매거나 꿰는 데에 쓰이는 가늘고 긴 물건. ¶【관용구】쌂아 낳안 녹비 끄내끼. =삶아 놓은 녹비 끈. ¶【속담】끄내끼 떨어진 뚜루박 신세. =끈 떨어진 두레박 신세.

끄니다[1][_-_] 동 열다. 닫히거나 잠긴 것을 트거나 벗기다. ¶대문을 살짹이 끄니낳아라. =대문을 살짝 열어놓아라. ¶【관용구】자물통을 끄니다. =자물쇠를 열다.

끄니다[2][_-_] 동 트다. 막혀 있던 것을 치우고 통하게 하다. ¶【관용구】물꼬로 끄니다. =물꼬를 트다. ☞터자다.

끄니다[3][_-_] 동 따다. 꽉 봉한 것을 뜯다. ¶간지메 깡통을 끄냈다. =통조림 깡통을 땄다. ¶이 빙때가리 좀 끄니바라. =이 병뚜껑 좀 따봐라.

끄실다[1][_-_] 동 그슬다. 불에 겉만 약간 타게 하다. *표준어 '그슬다'에 해당하는 창녕방언은 '끄실다'와 '끄시르다/끄시리다'가 쌍형으로 존재한다. 자음으로 시작하는 어미 앞에서는 '끄실-'이, 모음으로 시작하는 어미 앞에서는 '끄시르/끄시리-'가 선택된다. ¶개로 잡아서 터러기를 끄실께네 누렁내가 왕등한다. =개를 잡아 그스니 누린내가 등천한다.

끄실다[2][_-_] 동 끌다. *끄{ㄹ~ㅅ}> 끌-[引]~, 끗-[ㅅ>ㅿ, 편의상 /ㅈ/로 표기] '끌-, 끗-, 끚-'으로 어간이 교체된다. 어간 '끄실-'은 자음으로 시작하는 어미 앞에서는 'ㄹ'이 탈락한 '끄시-'로 실현된다. 그러나 모음으로 시작하는 어미 앞에서는 'ㄹ'이 유지된다. 따라서 기본형은 '끄시다'가 아니라 '끄실다'이다. ①사물을 한쪽으로 잡아당기다. ¶저 이자 일로 끄실고 온나. =저 의자 이리로 끌고 오너라. ②바퀴 달린 것을 움직이게 하다. ¶차 끄실고 오데 가노? =차 끌고 어딜 가니? ③짐승을 부리다. ¶【속담】소 끄실고 지붕만대이로 올라간다. =소 끌고 지붕꼭대기로 올라간다. ④시간이나 일을 늦추거나 미루다. ¶시간 끄실지 마래이. =시간 끌지 마라. ⑤늘어뜨려 바닥에 닿은 채로 움직이다. ¶심발로 질질 끄실고 댕긴다. =신발을 질질 끌고 다닌다. *끄실고[끄시고 _-_], 끄실지[끄시지 _-_], 끄실어서[끄시러서 _--_], 끄실었다[끄시럳따 _--_]. ☞끟다.

끄실라다[_ _-_] 동 그을리다. ☞꼬실라다.

끄실리다[1][_ _-_] 동 그을리다. '그을다'의 피동사. ☞꼬실리다.

끄실리다[2][_ _-_] 동 남세하다. 남에게서 조롱이나 비웃음을 받게 되다. ¶살민서 끄실리는 짓을 해서는 안 덴다. =살면서 남세하는 짓을 해서는 안 된다. ☞남사하다. 넘사하다.

끄어니라다[-_ _-_] 동 끌어내리다. 잡아당겨 낮은 곳이나 아래로 옮기다. ¶감낭게 올라간 아아로 끄어니랐다. =감나무에 올라간 애를 끌어내렸다.

끄어딜이다[끄어디리다 -_--_] 동 끌어들이다. ①권하거나 꾀어서 함께하게 하다. ¶【관용구】물기신겉이 끄어딜이다. =물귀신같이 끌어들이다. ②물건을 어디로 끌어서 안으로 옮겨 넣다. ¶비 오까 집어서 나락을 끄어딜있다. =비 올까 싶어서 벼를 끌어들였다.

끄어모다다[-_ _-_] 동 끌어모으다. 어떤 일을 위하여 한곳에 모이게 하다. ¶구장이 나만사람을 깅노당에 끄어모닸다. =이장이 노인을 경로당에 끌어모았다.

끄어올라다[-_ _-_] 동 끌어올리다. 사람이나 물체 따위를 잡아당겨 아래에서 위로 올리다. ¶주봉 쫌 끄어올라라. =바지 좀 끌어올려라.

끄직기리다[_ _-_ _] 동 끄적거리다. 글씨나 그림 따위를 아무렇게나 자꾸 막 쓰거나 그리다. ¶지 딴에 글씨라꼬 끄직기린다. =제 딴에 글씨라고 끄적거린다.

끄터무리[_ _-_] 명 끄트머리. 맨 끝 부분. ¶【속담】상투 끄터무리꺼정 올라갔다. =상투 끄트머리까지 올라갔다. ¶【속담】송곳도 끄터무리부텀 드간다. =송곳도 끄트머리부터 들어간다. ☞끈터무리. 끈티이.

끈치다[-_ _] 동 그치다. ☞근치다.

끈터무리[_ _-_] 명 끄트머리. 맨 끝 부분. ☞끄터무리. 끈티이.

끈티이[끈티~이 _-_] 명 끄트머리. ☞끄터무리. 끈터무리.

끊이다[끄니다 _-_] 동 끊다. ①이어진 것을 따로 떨어지도록 잘라 가르다. ¶【속담】멀꺼디이 끊이서 심발로 삼는다. =머리카락 끊어서 신발을 삼는다. ②계속해 온 일이나 관계를 더 이상 하지 않거나 지속하지 않다. ¶댐배로 끊있다. =담배를 끊었다. ③공급하던 것을 더 이상 주지 않거나 받지 않다. ¶【관용구】밥줄로 끊이다. =밥줄을 끊다. ④표를 돈을 내고 발급을 받다. ¶차포 끊이낳았다. =차표 끊어놓았다. ⑤목숨을 더 이상 잇지 못하게 하다. ¶【관용구】목심을 끊이다. =목숨을 끊다. *끊이고[끄니고 _-_], 끊이지[끄니지 _-_], 끊있다[끄닏따 _-_].

끊지다[끈치다 _-_] 동 끊기다. '끊다'의 피동사. ¶【관용구】창시가 끊지다. =창자가 끊기다. ¶【관용구】발질이 끊지다. =발길이 끊기다. ¶【속담】줄 끊진 연 치라보는 객이다. =줄 끊긴 연 쳐다보는 격이다. ¶【속담】썩은 새끼도 잡아땡기야 끊진다. =썩은 새끼도 잡아당겨야 끊긴다. *끊지고[끈치고 _-_], 끊지지[끈치지 _-_], 끊짔다[끈칟따 _-_].

끌개[-_] 명 글겅이. 말이나 소의 털을 빗기는, 빗 모양의 기구.

끌라다[_-_] 동 끄르다. ☞깨라다. 끼라다.

끌리가다[_-_ _] 동 끌려가다. ☞끄끼가다. 꾾기가다.

끌발[끌빨 --] 명 끗발. ①노름 따위에서 좋은 끗수가 잇따라 나오는 기세. ¶【관용구】끌발이 좋다. =끗발이 좋다. ¶【관용구】끌발이 서다. =끗발이 서다. ②아주 당당한 권세나 기세. ¶【관용구】끌발이 씨다. =끗발이 세다. ¶【관용구】끌발 날리다. =끗발 날리다.

끌어벗다[끄러벋따 -_-_] 동 들이붓다. ①액체나 가루를 무엇의 속에 마구 쏟아 넣다. ¶돌까리로 끌어버가아 지둥을 시았다. =시멘트를 들이부어서 기둥을 세웠다. ②비가 마구 퍼붓다. ¶장때비가 끌어벗는다. =장대비가 들이붓는다. ③술을 마구 마시다. ¶맨날 술로 끌어벗는다. =만날 술을 들이붓는다. ④욕을 마구 해대다. ¶그 할마씨가 욕을 끌어버서 기양 욌뿌어예. =그 할망구가 욕을 들이부어서 그냥 와버렸어요. *끌어벗고[끄러벋꼬 -_-_], 끌어벗지[끄러벋찌 -_-_], 끌어버어서[끄러버어서 -_-__], 끄러버었다[끄러버얻따 -_-__]. ☞낄이벗다. 덜어벗다.

끍다[1][끌따 -_] 동 긁다. ①얇은 것으로 물체를 문지르다. ¶【속담】자다가 넘우 다리 끍는다. =자다가 남의 다리 긁는다. ¶【속담】거북이 등더리에 터리기 끍는다. =거북이 등에 털 긁는다. ②갈퀴 따위로 그러모으다. ¶까꾸리로 깔비 끍었다. =갈퀴로 솔가리 긁었다. ③샅샅이 뒤져 빠짐없이 챙기다. ¶자석들이 돈을 딸딸 끍어 갔다. =자식들이 돈을 닥닥 긁어 갔다. ④기분이나 감정을 상하도록 자극하다. ¶쏙을 끍는다. =속을 긁는다. ⑤다른 사람의 재물을 정당치 못한 방법으로 두루 자기 것으로 만들다. ¶넘우 돈을 끍었다. =남의 돈을 긁었다. ⑥물건을 마찰해 벗기다. ¶무시 껍띠기 끍어라. =무 껍질 긁어라. ⑦공연히 건드려 분란의 빌미를 만들다. ¶【속담】끍어 부시럼. =긁어 부스럼. *끍어[끌거 -_], 끍고[끌꼬 -_], 끍는[끙는 -_], 끍지[끌찌 -_]. ☞껀질다. 껌다.

끍다[2][끌따 -_] 동 할퀴다. ☞까러비다.

끍어묵다[끌거묵따 -___] 동 긁어먹다. ①남의 재물을 교활하고 악독한 방법으로 빼앗아 가지다. ¶【속담】참새 앞장개이 끍어묵눈다. =참새 앞정강이 긁어먹는다. ②음식을 남김없이 먹다. ¶【속담】닭또 지 앞 모시는 끍어묵눈다. =닭도 제 앞 모이는 긁어먹는다.

끍히다[끌키다 _-_] 동 긁히다. 날카롭거나 뾰족한 것에 문질리어 자국이 생기다. ¶【속담】디주 밑이 끍히마 밥맛이 더 난다. =뒤주 밑이 긁히면 밥맛이 더 난다.

끗다[끄따 -_] 동 긋다. ①선을 일정한 방향으로 쭉 이어 그리다. ¶말라꼬 책에다가 줄로 끗고 그카노? =뭣 하러 책에다 줄을 긋고 그러니? ②성냥을 갑에 대고 한쪽 방향으로 밀거나 당기다. ¶성냥을 끄었다. =성냥을 그었다. ③외상으로 처리하다. ¶【관용구】이상을 끗다. =외상을 긋다. *끗고[끄꼬 _-], 끗지[끄찌 _-], 끄어야[끄어야 -__], 끄었다[끄얻따 -__]. ☞기리다.

끝따리[1][끋따리 --_] 명 거스름돈. ¶끝따리는 안 받으께예. =거스름돈은 안 받을게요. ☞남운돈. 주리.

끝따리[2][끋따리 --_] 명 우수리. 일정한 수나 수량을 다 채우고 남은 수나 수량. ¶끝다리는 따리 싸주우이소오. =우수리는 따로 싸주세요.

끟고가다[끄코가다 __-_] 동 끌어가다. ①사람을 강제로 붙잡아 데리고 가다. ¶깅찰이 도덕넘을 끟고갔다. =경찰이 도둑놈을 끌어갔다. ②짐승을 빼앗아 몰고 가다. ¶빚재이가 송안치로 끟고갔어예. =빚쟁이가 송아지를 끌어갔어요.

끟기가다[끄키가다 __-_] 동 끌려가다. 완력이나 강압에 의하여 억지로 움직여 가다. ¶【속담】여러치 가는 데 썪이마 빙든 다리도 끟기간다. =여럿이 가는 데 섞이면 병든 다리도 끌려간다. ☞

끄끼가다. 끌리가다.

꽇다[끄타 _-] 동 끌다. *꽇고[끄코 _-], 꽇지[끄치 _-], 끄어야[끄어야 -__], 끄었다[끄얻따 -__]. ☞끄실다.

끼[1][-] 명 꾀. 일을 잘 꾸며 내거나 해결해 내거나 하는, 묘한 생각이나 수단. ¶【속담】끼 많은 넘이 지 끼에 넘우간다. =꾀 많은 놈이 제 꾀에 넘어간다.

끼[2][_] 명 ((동물))게. ☞께.

끼[3][-] 명 점괘(占卦). 점을 쳐서 나오는 괘. ¶【관용구】점바치가 끼로 빼다. =점쟁이가 점괘를 뽑다. ☞점깨. 점끼.

끼[4][-] 명 것. ①그 사람의 소유물임을 나타내는 말. ¶이거는 내 끼이다. =이건 내 것이다. ②말하는 이의 결심 따위를 나타내는 말. ¶언자 댐배로 끊일 끼이다. =이제 담배를 끊을 것이다. ③말하는 이의 전망이나 추측 따위를 나타내는 말. ¶올 지익에는 달이 한할 끼이다. =오늘 저녁에는 달이 환할 것이다. ☞거. 꺼.

끼[5][-] 조 에게. ((사람이나 동물 따위를 나타내는 체언 뒤에 붙어)) 일정하게 제한된 범위를 나타내는 격조사. *창녕방언에서 이른바 여격조사의 한 특징은, 기원적으로 속격조사인 '에'('에게'의 '에')를 지배하지 않고 그냥 '게'를 체언 뒤에 통합한다는 점이다. ¶거거는 사램끼 이해예. =그것은 사람에게 이로워요. ☞게. 보고. 인데.

끼[6][_] 뮈 게. 의존 명사 '것'에 주격 조사나 보격 조사 '이'가 붙어서 준 말. ¶운제 오도 올 끼 왔다. =언제 와도 올 게 왔다. ☞기이. 께.

-끼[_] 접 -께. '그때 또는 장소에서 가까운 범위'의 뜻을 더하는 접미사. ¶삼얼 보룸끼부텀 할부지가 아푸다. =삼월 보름께부터 할아버지가 아프다.

끼꾸[-_] 명 기별(奇別). 다른 곳에 있는 사람에게 소식을 전함. *일본어 '기꾸(きく)'에서 온 말. ¶【관용구】간에 끼꾸도 안 간다. =간에 기별도 안 간다. ☞기밸. 기빌.

끼꾸룸하다[1][___-_] 형 찜찜하다. 어떤 일이 마음에 걸려 개운하지 않다. ¶저분에 고 일이 끼꾸룸합미더. =저번에 고 일이 찜찜합니다. ☞찝찌부리하다.

끼꾸룸하다[2][___-_] 형 꺼림칙하다. ☞깨롬하다.

끼끼[_-] 명 괴끼. 벼, 보리, 옥수수 따위 곡식의 수염 부스러기. ¶보리타작하마 끼끼가 엄청시리 날린다. =보리타작하면 괴끼가 엄청나게 날린다. ¶웃쏙에 끼끼가 드가서 끼꾸룸하다. =옷속에 괴끼가 들어가서 찜찜하다.

끼나다[--_] 동 싫증나다. ¶고넘이 공부로 잘 하디마는 끼났능가 다알났다. =고놈이 공부를 잘 하더니만 싫증났는지 달아났다. ☞싫징나다.

끼내다[1][--_] 동 꾀피우다. ¶끼내지 마래이. =꾀피우지 마라. ☞끼피아다.

끼내다[2][--_] 동 꾀쓰다. ①일이 잘 풀리도록 슬기로운 생각을 내다. ¶이 일로 우짜마 좋울지 끼내바라. =이 일을 어쩌면 좋을지 꾀써보아라. ②어렵거나 난처한 일을 요리조리 피하여 자기에게 이로운 짓만 하다. ¶저넘아는 툭하마 끼낸다. =저놈은 툭하면 꾀쓴다. ☞끼씨다.

끼다[1][-_] 동 꿰다. ①실이나 끈 따위를 구멍이나 틈의 한쪽에 넣어 다른 쪽으로 내다. ¶【관용구】콧구뭉 끼다. =콧구멍 꿰다. ②옷이나 신 따위를 입거나 신다. ¶운동아로 지대로 끼서 신어라. =운동화를 제대로 꿰서 신어라. ③어떤 물체를 꼬챙이 따위에 맞뚫려 꽂히게 하다. ¶【속담】구실이 시 말이래도 끼야 보배다. =구슬이 세 말이라도 꿰어야 보배다. ¶【속담】인정(人情)은 바리로 실꼬 진상(進上)은 꼬치로 낀다. =인정은 바리로 싣고 진상은 꼬치로 꿴다. ④어떤 일의 내용이나 사정을 자세하게 다 알다. ¶아부지는 농사일로 쏙쏙디리 다 끼고 있다. =아버지는 농사일을 속속들이 다 꿰고 있다.

끼다[2][__] 동 뀌다. 방귀를 몸 밖으로 내어 보내다. ¶【관용구】똥깨나 끼다. =방귀깨나 뀌다. ¶【속담】똥차 앞에서 방구 낀다. =똥차 앞에서 방귀 뀐다.

끼다[3][-_] 동 꾸다. 꿈이 잠자는 동안 나타나게 되다. ¶꿈자리 씨끄럽운 꿈을 낐다. =꿈자리가 시끄러운 꿈을 꿨다.

끼들다[--_] 동 끼어들다. ①사람이나 차량이 틈이나 사이에 비집고 들어서다. ¶넘우 차가 끼들었다. =남의 차가 끼어들었다. ②간섭하거나 참견하다. ¶넘우 일에 끼들지 마래이. =남의 일에 끼어들지 마라. ③다른 것에 함께 섞이게 되다. ¶잡스럽운 생각이 끼든다. =잡스러운 생각이 끼어든다. ☞낑기들다. 찡기들다.

끼띠기[_-_] 명 ((식물))쇠뜨기. ☞소쌀밥. 소찰밥.

끼라다[_-_] 동 끄르다. ☞깨라다. 끌라다.

끼랗다[끼라타 _-_] 동 떼다. 어디에 붙어 있는 것을 따로 떨어지게 하다. ¶꼬치 꼭따리 끼랗다가 눈 비비마 안 덴데이. =고추 꼭지 떼다가 눈 부비면 안 된다. ☞띠다.

끼롬하다[__-_] 형 꺼림하다. 마음에 걸려 언짢은 느낌이 있다. ¶얼라 하분채 집에 낳아두고 온 기이 끼롬합미더. =애 혼자 집에 놓아두고 온 게 꺼림합니다.

끼맞하다[끼마차다 -_-_] 동 꿰맞추다. 서로 맞지 아니한 것을 어떤 기준이나 정도에 맞게 모으다. ¶이거 한분 끼맞하 바라. =이것 한번 꿰맞춰 봐라.

끼매다[_-_] 동 꿰매다. ☞꼬매다. 꾸매다. 집우매다.

끼미[_-] 명 고명. 음식의 모양과 맛을 더하기 위하여 음식 위에 뿌리거나 얹는 것을 통틀어 이르는 말. ¶【관용구】끼미 옇다. =고명 넣다. ¶【관용구】끼미 얹이다. =고명 얹다.

끼미다[--_] 동 꾸미다. ①신체나 대상 따위를 다른 요소들을 더해서 다듬어 더욱 보기 좋은 것으로 만들다. ¶안들이 자아 가민서 끼미 입고 갔다. =아내가 장에 가면서 꾸며 입고 갔다. ②기존의 공간을 고치거나 하여 만들다. ¶【속담】하앙산도 돌리 끼밀다. =화왕산도 돌려 꾸미겠다. ③이야기를 사실인 것처럼 지어내다. ¶잘 묵고 죽은 기신 이약 끼민다. =잘 먹고 죽은 귀신 이야기 꾸민다. ④바느질하여 만들다. ¶어매가 둘매기로 끼밌다. =어머니가 두루마기를 꾸몄다. ⑤문장 따위를 다듬다. ¶펀지로 끼민다. =편지를 꾸민다. ⑥자기 뜻대로 도모하려고 가상의 원인과 결과 따위를 설정하여 짜다. ¶나뿐 넘이 먼 일로 끼밀 모냥이다. =나쁜 놈이 뭔 일을 꾸밀 모양이다.

끼빙[-_] 명 꾀병(-炳). ☞깨빙.

끼살지이다[_--__] 동 훼방하다(毁謗--). ☞깨방놓다. 찡짜부리다. 해작놓다.

끼서는[_-_] 조 께서는. ((사람을 나타내는 체언 뒤에 붙어)) 그 대상을 높임과 동시에 그 대상이 문장의 주어임을 나타내는 격 조사. 주격 조사 '가/이'의 높임말이며, 이때 서술어에는 높임을 나타내는 선어말 어미 '-시-'를 붙인다. ¶너거 할부지끼서는 비실을 지냈싰디라. =너희 할아버지께서는 벼슬을 지내셨더니라.

끼씨다[--_] 동 꾀쓰다. ☞끼내다.

끼아다[-__] 동 끼우다. 벌어진 사이에 무엇을 넣고 죄어서 빠지지 않게 하다. ¶【관용구】첫 단추 잘몬 끼아다. =첫 단추 잘못 끼우다. ☞낑가다. 찌아다. 찡가다.

끼아주다[-___] 동 끼워주다. ①같은 편에 넣어주다. ¶니또 우리 노는 데 끼아주까? =너도 우리 노는 데에 끼워줄까? ②우수리로 덧붙여주다. ¶큰 거 사마 작은 거 한나 끼아주지예? =큰 것 사면 작은 것 하나 끼워주죠? ☞낑가주다. 찌아주다. 찡가주다.

끼알[-_] 명 깨알. 깨 씨의 낱알. ¶오올 밤에는 하알에 빌이 끼알겉이 백히 있다. =오늘 밤에는 하늘에 별이 깨알같이 박혀 있다.

끼으럼[__-] 명 게으름. ☞께으럼.

끼을밫다[끼을받따 __-_] 형 게으르다. ☞께을밫다. 께읋다. 끼읋다. 망태겉다.

끼을배이[끼을배~이 __-_] 명 게으름뱅이. '게으름쟁이'를 낮잡아 이르는 말. ☞께을배이.

끼읋기[끼을키 _-_] 부 게을리. ☞께읋기.

끼읋기하다[끼을키하다 _-___] 동 게을리하다. ☞께읋기하다.

끼읋다[끼을타 _-_] 형 게으르다. ☞께을밫다. 께읋다. 끼을밫다. 망태겉다.

끼이다[1][_-_] 동 꿰이다. '꿰다'의 피동사. ①실이나 끈 따위가 구멍이나 틈의 한쪽에 넣어지다. ¶바늘기에 실이 끼있다. =바늘귀에 실이 꿰였다. ②어떤 물체가 꼬챙이 따위에 맞뚫려 꽂히다. ¶【속담】콧구늉 끼있다. =콧구멍 꿰였다.

끼이다[2][_-_] 동 뀌어지다. '뀌다'의 피동사. ¶보쌀을 무우마 방구가 잘 끼인다. =보리쌀을 먹으면 방귀가 잘 뀌어진다.

끼이다[3][_-_] 동 꾸이다. '꾸다'의 피동사. ¶꿈자리 씨끄럽운 꿈이 끼있다. =꿈자리 시끄러운 꿈이 꾸였다.

끼이다[4][_-_] 동 죄이다. '죄다'의 피동사. 느슨하거나 헐거운 것이 단단하거나 팽팽하게 되다. ¶시이 짝애서 발에 끼인다. =신발이 작아서 발에 죄인다. ☞찌이다.

끼입다[끼입따 --_] 동 껴입다. 입은 옷 위에 또 겹쳐 입다. ¶춥우서 내복을 끼입었다. =추워서 내복을 껴입었다. ☞쪄입다. 찌입다. 포개입다.

끼입하다[끼이파다 -___] 동 껴입히다. 입은 옷 위에 또 겹쳐 입게 하다. ¶아아인데 옷을 끼입핬다. =애한테 옷을 껴입혔다. ☞쪄입하다. 찌입하다. 포개입하다.

끼차다[--_] 동 꿰차다. ((속되게)) 자기 것으로 만들어 가지다. ¶이분에 좋운 일자리 끼찼다. =이번에 좋은 일자리 꿰찼다.

끼피아다[--__] 동 꾀피우다. ☞끼내다.

낀강[-_] 뿌 것인지. *'낀강'에서 '낀'은 어원적으로 '것+이-+-ㄴ'에서 온 말이다. ¶오올은 비가 올 낀강 안 올 낀강 모룰다. =오늘은 비가 올 것인지 안 올 것인지 모르겠다. ☞낀동. 낀지.

낀께네[-__] 뿌 거니까. 미래의 일어날 동작이나 상태를 예측하여 나타내는 연결어미. ¶언자는 안 그랄 낀께네 한분마 바주우소오. =이제는 안 그럴 거니까 한번만 봐주세요.

낀동[-_] 뿌 것인지. *'낀동'에서 '동'은 주로 경북방언에서 발견되는 의존명사의 하나이다. 그러나 '-ㄴ동'은 '-인지 아닌지'의 뜻을 갖는 어미로 굳어진 말이다. 창녕은 경북과 접경하고 있는 지역이다. ¶이래서 델 낀동 안 델 낀동 모룰다. =이리해서 될 것인지 안 될 것인지 모르겠다. ☞낀강. 낀지.

낀지[-_] 뿌 것인지. ☞낀강. 낀동.

낄이벗다[끼리벋따 -_-_] 동 들이붓다. ☞끌어벗다. 덜어벗다.

낋이다[끼리다 -__] 동 끓이다. '끓다'의 사동사. *창녕방언에서 '끓다'는 '끓고, 끓어야'와 같은 경우는 표준어와 같은 모습으로 활용되나, 사동사로 실현될 때에는 '낋이다'로 변용된다. ①액체가 몹시 뜨거워져서 소리를 내면서 거품이 솟아오르다. ¶【속담】넘우 밥 보고 씨리기국 낋인다. =남의 밥 보고 시래깃국 끓인다. ②조바심을 하다. ¶【관용구】쏙을 낋이다. =속을 끓이다. ③마음이 상하다. ¶【관용구】화로 낋이다. =화를 끓이다.

낑가다[_-_] 동 끼우다. ☞끼아다. 찌아다. 찡가다.

낑가주다[_-__] 동 끼워주다. ☞끼아주다. 찌아주다. 찡가주다.

낑기다[_-_] 동 끼이다. '끼다'의 피동사. ¶【속담】공작새 새에 낑긴 까마구다. =공작새 사이에 끼인 까마귀다. ¶【속담】여자 안 낑기마 성지간에 싸울 일 없다. =여자 안 끼이면 형제간에 싸울 일 없다. ☞찡기다.

낑기들다[_-__] 동 끼어들다. ☞끼들다. 찡기들다.

ㄴ가배[-_] 형 가봐. ((동사나 형용사 뒤에 쓰여)) 앞말이 뜻하는 행동이나 상태를 추측하거나 어렴풋이 인식하고 있음을 나타내는 보조형용사. ¶기부이 디기 좋운가배. =기분이 되게 좋은가봐.

-ㄴ강[_] 어 -ㄴ지. ①((앞말에 붙어 쓰여)) 막연한 의문이 있는 채로 그것을 뒤 절의 사실이나 판단과 관련시키는데 쓰는 말. ¶【속담】똥인강 딘장인강 모룬다. =똥인지 된장인지 모른다. ②((모음이나 'ㄹ'로 끝나는 용언의 어간 또는 선어말 어미 뒤에 붙어)) 막연한 의문을 나타내는 말. ¶오올도 또 올란강? =오늘도 또 올는지?

-ㄴ교[-] 어 -ㄴ가요. ①상대에게 어떤 내용을 묻는 뜻을 나타내는 말. ¶시방 바뿐교? =지금 바쁜가요? ②((주로 의문사와 함께 쓰여)) 강조하는 뜻을 나타내는 말. ¶이거는 우짤 낀교? =이건 어쩔 건가요?

-ㄴ께네[-_] 어 -니까. '-니'를 강조하여 이르는 말. ¶【속담】범을 본께네 무숩꼬 까죽을 본께네 탐난다. =범을 보니까 무섭고 가죽을 보니까 탐난다.

-ㄴ나[_] 어 -너라. ((동사 '오다'의 어간에 붙어)) 명령의 뜻을 나타내는 어미. ¶언자 마 온나. =이제 그만 오너라. ☞ -내이. -니라. -이라.

-ㄴ다꼬[-_] 어 -느라고. ①((동사의 어간이나 선어말 어미 뒤에 붙어)) 그 행동을 실현하기 위해 애쓴 것이 원인이나 이유가 되어 뒤 절의 사실이 일어났음을 나타내는 말. ¶일한다꼬 밤시았다. =일하느라고 밤새웠다. ¶만다꼬 이래 늦이까 왔노? =뭐하느라고 이리 늦게 왔나? ②((동사의 어간이나 선어말 어미 뒤에 붙어)) 그 행동을 이룰 목적으로 뒤 절의 행위를 함을 나타내는 말. '-기 위하여'의 뜻을 나타낸다. ¶니 지다린다꼬 고상했디라. =너 기다리느라고 고생했더니라.

-ㄴ다더나[-__] 어 -ㄴ다더니. ((의문사 없이 쓰여)) 제삼자로부터 들은 바를 회상하여 전해 주도록 상대에게 물어보는 뜻을 나타내는 종결어미. ¶언자 고마하마 덴다더나? =이제 그만하면 된다더니?

-ㄴ다더노[-__] 어 -ㄴ다더냐. ((의문사와 함께 쓰여)) 상대에게 꾸짖듯 강하게 주장하는 뜻을 나타내는 말. 수사 의문문으로서 긍정으로 표현된 사실을 부

정하는 뜻으로 바꾸거나 부정으로 표현된 사실을 긍정하는 뜻으로 바꾼다. ¶누가 니맨치로 고래 산다더노? =누가 너처럼 고리 산다더냐?

-ㄴ동[_] 어 -인지. *'동'은 주로 경북방언에서 발견되는 의존명사의 하나이다. 그러나 '-ㄴ동'은 '-인지 아닌지'의 뜻을 갖는 어미로 굳어진 말이다. ¶하알을 보이 비가 올 낀동 안 올 낀동 모룰다. =하늘을 보니 비가 올 것인지 안 올 것인지 모르겠다.

-ㄴ들[-_] 어 -은들. ((용언의 어간 'ㄴ' 받침 뒤에 붙어)) 앞 절의 내용을 양보하여 인정한다고 하더라도 뒤 절에서 그것으로 인해 기대되는 결과가 부정됨을 나타내는 말. ¶니가 돈을 벌운들 얼매나 벌있으까이. =네가 돈을 번들 얼마나 벌었으랴.

-ㄴ이[~이 _] 어 -ㄴ이. *창녕방언에서 'ㄴ'받침을 가진 체언 다음에 연결어미 '-이'가 붙을 경우에 동화 되는 현상. ¶【속담】누이 내 코로 몬 본다. =눈이 내 코를 못 본다. ¶【속담】내 소이 내 딸이다. =내 손이 내 딸이다. ¶【속담】내 할 말 사도이 한다. =내 할 말 사돈이 한다.

나[-] 명 나이. 살아온 햇수. ¶【속담】나는 몬 쏙한다. =나이는 못 속인다. ¶【속담】나 덕이나 본다. =나이 덕이나 본다.

-나[_] 어 -느냐. -니. 의문형 종결어미. *창녕방언에서 의문형 어미는, 의문사('어찌', '어떻게', '무엇', '왜', '누구', '얼마', '몇' 등)가 있고 서술어가 용언이면, '-고' 또는 '-노'가 선택된다. 그러나 의문사가 없는 의문형 어미는 '-나' 또는 '-제'로 실현된다. ¶밥은 묵고 댕기나? =밥은 먹고 다니느냐? ¶이래 늦이까 가도 개안나? =이렇게 늦게 가도 괜찮니?

나간집구석[_-___] 명 ≒빈집. '사람이 살지 아니하는 집'을 낮잡아 이르는 말. ¶【관용구】나간집구석 겉다. =빈집 같다. ¶【속담】나간집구석에 소 매있다. =빈집에 소 매였다. ¶【속담】나간집구석에 서발 막때기 거칠 꺼 없다. =빈집에 서발 막대 거칠 것 없다.

나구[-_] 명 ((동물))나귀. ¶【속담】나구 샌님 대하듯기 한다. =나귀 샌님 대하듯 한다. ¶【속담】나구는 샌님마 싱긴다. =나귀는 샌님만 섬긴다.

나깞[나깝 --] 명 나잇값. ¶【관용구】나깞또 몬하다. =나잇값도 못하다.

-나꼬[-_] 어 -냐고. ①((용언의 어간 또는 선어말 어미 뒤에 붙어)) 상대방의 앞선 질문을 재차 확인하거나 그 진의를 확인하기 위해 그 질문을 다시 되풀이함을 나타내는 말. 해체로, 주로 구어체에 쓰인다. ¶자석이 믿움직하나꼬? 암매. =자식이 믿음직하냐고? 아무렴. ②((용언의 어간 또는 선어말 어미 뒤에 붙어)) 질문에 대한 답변이 없는 상대방에게 다시 물어 그 분명한 대답을 재촉함을 나타내는 말. 해체로, 주로 구어체에 쓰인다. ¶자아가 오데가 이뿌나꼬? =재가 어디가 예쁘냐고?

ㄴ

③((용언의 어간 또는 선어말 어미 뒤에 붙어)) 질문의 내용을 간접적으로 인용하여 옮기는 뜻을 나타내는 말. ¶【속담】밤새두룩 울고 나디이 누가 죽읬나꼬 묻는다. =밤새도록 울고 나더니 누가 죽었냐고 묻는다.

나나다[_-_] 동 나누다. ①물리적인 대상을 둘 이상의 부분으로 갈라 떨어지게 하거나 분류하다. ¶【속담】멧돝은 칡뿌리이로 나나 묵고 집대애지는 꾸중물로 나나 묵눈다. =멧돼지는 칡뿌리를 나눠 먹고 집돼지는 구정물을 나눠 먹는다. ②다른 사람과 말이나 인사를 서로 주고받다. ¶골마캉 이약을 나나보이 골마 말또 맞던데예. =고놈과 이야기를 나눠보니 고놈 말도 맞던데요. ③둘 이상의 사람이 희로애락을 함께 경험하거나 겪다. ¶【속담】슬품은 나나도 기뿜은 몬 나난다. =슬픔은 나눠도 기쁨은 못 나눈다. ④둘 이상의 사람이 피를 같이 타고나다. ¶피로 나난 성지간. =피를 나눈 형제간. ☞노나다. 반타다.

나나묵기[나나무끼 _-__] 명 나눠먹기. ☞갈라묵기. 노나묵기.

나나묵다[_-__] 동 나눠먹다. ☞갈라묵다. 노나묵다. 반타서묵다.

나나주다[_-__] 동 나눠주다. ☞갈라주다. 노나주다. 반타주다.

나댕기다[_-__] 동 나다니다. 밖에 나가서 여기저기 마구 돌아다니다. ¶여자가 늦인 밤에 나댕기마 우뱮다. =여자가 늦은 밤에 나다니면 위험하다.

나따나[--_] 조 라도. 앞말을 강조하는 뜻을 나타내는 보조사. ¶오기사 오겠지마는, 혹시나따나 안 오마 니가 챙기라. =오기야 오겠지만, 혹시라도 안 오면 네가 챙겨라. ☞래도.

나뚜다[--_] 동 놔두다. ①제 마음대로 하도록 내어 맡기다. ¶실컨 놀구로 나뚜라. =실컷 놀게 놔둬라. ②건드리지 않고 그대로 두다. ¶짐장이 맛 들라 카마 한 달쭘치 나뚜야 덴다. =김장이 맛 들려 하면 한 달쯤 놔둬야 된다. ③물건을 손에 들고 있다가 어떤 곳에 내려서 두다. ¶이거는 여개 나뚜라. =이건 여기에 놔둬라. ④다른 사람을 돌보지 않고 내버려두다. ¶아푼 동상을 기양 나뚜마 우야노? =아픈 동생을 그냥 놔두면 어쩌느냐? ☞내뚜다. 냅뚜다.

나라이[나라~이 _-_] 부 나란히. ¶【관용구】어깨로 나라이 하다. =어깨를 나란히 하다. ☞쪼롬이. 쫄로리.

나락[-_] 명 ((식물))벼. ¶【속담】나락은 익울수룩이 고개로 식인다. =벼는 익을수록 고개를 숙인다. ☞베. 비.

나락까대기[___-_] 명 볏가리. 벼 낟알이 붙은 그대로 쌓은 더미. ¶【속담】나락까대기에 불 질러낳고 손 찌알 넘. =볏가리에 불 질러놓고 손 쬐일 놈. ☞나락삐까리. 삐까리.

나락까리[__-_] 명 줄가리. 볏단의 이삭 쪽을 위로 하여 맞대고, 뿌리 쪽은 띠워서 줄을 지어 세우는 가리. 벼를 말릴 때 쓰는 방법이다. ¶【관용구】나락까리로 치다. =줄가리를 치다. ☞물삐.

발가리.

나락농사[나랑농사 _ _-_] 명 벼농사(-農事). ☞베농사. 비농사.

나락단[나락딴 _-_] 명 볏단. 벼를 베어 묶은 단. ☞깻단.

나락딩기[_ _-_] 명 왕겨(王-). 벼의 겉에서 맨 처음 벗긴 굵은 겨. ¶【속담】분다 분다 칸께네 하리아직에 나락딩기 석 섬을 분다. =분다 분다 하니까 하루아침에 왕겨 석 섬을 분다. ☞아시딩기. 왕게. 왕딩기.

나락메띠기[_ _ _-_] 명 ((동물))벼메뚜기. ¶【속담】가실에 나락메띠기 설치딧기. =가을에 벼메뚜기 설치듯.

나락삐까리[_ _ _-_] 명 볏가리. ☞나락까대기.

나락이색[-_ _-] 명 벼이삭. ¶나락이색이 노랗기 익었어예. =벼이삭이 노랗게 익었어요.

나락홀깨[_ _-_] 명 벼훑이. 두 개의 나뭇가지나 수숫대 또는 댓가지의 한끝을 동여매어 집게처럼 만들고 그 틈에 벼이삭을 넣고 벼의 알을 훑는 농기구. ☞대홀깨. 손홀깨. 홀깨.

나랑내이[나랑내~이 _ _-_] 명 ((식물))벼룩나물.

나래[--] 명 이엉뭉치. 지붕이나 담을 이는 데 쓰기 위해 짚으로 길게 엮은 이엉을 말아놓은 뭉치.

나룬하다[_ _-_] 형 나른하다. 맥이 풀리거나 고단하여 기운이 없다. ¶몸띠이가 나룬하다. =몸뚱이가 나른하다.

나룸[_-] 명 나름. ①각자가 가지고 있는 방식이나 생각을 나타내는 말. ¶【속담】여자캉 집은 거천하기 나룸. =여자랑 집은 돌보기 나름. ②((명사나 명사형 어미 '-기', 관형사형 어미 '-을' 뒤에서 '나름이다'의 꼴로 쓰여)) 어떤 일이 그것의 됨됨이나 그 일을 하는 방식에 달려 있음을 나타내는 말. ¶【속담】집구숙은 사나아가 하기 나룸이다. =집구석은 사내가 하기 나름이다.

나룸대로[_ _-_] 부 나름대로. 어떤 일이 그것의 됨됨이나 그 일을 하는 방식에 달려 있음을 나타내는 말. ¶【속담】자석은 키아기 나룸대로 간다. =자식은 키우기 나름대로 간다.

나리[1][_-] 명 나루. 강이나 내 또는 좁은 바닷목에서 배가 건너다니는 곳. ¶나리에서 강 건니로 갔디라. =나루에서 강 건너로 갔더니라.

나리[2][-_] 명 ((식물))참나리.

나만사람[--_-] 명 노인(老人). *'나(나이)+만(많은)+사람'은 표준어로 보면 구(句)이지만 창녕방언에서는 굳어진 말이라 하나의 단어로 보는 게 낫다. 이 경우 '나이 많은 사람'은 상대적인 나이가 아니라 절대적인 나이를 뜻하는 '노인'을 지칭한다. ¶【속담】나만사람 말 들으마 자다아도 떡이 생긴다. =노인 말 들으면 자다가도 떡이 생긴다.

나목신[_-_] 명 나막신. 진땅에서 신도록 나무를 파서 만든 신. ¶【속담】나목신 신꼬 대동선 좇아간다. =나막신 신고 대동선 좇아간다.

나무딸[_-_] 명 산딸기(山--). ☞산딸.

나무똥가리[___-_] 명 나무토막. ¶【속담】맹공[名工] 손에 잽히마 내삐린 나무똥가리도 칼집이 덴다. =명공 손에 잡히면 내버린 나무토막도 칼집이 된다.

나무래다[__-_] 동 나무라다. 잘못을 꾸짖어 알아듣도록 말하다. ¶【속담】봉사가 개골창 나무랜다. =봉사가 개울 나무란다. ¶【속담】목맨 대애지가 눕운 대애지 나무랜다. =목맨 돼지가 누운 돼지 나무란다.

나무바가치[___-_] 명 나무바가지. 나무를 파서 만든 바가지. ☞남바가치.

나무삐까리[___-_] 명 나뭇가리. 땔나무를 쌓아 놓은 더미.

나무새[_-_] 명 남새. 반찬으로 먹기 위하여 밭에 심어 기르는 농작물. ¶【관용구】나무새 문치다. =남새 무치다. ☞남시.

나무저까치[___-_] 명 나무젓가락.

나무지[_-_] 명 나머지. ①어떤 수량에서 일부를 빼고 남은 부분. ¶【관용구】씨고 남운 나무지. =쓰고 남은 나머지. ②일정한 수량에 다 차지 못하고 모자라는 부분. ¶오올 몬한 나무지는 니일 하자. =오늘 못한 나머지는 내일 하자. ☞나무지기. 나무치기.

나무지기[__-_] 명 나머지. ☞나무지. 나무치기.

나무치기[__-_] 명 나머지. ☞나무지. 나무지기.

나무판때기[___-_] 명 널빤지. 판판하고 넓게 켠 나뭇조각. ¶나무판때기가 짝 짜개짔다. =널빤지가 쫙 쪼개졌다. ☞널판때이.

나문치다[_-__] 동 만지다. ①손을 대어 여기저기 주무르거나 쥐다. ¶【관용구】나문치마 커진다. =만지면 커진다. ¶【관용구】기빱마 나문친다. =귓밥만 만진다. ②어떤 물건이나 돈 따위를 가지다. ¶【관용구】돈깨나 나문친다. =돈깨나 만진다. ③물건을 다루어 쓰다. ¶기게로 잘 나문친다. =기계를 잘 만진다. ☞만치다.

나발[-_] 명 깔때기. ☞깔띠기. 수대.

나배이[나배~이 _-_] 명 ((동물))나방.

나부[-_] 명 ((동물))나비. ¶【속담】꽃이 있으마 반다시 나부가 날아댕긴다. =꽃이 있으면 반드시 나비가 날아다닌다. ¶【속담】꽃 본 나부 담 넘우가까이. =꽃 본 나비 담 넘어가랴. ¶【속담】물 본 기리기 꽃 본 나부. =물 본 기러기 꽃 본 나비. ¶【속담】거무줄에 걸린 나부 꼬라지다. =거미줄에 걸린 나비 꼴이다.

나부대다[__-_] 동 나부대다. *표준어에서 '나부대다'는 부정적인 뜻만 지니고 있으나 창녕방언에서는 '열심히 일하다'는 긍정적인 의미와 부정적인 의미로 두루 사용한다. ①얌전히 있지 못하고 철없이 촐랑거리다. ¶고마 나부대라, 미검 난다카이. =그만 나부대라, 먼지 난다니까. ②열심히 일하다. ¶【관용구】묵고 살라꼬 나부대다. =먹고 살려고 나부대다.

나부랍다[1][나부랍따 __-_] 형 나긋나긋하다. ①어떤 사물이나 그 감촉, 질감 따위가 매우 연하고 부드럽다. ¶【관용구】살갤이 나부랍다. =살결이 나긋나긋하다. ¶【관용구】손질이 나부랍다. =손길이 나긋나긋하다. ②사람이나 그 태도가 매우 상냥하고 우아하다. ¶【관용구】말로 나부랍기 하다. =말을 나긋나긋하게 하다.

나부랍다²[나부랍따 _ _ - _] 형 시원스럽다. 일하는 솜씨나 언행이 거침없다. ¶【관용구】일로 나부랍기 하다. =일을 시원스레 하다. ¶【관용구】말로 나부랍기 하다. =말을 시원스레 하다. ☞써언시럽다.

나부래이[나부래~이 _ _ - _] 명 나부랭이. ①종이나 헝겊 따위의 자질구레한 오라기. ¶헝겁 나부래이. =헝겊 나부랭이. ②어떤 부류의 사람이나 물건을 낮잡아 이르는 말. ¶꼴에 양반 나부래이라꼬 치민은 있네예. =꼴에 양반 나부랭이라고 체면은 있네요. ☞너부래이.

나부리다[_ - _ _] 동 나불대다. 입을 함부로 자꾸 가볍게 놀려 말하다. ¶【관용구】조디이로 나부리다. =주둥이를 나불대다.

나비[- _] 명 ((동물))누에나방.

나비다[- _ _] 동 누비다. 이리저리 거리낌 없이 다니다. ¶【속담】삼동네 나비고 댕기는 덜렁쑥개 겉다. =삼동네를 누비고 다니는 수캐 같다. ☞니비다.

나뿌다[_ - _] 형 나쁘다. ①생김새 따위가 좋지 않다. ¶【속담】도이 없으마 망건 꼬라지가 나뿌다. =돈이 없으면 망건 꼴이 나쁘다. ②내용 따위가 좋지 않다. ¶【속담】나뿐 소무이 퍼떡 퍼진다. =나쁜 소문이 빨리 퍼진다. ③어떤 일을 하기에 적절하지 아니하다. ¶【관용구】묵고 살기가 나뿌다. =먹고 살기가 나쁘다. ④먹은 음식이 양에 차지 아니하다. ¶【속담】나뿔 쩍에 고마 무우라. =나쁠 적에 그만 먹어라. ☞파이다. 하잖다.

나새이[나새~이 _ - _] 명 ((식물))냉이. ☞내이. 매사이.

나선걸움[나선거룸 _ _ - _] 명 선걸음. ①현재 서서 내디뎌 걷고 있는 그대로의 걸음. ¶【관용구】나선걸움으로 가다. =선걸음으로 가다. ②이왕 내디딘 걸음. ¶【관용구】나선걸움에 댕기오다. =선걸음에 다녀오다.

나씨[- -] 명 나쎄. '그만한 나이'를 속되게 이르는 말. ¶【관용구】나씨나 묵다. =나쎄나 먹다. ¶【관용구】나씨 값도 몬 하다. =나쎄 값도 못 하다.

나씨다[- _ _] 형 낯설다. 눈에 익숙하지 않다. ¶말키 나씬 어룬들 뿌이다. =모두 낯선 어른들 뿐이다.

나안날[- _ _] 명 나흗날. ①(('열', '스무' 뒤에 쓰여)) 네 번째 날. ¶【속담】정얼 열 나안날 밤에 잠을 자마 눈쑵이 신다. =정월 열 나흗날 밤에 잠을 자면 눈썹이 센다. ②그 달의 넷째 날. 초나흗날(初---).

나알[- _] 명 나흘. 네 날. ¶【속담】애비 죽운 지 나알 후에 약을 구한다. =아비 죽은 지 나흘 후에 약을 구한다. ☞나을.

나을[- _] 명 나흘. ☞나알.

ㄴ

나이방[__-] 명 라이방[Ray Ban]. 색깔이 있는 렌즈를 끼운 안경. 상품명인 레이밴(Ray Ban)에서 온 말이다. ¶나이방 꺼정 씨고 디기 뽄지기네. =라이방까지 쓰고 되게 걸꾸미네.

나자빠라지다[__-___] 동 나자빠지다. ①뒤로 물러나면서 넘어지다. ¶내는 사분을 볽아서 고마 디로 나자빠라짔디라. =나는 비누를 밟아서 그만 디로 나자빠졌더니라. ②하던 일이나 해야 할 일을 안 하고 배짱을 부리며 버티다. ¶잔아부지가 언자는 이 일로 몬 하겠다 카미 나자빠라짔다. =이제는 이 일로 못 하겠다 하며 나자빠졌다. =작은아버지가 이제는 이 일을 못 하겠다 하며 나자빠졌다.

나작하다[나자카다 __-_] 형 나직하다. ①위치나 높이가 꽤 낮다. ¶창꼬로 나작하이 지있네예. =창고를 나직하게 지었네요. ②소리가 꽤 낮다. ¶먼 이약인지 나작하이 한다. =무슨 얘기인지 나직하게 한다.

나잘[-_] 명 나절. ① 하루 낮의 어느 무렵이나 동안. ¶저실 나잘은 해가 엄청시리 짜러다. =겨울 나절은 해가 엄청나게 짧다. ②하루 낮의 대충 절반쯤 되는 동안을 세는 단위를 나타내는 말. ¶이라다가는 및 나잘은 걸리겄다. =이러다가는 몇 나절은 걸리겠다. ☞나질.

나잘가웃[나잘가운 -_-_] 명 반나절(半--). 한나절의 반쯤 되는 동안. 곧 하루 낮의 4분의 1에 해당하는 동안을 이른다. ¶이거는 나잘가웃이마 끝낼 일이라 캅미더. =이건 반나절이면 끝낼 일이라 합니다. ☞반나잘. 반나질

나잘갈이[__-_] 명 나절갈이. 하루 낮의 절반쯤 되는 동안에 갈 수 있는 논밭의 넓이.

나주우[나주~우 _-_] 부 나중에. 얼마의 시간이 지난 뒤에. ¶【속담】나주우 난 뿔이 우뚝하다. =나중에 난 뿔이 우뚝하다. ¶【속담】나주우 보자는 넘 치고 무숩운 넘 없다. =나중에 보자는 놈 치고 무서운 놈 없다. ¶【속담】나주우 들온 넘이 구둘막 차지한다. =나중에 들어온 놈이 아랫목 차지한다. ¶【속담】딩기 묵던 개는 나주우 쌀 몬 묵눈다. =등겨 먹던 개는 나중에 쌀 못 먹는다. ☞난제. 난중에. 내중에.

나주우사[나주~우사 _-__] 부 나중에야. 얼마의 시간이 지난 뒤에야. ¶【관용구】나주우사 산수감산에 갈깝세. =나중에야 삼수갑산에 가더라도. ☞난제사. 난중에사. 내중에사.

나지오[_-_] 명 라디오[radio].

나질[-_] 명 나절. ☞나잘.

낙[-] 명 금. 다른 것과 구분하기 위해 그은 선. 또는 그 자국. ¶【관용구】낙을 볿다. =금을 밟다.

낙매[--] 명 낙상(落傷). 떨어지거나 넘어져 다침. ¶【속담】펑지서도 낙매로 한다. =평지에서도 낙매를 한다.

낙매보다[--__] 동 낙상당하다(落傷---). 넘어지거나 떨어져 다치다. ¶【속담】항우도 낙매볼 쩍이 있고 소진도 망발할 쩍이 있다. =항우도 낙상당할 적이 있

고 소진도 망발할 적이 있다.

낙매살[--_] 명 낙마살(落馬煞). 낙상(落傷)과 관련된 살(煞). 넘어지거나 미끄러져서 다치게 되는, 좋지 않은 일. ¶【관용구】낙매살이 들리다. =낙마살이 들다.

낙앱[나갭 -_] 명 낙엽(落葉). ¶낙앱을 모다서 썩하마 좋운 거룸이 덴다. =낙엽을 모아서 썩히면 좋은 거름이 된다. ☞낙입.

낙입[나깁 -_] 명 낙엽(落葉). ☞낙입.

낚수[낙쑤 --] 명 낚시. ¶【속담】낚수 바알에 걸린 물기기. =낚시 바늘에 걸린 물고기.

낚수낳다[낙쑤나타 --_ _] 동 낚시질하다.

난넘[--] 명 난놈. 여러 가지 면에서 남보다 두드러지게 뛰어난 사람을 얕잡아 이르는 말. ¶【관용구】가연 난넘은 난넘이다. =과연 난놈은 난놈이다.

난디나무[_ _ _-] 명 ((식물))산초나무(山椒--). *창녕방언에서 '난디나무'는 '지피나무'라고 불리는 '초피나무'와 유사하지만 가시와 열매가 검고, '지피나무'라 불리는 '초피나무'는 가시와 열매가 붉다는 차이가 있다. 그리고 산초나무 열매는 가지 끝부분에만 뭉쳐서 열리는 반면 초피나무 열매는 가지 전체에 골고루 달린다. 추어탕에 가루를 넣어먹기도 하는 향신료로 주로 쓰이는 초피나무 열매를 산초나무 열매보다 더 쳐준다.

난리버꾸지이다[난리버꾸지이다 _-_ _-_ _] 동 야단법석하다(惹端----_ _). ¶【속담】난리버꾸지이도 얻우묵고 살겄다. =야단법석해도 얻어먹고 살겠다.

난리버꾸통[_-_-_] 명 야단법석(惹端--). 여러 사람이 몹시 떠들썩하고 소란스럽게 법석을 떠는 상태. 또는 그러한 일. *'버꾸'는 '농악에 쓰는, 자루가 달린 작은북'. ¶집에 불이 나서 난리버꾸통이 났다. =집에 불이 나서 야단법석이 났다.

난밭[난받 _-] 명 남새밭. 채소를 심고 가꾸는 밭. ¶【속담】난밭에 똥 싼 개로 보마 저 개 저 개 칸다. =남새밭에 똥 싼 개를 보면 저 개 저 개 한다. ☞난서밭. 날수밭.

난봉나다[_-_ _] 형 결딴나다. ①어떤 일이나 물건 따위가 아주 망가져서 도무지 손을 쓸 수 없는 상태가 되다. ¶사구가 난봉났다. =자배기가 결딴났다. ②살림이 망해서 거덜이 나다. ¶【속담】집아이 난봉나마 쌩지가 춤을 친다. =집안이 결딴나면 생쥐가 춤을 춘다. ¶【속담】노던 지집이 난봉나도 궁디이짓은 남는다. =놀던 계집이 결딴나도 엉덩이짓은 남는다. ☞절딴나다.

난서밭[난서받 _-_] 명 남새밭. ☞난밭. 날수밭.

난양대로[1][_-_ _] 부 제멋대로. 제 하고 싶은 마음대로. ¶【속담】동냥자리 난양대로 차던강 말던강. =동냥자루 제멋대로 차든 말든. ☞지맘대로. 지맛대로. 지신대로.

난양대로[2][_-_ _] 부 멋대로. 아무렇게나 하고 싶은 대로. ☞맛대로. 신대로.

ㄴ

난재이[난재~이 _-_] 명 난쟁이. 기형적으로 키가 작은 사람을 낮잡아 이르는 말. ¶【관용구】난재이 봉알만하다. =난쟁이 불알만하다.

난제[_-] 부 나중에. ☞나주우. 난중에. 내중에.

난제사[_-_] 부 나중에야. ☞나주우사. 난중에사. 내중에사.

난중[_-] 명 나중. 얼마의 시간이 지난 뒤. ¶【속담】난중 꿀단지보담아 우신에 엿 묵는 기이 더 다다. =나중 꿀단지보다 우선 엿 먹는 게 더 달다. ☞내중.

난중에[__-] 부 나중에. ☞나주우. 난제. 내중에.

난중에사[__-_] 부 나중에야. ☞나주우사. 난제사. 내중에사.

날감지[_-_] 명 아가미. ¶송에 날감지. =붕어 아가미.

날개미[_-_] 명 날개. ¶【속담】모개이가 날개미 커서 나까이. =모기가 날개 커서 날까. ¶【속담】새도 날개미가 생기야 날라간다. =새도 날개가 생겨야 날아간다.

날기기[날끼기 _-_] 명 날고기. 익히지 않은 고기. ¶【속담】날기기 보고 춤 밭고 익은 기기 보고 춤 생킨다. =날고기 보고 침 뱉고 익은 고기 보고 침 삼킨다. ☞쌩기기.

날띠다[-__] 동 날뛰다. 자신의 위세 따위를 믿고 함부로 행동하다. ¶【관용구】미처 날띠다. =미쳐 날뛰다. ¶【속담】가수띠기 송안치 칼잽이 부러로 간 줄 모루고 날띤다. =과부댁 송아지 백정 부르러 간 줄 모르고 날뛴다.

날라가다[-_-_] 동 날아가다. 공중으로 날면서 가다. ¶【속담】날라가는 새도 날개미로 치야 날라간다. =날아가는 새도 날개를 쳐야 날아간다.

날라다[_-_] 동 날리다. '날다'의 사동사. ①공중에 띄워 움직이게 하다. ¶【속담】한 알 까묵는 새도 날란다. =한 알 까먹는 새도 날린다. ②지녔던 것을 헛되게 잃어버리거나 없애다. ¶【관용구】돈을 날라다. =돈을 날리다. ③이름을 널리 떨치다. ¶【관용구】이룸을 날라다. =이름을 날리다. ④상대방에게 주먹을 휘두르다. ¶【관용구】주묵을 날라다. =주먹을 날리다. ⑤날려서 보내다. ¶【관용구】파래이 날라다. =파리 날리다. ⑥사물을 펄럭이게 하다. ¶【관용구】깃발 날라다. =깃발 날리다. ⑦바람에 실어 날아가게 하다. ¶【속담】딩기로 날라마 땟거리가 생기고 말을 날라마 싸암이 덴다. =왕겨를 날리면 땟거리가 생기고 말을 날리면 싸움이 된다.

날라댕기다[-_-__] 동 날아다니다. 날아서 이리저리 다니다. ¶【속담】날라댕기는 까막깐치도 지 밥은 있다. =날아다니는 까막까치도 제 밥은 있다.

날랄하다[1][__-_] 형 한가하다(閑暇--). ¶오올은 쫌 날랄합미더. =오늘은 좀 한가합니다. ☞지얺다. 할랑하다.

날랄하다[2][__-_] 형 낙낙하다. 옷의 품이 조금 여유가 있게 넓다. ¶【관용구】옷이 날랄하다. =옷이 낙낙하다.

날래[-_] 부 빨리. ①시간을 끌지 아니하

는 바로. ¶【속담】날래 달키는 하리가 날래 식는다. =빨리 다는 화로가 빨리 식는다. ②걸리는 시간이 짧게. ¶【속담】나뿐 종자(種子)가 날래 퍼진다. =나쁜 종자가 빨리 퍼진다. ③어떤 기준이나 대상보다 앞서서. ¶【속담】날래 알기는 칠얼 기떠래미라. =빨리 알기는 칠월 귀뚜라미라. ¶【속담】걱정이 많으마 날래 늙는다. =걱정이 많으면 빨리 늙는다. ④움직이는 빈도가 잦게. ¶【속담】날래 묵는 콩밥 똥 눌 때 보자 칸다. =빨리 먹는 콩밥 똥 눌 때 보자 한다. ☞날리. 빨랑. 싸기. 파딱. 퍼떡.

날래날래[----] 부 빨리빨리. '빨리'를 강조하여 이르는 말. ¶날래날래 온내이. =빨리빨리 오너라. ☞날리날리. 빨랑빨랑. 싸기싸기. 파딱파딱. 퍼떡퍼떡.

날룸[_-] 부 날름. 혀나 손 따위를 날쌔고 가볍게 내밀었다 들이는 모양을 나타내는 말. ¶쪼매이 벌이놓안 거로 날룸 까무웄다. =조금 벌어놓은 것을 날름 까먹었다. ☞낼룸.

날리[-_] 부 빨리. ☞날래. 빨랑. 싸기. 파딱. 퍼떡.

날리날리[----] 부 빨리빨리. ☞날래날래. 빨랑빨랑. 싸기싸기. 파딱파딱. 퍼떡퍼떡.

날리다[1][_-_] 형 가볍다. ☞개겁다. 개굽다. 해꼽다. 해꼽하다. 해꿉다. 해꿉하다.

날리다[2][-__] 동 잘라내다. 전체에서 한 부분을 떼어내다. ¶찌뺐한 테가리는 날리라. =쪼뼛한 모서리는 잘라내라.

날리씨다[__-_] 동 갈겨쓰다. 글씨를 아무렇게나 마구 쓰다. ¶한자로 날리씨서 몬 알아보겄다. =한자를 갈겨써서 못 알아보겠다. ☞갈기씨다. 날치다.

날마당[--_] 부 날마다. 특정한 시간에 한정되지 않고 어느 때든. ¶오매는 날마당 자석 생각마 한다. =엄마는 날마다 자식 생각만 한다. ☞날씨고. 밍창.

날밤[-_] 명 건밤. 잠을 자지 않고 뜬눈으로 새우는 밤. ¶【관용구】날밤 시아다. =건밤 새우다.

날벌개이[1][날뻘개~이 __-_] 명 ((동물))날벌레. ☞날벌거지.

날벌개이[2][날뻘개~이 __-_] 명 ((동물))하루살이. ¶【속담】모개이나 날벌개이나. =모기나 하루살이나. ☞날벌거지. 날파리. 하러살이. 하로살이. 하리살이.

날벌거지[1][날뻘거지 __-_] 명 ((동물))날벌레. ☞날벌개이.

날벌거지[2][날뻘거지 __-_] 명 ((동물))하루살이. ☞날벌개이. 날파리. 하러살이. 하로살이. 하리살이.

날베락[---] 명 날벼락. ①맑은 날씨에 뜻밖에 떨어지는 벼락. ②뜻밖에 당하는 불행한 사고. ¶【속담】마룬 하알에 날베락. =마른 하늘에 날벼락. ③아무런 잘못이나 죄도 없이 당하는 꾸지람이나 나무람. ¶【관용구】날베락을 치다. =날벼락을 치다. ☞날비락.

날비락[---] 명 날벼락. ☞날베락.

날수밭[날수받 __-] 명 남새밭. ☞난밭. 난서밭.

날시아다[--__] 동 밤새우다. ¶【속담】짜

른 밤에 밍마 잣이다가 날시안다. =짧은 밤에 무명만 잣다가 밤새운다. ¶【속담】날시안 은애는 없다. =밤새운 은혜는 없다. ☞밤시아다.

날씨고[_-_] 부 날마다. ☞날마당. 밍창.

날쭉[_-] 명 남짓. ((수량을 나타내는 말 뒤에 쓰여)) 크기, 수효, 부피 따위가 어느 한도에 차고 조금 남는 정도임을 나타내는 말. ¶시무 살 날쭉 데 비인다. =스무 살 남짓 되어 보인다.

날쭉이[날쭈기 _ _-] 부 남짓이. 크기, 수효, 부피 따위가 어느 한도에 차고 조금 남는 정도로. ¶없이 산 시월이 십년 날쭉이 넘어예. =가난하게 산 세월이 십년 남짓이 넘어요.

날쭉하다[날쭈카다 _ _-_] 형 남짓하다. ((수량을 나타내는 말 뒤에 쓰여)) 시간, 거리, 수효 따위가 일정한 한도를 채울 정도이거나 그보다 조금 더 남는 듯하다. ¶없어진 반지가 시 돈 날쭉합미더. =없어진 반지가 서 돈 남짓합니다. ☞남직하다.

날치기[-_ _] 명 날림. 대강대강 일을 아무렇게나 함부로 함. *표준어 '날치기'는 '남의 물건 따위를 재빨리 채 가거나, 정당한 과정을 거치지 않고 일방적으로 통과시키는 일'을 뜻한다. 그러나 창녕방언 '날치기'는 '날림'을 뜻한다. ¶날치기로 지인 집. =날림으로 지은 집.

날치다[-_ _] 동 갈겨쓰다. ☞갈기씨다. 날리씨다.

날파리[-_ _] 명 ((동물))하루살이. ☞날벌개이. 날벌거지. 하러살이. 하로살이. 하리살이.

남가다[낭가다 _-_] 동 남기다. ①다 없애거나 처리하지 않고 나머지가 있게 하다. ¶쪼매마 남가라. =조금만 남겨라. ②뒤에까지 남아 있게 하거나 잊히지 않도록 해 두다. ¶【속담】호래이는 죽우서 가죽울 남가고 사램은 죽우서 이룸을 남간다. =호랑이는 죽어서 가죽을 남기고 사람은 죽어서 이름을 남긴다. ③후대에 전하거나 물려주다. ¶재산을 남가서 자석인데 좄다. =재산을 남겨서 자식한테 줬다. ☞냉기다.

남바가치[_ _-_] 명 나무바가지. ☞나무바가치.

남바우[_-_] 명 남바위. 추위를 막기 위하여 머리에 쓰는 쓰개.

남사[--] 명 남우세. 남에게 비웃음과 놀림을 받게 됨. 또는 그 비웃음과 놀림. ¶【관용구】남사 닳다. =남세 당하다. ☞넘사. 넘우사.

남사꺼리[--_ _] 명 남세거리. 비웃음을 살 만한 거리. ¶남사꺼리가 생겄다. =남세거리가 생겼다. ☞넘사꺼리.

남사시럽다[--_ _ _] 형 남세스럽다. 남에게 놀림과 비웃음을 받을 듯하다. ¶남사시럽어서 고개로 몬 들겄다. =남세스러워서 고개를 못 들겠다. ☞넘사시럽다.

남사하다[--_ _] 동 남세하다. ☞끄실리다. 넘사하다.

남시[-_] 명 남새. ☞나무새.

남시이[남시~이 _-_] 명 ((동물))남생이. ¶【속담】남시이 등더리 맞차듯기. =남생이 등 맞추듯.

남안[_-] 명 남한(南韓). ¶앞우로 남안 사램은 나만사람마 남아서 우짜꼬. =앞으로 남한 사람은 노인만 남아서 어쩌나.

남운돈[-__] 명 거스름돈. ☞끝따리. 주리.

남직하다[남지카다 __-_] 형 남짓하다. ☞ 날쭉하다.

남쭉[_-] 명 남쪽(南-). ¶【속담】남쭉에서 온 소이다. =남쪽에서 온 손님이다.

남팬[-_] 명 남편(男便). ☞냄핀.

납딱[_-] 부 납작. 몸을 바닥에 바짝 대고 냉큼 엎드리는 모양. ¶따아 납딱 엎디렸다. =땅에 납작 엎드렸다.

납딱감[_-_] 명 납작감. 모양이 동글납작한 감.

납딱꼬치[___-] 명 밑구멍. 여자의 성기(性器)를 에둘러 이르는 말. ¶【속담】납딱꼬치로 호박씨 까고 앉있다. =밑구멍으로 호박씨 까고 앉았다. ☞밑구녕. 밑구늉. 밑구뭉. 밑구중.

납딱납딱[___-] 부 납작납작. ①말대답을 하거나 무엇을 받아먹으려고 입을 자꾸 냉큼냉큼 벌렸다 닫았다 하는 모양. ¶알라가 밥을 납딱납딱 받아묵는다. =아기가 밥을 납작납작 받아먹는다. ②몸을 바닥에 바짝 대고 자꾸 냉큼냉큼 엎드리는 모양. ¶납딱납딱 엎디렀다. =납작납작 엎드렸다. ③여럿이 다 판판하고 얇으면서 좀 넓은 모양. ¶떡가리로 납딱납딱 싸렀다. =가래떡을 납작납작 썰었다.

납딱납딱하다[납딱납따카다 ____-_] 형 납작납작하다. ①여럿이 다 판판하고 얇으면서 좀 넓다. ¶찌줌을 납딱납딱하이 부칬다. =지짐이를 납작납작하게 부쳤다. ②말대답을 하거나 무엇을 받아먹을 때 입을 자꾸 닁큼닁큼 벌렸다 닫았다 하다. ¶뚜끼비가 입을 납딱납딱하민서 벌개이로 자아묵눈다. =두꺼비가 입을 납작납작하면서 벌레를 잡아먹는다. ③몸을 바닥에 바짝 대고 자꾸 닁큼닁큼 엎드리다. ¶납딱납딱하이 엎디린다. =납작납작하게 엎드린다.

납딱보쌀[__-_] 명 납작보리. 기계로 눌러서 납작하게 만든 보리쌀. *1960~70년대에 보리쌀을 곱삶지 않고 바로 밥을 할 수 있도록 수동기계로 납작하게 눌러서 밥을 지었다.

납딱코[_-_] 명 납작코. 콧날이 서지 않고 납작하게 가로로 퍼진 코. ¶【관용구】납딱코로 맨들다. =납작코를 만들다.

납딱하다[납따카다 __-_] 형 납작하다. 판판하고 얇으면서 좀 넓다. ¶사구 띠껑은 납딱하다. =자배기 뚜껑은 납작하다.

납딸개다[__-_] 동 납작하게 하다. '납작하다'의 사동사. ¶홍시로 볿아서 납딸개 낳았다. =홍시를 밟아서 납작하게 해놓았다. ¶수지비는 반죽을 납딸개야 맛입다. =수제비는 반죽을 납작하게 해야 맛있다.

납딸개지다[__-__] 동 납작해지다. '납작하다'의 피동사. ¶감홍시가 감낭게서 널찌서 납딸개짔다. =홍시가 감나무에서 떨어져서 납작해졌다.

납새미[_-_] 명 ((동물))가자미. ☞가재미.

ㄴ

납쪼래기[_ _-_] 명 ((동물))납자루. ☞납쪼리.

납쪼리[_-_] 명 ((동물))납자루. ☞납쪼래기.

납창개이[납창개~이 _ _-_] 명 홍시(紅柿) 따위가 나무에서 떨어져 납작하게 터져버린 상태. ¶홍시가 널찌서 납창개이가 데뿠네. =홍시가 떨어져서 납작하게 되어버렸네.

낫기[1][낟끼 _-] 부 넉넉하게. 크기나 수량 따위가 기준에 차고도 남음이 있게. ¶춥운께네 옷을 낫기 입고 가래이. =추우니까 옷을 넉넉하게 입고 가라. ☞냇기.

낫기[2][낟끼 _-] 부 낫게. ①후하게. 조금 더. ¶쫌 낫기 도라. =좀 낫게 다오. ②흡족하게. 실컷. ¶밥을 낫기 무웄다. =밥을 낫게 먹었다. ☞냇기.

낫아다[나사다 _-_] 동 ≒고치다. '낫다'의 사동사. 병이나 상처 따위를 치료하여 낫게 하다. *표준어 '낫다'는 'ㅅ불규칙' 하는 단어이지만 창녕 방언에서는 규칙활용을 한다. ¶빙언 약을 지이묵고 빙을 낫았다. =병원 약을 지어먹고 병을 고쳤다. ¶도래 묵고 해수빙[咳嗽病]을 낫았다. =도라지 먹고 해수병을 고쳤다. *낫아고[나사고 _-_], 낫아지[나사지 _-_], 낫아야[나사야 _-_], 낫았다[나삳따 _-_]. ☞곤치다. 낫우다.

낫아지다[나사지다 -_ _ _] 동 나아지다. 어떤 일이나 상태가 좋아지다. ¶사는 기이 낫아짔네예. =사는 게 나아졌네요.

낫우다[나수다 _-_] 형 ≒고치다. '낫다'의 사동사. ☞곤치다. 낫아다.

낭[-] 명 벼랑. 깎아지른 듯 높이 서 있는 가파른 지형. ¶【관용구】낭 끈티이에 몰리다. =벼랑 끝에 몰리다. ¶【속담】눈멀운 말 타고 낭을 간다. =눈먼 말 타고 벼랑을 간다. ☞베랑. 비렁.

낭ㄱ[-] 명 나무. *'남ㄱ'은 살아서 서 있는 나무를 가리키는 말로 이해되고, '풋나무'와 같은 데에 쓰인 '나무'는 결코 '남ㄱ'이 아닌 것으로 이해된다. 처격에서 가장 일반적으로 쓰이고, 간혹 주격, 목적격에서도 쓰이는 듯이 보인다. 그 밖의 나무는 그냥 '나무'라고 한다. 중세 국어 '남ㄱ'의 화석화한 말이다. ¶【속담】해삼이 낭게 오르까이. =해삼이 나무에 오르랴. ¶【속담】굽운 낭기 선산 지킨다. =굽은 나무가 선산 지킨다.

낭끄터리[_ _-_] 명 낭떠러지. 산이나 언덕에서 깎아지른 듯이 급하게 솟거나 비탈진 곳. ¶【관용구】낭끄터리에 서다. =낭떠러지에 서다. ☞낭떠라지.

낭끈티이[낭끈티~이 _ _-_] 명 나무꼭대기. ¶【속담】낭끄티이 새 겉다. =나무꼭대기 새 같다.

낭낭끈티이[낭낭끈티~이 --_ _ _] 명 꼭대기. 아찔하게 여겨질 정도로 높은 나무 따위의 끝부분. ¶우얄라꼬 낭낭끈티이꺼정 올라가노? =어쩌려고 꼭대기까지 올라가니? ☞꼭뚜배기. 만대이.

낭떠라지[_ _-_] 명 낭떠러지. ☞낭끄터리.

낭창시럽다[낭창시럽따 _ _-_ _] 형 얄망스럽다. 말이나 행동이 짓궂고 얄미운 데가 있다. ¶낭창시럽기 지붕만대이에 올라갔네. =얄망스럽게 지붕꼭대기에 올라갔네. ☞자작시럽다.

낭창하다[_ _-_] 형 ≒느긋하다. 실상은 일 처리를 급히 해야 하지만 마음이나 태도가 서두르는 기색이 없이 한가롭다. *표준어 '낭창하다(朗暢--)'는 '밝고 구김살이 없다.'는 뜻으로 긍정적인 의미로 사용하지만 창녕방언 '낭창하다'는 부정적인 의미로만 쓴다. ¶낭창하기 있다가 인자사 난리지긴다. =느긋하게 있다가 이제야 난리친다.

낮하다[나차다 _-_] 동 낮추다. 낮게 하다. '낮다'의 사동사. ¶【속담】비실은 높아고 뜻은 낮하라. =벼슬은 높이고 뜻은 낮춰라. ¶【속담】자리가 높울수록이 마암은 낮하 무우라. =자리가 높을수록 마음은 낮추어 먹어라.

낮하보다[나차보다 _-_ _] 동 얕보다. 다른 사람을 낮추어서 하찮게 보다. ¶【속담】쪼맪다꼬 낮하보다가 땡삐인데 쌔인다. =작다고 얕보다가 땅벌한테 쏘인다. ☞니러다보다. 니리다보다. 시뿌보다. 시피보다. 알로보다.

낯간지랍다[낟간지랍따 _ _ _-_] 형 낯간지럽다. 언행이 민망하고 겸연쩍어 남을 대하기에 부끄럽다. ¶【관용구】낯간지랍운 소리하다. =낯간지러운 소리하다. ☞낯간지룹다.

낯간지룹다[낟간지룹따 _ _ _-_] 형 낯간지럽다. ☞낯간지랍다.

낯거죽[낟꺼죽 _ _-] 명 낯가죽. ①염치없는 사람을 욕할 때 그 사람의 얼굴을 낮잡아 이르는 말. ¶【속담】낯거죽이 또깝다. =낯가죽이 두껍다. ②얼굴의 껍질을 이루는 살가죽. ¶땡벹에 낯거죽을 익핬다. =땡볕에 낯가죽을 익혔다.

낯묵다[낟묵따 _-_] 동 대면하다(對面--). 다른 사람과, 또는 여러 사람이 직접 얼굴을 마주 대하다. ¶이우지찌리 낯묵고 산다. =이웃끼리 대면하고 산다.

낯빤때기[낟빤때기 _ _-_] 명 낯바대기. '낯짝'을 낮잡아 부르는 말. ¶【속담】낯빤때기가 땅 뚝께 겉다. =낯바대기가 땅 두께 같다.

낯째기[낟째기 _-_] 명 낯짝. '낯'의 속된 말. ¶【속담】비룩이도 낯째기가 있다. =벼룩도 낯짝이 있다. ¶【속담】깨구리 낯째기에 물 벗기다. =개구리 낯짝에 물 붓기다. ¶【속담】쪽찌비도 낯째기가 있어서 숨울 구뭉을 개린다. =족제비도 낯짝이 있어 숨을 구멍을 가린다.

낱돈[낟똔 _-] 명 잔돈(殘-). 거슬러 주거나 받는 돈. ¶낱돈은 개않십미더. 낳아두우소오. =잔돈은 괜찮습니다. 놓아두세요.

낳낳다[나나타 --_] 동 놓아두다. ①물건을 어떤 곳에 손에 들고 있다가 내려서 두다. ¶【속담】말똥을 낳낳도 손맛이더라. =말똥을 놓아두어도 손맛이더라. ②건드리지 않고 그대로 두다. ¶【속담】안 따묵고 낳낳안 풍개는 여시가 오서 따묵눈다. =안 따먹고 놓아둔 자두는 여우가 와서 따먹는다. ③제 마음대로 하도록 내어 맡기다. ¶지 신대로 하구로 낳낳았다. =제 신명대로 하게 놓아두었다. ☞낳아두다.

낳낳마[나나마 --_] 부 낳아놓으면. 배 속의 아이나 동물의 새끼를 몸 밖으로 내놓으면. ¶【속담】오리새끼는 낳낳마 물로 간다.=오리새끼는 낳아놓으면 물로 간다.

낳다[1][나타 -_] 동 놓다. ①손에 쥐고 있던 것을 손 밖으로 빠져나가게 하다. ¶【속담】지 앞에 큰 감 낳는다. =제 앞에 큰 감 놓는다. ②어떤 일을 해두다. ¶【속담】넘이 밥 해 낳아마 술묵 들고 나선다. =남이 밥 해 놓으면 숟가락 들고 나선다. ③걱정이나 근심, 긴장 따위를 잊거나 풀어 없애다. ¶【관용구】마움을 낳다. =마음을 놓다. ④노름이나 내기에서 돈을 걸다. ¶【관용구】돈 낳고 돈 묵기. =돈 놓고 돈 먹기. ⑤논의의 대상으로 삼다. ¶그 문제로 낳고 이논한다. =그 문제를 놓고 의논한다. ⑥수판이나 산가지 따위를 이용하여 셈을 하다. ¶【관용구】구구로 낳다. =계산을 놓다. ⑦일정한 곳에 물건 따위를 차리다. ¶【속담】솥은 부섞에 걸고 절구통은 헛간에 낳아라 칸다. =솥은 부엌에 걸고 절구는 헛간에 놓으라 한다. ⑧일정한 곳에 무엇을 보관하다. ¶【속담】이불 밑에다 엿 묻어 낳았구마는. =이불 밑에 엿 묻어 놓았구먼. ⑨무늬나 수를 새기다. ¶【관용구】수로 낳다. =수를 놓다. ⑩불을 지르거나 피우다. ¶【속담】빈대 밉어서 집에 불 낳는다. =빈대 미워서 집에 불 놓는다. ⑪주사나 침을 찌르다. ¶【속담】자는 범인데 코침 낳기. =자는 범한테 코침 놓기. ⑫어떤 대상의 상태나 가격 따위를 평가하다. ¶【속담】시세도 모루고 값을 낳는다. =시세도 모르고 값을 놓는다. ⑬((동사의 연결어미 뒤에 쓰여)) 앞말이 뜻하는 동작을 끝내고 그 결과를 지속함을 나타내는 말. ¶【속담】여자 서이가 모이마 그륵을 디집어 낳는다. =여자 셋이 모이면 그릇을 뒤집어 놓는다. ⑭((형용사의 연결어미 뒤에 쓰여)) 앞말이 뜻하는 상태의 지속을 강조하는 보조형용사. ¶이거는 너무 짝애 낳아서 몬 씨겠다. =이건 너무 작아 놓아서 못 쓰겠다. *낳고[나코 -_], 낳지[나치 -_], 낳야[나야 -_], 낳았다[나앋따 --_].

낳다[2][나타 -_] 동 쏘다. 총이나 화살 따위를 발사하다. ¶【속담】혼인에 깨방하는 넘은 만장(滿場) 가운데 총을 낳아 죽이라. =혼인에 훼방하는 놈은 만장 가운데 총을 쏘아 죽여라. ☞싸다.

낳다[3][나타 -_] 동 기르다. 콩나물 따위를 보살펴 자라게 하다. ¶녹띠 갖고 질검 낳았다. =녹두 가지고 숙주 길렀다.

낳아두다[나아뚜다 -___] 동 놓아두다. ☞낳낳다.

낳아믹이다[나아미기다 --___] 동 놓아먹이다. 가축 따위를 우리에 가두지 않고 한데에 내놓아 먹이다. ¶낳아믹인 얌새이. =놓아먹인 흰 염소.

낳아주다[나아주다 -___] 동 놓아주다. 사람이나 짐승을 갇히거나 잡힌 상태에서 자유롭게 해 주다. ¶【속담】잡운 꽁

낳아주고 나는 꽁 잡자 칸다. =잡은 꿩 놓아주고 나는 꿩 잡자 한다.

낳아키아다[나아키아다 -____] 동 놓아기르다. 가축을 우리에 가두지 않고 한데 내놓아 기르다. ¶닭은 낳아키아야 알로 잘 놓는다. =닭은 놓아길러야 알을 잘 낳는다.

낳아하다[나아하다 -___] 동 하대하다(下待--). 말을 존대하지 않고 맞상대하거나 낮춰서 말하다. ¶싸래기밥을 무웄능강 말로 낳아한다. =싸라기밥을 먹었는지 말을 하대하다.

-낳이[나~이 -_] 어 -놓으니. ((받침이 없는 용언의 어간 뒤에 붙어)) 앞말이 뒷말의 원인이나 근거, 전제 따위가 됨을 나타내는 연결어미. ¶일이 잘 데낳이 기부이 좋다. =일이 잘 되놓으니 기분이 좋다.

낳이다[_-_] 동 놓이다. '놓다'의 피동사. 걱정이나 근심, 긴장 따위를 잊거나 풀어 없애다. ¶【관용구】마암이 낳이다. =마음이 놓이다. ☞니이다.

내[-] 명 나. 말하는 이가 자기를 가리키는 인칭대명사. ¶【속담】내는 바담 풍 캐도 니는 바람 풍 캐라. =나는 바담 풍 해도 너는 바람 풍 해라.

내걸로[_-_] 부 내내. ①어떤 시간의 범위 안에서 계속하여, 혹은 그동안. ¶올개는 여름 내걸로 떱웄다. =올해는 여름 내내 더웠다. ②어떤 상황이나 상태가 끊이지 않고 줄곧. ¶아직부텀 지익꺼정 내걸로 고상했다. =아침부터 저녁까지 내내 고생했다. ☞내내로. 내더리. 내두룩. 수시껀. 신추룩.

내나[1][_-] 부 마찬가지로. 사물의 모양이나 일의 형편이 서로 같음. ¶【속담】힌말 궁디이나 백말 엉디이나 내나 같다. =흰말 궁둥이나 백마 엉덩이나 마찬가지로 같다.

내나[2][_-] 부 이미. 일정한 시간보다 앞서. ¶내가 내나 조심해라 캤제? =내가 이미 조심해라 했지?

내나[3][_-] 부 항상(恒常). ①어떤 경우든 한결같이. ¶내나 이렇굼 살아예. =항상 이렇게 살아요. ②특정한 시간에 한정되지 않고 어느 때든. ¶자석들이사 내나 보고 잡지. =자식들이야 항상 보고 싶지. ③때를 가리지 않을 만큼 매우 자주. ¶저 둘이는 내나 붙어 댕긴다. =저 둘은 항상 붙어 다닌다. ④(('-마 내나'의 구성으로 쓰여)) 그럴 때마다. ¶가실해낳고 나마 내나 놀지예. =추수해놓고 나면 항상 놀지요. ☞장.

내나한가지[_-_-_] 명 매한가지. 아주 같은 상태. 또는 결국 같은 상태. ¶【속담】사또나 원님이나 내나한가지. =사또나 원님이나 매한가지. ¶【속담】앉이서 굶우 죽우나 서울 가서 굶우 죽우나 죽기는 내나한가지. =앉아서 굶어 죽으나 서울 가서 굶어 죽으나 죽기는 매한가지.

내낳다[내나타 --_] 동 내놓다. ①물건을 밖으로 옮기거나 꺼내 놓다. ¶【속담】닭 잡아묵고 오리발 내낳는다. =닭 잡아먹고 오리발 내놓는다. ②붙잡아 두었던 사람이나 짐승 따위를 자유롭게 활동할 수 있도록 해주다. ¶【속담】물가세에 아아 내낳안 거 겉다. =물가에 애 내놓은 것 같다. ③일정한 범위에서 제외하거나 버리다. ¶【관용구】내낳안 자석. =내놓은 자식. ④음식 따위를 대접하다. ¶【관용구】무울 꺼 내낳다. =먹을 것 내놓다. ⑤집이나 물건 따위를 매매나 임대를 목적으로 사람들에게 선보이다. ¶팔라꼬 집을 내낳았다. =팔려고 집을 내놓았다. ⑥생각이나 의견을 제시하다. ¶【관용구】생각을 내낳다. =생각을 내놓다. ⑦가지고 있거나 차지하고 있던 돈이나 자리 따위를 내주다. ¶해장 자리로 내낳았다. =회장 자리를 내놓았다. ⑧신체나 신체의 일부를 바깥으로 드러나게 하다. ¶눈마 빼꼼이 내낳았네. =눈만 빠끔히 내놓았네. ⑨목숨, 명예 따위의 희생을 무릅쓰다. ¶【관용구】목심을 내낳다. =목숨을 내놓다. ⑩사실이나 행위를 공개적으로 드러내다. ¶【속담】으사캉 벤오사는 나라서 내낳안 도덕넘. =의사랑 변호사는 나라에서 내놓은 도둑놈.

내내로[_-_] 부 내내. ☞내걸로. 내더리. 내두룩. 수시껀. 신추룩.

내냄없이[내냄엄시 _-__] 부 내남없이. 나나 다른 사람이나 모두 마찬가지로. ¶우리들네는 내냄없이 넘우 일로 부둘어 주예. =우리들은 내남없이 남의 일을 거들어 줘요. ☞니내없이.

내다[-_] 형 냅다. 연기로 인해 눈이나 목구멍이 쓰라린 느낌이 있다. *표준어 '내다'는 자동사로서, '연기나 불길이 아궁이로 되돌아 나오다.'의 의미이고, '냅다'가 형용사로서 창녕방언의 '내다'와 같은 의미이다. 따라서 표준어 '냅다'는 자동사 '내다'에 접미사 '-ㅂ'이 첨가되어 형용사가 된 것이지만, 창녕방언 '내다'는 명사 '내'(물건이 탈 때에 일어나는 부옇고 매운 기운)에 아무런 접미사 없이 형용사로 품사 전성한 것이다. 이 '내다'와 성조가 다른 '내다'는 '나(我)이다'라는 뜻이고, '내:다'는 '나(出)게 하다'라는 뜻이다. ¶【속담】내기는 가붓집 꿀뚝이라. =냅기는 과붓집 굴뚝이라. ¶머로 땠길래 영기가 이래 내노? =뭣을 땠기에 연기가 이리 냅니? *내고[내고 -_], 내지[내지 -_], 내애서[내애서 -__], 내앴다[내앤따 -__]. ☞맵다.

내다보다[_-__] 동 ≒마중하다. 오는 사람을 나가서 맞이하다. ¶히이가 온다 카는데 내다바라. =형이 온다고 하는데 마중해라.

내다비다[_--_] 동 내다보이다. 장소나 물체가 안쪽에서 보이다. ¶여어서는 앞사이 잘 내다빈다. =여기서는 앞산이 잘 내다보인다.

내더리[_-_] 부 내내. ☞내걸로. 내내로. 내두룩. 수시껀. 신추룩.

내두루다[__-_] 동 내두르다. 이리저리 휘휘 흔들다. ¶【관용구】씨로 내두루다. =혀를 내두르다.

내두룩[_-_] 부 내내. ☞내걸로. 내내로. 내더리. 수시껀. 신추룩.

내떤지다[_-__] 동 내던지다. ①물건 따

위를 어디에 아무렇게나 세차게 던지다. ¶【속담】뱁차밭에 개똥매이로 내떤짔다. =배추밭에 개똥처럼 내던졌다. ②사람이 목숨 따위를 아낌없이 바치다. ¶【관용구】목심을 내떤지다. =목숨을 내던지다. ③하던 일을 놓아두고 돌아보지 않다. ¶고래 좋운 교핀을 내떤짔어예? =고리 좋은 교편을 내던졌어요? ④몸을 어디에 아무렇게나 내밀어 뛰어들다. ¶【관용구】몸을 내떤지다. =몸을 내던지다.

내뚜다[--_] 동 놔두다. ☞나뚜다. 냅뚜다.

내띠다[_-_] 동 냅뜨다. 아무 관계도 없는 일에 불쑥 참견하여 나서다. ¶【속담】내띠기는 주막집 강새이다. =냅뜨기는 주막 강아지다.

내띠서다[_-__] 동 나서다. 어떤 사람이 다른 사람들 앞에 나와 서거나 앞장서다. ¶이분에는 니가 한분 내띠서 바라. =이번에는 네가 한 번 나서 보아라.

내라낳다[내라나타 _-__] 동 내려놓다. ①물건을 아래로 옮겨 두다. ¶술묵을 내라낳았다. =수저를 내려놓았다. ②타고 있던 물체에서 땅이나 바닥으로 옮겨 서게 하다. ¶뻐쓰가 날로 여게 내라낳았다. =버스가 나를 여기에 내려놓았다. ③하던 일을 중도에 쉬거나 손을 떼다. ¶꼬치농사는 인자 내라낳았어예. =고추농사는 이제 내려놓았어요. ☞니라낳다.

내라다[_-_] 동 내리게 하다. '내리다'의 사동사. ①물건을 아래로 옮기게 하다. ¶살강 우에 있던 밥그륵을 말키 내랐다. =시렁 위에 있던 밥그릇을 모두 내렸다. ②타고 있던 물체에서 땅이나 바닥으로 옮겨 서게 하다. ¶날로 여게다 내라라. =나를 여기에다 내려라. ③숫자로 표시된 것이 이전보다 낮아지거나 떨어지다. ¶깞을 내랐다. =값을 내렸다. ☞내랗다. 내루다. 내룧다. 니라다. 니랗다. 니루다. 니룧다.

내랗다[내라타 _-_] 동 내리게 하다. ☞내라다. 내루다. 내룧다. 니라다. 니랗다. 니루다. 니룧다.

내루다[_-_] 동 내리게 하다. ☞내라다. 내랗다. 내룧다. 니라다. 니랗다. 니루다. 니룧다.

내루막[__-] 명 내리막. 높은 곳에서 낮은 곳으로 이어지는 비탈진 곳. ¶【속담】오루막이 있으마 내루막도 있다. =오르막이 있으면 내리막도 있다. ☞니러막.

내룧다[내루타 _-_] 동 내리게 하다. ☞내라다. 내랗다. 내루다. 니라다. 니랗다. 니루다. 니룧다.

내리가다[-___] 동 내려가다. 위에서 아래로 가다. ☞니러가다. 니리가다.

내리기[_-_] 명 내력(來歷). 지금까지 지내온 경로나 경력. ¶집안 내리기로 여게 다 적어낳았다. =집안 내력을 여기에 다 적어놓았다.

내리꼽다[내리꼽따 -___] 동 내리꽂다. 무엇을 위에서 아래로 힘차게 찔러 넣다. ¶말띠기로 내리꼽았다. =말뚝을 내리꽂았다. ☞니리꼽다.

내리앉다[내리안따 -___] 동 내려앉다. ①

위에 있던 것이 아래로 자리를 옮겨 앉다. ¶【속담】강기는 밥상머리에 내리앉는다. =감기는 밥상머리에 내려앉는다. ②땅이나 건물, 다리 따위가 무너져 내리거나 꺼지다. ¶【관용구】땅이 내리앉다. =땅이 내려앉다. ③사람이나 날짐승, 비행기 따위가 아래로 자리를 옮겨 앉다. ¶커단한 새가 마다아 내리앉있어예. =커다란 새가 마당에 내려앉았어요. ④사고로 뼈가 다쳐서 뭉개지다. ¶간지삐가 내리앉있다. =광대뼈가 내려앉았다. ⑤너무 놀라서 가슴이 아래로 꺼지는 듯한 느낌이 들다. ¶【관용구】가심이 내리앉다. =가슴이 내려앉다. ☞니리앉다. 둘루꺼지다.

내리오다[-___] 동 내려오다. ①높은 곳에서 낮은 곳으로 향하여 오다. ¶【속담】용심꾸리기 씨이미는 천사아서 내리온다. =용심쟁이 시어미는 천상에서 내려온다. ¶【속담】송치이가 갈밭에 내리왔다. =송충이가 갈밭에 내려왔다. ②사물이나 사상 따위가 과거부터 지금까지 전해 오다. ¶조상 대대로 물리서 내리온 보물. =조상 대대로 물려서 내려온 보물. ③서울이나 더 큰 도시에서 떠나와 닿다. ¶졸마는 서울서 내리왔다. =조놈은 서울에서 내려왔다. ☞니러오다.

내리치다[-_-_] 동 내려치다. 사람이 어떤 도구를 아래로 향하여 힘껏 치다. ¶주묵우로 내리칬다. =주먹으로 내려쳤다. ☞니리치다.

내모레[-__] 명 글피. 모레의 다음 날. ¶내모레부텀은 춥다 칸다. =글피부터는 춥다 한다. ☞고모리. 구패. 그모리. 내모리. 저모리.

내모리[-__] 명 글피. ☞고모리. 구패. 내모레. 그모리. 저모리.

내묵다[--_] 동 내먹다. 속에서 집어내어서 먹다. ¶【속담】비룩이 간을 내묵지. =벼룩 간을 내먹지. ☞빼묵다.

내미[-_] 명 냄새. ¶【속담】싸고 싼 사향도 내미가 난다. =싸고 싼 사향도 냄새가 난다. ¶【속담】송에캉 손님은 사알마 지내마 내미가 난다. =붕어랑 손님은 사흘만 지나면 냄새가 난다. ☞냄시.

내바다앉다[내바다안따 __-__] 동 내앉다. 안에서 밖으로 또는 앞쪽에서 뒤쪽으로 자리를 옮겨 앉다. ¶비잡다. 좀 내바다앉거라. =비좁다. 좀 내앉아라. ☞내시앉다.

내보티리다[__-__] 동 내팽개치다. ①냅다 던져 버리다. ¶닥치는 대로 마다아 내보티맀다. =닥치는 대로 마당에 내팽개쳤다. ②자빠뜨리다. ¶씨룸 상대핀을 내보티맀다. =씨름 상대편을 내팽개쳤다. ☞내핑기치다. 보티리다. 부티리다. 빼들티리다.

내비두다[-_-_] 동 내버려두다. ①어떤 사람이 일이나 다른 사람을 건드리거나 상관하지 않고 그대로 두다. ¶지 하분채 놀구로 내비두라. =제 혼자 놀게 내버려둬라. ②돌보거나 보살피지 않다. ¶젖믹이 알라로 기양 내비둤다. =젖먹이 애를 그냥 내버려뒀다. ☞냅뚜다.

ㄴ

애삐리두다.

내비차다[_ _-_] 동 내비치다. 생각이나 감정을 넌지시 드러내다. ¶은인중에 지 본심을 내비찼다. =은연중에 자기 본심을 내비쳤다.

내삐리다[_-_ _] 동 내버리다. 지니고 있는 것을 내던지거나 쏟거나 하다. ¶【속담】가실비 씰 꺼 없고 봄비 내삐릴 꺼 없다. =가을비 쓸 것 없고 봄비 내버릴 것 없다. ☞애삐리다.

내세아다[_-_ _] 동 내세우다. ①주장이나 의견을 내놓다. ¶지 생각마 내세아마 우짭미꺼예. =제 생각만 내세우면 어쩝니까. ②나서게 하거나 나서서 행동하게 하다. ¶【속담】정 안 데마 넉가리 내세안다. =정 안 되면 넉가래 내세운다. ③업적이나 가치를 내놓고 자랑하거나 높이 평가하다. ¶내는 빌로 내세알 만한 기이 없다. =나는 별로 내세울 만한 게 없다. ☞내시아다.

내숭떨다[--_ _] 동 내숭하다. 겉으로는 성질이 부드럽고 온순한 척하나 속은 엉큼하고 음흉하며 모질다. ¶【속담】곰 겉은 메너리보담 내숭떠는 메너리가 낫다. =곰 같은 며느리보다 내숭하는 며느리가 낫다.

내시낳다[내시나타 _-_ _] 동 내켜놓다. 물건을 장소에 앞으로 물리어 놓다. ¶밥을 다 무우마, 밥상을 부석 구숙에 내시낳아라. =밥을 다 먹으면, 밥상을 부엌 구석에 내켜놓아라.

내시아다[_-_ _] 동 내세우다. ☞내세아다.

내시앉다[내시안따 _-_ _] 동 내앉다. ☞내바다앉다.

내앨[-_] 명 내일(來日). ¶【속담】내앨 소다리뽀담아 오올 개다리가 낫다. =내일 소다리보다 오늘 개다리가 낫다. ☞낼. 니일. 니얼. 닐.

내앨모레[-_--] 명 내일모레(來日--). ①내일의 다음날. ¶【속담】신재이 내앨모레. =갖바치 내일모레. ¶【속담】고리백장 내앨모레. =고리백장 내일모레. ②멀지 않은 날. ¶【관용구】내앨모레하다. =내일모레하다. ☞내앨모리. 낼모레. 낼모리. 니얼모레. 니얼모리. 니일모레. 니일모리. 닐모레. 닐모리.

내앨모리[-_--] 명 내일모레(來日--). ☞내앨모레. 낼모레. 낼모리. 니얼모레. 니얼모리. 니일모레. 니일모리. 닐모레. 닐모리.

내우[_-] 명 내외(內外). 부부(夫婦). ¶【속담】내우간 싸암은 칼로 물 비기다. =내외간 싸움은 칼로 물 베기다. ¶【속담】내우간도 돌아눕우마 넘이다. =내외간도 돌아누우면 남이다.

내우하다[_-_ _] 동 내외하다(內外--). 남의 남녀 사이에 서로 얼굴을 마주 대하지 않고 피하다.

내이[내~이 -_] 명 ((식물))냉이. ☞나새이. 매사이.

-내이[내~이 -_] 어 -너라. ☞-ㄴ나. -니라. -이라.

내중[_-] 명 나중. ☞난중.

내중에[_ _-] 부 나중에. ☞나주우. 난제. 난중에.

내중에사[_ _-_] 부 나중에야. ☞나주우사.

난제사. 난중에사.

내품다[내품따 _-_] 동 내뿜다. 연기나 액체 따위를 밖으로 힘차게 뿜다. ¶이 꽃은 좋운 내미로 내품네예. =이 꽃은 좋은 냄새를 내뿜네요.

내핑기치다[_-___] 동 내팽개치다. ①지니고 있던 물건 따위를 냅다 던져 버리다. ¶【속담】재 넘운 넘 작지 내핑기치딧기 한다. =재 넘은 놈 작대기 내팽개치듯 한다. ②가족이나 친한 사람을 돌보지 않고 버리다. ¶【속담】처자석 내핑기치고 곰배다리 피고 잔다. =처자식 내팽개치고 벋정다리 펴고 잔다. ③하던 일 따위를 그만두어 버리다. ¶【속담】원님 자리 내핑기치고 이방 하까이. =원님 자리 내팽개치고 이방 하랴. ☞내보티리다. 보티리다. 부티리다. 빼들티리다.

낚이다[내끼다 _-_] 동 낚이다. ①물고기가 사람에게 걸리어 잡히다. ¶【속담】낚인 기기 살리주고 떨간 기기 잡을라 칸다. =낚인 고기 살려주고 놓친 고기 잡으려 한다. ②어떤 사람이 다른 사람의 교활한 말이나 행동에 현혹되어 따르다. ¶가서나인데 낚있다. =계집애한테 낚였다.

낸 체하다[- -__] 구 난 척하다. '잘난 척하다'의 준말. ¶저넘아는 디기 낸 체한다. =저놈은 되게 잘난 척한다. ☞냅 네하다.

낼[-] 명 내일(來日). ☞내앨. 니일. 니얼. 닐.

낼룸[_-] 부 날름. ☞날룸.

낼모레[---] 명 내일모레(來日--). ☞내앨모레. 내앨모리. 낼모리. 니얼모레. 니얼모리. 니일모레. 니일모리. 닐모레. 닐모리.

낼모리[---] 명 내일모레(來日--). ☞내앨모레. 내앨모리. 낼모레. 니얼모레. 니얼모리. 니일모레. 니일모리. 닐모레. 닐모리.

냄시[-_] 명 냄새. ☞내미.

냄핀[-_] 명 남편(男便). ☞남팬.

냅 네하다[_ --_] 구 난 척하다. '잘난 척하다'의 준말. ☞낸 체하다.

냅다[냅따 -_] 형 맵다. 고추나 겨자와 같이 맛이 알알하다. *창녕방언에서 '맵다'가 '냅다'로 실현되는 것은 '냅다'에서 분화한 것으로 보이는 '맵다'를 제대로 실현하지 않는 데서 비롯된 현상으로 보인다. ¶【속담】꼬치는 짝애도 냅다. =고추는 작아도 맵다. ¶【속담】넘우 밥은 냅고도 짭다. =남의 밥은 맵고도 짜다. *냅고[냅꼬 -_], 냅지[냅찌 -_], 냅아서[내바서 -__], 냅아야[내바야 -__], 냅았다[내받따 -__].

냅뚜다[1][--_] 동 놔두다. ☞나뚜다. 내뚜다.

냅뚜다[2][--_] 동 내버려두다. ☞내비두다. 애삐리두다.

냇기[1][낻끼 _-] 부 넉넉하게. ☞낫기.

냇기[2][낻끼 _-] 부 낫게. ☞낫기.

냉가숨[__-] 명 냉가슴(冷--). 몸을 차게 하여 생기는 가슴앓이. ¶【속담】버부리 냉가숨 앓듯기 한다. =벙어리 냉가슴 앓듯 한다.

냉기다[-__] 동 남기다. 남게 하다. '남다'의 사동사. ☞남가다.

냉칼시럽다[1][_--__] 형 매정하다. 쌀쌀맞고 인정이 없다. ¶부택이로 냉칼시럽기 팅간다. =부탁을 매정하게 거절한다. ☞매륵궂다.

냉칼시럽다[2][_--__] 형 냉정하다(冷情--). 대하는 태도나 분위기가 정답지 않고 차갑다. ☞매륵궂다.

낼기[낼끼 -_] 명 낱. ①셀 수 있게 된 물건의 하나하나. ¶【속담】콩 한 낼기도 갈라묵눈다. =콩 한 낱도 나눠먹는다. ②((수 관형사 뒤에서 의존적 용법으로 쓰여)) 물건을 하나하나 세는 단위를 나타내는 말. ¶끄내끼 서너 낼기. =끈 서너 낱.

낼낼이[낸내치 _-_] 부 낱낱이. 하나하나 빠짐없이. ¶잘몬한 거로 낼낼이 들씨낸다. =잘못한 것을 낱낱이 들추어낸다.

냥반[-_] 명 양반(兩班). ①자기 남편을 남에게 이르는 말. ¶우리 집 냥반은 집에 없는데예. =우리 집 양반은 집에 없는데요. ②남자를 범상히 또는 홀하게 이르는 말. ¶어이! 젊운 냥반, 질 쫌 물어봅시더. =여보시오! 젊은 양반, 길 좀 물어봅시다.

너가배[_-_] 명 너희 아버지. *'너거 아부지'의 줄어든 말. 원래는 '구(句)'였으나 한 단어로 줄어든 말이다. ¶너가배는 오데 갔노? =너희 아버지는 어디 갔니? ☞너가부지. 니애비.

너가부지[__-_] 명 너희 아버지. ☞너가배. 니애비.

너거[_-] 명 너희. *이인칭대명사. ¶【관용구】너거 할배라 캐라. =너희 할아버지라 해라. ¶【속담】생쌀 무우마 너거 이미 죽눈다. =생쌀 먹으면 너희 엄마 죽는다.

너거마이[너거마~이 __-_] 명 너희 어머니. *'너거 어머니'의 줄어든 말. 원래는 '구(句)'였으나 한 단어로 줄어든 말이다. ¶너거마이도 왔제? =너희 어머니도 왔지? ☞너거매. 너어매. 니이미.

너거매[_--] 명 너희 어머니. ☞너거마이. 너어매. 니이미.

너굿대[너구때 _-_] 명 ((식물))여뀌. ¶【속담】너굿대가 송에 잡눈다. =여뀌가 붕어 잡는다. ☞보악때. 여꿀때. 여끗대.

너더랑[__-] 명 너덜겅. 돌이 많이 흩어져 있는 비탈. ¶너더랑 밭떼기. =너덜겅 밭뙈기.

너러기[_-_] 부 넓게. ①일정한 평면에 걸쳐 있는 공간이나 범위를 크게. ¶집을 너러기 지있다. =집을 넓게 지었다. ②마음이 크고 너그럽게. ¶【관용구】마암을 너러기 묵다. =마음을 넓게 먹다. ☞너리기.

너러다[_-_] 형 너르다. ①공간이 넓고 크다. ¶【속담】시상은 너러고도 좁다. =세상은 너르고도 좁다. ②마음 씀씀이가 너그럽고 폭이 크다. ¶【관용구】마움이 너러다. =마음이 너르다. ☞너리다. 풍덩하다.

너리기[1][_-_] 부 넓게. ☞너러기.

너리기[2][-__] 부 느리게. 어떤 동작을 하거나 움직이는 데 걸리는 시간이 길게. ¶굼비이매로 와 고롷굼 너리기 오노? =굼벵이처럼 왜 고렇게 느리게 오니?

너리다[_-_] 형 너르다. ☞너러다. 풍덩하다.

너리보다[-___] 동 ≒보람을 느끼다. 좋은 결과를 기대하지 않은 대상에서 뒤늦게 뿌듯한 느낌을 받다. ¶막내자석은 기대도 안 했는데, 너리밨다. =막내자식은 기대도 안 했는데, 보람을 느꼈다. ¶올개 수시농사는 너리밨지예? =올해 수수농사는 보람을 느꼈지요?

너리터지다[-_--_] 형 ≒느리다. '느리다'를 강조하여 이르는 말. ①어떤 동작을 하거나 움직이는 데 걸리는 시간이 길다. ¶저래 너리터지서 우야겠노? =저리 느려서 어쩌겠나? ②말이나 소리, 음악 따위가 급하지 않고 늘어져 길다. ¶【관용구】말이 너리터지서 답댑다. =말이 느려서 답답하다. ③성질이나 성미가 급하지 않고 둔하다. ¶【관용구】싱미가 너리터지다. =성미가 느리다.

너메[-_] 명 너머. 높이나 경계로 가로막은 사물의 저쪽. 또는 그 공간. '너머에'가 줄어든 말. *표준국어대사전에는 '북한어'로 소개해 두었으나 창녕방언에 있는 말이다. '너머'의 마지막 모음이 탈락한 '넘'에 처격 조사 '에'를 취하여 '넘에<너메<너미'가 된 것이다. ¶담 너메 저 사램이 너거 잔아부지 맞제? =담 너머 저 사람이 너희 작은아버지 맞지? ¶항산 너메는 밀양이다. =화왕산 너머는 밀양이다. ☞너미.

너물[_-] 명 나물. ¶【속담】너물 묵고 잇바지 쑤씬다. =나물 먹고 잇바디 쑤신다. ¶【속담】들[野] 중은 소굼을 묵고 산(山) 중은 너물로 묵는다. =들 중은 소금을 먹고 산 중은 나물을 먹는다.

너미[-_] 명 너머. *창녕방언에서 표준어인 명사 '너머'는 '너미'로, 동사 '넘어'는 '넘우[너무 -_]'로 실현된다. 너메<너미. ¶지붕 너미로 사이 비인다. =지붕 너머로 산이 보인다. ☞너메.

너부[-_] 명 너비. 평면이나 넓은 물체의 가로를 잰 길이. ¶너부가 숱해 넓다. =너비가 숱해 넓다.

너부래이[너부래~이 __-_] 명 나부랭이. ☞나부래이.

너불때[_-_] 명 ((동물))유혈목이. ☞누굴미기. 율목이.

너삼대[너삼때 _-_] 명 ((식물))명아자여뀌.

너어매[_-_] 명 너희 어머니. ☞너거마이. 너거매. 니이미.

너이[_-] 수 넷. ①사람이나 물건 넷. ¶장골이 너이가 달라들었다. =장골 넷이 달려들었다. ②개수 네 개째. ¶한나, 두얼, 서이, 너이, 다아, 여어. =하나, 둘, 셋, 넷, 다섯, 여섯. ☞네치.

너주구리하다[____-_] 형 너주레하다. ①조금 허름하고 지저분하다. ¶먼 넘우 옷이 이래 너주구리합미꺼? =뭔 놈의 옷이 이리 너주레합니까? ②조금 하찮고 시시하다. ¶이 말 저 말 너주구리하기 지낀다. =이 말 저 말 너주레하게 지껄인다. ☞너줄하다.

너줄하다[__-_] 형 너주레하다. ☞너주구리하다.

넉가리[너까리 _-_] 명 넉가래. 곡식이나 눈 따위를 한곳에 밀어 모으는 데 쓰는 연장. 나무를 자루와 몸이 하나가 되도록 깎아 만든다. ¶【속담】넉가리 내세아딧기. =넉가래 내세우듯.

넉동망새이[넉똥망새~이 ___-_] 명 넉동사니. 윷놀이에서, 넉 동이 한데 포개져서 가는 말. ☞넉동사이.

넉동빼이[넉똥빼~이 __-_] 명 넉동내기. 넉 동을 내도록 정한 윷놀이.

넉동사이[넉똥사~이 __-_] 명 넉동사니. ☞넉동망새이.

넌저리[_-_] 명 넌더리. 지긋지긋하게 몹시 싫은 생각. ¶【관용구】넌저리로 내다. =넌더리를 내다.

널너리하다[1][___-_] 형 느슨하다. 끈이나 줄, 매듭 따위가 늘어져 헐겁다. ¶헐끈을 쫌 널너리하이 매라. =허리끈을 좀 느슨하게 매라. ☞널럴하다.

널너리하다[2][___-_] 형 넉넉하다. 수나 양이 여유가 있다. ¶【관용구】주무이가 널너리하다. =주머니가 넉넉하다. ¶【속담】자[尺]에도 모지랄 쩍이 있고 치[寸]에도 널너리할 쩍이 있다. =자에도 모자랄 적이 있고 치에도 넉넉할 적이 있다. ☞널럴하다.

널너리하다[3][___-_] 형 널찍하다. ①공간이 넓다. ¶저구리 품이 널너리하다. =저고리 품이 널찍하다. ②폭의 길이가 길다. ¶골묵이 널너리하다. =골목이 널찍하다. ☞널럴하다.

널너리하다[4][___-_] 형 충분하다(充分--). ¶그때꺼정 시가이사 널너리하지예. =그때까지 시간이야 충분하지요. ☞널럴하다. 더부시씨다. 덮우씨다. 디비시씨다. 째지다.

널딴하다[_-__] 형 널따랗다. 공간이나 면적, 너비가 꽤 넓다.

널띠다[_-_] 동 널뛰다. 널뛰기 놀이를 하다. ¶오새는 밍절 때 널띠는 사램이 없어예. =요새는 명절 때 널뛰는 사람이 없어요.

널라다[_-_] 동 늘리다. ①사람이나 단체가 수나 무게, 분량을 이전보다 많아지게 하다. ¶음석 묵는 양을 더 널랐다. =음식 먹는 양을 더 늘렸다. ②실력이나 솜씨, 재주를 이전보다 더 나아지게 하다. ¶노래 부루는 솜씨로 더 널라지 몬했다. =노래 부르는 솜씨를 더 늘리지 못했다. ③재산이나 살림살이를 많아지게 하다. ¶부지리이 일해서 살림을 널랐다. =부지런히 일해서 살림을 늘렸다. ④세력이나 힘을 이전보다 커지게 하다. ¶운동을 해도 팔 심을 널라지 몬했다. =운동을 해도 팔 힘을 늘리지 못했다. ⑤시간이나 기간을 이전보다 길어지게 하다. ¶눕우묵는 시간을 더 널랄라 카네. =누워먹는 시간을 더 늘리려고 하네. ☞널카다.

널럴하다[1][__-_] 형 느슨하다. ☞널너리하다.

널럴하다[2][__-_] 형 넉넉하다. ☞널너리하다.

널럴하다[3][__-_] 형 널찍하다. ☞널너리하다.

널럴하다[4][__-_] 형 충분하다(充分--). ☞널너리하다. 더부시씨다. 덮우씨다. 디비시씨다. 째지다.

널럼[_-] 부 널름. 손을 재빨리 내밀어 무엇을 날쌔게 챙겨 가지는 모양을 나타내는 말. ¶고맙운 내색도 안하고 널럼 받더라. =고마운 내색도 않고 널름 받더라. ☞널룸. 넬럼. 넬룸.

널룸[_-] 부 널름. ☞널럼. 넬럼. 넬룸.

널보리[_-_] 명 ((식물))가을보리. 가을에 씨를 뿌려 이듬해 초여름에 거두는 보리. ¶【속담】깅자년 널보리 디딧기 했다. =경자년 가을보리 되듯 했다.

널부루지다[_-_-_] 동 널브러지다. ①너저분하게 흐트러지거나 흩어지다. ¶온가 잡동사이가 널부루지 있다. =온갖 잡동사니가 널브러져 있다. ②몸에 힘이 빠져 몸을 추스르지 못하고 축 늘어지다. ¶하도 디서 널부루지 잤다. =하도 되서 널브러져 잤다.

널비기[1][_-_] 명 옹자배기. 둥글넓적하고 아가리가 쩍 벌어진 작은 질그릇.

널비기[2][_-_] 명 이남박. 안쪽에 여러 줄로 고랑이 지게 돌려 파서 만든 함지박. ¶【속담】입이 널비기만 해짔다. =입이 이남박만 해졌다.

널썩널썩[___-] 부 널찍널찍. 여럿이 다 또는 매우 너른 모양. ¶쏘물기 숭구지 말고 널썩널썩 숭구라. =배게 심지 말고 널찍널찍 심어라.

널썩널썩하다[널썩너써카다 ____-_] 형 널찍널찍하다. 여럿이 다 또는 매우 너르다. ¶널썩널썩하기 앉이라. =널찍널찍하게 앉아라.

널아다[너라다 _-_] 동 늘이다. '늘다'의 사동사. ①부피나 양을 많게 하다. ¶엿까락 널아다. =엿가락 늘이다. ②길이를 길게 하다. ¶【속담】대장재이는 잇아 널아는 재주가 있어서 잘산다. =대장장이는 이어 늘이는 재주가 있어서 잘산다. ③살림이 넉넉해지게 하다. ¶【관용구】살림을 널아다. =살림을 늘이다. ☞널카다.

널짜다[_-_] 동 떨어뜨리다. 사물을 어디에 아래로 내려가게 하다. ¶【속담】호래이는 지 새끼로 비렁에 널짜 본다. =호랑이는 제 새끼를 벼랑에서 떨어뜨려 본다. ☞떨가다. 떨아다. 떨어띠리다.

널찌다[--_] 동 떨어지다. ①달렸거나 붙었던 것이 떼어지거나 떨어지다. ¶【속담】오니얼에 소붕알 널찌기로 지다린다. =오뉴월에 쇠불알 떨어지길 기다린다. ②값 따위가 내려가다. ¶【관용구】금이 널찌다. =금이 떨어지다. ③해나 달이 서쪽으로 지다. ¶【관용구】지익 해가 널찌다. =저녁 해가 떨어지다.

널치나다[1][_-__] 동 넌더리나다. 몹시 싫어서 귀찮고 지긋지긋한 느낌이 나다. ¶언자는 그 생각마 하마 널치난다. =이제는 그 생각만 하면 넌더리난다. ☞엉걸징나다.

널치나다[2][_-__] 동 몸살하다. 몸이 몹시 피로하여 팔다리가 쑤시고 오한이 나거나 기운을 차리지 못하다. ¶【관용구】디서 널치나다. =되서 몸살하다.

널치나다[3][_-__] 동 지치다. ①힘든 일을 하거나 병, 괴로움 따위에 시달려 기운이 빠지다. ¶이넘우 똥뺑에 널치난다. =이놈의 설사병에 지친다. ②무더위로 인해 기운을 잃다. ¶덥우 묵고 널치났다. =더위 먹고 지쳤다. ☞널캐지다.

널카다[1][_-_] 동 늘리다. ☞널라다.

널카다[2][_-_] 동 늘이다. ☞널아다.

널캐지다[_-__] 동 지치다. ☞널치나다.

널판때이[널판때~이 _--_] 명 널빤지. 판판하고 넓게 켠 나뭇조각. ☞나무판때기.

넓하다[널파다 _-_] 동 넓히다. 넓게 하다. '넓다'의 사동사. ¶좁운 방을 넓핬다. =좁은 방을 넓혔다. ¶【속담】대문은 넓하야 데고 깃문은 좁하야 덴다. =대문은 넓혀야 되고 귓문은 좁혀야 된다.

넓히다[널피다 _-_] 동 넓어지다. 넓게 되다. '넓다'의 피동사. ¶집이 엄청시리 넓힜다. =집이 엄청나게 넓어졌다.

넘[1][-] 명 놈. ①((용언의 관형사형 어미 뒤에 쓰여)) 남자를 낮추거나 욕하여 이르는 말. ¶【속담】함안 칠언 넘 앉인 데는 풀도 안 난다. =함안 칠원 놈 앉은 데는 풀도 안 난다. ②((주로 '넘으'의 꼴로 쓰여)) 그 뒤에 오는 대상을 못 마땅히 이르는 말. ¶【관용구】나간 넘우 집구숙. =나간 놈의 집구석. ③'사람'을 낮추거나 홀하게 이르는 말. ¶【속담】사알 굶고 담 안 넘울 넘 없다. =사흘 굶고 담 안 넘을 놈 없다. ④남자를 낮잡아 이르는 말. ¶여자는 한나또 없꼬 넘들마 있다. =여자는 하나도 없고 놈들만 있다. ⑤'남자아이(男子--)'를 귀엽게 이르는 말. ¶저게 자아가 지 아들넘입미더. =저기 재가 제 아들놈입니다. ⑥물건 따위를 친근하거나 가볍게 이르는 말. ¶자네 대애지매로 잘 생긴 넘은 비기 드물 끼다. =자네 돼지처럼 잘 생긴 놈은 보기 드물 것이다.

넘[2][-] 명 남. 타인(他人). 다른 사람. ¶【관용구】넘우 다리에 고약 붙인다. =남의 다리에 고약 붙인다. ¶【속담】넘이사 갓 씨고 벅수로 넘던동 말던동. =남이야 갓 쓰고 재주를 넘건 말건. ¶【속담】내 묵기는 싫고 넘 주기는 아깝다. =내 먹기는 싫고 남 주기는 아깝다.

넘가다[넝가다 _-_] 동 넘기다. ①일정한 시기나 기한을 지나가게 하다. ¶이할배는 한갑을 몬 넘가고 시상 비맀다. =외할아버지는 환갑을 못 넘기고 세상 버렸다. ②물건이나 일, 책임 따위를 다른 사람이나 기관에 내주거나 맡기다. ¶토지로 자석인데 넘갔다. =토지를 자식에게 넘겼다. ③고비나 위기를 벗어나거나 빠져나오다. ¶【속담】넘갈수룩이 산. =넘길수록 산. ④음식물을 목으로 넘어가게 하다. ¶목구뭉이 아파서 물도 몬 넘갈다. =목구멍이 아파서 물도 못 넘기겠다. ⑤종이나 책장을 다른 면으로 젖히다. ¶책장 넘가는 소리가 딛기 좋아예. =책장 넘기는 소리가 듣기 좋아요. ⑥중요하지 않게 여겨 지나치다. ¶고 일은 여사로 이이고 넘갔다. =그 일은 예사로 여기고 넘겼다. ⑦어떤 대상 위로 넘어가게 하다. ¶떡을 담 너메로 넘가졌다. =떡을 담 너머로 넘겨줬다. ⑧나무를 서 있는 상태에서 넘어지게 하다. ¶낭글 비이서 넘갔다. =나무를 베어서 넘겼다. ⑨액체를 용기에 가득 차도록 해서 밖으로 넘치게 하다. ¶국물 안 넘갈라꼬 불로 줄았다. =국물 안 넘기려고 불을 줄였다. ☞님기다.

넘가띠리다[넝가띠리다 _ _-_ _] 동 넘어뜨리다. 바로 선 것을 넘어지게 하다. ¶【속담】좀벌개이가 지둥을 넘가띠린다. =좀벌레가 기둥을 넘어뜨린다. ☞공가다. 구불치다. 넘우띠리다. 님기띠리다. 보티리다. 부티리다.

넘가받다[넝가바따 -_-_] 동 넘겨받다. 물건이나 권리, 책임 따위를 다른 사람이나 기관으로부터 받거나 떠맡다. ¶논 서마지기로 아부지인데서 넘가받았다. =논 세 마지기를 아버지로부터 넘겨받았다. ☞넘기받다, 님기받다.

넘가보다[넝가보다 _-_ _] 동 엿보다. ①장소나 대상 따위를 남몰래 가만히 보거나 살피다. ¶【속담】굶운 까마구 빈 통시 넘가본다. =굶은 까마귀 빈 통수 엿본다. ¶【속담】행사하는 것은 넘가바도 핀지 씨는 거는 넘가보지 안한다. =행세하는 것은 엿보아도 편지 쓰는 것은 엿보지 않는다. ②생각이나 마음, 분위기 따위를 짐작으로 어림잡아 알다. ¶이 집때까리마 바도 집안 내리기로 넘가볼 수가 있다. =이 지붕만 봐도 집안 내력을 엿볼 수 있다. ③기회나 때를 은근히 노려 기다리다. ¶【관용구】때로 넘가보다. =때를 엿보다. ☞넘기보다. 님기보다. 얏보다.

넘가씨아다[넝가씨아다 _--_ _] 동 넘겨씌우다. 자기의 책임을 다른 사람에게 넘겨 감당하게 하다. ¶니가 할 일로 와 내인데 넘가씨아노? =네가 할 일을 왜 내게 넘겨씌우느냐? ☞넘기씨아다. 님기씨아다.

넘가주다[넝가주다 _-_ _] 동 넘겨주다. 물건이나 권리, 책임 따위를 건네거나 맡기다. ¶내가 씨던 책을 말키 동상인데 넘가줐다. =내가 쓰던 책을 모두 동생에게 넘겨주었다. ☞넘기주다. 님기주다.

넘가짚다[넝가집따 _--_] 동 넘겨짚다. 남의 생각이나 행동에 대하여 뚜렷한 근거 없이 짐작으로 판단하다. ¶【관용구】덜미로 넘가짚다. =덜미를 넘겨짚다. ☞넘기짚다. 님기짚다.

넘기받다[넝기바따 -_-_] 동 넘겨받다. ☞넘가받다. 님기받다.

넘기보다[넝기보다 -_ _ _] 동 엿보다. ☞넘가보다. 님기보다. 얏보다.

넘기씨아다[넝기씨아다 _ _-_ _] 동 넘겨씌우다. ☞넘가씨아다. 님기씨아다.

넘데두룩[--_ _] 부 남처럼은. 남이 하는 것과 같이. ¶잔치로 아모리 몬 해도 넘데두룩 해야지예. =잔치를 아무리 못해도 남처럼은 해야지요. ☞넘매이로는.

넘매이로는[--_ _ _] 부 남처럼은. 남이 하는 것과 같이. ¶언자 우리도 넘매이로는 사지예. =이제 우리도 남처럼은 살지요. ☞넘데두룩.

넘모리기[--_ _] 부 남몰래. 남이 모르게. 또는 겉으로 드러나지 않게. ¶니는 넘모리기 오데 갔디노? =너는 남몰래 어딜 갔었니? ☞넘몰리.

넘몰리[--_] 부 남몰래. ☞넘모리기.

넘바다보다[_-___] 동 넘겨다보다. ①고개를 들어 가리어진 물건 위로 건너 쪽을 보다. ¶【속담】닭 쫓던 개 담 너메 넘바다보딧기. =닭 쫓던 개 담 너머 넘겨다보듯이. ②어떤 것을 욕심내어 마음에 두다. ¶【속담】빌우묵던 넘은 천지개백을 해도 넘우 집 울타리 넘바다본다. =빌어먹던 놈은 천지개벽을 해도 남의 집 울타리 넘겨다본다.

넘바다비이다[_-__-_] 동 넘겨다보이다. 어떤 곳이 가려진 물체 위로 보이다. ¶산 너메로 구룸이 넘바다비인다. =산 너머로 구름이 넘겨다보인다.

넘부꾸룹다[---__] 형 남부끄럽다. 창피하여 남을 대하기가 부끄럽다. ¶【관용구】넘부꾸룹운 짓. =남부끄러운 짓.

넘부룹다[--__] 형 남부럽다. 남과 같이 자신도 이루거나 갖고 싶은 마음이 있다. ¶【관용구】넘부룹울 꺼 없다. =남부러울 것 없다.

넘부룹쨚다[넘부룹짠타 --_-_] 형 남부럽잖다. 형편이 좋아서 남을 부러워하지 않아도 될 만하다. ¶넘부룹쨚기 사다가 죽구 잡다. =남부럽잖게 살다가 죽고 싶다.

넘사[--] 명 남우세. ☞남사. 넘우사.

넘사꺼리[--__] 명 남세거리. ☞남사꺼리.

넘사시럽다[--___] 형 남세스럽다. ☞남사시럽다.

넘사하다[--__] 동 남세하다. ☞끄실리다. 남사하다.

넘우[1][너무 -_] 동 넘어. 담이나 고개 같은 높은 곳을 넘어서. ¶【속담】산 넘우 산이요 재 넘우 재다. =산 넘어 산이요 재 넘어 재다.

넘우[2][너무 _-] 관 놈의. ((지시 대명사 '그', '이', '저' 뒤에 붙어)) 못마땅하여 낮잡거나 욕하는 뜻으로 이르는 말. ¶내낳안 넘우 자석. =내놓은 놈의 자식. ¶디질 넘우 달구새끼. =뒈질 놈의 닭. ☞놈우.

넘우[3][너무 -_] 관 남의. 다른 사람 소유의. ¶【관용구】넘우 말 하딧기. =남의 말 하듯이.

넘우가다[너무가다 -___] 동 넘어가다. ①통과하여 지나가다 ¶【속담】언자 강골재 넘우갔다. =이제 강골재 넘어갔다. *이 속담은 '어려운 고비를 넘겼다.' 또는 '어려운 고비를 겪었다.'는 뜻과 유사하게 쓰인다. '강골재'는 창녕과 밀양 사이에 있는 고개 이름으로, 예전 한국전쟁 때 창녕사람들이 이 고개를 넘어 밀양으로 피난을 하던 데에서 유래한 속담이다. ②서 있다가 쓰러지다. ¶【속담】열 분 찍어 안 넘우가는 낭기 없다. =열 번 찍어 안 넘어가는 나무가 없다.

넘우띠리다[너무띠리다 __-__] 동 넘어트리다. ☞공가다. 구불치다. 넘가띠리다. 넘기띠리다. 보티리다. 부티리다.

넘우사[--_] 명 남우세. ☞남사. 넘사.

넘우지다[너무지다 -___] 동 넘어지다. 서 있다가 쓰러지다. ¶【속담】넘우지기 전에 작지 짚는다. =넘어지기 전에 지팡이 짚는다. ☞구불우지다.

넘우집[너무집 -__] 명 남의 집. 우리 집이 아닌 집. *'넘우집'은 표준어로 보면 구(句)이지만 창녕방언에서는 굳어진 말이라 하나의 단어로 보는 게 낫다. ¶【속담】넘우집 지사에 절한다. =남의 집 제사에 절한다. ¶【속담】내 칼도 넘우집 칼집에 들마 몬 찾는다. =내 칼도 남의 집 칼집에 들면 못 찾는다.

넘이사[너미사 --_] 부 남이야. 다른 사람이야. ¶【속담】넘이사 삼성[三升] 버신을 신고 모구자리로 볾덩강 말덩강. =남이야 삼승 버선을 신고 못자리를 밟든지 말든지.

넙떠거리하다[____-_] 형 넓죽하다. 물체의 두께가 조금 얇고 평평하며 꽤 넓다. ¶넙떠거리하기 생긴 돌미이. =넓죽하게 생긴 돌멩이. ☞넙떡하다.

넙떡[_-] 부 넙죽. ①무엇을 받아먹거나 대답을 하느라 입을 재빨리 크게 벌렸다가 닫는 모양을 나타내는 말. ¶술로 주는 대로 넙떡 받아 마신다. =술을 주는 대로 넙죽 받아 마신다. ②몸을 바닥에 아주 바짝 붙이고 단번에 크게 엎드리는 모양을 나타내는 말. ¶바닥에 넙떡 엎디렀다. =바닥에 넙죽 엎드렸다.

넙떡넙떡[1][___-] 부 넓적넓적. 여럿이 다 펀펀하고 얇으면서 꽤 넓은 모양. ¶떡을 넙떡넙떡 싸맀다. =떡을 넓적넓적 썰었다.

넙떡넙떡[2][___-] 부 넙적넙적. ①말대답을 하거나 무엇을 받아먹을 때 입을 자꾸 닁큼닁큼 벌렸다 닫았다 하는 모양. ¶치민도 없이 넙떡넙떡 잘또 받아묵는구나. =체면도 없이 넙적넙적 잘도 받아먹는구나. ②몸을 바닥에 바짝 대고 자꾸 닁큼닁큼 엎드리는 모양. ¶이넘아가 니 앞에서는 넙떡넙떡 엎디리네. =이놈이 네 앞에서는 넙적넙적 엎드리네.

넙떡넙떡하다[넙떡넙떠카다 ____-_] 형 넓적넓적하다. 여럿이 다 펀펀하고 얇으면서 꽤 넓다. ¶찌줌을 넙떡넙떡하기 부칬다. =부침개를 넓적넓적하게 부쳤다.

넙떡하다[넙떠카다 __-_] 형 넓죽하다. ☞넙떠거리하다.

넙띠기[1][_-_] 명 ≒장(章). 전(煎)과 같은 얇고 넓게 조리한 음식을 세는 단위. ¶호박뿌끼미 시 넙띠기. =호박전 세 장.

넙띠기[2][_-_] 명 ≒넓적이. 얼굴이 넓은 아이의 애칭. *표준어 '넓적이'는 부정적인 의미이지만 창녕방언 '넙띠기'는 긍정적인 뜻으로 쓰인다. ¶우리 넙띠기 참 잘 생깄제? =우리 넓적이 참 잘 생겼지?

넝꿀[-_] 명 넝쿨. ¶【속담】호박이 넝꿀채 구불러들옸다. =호박이 넝쿨 째 굴러들어왔다. ☞덩꿀.

넝꿈시럽다[__-__] 형 엉큼스럽다. 겉으로 하는 말이나 행동과는 달리 엉뚱한 욕심을 품거나 음흉한 데가 있다. ¶넝꿈시럽기 치라본다. =엉큼스럽게 쳐다본다. ☞엉쿰시럽다.

넝꿈하다[_ _-_] 형 엉큼하다. 겉으로 보이는 것과 달리 엉뚱한 욕심을 품고 있거나 음흉하다. ¶절마는 거짓말로 넝꿈하이 하네. =저놈은 거짓말을 엉큼하게 하네. ☞엉쿰하다.

-네이[네~이 -_] 어 -네. *'-네이'에서 '이'는 문장 끝에 오는 일종의 문말 끝 요소인데, 창녕방언에서는 '-네이'가 하나의 어미처럼 굳어, '-네'와 구별된다. '-네이'는 '-네'보다 훨씬 부드럽게 인식된다. ①(('하게'할 자리에 쓰여)) 단순한 서술의 뜻을 나타내는 종결어미. ¶마당이 엄청시리 넓네이. =마당이 엄청나게 넓네. ②(('해'할 자리나 혼잣말에 쓰여)) 지금 깨달은 일을 서술하는 데 쓰이는 종결어미. 흔히 감탄의 뜻이 드러난다. ¶너거 집은 억쑤로 칼클네이. =너희 집은 엄청 깨끗하네.

네치[_-] 수 넷. '셋'에 하나를 더한 수. ¶너거 네치서 이 무굽운 거로 들겠나? =너희 넷이서 이 무거운 것을 들겠니? ☞너이.

넬럼[_-] 부 널름. 혀, 손 따위를 빠르게 내밀었다 들이는 모양. ¶준다꼬 넬럼 받아오마 클 난다. =준다고 널름 받아오면 큰일 난다. ☞널럼. 널룸. 넬룸.

넬룸[_-] 부 널름. ☞널럼. 널룸. 넬럼.

노[-] 부 그냥. (('놓아두다'와 어울려)) 더 이상의 변화 없이 그 상태 그대로. ¶비 오는데 쌀자리로 이래 노 낳아둘 끼가? =비 오는데 쌀자루를 이렇게 그냥 놓아둘 거니? ☞거양. 기냥. 기양. 마. 마아. 밍창.

-노[_] 어 -니. -느냐. *창녕방언에서 의문형 어미는, 의문사('어찌', '어떻게', '언제', '무엇', '왜' 등)가 있고 서술어가 용언이면, '-노'나 '-고'가 선택된다. 그러나 의문사가 없는 의문형 어미는 '-나'나 '-가'로 실현된다. ¶니는 운제 가노? =너는 언제 가니? ¶니 하분채 갈 끼가? =너 혼자 갈 거니?

노가리[-_ _] 명 수다. 쓸데없이 말수가 많음. ¶【관용구】노가리 까다. =수다 떨다.

노고자리[_ _-_] 명 ((동물))종달새. ¶【속담】둥우리 빼떨린 노자자리 겉다. =둥지 빼앗긴 종달새 같다. ☞노구자리. 노구지리.

노골노골하다[_ _ _ _-_] 형 노글노글하다. 좀 무르고 보드랍다. ¶떠신 바아 눕어 있었더마는 삐가 노골노골하다. =따듯한 방에 누워있었더니 뼈가 노글노글하다.

노구자리[_ _-_] 명 ((동물))종달새. ☞노고자리. 노구지리.

노구지리[_ _-_] 명 ((동물))종달새. ☞노고자리. 노구자리.

노구치[_-_] 명 ((식물))노고초(老姑草).

노꼴나무[_-_ _] 명 ((식물))개오동나무(-梧桐--). ¶【속담】노꼴나무마 바도 춤을 친다. =개오동나무만 봐도 춤을 춘다.

노나끈[_-_] 명 노끈. ¶짐 뭉치구로 노나끈 쫌 고온나. =짐 묶게 노끈 좀 가져오너라. ☞노내끼.

노나다[_-_] 동 나누다. ☞나나다. 반타다.

노나묵기[노나무끼 _-_ _] 명 나눠먹기. ☞갈라묵기. 나나묵기.

노나묵다[_-__] 동 나눠먹다. ☞갈라묵다. 나나묵다. 반타서묵다.

노나주다[_-__] 동 나눠주다. ☞갈라주다. 나나주다. 반타주다.

노내끼[_-_] 명 노끈. ☞노나끈.

노다지[--_] 부 늘. 언제나 변함없이. *주로 부정적인 경우에 쓰는 말이다. ¶노다지 놀고 있네. =늘 놀고 있네. ¶저니러 개는 노다지 짓는다. =저놈의 개가 늘 짖는다. ☞늘상. 사시로. 장.

노라이[노라~이 _-_] 부 노랗게. ¶사이 노라이 빈했다. =산이 노랗게 변했다. ☞노랗기.

노랑내[_-_] 명 노린내. 노린 냄새. ¶【속담】노랑내가 나두룩 뚜딜긴다. =노린내가 나도록 두들긴다.

노랑노랑[___-] 부 노릇노릇. 군데군데가 매우 노르스름한 모양을 나타내는 말. ¶찌줌이 노랑노랑 꿉힜습미더. =지짐이 노릇노릇 굽혔습니다.

노랑노랑하다[____-_] 형 노릇노릇하다. 물체나 그 빛깔이 군데군데가 매우 노르스름하다. ¶호박뿌끼미가 노랑노랑하다. =호박전이 노릇노릇하다. ☞노롬노롬하다. 노롯노롯하다. 노룻노룻하다. 노릿노릿하다.

노랑무시[___-] 명 단무지. 무로 담근 일본식 짠지.

노랑시문[___-] 명 ≒소문(所聞). *노랑+신문(新聞). '황당한 이야기를 싣는 가상의 신문'을 비유적으로 이르는 말. ¶【관용구】노랑시문에 나다. =소문이 나다.

노랑재이[1][노랑재~이 __-_] 명 ((동물))노래기. ☞고동각시. 문디이각시.

노랑재이[2][노랑재~이 __-_] 명 ((식물))괴불주머니. *'노랑재이'는 괴불주머니 잎이나 꽃이 노린내를 풍겨서 붙은 이름이다.

노랑조시[__-_] 명 노른자위. 알의 흰자위에 둘러싸인 동글고 노란 부분.

노랑하다[__-_] 형 노름하다. 얼굴이나 물체, 또는 그 빛깔이 조금 연하게 노랗다. ¶나락이 익어서 들파이 노랑하네. =벼가 익어서 들판이 노름하네. ☞노롬하다. 노룸하다.

노랗기[노라키 _-_] 부 노랗게. ☞노라이.

노래이짓[노래~이짇 _-__] 명 노랑이짓. 속이 좁고 마음 씀씀이가 아주 인색한 언행. ¶【관용구】노래이짓을 하다. =노랑이짓을 하다.

노로무리하다[____-_] 형 노르무레하다. 산뜻하지 않고 엷게 노르다. ¶알라가 어데 아푼가 낯이 노로무리합미더. =애가 어디 아픈지 낯이 노르무레합니다. ☞노리무리하다.

노로소롬하다[____-_] 형 노르스름하다. 사물이나 그 빛이 조금 노란 듯하다. ¶양년 멀꺼디이는 노로소롬하다. =양년 머리카락은 노르스름하다. ☞노루수룸하다.

노로짱하다[___-_] 형 노르스레하다. 물체나 그 빛이 뚜렷이 노란 듯하다. ¶떡을 노로짱하기 꿉웄다. =떡을 노르스레하게 구웠다. ☞노리끼리하다.

노롬[_-] 명 노름. 도박(賭博). ¶【속담】노

롬에 미천넘 지 여핀네 팔아묵눈다. =노름에 미친놈 제 여편네 팔아먹는다. ☞노룸.

노롬노롬하다[____-_] 형 노릇노릇하다. ☞노랑노랑하다. 노롯노롯하다. 노룻노룻하다. 노릿노릿하다.

노롬하다[1][_-__] 동 노름하다. 도박하다(賭博--). ¶니 어지 노롬했제? =너 어제 노름했지? ☞노룸하다.

노롬하다[2][__-_] 형 노름하다. ☞노랑하다. 노룸하다.

노롯[노롣 -_] 명 노릇. ①직업, 직책을 낮잡아 이르는 말. ¶선상 노롯. =선생 노릇. ②맡은 바 구실. ¶【속담】재추 떡이가 본처 노롯 한다. =재취 댁이 본처 노릇 한다. ③일의 됨됨이나 형편. ¶【관용구】기시이 곡할 노롯. =귀신이 곡할 노릇. ☞노룻.

노롯노롯하다[노롣노로타다 ____-_] 형 노릇노릇하다. ☞노랑노랑하다. 노롬노롬하다. 노룻노룻하다. 노릿노릿하다.

노롯하다[노로타다 __-_] 형 노릇하다. 노르스름한 색을 띠는 듯하다. ¶나락이 노롯하네예. =벼가 노릇하네요. ☞노룻하다.

노루수룸하다[____-_] 형 노르스름하다. ☞노로소롬하다.

노루탱탱하다[____-_] 형 샛노랗다. 사물이나 그 빛이 아주 선명하고 짙게 노랗다. ¶은앙이푸리가 노루탱탱해짔다. =은행잎이 샛노래졌다. ☞노리탱탱하다.

노루팅팅하다[____-_] 형 노르끄레하다. 곱지 않고 옅게 노르다. ¶노루팅팅한 고룸이 잡힜다. =노르끄레한 고름이 잡혔다. ☞노리팅팅하다.

노룸[_-] 명 노름. ≒도박(賭博). ☞노롬.

노룸하다[1][_-__] 동 노름하다. 도박하다(賭博--). ☞노롬하다.

노룸하다[2][__-_] 형 노름하다. ☞노랑하다. 노롬하다.

노룻[노룯 -_] 명 노릇. ☞노롯.

노룻노룻하다[노룯노루타다 ____-_] 형 노릇노릇하다. ☞노랑노랑하다. 노롬노롬하다. 노롯노롯하다. 노릿노릿하다.

노룻하다[노루타다 __-_] 형 노릇하다. ☞노롯하다.

노리[_-] 명 ((동물))노루. ¶【속담】노리가 아아 업고 간다. =노루가 아이 업고 간다. ¶【속담】노리가 지 방구에 놀랜다. =노루가 제 방귀에 놀란다.

노리기기[__-_] 명 노루고기. ¶【속담】노리기기로 무웄나. =노루고기를 먹었나.

노리끼리하다[____-_] 형 노르스레하다. 조금 노르다. ¶참이가 노리끼리하기 익었다. =참외가 노르스레하게 익었다. ☞노로짱하다.

노리무리하다[____-_] 형 노르무레하다. ☞노로무리하다.

노리보다[-_-_] 동 노려보다. 미운 감정으로 어떠한 대상을 매섭게 계속 바라보다. ¶누가 날로 노리본다. =누가 나를 노려본다.

노리탱탱하다[____-_] 형 샛노랗다. ☞노루탱탱하다.

노리팅팅하다[____-_] 형 노르끄레하다.

ㄴ

☞노루팅팅하다.

노릿노릿하다[노릳노리타다 ____-_] 형 노릇노릇하다. ☞노랑노랑하다. 노롬노롬하다. 노롯노롯하다. 노룻노룻하다.

노숭[_-] 명 뇌성(雷聲). 천둥소리. ¶【속담】노숭에 베락. =뇌성에 벼락.

노숭치다[_-__] 동 천둥치다. 뇌성(雷聲)이 치다.

노오다[_-_] 동 나오다. ①사물이나 사람 따위가 안에서 밖으로 오다. ¶【속담】달밤에 삿갓 씨고 노온다. =달밤에 삿갓 쓰고 나온다. ②숨어 있던 지혜나 생각 따위가 드러나다. ¶【속담】시 사램이 모이마 문수지에가 노온다. =세 사람이 모이면 문수지혜가 나온다. ③책, 신문 따위에 글, 그림 따위가 실리다. ¶시문에 노온 거. =신문에 나온 것. ④새 상품이 시장에 나타나다. ¶새쌀이 노왔다. =햅쌀이 나왔다. ⑤선거에 출마하다. ¶이장선거에 노왔다. =이장선거에 나왔다. ⑥어떠한 물건이 발견되다. ¶농 밑에서 사그륵이 노왔다. =장롱 밑에서 사기그릇이 나왔다. ⑦상품이나 인물 따위가 산출되다. ¶우리 동네서 유밍한 사램이 노왔다. =우리 동네서 유명한 사람이 나왔다. ⑧소속된 단체나 직장 따위에서 물러나다. ¶선상질 하다가 노온 사람. =선생질 하다가 나온 사람. ⑨어떠한 상태나 내용이 겉으로 드러나다. ¶【속담】개 입에서는 개 말 노온다. =개 입에서는 개 말 나온다. ⑩받을 돈 따위가 주어지거나 세금 따위가 물려지다. ¶시금이 적기 노오마 좋을다. =세금이 적게 나오면 좋겠다. ⑪무엇을 살 만한 돈이 되다. ¶돈 노올 때가 없다. =돈 나올 때가 없다. ⑫방송을 듣거나 볼 수 있다. ¶테레비가 잘 노온다. =텔레비전이 잘 나온다. ⑬교육 기관의 일정한 과정을 끝내고 졸업하다. ¶대학조 노온 사람. =대학교 나온 사람.

노올[-_] 명 노을. ☞붉살. 뿕살.

녹그륵[녹끄륵 --_] 명 놋그릇. ¶【속담】질그륵 뿌쌓고 녹그륵 장만는다. =질그릇 부수고 놋그릇 장만한다.

녹디[녹띠 _-] 명 ((식물))녹두(綠豆). ¶【속담】오니얼 녹디 깍때기매로 틴다. =오뉴월 녹두 깍지처럼 튄다.

녹디질굼[녹띠질굼 ___-] 명 숙주나물. 녹두를 그릇에 담고 물을 주어 싹이 나게 한 나물. ☞질굼나물.

녹씰다[--_] 동 녹슬다(綠--). ①쇠붙이가 산화하여 빛이 붉거나 푸르게 변하다. ¶【속담】기짝 쏙에서 녹씬 돈은 똥도 몬 산다. =궤짝 속에서 녹슨 돈은 똥도 못 산다. ②무엇이 오랫동안 쓰지 않아 낡거나 무디어지다. ¶【관용구】머리가 녹씰다. =머리가 녹슬다. ③기술이나 기능이) 침체되거나 무디어지다. ¶【관용구】솜씨가 녹씰다. =솜씨가 녹슬다.

녹하다[노카다 _-_] 동 녹이다. '녹다'의 사동사. ①햇빛이 눈이나 얼음을 열이나 뜨거운 기운으로 액체가 되게 하다. ¶해가 나디이 눈을 다 녹핬네. =해가 나더니 눈을 다 녹였네. ②고체를 높은 온도나 열로 물러지거나 물처럼 되게 하다. ¶【속담】입이 여럿이마 씨도 녹한다. =입이 여럿이면 쇠도 녹인다. ③결정체를 액체에 풀어져 섞이게 하다. ¶까자로 입에 옇어가아 녹하라. =과자를 입에 넣어서 녹여라. ④추위에 굳어진 몸이나 신체 부위를 따뜻한 기운에 풀어지게 하다. ¶【속담】범이 붕알을 동지에 얼라고 입춘에 녹한다. =범이 불알을 동지에 얼리고 입춘에 녹인다. ⑤화가 나거나 못마땅한 마음을 누그러지거나 풀리게 하다. ¶【관용구】마움을 녹하다. =마음을 녹이다. ⑥어떤 사람이 다른 사람을 외모 따위로 홀리어 정신을 차리지 못하게 하다. ¶【관용구】사나아로 녹하다. =사내를 녹이다.

녹하묵다[노카묵따 _-__] 동 녹여먹다. ①과자나 사탕 따위를 녹여먹다. ¶십리까자로 녹하무웄다. =십리과자를 녹여먹었다. ②재물을 조금씩 없애다. ¶전답을 쪼매썩 녹하무웄다. =전답을 조금씩 녹여먹었다.

논가세[-__] 명 논가. 논의 끝이나 둘레. *'논가세'는 '논가+ㅅ+에<논갓에<논가세'로 분석된다. 이런 경우 창녕방언에서는 처소격 조사 '에', '에서', '서'가 습관처럼 붙어 다니는 특징이 있다. ¶논가세서 엉망깨구리가 웁미더. =논가에서 맹꽁이가 웁니다. ☞논가시.

논가시[-__] 명 논가. ☞논가세.

논고동[논꼬동 _-_] 명 ((동물))우렁이. ☞꼬디이. 논꼬디이.

논꼬디이[논꼬디~이 __-_] 명 ((동물))우렁이. ☞꼬디이. 논고동.

논다이[논다~이 __-] 명 놈팡이. *표준어에서 '논다니'는 '웃음과 몸을 파는 여자'를 속되게 이르는 말이지만 창녕방언에서는 '직업이 없이 빌빌거리며 노는 사내'를 일컫는 '놈팡이'라는 뜻으로 쓰인다. ¶논다이들이 설치댄다. =논다니들이 설쳐댄다. ☞논패이.

논도가리[논또가리 __-_] 명 논배미. 논두렁으로 둘러싸인 논의 하나하나의 구역. ¶이 논도가리는 멫 마지깁미꺼? =이 논배미는 몇 마지깁니까?

논두둑[논뚜둑 __-] 명 논두렁. 물이 괴어 있도록 논의 가장자리를 흙으로 둘러막은 두둑. ¶【속담】껄배이는 논두둑 밑에 있어도 윗움이 있다. =거지는 논두렁 밑에 있어도 웃음이 있다. ☞논두룸.

논두룸[논뚜룸 __-] 명 논두렁. ☞논두둑.

논두룸강새이[논두룸강새~이 ____-_] 명 ((동물))땅강아지. ☞땅강새이.

논패이[논패~이 _-_] 명 놈팡이. ☞논다이.

놀라다[1][_-_] 동 놀리다. 놀게 하다. '놀다'의 사동사. ①놀이를 하며 즐겁게 지내게 하다. ¶【속담】딸 손지는 가을빝에 놀라고 아들 손지는 봄빝에 놀란다. =딸 손자는 가을볕에 놀리고 아들 손자는 봄볕에 놀린다. ②물자나 시설 따위를 쓰지 않고 버려두다. ¶저래 좋운 깅운기로 놀라고 있다. =저리 좋은 경운기를 놀리고 있다.

놀라다[2][_-_] 동 휴경하다(休耕--). 농사를 짓던 논밭을 얼마 동안 경작하지 않고 내버려두다. ¶넘이 놀라낳안 밭에 뱁차로 숭궀다. =남이 휴경한 밭에 배추를 심었다. ☞묵하다. 묵후다.

놀래다[_-_] 동 놀라다. ①뜻밖의 일이나 무서움에 가슴이 두근거리다. ¶【속담】봄 꽁이 지 바램에 놀랜다. =봄 꿩이 제 바람에 놀란다. ②뛰어나거나 신기한 것을 보고 매우 감동하다. ¶【관용구】놀랠 일이다. =놀랄 일이다.

놀래라[_-_] 감 놀라라. 깜작 놀란 상황에서 무의식중에 튀어나오는 감탄사. ¶아이쿠, 놀래라! =아이쿠, 놀라라!

놀래샇고[놀래사코 __-_] 부 놀라쌓고. 놀라곤 해쌓고. *'놀라-'의 창녕방언은 '놀래-'이다. '쌓고'는 '샇-(←쌓-)+-고'에서 온 말인데, 이 '샇(쌓)-'은 경남방언에서 발견되는 독특한 보조동사의 하나이다. 동작의 되풀이를 나타내는데, 아주 생산적으로 쓰이는 말이다. ¶머심아가 놀래샇고 그칸다. =머슴애가 놀라쌓고 그런다.

놀래키다[_-__] 동 놀래다. 다른 사람을 불안하게 하여 자꾸 가슴을 뛰게 하다. '놀라다'의 사동사. ¶와 사램을 이래 놀래키노? =왜 사람을 이리 놀래니?

놀로오다[_-__] 동 놀러오다. ①이웃, 친지, 친구 따위의 집으로 찾아오다. ¶군대 제대하마 운제 한분 놀로온나. =군대 제대하면 언제 한번 놀러와라. ②재미있게 즐기기 위하여 어느 곳으로 오다. ¶놀로온 얼라로 저거 집으로 돌리보냈다. =놀러온 아이를 자기 집으로 돌려보냈다.

놀롤하다[1][__-_] 형 연약하다(軟弱--). 무르고 약하다. ¶【관용구】몸띠이가 놀롤하다. =몸뚱이가 연약하다. ☞깔락깔락하다.

놀롤하다[2][__-_] 형 노르께하다. 곡식이 제대로 자라지 못해 이삭이나 잎 빛깔이 노란색에 가깝게 변하다. ¶뱁차가 빙이 들랐능강 놀롤하다. =배추가 병이 들었는지 노르께하다.

놀아[노라 --] 동 놀아라. 해라체 명령법 종결형 어미. '놀아라'가 내포문에 쓰일 때의 형식. ¶오올은 천상 날더리 놀아 카는 날이다. =오늘은 천생 날더러 놀아라 하는 날이다.

놀움하다[노룸하다 _-__] 동 놀음하다. 여러 사람이 모여 즐겁게 놀다. ¶【관용구】잔치 놀움하다. =잔치 놀음하다.

놀철[_-] 명 농한기(農閑期). 농사일이 바쁘지 않아 한가한 시기. ¶【관용구】놀철 소 팔자 겉다. =농한기 소 팔자 같다.

놈우[노무 -_] 관 놈의. ☞넘우.

놉꾼[--] 명 놉. 그날그날 품삯과 음식을 받고 일을 하는 품팔이꾼. ¶【관용구】놉꾼을 사다. =놉을 사다. ☞일꾼. 품꾼.

놉대다[--_] 동 놉을 사다. 하루하루 품삯과 음식을 받고 일을 하는 품팔이 일꾼을 사다. *'놉대다'는 창녕방언에서 연속적으로 발음하며 하나의 단어로 쓰인다. ¶【관용구】놉대서 농사짓다. =놉을 사서 농사짓다.

놉일하다[놉닐하다 ---_] 동 삯일하다. 하루하루 품삯과 음식을 받고 일을 하다. ¶넘우 집 놉일했다. =남의 집 삯일했다. ☞놉하다.

놉하다[노파다 --_] 동 삯일하다. ☞놉일하다.

놋다리[노따리 --_] 명 징검다리. *표준어에서 '놋다리'는 민속놀이 중 하나인 놋다리밟기에서, '공주로 뽑힌 여자가 밟고 가도록 부녀자들이 허리를 굽혀 만든 다리'를 뜻하지만, 창녕방언에서는 '징검다리'를 뜻한다. ¶【속담】놋다리도 뚜디리 보고 건니라. =징검다리도 두들겨 보고 건너라.

놋오강[논오강 ---] 명 놋요강. 놋쇠로 만든 요강. ¶【속담】질오강 깨고 놋오강 얻는다. =질요강 깨고 놋요강 얻는다.

놋줄[노쭐 --] 명 참바. 삼이나 칡 따위로 세 가닥을 지어 굵다랗게 드린 줄. ¶이거는 야문 놋줄로 짜매야 델다. =이건 야문 참바로 동여매야 되겠다.

농구리하다[_-___] 동 놀이하다. 여러 사람이 모여서 즐겁게 노는 일을 하다. *놀이<놀거리<농거리<농구리. ¶야들아. 농구리할라카마 저짜 가서 해라. =얘들아. 놀이하려면 저쪽 가서 해라. ¶인자는 전쟁농구리하자. =이제는 전쟁놀이하자.

농띠이[농띠~이 --_] 명 농땡이. ①일을 하지 않으려고 꾀를 부리며 게으름을 피우는 짓. ¶농띠이 고마 부리라. =농땡이 그만 부려라. ②일을 하지 않으려고 꾀를 부리며 게으름을 피우는 사람을 속되게 이르는 말. ¶저 농띠이가 먼 일로 하까이. =저 농땡이가 뭔 일을 할까.

농투시이[농투시~이 __-_] 명 농투성이(農---). '농부(農夫)'를 얕잡아 이르는 말.

높우다[노푸다 _-_] 형 높다. 아래에서 위까지의 길이가 길다. ¶【속담】여자는 높우기도 놀고 낮기도 논다. =여자는 높게도 놀고 낮게도 논다.

높우당하다[노푸당하다 ___-_] 형 높다랗다. ①건물이나 언덕이 아래에서 위까지의 길이가 썩 길다. ¶저 어덕은 노푸당하다. =저 언덕은 높다랗다. ②천장이나 선반이 바닥과의 거리가 꽤 멀다. ¶미지는 높우당한 천자아 달아낳야 덴다. =메주는 높다란 천장에 달아놓아야 된다.

높하다[노파다 _-_] 동 높이다. 높게 하다. '높다'의 사동사. ¶【속담】내 몸을 높하야 아래로 본다. =내 몸을 높여야 아래를 본다.

놓다[노타 -_] 동 낳다. 배 속의 아이, 새끼, 알을 몸 밖으로 내놓다. ¶【속담】간다 간다 하디, 아아 서이 놓고 간다. =간다 간다 하더니 애 셋 낳고 간다. ¶【속담】놓온 정보담아 키안 정이 더 무숩다. =낳은 정보다 키운 정이 더 무섭다.

누구[_-] 명 누기(漏氣). 물기나 습기가 배어 있어서 눅눅한 기운. *'누구'는 '눅눅한+기운'의 합성어로 '<눅기<누기<누구'로 변동된다. 이는 음절과 음운 탈락, 교체 등이 동시에 일어나 극단적인 축약 형태를 보여준다. 따라서 '누구'는 창녕방언이 지닌 특징을 드러내는 대표적인 예라 할 수 있다. ¶바아 누구가 채있다. =방에 누기가 찼다.

ㄴ

누구루들다[_-___] 동 누그러들다. ①성미나 성질이 부드러워지다. ¶썽이 누구루들었다. =성이 누그러들었다. ②추위, 질병, 물가 따위의 정도가 내려 덜하여지다. ¶【관용구】춥우가 누구루들다. =추위가 누그러들다.

누구루지다[_-___] 동 누그러지다. ①추위나 병세, 값 따위가 정도가 낮아지거나 덜하여지다. ¶【관용구】빙이 누구루지다. =병이 누그러지다. ②성질, 분위기 따위가 흥분되거나 긴장되어 있다가 약해지거나 부드러워지다. ¶개가 씨기 나부대더마는 언자사 누구루짔다. =개가 되게 나부대더니 이제야 누그러졌다. ☞시부적해지다. 시적해지다.

누구룹다[누구룹따 __-_] 형 누그럽다. 마음씨가 따뜻하고 부드러우며 융통성이 있다. ¶마암이 누구룹운 사람. =마음이 누그러운 사람.

누굴미기[1][__-_] 명 ((동물))유혈목이. 꽃뱀. *창녕지역에서 '누굴미기'는 두 가지 다른 뜻으로 쓰인다. 하나는 '꽃뱀, 유혈목이'를 가리키는 것이고, 다른 하나는 '업구렁이의 암컷'을 가리키는 말이다. ☞너불때. 율목이.

누굴미기[2][__-_] 명 ((동물))업구렁이 암컷. ≒긴업(業). *표준어로 '암컷 업구렁이'인 '누굴미기'는 '진대'라고도 일컫는다. 집터 안에 살면서 그 집안의 살림을 보호하고 번창하게 해 준다는 구렁이다. 크기가 크고 색깔은 누런 것(암컷)과 검은 것(수컷)이 있다. 이전에는 초가지붕 위나 담 위로 천천히 이동하는 '누굴미기'를 볼 수 있었다. 집을 지키는 '찌끼미'(지킴이)로 알려져 함부로 손을 대지 않았다.

누긋하다[누구타다 __-_] 형 누긋하다. ①날씨가 약간 풀려 따뜻한 상태에 있다. ¶설 대묵 지내고 나이 날이 누긋해짔다. =설 대목 지나고 나니 날씨가 누긋해졌다. ②사물이 축축하고 부드럽다. ¶축사낳안 짚이 인자 누긋하다. =축여놓은 짚이 이제 누긋하다. ③사람이나 짐승의 성질이나 태도가 부드럽고 순하다. ¶【관용구】썽질이 누긋하다. =성질이 누긋하다.

누디기[_-_] 명 누더기. 누덕누덕 기운 헌 옷. ¶【속담】누디기 쏙에서 영웅 난다. =누더기 속에서 영웅 난다. ¶【속담】헌 누디기 쏙에 쌍동자 섰다. =헌 누더기 속에 쌍동자 섰다. ☞두디기. 헌두디기.

누라다[_-_] 동 눌리다. 밥이나 옷 따위를 조금 태워 누른빛이 나게 하다. ¶밥을 누라서 숭양을 낋있다. =밥을 눌려서 숭늉을 끓였다. ¶대리미로 옷을 누랐다. =다리미로 옷을 눌렸다. ☞누랗다.

누랗다[누라타 _-_] 동 눌리다. ☞누라다.

누러이[누러~이 _-_] 부 누렇게. 익은 벼나 마른 나뭇잎처럼 약간 탁하고 어둡게 누런색으로. ¶【관용구】누러이 떠다. =누렇게 뜨다. ☞누렇기.

누렵다[누렵따 _-_] 형 마렵다. 대소변을 누고 싶은 느낌이 있다. *'누렵다'는 '누다'에서 파생된 말이다. 똥이나 오줌을 스스로 다스려 몸 밖으로 내보내는 것을 '누다'라고 하고, 스스로 다스리지 못하고 그냥 내보는 것을 '싸다'라고 한다. ¶【속담】똥 누럽운 강새이 겉다. =똥 마려운 강아지 같다. ¶【속담】디 누럽운 년 국꺼리 싸리듯기 한다. =뒤 마려운 년 국거리 썰듯 한다. *누럽고[누럽꼬 _-_], 누럽지[누럽찌 _-_], 누럽어서[누러버서 _-__], 누럽읐다[누러붇따 _-__]. ☞누룹다. 매럽다.

누렁내[_-_] 명 누린내. 동물의 고기나 털 따위의 단백질이 타는 냄새. ¶【관용구】누렁내가 나두룩 뚜디리 패다. =누린내가 나도록 두들겨 패다. ☞누룽내.

누렁디이[누렁디~이 __-_] 명 청둥호박. 아주 많이 익어서 겉이 단단하고 속의 씨가 잘 여문 호박. ¶누렁디이로 달고 맛난 호박죽을 낋있다. =청둥호박으로 달고 맛있는 호박죽을 끓였다. ☞누룽디이. 늙다리호박.

누렇기[누러키 _-_] 부 누렇게. ☞누러이.

누루다[_-_] 동 누르다. ①표면 전체나 부분에 대하여 힘이나 무게를 가하다. ¶【속담】감투가 커마 어깨로 누룬다. =감투가 크면 어깨를 누른다. ②권위 따위로 자유로이 행동하지 못하게 하다. ¶【속담】부두루움이 굳씬 거로 누룬다. =부드러움이 굳센 것을 누른다. ③감정이나 기분을 밖으로 드러내지 않고 참다. ¶썽을 누루서 참으마 빙 덴다. =화를 눌러 참으면 병 된다. ☞누질라다. 눌라다.

누루수룸하다[____-_] 형 누르스름하다. 사물이나 그 빛깔이 조금 누른 듯하다. ¶빅지가 누루수룸해짔다. =벽지가 누르스름해졌다.

누루팅팅하다[____-_] 형 누르퉁퉁하다. ①윤기가 없어 산뜻하지 않게 누르다. ¶오래덴 책이 누루팅팅하다. =오래된 책이 누르퉁퉁하다. ②붓거나 불어서 핏기가 없이 누르다. ¶낯이 누루팅팅하기 붓었다. =낯이 누르퉁퉁하게 부었다.

누룩나무[-___] 명 ((식물))느릅나무.

누룬밥[_-_] 명 누룽지. ¶팽생소언이 힌 쌀 누룬밥. =평생소원이 흰 쌀 누룽지.

누룹다[누룹따 _-_] 형 마렵다. ☞누럽다. 매럽다.

누룻누룻하다[누룯누루타다 ____-_] 형 누릇누릇하다. 군데군데가 매우 누렇게 되다. ¶콩이푸리가 누룻누룻하다. =콩잎이 누릇누릇하다. ☞누릿누릿하다.

누룽내[_-_] 명 누린내. ☞누렁내.

누룽디이[누룽디~이 __-_] 명 청둥호박. ☞누렁디이. 늙다리호박.

누리이[누리~이 _-_] 명 누렁이. 털 색깔이 누런 개나 소.

누릿누릿하다[누릳누리타다 ____-_] 형 누릇누릇하다. ☞누룻누룻하다.

누부[_-] 명 누님. *창녕방언에서 '누부'는 출가한 누이에 대한 지칭으로만 쓰이는 말로, 주로 나이가 든 사람이 쓰는 반면, '누야' 또는 '누부야'는 비교적 어리고 젊은 사람들이 주로 쓴다. ¶【속담】누부 좋고 매부 좋고. =누님 좋고 매형 좋고. ¶【속담】신세도 신세걸이 몬 지민서 누부인데 페마 끼친다. =신세도 신세같이 못 지면서 누님한테 폐만 끼친다.

누부야[_-_] 명 누나. *비교적 어리고 젊은 사람들이 호칭어와 지칭어로 두루 쓰는 말. ¶쪼매는 기 누부야인데 머라카노? =조그만 게 누나한테 뭐라고 하니? ☞누야. 누우.

누비[-_] 명 ((동물))누에. ☞뉘비. 니비.

누비꼬치[-___] 명 누에고치. ☞꼬치. 뉘비꼬치. 니비꼬치.

누야[누~야 _-] 명 누나. *지칭과 호칭으로 두루 씀. ☞누부야. 누우.

누우[_-] 명 누나. *지칭어로 두루 씀. ¶너거 누우는 오새 어데 사노? =너희 누나는 요새 어디 사니? ☞누부야. 누야.

누지다[_-_] 동 ≒떨어지다. 물건 값이 내려가다. *표준어 '누지다'는 '습기를 먹어 축축한 기운이 있다.'는 뜻이지만 창녕방언에서는 전혀 다른 뜻으로 쓰인다. ¶이분 자아는 쌀금이 누집디더. =이번 장에는 쌀금이 떨어졌습디다.

누질라다[__-_] 동 누르다. ☞누루다. 눌라다.

누질리다[__-_] 동 눌리다. '누르다'의 피동사. ¶영갬이 할마이인데 누질리 산다. =영감이 할머니에게 눌려 산다.

눅찌다[_-_] 형 누지다. 습기를 먹어 축축한 기운이 있다. ¶장매철에는 누구가 차서 방이 눅찌다. =장마철에 습기가 차서 방이 누지다.

눈가세[-__] 명 눈가. 눈의 가장자리. ¶아지매는 눈가세에 주롬이 많네예. =아줌마는 눈가에 주름이 많네요. ☞눈가시.

눈가시[-__] 명 눈가. 눈의 가장자리. ☞눈가세.

눈구숙[눈꾸쑥 __-] 명 눈구석. 코 쪽으로 향한 눈의 안쪽 구석. ¶【속담】눈구숙에 쌍 가래톳이가 선다. =눈구석에 쌍 가래톳이 선다.

눈까리[_-_] 명 눈깔. '눈알'을 속되게 이르는 말. ¶【관용구】눈까리가 디집히다. =눈깔이 뒤집히다. ¶【관용구】눈까리가 멀다. =눈깔이 멀다. ¶【관용구】눈까리가 뺄겋다. =눈깔이 벌겋다. ¶【관용구】눈까리가 삐다. =눈깔이 삐다. ¶【관용구】눈까리가 티노오다. =눈깔이 튀어나오다.

눈까시[_-_] 명 ((동물))사마귀. ¶【속담】눈까시가 눈에 드가마 봉사 덴다. =사마귀가 눈에 들어가면 봉사 된다. ☞사마구. 연까시.

눈까죽[_-_] 명 눈꺼풀. 눈알을 덮는, 위아래로 움직이는 살갗. ¶【관용구】눈까죽이 씨이다. =눈꺼풀이 씌다. ☞눈꺼불. 눈꺼죽.

눈깔질하다[_-___] 동 '흘기다'의 속된 말. 눈동자를 옆으로 굴리어 못마땅하게 노려보다. ¶내인데 와 눈깔질합미꺼? =나에게 왜 눈을 흘깁니까? ☞힐기다.

눈깜다[눈깜따 --_] 동 눈감다. ①위아래의 눈시울을 마주 붙이다. ¶【관용구】눈깜꼬 따라간다. =눈감고 따라간다.

②다른 사람의 비리나 허물에 알면서도 모르는 체하다. ¶자석 잘몬한 거는 눈깜아준다. =자식 잘못한 것은 눈감아준다. ③사람의 목숨이 끊어지다. ¶부모는 눈깜을 때꺼정도 자석 걱정한다. =부모는 눈감을 때까지도 자식 걱정한다.

눈깜짹이[눈깜째기 __-_] 명 눈깜작이. ①눈을 자주 깜짝거리는 사람. ②눈을 깜짝거리는 행위. ¶【속담】돌쪼시가 눈깜짹이부텀 먼첨 비안다. =석수장이가 눈깜짝이부터 먼저 배운다.

눈꺼불[_-_] 명 눈꺼풀. ☞눈까죽. 눈꺼죽.

눈꺼죽[_-_] 명 눈꺼풀. ☞눈까죽. 눈꺼불.

눈꼬리치다[_-___] 동 눈웃음치다. ¶절마는 넘우 여자인데 눈꼬리친다. =저놈은 남의 여자한테 눈웃음친다.

눈꼬바리[__-_] 명 눈곱. '눈곱'을 속되게 이르는 말. ¶【관용구】눈꼬바리만하다. =눈곱만하다. ¶【관용구】눈꼬바리가 발등더리 찍겄다. =눈곱이 발등 찍겠다.

눈꼴시럽다[-_-__] 형 눈꼴시다. 하는 짓이 거슬리어 보기에 아니꼽다. ¶눈꼴시럽운 짓. =눈꼴신 짓.

눈꼽재기[__-_] 명 눈곱자기. '눈곱'을 속되게 이르는 말.

눈꿈[--] 명 눈금. 자나 저울 따위에 표시하여 길이나 양(量) 따위를 나타내는 금. ¶눈꿈 단디이 바라. =눈금 잘 봐라.

-눈다[-_] 어 -는다. ①(('ㄱ' 자음으로 끝나는 동사의 어간 뒤에 붙어)) 현재의 사실을 서술함을 나타내는 말. 해라체로 쓰인다. ¶【속담】등더리로 묵고 배로 묵눈다. =등으로 먹고 배로 먹는다. ②(('ㄱ' 자음으로 끝나는 동사의 어간 뒤에 붙어)) 지속적인 습관이나 당연하게 여겨지는 진리 등을 나타내는 말. 해라체로 쓰인다. ¶【속담】비는 데는 무씨도 녹눈다. =비는 데는 무쇠도 녹는다. ¶【속담】치민 치리다가 굶우 죽눈다. =체면 차리다가 굶어 죽는다.

눈다리끼[__-_] 명 다래끼. 속눈썹의 뿌리에 균이 들어가 눈시울이 발갛게 붓고 곪아서 생기는 작은 부스럼. ☞다리끼.

눈때[--] 명 눈썰미. 한두 번 보고 곧 그대로 해내는 재주. ¶【관용구】눈때가 맵다. =눈썰미가 좋다. ☞눈쌀미.

눈똑딜이다[눈똑디리다 _-___] 동 눈독들이다. 사물을 차지하고자 욕심을 내어 눈여겨보다. ¶넘우 떡에 눈똑딜이고 있다. =남의 떡에 눈독들이고 있다.

눈뚜부리[__-_] 명 눈두덩. 눈언저리의 두두룩한 곳. ¶벌이가 싸아서 눈뚜부리가 붓웄다. =벌이 쏘아서 눈두덩이 부었다.

눈뜬봉사[--__] 명 당달봉사(--奉事). 겉으로는 멀쩡하게 눈을 뜨고 있지만 실제로는 앞을 볼 수 없는 눈. 또는 그런 사람. ¶【속담】봉사가 눈뜬봉사 만냈다. =봉사가 당달봉사 만났다.

눈바시다[--__] 형 눈부시다. 빛이 강하여 바로 보기 어렵다. ¶눈바시서 그렁지로 드갔다. =눈부셔서 그늘로 들어갔다.

눈빠알[눈빠알 _-_] 명 눈망울. 눈알 앞쪽

ㄴ

의 도톰한 곳. ¶야는 눈빠알이 똘방똘방하네. =애는 눈망울이 초롱초롱하네.

눈시불[_-_] 명 눈시울. 눈언저리의 속눈썹이 난 곳. ¶【관용구】눈시불로 적사다. =눈시울을 적시다.

눈시이[눈시~이 __-] 명 눈송이. 꽃송이처럼 한데 엉기어 내리는 눈 덩이.

눈쌀미[_-_] 명 눈썰미. ☞눈때.

눈쑵[_-] 명 눈섭. ¶【관용구】눈쑵에 불붙었다. =눈썹에 불붙었다. ¶【속담】눈쑵에 널찐 액우이다. =눈썹에 떨어진 액운이다. ¶【속담】서울 가는 나그네 눈쑵도 빼낳고 간다. =서울 가는 나그네 눈썹도 빼놓고 간다. ¶【속담】눈쑵마 빼도 똥 노올다. =눈썹만 뽑아도 똥 나오겠다.

눈씸지[_-_] 명 눈심지. 몹시 성이 나거나 무엇을 찾느라고 바짝 긴장하고 있는 눈길을 등잔의 심지에 비유하여 이르는 말. ¶【관용구】눈씸지로 독가다. =눈심지를 돋우다.

눈언지리[__-_] 명 눈언저리. 눈 둘레의 가장자리 부분. ¶눈언지리가 시푸렇다. =눈언저리가 시퍼렇다.

눈요구[눈뇨구 _-_] 명 눈요기(-療飢). 눈으로 보기만 하면서 어느 정도 만족을 느끼는 일. ¶눈요구마 해래이. =눈요기만 하라.

눈이기보다[--___] 동 눈여겨보다. 무엇을 주의하여 잘 살펴보다. ¶언자 니 동상이 오능강 눈이기바라. =이제 네 동생이 오는지 눈여겨봐라.

눈질[1][눈찔 _-] 명 눈길. 눈이 내린 길.

눈질[2][눈찔 --] 명 눈길. 눈이 가는 곳. 또는 눈으로 보는 방향. ¶【관용구】눈질로 거다다. =눈길을 거두다. ¶【관용구】눈질로 모다다. =눈길을 모으다. ¶【관용구】눈질로 주다. =눈길을 주다.

눈찌거디이[눈찌거디~이 ___-_] 명 사팔뜨기. 사팔눈을 한 사람을 낮잡아 이르는 말. ☞사또. 사티이. 사팔띠기. 사팔이.

눈채이[눈채~이 --_] 명 ((동물))송사리. *눈챙이<눈채이. ¶【속담】눈채이마 잡는다. =송사리만 잡는다. ☞깔피리. 들꼬지.

눈치[-_] 명 ((동물))누치.

눈치꾸리기[--_-_] 명 천덕꾸러기. 늘 눈총을 받는 사람을 낮잡아 이르는 말. ☞구천띡이. 천덕꾸리기.

눈치리[--_] 명 눈치레. 실속은 없이 겉만 보기 좋게 꾸며내는 일. ¶일로 눈치리로마 하마 우짜노? =일을 눈치레로만 하면 어쩌니?

눈치밥[--_] 명 눈칫밥. 눈치를 보아 가면서 얻어먹는 밥. ¶【속담】눈치밥 무우마 애빈다. =눈칫밥 먹으면 야윈다.

눈티이[눈티~이 --_] 명 눈퉁이. 눈언저리의 두두룩한 곳. ¶【관용구】눈티이가 반티이가 데다. =눈퉁이가 함지박이 되다.

눌다[__] 동 눋다. 밥이나 방바닥 따위가 누른빛이 날 정도로 약간 타다. ¶밥이 눌고 나마 숭냥이 맛입다. =밥이 눋고 나면 숭늉이 맛있다.

눌라다[_-_] 동 누르다. ☞누루다. 누질라다.

눌움밥[누룸밥 _-_] 명 눌은밥. 솥 바닥에 눌어붙은 밥.

눕우묵다[누부묵따 -___] 동 누워먹다. 사람이 일을 하지 않고 편안하게 놀고먹다. ¶【속담】눕우묵는 팔짜래도 삿갓 밑을 도리야 한다. =누워먹는 팔자라도 삿갓 밑을 도려야 한다.

눕하다[누파다 _-_] 동 눕히다. ①어떤 사람이 다른 사람을 어떤 곳에 눕게 하다. ¶알라로 눕핬다. =아기를 눕혔다. ②긴 물체 따위를 어떤 곳에 가로로 놓다. ¶낭글 비서 눕하낳았다. =나무를 베서 눕혀놓았다. ☞넙히다.

뉘비[-_] 명 ((동물))누에. ☞누비. 니비.

뉘비꼬치[-___] 명 ((동물))누에고치. ☞꼬치. 누비꼬치. 니비꼬치.

느라묵다[너라묵따 _-__] 동 느루먹다. 양식을 절약하여 예정보다 더 오래 먹다. ¶양석 느라무울라꼬 밥에 수시로 썪었어예. =양식 느루먹으려고 밥에 수수를 섞었어요.

-느마는[1][--_] 어 -는데. ☞-구마는. -는마는.

-느마는[2][--_] 어 -건만. ☞-구마는. -는마는.

-느마는[3][--_] 어 -구먼. ☞-구마는. -는마는.

느질매기[__-_] 부 느지막이. 시간이나 기한이 매우 늦게. ¶느질매기 일났으이 먼 밥맛이 있겄노. =느지막이 일어났으니 무슨 밥맛이 있겠나.

-는강[1][능강 -_] 어 -는지. ①((주로 동사 '모루다'와 함께 쓰여)) 추측을 나타내는 말. ¶냇사 죽는강 사는강도 모루고 일마 했다. =나야 죽는지 사는지도 모르고 일만 했다. ②뒤 절의 사실에 대한 근거나 원인을 추측하는 뜻을 나타내는 말. ¶개가 갈찡이 나는강 자꾸 물로 묵눈다. =개가 갈증이 나는지 자꾸 물을 먹는다. ③((주로 의문을 나타내는 동사와 함께 쓰이거나 의문형 문장에 쓰여)) 그러한 의문이나 궁금증에 대한 추측을 나타내는 말. ¶찬말로 그랬는강? =정말 그랬는가? ④뒤 절의 진술이나 궁금증, 의문 따위에 대해서 둘 중에 어느 하나를 추측하고 있음을 나타내는 말. ¶도이 있는강 없는강 모룬다. =돈이 있는지 없는지 모른다. ⑤어떤 사실이 매우 그러하다고 강조하는 뜻을 나타내는 말. ¶얼매나 무숩웠는강 니는 모룰 끼다. =얼마나 무서웠는지 너는 모를 게다.

-는강[2][능강 -_] 어 -은지. ((동사나 형용사 어간 또는 선어말 어미 뒤에 붙어)) 막연한 의문을 나타내는 말. ¶얼라가 마이 아푸는강 낯을 찡구리네예. =애가 많이 아픈지 낯을 찡그리네요.

-는마는[1][_-_] 어 -는데. ☞-구마는. -느마는.

-는마는[2][_-_] 어 -건만. ☞-구마는. -느마는.

-는마는[3][--_] 어 -구먼. ☞-구마는. -느마는.

늘상[늘쌍 _-] 부 늘. 계속하여 언제나.

ㄴ

*'늘+상(常)'. ¶저 할마시는 늘상 징징 짜는 소리마 해쌓는다. =저 할망구는 늘 징징 짜는 소리만 해쌓는다. ☞노다지. 사시로. 장.

늘썩늘썩하다[1][늘썩늘써카다 ____-_] 형 늘썽늘썽하다. 천, 대나무 따위의 짜임새나 엮음새가 여럿이 다 또는 매우 설핏하다. ¶삼비로 너무 늘썩늘썩하이 짰네예. =삼베를 너무 늘썽늘썽하게 짰네요.

늘썩늘썩하다[2][늘썩늘써카다 ____-_] 형 듬성듬성하다. 드물고 성기다. ¶꼬치모상을 늘썩늘썩하기 숭궀다. =고추모종을 듬성듬성하게 심었다.

늘어띠리다[느러띠리다 __-__] 동 늘어뜨리다. 사물의 한쪽 끝을 아래로 처지게 하다. ¶머리로 곱기 땋서 질기 늘어띠릿다. =머리를 곱게 땋아서 길게 늘어뜨렸다. ☞디라다. 처자다.

늘푼수[--_] 명 늘품. 앞으로 좋게 발전할 품질이나 품성. ¶저래 해갖고 먼 늘푼수가 있겄노. =저렇게 해서 무슨 늘품이 있겠나.

늙다리호박[늑따리호박 --___] 명 청둥호박. ☞누렁디이. 누룽디이.

늙쑤구리하다[늑쑤구리하다 ____-_] 형 늙수그레하다. 꽤 늙어 보이다. ¶및 십 년 만에 만낸 그넘아가 늙쑤구리한 남자로 빈했더라. =몇 십 년 만에 만난 그놈이 늙수그레한 남자로 변했더라. ☞늙어쑤리하다.

늙어쑤리하다[늘거쑤리하다 ____-_] 형 늙수그레하다. ☞늙쑤구리하다.

늙어이[늘거~이 -__] 명 늙은이. 늙은 사람. ¶【관용구】디빵 늙어이. =뒷방 늙은이. ¶【속담】정씬없는 늙어이 죽운 딸넷집 간다. =정신없는 늙은이 죽은 딸네 간다.

늙하다[늘카다 _-_] 동 늙히다. '늙다'의 사동사. ¶딸래미로 치아지도 안하고 우예 늙하노? =딸내미를 시집보내지도 않고 어찌 늙히니? *늙하고[늘카고 _-_], 늙하지[늘카지 _-_], 늙하야[늘카야 _-_], 늙핬다[늘칻따 _-_].

-능강[__] 어 -는지. 막연한 의문이 있는 채로 그것을 뒤 절의 사실이나 판단과 관련시키는 데 쓰는 연결어미. ¶바램이 얼매나 불었능강 낭기 자빠지뿠다. =바람이 얼마나 불었는지 나무가 넘어져버렸다.

-능게[-_] 어 -니까. 하오체 높임 의문형 종결어미. ¶말라꼬 왔능게? =뭐하려고 왔습니까? ☞-교. -능교. -미꺼.

-능고[-_] 어 -는가. *창녕방언에서 '-능고'는 간접 의문문에 쓰인 복합 의문형 종결어미이다. 의문사가 있어서 '고' 형식을 취한다. '-능공'으로도 실현되기도 한다. ¶자아는 운제 왔능고? =쟤는 언제 왔는가?

-능교[-_] 어 -니까. 하오체 높임 의문형 종결어미. ¶저심 때 머 문능교? =점심 때 뭐 먹었습니까? ☞-교. -능게. -미꺼.

능구리[-__] 명 ((동물))능구렁이. ¶【관용구】능구리 겉은 넘. =능구렁이 같은 놈. ¶【속담】능구리가 다 됐다. =능구렁이가 다 되었다. ¶【속담】능구리 담 넘우가딧기 한다. =능구렁이 담 넘어가듯 한다. ¶【속담】쏙에 능구리가 들었다. =속에 능구렁이가 들어있다.

능글밫다[능글바따 _ _-_] 형 능글맞다. 태도가 음흉하고 능청스러운 데가 있다. ¶능글밫기 윗어쌓지 마래이. =능글맞게 웃어쌓지 마라. *능글밫고[능글바꼬 __-_], 능글밫지[능글바찌 __-_], 능글밫아야[능글바자야 __-__], 능글밫았다[능글바잗따 __-__]. ☞닝글밫다.

능금[_-] 명 사과(沙果). *창녕방언에서 '능금'은 '사과'를 지칭하는 말이다. 그러나 '능금'과 '사과'는 비슷하지만 크기에서 확연한 차이가 난다.

능꿈시럽다[_ _-_ _] 형 능청스럽다. 속으로는 엉큼한 마음을 숨기고 겉으로는 천연스럽게 행동하는 데가 있다. ¶고래 낳고도 능꿈시럽구로 눈도 껌쩍 안 한다. =그래놓고도 능청스럽게 눈도 깜빡 안 한다.

능청떨다[_-_ _] 동 능청거리다. 속으로는 엉큼한 마음을 숨기고 겉으로는 자꾸 천연스럽게 행동하다. ¶실컨 놀고도 몬 논 거맨치로 능청떠네. =실컷 놀고도 못 논 것처럼 능청거리네.

늦가[늗까 _-] 부 늦게. 정해진 때보다 지나서. ¶【속담】늦가 비안 도덕질 날 새는 줄 모룬다. =늦게 배운 도둑질 날 새는 줄 모른다. ¶【속담】큰 그륵은 늦가 덴다. =큰 그릇은 늦게 된다. ☞늦이까.

늦깩이[늗깨끼 _-_] 명 늦깎이. 나이가 많이 들어서 어떤 일을 시작한 사람. ¶저 아재는 국민학조에 늦깩이로 드갔다. =저 아저씨는 초등학교에 늦깎이로 들어갔다.

늦나락[는나락 _-_] 명 ((식물))늦벼.

늦다무네기[늗다무네기 _ _ _-_] 명 ((식물))만생종양파(晩生種洋-). *'만생종양파'는 '조생종양파'에 비해 매운 맛이 강하며 저장성이 뛰어나다. 주로 논에서 재배한다. '다무네기'는 일본어 '다마네기(たまねぎ)'에서 온 말.

늦더부[늗더부 _-_] 명 늦더위.

늦디이[늗띠~이 _-_] 명 늦둥이. ①나이가 많이 들어서 낳은 자식. ¶늦디이 아달. =늦둥이 아들. ②뒤늦게 연 호박 따위의 열매. ¶써리 맞인 늦디이. =서리 맞은 늦둥이.

늦모싱기[는모싱기 _ _-_] 명 늦모내기. 하지가 지난 뒤 늦게 하는 모내기.

늦배기[늗배기 _-_] 명 늦 또래. 같은 해에 태어났으나 생일이 늦은 아이. *'늦배기'는 표준어로 보면 구(句)지만 창녕 방언에서는 굳어진 말이라 하나의 명사로 보는 게 낫다. ☞늦살배기.

늦살배기[늗쌀배기 _ _-_] 명 늦 또래. ☞늦배기.

늦싱기[늗싱기 _-_] 명 늦심기. 곡식이나 식물을 제철보다 늦게 심는 일.

늦이까[느지까 _ _-] 부 늦게. ☞늦가.

늦장매[늗짱매 _ _-] 명 늦장마. 제철이 지난 뒤에 오는 장마. ¶【속담】육칠얼 늦장매에 물 퍼내서 애삐리딧기. =육칠

ㄴ

월 늦장마에 물 퍼내어 내버리듯.

늦종[늗쫑 _-] 명 만생종(晩生種).

늦차다[늗차다 _-_] 동 늦추다. '늦다'의 사동사. 늦게 하다. ①시간이나 기한을 정한 때보다 뒤로 미루다. ¶【관용구】날로 늦차다. =날짜를 늦추다. ②일을 뒤로 미루다. ¶이분 일은 디로 늦차자. =이번 일은 뒤로 늦추자. ③걸음이나 차량, 말의 속력을 느리게 하다. ¶걸움을 늦찼다. =걸음을 늦추었다. ④고삐나 허리띠, 밧줄을 바짝 죄이거나 팽팽하던 것을 느슨하게 하다. ¶【관용구】꼬빼이로 늦차다. =고삐를 늦추다. ⑤높이 달려 있는 물건을 아래로 내리다. ¶쪼매마 더 밑우로 늦차라. =조금만 더 밑으로 늦추어라.

늦차잡다[늗차잡따 _-__] 동 늦추잡다. ①시간이나 기한을 다른 상태로 늦추어서 잡다. ¶갤온식 날로 늦차잡았구마는. =결혼식 날짜를 늦추잡았구먼. ②줄이나 끈을 조이지 아니하도록 느슨하게 잡다. ¶개 목줄을 이만침 늦차잡아 바라. =개 목줄을 이만큼 늦추잡아 봐라.

늦차지다[늗차지다 _-__] 동 늦춰지다. 시간이나 기한이 정한 때보다 뒤로 미뤄지게 되다. ¶핵조 가는 시가이 한 시간 늦차짔다. =학교 가는 시간이 한 시간 늦춰졌다.

늦추부[늗추부 -__] 명 늦추위. 겨울이 다 가도록 가시지 않는 추위.

니[1][_] 명 너. 듣는 이가 친구나 아랫사람일 때, 그 사람을 가리키는 이인칭 대명사. ¶니가 하니이 내가 하는 기이 낫겠다. =네가 하느니 내가 하는 게 낫겠다.

니[2][-] 명 누구. ①((주로 의문문에 쓰여)) 지시한 사람을 확인할 때 쓰는 말. ¶시방 니보고 그카노? =지금 누구더러 그러니? ②특별히 정해지지 않은 어떤 사람을 두루 가리키는 말. ¶【속담】니 집 개가 짖노. =누구 집 개가 짖나.

니[3][-] 명 뉘. 쓿은쌀 속에 등겨가 벗겨지지 않은 채로 섞인 벼 알갱이. ¶【속담】지 아모리 잘 까불운 쌀에도 니는 썪인다. =제 아무리 잘 까분 쌀에도 뉘는 섞인다. ☞미.

니[4][_] 수 네. ((일부 단위를 나타내는 말 앞에 쓰여)) 그 수량이 넷임을 나타내는 수 관형사. ¶저심 묵고 니 시. =점심 먹고 네 시. ¶정지칼 니 자리. =부엌칼 네 자루.

니기미[_-_] 감 네미. 몹시 못마땅하여 욕으로 하는 말. *'니기미'는 '너희 어머니'가 줄어든 말이다. ¶니기미, 떡을 할! =네기, 빌어먹을! ¶니기미, 오올도 허빵이네. =네미, 오늘도 허탕이네. ☞니미. 떡을할. 씨발. 씨부랄. 지기미.

니길기리다[__-__] 동 니글거리다. 먹은 것이 내려가지 않고 자꾸 메스꺼워 곧 토할 듯하다. ¶【관용구】쏙이 니길기리다. =속이 니글거리다.

니까이[니까~이 _-_] 관 네까짓. '겨우 너만 한 정도의'라는 뜻으로, 상대편을 낮잡아 이를 때 쓰는 말. ¶니까이 것들이 머 알아. =네까짓 것들이 뭘 알아.

니끼하다[__-_] 형 느끼하다. ①기름기 많은 음식을 많이 먹어서 비위에 거슬리는 느낌이 있다. ¶【관용구】쏙이 니끼하다. =속이 느끼하다. ②말이나 행동 따위가 느물거려 비위에 맞지 아니하다. ¶【관용구】하는 짓이 니끼하다. =하는 짓이 느끼하다.

니내둘이[니내두리 __-_] 명 너나들이. 서로 너니 나니 하고 부르며 허물없이 말을 건넴. 또는 그런 사이. ¶【관용구】니내둘이로 하다. =너나들이를 하다.

니내없이[니내엄시 _-__] 부 내남없이. ☞내냄없이.

-니라[1][-_] 어 -느니라. 예스러운 표현으로 해라할 자리에 쓰여, 진리나 으레 있는 사실을 가르쳐 줌을 나타내는 종결어미. ¶인간답기 살아야 하니라. =인간답게 살아야 하느니라.

-니라[2][-_] 어 -너라. ☞-ㄴ나. -내이. -이라.

-니라꼬[--_] 어 -느라고. -느라. 앞 절의 사태가 뒤 절의 사태에 목적이나 원인이 됨을 나타내는 연결어미. ¶여꺼정 오니라꼬 심들었겄다. =여기까지 오느라고 힘들었겠다.

니라낳다[니라나타 _-__] 동 내려놓다. ☞내라낳다.

니라다[_-_] 동 내리게 하다. ☞내라다. 내랗다. 내루다. 내룧다. 니랗다. 니루다. 니룧다.

니랗다[니라타 _-_] 동 내리게 하다. ☞내라다. 내랗다. 내루다. 내룧다. 니라다. 니루다. 니룧다.

니러가다[-___] 동 내려가다. *창녕방언 '니러가다'에서 '내<네<니'의 고모음화는 매우 이례적인 것이다. 기원적인 '애'는 거의 '이'로 되지 않기 때문이다. ¶돌캉물이 저 알로 니러간다. =도랑물이 저 아래로 내려간다. ☞내리가다. 니리가다.

니러다보다[1][--___] 동 내려다보다. ①위에서 아래로 향하여 보다. ¶항산에서 니러다보마 창녕 읍내가 잘 비입미더. =화왕산에서 내려다보면 창녕 읍내가 잘 보입니다. ②다른 사람을 자기보다 한층 낮추어 보다. ¶【속담】어덕은 니러다바도 사램은 니러다보지 마라. =언덕은 내려다봐도 사람은 내려다보지 마라. ☞니리다보다.

니러다보다[2][--___] 동 얕보다. ☞낮하보다. 니리다보다. 시뿌보다. 시피보다. 알로보다.

니러다보다[3][--___] 동 깔보다. ☞낮하보다. 니리다보다. 시뿌보다. 시피보다. 알로보다. 니러오다[__-_] 동 내려오다. ☞내리오다.

니루다[_-_] 동 내리게 하다. ☞내라다. 내랗다. 내루다. 내룧다. 니라다. 니랗다. 니룧다.

니루막[__-] 명 내리막. ☞내루막.

니룧다[니루타 _-_] 동 내리게 하다. ☞내라다. 내랗다. 내루다. 내룧다. 니라다. 니랗다. 니루다.

니리[-_] 부 내리. ①잇따라 계속. ¶아직캉 저심을 니리 굶웄다. =아침과 점심을 내리 굶었다. ②사정없이 마구. ¶니리 짓볿았다. =내리 짓밟았다.

니리가다[_ _-_] 동 내려가다. ☞내리가다. 니러가다.

니리꼽다[니리꼽따 --_ _] 동 내리꽂다. 위에서 아래로 급격히 떨어져 박다. ¶깃발로 니리꼽았다. =깃발을 내리꽂았다. ☞내리꼽다.

니리다[-_ _] 동 내리다. ①어떤 장소에 도착하여 타고 있던 물체에서 밖으로 나오다. ¶【속담】먼첨 탄 넘이 난제 니린다. =먼저 탄 놈이 나중에 내린다. ②눈이나 비, 이슬 따위가 하늘에서 떨어지다. ¶【속담】여자가 한을 품으마 오니얼에도 써리가 니린다. =여자가 한을 품으면 오뉴월에도 서리가 내린다. ③숫자로 표시된 것이 이전보다 낮아지거나 떨어지다. ¶쌀깞이 니맀다. =쌀값이 내렸다. ④뿌리가 나서 땅속으로 뻗다. ¶【속담】입춘이마 보리뿌리이 니린다. =입춘이면 보리뿌리 내린다. ⑤신기(神氣)와 같은 것이 사람 몸에 들다. ¶【속담】신 니린 무당 짝뚜 타딧기 한다. =신 내린 무당 작두 타듯 한다. ⑥먹은 것이 삭아 아래로 가다. ¶【관용구】십년 무운 체찡이 니리다. =십년 먹은 체증이 내리다. ⑦살이나 부은 것이 줄어들거나 빠져 여위다. ¶【속담】얼라들은 한 밥에 살 오루고 한 밥에 살 니린다. =애들은 한 밥에 살 오르고 한 밥에 살 내린다.

니리다보다[1][--_ _ _] 동 내려다보다. ☞니러다보다.

니리다보다[2][--_ _ _] 동 얕보다. ☞낮하보다. 니러다보다. 시뿌보다. 시피보다. 알로보다.

니리다보다[3][--_ _ _] 동 깔보다. ☞낮하보다. 니러다보다. 시뿌보다. 시피보다. 알로보다.

니리사랑[--_ _] 명 내리사랑. 손윗사람의 손아랫사람에 대한 사랑. ¶【속담】니리사랑은 있어도 치사랑은 없다. =내리사랑은 있어도 치사랑은 없다.

니리앉다[니리안따 -_-_] 동 내려앉다. ☞내리앉다. 둘루꺼지다.

니리치다[-_-_] 동 내려치다. ☞내리치다.

니림[_-] 명 내림. 혈통적으로 유전되어 내려오는 특성. ¶일마는 할배 니림을 해서 심이 장사다. =이놈은 할아버지 내림을 해서 힘이 장사다.

니림굿[니림굳 _-_] 명 내림굿. 신이 내린 사람이 무당이 되려고 할 때 올리는 의식. ☞신굿.

니맛내맛[니맏내맏 ----] 명 아무 맛. *'니맛내맛'은 표준어로 보면 명사구지만 창녕방언에서는 굳어진 말이라 하나의 명사로 보는 게 낫다. 주로 '-도 없다'와 어울려 부정적인 의미로 사용한다. ¶【관용구】니맛내맛또 없다. =아무 맛도 없다.

니모[_-] 명 네모. 네 개의 꼭짓점이 있고 네 개의 선분으로 둘러싸인 평면 도형. ¶이 뱁차밭은 니모가 빤듯하다. =이 배추밭은 네모가 반듯하다.

니모나다[_-_ _] 형 네모지다. 어떤 사물이 네모 모양을 갖다. ¶찌줌을 니모나기 싸리라. =지짐이를 네모지게 썰어라.

니미[_ _] 감 네미. 몹시 못마땅하여 욕으

로 하는 말. ☞니기미. 떡을할. 씨발. 씨부랄. 지기미.

니발[_-] 명 네발. 짐승이나 사물에 달린 네 개의 발. ¶【관용구】니발 들다. =네발 들다.

니비[1][-_] 명 누비. 두 겹의 천 사이에 솜을 넣고 줄이 죽죽 지게 박는 바느질. 또는 그렇게 만든 물건. ¶니비보선(누비버선). ¶니비주봉(누비바지). ¶니비이불(누비이불).

니비[2][-_] 명 ((동물))누에. ☞누비. 뉘비.

니비꼬치[-___] 명 누에고치. ☞꼬치. 누비꼬치. 뉘비꼬치.

니비다[-__] 동 누비다. ①두 겹의 천 사이에 솜을 넣고 줄이 죽죽 지게 박다. ¶【속담】눈쑵 새에 내 천 자로 니빈다. =눈썹 새에 내 천 자를 누빈다. ②이리저리 거리낌 없이 다니다. ¶【관용구】덜렁쑥개매이로 온 동네로 니비다. =수캐처럼 온 동네를 누비다. ☞나비다.

니비이불[-_-_] 명 누비이불.

니아다[-__] 동 누이다. '누다'의 사동사. 똥이나 오줌을 몸 밖으로 내보내게 하다. ¶얼라 오짐을 니안다. =아이 오줌을 누인다.

니애비[_-_] 명 '너희 아버지'를 속되게 이르는 말. *'니애비'는 창녕방언에서 연속적으로 발음하며 하나의 합성어로 쓰인다. ¶【관용구】니애비라 캐라. =네 아버지라 해라. ☞너가배. 너가부지.

니얼[-_] 명 내일(來日). ☞내앨. 낼. 닐. 니일.

니얼모레[-_--] 명 내일모레(來日--). ☞내앨모레. 내앨모리. 낼모레. 낼모리. 니얼모리. 니일모레. 니일모리. 닐모레. 닐모리.

니얼모리[-_--] 명 내일모레(來日--). ☞내앨모레. 내앨모리. 낼모레. 낼모리. 니얼모레. 니일모레. 니일모리. 닐모레. 닐모리.

니우치다[_-__] 동 뉘우치다. ¶잘몬한 거로 니우친다. =잘못한 것을 뉘우친다.

-니이[니~이 -_] 어 -느니. ①앞 절을 선택하기보다는 뒤 절의 사태를 선택함을 나타내는 연결어미. ¶【속담】노니이 이[蝨] 잡는다. =노느니 이 잡는다. ¶【속담】앓니이 죽울다. =앓느니 죽겠다. ②'이러하기도 하고 저러하기도 하다'의 뜻을 나타내는 연결어미. ¶【관용구】죽니이 사니이 한다. =죽느니 사느니 한다. ¶【속담】사니이 상투가 있나 죽니이 무덤이 있나. =사느니 상투가 있나 죽느니 무덤이 있나.

니이다[1][_-_] 동 놓이다. '놓다'의 피동사. ☞낳이다.

니이다[2][_-_] 동 가시다. 어떤 상태 따위가 없어지거나 달라지다. ¶【관용구】춥우가 니이다. =추위가 가시다.

니이미[--_] 명 너희 어머니. '너희 어머니'를 속되게 이르는 말. *'니이미'는 창녕방언에서 연속적으로 발음하며 하나의 합성어로 쓰인다. ¶【관용구】니이미라 캐라. =너희 어머니라 해라. ☞너거마이. 너거매. 너어매.

니일[-_] 명 내일(來日). ☞내앨. 낼. 니얼. 닐.

니일모레[-_--] 명 내앨모레(來日--). ☞내앨모레. 내앨모리. 낼모레. 낼모리. 니얼모레. 니얼모리. 니일모리. 닐모레. 닐모리.

니일모리[-_--] 명 내일모레(來日--). ☞내앨모레. 내앨모리. 낼모레. 낼모리. 니얼모레. 니얼모리. 니일모레. 닐모레. 닐모리.

니채[_-] 수 넷째. 순서가 네 번째인 차례. ¶니채 솔여. =넷째 손녀.

니채손까락[_-_-_] 명 무명지(無名指). 다섯 손가락 가운데 넷째 손가락.

니할개[_-_] 명 사지(四肢). 두 팔과 두 다리를 아울러 이르는 말. *네+활개. ¶【관용구】니할개로 피다. =사지를 펴다. ¶【관용구】니할개로 몬 씨다. =사지를 못 쓰다.

닐[-] 명 내일(來日). ☞내앨. 낼. 니얼. 니일.

닐모레[---] 명 내일모레(來日--). ☞내앨모레. 내앨모리. 낼모레. 낼모리. 니얼모레. 니얼모리. 니일모레. 니일모리. 닐모리.

닐모리[---] 명 내일모레(來日--). ☞내앨모레. 내앨모리. 낼모레. 낼모리. 니얼모레. 니얼모리. 니일모레. 니일모리. 닐모레.

님기다[닝기다 -__] 동 넘기다. ☞넘가다.

님기띠리다[닝기띠리다 __-__] 동 넘어뜨리다. ☞공가다. 구불치다. 넘가띠리다. 넘우띠리다. 보티리다. 부티리다.

님기받다[닝기바따 -_-_] 동 넘겨받다. ☞넘가받다. 넘기받다.

님기보다[닝기보다 -_-_] 동 엿보다. ☞넘가보다. 넘기보다. 얏보다.

님기씨아다[닝기씨아다 -_-__] 동 넘겨씌우다. ☞넘가씨아다. 넘기씨아다.

님기주다[닝기주다 -_-_] 동 넘겨주다. ☞넘가주다. 넘기주다.

님기짒다[닝기집따 -_-_] 동 넘겨짚다. ☞넘가짚다. 넘기짚다.

닙히다[니피다 -__] 동 눕히다. '눕다'의 사동사. ☞눕하다.

닝글밪다[닝글바따 __-_] 형 능글맞다. 태도가 음흉하고 능청스러운 데가 있다. ¶닝글밪은 짓을 와 하노? =능글맞은 짓을 왜 하니? ☞능글밪다.

-닝 기라[- __] 구 -는 거야. *'-닝 기라'는 '-능 기라'에서 바뀐 것이다. '-능 기라'는 '-는 거야'에 대응되는 말이다. 의미를 더 풀어쓰면, '-ㄴ다 이 말이다' 정도가 된다. '거야'는 '것+이-(계사)+-아(반말 어미)'에서 온 것이다. 창녕방언 '-능 기라'는 '-는+것+일-(계사 '이-'의 기원형)+-아(반말 어미)'에 기원을 둔 말이다. ¶저 얼라는 참 잘 윘닝 기라. =저 애기는 참 잘 웃는 거야.

닝닝하다[__-_] 형 밍밍하다. 음식 따위가 제맛이 나지 않고 몹시 싱겁다. ¶강탯국이 닝닝해서 지렁장을 옇었다. =북엇국이 밍밍해서 간장을 넣었다.

ㄷ

다[_] 조 에다. *창녕방언에서 '다'는 표준어의 '다가'나 '에다'에 해당한다. 따라서 '에다'의 처소격에 '다가'의 뜻이 첨가되어 있는 것으로 볼 수 있다. 이 처소격 조사는 앞선 체언이 공간 처소에 해당할 때에 쓰인다. ¶처어다 꼬치로 널어낳았데예. =마루에다 고추를 널어놓았습디다. ¶요오다 얹이낳아래이. =여기에다 얹어놓아라. ☞다아. 아다. 오다. 우다. 이다.

다가[-_] 조 에다가. *더해지는 대상을 나타내는 격 조사이다. 표준어에서는 격 조사 '에'에 보조사 '다가'가 결합하지만 창녕방언에서는 '에'가 생략되는 게 일반적인 현상이다. ¶안 고래도 없는 살림에 거다가 씰 도이 오데 있노? =안 그래도 없는 살림에 거기에다가 쓸 돈이 어디 있니? ☞아다가. 어다가. 에다아. 오다가. 우다가. 이다가.

다갈[-_] 명 말편자. 마제철(馬蹄鐵). ¶【속담】개 발에 다갈이다. =개 발에 말편자다.

다구지다[_ _-_] 형 다부지다. 일을 해내는 솜씨나 태도가 빈틈이 없고 야무진 데가 있다. ¶덩치는 쪼깨는 기이 일은 다구지기 하네. =덩치는 조그마한 게 일은 다부지게 하네.

다구치다[_-_ _] 동 다그치다. 다른 사람이나 기관에게 일이나 행동을 어찌하라고 요구하며 마구 몰아붙이다. ¶일로 퍼떡 끝내라꼬 다구칬다. =일을 빨리 끝내라고 다그쳤다. ☞좋치다.

다굴다굴[_ _ _-] 부 달달. ①깨나 콩 따위를 휘저으며 볶거나 맷돌에 가는 모양을 나타내는 말. ¶깨이푸리로 솥에 다굴다굴 뽂았다. =깻잎을 솥에 달달 볶었다. ②사람을 귀찮게 하여 못살게 구는 모양을 나타내는 말. ¶사람을 몬 살구로 다굴다굴 뽂는다. =사람을 못 살게 달달 볶는다.

-다꼬[-_] 어 -느라고. ((동사의 어간이나 선어말 어미 뒤에 붙어)) 그 행동을 실현하기 위해 애쓴 것이 원인이나 이유가 되어 뒤 절의 사실이 일어났음을 나타내는 연결어미. ¶씰데없이 돌아댕긴다꼬 해마 지았다. =쓸데없이 돌아다니느라고 해만 지웠다.

다담밫다[1][다담받따 _ _-_] 형 야무지다. ①사물 따위가 옹골차고 여무지다. ¶【속담】다담밫은 잇바지가 욕인들 몬 씹우 무우까. =야무진 잇바디가 욕인들 못 씹어 먹으랴. ②사람됨이나 씀씀이 따위가 매우 옹골차고 헤프지 않다. ¶살림을 다담밫기 해낳고 산다. =살림을 야무지게 해놓고 산다. ③성격이나 태도 따위가 어수룩함이 없이 똑똑하고 기운차다. ¶저 냥반은 억씨기 다담밫십미더. =저 양반은 엄청나게 야무집니다. *다담밫고[다담받꼬 __-_], 다담밫지[다담받찌 __-_], 다담밫아[다담바자 __-_], 다담밫았다[다담바잗따 __-__]. ☞야무치다. 야물딱지다.

다담밫다²[다담받따 __-_] 형 깔끔하다. 일을 처리한 결과가 매끈하고 깨끗하다. ¶일로 참 다담밫기도 해낳네. =일을 참 깔끔하게도 해놓았네. ☞까리빵상하다. 깔꿈밫다. 깔꿈하다. 깔쌈하다. 깨꿈밫다. 매타붆다. 맨도롬하다.

다담시리[__-_] 부 야무지게. ☞-야무치기.

다라다¹[_-_] 동 다루다. ①일거리를 처리하다. ¶【속담】달갈 섬 다라듯기. =달걀 섬 다루듯이. ②어떤 물건을 사고파는 일을 하다. ¶조압에서는 안 다라는 기이 없다. =농업협동조합에서는 안 다루는 게 없다. ③기계나 기구 따위를 사용하다. ¶저 아재는 기운기로 참 잘 다란다. =저 아저씨는 경운기를 참 잘 다룬다. ④어떤 물건이나 일거리 따위를 어떤 성격을 가진 대상 혹은 어떤 방법으로 취급하다. ¶【속담】어붓자석 다라딧기. =의붓자식 다루듯이. ⑤사람이나 짐승 따위를 부리거나 상대하다. ¶이전에는 소로 잘 다라야 농사가 수울윿지예. =예전에는 소를 잘 다루어야 농사가 수월했지요. ⑥어떤 것을 소재나 대상으로 삼다. ¶고 일은 총해에서 다라기로 했다. =그 일은 총회에서 다루기로 했다.

다라다²[_-_] 동 ≒갈무리하다. 논밭갈이나 미장일 따위를 말끔하게 끝맺음하다. ¶써리로 물논을 다란다. =써레로 무논을 갈무리한다. ¶방바댁을 돌가리로 다랐습미더. =방바닥을 시멘트로 갈무리했습니다.

-다라이[다라~이 --_] 접 -다랗게. ((일부 형용사 어간 뒤에 붙어)) '그 정도가 꽤 뚜렷함'의 뜻을 더하는 접미사. ¶노이 지다라이 생깄다. =논이 기다랗게 생겼다. ☞-다랗기.

-다랗기[다라키 --_] 접 -다랗게. ☞-다라이.

다랟지[_-_] 명 ((동물))다람쥐. ¶【속담】다랟지 쳇바꾸 돌듯기. =다람쥐 쳇바퀴 돌듯. ¶【속담】다랟지 지집 얻운 거겉다. =다람쥐 계집 얻은 것 같다.

다러다[_-_] 형 다르다. ①어떤 것이 다른 것과 어떤 점이 서로 같지 않다. ¶윽대하고 개는 생긴 기 다러다카이. =늑대와 개는 생긴 게 다르다니까. ②보통의 것보다 두드러지는 데가 있다. ¶저넘아들은 노는 기이 우리들네캉은 다러다. =저놈들은 노는 게 우리와는 다르다. ☞다리다.

다리껄[__-] 명 다리목. 다리로 들어서는 어귀. ¶다리껄서 바랳고 있거라. =다리목에서 기다리고 있어라.

다리끼[_-_] 명 다래끼. ①아가리가 좁고 바닥이 넓은 바구니. 대, 싸리, 칡덩굴 따위로 만든다. ¶정구치 한 다리끼. = 부추 한 다래끼. ②속눈썹의 뿌리에 균이 들어가 눈시울이 발갛게 붓고 곪아서 생기는 작은 부스럼. ☞눈다리끼.

다리다[_-_] 형 다르다. ☞다러다.

다리모시[1][_ _-_] 명 계모임(契--). 목돈을 만들기 위해 조직된 협동 집단의 모임. *일본어 '다노모시(たのもし)'에서 온 말. ¶【관용구】다리모시로 하다. =계모임을 하다.

다리모시[2][_ _-_] 명 곗돈(契-). 계에 들어서 내거나 타는 돈. *일본어 '다노모시(たのもし)'에서 온 말. ¶【관용구】다리모시 옇다. =곗돈 넣다.

다리몽데이[다리몽데~이 _ _ _-_] 명 다리몽둥이. '다리'를 속되게 이르는 말. ¶【관용구】다리몽데이로 뿔라낳다. =다리몽둥이를 분질러놓다. ☞다리몽디이. 달가지. 달구지.

다리몽디이[다리몽디~이 _ _ _-_] 명 다리몽둥이. ☞다리몽데이. 달가지. 달구지.

다리비[_-_] 명 다리미. 옷이나 천 따위의 주름이나 구김을 펴고 줄을 세우는 데 쓰는 도구. ☞대리미.

다리이[다리~이 _-_] 명 다른 이. 다른 사람. *'다리이'는 표준어로 보면 구(句)이지만 창녕방언에서는 연속적으로 발음하며, 굳어진 말이라 하나의 단어로 보는 게 낫다. ¶다리이가 먼침 오서 자리 다 차치해뿟다. =다른 이가 먼저 와서 자리 다 차지해버렸다.

다리이다[_-_ _] 동 부대끼다. 뱃속이 탈이 나서 쓰리거나 울렁울렁하다. ¶눈깔까자로 마이 무우마 쏙이 다리인다. =눈깔사탕을 많이 먹으면 속이 부대낀다. ☞부디끼다.

다릿발[다리빨 _-_] 명 다리. 물이나 협곡(峽谷) 따위의 장애물을 건너거나 질러갈 수 있도록 두 지점을 연결한 구조물. ¶지익 묵고 다릿발에 놀로 온나. =저녁 먹고 다리에 놀러 오너라.

다무네기[_ _-_] 명 ((식물))양파(洋-). 우리나라에서는 창녕에서 최초로 농작물로 재배하였다. 창녕군 대지면 석동마을에 시배지(始培地) 조형물이 세워져 있다. *일본어 '다마네기(たまねぎ)'에서 온 말. ¶【속담】다무네기 농사꾸이 파로 잘 안다. =양파 농사꾼이 파를 잘 안다.

다무리다[_-_ _] 동 다물다. 입술이나 그처럼 두 쪽으로 마주 보는 물건을 꼭 맞대다. ¶입 좀 다무리고 있거라. =입 좀 다물고 있어라.

다문[_-] 부 다만. ((조사 '라도'나 '이나'가 붙은 명사 앞에 쓰여)) 그 이상은 아니지만 그 정도는. ¶다문 천언이래도 채아주우소오. =다만 천원이라도 빌려주세요.

-다미[-_] 어 -다며. ①해할 자리에 쓰여, 들어서 아는 사실을 확인하여 물을 때 쓰는 종결어미. ¶요줌은 힝피이 좋다미? =요즘은 형편이 좋다며? ②'-다고 했으면서'가 줄어든 말. 그렇게 말한 데 대하여 따져 묻는 뜻이 들어 있다. ¶글마가 싫다미 와 자꾸 만내노? =그 놈이 싫다며 왜 자꾸 만나니? ③'-다고

하면서'가 줄어든 말. ¶옷이 곱다미 사더마는 안 입네. =옷이 곱다며 사더니 안 입네.

-다민서[--_] 어 -다면서.

다부[_-] 부 도로. 원래대로 다시. ¶【속담】왔던 질 다부 간다. =왔던 길 도로 간다. ¶【속담】혹 띠로 갔다가 다부 붙있다. =혹 떼러 갔다가 도로 붙였다. ¶【속담】춤 밭고 돌아서도 새미는 다부 묵눈다. =침 뱉고 돌아서도 우물은 도로 먹는다. ☞도루. 도리.

다부랭이[_ _-_] 명 ((식물))노랑어리연.

다부리[-_ _] 명 다발. 농작물 또는 돈 따위의 묶음. ¶돈 다부리로 내낳았다. =돈 다발을 내놓았다. ¶등구리 몇 다부리. =장작 몇 다발. ☞다불.

다부묵다[다부묵따 _ _-_] 동 되먹다. ①먹다 둔 음식을 다시 먹다. ¶저심 때 밥을 다부무웄다. =점심 때 밥을 되먹었다. ②남의 재물을 도로 빼앗다. ¶넘우 돈을 다부무우뿠다. =남의 돈을 되먹어버렸다.

다부받다[다부바따 _ _-_] 동 돌려받다. 자신의 것을 다른 사람에게서 도로 찾아 갖게 되다. ¶빌리준 돈을 다부받았다. =빌려준 돈을 돌려받았다. ☞돌리받다.

다부보내다[_ _ _-_] 동 돌려보내다. 다른 사람이나 물건을 원래 있던 곳으로 도로 가게 하거나 보내다. ¶놀로온 얼라로 저거 집으로 다부보냈다. =놀러온 아이를 자기 집으로 돌려보냈다. ☞돌리보내다.

다부주다[_ _-_] 동 돌려주다. 다른 사람에게 어떤 물건을 도로 주거나 갚다. ¶물견을 씨고 다부좄다. =물건을 쓰고 돌려주었다. ☞돌리주다.

다북다북[_ _ _-] 부 다복다복. 작은 풀이나 나무 따위가 여기저기 다 탐스럽고 소복한 모양을 나타내는 말. ¶모상 버어난 기이 다북다북 컨다. =모종 부어놓은 게 다복다복 자란다.

다북솔[_-_] 명 다복솔. 가지가 탐스럽고 소복하게 많이 퍼진 어린 소나무. ☞타박솔.

다불[-_] 명 다발. ☞다부리.

다서[-_] 수 다섯. ¶한나, 두얼, 서이, 너이, 다서, 여서. =하나, 둘, 셋, 넷, 다섯, 여섯. ☞다선. 다앗.

다선[-_] 수 다섯. ¶다선 내끼. =다섯 낱. ☞다서. 다앗.

다선애비[_ _-_] 명 의붓아비. '의붓아버지'를 홀하게 이르는 말. 어머니가 재혼하여 생긴 아버지. *다슴아비<다선애비. ¶【관용구】다선애비 지삿날 물리딧기. =의붓아비 제삿날 물리듯이. ¶【관용구】다선애비 소 팔로 보낸 거 겉다. =의붓아비 소 팔러 보낸 것 같다. ¶【속담】다선애비 떡치는 데는 가도 친애비 도치질하는 데는 안 간다. =의붓아비 떡치는 데는 가도 친아비 도끼질하는 데는 안 간다. ¶【속담】가실에 친애비 지사도 몬 지냈는데 봄에 다선애비 지사 지내까. =가을에 친아비 제사도 못 지냈는데 봄에 의붓아비 제사 지낼까. ☞어붓애비.

ㄷ

다선이미[_--_] 명 의붓어미. '의붓어머니'를 홀하게 이르는 말. 아버지가 재혼하여 생긴 어머니. ¶【관용구】다선이미 눈치 보듯기. =의붓어미 눈치 보듯이. ¶【속담】다선이미가 티내는 기이 아이라 어붓자석이 티로 낸다. =의붓어미가 티를 내는 것이 아니라 의붓자식이 티를 낸다. ☞어붓이미.

다싯날[다신날 -__] 명 닷샛날. 매달 초하루부터 세어 다섯째가 되는 날. ¶시얼 초다신날. =시월 초닷샛날.

다아[다~아 -_] 조 에다. ①((체언의 뒤에 붙어)) 그 체언이 어떤 행위에 영향을 입는 장소임을 나타내는 부사격 조사. ¶바아다아 약을 칬다. =방에다 약을 뿌렸다. ②((체언의 뒤에 붙어)) 그 체언이 어떤 행위를 하는 장소임을 강조하여 나타내는 부사격 조사. ¶깅찰서다아 신고로 했다. =경찰서에다 신고를 했다. ③((체언의 뒤에 붙어)) 도구나 수단을 나타내는 부사격 조사. ¶난로다아 떡을 꿉우 묵네. =난로에다 떡을 구워 먹네. ☞다. 아다. 오다. 우다. 이다.

-다아[-_] 어 -다가. ((용언 뒤에 붙어)) 어떤 동작이나 상태가 그치고 다른 동작이나 상태로 넘어감을 나타내는 말. ¶씨끄럽우서 알라가 자다아 깨뿠다. =시끄러워서 아기가 자다가 깨버렸다.

다아시[--_] 부 도무지. ①((주로 부정어와 함께 쓰여)) 아무리 하여도. ¶이 가시개는 다아시 안 썽글린다. =이 가위는 도무지 안 썰린다. ②((주로 부정어와 함께 쓰여)) 이러하고 저러하고 할 것 없이. ¶동상이 밥을 다아시 묵지로 안한다. =동생이 밥을 도무지 먹지를 않는다. ☞도오시.

다아오다[-_-_] 동 다가오다. ①어떤 대상이 있는 쪽으로 더 가까이 옮기어 오다. ¶개가 짖어민서 다아온다. =개가 짖으면서 다가온다. ②일정한 때가 가까이 닥쳐오다. ¶【관용구】잔칫날 다아오딧기. =잔칫날 다가오듯이. ☞대이오다.

-다 안캅미꺼[_ _--_] 구 -다고 하잖습니까. *'-다 안캅미꺼'는 특이한 창녕방언 부가의문문 중 하나이다. 구조로 보면 '-다+고+안+합니꺼'인데, '캅'에 있는 'ㅋ'의 존재가 특이하다. '카'는 '-고 하-'에서 온 것이라고밖에 할 수 없는데, '고'와 '하' 사이에 '안'이 게재해 있어 거센소리가 날 수 없게 되어 있는데도 거센소리로 실현되고 있는 것이다. 이는 '-고 하-'에서 유래한 '-카-'가 이미 새로운 한 형태로 재구조화했음을 의미하는 것으로 받아들여진다. ¶맛입는 거 안 사주마 일로 안 한다 안캅미꺼. =맛있는 것 안 사주면 일을 안 한다고 하잖습니까.

다알나다[-___] 동 달아나다. ①빨리 내닫다. ¶【속담】저 중 잘 다알난다 칸께네 꼬깔 벗이 들고 다알난다. =저 중 잘 달아난다 하니까 고깔 벗어 들고 달아난다. ☞달라빼다. ②위험을 피하여 도망가다. ¶【속담】다알나는 녀이 물 퍼낳고 가까이. =달아나는 년이 물 퍼놓고 가라. ☞달라빼다. ③있던 것이 없어지거나 붙어 있던 것이 떨어져 나가다. ¶달리있던 단추가 다알났다. =달려있던 단추가 달아났다. ④어떤 의욕이나 느낌 따위가 사라지다. ¶【관용구】입맛이 다알나다. =입맛이 달아나다. ¶【관용구】잠이 다알나다. =잠이 달아나다.

다알들다[1][-___] 동 달려들다. ①사나운 기세로 무섭게 다가들다. ¶【관용구】사램을 까무울라꼬 다알든다. =사람을 까먹으려고 달려든다. ②어떠한 일에 적극적으로 다가가 임하다. ¶【속담】나갔던 상주(喪主) 제청(祭廳)에 다알들듯기. =나갔던 상주 제청에 달려들 듯이. ¶【속담】한성부서 대가리 터진 넘 다알들 덧기. =한성부에서 대가리 터진 놈 달려들 듯이. ☞달기들다. 달라들다.

다알들다[2][-___] 동 대들다. 윗사람에게 맞서서 자기 의견을 강하게 내세우거나 반항하다. ¶쩖운 넘이 어룬한테 빠락빠락 다알든다. =젊은 놈이 어른한테 바락바락 대든다. ☞달기들다. 달라들다. 앵기들다. 잉기들다.

다암[-_] 명 다음. ①시간적, 공간적 차례에서, 어떤 기준점의 바로 뒤. ¶【속담】죽운 다암에 청심안. =죽은 다음에 청심환. ②이번 차례나 순서의 바로 뒤. ¶【속담】돈 다암에 노온 넘. =돈 다음에 나온 놈. ¶【속담】어무이 다암에 행수. =어머니 다음에 형수. ③일정한 시일이 지난 뒤. ¶【속담】다암에 보자는 넘 치고 무숩운 넘 없다. =다음에 보자는 놈 치고 무서운 놈 없다. ④((주로 '이 아닌 다음에야'의 구성으로 쓰여)) 있을 수 없는 사실을 강조하기 위한 말. ¶천하장사가 아인 다암에사 저래 큰 바구로 누가 들 수 있으까이. =천하장사가 아닌 다음에야 저렇게 큰 바위를 누가 들 수 있을까. ☞다움.

다암분[-__] 명 다음번(--番). 다음에 오는 차례. ¶다암분은 니 차리다. =다음번은 네 차례다. ☞다움분.

다앗[다앋 -_] 수 다섯. ¶새북 다앗 시. =새벽 다섯 시. ¶풍개 다앗 개. =자두 다섯 개. ☞다서. 다선.

다앗채[1][다앋채 -__] 수 다섯째. 순서나 등급을 매길 때, '넷째' 다음에 헤아리는 수. ¶도부띠기해서 다앗채로 들왔다. =달리기해서 다섯째로 들어왔다.

다앗채[2][다앋채 -__] 명 다섯째. 맨 앞에서부터 세어 모두 다섯 개가 됨을 이르는 말. ¶무시로 다앗채 싸리고 있습미더. =무를 다섯째 썰고 있습니다.

다앵[-_] 명 다행(多幸). 뜻밖에 일이 잘되어 운이 좋음. ¶아부지인데 안 더덜킸은께네 다앵이다. =아버지한테 안 들켰으니까 다행이다.

다앵시럽다[-_-__] 형 다행스럽다(多幸---). ¶안 아푸다 카이 다앵시럽운 일이다. =안 아프다고 하니 다행스러운 일이다.

다앵이[-__] 부 다행히(多幸-). 뜻밖에 일이 잘되어 운이 좋게도. ¶다앵이 쪼매이 다칬네. =다행히 조금 다쳤네.

다앵이다[-___] 형 다행하다(多幸--). ¶【속담】콧구뭉 둘 매련하기가 다앵이다. =콧구멍 둘 마련하기가 다행이다.

다옹처마[___-] 명 다홍치마(-紅--). ¶【속담】같은 값이마 다옹처마. =같은 값이면 다홍치마. ☞다옹처매.

다옹처매[___-] 명 다홍치마(-紅--). ☞다옹처마.

다움[-_] 명 다음. ☞다암.

다움분[-__] 명 다음번(--番). ☞다암분.

-다이[1][다~이 -_] 어 -다. *창녕방언 서술형 종결어미 '-다'에는 친밀감을 더하거나 강조어법으로 '-이'가 습관적으로 붙는다. 해라체로 쓰인다. ¶언자 팔심이 내캉 쪼루겠다이. =이제 팔 힘이 나랑 맞먹겠다. ☞-데이.

-다이[2][다~이 -_] 어 -구나. 해라할 자리나 혼잣말에 쓰여, 화자가 새롭게 알게 된 사실에 주목함을 나타내는 종결어미. 흔히 감탄의 뜻이 수반된다. ¶이라다가 소도 잡아묵겄다이. =이러다가 소도 잡아먹겠구나. ☞-데이.

다임[-_] 명 대님. ☞갑때기.

다타다[_-_] 동 다투다. ①의견이나 이해의 대립으로 서로 맞서 옥신각신 싸우다. ¶【속담】오소리 굴에 영기 피아놓고 임재 다탄다. =오소리 굴에 연기 피워놓고 임자 다툰다. ②가격 따위를 흥정하다. ¶【속담】너구리 구늉 앞에서 너구리 깞 다탄다. =너구리 구멍 앞에서 너구리 값 다툰다. ③아주 짧은 시간을 문제 삼을 정도로 매우 사태가 급하다. ¶【속담】오리(五里) 다타서 십리로 간다. =오리 다퉈서 십리를 간다. ☞태댁기리다.

다항[_-] 명 당황(唐黃). 예전에 '성냥'을 이르던 말. ¶【관용구】다항을 기리다. =당황을 긋다.

닥비실[_-_] 명 닭 볏. 닭의 볏. *'닥비실'은 표준어로 보면 명사구지만 창녕방언에서는 굳어진 말이라 하나의 명사로 보는 게 낫다. ¶【속담】닥비실은 데도 소꼬랑대기는 데지 마라. =닭 볏은 되어도 소꼬리는 되지 마라. ☞달구비실.

닥알[다갈 -_] 명 달걀. 계란(鷄卵). *닭+알>닥알. ¶【속담】눈멀운 개이 닥알 어라듯기 한다. =눈먼 고양이 달걀 어르듯 한다. ¶【속담】밉운 미너리 발디꿈치가 닥알 겉다. =미운 며느리 발뒤꿈치가 달걀 같다. ☞달갈.

닥알밥[다갈밥 -__] 명 달걀밥. ☞꼼밥. 달갈밥.

닥알통[다갈통 -__] 명 둥우리. 닭이 알을 낳거나 깃을 들게 하기 위하여 둥글게 만든 집. ☞달갈통.

단다이[단다~이 _-_] 부 단단히. ①헐겁거나 느슨하지 아니하고 튼튼하게. ¶【속담】심발로 단다이 신칸다. =신발을 단단히 신긴다. ②뜻이나 생각이 흔들림 없이 강하게. ¶【관용구】마움을 단다이 묵다. =마음을 단단히 먹다. ③속이 차서 야무지고 실속이 있게. ¶단다이 쏙이 찬 뱁차마 뺐다. =단단히 속이 찬 배추만 뽑았다. ④보통보다 심할 정도로. ¶【관용구】꾸지럼을 단다이 듣다. =꾸지람을 단단히 듣다. ⑤틀림이 없고 미덥게. ¶【관용구】다짐을 단다이 받다. =다짐을 단단히 받다. ☞단디이.

단대묵[_ _-] 명 단대목. 명절이나 큰일이 가까이 다가온 때. ¶단대묵에는 바뿌다. =단대목에는 바쁘다.

단대묵장[_ _ _-] 명 단대목 장(場). 추석이나 설날 직전에 서는 오일장. *'단대묵장'은 표준어로 보면 명사구지만 창녕 방언에서는 굳어진 말이라 하나의 명사로 보는 게 낫다. ¶단대묵장은 비잡다. =단대목 장은 비좁다.

단도리[_-_] 명 단속(團束). 주의를 기울여 다그쳐 보살핌. *일본어 '난도리(段取 *だんどり*)'에서 온 말. ¶곡석이 비 안 맞구로 단도리 해낳았다. =곡식이 비 맞지 않게 단속 해놓았다. ☞단두리.

단두리[_-_] 명 단속(團束). ☞단도리.

단디이[1][단디~이 _-_] 부 단단히. ☞단다이.

단디이[2][단디~이 _-_] 부 조심스레. ¶다칠라. 단디이 해라. =다칠라. 조심스레 해라. ☞조심시리.

단물[-_] 명 단술. 식혜(食醯). 감주(甘酒). 전통 음료의 하나. ¶【속담】단물 무운 여드레 만에 치한다. =단술 먹은 여드레 만에 취한다.

단방에[_-_] 부 단번에(單番-). 단 한 번에. ¶일로 단방에 해치았다. =일을 단번에 해치웠다. ¶부탁이로 단방에 탱간다. =부탁을 단번에 거절한다. ☞단분에.

단방주우[단방주~우 _ _-_] 명 잠방이. 가랑이가 무릎까지 내려오도록 짧게 만든 남자용 홑바지. ¶【속담】단방주우에 갑때기 친다. =잠방이에 대님 친다. ☞몽당주우. 짜린주우.

단방하다[_ _-_] 형 설멍하다. 옷이 몸에 맞지 않고 꽤 짧다. ¶처매가 단방하다. =치마가 설멍하다. ¶주봉이 단방해졌다. =바지가 설멍해졌다.

단분에[단부네 _-_] 부 단번에(單番-). ☞단방에.

단불[-_] 명 단벌(單-). 오직 한 벌의 옷. ¶【관용구】단불 신사. =단벌 신사. ☞한불.

단손[단쏜 _-] 명 혼잣손. 혼자서만 일을 하거나 살림을 꾸려 나가는 처지. 주로 '단손에' 형식으로 쓰인다. ¶【관용구】단손에 자석 키아다. =혼잣손으로 자식 키우다. ¶【관용구】단손에 장을 보다. =혼잣손으로 장을 보다.

단쏙꼿[단쏙꼳 -_-] 명 단속곳. 여자들이 치마 안에 입는 속옷의 하나. ¶【속담】하릿지익에 단쏙꼿 서이 하는 여펀네 쏙꼿 벗이고 산다. =하룻저녁에 단속곳 셋 하는 여편네 속곳 벗고 산다.

단압[-_] 명 단합(團合). ¶단압이 잘 덴다. =단합이 잘 된다.

단애[다내 _-] 명 단의(單衣). 여자들이 치마 안에 입는 속옷의 하나.

단장[_-] 명 담장(-牆). ¶【속담】미련이 단장 떫는다. =미련이 담장 뚫는다. ¶【속담】사알 굶꼬 단장 안 넘울 넘 없다. =사흘 굶고 담장 안 넘을 놈 없다.

단짐에[단지메 _-_] 부 단김에. 좋은 기회가 지나가기 전에. ¶【속담】씨도 단짐에 뚜딜긴다. =쇠도 단김에 두드린다. ¶【속담】소뿔은 단짐에 빼라 캤다. =소뿔은 단김에 뽑으라 했다.

단초꽃[단초꼳 _-_] 명 ((식물))원추리.

단촐밪다[단촐받다 __-_] 형 단출하다. ①식구나 구성원이 많지 않아서 홀가분하다. ¶우리 성님은 식구가 단촐밪다. =우리 형님은 식구가 단출하다. ②일이나 차림이 간단하고 편리하다. ¶단촐밪은 채림으로 노왔다. =단출한 차림으로 나왔다. *단촐밪고[단촐받꼬 __-_], 단촐밪지[단촐받찌 __-_], 단촐밪아[단촐바자 __-_], 단촐밪았다[단촐바잗따 __-__].

닫끼다[다끼다 _-_] 동 닫히다. '닫다'의 피동사. 열려 있던 문이나 뚜껑이 도로 제자리로 가게 되어 안과 밖 사이가 통하지 못하다. ¶대무이 지질로 닫낐다. =대문이 저절로 닫혔다. ☞댇끼다.

달[_] 명 ((동물))닭. ¶【속담】달 모간지로 비틀치도 새북은 온다. =닭 모가지를 비틀어도 새벽은 온다.

달가지[_-_] 명 다리몽둥이. '다리[脚]'의 속된 말. ☞다리몽데이. 다리몽디이. 달구지.

달가지다[_-__] 동 달궈지다. 쇠나 돌 따위가 열을 받아 뜨겁게 되다. ¶【속담】달가진 돌미이로 샘킸다. =달궈진 돌멩이를 삼켰다. ☞달키지다. 딸카지다. 딸키지다.

달갈[_-] 명 달걀. 닭의 알. ☞닥알.

달갈밥[_-_] 명 달걀밥. ☞꼼밥. 닥알밥.

달갈통[다갈통 _-_] 명 둥우리. ☞닥알통.

달갑아하다[달가바하다 __-__] 형 달가워하다. 마음에 흡족하게 여기다. ¶저 냥반은 옷을 사조도 빌로 달갑아하지로 안한다. =저 양반은 옷을 사줘도 별로 달가워하지를 않는다.

달강넝쿨[__-_] 명 ((식물))댕댕이덩굴. ¶【속담】항우장사도 달강넝쿨에 자빠라진다. =항우장사도 댕댕이덩굴에 자빠진다. ☞칠개이.

달개다[_-_] 동 달래다. ①상대방의 기분을 맞추어 가며 구슬리거나 타이르다. ¶아아로 사살 달개라. =애를 살살 달래라. ②감정이나 기운을 말이나 어떤 수단으로 가라앉히다. ¶술로 슬품을 달갰다. =술로 슬픔을 달랬다.

달구똥[__-] 명 닭똥. ¶【관용구】달구똥 겉은 눈물. =닭똥 같은 눈물.

달구비실[__-_] 명 닭 볏. 닭의 볏. ☞닥비실.

달구비실꽃[달구비실꼳 __-__] 명 ((식물))맨드라미꽃. ☞닭비실꽃. 맨드래미.

달구새끼[__-_] 명 닭. '닭'을 욕으로 하는 말. *창녕방언에서 '달구새끼'는 '병아리'가 아닌 '닭'을 지칭한다. '병아리'는 주로 '삘가리'라고 한다. ¶저넘우 달구새끼들이 와 저카노. =저놈의 닭들이 왜 저러나.

달구지[_-_] 명 다리몽둥이. ☞다리몽데이. 다리몽디이. 달가지.

달구터리기[___-_] 명 닭털. 닭의 털. ☞닭터리기.

달구통[_-_] 명 닭장(-欌). ¶【속담】쪽찌비 달구통 딜다보듯기. =족제비 닭장 들여다보듯.

달기기[달끼기 _-_] 명 닭고기. 식용으로 하는 닭의 살코기.

달기들다[1][-_-_] 동 달려들다. ☞다알들다. 달라들다.

달기들다[2][-_-_] 동 대들다. ☞다알들다. 달라들다.

달내이[달내~이 _-_] 명 ((식물))달래. ¶【속담】달내이 꼭따리 겉다. =달래 꼭지 같다. ☞달롱개.

달달이[_-_] 부 다달이. 하나하나의 모든 달마다. ¶달달이 깃돈 벗는다. =다달이 곗돈 붓는다.

달달하다[_-_] 형 달콤하다. ¶달달한 까자로 묵구 잡다. =달콤한 과자를 먹고 싶다.

달띠이[달띠~이 --_] 명 달덩이. ①크고 둥근 달을 이르는 말. ¶둥군 달띠이가 떴다. =둥근 달덩이가 떴다. ②어린 애나 젊은 여자의 둥글고 환하게 생긴 얼굴을 비유적으로 이르는 말. ¶【관용구】낯이 달띠이 겉다. =얼굴이 달덩이 같다.

달라들다[1][-_-_] 동 달려들다. ☞다알들다. 달기들다.

달라들다[2][-_-_] 동 대들다. ☞다알들다. 달기들다. 앵기들다. 잉기들다.

달라빼다[1][-_-_] 동 달아나다. ☞다알나다.

달라빼다[2][-_-_] 동 달리다. ¶바른질이라꼬 차가 씨기 달라뺀다. =바른길이라고 차가 세게 달린다. ☞빼다.

달랑[_-] 부 댕강. ①작은 물체가 단번에 잘려 나가거나 가볍게 떨어지는 모양. ¶닭모간지가 달랑 짤랐다. =닭목이 댕강 잘렸다. ②하나만 외따로 남아 있는 모양. ¶넓운 방에 걸상 하나마 달랑 낳이 있네. =넓은 방에 걸상 하나만 댕강 놓여 있네. ③옷 따위가 아주 짧은 모양. ¶주우가 발묵 우로 달랑 올라갔다. =바지가 발목 위로 댕강 올라갔다.

달랑달랑하다[____-_] 형 간당간당하다. ①물체가 어딘가에 매달려 가볍게 자꾸 흔들리다. ¶천장에 달아낳안 미지가 달랑달랑한다. =천장에 달아놓은 메주가 간당간당한다. ②목숨이 거의 다하여 위험해지다. ¶【관용구】매가지가 달랑달랑한다. =모가지가 간당간당한다.

달롱개[_-_] 명 ((식물))달래. ☞달내이.

달문[--] 명 달무리. 달 언저리에 둥그렇게 생기는 구름 같은 허연 테. ¶【속담】달문이 선 지 사알이마 비가 온다. =달무리가 선 지 사흘이면 비가 온다.

달부더리하다[____-_] 형 들부드레하다. 약간 들큼하다. ¶시리떡에 호박을 옇어낳이 달부더리합미더. =시루떡에 호박을 넣어놓으니 들부드레합니다.

달비[-_] 명 다리. 예전에 여자들이 팔기 위해 잘라서 모은 머리카락 뭉치. ¶달비 팔아서 아아 옷 사 입한다. =다리 팔아서 애 옷 사 입힌다.

달아[다라 -_] 부 잇달아. ¶자석 서이로 달아 시집 장개보냈다. =자식 셋을 잇달아 시집 장가보냈다.

달역[-_] 명 달력(-歷). ¶달역에 누부야 생알 포시해 낳았다. =달력에 누나 생일 표시해 놓았다.

달움박질[다룸박질 __-_] 명 달음박질. 급하게 뛰어서 달려가는 짓. ¶아모리 달움박질로 해도 몬 따라갈다. =아무리 달음질을 해도 못 따라가겠다. ☞모둠박질.

달짝찌근하다[____-_] 형 달짝지근하다. 약간 달콤한 맛이 있다. ¶잘 잦인 고오매는 달짝찌근하다. =잘 잦힌 고구마는 달짝지근하다. ☞달찌근하다.

달찌근하다[___-_] 형 달짝지근하다. ☞달짝찌근하다.

달카다[1][_-_] 동 달구다. ①쇠나 돌 따위를 열을 가하여 뜨겁게 만들다. ¶【속담】퍼떡 달칸 화리가 퍼떡 식는다. =빨리 달군 화로가 빨리 식는다. ②어떤 장소의 분위기를 달아오르게 하다. ¶【관용구】분이기로 달카다. =분위기를 달구다. ③방에 불을 많이 때어 몹시 덥게 하다. ¶【속담】어푼 달칸 방이 어푼 식는다. =얼른 달군 방이 얼른 식는다. ☞딸카다.

달카다[2][_-_] 동 졸이다. ①졸게 하다. '졸다'의 사동사. 찌개, 국, 한약 따위의 물이 증발하여 분량이 적어지게 하다. ¶국을 달캈다. =국을 졸였다. ②가슴 따위를 바짝 태워 안타깝고 초조해하다. ¶【관용구】간(肝)을 달카다. =간을 졸이다. ☞딸카다. 쫄아다.

달키다[_-_] 동 달이다. 찌개나 국 따위가 물이 증발하여 분량이 적어지게 되다. ¶국이 달킸다. =국이 달였다. ☞딸키다.

달키지다[_-_] 동 달궈지다. 쇠나 돌 따위가 열을 받아 뜨겁게 되다. ☞달가지다. 딸카지다. 딸키지다.

달패이[달패~이 _-_] 명 ((동물))달팽이. ¶【속담】달패이 띠끼이 덮는다. =달팽이 뚜껑 덮는다. ¶【속담】달패이도 집이 있다. =달팽이도 집이 있다. ☞할매꼬디이.

닭다[달따 -_] 동 닳다. ①갈리거나 오래 쓰여서 어떤 물건이 낡아지거나, 그 물건의 길이, 두께, 크기 따위가 줄어들다. ¶【관용구】손텁이 닭두룩 일하다. =손톱이 닳도록 일하다. ¶【관용구】문찌방이 닭다. =문지방이 닳다. ②기름 따위가 쓰여 줄어들다. ¶【관용구】지름이 닭다. =기름이 닳다. *닭고[달꼬 -_], 닭지[달찌 -_], 닭아야[달가야 --_], 닭았다[달갇따 --_]. ☞딿다.

닭비실꽃[닥비실꼳 _-__] 명 ((식물))맨드라미. ☞달구비실꽃. 맨드래미.

닭아빠지다[달가빠지다 -_--_] 형 닳아빠지다. ①물건이 오랜 사용으로 낡아서 거의 못쓰게 된 상태이다. ¶양발이 닭아빠지서 발까락이 다 비인다. =양말이 닳아빠져서 발가락이 다 보인다. ②세파에 시달리거나 어려운 일을 많이 겪어 성질이나 생각 따위가 몹시 약다. ¶몬뗐고 닭가빠진 가수나. =못됐고 닳아빠진 계집애. ☞뻘리다.

닭전[닥쩐 _-] 명 어리전(--廛). 닭이나 오리 따위를 어리에 가두어 놓고 파는 가게. ¶【속담】닭전에 내낳안 촌닭 겉다. =어리전에 내놓은 촌닭 같다.

닭터리기[닥터리기 __-_] 명 닭털. ☞달구터리기.

닭풀[닥풀 -_] 명 ((식물))달개비.

닭하다[달카다 _-_] 동 닳리다. '닳다'의 사동사. ①물건을 오래 써서 물건 따위가 망가지게 하다. ¶【속담】닭한 도치라 갈아서 씰까. =닳린 도끼라 갈아서 쓸까. ②액체를 끓여서 졸아들게 하다. ¶지렁장을 끓이서 닭한다. =간장을 끓여서 닳린다. ③연료를 소모하다. ¶전기로 닭핬다. =전기를 닳렸다. *닭하고[달카고 _-_], 닭하지[달카지 _-_], 닭하야[달카야 _-_], 닭핬다[달칻따 _-_]. ☞떫가다.

닭히다[달키다 _-_] 동 닳리다. '닳다'의 피동사. ①물건을 오래 갈거나 문질러 길이, 두께, 부피 따위가 줄어들다. ¶옷이 말키 닭핬습미더. =옷이 모두 닳렸습니다. ②연료를 소모하다. ¶오도바이 지룸이 말키 닭핬제? =오토바이 기름이 모두 닳렸지? ☞떫히다.

담가다[당가다 _-_] 동 담그다. ①사람이나 동물이 신체나 사물을 액체 속에 넣다. ¶뜨신 물에 발로 담간다. =따뜻한 물에 발을 담근다. ②김치나 술 따위의 발효 음식을 재료를 섞어 익도록 그릇에 넣다. ¶【속담】보리로 담간 술은 보리 내미 안 빠진다. =보리로 담근 술은 보리 냄새 안 빠진다. ☞담다.

담다[1][담따 -_] 동 담그다. 김치나 술 따위의 발효 음식을 재료를 섞어 익도록 그릇에 넣다. ¶짐치 담을 쩍에 부들어주께. =김치 담글 적에 도와줄게. ¶【속담】소굼우로 장을 담는다 캐도 곧이듣지 안한다. =소금으로 장을 담근다 해도 곧이듣지 않는다. *담고[담꼬 -_], 담지[담찌 -_], 담아야[다마야 --_], 담았다[다맏따 --_]. ☞담가다.

담다[2][담따 -_] 동 잠기다. 물속에 가라앉히다. '잠그다'의 피동사. ¶큰비가 오서 질이 물에 담았다. =큰비가 와서 길이 물에 잠겼다. ☞물담다. 자물다. 잠피다.

담배물쪼리[_-_-_] 명 물부리. 담배를 끼워서 입에 물고 빠는 물건. ☞대물찌. 댄배물쪼리. 댐배물쪼리. 물뿌리. 물찌. 빨뿌리.

담베락[담뻬락 __-] 명 담벼락. 담이나 담의 겉면. ¶【속담】구리이 담베락 넘어가딧기. =구렁이 담벼락 넘어가듯이. ¶【속담】담베락하고 말하는 텍이다. =담벼락하고 말하는 셈이다. ¶【속담】무식하고 돈 없는 넘이 술집 담베락에 술깞 끗딧기. =무식하고 돈 없는 놈이 술집 담벼락에 술값 긋듯. ☞담부랑.

담봇짐[담보찜 _-_] 명 괴나리봇짐(---褓-). 먼 길을 떠날 때 짊어지고 가는, 자그마한 보자기로 꾸린 짐.

담부랑[__-] 명 담벼락. 담이나 담의 겉면. ☞담베락. 담부랑.

담뿌차[-__] 명 덤프트럭[dump truck]. ☞담뿌추럭.

담뿌추럭[__-_] 명 덤프트럭[dump truck]. ☞담뿌차.

담상담상[___-] 부 듬성듬성. 촘촘하지 않고 매우 성기고 간격이 뜬 모양을 나타내는 말.

담상하다[_ _-_] 형 듬성하다. ¶모상을 담상하이 숭궀다. =모종을 듬성하게 심었다.

담운감[다문감 --_] 명 우린감. 침시(沈柹). ☞삭한감.

담재이[담재~이 _-_] 명 ((식물))담쟁이.

담지기[_-_] 명 머슴. ¶【속담】섣달에 들온 담지기가 주인 마너래 쏙꽂 걱정한다. =섣달에 들어온 머슴이 주인마누라 속곳 걱정한다. ☞머숨. 머심.

담피다[_-_] 동 담기다. 사물이 그릇에 넣어지게 되다. ¶이 그륵에 담피는 만쿰마 담아라. =이 그릇에 담기는 만큼만 담아라.

답[-] 명 무렵. 대략 어떤 시기와 일치하는 즈음. ¶지익 답에 오께. =저녁 무렵에 올게. ☞무릅. 물사. 물시.

답댑다[답땝따 _-_] 형 답답하다. *창녕방언 '답댑다'는 어근 '답답' 뒤에 접미사 '하-'가 생략된 것처럼 보이는 점이 독특하다. ①가슴이나 뱃속이 먹은 것이나 연기 때문에 무겁고 숨쉬기가 어렵다. ¶【관용구】가숨이 답댑다. =가슴이 답답하다. ②어떤 일이 뜻대로 되지 않거나 후련하지 않아 애가 타고 안타깝다. ¶【속담】답댑운 인가이 새미 판다. =답답한 인간이 우물 판다. ¶【속담】부룬 배 고푼 거는 더 답댑다. =부른 배 고픈 건 더 답답하다. ③융통성이 없이 고지식하다. ¶【관용구】답댑운 짓을 하다. =답답한 짓을 하다. ④비좁거나 꽉 막힌 느낌이 있어 마음에 여유가 없다. ¶【속담】코 막고 답댑다 칸다. =코 막고 답답하다 한다. ⑤다른 방도가 없어 어쩔 수 없이 대신하다. ¶답댑어서 이런 거로 씬다. =답답해서 이런 걸 쓴다. *답댑고[답땝꼬 _-_], 답댑지[답땝찌 _-_], 답댑어서[답때버서 _-_ _], 답댑었다[답때벋따 _-_ _].

답댑이[답때비 _-_] 명 답답이. 사리를 분별할 줄 모르거나 약삭빠르지 못하여 생각이나 행동이 갑갑하게 보이는 사람을 얕잡아 이르는 말. ¶이런 답댑이로 오데 씨묵우꼬. =이런 답답이를 어디에 써먹을까.

-답시고[답씨고 --_] 어 -랍시고. 주어는 앞 절을 뒤 절의 마땅한 까닭이나 근거로 내세우지만, 화자는 이를 못마땅해 하거나 얕잡아 봄을 나타내는 연결어미. ¶고깃도 집이답시고 지있구마는. =그것도 집이랍시고 지었구먼.

닷시[다씨 -_] 명 닷새. 다섯 번의 낮과 다섯 번의 밤이 지나가는 동안. ¶【속담】양반은 닷시 굶고도 헛지침한다. =양반은 닷새 굶고도 헛기침한다.

당가리치다[_-_ _ _] 동 쟁이다. ☞개리다. 재아다. 재애다. 짜다.

당갈딩기[_ _-_] 명 쌀겨. 미강(米糠). 쌀을 찧을 때 나오는 가장 고운 속겨. ¶【속담】쌀 무운 개는 안 더들키고 당갈딩기 무운 개가 더들킨다. =쌀 먹은 개는 안 들키고 쌀겨 먹은 개가 들킨다. ☞쌀딩기.

당거래[_ _-] 명 고무래. 곡식을 그러모으고 펴거나, 밭의 흙을 고르거나 아궁이의 재를 긁어모으는 데에 쓰는 'T' 자 모양의 기구. ☞당거리.

당거리[_ _-] 명 고무래. ☞당거래.

당걸어매다[당거러매다 _-_-_] 동 달아매다. 아래로 처지도록 높이 잡아매다. ¶【속담】끄실린 대애지가 당걸어맨 대애지 타렁한다. =그슬린 돼지가 달아맨 돼지 타령한다.

당나구[_-_] 명 ((동물))당나귀(唐--). ¶【속담】마방집이 망알라칸께네 당나구마 들온다. =마방집이 망하려니까 당나귀만 들어온다. ¶【속담】당나구 찬물 건니가듯기 한다. =당나귀 찬물 건너가듯이 한다.

당마리[_ _-] 명 당마루(堂--). 지붕 가운데 부분에 있는 가장 높은 수평 마루. ¶【관용구】당마리에 베락 치는 소리. =당마루에 벼락 치는 소리.

당목꽃[당목꼳 -_ _] 명 ((식물))쥐손이풀.

당산낭ㄱ[_-_] 명 당산나무(堂山--). 마을을 지켜 주는 신령이 깃들어 있다고 생각하여 제사를 지내는 나무. ¶정얼 대보룸날 당산낭게서 풍년을 빌었다. =정월 대보름날 당산나무에서 풍년을 빌었다.

당새기[_-_] 명 고리. 큰 반짇고리처럼 생긴, 뚜껑이 있는 소쿠리. 주로 수양버들을 사용하여 반지그릇처럼 만든 것으로, 여러 가지 음식을 담는 데 사용하였다. 특히 이바지음식을 담았다. 17세기 전반기에 작성된 편지글인 '현풍 곽씨 언간'을 주해한 『현풍곽씨언간 주해』(백두현, 2003, 태학사) 63쪽에는 '당숡'이 나오는데, 창녕방언 '당새기'는 이것의 후대 형태이다. ☞당새이. 당시기. 채당새이.

당새이[당새~이 _-_] 명 고리. ☞당새기. 당시기. 채당새이.

당시기[_-_] 명 고리. ☞당새기. 당새이. 채당새이.

당아다[1][_-_] 동 당하다(當--). 일이나 부담을 능히 해내거나 감당하다. ¶【속담】가난은 나라도 몬 당안다. =가난은 나라도 못 당한다. ¶【속담】앉이서 무우마 태산도 몬 당안다. =앉아서 먹으면 태산도 못 당한다. ¶【속담】힘장사가 끼 장사 몬 당안다. =힘장사가 꾀 장사 못 당한다.

당아다[2][_-_] 형 당하다(當--). 알맞거나 적당하다. ¶【속담】얼어 죽운 기시이 홑이불 당아까이. =얼어 죽은 귀신이 홑이불 당하랴.

당여이[당여~이 _-_] 부 당연히(當然-). ¶니가 잘몬했은께네 당여이 사가로 해야지. =네가 잘못했으니까 당연히 사과를 해야지.

당이지다[-_-_] 동 어울리다. 함께 사귀어 잘 지내거나 일정한 분위기에 끼어들어 같이 휩싸이다. ¶우리 막내이는 동무들캉 당이지서 논다. =우리 막내는 동무들과 어울려서 논다. ☞어불리다.

당채[_-] 부 당최. ((부정의 뜻이 있는 말과 함께 쓰여)) '도무지', '영'의 뜻을 나타내는 말. ¶당채 밥정이 없네. =당최 밥맛이 없네.

당파[-_] 명 ((식물))쪽파.

ㄷ

닳다[당타 -_] 동 당하다(當--). 피해를 입거나 놀림 따위를 받다. ¶고넘아인데 닳고 사나? =그놈에게 당하고 사니? *닳고[당코 -_], 닳지[당치 -_], 당애야[당애야 --_], 당앴다[당앤따 --_].

대갈빼기[__-_] 명 대갈빡. '머리'를 속되게 이른 말. ¶【관용구】대갈빼기에 똥마 찼다. =대갈빡에 똥만 찼다.

대개이[대개~이 --_] 명 대. 식물의 꽃자루가 달리는 줄기. ¶【속담】대개이가 실해야 곡석을 묵눈다. =대가 실해야 곡식을 먹는다. ☞대공.

대고[-_] 부 무턱대고. 잘 헤아려 보지도 아니하고 마구. ¶잘 한분 새앙해 바라. 대고 딤비지 말고. =잘 한번 생각해 봐라. 무턱대고 덤비지 말고. ☞무짜로.

대골[_-] 명 대궐(大闕). ¶【관용구】대골겉은 집. =대궐 같은 집. ☞대굴.

대공[_-] 명 대. ☞대개이.

대굴[_-] 명 대궐(大闕). ☞대골.

대꼬바리[__-_] 명 담뱃대. 담배를 담아 피우는 기구. ¶【관용구】대꼬바리로 가숨을 찌를 노릇. =담뱃대로 가슴을 찌를 노릇. ¶【속담】남산꼴샌님은 딧짐 지고 대꼬바리마 들마 나목신 신꼬도 간아[官衙]꺼정 간다. =남산골샌님은 뒷짐 지고 담뱃대만 들면 나막신 신고도 관아까지 간다.

대꼬재이[대꼬재~이 __-_] 명 대꼬챙이. 대나무 꼬챙이. ¶【관용구】대꼬재이로 째는 소리로 한다. =대꼬챙이를 찢는 소리를 한다.

대꼭바리[__-_] 명 대통. 담배설대 아래에 맞추어 담배를 담는 통.

대끼다[-__] 동 찧다. 곡식 따위를 쓿거나 빻으려고 절구에 담고 공이로 내리치다. ¶【속담】미천년 절구바아 대끼딧기. =미친년 절구방아 찧듯. ☞쩧다.

대낄이다[대끼리다 --__] 형 대길하다(大吉--). 운세나 징조가 매우 길하다. ¶【관용구】기부이 대낄이다. =기분이 대길하다.

대나절[__-] 명 대낮. ¶【속담】대나절에 토째비인데 홀린다. =대낮에 도깨비한테 홀린다. ☞대나질.

대나질[__-] 명 대낮. ☞대나절.

대낳고[대나코 --_] 부 대놓고. 사람을 앞에 놓고 거리낌 없이 함부로. ¶대낳고 넘우 쑹본다. =대놓고 남의 흉본다.

대낳다[대나타 --_] 동 ≒정해놓다(定---). 약속으로 삼아놓다. ¶밥을 식따아 대낳고 묵눈다. =밥을 식당에 정해놓고 먹는다.

대다이[대다~이 _-_] 부 대단히. 보통보다 비길 수 없이 더하거나 심하게. ¶대다이 고맙습미더. =대단히 고맙습니다. ¶대다이 잘몬했다. =대단히 잘못했다.

대닪다[대단타 __-] 형 대단하다. ¶【속담】대닪기 이이다. =대단하게 여기다. ¶【속담】대닪지는 안하다. =대단하지는 않다. ☞얼척없다. 엄첩다.

대댕기다[__-_] 동 맞닥뜨리다. 갑자기 마주 대하거나 만나다. ¶대댕기마 가마이 안 낳아뚤 끼다. =맞닥뜨리면 가만히 안 놓아둘 것이다. ☞대덩걸리다. 맞딱띠리다.

대덩걸리다[1][___-_] 동 맞닥뜨리다. ☞대댕기다. 맞딱띠리다.

대덩걸리다[2][___-_] 동 걸려들다. 피하지 못하고 맞닥뜨리다. ¶【속담】여시겉은 년인데 대덩걸랐다. =여우같은 년에게 걸려들었다.

대둘보[대둘뽀 __-] 명 대들보(大--). ①집을 받치는 가장 큰 들보. ¶【속담】빅을 치마 대둘보가 운다. =벽을 치면 대들보가 운다. ¶【속담】대둘보 썩는 줄로 모루고 게앗장 애끼는 객. =대들보 썩는 줄을 모르고 기왓장 아끼는 격. ②한 나라나 한 집안 또는 한 단체의 중심이 되는 중요한 사람을 비유적으로 이르는 말. ¶니는 우리 집안에 대둘보다. =너는 우리 집안의 대들보다.

대뜸[_-] 부 대뜸. 이것저것 생각할 것 없이 그 자리에서 곧. ¶대뜸 썽부텀 내데예. =대뜸 화부터 내던데요.

대럼[_-] 명 ≒상처(傷處). 삼베옷이나 모시옷 등과 같이 올이 거칠거나 까칠한 옷을 입었을 때 옷에 쓸려 살갗이 손상되어 따갑고 쓰린 현상. ¶삼비옷을 입었더마는 사타리에 대럼이 일어서 씨기 따갑네. =삼베옷을 입었더니 사타구니에 상처가 나서 세게 따갑네.

대럼일다[-___] 동 ≒상처나다(傷處--). 삼베옷이나 모시옷 등과 같이 올이 거칠거나 까칠한 옷을 입었을 때 옷에 쓸려 살갗이 손상되다.

대리다[1][-__] 동 다리다. 다림질을 해서 주름을 없애다. ¶다리비로 꾸개진 옷을 대렸다. =다리미로 꾸겨진 옷을 다렸다.

대리다[2][-__] 동 달이다. ①액체 따위를 끓여서 진하게 만들다. ¶지렁을 대렀다. =간장을 달였다. ②약재 따위에 물을 부어 우러나도록 끓이다. ¶탄약을 대린다. =탕약을 달인다.

대리미[_-_] 명 다리미. ☞다리비.

대묵[_-] 명 대목. ①명절을 앞둔 시기. ¶대묵에는 오만 일이 많다. =대목에는 온갖 일이 많다. ②다른 시기에 비해 경기(景氣)가 특별히 좋은 시기. ¶【관용구】대묵 만내다. =대목 만나다.

대묵땜[__-] 명 대목땜. 대목을 맞거나 앞두고 날씨가 추워나 비 따위로 심술을 부림. ¶【관용구】날이 대묵땜 하다. =날씨가 대목땜 하다.

대묵장[대묵짱 __-] 명 대목장(--場). 설이나 추석 등의 큰 명절을 바로 앞두고 서는 시장. ¶【속담】대묵장에 깽깨이 통이 뿌싸진다. =대목장에 해금 통이 깨진다.

대물찌[_-_] 명 물부리. 곰방대의 고달물부리. ☞담배물쪼리. 댄배물쪼리. 댐배물쪼리. 물뿌리. 물찌. 빨뿌리.

대반에[대바네 __-] 부 대번에. 서슴지 않고 단숨에. 또는 그 자리에서 당장. ¶머라칸께네 대반에 다알나뿐다. =야단치니까 대번에 달아나버린다. ☞대분에. 대참에.

대보룸[_-_] 명 대보름(大--). 정월보름날(正月大--). ¶【속담】개가 대보룸 시덧기 한다. =개가 정월대보름 쉬듯 한다.

대분에[대부네 __-] 부 대번에. 서슴지 않

고 단숨에. ☞대반에. 대참에.

대소꾸리[__-_] 명 대소쿠리. 대로 결어 만든 소쿠리. ☞채소꾸리.

대수가[_--] 명 대소가(大小家). 한집안의 큰집과 작은집을 아울러 이르는 말. ¶【관용구】대수가가 너르다. =대소가가 넓다.

대앙구[_-_] 명 대완구(大碗口). 조선시대 무기의 일종. 대단한 존재를 빗대어 이르는 말. ¶자석을 머선 대앙구 겉이 이인다. =자식을 무슨 대완구 같이 여긴다. ☞하알대앙구

대애[-_] 명 대야. 물을 담아서 무엇을 씻을 때 쓰는 둥글넓적한 그릇.

-대애[-_] 어 -다오. *표준어에서 청유형 종결어미로 사용되는 '-다오'는 창녕 방언에서 '대애'나 '-도고' 혹은 '-도오'가 같은 조건에서 남녀노소 두루 쓴다. 그러나 '-대애'는 '-도오'나 '-도고'와 같은 조건에서 쓰이지만, '-도오'에 비해 애교 섞인 표현이다. 주로 어린애들이나 여자들이 사용한다. ¶나도 거거 쫌 대애. =나도 그것 좀 다오. ¶이 군데 쫌 땡기대애. =이 그네 좀 당겨다오. ☞-도고. -도오.

대애지[_-_] 명 ((동물))돼지. ¶【관용구】대애지 목따는 소리하다. =돼지 멱따는 소리하다. ¶【속담】껌운 강새이로 대애지 맨든다. =검은 강아지로 돼지 만든다. ¶【속담】대애지가 꺼부지기 물우딜이마 비가 온다. =돼지가 검불 물어들이면 비가 온다.

대앳[대앤 _-] 수 대엿. 대강 어림쳐서 다섯이나 여섯쯤. ¶고구매 대앳 개마 고 오온나. =고구마 대엿 개만 가져와라.

-대에미[--_] 어 -대면서. ¶머 잘났다꼬 저래 꺼떡대에미 댕기꼬. =뭐 잘났다고 저리 꺼떡대면서 다닐까.

대이다[1][_-_] 동 닿다. ①어떤 물체가 다른 물체에 맞붙어 사이에 빈틈이 없게 되다. ¶담부랑이 서로 대있다. =담벼락이 서로 닿았다. ②무엇이 어느 공간에 이르다. ¶【관용구】엎우지마 코 대일 데. =엎어지면 코 닿을 데. ☞자리다. 짜리다. 짤리다.

대이다[2][_-_] 동 도착하다(倒着--). 목적한 곳에 이르러 닿다. ¶여게 대이덤질로 닐로 찾아왔다. =여기에 도착하자마자 너를 찾아왔다.

대이새끼[__-_] 명 돼지새끼. ①암퇘지의 새끼. ¶암대지가 대이새끼로 열시 바리나 놓았다. =암퇘지가 돼지새끼를 열세 마리나 낳았다. ②'뚱뚱하거나 지저분한 사람'을 놀림조로 이르는 말. ¶【속담】양반으 새끼는 개이 새끼요 쌍넘으 새끼는 대이새끼라. =양반의 새끼는 고양이 새끼요 상놈의 새끼는 돼지새끼라.

대이오다[_-__] 동 다가오다. ☞다아오다.

대이푸리[__-_] 명 댓잎. 댓잎파리.

대장재이[대장재~이 __-_] 명 대장장이. 쇠를 달구어 연장 따위를 만드는 일을 업으로 하는 사람. ¶【속담】대장재이 집에 씰 만한 칼 없다. =대장장이 집에 쓸 만한 칼 없다. ☞성냥꾼. 팬수. 핀수.

대중[_-] 명 대종(大宗). 동성동본의 일가 가운데 제일 큰 종가의 계통. ¶대중 모사는 시얼 초하리부텀 지내는 거 맞제? =대종 묘사는 시월 초하루부터 지내는 것 맞지?

대지구시[_ _-_] 명 돼지구유. 돼지 먹이를 담아 주는 그릇. ¶【속담】대지구시에 쌀밥 버어주까. =돼지구유에 쌀밥 부어주랴.

대지기기[_ _-_] 명 돼지고기. ¶【속담】여룸 대지기기는 잘 무우야 본전. =여름 돼지고기는 잘 먹어야 본전.

대지마구[_ _ _-] 명 돼지우리. ¶【속담】대지마구에 주석 자물씨. =돼지우리에 주석 자물쇠.

대집이[대지비 _-_] 명 대접. ①위가 넓적하고 운두가 낮으며 뚜껑이 없는 그릇. ¶국은 대집이에 펀다. =국은 대접에 푼다. ②국이나 물 따위를 대접에 담아 그 분량을 세는 단위. ¶미꾸래이 두 대집이. =미꾸라지 두 대접.

대짜고짜[_-_-] 부 다짜고짜. 앞뒤 견줘보지도 않고 곧바로. ¶산대애지는 대짜고짜 물우띤데이. =멧돼지는 다짜고짜 물어뜯는다.

대참에[대차메 _-_] 부 대번에. ☞대반에. 대분에.

대초[_-] 명 대추. 대추나무의 열매. ¶【속담】양반은 대초 한 알로 요구하고도 배고푸다는 소리로 안한다. =양반은 대추 한 알로 요기하고도 배고프다는 소리를 않는다.

대추벌이[대추버리 _-_ _] 명 ((동물))말벌. *대추+벌이(벌). ☞말벌이.

대치이[대치~이 _-_] 명 ((동물))대칭이. 석패과의 민물조개. 강이나 늪에서 서식한다. '말조개'보다 크기가 작다. 껍데기는 '말조개'와는 달리 직사각형에 가깝고 마르면 부서지거나 쉽게 금이 간다.

대택이다[대태기다 _-_ _] 형 과분하다(過分--). 분수에 넘쳐 있다. ¶니인데는 이것도 대택이다. =네게는 이것도 과분하다. ☞가붆다. 엄첩다. 오갊다.

대통냥[_--] 명 대통령(大統領). ¶대통냥은 우리들네 일꾸이다. =대통령은 우리들 일꾼이다.

대학조[대학쪼 _-_] 명 대학교(大學校). ¶우리 큰솔여는 이분에 대학조 드갔다. =우리 큰손녀는 이번에 대학교 들어갔다. ☞대핵교. 대핵조.

대핵교[대핵꾜 _-_] 명 대학교(大學校). ☞대학조. 대핵조.

대핵조[대핵쪼 _-_] 명 대학교(大學校). ☞대학조. 대핵교.

대홀깨[_-_] 명 벼훑이. 대나무로 만든 벼훑이. ☞나락홀깨. 손홀깨. 홀깨.

-댄다[-_] 어 -단다. ①어떤 사실을 부드럽고 친근하게 전하여 알리는 뜻을 나타내는 말. 해라체로, 주로 구어체에 쓰인다. ¶가지마라꼬 캐도 간댄다. =가지마라고 해도 간단다. ②어떤 사실을 객관화해서 자랑하듯이 전하여 알리는 뜻을 나타내는 말. 해라체로, 주로 구어체에 쓰인다. ¶지가 잘났댄다. =제가 잘났단다. ③반어적 어법으로,

상대를 빈정거리는 말. 해라체로, 주로 구어체에 쓰인다. ¶머라캐도 좋댄다. =혼내도 좋단다.

댄배[_-] 명 담배. ¶【속담】댄배는 용골대로 펐네. =담배는 용골대로 피우네. ☞댐배. 심심초.

댄배물쪼리[___-_] 명 물부리. ☞담배물쪼리. 대물찌. 댐배물쪼리. 물뿌리. 물찌. 빨뿌리.

댄배재이[댄배재~이 __-_] 명 골초(-草). 담배를 많이 피우는 사람을 놀림조로 이르는 말. ☞댐배재이.

댄뱃불[댄배뿔 _-_] 명 담뱃불. ¶【속담】댄뱃불에 언 지로 찌이 가미 벳길 넘. =담뱃불에 언 쥐를 쬐어 가며 벗길 놈. ☞댐뱃불.

댇끼다[대끼다 _-_] 동 닫히다. ☞닫끼다.

댐배[_-] 명 담배. ☞댄배. 심심초.

댐배물쪼리[___-_] 명 물부리. ☞담배물쪼리. 대물찌. 댄배물쪼리. 물뿌리. 물찌. 빨뿌리.

댐배재이[댐배재~이 __-_] 명 골초(-草). ☞댄배재이.

댐뱃불[댐배뿔 _-_] 명 담뱃불. ☞댄뱃불.

댓마리[댄마리 __-] 명 용마루(龍--). 지붕 가운데 부분에 있는 가장 높은 수평 마루. ☞용마리.

댕개이[댕개~이 _-_] 명 ((동물))댕견(-犬). 꼬리가 없거나 꼬리뼈가 조금 남아 있는, 고려 시대부터 우리나라에 있었던 토종개.

댕걸리다[__-_] 동 매달리다. '매달다'의 피동사. ¶【속담】목 댕걸린 개가 눕운 개 나무랜다. =목 매달린 개가 누운 개 나무란다.

댕기가다[-_-_] 동 다녀가다. 어느 곳에 왔다가 가다. ¶운제 한분 댕기가거래이. =언제 한번 다녀가거라.

댕기다[-__] 동 다니다. ①어떤 볼일이 있어 드나들다. ¶【관용구】입에 달고 댕기다. =입에 달고 다니다. ¶【속담】마너래 손잡고 댕기는 구약국(丘藥局)가. =마누라 손잡고 다니는 구약국이냐. ②직장이나 학교 따위의 기관을 정기적으로 늘 갔다 오다. ¶학조에 댕긴다. =학교에 다닌다. ③이리저리 알아보곤 하다. ¶【관용구】똥꾸뭉 파고 댕기다. =똥구멍 파고 다니다. ¶【속담】사잣밥 싸가아 댕긴다. =사잣밥 싸가지고 다닌다. ④어떤 교통수단이 운행하다. ¶이 동네는 빠쓰가 잘 안 댕긴다. =이 동네는 버스가 잘 안 다닌다.

댕기오다[-_-_] 동 다녀오다. ☞갔다오다.

-더[_] 어 -다. *평서형 종결어미. 하이소오체(하십시오체)에 해당하는 평서법 종결어미가 '-더'로 발음되는 것은 창녕방언의 한 특징이다. 그러나 해라체 평서법의 그것은 결코 '-더'로 발음되지 않고, 언제나 '-다'로 실현된다. ¶금상 댕기오겠습미더. =금방 다녀오겠습니다.

-더나[-_] 어 -더냐. ①상대에게 꾸짖듯 강하게 주장하는 뜻을 나타내는 말. 수사 의문문으로서 긍정으로 표현된 사실을 부정하는 뜻으로 바꾸거나 부정으로 표현된 사실을 긍정하는 뜻으로

바꾼다. ¶배고푼데 양바이라꼬 빌수 있다더나. =배고픈데 양반이라고 별수 있다더냐. ②제삼자로부터 들은 바를 회상하여 전해 주도록 상대에게 물어보는 뜻을 나타내는 말이다. ¶아푼데도 올라꼬 카더나? =아픈데도 오려고 하더냐? ③((-해라할 자리에 쓰여)) 과거에 직접 경험하여 새로이 알게 된 사실에 대한 물음을 나타내는 종결어미. ¶잔집에는 빌일 없더나? =작은집에는 별일 없더냐? ☞-디나.

-더노[-_] 어 -더냐. ((의문사와 함께 쓰여)) 상대에게 꾸짖듯 강하게 주장하는 뜻을 나타내는 종결어미. ¶고래 나뿐 사램이 시사아 오데 있더노. =그렇게 나쁜 사람이 세상에 어디 있더냐. ☞-디노.

더다보다[_--_] 동 들여다보다. ①밖에서 안을 보다. ¶【속담】굶운 개 부섴 더다보딧기 한다. =굶은 개 부엌 들여다보듯 한다. ¶【속담】사촌 집도 부섴부텀 더다본다. =사촌 집도 부엌부터 들여다본다. ②가까이에서 자세히 살피다. ¶【속담】애가리 빈 구뭉 더다보듯기. =왜가리 빈 구멍 들여다보듯. ¶【속담】손에 진 딧기 더다비인다. =손에 쥔 듯이 들여다보인다. ③내막을 꿰뚫어 보다. ¶【속담】뱃속을 더다본다. =뱃속을 들여다본다. ☞들받아보다. 디다보다. 딜이다보다.

더덤바리[1][__-_] 명 뒤듬바리. 어리석고 둔하며 거친 사람.

더덤바리[2][__-_] 명 말더듬이. 말을 더듬는 사람. ☞더덤배이. 더둠이. 말더둠이.

더덤배이[더덤배~이 __-_] 명 말더듬이. ☞더덤바리. 더둠이. 말더둠이.

더덤수[_-_] 명 ≒얄팍수. 어리숭한 척하며 부리는 속임수. ¶【관용구】더덤수로 낳다. =얄팍수를 놓다.

더덤하다[__-_] 형 더덜뭇하다. 결단성이나 다잡는 힘이 모자라다. ¶【속담】더덤한 넘이 당수 팔 다이다. =더덜뭇한 놈이 당수 팔 단이다. ☞어럼하다.

더둠다[더둠따 -__] 동 더듬다. ①보이지 않는 무엇을 손 따위를 이리저리 움직여 찾거나 만져 보다. ¶【속담】봉사 깔방알라 더둠듯기. =봉사 갓난애 더듬듯이. ¶【속담】여복이 알라 놓고 더둠딧기. =여복이 아기 낳고 더듬듯. ②마음속으로 계산 따위를 하다. ¶【속담】양석 무운 일은 장님이 더둠어 바도 안다. =양식 먹은 일은 장님이 더듬어 봐도 안다. ③말을 같은 음절을 반복하는 등 막힘없이 술술 하지 못하다. ¶더둠는 말로 듣고 있을라카이 깝깝하다. =더듬는 말을 듣고 있으려니 갑갑하다. ☞더털다.

더둠이[더두미 -__] 명 더듬이. ①후각과 촉각 따위를 맡아보는 감각 기관. ②말을 더듬는 사람. ☞말더둠이.

더들키다[__-_] 동 들키다. 몰래 하던 일 또는 숨기던 일이나 물건이 보이게 되거나 알려지게 되다. ¶【속담】서투룬 도독이 첫날밤에 더들킨다. =서툰 도둑이 첫날밤에 들킨다. ¶【속담】도덕질을 하다가 더들키도 빈밍을 한다. =도둑질을 하다가 들켜도 변명을 한다.

-더라마[--_] 어 -더라면. 과거 사실에 대한 '마땅함'의 연결어미. ¶쪼매마 더 빨리 옸더라마 좋았을 꺼로. =조금만 더 빨리 왔더라면 좋았을 걸.

-더래도[-__] 어 -더라도. 뒤 절이 앞 절의 내용에 매이지 않도록 어떤 일이나 상황을 가정하여 양보하는 뜻을 나타내는 말. ¶【속담】몰개밭에 씨로 박고 죽더래도 애님 앞잽이는 하지로 안한다. =모래밭에 혀를 박고 죽더라도 왜놈 앞잡이는 하지를 않는다. ☞-깝세.

더럼[_-] 명 더러움. 숫기와 수단이 좋아 부끄러움을 타지 않고 자존심 따위를 내세우지 않는 상태. ¶【관용구】더럼을 잘 타다. =더러움을 잘 타다.

더룹다[더룹따 _-_] 형 더럽다. ①때나 찌꺼기 따위가 있어 지저분하다. ¶【속담】개똥이 무숩어서 피하나 더룹어서 피하지. =개똥이 무서워 피하나 더러워서 피하지. ②언행이 순수하지 못하거나 인색하다. ¶【속담】더룹운 처와 악한 첩이 빈방뽀담아 낫다. =더러운 처와 악한 첩이 빈방보다 낫다. ③못마땅하거나 불쾌하다. ¶【관용구】기부이 더룹다. =기분이 더럽다. ④순조롭지 않거나 고약하다. ¶【관용구】더룹기 걸리다. =더럽게 걸리다. ⑤어떤 정도가 심하거나 지나치다. ¶날씨 한분 더룹기 떱네. =날씨 한번 더럽게 덥네. ⑥팔자가 사납다. ¶【관용구】팔짜가 더룹다. =팔자가 더럽다. *더룹고[더룹꼬 _-_], 더룹지[더룹찌 _-_], 더룹어서 [더루버서 _-__], 더룹웄다[더루붇따 _-__].

더리[1][_-] 부 덜. 어떤 분량이나 정도에 다 차지 못하게. ¶안주꺼정 잠이 더리 깼구마는. =아직까지 잠이 덜 깼구먼.

더리[2][-_] 부 더러. ①전체 가운데서 얼마쯤. ¶여러치 모이마 더리 똑뚝운 사램도 있다. =여럿이 모이면 더러 똑똑한 사람도 있다. ②이따금 드물게. ¶더리 놀로온나. =더러 놀러오너라.

더리[3][-_] 조 더러. ((사람을 나타내는 체언 뒤에 붙어)) 어떤 행동이 미치는 대상을 나타내는 격 조사. ¶【속담】배고푼 넘더리 요구씨기란다. =배고픈 놈더러 요기시키란다. ¶【속담】똥 묻운 개가 흑 묻운 개더리 추줍다 칸다. =똥 묻은 개가 흙 묻은 개더러 더럽다 한다. ¶【속담】껌디이가 숯디이더리 껌다 칸께네 연타이 삥긋이 윘는다. =검둥이가 숯덩이더러 검다고 하니까 연탄이 빙긋이 웃는다. ☞로보고. 보고.

-더마는[--_] 어 -더니만. ①((용언의 어간 또는 선어말 어미 뒤에 붙어)) 별로 예상하지 못했던 어떤 사실에 이어서 다른 사실이 일어남을 힘주어 나타내는 말. ¶말로 잘 듣더마는 각중에 안 듣네. =말을 잘 듣더니만 갑자기 안 듣네. ②((용언의 어간 또는 선어말 어미 뒤에 붙어)) 과거에 듣거나 경험한 사실이 현재의 사실과 다름을 힘주어 나타내는 말. ¶똑뚝다 카더마는 어럼하네. =똑똑하다 하더니만 더덜뭇하네. ③((용언의 어간 또는 선어말 어미 뒤

에 붙어)) 과거에 일어난 일이나 현상이 뒤 절에 대한 이유나 근거가 됨을 힘주어 나타내는 말. ¶날이 억씨기 무라더마는 비가 온다. =날씨가 엄청 물쿠더니만 비가 온다. ☞-디마는. -디만.

더무[_-] 명 물두멍. 물을 길어 붓고 쓰는 큰 독. ¶【관용구】더무에 빠진 새앙지 겉다. =물두멍에 빠진 생쥐 같다. ☞물더무. 수티이.

-더미로[-__] 어 -자마자. ((동사의 어간이나 선어말 어미 뒤에 붙어)) 앞의 사건이나 동작이 이루어짐과 동시에 뒤의 사건이나 동작이 일어남을 나타내는 말. ¶밥 묵더미로 막바리 나갔어예. =밥 먹자마자 곧바로 나갔어요. ☞-던질로. -덤질로. -자말자.

더부[_-] 명 두부(豆腐). ¶【속담】말마 잘 하마 비지 사로 갔다가 더부 산다. =말만 잘 하면 비지 사러 갔다가 두부 산다. ☞조푸. 조피.

더부리[_-_] 명 투레질. 젖먹이가 두 입술을 떨며 투루루 소리를 내는 짓. ¶【속담】알라가 더부리로 하마 비 온다. =애기가 투레질을 하면 비 온다.

더부시다[_-__] 동 뒤집다. ①벗겨 뒤집다. ¶【속담】버신목이라 더부시 보이나. =버선목이라 뒤집어 보이나. ②위쪽과 아래쪽 또는 앞쪽과 뒤쪽이 서로 바뀌게 하다. ¶【속담】짚신을 더부시 신는다. =짚신을 뒤집어 신는다. ③조용하던 것을 법석거리고 소란스럽게 만들다. ¶【관용구】온 집안을 더부시 낳다. =온 집안을 뒤집어 놓다. ④분노나 광기 등으로 눈을 크게 부라리다. ¶【관용구】눈까리로 더부시다. =눈깔을 뒤집다. ⑤자신의 속마음 따위를 속속들이 보여주다. ¶【속담】오장꺼정 더부시 비인다. =오장까지 뒤집어 보인다. ☞덜끼다. 디끼다. 디비다. 디비씨다.

더부시씨다[1][_-_-_] 동 덮어쓰다. ①어떤 물건을 자신의 얼굴이나 몸을 완전히 가리도록 얹어 놓다. ¶이불로 머리꺼정 더부시썼다. =이불을 머리까지 덮어썼다. ②온몸에 가루나 액체 따위를 머리 위에서부터 발아래까지 뿌려진 상태가 되다. ¶미굼을 더부시씨고 일했다. =먼지를 덮어쓰고 일했다. ③잘못이나 부당한 책임을 혼자서 모두 떠맡다. ¶넘우 지로 더부시썼다. =남의 죄를 덮어썼다.

더부시씨다[2][_-_-_] 형 충분하다(充分--). ☞널너리하다. 널럴하다. 덮우씨다. 디비시씨다. 째지다.

더분다나[__-_] 부 더군다나. '더구나'를 강조하여 이르는 말. ¶국내여앵도 몬 가는데 더분다나 해애여앵이라이. =국내여행도 못 가는데 더군다나 해외여행이라니.

더비기[_-_] 명 더버기. 한군데에 무더기로 쌓이거나 덕지덕지 붙은 것. 또는 그 상태. ¶국개 더비기(개흙 더버기). ¶껌정 더비기(검정 더버기). ¶눈 더비기(눈 더버기). ¶미굼 더비기(먼지 더버기). ☞덤비기.

더얼내다[-___] 동 덜어내다. 일정한 수량이나 정도에서 얼마를 떼어 줄이거나 적게 하다. ¶【속담】지 밥 더얼내 줄 샌님은 물 건니부텀 안다. =제 밥 덜어내 줄 샌님은 물 건너부터 안다.

더우[-_] 명 더위. 몹시 더운 기운. ¶【속담】입추 더우에 암시 뿔따구 빠진다. =입추 더위에 암소 뿔 빠진다. ☞덥우. 떱우.

-더이[더~이 -_] 어 -더니. 과거에 듣거나 경험한 사실이 현재의 사실과 다름을 나타내는 말. ¶비가 오더이 인자 안 오네. =비가 오더니 이제 안 오네. ¶아푸다더이 개않네. =아프다더니 괜찮네.

-더제[-_] 어 -었지. ((형용사의 어간 뒤에 붙어)) 과거에 이루어진 행위에 대한 느낌을 묻는 말. ¶놀로간께네 재미있더제? =놀러가니 재미있었지? ¶거거는 맛있더제? =그건 맛있었지? ☞-었지러.

더털다[-__] 동 더듬다. ☞더둠다.

더털어댕기다[더터러댕기다 -__-__] 동 찾아다니다. 어떤 대상을 얻기 위하여 여기저기로 옮겨 움직이다. ¶빙 낫알라꼬, 좋운 약 있는강 집어서 더털어댕깄다. =병 낫게 하려고, 좋은 약 있는가 싶어서 찾아다녔다. ☞찾아댕기다.

더털어보다[-____] 동 알아보다. ①어떤 방법이나 해결책을 구하려고 살피다. ¶자석이 좋운 데 치적할라꼬 더털어봤다. =자식이 좋은 데 취직하려고 알아보았다. ②마땅한 것을 찾아보다. ¶사웃감을 더털어봤다. =사윗감을 알아보았다.

더풀더풀[___-] 부 더펄더펄. 더부룩한 물건 따위가 조금 길게 늘어져 바람에 자꾸 흔들리는 모양. ¶멀꺼디이가 더풀더풀 흔들린다. =머리카락이 더펄더펄 흔들린다.

덕석[_-] 명 멍석. 짚으로 새끼 날을 만들어 네모지게 결어 만든 큰 깔개. 흔히 곡식을 널어 말리는 데 쓰나, 시골에서는 큰일이 있을 때 마당에 깔아 놓고 손님을 모시기도 했다. 추울 때 소의 등을 덮어주기도 했다. 창녕 일부 지역에서는 둥근 것은 '방석'이라 하고, 네모난 것은 '덕석'이라 한다. ¶【관용구】소이 덕석 겉다. =손이 멍석 같다. ¶【속담】하던 지랄도 덕석 피낳아마 안 한다. =하던 지랄도 멍석 펴놓으면 안 한다. ☞맹석. 방석.

덕석말이[덕석마리 __-_] 명 멍석말이. 예전에, 권세 있는 집안에서 사사로이 사람을 멍석에 말아 놓고 뭇매를 가하던 일. 또는 그런 형벌.

덕신덕신하다[____-_] 동 득시글득시글하다. 사람이나 동물 따위가 떼로 모여 어수선하게 자꾸 들끓다. ¶통시에 기더리가 덕신덕신하다. =변소에 구더기가 득시글득시글하다.

덖아다[더까다 _-_] 동 덖다. 물기가 조금 있는 고기나 약재, 곡식 따위를 물을 더하지 않고 타지 않을 정도로 볶아서 익히다. ¶깨이푸리로 덖았다. =깻잎을 덖었다. *덖아고[더까고 _-_], 덖아지[더까지 _-_], 덖아야[더까야 _-_], 덖았다[더깓따 _-_].

던강[1][-_] 조 던지. 막연한 의문이 있는 채로 그것을 뒤 절의 사실이나 판단과 관련시키는 데 쓰는 연결어미. *창녕 방언에서는 '든'과 '던'을 구분하지 않고 모두 '던'으로 실현된다. ¶얼매나 놀랬던강 정시이 한나또 없다. =얼마나 놀랐던지 정신이 하나도 없다. ☞던동.

던강[2][-_] 조 든지. 어느 것이 선택되어도 차이가 없는 둘 이상의 일을 나열함을 나타내는 보조사. *창녕방언에서는 '든'과 '던'을 구분하지 않고 모두 '던'으로 실현된다. ¶【관용구】밥이 데던강 죽이 데던강. =밥이 되든지 죽이 되든지. ¶【속담】한분 한 말은 어데던강 날라간다. =한번 한 말은 어디든지 날아간다. ¶【속담】알아야 민장을 하던강 하지. =알아야 면장을 하든지 하지. *위 예문에서 '면장'은 논어에서 공자가 말한 '면면장(免面牆)'에서 유래한 말로, 실제로는 '면장(面長)'과 관련이 없다. ☞던동. 디이.

-던거로[-__] 어 -던걸. ①과거에 경험한 사실에 대한 자신의 생각이나 느낌을 스스로 가볍게 감탄하여 나타내는 말. 해체로, 주로 구어체에 쓰인다. ¶그 냥반은 찬말로 잘 생깄던거로. =그 양반은 정말로 잘생겼던걸. ②이미 경험한 사실을 들어 상대의 의견에 가볍게 반박함을 나타내는 말. ¶너그매는 버씨로 알고 있던거로. =너희 어머니는 벌써 알고 있던걸.

던동[1][--] 조 던지. ☞던강.

던동[2][--] 조 든지. ☞던강. 디이.

-던질로[---] 어 -자마자. ((동사의 어간이나 선어말 어미 뒤에 붙어)) 앞의 사건이나 동작이 이루어짐과 동시에 뒤의 사건이나 동작이 일어남을 나타내는 말. *'-던질로'는 표준어 어법상 '-던길로'로 분석할 수 있지만, 창녕방언에서는 동사어근에 붙어 '-자마자'의 뜻으로 쓰인다. ¶아아가 날로 보던질로 울읐다. =애가 나를 보자마자 울었다. ☞-더미로. -덤질로. -자말자.

덜끼다[-__] 동 뒤집다. ☞더부시다. 디끼다. 디비다. 디비씨다.

덜다[-_] 동 뜨다. 착 달라붙지 않아 틈이 생기다. ¶장파이 덜고 일났네. =장판이 떠서 일어났네. ☞떠다. 떠덜리다.

덜러붙다[덜러붇따 -_-_] 동 달라붙다. ① 어떤 물체가 바닥이나 다른 물체 따위에 질기게 찰싹 붙다. ¶【관용구】엿 판때기에 엿 덜러붙듯기. =엿 판때기에 엿 달라붙듯이. ②일에 빠져서 정신을 쏟다. ¶공부하니라꼬 책사아 덜러붙어 있다. =공부하느라고 책상에 달라붙어 있다. ③음식이 입맛에 맞아 맛이 좋다. ¶【관용구】입에 덜러붙다. =입에 달라붙다. ④좋아하는 무엇에 아주 가까이 하다. ¶【관용구】범북 덩거리에 파래이 덜러붙딧기. =범벅 덩어리에 파리 달라붙듯이. ⑤상대방에게 대들다. ¶몬뙜구로 어른인데 덜러붙는다. =못되게 어른한테 달라붙는다.

덜렁[_-] 부 냉큼. 망설이거나 서슴지 아니하고 선뜻 행동하는 모양을 나타내는 말. ¶공꺼라꼬 덜렁 받아무웄다. =공것이라고 냉큼 받아먹었다.

ㄷ

덜렁쑥개[덜렁쑤깨 __-_] 명 ≒수캐. 침착하지 못하고 이리저리 돌아다니기를 좋아하는 남자를 놀림조로 이르는 말. *국립국어원 표준국어대사전에는 '덜렁수캐'가 북한어로 나와 있다. ¶【관용구】싸댕기는 덜렁쑥개. =쏘다니는 수캐. ☞쑥개.

덜미이다[_-__] 동 들먹이다. ① 어깨나 엉덩이를 자꾸 들었다 놓았다 하다. ¶【관용구】어깨로 덜미이다. =어깨를 들먹이다. ②어떤 사실을 들추어 말하다. ¶【속담】신주 밑구중을 덜미인다. =신주 밑구멍을 들먹인다. ☞덜믹이다. 딜미이다. 딜믹이다.

덜믹이다[덜미기다 _-__] 동 들먹이다. ☞덜미이다. 딜미이다. 딜믹이다.

덜부더리[1][--__] 부 ≒그때마다. 어떤 도구가 쓸 일이 있을 때마다. ¶수굼파로 우째 덜부더리 넘인데 빌리노? =삽을 어찌 그때마다 남한테 빌리나? ☞덜부로.

덜부더리[2][--__] 부 일부러. 특별히 마음을 먹고 일삼아서. ¶이거 갖다 줄라꼬 덜부더리 왔능교? =이것 갖다 주려고 일부러 왔습니까? ☞덜부로. 부로. 역부로. 일부로.

덜부로[1][--_] 부 ≒그때마다. ☞덜부더리.

덜부로[2][--_] 부 일부러. ☞덜부더리. 부로. 역부로. 일부로.

덜쌂다[덜쌈따 _-_] 동 설삶다. 물에 넣고 충분히 끓이지 않고 덜 익게 끓이다. ¶【속담】덜쌂운 말 대가리. =설삶은 말 대가리.

덜쌂피다[덜쌈피따 __-_] 동 설삶기다. 음식물이 덜 익게 삶기다.

덜썩[_-] 부 더럭. 어떤 생각이나 감정 따위가 갑자기 생기는 모양. 또는 어떤 행위를 갑자기 하는 모양. ¶【관용구】덜썩 겂이 나다. =더럭 겁이 나다.

덜어벗다[더러벋따 -_-_] 동 들이붓다. ☞끌어벗다. 낄이벗다.

덜익다[덜익따 _-_] 동 설익다. 곡류나 과일 따위가 충분히 익지 못하다. ¶【속담】꼬재이는 타고 기기는 덜익었다. =꼬챙이는 타고 고기는 설익었다.

덜익하다[덜이카다 __-_] 동 설익히다. 곡류나 과일 따위를 충분히 익히지 않다. ¶소기기는 덜익한 기이 보두랍고 맛입다. =쇠고기는 덜 익힌 게 보드랍고 맛있다.

덜척지근하다[____-_] 형 달착지근하다. 조금 달큼한 맛이 있다. ¶밥이 덜척지근해서 반찬 없이도 묵겄다. =밥이 달착지근해서 반찬 없이도 먹겠다.

덜퍽[_-] 부 덥석. 왈칵 달려들어 닁큼 물거나 움켜잡는 모양. ¶반갑어서 손을 덜퍽 잡았어예. =반가워서 손을 덥석 잡았어요.

-덤[1][-] 접 -바위. *바위를 뜻하는 '-덤'은 단독형으로는 쓰이지 않고 접미사 형태를 띠고 한정적으로만 실현된다. ¶부엥이덤(부엉이바위). ¶깐치덤(까치바위). ¶보리덤(보리바위).

-덤[2][-] 어 -던. ((용언이나 '이다'의 어간 또는 선어말 어미 뒤에 붙어)) 과거의 사실을 나타내면서 뒤에 오는 명사를

수식하는 기능을 하는 말. ¶집에 오덤질로 바리 쒸었다. =집에 오던 길로 바로 씻었다.

덤벙[-_] 명 웅덩이. 가운데가 움푹 패어 물이 괴어 있는 곳. ¶【속담】가물움철에 덤벙 오골채이 신세다. =가뭄철에 웅덩이 올챙이 신세다. ☞덤붕. 옹뎅이. 웅덩. 웅동. 웅디이.

덤부리[_-_] 명 덩치. 몸집. 몸의 전체적인 부피나 크기. ¶【관용구】덤부리가 엄청시럽다. =덩치가 엄청스럽다. ¶【관용구】덤부리가 걸팡지다. =덩치가 거방지다. ¶【속담】덤부리가 커마 그림자도 커다. =덩치가 커면 그림자도 크다. ☞덩빨. 모타리.

덤부리값[덤부리깝 ___-] 명 덩칫값. 몸집에 어울리는 말과 행동을 낮잡아 이르는 말. ¶【관용구】덤부리값도 몬하다. =덩칫값도 못하다.

덤붕[-_] 명 웅덩이. ☞덤벙. 옹뎅이. 웅덩. 웅동. 웅디이.

덤비기[1][_-_] 명 더미. 많은 물건이 한데 모여 쌓인 큰 덩어리. ¶몬 씨는 물견 덤비기. =못 쓰는 물건 더미. ☞디미.

덤비기[2][_-_] 명 더버기. ☞더비기.

덤뿍[_-] 부 듬뿍. ①무엇이 어떤 범위 안에 넘칠 듯이 가득한 모양을 나타내는 말. ¶덤뿍 퍼 담어라. =듬뿍 퍼 담아라. ②어떤 감정 따위가 아주 풍부한 모양을 나타내는 말. ¶내는 부몬님 사랑을 덤뿍 받았다. =나는 부모님 사랑을 듬뿍 받았다. ③양념이나 칠 따위를 넉넉하게 묻힌 모양을 나타내는 말. ¶양님을 덤뿍 찍어가아 무우바라. =양념을 듬뿍 찍어서 먹어봐라.

-덤질로[-__] 어 -자마자. ¶여게 오덤질로 니인데 왔다. =여기에 오자마자 네게 왔다. ☞-더미로. -던질로. -자말자.

덤티기[_-_] 명 덤터기. 남에게서 억지로 떠맡게 되는 억울한 누명이나 큰 걱정거리. ¶【관용구】덤티기 씨다. =덤터기 쓰다. ¶【관용구】덤티기 씨아다. =덤터기 씌우다.

덤풀[-_] 명 덤불. 어수선하게 엉클어진 얕은 수풀. ¶【속담】토째비도 덤풀이 있어야 재주로 피안다. =도깨비도 덤불이 있어야 재주를 피운다.

덥다[덥따 _-] 형 후덕하다(厚德--). 덕이 후하다. ¶저 어룬은 우째 저래 덥노? =저 어른은 어찌 저리 후덕하냐? ¶할배는 생진에 덥운 분이싰다. =할아버지는 생전에 후덕한 분이셨다. *덥고[덥꼬 __], 덥지[덥찌 __], 덥어야[더버야 -__], 덥었다[더벋따 -__]. ☞떱다.

덥어지다[더버지다 -___] 동 더워지다. 기온이 높아지거나 뜨거운 기운이 돌다. ¶【속담】덥어지서 몬 묵고 식어서 몬 묵고. =더워져서 못 먹고 식어서 못 먹고. ☞떱어지다.

덥어하다[더버하다 -___] 동 더워하다. 덥게 여기다. ¶개가 마이 덥어한다. =개가 많이 더워한다. ☞떱어하다.

덥우[더부 -_] 명 더위. ☞더우. 떱우.

덥우묵다[더부묵따 -_-_] 동 더위하다. 더위를 견디지 못하고 앓다. ¶【속담】덥우묵운 소는 달마 바도 헐떡인다. =더

위한 소는 달만 봐도 헐떡인다. ☞떱우묵다.

덥우팔기[더부팔기 -_-_] 명 더위팔기. 음력 정월 대보름날의 세시풍속. 이른 아침에 만나는 사람의 이름을 불러 그 사람이 대답하면, "내 덥우 사 가라." 라고 말하는 동시에 더위를 남에게 판 것이 되어 그해 여름에 더위를 먹지 않는다고 한다. ☞떱우팔기.

덥운물[더분물 -__] 명 더운물. 덥게 데워진 물. ☞따신물. 떠신물.

덥저구리[__-_] 명 덧저고리. 저고리 위에 겹쳐 입는 저고리.

덥하다[더파다 _-_] 동 덥히다. 따뜻하게 하다. '덥다'의 사동사. ¶군불로 때가아 방을 덥핬다. =군불을 때서 방을 덥혔다. ¶손 쫌 덥하고 가이소오. =손 좀 덥히고 가세요. *덥하고[더파고 _-_], 덥하지[더파지 _-_], 덥하야[더파야 _-_], 덥핬다[더팓따 _-_]. ☞뎁하다. 뎁히다. 따사다. 따쌓다. 떠쌓다.

덧개[더깨 _-] 명 덮개. 덮는 물건. ¶밥 소꾸리 덧개가 밥수군이다. =밥 소쿠리 덮개가 보자기다.

덧이나다[더시나다 -___] 동 덧나다. 병이나 상처 따위를 잘못 다루어 상태가 더 나빠지다. ¶다친 데가 덧이나가 크기 고상을 한다. =다친 곳이 덧나서 크게 고생을 한다.

덩거리[_-_] 명 덩어리. *창녕방언에서는 '덩어리'와 '덩이'를 구분하지 않는다. 그러나 가볍고 물렁한 사물은 '덩거리' 또는 '디이'로, 무겁고 딱딱한 사물은 '떵거리' 또는 '띠이'로 구분해서 쓴다. ¶기기 덩거리. =고기 덩어리. ☞디이. 떵거리. 띠이.

덩꿀[-_] 명 넝쿨. ☞넝꿀.

덩빨[-_] 명 덩치. ≒몸집. ☞덤부리. 모타리.

덮어보다[1][더터보다 -___] 동 살펴보다. 관심을 가지고 자세히 보다. ¶【속담】내 몸이 높아지마 아래로 덮어바야 한다. =내 몸이 높아지면 아래를 살펴봐야 한다. ☞살피보다.

덮어보다[2][더터보다 -___] 동 수소문하다(搜所聞--). 세상에 떠도는 소문을 두루 찾아 알아보다. ¶미너리 깜을 삼동네 덮어밨다. =며느리 감을 삼동네 수소문했다.

덮우낳다[더푸나타 -___] 동 덮어놓다. ① 천 따위로 위를 가려놓다. ¶【속담】비 오는 날 장독 덮우낳았다. =비 오는 날 장독 덮어놓았다. ②((주로 '덮우낳고'의 꼴로 쓰여)) 옳고 그름이나 잘잘못을 따지지 않다. ¶【속담】덮우낳고 열 넉 냥 금. =덮어놓고 열 넉 냥 금. ③어떤 일을 비밀로 하거나 없던 일로 하다. ¶이 일은 기양 덮우낳자. =이 일은 그냥 덮어놓자.

덮우씨다[1][더푸씨다 -_-_] 동 덮어쓰다. ☞더부시씨다. 디비시씨다.

덮우씨다[2][더푸씨다 -_-_] 형 충분하다(充分--). ☞널너리하다. 널럴하다. 더부시씨다. 디비시씨다. 째지다.

덮우씨다[3][더푸씨다 -_-_] 동 빼쏘다. 어떤 사람의 성격이나 모습이 다른 사람을 거의 그대로 닮다. ¶저거 할배 덮우씼다. =제 할아버지를 빼쏘았다. ☞둘루씨다. 빼꽂다. 빼다박다. 천상요절하다. 탁하다.

덮우씨아다[더푸씨아다 __-__] 동 덮어씌우다. ①이불이나 옷을 전체가 가려지도록 덮게 하다. ¶동상을 이불로 덮우씨았다. =동생을 이불로 덮어씌웠다. ②다른 사람에게 남의 허물이나 비용, 책임 따위를 넘겨서 지게 하다. ¶밥값을 덮우씨았다. =밥값을 덮어씌웠다. ☞따까씨아다. ③모자나 수건을 머리에 쓰게 하다. ¶동상인데 털모자로 덮우씨가아 내보냈다. =동생에게 털모자를 덮어씌워서 내보냈다.

-데[-] 어 -더라. ((해라할 자리에 쓰여)) 화자가 과거에 직접 경험하여 새로이 알게 된 사실을 그대로 옮겨 와 전달한다는 뜻을 나타내는 종결어미. *표준어에서 어미 '-더-'와 어미 '-라'가 결합한 말이다. ¶너가부지가 내보고 그카데. =너희 아버지가 날더러 그러더라.

데기[_-] 부 되게. 아주 몹시. ¶쏘내기가 데기 퍼벗네예. =소나기가 되게 퍼붓네요. ☞디기.

데다[1][-_] 동 되다. ①신분이나 지위가 새로 얻어지다. ¶【속담】내가 중이 데이 기기도 천하다. =내가 중이 되니 고기도 흔하다. ②문제나 논란이 일어나다. ¶【속담】말이 씨 덴다. =말이 씨 된다. ¶【속담】아아 싸암이 어룬 싸암 덴다. =애 싸움이 어른 싸움 된다. ③때나 시기가 오거나 이르다. ¶아들래미가 장개갈 나가 뎄다. =아들내미가 장가갈 나이가 됐다. ④사람으로서의 품격과 덕을 갖추다. ¶저 사램은 지대로 덴 사램이다. =저 사람은 제대로 된 사람이다. ⑤어떠한 처지에 놓이다. ¶【속담】낙동강 오리알이 뎄다. =낙동강 오리알이 되었다. ⑥어떤 사람과 어떤 관계를 맺고 있다. ¶야아가 내 조캐 뎁미더. =얘가 내 조카 됩니다. ⑦어떤 사물이나 현상이 생겨나거나 만들어지다. ¶【속담】다 덴 밥에 재 뿌린다. =다 된 밥에 재 뿌린다. ¶【속담】나무접시는 놋접시 안 덴다. =나무접시는 놋접시 안 된다. ⑧일이 잘 이루어지다. ¶【속담】데는 호박에 손까락질한다. =되는 호박에 손가락질한다. ¶【속담】데는 집에는 까지낭게 수박 달린다. =되는 집에는 가지나무에 수박 달린다. ⑨작물 따위가 잘 자라다. ¶이 밭은 곡석이 잘 덴다. =이 밭은 곡식이 잘 된다. ⑩어떤 사물이 제 기능을 다 하거나 수명이 다하다. ¶기게가 몬 씨기 뎄다. =기계가 못 쓰게 되었다. ⑪어떤 일이 이루어져야 하다. ¶모룸지기 미너리는 착해야 덴다. =모름지기 며느리는 착해야 된다. ⑫괜찮거나 바람직하다. ¶【속담】데도 안한 풍잠(風簪)이 갓 배낕에 얼렁기린다. =되도 않은 풍잠이 갓 바깥에 어른거린다. ☞디다. ⑬어떤 일이 가능하거나 허락될 수 있음을 나타낸다. ¶인자 니는 가도 덴다. =이제 너는 가도 된다.

ㄷ

데다[2][_ _] 형 되다. ①힘들다. ¶숨찔이 데서 일로 몬 하겄다. =숨결이 되서 일을 못 하겠다. ②반죽이나 밥 따위가 물기가 적어 빡빡하다. ¶밥이 데서 묵기 영 하잖다. =밥이 빡빡해서 먹기에 영 불편하다. ③줄 따위가 단단하고 팽팽하다. ¶빨랫줄이 마이 데다. =빨랫줄이 많이 되다. ☞디다.

데다[3][-_] 동 되다. 말이나 되 또는 홉 따위로 곡식 혹은 액체 따위의 분량을 헤아리다. ¶및 데나 데능강 데밨다. =몇 되나 되는지 되질해봤다. ☞디다.

데라지다[-_ _ _] 형 되바라지다. 언행이 어린 나이에 걸맞지 않게 얄미울 정도로 지나치게 똑똑하다. ¶여남운 살빼이 안 묵운 넘이 데라지서 몬하는 말이 없네. =여남은 살밖에 안 먹은 놈이 되바라져서 못하는 말이 없네.

데림[-_] 명 도련님. *창녕방언에서 '데림'은 주로 결혼하지 않은 시동생에 대한 호칭어이다. 결혼한 시동생에게도 '데림'이라 칭하지만 표준어인 '서방님'이 아니라 '삼춘'으로 호칭하는 게 일반적이다. ¶【속담】데림 풍얼에 염이 있으까이. =도련님 풍월에 염이 있으랴. ☞디림.

데민데민하다[_ _ _ _ -_] 형 데면데면하다. 다른 사람을 대하는 태도가 친밀성이 없고 어색하다. ¶저 사램캉은 데민데민하기 지냅미더. =저 사람과는 데면데면하게 지냅니다. ☞찌붓찌붓하다.

데 뺐능고[델 뻗능고 - _ _ _] 구 돼 버렸는가. *'되어'는 창녕방언에서 '되어→돼→데'로 발음된다. 보조동사 '버리-'가 '뻐-'가 되는 현상은 어원을 찾기 어렵다. '-고'는 의문사 있는 의문문과 호응하는 의문법 어미이다. ¶우짜다가 고래 데 뺐능고? =어쩌다 그렇게 돼 버렸는가?

-데이[1][-_] 어 -다. 서술형 종결어미 '-다'에 친밀감을 더하거나 강조어법으로 '-이'가 습관적으로 붙는 말. ¶내는 닐로 좋아한데이. =나는 너를 좋아한다. ☞-다이.

-데이[2][-_] 어 -구나. ☞-다이.

데작데작[_ _ _-] 부 되작되작. 물건들을 요리조리 자꾸 들추며 뒤지는 모양. ¶반찬을 데작데작 들차본다. =반찬을 되작되작 들춰본다.

데작하다[데자카다 _ _-_] 형 되직하다. 반죽이나 밥, 죽 따위가 물기가 적어 조금 되다. ¶밀가리 반죽을 데작하기 해라. =밀가루 반죽을 되직하게 해라.

데통시럽다[- - -_ _] 형 데퉁스럽다. 언행이 거칠고 융통성이 없으며 미련한 데가 있다. ¶말로 데통시럽기 한다. =말을 데퉁스럽게 한다. ☞디통시럽다.

데통시리[- - -_] 부 데퉁스레. ☞디통시리.

데피다[-_ _] 동 흘레붙이다. 생식을 위하여 동물의 암컷과 수컷을 성적(性的) 관계를 맺게 하다. ¶상내 난 암시로 데폈다. =암내 난 암소를 흘레붙였다. ☞쌍대붙이다. 접붙이다. 접하다.

덴장[_-] 명 된장(-醬). *된장>덴장>딘장. ¶【속담】덴장 베린 거는 일 년 근심이고 마누래 베린 거는 백년 근심이다. =

된장 버린 것은 일 년 근심이고 마누라 버린 것은 백년 근심이다. ☞딘장.

델꼬가다[-_-_] 동 데려가다. 함께 거느리고 가다. ¶얼라로 빙언에 델꼬갔다. =애를 병원에 데리고 갔다. ☞딜꼬가다.

델꼬오다[-_-_] 동 데려오다. 함께 거느리고 오다. ¶히이가 동상을 핵교서 델꼬왔다. =형이 동생을 학교에서 데려왔다. ☞딜꼬오다.

델따주다[-_-_] 동 데려다주다. 일정한 곳까지 함께 거느리고 가주다. ¶알라로 저거 집에 델따줬다. =아기를 저희 집에 데려다줬다. ☞딜따주다.

델성하다[-_-_] 형 될성부르다. 사람이나 일이 잘될 가능성이 있다. ¶【속담】델성한 낭근 떡잎부텀 알아본다. =될성부른 나무는 떡잎부터 알아본다.

뎀비다[-__] 동 덤비다. 덤벼들다. 마구 대들거나 달려들다. ¶【관용구】파래이떼 뎀비딧기. =파리떼 덤비듯. ¶【속담】궁지 몰린 지는 개이인데 뎀빈다. =궁지 몰린 쥐는 고양이한테 덤빈다. ☞딤비다.

뎁하다[데파다 _-_] 동 덥히다. 따뜻하게 하다. ☞덥하다. 뎁히다. 따사다. 따쌓다. 떠쌓다.

뎁히다[데피다 -__] 동 덥히다. 따뜻하게 하다. ☞덥하다. 뎁하다. 따사다. 따쌓다. 떠쌓다.

뎃박[데빡 _-] 명 됫박. 되 대신으로 쓰는 바가지. ¶보쌀 시 뎃박. =보리쌀 세 됫박. ☞도배기. 태배기. 티비기.

뎃비이[데삐~이 --_] 명 됫병(-甁). 되들잇병. ¶뎃비이 술로 마싰다. =됫병 술을 마셨다.

도[-] 조 지도. 놀라움이나 감탄, 실망 따위의 감정을 강조하는 데 쓰이는 보조사. *창녕방언에서 '도'는 어미 '-지' 개재 없이, 어간에 보조사가 바로 통합하는 특징이 있다. ¶놀로 가서 놀도 몬했다. =놀러 가서 놀지도 못했다. ¶【관용구】오도 가도 몬 한다. =오지도 가지도 못 한다. ☞또.

도가[_-] 명 술도가(-都家). 술을 만들어 도매하는 집. ¶도가에 가서 탁배기 두 디 사온나. =술도가에 가서 탁주 두 되 사오너라.

도가리[_-_] 명 뙈기. 논두렁으로 둘러싸인 논의 하나하나의 구획. *창녕방언에서 '도가리'와 '빼미'는 동일한 뜻으로 사용되기도 하지만 '도가리'가 '빼미'보다 더 좁은 논밭을 지칭하기도 한다. ¶돌짝밭 시 도가리. =자갈밭 세 뙈기. ☞빼미.

도가지[1][_-_] 명 독. 운두가 높고 배가 부르며 전이 달린 큰 오지그릇이나 질그릇. ¶【속담】비 오는 날 도가지 연다. =비 오는 날 독 연다. ¶【속담】팔자 도망은 도가지 안에 들어도 몬 한다. =팔자 도망은 독 안에 들어도 못 한다.

도가지[2][_-_] 명 동이. 질그릇의 하나. 흔히 물 긷는 데 쓰는 것으로 보통 둥글고 배가 부르고 아가리가 넓으며 양옆으로 손잡이가 달려 있다. ¶【속담】쌀 한 낱기 보고 뜨물 한 도가지 마신다. =쌀 한 낟 보고 뜨물 한 동이 마신다.

ㄷ

☞도오.

도가지띠껑[_-__-] 명 장독소래기(醬----). 진흙을 빚어서 접시 모양으로 꼭지가 없이 밋밋하게 만든 뚜껑. ☞장단지띠껑. 장도가지띠껑.

도감포시[_-__] 명 도감포수(都監砲手). 조선 시대, 훈련도감(訓鍊都監)의 포수. ¶【속담】도감포시가 마누래 오좀 짐잭하듯기 한다. =도감포수가 마누라 오줌 짐작하듯 한다.

도갓집[도가찝 __-] 명 양조장집(釀造場-).

-도고[-_] 어 -다오. *표준어에서 청유형 종결어미로 사용되는 '-다오'는 창녕 방언에서 '도오'나 '-대애'가 같은 조건에서 쓴다. ¶등더리 좀 끍어도고. =등 좀 긁어다오. ¶저거로 이짜로 갖다 도고. =저것을 이쪽으로 갖다 다오. ☞-대애. -도오.

도구[_-] 명 물꼬. 한 방향으로 트여 물이 빠져나가는 길. ¶【관용구】도구 치다. =물꼬 내다.

도구통[_-_] 명 절구. 사람의 힘으로 곡식을 빻거나 찧으며 떡을 치기도 하는, 속이 우묵한 나무나 돌로 만든 통. *창녕지역에서는 돌로 된 것만 '도구통'이라 하고, 나무로 된 것은 '도꾸바아'라고 구분하여 지칭하는 게 일반적이다. ¶【속담】배삐 찧는 도구통에도 손드갈 때 있다. =바삐 찧는 절구에도 손들어갈 때 있다.

도굿대[도구때 __-] 명 절굿공이. 절구에 넣은 곡식을 찧는 기구. 대개 긴 나무를 매끄럽게 깎고 가운데 손잡이 부분을 가늘게 만든다. ¶【속담】이손지 안 니이 도굿대 안는다. =외손자 안느니 절굿공이 안는다. ¶【속담】도굿대가 순갱[巡更] 돌마 집아이 망안다. =절굿공이가 순경 돌면 집안이 망한다. ¶【속담】산 밑 집에 도굿대 논다. =산 밑 집에 절굿공이 논다. ☞고. 미이.

도깡[--] 명 토관(土管). 시멘트나 흙을 구워서 만든 둥글고 큰 관. 우물이나 굴뚝 또는 배수로 따위에 쓴다. *'도깡'은 일본어 '노깡(どかん)'에서 온 말이다.

도꾸마리[__-_] 명 ((식물))도꼬마리.

도꾸바아[도꾸바~아 __-_] 명 절구방아. 절구로 찧는 방아. ¶【관용구】도꾸바아 찧다. =절구방아 찧다.

도꾼[_-] 명 단골. 특정한 가게나 거래처 따위를 정해 놓고 늘 찾아오거나 거래하는 사람. *일본어 '도꾸이(とくい)'에서 온 말. ¶【속담】도꾼인데 바가치 씨안다. =단골한테 바가지 씌운다.

도대목[__-] 명 도편수(都--). 집을 지을 때 책임을 지고 일을 지휘하는 우두머리 목수.

도덕[_-] 명 도둑. 남의 물건을 훔치거나 빼앗는 사람. ¶【속담】도덕은 한 가지 지, 도덕을 맞은 사램은 열 가지 지. =도둑은 한 가지 죄, 도둑을 맞은 사람은 열 가지 죄. ☞도독.

도덕개이[도덕개~이 _-__] 명 ((동물))도둑고양이. 사람이 기르거나 돌보지 않는 길고양이. ¶【속담】도덕개이인데 지물[祭物] 지키 도라 칸다. =도둑고양이더러 제물 지켜 다오 한다. ☞도독개이.

도덕넘[도덩넘 _-_] 명 도둑놈. ①'도둑'을 낮잡아 이르는 말. ¶【속담】도덕넘이 몽디이 들고 질 우에 오룬다. =도둑놈이 몽둥이 들고 길 위에 오른다. ☞도독넘. ②학질(瘧疾). 말라리아. ☞도독넘. 푸심.

도덕넘까시[도덩넘까시 _-_-_] 명 ((식물))도깨비바늘. ☞깐치풀. 문디이까시.

도덕넘풀[도덩넘풀 _-__] 명 ((식물))환삼덩굴.

도덕맞다[도덕맏따 __-_] 동 도둑맞다. ¶【속담】도덕맞고 사립 곤친다. =도둑맞고 사립 고친다. ¶【속담】도덕맞을라마 개도 안 짓는다. =도둑맞으려면 개도 안 짖는다. ☞도독맞다.

도덕장개[_-__] 명 도둑장가(--杖家). 주위 사람들에게 알리지 않고 몰래 드는 장가. ¶【관용구】도덕장개 들다. =도둑장가 가다. ☞도독장개.

도덕질[_-_] 명 도둑질. ¶【속담】도덕질은 내가 하마 오라는 니가 지라. =도둑질은 내가 하마 오라는 네가 져라. ☞도독질.

도독[_-] 명 도둑. ☞도덕.

도독개이[도독개~이 _-__] 명 ((동물))도둑고양이. ☞도덕개이.

도독넘[도동넘 _-_] 명 도둑놈. ☞도덕넘.

도독맞다[도독맏따 __-_] 동 도둑맞다. ☞도덕맞다.

도독장개[_-__] 명 도둑장가(--杖家). ☞도덕장개.

도독질[_-_] 명 도둑질. ☞도덕질.

도라꼬[-__] 부 달라고. ¶동상이 옴마인데 빠나나 사 도라꼬 오북조룸을 한다. =동생이 엄마에게 바나나 사 달라고 오복조림을 한다.

도라카다[-___] 동 달라다. '달라고 하다'의 준말. *'도라카다'는 '도라꼬 하다'가 준 말이다. '도란다, 도라마, 도라는'처럼 활용하는 것이 마치 '도라-'가 어간인 단어인 것처럼 보이지만 실제로 이들은 '도라칸다, 도라카마, 도라카는'이 줄어든 말로 볼 때 어간을 '도라카'로 잡는 것이 옳다. ¶【속담】업어준께네 안아 도라칸다. =업어주니까 안아 달란다. ¶【속담】개이한테 지사상지키 도라칸다. =고양이한테 제사상 지켜 달라한다.

도람통[_-_] 명 드럼통[drum桶]. *'도람'은 일본어 '도라무캉(ドラムかん)'에서 온 말. ¶【관용구】허리가 도람통이다. =허리가 드럼통이다.

도랑사구[_-__] 명 자배기. 일명 '꼭따리사구'와 모양은 유사하나 크기가 더 작고 손잡이가 없는 자배기를 두고 이르는 말이다. 작고 가벼워서 들고 다니며 사용한다. ☞사구. 엉버지기.

도랑처매[___-] 명 깡동치마. 예전에, 여자들이 입는 짧은 치마를 이르던 말.

도래[_-] 명 ((식물))도라지. ☞돌까지.

도래도래[1][_-_-] 감 도리도리. 어린아이에게 도리질을 하라는 뜻으로 내는 소리.

도래도래[2][_-_-] 명 도리도리. 어린아이가 머리를 좌우로 흔드는 동작.

도래방정[___-] 명 오두방정. 몹시 방정맞은 행동. ¶【관용구】도래방정을 떨다.

ㄷ

=오두방정을 떨다. ☞오도방정. 초래방정. 촐래방정.

도래버짐[__-_] 명 기계총(機械-). ☞기계똥. 이발독.

도래상[__-] 명 두리반(--盤). 둥근 밥상. * 돌[周]+애+상(床)<도래상. ☞도래판.

도래소꾸리[___-_] 명 바구니. 대나무를 쪼개서 엮은 작고 둥근 소쿠리. ¶도래소꾸리는 나물 뜯을 쩍에 씬다. =바구니는 나물 캘 적에 쓴다. ☞바구리.

도래질[_-_] 명 도리질. 도리머리. 머리를 좌우로 흔드는 짓.

도래질하다[_-__] 동 도리질하다. ①머리를 좌우로 흔들어 싫다거나 아니라는 뜻을 표시하다. ¶【속담】밉다 칸께네 도래질한다. =밉다고 하니 도리질한다. ②말귀를 겨우 알아듣는 어린아이가 어른이 시키는 대로 머리를 좌우로 흔드는 재롱을 부리다. ¶【속담】시 살에 도래질한다. =세 살에 도리질한다.

도래판[__-] 명 두리반(--盤). ☞도래상.

도로깨[_-_] 명 도리깨. 곡식의 낟알을 떠는 데 쓰는 농구. ☞도루깨.

도로래[__-] 명 도르래. 바퀴에 홈을 파고 줄을 걸어서 돌려 물건을 움직이는 장치.

도루[_-] 부 도로. 먼저와 다름없이. ☞다부. 도리.

도루깨[_-_] 명 도리깨. ☞도로깨.

도리[_-] 부 도로. 먼저와 다름없이. ☞다부. 도루.

도리내다[--__] 동 도려내다. 빙 돌려서 베거나 파내다. ¶【관용구】가숨을 도리내다. =가슴을 도려내다.

도리도리[___-] 부 둘레둘레. 여럿이 여기저기 둥글게 빙 둘러 자리한 모양을 나타내는 말. ¶도리도리 사는 한 이우지. =둘레둘레 사는 한 이웃. ☞뚤래뚤래. 뚤리뚤리

도리묵[__-] 명 ((동물))도루묵. ¶【속담】말키 도리묵이다. =말짱 도루묵이다.

도릿발[도리빨 _-_] 명 징두리. 비바람 따위로부터 집을 보호하려고 집채 안팎 벽의 둘레에다 벽을 덧쌓는 부분. ¶【관용구】도릿발 치다. =징두리 쌓다. ☞굽두리. 굽찌이.

도마도[_-_] 명 ((식물))토마토[tomato].

도매[-_] 명 도마. ¶【관용구】도매에 오룬 물기기 신세. =도마에 오른 물고기 신세. ¶【속담】도매캉 칼이 아깝다. =도마랑 칼이 아깝다.

도배기[_-_] 명 됫박. ☞뎃박. 태배기. 티비기.

도복[_-] 명 도포(道袍). 예전에, 통상예복으로 입던 남자의 겉옷. 소매가 넓고 등 뒤에는 딴 폭을 덴다. ¶【속담】도복 입고 논 써린다. =도포 입고 논 썬다.

도부[-_] 명 달리기. 달리기경주(---競走). ¶우리 아아가 이분에 도부로 해가아 1등을 했디라. =우리 애가 이번에 달리기를 해서 1등을 했더니라. ☞도부띠기.

도부띠기[__-_] 명 달리기. 달리기경주(---競走). ¶누가 잘 띠능강 너거 도부띠기 해바라. =누가 잘 뛰는지 너희 달리기 해봐라. ☞도부.

도부장시[_-__] 명 도붓장수(到付--). 이리저리 돌아다니며 물건을 파는 사람. ¶【속담】도부장시 개 후리듯기. =도붓장수 개 후리듯.

도아다[1][-__] 동 돕다. ①잘되도록 힘을 보태다. ¶밍절에는 남자들도 집안일로 도아지예. =명절에는 남자들도 집안일을 돕지요. ②보살피거나 어려운 처지에서 벗어나게 해 주다. ¶누부야는 어매 일로 도아주민서 학조 댕깄다. =누나는 어머니 일을 도와주면서 학교 다녔다. ③무엇이 어떤 상태나 작용 따위를 좋아지도록 증진시키다. ¶이거는 차갑운 몸을 도아는 음석입미더. =이것은 차가운 몸을 돕는 음식입니다. ☞부둘다.

도아다[2][-__] 동 돋우다. ①조금 위로 끌어올리다. ¶【속담】도아고 띠이밨자 복숭삐라. =돋우고 뛰어봤자 복사뼈라. ②정도가 높아지도록 하다. ¶【관용구】목충을 도아다. =목청을 돋우다. ③음식이 입맛을 당기게 하다. ¶【관용구】입맛을 도아다. =입맛을 돋우다. ④신경이나 감정을 자극하여 날카롭게 하다. ¶【관용구】썽질로 도아다. =성질을 돋우다. ⑤땅을 흙으로 더 덮어 두두룩하게 만들다. ¶논뚜룽을 도았다. =논두렁을 돋우었다. ☞독가다. 돋까다. 돋아다.

도오[도~오 -_] 명 동이. ☞도가지.

-도오[-_] 어 -다오. ☞-대애. -도고.

도오감[도~오감 -__] 명 대봉감(大奉-). 감의 한 종류로, 마치 물동이처럼 생긴 데에서 유래한 이름.

도오시[_-_] 부 도무지. ①((주로 부정어와 함께 쓰여)) 아무리 하여도. ¶도오시 새앙키지 안한다. =도무지 생각나지 않는다. ②((주로 부정어와 함께 쓰여)) 이러하고 저러하고 할 것 없이. ¶치민이라꼬는 도오시 모루는 모냥이다. =체면이라고는 도무지 모르는 모양이다. ☞다아시.

도오자[_-_] 명 불도저[bulldozer]. *일본어 '무루도자 ブルドーザー'. ¶【속담】도오자 앞에서 수굼파질 한다. =불도저 앞에서 삽질한다.

도장[_-] 명 광. 세간이나 그 밖의 여러 가지 물건을 넣어 두는 곳. ¶【속담】도장에서 인심 난다. =광에서 인심 난다. ☞고방.

도장나무[___-] 명 ((식물))회양목(-楊木).

도저이[_-_] 부 도저히. ((부정어와 함께 쓰여)) 아무리 하여도 끝내. ¶내는 닐로 도저이 이애할 수가 없다. =나는 너를 도저히 이해할 수가 없다.

도치[_-] 명 도끼. 나무를 찍거나 장작을 패는 데 쓰는 연장. ¶【속담】입이 도치다. =입이 도끼다. ¶【속담】도치 징긴 넘이 바알 징긴 넘을 몬 당안다. =도끼 지닌 놈이 바늘 지닌 놈을 못 당한다. ¶【속담】도치는 안 씨도 소마 잡우마 고마이다. =도끼는 안 써도 소만 잡으면 그만이다.

도칫자리[도치짜리 ___-] 명 도낏자루. 도끼의 쇠 날 머리에 달린 자루. ¶【관용구】도칫자리로 잡다. =도낏자루를 잡다. ¶【속담】신선놀움에 도칫자리 썩는 줄로 모룬다. =신선놀음에 도낏자루 썩는 줄을 모른다.

도토마리[_ _ - _] 명 도투마리. 베를 짜기 위해 날실을 감아 놓은 틀. 베틀 앞다리 너머의 채머리 위에 얹어 두고 날실을 풀어 가면서 베를 짠다. ¶【속담】도토마리 끓이서 넉가리 맨들기다. =도투마리 끓어서 넉가래 만들기다. ☞들마리.

도투라지[_ _ - _] 명 ((식물))명아주. ☞맹아주. 밍아주.

독가다[도까다 _ - _] 동 돋우다. ☞도아다. 돋아다. 돋까다.

독기다[도끼다 _ - _] 동 돋아나다. ①밖으로 또렷이 나오거나 나타나다. ¶따아서 새싹이 파랗기 독깄다. =땅에서 새싹이 파랗게 돋아났다. ②여드름이나 두드러기가 피부에 우툴두툴하게 불거져 나오다. ¶살갤이 곱던 얼굴에 지미가 독끼 있다. =살결이 곱던 얼굴에 기미가 돋아나 있다. ③감정이 생겨 나타나다. ¶졸마 말로 들은께네 썽질이 팍 독낀다. =저놈 말을 들으니 성질이 팍 돋아난다. ☞돋끼다. 돋히다.

독꾸독꾸[- _ - _] 감 워리워리. 개를 부를 때 내는 소리. *영어 'dog'에서 온 말.

독새[_ -] 명 ((동물))독사(毒蛇). ¶【속담】독새 겉은 넘. =독사 같은 놈. ¶【속담】독새 씨빠닥 겉다. =독사 혓바닥 같다.

독새풀[- - _] 명 ((식물))둑새풀.

돈냉이[_ - _] 명 ((식물))돌나물.

돈다부리[돈따부리 _ - _ _] 명 돈다발. ☞돈다불.

돈다불[돈따불 _ - _] 명 돈다발. ☞돈다부리.

돈베락[돈뻬락 _ - _] 명 돈벼락. ¶【관용구】돈베락 맞다. =돈벼락 맞다.

돈사다[_ - _] 동 ≒팔다. 곡식이나 가축을 팔아 돈을 장만하다. ¶대애지 두 바리로 돈샀다. =돼지 두 마리를 팔았다. ☞돈하다.

돈하다[_ - _] 동 ≒팔다. '돈을 장만하다'의 준말. ¶곡석 돈하로 자아 간다. =곡식 팔러 장에 간다. ☞돈사다.

돋까다[_ - _] 동 돋우다. ☞도아다. 독가다. 돋아다.

돋끼다[도끼다 _ - _] 동 돋아나다. ☞독기다. 돋히다.

돋비기[도삐기 _ - _] 명 돋보기.

돋비다[_ - _] 동 돋보이다. 다른 것보다 두드러지게 드러나거나 좋아 보이다. ¶음석 잘하는 미너리뽀담아 맴씨 착한 미너리가 더 돋빈다. =음식 잘하는 며느리보다는 마음씨 착한 며느리가 더 돋보인다.

돋아다[도다다 _ - _] 동 돋우다. ☞도아다. 독가다. 돋까다.

돋히다[도치다 _ - _] 동 돋아나다. ☞독기다. 돋끼다.

돌고방[돌꼬방 _ - _] 명 돌확. 돌로 만든 절구. ¶【속담】돌고방 짚운 집에 주디이 진 개 들온다. =돌확 깊은 집에 주둥이 긴 개 들어온다. ☞호박. 호방.

돌곳대[돌고때 _ - _] 명 돌꼇. 길쌈할 때 필요한 실을 뽑아내는 틀. 열 개의 구멍에 각각 가락을 꿰어 열 올의 실을 한 줄로 뽑아낸다.

돌까리[_ _-] 명 시멘트[cement]. ¶【관용구】돌까리 쌔아다. =시멘트 섞다. ¶【관용구】돌까리 벗다. =시멘트 붓다. ☞쎄멘. 씨멘.

돌까지[_-_] 명 ((식물))도라지. ☞도래.

돌꼬리[_-_] 명 ((동물))참붕어. ☞동구리.

돌담부랑[돌땀부랑 _-_ _] 명 돌담. 돌로 쌓은 담. ¶【속담】돌담부랑 배부룬 거 캉 처이 배부룬 거는 몬 씬다. =돌담 배부른 것과 처녀 배부른 건 못 쓴다.

돌떵거리[_ _-_] 명 돌덩이. ①돌멩이보다 크고 바위보다 작은 돌. ②돌처럼 아주 단단한 물건을 비유적으로 이르는 말. ¶【관용구】돌떵거리 겉다. =돌덩이 같다. ☞돌띠이. 돌팍.

돌띠이[돌띠~이 _-_] 명 돌덩이. ☞돌떵거리. 돌팍.

돌라다[_-_] 동 따돌리다. 다른 사람을 미워하거나 싫어하여 함께하지 않으려고 돌려내다. ¶모지래는 축기라 캐도 돌라마 안 덴다. =모자라는 축구라 해도 따돌리면 안 된다. ☞돌루다.

돌루다[_-_] 동 따돌리다. ☞돌라다.

돌리낳다[돌리나타 -_-_] 동 돌려놓다. ①무엇을 원래의 방향과 다르게 바꾸어 놓다. ¶【속담】윤섣달엔 앉인 방석도 안 돌리낳는다. =윤섣달엔 앉은 방석도 안 돌려놓는다. ②다른 사람의 생각이나 일의 상태를 바꾸어 놓다. ¶【관용구】마움을 돌리낳다. =마음을 돌려놓다.

돌리다[_-_] 동 따돌리다. '따돌리다'의 피동사. 다른 사람에게 미움을 받아 돌려내지다. ¶자아는 오데 가도 돌린다. =재는 어디 가도 따돌린다.

돌리대다[-_-_] 동 돌려대다. ①돈이나 물건을 형편에 따라 돌려서 맞추어 대다. ¶【관용구】돈을 돌리대다. =돈을 돌려대다. ②어떤 사실을 그럴듯한 말로 임시로 꾸며서 말하다. ¶【관용구】거짓말로 돌리대다. =거짓말로 돌려대다.

돌리받다[돌리바따 -_-_] 동 돌려받다. ☞다부받다.

돌리보내다[-_ _-_] 동 돌려보내다. ☞다부보내다.

돌리시아다[-_-_ _] 동 돌려세우다. 대상을 어느 곳으로 방향을 바꾸게 하다. ¶차로 돌리시았다. =차를 돌려세웠다.

돌리주다[-_-_] 동 돌려주다. ☞다부주다.

돌무기[_ _-] 명 ((동물))돌마자.

돌무디기[_ _-_] 명 돌무더기. ☞돌무디이.

돌무디이[돌무디~이 _ _-_] 명 돌무더기. ☞돌무디기.

돌미이[돌미~이 _-_] 명 돌멩이. *돌멩이>돌밍이>돌미이[돌미~이]. 'ㅇ' 받침은 'ㅣ' 모음 앞에서 비모음화 한다. ¶【속담】맹물에 돌미이 쌂아 낳안 거 겉다. =맹물에 돌멩이 삶아 놓은 것 같다. ¶【속담】모난 돌미이가 정 맞는다. =모난 돌이 정 맞는다. ☞돌삐이.

돌밤[-_] 명 녹두밤(綠豆-). 알이 잘고 동글동글한 밤.

돌방돌방[_ _ _-] 부 동글동글. 여럿이 다 또는 매우 동근 모양. ¶소버짐이 돌방돌방 폈다. =쇠버짐이 동글동글 폈다.

돌방하다[_ _-_] 형 동그랗다. ¶보름달이 돌방하기 떴다. =보름달이 동그랗게 떴다. ¶돌방한 덕석. =동그란 멍석. ☞동구랗다. 동구리하다.

돌복숭[---] 명 ((식물))돌복숭아. 야생에서 자라는 작은 복숭아.

돌부치[_ _-] 명 돌부처. 돌로 만든 부처님 형상. ¶【속담】돌부치도 십년을 빌마 눈을 뜬다. =돌부처도 십년을 빌면 눈을 뜬다.

돌빠아[돌빠~아 _-_] 명 연자방아(研子--). 연자매를 쓰는 방아.

돌삐이[돌삐~이 _-_] 명 돌멩이. ☞돌미이.

돌시[돌씨 --] 명 일주기(一週期). 돌아온 한해. *'돌'은 '일 년 되는 날'을 말한다. 예전 정서법에서 말한 '돐'은 창녕 방언에서 '돌시'라는 형태로 살아 있다. '돌시(돐)'는 '돌+시(時)'의 형태에 '만에'나 '까지'가 관용적으로 달라붙는다. ¶마너래 죽고 돌시 만에 새장개로 들었다. =마누라 죽고 일주기 만에 새장가를 갔다.

돌아댕기다[-_-_ _] 동 돌아다니다. ①여기저기 여러 곳으로 다니다. ¶【속담】풀어낳안 덜렁쑥개맨치로 돌아댕길라 칸다. =풀어놓은 수캐처럼 돌아다니려 한다. ②병이나 소문 따위가 널리 퍼지다. ¶【관용구】소무이 돌아댕기다. =소문이 돌아다니다.

돌옥[도록 --] 명 ((식물))돌옷. 돌이나 바위 표면에 난 이끼. ☞청태.

돌재이[돌재~이 _ _-] 명 석수장이(石手--). 돌을 다듬어 물건을 만드는 것을 업으로 하는 사람을 얕잡아 이르는 말. ¶【속담】돌재이 눈깜짹이부텀 먼첨 비안다. =석수장이 눈깜작이부터 먼저 배운다. ☞돌쪼시.

돌짝밭[_-_] 명 자갈밭. 자갈이 많은 밭. *창녕방언에서 '자갈논'은 '돌짝논'이라고 칭하지 않는다. ¶【속담】돌짝밭에 모싱기 하까. =자갈밭에 모내기 하랴.

돌쪼시[_-_] 명 석수장이(石手--). ☞돌재이.

돌쭉[_-] 명 돌쩌귀. 문짝을 문설주에 달아 여닫는 데 쓰는 두 개의 쇠붙이. ¶【속담】돌쭉에 불난다. =돌쩌귀에 불난다. ¶【속담】돌쭉에는 녹 안 씬다. =돌쩌귀에는 녹 안 슨다. ☞돌축.

돌축[_-] 명 돌쩌귀. ☞돌쭉.

돌캉[_-] 명 도랑. 매우 좁고 작은 개울. ¶【속담】물이 모이야 돌캉이 생긴다. =물이 모여야 도랑이 생긴다. ¶【속담】쌔 돌캉 내지 말고 헌 돌캉 미까지 마라. =새 도랑 내지 말고 헌 도랑 메우지 말라. ☞또랑.

돌팍[_-] 명 ≒돌덩이. 돌멩이보다 크고 바위보다 작은 돌. ☞돌떵거리. 돌띠이.

동[-] 명 둥. ①무슨 일을 하는 듯도 하고 하지 않는 듯도 함을 나타내는 말. ¶밥을 묵는 동 마는 동을 했다. =밥을 먹는 둥 마는 둥을 했다. ②이렇다니 저렇다니 하며 말이 많음을 나타내는 말. ¶짭다는 동 싱굽다는 동 생때까리 뜯었다. =짜다는 둥 싱겁다는 둥 생트집 잡았다. ③어떤 일의 가능성을 나타내는 말. ¶홍정이 델 동 말 동 한다. =흥정이 될 둥 말 둥 한다. ④미래 추측을 나타내는 말. ¶죽울 동 살 동 모루고 설치댄다. =죽을 둥 살 둥 모르고 설쳐댄다. ☞똥.

동가리[_-_] 명 토막. 하나로 된 것을 몇 개의 부분으로 자르거나 갈랐을 때, 그 하나하나의 부분. ¶【속담】부처님더리 칼치 동가리 도덕질해 무웄다 칸다. =부처님더러 갈치 토막 도둑질해 먹었다 한다. ☞동개이. 똥가리. 똥개이. 톰방. 톰배기.

동개다[1][_-_] 동 쌓다. 여러 개의 물건을 겹겹이 포개어 얹다. ¶가마이 안 자빠지구로 잘 동개라. =가만히 안 자빠지게 잘 쌓아라.

동개다[2][_-_] 동 포개다. ①둘 이상의 물건을 놓인 위에다 겹쳐서 놓다. ¶【속담】그륵을 동개낳고 밥 무우마 복이 난간다. =그릇을 포개놓고 밥을 먹으면 복이 나간다. ②겹으로 접다. ¶【관용구】다리로 동개고 앉다. =다리를 포개고 앉다. ¶【관용구】이불로 동개다. =이불을 포개다.

동개다[3][_-_] 동 정리하다(整理--). *세간 살림은 펼쳐놓고 살아야 하는데, 동개면 '세간을 정리하다'는 뜻이 된다. ¶【관용구】살림살이로 동개다. =살림살이를 정리하다.

동개동개[___-] 부 차곡차곡. ①물건을 가지런히 포개거나 겹쳐 쌓는 모양을 나타내는 말. ¶옷을 동개동개 갰다. =옷을 차곡차곡 개켰다. ②일을 순서에 따라 침착하고 차분하게 해 나가는 모양을 나타내는 말. ¶일로 동개동개 해낳아라. =일을 차곡차곡 해놓아라. ☞차개차개. 차국차국.

동개이[동개~이 _-_] 명 토막. ☞동가리. 똥가리. 똥개이. 톰방. 톰배기.

동갭[-_] 명 동갑(同甲). 육십갑자가 같다는 뜻으로 같은 나이를 이르는 말. 또는 나이가 같은 사람을 이르는 말. ¶내캉 니캉은 동갭이다. =나랑 너랑은 동갑이다. ☞동갭이.

동갭이[동개비 -__] 명 동갑(同甲). ¶동갭이찌리는 말로 낳아 한다. =동갑끼리는 말을 놓아 한다. ☞동갭.

동구랗다[동구라타 _-__] 형 동그랗다. ☞돌방하다. 동구리하다.

동구래미[__-_] 명 동그라미. ¶달역에 동구래미 칬다. =달력에 동그라미 쳤다. ☞동굴배이.

동구래지다[_--__] 동 동그래지다. 또렷하게 동그란 모양이 되다. ¶【관용구】누이 동구래지다. =눈이 동그래지다.

동구리[_-_] 명 ((동물))참붕어. ☞돌꼬리.

동구리하다[___-_] 형 동그랗다. ☞돌방하다. 동구랗다.

동구수룸하다[____-_] 형 동그스름하다. 조금 동근 듯하다. ¶접시맨치로 동구수룸하다. =접시처럼 동그스름하다.

동굴납딱하다[동굴납따카다 ____-_] 형 동글납작하다. 사물의 생김새가 동글면서 납작하다. ¶얼굴이 동굴납딱하네예. =얼굴이 동글납작하네요. ☞똥굴납딱하다.

동굴동굴하다[____-_] 형 동글동글하다. 작은 사물이 꽤 또는 여럿이 다 동그랗다. ¶돌미이가 동굴동굴하기 생깄다. =돌멩이가 동글동글하게 생겼다.

동굴배이[동굴배~이 __-_] 명 동그라미. ☞동구래미.

동냥바치[_--_] 명 동냥아치. 돈이나 먹을 것을 남에게 구걸하러 돌아다니는 사람. ¶【속담】동냥바치 쪽바가치 깨진 텍이다. =동냥아치 쪽박 깨진 셈이다.

동냥자리[___-] 명 동냥자루. 동냥아치가 가지고 다니는 자루. ¶【속담】동냥자리도 지멋에 찬다. =동냥자루도 제멋에 찬다.

동대[_-] 명 동년배(同年輩). ¶그 냥반은 내캉 동대일 꺼로. =그 양반은 나랑 동년배일 걸.

동문소식[__-_] 명 종무소식(終無消息). 끝내 아무 소식이 없음. ¶집 나간 개가 안주꺼정 동문소식이다. =집 나간 개가 아직까지 종무소식이다.

동비[_-] 명 ((식물))동부.

동상[_-] 명 동생(同生). ¶히이가 동상 덜꼬 핵조에 갔다. =형이 동생 데리고 학교에 갔다.

동상지[_-_] 명 동상례지(東床禮紙). 혼례가 끝난 뒤에 신부 집에서 신랑이 친구들에게 대접하는 돈이나 음식의 물목(物目).

동솥[동솓 _-] 명 옹달솥. 작고 오목한 솥. 주로 야외에서 사용한다.

동시[-_] 명 동서(同壻). 형제의 아내 사이에 서로 가리키거나 부르는 말. ¶【속담】동시더리 춤치라 칸다. =동서더러 춤춰라 한다. ¶【속담】동시 시집살이는 오니얼에도 써릿발 친다. =동서 시집살이는 오뉴월에도 서릿발 친다.

동시리[_-_] 명 옹달시루. 떡이나 쌀 따위를 찌는 데 쓰는 작고 오목한 질그릇.

동와지[_-_] 명 도화지(圖畫紙).

동저구리[_--_] 명 동구래저고리. 길이가 짧고 앞섶이 좁으며, 앞도련을 아주 둥글고 뒤의 길이보다 좀 길게 만든 여자의 저고리.

동전[-_] 명 동정. 한복의 저고리 깃 위에 조붓하게 덧대어 꾸미는 하얀 헝겊 오리. ¶【속담】동전 몬 다는 미너리 맹물 발라 머리 뻿는다. =동정 못 다는 며느리 맹물 발라 머리 빗는다.

동전치기[-___] 명 돈치기. 쇠붙이로 만든 돈을 땅바닥에 던져 놓고 그것을 맞히면서 내기를 하는 놀이.

동짐치[__-] 명 동치미. 무김치의 하나. 흔히 철에 담그는 것으로 소금에 절인 통무에 끓인 소금물을 식혀서 붓고 심심하게 담근다. *동(冬)+짐치. ☞싱건짐치.

동쪽[_-] 명 동쪽(東-). ¶【속담】동쪽이 뻔하이 지세상마 이인다. =동쪽이 번하니 제세상만 여긴다.

동치다[-__] 동 자르다. 동강을 내거나 끊어내다. ¶감낭글 동칬다. =감나무를 잘랐다. ☞똥굴라다. 뿌질라다. 뿔라다. 짜러다.

동치매다[-_-_] 동 동여매다. 끈이나 새끼, 실 따위로 두르거나 감거나 하여 묶다. ¶【속담】죽운 끼도 동치매고 무우라. =죽은 게도 동여매고 먹으라. ☞디아매다. 똥치매다. 홀까매다.

동태[_-] 명 굴렁쇠. 자전거 바퀴처럼 만든 둥근 테 모양의 쇠. 어린이 놀이 기구의 하나로 굵은 철사 도막이나 막대기 따위로 밀어 굴리며 노는 데 쓰인다. ☞동터래.

동터래[1][_ _-] 명 굴렁쇠. ☞동태.

동터래[2][_ _-] 명 바퀴. *돌(동)+틀+애<동트래<동터래. ☞바꾸. 바끼. 발통.

동터래[3][_ _-] 명 실패. 반짇고리 제구의 하나. 바느질할 때 쓰기 편하도록 실을 감아 두는 작은 도구. ¶씨고 남운 실은 동터래에 감아 낳아라. =쓰고 남은 실은 실패에 감아 놓아라. ☞실패꾸리.

두건디이[두건디~이 _ _-_] 명 ≒두건둥이(頭巾--). 조부모나 부모의 상중(喪中)에 태어난 아이를 부르는 별칭. *'두건둥이'는 표준어 사전에 없는 단어이다. ¶두건디이가 버씨로 열 살 무윴다. =두건둥이가 벌써 열 살 먹었다.

두군거리다[_ _-_ _] 동 두근거리다. 몹시 놀라고 불안하거나 기분이 좋아서 자꾸 크게 뛰다. ¶【관용구】가숨이 두군거리다. =가슴이 두근거리다.

두군두군[_ _ _-] 부 두근두근. 매우 놀라고 불안하거나 기분이 좋아서 가슴이 자꾸 크게 뛰는 모양을 나타내는 말. ¶가숨이 두군두군 떨맀다. =가슴이 두근두근 떨렸다.

두덕[_-] 명 두둑. 논이나 밭 가장자리에 경계를 이룰 수 있도록 두두룩하게 만든 것. ¶【관용구】두덕 뭉개지다. =두둑 무너지다. ☞두룸. 뚜룽.

두동망새이[두동망새~이 _ _ _-_] 명 두동무니. 윷놀이에서, 두 동이 한데 포개져서 가는 말. ☞두동사이.

두동빼이[두동빼~이 _ _-_] 명 두동내기. 두 동을 내도록 정한 윷놀이.

두동사이[두동사~이 _ _-_] 명 두동무니. ☞두동망새이.

두두새[_-_] 명 ((동물))산비둘기. ¶【속담】영갬 죽고, 밭도 없꼬, 두두 두두, 두두새매이로 운다. =영감 죽고, 밭도 없고, 두두 두두, 산비둘기처럼 운다. ☞산삐들끼.

두디기[1][_-_] 명 포대기. 어린아이를 업을 때 쓴다. ¶【속담】아아 놓기도 전에 두디기부텀 장만는다. =애 낳기도 전에 포대기부터 장만한다.

두디기[2][_-_] 명 누더기. ☞누디기. 헌두디기.

두디기[3][_-_] 명 뜨더귀. 조각조각으로 뜯어내거나 가리가리 찢어 내는 짓. 또는 그 조각. ¶개가 옷을 물우뜯어가아 두디기로 맹글어 낳았다. =개가 옷을 물어뜯어서 뜨더귀로 만들어 놓았다.

두디리기[_ _-_] 명 두드러기. 피부병 중의 하나. ¶【관용구】두디리기 일바시다. =두드러기 일으키다.

두렵다[두렵따 _-_] 형 두렵다. ①겁이 나거나 마음에 몹시 꺼려 불안하다. ¶【관용구】죽움이 두렵다. =죽음이 두렵다. ②어찌하기가 겁이 나거나 마음에 몹시 꺼려 불안하다. ¶해마당 늙는 기이 두럽고 무숩다. =해마다 늙는 것이 두렵고 무섭다. ☞두룹다.

두럽어하다[두러버하다 _-___] 동 두려워하다. 공경하고 어려워하여 함부로 대하지 못하다. ¶【속담】넘이 내 상전을 두럽어하까이. =남이 내 상전을 두려워하랴. ¶【속담】물 본 말기우가 어옹을 두럽어하까이. =물 본 기러기가 어옹을 두려워하랴. ☞두룹어하다.

두럽움[두러붐 _-_] 명 두려움. 위협이나 위험을 느껴 마음이 불안하고 조심스러운 느낌. ¶【관용구】두럽움에 떨다. =두려움에 떨다. ☞두룹움.

두루걸이[두루거리 __-_] 명 두루치기. ①((주로 '두루걸이로'의 꼴로 쓰여)) 한 가지 물건을 여기저기 두루 씀. 또는 그런 물건. ¶이 짝대기는 두루걸이로 씨인다. =이 작대기는 두루치기로 쓰인다. ②한 사람이 여러 분야에 걸쳐 잘하고 능숙함. 또는 그러한 사람. ¶저 냥반은 두루걸이래서 몬 하는 기이 없다. =저 양반은 두루치기라서 못하는 게 없다. ☞두리치기.

두루다[_-_] 동 두르다. ①일정한 넓이를 지닌 긴 물건을 신체 부위에 대고 돌려 감다. ¶【속담】열두 폭 처매로 둘룼나. =열두 폭 치마를 둘렀나. ②어떤 물건으로 다른 물건의 주위나 가를 돌아가며 잇대다. ¶【관용구】울따리로 두루다. =울타리를 두르다. ③물건이나 신체 부위를 원을 그리듯이 돌리다. ¶넘우 어깨에 팔을 둘룼다. =남의 어깨에 팔을 둘렀다. ④기름이나 칠을 고르게 바르다. ¶솥띠껑에 대애지지름을 둘룼다. =솥뚜껑에 돼지기름을 둘렀다. ⑤말을 직접적으로 하지 않고 이리저리 돌려서 하다. ¶자꾸 둘루말하지 말고 쪽바리 말해라. =자꾸 둘러말하지 말고 똑바로 말해라. ⑥어디를 바로 가지 않고 멀리 피하여 돌다. ¶질러가마 델 낀데 둘루간다. =질러가면 될 건데 둘러간다. ⑦어떤 책임 따위를 떠맡다. ¶해장 자리로 맥찌 둘루서 씼다. =회장 자리를 괜히 둘러서 썼다. ⑧돈을 이리저리 변통하다. ¶돈 쫌 급하기 두룰 데가 없겠어예? =돈 좀 급히 두를 데가 없겠어요?

두루미[_-_] 명 두름. 고사리 따위의 산나물을 열 모숨 정도로 엮은 것. ¶이거 한 두루미는 얼맵미꺼? =이것 한 두름은 얼마입니까?

-두룩[-_] 어 -도록. ((동사 어간이나 일부 형용사 어간 또는 어미 뒤에 붙어)) 앞의 내용이 뒤에서 가리키는 사태의 목적이나 결과, 방식, 정도 따위가 됨을 나타내는 연결어미. ¶낭기 잘 커두룩 거룸을 옇었다. =나무가 잘 자라도록 거름을 넣었다.

두룸[1][_-] 명 두둑. ☞두덕. 뚜룽.

두룸[2][_-] 명 두렁. 논이나 밭 가장자리에 경계를 이룰 수 있도록 두두룩하게 만든 것. ¶【속담】두룸에 눕운 소 팔짜다. =두렁에 누운 소 팔자다. ¶【속담】오니얼 품앗이는 두룸 밑에서 갚는다. =오뉴월 품앗이는 두렁 밑에서 갚는다. ☞뚜룽.

두룸허리[_ _-_] 명 ((동물))드렁허리.

두룹다[두룹따 _-_] 형 두렵다. ☞두럽다.

두룹어하다[두루버하다 _-_ _ _] 동 두려워하다. ☞두럽어하다.

두룹움[두루붐 _-_] 명 두려움. ☞두럽움.

두리두리[_ _ _-] 부 두루두루. ①무엇 하나 빠짐없이 골고루. ¶궁구들은 두리두리 핂지예? =권구들은 두루두루 편안하지요? ¶【관용구】두리두리 살피보다. =두루두루 살펴보다. ②모나지 않고 원만하게. ¶철수는 친구들캉 두리두리 잘 지낸다. =철수는 친구들과 두루두루 잘 지낸다.

두리막[_ _-] 명 두루마기. ¶【속담】두리막 입고 논을 갈아도 지맛이다. =두루마기 입고 논을 갈아도 제멋이다. ☞두리매기. 둘매기.

두리매기[_ _-_] 명 두루마기. ☞두리막. 둘매기.

두리뭉시리[_ _ _ _-] 명 두루뭉수리. 말이나 행동 따위를 맺고 끊음이 분명하지 못함. ¶【관용구】두리뭉시리 넘가다. =두루뭉수리 넘기다.

두리뭉실하다[_ _ _ _-_] 형 두루뭉술하다. ①외양이 모난 데는 없으나 아주 둥글지도 않다. ¶두리뭉실하이 생겼다. =두루뭉술하게 생겼다. ②일처리를 대충하다. ¶저분 일은 두리뭉실하기 넘갈 일이 아이다. =저번 일은 두루뭉술하게 넘길 일이 아니다.

두리미[_-_] 명 ((동물))두루미. ¶【속담】두리미 꽁대기 겉다. =두루미 꽁지 같다.

두리벙하다[_ _ _-_] 형 둥글다. 모양이 공이나 원과 같거나 비슷하다. ¶술추마리는 밑구중이 두리벙하다. =술독은 밑구멍이 둥글다. ☞둥굴다. 뚱굴다.

두리치기[_ _-_] 명 두루치기. ①((주로 '두루걸이로'의 꼴로 쓰여)) 한 가지 물건을 여기저기 두루 씀. 또는 그런 물건. ☞두루걸이. ②예전에, 주로 낮은 계층의 여인들이 입는, 폭이 좁고 길이가 짧은 치마를 이르던 말. ③쇠고기나 돼지고기 또는 조갯살이나 오징어 따위에 여러 가지 야채를 넣어 국물이 조금 있는 상태에서 볶듯이 만든 음식.

두불[_-] 명 두벌. 초벌 다음에 두 번째로 하는 일. 또는 두 번 하는 일. ¶【관용구】두불 빨다. =두벌 빨다. ¶【관용구】두불 삶다. =두벌 삶다. ☞재불.

두불논[_-_] 명 두벌논. 두 번째 김매는 논. ☞재불논.

두불서답[_ _ _-] 명 두벌빨래. 두 번째 하는 빨래. *두벌+세답(洗踏). ☞재불서답.

두불일하다[_-_ _ _] 동 두벌일하다. 처음에 한 일이 잘못되어 다시 일을 하다. ¶【관용구】갠이 두불일하다. =괜히 두벌일하다. ☞재불일하다.

두불콩[_ _-] 명 ((식물))강낭콩. ☞봄콩. 양대콩. 재불콩.

두우[_-] 수 두어. ((단위를 나타내는 말 앞에 쓰여)) 그 수량이 둘쯤임을 나타내는 말. ¶송안치 두우 바리. =송아지 두어 마리. ¶숭냥 두우 모굼. =숭늉 두어 모금.

두지[_-] 명 뒤주. 쌀이나 보리와 같은 곡식을 담아 두기 위해 나무로 만든 궤짝.

네 기둥과 짧은 발이 있다. ¶【관용구】두지가 비다. =뒤주가 비다. ¶【관용구】두지가 차다. =뒤주가 차다. ☞디주.

두채[_-] ㈜ 둘째. 순서가 두 번째가 되는 차례. 또는 그런 차례의. 수사. 관형사. ¶첫채, 두채, 시채, 니채, 다앗채, 여엇채. =첫째, 둘째, 셋째, 넷째, 다섯째, 여섯째.

두채손가락[두채손까락 ___-_] ㈜ 집게손가락.

두툽다[두툽따 _-_] ㉠ 두텁다. ①정이나 사귐, 신뢰 따위가 굳고 깊다. ¶【속담】담 너메가 얇우지마 정은 두툽우진다. =담 너머가 얇아지면 정은 두터워진다. ②사물의 두께가 보거나 느끼기에 보통의 정도보다 크다. ¶【속담】오는 떡이 두툽우야 가는 떡도 두툽다. =오는 떡이 두터워야 가는 떡이 두텁다 ¶【속담】발바닥이 두툽우마 뱃가죽도 두툽다. =발바닥이 두터우면 뱃가죽도 두텁다.

둑서리[둑써리 _-_] ㉡ ((동물))독수리(禿--). ¶【속담】둑서리가 뼬가리 채 가딧기. =독수리가 병아리 채 가듯.

둘[-] ㉡ 둑. 홍수를 예방하기 위해 하천 둘레를 돌이나 흙 따위로 높이 막아 쌓은 언덕. ¶【관용구】둘로 싸다. =둑을 쌓다. ¶【속담】개밋구뭉 머리 둘이 무네진다. =개미구멍 때문에 둑이 무너진다. ☞뚝. 뚝방.

둘구[-_] ㉢ 냅다. 몹시 빠르고 세차게. 또는 그런 모양으로. ¶철수가 날로 보더마는 둘구 다알났다. =철수가 나를 보더니만 냅다 달아났다. ¶썽이 나서 돌삐이로 둘구 조오찼다. =성이 나서돌멩이를 냅다 걷어찼다. ☞조오.

둘구띠다[-_-_] ㉣ 냅뛰다. 몹시 빠르고 세차게 뛰다. ¶복숭 써리하다가 임재인데 붙잽히까 집어서 둘구떴어예. =복숭아 서리하다가 임자한테 붙잡힐까 싶어서 냅뛰었어요.

둘래둘래하다[____-_] ㉣ 두리번거리다. 눈을 크게 뜨고 여기저기를 자꾸 휘둘러 살펴보다. ¶머 때미로 저래 둘래둘래해쌓노? =뭐 때문에 저렇게 두리번거려쌓니?

둘러리[_-_] ㉡ 들러리. 어떤 일을 할 때 일의 주체가 아닌 곁따르는 노릇이나 사람을 비유적으로 이르는 말. ¶【관용구】넘우 둘러리 서다. =남의 들러리 서다.

둘루가다[-___] ㉣ 둘러가다. 어디를 바로 가지 않고 멀리 피하여 돌다. ¶일부로 둘루간다. =일부러 둘러간다.

둘루꺼지다[-_--_] ㉣ 내려앉다. ①땅이 무너져 내리거나 꺼지다. ¶질바댁이 둘루꺼졌다. =길바닥이 내려앉았다. ②너무 놀라서 가슴이 아래로 꺼지는 듯한 느낌이 들다. ¶【관용구】가숨이 둘루꺼지다. =가슴이 내려앉다. ☞내리앉다. 니리앉다.

둘루대다[-_-_] ㉣ 둘러대다. 이유나 핑계 따위를 말로 그럴듯하게 꾸며 대다. ¶【속담】뱃넘 배 둘루대듯기. =뱃놈 배 둘러대듯. ¶【속담】암시 궁디이 둘루대듯기. =암소 궁둥이 둘러대듯.

둘루마시다[-_-__] 동 ≒마시다. 물이나 술 따위를 목구멍으로 마구 넘기다. ¶술로 둘루마싰다. =술을 마셨다. ☞걸치다.

둘루말하다[-____] 동 둘러말하다. 말을 직접적으로 하지 않고 이리저리 돌려서 하다. ¶바리 말 안하고 둘루말한다. =바로 말 않고 둘러말한다.

둘루미다[1][-___] 동 둘러메다. 들어 올려서 어깨에 메다. ¶쌀자리로 둘루미있다. =쌀자루를 둘러메었다. ☞울루미다.

둘루미다[2][-___] 동 맡다. 넘겨받아 담당하다. ¶【관용구】책엄을 둘루미다. =책임을 맡다. ¶【속담】버부리 차접(差帖)을 둘루미있다. =벙어리 차접을 맡았다. ☞울루미다.

둘루미아다[-_-__] 동 맡기다. '맡다'의 사동사. ¶【속담】개이인데 반찬단지 둘루미았다. =고양이한테 반찬단지 맡겼다. ☞맽기다. 울루미아다.

둘루보다[-_-_] 동 둘러보다. 어떤 장소나 그 안에 있는 것을 두루 살펴보다. ¶할배 미가 어떻능가 둘루봤다. =할아버지 묘가 어떠한지 둘러봤다.

둘루빠지다[-_-__] 동 둘러빠지다. ①땅바닥 따위가 빙 둘러서 움쑥 꺼지다. ¶질이 둘루빠짔다. =길이 둘러빠졌다. ②종기 따위의 고름이 뿌리째 빠지다. ¶고룸이 둘러빠짔다. =고름이 둘러빠졌다. ③깊이 빠지다. ¶국개구디이에 둘러빠짔다. =진흙구덩이에 둘러빠졌다. ④무엇의 유혹에 빠져 정신을 차리지 못하다. ¶여자인데 둘루빠짔다. =여자한테 둘러빠졌다.

둘루빼다[-_-_] 동 내빼다. 속된 말로, 사람이나 동물이 빨리 내달아 도망치다. ¶도독개이가 담 넘우로 둘루뺀다. =도둑고양이가 담 너머로 내뺀다.

둘루서다[-_-_] 동 둘러서다. 여러 사람이 한곳을 중심으로 둥글게 늘어서다. ¶온가 사램들이 삥 둘루섰다. =온갖 사람들이 빙 둘러섰다.

둘루싸다[-_-_] 동 둘러싸다. ①사람이나 사물로 주위가 둥글게 에워싸다. ¶기깅꾼들이 둘루쌌다. =구경꾼들이 둘러쌌다. ②사물로 무엇의 둘레를 둘러서 가리거나 막다. ¶짐장독을 둘루쌌다. =김장독을 둘러쌌다. ③관심이나 행동의 중심 대상으로 하다. ¶고 일로 둘루싸고 이겐이 분붆다. =그 일을 둘러싸고 의견이 분분하다. ☞오다싸다. 오도바싸다. 우다싸다. 우두바싸다.

둘루쌔이다[-__-_] 동 둘러싸이다. 사람이나 사물로 주위가 둥글게 에워싸이다. ¶이곶은 산에 둘루쌔인 곶이다. =이곳은 산에 둘러싸인 곳이다.

둘루씨다[1][-_-_] 동 둘러쓰다. ①모자, 수건 따위를 머리에 쓰다. ¶털수군을 둘루씼다. =타월을 둘러썼다. ②가루나 액체 따위를 온몸 또는 신체 일부에 덮어쓰다. ¶온전신에 미검을 둘루씼다. =온몸에 먼지를 둘러썼다. ③온몸을 가려서 내리덮다. ¶얼라가 이불로 둘루씬다. =애가 이불을 둘러쓴다. ④남의 허물이나 책임을 넘겨 맡다. ¶누밍을 둘루씼다. =누명을 둘러썼다.

ㄷ

둘루씨다[2][-_-_] 동 빼쏘다. ☞덮우씨다. 빼꽂다. 빼다박다. 천상요절하다. 탁하다.

둘루씨아다[-_-__] 동 둘러씌우다. '둘러쓰다'의 사동사. ①모자, 수건 따위를 머리에 쓰게 하다. ¶아아인데 모자로 둘루씨았다. =아이에게 모자를 둘러씌웠다. ②가루나 액체 따위를 온몸 또는 신체 일부에 덮어쓰게 하다. ¶머리에 밀까리로 둘루씨았다. =머리에 밀가루를 둘러씌웠다. ③남의 허물이나 책임을 넘겨 맡게 하다. ¶【관용구】책엄을 둘루씨아다. =책임을 둘러씌우다.

둘루앉다[둘루안따 -_-_] 동 둘러앉다. 여럿이 둥그렇게 앉다. ¶식구들이 밥사아 둘루앉있다. =식구들이 밥상에 둘러앉았다.

둘루치다[-_-_] 동 둘러치다. 휘둘러 세차게 내던지다. ¶【속담】둘루치나 미이치나. =둘러치나 메어치나.

둘매기[_-_] 명 두루마기. ☞두리막. 두리매기.

둘지다[--_] 형 투실하다. 사람이나 동물 또는 그 몸이 살이 보기 좋을 정도로 쪄서 퉁퉁하다. ¶알라가 둘지다. =애기가 투실하다.

둠벙[-_] 명 웅덩이. ☞덤붕.

둥구리[_-_] 명 장작. 통나무를 길게 잘라서 쪼갠 땔나무. ¶【속담】다선애비 대지기기 싸리는 데는 가도 친애비 둥구리 패는 데는 가지 마라. =의붓아비 돼지고기 써는 데는 가도 친아비 장작 패는 데는 가지 마라.

둥구리하다[1][_-___] 동 장작 장만하다. *'둥구리하다'는 표준어로 보면 동사구지만 창녕방언에서는 굳어진 말이라 하나의 동사로 쓴다. ¶【속담】둥구리하는 영갬 치라보딧기. =장작 장만하는 영감 쳐다보듯이.

둥구리하다[2][___-_] 형 둥그스름하다. 조금 둥근 듯하다. ¶기랄맨치로 둥구리하다. =계란처럼 둥그스름하다. ☞둥구수룸하다. 뚱구리하다. 뚱구수룸하다.

둥구마리[__-_] 명 멱둥구미. 집이나 댑싸리 따위로 바구니와 비슷하게 엮어 만든 그릇. ☞뚜꾸마리

둥구수룸하다[____-_] 형 둥그스름하다. ☞둥구리하다. 뚱구리하다. 뚱구수룸하다.

둥굴납짝하다[둥굴납짜카다 ____-_] 형 둥글납작하다. 사물의 생김새가 동글면서 납작하다. ¶알라 낯이 둥굴납짝하네예. =아기 얼굴이 둥글납작하네요. ☞뚱굴납짝하다.

둥굴넙쭉하다[둥굴넙쭈카다 ____-_] 형 둥글넓적하다. 사물의 생김새가 둥글면서 평평하고 좀 넓다. ¶둥굴넙쭉한 그륵. =둥글넓적한 그릇. ☞뚱굴넙쭉하다.

둥굴다[-__] 형 둥글다. ①사물의 모양이 공이나 원과 같거나 비슷하다. ¶보룸달이 둥굴다. =보름달이 둥글다. ②사물의 선이나 모양이 각이 없이 휘어져 완만하다. ¶모시리로 둥굴기 깎아라. =모서리를 둥글게 깎아라. ③성격이 모난 데 없이 두루 너그럽다. ¶시상

을 둥굴기 살어라. =세상을 둥글게 살아라. ☞두리벙하다. 뚱굴다.

둥굴둥굴하다[_ _ _ _ - _] 형 둥글둥글하다. 작은 사물이 꽤 또는 여럿이 다 둥글다. ¶말키 둥굴둥굴하기 생깄다. =모두 둥글둥글하게 생겼다. ☞뚱굴뚱굴하다.

둥주리[_ - _] 명 둥우리. ①기둥과 칸살 따위를 나무로 세우고 이를 새끼로 얽어 만든 도구. 병아리 따위를 기르는 데 쓴다. ②새 따위가 알을 낳거나 깃들이기 위하여 둥글게 만든 집. ¶【속담】엎우진 둥주리에 성한 알 없다. =엎어진 둥우리에 성한 알 없다. ☞알둥지.

둥천[_ -] 명 방천(防川). 둑을 쌓거나 나무를 많이 심어서 냇물이 넘쳐 들어오는 것을 막아놓은 둑. ¶얌새이로 둥천에 갖다 매낳아라. =흰 염소를 방천에 가져다 매놓아라.

드가다[_ - _] 동 들어가다. ①밖에서 안으로 향하여 가다. ¶【속담】없이사는 양반 상청에 드가딧기. =가난한 양반 상청에 들어가듯. ¶【속담】섶을 지고 불로 드간다. =섶을 지고 불로 들어간다. ②전기나 수도 따위의 시설이 설치되다. ¶인자 이 동네도 수도가 드갈 낌미더. =이제 이 동네에도 수도가 들어갈 겁니다. ③새로운 상태나 시기가 시작되다. ¶모리부텀 새 학기에 드갑미더. =모레부터 새 학기에 들어갑니다. ④어떤 일에 돈, 노력, 물자 따위가 쓰이다. ¶자석들 대학 씨기는 데에 도이 엄청시리 드간다. =자식들 대학 시키는 데에 돈이 엄청나게 들어간다. ⑤안에 삽입되다. ¶【속담】손텁도 안 드간다. =손톱도 안 들어간다. ⑥어떤 단체의 구성원이 되다. ¶손지가 핵교 드갈 나가 뎄다. =손자는 학교 들어갈 나이가 됐다. ⑦일정한 범위에 속하거나 소유하게 되다. ¶집이 넘우 손에 드갔다. =집이 남의 손에 들어갔다. ⑧말이나 글의 내용이 이해되어 머릿속에 남다. ¶너거 선상님은 머리에 쏙쏙 드가구로 갈치제?. =너희 선생님은 머리에 쏙쏙 들어가게 가르치지? ⑨물체의 표면이 우묵하게 되다. ¶고상해서 볼때기가 움푹 드갔다. =고생해서 볼때기가 움푹 들어갔다. ⑩지식이나 학문 따위 등을 깊이 인식해가다. ¶이 공부는 짚이 드갈수룩 점점 더 어렵어진다. =이 공부는 깊이 들어갈수록 점점 더 어려워진다. ⑪옷이나 신 따위의 치수가 몸에 맞다. ¶살이 찌서 주우가 안 드간다. =살이 쪄서 바지가 안 들어간다. ⑫식구처럼 살게 되다. ¶【속담】드간 넘은 몰라도 나간 넘은 안다. =들어간 놈은 몰라도 나간 놈은 안다.

들곡[_ -] 명 들곡식(-穀食). 논밭에 심어서 거두는 온갖 곡식. ☞들곡석.

들곡석[_ - _] 명 들곡식(-穀食). ☞들곡.

들거티리다[_ _ - _ _] 동 들그서내다. 안에 들어 있는 물건을 함부로 들쑤시며 뒤져 끄집어내다. ¶아아가 오만띠만 거로 다 들거티리낳았다. =애가 온갖 것을 다 들그서내놓았다.

들꼬지[_ - _] 명 ((동물))송사리. ☞깔피리.

ㄷ

눈채이.

들끼다[-__] 동 뒤집다. ☞더부시다. 디끼다. 디비다. 디비씨다.

들나다[--_] 동 드러나다. ①무엇이 속에 가려져 있거나 잘 보이지 않았다가 잘 보이게 되다. ¶【관용구】바댁이 들나다. =바닥이 드러나다. ②감추어지거나 알려지지 않았다가 널리 밝혀지다. ¶【관용구】밑구늉이 들나다. =밑구멍이 드러나다.

들내다[1][-__] 동 드러내다. 숨겨지거나 알려져 있지 않던 것을 나타내어 알게 하다. ¶【관용구】꼬랑대기로 들내다. =꼬리를 드러내다.

들내다[2][-__] 동 들어내다. 물건을 들어서 밖으로 옮기다. ¶짐을 모지리 들냈다. =짐을 모조리 들어냈다.

들눕다[들눕따 _-_] 동 드러눕다. ①어디에 편하게 눕다. ¶팯다고 아무데나 들눕는다. =편하다고 아무데나 드러눕는다. ②병을 앓아서 눕다. ¶【관용구】질기 들눕다. =길게 드러눕다. ③항의나 저항하는 몸짓으로 눕다. ¶【속담】질매 무굽다꼬 소 들눕우까이. =길마 무겁다고 소 드러누우랴. ☞퍼지다.

들라가다[_-__] 동 들여가다. 밖에서 안으로 가져가다. ¶밥상 퍼떡 들라가께예. =밥상 빨리 들여갈게요. ☞딜라가다.

들라낳다[들라나타 _--_] 동 들여놓다. ☞딜낳다. 딜라낳다. 딜이낳다.

들라다[_-_] 동 들이다. ①어떤 물건을 밖에서 안으로 넣다. ¶【속담】딩기 거룸 들라서 싸듯기. =왕겨 거름 들여서 쌓듯이. ②어떤 사람이 다른 사람을 어떤 곳에 안으로 움직여 들어서게 하다. ¶【속담】이우지 처이도 내 부석에 들라서 시아바야 안다. =이웃 처녀도 내 부엌에 들여서 세워봐야 안다. ③물건을 사서 집에 가져다 놓다. ¶테레비로 새로 들랐다. =텔레비전을 다시 들였다. ④관계하거나 진출하려고 하다. ¶선거에 발로 들랐다. =선거에 발을 들였다. ⑤어떤 일에 물자나 시간, 노력 따위를 쓰거나 바치다. ¶【속담】내가 하는 일은 입쌀 한 말 들라서 쏙꽂 한나에 풀해도 풀이 안 선다. =내가 하는 일은 입쌀 한 말 들여서 속곳 하나에 풀하여도 풀이 안 선다. ⑥물감을 종이나 옷감, 가죽 따위에 스며들게 하다. ¶【속담】대애지발텁에 물로 들란다. =돼지발톱에 물을 들인다. ⑦순서나 등수 안에 들게 하다. ¶공부씨기서 반에서 5등 안에 들랐다. =공부시켜서 반에서 5등 안에 들였다. ⑧모임이나 조직에 구성원으로 가입하게 하다. ¶저 사램도 들라 주자. =저 사람도 들여 주자. ⑨어떤 일에 재미나 맛, 버릇 따위를 몸에 배게 하다. ¶좋운 버릇을 들란다. =좋은 버릇을 들인다. ☞딜라다. 딜이다.

들리다[-__] 동 들르다. 지나는 길에 잠깐 들어가 머무르다. ¶이갓집에 잠시 들렀다가 왔다. =외갓집에 잠시 들렀다가 왔다. ☞딜리다.

들마리[_-_] 명 도투마리. ☞도토마리.

들무리[_-_] 명 들머리. ①논밭에 들어가

는 어귀. ¶논 들무리에 기운기가 빠졌다. =논 들머리에 경운기가 빠졌다. ②골목이나 마을 등에 들어가는 어귀. ¶동네 들무리서 싸암이 벌어졌다. =동네 들머리에서 싸움이 벌어졌다.

들받아[들바다 --_] 부 들여. 안쪽으로 바짝 가까이. ¶이쭉우로 들받아 앉으이소오. =이쪽으로 들여 앉으세요. ☞들밧이. 들씨.

들받아보다[들바다보다 --_-_] 동 들여다보다. ☞더다보다. 디다보다. 딜이다보다.

들밧이[들바시 --_] 부 들여. ☞들받아. 들씨.

들씨[--] 부 들여. ☞들받아. 들밧이.

들씨내다[-___] 동 들추어내다. 숨은 일, 지난 일, 잊은 일 따위를 따져서 알아내다. ¶잘몬한 거로 낼낼이 들씨낸다. =잘못한 것을 낱낱이 들추어낸다. ☞들차내다. 떠덜씨내다.

들씨다[-__] 동 들추다. ①속이 드러나게 들어 올리다. ¶【속담】도독맞으마 지이미 품도 들씨 본다. =도둑맞으면 제 어미 품도 들춰 본다. ②무엇을 찾으려고 자꾸 뒤지다. ¶【속담】꼴같잖은 말[言]은 개도 들씨 보지 안한다. =꼴같잖은 말은 개도 들춰 보지 않는다. ③숨은 일, 지난 일, 잊은 일 따위를 끄집어내어 드러나게 하다. ¶십년도 더 덴 일로 들씬다. =십년도 더 된 일을 들춘다. ☞들차다. 떠덜씨다.

들앉다[들안따 _-_] 동 들어앉다. ①밖에서 안으로 또는 뒤쪽에서 앞쪽으로 자리를 옮겨 앉다. ¶【속담】복덕바아 들앉있다. =복덕방에 들어앉았다. ②어떤 지위를 차지하다. ¶대감집 첩사이로 들앉있다. =대감댁 첩실로 들어앉았다. ③일정한 곳에 자리 잡다. ¶이 꼴짝에 군부대가 들앉이 있다. =이 골짜기에 군부대가 들어앉아 있다. ④바깥 활동을 그만두고 집에만 들어박혀 지내다. ¶【속담】봄 떡은 들앉은 샌님도 묵눈다. =봄 떡은 들어앉은 샌님도 먹는다. ⑤어떤 생각이나 마음을 가지고 있다. ¶【속담】쏙에 능구리이 들앉있다. =속에 능구렁이 들어앉았다. ☞딜이앉다.

들앉하다[들안차다 __-_] 동 들여앉히다. '들어앉다'의 사동사. ¶【속담】동냥바치 첩사이도 지맛에 들앉한다. =동냥아치 첩도 제멋에 들여앉힌다. ☞딜이앉하다.

들어마시다[드러마시다 __-__] 동 들이마시다. ①액체를 목구멍으로 마구 넘기다. ¶술로 들어마싰다. =술을 들이마셨다. ②기체를 몸 안으로 마구 빨아들이다. ¶영기로 들어마싰다. =연기를 들이마셨다.

들어서[--_] 부 때문에. 어떤 일의 원인이나 까닭으로. *'들어서'는 공시론적으로는 '들어+서'로 분석될 법한 말이다. '들어'만으로도 쓰일 수 있다. ¶【속담】똥 들어서 살인난다. =똥 때문에 살인난다. ¶【속담】집에서는 아아들 들어서 윗는다. =집에서는 아이들 때문에 웃는다. ¶【속담】얻어무울 것도 사돈집

ㄷ

노랑 강새이 들어서 몬 얻어묵는다. =얻어먹을 것도 사돈집 노랑 강아지 때문에 못 얻어먹는다. ¶【속담】어룬이 들어서 아아로 비린다. =어른 때문에 애를 버린다. ☞따문에. 때미. 때미로. 머리.

들었다[드럳따 --_] 형 들어있다. 안에 존재해 있다. ¶【속담】부모 쏙에는 부치가 들었고 자석 쏙에는 앙칼이 들었다. =부모 속에는 부처가 들어있고 자식 속에는 앙칼이 들어있다.

들오다[_-_] 동 들어오다. ¶【속담】들오는 복또 차 떤진다. =들어오는 복도 차 던진다. ¶【속담】바알구뭉우로 항시바람 들온다. =바늘구멍으로 황소바람 들어온다.

들이백히다[드리배키다 _-_-_] 동 들어박히다. 한군데만 꾹 붙어 있다. ¶【관용구】바아 들이백히다. =방에 들어박히다. ☞딜이백히다.

들차내다[_-__] 동 들추어내다. ☞들씨내다. 떠덜씨내다.

들차다[_-_] 동 들추다. ☞들씨다. 떠덜씨다.

들청[_-] 명 평상(平床). *'들청'은 '들어서 옮길 수 있는 마루'라는 뜻이다. ¶들청에 밥 채리라. =평상에 밥 차려라. ☞팽상. 핑상.

들컨하다[__-_] 형 들큼하다. 맛깔스럽지 아니하게 조금 달다. ¶쌂운 호박은 들컨하다. =삶은 호박은 들큼하다.

들통시[__-] 명 외양간 변소(--- 便所). *들여놓은+통시(변소). 추위를 막기 위해 변소를 외양간 안에 만든 것을 이르는 말이다. ¶【속담】들통시 암시 궁디이 겉다. =들통시 암소 궁둥이 같다.

듯기[드끼 -_] 명 듯이. ①((관형사형 어미 뒤에 쓰여)) 비슷하거나 같은 정도의 뜻을 나타내는 말. ¶【속담】개 머리 묵는 듯기. =개가 머루 먹는 듯이. ¶【관용구】씪은 듯기. =씻은 듯이. ②((관형사형 어미 뒤에 쓰여)) 추측의 뜻을 나타내는 말. ¶【관용구】여바란 듯기. =여봐란 듯이. ③((관형사형 어미 뒤에 쓰여)) 거짓으로 꾸며져 있음의 뜻을 나타내는 말. ¶【관용구】죽운 듯기. =죽은 듯이. ☞딧기.

-듯기[드끼 -_] 어 -듯이. ((용언의 어간 또는 어미 뒤에 붙어)) 뒤 절의 내용이 앞 절의 내용과 거의 같음을 나타내는 연결어미. ¶【관용구】장매에 물이 커듯기 컨다. =장마에 오이 자라듯이 자란다. ¶【속담】헌머리에 이 끓듯기 한다. =헌머리에 이 끓듯이 한다. ☞-딧기.

듯다[드따 --] 형 듯하다. ((관형사형 어미 뒤에 쓰여)) 앞말이 뜻하는 사건이나 상태 따위를 짐작하거나 추측함을 나타내는 말. ¶【속담】미천년 쏙꼿 가래이 빠진 듯다. =미친년 속곳 가랑이 빠진 듯하다.

등껍띠기[__-_] 명 등껍질. 등가죽이나 등의 살갗을 속되게 이르는 말. ¶【관용구】등껍띠기 벳기다. =등껍질 벗기다

등더리[1][_-_] 명 등. ¶【관용구】창시가 등더리에 붙읐다. =창자가 등에 붙었다. ¶【속담】등더리 시럽운 절 받기 싫다.

=등 시린 절 받기 싫다.

등더리[2][_-_] 명 등허리. 허리의 등 쪽. ¶비가 올랑강 등더리가 아푸다. =비가 올는지 등허리가 아프다.

등띨미[_-_] 명 등덜미. 등의 윗부분.

등물[-_] 명 등목(-沐). 팔다리를 뻗고 바닥에 엎드린 사람의 등에 물을 끼얹어, 몸을 씻고 더위를 식혀 주는 일. ¶【관용구】등물을 치다. =등목을 하다.

등삐[-_] 명 등뼈. ¶【관용구】등삐가 히다. =등뼈가 휘다. ☞등삐간지.

등삐간지[_ _-_] 명 등뼈. '등뼈'를 속되게 이르는 말. ¶【관용구】등삐간지 시럽다. =등뼈가 시리다. ☞등삐.

등시이[등시~이 _-_] 명 등신(等神). 나무, 돌, 흙, 쇠 따위로 만든 사람의 형상이라는 뜻으로, 몹시 어리석은 사람을 낮잡아 이르는 말. ¶【관용구】등시이 겉은 넘. =등신 같은 놈. ¶【관용구】등시이 치급하다. =등신 취급하다.

등지개[_-_] 명 등거리. 여름에 남자들이 입는 적삼. *창녕에서 '등지개'라고 부르는 적삼은 깃이 없고 깃 가장자리에 좁은 폭의 연을 대었다. 앞에는 고름 대신 단추나 매듭을 대었으며 주머니가 달린 실용적인 옷이다. ¶【속담】등지개 입고 자아 간다. =등거리 입고 장에 간다.

등짹이[등째기 _-_] 명 등짝. '등'을 속되게 이르는 말. ¶【관용구】등짹이에 찬물 찌얹는 듯다. =등짝에 찬물 끼얹는 듯하다. ☞장디이.

등창하다[_--_] 동 진동하다(振動--). 냄새 따위가 아주 심하게 나다. ¶【관용구】내미가 등창하다. =냄새가 진동하다. ☞등천하다. 왕등하다.

등천하다[_--_] 동 진동하다(振動--). ☞등창하다. 왕등하다.

등하이[등하~이 _-_] 부 등한히(等閒-). 무관심하거나 소홀하게. ¶공부로 등하이 하지 말고 여무치기 해라. =공부를 등한히 하지 말고 야무지게 해라.

디[1][-] 명 되. 곡식, 가루, 액체 등을 담아 그 양을 헤아리는 데 쓰는 그릇. ¶【속담】디로 주고 말로 받는다. =되로 주고 말로 받는다.

디[2][_] 명 뒤. ①공간적으로, 향하고 있는 방향에 반대되는 쪽이나 곳. ¶【속담】디로 자빠라지도 코 뿌쌓는다. =뒤로 자빠져도 코 깬다. ②시간적으로 다음이나 나중. ¶오올 할일로 디로 미랐다. =오늘 할일을 뒤로 미루었다. ③보이지 않는 존재 또는 장소. ¶【속담】디로 캐마 삼검불 안 노오는 집아이 없다. =뒤를 캐면 삼거웃 안 나오는 집안이 없다. ④어떤 일을 잘해 나가도록 대주거나 도와주는 힘. 또는 돌보아 주거나 바라지하는 일. ¶【관용구】디로 바주다. =뒤를 봐주다. ⑤어떤 일이나 사건이 끼친 자취나 흔적 또는 결과. ¶【관용구】디가 하잖다. =뒤가 나쁘다. ¶【관용구】디가 구리다. =뒤가 구리다. ⑥좋지 않은 감정이나 노기 등의 계속적인 작용. ¶【관용구】디가 없다. =뒤가 없다. ⑦사람의 똥을 완곡하게 이르는 말. ¶【관용구】디가 매럽다. =뒤가 마렵다.

-디[1][_] 접 -뒤. ①((일부 동사 앞에 붙어)) '함부로, 마구' 또는 '몹시'의 뜻을 더하는 접두사. ¶태국기로 디흔들었다. =태극기를 뒤흔들었다. ②((일부 타동사 앞에 붙어)) '정반대의 상태로' 즉 '안쪽의 것을 바깥쪽으로' 또는 '아래쪽의 것을 위쪽으로'의 뜻을 더하는 말. ¶옷을 디바까 입읐다. =옷을 뒤바꿔 입었다. ③((일부 동사 앞에 붙어)) '온통', '전부'의 뜻을 더하는 말. ¶미검이 디덮힜다. =먼지가 뒤덮였다.

-디[2][_] 어 -더니. ((용언의 어간 또는 어미 뒤에 붙어)) 과거 어느 때에 직접 경험하여 알게 된 사실을 현재의 말하는 장면에 그대로 옮겨 와서 전달한다는 뜻을 나타내는 어미. ¶깐치가 울디 반갑운 손님이 옸다. =까치가 울더니 반가운 손님이 왔다.

디기[_-] 부 되게. 아주 몹시. ¶오올은 디기 떱다. =오늘은 되게 덥다. ☞데기.

디꼭띠기[_ _-_] 명 뒤통수. 머리의 뒤쪽. ¶【관용구】디꼭띠기 얻어맞다. =뒤통수 얻어맞다. ¶【속담】엎우진 넘 디꼭띠기 차기. =엎어진 놈 뒤통수 차기. ¶【속담】가는 손님 디꼭띠기가 이뿌다. =가는 손님 뒤통수가 예쁘다. ☞디통시.

디꼭지[_-_] 명 꼭뒤. 뒤통수의 한가운데. ¶【속담】디꼭지가 시 뻠이다. =꼭뒤가 세 뼘이다. ¶【속담】디꼭지에 버은 물이 발디꿈치로 니린다. =꼭뒤에 부은 물이 발뒤꿈치로 내린다.

디꼼치[_-_] 명 뒤꿈치. 발의 뒤쪽 발바닥과 발목 사이의 불룩한 부분. ¶【관용구】디꼼치가 지리다. =뒤꿈치가 저리다.

디꾸무리[_--_] 명 뒤꾸머리. ①발의 뒤쪽 발바닥과 발목 사이의 불룩한 부분. ¶【관용구】디꾸무리가 뚜꿉다. =뒤꾸머리가 두껍다. ②어떤 사람이 가진 능력이나 자질의 가장 낮은 수준을 비유적으로 이르는 말. ¶【관용구】디꾸무리도 몬 따라간다. =뒤꾸머리도 못 따라간다.

디끼다[-_ _] 동 뒤집다. ☞더부시다. 덜끼다. 디비다. 디비씨다.

-디나[-_] 어 -더냐. ☞-더나.

-디노[-_] 어 -더냐. ☞-더노.

디늦가[디늗까 _ _-] 부 뒤늦게. 이미 제때가 지나 꽤 늦게. ¶디늦가 오서 어만소리 한다. =뒤늦게 와서 엉뚱한 소리 한다. ☞가리늦가.

디늦가사[디늗까사 _ _-_] 부 뒤늦게야. 이미 제때가 지나 꽤 늦게야. ☞가리늦까사.

디다[1][_ _] 형 되다. 피곤하다(疲困--). ☞데다.

디다[2][-_] 동 되다. ①괜찮거나 바람직하다. ¶【관용구】디도 안하다. =되도 않다. ②되질하다. ☞데다.

디다[3][_ _] 동 데다. ①뜨거운 물건에 닿아 살이 상하다. ¶【속담】딘 데 터러기 안 난다. =덴 데 털 안 난다. ¶【속담】딘 가숨 아푸다. =덴 가슴 아프다. ②고통이나 피해를 받아 진저리가 나다.

¶【속담】씨기 디마 회[膾]도 불우가미 묵는다. =몹시 데면 회도 불어가며 먹는다.

-디다[-_] 어 -더이다. ((용언이나 '이다'의 어간 또는 선어말 어미 뒤에 붙어)) 과거에 듣고 겪은 사실을 회상하여 상대에게 일러 주는 뜻을 나타내는 말. ¶아아는 집에 잘 대있다 캅디다. =애는 집에 잘 도착했다 하더이다. ☞-디더.

디다보다[_-_] 동 들여다보다. ☞더다보다. 들받아보다. 딜이다보다.

-디더[-_] 어 -더이다. ☞-디다.

디덜빠아[디덜빠~아 _ _-_] 명 디딜방아. 발로 디디어 곡식을 찧거나 빻게 된 방아. ¶디덜빠아에 곡석을 찧었다. =디딜방아에 곡식을 찧었다.

디데다[_-_] 동 데되다. 됨됨이가 제대로 잘 이루어지지 못하다. ¶【속담】디덴 자석이 밥 마이 묵는다. =데된 자식이 밥 많이 먹는다.

디도안했다[디도안핻때 -_ _-_] 형 되잖다. 옳지 않거나 이치에 맞지 않은 상태에 있다. ¶이거는 생긴 꼬라지가 디도안했다. =이건 생긴 꼴이 되잖다.

디디[_-] 부 둘둘. 어떤 물건이 여러 겹으로 둥글게 말리는 모양. ¶끄내끼로 디디 묶았다. =끈으로 둘둘 묶었다.

디디낳다[디디나타 _-_ _] 동 디뎌놓다. 메주나 누룩의 반죽을 보에 싸서 밟아 덩어리를 지어놓다. ¶【속담】욕심꾸리기 미지 디디낳안 딧기. =욕심꾸러기 메주 디뎌놓은 듯이.

디디하다[_ _-_] 형 데데하다. 변변하지 못하여 보잘것없다. ¶디디한 짓을 와 하꼬. =데데한 짓을 왜 할까. ☞디숭하다.

디딜이[디디리 --_] 명 되들이. 한 되를 담을 수 있는 분량. ¶참지름 디딜이 비이. =참기름 되들이 병.

-디라[-_] 어 -더니라. ((해라할 자리에 쓰여)) 과거에 직접 경험하여 알게 된 사실을 회상하여 일러 주는 뜻을 나타내는 종결어미. ¶이전에는 입울 끼이 없디라. =예전에는 입을 게 없더니라.

디라다[1][_-_] 동 드리다. ①땋은 머리끝에 댕기를 물리다. ¶분옹 둘매기 입고 머리에는 갑사댕기로 디랐다. =분홍 두루마기 입고 머리에는 갑사댕기를 드렸다. ②섞인 잡것을 없애기 위하여 떨어 놓은 곡식을 바람에 날리다. ¶바램에 콩을 디라서 말꿈하기 했다. =바람에 콩을 드리어 말끔하게 했다.

디라다[2][_-_] 동 늘어뜨리다. 신체의 일부나 사물을 한쪽 끝이 아래로 처지게 하다. ¶개가 꼬랑대이로 디라고 있다. =개가 꼬리를 늘어뜨리고 있다. ☞늘어띠리다. 처자다.

디라지다[_-_ _] 동 늘어지다. 늘어져서 아래로 처지게 되다. ¶【속담】오니얼 소봉알 디라지딧기. =오뉴월 소불알 늘어지듯이. ☞까라지다.

디럼[-_] 명 도련님. ☞데럼.

디룩디룩[_ _ _-] 부 뒤룩뒤룩. 군살이 처지도록 살이 쪄서 뚱뚱한 모양을 나타내는 말. ¶사램이 살마 디룩디룩 찌아마 대애지 덴다. =사람이 살만 뒤룩뒤룩

찌우면 돼지 된다.

디리다[--_] 동 드리다. ①'주다'의 높임말. ¶할배인데 말씸을 디랐다. =할아버지께 말씀을 드렸다. ②조상님께 제물을 올리다. ¶【관용구】잔을 디리다. =술잔을 드리다.

디리하다[-___] 동 도리기하다. 여러 사람이 나누어 낸 돈으로 음식을 장만하여 나누어 먹다. *도리기>데리기>데리>디리. ¶오올겉이 비 오는 날 디리한다. =오늘같이 비 오는 날 도리기한다.

-디마는[-__] 어 -더니만. ☞-더마는. -디만.

-디만[-_] 어 -더니만. ☞-더마는. -디마는.

디미[-_] 명 더미. 많은 물건 따위가 한데 모여 쌓인 큰 덩어리. ¶거룸디미(거름더미). ¶빚디미(빚더미). ¶산디미(산더미). ☞덤비기.

디방매이[디빵매~이 __-_] 명 평미레(平--). *디(되)+방매이(방망이). ☞공굴대.

디불[-_] 명 뒷벌. ≒뒷들. 마을 뒤에 있는 들. 주로 지명에 쓰인다. *뒤+벌>디벌>디불. ¶디불띡이(뒷벌댁).

디비[1][_-] 부 거꾸로. 차례나 방향, 또는 형편 따위가 반대로 되게. ¶【관용구】새 디비 날라가는 소리 하고 있다. =새 거꾸로 날아가는 소리 하고 있다. ☞꺼꾸로. 꺼꾸리. 꺼꿀로. 꺼꿀배기로. 디비씨.

디비[2][_-] 명 도배(塗褙). 종이로 벽이나 반자, 장지 따위를 바르는 일.

디비나새이[디비나새~이 ___-_] 명 뒤집기. ①일이나 행동의 순서가 거꾸로 됨. ¶낮에는 놀고 밤에 공부한다꼬 디비나새이로 한다. =낮에는 놀고 밤에 공부한다고 뒤집기를 한다. ②몸을 뒤집는 행동. ¶이불 우에서 디비나새이 하지 마래이. =이불 위에서 뒤집기 하지 마라.

디비다[1][_-_] 동 뒤집다. ☞더부시다. 덜끼다. 디끼다. 디비씨다.

디비다[2][_-_] 동 뒤지다. 숨겨둔 물건 따위를 요리조리 들추어내다. ¶【속담】도독맞은 넘은 이미 쏙꼿도 디빈다. =도둑맞은 놈은 어미 속곳도 뒤진다. ☞디지다.

디비데다[__-_] 동 잘못되다. ①계획이 틀어지다. ¶날씨 때미로 일이 디비뎄다. =날씨 때문에 일이 잘못됐다. ②인품 따위가 그릇되다. ¶절마는 영 디비뎄구마는. =저놈은 영 잘못됐구먼. ☞잘몬데다.

디비시씨다[1][_-_-_] 동 덮어쓰다. ☞더부시씨다. 덮우씨다.

디비시씨다[2][_-_-_] 형 충분하다(充分--). ☞널너리하다. 널럴하다. 더부시씨다. 덮우씨다. 째지다.

디비씨[_-_] 부 거꾸로. ☞꺼꾸로. 꺼꾸리. 꺼꿀로. 꺼꿀배기로. 디비.

디비씨다[_-__] 동 뒤집다. ☞더부시다. 덜끼다. 디끼다. 디비다.

디비자다[_--_] 동 ≒자다. 늘어져 잠을 자는 행위를 낮잡아 이르는 말. ¶【속담】대애지는 밥 묵고 디비자야 데고 사램은 밥 묵고 나부대야 덴다. =돼지는 밥 먹고 자야 되고 사람은 밥 먹고 나부대야 된다.

디비지다[_-__] 동 뒤집어지다. ①물건 따위가 뒤집은 상태가 되다. ¶우사이 디비졌다. =우산이 뒤집어졌다. ②마음이나 감정이 지나치게 들뜨거나 흥분하는 상태가 되다. ¶【관용구】가이 디비지다. =간이 뒤집어지다. ③순서가 뒤바뀌다. ¶일등캉 꼰또가 디비졌다. =일등과 꼴찌가 뒤집어졌다.

디비쪼아다[__-__] 동 뒤집어하다. 거꾸로 된 짓을 하다. ¶넘 놀 때 일하는 거는 디비쪼아는 짓이다. =남 놀 때 일하는 것은 뒤집어하는 짓이다.

디숭하다[__-_] 형 데데하다. ☞디디하다.

디쑹쑹하다[___-_] 형 뒤숭숭하다. ①느낌이나 마음이 어수선하고 불안하다. ¶【관용구】꿈자리가 디쑹쑹하다. =꿈자리가 뒤숭숭하다. ②무엇이 종잡을 수 없이 뒤섞이거나 흩어져 어수선하다. ¶짐이 디쑹쑹하이 널리있다. =짐이 뒤숭숭하게 널려있다.

디아다[1][-__] 동 동이다. 끈이나 실 따위로 감거나 둘러 묶다. ¶【속담】거무줄로 방구 디아듯기. =거미줄로 방귀 동이듯. ¶【속담】영갬이 상투 커서 머 하노. 당줄마 디아마 고마이지. =영감이 상투 커서 뭘 하나. 당줄만 동이면 그만이지.

디아다[2][-__] 동 죄다. 무엇을 어떤 도구로 바싹 틀어넣거나 당겨 매어 떨어지지 않게 하다. ¶나사로 깍 디았다. =나사를 꽉 죄었다. ☞조아다. 조우다. 쪼아다. 쪼우다.

디아매다[-_-_] 동 동여매다. ☞동치매다. 똥치매다. 홀까매다.

디안[_-] 명 뒤꼍. 뒤뜰. ¶디안에 개이가 천지삐까리네예. =뒤꼍에 고양이가 많네요. ☞굴묵디. 덧단.

디옹박[_-_] 명 뒤웅박. 박을 반으로 쪼개지 않고 둥근 모양 그대로 꼭지 근처에 구멍만 뚫고는 그 속을 파낸 바가지. ¶【속담】여핀네 팔자는 디옹박 팔자. =여편네 팔자는 뒤웅박 팔자. ¶【속담】디옹박 신꼬 얼움판에 선 거 겉다. =뒤웅박 신고 얼음판에 선 것 같다.

디우[-_] 부 오히려. 일반적인 기준이나 짐작, 기대와는 전혀 반대되거나 다르게. ¶【속담】옘빙에 보리죽을 무우야 디우 낫겄다. =염병에 보리죽을 먹어야 오히려 낫겠다. ☞딧디. 엘로. 오히리.

디이[1][디~이 -_] 명 덩어리. ((일부 명사 뒤에 붙어)) 그러한 성질을 가지거나 그런 일을 일으키는 사람이나 사물을 나타내는 말. *창녕방언에서는 '덩어리'와 '덩이'를 구분하지 않는다. 그러나 가볍고 물렁한 사물은 '덩거리' 또는 '디이'로, 무겁고 딱딱한 사물은 '떵거리' 또는 '띠이'로 구분해서 쓴다. ¶호박 니 디이. =호박 네 덩이. ¶간디이(간덩이). ¶금띠이(금덩어리). ¶씨띠이(쇳덩어리). ☞덩거리. 떵거리. 띠이.

디이[2][__] 조 든가. ☞던강. 던동.

-디이[1][디~이 -_] 접 -둥이. ((일부 명사 뒤에 붙어)) '그러한 성질이 있거나 그와 긴밀한 관련이 있는 사람'의 뜻을 더하는 접미사. ¶기엄디이(귀염둥이).

¶바램디이(바람둥이). ¶쌍디이(쌍둥이).

-디이[2][-_] 어 -더니. 과거와 관련된 상황을 이어 주는 연결어미. ¶일로 마이 했디이 전시이 쑤씬다. =일을 많이 했더니 전신이 쑤신다.

-디이마는[-___] 어 -더니만. ¶어지 갔디이마는 아무도 없데예. =어제 갔더니만 아무도 없데요.

디재이[디재~이 --_] 명 말감고(-監考). 곡식을 팔고 사는 시장판에서 되질하거나 마질하는 일을 직업으로 하던 사람을 낮잡아 이르는 말.

디적기리다[__-__] 동 되작거리다. ①물건들을 요리조리 들추며 자꾸 뒤지다. ¶옷을 와 자꾸 디적기리노? =옷을 왜 자꾸 되작거리느냐? ②이리저리 이모저모 살펴보다. ¶사지도 안할 거로 말라꼬 디적기립미꺼? =사지도 않을 것을 뭐하려고 되작거립니까?

디주[_-] 명 뒤주. ☞두지.

디지개[_-_] 명 ((동물))두더지. ¶【관용구】디지개 호인[婚姻] 걸다. =두더지 혼인 같다. ☞디지기.

디지기[_-_] 명 ((동물))두더지. ☞디지개.

디지다[1][-_] 동 뒤지다. ☞디비다.

디지다[2][-__] 동 뒈지다. '죽다'를 속되게 이르는 말. ¶【속담】디지바야 저싱을 안다. =뒈져봐야 저승을 안다. ¶【속담】디진 넘 콧짐만도 몬하다. =뒈진 놈 콧김만도 못한다.

디직이다[디지기다 _-__] 동 뒤적이다. ①무엇을 이리저리 들추며 자꾸 뒤지다. ¶골팬 찾을라꼬 가방 안을 디직있다. =볼펜을 찾으려고 가방 안을 뒤적였다. ②무엇을 이리저리 자꾸 뒤집다. ¶둥구리로 디직이서 불길로 살맀다. =장작을 뒤적여서 불길을 살렸다. ☞허지이다.

디질[--] 명 되질. 곡식을 되나 됫박으로 분량을 헤아리는 일. ¶【속담】말은 할수룩이 늘고 디질은 할수룩이 준다. =말은 할수록 늘고 되질은 할수록 준다.

디질빙[디질삥 -__] 명 죽을병(--病). 살아날 가망이 없는 병을 천하게 이르는 말. ¶【속담】디질빙에도 살 약은 있다. =죽을병에도 살 약은 있다. ☞죽울빙.

디질하다[--__] 명 되질하다. 곡식을 되나 됫박으로 분량을 헤아리는 일을 하다. ¶【속담】디재이 디질하덧기 한다. =말감고 되질하듯 한다.

디집우씨다[디지부씨다 ___-_] 동 뒤집어쓰다. ①몸 전체를 가리도록 덮다. ¶【속담】소가죽 디집우씼다. =쇠가죽 뒤집어썼다. ②허물이나 책임을 혼자 넘겨서 지다. ¶넘우 지로 디집우씼다. =남의 죄를 뒤집어썼다.

디집우씨아다[디지부씨아다 ___-__] 동 뒤집어씌우다.

디집히다[디지피다 __-_] 동 뒤집히다. 사물이 위쪽과 아래쪽 또는 앞쪽과 뒤쪽이 서로 바뀌게 되다. ¶기운기가 개골창에 디집힜다. =경운기가 개울에 뒤집혔다.

디쪽[_-] 명 뒤쪽. 향하고 있는 방향과 반대쪽. ¶【관용구】디쪽을 파다. =뒤쪽을 파다.

디치다[-__] 동 데치다. 채소 따위를 끓는 물에 잠깐 넣어 슬쩍 익히다. ¶【관용구】너물로 디치다. =나물을 데치다. ☞소꾸라다. 소쿠라다.

디치닥꺼리[___-_] 명 뒤치다꺼리. ¶자석 디치닥꺼리. =자식 뒤치다꺼리. ☞딧손.

디치닥꺼리하다[___-___] 동 뒤치다꺼리하다. ☞딧손보다.

디통시[_-_] 명 뒤통수. ☞디꼭띠기.

디통바리[__-_] 명 뒤틈바리. 어리석고 미련하며 하는 짓이 거친 사람을 얕잡아 이르는 말. ¶디통바리 쪽대질하민서 미꾸래이 잡딧기. =뒤틈바리 족대질하며 미꾸라지 잡듯이.

디통시럽다[__-__] 형 데퉁스럽다. ☞데통시럽다.

디통시리[__-_] 부 데퉁스레. ☞데통시리.

디틸리다[__-_] 동 뒤틀리다. ①감정이나 마음이 상하거나 불편해지다. ¶【관용구】쏙이 디틸리다. =속이 뒤틀리다. ②몸이나 물건이 이리저리 꼬여서 비틀어지다. ¶문째기가 디틸맀다. =문짝이 뒤틀렸다. ③일이 제대로 이루어지지 않게 되다. ¶다 덴 일이 디틸맀다. =다 된 일이 뒤틀렸다.

딘똥[_-] 명 된똥. 물기가 적어 단단하게 뭉쳐서 나오는 똥. ¶【관용구】딘똥 싸다. =된똥 싸다. ¶【속담】냉수 마시고 딘똥 누겄다. =냉수 마시고 된똥 누겠다.

딘밥[_-] 명 된밥. ①물기를 적게 하여 고들고들하게 지은 밥. ¶【관용구】딘밥 묵다. =된밥 먹다. ②국이나 물에 말지 않은 밥. ¶【관용구】딘밥 말아묵다. =된밥 말아먹다.

딘서방[_-_] 명 된서방(-書房). 몹시 까다롭고 가혹한 남편. ¶【속담】노리에 딘서방 만냈다. =노후에 된서방 만났다.

딘써리[_-_] 명 된서리. ①늦가을에 아주 되게 내리는 서리. ¶딘써리가 니맀다. =된서리가 내렸다. ②매섭고 사나운 재앙이나 타격을 비유적으로 이르는 말. ¶【관용구】딘써리 만내다. =된서리 만나다.

딘장[_-] 명 된장(-醬). ☞덴장.

딘장철기[_--_] 명 ((동물))된장잠자리. ☞미물짠자리.

딛기다[디끼다 _-_] 동 들리다. '듣다'의 피동사. ¶【관용구】얄궂운 소리가 딛기다. =얄궂은 소리가 들리다. ☞딜리다.

딛다[-_] 동 듣다. 어떤 소리를 귀로 느껴 알다. ¶【속담】이림이 곱아야 딛기도 좋다. =이름이 고와야 듣기도 좋다. ¶【속담】딛기 좋운 꽃노래도 한두 분. =듣기 좋은 꽃노래도 한두 번.

딜꼬가다[__-_] 동 데려가다. ☞델꼬가다.

딜꼬오다[__-_] 동 데려오다. ☞델꼬오다.

딜낳다[딜나타 _-_] 동 들여놓다. 밖에서 안으로 가져다 놓다. ☞딜라낳다. 딜이낳다.

딜다[딜따 -_] 동 데리다. 사람이나 동물 따위를 자기 몸 가까이 있게 하다. ¶【속담】맨맨한 년은 지 서방도 몬 딜꼬 잔다. =만만한 년은 제 서방도 못 데리고 잔다.

ㄷ

딜따[_-] 부 들입다. 무지막지할 정도로 아주 세차게. ¶쏘내기가 한바탕 딜따 퍼버었다. =소나기가 한바탕 들입다 퍼부었다. ☞딜입다. 덜입디.

딜따비이다[___-_] 동 들여다보이다. ①안에 있는 것이 밖에서 보이다. ¶【속담】손에 지인 덧기 딜따비인다. =손에 쥐인 듯이 들여다보인다. ②속셈이 보이다. ¶【관용구】쏙이 딜따비이다. =속이 들여다보이다. ③가까이서 자세히 살피게 하다. ¶아푼 데로 으사인데 딜따비있다. =아픈 데를 의사한테 들여다보였다.

딜따주다[-_-_] 동 데려다주다. ☞델따주다.

딜라가다[_-__] 동 들여가다. ☞들라가다.

딜라낳다[딜라나타 _-__] 동 들여놓다. ☞딜낳다. 딜이낳다.

딜라다[_-_] 동 들이다. ☞들라다. 딜이다.

딜락기리다[__-__] 동 들락거리다. 자꾸 들어왔다 나갔다 하다. ¶【속담】고자 처갓집 딜락기리덧기 한다. =고자가 처갓집 들락거리듯 한다.

딜리다[1][_-_] 동 들리다. ①'듣다'의 피동사. ☞딘기다. ②병이 걸리다. ¶【속담】빙 딜린 닭맨치로. =병 들린 닭처럼. ②귀신이나 넋 따위가 덮치다. ¶【관용구】구신 딜리다. =귀신 들리다.

딜리다[2][-__] 동 들르다. '들다'의 사동사. ¶잔집에 딜랐다가 왔다. =작은집에 들렀다가 왔다. ☞들리다.

딜미[-_] 명 덜미. 목의 뒷부분. ¶【속담】엿 묵다가도 딜미 잽힌다. =엿 먹다가도 덜미 잡힌다.

딜미이다[_-__] 동 들먹이다. ☞덜미이다. 덜믹이다. 딜믹이다.

딜믹이다[딜미기다 _-__] 동 들먹이다. ☞덜미이다. 덜믹이다. 딜미이다.

딜쑤씨다[_-__] 동 들쑤시다. ①남을 가만히 있지 못하게 마구 들썩이다. ¶돈 도라꼬 아부지로 딜쑤씬다. =돈 달라고 아버지를 들쑤신다. ②무엇을 찾으려고 샅샅이 마구 헤치다. ¶지갑 찾니라꼬 방을 딜쑤씼다. =지갑 찾느라고 방을 들쑤셨다. ③쿡쿡 찌르듯이 몹시 아픈 느낌이 들다. ¶딧골이 딜쑤씬다. =뒷골이 들쑤신다.

딜이-[디리 --] 접 들이-. ((일부 동사 앞에 붙어)) '몹시', '마구', '갑자기'의 뜻을 더하는 접두사. ¶딜이닥치다(들이닥치다). ¶딜이밀다(들이밀다). ¶딜이받히다(들이받히다). ¶딜이패다(들이패다).

딜이낳다[디리나타 _-__] 동 들여놓다. ☞딜낳다. 딜라낳다.

딜이다[1][디리다 -__] 동 들이다. ☞들라다. 딜라다.

딜이다[2][디리다 -__] 동 들이다. ①어떤 일에 물자나 시간, 노력 따위를 쓰거나 바치다. ¶돈 벌이서 자석인데 공을 딜인다. =돈 벌어서 자식에게 공을 들인다. ②어떤 일에 재미나 맛, 버릇 따위를 몸에 배게 하다. ¶아부지가 단배 끊고 군입질에 맛을 딜있어예. =아버지가 담배 끊고 군입질에 맛을 들였어요. ③바람이나 불길 따위가 안으로 들다. ¶불묵에 불이 잘 딜인다. =불목에 불이 잘 들인다.

딜이다보다[디리다보다 -__-_] 동 들여다보다. ☞더다보다. 들받아보다. 디다보다.

딜이대다[-_-_] 동 들이대다. ①물건을 어디에 바싹 가까이 가져다 대다. ¶차로 가죽기 딜이대라. =차를 가깝게 들이대어라. ②물을 논에 끌어들여 대다. ¶논에 돌캉물로 딜이댄다. =논에 도랑물을 들이댄다.

딜이박다[디리박따 -_-_] 동 들이받다. ①사람이나 동물이 몸이나 차로 무엇을 함부로 세게 부딪게 하다. ¶차가 낭글 딜이박았다. =차가 나무를 들이받았다. ②사람이 머리를 무엇에 함부로 들이밀어 받다. ¶전봇대에 이망을 딜이박았다. =전봇대에 이마를 들이받았다. ☞뜰받다.

딜이백히다[디리배키다 _-_-_] 동 들어박히다. ☞들이백히다.

딜이뽂다[디리뽁따 -_-_] 동 들볶다. 까다롭게 굴거나 잔소리를 하거나 하여 남을 못살게 굴다. ¶씨오마시가 미너리로 딜이뽂았다. =시어머니가 며느리를 들볶았다.

딜이시다[디리시다 -___] 동 들이쉬다. 숨을 속으로 들이켜 마시다. ¶숨을 딜이시기도 어렵다. =숨을 들이쉬기도 어렵다.

딜이시아다[디리시아다 -_-__] 동 들이세우다. 안쪽으로 들여다 세우다. ¶지둥을 쪼매마 더 딜이시아라. =기둥을 조금만 더 들이세워라.

딜이앉다[디리안따 -_-_] 동 들어앉다. ☞들앉다.

딜이앉하다[디리안차다 -__-_] 동 들여앉히다. '들어앉다'의 사동사. ☞들앉하다.

딜이재아다[디리재아다 -_-__] 동 들여쌓다. 밖에서 안으로 가져다가 쌓다. ¶창꼬에 가마이로 딜이재안다. =창고에 가마니를 들여쌓는다.

딜입다[디립따 __-] 부 들입다. 무지막지할 정도로 아주 세차게. ¶커단한 개가 딜입다 다알든다. =커다란 개가 들입다 달려든다. ☞딜따. 딜입디.

딜입디[디립띠 __-] 부 들입다. ☞딜따. 딜입다.

딤비다[-__] 동 덤비다. ☞뎀비다.

딧간[디깐 _-] 명 뒷간. 집 뒤편에 자리한 변소(便所)를 이르는 말. ¶【관용구】딧간서 개 부루기다. =뒷간에서 개 부르기다. ¶【속담】딧간하고 처갓집은 멀어야 덴다. =뒷간과 처갓집은 멀어야 된다. ¶【속담】딧간에 갈 쩍 마암 다르고 올 쩍 마암 다르다. =뒷간에 갈 적 마음 다르고 올 적 마음 다르다. ☞똥구디기. 정낭. 통시.

딧걸움[디꺼룸 _-_] 명 뒷걸음. 뒤로 걷거나 물러서는 걸음. ¶【속담】까재 딧걸움이나 끼 옆걸움이나. =가재 뒷걸음이나 게 옆걸음이나.

딧걸움치다[디꺼룸치다 _-_-_] 동 뒷걸음치다. ¶【속담】항소 딧걸움치다가 지 잡는다. =황소 뒷걸음치다가 쥐 잡는다.

딧골[1][디꼴 _-] 명 뒤 골. 마을 뒤쪽에 위치해 있는 골짜기. *'딧골'은 표준어로

ㄷ

보면 명사구지만 창녕방언에서는 굳어진 말이라 하나의 명사로 보는 게 낫다. ¶【속담】딧골 야시가 돌본다. =뒤골 여우가 돌본다. ¶【속담】술 댐배 안 묵고 사 낳안 대애지로 딧골 호래이가 물고 갔다. =술 담배 안 먹고 사 놓은 돼지를 뒤 골 호랑이가 물고 갔다.

딧골[2][디꼴 _-] 명 뒷골. 머리의 뒤쪽. ¶【관용구】딧골 땡기다. =뒷골 당기다.

딧골[3][디꼴 _-] 명 뒷모습. 뒤에서 본 모습. ¶딧골이 영판 저거 히이캉 닮았다. =뒷모습이 흡사 자기 형과 닮았다. ☞딧모숩.

딧골묵[디꼴묵 _-_] 명 뒷골목. 큰길 뒤로 나 있는 좁은 골목. ¶【관용구】딧골묵서 노다. =뒷골목에서 놀다.

딧구녕[디꾸녕 _-_] 명 뒷구멍. ①뒤쪽에 있는 구멍. ¶【속담】딧구녕어로 호박씨 깐다. =뒷구멍으로 호박씨 깐다. ②드러내지 않고 넌지시 행동할 만한 방법. ¶【관용구】딧구녕어로 드가다. =뒷구멍으로 들어가다. ¶【관용구】딧구녕어로 빼돌리다. =뒷구멍으로 빼돌리다. ¶【관용구】딧구녕을 파다. =뒷구멍을 파다. ☞딧구늉. 딧구뭉. 딧구중.

딧구늉[디꾸늉 _-_] 명 뒷구멍. ☞딧구녕. 딧구뭉. 딧구중.

딧구뭉[디꾸뭉 _-_] 명 뒷구멍. ☞딧구녕. 딧구늉. 딧구중.

딧구숙[디꾸숙 _-_] 명 뒷구석. 몹시 구석진 곳. ¶【관용구】딧구숙에 처백히다. =뒷구석에 처박히다.

딧구중[디꾸중 _-_] 명 뒷구멍. ☞딧구녕. 딧구늉. 딧구뭉.

딧기[디끼 -_] 명 듯이. ☞듯기.

-딧기[디끼 -_] 어 -듯이. ☞-듯기.

딧단[디딴 _-] 명 뒤꼍. 집 뒤에 있는 뜰이나 마당. ☞굴묵디. 디안.

딧덜미[디떨미 _-_] 명 목덜미. 목의 뒤쪽 부분과 그 아래 근처. ¶【관용구】딧덜미가 땡기다. =목덜미가 당기다. ¶【관용구】딧덜미 잽히다. =목덜미 잡히다. ☞딧목. 딧목아지. 목줄기.

딧디[디띠 -_] 부 오히려. ¶【속담】도덕넘이 딧디 큰소리친다. =도둑놈이 오히려 큰소리친다. ☞디우. 엘로. 오히리.

딧모숩[딘모숩 __-] 명 뒷모습. ☞딧골.

딧목[딘목 _-] 명 목덜미. ☞딧덜미. 딧목아지. 목줄기.

딧목아지[딘모가지 __-_] 명 목덜미. ☞딧덜미. 딧목. 목줄기.

딧묵[딘묵 _-] 명 뒷목. 타작할 때에 북데기에 섞이거나 마당에 흩어져 남은 찌꺼기 곡식. ¶【관용구】딧묵을 쩧다. =뒷목을 찧다.

딧발텁[딛발텁 _-_] 명 며느리발톱. 새끼발톱 뒤에 덧달린 작은 발톱.

딧손[디쏜 _-] 명 뒤치다꺼리. ☞디치닥거리.

딧손보다[딛쏜보다 _--_] 동 뒤치다꺼리하다. 뒤에서 일을 보살펴서 도와주다. ¶아아들 딧손본다. =애들 뒤치다꺼리한다. ☞디치닥꺼리하다.

딧일[딘닐 _-] 명 뒷일. 어떤 일이 일어난 뒤에 생길 일. ¶딧일은 내가 책엄지께. =뒷일은 내가 책임질게.

딧짐[디찜 _-] 명 뒷짐. 두 손을 등 뒤로 젖혀 마주잡는 것. ¶【관용구】딧짐을 지다. =뒷짐을 지다.

딩가다[_-_] 동 댕기다. 어떤 물체에 불을 붙게 하다. ¶성양에 불로 딩가서 부석 아리에 가아갔다. =성냥에 불을 댕겨서 아궁이에 가져갔다.

딩기[-_] 명 등겨. 보리나 쌀을 찧을 때 나오는 고운 속겨. ¶【속담】개 대가리에 딩기 털어 묵울 넘. =개 대가리에 등겨 털어 먹을 놈. ¶【속담】쌀 훔치 문 개는 안 더들키고 딩기 훔치 문 개는 더들킨다. =쌀 훔쳐 먹은 개는 안 들키고 등겨 훔쳐 먹은 개는 들킨다.

딩기다[-__] 동 댕기다. 불이 옮아 붙다. ¶【속담】딩기는 불에 부채질한다. =댕기는 불에 부채질한다.

딩기떡[-__] 명 개떡. 보릿겨나 쌀겨 따위를 반죽하여 아무렇게나 반대기를 지어 찐 떡. ¶【관용구】딩기떡 겉다. =개떡 같다. ¶【속담】딩기떡을 떡이라 하미 다선애비를 애비라 하까. =개떡을 떡이라 하며 의붓아비를 아비라 하랴.

딩깃불[딩기뿔 -__] 명 겻불. 벼를 찧어 벗겨 낸 껍질을 태우는 불. ¶【속담】딩깃불로 찌알깝세 얼우 죽는 기이 낫다. =겻불을 쬐느니 얼어 죽는 게 낫다. ¶【속담】오유얼 딩깃불도 찌이다 말마 써붆다. =오뉴월 겻불도 쬐다 말면 서운하다. ☞매지밋불. 왕딩깃불.

따개다[1][_-_] 동 쪼개다. 둘 이상으로 나누다. ¶【속담】수박은 따개바야 쏙을 안다. =수박은 쪼개봐야 속을 안다. ☞짜개다.

따개다[2][_-_] 동 가르다. 양쪽으로 열어젖히다. ¶송에 배애지 따갠다. =붕어 배때기 가른다. ☞갈라티리다. 기리다. 따다.

따개다[3][_-_] 동 패다. 도끼로 장작 따위를 쪼개다. ¶【속담】다선애비 대지기기 싸리는 데는 가도 친애비 장작 따개는 데는 가지 마라. =의붓아비 돼지고기 써는 데는 가도 친아비 장작 패는 데는 가지 마라.

따개지다[_-__] 동 쪼개지다. '쪼개다'의 피동사. ¶판때기가 지질로 짝 따개짔다. =널빤지가 저절로 쫙 쪼개졌다. ☞짜개지다.

따구[1][-_] 명 따위. ①앞에 나온 것과 같은 종류의 것들이 더 있음을 나타내는 말. ¶난밭에 꼬치나 상치 따구로 숭궀다. =남새밭에 고추나 상추 따위를 심었다. ②앞에 나온 대상을 낮잡거나 부정적으로 이르는 말. ¶내가 고상한 거 요량[料量]하마 고따구는 고상도 아이다. =내가 고생한 것 요량하면 그따위는 고생도 아니다. ☞따우.

따구[2][-_] 명 따귀. '뺨'을 비속하게 이르는 말. ¶【관용구】따구로 쌔리다. =따귀를 때리다.

따까[-_] 부 ≒마구. 매우 세차게. *'따까'는 '땎+아'에서 온 말이다. '땎다'는 '닦다'의 센 말이다. ¶【관용구】따까 묵다. =마구 먹다. ¶【관용구】따까 씨다. =마구 쓰다. ¶【관용구】따까 패다. =마구 패다. ☞쌔리. 지이.

따까리[1][_-_] 명 뚜껑. ¶【속담】할매꼬디이 따까리 덮는다. =달팽이 뚜껑 덮는다. ☞따꿍. 때까리. 떠꿍. 뚜꿍. 띠껑. 띠끼이.

따까리[2][_-_] 명 딱지. 헌데나 상처에서 피나 진물이 나와 말라붙어 생기는 껍질. ¶【관용구】기에 따까리 앉다. =귀에 딱지 앉다. ¶【관용구】따까리로 띠다. =딱지를 떼다. ☞때까리.

따까리씨아다[_-_-__] 동 우기다. 억지를 부려 제 의견을 고집스럽게 내세우다. ¶안 델 일로 따까리씨안다. =안 될 일을 우긴다. ☞때까리씨아다. 씨아다. 씨우다.

따까묵다[따까묵따 -_-_] 동 갈취하다(喝取--). 다른 사람의 돈이나 물건을 을러메어서 억지로 빼앗다. ¶【관용구】넘우 꺼로 따까묵다. =남의 것을 갈취하다.

따까씨아다[1][-_-__] 동 훌닦아세우다. 남의 약점이나 허물을 들어 몹시 쳐서 나무라다. ¶잘몬한 기이 있어도 이래 따까씨아마 안 덴다. =잘못한 게 있어도 이리 훌닦아세우면 안 된다.

따까씨아다[2][-_-__] 동 덮어씌우다. 어떤 사람이 잘못이나 부당한 책임을 다른 사람에게 미루거나 떠넘기다. ¶저넘아가 한 짓을 내인데 따까씨았다. =저놈이 한 짓을 내게 덮어씌웠다. ☞덮우씨아다.

따까옇다[따까여타 -_-_] 동 집어넣다. ① 어떤 물건 따위를 주머니 같은 것에 넣다. ¶몬 씨는 물견은 푸대에 따까옇어서 애삐랐다. =못 쓰는 물건은 포대에 집어넣어서 내버렸다. ②남의 재물을 훔치다. ¶도독넘이 넘우 집에 드가서 돈을 따까옇고 다알났다. =도둑놈이 남의 집에 들어가서 돈을 집어넣고 달아났다. ☞조오옇다. 지이옇다. 집우옇다.

따꼼따꼼[___-] 부 따끔따끔. 찔리거나 꼬집히는 것처럼 자꾸 아픈 느낌. ¶벌개이인데 물린 데가 따꼼따꼼 아푸다. =벌레한테 물린 데가 따끔따끔 아프다. ☞따꿈따꿈. 때끼때끼.

따꼼따꼼하다[____-_] 동 따끔따끔하다. 찔리거나 꼬집히는 것처럼 자꾸 아프다. ¶까시에 찔리서 손까락이 따꼼따꼼하다. =가시에 찔려서 손가락이 따끔따끔하다. ☞따꿈따꿈하다. 때끼때끼하다. 떠꿈떠꿈하다.

따꾹질[따꾹찔 _-_] 명 딸꾹질. ¶넘몰리머 무웄길래 따꾹질로 하노? =남몰래 뭘 먹었기에 딸꾹질을 하니? ☞깔딱질.

따꿈따꿈[___-] 부 따끔따끔. ☞따꼼따꼼. 때끼때끼.

따꿈따꿈하다[____-_] 동 따끔따끔하다. ☞따꼼따꼼하다. 때끼때끼하다. 떠꿈떠꿈하다.

따꿈하다[__-_] 형 따끔하다. 정신적으로 어떤 자극이나 가책이 느껴질 만큼 날카롭고 매섭다. ¶【관용구】따꿈하기 머라카다. =따끔하게 혼내다. ¶【관용구】따꿈한 맛을 비이다. =따끔한 맛을 보이다.

따꿍[_-] 명 뚜껑. ☞따까리. 때까리. 떠

꿍. 뚜꿍. 띠꼉. 띠끼이.

따나[-_] 부 딴에. (('내', '자기', '제' 등의 인칭 대명사와 함께 쓰여)) 스스로의 생각이나 가늠의 뜻을 나타내는 말. ¶지 따나는 잘한다꼬 했지러. =자기 딴에는 잘한다고 했지.

따다[-_] 동 가르다. ☞갈라티리다. 기리다. 따개다.

따둑기리다[_ _-_ _] 동 다독거리다. ①흩어지기 쉬운 물건을 모아 잇따라 가볍게 두드려 누르다. ¶하릿불을 따둑기렀다. =화롯불을 다독거렸다. ②아기를 달래거나 귀여워할 때 몸을 가만가만 잇따라 두드리다. ¶우는 알라로 쫌 따둑기리 바라. =우는 애기를 좀 다독거려 보아라. ③남의 약한 점을 거듭 따뜻이 어루만져 감싸고 달래다. ¶썽질머리 더럽운 히이로 어매가 따둑기렀다. =성질머리 더러운 형을 어머니가 다독거렸다.

따둠다[따둠따 _-_] 동 다듬다. ①맵시 있게 매만지거나 가꾸다. ¶머리로 곱기 따둠윘다. =머리카락을 곱게 다듬었다. ②불필요한 부분을 없애거나 표면을 고르게 하다. ¶【속담】옥돌도 따둠우야 빛이 난다. =옥돌도 다듬어야 빛이 난다. ③야채를 못 쓸 부분을 가려서 떼어 내다. ¶콩지름을 따둠윘다. =콩나물을 다듬었다.

따둠돌[따둠똘 _-_] 명 다듬잇돌. 구김이 없이 반드러워지도록 옷감 따위를 두드릴 때 밑에 받치는 돌. ¶【속담】따둠돌 비고 눕우마 입이 삐떨어진다. =다듬잇돌 베고 누우면 입이 비뚤어진다. ☞따딤돌.

따둠질하다[_-_ _ _] 동 다듬질하다. 어떤 물건을 매만져 손질하다. ¶시굼치로 따둠질했다. =시금치를 다듬질했다. ☞따딤질하다.

따딤돌[따딤똘 _-_] 명 다듬잇돌. ☞따둠돌.

따딤이[따디미 _-_] 명 다듬이.

따딤이방매이[따디미방매~이 _-_ _-_] 명 다듬잇방망이.

따딤질하다[_-_ _ _] 동 다듬질하다. ☞따둠질하다.

따따무리하다[_ _ _ _-_] 형 따스하다. ¶시숫물이 따따무리하다. =세숫물이 따스하다.

따땃하다[따따타다 _ _-_] 형 따뜻하다. ①덥지 않을 정도로 온도가 알맞게 높다. ¶【관용구】등 따땃하고 배부루다. =등 따뜻하고 배부르다. ②살림살이가 알차다. ¶【관용구】따땃하기 해놓고 사다. =따뜻하게 해놓고 살다. ☞따시다.

따라다[1][_-_] 동 따르다. 그릇에 액체를 기울여 조금씩 흘러들어 가게 하다. ¶술로 따라더마는 한참에 마시데예. =술을 따르더니만 한꺼번에 마시데요. ☞치다.

따라다[2][_-_] 동 퍼붓다. 비, 눈 따위가 억세게 마구 쏟아지다. ¶아직내 비가 따라서 개락이 짔다. =아침내 비가 퍼부어서 포락이 되었다. ☞따라벗다. 퍼벗다.

따라벗다[따라벋따 _-_ _] 동 퍼붓다. ①비, 눈 따위가 억세게 마구 쏟아지다. ¶쏘

ㄷ

내기가 억수로 따라벘다. =소나기가 엄청 퍼부었다. ②물이나 국 따위를 마구 퍼서 붓다. ¶물을 지다가 물더무에 따라벘다. =물을 져다가 물두멍에 퍼부었다. ☞따라다. 퍼벗다.

따룸[_-] 명 따름. ((주로 관형사형 어미 뒤에 쓰여)) 동작이나 상태에 대해서 '오로지 그것'의 뜻을 나타내는 말. ¶이래 부둘우조서 고맙울 따룸입미더. =이렇게 거들어줘서 고마울 따름입니다.

따리[--] 부 따로. 한데 섞이거나 함께 있지 아니하고 혼자 떨어져서. ¶【관용구】몸 따리 마암 따리. =몸 따로 마음 따로. ¶【속담】도독넘 씨가 따리 있으까이. =도둑놈 씨가 따로 있으랴. ¶【속담】연분(緣分)은 따리 있다. =연분은 따로 있다.

따리국밥[따리국빱 -___] 명 따로국밥. 밥을 국에 말지 않고 밥그릇에 따로 담아내는 해장국, 갈비탕, 곰탕 따위를 이르는 말.

따리내다[--__] 동 따로내다. 가족의 일부에게 살림을 따로 차려서 나가게 하다. ¶【관용구】따리낸 살림살이. =따로낸 살림살이.

따리따리[-___] 부 따로따로. 한데 섞이거나 함께 있지 않고 여럿이 다 각각 떨어져서. ¶【관용구】따리따리 노다. =따로따로 놀다.

따묵다[따묵따 _-_] 동 따먹다. ①붙어 있거나 매달려 있는 것을 뜯거나 떨어뜨려서 먹다. ¶복숭을 따묵웄다. =복숭아를 따먹었다. ②노름이나 놀이에서 이겨 돈이나 물건을 자기 것으로 가지다. ¶어지는 글마가 다 따묵웄다. =어제는 그놈이 다 따먹었다.

따문따문[___-] 부 뜨문뜨문. ①시간적으로 잦지 않고 드문 모양. ¶우야다가 따문따문 장시꾼이 온다. =어쩌다가 뜨문뜨문 장사꾼이 온다. ②공간적으로 배지 않고 사이가 드문 모양. ¶뱁차씨가 따문따문 났다. =배추씨가 뜨문뜨문 났다. ☞떠문떠문.

따문에[따무네 _-_] 부 때문에. ☞들어서. 때미. 때미로. 머리.

따바리[_-_] 명 똬리. ①머리에 짐을 이고 나를 때 머리와 짐 사이에 얹는, 짚이나 헝겊으로 둥글게 틀어서 만든 고리 모양의 물건. 머리에 가해지는 충격을 완화하고 짐이 머리에서 흘러내리지 않도록 하기 위해 사용한다. ¶이전에는 머리 우에 따바리로 얹하놓고 물도오로 이고 댕깄다. =예전에는 머리 위에 똬리를 얹어놓고 물동이를 이고 다녔다. ②둥글게 빙빙 틀어 놓은 것. 또는 그런 모양. ¶【관용구】따바리로 틀다. =똬리를 틀다. ☞따배이.

따박따박[1][___-] 부 아장아장. 키가 작은 사람이나 짐승이 이리저리 찬찬히 걷는 모양. ¶알라가 따박따박 걸어 댕긴다. =아기가 아장아장 걸어 다닌다.

따박따박[2][___-] 부 또박또박. 말대꾸를 또렷하게 하는 모양. ¶어룬한테 따박따박 말대꾸하마 안 데지. =어른한테 또박또박 말대꾸하면 안 되지. ☞때꼮때꼮.

따배이[따배~이 _-_] 명 똬리. ☞따바리.
따사다[_-_] 동 덥히다. 따뜻하게 하다. ☞덥하다. 뎁하다. 뎁히다. 따쌓다. 떠쌓다.
따시다[_-_] 형 따뜻하다. ☞따땃하다.
따신물[_-_] 명 더운물. ☞덥운물. 떠신물.
따신밥[_-_] 명 더운밥. 갓 지어 따뜻한 밥. ¶【속담】따신밥 묵고 식은 소리한다. =더운밥 먹고 식은 소리한다. ¶【속담】얻우묵는 처지에 찬밥 따신밥 가리까. =얻어먹는 처지에 찬밥 더운밥 가리랴. ☞떠신밥.
따신술[_ _-] 명 더운술. 따뜻하게 데운 술. ¶【속담】따신술 불고 마시마 코끈티이가 뿕우진다. =더운술을 불고 마시면 코끝이 붉어진다. ☞떠신술.
따신저심[_-_ _] 명 더운점심(--點心). 새로 지어 먹는 점심. ¶옴마가 오랜만에 온 오빠인데 따신저심 해 믹인다민서 장보로 가싰다. =엄마가 오랜만에 온 오빠에게 더운점심 해 먹인다며 장보러 가셨다. ☞떠신저심.
따신죽[_-_] 명 더운죽(--粥). 쑨 지 얼마 안 되어 뜨거운 죽. ¶【속담】떠신죽에 씨 디기. =더운죽에 혀 데기. ¶【속담】따신죽에 파래이 날라들딧기. =더운죽에 파리 날아들듯. ☞떠신죽.
따쌓다[따싸타 _-_] 동 덥히다. 따뜻하게 하다. ☞덥하다. 뎁하다. 뎁히다. 따사다. 떠쌓다.
따안[-_] 명 동안. 어느 한때에서 다른 한 때까지 시간의 길이. *'동안'의 동화 형식이다. 선행 형식이 입성으로 끝나, '따안'으로 발음된다. ¶【속담】우립(雨笠) 맨드는 따안에 날이 개인다. =우립 만드는 동안에 날이 갠다.
따옥새[_-_] 명 ((동물))따오기.
따우[-_] 명 따위. ☞따구.
따지다[--_] 동 타지다. *창녕방언의 '따지다'는 옷이나 옷감의 꿰매지 않은 한 부분이 낡아서 터지는 경우에 쓰는 말이다. 반면에, 꿰맨 부분이 터지는 경우에는 '따지다[--_]'를 쓴다. 표준어에는 '따지다'와 '터지다'라는 말이 존재하는데, 둘 다 '꿰맨 데가 뜯어져 갈라지다'의 뜻이다. 따라서 '타지다'라는 말은 표준어와 창녕방언에 다 존재하는 말이지만, 그 의미가 일치하는 것이 아니다. ¶주봉이 따지서 나달나달하다. =바지가 타져서 너덜너덜하다.
딱[-] 부 꼭. ①크기나 넓이 따위가 아주 잘. ¶이 심발은 내 발에 딱 맞다. =이 신발은 내 발에 꼭 맞다. ②매우 흡족하게. ¶니 맘에 딱 들제? =네 마음에 꼭 들지? ☞깍. 똑.
딱나무[땅나무 _ _-] 명 ((식물))닥나무.
딱사구리[_ _-_] 명 ((동물))딱따구리.
딱조오[딱조~오 _-_] 명 닥종이. ☞문조오. 조선조오.
딱지포[-_ _] 명 우표(郵票).
딲개[딱깨 -_] 명 지우개. ¶【관용구】딲개로 뭉캐다. =지우개로 지우다.
딲다[딱따 -_] 동 닦다. ①때, 먼지 녹 따위의 더러운 것을 없애거나 윤기를 내려고 거죽을 문지르다. ¶【속담】똥 누고 밑구중 안 딲은 거 겉다. =똥 누고 밑구멍 안 닦은 것 같다. ¶【속담】지 코도 몬 땎는 기이 넘우 코 땎을라 칸다. =제 코도 못 닦는 것이 남의 코 닦으려 한다. ②거죽의 물기를 훔치다. ¶손수군우로 눈물로 땎았다. =손수건으로 눈물을 닦았다. ③길 따위를 내다. ¶【속담】신작로 땎아 낳안께네 문디이가 먼첨 지내간다. =신작로 닦아 놓으니까 문둥이가 먼저 지나간다. ④건물 따위를 지을 터전을 평평하게 다지다. ¶【속담】터로 땎아야 집을 짓는다. =터를 닦아야 집을 짓는다. ⑤어떤 사물을 빛나게 하다. ¶【속담】까락지도 땎아야 삧이 난다. =가락지도 닦아야 빛이 난다. ⑥품행이나 도덕을 바르게 다스려 기르다. ¶【속담】지는 지인 대로 가고 공은 땎은 대로 간다. =죄는 지은 대로 가고 공은 닦은 대로 간다. ⑦어떤 일을 하기 위한 기초를 마련하다. ¶【관용구】기반을 땎다. =기반을 닦다. *땎고[딱꼬 -_], 땎지[딱찌 -_], 땎아[따까 -_], 땎았다[따깓따 -__].

딴살림[--_] 명 각살림(各--). 한 가족이면서 각기 따로 살림을 차림. *표준어에서 '딴살림'은 '부모와 함께 본래 살던 집에서 떨어져 나와 따로 사는 살림'을 뜻하지만 창녕방언에서는 '부부 중 한 사람이 바람이 나서 차리는 살림'을 뜻하므로 '각살림'의 뜻에 가깝다. ¶【관용구】딴살림 채리다. =각살림 차리다.

딴에는[따네는 -__] 부 딴은. 나름대로의 생각으로는. 남의 말을 긍정하여, 그럴듯도 하다는 뜻으로 하는 말이다. ¶지 딴에는 잘 한다꼬 했다. =제 딴은 잘 한다고 했다.

딴짜디[--_] 명 ((식물))흰겨이삭.

딸[_] 명 ((식물))딸기. 딸기 열매. ¶【관용구】소도 믹이고 딸도 따묵고. =소도 먹이고 딸기도 따먹고.

딸나무[_ _-] 명 ((식물))산딸기나무.

딸넷집[딸래찝 --_] 명 딸네. 시집 간 딸의 집. *창녕방언 '딸넷집'은 한 단어로 연음하여 발음하고, 합성어로 쓰인다. ¶【속담】실성한 영갬이 죽운 딸넷집 바래본다. =실성한 영감 죽은 딸네 바라본다.

딸따리[1][_-_] 명 슬리퍼[slipper]. *슬리퍼를 신고 다닐 때 '딸딸' 소리가 나는 데에서 유래한 말. ☞써리빠.

딸따리[2][_-_] 명 용두질. 남성이 여성과의 육체적 결합 없이 스스로 자기의 생식기를 손이나 다른 물건으로 자극하여 성적 쾌감을 얻는 짓.

딸딸[_-] 부 닥닥. ①작고 단단한 물건을 자꾸 긁을 때 나는 소리. 또는 그 모양. ¶밥그륵을 딸딸 끍었다. =밥그릇을 닥닥 긁었다. ②가진 것을 있는 대로 모두 긁어모을 때 비유적으로 쓰는 말. ¶있는 돈 없는 돈 딸딸 끍었다. =있는 돈 없는 돈 닥닥 긁었다.

딸래미[_-_] 명 딸내미. '딸'을 귀엽게 이르는 말. ¶【속담】딸래미는 살림 미처이다. =딸내미는 살림 밑천이다.

딸리다[_-_] 동 달리다. ①재물이나 기술, 힘 따위가 모자라다. ¶【관용구】심이 딸리다. =힘이 달리다. ¶【관용구】일소이 딸리다. =일손이 달리다. ②사람을 동행하거나 거느리다. ¶내인데 딸린 식구가 여엇이나 덴다. =내게 달린 식구가 여섯이나 된다.

딸막거리다[1][__-__] 동 망설이다. 이리저리 생각만 하고 태도를 결정하지 못하다. *창녕방언 '딸막기리다'는 표준어에서 '가벼운 물건이 자꾸 세게 들렸다 내려앉았다 하다.'는 뜻과는 전혀 다르게 쓰이는 말이다. ¶사까 마까 딸막거린다. =살까 말까 망설인다. ☞딸막딸막하다.

딸막거리다[2][__-__] 형 간당간당하다. 물건이 거의 다 써서 얼마 남지 않게 되다. ¶【관용구】양석이 딸막거리다. =양식이 간당간당하다. ☞딸막딸막하다.

딸막딸막하다[1][____-_] 형 망설이다. ☞딸막거리다.

딸막딸막하다[2][____-_] 형 간당간당하다. ☞딸막거리다.

딸바가치[__-_] 명 딸기 바가지. '딸바가치'는 '딸기를 담아놓은 바가지'가 붉은 색깔을 띤 데에서 유래한 말이다. 이는 표준어로 보면 명사구이지만 한 단어로 쓴다. ¶【관용구】낯짝이 딸바가치 겉다. =낯이 딸기 바가지 같다.

딸아[따라 --] 명 딸애. 딸로 태어난 자식. ¶【속담】미너리 아아 놓는 거는 바도 딸아 아아 놓는 거는 몬 본다. =며느리 아이 낳는 건 봐도 딸애 아이 낳는 건 못 본다.

딸자석[---] 명 딸자식(-子息). 자기 딸을 가리키는 말. ¶【속담】딸자석 잘난 거는 깔보로 가고 논밭 잘난 거는 신작로 난다. =딸자식 잘난 것은 갈보로 가고 논밭 잘난 것은 신작로 난다.

딸카다[1][_-_] 동 달구다. 열을 가하여 뜨겁게 만들다. ☞달카다.

딸카다[2][_-_] 동 졸이다. 졸게 하다. '졸다'의 사동사. ☞달카다. 쫄아다.

딸카지다[_-__] 동 달궈지다. ☞달가지다. 달키지다. 딸키지다.

딸키다[_-_] 동 달이다. ☞달키다. 쫄이다.

딸키지다[_-__] 동 달궈지다. ☞달가지다. 달키지다. 딸카지다.

딹다[1][딸따 -_] 동 달다. 물이 있는 음식을 너무 많이 끓여 물기가 졸아들다. ¶그단새 국이 딹았다. =그사이에 국이 달았다. *딹고[딸꼬 -_], 딹지[딸찌 -_], 딹아서[딸가서 -__], 딹은[딸근 -_], 딹았다[딸갇따 _-_].

딹다[2][딸따 -_] 동 졸다. 찌개, 국, 한약 따위의 물이 증발하여 분량이 적어지다. ¶국이 딹아서 너무 짭네예. =국이 졸아서 너무 짜네요. ☞쫄다.

땋가다[딸카다 --_] 동 닳리다. ☞닭하다.

땋다[1][딸타 -_] 동 따르다. ①좋아하거나 섬기어 따르다. ¶우리 개는 날로 땋지마는 개이는 땋지로 안한다. =우리 개는 나를 따르지만 고양이는 따르지를 않는다. ②다른 사람이나 그 실력 따위를 좇아 같은 정도나 수준에 이르다. ¶【속담】신 벗이고 좇아가도 몬 땋는다. =신 벗고 좇아가도 못 따른다. *땋고[딸코 -_], 땋지[딸치 -_], 따랐다[따랃따 -__].

뚫다[2][딸타 -_] 동 닳다. ☞닭다.

뚫히다[딸키다 -__] 동 닳리다. ☞닭히다.

땀때기[_-_] 명 땀띠. ¶복덥우 때는 땀때기가 난다. =복더위 때에는 땀띠가 난다. ☞땀띠기.

땀띠기[_-_] 명 땀띠. ☞땀때기.

땀범북[--_] 명 땀범벅.

땀칠갑[---] 명 땀투성이. ☞땀투시이.

땀투시이[땀투시~이 __-_] 명 땀투성이. ☞땀칠갑.

땅강새이[땅깡새이 --__] 명 ((동물))땅강아지. ☞논두룸강새이.

땅거무[1][땅꺼무 --_] 명 ((동물))땅거미. ☞땅검. 똥거무.

땅거무[2][땅꺼무 --_] 명 땅거미. 해가 진 뒤 어스레한 상태. ¶【관용구】땅거무 지다. =땅거미 지다.

땅검[1][땅껌 --] 명 ((동물))땅거미. ☞땅거무. 똥거무.

땅검[2][땅껌 --] 명 땅거미. ☞땅거무.

땅내[--] 명 사름. 모를 못자리에서 논으로 옮겨 심은 지 4~5일 후에 모가 완전히 뿌리를 내려 푸른빛을 생생하게 띤 상태. ¶【관용구】땅내 맡다. =사름 되다.

땅따묵기[---_] 명 땅뺏기. 어린이 놀이의 하나. 정한 땅에 각자의 말을 퉁긴 대로 금을 그어서 땅을 빼앗아 간다. ☞땅빼뜰어묵기.

땅때기[_-_] 명 땅뙈기. 얼마 되지 않는 논밭. ¶【속담】송긋 꼽을 땅때기도 없다. =송곳 꽂을 땅뙈기도 없다.

땅떵거리[__-_] 명 땅덩어리. 자기 소유의 논밭이나 집터 따위를 일컫는 말.

땅버들[땅뻐들 --_] 명 ((식물))갯버들. ☞개고랑버들.

땅붕어[땅뿡어 --_] 명 ((동물))붕어. ☞송에. 히나리.

땅빼뜰어묵기[---_-_] 명 땅뺏기. ☞땅따묵기.

땅심[-_] 명 땅 힘. 농사를 지을 만한 땅의 조건. *'땅심'은 창녕방언에서는 연속적으로 발음하며 하나의 합성어로 쓰인다. ¶【관용구】땅심이 하잖다. =땅힘이 나쁘다.

땅주우[땅주~우 _-_] 명 두렁이. 어린아이의 배와 아랫도리를 둘러서 가리려고 치마처럼 만든 옷.

땋다[땅타 -_] 동 땋다. 머리털이나 실 따위를 둘 이상의 가닥으로 갈라서 어긋나게 엮어 한 가닥으로 하다. ¶엔날에는 총각들도 머리로 땋고 댕겄다. =옛날에는 총각들도 머리를 땋고 다녔다. *땋고[땅코 -_], 땋지[땅치 -_], 땅아야[땅아야 -__], 땅았다[땅안따 -__].

때기[_-] 명 딱지(-紙). 아이들 장난감의 하나로, 종이를 접어 만든 '개때기'와 두꺼운 종이 위에 그림을 그려 만든 '참때기'가 있다. ¶때기로 치다. =딱지를 치다. ☞개때기. 참때기.

때기치기[__-_] 명 딱지치기(-紙--). 손으로 접어서 만든 놀이딱지 한 장을 땅바닥에 놓고, 다른 딱지로 쳐서 뒤집히면 따먹는 아이들의 놀이.

때기치다[__-_] 동 패대기치다. 거칠게 사

정없이 때려서 내던지다. ¶깨구리로 때기치서 딧다리 꿉우무윴다. =개구리를 패대기쳐서 뒷다리 구워먹었다. ☞패대이치다.

때까리[1][_-_] 명 딱지. 헌데나 상처에서 피, 고름, 진물 따위가 나와 말라붙어 생긴 껍질.☞따까리.

때까리[2][_-_] 명 트집. ¶【관용구】때까리 뜯다. =트집 잡다. ☞티집.

때까리[3][_-_] 명 뚜껑. ☞따까리. 따꿍. 떠꿍. 뚜꿍. 띠껑. 띠끼이.

때까리[4][_-_] 명 따까리. 자질구레한 심부름을 맡아 하는 사람을 속되게 이르는 말. ¶작년부텀 시방꺼지 때까리를 하고 있다. =작년부터 지금까지 따까리를 하고 있다.

때까리씨아다[_-_-__] 동 우기다. 억지를 부려 제 의견을 고집스럽게 내세우다. ☞따까리씨아다. 씨아다. 씨우다.

때꼭때꼭[___-] 부 또박또박. ☞따박따박.

때꼽재이[때꼽재~이 __-_] 명 때꼽재기. 때가 여러 겹으로 더럽게 엉겨 붙은 조각이나 부스러기. ¶【속담】발까락 새 때꼽재이만도 안 이인다. =발샅 사이 때꼽재기만도 안 여긴다.

때끼때끼[___-] 부 따끔따끔. ☞따꼼따꼼. 따꿈따꿈.

때끼때끼하다[____-_] 형 따끔따끔하다. ☞따꼼따꼼하다. 따꿈따꿈하다. 떠꿈떠꿈하다.

때때구리[__-_] 명 ((동물))딱따기. 메뚜깃과의 곤충. 날아갈 때 '때때때때' 하는 소리가 난다.

때때모찌[__-_] 명 구두쇠. 돈이나 재물 따위를 쓰는 데에 몹시 인색한 사람을 낮잡아 이르는 말. *땐땐(단단한)+모찌('떡'을 뜻하는 일본어 'もち'). ¶절마는 때때모찌다. =저놈은 구두쇠다. ☞꼽야이. 땐땐모찌.

때리박다[때리박따 -_-_] 동 처박다. ☞꽁치다. 쌔리박다.

때리백히다[때리배키다 ___-_] 동 처박히다. *'처박다'의 피동사. ☞꽁치이다. 쌔리백히다. 처백히다.

때리치아다[-_-__] 동 때려치우다. ((속되게)) 하던 일을 아주 그만두다. ¶이따구로 할라카마 때리치아라. =이따위로 하려면 때려치워라. ☞쌔리치아다.

때미[-_] 부 때문에. ☞들어서. 따문에. 때미로. 머리.

때미로[--_] 부 때문에. ☞들어서. 따문에. 때미. 머리.

때아다[-__] 동 때우다. ①뚫리거나 깨진 곳을 다른 조각으로 대어 막다. ¶【관용구】빵꾸 때아다. =펑크 때우다. ②간단한 음식으로 끼니를 대신하다. ¶저심을 고오매로 때았다. =점심을 고구마로 때웠다. ③다른 수단을 써서 어떤 일을 보충하거나 대충 해결하다. ¶【관용구】몸우로 때아다. =몸으로 때우다. ④남는 시간을 다른 일로 보내다. ¶【관용구】시간 때아다. =시간 때우다. ☞띠아다.

때이[때~이 _-] 명 땡. ①화투에서, 같은 짝 두 장으로 이루어진 패. ②뜻밖에 생긴 좋은 수나 우연히 걸려든 복을

ㄷ

속되게 이르는 말. ¶【관용구】때이 잡다. =땡 잡다.

때자구[_-_] 명 때. 옷이나 몸 따위에 묻은 더러운 먼지 따위의 물질. ¶【관용구】때자구 빼고 강낸다. =때 빼고 광낸다.

땍[-] 부 딱. ①단단한 물건이 부러지거나 서로 부딪치는 소리. ¶오데서 땍 소리가 난다. =어디서 딱 소리가 난다. ②활짝 바라지거나 벌어진 모양. ¶【관용구】눈을 땍 불씨다. =눈을 딱 부라리다.

땍이다[때끼다 _-_] 동 닦이다. '닦다'의 피동사. ①길 따위를 내다. ¶질이 새로 땍있다. =길이 새로 닦였다. ②야단을 듣다. ¶아아아부지인데 땍있다. =애아버지한테 닦였다.

땐땐모찌[_ _-_] 명 구두쇠. ☞꼽야이. 때때모찌.

땐땐하다[_ _-_] 형 딴딴하다. ①사물이 그 모양이 쉽게 변하거나 부서지지 않을 만큼 강도가 매우 세다. ¶【관용구】돌삐이맨치로 땐땐하다. =돌멩이처럼 딴딴하다. ②몸이 매우 튼튼하고 옹골차다. ¶【관용구】몸띠이가 땐땐하다. =몸뚱이가 딴딴하다. ③((주로 '땐땐하이'의 꼴로 쓰여)) 조금도 헐겁거나 느슨하지 않다. ¶【관용구】땐땐하이 묶아다. =딴딴하게 묶다.

땔낭구[_-_] 명 땔나무. 땔감이 되는 나무. ¶【관용구】땔낭구로 해오다. =땔감을 해오다.

땜꼼[-_] 명 꿀밤. 주먹으로 가볍게 머리를 쥐어박는 일. ¶【관용구】땜꼼 미이다. =꿀밤 먹이다.

땜빵[--] 명 땜질. ①금속이나 유리, 플라스틱 따위를 그 접합 부위에 열을 가하여 녹여서 서로 붙이거나 잇는 일. ¶【관용구】땜빵을 하다. =땜질을 하다. ②떨어진 옷을 기우는 일. ¶군데군데 땜빵한 주봉. =군데군데 땜질한 바지. ③남이 해야 하는 일을 대신하는 일. ¶【관용구】땜빵을 해주다. =땜질을 해주다.

땜재이[땜재~이 _-_] 명 땜장이. 금이 가거나 뚫어진 데를 때우는 일을 직업으로 하는 사람.

땟물[땐물 -_] 명 물. 생선이나 농산물 따위의 싱싱한 정도. *때깔+물. ¶【관용구】땟물이 하잖다. =물이 나쁘다.

땡가암[_-_] 명 땡고함(-高喊). 채신없이 크게 지르는 소리. ¶【관용구】땡가암을 치다. =땡고함을 지르다.

땡걸리다[_ _-_] 동 땅기다. 피부나 근육의 힘줄이 몹시 팽팽해지거나 긴장되어 뭉치다. ¶【관용구】낯 살갤이 땡걸리다. =낯 살결이 땅기다. ¶【관용구】허북지가 땡걸리다. =허벅지가 땅기다. ☞땡기다. 땡길리다.

땡고집[땡꼬집 -_ _] 명 땅고집(-固執). 융통성이 조금도 없는 심한 고집. ¶【관용구】땡고집 지기다. =땅고집 부리다.

땡기다[1][-_ _] 동 당기다. ①물건 따위를 힘을 주어 자기 쪽이나 일정한 방향으로 가까이 오게 하다. ¶【속담】썩은 새끼도 잡아서 땡기야 끊진다. =썩은 새끼도 잡아서 당겨야 끊어진다. ②정한 시간이나 기일을 앞으로 옮기거나 줄이다. ¶【관용구】날로 땡기다. =날을 당기다. ③좋아하는 마음이 일어나 저절로 끌리다. ¶【관용구】마암이 땡기다. =마음이 당기다. ④입맛이 돋우어지다. ¶【관용구】입정에 땡기다. =입맛에 당기다. ☞땡기리다.

땡기다[2][_-_] 동 땅기다. ☞땡걸리다. 땡길리다.

땡기리다[_-__] 동 당기다. ☞땡기다.

땡기묵다[땡기묵따 -_-_] 동 당겨먹다. 뒤에 먹기로 된 것을 먼저 앞질러 먹다. ¶【관용구】양석을 땡기묵다. =양식을 당겨먹다.

땡기서다[-_-_] 동 다가서다. 어떤 대상이 있는 쪽으로 더 가까이 옮기어 서다. ¶이짝우로 더 땡기서바라. =이쪽으로 더 다가서봐라.

땡기씨다[-_-_] 동 당겨쓰다. 돈, 물건 따위를 원래 쓰기로 한 때보다 미리 쓰다. ¶【관용구】돈을 땡기씨다. =돈을 당겨쓰다.

땡기앉다[땡기안따 -_-_] 동 다가앉다. 어떤 대상이 있는 쪽으로 더 가까이 옮기어 앉다. ¶일로 땡기앉이라. =이리로 다가앉아라.

땡기오다[-_-_] 동 당겨오다. 당겨서 끌어오다. ¶이쭉우로 물로 땡기옸다. =이쪽으로 물을 당겨왔다.

땡길리다[__-_] 동 땅기다. ☞땡걸리다. 땡기다.

땡깔[_-] 명 ((식물))꽈리. ¶【속담】터진 땡깔 보딧기 한다. =터진 꽈리 보듯 한다.

땡깡[-_] 명 행패(行悖). *'땡깡'은 일본어 '덴칸 てんかん'에서 온 말. ☞깽판. 띵깡.

땡깡부리다[-____] 동 행패부리다(行悖---). ¶절마는 술마 무우마 땡깡부린다. =저놈은 술만 먹으면 행패부린다. ☞구신지기다. 기신지기다. 깽판부리다. 띵깡부리다.

땡깨이[땡깨~이 _-_] 명 옷 따위가 작아서 당기는 상태를 이르는 말. *'당기다'에서 온 말. 당기<땡기<땡깨<땡깨이[땡깨~이]. ¶【관용구】옷이 땡깨이다. =옷이 땡깨이다.

땡때이[땡때~이 _-_] 명 땡땡이. 해야 할 일을 하지 않고 눈을 피하여 게으름을 피우는 짓. ¶학조도 안 가고 땡때이로 쳤다. =학교에도 안 가고 땡땡이를 쳤다.

땡때이중[_-__] 명 땡추중. 파계하여 중답지 못한 중을 낮잡아 이르는 말. ¶【속담】술 치한 땡때이중 겉다. =술 취한 땡추중 같다. ☞땡초.

땡땡[_-] 부 쨍쨍. 햇볕 따위가 몹시 내리쬐는 모양. ¶땡뻩이 땡땡 니리찌인다. =땡볕이 쨍쨍 내려쬐인다.

땡땡구리[__-_] 명 땡전(-錢). 아주 적은 액수의 돈을 낮잡아 이르는 말. ¶【속담】묵고 죽울라 캐도 땡땡구리 한 푼 없다. =먹고 죽으려고 해도 땡전 한 푼 없다.

땡땡이[_-_] 명 ((동물))물맴이. ☞매군자리. 맹검재이. 앵금재이.

땡벌이[땡뻐리 _-_] 명 ((동물))땅벌. ¶【관용구】땡벌이 겉은 넘. =땅벌 같은 놈. ¶【속담】땡벌이 집을 쭈시는 텍이다. =땅벌 둥지를 쑤시는 격이다. ¶【속담】땡벌이 집 보고 꿀 돈 내 씬다. =땅벌 집 보고 꿀 돈 내어 쓴다. ☞땡삐.

땡뻩[땡뻳 _-] 명 땡벌.

땡삐[_-] 명 ((동물))땅벌. ☞땡벌이.

땡초[1][_-] 명 땡고추. 아주 매운 고추를 일반 풋고추에 상대하여 이르는 말.

땡초[2][-_] 명 땡추. ☞땡때이중.

떠굽다[뜨굽따 _-_] 형 뜨겁다. ①느껴지는 열이 몹시 높다. ¶【속담】몬뗀 음석이 뜨굽기마 하다. =못된 음식이 뜨겁기만 하다. ②무안하거나 부끄러워 얼굴이 몹시 화끈하다. ¶【관용구】낯이 뜨굽다. =낯이 뜨겁다. ¶【속담】낯거죽이 뚜꿉우서 떠굽운 줄로 모룬다. =낯가죽이 두꺼워서 뜨거운 줄을 모른다. ③열정이나 감격으로 가득하다. ¶【관용구】피가 떠굽다. =피가 뜨겁다. ¶【속담】떠굽기사 박태보 만하까. =뜨겁기야 박태보 만할까.

떠꺼리[_-_] 명 톨. 밥이나 곡식의 낱알을 세는 단위. ①밥알 낱개. ¶【관용구】밥알 한 떠꺼리. =밥알 한 톨. ②아주 적은 양을 비유적으로 드러내는 말. ¶이 가물움에 비가 시 떠꺼리도 안 옸다. =이 가뭄에 비가 세 톨도 안 왔다.

떠꿈떠꿈[___-] 부 뜨끔뜨끔. 찔리거나 얻어맞은 것처럼 자꾸 아픈 느낌. ¶허리 삐인 데가 떠꿈떠꿈 절린다. =허리 삔 데가 뜨끔뜨끔 결린다.

떠꿈떠꿈하다[____-_] 동 따끔따끔하다. 찔리거나 꼬집히는 것처럼 자꾸 아프다. ¶다리가 송곳으로 쭈씨는 거매이로 떠꿈떠꿈하다. =다리가 송곳으로 쑤시는 것처럼 따끔따끔하다. ☞따꼼따꼼하다. 따꿈따꿈하다. 때끼때끼하다.

떠꿍[--] 명 뚜껑. ☞따까리. 따꿍. 때까리. 뚜꿍. 띠껑. 띠끼이.

떠낳다[떠나타 _-_] 동 떠놓다. 액체나 가루 따위를 그릇 따위에 담아서 두다. ¶【속담】베라던 지사 물도 몬 떠낳는다. =벼르던 제사 물도 못 떠놓는다.

떠니러가다[_-_-_] 동 떠내려가다. 물위에 둥둥 떠서 물을 따라 내려가다. ¶커단 한 낭기 물우에 떠니러간다. =커다란 나무가 물위에 떠내려간다.

떠니러오다[_-_-_] 동 떠내려오다. 물위에 떠서 물의 움직임을 따라 옮겨오다. ¶저개 떠니러오는 기이 머꼬? =저기 떠내려오는 게 뭐냐?

떠님기다[떠닝기다 _-__] 동 떠넘기다. 다른 사람에게 억지로 미루다. ¶히이가 내인데 일로 떠님깄다. =형이 내게 일을 떠넘겼다.

떠다[1][-_] 동 뜨다. ①사물이 물위에 솟아오르거나 머물러 있는 상태가 되다. ¶국물 우에 떠는 거는 건지내라. =국물 위에 뜨는 건 건져내라. ②사물이 공중에 솟아오르거나 머무르다. ¶비앵기가 하알에 떤다. =비행기가 하늘에 뜬다. ③종이나 나무가 붙어 있던 데에서 떨어져 틈이 생기다. ¶누구가 차서 도비지가 떤다. =누기가 차서 도배지가 뜬다. ☞덜다. 떠덜리다. ④((속된 말로)) 두려운 사람이 어떤 장소에 모습을 나타내다. ¶깅찰이 떠기 전에 다알나래이. =경찰이 뜨기 전에 달아나라.

떠다[2][-_] 동 찌다. 날씨가 뜨거운 김을 쏘이듯이 매우 더워지다. ¶【속담】저실 멋재이 얼어 죽고 여름 멋재이 떠 죽눈다. =겨울 멋쟁이 얼어 죽고 여름 멋쟁이 쪄 죽는다.

떠댕기다[_-__] 동 떠다니다. ①짐승이나 물체가 물위나 공중에 떠서 오가다. ¶【관용구】둥둥 떠댕기다. =둥둥 떠다니다. ②여기저기를 정처 없이 돌아다니다. ¶【관용구】떠댕기는 신세. =떠다니는 신세.

떠더리[_-_] 명 떠버리. 자주 수다스럽게 떠드는 사람을 낮잡아 이르는 말. ¶【속담】떠더리 약장시 겉다. =떠버리 약장수 같다. ☞떠벌개이.

떠덜다[_-_] 동 떠받들다. 공경하여 섬기거나 잘 위하다. ¶서방을 머매이로 떠덜고 산다. =서방을 뭐처럼 떠받들고 산다.

떠덜리다[_ _-_] 동 뜨다. ☞덜다. 떠다.

떠덜씨다[_-__] 동 들추다. ①지난 일이나 숨은 일을 끄집어내어 드러나게 하다. ¶지내간 일로 와 떠덜씨노? =지나간 일을 왜 들추니? ②가리고 있는 것을 속이 드러나게 들어 올리다. ¶꺼지기 문을 떠덜씨고 부석으로 드갔다. =거적문을 들추고 부엌으로 들어갔다. ☞들씨다. 들차다.

떠둠떠둠[___-] 부 떠듬떠듬. 말을 하거나 글을 읽을 때 자연스럽지 못하고 자꾸 몹시 막히는 모양을 나타내는 말. ¶떠둠떠둠 말하지 말고 똑뚝히 해라. =떠듬떠듬 말하지 말고 똑똑히 해라.

떠들씨내다[_-___] 동 들추어내다. ☞들씨내다. 들차내다.

떠떠무리하다[____-_] 형 뜨뜻미지근하다. ①온도가 아주 뜨겁지도 않고 차지도 않다. ¶지익때 떠떠무리하던 방이 식어뺐다. =저녁때 뜨뜻미지근하던 방이 식어버렸다. ②하는 일이나 성격이 분명하지 못하다. ¶【관용구】떠떠무리한 성미. =뜨뜻미지근한 성미.

떠룸하다[__-_] 형 떠름하다. 마음이 썩 내키지 아니하다. ¶우짠지 그 일은 떠룸해서 하기 싫다. =어쩐지 그 일은 떠름해서 하기 싫다.

떠무[-_] 명 드므. 넓적하게 생긴 큰 독. ¶떠무에 물 깍 채아낳아라. =드므에 물을 꽉 채워놓아라.

떠묵다[떠묵따 _-_] 동 떠먹다. ①음식물을 일정한 도구로 퍼서 먹다. ¶【속담】죽 떠묵운 자리. =죽 떠먹은 자리. ¶【속담】얻운 장 한 분 더 떠묵눈다. =얻은 장 한 번 더 떠먹는다. ¶【속담】오강띠껑으로 물 떠묵운 셈이다. =요강 뚜껑으로 물 떠먹은 셈이다. ②손해를 보다. ¶옷 장시 해가아 밑천을 떠무웄다. =옷 장사 해서 밑천을 떠먹었다.

떠문떠문[___-] 부 뜨문뜨문. ☞따문따문.

떠벅떠벅[___-] 부 뚜벅뚜벅. 발자국 소리를 뚜렷이 내며 잇따라 걸어가는 소리. 또는 그 모양. ¶발재죽 소리가 떠벅떠벅 딛긴다. =발자국 소리가 뚜벅뚜벅

들린다.

떠벌개이[떠벌개~이 _ _-_] 명 떠버리. ☞떠더리.

떠벌시다[_-_ _] 동 떠벌리다. 이야기를 과장하여 늘어놓다. ¶【관용구】떠벌시고 댕기다. =떠벌리고 다니다.

떠시다[_-_] 형 뜨습다. ①알맞게 뜨뜻하다. ¶【속담】소뿔따구는 단 짐이요 호박떡은 떠신 짐이다. =소뿔은 단 김이요 호박떡은 뜨스운 김이다. ②살림살이가 넉넉하다. ¶【관용구】떠시기 사다. =뜨습게 살다.

떠신물[_-_] 명 더운물. ☞덥운물. 따신물.

떠신밥[_-_] 명 더운밥. ☞따신밥.

떠신술[_ _-] 명 더운술. ☞따신술.

떠신저심[_-_ _] 명 더운점심. ☞따신저심.

떠신죽[_-_] 명 더운죽. ☞따신죽.

떠쌓다[떠싸타 _-_] 동 덥히다. ☞덥하다. 뎁하다. 뎁히다. 따싸다. 따쌓다.

떡[-] 부 쩍. ①단번에 크게 벌어져 갈라지는 소리를 나타내는 말. 또는 그 모양을 나타내는 말. ¶땅떵거리가 떡 갈라짔다. =땅덩이가 쩍 갈라졌다. ②입이나 팔, 다리 따위를 크고 세게 벌리는 모양을 나타내는 말. ¶【관용구】입이 떡 벌어지다. =입이 쩍 벌어지다. ③어떤 물체가 바짝 다가붙거나 끈기 있게 달라붙는 모양을 나타내는 말. ¶껌이 옷에 떡 달라붙웄다. =껌이 옷에 쩍 들러붙었다.

떡가리[1][_-_] 명 떡가래. 쌀과 소금으로 둥글고 길게 만든 가래떡의 낱개. ☞떡국가리.

떡가리[2][_-_] 명 가래떡. 길고 가늘게 둥글려 뽑은 흰떡. ¶【관용구】떡가리 빼다. =떡가래 뽑다. ¶【관용구】떡가리 싸리다. =떡가래 썰다. ☞떡국가리.

떡개[-_] 명 살찐 개. 통통하게 살이 오른 개. '떡개'는 표준어로 보면 구(句)이지만 창녕방언에서는 한 단어로 쓴다. ¶【속담】부잿집 떡개는 쪼맪다. =부잣집 살찐 개는 작다.

떡거무[- -_] 명 ((동물))호랑거미.

떡국가리[1][떠꾹가리 _ _-_] 명 떡가래. ☞떡가리.

떡국가리[2][떠꾹가리 _ _-_] 명 가래떡. ☞떡가리.

떡당새이[떡당새~이 _ _-_] 명 떡고리. 떡을 담아 두거나 떡이 담긴 상자. ¶【속담】기신 떡당새이 겉다. =귀신 떡고리 같다. ¶【속담】떡당새이에 손 드간다. =떡고리에 손 들어간다. ¶【속담】밉다꼬 차 뿌마 떡당새이에 자빠라진다. =밉다고 차 버리면 떡고리에 자빠진다.

떡덩거리[_ _-_] 명 떡 덩어리. *'떡덩거리'는 표준어로 보면 명사구지만 창녕방언에서는 굳어진 말이라 하나의 명사로 보는 게 낫다. ①떡을 셈하는 단위. ¶떡덩거리 시 개. =떡 덩어리 세 개. ②머리카락 따위가 서로 엉겨 붙어 있는 상태를 빗댄 말. ¶【관용구】떡덩거리가 지다. =떡 덩어리가 되다.

떡떡[_-] 부 쩍쩍. ①자꾸 크고 세게 벌어져 갈라지는 소리를 나타내는 말. 또는 그 모양을 나타내는 말. ¶【관용구】떡떡 갈라지다. =쩍쩍 갈라지다. ②자꾸 혀를 세게 차거나 입맛을 크게 다시는 소리를 나타내는 말. 또는 그 모양을 나타내는 말. ¶【관용구】씨로 떡떡 차다. =혀를 쩍쩍 차다. ¶【관용구】입맛을 떡떡 다시다. =입맛을 쩍쩍 다시다. ③입이나 팔, 다리 따위를 자꾸 크고 세게 벌리는 모양을 나타내는 말. ¶팔로 떡떡 벌씬다. =팔을 쩍쩍 벌린다. ④차지고 끈끈한 큰 물체가 자꾸 바짝 다가붙거나 끈기 있게 달라붙는 모양을 나타내는 말. ¶【관용구】떡떡 달라붙다. =쩍쩍 들러붙다.

떡뚜끼비[---_] 명 떡두꺼비. 갓 태어난 건장한 사내아이를 비유적으로 이르는 말. ¶【관용구】떡뚜끼비 겉다. =떡두꺼비 같다.

떡바아[떡바~아 _-_] 명 떡방아. 떡을 만들 쌀을 찧는 농기구. ¶【속담】떡바아 소리 듣고 짐칫국 마신다. =떡방아 소리 듣고 김칫국 마신다.

떡시리[_-_] 명 떡시루. 떡을 찌는 데 쓰는 질그릇. 둥글고 위가 아래보다 넓으며 바닥에 예닐곱 개의 구멍이 뚫려 있다.

떡을할[떠글할 --_] 감 네미. 몹시 못마땅하여 욕으로 하는 말. ¶에라이, 떡을 할! =에라, 네미! ☞니기미. 니미. 씨발. 씨부랄. 지기미.

떡잎사구[떵닙사구 __-_] 명 떡잎. 씨앗에서 움이 트면서 맨 처음에 나오는 잎. ¶【속담】떡잎사구에 항이 들었다. =떡잎에 황이 들었다. ¶【속담】델 썽 싶운 낭근 떡잎사구부텀 알아본다. =될 성 싶은 나무는 떡잎부터 알아본다.

떡재이[떡재~이 --_] 명 떡장수. 떡을 파는 사람. ¶【속담】떡재이는 떡 몬 묵눈다. =떡장수는 떡 못 먹는다.

떡찌떡찌[___-] 부 덕지덕지. 때나 먼지가 많이 끼어 더러운 모양. ¶모간지에 때가 떡찌떡찌 찌있다. =목에 때가 덕지덕지 꼈다.

떡하이[떡하~이 _-_] 부 떡하니. 보란 듯이 의젓하거나 여유가 있게. ¶시엄에 떡하이 붙웄다. =시험에 떡하니 붙었다.

떡함배기[__-_] 명 떡함지. 떡을 담은, 나무로 짠 그릇. ¶【속담】없이사던 딸이 떡함배기 이고 온다. =가난하던 딸이 떡함지 이고 온다. ¶【속담】넘우 떡함배기에 엎우진다. =남의 떡함지에 엎어진다. ☞떡함비기.

떡함비기[__-_] 명 떡함지. ☞떡함비기.

떤구룸[---] 명 뜬구름. ①허황된 일을 비유적으로 이르는 말. ¶【관용구】떤구룸 잡다. =뜬구름 잡다. ②덧없는 세상일을 비유적으로 이르는 말. ¶【관용구】떤구룸 겉다. =뜬구름 같다.

떤굼밪다[떵굼받따 -___] 형 뜬금없다. 갑작스럽고도 엉뚱하다. ¶큰자석이 떤굼밪은 말로 합미더. =큰자식이 뜬금없는 말을 합니다. ☞떤굼없다.

떤굼없다[떵굼엄따 -___] 형 뜬금없다. ¶【속담】떤굼없는 기신이 떡 내 낳아라 칸다. =뜬금없는 귀신이 떡 내 놓아라 한다. ☞떤굼밪다.

떤지다[-__] 동 던지다. ①손에 든 물건을 어디에 떨어지게 팔과 손목을 움직여

ㄷ

공중으로 내보내다. ¶【속담】생각 없이 떤진 돌에 깨구리 마아죽눈다. =생각 없이 던진 돌에 개구리 맞아죽는다. ②몸을 어디에 내밀어 뛰어들다. ¶【속담】주사우는 떤지젔다. =주사위는 던져졌다. ③하던 일을 도중에 그만두다. ¶언자 고 일은 고마 떤지뿄다. =이제 고 일은 그만 던져버렸다.

떨가다[1][_-_] 동 놓치다. ①무엇을 잡지 못하다. ¶【속담】떨간 물기기가 더 크다. =놓친 물고기가 더 크다. ¶【속담】띠는 토까이 잡울라카다가 잡운 토까이 떨간다. =뛰는 토끼 잡으려다가 잡은 토끼 놓친다. ②시기나 기회를 지나쳐 그냥 넘기다. ¶【관용구】혼기(婚期)로 떨가다. =혼기를 놓치다. ③교통편을 제시간에 타지 못하다. ¶【관용구】차로 떨가다. =차를 놓치다. ☞떨갛다.

떨가다[2][_-_] 동 떨어뜨리다. 잡거나 가진 것을 어디에 놓거나 빠뜨려서 흘리다. ¶【속담】쪼막소이 기랄 떨간 텍이다. =조막손이 계란 떨어뜨린 셈이다. ☞널짜다. 떨아다. 떨어띠리다.

떨감[떨깜 _-] 명 떫은감. 단감이 아닌 감. ¶【속담】떨감도 씹우 볼 만하다. =떫은감도 씹어 볼 만하다. ☞떫운감.

떨갛다[떨가타 _-_] 동 놓치다. ①시기나 기회를 지나쳐 그냥 넘기다. ¶【속담】잡아낳안 기기 떨갛고 운다. =잡아놓은 물고기 놓치고 운다. ②교통편을 제시간에 타지 못하다. ¶차로 떨갛지 마라. =차를 놓치지 마라. *떨갛고[떨가코 _-_], 떨갛지[떨가치 _-_], 떨가야[떨가야 _-_], 떨갔다[떨간따 _-_]. ☞떨가다.

떨뚜룸하다[___-_] 형 떨떠름하다. 마음이 내키지 않는 데가 있다. ¶우짠지 기부이 떨뚜룸하다. =어쩐지 기분이 떨떠름하다.

떨빵하다[__-_] 형 얼뜨다. 다부지지 못하여 어수룩하고 얼빠진 데가 있다. ¶【속담】떨빵한 봉비[逢變]이다. =얼뜬 봉변이다. ☞삐리하다. 얼띠다. 얼빵하다.

떨아다[떠라다 _-_] 동 떨어뜨리다. ①위에 있던 것을 아래로 내려가게 하다. ¶【속담】나는 새도 떨안다. =나는 새도 떨어뜨린다. ②잡거나 가진 것을 어디에 놓거나 빠뜨려서 흘리다. ¶지갑을 질에 떨았다. =지갑을 길에 떨어뜨렸다. ☞떨가다. ③의욕을 낮아지게 하거나 잃게 하다. ¶【관용구】밥정 떨아다. =밥맛 떨어뜨리다. ④값이나 가치를 싸게 하거나 낮추다. ¶수입 쌀이 쌀값 떨았다. =수입쌀이 쌀값 떨어뜨렸다. ⑤관계를 멀어지게 하거나 따로 떼다. ¶옴마가 친구캉 날로 떨았다. =엄마가 친구와 나를 떨어뜨렸다. ⑥다른 사람을 시험이나 선거에서 붙이지 않거나 뽑지 않다. ¶사램들이 그 냥반을 선거에서 떨았다. =사람들이 그 양반을 선거에서 떨어뜨렸다. ⑦물건을 모두 써서 뒤가 달리게 하다. ¶옷을 말키 떨았다. =옷을 모두 떨어뜨렸다. ⑧무엇을 뒤에 처지게 하다. ¶동상을 떨아 낳고 왔다. =동생을 떨어뜨려 놓고 왔다. ⑨

태중의 아기가 달이 차기 전에 죽어서 나오다. ¶아아로 떨았다. =애를 떨어 뜨렸다. ☞널짜다. 떨가다. 떨어띠리다.

떨어띠리다[__-__] 동 떨어뜨리다. ☞널짜다. 떨가다. 떨아다.

떨이미[떠리미 _-_] 명 떨이. 팔다 조금 남은 물건을 다 떨어서 싸게 파는 일. 또는 그렇게 파는 물건. ¶【관용구】떨이미 하다. =떨이로 팔다.

떫감[떨깜 _-] 명 땡감. 덜 익어 떫은맛이 나는 감. ¶【속담】떫감을 따무우도 이싱이 낫다. =땡감을 따먹어도 이승이 낫다. ☞떫운감.

떫다[떨따 _-] 동 뚫다. 막힌 것을 통하게 하다. ¶【속담】늙은 지가 독 떫는다. =늙은 쥐가 독 뚫는다. ¶【속담】몬난 사나아 떫우낳안 구뭉도 몬 떫는다. =못난 사내 뚫어놓은 구멍도 못 뚫는다. ¶【속담】소리 없는 벌개이가 빅을 떫는다. =소리 없는 벌레가 벽을 뚫는다. * 떫고[떨꼬 _-], 떫지[떨찌 _-], 떫어서[떨버서 --_], 떫었다[떨벋따 --_]. ☞떫하다.

떫어지다[떨버지다 -___] 동 뚫어지다. ①무엇을 집중해서 쳐다보다. ¶【관용구】떫어지기 치라보다. =뚫어지게 쳐다보다. ②사물이 밖으로 통하는 상태로 되다. ¶구늉 떫어진 양발. =구멍 뚫어진 양말. ③사물에 구멍이 파이거나 쪼여 생기게 되다. ¶【관용구】떫어진 입이라꼬 함부리 씨부린다. =뚫어진 입이라고 함부로 씨부렁거린다.

떫운감[떨분감 _--] 명 땡감. ☞떫감.

떫하다[떨파다 _-_] 동 뚫다. '뚫다'의 사동사. ¶【속담】안강[眼光]이 지배(紙背)로 떫한다. =안광이 지배를 뚫는다. ☞떫다.

떫히다[떨피다 _-_] 동 뚫리다. '뚫다'의 피동사. ¶【속담】지껄물에 바구 떫힌다. =낙숫물에 바위 뚫린다.

떰뿍떰뿍[___-] 부 듬뿍듬뿍. 여럿이 다 또는 몹시 넘칠 정도로 가득하거나 수북한 모양. ¶밥그륵에 밥을 떰뿍떰뿍 담았다. =밥그릇에 밥을 듬뿍듬뿍 담았다.

떰풀[-_] 명 ((식물))뜬풀. 물에 떠다니는 풀.

떱다[1][떱따 _-] 형 덥다. 기온이 높거나 기타의 이유로 몸에 느끼는 기운이 뜨겁다. ¶【속담】떱었다 식었다 한다. =더웠다 식었다 한다. ¶【속담】떱운 국에 국시사리 풀어지딧기. =더운 국에 국수사리 풀어지듯. ¶【속담】월남이 떱어서 망앴나 끼을밪아서 망앴지. =월남이 더워서 망했나 게을러서 망했지. * 떱고[떱꼬 _-], 떱지[떱찌 _-], 떱어[떠버 -_], 떱었다[떠벋따 -__].

떱다[2][떱따 _-] 형 후덕하다(厚德--). ☞덥다.

떱어지다[떠버지다 -___] 동 더워지다. ☞덥어지다.

떱어하다[떠버하다 -___] 동 더워하다. ☞덥어하다.

떱우[떠부 -_] 명 더위. ☞더우. 덥우.

떱우묵다[떠부묵따 -_-_] 동 더위하다. ☞덥우묵다.

떱우팔기[떠부팔기 -_-_] 명 더위팔기. ☞덥우팔기.

ㄷ

떵거리[_-_] 명 덩어리. ☞덩거리. 디이. 띠이.

떼거리[--_] 명 떼전. 한 동아리가 되어 무리를 이룬 사람들. ¶【관용구】떼거리로 몰리오다. =떼전으로 몰려오다.

떼거지[--_] 명 떼거리. 부당하게 억지를 쓰거나 고집을 부리는 것을 속되게 이르는 말. ¶【관용구】떼거지로 씨다. =떼거리를 쓰다.

떼골떼골[___-] 부 떼굴떼굴. ①어떤 사물이 계속 구르는 모양. ¶개이가 떼골떼골 구분다. =고양이가 떼굴떼굴 구른다. ②우스워서 어쩔 줄 모르는 모양. ¶하도 위숩어서 떼골떼골 구불웄다. =하도 우스워서 떼굴떼굴 굴렀다. ☞또골또골.

-떼만[--] 접 '오만' 뒤에 붙어 뜻을 강조하는 접미사. ¶여어는 오만떼만 기이 다 있네. =여기는 온갖 게 다 있네. ☞-띠만.

떼약벨[떼약벨 __-] 명 뙤약볕.

떼짠데기[__-_] 명 떼. 이식이나 증식할 목적으로 흙을 붙여서 뿌리째 떠낸 잔디. ¶【관용구】떼짠데기로 떠다. =떼를 떠다. ☞띠.

뗏놈[뗀놈 _-] 명 되놈. 중국 사람을 낮잡아 이르는 말. ¶【속담】뗏놈 빤수로 입웄나. =되놈 팬티를 입었나. ¶【속담】재주는 곰이 넘꼬 돈은 뗏넘이 벌인다. =재주는 곰이 넘고 돈은 되놈이 번다.

또[1][-] 조 지도. 놀라움이나 감탄, 실망 따위의 감정을 강조하는 데 쓰이는 보조사. *창녕방언에서 '-또'는 어미 '지' 개재 없이, 어간에 보조사가 바로 통합하는 특징이 있다. 이는 보편적으로 발견되는 현상이다. ¶밥을 해묵또 몬했다. =밥을 해먹지도 못했다. ☞도.

또[2][-] 조 도. ((체언 뒤에 붙어)) 그것 외에 그와 유사한 것이 더 있음을 암시하면서 첨가하는 뜻을 나타내는 보조사. ¶【관용구】말또 몬 하다. =말도 못하다.

또골또골[___-] 부 떼굴떼굴. ☞떼골떼골.

또깝다[_-_] 형 두껍다. 두께가 보통의 정도보다 크다. ¶【관용구】낯 또깝다. =낯 두껍다. ¶【속담】늙어이는 까죽이 또깝다. =늙은이는 가죽이 두껍다. ¶【속담】낯짝이 소가죽보담아 더 또깝다. =낯짝이 소가죽보다 더 두껍다. ☞뚜꿉다.

또나개나[-_-_] 부 도나캐나. 하찮은 아무나. 또는 무엇이나. ¶【관용구】또나개나 나서다. =도나캐나 나서다. ¶【관용구】또나개나 지끼다. =도나캐나 지껄이다. ¶【관용구】또나개나 한가지다. =도나캐나 마찬가지다. ☞지나깨나.

또디기[--_] 명 멍청이. 어리석고 사리 분별력이 모자란 사람을 놀림조로 이르는 말. ¶【관용구】빙시이 또디기. =병신 멍청이. ☞또디이. 멍치이.

또디이[또디~이 --_] 명 멍청이. ☞또디기. 멍치이.

또랑[_-] 명 도랑. ¶【속담】또랑 치고 까재 잡는다. =도랑 치고 가재 잡는다. ☞돌캉.

또리[-_] 명 또래. 나이나 수준이 서로 비

슷한 무리. ¶우리 나 또리. =우리 나이 또래.

또바알[또바~알 _-_] 명 돗바늘. 매우 크고 굵은 바늘. 돗자리, 구두, 가죽 따위의 단단한 것이나 가마니, 이불처럼 두꺼운 것을 꿰매는 데 쓴다.

똑[-] 부 꼭. ①아주 잘. ¶시이 똑 맞네예. =신이 꼭 맞네요. ②매우 흡족하게. ¶마암에 똑 들어예. =마음에 꼭 들어요. ③아주 비슷하게. ¶똑 선머슴아맨치로 논다. =꼭 선머슴처럼 논다. ☞깍. 딱.

똑뚝다[1][똑뚝따 _-_] 형 똑똑하다. ①또렷하고 분명하다. ¶【관용구】문필이 똑뚝다. =문필이 똑똑하다. ②사리에 밝고 총명하다. ¶【속담】죽운 자석이 더 똑뚝윘다. =죽은 자식이 더 똑똑했다.

똑뚝다[2][똑뚝따 _-_] 형 또록또록하다. ①소리 따위가 매우 또렷하다. ¶알라가 말로 똑뚝기 하네. =애기가 말을 또록또록하게 하네. ②모양이나 색깔 따위가 전혀 흐리지 않고 매우 분명하다. ¶이 밍태는 눈까리가 똑뚝다. =이 명태는 눈깔이 또록또록하다.

똑뚝다[3][똑뚝따 _-_] 형 싱싱하다. 채소 모종 따위가 시들거나 상하지 않고 생기가 있다. ¶똑뚝운 모상마 숭구라. =싱싱한 모종만 심어라.

똑뚝새[_-_] 명 과똑똑이(過---). ☞가똑띠기. 가똑띠이. 겉똑띠기.

똑뚝히[똑뚜키 _-_] 부 똑똑히. ①또렷하고 분명하게. ¶그 사램이 맞는강 똑뚝히 밨더나? =그 사람이 맞는지 똑똑히 보았더냐? ②인지하고 이해하는 능력이 뛰어나게. ¶사램이 너무 똑뚝히 굴마 밉사이다. =사람이 너무 똑똑히 굴면 밉상이다. ☞똑띠이.

똑띠이[똑띠~이 _-_] 부 똑똑히. ☞똑뚝히.

똑띡이[똑띠기 _-_] 명 똑똑이. 사물의 이치에 밝고 총명한 아이를 귀엽게 이르는 말.

똑바리[_ _-] 부 똑바로. ①어느 쪽으로도 기울지 않고 곧게. ¶【관용구】눈을 똑바리 뜨다. =눈을 똑바로 뜨다. ②틀리거나 거짓 없이 사실대로. ¶【관용구】똑바리 말하다. =똑바로 말하다. ☞쪽바로. 쪽바리.

똘똘[_-] 부 '돼지'를 부르는 소리.

똘뚫다[1][똘똘타 _-_] 형 똘똘하다. 매우 똑똑하고 영리하다. ¶고넘 참 똘뚫기 생깄네. =그놈 참 똘똘하게 생겼네. *똘뚫고[똘똘코 _-_], 똘뚫지[똘똘치 _-_], 똘똘어서[똘또러서 _-_ _], 똘똘었다[똘또런따 _-_ _].

똘뚫다[2][똘똘타 _-_] 형 초롱초롱하다. ①눈이 빛이 날 정도로 생기가 있고 아주 맑다. ¶【관용구】눈빠알이 똘뚫다. =눈망울이 초롱초롱하다. ②별빛이나 불빛 따위가 매우 또렷하고 밝다. ¶빌이 똘뚫기 비이네. =별이 초롱초롱하게 보이네. ③정신이 아주 맑고 또렷하다. ¶【관용구】정시이 똘뚫다. =정신이 초롱초롱하다. ④목소리가 탁함이 없이 아주 맑고 또렷하다. ¶【관용구】목충이 똘뚫다. =목청이 초롱초롱하다.

똘래똘래[_ _ _-] 부 ≒둘레둘레. 여러 건물 따위가 가까이에 위치해 있는 모양을 나타내는 말. *창녕방언 '똘래똘래'는 표준어 '돌레돌레'나 '둘레둘레' '옹기종기' 등과는 전혀 다른 뜻으로 쓰인다. ¶여개는 깅찰서캉 은앵캉 큰 빙언이 똘래똘래 있습미다. =여기는 경찰서랑 은행이랑 큰 병원이 둘레둘레 있습니다. ☞도리도리. 뚤리뚤리

똘마이[똘마~이 _-_] 명 똘마니. '하수인'을 낮잡아 부르는 말. ¶【관용구】똘마이로 딜꼬 댕기다. =똘마니를 데리고 다니다.

똠방똠방[___-] 부 반듯반듯. 작은 물체가 여럿이 다 비뚤거나 기울거나 굽지 아니하고 바른 모양. ¶낭글 똠방똠방 숭구낳네. =나무를 반듯반듯 심어놓았네.

똠방똠방하다[____-_] 형 반듯반듯하다. 작은 물체가 여럿이 다 비뚤거나 기울거나 굽지 아니하고 바르다. ¶무시로 똠방똠방하이 싸리라. =무를 반듯반듯하게 썰어라.

똥[-] 명 둥. ☞동.

똥가리[_-_] 명 토막. ☞동가리. 동개이. 똥개이. 톰방. 톰배기.

똥가이[똥까~이 _-_] 명 간섭(干涉). 자기와 별로 관계없는 일이나 말 따위에 끼어들어 쓸데없이 아는 체하거나 이래라저래라 함. *'똥가이'는 '똥 간섭'이라는 뜻으로, 이 경우 '똥'은 '쓸데없음'을 뜻한다. 이 단어는 표준어로 보면 명사구지만 창녕방언에서는 굳어진 말이라 하나의 명사로 보는 게 낫다. ¶【관용구】온가 똥가이로 다 한다. =온갖 간섭을 다 한다.

똥갈이주우[똥가리주~우 _-__-] 명 개구멍바지. 오줌이나 똥을 누기에 편하도록 밑을 터서 만든 어린아이의 바지.

똥개이[똥개~이 _-_] 명 토막. ☞동가리. 동개이. 똥가리. 톰방. 톰배기.

똥거무[_-_] 명 ((동물))땅거미. ☞땅거무. 땅검.

똥걸레[똥껄레 _-_] 명 기저귀. ☞기주기.

똥구녕[똥꾸녕 __-] 명 똥구멍. ¶【속담】똥구녕이 하품할다. =똥구멍이 하품하겠다. ¶【속담】싱겁기는 항새 똥구녕이다. =싱겁기는 황새 똥구멍이다. ¶【속담】똥구녕 찔린 소 모냥. =똥구멍 찔린 소 모양. ¶【속담】똥구녕으로 호박씨 깐다. =똥구멍으로 호박씨 깐다. ¶【속담】안다이 똥구녕이다. =안다니 똥구멍이다. ¶【속담】얌전한 똥구녕에 호박꽃 핀다. =얌전한 똥구멍에 호박꽃 핀다. ☞똥구늉. 똥구뭉. 똥구중. 밑구녕. 밑구늉. 밑구뭉. 밑구중.

똥구늉[똥꾸늉 __-] 명 똥구멍. ☞똥구녕. 똥구뭉. 똥구중. 밑구녕. 밑구늉. 밑구뭉. 밑구중.

똥구디기[똥꾸디기 __-_] 명 뒷간. ≒변소. ☞딧간. 정낭. 통시.

똥구랗다[똥구라타 _--_] 형 똥그랗다. 아주 동글다. ☞똥구렇다. 똥구리하다.

똥구래미[__-_] 명 똥그라미. ☞똥굴배이.

똥구래지다[_--__] 동 똥그래지다.

똥구렇다[똥구러타 _--_] 형 똥그랗다. ☞똥구랗다. 똥구리하다.

똥구리하다[___-_] 형 똥그랗다. ☞똥구

랗다. 똥구렇다.

똥구뭉[똥꾸뭉 __-] 명 똥구멍. ☞똥구녕. 똥구늉. 똥구중. 밑구녕. 밑구늉. 밑구뭉. 밑구중.

똥구수룸하다[____-_] 형 똥그스름하다.

똥구중[똥꾸중 __-] 명 똥구멍. ☞똥구녕. 똥구늉. 똥구뭉. 밑구녕. 밑구늉. 밑구뭉. 밑구중.

똥굴납딱하다[똥굴납따카다 ____-_] 형 동글납작하다. ☞동굴납딱하다.

똥굴똥굴하다[____-_] 형 똥글똥글하다.

똥굴라다[__-_] 동 ≒자르다. 어떤 사물을 톱이나 칼로 짧게 잘라내다. ¶거두로 낭글 똥굴랐다. =큰톱으로 나무를 잘랐다. ☞동치다. 뿌질라다. 뿔라다. 짜러다.

똥굴배이[똥굴배~이 __-_] 명 똥그라미. ☞똥구래미.

똥궁디이[똥꿍디~이 -___] 명 꽁무니. 몸에서 엉덩이를 중심으로 한 뒷부분. ¶【관용구】똥궁디이에 불이 나두룩 띠다. =꽁무니에 불이 나도록 뛰다. ¶【속담】정신은 똥궁디이에 차고 댕긴다. =정신은 꽁무니에 차고 다닌다.

똥까이하다[똥까~이하다 _-___] 동 간섭하다(干涉--). 온갖 간섭을 할 때 짜증스럽게 내뱉는 말. ¶넘우 일에 씰데없이 똥까이한다. =남의 일에 쓸데없이 간섭한다. ☞간십하다.

똥까재[-__] 명 ((동물))검정물방개. 몸의 길이는 3cm 정도이며, 광택 있는 검은색이다. 노란빛이 도는 '물방개'는 '빵까재' 혹은 '참까재'라고 이르며, 구워먹기도 했으나 '똥까재'는 구워먹지 않았다.

똥깔보[-__] 명 갈보. 남자들에게 몸을 파는 여자를 속되게 이르는 말.

똥깨나[-__] 부 큰소리깨나. 남 앞에서 뱃심 좋게 장담하는 것을 이르는 말. ¶【속담】뱀이가 용 데서 똥깨나 낀다. =뱀이 용 돼서 큰소리깨나 친다. ☞말쫑부이나.

똥내미[_-_] 명 똥냄새.

똥넉가리[똥너까리 __-_] 명 똥넉가래. 똥을 치는 데 쓰는, 넉가래 비슷한 나무 기구. ¶【속담】가붓집 똥넉가리 시아덧기 한다. =과붓집 똥넉가래 내세우듯 한다.

똥덩거리[똥떵거리 __-_] 명 똥 덩어리. 똥이 뭉쳐서 이루어진 덩어리. *'똥덩거리'는 표준어로 보면 명사구지만 창녕 방언에서는 굳어진 말이라 하나의 명사로 보는 게 낫다. ¶【관용구】똥덩거리 구불라덧기 한다. =똥 덩어리 굴리듯 한다. ¶【속담】건방진 똥덩거리 낙동강 치떠오룬다. =건방진 똥 덩어리 낙동강 치오른다.

똥딴지[-__] 명 똥항아리. 똥을 받아 내는 항아리. ¶【속담】똥딴지 우다듯기 한다. =똥항아리 감싸듯 한다.

똥땡깔[__-] 명 ((식물))까마중. ☞개땡깔.

똥띠이[똥띠~이 _-_] 명 튼튼한 '아기'를 귀엽게 부르는 말.

똥메[--] 명 독메(獨-). 들판에 외따로 솟은 산.

똥빵디이[똥빵디~이 -___] 명 볼기. 뒤쪽

ㄷ

허리 아래, 허벅다리 위의 양쪽으로 살이 불룩한 부분을 속되게 이르는 말. ¶【속담】원님이 심심하마 자수[座首] 똥빵디이 친다. =원님이 심심하면 좌수 볼기 친다.

똥삥[-_] 명 설사병(泄瀉病). ¶【관용구】똥빙이 들리다. =설사병에 걸리다. ☞뱃빙.

똥싸다[___] 동 설사하다(泄瀉--). 배탈이 나서 묽은 똥을 누다. ¶【속담】주인 배 아푼데 머숨이 똥싼다. =주인 배 아픈데 머슴이 설사한다. ¶【속담】술집 주모 보마 얌새이 똥 보고도 똥싼다. =술집 주모 보면 염소 똥 보고도 설사한다.

똥오짐[__-] 명 똥오줌. ¶【속담】똥오짐을 몬 가린다. =똥오줌을 못 가린다.

똥조오[똥쪼~오 _-_] 명 갱지(更紙). 지면이 좀 거칠고 품질이 낮은 종이. 주로 신문지나 시험지로 쓴다.

똥짜바리[__-_] 명 미주알. ☞미자바리.

똥짤막하다[똥짤마카다 ___-_] 형 땅딸막하다. 키가 작고 몸집이 옆으로 딱 바라지다. ¶똥짤막한 넘이 심이 씨다. =땅딸막한 놈이 힘이 세다.

똥추마리[__-_] 명 똥장군. 똥오줌을 담아 나르는 오지나 나무로 된 그릇. '추마리'는 이동용 또는 저장용 용기류의 하나이다. 배는 부르고 아가리는 좁다는 것이 특징이다. ¶【속담】배 노온 머숨이 똥추마리 깬다. =배 나온 머슴이 똥장군 깬다. ☞똥추무리.

똥추무리[__-_] 명 똥장군. ☞똥추마리.

똥치매다[-_-_] 동 동여매다. ①사물을 끈이나 실로 감거나 두르거나 하여 묶다. ¶쌀자리로 매매 똥치맸다. =쌀자루를 단단히 동여맸다. ②끈이나 실을 흩어지지 않도록 감거나 두르다. ¶다친 데에 피가 안 흐러구로 헝겁때기로 똥치매라. =다친 데에 피가 안 흐르게 헝겊으로 동여매어라. ☞동치매다. 디아매다. 홀까매다.

똥칠갑[-__] 명 똥감태기. ①온몸에 흠뻑 뒤집어쓴 똥. 또는 그것을 뒤집어쓴 모습. ¶【관용구】똥칠갑을 하다. =똥감태기를 쓰다. ②명예 따위를 더럽히는 나쁜 평판. 또는 그 평판을 받는 사람을 비유적으로 이르는 말. ¶【관용구】낯에 똥칠갑을 하다. =낯에 똥감태기를 쓰다.

똥파래이[똥파래~이 __-_] 명 똥파리. ①((곤충))똥파리. ¶【속담】오니얼 똥파래이 끓듯기 한다. =오뉴월 똥파리 끓듯 한다. ②모르면서 아는 척하는 사람을 낮잡아 이르는 말. ¶【속담】알기는 똥파래이 겉다. =알기는 똥파리 같다. ③'경찰'을 낮잡아 이르는 말. ¶【관용구】똥파래이 앞잽이. =경찰 앞잡이.

뚜굴뚜굴[___-] 부 때굴때굴. 큰 물건이 잇따라 구르는 모양. ¶도람통이 뚜굴뚜굴 구불어간다. =드럼통이 때굴때굴 굴러간다.

뚜께[-_] 명 두께. 물건의 두꺼운 정도. ¶【속담】뱃가죽이 땅 뚜께 겉다. =뱃가죽이 땅 두께 같다. ☞뚝께.

뚜꾸마리[__-_] 명 멱둥구미. 짚으로 둥글

고 울이 깊게 결어 만든 그릇. 주로 곡식이나 채소 따위를 담는 데에 쓰인다. ☞둥구마리

뚜꿉다[뚜꿉따 _-_] 형 두껍다. ☞또깝다.

뚜꽁[_-] 명 뚜껑. ☞따까리. 따꽁. 때까리. 떠꽁. 띠껑. 띠끼이.

뚜끼비[_-_] 명 ((동물))두꺼비. ¶【관용구】뚜끼비 꽁대기만 하다. =두꺼비 꽁지만하다. ¶【속담】뚜끼비 파래이 자아묵딧기 한다. =두꺼비 파리 잡아먹듯 한다. ☞심룽개우리.

뚜끼비집[_-__] 명 두꺼비집. 일정량 이상의 전류가 흐르면, 자동적으로 회로를 차단하여 전기 회로의 파손 및 화재를 방지하는 장치. ¶【관용구】뚜끼비집 니라다. =두꺼비집 내리다.

뚜다[-_] 동 두다. 바둑이나 장기 따위의 놀이를 하다. 또는 그 알을 놓거나 말을 쓰다. ¶【관용구】장기로 뚜다. =장기를 두다.

뚜디리[_-_] 부 두들겨. ①마음대로 마구. ¶【관용구】호래이래도 뚜디리 잡겄다. =호랑이라도 두들겨 잡겠다. ¶【속담】뚜디리 마안 넘은 발 뻗고 자고 뚜디리 팬 넘은 발 오구리고 잔다. =두들겨 맞은 놈은 발 뻗고 자고 두들겨 팬 놈은 발 오그리고 잔다. ②남김없이 모조리. ¶【관용구】뚜디리 팔다. =두들겨 팔다. ③모두 다. ¶【관용구】뚜디리 합치다. =두들겨 합치다. ☞뚜딜기.

뚜디리다[_-__] 동 두드리다. ①소리가 나도록 잇따라 치거나 때리다. ¶【속담】돌다리도 뚜디리 보고 건니간다. =돌다리도 두드려 보고 건너간다. ¶【속담】자다아 봉창 뚜디리는 소리한다. =자다가 봉창 두드리는 소리한다. ②악기를 채로 치다. ¶장구를 뚜디맀다. =장구를 두드렸다. ☞뚜딜기다.

뚜딜기[_-_] 부 두들겨. ☞뚜디리.

뚜딜기다[_-__] 동 두드리다. ☞뚜디리다.

뚜루박[_-_] 명 두레박. 줄을 길게 달아 우물물을 퍼 올리는 데 쓰는 도구. 바가지나 판자 또는 양철 따위로 만든다. ¶【속담】냄핀은 뚜루박 안들은 항아리. =남편은 두레박 아내는 항아리. ¶【속담】끄내끼 끊긴 뚜루박 신세. =끈 끊어진 두레박 신세. ☞뚜리박.

뚜룽[1][_-] 명 두둑. ☞두덕. 두룸.

뚜룽[2][_-] 명 두렁. ☞두룸.

뚜리박[_-_] 명 두레박. ☞뚜루박.

뚝[-] 명 둑. 제방(堤防). ☞둘. 뚝방.

뚝께[-_] 명 두께. 물건의 두꺼운 정도. ☞뚜께.

뚝방[뚝빵 _-] 명 둑. 제방(堤防). ☞둘. 뚝.

뚝빠리[_-_] 명 뚝배기. 찌개 따위를 끓이거나 설렁탕 따위를 담을 때 쓰는 오지그릇. ¶【관용구】뚝빠리 깨지는 소리하다. =뚝배기 깨지는 소리하다. ¶【속담】뚝빠리보담아 장맛이다. =뚝배기보다 장맛이다. ☞뚝삐기. 뚝사리. 툭빠리. 툭사리. 툭사발. 툭수리. 툭수바리.

뚝삐기[_-_] 명 뚝배기. ☞뚝빠리. 뚝사리. 툭빠리. 툭사리. 툭사발. 툭수리. 툭수바리.

뚝사리[_-_] 명 뚝배기. ☞뚝빠리. 뚝삐기.

ㄷ

툭빠리. 툭사리. 툭사발. 툭수리. 툭수바리.

뚤리뚤리[___-] 부 둘레둘레. 사방을 이리저리 살피는 모양. ¶이 집 저 집 뚤리뚤리 치라봤다. =이 집 저 집 둘레둘레 쳐다봤다. ☞도리도리. 뚤리뚤리

뚤맞다[--_] 동 두들겨 맞다.

뚤패다[--_] 동 두들겨 패다.

뚱구랗다[뚱구라타 __-_] 형 둥그렇다. 사물이나 그 모양이 뚜렷하고 크게 둥글다. ¶【관용구】누이 뚱구랗다. =눈이 둥그렇다. ☞뚱구렇다.

뚱구렇다[뚱구러타 __-_] 형 둥그렇다. ☞뚱구랗다.

뚱구리하다[___-_] 형 둥그스름하다. ☞둥구리하다. 둥구수룸하다. 뚱구수룸하다.

뚱구수룸하다[____-_] 형 둥그스름하다. ☞둥구리하다. 둥구수룸하다. 뚱구리하다.

뚱굴납짝하다[____-_] 형 둥글납작하다. ☞둥굴납짝하다.

뚱굴넙쭉하다[뚱굴넙쭈카다 ____-_] 형 둥글넓적하다. ☞뚱굴넙쭉하다.

뚱굴다[-__] 형 둥글다. ☞두리벙하다. 둥굴다.

뚱굴뚱굴하다[____-_] 형 둥글둥글하다. ☞둥굴둥굴하다.

뚱띠이[뚱띠~이 _-_] 명 뚱뚱보. 살이 쪄서 뚱뚱한 사람을 놀림조로 이르는 말.

뚱치다[1][-__] 동 둥치다. ①칭칭 휩싸서 동이다. ¶나락섬을 뚱치낳아라. =볏섬을 둥쳐놓아라. ②낫이나 톱으로 너저분한 것을 몰아서 잘라 버리다. ¶나무가재이로 뚱쳤다. =나뭇가지를 둥쳤다.

뚱치다[2][-__] 동 훔치다. 다른 사람의 것을 자기 것으로 하기 위해 몰래 가져가다. ¶【속담】빙시이가 호매이 뚱친다. =병신이 호미 훔친다. ¶【속담】뚱친 넘보담 잃안 넘이 지가 더 크다. =훔친 놈보다 잃은 놈이 죄가 더 크다. ☞째비다. 찌바다. 찌파다.

뜨꿈기리다[__-__] 동 ≒뜨끔거리다. 눈에 이물질이 들어가서 눈을 깜박일 때 통증 따위의 불편을 느끼다. ¶누이 뜨꿈기린다. =눈이 뜨끔거린다. ☞마덜기리다. 머덜기리다.

뜨떠무리하다[____-_] 형 뜨뜻무레하다. 조금 뜨뜻한 기운이 있다. ¶배도 부루고 방바닥도 뜨떠무리하다. =배도 부르고 방바닥도 뜨뜻무레하다.

뜬다부래이[뜬다부래~이 ----_] 명 ((식물))네가래.

뜯다[1][뜨따 -_] 동 캐다. 땅에 돋은 나물 따위를 잘라내다. ¶【속담】도치 들고 나물 뜯으로 간다. =도끼 들고 나물 캐러 간다.

뜯다[2][뜨따 -_] 동 헐다. 집이나 쌓은 물건을 헐어서 내려앉게 하거나 흩뜨리다. ¶【속담】딧집 짓고 앞집 뜯어내라 칸다. =뒷집 짓고 앞집 헐어내라 한다. ☞헐아다.

뜯어곤치다[뜨더곤치다 -____] 동 뜯어고치다. ①잘못된 것을 바로잡아 고치다. ¶잘몬덴 거로 뜯어곤칬다. =잘못된 것

을 뜯어고쳤다. ②낡았거나 고장난 것을 뜯어내어 고치다. ¶오래덴 집을 뜯어곤쳤다. =오래된 집을 뜯어고쳤다.

뜯어말기다[뜨더말기다 -____] 동 뜯어말리다. 엉겨 붙어서 싸우는 것을 각각 떼어 내어 싸우지 못하게 하다. ¶엉기붙어 싸우는 거로 제우 뜯어말깄다. =엉겨붙어 싸우는 걸 겨우 뜯어말렸다.

뜯어맞하다[뜨더마차다 -____] 동 뜯어맞추다. 흩어지거나 어긋난 사물을 근본적으로 새롭게 이리저리 맞추다. ¶아아가 째뿐 핀지로 뜯어맞핬다. =애가 찢어버린 편지를 뜯어맞췄다.

뜯어묵다[뜨더묵따 -_-_] 동 뜯어먹다. 한 덩이로 된 것을 이로 떼거나 찢어서 먹다. ¶【관용구】개 풀 뜯어묵는 소리 한다. =개 풀 뜯어먹는 소리 한다. ②재물 따위를 남에게 끈덕지게 조르거나 억지로 우려내다. ¶넘우 꺼 뜯어묵눈다. =남의 것을 뜯어먹는다.

뜰받다[뜰바따 _-_] 동 들이받다. ①머리를 들이대어 받다. ¶항시는 잘 뜰받는다. =황소는 잘 들이받는다. ②함부로 받거나 부딪다. ¶추룩이 단장을 뜰받았다. =트럭이 담장을 들이받았다. ☞딜이박다.

뜸비기[_-_] 명 ((동물))뜸부기. ¶【속담】시사아 뜸비기가 오데 한 바리뿌이까이. =세상에 뜸부기가 어디 한 마리뿐이랴. ☞뜸뿍새.

뜸뿍새[_-_] 명 ((동물))뜸부기. ☞뜸비기.

뜸질[-_] 명 찜질. ¶물수군우로 뜸질을 했다. =물수건으로 찜질을 했다.

띠[1][-] 명 떼. 이식이나 증식할 목적으로 흙을 붙여서 뿌리째 떠낸 잔디. ☞떼짠데기.

띠[2][-] 명 쾌. 북어를 묶어 세는 단위. 한 쾌는 북어 스무 마리를 이른다.

띠-[-] 접 '몹시' 또는 '심하게'의 뜻을 지닌 강세접두어. ¶입수구리가 띠부리킸다. =입술이 부르텄다.

띠가다[--_] 동 뛰어가다. 달려서 가다.

-띠기로[-__] 접 -째로. ((일부 명사의 뒤에 붙어)), '전부'의 뜻을 더하는 말. ¶쏘지로 빡쓰띠기로 사왔다. =소주를 박스째로 사왔다.

띠껑[_-] 명 뚜껑. ☞따까리. 따꿍. 때까리. 떠꿍. 뚜꿍. 띠끼이.

띠꿈박질[__-_] 명 뜀박질. 급히 뛰어 달려감. ¶【관용구】띠꿈박질로 띠다. =뜀박질을 하다.

띠끼이[띠끼~이 _-_] 명 뚜껑. ☞따까리. 따꿍. 때까리. 떠꿍. 뚜꿍. 띠껑.

띠나가다[-_-_] 동 뛰어나가다. 달려서 나가다.

띠놓다[띠나타 _-_] 동 떼어놓다. ①붙어 있거나 잇닿은 것을 떨어지게 해놓다. ¶【속담】장개가는 넘이 붕알 띠놓고 간다. =장가가는 놈이 불알 떼놓고 간다. ②어떤 곳에 따로 남겨 놓다. ¶【속담】타고난 팔자는 죽눈 날꺼지 띠놓지 몬 한다. =타고난 팔자는 죽는 날까지 떼어놓지 못 한다. ③발이나 걸음을 옮겨 놓다. ¶【속담】어채피 띠놓안 발걸움이다. =어차피 떼어놓은 발걸음이다. ④틀림없다는 확신을 갖다. ¶【속담】띠낳안 당상. =떼어놓은 당상.

띠넘다[띠넘따 -__] 동 뛰어넘다. ①몸을 솟구쳐서 위로 넘다. ¶【속담】몽디이 시 개 맞고 담 안 띠넘울 넘 없다. =몽둥이 세 개 맞고 담 안 뛰어넘을 놈 없다. ¶【속담】사알 굶우마 포도청 담도 띠넘는다. =사흘 굶으면 포도청 담도 뛰어넘는다. ②예상이나 한계를 훨씬 넘어서다. ¶【관용구】애상을 띠넘다. =예상을 뛰어넘다. ③차례나 단계를 걸러서 나아가다. ¶와 이거는 안 하고 띠넘노? =왜 이건 안 하고 뛰어넘니?

띠노오다[-_-_] 동 뛰어나오다. 밖으로 달려서 나오거나 튀어나오다. ¶【관용구】보선발로 띠노오다. =버선발로 뛰어나오다. ¶【속담】칠성판서 띠노왔다. =칠성판에서 뛰어나왔다.

띠다[1][-_] 동 뛰다. ①순간적으로 힘을 모아 자신의 몸을 허공에 뜨는 상태로 만들다. ¶【속담】띠는 넘 우에 나는 넘. =뛰는 놈 위에 나는 놈. ¶【속담】기지도 몬 하는 기이 띨라 칸다. =기지도 못 하는 것이 뛰려고 한다. ¶【속담】띠이 밨자 비룩이. =뛰어 봤자 벼룩. ②가격이나 가치가 갑자기 오르다. ¶【관용구】깞이 띠다. =값이 뛰다. ③((주로 '길길이, 팔팔, 펄쩍, 펄펄' 따위의 의태어와 함께 쓰여)) 사람이 대단한 기세로 어떤 사실에 대해 강력히 부인하거나 반대하다. ¶【관용구】펄쩍 띠다. =펄쩍 뛰다. ④그네 따위의 놀이기구를 타다. ¶군데로 띤다. =그네를 뛴다.

띠다[2][__] 동 떼다. ①어디에 붙어 있는 것을 따로 떨어지게 하다. ¶【관용구】혹을 띠다. =혹을 떼다. ②한 부분을 덜거나 갈라서 내다. ¶【속담】말은 보태야 데고 떡은 띠야 덴다. =말은 보태야 되고 떡은 떼야 된다. ③관계를 더 이상 유지되지 않는 상태로 만들다. ¶【관용구】정을 띠다. =정을 떼다. ④눈길을 다른 곳으로 돌려 더이상 보지 않다. ¶【관용구】눈을 몬 띠다. =눈을 못 떼다. ⑤산지나 도매상에서 물건을 한꺼번에 많이 뭉텅이로 사들이다. ¶【관용구】물견을 띠다. =물건을 떼다. ⑥발걸음을 옮겨 놓기 시작하다. ¶【관용구】첫걸움을 띠다. =첫걸음을 떼다. ⑦내용 수준이나 분량을 완전히 익히다. ¶책 한 건을 띴다. =책 한 권을 뗐다. ⑧입을 열어 말하기 시작하다. ¶【속담】구린 입도 안 띤다. =구린 입도 안 뗀다.

띠다밀다[___-] 동 떠다밀다. ①뒤에서 힘을 주어 앞으로 나아가게 하다. ¶띠다밀어서 얼라가 다칬다. =떠다밀어서 애가 다쳤다. ②일이나 책임을 다른 사람에게 억지로 미루어 넘기다. ¶【관용구】등을 띠다밀다. =등을 떠다밀다. ☞띠밀다.

띠댕기다[--__] 동 뛰어다니다. ①발을 몹시 재게 움직이며 여기저기 마구 다니다. ¶【관용구】신나기 띠댕기다. =신나게 뛰어다니다. ②여기저기 바쁘게 다니다. ¶【관용구】바뿌기 띠댕기다. =바쁘게 뛰어다니다.

-띠더[-_] 어 -더이다. (('이다'의 어간, 용

언의 어간 또는 어미 뒤에 붙어)) 예스러운 표현으로 합쇼할 자리에 쓰여, 보거나 듣거나 겪은 사실을 전달하여 알림을 나타내는 종결어미. ¶소이 마이 왔습띠더. =손님이 많이 왔더이다.

띠들다[--_] 동 뛰어들다. ①재빨리 몸을 던져 들어가거나 들어오다. ¶【속담】천둥에 개 띠들딧기. =천둥에 개 뛰어들듯이. ¶【속담】비락에 소 띠들딧기. =벼락에 소 뛰어들듯이. ②어떤 일에 적극적으로 관계하기 위하여 끼어들다. ¶【속담】산신(山神) 지물[祭物]에 청메띠기 띠들딧기. =산신 제물에 청메뚜기 뛰어들듯. ¶【속담】섶을 지고 불로 띠든다. =섶을 지고 불로 뛰어든다.

-띠만[--] 접 '오만' 뒤에 붙어 뜻을 강조하는 접미사. ¶난서밭에다가 오만띠만 거로 다 숭궀네. =남새밭에다 온갖 걸 다 심었네. ☞-떼만.

띠맡다[띠마따 _-_] 동 떠맡다. 일이나 책임 따위를 모두 맡다. ¶살림을 모지리 띠맡았다. =살림을 모조리 떠맡았다.

띠맽기다[띠매끼다 _-__] 동 떠맡기다. '떠맡다'의 사동사. 일이나 책임을 다른 사람에게 억지로 넘기다. ¶지 할일로 마너래인데 띠맽기고 지는 놀로 댕긴다. =제 할일을 마누라에게 떠맡기고 자기는 놀러 다닌다.

띠무룩하다[띠무루카다 ___-_] 형 시무룩하다. 마음에 못마땅하여 말이 없고 얼굴에 언짢은 기색이 있다. ¶머 때미로 고래 띠무룩하노? =뭐 때문에 그리 시무룩하니? ☞시꾸룬하다.

띠묵다[띠묵따 _-_] 동 떼먹다. ①남에게 갚아 주어야 할 것을 갚지 않다. ¶【관용구】돈을 띠묵다. =돈을 떼먹다. ②떡 따위의 덩어리로 된 음식물을 떼어서 먹다. ¶【속담】딩기떡도 뜨실 때 띠묵는다. =개떡도 뜨뜻할 때 떼먹는다. ☞띵가묵다.

띠미이다[_-__] 동 떠먹이다. 다른 사람에게 음식을 수저 따위로 퍼서 먹이다. ¶얼라인데 밥을 띠미있다. =애기한테 밥을 떠먹였다. ☞띠믹이다.

띠믹이다[띠미기다 _-__] 동 떠먹이다. ☞띠미이다.

띠밀다[_-_] 동 떠밀다. ☞띠다밀다.

띠부리키다[__-__] 동 ≒곪다. *띠(강세접사)+부리키다. ☞공기다. 부리키다. 익히다.

띠비이[띠비~이 _-_] 명 밥뚜껑. 밥그릇을 덮는 덮개. ☞개띠비이. 밥띠비이.

띠아다[1][-__] 동 띄우다. '뜨다'의 사동사. ①물기 있는 물체가 제 훈김으로 썩게 하다. ¶【관용구】거룸을 띠아다. =거름을 띄우다. ②누룩이나 메주 따위를 발효하게 하다. ¶【관용구】누룩을 띠아다. =누룩을 띄우다. ¶【관용구】미지로 띠아다. =메주를 띄우다. ③배나 비행기 따위를 뜨게 하다. ¶【관용구】비양기로 띠아다. =비행기를 띄우다. ④거리나 간격을 뜨게 하다. ¶【관용구】간긱을 띠아다. =간격을 띄우다. ⑤기운이나 기를 북돋우다. ¶【관용구】기분을 띠아다. =기분을 띄우다.

띠아다[2][-__] 동 때우다. ☞때아다.

ㄷ

띠오다[--_] 동 뛰어오다. 달음박질로 빨리 오다. ¶【속담】노숭에 소 띠오듯기. =뇌성에 소 뛰어오듯. ☞띠이오다.

띠오루다[-_-_] 동 뛰어오르다. ①몸을 솟구쳐 단숨에 낮은 곳에서 높은 곳으로 오르다. ¶【속담】장매철 깨고리 호박 이푸리에 띠오루덧기. =장마철 개구리 호박잎에 뛰어오르듯. ②가격이나 가치가 갑자기 많이 오르다. ¶마알 깞이 띠올랐다. =마늘 값이 뛰어올랐다.

띠움띠움[___-] 부 띄엄띄엄. ①붙어 있거나 가까이 있지 않고 조금 떨어져 있는 모양. ¶낭글 띠움띠움 숭궀다. =나무를 띄엄띄엄 심었다. ②거듭되는 간격이 짧지 않고 긴 모양. ¶잊아뿔상 싶우마 띠움띠움 놀로온다. =잊어버릴 성 싶으면 띄엄띄엄 놀러온다.

띠이[띠~이 -_] 명 덩어리. 덩이. ☞덩거리. 디이. 떵거리.

띠이다[1][_-_] 동 뜨이다. ①눈이 떨어지다. ¶【관용구】누이 번쩍 띠이다. =눈이 번쩍 뜨이다. ②남보다 훨씬 두드러지다. ¶【관용구】눈에 띠이다. =눈에 뜨이다. ③말을 알아듣다. ¶【관용구】말기가 띠이다. =말귀가 뜨이다. ④어떤 조짐이 보이다. ¶【관용구】왕기(王氣)가 띠이다. =왕기가 뜨이다. ⑤마음이 끌리다. ¶【관용구】귀가 번쩍 띠이다. =귀가 번쩍 뜨이다

띠이다[2][_-_] 동 떼이다. '떼다'의 피동사. 남에게서 빌려 온 돈 따위를 돌려받지 못하다. ¶【속담】띠인 돈은 절하미 받는다. =떼인 돈을 절하며 받는다.

띠이오다[-_-_] 동 뛰어오다. ☞띠오다.

띠지랄[---] 명 개지랄. 너저분하고 미운 짓이나 마구 행패를 부리는 것을 욕하여 이르는 말. *떼+지랄. ¶【관용구】오만 띠지랄하다. =온갖 개지랄하다. ☞쌩지랄.

띡빌나다[---_] 형 특별나다(特別--). ¶니는 새앙는 기이 띡빌나다. =너는 생각하는 게 특별나다. ☞틱빌나다.

띡이[띠기 -_] 명 댁(宅). ((지역 이름을 나타내는 명사 뒤에 붙어)) '그 지역 출신이거나 그 지역에서 시집온 여자'의 뜻을 더하여 명사를 만드는 말. *'댁'에 어조사 '이'가 결합한 형태이다. ¶밤실띡이(밤실댁). ¶풋가지띡이(풋가지댁). ☞마너래. 마누래.

띧기다[띠끼다 _-_] 동 뜯기다. '뜯다'의 피동사. ①기존에 있는 것을 떼어내거나 철거하다. ¶사던 집이 띧긴다. =살던 집이 뜯긴다. ②털 따위가 뽑히다. ¶터리기가 띧겼다. =털이 뜯겼다. ③질긴 음식이 떼어지다. ¶달기기가 찔기서 잘 안 띧긴다. =닭고기가 질겨서 잘 안 뜯긴다. ④땅에 난 풀 따위가 떼어지다. ¶소꼴은 낫이 잘 들어야 잘 띧긴다. =소꼴은 낫이 잘 들어야 잘 뜯긴다. ⑤벌레 따위에 피를 빨리다. ¶머구인데 띧겼다. =모기한테 뜯겼다. ⑥재물 따위를 빼앗기다. ¶에정 때는 에넘인데 띧겼다. =왜정 때는 왜놈에게 뜯겼다.

띰딜이다[띰디리다 _-__] 동 뜸들이다. ①어느 정도 찌거나 삶은 음식을 열을

약하게 하여 그대로 얼마쯤 두어서 속속들이 잘 익게 하다. ¶밥을 맛입기 떰딜있다. =밥을 맛있게 뜸들였다. ②어떤 일이나 말을 얼른 하지 않고 사이를 두거나 머뭇거리다. ¶떰딜이지 말고 어푼 말해 바라. =뜸들이지 말고 얼른 말해 봐라.

띵가묵다[띵가묵따 _--_] 동 떼먹다. ☞띠묵다.

띵깡[-_] 명 행패(行悖). *'띵깡'은 일본어 '뎬칸 てんかん'에서 온 말. ☞깽판. 땡깡.

띵깡부리다[--___] 동 행패부리다(行悖---). ☞구신지기다. 기신지기다. 깽판부리다. 땡깡부리다.

ㄹ

-ㄹ깝세[1][-_] 어 -느니. ((‘ㄹ’받침을 가진 용언 뒤에 붙어)) 대립적인 행위를 하는 뜻을 나타내는 말. ¶【속담】몰개밭에 씨로 박고 죽울깝세 도덕질은 안한다. =모래밭에 혀를 박고 죽느니 도둑질은 않는다.

-ㄹ깝세[2][-_] 어 -더라도. ((용언 뒤에 붙어)) 뒤 절이 앞 절의 내용에 매이지 않도록 어떤 일이나 상황을 가정하여 양보하는 뜻을 나타내는 말. ¶【속담】농사꾼은 굶우죽울깝세 종자는 비고 죽는다. =농사꾼은 굶어죽더라도 종자는 베고 죽는다.

-ㄹ꺼로[-_] 어 -ㄹ걸. ①((모음이나 ‘ㄹ’로 끝나는 용언 또는 선어말 어미 뒤에 붙어)) 화자가 추측한 어떤 사실을 상대에게 가볍게 반박하여 나타내거나 스스로 가볍게 감탄하여 나타내는 말. 해체로, 주로 구어체에 쓰인다. ¶가아는 니일 갈꺼로. =걔는 내일 갈걸. ②((모음이나 ‘ㄹ’로 끝나는 용언 또는 선어말 어미 뒤에 붙어)) 이미 지난 일을 가볍게 후회하거나 아쉬워하는 뜻을 나타내는 말. 주로 혼잣말에 쓰인다. ¶이랄 쭐 알았으마 잠이나 잘꺼로. =이럴 줄 알았으면 잠이나 잘걸.

-ㄹ다[_] 어 -겠다. ((용언의 어간 뒤에 붙어)) 짐작이나 추측을 드러내는 종결어미. *창녕방언 ‘-ㄹ다’는 예사소리로 발음된다. 창녕 북부지역에서 흔히 쓰는 이것은 경북지역에서 생산적으로 쓰이는 말이기도 하다. 경북 발음은 지역에 따라, 같은 지역에서도 어형에 따라 [-ㄹ다]와 [-ㄹ따]로 발음된다. ¶【속담】바알허리에 실 매애 씰다. =바늘허리에 실 매어 쓰겠다. ¶【속담】함비기 찰밥도 쏟울다. =함지 찰밥도 쏟겠다. ¶【속담】꼿꼿하기는 서서 똥 쌀다. =꼿꼿하기는 서서 똥 싸겠다. ☞-래라.

-ㄹ수록이[수로기 --_] 어 -ㄹ수록. ((모음이나 ‘ㄹ’로 끝나는 용언의 어간에 붙어)) 어떤 일의 정도가 더하여 감에 따라 다른 일의 정도가 그에 비례하여 더하거나 덜하여 감을 나타내는 말. *‘-ㄹ수록’에 어조사 ‘이’가 붙어서 쓰인 경우이다. ¶【속담】맹석자리는 갈아 댈수록이 좋다. =돗자리는 갈아 댈수록 좋다. ¶【속담】갈수록이 태사이다. =갈수록 태산이다. ☞-ㄹ수룩이.

-ㄹ수룩이[수루기 --_] 어 -ㄹ수록. ☞-ㄹ수록이.

-라-[1][-] 접 -리-. '사동'의 뜻을 더하는 접미사. ¶꿇라다(꿇리다). ¶날라다(날리다). ¶말라다(말리다). ¶빨라다(빨리다). ¶아라다(알리다). ¶올라다(올리다). ¶울라다(울리다).

-라[2][-] 어 -려. -으려. ①어떤 행동을 할 의도나 욕망을 가지고 있음을 나타내는 연결어미. ¶새북에 일날라 캤다. =새벽에 일어나려 했다. ②곧 일어날 움직임이나 상태의 변화를 나타내는 연결어미. ¶쏘내기가 퍼벌라 칸다. =소나기가 퍼부으려 한다.

-라[3][-] 어 -러. ((동사 어간에 붙어))합성동사의 연결어미. ¶아부지인데 일라줄 끼다. =아버지한테 일러줄 것이다.

라꼬[-_] 조 라고. ①앞말이 직접 인용되는 말임을 나타내는 격 조사. 원래 말해진 그대로 인용됨을 나타낸다. ¶아재비가 "니는 비 오는 기이 좋나?"라꼬 물었다. =아재비가 "너는 비 오는 게 좋냐?"라고 물었다. ②마음에 탐탁지 않게 생각하는 대상임을 나타내는 보조사. '이른바'의 뜻이 들어 있다. ¶자석이라꼬 하나 있기사 있습미더. =자식이라고 하나 있기는 있습니다. ③뒤에 오는 내용의 원인이나 이유라는 뜻을 나타내는 보조사. 뒤에는 부정의 뜻을 가진 말이 올 때가 많다. ¶촌넘이라꼬 낮하본다. =촌놈이라고 얕본다. ④'예외 없이 다 마찬가지로'의 뜻을 나타내는 보조사. 뒤에는 부정의 뜻을 가진 의문 형식이 온다. ¶【속담】니라꼬 용빼는 재조 있나. =너라고 용빼는 재주 있나. ☞꼬.

-라꼬[-_] 어 -려고. ①어떤 행동을 할 의도나 욕망을 가지고 있음을 나타내는 연결어미. ¶【속담】기도 몬 하민서 날라꼬 칸다. =기지도 못 하면서 날려고 한다. ②곧 일어날 움직임이나 상태의 변화를 나타내는 연결어미. ¶좋운 일 있을라꼬 깐채이가 지지긴다. =좋은 일 있으려고 까치가 지저귄다. ③어떤 주어진 상황에 대하여 반문을 나타내는 종결어미. ¶버씨로 핵교 갈라꼬? =벌써 학교 가려고?

라꼬는[--_] 조 라고는. ((해할 자리나 혼잣말에 쓰여)) 강조하여 지정하는 뜻을 나타내는 보조사. 뒤에는 수적으로나 양적으로 부정의 뜻 또는 부정에 가까운 뜻을 가지는 말이 온다. ¶비라꼬는 한 빠알 안 내맀다. =비라고는 한 방울도 안 내렸다.

-라나[--] 어 -려나. ((해할 자리나 혼잣말에 쓰여)) 추측을 가볍게 묻는 데 쓰이는 종결어미. ¶날이 씨기 춥우질라나. =날씨가 몹시 추워지려나. ☞-랑가.

-라마[1][-_] 어 -라면. ①어떠한 사실을 가정하여 조건으로 삼는 뜻을 나타내는 연결어미. ¶내가 니라마 할 수 있겄다. =내가 너라면 할 수 있겠다. ②'-라고 하면'이 줄어든 말. ¶니가 한 기이 아이라마 누가 한 기이고? =네가 한 게 아니라면 누가 한 것이냐?

-라마[2][-_] 어 -려면. '어떤 가상의 일이 사실로 실현되기 위해서는'의 뜻을 나타내는 연결어미. ¶【속담】뻴가리가 처

ㄹ

움 울라마 날로 개린다. =병아리가 처음 울려면 날을 가린다. ☞-카마.

-라민서[--_] 어 -라면서. ((‘이다’, ‘아니다’의 어간이나 선어말 어미 ‘-으시-’의 뒤에 붙어)) 다른 사람에게서 들은 사실을 상대에게 다시 확인하여 묻는 뜻을 나타내는 말. 해체로, 주로 구어체에 쓰인다. ¶니가 캔 말이 아이라민서? =네가 한 말이 아니라면서?

-라민야[--_] 어 -려면야. ‘-려고 하면야’가 준 말. 어떤 행동을 할 의도가 있음을 가정하여 뒤 절에 대한 조건으로 삼는 뜻을 힘주어 나타내는 말이다. ¶그깐 일쯤 할라민야 와 몬 하까. =그까짓 일쯤 하려면야 왜 못 할까.

-라예[-_] 어 -라오. ①((아주높임 ‘합쇼체’ 자리에 쓰여)) 화자가 이미 알고 있는 것을 객관화하여 청자에게 일러줌을 나타내는 종결어미. 친근하게 가르쳐 주거나 자랑하는 따위의 뜻이 비칠 때가 있다. ¶우리 동네는 다무네기가 자랑이라예. =우리 동네는 양파가 자랑이라오. ②‘-라고 하오’가 줄어든 말. ¶바뿐 일이 있으마 퍼떡 가보라예. =바쁜 일이 있으면 빨리 가보라오.

-라이[1][라~이 -_] 어 -라. ((동사 어간 뒤에 붙어 해라할 자리에 쓰여)) 명령의 뜻을 나타내는 명령형 종결어미. *‘-라이’에서 ‘-이’는 종결어미에 붙는 친밀특수조사이다. 이것은 문장 끝에 오는 일종의 문말 끝 요소인데, 창녕방언에서는 ‘-라이’가 하나의 어미처럼 굳어, ‘-라’와 구별된다. ‘-라이’는 ‘-라’보다 훨씬 부드럽게 인식된다. ¶【속담】입은 삐떨어짔어도 말은 쪽바리 해라이. =입은 비뚤어졌어도 말은 똑바로 해라. ☞-래이.

-라이[2][라~이 -_] 어 -라니. ①((혼잣말에 쓰여)) 주어진 어떤 사실을 깨달으면서 놀람, 감탄, 분개 따위의 감정을 나타내는 종결어미. 뒤에는 그에 대한 평가를 나타내는 문장이 올 때가 많다. ¶저따구 훌치이가 연장이라이. =저따위 쟁기가 연장이라니. ②‘-라고 하다니’가 줄어든 말. ¶내보고 가라이. =날더러 가라니. ③‘-라고 하니’가 줄어든 말. ¶자네가 사실이라이 믿어 보겄네. =자네가 사실이라니 믿어 보겠네.

-라카거등[---_] 어 -려거든. ①‘-려고 하거든’이 준 말. 어떤 일에 대한 주어의 의도를 나타내면서 그것이 뒤 절에 대한 가정적인 조건이 됨을 나타내는 말이다. ¶꼭 갈라카거등 가거래이. =꼭 가려거든 가거라. ②‘-려고 하거든’이 준 말. 어떤 일에 대해 가정하면서 그것이 뒤 절에 대한 가정적인 조건이 됨을 나타내는 말이다. ¶비가 올라카거등 지다리래이. =비가 오려거든 기다려라.

-라카능가[---_] 어 -려는가. ①‘-려고 하는가’가 준 말. 상대에게 어떤 행동을 할 의사가 있는지 묻는 뜻을 나타내는 말이다. 하게체로 쓰인다. ¶이래 어둡운데 갈라카능가? =이렇게 어두운데 가려는가? ②‘-려고 하는가’가 준 말. 어떤 상황에 대하여 추측하여 묻는 뜻

을 나타내는 말이다. 하게체로, 주로 혼잣말에 쓰인다. ¶가아가 올지익에는 올라카능가? =걔가 오늘저녁에는 오려는가?

-라카다가[---_] 어 -려다가. ①'-려고 하다가'가 준 말. 어떤 행동을 할 의도를 가지고 있다가 그와는 다른 행동을 하게 됨을 나타내는 말이다. ¶모룬 체하고 있을라카다가 한마디 했십미더. =모른 척하고 있으려다가 한마디 했습니다. ②'-려고 하다가'가 준 말. 어떤 행동을 할 의도를 가지고 있다가 그와는 다른 결과에 이르게 됨을 나타내는 말이다. ¶집에 갈라카다가 자빠졌다. =집에 가려다가 자빠졌다. ③'-려고 하다가'가 준 말. 일어나리라고 예상되던 일이 일어나지 않음을 나타내는 말이다. ¶누이 올라카다가 마네. =눈이 오려다가 마네.

-라카마[--_] 어 -려면. '어떤 의사를 실현하려고 한다면'의 뜻을 나타내는 연결어미. ¶【속담】큰칼 찰라카마 큰물에 가서 놀아라. =큰칼 차려면 큰물에 가서 놀아라. ¶【속담】딸로 알라카마 이미로 바라. =딸을 알려면 어미를 봐라.

-라 커능기[- --_] 구 -라 하는 것이. '-라 커능기'에서 '커'는 'ㄱ('고'에서 'ㅗ'가 탈락)+허-(爲)'로 된 것으로 볼 수 있다. 이런 환경에서는 '하, 허, 후' 등으로 발음된다. 또한 '는 것이'가 '능기'로 발음되는 것은, 동화(는→능), 'ㅅ' 탈락, 간음화, 고모음화(것이>거이>게>기) 등의 여러 음운 현상을 거친 결과이다. ¶씬내이라 커능기 맛이 씹울 수빽이 없지. =씀바귀라 하는 것이 맛이 쓸 수밖에 없지.

-란가[-_] 어 -는지. ㄹ받침을 가진 어간에 막연한 의문이 있는 채로 그것을 뒤 절의 사실이나 판단과 관련시키는 데 쓰는 연결어미. ¶요분에는 올란가 모룰다. =이번에는 올는지 모르겠다. ☞-란지.

-란께네[_-_] 어 -라니까. ①앞서 말한 것에 대해 청자가 반응하지 않거나 미심쩍어 할 때 화자가 이를 다시 확인시키거나 강조하여 알려 주는 뜻을 나타내는 말. 해체로, 주로 구어체에 쓰인다. ¶바로 그기이 문제란께네. =바로 그게 문제라니까. ②'-라고 하니까'가 준 말. 다른 사람에게 듣거나 이미 알고 있는 내용을 간접적으로 인용하면서 그것이 뒤 절에 대한 원인이나 근거가 됨을 나타내는 말이다. ¶【속담】까마구 똥도 약이란께네 물에 깔긴다. =까마귀 똥도 약이라니까 물에 깔긴다.

-란다[-_] 어 -련다. '-려고 한다'가 줄어든 말. ㄹ받침을 가진 어간에 앞으로 그와 같이 하겠다는 화자의 의지를 나타내는 종결어미. ¶내부텀 먼첨 갈란다. =나부터 먼저 가련다.

-란지[-_] 어 -는지. ㄹ받침을 가진 어간에 막연한 의문을 나타내는 연결어미. ¶잘 묵고 잘 살란지 모룰다. =잘 먹고 잘 살는지 모르겠다. ☞-란가.

-랍다[-_] 어 -럽다. ((모음으로 끝나는 일부 명사나 어근 뒤에 붙어)) '그것의

ㄹ

속성이 충분히 있다', '그것을 충분히 지니다'의 뜻을 더하여 형용사를 만드는 말. ¶간지랍다(간지럽다). ¶까끄랍다(까다롭다). ¶자구랍다(자그럽다).

랍미더[--_] 동 렵니다. '-려고 합니다'가 준 말. 어떤 행동에 대한 자신의 의지를 밝히어 말하는 뜻을 나타내는 말이다. 하십시오체로, 주로 구어체에 쓰인다. ¶니일은 아직에 일나덤질로 자석 집에 한 분 가볼랍미더. =내일은 아침에 일어나자마자 자식 집에 한 번 가 보렵니다.

-랑가[1][__] 어 -려나. ((ㄹ받침을 가진 어간에 해할 자리나 혼잣말에 쓰여)) 추측을 가볍게 묻는 데 쓰이는 종결어미. ¶버씨로 날이 춥어질랑가. =벌써 날씨가 추워지려나. ☞-라나.

-랑가[2][-_] 어 -ㄹ는지. ①(('ㄹ'로 끝나는 용언 뒤에 붙어)) 주로 '알다'나 '모르다'와 함께 쓰여, 어떤 일의 실현 가능성에 대하여 스스로 의문을 나타내는 말. ¶이래가아 델랑가 모룰다. =이래서 델는지 모르겠다. ②(('ㄹ'로 끝나는 용언 뒤에 붙어)) 어떤 일의 실현 가능성을 말하며 그렇게 추정한 근거나 원인을 나타내는 말. ¶비가 올랑가 장개이가 쑤씬다. =비가 올는지 정강이가 쑤신다.

-랑교[-_] 어 -렵니까. ㄹ받침을 가진 어간에 화자가 요청하거나 권유하는 어떤 행동을 받아들여 행할 것인지 상대의 의사를 묻는 뜻을 나타내는 말. 하십시오체로, 주로 구어체에 쓰인다. ¶하분채 가볼랑교? =혼자 가보렵니까?

래도[-_] 조 라도. ①그것이 썩 좋은 것은 아니나 그런대로 괜찮음을 나타내는 보조사. 그것이 최선의 것이 아니라 차선의 것임을 나타낸다. ¶기기 내미래도 맡아 밨으마 집다. =고기 냄새라도 맡아 보았으면 싶다. ②다른 경우들과 마찬가지임을 나타내는 보조사. ¶【관용구】저거 할배래도 안 덴다. =자기 할아버지라도 안 된다. ③가장 극단적인 것을 들어 그것까지도 선택함을 나타내는 보조사. ¶저가부지가 죽두래도 안 덴다. =자기 아버지가 죽더라도 안 된다. ④앞말에 해당하는 것을 가리지 않음을 나타내는 보조사. ¶어렵운 일이 생기마 운제래도 찾아온나. =어려운 일이 생기면 언제라도 찾아오너라. ⑤앞 절의 사실을 양보하여 가정하나 그것이 뒤 절의 내용에는 아무런 상관이 없음을 나타내는 말. ¶【속담】씨엄이 닷 자래도 무우야 양바이다. =수염이 닷 자라도 먹어야 양반이다. ⑥앞 절의 사실이 뒤 절의 사실과 대립되는 것임을 나타내는 말. ¶【속담】부모는 자석이 팔십이래도 시 살 쩍마 새앵킨다. =부모는 자식이 팔십이라도 세 살 적만 생각난다. ☞나따나.

-래라[-_] 어 -겠다. 추측을 할 때 쓰는 종결어미. ¶저래가아 잘 살 낀강 모룰래라. =저리해서 잘 살 것인지 모르겠다. ¶언자 이라마 델래라. =이제 이러면 되겠다. ☞-ㄹ다.

-래서[-_] 어 -라서. 앞 말이 뒷말의 원인

이나 근거가 됨을 나타내는 말. ¶이런 거는 몸에 하잖은 커피래서 내는 잘 안 무우예. =이런 것은 몸에 나쁜 커피라서 나는 잘 안 먹어요. ☞-머리.

-래야[--] 어 -라야. ①어떤 일이나 사물에 대한 조건으로 꼭 그러해야 함을 나타내는 말. ¶부지리이 일 하는 사램이래야 잘 산데이. =부지런히 일하는 사람이라야 잘 산다. ②마땅히 그래야 함을 나타내는 말. ¶골마매로 독한 사램이래야 돈을 벌인다. =그놈처럼 독한 사람이라야 돈을 번다. ③이야기하는 내용의 근거를 나타내는 말. ¶그 일이 언가이 어럽운 일이래야 말이지. =그 일이 어지간히 어려운 일이라야 말이지.

-래이[1][-_] 어 -라. *명령형 종결어미. ¶【속담】몬 오룰 낭근 치라 보지도 마래이. =못 오를 나무는 쳐다보지도 마라. ☞-라이.

-래이[2][-_] 어 -워라. ((용언의 어간 뒤에 붙어)) 독백조의 감탄을 나타내는 종결어미. '-래이'는 표준어 '-워라'보다 훨씬 부드럽게 인식된다. ¶아이고, 무숩어래이. =아이쿠, 무서워라. ¶민지럽꼬 아심찮어래이. =민망하고 고마워라.

러[_] 조 구어적 관습으로 아무런 의미 없이 종결어미 '-지' 뒤에 붙는 어조사. ¶니또 가지러? =너도 가지? ¶거게는 살기 좋운 곳이지러. =거기는 살기 좋은 곳이지.

로[-] 조 을/를. ①'로'가 대격조사 '를'로 실현되는 경우에는 'ㄹ'이나 모음 뒤에서 일반적으로 '로'로 발음한다. ¶【속담】둥둥 하마 굿하는 줄로 안다. =둥둥 하면 굿하는 줄을 안다. ②목적격 조사 '을/를' 대신 모음이나 '-ㄹ'로 끝나는 명사와 결합하여 '로'로 실현한다. ¶【속담】하나로 보마 열로 안다. =하나를 보면 열을 안다. ③'로'가 모음 뒤에서 일반적으로 '로'로 발음한다. ¶【속담】아아캉 도가지는 얼지로 안한다. =애랑 장독은 얼지를 않는다. ☞로갓다가. 르. 울.

-로[-] 어 -러. 동작의 목적을 나타내는 연결어미. ¶【속담】갓 사로 갔다가 망건 사왔다. =갓 사러 갔다가 망건 사왔다. ¶【속담】혹 띠로 갔다가 혹 붙이서 왔다. =혹 떼러 갔다가 혹 붙여서 왔다.

로갓다가[-_-_] 조 을/를. *창녕방언에서 대격조사 '을' 또는 '를'을 강조하는 어법으로 '로+갓다가'를 흔히 쓴다. 이 경우 '갓다가'는 강세접사 성격을 띤다. ¶물로갓다가 퍼갖고 마다아 흩이라. =물을 퍼가지고 마당에 흩어라. ☞로. 르. 울.

로보고[--_] 조 더러. ①유정 체언의 뒤에 붙어, 언행이 미치는 대상임을 나타내는 부사격 조사. 주로 구어체에 쓰인다. ¶절마가 날로보고 몬 생깄다 칸다. =저놈이 날더러 못 생겼다 한다. ②유정 체언의 뒤에 붙어, 주로 사동 표현에 쓰여, 그 행위의 시킴을 당하는 대상임을 나타내는 부사격 조사. 주로 구

ㄹ

어체에 쓰인다. ¶아부지가 옵빠야로 보고 민소 댕기오라꼬 카싰다. =아버지가 오빠더러 면소 다녀오라고 하셨다. ☞더리. 보고.

르[1][-] 조 를. *창녕방언에서 대격조사 '를'을 흔히 '로'로 발음되나, 모음 뒤에서는 '르'로도 발음한다. ¶임재르 모런께네 가아가도 데제? =임자를 모르니까 가져가도 되지? ☞로. 로갓다가. 울.

르[2][-] 조 에. *창녕방언에서 구격조사 '에'를 '르'로 발음하는 특징이 있다. ¶나물로 봄새르 묵습미더. =나물을 봄새에 먹습니다.

-리[-] 어 -려. (('ㄹ'로 끝나는 동사의 어간 또는 선어말 어미 뒤에 붙어)), 이어지는 보조동사를 연결하는 말. ¶【속담】디에도 누이 달리있다. =뒤에도 눈이 달려있다.

마[1][-] 부 그만. ①그대로 곧. ¶아아가 마 가뿠다. =애가 그만 가버렸다. ②그 정도로 하고. ¶인자 마 가입시더. =이제 그만 갑시다. ③자신도 모르는 사이에. ¶놀래서 마 소리로 질렀어예. =놀라서 그만 소리를 질렀어요. ④달리 해 볼 도리가 없이. ¶질이 맥히서 마 늦었십미더. =길이 막혀서 그만 늦었습니다. ⑤종결어미에 붙는 어미. 상대에 대한 질책을 나타내며, 행동을 만류하거나 재촉하는 효과를 나타낸다. 물음의 종결에는 붙을 수 없다. ¶언자 가보오이소오 마. =이제 가보세요 그만. ☞고마. 마아.

마[2][-] 부 그냥. ①더 이상의 변화 없이 그 상태 그대로. ¶심바람 갔다가 마 오뿠다. =심부름 갔다가 그냥 와버렸다. ②그런 모양으로 줄곧. ¶하리 죙일 마 울고마 있을 끼가? =하루 종일 그냥 울고만 있을 거니? ③아무런 대가나 조건 또는 의미 따위가 없이. ¶마 주는 기가? =그냥 주는 거니? ☞거양. 기냥. 기양. 노. 마아. 밍창.

마[3][-] 조 만. ①어느 것에만 한정됨을 나타내는 보조사. ¶【속담】개 눈에는 똥마 빈다. =개 눈에는 똥만 보인다. ②화자의 기대와 하한선을 나타냄. ¶마이도 말고 딱 시 개마 도고. =많이도 말고 딱 세 개만 다오. ③행위의 단일성이나 상태의 두드러짐을 나타냄. ¶아푸다꼬 질질 짤고마 있더라. =아프다고 질질 울고만 있더라. ④어떤 정도를 비교하여 나타냄. ¶【속담】넘우 집 금송안치가 내 집 항송안치마 몬하다. =남의 집 금송아지가 내 집 황송아지만 못하다. ⑤어떤 것이 이루어지기 위한 최소의 것임을 나타냄. ¶이거 하나마 있어도 덴다. =이것 하나만 있어도 된다. ⑥상투적 습관을 나타냄. ¶술마 치하마 저칸다. =술만 취하면 저런다.

마[4][_] 조 면. 둘 이상의 사물을 같은 자격으로 이어 주는 접속 조사. ¶【속담】닭이 백 바리마 봉이 한 바리다. =닭이 백 마리면 봉이 한 마리다.

-마[_] 어 -면. ①어떤 사실을 가정하여 조건으로 삼는 뜻을 나타내는 연결어미. ¶【속담】궁하마 통한다. =궁하면 통한다. ¶【속담】기집하고 사발은 내돌리마 상한다. =계집과 사발은 내돌리면 상한다. ②희망이나 바람을 나타내는 연결어미. ¶니캉 같이 갔으마 좋았을 낀데. =너랑 같이 갔으면 좋았을 텐데. ③

앞의 내용이 뒤의 근거나 전제가 됨을 나타내는 연결어미. ¶【속담】차마 넘친다. =차면 넘친다. ④불확실하거나 아직 이루어지지 않은 사실을 가정하여 말할 때 쓰는 연결어미. ¶【속담】불마 날아갈 딧기 지마 꺼질 딧기. =불면 날아갈 듯 쥐면 꺼질 듯. ☞-메는. -민.

마가나물[_ _-_] 명 ((식물))노루발.

마구[_-] 명 외양간(--間). *표준어 '외양간'은 '마소를 기르는 곳'이지만 창녕방언 '마구'는 '소를 기르는 곳'을 칭한다. ¶【속담】소 잃아뿌고 마구 곤친다. =소 잃고 외양간 고친다. ¶【속담】사돈집캉 마구는 멀기 있는 기이 낫다. =사돈집과 외양간은 멀리 있는 게 낫다. ☞마구깐. 소마구. 소마굿간.

마구거룸[_ _ _-] 명 쇠두엄. 외양간에서 쳐낸 배설물 따위를 모아 썩혀서 만든 거름.

마구깐[_ _-] 명 외양간(--間). ☞마구. 소마구. 소마굿간.

마구자[_ _-] 명 마고자. 저고리 위에 덧입는 웃옷의 하나.

마구잽이[마구재비 _ _-_] 명 마구잡이. 앞뒤를 헤아리지 않고 분별없이 하는 행동. ¶헗다카마 마구잽이로 사딜인다. =싸다면 마구잡이로 사들인다. ☞마구집이.

마구집이[마구지비 _ _-_] 명 마구잡이. ☞마구잽이.

마끼항[_ _-] 명 행전(行纏). ☞개덜. 개항. 행건.

마너래[1][_-_] 명 마누라. 중년이 넘은 아내를 허물없이 이르는 말. ¶【속담】마너래가 이뿌마 처갓집 씨말띠기 보고도 절한다. =마누라가 예쁘면 처갓집 쇠말뚝 보고도 절한다. ☞마누래.

마너래[2][_-_] 명 ≒댁(宅). 한 마을에서 중년 이상의 부녀자를 택호 대신 부르는 호칭. ¶울산마너래는 집에 기십미꺼? =울산댁은 집에 계십니까? ☞띠이. 마누래.

마누래[1][_-_] 명 ≒댁(宅). ☞띠이. 마너래.

마누래[2][_-_] 명 마누라. ☞마너래.

-마는[-_] 어 -는데. 앞의 상황과 반대되는 판단을 할 때 쓰는 연결어미. ¶차가 잘 댕기구마는 안 댕긴다 카네. =차가 잘 다니는데 안 다닌다고 하네.

마다리[_ _-] 명 마대(麻袋). '마다리'는 원래, 속에 물건을 담을 수 있도록 삼으로 엮어서 길고 크게 만든 주머니를 뜻하지만 요즘은 그 재료에 상관없이 쓰이는 말이다. ¶몬 씨는 물견은 마다리에 담아서 내낳아라. =못 쓰는 물건은 마대에 담아서 내놓아라.

마당[-_] 조 마다. '낱낱이 모두'의 뜻을 나타내는 보조사. ¶【속담】나무 도독캉 술묵 도독은 간곳마당 있다. =나무 도둑과 숟가락 도둑은 간 곳마다 있다. ☞마중. 마지.

마당가세[_-_ _] 명 마당가. 마당의 끝이나 둘레. *'마당가세'는 '마당가+ㅅ+에<마당갓에<마당가세'로 분석된다. 이런 경우 창녕방언에서는 처소격 조사 '에'가 습관처럼 붙어 다니는 특징이 있다. ¶마당가세에 꽃을 숭궀다. =마

당가에 꽃을 심었다. ☞마당가시.

마당가시[_-__] 명 마당가. ☞마당가세.

마덜가지[__-_] 명 마들가리. ①나무의 가지가 없는 줄기. ¶마덜가지에 깐채이 앉있다. =마들가리에 까치 앉았다. ②잔가지나 줄거리의 토막으로 된 땔나무. ¶춥우가 오기 전에 마덜가지 해다 낳아야 덴다. =추위가 오기 전에 마들가리 해놓아야 된다. ③헤어진 옷의 솔기. ¶마덜가지가 나달나달하네. =마들가리가 나달나달하네. ④새끼나 실 따위가 훑이어 맺힌 마디. ¶마덜가지로 몬 풀겄다. =마들가리를 못 풀겠다. ☞매들가리

마덜개이[마덜개~이 __-_] 명 멍울. 물에 풀리지 않는 가루뭉치. ¶마들개이 안 생기구로 매매 젓이라. =멍울 안 생기게 잘 저어라. ☞몽아리.

마덜기리다[__-__] 동 뜨끔거리다. 눈에 이물질이 들어가서 눈을 깜박일 때 통증 따위의 불편을 느끼다. ☞뜨꿈기리다. 머덜기리다.

마둥구리[__-_] 부 모조리. 있는 대로 죄다. ¶언자 농사는 마둥구리 없앨 챔이다. =이제 농사는 모조리 없앨 참이다. ☞모딜티리. 모지리. 싸거리. 홀티리.

마따나[-_] 조 대로. ((체언 뒤에 붙어)) 체언의 뒤에 붙어, '앞말에 준하거나 그 내용이 뜻하는 바와 같음'을 나타내는 부사격 조사. ¶니 말마따나 거라마 델다. =네 말대로 그러면 되겠다.

마따이[마따~이 --_] 부 마땅히. 그렇게 하는 것이 이치로 보아 당연하게. ¶이래 심든 일은 마따이 우리가 해야지예. =이리 힘든 일은 마땅히 우리가 해야죠.

마뜩다[마뜩따 _-_] 형 마뜩하다. 제법 마음에 들어 좋다. 주로 반어적 표현으로 쓰는 말. ¶【관용구】거카디이 마뜩다. =그러더니 마뜩하다. ☞오지다.

마람[_-] 명 이엉. 초가집의 지붕이나 담을 이기 위하여 짚으로 엮은 물건. ¶마람 이이 낳았다. =이엉 이어 놓았다.

마런장[__-] 명 건어물시장(乾魚物市場). 생선, 조개류 따위의 말린 식품을 파는 가게. ¶지사 지낼라꼬 마런장 바왔다. =제사 지내려고 건어물시장 봐왔다.

마루다[_-_] 동 마르다. 물기가 없는 상태로 되다. ¶바램이 불우야 서답이 잘 마룬다. =바람이 불어야 빨래가 잘 마른다.

마룸[_-] 명 마름. 지난날, 지주의 위임을 받아 소작지를 관리하던 사람.

마룸씨[_-_] 명 마름쇠. 도둑이나 적을 막기 위해 땅에 흩어 두던, 날카로운 가시가 네다섯 개 달린 쇠못. ¶【속담】떤지서 마룸씨다. =던져서 마름쇠다. ¶【속담】공꺼라마 마룸씨도 생킨다. =공것이라면 마름쇠도 삼킨다.

마룸질[_-_] 명 마름질. 옷감이나 재목 따위를 치수에 맞게 재거나 자르는 일. ☞마림질.

마룸질하다[_-___] 동 마름질하다. ¶【속담】꼴 보고 이룸 짓고 체수 맞하서 옷 마룸질한다. =꼴 보고 이름 짓고 체수 맞춰서 옷 마름질한다. ☞마림질하다.

ㅁ

마리[1][_-] 명 마루. 집채 안에 바닥과 사이를 띄우고 깐 널빤지. 또는 그 널빤지를 깔아 놓은 곳. ¶다 무웄거덩 밥상은 마리에 내낳아라. =다 먹었으면 밥상은 마루에 내놓아라. ☞청마리

마리[2][_-] 명 마루. 등성이가 진 지붕이나 산 따위의 꼭대기. ¶【속담】마리 넘운 소구루마 니러가기다. =마루 넘은 소달구지 내려가기다.

마리[3][-_] 명 ((식물))버들말즘.

마림질[_-_] 명 마름질. ☞마룸질.

마림질하다[_-___] 명 마름질하다. ☞마룸질하다.

-마사[-_] 어 -다면야. 뒤의 사실이 실현되기 위한 단순한 근거 따위를 나타내는 상황에서 그 조건을 말할 때 쓰는 연결어미. ¶비가 오마사 다앵이지. =비가 온다면야 다행이지.

마실[1][_-] 명 마을. 주로 시골에서, 여러 집이 모여 사는 곳. ¶우리 마실에 그런 사램이 있더나? =우리 마을에 그런 사람이 있더냐?

마실[2][_-] 명 이웃나들이. *창녕방언에서 '마실'은 '마실가다'의 준말로 흔히 쓰인다. ¶【속담】기집 마실 잦은 거 하고, 봄비 잦은 거는 몬씬다. =계집 이웃나들이 잦은 것 하고, 봄비 잦은 것은 못 쓴다.

마아[1][-_] 부 그만. ☞고마. 마.

마아[2][-_] 부 그냥. ☞거양. 기냥. 기양. 노. 마. 밍창.

마아[3][-_] 부 맞아. 외부의 힘이 가해져 몸에 해를 입어. ¶【속담】몽디이 시 개 마아 담 안 넘울 넘 없다. =몽둥이 세 개 맞아 담 안 뛰어넘을 놈 없다.

마아죽다[마아죽따 -_-_] 동 맞아죽다. 맞아서 죽다. ¶【속담】마아죽우도 큰 몽디이에 마아죽우라. =맞아죽어도 큰 몽둥이에 맞아죽어라.

마안[1][-_] 수 마흔. '열'의 네 배가 되는 수. ¶【속담】서룬 가부는 넘가도 마안 가부는 몬 넘간다. =서른 과부는 넘겨도 마흔 과부는 못 넘긴다. ☞마은.

마안[2][-_] 조 만큼. 체언의 뒤에 붙어, 비교의 대상과 거의 비슷한 정도임을 나타내는 보조사. ¶【관용구】집이 대결 마안 하다. =집이 대궐만큼 하다. ☞마이. 만침. 만쿰.

마안넘[_-_] 명 망할(亡-) 놈. 남자를 대상으로 하는 욕설. *창녕방언 '망안넘'과 '망안년'은 한 단어처럼 연속적으로 발음하여 합성어로 쓴다. 망할+놈<망알넘<망안넘.<마안넘. ¶저 마안넘이 또 와 왔노? =저 망할 놈이 또 왜 왔니?

마안년[마안년 _-_] 명 망할(亡-) 년. 여자를 대상으로 하는 욕설.

마안다꼬[1][__-_] 부 뭐하느라고. '무얼 하느라고'의 준말. 발화 시점 이전에 무슨 행동을 하고 있었는지 궁금해서 묻기 위하여 하는 말. ¶마안다꼬 이래 늦까 오노? =뭐하느라고 이렇게 늦게 오니? ☞마안데. 만다꼬. 머한다꼬.

마안다꼬[2][__-_] 부 뭐하려고. ①'무엇 때문에'의 준말. 어떤 행동에 따른 목적이나 이유를 묻기 위해서 하는 말. ¶떱운데 마안다꼬 갈라카노? =더운데

뭐하려고 가려하니? ②((겸양의 표시로)) 무엇을 하려고. ¶이런 거로 마안다꼬 갖고 옸노? =이런 걸 뭐하려고 갖고 왔니? ☞마안데. 만다꼬. 말라꼬. 머할라꼬.

마안데[1][__-] 부 뭐하느라고. '무얼 하느라고'의 준말. ☞마안다꼬. 만다꼬. 머한다꼬.

마안데[2][__-] 부 뭐하려고. ☞마안다꼬. 만다꼬. 말라꼬. 머할라꼬.

마알[마~알 -_] 명 ((식물))마늘. ¶【속담】문디이 콧구뭉에 마알도 빼묵겄다. =문둥이 콧구멍에 마늘도 빼먹겠다.

마암[_-] 명 마음. ①감정이나 생각, 기억 따위가 깃들이거나 생겨나는 곳. ¶【속담】까마구가 껌끼로 마암도 껌겄나. =까마귀가 검기로 마음도 검겠나. ¶【속담】몸이 멀마 마암도 멀다. =몸이 멀면 마음도 멀다. ②무엇을 하고자 하는 뜻. ¶【속담】꽁은 산에 있어도 마암은 콩밭에 있다. =꿩은 산에 있어도 마음은 콩밭에 있다. ③마음을 쓰는 태도. ¶【속담】마암을 곱기 씨야 복 받는다. =마음을 곱게 써야 복 받는다. ④사람의 내면으로부터 일어나는 감정이나 심리. ¶마암 겉애서는 내도 따라가고 잡다. =마음 같아서는 나도 따라가고 싶다. ☞마움.

마암낳다[마암나타 __-_] 동 마음놓다. 마음을 편하게 가지다. ¶자석을 물가시에 내낳고 마암낳으까. =자식을 물가에 내놓고 마음놓으랴. ☞마움낳다.

마암대로[__-_] 부 마음대로. 하고 싶은 대로. ¶【관용구】엿장시 마암대로. =엿장수 마음대로. ☞마움대로. 쪼대로.

마암묵다[__-_] 동 마음먹다. 어찌하겠다고 마음속으로 작정하다. ¶【관용구】만사는 마암묵기 나름. =만사는 마음먹기 나름. ☞마움묵다.

마암쏙[__-] 명 마음속. 마음의 속. ¶【속담】천 길 물 쏙은 알아도 지집 마암쏙은 모룬다. =천 길 물속은 알아도 계집 마음속은 모른다. ☞마움쏙.

마암씨[_-_] 명 마음씨. 마음을 쓰는 씀씀이나 태도. ¶【속담】마암씨가 곱우마 옷 앞섶이 아문다. =마음씨가 고우면 옷 앞섶이 아문다. ☞마움씨.

마암씸씸이[마암씸씨미 ___-_] 명 마음씀씀이. 어떤 일이나 사람에게 마음을 쓰는 태도. ¶【관용구】마암씸씸이로 넓하다. =마음씀씀이를 넓히다. ☞마움씸씸이.

마암잡다[마암잡따 __-_] 동 마음잡다. 마음을 바로 가지거나 새롭게 결심하다. ¶【속담】마암잡아 개장시 한다. =마음잡아 개장사 한다. ¶【속담】난봉자석은 마암잡아야 사알이다. =난봉자식은 마음잡아야 사흘이다. ☞마움잡다.

마오빙[__-] 명 마호병[maho瓶]. 일정한 온도를 보존하는 장치가 되어 있는 물병. *일본어 'まほうびん 魔法瓶'에서 온 말. ☞마우빙.

마우빙[__-] 명 마호병[maho瓶]. ☞마오빙.

마움[_-] 명 마음. ☞마암.

마움낳다[마움나타 __-_] 동 마음놓다. ☞마암낳다.

ㅁ

마움대로[_ _-_] 뷔 마음대로. ☞마암대로. 쪼대로.

마움묵다[마움묵따 _ _-_] 동 마음먹다. ☞마암묵다.

마움쏙[_ _-] 명 마음속. ☞마암쏙.

마움씨[_-_] 명 마음씨. ☞마암씨.

마움씸씸이[마움씸씨미 _ _ _-_] 명 마음씀씀이. ☞마암씸씸이.

마움잡다[마움잡따 _ _-_] 동 마음잡다. ☞마암잡다.

마은[-_] 주 마흔. ☞마안.

마이[1][-_] 명 만큼. ①그와 같은 정도나 한도를 나타내는 말. 앞의 내용에 상당한 수량이나 정도임을 나타내는 말. ¶【속담】콧띠이에 바알 세알 마이 골이 진다. =콧등에 바늘 세울 만큼 골이 진다. ②원인이나 근거의 뜻을 나타내는 말. ¶고상을 한 마이 잘 살 끼다. =고생을 한 만큼 잘 살 거다. ☞만치. 만침. 만쿰. 짬치. 쭘. 쭘치.

마이[2][-_] 조 만큼. ☞마안. 만침. 만쿰.

마이[3][마~이 _-] 뷔 많이. *'마이'는 어중(語中)에서 'ㅎ'이 탈락한 뒤 'ㄴ'이 비모음으로 약화되는 현상인데, 이는 창녕방언에 아주 흔한 음운 현상이다. ¶【속담】끼으른 넘이 짐 마이 진다. =게으른 놈이 짐 많이 진다. ☞짜다리. 한삐까리.

마자[1][_-] 명 마지막. 순서상의 맨 끝. ¶【속담】마자 댐배 한 대는 기생첩도 안 준다. =마지막 담배 한 대는 기생첩도 안 준다. ☞만자.

마자[2][_-] 뷔 마저. 남김없이 모두. ¶【속담】고개만대이는 마자 넘기가 지일 심든다. =고갯마루는 마저 넘기가 제일 힘든다. ☞만자. 밍삭.

마자[3][-_] 조 마저. ①((체언의 뒤에 붙어)) 이미 어떤 것이 있는데 다른 것이 그 위에 또 더하여지거나 거기에서 한 걸음 더 나아감을 나타내는 보조사. ¶영갬이 죽고 아달마자 잃아뿠다. =영감이 죽고 아들마저 잃어버렸다. ②((체언의 뒤에 붙어)) '맨 마지막의 것까지 모두'의 뜻을 나타내는 보조사. ¶언자는 주무이에 남아 있던 백 언마자 다 써 뿠다. =이제는 주머니에 남아 있던 백 원마저 다 써 버렸다. ¶하나 남운 고거마자 없애뿠다. =하나 남은 그것마저 없애버렸다. ③((체언의 뒤에 붙어)) '전혀 기대하거나 예상하지 않았던 것까지도'의 뜻을 나타내는 보조사. ¶믿었던 니마자 날로 배신하다이. =믿었던 너마저 나를 배신하다니. ☞하부래. 하부리

마재기[--_] 명 ((식물))말즘.

마재기뒷봉알[마재기디뽕알 --_ _ _-] 명 말즘 열매. *늪에서 흔히 볼 수 있는 수생식물인 '말즘'의 열매는 크기가 2mm 정도로 아주 작다. 관용적 표현으로 쓰이는 '마재기뒷봉알'은 덩치가 작은 사람을 조롱조로 이르는 말이다. '마재기뒷봉알'은 표준어로 보면 명사구지만 창녕방언에서는 굳어진 말이라 하나의 명사로 보는 게 낫다. ¶【관용구】마재기뒷봉알만하다. =말즘 열매만하다.

마중[-_] 조 마다. ☞마당. 마지.

마지[1][-_] 조 마다. ☞마당. 마중.

마지[2][-_] 부 마주. 어떤 대상에 대해 정면으로 향하여. ¶【속담】동냥자리도 마지 벌씨야 드간다. =동냥자루도 마주 벌려야 들어간다.

마지보다[-___] 동 마주보다. ①다른 사람과 신체의 일부나 물건을, 또는 둘 이상의 사람이 신체의 일부나 물건을 서로 마주 대하여 보다. ¶【관용구】마지보기 민지럽다. =마주보기 민망하다. ②무엇을 정면을 향하여 보다. ¶미가 내[川]로 마지보고 앉있다. =묘가 내를 마주보고 앉았다.

마지서다[-___] 동 마주서다. 둘 이상의 사람이나 사물이 서로 똑바로 보고 서다. ¶【속담】은앵낭구도 마지서야 연다. =은행나무도 마주서야 연다.

마지앉다[마지안따 -_-_] 동 마주앉다. 둘 이상의 사람이, 또는 어떤 사람이 다른 사람이나 사물과 서로 대하여 앉다. ¶히이캉 마지앉이서 술로 마싰다. =형이랑 마주앉아서 술을 마셨다.

마지치다[__-_] 동 마주치다. ①다른 사람과, 또는 둘 이상의 사람이 우연히 만나다. ¶너거는 마지치마 반갑아하네. =너희들은 마주치면 반가워하네. ②정면으로 서로 부딪치다. ¶차캉 자안차가 마지칬다. =차와 자전거가 마주쳤다.

마짐[_-] 명 마중. 오는 사람을 나가서 맞이함. ¶너가부지 마짐 쫌 나가바라. =너희 아버지 마중 좀 나가봐라.

마찌다[_-_] 형 마디다. 쉽게 닳거나 없어지지 아니하다. ¶굼불 때는 데는 참낭기 지일 마찌다. =군불 때는 데는 참나무가 제일 마디다.

마춤[-_] 부 마침. ①어떤 경우나 기회에 알맞게. ¶마춤 차가 오네예. =마침 차가 오네요. ②우연히 공교롭게도. ¶마춤 일이 생기서 몬 가겠다. =마침 일이 생겨서 못 가겠다.

마치[-_] 명 망치. 못을 칠 때 쓰는 연장. ¶【속담】마치가 개굽우마 못이 솟친다. =망치가 가벼우면 못이 솟구친다.

마치다[마치다 _-_] 동 결리다. 숨을 크게 쉬거나 몸을 움직일 때에, 몸의 어떤 부분이 뜨끔뜨끔 아프거나 뻐근한 느낌이 들다. ¶갈비삐로 다칬능가 자꾸 마친다. =갈비뼈를 다쳤는지 자꾸 결린다. ☞뻐쩔리다. 절리다.

마치맞다[마치맏따 _--_] 형 마침맞다. ((흔히 '마치맞은', '마치맞끼' 꼴로 쓰여)) 어떤 경우나 기회에 꼭 알맞다. ¶마치맞은 사웃감을 구했다. =마침맞은 사윗감을 구했다. ¶이거로 마치맞기 잘 가왔다. =이것을 마침맞게 잘 가져왔다.

마판[_-] 명 마구간(馬廐間). 말을 기르는 곳.

막겁하다[마거파다 --__] 형 막급하다(莫及--). 후회나 피해, 고생 따위가 더할 나위 없이 심하다. ¶【관용구】손애가 막겁하다. =손해가 막급하다. ¶【관용구】후애가 막겁하다. =후회가 막급하다.

막나가다[망나가다 __-_] 동 막가다. 앞뒤를 고려하지 않고 막되게 행동하다. ¶

막나가는 소리하마 안 데지. =막가는 소리하면 안 되지.

막내이[망내~이 _-_] 명 막내. ①여러 형제자매 중 맨 마지막으로 태어난 사람. ¶【관용구】막내이가 호자다. =막내가 효자다. ②어떤 모임이나 집단에서 가장 나이가 어린 사람. ¶저 할마시가 깅노다서 막내이다. =저 할멈이 경로당에서 막내다.

막논[망논 -_] 명 세벌논. 세 번째로, 마지막 김매는 논. ☞시무구지. 시불논.

막대미하다[_-___] 동 갖바치가 가죽신에 검은 우단으로 선을 치는 일을 하다.

막디이[막디~이 _-_] 명 막둥이. 여러 형제, 자매 중에서 맨 나중에 난 사람. ¶【속담】막디이 씨룸하딧기 한다. =막둥이 씨름하듯 한다. ¶【속담】지는 샌님이 짓고 비락은 막디이가 맞는다. =죄는 샌님이 짓고 벼락은 막둥이가 맞는다.

막묵다[망묵따 _-_] 동 맞먹다. ①거리, 시간, 분량, 키 따위가 엇비슷한 상태에 이르다. ¶옷 한 불 깞이 쌀 한 가마이캉 막묵눈다. =옷 한 벌 값이 쌀 한 가마니와 맞먹는다. ②힘, 지위, 수준 등에서 상대방과 대등한 상태에 이르다. ¶이아재캉 막묵라 칸다. =외삼촌와 맞먹으려 한다. ③상대편에게 낮은 말을 쓰다. ¶내는 저 냥반캉 막묵눈다. =나는 저 양반과 맞먹는다.

막바리[_-] 부 곧바로. 시간적인 간격이 없이 곧. ¶집에 가마 막바리 문부텀 잠가라. =집에 가면 곧바로 문부터 잠가라. ☞곧바리.

막살낳다[막살나타 --__] 동 막설하다(莫說--). 하던 일을 그만두다. ¶고 일은 인자 막살낳았다. =그 일은 이제 막설했다. ☞막살옇다. 막살하다.

막살옇다[막살여타--__] 동 막설하다(莫說--). ☞막살낳다. 막살하다.

막살하다[--__] 동 막설하다(莫說--). ☞막살낳다. 막살옇다.

막하다[마카다 _-_] 동 막다. ①길이나 통로 따위를 무엇으로 통하지 못하게 하다. ¶【속담】몰개로 강물 막한다. =모래로 강물 막는다. ¶【속담】백성 입 막하기가 강물 막하는 거뻐담마 어럽다. =백성 입 막기가 강물 막는 것보다 어렵다. ②갚아야 할 돈을 약속한 대로 치르다. ¶빚진 거로 제우 막핬다. =빚진 것을 겨우 막았다.

만구[_-] 명 만고(萬古). ①아주 오랜 세월 동안. ¶이런 거는 만구에 첨 본다. =이런 것은 만고에 처음 본다. ②세상에 비길 데가 없음. ¶이거는 만구 몬 씰 물견이다. =이것은 만고 못 쓸 물건이다. ☞만구강산. 만탕. 시상천지.

만구강산[___-] 명 만고(萬古). 아주 오랜 세월 동안. ¶요론 일이 만고강산에 오데 있노? =요런 일이 만고에 어디 있니? ☞만구. 만탕. 시상천지.

만구강산하다[____-_] 동 ≒딴청부리다. 어떤 일을 하는 데 그 일과는 전혀 관계없는 일이나 행동을 하다. ¶내는 바빠서 죽울 지갱인데 저래 만고강산한다. =나는 바빠서 죽을 지경인데 저리

딴청부린다.

만구때이[만구때~이 __-_] 명 ≒최고(最高). 아무런 아쉬움이 없는 상태. *만고+땡. ¶【관용구】팔짜 하나는 만구때이다. =팔자 하나는 최고다. ☞채고. 치고.

만구천날[__-_] 명 맨날. 허구한 날. ¶너거 할배는 만구천날 술 마시제? =너희 할아버지는 맨날 술 마시지?

만내다[-__] 동 만나다. ①기회 따위를 얻다. ¶【속담】살아날 사램은 약을 만낸다. =살아날 사람은 약을 만난다. ②누군가 가거나 와서 둘이 서로 마주 보다. ¶【속담】버부리이 오랑캐 만냈다. =벙어리 오랑캐 만났다. ¶【속담】산 사램은 아무 때나 만낸다. =산 사람은 아무 때나 만난다. ③어떤 일을 맞이하다. ¶【관용구】홍재 만내다. =횡재 만나다. ④어디를 가는 도중에 비, 눈, 바람 따위를 맞다. ¶오다아 비로 만내가아 욕 밨습미더. =오다가 비를 만나서 고생했습니다. ⑤어떤 때를 당하다. ¶【관용구】대묵 만내다. =대목 만나다. ⑥인연으로 어떤 관계를 맺다. ¶【관용구】딘서방 만내다. =된서방 만나다. ⑦뛰어난 상대를 만나다. ¶【관용구】임재 만내다. =임자 만나다. ¶【속담】야시 피할라카다가 호래이 만낸다. =여우 피하려다가 호랑이 만난다. ⑧병(病)에 걸리다. ¶배탈설사로 만냈다. =배탈설사를 만났다.

만냉[_-] 명 천만다행(千萬多幸). 아주 다행함. *천만다행<천만다앵<만다앵<만냉. ¶팔이 뿔라진 줄 알았디만 그런 따나 만냉이다. =팔이 부러진 줄 알았더니만 그나마 천만다행이다. ☞만분다앵.

만년구짜[_--_] 명 만년치기. 오랜 기간 동안 쓰기에 알맞음. 또는 그런 물건. ¶이 수굼파는 만년구짜다. =이 삽은 만년치기다.

만다꼬[1][__-] 부 뭐하느라고. '무얼 하느라고'의 준말. ☞마안다꼬. 마안데. 머한다꼬.

만다꼬[2][__-] 부 뭐하려고. ①'무엇 때문에'의 준말. 어떤 행동에 따른 목적이나 이유를 묻기 위해서하는 말. ¶춥운데 만따꼬 갈라카노? =추운데 뭐하려고 가려하니? ②((겸양의 표시로)) 무엇을 하려고. ¶이런 거로 만다꼬 갖고 옸노? =이런 걸 뭐하려고 갖고 왔니? ☞마안다꼬. 마안데. 말라꼬. 머할라꼬.

만대이[1][만대~이 _-_] 명 산마루. 산등성이의 가장 높은 곳. ¶이 만대이마 넘으마 너거 동네제? =이 산마루만 넘으면 너희 동네지? ☞산마리. 산만대이.

만대이[2][만대~이 _-_] 명 꼭대기. 높이가 있는 사물의 맨 위쪽. ¶그 만대이는 말라꼬 올라갔능교? =그 꼭대기에는 뭐하려고 올라갔어요? ☞꼭뚜배기. 낭낭끈티이.

만마이[만마~이 _-_] 부 만만히. ①대하거나 다루기 쉬울 만큼 호락호락하게. ¶나가 애리다꼬 만마이 보마 안데예. =나이가 어리다고 만만히 보면 안돼요.

②상대방과 서로 허물없이. ¶너거 둘은 서리 만마이 지내는 갑제? =너희 둘은 서로 만만히 지내는 모양이지? ☞만만때때하기.

만만때때하기[____-_] 부 만만히. ☞만마이.

만만때때하다[____-_] 형 만만하다. 대하거나 다루기가 퍽 쉽다. ¶【관용구】만만때때한 싹을 보다. =만만한 싹을 보다. ¶【속담】만만때때한 데 말띠기 박는다. =만만한 데 말뚝 박는다. ¶【속담】만만때때한 년은 지 서방 굿도 몬 본다. =만만한 년은 제 서방 굿도 못 본다. ☞맨맨하다. 맨맹다. 시피하다.

만부딕이[만부디기 _--_] 부 만부득이(萬不得已). 마지못해 어쩔 수 없이. '부득이(不得已)'를 강조하여 이르는 말이다. ¶하도 깝치서 만부딕이 부들어줐다. =하도 졸라서 만부득이 거들어주었다.

만분다행[__-_] 명 천만다행(千萬多幸). *만번(萬番)+다행(多幸). ☞만냉.

만서도[-__] 조 마는. 앞의 사실을 인정을 하면서도 그에 대한 의문이나 그와 어긋나는 상황 따위를 나타내는 보조사. ¶【속담】뱁새는 작지만서도 알 놓는다. =뱁새는 작지마는 알 낳는다.

만신챙이[_--_] 명 만신창이(滿身瘡痍). ① 어떤 충격이나 실패 따위로 마음이 심히 상하여 모든 의욕을 잃은 상태를 비유적으로 이르는 말. ¶일이 헛사가 데서 만신챙이로 들눕웄다. =일이 허사가 되어서 만신창이로 드러누웠다. ②온몸이 제대로 성한 데가 없을 만큼 여러 군데를 다친 상태. ¶사고가 나서 몸뚱아리가 만신챙이가 뎄다. =사고가 나서 몸뚱이가 만신창이가 되었다. ③일이 아주 엉망이 된 상태를 비유적으로 이르는 말. ¶일이 만신챙이로 꼬있다. =일이 만신창이로 꼬였다.

만썩[-_] 조 만큼씩. *'만썩'은 '만(보조사)+썩(씩. 접미사)'으로 분석되는데, '만큼씩'이라는 의미를 지니지만 문맥에 따라서는 '만큼'이라는 말로 기능한다. ¶요만썩 한 미거지로 숱해 잡았다. =이만큼씩 한 메기를 숱하게 잡았다. ¶부상치로 나부만썩 키아놓았다. =상추를 나비만큼씩 키워놓았다.

만자[1][_-] 명 마지막. ☞마자.

만자[2][_-] 부 마저. ☞마자. 밍삭.

만장겉다[만장걷따 _-__] 형 만장같다(萬丈--). 한없다. *표준어에서 '만장'은 높이가 만 길이나 된다는 뜻으로, 아주 높거나 대단함을 이르는 말이지만 창녕방언에서는 주로 넓이를 나타내는 말로 사용한다. ¶【관용구】집이 만장겉다. =집이 만장같다.

만종기리다[__-__] 동 주저하다(躊躇--). 선뜻 결정하지 않고 망설이다. ¶만종기리지 말고 마시뿌라. =주저하지 말고 마셔버려라. ☞주지하다.

만치[-_] 명 만큼. ☞마이. 만침. 만쿰. 짬치. 쭘. 쭘치.

만치다[-__] 동 만지다. ☞나문치다.

만침[1][-_] 명 만큼. ☞마이. 만치. 만쿰. 쭘. 짬치. 쭘치.

만침[2][-_] ㊄ 만큼. ☞마안. 마이. 만쿰.

만쿰[1][-_] 명 만큼. ☞마이. 만치. 만침. 짬치. 쭘. 쭘치.

만쿰[2][-_] ㊄ 만큼. ☞마안. 마이. 만침.

만탕[_-] 명 만고(萬古). 세상에 비길 데가 없음. ¶밤시아 일한 기이 만탕 헷일이다. =밤새워 일한 게 만고 헛일이다. ☞만구. 만구강산. 시상천지.

만판[_-] 부 마냥. 끊이지 않고 계속해서. ¶날씨고 만판 놀기마 하마 굶우 죽기 딱 좋데이. =날마다 마냥 놀기만 하면 굶어 죽기 딱 좋다.

만푸장우로[_--_-] 부 흔전만전. ①매우 넉넉하고 흔한 모양. ¶음석을 만푸장우로 내낳았다. =음식을 흔전만전 내놓았다. ②돈이나 물건 따위를 조금도 아끼지 아니하고 함부로 쓰는 듯한 모양. ¶돈을 물 씨딧기 만푸장우로 씬다. =돈을 물 쓰듯이 흔전만전 쓴다.

만푸장이다[_--_-] 형 흔전만전하다. 매우 넉넉하고 흔하다. ¶입울 끼이 만푸장이네예. =입을 게 흔전만전하네요. ☞망개나다.

많애[마내 _-] 부 많아. 수나 양이 넉넉해. ¶【속담】일은 내 모가치가 더 많애 비이고 무울 꺼는 넘우 끼이 커 비인다. =일은 내 몫이 더 많아 보이고 먹을 것은 남의 것이 커 보인다. ☞쌔애.

많애도[마내도 _-_] 부 많아도. 수나 양이 넉넉해도. ¶【속담】사또 마너래 죽우마 조객이 많애도 사또가 죽우마 조객이 없다. =사또 마누라 죽으면 조객이 많아도 사또가 죽으면 조객이 없다. ¶【속담】입이 채 구뭉만쿰 많애도 말할 구뭉은 한나또 없다. =입이 채 구멍만큼 많아도 말할 구멍은 하나도 없다. ☞쌔애도.

많애야[마내야 _-_] 부 많아야. 수나 양이 넉넉해야만. ¶【속담】껀디기가 많애야 국물이 난다. =건지가 많아야 국물이 난다. ☞쌔애야.

맏동시[맏똥시 _-_] 명 맏동서(-同壻). 큰아주버니의 아내. ¶【속담】춤치고 집운 둘째 동시 맏동시보고 춤치라 칸다. =춤추고 싶은 둘째 동서 맏동서더러 춤추라 한다.

맏메너리[만메미너리 _-__] 명 맏며느리. 맏아들의 아내. ¶【관용구】부잿집 맏메너리 깜이다. =부잣집 맏며느리 감이다. ¶【속담】잔칫날 맏메너리 앓아눕는다. =잔칫날 맏며느리 앓아눕는다. ¶【속담】빚내가아 굿한께네 맏메너리가 춤친다. =빚내어서 굿하니까 맏며느리 춤춘다. ☞맏미너리.

맏미너리[만미너리 _-__] 명 맏며느리. ☞맏메너리.

맏사우[맏싸우 _-_] 명 맏사위. 맏딸의 남편. ¶【속담】맏사우는 살림밑처이다. =맏사위는 살림밑천이다. ¶【속담】봄 방춥우마 맏사우는 다알난다. =봄 방 추우면 맏사위는 달아난다.

맏아달[_-_] 명 맏아들. 아들 중 맨 먼저 낳은 아들. ¶【속담】다리삐가 맏아달이다. =다리뼈가 맏아들이다. ¶【속담】장날이 맏아달뽀담아 낫다. =장날이 맏아들보다 낫다.

ㅁ

말가옷[말가옫 _-_] 명 말가웃. 한 말 반 정도의 분량. ¶이 깨로 털마 말가옷은 넘울다. =이 깨를 털면 말가웃은 넘겠다.

말가이[말가~이 _-_] 부 말갛게. ①산뜻하게. 맑게. ¶【관용구】원시이 똥구뭉겉이 말가이 버어짔다. =원숭이 똥구멍같이 말갛게 벗겨졌다. ②국물 따위가 진하지 않고 묽게. ¶국을 와 이래 말가이 낋있노? =국을 왜 이리 말갛게 끓였니? ③눈이 맑고 생기가 있게. ¶눈을 말가이 뜨고 치라본다. =눈을 말갛게 뜨고 쳐다본다. ④정신이나 의식 따위가 또렷하게. ¶정신을 말가이 해라. =정신을 말갛게 해라. ⑤옷 따위를 깨끗하게. ¶서답을 말가이 씪어낳았다. =빨래를 말갛게 씻어놓았다. ☞맬가이.

말거무리[-___] 명 ((동물))말거머리.

말기다[-__] 동 말리다. 다른 사람이 하고자 하는 어떤 행동을 못하게 하다. ¶【속담】조석 싸가아 말기로 댕긴다. =조석 싸가지고 말리러 다닌다. ¶【속담】흥정은 붙이고 싸암은 말기라 캤다. =흥정은 붙이고 싸움은 말리라고 했다. ¶【속담】쌔리는 씨오마씨보담아 말기는 씨누부가 더 밉다. =때리는 시어머니보다 말리는 시누이가 더 밉다.

말기우[-_] 명 ((동물))기러기. ☞기리기. 기우리.

말꼬로미[__-_] 부 말끄러미. 눈을 똑바로 뜨고 오도카니 한곳만 바라보는 모양. ¶머로 그래 말꼬로미 치라보노? =뭘 을 그리 말끄러미 쳐다보느냐? ☞말꼬미. 말꾸루미. 맬꼬로미. 맬꼬미. 밀꾸루미. 밀꾸미.

말꼬미[__-] 부 말끄러미. ☞말꼬로미. 말꾸루미. 맬꼬로미. 맬꼬미. 밀꾸루미. 밀꾸미.

말꼬타리[_--_] 명 말꼬투리. 말이 나오게 된 가장 중요한 계기. ¶【관용구】말꼬타리 잡다. =말꼬투리 잡다.

말꾸루미[__-_] 부 말끄러미. ☞말꼬로미. 말꼬미. 맬꼬로미. 맬꼬미. 밀꾸루미. 밀꾸미.

말꿈하기[__-_] 부 말끔히. 티 없이 맑고 환할 정도로 깨끗하게. ¶가실을 말꿈하기 다했다. =추수를 말끔히 다했다. ☞매꼬롬하기. 매꿈하기. 맨더리하기. 맬꿈하기. 밀꿈하기.

말꿈하다[__-_] 형 말끔하다. ①티 없이 맑고 환할 정도로 깨끗하다. ¶하알이 말꿈하이 벗기짔다. =하늘이 말끔하게 갰다. ②'조금도 남김이 없이'의 뜻을 나타내는 말. ¶언자는 그 일이 말꿈하기 데었다. =이제는 그 일이 말끔하게 되었다. ③사물이나 눈동자가 티 없이 맑고 또렷하다. ¶말꿈한 눈우로 치라본다. =말끔한 눈으로 쳐다본다. ④정신이나 생각 따위가 또렷하다. ¶노망들었다카더마는 정시이 말꿈하네예. =노망했다더니만 정신이 말끔하네요. ☞매꼬롬하다. 매꿈하다. 맨더리하다. 맬꿈하다. 밀꿈하다.

말끈터무리[___-_] 명 말끄트머리. 말을 마무리하는 맨 끝. ¶【관용구】말끈터무리로 잡다. =말끝을 잡다. ☞말끈티이.

말끈티이[말끈티~이 _--_] 명 말끄트머리. ☞말끈터무리.

말끼[_-] 명 말귀. ①말이 뜻하는 내용. ¶【관용구】말끼로 알아묵다. =말귀를 알아먹다. ¶【관용구】말끼로 몬 알아듣다. =말귀를 못 알아듣다. ②남이 하는 말의 뜻을 알아듣는 총기. ¶【관용구】말끼가 밝다. =말귀가 밝다. ¶【관용구】말끼가 어덥다. =말귀가 어둡다.

말더둠이[말더두미 __-_] 명 말더듬이. 말을 더듬는 사람. ☞더덤바리. 더덤배이. 더둠이.

말떠기[_-_] 명 말뚝. 땅에 두드려 박는 기둥이나 몽둥이. ¶【관용구】기에 말떠기 박았나. =귀에 말뚝 박았나. ☞말목. 말묵.

말라꼬[__-] 부 뭐하려고. '무엇을 하려고'의 준말. ¶이거는 말라꼬 고온노? =이건 뭐하려고 가져왔니? ☞마안다꼬. 마안데. 만다꼬. 머할라꼬.

말라다[_-_] 동 말리다. ①건조시키다. '마르다'의 사동사. ¶【속담】똥 누마 분칠해가아 말라 두겄다. =똥 누면 분칠해서 말려 두겠다. ②애타게 하다. ¶【관용구】피로 말라다. =피를 말리다. ③아무것도 남기지 아니하고 모조리 없애다. ¶【관용구】씨로 말라다. =씨를 말리다.

말란풀[_-_] 명 마른풀. 사료나 퇴비 등으로 쓰려고 베어서 말려놓은 풀. ¶【속담】얌소가 말란풀 씹딧기 한다. =염소가 마른풀 씹듯 한다.

말리드가다[_-___] 동 말려들다. ①원하지 않는 관계나 위치, 사건에 끌리어 들어가다. ¶그 일에 맥찌로 말리드가서 큰 고상했다. =그 일에 괜히 말려들어서 큰 고생했다. ②사물이 다른 것에 친친 감기어 안으로 빨려 들어가다. ¶기게에 옷이 말리드갔다. =기계에 옷이 말려들어갔다.

말매리이[말매리~이 __-_] 명 ((동물))말매미.

말목[--] 명 말뚝. ☞말떠기. 말묵.

말묵[--] 명 말뚝. ☞말떠기. 말목.

말밤[-_] 명 ((식물))마름. 마름의 열매. ¶소벌에는 말밤이 천지삐까리다. =우포늪에는 마름이 흔하다. ☞물밤.

말밤씨[-_-] 명 철조망(鐵條網). *말밤+쇠. ¶도독넘 몬 들오구로 단장에 말밤씨로 둘루낳았다. =도둑놈 못 들어오게 담장에 철조망을 둘러놓았다. ☞철까시.

말벌이[말버리 -__] 명 ((동물))말벌. ☞대추벌이.

말뽄때가리[_--__] 명 말본새. 말하는 태도나 모양새. ¶말뽄때가리가 밉지는 안하다. =말본새가 밉지는 않다.

말싱간[__-] 명 말승강이(-昇降-). 자신의 주장을 고집하며 말로써 서로 옳고 그름을 다투는 일. ¶니캉은 말싱간 안 하고 잡다. =너랑은 말다툼 안 하고 싶다. ☞말싱개이.

말싱개이[말싱개~이 _-__] 명 말승강이(-昇降-). ☞말싱간.

말싸암[__-] 명 말싸움. 말로 옳고 그름을

가리며 서로 싸우는 일. ¶니캉 말싸암 해보이 내 입마 아푸지. =너랑 말싸움 해본들 내 입만 아프지.

말썽꾸리기[_-___] 명 말썽꾸러기.

말썽재이[말썽재~이 _--_] 명 말썽쟁이.

말씸[_-] 명 말씀. ①남의 말을 높여 이르는 말. ¶학조 선상님 말씸대로 해래이. =학교 선생님 말씀대로 해라. ②자기의 말을 낮추어 이르는 말. ¶지가 디리는 말씸을 잘 들어보이소오. =제가 드리는 말씀을 잘 들어보세요.

말씹조개[_-__] 명 ((동물))말조개. 석패과의 민물조개. 말 암컷의 음부와 닮은 데에서 그 이름이 유래했다. 껍데기의 길이는 30cm 정도이며, 표면은 검은색에 광택이 나고 안쪽은 진주 광택이 난다. 등의 가장자리는 지느러미 모양으로 돌출하였고, 공예 재료로 사용한다. 늪에서 산다. 흔히 '대칭이'라 부르지만 '대칭이'는 다른 종이다.

말주빈[말쭈빈 _-_] 명 말주변. 말을 요령 있게 하거나 이리저리 잘 둘러대는 재주. ¶【관용구】말주빈이 없다. =말주변이 없다.

말쫑부이나[말쫑부~이나 __-__] 부 큰소리깨나. 뱃심 좋게 장담하며. ¶【속담】뱀이가 용 데서 말쫑부이나 한다. =뱀이 용 되어서 큰소리깨나 한다. ¶【속담】다리 뿔라진 사또 동헌 안에서 말쫑부이나 친다. =다리 부러진 사또 동헌 안에서 큰소리깨나 친다. ☞똥깨나.

말철기[-__] 명 ((동물))말잠자리.

말캉[_-] 부 말짱. ((주로 부정어와 함께 쓰여)) 속속들이 모두. ¶【속담】말캉 도리묵이다. =말짱 도루묵이다. ¶【속담】늙으이 죽구 잡다는 말은 말캉 거짓말이다. =늙은이 죽고 싶다는 말은 말짱 거짓말이다. ☞맬간.

말키[1][_-] 부 말끔. 하나도 빼거나 남기지 않고 다. ¶【속담】말키 잠들었으이 어니 넘이 봉산지. =말끔 잠들었으니 어느 놈이 봉사인지.

말키[2][_-] 부 온통. 어떤 대상이 전부 다. ¶【속담】오라 카는 딸은 안 오고 말키 미너리마 온다. =오라 하는 딸은 안 오고 온통 며느리만 온다. ☞삼통. 저신에.

맑애지다[말개지다 _-__] 동 맑아지다. 맑은 상태로 되다. ¶날이 맑애졌네예. =날씨가 맑아졌네요.

맛닉기[맏니끼 --_] 부 맛있게. 음식의 맛이 좋게. ¶【속담】밥을 맛닉기 무우야 복을 받는다. =밥을 맛있게 먹어야 복을 받는다. ☞맛입기.

맛닉는[맏닉는 --_] 부 맛있는. 음식의 맛이 좋은. ¶【속담】¶맛닉는 음석도 늘상 무우마 물린다. =맛있는 음식도 늘 먹으면 질린다. ☞맛입운.

맛닉다[맏닉따 --_] 형 맛있다. 음식의 맛이 좋다. ¶【속담】말 단 집 장맛이 맛닉다 카까이. =말 단 집 장맛이 맛있다 하랴. ¶【속담】지 여핀네가 해주는 범북이 지 이미가 해주는 이밥보담 맛닉다. =제 여편네가 해주는 범벅이 제 어미가 해주는 이밥보다 맛있다. ☞맛입다.

맛대로[맏때로 --_] 부 멋대로. 아무렇게나 하고 싶은 대로. 또는 제 마음대로.

¶【관용구】지 맛대로 사다 죽구로 내뚜라. =제 멋대로 살다 죽게 놔둬라. ☞난양대로. 신대로.

맛딜이다[맏디리다 --__] 동 맛들이다. 어떤 일에 재미를 붙여 좋아하게 되다. ¶【속담】개살구도 맛딜이기 나룸이다. =개살구도 맛들이기 나름이다.

맛비기[맏삐기 _-_] 명 맛보기. ①맛을 보도록 조금 내놓은 음식. ¶음석은 맛비기로 묵는 기이 맛닉다. =음식은 맛보기로 먹는 것이 맛있다. ②어떤 일을 본격적으로 하기 전에 시험 삼아 해 보는 것을 비유적으로 이르는 말. ¶맛비기 영하를 밨다. =맛보기 영화를 봤다.

맛입기[마십끼 _-_] 부 맛있게. ☞맛닉기.

맛입다[마십따 _-_] 형 맛있다. ☞맛닉다.

맛입운[마시분 --_] 부 맛있는. ☞맛닉는.

망개[_-] 명 맹감. 청미래덩굴 열매. *가을에 익으면 빨갛게 변한다. ¶인날에는 망개에 싸이나로 옇어서 꽁을 잡았디라. =예전에는 맹감에 청산가리를 넣어서 꿩을 잡았더니라.

망개나다[_--_] 형 흔전만전하다. ☞만푸장이다.

망개지다[_-__] 동 망가지다. ①부서지거나 찌그러져 못 쓰게 되다. ¶자안차가 망개졌다. =자전거가 망가졌다. ②상황이나 몸 상태 따위가 좋지 아니하게 되다. ¶아아로 너이 놓더마는 몸매가 망개졌다. =애를 넷 낳더니만 몸매가 망가졌다.

망깨[_-] 명 달구. 땅을 단단히 다지는 데 쓰는 기구. ¶【관용구】망깨 낳다. =달구 놓다.

망새이[1][망새~이 _-_] 명 ((동물))망아지. 말의 새끼. ¶【관용구】망새이마이나 빠르다. =망아지만큼이나 빠르다. ¶【관용구】망새이매로 띠댕긴다. =망아지처럼 뛰어다닌다. ¶【속담】망새이도 지 사촌을 알아본다. =망아지도 제 사촌을 알아본다.

망새이[2][망새~이 _-_] 명 동무니. 윷놀이에서, 한 개의 말에 어우른 말을 세는 단위. ¶넉동망새이(넉동무니). ¶시동망새이(세동무니). ¶단동망새이(단동무니).

망신당아다[___-_] 동 망신당하다(亡身---). ¶맥찌로 망신당앴다. =괜히 망신당했다.

망아다[_-_] 동 망하다(亡--). ①사람이나 집안이 끝장나서 더이상 존재하지 않게 되거나 제구실을 못하게 되다. ¶【속담】집아이 망알라칸께네 맏미너리가 씨엄이 난다. =집안이 망하려니까 맏며느리가 수염이 난다. ②주로 '망알'의 꼴로 쓰여, 못마땅한 사람이나 대상에 대하여 저주하는 뜻을 나타내는 말. ¶【속담】망알 넘 나마 흥알 넘 난다. =망할 놈 나면 흥할 놈 난다.

망알[_-] 관 망할(亡-). 망해버릴. ¶【관용구】망알 넘우 시상. =망할 놈의 세상.

망애뿌다[__-_] 동 망해버리다(亡----). 제구실을 하지 못하고 끝장이 나버리다. ¶【속담】부재는 망애뿌도 삼 년은 간다. =부자는 망해버려도 삼 년은 간다.

망태[-_] 명 ((동물))동사리.

ㅁ

망태겉다[망태걷따 -___] 형 게으르다. *'망태'라 부르는 민물고기 '동사리'는 잘 움직이지 않아 몹시 게으른 사람을 비유하여 이르는 말. ¶【관용구】망태겉은 넘. =게으른 놈. ☞께을밪다. 께읋다. 끼을밪다. 끼읋다.

망태이[망태~이 _-_] 명 망태기. 새끼를 엮어 물건을 나르기에 편하게 만든 기구. ¶【속담】끼도 망태이도 다 잃았다. =게도 망태기도 다 잃었다.

맞구녕[맏꾸녕 __-] 명 맞구멍. 마주 뚫린 구멍. ¶깃밥에 맞구녕을 떫어서 기고리로 했다. =귓밥에 맞구멍을 뚫어서 귀고리를 했다. ☞맞구늉. 맞구뭉. 맞구중.

맞구늉[맏꾸늉 __-] 명 맞구멍. ☞맞구녕. 맞구뭉. 맞구중.

맞구뭉[맏꾸뭉 __-] 명 맞구멍. ☞맞구녕. 맞구늉. 맞구중.

맞구중[맏꾸중 __-] 명 맞구멍. ☞맞구녕. 맞구늉. 맞구뭉.

맞따내기[맏따내기 __-_] 명 맞대매. 단 두 사람이 마지막으로 우열이나 승부를 겨룸. ¶맞따내기 한분 해보까? =맞대매 한번 해볼까?

맞딱띠리다[__-__] 동 맞닥뜨리다. ☞대댕기다. 대덩걸리다.

맞매기하다[만매기하다 _-___] 동 만도리하다. 벼를 심은 논에 마지막으로 김매기하다. ¶【속담】맞매기한 머숨 겉다. =만도리한 머슴 같다.

맞운쪽[마준쪽 -__] 명 맞은쪽. 마주 대하는 쪽. ¶맞운쪽에서 오도바이가 옸다. =맞은쪽에서 오토바이가 왔다.

맞인바래기[마진바래기 ___-_] 명 맞은바라기. 앞으로 마주 바라보이는 곳. ¶민소 질건니 맞인바래기에 농협이 있다. =면사무소 길 건너 맞은바라기에 농협이 있다.

맞인핀[마진핀 -__] 명 맞은편(--便). ①마주 바라보이는 쪽. ¶하앙산 맞인핀에는 머 있노? =화왕산 맞은편에는 뭐 있니? ②마주 상대되는 쪽의 상대방. ¶맞인핀에서 먼지 시비로 걸데예. =맞은편에서 먼저 시비를 걸데요.

맞잽이[마째비 _-_] 명 맞잡이. 서로 힘이나 가치가 대등한 것으로 여겨지는 사물이나 시간. ¶【관용구】하루가 여을 맞잽이. =하루가 열흘 맞잡이. ¶【속담】모싱기 때 하루는 저실 여을 맞잽이다. =모내기 때 하루는 겨울 열흘 맞잡이다. ¶【속담】무던한 미너리는 아달 맞잽이. =무던한 며느리는 아들 맞잡이.

맞하가다[마차가다 _-__] 동 대가다. 정해진 시간에 맞게 목적지에 이르다. ¶그 사램캉 만내기로 한 시간에 맞하갔다. =그 사람과 만나기로 한 시간에 대갔다.

맞하다[1][마차다 _-_] 동 맞추다. '맞다'의 사동사. ①분량이나 치수 따위를 정해진 것에 맞게 하다. ¶【속담】사기전 종짓굽 맞하덪기 한다. =사기전 종짓굽 맞추듯 한다. ②어떤 대상을 다른 대상과 나란히 놓고 같은가 다른가를 살피다. ¶【속담】앵굼도 꼴 맞하서 씬다. =해금도 꼴 맞춰서 쓴다. ③색상 따위를 일치시키다. ¶【관용구】색깔로 맞하다. =색깔을 맞추다. ④음식의 간을 정해진 기준과 일치하게 하다. ¶【관용구】입맛에 맞하다. =입맛에 맞추다. ⑤열이나 간격 따위를 가지런히 하여 어긋남이 없게 하다. ¶【관용구】줄로 맞하다. =줄을 맞추다. ⑥기분이나 의도 등을 거스르지 않게 행동하다. ¶【속담】깨소곰 열두 단지라 캐도 남자 비우는 몬 맞하다. =깨소금 열두 단지라 해도 남자 비위는 못 맞춘다. ⑦정해진 것에 맞게 하다. ¶【관용구】차 시간에 맞하다. =차 시간에 맞추다. ⑧옷이나 신발 따위를 몸에 맞게 만들다. ¶【관용구】옷을 맞하다. =옷을 맞추다. ⑨물체나 신체 일부를 마주하여 대다. ¶【속담】깨진 그륵 이 맞한다. =깨진 그릇 이 맞춘다. ⑩악기의 리듬을 같게 하다. ¶【관용구】장단 맞하다. =장단 맞추다.

맞하다[2][마차다 _-_] 동 맞히다. '맞다'의 사동사. ①어떤 물음을 옳게 답을 하다. ¶【관용구】답을 맞하다. =답을 맞히다. ②비나 눈을 닿게 하여 적시다. ¶【관용구】눈비로 맞하다. =눈비를 맞히다. ③어떤 이유를 들어 집에서 쫓아내다. ¶【관용구】소박 맞하다. =소박 맞히다. ④주사나 침을 치료를 위하여 찌르다. ¶【관용구】침 맞하다. =침 맞히다. ⑤겨냥한 지점에 들어맞게 하다. ¶【관용구】정통으로 맞하다. =정통으로 맞히다.

매[1][_] 명 맷돌. 곡식을 가는 데 쓰는 돌로 만든 기구. ¶【관용구】매로 조아다. =맷돌을 죄다.

매[2][-] 부 야무지게. 일 처리를 옹골차고 확실하게. ¶방구숙을 매 딲아라. =방구석을 야무지게 닦으라. ☞매매. 야무치기.

매[3][-] 부 힘주어. 강하게(强--). ¶이 옷은 매 엉때야 때가 빠진다. =이 옷은 힘주어 문대야 때가 빠진다. ☞매매.

매[4][-] 부 꽁꽁. 아주 단단하게 묶거나 꾸리는 모양을 나타내는 말. ¶새끼디이로 매 묶아라. =새끼줄로 꽁꽁 묶어라. ☞매매.

매[5][-] 부 꼭꼭. ①단단히 힘을 주어 자꾸 세게 누르거나 죄는 모양을 나타내는 말. ¶매 씹우 무우라. =꼭꼭 씹어 먹어라. ②아주 깊숙이 숨거나 들어박히는 모양을 나타내는 말. ¶안 보이구로 매 숨캈다. =안 보이게 꼭꼭 숨겼다. ☞꽁꽁. 매매.

매[6][-] 부 깨끗이. ①내용물이나 미련 따위가 남은 것이 없게. ¶밥을 매 무우라. =밥을 깨끗이 먹어라. ②때나 먼지가 없이 말끔하게. ¶매 씪어라. =깨끗이 씻어라. ③상처나 병이 흔적이 없이 말짱하게. ¶빙이 매 낫았다. =병이 깨끗이 나았다. ☞매매. 칼큻기.

매[7][-] 부 푹. 흠씬 익을 정도로 몹시 끓이거나 삶거나 고는 모양을 나타내는 말. ¶기기가 너무 매 쌂뀠다. =고기가 너무 푹 삶겼다. ☞매매.

매[8][-] 부 여물게. 열매 따위가 잘 익어 단단하게. ¶강내이로 너무 매 익핬다. =옥수수를 너무 여물게 익혔다. ☞매매.

ㅁ

여무기.

매가지[_-_] 명 모가지. ①'목'을 비속하게 이르는 말. ¶【관용구】매가지가 빠지겠다. =모가지가 빠지겠다. ②'목숨'을 비속하게 이르는 말. ¶【관용구】매가지 다알나다. =모가지 달아나다. ③직장이나 직책 따위에서 쫓아내어 그만두게 함을 속되게 이르는 말. ¶【관용구】매가지 짤리다. =모가지 잘리다. ¶【관용구】매가지가 달랑달랑한다. =모가지가 간당간당한다. ☞매간지. 모간지.

매간지[_-_] 명 멱살. 사람의 멱이 닿는 부분의 옷깃. 주로 '멱살'의 속된 말로 쓴다. ¶【관용구】매간지로 틀어지다. =멱살을 틀어쥐다. ¶【관용구】매간지가 잽히다. =멱살이 잡히다. ¶【관용구】매간지 끟고 오다. =멱살을 끌고 오다. ☞맥살. 목살.

매구[_-] 명 꽹과리. 농악놀이에서 사용하는 타악기의 하나. ☞깽가리. 씨.

매구겉다[1][_-__] 형 교활하다(狡猾--). 몹시 간사하고 나쁜 꾀가 많다. ¶【관용구】매구겉이 아다. =교활하게 알다. ¶【속담】곰 겉은 미너리는 딜꼬 살아도 매구겉은 미너리캉은 몬 산다. =곰 같은 며느리는 데리고 살아도 교활한 며느리와는 못 산다. ☞미구겉다.

매구겉다[2][_-__] 형 감쪽같다. 꾸미거나 고친 것을 남이 알아채지 못할 만큼 티가 나지 않다. ¶째진 옷을 집우서 매구겉이 끼미낳았네. =째진 옷을 기워서 감쪽같이 꾸며놓았네. ☞미구겉다.

매구치다[__-_] 동 농악놀이하다(農樂----). ¶오새도 정얼보룸날 매구치민서 노나? =요새도 정월보름날 농악놀이하면서 노니? ☞씨치다.

매군자리[__-_] 명 ((동물))물맴이. ☞땡땡이. 맹검재이. 앵금재이.

매꺼럽다[1][매꺼럽따 __-_] 형 약아빠지다. 몹시 약다. ¶【속담】매꺼럽운 개이가 개인데 먼첨 물린다. =약아빠진 고양이가 개한테 먼저 물린다. ☞뺀더럽다.

매꺼럽다[2][매꺼럽따 __-_] 형 미끄럽다. 물건 따위가 몹시 미끄러운 성질이 있다. ¶지룸비이는 매꺼럽운 머리 장갑 찌고 만치야 덴다. =기름병은 미끄럽기 때문에 장갑 끼고 만져야 된다. ☞뺀더럽다.

매꼬롬하기[___-_] 부 말끔히. ☞말꿈하기. 매꿈하기. 맨더리하기. 맬꿈하기. 밀꿈하기.

매꼬롬하다[1][___-_] 형 반반하다. ①구김살이나 울퉁불퉁한 데가 없이 고르고 반듯하다. ¶땅빠닥을 매꼬롬하이 고랐다. =땅바닥을 반반하게 골랐다. ②생김새가 얌전하고 예쁘장하다. ¶낯짝이 매꼬롬하기 생깄다. =얼굴이 반반하게 생겼다. ☞매꿈하다. 밴밴하다.

매꼬롬하다[2][___-_] 형 매끈하다. ①흠이나 거친 데가 없이 부드럽고 반드럽다. ¶도래로 매꼬롬하이 씪어낳았다. =도라지를 매끈하게 씻어놓았다. ②차림이나 꾸밈새가 환하고 깨끗하다. ¶끼미낳고 보이 매꼬롬하네. =꾸며놓고 보니 매끈하네. ☞매꿈하다.

매꼬롬하다[3][___-_] 형 말끔하다. ☞말꿈하다. 매꿈하다. 맨더리하다. 맬꿈하다. 밀꿈하다.

매꿈하기[__-_] 부 말끔히. ☞말꿈하기. 매꼬롬하기. 맨더리하기. 맬꿈하기. 밀꿈하기.

매꿈하다[1][__-_] 형 반반하다. ☞매꼬롬하다. 뱄밴하다.

매꿈하다[2][__-_] 형 매끈하다. ☞매꼬롬하다.

매꿈하다[3][__-_] 형 말끔하다. ☞말꿈하다. 매꼬롬하다. 맨더리하다. 맬꿈하다. 밀꿈하다.

매끼[--] 명 매듭. ¶【관용구】매끼로 지아다. =매듭을 짓다. ☞매짐.

매댕기[_-_] 명 드림장식(--粧飾). 예전 방한용 모자에 달았던 장식.

매들가리[__-_] 명 마들가리. 새끼나 실 따위가 훑여 맺힌 마디. ¶【관용구】매들가리가 지다. =마들가리가 지다. ☞마들가지.

매디[_-] 명 마디. 대, 갈대, 나무 따위의 줄기에서 가지나 잎이 나는 부분. ¶【속담】매디에 옹이. =마디에 옹이.

매련[-_] 명 마련. 당연히 그럴 것임을 나타내는 의존명사. ¶【속담】처이가 한찡[寒症]을 해도 지 매련은 있다. =처녀가 한증을 해도 제 마련은 있다. ¶【속담】말이라 카는 거는 발이 달리기 매련이다. =말이라 하는 것은 발이 달리게 마련이다.

매련하다[-___] 동 마련하다. 필요한 것을 준비하거나 헤아려 갖추다. ¶【속담】토째비 땅 매련하딧기. =도깨비 땅 마련하듯.

매럽다[_-_] 형 마렵다. ☞누럽다. 누룹다.

매로[1][-_] 조 같이. ☞겉이. 매이로. 맨치로. 맹쿠로.

매로[2][-_] 조 처럼. ((체언 뒤에 붙어)) 모양이 서로 비슷하거나 같음을 나타내는 격 조사. *창녕방언에서 사용하는 비교부사격 조사는 아주 다양하게 실현된다. 모양이 같고 다름에 두루 쓰이는 것이 '캉'이고, 같음에만 쓰이는 것은 '매로. 매이로, 맨치로, 맨키로'이다. 그리고 정도의 비등함을 견줄 때에는 '만침'과 '만쿰' 또는 '마이'이고, 차등이 남을 견줄 때에는 '보담'과 '카마'가 쓰인다. ¶축기매로 암소리도 몬 한다. =축구처럼 아무소리도 못 한다. ☞매이로. 맨치로. 맨키로. 맹쿠로.

매륵궂다[1][매륵굳따 -___] 형 매몰차다. 인정이나 싹싹한 맛이 없고 아주 쌀쌀맞다. ¶이우지에 살민서 매륵궂기 그캐쌓지 마라. =이웃에 살면서 매몰차게 그러지 마라. *매륵궂고[매륵구꼬 -___], 매륵궂은[매륵구즌 -___], 매륵궂어서[매륵구저서 -____], 매륵궂었다[매륵구전따 -____]. ☞냉칼시럽다.

매륵궂다[2][매륵굳따 -___] 형 냉정하다(冷情--). 대하는 태도나 분위기가 정답지 않고 차갑다. ☞냉칼시럽다.

매리이[매리~이 _-_] 명 ((동물))매미.

매만치다[_-__] 동 매만지다. ①사물을 잘 가다듬어 손질하다. ¶저구리로 매만친다. =저고리를 매만진다. ②사물을 부드럽게 어루만지다. ¶시님이 염주로 매만치고 있다. =스님이 염주를 매만지고 있다.

매매[1][--] 부 야무지게. ☞매. 야무치기.

매매[2][--] 부 힘주어. 강하게(强--). ☞매.

매매[3][--] 부 꽁꽁. ☞매.

매매[4][--] 부 꼭꼭. ☞꽁꽁. 매.

매매[5][--] 부 깨끗이. ☞매. 칼큻기.

매매[6][--] 부 푹. ☞매.

매매[7][--] 부 여물게. ☞매. 여무기.

매무시[_-_] 명 매무새. 매만진 뒤의 모양새. ¶【속담】대애지 매무시 보고 자아무우까이. =돼지 매무새 보고 잡아먹으랴.

매분[_-] 부 매번(每番). 어느 때에나 다. ¶매분 어렵운 부택이마 디립미더. =매번 어려운 부탁만 드립니다.

매사이[1][매사~이 _-_] 명 ((식물))냉이. ☞나새이. 내이.

매사이[2][매사~이 _-_] 명 마사니. 타작마당에서 마름을 대신하여 곡식을 되어주고 뒤로 이윤을 챙기는 사람. ¶【속담】나락가마이 지고 우쭐대는 매사이보담아 더 밉다. =볏가마니 지고 우쭐대는 마사니보다 더 밉다.

매순[_-] 명 순(筍). 오이나 참외 따위의 식물 마디에 길게 돋아난 싹. *매(마디)+순. ¶【관용구】매순을 쥑이다. =순을 죽이다. ¶【관용구】매순을 치다. =순을 치다.

매영[_-] 명 매형(妹兄). 손위 누이의 남편.

매이로[1][-__] 조 같이. ☞겉이. 매로. 맨치로. 맹쿠로.

매이로[2][-__] 조 처럼. ☞매로. 맨키로. 맹쿠로.

매익다[매익따 --_] 형 무르익다. ①과일이나 곡식이 잘 익다. ¶나락이 매익었다. =벼가 무르익었다. ②날것이 뜨거운 열을 받아 제대로 익다. ¶대애지기기는 매익어야 덴다. =돼지고기는 무르익어야 된다. ③술이나 김치, 장 따위가 충분히 맛이 들다. ¶매익은 짐치는 맛이 없어예. =무르익은 김치는 맛이 없어요. ④신체나 피부가 햇볕을 오래 쬐거나 뜨거운 물에 데어 빨갛게 되다. ¶등더리가 땡뼅에 매익었다. =등짝이 땡볕에 무르익었다.

매지미[_-_] 명 매조미(-造米). 벼를 매통에 갈아 겉겨만 벗겨 내어 매조미쌀을 만드는 일. ¶【관용구】매지미로 하다. =매조미를 하다.

매지밋불[매지미뿔 _-__] 명 겻불. ☞딩깃불. 왕딩깃불.

매짐[-_] 명 매듭. ☞고. 매끼.

매차리[1][--_] 명 매. 때릴 때에 쓰는 가는 나뭇가지. ¶【관용구】매차리로 들다. =매를 들다. ¶【속담】매차리 끝에 정든다. =매 끝에 정든다. ¶【속담】떡깔낭게 매차리가 나고 바알 간 데 실 간다. =떡갈나무에 매가 나고 바늘 간 데 실 간다.

매차리[2][--_] 명 회초리. ¶【속담】곱운 자석은 매차리로 키안다. =고운 자식은 회초리로 키운다. ¶【속담】매차리 아끼마 아아로 베린다. =회초리 아끼면 애를 버린다. ☞매초리. 해차리.

매초리[1][--_] 명 회초리. ☞매차리. 해차리.

매초리[2][--_] 명 ((동물))매. ¶【속담】매초리가 꽁 잡아 주고 집어서 잡아 주나. =매가 꿩을 잡아 주고 싫어 잡아 주나. ☞새초리.

매타붆다[매타분타 __-_] 형 깔끔하다. ☞까리빵상하다. 깔꿈밪다. 깔꿈하다. 깔쌈하다. 깨꿈밪다. 다담밪다. 맨도롬하다.

맥국[매꾹 _-] 명 냉국(冷-). 찬물에 간장과 초를 쳐서 만든 국물. 또는 맑은장국을 끓여 차게 식힌 것. ¶날 덥울 때에는 맥국만한 기이 없다. =날씨 더울 때는 오이냉국만한 게 없다.

맥논[맹논 -_] 명 ≒휴경답(休耕畓). 빈 논. 추수 끝나고 비워둔 논.

맥띠이[맥띠~이 _-_] 명 자리개. 옭아매거나 묶는 데 쓰는, 짚으로 만든 굵은 줄. ¶맥띠이 한 발 고오 바라. =자리개 한 발 가져와 봐라. ☞조리개.

맥살[-_] 명 멱살. ¶【관용구】맥살 잡히다. =멱살 잡히다. ☞매간지. 목살.

맥살잽이[맥쌀재비 -___] 명 멱살잡이. 주로 싸움을 할 때, 상대의 멱살을 잡는 일. ¶【관용구】맥살잽이로 하다. =멱살잡이를 하다. ☞목살잽이.

맥젓[맥젇 -_] 명 멸치젓. ¶우리들네는 맥젓 옇고 짐치로 담습미더. =우리는 멸치젓 넣고 김치를 담급니다.

맥찌[_-] 부 괜히. ☞겐이. 맥찌로. 메일없이. 백찌. 백찌로. 진차이.

맥찌로[_-_] 부 괜히. ☞겐이. 맥찌. 메일없이. 백찌. 백찌로. 진차이.

맥히다[매키다 _-_] 동 막히다. '막다'의 피동사. ¶【관용구】말무이 맥히다. =말문이 막히다. ¶【관용구】기가 맥히다. =기가 막히다. ☞믹히다.

맨[1][_] 명 면(面). ①일의 어떤 부분이나 측면. ¶넘우 좋운 맨을 뽄받아라. =남의 좋은 면을 본받아라. ②신문 등의 쪽을 세는 단위를 나타내는 말. ¶남북 해담이 시문 1맨에 노았다. =남북 회담이 신문 1면에 나왔다. ③사물의 겉으로 드러난, 일정한 넓이를 가진 부분. ¶담베락 한쪽 맨이 찌불았다. =담벼락 한쪽 면이 기울었다. ④'낯'이나 '체면(體面)'을 예스럽게 이르는 말. ¶【관용구】맨이 서다. =면이 서다. ⑤군에 딸린 지방 행정 구역의 하나. ¶맨장(면장). ¶맨사무소(면사무소). ☞민.

맨[2][_] 명 면(綿). 목화솜을 원료로 한 실이나 천. ¶맨 백 푸로. =면 백 퍼센트. ☞민.

맨[3][_] 명 면(麵). 밀가루나 메밀가루를 반죽하여 얇게 밀어서 가늘게 썰거나 국수틀로 가늘게 뺀 식품. ¶맨 음석 마이 무우마 해럽다. =면 음식 많이 먹으면 해롭다. ☞민.

맨날천날[_--_] 부 매일매일(每日每日). ①어떤 경우든 한결같이. ¶맨날천날 놀 생각마 한다. =매일매일 놀 생각만 한다. ②특정한 시간에 한정되지 않고 어느 때든. ¶여게는 맨날천날 사램이 몰리온다. =여기는 매일매일 사람이 몰려온다. ③때를 가리지 않을 만큼 매우 자주. ¶히이가 맨날천날 지 동상하고

ㅁ

마 노네. =형이 매일매일 동생하고만 노네.

맨대가리[1][_ _-_] 명 대머리. 머리털이 많이 빠져서 벗어진 머리. 또는 그런 사람. ☞버꺼지이.

맨대가리[2][_ _-_] 명 맨머리. 아무것도 쓰지 아니한 머리를 속되게 이르는 말. ¶이 춥운데 아무 것도 안 씨고 맨대가리로 노왔네. =이 추운데 아무 것도 안 쓰고 맨머리로 나왔네.

맨더리하기[_ _ _-_] 부 말끔히. ☞말꿈하기. 매꼬롬하기. 매꿈하기. 맬꿈하기. 밀꿈하기.

맨더리하다[_ _ _-_] 형 말끔하다. 거추장스러운 것 없이 만질만질하다. ¶부섴이 맨더리하다. =부엌이 말끔하다. ☞말꿈하다. 매꼬롬하다. 매꿈하다. 맬꿈하다. 밀꿈하다.

맨도[_-] 명 면도(面刀). ¶맨도로 했다. =면도를 했다. ☞민도. 민모.

맨도롬하다[_ _ _-_] 형 ≒깔끔하다. 매끈하고 깨끗하다. ¶민모한 낯이 맨도롬하네예. =면도한 낯이 깔끔하네요. ☞까리빵상하다. 깔꿈빻다. 깔꿈하다. 깔쌈하다. 깨꿈빻다. 다담빻다. 매타붆다.

맨도칼[_ _-] 명 면도칼(面刀-). ☞민도칼. 민모칼.

맨드래미[_ _-_] 명 ((식물))맨드라미. ☞달구비실꽃. 닭비실꽃.

맨들다[_-_] 동 만들다. ①노력이나 기술 따위를 들여 목적하는 바를 이루다. ¶【관용구】사람 맨들다. =사람 만들다. ¶【관용구】삐캉 살로 맨들다. =뼈와 살로 만들다. ②규칙이나 법, 제도 따위를 정하다. ¶해칙을 맨들다. =회칙을 만들다. ③돈이나 일 따위를 마련하다. ¶【관용구】돈을 맨들다. =돈을 만들다. ④틈, 시간 따위를 짜내다. ¶【관용구】시간을 맨들다. =시간을 만들다. ⑤말썽이나 일 따위를 일으키거나 꾸며 내다. ¶【관용구】묵사발 맨들다. =묵사발 만들다. ¶【속담】말이 말로 맨든다. =말이 말을 만든다. ⑥그렇게 되게 하다. ¶【속담】자리가 사람 맨든다. =자리가 사람 만든다. ¶【속담】가사적삼이 중 안 맨든다. =가사적삼이 중 안 만든다. ☞맹글다.

맨들은[_-_] 관 만든. *'맨들은'은 '맨들-+-은'으로 분석된다. 어간의 끝에 있는 'ㄹ'이 탈락하지 않는 것이 창녕 방언의 한 특징이다. ¶【속담】나랏님 맨들은 간지 판 돈도 띠묵눈다. =나라님 만든 관지 판 돈도 떼먹는다.

맨맨하다[_ _-_] 형 만만하다. ☞만만때때하다. 맨맹다. 시피하다.

맨맹다[1][맨맨타 _-_] 형 만만하다. ☞만만때때하다. 맨맨하다. 시피하다.

맨맹다[2][맨맨타 _-_] 형 평평하다(平平--). 바닥이 고르고 판판하다. ☞펑펑하다.

맨목[_-] 명 면목(面目). ¶【관용구】맨목이 없다. =면목이 없다. ☞민목.

맨몸띠이[맨모띠~이 -_ _ _] 명 맨몸뚱이. '맨몸'을 속되게 이르는 말. ¶【관용구】맨몸띠이로 노오다. =맨몸뚱이로 나오다.

맨발[맨빨 _-] 명 면발(麵-). 국수의 가락.

☞민발.

맨보지[-__] 명 밴대보지. 음모가 없는 여자의 성기(性器). ☞백보지.

맨애[매내 _-] 명 면회(面會). ¶【관용구】맨애로 하다. =면회를 하다.

맨애찡[매내찡 _--] 명 면허증(免許證). ☞민어쩡.

맨자지[1][-__] 명 밴대자지. 음모가 없는 남자의 성기(性器).

맨자지[2][_-_] 명 쌀밥. 잡곡을 넣지 않고 쌀로만 지은 밥. ¶맨자지 한 그륵. =쌀밥 한 그릇.

맨주묵[__-] 명 맨주먹. ①아무것도 가지지 못한 처지를 비유적으로 이르는 말. ¶【관용구】맨주묵 정신. =맨주먹 정신. ¶【관용구】맨주묵을 들다. =맨주먹을 들다. ②장갑 따위로 감싸거나 다른 것을 걸치지 않은 있는 그대로의 주먹. ¶【속담】맨주묵우로 항소도 잡는다. =맨주먹으로 황소도 잡는다. ☞빈주묵.

맨지리하다[___-_] 형 만질만질하다. 만지거나 주무르기 좋게 연하고 보드랍다. ¶빵 껍띠기가 맨지리하다. =빵 껍질이 만질만질하다. ¶맹꼬이는 만치보마 맨지리하다. =맹꽁이는 만져보면 만질만질하다. ☞맨질맨질하다.

맨지침[_-_] 명 헛기침. 인기척을 내거나 목청을 가다듬거나 하기 위하여 일부러 하는 기침. ¶통시 앞에서는 맨지침을 해래이. =변소 앞에서는 헛기침을 해라. ☞헛지침.

맨질맨질하다[____-_] 형 만질만질하다. ☞맨지리하다.

맨치로[1][-__] 조 같이. ☞겉이. 매로. 매이로. 맨치로. 맹쿠로.

맨치로[2][-__] 조 처럼. ☞매로. 매이로. 맨치로. 맨키로. 맹쿠로.

맨치리[_--] 명 면치레(面--). 체면이 서도록 겉모양만 보기 좋게 꾸며내는 일. ¶요분에는 맨치리마 했어예. =이번에는 면치레만 했어요. ☞민치리.

맨하다[_-_] 동 면하다(免--). 벗어난 상태로 되다. ¶언자 큰 고상은 제우 맨했다. =이제 큰 고생은 겨우 면했다. ☞민하다.

맬가이[맬가~이 _-_] 부 말갛게. ☞말가이.

맬간[_-] 부 말짱. ((부정의 뜻을 나타내는 서술어와 함께 쓰여)) 속속들이 모두. ¶【관용구】맬간 거짓말. =말짱 거짓말. ☞말캉.

맬갛다[맬가타 _-_] 형 말갛다. ①산뜻하게 맑다. ¶【관용구】하알이 맬갛다. =하늘이 말갛다. ②국물 따위가 진하지 않고 묽다. ¶【관용구】국이 맬갛다. =국이 말갛다. ③눈이 맑고 생기가 있다. ¶【관용구】누이 맬갛다. =눈이 말갛다. ④정신이나 의식 따위가 또렷하다. ¶【관용구】정시이 맬갛다. =정신이 말갛다. ⑤깨끗하다. ¶【관용구】맬가이 치아다. =말갛게 치우다. ¶【관용구】맬가이 씪다. =말갛게 씻다. ⑥외양이 깔끔하다. ¶【관용구】맬가이 까다. =말갛게 치장하다.

맬구[-_] 명 ((동물))멸구. ☞밀구.

맬꼬로미[__-_] 부 말끄러미. ☞말꼬로미. 말꼬미. 말꾸루미. 맬꼬미. 밀꾸루미.

밀꾸미.

맬꼬미[_ _-] 부 말끄러미. ☞말꼬로미. 말꼬미. 말꾸루미. 맬꼬로미. 밀꾸루미. 밀꾸미.

매꼬롬하기[_ _ _-_] 부 말끔히. ☞말꿈이. 매꿈하기. 맨더리하기. 맬꿈하기. 밀꿈하기.

맬꿈하기[_ _-_] 부 말끔히. ☞말꿈하기. 매꼬롬하기. 매꿈하기. 맨더리하기. 밀꿈하기.

맬꿈하다[_ _-_] 형 말끔하다. ☞말꿈하다. 매꼬롬하다. 매꿈하다. 맨더리하다. 밀꿈하다.

맬쑥하다[맬쑤카다 _ _-_] 형 말쑥하다. 지저분함이 없이 말끔하고 깨끗하다. ¶맬쑥하기 채리 입윴다. =말쑥하게 차려 입었다.

맴[_] 명 맘. 무엇을 하고자 하는 뜻.

맴가짐[_-_] 명 맘가짐.

맴껏[맴껃 -_] 부 맘껏.

맴대로[_-_] 부 맘대로.

맴묵다[맴묵따 _-_] 동 맘먹다.

맴쏙[_-] 명 맘속.

맴씨[-_] 명 맘씨.

맵다[1][-_] 형 냅다. *맵고[맵꼬 -_], 맵지[맵찌 -_], 맵아서[매바서 -_ _], 맵았다[매받따 -_ _]. ☞내다.

맵다[2][-_] 형 밝다. 눈이 보는 능력이 좋다. ¶【관용구】누이 맵다. =눈이 밝다.

맵싹하다[맵싸카다 _ _-_] 형 맵싸하다. 맵고 싸하다. ¶맵싹한 음석. =맵싸한 음식.

맵운맛[매분맏 -_ _] 명 매운맛. ①입 안 점막을 자극하였을 때 느낄 수 있는 알알한 맛. ¶꼬치는 맵운맛이 있어야 덴다. =고추는 매운맛이 있어야 된다. ②알알하고 독한 느낌이나 기분을 비유적으로 이르는 말. ¶【관용구】맵운맛을 보다. =매운맛을 보다.

맹건[_-] 명 망건(網巾). 상투를 튼 사람이 머리카락이 흘러내려 오지 않도록 머리에 두르는 그물 모양의 물건. ¶【속담】맹건 간자 뿔라진 거는 개이 북두로나 씨지. =망건 관자 부러진 건 고양이 북두로나 쓰지.

맹검재이[맹검재~이 _ _-_] 명 ((동물))물맴이. ☞땡땡이. 매군자리. 앵금재이.

맹경[_-] 명 면경(面鏡). ¶【속담】지 얼골 몬난 줄 모루고 맹경 나무랜다. =제 얼굴 못난 줄 모르고 면경 나무란다. ☞밍경.

맹경지심[_ _-_] 명 ((식물))개구리밥. ☞맹경지심.

맹공[_-] 명 명공(名工). 기술이 뛰어난 장인. ¶【속담】맹공은 이장을 나무래지로 안한다. =명공은 연장을 나무라지 않는다. ☞밍공.

맹국[맹꾹 _-] 명 맹탕(-湯). ①맹물처럼 아주 싱거운 국. ¶【관용구】맹국을 묵다. =맹탕을 먹다. ②옹골찬 데가 없고 싱거운 사람을 빗대어 이르는 말. ¶【관용구】사램이 맹국이다. =사람이 맹탕이다.

맹글다[_-_] 동 만들다. ☞맨들다.

맹꼬이[맹꼬~이 --_] 명 ((동물))맹꽁이. ¶【속담】맹꼬이 묶아낳은 거 겉다. =맹꽁이 묶어놓은 것 같다. ☞엉망깨구리.

맹년[_-] 명 명년(明年). 올해의 바로 다음에 오는 해. ☞밍년.

맹당[_-] 명 명당(明堂). 풍수지리에서, 후손에게 장차 좋은 일이 많이 생기게 된다는 뫼자리나 집터. ¶【속담】선영 맹당에 바램이 난다. =선영 명당에 바람이 난다. ☞밍당. 정혈.

맹문가부[_-__] 명 망문과부(望門寡婦). 결혼을 약속한 남자가 죽어서 시집도 못 가고 처녀인 채로 있는 여자. ¶【속담】맹문가부 울듯기. =망문과부 울듯이.

맹백히[맹배키 -__] 부 명백히(明白-). ¶이분 일은 맹백히 니가 잘몬했다. =이번 일은 명백히 네가 잘못했다. ☞밍백히.

맹삭[-_] 명 명색(名色). ①어떤 부류에 붙여져 불리는 이름. ¶풀약을 치낳마 풀 맹삭이라꼬는 없다. =제초제를 쳐놓으면 잡초 명색이라고는 없다. ②((주로 다른 명사 앞에 붙어)) 실속 없이 그럴듯하게 불리는 허울만 좋은 이름. ¶【속담】맹삭이 좋아서 높운 사이지 그렁지가 있어야지. =명색이 좋아서 높은 산이지 그늘이 있어야지. ☞맹색. 밍삭. 밍색.

맹삭이[맹사기 -__] 부 명색이(名色-). 내용이나 실속은 그 이름에 걸맞지 않지만 그러한 부류에 속한다고 내세우는 이름이나 지위. ¶맹삭이 학상 갈차는 선상이 저라마 안 데지. =명색이 학생 가르치는 선생이 저러면 안 되지. ☞맹색이. 밍삭이. 밍색이.

맹색[__] 명 명색(名色). ☞맹삭. 밍삭. 밍색.

맹색이[맹새기 -__] 부 명색이(名色-). ☞맹삭이. 밍삭이. 밍색이.

맹석[_-] 명 멍석. ☞덕석. 방석.

맹석자리[__-_] 명 돗자리. 왕골이나 골풀의 줄기를 잘게 쪼개서 친 자리. ¶【속담】맹석자리 깔았다. =돗자리 깔았다. ¶【속담】맹석자리 말딧기 한다. =돗자리 말듯 한다. ☞밍석자리. 자리때기.

맹송맹송하다[____-_] 형 맨송맨송하다. ①몸에 털이 있어야 할 곳에 털이 없어 반반하다. ¶살키가 맹송맹송하다. =살갗이 맨송맨송하다. ②산 따위에 나무나 풀이 우거지지 아니하여 반반하다. ¶산삐알이 맹송맹송하다. =산비탈이 맨송맨송하다. ③술을 마시고도 취하지 아니하여 정신이 말짱하다. ¶술로 묵고도 맹송맹송한 정신. =술을 먹고도 맨송맨송한 정신. ④일거리가 없거나 아무것도 생기는 것이 없어 심심하고 멋쩍다. ¶할 일 없는 맹송맹송한 날. =할 일 없는 맨송맨송한 날.

맹씨[__] 명 무명씨. 목화씨(木花-). 목화의 씨. ¶【속담】눈까리에 맹씨가 백힜다. =눈깔에 무명씨가 박혔다. ☞밍씨.

맹아주[_-_] 명 ((식물))명아주. ☞도투라지. 밍아주.

맹영[_-] 명 명령(命令). ☞밍영.

맹절[-_] 명 명절(名節). ¶맹절에는 바빠예. =명절에는 바빠요. ☞맹질. 밍절. 밍질.

맹줄[맹쭐 _-] 명 명줄(命-). ¶【관용구】맹줄이 찔기다. =명줄이 질기다. ¶【관용구】맹줄이 짜러다. =명줄이 짧다. ☞

ㅁ

밍줄.

맹지소캐[_ _--] 명 명주솜(明紬-). ¶【관용구】맹지소캐 겉다. =명주솜 같다. ☞밍지소캐.

맹지실[_-_] 명 명주실(明紬-). ☞밍지실.

맹지옷[맹지옫 _-_] 명 명주옷(明紬-). ¶【속담】맹지옷은 사초꺼정 뜨시다. =명주옷은 사타구니까지 따뜻하다. ☞밍지옷.

맹지자리[_ _ _-] 명 명주자루(明紬--). 명주로 만든 자루. ¶【속담】맹지자리에 개똥 담는다. =명주자루에 개똥 담는다. ☞밍지자리.

맹질[-_] 명 명절(名節). ☞맹절. 밍절. 밍질.

맹창[_-] 부 몽땅. 있는 대로 죄다. ¶【관용구】맹창 날라다. =몽땅 날리다. ☞솔딱. 솔방. 솔빡.

맹치[_-] 명 명치. 사람의 몸통에서 가슴과 배가 만나는 경계선의 한가운데에 오목하게 들어간 곳. ¶각중에 맹치가 뻐군할 정도로 숨이 맥힌다. =갑자기 명치가 뻐근할 정도로 숨이 막힌다. ☞밍치.

맹쿠로[1][-_ _] 조 같이. ☞겉이. 매로. 매이로. 맨치로. 맨키로.

맹쿠로[2][-_ _] 조 처럼. ☞매로. 매이로. 맨치로. 맨키로.

맹태[-_] 명 ((동물))명태(明太). *명태<맹태<밍태. ¶【관용구】눈에 맹태껍디기로 둘리씼다. =눈에 명태껍데기를 둘러썼다. ¶【속담】기집캉 맹태는 뚜딜기 팰수록이 맛이 난다. =계집과 명태는 두들겨 팰수록 맛이 난다. ☞밍태.

맺임말[매짐말 -_ _] 명 맺음말.

맺임짓다[매짐짇따 --_ _] 동 결말짓다(結末--). ¶맺임짓는 기이 중하다. =결말짓는 게 중요하다.

맽기다[맫끼다 -_ _] 동 맡기다. '맡다'의 피동사. ①다른 사람에게 담당하는 책임을 지게 하다. ¶【관용구】하알에 맽기다. =하늘에 맡기다. ¶【속담】차래리 개이인데 조구로 맽기지. =차라리 고양이한테 조기를 맡기지. ②다른 사람이나 장소에 물건을 대신 보관하게 하다. ¶농협에 돈을 맽겼다. =농협에 돈을 맡겼다. ③다른 사람에게 어린아이를 돌보거나 보살피도록 하다. ¶아아로 저거 고무인데 맽겼다. =애를 자기 고모에게 맡겼다. ☞둘루미아다. 울루미아다.

머[-] 부 뭐. ①'무엇'의 준말로 쓰이는 부사. ¶【속담】머 널찌기마 지다린다. =무엇 떨어지기만 기다린다. ¶【속담】발마 보고 머꺼지 다 밨다 칸다. =발만 보고 뭐까지 다 봤다고 한다. ②'무엇'의 준말로 쓰이는 감탄사. ¶머 저런 냥바이 다 있노? =뭐 저런 양반이 다 있니? ③모르는 사실이나 대상을 물을 때, 그 사실이나 대상을 가리키는 말. ¶저기이 머꼬? =저게 뭐야?

머겉이[머거치 -_ _] 부 뭣같이. *창녕방언에서 '머겉이'는 발화상황에 따라 다양한 비유로 실현 된다. ①매우 또는 엄청나게. ¶【관용구】땀을 머겉이 흘리다. =땀을 뭣같이 흘리다. ¶【관용구】눈물로 머겉이 흘리다. =눈물을 뭣

같이 흘리다. ②보물처럼 소중하게. ¶【관용구】머겉이 이이다. =뭣같이 여기다. ③천하거나 하찮게. ¶【관용구】머겉이 이이다. =뭣같이 여기다. ④생김새가 아주 못생긴. ¶【관용구】머겉이 생기다. =뭣같이 생기다.

머구[1][_-] 명 ((식물))머위. ☞산기숙.

머구[2][--] 명 ((동물))모기. ¶【속담】머구 보고 칼 빼든다. =모기 보고 칼 빼든다. ¶【속담】머구가 사램을 미고 간다. =모기가 사람을 메고 간다. ¶【속담】머구 다리서 피 뺀다. =모기 다리에서 피 뽑는다. ☞모개이. 모구.

머굼다[머굼따 -__] 동 머금다. ①뱉지 않고 입 속에 넣고만 있다. ¶【관용구】말로 머굼다. =말을 머금다. ②눈에 고인 눈물을 흘리지 않고 지니다. ¶【관용구】눈물로 머굼다. =눈물을 머금다. ③생각이나 감정을 품다. ¶【관용구】마암을 머굼다. =마음을 머금다. ④하늘이 눈이나 비를 내릴 것 같은 기운을 지니다. ¶【관용구】눈비로 머굼다. =눈비를 머금다.

머더리다[_-__] 동 보식하다(補植--). 심은 농작물이 죽거나 상한 자리에 보충하여 심다. ¶뱁차모상을 머더랬다. =배추모종을 보식했다. ☞머덜다. 머디리다. 머딜다.

머덜기리다[__-__] 동 뜨끔거리다. ☞뜨꿈기리다. 마덜기리다.

머덜다[_-_] 동 보식하다(補植--). ☞머더리다. 머디리다. 머딜다.

머데다[--_] 형 뭐되다. ①서로 친인척 관계이다. ¶저 양반하고 내하고는 머덴다. =저 양반과 나랑은 뭐된다. ②남들로부터 업신여김을 받아 바보처럼 되다. ¶그 일 때미로 머뎄다. =그 일 때문에 뭐되었다. ③관직에 오르거나 감투를 쓰게 되다. ¶너거 아들래미는 이분에 머뎄다 카제? =너희 아들내미는 이번에 뭐되었다고 하지?

머디리다[_-__] 동 보식하다(補植--). ☞머더리다. 머덜다. 머딜다.

머딜다[_-_] 동 보식하다(補植--). ☞머더리다. 머덜다. 머디리다.

머라쌓다[1][-_-_] 동 뭐라고 해쌓다. *표준어인 '쌓다'는 자꾸 반복해서 무엇을 하다는 뜻으로, 창녕방언 화자들은 빈번하게 사용하지만 실제 표준어 권역에는 잘 사용하지 않는 경우이다. ¶암만 머라쌓아도 눈도 꿈쩍 안한다. =아무리 뭐라고 해쌓아도 눈도 꿈적 않는다.

머라쌓다[2][-_-_] 동 야단쳐쌓다(惹端---). 자꾸 야단을 치다. ¶아아로 머라쌓아마 안 덴다. =애를 야단쳐쌓으면 안 된다.

머라카다[-_-_] 동 야단치다(惹端--). ¶아모리 머라캐도 말로 안 듣는다. =아무리 야단쳐도 말을 안 듣는다. ☞머러카다. 머얼쿠다.

머라캐이다[-__-_] 동 혼나다(魂--). 꾸지람을 듣다. ¶아부지인데 머라캐있다. =아버지한테 혼났다. ☞혼내키다.

머러카다[-_-_] 동 야단치다(惹端--). ☞머라카다. 머얼쿠다.

ㅁ

머로[_-] 부 무엇을. ¶머로 이래 마이 가온노? =무엇을 이리 많이 가져왔니?

머로풀[_-_] 명 ((식물))족제비싸리.

머리[1][_-] 명 머루. 머루나무의 열매. ¶【속담】개가 머리 묵듯기. =개가 머루 먹듯이. ¶【속담】머리 무운 쏙. =머루 먹은 속. ☞멀구.

머리[2][-_] 명 즈음. ((특정 시기를 뜻하는 명사 뒤에 쓰여)) 어느 때가 될 무렵. ¶지난 가실 머리부텀 아팠을 거로. =지난 가을 즈음부터 아팠을 걸. ☞짬치. 쭘. 쭘치.

머리[3][-_] 부 때문에. ☞들어서. 따문에. 때미. 때미로.

-머리[1][-_] 어 -니까. ((모음이나 어간 또는 선어말 어미 뒤에 붙어)) 앞 절이 뒤 절에 대한 원인이나 이유가 됨을 나타내는 말. ¶날이 춥운머리 옷을 찌입웄지예. =날씨가 추우니까 옷을 껴입었죠. ☞-까네. -께네.

-머리[2][-_] 어 -라서. ((모음이나 어간 또는 선어말 어미 뒤에 붙어)) 앞 절이 뒤 절에 대한 원인이나 이유가 됨을 나타내는 말. ¶여게는 첫걸움인머리 질로 잘 모루겄다. =여기는 첫걸음이라서 길을 잘 모르겠다. ☞-래서

머리나무[_ _ _-] 명 ((식물))머루나무. ☞멀구나무.

머리띠이[머리띠~이 _ _-_] 명 골치. '머리'나 '머릿골(--骨)'을 속되게 이르는 말. ¶【관용구】머리띠이 아푸다. =골치 아프다.

머리쑥[_-_] 명 ((식물))사철쑥.

머리에[-_ _] 부 김에. 어떤 일의 기회나 계기에. ¶【속담】엎우진 머리에 시이 간다. =엎어진 김에 쉬어 간다. ☞짐에.

머무루다[_ _-_] 동 머무르다. ¶절에서 사알 머무루고 왔다. =절에서 사흘 머무르고 왔다.

머선[_-] 관 무슨. ①무엇인지 모르는 일이나 대상, 물건 따위를 물을 때 쓰는 말. ¶이기이 머선 내미고? =이게 무슨 냄새지? ②사물을 특별히 정하여 지목하지 않고 이를 때 쓰는 말. ¶【관용구】머선 뽀쪽한 수 있나. =무슨 뾰족한 수 있나. ¶【속담】말기기 다 묵고 머선 내미가 난다 칸다. =말고기 다 먹고 무슨 냄새가 난다고 한다. ③예상 밖의 일을 강조할 때 쓰는 말. ¶【관용구】머선 바람이 불어서. =무슨 바람이 불어서. ④반의적인 뜻을 강조하는 말. ¶【속담】니 뱃빙 아이마 머선 빙이까이. =네 뱃병 아니면 무슨 병이랴. ☞무순. 무신.

머섬아[머서마 _ _-] 명 머슴애. 사내아이. ¶【속담】가서나가 오랩아 칸께네 머섬아도 오랩아 칸다. =계집애가 오라비야 하니까 머슴애도 오라비야 한다. ☞머섬애. 머숨아. 머숨애. 머심아. 머심애.

머섬애[머서매 _ _-] 명 머슴애. ☞머섬아. 머숨아. 머숨애. 머심아. 머심애.

머숨[_-] 명 머슴. 주로 농가에 고용되어 그 집의 농사일과 잡일을 해 주고 대가를 받는 사내. ¶【속담】머숨보고 쏙곳 묻는다. =머슴보고 속곳 묻는다. ¶【속담】나간 머숨이 일로 더 잘 했다. =

나간 머슴이 일을 더 잘 했다. ☞담지기. 머심.

머숨살이[머숨사리 _ _-_] 명 머슴살이. 남의 머슴 노릇을 하면서 살아감. ¶【속담】머숨살이 삼 년에 주인 성(姓) 묻는다. =머슴살이 삼 년에 주인 성 묻는다. ☞머심살이.

머숨살이하다[머숨사리하다 _ _-_ _ _] 동 머슴살이하다. 남의 머슴 노릇을 하면서 살아가다. ¶【속담】같은 깞이마 가붓집 머숨살이한다. =같은 값이면 과붓집 머슴살이한다. ☞머심살이하다.

머숨아[머수마 _ _-] 명 머슴애. ☞머섬아. 머섬애. 머숨애. 머심아. 머심애.

머숨아새끼[머수마새끼 _ _-_ _] 명 사내새끼. '사내아이'나 '사내'를 욕하여 이르는 말. ¶머숨아새끼가 아푸다꼬 찔찔 짠다. =사내새끼가 아프다고 질질 짠다. ☞머심아새끼. 사나새끼.

머숨아자석[머수마자석 _ _-_ _] 명 사내자식(--子息). '사내'를 속되게 이르는 말. ¶【속담】머숨아자석은 소리개 넋이다. =사내자식은 솔개 넋이다. ☞머심아자석. 사나자석.

머숨애[머수매 _ _-] 명 머슴애. 사내아이. ☞머섬아. 머섬애. 머숨아. 머심아. 머심애.

머시라꼬[_ _-_] 부 뭐라고. '무엇이라고'의 준말. ¶싸안 달구새끼 한 바리가 머시라꼬 저카노? =그까짓 닭 한 마리가 뭐라고 저러나?

머심[_-] 명 머슴. ☞담지기. 머숨.

머심살이[머심사리 _ _-_] 명 머슴살이. ☞머숨살이.

머심살이하다[머심사리하다 _ _-_ _ _] 동 머슴살이하다. ☞머숨살이하다.

머심아[머시마 _ _-] 명 머슴애. 사내아이. ☞머섬아. 머섬애. 머숨아. 머숨애. 머심애.

머심아새끼[머시마새끼 _ _-_ _] 명 사내새끼. ☞머숨아새끼. 사나새끼.

머심아자석[머시마자석 _ _-_ _] 명 사내자식(--子息). ☞머숨아자석. 사나자석.

머심애[머시매 _ _-] 명 머슴애. 사내아이. ☞머섬아. 머섬애. 머숨아. 머숨애. 머심아.

머얼쿠다[-_-_] 동 야단치다(惹端--). ☞머라카다. 머러카다.

머이[_-] 부 먼저. 시간적으로나 순서상으로 앞선 때. ¶【속담】매도 머이 맞는 기이 낫다. =매도 먼저 맞는 게 낫다. ¶【속담】곧운 낭기 머이 꺾인다. =곧은 나무가 먼저 꺾인다. ¶【속담】꼬랑대이 머이 친 개가 밥은 난중에 묵눈다. =꼬리 먼저 친 개가 밥은 나중에 먹는다. ☞먼지. 먼첨.

머지리[_-_] 명 머저리. 말이나 행동이 다부지지 못하고 어리석은 사람을 낮잡아 이르는 말. ¶【속담】아아 머지리는 돌 지나마 안다. =애 머저리는 돌 지나면 안다.

머지안하다[_-_-_] 형 머지않다. 어떤 일이 일어날 시점이 그리 많이 남지 않은 상태에 있다. ¶【속담】사잣밥 무울 날이 머지안하다. =사잣밥 먹을 날이 머지않다.

ㅁ

머쩍다[_-_] 형 맥쩍다. 겸연쩍고 쑥스럽다. ¶【관용구】얼굴 대하기 머쩍다. =얼굴 대하기 맥쩍다. ¶【관용구】내 민 소이 머쩍다. =내 민 손이 맥쩍다.

머하다[1][_-_] 동 뭐하다. 어떤 일 따위에 이용하거나 목적으로 하다. ¶여어꺼지 머할라꼬 옸노? =여기까지 뭐하려고 왔느냐?

머하다[2][--_] 형 뭣하다. 무엇하다. 언짢은 느낌을 알맞게 형용하기 어렵거나 그것을 표현할 말이 생각나지 않을 때 암시적으로 둘러서 쓰는 말. 주로 '거북하다', '곤란하다', '난처하다', '딱하다', '미안하다', '싫다' 따위의 느낌을 나타낼 때 쓴다. ¶【관용구】말하기 머하다. =말하기 뭣하다. ¶정 머하마 안 가시도 뎁미더. =정 뭣하면 안 가셔도 됩니다. ☞멋하다.

머한다꼬[___-] 부 뭐하느라고. '무엇을 하느라고'의 준말. ☞마안다꼬. 마안데. 만다꼬.

머할라꼬[___-] 부 뭐하려고. '무엇 때문에'의 준말. ☞마안다꼬. 마안데. 만다꼬. 말라꼬.

먹구룸[---] 명 먹구름. ①비나 눈이 내리기 전에 끼는 몹시 검은 구름. ¶【속담】저 먹구룸에 비 안 들었으까이. =저 먹구름에 비 안 들었으랴. ②좋지 않은 일로 잔뜩 찌푸린 얼굴을 비대어서 하는 말. ¶【관용구】낯에 먹구룸이 찌있다. =낯에 먹구름이 끼었다.

먹구리이[먹구리~이 __-_] 명 ((동물))먹구렁이.

먹깨[--] 명 검은깨. ☞껌둥깨. 껌정깨.

먹눈[멍눈 _-] 명 봉사. '시각 장애인(視覺障碍人)'을 얕잡아 이르는 말. ¶【속담】먹눈 개천 나무랜다. =봉사 개천 나무란다. ¶【속담】먹눈이 먹찌거리 나무랜다. =봉사가 귀머거리 나무란다.

먹조오[먹조~오 --_] 명 먹종이. 한쪽 또는 양쪽 면에 검정 탄산을 칠한 얇은 종이.

먹찌꺼리[__-_] 명 귀머거리. '청각 장애인(聽覺障碍人)'을 얕잡아 이르는 말. ¶【속담】먹찌거리 기 있으나 마나. =귀머거리 귀 있으나 마나. ¶【속담】먹찌거리 지 마암에 있는 소리 한다. =귀머거리 제 마음에 있는 소리 한다. ¶【속담】사나아는 먹찌거리가 데야 하고 지집은 먹눈이 데야 잘산다. =사내는 귀머거리가 돼야 하고 계집은 장님이 돼야 잘산다. ☞기머기리. 기먹재이. 먹티이.

먹통씬내이[먹통씬내~이 -_--_] 명 ((식물))방가지똥.

먹티이[먹티~이 --_] 명 귀머거리. ☞기머기리. 기먹재이. 먹찌꺼리.

먼눈팔다[__-_] 동 한눈팔다. ①마땅히 볼 데를 보지 아니하고 다른 데를 보다. ¶먼눈팔다가 수채에 빠짔다. =한눈팔다가 하수구에 빠졌다. ②해야 할 일에 마음을 쓰지 않고 정신을 딴 데로 돌리다. ¶먼눈팔지 말고 살거라. =한눈팔지 말고 살아라. ☞먼산파다.

먼산파다[__-_] 동 한눈팔다. ☞먼눈팔다.

먼지[_-] 부 먼저. ☞머이. 먼첨.

먼질[_-] 명 먼길. 멀리 가거나 오는 길. 또는 긴 여정이나 긴 여행. ¶【속담】질동무가 좋으마 먼질도 가죽다. =길동무가 좋으면 먼길도 가깝다.

먼짓분[먼지뿐 __-] 명 먼젓번(--番). 말하는 때 이전의 지나간 차례나 때. ¶먼짓분에 욌던 사램이 또 욌네. =먼젓번에 왔던 사람이 또 왔네. ☞저머이.

먼첨[_-] 부 먼저. ☞머이. 먼지.

멀거이[1][멀거~이 _-_] 부 멀쩡하게. 정신이 맑고 또렷하게. ¶【관용구】멀거이 미천 넘. =멀쩡하게 미친 놈.

멀거이[2][멀거~이 _-_] 부 멀겋게. 국물 따위가 진하지 아니하고 매우 묽게. ¶미꾸래이국은 멀거이 낋이야 씪다. =미꾸라지국은 멀겋게 끓여야 시원하다.

멀건[_-] 부 멀쩡한. ①몸이나 정신이 온전하고 정상적인 상태에 있는. ¶【관용구】멀건 정신으로. =멀쩡한 정신으로. ②사물이 별다른 흠이 없이 온전한. ¶멀건 거로 애삐린다. =멀쩡한 걸 내버린다.

멀구[_-] 명 머루. 머루나무의 열매. ☞머리

멀구나무[___-] 명 ((식물))머루나무. ☞머리나무.

멀구수룸하다[____-_] 형 멀그스름하다. 조금 묽은 듯하다. ¶멀구수룸한 씨락국. =멀그스름한 시래깃국.

멀기[--] 부 멀리. 한 시점이나 지점에서 시간이나 거리가 몹시 떨어져 있는 상태로. ¶【속담】멀기 사는 일개보담 가죽기 사는 이우지가 낫다. =멀리 사는 일가보다 가깝게 사는 이웃이 낫다.

멀기하다[-___] 동 멀리하다. ①무엇을 가까이하지 않고 삼가거나 기피하다. ¶【속담】임금이 백성을 멀기하마 나라가 망안다. =임금이 백성을 멀리하면 나라가 망한다. ②다른 사람을 더 이상 교제하지 않거나 관계를 끊다. ¶절마는 날로 멀기하는 거 겉다. =저놈은 나를 멀리하는 것 같다.

멀꺼디이[1][멀꺼디~이 __-_] 명 머리카락. 머리털 하나하나의 올. ¶【속담】멀꺼디이에 홈팔다. =머리카락에 홈파겠다. ¶【속담】멀꺼디이 디이서 숨박꼭질한다. =머리카락 뒤에서 숨바꼭질한다.

멀꺼디이[2][멀꺼디~이 __-_] 명 머리끄덩이. 머리카락을 한데 뭉친 끝. ¶두 여핀네가 멀꺼디이로 잡고 싸암을 한다. =두 여편네가 머리끄덩이를 잡고 싸움을 한다.

멀꾸루미[__-_] 부 물끄러미. 우두커니 한곳만 바라보는 모양. ¶개가 날로 멀꾸루미 치라본다. =개가 나를 물끄러미 쳐다본다. ☞멀꾸미. 물꾸루미. 물꾸미.

멀꾸미[_-] 부 물끄러미. ☞멀꾸루미. 물꾸루미. 물꾸미.

멀꿈하다[__-_] 형 멀끔하다. ①모습이나 차림새가 매끈하고 깨끗하다. ¶옷을 멀꿈하기 입고 댕긴다. =옷을 멀끔하게 입고 다닌다. ②사물이나 상태가 말끔하다. ¶방을 멀꿈하이 치았다. =방을 멀끔하게 치웠다. ③생김새가 말쑥하고 훤칠하다. ¶핥아낳안 개밥그륵

ㅁ

매로 멀꿈하다. =핥아놓은 개밥그릇처럼 멀끔하다. ☞미꿈하다.

멀쭈감치[_ _-_] 부 멀찌감치. 거리가 조금 멀리. ¶너거는 멀쭈감치 비끼라. =너희들은 멀찌감치 비켜라.

멀쭉하다[멀쭈카다 _ _-_] 형 멀찍하다. 거리가 좀 멀다. ¶여어서 읍내꺼정은 멀쭉합미더. =여기서 읍내까지는 멀찍합니다.

멈차다[_-_] 동 멈추다. ①사물의 움직임이나 동작이 그치다. ¶차가 멈차 섰다. =차가 멈춰 섰다. ②비나 눈 따위가 그치다. ¶누이 멈찼다. =눈이 멈추었다. ③사물의 움직임이나 동작을 그치게 하다. ¶하던 일로 참시 멈차라. =하던 일을 잠시 멈춰라.

멈차서다[_--_] 동 멈춰서다. 기계가 고장이 나서 작동을 멈추다. ¶예치기가 잘 돌아가다가 멈차섰뿠다. =예초기가 잘 돌아가다가 멈춰서버렸다. ☞퍼지다.

멋나다[먼나다 --_] 형 멋있다. 보기에 썩 좋거나 훌륭하다. ¶【관용구】멋나 비이다. =멋있게 보이다.

멋재이[먿재~이 --_] 명 멋쟁이. 멋이 있거나 멋을 잘 부리는 사람. ¶【속담】여룸 멋재이 떠 죽고 저실 멋재이 얼어 죽는다. =여름 멋쟁이 쪄 죽고 겨울 멋쟁이 얼어 죽는다. ☞갈롱재이.

멋짜구[먿짜구 _-_] 명 멋대가리. '멋'의 속된 말. '없다'와 호응하여 쓰는 말. ¶【관용구】멋짜구가 없다. =멋대가리가 없다.

멋하다[머타다 --_] 형 뭣하다. ☞머하다.

멍기[--] 명 ((동물))멍게.

멍치이[멍치~이 _-_] 명 멍청이. 아둔하고 어리석은 사람을 놀림조로 이르는 말. ¶【속담】지 눈을 지 손우로 쭈시는 멍치이가 됐다. =제 눈을 제 손으로 쑤시는 멍청이가 되었다. ☞또디기. 또디이.

메까다[_-_] 동 메우다. ①부족하거나 모자라는 것을 채우다. ¶【관용구】돈을 메까다. =돈을 메우다. ②시간을 적당히 또는 그럭저럭 보내다. ¶【관용구】시간을 메까다. =시간을 메우다. ③뚫려 있거나 비어 있는 곳을 막거나 채우다. ¶【속담】바다는 메까도 사람 욕심은 몬 메깐다. =바다는 메워도 사람 욕심은 못 메운다. ☞메아다. 미까다. 미아다.

메너리[-_ _] 명 며느리. *며느리>메너리>미너리. ¶【속담】초사알 달은 잰 메너리가 본다. =초사흘 달은 잰 며느리가 본다. ¶【속담】이뿌지 안한 메너리가 삿갓 씨고 어수룸달밤에 나선다. =예쁘지 않은 며느리가 삿갓 쓰고 으스름 달밤에 나선다. ¶【속담】대문깐 텍 높운 집에 장개이 높운 메너리 들온다. =대문간 턱 높은 집에 정강이 높은 며느리 들어온다. ¶【속담】굿 하고 집우도 메너리 궁디이춤 비기 싫어서 안 한다. =굿을 하고 싶어도 며느리 엉덩이춤 보기 싫어서 안 한다. ☞미너리.

-메는[-_] 어 -면. 불확실하거나 아직 이루어지지 않은 사실을 가정하여 말할 때 쓰는 연결어미. ¶안 데메는 새로

해바라. =안 되면 다시 해봐라. ☞-마. -민.

메띠기[_-_] 명 ((동물))메뚜기. ¶【속담】메띠기도 오니얼이 한철. =메뚜기도 오뉴월이 한철.

메루치[_-_] 명 ((동물))멸치. ¶【속담】메루치도 뻬대가 있다. =멸치도 뼈대가 있다. ☞미러치. 밀치.

메수시[_ _-] 명 ((식물))메수수. 찰기가 없는 수수.

메쌀1[-_] 명 멥쌀. 찰기가 없는 쌀.

메쌀2[_-] 명 젯메쌀(祭--). 제사상에 올릴 밥을 지을 쌀. ¶퍼떡 메쌀 뿔카라. =빨리 젯메쌀 불려라.

메아다[_-_] 동 메우다. ☞메까다. 미까다. 미아다.

메애치다[-_ _ _] 동 메치다. 어깨 위로 들어 올렸다가 바닥으로 힘껏 내리치다. ¶【속담】업우 치나 메애치나. =업어 치나 메치나.

메일없이[메일엄씨 -_ _ _] 부 괜히. 아무런 대가나 조건 따위가 없이. ¶메일없이 그 짓을 말라꼬 하노? =괜히 그 짓을 뭐하려고 하느냐? ¶이래 큰돈을 메일없이 기양 받으마 안 뎁미더. =이렇게 큰돈을 괜히 그냥 받으면 안 됩니다. ☞겐이. 맥찌. 맥찌로. 백찌. 백찌로. 진차이.

메조비[_-_] 명 ((식물))메조.

메칠[-_] 명 며칠. *며칠<메칠<미칠. ①얼마 동안의 날. ¶짐치로 담아낳아도 메칠 몬 간다. =김치를 담가놓아도 며칠 못 간다. ②그달의 몇째 되는 날. 몇날. ¶오올이 음녁으로 멫 얼 메칠고? =오늘이 음력으로 몇 월 며칠이니? ☞미칠.

메투리[_-_] 명 미투리. 삼이나 노 따위로 짚신처럼 삼은 신. ☞미터리. 삼신.

멕히다1[메키다 -_ _] 동 메다. 들어차 통하지 않게 되다. ¶【속담】급하기 묵는 밥에 목 멕힌다. =급하게 먹는 밥에 목 메인다. ☞미다.

멕히다2[메키다 -_ _] 동 체하다(滯--). 먹은 음식이 잘 소화되지 아니하고 배 속에 답답하게 처져 있다. ¶【속담】선떡 묵고 멕힌다. =선떡 먹고 체한다.

멧나락[멘나락 _-_] 명 ((식물))메벼. 낟알에 찰기가 없는 벼. ¶【속담】멧나락 숭군 논에 찬나락 안 난다. =메벼 심은 논에 찰벼 안 난다.

멧대지[메때지 _-_] 명 ((동물))멧돼지. ¶【속담】넘우 산에 멧대지 보고 멧대지 값 내 씬다. =남의 산에 멧돼지 보고 멧돼지 값 내어 쓴다. ¶【속담】멧대지 잡울라다가 집대지꺼정 잃았는다. =멧돼지 잡으려다가 집돼지까지 잃는다. ☞멧돝. 산대지. 산돝.

멧돝[메똗 _-] 명 ((동물))멧돼지. ☞멧대지. 산대지. 산돝.

멧등[메뜽 _-] 명 묏등. 무덤의 두두룩한 윗부분. ¶【속담】멧등에 꽃이 핀다. =묏등에 꽃이 핀다. ☞밋등.

멧자리[메짜리 _-_] 명 묏자리. 사람의 무덤을 쓸 만한 자리. 또는 쓴 자리. ¶【관용구】멧자리 바낳았다. =묏자리 봐놓았다. ☞미터. 미터실이. 밋자리.

멫[멘 -] 명 몇. *몇<멫<밎. ①((주로 의문문에 쓰여)) 얼마나 되는지 모르는 수. ¶【속담】뉘 집 술묵이 멫 갠지 우예 아까이. =뉘 집 숟가락이 몇 갠지 어찌 알랴. ②막연한 약간의 수. ¶【속담】쏙에 대감이 멫 개 들앉있다. =속에 대감이 몇 개 들어앉았다. ③((수 관형사 뒤에 쓰여)) 그리 많지 않은 얼마만큼의 수인. ¶까자 멫 개마 조라. =과자 몇 개만 줘라. ④((주로 의문문에 쓰여)) 얼마나 되는지 모르는 수의. ¶오올이 음녁으로 멫 얼 메칠고? =오늘이 음력으로 몇 월 며칠이니? ☞밎.

멫멫[멘멘 --] 명 몇몇. 막연한 약간의 수를 강조하여 이르는 말. ¶멫멫이 놀로 왔다. =몇몇이 놀러왔다. ☞밎밎.

모간지[_-_] 명 모가지. '목'을 비속하게 이르는 말. ☞매가지. 매간지.

모개[_-] 명 ((식물))모과(木瓜). ①모과나무의 열매. ¶【속담】모개도 신맛이 들어야 묵는다. =모과도 신맛이 들어야 먹는다. ②못생긴 사물이나 사람을 빗댄 말. ¶【속담】가실 망신은 모개가 씨긴다. =과일 망신은 모과가 시킨다. ☞목짜.

모개이[모개~이 _-_] 명 ((동물))모기. ☞머구. 모구.

모개이꽃[모개~이꼳 _-__] 명 ((식물))으아리.

모곰[-_] 명 모금. 물이나 담배 연기 따위를 한 번 입에 머금는 분량을 세는 단위를 나타내는 말. ¶【속담】물 한 모곰도 나나 마신다. =물 한 모금도 나눠 마신다. ☞모굼.

모구[--] 명 ((동물))모기. ☞머구. 모개이.

모구자리[__-_] 명 못자리. 볍씨를 뿌리어 모를 기르는 곳. *모+ㄱ+자리. ¶【속담】모구자리 거룸할다. =못자리 거름하겠다. ¶【속담】모구자리 깨구리매로 띤다. =못자리 개구리처럼 뛴다. ☞모구지.

모구장[--_] 명 모기장(--帳). 모기를 막으려고 치는 장막. ☞방장.

모구지[_-_] 명 못자리. *모-ㄱ-지(地)<모그지<모구지. ☞모구자리.

모굼[-_] 명 모금. ☞모곰.

모깅나무[___-] 명 ((식물))은사시나무.

모깨이[모깨~이 --_] 명 곡괭이. 고깨이. 곡깽이. 목깨이. 목깽이.

모꾸라다[1][_-_] 동 놀리다. 다른 사람을 장난스럽게 괴롭히거나 어리석게 보고 함부로 대하여 웃음거리로 만들다. ¶누가 닐로 모꾸라더노? =누가 너를 놀리더냐?

모꾸라다[2][_-_] 동 몰다. 물고기 따위를 잡기 위해 한쪽 방향으로 움직여 가게 하다. ¶미꾸래이 잡을라카마 잘 모꾸라야 덴다. =미꾸라지 잡으려면 잘 몰아야 된다.

모냥[-_] 명 모양(模樣). ①겉으로 나타나는 생김새나 모습. ¶【속담】죽운 자석기 모냥 좋다 카지 마라. =죽은 자식 귀 모양 좋다 하지 마라. ②외모에 부리는 멋. ¶【관용구】모냥을 내다. =모양을 내다. ¶【관용구】모냥을 채리다. =모양을 차리다. ③어떠한 형편이나 되어 나가는 꼴. ¶【관용구】모냥이 말이 아이다. =모양이 말이 아니다. ④남들 앞에서 세워야 하는 위신이나 체면. ¶【관용구】모냥 빠지다. =모양 빠지다. ¶【속담】모냥이 개잘양이라. =모양이 개잘량이라. ⑤짐작이나 추측을 나타내는 말. ¶먼 일이 있었던 모냥이다. =무슨 일이 있었던 모양이다. ☞몬냥.

모냥새[-__] 명 모양새(模樣-). 체면이나 일이 되어 가는 꼴을 속되게 이르는 말. ¶【관용구】모냥새로 갖차다. =모양새를 갖추다. ☞뽄때가리.

모다다[_-_] 동 모으다. ①한데 합치다. ¶【속담】열 술묵 모다서 한 밥. =열 숟가락 모아서 한 밥. ¶【속담】티끌 모다서 태사이다. =티끌 모아서 태산이다. ②돈이나 재물을 써 버리지 않고 쌓아 두다. ¶【관용구】재산을 모다다. =재산을 모으다. ③숨을 한껏 들이마시다. ¶【관용구】숨을 모다 시다. =숨을 모아 쉬다. ④정신, 의견 따위를 한곳에 집중하다. ¶【관용구】정신을 모다다. =정신을 모으다. ⑤힘, 노력 따위를 한곳에 집중하다. ¶【관용구】심을 모다다. =힘을 모으다. ⑥다른 이들의 관심이나 흥미를 끌다. ¶【관용구】눈질로 모다다. =눈길을 모으다. ⑦여러 사람을 한곳에 오게 하거나 한 단체에 들게 하다. ¶【관용구】사램을 모다다. =사람을 모으다. ☞모닿다. 모두다. 모아다.

모다들다[_-__] 동 모여들다. 여럿이 한곳으로 많이 모여들다. ¶소벌에 말기우가 엄청시리 모다들었다. =우포늪에 기러기가 엄청나게 모여들었다. ☞모이들다. 모치들다. 몰리들다.

모닿다[모다타 _-_] 동 모으다. ¶언자 고마 모닿지 마래이. =이제 그만 모으지 마라. *모닿고[모다코 _-_], 모닿지[모다치 _-_], 모닿고[모다코 _-_], 모닿야[모다야 _-_], 모닿았다[모다앋따 _--_]. ☞모다다. 모두다. 모아다.

모도[-_] 명 모두. ¶모도가 아는 사실. =모두가 아는 사실.

모두다[_-_] 동 모으다. ☞모다다. 모닿다. 모아다.

모둠박질[모둠박찔 __-_] 명 달음박질. 급히 뛰어 달려감. ¶【관용구】모둠박질을 띠다. =달음박질을 하다. ☞달움박질.

모딜티리[__-_] 부 모조리. 있는 대로 죄다. ☞마둥구리. 모지리. 싸거리. 홀티리.

모래이[모래~이 _-_] 명 모퉁이. ①모가 지게 구부러지거나 꺾어져 돌아간 자리. ¶【관용구】모래이나 기티이나. =모퉁이나 귀퉁이나. ②사물이나 일의 어떤 한 부분. ¶【속담】돈 노오는 모래이가 죽울 모래이다. =돈 나오는 모퉁이가 죽을 모퉁이다. ☞모티이.

모루다[_-_] 동 모르다. ①어떤 사실을 정보를 얻지 못해 알지 못하거나 기억하지 못하다. ¶【속담】모루는 기이 약이요 아는 기이 빙이다. =모르는 게 약이요 아는 게 병이다. ②예상하거나 짐작하지 못하다. ¶【관용구】모루마 몰라도. =모르면 몰라도. ¶【속담】똥인지 딘장인지도 모룬다. =똥인지 된장인지도 모른다. ③관계하지 않거나 관심의

ㅁ

대상으로 삼지 않다. ¶【속담】가랑비에 옷 적사는 줄 모룬다. =가랑비에 옷 적시는 줄 모른다. ④감각이나 감정 따위를 느끼는 능력을 지니지 못하다. ¶【속담】끓는 국에 맛 모룬다. =끓는 국에 맛 모른다.

모룸지기[_ _-_] 부 모름지기. 사리를 따져 보건대 마땅히. 또는 반드시. ¶지사란 모룸지기 정성으로 지내는 기이다. =제사란 모름지기 정성으로 지내는 것이다.

모리[--] 명 모레. 내일의 다음 날. ¶모리 쭘치 가께. =모레쯤 갈게.

모리띠이[모리띠~이 _ _-_] 명 모루. 대장간에서 달군 쇠를 올려놓고 두드릴 때 받침으로 쓰는 쇳덩이. ¶【속담】모리띠이가 데기보담 모리 마치가 데라. =모루가 되기보다 모루 망치가 돼라.

모메[_-] 명 ((식물))메.

모메싹[_ _-] 명 메 뿌리. 메꽃이 피는 덩굴풀의 뿌리. *'모메싹'은 표준어로 보면 명사구지만 창녕방언에서는 굳어진 말이라 하나의 명사로 보는 게 낫다. ¶모메싹을 쌂아낳아마 고오매 맛이 난다. =메 뿌리를 삶아놓으면 고구마 맛이 난다.

모모하다[_ _-_] 형 유명하다(有名--). ¶【속담】천하에 모모한 준마도 장수로 만내야 하알을 난다. =천하에 유명한 준마도 장수를 만나야 하늘을 난다. ☞유맹하다. 유밍하다.

모배기[--_] 명 모서리. 물체의 모가 진 가장자리. ¶티노온 모배기에 받힐다. =튀어나온 모서리에 부딪히겠다. ☞모시리. 테가리.

모비단[_ _-] 명 모본단(模本緞). 비단의 하나. 본래 중국에서 난 것으로, 짜임이 곱고 윤이 나며 무늬가 아름답다.

모사[_-] 명 묘사(墓祀). 무덤 앞에서 지내는 제사. 음력 시월에 지낸다.

모상[_-] 명 모종(-種). 옮겨 심으려고 가꾼 어린 식물. ☞모중.

모상벗다[모상버따 _ _-_] 동 모종하다(-種--). 식물을 옮겨심기 위해 씨앗을 뿌리다. ¶【속담】모상버어낳안 거 겉다. =모종해놓은 것 같다. ☞모중벗다.

모수[_-] 명 모시. 모시풀 껍질의 섬유로 짠 피륙. 베보다 곱고 빛깔이 희며 여름용 옷감으로 쓴다. ¶【속담】모수 골라다가 비 골란다. =모시 고르다가 베 고른다.

모수두리막[_ _ _ _-] 명 모시두루마기. 모시로 만든 여름용 두루마기. ¶【속담】모수두리막 입고 저실 출웁한다. =모시 두루마기 입고 겨울 출입한다.

모숩[-_] 명 모습. 사람의 생긴 모양. ¶【관용구】모숩이 좋아 비이다. =모습이 좋아 보이다. ¶【관용구】모숩이 하잖아 비이다. =모습이 나빠 보이다.

모시[1][-_] 명 모이. 짐승의 먹이. ¶【관용구】삘가리 모시만쿰. =병아리 모이만큼. ¶【속담】용 델 기기는 모시 철부텀 안다. =용 될 고기는 모이 철부터 안다.

모시[2][-_] 명 처마. 지붕이 도리 밖으로 내민 부분. ☞시껄. 지붕지슬. 지붕지실. 처매.

모시리[_-_] 명 모서리. ☞모배기. 테가리.

모싱기[_-_] 명 모심기. 모내기. 모를 못자리에서 논으로 옮겨 심는 일. ¶모싱기 다 하마 히추[會聚] 간다. =모심기 다 하면 회취 간다.

모아다[_-_] 동 모으다. ☞모다다. 모닿다. 모두다.

모옴[-_-] 명 마취(痲醉). ¶모옴 주사로 낳았다. =마취 주사를 놓았다.

모욕하다[모요카다 --__] 동 목욕하다(沐浴--). ¶【속담】한강 가서 모욕한다. =한강 가서 목욕한다.

모이들다[__-_] 동 모여들다. ☞모다들다. 모치들다. 몰리들다.

모이비[_-_] 명 ((동물))보리새우. *일본어 'くるまえび 車蝦'에서 온 말.

모잘라다[__-_] 동 모자라다. ①기준이 되는 양이나 정도에 미치지 못하다. ¶【속담】넘치는 거는 모잘라는 거캉 같다. =넘치는 것은 모자라는 것과 같다. ¶【속담】일쩐 오 리 밥 묵고 한 푼 모잘라서 치사로 백 분이나 한다. =일전 오 리 밥 먹고 한 푼 모자라서 치사를 백 번이나 한다. ¶【속담】모간지가 열이래도 모잘랄다. =모가지가 열이라도 모자라겠다. ②지능이 정상적인 사람에 미치지 못하다. ¶【속담】모잘라는 사램인데는 시 가지 체삥[-病]이 있다. =모자라는 사람에게는 세 가지 체병이 있다. ☞모지라다. 모지래다.

모중[_-] 명 모종(-種). ☞모상.

모중벗다[모중버따 __-_] 동 모종하다(-種--). ☞모상벗다.

모지라다[__-_] 동 모자라다. ☞모잘라다. 모지래다.

모지랑빗자리[모지랑비짜리 ____-_] 명 몽당비. 끝부분이 아주 많이 닳아서 자루만 남은 비. ¶【속담】모지랑빗자리로 배껕마당 열도 씰 넘이다. =몽당비로 바깥마당 열도 쓸 놈이다.

모지래다[__-_] 동 모자라다. ☞모잘라다. 모지라다.

모지래이[모지래~이 __-_] 명 모지랑이. 오래 써서 끝이 닳아 떨어진 물건. ¶모지래이 술묵. =모지랑이 숟가락. ¶모지래이 비짜리. =모지랑이 빗자루.

모지리[_-_] 부 모조리. ☞마둥구리. 모딜티리. 싸거리. 홀티리.

모질밪다[모질바따 _--_] 형 모질다. 언행이 차마 못 할 짓을 능히 하는 독한 성질이 있다. ¶【속담】모질밪은 넘 젙에 있다가 베락 맞는다. =모진 놈 옆에 있다가 벼락 맞는다. ¶【속담】모질밪은 씨이미 밥내 맡고 들온다. =모진 시어미 밥내 맡고 들어온다. *모질밪고[모질바꼬 _--_], 모질밪지[모질바찌 _--_], 모질밪아서[모질바자서 _--__], 모질밪았다[모질바잗따 _--__].

모질시럽다[모질시럽따 _-___] 형 모지락스럽다. 사람이 모질고 억센 데가 있다. ¶【속담】모질시럽운 넘은 기집 치고 흐린 넘은 시간 살림 친다. =모지락스러운 놈은 계집 치고 흐린 놈은 세간 살림 친다.

모쫄하다[__-_] 형 목직하다. 보기보다 제법 무겁다. ¶【관용구】지북 모쫄하다.

ㅁ

=제법 목직하다. ☞몰쭉하다.

모치다[_-_] 동 모이다. '모으다'의 피동사. 나뉘거나 흩어져 있는 것들이 어디에 가까이 있게 되거나 합쳐지다. ¶【관용구】청천에 구룸 모치딧기. =청천에 구름 모이듯. ¶【관용구】약방에 전다리 모치딧기. =약방에 전다리 모이듯. ¶【속담】말 죽운 데 체 장시꾼 모치딧기 한다. =말 죽은 데 체 장사꾼 모이듯 한다.

모치들다[_-__] 동 모여들다. ☞모다들다. 모이들다. 몰리들다.

모타리[1][_-_] 명 ≒덩치. 사람이나 사물의 크기. 주로 작은 것에 쓰는 말이다. ¶【관용구】모타리가 쪼맪다. =덩치가 조그마하다. ☞덤부리. 덩빨.

모타리[2][_-_] 명 점(點). ((수 관형사 뒤에서 의존적 용법으로 쓰여)) 작은 조각을 세는 단위를 나타내는 말. ¶【관용구】한 모타리도 안 덴다. =한 점도 안 된다. ¶【관용구】기기 및 모타리. =고기 몇 점.

모태[-_] 명 석쇠. ☞몰태. 적씨. 철씨.

모티이[1][모티~이 _-_] 명 모퉁이. ☞모래이.

모티이[2][모티~이 --_] 명 근거(根據). ¶【관용구】그랄 모티이가 없다. =그러할 근거가 없다. ☞껀덕지. 얼틀거지.

목간통[모깐통 --_] 명 목욕탕(沐浴湯).

목고개[모꼬개 _-_] 명 고개. 사람의 목 위의 부분. ¶【관용구】목고개가 수구루지다. =고개가 숙여지다. ¶【관용구】목고개로 몬 든다. =고개를 못 든다. ¶【속담】목고개로 어멀리들로 두거라. =고개를 어멀리들로 두어라. *이 속담에서 '어멀리들'은 창녕에 있는 들녘 지명이다.

목골이[모꼬리 _-_] 명 목걸이. ¶【속담】대애지 모간지에 진주 목골이. =돼지 목에 진주 목걸이.

목구녕[모꾸녕 __-] 명 목구멍. ¶【관용구】목구녕 때도 몬 뻿기다. =목구멍 때도 못 벗기다. ¶【관용구】목구녕이 크다. =목구멍이 크다. ¶【관용구】목구녕을 호강 씨기다. =목구멍을 호강 시키다. ¶【관용구】목구녕에 풀칠하다. =목구멍에 풀칠하다. ¶【관용구】목구녕꺼정 차오르다. =목구멍까지 차오르다. ☞목구늉. 목구뭉. 목구중.

목구늉[모꾸늉 __-] 명 목구멍. ☞목구녕. 목구뭉. 목구중.

목구뭉[모꾸뭉 __-] 명 목구멍. ☞목구녕. 목구늉. 목구중.

목구중[모꾸중 __-] 명 목구멍. ☞목구녕. 목구늉. 목구뭉.

목기울[모끼울 _-_] 명 무명실. 솜을 자아 만든 실. *목화<목캐<목개<목기+올<목기울. ☞미잉실. 밍실

목깜다[목깜따 --_] 동 멱감다. 냇물이나 강물 또는 바닷물에 들어가 몸을 담그고 씻거나 놀다. ¶【관용구】대애지 목깜운 물. =돼지 멱감은 물. ¶【속담】껌둥개 목깜우나 마나. =검둥개 멱감으나 마나.

목깨이[목깨~이 --_] 명 곡괭이. ☞고깨이. 곡깽이. 모깨이. 목깨이. 목깽이.

목깽이[--_] 명 곰괭이. ☞고깨이. 곡깽이. 모깨이. 목깨이.

목두리[_-_] 명 목도리. 추위를 막거나 멋을 내기 위하여 목에 두르는 의류 용품.

목딱[--] 명 목탁(木鐸). 승려가 독경이나 염불을 하거나 사람들을 모이게 할 때에 두드려 소리를 내도록 한 물건. ①몹시 못생긴 형상을 빗댄 말. ¶【관용구】목딱매이로 생기다. =목탁처럼 생기다. ②아주 마뜩찮은 말이나 상황을 빗댄 말. ¶목딱 겉은 소리하고 자빠짔다. =목탁 같은 소리하고 자빠졌다. ☞개목딱.

목딱겉다[목딱걷따 --__] 형 못생기다. 볼품이 없다. *목딱[木鐸]+같다. ¶【관용구】목딱겉이 생깄다. =목탁같이 생겼다. ☞몬생기다.

목맨송안치[___-_] 명 목매기송아지. 아직 코뚜레를 꿰지 않은 송아지. ¶【관용구】목맨송안치매로 설치다. =목매기송아지처럼 설치다.

목발[목빨 --] 명 지겟다리. 지게 몸체의 맨 아랫부분에 있는 양쪽 다리. ¶【관용구】목발로 뚜딜기다. =목발을 두드리다.

목빙[목삥 -_] 명 목거리. 목이 붓고 아픈 병. ¶【관용구】목빙을 하다. =목거리를 앓다.

목살[목쌀 -_] 명 멱살. ☞매간지. 맥살.

목살잽이[목쌀재비 -___] 명 멱살잡이. ☞맥살잽이.

목색풀[_-_] 명 ((식물))애기수영.

목수군[-__] 명 목수건(-手巾). ①농사일 따위를 할 때 목에 두르는 타월. ②목도리. 추위를 막기 위하여 목에 두르는 물건.

목심[-_] 명 목숨. ¶【관용구】목심이 왔다 리갔다리하다. =목숨이 왔다갔다하다. ¶【관용구】목심이 달맀다. =목숨이 달렸다. ¶【속담】사공은 사잣밥 지고 칠성판에 오룬 목심이다. =사공은 사잣밥 지고 칠성판에 오른 목숨이다.

목쌔기[_-_] 명 씨아. 목화의 씨를 빼는 기구. 토막나무에 두 개의 기둥을 박고 그 사이에 둥근 나무 두 개를 끼워 손잡이를 돌리면 톱니처럼 마주 돌아가면서 목화의 씨가 빠진다. *목(화)+씨+앗기<목쌔기. ¶【속담】목쌔기 등더리에 알라 업한다. =씨아 등에 아기 업힌다. ☞씨애기.

목씬[_-] 부 잔뜩. 대단히 많이. ¶술로 목씬 무웄다. =술을 잔뜩 먹었다. ☞가뿍. 갑씬. 볼쏙. 항거석. 항검.

목좆[목존 -_] 명 목젖. ¶【관용구】목좆이 닮았다. =목젖이 닳았다.

목줄기[목쭐기 _-_] 명 목덜미. ¶【관용구】목줄기로 잽히다. =목덜미를 잡히다. ☞딧덜미. 딧목. 딧목아지.

목짜[--] 명 ≒모과(木瓜). 모과의 생김새에서 유래하여 못생긴 물건이나 사람을 비유적으로 이르는 말. *모과<목자(木子)<목짜. ¶【관용구】목짜 겉다. =모과 같다. ¶【관용구】목짜매이로 생깄다. =모과처럼 생겼다. ☞모개.

목충[_-] 명 목청. 후두(喉頭)의 중앙부에 있는 소리를 내는 기관. ¶【관용구】목충을 돋아다. =목청을 돋우다. ¶【관용구】목충을 높하다. =목청을 높이다.

몬[_] 부 못. ((주로 행동이나 작용을 나타내는 동사 앞에 쓰여)) 동사가 나타내는 행동이나 작용을 할 수 없다는 부정의 뜻을 나타내는 말. ¶【속담】씨도독질은 몬 한다. =씨도둑은 못 한다. ¶【속담】몬 묵는 감 찔러나 본다. =못 먹는 감 찔러나 본다. ¶【속담】잘 데마지 탓이고 몬 데마 조상 탐살한다. =잘되면 제 탓이고 못 되면 조상 탓한다.

몬고이[몬고~이 _ _-] 명 못난이. 못생긴 사람을 놀림조로 이르는 말. ¶【속담】끼는 잘나 이 끼뽀담아 몬고이 끼가 낫다. =꾀는 잘난 이 꾀보다는 못난이 꾀가 낫다. ☞몬나이. 몬냄이.

몬나다[_-_] 형 못나다. ①성품이나 자질, 능력 따위가 일반적인 경우에 비해 많이 부족하다. ¶【관용구】몬나도 울아부지. =못나도 우리 아버지. ¶【속담】몬난 넘은 지가 키안 짐승도 몬 잡아묵고 죽눈다. =못난 놈은 제 기른 짐승도 못 잡아먹고 죽는다. ②생김새가 예쁘지 않거나 잘생기지 못하다. ¶【속담】몬난 딸래미인데 밥 더 떠미인다. =못난 딸내미한테 밥 더 떠먹인다. ¶【속담】지 아무리 몬나도 지 새끼는 이뿌다. =제 아무리 못나도 제 새끼는 예쁘다.

몬나이[몬나~이 _-_] 명 못난이. 성품이나 자질, 능력 따위가 부족한 사람을 놀림조로 이르는 말. ¶【속담】아재 몬나이가 조캐인데 장물 짐 지안다. =삼촌 못난이가 조카한테 장물 짐 지운다. ¶【속담】시상을 모루고 약운 넘이 시상 넓운 몬나이마 몬하다. =세상을 모르고 약은 놈이 세상 넓은 못난이만 못하다. ☞몬고이. 몬냄이.

몬냄이[몬내미 _-_] 명 못난이. ☞몬고이. 몬나이.

몬냥[-_] 명 모양(模樣). ☞모냥.

몬데다[_-_] 형 못되다. ①크기나 수량이 어떤 기준에 못 미치다. ¶【관용구】한 주묵도 몬덴다. =한 주먹도 못된다. ②일이 제대로 되지 못하다. ¶【속담】몬 데마 조상 탓이고 잘 데마 지 탓이다. =못되면 조상 탓이고 잘 되면 제 탓이다. ☞몬떼다.

몬데묵다[_-_ _] 형 못돼먹다. ((흔히 '몬데무운'의 꼴로 쓰여)) 성질이나 언행이 몹시 좋지 않고 고약하다. ¶저래 몬데무운 넘은 버루장머리로 곤치 낳아 데. =저리 못돼먹은 놈은 버르장머리를 고쳐 놓아야 돼.

몬따[_-] 부 못다. '다하지 못함'을 나타내는 말. ¶【관용구】안주 몬따 하다. =아직 못다 하다.

몬떼다[_-_] 형 못되다. 성질이나 품행 따위가 좋지 않거나 고약하다. ¶【속담】몬뗀 일가 항열마 높다. =못된 일가 항렬만 높다. ¶【속담】몬뗀 벌거재이 장판바아서 모로 긴다. =못된 벌레 장판방에서 모로 긴다. ☞몬데다.

몬마땅하다[_--_ _] 형 못마땅하다. 마음에 들지 않아 좋지 않다. ¶【속담】몬마땅한 시누부가 입이 더 크다. =못마땅한 시누이가 입이 더 크다.

몬미차[_ _-] 명 못미처. ①일정한 곳까지 채 이르지 못한 거리나 지점. ¶너거 집은 맨소 몬미차 있제? =너희 집은 면소 못미처 있지? ②일정한 시간에 채 이르지 못한 때. ¶가아가 지익 때 몬미차 왔더라. =걔가 저녁때 못미처 왔더라.

몬살다[_-_] 동 못살다. ①더 이상 견디거나 참기 힘들다. ¶찬말로 분하고 앵통해서 몬살겠어예. =정말로 분하고 원통해서 못살겠어요. ②가난하게 살다. ¶【속담】몬살마 터 탐살한다. =못살면 터 탓한다.

몬생기다[_--_] 형 못생기다. 얼굴이나 생김새가 잘나지 못하다. ¶【속담】몬생긴 미너리 지삿날에 빙난다. =못생긴 며느리 제삿날에 병난다. ☞목딱겉다.

몬씨다[_-_] 동 못쓰다. ①사용할 수 없다. ¶【속담】칼도 날이 안 서마 몬씬다. =칼도 날이 안 서면 못쓴다. ¶【속담】자석캉 그륵은 없으마 몬씬다. =자식과 그릇은 없으면 못쓴다. ②옳지 않다. 또는 바람직한 상태가 아니다. ¶【속담】안방이 밝으마 몬씬다. =안방이 밝으면 못쓴다. ¶【속담】배부룬 담부랑캉 싱미 몬땐 안들은 몬씬다. =배부른 담장과 성미 못된 아내는 못쓴다.

몬씰[_-] 관 몹쓸. 악독하고 고약한. ¶【속담】몬씰 미너리 마실 잦고 몬씰 가실비 지붕 자주 적산다. =몹쓸 며느리 나들이 잦고 몹쓸 가을비 지붕 자주 적신다. ☞몹씰.

몬지안하다[_-_ _ _] 형 못지않다. 실력이 무엇에 뒤지지 않는 상태에 있다. ¶【관용구】거시기 몬지안하다. =거시기 못지않다.

몬짢다[몬짠타 _-_] 형 못잖다. '못지않다'의 준말. ¶【속담】통때 하나는 놀보 몬짢다. =욕심 하나는 놀부 못잖다.

몬하다[1][_-_] 동 못하다. 특정한 이유로 일정한 행위를 할 수 없다. ¶【속담】가난 구제는 나랏님도 몬한다. =가난 구제는 나라님도 못한다. ¶【속담】아는 넘 당지 몬한다. =아는 놈 당하지 못한다.

몬하다[2][_-_] 형 못하다. 다른 것보다 그 정도나 수준이 덜하거나 낮다. ¶【관용구】안 하니마 몬하다. =안 하느니만 못하다. ¶【속담】아부지 종도 내 종마 몬하다. =아버지 종도 내 종만 못하다. ¶【속담】기암 일은이래도 감 한나마 몬하다. =고욤 일흔이라도 감 하나만 못하다.

몬해도[_-_] 부 적어도. ①최소한도로 잡아도. ¶이분 일은 몬해도 사알은 걸릴 낌미더. =이번 일은 적어도 사흘은 걸릴 겁니다. ②아무리 양보하여 생각하여도. ¶그랄라마 아모리 몬해도 시 개는 필오하다. =그러려면 아무리 못해도 세 개는 필요하다.

몬해묵다[_ _-_] 동 못해먹다. 어떤 일을 하기가 어려워지다. ¶대통양도 인자 몬해묵겠다고 안카나. =대통령도 이제 못해먹겠다고 하잖아.

몯물[몬물 -_] 명 맏물. 과일이나 푸성귀 따위에서 그해의 맨 처음에 나는 것. ¶【속담구】몯물 미나리는 피가 서 말이

ㅁ

다. =만물 미나리는 피가 세 말이다. ¶【속담】몯물 정구치는 사우도 안 준다. =만물 부추는 사위도 안 준다.

몯안[모단 _-] 관 모은. *동사 활용어간+어미(관형사형). 표준어에서 '모은'은 중세국어에서의 용언 '몯<集>'이 화석으로 남았지만, 창녕방언에서는 어간으로 활용하고 있다. ¶【관용구】내가 몯안 구리 알 겉은 돈. =내가 모은 뱀 알 같은 돈. ¶【속담】악으로 몯안 살림 악으로 망안다. =악으로 모은 살림 악으로 망한다. *몯아고[모다고 _-_], 몯아지[모다지 _-_], 몯아야[모다야 _-_], 몯았다[모닫따 _-_].

몰개[-_] 명 모래.

몰개바람[몰개빠람 -___] 명 모래바람. ¶갱분에 살마 몰개바람 덮우씬다. =강변에 살면 모래바람 덮어쓴다.

몰개밭[-__] 명 모래밭. ①흙에 모래가 많이 섞인 밭. ¶【관용구】몰개밭에서 무시 뽑기다. =모래밭에서 무 뽑기다. ②모래가 넓게 덮여 있는 곳. ¶【관용구】몰개밭에서 바알 찾기다. =모래밭에서 바늘 찾기다.

몰개알[_-_] 명 모래알. 낱낱의 모래. ¶【관용구】낙동강 몰개알 시알리기다. =낙동강 모래알 헤아리기다. ¶【속담】몰개알도 몯아마 사이 덴다. =모래알도 모으면 산이 된다.

몰꼴[--] 명 몰골. 사람의 볼품없는 모습이나 얼굴. ☞꼬라지.

몰꼴사냅다[--___] 형 몰골사납다. 모양새가 좋지 않다. ¶이 씰개는 몰꼴사냅기 생겼다. =이 삽살개는 몰골사납게 생겼다.

몰뚜각시[__-_] 명 목말. 남의 어깨 위에 두 다리를 벌리고 올라타는 일. ¶【관용구】몰뚜각시 태아다. =목말 태우다. ☞혹말.

몰리[_-] 부 몰래. 남이 모르게 살짝. ☞가마이.

몰리가다[_-__] 동 몰려가다. 떼 지어 가다. ¶기우리가 씨꺼멓기 몰리간다. =기러기가 시커멓게 몰려간다.

몰리댕기다[_--__] 동 몰려다니다. 여럿이 떼를 지어 돌아다니다. ¶절마들은 춥운데 저래 몰리댕긴다. =저놈들은 추운데 저렇게 몰려다닌다.

몰리들다[_--_] 동 몰려들다. ☞모다들다. 모이들다. 모치들다.

몰리오다[_--_] 동 몰려오다. 떼 지어 오다. ¶씨꺼먼 구룸이 몰리온다. =시커먼 구름이 몰려온다.

몰쌍시럽다[-_-__] 형 상스럽다(常---). 말이나 행동이 보기에 천하고 교양이 없다. ¶말로 몰쌍시럽구로 하지 마래이. =말을 상스럽게 하지 마라.

몰아딜라다[모라딜라다 -__-_] 동 몰아들이다. 다른 사람이나 동물을 몰아서 들어오게 하다. ¶강새이는 말키 집 안우로 몰아딜라라. =강아지는 모두 집 안으로 몰아들여라.

몰아서[모라서 -__] 부 모개로. 온통 한데 몰아서. ¶【관용구】몰아서 사다. =모개로 사다. ¶【관용구】몰아서 묵다. =모개로 먹다.

몰아시아다[모라시아다 -_-__] 동 몰아세우다. 다른 사람을 잘잘못을 가리지도 않고 일방적으로 심하게 나무라다. ¶날로 대뜸 몰아시안다. =나를 대뜸 몰아세운다.

몰아옇다[모라여타 -_-_] 동 몰아넣다. ①다른 사람을 좋지 않은 여건 속에 빠뜨려 버리다. ¶친구로 노름판에 몰아옇었다. =친구를 노름판에 몰아넣었다. ②사람이나 동물을 어디에 억지로 몰아서 들어가게 하다. ¶닭을 달구통에 몰아옇어라. =닭을 닭장에 몰아넣어라. ③물건을 어디에 있는 대로 모두 휩쓸어 들어가게 하다. ¶쓰리기로 자리에 몰아옇었다. =쓰레기를 자루에 몰아넣었다.

몰옴[모롬 -_] 명 애. 마음과 몸의 수고로움을 비유적으로 이르는 말. ¶【관용구】몰옴을 씨다. =애를 쓰다. ☞몰움.

몰옴씨다[모롬씨다 -_-_] 동 애쓰다. 마음과 힘을 다하여 무엇을 이루려고 힘쓰다. ¶【관용구】몰옴씬 보램이 있다. =애쓴 보람이 있다. ¶【관용구】몰옴씬 본치가 없다. =애쓴 보람이 없다. ☞몰움씨다. 애씨다.

몰움[모룸 -_] 명 애. ☞몰옴.

몰움받다[모룸바따 -___] 형 아금받다. 야무지고 다부지다. ¶【관용구】몰움받기 일하다. =아금받게 일하다. ☞아굼밫다.

몰움씨다[모룸씨다 -_-_] 동 애쓰다. ☞몰옴씨다. 애씨다.

몰쭉하다[몰쭈카다 __-_] 형 목직하다. ☞모쫄하다.

몰태[_-] 명 석쇠. ☞모태. 적씨. 철씨.

몸건대[-_-] 명 몸무게. 몸의 무겁고 가벼운 정도. ¶【관용구】몸건대로 재아다. =몸무게를 재다.

몸뚱아리[__-_] 명 몸뚱이. '몸'을 속되게 이르는 말. ¶【속담】개 꼬랑대이가 개 몸뚱아리 흔들어재친다. =개 꼬리가 개 몸뚱이 흔들어재낀다. ☞몸띠이.

몸띠이[몸띠~이 --_] 명 몸뚱이. ☞몸뚱아리.

몸부럼[--_] 명 몸부림. ①어떤 물리적인 자극을 받거나 감정이 격해졌을 때 온몸을 떨거나 뒤흔들고 주위 사물에 부딪는 짓. ¶소가 몸부럼을 친다. =소가 몸부림을 친다. ②어떤 일이나 격한 감정을 참고 견디거나 그에 대항하기 위해 여러 가지로 고통스럽게 애쓰는 모습을 비유적으로 이르는 말. ¶묵고 살라꼬 몸부럼을 쳤다. =먹고 살려고 몸부림을 쳤다. ③잠잘 때에, 이리저리 몸을 뒤치는 짓. ¶아아가 몸부럼을 마이 친다. =애가 몸부림을 많이 친다. ☞몸부룸.

몸부룸[--_] 명 몸부림. ☞몸부럼.

몸불다[--_] 형 몸나다. 사람이 몸에 살이 올라 뚱뚱해지다. ¶오새 들어 몸불웄다. =요즘 들어 몸났다.

몸빼이[몸빼~이 -__] 명 몸빼[monpe]. 일본에서 들어온 옷으로, 주로 여성들이 노동용 또는 보온용으로 입는, 통이 넓고 발목 부분이 좁은 바지. *일본어 '몸테 もんぺ'.

몸치[-_] 명 몸살. ¶【관용구】몸치가 나다.

ㅁ

=몸살이 나다.

몹씰[_-] 관 몹쓸. ☞몬씰.

못[몯 -] 명 저수지(貯水池). ¶【속담】물이 모치서 못을 이란다. =물이 모여서 저수지 이룬다.

몽골몽골[___-] 부 몽글몽글. ①구름, 연기 따위가 동그스름하게 잇따라 나오는 모양. ¶구룸이 몽골몽골 피오룬다. =구름이 몽글몽글 피어오른다. ②살이 올라서 포동포동해 보이는 모양. ¶알라가 살이 몽골몽골 찠다. =애기가 살이 몽글몽글 쪘다. ③생각이 조금씩 자꾸 떠오르는 모양. ¶오만 생각이 몽골몽골 난다. =온갖 생각이 몽글몽글 난다. ☞몽굴몽굴.

몽굴몽굴[___-] 부 몽글몽글. ☞몽골몽골.

몽당주우[몽당주~우 ___-] 명 잠방이. ☞단방주우. 짜린주우.

몽대이[몽대~이 _-_] 명 몽당이. 뾰족한 끝이 많이 닳아서 거의 못 쓸 정도가 된 물건. ¶【속담】가실마다아서 빗자리 몽대이 들고 춤을 치도 농사 밑이 어둑하다. =가을마당에서 빗자루 몽당이 들고 춤을 춰도 농사 밑이 어둑하다.

몽디이[몽디~이 _-_] 명 몽둥이. ¶【속담】몽디이 깎는 새에 도독넘 다알난다. =몽둥이 깎는 사이에 도둑놈 달아난다. ¶【속담】몽디이 이기는 장사 없다. =몽둥이 이기는 장사 없다.

몽땅빗자리[몽땅비짜리 ___-_] 명 몽당빗자루. 끝부분이 아주 많이 닳아서 자루만 남은 비. ¶【속담】몽땅빗자리가 장매철 톳재비 덴다. =몽당빗자루가 장마철 도깨비 된다. ☞빗자리몽대이.

몽땅처매[___-] 명 몽당치마. 너무 해져 짤막해진 치마.

몽아리[_-_] 명 멍울. ①우유나 풀 따위 속에 작고 둥글게 엉겨 굳은 덩이. ¶몽아리가 안 지구로 풀로 묽기 낋있다. =멍울이 안 지게 풀을 묽게 끓였다. ☞마덜개이 ②림프샘이나 몸 안의 조직에 병적으로 생기는 둥글둥글한 덩이. ¶몸치 앓고 나이 몽아리가 섰다. =몸살 앓고 나니 멍울이 섰다.

몽에[-_] 명 멍에. 수레나 쟁기를 끌기 위하여 마소의 목에 얹는 구부러진 막대. ¶【관용구】몽에로 미다. =멍에를 메다.

몽오리[_-_] 명 몽우리. 아직 채 피지 않은 어린 꽃봉오리. ☞몽올.

몽올[-_] 명 몽우리. ☞몽오리.

몽창[_-] 부 왕창. 엄청나게 크거나 많이. ¶【관용구】바가치 몽창 덮우씼다. =바가지 왕창 덮어썼다.

몽창시리[1][__-_] 부 깡그리. 하나도 남김없이. ¶몽창시리 팔아무웄다. =깡그리 팔아먹었다.

몽창시리[2][__-_] 부 지나치게. 일정한 한도를 넘어 정도가 심하게. ¶멀꺼디이로 몽창시리 짧기도 깎았네. =머리카락을 지나치게 짧게도 깎았네.

몽침이[몽치미 --_] 명 목침(木枕). 나무토막으로 만든 베개. ¶고우매가 몽침이 만하다. =고구마가 목침만하다.

몽탁몽탁[___-] 부 뭉툭뭉툭. 여러 개의 굵은 사물의 끝이 아주 짧고 무딘 모양.

몽탁몽탁하다[몽탁몽타카다 ____-_] 형

뭉툭뭉툭하다. 여러 개의 굵은 사물의 끝이 아주 짧고 무디다. ¶총각무시 뿌리이는 몽탁몽탁하다. =총각무 뿌리는 뭉툭뭉툭하다.

몽탕하다[_ _-_] 형 몽톡하다. 가는 사물의 끝이 아주 짧고 무디다. ¶왕거시리 끈티이가 몽탕하네. =대빗자루 끝이 몽톡하네.

무구리[_-_] 명 무거리. 곡식 따위를 빻아 체에 쳐서 가루를 내고 남은 찌꺼기. ¶꼬칫가리 무구리. =고춧가루 무거리.

무굽다[무굽따 _-_] 형 무겁다. ①무게가 나가는 정도가 크다. ¶【속담】개굽운 중이 떠나지 무굽운 절이 나가까. =가벼운 중이 떠나지 무거운 절이 나가랴. ②책임 따위가 크거나 중대하다. ¶【관용구】짐이 무굽다. =짐이 무겁다. ③힘이 빠져서 움직이기 힘들다. ¶【관용구】몸이 무굽다. =몸이 무겁다. ④한번 자리를 잡으면 좀처럼 떠날 줄을 모르다. ¶【관용구】궁디이가 무굽다. =궁둥이가 무겁다. ⑤마음이 유쾌하지 않고 우울하다. ¶【관용구】마움이 무굽다. =마음이 무겁다. ⑥말수(-數)가 적다. ¶【관용구】입이 무굽다. =입이 무겁다. ⑦병을 앓은 뒤에 몸이 거뜬하지 않다. ¶【관용구】디이가 무굽다. =뒤가 무겁다. *무굽고[무굽꼬 _-_], 무굽지[무굽찌 _-_], 무굽어야[무구버야 _-_ _], 무굽웄다[무구붇따 _--_].

무굽어하다[무구버하다 _-_-_] 동 무거워하다. 무겁게 여기다. ¶【관용구】책엄을 무굽어하다. =책임을 무거워하다.

무낳다[무나타 _-_] 동 허물다. 쌓이거나 짜여 있는 것을 헐어서 무너뜨리다. ¶【속담】산도 무낳고 바다도 미깔 기세다. =산도 허물고 바다도 메울 기세다.

무네띠리다[_ _-_ _] 동 무너뜨리다. 쌓여 있거나 서 있는 것을 허물어 내려앉게 하다. ¶【속담】목수가 많으마 집 무네띠린다. =목수가 많으면 집 무너뜨린다. ☞엉걸띠리다.

무네지다[_-_ _] 동 무너지다. 쌓여 있거나 서 있는 것이 허물어져 내려앉다. ¶【속담】안 무네진 하알에 작때기 공가자 칸다. =아니 무너진 하늘에 작대기 받치자 한다. ☞무라지다. 엉개지다.

무다이[무다~이 _-_] 부 무단히(無斷-). ①사전에 허락이 없이. ¶넘우 물견을 무다이 가아갔다. =남의 물건을 무단히 가져갔다. ②아무 이유도 없이. ¶【관용구】밥 잘 묵고 무다이. =밥 잘 먹고 무단히.

무대뽀로[_ _-_] 부 무모히(無謀-). 앞뒤를 잘 헤아려 깊이 생각하는 신중성이나 꾀가 없이. *'무대뽀'는 일본어 '무대포(無鐵砲 むてっぽう)'에서 온 말로 보인다. 일본식으로 읽으면 '무뎃뽀오' 정도로 발음된다. 한자로 풀면 철포, 즉 총이 없다는 뜻이다. 뭔가 중요한 걸 빠뜨렸을 때 "전쟁터에 나가는 군인이 총도 안 가지고 가냐?"라고 할 때와 비슷한 의미로 무모하고 저돌적인 행위를 비유하는 말이다. ¶무대뽀로 다알들마 낭패 본다. =무모히 달려들면 낭패 본다.

ㅁ

무더부[_-_] 명 무더위. ¶【속담】장매 무더부에 날파리 설치듯기 한다. =장마 무더위에 하루살이 설치듯 한다.

무덕찌다[__-_] 형 무드럭지다. 가운데가 불룩하게 솟을 정도로 쌓여서 많다. ¶【속담】무덕찐 입에는 들깨묵이 지객이다. =무드럭진 입에는 들깻묵이 제격이다.

무덯다[무던타 _-_] 형 무던하다. 성품이 까다롭지 않고 너그러우며 수더분하다. ¶【속담】사우 무덯다꼬 개밥그륵 씪어라 카까. =사위 무던하다고 개밥그릇 씻어라 하랴.

무디기[_-_] 명 무더기. ①한데 쌓여 있거나 모여 있는 사물의 더미. ¶꽃이 무디기로 핐다. =꽃이 무더기로 폈다. ②((수 관형사 뒤에서 의존적 용법으로 쓰여)) '무더기'를 세는 단위를 나타내는 말. ¶돌삐이 니 무디기. =돌멩이 네 무더기. ☞무디이.

무디기금[무디기끔 _-__] 명 도매금(都賣金). ①도매가격. ¶【관용구】무디기금우로 넘가다. =도매금으로 넘기다. ②각각의 차이에도 불구하고 여럿이 같은 무리로 취급받음을 비유적으로 이르는 말. ¶절마 때미로 모도 무디기금우로 욕 얻어무웄다. =저놈 때문에 모두 도매금으로 욕 얻어먹었다.

무디이[무디~이 _-_] 명 무더기. ☞무디기.

무라다[_-_] 형 물쿠다. 날씨가 찌는 듯이 더워지다. ¶날이 디기 무란다. =날씨가 되게 물쿤다. ☞물카다.

무라지다[_-__] 동 무너지다. ☞무네지다.

엉개지다.

무랑태피이[무랑태피~이 __--_] 명 무량태평(無量泰平). 세상일에 관심이 없고 물정에 어두운 사람을 놀림조로 이르는 말. ¶【관용구】만구 무랑태피이. =만고 무량태평. ☞태피이.

무랑하다[__-_] 형 무능하다(無能--). ¶【속담】재인영감이 무랑해서 장모가 좋다카겄다. =장인영감이 무능해서 장모가 좋아하겠다.

무렁개[_-_] 명 쓰개치마. 예전에, 부녀자가 나들이할 때, 내외를 하기 위하여 머리와 몸 윗부분을 가리어 쓰던 치마. ☞씨개처매. 씰처매.

무루다[_-_] 형 무르다. ①단단하지 않고 물렁한 감이 있다. ¶【속담】무룬 감도 시이가미 묵눈다. =무른 감도 쉬어가며 먹는다. ②성격 따위가 강단(剛斷)이 없어 약하다. ¶【관용구】싱미가 무루다. =성미가 무르다. ③음식이 열이나 수분으로 익어서 물렁물렁하게 되다. ¶【속담】매 익한 고오매가 무루다. =푹 익힌 고구마가 무르다. ④일 처리나 솜씨가 야무진 데가 없다. ¶【관용구】일로 무루기 하다. =일을 무르게 하다. ☞무리다.

무루팍[_-_] 명 무르팍. '무릎'을 속되게 이르는 말. ¶비가 올라카능가 무루팍이 쑤씬다. =비가 오려는지 무르팍이 쑤신다. ☞물팍.

무룹[-_] 명 무렵. ☞답. 물사. 물시.

무뤂[무룹 -_] 명 무릎. ¶【관용구】무뤂울 꿇라다. =무릎을 꿇리다. *무뤂이[무루피 --_], 무룮울[무루풀 --_], 무룮운 [무루푼 --_].

무리다[_-_] 형 무르다. ☞무루다.

무사이[-__] 부 무사히(無事-). 별다른 사고 없이. ¶무사이 왔으이 뎄다. =무사히 왔으니 됐다.

무순[_-] 부 무슨. ☞머선. 무신.

무숩다[무숩따 _-_] 동 무섭다. ①어찌하기가 위험이나 위협으로 느껴져 마음이 불안하다. ¶【속담】무숩다칸께네 빠시락기린다. =무섭다니까 바스락거린다. ¶【속담】범 무숩우서 산에 몬 가까이. =범 무서워서 산에 못 가랴. ②위험이나 위협으로 느껴져 마음이 불안하다. ¶【속담】똥이 무숩우서 피하까. =똥이 무서워서 피할까. ③두려움이나 놀라움을 느낄 만큼 대단하다. ¶【속담】늦바램이 더 무숩다. =늦바람이 더 무섭다. ④정도가 매우 심하다. ¶【속담】있는 넘이 더 무숩다. =있는 놈이 더 무섭다. ⑤어떤 일어날까 우려스럽다. ¶【관용구】넘 보까 무숩다. =남 볼까 무섭다. ⑥어떤 것을 무시할 수가 없다. ¶【속담】오니얼 하리벨이 무숩다. =오뉴월 하룻볕이 무섭다. ⑦'-자마자 곧'의 뜻을 나타내는 말. ¶【관용구】말하기 무숩다. =말하기 무섭다. ¶【관용구】내낳기 무숩게 팔리다. =내놓기 무섭게 팔리다. ⑧무엇의 성질이나 기세가 몹시 사납다. ¶【관용구】무숩기 부는 바람. =무섭게 부는 바람.

무숩어하다[무수버하다 _-_-_] 동 무서워하다. 무섭게 여기다. ¶【속담】질로 무숩어하마 범을 만낸다. =길을 무서워하면 범을 만난다. ¶【속담】대갓집 송안치 백정 무숩어할 줄 모룬다. =대갓집 송아지 백정 무서워할 줄 모른다.

무시[_-] 명 ((식물))무. ¶【속담】정얼 지낸 무시고 서른 넘간 처이다. =정월 지난 무고 서른 넘긴 처녀다. ¶【속담】무시 밑구뭉 겉다. =무 밑동 같다.

무시라[-__] 감 무서워라. ①'무섭다'의 감탄사. ¶아이고, 무시라. =아이고, 무서워라. ②'진저리나다'의 감탄사. ¶아이고, 무시라. 인자는 안 갈란다. =아이고, 무서워라. 이제는 안 가련다.

무시오가리[___-_] 명 무말랭이. 무를 반찬거리로 쓰려고 썰어 말린 것. ☞무시우구리.

무시우구리[___-_] 명 무말랭이. ☞무시오가리.

무시지[_-_] 명 무김치.

무신[_-] 부 무슨. ☞머선. 무순.

무심질[무심찔 __-] 부 무심결(無心-). ((흔히 '무심질에' 꼴로 쓰여)) 아무런 생각이 없어 스스로 깨닫지 못하는 사이. ¶【속담】무심질에 뱀이 밟는다. =무심결에 뱀 밟는다.

무심차이[무심차~이 _-__] 부 무심히(無心-). 아무런 생각이나 감정 따위가 없이. ¶【속담】무심차이 밭은 말에 살빈[殺變] 난다. =무심히 뱉은 말에 살변 난다.

무싯날[무신날 _-_] 명 평일(平日). 특별한 일이 없는 보통 때나 한가한 때. *표준어 '무싯날(無市-)'은 '정기적으로 장

ㅁ

이 서는 곳에서, 장이 서지 않는 날.'로 되어 있지만 창녕방언에서는 그 의미를 확장하여 쓴다. ¶운제 무싯날 받아서 쏘주나 한 잔 하입시더. =언제 평일 잡아서 소주나 한 잔 합시다.

무씨[--] 명 무쇠. ¶【속담】무씨도 갈마 바알 덴다. =무쇠도 갈면 바늘 된다.

무요[_-] 명 무효(無效). 한 일의 보람이나 효과가 없음. ¶【속담】열 까마구 지지기마 백약이 무요다. =열 까마귀 지저귀면 백약이 무효다.

무운[-_] 관 먹은. 음식 따위를 목구멍으로 넘긴. ¶【속담】딸 무운 거는 지 무운 거하고 같다. =딸 먹은 것은 쥐 먹는 것과 같다. ¶【속담】무운 제는 꿀 종지 한나. =먹은 죄는 꿀 종지 하나. ¶【속담】무운 소가 심씬다. =먹은 소가 힘쓴다. ☞묵운. 문.

무울끼[-__] 명 먹을거리. 사람이 살아가기 위하여 먹는 온갖 것. ¶무울끼 쌔비랐다. =먹을거리가 흔전만전하다.

무자석[-__] 명 무자식(無子息). ¶【속담】무자석이 상팔자. =무자식이 상팔자.

무작빼기[__-_] 명 무작배기. ①무지하고 우악스러운 행위. ¶추럭을 무작빼기로 몰마 큰 난다. =트럭을 무작배기로 몰면 큰일 난다. ②보기에 무지하고 우악한 사람을 낮잡아 이르는 말. ¶하는 짓을 보이 무작빼기네. =하는 짓을 보니 무작배기네.

무작시럽다[-_-__] 형 무작스럽다. 성질이나 행동이 무지하고 우악한 데가 있다. ¶아모리 말 몬 하는 짐승이래도 무작시럽기 패마 안 덴다. =아무리 말 못 하는 짐승이라도 무작스럽게 패면 안 된다.

무쟁피[_-_] 명 ((식물))골풀.

무조꾼[_-_] 명 무조건(無條件). 이러저러한 조건을 따지지 않음. ¶무조꾼 내 말마 들어라카이. =무조건 내 말만 들으라니까. ☞무주꾼.

무주꾼[_-_] 명 무조건(無條件). ☞무조꾼.

무지래이[무지래~이 __-_] 명 무지렁이. ①무식하고 어리석은 사람. ¶【속담】알껄배이 무지래이. =알거지 무지렁이. ②헐었거나 무지러져서 못 쓰게 된 물건. ¶【속담】무지래이 바가치만 몬하다. =무지렁이 바가지만 못하다.

무짜로[-__] 부 무턱대고. *일본어 '無茶むちゃ'에서 온 말. ¶무짜로 머라칸다. =무턱대고 야단친다. ¶무짜로 다알든다. =무턱대고 달려든다. ☞대고.

무쭐하다[__-_] 형 묵직하다. 물건 따위가 꽤 무겁다. ¶쌀자리가 무쭐합미더. =쌀자루가 묵직합니다. ☞물쭉하다.

묵고새고[묵꼬새고 -_-_] 부 언제나. 변함없이 항상. ¶【속담】개기기는 묵고새고 지맛이다. =개고기는 언제나 제맛이다. ☞온천날. 운제나. 천만날.

묵구집이[무꾸지비 __-_] 명 먹보. 음식을 먹고 싶어 껄떡대거나 많이 먹는 사람을 놀림조로 이르는 말. ¶【속담】묵구집이가 기기 마다카까이. =먹보가 고기 마다하랴. ☞묵돌이.

묵다[묵따 -_] 동 먹다. ①음식물을 입으로 씹거나 하여 뱃속으로 들여보내다.

¶【속담】묵고 죽운 기신은 때깔도 곱다. =먹고 죽은 귀신은 때깔도 곱다. ¶【속담】개가 딩기 묵다가 말깅에는 쌀 묵눈다. =개가 겨 먹다가 말경에는 쌀 먹는다. ②어떤 생각이나 감정 따위를 마음속으로 가지다. ¶【관용구】마움은 묵기에 달맀다. =마음은 먹기에 달렸다. ③나이를 지금에 더하여 보태다. ¶【속담】개짐승도 나로 무우마 점잖다. =개짐승도 나이를 먹으면 점잖다. ④금전 따위를 받아 챙기다. ¶【속담】굿이나 보고 떡이나 묵지. =굿이나 보고 떡이나 먹지. ⑤이익이나 수확을 내어 가지다. ¶【속담】묵지도 몬하는 지사에 절마 죽두룩 한다. =먹지도 못하는 제사에 절만 죽도록 한다. ⑥꾸지람이나 욕, 핀잔 따위를 남에게 듣다. ¶【속담】욕도 마이 무우마 배부루까. =욕도 많이 먹으면 배부를까. ⑦무엇인가를 품고 있는 상태가 되다. ¶【관용구】꿀 묵운 버부리. =꿀 먹은 벙어리. ⑧어떤 장소의 생활이나 문화 따위를 경험하여 몸에 배다. ¶【관용구】도시물깨나 묵다. =도시물깨나 먹다. ⑨시험 점수를 얻거나 시험에서 떨어지다. ¶100점 묵다. =100점 먹다. ¶【관용구】미역국 묵다. =미역국 먹다. ⑩담배 따위를 뱃속으로 연기를 들이다. ¶【관용구】호래이 댐배 묵던 시절. =호랑이 담배 먹던 시절. ⑪벌레나 곰팡이 따위가 피거나 퍼지다. ¶【속담】벌거재이 묵운 배차이푸리 겉다. =벌레 먹은 배춧잎 같다. ⑫귀가 막혀서 못 듣다. ¶【속담】기 묵운 중 마 캐딧기 한다. =귀 먹은 중 마 캐듯이 한다. *묵고[묵꼬 -_], 묵지[묵찌 -_], 무우야[무우야 -__], 무윴다[무윤따 -__].

묵더미로[__--] 부 먹자마자. 음식을 먹은 직후에. ¶아직 묵더미로 이갓집에 한분 가바래이. =아침 먹자마자 외갓집에 한번 가봐라. ☞묵덤질로. 묵자말자.

묵덤질로[__--] 부 먹자마자. ☞묵더미로. 묵자말자.

묵돌이[묵도리 -__] 명 먹보. ☞묵구집이.

묵미[뭉미 -_] 명 묵뫼. 오랫동안 돌보지 않아 거칠게 된 무덤. ☞묵운미.

묵운[-_] 관 먹은. ☞무운. 문.

묵운내[무군내 _-_] 명 묵은내. 쌀 따위가 오래되거나 열이나 습기 때문에 뜨거나 하여서 나는 냄새.

묵운눈[무군눈 _-_] 명 묵은눈. 눈이 서로 굳게 달라붙어서 오래도록 녹지 않고 얼음처럼 된 것. ¶【속담】묵운눈에 때 찌인다. =묵은눈에 때 끼인다.

묵운닭[무군닥 __-] 명 묵은닭. 한 해 이상 자란 닭. ¶【속담】닭도 묵운닭이 더 잘 운다. =닭도 묵은닭이 더 잘 운다.

묵운디이[무군디~이 __-_] 명 묵정이. 오래 묵은 물건. ¶【속담】도래 묵운디이는 인삼보담 낫다. =도라지 묵정이는 인삼보다 낫다.

묵운땅[무군땅 _-_] 명 묵은땅. 일구거나 쓰지 아니하고 묵어 있는 땅. ¶【관용구】묵운땅 일가딧기. =묵은땅 일구듯이.

묵운미[무군미 _-_] 명 묵뫼. ☞묵미.

묵운보리[무군보리 ___-] 명 묵은보리. 수

ㅁ

확한 지 한 해가 넘은 보리. ¶【속담】묵운보리 삼 년 몬 간다. =묵은보리 삼 년 못 간다.

묵운빚[무군빋 __-] 명 묵은빚. ①오랫동안 갚지 못하고 있는 빚. ¶【속담】십 년 덴 묵운빚은 본전마 받아도 절한다. =십 년 된 묵은빚은 본전만 받아도 절한다.

묵움직시럽다[무굼직시럽따 ___-__] 형 먹음직스럽다. 음식이 보기에 맛이 있음직한 데가 있다. ¶빨간 감홍시가 묵움직시럽다. =빨간 홍시가 먹음직스럽다.

묵움직하다[무굼지카다 ___-_] 형 먹음직하다.

묵자골묵[묵짜골묵 -__-] 명 먹자골목. 많은 음식점이 모여 있는 골목.

묵자말자[-___] 부 먹자마자. ☞묵더미로. 묵덤질로.

묵자판[묵짜판 -__] 명 먹자판. ¶【관용구】묵자판을 벌리다. =먹자판을 벌이다.

묵하다[무카다 _-_] 동 휴경하다(休耕--). ☞놀라다. 묵후다.

묵후다[무쿠다 _-_] 동 휴경하다(休耕--). ☞놀라다. 묵하다.

묶아다[무까다 _-_] 동 묶다. 사람이나 사물을 단단히 잡아매다. ¶【관용구】손발을 묶아다. =손발을 묶다. ☞뭉치다.

묶움[무꿈 -_] 명 묶음. 여럿을 한데 모아서 묶어 놓은 덩이.

문[-] 관 먹은. *먹은<묵은<묵운<무운<문. ¶【속담】쌀 문 개는 안 더들키고 딩기 문 개는 더들킨다. =쌀 먹은 개는 안 들키고 겨 먹은 개는 들킨다. ☞무운. 묵운.

문구틀[_-_] 명 문틀(門-). 창문이나 문짝을 달거나 끼울 수 있도록 문의 양옆과 위아래에 이어 댄 테두리. ¶【속담】문구틀에 자지 찡긴다. =문틀에 자지 낀다.

문꼬리[_-_] 명 문고리(門--). 문을 여닫거나 잠그는 데 쓰기 위해 문틀에 달아 놓은 쇠고리. ¶【속담】장님 문꼬리 잡았다. =장님 문고리 잡았다. ¶【속담】행실 배아라 칸께네 포도청 문꼬리 뺀다. =행실 배우라 하니까 포도청 문고리 뽑는다.

문꾸녕[__-] 명 문구멍(門--). 문에 뚫린 구멍. ¶문꾸녕을 누가 떫핬노? =문구멍을 누가 뚫었니? ☞문꾸뭉. 문꾸늉. 문꾸중.

문꾸늉[__-] 명 문구멍(門--). ☞문꾸녕. 문꾸뭉. 문꾸중.

문꾸뭉[__-] 명 문구멍(門--). ☞문꾸녕. 문꾸늉. 문꾸중.

문꾸중[__-] 명 문구멍(門--). ☞문꾸녕. 문꾸늉. 문꾸뭉.

문단도리[__-_] 명 문단속(門團束). *일본어 '단도리(だんどり)'에서 온 말. ¶문단도리 잘 해놓고 가거래이. =문단속 잘 해놓고 가거라.

문두루빠지다[_-_--_] 형 문드러지다. ①썩거나 물러서 힘없이 처져 떨어지다. ¶복숭이 문두루빠짔다. =복숭아가 문드러졌다. ②((비유적으로)) 몹시 속이 상하여 견디기 어렵게 되다. ¶【관용구】쏙이 문두루빠지다. =속이 문드러지다.

문디이[문디~이 _-_] 명 문둥이. ①'나환자'를 낮잡아 이르는 말. ¶【속담】문디이 쌔리고 살인 당안다. =문둥이 때리고 살인 당한다. ②불만스러움을 나타내는 말. ¶【관용구】¶문디이 겉은 넘. =문둥이 같은 놈. ③가까운 사이에서 반가울 때 쓰는 말. ¶아이고, 이 문디이야! =아이쿠, 이 문둥이야! ☞용총갱이.

문디이각시[문디~이각시 _-___] 명 ((동물))노래기. ☞고동각시. 노랑재이.

문디이감자[문디~이감자 _-___] 명 ((식물))돼지감자.

문디이까시[문디~이까시 _-___] 명 ((식물))도깨비바늘. ☞깐치풀. 도덕넘까시.

문디이뱁차[문디~이뱁차 _-___] 명 ((식물))뱀차즈기. ☞꼼보뱁차. 문디이풀.

문디이풀[문디~이풀 _-__] 명 ((식물))뱀차즈기. ☞꼼보뱁차. 문디이뱁차.

문때다[1][_-_] 동 문대다. 무엇을 어디에 대고 문지르거나 서로 비비다. ¶매매 문때라. =세게 문대어라. ☞엉때다.

문때다[2][_-_] 동 뭉개다. 모양이나 형태가 변하도록 마구 문질러 짓이기다. ¶벌거재이로 볿아서 문땠다. =벌레를 밟아서 뭉갰다. ☞뭉때다.

문때다[3][_-_] 동 지우다. ¶잘몬 씬 글짜는 문때뿌라. =잘못 쓴 글자는 지워버려라. ☞까문태다. 뭉때다. 엉때다. 지아다.

문밝걸움[문바꺼룸 __-_] 명 외출(外出). ¶【관용구】문밝걸움을 몬 하다. =외출을 못 하다.

문살대[문살때 -__] 명 문살(門-). 문짝에 종이를 바르는 데 뼈대가 되는 가느다란 나무오리나 대오리.

문이[무니 _-] 명 ((동물))문어(文魚). 문어과의 연체동물. *문어<문에<문이<물이. 창녕방언에서 '붕어'는 '송에', '전어(錢魚)'는 '전에', '상어'는 '상에'로, '어'가 '에'로 변하는 규칙이 일반적이지만 '문어(文魚)'의 뒤 음절 '어'는 '에'가 아닌 '이'로 나타나는데 이는 이례적인 현상이다. 또한 '물이'에서는 '문어'의 앞 음절 '문'이 '물'로 변한 것 역시 이례적인 경우라 할 수 있다. ¶【속담】문이 지 다리 뜯어묵는 격이다. =문어 제 다리 뜯어먹는 격이다. ☞물이.

문이까리[무니까리 __-_] 명 문어가랑이(文魚---). ☞물이까리.

문제투시이[문제투시~이 _-_-_] 명 문제투성이(問題---). 문제가 매우 많이 드러나 있는 상태. ¶니는 문제투시이구나. =너는 문제투성이구나.

문조오[문쪼~오 _-_] 명 닥종이. ☞딱조오. 조선조오.

문지[_-] 명 먼지. ¶【속담】문지도 쌓이마 큰 사이 덴다. =먼지도 쌓이면 큰 산이 된다. ¶【속담】털어가아 문지 안 노오는 넘 없다. =털어서 먼지 안 나오는 놈 없다. ☞미검. 미굼.

문지구디기[___-_] 명 먼지투성이. ☞문지투시이. 미검구디기. 미검투시이. 미굼구디기. 미굼투시이.

문지라다[_ _-_] 동 문지르다. 신체의 일부나 물건을 무엇에 서로 눌러 대고서 이리저리 밀거나 비비다. ¶【속담】등더리치고 배 문지란다. =등치고 배 문지른다.

문지털개[_ _-_] 명 먼지떨이. ☞미검털개. 미굼털개. 털개.

문지투시이[문지투시~이 --_-_] 명 먼지투성이. ☞문지구디기. 미검구디기. 미검투시이. 미굼구디기. 미굼투시이.

문질다[_-_] 동 자르다. 무엇을 동강이 나도록 끊다. ¶가시개로 조오로 문질랐다. =가위로 종이를 잘랐다. ☞동치다. 똥굴라다. 뿌질라다. 뿔라다. 짜러다.

문째기[_-_] 명 문짝(門-). 문틀이나 창틀에 끼워서 여닫게 되어 있는 문이나 창의 한 짝. ¶문째기로 문틀에 맞찼다. =문짝을 문틀에 맞췄다.

문쭈방[_ _-] 명 문지방(門地枋). 출입문 밑의, 두 문설주 사이에 마루보다 조금 높게 가로로 댄 나무. ¶【관용구】문쭈방이 닳두룩 들락기리다. =문지방이 닳도록 들락거리다. ¶【속담】문쭈방에 앉이마 복(福) 나간다. =문지방에 앉으면 복 나간다. ¶【속담】기집은 상을 들고 문쭈방 넘으미 열두 가지 생각을 한다. =계집은 상을 들고 문지방 넘으며 열두 가지 생각을 한다.

문채[_-] 명 무늬. ¶【속담】쏙은 껌운 넘이 문채는 원님이다. =속은 검은 놈이 무늬는 원님이다.

문출네[-_ _] 명 쫓겨난 사람. '문출네'에서 '문출(門黜)'은 예전에, 성문 밖으로 내쫓던 가벼운 형벌에서 온 말로 보인다. 따라서 '문출네'는 '쫓겨난 사람'으로 해석할 수 있다. ¶【관용구】에라이, 문출네야! =에라, 문출네야! ¶【관용구】문출네 복이다. =문출네 복이다. *'문출네 복'은 지독하게 복 없거나 또는 그런 사람을 빗댄 말이다. ☞문칠네.

문치다[1][-_ _] 동 무치다. 나물 따위에 갖은양념을 넣고 골고루 한데 뒤섞다. ¶생지리기 문칬다. =겉절이 무쳤다. ☞조아다. 조우다.

문치다[2][-_ _] 동 묻히다. '묻다'의 피동사. ¶옷에 머로 문칬다. =옷에 뭘 묻혔다.

문칠네[--_] 명 쫓겨난 사람. ☞문출네.

묻하다[무차다 _-_] 동 묻히다. '묻다'의 사동사. 가루, 풀, 물 따위가 그보다 큰 다른 물체에 들러붙거나 흔적이 남게 하다. ¶【관용구】손에 피로 묻하다. =손에 피를 묻히다.

묻히가다[무치가다 _-_ _] 동 묻어가다. 함께 따라가거나 딸려 가다. ¶이아재 차에 묻히갔다. =외삼촌 차에 묻어갔다.

묻히오다[무치오다 _-_ _] 동 묻어오다. 함께 따라오거나 딸려 오다. ¶【속담】저 먹구룸에 쏘내기 안 묻히오까이. =저 먹구름에 소나기 안 묻어올까.

물가세[--_] 부 물가에. 바다, 못, 강 따위의 가장자리에. *물가+ㅅ+에. ¶【관용구】알라로 물가세에 앉하놓은 거 겉다. =아기를 물가에 앉혀놓은 것 같다. ☞물가시.

물가시[--_] 부 물가에. *물가+ㅅ+에<물가+ㅅ+이. ☞물가세.

물거무[물꺼무 _ _-] 명 ((동물))소금쟁이. *창녕방언 '물거무'는 '물에 사는 거미'를 뜻한다. 따라서 창녕에서 '게아재비'를 일컫는 '소굼재이(소금쟁이)' 혹은 '엿재이(엿쟁이)'와는 다른 곤충이다.

물건니[--_] 명 강 건너(江 --). *표준어에서는 '물 건너'와 같이 구적(句的) 표현이지만 창녕방언에서는 '강 건너'의 뜻으로, 한 단어로 연속해서 발음하고 합성명사로 쓴다. ¶【속담】지 밥 덜어 줄 샌님은 물건니부텀 안다. =제 밥 덜어 줄 샌님은 강 건너부터 안다.

물견[--] 명 물건(物件). *창녕방언은 발음의 경제성에 따라 이중모음은 단모음으로 발음하는 것이 일반적인 현상이다. 그러나 '물건'과 같은 경우는 오히려 단모음을 이중모음으로 발음한다는 점에서 특이하다. ①사고파는 물품. ¶【속담】물견을 모루마 돈을 더 조라. =물건을 모르면 돈을 더 줘라. ②제법 구실을 하는 사람 또는 특이한 사람이라는 뜻으로 이르는 말. ¶【관용구】그넘 참 물견이다. =그놈 참 물건이다.

물고매[--_] 명 물고구마. 물기가 많아 삶았을 때 물렁물렁한 고구마. ¶타박고오매보담아 물고매가 몬하다. =밤고구마보다 물고구마가 못하다.

물구녕[물꾸녕 _ _-] 명 물구멍. 물이 흘러 나가거나 들어오는 구멍. ¶【관용구】들오는 물구녕이 맥히다. =들어오는 물구멍이 막히다. ☞물구늉. 물구뭉. 물구중.

물구늉[물꾸늉 _ _-] 명 물구멍. ☞물구녕. 물구뭉. 물구중.

물구디이[물꾸디~이 ---_] 명 물구덩이. 물이 고여 있는 구덩이. ¶【관용구】물구디이에 밀어 옇다. =물구덩이에 밀어 넣다.

물구뭉[물꾸뭉 _ _-] 명 물구멍. ☞물구녕. 물구늉. 물구중.

물구수룸하다[_ _ _ _-_] 형 물그스레하다. 조금 묽은 듯하다. ¶딘장국울 물구수룸하이 낋잇다. =된장국을 멀그스레하게 끓였다.

물구중[물꾸중 _ _-] 명 물구멍. ☞물구녕. 물구늉. 물구뭉.

물굼티이[물굼티~이 _ _-_] 명 물웅덩이. ¶【속담】물굼티이 오골채이 끓덧기. =물웅덩이에 올챙이 끓듯이.

물기기[물끼기 --_] 명 ((동물))물고기. *창녕방언 '물기기'는 민물고기를 지칭하는 게 일반적이다. 바닷물고기는 그 이름을 구체적으로 지칭한다. 이는 강과 늪을 끼고 있는 지역적인 특성 때문으로 보인다. ¶【속담】물기기는 물로 나서마 몬 산다. =물고기는 물을 나서면 못 산다. ¶【속담】가매솥에 든 물기기 신세. =가마솥에 든 물고기 신세. ¶【속담】맑은 물에는 물기기 안 논다. =맑은 물에는 물고기 안 논다.

물까마구[---_] 명 ((동물))물까마귀.

물깐치[--_] 명 ((동물))물까치.

물꾸루미[_ _-_] 부 물끄러미. ☞멀꾸루미. 멀꾸미. 물꾸미.

ㅁ

물꾸미[_ _-] 뮈 물끄러미. ☞멀꾸루미. 멀꾸미. 물꾸루미.

물나팔꽃[물나팔꼳 --_ _] 명 ((식물))애기메꽃.

물논[--] 명 무논. 모내기 전후로 물을 대어놓은 논. ¶【관용구】물논에 깨구리 띠댕기딧기. =무논에 개구리 뛰어다니듯이.

물담다[물담따 --_] 동 잠기다. 물속에 들어가거나 수면 아래에 있는 상태가 되다. ¶【관용구】미이기가 하품마 해도 물담는다. =메기가 하품만 해도 잠긴다. ☞담다. 자물다. 잠피다.

물더무[_ _-] 명 물두멍. 물을 길어서 담아 쓰는 큰 용기. 보통 삼발이로 받침을 괴어 사용하는 가마솥 비슷하게 생긴 것과, 독 또는 독과 유사한 큰 질그릇을 사용한다. ☞더무. 수티이.

물도오[물또오 _-_] 명 물동이. 물을 긷거나 담아 두는 데 쓰는 동이. ¶【속담】물도오 이고 하알 보기다. =물동이 이고 하늘 보기다.

물딜이다[물디리다 --_ _] 동 물들이다. 빛깔이 옮아서 묻거나 스미게 하다. ¶【관용구】꽂으로 물딜이다. =꽃으로 물들이다. ¶【관용구】피로 물딜이다. =피로 물들이다.

물때[--] 명 ((식물))물이끼. ¶【관용구】물때가 앉다. =물이끼가 끼다.

물라다[_-_] 동 물리다. ①정해진 기한이나 시간을 다른 기한이나 시간으로 늦추게 하다. ¶【관용구】날로 디로 물라다. =날짜를 뒤로 물리다. ②재물이나 권리, 직위를 다른 사람에게 내려 주다. ¶재산을 자석인데 말키 물랐다. =재산을 자식한테 모두 물렸다. ③바둑이나 장기에서 이미 둔 수를 다시 원래의 상태로 되돌리게 하다. ¶한분마 물라도라. =한번만 물러다오. ④물건을 다른 자리로 옮기거나 옮기게 하다. ¶【관용구】밥상을 물라다. =밥상을 물리다. ⑤사람이나 동물에게 물체를 양 입술 또는 윗니와 아랫니 사이에 끼운 상태로 떨어지거나 빠져나가지 않도록 누르게 하다. ¶우는 아아 입에 까자로 물랐다. =우는 아이 입에 과자를 물렸다. ⑥다른 사람에게 마땅히 갚아야 할 것을 치르도록 하다. ¶【관용구】벌금을 물라다. =벌금을 물리다. ⑦사람이 다른 사람에게 끼친 손해를 돈으로 갚거나 본래 상태로 해 주다. ¶【관용구】치로비 물라다. =치료비 물리다. ⑧샀던 물건을 도로 주고 치른 돈이나 다른 물건을 되찾게 하다. ¶【관용구】다부 물라다. =도로 물리다.

물라주다[1][_-_ _] 동 물려주다. 재물이나 지위 또는 기예나 학술 따위를 전하여 주다. ¶【속담】게앗집 물라준 자석은 조상 지사 두 분 지내야 덴다. =기와집 물려준 자식은 조상 제사 두 번 지내야 된다. ☞물리주다.

물라주다[2][_-_ _] 동 변상하다(辨償--). 피해를 끼친 것에 대하여 돈이나 물건 따위로 대신해주다. ¶【속담】봉사 지름깞 물라주기. =봉사 기름 값 변상하기. ☞물리주다. 물아주다. 물우주다.

물로물로[_-_-] 감 소 몰 때 내는 소리. *소더러 뒤로 '물러나라'는 뜻.

물루나다[-_-_] 동 물러나다. ①어떤 직위에서 하던 일을 내놓고 나오다. ¶【관용구】비실에서 물루나다. =벼슬에서 물러나다. ②원래 있던 자리의 뒤쪽으로 위치를 옮기다. ¶차가 오서 한 걸움썩 디로 물루났다. =차가 와서 뒤로 한 걸음씩 뒤로 물러났다. ③싸움에서 지거나 패하여 돌아가다. ¶애넘들이 이수신 때미로 물루난 거 맞제? =왜놈들이 이순신 때문에 물러난 것 맞지?

물리[_-] 명 물레. 솜이나 털 따위의 섬유를 자아서 실을 만드는 간단한 재래식 기구. ¶【속담】밤새두룩 물리마 돌리겠다. =밤새도록 물레만 돌리겠다.

물리내다[-___] 동 물어내다. 다른 사람의 피해나 손해를 물건이나 돈으로 변상하다. ¶【속담】오강 깨고 단지 깞 물리낸다. =요강 깨고 단지 값 물어낸다. ☞물우내다.

물리다[1][_-_] 형 질리다. 반복되는 일이나 음식 따위에 싫증이 나다. ¶【속담】잘난 사또도 오래 보마 물린다. =잘난 사또도 오래 보면 질린다. ¶【속담】소기기도 물릴 때가 있다. =쇠고기도 질릴 때가 있다.

물리다[2][-__] 동 물리치다. 사람이 귀신을 물러가게 하다. ¶【관용구】칼로 떤지서 기신을 물리다. =칼을 던져서 귀신을 물리치다.

물리바아[물리바~아 __-_] 명 물레방아. ☞물바아.

물리받다[물리바따 -_-_] 동 물려받다. 재물이나 지위 또는 기예나 학술 따위를 전하여 받다. ¶웃대 재산을 물리받았다. =윗대 재산을 물려받았다.

물리주다[1][-_-_] 동 물려주다. ☞물라주다.

물리주다[2][-_-_] 동 변상하다(辨償--). ☞물라주다. 물아주다. 물우주다.

물미[1][-_] 명 멀미. ①차, 배, 비행기 따위의 흔들림을 받아 메스껍고 어지러워짐. 또는 그런 증세. ¶물미 때미로 고상했다. =멀미 때문에 고생했다. ②진저리가 나도록 싫어짐. 또는 그런 증세. ¶【관용구】물미가 나다. =멀미가 나다.

물미[2][-_] 명 문리(文理). 사물의 이치를 깨달아 아는 힘. ¶【관용구】물미가 티이다. =문리가 트이다.

물바아[물바~아 _-_] 명 물레방아. ☞물리바아.

물밤[-_] 명 ((식물))마름. 마름의 열매. ☞말밤.

물밥[-_] 명 무랍. 굿을 하거나 물릴 때, 귀신에게 준다고 물에 조금 말아 던지는 밥. ¶【속담】졸갑시런 기신은 물밥또 몬 얻어묵눈다. =조급한 귀신은 무랍도 못 얻어먹는다.

물방매이[물빵매~이 __-_] 명 빨랫방망이. ☞빨래방매이. 서답방매이.

물벌개이[물뻘개~이 __-_] 명 ((동물))장구벌레. ☞갈가세이.

물복숭[--_] 명 물복숭아. 물이 많고 맛이 단 복숭아. 껍질이 얇아 잘 벗겨진다.

ㅁ

물비룩이[물비루기 _-__] 명 ((동물))물벼룩. ¶【속담】물비룩이가 많은 논에 미꾸래이도 많다. =물벼룩이 많은 논에 미꾸라지도 많다.

물빠알[물빠~알 _-_] 명 물방울. ¶수도꼭따리서 물빠알이 똑똑 널찐다. =수도꼭지에서 물방울이 똑똑 떨어진다.

물빤대[--_] 명 물수제비. 둥글고 얄팍한 돌을 물 위로 튀기어 가게 던졌을 때에, 그 튀기는 자리마다 생기는 물결 모양. ¶【관용구】물빤대로 떠다. =물수제비를 뜨다.

물뿌리[_-_] 명 물부리. 담배를 끼워서 빠는 물건. ☞담배물쪼리. 대물찌. 댄배물쪼리. 댐배물쪼리. 물찌. 빨뿌리.

물삐[-_] 명 줄가리. 베어 낸 벼의 이삭을 위로 오게 하여 단으로 묶은 후 서로 맞대어 세워 둔 더미. ¶【관용구】물삐로 치다. =줄가리를 치다. ☞나락까리. 발가리.

물사[_-] 명 무렵. ((명사나 관형사 또는 관형사형 어미 '-ㄹ' 뒤에 쓰여)) 어떤 때의 그 즈음을 나타내는 말. ¶모싱기할 물사에는 비가 마이 온다. =모내기할 무렵에는 비가 많이 온다. ☞답. 무룹. 물시.

물사마구[---_] 명 무사마귀. 살가죽에 밥알만 하게 돋은 군살. 주로 어린아이에게 많으며 전염된다.

물세하다[--__] 동 물시하다(勿施--). ①하려던 일을 그만두다. ¶언자 이 일은 물세하자. =이제 이 일은 물시하자. ②어떤 일을 다른 것으로 제하다. ¶이거로 채애간 돈을 물세하입시더. =이것으로 빌려간 돈을 물시합시다. ☞허씨싸하다.

물시[_-] 명 무렵. ☞답. 무룹. 물사.

물신[물씬 --] 명 장화(長靴). 예전에 주로 무논에서 일할 때 신던 목 짧은 장화. 발목까지 오는 짧은 장화로, 발목을 옭죄어 모래나 흙 따위의 이물질이 안으로 들어오지 못하게 제작했다. 발을 감싸는 부분은 검은 고무로, 발목을 옥죄는 목 부분은 노란 생고무로 만들었다.

물싸암하다[--___] 동 물싸움하다. ①손이나 발로 물을 상대방의 몸에 서로 튀기거나 끼얹어 먼저 물러나는 편이 지는 아이들의 놀이를 하다. ¶냇가서 물싸암하미 놀았다. =냇가에서 물싸움을 하며 놀았다. ②논이나 우물 등 물을 사용하는 곳에서 물 때문에 일어나는 다툼. ¶가물마 물싸암하기 여사디라. =가물면 물싸움하기 예사더니라.

물써다[--_] 동 물켜다. 사람이나 짐승이 물을 많이 세게 들이마시다. ¶【속담】소굼 집우무운 넘이 물썬다. =소금 집어먹은 놈이 물켠다. ☞물씨다.

물씨[--] 명 물색(物色). ①물건의 빛깔. ¶【관용구】물씨가 좋다. =물색이 좋다. ¶【관용구】물씨가 하잖다. =물색이 나쁘다. ②사람이나 동물의 타고난 품성. ¶자아는 물씨가 영판 저거 아부지다. =재는 물색이 흡사 자기 아버지다.

물씨다[--_] 동 물켜다. ☞물써다.

물아주다[무라주다 _-__] 동 변상하다(辨償--). ☞물라주다. 물리주다. 물우주다.

물옴[무롬 --] 명 습진(濕疹). 오랫동안 물 속에 있어서 작은 수포(水疱)가 생기는 붉은색 피부병.

물우내다[무루내다 -_ _ _] 동 물어내다. ①다른 사람의 피해나 손해를 물건이나 돈으로 변상하다. ☞물리내다. ②안에 있는 물건을 몰래 밖으로 집어내다. ¶【속담】티로 불고 까시로 물우낸다. =티를 불고 가시를 물어낸다.

물우띠다[무루띠다 -_-_] 동 물어뜯다. 짐승이 물건을 이나 부리로 물어서 뜯다. ¶그넘우 개가 얼라로 물우띴습미더. =그놈의 개가 애를 물어뜯었습니다.

물우띧기다[무루띠끼다 -_ _-_] 동 물어뜯기다. 사람이나 짐승에게 이나 부리에 물리어 그 일부가 따로 떨어져 나오다. ¶【속담】미꾸래이인데 봉알 물우띧긴다. =미꾸라지한테 불알 물어뜯긴다.

물우주다[무루주다 -_-_] 동 변상하다(辨償--). ☞물라주다. 물리주다. 물아주다.

물움[무룸 -_] 명 물음. 무엇을 밝히거나 내용을 알고 싶어서 대답이나 설명을 요구함. 또는 그런 말. ¶내 물움에 답해래이. =내 물음에 대답해라.

물움포[-_ _] 명 물음표.

물이[1][무리 -_] 명 ((식물))물외. ¶【속담】장매에 물이 커딧기 한다. =장마에 물외 자라듯 한다.

물이[2][무리 _-] 명 ((동물))문어(文魚). ☞문이.

물이까리[무리까리 _ _-_] 명 문어가랑이(文魚---). ☞문이까리.

물이맥국[무리매꾹 --_-] 명 오이냉국(--冷-).

물자새[_ _-] 명 ((동물))물뱀.

물쪼리[_-_] 명 물뿌리개. *포르투칼어 'jorro'에서 온 말. ☞조리.

물쭉하다[물쭈카다 _ _-_] 형 묵직하다. ☞무쭐하다.

물찌[_-] 명 물부리. 담배를 끼워서 빠는 물건. ☞담배물쪼리. 대물찌. 댄배물쪼리. 댐배물쪼리. 물뿌리. 빨뿌리.

물칠[--] 명 세수(洗手). '세수'의 속된 말. ¶낯짝에 물칠이나 했디나? =낯짝에 세수나 했니? ☞시수.

물카다[_-_] 동 물쿠다. ①날씨가 찌는 듯이 덥다. ¶장매철 날씨가 엄청시리 물카네예. =장마철 날씨가 엄청나게 물쿠네요. ☞무라다. ②너무 무르거나 풀려서 본 모양이 없어지도록 헤어지게 하다. ¶감홍시로 물캈다. =홍시를 물쿠었다.

물캐지다[_-_ _] 동 물커지다. 너무 무르거나 풀려서 본 모양이 없어지도록 헤어지다. ¶시굼치는 매 쌂으마 물캐진다. =시금치는 푹 삶으면 물커진다.

물커덩하다[_ _ _-_] 형 물컹하다. 너무 익거나 곯아서 물크러질 정도로 물렁하다. ¶밥을 물커덩하이 해낳았다. =밥을 물컹하게 해놓았다.

물쿤[_-] 부 물큰. 연기나 냄새 따위가 한꺼번에 심하게 풍기는 모양을 나타내는 말. ¶미지 뜨는 내미가 물쿤 난다. =메주 뜨는 냄새가 물큰 난다.

물쿤물쿤[_ _ _-] 부 물큰물큰. 연기나 냄새 따위가 자꾸 심하게 풍기는 모양을 나

ㅁ

타내는 말. ¶굴묵디서 영기가 물쿤물쿤 나지예. =뒤꼍에서 연기가 물큰물큰 나지요.

물티이[물티~이 --_] 명 물퉁이. ①물이 속에 많이 들어서 퉁퉁 불은 곡식. ¶수시 물티이. =수수 물퉁이. ②살만 찌고 힘이 없는 사람을 놀림조로 이르는 말. ¶물티이 겉은 넘. =물퉁이 같은 놈.

물팍[_ _] 명 무르팍. '무릎'을 속되게 이르는 말. ☞무루팍.

뭉가지다[_-_ _] 동 뭉개지다. 무너지게 하다. ¶담부랑이 뭉가졌다. =담이 뭉개졌다.

뭉구라다[1][_ _-_] 동 뭉치다. 되는대로 대강 뭉쳐 싸서 둥실둥실하게 만들다. ¶정구치 시 다불로 뭉구랐다. =부추 세 다발을 뭉쳤다.

뭉구라다[2][_ _-_] 동 얼버무리다. 말이나 행동을 불분명하게 대충하다. ¶【관용구】말로 뭉구라다. =말을 얼버무리다. ☞얼부무리다.

뭉때다[1][_-_] 동 뭉개다. ☞문때다.

뭉때다[2][_-_] 동 지우다. ☞까문태다. 문때다. 엉때다. 지아다

뭉치다[-_ _] 동 묶다. ☞묶아다.

뭉쿨뭉쿨[_ _ _-] 부 뭉클뭉클. 구름이나 연기 따위가 쑥쑥 솟거나 나오는 모양을 나타내는 말. ¶뜨신 짐이 뭉쿨뭉쿨 난다. =더운 김이 뭉클뭉클 난다.

뭉쿨하다[_ _-_] 형 뭉클하다. ①어떤 감정이 북받쳐 올라 갑자기 가득차 넘치는 듯한 느낌이 있다. ¶【관용구】가심이 뭉쿨하다. =가슴이 뭉클하다. ②조금 크게 덩이진 물건이 몹시 연하고 무르며 미끄럽다. ¶감홍시가 뭉쿨하네. =홍시가 뭉클하네.

뭉턱하다[뭉터카다 _ _-_] 형 뭉텅하다. 끊어서 뭉쳐 놓은 것처럼 짤막하다. ¶무시로 뭉턱하기 싸리낳았다. =무를 뭉텅하게 썰어놓았다.

뭉티기[_-_] 명 뭉텅이. 한데 뭉치어 이룬 큰 덩이. ¶도래 한 뭉티기. =도라지 한 뭉텅이. ¶기기 한 뭉티기. =고기 한 뭉텅이.

뭉티이[뭉티~이 _-_] 명 뭉치. ①한데 똘똘 말리거나 뭉치어서 이룬 덩이. ¶열씨 뭉티이. =열쇠 뭉치. ②((수 관형사 뒤에서 의존적 용법으로 쓰여)) '뭉치'를 세는 단위를 나타내는 말. ¶털실 시 뭉티이. =털실 세 뭉치.

미[1][_] 명 묘(墓). ¶【속담】애장 터에 미로 씼나. =애장 터에 묘를 썼나. ¶【속담】팔난봉에 미 씼다. =팔난봉에 묘 썼다.

미[2][-] 명 뉘. 쓿은쌀 속에 등겨가 벗겨지지 않은 채로 섞인 벼 알갱이. ☞니.

-미[_] 어 -며. 두 가지 이상의 동작이나 상태 따위를 나열할 때 쓰는 연결어미. 표준어 연결어미 '-며'는 창녕방언에서 '-며>-메>-미'라는, 단모음화에 이은 고모음화로 실현된다. '-면서'의 뜻을 가지기도 한다. ¶【속담】식은 죽또 불우가미 묵눈다. =식은 죽도 불어가며 먹는다. ¶【속담】윗으미 한 말에 초상 친다. =웃으며 한 말에 초상 치른다.

미거지[_-_] 명 ((동물))메기. ¶【속담】미거지 하품마 해도 물담는다. =메기 하

품만 해도 잠긴다. ¶【속담】미거지 날개미에 무신 비늘이 있으까이. =메기지느러미에 무슨 비늘이 있으랴. ☞미이기.

미검[_-] 명 먼지. ☞문지. 미굼.

미검구디기[___-_] 명 먼지투성이. ☞문지구디기. 문지투시이. 미검투시이. 미굼구디기. 미굼투시이.

미검털개[__-_] 명 먼지떨이. ☞문지털개. 미굼털개. 털개.

미검투시이[미검투시~이 ___-_] 명 먼지투성이. ☞문지구디기. 문지투시이. 미검구디기. 미굼구디기. 미굼투시이.

미구겉다[1][_-__] 형 교활하다(狡猾--). ☞매구겉다.

미구겉다[2][_-__] 형 감쪽같다. ☞매구겉다.

미군깨이[미군깨~이 _-__] 명 삽괭이. 볼이 좁고 자루가 긴 괭이. 논의 물꼬를 보거나 잡초 따위를 긁어서 제거하는 데 흔히 쓴다. *예전에 미군들이 쓴 데에서 유래한 이름이다.

미굼[_-] 명 먼지. ☞문지. 미검.

미굼구디기[___-_] 명 먼지투성이. ☞문지구디기. 문지투시이. 미검구디기. 미검투시이. 미굼투시이.

미굼털개[__-_] 명 먼지떨이. ☞문지털개. 미검털개. 털개.

미굼투시이[미굼투시~이 -_-_] 명 먼지투성이. ☞문지구디기. 문지투시이. 미검구디기. 미검투시이. 미굼구디기.

미기다[-__] 동 메기다. ①노래를 두 편이 주고받을 때 먼저 부르다. ¶【관용구】앞소리로 미기다. =앞소리를 메기다. ②마주잡고 톱질할 때 밀어 주다. ¶【관용구】거두로 미기다. =톱을 메기다. ③윷놀이에서, 마지막 날밭에까지 옮겨 놓다. ¶【관용구】말로 미기다. =말을 메기다.

미기적기리다[___-__] 동 미적거리다. 꾸물대거나 망설이다. ¶미기적기리지 말고 퍼떡 온나. =미적거리지 말고 빨리 오너라. ☞밍기적기리다.

미까다[_-_] 동 메우다. ☞메까다. 메아다. 미아다.

미깝[-_] 명 미끼. ①사람을 꾀기 위한 물건이나 수단. ¶미깝에 걸리 들다. =미끼에 걸려들다. ②물질적으로 이익이 될 만한 것. ¶미깝이 없어마 절마는 여게 안 온다. =미끼가 없으면 저놈은 여기에 안 온다. ③낚시 바늘에 꿰는 물고기의 먹이. ¶【관용구】미깝을 물다. =미끼를 물다. ☞미꼬미. 이깝.

미깡[_-] 명 미강(米糠). 쌀겨. ¶미깡으로 개떡 맨든다. =미강으로 개떡 만든다.

-미꺼[-_] 어 -니까. 높임 의문형 종결어미. ¶이거는 내 해도 뎁미꺼? =이건 내가 가져도 됩니까? ☞-교. -능게. -능교.

-미께예[--_] 어 -니까. 아주 높임 의문형 종결어미. '-미꺼'에 상투적인 어조사 '예'가 붙은 형태. ¶아재는 오새도 잘 삽미께예? =아저씨는 요새도 잘 삽니까? ☞-미꺼예.

미꼬미[_-_] 명 미끼. ☞미깝. 이깝.

미꾸래이[미꾸래~이 __-_] 명 ((동물))미꾸라지. ¶【속담】미꾸래이 소곰 치난 듯기. =미꾸라지 소금 쳐놓은 듯이. ¶

【속담】미꾸래이 볼가심한다. =미꾸라지 볼가심한다.

미꾸래잇국[미꾸래~이꾹 __-__] 명 추어탕(鰍魚湯). ¶【속담】미꾸래잇국 묵고 용(龍)트림한다. =추어탕 먹고 용트림한다.

미꿈하다[__-_] 형 멀끔하다. ☞멀꿈하다.

미끈[_-] 명 밀삐. 지게에 매여 있는, 지게를 지는 끈. ¶【관용구】미끈을 디아다. =밀삐를 죄다. ☞밀끈.

미끈덕하다[___-_] 형 미끈둥하다. 물체의 표면이나 바닥이 부드럽고 미끄럽다. ¶바댁이 미끈덕해서 자빠라질 뿐했다. =바닥이 미끈둥하여 자빠질 뻔하였다.

미너리[-__] 명 며느리. ☞메너리.

미다[__] 동 메다. ①어깨에 걸치거나 올려놓다. ¶【속담】곤장 미고 매 맞으로 간다. =곤장 메고 매 맞으러 간다. ¶【속담】미고 나서마 상두꾼, 들고 나서마 초롱꾼. =메고 나서면 상두꾼, 들고 나서면 초롱꾼. ②어떤 장소에 가득 차다. ¶【관용구】미이 터지다. =메어 터지다. ③어떤 감정이 북받쳐 가슴이 아프거나 목소리가 잘 나지 않다. ¶【관용구】가심이 미이다. =가슴이 메다. ¶【관용구】목이 미이다. =목이 메다. ☞멕히다.

-미더[-_] 어 -니다. *'미더'는 하이소오체(하십시오체)에 해당하는 종결어미로 쓰인다. 그러나 평서법에서 이것은 '-더'로 발음되지 않고 '댕기왔다(다녀왔다)'처럼 언제나 '-다'로 종결된다. ¶어무이, 지는 잘 살고 있습미더. =어머니, 저는 잘 살고 있습니다.

-미더이[-__] 어 -니다. *'미더이'는 하이소오체(하십시오체)에 해당하는 종결어미로, '-미더'를 사용하는 경우보다 친근하게 느껴진다. ¶지수씨! 국시 잘 묵고 갑미더이. =제수씨! 국수 잘 먹고 갑니다.

미라다[_-_] 동 미루다. ①일이나 시간을 나중으로 늦추어 넘기다. ¶【관용구】오올 할일로 니일로 미라다. =오늘 할일을 내일로 미루다. ②일을 다른 사람에게 억지로 넘기다. ¶【관용구】넘인데 미라다. =남에게 미루다. ③무엇을 이미 알고 있는 사실로 견주어 다른 것을 헤아리다. ¶지난분 일로 미라 봤다. =지난번 일을 미루어 봤다.

미러치[_-_] 명 ((동물))멸치. ☞메루치. 밀치.

미런시럽다[-_-__] 형 미련스럽다. 매우 어리석고 둔하다. ¶【속담】미런시럽기로는 곰이 따리 없다. =미련스럽기로는 곰이 따로 없다. ¶【속담】곰이 여시보고 미런시럽다 칸다. =곰이 여우더러 미련스럽다 한다.

미물[_-] 명 ((식물))메밀. 메밀의 열매. ¶【속담】미물도 구불우가다가 서는 모가 있다. =메밀도 굴러가다가 서는 모가 있다.

미물씨[_-_] 명 메밀씨앗. ¶【속담】지 땅이라꼬는 미물씨 모로 박을 땅도 없다. =제 땅이라고는 메밀씨앗 모로 박을 땅도 없다.

미물짠자리[___-_] 명 ((동물))된장잠자리. ☞딘장철기.

미미적기리다[___-__] 동 머무적거리다. 선뜻 말하거나 행동하지 못하고 자꾸 망설이다. ¶고렇기 미미적기리지 말고 퍼떡 말해라. =그렇게 머무적거리지 말고 빨리 말해라.

미빈[_-] 명 영좌(靈座). 빈소(殯所)의 일종. 날씨가 더운 시기 또는 출상일이 멀 때, 시신의 부패를 염려하여 관을 방에 두지 않고 시원한 헛간 같은 곳에 두고 차리는 빈소. ¶【관용구】배껕에 미빈을 씨다. =바깥에 영좌를 차리다.

미시껍다[미시껍따 __-_] 형 메스껍다. ①속이 메스꺼워 토할 듯한 느낌이 나다. ¶【관용구】쏙이 미시껍다. =속이 메스껍다. ②아니꼬운 생각이 일어나다. ¶【속담】개인데 미시껍나 칸다. =개에게 메스꺼우냐 한다. ☞앵꼽다.

미시다[_-_] 동 모시다. *모시다<메시다<미시다. ①손윗사람을 어떠한 곳으로 데리고 가거나 데리고 오다. ¶할배 미시고 온나. =할아버지 모시고 오너라. ②손윗사람이나 존경하는 사람을 함께 있거나 가까이 있으면서 잘 받들다. ¶기한 어룬인께네 잘 미시라. =귀한 어른이니까 잘 모셔라. ③시신을 어떤 곳에 묻다. ¶아부지로 산천에 미싰다. =아버지를 산천에 모셨다. ④제사를 행하거나 겪어 내다. ¶할매 지사로 미싰다. =할머니 제사를 모셨다.

-미시로[--_] 어 -면서. 움직임이나 사태 따위가 동시에 겸하여 있음을 나타내는 연결어미. *창녕방언에서 연결어미 '-면'은 '-멘'에서 고모음화한 '-민'으로 발화되는 게 일반적이다. '-미시로'에서 '-미'도 이와 같은 현상이다. ¶【속담】방 바가미시로 똥 싼다. =방 봐 가면서 똥 싼다. ¶【속담】넘우 눈 쏙에 있는 티는 보미시로 내 눈 쏙 들보는 몬 본다. =남의 눈 속에 있는 티는 보면서 내 눈 속 들보는 못 본다. ☞-민서. -시로.

미식기리다[미식끼리다 __-__] 동 메슥거리다. 먹은 것을 토할 것처럼 속이 자꾸 울렁거리다. ¶술마 무우마 쏙이 미식기린다. =술만 먹으면 속이 메슥거린다. ☞미싱기리다. 미싱미싱하다.

미신[_-] 명 짚신. ¶【속담】미신에 정분칠(丁紛漆)한다. =짚신에 정분칠한다. ☞짚세기.

미신째기[_--_] 명 짚신짝. ①짚신의 낱짝. ②'짚신'을 속되게 이르는 말. ¶【속담】미신째기도 짝이 있다. =짚신짝도 짝이 있다. ☞짚신째기.

미싯가리[미시까리 -___] 명 미숫가루.

미싱기리다[__-__] 동 메슥거리다. ☞미식기리다. 미싱미싱하다.

미싱미싱하다[____-_] 동 메슥거리다. ☞미식기리다. 미싱기리다.

미아다[1][-__] 동 메우다. ☞메까다. 메아다. 미까다.

미아다[2][-__] 동 매다. 금이 간 장독 따위에 테를 두르다. ¶장독 테로 미았다. =장독 테를 맸다.

미아리[_-_] 명 메아리.

ㅁ

미안시럽다[_--__] 형 미안스럽다(未安---). ¶미안시럽어서 우짜까예. =미안스러워서 어떡해요.

미움[_-] 명 미음. 입쌀이나 좁쌀에 물을 충분히 붓고 푹 끓여 체에 걸러 낸 걸쭉한 음식. ¶일나서 미움이래도 한 그륵 무우바라. =일어나서 미음이라도 한 그릇 먹어봐라.

미이[-_] 명 절굿공이. ㄱ자로 생긴 디딜방아 공이. ☞고. 도굿대.

미이기[_-_] 명 ((동물))메기. ☞미거지.

미이꽂다[미이꼳따 __-_] 동 메꽂다. 어깨 너머로 둘러메어서 바닥에 힘껏 내리던지다. ¶씨름판에서 상대로 씨기 미이꽂았다. =씨름판에서 상대를 세게 메꽂았다.

미이다[-__] 동 먹이다. '먹다'의 사동사. *먹이다<믹이다<미기다<미이다. ①사람이나 짐승에게 음식물 따위를 삼키어 뱃속으로 들여보내게 하다. ¶【속담】밉운 자석인데 밥 마이 미인다. =미운 자식한테 밥 많이 먹인다. ②천, 종이 따위에 풀이나 기름 따위를 배어들거나 고르게 묻게 하다. ¶【속담】지럼 미인 까죽이 부두룹다. =기름 먹인 가죽이 부드럽다. ③다른 사람에게 욕, 핀잔 따위를 듣도록 하다. ¶【속담】아재라 카민서 엿 미인다. =아저씨라 하면서 엿 먹인다. ④다른 사람에게 어떤 생각이나 감정 따위를 마음속에 가지게 하다. ¶【관용구】겂을 미이다. =겁을 먹이다. ⑤뇌물 따위를 받아서 갖게 하다. ¶【관용구】소굼 지이 미이다. =소금 집어 먹이다. ⑥다른 사람에게 주먹이나 꿀밤 따위를 얻어맞게 하다. ¶【관용구】땡꼼 미이다. =꿀밤 먹이다. ⑦가족이나 자식 따위를 부양하거나 키우다. ¶【관용구】미이 살리다. =먹여 살리다. ⑧가축을 보살펴 자라게 하다. ¶【관용구】짐승 미이다. =가축 먹이다. ⑨말을 하지 못하게 입을 틀어막다. ¶【속담】재갈 미인 말 겉다. =재갈 먹인 말 같다. ☞믹이다.

미이지다[-___] 동 미어지다. ①찢어질 듯한 아픔이나 슬픔을 느끼다. ¶【관용구】가숨이 미이지다. =가슴이 미어지다. ②공간이 꽉 차서 터질 듯하다. ¶뽈때기가 미이지기 무웄다. =볼이 미어지게 먹었다. ③팽팽한 가죽이나 종이가 해져서 구멍이 나다. ¶북을 너무 씨기 치서 까죽이 미이짔다. =북을 너무 세게 쳐서 가죽이 미어졌다.

미이치다[-___] 동 메어치다. 어깨 너머로 둘러메어 힘껏 내리치다. ¶【속담】둘루치나 미이치나. =둘러치나 메어치나.

미이터지다[-_-__] 동 미어터지다. ①꽉 차서 터질 듯하다. ¶【관용구】사램이 미이터지기 모잇다. =사람이 미어터지게 모였다. ¶입이 미이터지두룩 무웄다. =입이 미어지터도록 먹었다. ②헝겊이나 가죽이 해져서 구멍이 나다. ¶주봉 궁디이가 미이터짔다. =바지 엉덩이가 미어터졌다.

미잉[1][_-] 명 ((식물))면화(棉花). 목화(木花). *'미잉'은 식물 그 자체를 이르는 말.

미잉[2][_-] 명 무명. 솜을 자아 만든 무명

실로 짠 피륙. ¶【속담】짜린 밤에 미잉마 잣고 만다. =짧은 밤에 무명만 잣고 만다.

미잉꼬타리[___-_] 명 목화송이(木花--). 목화가 하얗게 익어서 부푼 송이 또는 그 꼬투리를 이르는 말.

미잉꽃[미잉꼳 __-] 명 목화(木花). 목화가 피운 꽃을 이르는 말.

미잉밭[미잉받 __-] 명 목화밭(木花-). 목화를 심어 가꾸는 밭. ☞쏘캐밭.

미잉비[_-_] 명 무명베. 무명으로 짠 피륙. ☞밍비.

미잉실[_-_] 명 무명실. 솜을 자아 만든 실. ☞목기울. 밍실.

미자바리[__-_] 명 미주알. 똥구멍에 잇닿는 창자의 끝 부분. *미주알<미자알<미자발<미자바리. ¶【관용구】미자바리 빠지다. =미주알 빠지다. ☞똥짜바리.

미재이[미재~이 _-_] 명 미장이. ¶【속담】미재이 비비송곳 겉다. =미장이 비비송곳 같다. ¶【속담】미재이인데는 호매이 있으나마나. =미장이한테는 호미 있으나마나. ¶【속담】대장재이 집에 정지칼이 놀고 미재이 집에 구둘장 빠진 기이 삼 년 간다. =대장장이 집에 부엌칼이 놀고 미장이 집에 구들장 빠진 게 삼 년 간다.

미주[-_] 명 메주. *메주<미주<미지. ¶【속담】콩우로 미주로 씬다 캐도 안 곧이듣는다. =콩으로 메주를 쑨다 하여도 곧이듣지 않는다. ☞미지.

미줏덩거리[미주떵거리 -__-_] 명 메주덩이. 디뎌놓은 메주의 덩이. ¶【속담】대가리가 미줏덩거리 겉다. =대가리가 메주덩이 같다. ☞미짓덩거리.

미지[-_] 명 메주. ☞미주.

미지그리하다[____-_] 형 미지근하다. ①더운 기운이 조금 있는 듯하다. ¶국이 식어뿌가 미지그리하다. =국이 식어버려서 미지근하다. ②행동이나 태도가 분명하거나 철저하지 못하다. ¶【속담】미지그리해도 흥정은 잘한다. =미지근해도 흥정은 잘한다.

미짓덩거리[미지떵거리 -__-_] 명 메주덩이. ☞미줏덩거리.

미차[-_] 부 미처. 아직 거기까지 미치도록. ¶【관용구】미차 몬 하다. =미처 못 하다. ¶【관용구】미차 모루다. =미처 모르다.

미천[-_] 명 밑천(-錢). ¶【속담】미천 없는 장시는 없다. =밑천 없는 장사는 없다.

미천개[-__] 명 미친개. ①미친 것처럼 구는 개. ¶【속담】미천개는 몽디이가 약이다. =미친개는 몽둥이가 약이다. ¶【속담】미천개가 달밤에 달을 보고 짖는다. =미친개가 달밤에 달을 보고 짖는다. ②실성한 듯 악독하게 구는 사람을 비유적으로 이르는 말. ¶【속담】미천개인데 물맀다. =미친개한테 물렸다.

미천넘[-__] 명 미친놈. 말과 행동이 상식에서 벗어나거나 도리에 어긋나는 남자를 욕하여 이르는 말. ¶【관용구】에라이, 미천넘아! =에라, 미친놈아! ¶【속담】자석 자랑은 반 미천넘 지집 자랑은 온 미천넘. =자식 자랑은 반 미친놈 계집 자랑은 온 미친놈.

ㅁ

미천년[-__] 명 미친년. 말과 행동이 상식에서 벗어나거나 도리에 어긋나는 여자를 욕하여 이르는 말. ¶【속담】미천년 널띠딧기 한다. =미친년 널뛰듯 한다. ¶【속담】미천년이 아아 씪기서 쥑인다. =미친년이 애 씻어서 죽인다.

미청개이[미청개~이 __-_] 명 미치광이. ¶【속담】성인은 미청개이 말도 가리서 씬다. =성인은 미치광이 말도 가려서 쓴다.

미출[_-] 명 벼를 도정했을 때 나오는 쌀의 양. *미(米)+출(出). ¶【관용구】미출이 나다. =미출이 나다. ¶【관용구】미출이 행핀없다. =올해는 미출이 형편없다.

미칠[-_] 명 며칠. ☞메칠.

미터[_-] 명 묏자리. 뫼를 쓸 자리. ¶【속담】미터 바낳았다. =묏자리 봐놓았다. ☞멧자리. 미터실이. 밋자리.

미터리[_-_] 명 미투리. 삼이나 노 따위로 짚신처럼 삼은 신. 흔히 날이 여섯 개로 되어 있다. ☞메투리. 삼신

미터실이[미터시리 __-_] 명 묏자리. *'터실이'는 '터+실(室)+-이'. ¶미터실이가 벨바루기 앉있다. =묏자리가 별바르게 앉았다. ☞멧자리. 미터. 밋자리.

미하다[_-_] 형 예쁘다. *미(美)+하다. ①생긴 모양이 아름다워 눈으로 보기에 좋다. ¶【속담】미한 자석은 매로 키안다. =예쁜 자식은 매로 키운다. ②행동이나 동작이 보기에 사랑스럽거나 귀엽다. ¶밥 묵눈 모습이 우째 저래 미하노? =밥 먹는 모습이 어찌 저리 예쁜가? ③아이나 짐승 따위가 말을 잘 듣거나 행동이 발라서 흐뭇하다. ¶말로 잘 들어서 참 미하네. =말을 잘 들어서 참 예쁘네. ☞이뿌다. 에뿌다. 예뿌다.

믹따다[_-_] 동 멱따다. 짐승을 칼 따위로 목의 앞쪽을 찌르거나 자르다. ¶【관용구】대애지 믹따는 소리. =돼지 멱따는 소리.

믹써리[_-_] 명 멱서리. 짚으로 날을 촘촘히 결어서 만든 그릇의 하나. 주로 곡식을 담는 데 쓰인다. ¶【속담】갓 없다꼬 믹써리 씨까. =갓 없다고 멱서리 쓰랴.

믹이[미기 -_] 명 먹이. ¶개이 두 바리가 믹이 때미로 싸우네예. =고양이 두 마리가 먹이 때문에 싸우네요.

믹이다[미기다 -__] 동 먹이다. '먹다'의 사동사. ☞미이다.

믹히다[1][미키다 _-_] 동 먹히다. '먹다'의 피동사. ①음식 따위를 입을 통하여 배 속에 들여보내게 되다. ¶음석이 잘 안 믹힌다. =음식이 잘 안 먹힌다. ②어떤 말이나 행위가 상대편에게 잘 받아들여지다. ¶【관용구】말이 믹히다. =말이 먹히다. ¶【관용구】말이 안 믹히다. =말이 안 먹히다. ③비용 따위가 많이 들다. ¶【관용구】싸기 믹히다. =싸게 먹히다. ¶【관용구】비싸기 믹히다. =비싸게 먹히다.

믹히다[2][미키다 _-_] 동 막히다. ☞맥히다.

민[1][_] 명 면(面). ☞맨.

민[2][_] 명 면(綿). ☞맨

민[3][_] 명 면(麵). ☞맨.

민도[_-] 명 면도(面刀). ☞맨도. 민모.

민도칼[__-] 명 면도칼(面刀-). ☞맨도칼. 민모칼.

민모[_-] 명 면도(面刀). ☞맨도. 민도.

민모칼[__-] 명 면도칼(面刀-). ☞맨도칼. 민도칼.

민목[_-] 명 면목(面目). ☞맨목.

민미이[민미~이 _-_] 부 면면이(面面-). 저마다 따로따로. ¶술한 자석들 민미이 옷 사 입힜다. =숱한 자식들 면면이 옷 사 입혔다.

민발[민빨 _-] 명 면발(麵-). 국수의 가락. ☞맨발.

-민서[-_] 어 -면서. ☞-미시로. -시로.

민어쩡[_--] 명 면허증(免許證). ☞맨애찡.

민지럽다[-___] 형 민망하다(憫惘--). 낯을 들고 대하기가 부끄럽다. ¶【관용구】안미이 민지럽다. =안면이 민망하다. ☞바시다.

민치리[__-] 명 면치레(面--). ☞맨치리.

민하다[_-_] 동 면하다(免--). ☞맨하다.

밀겋다[밀거타 _-_] 형 멀겋다. 액체가 진하지 않고 매우 묽다. ¶씨락국이 밀겋네. =시래깃국이 멀겋네.

밀구[-_] 명 ((동물))멸구. ☞맬구.

밀꼬사리[__-_] 명 밀사리. 밀을 포기째 불에 그을려 먹는 일.

밀꼬사리하다[__-___] 동 밀사리하다. ¶【속담】밀꼬사리해 무운 아 조디이 겉다. =밀사리해 먹은 애 조동이 같다.

밀꾸루미[__-_] 부 말끄러미. ☞말꼬로미. 말꼬미. 말꾸루미. 맬꼬로미. 맬꼬미. 밀꾸미.

밀꾸미[__-] 부 말끄러미. ☞말꼬로미. 말꼬미. 말꾸루미. 맬꼬로미. 맬꼬미. 밀꾸루미.

밀꿈하기[__-_] 부 말끔히. ☞말꿈하기. 매꼬롬하기. 매꿈하기. 맨더리하기. 맬꿈하기.

밀꿈하다[__-_] 형 말끔하다. ☞말꿈하다. 매꼬롬하다. 매꿈하다. 맨더리하다. 맬꿈하다.

밀끈[1][_-] 명 밀삐. 지게에 매여 있는, 지게를 지는 끈. ☞미끈.

밀끈[2][_-] 명 멜빵끈. 멜빵으로 쓰는 끈. ¶밀끈이 헐붕해서 조았다. =멜빵끈이 느슨해서 죄었다.

밀리나다[_-__] 동 밀려나다. ①몰리거나 쫓겨나다. ¶그 냥반은 높운 자리서 밀리났다. =그 양반은 높은 자리에서 밀려났다. ②어떤 힘에 의해 움직이게 되다. ¶차가 디로 밀리났다. =차가 뒤로 밀려났다.

밀리노오다[_-___] 동 밀려나오다. ①한꺼번에 여럿이 몰려나오다. ¶사램들이 한꺼분에 밀리노왔다. =사람들이 한꺼번에 밀려나왔다. ②뒤에서 미는 힘을 받아 나오다. ¶이 구늉으로 떡가래가 밀리노온다. =이 구멍으로 가래떡이 밀려나온다. ③어떤 세력에 못 견뎌 물러나다. ¶동상이 히사서 몬 전디고 밀리노온 모냥이다. =동생이 회사에서 못 견디고 밀려나온 모양이다.

밀리오다[_--_] 동 밀려오다. ①어떤 힘에 떼밀려서 오다. ¶【관용구】장매철에 물 밀리오딧기. =장마철에 물 밀려오듯. ②여럿이 한꺼번에 몰려오다. ¶수입

ㅁ

산 농산물 마이 밀리온다. =수입산 농산물이 많이 밀려온다.

밀방매이[밀빵매~이 __-_] 명 밀방망이. 가루 반죽을 밀어서 얇고 넓게 펴는 데 쓰는 방망이.

밀빵[_-] 명 멜빵. ☞걸빵.

밀어재끼다[-_-__] 동 밀어젖히다. ①밀문을 힘껏 밀어서 열다. ¶문을 할짝 밀어째끼라. =문을 활짝 밀어젖혀라. ②사람이나 물건 따위를 힘껏 밀어 한쪽으로 기울어지게 하다. ¶나만사람을 밀어재끼지 마래이. =노인을 밀어젖히지 마라.

밀지불[밀찌불 _-_] 명 밀기울. 밀을 빻아 체로 쳐서 남은 찌꺼기. *밀기울<밀지울<밀찌울<밀찌불.

밀지비[밀찌비 _-_] 명 수제비. *밀+(수)제비. ¶【관용구】밀지비로 띠다. =수제비를 뜨다. ¶【속담】밀지비 잘하는 사램이 국시도 잘한다. =수제비 잘하는 사람이 국수도 잘한다. ☞수지비. 장국.

밀창[_-] 명 미닫이창(---窓).

밀치[-_] 명 ((동물))멸치. ☞메루치. 미러치.

밉깔시럽다[-_-__] 형 밉상스럽다(-相---). 말이나 행동이 몹시 미운 데가 있다. ¶절마는 와 저래 밉깔시럽우꼬? =저 놈은 왜 저리 밉상스러울까? ☞밉상받다. 밉쌀시럽다. 밉쌍시럽다.

밉깔시리[-___] 부 밉살스레. ¶사나아자석이 너무 밉깔시리 나부댄다. =사내자식이 너무 밉살스레 나댄다. ☞밉쌀시리. 밉쌍시리.

밉다카다[-___] 동 미워하다. ¶【속담】몽디이는 지 주인을 밉다칸다. =몽둥이는 제 주인을 미워한다. ☞밉어하다.

밉비다[미삐다 _-_] 동 밉보이다. 다른 사람에게 밉게 보이다. ¶씨이미인데 밉비서 좋을 끼 없다. =시어머니에게 밉보여서 좋을 게 없다.

밉상받다[1][밉쌍바따 -_-_] 동 미움받다. 다른 사람에게 밉게 여김을 당하다. ¶너무 애불시리 설치마 넘인데 밉상받는다. =너무 발밭게 굴면 남에게 미움받는다.

밉상받다[2][밉쌍바따 -_-_] 형 밉상스럽다(-相---). 보기에 밉살스러운 데가 있다. ¶저 여핀네은 와 저래 밉상받기 설치노? =저 여편네는 왜 저리 밉상스럽게 설치니? *밉상받고[밉쌍바꼬 -_-_], 밉상받지[밉쌍바찌 -_-_], 밉상받아야[밉쌍바다야 -_-__], 밉상받았다[밉쌍바닫따 -_-__]. ☞밉깔시럽다. 밉쌀시럽다. 밉쌍시럽다.

밉상받이[밉쌍바지 -_-_] 명 미움받이. 미움을 받는 짐승이나 사람.

밉새이[밉새~이 -__] 명 밉상(-相). ①볼품없이 생겨서 미운 얼굴. ¶생기 묵운 거는 밉새이지마는 하는 짓은 이뿌다. =생겨먹은 것은 밉상이지만 하는 짓은 예쁘다. ②잘 생긴 어린애에게 반어적으로 하는 말. ¶그넘 참 밉새이데이. =그놈 참 밉상이다.

밉쌀시럽다[-_-__] 형 밉상스럽다(-相---). ☞밉깔시럽다. 밉상받다. 밉쌍시럽다.

밉쌀시리[-___] 부 밉살스레. ☞밉깔시리.

밉쌍시리.

밉쌍시럽다[-_-__] 형 밉상스럽다(-相---). ☞밉깔시럽다. 밉상받다. 밉쌀시럽다.

밉쌍시리[-___] 부 밉살스레. ☞밉깔시리. 밉쌀시리.

밉쌍지기다[-_-__] 동 밉상스러운 짓하다(-相--- ---). *'밉쌍지기다'는 표준어로 보면 하나의 구(句)이지만 창녕방언에서는 한 단어로 쓴다.

밉어하다[미버하다 -___] 동 미워하다. ¶【속담】밉어하던 넘이 출시한다. =미워하던 놈이 출세한다. ¶내는 니로 밉어한데이. =나는 너를 미워한다. ☞밉다카다.

밉운[미분 -_] 관 미운. 좋아하지 않는. ¶【속담】밉운 파래이 칠라카다가 곱운 파래이 친다. =미운 파리 치려다가 고운 파리 친다. ¶【속담】밉운 강새이 보리덕석에 똥 싼다. =미운 강아지 보리멍석에 똥 싼다.

밉운털[미분털 __-] 명 미운털. 좋지 않은 선입견 때문에 어떤 행동을 하여도 밉게 보이는 것. ¶【관용구】밉운털이 백히다. =미운털이 박히다.

밋등[미뜽 _-] 명 묏등. 무덤의 두두룩한 윗부분. ¶【속담】밋등에 꽃이 핀다. =묏등에 꽃이 핀다. ☞멧등.

밋자리[미짜리 _-_] 명 묏자리. ☞멧자리. 미터. 미터실이.

밍경[_-] 명 면경(面鏡). ☞맹경.

밍공[_-] 명 명공(名工). 기술이 뛰어난 장인. ☞맹공.

밍기적기리다[___-__] 동 미적거리다. ☞미기적기리다.

밍년[_-] 명 명년(明年). ☞맹년.

밍당[_-] 명 명당(明堂). ☞맹당. 정혈.

밍물[-_] 명 맹물. 아무것도 첨가하지 않은, 맛이 밍밍한 물. ¶【속담】밍물에 돌삐이 쌂운 맛이다. =맹물에 돌멩이 삶은 맛이다. ¶【속담】밍물에 돌로 쌂아묵더래도 지맛에 산다. =맹물에 돌을 삶아 먹더라도 제멋에 산다.

밍백히[밍배키 -__] 부 명백히(明白-). ☞맹백히.

밍비[__] 명 무명베. 솜에서 뽑아낸 실로 짠 베. ☞미잉비.

밍삭[1][-_] 명 명색(名色). ☞맹삭. 맹색. 밍색.

밍삭[2][-_] 부 마저. ☞마자. 만자.

밍삭이[밍사기 -__] 부 명색이(名色-). ☞맹삭이. 맹색이. 밍색이.

밍색[__] 명 명색(名色). ☞맹삭. 맹색. 밍삭.

밍색이[밍새기 -__] 부 명색이(名色-). ☞맹삭이. 맹색이. 밍삭이.

밍석자리[__-_] 명 돗자리. ☞맹석자리. 자리때기.

밍실[__] 명 무명실. 솜을 자아 만든 실. ☞목기울. 미잉실.

밍씨[__] 명 무명씨. 목화씨(木花-). ☞맹씨.

밍아주[_-_] 명 ((식물))명아주. ☞도투라지. 맹아주.

밍영[_-] 명 명령(命令). ☞맹영.

밍절[-_] 명 명절(名節). ☞맹절. 맹질. 밍질.

밍줄[밍쭐 _-] 명 명줄(命-). ☞맹줄.

밍지소캐[__--] 명 명주솜(明紬-). ☞맹지소캐.

밍지실[_-_] 명 명주실(明紬-). ☞맹지실.

ㅁ

밍지옷[밍지옫 _-_] 명 명주옷(明紬-). ☞맹지옷.

밍지자리[_ _ _-] 명 명주자루(明紬--). ☞맹지자리.

밍질[-_] 명 명절(名節). ☞맹절. 맹질. 밍절.

밍창[1][_-] 부 그냥. 아무런 노력도 없이. ¶【관용구】굶운 염통이 밍창 낫으까이. =굶은 염통이 그냥 나을까. ☞거양. 기냥. 기양. 노. 마. 마아.

밍창[2][_-] 부 날마다. ☞날마당. 날씨고.

밍치[_-] 명 명치. ☞밍치.

밍태[-_] 명 ((동물))명태(明太). ☞맹태.

밎[믿 -] 부 몇. ☞멫.

밎밎[믿믿 --] 부 몇몇. ☞멫멫.

밑가다[믿가다 _-_] 동 밑지다. 들인 밑천이나 제 값어치보다 얻는 것이 적다. 또는 손해를 보다. ¶【관용구】밑가는 장시하다. =밑지는 장사하다. ¶【속담】내 솥 팔아 넘우 솥 사도 밑갈 거 없다. =내 솥 팔아 남의 솥 사도 밑질 것 없다.

밑거룸[믿꺼룸 _ _-] 명 밑거름. ①어떤 일을 이루는 데 기초가 되는 요인. ¶【속담】할애비 인심이 손자 밑거룸 덴다. =할아비 인심이 손자 밑거름 된다. ②씨를 뿌리거나 모종하기 전에 주는 거름. ¶농사 잘 지일라 카마 밑거룸을 낫기 해야 덴다. =농사 잘 지으려 하면 밑거름을 낫게 해야 된다.

밑구녕[1][믿꾸녕 _ _-] 명 밑구멍. ①물건의 아랫부분이나 아래쪽에 뚫린 구멍. ¶【속담】밑구녕 빠진 도가지 신세. =밑구멍 깨진 독 신세. ¶【속담】돌호박도 밑구녕 빠질 날 있다. =돌확도 밑구멍 빠질 날 있다. ②항문이나 여자의 음부를 속되게 이르는 말. ¶【관용구】밑구녕 빠질다. =밑구멍 빠지겠다. ¶【속담】쏙꽂 열둘 입어도 밑구녕 다 비인다. =속곳 열둘 입어도 밑구멍 다 보인다. ③'속마음'을 비유적으로 이르는 말. ¶【속담】내 밑구녕 디비서 넘 보이준다. =내 밑구멍 뒤집어서 남 보여준다. ☞납딱꼬치. 밑구늉. 밑구뭉. 밑구중.

밑구녕[2][믿꾸녕 _ _-] 명 똥구멍. ☞똥구녕. 똥구늉. 똥구뭉. 똥구중. 밑구늉. 밑구뭉. 밑구중.

밑구늉[1][믿꾸늉 _ _-] 명 밑구멍. ☞납딱꼬치. 밑구녕. 밑구뭉. 밑구중.

밑구늉[2][믿꾸늉 _ _-] 명 똥구멍. ☞똥구녕. 똥구늉. 똥구뭉. 똥구중. 밑구녕. 밑구뭉. 밑구중.

밑구뭉[1][믿꾸뭉 _ _-] 명 밑구멍. ☞납딱꼬치. 밑구녕. 밑구늉. 밑구중.

밑구뭉[2][믿꾸뭉 _ _-] 명 똥구멍. ☞똥구녕. 똥구늉. 똥구뭉. 똥구중. 밑구녕. 밑구늉. 밑구중.

밑구중[1][믿꾸뭉 _ _-] 명 밑구멍. ☞납딱꼬치. 밑구녕. 밑구늉. 밑구뭉.

밑구중[2][믿꾸중 _ _-] 명 똥구멍. ☞똥구녕. 똥구늉. 똥구뭉. 똥구중. 밑구녕. 밑구늉. 밑구뭉.

밑달갈[믿달갈 _ _-] 명 밑알. 암탉이 제자리를 바로 찾아 알을 낳을 수 있도록 미리 닭의 둥지에 넣어 두는 달걀. ¶【관용구】밑달갈로 옇다. =밑알을 넣다. ¶【속담】밑달갈로 옇어야 알로 내묵지. =밑알을 넣어야 알을 내어먹지.

☞알자리알.

밑찔기다[믿찔기다 _-__] 동 밑질기다. 사람이 어디에 한번 앉으면 좀처럼 일어날 줄 모르는 성질이 있다. ¶【속담】밑찔긴 여핀네 날 저문 줄 모룬다. =밑질긴 여편네 날 저문 줄 모른다.

밑터리기[믿터리기 __-_] 명 밑털. 굵은 털 밑에 있는 짧고 보드라운 털. ¶【속담】보도랍기사 쪽지비 밑터리기만 하까이. =보드랍기야 족제비 밑털만 하랴.

ㅂ

-ㅂ디꺼[-_] 어 -ㅂ디까. ((모음이나 'ㄹ'로 끝나는 용언 뒤에 붙어)) 상대에게 그가 과거에 경험한 사실에 대하여 묻는 뜻을 나타내는 말. 하오체로 쓰인다. ¶시딕이가 이뻡디꺼? =새댁이 예쁩디까?

-ㅂ띠더예[-__] 어 -ㅂ디다. ((모음이나 선어말 어미 뒤에 붙어) 자신이 과거에 경험한 사실을 상대에게 전하여 알리는 뜻을 나타내는 말. 하오체로 쓰인다. 종결어미에 흔히 '예'가 습관처럼 따라붙는다. ¶자아는 지이로 잘 담습띠더예. =쟤는 김치를 잘 담급디다. ¶아아가 잘 걸어 댕깁디더예. =애가 잘 걸어 다닙디다.

-ㅂ미꺼예[-__] 어 -ㅂ니까. ((모음이나 'ㅂ'으로 끝나는 용언 뒤에 붙어)) 어떤 사실에 대하여 상대에게 정중하게 묻는 뜻을 나타내는 말. '하십시오체'로 쓰인다. 종결어미에 흔히 '예'가 습관처럼 따라붙는다. ¶이기이 맘에 듭미꺼예? =이게 맘에 듭니까? ¶시방 배깥에 비 옵미꺼예? =지금 밖에 비 옵니까?

-ㅂ미데이[--_] 어 -ㅂ니다. ((모음이나 'ㅂ'으로 끝나는 용언 뒤에 붙어)) 어떤 사실에 대하여 상대에게 정중하게 설명하여 알리는 뜻을 나타내는 말. '-ㅂ니다'보다 훨씬 다정한 느낌을 준다. ¶이라마 뎁미데이. =이러면 됩니다. ☞-ㅂ미더예.

-ㅂ미더예[-__] 어 -ㅂ니다. ☞-ㅂ미데이.

바가치[_-_] 명 바가지. ①박을 두 쪽으로 쪼개거나 또는 나무나 플라스틱으로 그와 비슷하게 만들어 물을 푸거나 물건을 담는 데 쓰는 그릇. ¶【속담】동냥은 몬 조오도 바가치는 깨지 마래이. =동냥은 못 줘도 바가지는 깨지 마라. ②물 따위의 액체나 곡식을 바가지에 담아 그 분량을 세는 단위. ¶쌀 시 바가치. =쌀 세 바가지. ③정해진 값보다 더 높게 값을 매겨서 받는 것. ¶【관용구】바가치 씨다. =바가지 쓰다. ¶【관용구】바가치 씨아다. =바가지 씌우다. ④아내가 남편에게 하는 잔소리나 불평의 말. ¶【관용구】바가치 끍다. =바가지 긁다. ☞박재기.

바구[-_] 명 바위. ¶【속담】바구 치마 지 팔마 아푸다. =바위 치면 제 팔만 아프다. ¶【속담】바구에 대침 놓기. =바위에 대침 놓기. ☞바우.

바구리[_-_] 명 바구니. ①대나 싸리 따위

를 쪼개어 둥글게 결어 속이 깊숙하게 만든 그릇. ②작은 물건을 '바구니'에 담아 그 분량을 세는 단위. ¶【속담】조개는 까무우도 한 바구리 안 까무우도 한 바구리. =조개는 까먹어도 한 바구니 안 까먹어도 한 바구니. ☞도래소꾸리.

바굴기리다[__-__] 동 바글거리다. ①사람이나 짐승이 많이 모여 어수선하게 자꾸 움직이다. ¶소벌에 새가 바굴기린다. =우포늪에 새가 바글거린다. ②액체가 끓어오르다. ¶주준자서 물이 바굴기린다. =주전자에서 물이 바글거린다.

바굴바굴하다[____-_] 동 바글바글하다. ¶대묵자아 사램들이 바굴바굴하다. =대목장에 사람들이 바글바글하다. ☞박실박실하다.

바기미[_-_] 명 ((동물))바구미. ☞좀.

바까다[_-_] 동 바꾸다. ①원래 있던 것을 없애고 다른 것으로 채워 넣거나 대신하게 하다. ¶【속담】성(姓)도 바깔 넘. =성도 바꿀 놈. ¶【속담】박가캉 석가하고는 민장[面長]을 하마 내 성(姓)을 바깠는다. =박가하고 석가하고는 면장을 하면 내 성을 바꾼다. ②자기가 가진 물건을 다른 사람에게 주고 대신 그에 필적할 만한 다른 사람의 물건을 받다. ¶아아가 신을 빠까 신고 왔다. =애가 신발을 바꿔 신고 왔다. ③원래의 내용이나 상태를 다르게 고치다. ¶【관용구】바까 말하다. =바꿔 말하다.

바까치기[__-_] 명 바꿔치기.

바꾸[1][-_] 명 바퀴. ①돌리거나 굴리려고 테 모양으로 둥글게 만든 물건 그 자체. ¶【속담】바꾸 없는 달구지 신세. =바퀴 없는 달구지 신세. ¶【속담】기천궁달이 수레는 바꾸가 돈다. =귀천궁달이 수레는 바퀴가 돈다. ☞동터래. 바끼. 발통. ②어떤 둘레를 빙 돌아서 제자리까지 돌아오는 횟수를 세는 단위. ¶동네로 및 바꾸 돌았다. =동네를 몇 바퀴 돌았다. ☞바끼.

바꾸[2][-_] 명 생김새. '생김새'를 속되게 이르는 말. ¶생기 문 바꾸로 보이 장개가기는 텄다. =생겨 먹은 생김새를 보니 장가가기는 글렀다. ☞꼬라지. 생긴바꾸.

바꾸[3][-_] 명 상황(狀況). 어떤 일이나 현상 따위가 이루어지거나 처해 있는 일정한 때의 모습이나 형편. ¶돌아가는 바꾸가 올개는 안 데겠다. =돌아가는 상황이 올해는 안 되겠다.

바끼[-_] 명 바퀴. ☞동터래. 바꾸. 발통.

바끼다[_-_] 동 바뀌다. '바꾸이다'의 준말. '바꾸다'의 피동사. ①다른 것으로 채워지거나 대신하게 되다. ¶【속담】지집 바낀 거는 모루고 젓가치 짝 바낀 거는 안다. =계집 바뀐 건 모르고 젓가락 짝 바뀐 건 안다. ②시간이나 시기가 지나서 다음 날, 달, 해, 계절 등이 되다. ¶【관용구】해가 바끼다. =해가 바뀌다. ¶【관용구】철이 바끼다. =철이 바뀌다. ☞배끼다.

바다리[_-_] 명 바지게. 짐을 싣기 위하여 지게에 얹는 소쿠리 모양의 물건.

ㅂ

¶【관용구】입이 바다리만 하다. =입이 바지게만 하다. ☞바자리. 바지기.

바댁[-_] 명 바닥. ①평평하게 넓이를 이룬 면. ¶【관용구】바댁을 고라다. =바닥을 고르다. ②활동 범위. ¶【관용구】바댁이 넓다. =바닥이 넓다. ③일정한 지역이나 생계수단. ¶【관용구】이 바댁 물로 묵다. =이 바닥 물을 먹다. ④밑이나 끝. ¶【관용구】바댁이 없다. =바닥이 없다. ⑤어려운 삶. ¶【관용구】바댁 끍다. =바닥 긁다. ⑥피륙의 짜임새. ¶바댁이 곱다. =바닥이 곱다.

바라다[_-_] 동 바루다. ①비뚤어지거나 구부러지지 않도록 바르게 하다. ¶뭉개진 담장을 바랐다. =무너진 담장을 바루었다. ②그릇된 일을 바르게 만들거나 잘못된 것을 올바르게 고치다. ¶【관용구】행실로 바라다. =행실을 바루다. ☞반지라다. 반틀라다. 발라다.

바래다[--_] 동 바라다. 생각이나 바람대로 어떤 일이나 상태가 이루어지거나 그렇게 되었으면 하고 생각하다. ¶【속담】손지 탕국을 바래라. =손자 탕국을 바라라. ¶【속담】한 닢도 없는 넘이 두 돈 오 푼 바랜다. =한 닢도 없는 놈이 두 돈 오 푼 바란다.

바래~이[_-_] 명 ((식물))바랭이.

바래주다[_-__] 동 배웅하다. 떠나가는 손님을 일정한 곳까지 따라 나가서 작별하여 보내다. ¶너거 누부 쫌 바래주고 온나. =너희 누나 좀 배웅하고 오너라.

바램[_-] 명 바람. *'바람'이 단독으로 쓰일 경우에는 '바람'으로 발음하지만, 조사가 붙거나 합성어일 경우에는 '바램'으로 실현된다. ①공기의 움직임. ¶【속담】바알구뭉우로 항시바램이 들온다. =바늘구멍으로 황소바람이 들어온다. ②들뜬 마음이나 일어난 생각을 비유적으로 이르는 말. ¶【관용구】바램이 나다. =바람이 나다.

바램기[바램끼 _-_] 명 바람기(--氣). ①주로 남녀 관계에서, 두 명 이상의 사람과 복잡한 이성 관계(異性關係)를 가지거나 그 상대를 자주 바꾸는 기질. ¶【관용구】바램기가 있다. =바람기가 있다. ②바람이 부는 기운. ¶【관용구】바램기가 있다. =바람기가 있다. ¶【관용구】바램기가 없다. =바람기가 없다.

바램들다[__-_] 동 바람나다. ①혼인하거나 사귀는 이성이 있는 사람이 다른 이성에게 정신이 팔려 놀아나다. ¶【속담】바램들린 무시캉 지집은 몬 씬다. =바람난 무와 계집은 못 쓴다. ②무 따위의 채소가 공기에 오래 노출되어 못쓰게 되다. ¶【관용구】바램든 무시. =바람난 무. ③체통 없이 웃다. ¶【관용구】간에 바램들었다. =간에 바람났다. ④흥분하다. ¶【관용구】염통에 바램들었다. =염통에 바람났다. ⑤실없는 행동을 하다. ¶【관용구】허페에 바램들었다. =허파에 바람났다. ☞바램들리다.

바램들리다[___-_] 동 바람나다. ☞바램들다.

바램디이[바램디~이 __-_] 명 바람둥이. 곧잘 바람을 피우는 사람.

바램살[바램쌀 _-_] 명 바람살. 세차게 부

는 바람의 기운. ¶【관용구】바램살이 있다. =바람살이 있다. ¶【관용구】바램살이 없다. =바람살이 없다.

바램재이[바램재~이 _ _-_] 명 바람쟁이. 곧잘 바람을 피우는 사람.

바램잽이[바람재비 _ _-_] 명 바람잡이. ①야바위꾼이나 치기배 등과 짜고 사람들의 정신을 혼란하게 만드는 사람. ¶【속담】디웅박 찬 바램잽이. =뒤웅박 찬 바람잡이. ②다른 사람에게 무슨 행동을 하려는 마음이 생기도록 부추기는 사람. ¶【관용구】바램잽이로 하다. =바람잡이를 하다.

바램피아다[_ _-_ _] 동 바람피우다. 한 이성에 만족하지 아니하고, 몰래 다른 이성과 관계를 갖다. ¶바램피아다가 더 들킸다. =바람피우다가 들켰다.

바랭다[1][바래타 _-_] 동 기다리다. 어떤 사람이나 때가 오기를 바라다. ¶【속담】솥 쒸어놓고 바랭긴다. =솥 씻어놓고 기다린다. ¶【속담】감낭게서 홍시 널찌기마 바랭고 있다. =감나무 밑에서 홍시 떨어지기만 기다리고 있다. ¶【속담】초생달 볼 사램이 야밤에 노오서 바랭긴다. =초승달 볼 사람이 야밤에 나와서 기다린다. *바랭고[바래코 _-_], 바랭지[바래치 _-_], 바래앴다[바래앴따 _-_ _]. ☞지다리다.

바랭다[2][바래타 _-_] 동 지키다. 어떤 곳을 떠나지 않고 살피거나 머무르다. ¶개가 대문깐을 바랭고 있네예. =개가 대문간을 지키고 있네요.

바랭다[3][바래타 _-_] 동 벼르다. 어떤 일을 이루려고 마음속으로 준비를 단단히 하고 기회를 엿보다. ¶【속담】바랭던 알라 누이 먼다. =벼르던 아기 눈이 먼다. ¶【속담】오조 무운 대애지 바랭듯기. =오조 먹은 돼지 벼르듯이. ¶【속담】바랭던 지사 물도 몬 떠낳는다. =벼르던 제사 물도 못 떠놓는다. ☞베라다. 비라다.

바러다[1][_-_] 동 바르다. 풀이나 물, 화장품 따위를 표면에 고루 묻히다. ¶【속담】입에 춤도 안 바러고 거짓말한다.

바러다[2][_-_] 형 바르다. ①비뚤어지거나 굽은 데가 없이 곧거나 반듯하다. ¶이불로 바러기 개애라. =이불을 바르게 개켜라. ②언행이 규범이나 도리에 맞다. ¶【관용구】에이가 바러다. =예의가 바르다. ③햇볕을 곧장 받아 따뜻하다. ¶내가 죽구들랑 양지 바런 곳에 묻우다고. =내가 죽거들랑 양지 바른 곳에 묻어 다오. ④거짓이나 속임이 없이 정직하다. ¶바러기 말하마 용서해주께. =바르게 말하면 용서해줄게.

바리[1][-_] 명 마리. 짐승이나 물고기, 벌레 따위를 세는 단위. ¶【속담】개 백 바리마 범을 잡는다. =개 백 마리면 범을 잡는다. ¶【속담】닭이 천 바리 있으마 봉이 한 바리 있다. =닭이 천 마리 있으면 봉이 한 마리 있다.

바리[2][_-] 부 바로. ①비뚤어지거나 굽은 데가 없이 곧게. ¶【속담】입은 삐떨어지도 말은 바리 해라. =입은 비뚤어져도 말은 바로 해라. ②거짓이나 꾸밈없이 있는 그대로. ¶있는 고대로 바리 말

ㅂ

해라. =있는 그대로 바로 말해라. ③사리나 원리, 원칙 등에 어긋나지 아니하게. ¶【속담】마암보로 바리 씨야 복을 받는다. =마음보를 바로 써야 복을 받는다. ④도리, 법식, 규정, 규격 따위에 어긋나지 아니하게. ¶태국기로 바리 달았다. =태극기를 바로 달았다. ⑤시간적인 간격을 두지 아니하고 곧. ¶집에 대이마 바리 전아해라. =집에 닿으면 바로 전화해라. ⑥다른 것이나 다른 데에 있는 것이 아니라는 뜻으로 하는 말. ¶바리 니 눈앞에 있다. =바로 네 눈앞에 있다. ⑦이내. 곧장. ¶눕덤질로 바리 잠이 들었다. =눕자마자 바로 잠이 들었다. ⑧멀지 않고 가까이 곧. ¶우리 집 바리 디에는 사이다. =우리 집 바로 뒤에는 산이다.

바리바리[1][___-] 부 바로바로. 그때그때 곧. ¶어채피 할일인데 바리바리 해낳아라. =어차피 할일인데 바로바로 해놓아라.

바리바리[2][___-] 부 계속(繼續). ¶손님들이 바리바리 찾아왔다. =손님들이 계속 찾아왔다.

바리잡다[__-_] 동 바로잡다. ①잘못을 올바르게 고쳐서 제대로 되게 하다. ¶【속담】장님 문꼬리 바리잡았다. =장님 문고리 바로잡았다. ②굽은 것을 곧게 만들다. ¶【속담】가락 바리잡는 집에 가지다가 시아 낳았다 오도 쫌 낫다. =가락 바로잡는 집에 가져다가 세워 놓았다 와도 좀 낫다. ③엄한 표정을 짓다. ¶【관용구】얼골빛을 바리잡다. =얼굴빛을 바로잡다.

바린질[_-_] 명 바른길. ①이치에 맞고 정당하면서도 참된 도리. ¶배안 사램답기 바린질로 가래이. =배운 사람답게 바른길로 가라. ②굽지 않고 곧은 길. ¶바른질로 차가 씨기 달라뺀다. =바른길로 차가 세게 달려간다.

바뿌다[1][_-_] 형 바쁘다. ①일이 많거나 또는 서둘러서 해야 할 일로 인하여 딴 겨를이 없다. ¶【속담】통시 갈 때가 바뿌지 올 때는 안 바뿌다. =뒷간 갈 때가 바쁘지 올 때는 안 바쁘다. ②어떤 행동이 '끝나자마자 곧'의 뜻을 나타낸다. ¶【관용구】벌이는 대로 씨기 바뿌다. =버는 대로 쓰기 바쁘다.

바뿌다[2][_-_] 형 급하다(急--). ①사정이나 형편이 서둘러 돌보거나 빨리 처리해야 할 상태에 있다. ¶【속담】바뿌다꼬 바알허리에 실 매 씨까. =급하다고 바늘허리에 실 매어 쓰랴. ②행동 따위가 빨라서 서두르거나 초조해하는 느낌이 있다. ¶【관용구】마움마 바뿌다. =마음만 급하다. ③흐름이나 진행 속도가 매우 빠르다. ¶【속담】바뿌기 찧는 바아도 손 놀 팀이 있다. =급하게 찧는 방아에도 손 놀 틈이 있다.

바시다[1][_-_] 형 부시다. ((주로 '눈'과 함께 쓰여)) 빛이나 색채가 강렬하여 마주 보기가 어려운 상태에 있다. ¶햇빛 때미로 누이 바신다. =햇빛 때문에 눈이 부신다. ☞보시다.

바시다[2][_-_] 형 민망하다(憫惘--). ☞민지럽다.

바시락기리다[___-__] 동 바스락거리다. 마른 풀이나 가랑잎을 가볍게 밟거나 건드리는 소리를 자꾸 내다. ¶【속담】갈방잎사구가 솔잎사구더리 바시락기린다꼬 칸다. =가랑잎이 솔잎더러 바스락거린다고 한다.

바실바실[___-] 부 보슬보슬. 덩이진 가루 따위가 물기가 적어 바스러지기 쉬운 모양. ¶날이 가물우서 흙떵거리가 바실바실 뿌싸진다. =날씨가 가물어서 흙덩이가 보슬보슬 부서진다. ☞보실보실.

바아[바~아 -_] 부 방에(房-). 방의 안 쪽에. ¶얼라를 바아 하분채 낳아뚠다. =애를 방에 혼자 놓아둔다.

바아꼬[바~아꼬 __-] 명 방앗공이. 방아확 속에 든 물건을 찧는 데 쓰도록 만든 길쭉한 몽둥이. ¶【속담】터진 바아꼬에 보리알 찡기딧기 한다. =터진 방앗공이에 보리알 끼듯 한다. ¶【속담】바아꼬는 지 산 밑에서 팔아먹우랬다. =방앗공이는 제 산 밑에서 팔아먹으랬다. ☞방앗고오.

바아실[바~아실 __-] 명 방앗간(--間). 방아로 곡식을 찧거나 빻는 곳. ¶【속담】바아실에서 울욿어도 그 집 조상이다. =방앗간에서 울었어도 그 집 조상이다. ¶【속담】참새가 바아실 기양 지내가까이. =참새가 방앗간 그냥 지나가랴. ☞방깐.

바알[-_] 명 바늘. ①옷 따위를 짓거나 꿰맬 때 쓰는 물건. ¶【속담】바알 가는 데 실 가고 바람 가는 데 구름 간다. =바늘 가는 데 실 가고 바람 가는 데 구름 간다. ¶【속담】바알 도독이 소 도독 덴다. =바늘 도둑이 소 도둑 된다. ②끝이 뾰족하고 가늘고 긴 물건을 통틀어 이르는 말. ¶【속담】바알로 쭈시도 피 한 빠알 안 날다. =바늘로 찔러도 피 한 방울 안 나겠다. ¶【속담】바알 꽂을 데도 없다. =바늘 꽂을 데도 없다.

바알고대[-___] 명 ((식물))물꼬챙이골.

바알구녕[바알꾸녕 -__-] 명 바늘구멍. 아주 작은 구멍. ¶【속담】바알구녕으로 코끼리 몰라 칸다. =바늘구멍으로 코끼리 몰려고 한다. ¶【속담】바알구녕으로 항시바람 들온다. =바늘구멍으로 황소바람 들어온다. ☞바알구늉. 바알구뭉. 바알구중.

바알구늉[바알꾸늉 -__-] 명 바늘구멍. ☞바알구녕. 바알구뭉. 바알구중.

바알구뭉[바알꾸뭉 -__-] 명 바늘구멍. ☞바알구녕. 바알구늉. 바알구중.

바알구중[바알꾸중 -__-] 명 바늘구멍. ☞바알구녕. 바알구늉. 바알구뭉.

바알기[-__] 명 바늘귀. 바늘의 한쪽 끝에 실을 꿸 수 있도록 뚫어 놓은 구멍. ¶【속담】봉사 바알기 낀다. =장님 바늘귀 꿴다. ¶【속담】여복이가 바알기 낀다. =여복이가 바늘귀 꿴다.

바알당새이[바알당새~이 -__-_] 명 반짇고리. 바늘, 실, 골무, 헝겊 따위의 바느질 도구를 담는 그릇. *바알(바늘)+당새기(고리). ☞반당새이. 반짇그륵.

바알방석[-__-] 명 바늘방석(--方席). 불편하고 불안한 자리를 비유적으로 이르는 말. ¶【속담】딸 씨앗은 바알방석에 앉하고 아들 씨앗은 꽃방석에 앉한다. =딸 씨앗은 바늘방석에 앉히고 아들 씨앗은 꽃방석에 앉힌다.

바알질[-__] 명 바느질. ¶【속담】동네에 초상났을 때 바알질하마 안 덴다. =동네에 초상났을 때 바느질하면 안 된다.

바우[-_] 명 바위. ☞바구.

바자리[_-_] 명 바지게. 싸리나 대오리 따위로 만든 발채를 얹어 놓은 지게. ☞바다리. 바지기.

바지기[_-_] 명 바지게. ☞바다리. 바자리.

바지랗다[바지란타 __-_] 형 부지런하다. 어떤 일을 꾸물거리거나 미루지 않고 꾸준하게 열심히 하는 태도가 있다. ¶【속담】바지랗기 도는 물바아는 얼 새도 없다. =부지런하게 도는 물방아는 얼 사이도 없다. ¶【속담】껄배이도 바지란어마 얻어묵눈다. =거지도 부지런하면 얻어먹는다. *바지랗고[바지란코 __-_], 바지랗지[바지란치 __-_], 바지란아야[바지라나야 __-__], 바지란었다[바지란얻따 __-__]. ☞보지랗다.

바지말[-_-] 명 바지춤. 바지를 입은 상태에서, 바지의 허리 부분을 접어 여민 사이. ¶【관용구】바지말 걷이다. =바지춤 걷다.

바지저구리[___-_] 명 바지저고리. 바지와 저고리. ¶【관용구】바지저구리로 이이다. =바지저고리로 여기다. ¶【속담】몸띠이는 낳아뚜고 바지저구리마 댕긴다. =몸뚱이는 놓아두고 바지저고리만 다닌다.

바짓가래이[바지까래~이 ___-_] 명 바짓가랑이. 바지에서 다리를 꿰는 부분. ¶【관용구】바짓가래이로 붙들다. =바짓가랑이를 붙잡다. ☞주우가래이.

바치다[1][-__] 동 괴다. ☞고아다. 공가다. 방가다. 방가치다.

바치다[2][-__] 동 거르다. 액체 속의 찌꺼기나 불순물을 체 따위로 밭아서 말간 액체만 남기다. ¶지렁장을 바치서 팔팔 낋있다. =간장을 걸러서 팔팔 끓였다.

박다[박따 -_] 동 받다. 머리나 뿔 따위로 세차게 부딪치다. ¶추럭이 담을 박았다. =트럭이 담을 받았다.

박산[-_] 명 튀밥. ¶【관용구】박산을 티아다. =튀밥을 튀기다.

박실박실하다[____-_] 동 바글바글하다. 작은 벌레나 짐승 또는 사람 따위가 한곳에 많이 모여 자꾸 움직이다. ¶저실 데마 소벌에 말기우가 박실박실합미더. =겨울 되면 우포늪에 기러기가 바글바글합니다. ☞바굴바굴하다.

박오가리[__-_] 명 박고지. 여물지 아니한 박의 속을 파내어 길게 오려서 말린 반찬거리. ☞박우구리.

박우구리[__-_] 명 박고지. ☞박오가리.

박움두리막[바굼두리막 -___-] 명 박이두루마기. 한여름용 두루마기.

박작기리다[__-__] 동 벅적거리다. 많은 사람이 넓은 곳에 모여 매우 어수선하게 자꾸 움직이다. ¶우짠 사램들이 저래 박작기리노. =어쩐 사람들이 저리 벅적거리나.

박재기[박째기 _-_] 명 바가지. ☞바가치.

반갑기[--_] 부 반가이. 그리고 바라던 소식이나 사람을 만나게 되어 마음이 흐뭇하게. ¶【관용구】반갑기 이이다. =반가이 여기다.

반갑아하다[반가바하다 --_-_] 동 반가워하다. ¶【관용구】천리 타양 고인(故人) 만내 반갑아하는 일. =천리 타향 고인 만나 반가워하는 일.

반갑움[반가붐 --_] 명 반가움. ¶【관용구】반갑움을 감차지 몬하다. =반가움을 감추지 못하다.

반거치이[반거치~이 __-_] 명 반거충이(半---). 솜씨 따위의 능력이 어중간한 사람. *표준어 '반거충이'는 '배우던 것을 중도에 그만두어 다 이루지 못한 사람'을 뜻하지만 창녕방언에서는 다른 뜻으로 사용한다. ¶지대로 하는 기이 없는 반거치이. =제대로 하는 게 없는 반거충이.

반나잘[__-] 명 반나절(半--). ☞나잘가웃. 반나질

반나질[__-] 명 반나절(半--). ☞나잘가웃. 반나잘.

반다시[_-_] 부 반드시. 틀림없이 꼭. ¶【속담】덕은 위롭지 안하고 반다시 이우지가 있다. =덕은 외롭지 않고 반드시 이웃이 있다.

반당새이[반당새~이 __-_] 명 반짇고리. ☞바알당새이. 반짇그륵.

반대쭉[_--] 명 반대쪽(反對-). ①사물의 위치나 방향이 반대되는 쪽. ¶개가 집 반대쭉으로 다알났다. =개가 집 반대쪽으로 달아났다. ②주장하는 바가 상반되는 쪽. ¶반대쭉 사램들은 및이나 왔더노? =반대쪽 사람들은 몇이나 왔더냐?

반대팬[_--] 명 반대편(反對便). ①반대되는 방향이나 위치. ¶손잽이로 반대팬으로 돌리라. =손잡이를 반대편으로 돌려라. ②견해, 이론, 입장 등에서 반대가 되거나 서로 맞서 겨루는 무리. ¶반대팬 선수캉 몸싸암이 일났다. =반대편 선수와 몸싸움이 일어났다. ☞반대핀.

반대핀[_--] 명 반대편(反對便). ☞반대팬.

ㅂ

반도[_-] 명 반두. 노끈이나 실, 쇠줄 따위로 여러 코의 구멍이 나게 얽은 물건. 날짐승이나 물고기 따위를 잡는 데 쓴다. *표준어에서 '반두'는 양쪽 끝에 가늘고 긴 막대로 손잡이를 만든 그물로, 주로 얕은 개울에서 물고기를 몰아 잡는 '족산대'를 일컫는 말이다.

반동가리[_--_] 명 반동강(半--). ①일 따위를 끝맺지 못하고 중간에서 그만두거나 끊어 버림. ¶오올은 일로 반동가리마 했다. =오늘은 일을 반동강만 했다. ②어떤 사물의 절반 정도 되는 크기. ¶칼치 반동가리. =갈치 반동강.

반버부리[_-__] 명 반벙어리(半---). ①혀가 짧거나 기타 발음 기관의 이상으로 남이 잘 알아듣지 못하게 말을 하는 사람. ¶【속담】반버부리 축문 읽러딧기. =반벙어리 축문 읽듯. ②하고 싶은 말을 다 하지 못하는 사람을 비유적으로 이르는 말. ¶【관용구】반버부리가 데다. =반벙어리가 되다.

반봉사[_ _-] 명 애꾸눈. 한쪽이 먼 눈. ☞사또.

반빙시이[반빙시~이 _ _-_] 명 반병신(半病身). ①몸이 완전하지 못하여 제대로 움직일 수 없는 사람. ¶【관용구】반빙시이가 데다. =반병신이 되다. ②지능이 보통 사람보다 아주 낮은 사람. ¶지 앞가림도 몬하는 반빙시이. =자기 앞가림도 못하는 반병신. ③어리석은 행동을 일삼는 사람을 낮잡아 이르는 말. ¶【속담】자석자랑은 반빙시이 마너래 자랑은 온 빙시이. =자식 자랑은 반병신 마누라 자랑은 온 병신.

반살기[_-_] 명 반살미. 갓 혼인한 신랑이나 신부를 친척집에서 처음으로 초대하여 대접하는 일. ¶【속담】새밋질에서 반살기 받는다. =우물길에서 반살미 받는다.

반실[_-] 명 반(半). ¶【속담】반실 잔 술에 눈물 나고 한 잔 술에 윗움 난다. =반 잔 술에 눈물 나고 한 잔 술에 웃음 난다. ☞반ㅌ. 반텀.

반에반[_-_] 명 반의반(半-半). ¶작년 요량하마 올개는 반에반또 안 덴다. =작년 비교하면 올해는 반의반도 안 된다.

반조시[_ _-] 명 혼혈아(混血兒). 튀기. *반(半)+조시(자위). ¶저래 생기무운 사램은 반조시 맞제? =저리 생겨먹은 사람은 혼혈아 맞지?

반지라다[_ _-_] 동 바루다. 바르게 하다. ☞바라다. 반틀라다. 발라다.

반짇그륵[반지끄륵 _ _-_] 명 반짇고리. ☞바알당새이. 반당새이.

반창구[--_] 명 반창고(絆瘡膏).

반ㅌ[_] 명 반(半). ¶반틀 짜개라. =반을 쪼개라. ¶반튼 니가 하고 나무치기는 내가 하께. =반은 네가 하고 나머지는 내가 할게. ☞반실. 반텀.

반타다[_-_] 동 나누다. ☞나나다. 노나다.

반타서묵다[_-_ _ _] 동 나눠먹다. ☞갈라묵다. 나나묵다. 노나묵다.

반타주다[_-_ _] 동 나눠주다. ☞갈라주다. 나나주다. 노나주다.

반텀[_-] 명 반(半). ¶무시로 반텀마 썽그리낳아라. =무를 반만 썰어놓아라. ¶그 일로 인자 반텀이나 했능가 모룰다. =그 일을 이제 반이나 했는지 모르겠다. ☞반실. 반ㅌ.

반틀라다[1][_ _-_] 동 고르다. 높낮이를 일정하게 만들다. ☞고라다. 고루다. 공구라다. 빈지라다.

반틀라다[2][_ _-_] 동 바루다. 바르게 하다. ☞바라다. 발라다.

반티이[반티~이 _-_] 명 함지박. ①통나무의 속을 파서 큰 바가지같이 만든 그릇. ¶【속담】넘우 떡 반티이에 넘우진다. =남의 떡 함지박에 넘어진다. ¶【속담】쏙꽂 벗이고 반티이에 드갔다. =속곳 벗고 함지박에 들어갔다. ②눈두덩이 멍들어 심하게 부은 상태를 과장하야 이르는 말. ¶【관용구】눈티이가 반티이가 데다. =눈두덩이 함지박이 되다. ☞함배기. 함비기.

반풍시[_ _-] 명 반풍수(半風水). 풍수지리설에 대하여 어지간한 지식이 있으나 서투른 사람. ¶【속담】반풍시가 집구숙

망친다. =반풍수가 집구석 망친다.

반피이[반피~이 _-_] 명 반편이(半偏-). 지능이 보통 사람보다 모자라는 사람을 낮잡아 이르는 말. ¶【속담】반피이가 밍산[名山] 피모[廢墓]한다. =반편이가 명산 폐묘한다.

반호자[_ _-] 명 반 효자(半 孝子). *'반호자'는 표준어로 보면 구(句)이지만 창녕방언에서는 굳어진 말이라 하나의 단어로 보는 게 낫다. ¶【속담】부모가 온호자라야 자석이 반호자 덴다. =부모가 온 효자라야 자식이 반 효자 된다.

받다[바따 -_] 동 사다. 술 따위를 살 때 이르는 말. ¶오올은 내가 한 잔 받으께. =오늘은 내가 한 잔 살게. ¶점빠아 가서 술 쫌 받아온나. =가게에 가서 술 좀 사오너라.

받아딜이다[바다디리다 _ _--_] 동 받아들이다. ①다른 사람의 말이나 의견을 어떠한 뜻으로 여기거나 이해하다. ¶【관용구】충디이로 받아딜이다. =충고를 받아들이다. ②다른 사람의 의견이나 비판 따위를 찬성하여 따르거나 옳다고 인정하다. ¶넘우 말로 받아딜인다. =남의 말을 받아들이다.

받하다[1][바차다 _-_] 동 받치다. ①물건의 밑이나 옆 따위에 다른 물체를 대다. ¶안 쏟기구로 손우로 잘 받하서 갖고 가래이. =안 쏟아지게 손으로 잘 받쳐서 갖고 가라. ②옷의 색깔이나 모양이 조화를 이루도록 함께 하다. ¶둘매기 안에 저구리로 받하서 입었다. =두루마기 안에 저고리를 받쳐서 입었다. ③어떤 일을 잘할 수 있도록 뒷받침해주다. ¶자석 디로 받하좄다. =자식 뒤를 받쳐주었다. ④비 맞으까 집어서 우산을 받핬다. =비 맞을까 싶어서 우산을 받쳤다.

받하다[2][바차다 _-_] 동 받히다. '받다'의 사동사. ①흐르거나 쏟아지거나 하는 것을 그릇 따위에 담기게 하다. ¶빗물 받을라꼬 지붕지실 밑에 다라이로 받하낳았다. =빗물 받으려고 처마 밑에 대야를 받혀놓았다.

받히다[바치다 _-_] 동 부딪히다. '부딪다'의 피동사. ¶【속담】호강에 받히서 오강에 똥 싼다. =호강에 부딪혀서 요강에 똥 싼다.

발가리[_-_] 명 줄가리. ☞나락까리. 물삐.

발갠하다[--_ _] 동 발견하다(發見--). ¶이거는 오데서 발갠했노? =이건 어디서 발견했니? ☞발긴하다.

발걸움[발꺼룸 _-_] 명 발걸음. 발을 옮겨서 걷는 동작. ¶【관용구】발걸움을 하다. =발걸음을 하다. ¶【관용구】발걸움을 끊이다. =발걸음을 끊다. ¶【관용구】발걸움도 안하다. =발걸음도 않다. ¶【관용구】발걸움이 개굽다. =발걸음이 가볍다. ¶【관용구】발걸움을 깝치다. =발걸음을 재촉하다. ☞발재죽.

발기다[_-_] 동 벌리다. ①둘 사이를 억지로 또는 강제로 넓히다. ¶【속담】동냥자리도 마지 발기야 드간다. =동냥자루도 마주 벌려야 들어간다. ②껍질 따위를 열어 젖혀서 속의 것을 드러내다. ¶밤시이로 발기고 알밤을 끄잡아냈다. =밤송이를 벌리고 알밤을 끄집어 냈다. ③우므러진 것을 펴지거나 열리게 하다. ¶곡석 담구로 자리로 발기라. =곡식 담게 자루를 벌려라. ☞발씨다. 벌기다. 벌씨다. 비씨다.

발긴하다[--__] 동 발견하다(發見--). ☞ 발갠하다.

발꾸락[_-_] 명 발가락. 발끝의 다섯 개로 갈라진 부분. ¶【속담】발뽀담아 발꾸락이 더 크다. =발보다 발가락이 더 크다. ¶【속담】발꾸락에 티눈마이도 안 이인다. =발가락의 티눈만큼도 안 여긴다.

발동걸리다[발똥걸리다 _-_-_] 동 발동하다(發動--). 생각이나 욕망이 왕성하게 움직여 일어나다. ¶술 및 잔 묵더마는 고마 발동걸렀다. =술 몇 잔 먹더니만 그만 발동했다.

발등더리[발뜽더리 __-_] 명 발등. 발의 위쪽 부분. ¶【속담】발뜽더리에 불이 널찠다. =발등에 불이 떨어졌다. ¶【속담】삼 년 미이서 키안 개가 주인 발뜽더리 문다. =삼 년 먹여서 기른 개가 주인 발등 문다. ☞발띠이.

발디꿈치[-___] 명 발뒤꿈치. ①발의 뒤쪽 발바닥과 발목 사이의 불룩한 부분. ¶【속담】지 집 개인데 발디꿈치 물렀다. =제 집 개에게 발뒤꿈치 물렸다. ②어떤 사람이 가진 능력이나 자질의 가장 낮은 수준을 비유적으로 이르는 말. ¶【속담】발디꿈치도 몬 따라간다. =발뒤꿈치도 못 따라간다.

발띠이[발띠~이 _-_] 명 발등. ☞발등더리.

발라다[_-_] 동 바루다. 바르게 하다. ☞ 바라다. 반지라다. 반틀라다.

발룸발룸하다[____-_] 동 발름발름하다. 탄력 있는 물체가 조금 넓고 부드럽게 자꾸 바라졌다 오므라졌다 하다. ¶숨이 차서 코꾸뭉이 발룸발룸한다. =숨이 차서 콧구멍이 발름발름한다.

발맹[-_] 명 발명(發明). ☞발밍.

발모간지[__-_] 명 발모가지. '발목'을 낮잡아 이르는 말. ¶발모간지로 뿔라날끼다. =발모가지를 부러뜨려놓을 거다. ☞발목떼기. 발묵띠기.

발목떼기[__-_] 명 발모가지. ☞발모간지. 발묵띠기.

발묵[_-] 명 발목. 다리와 발이 잇닿는 부분. ¶【관용구】발묵을 얽어매다. =발목을 얽어매다.

발묵띠기[__-_] 명 발모가지. ☞발모간지. 발목떼기.

발밍[-_] 명 발명(發明). ☞발맹.

발부덩치다[_-_-_] 동 발버둥치다. ①기를 써서 있는 힘을 다해 애쓰다. ¶아모리 발부덩치도 소양없었다. =아무리 발버둥쳐도 소용없었다. ②다리를 버둥버둥 움직이며 몸부림치다. ¶강새이가 물에 안 드갈라꼬 발부덩친다. =강아지가 물에 안 들어가려고 발버둥친다.

발씨넓다[발씨널따 -_-_] 형 발 넓다. 사귀어 아는 사람이 많거나 교제 관계가 넓다. *'발씨 넓다'는 표준어로 보면 형용사구지만 창녕방언에서는 굳어진 말이라 하나의 단어로 보는 게 낫다. ¶이래 발씨넓운 사램은 첨 본다. =이리

발 넓은 사람은 처음 본다.

발씨다[_-_] 동 벌리다. ☞발기다. 벌기다. 벌씨다. 비씨다.

발아지다[바라지다 _-__] 동 벌어지다. ①갈라져서 사이가 뜨다. ¶【속담】뒷집 마당 발아진 데 솔뿌리이 걱정한다. =뒷집 마당 벌어진 데 솔뿌리 걱정한다. ②가슴이나 어깨, 등 따위가 옆으로 퍼지다. ¶【관용구】어깨가 발아지다. =어깨가 벌어지다. ③그릇 따위가 속은 얕고 위가 넓게 되다. ¶【관용구】주디이가 발아지다. =주둥이가 벌어지다. ④어떤 사건 따위가 일어나거나 진행되다. ¶큰일이 발아짔다 캅미더. =큰일이 벌어졌다 합니다. ☞벌씨지다. 벌우지다.

발자치[--_] 명 발자취.

발재죽[1][발째죽 __-] 명 발자국. ①발로 밟은 자리에 남은 모양. ¶【속담】가실 물은 소 발재죽에 갭힌 물도 묵눈다. =가을 물은 소 발자국에 고인 물도 먹는다. ②지나온 과거의 역정을 비유적으로 이르는 말. ¶【속담】할애비 발재죽 따라 손지 간다. =할아비 발자국 따라 손자 간다.

발재죽[2][발째죽 __-] 명 발걸음. 발을 옮겨서 걷는 동작. ¶【속담】도독넘이 지 발재죽 소리에 놀랜다. =도둑놈이 제 발걸음 소리에 놀란다. ☞발걸움.

발치[--] 명 발찌. 목뒤 머리털이 난 가장자리에 생기는 부스럼.

발텁[_-] 명 발톱. ¶【속담】손텁은 슬풀 때마당 돋고 발텁은 기뿔 때마당 돋는다. =손톱은 슬플 때마다 돋고 발톱은 기쁠 때마다 돋는다.

발통[--] 명 바퀴. ☞동터래. 바꾸. 바끼.

발판[--] 명 밑싣개. 그넷줄의 맨 아래에 걸쳐 놓아 두 발을 디디거나 앉을 수 있게 만든 물건. ☞군데발판.

밤낭ㄱ[_-] 명 ((식물))밤나무. ¶【속담】밤낭게서 은앵이 열기로 바랜다. =밤나무에서 은행이 열기를 바란다.

밤시[--] 명 밤새. '밤사이'의 준말. 밤이 지나는 동안. ¶밤시 빌고 없었습미꺼? =밤새 별고 없었습니까?

밤시아다[--__] 동 밤새우다. ☞날시아다.

밤시이[밤시~이 _-_] 명 밤송이. ¶【속담】쭉떡 밤시이도 삼년은 간다. =쭉정이 밤송이도 삼년은 간다. ¶【속담】소 잡운 자리는 없어지도 밤시이 벳긴 자리는 있다. =소 잡은 자리는 없어져도 밤송이 벗긴 자리는 있다

밤조리[_-_] 명 ((동물))가무락조개. ☞밤졸개.

밤졸개[_-_] 명 ((동물))가무락조개. ☞밤조리.

밤질[밤찔 --] 명 밤길. 밤에 걷는 길. ¶【속담】비단옷 입고 밤질 간다. =비단옷 입고 밤길 간다. ¶【속담】그뭄날 밤질에 등불 만낸 듯다. =그믐날 밤길에 등불 만난 듯하다.

밥국[밥꾹 _-] 명 갱죽(羹粥). 김치 따위를 넣고 멀겋게 끓인 죽.

밥그륵[밥끄륵 _-_] 명 밥그릇. ①밥을 담는 그릇. ¶【관용구】밥그륵이나 축낸다. =밥그릇이나 축낸다. ②밥벌이를

ㅂ

위한 일자리를 속되게 이르는 말. ¶【관용구】밥그륵 싸암하다. =밥그릇 싸움하다.

밥때[--] 명 끼니때. 끼니를 먹을 때. ¶【관용구】밥때로 떨가다. =끼니때를 놓치다. ¶【속담】밥때 없는 넘인데 저심 이논한다. =끼니때 없는 놈한테 점심 의논한다. ☞밥물때.

밥떠꺼리[1][__-_] 명 밥알. 밥 하나하나의 알. ¶【속담】밥떠꺼리가 이일난다. =밥알이 일어난다. ¶【속담】밥떠꺼리 하나로 송에 낚는다. =밥알 하나로 붕어 낚는다.

밥떠꺼리[2][__-_] 명 밥풀. 풀 대신 쓰는 밥알. ¶【속담】밥떠꺼리로 천장꺼정 바르까. =밥풀로 천장까지 바르랴. ☞밥풀띠기.

밥띠비이[밥띠비~이 __-_] 명 밥뚜껑. 밥그릇을 덮는 뚜껑. *개(開)+띠비이. ☞개띠비이. 띠비이.

밥물때[밤물때 --_] 명 끼니때. ☞밥때.

밥반티이[밥반티~이 __-_] 명 밥함지. 밥을 담은 함지. 또는 밥을 담는 데 쓰는 함지. ¶【속담】밥반티이 젙에서도 굶우죽울다. =밥함지 곁에서도 굶어죽겠다.

밥수가락[밥쑤까락 __-_] 명 밥숟가락. ①밥을 먹는 데 쓰는 숟가락. ¶【관용구】밥수가락 낳았다. =밥숟가락 놓았다. ¶【관용구】밥수가락 낳기 생깄다. =밥숟가락 놓게 생겼다. ②얼마 되지 않는 밥을 비유적으로 이르는 말. ¶【관용구】밥수가락도 몬 얻어묵눈다. =밥숟가락도 못 얻어먹는다. ¶【속담】밥수가락 지고 산다. =밥숟가락 쥐고 산다.

밥수군[_-_] 명 보자기(褓--). 물건을 싸서 들고 다닐 수 있도록 네모지게 만든 작은 천. ¶【속담】비단 밥수군에 개똥. =비단 보자기에 개똥. ☞보재기. 뽀재이.

밥재이[밥재~이 --_] 명 부엌데기. 부엌일을 주로 맡아서 하는 여자를 얕잡아 이르는 말. ☞부섴떡이. 정지가서나. 정지꾼.

밥정없다[밥쩡엄따 -__-] 형 밥맛없다. ①식욕이 없다. ¶【속담】밥정없을 때는 소기기 말마 들어도 낫다. =밥맛없을 때에는 소고기 말만 들어도 낫다. ②사람이나 그 언행이 아니꼽고 기가 차서 정이 떨어지거나 상대하기가 싫다. ¶절마는 볼수룩이 밥정없다. =저놈은 볼수록 밥맛없다. ☞입정없다.

밥주개[__-] 명 밥주걱. 밥을 푸는 도구. ¶【속담】시리떡에 밥주개 들고 다알든다. =시루떡에 밥주걱 들고 달려든다. ☞밥주국. 밥주기.

밥주국[__-] 명 밥주걱. 밥을 푸는 도구. ☞밥주개. 밥주기.

밥주기[__-] 명 밥주걱. ☞밥주개. 밥주국.

밥주다[--_] 동 감다. 벽시계의 태엽을 돌리다. ¶지둥시게 밥좄다. =벽시계 태엽 감았다.

밥풀띠기[_-_] 명 밥풀. ☞밥떠꺼리.

봤자[받짜 -_] 부 봤자. '보았자'의 준말. ①((용언어간 뒤에 붙어)) 앞 절의 내용을 양보하여 인정한다고 하더라도 뒤 절에서 그것으로 인해 기대되는 결과가 부정됨을 나타내는 말. ¶【속담】

띠이 봤자 비룩이다. =뛰어 봤자 벼룩이다. ②((주로 수사와 쓰여)) 그러한 것이라도 예외가 되지 않음을 나타내는 말. ¶【속담】부재라 캐 봤자 삼대로 몬 간다. =부자라 해 봤자 삼대를 못 간다.

방가다[_-_] 동 괴다. ☞고아다. 공가다. 바치다. 방가치다.

방가치다[_-__] 동 괴다. ☞고아다. 공가다. 바치다. 방가다.

방구[_-] 명 방귀. ¶【속담】방구 낀 넘이 썽낸다. =방귀 뀐 놈이 성낸다. ¶【속담】꾸룽내는 나는데 방구 낀 넘은 없다. =구린내는 나는데 방귀 뀐 놈은 없다.

방구식[방꾸식 __-] 명 방구석(房--). ①방 안의 네 귀퉁이. ¶고오매 포대기가 방구식에 놓이있다. =고구마 포대가 방구석에 놓여있다. ②방 또는 방 안을 속되게 이르는 말. ¶하리 쥉일 방구식에마 처백히 있다. =하루 종일 방구석에만 처박혀 있다.

방굼[-_] 명 방금(方今). 바로 이제. ¶방굼 왔나? =방금 왔니?

방까재[-__] 명 ((동물))물방개. ☞빵까재. 참까재.

방깐[_-] 명 방앗간(--間). ☞바아실.

방동사이[방동사~이 __-_] 명 ((식물))방동사니. ☞꼬꾸람때.

방디이[방디~이 _-_] 명 방둥이. 사람의 엉덩이를 속되게 이르는 말. 주로 여자의 것을 이를 때 쓴다. ¶【속담】방디이서 꾸룽내 난다. =방둥이에서 구린내 난다.

방매이[방매~이 _-_] 명 방망이. ¶【속담】가는 방매이 오는 홍두끼. =가는 방망이 오는 홍두깨.

방상하다[__-_] 형 방사하다(倣似--). 매우 비슷하다. ¶저거는 토째비불캉 방상하다. =저것은 도깨비불과 방사하다. ☞빵상하다.

방석[_-] 명 멍석. 짚으로 새끼 날을 만들어 둥글게 결어 만든 큰 깔개. *창녕 일부 지역에서는 둥근 것은 '방석'이라 하고, 네모난 것은 '덕석'이라 한다. ¶【속담】덕석이 방석이라꼬 씨안다. =덕석이 멍석이라고 우긴다. ☞덕석. 맹석.

방수[_-] 명 방법(方法). 주로, 병을 치료하기 위한 방법과 수단. *'방수'의 정확한 뜻은 정리하기 어려우나, 질병에 걸리면 그것을 낫게 하기 위하여 취하는 여러 가지 전래하는 치료법을 이르는 것은 분명하다. 과학적 근거가 없는 것이 대부분이다. 이는 '방법(方法)과 수단(手段)'을 아우르는 말로 추측된다. ¶빙을 낫알라꼬 오만 방수로 다했디라. =병을 낫게 하려고 온갖 방법을 다했더니라. ☞질수.

방앗고오[방아꼬~오 __-_] 명 방앗공이. ☞바아고.

방애하다[-___] 동 방해하다(妨害--). ¶넘우일에 방애하지 마래이. =남의 일에 방해하지 마라.

방양[_-] 명 방향(方向). 어떤 곳을 향한 쪽. ¶【속담】깨구리 띠는 방양캉 가서나 마움은 아무도 모른다. =개구리 뛰는 방향과 계집애 마음은 아무도 모른다.

ㅂ

방우[_-] 명 방위(方位). ¶【관용구】방우가 맞다. =방위가 맞다. ¶【관용구】방우가 틀렸다. =방위가 틀렸다.

방장[-_] 명 모기장(--帳). ☞모구장.

방정밪다[방정받따 __-_] 형 방정맞다. ①말이나 행동이 찬찬하지 못하고 몹시 까불어서 가볍고 점잖지 못하다. ¶방정밪기 촐랑기린다. =방정맞게 촐랑거린다. ②몹시 요망스럽게 보여서 불길하게 느끼거나 상서롭지 못하다. ¶【관용구】방정밪은 생각. =방정맞은 생각. *방정밪고[방정바꼬 __-_], 방정밪지[방정바찌 __-_], 방정밪아야[방정바자야 __-__], 방정밪았다[방정바잗따 __-__].

방천하다[__-_] 동 방천쌓다(防川--). 둑을 쌓아 냇물이 넘쳐 들어오는 것을 막다.

방치[_-] 명 예방(豫防). 질병이나 재해 따위를 미리 대비하여 막음. ¶빙은 방치로 잘해야 안 들린다. =병은 예방을 잘해야 안 걸린다.

방티이[방티~이 _-_] 명 먹는 것만 밝히면서 지저분한 사람을 낮잡아 이르는 말. ¶저 방티이는 와 언자 오노? =저 방팅이는 왜 이제 오니?

방피연[_-_] 명 방패연(防牌鳶). ¶【속담】방피연 갈개발 겉다. =방패연 갈개발 같다. ☞참연.

-밪다[바따 -_] 접 -맞다. -하다. '그러한 성질을 지니고 있음'의 뜻을 더하고 형용사를 만드는 접미사. ¶궁상밪다(궁상맞다). ¶닝글밪다(능글맞다). ¶수상밪다(수상하다).

밭깍단[받깍딴 __-] 명 밭둑. 밭이 자리한 아래쪽 비탈진 곳. ¶【속담】밭깍단에 모싱기 하까. =밭둑에 모내기 하랴. ☞밭두덕. 밭두룸. 밭어덕.

밭낳다[받나타 _-_] 동 밭 놓다. 밭에 심은 곡식이나 채소 따위를 거두어들이고 밭을 비우다. *'밭낳다'는 표준어로 '밭을 놓다' 정도로 풀이할 수 있는데, 이에 대응하는 뜻으로, 논에 심은 작물과 관련해서 '논낳다'는 말은 쓰지 않는다. 창녕방언으로는 이를 한 단어로 쓴다. ¶물이는 언자 밭낳았다. =오이는 이제 밭 놓았다.

밭다[바따 -_] 동 뱉다. 입 속에 있는 것을 입 밖으로 내보내다. ¶【속담】씨는 짤라도 춤은 멀기 밭고 잡다. =혀는 짧아도 침은 멀리 뱉고 싶다.

밭두덕[받뚜덕 __-] 명 밭둑. ☞밭깍단. 밭두룸. 밭어덕.

밭두룸[받뚜룸 __-] 명 밭둑. ☞밭깍단. 밭두덕. 밭어덕.

밭떼기[받떼기 _-_] 명 밭뙈기. 얼마 안 되는 자그마한 밭. ¶정구치밭떼기(부추밭뙈기).

밭띠기[받띠기 _-_] 명 밭떼기. 밭에서 나는 작물을 밭에 나 있는 채로 몽땅 사고파는 일. ¶【관용구】밭띠기로 넘가다. =밭떼기로 팔다.

밭아내다[바타내다 -___] 동 뱉어내다. ①차지하고 있던 것을 도로 내놓다. ¶【관용구】다부 밭아내다. =도로 뱉어내다. ☞게아내다. 기아내다. ②말이나 따위를 함부로 하다. ¶말로 함부리 밭아낸다. =말을 함부로 뱉어낸다.

밭어덕[받어덕 _ _-] 명 밭둑. ☞밭깍단. 밭두덕. 밭두룸.

-배[_] 어 -봐. ((동사나 형용사 뒤에서 '-은가/-는가/-나 보다' 구성으로 쓰여)) 앞말이 뜻하는 행동이나 상태를 추측하거나 어렴풋이 인식하고 있음을 나타내는 종결어미. ¶말키 다 갔는가 배. =모두 다 갔는가 봐.

배겉[배걷 _-] 명 바깥. 밖이 되는 곳. ¶【속담】집에서 새는 바가치 배겉에서도 샌다. =집에서 새는 바가지 바깥에서도 샌다. ☞배껕.

배고푸다[---_] 형 배고프다. 뱃속이 비어서 음식이 먹고 싶다. ¶【관용구】춥고 배고푸다. =춥고 배고프다. ¶【속담】배고푼 호래이가 원님을 알아보까이. =배고픈 호랑이가 원님을 알아보랴.

배고품[---] 명 배고픔. ¶【속담】내 배가 부르이 종 배고품을 모른다. =내 배가 부르니 종 배고픔을 모른다.

배기다[_-_] 동 배다. ①물기나 냄새가 어떤 곳에 스며들다. ¶방 안에 쿰쿰한 내미가 배기 있었다. =방 안에 쿰쿰한 냄새가 배어 있었다. ②생각이나 태도, 행동 따위가 몸이나 손에 버릇이 되어 익숙해지다. ¶【관용구】오장에 배기다. =오장에 배다. ☞배이다. 쨀이다. 쩔이다.

배껕[배껃 _-] 명 바깥. ☞배겉.

배껕냥반[배껃냥반 _ _-_] 명 바깥양반(--兩班). ①아내가 남에게 남편을 이르는 말. ¶【속담】가붓집에 가서 배껕냥반 찾는다. =과붓집에 가서 바깥양반 찾는다. ②한 집안의 남자 어른. ¶【속담】안 인심이 좋아야 배껕냥반 출웁이 너르다. =안 인심이 좋아야 바깥양반 출입이 넓다.

배껕마당[배껃마당 _ _ _-] 명 바깥마당. 한 집에서 바깥쪽에 있는 집채에 딸린 마당. ☞한데마당.

배껕어룬[_-_ _] 명 사랑어른(舍廊--). 며느리가 '시아버지'를 지칭할 때 쓰는 말. ¶배껕어룬은 출웁하시고 안 기십미더. =사랑어른은 출타하시고 안 계십니다. ☞사랑어룬.

배껕쪽[배껃쪽 _ _-] 명 바깥쪽. 바깥으로 향한 곳. 또는 바깥으로 드러난 부분. ☞배껕쪽. 한데쪽.

배껕쭉[배껃쭉 _ _-] 명 바깥쪽. ☞배껕쪽. 한데쭉.

배꾸녕[_ _-] 명 배꼽. ¶【관용구】배꾸녕도 덜 떨어진 넘. =배꼽도 덜 떨어진 놈. ¶【관용구】배꾸녕 떨안 데. =배꼽 떨어진 곳. ¶【속담】배꾸녕이 배보담아 크다. =배꼽이 배보다 크다. ☞배꾸늉. 배꾸뭉. 배꾸중. 배총.

배꾸늉[_ _-] 명 배꼽. ☞배꾸녕. 배꾸뭉. 배꾸중. 배총.

배꾸뭉[_ _-] 명 배꼽. ☞배꾸녕. 배꾸늉. 배꾸중. 배총.

배꾸중[_ _-] 명 배꼽. ☞배꾸녕. 배꾸늉. 배꾸뭉. 배총.

배끼다1[_-_] 동 바뀌다. ☞바끼다.

배끼다2[-_ _] 동 찍다. 사물이나 그 영상을 사진기나 촬영기로 필름에 그대로

ㅂ

옮기다. ¶【관용구】사진을 배끼다. =사진을 찍다.

배내기[_-_] 명 배내. 남의 가축을 길러서 가축이 다 자라거나 새끼를 낸 뒤에 주인과 나누어 가지는 제도. ¶이우지 배내기 좄던 송안치가 잘 커고 있데예. =이웃에 배내 줬던 송아지가 잘 자라고 있데요.

배때지[_-_] 명 배때기. '배[腹]'의 속된 말. ¶【관용구】배때지에 철판 붙있나. =배때기에 철판 붙였나. ¶【속담】미천개 배때지 겉다. =미친개 배때기 같다. ¶【속담】자아 가는 소 배때지 겉다. =장에 가는 소 배때기 같다. ¶【속담】씨이미 밉우서 개 배때지 찬다. =시어미 미워서 개 배때기 찬다. ¶【속담】진상 가는 송안치 배때지 찬다. =진상 가는 송아지 배때기 찬다. ☞배애지.

배부루다[---_] 형 배부르다. ①음식을 충분히 먹어 양이 차다. ¶【속담】배부룬 개이는 지 안 잡는다. =배부른 고양이는 쥐 안 잡는다. ②넉넉하여 아쉬울 것이 없다. ¶【관용구】배부룬 소리로 하고 자빠지다. =배부른 소리를 하고 자빠지다. ③사람의 배가 불룩하게 나온 상태에 있다. ¶배부룬 여자 배고푸마 더 답땝다. =배부른 여자 배고프면 더 답답하다. ④물건의 가운데 부분이 불룩하다. ¶【속담】배부룬 단장은 십년 우한이요 썽질 드럽운 여핀네는 핑생 우하이다. =배부른 담장은 십년 우환이요 성질 더러운 여편네는 평생 우환이다.

배불띠기[_ _-_] 명 배불뚝이.

배삐[-_] 부 바삐. 몹시 급하게. ¶【속담】배삐 묵는 밥이 얹힌다. =바삐 먹는 밥이 체한다.

배설라다[_ _-_] 동 배다. 임신하다(妊娠--). 배 속에 아이나 새끼를 가지다. ¶미너리가 아아로 배설랐다 카이 만분다앵이다. =며느리가 애를 뱄다 하니 천만다행이다.

배실[-_] 명 벼슬. '직위'나 '직책'을 속되게 이르는 말. ¶【관용구】큰 배실하다. =큰 벼슬하다. ¶【속담】배실은 낮하고 뜻은 높히라. =벼슬은 낮추고 뜻은 높여라. ☞비실.

배실배실[_ _ _-] 부 배슥배슥. 어떠한 일에 대하여 탐탁히 여기지 아니하고 잇따라 조금 동떨어져 행동하는 모양. ¶지하분채 배실배실 돌고 있네. =제 혼자 배슥배슥 배돌고 있네.

배실배실하다[_ _ _ _-_] 동 비실비실하다. ①힘이 없어서 자꾸 흐느적거리다. ¶꼬치모상이 배실배실하네. =고추모종이 비실비실하네. ②실없이 웃음을 흘리다. ¶【속담】날라가는 참새 꼬치로 밟는강, 배실배실한다. =날아가는 참새 자지를 밟는지, 비실비실한다.

배아다[-_ _] 동 배우다. ①새로운 지식이나 교양을 얻다. ¶【속담】배아서 넘 주나. =배워서 남 주나. ¶【속담】말로 배아서 디로 풀어묵눈다. =말로 배워서 되로 풀어먹는다. ②새로운 기술을 익히다. ¶【속담】배안 도독질 겉다. =배운 도둑질 같다. ¶【속담】이넘우 장끼

[將棋] 숭년에 배왔나. =이놈의 장기 흉년에 배웠나. ③남의 행동, 태도를 본받아 따르다. ¶아아들은 부모가 하는 거로 보고 배아지예. =애들은 부모가 하는 걸 보고 배우지요. ④경험하여 알게 되다. ¶【관용구】배안 도독질이라. =배운 도둑질이라. ⑤습관이나 습성이 몸에 붙다. ¶【속담】배안 도독질은 몬 내삐린다. =배운 도둑질은 못 내버린다. ☞비아다.

배암[--] 명 ((동물))뱀. ¶【속담】빈 절에 배암 몰리덧기. =빈 절에 뱀 모이듯이. ¶【속담】배암이 용 데서 큰소리친다. =뱀이 용 돼서 큰소리친다. ¶【속담】배암을 기리 낳고 발꺼정 단다. =뱀을 그려 놓고 발까지 단다. ☞뱀이. 비암. 진짐승.

배암딸[--_] 명 ((식물))뱀딸기. ☞개딸기. 구리딸. 뱀딸.

배암재이[배암재~이 _ _-_] 명 ((동물))뱀장어(-長魚). ¶【속담】배암재이는 누이 작애도 지 무울 꺼는 다 본다. =뱀장어는 눈은 작아도 저 먹을 것은 다 본다. ☞비암재이.

배애지[_-_] 명 배때기. '배[腹]'의 속된 말. ☞배때지.

배앓이[배애리 _-_] 명 배앓이. 배를 앓는 병. ¶이랐을 쩍에는 배앓이로 마이 했다. =어렸을 적에는 배앓이를 많이 했다.

배이다[_-_] 동 배다. ①물기나 냄새가 어떤 곳에 스며들거나 스며 나오다. ¶땀내미가 옷에 배있다. =땀냄새가 옷에 배었다. ②버릇이 되어 익숙해지다. ¶나뿐 버릇이 몸에 배이마 안 덴다. =나쁜 버릇이 몸에 배면 안 된다. ☞배기다. 쨀이다. 쩔이다.

배질미질[_-_ _] 명 늑배질. 늪에서 거룻배를 움직일 때 쓰는 장대(長-)를 손으로 다루는 짓. ¶배질미질로 잘몬하마 배가 디비진다. =배질을 잘못하면 배가 뒤집어진다.

배차[_-] 명 ((식물))배추. *백채(白菜)>배채>배차>뱁차. ¶짐장할 배차로 디았다. =김장할 배추를 동였다. ☞뱁차. 뱁추.

배차문서[_ _ _-] 명 치부책(置簿冊). 돈이나 물건이 들고 나고 하는 것을 기록하는 책. ☞배차재이문서.

배차재이[배차재~이 _ _-_] 명 배추장수. 배추를 파는 사람.

배차재이문서[배차재~이문서 _ _-_ _ _] 명 치부책(置簿冊). '치부책'을 속되게 이르는 말. ☞배차문서.

배창사[--_] 명 배창자. 큰창자와 작은창자를 통틀어 이르는 말. ¶【관용구】배창사 곧한다. =배창자 굳힌다. ¶【관용구】배창사도 없는 넘. =배창자도 없는 놈. ☞배창시.

배창시[--_] 명 배창자. ☞배창사.

배총[_-] 명 배꼽. ☞배꾸녕. 배꾸늉. 배꾸뭉. 배꾸중.

배치기[--_] 명 배지기. ①씨름에서, 상대방을 자기 앞으로 당겨서 배 위로 들어올려 옆으로 돌려 넘어뜨리는 기술. ②다이빙에서 배로 떨어지는 일.

배티이[배티~이 --_] 명 배퉁이. '배[腹]'를 속되게 이르는 말. ¶【관용구】배티이가 불룼다. =배퉁이가 불렀다.

백돌[백똘 --] 명 벽돌(甓-). ☞빅돌.

백말[_-] 명 백마(白馬). 털 색깔이 흰 말. ¶【속담】힌말 엉디이나 백말 궁디이나. =흰말 엉덩이나 백마 궁둥이나.

백보지[-__] 명 밴대보지. 음모(陰毛)가 나지 않은 어른의 보지. ☞맨보지.

백뿌로[--_] 명 나일론(nylon). 옷감의 조직 구성요소가 경사 위사 모두가 백퍼센트 나일론실로만 짰다는 뜻. 나중에 나일론이라는 말은 빼 버리고 그냥 일본식 발음으로 '백뿌로'라고만 일컬음. ¶이 우와기는 백뿌로다. =이 웃옷은 나일론이다. ¶백뿌로 잠바. =나일론 점퍼.

백시리떡[__-_] 명 백설기(白--). 시루떡의 하나. 멥쌀가루를 켜를 얇게 잡아 켜마다 고물 대신 흰 종이를 깔고, 물 또는 설탕물을 내려서 시루에 안쳐 깨끗하게 쪄 낸다. 어린아이의 삼칠일, 백일, 돌이나 고사(告祀) 따위에 쓴다. ☞백찜.

백야시[뱅야시 __-] 명 백여우(白--). ①털빛이 흰 여우. ②요사스러운 여자를 속되게 욕하여 이르는 말. ¶【관용구】백야시 겉은 년. =백여우 같은 년.

백이다[배기다 _-_] 동 박이다. 손바닥, 발바닥 따위에 굳은살이 생기다. ¶일로 마이 해가아 손에 굳웅살이 백있다. =일을 많이 해서 손에 굳은살이 박였다.

백지[--] 명 벽지(壁紙). ☞빅지.

백찌[_-] 부 괜히. ☞겐이. 맥찌. 맥찌로. 메일없이. 백찌로. 진차이.

백찌로[_-_] 부 괜히. ☞겐이. 맥찌. 맥찌로. 메일없이. 백찌. 진차이.

백찜[-_] 명 백설기(白--). ☞백시리떡.

백파중하다[___-_] 동 무관심하다(無關心--). 어떤 일에 관심이 없다. ¶【속담】아부지는 소 때미로 난린데 자석은 개 델꼬 백파중한다. =아버지는 소 때문에 난린데 자식은 개 데리고 무관심해 한다.

백히다[배키다 _-_] 동 박히다. '박다'의 피동사. ①두들겨 치거나 틀어서 꽂히게 되다. ¶【속담】구불어온 돌이 백힌 돌 뺀다. =굴러온 돌이 박힌 돌 뺀다. ②어떤 모습이 머릿속이나 마음속에 인상 깊이 새겨지다. ¶【관용구】가심에 못이 백히다. =가슴에 못이 박히다. ③식물이 뿌리를 내리다. ¶뿌리이가 짚이 백힜다. =뿌리가 깊이 박혔다. ④사람이 한곳에 들어앉아 나가지 아니하는 상태를 계속하다. ¶방구식에 백히서 노오지로 안 한다. =방구석에 박혀서 나오질 않는다. ⑤점이나 주근깨 따위가 자리 잡다. ¶낯짝에 주군깨가 백힜다. =얼굴에 주근깨가 박혔다.

백이[배끼 -_] 조 밖에. '그것 이외에는 다른 도리가 없음'의 뜻을 나타내는 말. 대개 부정 표현에서 쓴다. ¶굶었으이 배가 고풀백이. =굶었으니 배가 고플 밖에. ☞빼이. 빽이. 삐이.

밴갱[_-] 명 변경(變更). ☞빈깅.

밴덕[_-] 명 변덕(變德). ☞개덕. 빈덕.

밴덕맞다[밴덕맏따 _--_] 형 변덕맞다(變德--). ☞개덕맞다. 개덕지기다. 밴덕지기다. 빈덕맞다. 빈덕지기다.

밴덕시럽다[_--_ _] 형 변덕스럽다(變德---). ☞개덕시럽다. 빈덕시럽다.

밴덕시리[_--_] 부 변덕스레(變德--). ¶【관용구】개덕시리 캐쌓다. =변덕스레 그러해쌓다. ☞개덕시리. 빈덕시리.

밴덕재이[밴덕재~이 _--_] 명 변덕쟁이(變德--). 변덕이 심한 사람. ☞개덕재이. 빈덕재이.

밴덕지기다[_--_ _] 형 변덕맞다(變德--). ☞개덕맞다. 개덕지기다. 밴덕맞다. 빈덕맞다. 빈덕지기다.

밴맹[_-] 명 변명(辨明). ☞빈밍.

밴밴찮다[밴밴찬타 _ _-_] 형 변변찮다. ①제대로 갖추어지지 못하여 부족한 점이 있다. ¶【속담】시어(鰣魚)는 삐가 많고 자미(子美)는 문(文에) 능하지 몬하고 자고(子固)는 시(詩)가 밴밴찮았다. =시어는 뼈가 많고 자미는 문에 능하지 못하고 자고는 시가 변변찮았다. ②됨됨이나 생김새가 어지간하지 못하다. ¶밴밴찮은 자석. =변변찮은 자식. ☞빈빈찮다.

밴밴하다[_ _-_] 형 반반하다. ①구김살이나 울퉁불퉁한 데가 없이 고르고 반듯하다. ¶마당을 밴밴하이 고랐다. =마당을 반반하게 골랐다. ②생김새가 얌전하고 예쁘장하다. ¶낯이 밴밴하기 생깄다. =얼굴이 반반하게 생겼다. ③물건 따위가 말끔하여 보기도 괜찮고 쓸 만하다. ¶부모가 데가아 밴밴한 옷가지 하나 몬 사줬다. =부모가 되어서 반반한 옷가지 하나 못 사줬다. ☞빈빈하다. ④지체 따위가 상당하다. ¶밴밴한 집안으 자석. =반반한 집안의 자식. ☞매꼬롬하다. 매꿈하다.

밸[1][_] 명 별[星]. *별<밸<빌. ¶【속담】밸이 목 깜으마 비가 온다. =별이 멱 감으면 비가 온다. ¶【속담】하알로 바야 밸로 따지. =하늘을 보아야 별을 따지. ☞빌.

밸[2][-] 관 별(別-). 보통과 다르게 별나거나 특별한. ¶저 사램은 내캉 밸 새가 아입미더. =저 사람은 나랑 별 사이가 아닙니다. ☞빌.

밸갛다[밸가타 _-_] 형 발갛다. 밝고 엷게 붉다. ¶지리기 양님이 밸갛다. =생채 무침 양념이 발갛다.

밸꺼[--] 명 별것(別-). ①특별한 것. ¶【관용구】밸꺼 없다. =별것 없다. ¶【관용구】밸꺼 아이다. =별것 아니다. ②여러 가지 것. ¶자아서는 밸꺼로 다 팝미더. =장에서는 별것을 다 팝니다. ☞빌꺼.

밸꼬라지[---_] 명 별꼴(別-). 별나게 이상하거나 아니꼬워 눈에 거슬리는 꼬락서니. ¶【관용구】밸꼬라지로 다 보다. =별꼴을 다 보다. ☞밸꼴. 빌꼬라지. 빌꼴.

밸꼴[--] 명 별꼴(別-). ☞밸꼬라지. 빌꼬라지. 빌꼴.

밸끼[--] 부 별것이(別--). ①보통과 다르게 두드러지거나 특별한 것이. ¶밸끼 다 왔네. =별것이 다 왔네. ¶밸끼 아인데 저카네. =별것이 아닌데 저러네. ②

ㅂ

다른 것. ¶이거는 그 문제캉은 밸끼이다. =이것은 그 문제와는 별것이다. ☞빌끼.

밸나다[--_] 형 별나다(別--). ¶시사아 밸난 넘도 다 있제. =세상에 별난 놈도 다 있지. ☞빌나다.

밸넘[-_] 명 별놈(別-). ①((‘밸넘우’의 꼴로 쓰여)) 뒤에 오는 사물이나 생각 따위가 보통과 매우 다르다는 것을 강조하여 이르는 말. ¶니는 밸넘우 걱정도 다 하네. =너는 별놈의 걱정도 다 하네. ②행동이나 말 따위가 보통 사람과 매우 다른 사람을 홀하게 이르는 말. ¶사다 사다 밸넘을 다 밨다. =살다 살다 별놈을 다 봤다. ☞빌넘.

밸도[밸또 --] 명 별도(別-). ¶이거는 밸도로 고옸다. =이건 별도로 가져왔다. ☞빌도.

밸로[--] 부 별로(別-). ¶밸로 좋지도 안하구마는. =별로 좋지도 않구먼. ☞빌로. 에차.

밸말[--] 명 별말(別-). ¶밸말 안하던데예. =별말 않던데요. ☞빌말.

밸말씸[--_] 명 별말씀(別--). ①생각하지 못했던 말씀. ¶밸말씸을 다 하네예. =별말씀을 다 하네요. ②특별히 하는 말씀. ¶할부지는 이 문제에 대해서는 밸말씸을 안하고 넘우가싰다. =할아버지는 이 문제에 대해서는 별말씀을 않고 넘어가셨다. ☞빌말씸.

밸맛[밸맏 --] 명 별맛(別-). 유달리 다른 맛. ¶밸맛또 없다. =별맛도 없다. ☞빌맛.

밸미[--] 명 별미(別味). 다른 곳에서는 맛보기 어려운 특별히 좋은 맛. ¶이런거는 밸미로 묵어예. =이런 건 별미로 먹어요. ☞빌미.

밸밍[--] 명 별명(別名). ¶니는 밸밍이 머꼬? =너는 별명이 뭐니? ☞빌밍.

밸밸[--] 명 별별(別別). ¶밸밸 인간들이 다 모칬다. =별별 인간들이 다 모였다. ☞밸아밸. 빌빌. 빌아빌.

밸볼일[밸볼릴 --_] 명 별 볼일(別 --). 특별히 좋은 일. *‘밸볼일’은 표준어로 보면 구(句)이지만 창녕방언에서는 한 단어로 쓴다. ¶【관용구】밸볼일 없다. =별 볼일 없다. ☞빌볼일.

밸사람[밸싸람 --_] 명 별사람(別--). ¶밸사램을 다 볼다. =별사람을 다 보겠다. ☞빌사람.

밸소리[밸쏘리 --_] 명 별소리(別--). ¶밸소리로 다 한다. =별소리를 다 한다. ☞빌소리.

밸수[--] 명 별수(別-). ①((‘있다’, ‘없다’ 따위와 함께 쓰여)) 달리 어떻게 할 방법. ¶지라꼬 밸수가 있을라꼬. =자기라고 별수 있을라고. ②여러 가지 방법. ¶밸수라꼬는 없다. =별수라고는 없다. ☞빌수. 빼쪽한수.

밸수없다[밸쑤엄따 --_-] 형 별수없다(別---). 별다른 방법이 없다. ¶니또 밸수없네. =너도 별수없네. ☞빌수없다. 빼쪽한수없다.

밸시럽다[--__] 형 별스럽다(別---). ¶디기 밸시럽기 저카네. =되게 별스럽게 저러네. ☞빌시럽다.

밸시리[--_] 부 별스레(別--). 보통과 다르고 이상한 데가 있게. ¶올가실에는 밸시리 써리가 마이 오네. =올가을에는 별스레 서리가 많이 오네. ☞볼받기. 빌시리.

밸아묵다[배라묵따 -___] 동 빌어먹다. 남에게 구걸하여 거저 얻어먹다. ¶【속담】밸아무우도 절하기는 싫다. =빌어먹어도 절하기는 싫다. ¶【속담】밸아무우도 손발이 맞아야 덴다. =빌어먹어도 손발이 맞아야 된다. ¶【속담】배 주고 배 쏙 밸아묵눈다. =배 주고 배 속 빌어먹는다. ☞빌우묵다.

밸아묵울[1][배라무굴 -___] 관 빌어먹을. 고약하고 몹쓸. ¶【관용구】밸아묵울 넘. =빌어먹을 놈. ¶【관용구】밸아묵울 놈우 시상. =빌어먹을 놈의 세상. ☞빌우묵울.

밸아묵울[2][배라무굴 -___] 감 빌어먹을. 일이 뜻대로 되지 않거나 속이 상하거나 화가 날 때 욕으로 하는 말. ¶밸아묵울! 이 일로 우짜지. =빌어먹을! 이 일을 어쩌지. ☞빌우묵울.

밸아밸[배라밸 ---] 명 별별(別別). ☞밸밸. 빌빌. 빌아빌.

밸일[밸닐 --] 명 별일(別-). ¶밸일 없어예? =별일 없어요? ☞빌일.

밸자리[밸짜리 __-] 명 별자리. 별의 위치를 정하기 위하여 밝은 별을 중심으로 천구(天球)를 몇 부분으로 나눈 구역. ☞빌자리.

밸장[밸짱 --] 명 별장(別莊). 밸장서 보마 깅치가 좋아. =별장에서 보면 경치가 좋아. ☞빌장.

밸짓[밸짇 --] 명 별짓(別-). ¶【관용구】밸짓을 다 하다. =별짓을 다 하다. ☞빌짓.

밸천지[--_] 명 별천지(別天地). ¶【관용구】여어는 밸천지네. =여기는 별천지네. ☞빌천지.

뱀딸[-_] 명 ((식물))뱀딸기. ☞개딸기. 구리딸. 배암딸.

뱀이[배미 -_] 명 ((동물))뱀. ☞배암. 비암. 진짐승.

뱁차[_-] 명 ((식물))배추. ☞배차. 뱁추.

뱁추[_-] 명 ((식물))배추. ☞배차. 뱁차.

뱃거죽[배꺼죽 __-] 명 뱃가죽. '뱃살'을 속되게 이르는 말. ¶【관용구】할매 뱃거죽 겉다. =할머니 뱃가죽 같다. ¶【속담】뱃거죽이 땅 뚜께 겉다. =뱃가죽이 땅 두께 같다.

뱃넘[밴넘 -_] 명 뱃놈. '어부'를 속되게 이르는 말. ¶【속담】오니얼 배 양반이오 동지섣달은 뱃넘. =오뉴월 배 양반이요 동지섣달은 뱃놈.

뱃빙[배삥 --] 명 설사병(泄瀉病). ¶뱃빙이 났어예. =설사병이 났어요. ☞똥빙.

뱃살곧하다[배쌀고차다 --_-_] 동 배꼽 쥐다. *표준어 '배꼽 쥐다'는 구적(句的) 표현이지만 창녕방언 '뱃살곧하다'는 한 단어처럼 연속으로 발음한다. ¶저 사람 이약은 운제 들어도 뱃살곧한다. =저 사람 이야기는 언제 들어도 배꼽 쥔다.

뱃속나[배쏙나 _-_] 명 뱃속 나이. 임신과 동시에 한 살로 치는 나이. 태어나면

ㅂ

두 살이 된다. ¶우리 손지는 뱃속나로 치마 언자 니 살이데이. =우리 손자는 뱃속 나이로 치면 이제 네 살이다.

뱃속빙시이[배쏙빙씨~이 _-___] 명 배냇병신(--病身). '선천 기형'을 낮잡아 이르는 말.

뱃속짓[배쏙짇 _-_] 명 배냇짓. 갓난아이가 자면서 웃거나 눈, 코, 입 따위를 쫑긋거리는 짓. ¶깐얼라가 뱃속짓을 하미 시상모루고 잔다. =갓난아이가 배냇짓을 하며 세상모르고 잔다.

뱅사[1][-_] 명 병사(兵士). 예전에, 군인이나 군대를 이르던 말.¶【속담】잘 싸우는 장수인데는 내삐릴 뱅사가 없고 글 잘 씨는 선비인데는 내삐릴 글짜가 없다. =잘 싸우는 장수한테는 내버릴 병사가 없고 글 잘 쓰는 선비한테는 내버릴 글자가 없다. ☞빙사.

뱅사[2][_-] 명 병사(病死). 병으로 죽음. ☞빙사.

뱅신[뱅씬 _-] 명 병신(病身). ①신체의 어느 부분이 온전하지 못한 기형이거나 그 기능을 잃어버린 상태. 또는 그런 사람. ¶【속담】애꾸동네서는 눈 둘 가진 넘이 뱅신. =애꾸동네에서는 눈 둘 가진 놈이 병신. ②모자라는 행동을 하는 사람을 낮잡아 이르는 말. 주로 남을 욕할 때에 쓴다. ¶【속담】뱅신이 호도한다. =병신이 효도한다. ③어느 부분을 갖추지 못한 물건. ¶장갑은 한 째기 잃아뿌마 뱅신이 덴다. =장갑은 한 짝 잃어버리면 병신이 된다. ☞빙시이. 빙신.

뱅온[_-] 명 병원(病院).

버거리[_-_] 명 버캐. 액체 속에 들었던 소금기가 엉겨 생긴 찌끼. ¶단지 안에 버거리가 허옇기 찌있다. =항아리 안에 버캐가 허옇게 끼었다. ☞버기미.

버굴거리다[__-__] 동 버글거리다. 사람이나 짐승, 벌레가 조금 넓은 곳에 많이 모여 어수선하게 자꾸 움직이다. ¶우얀 까마구가 저래 버굴기리꼬? =웬 까마귀가 저리 버글거릴까?

버굽다[버굽따 --_] 형 버겁다. 만만하지 않고 힘에 겹거나 벅차다. ¶내 몸띠이 건사하기도 버굽다. =내 몸뚱이 건사하기도 버겁다.

버굽어하다[버구버하다 --___] 동 버거워하다. ¶자아는 공부로 버굽어한다. =쟤는 공부를 버거워한다.

버기미[_-_] 명 버캐. ☞버거리.

버꺼지이[버꺼지~이 __-_] 명 대머리. 머리털이 많이 빠져서 머리가 벗어진 사람을 홀하게 이르는 말. *벗겨진+이. ☞맨대가리.

버꾸통[_-_] 명 버꾸놀이. 풍물놀이에서, 버꾸재비들이 버꾸를 치면서 노는 일.

버꾸통지기다[_-_-__] 동 버꾸놀음하다. ¶【관용구】난리 버구통지기다. =난리 버꾸놀음하다.

버꿈[-_] 명 거품. ①액체가 기체를 머금고 부풀어서 생긴, 속이 빈 방울. ¶이 사분은 버꿈이 잘 이네. =이 비누는 거품이 잘 이네. ②입가에 내뿜어진, 속이 빈 침방울. ¶【관용구】버꿈을 물다. =거품을 물다.

버덩기리다[_ _-_ _] 동 버둥거리다. ①매달리거나 눕거나 주저앉아서 팔다리를 내저으며 몸을 자꾸 움직이다. ¶나부가 거무줄에 걸리가아 버덩기린다. =나비가 거미줄에 걸려서 버둥거린다. ②매우 힘들고 곤란한 처지에서 벗어나려고 억척스럽게 애를 쓰다. ¶입에 풀칠이래도 할라꼬 버덩기랐다. =입에 풀칠이라도 하려고 버둥거렸다.

버롯[버롣 -_] 명 버릇. 여러 번 되풀이함으로써 절로 익고 굳어진 행동이나 성질. ¶【속담】시 살 버롯 여든 간다. =세 살 버릇 여든 간다. ¶【속담】지 버롯 개 주까이. =제 버릇 개 주랴. ☞버롯. 질.

버롯데다[버롣데다 -_ _ _] 동 버릇되다. 어떤 행동이 여러 번 되풀이되어 저절로 익게 되고 굳어지게 되다. ¶노는 기이 버롯뎄다. =노는 게 버릇됐다. ☞버롯데다. 질데다. 짓이나다.

버롯없다[버롣엄따 -_ _ _] 형 버릇없다. 윗사람을 대하여 지켜야 할 예의. ¶【관용구】버롯없는 넘. =버릇없는 놈. ☞버롯없다.

버롯하다[-_ _ _] 동 버릇하다. 앞말이 뜻하는 행동을 습관적으로 거듭함을 나타내는 말. ¶늦이까 이일나 버롯하마 끼을배이 덴다. =늦게 일어날 버릇하면 게으름뱅이 된다. ☞버롯하다. 볼실하다.

버루장머리[_ _ _-_] 명 버르장머리. '버릇'을 얕잡아 이르는 말. ¶【속담】호불이미가 키안 자석은 버루장머리가 없다. =홀어미가 키운 자식은 버르장머리가 없다.

버룻[버룯 -_] 명 버릇. ☞버롯. 질.

버룻데다[버룯데다 -_ _ _] 동 버릇되다. ☞버롯데다. 질데다. 짓이나다.

버룻없다[버룯엄따 -_ _ _] 형 버릇없다. ☞버롯없다.

버룻하다[-_ _ _] 동 버릇하다. ☞버롯하다. 볼실하다.

버리자석[_-_ _] 명 시원찮아서 버리려고 했던 자식. ¶【속담】버리자석이 호도한다. =버리려던 자식이 효도한다.

버물리다[_-_ _] 동 버무리다. 둘 이상의 재료를 한데 골고루 뒤섞다. ¶짐치로 버물린다. =김치를 버무린다. ☞치대다.

버부리[-_ _] 명 벙어리. '언어 장애인'을 낮잡아 이르는 말. ¶【속담】버부리 쏙은 그 이미도 모룬다. =벙어리 속은 그 어미도 모른다. ¶【속담】먹찌거리 삼 년이요 버부리 삼 년이라. =귀머거리 삼 년이요 벙어리 삼 년이라. ¶【속담】버부리가 서방질로 해도 지 생각은 있다. =벙어리가 서방질을 해도 제 생각은 있다 ☞법짜.

버석[-_] 명 ((식물))버섯. ¶【속담】몬뗀 버석이 삼얼부텀 난다. =못된 버섯이 삼월부터 난다.

버신[_-] 명 버선. 천으로 발 모양과 비슷하게 만들어 신는 물건. ¶【속담】발이 핀할라카마 버신을 크기 짓고 집아이 핀할라카마 지집을 하나마 두라. =발이 편하려면 버선을 크게 짓고 집안이 편하려면 계집을 하나만 둬라. ☞보선. 보신.

ㅂ

버신발[버신빨 _-_] 명 버선발. 버선만 신고 신을 신지 않은 발. ¶【관용구】버신발로 띠노오다. =버선발로 뛰어나오다. ☞보선발. 보신발.

버씨로[_-_] 부 벌써. ①예상보다 빠르게. ¶버씨로 장개갔디나? =벌써 장가갔더냐? ②이미 오래전에. ¶복숭꽃이 버씨로 짔을 꺼로. =복숭아꽃이 벌써 졌을걸. ☞하마. 하매.

버어지다[-___] 동 벗겨지다. ①살갗이나 가죽, 껍질 따위가 몸통에서 분리되어 뜯어지거나 까지다. ¶【속담】눈 온 이틀날 중넘 대가리 버어진다. =눈 온 이틀날 중놈 대가리 벗겨진다. ②머리카락이나 털이 몸에서 빠져 맨살이 드러나다. ¶【속담】공꺼 바래마 대가리 버어진다. =공짜 바라면 대가리 벗겨진다. ③끼었던 안개나 구름이 흩어져 없어지다. ¶하알이 말가이 버어짔다. =하늘이 말갛게 벗겨졌다. ☞벗거지다. 벗기지다. 뱃기지다. 빗기지다. 뺏기지다. 뻿기지다.

버지기[_-_] 명 버치. ①아가리가 넓게 벌어진 둥글넓적한 질그릇. ¶개가 똥을 한 버지기나 싸낳았다. =개가 똥을 한 버치나 싸놓았다. ②'많이' 또는 '엄청나게'를 비유적으로 이르는 말. ¶【관용구】욕을 버지기로 얻어묵다. =욕을 버치로 얻어먹다. ☞엄버지기.

버처매[__-] 명 속치마.

버팅기다[_-__] 동 버티다. ①어려움을 참고 견디거나 당해 내다. ¶【관용구】깡다구로 버팅기다. =강단으로 버티다. ②쓰러지지 않거나 밀리지 않으려고 팔, 다리 따위로 몸을 지탱하다. ¶【속담】당랑(螳螂)이 수레에 버팅기는 셈. =당랑이 수레에 버티는 셈. ③무게 따위를 견디다. ¶소는 무굽운 거로 짊우지고도 잘 버팅긴다. =소는 무거운 걸 짊어지고도 잘 버틴다. ④물건 따위를 쓰러지지 않도록 다른 물건으로 받치다. ¶안 자빠라지구로 버팅기낳아라. =안 자빠지게 버텨놓아라. ⑤자기의 주장을 굽히지 않다. ¶안주꺼정 버팅기고 있다. =아직까지 버티고 있다. ☞뻐때다. 뻐태다.

벅수[_-] 명 돌장승. 돌로 만든 장승.

벅수넘다[벅수넘따 __-_] 동 재주넘다. 몸을 공중에 날려 위아래로 뛰거나 돌다. ¶【속담】넘이사 갓 씨고 벅수넘던동 말던동. =남이야 갓 쓰고 재주넘건 말건.

벅썩기리다[__-__] 동 벅신거리다. 사람이나 동물이 제법 넓은 곳에 많이 모여 활발하게 움직이다. ¶자아 장꾼들이 벅썩기린다. =장에 장꾼들이 벅신거린다.

번거럽다[__-_] 형 번거롭다. ①일이 갈피가 복잡하고 어수선하다. ¶우산은 갖고 댕기기 번거럽어서 집에 나낳고 노왔다. =우산은 갖고 다니기 번거로워서 집에 놓고 나왔다. ②조용하지 못하고 좀 수선스럽다. ¶아아들이 번거럽기 군다. =애들이 번거롭게 군다.

번내기로[_-__] 부 번갈아(番--). 하나씩 하나씩 차례대로 바꾸어서. ¶울아부지는 자석 일곱을 번내기로 시집 장개 보냈다. =우리 아버지는 자식 일곱을 번갈아 시집 장가보냈다.

번버이[번버~이 _-_] 부 번번이(番番-). 매번 때마다. ¶번버이 어렵운 부탁이마 하네예. =번번이 어려운 부탁만 하네요.

번성없다[번썽엄따 _-__] 형 번설하다(煩屑--). 번거롭고 자질구레하여 귀찮다. ¶아아들이 몰리 오서 번성없네예. =애들이 몰려 와서 번설하네요.

번여이[번여~이 _-_] 부 번연히. 뚜렷하고 분명하게. ¶【속담】번여이 알민서 새 주봉에 똥 싼다. =번연히 알면서 새 바지에 똥 싼다. ☞뻐이. 뻔하이.

번자다[_-_] 동 번지게 하다. '번지다'의 사동사. ¶불 끌라카다가 다부 번잤다. =불 끄려다가 도로 번지게 했다. ¶지름을 옷에 번잤다. =기름을 옷에 번지게 하다. ¶기기 꿉는 내미로 번잤다. =고기 굽는 냄새를 번지게 했다.

번치로[-__] 부 번차례로(番次例-). 돌아가며 갈마드는 차례로. ¶우리 집에는 할매들캉 할배들이 번치로 놀로온다. =우리 집에는 할머니들과 할아버지들이 번차례로 놀러온다.

벌[-] 명 늪. 창녕방언에서는 '늪'은 '벌'로 칭하는 것이 일반적이다. 예전에는 가물 때마다 늪은 바닥을 드러내 벌판처럼 풀이 우거지곤 하였다. ¶소벌(우포늪). 나무갯벌(목포늪). 사말리벌(사몰포늪).

벌개이[벌개~이 _-_] 명 ((동물))벌레. ¶【속담】밉운 벌개이가 모로 긴다. =미운 벌레가 모로 긴다. ¶【속담】썩은 기기에 벌개이 난다. =썩은 고기에 벌레 난다. ¶【속담】벌개이도 배총 떨어지마 지 살아갈 줄 안다. =벌레도 배꼽 떨어지면 제 살아갈 줄 안다. ☞벌거재이. 벌거지.

벌거재이[벌거재~이 __-_] 명 ((동물))벌레. ☞벌개이. 벌거지.

벌거지[_-_] 명 ((동물))벌레. ☞벌개이. 벌거재이.

벌기다[1][_-_] 동 벌리다. ☞발기다. 발씨다. 벌씨다. 비씨다.

벌기다[2][_-_] 동 벌이다. ①일을 계획하여 시작하거나 펼쳐 놓다. ¶【관용구】이미 벌긴 일. =이미 벌인 일. ②공개적으로 드러내 놓고 추진해 나가다. ¶【속담】기양지 벌기놓안 춤이다. =기왕에 벌여놓은 춤이다. ③여럿이 즐기는 자리에 필요한 것을 갖추어 차리다. ¶오올은 이장 집에서 술판을 벌길 끼라 캅미더. =오늘은 이장 집에서 술판을 벌일 것이라고 합니다. ④물건을 한자리에 죽 늘어놓다. ¶그륵 장시가 오만 그륵을 벌기놓고 팔데예. =그릇 장사가 온갖 그릇을 벌여놓고 팔데요. ☞벌씨다.

벌로[1][--] 부 함부로. 마음대로 마구. 또는 생각 없이 아무렇게나. ¶주디이로 벌로 놀리지 마래이. =주둥이를 함부로 놀리지 마라. ☞함부두룩. 함부리.

벌로[2][--] 부 예사로(例事-). 흔히 있을 만하여 대수롭지 않게. ¶【관용구】벌로 듣다. =예사로 듣다. ¶【관용구】벌로 보다. =예사로 보다. ☞여사로. 이사로.

ㅂ

벌룸기리다[_ _-_ _] 동 벌름거리다. 탄력 있는 물체가 부드럽고 넓게 자꾸 벌어졌다 우므러졌다 하다. 또는 그렇게 되게 하다. ¶놀래가아 심자이 벌룸기린다. =놀라서 심장이 벌름거린다.

벌룸벌룸[_ _ _-] 부 벌름벌름. 탄력 있는 물체가 넓고 부드럽게 자꾸 벌어졌다 우므러졌다 하는 모양. ¶소가 콧구뭉을 벌룸벌룸 벌씨고 숨을 신다. =소가 콧구멍을 벌름벌름 벌리고 숨을 쉰다.

벌머슴[--_] 명 주인집의 허드렛일을 하는 늙은 머슴.

벌씨다[1][_-_] 동 벌리다. ☞발씨다. 발씨다. 벌기다. 비씨다.

벌씨다[2][_-_] 동 벌이다. ☞벌기다.

벌씨지다[_--_] 동 벌어지다. ☞발아지다. 벌우지다.

벌우지다[버루지다 _--_] 동 벌어지다. ☞발아지다. 벌씨지다.

벌이[버리 _-] 명 ((동물))벌. ¶【속담】벌이는 싸아도 꿀은 다다. =벌은 쏘아도 꿀은 달다.

벌이다[버리다 -_ _] 동 벌다. ①돈이나 재물을 일이나 장사를 하여 자기 몫을 들이다. ¶【속담】도이 돈을 벌인다. =돈이 돈을 번다. ¶【속담】소겉이 벌이서 지겉이 무우라. =소같이 벌어서 쥐같이 먹어라. ②돈이나 시간을 쓸 곳에 쓰지 않고 아껴서 남기다. ¶저심을 얻우무웄으이 저심깞은 벌있네. =점심은 얻어먹었으니 점심값은 벌었네.

벌이떼[버리떼 _--] 명 벌떼. 벌의 무리. ¶【관용구】벌이떼맨치로 다알든다. =벌떼처럼 달려든다.

벌이묵다[벌이묵따 -_ _ _] 동 벌어먹다. 벌이를 하여 먹고살다. ¶【관용구】손텁 발텁이 젲끼지두룩 벌이묵눈다. =손톱 발톱이 젖혀지도록 벌어먹는다.

벌이집[버리집 _--] 명 벌집. 벌이 알을 낳고 먹이와 꿀을 저장하며 생활하는 육각형 모양의 집. ¶【속담】흡상 벌이집 쭈시낳안 거 겉다. =흡사 벌집 쑤셔놓은 것 같다.

범북[-_] 명 범벅. ①여러 가지 사물이 뒤섞여 갈피를 잡을 수 없게 된 상태를 비유적으로 이르는 말. ¶눈물 콧물 범북이 뎄다. =눈물 콧물로 범벅이 되었다. ②온몸에 질척질척한 물질이 마구 묻은 상태를 비유적으로 이르는 말. ¶아아가 국개 범북을 하고 옸다. =애가 개흙 범벅을 하고 왔다. ③곡식 가루에 호박 등을 섞어 되게 쑨 음식. ¶【속담】범북 덩거리에 소파래이 달라붙딧기 한다. =범벅 덩이에 쉬파리 달라붙듯이 한다.

법짜[-_] 명 벙어리. ☞버부리.

벗거지다[버꺼지다 -_-_] 동 벗겨지다. ☞버어지다. 벗기지다. 벳기지다. 빗기지다. 뺏기지다. 벳기지다.

벗기지다[버끼지다 -_-_] 동 벗겨지다. ☞버어지다. 벗거지다. 벳기지다. 빗기지다. 뺏기지다. 벳기지다.

벗다[버따 -_] 동 붓다. ①액체나 가루 따위를 다른 곳에 담다. ¶【속담】밑 빠진 독에 물 벗기. =밑 빠진 독에 물 붓기. ¶【속담】단 솥에 물 벗기. =단 솥에 물

붓기. ②모종을 내기 위하여 씨앗을 뿌리다. ¶모상을 버었다. =모종을 부었다. ③불입금, 이자, 곗돈 따위를 일정한 기간마다 내다. ¶깃돈을 버었다. =곗돈을 부었다. *벗고[버꼬 -_], 벗지[버찌 -_], 버어서[버어서 -__], 버어야[버어야 -__], 버었다[버얻따 -__].

벗이다[버시다 -__] 동 벗다. ①사람이 자기 몸 또는 몸의 일부에 착용한 물건을 몸에서 떼어 내다. ¶【속담】밉운 사돈 방갓 벗이가미 인사한다. =미운 사돈 방갓 벗어가며 인사한다. ②동물이 껍질, 허물, 털 따위를 갈다. ¶【관용구】뱀이가 허물 벗이딧기. =뱀이 허물 벗듯이. ③누명이나 치욕 따위를 씻게 하다. ¶【속담】도독때는 벗이도 화냥 때는 몬 벗인다. =도둑때는 벗어도 화냥 때는 못 벗는다. ¶【속담】화는 입기 숩우도 벗이기는 심들다. =화는 입기 쉬워도 벗기는 힘들다.

벙개[--] 명 번개. 구름과 구름, 구름과 대지 사이에서 공중 전기의 방전이 일어나 번쩍이는 불꽃. ¶【관용구】벙개 겉다. =번개 같다. ¶【관용구】눈에서 벙개가 번쩍 나다. =눈에서 번개가 번쩍 나다. ¶【속담】벙개가 잦으마 노숭을 친다. =번개가 잦으면 뇌성을 친다.

벙갯불[벙개뿔 --_] 명 번갯불. 번개가 일어날 때 번쩍이는 빛. ¶【속담】벙갯불에 콩 꾸우 묵눈다. =번갯불에 콩 구워 먹는다.

벙치[-_] 명 벙거지. '모자(帽子)'를 속되게 이르는 말. ¶【속담】벙치 시울 만치는 소리로 한다. =벙거지 시울 만지는 소리를 한다.

베[_] 명 ((식물))벼. ☞나락. 비.

베농사[_-_] 명 벼농사(-農事). ☞나락농사. 비농사.

베라다[_-_] 동 벼르다. ☞바랳다. 비라다.

베락[--] 명 벼락. ①공중의 전기와 땅 위의 물체에 흐르는 전기 사이에 방전 작용으로 일어나는 자연 현상. ¶【속담】베락에는 바가치래도 씬다. =벼락에는 바가지라도 쓴다. ②몹시 심하게 하는 꾸지람이나 나무람을 비유적으로 이르는 말. ¶【관용구】베락을 치다. =벼락을 치다. ③매우 빠름을 비유적으로 이르는 말. ¶【관용구】베락겉이 하다. =벼락같이 하다. ④예기치 않게 화를 입음을 비유적으로 이르는 말. ¶【속담】자다아 베락 맞는다. =자다가 벼락 맞는다. ¶【속담】몬뗀 넘 젙에 있다가 베락 맞는다. =못된 놈 곁에 있다가 벼락 맞는다. ⑤매우 갑자기 이루어지는 것을 비유적으로 이르는 말. ¶【관용구】베락 인기로 얻다. =벼락 인기를 얻다. ⑥저주나 욕으로 이르는 말. ¶【관용구】베락 맞아 디질 넘. =벼락 맞아 뒈질 놈. ☞비락.

베랑[--] 명 벼랑. ¶【속담】베랑에 널찠다. =벼랑에 떨어졌다. ☞낭. 비렁.

베루[-_] 명 벼루. 문방구의 하나. *벼루<베루<비루. ☞비루.

베룩빡[__-] 명 바람벽(--壁). 방이나 칸살의 옆을 둘러막은 둘레의 벽. ¶【관용구】베룩빡에 똥칠할 때꺼정 사다. =바람벽에 똥칠할 때까지 살다. ¶【속담】베룩빡에도 기가 있다. =바람벽에도 귀가 있다. ¶【속담】베룩빡에 돌삐이 붙능강 바라. =바람벽에 돌멩이 붙는지 봐라. ¶【속담】아는 벱이 모진 베룩빡 뚫고 노온 중방 밑 기떠래미라. =아는 법이 모진 바람벽 뚫고 나온 중방 밑 귀뚜라미라. ☞베룩빵. 비룩빡. 비룩빵.

베룩빵[_ _-] 명 바람벽(--壁). ☞베룩빡. 비룩빡. 비룩빵.

베룩이[베루기 -_ _] 명 ((동물))벼룩. ¶【속담】간에 베룩이가 붙었나. =간에 벼룩이 붙었나. ¶【속담】베룩이도 낯짝이 있고 빈대도 코띠이가 있다. =벼룩도 낯짝이 있고 빈대도 콧등이 있다. ☞비룩이.

베리다[-_ _] 동 버리다. ①본바탕을 상하게 하거나 더럽혀서 쓰지 못하게 망치다. ¶【속담】개하고 친하마 옷을 베린다. =개랑 친하면 옷을 버린다. ②세상을 뜨다. ¶【속담】시상을 베리다. =세상을 버리다. ☞비리다.

벤오사[_-_] 명 변호사(辯護士). ¶【관용구】입이사 벤오사다. =입이야 변호사다. ☞빈오사.

벤하다[_-_] 동 변하다(變--). 이전과 달라지거나 딴것으로 되다. ¶음석 맛이 벤했네. =음식 맛이 변했네. ☞빈하다.

벨세하다[--_ _] 동 별세하다(別世--). 세상 버리다. 윗사람이 돌아가시다. ☞빌세하다. 시상베리다. 시상비리다.

벱[-] 명 법(法). ((용언의 관형사형 어미 '-는'의 뒤에 쓰여)) 정해진 이치나 도리를 나타내는 말. ¶【속담】공기마 터지는 벱이다. =곪으면 터지는 법이다. ¶【속담】사램이 굶우죽우라는 벱은 없다. =사람이 굶어죽으라는 법은 없다. ¶【속담】물이 넝쿨에서 까지 달리는 벱은 없다. =오이 덩굴에서 가지 달리는 법은 없다. ☞빕.

벳기다[베끼다 -_ _] 동 벗기다. '벗다'의 사동사. ①옷이나 모자를 몸으로부터 떼어 내다. ¶【관용구】깝띠기로 벳기다. =겉옷을 벗기다. ②누명이나 혐의를 다른 사람으로 하여금 벗어나게 하다. ¶누밍을 벳깄다. =누명을 벗겼다. ③껍질이나 가죽을 물체의 몸체로부터 떼어 내다. ¶【관용구】껍띠기 벳기다. =껍질 벗기다. ¶【속담】지 낯까죽을 지가 벳긴다. =제 낯가죽을 제가 벗긴다. ☞빗기다. 뻿기다.

벳기지다[베끼지다 -_-_] 동 벗겨지다. ☞버어지다. 벗거지다. 벗기지다. 빗기지다. 뻿기지다. 뻿기지다.

벳짚[벧찝 -_] 명 볏짚. 벼의 이삭을 떨어낸 줄기. 세는 단위는 단, 동(100단)이다. ☞빗짚.

벹[벧 -] 명 볕. 해가 내리쬐는 뜨거운 기운. ¶【속담】오니얼 하리 벹이 무숩다. =오뉴월 하루 볕이 무섭다. ¶【속담】작은 새이[喪輿] 큰 새이[喪輿]에 죽우가는 기이 헌옷 입고 벹에 앉았는 거마 몬하다. =작은 상여 큰 상여에 죽어가는 것이 헌옷 입고 볕에 앉아있는 것만 못하다. ☞빝. 뻩. 뼅.

벧바루다[벧바루다 __-_] 형 볕바르다. 햇볕이 바로 비치어 밝고 따뜻하다. ¶이 집은 벧바룬 자리에 앉있다. =이 집은 볕바른 자리에 앉았다. ☞빋바루다.

벼개[--] 명 베개. 잠을 자거나 누울 때에 머리 밑에 괴는 물건. ¶【관용구】벼개로 높이 비다. =베개를 높이 베다. ¶【속담】벼개로 높이 하고 자기 데앴다. =베개를 높이 하고 자게 되었다. ¶【속담】밭도랑을 벼개로 공가고 죽울 넘. =밭도랑을 베개로 괴고 죽을 놈. ☞비개.

벼갯밑송사[__-_-] 명 베갯머리송사(---訟事). 부부가 함께 자는 잠자리에서 아내가 남편에게 바라는 바를 속살거리며 청하는 일. ¶【속담】벼갯밑송사가 집구숙 망친다. =베갯머리송사가 집안 망친다. ☞비갯밑송사.

보갈[_-] 명 부아. 노엽거나 분한 마음. *'보갈'은 '뒤집어진 허파' 정도로 해석되는데, '-나다', '-묵다', '-믹이다', '-채이다', '-채아다' 따위의 말이 항시 따라붙는다. 그래서 '화를 돋우다' 또는 '허파를 뒤집다' 정도로 해석할 수 있다. ¶【관용구】보갈이 상투 끝꺼지 치밀어 오루다. =부아가 상투 끝까지 치밀어 오르다. ☞보골. 부애.

보갈믹이다[_--__] 동 부아질하다. '부애나다'의 사동사. ☞보갈채아다. 부애채아다.

보갈채아다[_--__] 동 부아질하다. ☞보갈믹이다. 부애채아다.

보게또[_-_] 명 호주머니(胡---). *'포켓(pocket)'의 일본식 발음이 와전된 말. ☞개앰치. 갯주무이. 갯줌치. 쫌치. 호주무이.

보고[1][-_] 부 두고. 화젯거리나 특정 대상에 대하여. ¶【속담】눈먼 소경을 보고 눈멀었다 카마 썽낸다. =눈먼 소경을 두고 눈멀었다 하면 성낸다.

보고[2][-_] 조 더러. ☞더리. 로보고.

보고[3][-_] 조 에게. 일정하게 제한된 대상을 지목함을 나타내는 격 조사. ¶【속담】작은마누래 하품은 큰마누래 보고는 안 옮는다. =작은마누라 하품은 큰마누라에게는 안 옮는다. ☞게. 끼. 인데.

보골[_-] 명 부아. 노엽거나 분한 마음. ☞보갈. 부애.

보골보골[___-] 부 보글보글. 적은 양의 액체가 비교적 좁은 공간에서 잇따라 야단스럽게 끓는 소리. 또는 그 모양. ¶딘장을 보골보골 맛닉기 낋이났다. =된장을 보글보글 맛있게 끓여놓았다.

보군소[_-_] 명 보건소(保健所).

보굼자리[__-_] 명 보금자리. 새가 깃들이는 둥지. ¶【속담】지 보굼자리 사랑할 쭐 모루는 새 없다. =제 보금자리 사랑할 줄 모르는 새 없다.

보다[-_] 동 대하다(對--). 무엇을 대상으로 하다. ¶그 사람 보고 사램들이 말이 많애예. =그 사람에 대해서 사람들이 말이 많아요.

보다마[-__] 조 보다. ((체언 뒤에 붙어)) 서로 차이가 있는 것을 비교하는 경우, 비교의 대상이 되는 말에 붙어 '~에 비해서'의 뜻을 나타내는 격 조사. ¶【속

ㅂ

담】죽기는 정승하기보다마 어렵다. =죽기는 정승하기보다 어렵다. ¶【속담】장꾼보다마 풍각재이가 더 많다. =장꾼보다 풍각쟁이가 더 많다. ☞보담. 뽀다마. 뽀담. 뿌다. 뿌다마. 카마.

보담[-_] 조 보다. 비교 부사격 조사. ☞보다마. 뽀다마. 뽀담. 뿌다마. 카마.

보담사[-__] 조 보다야. *비교 부사격조사. ¶【속담】꿀보담사 약가가 다다. =꿀보다야 약과가 달다. ☞보담아. 뽀담사. 뽀담아. 카마사. 카마야.

보담아[보다마 -__] 조 보다야. ☞보담사. 뽀담사. 뽀담아. 카마사. 카마야.

보대[_-] 명 바디. 베틀에 딸린 기구의 하나. 베틀의 경우는 가늘고 얇은 대오리를 참빗살같이 세워, 두 끝을 앞뒤로 대오리를 대고 단단하게 실로 얽어 만든다. ¶【관용구】보대로 치다. =바디를 치다. ☞보디.

보더리하다[___-_] 형 보드레하다. ①어떤 사물이 꽤 보드라운 느낌이 있다. ¶배차가 보더리할 때 문치라. =배추가 보드레할 때 무쳐라. ②사람이나 동물 따위의 성질이 보드랍다. ¶【관용구】싱미가 보더리하다. =성미가 보드레하다.

보덤다[보덤따 _-_] 동 보듬다. ①사람이나 동물을 가슴에 붙도록 안다. ¶【관용구】품에 보덤다. =품에 보듬다. ②마음속에 품다. ¶【관용구】가숨에 보덤다. =가슴에 보듬다. ☞보둠다.

보덤키다[__-_] 동 안기다. '보듬다'의 피동사. 두 팔을 벌려 가슴 쪽으로 끌어당기거나 그렇게 하여 품 안에 있게 되다. ¶【관용구】품에 보덤키다. =품에 안기다. ☞보둠키다. 아둠키다. 암기다. 앰기다. 앵기다.

보도랍다[보도랍따 __-_] 형 보드랍다. ①스치거나 닿는 느낌이 거칠거칠하지 않고 매끄럽다. ¶살끼가 보도랍네. =살성이 보드랍네. ②태도나 성질이 곱고 순하다. ¶【관용구】썽질이 보도랍다. =성질이 보드랍다. ③가루가 매우 잘고도 곱다. ¶【관용구】가리가 보도랍다. =가루가 보드랍다. ☞보두랍다.

보돌보돌하다[____-_] 형 보들보들하다. 살갗에 닿는 느낌이 매우 보드랍다. ¶강새이터러기가 보돌보돌하다. =강아지털이 보들보들하다. ☞보둘보둘하다.

보두랍다[보두랍따 __-_] 형 보드랍다. ☞보도랍다.

보둘보둘하다[____-_] 형 보들보들하다. ☞보돌보돌하다.

보둠다[보둠따 _-_] 동 보듬다. ☞보덤다.

보둠키다[__-_] 동 안기다. '보듬다'의 피동사. ☞보덤키다. 아둠키다. 암기다. 앰기다. 앵기다.

보디[_-] 명 바디. 베틀에 딸린 기구의 하나. ☞보대.

보딜티리다[__-__] 동 자빠뜨리다. 사람이나 작은 물건 따위를 들어서 넘어뜨리다. ¶절마를 학 마 보딜티리뿌까? =저놈을 확 그냥 자빠뜨려버릴까? ☞보티리다. 자빨치다. 자빨티리다.

보램[_-] 명 보람. ¶【속담】내 자석 키안 보램은 있어도 조캐 키안 보램은 없다. =내 자식 키운 보람은 있어도 조카 키운 보람은 없다. ☞본치.

보루꾸[_-_] 명 블록[block]. *일본식 영어발음 '무루꾸 ブロック'에서 온 말. ①건축 재료의 하나. 시멘트로 네모지게 만들어서 벽면 따위를 쌓아 올리는 데 쓴다. ②경지정리를 한 접수번호의 일정한 구획. 논 한 '보루꾸'는 약 950평이다.

보룸[-_] 명 보름. ①보름날. ¶【속담】개 보룸 시듯기 한다. =개 보름 쇠듯 한다. ②열닷새 동안. ¶【속담】서울사람 몬 쏙하마 보룸을 똥 몬 눈다. =서울사람 못 속이면 보름을 똥 못 눈다.

보룸달[-__] 명 보름달. ¶【속담】정얼 보룸달이 누루마 대풍이 든다. =정월 보름달이 누르면 대풍이 든다.

보리개떡[___-] 명 보리떡. 보리의 고운 겨나 보릿가루로 만든 떡. ¶【속담】보리개떡에 쌍장구로 치까. =보리떡에 쌍장구를 치랴.

보리갱사[___-] 명 보리경사(--京辭). 경상도 사람이 쓰는 어설픈 서울말. *여기서 '보리'는 '경상도 보리 문디이'의 준말로 해석할 수 있다. ¶절마는 서울마 갔다 오마 보리갱사로 씬다. =저놈은 서울만 갔다 오면 보리경사를 쓴다. ☞보리갱어. 보리깅사. 보리깅어.

보리갱어[___-] 명 보리경사(--京辭). ☞보리갱사. 보리깅사. 보리깅어.

보리깅사[___-] 명 보리경사(--京辭). ☞보리갱사. 보리갱어. 보리깅어.

보리깅어[___-] 명 보리경사(--京辭). ☞보리갱사. 보리갱어. 보리깅사.

보리까시래기[____-_] 명 보리까끄라기. 보리까락. 보리의 낟알 겉껍질에 붙은 수염. ¶【속담】보리까시래기도 씰모가 있다. =보리까끄라기도 쓸모가 있다.

보리누룸[___-] 명 보리누름. 보리가 누렇게 익는 철. ¶【속담】보리누룸에 중늙으이 얼우 죽눈다. =보리누름에 중늙은이 얼어 죽는다.

보리뚝수바리[____-_] 명 보리뚝배기. 보리쌀 삶는 뚝배기. 못 생긴 사람을 비유적으로 이르는 말. ¶【관용구】보리뚝수바리매로 생깄다. =보리뚝배기처럼 생겼다. ¶【속담】보리뚝수바리가 윘겄다. =보리뚝배기가 웃겠다. ☞보리툭수바리.

보리바꾸[_--_] 명 골판지(-板紙). ¶보리바꾸 겉어리다 주소로 단디이 써라. =골판지박스 겉에 주소를 정확하게 써라.

보리바아[보리바~아 __-_] 명 보리방아. 보리쌀을 내기 위해 겉보리를 방아에 찧는 일. ¶【속담】보리바아 찧으마 죽운 씨이미 새앙킨다. =보리방아 찧으면 죽은 시어미 생각난다.

보리밥떠꺼리[____-_] 명 보리밥알. 보리쌀로 지은 밥 하나하나 낟알. ¶【속담】보리밥떠꺼리로 잉어 낚는다. =보리밥알로 잉어 낚는다.

보리숭년[___-] 명 보리 흉년(-- 凶年). 보리농사가 잘 되지 않은 해. *'보리숭년'은 표준어로 보면 명사구지만 창녕 방언에서는 굳어진 말이라 하나의 명사로 보는 게 낫다. ¶【속담】보리숭년에 죽그륵 담듯기 한다. =보리 흉년에

ㅂ

죽그릇 담듯 한다. ¶【속담】보리숭년에 지사 대이듯기 한다. =보리 흉년에 제사 닿듯 한다.

보리양석[_ _ _ -] 명 보리쌀. 겉보리의 열매를 찧어 겨를 벗긴 곡식알. ¶【속담】방구 질 나자 보리양석 떨어진다. =방귀 질 나자 보리쌀 떨어진다. ☞보쌀.

보리콩[_ _ -] 명 ((식물))완두콩(豌豆-). 완두의 열매. ¶【관용구】보리콩만하다. =완두콩만하다. ☞애콩.

보리툭수바리[_ _ _ _ -_] 명 보리뚝배기. ☞보리뚝수바리.

보리팰구[_ _ _ -] 명 ((식물))보리수나무. 야생보리수나무의 열매. ¶이전에는 보리팰구로 술 담았다. =예전에는 보리수로 술 담갔다. ☞볼똥. 뻘똥.

보릿대모자[보리때모자 _ _ _ -_] 명 밀짚모자.

보릿딩기[보리띵기 _ _ -_] 명 보릿겨. 보리에서 보리쌀을 내고 남은 속겨. ¶【속담】보릿딩기로 끓인 죽도 한 그륵 기깅 몬한 넘 겉다. =보릿겨로 끓인 죽도 한 그릇 구경 못한 놈 같다.

보릿자리[보리짜리 _ _ _ -] 명 보릿자루. 보리를 담아놓은 자루. ¶【관용구】전당 잡은 촛대 겉고 꾸우다 낳안 보릿자리 겉다. =전당 잡은 촛대 같고 꾸어다 놓은 보릿자루 같다.

보선[_ -] 명 버선. ☞버신. 보신.

보선발[보선빨 _ -_] 명 버선발. ☞버신발. 보신발.

보소[--] 감 여보세요. '여봐요'를 조금 높여 이르는 말. ¶보소. 아재는 잘 기시능교? =여보세요. 아저씨는 잘 계십니까?

-보소[1][--] 어 -보세요. 높임 명령형 종결어미. ¶여 한 분 보소. =여기 한 번 보세요.

-보소[2][--] -어 -보세요. 높임 청유형 종결어미. 청자와 화자의 관계가 편한 사이이거나 청자의 신분을 확실히 모르는 경우에 쓴다. ¶이거 함 무보소. =이것 한번 먹어보세요.

보시[-_] 명 보시기. ①김치나 깍두기 따위를 담는 반찬 그릇의 하나. 모양은 사발 같으나 높이가 낮고 크기가 작은 그릇. ¶【속담】사알에 핏죽또 한 보시 몬 무운 넘 겉다. =사흘에 피죽도 한 보시기 못 먹은 놈 같다. ②((수량을 나타내는 말 뒤에 쓰여)) 간장이나 고추장 따위를 '보시기'에 담아 그 분량을 세는 단위. ¶지렁장 한 보시. =간장 한 보시기.

보시다[_ -_] 형 부시다. ☞바시다.

보신[_ -] 명 버선. ☞버신. 보선.

보신발[보신빨 _ -_] 명 버선발. ☞버신발. 보선발.

보실보실[_ _ _ -] 부 보슬보슬. 눈이나 비가 가늘고 성기게 조용히 내리는 모양. ¶아직부텀 비가 보실보실 오네예. =아침부터 비가 보슬보슬 오네요. ☞바실바실.

보실비[_ -_] 명 보슬비.

보십[_ -] 명 보습. 쟁기, 극젱이, 가래 따위 농기구의 술바닥에 끼우는, 넓적한 삽 모양의 쇳조각. ☞보십날. 쟁기씨. 훌치이씨.

보십날[_ --] 명 보습. ☞보십. 쟁기씨. 훌치이씨.

보쌀[_-] 명 보리쌀. *'보쌀'은 '보리+쌀'로 합성이 되면서 둘째 음절이 탈락한 경우에 해당한다. 창녕지역에서 이를 '보살'로 발음하기도 하지만 이는 개인차로 보인다. ☞보리양석.

보쌀밥[_-_] 명 보리밥.

보악때[_-_] 명 ((식물))여뀌. ☞너굿대. 여꿀때. 여끗대.

보알[보~알 --] 명 불알. '고환(睾丸)'을 일상적으로 이르는 말. *창녕방언 '보알'은 일반적으로 어린 남자애나 작은 짐승에 쓰이고, '봉알'은 어른이나 큰 짐승에 쓰인다. 이는 어감 차이가 빚은 결과로 보인다. ¶【관용구】보알만한 넘. =불알만한 놈. ¶【관용구】보알이 빼갛다. =불알이 빨갛다. ¶【속담】보알에 요롱소리가 난다. =불알에 요령소리가 난다. ¶【속담】미꾸래이인데 보알 물린다. =미꾸라지한테 불알 물린다. ¶【속담】죽은 자석 보알 만치기다. =죽은 자식 불알 만지기다. ¶【속담】우리 아아 보알 큰 거라도 자랑하까. =우리 애 불알 큰 것이라도 자랑하랴. ¶【속담】보알 밑이 근질근질한 모냥이다. =불알 밑이 근질근질한 모양이다. ☞봉알. 붕알. 불.

보알친구[보~알친구 -___] 명 불알친구(--親舊). 남자들 사이에서, 어릴 때 함께 발가벗고 놀던 친구를 이르는 말. ☞봉알친구. 붕알친구.

보옥대[보옥때 _--] 명 보국대(報國隊). 일제 강점기에, 우리나라 사람을 강제 노동에 동원하기 위하여 만든 노무대. ¶【관용구】기는 보옥대 보냈나. =귀는 보국대 보냈나. ¶【관용구】눈은 보옥대 보냈나. =눈은 보국대 보냈나. ¶【속담】보옥대 가서 뚜딜기 맞고 온 넘 겉다. =보국대 가서 두드려 맞고 온 놈 같다.

보이[보~이 _-] 명 보늬. 밤이나 도토리 따위의 속에 있는 얇고 떫은맛이 나는 속껍질.

보이라[__-] 명 보일러(boiler).

보이소오[-__] 감 이보시오. 하오할 자리에 쓰여, 나이가 지긋한 사람이 남을 부르거나 주의를 끌려고 할 때 하는 말. ¶이보이소오, 당신은 그라는 기이 아이오. =이보시오, 당신은 그러는 게 아니오. ☞이보이소오.

보입시더[_-__] 감 여보시오. 하오할 자리에 쓰여, 나이가 지긋한 사람이 남을 부르거나 주의를 끌려고 할 때 하는 말. ¶보입시더, 질 쫌 물우봅시더. =여보시오, 길 좀 물어봅시다. ☞여어보입시더.

보재기[_-_] 명 보자기. ☞밥수건. 뽀재이.

보조기[_-_] 명 보조개. 말하거나 웃을 때에 두 볼에 움푹 들어가는 자국. ¶【관용구】보조기 파이다. =보조개 패다.

보죽[_-] 명 쐐기. 물건의 틈에 박아서 사개가 물러나지 못하게 하거나 물건들의 사이를 벌리는 데 쓰는 물건. ¶【속담】구늉을 바가미 보죽 깎는다. =구멍을 보아가며 쐐기 깎는다.

보지랋다[보지란타 __-_] 형 부지런하다.

ㅂ

☞바지랗다.

보탕[_-] 명 모탕. ①나무를 패거나 자를 때에 받쳐 놓는 나무토막. ¶도치보탕(도끼모탕). ②곡식이나 물건을 땅바닥에 놓거나 쌓을 때 밑에 괴는 나무토막. ¶보탕 덩거리(모탕 덩이). ③써레의 몸이 되는 나무. 여기에 써렛발을 박는다. ¶써리보탕(써레모탕).

보티리다[1][_-__] 동 내팽개치다. 짜증이 나거나 못마땅하여 물건 따위를 내던지거나 내버리다. ¶【속담】냇물 건니간 넘 지팽이 보티리딧기 한다. =냇물 건너간 놈 지팡이 팽개치듯 한다. ☞내보티리다. 내핑기치다. 부티리다. 빼들티리다.

보티리다[2][_-__] 동 넘어뜨리다. ☞공가다. 구불치다. 넘가띠리다. 넘우띠리다. 님기띠리다. 부티리다.

보티리다[3][_-__] 동 자빠뜨리다. ☞보딜티리다. 자빨치다. 자빨티리다.

보티이[보티~이 _-_] 명 보퉁이(褓--). 물건을 보에 싸서 꾸려 놓은 덩이. ¶옷을 한 보티이 사왔다. =옷을 한 보퉁이 사왔다.

보틸리다[__-_] 동 자빠지다. 뒤로 물러나면서 넘어지다. ¶눈질에 보틸렀다. =눈길에 나자빠졌다. ☞자빠라지다.

보푸래기[__-_] 명 보푸라기. 보풀의 낱개.

보하이[보하~이 _-_] 부 보얗게. 빛깔이 보기 좋게 하얗게. *'보하이'는 '보하-+-니'에서 온 말이다. '-니'의 'ㄴ'은 약화되어 그 앞뒤 모음을 비모음으로 만들어 주고 탈락한 경우이다. ¶보하이 핀 꽃시이가 이뿌다. =보얗게 핀 꽃송이가 예쁘다. ☞보핳기.

보핳기[보하키 _-_] 부 보얗게. ☞보하이.

보핳다[보하타 _-_] 형 보얗다. 빛깔이 먼지가 앉은 것처럼 하얗다. ¶【속담】홀애비 집 앞은 질이 보핳고 호불이미 집 앞은 큰질 난다. =홀아비 집 앞은 길이 보얗고 홀어미 집 앞은 큰길 난다.

복골복[복꼴복 ---] 명 복불복(福不福). 복분(福分)의 좋고 좋지 않음이라는 뜻으로, 사람의 운수를 이르는 말. ¶이거는 복골복이래서 우얄 수가 없다. =이건 복불복이라서 어쩔 수가 없다. ☞복지복.

복새[-_] 명 목새. 물결에 밀려서 한곳에 쌓인 보드라운 모래.

복생선[__-] 명 ((동물))복어. ¶【속담】쌔고쌘 생선 중에 해필이마 복생선 맛이가. =하고많은 생선 중에 하필이면 복어 맛이냐. ☞복재이. 뽁재이.

복숭[복쑹 _-] 명 ((식물))복숭아. 복사나무의 열매.

복숭삐[복쑹삐 _-_] 명 복사뼈. 발목 부근에 안팎으로 둥글게 나온 뼈. ¶【속담】돋아고 뛰이봤자 복숭삐라. =돋우고 뛰어봤자 복사뼈라. ☞복숭씨.

복숭씨[1][복쑹씨 _-_] 명 복사뼈. ☞복숭삐.

복숭씨[2][복쑹씨 _-_] 명 복숭아씨. 복숭아 속에 있는 딱딱한 씨. 한약재로 쓰인다.

복시럽다[--__] 형 복스럽다(福---). ¶아아가 참 복시럽기 생겼다. =애가 참 복스럽게 생겼다.

복실강새이[복실강새~이 ___-_] 명 ((동

물))복슬강아지.

복씰복씰하다[____-_] 형 복슬복슬하다. 살이 찌고 털이 많아서 귀엽고 탐스럽다. ¶터러기가 복씰복씰한 강새이. =털이 복슬복슬한 강아지.

복재이[복재~이 _-_] 명 ((동물))복어. ☞복생선. 뽁재이.

복지복[복찌복 ---] 명 복불복(福不福). ☞복골복.

복판손까락[--_-_] 명 가운뎃손가락.

본각시[--_] 명 본처(本妻). 첩에 대하여 본래의 아내를 이르는 말. ¶【속담】화냥년인데 서방 빼뜰린 본각시 낯을 한다. =화냥년한테 서방 뺏긴 본처 낯을 한다. ☞본마님.

본대[--] 명 본디(本-). 사물이 전하여 내려온 그 처음. ¶윽대는 본대부텀 썽질이 드럽다. =늑대는 본디부터 성질이 더럽다.

본동만동[_-_] 부 본체만체. 보고도 아니 본 듯이. ¶본동만동 지내간다. =본체만체 지나간다.

본동만동하다[_-____] 동 본체만체하다. 보고도 아니 본 듯이 하다. ¶날로 본동만동하데예. =나를 본체만체하데요. ☞본치만치하다.

본마님[--_] 명 본처(本妻). '본처'를 높여서 이르는 말. ¶【속담】서방이 첩사이 둔 본마님 겉다. =서방이 첩실 둔 본처 같다. ☞본각시.

본바없다[본바엄따 _-_] 형 본데없다. 보고 배운 것이 없어 예의범절이나 지식 따위가 없다. ¶저 냥반은 본바없는 사램이 아이다. =저 양반은 본데없는 사람이 아니다. ☞비안데없다.

본바없이[본바엄씨 _-_] 부 본데없이. ¶【관용구】본바없이 컸다. =본데없이 자랐다. ☞비안데없이.

본치[_-] 명 보람. ¶【속담】짐승 거단 본치는 있어도 사람 거단 본치는 없다. =짐승 거둔 보람은 있어도 사람 거둔 보람은 없다. ☞보램.

본치만치하다[-_____] 동 본체만체하다. ☞본동만동하다.

본토백이[본토배기 -_-_] 명 본토박이(本土--). 대대로 그 땅에서 오래도록 살아온 사람. ¶내는 창녕 본토백이라예. =나는 창녕 본토박이라오.

볼가내다[_-__] 동 발라내다. 겉에 둘러싸여 있는 것을 벗기거나 헤집고 속의 것을 끄집어내다. ¶칼치 삐간지로 볼가냈다. =갈치 뼈를 발라냈다. ☞뽈가내다.

볼가다[_-_] 동 발리다. 껍질 따위를 열어 젖혀서 속의 것을 드러내다. 오므라진 것을 펴서 열다. ¶밤시이로 볼갔다. =밤송이를 발렸다. ☞뽈가다.

볼가묵다[볼가묵따 _-_] 동 발라먹다. ①겉에 둘러싸여 있는 것을 벗기거나 헤집고 속의 것을 끄집어내서 먹다. ¶조구까시로 볼가무웄다. =조기가시를 발라먹었다. ②남을 꾀거나 속여서 물건을 빼앗아 가지다. ¶노롬을 해가아 넘우 돈을 볼가무웄다. =노름을 해서 남의 돈을 발라먹었다. ☞뽈가묵다.

볼강시럽다[-_-__] 형 볼강스럽다. 버릇없

고 공손하지 못한 태도가 있다. ¶【속담】볼강시럽운 강새이가 부떠막에 앉는다. =볼강스러운 강아지가 부뚜막에 앉는다. ☞뽈강시럽다.

볼구리하다[___-_] 형 볼그레하다. 엷게 볼그스름하다. ¶술로 묵꼬 낯이 볼구리하다. =술을 먹고 낯이 볼그레하다.

볼구수룸하다[____-_] 형 볼그스름하다. 새뜻하고 오붓한 때깔로 좀 붉다. ¶꼬치가 익어서 볼구수룸합미더. =고추가 익어서 볼그스름합니다.

볼구쭉쭉하다[볼구쭉쭈카다 ____-_] 형 볼그족족하다. 빛깔이 고르지 않고 칙칙하게 뽈그스름하다. ¶단풍이푸리가 볼구쭉쭉하네. =단풍잎이 볼그족족하네.

볼긋볼긋하다[볼귿볼귿하다 ____-_] 형 볼긋볼긋하다. 빛깔이 군데군데 곱게 볼그스름하다. ¶옷을 볼긋볼긋한 거로 입었네예. =옷을 볼긋볼긋한 걸 입었네요.

볼기짹이[볼기째기 __-_] 명 볼기짝. '볼기'를 낮잡아 이르는 말. 허리 아래부터 허벅다리 위 좌우로 살이 두두룩한 부분. ¶【속담】도덕넘 볼기짹이 겉다. =도둑놈 볼기짝 같다. ¶【속담】적적할 때는 내 볼기짹이 친다. =적적할 때는 내 볼기짝 친다.

볼꼰[1][_-] 부 볼끈. ①조금 작은 물체나 기운이 갑자기 치밀거나 솟아오르는 모양을 나타내는 말. ¶【관용구】기우이 볼꼰 나다. =기운이 볼끈 나다. ②주먹을 힘을 주어 꽉 쥐는 모양을 나타내는 말. ¶【관용구】주묵을 볼꼰 지다. =주먹을 볼끈 쥐다. ③흥분하여 갑자기 성을 내는 모양을 나타내는 말. ¶【관용구】썽을 볼꼰 내다. =화를 볼끈 내다. ☞뽈꼰.

볼꼰[2][_-] 부 꽉. 작은 사물을 힘주어 누르거나 잡아서 묶는 모양. ¶【관용구】볼꼰 묶아다. =꽉 묶다. ☞깍. 깡. 불꾼. 뽈꼰. 뿔꾼.

볼꼰기리다[__-__] 동 볼끈거리다. 흥분하여 자꾸 성을 월컥 내다. ¶니는 쪼잔한 일에도 볼꼰기리나? =너는 하찮은 일에도 볼끈거리니? ☞뽈꼰기리다.

볼꼰하다[__-_] 동 볼끈하다. 흥분하여 성을 월컥 내다. ¶아부지가 볼꼰해서 자석을 머라칸다. =아버지가 볼끈해서 자식을 야단친다. ☞뽈꼰하다.

볼똥[-_] 명 ((식물))보리수나무. 야생보리수나무의 열매. ☞보리팰구. 뻘똥.

볼받기[--_] 부 별스레(別--). 보기에 보통과는 다른 데가 있게. ¶억쑤로 볼받기 설치네. =엄청 별스레 설치네. ☞밸시리. 빌시리.

볼실하다[-___] 동 버릇하다. ☞버릇하다. 버릇하다.

볼쏙[_-] 부 잔뜩. 대단히 많이. *창녕방언 '볼쏙'은 표준어에서 '갑자기 볼록하게 쏙 나오거나 내미는 모양을 나타내는 말'과는 전혀 다른 뜻으로 쓰인다. ¶짐을 볼쏙 짔다. =짐을 잔뜩 졌다. ☞가빡. 갑씬. 목씬. 항거석. 항검.

볼움물[-_] 명 볼우물. 웃거나 말을 할 때 볼에 오목하게 들어가는 자국.

볼치기[뽈치기 --_] 명 볼거리. 유행성 이하선염(耳下腺炎). ☞뽈치기.

볼태기[--_] 명 볼때기. 볼따구니. '볼'을 속되게 이르는 말. ¶볼태기 터지두룩 묵눈다. =볼때기 터지도록 먹는다. ☞볼티이. 뽈따구. 뽈티이.

볼티이[볼티~이 --_] 명 볼때기. ☞볼태기. 뽈따구. 뽈티이.

볽히다[볼키다 -__] 동 밝히다. 드러나게 좋아하다. ¶【관용구】돈을 볽히다. =돈을 밝히다. ¶【관용구】지집을 볽히다. =계집을 밝히다. ☞뽉히다.

볿다[볼따 _-] 동 밟다. 발을 들었다 놓으면서 어떤 대상 위에 대고 누르다. ¶【관용구】똥 볿은 상. =똥 밟은 상. ¶【속담】굼비이도 볿으마 꿈툴한다. =굼벵이도 밟으면 꿈틀한다. *볿고[볼꼬 _-], 볿지[볼찌 _-], 볿아야[볼바야 -__], 볿았다[볼받따 -__].

볿히다[볼피다 _-_] 동 밟히다. '밟다'의 피동사. ¶【속담】꼬랑대기가 질마 볿힌다. =꼬리가 길면 밟힌다. *볿히고[볼피고 _-_], 볿히지[볼피지 _-_], 볿히서[볼피서 --_], 볿힜다[볼핃따 --_].

봄가실[--_] 명 봄가을. ①봄과 가을을 아울러 이르는 말. ¶덥도 안하고 춥도 안한 봄가실이 좋다. =덥지도 않고 춥지도 않은 봄가을이 좋다. ②봄에 익은 곡식을 거두어들임. ¶봄가실 해낳고 좋운데 놀로 한분 갑시더. =봄 추수 해놓고 좋은데 놀러 한번 갑시다.

봄벨[봄벨 --] 명 봄볕. 봄날의 볕. ¶【속담】봄벨에는 미너리 내낳고 가을벨에는 딸 내낳는다. =봄볕에는 며느리 내놓고 가을볕에는 딸 내놓는다.

봄새르[_-_] 명 봄새. 봄철이 지나는 동안. *표준어에서는 '봄새' 하면 될 것을, 창녕방언에서는 구격조사 '르(←로)'를 통합하여 '봄새르'로 발음하는 특징이 있다. ¶이거마 하마 봄새르 묵십미더. =이것만 하면 봄새 먹습니다.

봄콩[--] 명 ((식물))강낭콩. ☞두불콩. 양대콩. 울콩. 재불콩.

봇장[보짱 _-] 명 들보. 건물의 칸과 칸 사이의 두 기둥을 건너질러 도리와는 'ㄴ' 자 모양, 마룻대와는 '十' 자 모양을 이루는 나무. ¶【속담】지둥을 치마 봇장이 운다. =기둥을 치면 들보가 운다.

봉개[-_] 명 봉송(封送). 잔치를 하거나 묘사 따위를 지내고 음식을 조금씩 나누어 싸서 손님을 전송하던 일종의 도시락. 이 '봉개'에는 담배 몇 개비를 묶어서 음식과 함께 싸주기도 했다. ¶앺앺이 봉개 하나썩 갈라주더라. =앞앞이 봉송 하나씩 나눠주더라.

봉다리[_-_] 명 봉지(封紙). ¶까자 봉다리. =과자 봉지.

봉덕각시[_--_] 명 봉덕이 각시. 피부가 곱고 복스럽게 생긴 젊은 여자를 비유적으로 일컫는 말. *'봉덕각시'에 대한 어원은 여러 가지 설이 분분하지만 딱히 믿을 만한 것은 없다. ¶봉덕각시맨치로 생기가아 하는 짓도 애지랍네. =봉덕이 각시처럼 생겨서 하는 짓도 상냥하네.

봉딕이[봉디기 _-_] 명 주인이 새경을 주

ㅂ

지 않고 의식주만 해결해 주는 머슴. *'봉딕이'는 '봉덕'이라는 이름을 가진 사람이겠으나, 그가 누군지에 대한 설들은 딱히 믿을 만한 것은 없다.

봉벤[_-] 명 봉변(逢變). ¶【관용구】봉벤을 당다. =봉변을 당하다. ☞봉빈.

봉빈[_-] 명 봉변(逢變).☞봉벤.

봉송아[_-_] 명 ((식물))봉숭아. 봉선화(鳳仙花).

봉씨[_-] 명 봉쇠. '강철(鋼鐵)'의 옛말. 『물명고』(5:7)에 "봉쇠[跳鐵]"라 되어 있다. ¶【관용구】봉씨도 뜯어무울다. =봉쇠도 뜯어먹겠다.

봉알[-_] 명 불알. ☞보알. 붕알. 불.

봉알친구[-___] 명 불알친구(--親舊). ☞보알친구. 붕알친구.

봉창구녕[봉창꾸녕 ___-] 명 창구멍(窓--). 한지 바른 창에 뚫린 구멍. ¶【속담】범 본 여핀네 봉창구녕 틀어막하딧기. =범 본 여편네 창구멍 틀어막듯. ☞봉창구늉. 봉창구뭉. 봉창구중.

봉창구늉[봉창꾸늉 ___-] 명 창구멍(窓--). ☞봉창구녕. 봉창구뭉. 봉창구중.

봉창구뭉[봉창꾸뭉 ___-] 명 창구멍(窓--). ☞봉창구녕. 봉창구늉. 봉창구중.

봉창구중[봉창꾸중 ___-] 명 창구멍(窓--). ☞봉창구녕. 봉창구늉. 봉창구뭉.

봉헌[_-] 명 봉분(封墳). 흙을 둥글게 쌓아 올려서 무덤을 만듦. 또는 그 무덤. ¶【속담】불호자가 애비 봉헌 키안다. =불효자가 아비 봉분 키운다.

볼다[볼따 -_] 형 밭다. 어떤 사물에 열중하거나 즐기는 정도가 너무 심하다. ¶【관용구】기기에 볼은 넘. =고기에 밭은 놈. ¶【관용구】기집에 볼은 넘. =여색에 밭은 놈.

볼애기[보태기 -__] 명 밭은 이. 음식에 밭은 사람을 낮잡아 이르는 말. *'볼애기'는 표준어로 보면 구(句)이지만 창녕방언에서는 굳어진 말이라 하나의 단어로 보는 게 낫다. ¶【관용구】기기 볼애기. =고기 밭은 이. ☞오새.

볼은지침[보턴지침 __-_] 명 밭은기침. 병이나 버릇으로 소리가 크지 않고 힘도 과히 들지 않으면서 자주 하는 기침.

부굴부굴[___-] 부 부글부글. ①많은 양의 액체가 야단스럽게 잇따라 끓는 소리. 또는 그 모양. ¶딘징 끓이는 소리가 부굴부굴 난다. =된장 끓이는 소리가 부글부글 난다. ②착잡하거나 언짢은 생각이 뒤섞여 자꾸 마음이 들볶이는 모양. ¶【관용구】쏙을 부굴부굴 끓이다. =속을 부글부글 끓이다.

부기영아[___-] 명 부귀영화(富貴榮華).

부꼬치[_-_] 명 못 쓰는 누에고치. 실을 뽑을 수 없는, 불량 누에고치. *부(不)+고치. ¶【속담】애씨서 부꼬치 농사지있다. =애써 부고치 농사지었다.

부꾸럼[__-] 명 부끄럼. ①스스러움을 느끼어 수줍어하는 마음. ¶【속담】부꾸럼 많은 처이가 시집은 먼첨 간다. =부끄럼 많은 처녀가 시집은 먼저 간다. ②양심에 거리낌이 있어 떳떳하지 못한 마음. ¶하알에 맹세코 뿌꾸럼이 없다. =하늘에 맹세코 부끄럼이 없다. ☞부꾸룸.

부꾸룸[__-] 명 부끄럼. ☞부꾸럼.

부꾸룹다[부꾸룹따 __-_] 형 부끄럽다. ①양심에 거리낌이 있어 떳떳하지 못하다. ¶【속담】부꾸룹울 때는 투둘기리도 낫다. =부끄러울 때는 투덜거려도 낫다. ②민망하거나 쑥스럽다. ¶【관용구】낯 부꾸룹다. =낯 부끄럽다. ¶【관용구】소이 부꾸룹다. =손이 부끄럽다.

부나부[--_] 명 ((동물))부나방. ¶【속담】여룸밤에 불 본 부나부 다알들딧기 한다. =여름밤에 불 본 부나방 달려들듯이 한다.

부대[-_] 부 부디. ¶부대 잘 댕기오이소오. =부디 잘 다녀오세요.

부덣다[부던타 _-_] 형 뻑뻑하다. 옷 따위가 꽉 끼거나 부피가 두꺼워서 입고 활동하기에 번거롭다. ¶잠바가 부덣다. =점퍼가 뻑뻑하다. *부덣고[부던코 _-_], 부덣지[부던치 _-_], 부덣어서[부더너서 _-__], 부덣었다[부더넏따 _-__]. ☞빽씨다.

부두룹다[부두룹따 __-_] 형 부드럽다. ①닿거나 스치는 느낌이 거칠거나 뻣뻣하지 아니하다. ¶【속담】부두룹기사 여시 밑터리기만 하까이. =부드럽기야 여우 밑털만 하랴. ②성질이나 태도가 억세지 아니하고 매우 따뜻하다. ¶【관용구】싱미가 부두룹다. =성미가 부드럽다. ③일의 형편이 순조롭다. ¶【속담】지름 믹인 까죽이 부두룹다. =기름 먹인 가죽이 부드럽다.

부둘다[1][-__] 동 거들다. ①거들어주다. ¶이우지 일로 부둘웄다. =이웃 일을 거들었다. ②옆에서 끼어들어 참견하거나 두둔하다. ¶【속담】곤장 쌔리는 사또보담 부두는 이방 넘이 더 밉다. =곤장 때리는 사또보다 거드는 이방 놈이 더 밉다.

부둘다[2][-__] 동 돕다. ☞도아다.

부둘부둘[___-] 부 부들부들. 몸이나 신체 일부를 자꾸 떠는 모양을 나타내는 말. ¶【관용구】가이[肝-] 부둘부둘 떨리다. =간이 부들부들 떨리다.

부둘부둘하다[____-_] 형 부들부들하다. 사물이 살갗에 스치거나 닿는 느낌이 매우 부드럽다. ¶강새이 터리기는 부둘부둘하다. =강아지 털은 부들부들하다.

부드리하다[___-_] 형 부드레하다. 사물이 꽤 부드러운 느낌이 있다. ¶우붕이푸리가 부드리하다. =우엉이파리가 부드레하다.

부디끼다[__-_] 동 부대끼다. ①뱃속이 쓰리거나 울렁울렁하다. ¶멀 잘몬 무웄는강 쏙이 부디낀다. =무얼 잘못 먹었는지 속이 부대낀다. ☞다리이다. ②시달려서 괴로움을 당하다. ¶부모는 자석들인데 부디끼도 우짤 수가 없다. =부모는 자식들에게 부대껴도 어쩔 수가 없다. ③서로 접촉하여 부딪치다. ¶낭기 비바램에 부디낀다. =나무가 비바람에 부대낀다.

부딕이[부디기 --_] 부 부득이(不得已). 마지못해 어쩔 수 없이. ¶하도 깝치서 부딕이 부택이로 들어좄다. =하도 졸라서 부득이 부탁을 들어줬다.

부떠막[_ _-] 명 부뚜막. 아궁이 위에 솥을 걸어 놓는 언저리. ¶【관용구】부떠막에 엿 녹하낳나. =부뚜막에 엿 녹여놓았나. ¶【속담】점잖은 강새이가 부떠막에 먼첨 올라간다. =점잖은 강아지가 부뚜막에 먼저 올라간다. ☞부뚜묵.

부뚜묵[_ _-] 명 부뚜막. ☞부떠막.

부뚝[_-] 명 부뚜. 타작마당에서 곡식에 섞인 티끌이나 쭉정이, 검부러기 따위를 날려 없애려고 바람을 일으키는 데 쓰는 돗자리.

부뚝질하다[_-_ _ _] 동 부뚜질하다. 곡식의 티끌을 없애기 위하여 부뚜를 흔들어 바람을 일으키다. ¶【속담】불 난 집에 부뚝질한다. =불 난 집에 부뚜질한다.

부라다[1][_-_] 동 부리다. 사람의 등에 지거나 자동차나 배 따위에 실었던 것을 내려놓다. ¶깔비로 한 짐 해가 부섞에 부랐다. =솔가리를 한 짐 해서 부엌에 부렸다.

부라다[2][_-_] 동 부풀리다. 사실이나 일을 실제보다 더 크거나 대단한 것으로 과장하다. ¶【속담】소문은 부라가아 나기 매러이다. =소문은 부풀어져 나게 마련이다. ☞부푸라다.

부라지다[_-_ _] 동 부풀려지다. '부풀다'의 피동사. ¶【속담】소무이사 부라지서 나기 매러이다. =소문이야 부풀려져서 나게 마련이다. ☞부풀라지다.

부랑떨다[-_ _ _] 동 성질부리다(性質---). 사람이나 짐승이 분노나 불만 따위를 이기지 못하고 몹시 화를 내다. ¶부랑떨지 말고 드가서 잠이나 자! =성질부리지 말고 들어가서 잠이나 자! ☞부랑빼다. 부랑지이다.

부랑빼다[-_ _ _] 동 성질부리다(性質---). ☞부랑떨다. 부랑지이다.

부랑지이다[-_-_ _] 동 성질부리다(性質---). ☞부랑떨다. 부랑빼다.

부랗다[부랑타 -_ _ _] 형 사납다. 성질, 행동, 생김새 따위가 거칠고 억세다. ¶【속담】부랑운 개 콧띠이 아물 날 없다. =사나운 개 콧등 아물 날 없다. ¶【속담】부랑운 암깨매로 앙앙한다. =사나운 암캐처럼 앙앙한다. *부랗고[부랑코 -_ _], 부랗지[부랑치 -_ _], 부랗어서[부랑어서 -_ _], 부랗었다[부랑언따 -_ _ _]. ☞사냅다.

부레끼[_-_] 명 브레이크[brake]. ¶자안차 부레끼. =자전거 브레이크.

부로[1][-_] 부 일부러. ①특별히 마음을 먹고 일삼아서. ¶부로 여어꺼정 왔습미꺼? =일부러 여기까지 왔습니까? ②알면서도 짐짓. ¶부로 없는 치한다. =일부러 없는 척한다. ☞덜부더리. 덜부로. 역부로. 일부로.

부로[2][-_] 부 거짓으로. ¶부로 배 아푸다 칸다. =거짓으로 배 아프다 한다.

부루기리[_ _-_] 명 ((동물))블루길[Blue gill].

부루다[1][_-_] 동 부르다. ①말이나 행동 따위로 오라고 하다. ¶【속담】통시 앉이서 개 부루기다. =뒷간에 앉아서 개 부르기다. ②이름이나 명단을 소리 내어 읽으며 대상을 확인하다. ¶선상님이 출석을 부룬다. =선생님이 출석을 부른다. ③남이 자신의 말을 받아 적을 수 있게 또박또박 읽다. ¶냇사 부루는 대로 받아 적었어예. =나야 부르는 대로 받아 적었어요. ④곡조에 맞추어 노래의 가사를 소리 내다. ¶일마는 노래로 잘 부룬다. =이놈은 노래를 잘 부른다. ⑤값이나 액수 따위를 얼마라고 말하다. ¶【속담】부루는 기이 값이다. =부르는 게 값이다. ⑥구호나 만세 따위를 소리 내어 외치다. ¶【속담】이불 쏙에서 만세 부룬다. =이불 쏙에서 만세 부른다. ⑦어떤 행동이나 말이 관련된 다른 일이나 상황을 초래하다. ¶【속담】지집 없으마 분란 부룰 일도 없다. =계집 없으면 분란 부를 일도 없다. ⑧무엇이라고 가리켜 말하거나 이름을 붙이다. ¶【속담】아재비라 부루민서 뺨때기 쌔린다. =아저씨라 부르면서 뺨 때린다.

부루다[2][_-_] 형 부르다. ①먹은 것이 많아 속이 꽉 찬 느낌이 들다. ¶【관용구】배가 부루다. =배가 부르다. ②불룩하게 부풀어 있다. ¶【속담】배 부룬 담부랑은 십 년 우안꺼리다. =배 부른 담벼락은 십 년 우환거리다.

부룹다[부룹다 _-_] 형 부럽다. 다른 사람이나 그 능력을 자기도 그렇게 되고 싶은 욕심을 가지다. ¶【속담】개팔자 부룹다꼬 개 데까. =개팔자 부럽다고 개 되랴. ¶【속담】널찐 유자가 달린 탱자 부룹다 카까이. =떨어진 유자가 달린 탱자 부럽다 하랴. ☞붋다.

부룹어하다[부루버하다 _-__] 형 부러워하다. 다른 사람이나 그 능력을 자기도 그렇게 되고 싶은 욕심을 가지다. ¶【속담】정승 판서 부룹어하지 말고 지 입이나 잘 딲아라. =정승 판서 부러워 말고 제 입이나 잘 닦아라. ☞붋어하다.

부룹움[부루붐 _-_] 명 부러움. 부러워하는 일이나 마음. ¶【관용구】부룹움을 사다. =부러움을 사다. ☞붋움.

부리내키[---_] 부 부리나케. 서둘러서 아주 급하게. ¶【속담】굼비이도 부리내키 꾸부리는 재주가 있다. =굼벵이도 부리나케 꾸부리는 재주가 있다. ☞불내키.

부리묵다[부리묵따 ---_] 동 부려먹다. 자기의 이익을 위해 마구 부리거나 이용하다. ¶【속담】실컨 부리묵고 잔칫날 자아묵눈다. =실컷 부려먹고 잔칫날 잡아먹는다.

부리키다[1][_-__] 동 부르트다. 살가죽이 들뜨고 그 속에 물이 괴다. ¶입수구리가 부리킸다. =입술이 부르텄다. ☞불키다.

부리키다[2][_-__] 동 곪다. ☞공기다. 띠부리키다. 익히다.

부리키다[3][_-__] 동 성내다. 불쾌한 감정이 일어나 노여워하다. ¶【속담】부리키마 보리바아 더 잘 찧는다. =성내면 보리방아 더 잘 찧는다. ¶【속담】부리킨 승냥이 코침 잘몬 주다가 다부 물린다. =성낸 승냥이 코침 잘못 주다가 도로 물린다. ☞불키다. 썽내다.

부몬님[--_] 명 부모님(父母-). '부모'를 높여 이르는 말. *창녕방언에서는 '부모'에 접사 '님'이 붙을 경우 'ㄴ'이 첨가되는 현상이 일어난다. ¶【속담】부몬님은 문서 없는 종이다. =부모님은 문서 없는 종이다. ¶【속담】자석 둔 부몬님은 알 둔 새 겉다. =자식 둔 부모님은 알 둔 새 같다. ¶【속담】부몬님은 자석을 주고 남운 돈을 씨고 자석은 씨고 남는 도이 있어야 부몬님을 준다. =부모님은 자식을 주고 남은 돈을 쓰고 자식은 쓰고 남는 돈이 있어야 부모님을 준다.

부비다[_-_] 동 비비다. ①두 물체를 맞대어 문지르다. ¶【속담】소도 어덕이 있어야 부빈다. =소도 언덕이 있어야 비빈다. ②어떤 재료에 다른 재료를 넣어 한데 버무리다. ¶나물을 옇고 밥을 부빘다. =나물을 넣고 밥을 비볐다. ③어떤 물건이나 재료를 두 손바닥 사이에 놓고 움직여서 뭉치거나 꼬이는 상태가 되게 하다. ¶짚을 부비서 새끼로 꼰다. =짚을 비벼서 새끼를 꼰다. ④사람이 다른 사람의 비위를 맞추거나 아부하는 행동을 하다. ¶【관용구】손을 부비다. =손을 비비다. ⑤많은 사람 틈에서 부대끼며 살아가다. ¶좁운 집에서 많은 궁구들이 부비민서 살지예. =좁은 집에서 많은 권구들이 비비면서 살죠. ⑥좁은 틈을 헤집거나 비집다. ¶【관용구】부비고 자다. =비비고 자다. ⑦어려운 상황을 이겨 내기 위하여 억척스럽게 버티다. ¶【관용구】부비고 사다. =비비고 살다.

부살개[_-_] 명 불쏘시개. ¶시문지로 부살개 한다. =신문지로 불쏘시개 한다. ☞불살개.

부상치[_-_] 명 ((식물))상추. *'부상치'는 원래 '잎이 붉은색 상추'를 지칭하는 말이었으나 의미가 확장되어 '상추'를 두루 이르는 말이다. ¶난서밭에 가서 부상치 쫌 빼 온나. =남새밭에 가서 상추 좀 뽑아 오너라. ☞상치.

부새미[_-_] 명 담배쌈지.

부색[--] 명 부황(浮黃). 오래 굶주려서 살가죽이 들떠서 붓고 누렇게 되는 병. ¶몬 무우서 누러이 부색이 났다. =못 먹어서 누렇게 부황이 났다.

부색들다[--__] 명 부황나다(浮黃--). ☞부잭들다.

부석[1][부석 _-] 명 아궁이. 방이나 솥 따위에 불을 때기 위하여 만든 구멍. ¶【속담】부석에 불로 옇어야 굴뚝서 영기난다. =아궁이에 불을 넣어야 굴뚝에서 연기난다. ¶【속담】염불 몬하는 중이 부석에 불을 땐다. =염불 못하는 중이 아궁이에 불을 땐다. ☞부석아리. 아구지.

부석[2][부석 _-] 명 부엌. ¶【속담】부석에서 술묵 얻었다. =부엌에서 숟가락 얻었다. ¶【속담】부석 지가 쌀밥 묵는다. =부엌 쥐가 쌀밥 먹는다. ¶【속담】비 오는 거는 밥하는 부석에서 먼지 안다. =비 오는 건 밥하는 부엌에서 먼저 안다. ☞정지.

부석띡이[부석띠기 __-_] 명 부엌데기. ☞밥재이. 정지가서나. 정지꾼.

부석아리[부서가리 __-_] 명 아궁이. *부

섞+아가리. ☞부섞. 아구지.

부시깨이[부시깨~이 __-_] 명 부지깽이. 아궁이 따위에 불을 땔 때에, 불을 헤치거나 끌어내거나 거두어 넣거나 하는 데 쓰는 가느스름한 막대기. ¶【속담】가실에는 부시깨이도 덤빈다. =가을에는 부지깽이도 덤빈다. ¶【속담】부시깨이로 맞던 미너리가 미너리로 맞아 오이 몽디이로 쌔린다. =부지깽이로 맞던 며느리가 며느리를 맞아 오니 몽둥이로 때린다. ☞부작대기. 부지깨이.

부시깨이나물[부시깨~이나물 __-__-] 명 ((식물))부지깽이나물.

부시럼[__-] 명 부스럼. 피부에 나는 종기를 통틀어 이르는 말. ¶【속담】부시럼은 살 안 덴다. =부스럼은 살 안 된다.

부실부실[___-] 부 부슬부슬. 눈이나 비가 조용히 성기게 내리는 모양. ¶누이 부실부실 온다. =눈이 부슬부슬 온다.

부실비[_-_] 명 부슬비.

부애[--] 명 부아. ☞보갈. 보골.

부애채아다[__-__] 동 부아질하다. '부애나다'의 사동사. ☞보갈믹이다. 보갈채아다.

부앳짐[부애찜 __-] 명 부앗김. ((주로 '부앳짐에' 꼴로 쓰여)) 노엽고 분한 마음이 일어나는 때. ¶【속담】부앳짐에 서방질한다. =부앗김에 서방질한다.

부엥이[--_] 명 ((동물))부엉이. 올빼밋과의 솔부엉이, 수리부엉이, 칡부엉이 따위를 통틀어 이르는 말. ¶【관용구】부엥이 곳간. =부엉이 곳간. ¶【관용구】부엥이 살림. =부엉이 살림. ¶【속담】부엥이 굴 겉다. =부엉이 굴 같다. ¶【속담】욕심은 부엥이 겉다. =욕심은 부엉이 같다. ☞부웅이.

부우[-_] 명 부기(浮氣). 부종(浮腫)으로 인하여 부은 상태. ¶호박죽울 무우마 부우가 빠진다. =호박죽을 먹으면 부기가 빠진다.

부웅이[--_] 명 ((동물))부엉이. ☞부엥이.

부작대기[__-_] 명 부지깽이. '부엌작대기'의 준말. ☞부시깨이. 부지깨이.

부재[_-] 명 부자(富者). ¶【속담】부재는 망애도 삼 년은 간다. =부자는 망해도 삼 년은 간다. ¶【속담】부재 곡석은 정한 기이 없다. =부자 곡식은 정한 게 없다.

부잿들다[__-_] 동 부황나다(浮黃--). ☞부색들다.

부잿집[부재찝 _-_] 명 부잣집(富者-). ¶【관용구】부잿집 개가 붋다. =부잣집 개가 부럽다. ¶【속담】부잿집 가운데 자석 겉다. =부잣집 가운데 자식 같다. ¶【속담】부잿집 업 나가듯기 한다. =부잣집 업 나가듯 한다.

부저까치[__-_] 명 부젓가락. 화로에 꽂아 두고 불덩이를 집거나 불을 헤치는 데 쓰는 쇠로 만든 젓가락. ☞부짓가락. 불저까치. 불젓가락. 화젓가락.

부지[-_] 명 부조(扶助). ①잔칫집이나 상가(喪家) 따위에 돈이나 물건을 보내어 도와줌. 또는 돈이나 물건. ②남을 거들어서 도와주는 일. ¶【관용구】하알이 부지하다. =하늘이 부조하다.

부지깨이[부지깨~이 __-_] 명 부지깽이.

ㅂ

☞부시깨이. 부작때기.

부지리이[부지리~이 __-_] 부 부지런히. 어떤 일을 꾸물거리거나 미루지 않고 꾸준하게 열심히 하는 태도로. ¶【속담】부지리이 씹는 이는 앓을 새도 없다. =부지런히 씹는 이는 앓을 사이도 없다. ¶【속담】부지리이 도는 물바아는 얼 새가 없다. =부지런히 도는 물레방아는 얼 사이가 없다.

부짓가락[부지까락 __-_] 명 부젓가락. ☞부저까치. 불저까치. 불젓가락. 화젓가락.

부짓돈[부지똔 -__] 명 부좃돈(扶助-). 남이 치르는 혼사, 장례식 따위의 큰일을 돕기 위해 주는 돈.

부짓일[부진닐 -__] 명 부좃일(扶助-). 큰일을 치르는 집에 가서 일을 도와주는 일.

부치[_-] 명 부처. '석가모니'의 다른 이름. ¶【속담】부치 새끼 겉다. =부처 새끼 같다. ¶【속담】부치 가운데톰배기 겉다. =부처 몸통 같다. ¶【속담】내 절 부치는 내가 싱긴다. =내 절 부처는 내가 섬긴다. ¶【속담】급하마 부치 다리로 안는다. =급하면 부처 다리를 안는다. ☞부치떵거리.

부치꽃[부치꼳 __-] 명 ((식물))부처꽃.

부치떵거리[___-_] 명 ≒부처. 부처님처럼 착하고 순한 사람을 빗댄 말. *부치(부처)+떵거리(덩어리). ¶【관용구】부치떵거리 겉다. =부처 같다. ☞부치.

부치묵다[부치묵따 -_-_] 동 부쳐서 먹다. *'부치묵다'는 표준어로 보면 동사구지만 창녕방언에서는 굳어진 말이라 하나의 단어로 보는 게 낫다. ①땅을 경작하다(耕作--). ¶어덕 밭을 부치무웄다. =언덕 밭을 부쳐 먹었다. ②전(煎)을 구워먹다. ¶비가 오서 일 몬한다꼬 정구치 찌짐을 부치무웄다. =비가 와서 일 못한다고 부추 전을 부쳐 먹었다.

부치질[-__] 명 부채질. 부채를 흔들어 바람을 일으키는 일. ¶【속담】불 난 데 부치질로 한다. =불난 데 부채질을 한다.

부택이[부태기 __-] 명 부탁(付託). 어떤 일을 해 달라고 당부하거나 맡김. ¶【관용구】들어줄 부택이가 따리 있다. =들어줄 부탁이 따로 있다. ¶【속담】원님 부택이도 들어줄 만해야 들어준다. =원님 부탁도 들어줄 만해야 들어준다.

부텀[-_] 조 부터. 어떤 일이나 상태 따위에 관련된 범위의 시작임을 나타내는 보조사. ¶【속담】델 썽 싶운 낭근 떡잎사구부텀 알아본다. =될 성 싶은 나무는 떡잎부터 알아본다. ☞부텅.

부텅[-_] 조 부터. ☞부텀.

부티리다[1][_-__] 동 내팽개치다. ☞내보티리다. 내핑기치다. 보티리다. 빼들티리다.

부티리다[2][_-__] 동 넘어뜨리다. ☞공가다. 구불치다. 넘가띠리다. 넘우띠리다. 넘기띠리다. 보티리다.

부푸다[-__] 동 부풀다. ①물건이 공기 따위로 부피가 커지다. ¶불통이 부푸서 커짔다. =풍선이 부풀어서 커졌다. ②

마음이 꿈이나 희망에 넘치도록 들뜨다. ¶여앵간다꼬 가숨이 부푸제? =여행간다고 가슴이 부풀지? ③종이나 피륙 따위의 거죽에 가늘게 일어나다. ¶빨래해서 말란 이불이 부풌다. =빨래해서 말린 이불이 부풀었다. ④피부가 붓거나 부르터 오르다. ¶해차리로 한 대 맞은 자리가 부푸 있었다. =회초리로 한 대 맞은 자리가 부풀어 있었다. ⑤실제보다 과장되다. ¶넘우 말로 부푸기 하네. =남의 말을 부풀게 하네.

부푸라다[__-_] 동 부풀리다. '부풀다'의 사동사. ①물체가 늘어나면서 부피가 커지게 하다. ¶바람을 옇어서 불통을 부푸랐다. =바람을 넣어서 풍선을 부풀렸다. ②어떤 일을 실제보다 과장되게 말하다. ¶이약을 재미있기 할라카마 부푸라서 해야 덴다. =이야기를 재미있게 하려면 부풀려서 해야 된다. ☞부라다.

부푸라지다[__-__] 동 부풀려지다. '부풀다'의 피동사. ☞부라지다.

부품하다[1][__-_] 형 부풀어 있다. 부피가 부풀어 어지간히 크다. *'부품하다'는 표준어로 보면 형용사구이지만 창녕방언에서는 한 단어로 쓴다. ¶부품한 소캐 보티이. =부풀어 있는 솜 보따리.

부품하다[2][__-_] 형 과장해 있다(誇張--). 실제보다 크게 부풀려서 말한 상태이다. ¶니 말은 부품해서 믿을 수가 없어. =네 말은 과장해 있어서 믿을 수가 없어.

북기다[부끼다 _-_] 동 화나다(火--). 화가 나서 승부욕이 일어나다. ¶그넘인데 지삔 기이, 북기서 당채 잠이 안 온다. =그놈에게 져버린 게, 화나서 당최 잠이 안 온다. ☞애불나다. 천불나다. 토시다. 투시다.

북돋까다[북돋까다 __-_] 동 북돋우다. ①다른 사람의 용기나 의욕 따위를 강하게 일어나도록 말이나 행동으로 자극을 주다. ¶【관용구】심을 북돋까다. =힘을 북돋우다. ②식물의 뿌리를 흙 속으로 들어가게 흙으로 덮어 주다. ¶【관용구】밭고랑을 북돋까다. =밭이랑을 북돋우다. ☞북돋아다.

북돋아다[북도다다 __-_] 동 북돋우다. ☞북돋까다.

북실[-_] 명 씨실. 베 짤 때 북에 넣는 실.

북실강새이[북실강새~이 ___-_] 명 ((동물))북슬강아지.

북실개[_-_] 명 ((동물))북슬개.

북씰북씰하다[____-_] 형 북슬북슬하다. 동물이나 물체 따위가 살이 통통하게 찌거나 털이 많아 매우 탐스럽다. ¶우리 집에는 터리기가 북씰북씰한 개로 키안다. =우리 집에는 털이 북슬북슬한 개를 키운다.

북장겉다[북짱걷따 --__] 형 북 같다. 밭곡식을 심기 위해 북을 높이 돋우어 놓은 모양과 같이 배가 부르다. *'북장겉다'는 표준어로 보면 구(句)이지만 창녕방언에서는 한 단어로 쓴다. ¶【관용구】배가 북장겉이 부루다. =배가 북같이 부르다. ¶미너리가 산달이 데서 배가 북장겉다. =며느리가 산달이 되

ㅂ

어서 배가 북 같다.

북재이[북재~이 --_] 명 박수. 남자무당.

북쭉[--] 명 북쪽(北-). ¶【속담】오올은 북쭉서 달이 뜰다. =오늘은 북쪽에서 달이 뜨겠다.

북태산[북태싼 --_] 명 태산(泰山). 태산처럼 부피나 분량이 엄청남. ¶【관용구】할 일이 북태산 겉다. =할 일이 태산 같다. ¶나락가마이 재애낳은 기이 북태산 겉다. =나락가마니 쟁여놓은 게 태산 같다.

분[-] 명 번(番). ①일의 차례를 나타내는 말. ¶머라 캐도 첫 분째로 조상님을 잘 미시야 덴다. =뭐라 해도 첫 번째로 조상님을 잘 모셔야 된다. ②일의 횟수를 세는 단위. ¶【속담】듣기 좋운 꽃노래도 한두 분이다. =듣기 좋은 꽃노래도 한두 번이다. ¶【속담】두 분 있는 일은 시 분도 있다. =두 번 있는 일은 세 번도 있다.

분답다[분답따 -__] 형 분답하다(紛沓--). ①사람이 많아 북적북적하고 복잡하다. ¶집이 엔가이도 분답다. =집이 어지간히도 분답하다. ②사람이나 동물이 차분하지 못하고 어수선한 짓을 하다. ¶개가 와 이래 분답노? =개가 왜 이리 분답하니? ☞상그랍다.

분맹이[_-_] 부 분명히(分明-). ¶말로 우물기리지 말고 분맹이 해라. =말을 우물거리지 말고 분명히 해라. ☞분밍이.

분맹하다[__-_] 형 분명하다(分明--). ¶이거는 개이가 한 짓이 분맹하지예. =이건 고양이가 한 짓이 분명하죠. ☞분밍하다.

분밍이[_-_] 부 분명히(分明-). ☞분맹이.

분밍하다[__-_] 형 분명하다(分明--). ☞분맹하다.

분밸하다[-___] 동 분별하다(分別--). ¶【속담】똥인동 딘장인동 분밸로 몬 한다. =똥인지 된장인지 분별을 못 한다. ☞분빌하다.

분빌하다[-___] 동 분별하다(分別--). ☞분밸하다.

분옹[_-] 명 분홍(粉紅). ¶분옹으로 물들은 산. =분홍으로 물든 산.

분옹색[_-_] 명 분홍색(粉紅色). ¶분옹색 저구리. =분홍색 저고리.

분잡다[분잡따 -__] 형 분잡하다(紛雜--).

분채[--] 명 번째(番-). ¶니 분채 자석이 지일 똑뚝다. =네 번째 자식이 제일 똑똑하다.

분탕지기다[-_-__] 동 분탕하다(焚蕩--). 아주 야단스럽고 부산하게 소동을 일으키다. ¶아아들이 분탕지긴다. =애들이 분탕한다.

불[1][-] 명 불알. 고환(睾丸). ¶【속담】개 불 앓는 소리. =개 불알 앓는 소리. ☞보알. 봉알. 붕알.

불[2][_] 명 벌. ①옷을 세는 단위. ¶【속담】없는 넘운 옷 두 불이마 죽는다. =없는 놈은 옷 두 벌이면 죽는다. ②그릇 따위가 두 개 또는 여러 개 모여 갖추는 덩어리를 세는 단위. ¶녹그륵 및 불. =놋그릇 몇 벌.

불[3][_] 명 켜. 포개어진 물건의 하나하나의 층. ¶떡시리 고물로 한 불 깔았다.

=떡시루 고물을 한 켜 깔았다.

불가래[_-_] 명 부삽. 아궁이나 화로의 숯불이나 재 따위를 담아 옮기는 데 쓰는 자그마한 삽. ☞불수굼파.

불구리하다[___-_] 형 불그레하다. 엷게 볼그스름하다.

불구수룸하다[____-_] 형 불그스름하다. 새뜻하고 오붓한 때깔로 좀 붉다.

불구지다[-___] 동 불거지다. ①일이나 현상 따위가 가려 있다가 드러나거나 갑자기 두드러지다. ¶얄궂운 소무이 불구지 노온다. =얄궂은 소문이 불거져 나온다. ②속에 든 물건 따위가 거죽으로 툭 비어지거나 튀어나오다. ¶간지뻬가 불구지 노왔다. =광대뼈가 불거져 나왔다. ③종기나 상처 따위가 둥글게 솟아오르다. ¶다치서 이망빼기에 혹이 불구짔다. =다쳐서 이마에 혹이 불거졌다. ④좁은 공간에서 갑자기 불쑥 나타나다. ¶구늉에서 개이새끼가 쑥 불구지 노왔다. =구멍에서 고양이새끼가 쑥 불거져 나왔다. ⑤말이나 버릇이 입이나 몸에서 자기도 모르게 불쑥 나오다. ¶입에서 어만 말이 툭 불구짔다. =입에서 엉뚱한 말이 툭 불거졌다.

불구쭉쭉하다[불구쭉쭈카다 ____-_] 형 불그족족하다. 빛깔이 고르지 않고 칙칙하게 뿔그스름하다.

불굿불굿하다[불굳불굳하다 ____-_] 형 불긋불긋하다. 빛깔이 군데군데 곱게 볼그스름하다.

불기[-_] 명 둘치. ①생리적으로 새끼를 낳지 못하는 짐승의 암컷. ¶우리 집 암깨는 불기다. =우리 집 암캐는 둘치다. ②생리적으로 아이를 낳지 못하는 여자를 속되게 이르는 말. ¶저 할매는 아아 몬 놓는 불기라 카더라. =저 할머니는 애 못 낳는 둘치라 하더라.

불기겅[--_] 명 불구경. 불이 난 장면을 구경하는 일. ¶【관용구】불기겅 가는 쩔뚝발이 걸움. =불구경 가는 쩔름발이 걸음. ¶【속담】물건니 불기겅을 하딧기 한다. =강 건너 불구경을 하듯 한다. ¶【속담】넘우집 불기겅 안하는 군자 없다. =남의 집 불구경 않는 군자 없다. ☞불기깅. 불기잉.

불기깅[--_] 명 불구경. ☞불기겅. 불기잉.

불기잉[--_] 명 불구경. ☞불기겅. 불기깅.

불끈[1][_-] 부 불끈. ①조금 큰 물체나 기운이 갑자기 치밀거나 솟아오르는 모양을 나타내는 말. ¶【관용구】기우이 불끈 난다. =기운이 불끈 난다. ¶해가 불끈 솟구치 올라왔다. =해가 불끈 솟구쳐 올라왔다. ②주먹을 힘을 주어 꽉 쥐는 모양을 나타내는 말. ¶【관용구】주묵을 불끈 지다. =주먹을 불끈 쥐다. ③흥분하여 갑자기 성을 내는 모양을 나타내는 말. ¶【관용구】썽을 불끈 내다. =성을 불끈 내다. ☞뿔끈.

불끈[2][_-] 부 꽉. 큰 사물을 힘주어 누르거나 잡아서 묶는 모양. ¶자리 주디이로 불끈 묶아라. =자루 주둥이를 꽉 묶어라. ☞깍. 깡. 볼끈. 뽈끈. 뿔끈.

불끈기리다[__-__] 동 불끈거리다. 흥분하여 자꾸 성을 월컥 내다. ¶쪼잔한 일에 불끈기리지 마래이. =하찮은 일에 불끈거리지 마라. ☞뿔끈기리다.

불끈하다[__-_] 동 불끈하다. 흥분하여 성을 월컥 내다. ¶아부지가 불끈해서 자석을 머라칸다. =아버지가 불끈해서 자식을 야단친다. ☞뿔끈하다.

불내키[--_] 부 부리나케. 서둘러서 아주 급하게. ¶불내키 띠갔다. =부리나케 뛰어갔다. ☞부리내키.

불덩거리[불떵거리 __-_] 명 불덩어리. ①불이 붙어 있는 덩어리. ¶불덩거리 젙에는 가지 마래이. =불덩어리 곁에는 가지 마라. ②열이 심한 몸이나 몹시 뜨겁게 단 물건을 비유적으로 이르는 말. ¶몸띠이가 불덩거리다. =몸뚱이가 불덩어리다.

불딩기다[--__] 동 불붙다. ①불이 붙어 타기 시작하다. ¶【관용구】간에 불딩기다. =간에 불붙다. ¶【속담】살아 생이 빌은 생초목에 불딩긴다. =살아 생이 별은 생초목에 불붙는다. ¶【속담】심사는 곱아도 이우지 불딩기는 거 보고 좋다칸다. =심사는 좋아도 이웃집 불붙는 것 보고 좋아한다. ②어떠한 열의나 정열이 치솟기 시작하다. ¶【관용구】가심에 불딩기다. =가슴에 불붙다.

불뚜디이[불뚜디~이 __-_] 명 불두덩. 남녀의 생식기 언저리에 있는 불룩한 부분.

불라다[_-_] 동 불리다. '붇다'의 사동사. ①곡식 따위를 물에 붇게 하다. ¶쌀로 물에 담가서 불라라. =쌀을 물에 담가서 불려라. ②몸을 물에 담가 때 따위가 불어나게 하다. ¶물쏙에서 때로 불랐다. =물속에서 때를 불렸다. ③사물의 수량 따위를 많아지게 하다. ¶재산 불라는 재미로 산다. =재산 불리는 재미로 산다. ☞불아다. 불카다. 뿔카다. 지라다.

불라지다[_-__] 동 불리다. '붇다'의 피동사. ①분량이나 수효가 많아지게 되다. ¶물에 담가낳안 콩이 불라짔다. =물에 담가놓은 콩이 불렸다. ¶살림을 마이 불랐다. =살림을 많이 불렸다. ②몸집 따위가 커지게 되다. ¶몸띠이가 불라짔네예. =몸뚱이가 불렸네요. ☞불아지다. 불카지다. 불키다. 뿔카지다. 뿔키다.

불루딜라다[___-_] 동 불러들이다. ①불러서 들어오게 하다. ¶객리 사던 자석을 불루딜랐다. =객지 살던 자식을 불러들였다. ②병의 원인이 질병을 발생하게 하다. ¶【관용구】빙을 불루딜라다. =병을 불러들이다. ③무당이 죽은 사람의 넋을 저 세상에서 이 세상으로 불러 맞이하다. ¶【관용구】영혼을 불루딜라다. =영혼을 불러들이다. ④성품이나 언행 따위가 어떤 일이나 현상을 일어나게 하다. ¶【관용구】하로 불루딜라다. =화를 불러들이다. ☞불루딜이다.

불루딜이다[불루디리다 __-__] 동 불러들이다. ☞불루딜라다.

불만투시이[불만투시~이 --_-_] 명 불만투성이(不滿---). ¶이런 불만투시이가 또 오데 있으꼬? =이런 불만투성이가 또 어디 있을까?

불매불매[_-_-] 감 부라부라. ①어린아이에게 두 다리를 번갈아 오르내리도록 하라는 뜻으로 내는 소리. ②어린아이가 어른들의 부라질에 따라 두 다리를 번갈아 오르내리는 동작.

불맨징[불맨찡 --_] 명 불면증(不眠症). ☞불민징.

불묵[-_] 명 불목. 온돌방에서 가장 더운 자리인 아랫목. 아궁이가 가까워서 불길이 많이 가는 곳이다.

불묵돌[불묵똘 --_] 명 구들돌. ¶불묵돌은 널찍하마 덴다. =구들돌은 넓적하면 된다. ☞구둘돌.

불문주야하다[----_ _] 동 불분주야하다(不分晝夜--). 밤낮을 가리지 아니하고 힘써 노력하다. ¶불문주야하미 일하다. =불분주야하며 일하다.

불미[-_] 명 풀무. 불을 피울 때에 바람을 일으키는 기구.

불미깐[_ _-] 명 대장간. 쇠를 달구어 온갖 연장을 만드는 곳. ☞성냥깐. 풀무깐.

불민징[불민찡 --_] 명 불면증(不眠症). ☞불맨징.

불불[_-] 부 엉금엉금. 사람이나 동물이 크고 느리게 걷거나 기는 모양을 나타내는 말. ¶뚜끼비가 불불 기이 댕긴다. =두꺼비가 엉금엉금 기어 다닌다. ☞엉굼엉굼.

불살개[_-_] 명 불쏘시개. ☞부살개.

불수굼파[---_] 명 부삽. ☞불가래.

불씨다[-_ _] 동 부라리다. ((주로 '눈까리', '눈깔' 따위와 함께 쓰여)) 눈을 크게 뜨고 눈망울을 사납게 굴리다. ¶【관용구】눈깔로 불씨다. =눈알을 부라리다. ☞뿔시다.

불아다[부라다 _-_] 동 불리다. '붇다'의 사동사. ☞불라다. 불카다. 뿔카다. 지라다.

불아지다[부라지다 _-_ _] 동 불리다. '붇다'의 피동사. ☞불라지다. 불카지다. 불키다. 뿔카지다. 뿔키다.

불야시[--_] 명 불여우. 몹시 변덕스럽고 못된, 꾀가 많은 여자를 비유적으로 이르는 말. ¶【관용구】불야시 겉은 년. =불여우 같은 년. ☞불여시.

불여시[_ _-] 명 불여우. ☞불야시.

불저까치[_ _-_] 명 부젓가락. ☞부저까치. 부짓가락. 불젓가락. 화젓가락.

불젓가락[불저까락 _ _-_] 명 부젓가락. ☞부저까치. 부짓가락. 불저까치. 화젓가락.

불찍게[_-_] 명 부집게. 숯불, 불덩이, 석탄 덩이 따위를 집는 데 쓰는 집게.

불카다[_-_] 동 불리다. '붇다'의 사동사. ☞불라다. 불아다. 뿔카다. 지라다.

불카지다[_-_ _] 동 불리다. '붇다'의 피동사. ☞불라지다. 불아지다. 불키다. 뿔카지다. 뿔키다.

불콩묵다[불콩묵따 --_ _] 동 총알 맞다(銃- --). *'불콩묵다'는 표준어로 보면 동사구지만 창녕방언에서는 굳어진 말이라 하나의 단어로 보는 게 낫다. ¶【속담】불콩무운 삐들끼. =총알 맞은 비둘기.

불키다[1][_-_] 동 불리다. '붇다'의 피동사. ☞불라지다. 불아지다. 불카지다. 뿔카지다. 뿔키다.

불키다[2][_-_] 동 부르트다. ☞부리키다.

ㅂ

불키다[3][_-_] 동 성내다. ☞부리키다. 썽내다.

불태아다[--__] 동 불태우다. '불타다'의 사동사. ①불에 붙여 타게 하다. ¶집을 불태아뿌서 클 났다. =집을 불을 불태워버려서 큰일 났다. ②의욕과 기운이 넘치도록 북돋다. ¶【관용구】젊움을 불태아다. =젊음을 불태우다.

불통[1][--] 명 화통(火筒). 기차, 기선, 공장 따위의 굴뚝. ¶【속담】기차 불통을 쌂아무웄나. =기차 화통을 삶아먹었나.

불통[2][_-] 명 고무풍선(--風扇). ☞불티이. 붕티이.

불티이[불티~이 _-_] 명 고무풍선(--風扇). ☞불통. 붕티이.

불팬하다[--__] 형 불편하다(不便--). ☞불핀하다.

불핀하다[--__] 형 불편하다(不便--). ☞불팬하다.

붉살[북쌀 -_] 명 노을. *붉은+햇살. ☞노올. 뿕살.

붊다[불따 --] 형 부럽다. *붊고[불꼬 -_], 붊지[불찌 -_], 붊어서[불버서 --_], 붊었다[불번따 --_]. ☞부룹다.

붊어하다[불버하다 -___] 형 부러워하다. ¶【속담】아옵 가진 넘이 한나 가진 넘 붊어한다. =아홉 가진 놈이 하나 가진 놈 부러워한다. ☞부룹어하다.

붊움[불붐 -_] 명 부러움. 부러워하는 일이나 마음. ¶【관용구】붊움울 사다. =부러움을 사다. ☞부룹움.

붓어[부서 -_] 부 부어. *창녕방언 '붓다'는 표준어에서 'ㅅ'불규칙 활용하는 것과는 달리 규칙 활용하는 동사이다. ①살가죽이나 어떤 기관이 부풀어 올라. ¶【관용구】가이 붓었다. =간이 부었다. ②((속되게)) 성이 나서 뾰로통해지다. ¶【관용구】입이 붓었다. =입이 부었다. *붓고[붇꼬 __], 붓지[붇찌 __], 붓어서[부서서 -__], 붓었다[부섣따 -__].

붓어오루다[부서오루다 _-___] 동 부어오르다. 살갗 따위가 부어서 부풀어 오르다. ¶벌이인데 쏘이서 눈뚜부리가 붓어올랐다. =벌한테 쏘여서 눈두덩이 부어올랐다.

붕알[-_] 명 불알. ¶【관용구】징긴 거는 딸랑 붕알 두 쪽뿌이다. =지닌 건 딸랑 불알 두 쪽뿐이다. ¶【속담】자석캉 달고 댕기는 붕알은 펑생 짐이다. =자식과 달고 다니는 불알은 평생 짐이다. ¶【속담】돈마 있으마 처자 붕알도 산다. =돈만 있으면 처녀 불알도 산다. ☞보알. 봉알. 불.

붕알까다[__-_] 동 거세하다(去勢--). 동물 수컷의 불알을 없애 생식 불능이 되게 하다. ¶대애지로 붕알깠다. =돼지를 거세했다.

붕알친구[-___] 명 불알친구(--親舊). ☞보알친구. 봉알친구.

붕티이[붕티~이 --_] 명 고무풍선(--風扇). ☞불통. 불티이.

붙둘우매다[붇두루매다 _-___] 동 잡아매다. ①사물이나 짐승, 물건 따위를 어디에 다른 데로 가지 못하도록 잡아서 묶다. ¶【관용구】걱정을 붙둘우매다. =

걱정을 잡아매다. ¶개로 말묵에 단디 붙둘우매라. =개를 말뚝에 단단히 잡아매어라. ②따로 있는 물체를 한곳에 흩어지지 않도록 매다. ¶날이 떱우서 멀꺼띠이로 고무줄 갖고 붙둘우맸다. =날씨가 더워서 머리카락을 고무줄 가지고 잡아맸다. ☞짜매다.

붙우묵다[부투묵따 -_-_] 동 붙어먹다. ① 어떤 사람이 다른 사람에게 기대어 얻어먹거나 이득을 보다. ¶애넘인데 붙우무웄다. =왜놈에게 붙어먹었다. ② ((속된 말로)) 결혼한 사람이 배우자가 아닌 이성과, 또는 부부가 아닌 두 사람이 성적 관계를 맺다. ¶총각캉 가부가 붙우무웄다 카더라. =총각과 과부가 붙어먹었다 하더라.

붙잽히다[붙재피다 __-_] 동 붙잡히다. '붙잡다'의 피동사. ☞꺼잽히다.

붙하다[부차다 _-_] 동 붙이다. '붙다'의 사동사. ¶【관용구】눈을 붙하다. =눈을 붙이다. ¶【관용구】싸암을 붙하다. =싸움을 붙이다. ¶【관용구】단뱃불로 붙하다. =담뱃불을 붙이다.

비[1][-] 명 베. 삼실, 무명실, 명주실 따위로 짠 피륙. ¶【속담】꿀에 비 짠다. =꿀에 베 짠다.

비[2][_] 명 ((식물))벼. ☞나락. 베.

비개[--] 명 베개. ☞벼개.

비갯밑송사[__-_-] 명 베갯머리송사(---訟事). ☞벼갯밑송사.

비겟덩거리[비게떵거리 ___-_] 명 비곗덩어리. 돼지 따위에서 뭉쳐진 비계의 덩어리. ¶비겟덩거리 띠고 나이 살찌미는 빌로 없다. =비곗덩어리를 떼고 나니 살점은 별로 없다.

비기[-_] 명 보기. 겉보기. 눈에 보이는 것. ¶【속담】비기 싫은 마누래도 빈방보담아 낫다. =보기 싫은 마누라도 빈방보다는 낫다. ¶【속담】비기 싫은 반찬이 끼마당 오룬다. =보기 싫은 반찬이 끼마다 오른다.

비까다[_-_] 동 비꼬다. 마음을 상하게 할 정도로 말이나 행동을 어긋나게 하며 빈정거리다. ¶니가 시실 윘으민서 날로 비까제? =네가 슬슬 웃으면서 나를 비꼬지?

비끼가다[_--_] 동 비껴가다. ¶추룩이 내 젙을 비끼갔다. =트럭이 내 곁을 벼껴갔다.

비끼나다[_--_] 동 비켜나다. ¶그 일에서 비끼난 이약입미더. =그 일에서 비켜난 이야기입니다.

비끼다[_-_] 동 비키다. ①피하여 자리를 약간 옮기거나 방향을 좀 바꾸다. ¶차가 오마 퍼떡 비끼래이. =차가 오면 빨리 비켜라. ②피하여 다른 곳으로 옮기다. ¶자리 좀 비끼주우이소오. =자리 좀 비켜주세요. ☞비이다.

비끼서다[_--_] 동 비켜서다. 한쪽으로 피하여 옮겨 서다. ¶너거는 저쨤치 비끼서 있거라. =너희들은 저쯤 비켜서 있어라.

비네[_-] 명 비녀. 여자가 머리를 쪽을 찔 때, 말아 올린 머리카락을 옆으로 꽂아 흘러내리지 않게 하는 장신구. ¶【속담】비네 큰 녀이 잘난 년가. =비녀 큰

녀이 잘난 년인가.

비농사[_-_] 명 벼농사(-農事). ☞나락농사. 베농사.

비니루[_-_] 명 비닐[vinyl]. *일어 '미니루(ビニール)'와 영어 '비닐(vinyl)'이 뒤섞인 말. ¶비니루봉다리.(비닐봉지). ¶비니루 피다. =비닐 펴다. ☞빤딱조오. 빨락조오.

비다[1][_ _] 동 베다. 누울 때, 베개 따위를 머리 아래에 받치다. ¶【속담】도치로 비고 잤나. =도끼를 베고 잤나. ¶【속담】굶우죽어도 씨종자는 비고 죽우라. =굶어죽어도 종자는 베고 죽어라.

비다[2][--] 동 베다. 날이 있는 연장 따위로 풀이나 나뭇가지를 잘라내다. ¶어덕에 난 풀로 비이 냈다. =언덕에 난 잡초를 베어 냈다. ☞추리다.

비단갤[_ _-] 명 비단결(緋緞-). ¶【속담】말이사 비단갤이다. =말이야 비단결이다. ☞비단길.

비단길[_ _-] 명 비단결(緋緞-). ☞비단갤.

비단깨구리[_-_ _ _] 명 ((동물))무당개구리.

비들끼[_-_] 명 ((동물))비둘기. ¶【속담】용두산 비들끼 모시 없는 데에 가까이. =용두산 비둘기 모이 없는 데에 가랴. ¶【속담】비들끼가 몸은 낭게 있어도 마암은 콩밭에 가 있다. =비둘기가 몸은 나무에 있어도 마음은 콩밭에 가 있다. ☞삐둘끼. 삐들끼.

비떨다[_-_] 형 비뚤다. 바르지 아니하고 한쪽으로 기울어지거나 쏠린 상태에 있다. ¶【관용구】마암을 비떨기 씨다. =마음을 비뚤게 쓰다. ☞삐떨다.

비떨어지다[_ _-_ _] 동 비뚤어지다. ①바르지 아니하고 한쪽으로 기울어지거나 쏠리다. ¶【관용구】코가 비떨어지기. =코가 비뚤어지게. ¶【속담】입운 비떨어지도 말은 바리 해라. =입은 비뚤어져도 말은 바로 해라. ¶【속담】처서(處暑) 지나마 모개이 주디이 비떨어진다. =처서 지나면 모기 주둥이 비뚤어진다. ②성이 나서 틀어지다. ¶비떨어진 소리로 한다. =비뚤어진 소리를 한다. ③성격이나 마음 또는 일 따위가 바르지 아니하고 그릇된 방향으로 꼬이거나 틀어지다. ¶【관용구】성끽이 비떨어지다. =성격이 비뚤어지다. ¶【관용구】일이 비떨어지다. =일이 비뚤어지다. ☞삐떨어지다. 삐뚤우지다.

비라다[1][_-_] 동 벼리다. 무디어진 연장의 날을 불에 달구어 두드려서 날카롭게 만들다. ¶【속담】비란 도치가 이 빠진다. =벼린 도끼가 이 빠진다.

비라다[2][_-_] 동 벼르다. ☞바랗다. 베라다.

비락[--] 명 벼락. ☞베락.

비랑[-_] 명 벼랑. 깎아지른 듯 높이 서 있는 가파른 지형. ¶【관용구】비렁에 몰리다. =벼랑에 몰리다. ☞낭. 베랑.

비렁내[_-_] 명 비린내. ¶【관용구】비렁내 나다. =비린내 나다. ¶【속담】통 채로 생키도 비렁내도 안 날다. =통 째로 삼켜도 비린내도 안 나겠다. ¶【속담】비렁내 맡은 강새이 매 맞아 허리가 뿔라지도 뜨물통 앞에 가서 죽는다. =비린내 맡은 강아지 매 맞아 허리가 부러져도 뜨물통 앞에 가서 죽는다.

비렁배이[비렁배~이 _ _-_] 명 비렁뱅이. '거지'를 얕잡아 이르는 말. ¶【속담】비렁배이가 비단 얻었다. =비렁뱅이가 비단 얻었다. ¶【속담】비렁배이가 하알로 불쌍히 이인다. =비렁뱅이가 하늘을 불쌍히 여긴다.

비루[-_] 명 벼루. ☞베루.

비룩빡[_ _-] 명 바람벽(--壁). ☞베룩빡. 베룩빵. 비룩빵.

비룩빵[_ _-] 명 바람벽(--壁). ☞베룩빡. 베르빵. 비룩빡.

비룩이[비루기 -_ _] 명 ((동물))벼룩. ☞베룩이.

비리[1][_-] 명 ((동물))진딧물. ¶【관용구】비리가 찌이다. =진딧물이 내리다. ☞갱비리.

비리[2][_-] 명 ((동물))응애.

비리[3][_-] 명 비루. 개나 말, 나귀 따위의 피부가 헐고 털이 빠지는 병. ¶【속담】애빈 개가 비리 옮는다. =여윈 개가 비루 옮는다.

비리다[1][-_ _] 동 버리다. 본바탕을 상하거나 더럽게 하여 망치다. ☞베리다.

비리다[2][-_ _] 동 버리다. ((동사의 연결어미에 쓰여)) 앞 동사의 뜻을 강화시켜 주는 보조동사 말. ¶쌔비리다. =쌔버리다.

비리묵다[비리묵따 _ _-_] 동 비루먹다. 개, 말, 나귀 따위의 피부가 헐어서 털이 빠지고, 이런 현상이 차차 온몸에 번지는 병에 걸리다. ¶【속담】비리묵운 강새이 범 복장꺼리 씨긴다. =비루먹은 강아지 범 복장거리 시킨다.

비릿질[비리찔 _-_] 명 벼랑길. 벼랑에 난 험하고 좁은 길. ¶【속담】눈멀운 말 타고 비릿질 간다. =눈먼 말 타고 벼랑길 간다.

비미이[비미~이 _-_] 부 어련히. 염려하지 않아도 잘되거나 좋을 것이 명백하게. ¶자석들이 비미이 알아서 안 하까이. =자식들이 어련히 알아서 안 할까. ☞빈미이.

비밑[비믿 --] 명 빗밑. 오던 비가 그쳐서 날이 개는 속도. ¶【관용구】비밑이 빠러다. =빗밑이 빠르다.

비비[_-] 부 배배. 여러 번 작게 꼬이거나 뒤틀린 모양. ¶【관용구】비비 꼬이다. =배배 꼬이다.

비비까다[_ _-_] 동 비비꼬다. ①자세를 바로 하지 못하고 몸을 비틀었다 풀었다 하다. ¶【관용구】몸을 비비까다. =몸을 비비꼬다. ②솔직히 말하지 않고 은근히 비꼬다. ¶【관용구】말로 비비까다. =말을 비비꼬다.

비비서[_-_] 동 비벼서. 두 물체를 맞대어 문질러서. *'비비서'는 '비비어서>비비:서'로 변화한 것이다. '아/어'계 어미는 창녕방언에서 앞 말의 모음에 완전 동화한다는 특색도 있다. ¶팥죽에는 새알로 비비서 옇는다. =팥죽에는 새알심을 비벼서 넣는다.

비석치기[-_ _ _] 명 비사치기. 아이들 놀이의 하나. 손바닥만 한 납작한 돌을 세워 놓고 얼마쯤 떨어진 곳에서 돌을 던져 맞히거나 발로 돌을 차서 맞혀 넘어뜨린다.

비수룸하다[___-_] 형 비스름하다. 거의 비슷하다. ¶사램은 지하고 비수룸한 사람캉 어불린다. =사람은 자기와 비스름한 사람과 어울린다. ¶어둠 쏙에서 토째비 비수룸한 기이 비인다. =어둠 속에서 도깨비 비스름한 것이 보인다.

비수무리하다[____-_] 형 엇비슷하다. 어지간히 거의 비슷하다. ¶이거는 생긴 기이 모개캉 비수무리하다. =이건 생긴 게 모과랑 엇비슷하다. ¶니캉 내캉은 덤부리가 비수무리하다. =너랑 나랑은 덩치가 엇비슷하다. ☞가리방상하다.

비식이[비시기 __-] 부 비슥이. 한쪽으로 약간 기울어진 정도로. ¶저거는 빅에 비식이 지대낳아라. =저건 벽에 비슥이 기대놓아라.

비실[1][-_] 명 벼슬. ☞배실.

비실[2][-_] 명 볏. 닭이나 꿩 따위의 머리에 세로로 붙은 톱니 모양의 붉은 살조각. ¶【속담】닭 비실이 델망정 소꼬랑대이는 데지 마라. =닭 볏은 될망정 쇠꼬리는 되지 마라.

비씨다[_-_] 동 벌리다. ☞발기다. 발씨다. 벌기다. 벌씨다.

비아다[1][-__] 동 배우다. 지식을 받아 얻다. ☞배아다.

비아다[2][-__] 동 비우다. '비다'의 사동사. ①내용물을, 또는 사람이 용기 따위를 용기에서 없애거나 속에 든 것이 없게 하다. ¶【관용구】그륵을 비아다. =그릇을 비우다. ②장소를 벗어나 자리를 차지하고 있지 않다. ¶【관용구】바댁을 비아다. =바닥을 비우다. ③마음 따위를 가지지 않게 하다. ¶【관용구】마음을 비아다. =마음을 비우다.

비안데없다[비안데엄따 --___] 형 본데없다. 보고 배운 것이 없다. 또는 행동이 예의범절에 어긋나는 데가 있다. ¶【관용구】비안데없는 넘! =본데없는 놈! ☞본바없다.

비안데없이[비안데엄씨 --___] 부 본데없이. ¶【관용구】비안데없이 컸다. =본데없이 자랐다. ☞본바없이.

비암[--] 명 ((동물))뱀. ☞배암. 뱀이. 진짐승.

비암재이[비암재~이 __-_] 명 ((동물))뱀장어(-長魚). ☞배암재이.

비양구[__-] 명 비행기(飛行機). ¶【속담】딸 덕에 비양구 타고 아달 덕엔 똥차 탄다. =딸 덕에 비행기 타고 아들 덕엔 똥차 탄다. ☞비양기.

비양기[__-] 명 비행기(飛行機). ☞비양구.

비우[_-] 명 비위(脾胃). 음식물을 삭여 내거나 아니꼽고 싫은 것을 견디어 내는 성미. ¶【관용구】비우로 디비다. =비위를 뒤집다. ¶【관용구】비우로 맞차다. =비위를 맞추다. ¶【관용구】비우가 거실리다. =비위가 거슬리다. ¶【속담】비우가 뚜끼비도 훠 치 묵고 남겄다. =비위가 두꺼비도 회 쳐 먹고 남겠다.

비웃움[비우숨 _-_] 명 비웃음. ¶【관용구】넘우 비웃움을 사다. =남의 비웃음을 사다.

비이[비~이 -_] 명 병(甁). ¶술비이(술병). ¶약비이(약병). ☞빙. 삐이. 삥.

비이내다[--__] 동 베어내다. 날이 있는 연장 따위로 무엇을 끊거나 잘라내다. ¶【속담】고목 비이내서 이푸리 턴다. =고목 베어내어 이파리 턴다.

비이다[1][_-_] 동 보이다. '보다'의 피동사. ①시야에 들어오다. ¶【관용구】꿈에 비이까 무숩다. =꿈에 보일까 무섭다. ¶【관용구】눈에 비이는 기이 없다. =눈에 보이는 것이 없다. ¶【속담】노리 잡는 포시 눈에 토까이는 안 비인다. =노루 잡는 포수 눈에 토끼는 안 보인다. ②상대편의 형편 따위를 헤아리게 되다. ¶【관용구】있어 비이다. =있어 보이다. ¶【관용구】없어 비이다. =없어 보이다. ¶【속담】넘우 떡이 커 비인다. =남의 떡이 커 보인다. ③어떤 대상을 살펴 판단하여 보게 되다. ¶【속담】내 배 부루마 핑안감사도 눈 아래로 비인다. =내 배 부르면 평양감사도 눈 아래로 보인다. ④어떤 대상에 관심을 가지게 되다. ¶【속담】개 눈에는 똥마 비인다. =개 눈에는 똥만 보인다.

비이다[2][--_] 동 보이다. 보여주다. '보다'의 사동사. ①자신의 실력이 나타나도록 치르다. ¶니가 심이 얼매나 씬지 함 비이주라. =네가 힘이 얼마나 센지 한번 보여줘라. ②의사에게 환자를 진찰하게 하다. ¶다친 데로 으사인데 비있다. =다친 곳을 의사에게 보였다. ③어떤 사물이나 심정 따위를 보게 하다. ¶【속담】코끈티이도 안 비인다. =코끝도 안 보인다. ¶【속담】오장꺼정 디비서 비인다. =오장까지 뒤집어 보인다. ④타인을 의식하다. ¶【관용구】눈치가 비이다. =눈치가 보이다.

비이다[3][_-_] 동 베이다. '베다'의 피동사. ①풀이나 나무가 날이 있는 연장이나 물건으로 끊기거나 잘라지다. ¶【속담】비이도 움돋이. =베어져도 움돋이. ¶【속담】씰 만한 낭기 먼첨 비인다. =쓸 만한 나무가 먼저 베인다. ②날이 있는 물건으로 상처가 나다. 본의 아니게 날 있는 물건이 스치게 하여 상처를 내다. ¶정지칼에 손가락 비있다. =부엌칼에 손가락 베었다.

비이다[4][_-_] 동 비키다. ☞비끼다.

비이다[5][--_] 동 끼치다. 타인을 고생스럽게 하다. ¶【관용구】욕을 비이다. =고생을 끼치다.

비이묵다[비이묵따 -_-_] 동 베먹다. 이빨로 자르거나 끊어서 먹다. ¶【속담】지 꼬랑대기 지가 비이묵눈다. =제 꼬리 제가 베먹는다.

비잡다[비잡따 __-] 형 비좁다. 다니거나 움직이기 어려울 정도로 공간이 작다. ¶골묵이 너무 비잡다. =골목이 너무 비좁다. *비잡고[비잡꼬 _-_], 비잡지[비잡찌 _--], 비잡어서[비자버서 _-__], 비잡았다[비자받따 _-__]. ☞소잡다.

비쪼가리[__-_] 명 헝겊조각.

비찌껄[__-] 명 비석거리(碑石--). 비석을 세워 놓은 큰 길거리.

비차다[_-_] 동 비추다. ①빛을 보내 밝게 하다. ¶여게 호라시 한분 비차바라. =여기 플래시 한번 비춰봐라. ②거울이나 수면 따위에 모습이 나타나게 하다. ¶새 옷을 입고 밍경에 비찼다. =새 옷을 입고 명경에 비추었다. ③무엇에 견주어 살피다. ¶【관용구】깅엄에 비차 보다. =경험에 비추어 보다.

비털치다[_-__] 동 비틀다. ①물건 따위를 꼬면서 틀다. ¶【속담】닭 모간지로 비털치도 새북은 온다. =닭 모가지를 비틀어도 새벽은 온다. ②일을 어그러지게 하다. ¶【관용구】다 덴 일로 비털치뿌다. =다 된 일을 비틀어 버리다.

비틀[_-] 명 베틀. ¶【속담】비틀에 북 나달딧기. =베틀에 북 나들듯이.

빅돌[빅똘 --] 명 벽돌(甓-). ☞백돌.

빅지[빅찌 --] 명 벽지(壁紙). ☞백지.

빈걸로[__-] 부 빈손으로. ①아무것도 가진 것이 없는 손으로. ¶【관용구】빈걸로 나서다. =빈손으로 나서다. ②돈이나 물건 따위를 아무것도 가진 것이 없는 상태를 비유적으로 이르는 말. ¶【관용구】빈걸로 나앉다. =빈손으로 나앉다.

빈걸움[빈거룸 __-] 명 헛걸음. 뜻한 바를 이루지 못하고 아무 보람 없이 가거나 오는 일. ¶【관용구】맥찌 빈걸움을 하다. =괜히 헛걸음을 하다. ☞헛걸움.

빈걸움하다[빈거룸하다 _-___] 동 헛걸음하다. ¶몇 부이나 빈걸움했다. =몇 번이나 헛걸음했다. ☞헛걸움하다.

빈깅[_-] 명 변경(變更). ☞밴갱.

빈덕[_-] 명 변덕(變德). ☞개덕. 밴덕.

빈덕맞다[빈덕맏따 _--_] 형 변덕맞다(變德--). ☞개덕맞다. 개덕지기다. 밴덕맞다. 밴덕지기다. 빈덕지기다.

빈덕시럽다[_--__] 형 변덕스럽다(變德---). ☞개덕시럽다. 밴덕시럽다.

빈덕시리[_--_] 부 변덕스레(變德--). ☞개덕시리. 밴덕시리.

빈덕재이[빈덕재~이 _--_] 명 변덕쟁이(變德--). ☞개덕재이. 밴덕재이.

빈덕지기다[_--__] 형 변덕맞다(變德--). ☞개덕맞다. 개덕지기다. 밴덕맞다. 밴덕지기다. 빈덕맞다.

빈미이[빈미~이 _-_] 부 어련히. ☞비미이.

빈밍[_-] 명 변명(辨明). ☞밴맹.

빈빈찮다[__-_] 형 변변찮다. ☞밴밴찮다.

빈빈하다[__-_] 형 변변하다. ☞밴밴하다.

빈오사[_-_] 명 변호사(辯護士). ☞벤오사.

빈입[_-] 명 맨입. ①이권이나 편의를 봐주는 대가 따위를 받지 않은 상태를 비유적으로 이르는 말. ¶【속담】빈입에 앞 교군 서라 칸다. =맨입에 앞 교군 서라 한다. ②아무것도 먹지 않은 입. ¶【속담】기한 손을 빈입으로 보내까이. =귀한 손님을 맨입으로 보내랴.

빈정상하다[___-_] 동 ≒언짢아하다. 불쾌하여 마음에 들지 않아 하다. *'빈정상하다'는 표준어로 보면 구(句)이지만 '빈정'은 단독으로 쓰이지 않는다는 점에서 창녕방언에서는 굳어진 말이라 하나의 단어로 본다. ¶【속담】음석 끝에 빈정상한다. =음식 끝에 언짢아한다.

빈주묵[_--] 명 빈주먹. ☞맨주묵.

빈지라다[1][__-_] 동 고르다. 높낮이가 없도록 평평하게 만들다. ☞고라다. 고루다. 공구라다. 반틀라다.

빈지라다²[_ _-_] 동 해결하다(解決--). 어떤 어려움을 융통성 있게 처리하다. ¶살림이 모지래서 제우 빈지라민서 산다. =살림이 모자라서 겨우 해결하며 산다. ☞좋기하다. 해갤하다. 해길하다.

빈하다[_-_] 동 변하다(變--). ☞벤하다.

빌¹[_] 명 별[星]. *별<밸<빌. ☞밸.

빌²[-] 관 별(別-). 보통과 다르게 별나거나 특별한. ☞밸.

빌꺼[--] 부 별것(別-). ☞밸꺼.

빌꼬라지[---_] 명 별꼴(別-). ☞밸꼬라지. 밸꼴. 빌꼴.

빌꼴[--] 명 별꼴(別-). ☞밸꼬라지. 밸꼴. 빌꼬라지.

빌끼[--] 부 별것이(別--). ☞밸끼.

빌나다[--_] 형 별나다(別--). ☞밸나다.

빌넘[-_] 명 별놈(別-). ☞밸넘.

빌도[빌또 --] 명 별도(別-). ☞밸도.

빌로[--] 부 별로(別--). ☞밸로. 에차.

빌말[--] 명 별말(別-). ☞밸말.

빌말씸[--_] 명 별말씀(別--). ☞밸말씸.

빌맛[빌맏 --] 명 별맛(別-). ☞밸맛.

빌미[--] 명 별미(別味). ☞밸미.

빌밍[--] 명 별명(別名). ☞밸맹.

빌볼일[빌볼릴 --_] 명 별 볼일(別 --). ☞밸볼일.

빌빌[--] 명 별별(別別). ☞밸밸. 밸아밸. 빌아빌.

빌사람[빌싸람 --_] 명 별사람(別--). ☞밸사람.

빌세하다[--_ _] 동 별세하다(別世--). ☞밸세하다. 시상베리다. 시상비리다.

빌소리[빌쏘리 --_] 명 별소리(別--). ☞밸소리.

빌수[--] 명 별수(別-). ☞밸수. 빼쪽한수.

빌수없다[빌쑤엄따 --_-] 형 별수없다(別--). ☞밸수없다. 빼쪽한수없다.

빌시럽다[--_ _] 형 별스럽다(別---). ☞밸시럽다.

빌시리[--_] 부 별스레(別---). ☞밸시리. 볼받기.

빌아빌[비라빌 ---] 명 별별(別別). ☞밸밸. 밸아밸. 빌빌.

빌우묵다[비루묵따 -_ _ _] 동 빌어먹다. ☞밸아묵다.

빌우묵울¹[비루무굴 -_ _ _] 관 빌어먹을. ☞밸아묵울.

빌우묵울²[비루무굴 -_ _ _] 감 빌어먹을. ☞밸아묵울.

빌일[--] 명 별일(別-). ☞밸일.

빌자리[빌짜리 _ _-] 명 별자리. ☞밸자리.

빌장[빌짱 --] 명 별장(別莊). ☞밸장.

빌짓[빌짇 --] 명 별짓(別-). ☞밸짓.

빌천지[--_] 명 별천지(別天地). ☞밸천지.

빕[-] 명 법(法). ☞벱.

빗기다[비끼다 -_ _] 동 벗기다. '벗다'의 사동사. ☞벳기다. 뻿기다.

빗기지다[비끼지다 -_-_] 동 벗겨지다. ☞버어지다. 벗거지다. 벗기지다. 벳기지다. 뻿기지다. 뻿기지다.

빗바알[비빠~알 _-_] 명 빗방울. ¶【속담】가물운 날에 빗바알 안 떨어지는 날이 없다. =가문 날에 빗방울 안 떨어지는 날이 없다.

빗자리[비짜리 _-_] 명 빗자루. ¶【속담】빗자리로는 개도 안 쌔린다. =빗자루로 는 개도 안 때린다.

빗자리나무[비짜리나무 _-___] 명 ((식물))댑싸리. ☞갱개빗대.

빗자리몽대이[비짜리몽대~이 ____-_] 명 몽당빗자루. 끝이 거의 닳아서 없어진 빗자루. ¶할부지는 아직마당 빗자리몽대이로 토방을 씨싰다. =할아버지는 아침마다 몽당빗자루로 토방을 쓰셨다. ☞몽땅빗자리.

빗짏[비찝 -_] 명 볏짚. ☞벳짏.

빙[1][_] 명 병(病). ①생물체의 전체 또는 일부분에 육체적, 정신적 이상으로 인해 고통을 느끼게 되는 현상. ¶【속담】들으마 빙이요 안 들으마 약이다. =들으면 병이요 안 들으면 약이다. ¶【속담】빙은 자랑해라 캤다. =병은 자랑하라 했다. ¶【속담】빙 주고 약 준다. =병 주고 약 준다. ②깊이 뿌리박힌 잘못이나 결점. ¶니는 넘우 꺼 얻어무울라 카는 기이 빙이다. =너는 남의 것을 얻어먹으려는 게 병이다. ③기계나 기구 따위의 고장을 비유적으로 이르는 말 ¶깅운기가 빙났어예? =경운기가 병났어요?

빙[2][_] 명 병(甁). ¶쏘지빙(소주병). ¶약빙(약병). ☞비이. 삐이. 삥.

빙나다[_-_] 동 병나다(病--). 병이 생기다. ¶【속담】동풍에 곡석이 빙난다. =동풍에 곡식이 병난다.

빙들리다[_--_] 동 병들다(病--). 병이 생기다. ¶【속담】빙들리야 섧움을 안다. =병들어야 설움을 안다.

빙때까리[__-_] 명 병뚜껑(甁--).

빙몬님[_-_] 명 빙모님(聘母-). '빙모'를 높여 이르거나 부르는 말. ¶【속담】사우 반찬은 빙몬님 눈쑵 밑에 있다. =사위 반찬은 빙모님 눈썹 밑에 있다.

빙사[1][-_] 명 병사(兵士). ☞뱅사.

빙사[2][_-] 명 병사(病死). ☞뱅사.

빙시이[빙시~이 _-_] 명 병신(病身). ☞뱅신. 빙신.

빙신[빙씬 _-] 명 병신(病身). ☞뱅신. 빙시이.

빙치리[_-_] 명 병치레(病--). 병을 앓아 치러 내는 일. ¶곡석이 빙치리가 잦네예. =곡식이 병치레가 잦네요.

빙치리하다[_--__] 동 병치레하다(病----). 짐승이나 농작물이 병에 걸리다. ¶먼 넘우 짐승이 저래 빙치리하노. =뭔 놈의 짐승이 저리 병치레하나. ☞지껄타다.

빚재이[빋재~이 _-_] 명 빚쟁이. 빚을 진 사람을 낮잡아 이르는 말. ¶【속담】빚재이 발 뻗고 잠 몬 잔다. =빚쟁이 발 뻗고 잠 못 잔다.

빛값[빋깝 --] 명 비침. 잠시 얼굴만이라도 내비치는 일을 이르는 말. *'빛값'은 부정어 '안하다'와 호응하여 쓰인다. ¶그 아재는 우리 집에 빛값도 안한다. =그 아저씨는 우리 집에 비침도 않는다.

빝[빋 -] 명 볕. ¶【속담】봄날 빝에 끄실리마 님도 몰라본다. =봄날 볕에 그을리면 님도 몰라본다. ☞벹. 뼡. 뼅.

빝바루다[빋바루다 __-_] 형 볕바르다. ☞

벹바루다.

빠가사리[_ _-_] 명 ((동물))동자개.

빠꼼빠꼼[_ _ _-] 부 빠끔빠끔. ①입을 벌렸다 오므리며 담배를 자꾸 빠는 모양. ¶대가리에 시똥도 안 벗거진 넘이 댐배로 빠꼼빠꼼 폿네. =머리에 쇠똥도 안 벗겨진 놈이 담배를 빠끔빠끔 피우네. ②물고기 따위가 입을 작게 벌렸다 오므리며 물이나 공기를 들이마시는 모양을 나타내는 말. ¶물기기가 숨울 빠꼼빠꼼 신다. =물고기가 숨을 빠끔빠끔 쉰다. ☞빠꿈빠꿈. 빡씬빡씬.

빠꼼이[1][빠꼬미 _ _-] 부 빠끔히. ①작은 구멍이나 틈 따위가 깊고 또렷하게 나 있는 모양. ¶지구늉이 빠꼼이 나 있다. =쥐구멍이 빠끔히 나 있다. ②살며시 문 따위를 조금 여는 모양. ¶문을 빠꼼이 열고 디다보네. =문을 빠끔히 열고 들여다보네. ☞빠꿈이. 빼꼼이. 빼꿈이. 삐꿈이.

빠꼼이[2][빠꼬미 _ _-] 부 빤히. 바라보는 눈매가 또렷하게. ¶나만사람을 빠꼼이 치라보민서도 인사도 안한다. =노인을 빤히 쳐다보면서도 인사도 않는다. ☞빠이.

빠꼼하다[1][_ _-_] 형 발름하다. ①두 사물 사이에 틈이 약간 벌어져 있다. ¶대문이 빠꼼하마 이우지 개가 들온다. =대문이 발름하면 이웃 개가 들어온다. ②시간이나 공간적으로 틈이 나다. ¶가실해놓고 빠꼼하마 놀로 가께. =추수해놓고 발름하면 놀러갈게. ☞빠꿈하다. 빨롬하다. 빨쫌하다. 빨쭘하다. 빼꼼하다. 빼꿈하다.

빠꼼하다[2][_ _-_] 형 빠끔하다. 작은 구멍이나 틈이 매우 깊고 또렷하게 벌어진 상태이다. ¶마당에 구뭉이 빠꼼하기 뚫히있다. =마당에 구멍이 빠끔하게 뚫려있다. ☞빠꿈하다. 빼꼼하다.

빠꼼하다[3][_ _-_] 형 성하다. ((주로 '-없다'와 호응하여)) 물건 따위가 손상되지 않고 처음 그대로 온전하다. ¶머숨아 서이로 키아다 보이 집안에 빠꼼한 가구가 한나또 없다. =남자애 셋을 키우다 보니 집안에 성한 가구가 하나도 없다. ☞빠꿈하다. 빼꼼하다. 빼꿈하다.

빠꿈빠꿈[_ _ _-] 부 빠끔빠끔. ☞빠꼼빠꼼. 빡씬빡씬.

빠꿈이[1][빠꾸미 _ _-] 부 빠끔히. ☞빠꼼이. 빼꼼이. 빼꿈이. 삐꿈이.

빠꿈이[2][빠꾸미 _-_] 명 빠꼼이. 어떤 일이나 사정에 막힘없이 훤한 사람. ¶절마는 미꾸래이 잡는 데는 빠꿈이다. =저 놈은 미꾸라지 잡는 데에는 빠꼼이다.

빠꿈하다[1][_ _-_] 형 발름하다. ☞빠꼼하다. 빨롬하다. 빨쫌하다. 빨쭘하다. 빼꼼하다. 빼꿈하다.

빠꿈하다[2][_ _-_] 형 빠끔하다. ☞빠꼼하다. 빼꼼하다.

빠꿈하다[3][_ _-_] 형 성하다. ☞빠꼼하다. 빼꼼하다. 빼꿈하다.

빠덕하다[빠더카다 _ _-_] 형 바특하다. ①두 대상이나 물체 사이가 조금 가깝다. ¶방이 비잡아서 서이 눕기는 빠덕하다. =방이 비좁아서 셋이 눕기는 바특하다. ②시간이나 길이가 조금 짧다. ¶

ㅂ

빠스 시가이 너무 빠덕합미더. =버스 시간이 너무 바특합니다. ③국물이 조금 적어 묽지 아니하다. ¶국을 빠덕하이 낋있네. =국을 바특하게 끓였네.

빠들빠들[___-] 부 바들바들. 몸을 자꾸 작게 바르르 떠는 모양. ¶춥우서 빠들빠들 떨었다. =추워서 바들바들 떨었다.

빠딱거리다[__-__] 동 반짝거리다.

빠딱빠딱[___-] 부 반짝반짝.

빠락빠락[___-] 부 바락바락. 성이 나서 자꾸 기를 쓰거나 소리를 지르는 모양을 나타내는 말. ¶빠락빠락 씨안다. =바락바락 우긴다. ¶어룬인데 빠락빠락 달라든다. =어른한테 바락바락 대든다. ☞빡빡.

빠러다[_-_] 형 빠르다. ①일의 진행이 이루어지는 데 걸리는 시간이 짧다. ¶빙이 빠러기 낫았다. =병이 빠르게 나았다. ②알아차리는 능력이 민첩하다. ¶눈치가 디기 빠러다. =눈치가 되게 빠르다. ③어떤 일을 하기에는 시간상 아직 이르다. ¶지익 묵기에는 너무 빠러다. =저녁을 먹기에는 너무 빠르다.

빠리빠리하다[____-_] 형 빠릿빠릿하다. 사람의 행동이 똘똘하고 날래다. ¶빠리빠리하고 여무치다. =빠릿빠릿하고 야무지다.

빠마[-_] 명 파마(permanent). ¶빠마한 멀꺼디이가 뽀골뽀골하다. =파마한 머리카락이 뽀글뽀글하다.

빠서[-_] 명 버스[bus]. *일본어 '마쓰 バス'와 가까운 발음. ¶빠서가 와 이래 안 오노? =버스가 왜 이리 안 오니?

빠싹하다[빠싸카다 __-_] 형 정통하다(精通--). 사람이 무엇에 대해 정확하고 깊이 있는 지식이나 정보 따위를 갖고 있다. ¶이 일이라카마 저 냥바이 빠싹하기 안다. =이 일이라면 저 양반이 정통하게 안다.

빠쌓다[빠싸타 _-_] 동 빻다. 물기가 없는 것을 짓찧어서 가루로 만들다. ¶깨 빠쌓는 내미가 왕등을 한다. =깨 빻는 냄새가 진동을 한다. *빠쌓고[빠싸코 _-_], 빠쌓지[빠싸치 _-_], 빠쌓야[빠싸야 _-_], 빠쌌다[빠싿따 _-_]. ☞뽀쌓다.

빠알[빠~알 -_] 명 방울. *'방울'과 같은 어휘 요소의 경우 'ㅇ' 받침이 있으면, 창녕방언에서는 그 뒤 음절은 앞 음절의 모음에 동화하는 경향이 강하다. 그리고 그 'ㅇ'은 비모음화하여 '빠알'로 실현된다. ①작고 둥글게 맺힌 액체 덩어리. ¶비가 및 빠알씩 널찐다. =비가 몇 방울씩 떨어진다. ②작고 둥근 액체 덩어리를 세는 단위. ¶술 한 빠알 얻어 무우로 왔심더. =술 한 방울 얻어먹으러 왔습니다.

빠이[빠~이 _-] 부 빤히. ☞빠꼼이.

빠이뿌[_-_] 명 파이프[pipe]. *일본어 '파이부 パイプ'.

빠자다[_-_] 동 빠뜨리다. ①물이나 허방이나 또는 어떤 깊숙한 곳에 빠지게 하다. ¶뚜루박을 새미에 빠잤다. =두레박을 우물에 빠뜨렸다. ②부주의로 물건을 흘리어 잃어버리다. ¶우산을 빠자낳고 왔습미더. =우산을 빠뜨려 놓고 왔습니다. ③빼어놓아 버리다. ¶저가부지 생알에는 한 분도 안 빠자고 자석들이 찾아온다. =애아버지 생일에는 한 번도 안 빠뜨리고 자식들이 찾아온다.

빠자묵다[빠자묵따 _--_] 동 빼먹다. ①말 또는 글의 구절 따위를 빠뜨리다. ¶한 글짜도 빠자묵지 말고 모지리 읽어바라. =한 글자도 빼먹지 말고 모조리 읽어봐라. ②규칙적으로 하던 일을 안 하다. ¶학조 빠자묵고 머 했디노? =학교 빼먹고 뭐 했더냐? ☞꾸우묵다. 꿉어묵다. 꿉우묵다. 빼묵다. 제끼다.

빠지노오다[--_-_] 동 빠져나오다. 제한된 환경이나 경계의 밖으로 나오다. ¶【관용구】빈 구늉우로 빠지노오겄다. =빈 구멍으로 빠져나오겠다.

빡빡[_-] 부 바락바락. ☞빠락빠락.

빡시다[1][-__] 형 빡빡하다. ①물기가 적어서 보드라운 맛이 없다. ¶이 조오는 너무 빡시다. =이 종이는 너무 빡빡하다. ②여유 없어서 조금 빠듯하다. ¶시가이 빡시서 기깅도 지대로 몬했다. =시간이 빡빡해서 구경도 제대로 못했다. ③융통성이 없고 조금 고지식하다. ¶사램이 너무 빡시기 굴마 인심을 몬 얻는다. =사람이 너무 빡빡하게 굴면 인심을 못 얻는다. ④꼭 끼거나 맞아서 헐겁지 아니하다. ¶미댇이무이 억시기 빡시다. =미닫이문이 엄청나게 빡빡하다.

빡시다[2][-__] 형 질기다. ①물건이 쉽게 해지거나 끊어지지 아니하고 견디는 힘이 세다. ¶ 땐땐하고 빡신 끄내끼 고온나. =단단하고 질긴 노끈 가져오너라. ②목숨이 끊어지지 아니하고 끈덕지게 붙어 있다. ¶저 할배는 밍이 빡시네예. =저 할아버지는 명이 질기네요. ☞찔기다.

빡시다[3][-__] 형 강하다(强--). 정도가 높고 굳세어 굴함이 없다. ¶니는 폴 심이 엄청시리 빡시네. =너는 팔 힘이 엄청나게 강하네.

빡시다[4][-__] 형 뻣세다. 뻣뻣하고 억세다. ¶애린 순을 따야지, 이래 빡신 이푸리는 몬 묵눈다. =어린 순을 따야지, 이렇게 뻣센 잎은 못 먹는다. ☞뻑씨다.

빡씬빡씬[___-] 부 빠끔빠끔. ☞빠꼼빠꼼. 빠꿈빠꿈.

빡지[_-] 명 곰보. ☞꼼보. 꼼보딱지. 얼굼배이.

빡찔기다[_-__] 형 검질기다. 사물의 성질이 끈기가 있고 질기다. ¶이 문조오는 빡찔기네. =이 창호지는 검질기네.

빤닥빤닥하다[____-_] 형 반질반질하다. 거죽이 윤기가 흐르고 매우 매끄럽다. ¶마리가 빤닥빤닥하다. =마루가 반질반질하다.

빤대치기[__-_] 명 물수제비뜨기. 둥글고 얄팍한 돌 따위를 물위에 던져 담방담방 튀기며 가게 하는 놀이.

빤댓돌[빤대똘 _-_] 명 조약돌. 반들반들한 돌. ¶【속담】장마당에 빤댓돌 땂듯기. =장마당의 조약돌 닳듯.

ㅂ

빤드리하다[___-_] 형 반드레하다. ①사람이나 사물이 실속 없이 겉모양만 반드르르하다. ¶이 챔이는 걸어리마 빤드리하다. =이 참외는 겉만 반드레하네. ②피부나 의상, 겉모양 따위가 윤기가 있고 매끄럽다. ¶딸래미가 참 빤드리하기 생깄네예. =딸내미가 참 반드레하게 생겼네요.

빤딱조오[1][빤딱조~오 __-_] 명 은박지(銀箔紙). ☞빨락조오.

빤딱조오[2][빤딱조~오 __-_] 명 비닐[vinyl]. 주로 포장용으로 쓰는 깔깔한 비닐. ☞비니루. 빨락조오.

빤수[-_] 명 팬티(panties).

빤주깨이[빤주깨~이 __-_] 명 소꿉놀이.

-빨[_] 접 -뻘. ((일부 친척을 나타내는 명사 뒤에 붙어)) 그러한 관계의 뜻을 더하여 명사를 만드는 말. ¶아부지빨(아버지뻘). ¶할배빨(할아버지뻘). ¶동상빨(동생뻘).

빨가이[빨가~이 _-_] 부 빨갛게. 사물이나 그 빛이 핏빛이나 익은 앵두의 빛을 가진 상태로. ¶꼬치가 빨가이 익었다. =고추가 빨갛게 익었다. ¶서리 무울라꼬 누이 빨가이 설친다. =서로 먹으려고 눈이 빨갛게 설친다. ☞빨갛기. 빨가이. 빨갛기.

빨간무시[___-] 명 ((식물))당근.

빨갛기[빨가키 _-_] 부 빨갛게. ☞빨가이. 빨가이. 빨갛기.

빨개벗기다[빨개버끼다 __-__] 동 빨가벗기다. 알몸이 되도록 입은 옷을 모두 벗게 하다. ¶옴마가 동상을 빨개벗기서 씪었다. =엄마가 동생을 빨가벗겨서 씻었다. ☞빨개빗기다. 빨가벗기다. 빨가빗기다. 할딱벗기다. 할딱빗기다.

빨개벗이다[빨개버시다 __-__] 동 빨가벗다. 알몸이 되도록 입은 옷을 모두 벗다. ¶【속담】빨개벗이고 전동 차까. =발가벗고 전동 찰까. ¶【속담】빨개벗인 손님이 더 어렵다. =빨가벗은 손님이 더 어렵다. ¶【속담】빨개벗이고 달밤에 체조한다. =빨가벗고 달밤에 체조한다. ☞빨가벗다. 빨가벗이다. 할딱벗다. 할딱벗이다.

빨개빗기다[빨개비끼다 __-__] 동 빨가벗기다. ☞빨개벗기다. 빨가벗기다. 빨가빗기다. 할딱벗기다. 할딱빗기다.

빨개이[빨개~이 _-_] 명 빨갱이. '공산주의자'를 속되게 이르는 말. ☞빨개이.

빨구리하다[___-_] 형 빨그레하다. 사물이나 그 빛이 약간 빨그스름하다. ¶우리 할매는 빨구리한 저구리가 잘 어불린다. =우리 할머니는 빨그레한 저고리가 잘 어울린다.

빨다[-_] 동 감다. 긴 머리카락을 물에 넣고 주물러서 때를 없애다. ¶멀꺼디이로 빨다. =머리카락을 감다. ☞깜다.

빨라다[_-_] 동 빨리다. '빨다'의 사동사. 빨게 하다. ¶알라 운다. 젖 좀 빨라라. =애기 운다. 젖 좀 빨려라.

빨락조오[1][빨락조~오 __-_] 명 은박지(銀箔紙). ☞빤딱조오.

빨락조오[2][빨락조~오 __-_] 명 비닐[vinyl]. 주로 포장용으로 쓰는 깔깔한 비닐. ☞비니루. 빤딱조오.

빨랑[_-] 부 빨리. 걸리는 시간이 짧게. ¶빨랑 안 가고 머하노? =빨리 안 가고 뭐 하니? ☞날래. 날리. 싸기. 파딱. 퍼떡.

빨랑빨랑[_-_-] 부 빨리빨리. ☞날래날래. 날리날리. 싸기싸기. 파딱파딱. 퍼떡퍼떡.

빨래방매이[빨래방매~이 ___-_] 명 빨랫방망이. ☞물방매이. 빨래방매이. 서답방매이.

빨래사분[_-__] 명 빨랫비누. 빨래하는 데 쓰이는 비누. ¶이 옷은 빨래사분을 씨서 문때라. =이 옷은 빨랫비누를 써서 문질러라. ☞서답사분.

빨랫대[빨래때 _-_] 명 빨래판(--板). 빨래할 때 쓰는 나무판. ☞빨랫도매.

빨랫도매[빨래또매 __-_] 명 빨래판(--板). *빨래+도마. ☞빨랫대.

빨롬하다[__-_] 형 발름하다. ☞빠꼼하다. 빠꿈하다. 빨쫌하다. 빨쭘하다. 빼꼼하다. 빼꿈하다.

빨뿌리[_-_] 명 물부리. ☞담배물쪼리. 대물찌. 댄배물쪼리. 댐배물쪼리. 물뿌리. 물찌.

빨쫌하다[__-_] 형 발름하다. ☞빠꼼하다. 빠꿈하다. 빨롬하다. 빨쭘하다. 빼꼼하다. 빼꿈하다.

빨쭘하다[__-_] 형 발름하다. ☞빠꼼하다. 빠꿈하다. 빨롬하다. 빨쫌하다. 빼꼼하다. 빼꿈하다.

빰[-] 명 뺨. ¶【속담】지 손우로 지 빰 쌔린다. =제 손으로 제 뺨 때린다.

빰따구[_-_] 명 뺨따귀. '뺨'을 비속하게 이르는 말. ¶【속담】말 잘 해가아 빰따구 안 맞는다. =말 잘 해서 뺨따귀 안 맞는다. ¶【속담】중신 잘몬하마 빰따구시 대. =중매 잘못하면 뺨따귀 세 대. ☞빰때기. 빰알대기. 빼말때기.

빰때기[_-_] 명 뺨따귀. ☞빰따구. 빰알대기. 빼말때기.

빰알때기[빠말때기 __-_] 명 뺨따귀. ☞빰따구. 빰때기. 빼말때기.

빰치다[-__] 동 뺨치다. ((속된 말로)) 능력이나 수준 따위가 비교 대상을 훨씬 넘어서다. ¶저 아재는 카수 빰치기 노래로 잘 부룬다. =저 아저씨는 가수 뺨치게 노래를 잘 부른다.

빵까재[__-] 명 ((동물))물방개. ☞방까재. 참까재.

빵꾸나다[-___] 동 헐다. 부스럼이나 상처로 인하여 짓무르거나 진물이 나다. ¶위장이 빵꾸나서 밥을 지대로 몬 무웄다. =위장이 헐어서 밥을 제대로 못 먹었다.

빵빵하다[1][__-_] 형 똥짤막하다. 키가 작고 몹시 살이 쪄서 짤막하게 보이다. ¶빵빵한 젊으이가 심이 씨네. =똥짤막한 젊은이가 힘이 세네.

빵빵하다[2][__-_] 형 어금버금하다. 정도나 수준이 서로 비슷하여 별 차이가 없다. ¶도부띠기하는 둘이가 빵빵하다. =달리기하는 둘이 어금버금하다. ☞시라다. 어굼버굼하다. 쪼루다.

빵상하다[__-_] 형 방사하다(倣似--). 둘 또는 여럿이 매우 비슷하다. ¶절마 둘이는 심이 빵상하다. =저놈 둘은 힘이 방사하다. ☞방상하다.

ㅂ

빼껄다[_-_] 동 빼앗다. 남의 것을 억지로 제 것으로 만들다. ¶【속담】깐채이 새끼 빼껄은 호래이다. =까치새끼 빼앗은 호랑이다. ¶【속담】껄배이 바가치 밥또 빼껄어 묵겄다. =거지 바가지 밥도 빼앗아 먹겠다. ☞빼뜰다.

빼껄리다[_ _-_] 동 빼앗기다. '빼앗다'의 피동사. ¶【속담】밥 퍼다 말고 주기 넘주마 살림 빼껄린다. =밥 푸다 말고 주걱 남 주면 살림 빼앗긴다. ☞빼뜰리다. 앳기다.

빼꼼이[빼꼬미 _-_] 부 빠끔히. ☞빠꼼이. 빠꿈이. 빼꿈이. 삐꿈이.

빼꼼하다[1][_ _-_] 형 발름하다. ☞빠꼼하다. 빠꿈하다. 빨롬하다. 빨쫌하다. 빨쭘하다. 빼꿈하다.

빼꼼하다[2][_ _-_] 형 빠끔하다. ☞빠꼼하다. 빠꿈하다.

빼꼼하다[3][_ _-_] 형 성하다. ☞빠꼼하다. 빠꿈하다. 빼꿈하다.

빼꽂다[빼꼳따 _-_] 동 빼쏘다. ☞덮우씨다. 둘루씨다. 빼다박다. 천상요절하다. 탁하다.

빼꿈이[빼꾸미 _-_] 부 빠끔히. ☞빠꼼이. 빠꿈이. 빼꼼이. 삐꿈이.

빼꿈하다[1][_ _-_] 형 발름하다. ☞빠꼼하다. 빠꿈하다. 빨롬하다. 빨쫌하다. 빨쭘하다. 빼꼼하다.

빼꿈하다[2][_ _-_] 형 성하다. ☞빠꼼하다. 빠꿈하다. 빼꼼하다.

빼낳다[빼나타 _-_] 동 빼놓다. ①그 범위 안에 넣지 않다. ¶【속담】지랄마 빼낳고 시상에 온가 재간 다 배아 두라캤다. =지랄만 빼놓고 세상의 온갖 재간 다 배워 두랬다. ②필요한 대상을 부주의로 빠뜨리다. ¶【속담】송장 빼낳고 장사 친다. =송장 빼놓고 장사 지낸다. ③여럿 중에서 어떤 것을 골라 놓거나 덜어 내어 놓다. ¶한나또 빼낳지 말고 말키 숭구라. =하나도 빼놓지 말고 모두 심어라. ④끼워져 있거나 박힌 것을 뽑아 놓다. ¶【속담】굴뚝서 빼낳안 쪽찌비 겉다. =굴뚝에서 빼놓은 족제비 같다.

빼다[-_] 동 달리다. 속력을 내다. ¶오도바이로 타고 지이 뺐다. =오토바이를 타고 마구 달렸다. ☞달라빼다.

빼다박다[빼다박따 -_-_] 동 빼쏘다. ☞덮우씨다. 둘루씨다. 빼꽂다. 천상요절하다. 탁하다.

빼닫이[빼다지 _-_] 명 서랍. ¶빼닫이 안에는 오만 거로 다 옇는다. =서랍 안에는 온갖 것을 다 넣는다.

빼딱구두[_ _ _-] 명 하이힐[high heeled shoes]. 굽이 높은 여자용 구두. ☞삐딱구두.

빼때기[-_ _] 명 절간고구마(切干---). 고구마 따위를 납작납작하거나 잘고 길게 썰어 말린 것.

빼또롬이[빼또로미 _ _-_] 부 비뚜름히. 형태가 조금 비뚤게. ¶껌둥개가 빼또롬이 앉있다. =검둥개가 비뚜름하게 앉아있다. ☞삐뚜룸이.

빼또롬하다[_ _ _-_] 형 삐뚜름하다. ①형태가 조금 비뚤다. ¶무시로 빼또롬하이 썰이낳았네. =무를 삐뚜름하게 썰어놓앉네. ②언행이 엇나가다. ¶【관용구】빼또롬한 짓을 하다. =삐뚜름한 짓을 하다. ☞삐뚜룸하다.

빼뜰다[_-_] 동 빼앗다. ☞빼껄다.

빼뜰리다[_ _-_] 동 빼앗기다. ☞빼껄리다. 앳기다.

빼말때기[_ _-_] 명 뺨따귀. ☞뺨따구. 뺨때기. 뺨알대기.

빼묵다[1][_-_] 동 빼먹다. ①남에게서 물건을 그럴듯한 말로 꾀어내어 가지다. ¶【관용구】단물마 빼묵다. =단물만 빼먹다. ¶【속담】산 사람 눈도 빼묵눈다. =산 사람 눈도 빼먹는다. ¶【속담】사나아 등꼴 빼묵눈다. =사내 등골 빼먹는다. ②해야 할 일을 하지 않고 건너뛰다. ¶학조로 빼무욳다. =학교를 빼먹었다. ☞꾸우묵다. 꿉어묵다. 꿉우묵다. 빼자묵다. 제끼다.

빼묵다[2][_-_] 동 내먹다. 속에서 집어내어서 먹다. ¶【속담】등더리 치고 간 빼묵눈다. =등치고 간 내먹는다. ¶【속담】비룩이 간을 빼묵눈다. =벼룩 간을 내먹는다. ☞내묵다.

빼미[-_] 명 돼기. ☞도가리.

빼부재이[빼부재~이 _ _-_] 명 ((식물))질경이. ☞삐부재이.

빼뿌다[--_] 동 뽑아버리다. 박혀 있던 것을 뽑아 없애다. ¶잇바지가 씨기 아푸마 빼뿌라. =잇바디가 많이 아프면 뽑아버려라.

빼삭하다[빼사카다 _ _-_] 형 배슥하다. 한쪽으로 조금 기울어져 있다. ¶다리로 꼬민서 빼삭하이 지대 섰다. =다리를 꼬면서 배슥하게 기대어 섰다.

빼싹[_-] 부 바짝. ①물기가 마르거나 졸아들거나 타 버리는 모양을 나타내는 말. ¶빼싹 마른 솔가재이. =바짝 마른 솔가지. ②몸이 매우 마른 모양. ¶나만사람이 핀찮아서 미칠 눕어 기시더마는 빼싹 말랐습미더. =노인네가 편찮아서 며칠 누워 계시더니만 바짝 말랐습니다.

-빼애야[--_] 어 -밖에야. 앞 절을 선택하기보다는 뒤 절의 사태를 선택함을 나타내는 연결어미. ¶이래 헐키 팔빼애야 기냥 주뿌능 기이 낫을다. =이렇게 싸게 팔밖에야 그냥 줘버리는 게 낫겠다. ☞-빽이야.

빼이[-_] 조 밖에. '그것 말고는', '그것 이외에는'의 뜻을 나타내는 조사. ¶이래 빼이 몬하나? =이렇게밖에 못하나? ☞백이. 빽이. 삐이.

빼이다[_-_] 동 뽑히다. 여럿 가운데에서 골라내지다. ¶우리 아아가 반장에 빼있다. =우리 애가 반장으로 뽑혔다.

빼지다[_-_] 동 뽑히다. 박힌 것이 잡아당기어 빼내어지다. ¶마알이 잘 안 빼진다. =마늘이 잘 안 뽑힌다.

빼짝[_-] 부 바싹. ①물기가 다 말라 버리거나 타들어 가는 모양. ¶가물움에 뱁차가 빼짝 말랐다. =가뭄에 배추가 바싹 말랐다. ②아주 가까이 달라붙거나 죄는 모양. ¶헐끈을 빼짝 짜매라. =허리띠를 바싹 졸라매라. ③아주 긴장하거나 힘을 주는 모양. ¶정신을 빼짝 채리거라. =정신을 바싹 차려라. ④몸이

ㅂ

매우 마른 모양. ¶이 집 개는 메칠이나 굶윴능가 빼짝 말랐네. =이 집 개는 며칠이나 굶었는지 바싹 말랐네.

빼쪽[_-] 부 뾰족. 물체의 끝이 점차 가늘어져서 날카로운 모양. ¶버씨로 쑥이 빼쪽 노윴네예. =벌써 쑥이 뾰족 나왔네요.

빼쪽이[빼쪼기 _-_] 부 뾰족이. ①물체가 끝이 차차 가늘어져서 날카롭게. ¶까자 안 사준다꼬 아아 입이 빼쪽이 노윴다. =과자 안 사준다고 아이 입이 뾰족이 나왔다. ②생각이나 계획이 별나게 신통하게. ¶아모리 생각해도 빼쪽이 떠오루는 기이 없네. =아무리 생각해 보아도 뾰족이 떠오르는 게 없네.

빼쪽하다[빼쪼카다 __-_] 형 뾰족하다. 물체의 끝이 점차 가늘어져서 날카롭다. ¶손툽이 빼쪽하다. =손톱이 뾰족하다. ☞뱨쪽하다.

빼쪽한수[빼쪼칸수 __-_] 명 별수(別-). ☞밸수. 빌수.

빼쪽한수없다[빼쪼칸수엄따 __-___] 형 별수없다(別--). ☞밸수없다. 빌수없다.

빽이[빼끼 -_] 조 박에. ☞백이. 빼이. 삐이.

-빽이야[빼끼야 -__] 어 -박에야. ☞-빼애야.

뺀더거리하다[____-_] 형 빤드레하다. 실속 없이 겉모양만 반드르르하다. ¶낯짝마 뺀더거리하마 머하노? =얼굴만 빤드레하면 뭐하니? ☞뺀더리하다.

뺀더럽다[1][뺀더럽따 __-_] 형 약아빠지다. ☞매꺼럽다.

뺀더럽다[2][뺀더럽따 __-_] 형 미끄럽다. ☞매꺼럽다.

뺀더리하다[___-_] 형 빤드레하다. ☞뺀더거리하다.

뺀돌이[뺀도리 _-_] 명 배돌이. 여럿이 함께 일을 하는 데 같이 어울리지 않고 따로 떨어져 행동하는 얄미운 사람. ¶【속담】묵는 데는 감돌이, 일에는 뺀돌이. =먹는 데는 감돌이, 일에는 배돌이.

뺀들뺀들[___-] 부 뺀질뺀질. 몸을 요리조리 빼면서 계속 일을 열심히 하지 아니하는 모양. ¶절마는 틈마 나마 뺀들뺀들 놀라 칸다. =저놈은 틈만 나면 뺀질뺀질 놀려고 한다.

뺀들뺀들하다[____-_] 형 반들반들하다. 거죽이 윤이 날 정도로 아주 매끄럽다. ¶테가리가 닮아서 뺀들뺀들하다. =모서리가 닳아서 반들반들하다.

뺀지럽다[뺀지럽따 __-_] 형 빤드럽다. ①깔깔하지 아니하고 윤기가 나도록 매끄럽다. ¶마릿바닥이 뺀지럽다. =마룻바닥이 빤드럽다. ②사람됨이 어수룩한 맛이 없고 약삭빠르다. ¶뺀지럽운 인간인데는 저이 안 간다. =빤드러운 인간에게는 정이 안 간다.

뺀침[_-] 명 옷핀(-pin). 옷을 여미어 한데 꽂을 때 쓰는 핀.

뺄가디이[뺄가디~이 __-_] 명 벌거숭이. ①옷을 죄다 벗은 알몸뚱이. ¶뺄가디이들이 냇가서 목 깜는다. =벌거숭이들이 냇가에서 멱 감는다. ②가지고 있던 재산이나 돈 따위를 모두 잃거나 써 버려 가진 것이 없는 사람을 비유적으로 이르는 말. ¶하리아직에 뺄가디이가 뎄뿄다. =하루아침에 벌거숭이가 되어버렸다. ☞뻘거싱이.

뺄가벗기다[뺄가버끼다 __-__] 동 빨가벗기다. ☞빨개벗기다. 빨개빗기다. 뺄가빗기다. 할딱벗기다. 할딱빗기다.

뺄가벗다[뺄가벋따 __-_] 동 빨가벗다. ☞빨개벗이다. 뺄가벗이다. 할딱벗다. 할딱벗이다.

뺄가벗이다[뺄가버시다 __-__] 동 빨가벗다. ☞빨개벗이다. 뺄가벗다. 할딱벗다. 할딱벗이다.

뺄가빗기다[뺄가비끼다 __-__] 동 빨가벗기다. ☞빨개벗기다. 빨개빗기다. 뺄가벗기다. 할딱벗기다. 할딱빗기다.

뺄가이[뺄가~이 _-_] 부 빨갛게. ☞빨가이. 빨갛기. 뺄갛기.

뺄간[_-] 부 빨간. 색깔이 아주 붉은. ¶【속담】뺄간 쌍넘 푸룬 양반. =빨간 상놈 푸른 양반. ¶【속담】같은 값이마 뺄간 처매다. =같은 값이면 빨간 치마다.

뺄갛기[뺄가키 _-_] 부 빨갛게. ☞빨가이. 빨갛기. 뺄가이.

뺄갛다[뺄가타 _-_] 형 빨갛다. 피나 익은 고추와 같이 밝고 짙게 붉다. ¶입수구리가 뺄갛다. =입술이 빨갛다.

뺄개이[뺄개~이 _-_] 명 빨갱이. ☞빨개이.

뺑끼[-_] 명 페인트[feint]. ¶뺑끼칠(페인트칠).

뺑빠꾸[_-_] 명 맴. ①일정한 좁은 범위를 자꾸 도는 모양. ¶추럭이 동네 뺑빠꾸로 돈다. =트럭이 동네 맴을 돈다. ②요리조리 자꾸 돌아다니는 모양. ¶인자 뺑빠꾸 고마 돌아라. =이제 맴 그만 돌아라. ☞뺑빼이.

뺑빼이[1][뺑빼~이 _-_] 명 맴. ☞뺑빠꾸.

뺑빼이[2][뺑빼~이 _-_] 명 제비뽑기. 제비를 만들어 승부나 차례를 정하는 일. ¶【관용구】뺑빼이로 돌리다. =제비뽑기를 하다.

뻐개다[_-_] 동 뻐기다. 우쭐대며 뽐내다. ¶머 잘났다꼬 저래 뻐개노. =뭐 잘났다고 저리 뻐기나. ☞팅가다.

뻐개지다[_-__] 동 일그러지다. 물체가 한쪽이 좀 뒤틀리며 비뚤어지다. ¶문짹이가 뻐개잤다. =문짝이 일그러졌다. ☞이구라지다.

뻐군하다[__-_] 형 뻐근하다. ①피로나 몸살 따위로 근육이 뭉치거나 결려서 움직이기에 둔하다. ¶너무 마이 걸운 탓인강 다리가 뻐군하다. =너무 많이 걸은 탓인지 다리가 뻐근하다. ②가슴이 어떤 느낌으로 가득차서 뻐개지는 듯하다. ¶【관용구】가숨이 뻐군하다. =가슴이 뻐근하다.

뻐꿈댐배[_-_-] 명 뻐끔담배. 연기를 깊이 들이마시지 아니하고 입 안까지만 넣었다 내보내며 담배를 피우는 일. ¶【관용구】뻐꿈댐배로 펐다. =뻐끔담배를 피우다.

뻐꿈하다[__-_] 형 뻐끔하다. ①큰 구멍이나 틈 따위가 깊고 뚜렷하게 나 있다. ¶어굼니 뺀 데가 뻐꿈하네예. =어금니 뺀 곳이 뻐끔하네요. ②문 따위가 조금 많이 열려 있다. ¶대문을 뻐꿈하이 열어낳았다. =대문을 뻐끔하게 열어놓았다.

ㅂ

뻐더랑니[__-_] 명 버드렁니. 바깥쪽으로 버드러진 이. ¶【속담】지 새끼는 뻐더랑니도 이뿌 비인다. =제 새끼는 버드렁니도 예뻐 보인다.

뻐덜뻐덜하다[____-_] 형 뻣뻣하다. ①물체가 굳고 꿋꿋하다. ¶서답이 얼어가아 뻐덜뻐덜하다. =빨래가 얼어서 뻣뻣하다. ②풀기가 아주 세거나 팽팽하다. ¶풀 믹인 비적삼이 뻐덜뻐덜하다. =풀 먹인 베적삼이 뻣뻣하다.

뻐덩개다리[____-] 명 벋정다리. ☞곰배다리.

뻐들강새이[뻐들강새~이 ___-_] 명 ((식물))버들강아지. 버들개지의 꽃. ¶【속담】문디이 뻐들강새이 따묵꼬 배 앓는 소리 한다. =문둥이 버들강아지 따먹고 배 앓는 소리 한다.

뻐들낭ㄱ[__-] 명 ((식물))버드나무. *창녕 방언은 '나무'에 'ㄱ'이 붙는다. 이것은 중세국어에서 'ㄱ곡용'이 남은 흔적이다. ¶【속담】개가 콩엿 사묵고 뻐들낭게 올라간다. =개가 콩엿 사 먹고 버드나무에 올라간다.

뻐들티리다[__-__] 동 내팽개치다. ☞내보티리다. 내핑기치다. 보티리다. 부티리다.

뻐때다[_-_] 동 버티다. ☞버팅기다. 뻐태다.

뻐떡[_-] 부 잠깐. 오래지 않은 짧은 동안에. ¶너거 할매한테 뻐떡 딜따보고 온나. =너희 할머니한테 잠시 들여다보고 오너라. ☞참시.

뻐떡하마[뻐떠카마 __-_] 부 걸핏하면. ☞거씬하마. 꺼떡하마. 삐떡하마.

뻐럭뻐럭[___-] 부 버럭버럭. 화를 내면서 소리를 몹시 지르거나 매우 억지스럽게 자꾸 기를 쓰는 모양을 나타내는 말. ¶뻐럭뻐럭 가암을 질렀다. =버럭버럭 고함을 질렀다. ☞뻑뻑.

뻐이[1][뻐~이 _-] 부 뻔히. ①어떤 일의 결과나 상태 따위가 훤하게 들여다보이듯이 분명하게. ¶뻐이 알민서 모룬 치한다. =뻔히 알면서 모른 척한다. ②바라보는 눈매가 뚜렷하게. ¶눈을 뻐이 뜨고 치라본다. =눈을 뻔히 뜨고 쳐다본다. ☞뻔하이.

뻐이[2][뻐~이 _-] 부 번연히. 뚜렷하고 분명하게. ☞번여이. 뻔하이.

뻐쩔리다[__-_] 동 결리다. 숨을 크게 쉬거나 몸을 움직일 때에, 몸의 어떤 부분이 뜨끔뜨끔 아프거나 뻐근한 느낌이 들다. ¶어깨받이가 뻐쩔린다. =어깻죽지가 결린다. ☞마치다. 절리다.

뻐태다[_-_] 동 버티다. ☞버팅기다. 뻐때다.

뻑뻑[--] 부 버럭버럭. ☞뻐럭뻐럭.

뻑씨다[1][-__] 형 뻑뻑하다. ①물기가 적어서 부드러운 맛이 없다. ¶떡이 뻑씨서 묵기가 하잖다. =떡이 뻑뻑해서 먹기가 나쁘다. ②국물보다 건더기가 그들먹하게 많다. ¶소기기 국이 뻑씨네예. =쇠고기 국이 뻑뻑하네요. ③여유가 없어서 빠듯하다. ¶날이 너무 뻑씨기 잡힜다. =날짜가 너무 뻑뻑하게 잡혔다. ④융통성이 없고 고지식하다. ¶저 사램은 뻑씨서 탈이야. =저 사람은 뻑뻑해서 탈이야. ⑤꽉 끼거나 조여서 부드럽지 아니하다. ¶부레끼가 뻑씨다. =브레이크가 뻑뻑하다. ☞부덦다. ⑥겨루는 상대가 버겁다. ¶니하고 씨름할라 카마 뻑씨서 싫다. =너랑 씨름 하려고 하니 뻑뻑해서 싫다. ⑦서먹서먹하여 대하기가 어렵다. ¶나만 사우래서 대하기가 뻑씹미더. =나이 많은 사위라서 대하기가 뻑뻑합니다.

뻑씨다[2][-__] 형 뻣세다. ☞빡시다.

뻑차다[-__] 형 ≒겹다. 복(福)이 누르기 어려울 정도이다. ¶【관용구】복에 뻑차다. =복에 겹다.

뻔대[_-] 명 철면피(鐵面皮). 염치가 없고 뻔뻔스러운 사람을 낮잡아 이르는 말. ¶【속담】뻔대인데 염치로 물으까. =철면피에게 염치를 물으랴.

뻔디기[_-_] 명 ((동물))번데기. ¶【속담】뻔디기 앞에서 주룸 잡는다. =번데기 앞에서 주름 잡는다.

뻔디리하다[1][___-_] 형 뻔드르르하다. 부유해서 윤기가 많이 나다. ¶낯꼬라지가 뻔디리하다. =낯꼴이 번드르르하다. ¶뻔디리하이 해놓고 산다. =뻔드르르하게 해놓고 산다.

뻔디리하다[2][___-_] 형 번드레하다. 사람이나 사물이 실속 없이 겉모양만 번드르르하다. ¶말마 뻔디리하기 한다. =말만 번드레하게 한다.

뻔뻔시럽다[뻔뻔시럽따 __-__] 형 뻔뻔스럽다. 부끄러워할 만한 일에도 부끄러운 줄 모르고 아무렇지도 않게 구는 데가 있다. ¶【속담】뻔뻔시럽기가 양푸이 밀구중 겉다. =뻔뻔스럽기가 양푼 밑구멍 같다.

뻔지리하다[___-_] 형 뻔지레하다. 실속이 없이 겉으로만 그럴듯한 모양을 나타내는 말. ¶【관용구】겉어리마 뻔지리하다. =겉만 뻔지레하다.

뻔질나기[__-_] 부 뻔질나게. 드나드는 것이 매우 잦게. ¶뻔질나기 딜락기린다. =뻔질나게 들락거린다.

뻔하다[_-_] 형 번하다. 어두운 가운데 조금 훤하다. ¶【속담】동녘이 뻔한께네 다 내 시상인 줄 안다. =동녘이 번하니까 다 내 세상인 줄 안다.

뻔하이[1][뻔하~이 _-_] 부 뻔히. 굳이 확인해 보거나 경험해 보지 않아도 알 수 있을 만큼 명확하게. ¶【관용구】안 바도 뻔하이 안다. =안 봐도 뻔히 안다. ☞뻐이.

뻔하이[2][뻔하~이 _-_] 부 번연히. 뚜렷하고 분명하게. ☞번여이. 뻐이.

뻘개지다[_--_] 동 빨개지다. 빨갛게 되다.

뻘거싱이[__-_] 명 벌거숭이. ☞뻘가디이.

뻘거이[뻘거~이 _-_] 부 뻘겋게. ¶땡빛에 싸돌아댕기더마는 낯이 뻘거이 익었네. =땡볕에 싸돌아다니더니 낯이 뻘겋게 익었네. ☞뻘겋기.

뻘겋기[뻘거키 _-_] 부 뻘겋게. ☞뻘거이.

뻘구디기[뻘꾸디기 __-_] 명 수렁. ①곤죽이 된 진흙과 개흙이 물과 섞여 많이 괸 웅덩이. ¶차가 뻘구디기에 빠졌다. =차가 수렁에 빠졌다. ②헤어나기 힘든 곤욕을 비유적으로 이르는 말. ¶【속담】뻘구디기에 빠진 넘을 건지좄

ㅂ

더마는 보따리 내나라 칸다. =수렁에 빠진 놈을 건져줬더니만 보따리 내놔라 한다. ☞시비구디기. 진페기밭. 헤찌구디기.

뻘따이[뻘따~이 _-_] 명 뻘때추니. 행동이 얌전하지 못하고 덜렁거리며 짓궂은 장난을 좋아하는 계집아이나 젊은 여자. '뻘때추니'는 조선 효종이 특별히 아끼어 강화도에 놓아기르던 말의 이름인 벌대총(伐大驄)에서 온 말. ¶저런 뻘따이가 또 오데 있으까. =저런 뻘때추니가 또 어디 있을까.

뻘똥[_-] 명 ((식물))보리수나무. 야생 보리수나무 열매. ☞보리팰구. 볼똥.

뻘탕물[-__] 명 흙탕물. 흙이 풀리어 몹시 흐려진 물. ¶【관용구】뻘탕물 싸암. =흙탕물 싸움. ☞꾸중물.

뻿나다[뻔나다 _-_] 동 빗나다. ①테두리 밖으로 벗어나서 나가다. ¶뻐스가 뻿나가아 또랑에 빠졌다. =버스가 빗나가서 도랑에 빠졌다. ②성격이나 행동이 비뚤어지다. ¶뻿난 넘은 학조 댕길 필오가 없다. =빗난 놈은 학교 다닐 필요가 없다.

뻬[-] 명 뼈. ①척추동물의 살 속에서 몸을 지탱하고 보호하는 단단한 물질. ¶【관용구】뻬로 깎다. =뼈를 깎다. ¶【관용구】뻬 빠지다. =뼈 빠지다. ¶【속담】사람 씨는 뻬가 없어도 사람 뻬로 뿌쑿는다. =사람 혀는 뼈가 없어도 사람 뼈를 부순다. ②예사롭지 않은 숨은 뜻. ¶【속담】조피에도 뻬가 있다. =두부에도 뼈가 있다. ☞삐.

뻬가지[_-_] 명 뼈다귀. 뼈의 낱개. '뼈'를 낮잡아 이르는 말. ¶【관용구】뻬가지 녹하다. =뼈다귀 녹이다. ¶【관용구】말 뻬가지 겉은 넘. =말 뼈다귀 겉은 놈. ¶【속담】범은 기리도 뻬가지는 몬 기린다. =범은 그려도 뼈다귀는 못 그린다. ☞뻬간지. 뻭따구. 삐가지. 삐간지. 삑따구.

뻬간지[_-_] 명 뼈다귀. ☞뻬가지. 뻭따구. 삐가지. 삐간지. 삑따구.

뻬끼다[-__] 동 베끼다. 글이나 그림 따위를 원본 그대로 옮겨 쓰거나 그리다. ¶넘우 책을 뻬꼈다. =남의 책을 베꼈다.

뻬대[--] 명 뼈대. ①구조물을 이루고 있는 중심이 되는 물건. ¶비아놓안 집이 무네지서 뻬대마 남았다. =비워놓은 집이 무너져서 뼈대만 남았다. ②생물의 몸을 이루어 몸을 지탱하는 뼈의 조직. ¶니는 뻬대가 와 이래 가느노? =너는 뼈대가 왜 이리 가느니? ③역사가 오래되고 신분이 높음을 비유적으로 이르는 말. ¶【속담】미르치도 뻬대 있는 집아이다. =멸치도 뼈대 있는 집안이다. ☞삐대.

뻬매디[__-] 명 뼈마디. 뼈와 뼈가 이어진 부분. ¶비가 올란가 뻬매디가 억씨기 쑤씬다. =비가 오려는지 뼈마디가 억세게 쑤신다. ☞삐매디.

뻬아푸다[-_-_] 형 뼈아프다. 감정이 뼛속에 사무칠 만큼 정도가 깊다. ¶【관용구】뻬아푼 실수. =뼈아픈 실수. ☞삐아푸다.

뻬지리다[_-__] 형 뼈저리다. 뼛속에 사무

치도록 정도가 깊다. ¶【관용구】빼지리기 후애하다. =뼈저리게 후회하다. ☞삐지리다.

뻬따구[_-_] 명 뼈다귀. ☞빼가지. 빼간지. 삐가지. 삐간지. 삑따구.

뻿골[삐꼴 -_] 명 뼛골(-骨). ¶【관용구】뻿골 빠지다. =뼛골 빠지다. ¶【관용구】뻿골 쑤씨다. =뼛골 쑤시다. ¶【관용구】뻿골에 사무치다. =뼛골에 사무치다. ☞삣골.

뻿기지다[삐끼지다 -_-_] 동 벗겨지다. ☞버어지다. 벗거지다. 벗기지다. 벳기지다. 빗기지다. 삣기지다.

뼽[뼽 -] 명 별. ☞벨. 빌. 삘.

뽀개다[_-_] 동 빠개다. 작고 단단한 물건의 틈을 넓게 벌리거나 둘로 쪼개다. ¶돌미이로 호도 껍띠기로 뽀갰다. =돌멩이로 호두 껍데기를 빠갰다.

뽀골뽀골하다[____-_] 동 뽀글뽀글하다. ①적은 양의 액체가 잇따라 야단스럽게 끓다. ¶딘장국이 뽀골뽀골하마 불로 줄아라. =된장국이 뽀글뽀글하면 불을 줄여라. ②잇따라 작은 거품이 일어나다. ¶술단지에 거뿜이 뽀골뽀골한다. =술독에 거품이 뽀글뽀글한다. ③머리카락 따위가 짧게 꼬부라져 잇따라 뭉치다. ¶빠마한 멀꺼디이가 뽀골뽀골하다. =파마한 머리카락이 뽀글뽀글하다. ☞뽀굴뽀굴하다.

뽀굴뽀굴하다[____-_] 동 뽀글뽀글하다. ☞뽀골뽀골하다.

뽀다마[-__] 조 보다. 비교 부사격 조사. ☞보다마. 보담. 뽀담. 뿌다. 뿌다마. 카마.

뽀다마는[-___] 조 보다는. ((체언 뒤에 붙어)) 서로 차이가 있는 것을 비교하는 경우, 비교의 대상이 되는 말에 붙어 '~에 비해서'의 뜻을 나타내는 격조사. ¶【속담】가실밭은 친정뽀다마는 낫다. =가을밭은 친정보다는 낫다. ☞뿌다마는.

뽀담[-_] 조 보다. '~에 비해서'의 뜻을 나타내는 격 조사. ¶【속담】꿈뽀담 해몽이 좋다. =꿈보다 해몽이 좋다. ☞보다마. 보담. 뽀다마. 뿌다마. 뿌다. 카마.

뽀담사[-__] 조 보다는. *비교 부사격조사. ☞보담사. 보담아. 뽀담아. 카마사. 카마야.

뽀담아[뽀다마 -__] 조 보다는. *비교 부사격조사. ☞보담사. 보담아. 뽀담사. 카마사. 카마야.

뽀도락찌[__-_] 명 뾰두라지.

뽀독뽀독[___-] 부 싹싹. 거침없이 자꾸 밀거나 쓸거나 비비거나 하는 소리. 또는 그 모양. ¶쌀로 뽀독뽀독 씪어서 안치라. =쌀을 싹싹 씻어서 안쳐라.

뽀돗이[뽀도시 _-_] 부 빠듯하게. ①((수량이나 시간 따위가 어떤 일에)) 어떤 정도나 한도에 겨우 미치는 상태에 있다. ¶이 일은 니일꺼정 뽀돗이 다 하겠네예. =이 일은 내일까지 빠듯하게 다 하겠네요. ②대상이 어떤 공간에 꽉 차거나 꼭 맞아서 여유나 빈틈이 없다. ¶구뭉이 쫍아서 뽀돗이 드가더라. =구멍이 좁아서 빡빡하게 들어가더라. ③힘에 겹게 간신히. ¶무굽어서 뽀돗이 들

ㅂ

었다. =무거워서 빠듯하게 들었다. ④일정한 목표나 기준에 이르는 데 아슬아슬하게. ¶농사지이가아 뽀돗이 자석 대학 졸웁씨겄다. =농사지어서 빠듯하게 자식 대학 졸업시켰다.

뽀돗하다[뽀도타다 __-_] 형 빠듯하다. ①어떤 한도에 차거나 꼭 맞아서 빈틈이 없다. ¶이 일로 시 시간 안에 할라카마 뽀돗합미더. =이 일을 세 시간 안에 하려면 빠듯합니다. ②어떤 정도에 겨우 미칠 만하다. ¶이 양석으로 저실을 날라카이 뽀돗하다. =이 양식으로 겨울을 나려니까 빠듯하다.

뽀두둑[__-] 부 뽀드득. ①단단하고 매끄러운 물건을 매우 세게 문지르거나 비빌 때 나는 소리를 나타내는 말. ②쌓인 눈을 세게 밟을 때 나는 소리를 나타내는 말.

뽀둑뽀둑[___-] 부 뽀득뽀득. *창녕방언 '뽀둑뽀둑'은 표준어에서 의성어로만 쓰이는 '뽀득뽀득'보다 확장된 의미로 실현된다. ①단단하고 질기거나 반드러운 물건을 야무지게 문지르거나 비빌 때 나는 소리. ¶분하다꼬 이로 뽀둑뽀둑 갑미더. =분하다고 이를 뽀득뽀득 갑니다. ②어떤 상황을 겨우겨우 유지하는 상태. ¶아푸던 영갬이 일나가아 뽀둑뽀둑 걸어 댕긴다. =아프던 영감이 일어나서 뽀득뽀득 걸어 다닌다. ③애써 조금씩 늘어나게 하는 것. ¶안사램이 돈을 뽀둑뽀둑 몯아낳았다. =안사람이 돈을 뽀득뽀득 모아놓았다. ④억지를 부리며 자꾸 기를 쓰거나 우기는 모양. ¶잘몬핸 기 없다꼬 뽀둑뽀둑 씨안다. =잘못한 게 없다고 뽀득뽀득 우긴다.

뽀로로[_-_] 부 뽀르르. 자그마한 사람이나 짐승이 부리나케 달려가거나 좇아가는 모양. ¶그단새 뽀로로 좇아가서 일러바칬다. =그사이에 뽀르르 좇아가서 일러바쳤다.

뽀뽓하다[뽀뽀타다 __-_] 형 가냘프다. 식물 따위가 몹시 가늘고 연약하다. ¶다무네기 모상이 뽀뽓하다. =양파 모종이 가냘프다.

뽀싸다[_-_] 동 부수다. 단단한 물체를 쳐서 조각이 나게 하다. ¶【속담】목수가 앵금 통 뽀싼다. =목수가 해금 통 부순다. ¶【속담】얻우묵지 몬하는 지사에 갓망건 뽀싼다. =얻어먹지 못하는 제사에 갓망건 부순다. ☞뽀쌓다. 뿌싸다. 뿌쌓다.

뽀싸지다[_-__] 동 부서지다. 제대로 쓸 수 없을 정도로 깨어지거나 헐어지다. ¶【속담】뽀싸진 갓모가 됐다. =부서진 갓모자가 됐다. ¶【속담】온전한 게아가 뽀싸진 옥뽀담 낫다. =온전한 기와가 부서진 옥보다 낫다. ☞뿌싸지다.

뽀쌓다[1][뽀싸타 _-_] 동 부수다. *뽀쌓고[뽀싸코 _-_], 뽀쌓지[뽀싸치 _-_], 뽀쌓았다[뽀싸알따 _--_]. ☞뽀싸다. 뿌싸다. 뿌쌓다.

뽀쌓다[2][뽀싸타 _-_] 동 빻다. ☞빠쌓다.

뽀씨락거리다[___-__] 동 보삭거리다. 가볍게 부스러지는 소리가 잇따라 나다. ¶【속담】지삿날 천자서 지 뽀씨락거리딧기 한다. =제삿날 천장에서 쥐 보삭거리듯 한다.

뽀씨리기[1][__-_] 명 바스라기. 잘게 바스러진 물건.

뽀씨리기[2][__-_] 명 잔챙이. 여럿 가운데에서 가장 작고 품질이 낮은 것. ☞잔채이.

뽀재이[뽀재~이 _-_] 명 보자기(褓--). ☞밥수군. 보재기.

뽀쪽하다[뽀쪼카다 __-_] 형 뾰족하다. ①물체가 끝이 차차 가늘어져 날카롭다. ¶보선코가 뽀쪽하다. =버선코가 뾰족하다. ②생각이나 계획이 별나게 신통하다. ¶【관용구】뽀쪽한 방법이 없다. =뾰족한 방법이 없다. ☞빼쪽하다.

뽀하이[뽀하~이 _-_] 부 뽀얗게. '보얗게'보다 센 느낌을 준다. ①연기나 안개가 낀 것처럼 선명하지 못하고 조금 하얗다. ¶미검이 뽀하이 앉았다. =먼지가 뽀얗게 앉았다. ②살갗이나 얼굴 따위가 하얗고 말갛다. ¶도시 아아는 낯이 뽀하이 생겼다. =도시 애는 얼굴이 뽀얗게 생겼다. ③빛깔이 보기 좋게 하얗다. ¶쌀밥을 뽀하이 해낳았다. =쌀밥을 뽀얗게 해놓았다. ☞뽀핳기.

뽀핳기[뽀하키 _-_] 부 뽀얗게. ☞뽀하이.

뽀핳다[뽀하타 _-_] 형 뽀얗다. ①먼지나 안개가 낀 것처럼 선명하지 못하고 조금 하얗다. ¶【속담】홀애비 집 앞은 질이 뽀핳고 홀이미 집 앞은 큰질 난다. =홀아비 집 앞은 길이 뽀얗고 홀어미 집 앞은 큰길 난다. ②살갗이나 얼굴 따위가 하얗고 말갛다. ¶도시서 시집온 새딕이라 그란지 낯이 뽀핳다. =도시에서 시집온 새댁이라 그런지 낯이 뽀얗다. ③빛깔이 보기 좋게 하얗다. ¶지름기 잘잘 흐러는 뽀한 쌀밥이 참 묵움직시럽다. =기름기 자르르 흐르는 뽀얀 쌀밥이 참 먹음직스럽다.

뽀해지다[_-__] 동 뽀얘지다. ①연기나 안개가 낀 것처럼 선명하지 못하고 조금 하얗게 되다. ¶앙개가 찌이서 앞이 뽀해졌다. =안개가 끼어서 앞이 뽀얘졌다. ②살갗이나 얼굴 따위가 하얗고 말갛게 되다. ¶씨커멓던 얼굴이 뽀해졌네. =시커멓던 얼굴이 뽀얘졌네.

뽁따구리하다[____-_] 형 발그스름하다. 조금 발갛다. ¶니는 뽁따구리한 색 옷을 입으마 이뿔다. =너는 발그스름한 색 옷을 입으면 예쁘겠다. ☞뽁딱하다.

뽁딱하다[__-_] 형 발그스름하다. ☞뽁따구리하다.

뽁재이[뽁재~이 _-_] 명 ((동물))복어. ☞복생선. 복재이.

뽁짝기리다[__-__] 동 복작거리다. 많은 사람이 좁은 곳에 모여 수선스럽게 자꾸 들끓다. ¶대목자아 장꾼들이 엄청시리 뽁짝기린다. =대목장에 장꾼들이 엄청나게 복작거린다.

뽁짝하다[뽁짜카다 __-_] 형 빡빡하다. 음식에 물기가 적다. ¶짐치찌개가 뽁짝하네. =김치찌개가 빡빡하네.

뽂다[뽁따 -_] 동 볶다. ①음식이나 음식의 재료를 물기가 거의 없거나 적은 상태로 열을 가하여 이리저리 자주 저으면서 익히다. ¶【속담】지 알도 뽂아

ㅂ

묵기 생깄다. =쥐 알도 볶아 먹게 생겼다. ¶【속담】야시빝에 콩 뽁아 무울 넘. =여우볕에 콩 볶아 먹을 놈. ②성가시게 굴어 사람을 괴롭히다. ¶【관용구】사램을 찌지고 뽁다. =사람을 지지고 볶다. ③((속되게)) 머리를 곱슬곱슬하게 파마하다. ¶시딕이가 머리로 뽁았네. =새댁이 머리를 볶았네.

뽁아재끼다[뽀까재끼다 -_-__] 동 볶아치다. 몹시 급하게 재촉하다. ¶아아가 퍼떡 집에 가자꼬 옴마로 뽁아재낀다. =아이가 빨리 집에 가자고 엄마를 볶아친다.

뽁움[뽀꿈 -_] 명 볶음.

뽁움밥[뽀꿈밥 _-_] 명 볶음밥.

뽁이다[뽀끼다 _-_] 동 볶이다. '볶다'의 피동사. ①음식이나 음식의 재료를 물기가 거의 없거나 적은 상태로 열을 가하여 이리저리 자주 저어서 익혀지다. ¶깨가 알맞기 뽁있다. =깨가 알맞게 볶였다. ②성가시게 굴어 사람이 괴롭힘을 당하다. ¶아아들인데 뽁인다. =아이들에게 볶인다.

뽄[-] 명 본(本). 모범으로 삼을 만한 대상.

뽄내다[_-_] 동 뽐내다. 남에게 보란듯이 우쭐거리다. ¶고래 뽄내민서 오데 가노? =그리 뽐내면서 어딜 가니?

뽄때[-_] 명 본때(本-). 본보기가 되거나 내세울 만한 것. ¶【관용구】뽄때로 비이다. =본때를 보이다. ☞뽄때가리.

뽄때가리[1][__-_] 명 본때(本-). '본때'의 속된 말. 본보기가 되거나 내세울 만한 것. ¶【관용구】뽄때가리로 비이주다. =본때를 보여주다. ☞뽄때.

뽄때가리[2][__-_] 명 모양새(模樣-). '모양새'를 속되게 이르는 말. ¶【관용구】뽄때가리 없다. =모양새 없다. ☞모냥새.

뽄받다[_-_] 동 본받다(本--). ¶아아들은 부모 뽄받는다. =애들은 부모 본받는다.

뽄보다[_-_] 동 본보다(本--). ¶아아들이 뽄보까이 무숩다. =애들이 본볼까 무섭다.

뽄비기[_-_] 명 본보기(本--). ①본을 받을 만한 대상. ¶【관용구】뽄비기로 삼다. =본보기로 삼다. ②본을 보이기 위한 물건. ¶뽄비기로 하나마 좄다. =본보기로 하나만 줬다. ③잘못된 일이 일어나지 않도록 경계를 시키거나 주의를 주는 의미에서 사람들 앞에 실제로 내세워 보이는 것. ¶선상님이 본비기로 머라캤다. =선생님이 본보기로 야단쳤다.

뽄비다[_-_] 동 본보이다(本---).

뽄시[-_] 명 본새(本-). 어떤 물건의 본디의 생김새. ¶이거는 뽄시가 디도 안 했다. =이건 본새가 되도 안 했다.

뽄지기다[_-__] 동 겉꾸미다. 실속은 없이 겉만 보기 좋게 꾸미다. ¶나이방꺼정 씨고 디기 뽄지긴다. =라이방까지 쓰고 되게 겉꾸민다.

뽈[1][-] 명 볼. 뺨의 가운데 부분. ¶【관용구】뽈로 적사다. =볼을 적시다.

뽈[2][_] 명 볼[ball]. 축구공(蹴球-). ¶【관용구】뽈로 차다. =볼을 차다.

뽈가내다[_-__] 동 발라내다. ☞볼가내다.

뽈가다[_-_] 동 발리다. ☞볼가다.

뿔가묵다[뿔가묵따 _--_] 동 발라먹다. ☞볼가묵다.

뿔가지다[_-__] 동 볼가지다. ①어떤 사물이나 현상이 도드라지게 커지거나 갑자기 생겨나다. ¶【속담】봄 쑥개는 앉이마 뿔가진다. =봄 수캐는 앉으면 볼가진다. ②((부정적으로)) 언행이 유별나다. ¶【관용구】뿔가진 넘. =볼가진 놈. ¶【관용구】뿔가진 소리. =볼가진 소리.

뿔강시럽다[-_-__] 형 볼강스럽다. ☞볼강시럽다.

뿔곳뿔곳하다[뿔곧뿔고타다 ____-_] 형 뿔긋뿔긋하다.

뿔구리하다[___-_] 형 뿔그레하다. 사물이나 그 빛이 연하게 조금 붉은 데가 있다. ¶뿕살이 뿔구리하다. =노을이 뿔그레하다.

뿔구수룸하다[____-_] 형 뿔그스름하다.

뿔구쭉쭉하다[뿔구쭉쭈카다 ____-_] 형 뿔그족족하다.

뿔꾼[1][_-] 부 볼끈. ☞볼꾼.

뿔꾼[2][_-] 부 꽉. ☞깍. 깡. 볼꾼. 불꾼. 뿔꾼.

뿔꾼기리다[__-__] 동 볼끈거리다. ☞볼꾼기리다.

뿔꾼하다[__-_] 동 볼끈하다. ☞볼꾼하다.

뿔따구[--_] 명 볼때기. '볼'을 속되게 이르는 말. ¶선상님이 뿔따구로 비틀칬다. =선생님이 볼때기를 비틀었다. ☞볼태기. 볼티이. 뿔티이.

뿔리다[_-_] 동 닳아빠지다. 세파에 시달리거나 어려운 일을 많이 겪어 성질이나 생각 따위가 몹시 약다. ☞닭아빠지다.

뿔뿔[_-] 부 빨빨. ①몸을 바닥 가까이 대고 작은 동작으로 기는 모양. ¶알라가 뿔뿔 기이 댕긴다. =아기가 빨빨 기어다닌다. ②((속되게)) 남에게 눌리어 비굴할 정도로 꼼짝 못하는 모양. ¶아부지인데는 뿔뿔 긴다. =아버지한테는 빨빨 긴다. ③땀을 많이 흘리는 모양을 나타내는 말. ¶땀을 뿔뿔 흘리민서 머하노? =땀을 빨빨 흘리면서 뭘 하니? ④바쁘게 여기저기 마구 돌아다니는 모양을 나타내는 말. ¶날씨고 뿔뿔 쏘댕긴다. =날마다 빨빨 쏘다닌다.

뿔지[_-] 명 ((동물))박쥐. ¶【속담】뿔지겉은 넘. =박쥐같은 놈. ¶【속담】뿔지 두 마움. =박쥐 두 마음.

뿔쪽시럽다[__-__] 형 별쭝스럽다. 말이나 하는 짓이 아주 별스러운 데가 있다. ¶【관용구】싱미가 뿔쪽시럽다. =성미가 별쭝스럽다.

뿔치기[--_] 명 볼거리. '유행성 이하선염'을 일상적으로 이르는 말. ¶【관용구】뿔치기로 하다. =볼거리를 앓다. ☞볼치기.

뿔통하다[__-_] 형 뽀로통하다. ①붓거나 부풀어 올라서 볼록하다. ¶입수구리가 뿔통하이 붓었다. =입술이 뽀로통하게 부었다. ②불만스럽거나 못마땅하여 성난 빛이 얼굴에 조금 나타나 있다. ¶뿔통한 낯으로 치라본다. =뽀로통한 낯으로 쳐다본다.

뿔티이[뿔티~이 --_] 명 볼때기. ☞볼태

기. 볼티이. 뽈따구.

뽊히다[1][뽈키다 --_] 동 밝히다. 겉으로 드러날 만큼 지나치게 좋아하고 탐을 내다. ☞볽히다.

뽊히다[2][뽈키다 _-_] 동 잃다. 노름 따위를 해서 돈을 손해보다. ☞꼶다. 잃앟다.

뽐[-] 명 뼘. ¶이 끄내끼로 시 뽐쯤 되구로 끊이라. =이 끈을 세 뼘쯤 되게 끊어라. ☞뺌.

뿌꾹새[_-_] 명 ((동물))뻐꾸기. ¶【속담】뿌꾹새도 유얼이 한철이라. =뻐꾸기도 유월이 한철이라. ☞풀꾹새.

뿌끼미[_-_] 명 부꾸미. 밀가루나 수수 가루 등을 반죽하여 호박 따위를 갈아 넣고 둥글넓적하게 빚어 번철(燔鐵)에 지진 음식. ¶비 오는 날은 뿌끼미 부치묵눈다. =비 오는 날은 부꾸미 부쳐 먹는다.

뿌다[1][_ _] 동 버리다. ((동사 뒤에서)) 앞말이 나타내는 행동이 이미 끝났음을 나타내는 보조동사. 그 행동이 이루어진 결과, 말하는 이가 아쉬운 감정을 갖게 되었거나 또는 반대로 부담을 덜게 되었음을 나타낼 때 쓴다. '-(어/아)뿌다'의 명령형 어미에 간혹 '-삐'가 실현되는 경우도 있으나, 주로 '-뿌'가 실현된다. ¶【속담】밉다꼬 차뿌마 떡당새이에 자빠라진다. =밉다고 차버리면 떡고리에 자빠진다. ¶【속담】신치는 빼나뿌고 장사(葬事) 친다. =시체는 빼버리고 장례 치른다. ☞삐다.

뿌다[2][-_] 조 보다. '~에 비해서'의 뜻을 나타내는 격 조사. ¶【속담】아아뿌다 배총이 더 크다. =애보다 배꼽이 더 크다. ☞보다마. 보담. 뽀다마. 뽀담. 뿌다마. 카마.

뿌다마[-_ _] 조 보다. 비교 부사격 조사. ☞보다마. 보담. 뽀다마. 뽀담. 뿌다. 카마.

뿌다마는[_--_] 조 보다는. 서로 차이를 나타내는 격 조사. ¶이거뿌다마는 저기 낫울다. =이것보다는 저게 낫겠다. ☞뽀다마는.

뿌둑뿌둑[_ _ _-] 부 뿌득뿌득. ①억지를 부려 제 생각대로만 하려고 자꾸 우기는 모양. ¶지는 잘몬핸 기이 없다꼬 뿌둑뿌둑 씨안다. =자기는 잘못한 게 없다고 뿌득뿌득 우긴다. ②빨래 따위를 야무지게 씻는 모양. ¶이 빨래는 뿌둑뿌둑 씪어라. =이 빨래는 뿌득뿌득 씻어라. ②화가 나서 이를 가는 모양. ¶이로 뿌둑뿌둑 간다. =이를 뿌득뿌득 간다.

뿌둣하다[뿌두타다 _ _-_] 형 뿌듯하다. 기쁨 따위의 감정으로 가득차서 벅차다. ¶자석을 잘 키아서 뿌둣하지예? =자식을 잘 키워서 뿌듯하죠?

뿌라써[_-_] 명 플러스[plus]. *일본어 '푸라쓰 プラス'에서 와전된 말. ¶【관용구】뿌라써로 데다. =플러스 되다.

뿌로찌[_-_] 명 브로치[brooch]. 저고리의 깃이나 가슴 부분에 다는 장신구의 하나.

뿌리이[뿌리~이 _-_] 명 뿌리. *'뿌리+-엥이<뿌렝이<뿌레이<뿌리이'. '-엥이'는 창녕방언에서 생산적으로 쓰이는 접

미사의 하나이다. ¶【관용구】뿌리이로 빼다. =뿌리를 뽑다. ¶【관용구】뿌리이가 짚다. =뿌리가 깊다. ¶【속담】니는 인삼 뿌리이 묵는데 내는 무시 뿌리이 무우까. =너는 인삼 뿌리 먹는데 나는 무 뿌리 먹으랴.

뿌시시[_ _-] 부 부스스. ①머리카락이나 털 따위가 몹시 어지럽게 일어나거나 흐트러져 있는 모양. ¶멀꺼디이가 뿌시시 일났네. =머리카락이 부스스 일어났네. ②누웠거나 앉았다가 느리게 슬그머니 일어나는 모양. ¶알라가 잘자디마는 뿌시시 일났다. =애기가 잘 자더니만 부스스 일어났다.

뿌시시하다[_ _ _-_] 형 부스스하다. ①머리카락이나 털 따위가 몹시 어지럽게 일어나거나 흐트러져 있다. ¶멀꺼디이가 뿌시시하다. =머리카락이 부스스하다. ②얼굴이 부은 상태이다. ¶나멘을 묵고 잤더마는 낯이 뿌시시합미더. =라면을 먹고 잤더니만 낯이 부스스합니다.

뿌싸다[_-_] 동 부수다. ☞뽀싸다. 뽀쌓다. 뿌쌓다.

뿌싸지다[_-_ _] 동 부서지다. ☞뽀싸지다.

뿌쌓다[1][뿌싸타 _-_] 동 부수다. ☞뽀싸다. 뽀쌓다. 뿌싸다.

뿌쌓다[2][뿌싸타 _-_] 동 깨다. 조각이 나게 부수다. ¶【속담】안 데는 넘은 디로 자빠라지도 코 뿌쌓는다. =안 되는 놈은 뒤로 자빠져도 코 깬다. ☞깨싸다.

뿌썩하다[뿌써카다 _ _ _-_] 형 부석하다. 얼굴이나 몸이 핏기가 없이 좀 부어오른 듯하고 윤기가 없이 거칠하다. *창녕방언 '뿌썩하다'는 표준어 '뿌석하다'가 뜻하는 '세게 부스러지는 소리가 나다.'와는 전혀 다른 뜻으로 쓰인다. ¶병중이래서 그란지 낯이 뿌썩하네예. =병중이라서 그런지 낯이 부석하네요. ☞뿌쑥하다.

뿌쑥뿌쑥[_ _ _-] 부 부석부석. 살이 핏기가 없이 부어오른 모양. ¶눈뚜부리가 뿌쑥뿌쑥 붓었다. =눈두덩이 부석부석 부었다.

뿌쑥하다[뿌쑤카다 _ _-_] 형 부석하다. ☞뿌썩하다.

뿌씨라지다[_-_ _ _] 동 부스러지다. 물체가 헐어지거나 깨어져 여러 조각으로 잘게 되다. ¶【속담】선떡이 뿌씨라진다. =선떡이 부스러진다.

뿌씨럭기리다[_ _ _-_ _] 동 부스럭거리다. 마른 잎이나 검불, 종이 따위를 밟거나 건드리는 소리가 자꾸 나다. 또는 그런 소리를 자꾸 내다. ¶부섞에서 뿌씨럭기리는 소리가 난다. =부엌에서 부스럭거리는 소리가 난다.

뿌씨리기[_ _-_] 명 부스러기. ①잘게 부스러진 찌꺼기. ¶까자 뿌씨리기. =과자 부스러기.②좋고 쓸 만한 것은 골라내고 남은 물건. ¶씨고 남간 뿌씨리기. =쓰고 남긴 부스러기. ③하찮은 일이나 사물을 비유적으로 이르는 말. ¶【관용구】선떡 뿌씨리기. =선떡 부스러기.

뿌이다[-_ _] 조 뿐이다. ((체언이나 부사어의 뒤에 붙어)) '그것만이고 더는 없음'의 뜻을 나타내는 보조사. ¶【속담】

까마구가 열두 분 울우도 까옥 소리뿌이다. =까마귀가 열두 번 울어도 까옥 소리뿐이다. ¶【속담】시사아 따옥새가 한 바리뿌이가. =세상에 따오기가 한 마리뿐인가.

뿌질라다[1][_ _-_] 동 부러뜨리다. 단단한 물체를 꺾어서 부러지게 하다. ¶솔가재이로 뿌질랐다. =솔가지를 분질렀다. ☞뿔라다.

뿌질라다[2][_ _-_] 동 자르다. ①남의 요구를 야무지게 거절하다. ¶내 부택이로 뿌질라뿐다. =내 부탁을 잘라버린다. ②말이나 일 따위를 길게 오래 끌지 아니하고 적당한 곳에서 끊다. ¶딱 뿌질라가아 말해바라. =딱 잘라서 말해봐라. ☞동치다. 똥굴라다. 뿔라다. 짜러다.

뿌해지다[_-_ _] 동 뿌예지다. 안개나 연기가 짙게 낀 것처럼 맑지 않고 아주 흰 듯하게 되다. ¶영기 때미로 앞이 뿌해졌다. =연기 때문에 앞이 뿌예졌다.

뿌헣기[뿌허키 _-_] 부 뿌옇게. 안개나 연기가 짙게 낀 것처럼 맑지 않고 아주 흰 듯하게. ¶앙개가 뿌헣기 찌있다. =안개가 뿌옇게 끼었다.

뿌헣다[뿌허타 _-_] 형 뿌옇다. ①연기나 안개가 낀 것처럼 선명하지 못하고 좀 허옇다. ¶하알이 뿌헣다. =하늘이 뿌옇다. ②살갗이나 얼굴 따위가 허옇고 멀겋다. ¶낯이 뿌헣다. =낯이 뿌옇다.

뿍덕강새이[뿍떡강새~이 _ _ _-_] 명 부뚜막 강아지. 겨울철에 따뜻한 부엌의 부뚜막을 찾아든 강아지. ¶【속담】뿍떡강새이 디비나새이 하덧기. =부뚜막 강아지 뒤집기 하듯.

뿍띠기[_-_] 명 북데기. 짚이나 풀 따위의 엉클어진 뭉텅이. ¶【속담】뿍띠기 쏙에 알이 있다. =북데기 속에 알이 있다.

뿍띠기농사[_-_-_] 명 북데기농사(---農事). 거두어도 낟알은 없고 북데기뿐이라는 뜻으로, 잘되지 아니하여 수확이 매우 적은 농사를 이르는 말. ¶【속담】뿍띠기농사 삼 년에 딸 팔아 묵는다. =북데기농사 삼 년에 딸 팔아 먹는다.

뿐[-] 명 뻔. ((어미 '-을' 다음에 쓰여)) 어떤 일이 자칫 일어나려다가 그렇게 되지 않았음을 나타내는 말. ¶죽울 뿐도 했어예. =죽을 뻔도 했어요.

뿐하다[_-_] 형 뻔하다. ((동사의 관형사형 어미 '-ㄹ' 뒤에 쓰여)) 앞말이 뜻하는 어떤 일이나 동작이 실제 일어나지는 않았지만 그럴 가능성이 매우 높았다는 뜻을 나타내는 말. ¶추럭에 칭길 뿐했디라. =트럭에 치일 뻔했더니라.

뿔[-] 명 플라스틱[plastic]. ¶뿔바가치(플라스틱바가지). ¶뿔그륵(플라스틱그릇).

뿔구리하다[_ _ _-_] 형 뿔그레하다. 사물이나 그 빛이 연하게 조금 붉은 데가 있다. ¶사가가 뿔구리하다. =사과가 뿔그레하다.

뿔구수룸하다[_ _ _ _-_] 형 뿔그스름하다.

뿔구쭉쭉하다[뿔구쭉쭈카다 _ _ _ _-_] 형 뿔그죽죽하다.

뿔긋뿔긋하다[뿔귿뿔구타다 _ _ _ _-_] 형 뿔긋뿔긋하다.

뿔꾼[1][_-] 부 불끈. ☞불끈.

뿔꾼[2][_-] 부 꽉. ☞깍. 깡. 볼끈. 불끈. 뽈끈.

뿔꾼기리다[__-__] 동 불끈거리다. ☞불꾼기리다.

뿔꾼하다[__-_] 동 불끈하다. ☞불꾼하다.

뿔다[뿔따 __] 동 붇다. ①사물의 수나 양이 늘거나 많아지다. ¶값이 시 배로 뿔었다. =값이 세 배로 불었다. ②물체가 물에 불어서 부피가 커지다. ¶국시가 뿔었다. =국수가 불었다. ③몸이 살이 찌다. ¶몸이 마이 뿔었네. =몸이 많이 불었네.

뿔따구[_-_] 명 뿔. ①소, 염소, 사슴 따위의 머리에 솟은 단단하고 뾰족한 구조. ¶항시 뿔따구. =황소 뿔. ②'성' 또는 '화'를 속되게 이르는 말. ¶【속담】최(崔) 뿔따구 강(姜) 고집. =최 뿔 강 고집.

뿔땅골[뿔땅꼴 --_] 명 불당곡(佛堂谷). 불당이 있는 골짜기.

뿔뚝[_-] 부 불뚝. ①무뚝뚝한 성미로 갑자기 성을 내는 모양. ¶썽이 뿔뚝 났다. =화가 불뚝 났다. ②갑자기 불룩하게 솟아오른 모양. ¶알통이 뿔뚝 티노왔다. =알통이 불뚝 튀어나왔다.

뿔뚝썽질[_-__] 명 불뚝성. 갑자기 불끈하고 내는 성. ¶【속담】뿔뚝썽질이 살빈[殺變] 낸다. =불뚝성이 살변 낸다.

뿔라다[1][_-_] 동 부러뜨리다. ☞뿌질라다.

뿔라다[2][_-_] 동 자르다. ¶【관용구】딱 뿔라서 말하다. =딱 잘라 말하다. ☞동치다. 똥굴라다. 뿌질라다. 짜러다.

뿔라지다[_-__] 동 부러지다. ①물체가 꺾여서 둘로 겹쳐지거나 동강이 나다. ¶【속담】넘고 짌어 팔 뿔라진다. =넘고 짚어 팔 부러진다. ②말이나 행동 따위를 확실하고 단호하게 하다. ¶【관용구】뚝 뿔라지다. =뚝 부러지다.

뿔씨다[1][-__] 동 부릅뜨다. 눈을 크게 뜨고 눈망울을 사납게 굴리다. ¶【관용구】눈을 뿔씨다. =눈을 부릅뜨다.

뿔씨다[2][-__] 동 붉히다. 성이 나거나 또는 부끄러워 얼굴을 붉게 하다. ¶【관용구】낯을 뿔씨다. =낯을 붉히다. ¶【속담】대애지도 낯을 뿔씨겄다. =돼지도 낯을 붉히겠다. ☞뿕하다.

뿔씨다[3][-__] 동 부라리다. ☞불씨다.

뿔카다[_-_] 동 불리다. '붇다'의 사동사. ☞불라다. 불아다. 불카다. 지라다.

뿔카지다[_-__] 동 불리다. '붇다'의 피동사. ☞불라지다. 불아지다. 불카지다. 불키다. 뿔키다.

뿔키다[-__] 동 불리다. '붇다'의 피동사. ☞불라지다. 불아지다. 불카지다. 불키다. 뿔카지다.

뿕다[뿔따 -_] 형 붉다. 빛깔이 핏빛 또는 익은 고추의 빛과 같다. ¶뿕살이 뿕다. =노을이 붉다.

뿕살[뿍쌀 -_] 명 노을. ☞노올. 붉살.

뿕우락푸루락하다[뿔구락푸루라카다 __-__--_] 동 붉으락푸르락하다. 크게 성이 나거나 흥분하여 붉어졌다 푸르러졌다 하다. ¶뿕우락푸루락하민서 난리로 첬다. =붉으락푸르락하면서 난리를 쳤다.

뿕운색[뿔군색 _-_] 명 붉은색(--色). 잘

ㅂ

익은 앵두나 피의 빛과 같은 색.

뿕하다[뿔카다 _-_] 동 붉히다. ☞뿔씨다.

삐[-] 명 뼈. ☞뻬.

삐가지[_-_] 명 뼈다귀. ☞뻬가지. 뻬간지. 뻭따구. 삐간지. 삑따구.

삐간지[_-_] 명 뼈다귀. ☞뻬가지. 뻬간지. 뻭따구. 삐가지. 삑따구.

삐까리[1][_-_] 명 낟가리. ¶콩 삐까리(콩 낟가리). ☞까대기.

삐까리[2][_-_] 명 볏가리. ①벼 낟알이 붙은 그대로 쌓은 더미. ②여럿이 함께 모여 있는 떼. ¶자석 친구들이 한 삐가리 찾아오았다. =자식 친구들이 한 볏가리 찾아왔다. ☞나락까대기. 나락삐까리.

삐까뻔쩍하다[삐까뻔쩌카다 ____-_] 형 번쩍번쩍하다. 화려하고 현란하다. *'삐까뻔쩍'은 일본어 '삐까삐까(ぴかぴか)'에 부사어 '번쩍'을 합성한 말. ①환하게 빛나며 곱고 멋지다. ¶삐까뻔쩍한 옷을 채리입었다. =번쩍번쩍한 옷을 차려입었다. ②어떤 일이나 생활 따위가 보통 사람들이 누리기 어려울 만큼 대단하거나 사치스럽다. ¶집을 삐까뻔쩍하이 해낳고 산다. =집을 번쩍번쩍하게 해놓고 산다.

삐까삐까하다[____-_] 형 비슷비슷하다. ¶솜씨가 삐가삐까해서 누가 더 낫은동 모루겄다. =솜씨가 비슷비슷해 누가 더 나은지 모르겠다.

삐꺼러지다[1][_-___] 동 비꾸러지다. ①성격 따위가 몹시 비뚤어지다. ¶사램이 각중에 삐꺼러짔다. =사람이 갑자기 비꾸러졌다. ②그릇된 방향으로 벗어나다. ¶차가 삐꺼러지서 구디이에 빠짔다. =차가 비꾸러져서 구덩이에 빠졌다.

삐꺼러지다[2][_-___] 동 어긋나다. ①제대로 맞물려 있던 물체가 틀어져서 서로 맞지 않다. ¶삐가 삐꺼러짔다. =뼈가 어긋났다. ②서로 마음에 틈이 생기다. ¶친구캉 삐꺼러짔다. =친구랑 어긋났다. ③때나 장소, 방향 따위가 비끼어 서로 만나지 못하다. ¶질이 서리 삐꺼러짔다. =길이 서로 어긋났다. ☞어개지다. 어긋나다. 어긋지다.

삐꺼러지다[3][_-___] 동 버그러지다. ①서로의 관계가 벌어지거나 나빠지다. ¶내우간이 삐꺼러짔다. =내외간이 버그러졌다. ②물건이 짜임새가 물러나서 틈이 어긋나게 벌어지다. ¶문째기가 삐꺼러짔다. =문짝이 버그러졌다.

삐껄티리다[__-__] 동 그르치다. 행동이나 태도를 잘못하여 어그러지게 하다. ¶일로 삐껄티맀다. =일을 그르쳤다.

삐꿈이[삐꾸미 _-_] 부 빠끔히. ☞빠꼼이. 빠꿈이. 빼꼼이. 빼꿈이.

삐꿈타다[-___] 동 삐치다. 성나거나 못마땅해서 토라지다. ¶【속담】없는 넘이 삐꿈탄다. =없는 놈이 삐친다. ☞삐끼다. 삐지다.

삐끝[--] 명 뼈끝. 뼈마디의 끝. ¶【관용구】삐끝을 타다. =뼈끝을 타다. ¶【속담】애빈 말이 삐끝 탄다. =여윈 말이 뼈끝 탄다.

삐끼다[-__] 동 삐치다. ☞삐꿈타다. 삐지다.

삐끼두루막[-___-] 명 홑두루마기. 봄가을용 두루마기. ☞홈두리막.

삐다[-_] 동 버리다. ((동사 뒤에서)) 앞말이 나타내는 행동이 이미 끝났음을 나타내는 보조동사. ¶노롬해서 돈을 꿇아뼀다. =노름해서 돈을 잃어버렸다. ☞뿌다.

삐대[--] 명 뼈대. ☞삐대.

삐대다[1][_-_] 동 짓밟다. 함부로 밟아 망쳐놓다. ¶소상들이 난발을 말키 다 삐대 낳았다. =애들이 남새밭을 모두 짓밟아 놓았다.

삐대다[2][_-_] 동 ≒놀다. 특정한 장소에서 노닐다. *표준어 '삐대다'는 '오래 눌어붙어서 끈덕지게 굴다.'는 뜻이지만 창녕방언은 이와 다른 뜻을 지니고 있다. ¶저것들이 바아서마 삐대네. =저것들이 방에서만 노네.

삐대다[3][_-_] 동 빌붙다. 한군데 오래 눌어붙어서 끈덕지게 굴다. ¶친구인데 삐대고 산다. =친구한테 빌붙어 산다.

삐더거리하다[____-_] 형 꾸덕꾸덕하다. 물기가 거의 다 없어져 굳어있다. ¶말라낳안 꼬치가 삐더거리하다. =말려놓은 고추가 꾸덕꾸덕하다. ☞꾸덜꾸덜하다. 삐덜삐덜하다.

삐덕삐덕[___-] 부 뻐덕뻐덕. 물체가 물기가 매우 적어 부드럽지 않고 몹시 뻣뻣한 모양을 나타내는 말. ¶꼿감이 삐덕삐덕 말랐다. =곶감이 뻐덕뻐덕 말랐다.

삐덜삐덜하다[____-_] 형 꾸덕꾸덕하다. ☞꾸덜꾸덜하다. 삐더거리하다.

삐둘끼[_-_] 명 ((동물))비둘기. ☞비들끼. 삐들끼.

삐들끼[_-_] 명 ((동물))비둘기. ☞비들끼. 삐둘끼.

삐딱구두[___-] 명 하이힐[high heeled shoes]. ☞빼딱구두.

삐떡하마[삐떠카마 __-_] 부 걸핏하면. ☞거씬하마. 꺼떡하마. 뻐떡하마.

삐떨다[_-_] 형 비뚤다. ☞비떨다.

삐떨삐떨[___-] 부 비뚤비뚤. 물체가 곧지 못하고 자꾸 이리저리 구부러지는 모양. ¶글씨가 와 이래 삐떨삐떨 엉망이고? =글씨가 왜 이리 비뚤비뚤 엉망이냐? ☞삐털삐털.

삐떨삐떨하다[____-_] 형 비뚤비뚤하다. 물체가 곧지 못하고 이리저리 구부러져 있다. ¶질이 삐털삐털합미더. =길이 비뚤비뚤합니다. ☞삐털삐털하다.

삐떨어지다[_-___] 동 비뚤어지다. ☞비떨어지다. 삐뚤우지다.

삐뚜룸이[삐뚜루미 __-_] 부 비뚜름히. ☞빼또롬이.

삐뚜룸하다[___-_] 형 삐뚜름하다. ☞빼또롬하다.

삐뚤우지다[삐뚜루지다 _--__] 형 비뚤어지다. ☞비떨어지다. 삐떨어지다.

삐리하다[__-_] 형 얼뜨다. 다부지지 못하여 어수룩하고 얼빠진 데가 있다. ¶삐리한 넘. =얼뜬 놈. ☞떨빵하다. 얼띠다. 얼빵하다.

삐매디[__-] 명 뼈마디. ☞삐매디.

삐무리다[_-__] 동 깎다. 나무나 연필 따위를 사용하기 좋게 깎아내다. ¶염필로 삐무랬다. =연필을 깎았다.

삐부재이[삐부재~이 __-_] 명 ((식물))질경이. ☞빼부재이.

삐삐[--] 명 삘기. 띠의 어린 꽃 이삭. 예전에는 삘기 껍질을 까서 먹었다. ☞피끼.

삐썩[_-] 부 삐쩍. 볼품없이 매우 마른 모양을 나타내는 말. ¶개가 몬 무우서 삐썩 말랐다. =개가 못 먹어서 삐쩍 말랐다.

삐아다[-__] 동 삐다. 뼈마디가 어긋나게 접질리게 되다. ¶허리 삐안 데가 떠끔떠끔 절린다. =허리 삔 데가 뜨끔뜨끔 결린다. ☞가무타다.

삐아푸다[_--_] 형 뼈아프다. ☞뻬아푸다.

삐알[-_] 명 비탈. 산이나 언덕 따위가 기울어진 곳. ¶삐알에 숭군 도래가 약이 덴다. =비탈에 심은 도라지가 약이 된다. ☞삐얄.

삐얄[-_] 명 비탈. ☞삐알.

삐이[1][빼끼 -_] 조 밖에. ¶니가 갈 때라꼬는 핵교삐이 더 있겄나. =네가 갈 때라고는 학교밖에 더 있겠니. ☞백이. 빼이. 빽이.

삐이[2][삐~이 -_] 명 병(甁). ☞비이. 빙. 삥.

삐이지다[-___] 동 비어지다. 속에서 겉 또는 밖으로 밀려나오다. ¶난닝구가 구늉이 나서 살이 밖으로 삐이짔다. =러닝셔츠가 구멍이 나서 살이 밖으로 비어졌다.

삐지노오다[-__-_] 동 삐져나오다. 속에 있는 것이 겉으로 불거져 나오다. ¶쏙꽂이 배겉으로 삐지노왔다. =속옷이 바깥으로 삐져나왔다.

삐지다[-__] 동 삐치다. ☞삐꿈타다. 삐끼다.

삐지리다[_-__] 형 뼈저리다. ☞뻬지리다.

삐쭈룸이[삐쭈루미 __-_] 부 비주룩이. 물체의 끝이 조금 길게 내밀려 있는 모양. ¶송곳이 주무이 배겉으로 삐쭈룸이 티노왔다. =송곳이 주머니 바깥으로 비주룩이 튀어나왔다.

삐털삐털[___-] 부 비뚤비뚤. ☞삐떨삐떨.

삐털삐털하다[____-_] 형 비뚤비뚤하다. ☞삐떨삐떨하다.

삐털어지다[삐터러지다 --___] 동 비틀어지다. ①사물이 똑바르지 않고 어느 한 쪽으로 꼬이거나 쏠리다. ¶솔낭기 삐털어짔어도 잘 커네. =소나무가 비틀어졌어도 잘 자라네. ②사물이 여위거나 물기가 말라서 한쪽으로 꼬이거나 쏠리다. ¶곡석이 말라서 삐털어짔다. =곡식이 말라서 비틀어졌다. ③마음이 비위에 맞지 않아 토라지거나 상하다. ¶마움이 삐털어짔다. =마음이 비틀어졌다. ④일이 순조롭지 못하고 꼬여 어렵게 되다. ¶일이 삐털어짔다. =일이 비틀어졌다.

삑따구[_-_] 명 뼈다귀. ☞뻬가지. 뻬간지. 뻭따구. 삐가지. 삐간지.

삔[-] 명 옷핀[-pin]. 옷을 여미거나 할 때 꽂아 쓰는 핀. ☞옷삔. 채꼬바알.

삘가리[_-_] 명 ((동물))병아리. ¶【관용구】삘가리 눈물만쿰. =병아리 눈물만큼. ¶【속담】찐 삘가리 겉다. =찐 병아리 같다. ¶【속담】대통 마안 삘가리 겉다. =대통 맞은 병아리 같다. ☞삘개이.

삘가리통[_-__] 명 닭의어리. 나뭇가지나 싸리 같은 것을 엮어 만든, 닭을 가두거나 넣어 두는 물건.

삘개이[삘개~이 _-_] 명 ((동물))병아리. ☞삘가리.

삘겋다[삘거타 _-_] 형 뻘겋다. 어둡고 짙게 붉다. ¶입수구리로 삘겋기 칠했다. =입술을 뻘겋게 칠했다.

삘삘거리다[__-__] 동 빌빌거리다. ¶니는 와 아픈 사램매이로 삘삘거리노? =너는 왜 아픈 사람처럼 빌빌거리니? ☞갤갤거리다.

삠[_] 명 뼘. ☞뽐.

삣골[삐꼴 -_] 명 뼛골(-骨). ☞뻿골.

삣기다[1][삐끼다 -__] 동 벗기다. 벗게 하다. ☞벳기다. 빗기다.

삣기다[2][삐끼다 -__] 동 빗기다. '빗다'의 사동사. 사람의 머리털이나 짐승의 털을 빗 따위로 가지런히 고르다. ¶아부지가 머리로 삣기 좄십미더. =아버지가 머리를 빗겨주었습니다.

삣기다[3][삐끼다 _-_] 동 빗기다. 빗겨지다. '빗다'의 피동사. 머리털을 빗 따위로 가지런히 골라지다. ¶옴마인데 멀꺼디이 삣긴 누부가 이뿌기 보인다. =엄마한테 머리카락 빗긴 누나가 예쁘게 보인다.

삣기묵다[삐끼묵따 -___] 동 ≒얻어먹다. 상대방을 부추겨서 음식 따위를 얻어먹다. ¶돈 많다고 까대는 친구로 삣기무웄다. =돈 많다고 설쳐대는 친구에게 얻어먹었다. ☞얻우묵다.

삣기지다[삐끼지다 -_-_] 동 벗겨지다. ☞버어지다. 벗거지다. 벗기지다. 벳기지다. 빗기지다. 뻿기지다.

삣나가다[삔나가다 __-_] 동 빗나가다. ①움직여 나가는 것이 한쪽으로 기울거나 쏠리게 이동하다. ¶뽈이 꼴때로 쫌 삣나갔다. =공이 골대를 좀 빗나갔다. ②바른 데로 가지 않고 그릇된 방향으로 가다. ¶삣나간 짓마 골라서 한다. =빗나간 짓만 골라서 한다.

삣다[삐따 -_] 동 빗다. 머리털을 빗 따위로 가지런히 고르다. ¶【속담】동전 몬 다는 미너리 맹물 발라 머리 삣는다. =동정 못 다는 며느리 맹물 발라 머리 빗는다. *삣고[삐꼬 -_], 삣어[삐서 -_], 삣었다[삐섣따 -__].

삥[1][-] 명 병(甁). ☞비이. 빙. 삐이.

삥[2][_] 부 빙. ①약간 넓은 일정한 둘레를 에워싸듯이 한 바퀴 도는 모양을 나타내는 말. ¶동네 한 바꾸 삥 돌았다. =동네 한 바퀴 빙 돌았다. ②정신이 어질어질해지는 모양을 나타내는 말. ¶각중에 눈앯이 삥 돈다. =갑자기 눈앞이 빙 돈다. ③한 바퀴 둘러싸는 모양을 나타내는 말. ¶사램들이 와 삥 둘루섰노? =사람들이 왜 빙 둘러섰니? ④눈물이 글썽해지는 모양을 나타내는 말. ¶눈물이 삥 돌았다. =눈물이 빙 돌았다.

삧[삗 -] 명 빛. ¶【속담】삧 좋은 개살구. =빛 좋은 개살구.

삧깔[삗깔 --] 명 빛깔.

삧나다[삗나다 --_] 동 빛나다.

삧내다[삗내다 --_] 동 빛내다.

뻳[삗 -] 명 별. ☞벨. 빌. 뻴.

ㅂ

사[1][싸 _] 조 야. ((받침 없는 체언이나 부사어 또는 어미 뒤에 붙어)) 강조의 뜻을 나타내는 보조사. ¶냇사 아무껏또 필오 없다. =나야 아무것도 필요 없다. ¶징긴 기이 많으마사 노나주지. =지닌 게 많다면야 나눠주지.

사[2][싸 _] 조 에야. ((주로 시간을 나타내는 체언의 뒤에 붙어)) 그 의미를 강조하여 나타내는 조사. ¶해필 오올사 말고 비가 옵미더. =하필 오늘에야 말고 비가 옵니다. ☞에사.

사구[_-] 명 자배기. 아가리가 넓게 벌어진 둥글넓적한 질그릇. ☞도랑사구. 엉버지기.

사구리이[사구리~이 __-_] 명 ((동물))누룩뱀.

사그륵[_-_] 명 사기그릇(沙器--). ¶【속담】사그륵 하고 여핀네는 내돌리지 마라. =사그릇과 여자는 내돌리지 마라.

사까리[__-] 명 사카린[saccharin]. *일본어 '사까링 サッカリン'. ☞꼴아재비. 꿀아재비.

사꾸라버들[_____-] 명 ((식물))용버들.

사나새끼[_-__] 명 사내새끼. '사내아이'나 '사내'를 욕하여 이르는 말. ☞머숨아새끼. 머심아새끼.

사나아[_-_] 명 사내. '남자(男子)'나 '남편(男便)'을 얕잡아 이르는 말. ¶【속담】마너래는 사나아 하기에 달렀다. =마누라는 사내 하기에 달렸다.

사나알[_-_] 명 사나흘. 사흘이나 나흘. ¶물이가 사나알 만에 이만쿰 컸네. =오이가 사나흘 만에 이만큼 컸네. ☞사날. 사알나알.

사나자석[_-__] 명 사내자식(--子息). '사내'를 속되게 이르는 말. ¶【속담】사나자석 질 나설 때 갈모 하나 거짓말 하나는 챙기야 덴다. =사내자식 길 나설 때 갈모 하나 거짓말 하나는 챙겨야 된다. ☞머숨아자석. 머심아자석.

사날[_-] 명 사나흘. ☞사나알. 사알나알.

사냅다[사냅따 _-_] 형 사납다. ①성질이나 행동이 모질고 억세다. ¶【관용구】썽질 사냅다. =성질 사납다. ②생김새가 험하고 무섭다. ¶꼬라지가 사냅기 생깄다. =꼴이 사납게 생겼다. ③비, 바람 따위가 몹시 거칠고 심하다. ¶사냅운 바램이 붑미더. =사나운 바람이 붑니다. ④기분이나 사정 따위가 순탄하지 못하고 나쁘다. ¶【관용구】꿈자리 사냅다. =꿈자리 사납다. ☞부랂다.

사다[1][_-] 동 살다. 생활을 영위하다. *표준어 '살다'는 'ㄹ불규칙 활용'을 하는 동사인데, 창녕방언에서는 'ㄹ탈락' 현상이 과도하게 일어난 예에 속한다. ¶오래 사다 보이 빌꼬라지로 다 볼다. =오래 살다 보니 별꼴을 다 보겠다. ¶사다 사다 이런 일은 첨 줘어본다. =살다 살다 이런 일은 처음 겪어본다.

사다[2][_-] 뿌 살다가. 생명을 부지하다가. ¶저 낭근 저래 씨들씨들 사다 죽울 끼다. =저 나무는 저렇게 시들시들 살다가 죽을 것이다.

사닥다리[___-] 명 사다리. ☞새다리.

사데다[_-_] 형 삿되다(邪--). 언행이 보기에 떳떳하지 못하고 나쁘다. ¶저래 사덴 말로 하마 안 덴다. =저리 삿된 말은 하면 안 된다.

사들라다[__-_] 동 사들이다. 물건 따위를 사서 들여오다. ¶아부지가 송안치 시바리로 사들랐다. =아버지가 송아지 세 마리를 사들였다. ☞사딜이다.

사딜이다[시디리다 _--_] 동 사들이다. ☞사들라다.

사또[1][_-] 명 사팔뜨기. ☞눈찌거디이. 사티이. 사팔띠기. 사팔이.

사또[2][_-] 명 애꾸눈. 한쪽이 먼 눈. ☞반봉사.

사또곰배상[____-] 명 음식을 많이 차려 놓은 상(床)을 빗댄 말. ¶【속담】사또곰배상 다리 뿔라진다. =사또곰배상 다리 부러진다.

사라다[_-_] 동 사르다. 불에 태워 없애다. ¶정얼보롬날 달집을 사라마 풍년 든다. =정월보름날 달집을 사르면 풍년 든다. ☞살다. 살라다.

사람내[_--] 명 사람냄새. '정성(精誠)'을 빗댄 말. ¶【속담】곡석도 사람내 맡고 컨다. =곡식도 사람냄새 맡고 자란다.

사랑시럽다[__-__] 형 사랑스럽다.

사랑시리[__-_] 뿌 사랑스레.

사랑어룬[_-__] 명 사랑어른(舍廊--). 며느리가 '시아버지'를 지칭할 때 쓰는 말. ☞배껕어룬.

사래[-_] 명 손사래. 어떤 말이나 일을 부인하거나 조용히 하기를 바랄 때 손을 펴서 휘젓는 일. ¶하로 시있다 가라 캐도 사래로 치네. =하루 쉬었다 가라고 해도 손사래를 치네. ☞손사리.

사램[_-] 명 사람. *창녕방언에서 '사람'이 단독으로 쓰일 경우에는 '사람'으로 발음하지만, 조사 '이'나 '을', 연결어미 '으로' 따위가 붙을 경우에는 '사램'으로 실현된다. ¶【속담】열 사램이 한 도독 몬 지킨다. =열 사람이 한 도둑 못 지킨다. ¶【속담】사램을 윷까치로 본다. =사람을 윷가락으로 본다. ☞사암.

사램물미[_-__] 명 사람멀미. 사람이 많은 곳에서 느끼는 어지럼증.

사로잽히다[사로재피다 ___-_] 동 사로잡히다. 산 채로 잡히다. ¶장꽁이 사로잽힜다. =장끼가 사로잡혔다.

사리[-_] 명 사레. 음식을 잘못 삼켜 식도가 아니라 기도로 들어갈 때, 갑자기 기침처럼 뿜어 나오는 기운. ¶고래 급하기 묵운께네 사리가 들리지. =그렇게 급하게 먹으니까 사레가 들지. ☞

새알.

사마구[1][_-_] 명 ((동물))사마귀. ☞눈까시. 연까시.

사마구[2][_-_] 명 사마귀. 피부 위에 낟알만 하게 도도록하고 납작하게 돋은 반질반질한 군살.

사매[--] 명 소매. 윗옷의 좌우에 있는 두 팔을 꿰는 부분. ¶【속담】사매 진 짐에 춤친다. =소매 긴 김에 춤춘다. ¶【속담】사매가 질마 춤을 잘 치고 도이 많으마 장시로 잘 한다. =소매가 길면 춤을 잘 추고 돈이 많으면 장사를 잘 한다.

사모판[__-] 명 네모판. 네모꼴의 상(床) 가운데 하나.

사묵다[_-_] 동 사먹다. 돈 따위 재화로 음식물을 사서 먹다. ¶【관용구】떡 사무웄다. =떡 사먹었다. ¶【관용구】중이 개기기 사묵듯기. =중이 개고기 사 먹듯. ¶【속담】밉다칸께네 떡 사무우민서 서방질한다. =밉다니까 떡 사먹으면서 서방질한다. ¶【속담】내 보리 주고 내 떡 사묵기다. =내 보리 주고 내 떡 사 먹기다.

사 미이다[_ -__] 구 개미 먹이다. 연줄을 질기고 세게 만들기 위하여 연줄에 먹이는 물질. 사기나 유리의 고운 가루를 부레풀에 타서 끓여 만든다. *사기(砂器)가루+먹이다<사기 먹이다<사 먹이다<사 믹이다<사 미이다. ☞사 믹이다.

사 믹이다[사 미기다 _-__] 구 개미 먹이다. ☞사 미이다.

사방오리나무[_---__] 명 ((식물))사방나무(砂防--).

사부지기[__-_] 부 슬며시. *표준어에서 '사부자기'는 '별로 힘들이지 않고 가볍게'라는 의미를 지미고 있으나 창녕 방언 '사부지기'는 '살며시'라는 뜻에 가깝다. ¶도독개이가 부섴에 사부지기 들오갖고 칼치로 물고 가뻤네. =도둑고양이가 부엌에 슬며시 들어와서 갈치를 물고 가버렸네. ☞살모시. 살무시. 시리리. 실. 실무시.

사분[_-] 명 비누. ¶서답사분(빨랫비누).

사사껀꺼이[사사껀꺼~이 ___-_] 부 사사건건이(事事件件-). ¶【관용구】사사껀꺼이 간십을 하다. =사사건건이 간섭을 하다.

사살[_-] 부 살살. ①온돌방이 뭉근하게 고루 더운 모양. ¶이릿목이 사살 끓는다. =아랫목이 살살 끓는다. ②작은 벌레 따위가 가볍게 기어가는 모양. ¶바아 벌거재이가 사살 기댕긴다. =방에 벌레가 살살 기어 다닌다. ③조심스럽게 가는 모양. ¶차로 좀 사살 몰아라. =차를 좀 살살 몰아라. ④머리를 천천히 살래살래 흔드는 모양. ¶고개로 사살 흔든다. =고개를 살살 흔든다. ⑤심하지 않게 가만가만. ¶사살 만치라. =살살 만져라. ⑥남모르게 살그머니 행동하는 모양. ¶보골이 사살 난다. =부아가 살살 난다. ⑦배가 조금 쓰리면서 아픈 모양. ¶아릿배가 사살 아푸다. =아랫배가 살살 아프다. ⑧두려움이나 공포를 느끼는 모양. ¶【관용구】사살

기다. =살살 기다. ☞사알.

사생절단[사생절딴 _ _--] 명 사생결단(死生決斷). 죽고 사는 것을 돌보지 아니하고 끝장을 내려고 함. ¶【관용구】사생절단을 낼라꼬 딤비들다. =사생결단을 내려고 덤벼들다.

사숨[-_] 명 ((동물))사슴. ¶【속담】띠는 사숨을 보고 얻운 토까이 잃았는다. =닫는 사슴을 보고 얻은 토끼 잃는다. ¶【속담】사숨을 쫓는 사램은 산을 몬 본다. =사슴을 쫓는 사람은 산을 못 본다.

사시로[_-_] 부 늘. 어느 때나. *사시(四時)+로. ¶비들끼는 사시로 누룩낭게서 산다. =비둘기는 늘 느릅나무에서 산다. ☞노다지. 늘상. 장.

사시장천[_-_-] 부 사시장철(四時長-). ¶할부지는 사시장천 부채로 들고 댕기싰다. =할아버지는 사시장철 부채를 들고 다니셨다.

사실[-_] 명 사설(辭說). 길게 늘어놓는 잔소리나 푸념. ¶【관용구】사실이 질다. =사설이 길다.

사안날[-_ _] 명 사흗날. ①((‘열’, ‘스무’ 뒤에 쓰여)) 셋째 날. ②그 달의 셋째 날. 초사흗날(初---). ¶초사안날이 니 생알 맞제? =초사흗날이 네 생일 맞지?

사알[1][-_] 명 사흘. 세 날. ¶【속담】사알 굶고 담 안 넘울 넘 없다. =사흘 굶고 담 안 넘을 놈 없다. ¶【속담】사알에 핑죽도 한 그릇 몬 무웄나. =사흘에 피죽도 한 그릇 못 먹었나. ☞사얼.

사알[2][_-] 부 살살. ☞사살.

사알나알[-_-_] 명 사나흘. 사흘이나 나흘 정도의 시간. ¶사알나알이 지냈는데도 가타부타 말이 없다. =사나흘이 지났는데도 가타부타 말이 없다. ☞사나알. 사날.

사알디리[-_--] 부 사흘돌이. 사흘이 멀다 하고 자주. *사흘+들이<사알+디리. ¶우리 집에는 사알디리 소이 든다. =우리 집에는 사흘돌이 손님이 든다.

사암[-_] 명 사람. *창녕방언에서는 ‘사람’을 ‘사람’[_-]이라고도 하고, ‘사램’[-_] 또는 ‘사암’[-_]이라고도 한다. 그런데 두 형식은 쓰이는 환경의 차이가 있다. ‘사램’은 보편적인 상황에서 쓰이며 성조는 ‘저고’이다. ‘사암’은 수식어 뒤라는 특별한 환경에서 쓰이는 경향이 있으며, 그 성조는 ‘고저’이다. ‘사암’은 ‘사람’에서 ‘ㄹ’이 탈락된 것이다. ¶이 사암들아! 이거 좀 바라! =이 사람들아! 이것 좀 봐라. ¶저 사암들도 말키 알 끼다. =저 사람들도 모두 알 것이다. ☞사램.

사암파리[_ _-_] 명 사금파리. 사기그릇의 깨어진 작은 조각.

사얼[-_] 명 사흘. ☞사알.

사우[-_] 명 사위. 딸의 남편. ¶【속담】사우는 도독넘이다. =사위는 도둑놈이다. ¶【속담】사우는 백년손이다. =사위는 백년손님이다.

사울달[사울딸 _-_] 명 사월(四月). ¶【속담】사울달 없는 곳에 가아 사마 좋겠다. =사월 없는 곳에 가서 살면 좋겠다. ¶【속담】애이미 사울달에 돌이라도

이 안 드가 몬 묵눈다. =애어미 사월에 돌이라도 이 안 들어가 못 먹는다.

사입[-_] 명 산자락(山--). 밋밋하게 비탈져 나간 산의 아랫부분. *산(山)+입(入). ¶사입에 게앗집을 지있다. =산자락에 기와집을 지었다.

사장마너래[-____] 명 안사돈(-査頓). *사돈 간에 손 위 안사돈을 부르는 호칭.

사장어룬[-___] 명 밭사돈(-査頓). *사돈 간에 손 위 바깥사돈을 부르는 호칭.

사죽[_-] 명 사족(四足). '사지(四肢)'를 속되게 이르는 말. ¶【속담】공꺼라마 사죽을 몬 씬다. =공것이라면 사족을 못 쓴다.

사초[_-] 명 사타구니. '샅'을 속되게 이르는 말. ¶【관용구】사초로 끍다. =사타구니를 긁다. ¶【속담】사초에 방울소리가 나두룩. =사타구니에 방울소리가 나도록. ☞사타리.

사타리[__-] 명 사타구니. '샅'을 속되게 이르는 말. ¶【속담】새북 질쌈 잘하는 년 사타리 옷마 입는다. =새벽 길쌈 잘하는 년 사타구니 옷만 입는다. ☞사초.

사티이[사티~이 _-_] 명 사팔뜨기. ☞눈찌거디이. 사또. 사팔띠기. 사팔이.

사팔띠기[__-_] 명 사팔뜨기. ☞눈찌거디이. 사또. 사티이. 사팔이.

사팔이[사파리 _-_] 명 사팔뜨기. ☞눈찌거디이. 사또. 사티이. 사팔띠기.

삭다리[삭따리 __-] 명 삭정이. 살아 있는 나무에 붙어 있는, 말라 죽은 가지. ¶【관용구】삭다리 뿔라딧기. =삭정이 부러뜨리듯이.

삭자리[삭짜리 _-_] 명 삿자리. 갈대를 엮어서 만든 자리.

삭하다[1][사카다 _-_] 동 삭이다. '삭다'의 사동사. ①분노나 슬픔, 고통 따위를 가라앉혀 풀리도록 하다. ¶분을 삭하지로 몬 할다. =분을 삭이지 못 하겠다. ②기침이나 가래 따위를 잠잠해지거나 가라앉게 하다. ¶도래로 해수지침을 삭한다. =도라지로 해수기침을 삭인다. ③음식물을 발효시켜 맛이 들게 하다. ¶지이로 삭핬다. =김치를 삭였다. ☞색이다.

삭하다[2][사카다 _-_] 동 우리다. 어떤 물건을 액체에 담가 맛이나 빛깔 따위의 성질이 액체 속으로 빠져나오게 하다. ¶떫운 감을 소굼물에 삭핬다. =떫은 감을 소금물에 우렸다. ☞우라다.

삭한감[사칸감 _-_] 명 우린감. 침시(沈柹). ☞담운감.

샀바아[싹바~아 _-_] 명 삯방아. 품삯을 받고 찧어 주는 방아. ¶【관용구】샀바아 쩧다. =삯방아 찧다.

샀바알질[싹바알질 _-__] 명 삯바느질. 품삯을 받고 하는 바느질.

산그래비[상그래비 __-_] 명 ((동물))방아깨비 암놈. *때때구리(방아깨비 수놈). ¶【관용구】산그래비가 되다. =방아깨비가 되다.

산기숙[_-_] 명 ((식물))머위. ☞머구.

산꼴[-_] 명 산골(山-). 산과 산 사이의 우묵하게 들어간 곳.

산꼴짝[__-] 명 산골짜기(山---). ☞산꼴째기.

산꼴째기[_ _-_] 명 산골짜기(山---). ☞산꼴짝.

산대지[산때지 _-_] 명 ((동물))멧돼지. ☞멧대지. 멧돝. 산돝.

산도래[산또래 _ _-] 명 ((식물))산도라지(山---). 야생에서 자라는 도라지.

산돈내이[산돈내~이 _ _-_] 명 ((식물))바위솔.

산돝[산똩 _-] 명 ((동물))멧돼지. ☞멧대지. 멧돝. 산대지.

산두[_-] 명 ((식물))산도(山稻). 밭벼. ¶산두 밥은 찰지다. =산도 밥은 차지다.

산디미[산띠미 _-_] 명 산더미(山--). ①어떤 사물이 매우 많이 쌓여 있음을 비유적으로 이르는 말. ¶배꺹마당에 짚이 산디미매이로 쌓이 있다. =바깥마당에 짚이 산더미같이 쌓여 있다. ②어떤 일이 매우 많음을 비유적으로 이르는 말. ¶【관용구】할일이 산디미 겉다. =할일이 산더미 같다.

산딸[-_] 명 산딸기(山--).

산띠이[산띠~이 _-_] 명 산덩이(山--). 산으로 이루어진 땅덩이.

산마리[_ _-] 명 산마루(山--). ☞만대이. 산만대이.

산만대이[산만대~이 _ _-_] 명 산마루(山--). ☞만대이. 산마리.

산모래이[산모래~이 _ _-_] 명 산모롱이(山---). 산모퉁이의 휘돌아 들어가는 부분.

산모티이[산모티~이 _ _-_] 명 산모퉁이(山---). 산기슭의 쑥 내민 귀퉁이.

산목심[_--] 명 산목숨. 살아 있는 목숨. ¶【속담】산목심에 거미줄 치까이. =산목숨에 거미줄 치랴.

산비알[산삐알 _-_] 명 산비탈(山--). ☞산비얄.

산비얄[산삐얄 _-_] 명 산비탈(山--). ☞산비알.

산삐들끼[_ _-_] 명 ((동물))산비둘기(山---). ¶산삐들끼는 뽂아낳아마 맛닉다. =산비둘기는 볶아놓으면 맛있다. ☞두두새.

산수갑산[산수갑싼 _ _--] 명 삼수갑산(三水甲山). 우리나라에서 가장 험한 산골이라 이르던 삼수와 갑산. ¶【속담】산수갑산에 가는 하이 있어도. =삼수갑산에 가는 한이 있어도.

산어덕[_ _-] 명 산언덕(山--). 언덕과 같이 낮아진 산의 부분.

산언지리[_ _-_] 명 산언저리(山---). 산 둘레의 가장자리 부분.

산일꾼[-_ _] 명 산역꾼(山役-). 시체를 묻고 뫼를 만드는 일꾼.

산쟁피[_ _-] 명 ((식물))솔새.

산주렁[_ _-] 명 산줄기(山--). ¶산주렁이 남북우로 뻗어있다. =산줄기가 남북으로 벋어있다.

산중[_-] 명 두메. 사람이 많이 사는 인가에서 멀리 떨어진 깊은 산골. *표준어에서 '산의 속'을 뜻하는 '산중(山中)'과는 다른 의미로 사용된다. ¶【속담】산중에 앉인 이방(吏房)이 조정 일 알듯기. =두메에 앉은 이방이 조정일 알듯.

산지슬[산찌슬 _-_] 명 산기슭(山--). ¶산지슬에 할배 미로 썼다. =산기슭에 할

ㅅ

아버지 묘를 썼다.

산질[산찔 -_] 명 산길(山-). 산에 나 있는 길.

산치꺼리[_ _-_] 명 ((식물))갈퀴덩굴.

산토까이[산토까~이 _ _-_] 명 ((동물))산토끼((山--). ¶【속담】산토까이로 잡울라카다가 집토까이 떨간다. =산토끼를 잡으려다가 집토끼를 놓친다.

산홋달[산후딸 _ _-] 명 해산달(解産-). 아이를 낳을 달. ¶내달이 우리 미너리 산홋달이라예. =내달이 우리 며느리 해산달이라오.

살갤[살깰 -_] 명 살결. ¶니는 살갤은 이래 곱운데 와 잘 안 씪노? =너는 살결이 이리 고운데 왜 잘 안 씻니? ☞살길.

살고집이[살고지비 _ _-_] 명 오래 살고 싶어 안달하는 노인을 낮잡아 이르는 말.

살곰살곰[_ _ _-] 부 살금살금. 눈치를 보아가며 어떤 행동이나 동작을 남들이 모르게 살며시 자꾸 하는 모양을 나타내는 말. ¶도독개이 한 바리가 살곰살곰 담부랑을 넘우왔다. =도둑고양이 한 마리가 살금살금 담벼락을 넘어왔다. ☞살굼살굼.

살구받기[_ _-_] 명 공기놀이. ☞깔래받기.

살굼살굼[_ _ _-] 부 살금살금. ☞살곰살곰.

살길[살낄 -_] 명 살결. ☞살갤.

살깨이[살깨~이 -_ _] 명 ((동물))살쾡이. ¶【관용구】낯짝이 살깨이 겉다. =낯짝이 살쾡이 같다. ☞살캐이. 씰깨이.

살꼬기[--_] 명 살코기. ☞살끼기.

살꿈[_-] 부 살짝. 심하지 아니하게 아주 약간. ¶씬내이는 살꿈 쌂아가 문친다. =씀바귀는 살짝 삶아서 무친다. ☞살짹이. 살푼.

살끼[--] 명 살성(-性). 살갗의 성질. ¶【관용구】살끼가 보도랍다. =살성이 보드랍다. ¶【관용구】살끼가 어시다. =살성이 억세다.

살끼기[--_] 명 살코기. ☞살꼬기.

살다[-_] 동 사르다. 불에 태워 없애 버리다. ¶지우는 대문깐에 나가 살아라. =지방(紙榜)은 대문간에 나가서 사르라. ☞사라다. 살라다.

살다비[--_] 명 스타킹[stocking]. 살갗이 비치는 얇은 양말. *살+다비(たび). ☞살양발.

살덩거리[살떵거리 _ _-_] 명 살덩어리. 살로 이루어진 덩이.

살라다[1][_-_] 동 사르다. 불사르다. ☞사라다. 살다.

살라다[2][_-_] 동 살리다. '살다'의 사동사. ①목숨을 계속 이어 가게 하다. ¶【속담】종짓굽아 날 살라라. =종짓굽아 날 살려라. ②불이나 불빛 따위를 꺼뜨리지 않고 계속 타게 하거나 비추다. ¶다 꺼진 불로 살랐다. =다 꺼진 불을 살렸다. ③기세나 기운 따위를 뚜렷이 나타나게 하다. ¶더럽운 썽질로 살란다. =더러운 성질을 살린다. ④감정 따위를 누그러뜨리다. ¶써분은 생각을 살랐다. =서운한 생각을 살렸다. ⑤제구실을 못하던 것을 제 기능을 갖도록 하다. ¶고장 난 기게로 곤치서 살라놓았다. =고장 난 기계를 고쳐서 살려놓았다. ⑥잃거나 잃을지도 모르는 것을 유지하거나 갖추다. ¶치민 살란다꼬 욕봤다. =체면 살린다고 고생했다.

살라다[3][_-_] 동 지피다. 땔나무나 장작 따위에 불을 붙여 타게 하다. ¶【관용구】심장에 불로 살라다. =심장에 불을 지피다.

살로오다[_--_] 동 재가하다(再嫁--). ¶【속담】살로온 가부 겉다. =재가한 과부 같다. ☞팔자곤치다.

살모시[_ _-] 부 슬며시. ☞사부지기. 살무시. 시리리. 실. 실무시.

살무시[_ _-] 부 슬며시. ☞사부지기. 살모시 시리리. 실무시.

살아생진[사라생진 -_ _ _] 명 살아생전(--生前). 이 세상에 살아 있는 동안. ¶살아생진에 적신[積善] 마이 해라. =살아생전에 적선 많이 해라.

살양발[--_] 명 스타킹(stocking). ☞살다비.

살얼움[살어룸 --_] 명 살얼음. 얇게 언 얼음. ¶【관용구】살얼움이 잽히다. =살얼음이 잡히다. ¶【속담】살얼움을 볿는 거 겉다. =살얼음을 밟는 것 같다.

살얼움판[살어룸판 --_ _] 명 살얼음판. ①저 집 내우는 맨날 살얼움판이다. =저 집 내외는 만날 살얼음판이다. ②얇게 언 얼음판. ¶질이 살얼움판이래서 미끄럽우예. =길이 살얼음판이라서 미끄러워요.

살응 거느[사릉 거느 _- -_] 구 산 것은. *'살은 거느'는 '살-+-은+거(←것)+느(←는)'로 형태 분석된다. 창녕방언은 어간의 끝에 있는 'ㄹ'이 모음으로 시작하는 어미 앞에서 탈락하지 않으며, 조사 '은' '는'이 실제발화에서 받침 'ㄴ'이 발음으로 실현되지 않는 경우가 있다. ¶엔날에 우리들네 살응 거느 말 몬합미더. =옛날에 우리들 산 것은 말 못합니다.

살짹이[살째기 _-_] 부 살짝. ①남이 모를 정도로 재빠르게. ¶살짹이 노왔다. =살짝 나왔다. ②심하지 않게 약간. ¶【관용구】살짹이 모지라다. =살짝 모자라다. ③힘을 들이지 않고 가볍게. ¶살짹이 밀어바라. =살짝 밀어봐라. ④표 나지 않게 넌지시. ¶살짹이 갈차주이소오. =살짝 가르쳐주세요. ☞살꿈. 살푼.

살찌아다[--_ _] 동 살찌우다. 사람이나 짐승을 몸에 살이 많아지게 하다. ¶이 송안치는 살찌아서 팔 낌미더. =이 송아지는 살찌워서 팔 겁니다.

살찌이[살찌~이 -_ _] 명 ((동물))고양이. 고양이의 애칭. *표준어에서 '나비'에 해당한다. ☞개이. 고얘이.

살찜이[살찌미 --_] 명 살점. 큰 고깃덩어리에서 떼어 낸 살의 조각. *살점+이<살찜+이. ¶기깃국에 살찜이는 오데 가고 국물마 남았다. =고깃국에 살점은 어디 가고 국물만 남았다. ☞살키.

살캐이[살캐~이 -_ _] 명 ((동물))살쾡이. ☞살깨이. 씰깨이.

살키[--] 명 살점. ☞살찜이.

살푼[_-] 부 살짝. ☞살꿈. 살짹이.

살피보다[-_ _ _] 동 살펴보다. ¶오데가 탈났능강 잘 살피바라. =어디가 탈이 났는지 잘 살펴봐라. ☞덜어보다.

삼검불[삼껌불 _-_] 명 삼거웃. 삼의 껍질 끝을 다듬을 때에 긁혀 떨어진 검불. ¶

ㅅ

【속담】부치도 건디리마 삼검불 노온다. =부처도 건드리면 삼거웃 나온다.

삼꽂[삼꼳 --] 명 삼굿. 삼의 껍질을 벗기기 위하여 삼을 찌는 구덩이나 솥.

삼바리[_--] 명 다리쇠. 주전자나 냄비 따위를 화로 위에 올려놓을 때 걸치는 기구.

삼비[-_] 명 삼베. 삼실로 짠 천. ¶【속담】삼비 바지에 방구 새딧기 한다. =삼베 바지에 방귀 새듯 한다.

삼비감투[--_ _] 명 삼베감투. 삼실로 짠 천으로 만든, 상주가 쓰는 두건. ¶【속담】삼비감투 씨고 잔칫집 들락기린다. =삼베감투 쓰고 잔칫집 들락거린다.

삼시랑[1][_ _-] 명 산신(産神). 아기를 점지하고 산모와 산아(産兒)를 돌보는 신령.

삼시랑[2][_ _-] 명 소생(所生). *'삼시랑'은 표준어 '삼시랑'과는 달리 마음에 들지 않은 아이를 속되게 부르는 말. ¶【속담】청깨구리 삼시랑. =청개구리 소생. ☞소상.

삼시분[-_-] 명 삼세번(三-番). 더도 덜도 없이 꼭 세 번. ¶【관용구】삼시분우로 끝내다. =삼세번으로 끝내다.

삼시불[_-_] 명 쌍꺼풀(雙--).

삼시불지다[_-_] 형 쌍꺼풀지다(雙----).

삼시시끼[_-_-] 명 삼시세끼(三時--). ¶삼시시끼 밥 얻어무울라 카마 마너래인데 잘해래이. =삼시세끼 밥 얻어먹으려면 마누라에게 잘해라.

삼신[-_] 명 미투리. 삼으로 집신처럼 삼은 신. ☞메투리. 미터리.

삼신할매[_ _--] 명 삼신할머니(三神---). 아기를 점지하는 일과 출산 및 육아를 관장하는 신(神). ¶【관용구】삼신할매가 돌바주다. =삼신할머니가 돌봐주다.

삼오[사모 _-] 명 삼우(三虞). 장사를 지낸 후 세 번째 지내는 제사.

삼이우지[삼니우지 _-_ _] 명 삼이웃(三--). 이쪽저쪽의 가까운 이웃. ¶【관용구】삼이우지가 다 아다. =삼이웃이 다 알다.

삼재기[_-_] 명 삼작(三作). ①여자가 차는 노리개의 하나. ②삼작으로 장식한 저고리. 겨울에 입는 저고리.

삼정[_-] 명 덕석. 겨울에 소를 추위에 보호하기 위해 등짝에 입히는 작은 멍석. ¶【관용구】삼정 입하다. =덕석 입히다. ☞소삼정.

삼춘[-_] 명 삼촌(三寸). ①아버지나 어머니의 형제를 가리키거나 부르는 말. 미혼인 경우에 호칭으로도 쓰인다. ②'시동생'에 대한 호칭. *창녕방언에서 '디럼'은 결혼하지 않은 시동생에 대한 호칭이다. 결혼한 시동생은 표준어인 '서방님'이 아니라 '삼춘'으로 호칭한다. ¶삼춘이 우얀 일로 오싰능교? =삼촌이 어쩐 일로 오셨습니까?

삼치다[-_ _] 동 간추리다. 긴 줄 따위를 감아서 가지런히 정리하다. ¶밧줄 다 씼으마 인자 잘 삼치서 옇어낳아라. =밧줄 다 썼으면 이제 잘 간추려서 넣어놓아라. ☞간종키다. 추리다.

삼통[_-] 부 온통. ¶꼬장주우 열두 불 입우도 밑구늉은 삼통 비인다. =고쟁이 열두 벌 입어도 밑구멍은 온통 보인다. ☞말키. 저신에.

삽자리[삽짜리 __-] 명 삽자루. 삽날에 끼우는 자루. ☞수굼파자리. 수굼포자리.

삽짝[_-] 명 사립문(--門).

삽짝걸[삽짝껄 __-] 명 사립문 주위(--門周圍). *'삽쩍걸'은 표준어로 보면 명사구지만 창녕방언에서는 굳어진 말이라 하나의 명사로 보는 게 낫다. ¶언자는 삽짝걸에도 몬 댕긴다. =이제는 사립문에도 못 다닌다.

삽초[_-] 명 ((식물))삽주.

상[1][_] 명 성. (('-ㄴ(-ㄹ) 것 같다'의 뜻으로)) 막연한 추측을 나타내는 의존명사. 주로 접미사 '-싶우다', '-하다'와 함께 쓰임. ¶비가 올 상 싶우다. =비가 올 성 싶다.

상[2][-] 명 향(香). 불에 태워서 냄새를 내는 물건. ¶지사는 상부텀 먼첨 피아야 덴다. =제사는 향부터 먼저 피워야 된다.

상각[_-] 명 상객(上客). 혼례 때 가족 또는 친척 중에서 신랑이나 신부를 데리고 사돈댁으로 가는 사람.

상간[_-] 명 사이. ①한곳에서 다른 곳까지. ¶읍내하고 우리 동네 상간에 공장이 들어선다. =읍내와 우리 동네 사이에 공장이 들어선다. ②한때로부터 다른 때까지의 동안. ¶미칠 상간에 풀이 이래 짓었다. =며칠 사이에 풀이 이리 길었다. ③((주로 '없다'와 함께 쓰여)) 어떤 일에 들이는 시간적인 여유나 겨를. ¶참시 실 상간도 없다. =잠시 쉴 사이도 없다. ④서로 맺은 관계. 또는 사귀는 정분. ¶씨이미캉 미너리 상간에 몬할 말이 없제. =시어머니와 며느리 사이에 못할 말이 없지. ☞새애.

상간없다[상간엄따 _-__] 형 상관없다(相關--). 아무런 관련이나 관계가 없다. ¶내하고는 아무 상간없다. =나랑은 아무 상관없다. ②염려할 것도 없고 문제될 것도 없다. ¶놀로 가는 기이사 상간없다. =놀러 나가는 것이야 상관없다. ☞일없다.

상그랍다[1][__-_] 형 분답하다(紛沓--). 사람이 많아 북적북적하고 복잡하다. ¶얼라들이 뿍딱꺼리는 바램에 상그랍다. =애들이 복닥대는 바람에 분답하다. ☞분답다.

상그랍다[2][__-_] 형 까다롭다. ☞까꺼랍다. 까탈시럽다. 깨꺼럽다. 꼭딱시럽다.

상그랍다[3][__-_] 형 위태롭다(危殆--). ¶절빅에 난 질은 걸어 댕기기가 상그랍다. =절벽에 난 길은 걸어 다니기가 위태롭다. ☞우태하다. 우터룹다.

상그랑질[상그랑찔 __-_] 명 삼거리길(三---). 세 갈래로 갈린 길. ¶산림조압은 읍내 상그랑질에 있다. =산림조합은 읍내 삼거리길에 있다.

상긋하다[상그타다 __-_] 형 향긋하다. 은근히 향기로운 느낌이 있다. ¶딘장에 나새이로 옇어나이 상긋하다. =된장에 냉이를 넣어놓으니 향긋하다.

상께네[-__] 부 쌓으니까. 자꾸 그러니까. *'상(←쌓-)+-응께네(-으니까)'. '쌓-'은 창녕방언의 독특한 보조동사의 하나이다. ¶자꾸 그캐상께네 싫다 카지예. =자꾸 그러쌓으니까 싫다 하지요.

상낭[_-] 명 상량(上樑). 기둥에 보를 얹

ㅅ

고 그 위에 처마 도리와 중도리를 걸고 마지막으로 마룻대를 올림. 또는 그 일. ¶【관용구】상낭을 올라다. =상량을 하다.

상내[--] 명 암내. 암컷이 발정기에 수컷을 유혹하기 위해 몸에서 내는 냄새. ¶【속담】상내 맡운 항시 걸다. =암내 맡은 황소 같다.

상방[_-] 명 신방(新房). 신랑 신부가 첫날밤을 치르도록 새로 차린 방. ¶【속담】첫날밤에 쏙꽂 벗이 미고 상방에 드간다. =첫날밤에 속곳 벗어 메고 신방에 들어간다.

상방지끼[_--_] 명 신방 엿보기(新房 ---). *'상방지끼'는 표준어로 보면 명사구지만 창녕방언에서는 굳어진 말이라 하나의 단어로 보는 게 낫다. ¶【관용구】상방지끼로 하다. =신방 엿보기를 하다.

상불[상뿔 -_] 명 향불(香-). ¶【관용구】상불 피아다. =향불 피우다. ¶【속담】상불 없는 젯밥. =향불 없는 젯밥.

상석[_-] 명 상식(上食). 상가(喪家)에서 아침저녁으로 궤연 앞에 올리는 음식. ¶【관용구】상석 올라다. =상식 올리다.

상수[_-] 명 이바지. 정성을 들여 음식 같은 것을 보내 줌. 또는 그 음식. 특히 결혼을 전후하여 신부 쪽에서 예를 갖추어 신랑 쪽으로 정성 들여 만들어 보내는 음식.

상싶우다[상시푸다 -___] 형 성싶다. ((주로 관형사형 어미 뒤에 쓰여)) 주관적인 추측, 예상, 추리의 뜻을 나타내는 말. ¶그라는 기이 좋울 상싶우다. =그러는 게 좋을 성싶다. ☞상집다.

상짐[상찜 _-] 명 혼수품(婚需品).

상집다[상집따 --_] 형 성싶다. ☞상싶우다.

상치[-_] 명 ((식물))상추. ☞부상치.

상토꾼[_ _-] 명 상두꾼(喪頭-). 상여를 메는 사람. ¶【속담】상토꾼에도 순버이 있고 초라이 탈에도 순서가 있다. =상두꾼에도 순번이 있고 초라니 탈에도 순서가 있다. ☞새이꾼.

상하다[--_] 형 성하다. ((주로 관형사형 어미 뒤에 쓰여)) 주관적인 추측, 예상, 추리의 뜻을 나타내는 말. ¶이분 일은 잘 델 상하다. =이번 일은 잘 될 성하다.

새[1][_] 명 시샘. 질투하여 미워하는 마음. ¶【관용구】새로 내다. =시샘을 하다.

새[2][_] 명 ((식물))억새. ¶【속담】넘우 주우 입고 새 빈다. =남의 바지 입고 억새 벤다. ☞샛대. 샛대기.

새거[-_] 명 새것. ①새로 나오거나 만든 것. ¶그륵을 새거로 바깠다. =그릇을 새것으로 바꿨다. ②아직 한 번도 쓰지 아니한 물건. ¶새거는 애끼구로 낳아뚜라. =새것은 아끼게 놓아둬라. ③낡지 아니하고 아직 성한 물건. ¶헌거하고 새거하고 바꾸마 누가 손애고? =헌것이랑 새것이랑 바꾸면 누가 손해니? ☞쌔거.

새굼채나물[_-_ _-] 명 ((식물))괭이밥.

새그랍다[_ _-_] 형 시다. 음식의 맛이 식초 맛과 같다. ¶【속담】몬 묵는 포도는 새그랍다꼬 칸다. = 못 먹는 포도는 시다고 한다. ☞새그럽다. 시그랍다. 시그럽다.

새그럽다[__-_] 형 시다. ☞새그랍다. 시그랍다. 시그럽다.

새기다[-__] 동 사귀다. 서로 얼굴을 익히고 친하게 지내다. ¶【속담】구신도 새길 탓. =귀신도 사귈 탓. ¶【속담】새기야 절교하지. =사귀어야 절교하지. ¶【속담】지 인심 좋으마 초나라 가달도 새긴다. =제 인심 좋으면 초나라 가달도 사귄다.

새기듣다[새기드따 -_-_] 동 새겨듣다. ①잊지 아니하도록 주의해서 듣다. ¶부몬님 말씸을 잘 새기들어라. =부모님 말씀을 잘 새겨들어라. ②말하고자 하는 본뜻을 잘 헤아려 듣다. ¶절마 말은 잘 새기듣지 안하마 먼 말인지 모룬다. =저놈 말은 잘 새겨듣지 않으면 뭔 말인지 모른다.

새까마이[새까마~이 _--_] 부 새까맣게. ¶허헣던 하알이 새까마이 빈했다. =허옇던 하늘이 새까맣게 변했다. ☞새까맣기.

새까맣기[새까마키 _-__] 부 새까맣게. ☞새까마이.

새꼬롬하다[1][___-_] 형 음침하다(陰沈--). 날씨가 쌀쌀하고 비나 눈이 올 듯하다. ☞새꾸무리하다.

새꼬롬하다[2][___-_] 형 시큼하다. 음식이 신맛이나 신 냄새가 꽤 있다. ¶탁배기가 좀 새꼬롬하네. =막걸리가 좀 시큼하네. ☞시쿰하다.

새꾸무리하다[1][____-_] 형 음침하다(陰沈--). ☞새꼬롬하다.

새꾸무리하다[2][____-_] 형 새그무레하다. 맛이나 냄새가 조금 신맛이 있는 듯하다. ¶매국은 쌔꾸무리해야 맛닉다. =오이냉국은 새그무레해야 맛있다.

새끼동가리[새끼똥가리 ___-_] 명 새끼토막. 새끼줄을 잘랐을 때, 그 하나하나의 부분.

새끼디이[새끼디~이 __-_] 명 새끼줄. 새끼를 꼬아서 만든 줄. ¶【속담】지 춤 발라 꼰 새끼디이가 지일이다. =제 침 발라 꼰 새끼줄이 제일이다.

새나다[_-_] 동 샘나다. 시샘하는 마음이 생기다. ¶【속담】새난 여시가 지바람에 눈물 짠다. =샘난 여우가 제바람에 눈물 짠다.

새내다[_-_] 동 샘내다. 시샘하는 마음을 드러내다. ¶【속담】한동네 안 사는 여시는 새내지 안한다. =한동네 살지 않는 여우는 샘내지 않는다.

새다리[__-] 명 사다리. ☞사닥다리.

새딕이[새디기 --_] 명 새댁(-宅). '새색시'를 높여 이르는 말. *새댁<새댁+이<새딕이. ¶【속담】동네 새딕이 믿고 장개 몬 간다. =동네 새댁 믿고 장가 못 간다. ¶【속담】삼 년 묵운 새딕이 고콜불에 쏙꼿 밑 말라 입고 간다. =삼 년 묵은 새댁이 고콜불에 속곳 밑 말려 입고 간다.

새마리[_-_] 명 ((수생식물))검정말.

새미[_-] 명 우물. *샘+이. ¶【속담】새미에 든 기기. =우물에 든 고기. ¶【속담】목마룬 넘이 새미 판다. =목마른 놈이 우

ㅅ

물 판다. ¶【속담】새미 절에서 목말라 죽는다. =우물 옆에서 목말라 죽는다. ☞움물.

새밋질[새미찔 _-_] 명 우물길. 우물물을 길으러 다니는 길. ¶【속담】새밋질에서 사돈 맨든다. =우물길에서 사돈 만든다.

새복[_-] 명 새벽. 날이 밝을 무렵. ¶【관용구】새복 호래이. =새벽 호랑이. ¶【속담】새복에 갔더마는 초지익에 온 사람 있더라. =새벽에 갔더니만 초저녁에 온 사람 있더라. ☞새북.

새복달[_-_] 명 새벽달. 새벽에 뜨는 달. ¶【속담】새복달 보자꼬 초지익부텀 지다리까. =새벽달 보려고 초저녁부터 기다리랴. ☞새북달.

새북[_-] 명 새벽. ☞새복.

새북달[_-_] 명 새벽달. ☞새복달.

새북닭[새북딱 _ _-] 명 새벽닭. ((주로 '울다'와 함께 쓰여)) 날이 밝을 무렵에 우는 닭. ¶【관용구】새북닭 울 때꺼정. =새벽닭 울 때까지.

새북담[새북땀 _ _-] 명 새벽녘. 새벽 무렵. ¶【속담】바지런한 새는 새북땀에 난다. =부지런한 새는 새벽녘에 난다. ☞새북질.

새북밥[새북빱 _-_] 명 새벽밥. 날이 샐 무렵에 밥을 지음. ¶【관용구】새북밥 묵고 나서다. =새벽밥 먹고 나서다.

새북이실[_ _-_] 명 새벽이슬. 날이 밝을 무렵에 내리는 이슬. ¶【관용구】새북이실 맞는다. =새벽이슬을 맞는다.

새북장[새북짱 _ _-] 명 새벽장(--場). 새벽에 여는 시장. ¶【속담】늦은 밥 묵고 새북장 나선다. =늦은 밥 먹고 새벽장 나선다.

새북질[새북찔 _-_] 명 새벽녘. ☞새북담.

새북차[_ _-] 명 새벽차(--車). ¶【관용구】새북차로 타다. =새벽차를 타다.

새북하알[_ _-_] 명 새벽하늘.

새비[-_] 명 ((동물))새우. ¶【속담】새비 간을 빼 묵겄다. =새우 간을 빼 먹겠다. ¶【속담】고래 싸암에 새비 등더리 터진다. =고래 싸움에 새우 등 터진다. ☞쌔비.

새비등[-_-] 명 새우등. 사람의 등을 비유하여 이르는 말. ¶【속담】새비등을 하고 잔다. =새우등을 하고 잔다. ☞쌔비등.

새비젓[새비젇 -_ _] 명 새우젓. ¶【속담】절이 망할라칸께네 새비젓 장시가 들온다. =절이 망하려니까 새우젓 장수가 들어온다. ☞쌔비젓.

새쌀[--] 명 햅쌀. 당해에 새로 난 쌀. ¶새쌀이라서 그런가 밥이 찰지고 맛입다. =햅쌀이라서 그런지 밥이 차지고 맛있다. ☞해쌀.

새아다[-_ _] 동 새우다. 한숨도 자지 아니하고 밤을 지내다. ¶【속담】한 노래로 진 밤을 새알까이. =한 노래로 긴 밤을 새울까. ☞시아다.

새악시[--_] 명 새색시. 갓 결혼한 여자. ¶【속담】삼일 안쪽 새악시도 윘을 일. =삼일 안쪽 새색시도 웃을 일.

새알[1][_-] 명 새알심. 팥죽 속에 넣어 먹는 새알만 한 덩이.

새알[2][_-] 명 사레. ☞사리.

새알들리다[_-___] 동 사레들리다. ☞가리넘가다.

새앙[--] 명 생각. 헤아리고 판단하고 인식하는 것 따위의 정신 작용. ¶지 딴에는 먼 새앙이 있는 모냥이다. =제 딴에는 뭔 생각이 있는 모양이다.

새앙느다[--__] 동 생각하다. 무엇을 하기로 마음속으로 작정하거나 각오함. ¶【속담】넘우 불로 끼 잡을 새앙는다. =남의 불로 게 잡을 생각한다. ☞새앙하다.

새앙지[_-_] 명 ((동물))생쥐. ¶【관용구】새앙지 발싸개만 하다. =생쥐 발싸개만 하다. ¶【속담】새앙지 소굼 묵듯기 한다. =생쥐 소금 먹듯 한다. ☞쌩지.

새앙하다[--__] 동 생각하다. 헤아리고 판단하고 인식하는 것 따위의 정신 작용. ¶잘 한분 새앙해 바라. =잘 한번 생각해 봐라. ☞새앙느다.

새애[-_] 명 사이. ①한곳에서 다른 곳까지, 또는 한 물체에서 다른 물체까지의 거리나 공간. ¶문 새애에 옷이 찡깄다. =문 사이에 옷이 끼었다. ②한때로부터 다른 때까지의 동안. ¶【관용구】눈깜짝할 새애. =눈 깜빡할 사이. ③어떤 일에 들이는 시간적인 여유나 겨를. ¶【관용구】오좀 누고 머 볼 새애도 없다. =오줌 누고 뭐 볼 사이도 없다. ④서로 맺은 관계. 또는 사귀는 정분. ¶【관용구】새애가 좋다. =사이가 좋다. ¶【관용구】새애가 하잖다. =사이가 나쁘다. ☞상간.

새앵키다[__-_] 동 생각나다. *'새앵키다'는 독특한 방언형인데, 어떨 때는 이것이 '생키다'로 발화되기도 한다. 둘 다 표준어에는 없는 조어법인데, '생각키다'에서 '새앵키다'로 바뀌는 과정을 설명하는 일은 쉽지 않다. ①머릿속에 떠오르다. ②어떤 대상이 마음에 그리워지다. ¶【속담】무오년(戊午年)에 죽운 소 새앙킨다. =무오년에 죽은 소 생각난다. ③특정 음식이 먹고 싶은 마음이 들다. ¶【속담】도살장 안 지내가도 육기기 새앙킨다. =도살장 안 지나가도 육고기 생각난다. ☞생키다. 생각히다.

새오리[--_] 명 ((동물))쇠오리.

새이[1][새~이 -_] 명 형(兄). 주로 어린아이가 이르는 말. ¶우리 새이는 학조 댕긴다. =우리 형은 학교 다닌다. ☞성. 시야. 시이. 엉가. 히야. 히이.

새이[2][새~이 _-] 명 상여(喪輿). 사람의 시체를 실어서 묘지까지 나르는 도구. ¶【속담】새이 디에 약탕가이다. =상여 뒤에 약탕관이다.

새이꾼[새~이꾼 __-] 명 상여꾼(喪輿-). ☞상토꾼.

새이집[새~이집 __-] 명 상엿집(喪輿-). 상여를 보관하는 집.

새이찌껄[새~이찌껄 ___-] 명 상엿집거리(喪輿---). 상여와 그에 딸린 제구를 넣어 두는 초막이 있는 거리. *'새이찌껄'은 복잡한 음운변화 과정을 겪어서 하나로 쓰이는 단어이다. 상엿집거리<새~잇집거리<새이찝걸<새이찌껄. ¶우얀지 새이찌껄 젙에 가마 무숩더라.

=어쩐지 상엿집거리에 가면 무섭더라.

새잇소리[새~이쏘리 _ _-_] 명 상엿소리(喪輿--). 상여꾼들이 상여를 메고 가면서 부르는 구슬픈 소리.

새조개풀[_ _-_] 명 ((식물))애기풀.

새첩다[새첩따 -_ _] 형 깜찍하다. 생김새가 작고 귀엽다. ¶알라 옷이 참 새첩네. =애기 옷이 참 깜찍하네. ☞새촙다.

새초리[_-_] 명 ((동물))매. ¶【속담】꽁 떨간 새초리다. =꿩 놓친 매다. ¶【속담】꽁 잡는 기이 새초리다. =꿩 잡는 게 매다. ☞매초리.

새촙다[새촙따 -_ _] 형 깜찍하다. ☞새첩다.

새침띠기[_ _-_] 명 새침데기. 새침한 성격을 지닌 사람. ¶【속담】새침띠기 골로 빠진다. =새침데기 골짜기로 빠진다. ☞시침띠기.

새털[_-] 명 새덫. 참새 따위의 새를 잡는 데 쓰는 덫. 키나 소쿠리의 한쪽 끝을 꼽대로 받치고 그 주위에 수수, 조 따위의 모이를 뿌린 후 새들이 모여들면 꼽대에 맨 줄을 당겨 덮쳐서 잡는다. ¶【관용구】새털을 낳다. =새덫을 놓다.

색이다[새기다 -_ _] 동 삭이다. '삭다'의 사동사. ☞삭하다.

색히[새키 -_] 부 속히(速-). ¶색히 댕기온나. =속히 다녀오너라.

샌뜩카다[샌뜨카다 _ _-_] 형 새뜻하다. 새롭고 산뜻하다. *'샌뜩카다'에서 '카다'의 '카'는 원래, '-고 하-'가 줄어든 것인데, 여기에서는 '-고'가 들어갈 여지가 없다. 그런데도 '카'가 쓰인 것은, '-고 하-'에서 줄어든 '카-'가 창녕방언에서 '하-'의 대용으로 쓰일 수 있도록 재구조화되었기 때문이다. ¶우와기가 샌뜩카네. =웃옷이 새뜻하네.

샛날[샌날 -_] 명 궂은날. ☞궂운날. 궂인날.

샛대[새때 -_] 명 ((식물))억새. ☞새. 샛대기.

샛대기[새때기 --_] 명 ((식물))억새. ☞새. 샛대.

샛질[새찔 -_] 명 샛길. 큰길로 이어져 있는 작은 길. ¶【속담】양반은 샛질로 안 간다. =양반은 샛길로 안 간다.

생각히다[생가키다 _ _-_] 동 생각나다. ☞새앵키다. 생키다.

생강시럽다[_ _-_ _] 형 생광스럽다(生光---). 아쉬운 때에 요긴하게 쓰게 되어 보람이 있다. ¶이래 부들어준께네 생강시럽네예. =이렇게 거들어주니까 생광스럽네요.

생강시리[_ _-_] 부 생광스레(生光--). 아쉬울 때 쓰게 되어 보람을 느낄 만하게. ¶둘매기로 생강시리 입었다. =두루마기를 생광스레 입었다.

생기묵다[1][생기묵따 -_-_] 형 생기다. 사람이나 그의 신체 일부, 물건 따위가 모양이나 성질이 어떠하다. ¶【속담】꼬라지가 약방 기생 볼때기 지박기 생기묵었다. =꼴이 약방 기생 볼따구니 쥐어박게 생겼다.

생기묵다[2][생기묵따 -_-_] 동 생기다. 어떤 일이 일어나거나 벌어지다. ¶【관용구】마아죽기 생기무웄다. =맞아죽게 생겼다.

생기지다[-_-_] 동 생겨나다. ①없던 것이

어디에 있게 되다. ¶자빠라지서 이망에 혹이 생기짔어예. =자빠져서 이마에 혹이 생겨났어요. ②생명체 따위가 다른 생명체나 장소에서 새로 탄생하다. ¶사램이 원시이인데서 생기짔다 칸다. =사람이 원숭이한테서 생겨났다고 한다.

생긴바꾸[-_-_] 명 생김새. 생긴 모양새. ☞꼬라지. 바꾸.

생길기리다[_ _-_ _] 동 생글거리다. 눈과 입을 살며시 움직이며 소리 없이 정답게 자꾸 웃다. ¶저 새딕이는 늘상 생길기린다. =저 새댁은 늘 생글거린다.

생대[--] 명 ((식물))참대.

생부지[_-_] 명 생면부지(生面不知). ¶내하고는 생부지민서 와 말로 낳아합미꺼? =나랑은 생면부지면서 왜 말을 놓습니까?

생알[1][_-] 명 생일(生日). ¶【관용구】밥그륵이 높은께네 생알만쿰 이인다. =밥그릇이 높으니까 생일만큼 여긴다.

생알[2][-_] 명 생활(生活). 생계를 꾸리어 살아 나감. ¶절마는 오새도 생알이 어럽다 칸다. =저놈은 요새도 생활이 어렵다 한다.

생알날[--_] 명 생일날(生日-). ¶【속담】생알날 잘 무울라꼬 여을을 굶더마는 생알날 아직에 죽더라. =생일날 잘 먹으려고 열흘을 굶더니만 생일날 아침에 죽더라.

생알하다[-_ _ _] 동 생활하다(生活--). 사람이 어떤 자격으로 활동하며 지내다. ¶공무언 생알하민서 보램도 느낍미더. =공무원 생활하면서 보람도 느낍니다.

생지리기[_ _-_] 명 겉절이. 배추나 상추, 무 따위를 절여서 곧바로 무쳐 먹는 반찬의 한 가지. ¶【관용구】생지리기 조아다. =겉절이 무치다. ☞지리기.

생진에[생지네 _-_] 부 생전에(生前-). 일전에 경험한 적이 없음을 나타내거나 자신의 표현 의도를 강조하는 말. ¶【관용구】생진에 첨 보다. =생전에 처음 보다.

생키다[1][_-_] 동 생각나다. *'생각다'에서 '키다'의 '키'는 원래, '-각'과 '히-'가 줄어든 것인데, 여기에서는 '-키'가 들어갈 여지가 없다. 그런데도 '-키'가 쓰인 것은, '-각히-'에서 줄어든 '-키'가 창녕방언에서 '하-'의 대용으로 쓰일 수 있도록 재구조화되었기 때문이다. ¶【속담】죽운 씨이미도 바아 찧을 때는 생킨다. =죽은 시어미도 방아 찧을 때는 생각난다. ☞새앵키다. 생각히다.

생키다[2][-_ _] 동 삼키다. ①음식물 따위를 입에 넣어서 목구멍으로 넘기다. ¶【관용구】군침을 생키다. =군침을 삼키다. ¶【속담】달마 생키고 씹우마 뱉는다. =달면 삼키고 쓰면 뱉는다. ¶【속담】꼿꼿하기는 깨구리 생킨 뱀이 배다. =꼿꼿하기는 개구리 삼킨 뱀 배다. ②남의 것을 자기 것으로 만들어 버리다. ¶【관용구】꿀꾹 생키다. =꿀꺽 삼키다. ¶【속담】공복에 인갱을 춤도 안 바루고 기양 생킬라 칸다. =공복에 인경을 침도 아니 바르고 그냥 삼키려 한다.

③웃음, 눈물, 소리 따위를 억지로 참다. ¶【관용구】눈물로 생키다. =눈물을 삼키다.

서[_] 조 에서. *표준어 처소부사격 조사 '-에서'에 해당하는 창녕방언 조사는 특정 장소나 위치 따위를 나타낼 때나 관공서나 기관 등을 나타내는 경우에 '에'가 완전히 탈락하여 '서' 형태로 나타나거나 '아서', '어서', '오서', '서', '이서' 등 다양한 형태로 실현된다. 이 조사들은 그것들이 행위의 주체임을 드러낼 때 쓰인다. 그리고 앞선 체언이 모음으로 끝날 때나 'ㅇ'받침으로 끝날 때는 다음 모음을 비음으로 만들고 조사는 앞선 체언의 끝음절 모음과 동화하여 실현된다. ¶【속담】넘우 눈에 눈물 내마 내 눈서는 피눈물 난다. =남의 눈에 눈물 내면 내 눈에서는 피눈물 난다. ¶학조서는 머라 카더노? =학교에서는 뭐라 하더냐? ☞아서. 어서. 오서. 이서.

서갈풍[_ _-] 명 서풍(西風). 하늬바람. 서쪽에서 부는 가을바람. *서(西)+갈(가을)+풍(風).

서거푸다[_ _-_] 형 서글프다. *서글푸다<서그푸다<서거푸다<서어푸다. ①쓸쓸하고 외로워 슬프다. ¶하분차서 사는 신세가 서거푸기마 하다. =혼자서 사는 신세가 서글프기만 하다. ②한심하다. ¶자석 꼬라지로 보이 서거푸다. =자식 꼴을 보니 서글프다. ☞서어푸다.

서까리[_-_] 명 서까래. 마룻대에서 도리 또는 보에 걸쳐 지른 나무. ¶【속담】지둥보담 서까리가 더 굵다. =기둥보다 서까래가 더 굵다. ¶【속담】서까리 애끼다가 용마리 썩한다. =서까래 아끼다가 용마루 썩힌다. ☞써까리.

서답[_-] 명 세답(洗踏). 빨래. ¶【속담】십리 갱빈에 서답하로 갔더나. =십 리 강변에 세답하러 갔더냐.

서답방매이[서답방매~이 _ _ _-_] 명 빨래방망이. ☞물방매이. 빨래방매이.

서답사분[_-_ _] 명 빨랫비누. ☞빨래사분.

서답씪다[서답씩따 _ _-_] 동 세답하다(洗踏--). 빨래하다. ¶【속담】대한 춥우에 서답씪어로 가는 다선이미 겉다. =대한 추위에 세답하러 가는 의붓어미 같다.

서두루다[_ _-_] 동 서두르다. 일을 급히 해내려고 바삐 움직이다. ¶【속담】딧간서 노올 쩍에 서두루는 사람 없다. =뒷간에서 나올 적에 서두르는 사람 없다. ☞졸갑지기다.

서럼[_-] 명 서러움. 서럽게 느껴지는 마음. ¶【속담】서럼이 북받치다. =서러움이 북받치다. ☞서럽움.

서룬[-_] 수 서른. '열'의 세 배가 되는 수. ¶【속담】기생 한갑은 서룬이다. =기생 환갑은 서른이다.

서룹다[서룹따 _-_] 형 서럽다. 원통하고 슬프다. ¶【속담】죽우라는 말보담아 가라는 말이 더 서룹다. =죽으라는 말보다 가라는 말이 더 서럽다. ¶【속담】죽기가 서룹운 기이 아이라 늙는 기이 서룹다. =죽기가 설운 것이 아니라 늙는 것이 서럽다. ☞섧다. 섭하다.

서룹움[서루붐 _-_] 명 서러움. ☞서럼.

서리[_-] 뿌 서로. ①짝을 이루거나 관계를 맺고 있는 상대. ¶【속담】할캉 가닉이 서리 맞는다. =활과 과녁이 서로 맞는다. ②관계를 이루는 둘 이상의 대상 사이에서, 각각 그 상대에 대하여. 또는 쌍방이 번갈아서. ¶두 사램이 서리 상대핀 잘못이라꼬 씨안다. =두 사람은 서로 상대편 잘못이라고 우긴다.

-서리[_-] 어 -서. 원인이나 까닭을 나타내는 연결어미. ¶옴마는 아파서리 아모 데도 가지로 몬 해예. =엄마는 아파서 아무 데도 가지를 못 해요.

서문없다[서문엄따 _-__] 형 느닷없다. 나타나는 일이나 현상 따위가 아주 뜻밖이고 갑작스럽다. ¶이할배가 서문없이 돌아가싰다. =외할아버지가 느닷없이 돌아가셨다.

서물서물[___-] 뿌 스멀스멀. 살갗에 벌레 따위가 기어가는 것처럼 근질근질한 느낌을 나타내는 말. ¶지니가 서물서물 기이간다. =지네가 스멀스멀 기어간다. ☞수물수물.

서물서물하다[____-_] 동 스멀스멀하다. ¶벌거재이가 기이가능강 등짹이가 서물서물하다. =벌레가 기어가는지 등짝이 스멀스멀하다. ☞수물수물하다.

서실[_-] 명 서슬. 언행 따위가 독이 올라 날카로운 기세. ¶【관용구】서실이 퍼렇다. =서슬이 푸르다.

서어푸다[_-_] 형 서글프다. ☞서거푸다.

서울수시[_--_] 명 ((식물))장목수수.

서이[_-] 수 셋. 삼(三). ①사람 셋. ¶【속담】죽운 최가 한나가 산 김가 서이로 당는다. =죽은 최가 하나가 산 김가 셋을 당한다. ②개수 세 개째. ¶한나, 두얼, 서이, 너이, 다아, 여어. =하나, 둘, 셋, 넷, 다섯, 여섯.

서쭉[_-] 명 서쪽(西-). ¶【속담】해가 서쭈서 뜨겠다. =해가 서쪽에서 뜨겠다.

서투루다[__-_] 형 서투르다. 솜씨가 일 따위에 익숙하거나 능숙하지 못하다. ¶【속담】서투룬 이원이 쌩사람 잡는다. =서투른 의원이 생사람 잡는다.

석노[성노 -_] 명 ((석류))석류(石榴). 석류나무의 열매. ¶【속담】석노는 널찌도 안 널찌는 유자 부릅어 안한다. =석류는 떨어져도 안 떨어지는 유자 부러워 않는다.

석동망새이[석동망새~이 ___-_] 명 석동무니. 윷놀이에서, 석 동이 한데 포개져서 가는 말. ☞석동사이.

석동빼이[석동빼~이 __-_] 명 석동내기. 석 동을 내도록 정한 윷놀이. ☞시동빼이.

석동사이[석동사~이 __-_] 명 석동무니. ☞석동망새이.

선걸움에[선거루메 _-__] 뿌 선걸음에. 이미 내디뎌 걷고 있는 그대로의 걸음으로. ¶잠시 갔다가 선걸움에 오뿠다. =잠시 갔다가 선걸음에 와버렸다.

선나[_-] 명 조금. 적은 정도나 분량. *서너+낱. ¶양석이 선나빽이 안 남았다. =양식이 조금밖에 안 남았다. ☞선떠꺼리. 시떠꺼리. 조곰. 조굼. 째깨이. 째매이. 쪼깨이. 쪼꿈. 쪼매이.

선다선다[-_-_] 감 섬마섬마. 어린아이가

ㅅ

혼자 걷는 법을 익힐 때, 어른이 아이를 붙들고 있던 손을 떼면서 내는 말.

선떠꺼리[_ _-_] 명 조금. *선(서너)+떠꺼리(낱). ☞선나. 시떠꺼리. 조곰. 조굼. 째깨이. 째매이. 쪼깨이. 쪼꿈. 쪼매이.

선머숨아[선머수마 _-_-] 명 선머슴. 차분하지 못하고 매우 거칠게 덜렁거리는 사내아이. ¶가서나가 선머숨아맨치로 논다. =계집애가 선머슴처럼 논다. ☞선머심아.

선머심아[선머시마 _-_-] 명 선머슴. ☞선머숨아.

선비이다[_--_] 동 선보이다. 처음으로 내놓아 보여 주다. ¶이 사램을 우리 할배인데 선비이고 집어예. =이 사람을 우리 할아버지께 선보이고 싶어요.

선사[_-] 명 선물(膳物). *표준어 '선사(膳賜)'는 '남에게 선물을 주는 행위'를 뜻하지만 창녕방언에서는 '선물' 그 자체를 뜻한다. ¶사우가 선사로 한 아람 아둠꼬 왔다. =사위가 선물을 한 아름 안고 왔다.

선상노롯[선상노롣 _ _-_] 명 선생노릇(先生--). '선생으로서의 구실'을 낮추어 이르는 말. ¶선상노롯을 하기가 고래 숩우까이. =선생노릇을 하기가 그리 쉬우랴. ☞선상노릇. 선상질.

선상노릇[선상노륻 _ _-_] 명 선생노릇(先生--). ☞선상노롯. 선상질.

선상님[_-_] 명 선생님(先生-). *창녕방언에서 '선상님'은 '교사(敎師)'를 지칭하거나 호칭할 때 사용한다. ¶선상님이 닐로 이래 갈차더나? =선생님이 너를 이리 가르치더냐? ☞세엠.

선상질[_-_] 명 선생노릇(先生--). ☞선상노롯. 선상노릇.

선새북[_-_] 명 선새벽(先--). 아직 어둠이 가시지 않은 이른 새벽. ¶나만사람들은 선새북에 일난다. =노인네들은 선새벽에 일어난다.

선윗임[선위심 _-_] 명 선웃음. 우습지도 않은데 꾸며서 웃는 웃음. ¶【관용구】선윗임을 윘다. =선웃음 웃다.

선질로[-_ _] 부 선길에. 지체함 없이 바로. ¶아부지 미시고 선질로 댕기 온나. =아버지 모시고 선길에 다녀오너라.

섣달그뭄날[_ _--_] 명 섣달그믐날. 음력으로 한 해의 마지막 날. ¶【속담】섣달그뭄날 개밥 퍼 주딧기. =섣달그믐날 개밥 퍼 주듯.

설그물[--_] 명 걸그물. 물고기가 지나다가 그물에 말리거나 그물코에 걸리도록 하여 잡는다. ☞초꼬.

설도[--] 명 설두(設頭). 앞장서서 일을 주선함. ¶이 질은 앞집 아재 설도로 딲은 기다. =이 길은 앞집 아저씨 설두로 닦은 거다.

설도하다[--_ _] 동 설두하다(設頭--). 앞장서서 일을 주선하다. ¶이분 일은 자네가 설도하는 기이 좋울다. =이번 일은 자네가 설두하는 게 좋겠다.

설리발이[설리바리 _ _-_] 명 설레발. 몹시 서두르며 부산하게 구는 행동. ¶【관용구】설리발이로 치다. =설레발을 치다.

설마더라[--_ _] 부 설마하니. 아무리 그러하기로. ¶【속담】설마더라 산 입에 거무줄 치까이. =설마한들 산 입에 거미 줄 치랴. ☞설마더리.

설마더리[--__] 부 설마하니. ☞설마더라.

설매[--] 부 설마. 그럴 리가 없지만 혹시. ¶【속담】설매가 사람 잡는다. =설마가 사람 잡는다. ☞실마.

설아래[서라래 __-] 명 세밑(歲-). 한 해가 끝날 무렵인 설을 앞둔 섣달 그믐께를 이른다. *설+아래. ¶이분 설아래는 엄청시리 춥웠다. =이번 세밑에는 엄청나게 추웠다.

설알내[서랄래 _-_] 부 세밑까지(歲---). *설+아래+내내. ¶저가부지 머리 설알래 고상했다. =애아버지 때문에 세밑까지 고생했다.

설치대다[-_-_] 동 설쳐대다. ①급히 서두르며 덤비다. ¶가실한다꼬 설치댄다. =추수하느라고 설쳐댄다. ②잠을 이루지 못하다. ¶잠을 설치댔더마는 골이 아푸다. =잠을 설쳐댔더니 골이 아프다.

설치리[__-] 명 설빔. 설을 맞이하여 새로 장만하여 입거나 신는 옷, 신발 따위.

섧다[설따 _-] 형 서럽다. 원통하고 슬프다. ¶【관용구】둘째가라마 섧다. =둘째가라면 서럽다. *섧고[설꼬 _-], 섧지[설찌 _-], 섧어[설버 __], 섧었다[설번따 __-]. ☞서룹다. 섭하다.

섧움[설붐 _-] 명 설움. 서럽게 느껴지는 마음. ¶【속담】늙으마 섧움이 많애진다. =늙으면 설움이 많아진다.

섬뚝시럽다[1][__-__] 형 섬뜩하다. 갑자기 소름이 끼치도록 무섭고 끔찍하다. ¶약 묵고 죽은 사램을 본께네 섬뚝시럽더라. =약 먹고 죽은 사람을 보니까 섬뜩하더라.

섬뚝시럽다[2][__-__] 형 엄청나다. 양이나 정도가 짐작이나 생각보다 많거나 대단하다. ¶【속담】하찮은 거짓말이 섬뚝시럽운 거짓말로 덴다. =하찮은 거짓말이 엄청난 거짓말로 된다. ☞엄첩다.

섭씰리다[__-_] 동 섭슬리다. 함께 섞여 휩쓸리다. ¶몬뗀 친구캉 섭씰리마 안 덴다. =못된 친구랑 섭슬리면 안 된다. ☞썹씰리다. 씹씰리다.

섭하다[서파다 --_] 형 서럽다. ☞서룹다. 섧다.

섯부리[서뿌리 _-_] 부 섣불리. 솜씨가 설고 어설프게. ¶섯부리 장시 시작지 마라. =섣불리 장사 시작하지 말라. ☞헛불리.

성[-] 명 형(兄). 형제자매나 친분이 두터운 사람 중에서 나이가 많은 사람을 가리키거나 부르는 말. ☞새이. 시야. 시이. 엉가. 히야. 히이.

성가실다[---_] 형 성가시다. ☞군시럽다. 송싢다.

성객[성깩 -_] 명 성격(性格). ¶성객이 캐알하다. =성격이 쾌활하다. ☞성긱.

성긱[성끽 -_] 명 성격(性格). ☞성객.

성냥깐[__-] 명 대장간. ☞불미깐. 풀무깐.

성냥꾼[__-] 명 대장장이. ☞대장재이. 팬수. 핀수.

성님[-_] 명 형님(兄-). ①남자의 경우에, '친형(親兄)'을 높여 이르는 말. ¶우리 성님캉 내는 다앗 살 차이가 나예. =우리 형님과 나는 다섯 살 차이가 나요. ②여자의 경우에, 손위 시누이나 손위 동서를 이르는 말. ¶성님, 나무지기 설거지는 우리가 하께예. =형님, 나머지 설거지는 우리가 할게요. ③남자의 경우에, 자기보다 나이가 많은 아내의 오빠를 이르는 말. ¶성님, 장인어룬 모시고 한분 놀로 가께예. =형님, 장인어른 모시고 한번 놀러 갈게요. ④남자의 경우에, 손위 동서를 이르는 말. ⑤남자의 경우에, 친족 간이 아니라도 자신보다 나이가 많은 남자를 스스럼없이 높여 이르는 말. ☞행님.

성양[--] 명 성냥. 마찰에 의하여 불을 일으키는 물건. ¶【관용구】성양을 기리다. =성냥을 긋다.

성양까치[__-_] 명 성냥개비. ☞성양알캐이.

성양알캐이[성양알캐~이 -__-_] 명 성냥개비. ☞성냥까치.

성지[-_] 명 형제(兄弟). 형과 아우. ¶너거 성지들은 착해 빠졌다. =너희 형제들은 착해 빠졌다. ☞헝지.

성지간[-__] 명 형제간(兄弟間). 형과 아우 사이. ¶우옛기나 성지간에 잘 지내거라. =어쨌거나 형제간에 잘 지내라. ☞헝지간.

세[_] 명 유세(有勢). ①세력이 있음. ¶세가 이만저마이가 아이다. =유세가 이만저만이 아니다. ②자랑삼아 세력을 부림. ¶세로 언가이 부리네. =유세를 어지간히 부리네.

세다[__] 동 쇠다. ①열매채소나 잎채소가 너무 자라서 열매나 잎이 뻣뻣하고 억세게 되다. ¶물이가 세뿌서 씨나 받아야 델다. =오이가 쇠어버려서 씨앗이나 받아야 되겠다. ②명절을 맞이하여 지내다. ¶【속담】넘우 떡에 설 센다. =남의 떡에 설 쇤다. ☞시다.

세실까다[__-_] 동 세설하다(細說--). 쓸데없이 자질구레하게 계속 말을 늘어놓아 말하다. ¶세실까니라 날시안다. =세설하느라 밤새운다.

세아다[1][-__] 동 세우다. '서다'의 사동사. ①사람이나 동물이 발을 땅에 대고 다리를 쭉 뻗으며 몸을 곧게 하다. ¶【속담】서울 인심 세아낳고 코 비이 간다. =서울 인심 세워놓고 코 베 간다. ②처져 있거나 넘어진 것을 똑바로 위를 향하여 곧게 하다. ¶【속담】송굿 세알 땅도 없다. =송곳 세울 땅도 없다. ③계획, 결심, 자신감 따위가 마음속에 이루어지게 하다. ¶계액을 세안 대로 하자. =계획을 세운 대로 하자. ④기계 따위가 작동이 멈추도록 하다. ¶기운기 세안 짐에 참시 신다. =경운기 세운 김에 잠시 쉰다. ⑤체면 따위가 바로 유지되게 하다. ¶【관용구】치민을 세아다. =체면을 세우다. ⑥줄을 짓게 하다. ¶줄로 세아바라. =줄을 세워봐라. ☞시아다.

세아다[2][-__] 동 쇠게 하다. '쇠다'의 사동사. 열매채소나 잎채소가 너무 자라서 열매나 잎이 뻣뻣하고 억세게 되도록 하다. ¶열무시 이푸리로 세아서 몬 무울다. =열무 이파리를 쇠게 해서 못 먹겠다. ☞시아다.

세아리다[__-_] 동 세다. 수효를 하나씩 헤아리다. ¶【속담】삘가리 까기도 전에 삘가리 세아린다. =병아리 까기도 전에 병아리 헤아린다. ¶【속담】끼을밪은 녀이 밭고랑 세아리고 끼을밪은 넘이 책장 세아린다. =게으른 년이 밭고랑 세고 게으른 놈이 책장 센다. ☞세알리다. 시아리다. 시알리다.

세알리다[__-_] 동 세다. ☞세아리다. 시아리다. 시알리다.

세양삐들[--__] 명 ((식물))수양버들(垂楊--).

세엠[--] 명 선생님(先生-). ☞선상님.

세이버석[세~이버석 __-_] 명 ((식물))송이(松栮). ¶【속담】좆도 모루민서 세이버석 따로 간다. =좆도 모르면서 송이 따러 간다.

섹히[세키 --] 부 속히(速-). 꽤 빠르게. ¶【속담】섹히 덥한 방이 숩기 식는다. =속히 더운 방 쉬 식는다.

소거룸[_-] 명 소두엄. 외양간 소에게서 나온 두엄. ☞소마구거룸.

소골채이[소골채~이 __-_] 명 ((식물))쑥부쟁이.

소곰[_-] 명 소금. ¶【속담】소곰이 신다. =소금이 쉰다. ¶【속담】소곰 지무운 넘이 물 씬다. =소금 집어먹은 놈이 물 쓴다. ☞소굼.

소구루마[__-_] 명 소달구지. *'구루마'는 일본어 'くるま'에서 온 말. ¶【속담】마리 넘운 소구루마 니러가기다. =마루 넘은 소달구지 내려가기다.

소구리[_-_] 명 소쿠리. ①대나 싸리로 엮어 테가 있게 만든 그릇. ¶【속담】쌩지 보리밥 소구리에 덜락기리듯기. =생쥐 보리밥 소쿠리에 들락거리듯. ②흙이나 쓰레기, 거름 따위를 '삼태기'에 담아 그 분량을 세는 단위. ¶여물로 여어 소구리썩이나 끓있다. =여물을 여섯 소쿠리씩이나 끓였다. ☞소꾸리.

소구시[_-_] 명 소구유. 소에게 먹이를 담아 주는 그릇. ☞구시. 소죽구시.

소굴채이[소굴채~이 __-_] 명 ((식물))소리쟁이.

소굼[_-] 명 소금. ☞소곰.

소굼재이[소굼재~이 __-_] 명 ((동물))게아재비. 게아재비는 장구애비과에 딸린 곤충으로 민물에 산다. 몸은 막대 모양으로 매우 가늘고 길다. 몸 색깔은 회갈색 또는 연한 황갈색을 띠며, 몸에서 광택이 난다. 창녕방언에서 '게아재비'는 '소굼재이' 혹은 '엿재이'라 일컫는다. 표준어 '소금쟁이'는 창녕방언에서는 '물꺼무'로, 이는 '게아재비'와는 다른 곤충이다. '엿재이'라는 이름은 '게아재비' 똥구멍에서 엿냄새가 난다는 데에서 유래한 이름이다. ¶소굼재이 똥구뭉을 빨마 엿 내미가 난다. =게아재비 똥구멍을 빨면 엿 냄새가 난다. ☞소꼴재이. 엿재이.

소기기[__-] 명 쇠고기. 음식으로 먹는 소의 고기.

소꼬랑대이[소꼬랑대~이 ___-_] 명 소꼬리. 소의 꼬리. ¶【속담】비 오는 날 소꼬랑대이 겉다. =비 오는 날 소꼬리 같다.

ㅅ

소꼬빼이[소꼬빼~이 _ _-_] 명 쇠코뚜레. ☞꼬빼이.

소꼴망태기[_ _ _-_] 명 꼴망태. 소나 말이 먹을 꼴을 베어 담는 도구.

소꼴재이[소꼴재~이 _ _-_] 명 ((동물))게아재비. ☞소굼재이. 엿쟁이.

소꾸라다[1][_ _-_] 동 데치다. 채소 따위를 끓는 물에 잠깐 넣어 슬쩍 익히다. ¶정구치는 살쨕이 소꾸라야 덴다. =부추는 살짝 데쳐야 된다. ☞디치다. 소쿠라다.

소꾸라다[2][_ _-_] 동 고다. 고기나 그 뼈를 진액이 나오도록 오래 푹 끓이다. ¶미꾸래이는 폭 소꾸라야 지 맛이 난다꼬예? =미꾸라지는 푹 고아야 제 맛이 난다고요? ☞고아다. 소쿠라다.

소꾸리[_-_] 명 소쿠리. ☞소구리.

소꾸리궁디이[소꾸리궁디~이 _-_ _-_] 명 소쿠리엉덩이. 엉덩이가 소쿠리처럼 생긴 것을 이르는 말.

소꿈[-_] 명 속. 솎아서 묶은 채소. *솎-음>소끔>소꿈. ¶풋 이푸리 한 소꿈. =풋이파리 한 속.

소더방[_-_] 명 솥뚜껑. ¶【속담】소더방에 엿을 붙이 낳았나. =솥뚜껑에 엿을 붙여 놓았나. ¶【속담】소더방으로 자래 잡는다. =솥뚜껑으로 자라 잡는다. ☞소더배이. 솥띠끼이.

소더배이[소더배~이 _ _-_] 명 솥뚜껑. *'소더배이'는 '소더방+-앵이(접미사)'로 구성된 말이다. '-앵이'는 창녕방언에서 생산적으로 발견되는 접미사이다. '얌/염새이(염소), 토깨/까이(토끼), 미꾸래이(미꾸라지), 꼬빼이(고삐)' 등 숱하게 나타난다. ☞소더방. 솥띠끼이.

소더배이꼭따리[소더배~이꼭따리 _ _-_ _-_] 명 소댕꼭지. 소댕의 한가운데에 뾰족하게 튀어나온 손잡이.

소더배이운전수[소더배~이운전수 _ _-_ _ _-] 명 가정주부(家庭主婦). '가정주부'를 낮잡아서 이르는 말.

소독소독[_ _ _-] 부 소복소복. 담기거나 쌓여 있는 것이 여럿이 다 볼록하게 많은 모양을 나타내는 말. ¶장독 우에 누이 소독소독 쌓있다. =장독 위에 눈이 소복소복 쌓였다.

소독이[소도기 _ _-] 부 소복이. ①쌓이거나 담겨 볼록하여 탐스럽게. ¶밤캉 대추가 접시에 소독이 담기 있다. =밤과 대추가 접시에 소복이 담겨 있다. ②식물이나 털 따위가 조금 길고 촘촘하게. ¶송안치 터리기가 소독이 나 있다. =송아지 털이 소복이 나 있다. ③살이 찌거나 부어 볼록하게. ¶울우서 눈뚜부리가 소독이 붓었다. =울어서 눈두덩이 소복이 부었다. ☞소딕이. 소부래기. 소빅이.

소독하다[_ _-_] 형 소복하다. ¶암딹이 여럽조시로 소독하이 까낳았다. =암탉이 열쭝이를 소복하게 까놓았다.

소딕이[소디기 _ _-] 부 소복이. ☞소독이. 소부래기. 소빅이.

소똥꼬부레이[소똥꼬부레~이 _ _ _ _-_] 명 ((식물))민들레. ☞진달래.

소똥벌거재이[소똥벌거재~이 _ _ _ _-_] 명

((동물))쇠똥구리.

소래꼬디이[소래꼬디~이 _-_-_] 명 ((동물))다슬기. *소래(시내)+꼬디이(고동). ☞꼴부리.

소롬[-_] 명 소름. ¶【관용구】소롬이 일나다. =소름이 일다. ☞소룸.

소롭[_-] 명 위치(位置). ¶소롭을 갈차조야 가던동 하지. =위치를 가르쳐줘야 가든지 하지.

소롯이[소로시 _-_] 부 고스란히. ①건드리지 아니하여 조금도 축이 나거나 변하지 아니하고 그대로 온전한 상태로. ¶저심 무운 거로 소롯이 게아냈다. =점심 먹은 걸 고스란히 게워냈다. ②((주로 '당하다'와 함께 쓰여)) 손쓸 수 없이 그대로. ¶이대로 앉이서 소롯이 당알 수만은 없다. =이대로 앉아서 고스란히 당할 수만은 없다. ☞고시라이. 솔배기.

소룸[-_] 명 소름. ☞소롬.

소리[-_] 명 노래. ¶【관용구】소리로 하다. =노래를 부르다. ¶【속담】내가 부루고 집운 소리로 사도이 부룬다. =내가 부르고 싶은 노래를 사돈이 부른다.

소리개[_-_] 명 ((동물))솔개. ¶【속담】소리개도 오래 데마 꽁을 잡는다. =솔개도 오래 되면 꿩을 잡는다. ¶【속담】까마구 둥주리에 소리개 들앉있다. =까마귀 둥지에 솔개 들앉았다.

소리도 매도 없이[-__ -_ __] 구 인기척도 없이. ¶소리도 매도 없이 오가꼬 머라칸다. =인기척도 없이 와서 야단친다.

소릿질[1][소리찔 _-_] 명 소로(小路). 폭이 좁은 호젓한 길.

소릿질[2][소리찔 _-_] 명 지름길. ①멀리 돌지 않고 가깝게 질러 통하는 길. ¶【속담】소릿질은 종종 질이다. =지름길은 종종 길이다. ②가장 쉽고 빠른 방법을 비유적으로 이르는 말. ¶공부하는 기이 출시 소릿질이다. =공부하는 게 출세 지름길이다. ☞지룸질.

소마구[__-] 명 외양간(--間). ☞마구. 마구깐. 소마굿간.

소마구거룸[____-] 명 소두엄. ☞소거룸.

소마굿간[소마구깐 ___-] 명 외양간(--間). ☞마구. 마구깐. 소마구.

소목[_-] 명 손목. 손과 이어지는 팔의 끝부분. ¶【관용구】소목을 잡고 말기다. =손목을 잡고 말리다. ☞소묵. 손묵. 종목.

소묵[_-] 명 손목. ☞소목. 손묵. 종목.

소박떠기[_--_] 명 소박데기. 남편에게 소박(疏薄)을 맞은 여자를 얕잡아 이르는 말. ¶【속담】비 맞고 온 소박떠기 꼬라지. =비 맞고 온 소박데기 꼴.

소백이[소배기 _-_] 명 소박이. 소를 넣어서 만든 음식을 통틀어 이르는 말. ¶물이소백이(오이소박이). ☞쏙박지.

소버짐[_-_] 명 진버짐. 피부병의 한 가지.

소벌[--] 명 우포늪(牛浦-). 경상남도 창녕군에 있는 자연습지. ¶【속담】소벌 기우리 임재 있나. =우포늪 기러기 임자 있나.

소부래기[__-_] 부 소복이. ☞소독이. 소딕이. 소빅이.

소붕알[_-_] 명 쇠불알. 소의 불알. ¶【관용구】오니얼 소봉알 늘어지딧기. =오뉴월 쇠불알 늘어지듯. ¶【속담】소봉알 보고 하릿불 매런한다. =쇠불알 보고 화롯불 마련한다.

소비름[_ _-] 명 ((식물))쇠비름.

소빅이[소비기 _ _-] 부 소복이. ☞소독이. 소딕이. 소부래기.

소뿔따구[_ _-_] 명 쇠뿔. ¶【속담】소뿔따구도 단짐에 빼라캤다. =쇠뿔도 단김에 빼랬다.

소삼정[_ _-] 명 덕석. 겨울에 소를 추위에 보호하기 위해 등짝에 입히는 작은 멍석. ☞삼정.

소상[_-] 명 소생(所生). *표준어에서 '소생'은 자기가 낳은 자식을 뜻하지만, 창녕 방언에서는 이 뜻에 근본을 두고 있지만 원래 의미에서 변이된, 못된 짓을 하는 자기 자식이나 다른 사람의 아이를 두루 일컫는 말이다. ¶에라이, 문디이 소상아! =에라, 문둥이 소생아! ☞삼시랑.

소시랑풀[_ _-_] 명 ((식물))개쇠스랑개비.

소시래이[소시래~이 _ _-_] 명 쇠스랑. 쇠로 서너 개의 발을 만들고 자루를 박아 갈퀴 모양으로 만든 농기구. ¶【속담】소시래이 발은 시 개라도 입은 한 치다. =쇠스랑 발은 세 개라도 입은 한 치다.

소시절[_-_] 명 소싯적(少時-). 젊었을 때. ¶저 아재는 소시절에 지북 잘 나갔다. =저 아저씨는 소싯적에 제법 잘 나갔다.

소실바람[소실빠람 _ _ _-] 명 소슬바람(소슬蕭瑟--). 으스스하고 쓸쓸하게 부는 가을바람. ¶소실바람 부는머리 칩다. =소슬바람 불어서 춥다.

소쌀밥[--_] 명 ((식물))쇠뜨기. ☞끼띠기. 소찰밥.

소아[_-] 명 소화(消化). 섭취한 음식물을 분해하여 영양분을 흡수하기 쉬운 형태로 변화시키는 작용. ¶저심을 급하기 무윴더마는 소아가 잘 안 데네. =점심을 급하게 먹었더니만 소화가 잘 안 되네.

소아씨기다[_ _-_ _] 동 소화시키다(消化---).

소양[_-] 명 소용(所用). 무엇에 쓰임. ¶【속담】저 건니 빈터서 잘사던 자랑하마 무순 소양 있노. =저 건너 빈터에서 잘살던 자랑하면 무슨 소용 있나.

소양없다[소양엄따 _-_ _] 형 소용없다(所用--). ¶【속담】가실비 소양없고, 봄비 내삐릴 꺼 없다. =가을비 소용없고, 봄비 내버릴 것 없다. ¶【속담】사당을 아모리 잘 지있기로 지사 몬 지내마 소양없다. =사당을 아무리 잘 지었기로 제사를 못 지내면 소용없다. ☞일없다.

-소오[_ _] 어 -소. ((하오할 자리에 쓰여)) 설명이나 의문의 뜻을 나타내는 종결어미. *'-이소오오'는 신분적으로 화자보다 확연히 높아 청자에게 편하게 대할 수 없는 경우에 실현되며, '-소오'는 청자와 화자의 관계가 편한 사이거나 청자의 신분을 확실히 모르는 경우에 실현된다. ¶지익에 놀로 오소오. =저녁에 놀러 오소.

소올하다[-_ _ _] 형 소홀하다(疏忽--). 어

떤 일을 예사롭게 여겨서 정성이나 조심하는 마음이 부족하다. ¶【관용구】대집이 소올하다. =대접이 소홀하다.

소옴[-_] 명 효험(效驗). ¶【속담】동네 무당은 소옴 없다. =동네 무당은 효험 없다.

소이[소~이 _-] 조 세요. *'소이'에서 '-이'는 문장 끝에 오는 일종의 문말 끝 요소인데, 청유형 종결어미에 붙는 친밀 특수조사이다. 창녕방언에서는 '소이'가 하나의 어미처럼 굳어, '-세요'와 구별된다. '소이'는 '-세요'보다 훨씬 부드럽게 인식된다. ¶잘 살피 가이소이. =잘 살펴 가세요.

소임하다[-___] 동 손님하다. '천연두(天然痘)'를 앓다. *홍역(紅疫)은 어차피 환자가 겪어야 할 소임이라는 뜻에서 온 말. ¶【관용구】소임을 앓다. =손님마마를 하다. ☞가게하다.

소자[_-] 명 효자(孝子). ¶【속담】집이 가난하마 소자가 나고 나라가 어지럽우마 충시이 난다. =집이 가난하면 효자가 나고 나라가 어지러우면 충신이 난다.

소잡다[소잡따 _-_] 형 비좁다. ¶방이 마이 소잡다. =방이 많이 비좁다. ☞비잡다.

소재이[소재~이 _-_] 명 쇠살쭈. 사고파는 소의 흥정을 붙이는 사람.

소죽구시[__-_] 명 소구유. ☞구시. 소구시.

소죽바가치[-__-_] 명 쇠죽바가지(-粥---). ☞감바가치.

소지[1][-_] 명 소주(燒酒). ¶【관용구】소지로 니라다. =소주를 내리다. ☞쏘지. 쐬주.

소지[2][_-] 명 소제(掃除). ¶방마당 칼큻기 소지로 했다. =방마다 깨끗하게 소제를 했다.

소지슬물[_-__] 명 쇠지랑물. 외양간 뒤에 괸, 소의 오줌이 썩어서 검붉게 된 물. 거름으로 쓴다. ¶오데서 소지슬물 내미가 난다. =어디서 쇠지랑물 냄새가 난다.

소지조오[소지조~오 _--_] 명 소지(燒紙). 주로 무속에서 무녀들이 흰 한지(韓紙)를 태우는데, 무속뿐만 아니라 유교적 동제에서도 소지를 한다. '소지'라는 말은 '종이를 태우는 행위'와 '태울 종이'를 말한다. '소지 한다', '소지를 올린다'라고 할 경우는 전자이고, '소지 몇 장'이라 할 때에는 후자가 된다. 후자를 명확히 구별하기 위해서는 '소지조오'라고 한다.

소짝새[_-_] 명 ((동물))소쩍새. ¶【속담】소짝새가 울우야 봄밤인 줄로 안다. =소쩍새가 울어야 봄밤인 줄을 안다. ☞소쭉새.

소쭉새[_-_] 명 ((동물))소쩍새. ☞소짝새.

소찰밥[--_] 명 ((식물))쇠뜨기. ☞끼띠기. 소쌀밥.

소쿠라다[1][__-_] 동 데치다. ☞디치다. 소꾸라다.

소쿠라다[2][__-_] 동 고다. ☞고아다. 소꾸라다.

소터리기[__-_] 명 쇠털. 소의 털. ¶【관용구】소터리기 겉이 많고 많은 날. =쇠

ㅅ

털 같이 많고 많은 날. ¶【속담】소터리기 빼서 지 구뭉에 꼽는다. =쇠털 뽑아 제 구멍에 꽂는다.

소파리[-__] 명 ((동물))쉬파리. ¶【속담】소파리 똥 갈기듯기 한다. =쉬파리 똥 깔기듯 한다.

속딱하다[속따카다 __-_] 형 오붓하다. ①홀가분하면서 아늑하고 정답다. ¶우리 식구찌리 속딱하이 산다. =우리 식구끼리 오붓하게 산다. ②살림 따위가 옹골지고 포실하다. ¶살림살이로 속딱하기 장만해낳았다. =살림살이를 오붓하게 장만해놓았다. ☞쏙딱하다. 혹딱하다.

속박지[속빡지 _-_] 명 소박이. ☞소백이.

손[_] 명 자식(子息). ①어린아이에게 욕하여 이르는 말. '놈'처럼 낮춘 말로 흔히 남자에게 쓰는 말이다. ¶그놈우 손들이 밭에 들오서 다 삐대낳았다. =그 놈의 자식들이 밭에 들어와서 다 밟아 놓았다. ②'어린아이'나 '손아랫사람'을 귀엽고 친근하게 이르는 말. ¶이넘우 손들아 시방 머 하노? =이놈의 자식들아 지금 뭐 하니? ③자기의 아들이나 딸을 낮추어 이르는 말. ¶우리 손들이사 착해빠짔지예. =우리 자식들이야 착해빠졌지요. ☞자석.

손고동[송꼬동 --_] 명 깍지. 손가락에 끼고 논을 맬 수 있도록 대나무 토막으로 만든 연모. ☞고동.

손구루마[손꾸루마 ---_] 명 손수레.

손까시리기[___-_] 명 손거스러미.

손깝육깝[----] 명 손놀림. *'손깝육깝'은 '-도 안 한다'와 어울려 부정적인 의미로만 쓴다. ¶저놈우 손들은 손깝육깝도 안한다. =저놈의 자식들은 손놀림도 않는다.

손꿈[-_] 명 손금. 손바닥의 살갗에 난, 줄무늬를 이룬 잔금.

손꿈재이[손꿈재~이 -___] 명 손금쟁이. 손금을 보아주는 일을 업으로 하는 사람.

손끈티이[손끈티~이 __-_] 명 손끝. ①손가락의 끝. ¶【관용구】손끈티이에 잽히다. =손끝에 잡히다. ②일하는 것이 빈틈이 없이 야무지다. ¶【관용구】손끈티이가 맵다. =손끝이 맵다.

손님재죽[-___] 명 마맛자국. 천연두를 앓고 난 후 딱지가 떨어진 자리에 생긴 얽은 자국.

손등더리[손뜽더리 __-_] 명 손등. 손의 바깥쪽. ¶손등더리가 부섰다. =손등이 부었다.

손띠다[--_] 동 손떼다. ①하던 일에서 벗어나 중도에 그만두다. ¶언자는 노름에 손띴어예. =이제는 노름에 손뗐어요. ②하던 일을 다 마쳐 끝을 내다. ¶하던 일로 손띠기 뎄다. =하던 일을 손떼게 됐다.

손맞잽이[손마째비 __-_] 명 손맞잡이. 두 사람 이상이 어떤 일을 할 때 서로 손발을 맞추는 사람. ¶손맞잽이가 좋아서 일이 수욿다. =손맞잡이가 좋아서 일이 수월하다.

손매디[_-] 명 손마디. 손가락의 마디. ¶손매디가 굵우짔다. =손마디가 굵어졌다.

손모간지[_ _-_] 명 손모가지. '손목'을 낮잡아 이르는 말. ¶손모간지로 뿔라낳알 끼다. =손모가지를 부러뜨려놓을 거다. ☞손묵띠기.

손묵[_-] 명 손목. ☞소목. 소묵. 종목.

손묵띠기[_ _-_] 명 손모가지. ☞손모간지.

손묵시게[손묵시게 _ _-_] 명 손목시계(--時計).

손버릇[손뻐륻 --_] 명 손버릇.

손부꾸룹다[손부꾸룹따 ----_] 형 손부끄럽다. 무엇을 주거나 받으려고 남에게 손을 내밀었다가 허탕이 되어 무안하고 부끄럽다. ¶【관용구】손부꾸룹기 맨들다. =손부끄럽게 만들다.

손뻭[--] 명 손뼉. ¶【속담】한 손우로는 손뻭을 몬 친다. =한 손으로는 손뼉을 못 친다. ¶【속담】비파 민 넘이 손뻭 친께네 칼 씬 넘도 손뻭 친다. =비파 맨 놈이 손뼉 치니까 칼 쓴 놈도 손뼉 친다. ☞손삑.

손삑[--] 명 손뼉. ☞손뻭.

손사리[--_] 명 손사래. ☞사리.

손수군[손쑤군 --_] 명 손수건(-手巾). ¶【관용구】손수군을 적사다. =손수건을 적시다.

손숩다[손숩따 --_] 형 손쉽다. 일을 처리하기가 전혀 힘들지 않다. ¶【관용구】손숩기 해치아다. =손쉽게 해치우다.

손씨다[--_] 동 손쓰다. 시기를 놓치면 안 될 일에 대해 필요한 조치를 취하다. ¶【속담】인색한 부재가 손씨는 가난배이보담 낫다. =인색한 부자가 손쓰는 가난뱅이보다 낫다.

손아구[_-_] 명 손아귀. ①엄지손가락과 다른 네 손가락과의 사이. ¶【관용구】손아구에 잽히다. =손아귀에 잡히다. ②손으로 쥐는 힘. ¶【관용구】손아구가 씨다. =손아귀가 세다. ③세력이 미치는 범위. ¶【관용구】손아구에 들오다. =손아귀에 들어오다. ¶【관용구】손아구에 옇다. =손아귀에 넣다. ☞아구.

손아리[--_] 명 손아래. 자기보다 나이나 항렬, 지위 따위가 아래인 관계. 또는 그러한 관계에 있는 사람. ¶손아리 동시. =손아래 동서.

손애[소내 _-] 명 손해(損害).

손애보다[소내보다 _--_] 동 손해나다(損害--). ¶집값이 마이 널찌서 크기 손애 봤다. =집값이 많이 떨어져 크게 손해났다.

손우[--] 명 손위. 자기보다 나이나 항렬, 지위 따위가 위인 관계. ¶손우 만동시. =손위 만동서.

손재죽[_ _-] 명 손자국. 손을 대거나 손이 닿았던 흔적.

손잽이[손재비 --_] 명 손잡이. ¶소두배이는 손잽이가 달리있다. =솥뚜껑은 손잡이가 달려있다.

손지[_ _] 명 손자(孫子). ¶【속담】손지인데도 비알 끼 있다. =손자에게도 배울 게 있다.

손집[손찝 --] 명 한삼(汗衫). 손을 가리기 위하여서 한복의 윗옷 소매 끝에 흰 헝겊으로 길게 덧대는 소매. ☞항건.

손텁[_-] 명 손톱. ¶【속담】손텁 밑에 씨

씰라 =손톱 밑에 쉬슬라. ¶【속담】손텁 밑에 까시 든 줄은 알아도 염통 밑에 씨씰는 줄운 모른다. =손톱 밑에 가시 든 줄은 알아도 염통 밑에 쉬스는 줄은 모른다. ☞손툽.

손텁깩이[손텁깨끼 _ _-_] 명 손톱깎이. ☞ 손툽깩이.

손툽[_-] 명 손톱. ☞손텁.

손툽깩이[손툽깨끼 _ _-_] 명 손톱깎이. ☞ 손텁깩이.

손훑깨[손홀깨 --_] 명 벼훑이. 두 개의 나뭇가지나 수숫대 또는 댓가지의 한끝을 동여매어 집게처럼 만들고 그 틈에 벼 이삭을 넣고 벼의 알을 훑는 농기구. ☞나락홀깨. 대홀깨. 홀깨.

손훑깨타작[손홀깨타작 --_ _ _] 명 벼훑이 타작(---打作). 벼훑이를 활용하여 곡식을 거둠. *손훑깨타작(벼훑이), 공산타작(개상타작), 훑깨타작(그네타작) 등은 근대화 이전의 탈곡방식이고 와롱기(호롱기), 탈곡기, 콤바인 등은 근대화 이후의 탈곡방식이다.

솔곳하다[솔고타다 _ _-_] 형 솔깃하다. 어떤 일에 마음이 끌리다. ¶약장시 말에 기가 솔곳하다. =약장수 말에 귀가 솔깃하다.

솔깔비[_-_] 명 솔가리. 말라서 땅에 떨어져 쌓인 솔잎. ¶【속담】소이 솔깔비 까꾸리 겉다. =손이 솔가리 갈퀴 같다. ☞깔비.

솔깨비[_-_] 명 솔가지. 꺾어서 말린 소나무의 가지. 주로 땔감으로 쓰인다. ¶【속담】싱미 억씨기는 하앙산 솔깨비다. =성미 억세기는 화왕산 솔가지다.

솔깨이불[솔깨~이뿔 _-_ _] 명 관솔불. 송진이 많이 엉긴 소나무의 가지나 옹이를 태우는 불. ¶【관용구】솔깨이불 피안 영기. =관솔불 피운 연기.

솔나무꼼밥[_-_ _ _] 명 송화순(松花筍). 송화의 어린 순. 맛이 향기로워 꽃을 훑어먹기도 하고 술 담그는 재료로 쓴다.

솔낭ㄱ[_-] 명 ((식물))소나무. *창녕방언은 '나무'에 'ㄱ'이 붙는다. 이것은 중세국어에서 'ㄱ곡용'이 남은 흔적이다. ¶【속담】개가 동지 섣달 팥죽 끓이묵고 솔낭게 올라간다. =개가 동지섣달 팥죽 끓여먹고 소나무에 올라간다. ☞솔낭구.

솔낭구[_-_] 명 ((식물))소나무. ¶솔낭구에 새가 짜다리 앉있다. =소나무에 새가 많이 앉았다. ☞솔낭ㄱ.

솔딱[_-] 부 몽땅. 있는 것을 빠짐없이 모두. ¶쏘내기 맞아서 옷이 솔딱 젖있다. =소나기 맞고 옷이 몽땅 젖었다. ☞맹창. 솔방. 솔빡.

솔방[_-] 부 몽땅. ☞맹창. 솔딱. 솔빡.

솔배기[_-_] 부 고스란히. ☞고시라이. 소롯이.

솔빠알[솔빠~알 _-_] 명 솔방울. ¶【속담】몬땐 솔낭게 솔빠알마 많다. =못된 소나무에 솔방울만 많다.

솔빡[_-] 부 몽땅. ☞맹창. 솔딱. 솔방.

솔여[솔려 -_] 명 손녀(孫女). 아들의 딸. 또는 딸의 딸. ¶울할매는 솔여뽀담아 손지를 더 이뿌한다. =우리 할머니는 손녀보다는 손자를 더 예뻐한다.

솔쪽하다[솔쪼카다 __-_] ⓗ 솔다. ①공간이 좁다. ¶방이 엄청시리 솔쪽하다. =방이 엄청나게 솔다. ②치수에 비해 작거나 좁다. ¶옷이 와 이래 솔쪽하노? =옷이 왜 이리 소니?

솟아다[소사다 _-_] ⓓ 솟구다. 몸이나 사물 따위를 빠르고 세게 날듯이 높이 솟게 하다. ¶바지랑때로 높푸당하이 솟아라. =간짓대를 높이 솟구어라.

솟이다[소시다 _-_] ⓓ 솟다. ①산과 같은 지형물이나 건물과 같은 구조물이 바닥에서 위로 나온 상태가 되다. ¶【속담】하알에서 널쨌나 따아서 솟있나. =하늘에서 떨어졌나 땅에서 솟았나. ②기운이나 힘, 화 따위가 강하게 생기다. ¶심이 불끈불끈 솟인다. =힘이 불끈불끈 솟는다. ③어떤 물체에서 연기 따위가 아래에서 위로 곧바로 오르다. ¶【속담】하늘이 뭉개지도 솟이날 구뭉이 있다. =하늘이 무너져도 솟아날 구멍이 있다. ④눈물, 땀 따위가 밖으로 다소 많이 나오다. ¶눈물이 솟이는 거로 눌루 참았다. =눈물이 솟는 것을 눌러 참았다. ⑤잇몸이 붓고 이가 흔들리다. ¶이가 솟이서 아푸다. =이가 솟아서 아프다.

솟일대문[소실대문 --__] ⓜ 솟을대문(--大門). 행랑채의 지붕보다 높이 세운 대문.

솟치다[솓치다 _-_] ⓓ 솟구치다. ①아래에서 위로, 또는 안에서 밖으로 세차게 솟아오르다. ¶새미서 물이 솟친다. =우물에서 물이 솟구친다. ②감정이나 힘 따위가 급격히 솟아오르다. ¶고 일이 새앙키마 부이 솟친다. =그 일이 생각나면 분이 솟구친다.

송굴송굴[___-] ⓑ 송골송골. ¶이망빼기에 땀이 송굴송굴 맺힜다. =이마에 땀이 송골송골 맺혔다.

송굿[송굳 _-] ⓜ 송곳. ¶【속담】송굿도 끈터머리부텀 드간다. =송곳도 끄트머리부터 들어간다. ¶【속담】탐관 밑은 암반 겉고 염관 밑은 송굿 겉다. =탐관 밑은 암반 같고 염관 밑은 송곳 같다.

송굿니[송굳니 _-_] ⓜ 송곳니. ¶【속담】송굿니가 방석니 덴다. =송곳니가 방석니 된다. ¶【속담】송굿니 가진 호래이는 뿔이 없다. =송곳니 가진 호랑이는 뿔이 없다.

송싫다[송신타 _-_] ⓗ 성가시다. ①정신이 없을 정도로 시끄럽다. ¶머섬아들이 설친께네 송싫다. =사내애들이 설치니까 성가시다. ②들볶임을 당하거나 하여 괴롭고 귀찮다. ¶모개이가 물어쌓아서 송싫다. =모기가 물어쌓아서 성가시다. *송싫고[송신코 _-_], 송싫지[송신치 _-_], 송신어서[송시너서 _--_], 송신었다[송시넏따 _--_]. ☞군시럽다. 성가실다.

송안치[_-_] ⓜ ((동물))송아지. ¶【속담】껌둥 송안치마 말키 니 송안치가? =검은 송아지면 모두 네 송아지니? ¶【속담】천동 치는 날 송안치 방깐에 띠들듯기 한다. =천둥 치는 날 송아지 방앗간에 뛰어들 듯 한다.

송에[_-] ⓜ ((동물))붕어. *창녕방언 '송에'는 '송어'가 '송에'로, ㅣ 모음 역행동화가 일어난 것이다. '붕어'가 '송어'로 불리게 된 것은 '붕어'라는 말이 임금의 죽음을 뜻하는 '崩御'와 같은 발음이라 이를 금기시한 것에서 비롯되었다는 설이 있다. ¶【관용구】송에 배따딧기. =붕어 배따듯이. ¶【속담】찐 송에가 데엤다. =찐 붕어가 되었다. ¶【속담】송에 잡아 디리하는데 개는 날 시안다. =붕어 잡아 도리기하는데 개는 날 새운다. ☞땅붕어. 히나리.

송치이[송치~이 _-_] 명 ((동물))송충이(松蟲-). ¶【속담】송치이가 갈밭에 니러왔다. =송충이가 갈밭에 내려왔다. ¶【속담】송치이는 솔잎푸리로 묵고 살아야 덴다. =송충이는 솔잎을 먹고 살아야 된다.

송핀[-_] 명 송편(松-). ¶【관용구】송핀 물었다. =송편 물었다. ¶【속담】송핀으로 목을 따 죽지. =송편으로 목을 따 죽지.

솥띠끼이[솓띠끼~이 __-_] 명 솥뚜껑. ☞소더방. 소더배이.

수[-] 명 도지(賭地). 한 해 동안에 남의 논밭을 빌려서 부치고 그 대가로 해마다 얼마씩 내기로 한 곡식을 이르는 말. ¶【관용구】수로 주다. =도지를 물다. ¶【관용구】수로 받다. =도지를 받다. ☞수곡. 수국.

수하다[--_] 명 장수하다(長壽--). 오래 살다. ¶【속담】영엄한 점바치 오래 살마 수한댄다. =영검한 점쟁이 오래 살면 장수한단다.

수건기리다[__-__] 동 수군거리다. 남이 알아듣지 못하도록 낮은 목소리로 자꾸 가만가만 이야기하다. ¶넘우 이약을 와 수건기리노? =남의 이야기를 왜 수군거리니?

수곡[--] 명 도지세(賭地貰). *표준어에서 '수곡(收穀)'은 '곡식을 거두어들이는 일'을 뜻하지만 창녕방언에서는 '도지세' 즉 '집터나 전답을 빌린 대가로 주는 곡식'을 뜻한다. ¶농사 및 도가리 지이본들 수곡 주고나마 남는 기이 없입미더. =농사 몇 논배미 지어본들 도지 물고나면 남는 것이 없습니다. ☞수. 수국.

수구라들다[__-__] 동 수그러들다. ☞까라앉다.

수구리다[_-__] 동 수그리다. 깊이 숙이다. ☞꾸꾸리다.

수국[--] 명 수곡(收穀). ☞수.

수군[_-] 명 수건(手巾). 손이나 몸을 닦기 위해서 무명이나 베 따위를 끊어서 만든 헝겊. ¶【속담】수군을 떤지다. =수건을 던지다.

수굴티리다[__-__] 동 숙이다. 숙게 하다. '숙다'의 사동사. ¶어룬인데는 머리로 수굴티리가아 인사로 해라. =어른께는 머리를 숙여서 인사를 해라. ☞식이다.

수굼파[_-_] 명 삽. *네덜란드어 'scope'를 일본식으로 발음하여 생긴 말. ¶【관용구】첫 수굼파로 뜨다. =첫 삽을 뜨다. ¶【속담】호매이로 막을 거로 수굼파로 막는다. =호미로 막을 것을 삽으로 막는다. ☞수굼포.

수굼파자리[_-__-] 명 삽자루. ☞삽자리.

수굼포자리.

수굼포[_-_] 명 삽. ☞수굼파.

수굼포자리[_-__-] 명 삽자루. ☞삽자리. 수굼파자리.

수까락[_-_] 명 숟가락. ¶【속담】살강 밑에서 수까락 얻었다. =살강 밑에서 숟가락 얻었다. ¶【속담】눈물은 니러가고 수까락은 올라간다. =눈물은 내려가고 숟가락은 올라간다. ☞술묵.

수꽁[-_] 명 ((동물))수꿩. ¶【속담】수꽁 옷을 입읐다. =수꿩 옷을 입었다. ☞ 쑥꽁.

수낳다[수나타 _-_] 동 수놓다(繡--). ¶우리 솔녀는 수낳는 거로 잘 합미더. =우리 손녀는 수놓는 것을 잘 합니다.

수답다[수답따 --_] 형 수다스럽다. 쓸데없이 말수가 많은 데가 있다. ¶함안띡이는 디기 수답다. =함안댁은 되게 수다스럽다.

수대[--] 명 깔때기. ☞깔띠기. 나발.

수두룩빽빽하다[수두룩빽빼카다 _____-_] 형 수두룩하다. 매우 많고 흔하다. ¶소벌에 새가 수두룩빽빽하다. =우포늪에 새가 수두룩하다. ☞자부룩하다.

수딕이[수디기 __-] 부 수북이. ①많이 담겨 있거나 쌓여 있어 높이 두드러지게. ¶장골이 밥은 수딕이 담아야 덴다. =장골 밥은 수북이 담아야 된다. ②부어올라 불룩하게. ¶받힌 데가 수딕이 붓었다. =부딪힌 데가 수북이 부었다. ☞ 수빅이.

-수록이[수로기 -__] 어 -수록. ((모음이나 'ㄹ'로 끝나는 용언에 붙어)) 어떤 일의 정도가 더하여 감에 따라 다른 일의 정도가 그에 비례하여 더하거나 덜하여 감을 나타내는 연결어미. ¶【속담】똥은 찜지일수록이 꾸룽내가 난다. =똥은 집적일수록 구린내가 난다. ¶【속담】나락은 익울수록이 모간지로 식인다. =벼는 익을수록 목을 숙인다. ☞-수룩. -수룩이.

수루미[_-_] 명 ((동물))오징어. '생 오징어'와 '마른오징어'를 통틀어 이르는 말. *일본어 '수루메(するめ)'에서 온 말. ¶【관용구】수루미가 데두룩 맞다. =오징어가 되도록 맞다.

-수룩[-_] 어 -수록. ☞-수록이 -수룩이.

-수룩이[수루기 -__] 어 -수록. ☞-수록이. -수룩.

수무[--] 수 스물. 열의 두 배가 되는 수. ¶【속담】팔십에 능참봉을 하니 한 달에 거둥이 수무아옵 분이라. =여든에 능참봉을 하니 한 달에 거둥이 스물아홉 번이라. ☞수물. 시물.

수무고개[--__] 명 스무고개. 스무 번까지 질문을 하면서 문제의 답을 알아맞히는 놀이.

수무날[--_] 명 스무날. ①이십 일의 기간을 이르는 말. ¶개가 수무날째 집에 안 들온다. =개가 스무날째 집에 안 들어온다. ②초하룻날부터 스무 번째 되는 날. ¶정얼 수무날에 가께예. =정월 스무날에 갈게요. ☞시무날.

수무남[__-] 관 스무남은. 스물이 조금 넘은 수. 또는 그런 수의. *'여나암(여남은)'처럼 한 단어로 쓴다. ¶너그 동네는 수무남 집빽이 안 데제? =너희 동네는 스무남은 집밖에 안 되지? ☞시무남.

수물[--] 수 스물. ☞수무. 시물.

수물둘째[--_-] 명 스물두째. ☞시물둘째.

수물수물[___-] 부 스멀스멀. ☞서물서물.

수물수물하다[____-_] 동 스멀스멀하다. ☞서물서물하다.

수빅이[수비기 _-_] 부 수북이. ☞수딕이.

수상밪다[수상받따 --__] 형 수상하다(殊常--). 보통과는 달리 이상하여 의심스럽다. ¶절마는 우얀지 수상밪다 캤다. =저놈은 어쩐지 수상하다 했다.

수시[_-] 명 ((식물))수수. ¶올개는 수시가 짔다. =올해는 수수가 흉작이다.

수시깨비[__-_] 명 수수깡. ¶【속담】수시깨비도 아래우 매디가 있다. =수수깡도 아래위 마디가 있다.

수시껀[__-] 명 내내. 시간이 상당히 지나는 동안. ☞내걸로. 내내로. 내더리. 내두룩. 신추룩.

수시엿[수시엳 _-_] 명 수수엿. 수수를 고아 만든 엿. ¶【속담】파장(罷場)에 수시엿 장시. =파장에 수수엿 장사.

수실[_-] 명 수술(繡-). 수실을 곱게 꼬거나 엮어 만든 술.

수얼차이[수얼차~이 -_-_] 부 수월찮이. ①제법 많게. ¶여앵 갱비가 수얼차이 들었다. =여행 경비가 수월찮이 들었다. ②쉽거나 만만하지 않게. ¶자아 가서 수얼차이 구해 온 자연산 민물짱에라예. =장에 가서 수월찮이 구해 온 자연산 민물장어라오. ☞수울차이.

수얼찮다[수얼찬타 -_-_] 형 수월찮다. ①까다롭거나 힘들어서 하기가 쉽지 아니하다. ¶음석장시가 수얼찮다. =음식장사가 수월찮다. ②수량이 꽤 많다. ¶벌이낳안 도이 수얼찮네예. =벌어놓은 돈이 수월찮네요. ☞수울찮다.

수얺다[1][수얼타 -__] 형 수월하다. 까다롭거나 어렵지 않아 하기가 쉽다. ¶【속담】통시서 개 부르기보담 수얺다. =변소에서 개 부르기보다 수월하다. ☞수욿다.

수얺다[2][수얼타 -__] 형 순하다(順--). 성질이나 태도가 까다롭거나 고집스럽지 않다. ¶알라가 울지도 안 하고 참 수얺지예? =애기가 울지도 않고 참 순하지요? ☞수욿다. 순애터지다. 숞다.

수울차이[수울차~이 -_-_] 부 수월찮이. ☞수얼차이.

수울찮다[수울찬타 -_-_] 형 수월찮다. ☞수얼찮다.

수욿다[1][수울타 -__] 형 수월하다. ☞수얺다.

수욿다[2][수울타 -__] 형 순하다(順--). ☞수얺다. 순애터지다. 숞다.

수지비[_-_] 명 수제비. ☞밀지비. 장국.

수집다[수집따 --_] 형 수줍다. 남 앞에서 부끄러워하고 어려워하는 태도가 있다. ¶머심아가 와 저래 수집어하노? =사내아이가 왜 저리 수줍어하니? *수집고[수집꼬 --_], 수집지[수집찌 --_], 수집어서[수지버서 --__], 수집었다[수지번따 --__].

수집우하다[수지부하다 --___] 동 수줍어

하다.

수집움[수지붐 --_] 명 수줍음. ¶저 새딕이는 수집움을 마이 타네. =저 새댁은 수줍음을 많이 타네.

수채구디이[수채구디~이 --___] 명 수챗구멍. 집 안에서 버린 물이 집 밖으로 흘러 나가도록 만든 시설. ☞수챗구뭉. 옹태.

수챗구뭉[수채꾸뭉 --__] 명 수챗구멍. ☞수채구디이. 옹태.

수통[-_] 명 물꼬. 논에 물이 넘어 들어오거나 나가게 하기 위하여 만든 좁은 통로. ¶【관용구】수통을 티아다. =물꼬를 트다.

수티이[수티~이 --_] 명 ≒물두멍. 물을 길어 붓고 쓰는 독. *'수티이'는 일반적인 '물두멍'보다 크기가 좀 작다. ☞더무. 물더무.

수하다[-__] 동 장수하다(長壽--). 오래 살다. ¶【속담】영엄한 점바치 오래 살마 수한댄다. =영험한 점쟁이 오레 살면 장수한단다.

숙지나물[--__] 명 채소나물(菜蔬--). *표준어에서는 녹두를 키워 만든 나물을 '숙주나물'이라 하지만 창녕방언에서는 이를 '녹띠질굼'이라 한다.

숙지마하다[___-_] 형 숙지근하다. 어떤 기세가 맹렬하던 것이 차츰 누그러든 느낌이 있다. ¶춥우가 언자 숙지마해졌다. =추위가 이제 숙지근해졌다.

순디이[순디~이 _-_] 명 순둥이(順--). 순한 사람을 귀엽게 이르는 말.

순수이[순수~이 _-_] 부 순순히(順順-). 고분고분하고 온순히. ¶임진애란 때 이수신이 순수이 물루났겠나. =임진왜란 때 이순신이 순순히 물러났겠나.

순애터지다[수내터지다 __-__] 형 순하다(順--). '순하다'를 강조하여 이르는 말. ☞수얿다. 수욿다. 숞다.

순저이[순저~이 _-_] 부 순전히(純全--). 순수하고 완전하게. ¶지난분 일은 순저이 지 탓입미더. =지난번 일은 순전히 제 탓입니다.

숞다[순타 _-] 형 순하다(順--). ☞수얿다. 수욿다. 순애터지다.

술개구신[술개구씬 -___] 명 주정뱅이. ¶【속담】술개구신은 할애비 지삿돈도 술 사 묵눈다. =주정뱅이는 할아비 제삿돈도 술 사 먹는다.

술구신[술꾸씬 -__] 명 술망나니. 술주정이 몹시 심한 사람을 비난조로 이르는 말. *술+귀신. ¶【속담】술구신 만내마 원님도 피한다. =술망나니 만나면 원님도 피한다. ☞개구신.

술깞[술깝 -_] 명 술값. ¶【속담】술깞은 삼년이오 약깞은 백녀이라. =술값은 삼년이요 약값은 백년이라.

술꾸세[__-] 명 술버릇. *술+쿠세(일본어 'くせ')<술+꾸세. ¶【관용구】술꾸세가 드럽다. =술버릇이 더럽다. ☞술버릇.

술두리미[__-_] 명 술두루미. 술을 담는 두루미. 목과 아가리는 좁으면서 길고, 가운데 배는 단지처럼 둥글게 나왔다. ¶주모가 안주캉 술두리미로 차리 내왔다. =주모가 안주와 술두루미를 차려 내왔다.

ㅅ

술묵[--] 명 숟가락. *표준어에서 '술목'은 '숟가락 자루와 뜨는 부분이 이어진 부분'을 일컫지만 창녕방언 '술묵'은 의미 변형이 일어나 '숟가락' 혹은 '밥숟가락' 자체를 의미한다. ¶【속담】오동 술묵에 가무치 국을 무윴나. =오동 숟가락에 가물치 국을 먹었나. ☞수까락.

술묵총[--_] 명 숟가락총. 숟가락 자루. ¶【속담】술묵총 멀기 지마 장개 멀기 간다. =숟가락총 멀리 쥐면 장가 멀리 간다.

술버릇[술뻐룻 _-_] 명 술버릇. ☞술꾸세.

술비이[술삐~이 _-_] 명 술병(-甁). ¶【관용구】술비이로 차고 댕기다. =술병을 차고 다니다. ☞술빙.

술빙[1][술삥 -_] 명 술병(-病). 술을 지나치게 많이 마셔서 생긴 병. ¶【속담】이태백이도 술빙 날 때 있다. =이태백도 술병 날 때 있다.

술빙[2][술삥 _-] 명 술병(-甁). ☞술비이.

술안지[_-_] 명 술안주(-按酒). ¶【속담】껄배이 술안지. =거지 술안주.

술장시[-__] 명 술장사. 술파는 일. 또는 술파는 일을 하는 사람. ¶【속담】밉운 넘 볼라카마 술장시로 해라. =미운 놈 보려거든 술장사를 해라.

술짐에[술찌메 _-] 부 술김에. 술에 취한 기분이나 기회에. ¶맥찌 술짐에 저칸다. =괜히 술김에 저런다.

술찌끼미[__-_] 명 술지게미. 재강에 물을 타서 모주를 짜내고 남은 찌꺼기. ¶【속담】술찌끼미 묵고 지 애비도 몬 알아본다. =술지게미 먹고 제 아비도 못 알아본다.

술참[-_] 명 곁두리. 힘든 일을 할 때, 농부나 일꾼이 일정한 시간에 먹는 끼니 외에 참참이 먹는 음식. ¶【관용구】술참을 묵다. =곁두리를 먹다.

술추마리[__-_] 명 술독. 술 담근 독. ¶【관용구】술추마리에 빠지다. =술독에 빠지다. ¶【속담】술추마리에 처매 두루닷기. =술독에 치마 두르듯.

술치정[__-] 명 술주정(-酒酊). 술을 마시고 취하여 정신없이 하는 말이나 행동. ¶술치정을 씨기 한다. =술주정을 세게 한다.

술푸대[__-] 명 술고래. 술을 아주 많이 마시는 사람을 비유적으로 이르는 말.

숨갤[숨깰 _-] 명 숨결. 숨을 쉴 때의 상태. 또는 숨의 속도나 높낮이. ¶숨갤이 디다. =숨결이 되다. ☞숨질.

숨골[숨꼴 _-] 명 숫구멍. 갓난아이의 정수리가 굳지 않아서 숨 쉴 때마다 발딱발딱 뛰는 곳. ☞숨구녕. 숨구늉. 숨구뭉. 숨구중.

숨구녕[숨꾸녕 _-_] 명 숨구멍. ①답답한 상황에서 조금 벗어나게 됨을 비유적으로 이르는 말. ¶【관용구】숨구녕이 티이다. =숨구멍이 트이다. ②숫구멍. ☞숨골. 숨구늉. 숨구뭉. 숨구중.

숨구늉[숨꾸늉 _-_] 명 숨구멍. ☞숨골. 숨구녕. 숨구뭉. 숨구중.

숨구뭉[숨꾸뭉 _-_] 명 숨구멍. ☞숨골. 숨구녕. 숨구늉. 숨구중.

숨구중[숨꾸중 _-_] 명 숨구멍. ☞숨골. 숨구녕. 숨구늉. 숨구뭉.

숨떠부[_ _-] 명 순두부(-豆腐). 눌러서 굳히지 아니한 두부.

숨맥히다[숨매키다 _--_] 동 숨막히다. ①숨쉬는 것에 어려움을 느끼다. ¶너무 덥우서 숨맥힌다. =너무 더워서 숨막힌다. ②긴장감이나 압박감을 심하게 느끼게 하다. ¶내 이름을 부를까 집어서 숨맥힜다. =내 이름을 부를까 싶어서 숨막혔다.

숨박꼭질하다[_ _-_ _ _] 동 숨바꼭질하다. ☞게띠놀이하다.

숨직이다[숨지기다 _--_] 동 숨죽이다. ①배추 따위의 채소를 소금을 뿌리거나 소금물에 살짝 담가서 뻣뻣하거나 생생한 기운을 없애다. ¶짐장배차로 숨직이낳았습미더. =김장배추를 숨죽여 놓았습니다. ②숨소리가 들리지 않을 정도로 조용히 하다. ¶아아들은 숨직이고 선상님 이약을 들었다. =아이들은 숨죽이고 선생님의 이야기를 들었다.

숨질[숨찔 _-] 명 숨결. ☞숨갤.

숨카다[숭카다 _-_] 동 숨기다. '숨다'의 사동사. ¶【속담】발텁을 숨카다. =발톱을 숨기다. ¶【속담】꼬랑대이로 숨카다. =꼬리를 숨기다. ☞심카다.

숩기[숩끼 _-] 부 쉬이. *표준어 '쉽다'의 창녕방언은 '숩다'이며, 이때 'ㅂ'은 표준어와 달리 규칙활용을 한다. ①어떤 일이 하는 데 그다지 많은 수고나 노력이 필요치 않게. ¶이 일은 숩기 몬한다. =이 일은 쉬이 못한다. ②어떤 일이 가능성이 많게. ¶【속담】기한 그륵이 숩기 뿌싸진다. =귀한 그릇이 쉬이 부서진다. ③오래지 않아. ¶【속담】숩기 뜨굽어진 방이 숩기 식는다. =쉬이 뜨거워진 방이 쉬이 식는다.

숩다[숩따 _-] 형 쉽다. *창녕방언에서 '쉽다'는 단모음화 되며, ㅂ규칙활용을 하는 용언이다. ①하기가 까다롭거나 힘들지 않다. ¶【관용구】소이 숩다. =손이 쉽다. ¶【속담】곁보리 돈 사기가 수양딸로 미너리 삼기보담아 숩다. =곁보리 돈 사기가 수양딸로 며느리 삼기보다 쉽다. ②예사롭거나 흔하다. ¶【속담】주인 많은 나그네 밥 굶기 숩다. =주인 많은 나그네 밥 굶기 쉽다. ③어떤 일이 이루어질 가능성이 많다. ¶【속담】방구가 잦으마 똥 싸기 숩다. =방귀가 잦으면 똥 싸기 쉽다. *숩고[숩꼬 _-], 숩지[숩찌 _-], 숩어야[수버야 _ _-], 숩었다[수벋따 _ _-]. ☞십다.

숫구[수꾸 --] 명 숫기(-氣). 활발하여 부끄러워하지 않는 기운. ¶【관용구】숫구가 없다. =숫기가 없다.

숫눈질[순눈찔 ---] 명 숫눈길. 눈이 와서 쌓인 뒤에 아무도 지나가지 않은 길. ¶【속담】숫눈질로 걷는 사램만이 지 발재죽을 냉긴다. =숫눈길로 걷는 사람만이 제 발자국을 남긴다.

숭[-] 명 흉. ①남에게 놀림을 당하거나 비웃음을 살 만한 거리. ¶【속담】넘우 숭이 하나마 내 숭은 열이다. =남의 흉이 하나면 내 흉은 열이다. ¶【속담】넘 숭은 사알이고 내 숭은 삼 녀이다. =남 흉은 사흘이고 내 흉은 삼 년이다. ☞

ㅅ

쑹. ②상처가 아물고 남은 자국. ¶아아가 자빠지서 이망빼기에 숭이 짔다. =애가 자빠져서 이마에 흉이 졌다. ☞숭터. 쑹. 쑹터.

숭구다[_-_] 동 심다. 초목의 뿌리나 씨앗 따위를 흙 속에 묻다. ¶【속담】숭군 낭기 뿔라짔다. =심은 나무가 부러졌다. ☞심가다.

숭내[-_] 명 흉내. ¶【속담】뱁새가 항새 숭내 내마 가래이 째진다. =뱁새가 황새 흉내 내면 다리가 찢어진다. ☞쑹내.

숭냥[-_] 명 숭늉. ¶【속담】숭냥 묵고 잇바지 쑤씬다. =숭늉 먹고 잇바디 쑤신다. ¶【속담】새미 가서 숭냥 찾는다. =우물에 가서 숭늉 찾는다.

숭년[_-] 명 흉년(凶年). ¶【속담】윤달 든 해에는 보리 숭년 진다. =윤달 든 해에는 보리 흉년 든다. ¶【속담】숭년에 아아는 배 터지죽고 어룬은 배고파 죽눈다. =흉년에 애는 배 터져죽고 어른은 배고파 죽는다.

숭년지다[__-_] 동 흉년들다(凶年--). 농사가 흉작이 되다. ¶【속담】지비쌀 한 섬 낳아뚜고 숭년지기로 지다린다. =좁쌀 한 섬 놓아두고 흉년들기를 기다린다.

숭보다[_-_] 동 흉보다. ¶【속담】헛간 지둥이 칙간 지둥 숭본다. =헛간 기둥이 측간 기둥 흉본다. ¶【속담】넘 숭본다꼬 내 쑹 몬 본다. =남 흉보느라고 내 흉 못 본다. ☞쑹보다.

숭시럽다[1][숭시럽따 _-__] 형 흉물스럽다(凶物---). ①성질이 음흉한 데가 있다. ¶우예 저래 숭시럽운 짓을 하능강 몰라. =어찌 저리 흉물스러운 짓을 하는지 몰라. ②모양이 흉하고 괴상한 데가 있다. ¶【속담】숭시럽운 벌개이 모로 긴다. =흉물스런 벌레 모로 긴다. ☞쑹시럽다.

숭시럽다[2][숭시럽따 _-__] 형 징그럽다. 만지거나 보기에 소름이 끼칠 만큼 끔찍하게 흉하다. ¶숭시럽운 거무리. =징그러운 거머리. ☞징구룹다. 징굴밪다.

숭악하다[숭아카다 -_-_] 형 흉악하다(凶惡--). ①마음이 지독하다. ¶말로 숭악하기 한다. =말을 흉악하게 한다. ②생김새가 험하다. ¶【관용구】숭악하기 생기다. =흉악하게 생기다. ③기세 따위가 강하다. ¶이분 강기는 숭악하다. =이번 감기는 흉악하다. ④팔자나 운세 따위가 매우 사납다. ¶【관용구】팔짜가 숭악하다. =팔자가 흉악하다. ⑤인정없이 야박하다(野薄--). ¶숭악하구로 부택이로 안 들어준다. =흉악하게 부탁을 안 들어준다. ☞쑹악하다.

숭잡다[숭잡따 _-_] 동 흉잡다. 남의 허물이나 잘못을 꼬집어서 들추어내다. ¶【속담】넘을 숭잡지 말고 니 숭이나 잡아라. =남을 흉잡지 말고 네 흉이나 잡아라. ☞쑹잡다.

숭잽히다[숭재피다 __-_] 동 흉잡히다. 허물이나 잘못이 꼬집혀서 들추어내지다. ¶숭잽힐 짓은 하지 마래이. =흉잡힐 짓을 하지 마라. ☞쑹잽히다.

숭축밪다[숭축받따 ---_] 형 흉측하다(凶測--). ①생김새 따위가 흉하고 혐오스럽다. ¶【관용구】숭축밪기 생기다. =흉측하게 생기다. ②성격이나 언행이 몹시 음흉하고 모질다. ¶숭축밪은 넘들이 찾아왔다. =흉측한 놈들이 찾아왔다. *숭축밪고[숭축바꼬 --__], 숭축밪지[숭축바찌 --__], 숭축밪아서[숭축바자서 --___], 숭축밪았다[숭축바잗따 --___]. ☞쑹축밪다.

숭터[-_] 명 흉터. ☞숭. 쑹. 쑹터.

숭하다[_-_] 형 흉하다(凶--). ①모습이나 태도가 보기 싫게 나쁘다. ¶【관용구】꼬라지가 숭하다. =몰골이 흉하다. ②꿈이나 예감 따위가 좋지 않거나 상서롭지 못하다. ¶【관용구】꿈자리가 숭하다. =꿈자리가 흉하다. ③마음씨가 나쁘고 거칠다. ¶【관용구】마암씨가 숭하다. =마음씨가 흉하다. ☞쑹하다.

숯굴[숟꿀 -_] 명 숯가마. 숯을 구워 내는 가마.

숯디이[숟디~이 _-_] 명 숯덩이. 숯으로 만들어진 덩이. ¶【속담】숯디이가 껌디이 나무랜다. =숯덩이가 검둥이 나무란다.

숱애[수태 _-] 부 숱하게. ①아주 많이. ¶사램들이 숱애 모칬다. =사람들이 숱하게 모였다. ②아주 오래. ¶이아재가 놀로 온 지가 숱애 뎄다. =외삼촌이 놀러 온 지 오래 됐다. ☞숱애기.

숱애기[수태기 __-] 부 숱하게. ☞숱애.

슬푸다[_-_] 동 슬프다. ¶참 슬푼 이약을 들었디라. =참 슬픈 이야기를 들었더니라.

슬품[_-] 명 슬픔. ¶【속담】한락[歡樂] 끝에 슬품이 온다. =환락 끝에 슬픔이 온다.

-습미꺼[--_] 어 -습니까. ((합쇼할 자리에 쓰여)) 의문을 나타내는 종결어미. ¶버씨로 댕기오싰습미꺼? =벌써 다녀오셨습니까? ☞-십미꺼.

-습미더[--_] 어 -습니다. ((‘ㄹ’을 제외한 자음으로 끝나는 용언의 어간이나 선어말 어미 뒤에 붙어)) 어떤 사실에 대하여 상대에게 정중하게 설명하여 알리는 뜻을 나타내는 말. 하십시오체로 쓰인다. ¶언자 막 옸습미더. =이제 막 왔습니다. ☞-십미더. -심더.

승냉이[_-_] 명 ((동물))승냥이. ¶【속담】앞문으로 호래이로 막꼬 뒷문으로 승냉이 불루딜인다. =앞문으로 호랑이를 막고 뒷문으로 승냥이 불러들인다.

시[1][-] 명 ((동물))쉬. 파리의 알. *쉬<시<씨. ¶【속담】자랑 끝에 시가 씬다. =자랑 끝에 쉬가 슨다. ☞씨.

시[2][_] 관 세. ((일부 단위를 나타내는 말 앞에 쓰여)) 그 수량이 셋임을 나타내는 말. *수 관형사. ¶【속담】겉보리 시 디마 있으마 처가살이 하지 말아라. =겉보리 세 되만 있으면 처가살이 하지 마라.

시건[_-] 명 소견(所見). 일이나 물건을 보고 느끼는 생각이나 의견. *소견>쇠견>쇠건<시건. ¶【관용구】시건 없는 소리. =소견 없는 소리. ¶【관용구】시건 없는 짓거리. =소견 없는 짓거리.

시건나다[_-__] 형 철들다. 사리를 분별하여 판단하는 힘이 생기다. ¶【속담】시건나자 노망난다. =철들자 노망난다.

시건머리[_--_] 명 소견머리(所見--). '소견'을 속되게 이르는 말. ¶【관용구】시건머리가 없다. =소견머리가 없다. ☞짠다구.

시게붕알[_ _-_] 명 시계추(時計錘).

시곰치[_-_] 명 ((식물))시금치. ☞시굼초. 시굼치. 시금초.

시곰치풀[_-_ _] 명 ((식물))으름덩굴.

시구무리하다[_ _ _ _-_] 형 시그무레하다. 깊은 맛이 있게 조금 신 듯하다. ¶우리 할매는 시구무리한 살구가 싫다 칸다. =우리 할머니는 시그무레한 살구가 싫다 한다.

시굼초[_-_] 명 ((식물))시금치. ☞시곰치. 시굼치. 시금초.

시굼치[_-_] 명 ((식물))시금치. ☞시곰치. 시굼초. 시금초.

시굼털털하다[_ _ _ _-_] 형 시금털털하다. 음식이나 그 맛, 냄새가 시면서도 매우 떫다. ¶음석에서 시굼털털한 내미가 난다. =음식에서 시금털털한 냄새가 난다.

시굼하다[_ _-_] 형 시금하다. 음식이 신맛이나 신 냄새가 조금 있다. ¶짐치가 시굼합미더. =김치가 시금합니다.

시그랍다[1][시그랍따 _ _-_] 형 시리다. ((주로 '눈'과 함께 쓰여)) 빛이나 색채가 강렬하여 마주 보기가 어려운 상태에 있다. ¶햇빛 때미로 누이 시그랍다. =햇빛 때문에 눈이 시리다. ☞시그럽다.

시그랍다[2][시그랍따 _ _-_] 형 시다. 음식이 식초의 맛과 같다. ☞새그랍다. 새그럽다. 시그럽다.

시그럽다[1][시그럽따 _ _-_] 형 시리다. ☞새그랍다. 새그럽다. 시그랍다.

시그럽다[2][시그럽따 _ _-_] 형 시다. 음식이 식초의 맛과 같다. ☞새그랍다. 새그럽다. 시그랍다.

시금초[_-_] 명 ((식물))시금치. ☞시곰치. 시굼초. 시굼치.

시기전[_ _-] 명 싸전(-廛). ☞쌀전.

시껄[_-] 명 처마. 지붕이 도리 밖으로 내민 부분. ¶【속담】씨껄 밑 연자(燕子) 집 겉다. =처마 밑 연자 집 같다. ¶【속담】씨껄 끈티이서 깐치가 울마 핀지가 온다. =처마 끝에서 까치가 울면 편지가 온다. ☞모시. 지붕지슬. 지붕지실. 처매.

시껄물[_-_] 명 낙숫물(落水-). 처마 끝에서 떨어지는 물. ¶【속담】시껄물이 댓돌 뚫는다. =낙숫물이 댓돌 뚫는다. ¶【속담】시껄물은 널찌던 데 또 널찐다. =낙숫물은 떨어지던 데 또 떨어진다. ☞지슭물. 집지슭물.

시꾸룬하다[_ _ _-_] 형 시무룩하다. 마음에 못마땅하여 말이 없고 얼굴에 언짢은 기색이 있다. ¶머 때미로 시꾸룬하이 앉이 있노? =뭐 때문에 시무룩하게 앉아 있니? ☞띠무룩하다.

시끼[_-] 명 세끼. 아침, 점심, 저녁으로 하루에 세 번 먹는 밥. ¶【속담】시끼 굶운 씨오마이 낯짝 겉다. =세끼 굶은 시어머니 낯짝 같다. ¶【속담】시끼 굶우마 쌀 갖고 오는 넘 있다. =세끼 굶으면 쌀 가지고 오는 놈 있다.

시나무로[_ _-_] 뷔 시나브로. 모르는 사이에 조금씩. ¶쌀디주에 쌀이 시나무로 깝아진다. =쌀뒤주에 쌀이 시나브로 줄어든다. ☞시남없이.

시나잘[_--] 명 세나절. 한나절의 세 배라는 뜻으로, 잠깐이면 끝마칠 수 있는 일을 느리게 하여 늦어지는 동안을 조롱하여 이르는 말. ¶이 일로 시나잘이나 걸렸디나? =이 일을 세나절이나 걸렸니? ☞시나질.

시나질[_--] 명 세나절. ☞시나잘.

시남없이[1][시남엄시 _-_ _] 뷔 시나브로. ☞시나무로.

시남없이[2][시남엄시 _-_ _] 뷔 끊임없이. ¶소이 시남없이 찾아옵미더. =손님이 끊임없이 찾아옵니다.

시낳다[_-_] 동 세놓다(貰--). ¶방 하나로 시낳았다. =방 하나를 세놓았다.

시누부[--_] 명 시누이(媤--). 손위 시누이를 이르는 말. *지칭어로만 쓰인다. ¶【속담】시누부는 꼬치보담 맵다. =시누이는 고추보다 맵다. ☞씨누. 씨누부.

시님[--] 명 스님. '승려(僧侶)'를 높여 이르는 말. ¶【속담】시님 눈물 겉다. =스님 눈물 같다.

시다[1][_ _] 동 쉬다. ①음식 따위가 상하여 맛이 시금하게 변하다. ¶음석이 시있다. =음식이 쉬었다. ②목청에 탈이 나서 목소리가 거칠고 맑지 않게 되다. ¶목이 시이가아 말이 안 나온다. =목이 쉬어서 말이 안 나온다. ③피로를 풀려고 몸을 편안히 두다. ¶【속담】무른 감도 시이 가민서 무우라. =무른 감도 쉬어 가면서 먹어라. ④입이나 코로 공기를 들이마셨다 내보냈다 하다. ¶서방이 무숩우서 숨도 몬 시고 산다. =서방이 무서워서 숨도 못 쉬고 산다. ⑤한숨을 짓다. ¶저니러 자석만 보마 한심만 실백이 없다. =저놈의 자식만 보면 한숨만 쉴밖에 없다.

시다[2][-_] 동 세다. 머리카락이나 수염 따위의 털이 희어지다. ¶허허이 시뿐 아부지 멀꺼디이가 알씨럽다. =허옇게 세어버린 아버지 머리카락이 안쓰럽다.

시다[3][_ _] 동 쇠다. ☞세다.

-시더[1][-_] 어 -시오. (('하오'할 자리에 쓰여)) 공손한 뜻을 나타내는 종결어미. ¶잘 살피 가입시더. =잘 살펴 가십시오.

-시더[2][-_] 어 -ㅂ시다. ①((모음이나 'ㅂ'으로 끝나는 동사의 어간 또는 선어말어미 '-으시-'의 뒤에 붙어)) 어떤 행동을 함께 할 것을 상대에게 권하는 뜻을 나타내는 말. 하오체로 쓰인다. ¶인자 고마 니러가이시더. =이제 그만 내려갑시다. ②((모음이나 'ㅂ'으로 끝나는 동사의 어간 또는 선어말 어미 '-으시-'의 뒤에 붙어)) 상대에게 어떤 행동을 하도록 요청하는 뜻을 나타내는 말. 하오체로 쓰인다. ¶쫌 조용이 하이시더. =좀 조용히 합시다. ③((모음이나 'ㅂ'으로 끝나는 동사의 어간 또는 선어말 어미 '-으시-'의 뒤에 붙어)) 말하는 이가 자신의 행동이 이루어지도록 협조를 구함을 나타내는 말. 하오체로 쓰인다. ¶미안치마는 불 쫌 빌립시더. =미안하지만 불 좀 빌립시다.

ㅅ

시동빼이[시동빼~이 __-_] 명 석동내기. 세 동을 내도록 정한 윷놀이. ☞석동빼이.

시동상[--_] 명 시동생(媤同生). 남편의 남동생.

시때애[_-_] 명 세숫대야(洗手--). ☞시숫대아.

시떠꺼리[_--_] 명 조금. *시(세)+떠꺼리(톨). ¶밥을 시떠꺼리도 몬 얻어무웄다. =밥을 조금도 못 얻어먹었다. ¶이 가물움에 비가 시떠거리도 안 왔다. =이 가뭄에 비가 조금도 안 왔다. ☞선나. 선떠꺼리. 조곰. 조굼. 째깨이. 째매이. 쪼깨이. 쪼꿈. 쪼매이.

시똥[_-] 명 쇠똥. 어린아이의 머리에 덕지덕지 눌어붙은 때. ¶【관용구】대가리에 시똥도 안 벗거진 넘. =머리에 쇠똥도 안 벗겨진 놈.

시라다[1][_-_] 동 겨루다. 서로 버티어 승부를 다투다. ¶너거 둘이 시라 바라. =너희 둘이 겨루어 봐라. ☞게라다. 씨라다.

시라다[2][_-_] 동 켕기다. 줄 따위를 맞당겨 팽팽하게 하다. ¶빨랫줄을 팽팽하이 시라라. =빨랫줄을 팽팽하게 켕겨라. ☞씨라다. 탱가다.

시라다[3][_-_] 동 승강이하다(昇降---). 서로 자기주장을 고집하여 옥신각신하다. ¶두 사램이 서리 내가 옳다 카미 시랐다. =두 사람이 서로 내가 옳다 하며 승강이했다. ☞싱간하다. 싱개이하다. 씨라다.

시라다[4][_-_] 형 어금버금하다. 능력 따위가 거의 같다. ☞빵빵하다. 어굼버굼하다. 쪼루다.

시러대[1][_-_] 명 ((식물))조릿대.

시러대[2][_-_] 명 ((식물))신우대.

-시런[-_] 접 -스러운. ((일부 어근 뒤에 붙어)) '그러한 성질이나 느낌이 있는 상태로'의 뜻을 더하여 부사를 만드는 말. ¶그런 지송시런 말로 와 합미꺼? =그런 죄송스러운 말을 왜 합니까?

-시럽구로[-___] 접 -스럽게. ((일부 어근 뒤에 붙어)) '그러한 성질이나 느낌이 있는 상태로'의 뜻을 더하여 부사를 만드는 말. ¶시삼시럽구로 이런 거로 와 고웄능교? =새삼스럽게 이런 것을 왜 가져왔습니까? ☞-시럽기.

-시럽기[-__] 접 -스럽게. ¶천격시럽기 이런 옷을 우예 입겠노? =천박스럽게 이런 옷을 어찌 입겠니? ☞-시럽구로.

시럽다[시럽따 -__] 형 시리다. ①몸의 한 부분이 찬 기운으로 인해 추위를 느낄 정도로 차다. ¶【속담】입수구리가 없어마 이가 시럽다. =입술이 없으면 이가 시리다. ¶【속담】하기 싫은 일은 오니얼에도 소이 시럽다. =하기 싫은 일은 오뉴월에도 손이 시리다. ②찬 것 따위가 닿아 통증이 있다. ¶찬물로 마싰더마는 잇바지가 시럽다. =찬물을 마셨더니 잇바디가 시리다. ③빛이 강하여 바로 보기 어렵다. ¶누이 시럽울 만치 햇빛이 따갑네. =눈이 시릴 만큼 햇볕이 따갑네.

-시럽다[-__] 접 -스럽다. ((명사 뒤에 붙어)) '그러한 성질이 있음'의 뜻을 더

하고 형용사를 만드는 접미사. ¶갑작시럽다(갑작스럽다). ¶곰살시럽다(곰살스럽다). ¶복시럽다(복스럽다).

시렁거무[_ _-_] 명 ((동물))그리마. ☞신바리.

-시로[_-] 어 -면서. ((용언의 명사형 어미 'ㅁ' 뒤에 붙어)) 앞말과 달리 언행을 하는 사실을 나타내는 두 문장을 이어 줄 때 쓰는 연결어미. ¶【속담】아재 아재 함시로 엿 미인다. =아재비 아재비 하면서 엿 먹인다. ¶【속담】죽겠다 죽겠다 캄시로 정작 죽우라 카마 싫다칸다. =죽겠다 죽겠다 하면서 정작 죽으라 하면 싫어한다. ¶【속담】간다 간다 함시로 아아 서이 놓고 간다. =간다 간다 하면서 아이 셋 낳고 간다. ☞-미시로. -민서.

시룸시룸[_ _ _-] 부 시름시름. ①병세가 더 나빠지지도 않고 좋아지지도 않으며 오래 계속되는 모양을 나타내는 말. ¶나만사람이 시룸시룸 앓더마는 마 돌아가싰다. =노인네가 시름시름 앓더니만 그만 돌아가셨다. ②어떤 상태가 눈에 띄지 않게 조금씩 변하는 모양을 나타내는 말. ¶무시 이푸리가 시룸시룸 마루네예. =무 이파리가 시름시름 마르네요.

시룸하다[_ _-_] 동 시름하다. 마음에 걸려 풀리지 않는 근심을 하거나 걱정하다. ¶【속담】파총 비실에 감투 시룸한다. =파총 벼슬에 감투 시름한다. ¶【속담】넘이 떡 묵는데 팔고물 널찔까 집어서 시룸한다. =남이 떡 먹는데 팥고물 떨어질까 싶어서 시름한다.

시리[-_] 명 시루. 떡이나 쌀 따위를 찌는 데 쓰는 둥근 질그릇. 자배기 모양으로 아래보다 위가 넓으며, 바닥에 구멍이 여러 개 뚫렸다. ¶【속담】섣달그뭄날 시리 얻으로 가다이. =섣달그믐날 시루 얻으러 가다니. ¶【속담】여핀네 할수[滑手]하마 벌어들이도 시리에 물 벗기다. =여편네 활수하면 벌어들여도 시루에 물 붓기다.

-시리[-_] 접 -스레. ((일부 어근 뒤에 붙어)) '그러한 성질이 있음'의 뜻을 더하고 부사를 만드는 접사. ¶곰살시리(곰살스레). ¶야단시리(야단스레). ¶지독시리(지독스레).

시리떡[_-_] 명 시루떡. 떡가루에 콩이나 팥 따위를 섞어 시루에 켜를 안치고 찐 떡. ¶【속담】넘우 시리떡이 더 뚜꿉어 비인다. =남의 시루떡이 더 두꺼워 보인다.

시리리[1][_ _-] 부 슬며시. ☞사부지기. 살모시. 살무시. 실. 실무시.

시리리[2][_ _-] 부 스르르. ①얽히거나 뭉쳤던 것이 저절로 슬슬 풀리는 모양. ¶끄내끼가 시리리 풀맀습미더. =끈이 스르르 풀렸습니다. ②눈이나 얼음 따위가 저절로 슬슬 녹는 모양. ¶누이 오자말자 시리리 녹아뿐다. =눈이 오자마자 스르르 녹아버린다. ③눈을 슬며시 감거나 뜨는 모양. ¶누이 지질로 시리리 깜긴다. =눈이 저절로 스르르 감긴다. ④미끄러지듯 슬며시 움직이는 모양. ¶무이 시리리 열맀다. =문이 스르르 열렸다.

시리방석[-__-] 명 시룻밑. 시루의 구멍을 막아 시루 안의 것이 새지 않도록 하는 물건. 가는 새끼나 풀잎 따위를 꼬아서 둥글게 만든다. ☞엉거리.

시말밤[_-_] 명 ((식물))애기마름. 잎 모양이 세 갈래로 나뉜 마름. *세말밤<시말밤.

시매씨[--_] 명 아주버님. 손위 시누이의 남편을 부르거나 이르는 말. ☞아지반님. 아주범.

시모[_-] 명 세모. 세 개의 꼭짓점이 있고, 세 개의 선분으로 둘러싸인 평면 도형. ¶발이 시모맨치로 생깄다. =발이 세모처럼 생겼다.

시모나다[_-__] 형 세모지다. 어떤 사물이 세모 모양을 갖다. ¶사마구 낯짝은 시모나기 생깄다. =사마귀 낯짝은 세모지게 생겼다.

시무구지[__-_] 명 세벌논. 세 번째 김매는 논. ¶【속담】시무구지 매고 죽은 머숨 꼬라지다. =세벌논 매고 죽은 머슴 꼴이다. ☞막논. 시불논.

시무구지소리[__-___] 명 세벌논매기소리. 논매기 노래 가운데 세 번째로 논을 매면서 부르는 노래.

시무날[--_] 명 스무날. ☞수무날.

시무남[__-] 관 스무남은. ☞수무남.

시문[_-] 명 신문(新聞). ¶시문에 아는 사램이 노왔다. =신문에 아는 사람이 나왔다.

시문조오[시문조~오 __-_] 명 신문지(新聞紙). ¶시문조오 피바라. =신문지 펴봐라.

시물[--] 수 스물. ☞수무. 수물.

시물둘째[--__] 수 스물두째. ☞수물둘째.

시미다[--_] 동 스미다. 물, 기름 따위의 액체가 배어들다. ¶땀이 웃도리에 시민다. =땀이 윗도리에 스민다.

시미들다[--__] 동 스며들다. 속으로 배어들다. ¶춥우가 뻬 쏙에 시미든다. =추위가 뼈 속에 스며든다.

시부적하다[시부저카다 ___-_] 동 흐지부지하다. 어떤 일을 분명히 처리하지 못하고 흐리멍덩하게 넘기다. ¶일로 와 시부적하이 하노? =일을 왜 흐지부지하게 하느냐? ☞시지부지하다.

시부적해지다[시부저캐지다 ____-_] 형 누그러지다. ①추위나 병세, 값 따위가 정도가 낮아지거나 덜하여지다. ¶덥우가 인자 쫌 시부적해짔다. =더위가 이제 좀 누그러졌다. ②성질, 분위기 따위가 흥분되거나 긴장되어 있다가 약해지거나 부드러워지다. ¶늙은께네 싱미가 시부적해짔다. =늙으니까 성미가 누그러졌다. ☞누구루지다. 시적해지다.

시부지기[1][__-_] 부 시부저기. 별로 힘들이지 않고. ¶시부지기 시작한 일이 이래 델 줄 몰랐디라. =시부저기 시작한 일이 이리 될 줄 몰랐더니라.

시부지기[2][__-_] 부 흐지부지. 확실하게 하지 못하고 흐리멍덩하게 넘어가거나 넘기는 모양. ¶싸암이 시부지기 끝나뿄다. =싸움이 흐지부지 끝나버렸다.

시불논[_-_] 명 세벌논. 세 번째 김매는 논. ¶【속담】시불논 다 매고 죽은 머숨이다. =세벌논 다 매고 죽은 머슴이다. ☞막논. 시무구지.

시비구디기[___-_] 명 수렁. ☞뻘구디기. 진페기밭. 헤찌구디기.

시비질[_-_] 명 쟁기질. 쟁기를 부려 논밭을 가는 일. ¶【속담】시비질 몬 하는 넘이 소 탐살한다. =쟁기질 못하는 놈이 소 탓한다.

시뿌[--] 부 시쁘게. ①마음에 차지 아니하여 시들하게. ¶【관용구】시뿌 이이다. =시쁘게 여기다. ②대수롭지 않게. 얕잡아. ¶【속담】시뿌 보던 낭게 불 틴다. =시쁘게 보던 나무에 불 튄다.

시뿌다[--_] 형 시쁘다. 마음에 차지 아니하여 시들하다. ¶【속담】시뿌던 자석이 호도한다. =시쁘던 자식이 효도한다.

시뿌보다[1][--__] 동 얕보다. ☞낮하보다. 니러다보다. 니리다보다. 시피보다. 알로보다.

시뿌보다[2][--__] 동 깔보다. ☞낮하보다. 니러다보다. 니리다보다. 시피보다. 알로보다.

시사아[시사~아 __-] 감 세상에(世上-). ①뜻밖의 일이나 이해하기 힘든 일이 생겨 놀랐을 때 내는 말. ¶시사아 이런 일이 오데 있으꼬. =세상에 이런 일이 어디 있을까. ②아주 좋거나 흡족한 심정을 나타내는 말. ¶시사아 저래 잘난 사램은 첨 밨다. =세상에 저리 잘난 사람은 처음 봤다. ③우리가 사는 땅에. ¶【속담】시사아, 껌운 송안치가 한 바리뿐가. =세상에, 검은 송아지가 한 마리뿐인가. ☞시상에.

시삼시럽다[시삼시럽따 __-__] 형 새삼스럽다. ☞굴쭉시럽다.

시삼시리[__-_] 부 새삼스레. ☞굴쭉시리.

시상[_-] 명 세상(世上). ①사람들이 생활하고 있는 사회. ¶【관용구】시상을 모루다. =세상을 모르다. ¶【관용구】시상을 비리다. =세상을 버리다. ¶【속담】시상 넓운 줄마 알고 하알 높운 줄 모른다. =세상 넓은 줄만 알고 하늘 높은 줄 모른다. ②((부사적 용법으로 쓰여)) '비할 바 없이', '아주'의 뜻을 나타내는 말. ¶【관용구】시상에 좋다. =세상에 좋다.

시상모루다[_-___] 동 세상모르다(世上---). ①깊은 잠에 빠져 아무것도 의식하지 못하다. ¶아까는 아푸다 카더마는 시상모루고 자는데예. =아까는 아프다 하더니만 세상모르고 자는데요. ②세상 물정이나 전후 사정을 분별하지 못하다. ¶【속담】시상모루고 약은 기이 시상 넓운 몬냄이마 몬하다. =세상모르고 약은 것이 세상 넓은 못난이만 못하다

시상베리다[_--__] 동 별세하다(別世--). 세상 버리다. 윗사람이 돌아가시다. ¶누가 시상베맀다 캅미꺼? =누가 별세하셨다고 합니까? ☞밸세하다. 빌세하다. 시상비리다.

시상비리다[_--__] 동 별세하다(別世--). ☞밸세하다. 빌세하다. 시상베리다.

시상에[__-] 감 세상에(世上-). ☞시사아.

시상천지[_--_] 명 세상천지(世上天地). ((주로 '시상천지에' 꼴로 쓰여)) '세

ㅅ

상'을 강조하여 이르는 말. ¶이런 일이 시상천지에 오데 있노? =이런 일이 세상천지에 어디 있니? ☞만구. 만구강산. 만탕.

시설[_-] 명 노인요양병원(老人療養病院). *표준어 '시설(施設)'은 설비나 장치 따위를 차려놓거나 일정한 구조물을 만든 것을 일컫지만 창녕방언에서는 '노인요양병원(老人療養病院) 시설'을 줄여서 쓰는 말이다. ¶【관용구】시설에 드가다. =노인요양병원에 입원하다.

시수[_-] 명 세수(洗手). *'시수'는 '세수'에서 변한 말인데, 창녕방언에서는 'ㅔ<ㅔ<ㅣ' 고모음화가 매우 생산적으로 일어난다. ¶【관용구】개이 시수로 하다. =고양이 세수를 하다. ¶【속담】탕건 씨고 시수로 한다. =탕건 쓰고 세수를 한다. ☞물칠.

시숫대아[시수때아 __-_] 명 세숫대야(洗手--). 세숫물을 담는 둥글넓적한 그릇. ☞시때애.

시시떡이[시시떠기 __-_] 명 시시덕이. 시시덕거리기를 잘하는 사람을 이르는 말. ¶【속담】시시떡이는 재로 넘어도 시침띠기는 골로 빠진다. =시시덕이는 재를 넘어도 새침데기는 골짜기로 빠진다.

시실[_-] 부 슬슬. ①남이 모르게 슬그머니 행동하는 모양. ¶【관용구】눈치로 시실 보다. =눈치를 슬슬 보다. ②눈이나 설탕 따위가 모르는 사이에 스르르 녹아 버리는 모양. ¶싸있던 누이 시실 다 녹아뿠네. =쌓였던 눈이 슬슬 다 녹아버렸네. ③심하지 않게 가만가만 거볍게 만지거나 문지르는 모양. ¶손빠닥을 시실 문땠다. =손바닥을 슬슬 문질렀다. ¶넘우 등더리를 시실 만챘다. =남의 등을 슬슬 만졌다. ④남을 슬그머니 달래거나 꾀는 모양. ¶얼라를 시실 달개바라. =애를 슬슬 달래봐라. ⑤바람이 부드럽게 부는 모양. ¶바램이 시실 불어오네예. =바람이 슬슬 불어오네요. ⑥가볍게 눈웃음을 치는 모양. ¶머 때미로 눈윘음을 시실 칩미꺼? =뭐 때문에 눈웃음을 슬슬 칩니까? ⑦서두르지 않고 천천히 행동하는 모양. ¶인자 시실 가보까? =이제 슬슬 가볼까? ⑧힘들이지 않고 쉽게 하는 모양. ¶심들기 그카지 말고 시실 해라 =힘들게 그러지 말고 슬슬 해라.

시씰다[--_] 동 쉬슬다. 파리가 여기저기에 알을 낳다. ¶【속담】시씰었다꼬 딘장독 깨까. =쉬슬었다고 된장독 깨랴.

시아다[1][-__] 동 세우다. '서다'의 사동사. ☞세아다.

시아다[2][-__] 동 새우다. 내내 한숨도 자지 않고 지내다. ☞새아다.

시아다[3][-__] 동 쉬게 하다. '쉬다'의 사동사. 음식 따위가 상하여 맛이 시금하게 변하게 하다. ¶대애지기기로 고마 시아뿠다. =돼지고기를 그만 쉬게 해버렸다.

시아다[4][-__] 동 쇠게 하다. '쇠다'의 사동사. ☞세아다.

시아리다[_--_] 동 세다. 숫자를 헤아리다. ☞세아리다. 세알리다. 시알리다.

시알리다[_--_] 동 세다. 숫자를 헤아리다. ☞세아리다. 세알리다. 시아리다.

시야[시~야 -_] 명 형(兄). 주로 어린아이가 이르는 말. ¶우리 시야는 대학조 댕긴다. =우리 형은 대학교 다닌다. ☞새이. 성. 시이. 엉가. 히야. 히이.

시엄[_-] 명 시험(試驗). ¶【속담】시엄 든 아재비는 몬 참는다. =시험 든 아재비는 못 참는다.

시월[_-] 명 세월(歲月). ①흘러가는 시간. ¶【속담】시월이 약이다. =세월이 약이다. ¶【속담】시월 따라 산다. =세월 따라 산다. ¶【속담】시월에 쏙아서 산다. =세월에 속아서 산다. ②살아가는 세상. ¶【관용구】시월 만냈다. =세월 만났다.

시이[1][시~이 -_] 명 송이. 꽃, 열매, 눈 따위가 따로따로 다른 꼭지에 달린 한 덩이. *송이>쇵이>셍이>싱이>시이. ¶포도 시 시이 따왔다. =포도 세 송이 따왔다. ☞싱이. 주지.

시이[2][시~이 -_] 명 형(兄). ¶【속담】시이만 한 동상 없다. =형만 한 동생 없다. ☞새이. 성. 시야. 엉가. 히야. 히이.

시인떨다[_-__] 동 객쩍은 짓하다(客-----). 실없고 싱거운 말이나 행동을 하다. ¶넘우 일에 시인떨지 말고 니 일이나 잘 해라. =남의 일에 객쩍은 짓하지 말고 네 일이나 잘 해라.

시인시럽다[_--__] 형 객스럽다(客---). 말이나 하는 행동이 실없고 싱거운 느낌이 있다. ¶시인시럽운 말로 와 하노? =객스런 말을 왜 하니?

시인찮다[시인찬타 -_-_] 형 시원찮다. ①기대, 희망, 욕구에 충분할 만큼 만족스럽지 않다. ¶【속담】시인찮은 기시이 사람 잡아간다. =시원찮은 귀신이 사람 잡아간다. ②몸이나 몸의 일부가 좀 건강하지 못하다. ¶몸이 시인찮아 비인다. =몸이 시원찮아 보인다. ③음식이나 도구 따위가 제 역할을 못 하다. ¶【속담】시인찮은 국에 입 딘다. =시원찮은 국에 입 덴다. ☞써언찮다. 썬찮다.

시작다[시작따 _-_] 동 시작하다(始作--). ①어떤 일이나 행동의 처음 단계를 이루거나 그렇게 하게 하다. ¶인자사 시작나? =이제야 시작하느냐? ②공간의 구획 기준이 되다. ¶여어서 시작으서 저꺼정 우리 땅입미더. =여기에서 시작해서 저기까지 우리 땅입니다.

시장시럽구로[__-___] 부 귀찮게. ☞구찮구로. 구찮기. 기찮구로. 기찮기. 시장시럽기.

시장시럽기[__-__] 부 귀찮게. ☞구찮구로. 구찮기. 기찮구로. 기찮기. 시장시럽구로.

시장시럽다[시장시럽따 __-__] 형 귀찮다. *표준어 '시장스럽다'는 '시들하다'는 뜻이지만 창녕방언에서는 '귀찮다'는 뜻에 가깝게 쓰인다. ¶밥 채리기 시장시럽우마 국시 쌂아라. =밥 차리기 귀찮으면 국수 삶아라. ☞구찮다. 구찮시럽다. 기찮다. 기찮시럽다.

시적하다[1][시저카다 __-_] 형 뜸하다. 자주 있던 왕래나 소식 따위가 한동안

ㅅ

없다. ¶【관용구】발이 시적하다. =발이 뜸하다.

시적하다[2][시저카다 __-_] 형 시들하다. 의욕이나 흥미를 끄는 데가 없어 시시하고 하찮다. ¶날이 떱어서 그란지 만사가 다 시적했다. =날이 더워서 그런지 만사가 다 시들했다. ☞씨들하다.

시적해지다[1][___-_] 동 누그러지다. ☞누구루지다. 시부적해지다.

시적해지다[2][___-_] 동 뜸해지다. '뜸하다'의 피동사. 자주 있던 왕래나 소식 따위가 한동안 없어지다. ¶오새는 이아재 발걸움이 시적해졌다. =요새는 외삼촌 발걸음이 뜸해졌다.

시적해지다[3][___-_] 형 시들해지다. '시들하다'의 피동사. 의욕이나 흥미를 끄는 데가 없어 시시하고 하찮아지다. ¶저가부지가 노롬이 미치서 설치대더마는 언자 쫌 시적해졌어예. =애아버지가 노름에 미쳐서 설쳐대더니만 이제 좀 시들해졌어요.

시지부지[___-] 부 흐지부지. 일을 분명히 끝맺지 못하고 흐리멍덩하게 넘기는 모양을 나타내는 말. ¶무싯날 술 한 잔 하자 캐놓고 시지부지 데뿠네. =평일에 술 한 잔 하자 해놓고 흐지부지 되어버렸네.

시지부지하다[____-_] 동 흐지부지하다. ①확실하게 하지 못하고 흐리멍덩하게 넘어가다. 또는 그렇게 넘기다. ¶저카다가도 금상 시지부지할 낌미더예. =저러다가도 금방 흐지부지할 것입니다. ②확실하게 끝맺지 못하고 흐리멍덩하게 넘겨 버리는 데가 있다. ¶이 일로 우예 시지부지할 끼고? =이 일을 어찌 흐지부지할 것이냐? ☞시부적하다.

시째[1][_-] 수 셋째. 순서가 세 번째가 되는 차례. 또는 그런 차례의. 수사. 관형사. ¶니는 시째 줄에 앉이라. =너는 셋째 줄에 앉아라. ☞시채.

시째[2][_-] 명 셋째. ①맨 앞에서부터 세어 모두 세 개째가 됨을 이르는 말. ¶깨싼 그륵이 버씨로 시째다. =깬 그릇이 벌써 셋째다. ②셋째 자식. ¶우리 시째가 댕기갔어예. =우리 셋째가 다녀갔어요. ☞시채.

시째손가락[[___-_] 명 중지(中指). 가운뎃손가락. ☞시채손가락.

시채[1][_-] 수 셋째. ☞시째.

시채[2][_-] 명 셋째. ☞시째.

시채손가락[[___-_] 명 중지(中指). ☞시째손가락.

시치다[-__] 동 스치다. 서로 살짝 닿으면서 지나가다. ¶【속담】오다가다 옷짓마 시치도 전생에 이여이다. =오다가다 옷깃만 스쳐도 전생의 인연이다.

시침띠기[__-_] 명 새침데기. ☞새침띠기.

시쿰떨떨하다[____-_] 형 시큼털털하다. 시큼하면서도 뒷맛이 약간 떪은 듯하다. ¶이 풍개는 맛이 시쿰떨떨해서 얼라들은 싫다칸다. =이 자두는 맛이 시큼털털해서 어린애들은 싫어한다. ☞시쿰텁텁하다.

시쿰텁텁하다[시쿰텁터파다 ____-_] 형 시큼털털하다. ☞시쿰떨떨하다.

시쿰하다[_ _-_] 형 시큼하다. 맛이나 냄새 따위가 조금 시다. ¶묵운 짐치가 시쿰하네예. =묵은 김치가 시큼하네요. ☞새꼬롬하다.

시퍼러이[시퍼러~이 _--_] 부 시퍼렇게. ①사물의 색깔이 아주 퍼렇게. ¶받친 데가 시퍼러이 멍이 들었다. =부딪힌 데가 시퍼렇게 멍이 들었다. ②기세가 아주 대단하게. ¶울아부지는 젊을 때는 서실이 시퍼러이 살았디라. =우리 아버지는 젊을 때에는 서슬이 시퍼렇게 살았더니라. ③사람이 죽지 않고 멀쩡하게. ¶【관용구】누이 시퍼러이 살아있다. =눈이 시퍼렇게 살아있다. ☞시퍼렇기. 시푸렇기.

시퍼렇기[시퍼러키 _--_] 부 시퍼렇게. ☞시퍼러이. 시푸렇기.

시푸렇기[시퍼러키 _--_] 부 시퍼렇게. ☞시퍼러이. 시퍼렇기.

시푸렇다[시푸러타 _-_ _] 형 시퍼렇다. ①사물이나 그 빛이 아주 퍼렇다. ¶사이 억쑤로 시푸렇기 비인다. =산이 엄청 시퍼렇게 보인다. ②도구의 날이 퍼런 빛이 돌 만큼 아주 날카롭다. ¶낫을 시푸렇기 갈아 놓아라. =낫을 시퍼렇게 갈아 놓아라. ③기세가 아주 대단하다. ¶【관용구】서실이 시푸렇다. =서슬이 시퍼렇다. ④얼굴이나 입술이 춥거나 겁에 질려 아주 퍼렇다. ¶춥우서 입수구리가 시푸렇다. =추워서 입술이 시퍼렇다. ⑤사람이나 사람이 멀쩡하다. ¶【관용구】누이 시푸렇다. =눈이 시퍼렇다.

시피보다[1][--_ _] 동 얕잡다. ☞낮하보다. 니러다보다. 니리다보다. 시뿌보다. 알로보다.

시피보다[2][--_ _] 동 깔보다. ☞낮하보다. 니러다보다. 니리다보다. 시뿌보다. 알로보다.

시피하다[1][_ _-_] 형 만만하다. 부담스럽거나 무서울 것이 없어 쉽게 다루거나 대할 만하다. ¶【속담】시피한 넘은 성(姓)도 없나. =만만한 놈은 성도 없나. ☞만만때때하다. 맨맨하다. 맨많다.

시피하다[2][_ _-_] 형 하찮다. ①대수롭지 않다. ¶【속담】시피한 거짓말이 엄청시런 거짓말 덴다. =하찮은 거짓말이 엄청난 거짓말 된다. ②그다지 훌륭하지 아니하다. ¶시피한 거로 돈 주고 샀네. =하찮은 걸 돈 주고 샀네. ☞쪼잔하다. 쪼잖다.

식끼[--] 명 식해(食醢). 고춧가루에 버무린 밥에 마른오징어 따위를 잘라 넣어 사나흘 발효시킨 전통음식. ¶오새는 잔치해도 식끼 내낳는 집이 잘 없다. =요새는 잔치해도 식해 내놓는 집이 잘 없다.

식이다[시기다 -_ _] 동 숙이다. 앞으로나 한쪽으로 기울어지다. ¶【속담】나락은 익으마 머리로 식인다. =벼는 익으면 머리를 숙인다. ¶【속담】식인 머리는 비지 안한다. =숙인 머리는 베지 않는다. ☞수굴티리다.

식키[--] 명 식혜(食醯). 단술. 전통 음료의 하나. 엿기름을 우린 웃물에 쌀밥을 말아 독에 넣어 더운 방에 삭히면 밥

ㅅ

알이 뜨는데, 거기에 설탕을 넣고 끓여 차게 식혀 먹는다.

식하다[시카다 _-_] 동 식히다. ①더운 기가 없어지며 차가워지게 하다. ¶넘우 뜨겁우마 식하가아 무우라. =너무 뜨거우면 식혀서 먹어라. ②감정이나 열정 따위를 줄이거나 가라앉게 하다. ¶【관용구】머리로 식하다. =머리를 식히다. ③한창때가 지나 열기가 시들하게 하다. ¶【관용구】열기로 식하다. =열기를 식히다.

-신-[-] 어 -셨-. 선어말 어미 '-시-'와 선어말 어미 '-었-'이 결합한 '-시었-'이 준 말. ¶그 양바이 돌아가신는 갑다. =그 양반이 돌아가셨는가 보다.

신가다[_-_] 동 신기다. '신다'의 사동사. ¶【속담】연못 꼴 나막신을 신간다. =연못 골 나막신을 신긴다. ☞신카다.

신굿[신꾿 -_] 명 내림굿. 몸에 내린 신을 맞아서 무당이 되려고 신에게 비는 굿. ☞니림굿.

-신나[-_] 어 -셨니. *창녕방언의 의문형 종결어미는 서술어가 용언이고 의문사가 있으면, 어미는 '-노'이고, 의문사가 없으면 '-나'이다. ¶너거 할매는 오데 가신노? =너희 할머니는 어디 가셨니? ¶너가부지 집에 오신나? =너희 아버지 집에 오셨니?

신내[-_] 명 쉰내. 쉰 냄새. ¶술추마리서 신내가 난다. =술독에서 쉰내가 난다.

-신노[-_] 어 -셨니. ¶할부지가 거게 어떻기 가신노? =할아버지가 거기에 어떻게 가셨니?

신대로[1][-__] 부 신명대로. 흥겨운 신이나 멋대로. ¶지 신대로 하구로 가마이 낳아뚜라. =제 신명대로 하게 가만히 놓아둬라.

신대로[2][-__] 부 멋대로. 아무렇게나 하고 싶은 대로. ☞난양대로. 맛대로.

신둥궂다[신둥굳따 __-_] 형 실없다. 언행이 참되거나 미덥지 못하다. ¶【속담】신둥궂운 말이 송사 간다. =실없는 말이 송사 간다. *신둥궂고[신둥구꼬 __-_], 신둥궂운[신둥구준 __-_], 신둥궂어서[신둥구저서 __-__], 신둥궂엇다[신둥구절따 __-__].

신디이[신디~이 _-_] 명 쉰둥이. 나이가 쉰이 넘은 아버지에게서 태어난 아이. ¶우리 막내이는 신디입미더. =우리 막내는 쉰둥이입니다.

신마이[신마~이 --_] 명 초짜(初-). ☞신삐이.

신바리[_-_] 명 ((동물))그리마. *쉰+발+이<신발이<신바리. ☞시렁거무.

신방돌[신방똘 _-_] 명 섬돌. 집채의 앞뒤에 오르내릴 수 있게 놓은 돌층계 중에서 신을 벗어놓는 자리.

신삐이[신삐~이 --_] 명 초짜(初-). ☞신마이.

신선놀움[신선노룸 ___-] 명 신선놀음(神仙--). ①해야 할 일은 다 잊고 어떤 놀이에 푹 빠져 있는 것을 비유적으로 이르는 말. ¶【속담】신선놀움에 도칫자리 썩는 줄 모른다. =신선놀음에 도낏자루 썩는 줄 모른다. ②신선처럼 아무 걱정이나 근심 없이 즐겁고 평안하게 지낸다는 뜻. ¶모싱기 해놓고 논께네 신선놀움이다. =모내기 해놓고 노니까 신선놀음이다.

신선놀움하다[신선노룸하다 ____-_] 동 신선놀음하다(神仙----). ¶일은 안하고 신선놀움하고 자빠졌네. =일은 않고 신선놀음하고 자빠졌네.

신앵[시냉 _-] 명 신행(新行). 혼인할 때에, 신랑이 신부 집으로 가거나 신부가 신랑 집으로 감.

신양기[시냥끼 _-_] 명 신기(神氣). ①신비롭고 불가사의한 운기(雲氣). ¶저 점바치는 신양기가 있는 갑다. =저 점쟁이는 신기가 있는가 보다. ②정신과 기운을 아울러 이르는 말. ¶술마 무우마 신양기가 풀린다. =술만 먹으면 신기가 풀린다.

신재이[1][신재~이 --_] 명 신 장수. 신을 파는 사람.

신재이[2][신재~이 --_] 명 갖바치. 예전에, 가죽신을 만드는 일을 직업으로 하는 사람을 이르던 말.

신짹이[신째기 _-_] 명 신짝. 신발의 한 짝. ¶【속담】노올 쩍에 밨으마 신짹이로 틀어막을 거로. =나올 적에 봤다면 신짝으로 틀어막을 걸. ¶【속담】가실에는 대부인 마너래도 나무 신짹이 갖고 노온다. =가을에는 대부인 마누라도 나무 신짝 가지고 나온다.

신쭈무이[신쭈무~이 __-_] 명 신주머니. 신발 넣는 주머니.

신출내기[__-_] 명 신출내기(新出--).

신추룩[_--] 부 내내. 꽤 오랫동안. ☞내걸로. 내내로. 내더리. 내두룩. 수시껀.

신치[-_] 명 시체(屍體). ¶【속담】장사 지내로 가는 넘이 신치 빼낳고 간다. =장사 지내러 가는 놈이 시체 빼놓고 간다.

신칫물[신친물 -__] 명 추깃물. 시체가 썩어서 흐르는 물.

신카다[_-_] 동 신기다. ☞신가다.

신통망통하다[____-_] 형 신통방통하다(神通-通--). 매우 대견하고 칭찬해 줄 만하다. ¶아아가 신통망통하다. =애가 신통방통하다.

실[1][_] 명 곡(谷). 산과 산 사이에 움푹 패어 들어간 곳. *주로 마을 지명에 쓰인다. ¶밤실(율곡(栗谷)). ¶가무실(감곡(甘谷)). ¶우무실(정곡(井谷)).

실[2][_] 부 슬며시. ☞사부지기. 살모시. 살무시. 시리리. 실무시.

실개이[실개~이 -__] 명 실랑이. 서로 자기주장을 고집하여 옥신각신하는 일. ¶머 때미로 실개이 하노? =뭐 때문에 실랑이 하니? ☞실랭이.

실거머이[실거머~이 __-_] 부 슬그머니. ①남이 알아차리지 못하게 슬며시. ¶글마는 실거머이 다알낫네. =그놈은 슬그머니 달아났네. ②혼자 마음속으로 은근히. ¶일로 저질라낳고 보이 실거머이 걱정이 덴다. =일을 저질러놓고 보니 슬그머니 걱정이 된다. ☞실구무이.

실경[_-] 명 시렁. 물건을 얹어 놓기 위하여 방이나 마루 벽에 두 개의 긴 나무를 가로질러 선반처럼 만든 것. ¶【속담】실경 눈에 부채 소이다. =시렁 눈에 부채 손이다.

실구무이[실구무~이 _ _-_] 㽞 슬그머니. ☞실거머이.

실굼실굼[_ _ _-] 㽞 슬금슬금. 눈치를 보아 가며 남들이 모르게 슬그머니 어떤 행동을 자꾸 하는 모양을 나타내는 말. ¶개가 날로 보디이 실굼실굼 딧걸움칬다. =개가 나를 보더니 슬금슬금 뒷걸음쳤다.

실꺼시이[실꺼시~이 _--_] 명 ((동물))실지렁이. ¶몸띠이가 실꺼시이가 뎄다. =몸뚱이가 실지렁이가 됐다.

실꿈[_-] 㽞 힐끗. ①가볍게 슬쩍 한 번 흘겨보는 모양. ¶눈치로 실꿈 보데예. =눈치를 힐끗 보데요. ②눈에 언뜻 띄는 모양. ¶눈에 실꿈 띠는 저기이 머꼬? =눈에 힐끗 띄는 저게 뭐니? ☞힐꿈.

실꿈기리다[_ _-_ _] 동 힐끗거리다. ①자꾸 슬쩍슬쩍 흘겨보다. ¶날로 수상밪은 사람 치라보딧기 실꿈기린다. =나를 수상한 사람 쳐다보듯 힐끗거린다. ②자꾸 눈에 언뜻언뜻 띄다. ¶기시이 눈에 실꿈기린다. =귀신이 눈에 힐끗거린다. ☞힐꿈기리다.

실다[실따 _-] 동 싣다. *표준어 '싣다'는 'ㄷ불규칙 용언'이지만 창녕방언은 'ㄹ'이 규칙 활용을 한다. ①탈것 따위에 다른 사람이나 물건을 옮겨 놓다. ¶【속담】나구에 짐을 지고 타나 실꼬 타나. =나귀에 짐을 지고 타나 싣고 타나. ②책 따위에 글이나 그림 따위를 내어 인쇄하다. ¶책에 글로 실겠다꼬 선상님이 갖고 오라 카싰다. =책에 글을 싣겠다고 선생님이 갖고 오라 하셨다. ③탈것 따위에 어디에 가려고 몸을 올리다. ¶차가 내 동상을 실꼬 떠나 뺐다. =차가 내 동생을 싣고 떠나 버렸다. ④기운 따위를 함께 품거나 띠다. ¶아부지가 우리인데 꿈을 실꼬 살아라 하싰다. =아버지가 우리에게 꿈을 싣고 살라 하셨다. ⑤힘을 어디에 한데 모으다. ¶팔에 온 심을 실꼬는 돌로 떤짔다. =팔에 온 힘을 싣고는 돌을 던졌다. ⑥논에 물을 고이게 하다. ¶마런 논에 물로 항검 실꼬 나이 마움이 푸욶다. =마른 논에 물을 가득 싣고 나니 마음이 푸근하다. *실고[실꼬 _-], 실지[실찌 _-], 실어서[시러서 -_ _], 실었다[시런따 -_ _].

실란하다[_ _-_] 형 심란하다(心亂--). ¶내도 마암이 실란하지 머. =나도 마음이 심란하지 뭐. ☞실랂다.

실랂다[실란타 _-_] 형 심란하다(心亂--). ☞실란하다.

실래이[실래~이 _-_] 명 실랑이. ☞실갱이.

실마[--] 㽞 설마. 그럴 리는 없겠지만. ¶【속담】실마 돈 주마 참이 안 주까이. =설마 돈 주면 참외 안 주랴. ☞설매.

실무시[_ _-] 㽞 슬며시. ☞사부지기. 살모시. 살무시. 시리리. 실.

실밥[실빱 _-] 명 솔기. 옷이나 이부자리 따위를 지을 때, 두 장의 천을 실로 꿰매어 이어 놓은 부분. ¶주봉 실밥이 터짔다. =바지 솔기가 터졌다.

실수투시이[실수투시~이 --_-_] 명 실수

투성이(失手---). ¶이런 실수투시이가 또 오데 있겄노? =이런 실수투성이가 또 어디 있겠니?

실업이[시러비 --_] 명 실없쟁이. 실없는 사람을 놀림조로 이르는 말.

실오래기[_--_] 명 실오라기. ¶다 큰 머섬아가 숭시럽구로 실오래기 한나 안 걸치고 있더라. =다 큰 머슴애가 징그럽게 실오라기 하나 안 걸치고 있더라.

-실이[시리 -_] 접 시집 간 딸이나 질녀뻘 되는 여자를 남편의 성(姓)뒤에 붙여 친정붙이들이 살갑게 부를 때 쓰는 접미사. *-실(室)+이. ¶김(金)실이는 올개 및고? =김실이는 올해 몇이니?

실쩍[_-] 부 슬쩍. ①남의 눈을 피하여 재빠르게. ¶돈을 실쩍 찝하갔다. =돈을 슬쩍 훔쳐갔다. ②특별히 마음을 쓰거나 정성을 들이지 않고 빠르게. ¶하도 잘 생기서 실쩍 치라봤다. =하도 잘 생겨서 슬쩍 쳐다봤다. ③힘들이지 않고 가볍게. ¶실쩍 건디렀는데도 아푸다꼬 난리네. =슬쩍 건드렸는데도 아프다고 난리 치네. ④심하지 않게 약간. ¶시굼치는 실쩍 익하야 맛닉다. =시금치는 슬쩍 익혀야 맛있다. ☞실찍이.

실찌로[--_] 부 실제로(實際-). 거짓이나 상상이 아니고 현실적으로. ¶【속담】파래이 한 섬을 다 무웄다 캐도 실찌로 안 무웄으마 그마이다. =파리 한 섬을 다 먹었다 해도 실제로 안 먹었으면 그만이다.

실찍이[실찌기 _-] 부 슬쩍. ☞실쩍.

실참[_-] 명 새참. 일을 하다가 잠깐 쉬면서 먹는 음식. *쉬+ㄹ+참<쉴참<실참. ¶여게 오서 실참 자시고 하이소오. =여기 와서 새참 잡수시고 하세요.

실컨[_-] 부 실컷. ①마음에 하고 싶은 대로 한껏. ¶【속담】실컨 울고 나디이 누 초상고 칸다. =실컷 울고 나더니 뉘 초상인가 한다. ②아주 심하게. ¶까불다가 실컨 얻어마았다. =까불다가 실컷 얻어맞았다. ③모자람이 없이 자신만만하게. ¶쌀 한 가마이쭘치사 실컨 짊우지지예. =쌀 한 가마니쯤이야 실컷 짊어지지요.

실패꾸리[__-_] 명 실패. 반짇고리 제구의 하나. 바느질할 때 쓰기 편하도록 실을 감아 두는 작은 도구. ☞동터래.

싫다카다[실타카다 --__] 동 싫어하다. 싫게 여기어 꺼리다. ¶【속담】풀비기 싫다카는 넘이 단 수마 시알린다. =풀베기 싫어하는 놈이 단 수만 센다. ¶【속담】좋운 노래도 시 분 들으마 기가 싫다칸다. =좋은 노래도 세 번 들으면 귀가 싫어한다.

싫징[실찡 --] 명 싫증(-症). 대상을 반갑지 않게 여기는 마음. ¶같은 음석을 자꾸 무우마 싫징이 난다. =같은 음식을 자꾸 먹으면 싫증이 난다.

싫징나다[실찡나다 --__] 형 싫증나다(-症--). 어떤 것이 더 이상 흥미를 끌지 못하거나 귀찮아서 싫어하는 마음이 생기다. ☞끼나다.

심[-] 명 힘. ①사람이나 동물이 근육을 통해 발생하는 역학(力學)적 에너지. ¶【속담】심 모루고 강가 씨룸 가까이.

=힘 모르고 강가 씨름 가랴. ②재력이나 학식, 재능 따위의 능력. ¶내한테 이 집을 살만치 심이 오데 있노? =내게 이 집을 살만큼 힘이 어디 있나? ③자연 현상이나 기계 따위가 스스로 또는 다른 사물을 움직이게 하는 능력. ¶이분 태풍은 심이 씨서 지붕도 날라 보냈다. =이번 태풍은 힘이 세어서 지붕도 날려 보냈다. ④도움이나 의지가 되는 것. ¶부몬님이 큰 심을 주지예. =부모님이 큰 힘을 주지요. ⑤어떤 일에 들이는 정성이나 노력. ¶빙을 곤칠라꼬 오만 심을 다 쏟았다. =병을 고치려고 온갖 힘을 다 쏟았다. ⑥무엇으로 인해 발생하는 긍정적인 효과나 효능. ¶우리사 밥 심우로 살지예. =우리야 밥 힘으로 살지요. ☞히마리. 히매가리. 히바리.

심가다[_-_] 동 심다. ☞숭구다.

심껏[심껃 -_] 부 힘껏. 있는 힘을 다하여. 또는 힘이 닿는 데까지. ¶우리 서이서 심껏 밀었지마는 꿈쩍도 안한다. =우리 셋이서 힘껏 밀었지만 꿈쩍도 않는다. ☞심대로. 쎄빠지기. 씨빠지기. 좆나기. 좆빠지기.

심닿다[--_] 동 힘닿다. 능력이나 권세, 위력 등이 이르다. ¶내 심닿는 한은 니로 부들텐께네 기운 쫌 내래이. =내 힘닿는 한은 너를 도울테니 기운 좀 내라. ☞심대이다. 심자리다. 심짜리다. 심짤리다.

심대로[--_] 부 힘껏. ☞심껏. 쎄빠지기. 씨빠지기. 좆나기. 좆빠지기.

심대이다[-_-_] 동 힘닿다. ☞심닿다. 심자리다. 심짜리다. 심짤리다.

-심더[-_] 어 -습니다. ¶이거는 치민치리로 했심더. =이건 체면치레로 했습니다. ☞-습미더. -십미더.

심두룽하다[___-_] 형 심드렁하다. 마음에 탐탁하지 않아 관심이 거의 없다. ¶지 마암에 안 드능강 심두룽하네. =제 마음에 안 드는지 심드렁하네. ☞심룽하다.

심들다[--_] 형 힘들다. ①힘이 많이 쓰이는 데가 있다. ¶【속담】뜬 솥도 달마 심들다. =뜬 솥도 달면 힘들다. ②마음이 많이 쓰이거나 수고스럽다. ¶【속담】마지막 고개로 넝기기가 지일 심들다. =마지막 고개를 넘기기가 제일 힘들다. ③형편이나 상황이 어렵거나 곤란하다. ¶【속담】화는 입기는 숩우도 벗이기는 심들다. =화는 입기는 쉬워도 벗기는 힘들다. ④어떤 일이 이루어질 가능성이 적다. ¶오새는 젖 짜는 얌새이 비기가 심들다. =요새는 젖 짜는 염소 보기가 힘들다.

심딜이다[심디리다 ---_] 동 힘들이다. 어떤 일에 힘을 기울이거나 정성을 쏟다. ¶이래 심딜이서 돈을 벌인다. =이리 힘들여서 돈을 번다.

심룽개우리[__-__] 명 ((동물))두꺼비. *두꺼비를 '심룽개우리'라 이르는 것은 그 생김새가 심룽(심드렁)한 데에서 비롯된 것으로 보인다. '심룽(심드렁)+개우리(개구리)'. ¶【속담】심룽개우리가 파래이 자아묵딧기. =두꺼비가 파리 잡아먹듯. ☞뚜끼비.

심룽하다[_ _-_] 혱 심드렁하다. 마음에 탐탁하지 않아 관심이 거의 없다. ¶【속담】심룽하기로는 심룽개우리 몬쨚다. =심드렁하기로는 두꺼비 못잖다. ☞심두룽하다.

심마이[심마~이 --_] 몡 심마니. 산삼 캐는 일을 업으로 하는 사람.

심바람[_ _-] 몡 심부름. ¶【속담】부버리 심바람하는 듯다. =벙어리 심부름하는 듯하다. ☞심부룸.

심발[-_] 몡 신발. ¶【속담】심발에 기가 달맀다. =신발에 귀가 달렸다.

심부룸[_ _-] 몡 심부름. ☞심바람.

심부하다[-_ _ _] 동 붙견디다. 일을 그만두지 않고 꾸준히 하다. *'심부'는 일본식 한자어인 '신보(辛抱 しんぼう)'에서 온 말. ¶그따구 일도 심부하지 몬하나? =그따위 일도 붙견디지 못하니? ☞전디내다.

심살[--] 몡 힘살. ¶【속담】똥구뭉 심살꺼지 모지리 안다. =똥구멍 힘살까지 모조리 안다.

심술피아다[-_-_ _] 동 심술부리다. 짓궂게 남을 괴롭히거나 남이 잘되는 것을 시기하다. ¶아직부텀 심술피안다. =아침부터 심술부린다.

심심초[_ _-] 몡 담배. ☞댄배. 댐배.

심싫다[심심타 _-_] 혱 심심하다. ①할 일이 없어 지루하고 따분하다. ¶【속담】원님이 심싫다고 자수 볼기짝이 친다. =원님이 심심하다고 좌수 볼기짝 친다. ②음식이 짠맛이 거의 없거나 약하다. ¶기깃국이 쫌 심싫제? =고깃국이 좀 심심하지? ☞싱거부리하다.

심씨다[1][_-_] 동 힘세다. 힘이 많아서 억세다. ¶【속담】심씬 소가 왕 노롯 하까. =힘센 소가 왕 노릇 할까. ¶【속담】심씬 놈우 집에 지다 낳안 거 없다. =힘센 놈의 집에 져다 놓은 것 없다.

심씨다[2][--_] 동 힘쓰다. ①힘을 들여 일을 하다. ¶【속담】호박나물에다가 심씬다. =호박나물에 힘쓴다. ¶【속담】심씨기보담아 끼씨는 기이 낫다. =힘쓰기보다 꾀쓰는 게 낫다. ②남을 도와주다. ¶이래 심씨 조오서 미안습미더. =이리 힘써 주어서 미안합니다.

심없다[심엄따 --_] 혱 힘없다. ①기운이나 기력이 없다. ¶알라는 심없다. =아기는 힘없다. ②권력이나 세력이 없다. ¶우리겉이 심없는 사램은 우야라꼬예? =우리같이 힘없는 사람은 어쩌라고요? ☞히마리없다. 히매가리없다. 히바리없다.

심여[_-] 몡 심려(心慮). 마음속으로 걱정함. ¶이 일은 쪼꿈도 심여로 하실 일이 아입미더예. =이 일은 조금도 심려를 하실 일이 아닙니다.

심이[_-] 뷔 심히(甚-). 보통의 정도보다 지나치게. ¶심이 게럽다. =심히 괴롭다.

심있다[심읻따 --_] 혱 힘있다. ①태도나 행동이 굳세고 강하다. ¶지발 심있는 목소리로 대답해래이. =제발 힘있는 목소리로 대답해라. ②권력이나 세력이 있다. ¶이런 거는 심있는 사람인데 부택이 해라. =이런 것은 힘있는 사람한테 부탁해라. ③어떤 일을 처리할 만

ㅅ

한 능력이 있다. ¶그쭘이사 내인데도 심있다. =그쯤이야 내게도 힘있다.

심자리다[-_-_] 동 힘닿다. ☞심닿다. 심대이다. 심짜리다. 심짤리다.

심줄[심쭐 --] 명 힘줄. ¶팔에 심줄이 티노왔다. =팔에 힘줄이 튀어나왔다.

심짜리다[-_-_] 동 힘닿다. ☞심닿다. 심대이다. 심자리다. 심짤리다.

심짤리다[-_-_] 동 힘닿다. ☞심닿다. 심대이다. 심자리다. 심짜리다.

심차다[--_] 동 힘차다. 힘이 가득하고 굳세다. ¶일마! 쫌 심차기 띠바라. =인마! 좀 힘차게 뛰어봐라.

심청[_-] 명 심술(心術). ①온당하지 아니하게 고집을 부리는 마음. ¶【관용구】심청이 사냅다. =심술이 사납다. ②남을 골리기 좋아하거나 남이 잘못되는 것을 좋아하는 마음보. ¶【관용구】놀보 겉은 심청. =놀부 같은 심술.

심청궂다[심청굳따 __-_] 형 심술궂다(心術--). ¶【관용구】심청궂기로는 놀보 몬쨚은 넘. =심술궂기로는 놀부 못잖은 놈.

심청떨다[_-__] 동 심술부리다(心術---). ¶【속담】심청떨기로 왕골 장골 떼라. =심술부리기로 왕골 장골 떼라. ☞심청부리다. 심청피아다.

심청부리다[__--_] 동 심술부리다(心術---). ☞심청떨다. 심청피아다.

심청피아다[__-__] 동 심술부리다(心術---). ☞심청떨다. 심청부리다.

심카다[싱카다 _-_] 동 숨기다. '숨다'의 사동사. ☞숨카다.

심키다[싱키다 _-_] 동 심기다. '심다'의 피동사. 풀이나 나무를 땅속에 묻히게 되다. ¶땅이 야물우서 낭기 잘 안 심킨다. =땅이 여물어서 나무가 잘 안 심긴다.

심패때리기[__-__] 명 손목 때리기. 화투 등 놀이에서 진 사람에게 둘째 셋째 손가락으로 상대방의 손목을 때리는 놀이의 일종.

십다[십따 _-] 형 쉽다. ☞숩다.

-십미꺼[--_] 어 -습니까. ☞-습미꺼.

-십미더[--_] 어 -습니다. ☞-습미더. -심더.

-싰[싣 -] 어 -셨. '-시었'의 준말. 어떤 동작이나 상태의 주체가 화자에게 사회적인 상위자로 인식될 때 그와 관련된 동작이나 상태 기술에 결합하여 그것이 상위자와 관련됨을 나타내는 주체존대 과거시제 선어말어미. ¶아직 자싰습미꺼? =아침 자셨습니까?

싱간[-_] 명 승강이(昇降-). 서로 자기주장을 고집하여 옥신각신하며 다툼. ¶둘이서 서리 잘몬한 기이 없다꼬 싱간이 벌어졌다. =둘이서 서로 잘못한 게 없다고 승강이가 벌어졌다. ☞싱개이.

싱간시럽다[-_-__] 형 어수선하다. 옳으니 그르니 실랑이 하는 통에 혼란스럽다. ¶싱간시럽구로 이카지 마래이. =어수선하게 이러지 마라.

싱간하다[-___] 동 승강이하다(昇降---). ☞시라다. 싱개이하다. 씨라다.

싱개이[싱개~이 -__] 명 승강이(昇降-). ☞싱간.

싱개이하다[싱개~이하다 -____] 동 승강

이하다(昇降---). ☞시라다. 싱간하다. 씨라다.

싱거부리하다[____-_] 형 심심하다. 음식 맛이 조금 싱겁다. ¶음석은 쫌 싱거부리해야 몸에 이하다. =음식은 조금 심심해야 몸에 이롭다. ☞심싫다.

싱건짐치[__-_] 명 동치미. *동침(冬沈)+이. ☞동짐치.

싱굽다[싱굽따 _-_] 형 싱겁다. ①음식이 짠맛이 거의 없거나 약하다. ¶【속담】싱굽기는 고두룸장아찌라. =싱겁기는 고드름장아찌라. ②술이나 담배가 맛이 독하지 않다. ¶이 쏘지는 싱굽어서 지맛이 없어. =이 소주는 싱거워서 제맛이 없어. ③언행이 제격에 어울리지 않고 좀 멋쩍다. ¶【속담】싱굽기는 한터 구장이라. =싱겁기는 한터 이장이라. ④열없이 흐지부지하다. ¶【속담】싱굽기는 항새 똥구늉이라. =싱겁기는 황새 똥구멍이라. ☞싱굽다. 찐맛없다.

싱기다[-__] 동 섬기다. 웟사람을 잘 모시어 받들다. ¶【속담】미신짹이도 한나잘은 신어야 주인을 싱긴다. =짚신짝도 한나절은 신어야 주인을 섬긴다. ¶【속담】내 절 부치는 내가 싱기야지 누가 싱기까. =내 절 부처는 내가 섬겨야지 누가 섬길까.

싱깁이[싱기비 _-_] 명 싱겁이. 말이나 행동이 제격에 맞지 않아 어색하고 거북한 사람.

싱모하다[--__] 동 성묘하다(省墓--). 조상의 산소를 찾아가서 돌보다. *성묘<성모<싱모. ¶【속담】처숙부 미에 싱모하덧기. =처숙부 묘에 성묘하듯.

싱미[_-] 명 성미(性味). 성질, 마음씨, 비위, 버릇 따위를 통틀어 이르는 말. ¶【속담】싱미가 탱자까시다. =성미가 탱자가시다. ¶【속담】싱미가 댓 발이나 늘어짔다. =성미가 닷 발이나 늘어졌다.

싱이[-_] 명 송이. ☞시이. 주지.

싶우다[시푸다 _-_] 형 싶다. ¶【속담】굿하고 싶우도 맏미너리 궁디이 춤 비기 싫어서 안 한다. =굿하고 싶어도 맏며느리 궁둥이 춤 보기 싫어서 안 한다. ¶【속담】찰떡 묵고 싶우다꼬 생쌀 묵눈다. =찰떡 먹고 싶다고 생쌀 먹는다. ¶【속담】사우 머 꼬라지 보이 이손지 보까 싶우 잖다. =사위 뭐 꼴 보니 외손자 볼까 싶지 않다. ☞잡다. 접다. 집다.

싸가지[_-_] 명 싹수. ①앞으로 성공하거나 잘될 것 같은 낌새나 징조. ¶【관용구】싸가지가 노랗다. =싹수가 노랗다. ②((주로, '없다'와 함께 쓰여)) 손윗사람에 대한 예의범절을 일컫는 말. ¶【관용구】싸가지가 없다. =싹수가 없다.

싸거리[_-_] 부 모조리. ☞마둥구리. 모딜티리. 모지리. 홀티리.

싸구리[__-] 명 싸구려. 값이 싸거나 질이 좋지 못한 물건. ¶이 옷은 비싼 긴데도 싸구리매이로 비인다. =이 옷은 비싼 것인데도 싸구려처럼 보인다.

싸기[-_] 부 빨리. ☞날래. 날리. 빨랑. 파딱. 퍼떡.

싸기싸기[-_-_] 부 빨리빨리. ☞날래날래. 날리날리. 빨랑빨랑. 파딱파딱. 퍼떡퍼떡.

싸다[1][-_] 동 쌓다. 물건을 차곡차곡 포개어 얹어서 구조물을 이루다. ¶【속담】몰개로 방천을 싼다. =모래로 방천을 쌓는다.

싸다[2][-_] 형 마땅하다. 부정적인 뜻으로, 그럴 만도 하다. ¶까불어쌓더마는 마아도 싸다. =까불어쌓더니만 맞아도 마땅하다.

싸댕기다[_-__] 동 싸다니다. 여기저기를 마구 돌아다니다. ¶【속담】눈 오는 날 개 싸댕기듯기. =눈 오는 날 개가 싸다니듯이.

싸래기[_-_] 명 싸라기. 부스러진 쌀알. ¶【속담】싸래기 떢아 물라카다가 나락 삐까리에 불 낳는다. =싸라기 닦아 먹으려다 노적가리에 불 놓는다. ¶【속담】싸래기 쌀 한 말에 칠 푼 오 리래도 오 리 없어서 몬 묵더라. =싸라기 쌀 한 말에 칠 푼 오 리라도 오 리 없어서 못 먹더라.

싸래기밥[_-__] 명 싸라기밥. 싸라기로 지은 밥. ¶【속담】싸래기밥을 무욌나. =싸라기밥을 먹었나.

싸래기풀[_-_-] 명 ((식물))쇠털골.

싸리나물[___-] 명 ((식물))짚신나물.

싸리다[-__] 동 썰다. 칼 따위로 물체를 토막이 나게 하다. ¶【속담】손텁으로 여물 싸린다. =손톱으로 여물 썬다. ☞쌍그리다. 썽그리다. 썽글다.

싸부룸하다[___-_] 형 쌉싸래하다. 조금 쓴 맛이 있는 듯하다. ¶씬내이짐치는 싸부룸해야 맛닉습미더. =씀바귀김치는 쌉싸래해야 맛있습니다. ☞쌉쑤룸하다.

싸씨락하다[싸씨라카다 ___-_] 형 자잘하다. ①여럿이 다 가늘거나 작다. ¶미꾸래이가 말키 싸씨락하네. =미꾸라지가 모두 자잘하네. ②여러 가지 물건이나 일, 또는 여러 생각이나 행동 따위가 다 작고 소소하다. ¶오새는 싸씨락한 일로 바뿌다. =요새는 자잘한 일로 바쁘다. ☞자잔하다. 짜잔하다. 짜잘하다. 짜잡하다.

싸다[__] 동 쏘다. ①활이나 총, 대포 따위를 일정한 목표를 향하여 발사하다. ¶【속담】공중을 싸도 알간마 맞한다. =공중을 쏘아도 알관만 맞힌다. ¶【속담】싸 낳안 하살이요 엎우진 물이다. =쏘아 놓은 화살이요 엎질러진 물이다. ☞낳다. ②말이나 시선으로 상대편을 매섭게 공격하다. ¶썽난 씨오마씨가 미너리보고 톡 쌌다. =성난 시어머니가 며느리에게 톡 쏘았다. ③벌레가 침과 같은 것으로 살을 찌르다. ¶벌이가 손등더리로 싸서 뚱뚱 붓었다. =벌이 손등을 쏘아서 뚱뚱 부었다. ④매운 맛이나 강한 냄새가 사람의 입 안이나 코를 강하게 자극하다. ¶【속담】톡 싸기는 땡꼬치만하다. =톡 쏘기는 땡고추만하다.

싸안[1][-_] 부 순. 주로 좋지 않은 성질을 나타내는 말 앞에 쓰여, '몹시' 또는 '아주'의 뜻을 나타내는 말. ¶싸안 몬 씰 거로 고왔네. =순 못 쓸 걸 가져왔네.

싸안[2][-_] 관 그깟. 그까짓. 겨우 그만한 정도의. ¶싸안 호박 한 덩거리 갖고 저칸다. =그깟 호박 한 덩이 갖고 저런다.

싸암[-_] 명 싸움. 싸우는 일. ¶【속담】흥정은 붙이고 싸암은 말기라 캤다. =흥정은 붙이고 싸움은 말리라 했다. ¶【속담】개싸암에는 몰개가 지객이라. =개싸움에는 모래가 제격이라.

싸암하다[--__] 동 싸움하다. 이기려고 상대편과 다투다. ¶【속담】간[棺] 젙에서 싸암한다. =관 곁에서 싸움한다.

-싸이[싸~이 -_] 어 -쌓으니. 앞말이 뜻하는 행동을 반복하거나 그 행동의 정도가 심함을 나타내는 보조동사 활용어미. ¶자꾸 아푸다 캐싸이 우야겄노? =자꾸 아프다고 해쌓으니 어쩌겠니?

싸이나[__-] 명 청산가리(青酸加里). 시안화칼륨 *일본어 '시안(シアン)'에서 온 말. ¶인날에는 망개에 싸이나로 옇어서 꽁을 잡았디라. =예전에는 맹감에 청산가리를 넣어서 꿩을 잡았더니라. ☞청산갈리.

싸이다[_-_] 동 쏘이다. '쏘다'의 피동사. 벌레의 침과 같은 것에 살이 찔리다. ¶【속담】벌이인데 싸있나. =벌한테 쏘였나. ☞쌔이다.

싻[싹 -] 명 삯. 일한 데 대하여 보수로 주는 돈이나 물건. ¶싻을 마이 디릴께예. =삯을 많이 드릴게요.

싻매[싹매 _-] 명 삯매. 예전에, 남이 맞을 것을 삯을 받고 대신 맞던 매. ¶【속담】싻매 모안다. =삯매 모은다.

싼다구[_-_] 명 상판대기(相---). '얼굴'을 속되게 이르는 말. ¶【속담】각난에 죽운 말 싼다구 겉다. =곽란에 죽은 말 상판대기 같다. ¶【속담】똥 조오 무운 곰 싼다구. =똥 주워 먹은 곰 상판대기. ☞쌍판때기.

쌀가리[쌀까리 _-_] 명 쌀가루. 쌀을 빻은 가루.

쌀강새이[쌀깡새~이 __-_] 명 ((동물))쌀강아지. 털이 짧고 보드라운 강아지.

쌀내끼[-__] 명 쌀알. 쌀알 낱개. ¶【속담】재산 잃아뿌고 쌀내끼 좂는다. =재산 잃어버리고 쌀알 줍는다.

쌀도배기[__-_] 명 쌀되. 식되(食-). 가정에서 곡식을 될 때 쓰는 작은 되.

쌀딩기[쌀띵기 _-_] 명 쌀겨. ☞당갈딩기.

쌀리다[_-_] 동 썰리다. '썰다'의 피동사. 칼이나 톱 따위에 잘리거나 토막 내어지다. ¶칼이 잘 안 들어서 기기가 쌀리지로 안한다. =칼이 잘 안 들어서 고기가 썰리지를 않는다. ☞쌍글리다. 썽글리다.

쌀뻘거지[__-_] 명 쌀벌레. ①쌀을 갉아 먹는 벌레. ¶쌀두지에 쌀뻘거지가 생겄다. =쌀뒤주에 쌀벌레가 생겼다. ②일하지 않고 놀고먹는 사람을 비유적으로 이르는 말. ¶【속담】집구숙에 쌀뻘거지 키안다. =집구석에 쌀벌레 키운다.

쌀쌀밫다[쌀쌀받따 __-_] 형 쌀쌀맞다. 성격이나 행동이 따뜻한 정이나 붙임성이 없이 차갑다. ¶와 쌀쌀밫기 대꾸하능교? =왜 쌀쌀맞게 대꾸합니까? ☞입정없다. 찹다.

쌀자리[쌀짜리 __-] 명 쌀자루. 쌀 담는 자

ㅅ

루. ¶【속담】깞도 모루고 쌀자리 내민다. =값도 모르고 쌀자루 내민다.

쌀전[--] 명 싸전(-廛). 전통 장터에서 쌀과 그 밖의 곡식을 파는 곳. *'쌀전'은 5일장이 서는 장터에 정기적으로 서는 곳을 이르는 말이고, '쌀집'은 곡식을 파는 가게를 이르는 말이다. ¶【속담】쌀전 가서 밥 도라 칸다. =싸전 가서 밥 달라고 한다. ☞시기전.

쌂다[쌈따 _-] 동 삶다. ①물에 넣고 끓이다. ¶【속담】도치 쌂은 물. =도끼 삶은 물. ¶【관용구】쌂아묵등가 꿉우묵등가. =삶아먹든 구워먹든. ¶【속담】참새 알로 쌂아무웄나. =참새 알을 삶아먹었나. ②날씨가 몹시 무덥고 찌는 듯해 뜨거운 열기로 가득함을 비유적으로 이르는 말. ¶【관용구】복날이 사람 쌂아 직일라 칸다. =복날이 사람 삶아 죽이려 한다. *쌂고[쌈꼬 __], 쌂지[쌈찌 __], 쌂아야[쌀마야 -__], 쌂았다[쌀맏따 -__].

쌂으메는[쌀므메는 -_-_] 부 삶으면. *'쌂으메는' 조건의 '-으면'이 창녕방언에서 단독으로 실현될 때는 주로 '-으마, -으만'이지만, 그 뒤에 보조사 '은'이 오면 그것은 '-으메' 또는 '-으멘'으로 실현된다. '쌀므메는'은 '쌂으멘+은'으로도 형태 분석 가능하고, '쌂으메+는'으로도 형태 분석 가능한 것이다. ¶달기기로 쌂으메는 지름이 동동 뜹미더. =닭고기를 삶으면 기름이 동동 뜹니다.

쌂키다[쌈키다 _-_] 동 삶기다. '삶다'의 피동사. ①물에 넣어져 끓여지다. ¶기기가 푹 쌂키두룩 불로 낮기 옇어라. =고기가 푹 삶기도록 불을 낮게 넣어라. ②뜨거운 열을 받아 그 성질이나 외양이 달라지다. ¶날이 덥우서 배차가 말키 쌂킸다. =날씨가 더워서 배추가 모두 삶겼다. ☞쌂피다.

쌂피다[쌈피다 _-_] 동 삶기다. '삶다'의 피동사. ☞쌂키다.

쌈[-] 명 삼. ①눈동자에 좁쌀만 하게 생기는 희거나 붉은 점. 숙어적으로 '쌈이 내리다'는 표현으로 쓴다. ¶【관용구】알라가 쌈 니랐다. =애기가 삼 생겼다. ②태아를 싸고 있는 막과 태반. ¶할매가 쌈을 가러고 알라로 씪기 좄다. =할머니가 삼을 가르고 아이를 씻겨 주었다.

-쌈시로[-__] 어 -쌓으면서. 자꾸 그러하면서. ¶술 묵고 그캐쌈시로 먼 넘우 인간 데겄노? =술 먹고 그리해쌓으면서 뭔 놈의 인간 되겠나?

쌉쌀개[_-_] 명 ((동물))삽살개. ¶【속담】쌉쌀개도 하알 볼 날 있다. =삽살개도 하늘 볼 날이 있다. ¶【속담】비 오는 날 쌉쌀개 돌아댕기딧기. =비 오는 날 삽살개 돌아다니듯.

쌉쑤룸하다[___-_] 형 쌉싸래하다. ☞싸부룸하다.

쌉씨룸하다[___-_] 형 쌉싸름하다. 조금 쌉쌀한 듯하다. ¶우리 할배는 쌉씨룸한 씬내이 무침을 질기예. =우리 할아버지는 쌉싸름한 씀바귀 무침을 즐겨요.

쌍가매[_-_] 명 쌍가마(雙--). ①머리에 가마가 둘이 있는 것. 또는 그런 사람. ¶

【속담】쌍가매가 있으마 장개 두 분 간다. =쌍가마가 있으면 장가 두 번 간다. ②예전에, 말 두 마리가 각각 앞뒤의 채를 메고 가는 가마를 이르던 말. ¶【속담】쌍가매 쏙에도 섧움은 있다. =쌍가마 속에도 설움은 있다.

쌍그랗다[쌍그라타 _ _-_] 형 싸느랗다. 찬 기운이 도는 듯한 느낌이 있다. ¶소이 쌍그랗다. =손이 싸느랗다. ☞썽그렇다.

쌍그리다[_-_ _] 동 썰다. ☞싸리다. 썽그리다. 썽글다.

쌍글리다[_ _-_] 동 썰리다. '썰다'의 피동사. ☞쌀리다. 썽글리다.

쌍꼬치[_ _-] 명 쌍고치(雙--). 누에 두 마리가 같이 지은 고치. ¶쌍꼬치는 실이 엉키서 몬 씬다. =쌍고치는 실이 엉켜서 못 쓴다.

쌍넘[-_] 명 상놈(常-). ¶【속담】양반은 글 덕 쌍넘은 발 덕. =양반은 글 덕 상놈은 발 덕.

쌍닫이[쌍다지 _-_] 명 쌍여닫이(雙---). 좌우 양쪽으로 문짝이 달려 있어 여닫게 만든 문.

쌍대붙다[_ _-_] 동 교미하다(交尾--). ¶사마구는 쌍대붙은 디에 암넘이 쑥넘을 자아묵눈다. =사마귀는 교미한 뒤에 암놈이 수놈을 잡아먹는다.

쌍대붙이다[_ _-_ _] 동 흘레붙이다. ☞데피다. 접붙이다. 접하다.

쌍디이[쌍디~이 _-_] 명 쌍둥이(雙--). ¶【속담】쌍디이 중매하로 댕기나. =쌍둥이 중매하러 다니나.

쌍시럽다[_-_ _] 형 쌍스럽다. 말이나 행동이 매우 격이 낮고 천하다. ¶고런 쌍시럽운 욕은 하지 마래이. =고런 쌍스러운 욕은 하지 마라.

쌍쌩이[_-_] 부 쌍쌍이(雙雙-). 여럿이 둘씩 둘 씩. 또는 암수가 각각 쌍을 지은 모양. ¶쌍쌩이 놀로 갑미더. =쌍쌍이 놀러 갑니다. ☞짝짹이.

쌍장구[_-_] 명 날장구. 부질없이 공연히 치는 장구. ¶【속담】덩기떡에 쌍장구 치까. =개떡에 날장구 치랴.

쌍지팽이[_ _-_] 명 쌍지팡이(雙---). 두 다리가 성하지 못한 사람이 걸을 때 짚는 두 개의 지팡이. ¶【속담】넘 쑹이라마 쌍지팽이 짚고 나선다. =남 흉이라면 쌍지팡이 짚고 나선다.

쌍째보[-_ _] 명 쌍언청이(雙--). 윗입술이 두 줄로 찢어진 사람. ¶【속담】쌍째보가 위째보 타령한다. =쌍언청이가 외언청이 타령한다.

쌍판때기[_--_] 명 상판대기(相---). ☞싼다구.

-쌓디이[싸티~이 _-_] 어 -쌓더니. ((어떤 행동을 반복해서)) -하더니. *동사 뒤에 이어지는 연결어미. ¶술로 묵고 춤을 치쌓디이 난제는 울데예. =술을 먹고 춤을 추어쌓더니 나중에는 울데요.

쌔[-] 관 새. 지금까지 없던 것이 처음 생겨나거나 이미 있던 것이 다시 시작된. ¶【속담】쌔 이푸리에 눈 다치까이. =새 잎에 눈 다치랴. ②사용한 지 얼마 되지 않은. ¶【속담】쌔 옷 입고 질 나선다. =새 옷 입고 길 나선다.

쌔거[-_] 명 새것. ①새로 나오거나 만든

ㅅ

것. ¶쌔거로 샀다. =새것을 샀다. ②낡지 않은 것. ¶안주 씰 만한 쌔거. =아직 쓸 만한 새것. ☞새거.

쌔리[-_] 부 마구. ①몹시 세차게. 또는 아주 심하게. ¶비가 쌔리 퍼벗는다. =비가 마구 퍼붓는다. ②아무렇게나 함부로. ¶씰 만한 거로 쌔리 뿌쌌다. =쓸 만한 것을 마구 부쉈다. ☞☞따까. 지이.

쌔리눕하다[쌔리누파다 -__-_] 동 때려눕히다. 사람이나 동물을 때려서 쓰러지게 만들다. ¶【속담】맨주묵우로 소도 쌔리눕하겄다. =맨주먹으로 소도 때려눕히겠다.

쌔리다[-__] 동 때리다. 손이나 손에 든 물건 따위로 아프게 치다. ¶【속담】개도 무울 때는 안 쌔린다. =개도 먹을 때는 안 때린다. ¶【속담】기집은 사알마 안 쌔리마 여시덴다. =계집은 사흘만 안 때리면 여우된다.

쌔리박다[쌔리박따 -_-_] 동 처박다. ☞꽁치다. 때리박다.

쌔리백히다[쌔리배키다 ___-_] 동 처박히다. ☞꽁치이다. 때리백히다. 처백히다.

쌔리잡다[쌔리잡따 -_-_] 동 때려잡다. 동물을 손이나 손에 쥔 것으로 쳐서 잡다. ¶【속담】미천개는 몽디이로 쌔리잡는다. =미친개는 몽둥이로 때려잡는다.

쌔리쥑이다[쌔리쥐기다 -_-__] 동 때려죽이다. 주먹이나 몽둥이 같은 것으로 무자비하게 때려서 죽게 하다. ¶【관용구】대매(大-)에 쌔리쥑일 넘. =대매에 때려죽일 놈.

쌔리치아다[-_-__] 동 때려치우다. ☞때리치아다.

쌔비[-_] 명 ((동물))새우. ☞새비.

쌔비등[-_-] 명 새우등. ☞새비등.

쌔비리다[-_-__] 형 흔하다. '쌔다'를 강조하여 이르는 말. ¶저실에 소벌에 가마 새가 쌔비맀다. =겨울에 우포늪에 가면 새가 흔하다. ¶【관용구】시상에 쌔비린 기이 남자다. =세상에 흔한 게 남자다. ☞천지삐까리다. 천하다. 흖다.

쌔비젓[쌔비젇 -__] 명 새우젓. ☞새비젓.

쌔아다[-__] 동 쏘이다. 얼굴이나 몸에 바람이나 연기, 햇빛 따위를 직접 받다. ¶하도 갑갑해서 바람을 쫌 쌔았다. =하도 갑갑해서 바람을 좀 쏘였다. ☞씨아다.

쌔애[-_] 부 많아. 수나 양이 넉넉해. ☞많애.

쌔애도[-__] 부 많아도. 수나 양이 넉넉해도. ☞많애도.

쌔애야[-__] 부 많아야. 수나 양이 넉넉해야만. ☞많애야.

쌔앴다[쌔앧따 -__] 형 많다. ¶무울 끼 안 쌔앴습미꺼? =먹을 게 쌨잖습니까? * 앞 예문에서 '안쌔심미꺼?'는 '많잖습니까?'로, 수나 양적으로 많다는 뜻을 나타낸다. 그러나 '쌔앴다(쌨다)'다는 이 말의 기저형이 '쌔-'인지, '쌔앴-'인지를 구별하기는 쉽지 않다. '안쌔심미꺼?'에서 '안 +의문형어미'로 된 표현은 창녕방언에서 확인 의문문을 만든다. ¶인날에는 시똥구리가 쌔앴었디더마는 오새는 없어예. =옛날에는 쇠똥구리가 많았습니다만 요새는 없어요.

*쌔얬고[쌔앤꼬 -__], 쌔얬지[쌔앤찌 -__], 쌔애서[쎄애서 -__], 쌔애었다 [쌔애선따 -___].

쌔이다[1][_-_] 동 쌓이다. '쌓다'의 피동사. ①여러 개의 물건을 겹겹이 포개어지다. ¶두지에 나락가마이가 항거석 쌔있다. =광에 볏가마니가 많이 쌓였다. ②해야 할 일이나 걱정, 피로 따위가 한꺼번에 많이 겹치다. ¶할일이 북태산겉이 쌔있다. =할일이 태산같이 쌓였다.

쌔이다[2][_-_] 동 쏘이다. '쏘다'의 피동사. 벌레의 침과 같은 것으로 살이 찔리다. ☞싸이다.

쌔이다[3][_-_] 동 쏘이다. '쏘다'의 피동사. 얼굴이나 몸에 바람이나 연기, 햇빛 따위를 직접 받다. ¶찬바람을 쌔이서 강기 딜렀다. =찬바람을 쏘여서 감기 들었다. ☞씨이다.

쌩[-] 접 생(生). ①((음식물을 나타내는 일부 명사 앞에 붙어)) '익지 아니한'의 뜻을 더하는 접두사. ¶쌩고매(날고구마). ¶쌩쌀(생쌀). ¶쌩짐치(생김치). ②((몇몇 명사 앞에 붙어)) '물기가 아직 마르지 아니한'의 뜻을 더하는 접두사. ¶쌩가재이(생가지). ¶쌩둥구리(생장작). ③((몇몇 명사 앞에 붙어)) '가공하지 아니한'의 뜻을 더하는 접두사. ¶쌩가죽(생가죽) ¶쌩고무(생고무) ¶쌩모수(생모시). ④((일부 명사 앞에 붙어)) '공연한'의 뜻을 더하는 접두사. ¶쌩가부(생과부). ¶쌩고상(생고생). ⑤((고기를 나타내는 일부 명사 앞에 붙어)) '얼리지 아니한'의 뜻을 더하는 접두사. ¶쌩기기(생고기). ¶쌩쌔비(생새우). ¶쌩칼치(생갈치).

쌩갈이[쌩가리 _-_] 명 애벌갈이. 논이나 밭을 첫 번째 가는 일. ☞아시갈이. 애불갈이.

쌩거[_-] 명 생것. 익히지 아니한 것. 또는 살아 있는 것. ¶우떤 미천넘이 독새로 잡아서 쌩거로 묵더라. =어떤 미친놈이 독사를 잡아서 생것으로 먹더라.

쌩기기[_-_] 명 날고기. ☞날기기.

쌩니빨[-__] 명 생니(生-). 아무런 탈이 나지 아니한 성한 이.

쌩때까리[1][__-_] 명 생딱지(生--). 아직 완전히 아물지 아니한 상처의 딱지. ¶【관용구】쌩때까리 뜯다. =생딱지 뜯다.

쌩때까리[2][__-_] 명 생트집(生--). 아무 까닭이 없이 트집을 잡음. 또는 그 트집. ¶【관용구】쌩때까리 뜯다. =생트집 부리다. ☞쌩티집.

쌩똥[_-] 명 산똥. 배탈이 나서 먹은 것이 제대로 소화되지 못하고 나오는 똥. ¶【관용구】씨껍묵고 쌩똥을 싸다. =식겁하고 산똥을 싸다. ☞줄똥.

쌩씩겁[쌩씨껍 _--] 명 생식겁(生食怯). 아주 놀라 겁을 먹음. ¶【관용구】쌩씩겁 똥 싸다. =생식겁 똥 싸다.

쌩씩겁묵다[쌩씨껍묵따 _--__] 동 생식겁하다(生食怯--). 뜻밖에 많이 놀라 겁을 먹다. ¶뱀이 때미로 쌩씩겁무웄다. =뱀 때문에 생식겁했다. ☞쌩씩겁하다.

쌩씩겁하다[쌩씨꺼파다 _--__] 동 생식겁

하다(生食怯--). ☞쌩씩겁묵다.

쌩장[_-] 명 생장(生葬). 화장을 하지 않고 시신을 그대로 매장하는 장례.

쌩지[-_] 명 ((동물))생쥐. ☞새앙지.

쌩지랄[_--] 명 개지랄. '지랄'을 강조하는 말. ¶【관용구】쌩지랄을 하고 자빠지다. =개지랄을 하고 자빠지다. ☞띠지랄.

쌩퉁밪다[생퉁받따 __-_] 형 생뚱맞다. 하는 행동이나 말이 상황에 맞지 아니하고 매우 엉뚱하다. ¶거어서 쌩퉁밪은 소리로 와 하노? =거기서 생뚱맞은 소리를 왜 하니?

쌩티집[쌩티집 -__] 명 생트집(生--). ☞쌩때까리.

쌩판[-_] 명 생판(生-). ①어떤 일에 대하여 전혀 모르거나 상관하지 아니하는 상태. ¶절마는 내하고는 쌩판 넘이다. =저놈은 나랑은 생판 남이다. ②매우 생소하게. 또는 아무 상관없게. ¶내는 쌩판 모루는 거로 저칸다. =나는 생판 모르는 걸 저런다.

쌩홀애비[쌩호래비 __-_] 명 생홀아비(生---). 아내가 있지만 서로 떨어져 있어서 홀아비처럼 생활을 하는 남자. ¶【속담】기집이 여러치 데마 늙어서 쌩홀애비 덴다. =계집이 여럿이 되면 늙어서 생홀아비 된다.

써구랑풀[__-_] 명 ((식물))이질풀.

써까리[_-_] 명 서까래. 마룻대에서 도리 또는 보에 걸쳐 지른 나무. ☞서까리.

써늚다[써늘타 _-_] 형 서늘하다. 기분이 좋을 만큼 조금 차가운 느낌이 있다. ¶【관용구】등꼴이 써늚다. =등골이 서늘하다. ¶【관용구】가이 써늚다. =간이 서늘하다.

써다[-_] 동 켜다. ①갈증이 나서 물을 자꾸 마시다. ¶【속담】소곰 문 넘이 물 썬다. =소금 먹은 놈이 물을 켠다. ②불을 붙이거나 일으키다. ¶【관용구】눈에 불로 써다. =눈에 불을 켜다. ☞씨다. 일바시다. 키다. ③전기나 동력이 통하게 하여 작동하게 만들다. ¶테레비 쫌 써 바라. =텔레비전 좀 켜 봐라. ④나무를 톱질하다. ¶거두로 아람디리 솔낭글 썼다. =톱으로 아름드리 소나무를 켰다. ☞씨다. 키다.

써리[1][-_] 명 써레. 논밭의 흙을 부수는 농기구.

써리[2][-_] 명 서리. ①맑고 바람 없는 밤에 기온이 영하로 내려갈 때, 공기 중에 있는 수증기가 지면이나 땅 위의 물체 표면에 닿아서 잔얼음으로 부옇게 엉긴 것. ¶【속담】써리 맞은 독새. =서리 맞은 독사. ¶【속담】눈 우에 써리 친다. =눈 위에 서리 친다. ¶【속담】지집이 한을 품우마 오니얼에도 써리가 니린다. =계집이 한을 품으면 오뉴월에도 서리가 내린다. ②떼를 지어 남의 과일, 곡식, 가축 따위를 훔쳐 먹는 장난.

써리[3][-_] 명 소매치기. *일본어 '스리 すり'에서 온 말. ¶자아서 써리로 당앴다. =장에서 소매치기를 당했다. ☞야새이꾼.

써리보탕[-_-_] 명 써레몽둥이. 써레의 몸이 되는 나무. 여기에 써렛발을 박는다.

써리삘가리[-__-_] 명 열쫑이. ①가을에 알에서 깬 병아리. *써리(서리)+삘가리(병아리). ¶【속담】씨암딱 써리삘가리 품에 싸안듯기. =씨암탉 열쫑이 품에 싸안듯. ②힘이 없고 추레한 사람을 비유적으로 이르는 말. ¶【관용구】써리삘가리 겉은 넘. =열쫑이 같은 놈. ☞여렵조시.

써리씪기[써리씩끼 -_-_] 명 써레씻이. 모내기 끝나고 돼지나 개를 잡아 하루를 즐겨 노는 일.

써리풀[-__] 명 ((식물))좀겨풀.

써리하다[-___] 동 소매치기하다. ¶깅찰이 써리하는 넘을 붙둘웄다. =경찰이 소매치기하는 놈을 붙들었다. ☞얌새이몰다.

써분하다[__-_] 형 서운하다. 마음에 아쉽거나 섭섭한 느낌이 있다. ¶【속담】딸은 두 분 써분하다. =딸은 두 번 서운하다. ¶【속담】매도 맞을라카다가 안 맞으마 써분하다. =매도 맞으려다가 안 맞으면 서운하다. ☞써붆다. 써윦다.

써붆다[써분타 _-_] 형 서운하다. *써붆고[써분코 _-_], 써붆지[써분치 _-_], 써붆었다[써분언따 _-__]. ☞써분하다. 써윦다.

써언시럽다[__-__] 형 시원스럽다. ☞나부랍다.

써언시리[__-_] 부 시원스레. ①날씨나 바람이 더위를 식힐 정도로. ¶오올은 바램이 써언시리 부네. =오늘은 바람이 시원스레 부네. ②보기에 거칠 것이 없어 마음이 가뿐하게. ¶걱정하던 일이 써언시리 풀맀다. =걱정하던 일이 시원스레 풀렸다. ③가렵거나 답답하던 것이 가뿐하고 후련하다. ¶등더리로 써언시리 끍었다. =등을 시원스레 긁었다. ☞썮기.

써언찮다[써언찬타 -_-_] 형 시원찮다. ☞시인찮다. 썬찮다.

써언하다[__-_] 형 시원하다. ①날씨나 바람이 더위를 식힐 정도로 선선하다. ¶비 오고 나이 날이 써언하다. = 비 오고 나니 날씨가 시원하다. ②음식이 담백하고 산뜻하거나 속이 후련하도록 뜨겁고 얼큰하다. ¶물이맥국이 써언하다. =오이냉국이 시원하다. ③보기에 거칠 것이 없어 마음이 가뿐하다. ¶【속담】개가 호래이 물우간 거맨치로 써언하다. =개가 호랑이를 물어간 것처럼 시원하다. ④성격이나 언행이 꾸물거리거나 답답하지 않고 빠르거나 활발하다. ¶말이사 써언하기 하네예. =말이야 시원하게 하네요. ☞써엃다. 썮다.

써엃구로[써언쿠로 __-_] 부 시원히. ①시원날씨나 바람이 더위를 식힐 정도로 선선하게. ¶오올은 비래도 써엃구로 니맀으마 좋을다. =오늘은 비라도 시원히 내렸으면 좋겠다. ②가렵거나 쑤시는 것이 말끔하게 사라져 기분이 좋게. ¶등더리로 쫌 써엃구로 끍어바라. =등을 좀 시원히 긁어봐라. ☞써엃기.

써엃기[써언키 _-_] 부 시원히. ☞써엃구로.

ㅅ

써얺다[써언타 _-_] 형 시원하다. *써얺고[써언코 _-_], 써얺기[써언키 _-_], 써얺지[써언치 _-_], 써얺었다[써언얻따 _-__]. ☞써언하다. 쎊다.

써욶다[써운타 _-_] 형 서운하다. ☞써분하다. 써븧다.

써이다[1][_-_] 동 쑤어지다. '쑤다'의 피동사. 곡식의 알이나 가루를 물에 끓여 익혀지다. ¶죽이 잘 써이지로 안하네. =죽이 잘 쑤어지지 않네. ☞씨이다.

써이다[2][_-_] 동 켜이다. '켜다'의 피동사. ①갈증이 나서 물을 자꾸 마셔지다. ¶짐치가 짭아서 물이 써인다. =김치가 짜서 물이 켜인다. ②불이 켜지다. ¶불 써인 데는 한하네. =불 켜진 데는 환하네. ③톱질에 나무가 잘려지다. ¶아람디리 솔낭기 써있다. =아름드리 소나무가 켜졌다. ☞씨이다. 키이다.

썩[-] 부 쓱. 슬쩍 문지르거나 비비는 모양을 나타내는 말. 또는 그 소리를 나타내는 말. ¶【속담】썩 훑아낳안 개밥그륵 겉다. =쓱 핥아놓은 개밥그릇 같다.

-썩[-] 접 -씩. ((수량을 나타내는 말 뒤에 붙어)) '그 수량이나 크기로 나눠거나 되풀이 됨'의 뜻을 더하는 접미사. ¶【속담】타고난 재조 사램마당 한나썩 있다. =타고난 재주 사람마다 하나씩 있다.

썩달갈[__-] 명 무정란(無精卵). *썩(은)+달걀. ¶【속담】가서나로 썩달갈 맨든다. =계집애를 무정란 만든다.

썩돌[-_] 명 푸석돌. 화강암이나 화강 편마암 따위가 풍화 작용을 받아 푸석푸석하여진 돌. ¶【속담】썩돌에 불난다. =푸석돌에 불난다. ☞퍼썩돌.

썩둥구리[__-_] 명 그루터기. 죽은 나무의 그루터기. ¶【속담】가물움 썩둥구리는 있어도 장매 썩둥구리는 없다. =가뭄 그루터기는 있어도 장마 그루터기는 없다. ☞껄티기.

썩비럭[__-] 명 석비레(石--). 푸석푸석한 돌이 많이 섞인 흙. ¶썩비럭에는 고오매로 숭구마 덴다. =석비레에는 고구마를 심으면 된다.

썩씨비[_-_] 명 석새삼베. ☞썩씨삼비.

썩씨삼비[__-_] 명 석새삼베. 이백사십 올의 날실로 짜서 올이 굵고 질이 낮은 삼베. ¶【속담】썩씨삼비에 열 시 바알질. =석새삼베에 열 세 바느질. ☞썩씨비.

썩씨짚신[썩씨집신 ___-] 명 석새짚신. 총이 굵은 짚신. ¶【속담】썩씨짚신에 구실. =석새짚신에 구슬.

썩하다[1][써카다 _-_] 동 썩히다. 썩게 하다. '썩다'의 사동사. ①유기물이 부패 세균에 의하여 분해되게 하다. ¶【속담】써까리 낭글 애끼다가 용마리 썩한다. =서까래 나무를 아끼다가 용마루 썩힌다. ②물건이나 사람 또는 사람의 재능 따위가 쓰여야 할 곳에 제대로 쓰이지 못하고 내버려진 상태에 있다. ¶【관용구】재주로 썩하다. =재주를 썩히다. ¶【속담】애끼다가 썩한다. =아끼다가 썩힌다.

썩하다[2][써카다 _-_] 동 썩이다. '썩다'의 사동사. 걱정이나 근심 따위로 마음이 몹시 괴로운 상태가 되게 하다. ¶자석이 쏙을 시커머이 썩한다. =자식이 속을 시커멓게 썩인다. ☞씩이다.

썩갈리다[썩깔리다 __-_] 동 섞갈리다. 갈피를 잡지 못하게 여러 가지가 한데 뒤섞이다. ¶가리 낳은 거 하고 안 썩갈리구로 단디 해라. =골라 놓은 것하고 안 섞갈리게 조심해서 해라.

썩다[썩따 -_] 동 섞다. ①두 가지 이상의 것을 한데 합치다. ¶지렁장에 참지름을 썩었다. =간장에 참기름을 섞었다. ②어떤 말이나 행동에 다른 말이나 행동을 함께 나타내다. ¶【관용구】말로 썩다. =말을 섞다. ☞썩아다.

썩아다[써까다 _-_] 동 섞다. ☞썩다.

썩이다[써끼다 _-_] 동 섞이다. 섞이게 되다. '썩다'의 피동사. ¶【속담】지 아모리 잘 까불은 쌀에도 미는 썩인다. =제 아무리 잘 까분 쌀에도 뉘는 섞인다.

썬덕하다[썬더카다 __-_] 형 ≒써늘하다. 몹시 써늘한 느낌이 있다. ¶빈집에 들오이 썬덕하다. =빈집에 들어오니 써늘하다.

썬찮다[썬찬타 --_] 형 시원찮다. ☞시인찮다. 써언찮다.

썽기[썬키 -_] 부 시원스레. ☞써언시리.

썽다[썬타 -_] 형 시원하다. ☞써언하다. 써언다.

썹씰리다[__-_] 동 섭슬리다. ☞섭씰리다. 씹씰리다.

썽[1][_] 명 성. 노엽거나 언짢게 여겨 일어나는 불쾌한 감정.

썽[2][_] 명 양(量). ¶저마이 묵고 썽이 차까이. =저만큼 먹고 양이 찰까.

썽[3][_] 명 욕심(欲心). ¶시상이 오데 지 썽대로 다 데더나? =세상이 어디 제 욕심대로 다 되더냐? ☞썽질. 퉁때.

썽그렇다[썽그러타 __-_] 형 써느렇다. ☞쌍그랗다.

썽그리다[_-__] 동 썰다. ☞싸리다. 쌍그리다. 썽글다.

썽글다[_-_] 동 썰다. ☞싸리다. 쌍그리다. 썽그리다.

썽글리다[__-_] 동 썰리다. ☞쌀리다. 쌍글리다.

썽내다[_-_] 동 성내다. ①화내다. 역증(逆症)을 내다. ¶【속담】암시도 썽낼 때가 있다. =암소도 성낼 때가 있다. ¶【속담】똥 낀 넘이 썽낸다. =방귀 뀐 놈이 성낸다. ¶【속담】읍내서 빠말때기 맞고 오리저어서 썽낸다. =읍내에서 뺨 맞고 오리정에서 성낸다. ②수컷의 성기가 발기하다(勃起--). ¶【속담】썽내서 좋울 꺼는 사나아 거시기빽이 없다. =성나서 좋을 것은 사내 그것밖에 없다. ☞부리키다. 불키다.

썽질[1][_-] 명 성질(性質). ①사람이 지닌 마음의 본바탕. ¶【속담】피래미 새낀가 썽질도 급하다. =피라미 새낀지 성질도 급하다. ②사람이 가지고 있는 본연의 성품이나 비위. ¶【관용구】썽질이 누구룹다. =성질이 누그럽다. ¶【관용구】썽질이 드럽다. =성질이 더럽다.

썽질[2][_-] 명 성정(性情). 타고난 본성. ¶【관용구】썽질이 보도랍다. =성정이 보드랍다. ¶【관용구】썽질이 어시다. =성

ㅅ

정이 억세다.

썽질[3][_-] 명 욕심(欲心). ¶【관용구】썽질대로 안 덴다. =욕심대로 안 된다. ¶【관용구】썽질이 놀보 빰치 무울다. =욕심이 놀부 뺨쳐 먹겠다. ☞썽. 퉁때.

썽질머리[_ _-_] 명 성질머리(性質--). '성질'을 속되게 이르는 말. ¶【관용구】썽질머리가 드럽다. =성질머리가 더럽다. ¶【관용구】썽질머리가 하잖다. =성질머리가 나쁘다.

쎄[1][-] 명 혀. *혀<쎄<씨. ¶【관용구】쎄가 만 발이나 빠질 넘. =혀가 만 발이나 빠질 놈. ¶【속담】쎄는 짧아도 춤은 질기 뱉는다. =혀는 짧아도 침은 길게 뱉는다. ¶【속담】시 치 쎄가 삼군(三軍)을 제압한다. =세 치 혀가 삼군을 제압한다. ¶【속담】사나아는 쎄 끈터무리캉 거시기 끈터무리로 조심해라 캤다. =사내는 혀 끄트머리와 거시기 끄트머리를 조심해라 했다. ☞씨. 히.

쎄[2][-] 명 쇠. 쇠붙이. *쇠<쎄<씨. ¶【속담】마암은 술로 알고 쎄는 불로 안다. =마음은 술로 알고 쇠는 불로 안다. ☞씨.

쎄고랑[_ _-] 명 쇠고랑. '수갑(手匣)'을 속되게 이르는 말. ¶【관용구】쎄고랑 차다. =쇠고랑 차다. ☞씨고랑.

쎄기[_-] 부 세게. ¶【속담】쎄기 디이마 휘[膾]도 불어가아 묵는다. =세게 데면 회도 불어가며 먹는다. ☞씨기.

쎄꼬부래이[쎄꼬부래~이 _ _ _-_] 명 혀꼬부랑이. 혀가 꼬부라져서 말을 반벙어리처럼 하는 사람을 놀림조로 이르는 말. ☞씨꼬부래이. 히꼬부래이.

쎄꼬채이[쎄꼬채~이 _ _-_] 명 쇠꼬챙이. ①쇠로 만든 꼬챙이. ¶배가 쎄꼬채이로 쭈씨는 거맨치로 아푸다. =배가 쇠꼬챙이로 쑤시는 것처럼 아프다. ②몹시 여위었으면서도 옹골차며 날카로움을 비유적으로 이르는 말. ¶【관용구】썽질이 쎄꼬채이 겉다. =성질이 쇠꼬챙이 같다. ☞씨꼬채이.

쎄끈티이[쎄끈티~이 _ _-_] 명 혀끝. ¶【속담】쎄끈티이에 자개바람 들었나 =혀끝에 자개바람 들었나. ¶【관용구】넘우 쎄끈티이에 오리내리다. =남의 혀끝에 오르내리다. ¶【속담】곰은 씰개 머리 망아고 사램은 쎄끈티이 머리 망안다. =곰은 쓸개 때문에 망하고 사람은 혀끝 때문에 망한다. ☞씨끈티이. 히끈티이.

쎄다[_ _] 형 세다. ①힘이 많다. ¶【속담】심 쎈 항시가 왕 노룻 하까이. =힘 센 황소가 왕 노릇하랴. ②행동하거나 밀고 나가는 기세 따위가 강하다. ¶【관용구】고집이 쎄다. =고집이 세다. ③물, 불, 바람 따위의 기세가 크거나 빠르다. ¶【속담】높운 낭게는 바램이 쎄다. =높은 나무에는 바람이 세다. ④능력이나 수준 따위의 정도가 높거나 심하다. ¶【관용구】술이 쎄다. =술이 세다. ⑤사물의 감촉이 딱딱하고 뻣뻣하다. ¶【속담】잔기기 까시가 더 쎄다. =잔고기 가시가 더 세다. ⑥운수나 터 따위가 나쁘다. ¶【관용구】팔짜가 쎄다. =팔자가 세다. ¶【관용구】집터실이가 쎄다. =집터가 세다. ⑦물에 광물질 따위가 많이 섞여 있다. ¶【관용구】물이 쎄다. =물이 세다. ⑧많거나 엄청나다. ¶【관용구】쎄기 놀래다. =세게 놀라다. ⑨가격이 비싸다. ¶【관용구】값이 쎄다. =값이 세다. ☞씨다.

쎄마치[_-_] 명 쇠망치. ¶【속담】쎄마치로 두딜기 맞은 소 겉다. =쇠망치로 두드려 맞은 소 같다. ☞씨마치.

쎄말띠기[_ _-_] 명 쇠말뚝. ¶【속담】쎄말띠기도 끼미기 나룸이다. =쇠말뚝도 꾸미기 나름이다. ☞씨말묵.

쎄망새이[쎄망새~이 _ _-_] 명 승용차(乘用車). 승용차를 비유적으로 일컫는 말. *쇠+망아지<쎄망아지<쎄망새이<씨망새이. ¶쎄망새이 타고 놀로 갔디나? =승용차 타고 놀러 갔더냐? ☞씨망새이.

쎄멘[_-] 명 시멘트[cement]. ☞돌까리. 씨멘.

쎄붙이[쎄부치 _-_] 명 쇠붙이. ¶【속담】쎄붙이도 안 딲으마 녹이 씬다. =쇠붙이도 닦지 않으면 녹이 슨다. ☞씨붙이.

쎄빠이뿌[_ --_] 명 쇠파이프[-pipe]. ☞씨빠이뿌.

쎄빠지기[---_] 부 힘껏. '힘껏'의 속된 말. 있는 힘을 다하여. *쎄(혀)+빠지기(빠지게). ¶쎄빠지기 자석 키았다. =힘껏 자식 키웠다. ☞심껏. 심대로. 씨빠지기. 좆나기. 좆빠지기.

쎄빠지다[1][---_] 동 고생하다(苦生--). ¶이 책 맨든다꼬 쎄빠졌다. =이 책 만드느라고 고생했다. ☞고상하다. 씨빠지다. 욕보다. 초빼이치다.

쎄빠지다[2][---_] 동 혀 빠지다. 심한 저주를 할 때 쓰는 말. *창녕방언 '쎄빠지다'는 하나의 단어로 쓰고, 연속적으로 발음한다. ¶【관용구】쎄빠질 넘. =혀 빠질 놈. ☞씨빠지다.

쎄사실[_-_] 명 쇠사슬. ¶자장구로 잊아뿌까 집어서 쎄사실에 묶아 낳았다. =자전거를 잃어버릴까 싶어서 쇠사슬에 묶어 놓았다. ☞씨사실.

쎄저까치[_ _-_] 명 쇠젓가락. ¶【속담】봄 보지가 쎄저까치 녹하고 가을 좆이 씨판을 떫는다. =봄 보지가 쇠 저를 녹이고 가을 좆이 쇠판을 뚫는다. ☞씨저까치.

쎄절구[---] 명 쇠절구. 쇠로 만든 절구. ¶【속담】바알 끈티이만 한 일로 보고 쎄절구만쿰 늘어놓는다. =바늘 끝만 한 일을 보고 쇠절구만큼 늘어놓는다. ☞씨절구.

쎄짜리기[_ _-_] 명 혀짜래기. 혀가 짧아서 'ㄹ' 이나 'ㅅ', 'ㅈ' 따위의 발음을 제대로 하지 못하는 사람. ☞씨짜리기. 히짜리기.

쎄짤비기[_ _-_] 명 혀짤배기. 혀가 짧아서 'ㄹ' 이나 'ㅅ', 'ㅈ' 따위의 발음을 제대로 하지 못하는 사람. ☞씨짤비기. 히짤비기.

쎄통[--] 명 자물통. ¶【관용구】입에 쎄통 채았다. =입에 자물통 채웠다. *쇠+통. ☞씨통.

쎈바람[_--] 명 센바람. ¶【속담】쎈바람 맞고 섰다. =센바람 맞고 서있다. ☞씬바람.

쎗가리[쎄까리 _ _-] 명 쇳가루. 쇠의 가루. ☞씻가리.

ㅅ

쎗대[쎄때 --] 명 열쇠. *쇠+대. ☞씻대. 열씨.

쎗덩거리[쎄떵거리 __-_] 명 쇳덩어리. ① 쇠붙이가 뭉쳐져서 된 덩어리. ¶커단 한 쎗덩거리. =커다란 쇳덩어리. ② 근육 따위가 단단함을 빗대어 이르는 말. ¶몸띠이가 쎗덩거리다. =몸뚱이가 쇳덩어리다. ☞쎗디이. 씻덩거리. 씻디이.

쎗동가리[쎄똥가리 __-_] 명 쇳조각. ☞쎗조가리. 씻동가리. 씻조가리.

쎗디이[쎄띠~이 _-_] 명 쇳덩어리. ☞쎗덩거리. 씻덩거리. 씻디이.

쎗바늘[쎄빠늘 _-_] 명 혓바늘. ¶쎗바늘이 나가아 음석을 몬 무울다. =혓바늘이 나서 음식을 못 먹겠다. ☞쎗바알. 씻바늘. 씻바알. 힛바늘. 힛바알.

쎗바닥[쎄빠닥 _-_] 명 혓바닥. ①혀의 윗면. ¶【관용구】쎗바닥채 넘어간다. =혓바닥째 넘어간다. ②'혀'를 속되게 이르는 말. ¶【속담】쎗바닥에 춤이나 묻히라. =혓바닥에 침이나 묻혀라. ¶【속담】쎗바닥은 짧아도 춤 발은 질다. =혓바닥은 짧아도 침 발은 길다. ☞씻바닥. 힛바닥.

쎗바알[쎄빠~알 _-_] 명 혓바늘. ☞쎗바늘. 씻바늘. 씻바알. 힛바늘. 힛바알.

쎗소리[쎄쏘리 _-_] 명 쇳소리. 쇠가 서로 부딪쳐서 나는 소리. ¶씨마치로 두딜길 때마당 쎗소리가 난다. =쇠망치를 두드릴 때마다 쇳소리가 난다. ☞씻소리.

쎗조가리[쎄쪼가리 __-_] 명 쇳조각. ☞쎗동가리. 씻동가리. 씻조가리.

쏘가지[_-_] 명 소가지. '심성(心性)'을 속되게 이르는 말. ¶【관용구】쏘가지가 드럽다. =소가지가 더럽다.

쏘내기[_-_] 명 소나기. ¶【속담】여름 쏘내기 소 등짝이 다탄다. =여름 소나기 소 등짝 다툰다. ¶【속담】봉답(奉畓)이 쏘내기 마다 카까이. =봉답이 소나기 마다 하랴.

쏘댕기다[__-_] 동 쏘다니다. 여기저기 마구 돌아다니다. ¶【관용구】목줄 풀린 덜렁쑥개맨치로 쏘댕긴다. =목줄 풀린 덜렁 수캐처럼 쏘다닌다.

쏘물다[-__] 형 배다. 사이가 비좁거나 촘촘하다. ¶까지모상이 너무 쏘물기 났다. =가지모종이 너무 배게 났다.

쏘지[-_] 명 소주(燒酒). ☞소지. 쐬주.

쏘캐[--] 명 솜. 면화(棉花). 목화에서 씨를 빼고 남은 섬유질의 흰 덩어리. ¶【속담】쏘캐에 차이도 발까락이 뿌싸진다. =솜에 채어도 발가락이 부서진다. ☞쏨.

쏘캐밭[쏘캐받 --_] 명 목화밭(木花-). 목화를 심어 가꾸는 밭. ☞미잉밭.

쏙[-] 명 속. ①거죽이나 껍질로 싸인 물체의 안쪽 부분. ¶【관용구】쏙이 여물다. =속이 야물다. ②사람의 몸에서 배의 안 또는 위장. ¶【관용구】쏙이 핂다. =속이 편하다. ¶【관용구】쏙이 앵꼽다. =속이 메스껍다. ③일정하게 둘러싸인 것의 안쪽으로 들어간 부분. ¶【속담】이불 쏙에서 할개 친다. =이불 속에서 활개 친다. ¶【관용구】이불 쏙에서 하는 일도 다 안다. =이불 속에서 하는 일도 다 안다. ④사람이나 사물을 대하는 자세나 태도. ¶【관용구】쏙이 너르다. =속이 넓다. ⑤품고 있는 마음이나 감정. ¶【관용구】쏙에서 방매이가 올라온다. =속에서 방망이가 올라온다. ¶【관용구】쏙캉 말이 틀리다. =속과 말이 다르다.

쏙기다[쏘끼다 _-_] 동 속다. 남의 거짓이나 꾀에 넘어가다. ¶【관용구】이래 쏙기고 저래도 쏙기고. =이렇게 속고 저렇게도 속고. ¶【속담】자석인데는 알고도 쏙긴다. =자식에게는 알고도 속는다. ☞쏙다. 쏙히다.

쏙꽂[쏙곧 -__] 명 속곳. 속속곳과 단속곳을 통틀어 이르는 말. ¶【속담】자석 일이라마 똥 묻운 쏙꽂이래도 판다. =자식 일이라면 똥 묻은 속곳이라도 판다. ¶【속담】쏙꽂 벗이고 은까락지 찐다. =속곳 벗고 은가락지 낀다.

쏙눈쑵[쏭눈쑵 -__] 명 속눈썹. ☞가문눈쑵. 잠눈쑵.

쏙다[1][쏙따 -_] 동 속다. 사실이 아닌 것에 대해서 사실인 것으로 잘못 알게 되다. ¶【속담】시월에 쏙아서 산다. =세월에 속아 산다. ☞쏙기다. 쏙히다.

쏙다[2][쏙따 -_] 동 수고하다. 고생한 일에 대한 인사치레로 하는 말. ¶찬말로 쏙았습미더. =정말 수고했습니다. ☞욕보다.

쏙딩기[-__] 명 속겨. 곡식의 겉겨가 벗겨진 뒤에 나온 고운 겨.

쏙딱하다[쏙따카다 __-_] 형 오붓하다. ☞쏙딱하다. 혹딱하다.

쏙마암[-__] 명 속마음. ¶【관용구】쏙마암을 털어낳다. =속마음을 털어놓다. ☞쏙마움.

쏙마움[-__] 명 속마음. ☞쏙마암.

쏙박지[_-_] 명 소박이. ☞소백이.

쏙새피[--_] 명 ((식물))뚝새풀. ☞촉새.

쏙썩하다[쏙써카다 -_-_] 동 속썩이다. ①다른 사람을 마음을 몹시 상하게 하다. ¶소상들이 쏙썩합미더. =소생들이 속썩입니다. ②좋지 않은 일로 괴로워하거나 고민하다. ¶니 하분채 쏙썩하지 말고 내인데 털어낳아라. =너 혼자 속썩이지 말고 나한테 털어놔라. ☞쏙썩후다.

쏙썩후다[쏙써쿠다 -_-_] 동 속썩이다. ☞쏙썩하다.

쏙쏙디리[__-_] 부 속속들이. 깊은 속까지 샅샅이. ¶내우간이라 캐도 우째 쏙쏙디리 알겄노? =내외간이라 해도 어찌 속속들이 알겠니?

쏙씨림[--_] 명 속쓰림. 상처 따위가 쑤시는 것처럼 뱃속이 아픈 느낌. ¶쏙씨림에는 찰밥이 좋아예. =속쓰림에는 찰밥이 좋아요.

쏙없다[쏙엄따 -__] 형 속없다. ①사리를 분별하는 지각이 없다. ¶【관용구】쏙없는 소리하다. =속없는 소리하다. ②자존심이나 줏대가 없다. ¶【속담】키 큰 장승 쏙없다. =키 큰 장승 속없다.

쏙창시[--_] 명 자존심(自尊心). *창녕방언 '쏙창시'는 '속+창자'인데, 원래 '창자'가 지닌 의미가 확장되어 '자존심'

ㅅ

을 뜻한다. ¶【관용구】쏙창시도 없다. =자존심도 없다. ¶【속담】쏙창시 빼낳고 산다. =자존심 빼놓고 산다.

쏙캐뭉티이[쏙캐뭉티~이 --_-_] 명 솜뭉치. ¶【속담】쏙캐뭉티이로 사람 쌔린다. =솜뭉치로 사람 때린다. ¶【속담】쏙캐뭉티이로 가숨을 칠 일이다. =솜뭉치로 가슴을 칠 일이다.

쏙하다[쏘카다 _-_] 동 속이다. 남을 거짓이나 꾀에 넘어가게 하다. ¶【속담】할배 진지상은 쏙하도 가실 밭고랑은 몬 쏙한다. =할아버지 진지상은 속여도 가을 밭고랑은 못 속인다. ¶【속담】팔자(八字)는 몬 쏙한다. =팔자는 못 속인다. *쏙하고[쏘카고 _-_], 쏙하지[쏘카지 _-_], 쏙하야[쏘카야 _-_], 쏙핬다[쏘캈따 _-_]. ☞씩이다.

쏙히다[쏘키다 _-_] 동 속다. 거짓말이나 꾀에 빠져서 넘어가다. ☞쏙기다. 쏙다.

쏚다[쏙따 -_] 동 솎다. 여럿 중에서 군데군데 뽑아내어 성기게 하다. ¶쏘문 열무시로 쏚았다. =밴 열무를 솎았다. ☞까리다. 깔기다. 쏚아다. 쏚우라다.

쏚아다[쏘까다 _-_] 동 솎다. 여럿 중에서 군데군데 뽑아내어 성기게 하다. ¶쏘문 열무시로 쏚았다. =밴 열무를 솎았다. ☞까리다. 깔기다. 쏚다. 쏚우라다.

쏚우라다[쏘꾸라다 __-_] 동 솎다. ☞까리다. 깔기다. 쏚다. 쏚아다.

쏚움배차[쏘꿈배차 --__] 명 ((식물))솎음배추. 솎아 낸 어린 배추. ¶쏚움배차는 갖인 양님 옇어서 문치낳아마 맛닉다. =솎음배추는 갖은 양념 넣어서 무쳐 놓으면 맛있다.

쏟끼다[쏘끼다 _-_] 동 쏟아지다. 액체나 눈비 따위가 한꺼번에 많이 떨어지다. ¶국물 쏟낄라, 조심해 가아가라. =국물 쏟아질라 조심해서 가져가라. ☞쏟치다.

쏟치다[쏘치다 _-_] 동 쏟아지다. ¶그단새 쏘내기가 엄청시리 쏟칬다. =그사이에 소나기가 엄청나게 쏟아졌다. ☞쏟끼다.

쏠쏘리꿀밤[_-_-_] 명 ((식물))졸참나무. 졸참나무의 열매.

쏨[쏘옴 _] 명 솜. ☞쏘캐.

쐬주[-_] 명 소주(燒酒). ☞소지. 쏘지.

쑤시[1][-_] 명 수세미. ①((식물))수세미외. ②설거지할 때 그릇을 씻는 데 쓰는 물건. ☞쑤씨미.

쑤시[2][-_] 명 더펄이. 성미가 침착하지 못하고 덜렁대는 사람을 빗댄 말. ¶영판 쑤시 겉은 넘. =흡사 더펄이 같은 놈. ☞털파리. 털피이.

쑤시방터레[-___-] 명 엉망진창. 엉망이 된 상태. ¶집구숙이 쑤씨방터레다. =집구석이 엉망진창이다. ☞구신떡당새이. 기신떡당새이. 쑥씨기범북.

쑤씨다[1][-__] 동 쑤시다. ①신체의 일부분이 바늘로 찌르는 것처럼 아픈 느낌이 들다. ¶날마 꾸무리하마 온데가 쑤씬다. =날만 흐리면 온데가 쑤신다. ②가늘고 긴 꼬챙이 같은 것으로 다른 물체의 틈이나 구멍에 넣다. ¶【속담】벌이집 쑤씼다. =벌집 쑤셨다. ¶【속담】양반은 죽울 무우도 잇바지로 쑤씬다. =양반은 죽을 먹어도 잇바디를 쑤신다. ③감추어진 사실을 알아내기 위하여 이모저모로 조사하다. ¶【관용구】쑤씨고 돌아댕기다. =쑤시고 돌아다니다. ④다른 사람을 부추기거나 꾀다. ¶【관용구】넘을 쑤씨다. =남을 쑤시다. ☞쭈시다.

쑤씨다[2][-__] 동 찌르다. ①끝이 뾰족하거나 날카로운 것으로 물체의 겉면이 뚫어지거나 쑥 들어가도록 세차게 들이밀다. ¶【속담】똥 쑤씬 꼬재이. =똥 찌른 꼬챙이. ¶【속담】솜방매이로 여꾸리 쑤씬다. =솜방망이로 옆구리 찌른다. ②틈이나 사이에 무엇을 꽂아 넣다. ¶개쭘치에 손을 쑤씨 옇었다. =주머니에 손을 찔러 넣었다. ③남의 잘못을 다른 사람에게 일러바치다. ¶도독넘을 깅찰인데 쑤씼다. =도둑놈을 경찰한테 찔렀다. ④후각을 세게 자극하다. ¶기기 꿉는 내미가 코로 쑤씬다. =고기 굽는 냄새가 코를 찌른다. ☞쭈시다.

쑤씨묵다[쑤씨묵따 -_-_] 동 쑤셔먹다. 마구 먹다. ¶밥은 실컨 쑤씨묵고 일은 안 할라 카네. =밥은 실컷 쑤셔먹고 일은 안 하려 하네.

쑤씨미[_-_] 명 수세미. ☞쑤시.

쑥-[-] 접 숫-. 일부 명사 앞에 붙어, '웅성(雄性)의'의 뜻을 더하는 말.

쑥가무치[--__] 명 ((동물))수가물치. 가물치의 수컷. ¶【속담】사나아는 쑥가무치다. =사내는 수가물치다.

쑥강새이[쑥깡새~이 ---_] 명 ((동물))수캉아지. 강아지의 수컷.

쑥개[쑤깨 --] 명 ((동물))수캐. 개의 수컷. ¶【관용구】쑥개매로 싸댕긴다. =수캐처럼 싸다닌다. ¶【속담】꼴에 쑥개라꼬 다리 들고 오짐 싼다. =꼴에 수캐라고 다리 들고 오줌 싼다. ☞덜렁쑥개.

쑥개이[쑥개~이 --_] 명 ((동물))수고양이.

쑥거무[--_] 명 ((동물))수거미. 수컷 거미.

쑥게아[---] 명 수키와. 두 암키와 사이를 엎어 잇는 기와. 속이 빈 원기둥을 세로로 반을 쪼갠 모양이다. ☞골기아.

쑥구리[쑤꾸리 --_] 명 ((동물))수구렁이. ①구렁이 수놈. ②겉으로 점잖은 척하면서도 속은 음흉한 사람을 빗댄 말. ¶【속담】쑥구리 겉은 넘. =수구렁이 같은 놈. ¶【속담】쑥구리 꽁 자아묵는다. =수구렁이 꿩 잡아먹는다. ☞쑥구리이.

쑥구리이[쑤꾸리~이 __-_] 명 ((동물))수구렁이. ☞쑥구리.

쑥까마구[---_] 명 ((동물))수까마귀. ¶【속담】어니 넘이 쑥까마군지 암까마군지. =어느 놈이 수까마귄지 암까마귄지.

쑥꺼[--] 명 수컷. 짐승의 수놈.

쑥꽁[--] 명 ((동물))수꿩. ☞수꽁.

쑥나무[---] 명 ((식물))수나무. 은행나무처럼 암수딴그루로 된 나무에서, 열매가 열리지 않는 나무.

쑥넘[--] 명 수놈. '남자'를 속되게 이르는 말. ¶쑥넘찌리 와 카노? =남자끼리 왜 그러니? ¶말키 쑥넘마 왔네. =모두 남자만 왔네.

쑥넘꽃[--_] 명 ((식물))지칭개.

ㅅ

쑥다무네기[-__-_] 명 ((식물))장다리 양파. 꽃을 맺는 장다리가 올라온 양파(洋-). *양파는 가을에 심어 이듬해 늦봄에 수확하는데, 초봄 기후에 따라 화아분화(花芽分化)가 일어난 알뿌리에서 장다리가 올라오기도 한다. 이 장다리를 창녕방언에서는 '추대' 또는 '쫑다리', '쫑대'라고 일컫는다. 장다리가 수컷의 성기 모양을 닮았다고 해서 '쑥다무네기' 혹은 '쑥양파'라고 이른다. 실제로는 알뿌리 식물이 암수로 구분되는 것은 아니다. 또한 장다리가 나오지 않은 양파를 굳이 '암다무네기' 혹은 '암양파'라 일컫지도 않는다. ¶쫑대 노온 쑥다무네기는 빼서 애삐린다. =장다리 나온 양파는 뽑아서 내버린다. ☞쑥양파.

쑥닭[쑥딱 --] 명 ((동물))수탉. ¶【관용구】꼬랑대이 빠진 쑥닭 겉다. =꼬리 빠진 수탉 같다. ¶【관용구】비 맞은 쑥닭 겉다. =비 맞은 수탉 같다. ¶【속담】쑥닭이 울우야 날이 새지. =수탉이 울어야 날이 새지. ☞장닭. 장딸.

쑥당나구[쑥땅나구 ---_] 명 ((동물))수탕나귀. ¶【속담】쑥당나구 기 띠고 머 띠고 나마 머 있으까이. =수탕나귀 귀 떼고 뭣 떼고 나면 뭐 있으랴.

쑥대꽃[--_] 명 ((식물))조뱅이.

쑥대지[쑥때지 --_] 명 ((동물))수퇘지. ¶【관용구】쑥대지 새끼 놓으마. =수퇘지 새끼 낳으면.

쑥떡바아[쑥떡바~아 __-_] 명 숙덕공론(--公論).

쑥떡바아쩧다[쑥떡바~아쩡타 __-___] 동 숙덕공론하다(--公論--). 여러 사람이 남몰래 숙덕거리며 의논하다. ¶저거찌리 쑥떡바아쩧네. =자기들끼리 숙덕공론하네.

쑥떡쑥떡[___-] 부 숙덕숙덕. 남이 알아듣지 못하도록 낮은 목소리로 은밀하게 자꾸 이야기하는 소리를 나타내는 말. ¶머 때미로 쑥떡쑥떡 저캐쌓아까. =뭣 때문에 숙덕숙덕 저러쌓을까.

쑥말[--] 명 ((동물))수말. ¶【속담】쑥말 궁디이나 암말 방디이나. =수말 궁둥이나 암말 방둥이나.

쑥벌이[쑥버리 --_] 명 ((동물))수벌. 수컷인 벌.

쑥삘가리[---_] 명 ((동물))수평아리. 병아리의 수컷. ☞쑥삘개이. 장삘가리. 장삘개이.

쑥삘개이[쑥삘개~이 ---_] 명 ((동물))수평아리. ☞쑥삘가리. 장삘가리. 장삘개이.

쑥소[쑥쏘 --] 명 ((동물))수소. ¶【속담】쑥소 뒷걸움치다가 지 잡는다. =수소 뒷걸음치다가 쥐 잡는다. ☞항시.

쑥송안치[__-_] 명 ((동물))수송아지. 송아지의 수컷. ☞항송안치.

쑥쑥다[쑥쑥따 _-_] 형 쑥스럽다. 행동이나 모양이 자연스럽지 못하거나 어울리지 않아 멋쩍고 부끄럽다. ¶이런 옷은 우얀지 쑥쑥어서 몬 입겠어예. =이런 옷은 왠지 쑥스러워서 못 입겠어요. ☞쑥쑥밪다.

쑥쑥밪다[1][쑥쑥받따 __-_] 형 쑥스럽다. *쑥쑥밪고[쑥쑥바꼬 __-_], 쑥쑥밪지

[쑥쑥바찌 __-_], 쑥쑥밫아서[쑥쑥바자서 __-__], 쑥쑥밫았다[쑥쑥바잗따 __-__]. ☞쑥쑥다.

쑥쑥밫다[2][쑥쑥받따 __-_] 형 지저분하다. ①정돈이 되어 있지 아니하고 어수선하다. ¶와 이래 쑥쑥밫기 해놓고 사노? =왜 이리 지저분하게 해놓고 사니? ②보기 싫게 더럽다. ¶글마는 늘상 때가 찌인 쑥쑥밫은 옷을 입고 댕긴다. =그놈은 늘 때가 껴서 지저분한 옷을 입고 다닌다. ③말이나 행동이 추잡하고 더럽다. ¶에라이, 쑥쑥밫은 넘아! =에라, 지저분한 놈아! ☞쑥씬하다. 추접다. 추줍다.

쑥씨기범북[_-_-_] 명 엉망진창. 일이나 사물이 헝클어져서 갈피를 잡을 수 없을 만큼 결딴이 나거나 어수선한 상태. ¶집구숙이 쑥씨기범북이다. =집안이 엉망진창이다. ☞구신떡당새이. 기신떡당새이. 쑤씨방트레.

쑥씨기판[_-__] 명 난장판(亂場-). ¶동창해가 아이라 이거는 쑥씨기파이다. =동창회가 아니라 이건 난장판이다.

쑥씬하다[1][__-_] 형 지저분하다. 정돈이 되어 있지 아니하고 어수선하다. ¶【속담】집구숙이 쑥씬하다. =집구석이 지저분하다. ☞쑥씬하다. 추접다. 추줍다.

쑥씬하다[2][__-_] 형 혼란스럽다(混亂---). ¶【관용구】머리가 쑥씬하다. =머리가 혼란스럽다.

쑥얌새이[쑥얌새~이 ---_] 명 ((동물))숫염소. 염소의 수컷.

쑥양[--] 명 ((동물))숫양. 양의 수컷.

쑥양파[--_] 명 장다리 양파. ¶쑥양파는 몬 씬다. =장다리 나온 양파는 못 쓴다. ☞쑥다무네기.

쑥지[--] 명 ((동물))숫쥐. 쥐의 수컷.

쑥촉새[--_] 명 ((식물))개피.

쑥털털이[_-_-_] 명 쑥버무리. 쌀가루와 쑥을 한데 버무려서 시루에 찐 떡. ☞털털이.

쑥토까이[쑥토까~이 ---_] 명 ((동물))수토끼. 토끼 수컷.

쑹[-] 명 흉(凶). ☞숭. 숭터. 쑹터.

쑹내[-_] 명 흉내. ☞숭내.

쑹내재이[쑹내재~이 -___] 명 흉내쟁이. 남의 흉내를 잘 내는 사람을 이르는 말.

쑹보다[_-_] 동 흉보다. ☞숭보다.

쑹시럽다[쑹시럽따 _-__] 형 흉물스럽다(凶物---). ☞숭시럽다.

쑹악하다[쑹아카다 -_-_] 형 흉악하다(凶惡--). ☞숭악하다.

쑹잡다[쑹잡따 _-_] 동 흉잡다. ☞숭잡다.

쑹잽히다[쑹재피다 __-_] 동 흉잡히다. ☞숭잽히다.

쑹축밫다[쑹축받따 ---_] 형 흉측하다(凶測--). ☞숭축밫다.

쑹터[-_] 명 흉터. ☞숭. 숭터. 쑹.

쑹하다[_-_] 형 흉하다(凶--). ☞숭하다.

쑹허물[__-] 명 흉허물. 남의 비난을 받을 만한 잘못이나 결함. ¶【관용구】쑹허물 없다. =흉허물 없다.

씨[1][-] 명 혀. *혀<쎄<씨. ☞쎄. 히.

씨[2][-] 명 쇠. *쇠<쎄<씨. ☞쎄.

씨[3][-] 명 쉬. 파리의 알. *쉬<시<씨. ¶딘

ㅅ

장에 씨 씰었다. =된장에 쉬 슬었다. ☞시.

씨[4][-] 명 꽹과리. 농악놀이에서 사용하는 타악기의 하나. ¶【관용구】씨로 치다. =꽹과리를 치다. ☞깽가리. 매구.

씨[5][-] 명 씨알. 말이나 행동이 조리에 맞고 실속이 있는 일. ¶【관용구】씨가 믹히다. =씨알이 먹히다. ¶【관용구】씨도 안 믹히다. =씨알도 안 먹히다. ¶【속담】썩시삼비에 씨도 안 믹힐 소리로 한다. =석새베에 씨알도 안 먹힐 소리를 한다.

씨[6][-] 명 지남철(指南鐵). ¶【관용구】씨로 낳다. =지남철을 놓다.

씨-[_] 접 시-. ((어두음이 된소리나 거센소리 또는 'ㅎ'이고 첫음절의 모음이 'ㅓ, ㅜ'인 색채를 나타내는 일부 형용사 앞에 붙어)) '매우 짙고 선명하게'의 뜻을 더하는 접두사. ¶씨꺼뭏다(시꺼멓다) ¶씨뻘궇다(시뻘겋다). ¶씨푸룧다(시퍼렇다).

씨가리[_-_] 명 서캐. 이의 알. ¶【관용구】씨가리 복만쿰. =서캐 복만큼. ¶【속담】씨가리가 더 물어띤다. =서캐가 더 물어뜯는다. ☞씨개이.

씨개이[씨개~이 _-_] 명 서캐. ☞씨가리.

씨개처매[-__-] 명 쓰개치마. ☞무렁개. 씰처매.

씨고랑[_-] 명 쇠고랑. ☞쎄고랑.

씨고매[--_] 명 씨고구마. 씨앗으로 쓸 고구마 또는 이미 씨앗으로 쓴 고구마. ¶씨고 난 씨고매는 단맛이라꼬는 없다. =쓰고 난 씨고구마는 단맛이라고는 없다.

씨금나물[___-] 명 ((식물))선피막이.

씨기[_-] 부 세게. ☞쎄기.

씨기다[-__] 동 시키다. 어떤 일이나 행동을 하게 하다. ¶【속담】씨기는 일 다 하고 죽운 무덤은 없다. =시키는 일 다 하고 죽은 무덤은 없다. ¶【속담】양석 없는 동자는 미너리 씨기고 나무 없는 동자는 딸 씨긴다. =양식 없는 동자는 며느리 시키고 나무 없는 동자는 딸 시킨다. ☞씨피다.

씨꺼머이[씨꺼머~이 _--_] 부 시꺼멓게. ①사물이나 그 빛이 아주 짙게 꺼멓게. ¶구룸이 씨꺼머이 몰리간다. =구름이 시꺼멓게 몰려간다. ②마음이 아주 음흉하게. ¶쏙이 씨꺼머이 그란께네 욕을 얻우묵제. =속이 시꺼멓게 그러니까 욕을 얻어먹지. ③어떤 일로 마음이 몹시 상하게. ¶자석 때미로 내 쏙이 씨꺼머이 탔다. =자식 때문에 내 속이 시꺼멓게 탔다. ☞씨꺼무이. 씨꺼멓기. 씨꺼뭏기.

씨꺼멓기[씨꺼머키 _--_] 부 시커멓게. ☞씨꺼머이. 씨꺼무이. 씨꺼뭏기.

씨꺼멓다[씨꺼머타 _--_] 형 시꺼멓다. ¶【속담】쏙이 씨꺼멓다. =속이 시꺼멓다. ¶【속담】오장육부가 씨꺼멓다. =오장육부가 시꺼멓다. ☞씨꺼뭏다.

씨꺼무이[씨꺼무~이 _--_] 부 시꺼멓게. ☞씨꺼머이. 씨꺼멓기. 씨꺼뭏기.

씨꺼뭏기[씨꺼무키 _--_] 부 시커멓게. ☞씨꺼머이. 씨꺼무이. 씨꺼멓기.

씨꺼뭏다[씨꺼무타 _--_] 형 시꺼멓다. ☞

씨꺼멓다.

씨껄[_-] 명 추녀. 네모지고 끝이 번쩍 들린, 처마의 네 귀에 있는 큰 서까래. ¶씨껄 밑에서 비로 피한다. =추녀 밑에서 비를 피한다. ☞추니. 춘새. 춘시.

씨껄물[_-_] 명 낙숫물(落水-). 처마 끝에서 떨어지는 물. ¶【속담】씨껄물은 늘상 지자리에 널찐다. =낙숫물은 항상 제자리에 떨어진다. ☞지슭물. 집지슭물.

씨꼬부래이[씨꼬부래~이 ___-_] 명 혀꼬부랑이. ☞쎄꼬부래이. 히꼬부래이.

씨꼬채이[씨꼬채~이 __-_] 명 쇠꼬챙이. ☞쎄꼬채이.

씨꾼둥하다[___-_] 형 시큰둥하다. 달갑지 아니하거나 못마땅하여 시들하다. ¶대답이 와 씨꾼둥하노? =대답이 왜 시큰둥하니?

씨끈티이[씨끈티~이 __-_] 명 혀끝. ☞쎄끈티이. 히끈티이.

씨끼놀옴[씨끼노롬 ___-] 명 수수께끼. ①어떤 사물에 대하여 바로 말하지 아니하고 빗대어 말하여 알아맞히는 놀이. ¶【관용구】씨끼놀옴을 하다. =수수께끼를 하다. ②어떤 사물이나 현상이 복잡하고 이상하게 얽혀 그 내막을 쉽게 알 수 없는 것. ¶그거는 언 넘이 한 짓인강 안죽꺼정 씨끼놀옴이다. =그것은 어느 놈이 한 짓인지 아직까지 수수께끼다. ☞씨끼놀움. 씨끼질움.

씨끼놀움[씨끼노룸 ___-] 명 수수께끼. ☞씨끼놀옴. 씨끼질움.

씨끼질움[씨끼지룸 ___-] 명 수수께끼. ☞씨끼놀옴. 씨끼놀움.

씨누[--] 명 시누이(媤--). 남편의 누나나 여동생. ¶【속담】씨누 한나에 바알이 니 쌈. =시누이 하나에 바늘이 네 쌈. ¶쌔리는 서방보다마 말기는 씨누가 더 밉다. =때리는 서방보다 말리는 시누이가 더 밉다. ☞시누부. 씨누부.

씨누부[--_] 명 시누이(媤--). ☞시누부. 씨누.

씨다[1][__] 형 세다. ☞쎄다.

씨다[2][-_] 동 쑤다. 곡식의 알이나 가루를 물에 끓여 익히다. ¶【관용구】죽울 씨다. =죽을 쑤다. ¶【속담】죽 씨서 개 좋운 일 했다. =죽 쑤어 개 좋은 일 했다. ¶【속담】팥어로 미지로 씬다 캐도 곧이듣는다. =팥으로 메주를 쑨다 하여도 곧이듣는다. ¶【속담】갱상도서 죽 씨는 넘 전라도 가도 죽 씬다. =경상도에서 죽 쑤는 놈 전라도 가도 죽 쑨다.

씨다[3][-_] 동 쓰다. ①글씨나 문자를 쓰다. ¶【속담】공자 앞에서 문자 씬다. =공자 앞에서 문자 쓴다. ②모자 따위를 머리에 얹어 덮다. ¶【속담】갓 씨고 자안차 탄다. =갓 쓰고 자전거 탄다. ③벌레 따위가 생겨서 사물이 상하게 되다. ¶【속담】박달낭게도 좀이 씬다. =박달나무에도 좀이 쓴다. ④어떤 필요에 의해 사용하다. ¶【속담】하앙산이 금떵거리래도 씰 넘 없으마 몬 씬다. =화왕산이 금덩어리라도 쓸 놈 없으면 못 쓴다. ¶【속담】바닷물도 씨마 준다. =바닷물도 쓰면 준다. ⑤다른 사람에게 베풀다. ¶【속담】개겉이 벌어서 정승겉이 씨랬다. =개같이 벌어서 정승같이 쓰

ㅅ

랬다. ¶【속담】넘우 떡으로 인심 씬다. =남의 떡으로 인심 쓴다. ⑥어떤 일에 관심을 기울이다. ¶【속담】꽁은 콩밭에 마암 씨고 농사꾼은 씨나락에 마암 씬다. =꿩은 콩밭에 마음 쓰고 농사꾼은 볍씨에 마음 쓴다. ⑦어떤 일을 하는 데에 재료나 도구, 수단을 사용하다. ¶【속담】개똥도 약에 씰라마 없다. =개똥도 약에 쓰려면 없다. ¶【속담】용천검도 씰 줄로 알아야 씬다. =용천검도 쓸 줄을 알아야 쓴다. ⑧몸을 놀리거나 움직이다. ¶【속담】앉인배이 용 씬다. =앉인뱅이 용 쓴다. ⑨시체를 묻고 무덤을 만들다. ¶【속담】조상 미로 잘 씼나. =조상 묘를 잘 썼나.

씨다[4][-_] 동 켜다. ☞써다. 일바시다. 키다.

씨다둠다[씨다둠따 --__] 동 쓰다듬다. ① 손으로 살살 쓸어 어루만지다. ¶【속담】등더리 씨다둠어 준 강새이가 발등더리 문다. =등 쓰다듬어 준 강아지가 발등 문다. ②살살 달래어 가라앉히다. ¶아재가 썽난 조캐로 씨다둠어서 달갰다. =아저씨가 화난 조카를 쓰다듬어 달랬다. ☞씨담다. 씨시다. 씰다.

씨달카다[__-_] 동 시달리다. 시달리게 하다. '시달리다'의 타동사. ¶히이가 동상을 날씨고 씨달칸다. =형이 동생을 날마다 시달린다. ☞씨달파다.

씨달키다[__-_] 동 시달리다. 괴로움이나 성가심을 당하다. ¶덥우에 씨달키서 밥정도 없다. =더위에 시달려서 밥맛도 없다. ☞씨달피다.

씨달파다[__-_] 동 시달리다. ☞씨달카다.

씨달피다[__-_] 동 시달리다. ☞씨달키다.

씨담다[씨담따 --_] 동 쓰다듬다. ☞씨다둠다. 씨시다. 씰다.

씨답짢다[씨답짠타 _--_] 형 시답잖다. 볼품이 없어 만족스럽지 못하다. ¶잔치 음석이 영 씨답짢다. =잔치 음식이 영 시답잖다. ¶씨답짢은 소리 고마 해라. =시답잖은 소리 그만 해라.

씨댁[_-] 명 시댁(媤宅). '시집'을 높여 이르는 말.

씨들다[_-_] 동 시들다. ①식물이 말라 생기가 없어지다. *창녕방언 '씨들다'는 표준어 '시들다'와는 달리 규칙 활용을 하는 동사이다. ¶【관용구】씨들린 뱁차 쏙이푸리 겉다. =시든 배추 속잎 같다. ②기운이나 세력 따위가 약해지거나 없어지다. ¶【속담】꽃이 씨들마 오던 나부도 안 온다. =꽃이 시들면 오던 나비도 안 온다. ☞씨들리다. 씨들키다. 씨들피다.

씨들라다[__-_] 동 시들게 하다. '시들다'의 사동사. ①식물의 수분을 빠지게 하다. ¶날이 가물어서 물이로 말키 씨들랐다. =날씨가 가물어서 오이를 모두 시들게 했다. ②몸의 기력이나 기운이 빠져서 생기가 없어지다. ¶저넘이 날로 씨들란다. =저놈이 나를 시들게 한다. ☞씨들카다. 씨들파다.

씨들리다[__-_] 동 시들다. ☞씨들다. 씨들키다. 씨들피다.

씨들씨들[___-] 부 시들시들. ¶저 낭근 저래 씨들씨들 사다 죽울 끼다. =저 나무는 저렇게 시들시들 살다가 죽을 것이다.

씨들씨들하다[____-_] 형 시들시들하다. ①식물이 시들어 생기가 없다. ¶가물움에 꼬치가 씨들씨들하다. =가뭄에 고추가 시들시들하다. ②사람이나 동물이 기력이 없다. ¶개뜩이나 씨들씨들한 사램이 심을 씨낳이 몬 일날다. =가뜩이나 시들시들한 사람이 힘을 써 놓으니 못 일어나겠다.

씨들카다[__-_] 동 시들게 하다. '시들다'의 사동사. ☞씨들라다. 씨들파다.

씨들키다[__-_] 동 시들다. ☞씨들다. 씨들리다. 씨들피다.

씨들파다[__-_] 동 시들게 하다. '시들다'의 사동사. ☞씨들라다. 씨들카다.

씨들피다[__-_] 동 시들다. ☞씨들다. 씨들리다. 씨들키다.

씨들하다[__-_] 형 시들하다. ①꽃이나 풀 따위가 시들어 생기가 없다. ¶우붕 이푸리가 씨들하다. =우엉 잎이 시들하다. ②어떤 일이 의욕이나 흥미를 끄는 데가 없어 시시하고 하찮다. ¶덥운 날은 만사가 다 씨들했다. =더운 날은 만사가 다 시들했다. ☞시적하다.

씨라다[1][_-_] 동 겨루다. ☞게라다. 시라다.

씨라다[2][_-_] 동 켕기다. ☞시라다. 탱가다. 팅가다.

씨라다[3][_-_] 동 승강이하다(昇降---). ☞시라다. 싱간하다. 싱개이하다.

씨라리다[_-__] 동 쓰라리다. ①다친 자리가 쓰리고 아리다. ¶다친 다리가 디기 씨라린다. =다친 다리가 되게 쓰라린다. ②마음이 몹시 괴롭다. ¶【관용구】씨라린 마암. =쓰라린 마음.

씨락국[씨락꾹 __-] 명 시래깃국. ¶【속담】넘우 밥을 보고 씨락국 낋인다. =남의 밥을 보고 시래깃국 끓인다.

씨래기[_-_] 명 시래기. 무청이나 배추의 잎을 말린 것. ¶【속담】씨래기 수무 동도 몬 묵고 항천 가서 목 깜울 팔자. =시래기 스무 동도 못 먹고 황천 가서 멱 감을 팔자.

씨러지다[--__] 동 쓰러지다. ①힘이 빠지거나 외부의 힘에 의하여 서 있던 상태에서 바닥에 눕는 상태가 되다. ¶【속담】삼때 씨러지덧기 한다. =삼대 쓰러지듯 한다. ②사람이 병이나 과로 따위로 정상 생활을 하지 못하고 몸져 눕는 상태가 되다. ¶이우지 할배가 가실해놓고 씨러짔다. =이웃 할아버지가 추수해놓고 쓰러졌다.

씨러티리다[__-__] 동 쓰러뜨리다. 사람이나 물체를 서 있던 상태에서 바닥에 눕는 상태가 되게 하다. ¶태풍이 감낭글 씨러티리 낳았다. =태풍이 감나무를 쓰러뜨려 놓았다.

씨렁덩쿨[__-_] 명 ((식물))한삼덩굴.

씨레기[_-_] 명 쓰레기. ¶몬 씨는 씨래기는 말키 치아라. =못 스는 쓰레기는 모두 치워라.

씨룸[-_] 명 씨름. ¶【속담】씨룸은 잘해도 등더리에 흨 떨어질 날 없다. =씨름은 잘해도 등짝에 흙 떨어질 날 없다.

씨리다[-__] 형 쓰리다. ①뱃속이 몹시 시장하거나 과음하여 쓸어내리듯 아프다. ¶맵운 꼬치 묵고 나이 쏙이 씨리

ㅅ

다. =매운 고추 먹고 나니 속이 쓰리다. ②마음이 칼로 살을 도려내는 것처럼 괴롭다. ¶【관용구】가심이 씨리다. =가슴이 쓰리다.

씨마치[_-_] 명 쇠망치. ☞쎄마치.

씨말묵[--_] 명 쇠말뚝. ☞쎄말띠기.

씨망새이[씨망새~이 __-_] 명 승용차(乘用車). ☞쎄망새이.

씨매리이[씨매리~이 __-_] 명 ((동물))쓰르라미.

씨멘[_-] 명 시멘트[cement]. ☞돌까리. 쎄멘.

씨몬님[--_] 명 시어머니(媤---). 남편의 어머니를 높여서 이르는 말. ☞씨어마씨. 씨어무이. 씨오마시. 씨이미.

씨발[--] 감 네미. 몹시 못마땅한 일이 있을 때 욕으로 하는 말. *씹+할<씨팔<씨발. ¶에이, 씨발! 내보고 우짜라꼬. =에잇, 네미 날더러 어쩌라고. ☞니기미. 니미. 떡을할. 씨부랄. 지기미.

씨부랄[---] 감 네미. ¶씨부랄 꺼. =네미 것. *씹+불알<씨불알<씨부랄. ☞니기미. 니미. 떡을할. 씨발. 지기미.

씨부리다[_-__] 동 씨부렁거리다. ¶【관용구】노오는 대로 씨부리다. =나오는 대로 씨부렁거리다. ☞처씨부리다.

씨분님[--_] 명 시아버지(媤---). 남편의 아버지를 높여서 이르는 말. ☞씨아바씨. 씨아바이. 씨애비. 아분님.

씨분대[_-_] 명 익살꾼. 우스갯짓을 잘 하는 사람을 낮잡아 이르는 말. ☞고깨이. 씨싸이. 씨씩바리.

씨붙이[씨부치 _-_] 명 쇠붙이. ☞쎄붙이.

씨빠이뿌[_--_] 명 쇠파이프[-pipe]. *일본어 '파이부 パイプ'. ☞쎄빠이뿌.

씨빠지기[---_] 부 '힘껏'의 속된 말. ☞심껏. 심대로. 쎄빠지기. 좆나기. 좆빠지기.

씨빠지다[1][---_] 동 고생하다(苦生--). ☞고상하다. 쎄빠지다. 욕보다. 초빼이치다.

씨빠지다[2][---_] 동 혀 빠지다. ☞쎄빠지다.

씨뻘궇다[씨뻘구타 __-_] 형 시뻘겋다. ¶【관용구】누이 씨뻘궇다. =눈이 시뻘겋다.

씨사실[_-_] 명 쇠사슬. ☞쎄사실.

씨시다[--_] 동 쓰다듬다. ☞씨다둠다. 씨담다. 씰다.

씨싸이[씨싸~이 _-_] 명 익살꾼. ☞고깨이. 씨분대. 씨씩바리.

씨쌍넘[_-_] 명 불상놈(-常-). 예의가 없고 버릇이 나쁜 남자를 욕하여 이르는 말. ¶【속담】씨쌍넘 주제에 진 씨엄 씬다. =불상놈 주제에 긴 수염 쓴다.

씨쌍년[_-_] 명 불상년(-常-). 예의가 없고 버릇이 나쁜 여자를 욕하여 이르는 말. ¶【관용구】넉살좋운 씨쌍년이다. =넉살좋은 불상년이다.

씨숙[-_] 명 시숙(媤叔). 남편의 형제를 이르는 말.

씨씨하다[__-_] 형 시시하다. 대단한 데가 없어서 보잘것없다. ¶이 영하[映畵]는 생각뽀담아 씨씨하네. =이 영화는 생각보다 시시하네.

씨씩바리[__-_] 명 익살꾼. ☞고깨이. 씨분대. 씨싸이.

씨아다[1][-__] 동 우기다. 억지를 부려 제 의견을 고집스럽게 내세우다. ¶【속담】

소 코로 지 코라꼬 씨안다. =소 코를 제 코라고 우긴다. ☞따까리씨아다. 때까리씨아다. 씨우다.

씨아다[2][-__] 동 씌우다. '쓰다'의 사동사. ①모자나 이불 따위를 얹어 덮게 하다. ¶【속담】곱운 사램은 믹써리 씨아도 곱다. =고운 사람은 멱서리 씌워도 곱다. ②죄나 누명 따위를 가지거나 입게 하다. ¶없는 지로 덤티기로 씨앗다. =없는 죄를 덤터기로 씌웠다. ☞씨우다.

씨아다[3][-__] 동 쏘이다. 햇볕이나 연기를 직접 받다. ☞쌔아다.

씨아바씨[__-_] 명 시아버지(媤---). 남편의 아버지를 이르는 말. ¶【속담】씨아바씨 무릎에 앉인 거 겉다. =시아버지 무릎에 앉은 것 같다. ¶【속담】장모는 사우가 꼼보래도 이뿌하고 씨아바씨는 미너리가 빼드랑니에 애꾸래도 이뿌한다. =장모는 사위가 곰보라도 예뻐하고 시아버지는 며느리가 빼드렁니에 애꾸라도 예뻐한다. ☞씨분님. 씨아바이. 씨애비. 아분님.

씨아바이[씨아바~이 __-_] 명 시아버지(媤---). ☞씨분님. 씨아바씨. 씨애비. 아분님.

씨앗[씨앋 _-] 명 시앗. 남편의 첩(妾). ¶【속담】씨앗을 보마 돌부치도 돌아앉는다. =시앗을 보면 돌부처도 돌아앉는다. ¶【속담】씨앗 싸암에 오강장시가 덕을 본다. =시앗 싸움에 요강장수가 득을 본다.

씨애기[_-_] 명 씨아. 목화의 씨를 빼는 기구. ¶【속담】안 묵는 씨애기가 요란하다. =안 먹는 씨아가 요란하다. ☞목쌔기.

씨애비[--_] 명 시아버지. '시아버지'를 낮잡아 이르는 말. ¶【속담】동네사람 말을 다 들으마 씨애비가 아옵이다. =동네사람 말을 다 들으면 시아비가 아홉이다. ¶【속담】씨애비 죽우라꼬 축수(祝壽)했더마는 동지섣달 맨발 벗이고 물질할 쩍에 새앙킨다. =시아버지 죽으라고 축수했더니만 동지섣달 맨발 벗고 물질할 적에 생각난다. ☞씨분님. 씨아바씨. 씨아바이. 아분님.

씨어마씨[__-_] 명 시어머니(媤---). ¶【속담】씨어마씨 죽고 나마 안방은 내 차지. =시어머니 죽고 나면 안방은 내 차지. ¶【속담】오래 살마 씨어마씨 죽는 날도 있다. =오래 살면 시어머니 죽는 날도 있다. ¶【속담】통시 다른 데 없고 씨어마씨 다른 데 없다. =뒷간 다른 데 없고 시어머니 다른 데 없다. ☞씨몬님. 씨어무이. 씨오마시. 씨이미.

씨어무이[씨어무~이 __-_] 명 시어머니(媤---). ☞씨몬님. 씨어마씨. 씨오마시. 씨이미.

씨엄[_-] 명 수염(鬚髯). 남자의 입 주변이나 턱 또는 뺨에 나는 털. ¶【속담】씨엄을 니리씬다. =수염을 내리쓴다. ¶【속담】씨엄이 닷 짜라도 무우야 산다. =수염이 다섯 자라도 먹어야 산다. ¶【속담】손지 기애하마 할애비 씨엄 잡는다. =손자 귀애하면 할아비 수염 잡는다. ☞씨염.

씨염[_-] 명 수염(鬚髯). ☞씨엄.

ㅅ

씨오마씨[__-_] 명 시어머니(媤---). ☞씨몬님. 씨어마씨. 씨어무이. 씨이미.

씨우다[1][-__] 동 우기다. ☞따까리씨아다. 때까리씨아다. 씨아다.

씨우다[2][-__] 동 씌우다. ☞씨아다.

씨이다[1][_-_] 동 쓰이다. '쓰다'의 피동사. ①붓, 펜, 연필과 같이 선을 그을 수 있는 도구로 종이 따위에 획을 그어서 일정한 글자의 모양이 이루어지게 되다. ¶저게 씨인 글자가 머꼬? =저기 쓰인 글자가 뭐니? ②머릿속의 생각을 종이 혹은 이와 유사한 대상 따위에 글로 나타내어지다. ¶이 책에는 오만 기이 씨이 있다. =이 책에는 온갖 게 쓰여 있다. ③모자 따위를 머리에 얹어지다. ¶모자가 작애서 잘 씨이지로 안 한다. =모자가 작아서 잘 쓰이지 않는다. ④먼지나 가루 따위를 몸이나 물체 따위에 덮은 상태가 되다. ¶미굼이 덮우 씨있다. =먼지가 덮어 쓰였다. ⑤어떤 일을 하는 데에 재료나 도구, 수단을 이용하게 되다. ¶자석 공부씨기는 데에 도이 마이 씨인다. =자식 공부시키는 데에 돈이 많이 쓰인다.

씨이다[2][_-_] 동 쏘이다. '쏘다'의 피동사. 얼굴이나 몸에 바람이나 연기, 햇빛 따위를 직접 받다. ☞쎄이다.

씨이다[3][_-_] 동 쑤어지다. '쑤다'의 피동사. ☞써이다.

씨이다[4][_-_] 동 켜이다. '켜다'의 피동사. ☞써이다. 키이다.

씨이미[--_] 명 시어머니(媤---). ☞씨몬님. 씨어마씨. 씨어무이. 씨오마시.

씨임새[_-_] 명 쓰임새. 쓰이는 용도나 정도. ¶이 찌끼칼은 씨임새가 많아예. =이 주머니칼은 쓰임새가 많아요.

씨잘때기[__-_] 명 쓰잘머리. 사람이나 사물의 쓸모 있는 면모나 유용한 구석. ¶【관용구】씨잘때기 없는 짓. =쓰잘머리 없는 짓. ¶【관용구】씨잘때기 없는 소리. =쓰잘머리 없는 소리. ☞씨잘머리.

씨잘때기없다[씨잘때기엄따 __-___] 형 쓸데없다. 쓸 만한 가치가 없다. ¶자석 짜다라 있어본들 아무 씨잘때기없다. =자식 많이 있어본들 아무 쓸데없다. ☞씰데없다.

씨잘때기없이[씨잘때기엄씨 __-___] 부 쓸데없이. ☞씰데없이.

씨잘머리[__-_] 명 쓰잘머리. ☞씨잘때기.

씨저까치[__-_] 명 쇠젓가락. ☞쎄저까치.

씨절구[---] 명 쇠절구. ☞쎄절구.

씨주구리하다[____-_] 형 추레하다. ①옷차림이나 겉모양이 허술하여 보잘것없고 궁상스럽다. ¶씨주구리한 옷을 입고 댕긴다. =추레한 옷을 입고 다닌다. ②생생한 기운이 없다. ¶저 냥반은 와 저래 씨주구리한지 모룰다. =저 양반은 왜 저리 추레한지 모르겠다. ☞꺼주구리하다. 씹주구리하다. 추리하다.

씨짜리기[__-_] 명 혀짜래기. ☞쎄짜리기. 히짜리기.

씨짤비기[__-_] 명 혀짤배기. ☞쎄짤비기. 히짤비기.

씨치다[--_] 동 농악놀이하다(農樂----). ☞매구치다.

씨쿤둥하다[___-_] 형 시큰둥하다. 마음

에 차지 않거나 못마땅하여 시들하다. ¶음석을 보고도 씨쿤둥하네. =음식을 보고도 시큰둥하네.

씨통[--] 명 자물통. ☞쎄통.

씨피다[-_ _] 동 시키다. ☞씨기다.

씨할매[--_] 명 시할머니(媤---). 남편의 할머니.

씨할부지[--_] 명 시할아버지(媤----). 남편의 할아버지.

씩겁[씨껍 --] 명 식겁(食怯). 뜻밖에 놀라 겁을 먹음.

씩겁똥싸다[씨껍똥싸다 --_-_] 동 식겁하다(食怯--). ¶아아가 다칬다 카길래 씩겁똥쌌다. =애가 다쳤다 하기에 식겁했다. ☞씩겁묵다. 씩겁하다.

씩겁묵다[씨껍묵따 --_ _] 동 식겁하다(食怯--). ¶아아가 다칬다 카길래 씩겁무웄다. =애가 다쳤다 하기에 식겁했다. ☞씩겁똥싸다. 씩겁하다.

씩겁하다[씨꺼파다 --_ _] 동 식겁하다(食怯--). ☞씩겁똥싸다. 씩겁묵다.

씩움밥[씨굼밥 _-_] 명 식은밥. ¶【속담】뜨신밥 씩움밥 개릴 새가 없다. =더운밥 식은밥 가릴 사이가 없다.

씩이다[1][씨기다 -_ _] 동 속이다. 거짓된 말이나 행동을 참이라고 알게 하다. ¶저울 눈꿈을 씩이능가 잘 바라. =저울 눈금을 속이는지 잘 봐라. ☞쏙하다.

씩이다[2][씨기다 -_ _] 동 썩이다. '썩다'의 사동사. ☞썩하다.

씪다[씩따 -_] 동 씻다. ①물이나 휴지 따위로 때나 더러운 것을 없게 하다. ¶【관용구】씪은 쌀내끼 겉다. =씻은 쌀알 같다. ¶【속담】솥 씪어 낳고 지다린다. =솥 씻어 놓고 기다린다. ②원한 따위를 없애다. ¶처이기신은 원한을 씪어조야 저싱에서도 팮다 카더라. =처녀귀신은 원한을 씻어줘야 저승에서도 편하다 하더라. *씪고[씩꼬 -_], 씪지[씩찌 -_], 씪어야[씨꺼야 -_ _], 씪었다[씨껐따 -_ _].

씪이다[1][씨끼다 -_ _] 동 씻기다. '씻다'의 사동사. ¶얼라를 매매 씪있다. =애기를 꼼꼼하게 씻겼다.

씪이다[2][씨끼다 _-_] 동 씻기다. '씻다'의 피동사. ¶이 그륵은 잘 안 씪입미더. =이 그릇은 잘 안 씻깁니다. *씪이고[씨끼고 _-_], 씪이지[씨끼지 _-_], 씪있다[씨낀다 _-_].

씬[-] 관 쓴. 혀로 느끼는 맛이 한약이나 소태, 씀바귀의 맛과 같은. *창녕방언에서 '쓰(苦)'가 관형어 '쓴'으로 쓰일 때는 '-씬'이 되고, 서술어 '-쓰'로 쓰일 때는 '씹-'이 된다. ¶【속담】입에 씬 약이 몸에는 이하다. =입에 쓴 약이 몸에는 이롭다.

씬나물[--_] 명 쓴 나물. 맛이 쓴 나물. *창녕방언 '씬나물'은 씀바귀, 고들빼기 등 쓴 맛이 나고, 꺾을 때 흰 진액이 흐르는 식물을 가리킨다. 이는 하나의 단어로 굳은 말이다. ¶【관용구】씬나물 문치다. =쓴 나물 무치다.

씬내이[씬내~이 --_] 명 ((식물)) 씀바귀. ¶【속담】씬내이 묵고 다다 칸다. =씀바귀 먹고 달다고 한다. ¶【속담】멀기 있는 단내이보담아 가찹기 있는 씬내이

ㅅ

가 낫다. =멀리 있는 단냉이보다 가까이 있는 씀바귀가 낫다.

씬맛[씬맏 -_] 명 쓴맛. 소태나 씀바귀 따위의 맛처럼 느껴지는 맛. ¶【속담】씬맛 단맛 다 밨다. =쓴맛 단맛 다 봤다.

씬바람[_--] 명 센바람. ☞쎈바람.

씬소리[씬쏘리 --_] 명 쓴소리. 듣기에는 거슬리나 도움이 되는 말. ¶【속담】쑥떡 묵고 씬소리 한다. =쑥떡 먹고 쓴소리 한다. ☞씹운소리.

씬술[씬쑬 --] 명 쓴술. 맛이 쓴 약술.

씬윗움[씬위숨 --_] 명 쓴웃음.

씬중[-_] 명 신중. 비구니(比丘尼). '여승(女僧)'을 이르는 말.

씬티이[씬티~이 --_] 명 ((조류))수청둥오리. 청둥오리 수컷.

씰가다[_-_] 동 쓿다. 거친 쌀, 조, 수수 따위의 곡식을 찧어 속꺼풀을 벗기고 깨끗하게 하다. ¶방앗간에서 나락을 씰갔다. =방앗간에서 벼를 쓿었다. *씰가고[씰가고 _-_], 씰가지[씰가지 _-_], 씰가야[씰가야 _-_], 씰갔다[씰갇따 _-_]. ☞쒸다.

씰간쌀[_-_] 명 쓿은쌀. 찧어 껍질을 벗겨서 곱고 깨끗하게 된 쌀. ☞쒸은쌀.

씰개[1][_-] 명 쓸개. 척추동물에서 볼 수 있는 주머니 모양의 기관. ¶【속담】씰개 빠진 넘 겉다. =쓸개 빠진 놈 같다. ¶【속담】간에 붙더마는 씰개에 가 붙는다. =간에 붙더니 쓸개에 가서 붙는다. ¶【속담】씰개 방줄이 터짔나. =쓸개방의 줄이 터졌나.

씰개[2][씰깨 -_] 명 검둥개. 털빛이 검은 개. ¶【속담】씰개 목 깜긴다고 안 히진다. =검둥개 멱 감긴다고 안 희어진다. ¶【속담】씰개는 대애지 핀이다. =검둥개는 돼지 편이다. ☞껌둥개. 껌정개.

씰깨이[씰깨~이 -__] 명 ((동물))살쾡이. ☞살깨이. 살캐이.

씰다[1][-_] 동 쓰다듬다. 손으로 가볍게 문지르다. ¶할매가 손빠닥우로 내 아푼 배로 씰어 주었다. =할머니가 손바닥으로 내 아픈 배를 쓰다듬어 주었다. ☞씨다둠다. 씨담다. 씨시다.

씰다[2][-_] 동 쓸다. ①빗자루로 쓰레기 따위를 밀어내거나 한데 모아서 버리다. ¶【속담】넘우 집 봉사는 씰기도 하는데 우리 집 봉사는 내가 씰어도 몬 본다. =남의 집 소경은 쓸기도 하는데 우리 집 소경은 내가 쓸어도 못 본다. ②질질 끌어서 바닥을 스치다. ¶처맷자랙이 질어서 바댁을 씰고 댕긴다. =치맛자락이 길어서 바닥을 쓸고 다닌다. ③전염병 따위가 널리 퍼지거나 태풍, 홍수 따위가 널리 피해를 입히다. ¶태풍이 씰고 갔다. =태풍이 쓸고 갔다. ④모두 그러모아 독차지하다. ¶삼춘이 하토판 판돈을 씰었다. =삼촌이 화투판 판돈을 쓸었다. ⑤알에서 갓 깬 누에를 잠란지에서 그러모아 다른 종이에 옮기다. ¶니비로 다른 조오다가 씰어낳았다. =누에를 다른 종이에다 쓸어놓았다. ⑥한꺼번에 모조리 모으다. ¶돈 데는 물견은 말키 씰어 담아래이. =돈 되는 물건은 모두 쓸어 담아라. ⑦줄 따위로 문질러서 닳게 하다.

¶줄로 거두날로 싹싹 씰었다. =줄로 톱날을 쓱쓱 쓸었다.

씰다[3][-_] 동 슬다. ①쇠로 된 물체에 녹이 산화 작용으로 인하여 생기다. ¶녹그륵에 녹이 씰었다. =놋그릇에 녹이 슬었다. ☞찌이다. ②어떤 물체에 곰팡이나 좀 따위가 생겨나 붙어살게 되다. ¶곰바리가 씰었다. =곰팡이가 슬었다. ☞찌이다. ③벌레나 물고기 따위가 어떤 곳에 알 따위를 아무데나 함부로 낳아 놓다. ¶벌개이가 뱁차 이푸리에 알로 씰어낳았다. =벌레가 배추 잎에 알을 슬어놓았다.

씰데[씰떼 --] 명 쓸데. 쓰일 자리. 또는 써야 할 곳. ¶【속담】왼팔도 씰데 있다. =왼팔도 쓸데 있다. ¶【속담】썩은 새끼똥가리도 씰데 있다. =썩은 새끼토막도 쓸데 있다.

씰데없다[씰떼엄따 _-__] 형 쓸데없다. 아무런 쓸모나 득이 될 것이 없다. ¶【속담】도덕넘 없으마 법도 씰데없다. =도둑놈 없으면 법도 쓸데없다. ☞씨잘때기없다.

씰데없이[씰떼엄씨 _-__] 부 쓸데없이. ☞씨잘때기없이.

씰리다[1][_-_] 동 쏠리다. 물체가 기울어져 한쪽으로 몰리다. ¶짐이 한쪽우로 씰랐다. =짐이 한쪽으로 쏠렸다.

씰리다[2][_-_] 동 쓸리다. ①사물이 비나 물, 바람 따위에 한데 밀려나 치워지다. ¶갱빈에 몰개가 씰리 내리왔다. =강변에 모래가 쓸려 내려왔다. ②쓰레기가 빗자루 등으로 한데 몰아 치워지다. ¶이 왕거시리는 잘 씰린다. =이 대빗자루는 잘 쓸린다. ③옷이 바닥에 질질 끌려 지나가게 되다. ¶바짓가래이가 바댁에 씰린다. =바짓가랑이가 바닥에 쓸린다.

씰모[--] 명 쓸모. 쓸 만한 가치. ¶【속담】보리 까끄래기도 씰모가 있다. =보리 까끄라기도 쓸모가 있다.

씰모없다[씰모엄따 _-__] 형 쓸모없다. 물건이나 사람이 쓸 만한 가치가 없다. ¶【속담】돌담부랑 부룬 배는 씰모없다. =돌담 부른 배는 쓸모없다. ¶【속담】늙어뿐 장수(將帥) 씰모없다. =늙어버린 장수 쓸모없다.

씰처매[---] 명 쓰개치마. ☞무렁개. 씨개처매.

씰키다[_-_] 동 쓸리다. 풀 먹인 옷 따위에 살이 문질려 살갗이 벗어지다. ¶새 옷을 입었더마는 살이 씰킨다. =새 옷을 입었더니 살이 쓸린다.

씱다[씰따 -_] 동 슳다. *씱고[씰꼬 -_], 씱은[씰근 -_], 씱어서[씰거서 -__], 씱는다[씰른다 _-_]. ☞씰가다.

씱은쌀[씰근쌀 --_] 명 슳은쌀. ☞씰간쌀.

씸씸이[씸씨미 _-_] 명 씀씀이. 돈이나 물건 따위를 쓰는 정도나 모양. ¶【관용구】씸씸이가 히뿌다. =씀씀이가 헤프다.

씸지[1][-_] 명 심지. 등잔이나 초 따위에 불을 붙이기 위하여 꼬아서 꽂은 실오라기나 헝겊. ¶【관용구】씸지에 불로 붙하다. =심지에 불을 붙이다.

씸지[2][-_] 명 제비. 어떤 사람을 선출하거나 순서나 승부 따위를 정할 때, 여럿 가운데 어느 하나를 임의로 골라잡게 하여 가리는 방법. ¶【관용구】씸지로 빼다. =제비를 뽑다.

씹다[씹따 --] 형 쓰다. 혀로 느끼는 맛이 소태맛과 같다. *창녕방언에서 '쓰-(苦)'가 관형어 '쓴'으로 쓰일 때는 '-씬'이 되고, 서술어 '-쓰'로 쓰일 때는 '씹-'이 된다. ¶【속담】씹다 달다 말이 없다. =쓰다 달다 말이 없다. ¶【속담】씹운께네 씨이미지. =쓰니까 시어머니지. *씹고[씹꼬 --], 씹지[씹찌 --], 씹운[씨분 --], 씹어서[씨버서 --_], 씹었다[씨번따 --_].

씹쑤룸하다[___-_] 형 씁쓰레하다. ①조금 쓴 맛이 나는 듯하다. ¶꿀밤묵이 쫌 씹쑤룸하다. =도토리묵이 좀 씁쓰레하다. ②달갑지 아니하여 싫거나 언짢은 기분이 조금 나는 듯하다. ¶【관용구】씹쑤룸한 소리로 하다. =씁쓰레한 소리를 하다. ☞씹씨부리하다.

씹씨부리하다[____-_] 형 씁쓰레하다. ☞씹쑤룸하다.

씹씰리다[__-_] 동 섭슬리다. ☞섭씰리다. 썹씰리다.

씹어돌리다[씨버돌리다 -_-__] 동 짓씹다. '씹다'를 강조하여 이르는 말. ①음식물을 마구 몹시 잘게 씹다. ¶수루미로 잘군잘군 씹어돌맀다. =오징어를 잘근잘근 짓씹었다. ②((속되게)) 다른 사람의 행동이나 말을 의도적으로 꼬집거나 공개적으로 비난하다. ¶【관용구】넘들이 씹어돌리다. =남들이 짓씹다.

씹운소리[씨분쏘리 --__] 명 쓴소리. ☞씬소리.

씹주구리하다[____-_] 형 추레하다. ☞꺼주구리하다. 씨주구리하다. 추리하다.

씻가리[씨까리 __-] 명 쇳가루. ☞쎗가리.

씻나락[씬나락 _-_] 명 볍씨. 못자리에 뿌리는 벼의 씨. ¶【관용구】기신 씻나락 까묵는 소리. =귀신 볍씨 까먹는 소리. ¶【속담】씻나락 비고 잔다. =볍씨 베고 잔다. ¶【속담】없이사는 양반이 씻나락 주물란다. =가난한 양반이 볍씨 주무른다. ☞종자나락.

씻대[씨때 --] 명 열쇠. *쇠+대. ☞쎗대. 열씨.

씻덩거리[씨떵거리 __-_] 명 쇳덩어리. ☞쎗덩거리. 쎗디이. 씻디이.

씻동가리[씨똥가리 __-_] 명 쇳조각. ☞쎗동가리. 쎗조가리. 씻조가리.

씻디이[씨띠~이 _-_] 명 쇳덩어리. ☞쎗덩거리. 쎗디이. 씻덩거리.

씻바늘[씨빠늘 _-_] 명 혓바늘. ☞쎗바늘. 쎗바알. 씻바알. 힛바늘. 힛바알.

씻바닥[씨빠닥 _-_] 명 혓바닥. ☞쎗바닥. 힛바닥.

씻바알[씨빠~알 _-_] 명 혓바늘. ☞쎗바늘. 쎗바알. 씻바늘. 힛바늘. 힛바알.

씻소리[씨쏘리 _-_] 명 쇳소리. ☞쎗소리.

씻조가리[씨쪼가리 __-_] 명 쇳조각. ☞쎗동가리. 쎗조가리. 씻동가리.

씽티이[씽티~이 -__] 명 식충이(食蟲-). 먹는 것만 밝히는 사람. ¶씽티이매로 묵고 잠마 잔다. =식충이처럼 먹고 잠만 잔다.

아[~아 -] 조 에. *창녕방언에는 유난히 비모음으로 발음되는 소리가 많다. 특히 표준어 '에'에 해당하는 처소 부사격 조사 '아'는 대표적인 비모음으로 실현된다. 예컨대 '마당에'는 '마당아'도 아니고 '마다아'도 아닌, 그 중간쯤에 드는 '[마다~아]'로 발음된다. 창녕방언에서 '아'로 실현되는 조사의 조건은 앞말의 체언이 양성모음으로 끝나거나 'ㅇ'받침을 지니는 경우에 해당된다. ¶【속담】안바아 가마 씨이미 말이 옳고 부섞에 가마 미너리 말이 옳다. =안방에 가면 시어머니 말이 옳고 부엌에 가면 며느리 말이 옳다. ¶【속담】할일 없는 사람 볼일 없는 자아 간다. =할일 없는 사람 볼일 없는 장에 간다. ☞르. 어.

-아[1][-] 접 -우. '사동'의 뜻을 더하는 접미사. ¶걸아다(걸우다). ¶깨아다(깨우다). ¶재아다(재우다). ¶비아다(배우다). ¶피아다(피우다).

-아[2][-] 어 -어. ((동사 어간에 붙어)) '-되어 지게'의 뜻으로 사용하는 연결어미. ¶지내간 거는 잊아뿌라. =지나간 것은 잊어버려라.

-아가[--] 어 -아서. ((용언의 어간 뒤에 붙어)) 시간적 선후 관계를 나타내는 연결어미. ¶【속담】쪽찌비 잡아가 꽁대기 빼뜰랐다. =족제비 잡아서 꼬리 빼앗겼다.

아감지[_-_] 명 아가미. 물속에서 사는 동물, 특히 어류에 발달한 호흡 기관. ☞아개미.

아개미[_-_] 명 아가미. ☞아감지.

아개씨[_-_] 명 아가씨. 처녀나 젊은 여자를 가리키거나 부르는 말. ¶그 아개씨로 찬차이 뜯어밨다. =그 아가씨를 찬찬히 뜯어보았다.

아개자개[___-] 부 아기자기. 여러 가지가 오밀조밀 어울려 아름답고 예쁜 모양을 나타내는 말. ¶이 동네는 억쑤로 아개자개 어불리 사네예. =이 동네는 아주 아기자기 어울려 사네요.

아거집[--_] 명 아기집. 포유류의 암컷에서, 수정란이 착상(着牀)하여 분만시(分娩時)까지 발육하는 기관.

아구[1][-_] 명 아귀. 사물의 갈라진 부분. ¶【관용구】아구가 맞다. =아귀 맞다.

아구[2][-_] 명 손아귀. ☞손아구.

아구[3][_-] 명 ((동물))아귀. ¶아구찜(아귀찜). ¶아구탕(아귀탕).

아구다툼[___-] 명 아귀다툼. 서로 악과

ㅇ

기를 쓰며 헐뜯고 사납게 다툼.

아구심[-_-] 명 아귀힘. 손아귀로 사물을 쥐는 힘. ¶【관용구】아구심이 씨다. =아귀힘이 세다.

아구아구[_-_-] 부 아귀아귀. 음식을 욕심을 내어 입안에 마구 넣고 씹어 먹는 모양을 나타내는 말. ¶아구아구 쑤씨묵더라. =아귀아귀 쑤셔먹더라.

아구지[1][_-_] 명 아가리. '입'을 비속하게 이르는 말. ¶【관용구】아구지 닥치다. =아가리 닥치다. ¶【속담】아구지가 강지리만 해도 막말은 몬 한다. =아가리가 광주리만 해도 막말은 못 한다. ☞아구통.

아구지[2][_-_] 명 아궁이. 방이나 솥 따위에 불을 때기 위하여 만든 구멍. ¶【속담】저실에는 아구지가 사램을 살리 미인다. =겨울에는 아궁이가 사람을 살려 먹인다. ☞부석. 부섞아리.

아구통[_-_] 명 아가리. '입'을 비속하게 이르는 말. ☞아구지.

아굼빛다[아굼받따 -___] 형 아금받다. 무슨 기회든지 악착같이 붙잡아 이용하는 소질이 있다. ¶야아는 아굼빛아서 일로 잘합미더. =얘는 아금받아서 일을 잘합니다. *아굼빛고[아굼바꼬 -___], 아굼빛지[아굼바찌 -___], 아굼빛아서[아굼바자서 -____], 아굼빛았다[아굼바잗따 -____]. ☞몰움받다.

아까맨치로[__-__] 부 아까처럼. 조금 전처럼. ¶아까맨치로 금상 해낳겠습미더. =아까처럼 금방 해놓겠습니다.

아까징기[__-_] 명 머큐로크롬[mercurochrome]. *일본어 '아카진키(マーキュロクロム(赤)あかチン'에서 온 말.

아깝아하다[아까바하다 _-_-_] 동 아까워하다. 아깝게 생각하다. ¶【속담】접시 아깝아하마 지 몬 쌔린다. =접시 아까워하면 쥐 못 때린다.

아나[1][-_] 감 옜다. 가까이 있는 사람에게 무엇을 주면서 하는 말. 해라할 자리에 쓴다. ¶아나. 이거 니 해라. =옜다. 이것 너 해라. ☞여있다.

아나[2][-_] 감 여봐라. 가까이 있는 사람을 부를 때 쓰는 말. 해라할 자리에 쓴다. ¶아나. 너가부지 오데 있노? =여봐라. 너희 아버지 어디 있니?

아나[3][-_] 감 어림없다. 큰소리 친 상대방에게 조롱조로 이르는 감탄사. ¶아나. 오데 니 줄라꼬 지다리고 있다카더나? =어림없다. 어디 너 주려고 기다리고 있다더냐? ☞아나콩.

아나콩[--_] 감 어림없다. ¶이분에는 자신 있다 카더마는, 아나콩이네. =이번에는 자신 있다 하더니만, 어림없네. ☞아나.

아낭아낭하다[____-_] 형 ≒몰랑몰랑하다. 사물이 매우 연하고 부드러워 터질듯이 말캉하다. ¶감홍시가 아낭아낭하다. =홍시가 몰랑몰랑하다.

아는치[_--] 명 알은체. ①어떤 일에 관심을 가지는 듯한 태도를 보임. ¶넘우 일에 아는치로 한다. =남의 일에 알은체를 한다. ②다른 사람을 보고 인사를 하는 등의 안다는 표시를 냄. ¶모루민서 아는치로 하네. =모르면서 알은체를 하네.

아다[1][-_] 동 오다. 말하는 사람이 있는 쪽으로 움직여 위치를 옮기다. ¶아아부지가 안주꺼정 안 아서 걱정시럽어예. =애아버지가 아직까지 안 와서 걱정스러워요.

아다[2][~아다 -_] 조 에다. 일정한 위치를 나타내는 격조사. *창녕방언의 경우 장음은 처격조사 '에'가 앞선 모음에 완전 동화된 결과로 나타난다. 즉 처격조사 '에'는 체언이 'ㅇ'으로 끝나거나 모음으로 끝나면, 체언의 마지막 모음에 완전 동화된다는 특색이 있다. 이러한 것들로는 '아다', '어다', '오다', '우다', '이다' 등이 있다. ¶덕석을 마다아다 깔아라. =멍석을 마당에다 깔아라. ☞다. 다아. 오다. 우다. 이다.

아다가[~아다가 --_] 조 에다가. 어떤 수단을 나타내는 격조사. ¶수시로 디딜빠아다가 찧었습미더. =수수를 디딜방아에다가 찧었습니다. ☞다가. 어다가. 에다아. 오다가. 우다가. 이다가.

아달[-_] 명 아들내미. '아들'을 귀엽게 이르는 말. *창녕방언에서 '아달'은 '아들'의 변이형으로, 특수한 경우에 쓰인다. '아들'은 사내자식이 귀엽거나 살갑게 느낄 때는 '아달'로 실현된다. ¶【속담】아달네 집 가 밥 묵고 딸네 집가 물 마신다. =아들내미네 집 가서 밥 먹고 딸네 집 가서 물 마신다. ☞아들래미.

아둠다[아둠따 _-_] 동 안다. ①두 팔을 벌려 가슴 쪽으로 끌어당기거나 그렇게 하여 품 안에 있게 하다. ¶【속담】아둠운 암딱 자아묵기. =안는 암탉 잡아먹기. ¶【속담】급하마 부치 다리로 아둠는다. =급하면 부처 다리를 안는다. ②바람이나 비, 눈, 햇빛 따위를 정면으로 받다. ¶【속담】칼바램을 아둠고 산다. =칼바람을 안고 산다. ③손해나 빚 또는 책임을 맡다. ¶빚을 아둠고 집을 샀다. =빚을 안고 집을 샀다. ④생각이나 감정 따위를 마음속에 가지다. ¶안주꺼정 그 일로 아둠고 삽미꺼? =아직까지 그 일을 안고 삽니까? ⑤담이나 산 따위를 곧바로 앞에 맞대다. ¶빅을 아둠고 눕우 잤다. =벽을 안고 누워 잤다. ☞암다.

아둠카다[_ _-_] 동 안기다. 끌어안게 하다. '안다'의 사동사. ¶【속담】치도곤을 아둠캈다. =치도곤을 안겼다. ☞아둠키다. 암기다. 앰기다. 앵기다.

아둠키다[_ _-_] 동 안기다. '안다'의 피동사. ☞보덤키다. 보둠키다. 암기다. 앰기다. 앵기다.

아둥바둥[_ _ _-] 부 아등바등. 무엇을 이루려고 애를 쓰거나 우겨대는 모양. ¶죽자 사자 아둥바둥 살았다. =죽자 살자 아등바등 살았다.

아들래미[_ _-_] 명 아들내미. '아들'을 귀엽게 이르는 말. ¶아들래미가 장개갈 나가 뎄다. =아들내미가 시집갈 나이가 됐다. ☞아달.

아따거라[_ _--] 감 아따. ①상대방의 말이나 행동이 못마땅하거나 정도가 심하여 빈정거릴 때 내는 말. ¶아따거라, 그넘 술 한분 잘 마시네. =아따, 그 놈 술 한번 잘 마시네. ②어떤 상황이 놀라울 때 하는 말. ¶아따거라, 마이도 고왔네. =아따, 많이도 가져왔네. ☞아따라. 와따. 와따라. 허따.

아따라[_ _-] 감 아따. ☞아따거라. 와따. 와따라. 허따.

아라다[_-_] 동 알리다. '알다'의 사동사. ¶안 좋운 일로 부로 넘인데 아랄 필오가 없다. =안 좋은 일을 일부러 남에게 알릴 필요가 없다. ☞아리키다. 알라다.

아람[-_] 명 아름. ①두 팔을 둥글게 모아서 만든 둘레. ¶【관용구】아람이 머다. =아름이 멀다. ¶【관용구】아람이 벌다. =아름이 벌다. ②두 팔을 둥글게 모아 만든 둘레 안에 들 만한 분량을 세는 단위. ¶이 낭근 시 아람이나 덴다. =이 나무는 세 아름이나 된다. ☞아룸.

아람디리[_ _-_] 명 아름드리. 둘레가 한 아름이 넘는 것을 나타내는 말. ¶거두로 아람디리 솔낭글 씼다. =톱으로 아름드리 소나무를 켰다. ☞아룸디리.

아래땀[_-_] 명 아래뜸. 아래쪽에 있는 뜸. '뜸'은 한동네 안에서 몇 집씩 따로 모여 있는 구역을 뜻한다. ¶아래땀 사램들이 다 모잇다. =아랫마을 사람들이 다 모였다. ☞아러땀. 아리땀.

아래우[_ _-] 명 아래위. ¶【관용구】아래우로 모룬다. =아래위를 모른다. ☞아리우.

아래우째기[_ _ _-_] 명 수쇠. 자물쇠 안에 있는 뾰족한 쇠. ☞아리우째기.

아래웃집[아래욷찝 _ _-_] 명 아래윗집. ①아랫집과 윗집을 아울러 이르는 말. ¶아래웃집에 살민서도 자주 몬 봅미더. =아래윗집에 살면서도 자주 못 봅니다. ②가까이 사는 집. 또는 그런 사람. ¶저 사램캉은 아래웃집에 삽미더. =저 사람과는 아래윗집에 삽니다. ☞아리웃집.

-아래이[아래~이 --_] 어 -아라. ((동사의 어간 뒤에 붙어)) 상대에게 어떤 행동을 할 것을 명령하는 뜻을 나타내는 말. 해라체로, 주로 구어체에 쓰인다. 표준어 '-아라'보다 훨씬 다정다감한 느낌을 준다. ¶요거로 꼭 건잡아래이. =요것을 꼭 검잡아라.

아래입수구리[아래입쑤구리 _ _ _ _-_] 명 아랫입술. 아래쪽의 입술. ¶【속담】웃입수리가 아릿입수구리에 대이나. =윗입술이 아랫입술에 닿느냐. ☞아릿입수구리.

아래쭉[_ _-] 명 아래쪽. 아래가 되는 쪽. ¶이 질 아래쭉우로 니러가마 점빵이 노옵미더. =이 길 아래쪽으로 내려가면 가게가 나옵니다. ☞아리쭉.

아랫두리[아래뚜리 _ _-_] 명 아랫도리. ①허리 아래의 부분. ¶【속담】아랫두리 감당을 몬 한다. =아랫도리 감당을 못 한다. ②아래옷. 아래에 입는 옷. ¶얼라가 오좀을 싸서 아랫두리로 벗깄다. =아기가 오줌을 싸서 아랫도리를 벗겼다. ☞아릿두리.

아랫묵[아린묵 _ _-] 명 아랫목. ☞구둘막. 구둘묵. 아릿목. 아릿묵.

아러땀[_-_] 명 아래뜸. 아랫마을. ☞아래땀. 아리땀.

아레[_-] 명 그제. 어제의 전날. ☞그지. 아리.

아레끼[__-] 명 그저께. 어제의 전날에. ¶이할매가 아래끼 댕기가싰다. =외할머니가 그저께 다녀가셨다. ☞그아레. 그아리. 그지끼. 아렛분에. 아리끼.

아렛분에[아레뿌네 _--_] 명 그저께. *아레+ㅅ+번(番)+에. ¶아렛분에 왔던 사램이 또 왔네. =그저께 왔던 사람이 또 왔네. ☞그아레. 그아리. 그지끼. 아레끼. 아리끼.

아로[-_] 조 으로. ((주로 이동을 뜻하는 동사와 함께 쓰여)) 그 움직임이 목표로 하는 지향점임을 나타내는 부사격 조사. ¶저 짜아로 가입시더. =저 쪽으로 갑시다. ☞어로. 우로.

아룸[-_] 명 아름. ☞아람.

아룸답다[아룸답따 __-_] 형 아름답다. ¶꽃이 아룸답운 낭글 숭궜다. =꽃이 아름다운 나무를 심었다. ☞공단겉다.

아룸디리[__-_] 명 아름드리. ☞아람디리.

아리[1][-_] 명 아래. ¶【관용구】아리도 보고 우도 본다. =아래도 보고 위도 본다.

아리[2][_-] 명 그제. ☞그지. 아레.

아리끼[_--] 명 그저께. ☞그아레. 그아리. 그지끼. 아레끼. 아렛분에.

아리땀[_-_] 명 아래뜸. 아랫마을. ☞아래땀. 아러땀.

아리우[__-] 명 아래위. ☞아래우.

아리우째기[___-_] 명 수쇠. ☞아래우째기.

아리웃집[아리욷찝 __-_] 명 아래윗집. ☞아래웃집.

아리짝[__-] 명 아래짝. 위아래가 한 벌을 이루는 물건의 아래쪽 짝.

아리쭉[__-] 명 아래쪽. ☞아래쭉.

아리키다[_-_] 동 알리다. ☞아라다. 알라다.

아리하다[1][__-_] 형 아릿하다. ①혀나 코가 조금 알알한 느낌이 있다. ¶콧등더리가 아리하민서 눈물이 난다. =콧등이 아릿하면서 눈물이 난다. ②찌르는 것처럼 쓰리고 아픈 느낌이 있다. ¶군대서 고상하는 자석 새앙키마 밍치가 아리하다. =군대에서 고생하는 자식 생각나면 명치가 아릿하다.

아리하다[2][__-_] 형 알알하다. ①혀나 입안이 몹시 맵거나 독해서 아리고 쏘는 느낌이 있다. ¶꼬치가 우찌나 맵운지 씨가 다 아리하다. =고추가 어찌나 매운지 혀가 다 알알하다. ②상처가 나거나 하여 꽤 아린 느낌이 있다. ¶개이 발툽에 끍힌 자리가 아리하다. =고양이 발톱에 긁힌 자리가 알알하다.

아리하다[3][__-_] 형 알딸딸하다. 술기운이 올라와서 약간 몽롱하다. ¶술 한 자이 드가자 정신이 아리하민서 기부이 좋아졌다. =술 한 잔이 들어가자 정신이 알딸딸하면서 기분이 좋아졌다.

아릿돌[아리똘 _-_] 명 아랫돌. ¶【속담】아릿돌 빼서 웃돌 공간다. =아랫돌 빼서 윗돌 괸다.

아릿두리[아리뚜리 __-_] 명 아랫도리. ☞아랫두리.

아릿목[아린목 __-] 명 아랫목. ☞구둘막.

구둘묵. 아랫묵. 아릿묵.

아릿묵[아린묵 __-] 명 아랫목. ☞구둘막. 구둘묵. 아랫묵. 아릿목.

아릿물[아린물 __-] 명 아랫물. ¶【속담】웃물이 맑애야 아릿물이 맑다. =윗물이 맑아야 아랫물이 맑다.

아릿방[아리빵 __-] 명 아랫방(--房). 안뜰을 사이에 두고 몸채의 건너편에 있는 방.

아릿입수구리[아린닙수구리 ____-_] 명 아랫입술. ☞아래입수구리.

아릿질[아리찔 _-_] 명 아랫길. 아래쪽에 난 길. ¶【속담】아릿질도 몬 가고 웃질도 몬 가겄다. =아랫길도 못 가고 윗길도 못 가겠다.

아릿채[아릳채 __-] 명 아래채. 한집안에서 주가 되는 집채의 밖에 있는 집채.

아매[_-] 부 아마. ((뒤에 오는 추측의 표현과 호응하여)) 단정할 수는 없지만 미루어 짐작하거나 생각하여 볼 때 그럴 가능성이 크다는 뜻을 나타내는 말. ¶아매 오올은 비가 올 꺼로. =아마 오늘은 비가 올 걸.

아매도[_-_] 부 아마도. '아마'를 강조하여 이르는 말. ¶아매도 일이 잘 델 끼다. =아마도 일이 잘 될 게다.

아모[1][_-] 명 아무. 어떤 사람을 특별히 정하지 않고 가리키는 말. ¶이거는 아모인데도 주지 마래이. =이건 아무한테도 주지 마라.

아모[2][_-] 관 아무. 주로 (('없다', '않다', '못하다' 따위의 부정어와 함께 쓰여)) 전혀 어떠한. ¶이런 거는 아모 소양없다. =이런 것은 아무 소용없다.

아모[3][_-] 관 아무런. ((주로 '없다', '않다', '못하다' 따위의 부정어와 함께 쓰여)) 전혀 어떠한. ¶이분 여룸에는 아모 게액도 없어예. =이번 여름에는 아무런 계획도 없어요.

아모개[_-_] 명 아무개. 어떤 사람을 구체적인 이름 대신 이르는 인칭 대명사. ¶아모개 아부지가 댕기갔습미더. =아무개 아버지가 다녀갔습니다. ☞아무거시.

아모곶에나[아무고제나 _-___] 부 아무데나. 정해지지 않은 어떤 곳이나. *'곶'의 'ㅈ' 발음은 그대로 살아 있다. ¶하도 디서, 아모곶에나 주지앉이 시고 집었다. =하도 힘들어서, 아무데나 주저앉아 쉬고 싶었다. ☞아무곶에나.

아모곶에도[아모고제도 _--__] 부 아무짝에도. ((주로 부정 표현과 함께)) 임의의 용도에도. ¶【관용구】아모곶에도 몬씨다. =아무짝에도 못 쓰다. ☞아무곶에도. 아모짜도. 아무짜도.

아모껏[아모껃 _--] 명 아무것. ¶【속담】아모껏도 몬하는 넘이 문벌마 높우다. =아무것도 못하는 놈이 문벌만 높다. ¶【속담】터주에 낳고 조앙에 낳고 나마 아모껏도 없다. =터주에 놓고 조왕에 놓고 나면 아무것도 없다. ☞아무껏.

아모나인데[_--__] 부 아무에게나. 누구에게나. ¶이 약이 몸에 이하다꼬 아모나인데 다 이한 거는 아이라예. =이 약이 몸에 이롭다고 아무에게나 다 이로운 것은 아니라오. ☞아무나인데.

아모따나[_--_] 부 아무렇게나. ①구체적으로 정하지 않은 어떤 상태나 조건에 놓여 있음을 이르는 말. ¶살림을 아모따나 해놓고 산다. =살림을 아무렇게나 해놓고 산다. ②되는대로 막 하는 상태에 있음을 이르는 말. ¶둥구리로 아모따나 재마 뭉개진다. =장작을 아무렇게나 쟁이면 뭉개진다. ☞아무따나.

아모리[_-_] 부 아무리. ①정도가 매우 심함을 나타내는 말. ¶【속담】아모리 없어도 딸 믹일 거캉 지 믹일 양석은 있다. =아무리 없어도 딸 먹일 것과 쥐 먹일 양식은 있다. ②비록 그렇다 하더라도. ¶【속담】아모리 쫓이도 옷 벗이고 가까. =아무리 쫓겨도 옷 벗고 가랴. ③결코 그럴 리가 없다는 뜻으로 하는 말. ¶【속담】아모리 바빠도 바알허리 매서 씨지 몬한다. =아무리 바빠도 바늘허리 매어 쓰지 못한다.

아모짜[_--] 명 아무짝. ((주로 '아모짜아도'의 꼴로 쓰여 부정 표현과 함께)) 임의의 용도. ¶아모짜아도 씰모없는 물견. =아무짝에도 쓸모없는 물건. ☞아무짜.

아모짜도[_--_] 부 아무짝에도. ☞아모곶에도. 아무곶에도. 아무짜도.

아무거시[_-__] 명 아무개. ☞아모개.

아무곶에나[아무고제나 _-___] 부 아무데나. ☞아모곶에나.

아무곶에도[아무고제도 _--__] 부 아무짝에도. ☞아모곶에도. 아모짜도. 아무짜도.

아무껏[아무껃 _--] 명 아무것. ☞아모껏.

아무끼나[_--_] 부 무엇이나. 아무 것이나. ¶아무끼나 고오온나. =무엇이나 가져오너라.

아무나인데[_--__] 부 아무에게나. 누구에게나. ☞아모나인데.

아무따나[_--_] 부 아무렇게나. ☞아모따나.

아무짜[_--] 명 아무짝. ☞아모짜.

아무짜도[_--_] 부 아무짝에도. ☞아모곶에도. 아모짜도. 아무곶에도.

아바시[-__] 명 아범. ①웃어른이 자식이 있는 아들이나 사위 등을 조금 대접하여 이르는 말. ¶아바시 들왔나? =아범 들어왔니? ②가족 이외의 남이 자식이 있는 남자를 조금 대접하여 이르는 말. 자식의 이름 뒤에 쓰인다. ¶그거는 철수 아바시 말이 맞구마는. =그건 철수 아범 말이 맞구먼. ☞아바이.

아바이[아바~이 -__] 명 아범. ☞아바시.

아부시다[_-__] 동 앞세우다. ①어떤 사람이 다른 사람을 앞장서게 하다. ¶미너리는 자석을 아부시고 저거 친저어 갔다. =며느리는 자식을 앞세우고 저희 친정에 갔다. ②배우자나 손아래 식구를 먼저 죽게 하는 일을 당하다. ¶할마시가 동상을 아부시고 엄청시리 울더라. =할멈이 동생을 앞세우고 엄청 울더라. ☞앞시아다.

아부지[_-_] 명 아버지. ¶【속담】아부지는 아들이 잘났다 카마 좋다카고, 히이는 동상이 더 낫다 카마 썽낸다. =아버지는 아들이 잘났다 하면 좋아하고, 형은 아우가 더 낫다 하면 성낸다.

아분님[_-_] 명 시아버지(媤---). 남편의

ㅇ

아버지를 이르는 말. ☞씨분님. 씨아바씨. 씨아바이. 씨애비.

아뿔쌍개[---] 갬 아뿔싸. ¶아뿔쌍개! 내가 거거로 잊아뿠구나. =아뿔싸! 내가 그걸 잊어버렸구나.

아서[~아서 -_] 조 에서. ¶너거는 마다아서 놀아라. =너희들은 마당에서 놀아라. ☞서. 어서. 오서. 이서.

아설개[_-_] 명 버선 홈.

아숨푸리하다[____-_] 형 아슴푸레하다. ①어떤 일 따위가 기억이 또렷하지 않고 조금 희미하다. ¶이릴 쩍 일이 아숨푸리하기 새앵킵미더. =어릴 적 일이 아슴푸레하게 생각납니다. ②보이거나 들리는 것이 또렷하지 않고 조금 흐릿하다. ¶물건니 우리 집이 아숨푸리하이 비입미더. =강 건너 우리 집이 아슴푸레하게 보입니다. ③빛이 약해서 조금 어둡고 희미하다. ¶어덥지마는 그래도 아숨푸리하이 비입미더. =어둡지만 그래도 아슴푸레하게 보입니다. ☞아심하다.

아숩다[아숩따 -_] 형 아쉽다. ①없거나 모자라서 안타깝다. ¶【관용구】아숩운 소리하다. =아쉬운 소리하다. ¶【속담】아숩운 감 장시 유얼부텀 한다. =아쉬운 감 장수 유월부터 한다. ②일 따위가 하고 싶지 않거나 뜻대로 되지 않아 섭섭하고 서운하다. ¶【관용구】아숩운 대로. =아쉬운 대로. ¶【속담】아숩우서 엄나무 방석이라. =아쉬워서 엄나무 방석이라. *아숩고[아숩꼬 -__], 아숩지[아숩찌 -__], 아숩어[아수버 -__], 아숩았다[아수받따 -___].

아숩움[아수붐 -__] 명 아쉬움. ¶【관용구】아숩움이 남다. =아쉬움이 남다.

아시[-_] 명 애벌. 같은 일을 여러 차례 거듭하여야 할 때에 맨 처음 대강 하여 낸 차례. ¶서답은 아시 치데놓았다. =빨래는 애벌 치대놓았다. ☞애불.

아시갈이[__-_] 명 애벌갈이. ☞쌩갈이. 애불갈이.

아시꾸이[-_-_] 명 애벌구이. ☞애불꾸이.

아시논[-__] 명 애벌논. 여러 번의 김매기 중 첫 김매기를 한 논. ☞애불논.

아시동상[___-] 명 바로 밑 동생(同生). *'아ᄾ(아우)+동상(동생)'에서 온 말이다. 창녕방언에서는 '아우'를 '아시'라 하고, '동생'은 '동상'이라 한다. 뜻이 같은 고유어와 한자어가 겹친 말이다. ¶시방 너거 이삼초이 내 아시동상이 아이고, 너거 이삼촌 우에 죽은 이삼초이 한나 더 있었디라. =지금 네 외삼촌이 내 바로 밑 동생이 아니고, 네 외삼촌 위에 죽은 외삼촌이 하나 더 있었더니라.

아시딩기[__-_] 명 왕겨(王-). 벼의 겉겨. ☞나락딩기. 왕게. 왕딩기.

아시매다[-___] 동 애벌매기하다. 여러 번의 김매기 중 첫 김매기를 하다.

아시바아[아시바~아 __-_] 명 애벌방아. 첫 번째로 대강 찧는 방아. ☞애불바아.

아시보다[-___] 동 동생 보다(同生 --). 동생이 태어나다. *'아시보다'는 표준어로 보면 구(句)이지만 창녕방언에서는 굳어진 말이라 하나의 단어로 보는 게 낫다. ¶너거 오매가 니 아시본다 카제? =너희 어머니가 네 동생을 본다고 하지?

아시빨래[_ _ _-] 명 애벌빨래. 뒤에 제대로 빨 생각을 하고 우선 대강 빨래를 함. 또는 그 빨래. ☞아시서답. 애불빨래. 애불서답.

아시서답[_ _ _-] 명 애벌빨래. ☞아시빨래. 애불빨래. 애불서답.

아심찮다[아심찬타 _--_] 형 안심찮다(安心--). 남에게 폐를 끼쳐 언짢고 미안한 느낌이 있다. ¶자꾸 이래 부들어주서 아심찮습미더. =자꾸 이렇게 거들어주어서 안심찮습니다.

아심찮아하다[아심차나하다 _--_ _ _] 동 안심찮아하다(安心--). 남에게 폐를 끼쳐 언짢고 미안해하다. ¶저분에 떡 갖다 줬다꼬 우리 할매가 아심찮아합디더예. =저번에 떡 갖다 줬다고 우리 할머니가 안심찮아합디다.

아심하다[_ _-_] 형 아슴푸레하다. ☞아숨푸리하다.

아아[1][아~아 -_] 명 어린애. ☞알라. 얼라.

아아[2][아~아 -_] 명 아이. 애. ☞알라. 얼라.

아아부지[1][아~아부지 -_ _-_] 명 아비. 아내가 남들 앞에서 남편을 이르는 말. ¶아아부지는 새북에 일하로 갔어예. =아비는 새벽에 일하러 갔어요.

아아부지[2][아~아부지 -_ _-_] 명 애아버지. ①자식이 있는 남자. ¶아아부지 데마 책엄이 무굽다. =애아버지 되면 책임이 무겁다. ②아이 있는 여자가 남에게 자기의 남편을 이르는 말. ¶어무이, 아아부지가 오올은 늦는다꼬 카이 먼첨 지익 드이소오. =어머님, 애아버지가 오늘은 늦는다고 하니 먼저 저녁 드세요. ☞저가배. 저가부지.

아어릿날[아어린날 -_ _ _] 명 아흐렛날. ①아홉째 날. ②그 달의 아홉째 날. 초아흐렛날(初---). ¶시얼 아어릿날이 니 생알 맞제? =시월 아흐렛날이 니 생일 맞지?

아옵[-_] 수 아홉. ¶【속담】육십에 능참봉 하니 거둥이 수물아옵 분. =육십에 능참봉 하니 거둥이 스물아홉 번.

아옵수[-_ _] 명 아홉수(--數). 9, 19, 29, 39와 같이 아홉이 들어 있는 수. ¶【관용구】아옵수 들은 해. =아홉수 든 해.

아요[_-] 감 이봐요. 허물없이 친근한 사이에서 상대방을 부르는 말. ¶아요! 일로 좀 오보소. =이봐요! 이리 좀 와보세요.

아으레[-_ _] 명 아흐레. ≒아흐렛날. 초아흐렛날.

아은[-_] 수 아흔. 열의 아홉 배가 되는 수. ¶【속담】아은 아옵 섬 징긴 사램이 한 섬 징긴 사람 꺼로 만자 뺏들라 칸다. =아흔 아홉 섬 지닌 사람이 한 섬 지닌 사람 것을 마저 빼앗으려 한다.

아이[1][아~이 _-] 부 아니. ((용언 앞에 쓰여)) 부정이나 반대의 뜻을 나타내는 말. ¶【속담】아이 드는 칼로 목 비기. =아니 드는 칼로 목 베기.

아이[2][아~이 _-] 감 아니. ①놀라거나 감탄스러울 때, 또는 의아스러울 때 하는 말. ¶아이! 우째 이랄 수가 있노? =아

ㅇ

니! 어찌 이럴 수가 있니? ②부정이나 반대의 뜻을 나타내는 말. ¶아이! 내는 안 갈란다. =아니! 나는 안 가련다. ☞어데. 어언지. 언지. 없이. 엉어. 오데.

아이[3][아~이 -_] 조 아. 손아랫사람이나 짐승 따위를 부를 때 쓰는 호격 조사. ¶야들아이! 여게 쫌 오바라. =얘들아! 여기 좀 와봐라. ¶멍멍아이! 마이 묵고 퍼떡 커래이. =멍멍아! 많이 먹고 빨리 커라.

아이가[1][아~이가 __-] 감 아니. 가능성이 없어 보일 때 쓰이는 감탄사. ¶아이가, 이래 가 사알이나 전디까 집다. =아니, 이렇게 해서 사흘이나 견딜까 싶다.

아이가[2][아~이가 _-_] 형 아니냐. ((해라할 자리에 쓰여)) 물음을 나타내는 종결어미. 예스러운 느낌을 준다. ¶이분에 마 잘 하마 데는 거 아이가? =이번에만 잘 하면 되는 것 아니냐?

-아이가[아~이가 _-_] 어 -니까. *창녕방언에서 문장의 종결어미로 실현되는 '아이가'는 감탄사에 가까운 성질을 지닌다. 문장에서 특별한 뜻을 가진 것은 아니고, 앞 절의 내용을 강조하는 어법으로 쓰인다. ¶날로 보고 할마시라 칸다아이가. =나를 보고 할마시라 하더라니까.

아이고매[__--] 감 에구머니. 몹시 놀라거나 기가 막힌 일을 당했을 때 내는 말. *아이구+어머니<이이고+오매<이이고매. ¶아이고매! 저기이 머꼬? =에구머니! 저게 뭐니?

아이고매야[___--] 감 에구머니나. ¶아이고매야! 똑 죽는 줄로 알았다. =에구머니나! 꼭 죽는 줄 알았다.

아이구[_-_] 감 아이고. ①아프거나 힘들거나 놀라거나 원통하거나 기막힐 때 내는 소리. ¶아이구, 심들어 죽울다. =아이고, 힘들어 죽겠다. ②반갑거나 좋을 때 내는 소리. ¶아이구, 이기이 얼매 마이고? =아이고, 이게 얼마 만이니? ③절망하거나 좌절하거나 탄식할 때 내는 소리. ¶아이구, 인자는 어짤 수가 없구나. =아이고, 이제는 어쩔 수가 없구나. ④우는 소리. 특히 상중(喪中)에 곡하는 소리를 이른다. ¶아이구! 아이구! =아이고! 아이고!

아이구나[_-__] 감 어휴. 몹시 힘들거나 기가 막히거나 좌절할 때 내는 소리. ¶아이구나, 바빠서 내 정시이 아이네. =어휴, 바빠서 내 정신이 아니네. ☞아이구야.

아이구야[_-__] 감 어휴. ☞아이구나.

아이꼽다[__-_] 형 아니꼽다. 말이나 행동이 밉살맞고 눈에 거슬리는 데가 있다. ¶글마 하는 짓을 보마 아이꼽아서 도저이 바 줄 수가 없다. =그놈 하는 짓을 보면 아니꼬워서 도저히 봐 줄 수가 없다. ☞앵꼽다.

아이다[아~이다 _-_] 형 아니다. ①어떤 사실을 부정하는 뜻을 나타내는 말. ¶【속담】중도 아이고, 절도 아이다. =중도 아니고, 절도 아니다. ¶【속담】아인 보살한다. =아닌 보살한다. ②사정이 실제로는 아주 나쁘거나 볼품없다. ¶【관용구】영 아이다. =영 아니다. ③

((의문형으로 쓰여)) 말하는 내용을 강조하거나 추정이나 사실 여부를 확인하는 말. ¶그 사램은 지작년에 죽운 거 아입미꺼? =그 사람은 재작년에 죽은 것 아닙니까? ④(('아이마'의 꼴로 쓰여)) 그 앞말과 뒷말에 대한 선택 상황을 가정하는 말. ¶【속담】궁디이 뿔라진 소 사돈 아이마 몬 팔아묵눈다. =궁둥이 부러진 소 사돈 아니면 못 팔아먹는다. ⑤어떤 대상을 한정하여 강조하는 말. ¶【속담】질이 아이마 가지로 말고 말이 아이마 듣지로 마라. =길이 아니면 가지를 말고 말이 아니면 듣지를 마라. ⑥(('아이다'의 꼴로 쓰여)) 불만을 나타내거나 비꼬는 뜻을 나타낼 때 쓰는 말. ¶【속담】죽도 아이고 밥도 아이다. =죽도 아니고 밥도 아니다. ⑦(('아인'의 꼴로 쓰여)) 뜻밖의 결과에 대해 놀람을 나타내는 말. ¶【속담】아인 밤중에 칼 마았다. =아닌 밤중에 칼 맞았다.

아이씨[_-_] 명 아저씨. 낯선 중년 남자를 일컫는 말. *아자씨<아재씨<아재. ¶【속담】아이씨 아이래도 망건 동난다. =아저씨 아니라도 망건 동난다. ☞아자씨. 아재. 아재비.

아이쿠야[_-__] 감 이키나. 당황하거나 놀랐을 때 내는 소리. ¶아이쿠야! 뱀이인 줄 알았디라. =이키나! 뱀인 줄 알았더니라.

-아입미꺼[__-_] 어 -니까요. ((특별한 의미를 지니지 않고 앞말에 붙어)) 강조의 뜻을 나타내는 어조사. ¶이거는 이라마 덴다아입미꺼. =이것은 이러면 된다니까요.

아있나[아읻나 _-_] 부 있잖아. 어떤 이야기를 시작하는 경우, 또는 이야기 중에 내용에서 강조하거나 확인하여야 할 사항이 있는 경우를 나타내는 말. ¶아았나, 난제 내 쫌 보재이. =있잖아, 나중에 나 좀 보자. ☞있제.

아자씨[_-_] 명 아저씨. ☞☞아이씨. 아재. 아재비.

아재[1][-_] 명 아저씨. *아자씨<아재씨<아재. 표준어에서 '아재(阿弟)'는 동생을 친근하게 이르는 말이지만 창녕방언에서는 동생을 '아재'라고 하는 경우는 없다. '아재'는 문중의 항렬이 바로 위에 있는 사람을 한정하여 일컫기도 하고, 항렬이 높은 사람을 두루 이르는 말로도 쓴다. 근자에는 친인척과 상관없이 자신보다 손위 남자에게 쓰기도 한다. 호칭과 지칭으로 모두 쓴다. ¶【속담】아재라 캐낳고 빰쌔린다. =아저씨라 해놓고 뺨때린다. ☞아이씨. 아자씨. 아재비.

아재[2][-_] 명 삼촌(三寸). 미혼인 삼촌을 지칭하거나 호칭할 때 쓴다. ¶철수야, 너거 아재 오데 갔노? =철수야, 너희 삼촌 어디 갔니?

아재비[_-_] 명 아저씨. 삼촌이나 집안의 아저씨뻘 되는 사람을 한정하여 지칭하는 말이며 호칭으로는 쓰지 않는다. ¶【속담】아직에는 아재비 지익에는 소자석. =아침에는 아저씨 저녁에는 소자식. ¶【속담】아재비 몬난 기이 조캐

장짐 지안다. =아저씨 못난 것이 조카 장짐 지운다. ☞아이씨. 아자씨. 아재.

아주매[-__] 명 아주머니. 집안 안어른. *창녕방언에서는 '아주매'와 '아지매'는 집안사람을 일컬을 때 널리 사용한다. 좁게는 자신의 '형수'를 칭할 대 사용하며 촌수를 막론하고 화자보다 항렬이 높은 젊은 여자를 두루 칭하기도 한다. ¶【속담】아주매 떡도 헐어야 사 묵눈다. =아주머니 떡도 헐해야 사 먹는다. ☞아지매. 행수.

아주머이[아주머~이 __-_] 명 아줌마. *창녕방언에서 '아주머이'는 일반적으로 '아주머니'라는 뜻으로, 알지 못하는 아낙을 가리키거나 부를 때 쓰는 말이다. ¶아주머이는 오데 사는 데예? =아주머니는 어디 사는 데요?

아주밤[__-] 명 서방님(書房-). 결혼한 시동생을 이르거나 부르는 말. 손아래 시누이의 남편을 이르거나 부르는 말로, 호칭과 지칭으로 두루 쓰인다. ¶아이고야! 아주밤 오싰능교? =이키나, 서방님 오셨어요? ☞아지뱀.

아주범[__-] 명 아주버님. ☞시매씨. 아지반님.

아지랍다[--__] 형 어지럽다. 정신이 흐리고 아뜩아뜩하다. ¶【관용구】머리띠이가 아지랍다. =머리가 어지럽다.

아지래이[아지래~이 __-_] 명 아지랑이.

아지매[-__] 명 아주머니. ☞아주매. 행수.

아지반님[__-_] 명 아주버님. ☞시매씨. 아주범.

아지뱀[__-] 명 서방님(書房-). ☞아주밤.

아직[_-] 명 아침. ①날이 새면서 오전 반나절쯤까지의 동안. ¶【속담】성복날(成服-) 아직에 약방문. =성복날 아침에 약방문. ②아침밥. ¶【속담】아직 굶운 씨이미 상이다. =아침 굶은 시어머니 상이다.

아직거리[아직꺼리 __-_] 명 아침거리. 아침 끼니를 지을 재료. ¶【속담】부잿집 개가 아직거리 걱정한다. =부잣집 개가 아침거리 걱정한다.

아직나잘[__-_] 명 아침나절. 아침밥을 먹은 뒤부터 점심밥을 먹기 전까지의 한나절. ¶아직나잘에 누가 왔다갔어예? =아침나절에 누가 왔다갔어요? ☞아직나질. 아직땀. 아직찔.

아직나질[__-_] 명 아침나절. ☞아직나잘. 아직땀. 아직찔.

아직내[_-_] 명 아침내. 아침 내내. ¶아직내 오데 가서 머 했디노? =아침내 어디 가서 뭘 했었니?

아직노올[__-_] 명 아침노을. ¶【속담】아직노올은 지익 비요 지익노올은 아직 비라. =아침노을 저녁 비요 저녁노을 아침 비라.

아직땀[__-] 명 아침나절. ☞아직나잘. 아직나질. 아직찔.

아직아래[아지가래 __-_] 명 아침 이전(以前). 아침 식사를 하기 전. *창녕방언에서 특수하게 쓰이는 '아래'는 시간 개념으로 아침, 점심, 저녁을 기준으로 '이전'의 뜻을 나타내는 관용적인 말이다. '저심아래(점심아래 =오전)'나 '지익아래(저녁 이전)'도 마찬가지 경우이다. 이는 표준어로 보면 명사구지만 창녕방언에서는 굳어진 말이라 하나의 단어로 쓴다. ¶아직아래 얌새이로 둥천에 갖다 매낳아라. =아침 이전에 염소를 방천에 가져다 매놓아라.

아직알로[아지갈로 --__] 부 아침 이전에(以前-). ¶오새는 날이 너무 떱우서 아직알로마 꿈직입미더. =요새는 날이 더워서 아침 이전에만 잔일합니다.

아직지익[___-] 명 아침저녁. 아침과 저녁을 아울러 이르는 말. ¶【속담】시상인심은 아직지익 빈한다. =세상인심은 아침저녁 변한다.

아직찔[__-] 명 아침나절. ☞아직나잘. 아직나질. 아직땀.

아참[-_] 감 아차. 무엇이 잘못된 것을 갑자기 깨달았을 때 하는 말. ¶아참, 우산을 내뚜고 왔다. =아차, 우산을 내버려두고 왔다.

아치랍다[1][아치랍따 --__] 형 애처롭다. 사람이나 동물이 처한 상황 따위가 슬프고 처량하여 가엾고 불쌍한 데가 있다. ¶부모 없이 저카는 아아가 참 아치랍아예. =부모 없이 저러는 애가 참 애처로워요. ☞애처럽다. 애초롭다..

아치랍다[2][아치랍따 --__] 형 아슬아슬하다. 일이나 상황이 소름끼치도록 조금 위태롭거나 두렵다. ¶【관용구】아치랍운 질로 들어서다. =아슬아슬한 길로 들어서다.

아푸다[_-_] 형 아프다. ①몸의 어느 부분이 다치거나 맞거나 자극을 받아 괴로움을 느끼다. ¶【관용구】입마 아푸다. =입만 아프다. ¶【속담】자석은 눈에 옇어도 안 아푸다. =자식은 눈에 넣어도 안 아프다. ¶【속담】기집 매도 마이 맞으마 아푸다. =계집 매도 많이 맞으면 아프다. ②해결하기 어려운 일이나 복잡한 문제로 생각을 하기 어렵거나 괴로운 상태에 있다. ¶【관용구】머리띠이 아푸다. =골머리 아프다. ③약점을 지니다. ¶【관용구】아푼 데로 건디리다. =아픈 데를 건드리다. ④남에게 좋은 일이 있어 시샘을 하다. ¶【속담】사초이 논을 사마 배가 아푸다. =사촌이 논을 사면 배가 아프다. *아푸고[아푸고 _-_], 아푸지[아푸지 _-_], 아파야[아파야 -__], 아팠다[아팔따 -__].

아품[_-] 명 아픔. ¶【속담】지가 아파 바야 넘우 아품을 안다. =제가 아파 봐야 남의 아픔을 안다.

아핀[_-] 명 아편(阿片). ☞애핀.

아핀재이[아핀재~이 __-_] 명 아편쟁이(阿片--). '아편 중독자'를 속되게 이르는 말. ☞애핀재이.

악다밫다[악따바따 __-_] 동 악착같다(齷齪--). 사람이 아주 끈질기고 모진 데가 있다. ¶저래 악다밫아서 우야겄노? =저리 악착같아서 어쩌겠니? *악다밫고[악따바꼬 __-_], 악다밫지[악따바찌 __-_], 악다밫아서[악따바자서 __-__], 악다밫았다[악따바잗따 __-__]. ☞악착밫다.

악씨다[--_] 동 악쓰다. 있는 힘을 다하여 모질게 큰 소리를 지르거나 행동하다. ¶【속담】악바리 악돌이 악씬다. =악바

ㅇ

리 악돌이 악쓴다.

악착밫다[악착받따 ---_] 형 악착같다(齷齪--). ☞악다밫다.

안개오짐[_-_-] 명 는개. 안개비보다는 조금 굵고 이슬비보다는 조금 가는 비. *'안개오짐'은 독립적으로 쓰이지 않고 '싸다'와 호응하여 쓰인다. '안개가 오줌을 싼다.'는 뜻이다. ¶【속담】안개오짐 싸는 날에는 찌짐 부치 묵눈다. =는개 내리는 날에는 부침개 부쳐 먹는다.

안그캐도[__-_] 부 그러잖아도. '그러지 않아도'가 줄어든 말. ¶안그캐도 서럽운데 저칸다. =그러잖아도 서러운데 저런다. ☞게딴에. 그라내도.

안냥반[--_] 명 안주인(-主人). 남의 아내를 높여서 이르는 말. ¶이 집 안냥반은 어델 갔는동 모룰다. =이 집 안주인은 어딜 갔는지 모르겠다.

안다이[안다~이 _-_] 명 안다니. 무엇이든지 잘 아는 체하는 사람. ¶【속담】안다이 똥구뭉. =안다니 똥구멍. ¶【속담】농사 안다이가 피 대신 나락을 핵 잡아 뺀다. =농사 안다니가 피 대신 벼를 홱 잡아 뽑는다. ☞조선안다이.

안데다[_-_] 형 안되다. ①가여운 마음이 생겨 언짢다. ¶죽운 강새이가 참 안뎄다. =죽은 강아지가 참 안됐다. ②근심이나 병 따위로 많이 해쓱하다. ¶안색이 디기 안데 비인다. =안색이 되게 안돼 보인다.

안들[1][--] 명 여편네(女便-). 결혼한 여자를 일반적으로 낮잡아 이르는 말. ¶집에서 하는 일이사 안들인데 맽기야지예. =집에서 하는 일이야 여편네한테 맡겨야지요. ☞여핀네. 애핀네.

안들[2][--] 명 아내. '아내'를 낮잡아 이르는 말. ¶【속담】개 앞에서 씨부린 말은 안 새도 안들 앞에서 지낀 말은 샌다. =개 앞에서 한 말은 안 새도 아내 앞에서 지껄인 말은 샌다. ☞안에.

안마[_-] 부 암만. ①정도가 매우 심함을 나타낼 때 쓰이는 말. ¶【속담】장터가 안마 바빠도 지 볼 장마 본다. =장터가 암만 바빠도 제 볼 장만 본다. ②뒤 문장과 내용이 다르거나 반대되는 양보절을 이끄는 말. ¶【속담】앉인뱅이 안마 띠이도 그 자리에 있다. =앉은뱅이 암만 뛰어도 그 자리에 있다. ☞암마.

안상주[--_] 명 안상제(-喪制). 여자 상제.

안씨럽다[안씨럽따 --__] 형 안쓰럽다. ①딱하고 불쌍한 사람의 사정이 마음 아프고 가엾다. ¶미너리가 씨아부지 빙수발 드는 기이 안씨럽어예. =며느리가 시아버지 병수발을 드는 것이 안쓰러워요. ②힘들어하는 상대나 그 모습이 퍽 미안하고 딱하다. ¶저거미 젖을 몬 얻어묵는 강새이가 안씨럽다. =자기 엄마 젖도 못 얻어먹는 강아지가 안쓰럽다. *안씨럽고[안씨럽꼬 --__], 안씨럽지[안씨럽찌 --__], 안씨럽어[안씨러버 --__], 안씨럽었다[안씨러벋따 --___]. ☞알씨럽다.

안씨럽어하다[안씨러버하다 --____] 동 안쓰러워하다. 마음에 언짢고 딱하게 여기다. ¶죽운 강새이로 너무 안씨럽어하지 마래이. =죽은 강아지를 너무 안쓰러워하지 마라. ☞알씨럽어하다.

안에[아네 --] 명 아내. ¶내가 돈 채애 씬 거로 안에서는 모룹미더. =내가 돈 빌려 쓴 것을 아내는 모릅니다. ☞안들.

안주[-_] 부 아직. 어떤 일이나 상태가 끝나지 아니하고 지속되고 있음을 나타내는 말. ¶너가부지는 안주 안 옸을 꺼로. =너희 아버지는 아직 안 왔을 걸. ☞안죽.

안주꺼정[-___] 부 아직까지. ¶안주꺼정 핵조 안 갔디나? =아직까지 학교 안 갔었니?

안주무이[안쭈무~이 ---_] 명 안주머니. 옷 따위의 안쪽에 달린 주머니. ¶이거는 안주무이에 단디 징기라. =이것은 안주머니에 잘 지녀라. ☞안줌치.

안죽[-_] 부 아직. ☞안주.

안줌치[안쭘치 --_] 명 안주머니. ☞안쭈무이.

안지[-_] 명 안주(按酒). ¶【속담】술 묵고 안지 안 무우마 사우 덕을 몬 본다. =술 먹고 안주 안 먹으면 사위 덕을 못 본다.

안질[_-] 명 시력(視力). *창녕방언 '안질(眼質)'은 표준어에서 '눈병'을 이르는 '안질(眼疾)'과 달리 쓰인다. ¶안질이 나뿌마 앵경을 씨야지. =시력이 나쁘면 안경을 써야지.

안짝[--] 명 안쪽. ①안으로 향한 부분이나 안에 있는 부분. ¶갯줌치 안짝에 구뭉이 났다. =호주머니 안쪽에 구멍이 났다. ②어떤 수효나 기준에 미치지 못함을 이르는 말. ¶수물 안짝에 고둥학조 졸웁한다. =스물 안쪽에 고등학교 졸업한다. ☞안쪽.

안쪽[--] 명 안쪽. ☞안짝.

안찌[--] 명 굽도리. 방 안 벽의 밑 부분. ☞초지.

안추다[_-_] 동 앉히다. '앉다'의 사동사. ①윗몸을 바로 한 상태에서 엉덩이에 몸무게를 실어 다른 물건이나 바닥에 몸을 올려놓다. ¶【속담】딸네 시앗은 바알방석에 안추고 미너리 시앗은 꽃방석에 안춘다. =딸네 시앗은 바늘방석에 앉히고 며느리 시앗은 꽃방석에 앉힌다. ②사람이나 동물이 자기 몸을 다른 물건 위에 놓다. ¶서방은 집에 가마이 안추낳았다. =서방은 집에 가만히 앉혀 놓았다. ③사물 따위가 일정한 방향이나 장소에 자리를 잡다. ¶【속담】개똥참이도 열매로 안출 때는 자리로 바가미 안춘다. =개똥참외도 열매를 앉힐 때는 자리를 보아가며 앉힌다. ④어떤 직위나 자리를 차지하다. ¶저따구 인간을 우에 높운 자리에 안촜능가 모룰다. =저따위 인간을 어찌 높은 자리에 앉혔는지 모르겠다. ⑤어떤 것이 물체 위에 덮이거나 끼다. ¶아아가 옷에 미검을 항거석 안추가아 옸네. =애가 옷에 먼지를 잔뜩 앉히고 왔네. ⑥행실이나 버릇 따위가 자리 잡게 하다. ¶【속담】안들 행실은 다옹처매 적부텀 그루로 안춘다. =아내 행실은 다홍치마 적부터 그루를 앉힌다. ☞앉하다.

안테[-_] 조 한테. ((유정 체언의 뒤에 붙

ㅇ

어)) 행위가 미치는 대상임을 나타내는 부사격 조사. ¶【속담】가객안테 보따리 맽긴다. =과객한테 보따리 맡긴다. ¶【속담】서울 안 가본 넘이 가본 넘안테 이긴다. =서울 안 가본 놈이 가본 놈한테 이긴다. ¶【속담】쌩지가 개이안테 딤비는 텍이다. =생쥐가 고양이한테 덤비는 셈이다. ☞인데. 인테.

안테서[-__] 㕋 한테서. ((유정 체언의 뒤에 붙어)) 행위의 근원이나 출처를 나타내는 부사격 조사. ¶【속담】업운 자석안테서 배안다. =업은 자식한테서 배운다. ☞안테서리. 인데서. 인데서리.

안테서리[-___] 㕋 한테서. ☞안테서. 인데서. 인데서리.

안티고양[---_] 명 안태본(安胎本). 태중에 있을 때부터 가지는 본관 혹은 선조 때부터의 고향. ¶【속담】중인데 안티고양 묻눈다. =중한테 안태본 묻는다. ☞안티곶.

안티곶[안티곧 --_] 명 안태본(安胎本). *'안티곶'에서 '곶'의 발음은 'ㅈ'이 그대로 살아 있다. ¶【관용구】지 안티곶을 모루다. =제 안태본을 모르다. *안티곶에[안티고제 --__], 안티곶은[안티고즌 --__], 안티곶을[안티고즐 --__]. ☞안티고양.

안팩[안팩 --] 명 안팎. ①안과 밖. ¶【속담】지 손도 안팩이 다러다. =제 손도 안팎이 다르다. ②아내와 남편. ¶【관용구】안팩이 맞다. =안팎이 맞다. ③마음속의 생각과 겉으로 드러나는 행동. ¶【관용구】안팩이 다러다. =안팎이 다르다.

안하다[_-_] 동 않다. 앞말이 뜻하는 행동을 부정하는 뜻을 나타내는 말. ¶【속담】시월은 사램을 바랠고 있지 안한다. =세월은 사람을 기다리고 있지 않는다. ¶【속담】소곰으로 장을 담는다 캐도 믿지로 안한다. =소금으로 장을 담근다 해도 믿지를 않는다.

안할란지[__-_] 부 않을는지. ((뒤 절이 나타내는 일과 상관이 있는)) 어떤 일의 실현 가능성에 대한 의문을 나타내는 말. '그 의문의 답을 몰라도', '그 의문의 답을 모르기 때문에' 따위의 의미를 나타낸다. ¶저가부지가 늦지나 안할란지 걱정시럽다. =애아버지가 늦지나 않을는지 걱정스럽다.

안할 말로[_-__] 구 아니할 말로. 그렇게 말하기는 좀 지나칠 수도 있지만. ¶안할 말로, 이거는 죽운 자석 꼬치 만치기다. =아니할 말로, 이건 죽은 자식 고추 만지기다.

앉이다[안지다 -__] 동 앉다. 어떤 곳에 자기의 몸을 그 위에 놓다. ¶【속담】앉이서 주고 서서 받는다. =앉아서 주고 서서 받는다. ¶【속담】선 중도 할 말 있고 앉인 중도 할 말 있다. =선 중도 할 말 있고 앉은 중도 할 말 있다. *앉이서[안지서 -__], 앉이마[안지마 -__], 앉있다[안짇다 -__].

앉이자말자[안지자말자 _-___] 부 앉자마자. 자리에 앉는 그 순간부터. ¶절마는 앉이자말자 짜는 소리로 하네. =저놈은 앉자마자 우는 소리를 하네.

앉인배이[안진배~이 __-_] 명 앉은뱅이. 하반신 장애인 중에서 앉기는 하여도 서거나 걷지 못하는 사람을 낮잡아 이르는 말. ¶【속담】앉인배이 용씬다. =앉은뱅이 용쓴다. ¶【속담】앉인배이 머자랑한다. =앉은뱅이 무엇 자랑한다.

앉인자리[안진자리 __-_] 명 앉은자리. 어떤 일이 벌어진 바로 그 자리. ¶【속담】앉인자리에 풀도 안 난다. =앉은자리에 풀도 안 난다.

앉임새[안짐새 _-_] 명 앉음새. 자리에 앉아 있는 모양새. ¶【관용구】앉임새로 곤치다. =앉음새를 고치다.

앉하다[안차다 _-_] 동 앉히다. '앉다'의 사동사. ☞안추다.

알가내다[_-__] 동 알겨내다. 좀스러운 짓으로 꾀어서 빼앗다. ¶코 묻운 돈을 알가냈다. =코 묻은 돈을 알겨냈다.

알가묵다[알가묵따 _-__] 동 알겨먹다. ①남의 것을 몰래 먹다. ¶숨카난 꽂감을 알가묵었다. =숨겨놓은 곶감을 알겨먹었다. ②남의 재물 따위를 좀스러운 말과 행위로 꾀어 빼앗아 가지다. ¶넘을 알가묵던 사기꾸이 붙잽힜다. =남을 알겨먹던 사기꾼이 붙잡혔다.

알개미[_-_] 명 알갱이. ①열매나 곡식 따위의 낟알. ¶곡석 알개미가 야무다. =곡식 알갱이가 야물다. ②작고 동그랗고 단단한 물질을 세는 단위. ¶성양알개미 시 내끼. =성냥알갱이 세 낱. ☞알개이. 알캐이. 알키.

알개이[1][알개~이 _-_] 명 알갱이. ☞알개미. 알캐이. 알키.

알개이[2][알개~이 _-_] 명 고갱이. 풀이나 나무의 줄기 한가운데 있는 연한 심. ☞깡태이.

알곡석[--_] 명 알곡식(-穀食). 쭉정이나 잡것이 섞이지 않은 곡식.

알기하다[__-_] 형 얼큰하다. ①음식이나 그 맛이 매워서 몹시 얼얼하다. ¶맵운탕이 알기해서 좋아예. =매운탕이 얼큰해서 좋아요. ②술기운이 몸에 돌아 어렴풋한 상태에 있다. ¶술에 알기하이 치했다. =술에 얼큰하게 취했다.

알껄배이[알껄배~이 ---_] 명 알거지. 아무것도 가진 것이 없는 완전한 거지. ¶【속담】알껄배이 무지래이. =알거지 무지렁이.

알껍띠기[---_] 명 알껍데기. 알의 맨 바깥층 난막(卵膜)이 단단하게 굳은 물질.

알둥지[알뚱지 --_] 명 둥우리. 암탉이 알 낳는 둥지. ☞둥주리.

알똥말똥하다[_-_--_] 형 알쏭달쏭하다. 그런 것 같기도 하고 그렇지 않은 것 같기도 하여 얼른 분간이 안 되는 상태이다. ¶자아가 및 살 무웄는강 알똥말똥하구마는. =재가 몇 살 먹었는지 알쏭달쏭하구먼.

알라[1][_-] 명 어린애. *창녕방언에서 '알라'는 젖먹이부터 초등학생 나이에 이르는 어린 아이를 넓게 지칭하는 말이다. '갓난아이'는 '깔방알라'라고 칭한다. ①나이가 적은 아이. ¶【속담】알라 버릇 서방 버릇. =어린애 버릇 서방의 버릇. ¶【속담】알라 보는 데서는 찬물도 몬 묵눈다. =어린애 보는 데서는 찬물도 못 먹는다. ②미숙한 사람을 비유적으로 이르는 말. ¶농사일에는 안주꺼정 알라지예? =농사일에는 아직까지 어린애죠? ☞아아. 얼라.

알라[2][_-] 명 아기. ¶【속담】알라 바주고 뺨 맞는다. =아기 봐주고 뺨 맞는다. ☞얼라.

알라[3][_-] 명 아이. 성년이 되기 전의, 나이가 어린 사람. ¶금상 댕기올 텐께네 참시 알라 쫌 보고 있어래이. =금방 다녀올 테니까 잠깐 아이 좀 보고 있어라. ☞아아. 얼라.

알라다[_-_] 동 알리다. ☞아라다. 아리키다.

알랑미[_-_] 명 안남미(安南米). 인도차이나 반도의 안남 지방에서 생산하는 쌀.

알로[--] 부 아래로. ①아래쪽으로. ¶알로 쪼매마 더 니라라. =아래로 조금만 더 내려라. ②아래쪽에. 아래 지방에. ¶서울은 춥운데 여개 알로는 따시다. =서울은 추운데 여기 아래로는 따뜻하다.

알로보다[1][--__] 동 얕보다. ☞낮하보다. 니러다보다. 니리다보다. 시뿌보다. 시피보다.

알로보다[2][--__] 동 깔보다. ☞낮하보다. 니러다보다. 니리다보다. 시뿌보다. 시피보다.

알리지다[__-_] 동 알려지다. '알다'의 피동사. 어떤 사물 또는 사람의 이름, 특징, 업적 따위를 다른 사람들이 널리 알게 되다. ¶소벌은 인자 우포늪이라꼬 알리짔다. =소벌은 이제 우포늪이라고 알려졌다.

알맞이[알마치 __-] 부 알맞게. 일정한 기준, 조건, 정도 따위에 넘치거나 모자라지 아니한 데가 있게. ¶놀로 댕기기에 알맞이 날이 좋다. =놀러 다니기에 알맞게 날씨가 좋다. ☞알맞임.

알맞임[알마침 __-] 부 알맞게. ¶이 동네는 살기에 알맞임 들이 너르다. =이 동네는 살기에 알맞게 들이 넓다. ☞알맞이.

알매이[알매~이 _-_] 명 알맹이. ①물건의 껍데기나 껍질을 벗기고 남은 속 부분. ¶【속담】쭉띠기는 불 낳고 알매이는 걷아 딜인다. =쭉정이는 불 놓고 알맹이는 걷어 들인다. ②사물의 핵심이 되는 중요한 부분. ¶【관용구】알매이가 빠지다. =알맹이가 빠지다. ☞알미이.

알몸띠이[알몸띠~이 ---_] 명 알몸뚱이. '알몸'을 속되게 이르는 말. ¶【관용구】알몸띠이로 노오다. =알몸뚱이로 나오다.

알무시[--_] 명 ((식물))총각무(總角-). ☞총각무시.

알미이[알미~이 _-_] 명 알맹이. ☞알매이.

알민서[_-_] 부 알면서. 알고 있으면서. ¶【속담】빼이 알민서 새 바지에 똥 싼다. =번연히 알면서 새 바지에 똥 싼다. ☞알민시로. 암시로.

알민시로[_-__] 부 알면서. ☞알민서. 암시로.

알배차[--_] 명 결구배추(結球--). 배추 품종의 한 가지. 잎이 여러 겹으로 겹쳐져 공 모양을 이루며, 저장하거나 다루기에 좋고 수확이 많다. ¶올개 짐장은 알배차 수물시 피기 했다. =올해 김장은 결구배추 스물세 포기 했다. ☞알뱁차. 짐장배차. 짐장뱁차.

알뱁차[--_] 명 결구배추(結球--). ☞알배차. 짐장배차. 짐장뱁차.

알씨럽다[알씨럽따 --__] 형 안쓰럽다. ☞안씨럽다.

알씨럽어하다[알씨러버하다 --____] 형 안쓰러워하다. ☞안씨럽어하다.

알아맞하다[알아마차다 -____] 동 알아맞히다. ¶넘들이 다 모루는 거로 내 하분채 알아맞핬다. =남들이 다 모르는 것을 내 혼자 알아맞혔다.

알아묵다[알아묵따 -_-_] 동 알아먹다. ((속된 말로)) 다른 사람이 말한 것의 뜻이나 의도를 듣고 이해하다. ¶내 말 알아묷나? =내 말 알아먹었니?

알아채리다[__-__] 동 알아차리다. 드러나지 않은 일이나 숨겨진 마음을 눈치나 짐작으로 미리 알다. ¶이카마 퍼떡 알아채리야지. =이러면 얼른 알아차려야지. ☞알아치리다.

알아치리다[__-__] 동 알아차리다. ☞알아채리다.

알양반[알냥반 --_] 명 ≒상 양반(上 兩班). 양반 중의 양반. *'알양반'은 표준어로 보면 명사구지만 창녕방언에서는 굳어진 말이라 하나의 단어로 쓴다. ¶사램들이 파핑윤씨는 알양반이라 카데예. =사람들이 파평윤씨는 상 양반이라 하던데요.

알움알움[아룸아룸 ___-] 명 알음알음. 서로 맺고 아는 관계. ¶고 일은 알움알움으로 들어서 알아예. =고 일은 알음알음으로 들어서 알아요.

알자리알[알짜리알 _-_-] 명 밑알. ☞밑달갈.

알주무이[알쭈무~이 ---_] 명 알집. 동물 암컷의 생식 기관. ¶저실 밍태는 알주무이가 땐땐하다. =겨울 명태는 알집이 딴딴하다.

-알지[-_] 어 -을지. ((받침 있는 양성모음의 일부 용언 어간 뒤에 붙어)) 어떤 사실에 대하여 막연하게 추측하거나 의문을 나타내는 말. ¶아들 낳알지 딸로 낳알지 우째 아노? =아들 낳을지 딸을 낳을지 어찌 아니?

알짜비기[__-_] 명 알짜배기. '알짜'를 속되게 이르는 말. ¶알짜비기 땅마 가리서 팔았다. =알짜배기 땅만 골라서 팔았다.

알캐이[알캐~이 _-_] 명 알갱이. ☞알개미. 알개이. 알키.

알키[-_] 명 알갱이. ☞알개미. 알개이. 알캐이.

알키하다[__-_] 형 알큰하다. ①매워서 입 안이 조금 알알하다. ¶매운탕은 쫌 알키해야지. =매운탕은 좀 알큰해야지. ②술이 조금 취하여 정신이 아렴풋하다. ¶아재가 술이 알키하이 데가아 왔던데예. =아저씨가 술이 알큰하게 되어서 왔던데요.

암강새이[암깡새~이 ---_] 명 ((동물))암캉아지.

암개[암깨 --] 명 ((동물))암캐. ¶【속담】새끼 놓운 암개겉이 앙앙 카지 마라. =새끼 낳은 암캐같이 앙앙 하지 마라.

암개이[암깨~이 --_] 명 ((동물))암고양이. ¶【속담】암개이 자지 비이 무울 넘. =암고양이 자지 베어 먹을 놈.

암게아[--_] 명 암키와. 지붕의 고랑이 되도록 젖혀 놓는 기와. 바닥에 깔 수 있게 크고 넓게 만든다. ☞함지게아.

암기다[-__] 동 안기다. ①사물이나 대상 따위를 다른 사람의 품에 들게 하다. ¶누야가 엄마인데 동상을 암깄다. =누나가 엄마한테 동생을 안겼다. ②생각이나 감정 따위를 마음속에 들게 하다. ¶가숨 뭉쿨한 감동을 암긴다. =가슴 뭉클한 감동을 안긴다. ③책임이나 빚, 피해 따위를 떠맡게 하거나 당하게 하다. ¶넘인데 빚을 암깄다. =남한테 빚을 안겼다. ④매나 벌 따위를 맞거나 받게 하다. ¶【속담】먼첨 방매이로 들마 홍두깨 암긴다. =먼저 방망이를 들면 홍두깨 안긴다. ⑤날짐승에게 알을 품게 하다. ¶【속담】암딹인데 꽁알 암긴다. =암탉에게 꿩알 안긴다. ☞보덤키다. 보둠키다. 아둠키다. 앰기다. 앵기다.

암꺼[--] 명 암컷. ☞암껏.

암껏[암껃 --] 명 암컷. ☞암꺼.

암꽁[--] 명 암꿩. 꿩의 암놈.

암넘[--] 명 암놈.

암다[암따 _-] 동 안다. ☞아둠다.

암대지[암때지 --_] 명 ((동물))암퇘지. ¶【속담】암대지 붕알 까는 소리하고 있다. =암퇘지 불알 까는 소리하고 있다.

암딹[암딱 --] 명 ((동물))암탉. ¶【속담】지붕땅 만대이서 암딹이 울마 집아이 망안다. =지붕 꼭대기에서 암탉이 울면 집안이 망한다.

암띠다[-__] 형 암되다. 남자가 성격이 소극적이며 수줍음을 잘 타는 데가 있다. ¶사나자석이 저래 암띠가아 우야노. =사내자식이 저리 암되어서 어쩌나.

암마[1][_-] 감 아무렴. 말할 것도 없이 그렇다는 뜻으로, 상대방의 말을 긍정할 때 하는 말. ¶암마, 그기이야 아다 마다. =아무렴, 그것이야 알고 말고. ☞암만. 암매. 하모.

암마[2][_-] 부 암만. ☞안마.

암만[_-] 감 아무렴. ☞암마. 암매. 하모.

암만캐도[__-_] 부 아무래도. ①아무리 생각해 보아도. 또는 아무리 이리저리 하여 보아도. ¶암만캐도 저넘이 수상밪다. =아무래도 저놈이 수상하다. ②어떤 일이나 상황에 관계없이. ¶암만캐도 내는 개않다. =아무래도 나는 괜찮다. ③다른 여지가 없이 결국에는. ¶암만캐도 무신 일이 났는 갑다. =아무래도 무슨 일이 났나 보다. ④어떤 일이나 상황에 관계없이. ¶올개는 암만캐도 집을 사고 집다. =올해는 아무래도 집을 사고 싶다. ⑤'아무리 하여도'가 준 말. '아무리 생각하거나 노력하여도'란 뜻으로 추측하는 말이다. ¶문째기가 암만캐도 열리지가 안한다. =문짝이 아무래도 열리지 않는다. ☞암만해도. 해도해도.

암만해도[__-_] 부 아무래도. ☞암만캐도. 해도해도.

암매[_-] 부 아무렴. ☞암마. 암만. 하모.

암삘개이[암삘개~이 ---_] 명 ((동물))암평아리.

암사나[--_] 명 암사내. 여성적인 성격의 사내.

암시[--] 명 ((동물))암소. *암소<암세<암시. ¶【속담】한 소마구에 암시가 두 바리. =한 외양간에 암소가 두 마리. ¶【속담】데는 집구숙에는 암시가 시 바리 안 데는 집구숙에는 기집이 서이. =되는 집구석에는 암소가 세 마리 안 되는 집구석에는 계집이 셋.

암시로[_-_] 부 알면서. ☞알민서. 알민시로.

암청동오리[-_-__] 명 ((동물))암청둥오리. 청둥오리 암컷.

앗사옇다[아싸여타 -_-_] 동 앗아넣다. 한쪽으로 쏠리지 않도록 끌어안아 안으로 넣다. ¶쌀자리로 바아 앗아옇었다. =쌀자루를 방에 앗아넣었다. ☞앗이옇다.

앗아주다[아사주다 -_-_] 동 건네주다. 어떤 사람이 무엇을 다른 사람에게 접적으로 주다. ¶시문조오 너가부지인데 앗아주라. =신문지 너희 아버지께 건네줘라. ☞앗이주다.

앗이옇다[아시여타 -_-_] 동 앗아넣다. ☞앗아옇다.

앗이주다[아시주다 -_-_] 동 건네주다. ☞앗아주다.

앙[1][_] 부 안. ((용언의 앞에 쓰여)) 부정이나 반대의 뜻을 나타내는 말. ¶앙 그캐도 델 소리로 하네예. =안 그래도 될 소리를 하네요.

앙[2][-] 명 않. ((용언의 앞에 쓰여)) 부정이나 반대의 뜻을 나타내는 말. ¶개로 키아지는 앙코예? =개를 키우지는 않고요?

앙갚움[앙가품 _-_] 명 앙갚음. 남이 저에게 해를 준 대로 저도 그에게 해를 줌. ¶【속담】찌낌이 자아무우마 앙갚움한다. =지킴이 잡아먹으면 앙갚음한다. ☞앙물.

앙갚움하다[앙가품하다 __-__] 동 앙갚음하다. 남에게 해를 받은 만큼 저도 그에게 해를 다시 주다. ¶【속담】껌운머리 짐승은 거다낳아마 앙갚움한다. =검은머리 짐승은 거두어놓으면 앙갚음한다. ☞앙물하다.

앙개[_-] 명 안개. ¶【관용구】앙개로 피아다. =안개를 피우다. ¶【속담】아직 앙개에 중 대가리 벳기진다. =아침 안개에 중 대가리 벗겨진다.

앙개다리[___-] 명 안짱다리. 두 발의 끝이 안쪽으로 향해 굽은 다리. 또는 그렇게 걷는 사람. ¶자아는 얼라 때 잘몬 업윘나. 와 앙개다리고. =쟤는 애기 때 잘못 업었나. 왜 안짱다리냐. ☞앵기다리. 엉개다리.

앙문하다[-___] 동 앙분하다(怏憤--). 분하게 여겨 앙갚음할 마음을 품다. ¶【속담】사램은 구하마 앙문하고 짐승은 구하마 은애로 한다. =사람은 구하면 앙분하고 짐승은 구하면 은혜를 한다.

앙물[-_] 명 앙갚음. ☞앙갚움.

앙물하다[-_-_] 동 앙갚음하다. ☞앙갚음하다.

앙살밪다[앙살받따 -___] 형 앙살궂다. 매우 엄살을 부리며 버티고 겨루는 점이 있다. ¶아아가 앙살밪아서 약을 믹이기가 심들다. =애가 앙살궂어서 약을 먹이기가 힘들다. *앙살밪고[앙살바꼬 -___], 앙살밪지[앙살바찌 -___], 앙살밪아서[앙살바자서 -____], 앙살밪았다[앙살바잗따 -____].

앙살지기다[-____] 형 앙살하다. 엄살을 부리며 버티고 겨루다. ¶머 때미로 엄마인데 앙살지기노? =뭣 때문에 엄마한테 앙살하니? ☞개살부리다.

앙콤하다[__-_] 형 앙큼하다. 엉뚱한 욕심을 부리거나 깜찍하게 분수에 넘치는 데가 있다. ¶조놈우 소상은 참 앙콤하구나. =저놈의 소생은 참 앙큼하구나.

앞개림[압깨림 __-] 명 앞가림. 제 앞에 닥친 일을 제힘으로 해냄. ¶【관용구】지 앞개림은 하다. =제 앞가림은 하다. ¶【관용구】지 앞개림도 몬 하다. =제 앞가림도 못 하다.

앞땡기다[압땡기다 _-__] 동 앞당기다. 이미 정한 시간을 앞으로 당기다. ¶【관용구】철로 앞땡기다. =철을 앞당기다. ¶【관용구】시월로 앞땡기다. =세월을 앞당기다.

앺뱊이[애배피 _-_] 부 앞앞이. 각 사람의 앞에. 각 사람의 몫으로. ¶거게 온 사람 앞뱊이 수군 한 장썩 갈라 주더라. =거기에 온 사람 앞앞이 수건 한 장씩 나눠 주더라.

앞시아다[압시아다 _-__] 동 앞세우다. ☞아부시다.

앞장개이[압장개~이 _-__] 명 앞정강이. '정강이'를 강조하여 이르는 말. ¶【속담】봉사 앞장개이. =봉사 앞정강이. ¶【속담】참새 앞장개이 끍어묵는다. =참새 앞정강이 긁어먹는다.

앞잽이[압재비 _-_] 명 앞잡이. ①앞에서 인도하는 사람. ¶질 앞잽이. =길 앞잡이. ¶새이 앞잽이. =상여 앞잡이. ②남의 사주를 받고 끄나풀 노릇을 하는 사람. ¶애넘 앞잽이. =왜놈 앞잡이.

앞쭉[압쭉 _-] 명 앞쪽. ¶키가 작은 낭근 앞쭉에 숭구라. =키가 작은 나무는 앞쪽에 심어라.

앞치리[압치리 _-_] 명 앞치레. 제 앞의 몫을 치르는 일. ¶【관용구】지 앞치리는 하다. =제 앞치레는 하다. ¶【관용구】지 앞치리도 몬 하다. =제 앞치레도 못 하다.

애[_] 명 외(外). 어떤 대상을 벗어난 밖의 부분의 뜻을 나타내는 말. ¶이거 애에는 없다. =이것 외에는 없다.

-애[1][-] 어 -아. ((해할 자리에 쓰여)) 어떤 사실을 서술하거나 물음을 나타내는 종결어미. ¶거거는 너무 짝애. =그건 너무 작아. ¶이 심발이 니 발에 맞애? =이 신발이 네 발에 맞아?

-애[2][-] 접 -애. 동사어간에 결합하여 명사를 만드는 접미사. ¶갓[邊]+애<가새(가에). ¶갓[斷]+애<가새(가위). ¶잣+애<자새(얼레). ¶줏[拾]+애<주개<밥주개(밥주걱).

애가리[-__] 명 ((동물))왜가리. ¶【속담】애가리 칼 마안 소리한다. =왜가리 칼 맞은 소리한다. ☞왁새.

애갓집[애가찝 _-_] 명 외갓집(外家-). ¶【속담】애갓집에 드가딧기 한다. =외갓집에 들어가듯 한다. ¶【속담】애갓집 콩죽에 잔뻬 굵웄나. =외갓집 콩죽에 잔뼈 굵었나. ☞위갓집. 이갓집.

애개[--] 감 하이고. 어떤 상황이 못마땅할 때나 빈정거릴 때 내는 말. ¶애개! 이거빽이 안 데네. =하이고! 이것밖에 안 되네.

애기동지[--__] 명 아기동지(--冬至). 음력 11월 10일이 채 못 되어 드는 동지.

애기손가락[-__-_] 명 새끼손가락. ☞앵기손가락.

애기씨[--_] 명 아기씨. 올케가 시누이를 높여 부르는 말.

애끼다[-__] 동 아끼다. ¶【속담】애끼다가 개 좋운 일마 한다. =아끼다가 개 좋은 일만 한다. ¶【속담】애끼는 넓쩍다리에 종처가 났다. =아끼는 넓적다리에 종처가 났다.

애나무다리[---__] 명 외나무다리. ¶【속담】애나무다리서 만낼 날이 있다. =외나무다리에서 만날 날이 있다. ¶【속담】봉사가 애나무다리 건너딧기 한다. =봉사가 외나무다리 건너듯 한다. ☞위나무다리.

애넘[-_] 명 왜놈(倭-). 일본인. 특히 일본 남자를 비하하는 말. ¶【속담】애넘 밑구중도 핥을 넘. =왜놈 밑구멍도 핥을 놈.

애달기[_-_] 부 애달게. 마음이 안타깝거나 쓰라리게. ¶저거 애비 죽웄다꼬 애달기도 운다. =자기 아비 죽었다고 애달게도 운다. ☞애달시리.

애달복달하다[애달복딸하다 _---__] 동 안달복달하다. 몹시 속을 태우며 조급하게 볶아치다. ¶아아가 퍼떡 집에 가자꼬 애달복달한다. =애가 빨리 집에 가자고 안달복달한다.

애달시리[_--_] 부 애달게. ☞애달기.

애달카다[_--_] 동 애태우다. ☞간태아다. 애태아다.

애달푸다[_-__] 형 애달프다. 마음이나 사연 따위가 애가 닳도록 쓰리고 아프다. ¶그 이약은 듣고 보이 참 애달푸구나. =그 이야기는 듣고 보니 참 애달프구나.

-애도[--] 어 -아도. ((끝음절의 모음이 'ㅏ'인 용언의 어간 뒤에 붙어)) 앞 절의 사실이 뒤 절의 사실과 대립되는 것임을 나타내는 말. ¶【속담】입이 작애도 지 할 말은 한다. =입이 작아도 제 할 말은 한다.

애디이[애디~이 _-_] 명 애호박. 덜 여문 어린 호박. '호박애디이'의 준말. ¶【속담】애디이에 말뚝 박는다. =애호박에 말뚝 박는다. ¶【속담】애디이 삼 년을 쌂아도 잇바지도 안 드간다. =애호박 삼 년을 삶아도 잇바디도 안 들어간다. ☞호박애디이.

애리다[--_] 형 아리다. ①혀끝을 찌를 듯이 알알한 느낌이 있다. ¶맵운 꼬치로 무웄더마는 씨끝티이가 애린다. =매운 고추를 먹었더니만 혀끝이 아린다. ②

상처나 살갗 따위가 찌르는 듯이 아프다. ¶까시에 찔린 손까락이 애린다. =가시에 찔린 손가락이 아린다. ③마음이 몹시 고통스럽다. ¶【관용구】가심이 애리다. =가슴이 아리다.

애리애리하다[1][____-_] 형 아리아리하다. 계속해서 아린 느낌이 있다. ¶씻바댁이 애리애리하다. =혓바닥이 아리아리하다.

애리애리하다[2][____-_] 형 가냘프다. 가늘고 연약하다. ☞가날푸다.

애무시[__-] 명 ((식물))왜무(倭-).

애묵다[애묵따 _--] 동 애먹다. ①속이 상할 정도로 어려움을 겪다. ¶가실에 비가 오서 애무웄다. =가을에 비가 와서 애먹었다. ②마음과 힘을 다하여 무엇을 이루려고 힘쓰다. ¶자석 잘 키알라꼬 애묵는 부모. =자식 잘 키우려고 애먹는 부모.

애미이다[__-_] 동 애먹이다. '애먹다'의 사동사. ¶서방이라 카는 기이 애미인다. =서방이라 하는 게 애먹인다.

애민하다[_-__] 형 예민하다(銳敏--). 감각이 뛰어나고 빠르다. ¶개는 내미에 애민하다. =개는 냄새에 예민하다.

애밓다[애민타 --_] 형 억울하다(抑鬱--). 애매하거나 불공정하여 마음이 분하고 답답하다. ¶맥찌로 넘인데 욕을 얻어무우서 애밓지예? =괜히 남한테 욕을 얻어먹어서 억울하지요?

애불[-_] 명 애벌. 같은 일을 되풀이할 때에 그 첫 번째 차례. ¶그런 빨래는 우신에 애불로 비비라. =그런 빨래는 우선에 애벌로 비벼라. ☞아시.

애불갈이[__-_] 명 애벌갈이. ☞쌩갈이. 아시갈이.

애불개[1][_-_] 명 애바리. 이익을 좇아 발발게 덤비는 사람을 낮잡아 이르는 말. ¶저 아재는 술이라마 애불개다. =저 아저씨는 술이라면 애바리다.

애불개[2][_-_] 명 상극(相剋). 둘 사이에 마음이 서로 맞지 아니하여 항상 충돌함. ¶저넘들은 애불개라서 만내기마 하마 몬 잡아무우서 난리다. =저놈들은 상극이라서 만나기만 하면 못 잡아먹어서 난리다.

애불꾸이[__-_] 명 애벌구이. ☞아시꾸이.

애불나다[_-__] 동 화나다(火--). ¶【속담】애불난 짐에 돌뿌리 찬다. =화난 김에 돌부리 찬다. ☞북기다. 천불나다. 토시다. 투시다.

애불논[_-_] 명 애벌논. 첫 번째 맨 논. ☞아시논.

애불바아[애불바~아 __-_] 명 애벌방아. ☞아시바아.

애불빨래[___-] 명 애벌빨래. ☞아시빨래. 아시서답. 애불서답.

애불시럽다[_-___] 형 발밭다. 기회를 재빠르게 붙잡아 잘 이용하는 소질이 있다. ¶저래 애불시럽운 넘은 처움 밨다. =저리 발밭은 놈은 처음 봤다.

애불시리[_-__] 부 발밭게. 이익을 좇아 재빨리. ¶너무 애불시리 굴마 넘인데 밉상 받는다. =너무 발밭게 굴면 남에게 미움 받는다.

애비[-_] 명 아비. ①'아버지'의 낮춤말. ¶

【관용구】애비 없는 호로 자석. =아비 없는 후레자식. ¶【속담】정신은 문디이 애비라. =정신은 문둥이 아비라. ¶【속담】애비만한 자석 없다. =아비만한 자식 없다. ②결혼하여 자식을 둔 아들을 이르는 말. ¶애비야, 일로 쫌 들온나. =아비야, 이리 좀 들어오너라. ③시부모가 며느리에게 남편인 아들을 이르는 말. ¶미늘아, 오올은 애비가 와 이래 늦노? =며늘아기야, 오늘은 아비가 왜 이리 늦니? ④아버지가 자식들에게 자기 자신을 낮추어 이르는 말. ¶지발 이 애비 말 쫌 들어라. =제발 이 아비 말을 좀 들어라.

애비다[-__] 형 여위다. 몸의 살이 빠져 파리하게 되다. *표준어에서 다의어로 사용하는 '여위다'에 대응하는 '애비다'는, 창녕방언에서는 오로지 '몸의 살이 빠져있다'는 의미로만 쓴다. ¶【속담】짓어쌓는 개는 애비고 묵는 개는 살찐다. =짖어쌓는 개는 여위고 먹는 개는 살찐다. ¶【속담】애빈 강새이 똥 탐한다. =여윈 강아지 똥 탐한다. ☞애비다. 여비다.

애삐리다[_-__] 동 내버리다. ☞내삐리다.

애삐리두다[_-___] 동 내버려두다. ☞내비두다. 냅뚜다.

애살[_-] 명 애착심(愛着心). ①몹시 사랑하거나 끌리어서 떨어질 수 없는 마음. ¶【관용구】애살이 많다. =애착심이 많다. ¶【관용구】애살이 없다. =애착심이 없다. ②무엇을 하고자 하는 적극적인 마음이나 욕망. ¶【관용구】애살로 징기다. =애착심을 지니다.

애살밪다[_-__] 형 애착심 많다(愛着心--). 행위에 적극적인 마음을 지니다. *창녕방언 '애살밪다'는 '좀스럽고 재물과 이익을 좇아 덤벼드는 데 소질이 있다.'는 뜻으로 쓰는 표준어 '애살스럽다'와는 전혀 다르게 쓰인다. ¶【관용구】일로 애살밪기 하다. =일을 애착심 많게 하다. *애살밪고[애살바꼬 _-__], 애살밪지[애살바찌 _-__], 애살밪아서[애살바자서 _-___], 애살밪았다[애살바잗따 _-___].

애상[애쌍 _-] 명 예상(豫想). 앞으로 일어날 일을 미리 헤아려 봄. ¶【관용구】애상 애로. =예상 외로.

-애서[-_] 어 -아서. (('많다', '작다' 따위와 같은 일부 용언의 어간 뒤에 붙어)) 앞 절의 내용이 뒤 절의 내용에 대한 이유나 근거가 됨을 나타내는 말. ¶할일이 이래 많애서 우얄래? =할일이 이리 많아서 어쩔래? ¶【속담】작애서 대초 커서 대초. =작아서 대추 커서 대추. ¶【속담】누이 작애서 볼 끼로 몬 보까이. =눈이 작아서 볼 걸 못 보랴. ☞-애서리.

-애서는[-__] 어 -아서는. ((용언 '겉다'에 연결어미로 붙어)) 앞 체언 내용이 뒤 절의 행동에 대한 양보의 뜻을 나타내는 말. ¶욕심 겉애서는 말키 사주고 집다. =욕심 같아서는 모두 사주고 싶다.

-애서리[-__] 어 -아서. ☞-애서.

애시당초[___-] 명 애당초(-當初). ¶【관용구】애시당초에 걸러묵다. =애당초에

ㅇ

글러먹다.

애시이[애시~이 _-_] 명 애송이. 애티가 나는 사람이나 물건. ¶애시이라꼬 낮하보지 마라. =애송이라고 깔보지 마라.

애씨다[_-_] 동 애쓰다. 마음과 힘을 다하여 무엇을 이루려고 힘쓰다. ¶애씬 보램이 있다. =애쓴 보람이 있다. ☞몰옴씨다. 몰움씨다.

애아다[-__] 동 외우다. 말이나 글을 암기하거나 틀리지 않게 그대로 말하다. ¶책을 백 분 읽어서 말키 다 애아라. =책을 백 번 읽어서 모두 다 외워라. ☞위아다. 이아다.

애암[_-] 명 아얌. 겨울에 부녀자가 나들이할 때 춥지 않도록 머리에 쓰는 쓰개.

-애야[-_] 어 -아야. 용언의 어간 뒤에 붙어, 주로 '하다'나 '되다'의 앞에 쓰여, 마땅히 그래야 함을 나타내는 연결어미. ¶【속담】웃물이 맑애야 아릿물이 맑다. =윗물이 맑아야 아랫물이 맑다.

애인하다[--__] 형 애연하다(哀然--). 어떤 대상에 대하여 슬픔을 느끼거나 딱하고 불쌍하게 여기다. ¶새끼 띤 이미 개는 애인어서 몬 바주겄다. =새끼 뗀 어미 개는 애연해서 못 봐주겠다. ☞애잉다.

애인하기[--__] 부 가엽게. ☞애잉기.

애잉기[애인키 --_] 부 애연하게(哀然--). ¶먼 놈우 새가 저래 애잉기도 우노. =뭔 놈의 새가 저리 애연하게도 우나.

애잉다[1][애인타 --_] 형 애연하다(哀然--). *애잉고[애인코 --_], 애잉지[애인치 --_], 애인었다[애인언따 --__].

애잉다[2][애인타 --_] 형 가엽다. 딱하고 불쌍하다. ☞애인하다.

애전[_-] 명 예전(-前). 꽤 오래된 과거의 지난날. ¶니는 총구가 좋아서 애전 일이 다 새앵키는 모냥이제. =너는 총기가 좋아서 예전 일이 다 생각나는 모양이지. ☞이전.

애절[-_] 명 예절(禮節). 예의(禮儀)와 범절(凡節)을 아울러 이르는 말. ¶【속담】껄배이인데 애절 묻는다. =거지에게 예절 묻는다.

애지랍다[1][--__] 형 살갑다. 언행이 상냥하고 부드럽다. ¶소이 오마 애지랍기 대집해야 덴다. =손이 오면 살갑게 대접해야 된다. ☞애질갑다.

애지랍다[2][--__] 형 상냥하다. 태도 따위가 사근사근하고 부드럽다. ¶저 새딕이는 생긴 것도 참한데다가 우째 저래 애지랍운지 몰라. =저 새댁은 생긴 것도 참한데다 어찌 저리 상냥한지 몰라. ☞애질갑다.

애지랑부리다[1][___--_] 동 애교부리다(愛嬌---). '애교부리다'를 속되게 이르는 말. 어른이 꼴사납게 남에게 귀엽게 보이는 태도를 보이다. ¶저 할마시는 툭하마 애지랑부린다. =저 할멈은 툭하면 애교부린다. ☞갈롱떨다. 갈롱부리다. 갈롱지기다.

애지랑부리다[2][___--_] 동 재롱부리다(才弄---). 어린아이나 애완동물이 귀여운 짓을 하다. ¶알라가 애지랑부린다. =애기가 재롱부린다.

애지럼[_-_] 명 석유(石油). 휘발유, 등유,

경유 등을 통틀어 이르는 말. ☞애지룸.

애지룸[_-_] 명 석유(石油). ☞애지럼.

애질갑다[1][애질갑따 --_ _] 형 살갑다. ☞애지랍다.

애질갑다[2][애질갑따 --_ _] 형 상냥하다. ☞애지랍다.

애차[_-] 부 그다지. 별로 그렇게까지. ☞그래. 짜다라. 짜다리. 짜달시리.

애처럽다[_ _-_] 형 애처롭다. ¶풀꾹새가 애처럽기도 울우댄다. =뻐꾸기가 애처롭게도 울어댄다. ☞아치랍다. 애초롭다.

애초롭다[_ _-_] 형 애처롭다. ☞아치랍다. 애처럽다.

애콩[1][_-] 명 ((식물))완두콩(豌豆-). 완두의 열매. ¶【관용구】애콩만하다. =완두콩만하다. ☞보리콩.

애콩[2][_-] 명 ((식물))땅콩. 땅콩 열매. ¶【속담】애콩 껍띠기는 까무우도 한 바구리, 안 까무우도 한 바구리. =땅콩 껍질은 까먹어도 한 바구니, 안 까먹어도 한 바구니. ☞왜콩.

애태아다[_-_ _] 동 애태우다. ☞간태아다. 애달카다.

애터지다[_-_ _] 동 애타다. 몹시 답답하거나 안타까워 속이 끓는 듯하다. ¶죽운 동무로 애터지기 기립어한다. =죽은 동무를 애타게 그리워한다.

애톨배기[--_ _] 명 외톨이. ①의지할 데가 없고 매인 데가 없는 홀몸. ¶영자는 성긱이 소심해서 학조오서도 애톨배기로 지낸다. =영자는 성격이 소심해서 학교에서 외톨이로 지낸다. ②같이 어울릴 짝이 없이 홀로만 있는 사물. ¶신 한 째기만 애톨배기가 데뿠다. =신 한 짝만 외톨이가 되어버렸다. ☞애톨이. 위톨배기. 위톨비기. 위톨이.

애톨비기[--_ _] 명 외톨이. ☞애톨배기. 애톨이. 위톨배기. 위톨비기. 위톨이.

애톨이[--_] 명 외톨이. ☞애톨배기. 애톨비기. 위톨배기. 위톨비기. 위톨이.

애핀[_-] 명 아편(阿片). ☞아핀.

애핀재이[애핀재~이 _ _-_] 명 아편쟁이(阿片--). ☞아핀재이.

애할매[_-_] 명 외할머니(外---). ☞위할매. 이할매. 이할무이.

애할배[_-_] 명 외할아버지(外----). ¶【속담】운제는 애할배 콩죽 얻어묵고 살았나. =언제는 외할아버지 콩죽 얻어먹고 살았나. ☞위할배. 이할배. 이할부지.

액맥이[앵매기 --_] 명 액막이(厄--). 가정이나 개인에게 닥칠 액을 미리 막는 일.

앤손[-_] 명 왼손. 왼쪽 손. ☞윈손.

앤손잽이[앤손재비 _ _-_] 명 왼손잡이. 오른손보다 왼손을 더 잘 쓰는 사람. ☞윈손잽이. 윈짝빼기. 짝빼기.

앰기다[_-_] 동 안기다. '안다'의 피동사. ☞보덤키다. 보둠키다. 아둠키다. 암기다. 앵기다.

앳기다[애끼다 _-_] 동 빼앗기다. ☞빼껄리다. 빼뜰리다.

앳날[앤날 _-] 명 옛날. ¶【속담】작녀이 앳날이다. =작년이 옛날이다. ¶【속담】앳날 갑인(甲寅) 날 콩 뽂아 묵던 이약한다. =옛날 갑인 날 콩 볶아 먹던 이야기한다. ☞잇날.

앳날이약[앤날이약 ___-] 명 옛날이야기. ¶【관용구】앳날이약을 하고 있다. =옛날이야기를 하고 있다. ☞잇날이약.

앳대다[애때다 _-_] 형 앳되다. 나이에 비하여 어려 보이는 느낌이 있다. ¶그 집 미너리는 디기 앳대 빈다. =그 집 며느리는 되게 앳돼 보인다. ☞앳디다.

앳디다[애띠다 _-_] 형 앳되다. ☞앳대다.

앳말[앤말 _-] 명 옛말. 옛사람이 한 말. ¶【속담】앳말 틀린 기이 한나또 없다. =옛말 틀린 게 하나도 없다. ☞잇말.

-앴-[-] 어 -았-. 이야기하는 시점에서 볼 때 사건이 이미 일어났음을 나타내는 과거시제 선어말어미. ¶벨이 따갑어서 장배기가 익는 거 겉앴다. =별이 따가워서 정수리가 익는 것 같았다.

앵경[_-] 명 안경(眼鏡). ¶【속담】봉사 앵경 씨나마나. =봉사 안경 쓰나마나.

앵금[_-] 명 해금(奚琴). ¶【속담】꼴 맞차서 앵금 씬다. =꼴 맞춰서 해금 쓴다. ☞깽깨이.

앵금재이[앵금재~이 __-_] 명 ((동물))물맴이. ☞땡땡이. 매군자리. 맹검재이.

앵기다[-__] 동 안기다. ☞보덤키다. 보둠키다. 아둠키다. 암기다. 앰기다.

앵기다리[___-] 명 안짱다리. ☞앙개다리. 엉개다리.

앵기들다[1][-_-_] 동 대들다. 요구하거나 반항하느라고 맞서서 달려들다. ¶젊운 넘이 어룬인데 앵기들마 우야자는 것고? =젊은 놈이 어른한테 대들면 어쩌자는 게냐? ☞다알들다. 달기들다. 달라들다. 잉기들다.

앵기들다[2][-_-_] 동 엉겨들다. 둘 이상의 사람이나 사물이 덩이가 져 한데 달라붙다. ¶나만 부모인데 앵기들마 불호자석이다. =나이 많은 부모께 엉겨들면 불효자식이다. ☞잉기들다.

앵기붙다[앵기부따 -_-_] 동 엉겨붙다. ①액체나 가루 따위가 뭉쳐 굳어지다. ¶신에 찐덕이 항검 앵기붙었다. =신발에 진흙이 잔뜩 엉겨붙었다. ②어떤 것이 다른 것과, 또는 둘 이상의 것이 무리를 이루거나 떼 지어 달라붙다. ¶【속담】물 묻운 바가치에 깨 앵기붙딧기. =물 묻은 바가지에 깨 엉겨붙듯이. ③어떤 것이 다른 것과, 또는 둘 이상의 것이 한데 얽히다. ¶【속담】용이 개천에 빠지마 모개이 새끼가 앵기붙는다. =용이 개천에 빠지면 모기 새끼가 엉겨붙는다. ☞잉기붙다.

앵기손가락[___-_] 명 새끼손가락. ☞애기손가락.

앵꼽다[1][-__] 형 메스껍다. ☞미시껍다.

앵꼽다[2][-__] 형 아니꼽다. 말이나 행동이 밉살맞고 눈에 거슬리는 데가 있다. ¶글마가 하는 짓을 보마 앵꼽아서 몬 바 주겄더라. =그놈이 하는 짓을 보면 아니꼬워서 못 봐 주겠더라. ☞아이꼽다.

앵도[_-] 명 앵두. 앵두나무 열매.

앵조가리다[__-__] 동 말대꾸하다. *아랫사람이 윗사람에게 대들다. ¶어룬인데 앵조가리마 안 덴데이. =어른께 말대꾸하면 안 된다.

앵통하다[-_-_] 형 원통하다(寃痛--). 분하고 억울하다. ¶없이사는 백성들마 앵통하다. =가난한 백성들만 원통하다.

야굼야굼[___-] 부 야금야금. ①물건 따위가 자꾸 조금씩 축나거나 써서 없어지는 모양을 나타내는 말. ¶곡석이 야굼야굼 축난다. =곡식이 야금야금 축난다. ②음식 따위를 자꾸 입안에 넣고 조금씩 먹는 모양을 나타내는 말. ¶알라가 밥을 야굼야굼 묵고 있다. =애기가 밥을 야금야금 먹고 있다.

야꼬[-_] 명 야코. '콧대'를 속되게 이르는 말. *'욱하다'에 해당하는 일본어 '약기(躍起 やっき)'에서 온 말. ¶【관용구】야꼬로 쥑이다. =야코를 죽이다. ☞야꾸.

야꼬라다[__-_] 동 겨누다. ☞가나다. 꼬라다. 여자다. 전자다. 전주다.

야꼬죽다[-_-_] 동 야코죽다. '기죽다(氣--)'를 속되게 이르는 말. ¶야꼬죽지 마래이. =야코죽지 마라. ☞야꾸죽다.

야꼬쥑이다[야꼬쥐기다 --__] 동 야코죽이다. ☞야꾸쥑이다.

야꾸[-_] 명 야코. ☞야꼬.

야꾸죽다[-_-_] 동 야코죽다. ☞야꼬죽다.

야꾸쥑이다[야꾸쥐기다 --__] 동 야코죽이다. ☞야꼬쥑이다.

야단시럽다[_-___] 형 야단스럽다(惹端---).

야단시리[_--_] 부 야단스레(惹端--). ¶빌것도 아인 거로 갖고 야단시리 저캐쌓는다. =별것도 아닌 걸 갖고 야단스레 저러해쌓는다.

야달[-_] 수 여덟. 일곱에 하나를 더한 수. ¶야달 살 무웄다. =여덟 살 먹었다. ☞야덜.

야덜[_-] 수 여덟. ☞야달.

야라다[_-_] 동 재다. 여러모로 따져 보고 헤아리다. ¶【속담】야라다가 눈먼 사우 본다. =재다가 눈먼 사위 본다. ☞재아다.

야마리[_-_] 명 얌통머리. '얌치'를 속되게 이르는 말. ¶【관용구】야마리 없다. =얌통머리 없다. ¶【관용구】야마리 있다. =얌통머리 있다. ☞얌똥마리.

야매[-_] 명 암거래(暗去來). *일본어 '야미(やみ)'에서 온 말.

야무다[-__] 동 야물다. ①작은 열매 따위가 단단하게 잘 익다. ¶나락이삭이 야무기 익었네예. =벼이삭이 야물게 익었네요. ②사람이 성숙해지다. ¶딸래미가 야무서 치아도 델다. =딸내미가 야물어서 시집보내도 되겠다. ③언행이나 일 처리가 똑똑하고 빈틈이 없다. ¶【관용구】손끈티이가 야무다. =손끝이 야물다. ④사람이나 그 씀씀이가 헤프지 않고 알뜰하다. ¶【관용구】사램이 야무다. =사람이 야물다. ⑤사물의 강도가 단단하다. ¶시리떡이 야무서 몬 묵겠다. =시루떡이 야물어서 못 먹겠다.

야무치기[__-_] 부 야무지게. 일 처리나 언행이 옹골차게. ¶지발 좀 야무치기 해바라. =제발 좀 야무지게 해봐라. ☞다담시리. 매. 매매.

야무치다[__-_] 형 야무지다. ☞다담밪다. 야물딱지다.

야물딱지다[___-_] 형 야무지다. ☞다담밪다. 야무치다.

ㅇ

야바구[_-_] 명 야바위. 속임수로 돈을 따는 중국 노름의 하나.

야바구꾼[_--_] 명 야바위꾼. 야바위 치는 사람을 낮잡아 이르는 말.

야불때기[__-_] 명 옆댕이. '옆'을 속되게 이르는 말. ¶【속담】새미 야불때기서 목말라 죽는다. =우물 옆댕이에서 목말라 죽는다. ☞야불띠기. 야풀때기. 야풀띠기. 여불때기. 여불띠기. 여풀때기. 여풀띠기.

야불띠기[__-_] 명 옆댕이. ☞야불때기. 야풀때기. 야풀띠기. 여불때기. 여불띠기. 여풀때기. 여풀띠기.

야시[_-] 명 ((동물))여우. ①갯과의 포유류. ¶【속담】야시 디웅박 씨고 삼밭에 들었다. =여우 뒤웅박 쓰고 삼밭에 들었다. ②매우 교활하고 변덕스러운 사람을 비유적으로 이르는 말. ¶【관용구】야시 겉은 사람. =야시 같은 사람. ¶【속담】야시 피한께네 호래이 만낸다. =여우 피하니까 호랑이 만난다. ☞여시. 여호.

야시비[_-_] 명 여우비. 별이 나 있는 날 잠깐 오다가 그치는 비. ¶【속담】야시비 오마 호래이가 장개간다. =여우비가 오면 호랑이가 장가간다. ☞여시비.

야시시하다[___-_] 형 야하다(冶--). 천하게 아리땁다. ¶옷을 야시시하이 까 입읐다. =옷을 야하게 치장해 입었다.

야아[1][야~아 --] 명 얘. '이 아이'가 줄어든 말. ①자기 자식을 남에게 낮추어서 이르는 말. ¶야아는 올개 한갑입미더. =얘는 올해 환갑입니다. ②남의 자식을 지칭하여 이르는 말. ¶야아는 니 집 아아고? =얘는 뉘 집 애니?

야아[2][야~아 __] 감 네. ①윗사람의 부름에 대답하거나 묻는 말에 긍정하여 대답할 때 쓰는 말. ¶갑: "밥은 묵고 댕기나?" 을: "야아!" ="밥은 먹고 다니느냐?" 을: "네!" ②윗사람이 부탁하거나 명령하는 말에 동의하여 대답할 때 쓰는 말. ¶갑: "여어서는 댐배 펐지 마래이." 을: "야아!" =갑: "여기서는 담배 피우지 마라." 을: "네!"

야아턴[_--] 부 여하튼(如何-). ①앞 내용을 막론하고 뒤 내용을 말할 때 쓰여 앞뒤 문장을 이어 주는 말. ¶야아턴 질기 말할 끼이 없다. =여하튼 길게 말할 게 없다. ②어떤 사실의 있고 없음이나 그러함과 그렇지 않음에 상관없이. ¶글마가 왔는강 내는 모른다, 야아턴. =그놈이 왔는지 나는 모른다, 여하튼. ☞여아턴.

야아턴강[_--_] 부 여하튼지(如何--). ¶야아턴강 니 할 일로 하거라. =여하튼지 네 할 일을 해라. ☞야아턴동. 여아턴강. 여아턴동.

야아턴동[_--_] 부 여하튼지(如何--). ☞야아턴강. 여아턴강. 여아턴동.

야야[--] 감 얘야. 어른이 손아래 젊은이를 부르는 말. ¶야야! 니 일로 오바라. =얘야! 너 이리로 와봐라.

야차하마[__-_] 부 야다하면. 어찌할 수 없이 긴급하게 되면. ¶야차하마 불길 쏙우로래도 띠드는 기이 사람 마움이다. =야다하면 불길 속으로라도 뛰어

드는 것이 사람 마음이다. ☞여차하마.

야투막하다[_ _ _-_] 형 야트막하다. 높이가 조금 얕은 듯하다. ¶우리 동네는 야투막한 사이 에아싸고 있다. =우리 동네는 야트막한 산이 에워싸고 있다.

야푸다[_-_] 형 얕다. 겉에서 속, 또는 밑에서 위까지의 길이가 짧다. ¶【속담】반자가 얕푸다 카고 펄펄 띤다. =반자가 얕다 하고 펄펄 뛴다. ¶【속담】야푼 도랑도 짚기 건니라. =얕은 도랑도 깊게 건너라. ☞야푸당하다.

야푸당하다[_ _ _-_] 형 얕다. ☞야푸다.

야풀때기[_ _-_] 명 옆댕이. ☞야불때기. 야불띠기. 야풀띠기. 여불때기. 여불띠기. 여풀때기. 여풀띠기.

야풀띠기[_ _-_] 명 옆댕이. ☞야불때기. 야불띠기. 야풀때기. 여불때기. 여불띠기. 여풀때기. 여풀띠기.

약가이[야까~이 _-_] 부 약간(若干). ¶시가이 버씨로 약가이 안 댔을 거로. =시간이 벌써 약간 안 되었을 걸.

약발받다[약빨바따 --_ _] 동 약오르다. 비위가 상하여 은근히 화가 나다. ¶고만한 일에 와 그래 약발받노? =그만한 일에 왜 그리 약 오르니? ☞에골나다.

약뽀재기[_ _-_] 명 약수건(藥手巾). 탕약을 거르거나 짜는 데 쓰는 베 헝겊.

약삘개이[약삘개~이 -_-_] 명 약병아리(藥---). 병아리보다 조금 큰 어린 닭.

약장시[약짱시 --_] 명 약장수(藥--). ①이곳저곳을 돌아다니며 약이나 기타 물건을 파는 사람. ¶약장시가 오서 나만 사람들 마움을 후아잡았다. =약장수가 와서 노인들 마음을 휘어잡았다. ②온갖 것을 끌어들여 이야기를 수다스럽게 잘하는 사람을 속되게 이르는 말. ☞약재이.

약재이[약재~이 --_] 명 약장수(藥--). ☞약장시.

얄궂기[얄구끼 _-_] 부 얄궂게. ¶오올은 뿌꾹새가 얄궂기 운다. =오늘은 뻐꾸기가 얄궂게 운다. ☞얄궂이.

얄궂운[얄구준 _-_] 부 얄궂은. 상황이나 사건 따위가 이상하고 뜬금없는. ¶절마는 얄궂운 옷을 입고 댕긴다. =저놈은 얄궂은 옷을 입고 다닌다.

얄궂이[얄구지 _-_] 부 얄궂게. ☞얄궂기.

얄궂이라[얄구지라 _--_] 감 얄궂어라. 상황이나 사건 따위가 이상하고 짓궂어 내뱉는 말. ¶얄궂이라, 먼 이런 일이 다 있노. =얄궂어라, 뭔 이런 일이 다 있니. ☞얄궂이래이.

얄궂이래이[얄구지래~이 _---_] 감 얄궂어라. ☞얄궂이라.

얄마[_-] 감 얀마. '야 이놈아'가 준 말. *주로 동년배나 아랫사람을 나무랄 때 쓰는 말이다. ¶얄마! 니 일로 오바라. =얀마! 너 이리로 와봐라.

얄부리하다[_ _ _-_] 형 얇다. 두께가 얇은 듯하다. ¶옷이 얄부리해서 춥기 비인다. =옷이 얄팍해서 춥게 보인다. ☞얄핀하다.

얄짜리없다[얄짜리엄따 _-_ _ _] 형 얄짤없다(人情事情--). 사정을 보아주는 것이나 용서함이 없다. ¶이우지찌리 얄짜리없는 말을 하네. =이웃끼리 얄짤없는 말을 하네.

얄핀하다[_ _-_] 형 얇다. ☞얄부리하다.

얌똥마리[_ _-_] 명 얌통머리. ☞야마리.

얌새이[얌새~이 _-_] 명 ((동물))흰 염소. *창녕방언에서 염소를 '얌새이'와 '염새이'로 구분하는 것이 특이하다. 즉 흰 염소는 '얌새이' 또는 '얌소'라 이르고 '흑염소'는 '염소' 또는 '염새이'라 한다. ¶【관용구】얌새이 몰았다. =염소 몰았다. ¶【관용구】얌새이 나물 밭 삐댄다. =염소 나물 밭 짓밟는다. ¶【속담】얌새이 물똥 싸는 거 봤나. =염소 물똥 싸는 것 봤나. ☞얌소.

얌새이꾼[얌새~이꾼 _-_ _] 명 소매치기. ☞써리.

얌새이몰다[얌새~이몰다 _-_ _ _] 동 소매치기하다. ¶깅찰인데 얌새이모는 넘이 잽힜다. =경찰한테 소매치기하는 놈이 잡혔다. ☞써리하다.

얌소[--] 명 ((동물))흰 염소. ☞얌새이.

얌저이[얌저~이 _-_] 부 얌전히. 성질이나 언행이 조용하고 침착하며 단정하게. ¶지발 좀 얌저이 앉있거라. =제발 좀 얌전히 앉아있어라.

얌체없다[얌체엄따 -_ _ _] 형 얌치없다. 마음이 맑고 깨끗하거나 부끄러움을 아는 태도가 없다. ¶【관용구】얌체없는 행우지로 하다. =얌치없는 행동거지를 하다.

얍삽하다[약사파다 _ _-_] 형 야비하다(野卑--). ☞꼬롬하다.

얏듣다[_-_] 동 엿듣다. 남의 말을 몰래 가만히 듣다. ¶넘우 말 얏듣지 마래이. =남의 말 엿듣지 마라.

얏보다[--_] 동 엿보다. 남이 보이지 아니하는 곳에 숨거나 남이 알아차리지 못하게 하여 대상을 살펴보다. ¶【속담】굶운 까마구 빈 통시 얏본다. =굶은 까마귀 빈 뒷간 엿본다. ☞넘가보다. 넘기보다. 님기보다.

양낫[양낟 -_] 명 왜낫(倭-). 날이 짧고 얇으며, 자루가 긴 낫.

양님[--] 명 양념. 음식의 맛을 돋우기 위하여 넣는 재료를 통틀어 이르는 말. ¶【관용구】휘는 양님 맛으로 묵는다. =회는 양념 맛으로 먹는다.

양님딸[--_] 명 고명딸. 아들 많은 집의 외딸. *'양님딸'은 '양념+딸'에서 왔지만 표준어는 '고명딸'이다.

양대콩[_ _-] 명 ((식물))강낭콩. ☞두불콩. 봄콩. 울콩. 재불콩.

양도오[양도~오 _-_] 명 양동이(洋--). 한 손으로 들 수 있도록 손잡이를 단 들통. 함석, 구리, 주석, 알루미늄 따위로 만든다. ☞양철도오.

양발[-_] 명 양말(洋襪). *'양발'은 한자어인 '말(襪)'을 우리말 '발(足)'로 잘못 인식하여 생겨난 방언이다. ¶이 게울에 양발도 안 신고 춥우서 우예 사노? =이 겨울에 양말도 안 신고 추워서 어찌 사니?

양밥[-_] 명 양법(禳法). 액막이(厄--). 가정이나 개인에게 닥칠 액을 미리 막는 일. ¶할매가 아푼 할배 때미로 양밥한다고 대문에다 소곰을 뿌맀다. =할머니가 아픈 할아버지 때문에 양법이라고 대문에다 소금을 뿌렸다.

양뱁차[-__] 명 ((식물))양배추(洋--). ☞ 간낭. 카뱁차.

양사방[__-] 명 사방(四方). 여러 곳. ¶사램들이 양사바아서 찾아온다. =사람들이 사방에서 찾아온다.

양석[_-] 명 양식(糧食). 생존을 위하여 필요한 사람의 먹을거리. ¶【속담】중 양석이 절 양석이다. =중 양식이 절 양식이다.

양지기[_-_] 명 양재기(洋--). 안팎에 법랑을 올린 그릇. 양은이나 알루미늄 따위로 만든 그릇을 포함하기도 한다.

양지바래기[___-_] 명 양지쪽(陽地-). 볕이 바로 드는 곳. ¶【속담】약기로는 양지바래기 암꽁이다. =약기로는 양지쪽 암꿩이다. ☞양지짝.

양지바리다[___-_] 형 양지바르다(陽地---).

양지짝[__-] 명 양지쪽(陽地-). ☞양지바래기.

양짝[_-] 명 양쪽(兩-). 이쪽과 저쪽. ¶신랑 각시가 양짝 부몬님인데 인사로 디맀다. =신랑 신부가 양쪽 부모님한테 인사를 드렸다. ☞양쭉.

양쭉[_-] 명 양쪽(兩-). ☞양짝.

양철도오[양철도~오 __-_] 명 양동이(洋--). ☞양도오.

양푸이[양푸~이 _-_] 명 양푼. 음식을 담거나 데우는 데에 쓰는 놋그릇. ¶【속담】뻔뻔시럽기가 양푸이 밑구중 겉다. =뻔뻔스럽기가 양푼 밑구멍 같다.

얘리다[-__] 형 야리다. ①단단하거나 질기지 아니하여 보드랍거나 약하다. ¶쑥은 얘릴 쩍에 뜯어야 맛닉다. =쑥은 야릴 때 캐야 맛있다. ②의지나 감정 따위가 모질지 못하고 무르다. ¶【관용구】마움이 얘리다. =마음이 야리다. ③남의 말 따위에 쉽게 현혹되다. ¶【관용구】기가 얘리다. =귀가 야리다.

얘리얘리하다[____-_] 형 야리야리하다. 생김새가 단단하지 못하고 매우 무르다. ¶뱁차 싹이 얘리얘리하기 돋았다. =배추 싹이 야리야리하게 돋았다.

얘비다[-__] 형 여위다. ☞애비다. 여비다.

얘핀네[--_] 명 여편네(女便-). ☞안들. 여핀네.

어[1][-] 감 엉. 뜻밖에 놀라운 일을 당하거나 갑자기 무엇을 깨달았을 때 내는 소리. ¶어, 니는 누고? =엉, 넌 누구니?

어[2][-] 감 응. ①상대편의 물음에 긍정적으로 대답하거나 부름에 응할 때 쓰는 말. 하게할, 또는 해라할 자리에 쓴다. ¶어, 그래, 난제 가께. =응, 그래, 나중에 갈게. ②주로 아랫사람의 잘못을 따지거나 다짐을 둘 때 내는 소리. ¶두 분 다시는 이라지 마래이. 어? =두 번 다시는 이러지 말라. 응? ③남의 행동이 못마땅하여 질책할 때 하는 말. ¶당신인데는 자석도 없나. 어? =당신에게는 자식도 없나. 응?

어[3][~어 -] 조 에. 체언의 뒤에 붙어, 앞의 체언이 어떤 사물이 존재하거나 나타나는 장소임을 나타내는 부사격 조사. ¶처어 앉이서 바랳고 있어보소. =마루에 앉아서 기다리고 있어보세요. ☞르. 아.

ㅇ

-어가[_-] 어 -어서. ①시간적 선후 관계를 나타내는 연결어미. ¶어무이는 솥을 씪어가 쌀로 안칬다. =어머니는 솥을 씻어서 쌀을 안쳤다. ②이유나 근거를 나타내는 연결어미. ¶냇물이 짚어가 건니기는 어럽다. =냇물이 깊어서 건너기는 어렵다. ③수단이나 방법을 나타내는 연결어미. ¶읍내꺼정 걸어가 학조 댕깄다. =읍내까지 걸어서 학교 다녔다.

어개지다[_-__] 동 어긋나다. ☞삐꺼러지다. 어긏나다. 어긏지다.

어거정어거정[__-__-] 부 어정어정. 키가 큰 사람이나 짐승이 이리저리 천천히 걷는 모양. ¶야야, 어거정어거정 걷지 마라! =얘야, 어정어정 걷지 마라!

어거지[_-_] 명 억지. 잘 안될 일을 무리하게 기어이 해내려는 고집. ¶지발, 어거지 쫌 고마 부리라. =제발, 억지 좀 그만 부려라.

어구[1][_-] 명 아귀(餓鬼). 염치없이 먹을 것을 탐하는 사람을 비유적으로 이르는 말. ¶【관용구】어구겉이 묵다. =아귀같이 먹다.

어구[2][_-] 명 어귀. ¶동네 어구에 큰 낭기 있다. =동네 어귀에 큰 나무가 있다.

어굼니[-__] 명 어금니. ¶【관용구】어굼니로 깍 다물다. =어금니를 꽉 다물다.

어굼버굼하다[-_-___] 형 어금버금하다. ☞빵빵하다. 시라다. 쪼루다.

어긏나다[어굳나다 __-_] 동 어긋나다. ☞삐꺼러지다. 어개지다. 어긏지다.

어긏장[어구짱 __-] 명 어깃장. 순순히 따르지 아니하고 못마땅한 말이나 행동으로 뻗대는 행동. ¶【관용구】어긏장 지기다. =어깃장 놓다.

어긏지다[어굳지다 __-_] 동 어긋나다. ☞삐꺼러지다. 어개지다. 어긏나다.

어긏지이[어굳지~이 __-_] 명 ≒외지인(外地人). 우리 지역이 아닌 다른 지역에서 온 사람. *어긏+진(陣). '-지이'는 일본어 '징(じん)'에서 온 말로 보인다. ¶우리 미너리는 서울 말씨로 씨는 어긏지이다. =우리 며느리는 서울 말씨를 쓰는 외지인이다.

-어까[--] 어 -을까. (('ㄹ'을 제외한 자음으로 끝나는 용언의 어간이나 선어말어미 '-었-'의 뒤에 붙어)) 어떤 일에 대한 의문이나 추측을 나타내는 말. ¶죽움이 두럽어서 우째 죽어까 집네예. =죽음이 두려워서 어찌 죽을까 싶네요. ☞-우까.

어깨너메[__-_] 명 어깨너머. ((주로 '어깨너머로'의 꼴로 쓰여)) 남이 하는 것을 옆에서 보거나 듣거나 함. ¶【관용구】어깨너메로 듣다. =어깨너머로 듣다. ¶【관용구】어깨너메로 배아다. =어깨너머로 배우다. ☞어깨너미.

어깨너미[__-_] 명 어깨너머. ☞어깨너메.

어깨받이[어깨바지 __-_] 명 어깻죽지. 팔과 어깨가 이어진 부분. *표준어에서 '어깨받이'는 '어깨받치개' 또는 '윗옷의 어깨 부분'을 뜻하나 창녕방언에서는 '어깻죽지'를 지칭하는 말로 쓰인다. ¶어깨받이가 아파 죽울다. =어깻죽지가 아파 죽겠다.

어너만침[_ _ _-] 부 얼마만큼. ①((의문문에 쓰여)) 수량이나 수준이 어느 정도인가를 묻는 말. ¶이거로 다 합치마 어너만침 데까예? =이걸 다 합치면 얼마만큼 될까요? ②(('-ㄴ지, -는지, -ㄹ지'와 함께 명사절을 이끌어)) 관련된 서술어에 수량이나 분량 또는 일정한 특성 따위가 어느 정도인지 묻는 말. ¶씨고 남운 기이 어너만침 있노? =쓰고 남은 게 얼마만큼 있니? ③(('-ㄴ지, -는지, -ㄹ지'와 함께 명사절을 이끌어)) 관련된 서술어에 대하여 그 정도가 대단하다는 점을 강조하기 위한 말. ¶노룸이 어너만침 무숩운지 알겠습미더. =노름이 얼마만큼 무서운지 알겠습니다. ④얼마의 수량이나 정도쯤 되게. ¶내는 어너만침 가아가까예? =나는 얼마만큼 가져갈까요? ☞얼매만치. 얼매만쿰.

어넌[_-] 관 어느. ①대상이 되는 둘 중에서 무엇인지 확인할 때 쓰는 말. ¶이 둘 주우 어넌 기이 더 좋우까? =이 둘 중에 어느 게 더 좋을까? ②둘 이상의 것 가운데 똑똑히 모르거나 꼭 집어 말할 필요가 없는 막연한 사람이나 사물을 이를 때 쓰는 말. ¶【속담】어넌 기신이 잡아가능가 모룬다. =어느 귀신이 잡아가는지 모른다. ③정도나 수량을 묻거나 또는 어떤 정도나 얼마만큼의 수량을 막연하게 이를 때 쓰는 말. ¶니가 필오한 어넌 정도마 가아가라. =네가 필요한 어느 정도만 가져가라. ☞어니. 언.

어넌새[_ _-] 부 어느새. 어느 틈에 벌써. ¶너거는 어넌새 키가 이래 컸노? =너희들은 어느새 키가 이리 컸니? ☞언새.

어니[_-] 관 어느. ☞어넌. 언.

어다[~어다 -_] 조 에다. 일정한 위치를 나타내는 격조사. ¶저거는 여어다 엃이 낳아라. =저것은 여기에다 얹어놓아라. ☞아다. 오다. 우다. 이다.

어다가[~어다가 --_] 조 에다가. 일정한 위치를 나타내는 격조사. ¶【속담】노망들마 어더어다가 모싱기한다. =노망들면 언덕에다가 모내기한다. ☞다가. 아다가. 에다아. 오다가. 우다가. 이다가.

어당[-_] 부 응당(應當). 그렇게 하거나 되는 것이 이치로 보아 옳게. ¶거거는 어당 내가 맡는 기이 옳지. =그것은 응당 내가 맡는 게 옳지.

어덕[_-] 명 언덕. ¶【속담】어덕 무라진 기이 머 덴다. =언덕 무너진 게 뭐 된다. ☞깍단.

어덥다[어덥따 _-_] 형 어둡다. ①빛이 없어 주변의 사물이 잘 보이지 않는 상태에 있다. ¶【속담】상(床)이 어덥다. =상이 어둡다. ¶【속담】등잔 밑이 어덥다. =등잔 밑이 어둡다. ②눈이 잘 보이지 아니하거나 귀가 잘 들리지 아니하다. ¶【속담】약싹빠룬 개이가 밤눈 어덥다. =약삭빠른 고양이가 밤눈 어둡다. ③희망이 없이 참담하고 막막하다. ¶【관용구】앞날이 어덥다. =앞날이 어둡다. ④사람이나 사회가 깨지 못하다. ¶【관용구】시월에 어덥다. =세월에 어둡다. *어덥고[어덥꼬 _-_], 어덥지[어덥찌 _-_], 어덥어서[어더버서 _-__], 어덥었다[어덥벋따 _-__].

어데[1][-_] 감 어디. ①벼르거나 다짐할 때 쓰는 말. ¶어데, 니 쪼대로 해바라. =어디, 너 맘대로 해봐라. ②남의 주의를 끌 때 쓰는 말. ¶어데 보자. 니가 조압장 아들가? =어디 보자. 네가 조합장 아들이니? ③마음대로 되지 아니하여 딱한 사정이 있는 형편을 강조할 때 쓰는 말. ¶이래가아 어데 살겄습미꺼? =이래서 어디 살겠습니까? ☞오데.

어데[2][_-] 감 아니. 부정이나 반대의 뜻을 나타낼 때 하는 말. *창녕방언에서 부정 혹은 반대 표현은 손아랫사람에게는 '어데', '언지', '오데', '엉어'로 실현된다. ¶갑(질문): 자아 갔다 오나? 을(대답): 어데. 들에 갔다 온다. =갑(질문): 장에 갔다가 오니? 을(대답): 아니. 들에 갔다가 온다. ☞아이. 어언지. 언지. 없이. 엉어. 오데.

어데예[_-_] 감 아니오. 어떤 질문에 대한 대답이나 감사 표현에 대한 겸양투로 쓰는 말. *창녕방언에서 부정 혹은 반대 표현은 손윗사람에게는 '어데예', '언지예', '오데예'로 실현된다. ¶갑: 아심찮습미더. 을: 어데예. 아심찮을 끼 머 있습미꺼? =갑: 안심찮습니다. 을: 아니오. 안심찮을 게 뭐 있습니까? ☞어언지예. 언지예. 오데예.

어두부리하다[____-_] 형 어둑어둑하다. ①사물을 똑똑히 알아볼 수 없을 정도로 어둡다. ¶그단새에 어두부리해짔다. =그사이에 어둑어둑해졌다. ②눈이 잘 보이지 아니하거나 귀가 잘 들리지 아니하다. ¶누이 어두부리해서 잘 안 비인다. =눈이 어둑어둑해서 잘 안 보인다. ¶골묵질이 어두부리하다. =골목길이 어둑어둑하다. ☞어둑시리하다.

어둑사리[__-_] 명 어둠살. 어두운 기미. ¶【관용구】어둑사리가 지다. =어둠살이 내리다.

어둑새북[___-] 명 어둑새벽.

어둑시리하다[____-_] 형 어둑어둑하다. ☞어두부리하다.

어따[_-] 부 어디에다. ①특정하게 정하지 않거나 꼭 집어서 말할 수 없는 위치나 장소를 가리키는 말. ¶지갑을 어따 낳아뚜고 찾노? =지갑을 어디에다 놓아두고 찾니? ②감히 누구에게. ¶일마가 어따 대고 눈을 뿔씨노? =이놈이 어디에다 대고 눈을 부릅뜨니?

어떨떨하다[1][___-_] 형 얼떨떨하다. 갑작스러운 일이나 복잡한 일로 몹시 어리둥절하고 멍하다. ¶저가부지가 마이 다치서 어떨떨합미더. =애아버지가 다쳐서 얼떨떨합니다.

어떨떨하다[2][___-_] 형 엉성하다. 그 내용이나 형태가 부실하다.¶【속담】똑뚝운 머리보담아 어떨떨한 문서가 낫다. =똑똑한 머리보다 엉성한 문서가 낫다.

어떻굼[1][어떠쿰 _--] 부 어찌나. 감탄 표현의 동작의 강도나 상태의 정도가 대단함. '어찌'를 강조하여 이르는 말. ¶어떻쿰 반갑등가 눈물이 다 나데예. =어찌나 반갑던지 눈물이 다 나던데요.

☞어띠. 어띠기. 어띠나. 우찌나.

어떻굼[2][어떠쿰 _--] 부 어떻게. ①어떠한 이유로. ¶여어는 어떻굼 오싰습미꺼? =여기는 어떻게 오셨습니까? ②어떠한 수단이나 방법으로. ¶차도 안 댕기는데 어떻굼 왔노? =차도 안 다니는데 어떻게 왔니? ☞어떻기. 우떻굼. 우떻기.

어떻기[어떠키 _-_] 부 어떻게. ☞어떻굼. 우떻굼. 우떻기.

어떻기나[어떠키나 __-_] 부 어떻게나. ((감탄 표현으로 쓰여)) 동작의 강도나 상태의 정도가 대단함을 나타낸다. ¶시꺼문 개로 보고 어떻기나 놀랬던동 몰라예. =시커먼 개를 보고 어떻게나 놀랐던지 몰라요.

어떻던강[어떠턴강 __-_] 부 어떻든지. ①아무튼지. 의견이나 일의 성질, 형편, 상태 따위가 어떻게 되어 있든지. ¶어떻던강 잘몬했다 캐라. =어떻든지 잘못했다 해라. ②'아무러하든지'가 줄어든 말. ¶넘이사 어떻던강 니나 단디해라. =남이야 어떻든지 너나 잘해라. ☞어떻던동.

어떻던동[어떠턴동 __-_] 부 어떻든지. ☞어떻던강.

어띠[_-] 부 어찌나. ☞어떻굼. 어띠기. 우찌나.

어띠기[_-_] 부 어찌나. ☞어떻굼. 어띠. 어띠나. 우찌나.

어띠나[_-_] 부 어찌나. ☞어떻굼. 어띠. 어띠기. 우찌나.

어띠이[_-_] 감 소[牛]를 몰 때 내는 소리. *소더러 오른쪽으로 돌라는 뜻.

어라다[_-_] 동 어르다. ①어린아이를 편안하게 하거나 기쁘게 하려고 몸을 흔들어 주거나 달래다. ¶【관용구】아아 어라딧기. =애 어르듯이. ②상대를 놀리며 장난하다. ¶【관용구】개이가 지 어라듯기. =고양이 쥐 어르듯이. ③다른 사람을 그럴듯한 말로 부추겨 마음을 움직이다. ¶【속담】어라고 빰 쌔린다. =어르고 뺨 때린다. ☞얼라다.

어라차[_--] 감 어뜨무러차. 무거운 물건 따위를 들어 올릴 때 내는 소리.

어러렁기리다[___-__] 동 을근거리다. 미워하거나 해치려는 마음을 드러내어 으르대다. ¶너거는 우째 만내기마 하마 어러렁기리노? =너희는 어찌 만나기만 하면 을근거리느냐? ☞얼겅기리다.

어런어런[-_-_] 부 얼른얼른. 무엇이 눈에 희미하게 자꾸 크게 보이다 말다 하는 모양을 나타내는 말. ¶오올은 달이 어런어런 비인다. =오늘은 달이 얼른얼른 보인다.

어럼없다[어럼엄따 _-__] 형 어림없다. 도저히 될 가망이 없다. ¶【관용구】어럼없는 소리. =어림없는 소리. ☞어룸없다. 얼런없다.

어럼잡다[어럼잡따 __-_] 동 어림잡다. 대강 짐작으로 헤아려 보다. ¶이거는 어럼잡아서 시무남은 덴다. =이것은 어림잡아서 스무남은 된다.

어럼하다[__-_] 형 더덜뭇하다. ☞더덤하다.

ㅇ

어렵다[어렵따 -__] 형 어렵다. ①까다롭고 힘들다. ¶【속담】묵운 껄배이보담 햇껄배이가 더 어렵다. =묵은 거지보다 햇거지가 더 어렵다. ②그렇게 될 가능성이 적다. ¶【속담】굶우 죽는 기이 정승하기보담 어렵다. =굶어 죽는 게 정승하기보다 어렵다. ③뜻을 이해하기가 까다롭다. ¶【속담】그 장단에 춤치기 어렵다. =그 장단에 춤추기 어렵다. ④궁핍하여 살기가 고생스럽다. ¶【속담】강새이도 애미 없어마 살아내기 어렵다. =강아지도 어미가 없으면 살아내기 어렵다. ¶【속담】산 달구새끼 질딜이기는 사램마당 어렵다. =산 닭 길들이기는 사람마다 어렵다. ⑤처신하기가 거북하고 불편하다. ¶【속담】뻘개벗은 소이 더 어렵다. =벌거벗은 손님이 더 어렵다. *어렵고[어렵꼬 -__], 어렵지[어렵찌 -__], 어렵어[어러버 -__], 어렵었다[어러벋따 -___]. ☞에렵다.

어렵사리[__-_] 부 어렵사리. 매우 어렵게. ¶이래 커단한 가무치로 어렵사리 구앴어예. =이리 커다란 가물치를 어렵사리 구했어요.

어렵어하다[어러버하다 -____] 동 어려워하다. ①까다로워서 이해하기 힘들어하다. ¶자아는 공부로 디기 어렵어합미더. =쟤는 공부를 되게 어려워합니다. ②대하기가 거북하고 불편해하다. ¶미너리가 시부모로 어렵어한다. =며느리가 시부모를 어려워한다. ☞에렵어하다.

어렵움[어러붐 -__] 명 어려움. 어떤 일을 하기가 힘들고 까다로움. ¶어렵움이 있으마 운제등가 오니라. =어려움이 있으면 언제든지 오너라. ☞에렵움.

어로[_-] 조 으로. ¶【속담】팥어로 미지로 씬다 캐도 믿는다. =팥으로 메주를 쑨다 해도 믿는다. ☞아로. 우로.

어루신[_-_] 명 어르신. ①나이가 많은 사람을 높여서 이르는 말. ¶【속담】어루신이라 카고, 돌아서서 욕한다. =어르신이라 하고, 돌아서서 욕한다. ②남의 아버지를 높여서 이르는 말. ¶자네 어루신은 잘 기시제? =자네 어르신은 잘 계시지?

어룬[_-] 명 어른. ¶【속담】어룬이 씨기는 대로 하마 자다아도 떡이 생긴다. =어른이 시키는 대로 하면 자다가도 떡이 생긴다. ¶【속담】어룬 갈시는 해도 아아들 갈시는 하지 말랬다. =어른 괄시는 해도 애들 괄시는 하지 말랬다.

어룬시럽다[_--__] 형 어른스럽다. ¶막내이가 지북 어룬시럽운 말로 한다. =막내가 제법 어른스러운 말을 한다.

어룸없다[어룸엄따 _-__] 형 어림없다. ☞어럼없다. 얼런없다.

어룸장[어룸짱 __-] 명 으름장. 무서운 말이나 행동으로 남을 위협하는 짓. ¶【관용구】어룸장을 낳다. =으름장을 놓다. ☞얼림장. 울림장.

어리[_-] 명 강정. 쌀이나 콩, 깨 등의 곡식을 뻥튀기하여 조청에 으깨어 만든 과자의 하나. ¶쌀어리(쌀강정). ¶콩어리(콩강정). ¶깨어리(깨강정). ☞깡밥.

어리버리하다[____-_] 형 어리바리하다. ①야무지지 못하고 순진하고 어리숙하다. ¶어리버리한 넘이 물기기는 잘 잡네. =어리바리한 놈이 물고기는 잘 잡네. ②정신이 또렷하지 못하거나 기운이 없어 몸을 제대로 놀리지 못하다. ¶술 무운 거매로 정시이 어리버리하다. =술 먹은 것처럼 정신이 어리바리하다.

어리숙다[어리쑥따 __-_] 형 어리석다. 생각이나 행동이 슬기롭지 못하고 둔하다. ¶【속담】어리숙운 자가 농사일로 한다. =어리석은 자가 농사일을 한다. ☞얼석다. 얼숙다.

어링장[_-_] 명 어리광. ¶【관용구】어링장을 피아다. =어리광을 부리다.

어마나[---] 감 어머나. (('어마'를 강조하여)) 깜짝 놀라거나 감탄했을 때 내는 말. ¶어마나! 이기이 누고? =어머나! 이게 누구니? ☞엄마야. 엄매야. 옴마야.

어마무시하다[1][____-_] 형 어마어마하다. 엄청나고 굉장하다. ¶집을 어마무시하기 지이 낳았다. =집을 어마어마하게 지어 놓았다.

어마무시하다[2][____-_] 형 무시무시하다. 자꾸 몹시 무서운 느낌이 있다. ¶저 싸암소는 어마무시하네예. =저 싸움소는 무시무시하네요.

어마씨[--_] 명 어머니. 어느 정도 지체 있고 존경 받을 만한 집의 여자 어른을, 그 집의 자식을 기준으로 이르는 말. '어무이'보다 더 존경하는 마음을 담고 있다. ¶어마씨가 저래 점잖다. =어머니가 저리 점잖다. ☞어매. 어무이. 오마씨. 오매.

어마이[어마~이 --_] 명 어미. 자녀를 둔 남자가 웃어른 앞에서 자기 아내를 낮추어 이르는 말. ¶아아 어마이는 자아 갔습미더. =애 어미는 장에 갔습니다. ☞어메. 에미. 이미.

어만[1][--] 부 애먼. 일의 결과가 다른 데로 돌아가 억울하게 느껴지는. ¶맥찌로 어만 넘이 욕봤다. =괜히 애먼 놈이 고생했다.

어만[2][--] 부 엉뚱한. 일의 결과가 다른 데로 돌아가 엉뚱하게 느껴지는. ¶어만 소리마 씨부린다. =엉뚱한 소리만 씨부렁거린다. ☞어문. 엄떤. 엉떤.

어매[--] 명 어머니. ¶【속담】어매가 반 중매재이가 데애야 딸로 살린다. =어머니가 반 중매쟁이가 되어야 딸을 살린다. ☞어마씨. 어무이. 오마씨. 오매.

어메[--] 명 어미. ☞어마이. 에미. 이미.

어무이[어무~이 --_] 명 어머니. 자기를 낳아준 여자를 이르는 말. 주로, 다소 지체 있는 집안의 자식이 자신의 어머니를 이를 때 쓴다. 며느리가 시어머니를 이를 때도 쓴다. ¶우리 어무이는 잘 기신다. =우리 어머니는 잘 계신다. ☞어마씨. 어매. 오마씨. 오매.

어문[--] 부 엉뚱한. ☞어만. 엄떤. 엉떤.

어물기리다[_-__] 동 어물거리다. ①보일 듯 말 듯 하게 조금씩 자꾸 움직이다. ¶히꾸무리한 기이 눈에 자꾸 어물기린다. =희끄무레한 게 눈에 자꾸 어물거린다. ②말이나 행동 따위를 시원스

ㅇ

럽게 하지 못하고 꾸물거리다. ¶어물기리지 말고 고마 댕기온나. =어물거리지 말고 그만 다녀오너라.

어물쩡[_ _ -] 부 어물쩍. 말이나 행동 따위를 분명하게 하지 않고 일부러 살짝 얼버무리는 모양을 나타내는 말. ¶이분 일은 어물쩡 넘갈 일이 아이다. =이번 일은 어물쩍 넘길 일이 아니다.

어벅하다[1][어버카다 _ _ - _] 형 무성하다(茂盛--). 풀이나 나무 따위가 자라서 우거져 있다. ¶난서밭에 풀이 어벅합미더. =남새밭에 풀이 무성합니다. ☞우벙하다.

어벅하다[2][어버카다 _ _ - _] 형 터부룩하다. 수염이나 머리털 따위가 좀 길고 촘촘하게 많이 나서 어지럽다. ¶민모로 안해서 씨엄이 어벅하다. =면도를 안 해서 수염이 터부룩하다.

어부라다[_ _ - _] 동 어우르다. 한데 모아서 합하게 하다. ¶【속담】잇새도 어부라지로 안한다. =잇새도 어우르지를 않는다. ☞어불다. 어불라다.

어부럼[_ _ -] 명 어름. ①두 사물의 끝이 맞닿은 자리. ¶눈뚜부리 어부럼에 씨꺼먼 멍이 들었다. =눈두덩 어름에 시커먼 멍이 들었다. ②구역과 구역의 경계점. ¶읍내캉 깐치고개 어부럼에 큰 공장이 들온다 카네. =읍내와 까치고개 어름에 큰 공장이 들어온다 하네.

어북[- _] 부 제법. *창녕방언에서 '제법'의 뜻으로는 일반적으로 '우북'과 '에북'이라는 말이 많이 쓰인다. '어북'은 '제법<지법<지북'과 '<에부<어부'의 혼태어인 것으로 보인다. ¶해낳안 솜씨가 어북입미더. =해놓은 솜씨가 제법입니다. ¶강새이가 어북 컸네예. =강아지가 제법 컸네요. ☞에북. 우북. 지북.

어불다[_ - _] 동 어우르다. 한데 모아서 합하게 하다. ¶한 판 놀구로 어불어 바라. =한 판 놀게 어울러 봐라. ☞어부라다. 어불라다.

어불라다[_ _ - _] 동 어우르다 ☞어부라다. 어불다.

어불리다[_ _ - _] 동 어울리다. ①함께 사귀어 잘 지내거나 일정한 분위기에 끼어들어 같이 휩싸이다. ¶아주매들이 어불리서 히추로 갔다. =아줌마들이 어울려서 야유회를 갔다. ☞당이지다. ②여럿이 서로 잘 조화되어 자연스럽게 보이다. ¶빼간색 저구리캉 분옹색 처매가 잘 어불린다. =빨간색 저고리와 분홍색 치마가 잘 어울린다. ☞째이다.

어붓애비[어붇애비 _ - - _] 명 의붓아비. ☞다선애비.

어붓이미[어붇이미 _ - - _] 명 의붓어미. ☞다선이미.

어붓자석[어붇자석 _ - _ _] 명 의붓자식. 재혼한 배우자가 데리고 들어온, 자기의 친자식이 아닌 자식. ¶【속담】내 다리가 어붓자석보담아 낫다. =내 다리가 의붓자식보다 낫다. ¶【속담】어붓자석 옷 해 준 셈 치라. =의붓자식 옷 해 준 셈 쳐라.

어비이[어비~이 _ - _] 명 바보. ¶【속담】어비이는 약으로 몬 곤친다. =바보는 약으로 못 고친다. ☞춘피이.

어서[~어서 -_] 조 에서. ¶군처어서 시금이 노왔다. =군청에서 세금이 나왔다. ☞서. 아서. 오서. 이서.

어석술묵[_-__] 명 어석술. 한쪽이 닳아진 숟가락. ¶【속담】누부 집에 어석술묵 차고 간다. =누님 집에 어석술 차고 간다.

어석지다[어석찌다 __-_] 형 으슥하다. ①장소가 깊숙하고 외지다. ¶이래 어석진 골묵에는 무숩우서 몬 지나댕길다. =이리 으슥한 골목에는 무서워서 못 지나다니겠다. ②주변 환경이나 분위기가 무시무시하도록 조용하고 어둡다. ¶거게는 어덥고 어석지다. =거기는 어둡고 으슥하다.

어설푸다[_--_] 형 어설프다. 하는 짓이 엉성하고 거친 데가 있다. ¶【속담】어설푼 배가 일본 간다. =어설픈 배가 일본 간다.

어수룸[__-] 명 어스름. 날이 저물 무렵이나 동이 트기 전에 햇빛이 거의 비치지 않아 어둑어둑한 상태. ¶아부지가 어수룸에 집에 오싰다. =아버지가 어스름에 집에 오셨다.

어수룸하다[___-_] 형 어스름하다. 조금 어둑한 듯하다. ¶모개이는 어수룸한 초지익에 마이 다알든다. =모기는 어스름한 초저녁에 많이 달려든다.

어수무리하다[____-_] 형 어슴푸레하다. ①빛이 약하거나 멀어서 어둑하고 희미하다. ¶어지는 어수무리한 새북에 일났다. =어제는 어슴푸레한 새벽에 일어났다. ②뚜렷하게 보이거나 들리지 아니하고 희미하고 흐릿하다. ¶앙개가 찌이서 앞이 어수무리하이 비인다. =안개가 끼어서 앞이 어슴푸레하게 보인다. ③기억이나 의식이 분명하지 못하고 희미하다. ¶그 말로 듣고 보이 어수무리하기 생킨다. =그 말을 듣고 보니 어슴푸레하게 생각난다. ☞어심치리하다.

어시땀때기[___-_] 명 농포성한진(膿疱性汗疹). 땀띠의 일종. 이 땀띠는 얼굴이나 몸에 보통 땀띠보다 큰 소름 같은 것이 돋고, 일정 시간이 지나면 곪은 뒤 주저앉는데, 당분간 그 자리 주위는 푸르스름한 빛이 난다. ☞어시땀띠기.

어시땀띠기[___-_] 명 농포성한진(膿疱性汗疹). ☞어시땀때기.

어시시[__-] 부 오스스. 차거나 싫은 것이 몸에 닿았을 때 꽤 소름이 돋는 모양. ¶춥어서 소롬이 어시시 돋네예. =추워서 소름이 오스스 돋네요.

어실어실[___-] 부 으슬으슬. 몹시 무섭거나 추워서 자꾸 몸이 움츠러들거나 소름이 끼치는 모양. ¶바아 불로 안 옇었더마는 어실어실 춥습미더. =방에 불을 안 넣었더니 으슬으슬 춥습니다.

어실터실하다[____-_] 형 우둘투둘하다. 거죽이나 바닥이 고르지 아니하게 군데군데 두드러져 있다. ¶방바댁이 어실터실하다. =방바닥이 우둘투둘하다. ☞오덜투덜하다. 우덜투덜하다.

어심치리하다[____-_] 형 어슴푸레하다. ☞어스무리하다.

어씨다[_-_] 형 거칠다. ①부드럽지 못하

다. ¶소이 와 이래 어씨노? =손이 왜 이렇게 거치니? ②피륙의 올이 성기고 굵다. ¶【속담】싱미가 삼비옷만치나 어씨까이. =성미가 삼베옷만큼이나 거칠까. ③일을 하는 태도나 솜씨가 찬찬하거나 야무지지 못하다. ¶기계 다라는 솜씨가 어씨다. =기계 다루는 솜씨가 거칠다. ④땅이 제대로 손질되지 않아 농사짓기에 부적당하고 지저분하다. ¶어씬 땅을 일갔다. =거친 땅을 일구었다. ⑤행동이나 성격이 사납고 공격적인 면이 있다. ¶성끽이 어씨다. =성격이 거칠다. ⑥가루나 알갱이 따위가 굵다. ¶어씬 밀가리로 수지비 낋있다. =거친 밀가루로 수제비 끓였다. ⑦말하는 투가 세련되지 못하고 그 내용이 점잖지 못하며 막되다. ¶어씬 말로 욕을 낋이버었다. =거친 말로 욕을 퍼부었다.

어씨대다[어씨대다 _ _-_] 동 으스대다. 어울리지 아니하게 우쭐거리며 뽐내다. ¶【속담】미꾸래이국 묵고 용(龍)트림하미 어씨댄다. =추어탕 먹고 용트림하며 으스댄다.

어애[1][_-] 명 의외(意外). 생각했거나 기대했던 것과는 달리 전혀 뜻밖. ¶니가 술로 이렇굼 잘 묵다이. 찬말로 어애다. =네가 술을 이렇게 잘 먹다니. 정말로 의외다.

어애[2][_-] 부 어찌. ①어떤 이유로. ¶여어는 어애 왔노? =여기는 어찌 왔니? ②어떤 입장에서. ¶핵조는 어애 생각하마 심든 곳이다. =학교는 어찌 생각하면 힘든 곳이다. ③어떤 방법으로. ¶여개꺼지 어애 찾아왔으꼬? =여기까지 어찌 찾아왔을까? ④'도무지 그럴 수 없음'을 강조하여 이르는 말. ¶너거가 어애 끼 맛을 알겠고. =너희가 어찌 게 맛을 알겠느냐. ☞어이. 우예. 우째.

어애로[_-_] 부 의외로(意外-). 일반적인 생각이나 예상한 것과는 다르게. ¶올 저실은 어애로 춥우예. =올 겨울은 의외로 추워요.

어앴기나[1][어앧기나 _ _-_] 부 어쨌거나. 상황이나 수단 혹은 방법 등이 어떠하거나. ¶심든 일이지마는 어앴기나 잘 해 바라. =힘든 일이지만 어쨌거나 잘 해 봐라. ☞어쨌기나. 우앴기나. 우쨌기나.

어앴기나[2][어앧기나 _ _-_] 감 어떡하나. 앞에서 서술한 내용에 대한 안타까움을 나타내는 감탄의 듯을 지닌 말. ¶고상을 했네. 아이고, 어앴기나. =고생했네. 하이고, 어떡하나. ☞어쨌기나. 우앴기나. 우쨌기나.

어야[_-] 감 오냐. ①아랫사람의 부름에 대하여 대답할 때 하는 말. ¶어야, 금상 가꾸나. =오냐, 금방 갈게. ②아랫사람의 물음이나 부탁에 대하여 긍정하여 대답할 때 하는 말. ¶어야, 그래. 니 말대로 하꾸나. =오냐, 그래. 네 말대로 할게. ③다짐할 때 하는 말. ¶어야, 두고 보재이. =오냐, 두고 보자. ④상대방 언행이 못 마땅하여 반어적으로 쓰는 말. ¶【관용구】어야, 니 똥까리 굵다. =오냐, 네 똥 굵다. ☞오야.

어야까[_-_] 부 어찌할까. 어떤 방법으로

할까. ¶이분에는 어야까 걱정이다. =이번에는 어찌할까 걱정이다. ☞어짜까. 우야까. 우짜까.

어야꼬[_-_] 감 어찌할꼬. 한탄조로 이르는 말. ¶아이고! 이 일로 어야꼬. =아이쿠! 이 일을 어찌할꼬. ☞어짜꼬. 우야꼬. 우짜꼬.

어야노[_-_] 부 어찌하느냐. 어떻게 하느냐. ¶이거는 어야노 하마, 이래 합미더. =이것은 어찌하느냐 하면, 이렇게 합니다. ☞어짜노. 우야노. 우짜노.

어야다[1][_-_] 동 어찌하다. 어떠한 방법으로 하다. ¶어야다 이래 해낳노? =어찌하다 이렇게 해놓았니? ☞어짜다. 우야다. 우짜다.

어야다[2][_-_] 부 어쩌다. ①어떠한 방법으로. ¶이분 일은 어야다 히길했어예. =이번 일은 어쩌다 해결했어요. ②뜻밖에 우연히. ¶조캐는 어야다 한 분썩 찾아옵미더. =조카는 어쩌다 한 번씩 찾아옵니다. ③이따금 또는 가끔가다가. ¶장시로 하다보마 어야다 수지로 맞찰 때가 있다. =장사를 하다보면 어쩌다 수지를 맞출 때가 있다. ④어떠한 이유 때문에. ¶손묵이 어야다 이래 뎄노? =손목이 어쩌다 이렇게 됐니? ☞어짜다. 우야다. 우짜다.

어야다가[_-__] 부 어쩌다가. ①뜻밖에 우연히. ¶어야다가 불에 딨어예. =어쩌다가 불에 뎄어요. ②이따금 또는 가끔가다가. ¶사다보마 어야다가 좋운 일도 있습미더. =살다보면 어쩌다가 좋은 일도 있습니다. ③무슨 이유로. ¶어야다가 개가 죽읐노? =어쩌다가 개가 죽었니? ☞어짜다가. 우야다가. 우짜다가.

어야던강[1][__-_] 부 어찌하든. ①((주로 타인을 지칭하는 부사어 뒤에 놓여)) 어떻게 하든지 말든지. ¶【속담】넘이사 지게로 지고 지사 지내던강 어야던강. =남이야 지게를 지고 지사를 지내든 어찌하든. ②어떠한 수단이나 방법을 강구하든. ¶어야던강 빙은 낫아 낳고 바야지예. =어찌하든 병은 낫게 해놓고 봐야지요. ☞어야던동. 어짜던강. 어짜던동. 우야던강. 우야던동. 우짜던강. 우짜던동.

어야던강[2][__-_] 부 아무튼. 일의 성질, 형편, 상태 따위가 어떻게 되어 있든. ¶어야던강 차는 조심해 몰아래이. =아무튼 차는 조심해 몰아라. ☞어야던동. 어짜던강. 어짜던동. 우야던강. 우야던동. 우짜던강. 우짜던동.

어야던동[1][__-_] 부 어찌하든. ☞어야던강. 어짜던강. 어짜던동. 우야던강. 우야던동. 우짜던강. 우짜던동.

어야던동[2][__-_] 부 아무튼. ☞어야던강. 어짜던강. 어짜던동. 우야던강. 우야던동. 우짜던강. 우짜던동.

어야마[_-_] 부 어쩌면. ①확실하지 아니하지만 짐작하건대. ¶어야마 일이 잘 뎄을 지 아나? =어쩌면 일이 잘됐을 줄 아니? ②도대체 어떻게 하여서. ¶알라가 어야마 저래 이뿔 수가 있노? =아기가 어쩌면 저리 예쁠 수가 있니? ☞어짜마. 우야마. 우짜마.

ㅇ

어야자꼬[_--_] 부 어쩌자고. 어찌 하려고. ¶몸도 무굽운데 어야자꼬 노왔노? =몸도 무거운데 어쩌자고 나왔니? ☞어짜자꼬. 우야자꼬. 우짜자꼬.

어야[_-] 관 어쩐. 어찌 된. ¶【속담】서방 죽고 삼 년 만에 이기이 어얀 떡고. =서방 죽고 삼 년 만에 이게 어쩐 떡이냐. ☞어짠. 우얀. 우짠.

어얀지[_-_] 부 어쩐지. 왠지. 왜 그런지 모르게. 또는 뚜렷한 이유도 없이. ¶사초이 논을 샀는강, 어얀지 배가 아푸다. =사촌이 논을 샀는지, 어쩐지 배가 아프다. ☞어짠지. 우얀지. 우짠지.

어얄라꼬[_-__] 부 어쩌려고. 어찌하려고. ¶니는 어얄라꼬 핵교 안 갔노? =너는 어쩌려고 학교 안 갔니? ☞어짤라꼬. 우얄라꼬. 우짤라꼬.

어양[_-] 명 의향(意向). 무엇을 하고자 하는 뜻. ¶이 일로 내캉 해볼 어양이 있십미꺼? =이 일을 나랑 해볼 의향이 있습니까?

어어[어~어 -_] 감 그래. 상대방의 말에 대하여 긍정하여 대답할 때 하는 말. ¶갑(질문): 이거 니 할래? =이것 너 가질래? 을(대답): 어어. 내 하께. =그래, 내가 가질게. ☞그리.

어언지[_-_] 감 아니. ☞아이. 어데. 언지. 없이. 엉어. 오데.

어언지예[_-__] 감 아니오. ☞어데예. 언지예. 오데예.

어여[_-] 부 어서. ①일이나 행동을 지체없이 빨리하기를 재촉하는 말. ¶안 머라카께. 어여 말해 바라. =야단치지 않을게. 어서 말해 봐라. ②반갑게 맞아들이거나 간절히 권하는 말. ¶뜨실 쩍에 어여 자시보이소오. =따듯할 때 어서 드셔보십시오.

어영간에[어영가네 __-_] 부 순식간에(瞬息間-). ¶어지 일은 어영간에 벌어졌습미더. =어제 일은 순식간에 벌어졌습니다.

-어예[_-] 어 -어요. ①((어간 또는 선어말어미 뒤에 붙어)) 청자에게 어떤 사실을 알리거나 설명함을 나타내는 말. 해요체로 쓰인다. ¶이 웅덩은 짚어예. =이 웅덩이는 깊어요. ②((어간 또는 선어말 어미 뒤에 붙어)) 어떤 사실에 대하여 청자에게 묻는 뜻을 나타내는 말. 해요체로 쓰인다. ¶잊아뿠던 지갑은 찾았어예? =잃어버렸던 지갑은 찾았어요? ③((동사의 어간 뒤에 붙어)) 완곡한 명령의 뜻을 나타내는 말. 해요체로 쓰인다. ¶치라마 보지 말고 이 짐 쫌 들어예. =쳐다만 보지 말고 이 짐 좀 들어요.

어예서[_-_] 부 어째서. 동사의 어간 '어찌하-'에 어미 '-어서'가 붙어서 준 말. ¶가아는 어예서 니일 온다 카노? =걔는 어째서 내일 온다고 하느냐? ☞우째서. 우예서.

어이[1][-_] 감 이봐. 듣는 이를 부를 때 쓰는 말. 해할 자리에 쓴다. ¶어이, 니 시방 오데 가노? =이봐, 너 지금 어디 가니?

어이[2][_-] 부 어찌. ☞어애. 우예. 우째.

어이가[-__] 감 어허. ①주로 아랫사람의 행위가 못마땅하거나 불안할 때 내는 말. ¶어이가, 고놈 참 몬 하는 말이 없네. =어허, 그놈 참 못하는 말이 없네. ②미처 생각하지 못한 것을 깨달았을 때 내는 말. ¶어이가, 인자 보이 지북이구나. =어허, 이제 보니 제법이구나.

어이어이[_-_-] 감 아이고아이고. 직계존속이 아닌 사람이 문상하여 곡하는 소리. *직계존속일 경우에는 '아이고아이고' 하며 운다.

어주바리[_ _-_] 명 어바리. 어리석고 멍청한 사람. ¶저 어주바리로 오데 씨무우까. =저 어바리를 어디에 써먹을까. ☞얼바리.

어주이떠주이[어주~이떠주~이 _-_ _-_] 명 어중이떠중이. 여러 방면에서 모여든, 탐탁지 못한 사람들을 통틀어 낮잡아 이르는 말. ¶어주이떠주이 다 모다들었네. =어중이떠중이 다 모여들었네.

어줍잖다[어줍잔타 _--_] 형 어쭙잖다. ①사람이나 그의 언행이 분수에 어울리지 않아 뭇사람의 비웃음을 살 만하다. ¶어줍잖기 넘우 일에 끼이드네. =어쭙잖게 남의 일에 끼어드네. ②무엇이 대수롭지 않다. ¶그 일은 어줍잖기 이있다. =그 일은 어쭙잖게 여겼다. ☞어집잖다.

어줍지안하다[_-_ _ _ _] 형 어쭙지않다. ①말과 행동이 분수에 넘치는 데가 있다. ¶니가 선상질할라 카는 거는 어줍지안하다. =네가 선생질하려 하는 것은 어쭙지않다. ②대수롭지 않다. ¶와 맨날 어줍지안한 일로 싸우노? =왜 만날 어쭙지않은 일로 싸우니? ☞어집지안하다.

어줍짜이[어줍짜~이 _--_] 부 어쭙잖게. *창녕방언 '어줍짜이'는 표준어 '어쭙잖게'와 비슷하기도 하지만 전혀 다른 뜻으로도 쓰인다. ①별 관심도 없이 예사로. ¶이분 일은 어줍짜이 이있더마는 아이네. =이번 일은 어쭙잖게 여겼더니만 아니네. ②지나치게 많이. ¶옷장시해서 어줍짜이 낭패로 밨다. =옷장사해서 어쭙잖게 낭패를 봤다. ☞어줍짢기. 어집짜이. 어집짢기.

어줍짢기[어줍짠키 _--_] 부 어쭙잖게. ☞어줍짜이. 어집짜이. 어집짢기.

어중개비[_ _-_] 명 어정잡이. ①됨됨이가 조금 모자라 자기가 맡은 일을 제대로 처리하지 못하는 사람. ¶맨날 어중개비 짓마 한다. =만날 어정잡이 짓만 한다. ②어중간한 사람. ¶【속담】중도 아이고 절도 아인 어중개비. =중도 아니고 절도 아닌 어정잡이.

어지[-_] 명 어제. 오늘의 바로 하루 전날. ¶【속담】어지 다르고 오올 다르다. =어제 다르고 오늘 다르다. ¶【속담】어지 보던 손님. =어제 보던 손님.

어지가이[어지가~이 _ _-_] 부 어지간히. ①수준이 보통에 가깝거나 그보다 약간 더 하게. ¶인자 어지가이 기술자 다 뎄네예. =이제 어지간히 기술자 다 됐네요. ②정도나 형편이 기준에 크게 벗어나지 아니한 상태로. ¶고마이 했으마 인자 어지가이 해라. =그만큼 했으면 이제 어지간히 해라. ③성격 따위가 생각보다 심하게. ¶썽질이 어지가이

ㅇ

찔기네. =성질이 어지간히 질기네. ④ 보통 정도보다 훨씬 더. ¶참 어지가이 갈 데가 없었던 모냥이다. =참 어지간히 갈 데가 없었던 모양이다. ☞언가이. 엔가이. 인가이.

어지그지[-_-_] 명 엊그제. '엊그저께'의 준말. ¶알라가 어지그지부텀 지침을 한다. =애기가 엊그제부터 기침을 한다. ☞어지아리. 엊그지.

어지그지끼[-_-__] 명 엊그저께. 바로 며칠 전. ¶어지그지끼는 오데 갔더노? =엊그저께는 어디 갔더냐? ☞어지아리끼. 엊그저끼.

어지끼[-__] 명 어저께. 오늘의 바로 전날. ¶날이 어지끼보담 마이 썬해졌다. =날씨가 어저께보다 많이 시원해졌다.

어지다[--_] 형 어질다. 마음이 너그럽고 착하며 슬기롭고 덕행이 높다. ¶마암을 어지기 무우야 복을 받는다. =마음을 어질게 먹어야 복을 받는다.

어지룸빙[어지룸삥 __-_] 명 어질병. 정신이 혼미하고 머리가 어지러운 병. ¶【속담】어지룸빙이 지랄빙 덴다. =어질병이 지랄병 된다.

어지리다[--__] 동 어지르다. 정돈되어 있는 일이나 물건을 뒤섞거나 뒤얽히게 하다. ¶언 넘이 이래 어지리낳았노? =어느 놈이 이렇게 어질러놓았느니? ☞어질라다.

어지아리[-__-] 명 엊그제. ☞어지그지. 엊그지.

어지아리끼[-__-_] 명 엊그저께. ☞어그지끼. 엊그저끼.

어지오올[__-_] 명 어제오늘. 지금으로부터 가까운 시기. 또는 요 며칠 사이. ¶【관용구】어지오올 할 꺼 없다. =어제오늘 할 것 없다

어질라다[__-_] 동 어지르다. ☞어지리다.

어집잖다[어집짠타 __-_] 형 어쭙잖다. 대수롭지 않다. ☞어줍잖다.

어집지안하다[_-____] 형 어쭙지않다. ☞어줍지안하다.

어집짜이[어집짜~이 _--_] 부 어쭙잖게. ☞어줍짜이. 어줍짢기. 어집짢기.

어집짢기[어집짠키 _--_] 부 어쭙잖게. ☞어줍짜이. 어줍짢기. 어집짜이.

어짓밤[어지빰 __-] 명 어젯밤. 바로 앞날의 밤. ¶【속담】십 년 전 일은 알민서 어짓밤 일은 모른다. =십 년 전 일은 알면서 어젯밤 일은 모른다.

어짜고저짜고[_-__-_] 부 어쩌고저쩌고. 이러하다는 둥 저러하다는 둥 말을 늘어놓는 모양. ¶어짜고저짜고 쑹본다. =어쩌고저쩌고 흉본다. ☞우짜고저짜고.

어짜까[_-_] 부 어찌할까. ☞어야까. 우야까. 우짜까.

어짜꼬[_-_] 감 어찌할꼬. ☞어야꼬. 우야꼬. 우짜꼬.

어짜노[_-_] 동 어찌하느냐. ☞어야노. 우야노. 우짜노.

어짜다[1][_-_] 동 어찌하다. ☞어야다. 우야다. 우짜다.

어짜다[2][_-_] 부 어쩌다. ☞어야다. 우야다. 우짜다.

어짜다가[_-__] 부 어쩌다가. ☞어야다가. 우야다가. 우짜다가.

어짜던강[1][_ _ - _] 부 어찌하든. ☞어야던강. 어야던동. 어짜던동. 우야던강. 우야던동. 우짜던강. 우짜던동.

어짜던강[2][_ _ - _] 부 아무튼. ☞어야던강. 어야던동. 어짜던동. 우야던강. 우야던동. 우짜던강. 우짜던동.

어짜던동[1][_ _ - _] 부 어찌하든. ☞어야던강. 어야던동. 어짜던강. 우야던강. 우야던동. 우짜던강. 우짜던동.

어짜던동[2][_ _ - _] 부 아무튼. ☞어야던강. 어야던동. 어짜던강. 우야던강. 우야던동. 우짜던강. 우짜던동.

어짜마[1][_ - _] 부 어쩌면. ☞어야마. 우야마. 우짜마.

어짜마[2][_ - _] 감 어쩌면. ☞어야마. 우야마. 우짜마.

어짜자꼬[_ - - _] 부 어쩌자고. ☞어야자꼬. 우야자꼬. 우짜자꼬.

어짠[_ -] 관 어쩐. 어찌 된. ☞어얀. 우얀. 우짠.

어짠지[_ - -] 부 어쩐지. ☞어얀지. 우얀지. 우짠지.

어짤라꼬[_ - - _] 부 어쩌려고. ☞어얄라꼬. 우얄라꼬. 우짤라꼬.

어쨌기나[1][어쨌기나 _ _ - _] 부 어쨌거나. ☞어앴기나. 우앴기나. 우쨌기나.

어쨌기나[2][어쨌기나 _ _ - _] 감 어떡하나. ☞어앴기나. 우앴기나. 우쨌기나.

어채피[_ - _] 부 어차피(於此彼). 이렇거나 저렇거나 귀결되는 바. ¶어채피 늦었으이 싰다 가라. =어차피 늦었으니 쉬었다 가라.

어푼[_ -] 부 얼른. 시간을 끌지 아니하고 바로. ¶차 떨갈라. 어푼 띠가라. =차 놓칠라. 얼른 뛰어가라.

어푼어푼[_ - _ -] 부 얼른얼른. 시간을 끌지 아니하고 매우 빨리. '얼른'을 강조하여 이르는 말. ¶어푼어푼 해치아재이. =얼른얼른 해치우자.

억누루다[_ _ - _] 동 억누르다. ①마음속에서 일어나는 감정 따위를 억지로 내리누르다. ¶썽이 나마 억누루지로 몬 한다. =화가 나면 억누르지를 못 한다. ②다른 사람의 행동을 억지로 짓누르다. ¶내가 몬하구로 억누룬다. =내가 못하게 억누른다. ☞억눌라다.

억눌라다[_ _ - _] 동 억누르다. ☞억누루다.

억머구리[_ _ - _] 명 ((동물))악머구리. 요란스럽게 잘 운다고 하여, '참개구리'를 이르는 말. ¶【관용구】억머구리 겉이 울다. =참개구리 같이 울다.

억수로[1][억쑤로 - - _] 부 엄청나게. 양이나 정도가 짐작이나 생각보다 많거나 대단하게. ¶이넘우 책 맨든다꼬 억수로 고상했다. =이놈의 책 만든다고 엄청나게 고생했다. ☞억시기. 엄청나기. 엄청시리.

억수로[2][억쑤로 - - _] 부 억세게. 좋고 나쁜 정도가 심하게. ¶억수로 좋은 일이 생깄다. =억세게 좋은 일이 생겼다. ☞억시기. 엄청나기. 엄청시리.

억시기[1][억씨기 - _ _] 부 엄청나게. ☞억수로. 엄청나기. 엄청시리.

억시기[2][억씨기 _ - _] 부 억세게. ☞억수로. 엄청나기. 엄청시리.

억씨다[- - _] 형 억세다. ①마음먹은 바를

ㅇ

이루려는 뜻이나 행동이 억척스럽고 세차다. ¶저 냥반은 성미가 억씨다. =저 양반은 성미가 억세다. ②생선의 뼈나 식물의 줄기, 잎, 풀 먹인 천 따위가 아주 딱딱하고 뻣뻣하다. ¶시굼치 이푸리가 억씨다. =시금치 이파리가 억세다. ③팔, 다리, 골격 따위가 매우 우락부락하고 거칠어 힘이 세다. ¶삐대가 억씨기 생기무웄다. =뼈대가 억세게 생겨먹었다. ④그 정도가 아주 높거나 심하다. ¶날이 억씨기도 춥우서 클났다. =날씨가 억세게도 추워서 큰일났다. ⑤말투 따위가 매우 거칠고 무뚝뚝하다. ¶말은 억씨지마는 마암씨는 미하다. =말은 억세지만 마음씨는 예쁘다.

언[1][-] 관 어느. ¶【관용구】언 넘은 무시 뿌리이 묵고 언 넘은 인삼 뿌리이 묵나. =어느 놈은 무 뿌리 먹고 어느 놈은 인삼 뿌리 먹나. ☞어넌. 어니.

언[2][_] 부 이리. 이쪽 방향으로. 또는 이곳으로. ¶언 도라. 내가 가가께. =이리 다오. 내가 가져갈게. ☞인.

언가이[엉가~이 _-_] 부 어지간히. ①수준이 보통보다 약간 더 하게. ¶아아로 언가이 머라캐라. =애를 어지간히 야단쳐라. ②정도나 형편이 기준에 크게 벗어나지 아니한 상태로. ¶시간을 언가이 맞챴다. =시간을 어지간히 맞추었다. ③보통 정도보다 훨씬 더. ¶언가이 싸우마 내가 그카까? =어지간히 싸우면 내가 그러겠니? ☞어지가이. 언가이. 엔가이. 인가이.

언간하다[_ _-_] 형 어지간하다. ①수준이 보통에 가깝거나 그보다 약간 더 하다. ¶너거 딸아는 생긴 것도 언간하고 성긱도 좋네. =너희 딸애는 생긴 것도 어지간하고 성격도 좋네. ②정도나 형편이 기준에 크게 벗어나지 아니한 상태에 있다. ¶언간하마 니가 참아라. =어지간하면 네가 참아라. ③생각보다 꽤 무던하다. ¶너가부지가 싱미가 언간한께네 참는 기다. =너희 아버지가 성미가 어지간하니까 참는 것이다. ④성격 따위가 생각보다 심하다. ¶글마는 언간한께네 건디리지 마라. =그놈은 어지간하니까 건드리지 마라. ☞엔간하다. 인간하다.

언더라[_-_] 동 이리 다오. *표준어 '이리 다오'는 하나의 구절이지만 창녕방언 '언더라'는 한 단어처럼 연속으로 발음한다. ¶안 데거등 언더라. 내가 해보께. =안 되거든 이리 다오. 내가 해볼게. ☞언도고. 언도라.

언도고[_-_] 동 이리 다오. ☞언더라. 언도라.

언도라[_-_] 동 이리 다오. ☞언더라. 언도고.

언새[_-] 부 어느새. ☞어넌새.

언성시럽다[언성시럽따 _ _-_ _] 형 몸서리나다. 아주 지겹도록 싫증이 나서 몸을 떨다. ¶고래 고상한 거로 생각하마 언성시럽어서 말또 하기 싫다. =고렇게 고생한 걸 생각하면 몸서리나서 말도 하기 싫다.

언자[_-] 명 이제. ①바로 이때. 지나간 때

와 단절된 느낌을 준다. ¶다릉 거는 언자 필오가 없다. =다른 건 이제 필요가 없다. ②특별한 뜻이 없고 디딤돌 역할을 하는 말. ¶알라가 울마 언자 젖을 믹이야지. =아기가 울면 이제 젖을 먹이야지. ☞인자. 인지.

언자사[_-_] 부 이제야. 말하고 있는 이때에 이르러서야 비로소. ¶신추룩 있다가 언자사 와 카노? =실컷 있다가 이제야 왜 그러니? ☞언자서. 인자사. 인자서. 인지사.

언자서[_-_] 부 이제야. ☞언자사. 인자사. 인자서. 인지사.

언젯년[언젠년 _--] 명 어느 해. 지나간 어떤 해. *'언젯년'은 하나의 단어로 연속해서 발음하고 합성어로 쓰인다. ¶언젯년에는 장매가 지서 난리지있다. =어느 해에는 장마가 져서 난리쳤다. ☞운젯년. 한해.

언젯년에끼[언젠녀네끼 _--__] 명 어느 해께. 지나간 어떤 해께. ¶언젯년에끼는 아아가 죽울 뻔했다. =어느 해께는 애가 죽을 뻔했다. ☞운젯년에끼. 한해끼.

언지[__] 감 아니. 상대방의 묻는 말에 그렇지 않다는 뜻으로 대답할 때 하는 말. *창녕방언에서 부정 혹은 반대 표현은 손아랫사람에게는 '어데', '언지', '오데', '엉어'로 실현된다. ¶갑(질문): 지익 안 드싮지예? 을(대답): 언지, 지익을 묵고 왔다. =갑(질문): 저녁 안 드셨지요? 을(대답): 아니, 저녁 먹고 왔다. ☞아이. 어데. 어언지. 없이. 엉어. 오데.

언지리[_-_] 명 언저리. ①둘레를 이룬 가나 그 가까이. ¶할배 산소 언지리에 새가 마이 삽미더. =할아버지 산소 언저리에 새가 많이 삽니다. ②어떤 나이나 시간의 전후. ¶그 냥반 나가 마은 언지리 쭘 데 빈다. =그 양반 나이가 마흔 언저리 쯤 돼 보인다. ③어떤 수준이나 정도의 위아래. ¶니는 너거 반에서 꼰또 언지리제? =너는 너희 반에서 꼴찌 언저리지?

언지예[_-_] 감 아니오. 존댓말로, 부정이나 반대의 뜻을 나타내는 말. *창녕방언에서 부정 혹은 반대 표현은 손윗사람에게는 '어데예', '언지예', '오데예'로 실현된다. ¶갑: 씨기 아푸나? 을: 언지예, 참울 만합미더. =갑: 많이 아프냐? 을: 아니오, 참을 만합니다. ☞어데예. 어언지예. 오데예.

언청[-_] 부 한층(-層). 일정한 정도에서 한 단계 더. ¶그거뽀다마 이기이 언청 낫다. =그것보다는 이게 한층 낫다. ☞한칭.

언캉[1][-_] 명 원체(元體). 두드러지게 아주. ☞금분.

언캉[2][-_] 부 워낙. ①두드러지게 아주. ¶날이 언캉 춥우서 저카지예. =날씨가 워낙 추워서 저러지요. ②본디부터. ¶저 집은 언캉 없이사는 집이다. =저 집은 워낙 가난한 집이다.

얹이다[언지다 -__] 동 얹다. ①위에 올려놓다. ¶【속담】살강 밑에서 술묵 얹있다. =살강 밑에서 숟가락 얹었다. ②일정한 분량이나 액수 위에 얼마 정도

ㅇ

더 덧붙이다. ¶복숭장사가 복숭 몇 개로 더 얹이 줍디더. =복숭아장수가 복숭아 몇 개를 더 얹어 줍디다. *얹이고[언지고 -__], 얹이지[언지지 -__], 얹이서[언지서 -__], 얹있다[언짇따 -__]. ☞얹하다.

얹하다[언차다 _-_] 동 얹다. ☞얹이다.

얻다[어따 _-] 동 빌리다. 나중에 갚거나 돌려주기로 하고 얼마 동안 가져다 쓰다. ¶【속담】얻어온 개이 겉다. =빌려온 고양이 같다.

얻우묵다[어두묵따 _-__] 동 얻어먹다. 남에게 음식을 빌어서 먹다. ¶【속담】얻우무울 것도 사돈집 노랑 강새이 머리몬 얻어묵눈다. =얻어먹을 것도 사돈집 노랑 강아지 때문에 못 얻어먹는다. ¶【속담】눈치가 있어야 절에 가서도 젓국을 얻우묵눈다. =눈치가 있어야 절에 가서도 젓국을 얻어먹는다. ☞빳기묵다.

얼가낳다[얼가나타 _-__] 동 얼기설기해놓다. ①가는 것을 이리저리 뒤섞이어 얽혀놓다. ¶울따리로 새끼디이로 얼가낳았다. =울타리를 새끼줄로 얼기설기해놓았다. ②엉성하고 조잡하다. ¶집을 움막매로 얼가낳고 산다. =집을 움막처럼 얼기설기해놓고 산다.

얼가이[얼가~이 --_] 명 얼간이. ¶얼가이 겉은 소리. =얼간이 같은 소리.

얼개설개[___-] 부 얼기설기. 가는 것이 이리저리 뒤섞여 얽혀 있는 모양을 나타내는 말. ¶【속담】얼개설개 수양딸 맏미너리 삼는다. =얼기설기 수양딸 맏며느리 삼는다.

얼겅기리다[__-__] 동 을근거리다. 미워하거나 해치려는 마음을 드러내어 으르대다. ¶니는 내마 보마 와 얼겅기리노? =너는 나만 보면 왜 을근거리니? ☞어러렁기리다.

얼골[_-] 명 얼굴. ①눈, 코, 입이 있는 머리의 앞면. ¶【속담】지 얼골엔 분 바리고 넘우 얼골엔 똥 바런다. =제 얼굴엔 분 바르고 남의 얼굴엔 똥 바른다. ¶【속담】깨구리 얼골에 물 벗기다. =개구리 얼굴에 물 붓기다. ②머리 앞면의 전체적 윤곽이나 생김새. ¶【속담】얼골보담 코가 더 크다. =얼굴보다 코가 더 크다. ③주위에 잘 알려져서 얻은 평판이나 명예. 또는 체면. ¶너가부지 얼골 쫌 시아조라. =너희 아버지 얼굴 좀 세워줘라.

얼굼배이[얼굼배~이 __-_] 명 얼금뱅이. 얼굴이 얼금얼금 얽어 있는 사람을 얕잡아 이르는 말. ☞꼼보. 꼼보딱지. 빡지.

얼굼얼굼[___-] 부 얼금얼금. 굵고 얕게 얽은 자국이 촘촘하게 있는 모양을 나타내는 말.

얼기미[_-_] 명 어레미. 바닥의 구멍이 굵은 체.

얼기빗[얼기빋 _-_] 명 얼레빗. 살이 굵고 성긴 큰 나무빗. ¶【속담】얼기빗 챔빗 품고 가도 지 복이 있으마 잘산다. =얼레빗 참빗 품고 가도 제 복이 있으면 잘산다.

얼떨김[얼떨낌 __-] 명 얼떨결. ((‘얼떨김에’ 꼴로 쓰여)) 여러 가지가 붐비고 복잡하거나 바빠서 정신이 얼떨떨한 판. ¶아부지가 머라카는 바람에 얼떨김에 대답해뿠다. =아버지가 야단치는 바람에 얼떨결에 대답해버렸다.

얼또당또안하다[-_-____] 형 얼토당토않다. ①일이나 말 따위가 도무지 이치에 맞지 않다. ¶【관용구】얼또당또안한 소리로 하다. =얼토당토않은 소리를 하다. ②어떤 대상이 다른 대상과 전혀 관계가 없다. ¶얼또당또안한 소무이 납디더예. =얼토당토않은 소문이 납디다.

얼띠기[_-_] 명 얼뜨기. 어수룩하고 얼빠진 데가 있는 사람.

얼띠다[_-_] 형 얼뜨다. 다부지지 못하여 어수룩하고 얼빠진 데가 있다. ¶【속담】얼띤 봉비[逢變]이다. =얼뜬 봉변이다. ☞떨빵하다. 삐리하다. 얼빵하다.

얼라[1][_-] 명 어린애. ☞알라.

얼라[2][_-] 명 아기. ☞알라.

얼라[3][_-] 명 아이. 나이가 어린 사람. ¶【속담】뜨물에도 얼라 생긴다. =뜨물에도 아이 생긴다. ☞아아. 알라.

얼라다[1][_-_] 동 어르다. ☞어라다.

얼라다[2][_-_] 동 얼리다. 차가운 상태로 만들어 굳게 하다. ¶【속담】범이 붕알을 동지에 얼라고 입춘에 녹한다. =범이 불알을 동지에 얼리고 입춘에 녹인다. ☞얼아다.

얼런[-_] 부 얼씬. 잠시 얼굴만이라도 내미는 모양을 이르는 말. *'얼씬'은 부정어 '안하다'와 호응하여 쓰인다. ¶【관용구】깨미 새끼 한나 얼런 안 한다. =개미 새끼 하나 얼씬 안 한다.

얼런없다[얼른엄따 -___] 형 어림없다. ①도저히 감당해 낼 수 없거나 비교의 대상이 되기에도 부족하다. ¶얼런없는 소리는 하지도 마래이. =어림없는 소리는 하지도 마라. ②도저히 가능하지 않다. ¶이래갖고는 얼런없다. =이래서는 어림없다. ☞어럼없다. 어룸없다.

얼렁기리다[__-__] 동 어른거리다. ①무엇이 보이다 말다 하다. ¶어둡운 데서 멋이 자꾸 얼렁기립미더. =어두운 데서 뭣이 자꾸 어른거립니다. ②큰 무늬나 희미한 그림자 따위가 자꾸 움직이다. ¶어무이 모십이 눈에 자꾸 얼렁기리네예. =어머니 모습이 눈에 자꾸 어른거리네요.

얼림장[얼림짱 __-] 명 으름장. ☞어룸장. 울림장.

얼만치[__-] 부 얼마큼. ①((의문문에 쓰여)) 수량이나 수준이 어느 정도인가를 묻는 말. ¶아아 대학 씨기는 데에 도이 얼만치 드까예? =애 대학 시키는 데에 돈이 얼마큼 들까요? ②(('-ㄴ지, -는지, -ㄹ지'와 함께 명사절을 이끌어)) 관련된 서술어에 수량이나 분량 또는 일정한 특성 따위가 어느 정도인지 묻는 말. ¶이분 일이 우리인데 얼만치 이익이 델지 모루겠다. =이번 일이 우리한테 얼마큼 이익이 될지 모르겠다. ③(('-ㄴ지, -는지, -ㄹ지'와 함께 명사절을 이끌어)) 관련된 서술어에 대하여 그 정도가 대단하다는 점을 강조하기 위한 말. ¶언자사 내가 얼만치 얼숙윿는지 알겠습미더. =이제야 내가 얼마큼 어리석었는지 알겠습니다. ④얼마의 수량이나 정도쯤 되게. ¶시방 시가이 얼만치 뎄어예? =지금 시간이 얼마큼 됐어요? ☞얼매쭘. 얼매쭘치.

얼매[_-] 부 얼마. ①잘 모르는 수효나 분량이나 정도. ¶올 자아 쌀금이 얼매더노? =오늘 장 쌀 가격이 얼마더냐? ②정하지 않은 수효나 분량이나 정도. ¶얼매가 데등간에 고온나. =얼마가 되든지 가져오너라. ③비교적 적은 수량이나 값 또는 정도. ¶얼매 상간 아이다. =얼마 상관 아니다. ☞울매.

얼매나[_--] 부 얼마나. ①((의문문에 쓰여)) 수량이나 정도를 물어 보는 데 쓰는 말. ¶그단새 니 키는 얼매나 컸노? =그새 네 키는 얼마나 컸니? ②동작의 강도나 상태의 정도가 대단함을 나타내는 말. ¶날이 얼매나 춥운지 물이 깡깡 얼어붙윴다. =날씨가 얼마나 추운지 물이 꽁꽁 얼어붙었다. ③관련된 서술어에 대하여 그 정도가 대단하다는 점을 강조하기 위한 말. ¶얼매나 좋길래 저래 난릴꼬. =얼마나 좋기에 저리 난리일까. ④느낌의 정도를 강조하여 이르는 말. ¶고래 씪어나이 얼매나 비기가 좋아. =그리 씻어놓으니 얼마나 보기가 좋아. ⑤그 수량이나 정도가 생각이나 기대에 미치지 못함을 반어적으로 나타내는 말. ¶【속담】노리 꼬랑대기 질어본들 얼매나 지까이. =노루 꼬리 길어본들 얼마나 길까. ☞울매나.

얼매던강[_-__] 부 얼마든지. ①얼마가 되든지. ¶도이 얼매던강 팔아뿌라 카이소오. =돈이 얼마든지 팔아버리라 하세요. ②조건이나 상황에 관계없이. ¶우리 집에는 얼매던강 놀로 오이소오. =우리 집에는 얼마든지 놀러 오세요. ☞얼매던동. 울매던강. 울매던동.

얼매던동[_-__] 부 얼마든지. ☞얼매던강. 울매던강. 울매던동.

얼매로[_--] 부 훨씬. ¶어지보담아 오올날이 얼매로 더 칩다. =어제보다는 오늘 날씨가 훨씬 더 춥다. ☞헐. 헐썩.

얼매만치[_--_] 부 얼마만큼. ☞어너만침. 얼매만쿰.

얼매만쿰[_--_] 부 얼마만큼. ☞어너만침. 얼매만치.

얼매쭘[_--] 부 얼마큼. ☞얼만치. 얼매쭘치.

얼매쭘치[_--_] 부 얼마큼. ☞얼만치. 얼매쭘.

얼바리[얼빠리 --_] 명 어바리. ☞어주바리.

얼부무리다[__-__] 동 얼버무리다. 말이나 행동을 불분명하게 대충하다. ¶와 말로 얼부무리노? =왜 말을 얼버무리니? ☞뭉구라다.

얼빵하다[__-_] 형 얼뜨다. ☞떨빵하다. 빼리하다. 얼띠다.

얼석다[얼썩따 _-_] 형 어리석다. ☞어리숙다. 얼숙다.

얼숙다[얼쑥따 _-_] 형 어리숙하다. ☞어리숙다. 얼석다.

얼아다[어라다 _-_] 동 얼리다. ☞얼라다.

얼움[어룸 -_] 명 얼음. ¶【속담】얼움에 박 밀듯기 한다. =얼음에 박 밀듯 한다.

얼움떰질[어룸떰질 -_-_] 명 얼음찜질.

얼움떵거리[어룸떵거리 -__-_] 명 얼음덩어리.

얼움판[어룸판 -__] 명 얼음판. ¶【속담】얼움판에 자빠라진 황소 눈깔 겉다. =얼음판에 자빠진 황소 눈깔 같다.

얼죽움[얼주굼 --_] 명 반죽음(半--). *얼(얼추)+죽움(죽음). ¶아매 얼죽움을 했을 꺼로. =아마 반죽음을 했을 걸.

얼쭈[--] 부 얼추. ①어지간한 정도로 대충. ¶오올은 얼쭈 새북에 일났다. =오늘은 얼추 새벽에 일어났다. ②어떤 기준에 거의 가깝게. ¶인자 얼쭈 너거 집에 다 왔을 끼다. =이제 얼추 너희 집에 다 왔을 것이다. ☞얼쭉.

얼쭈잡다[얼쭈잡따 --__] 동 얼추잡다. 대강 짐작하여 정하다. ¶대전꺼지는 얼쭈잡아서 시 시간은 넘기 걸립미더. =대전까지는 얼추잡아서 세 시간은 넘게 걸립니다.

얼쭉[--] 부 얼추. ☞얼쭈.

얼척[_-] 명 어처구니. 맷돌 손잡이.

얼척없다[1][얼척엄따 _-__] 형 어처구니없다. 일이 너무 뜻밖이어서 기가 막히는 듯하다. ¶얼척없어서 말이 안 노온다. =어처구니없어서 말이 안 나온다.

얼척없다[2][얼척엄따 _-__] 형 대단하다. 몹시 크거나 많다. ¶음석을 얼척없이 치리낳았더라. =음식을 대단하게 차려놓았더라. ☞대닳다. 엄첩다.

얼틀거지[__-_] 명 근거(根據). 어떤 일에 그 근본이 됨. 또는 그런 까닭. ¶우리들네가 그랄만한 얼틀거지가 있나? =우리가 그럴만한 근거가 있나? ☞껀덕지. 모티이.

얼풋이[얼푸시 _-_] 부 어렴풋이. ①기억이나 생각 따위가 뚜렷하지 아니하고 흐릿하게. ¶인날 일이 얼풋이 새앙킨다. =옛날 일이 어렴풋이 생각난다. ②물체가 뚜렷하게 보이지 아니하고 흐릿하게. ¶창 넘우로 얼풋이 머가 빕미더. =창 너머로 어렴풋이 뭐가 보입니다. ③소리가 뚜렷하게 들리지 아니하고 희미하게. ¶알라 우는 소리가 얼풋이 딜리지예? =애기 우는 소리가 어렴풋이 들리죠? ④잠이 깊이 들지 아니하고 의식이 있는 듯 만 듯하게. ¶내도 모루기 얼풋이 잠이 들었다. =나도 모르게 어렴풋이 잠이 들었다.

얽아다[얼가다 _-_] 동 얽다. ①노끈이나 줄 따위로 이리저리 걸어서 묶다. ¶울을 이래저래 얽아낳았다. =울타리를 이리저리 얽어놓았다. ②살림살이 따위의 틀을 구성하다. ¶겅그이 얽아가아 산다. =겨우 얽어서 산다. ③어떤 사람이 다른 사람을 일로 이리저리 연관이 되게 하다. ¶그 일에 와 날로 얽알라 캅미꺼? =그 일에 왜 나를 얽으려 합니까? *얽아고[얼가고 _-_], 얽아지[얼가지 _-_], 얽아야[얼가야 _-_], 얽았다[얼갇따 _-_].

얽하다[얼카다 _-_] 동 얽히다. *'얽다'의 사동사. 노끈이나 줄 따위와, 또는 둘 이상의 것이 이리저리 걸려 묶이게 하다. ¶누가 끄내끼로 이래 얽하낳았노? =누가 끈을 이리 얽혀놓았니?

ㅇ

엄떤[--] 관 엉뚱한. ☞어만. 어문. 엉떤.

엄마야[---] 감 어머나. (('어마'를 강조하여)) 깜짝 놀라거나 감탄했을 때 내는 말. ¶엄마야! 이기이 누고? =어머나 이게 누구니? ☞어마나. 엄매야. 옴마야.

엄매야[---] 감 어머나. ☞어머나. 엄마야. 옴마야.

엄버지기[_--_] 명 버치. 아가리가 넓게 벌어진 둥글넓적한 질그릇. ☞버지기.

엄살피아다[엄쌀피아다 -_-__] 동 엄살떨다. 엄살을 지나치게 부리다. ¶엄살피아지 말고 퍼떡 이일나라. =엄살떨지 말고 얼른 일어나라. ☞엉구럭피아다. 허덜피아다.

엄시보다[__-_] 동 업신여기다. 교만한 마음에서 남을 낮추어 보거나 하찮게 여기다. ¶【속담】당나구 몬뗀 기이 생원 엄시본다. =당나귀 못된 것이 생원 업신여긴다. ¶【속담】엄시보던 딸래미가 떡함비기 이고 온다. =업신여기던 딸내미가 떡함지 이고 온다. ☞엄신이이다.

엄신이이다[_--__] 동 업신여기다.

엄첩다[1][_-_] 형 엄청나다. 상황이나 정도가 생각보다 훨씬 심하다. ¶우리 잔아부지는 키가 엄첩기 컵미더. =우리 작은아버지는 키가 엄청나게 컵니다. ☞섬뚝시럽다.

엄첩다[2][_-_] 형 대단하다. 출중하게 뛰어나다. ¶자아가 해낳안 기이 엄첩지예? =재가 해놓은 게 대단하지요? ☞대닪다. 얼척없다.

엄첩다[3][_-_] 형 대견하다. 윗사람이 아랫사람이나 그 언행이 보기에 흡족하고 자랑스럽다. ¶저 나에 저 정도마 엄첩지 머. =저 나이에 저 정도면 대견하지 뭐.

엄첩다[4][_-_] 형 과분하다(過分--). 분수에 넘쳐 있다. ¶징긴 것도 없으민서 돈 씨는 거는 엄첩다. =지닌 것도 없으면서 돈 쓰는 것은 과분하다. ☞가붆다. 대택이다. 오갊다.

엄청나기[1][__-_] 부 엄청나게. 양이나 정도가 생각보다 훨씬 심하게. ¶낭끄터리서 널찌가아 엄청나기 다칬다. =낭떠러지에서 떨어져서 엄청나게 다쳤다. ☞억수로. 억시기. 엄청시리.

엄청나기[2][__-_] 부 억세게. 좋고 나쁜 정도가 심하게. ¶엄청나기 좋운 일이 생깄습미더. =억세게 좋은 일이 생겼습니다. ☞억수로. 억시기. 엄청시리.

엄청시리[1][__-_] 부 엄청나게. ☞억수로. 억시기. 엄청나기.

엄청시리[2][__-_] 부 억세게. ☞억수로. 억시기. 엄청나기.

없다[엄따 _-] 형 없다. *창녕방언 '없다'의 활용 형태는, 연결어미에서는 어간이 '엄-'으로 실현되고, 종결어미에서 어간은 '없'으로, 어미는 '-따'로 실현된다. ①사물 따위가 존재하지 않다. ¶【속담】돈 앞에 장사 없다. =돈 앞에 장사 없다. ¶【속담】없는 꼬랑대이 흔드까. =없는 꼬리를 흔들까. ②가치나 이익 따위가 있지 않다. ¶【속담】내 솥 팔아 넘우 솥 사도 밑질 거 없다. =내 솥 팔아 남의 솥 사도 밑질 것 없다. ③추상적인 감정이나 복 따위가 있지 않다. ¶【속담】복에 없는 관을 씨마 천령개가 벌어진다. =복에 없는 관을 쓰면 천령개가 벌어진다. ④재물 따위가 없어 가난하다. ¶【속담】없는 넘이 삐꿈탄다. =없는 놈이 삐친다. *없고[엄꼬 _-], 없지[엄찌 _-], 없어서[엄서서 __-], 없었다[엄썼따 _--].

없애다[엄새다 _-_] 동 없애다. ¶【속담】근언 빌 칼이 없고 근심 없앨 약이 없다. =근원 벨 칼이 없고 근심 없앨 약이 없다.

없이[1][엄시 _-] 부 없이. ¶【관용구】주는 거 없이 밉다. =주는 것 없이 밉다.

없이[2][엄시 _-] 부 가난하게. ¶【속담】없이 사는 집에 지사 대이딧기. =가난하게 사는 집에 제사 닿듯이.

없이[3][엄시 _-] 감 아니. 아랫사람이나 대등한 관계에 있는 사람의 묻는 말에 부정하여 대답할 때 쓰는 말. ¶갑: 이거 자실랍미꺼? 을: 없이! 안 무울란다. =갑: 이것 잡수시렵니까? 을: 아니! 안 먹으련다. ☞아이. 어데. 어언지. 언지. 엉어. 오데.

없이사다[엄시사다 _--_] 형 가난하다. 살림이 넉넉하지 못하고 어렵다. ¶【속담】없이사는 집 신주 굶딧기 한다. =가난한 집 신주 굶듯 한다. ¶【속담】없이 사는 넘일수룩이 게앗집 짓는다. =가난한 놈일수록 기와집 짓는다.

업디이[업디~이 _-_] 명 업둥이. 집 앞에 버려진 아이. 주로 자식이 없는 집 앞에 버려지며 보통 그 집에서 키운다.

업하다[어파다 _-_] 동 업히다. '업다'의 사동사. ¶【속담】업하가서 난장 맞한다. =업혀가서 난장 맞힌다.

엇니[얻니 _-] 명 덧니. 치열(齒列)을 벗어나서 난 이.

엇질[얻찔 -_] 명 엇길. ①어긋나 갈라진 길. ¶【속담】엇질로 가도 서울마 가마 덴다. =엇길로 가도 서울만 가면 된다. ②바른 도리에서 벗어나 엇나간 행동을 취하는 것을 비유적으로 이르는 말. ¶청깨구리매이로 엇질로마 갈라칸다. =청개구리처럼 엇길로만 가려한다.

엇질나다[어찔나다 -___] 동 엇나가다. 비위가 틀리어 말이나 행동이 이치에 어긋나게 비뚜로 나가다. ¶엇질나는 소리마 한다. =엇나가는 소리만 한다.

-었는[얻는 -_] 어 -었던. 과거시제를 나타내는 연결어미. ¶얼었는 물로 녹핬다. =얼었던 물을 녹였다. ¶그 말로 들었는 사램이 많다. =그 말을 들었던 사람이 많다.

-었지러[얻지러 -__] 어 -었지. ☞-더제.

엉가[1][-_] 명 형(兄). *표준어에서 '엉가'는 '어린아이의 말로, 언니를 이르는 말'이라고 규정하고 있다. 그러나 창녕 방언에서는 같은 부모에게서 태어난 형제 사이이거나 일가친척 가운데 항렬이 같은 동성의 손위 형을 이르거나 부르는 말로 주로 쓰이며 친인척 사이가 아니라도 폭넓게 쓰인다. ¶엉가가 내 꺼로 빼뜰어 갔다. =형이 내 것을 빼앗아 갔다. ☞새이. 성. 시야. 시이. 히야. 히이.

엉가[2][-_] 명 응가. 어린아이의 말로, 똥이나 똥을 누는 일을 이르는 말. ¶옴마, 엉가 매럽다. =엄마, 응가 마렵다.

엉개다리[_ _ _-] 명 안짱다리. ☞앙개다리. 앵기다리.

엉개지다[_-_ _] 동 무너지다. ¶【속담】니 소뿔따구 아이마 내 담이 엉개짔겠나. =네 쇠뿔 아니면 내 담이 무너졌겠냐. ☞무네지다. 무라지다.

엉거꾸[_-_] 명 ((식물))엉겅퀴.

엉거리[1][_ _-] 명 겅그레. 솥에 무엇을 찔 때, 찌는 것이 솥 안의 물에 잠기지 않도록 받침으로 놓는 물건. 주로 대를 쪼개어서 둥글게 만든다. ¶우붕이포리로 엉거리다 폭 쨌다. =우엉이파리를 겅그레에다 푹 쪘다. *이 예문에서 '엉거리다'의 '-다'는 처격조사 '에'가 앞 음절 모음에 완전 동화한 결과이다. ☞겅거리.

엉거리[2][_ _-] 명 시룻밑. 시루의 구멍을 막아 시루 안의 것이 새지 않도록 하는 물건. 가는 새끼나 풀잎 따위를 꼬아서 둥글게 만든다. ☞시리방석.

엉거적엉거적[_ _-_ _-] 뷔 어기적어기적. 팔다리를 부자연스럽고 크게 움직이며 천천히 걷는 모양. ¶오데가 아파서 고래 엉거적엉거적 걸어 댕기노? =어디가 아파서 고렇게 어거적어거적 걸어 다니느냐?

엉걸띠리다[1][_ _-_ _] 동 무너뜨리다. 부수어서 못쓰게 하다. ¶배 노온 담부랑을 엉걸띠맀다. =배 나온 담벼락을 무너뜨렸다. ☞무네띠리다.

엉걸띠리다[2][_ _-_ _] 동 찌푸리다. ①날씨가 매우 음산하게 흐려지다. ¶하알이 엉걸띠린 거로 보이 비가 올란 갑다. =하늘이 찌푸린 걸 보니 비가 오려나 보다. ②얼굴의 근육이나 눈살 따위를 몹시 찡그리다. ¶머 때미로 낯을 엉걸띠리고 있노? =뭣 때문에 낯을 찌푸리고 있니? ☞찌부리다.

엉걸징나다[엉걸찡나다 _-_ _ _] 동 넌더리나다. ☞널치나다.

엉겁질로[--_ _] 뷔 엉겁결에. 자기도 모르는 사이에 갑작스레. ¶놀래서 엉겁질로 가암을 질렀다. =놀라서 엉겁결에 고함을 질렀다. ☞엉겁질에.

엉겁질에[엉겁지레 ---_] 뷔 엉겁결에. ☞엉겁질로.

엉구럭[_ _-] 명 엄살. 아픔이나 괴로움, 어려움 따위를 거짓으로 꾸미거나 실제보다 많이 부풀려 나타내는 일.

엉구럭지이다[_ _ _-_ _] 동 엄살하다. ¶아푸도 안 하민서 엉구럭지인다. =아프지도 않으면서 엄살한다. ☞허덜지이다.

엉구럭피아다[_ _ _-_ _] 동 엄살떨다. ☞엄살피아다. 허덜피아다.

엉굼엉굼[_ _ _-] 뷔 엉금엉금. ☞불불.

엉기[--] 명 암거(暗渠). 물을 대거나 빼기 위하여 땅속이나 구조물 밑으로 낸 도랑. ¶물이 안 빠지서 담부랑 밑에 엉기로 낳았다. =물이 안 빠져서 담 밑에 암거를 놓았다.

엉덩기리다[_ _-_ _] 동 으등거리다. ①몹시 기를 쓰며 고집을 부리거나 애를 쓰다. ¶얼라가 빙언에 안 갈라꼬 엉덩기립미더. =아이가 병원에 가지 않겠다고 으등거립니다. ②못마땅하여 인상을 쓰다. ¶지발 엉덩기리지 마라. =제발 으등거리지 마라.

엉디이[엉디~이 _-_] 명 엉덩이. 볼기의 윗부분. ¶【속담】엉디이로 밤시이로 까라 카마 깐다. =엉덩이로 밤송이를 까라 하면 깐다. ☞엉치.

엉디이춤[엉디~이춤 _--_] 명 엉덩이춤. 신이 나서 엉덩이를 들썩거리며 추는 춤. ¶【속담】굿하고 집어도 메너리 엉디이춤 비기 싫어서 안 한다. =굿하고 싶어도 며느리 엉덩이춤 보기 싫어서 안 한다.

엉때다[1][_-_] 동 문대다. 무엇을 어디에 대고 문지르거나 서로 비비다. ¶강새이가 지 등더리로 엉땐다. =강아지가 제 등허리를 문댄다. ☞문때다.

엉때다[2][_-_] 동 지우다. ☞까문태다. 문때다. 뭉때다. 지아다.

엉떤[--] 부 엉뚱한. ☞어만. 어문. 엄떤.

엉떵하다[--_ _] 형 엉뚱하다. ☞굴척시럽다.

엉망깨구리[--_-_] 명 ((동물))맹꽁이. *엉망깨구리<엉망+개구리. '엉망'은 맹꽁이가 울 때 '어엉마앙'하는 것을 빗댄 의성어. ☞맹꼬이.

엉버지기[_ _-_] 명 자배기. 아가리가 넓게 벌어진 둥글넓적한 질그릇. *'엉버지기'는 '버치'보다 큰 경우에 주로 쓰인다. ¶【속담】입이 엉버지기 겉다. =입이 자배기 같다. ☞도랑사구. 사구.

엉성시럽다[_ _-_ _] 형 지긋지긋하다. ¶이넘우 농사가 인자는 엉성시럽어예. =이놈의 농사가 이제는 지긋지긋해요.

엉어[_-] 감 아니. 부정하는 뜻을 나타내는 감탄형 종결어미. *창녕방언에서 부정 혹은 반대 표현은 손아랫사람에게는 '어데', '언지', '오데', '엉어'로 실현된다. ¶갑(질문): 니는 이기이 마암에 드나? 을(대답): 엉어, 빌로다. =갑(질문): 너는 이게 마음에 드니? 을(대답): 아니, 별로다. ☞아이. 어데. 어언지. 언지. 없이. 오데.

엉치[--] 명 엉덩이. ¶【속담】몬뗀 송안치 엉치에 뿔따구난다. =못된 송아지 엉덩이에 뿔난다. ☞엉디이.

엉쿰시럽다[_ _-_ _] 형 엉큼스럽다. ☞넝꿈시럽다.

엉쿰하다[1][_ _-_] 형 엉큼하다. ☞넝꿈하다.

엉쿰하다[2][_ _-_] 형 음흉하다(陰凶--). 사람이나 그 태도가 마음속이 엉큼하고 흉악하다. ¶엉쿰하기 윗지 마라. =음흉하게 웃지 마라. ☞음숭하다.

엉티이[엉티~이 _-_] 명 고집. 자기 의견을 바꾸거나 고치지 않고 굳게 지켜서 우김.

엉티이부리다[엉티~이부리다 _-_ _ _ _] 동 고집부리다. 고집이 드러나는 행동을 하다. ¶씰데없는 엉티이부리지 마래이. =쓸데없는 고집부리지 마라. ☞고집피아다.

엊그지[얻그지 _-_] 명 엊그제. ☞어지그지. 어지아리.

엊그지끼[얻그지끼 _-_ _] 부 엊그저께. ☞어지그지끼. 어지아리끼.

엊지익[얻지익 _ _-] 명 엊저녁. '어제저녁'

의 준말. ¶엊지익에 누가 옸더나? =엊저녁에 누가 왔더냐?

엎디리다[업띠리다 _-__] 동 엎드리다. ¶【속담】엎디리서 절 받는다. =엎드려서 절 받는다.

엎우지다[어푸지다 -_-_] 동 엎어지다. 앞으로 넘어지다. ¶【속담】떡함비기에 엎우짔다. =떡함지에 엎어졌다. ¶【속담】나갔던 상주 지상[祭床]에 엎우진다. =나갔던 상주 제상에 엎어진다.

엎지다[업찌다 _-_] 동 엎지르다. 그릇에 담기어 있는 액체 따위를 뒤집어엎어 쏟아지게 하거나 흔들어 넘쳐 나가게 하다. ¶【속담】이양지 엎진 물. =이왕에 엎지른 물.

에고집[-__] 명 외고집(-固執). 융통성이 없이 외곬으로 부리는 고집. ¶【관용구】에고집을 부리다. =외고집을 부리다.

에골나다[-_-_] 동 약오르다. ☞약발받다.

에닐곱[_-_] 수 예닐곱. 여섯이나 일곱쯤 되는 수. 또는 그런 수의. ¶자아는 나가 에닐곱은 데 비인다. =쟤는 나이가 예닐곱은 되어 보인다.

에다아[--_] 조 에다가. ①체언이 어떤 행위에 영향을 입는 구체적 장소임을 나타내는 부사격 조사. ¶저거 집에다아 불로 질렀다 말가? =자기 집에다가 불을 질렀다 말이니? ②체언이 어떤 행위에 영향을 입는 추상적 장소임을 강조하여 나타내는 부사격 조사. ¶이거는 오데에다아 갖다 낳알래? =이건 어디에다가 가져다 놓을래? ③체언이 어떤 행위의 추상적 대상임을 나타내는 부사격 조사. ¶오새는 좋운 일에다아 심을 씬다. =요새는 좋은 일에다가 힘을 쓴다. ④어떤 것에 다른 것이 추가되거나 더하여짐을 강조하여 나타내는 부사격 조사. ¶오올은 양복에다아 넥타이꺼정 맸다. =오늘은 양복에다가 넥타이까지 맸다. ⑤여러 가지 사실을 열거하여 늘어놓음을 강조하여 나타내는 부사격 조사. ¶앉인자리서 국밥에다아 탁배기 두 주준자꺼정 무웄다. =앉은자리에서 국밥에다가 탁주 두 주전자까지 먹었다. ⑥도구나 수단을 나타내는 부사격 조사. ¶꼬치는 빛에다아 말라야 맛닉다. =고추는 볕에다가 말려야 맛있다. ⑦평가의 기준점을 강조하여 나타내는 부사격 조사. ¶날로 미렪다꼬 곰에다아 전잔다. =미련하다고 곰에다가 견준다. ☞다가. 아다가. 어다가. 오다가. 우다가. 이다가.

에라이[에라~이 _-_] 감 에라. ①생각을 단념하거나 무엇을 포기하려 할 때 내는 소리. ¶에라이, 빌어묵을 꺼! =에라, 빌어먹을 것! ②누군가가 하는 짓이 못마땅할 때 하는 소리. ¶에라이, 문디이 자석아! = 에라, 문둥이 자식아!

에럽다[에럽따 -__] 형 어렵다. ☞어럽다.

에럽어하다[에러버하다 -____] 동 어려워하다. ☞어럽어하다.

에럽움[에러붐 -__] 명 어려움. ☞어럽움.

에로가다[--__] 동 에워가다. 바른길로 가지 아니하고 둘러 가다. ¶다른 질로 에로갔어예. =다른 길로 에워갔어요.

에리다[-__] 형 어리다. 나이가 적다. ①

십대 후반을 넘지 않은 나이를 이른다. ¶생각보담아 에리다. =생각보다 어리다. ②나이가 비교 대상보다 적다. ¶니뽀담아 에리네. =네보다 어리네. ③동물이나 식물 따위가 난 지 얼마 안 되어 작고 여리다. ¶에린 모상을 잉기 숭궀다. =어린 모종을 옮겨 심었다. ☞이리다.

에마디[--_] 명 외마디. 소리나 말의 단 한 마디. ¶우예 에마디 말또 없이 가뿠노? =어찌 외마디 말도 없이 가버렸니?

에미[-_] 명 어미. *창녕방언에서는 표준어 '어미'에 해당하는 '에미'와 '이미'는 지칭과 호칭에서 언어 환경에 따라 달리 실현된다. ①시부모가 아들에게 아내인 며느리를 이르는 말. ¶에미캉 너거 처가아 댕기온나. =어미와 너희 처가에 다녀오너라. ②자녀를 둔 남자가 웃어른 앞에서 자기 아내를 낮추어 이르는 말. ¶어무이, 에미가 쫌 늦는답미더. =어머니, 어미가 좀 늦는답니다. ☞어마이. 어메. 이미.

에북[-_] 부 제법. ☞어북. 우북. 지북.

에뿌다[_-_] 형 예쁘다. 생긴 모양이 아름다워 눈으로 보기에 좋다. ¶【속담】안사람이 에뿌마 처갓집 말띠기도 에뿌다. =아내가 예쁘면 처갓집 말뚝도 예쁘다. ☞미하다. 예뿌다. 이뿌다.

에뿌장하다[___-_] 형 예쁘장하다. 제법 예쁘다. ¶저 처이는 에뿌장하기 생겄다. =저 처녀는 예쁘장하게 생겼다. ☞예뿌장하다. 이뿌장하다.

에뿌하다[_-__] 형 예뻐하다. ☞곱아하다. 예뿌하다. 이뿌하다.

에사[-_] 조 에야. 시간 공간상의 일정한 범위를 강조하여 나타내는 말. *격 조사 '에'에 보조사 '사'가 결합한 말이다. ¶【속담】숭년에사 윤달 찌있다. =흉년에야 윤달 끼었다. ¶아모리 거캐도 이곶에사 찾아오지 몬하겠지. =아무리 그래도 이곳에야 찾아오지 못하겠지. ☞사.

에상[_-] 명 외상(外上). 값은 나중에 치르기로 하고 물건을 사거나 파는 일. ¶【속담】부잿집 에상뽀담아 거러지 맞도이 낫다. =부잣집 외상보다는 거지 맞돈이 낫다. ☞에상빼기. 에상빼이. 이상. 이상빼기.

에상빼기[__-_] 명 외상(外上). '외상'을 속되게 이르는 말. 값은 나중에 치르기로 하고 물건을 가져가는 일. ¶【속담】에상빼기라 카마 소도 자아묵눈다. =외상이라 하면 소도 잡아먹는다. ☞에상. 에상빼이. 이상. 이상빼기. 이상빼이.

에상빼이[에상빼~이 __-_] 명 외상(外上). '외상'을 속되게 이르는 말. ☞에상. 에상빼기. 이상. 이상빼기. 이상빼이.

에아다[-__] 동 에우다. 무엇으로 사방을 빙 두르다. ¶이 집은 돌담부랑이 에아고 있다. =이 집은 돌담이 에우고 있다.

에아싸다[-_-_] 동 에워싸다. 사방을 둘러서 싸다. ¶우리 동네는 야투막한 사이 에아싸고 있습니다. =우리 동네는 야트막한 산이 에워싸고 있습니다.

에아쌔이다[-__-_] 동 에워싸이다. 둘레가 빙 둘러막히거나 가려지다. ¶곡석

ㅇ

이 잡풀에 에아쌔있다. =곡식이 잡풀에 에워싸였다.

에이[에~이 _-] 명 영여(靈輿). 장사를 지낸 뒤에 혼백(魂帛)과 신주(神主)를 모시고 집으로 돌아오는 작은 가마.

에이꾼[에~이꾼 __-] 명 영여꾼(靈輿-). 잉여를 드는 사람. 앞뒤 한 사람씩 두 사람이 든다.

에이씨[_-_] 감 에잇. 비위에 거슬려 불쾌할 때 내는 소리. ¶에이씨, 재수 없다. =에잇, 재수 없다.

에차[_-] 부 별로(別-). ¶에차 잘난 것도 없어민서 저칸다. =별로 잘난 것도 없으면서 저런다. ☞밸로. 빌로.

엔가이[엔가~이 _-_] 부 어지간히. ☞어지가이. 언가이. 인가이.

엔간하다[__-_] 형 어지간하다. ☞언간하다. 인간하다.

엔만침[_-_] 부 웬만치. ①허용되는 범위에서 크게 벗어나지 아니할 만큼. ¶몸에 이하다 카는 약도 엔만침 무우야 덴다. =몸에 이롭다는 약도 웬만치 먹어야 된다. ②보통은 넘는 정도로. ¶그만하마 너거 할배는 엔만침 살았니라. =그만하면 너희 할아버지는 웬만치 살았느니라.

엘로[1][--] 부 오히려. 일반적인 기준이나 짐작, 기대와는 전혀 반대되거나 다르게. ¶【속담】베락에는 엘로 바가치 씬다. =벼락에는 오히려 바가지를 쓴다. ☞디우. 딧디. 오히리.

엘로[2][--] 부 차라리. 그럴 바에는 오히려. ¶【속담】넘 주니이 엘로 개로 주겄다. =남 주느니 차라리 개를 주겠다. ☞차래리.

여개[-_] 명 여가(餘暇). 일이 없어 남는 시간. ¶내는 거칼 여개가 없다. =나는 그럴 여가가 없다.

여게[-_] 명 여기. 말하는 이에게 가까운 곳을 가리키는 지시 대명사. *'여기'를 뜻하는 창녕방언에는 '여게'와 '여어'가 있다. 공시론적으로 볼 때, '여게'는 '여기+에'로 분석 가능하지만, '여어'에 대한 설명은 쉽지 않다. 이론적으로 말하면, '여어'가 '여기'의 뜻이고 장음(하강조)은 처격조사 '에'가 앞 모음에 완전 동화한 결과이다. '여기'가 '여어'로 되는 과정이 설명하기 어려운 부분이다. 창녕방언 처격조사 '에'가 체언의 끝소리가 'ㅇ'이거나 모음이면 앞 체언의 마지막 모음에 완전 동화되는 일은 자연스러운 현상처럼 보인다. '거어/거게, 저어/저게'도 같은 양상을 보인다. '이, 그, 저'와 관련되면서도 모음이 변이하는 '요오/요게, 고오/고게, 조오/조게'도 성조까지 동일한 양상을 보인다. ¶여게는 살기가 좋운 곳입미더. =여기는 살기가 좋은 곳입니다. ☞여어. 여따아. 이따아.

여게저게[-_-_] 명 여기저기. 여러 장소를 통틀어 이르는 말. ¶좋운 물견이 있는강 여게저게 더틀어밨다. =여기저기 알아보았다. ☞온데만데.

여기듣다[여기드따 -___] 동 여겨듣다. 말이나 소리를 정신을 차리고 기울여 듣다. ¶저기이 먼 소린강 여기들어 바라.

=저게 뭔 소린지 여겨들어 봐라.

여기보다[-___] 동 여겨보다. 눈에 익혀 가며 주의깊게 살펴보다. ¶언 넘이 오능강 여기바라. =어느 놈이 오는지 여겨봐라.

여꾸리[_-_] 명 옆구리. ¶【속담】여꾸리에 섬을 찼나. =옆구리에 섬을 찼나. ☞옆우리.

여꿀대[_-_] 명 ((식물))여뀌. ☞너굿대. 보악때. 여끗대.

여끗대[여꾸때 _-_] 명 ((식물))여뀌. ☞너굿대. 보악때. 여꿀때.

여나암[_-_] 수 여남은. 열이 조금 넘는 수. ¶그 집 손지는 여나암 살 날쭉해 비이데에. =그 집 손자는 여남은 살 남짓해 보이데요. ☞여남운.

여남운[여나문 _-_] 수 여남은. ☞여나암.

여내[-_] 부 이내. ①시간적으로 얼마 되지 않아서 곧. ¶껌운 구룸이 몰리온께네 여내 비가 퍼버었다. =검은 구름이 몰려오니까 이내 비가 퍼부었다. ②공간적으로 멀지 않은 가까이에. ¶이 산마 넘우마 여내 우리 동네가 비입미더. =이 산만 넘으면 이내 우리 마을이 보입니다.

여드릿날[여드린날 -___] 명 여드렛날.

여따아[_-_] 명 여기. ☞여게. 여어. 이따아.

여때꺼정[_--_] 부 여태껏. '여태'를 강조하여 이르는 말. ¶여때꺼정 머 하다가 인자사 오노? =여태껏 뭘 하다가 이제야 오니? ☞여때꿈. 여태꺼정. 이때꺼정. 이때꿈. 이태꺼정.

여때꿈[_-_] 부 여태껏. ☞여때꺼정. 여태꺼정. 이때꺼정. 이때꿈. 이태꺼정.

여러치[__-] 명 여럿이. 여러 사람. ¶【속담】여러치 가는 데 썪이마 빙든 다리도 끟기간다. =여럿이 가는 데 섞이면 병든 다리도 끌려간다.

여럭씨[_-_] 명 대마씨앗(大麻--).

여럽다[_-_] 형 열없다. ①성질이 다부지지 못하고 묽다. ¶【속담】키 크고 안 여럽운 사람 없다. =키 크고 안 열없는 사람 없다. ②다 자란 사람이 어린애 행동을 하다. ¶【관용구】여럽운 짓을 하다. =열없는 짓을 하다.

여럽이[여러비 _-_] 명 열없쟁이. 열없는 사람을 낮잡아 이르는 말. ¶【속담】여럽이가 애질갑우까이. =열없쟁이가 애교스러우랴.

여럽조시[_--_] 명 열쭝이. ☞써리뻴가리.

여룸[-_] 명 여름[夏]. ¶【속담】지집 마움은 여룸 하알이다. =계집 마음은 여름 하늘이다.

여룸내[-__] 명 여름내. ¶【속담】봄내 여룸내 등빼 히인다. =봄내 여름내 등뼈 휜다.

여룸니비[-_-_] 명 여름누에. 여름에 치는 누에. ¶【속담】여룸니비 덕에 딸 치안다. =여름누에 덕에 딸 시집보낸다.

여룸밤[여룸빰 -__] 명 여름밤. ¶【속담】장매철 여룸밤에 부나부 다알들딧기 한다. =장마철 여름밤에 부나방 달려들듯이 한다.

여룸비[여룸삐 -__] 명 여름비. ¶【속담】여룸비는 잠비 가알비는 떡비. =여름비는 잠비 가을비는 떡비.

ㅇ

여룸풀[-__] 명 여름풀. 여름철에만 무성하게 자라는 여러 가지 풀. ¶【속담】윽대는 여룸풀에 새끼로 친다. =늑대는 여름풀에 새끼를 친다.

여무기[-__] 부 여물게. ☞매. 매매.

여무다[-__] 동 여물다. ①작은 열매 따위가 단단하게 잘 익다. ¶【속담】청대콩이 여무야 여물웄나 칸다. =청대콩이 여물어야 여물었나 한다. ②사람이 성숙해지다. ¶자석들이 말키 여무다. =자식들이 모두 여물다. ③일 따위를 뒤탈이 없도록 잘 마무리하여 끝내다. ¶【관용구】소이 여무다. =손이 여물다. ④사람이나 그 씀씀이가 헤프지 않고 알뜰하다. ¶【관용구】사램이 여무다. =사람이 여물다. ⑤사물의 강도가 단단하다. ¶시리떡이 여무서 몬 무울다. =시루떡이 여물어서 못 먹겠다. ⑥말을 조리 있게 하다. ¶【관용구】입이 여무다. =입이 여물다.

여무치다[__-_] 형 여무지다. ①일 처리나 언행이 옹골차다. ¶【관용구】손끈티이가 여무치다. =손끝이 여무지다. ②사람됨이나 씀씀이 따위가 매우 옹골차고 헤프지 않다. ¶【관용구】사램이 여무치다. =사람이 여무지다.

여물[-_] 명 속. 곡식 알갱이가 속이 차는 것. *명사 '여물'은 동사 '여물다'에서 파생된 말. ¶여물도 안 찬 수시로 새가 까무웄다. =속도 안 찬 수수를 새가 까먹었다.

여물깐[__-] 명 여물간(--間). 여물을 쟁여 두는 헛간.

여물바가치[___-_] 명 여물바가지. 여물죽을 푸는, 자루가 달린 바가지. ¶【속담】여물바가치 마이 간 소 똥 눌 때 알아본다. =여물바가지 많이 간 소 똥 눌 때 알아본다. ☞여물박재기.

여물박재기[___-_] 명 여물바가지. ☞여물바가치.

여물카다[_-__] 동 여물리다. 곡식이나 열매 따위를 여물게 하다. *표준어로 '여물카다'는 '말이나 일 따위를 뒤탈이 없도록 잘 마무리하다.'는 뜻과는 전혀 다른 뜻으로 쓰는 말이다. ¶나락을 좀 더 여물카서 빕시더. =벼를 좀 더 여물려서 벱시다. ☞익하다.

여불때기[__-_] 명 옆댕이. ☞야불때기. 야불띠기. 야풀때기. 야풀띠기. 여불띠기. 여풀때기. 여풀띠기.

여불띠기[__-_] 명 옆댕이. ☞야불때기. 야불띠기. 야풀때기. 야풀띠기. 여불때기. 여풀때기. 여풀띠기.

여비다[-__] 형 여위다. ☞애비다. 얘비다.

여사[_-] 명 예사(例事). ¶오매는 늦이까자는 기이 여사다. =어머니는 늦게 자는 게 예사다. ¶바알질로 여사 잘 하는 기이 아이다. =바느질을 예사 잘하는 게 아니다. ☞이사.

여사내기[__-_] 명 예사내기(例事--). ((흔히 '아이다'와 함께 쓰여)) 만만하게 여길 만큼 평범한 사람. ¶말하는 거로 보이 여사내기가 아이다. =말하는 것을 보니 예사내기가 아니다.

여사로[_--] 부 예사로(例事-). ①보통 일처럼 아무렇지도 아니하게. ¶글마는 쌍말하는 거로 여사로 이인다. =그놈은 상말하는 것을 예사로 여긴다. ②그저 그만하게. ¶자시이 보이 여사로 생긴 물견이 아이네. =자세히 보니 예사로 생긴 물건이 아니네. ☞벌로. 이사로.

여삿말[여산말 _--] 명 예사말(例事-). 높이거나 낮추는 뜻이 없는 보통 말. ☞이삿말.

여삿일[여산닐 _--] 명 예삿일(例事-). 보통 흔히 있는 일. ¶밤새두룩 일하는 기이 여삿일이 데 뺐다. =밤새도록 일하는 것이 예삿일이 되어 버렸다. ☞이삿일.

여서[-_] 수 여섯. 다섯에 하나를 더한 수. 또는 그런 수의. ①물건 따위의 여섯. ¶꼬치 여서 푸대. =고추 여섯 포대. ②개수 여섯 개째. ¶한나, 두얼, 서이, 너이, 다아, 여서. =하나, 둘, 셋, 넷, 다섯, 여섯. ☞여어. 엿.

여석아[여서가 __-] 명 여식(女息). 여자로 태어난 자식. ¶【속담】여석아가 나거들랑 웅천으로 보내라. =여식이 나거든 웅천으로 보내라.

여수¹[_-] 명 예수[Jesus].

여수²[_-] 명 돈거래(-去來). 돈을 주고받는 거래. *표준어 '여수(與受)'는 '물품 따위를 주고받는 행위'를 뜻하지만 창녕방언 화자는 '돈거래'를 일컫는 말로 쓴다. ¶【속담】친한 새에 여수 마라. =친한 사이에 돈거래 마라.

여수재이[여수재~이 __-_] 명 예수쟁이[Jesus--]. '기독교 신자'를 속되게 이르는 말.

여시[_-] 명 ((동물))여우. ¶【속담】여시가 죽우마 토까이가 슬푸한다. =여우가 죽으면 토끼가 슬퍼한다. ¶【속담】꼬랑대기 없는 골짝에서는 꼬랑대기 있는 여시가 빙시이다. =꼬리 없는 골짝에서는 꼬리 있는 여우가 병신이다. ☞야시. 여호.

여시비[_-_] 명 여우비. ¶여시 시집가니라꼬 여시비 온다. =여우 시집가느라고 여우비 온다. ☞야시비.

여신[_-] 부 연신. 잇따라 반복해서 자꾸. ¶와 여신 눈을 깜짝이노? =왜 연신 눈을 깜박이니?

여신날[-__] 명 엿샛날.

여아턴[_-_] 부 여하튼(如何-). ☞야아턴.

여아턴강[_--_] 부 여하튼지(如何--). ☞야아턴강. 야아턴동. 여아턴동.

여아턴동[_--_] 부 여하튼지(如何--). ☞야아턴강. 야아턴동. 여아턴강.

여앵[_-] 명 여행(旅行). ¶위국에 여앵 댕길라 카마 갱비가 마이 들지에? =외국에 여행 다니려 하면 경비가 많이 들죠?

여어¹[-_] 수 여섯. ☞여서. 엿.

여어²[-_] 명 여기. ☞여게. 여따아. 이따아.

여어보이소오[----__] 감 여보시오. ☞보입시더.

여연생[__-] 명 연년생(年年生). 한 살 터울로 아이를 낳음. 또는 그 아이.

여울묵[__-] 명 여울목. 여울이 턱져 물살이 세차게 흐르는 곳. ¶【속담】항새 여울묵 넘바다보듯기. =황새 여울목 넘겨다보듯이.

ㅇ

여을[-_] 명 열흘. ①열 날. ¶【속담】여을 굶운 군자 없다. =열흘 굶은 군자 없다. ②초열흘날. ¶내달 여을에 기추가 있다 캅미더. =내달 열흘에 계취가 있다고 합니다. ☞열을.

여을날[-__] 명 열흘날. ☞열을날.

여있다[--_] 감 옜다. 가까이 있는 사람에게 무엇을 주면서 하는 말. 해라할 자리에 쓴다. ¶여있다, 이거는 니 해라. =옜다, 이건 네 해라. ☞아나.

여자[_-] 명 ((식물))여주.

여자다[1][_-_] 동 견주다. 어떤 대상을 다른 대상에 비교하려고 대어 보다. ¶【관용구】어깨로 여자다. =어깨를 견주다. ☞전자다. 전주다.

여자다[2][_-_] 동 겨누다. ☞가나다. 꼬라다. 야꼬라다. 전자다. 전주다.

여자다[3][_-_] 동 가늠하다. 기나 길이, 시간 따위를 목표나 기준에 맞고 안 맞음을 헤아려 보다. ¶이기이 및 자나 델란가 여자바라. =이게 몇 자나 될는지 가늠해봐라. ☞전자다. 전주다.

여짜[_-] 명 요쪽. ①말하는 이와 듣는 이로부터 가까이 있는 곳이나 방향을 가리키는 지시 대명사. ¶맨 여짜 있는 집이 너거 집이제? =맨 요쪽에 있는 집이 너희 집이지? ②말하는 이와 듣는 이로부터 가까이 있는 사람 또는 사람들을 가리키는 삼인칭 대명사. ¶여짜가 신랑 어무이다. =요쪽이 신랑 어머니다. ③말하는 이와 듣는 이로부터 가까이 있는 사람과 그 사람을 포함한 집단을 가리키는 삼인칭 대명사. ¶저 사램들은 여짜캉 생각이 안 맞다. =저 사람들은 요쪽과 생각이 안 맞다. ④어떤 것을 사이에 둔 이쪽 방향을 가리키는 지시 대명사. ¶담부랑 여짜서 아아들이 놀던데예. =담벼락 요쪽에서 아이들이 놀던데요. ☞여쭈. 여쭉. 요짜. 요쭈. 요쭉.

여짜로[_-_] 부 요쪽으로. 말하는 이와 듣는 이로부터 가까이 있는 곳이나 방향으로. ¶너거는 여짜로 온나. =너희들은 요쪽으로 오너라. ☞여쭈로. 여쭉우로. 요짜로. 요쭈로. 요쭉우로.

여짭다[여짭따 _-_] 동 여쭈다. ¶감이 한 말쌈 여짭겠습미더예. =감히 한 말씀 여쭙겠습니다.

여짭아보다[여짜바보다 _-___] 동 여쭈어 보다. '물어보다'의 높임말.

여쭈[_-] 명 요쪽. ☞여짜. 여쭉. 요짜. 요쭈. 요쭉.

여쭈로[_-_] 부 요쪽으로. ☞여짜로. 여쭉우로. 요짜로. 요쭈로. 요쭉우로.

여쭉[_-] 명 요쪽. ☞여짜. 여쭈. 요짜. 요쭈. 요쭉.

여쭉우로[여쭈구로 --__] 부 요쪽으로. ☞여짜로. 여쭈로. 요짜로. 요쭈로. 요쭉우로.

여차하마[__-_] 부 야다하면. ☞야차하마.

여축없다[1][여축엄따 --__] 형 틀림없다. 조금도 어긋나는 일이 없다. ¶모도 시물니 개라 카더마는 여축없네. =모두 스물 네 개라 하더니 틀림없네. ☞영축없다. 틸림없다.

여축없다[2][여축엄따 --__] 형 정확하다(正

確--). 바르고 확실하다. ¶총을 쌌다카마 여축없이 맞찬다. =총을 쏘았다 하면 정확하게 맞춘다. ☞영축없다.

여축없다[3][여축엄따 --__] 형 깔축없다(-縮--). 조금도 축나거나 버릴 것이 없다. ¶어무이는 쌀 한 내끼도 여축없이 챙긴다. =어머니는 쌀 한 낱도 깔축없이 챙긴다. ☞영축없다.

여태꺼정[_--_] 부 여태껏. ☞여때꺼정. 여때꿈. 이때꺼정. 이태꺼정. 이때꿈.

여풀때기[__-_] 명 옆댕이. ☞야불때기. 야불띠기. 여불때기. 여불띠기. 여풀띠기.

여풀띠기[__-_] 명 옆댕이. ☞야불때기. 야불띠기. 여불때기. 여불띠기. 여풀때기.

여핀네[--_] 명 여편네(女便-). 결혼한 여자를 얕잡아 이르는 말. ¶【속담】끼을밪은 여핀네 발골마 시알린다. =게으른 여편네 발고랑만 센다. ¶【속담】여핀네 안 걸린 살인 없다. =여편네 아니 걸린 살인 없다. ☞안들. 애핀네.

여호[_-] 명 ((동물))여우. ☞야시. 여시.

역부로[_-_] 부 일부러. ☞덜부더리. 덜부로. 부로. 일부로.

역찡[--] 명 역증(逆症). ¶【속담】씨이미인데 역찡 나서 개 배때지 찬다. =시어머니에게 역정 나서 개 배때기 찬다.

엮아다[여까다 _-_] 동 엮다. ①노끈이나 새끼 따위의 여러 가닥을 얽거나 이리저리 어긋매어 어떤 물건을 만들다. ¶마람을 엮았다. =이엉을 엮었다. ②어떤 일이나 사건에 연루되게 하다. ¶매일없이 날로 그 일에 엮아지 마라. =쓸데없이 나를 그 일에 엮지 마라. *엮아고[여까고 _-_], 엮아지[여까지 _-_], 엮아서[여까서 _-_], 엮았다[여깥따 _-_].

연개[_-] 명 언급(言及). 어떤 문제에 대하여 말함. ¶고 일은 연개도 하지 마래이. =그 일은 언급도 하지 마라. ☞연기. 이짜.

연거퍼[_-_] 부 연거푸(連--). 잇따라 여러 번 되풀이하여. ¶내기해가아 연거퍼 시 분을 이겼다. =내기해서 연거푸 세 번을 이겼다.

연기[_-] 명 언급(言及). ☞연개. 이짜.

연까시[_-_] 명 ((동물))사마귀. ☞눈까시. 사마구.

연넘[_-] 명 연놈. '계집과 사내'를 함께 낮잡아 이르는 말. ¶연넘들이 어불리서 놀로 갔다. =연놈들이 어우러져 놀러 갔다.

연수[-_] 명 연세(年歲). '나이'의 높임말. ¶올개 연수가 멫입미꺼? =올해 연세가 몇입니까?

연실[_-] 명 연설(演說). 대중 앞에서 자기 자신의 견해나 주의, 주장 따위를 진술함. ¶저 냥반은 연실로 참 잘 하네이. =저 양반은 연설을 참 잘 하네.

연에[1][여네 -_] 명 연후(然後). 그러한 뒤. ¶일 다 조진 연에 오마 머 하노. =일 다 매조진 연후 오면 뭘 하니. ¶뜨겁우마 식은 연에 마시라. =뜨거우면 식은 연후 마셔라.

연에[2][여네 -_] 부 연달아(連--). 연속해서 자꾸. ¶자석 친구들이 연에 딜이닥칬다. =자식 친구들이 연달아 들이닥쳤다.

ㅇ

연여이[연여~이 _-_] 부 연년이(年年-). 해마다 거르지 않고. ¶기우리가 연녀이 찾아온다. =기러기가 연연이 찾아온다.

연자새[__-] 명 얼레. 연줄을 감는 데 쓰는 기구. ¶【속담】연자새에 연줄 감딧기 한다. =얼레에 연줄 감듯 한다. ☞자새.

연치[_-] 명 ((동물))여치.

열[-] 명 열꽃(熱-). 홍역이나 수두 따위를 앓을 때, 몸에 열이 몹시 높아지면서 살갗의 여기저기에 돋아나는 붉은 점. ¶아아가 열이 피서 고상했다. =애가 열꽃이 피어서 고생했다.

열라다[_-_] 동 열게 하다. *'열라다'는 표준어로 보면 동사구지만 창녕방언에서는 굳어진 말이라 하나의 동사로 보는 게 낫다. ①닫혀있는 것을 열리게 하다. ②¶떱어서 동상보고 문을 열랐다. =더워서 동생보고 문을 열게 했다. ②열매를 풍성하게 달리도록 하다. ¶풍개로 마이 열랄라마 거룸을 낫기 해라. =자두를 많이 열게 하려면 거름을 낫게 해라.

열무시[__-] 명 ((식물))열무. ¶【속담】열무시가 짐치 맛도 안 들어서 군내부텀 난다. =열무가 김치 맛도 안 들어서 군내부터 난다.

열심이[열씨미 --_] 부 열심히(熱心-). ¶젊우서 열심이 일한 사램은 늙어서 펺다. =젊어서 열심히 일한 사람은 늙어서 편안하다.

열씨[_-] 명 열쇠. 자물쇠를 잠그거나 여는 데 사용하는 물건. ¶【속담】도덕넘인데 열씨 맽긴다. =도둑놈한테 열쇠 맡긴다. ☞쎗대. 씻대.

열을[-_] 명 열흘. ☞여을.

열을날[-__] 명 열흘날. ☞여을날.

열합[--] 명 ((동물))홍합(紅蛤). *주로 제수용으로 쓰는 '말린 홍합'을 이르는 말이다.

염나대앙[_-__] 명 염라대왕(閻羅大王). ¶【속담】염나대앙 올 때 뎄다. =염라대왕 올 때 됐다.

염새이[염새~이 _-_] 명 ((동물))흑염소(黑--). *창녕방언에서는 '흑염소'는 '염소' 혹은 '염새이'로 지칭하며, '흰 염소'는 '약소' 또는 '약새이'라고 한다.

염여하다[_-__] 명 염려하다(念慮--). 어떤 일을 여러 가지로 마음을 쓰며 걱정하다. ¶언자는 염여하지 마이소오. =이제는 염려하지 마세요.

염줄[염쭐 _-] 명 염주(念珠). 보리수 따위의 열매를 줄에 꿰어서 만든 법구.

염쩡[_-] 명 염증(厭症). 달갑지 않게 여기는 생각. ¶일로 해보도 안하고 염쩡부텀 낸다. =일을 해보지도 않고 염증부터 낸다. ☞염찡.

염찡[_-] 명 염증(厭症). ☞염쩡.

염체없다[염체엄따 -___] 형 염치없다(廉恥--). 체면을 생각하거나 부끄러움을 아는 마음이 전혀 없다. ¶【속담】염체없는 함안 현갬[縣監]이다. =염치없는 함안 현감이다. ☞깜낭없다.

염필[염필 -_] 명 연필(鉛筆).

염필깩이[염필깨끼 __-_] 명 연필깎이(鉛筆--).

엿[엳 -] ㊄ 여섯. ☞여서. 여어.

엿시[여씨 -_] 명 엿새. ①여섯 날. ¶엿시 디에 온나. =엿새 뒤에 오너라. ②초엿샛날. ¶오올이 초엿시 맞제? =오늘이 초엿새 맞지?

엿재이[1][엳재~이 --_] 명 엿장수. ¶【속담】엿재이 마암대로. =엿장수 마음대로. ¶【속담】버릇 배아라 칸께네 가붓집 문꼬리 빼들고 엿재이 부룬다. =버릇 배워라 하니까 과붓집 문고리 빼어들고 엿장수 부른다.

엿재이[2][엳재~이 --_] 명 ((동물))게아재비. *창녕방언에서 '엿재이'는 표준어에서 일컫는 '소금쟁이'가 아니라 '게아재비'를 두고 부르는 말이다. 표준어 '소금쟁이'는 '물꺼무(물거미)'라 이른다. ☞소굼재이. 소꿀재이.

엿질굼[_-_] 명 엿기름. 보리에 물을 부어 싹이 트게 한 다음에 말린 것. ¶【관용구】엿질굼을 옇다. =엿기름을 넣다. ☞질굼.

영감재이[영감재~이 __-_] 명 영감쟁이(令監--). 나이 든 남편이나 늙은 남자를 낮잡아 이르는 말. ¶【속담】늙은 영감재이 덜미 잡기. =늙은 영감쟁이 덜미 잡기.

영감태이[영감태~이 __-_] 명 영감탱이(令監--). 나이 든 남편이나 늙은 남자를 낮잡아 이르는 말.

영갬[_-] 명 영감(令監). 나이 든 남편이나 늙은 남자. ¶【속담】공기도 젓국이 좋고 늙어도 영갬이 좋다. =곪아도 젓국이 좋고 늙어도 영감이 좋다.

영걸[_-] 부 영영(永永). 영원히 언제까지나. *'영걸'은 '산 사람과 죽은 사람이 영원히 이별함'을 뜻하는 '영결(永訣)'에서 단모음화 하여 와전된 말. ¶빙을 몬 곤치마 영걸 빙시이가 덴다. =병을 못 고치면 영영 병신이 된다. ☞영걸로. 영걸영천.

영걸로[_--] 부 영영(永永). ☞영걸. 영걸영천.

영걸영천[_---] 부 영영(永永). ¶그 집 할매가 애믹이더마는 영걸영천 돌아가싰어예? =그 집 할머니가 애먹이더니만 영영 돌아가셨어요? ☞영걸. 영걸로.

영기[-_] 명 연기(煙氣). 무엇이 탈 때에 생기는 기체. ¶【속담】영기 마신 개이 매이로. =연기 마신 고양이처럼. ¶【속담】안 땐 굴뚝에 영기 나까이. =아니 땐 굴뚝에 연기 나랴.

영동할매[_--_] 명 영등할머니(靈登---). 음력 2월 초하룻날인 영등날에 하늘에서 내려온다는 할머니.

영양[_-] 명 영향(影響). ¶니 말이 영양을 미칬다. =네 말이 영향을 미쳤다.

영엄[-_] 명 영검(靈驗). 사람이 바라는 바를 들어주는 신령한 힘. ¶【속담】법당은 호법당이나 불무(佛無) 영엄이다. =법당은 호법당이나 불무 영검이다.

영엄하다[1][-___] 형 영검하다(靈驗--). 바라는 바를 들어주는 신령한 힘이 있다. ¶【속담】영엄한 점바치 오래 살마 수(壽)한댄다. =영검한 점쟁이 오래 살면 장수한단다.

영엄하다[2][-___] 형 영험하다(靈驗--). '영

검하다'의 원래 말.

영장[_-] 명 송장. 죽은 사람의 몸뚱이. ¶【속담】영장 때리고 살인났다. =송장 때리고 살인났다.

영축없다[1][영축엄따 --_ _] 형 틀림없다. ☞여축없다. 틸림없다.

영축없다[2][영축엄따 --_ _] 형 정확하다(正確--). ☞여축없다.

영축없다[3][영축엄따 --_ _] 형 깔축없다(-縮--). ☞여축없다.

영판[_-] 부 흡사(恰似). ¶야아는 하는 짓이 영판 저가부지 닮았다. =얘는 하는 짓이 흡사 자기 아버지 닮았다. ☞협상.

영판이다[_-_ _] 형 흡사하다(恰似--). ¶저 집 성지간은 생긴 기이 영판이다. =저 집 형제간은 생긴 게 흡사하다. ☞협상이다.

옆눈질[엽눈질 -_ _] 명 곁눈질. 주의를 기울여야 할 곳이 아닌 데에 신경을 쓰는 일. ¶핑생을 옆눈질 한 분 안하고 산다. =평생을 곁눈질 한 번 않고 산다.

옆우리[여푸리 _-_] 명 옆구리. ☞여꾸리.

옆질[엽찔 -_] 명 옆길. ①큰길 옆으로 따로 난 작은 길. ¶이 옆질로 가마 읍내가 노온다. =이 옆길로 가면 읍내가 나온다. ②해야 할 일을 제쳐두고 다른 일을 하는 경우를 비유적으로 이르는 말. ¶【관용구】옆질로 새다. =옆길로 빠지다.

옆쭉[엽쭉 _-] 명 옆쪽. ¶새미는 마당 옆쭉에 있다. =우물은 마당 옆쪽에 있다.

옇다[여타 -_] 동 넣다. ①물건이나 동물을 어떤 공간이나 그 속에 들어가게 하거나 들어 있게 하다. ¶【속담】눈에 옇어도 안 아푸겄다. =눈에 넣어도 안 아프겠다. ¶【속담】빈 소마구에 소 몰아서 옇기. =빈 외양간에 소 몰아서 넣기. ②다른 사람을 단체나 조직 따위에 들어가서 그 구성원이 되게 하다. ¶올봄에 막내이를 핵교에 옇었다. =올봄에 막내를 학교에 넣었다. ③어떤 물질에 다른 물질을 더하거나 섞다. ¶【속담】한 자리에 양석 옇어도 송사한다. =한 자루에 양식 넣어도 송사한다. ④아궁이나 방 따위에 불을 지피어 타게 하다. ¶【속담】굼불 안 옇은 방이 떠시기로 바랜다. =군불 안 넣은 방이 따듯하길 바란다. ⑤무엇을 자기의 손이나 손아귀에 들게 하다. ¶좋운 집을 사서 손에 옇었다. =좋은 집을 사서 손에 넣었다. ⑥어떤 곳에 전화를 하여 안부를 전하거나 소식을 알아보다. ¶운제 올낀지 전아 옇어서 물어바라. =언제 올 것인지 전화 넣어서 물어봐라. ⑦돈을 은행 따위에 맡기거나 예금하다. ¶큰돈을 통자아 옇었다. =큰돈을 통장에 넣었다. ⑧어떤 공간에 글씨나 무늬 따위를 그리거나 박다. ¶빅에 기림을 기리 옇었다. =벽에 그림을 그려 넣었다. ⑨어떤 기관에 서류나 문서 따위를 제출하거나 내다. ¶대학조에 원서로 옇는다. =대학교에 원서를 넣는다. ⑩제삼자를 보내어 자신의 의사를 전달하게 하다. ¶여자 쭉에 중매재이로 옇었다. =여자 쪽에 중신애비를 넣었다. * 옇고[여코 -_], 옇지[여치 -_], 옇야[여야 -_], 옳었다[여얻따 -__].

예[-] 조 요. ①아주 높임 종결어미. '예'는 일반적으로 표준어 '요'나 '-습니다'에 대응하고, 경우에 따라서는 불필요하게 덧붙기도 한다. 이는 상대존대가 지나치게 적용된 결과로 보인다. ¶개이가 조구로 말키 묵고 없데예. =고양이가 조기를 모두 먹고 없던데요. ②호((호칭어에 붙어)) 애교스런 어감을 더하는 말. ¶아부지예, 지는예? =아버지요, 저는요? ③할 말을 고르거나 주저하는 뜻을 나타내는 말. ¶지가예, 어지예, 핵조 안 갔어예. =제가요, 어제, 학교 안 갔어요. ④자신을 낮추어 듣는 이를 높이는 뜻을 나타내는 말. ¶내도예 도이 있습미더예. =나도 돈이 있습니다.

예바치다[--__] 동 공대하다(恭待--). 상대에게 높임말을 하다. ¶조캐인데는 예바칠 꺼 없다. =조카한테는 공대할 것 없다.

예뿌다[_-_] 형 예쁘다. ☞미하다. 에뿌다. 이뿌다.

예뿌장하다[___-_] 형 예쁘장하다. ☞에뿌장하다. 이뿌장하다.

예뿌하다[_-__] 형 예뻐하다. ☞곱아하다. 에뿌하다. 이뿌하다.

예치기[_-_] 명 예초기(刈草機). 풀을 깎는 기계.

옘빙[_-] 명 염병(染病). '장티푸스'를 속되게 이르는 말. ¶【속담】옘빙에 까마구 소리한다. =염병에 까마귀 소리한다. ¶【속담】옘빙에 보리죽 무우야 딧디 낫을다. =염병에 보리죽을 먹어야 오히려 낫겠다.

옛질[예찔 _-] 명 옛길. 예전에 다니던 길.

오갆다[오감타 _-_] 형 과분하다(過分--). 분수에 넘쳐 있다. ¶니인데는 고것도 오갆다. =네게는 고것도 과분하다. *오갆고[오감코 __-], 오갆지[오감치 __-], 오감어서[오가머서 __-_], 오감었다[오가먼따 _--_]. ☞가붆다. 대택이다. 엄첩다.

오강[_-] 명 요강. 방에 두고 오줌을 누는 그릇. ¶【속담】오강 띠끼이로 물 떠무운 거 겉다. =요강 뚜껑으로 물 떠먹은 것 같다. ☞오강단지.

오강단지[오강딴지 _-__] 명 요강. ¶【속담】깨진 오강단지 받들딧기 한다. =깨진 요강 받들듯 한다. ☞오강.

오강장시[오강장씨 _-__] 명 요강장수. 요강을 파는 사람. ¶【속담】씨앗 싸암에 오강장시가 덕을 본다. =시앗 싸움에 요강장수가 득을 본다.

오고라다[__-_] 동 오그리다. '오그라들다'의 사동사. ①물체를 힘을 주어 안쪽으로 오그라지게 하다. ¶굵운 철사는 오고리기가 수울찮다. =굵은 철사는 오그리기가 수월찮다. ②물체의 거죽을 주름이 지면서 쪼그라지게 하다. ¶씰 만한 냄비로 누가 오고랐노? =쓸 만한 냄비를 누가 오그렸니? ③몸이나 몸의 일부를 힘껏 움츠려 작아지게 하다. ¶【속담】도독질한 사램은 오고라고 자고 도독맞은 사램은 피고 잔다. =도둑질한 사람은 오그리고 자고 도둑맞

ㅇ

은 사람은 펴고 잔다. ☞오고리다. 오골라다. 오골씨다. 오구라다. 오구리다. 오굴라다. 오굴씨다.

오고라지다[_ _-_ _] 동 오그라지다. ①물체가 안쪽으로 오목하게 휘어지다. ¶【속담】오고라진 개 꼬랑대기 대봉통에 삼 년 낳아뚜도 안 피진다. =오그라진 개 꼬리 대봉통에 삼 년 놓아두어도 아니 펴진다. ☞오구라지다.

오고리다[_-_ _] 동 오그리다. ☞오고라다. 오골라다. 오골씨다. 오구라다. 오구리다. 오굴라다. 오굴씨다.

오골라다[_ _-_] 동 오그리다. ☞오고라다. 오고리다. 오골씨다. 오구라다. 오구리다. 오굴라다. 오굴씨다.

오골씨다[_-_ _] 동 오그리다. ☞오고라다. 오고리다. 오골라다. 오구라다. 오구리다. 오굴라다. 오굴씨다.

오골오골[1][_ _ _-] 부 오글오글. ①좁은 그릇에서 적은 양의 물이나 찌개 따위가 자꾸 요란스럽게 끓어오르는 소리. 또는 그 모양. ¶딘장을 오골오골 낋있습미더. =된장을 오글오글 끓였습니다. ②작은 벌레나 짐승, 사람 따위가 한곳에 빽빽하게 많이 모여 자꾸 움직이는 모양. ¶통시에 기더리가 오골오골 기이 댕긴다. =변소에 구더기가 오글오글 기어 다닌다. ☞오굴오굴.

오골오골[2][_ _ _-] 부 자글자글. 물체가 쪼그라들어 잔주름이 많은 모양. ¶낯에 주롬이 오골오골 수씨미 겉다. =얼굴에 주름이 자글자글 수세미 같다.

오골오골[3][_ _ _-] 부 곱슬곱슬. ☞꼽실꼽실. 오굴오굴.

오굴오굴[_ _ _-] 부 곱슬곱슬. ☞꼽실꼽실. 오골오골.

오골쪼골[_ _ _-] 부 오글쪼글. 여러 군데가 안쪽으로 오목하게 들어가고 주름이 많이 지게 쪼그라진 모양. ¶주준자가 오골쪼골 오구라짔네예. =주전자가 오글쪼글 오그려졌네요. ☞오굴쪼굴.

오골쪼골하다[_ _ _ _-_] 형 오글쪼글하다. '오그랑쪼그랑하다'의 준말. 여러 군데가 안쪽으로 오목하게 들어가고 주름이 많이 지게 쪼그라져 있다. ¶할마시들 손은 본대 오골쪼골하다. =할멈들 손은 본디 오글쪼글하다. ☞오굴쪼굴하다. 오굴쭈굴하다.

오골챙이[_ _-_] 명 ((동물))올챙이. ¶【속담】가물움에 웅디이 오골챙이 신세. =가뭄에 웅덩이 올챙이 신세. ¶【속담】오골챙이 깨구리 덴 지 및 해나 데나. =올챙이 개구리 된 지 몇 해나 되나.

오골챙이배[_ _-_ _] 명 올챙이배. 똥똥하게 나온 배를 놀림조로 이르는 말.

오골챙이풀[_ _-_ _] 명 ((식물))젓가락나물.

오곰[-_] 명 오금. 무릎의 구부러지는 오목한 안쪽 부분. ¶【관용구】오곰아 날로 살리라. =오금아 날 살려라. ☞오굼.

오곰재이[오곰재~이 _ _-_] 명 오금팽이. 오금이나, 오금처럼 오목하게 팬 곳을 낮잡아 이르는 말. ¶【관용구】오곰재이로 몬 씨다. =오금팽이를 못 쓰다. ¶【관용구】오곰재이가 제리다. =오금팽이가 저리다. ☞오곰팍. 오곰패이. 오굼재이. 오굼팍. 오굼패이.

오곰팍[_ _-] 명 오금팽이. ☞오곰재이. 오곰패이. 오굼재이. 오굼팍. 오굼패이.

오곰패이[오곰패~이 _ _-_] 명 오금팽이. ☞오곰재이. 오곰팍. 오굼재이. 오굼팍. 오굼패이.

오곳하다[오고타다 _ _-_] 형 오긋하다. 물체가 안쪽으로 조금 오그라져 있다. ¶술두리미는 주디이가 오곳하다. =술두루미는 주둥이가 오긋하다. ☞오구당하다. 오굿하다.

오구당하다[_ _ _-_] 형 오긋하다. ☞오곳하다. 오굿하다.

오구라다[_-_ _] 동 오그리다. ☞오고라다. 오고리다. 오골라다. 오골씨다. 오구리다. 오굴라다. 오굴씨다.

오구라지다[_ _-_ _] 동 오그라지다. ☞오고라지다.

오구리다[_-_ _] 동 오그리다. ☞오고라다. 오고리다. 오골라다. 오골씨다. 오구라다. 오굴라다. 오굴씨다.

오굴기리다[_ _-_ _] 동 오물오물하다. 벌레나 짐승 새끼 따위가 한군데에 많이 모여 자꾸 굼뜨게 움직이다. ¶강새이 여섯 바리가 오굴기린다. =강아지 여섯 마리가 오물오물한다.

오굴라다[_-_ _] 동 오그리다. ☞오고라다. 오고리다. 오골라다. 오골씨다. 오구라다. 오구리다. 오굴씨다.

오굴뽀굴[_ _ _-] 부 오글보글. 좁은 그릇에 담긴 물이나 찌개 따위가 거품을 일으키며 자꾸 끓어오르는 소리를 나타내는 말.

오굴씨다[_-_ _] 동 오그리다. ☞오고라다. 오고리다. 오골라다. 오골씨다. 오구라다. 오구리다. 오굴라다.

오굴오굴[1][_ _ _-] 부 오글오글. ☞오골오골.

오굴오굴[2][_ _ _-] 부 자글자글. 오골오골.

오굴오굴[3][_ _ _-] 부 곱슬곱슬. ☞꼽실꼽실. 오골오골.

오굴쪼굴[_ _ _-] 부 오글쪼글. ☞오골쪼골.

오굴쪼굴하다[_ _ _ _-_] 형 오글쪼글하다. ☞오골쪼골하다. 오굴쭈굴하다.

오굴쭈굴하다[_ _ _ _-_] 형 오글쪼글하다. ☞오골쪼골하다. 오굴쪼굴하다.

오굼[-_] 명 오금. ☞오곰.

오굼재이[오굼재~이 _ _-_] 명 오금팽이. ☞오곰재이. 오곰팍. 오곰패이. 오굼팍. 오굼패이.

오굼팍[_ _-] 명 오금팽이. ☞오곰재이. 오곰팍. 오곰패이. 오굼재이. 오굼패이.

오굼패이[오굼패~이 _ _-_] 명 오금팽이. ☞오곰재이. 오곰팍. 오곰패이. 오굼재이. 오굼팍.

오굿하다[오구타다 _ _-_] 형 오긋하다. ☞오곳하다. 오구당하다.

오나락[_--] 명 올벼. 제철보다 일찍 여무는 벼. ¶【속담】오나락 숭군 논에 늦나락 나까이. =올벼 심은 논에 늦벼 나랴. ☞올나락. 올베. 올비.

오나락논[_--_] 명 오려논. 올벼를 심은 논. ¶【속담】거짓말도 잘마 하마 오나락논 서 마지기뽀담 낫다. =거짓말도 잘만 하면 오려논 세 마지기보다 낫다. ☞올나락논. 올베논. 올비논.

오니얼[_--] 명 오뉴월[五六月]. *창녕방

언에서 '유월'은 '유얼'로 실현되지만 '오뉴월'은 '오니얼'로 실현된다. ¶【속담】오니얼 소붕알 겉다. =오뉴월 쇠불알 같다. ¶【속담】오니얼에 얼어 디진다. =오뉴월에 얼어 뒈진다.

오다[~오다 -_] 조 에다. 일정한 위치를 나타내는 격조사. ¶몬 씨는 거는 조오다 치아라. =못 쓰는 것은 조기에다 치워라. ☞다. 다아. 아다. 우다. 이다.

오다가[~오다가 --_] 조 에다가. 일정한 위치를 나타내는 격조사. ¶물로 도오다가 담지 오데 담아예? =물을 동이에다가 담지 어디 담아요? ☞다가. 아다가. 어다가. 에다아. 우다가. 이다가.

오다다[_-_] 동 감싸다. ①손가락을 우그리어 물건 따위를 놓치지 않도록 힘있게 잡다. ¶쏟아뿔라. 단디 오다라. =쏟아버릴라. 야무지게 감싸라. ②물건이나 재물을 챙기다. ¶음석을 말키 오다서 가뿠다. =음식을 모두 감싸서 가버렸다. ③약자를 보호하다. ¶【관용구】처매폭에 오다다. =치마폭에 감싸다. ☞오도바다. 오두바다. 우다다. 우두바다.

오다싸다[1][_--_] 동 움켜잡다. 손가락을 우그리어 힘 있게 꽉 잡다. ¶코피가 나마 코로 오다싸야 덴다. =코피가 나면 코를 움켜잡아야 된다. ☞오도바싸다. 우다싸다. 우두바싸다.

오다싸다[2][_--_] 동 욱여싸다. ①사람이 어떤 장소를 한가운데로 모아들여 싸다. ¶깅찰 여러치 강도로 오다쌌다. =경찰 여럿이 강도를 욱여쌌다. ②가의 것을 욱여 속의 것을 싸다. ¶다치서 피가 나마 옷으로 오다싸래이. =다쳐서 피가 나면 옷으로 욱여싸라. ☞오도바싸다. 우다싸다. 우두바싸다.

오다싸다[3][_--_] 동 둘러싸다. ①둘러서 감싸다. ¶두디기로 알라로 오다싸고 배껕어로 나갔다. =포대기로 아기를 둘러싸고 밖으로 나갔다. ¶짐장독을 비니루로 오다쌌다. =김장독을 비닐로 둘러쌌다. ②둥글게 에워싸다. ¶깅찰이 짜다라 오갖고 그 집을 오다쌌습미더. =경찰이 많이 와서 그 집을 둘러쌌습니다. ☞둘루싸다. 오도바싸다. 우다싸다. 우두바싸다.

오다옇다[1][오다여타 _--_] 동 욱여넣다. 물건을 어떤 곳에 바깥에서 안으로 밀어넣다. ¶애비릴 거는 말키 포대기에 오다옇어라. =내버릴 건 모두 포대에 욱여넣어라. ☞오도바옇다. 우다옇다. 우두바옇다.

오다옇다[2][오다여타 _--_] 동 움켜넣다. ①손가락을 우그리어 손안에 꽉 잡고 놓지 아니하여 넣다. ¶미꾸래이로 그륵에 오다옇었습미더. =미꾸라지를 그릇에 움켜넣었습니다. ②남의 재물을 갈취하다. ¶넘우 돈을 오다옇고 다알났다. =남의 돈을 움켜넣고 달아났다. ☞오도바옇다. 우다옇다. 우두바옇다.

오다지다[_-__] 동 움켜쥐다. ①손가락을 우그리어 손안에 꽉 잡고 놓지 아니하다. ¶단디이 오다지라. =단단히 움켜쥐어라. ②일이나 물건을 수중에 넣고 마음대로 다루다. ¶자석을 우째 오다지겠노? =자식을 어찌 움켜쥐겠는가? ☞오도바지다. 우다지다. 우두바지다.

오더락시리[___-_] 부 오달지게. 마음에 흡족하게. ¶장시가 오더락시리 잘 데네예. =장사가 오달지게 잘 되네요. ☞오지기.

오더락지다[___-_] 형 오달지다. ①마음에 흡족하게 흐뭇하다. ¶【속담】오더락지기는 사돈집 가실 닭이다. =오달지기는 사돈네 가을 닭이다. ②허술한 데가 없이 야무지고 알차다. ¶저 냥반은 디기 오더락지지예. =저 양반은 엄청 오달지지요.

오더막[__-] 명 오두막. ¶저 오더막에 누가 사꼬? =저 오두막에 누가 살까?

오더미로[__--] 부 오자마자. 어떤 장소에 도착한 직후에. ¶집에 오더미로 씪고 잤어예. =집에 오자마자 씻고 잤어요. ☞오덤질로. 오자말자.

오덜깨[_-_] 명 오디. 뽕나무의 열매. ¶【속담】니비가 뽕 묵지 오덜깨 묵나. =누에가 뽕 먹지 오디 먹나.

오덜깨새[_-__] 명 ((동물))오디새. 후투팃과에 속한 새.

오덜투덜하다[____-_] 형 우둘투둘하다. ☞어실터실하다. 우덜투덜하다.

오덤질로[__--] 부 오자마자. 어떤 장소에 도착한 직후에. ☞오더미로. 오자말자.

오데[1][_-] 명 어디. ①((의문문에 쓰여)) 잘 모르는 어느 곳을 가리키는 지시 대명사. ¶여어가 오데라꼬예? =여기가 어디라고요? ②가리키는 곳을 굳이 밝혀서 말하지 아니할 때 쓰는 지시 대명사. ¶【속담】산 짐승이 오데로 몬 가까이. =산 짐승이 어디를 못 가랴. ③((반어적 의문문에 쓰여)) 수량, 범위, 장소 따위가 아주 대단함을 가리키는 지시 대명사. ¶논 서마지기가 오데고? =논 세마지가 어디냐? ④((‘어데꺼정이나’ 꼴로 쓰여)) 조금의 여지도 없음을 이르는 말. ¶이분 일은 오데꺼정이나 절마인데 달렸다. =이번 일은 어디까지나 저놈에게 달렸다.

오데[2][-_] 감 어디. ☞어데.

오데[3][_-] 감 아니. ☞아이. 어데. 어언지. 언지. 없이. 엉어.

오데예[_-_] 감 아니오. ☞어데예. 어언지예. 언지예.

오도바다[__-_] 동 감싸다. ☞오다다. 오두바다. 우다다. 우두바다.

오도바싸다[1][__--_] 동 욱여싸다. ☞오다싸다. 우다싸다. 우두바싸다.

오도바싸다[2][__--_] 동 둘러싸다. ☞둘루싸다. 오다싸다. 우다싸다. 우두바싸다.

오도바옇다[1][오도바여타 __--_] 동 욱여넣다. ☞오다옇다. 우다옇다. 우두바옇다.

오도바옇다[2][오도바여타 __--_] 동 움켜넣다. ☞오다옇다. 우다옇다. 우두바옇다.

오도바이[_-__] 명 오토바이[auto bicycle]. ¶【속담】오도바이가 가부[寡婦] 맨든다. =오토바이가 과부 만든다. ☞가부차.

오도바지다[__-__] 동 움켜쥐다. ☞오다지다. 우다지다. 우두바지다.

오도방정[__-_] 명 오두방정. ¶어룬 앞에서 오도방정을 떨마 몬씬다. =어른 앞

ㅇ

에서 오두방정을 떨면 못쓴다. ☞도래방정. 초래방정. 촐래방정.

오도카이[오도카~이 __-_] 부 오도카니. 넋이 나간 듯이 가만히 한 자리에 서 있거나 앉아 있는 모양. ¶먼 산을 오도카이 치라본다. =먼 산을 우두커니 쳐다본다. ☞오두커이.

오돌삐[_-_] 명 오도독뼈. 소나 돼지의 여린뼈.

오돌오돌[___-] 부 오들오들. 춥거나 무서워서 몸이 작게 자꾸 떨리는 모양을 나타내는 말. ¶아아가 춥우서 오돌오돌 떨고 있다. =아이가 추워서 오들오들 떨고 있다. ☞오둘오둘.

오두바다[__-_] 동 감싸다. ☞오다다. 오도바다. 우다다. 우두바다.

오두커이[오두커~이 __-_] 부 오도카니. ☞오도카이.

오둘오둘[___-] 부 오들오들. ☞오돌오돌.

오둘토둘하다[____-_] 형 오돌토돌하다. 거죽이나 바닥이 고르지 아니하게 군데군데 도드라져 있는 모양을 나타내는 말. ¶골묵길이 오둘토둘하다. =골목길이 오돌토돌하다.

오뚝[_-] 부 오뚝. 작은 물건이 도드라지게 높이 솟아 있는 모양. ¶오뚝 솟운 산꼭띠기. =오뚝 솟은 산꼭대기.

오뚝이[오또기 _-_] 명 오뚝이. ¶【관용구】오뚝이 근성. =오뚝이 근성.

오뚝하다[오또카다 __-_] 형 오뚝하다. 작은 물건이 도드라지게 높이 솟아 있는 상태이다. ¶절마는 콧디이가 오뚝해서 썽깔이 있어 비인다. =저놈은 콧등이 오뚝해서 성깔이 있어 보인다.

오라바씨[--__] 명 오라버니. '오빠'의 높임말. ¶그 집 오라바씨 시상비랐나? =그 집 오라버니 돌아가셨니? ☞오라바이.

오라바이[오라바~이 --__] 명 오라버니. ☞오라바씨.

오래기[_-_] 명 오라기. 실, 헝겊, 종이, 새끼 따위의 길고 가느다란 조각.

오래비[--_] 명 오라비. '오라버니'의 낮춤말. ¶【속담】매구가 오래비 본 거맨치로. =여우가 오라비 본 것처럼.

오레송핀[_--_] 명 오려송편(--松-). 올벼의 쌀로 만든 송편. ¶【속담】작년 팔얼에 무웄던 오레송핀이 노온다. =작년 팔월에 먹었던 오려송편이 나온다.

오루다[_-_] 동 오르다. 사람이나 짐승이 더 높은 곳으로 가기 위해 움직이다. ¶【속담】오루지 몬할 낭근 치라보지도 마라. =오르지 못할 나무는 쳐다보지도 마라.

오루막[__-] 명 오르막. ¶【속담】오루막이 있으마 내러막도 있다. =오르막이 있으면 내리막도 있다. ☞오리막.

오룬손[--_] 명 오른손.

오룬쭉[--_] 명 오른쪽. ¶그 사램은 오룬쭉 누이 이구라지 있데예. =그 사람은 오른쪽 눈이 일그러져 있데요. ☞오린짝.

오룬팔[--_] 명 오른팔.

오룬핀[--_] 명 오른편(--便).

오리막[__-] 명 오르막. ☞오루막.

오리목[--_] 명 ((식물))오리나무.

오린짝[--_] 명 오른쪽. ☞오룬쭉.

오마다[_-_] 동 오므리다. 사물의 가장자리 끝을 한곳으로 모으다. ¶【속담】벌씨나 오마나. =벌리나 오므리나. ☞오무라다. 오무리다. 오바다. 오비다.

오마들다[_-__] 동 오므려들다. ①물건의 가장자리 끝이 한곳으로 점점 줄어지어 모이다. ¶꽃이 씨들키서 오마들었다. =꽃이 시들어서 오므라들었다. ②물체의 거죽이 점점 안으로 오목하게 패어 들어가다. ¶우리 할매는 이가 다 빠지서 뽈태기가 오마들었어예. =우리 할머니는 이가 다 빠져서 볼때기가 오므라들었어요. ☞오무라들다.

오마씨[_-_] 명 어머니. *남의 어머니를 이를 때 쓰는 말. ¶【속담】오마씨가 어붓오마씨마 친애비도 어붓애비가 덴다. =어머니가 의붓어머니면 친아버지도 의붓아버지가 된다. ☞어마씨. 어매. 어무이. 오매.

오마지다[_--_] 동 오므라지다. ☞오무라지다.

오만거떼만거[___--_] 명 이것저것. 오만것. 매우 종류가 많은 여러 가지를 통틀어 이르는 말. *오만+것+떼+만+것. '-떼'는 강세접사. ¶대묵장에는 오만거떼만거 다 팔데예. =대목장에는 이것저것 다 팔데요. ☞오만거띠만거.

오만거띠만거[___--_] 명 이것저것. ☞오만거떼만거.

오만떼만[__-_] 관 오만. 매우 종류가 많은 여러 가지를 이르는 말. *'오만' 뒤에 붙은 '-떼만'은 뜻을 강조하는 접미사. ¶학조 운동자아 오만떼만 데 사램들이 다 왔더라. =학교 운동장에 오만 데 사람들이 다 왔더라. ☞오만띠만.

오만띠만[__-_] 관 오만. ☞오만떼만.

오매[--] 명 어머니. *창녕방언에서 '오매'는 나이가 든 아들이 늙은 '어머니'를 부를 때 주로 사용한다. ☞어마씨. 어매. 어무이. 오마씨.

오목불[오목뿔 _-_] 명 모닥불. 잎나무나 검불 따위를 모아 놓고 피우는 불. ¶【관용구】낯짝에 오목불 담아 벗딧기. =낯에 모닥불 담아 붓듯이. ¶【속담】껄배이는 오목불에 살찐다. =거지는 모닥불에 살찐다.

오무라다[__-_] 동 오므리다. ☞오마다. 오무리다. 오바다. 오비다.

오무라들다[___-_] 동 오므라들다. ☞오마들다.

오무라지다[_-___] 동 오므라지다. ☞오마지다.

오무리다[_-__] 동 오므리다. ☞오마다. 오무라다. 오바다. 오비다.

오묵조묵[___-] 부 오목조목. ①군데군데 조금씩 동글게 패어 들어가 있는 모양을 나타내는 말. ¶야아는 오묵조묵 기엽기 생깄다. =얘는 오목조목 귀엽게 생겼다. ②살림살이 따위의 작은 물건이 놓여 있는 모양. ¶없는 거 없이 오묵조묵 갖차놓고 산다. =없는 것 없이 오목조목 갖춰놓고 산다.

오밤[--] 명 오밤중. ≒한밤중. ¶오밤에 일나가아 와 이카노? =오밤중에 일어나서 왜 이러니?

ㅇ

오북조룸[___-] 명 오복조림. 심하게 조름. ¶동상이 옴마인데 까자 사 도라꼬 오북조룸을 한다. =동생이 엄마에게 과자를 사 달라고 오복조림을 한다.

오분[_-] 명 요번(-番). 곧 돌아오거나 이제 막 지나간 차례. ¶오분에는 누가 대통냥 덴다 카더노? =요번에는 누가 대통령 된다 하더냐? ☞요분.

오바다[-__] 동 오므리다. ☞오마다. 오무라다. 오무리다. 오비다.

오비다[-__] 동 오므리다. ☞오마다. 오무라다. 오무리다. 오바다.

오새[1][_-] 명 요새. '요사이'의 준말. 이제까지의 매우 짧은 동안. ¶오새는 쌀끔이 니랐다. =요새는 쌀값이 내렸다. ☞요시.

오새[2][_-] 명 밭은 이. 특정한 먹을거리를 매우 좋아하는 사람을 이르는 말. *밭은+사람. ¶일마는 묵는 데는 오새다. =이놈은 먹는 데는 밭은 이다. ☞볼애기.

오서[~오서 -_] 조 에서. ¶니는 학조오서 머 비았디노? =너는 학교에서 뭘 배웠더니? ☞서. 아서. 어서. 이서.

오신도신[___-] 부 오순도순. ¶이 동네서는 일개들이 오신도신 모이 삽미더. =이 동네에서는 일가들이 오순도순 모여 삽니다.

오실오실[___-] 부 오슬오슬. 무섭거나 추워서 몸이 자꾸 조금 움츠러들거나 소름이 끼치는 모양을 나타내는 말. ¶강새이가 춥우서 오실오실 떨고 있던데예. =강아지가 추워서 오슬오슬 떨고 있던데요.

오야[_-] 감 오냐. ☞어야.

오올[--] 명 오늘. ¶【속담】니일 닭을 모루고 오올 달갈마 안다. =내일 닭을 모르고 오늘 달걀만 안다. ¶【속담】니일 백 냥보담아 오올 신 냥이 낫다. =내일 백 냥보다 오늘 쉰 냥이 낫다. ☞올.

오올낏[오올낃 -__] 부 오늘껏. 오늘에 이르기까지. ¶잔아부지는 오올낏 일마 하고 살았심더. =작은아버지는 오늘껏 일만 하고 살았습니다.

오올날[-__] 명 오늘날. ¶이전에 비하마 오올날은 살기가 수욿지예. =예전에 비하면 오늘날은 살기가 수월하지요.

오올니일[__-_] 명 오늘내일(--來日). ¶오올니일 중우로 가께예. =오늘내일 중으로 갈게요.

오올니일하다[__-_-_] 동 오늘내일하다(--來日--). ①죽을 때나 해산할 때 따위가 거의 다가오다. ¶꼼짝없이 눕우 지내미 오올니일하는 어무이가 알씨럽다. =꼼짝없이 누워 지내며 오늘내일하는 어머니가 안쓰럽다. ②'어떤 일을 하지 않고 계속 미루다가'의 뜻을 나타내는 말. ¶일로 퍼떡 안 해치아고 오올니일한다. =일을 빨리 안 해치우고 오늘내일한다. ③무척 기다리다. ¶누부가 운제 올란가 오올니일하미 어무이가 바랬고 있다. =누나가 언제 올는지 오늘내일하며 어머니가 기다리고 있다.

오올따라[--__] 부 오늘따라. 오늘 유난히 더. ¶오올따라 날이 씨기 춥다. =오늘따라 날씨가 엄청나게 춥다.

오올자[오올짜 -__] 명 오늘자. 오늘 날짜. ¶오올자 시문에 너가부지가 노왔더라. =오늘자 신문에 너희 아버지가 나왔더라.

오이[오~이 _-] 부 온전히(穩全-). ①전부다. ¶어지는 하루 오이 싰습미더. =어제는 하루를 온전히 쉬었습니다. ②몽땅. 있는 대로 죄다. ¶전답을 오이 팔아뿠다. =전답을 온전히 팔아버렸다. ③잘못된 것이 없이 바르거나 옳게. ¶【관용구】오장육부로 오이 갖차다. =오장육부를 온전히 갖추다. ☞온저이. 온히.

오이속박지[오이쏙빡찌 __--_] 명 오이소박이.

오자말자[-___] 부 오자마자. 어떤 장소에 도착한 직후에. ☞오더미로. 오덤질로.

오재기[1][_-_] 명 오쟁이. 짚으로 엮어 만든 작은 섬. ¶【속담】섬 틈에 오재기 찌아겄나. =섬 틈에 오쟁이 끼겠나. ☞오재이.

오재기[2][_-_] 명 씨앗주머니. ¶【속담】농꾼은 굶우 죽우도 씨앗 오재기는 비고 죽눈다. =농사꾼은 굶어 죽어도 씨앗 주머니는 베고 죽는다.

오재미[_-_] 명 오자미. 헝겊 주머니에 콩 따위를 넣고 봉하여서 공 모양으로 만든 것.

오재이[오재~이 _-_] 명 오쟁이. ☞오재기.

오종[_-] 명 조생종(早生種). 같은 종류의 농작물 중에서, 다른 품종보다 일찍 성숙하는 품종. *올종<오종. ¶올개 다무네기는 오종을 마이 숭궀다. =올해 양파는 조생종을 많이 심었다.

오줌세끼[__-_] 명 오줌소태. ☞오짐수꾸리. 자질개.

오줌재이[오줌재~이 __-_] 명 오줌싸개.

오줌추마리[___-_] 명 오줌장군. 오줌을 누거나 받아서 모아 두는 독.

오지기[_-_] 부 오지게. ①오달지게. 허술한 데가 없이 야무지고 알차게. ¶나락이 오지기도 여물었네예. =벼가 오지게도 야물었네요. ②호되게. 매우 심하게. ¶아부지인데 오지기 야단들었다. =아버지한테 오지게 야단맞았다. ☞오더락시리.

오지다[_-_] 형 고소하다. '오달지다'의 반어적 표현으로 쓰는 말. 상대방의 잘못된 일에 고소해하다. ¶내 말 안 듣고 지 신대로 까불어쌓디이, 오지다. =내 말 안 듣고 제 신명대로 까불어쌓더니 고소하다. ☞마뜩다.

오직[_-] 부 오죽. '얼마나'의 뜻을 나타내는 말. ¶오직 답답했으마 내인데꺼정 이런 부택이로 했으까이. =오죽 답답했으면 나에게까지 이런 부탁을 했을까.

오직하다[오지카다 __-_] 부 오죽하다. ((주로 '오죽하마'의 꼴로 반어 의문문에 쓰여)) 사태의 정도가 심하거나 대단하다. ¶【속담】오직한 토째비가 낮에 날까이. =오죽한 도깨비가 낮에 날까. ¶【속담】오니얼 장닭이 오직하마 지붕에 올라가까이. =오뉴월 수닭이 오죽하면 지붕에 올라갈까.

오짐[_-] 명 오줌. ¶【속담】꼴에 쑥개라꼬 다리 들고 오짐 눈다. =꼴에 수캐라고

ㅇ

다리 들고 오줌 눈다.

오짐발[오짐빨 _-_] 명 오줌발. 오줌 눌 때 내뻗는 오줌 줄기. ¶【관용구】오야, 니 오짐발 씨다. =오냐, 네 오줌발 세다.

오짐수꾸리[___-_] 명 오줌소태. ☞오줌세끼. 자질개.

오차[_-] 명 보리차(--茶).

오쿰[-_] 명 움큼. 손으로 한 줌 움켜쥘 만한 분량을 세는 단위를 나타내는 의존명사. ¶【관용구】한 오쿰도 안 데다. =한 움큼도 안 되다. ☞우쿰. 웅쿰. 호쿰.

오히리[_-_] 부 오히려. ☞디우. 딧디. 엘로.

옥또징기[--__] 명 옥도정기(沃度丁幾). 요오드, 요오드화칼륨 따위를 알코올에 녹여 만든 액체. 어두운 적갈색 용액으로 피부에 난 상처를 소독하는 데 쓴다. '옥도(沃度)'는 '요오드(Jod)'의 한자식 표기이다. ¶비인 곶에 옥또징기로 바루고 헝겁어로 우닸다. =베인 곳에 옥도정기를 바르고 헝겊으로 감쌌다.

옥수시[_-_] 명 ((식물))옥수수. ¶【속담】깡내이나 옥수시나. =강냉이나 옥수수나.

옥아다[오가다 _-_] 동 옥이다. '옥다'의 사동사. 안쪽으로 조금 오그라지게 하다. ¶담부랑을 쪼매이 옥아서 쌌다. =담장을 조금 옥여서 쌓았다.

옥운생각[오군생각 -___] 명 옥생각. 너그럽지 못하고 옹졸하게 하는 생각. ¶옥운생각 묵지 말고 너그럽기 바주라. =옥생각 먹지 말고 너그럽게 봐줘라.

옥운셈[오군셈 -__] 명 옥셈. 잘못 생각하여 자기에게 불리하게 계산하는 셈. ¶언자 생각해본께네 내가 옥운셈을 했다. =이제 생각해보니까 내가 옥셈을 했다.

온가[_-] 관 온갖. 여러 가지. ¶바아 온가 잡동사이가 널부루지 있다. =방에 온갖 잡동사니가 널브러져 있다. ¶저거로 보이, 온가 일이 다 생앙킵미더. =저것을 보니, 온갖 일이 다 생각납니다.

온거[_-] 명 통째. ¶호박을 온거로 쌂아라. =호박을 통째로 삶아라. ☞통두루미. 통두루미채. 통채.

온나[-_] 동 오너라. ¶퍼떡 온나. =빨리 오너라.

온나가라[-_-_] 부 오너라가너라. 제멋대로 남을 오라고도 하고 가라고도 하는 모양을 나타내는 말. ¶와 자꾸 내인데 온나가라 카능가 모룰다. =왜 자꾸 나에게 오너라가너라 하는지 모르겠다.

온데만데[-_-] 명 여기저기. 특별히 정해지지 않은 여러 장소나 위치. ¶일로 마이 했더마는 온데만데가 쑤씨고 아푸다. =일을 많이 했더니만 여기저기가 쑤시고 아프다. ☞여게저게.

온배기[_-_] 명 온살배기. 한 해가 시작된지 얼마 안 되어 태어난 아이가 꽉 차게 먹는 나이. *온살+배기. ☞온비기. 온살비기. 올배기.

온비기[_-_] 명 온살배기. ☞온배기. 온살비기. 올배기.

온살비기[__-_] 명 온살 배기. ☞온배기. 온비기. 올배기.

온아직[오나직 __-] 명 오늘아침. 지금 시간이 흐르고 있는 이날 아침. ¶온아직에는 앙개가 짜다리 찌있네예. =오늘

아침에는 안개가 많이 끼었네요.

온저이[온저~이 _-_] 뷔 온전히(穩全-). ☞오이. 온히.

온천날[_-_] 뷔 언제나. *온+천(千)+날. ☞묵고새고. 운제나. 천만날.

온호자[_-] 명 온전한 효자(穩全- 孝子). *'온호자'는 표준어로 보면 구(句)이지만 창녕방언에서는 굳어진 말이라 하나의 단어로 보는 게 낫다. ¶【속담】부모가 온호자래야 자석이 반호자(半孝子) 덴다. =부모가 온 효자라야 자식이 반 효자 된다.

온히[_-] 뷔 온전히(穩全-). ☞오이. 온저이.

올[-] 명 오늘. ¶올 자아는 머가 헗더노? =오늘 장에는 뭣이 싸더냐? ☞오올.

올가내다[_-_] 동 우려내다. 꾀거나 위협하거나 하여서 자신에게 필요한 돈이나 물품을 빼내다. ¶자석들인데 돈을 쫌 올가냈다. =자식들에게서 돈을 좀 우려냈다. ☞우라내다. 울카내다.

올가묵다[올가묵따 _-_] 동 갈겨먹다. 남의 음식을 빼앗아 먹다. ¶도시서 돈 벌었다꼬 잘난치하는 넘을 실컨 올가무웄다. =도시에서 돈 벌었다고 잘난척하는 놈을 실컷 갈겨먹었다. ☞울가묵다.

올개[-_] 명 올해. ¶올개는 살(煞)이 찌있능가 데는 기이 없네. =올해는 살이 끼었는지 되는 게 없네.

올개미[_-_] 명 올가미. ☞골갱이. 홀깨미. 홀깨이. 홀치기.

올고매[_-] 명 ((식물))올고구마. 제철보다 이르게 수확하는 고구마.

올곳뽈꼿[올곧뽈곧 ___-] 뷔 울긋불긋. 여러 가지 빛깔이 한데 야단스럽게 뒤섞여 있는 모양을 나타내는 말. ¶물들은 사이 올곳뽈곳 이뿌네예. =물든 산이 울긋불긋 예쁘네요. ☞울긋뿔긋.

올곳뽈곳하다[올곧뽈고타다 _____-_] 형 울긋불긋하다. 짙고 옅은 여러 가지 빛깔들이 야단스럽게 한데 뒤섞여 있는 상태이다. ¶학조운동자아 올곳뽈곳한 만국기가 걸리있다. =학교운동장에 울긋불긋한 만국기가 걸려있다. ☞울긋뿔긋하다.

올나락[_-] 명 ((식물))올벼. ☞오나락. 올베. 올비.

올나락논[_--_] 명 오려논. 올벼를 심은 논. ☞올나락논. 올베논. 올비논.

올다무네기[___-_] 명 ((식물))조생종양파(早生種洋-). *'조생종양파'는 '만생종양파'에 비해 매운 맛이 덜하며 저장성이 떨어진다. 주로 밭에서 재배한다.

올데다[_-_] 동 오되다. ①곡식이나 열매 따위가 제철보다 일찍 익다. ¶참이가 올데서 퍼떡 딸다. =참외가 오되어서 빨리 따겠다. ②사람이 나이에 비하여 발육이 빠르거나 철이 일찍 들다. ¶자아는 나 요랑하마 참 올뎄다. =재는 나이에 비하면 참 오됐다.

올라낳다[올라나타 --_] 동 올려놓다. ①어떤 물건을 무엇의 위에 옮겨 놓다. ¶큰 그륵은 살가아 올라낳고 온나. =큰 그릇은 시렁에 올려놓고 오너라. ②어떤 실적이나 성과 따위를 늘리다. ¶이분에는 점수로 마이 올라낳았다. =이번에는 점수를 많이 올려놓았다. ③물건 값을 비싸게 하다. ¶깞을 두 배로 올라낳았다. =값을 두 배로 올려놓았다. ☞올리낳다.

올라다[_-_] 동 올리다. '오르다'의 사동사. ¶담부랑을 싸서 올랐다. =담을 쌓아 올렸다. ¶저분 장보담아 기기값을 올라 받네예. =저번 장보다 고기값을 올려 받네요. ☞올랗다.

올라보다[_-__] 동 올려보다. 어떤 대상을 아래서 위로 향하여 보다. ¶【속담】개가 지붕만대이 올라보딧기. =개가 지붕 꼭대기 올려보듯이. ②어떤 사람이 다른 사람을 자기보다 한층 높여 보다. ¶돈 많은 사램이라꼬 올라볼 필오는 없다. =돈 많은 사람이라고 올려볼 필요는 없다. ☞올리보다.

올랗다[올라타 _-_] 동 올리다. '오르다'의 사동사. ☞올라다.

올리낳다[올리나타 -_-_] 동 올려놓다. ☞올라낳다.

올리다[-__] 동 게우다. ☞게아다. 기아다.

올리보다[-_-_] 동 올려보다. ☞올라보다.

올리붙이다[올리부치다 -_-__] 동 올려붙이다. ①아래쪽에 있던 것을 위쪽으로 옮겨 붙게 하다. ¶사진가꾸로 쪼매이마 더 울로 올리붙이라. =사진액자를 조금만 더 위로 올려붙여라. ②뺨 따위를 손으로 힘껏 때리다. ¶기빵매이로 사정없이 올리붙있다. =뺨따귀를 사정없이 올려붙였다.

올무시[_-] 명 ((식물))올무. 제철보다 이르게 자라는 무.

올바루게[_--_] 부 올바르게. 옳고 바르게. ¶우옛던동 올바루게 살아라. =어쨌거나 올바르게 살아라.

올바루다[_-__] 형 올바르다. 언행이나 생각이 옳고 바르다. ¶우옛기나 올바루기 살거래이. =어쨌거나 올바르게 살아라.

올바리[_-_] 부 올바로. ①정해진 규정이나 조건에 맞게 제대로. ¶약은 올바리 알고 무우야 소옴이 있다. =약은 올바로 알고 먹어야 효험이 있다. ②사람의 본성에 맞거나 도덕적으로 바르게. ¶【관용구】마암을 올바리 묵다. =마음을 올바로 먹다.

올배기[_-_] 명 온살 배기. ☞온배기. 온비기. 온살비기.

올베[_-] 명 ((식물)) 올벼. 일찍 익는 벼. ☞오나락. 올나락. 올비.

올베논[__-] 명 오려논. 올벼를 심은 논. ☞오나락논. 올나락논. 올비논.

올비[1][-_] 명 ((식물))올방개. *창녕방언에서 '올비'는 주로 '올방개의 뿌리'를 지칭한다. 알뿌리를 생으로 먹거나 전분을 이용하여 묵을 만들어 먹는다.

올비[2][_-] 명 ((식물)) 올벼. 일찍 익는 벼. ☞오나락. 올나락. 올베.

올비논[__-] 명 오려논. 올벼를 심은 논. ☞오나락논. 올나락논. 올베논.

올삐미[-__] 명 ((동물))올빼미. ¶【속담】올삐미 눈 겉다. =올빼미 눈 같다.

올사리하다[__-__] 동 오사리하다. 농작물을 이른 철에 거두다.

올싱기[__-] 명 올 모내기. 이른 모내기. 빨리 하는 모심기.

올지익[_ _-] 명 오늘저녁. 지금 시간이 흐르고 있는 이날 저녁. ¶올지익에는 와 이래 모개이가 설치노? =오늘저녁에는 왜 이리 모기가 설치냐?

올키[--] 명 올케. 오빠의 아내를 이르는 말. 남동생의 아내를 이르거나 부르는 말. ¶【속담】씨누 춤치는데 올키는 춤 몬 치까이. =시누이 춤추는데 올케는 춤 못 치랴.

옳기[올키 --] 부 옳게. ①마땅하고 알맞은 정도로. ¶정시이 옳기 백힜다. =정신이 옳게 박혔다. ②제 규격이나 격식대로. 또는 있는 대로. ¶잔치로 옳기 할라카마 숩운 일이 아이다. =잔치를 옳게 하려하면 쉬운 일이 아니다. ③마음먹은 대로. ¶오올 일은 옳기 뎄다. =오늘 일은 옳게 됐다.

옳제[올체 --] 감 옳지. ①다른 사람의 말이나 행동이 마땅하게 여겨질 때 하는 말. ¶옳제, 참 잘했구마는. =옳지, 참 잘했구먼. ②좋은 생각이 갑자기 떠올랐을 때 하는 혼잣말. ¶옳제, 고런 수가 있구나. =옳지, 그런 수가 있구나.

옴뚜끼비[_--_] 명 ((동물))옴두꺼비. '두꺼비'를 달리 이르는 말. 등에 옴딱지가 붙은 것같이 보인다고 해서 붙은 이름이다.

옴마[--] 명 엄마. 어린아이가 어머니를 호칭하는 말. ¶옴마! 오데 갔디노? =엄마! 어디 갔었니?

옴마야[---] 감 어머나. ☞어마나. 엄마야. 엄매야.

옴박하다[옴바카다 _ _-_] 형 옴팍하다. 기준이 되는 표면에서 아래로 오목한 것을 가리킬 때 쓰는 것은 물론이고, 일정한 공간으로부터 숨듯이 오목하게 들어간 곳을 가리킬 때도 쓴다. ¶이 바가치는 옴박하네. =이 바가지는 옴팍하다. ¶여게는 옴박한 기이 바램도 없고 히안하다. =여기에는 옴팍한 것이 바람도 없고 희한하다.

옴박하이[옴바카~이 _ _-_] 부 옴팍하게. 가운데가 오목하게 쏙 들어간 데가 있게. ¶구디이로 옴박하이 파거라. =구덩이를 옴팍하게 파라.

옴싹달싹[_ _ _-] 부 옴짝달싹. ((주로 '못하다', '않다', '말다' 따위의 부정어와 함께 쓰여)) 몸을 아주 조금 움직이는 모양. ¶닭구새끼로 옴싹달싹 몬 하구로 묶아낳았다. =닭을 옴짝달싹 못 하게 묶어놓았다.

옴싹달싹하다[옴싹달싸카다 _ _ _ _-_] 동 옴짝달싹하다. ((주로 부정어와 함께 쓰여)) 몸이 아주 조금 움직이다. 또는 몸을 아주 조금 움직이다. ¶너무 무숩어서 옴싹달싹하지도 몬했다. =너무 무서워서 옴짝달싹하지도 못했다.

옴싹옴싹[_ _ _-] 부 냠냠. 어린아이 등이 음식을 맛있게 먹는 소리. 또는 그 모양. ¶알라가 까자로 옴싹옴싹 묵눈다. =아기가 과자를 냠냠 먹는다.

옴추러들다[_-_ _ _] 동 옴츠러들다. 몸이나 그 일부가 오그라들어 가거나 작아지다. ¶무숩어서 몸이 옴추러들었다. =무서워서 몸이 옴츠러들었다. ☞옴치러들다.

ㅇ

옴추리다[_-__] 동 옴츠리다. 사람이나 동물이 몸을 조금 오그려 작아지게 하다. ¶춥우서 몸을 옴추랐다. =추워서 몸을 옴츠렸다. ☞옴치리다.

옴치다[-__] 동 옴키다. 손가락을 오그리어 물건 따위를 놓치지 아니하도록 힘 있게 잡다. ¶쌀 한 호쿰마 옴치온나. =쌀 한 움큼만 옴켜오너라.

옴치러들다[--___] 동 옴츠려들다. ☞옴추러들다.

옴치리다[--__] 동 옴츠리다. ☞옴추리다.

옴치잡다[-_-_] 동 옴켜잡다. 손가락을 오그리어 물건 따위를 놓치지 아니하도록 힘 있게 잡다. ¶옴치잡았던 미꾸래이가 빠지 다알났다. =옴켜잡았던 미꾸라지가 빠져 달아났다.

옴치잽히다[옴치재피다 -__-_] 동 옴켜잡히다. 오그린 손가락에 힘있게 잡히다.

옴치지다[-___] 동 옴켜쥐다. 작은 물건을 손가락으로 오그려 힘있게 쥐다. ¶송에로 옴치지고 소꾸리에 옇었다. =붕어를 옴켜쥐고 소쿠리에 넣었다.

옴팍[_-] 부 홀딱. ①더할 나위 없이 반하거나 속아넘어가는 모양을 나타내는 말. ¶장사인데 바가치로 옴팍 썼다. =장사에게 바가지를 홀딱 썼다. ②하나도 남김 없거나 빠짐없는 모양을 나타내는 말. ¶저 집구숙은 옴팍 망앴다. =저 집구석은 홀딱 망했다. ③한숨도 자지 않고 밤을 보내는 모양을 나타내는 말. ¶공부한다꼬 밤을 옴팍 시았다. =공부하느라고 밤을 홀딱 새웠다. ☞할딱. 핼딱. 힐떡.

옵빠[--] 명 오빠. ☞옵빠야.

옵빠야[_-_] 명 오빠. *옵빠+야(어조사). '옵빠야'는 자신보다 나이가 많은 남자를 친밀하게 부르거나 일컫는 말로, 어린 여자아이부터 중년여성에 이르기까지 두루 쓰는 말이다. ¶옵빠야는 여게 말라꼬 왔노? =오빠는 여기에 뭐 하려고 왔니? ☞옵빠야.

옵찌락[__-] 명 옷자락. 저고리나 치마 따위의 옷에서 아래로 드리운 부분. ¶옵찌락이 너무 질어서 걸거친다. =옷자락이 너무 길어서 거치적거린다. ☞옷자래기.

옷고롬[옫꼬롬 _-_] 명 옷고름. 저고리나 두루마기 앞에 기다랗게 달아 양쪽 옷자락을 여미어 매는 끈. ¶【속담】옷고롬에 속캐 옇어까. =옷고름에 솜 넣으랴. ☞옷고룸.

옷고룸[옫꼬룸 _-_] 명 옷고름. ☞옷고롬.

옷매무시[옫매무시 __-_] 명 옷매무새.

옷삔[옫삔 _-] 명 옷핀[-pin]. ☞삔. 채꼬바알.

옷사매[옫사매 ---] 명 옷소매.

옷자래기[옫짜래기 __-_] 명 옷자락. ¶【관용구】옷자래기로 붙들다. =옷자락을 붙들다. ☞옵찌락.

옷짓[옫찓 -_] 명 옷깃. 윗옷의 목에 둘러대어 앞에서 여밀 수 있도록 된 부분. ¶오다가다아 옷짓마 시치도 전생에 인여이다. =오다가다 옷깃만 스쳐도 전생의 인연이다.

옷채림[옫채림 --_] 명 옷차림. ¶【관용구】옷채림을 갖차다. =옷차림을 갖추다.

옷치리[옫치리 --_] 명 옷치레. ①옷을 잘 입어 몸을 보기 좋게 치장함. ¶사램을 고룰 때는 인물 치리니 옷치리니 캐도 중요한 거는 마움씨다. =사람을 고를 때는 인물 치레니 옷치레니 해도 중요한 건 마음씨다. ②겉에 보이는 것만 그럴듯하고 실속은 없음. ¶저 냥반은 대가리에 든 것도 없어민서 옷치리마 뻰지리하기 해서 댕긴다. =저 양반은 대가리에 든 것도 없으면서 옷치레만 뻰지레하게 해서 다닌다.

옸다갔다하다[오따가따하다 -_-_-_] 동 왔다갔다하다. ①사람이나 물건이 자꾸 오고가고 하다. ¶정신 상그랍구로 와 이래 옸다갔다하노? =정신 사납게 왜 이리 왔다갔다하니? ②정신이 맑았다 흐렸다 하다. ¶【속담】눈에서 벌개이가 옸다갔다한다. =눈에서 벌레가 왔다갔다한다. ③사람이 매우 위험한 고비에 처하다. ¶【관용구】목심이 옸다갔다하다. =목숨이 왔다갔다하다. ☞옸다리갔다리하다. 와찡가찡하다.

옸다리갔다리하다[오따리가따리하다 --_--_-_] 동 왔다갔다하다. ☞옸다갔다하다. 와찡가찡하다.

옹개종개[___-] 부 옹기종기. 서로 크기가 다른 작은 것들이 고르지 않게 여럿이 모여 있는 모양을 나타내는 말. ¶얼라들이 난롯가시에 옹개종개 둘루안있다. =아이들은 난롯가에 옹기종기 둘러앉았다.

옹구[_-] 명 옹기(甕器). 질그릇과 오지그릇을 통틀어 이르는 말.

옹구그륵[_--_] 명 옹기그릇(甕器--).

옹구리다[_-__] 동 옹그리다. 몸 따위를 움츠러들이다. ¶누부야가 안죽꺼지 몸이 안 녹았능가 아린목에 몸을 옹구리고 있다. =누나가 아직까지 몸이 안 녹았는지 아랫목에 몸을 옹그리고 있다.

옹구장시[_--_] 명 옹기장수(甕器--). 옹기를 파는 사람.

옹구재이[옹구재~이 _--_] 명 옹기장이(甕器--). 옹기 만드는 기술자.

옹구전[_--] 명 옹기전(甕器廛). 옹기 파는 가게.

옹기가다[-_-_] 동 옮겨가다. ①숙소 따위가 바뀌다. ¶앞집 아재가 다른 동네로 옹기간다 캅미더. =앞집 아저씨가 다른 동네로 옮겨간다 합니다. ②직장이나 장소를 다른 곳으로 바꾸다. ¶너거 선상님은 다른 핵조로 옹기갔제? =너희 선생님은 다른 학교로 옮겨갔지? ☞잉기가다.

옹기다[-__] 동 옮기다. ①어떤 대상을 다른 곳으로 가져다 놓다. ¶【속담】입이사 태산도 몬 옹기까이. =입이야 태산도 못 옮기랴. ②들은 말을 다른 사람이나 장소에 퍼뜨려 전하다. ¶【속담】소문은 옹길 때마다 부풀리서 옹기진다. =소문은 옮겨질 때마다 부풀려서 옮겨진다. ③소속이나 숙소를 다른 곳으로 바꾸어 정하다. ¶【속담】항아장시 잠자리 옹기딧기. =황아장수 잠자리 옮기듯. ④병균이나 세균을 다른 대상이나 장소에 퍼뜨려 감염시키다. ¶이 빙은 넘인데 잘 옹긴다 캅미더. =이

병은 남에게 잘 옮긴다고 합니다. ⑤느낌이나 생각을 말이나 글, 그림 따위로 나타내어 표현하다. ¶니 생각을 글로 옹기서 적거래이. =네 생각을 글로 옮겨서 적어라. ⑥어떤 일을 실제로 이루어지도록 행하다. ¶말마 그카지 말고 행동우로 옹기바라. =말만 그러지 말고 행동으로 옮겨봐라. ⑦불 따위의 세력이 다른 곳으로 번지다. ¶불이 저짜로 옹기 붙욌다. =불이 저쪽으로 옮겨 붙었다. ☞잉기다.

옹기붙다[잉기부따 -_-_] 동 옮겨붙다. 불이 다른 곳으로 번져 타기 시작하다. ¶【속담】깅자년[更子年] 정얼에 하앙산 불 옹기붙딧기. =경자년 정월에 화왕산 불 옮겨붙듯이. ☞잉기붙다.

옹기숭구다[-__-_] 동 옮겨심기하다. 모종판에서 밭이나 논으로 옮겨서 심다. ¶고치모상을 모지리 잉기숭궜다. =고추모종을 모조리 옮겨심기했다. ☞잉기숭구다.

옹니재이[옹니재~이 -___] 명 옥니박이. 옥니가 난 사람을 낮잡아 이르는 말. ¶【속담】꼬시랑머리캉 옹니재이하고는 말또 하지 마라. =고수머리랑 옥니박이 하고는 말도 하지 마라.

옹달새미[_-__] 명 옹달샘. 저절로 생겨난 작고 오목한 샘.

옹당새미[_-__] 명 옹달우물. 앉아서 바가지로 물을 퍼낼 수 있도록 작고 오목하게 인위적으로 땅을 파서 만든 우물.

옹뎅이[-__] 명 웅덩이. 가운데가 움푹 패어 물이 괴어 있는 곳. ☞덤벙. 덤붕. 웅덩. 웅동. 웅디이.

옹바리[_-_] 명 옴파리. 사기로 만든, 아가리가 오목한 바리. ¶【관용구】옹바리 겉다. =옴파리 같다.

옹태[_-] 명 수챗구멍. 집 안에서 버린 물이 집 밖으로 흘러 나가도록 만든 시설. ☞수채구디이. 수챗구뭉.

옹태이[옹태~이 _-_] 명 샘. 물이 땅에서 솟아 나오는 곳.

와[_] 부 왜. 무엇 때문에. ¶거어는 와 갔디노? =거기는 왜 갔었니?

와따[_-] 감 아따. 정도가 심할 때 감탄을 나타내는 말. ¶와따, 엄청시리 크네. =아따, 엄청나게 크네. ¶와따, 디기 칩다. =아따, 되게 춥다. ☞아따라. 아따거라. 와따라. 허따.

와따라[_-_] 감 아따. ☞아따라. 아따거라. 와따. 허따.

와롱기[-__] 명 호롱기. 옛 탈곡기(脫穀機)의 일종. 두 명이 발로 밟아 탈곡하는 기계로서, 돌아갈 때 소리가 '와롱와롱'하는 소리를 내는 데서 유래한 명칭.

와롱타작[-__-] 명 호롱기타작. '호롱기'로 하는 타작.

와벅하다[와버카다 __-_] 형 촘촘하다. 빈 곳이 거의 없을 정도로 간격이 매우 좁다. ¶꼬치가재이가 와벅해서 벌개이가 생깄다. =고추가지가 촘촘해서 벌레가 생겼다.

와찡가찡다[----__] 동 왔다갔다하다. ☞ 왔다갔다하다. 왔다리갔다리하다.

왁새[-_] 명 ((동물))왜가리. ☞애가리.

왁짝찌껄하다[_-__-_] 동 왁자지껄하다. 여럿이 정신이 어지럽도록 시끄럽게 떠들고 지껄이다. 또는 그런 소리가 나다. ¶질건니서 왁짝찌껄하는 소리가 나더마는 깅찰이 왔다. =길 건너에서 왁자지껄하는 소리가 나더니만 경찰이 왔다.

완저이[완저~이 _-_] 부 완전히(完全-). ¶니안테 완저이 쏙을 뺀했다. =너한테 완전히 속을 뺀했다.

왈기다[_-_] 동 욱대기다. 난폭하게 윽박질러 위협하다. ¶【속담】쌀 무운 개 왈기딧기. =쌀 먹은 개 욱대기듯. ☞훌치다.

왈발이[왈바리 _-_] 명 왈패. 말과 행동이 단정하지 못하고 수선스러운 사람을 얕잡아 이르는 말. ¶【관용구】왈발이 속곳 가래이 겉다. =왈패 속곳 가랑이 같다.

왕거시리[__-_] 명 대빗자루. 대나무를 여럿 묶어서 만든 것으로, 길이가 긴 것을 말한다. 주로 마당을 쓰는 데 쓴다. ¶할배는 새북겉이 일나가아 왕거시리로 마당을 씰었다. =할아버지는 새벽같이 일어나서 대빗자루로 마당을 쓸었다.

왕게[-_] 명 왕겨(王-). 벼의 겉겨. ☞나락딩기. 아시딩기. 왕딩기.

왕노롯[왕노롣 _-_] 명 왕노릇(王--). 왕으로서 맡은 바 구실. 또는 왕처럼 행세하는 모습. ¶【속담】호래이 없는 꼴짝에 여시가 왕노롯 한다. =호랑이 없는 골짝에 여우가 왕노릇 한다. ☞왕노릇.

왕노릇[왕노릗 _-_] 명 왕노릇(王--). ☞왕노롯.

왕등하다[__-_] 동 진동하다(振動--). 냄새 따위가 아주 심하게 나다. ¶기기 꿉는 내미가 왕등한다. =고기 굽는 냄새가 진동한다. ☞등창하다. 등천하다.

왕딩기[_-_] 명 왕겨(王-). ☞나락딩기. 아시딩기. 왕게.

왕딩깃불[왕딩기뿔 _-__] 명 겻불. ☞딩깃불. 매지밋불.

왕모구[-__] 명 ((동물))각다귀. ☞깔따구.

왕철기[-__] 명 ((동물))왕잠자리(王---).

왕초딸[-__] 명 ((식물))멍석딸기.

왜콩[_-] 명 ((식물))땅콩. ☞애콩.

요게[-_] 명 요기. 말하는 이가 자기가 있는 장소나 자기 쪽에 가까이 있는 곳을 조금 귀엽게 가리키는 말. ¶요게가 인날 우리 집 있던 곳이다. =요기가 옛날 우리 집 있던 곳이다. ☞요오.

요고[--] 명 요것. ①말하는 이에게 가까이 있거나 말하는 이가 생각하고 있는 사물을 가리키는 지시 대명사. ¶【속담】요고는 재간[宰官] 풍류냐. =요것은 재관 풍류냐. ②바로 앞에서 이야기한 대상을 가리키는 지시 대명사. ¶【속담】사람 뚜딜기 패는 요고는 행조[刑曹] 패두가 하는 버릇이냐. =사람 두들겨 패는 요것은 형조 패두가 하는 버릇이냐.

요구하다[-___] 동 요기하다(療飢--). 시장기를 겨우 면할 정도로 조금 먹다. ¶【속담】양반은 대초 한 알로 아직 요구한다. =양반은 대추 한 알로 아침 요기한다. ☞입다시다.

ㅇ

요긋거리[요구꺼리 -___] 명 요깃거리(療飢--).

요껍띠기[__-_] 명 욧잇. 요의 몸에 닿는 쪽에 시치는 흰 헝겊. ☞요호청.

요넘아[요너마 __-] 명 요놈. '이놈'을 좀 부드럽고 귀엽게 이르는 말. ¶요넘아 바라. 지북이네. =요놈 봐라. 제법이네. ☞요놈아. 욜마.

요넘우[요너무 __-] 관 요놈의. 말하는 이나 듣는 이로부터 가까운 곳에 있는 물건이나 일, 남자 따위를 얕잡아 가리키는 말. ¶요넘우 강새이가 와 이카노? =요놈의 강아지가 왜 이러니? ☞요놈우. 요니러.

요놈아[요노마 __-] 명 요놈. ☞요넘아. 욜마.

요놈우[요노무 _-_] 관 요놈의. ☞요넘우. 요니러.

요니러[_-_] 관 요놈의. ¶【속담】요니러 소상들아! =요놈의 소생들아! ☞요넘우. 요놈우.

요따구[_-_] 명 요따위. 요러한 부류의 대상을 낮잡아 이르는 지시 대명사. ¶너가부지가 고상한 거 요랑하마 요따구 고상은 고상도 아이다. =너희 아버지가 고생한 것 비하면 요따위 고생은 고생도 아니다.

요따만쿰[__-_] 부 요만큼. 요만한 양이나 질의 정도로. ¶비가 요따만쿰마 더 오마 좋울다. =비가 요만큼만 더 오면 좋겠다. ☞요마이. 요만침. 요만쿰.

요랑[-_] 명 요량(料量). ((주로 '-없다'와 호응하여)) 되질하여 용량을 헤아린다는 뜻으로, 잘 헤아려 생각함을 이르는 말. ¶【관용구】요랑 없는 소리로 하다. =요량 없는 소리를 하다. ¶【관용구】요랑 없는 짓을 하다. =요량 없는 짓을 하다.

요랑[-_] 명 요령(要領). 일을 하는 데 꼭 필요한 묘한 이치. ¶【관용구】요랑이 없다. =요령이 없다.

요랑껏[요랑껃 __-] 부 요령껏(要領-). 자신의 재주나 꾀를 적당히 부려서. ¶너무 심씨지 말고 요랑껏 해래이. =너무 힘쓰지 말고 요령껏 해라.

요랑하다[1][--__] 동 요량하다(料量--). 앞일을 잘 헤아려 생각하다. *창녕방언에서 '요랑하다'는 표준어 '요량하다'와 어원이 같을 것으로 생각된다. 즉 '요랑'이 '생각' 정도로 해석되기에 그러하다. 그러나 '~와/과 비교하다'는 뜻으로 쓰이는 경우에는 그 의미가 상당히 다르다. 표준어에서는 '~을 요량하다'라는 형식으로 쓰이는 데 비해, 창녕방언에서는 그 구문적 특성을 형식화하는 일이 간단하지가 않다. '요랑하마'의 형식으로 비교와 관련하여 관형사형 어미 뒤에서 주로 쓰이지만, "그래 요랑하마(그렇게 생각하면)"과 부사어 뒤에서도 잘 쓰인다. 두 경우 의미는 다소 차이가 나는 것으로 보인다. ①다른 대상과 비교하다. ¶하앙산 요랑하마 지리산은 엄청시리 높우다. =화왕산에 요량하면 지리산은 엄청나게 높다. ②어떤 사안에 대하여 생각하다. ¶고래 요랑하마 일이 잘 델 것도 겉다. =그렇게 요량하면 일이 잘 될 것도 같다. ③스스로 알아서 헤아리다. ¶언자는 지가 요랑해서 살아야지예. =이제는 제가 요량해서 살아야죠.

요랑하다[2][--_ _] 동 치다. 무엇을 다른 무엇으로 인정하거나 가정하다. ¶【관용구】떡 사무욌다꼬 요랑하다. =떡 사먹었다고 치다.

요랑하다[3][--_ _] 동 각오하다(覺悟--). ¶고상할 요랑하고 한분 해보재이. =고생할 각오하고 한번 해보자.

요랑하다[4][--_ _] 동 비하다(比--). 어떤 것을 기준으로 놓고 판단하다. ¶운젯년에 요랑하마 올개 소출은 반또 안 덴다. =어느 해에 비하면 올해 소출은 반도 안 된다.

요래[--] 부 요렇게. 요러한 정도로. ¶마암마 무우마 요래 잘 하민서 와 카노? =마음만 먹으면 요렇게 잘 하면서 왜 그러니? ☞요렇굼. 요렇기. 요렇짐.

요런머리[-_-_] 부 요래서. 요렇기 때문에. *'요런머리'는 '요렇기 때문에'라는 뜻을 갖는, 일종의 연어(連語)이다. ¶작고 몬생기고, 요런머리 잘 안 팔리제. =작고 못생기고, 요래서 잘 안 팔리지. ☞요머리.

요렇굼[요러쿰 --_] 부 이렇게. ☞요래. 요렇기. 요렇짐.

요렇기[요러키 --_] 부 요렇게. ☞요래. 요렇굼. 요렇짐.

요렇지만서도[요러치만서도 -_ _-_ _] 부 요렇지만. 서로 일치하지 아니하거나 상반되는 사실을 나타내는 두 문장을 이어 줄 때 쓰는 접속 부사. ¶생긴 거는 요렇지만서도 맛은 좋아예. =생긴 건 요렇지만 맛은 좋아요.

요렇짐[요러침 --_] 부 이렇게. ☞요래. 요렇굼. 요렇기.

요롱소리[1][_ _-_] 명 요령소리(鐃鈴--). 놋쇠로 만든 종 모양의 큰 방울이 내는 소리. ¶【관용구】붕알에 요롱소리가 나두룩 띠 댕긴다. =불알에 요령소리가 나도록 뛰어다닌다.

요롱소리[2][_ _-_] 명 워낭소리. 마소의 턱밑에 단 방울소리. ¶【속담】눈 멀은 망새이 요롱소리 듣고 따라간다. =눈 먼 망아지 워낭소리 듣고 따라간다.

요마이[요마~이 _-_] 부 요만큼. ☞요따만쿰. 요만침. 요만쿰.

요만침[1][_-_] 명 요만치.

요만침[2][_-_] 명 요만큼. ☞요따만쿰. 요마이. 요만쿰.

요만쿰[_-_] 명 요만큼. ☞요따만쿰. 요마이. 요만침.

요머리[--_] 부 요래서. 요렇기 때문에. ☞요런머리.

요분[_-] 명 요번(-番). ☞오분.

요분참[_ _-] 명 이참. 마침 이번에 온 기회. ¶잘 뎄다. 요분참에 해치아뿌자. =잘 됐다. 이참에 해치워버리자. ☞이분참.

요상시럽다[_ _-_ _] 형 요사스럽다(妖邪---). 요망하고 간사한 데가 있다. ¶그 여핀네가 좀 요상시럽지예? =그 여편네가 좀 요사스럽지요?

요상하다[_ _-_] 형 요사하다(妖邪--). 요망하고 간사하다.

요시[_-] 명 요새. 요사이. 이제까지의 매우 짧은 동안. ¶요시는 우예 지냅미꺼? =요새는 어떻게 지냅니까? ☞오새.

요쌓다[요싸타 _-_] 동 요러해쌓다. 앞말이 뜻하는 행동을 반복하거나 그 행동의 정도가 심함을 나타내는 말. ¶지 하분채 요쌓아도 소양없다. =제 혼자 요러해쌓아도 소용없다. ☞요캐쌓다.

요앞새[요압새 __-] 명 요전번(-前番). ¶요앞새는 어데 고래 바뿌기 갔습미꺼? =요전번에는 어딜 그리 바쁘게 갔습니까? ☞요앞시.

요앞시[요압시 __-] 명 요전번(-前番). ☞요앞새.

요오[-_] 명 여기. ☞요게.

요줌[_-] 명 요즘. '요즈음'의 준말. ¶요줌 시상에 양반 쌍넘이 오데 있노? =요즘 세상에 양반 쌍놈이 어디 있니?

요지갱[--_] 명 요지경(瑤池鏡). 알쏭달쏭하고 묘한 세상일을 비유적으로 이르는 말. ¶【속담】시상은 말키 요지갱 쏙이다. =세상은 온통 요지경 속이다. ☞요지깅.

요지깅[--_] 명 요지경(瑤池鏡). ☞요지갱.

요지통[_-_] 명 급소(急所). ¶태껀도 하다가 요지통을 채있다. =태권도 하다가 급소를 차였다.

요짜[_-] 명 요쪽. ☞여짜. 여쭈. 여쭉. 요쭈. 요쭉.

요짜로[_-_] 부 요쪽으로. ☞여짜로. 여쭈로. 여쭉우로. 요쭈로. 요쭉우로. 욜로.

요쭈[_-] 명 요쪽. ☞여짜. 여쭈. 여쭉. 요짜. 요쭉.

요쭈로[_-_] 부 요쪽으로. ☞여짜로. 여쭈로. 여쭉우로. 요짜로. 요쭉우로. 욜로.

요쭉[--] 명 요쪽. ☞여짜. 여쭈. 여쭉. 요짜. 요쭈.

요쭉우로[요쭈구로 --__] 부 요쪽으로. ☞여짜로. 여쭈로. 여쭉우로. 요짜로. 요쭈로. 욜로.

요캐쌓다[요캐싸타 _-_] 동 요러해쌓다. ☞요쌓다.

요호청[__-] 명 욧잇. 요의 몸에 닿는 쪽에 시치는 흰 헝겊. ☞요껍띠기.

욕구리[_-_] 명 욕지기. 속이 메스껍고 역겨워 토할 듯한 느낌. ¶【관용구】욕구리가 올라오다. =욕지기가 올라오다.

욕보다[1][--_] 동 수고하다. ¶이래 부둘우준다꼬 욕봤습미더예. =이리 거들어주느라고 수고했습니다. ☞쏙다.

욕보다[2][--_] 동 고생하다(苦生--). ¶다리로 뿔라가아 욕봤습미더. =다리를 부러뜨려 고생했습니다. ☞고상하다. 쎄빠지다. 씨빠지다. 초빼이치다.

욕비다[--_] 동 고생시키다(苦生--). ¶이래 욕비서 우얍미꺼. =이리 고생시켜 어떡해요. ☞고상씨기다.

욕심꾸리기[욕씸꾸리기 --_-_] 명 욕심꾸러기(慾心---). ☞굴보.

욕심시리[--__] 부 욕심스레(慾心--). 어떤 일에 의욕이 심하게. ¶욕심시리도 저카네. =욕심스레도 저러네. ☞짤감시리.

욕심재이[욕씸재~이 --__] 명 욕심쟁이(慾心--).

욜랑거리다[_-__] 동 까불거리다. ①자꾸

경솔하고 방정맞게 행동하다. ¶지발 욜랑거리지 마래이. =제발 까불거리지 마라. ②물체가 자꾸 세게 흔들리거나 움직이다. ¶호더래기가 불우서 낭기 씨기 욜랑거린다. =회오리바람이 불어서 나무가 세게 까불거린다. ☞까불락기리다.

욜로[-_] 부 요쪽으로. ¶너거 욜로 한분 오바라. =너희들 요리로 한번 와봐라. ☞여짜로. 여쭈로. 여쭉우로. 요짜로. 요쭉우로.

욜마[_-] 명 요놈. ☞요넘아. 요놈아.

용덤이[용더미 -__] 명 '뜻밖에 얻은 귀한 아들'을 빗대어 이르는 말. *'용덤이'는 '용+덤+-이'로 분석된다. '용'의 의미가 무엇인지는 분명하지 않지만 '龍'으로 짐작되며 '덤'은 제 값어치 외에 거저로 조금 더 얹어 주는 일을 의미한다. '-이'는 사람을 뜻하는 접미사이다. ¶뒷집 아지매가 가리늦가 용덤이로 봤답미더. =뒷집 아줌마가 뒤늦게 용덤이를 봤답니다.

용마람[__-] 명 용마름(龍--). 초가의 지붕마루에 덮는 'ㅅ' 자형으로 엮은 이엉. ¶【속담】늦바램이 용마람 빗긴다. =늦바람이 용마름 벗긴다.

용마리[__-] 명 용마루(龍--). 지붕 가운데 부분에 있는 가장 높은 수평 마루. ¶【속담】용마리에 올라간 장닭이 해로 치듯기 한다. =용마루에 올라간 수탉이 홰를 치듯이 한다. ☞댓마리.

용맹[_-] 명 요령(要領). 일을 하는 데 꼭 필요한 묘한 이치. ¶【관용구】용맹이 없다. = 요령이 없다. ☞요랑.

용솟움[용소숨 _-_] 명 용솟음. ①불이나 물 따위가 세차게 솟아오르거나 끓어오름. ¶불질이 용솟움을 친다. =불길이 용솟음을 친다. ②힘이나 기세 따위가 세차게 북받쳐 오르다. ¶심이 용솟움을 친다. =힘이 용솟음을 친다.

용시[_-] 명 용수. 대오리로 만든 둥글고 긴 통. 술이나 장을 거르는 데 쓴다. ¶【속담】채바이 용시인데 디기 우긴다. =채반이 용수한테 되게 우긴다.

용심꾸리기[용씸꾸리기 ___-_] 명 용심꾸러기. 남을 미워하고 시기하는 사람. ¶【속담】용심꾸리기 동시[同壻]는 하알에서 니러온다. =용심꾸러기 동서는 하늘에서 내려온다. ☞용심재이.

용심재이[용씸재~이 _--_] 명 용심꾸러기. ☞용심꾸리기.

용심지기다[용씸지기다 _--__] 동 용심부리다. 남을 시기하는 심술을 부리다. ¶【속담】용심지기는 씨이미가 더 오래 산다. =용심부리는 시어머니가 더 오래 산다.

용씨다[_-_] 동 용쓰다. ①한꺼번에 기운을 몰아 쓰다. ¶【속담】봉사 씨룸 기깅하민서 용씬다. =봉사 씨름구경하면서 용쓴다. ②힘을 들여 괴로움을 억지로 참다. ¶아푼 데도 참니라꼬 용씬다. =아픈 데도 참느라고 용쓴다. ③((반어적 표현으로)) 몹시 애쓰다. ¶【관용구】마아 죽구 집어서 용씬다. =맞아 죽고 싶어서 용쓴다. ¶【관용구】욕 얻어무울라꼬 용씬다. =욕 얻어먹으려고 용쓴다.

ㅇ

용애[_-] 명 ((식물))물쑥.

용애빠지다[_---_] 형 용하다. 재주가 매우 뛰어나고 특이하다. *여기서 '-빠지다'는 강세접미사이다. ¶【속담】동네 이언 용애빠진 줄 모룬다. =동네 의원 용한 줄 모른다.

용천떨다[_-__] 동 용천하다. 용천지랄하다. 꺼림칙한 느낌이 있어 매우 좋지 아니한 행동을 하다. ¶【관용구】오만 용천떤다. =온갖 용천한다.

용총개이[용총개~이 __-_] 명 ≒문둥이. '용총개이'는 문둥병에 걸린 환자 자체를 지칭하는 것이 아니라 문둥이처럼 외양이나 형편이 볼품없는 사람을 낮잡아 이르는 말이다. ¶【속담】용총개이 꼬라지에 문자 씬다. =문둥이 꼴에 문자 쓴다. ☞문디이.

우[1][-] 명 위. ①어떤 기준보다 더 높은 쪽. 또는 사물의 중간 부분보다 더 높은 쪽. ¶【속담】기는 넘 우에 나는 넘 있다. =기는 놈 위에 나는 놈 있다. ②길고 높은 것의 꼭대기나 그쪽에 가까운 곳. ¶간때미 우에 앉인 꼬치철기 쫌 바라. =간짓대 위에 앉인 고추잠자리 좀 봐라. ③어떤 사물의 거죽이나 바닥의 표면. ¶【속담】지성이 지극하마 돌 우에도 꽃이 핀다. =지성이 지극하면 돌 위에도 꽃이 핀다. ④신분, 지위, 연령, 등급, 정도 따위에서 어떠한 것보다 더 높거나 나은 쪽. ¶【속담】사람 우에 사람 없고 사람 밑에 사람 없다. =사람 위에 사람 없고 사람 밑에 사람 없다.

우[2][-] 조 의. 앞 체언이 관형어 구실을 하게 하거나, 용언을 부사어로 만드는 격조사나 연결어미. ¶【관용구】도독넘우 심보. =도둑놈의 심보. ¶【속담】넘우 집 닭은 봉매로 비인다. =남의 집 닭은 봉처럼 보인다. ☞지.

-우[-] 어 -어. ①((일부 동사 뒤에 붙어)) 방법 따위를 나타내는 연결어미. ¶모지리 무우 치았다. =모조리 먹어 치웠다. ②((용언의 어간 뒤에 붙어)) 그것을 뒤에 오는 용언과 이어 주는 역할을 하는 말. ¶【속담】넘우 밥에 든 콩이 더 굵우 비인다. =남의 밥에 든 콩이 더 굵어 보인다.

우게서[-__] 부 위에서. 어떤 사물의 거죽이나 바닥의 표면에서. ¶담부랑 우게서 새가 얄궂이 웁미더. =담벼락 위에서 새가 얄궂게 웁니다.

우구라다[__-_] 동 우그리다. 물체의 거죽을 우글쭈글하게 주름이 잡히며 줄어지게 하다. ¶우리들네 어렸을 쩍에는 깡통을 우구라서 깡통 차기 하민서 놀았디라. =우리들 어렸을 적에는 깡통을 우그려서 깡통 차기 하면서 놀았더니라. ☞우구리다. 우굴시다.

우구라지다[__-__] 동 우그러지다. ①물체가 안쪽으로 우묵하게 옥아 들다. ¶냄비가 와 이래 우구라짔노? =냄비가 왜 이리 우그러졌니? ②형세나 형편이 순조롭지 아니하고 아주 옹색하게 되다. ¶【관용구】신세가 우구라지다. =신세가 우그러지다.

우구러띠리다[___-__] 동 우그러트리다. 물체를 힘을 주어 안쪽으로 우그러지게 하다. ¶양철 쪼가리로 우구러띠릸다. =양철 조각을 우그러뜨렸다. ☞우굴티리다.

우구리[_-_] 명 오가리. 무나 호박 따위의 살을 길게 오리거나 썰어서 말린 것. ¶무시우구리(무오가리). ¶박우구리(박오가리). ¶호박우구리(호박오가리).

우구리다[_-__] 동 우그리다. ☞우구라다. 우굴시다.

우구지다[-_-_] 동 우거지다. 풀, 나무 따위가 자라서 무성해지다. ¶【속담】숲이 우구지야 새도 모치고 물이 짚우야 큰 기기도 모친다. =숲이 우거져야 새도 모이고 물이 깊어야 큰 고기도 모인다. ☞쩌리다.

우굴기리다[__-__] 동 우글거리다. 사람이나 벌레가 한곳에 비좁게 많이 모여 매우 번잡스럽게 자꾸 움직이다. ¶통시에 기더리가 우굴기린다. =변소에 구더기가 우글거린다.

우굴대다[__-_] 동 우글대다. 사람이나 벌레가 한곳에 비좁게 많이 모여 매우 번잡스럽게 자꾸 움직이다. ¶머 때미로 사램들이 모치서 우굴대노? =뭣 때문에 사람들이 모여서 우글대니?

우굴시다[_-__] 동 우그리다. ☞우구라다. 우구리다.

우굴우굴[___-] 부 우글우글. 벌레나 짐승, 사람 따위가 한곳에 빽빽하게 많이 모여 자꾸 움직이는 모양. ¶갱노당에는 나만사람들이 우굴우굴 놀고 있다. =경로당에 노인들이 우글우글 놀고 있다.

우굴우굴하다[____-_] 동 우글우글하다. ¶덤붕에 송에가 우굴우굴합미더. =웅덩이에 붕어가 우글우글합니다.

우굴쭈굴[___-] 부 우글쭈글. 쭈그러지거나 구겨져서 고르지 않게 주름이 많이 잡힌 모양. ¶둘매기가 우굴쭈굴 꾸개짔다. =두루마기가 쭈글쭈글 꾸겨졌다.

우굴쭈굴하다[____-_] 형 우글쭈글하다. ¶주봉이 우굴쭈굴하이 꾸개짔다. =바지가 쭈글쭈글하게 꾸겨졌다.

우굴티리다[__-__] 동 우그러뜨리다. ☞우구러띠리다.

-우까[--] 어 -을까. ☞-어까.

-우께[_-] 어 -을게. ((동사의 어간 뒤에 붙어)) 어떤 행동에 대한 약속이나 의지를 나타내는 말. ¶오야. 인자 술로 끊우께. =오냐. 이제 술을 끊을게.

-우나[-_] 어 -으나. ((동사의 어간 뒤에 붙어)) 상대에게 반말로 물어 보는 뜻을 나타내는 말. 해라체로, 주로 구어체에 쓰인다. ¶【관용구】넘이사 죽우나 마나. =남이야 죽으나 마나.

-우니라[--_] 어 -으니라. ((형용사의 어간 뒤에 붙어)) 당연하게 여길 만한 사실을 단정적으로 가르쳐 줌을 나타내는 말. 해라체로, 주로 옛 말투에 쓰인다. ¶니가 금상 댕기오는 기이 좋우니라. =네가 금방 다녀오는 게 좋으니라.

-우니만치[---_] 어 -으니만치. ((형용사의 어간이나 선어말 어미 뒤에 붙어)) 앞 절의 사실을 인정하면서 그것이 뒤 말에 대한 원인이나 근거가 됨을 나타내는 말. ¶여개는 땅이 높우니만치 물

이 안 채일 끼라. =여기는 땅이 높으니 만치 물이 안 차일 거라.

우다[~우다 -_] 조 에다. 일정한 위치를 나타내는 격조사. ¶이거는 책상 우우다 올리낳아라. =이건 책상 위에다 올려놓아라. ☞다. 다아. 아다. 오다. 이다.

우다가[~우다가 --_] 조 에다가. 일정한 위치를 나타내는 격조사. ¶누가 이불 우우다가 물로 쏟았노? =누가 이불 위에다가 물을 쏟았니? ☞다가. 아다가. 어다가. 에다아. 오다가. 이다가.

우다다[_-_] 동 감싸다. ☞오다다. 오도바다. 오두바다. 우두바다.

우다싸다[1][_--_] 동 움켜잡다. ☞오다싸다. 오도바싸다. 우두바싸다.

우다싸다[2][_--_] 동 욱여싸다. ☞오다싸다. 오도바싸다. 우두바싸다.

우다싸다[3][_--_] 동 둘러싸다. ☞둘루싸다. 오다싸다. 오도바싸다. 우두바싸다.

우다옇다[1][우다여타 _--_] 동 욱여넣다. ☞오다옇다. 오도바옇다. 우두바옇다.

우다옇다[2][우다여타 _--_] 동 움켜넣다. ☞오다옇다. 오도바옇다. 우두바옇다.

우다지다[_-__] 동 움켜쥐다. ☞오다지다. 오도바지다. 우두바지다.

우덜투덜하다[____-_] 형 우둘투둘하다. ☞어실터실하다. 오덜투덜하다.

우두둑[__-] 부 으드득. 크고 단단한 물건을 힘껏 깨물어 깨뜨리는 소리를 나타내는 말. ¶동짐치 무시는 이래 우두둑 뿌싸 무우야 지 맛이제. =동치미 무는 이렇게 으드득 부수어 먹어야 제 맛이지.

우두다[_-_] 동 감싸다. ☞오다다. 오도바다. 오두바다. 우다다.

우두바싸다[1][__--_] 동 욱여싸다. ☞오다싸다. 오도바싸다. 우다싸다.

우두바싸다[2][__--_] 동 둘러싸다. ☞둘루싸다. 오다싸다. 오도바싸다. 우다싸다.

우두바옇다[우두바여타 __--_] 동 움켜넣다. ☞오다옇다. 오도바옇다. 우다옇다.

우두바지다[__-__] 동 움켜쥐다. ☞오다지다. 오도바지다. 우다지다.

우두커이[우두커~이 __-_] 부 우두커니. 정신없이 또는 얼빠진 듯이 멀거니 서 있거나 앉아 있는 모양을 나타내는 말. ¶알라가 지 하분채 우두커이 앉있다. =애가 제 혼자 우두커니 앉아있다.

우떤[_-] 부 어떤. ①((의문문에 쓰여)) 사람이나 사물의 특성, 내용, 상태, 성격이 무엇인지 물을 때 쓰는 말. ¶절마는 우떤 일로 온노? =저놈은 어떤 일로 왔니? ②((의문문에 쓰여)) 주어진 여러 사물 중 대상으로 삼는 것이 무엇인지 물을 때 쓰는 말. ¶우떤 분을 찾아오싰어예? =어떤 분을 찾아오셨습니까? ③대상을 뚜렷이 밝히지 아니하고 이를 때 쓰는 말. ¶어지 우떤 일이 생겼다. =어제 어떤 일이 생겼다. ④관련되는 대상이 특별히 제한되지 아니할 때 쓰는 말. ¶【관용구】그 우떤 바램이 불우도. =그 어떤 바람이 불어도.

우떻굼[우떠쿰 _-_] 부 어떻게. ☞어떻굼. 어떻기. 우떻기.

우떻기[우떠키 _-_] 부 어떻게. ☞어떻굼. 어떻기. 우떻굼.

-우라[1][_ _] 어 -어라. ((동사의 어간 뒤에 붙어)) 상대에게 어떤 행동을 할 것을 명령하는 뜻을 나타내는 종결어미. 해라체로, 주로 구어체에 쓰인다. ¶옷을 이뿌기 채리 입우라. =옷을 예쁘게 차려 입어라.

-우라[2][_ _] 어 -워라. ((형용사 어간 뒤에 붙어)) 감탄의 뜻을 나타내는 종결어미. 해라체로, 주로 구어체에 쓰인다. ¶하이고, 떱우라. =아이고, 더워라.

우라내다[_-_ _] 동 우려내다. ①뼈 따위를 끓여 그 성분이나 맛 따위가 배어들게 하다. ¶소삑따구에서 찐한 국물을 우라냈다. =소뼈따귀에서 진한 국물을 우려내었다. ②돈 따위를 남을 위협하거나 달래거나 하여 억지로 얻어내다. ¶글마가 우리인데 돈을 우라낼라카는 수작이제? =그놈이 우리한테 돈을 우려내려는 수작이지? ☞올가내다. 울카내다.

우라다[_-_] 동 우리다. 어떤 물건을 액체에 담가 맛이나 빛깔 따위의 성질이 액체 속으로 빠져나오게 하다. ¶떫감을 우랐다. =땡감을 우렸다. ☞삭하다.

우라묵다[우라묵따 _-_ _] 동 우려먹다. ①음식 따위를 우려서 먹다. ¶탄약은 여러 분 우라묵어도 개앦다. =탕약은 여러 번 우려먹어도 괜찮다. ¶소삐간지로 시 분이나 우라묵었다. =쇠뼈를 세 번이나 우려먹었다. ②이미 썼던 내용을 다시 써먹다. ¶【속담】노리 친 작때기 삼 년 우라묵는다. =노루 친 작대기 삼 년 우려먹는다.

-우라미[_ _ _] 어 -으렴. ((동사의 어간 뒤에 붙어)) 상대에게 친근하고 완곡하게 명령하거나 요구하는 뜻을 나타내는 말. ¶마이 무우라미. =많이 먹으렴. ¶언자 고마 해라미. =이제 그만 하렴.

-우라민서[_ _ _ _] 어 -으라면서. ①'-으라고 하며'가 준 말. ((동사의 어간 뒤에 붙어)) 다른 사람이 명령한 말을 간접적으로 인용하면서 이와 함께 뒤 절의 내용이 이루어짐을 나타내는 말이다. ¶아부지가 내보고 무우라민서 주데예. =아버지가 날더러 먹으라면서 주데요. ②((동사의 어간 뒤에 붙어)) 이미 알고 있거나 과거에 들은 명령의 내용을 다시 확인하거나 빈정거리는 투로 묻는 뜻을 나타내는 말. 해체로 주로 구어체에 쓰인다. ¶내보고 모지리 덮우라민서? =나한테 모조리 덮으라면서?

-우라이[우라~이 _ _ _] 어 -으라니. ((동사의 어간 뒤에 붙어)) 상대가 한 명령의 내용에 대하여 놀라거나 반문하는 뜻을 나타내는 말. 해체로 주로 구어체에 쓰인다. ¶이거로 내보고 입우라이. =이걸 날더러 입으라니.

-우락[_-] 어 -으락. ((용언의 어간 뒤에 붙어, 주로 '-우락 하다'의 구성으로 쓰여)) 서로 상반되는 두 동작이나 상태가 번갈아 되풀이됨을 나타내는 말. ¶조오로 접우락 피락 하고 있다. =종이를 접으락 펴락 하고 있다.

-우래이[우래~이 -- _] 어 -어라. ((동사의 어간 뒤에 붙어)) 상대에게 어떤 행동

ㅇ

을 할 것을 명령하는 뜻을 나타내는 말. 해라체로, 주로 구어체에 쓰인다. 표준어 '-어라'보다 훨씬 다정다감한 느낌을 준다. ¶얹힐라, 지인지 무우래이. =체할라, 천천히 먹어라.

우로[1][__] 조 으로. ¶【속담】사공이 많으마 배가 산우로 간다. =사공이 많으면 배가 산으로 간다. ¶【속담】좁운 입우로 하는 말로 너른 처맷자락우로 몬 막는다. =좁은 입으로 하는 말을 넓은 치맛자락으로 못 막는다. ¶【속담】콩우로 미지로 씬다 캐도 안 믿는다. =콩으로 메주를 쑨다 해도 안 믿는다. ☞아로. 어로.

우로[2][__] 조 으러. ((용언 뒤에 붙어)) 의도를 나타내는 부사격 조사. ¶【속담】주로 오도 밉운 사람 있고 받우로 오도 곱운 사람 있다. =주로 와도 미운 사람 있고 받으러 와도 고운 사람 있다.

우루나다[-_-_] 동 우러나다. ①감정 따위가 마음속에서 저절로 생겨 나오다. ¶【관용구】마움에서 우루나다. =마음에서 우러나다. ②빛깔이나 맛 따위가 어떤 사물에서 액체 속으로 빠져나오거나 퍼지다. ¶뜨겁운 물로 버어마 모개차가 노라이 우루난다. =뜨거운 물을 부으면 모과차가 노랗게 우러난다.

우루루[1][_-] 부 우르르. ①사람이나 동물 따위가 한꺼번에 움직이거나 한곳에 몰리는 모양. ¶나만사람들이 질건니로 우루루 몰리가데예. =노인들이 길 건너로 우르르 몰려가데요. ②쌓여 있던 물건들이 갑자기 무너져 내리거나 쏟아질 때 나는 소리. 또는 그 모양. ¶어짓밤에 담부랑이 우루루 뭉개졌다. =어젯밤에 담장이 우르르 무너졌다.

우루루[2][__-] 부 쉽사리. 아주 쉽게. ¶너거 할매는 우루루 죽울빙이 아이다. =너희 할머니는 쉽사리 죽을병이 아니다.

우루루[3][__-] 부 와르르. 쌓여 있던 물건들이 한꺼번에 야단스럽게 무너지는 소리를 나타내는 말. ¶갱운기 우에 있던 고오매가 우루루 쏟아진다. =경운기 위에 있던 고구마가 와르르 쏟아진다.

우리들네[--__] 명 우리네. 자기와 함께 자기와 관련되는 여러 사람을 다 같이 가리킬 때 쓰는 말. '우리'에 별다른 뜻 없이 접미사 '-들'이 결합한 것이다. ¶우리들네는 없이 살았지예. =우리네는 가난하게 살았지요.

-우리만치[--__] 어 -으리만큼. ((용언의 어간이나 선어말 어미 뒤에 붙어)) '그러할 정도로'의 뜻을 나타내는 말. 앞 절의 사실을 인정하면서 그것이 뒤 절에 대한 근거가 됨을 나타낸다. ¶이거는 입 갖인 우리 아아도 잘 무우리만치 맛입다. =이것은 입 짧은 우리 애도 잘 먹으리만큼 맛있다.

우리이다[_-__] 동 ≒우리다. 뜨거운 볕이나 더운 날씨로 인한 열이 밖으로 잘 빠지지 않고 집 안이나 실내에 차다. *표준어 '우리다'는 '더운 볕이 들다'인데, 창녕방언 '우리이다'는 그 '열기가 가득 차 있다'는 뜻이다. ¶이래 덥운 날은, 쎄멘 집이라서 그런강 집이 마이 우리입미더. =이리 더운 날은, 시멘트 집이라 그런지 집이 많이 우립니다.

-우마[1][_-] 어 -으면. ①((용언의 어간이나 선어말 어미 뒤에 붙어)) 어떤 사실을 가정하여 조건으로 삼는 뜻을 나타내는 말. ¶니일 날이 좋우마 놀로 가야 다. =내일 날씨가 좋으면 놀러 가야겠다. ②((용언의 어간이나 선어말 어미 뒤에 붙어)) 주로 '하다', '좋다', '싶다'의 앞에 쓰여, 희망이나 바람을 나타내는 말. ¶인자 집에 갔우마 집다. =이제 집에 갔으면 싶다. ③((용언의 어간이나 선어말 어미 뒤에 붙어)) 행동의 원인을 나타내는 말. ¶【속담】중이 밉우마 가사(袈裟)도 밉다. =중이 미우면 가사도 밉다. ☞-으마.

우마다[_-_] 동 우므리다. 어떤 물건의 가장자리가 안쪽으로 우묵하게 휘어져 들어가게 하다. ¶푸대 주디이로 잘 우마라. =푸대 주둥이를 잘 우므려라.

우묵[_-] 명 윗목. 온돌방에서 아궁이로부터 먼 쪽의 방바닥. ¶고오매 푸대는 우묵에 앉하낳아라. =고구마 포대는 윗목에 앉혀놓아라. ☞웃묵.

우묵하다[우무카다 __-_] 형 수북하다. 잡초 따위가 자라서 꽤 그들먹하다. *표준어에서 '우묵하다'는 '가운데가 둥그스름하게 푹 패거나 들어가 있는 상태'를 뜻하지만 창녕방언에서는 전혀 다른 뜻으로 쓴다. ¶【속담】밭에 풀이 우묵하마 윽대가 새끼 친다. =밭에 풀이 수북하면 늑대가 새끼 친다. ☞자부룩하다. 지북하다. 타박하다.

우뭉하다[__-_] 형 우멍하다. 물건의 바닥이나 면이 쑥 들어가 우묵하다. ¶글마는 눈뚜부리가 우뭉하고 간지뻬가 툭 티이노왔다. =그놈은 눈두덩이 우멍하고 광대뼈가 툭 튀어나왔다.

우벙하다[__-_] 형 무성하다(茂盛--). 털이나 뿌리 따위가 엉킬 정도로 마구 자라 있다. ¶인삼뿌리이는 터리기가 우벙한 기이 좋습미더. =인삼뿌리는 털이 무성한 게 좋습니다. ☞어벅하다.

우북[-_] 부 제법. ☞어북. 에북. 지북.

우붕[_-] 명 ((식물))우엉. ¶【속담】밤시이 우붕 시이 다 까 밨다. =밤송이 우엉 송이 다 까 보았다. ☞우웅.

우사[-_] 명 남우세. 남에게 비웃음과 놀림을 받게 됨. 또는 그 비웃음과 놀림. ¶옷을 고래 채리 입고 나갔다가는 우사 닪기 똑 좋겄다. =옷을 그렇게 차려 입고 나갔다가는 남우세 당하기 딱 좋겠다.

우사시럽다[-_-___] 형 우세스럽다. 남에게 놀림과 비웃음을 받을 듯하다. ¶툭하마 적삼 밑어로 티노오는 할배 배꾸뭉이 우사시럽었다. =걸핏하면 적삼 밑으로 튀어나오는 할아버지 배꼽이 우세스러웠다.

우사하다[-___] 동 우세하다. 남에게 놀림과 비웃음을 받다. ¶고런 짓거리 하다간 십중팔구 우사하기 델 끼다. =그런 짓을 하다간 십중팔구 우세하게 될 게다.

우삿거리[우사꺼리 -___] 명 우셋거리. 비웃음을 살 만한 거리. ¶동네에 우삿거

ㅇ

리가 생겼다. =동네에 우셋거리가 생겼다.

-우서[-_] 어 -워서. *연결어미 '-우서'는 모음으로 끝나는 어간이나 일부 ㅂ불규칙 용언이 그 모음에 완전 동화되는 것이 창녕방언의 특색이다. ①시간적 선후 관계를 나타내는 연결어미. ¶【속담】눕우서 떡 묵기다. =누워서 떡 먹기다. ¶【속담】눕우서 춤 밭기다. =누워서 침 뱉기다. ②이유나 근거를 나타내는 연결어미. ¶【속담】떱우서 몬한 일로 춥우서 하까. =더워서 못한 일을 추워서 하랴.

우서[우~서 -_] 조 에서. ¶지붕 우서 베락 치는 소리가 난다. =지붕 위에서 벼락 치는 소리가 난다. ☞서. 아서. 어서. 오서. 이서.

우수개[_-_] 명 우스개. 남을 웃기려고 꾸미는 말이나 행동. ¶누부가 하는 말로 우수개로 받아넝가라. =누나가 하는 말을 우스개로 받아넘겨라. ☞위서개.

우수개소리[_-___] 명 우스갯소리. 남을 웃기려고 꾸미는 소리. ¶니는 우수개소리로 우예 고래 잘 하노? =너는 우스갯소리를 어찌 그리 잘 하니? ☞위서개소리.

우수개짓[우수개찓 _-__] 명 우스갯짓. 남을 웃기려고 꾸미는 행동. ☞고깨이짓. 위서갯짓.

우숩다[우숩따 -__] 형 우습다. ①재미가 있어 웃을 만하다. ¶손지가 하는 짓이 참 우숩더라. =손주가 하는 짓이 참 우습더라. ②못마땅하여 보기 거북하다. ¶천지 분간도 몬하고 날띠는 꼬라지로 우숩우서 몬 보겄네. =천지 분간도 못하고 날뛰는 꼴을 우스워서 못 보겠네. ③대단치 아니하거나 하잘것없다. ¶【속담】우숩기 본 낭게 눈 찔린다. =우습게 본 나무에 눈 찔린다. ④공교롭고 이상하다. ¶【관용구】우숩지도 안하다. =우습지도 않다. ¶【관용구】일이 우숩기 데다. =일이 우습게 되다. *우숩고[우숩꼬 -__], 우숩지[우숩찌 -__], 우숩어[우수버 -__], 우숩었다[우수벋따 -___]. ☞위섭다.

우시두시하다[____-_] 형 두서없다(頭緖--). 일의 차례나 갈피를 잡을 수 없다. ¶저가부지가 다칬다 칸께네 우시두시할백이 없었어예. =애아버지가 다쳤다 하니까 두서없을밖에 없었어요.

우신[_-] 부 우선(于先). ①어떤 일에 앞서서 먼저. ¶우신 사램부텀 살리고 보자. =우선 사람부터 살리고 보자. ②다른 것에 앞서서 당장. ¶【속담】우신 묵기에 꽂감이 다다. =우선 먹기에 곶감이 달다. ③아쉬운 중에서도 그나마. ¶크기 안 다친 것마 해도 우신 다앵이라 이있다. =크게 안 다친 것만 해도 우선 다행으로 여겼다. ☞위선.

우신딴에[우신따네 __-_] 부 우선에(于先-). *창녕방언에서는 표준어 '우선'에 해당하는 '우신'은 조사 '-에' 또는 '-딴에'가 관용적으로 따라붙는다. ①어떤 일에 앞서서. ¶일이사 우야등가 우신딴에 밥이나 묵고 보자. =일이야 어찌하든 우선 밥이나 먹고 보자. ②다른 것에 앞서서 당장. ¶마이 다칬네. 우신딴에 약부텀 발라야 델다. =많이 다쳤네. 우선에 약부터 발라야 되겠다. ③아쉬운 중에서도 그나마. ¶지아줄 것도 없는데, 우신딴에 이거래도 가아가래이. =쥐어줄 것도 없는데, 우선에 이것이라도 가져가거라. ☞우신에. 위선딴에. 위선에.

우신에[우시네 __-] 부 우선에(于先-). ☞우신딴에. 위선딴에. 위선에.

우아래[_-_] 명 위아래. ①위쪽과 아래쪽. ¶날로 와 우아래 훑우봅미꺼? =나를 왜 위아래로 훑어봅니까? ②나이가 많고 적음. 또는 지위가 높고 낮음. ¶【관용구】우아래가 없다. =위아래가 없다. ¶【속담】찬물도 우아래가 있다. =찬물도 위아래가 있다.

우악시럽다[우악시럽따 -_-__] 형 우악스럽다. ①언행이나 성격이 무식하고 모지며 거친 데가 있다. ¶저 우악시런 넘이 술마 치하마 저 지랄로 한다. =저 우악스런 놈이 술만 취하면 저 지랄을 한다. ②언행이나 생김새가 험상궂고 우락부락한 데가 있다. ¶언가이 우악시럽기 생깄다. =어지간히 우악스럽게 생겼다.

우안[-_] 명 우환(憂患). ¶【속담】우안이 도독이다. =우환이 도둑이다.

우애[_-] 명 의외(以外). 일정한 기준이나 정도의 밖. ¶물견이 우애 끼 딸리왔다. =물건이 의외 것이 딸려왔다. ¶안 해도 델 우애 일로 무다이 했네. =안 해도 될 의외 일을 괜히 했네.

우애꺼[_-_] 명 덤. 제 값어치 외에 거저로 조금 더 얹어 주는 일. 또는 그런 물건. ¶큰 거 시 개나 샀더마는 짝은 거 한나로 우애꺼라 카민서 주더라. =큰 것 세 개나 샀더니만 작은 것 하나를 덤이라 하면서 주더라.

우애로[_-_] 부 의외로(意外-). ¶오올은 날이 우애로 따시네. =오늘은 날씨가 의외로 따뜻하네.

우앴기나[1][우앧기나 __-_] 부 어쨌거나. ☞어앴기나. 어쨌기나. 우쨌기나.

우앴기나[2][우앧기나 __-_] 감 어떡하나. ☞어앴기나. 어쨌기나. 우쨌기나.

-우야[_-] 어 -어야. ((자음으로 끝난 일부 어간 뒤에 붙어)) 마땅히 그래야 함을 나타내는 말. ¶【속담】울우야 젖을 준다. =울어야 젖을 준다.

우야까[_-_] 부 어찌할까. ☞어야까. 어짜까. 우짜까.

우야꼬[_-_] 감 어찌할꼬. ☞어야꼬. 어짜꼬. 우짜꼬.

우야노[_-_] 부 어찌하느냐. ☞어야노. 어짜노. 우짜노.

우야다[1][_-_] 동 어찌하다. ☞어야다. 어짜다. 우짜다.

우야다[2][_-_] 부 어쩌다. ☞어야다. 어짜다. 우짜다.

우야다가[_-__] 동 어쩌다가. ☞어야다가. 어짜다가. 우짜다가.

우야던강[1][__-_] 부 어찌하든. ☞어야던강. 어야던동. 어짜던강. 어짜던동. 우야던동. 우짜던강. 우짜던동.

우야던강[2][__-_] 부 아무튼. ☞어야던강.

ㅇ

어야던동. 어짜던강. 어짜던동. 우야던동. 우짜던강. 우짜던동.

우야던동[1][_ _-_] 부 어찌하든. ☞어야던강. 어야던동. 어짜던강. 어짜던동. 우야던강. 우짜던강. 우짜던동.

우야던동[2][_ _-_] 부 아무튼. ☞어야던강. 어야던동. 어짜던강. 우야던강. 어짜던동. 우짜던강. 우짜던동.

우야마[1][_-_] 부 어쩌면. ☞어야마. 어짜마. 우짜마.

우야마[2][_-_] 감 어쩌면. ☞어야마. 어짜마. 우짜마.

우야무야[-_-_] 명 유야무야(有耶無耶). 있는 듯 없는 듯 흐지부지함. ¶이분 일은 우야무야 넘길 모냥이네. =이번 일은 유야무야 넘길 모양이네.

우야무야데다[-_-_ _ _] 동 유야무야되다(有耶無耶--). ¶암만 씨꺼럽기 저캐도 좀 있으마 또 우야무야델 낍미더. =아무리 시끄럽게 저래도 좀 있으면 또 유야무야될 겁니다.

우야자꼬[_--_] 부 어쩌자고. ☞어야자꼬. 어짜자꼬. 우짜자꼬.

우얀[1][_-] 관 어쩐. ☞어얀. 어짠. 우짠.

우얀[2][_-] 관 웬. ①어찌 된. ¶【속담】내 떡 내 묵는데 우얀 소리고. =내 떡 내 먹는데 웬 소린가. ②정체를 알 수 없는. ¶【속담】우얀 기신이 낮밥 조오 묵는 소리. =웬 귀신이 낮밥 주워 먹는 소리.

우얀지[_-_] 부 어쩐지. ☞어얀지. 어짠지. 우짠지.

우엣돈[우에똔 _-_] 명 가욋돈(加外-). 정해진 기준이나 정도를 넘어서는 돈. ¶【관용구】우엣돈을 딜이다. =가욋돈을 들이다.

우엣사람[우에싸람 -_ _ _] 명 윗사람. 나이나 항렬 따위가 자기보다 위이거나 높은 사람. ¶【관용구】우엣사람 싱기다. =윗사람 섬기다.

우엣일[우엔닐 _-_] 명 가욋일(加外-). 필요한 것 외에 더 하는 일. ¶【관용구】직장 댕기민서 우엣일로 지칬다. =직장 다니면서 가욋일로 지쳤다.

우여이[우여~이 _-_] 부 우연히(偶然-). 어떤 일이 뜻하지 않게 저절로 생겨 묘하게. ¶내는 질 가다가 우여이 그 사고로 밨다. =나는 길 가다가 우연히 그 사고를 봤다.

우예[_-] 부 어찌. ☞어애. 어이. 우째.

우예서[_-_] 부 어째서. ☞어예서. 우째서.

우움하다[-_ _ _] 형 위험하다(危險--). ¶【속담】군자는 우움한 질을 안 걷는다. =군자는 위험한 길을 안 걷는다.

우웅[_-] 명 ((식물))우엉. ☞우붕.

우짜고저짜고[_-_ _-_] 부 어쩌고저쩌고. 이러하다는 둥 저러하다는 둥 말을 늘어놓는 모양. ¶그 사람 보고 우짜고저짜고 말이 많애예. =그 사람에 대해서 어쩌고저쩌고 말이 많아요. ☞어짜고저짜고.

우짜까[_-_] 감 어찌할까. ☞어야까. 어짜까. 우야까.

우짜꼬[_-_] 감 어찌할꼬. ☞어야꼬. 어짜꼬. 우야꼬.

우짜노[_-_] 부 어찌하느냐. ☞어야노. 어짜노. 우야노.

우짜다[1][_-_] 동 어찌하다. ☞어야다. 어짜다. 우야다.

우짜다[2][_-_] 부 어쩌다. ☞어야다. 어짜다. 우야다. 우짜다가.

우짜다가[_-__] 부 어쩌다가. ☞어야다가. 어짜다가. 우야다가.

우짜던강[1][__-_] 부 어찌하든. ☞어야던강. 어야던동. 어짜던강. 어짜던동. 우야던강. 우야던동. 우짜던동.

우짜던강[2][__-_] 부 아무튼. ☞어야던강. 어야던동. 어짜던강. 어짜던동. 우야던강. 우야던동. 우짜던동.

우짜던동[1][__-_] 부 어찌하든. ☞어야던강. 어야던동. 어짜던강. 어짜던동. 우야던강. 우야던동. 우짜던강.

우짜던동[2][__-_] 부 아무튼. ☞어야던강. 어야던동. 어짜던강. 우야던강. 어짜던동. 우야던동. 우짜던강.

우짜마[1][_-_] 부 어쩌면. ☞어야마. 어짜마. 우야마.

우짜마[2][_-_] 감 어쩌면. ☞어야마. 어짜마. 우야마.

우짜자꼬[_--_] 부 어쩌자고. ☞어야자꼬. 어짜자꼬. 우야자꼬.

우짝[_-] 명 위짝. 위아래로 한 벌을 이루는 물건의 위쪽 짝. ☞우째기. 웃짝.

우짠[_-] 관 어쩐. ☞어얀. 어짠. 우얀.

우짠지[_-_] 부 어쩐지. ☞어얀지. 어짠지. 우얀지.

우짤라꼬[_--_] 부 어쩌려고. ☞어얄라꼬. 어짤라꼬. 우얄라꼬.

우째[_-] 부 어찌. ☞어애. 어이. 우예.

우째기[1][_-_] 명 위짝. ☞우짝. 웃짝.

우째기[2][_-_] 명 암쇠. ①열쇠, 자물쇠 따위의 수쇠가 들어갈 구멍에 박은 쇠. ②맷돌 위짝 가운데에 박힌, 구멍이 뚫린 쇠. ☞중씨암넘. 쫑패.

우째서[_-_] 부 어째서. ☞어예서. 우예서.

우쨌기나[1][우쨉기나 __-_] 부 어쨌거나. ☞어앴기나. 어쨌기나. 우앴기나.

우쨌기나[2][우쨉기나 __-_] 감 어떡하나. ☞어앴기나. 어쨌기나. 우앴기나.

우쪽[_-] 명 위쪽. ¶【속담】사램은 우쪽마 보마 안 덴다. =사람은 위쪽만 보면 안 된다. ☞우쭉. 웃쪽. 웃쭉. 위쭉.

우쭉[_-] 명 위쪽. ☞우쪽. 웃쪽. 웃쭉. 위쭉.

우찌나[_-_] 부 어찌나. '어찌'를 강조하여 이르는 말. ¶허북지가 우찌나 아푼지 똑 죽는강 이있다. =허벅지가 어찌나 아픈지 꼭 죽는가 여겼다. ☞어떻굼. 어띠. 어띠기. 어띠나.

우청[_-] 명 위층(-層). ☞우칭.

우칭[_-] 명 위층(-層). ☞우청.

우쿰[-_] 명 움큼. ☞오쿰. 웅쿰. 호쿰.

우태하다[__-_] 형 위태롭다(危殆--). ☞상그랍다. 우터럽다.

우터럽다[우투룹따 __-_] 형 위태롭다(危殆--). ☞상그랍다. 우태하다.

우통[-_] 명 윗도리. ①허리의 윗부분. ¶아재는 우통이 땐땐하네예. =아저씨는 윗도리가 단단하네요. ②윗옷. ¶【관용구】우통을 벗이다. =윗도리를 벗다. ☞웃도리. 웃옷.

우풍[_-] 명 외풍(外風). 밖에서 들어오는 바람. ¶【관용구】우풍이 씨다. =외풍이 세다. ¶【관용구】우풍이 없다. =외풍이 없다.

욱박지르다[욱박지러다 ___-_] 동 윽박지르다. 심하게 짓눌러 기를 꺾다. ¶아아가 잘몬했어도 너무 욱박지르지 마이소오. =아이가 잘못했어도 너무 윽박지르지 마세요.

-운[_] 어 -은. 앞말이 관형어 구실을 하게하고 동작이 과거에 이루어졌음을 나타내는 연결어미. ¶【속담】죽운 자석 꼬치 만치기다. =죽은 자식 고추 만지기다. ¶【속담】업히가는 넘이 업운 아아 나무랜다. =업혀가는 놈이 업은 아이 나무란다.

-운께네[_-_] 어 -으니까. ①((용언의 어간이나 선어말 어미 뒤에 붙어)) 앞 절이 뒤 절에 대한 원인이나 이유가 됨을 나타내는 말. ¶가무치 큰 넘을 잡운께네 기부이 좋네예. =가물치 큰 놈을 잡으니까 기분이 좋네요. ②((용언의 어간이나 선어말 어미 뒤에 붙어)) 앞 절의 행위가 진행된 결과 뒤 절의 사실이 그러하거나 곧 뒤 절의 행동이 일어남을 나타내는 말. ¶니가 옷을 잘 집운께네 니보고 집우라 카지. =네가 옷을 잘 기우니까 널더러 기우라고 하지.

운동아[_--] 명 운동화(運動靴). ¶운동아 끄내끼. =운동화 끈.

운제[1][_-] 명 언제. 잘 모르는 때를 가리키는 지시 대명사. ¶【속담】운제부텀 사또보고 원님이라 캤노. =언제부터 사또더러 원님이라 했나.

운제[2][_-] 부 언제. ①((의문문에 쓰여)) 잘 모르는 때를 물을 때 쓰는 말. ¶아재는 운제 올 끼라 카던가예? =아저씨는 언제 올 거라 하던가요? ②때가 특별히 정해지지 않았음을 나타내는 말. ¶【속담】운제는 이할매 콩죽으로 살았나. =언제는 외할머니 콩죽으로 살았나.

운제나[_--] 부 언제나. 어떤 경우든 한결같이. ¶【속담】개기기는 운제나 지맛이다. =개고기는 언제나 제맛이다. ☞묵고새고. 온천날. 운제나. 천만날.

운젠가[_--] 부 언젠가. ①이전의 어느 때에. 곧 그때가 기억나지 않거나 확실하지 않은 과거의 어느 때에. ¶운젠가 내보고 어데 아푼데 없나 캤제? =언젠가 내게 어디 아픈 데 없느냐고 했지? ②어느 때에 가서는. 곧 정해지지 않거나 아직 모르는 미래의 어느 때에. ¶운젠가 핀할 날이 올 끼다. =언젠가 편할 날이 올 것이다. ③때가 되면. 미래의 어느 때에 이미 사실이 될 것이 확실하거나 그렇게 되는 것이 마땅하다고 생각할 때 쓰인다. ¶【속담】지아모리 이뿐 꽃도 운젠가 씨든다. =제아무리 예쁜 꽃도 언젠가 시든다.

운젯년[운젠년 _--] 명 어느 해. 지나간 어떤 해. ☞언젯년. 한해.

운젯년에끼[운젠녀네끼 _--__] 명 어느 해께. 지나간 어떤 해께. ☞언젯년에끼. 한해끼.

-운지[-_] 어 -은지. ①((형용사의 어간 뒤에 붙어)) 뒤 절의 사실에 대한 근거나 원인을 추측하는 뜻을 나타내는 말. ¶가아가 와 좋운지 모룰다. =개가 왜 좋

은지 모르겠다. ②((형용사의 어간 뒤에 붙어, 주로 '-은지'의 구성으로 쓰여)) 뒤 절의 진술이나 궁금증, 의문 따위에 대해서 둘 중에 어느 하나를 추측하고 있음을 나타내는 말. ¶니 말이 옳운지 내 말이 옳운지 오데 지다리보자. =네 말이 옳은지 내 말이 옳은지 어디 기다려보자. ③((형용사의 어간 뒤에 붙어, '얼마나'나 '어찌나' 따위의 말과 함께 쓰여)) 어떤 사실이 매우 그러하다고 강조하는 뜻을 나타내는 말. ¶술이 얼매나 묽운지 맹물 겉다. =술이 얼마나 묽은지 맹물 같다.

운찜[_-] 명 운김. ①여럿이 한창 함께 일할 때에 우러나오는 힘. ¶이전에는 동네사램들이 서리서리 운찜우로 농사지있다. =예전에는 동네사람들이 서로서로 운김으로 농사지었다. ②사람들이 있는 곳의 따뜻한 기운. ¶사램들이 이래 모치 있은께네 운찜이 돕미더. =사람들이 이렇게 모여 있으니까 운김이 돕니다. ③집안의 분위기나 기운. ¶너거 집안 운찜이 이전 겉잖제? =너희 집안 운김이 예전 같잖지?

울[_] 조 을. ①어떤 행동의 목적이 되는 일이나 기대치를 나타내는 격 조사. ¶니가 입울 옷인데 와 저래 꾸개놓았노? =니가 입을 옷인데 왜 저리 구겨놓았니? ②앞말이 관형어 구실을 하게 하고 추측, 예정, 의지, 가능성 따위 확정된 현실이 아님을 나타내는 어미. ¶니일은 날이 춥울 끼다. =내일은 날씨가 추울 것이다. ☞로. 로갓다가. 르.

울가묵다[울가묵따 _-__] 동 갈겨먹다. ☞올가묵다.

울긋뿔긋[울귿뿔귿 ___-] 부 울긋불긋. ☞올곳뽈곳.

울긋뿔긋하다[울귿뿔구타다 _____-_] 형 울긋불긋하다. ☞올곳뽈곳하다.

-울깝세[_-_] 어 -을망정. 앞 절의 사실을 인정하고 뒤 절에 그와 대립되는 다른 사실을 이어 말할 때에 쓰는 연결어미. ¶【속담】보쌀 시 디마 있으마 굶우죽울깝세 처가살이는 하지 마라. =보리쌀 세 되만 있으면 굶어죽을망정 처가살이는 하지 마라. ☞-을깝세.

-울꺼로[-__] 어 -을걸. ①((용언의 어간이나 선어말 어미 '-었-'의 뒤에 붙어)) 화자가 추측한 어떤 사실을 상대에게 가볍게 반박하여 나타내거나 스스로 가볍게 감탄하여 나타내는 말. 해체로 주로 구어체에 쓰인다. ¶벌씨로 낭글 말키 숭궀울꺼로. =벌써 나무를 모두 심었을걸. ②((동사의 어간이나 선어말 어미 뒤에 붙어)) 이미 지난 일을 가볍게 후회하거나 아쉬워하는 뜻을 나타내는 말. 주로 혼잣말에 쓰인다. ¶이랄 줄 알았으마 지익을 무울꺼로. =이럴 줄 알았으면 저녁을 먹을걸.

울냄이[울내미 _-_] 명 울보. 걸핏하면 우는 아이를 놀림조로 이르는 말. ☞짬보.

울따리[_-_] 명 울타리. ¶【속담】울따리가 무네진께네 이우지 개가 들온다. =울타리가 무너지니까 이웃 개가 들어온다. ¶【속담】여자는 시집 울따리 기시이 데에야 덴다. =여자는 시집 울타리

ㅇ

귀신이 되어야 된다.

-울라[_-] 어 -으려. (('ㄹ'을 제외한 자음으로 끝나는 동사의 어간 뒤에 붙어, 주로 '하다', '들다' 따위의 동사와 함께 쓰여)) 장차 어떤 행동이나 일을 하고자 하는 의도를 지니고 있음을 나타내는 말. ¶【속담】비상 사묵고 죽울라 캐도 도이 없어서 몬 죽는다. =비상 사 먹고 죽으려 해도 돈이 없어서 못 죽는다.

-울라꼬[_-_] 어 -으려고. ①(('ㄹ'을 제외한 자음으로 끝나는 동사의 어간이나 선어말 어미 뒤에 붙어)) 상대에게 어떤 행동을 할 것인지 묻는 뜻을 나타내는 말. 해체로 주로 구어체에 쓰인다. ¶그 심든 일로 니가 다 해치울라꼬? =그 힘든 일을 네가 다 해치우려고? ②(('ㄹ'을 제외한 자음으로 끝나는 동사의 어간이나 선어말 어미 뒤에 붙어)) 어떤 행동을 할 의도를 나타내는 말. ¶씰개이가 저 높우당한 담부랑을 넘울라꼬 난리다. =살쾡이가 저 높다란 담을 넘으려고 난리다.

울라다[_-_] 동 울리다. ①기쁘거나 슬프거나 아파서 소리를 내며 눈물을 흘리게 하다. ¶아아로 와 울라노? =애를 왜 울리느냐? ②진동하여 소리가 나게 하다. ¶【속담】빅을 치서 대둘보 울란다. =벽을 쳐서 대들보 울린다.

-울라카다가[----_] 어 -으려다가. '-으려고 하다가'가 준 말. ¶【속담】지 잡울라카다가 도가지 깬다. =쥐 잡으려다가 독 깬다.

-울란지[--_] 어 -을는지. 뒤 절이 나타내는 일과 상관이 있는 어떤 일의 실현 가능성에 대한 의문을 나타내는 연결 어미. ¶낡수로 물기기로 얼매나 낡울란지 모루겄다. =낚시로 물고기를 얼마나 낚을는지 모르겠다. ☞-울랑강. -울랑동.

-울랑강[_-_] 어 -을는지. ¶가아가 이 옷을 입울랑강 모룰다. =걔가 이 옷을 입을는지 모르겠다. ☞-울란지. -울랑동.

-울랑동[_-_] 어 -을는지. ☞-울란지. -울랑강.

울로[--] 부 위로. ①위쪽으로. ¶울로 쪼매마 더 올리라. =위쪽으로 조금만 더 올려라. ②위쪽에. 위쪽 지역에. ¶잔칫날 데마 서울 겉은 울로는 국시로 묵는데, 여개 알로는 떡국을 묵지예. =잔칫날 되면 서울 같은 위쪽에는 국수를 먹는데, 여기 아래쪽에는 떡국을 먹죠.

울로보다[--__] 동 올려다보다. ①어떤 사람이 다른 사람을 존경하는 마음으로 높이 받들어 우러르다. ¶오만 사램들이 저 냥반을 울로본다. =온갖 사람들이 저 양반을 올려다본다. ②자신보다 나은 사람을 보다. ¶지보담 낫은 사램을 울로보마 사는 재미가 없다. =자기보다 나은 사람을 올려다보면 사는 재미가 없다. ☞치받아보다. 치보다.

울루미다[1][-__] 동 둘러메다. 들어 올려서 어깨에 메다. ☞둘루미다.

울루미다[2][-__] 동 맡다. ☞둘루미다.

울루미아다[-_-__] 동 맡기다. '맡다'의 사동사. ☞둘루미아다. 맽기다.

울룽기리다[_ _-_ _] 동 울렁거리다. ①크게 놀라거나 두려워서 자꾸 몹시 두근거리다. ¶놀래서 가숨이 울룽기린다. =놀라서 가슴이 울렁거린다. ②자꾸 토할 것 같이 속이 메슥거리다. ¶차물미가 나서 쏙이 울룽기린다. =차멀미가 나서 속이 울렁거린다. ③큰 물결 따위가 잇따라 흔들리다. ¶강물이 엄청시리 울룽기린다. =강물이 엄청나게 울렁거린다.

울림짱[_ _-] 명 으름장. 말과 행동으로 위협하는 짓. ¶【관용구】울림짱을 낳다. =으름장을 놓다. ☞어룸장. 얼림장.

울매[_-] 명 얼마. ☞얼매.

울매나[_-_] 부 얼마나. ☞얼매나.

울매던강[_-_ _] 부 얼마든지. ☞얼매던강. 얼매던동. 울매던동.

울매던동[_-_ _] 부 얼마든지. ☞얼매던강. 얼매던동. 울매던강.

울묵울묵하다[_ _ _ _-_] 동 울먹울먹하다. 울상이 되어 자꾸 울음이 터져 나올 듯하다. ¶강새이 팔지 말라꼬 아아가 울묵울묵합미더. =강아지 팔지 말라고 애가 울먹울먹합니다.

-울백이[울빼끼 _-_] 어 -을밖에. ((용언의 어간이나 선어말 어미 뒤에 붙어)) '그것 이외에는 다른 도리가 없음'의 뜻을 나타내는 연결어미. ¶여어가 저뽀다마 높울백이. =여기가 저기보다 높을밖에.

-울뿐더리[_--_] 어 -을뿐더러. ((용언의 어간이나 선어말 어미 뒤에 붙어)) 어떤 사실이 그것에 그치지 않고 그 밖에 다른 것이 더 있음을 나타내는 연결어미. ¶이 덤붕은 짚울뿐더리 송에도 많아예. =이 웅덩이는 깊을뿐더러 붕어도 많아요.

-울수룩[-_ _] 어 -을수록. ((용언의 어간이나 선어말 어미 뒤에 붙어)) 어떤 일의 정도가 더하여 감에 따라 다른 일의 정도가 그에 비례하여 더하거나 덜하여 감을 나타내는 연결어미. ¶【속담】물이 짚울수룩 큰 기기가 마이 산다. =물이 깊을수록 큰 고기가 많이 산다. ☞-울수룩이.

-울수룩이[울수루기 -_ _ _] 어 -을수록. ☞-울수룩.

울아부지[우라부지 _ _-_] 명 우리 아버지. *'울아부지'는 표준어로 보면 명사구지만 창녕방언에서는 굳어진 말이라 하나의 명사로 보는 게 낫다. ¶【관용구】몬나도 울아부지. =못나도 우리 아버지.

울애[우래 _-] 명 울화(鬱火). ¶저니러 소상 때미로 울애가 난다. =저놈의 자식 때문에 울화가 난다.

울애통[우래통 _-_] 명 울화통(鬱火-). 몹시 쌓이고 쌓인 마음속의 화를 속되게 이르는 말. ¶【관용구】울애통이 터지다. =울화통이 터지다.

울어매[우러매 _-_] 명 우리 어머니. *'울어매'는 표준어로 보면 명사구지만 창녕방언에서는 굳어진 말이라 하나의 명사로 보는 게 낫다. ¶【관용구】몬나도 울어매. =못나도 우리 어머니.

울움[우룸 -_] 명 울음. 우는 일. 또는 그런 소리. ¶【속담】봄 꽁이 지 울움에 죽눈다. =봄 꿩이 제 울음에 죽는다.

울움바다[우룸바다 -_-_] 명 울음바다. 많은 사람들이 한꺼번에 울음을 터뜨려 그 자리가 온통 울음소리로 뒤덮인 상태. ¶졸웁식장이 울움바다로 빈했다. =졸업식장이 울음바다로 변했다.

울움소리[우룸쏘리 -_-_] 명 울음소리. 우는 소리. ¶【속담】막내이 울움소리는 저싱꺼정 들린다. =막내 울음소리는 저승까지 들린다.

울움판[우룸판 -_-] 명 울음판. 여러 사람이 함께 우는 자리. ¶할배가 죽우서 울움파이 뎄다. =할아버지가 죽어서 울음판이 됐다.

-울지[-_] 어 -을지. ((용언의 어간 뒤에 붙어)) 어떤 사실에 대하여 막연하게 추측하거나 의문을 나타내는 연결어미. ¶우짜마 좋울지 생각해바라. =어쩌면 좋을지 생각해봐라.

울카내다[_-__] 동 우려내다. ☞올가내다. 우라내다.

울콩[--] 명 ((식물))강낭콩. ☞두불콩. 봄콩. 양대콩. 재불콩.

울텅불텅하다[____-_] 형 울퉁불퉁하다. 바닥이나 겉면이 고르지 않고 군데군데 둥근 것이 툭툭 불거져 있다. ¶질이 억씨기 울텅불텅하다. =길이 몹시 울퉁불퉁하다.

-움[_] 접 -음. ((받침 있는 용언의 어간 뒤에 붙어)) 명사를 만드는 접미사. ¶걸움(걸음). ¶수집움(수줍음). ¶얼움(얼음). ¶젊움(젊음). ¶죽움(죽음).

움물[-_] 명 우물. ☞새미.

움추리다[_-__] 동 움츠리다. ①몸이나 몸의 일부를 몹시 오그리어 작아지게 하다. ¶【속담】새도 날라카마 움추린다. =새도 날려면 움츠린다. ②겁을 먹거나 위압감 때문에 몹시 기가 꺾이거나 풀이 죽다. ¶【관용구】목고개로 움추리다. =고개를 움츠리다. ☞움치리다.

움치리다[_-__] 동 움츠리다. ☞움추리다.

움치잡다[-_-_] 동 움켜잡다. 손가락을 오그리어 물건 따위를 놓치지 아니하도록 힘 있게 잡다. ¶【속담】물에 빠진 사램은 지푸래기래도 움치잡는다. =물에 빠진 사람은 지푸라기라도 움켜잡는다.

움푹짐푹하다[____-_] 형 움푹움푹하다. 여러 군데가 둥글게 속으로 푹 패어 들어가 있다. ¶질이 엄청시리 움푹짐푹하다. =길이 엄청나게 움푹움푹하다.

-웁시더[-__] 어 -읍시다. ①((동사의 어간 뒤에 붙어)) 어떤 행동을 함께 할 것을 상대에게 권하는 뜻을 나타내는 종결어미. 하오체로 쓰인다. ¶자! 우리 다 같이 크기 한분 웃웁시더. =자! 우리 다 같이 크게 한번 웃읍시다. ②((동사의 어간 뒤에 붙어)) 상대에게 어떤 행동을 하도록 요청하는 뜻을 나타내는 종결어미. 하오체로 쓰인다. ¶날도 춥운데 문 쫌 닫웁시더. =날씨도 추운데 문 좀 닫읍시다.

웃녘[운녁 _-] 명 윗녘. 북쪽 지방. ¶웃녘에 누이 옸다 카더마는 춥우짔네예. =윗녘에 눈이 왔다 하더니만 추워졌네요.

웃니[운니 -_] 명 윗니. 위쪽 잇몸에 난 이.

웃담[우땀 -_] 명 위뜸. 윗마을.

웃도리[운또리 _-_] 명 윗도리. ①허리의 윗부분. ¶비로 맞고 오서 웃도리가 다 젖어뿠다. =비를 맞고 와서 윗도리가 다 젖어버렸다. ②윗옷. 위에 입는 옷. 상의(上衣). ¶쭈구라진 웃도리 쫌 대리라. =쭈그러진 윗도리 좀 다려라. ☞우통. 웃옷.

웃머리[운머리 _-_] 명 윗머리. ①정수리 위쪽 부분의 머리. ¶날이 춥우서 웃머리가 시럽다. =날씨가 추워서 윗머리가 시리다. ②머리 위쪽에 난 머리털. ¶웃머리가 너무 질어서 끊이야 델다. =윗머리가 너무 길어서 잘라야 되겠다. ③사물의 위쪽 끝부분. ¶밭 맬 쩍에는 웃머리부텀 매는 기이 수훓다. =밭을 맬 적에는 윗머리부터 매는 게 수월하다.

웃묵[운묵 _-] 명 윗목. ☞우묵.

웃물[운물 -_] 명 윗물. 물이 흘러내려 오는 위쪽 부분의 물. ¶【속담】웃물이 맑애야 아릿물이 맑다. =윗물이 맑아야 아랫물이 맑다.

웃옷[우돗 -_] 명 윗옷. ☞우통. 웃도리.

웃움[우숨 -_] 명 웃음. ¶【속담】죽사발이 웃움이오 밥사발이 눈물이라. =죽사발이 웃음이요 밥사발이 눈물이라. ☞윗움.

웃움거리[우숨꺼리 -_-_] 명 웃음거리. ¶저넘우 자석 때미로 저가부지가 동네 웃움거리가 뎄다. =저놈의 자식 때문에 애아버지가 동네 웃음거리가 됐다. ☞윗움거리.

웃입수구리[운닙쑤구리 ___-_] 명 윗입술. ¶【속담】웃입수리가 아릿입수구리에 대이나. =윗입술이 아랫입술에 닿느냐.

웃저구리[운쩌구리 __-_] 명 겉저고리. 저고리를 껴입을 때 맨 겉에 입는 저고리.

웃질[운찔 --] 명 윗길. ¶【속담】아릿질도 몬 가고 웃질도 몬 간다. =아랫길도 못 가고 윗길도 못 간다.

웃짝[운짝 _-] 명 위짝. 위아래가 한 벌을 이루는 물건의 위쪽 짝. ☞우짝. 우째기.

웃쪽[운쪽 _-] 명 위쪽. ☞우쪽. 우쭉. 웃쭉. 위쭉.

웃쭉[운쭉 _-] 명 위쪽. ☞우쪽. 우쭉. 웃쪽. 위쭉.

웃처매[운처매 __-] 명 겹치마. ☞거들처매. 꼬리처매. 자락처매. 큰처매.

-윲[1][욷 _] 어 -었. ((일부 동사의 어간 뒤에 붙어)) 어떤 행동이 과거에 이루어졌음을 나타내는 선어말어미. ¶무윲다(먹었다). ¶울윲다(울었다). ¶죽윲다(죽었다).

-윲[2][욷 _] 어 -웠. ((일부 동사의 어간 뒤에 붙어)) 어떤 상태나 행동이 과거에 이루어졌음을 나타내는 선어말어미. ¶눕윲다(누웠다). ¶떱윲다(더웠다). ¶치윲다(치웠다). ¶칩윲다(추웠다).

-윲는[욷는 _] 어 -었던. ((일부 용언의 어간 뒤에 붙어)) 과거에 있었던 사실을 나타내는 선어말어미. ¶붓윲는 기이 인자 까라앉았다. =부었던 게 이제 가라앉았다.

ㅇ

웅덩[-_] 명 웅덩이. ☞덤벙. 덤붕. 옹뎅이. 웅동. 웅디이.

웅동[-_] 명 웅덩이. ☞덤벙. 덤붕. 옹뎅이. 웅덩. 웅디이.

웅디이[웅디~이 -__] 명 웅덩이. ☞덤벙. 덤붕. 옹뎅이. 웅덩. 웅동.

웅울웅울하다[____-_] 동 웅얼웅얼하다. 입속말로 분명하지 않게 자꾸 중얼거리다. ¶머 때미로 웅울웅울하노? =뭐 때문에 웅얼웅얼하니?

웅쿠리다[_-__] 동 웅크리다. 몹시 우그려 작게 하다. ¶춥우서 개가 웅쿠리고 있다. =추워서 개가 웅크리고 있다.

웅쿰[__] 명 움큼. ☞오쿰. 우쿰. 호쿰.

원대가리[__-_] 명 우두머리. '책임자'를 낮잡아 이르는 말. ¶여게 원대가리가 누고? =여기 우두머리가 누구냐? ☞고수.

원더막[__-] 명 원두막. ¶【속담】원더막에 게아 올란다. =원두막에 기와 올린다. ☞위막.

원떵거리[__-_] 명 핵심(核心). 원래 덩어리. ¶공긴 거는 원떵거리로 없애야지. 안 그라마 새로 공긴다. =곪은 것은 핵심을 없애야지. 안 그러면 다시 곪는다.

원뚱구리[__-_] 명 둥치. 큰 나무의 밑동. ¶원뚱구리 빈 거는 우쨌노? =둥치 벤 것은 어쨌느냐?

원시이[원시~이 _-_] 명 ((동물))원숭이. ¶【속담】원시이도 낭게서 널찐다. =원숭이도 나무에서 떨어진다. ¶【속담】아직에 원시이 이약하마 재수가 드럽다. =아침에 원숭이 이야기하면 재수가 더럽다. ☞잔내비. 잘래비.

원시이띠[원시~이띠 _-__] 명 원숭이띠. 원숭이해에 태어난 사람의 띠. ☞잔내비띠. 잘래비띠.

원실[_-] 명 원성(怨聲). 원망하는 소리. ¶【관용구】원실이 자자하다. =원성이 자자하다.

원실하다[_-__] 동 원망하다(怨望--). ¶부모로 원실하마 안 덴다. =부모를 원망하면 안 된다.

원씨[_-] 명 원수(怨讐). ①원한이 맺히게 된 사람이나 집단. ¶【속담】도이 원씨다. =돈이 원수다. ¶【속담】구복(口腹)이 원씨다. =구복이 원수다. ¶【속담】원씨는 애나무다리서 만낸다. =원수는 외나무다리에서 만난다. ②속을 썩이는 사람을 속되게 이르는 말. ¶【속담】자석이 원씨다. =자식이 원수다. ☞웬수.

원씨지다[__-_] 명 원수지다(怨讐--). ¶【속담】씨끈티이서 원씨진다. =혀끝에서 원수진다. ☞웬수지다.

원앙꽃[워낭꼳 __-] 명 ((식물))며느리배꼽.

웬수[웬쑤 _-] 명 원수(怨讐). ☞원씨.

웬씨지다[__-_] 명 원수지다(怨讐--). ☞원수지다.

웬총[-_] 감 웬걸. 뜻밖의 일이 일어나거나 일이 기대하던 바와 다르게 전개될 때 하는 말. 해할 자리에 쓴다. ¶언자 살았구나 했더마는 웬총, 완저이 디지기 생깄다. =이젠 살았다 했더니만 웬걸, 완전히 뒈지게 생겼다.

위[_] 명 ((식물))참외. *창녕방언에서 '위'나 '이', '참이'는 '참외'를 뜻하며

'물이'는 '오이'를 일컫는 말이다. ¶【속담】위는 씨종자가 있어도 도독은 씨종자가 없다. =참외는 씨종자가 있어도 도둑은 씨종자가 없다. ☞이. 참이.

위갓집[위가찝 _-_] 명 외갓집(外家-). ☞애갓집. 이갓집.

위국[_-] 명 외국(外國). ☞이국.

위국말[_-_] 명 외국말(外國-). ¶위국말은 비아기가 어렵다. =외국말은 배우기가 어렵다. ☞이국말.

위나무다리[---__] 명 외나무다리. ☞애나무다리.

위다[-_] 동 외치다. ①남의 주의를 끌거나 다른 사람에게 어떤 행동을 하도록 하기 위하여 큰 소리를 지르다. ¶보(洑) 역사(役事) 노오라고 수감(水監)이 위던데예. =보 역사 나오라고 수감이 외치던데요. ②떠들고 다니다. ¶그기이 먼 좋운 일이라꼬 동네방네 위고 댕긴다. =그게 뭔 좋은 일이라고 온 동네 외치고 다닌다. ☞이다.

위다리풀[__-_] 명 ((식물))사마귀풀.

위동[--] 명 외동. 다른 자식이 없이 하나뿐인 자식. ¶오새는 위동이 쌔앴어예. =요새는 외동이 쌨어요.

위동딸[--_] 명 외동딸. '외딸'을 귀엽게 이르는 말. ☞이동딸.

위동아들[--__] 명 외동아들. ☞이동아들.

위딴집[--_] 명 외딴집. ☞위톨이.

위딸[--] 명 외딸. 딸로서는 하나뿐인 딸.

위롭다[--_] 형 외롭다. ¶【속담】위롭은 뿌리이는 잘 사지로 몬한다. =외로운 뿌리는 잘 살지를 못한다. *위롭고[위롭꼬 --_], 위롭지[위롭찌 --_], 위롭어야[위로버야 --__], 위롭었다[위로벋따 --__].

위롭움[위로붐 --_] 명 외로움.

위막[_-] 명 원두막. ☞원더막.

위바알[위바~알 --_] 명 외바늘. 하나밖에 없는 바늘. ¶【속담】위바알 기 터지기 숩다. =외바늘 귀 터지기 쉽다. ☞이바알.

위서개[_-_] 명 우스개. ☞우수개.

위서개소리[_-___] 명 우스갯소리. ☞우수개소리.

위서개짓[위서개찓 _-__] 명 우스갯짓. ☞고깨이짓. 우수갯짓.

위선[_-] 부 우선(于先). ☞우신.

위선딴에[위선따네 __-_] 부 우선에(于先-). ☞우신딴에. 우신에. 위선에.

위선에[위서네 __-] 부 우선에(于先-). ☞우신딴에. 우신에. 위선딴에.

위섭다[위섭따 -__] 형 우습다. ☞우숩다.

위손녀[위솔려 __-] 명 외손녀(外孫女). ¶【속담】밉어하던 위손녀가 시리떡 함비기 이고 온다. =미워하던 외손녀가 시루떡 함지 이고 온다. ☞이손녀.

위손뼉[--_] 명 외손뼉. 손뼉을 치는 두 손바닥 가운데 한쪽만의 손바닥. ¶【속담】위손뼉은 우지로 몬한다. =외손뼉은 울지를 못한다. ¶【속담】위손뼉이 몬 울고 한 다리로 가지 몬한다. =외손뼉이 못 울고 한 다리로 가지 못한다.

위손자[__-] 명 외손자(外孫子). ¶【속담】사우 꼬라지 보이 위손자 비기는 틀렀다. =사위 꼴 보니 외손자 보기는 틀렸다. ☞위손지. 이손자. 이손지.

ㅇ

위손지[_ _-] 명 외손자(外孫子). ☞위손자. 이손자. 이손지.

위아다[-_ _] 동 외우다. ☞애아다. 이아다.

위정[_-] 명 외정(外丁). 열다섯 살이 넘은 사내. ¶오갈피는 술 묵는 위정들인데 참 좋습미더. =오갈피는 술 먹는 외정들에게 참 좋습니다.

위지다[--_] 형 외지다. 외따로 떨어져 있어 으슥하고 후미지다. ¶말라꼬 그 위진 데로 드갔디노? =뭐하려고 그 외진 데를 들어갔더냐? ☞이지다.

위째보[--_] 명 외언청이. 윗입술이 한 줄로 찢어진 사람. ¶【속담】쌍째보가 위째보 타령한다. =쌍언청이가 외언청이 타령한다.

위쪽[_-] 명 위쪽. ☞우쪽. 우쭉. 웃쪽. 웃쭉.

위탁하다[위타카다 _--_] 형 외탁하다(外---). 생김새나 성질 따위가 외가 쪽 사람을 닮다. ¶【속담】처가살이 십 년이마 아아들도 위탁한다. =처가살이 십 년이면 아이들도 외탁한다. ☞이탁하다.

위톨배기[--_ _] 명 외톨박이. ☞애톨배기. 애톨비기. 애톨이. 위톨비기. 위톨이.

위톨비기[--_ _] 명 외톨박이. ☞애톨배기. 애톨비기. 애톨이. 위톨배기. 위톨이.

위톨이[1][위토리 --_] 명 외톨이. ☞애톨배기. 애톨비기. 애톨이. 위톨배기. 위톨비기.

위톨이[2][위토리 --_] 명 외딴집. ☞위딴집.

위팔이[위파리 --_] 명 외팔이. 한쪽 팔이 없는 사람. ¶【속담】위팔이 마암을 우예 아까이. =외팔이 마음을 어찌 알랴.

위할매[_-_] 명 외할머니(外---). ☞애할매. 이할매. 이할무이.

위할배[_-_] 명 외할아버지(外----). ☞애할배. 이할배. 이할부지.

윈[-] 관 왼. 북쪽을 향했을 때 서쪽에 해당하는 방향의. ¶뽈 차다가 윈 발묵을 다칬다. =공 차다가 왼 발목을 다쳤다.

윈발잽이[윈발재비 _ _-_] 명 왼발잡이.

윈새끼[-_ _] 명 왼새끼. 왼쪽으로 꼰 새끼. ¶【속담】윈새끼 내떤짔다. =왼새끼 내던졌다. ¶【속담】윈새끼 까아고 앉있다. =왼새끼 꼬고 앉았다.

윈손[-_] 명 왼손. 왼쪽 손. ☞앤손.

윈손잽이[윈손재비 _ _-_] 명 왼손잡이. ☞앤손잽이. 윈짝빼기. 짝빼기.

윈짝[-_] 명 왼쪽. ¶윈짝 소이 이구라짔다. =왼쪽 손이 일그러졌다. ☞윈쪽. 윈쭉.

윈짝빼기[_ _-_] 명 왼손잡이. ☞앤손잽이. 윈손잽이. 짝빼기.

윈쪽[-_] 명 왼쪽. ☞윈짝. 윈쭉.

윈쭉[-_] 명 왼쪽. ☞윈짝. 윈쪽.

윗기다[위끼다 -_ _] 동 웃기다. ①웃게 하다. '웃다'의 사동사. ¶【속담】돈은 어룬을 울라고 아아는 어룬을 윗긴다. =돈은 어른을 울리고 애는 어른을 웃긴다. ②어떤 일이나 모습 따위가 한심하고 기가 막히다. ¶【관용구】윗기는 시상. =웃기는 세상. ☞잇기다.

윗다[위따 _-] 동 웃다. ¶【속담】윗는 낯에 춤 몬 밭는다. =웃는 낯에 침 못 뱉는다. ¶【속담】낭게 매달린 개가 따아 눕우있는 개로 윗는다. =나무에 매달린 개가 땅에 누워있는 개를 웃는다. ¶【속담】사도이 물에 빠졌나 윘기는 와 윘어. =사돈이 물에 빠졌나 웃기는 왜 웃어. ☞잇다.

윘어넘가다[위서넝가다 -_-__] 동 웃어넘기다. 어떤 일을 대수롭지 않게 여겨 웃음으로 지나쳐 보내다. ¶【관용구】윘어넘갈 일이 따리 있다. =웃어넘길 일이 따로 있다.

윘움[위숨 -_] 명 웃음. 웃는 일. 또는 그런 소리나 표정. ¶【속담】윘움 쏙에 칼이 있다. =웃음 속에 칼이 있다. ☞웃움.

유개[-_] 명 유과(油菓). ¶이분 설에는 유개로 쫌 마이 해야 델다. =이번 설에는 유과를 좀 많이 해야 되겠다. ¶소이 오서 유개로 내낳았다. =손님이 와서 유과를 내놓았다.

유군[_-] 명 유건(儒巾). 조선 시대 유생들이 쓰던 실내용 두건의 하나. ¶여자는 할옷 입꼬 쪽도리 씨고, 남자는 유군맨치로 생긴 거 씨고 겔온식 했다. =여자는 활옷 입고 족두리 쓰고, 남자는 유건처럼 생긴 것 쓰고 결혼식 했다.

유달밪다[_--_] 형 유별나다(有別--). 여느 것과는 아주 다르다. ¶지 자석마 자석잉강 유달밪기 저카네. =제 자식만 자식인지 유별나게 저러네. *유달밪고[유달바꼬 _--_], 유달밪아서[유달바자서 _--__], 유달밪았다[유달바잗따 _--__]. ☞유밸나다. 유빌나다.

유달시럽다[_--__] 형 유별스럽다(有別---). ☞유밸시럽다. 유빌시럽다.

유달시리[_--_] 부 유별스레(有別---). 여느 것과는 아주 다르게. ¶저 할마시는 손지로 유달시리 우두반다. =저 할머니는 손자를 유별스레 감싼다. ☞유밸시리. 유빌시리.

유럼하다[1][__-_] 동 대비하다(對備--). 대응하기 위해 미리 준비하다. ¶노리 유럼해서 돈을 모다낳았다. =노후 대비해서 돈을 모아놓았다.

유럼하다[2][__-_] 동 여투다. 물건이나 돈을 아껴서 쓰고 그 나머지를 모아 두다. ¶넘몰리 유럼한 돈 갖고 여행 갔다. =남몰래 여툰 돈 가지고 여행 갔다.

유만부덕[_--_] 명 유만부동(類萬不同). ① 비슷한 것이 많으나 서로 같지는 아니함. ¶큰 빙이라 캐도 유만부덕입미더. =큰 병이라 해도 유만부동입니다. ②정도에 넘침. 또는 분수에 맞지 아니함. ¶은애로 모른다 캐도 유만부덕이다. =은혜를 모른다 해도 유만부동이다.

유맹하다[_-__] 형 유명하다(有名--). ☞모모하다. 유밍하다.

유밍하다[_-__] 형 유명하다(有名--). ☞모모하다. 유맹하다.

유밸나다[_--_] 형 유별나다(有別--). ☞유달밪다. 유빌나다.

유밸시럽다[_--__] 형 유별스럽다(有別---). ☞유달시럽다. 유빌시럽다.

유밸시리[_--_] 부 유별스레(有別---). ☞유달시리. 유빌시리.

유빌나다[_--_] 형 유별나다(有別--). ☞유달밪다. 유빌나다.

유빌시럽다[_--__] 형 유별스럽다(有別---). ☞유달시럽다. 유밸시럽다.

ㅇ

유밸시리[_--_] 부 유별스레(有別---). ☞유달시리. 유밸시리.

유시떨다[_-__] 동 유세하다(有勢--). 자랑삼아 세력을 부리다. ¶돈푸이나 짔다꼬 친구들인데 유시떨마 안 덴다. =돈푼이나 쥐었다고 친구들에게 유세하면 안 된다.

유싱개[_-_] 명 유성기(留聲機).

유울달[유울딸 --_] 명 유월(六月). ¶미너리 생알이 유울달이제? =며느리 생일이 유월이지?

유치[_-] 명 ((식물))유채(油菜). ☞게울초. 기울초.

육기기[육끼기 --_] 명 육고기(肉--). 소, 돼지, 닭 따위 짐승의 고기를 생선(生鮮)에 상대하여 이르는 말. ¶【속담】육기기 묵기도 전에 설사부텀 한다. =육고기는 먹기도 전에 설사부터 한다.

육모초[융모초 --_] 명 ((식물))익모초(益母草). ☞육무초.

육무초[융무초 --_] 명 ((식물))익모초(益母草). ☞육모초.

육보시[--_] 명 살보시(-布施). 여자가 중에게 몸을 허락하는 일을 놀림조로 이르는 말.

육숫간[육수깐 __-] 명 푸줏간(--間). 고깃간. 쇠고기나 돼지고기 따위를 끊어 파는 가게. ¶【속담】육숫간에 든 소. =푸줏간에 든 소.

윤동초[__-] 명 ((식물))인동초(忍冬草). ☞인덩넝쿨.

윤두[--] 명 인두. 바느질할 때 불에 달구어 천의 구김살을 눌러 펴거나 솔기를 꺾어 누르는 데 쓰는 기구. ¶【속담】갓방 윤두 달딧기. =갓방 인두 달듯. ☞윤디.

윤디[--] 명 인두. ☞윤두.

윤디나무[___-] 명 ((식물))골담초(--草).

율목이[율모기 --_] 명 ((동물))유혈목이. 뱀목 뱀과에 속하는 뱀으로 흔히 꽃뱀이라고 한다. 그 이유는 전신에 꽃이 핀 것 같은 무늬가 있기 때문이다. ☞너불때. 누굴미기.

율미[--] 명 ((식물))율무.

융구럭불[__-_] 명 불잉걸. 불이 이글이글하게 핀 숯덩이. ¶어매가 융구럭불에 칼치 꿉웠다. =어머니가 불잉걸에 갈치 구웠다. ☞융구룩불. 잉구럭불. 잉구룩불.

융구룩불[__-_] 명 불잉걸. ☞융구럭불. 잉구럭불. 잉구룩불.

윷까치[윧까치 _-_] 명 윷가락. 윷의 낱개.

-으까[_-] 어 -을까. ((의문사가 없는 용언의 어간이나 선어말 어미 뒤에 붙어)) 상대방의 의사나 허락을 구할 때 하는 말. *의문사가 있으면 '-으꼬'로 실현되고 없으면 '-으까'로 실현된다. ¶차가 없은께네 고마 걸으까? =차가 없으니까 그만 걸을까? ☞-으꼬.

-으까이[_-] 어 -으랴. (('ㄹ'을 제외한 자음으로 끝나는 용언의 어간이나 선어말 어미 뒤에 붙어)) 어떤 일에 대한 의문이나 추측을 나타내는 말. ¶【속담】입에 맞는 떡이 오데 있으까이. =입에 맞는 떡이 어디 있으랴.

-으께[_-] 어 -으마. ((해라할 자리에 쓰

여)) 상대편에게 약속하는 뜻을 나타내는 종결어미. ¶이 돈은 반다시 갚으께. =이 돈은 반드시 갚으마.

-으꼬[_-] 어 -을까. ((의문사가 있는 용언의 어간이나 선어말 어미 뒤에 붙어)) 어떤 일에 대한 의문이나 추측을 나타내는 말. *의문사가 있으면 '-으꼬'로 실현되고 없으면 '-으까'로 실현된다. ¶고무신을 와 꺼꾸리 신었으꼬? =고무신을 왜 거꾸로 신었을까? ☞-으까.

-으나따나[---_] 어 -으나마. ((자음으로 끝나는 용언의 어간이나 선어말 어미에 붙어)) 앞 절의 사실을 인정하되 뒤 절이 그러한 사실에 매이지 않음을 나타내는 말. ¶징긴 기이 없으나따나 사램답기 살아래이. =지닌 게 없으나마 사람답게 살아라.

으러껀[_-] 부 으레. ①거의 틀림없이 언제나. ¶밍절에는 으러껀 자석들이 오서 자고 간다. =명절에는 으레 자식들이 와서 자고 간다. ②두말할 것 없이 마땅히. ¶부몬님이 늙으마 으러껀 자석이 모시야지예. =부모님이 늙으면 으레 자식이 모셔야죠. ☞으러꿈. 으레이.

으러꿈[_-_] 부 으레. ☞으러껀. 으레이.

으레이[_-_] 부 으레. ☞으러껀. 으러꿈.

-으로[_-] 어 -으러. (('ㄹ'을 제외한 자음으로 끝나는 동사의 어간 뒤에 붙어, 주로 이동을 뜻하는 동사와 함께 쓰여)) 오거나 가는 이동의 목적을 나타내는 말. ¶【속담】소 찾으로 가는 넘 겉다. =소 찾으러 가는 놈 같다. ¶【속담】각난에 약 지으로 보내마 좋겄다. =곽란에 약 지으러 보내면 좋겠다.

으로는[-__] 조 에는. ((시간을 나타내는 체언의 뒤에 붙어)) 강조하는 뜻을 나타내는 조사. ¶아직으로는 안들이 넘우 집에 안 갑미더. =아침에는 여편네가 남의 집에 안 갑니다.

-으마[_-] 어 -으면. (('ㄹ'을 제외한 받침 있는 용언의 어간이나 어미 뒤에 붙어)) ①불확실하거나 아직 이루어지지 아니한 사실을 가정하여 말할 때 쓰는 연결어미. ¶니일 날이 좋으마 여앵갈끼다. =내일 날씨가 좋으면 여행갈 것이다. ②일반적으로 분명한 사실을 어떤 일에 대한 조건으로 말할 때 쓰는 연결어미. ¶【속담】이가 없으마 잇몸우로 묵눈다. =이가 없으면 잇몸으로 먹는다. ③현실과 다른 사실을 가정하여 나타내는 연결어미. ¶【속담】술묵 멀기 잡으마 장개 멀기 간다. =숟가락 멀리 잡으면 장가 멀리 간다. ④뒤의 사실이 실현되기 위한 단순한 근거 따위를 나타낼 때 쓰는 연결어미. ¶【속담】응달이 있으마 양달이 있다. =음지가 있으면 양달이 있다. ☞-우마.

-으이[으~이 _-] 어 -으니. ①앞 절이 뒤 절에 대한 원인이나 근거가 됨을 나타내는 말. ¶내가 간다 캤으이 안 갈 수도 없다. =내가 간다고 했으니 안 갈 수도 없다. ②앞에서 진술한 내용과 관련하여 다음 사실을 이어서 설명하는 뜻을 나타내는 말. ¶내가 피난 가던 해 국어 선상이 뎄으이, 그때 내 나가 시

ㅇ

물이었디라. =내가 피난 가던 해 국어 선생이 되었으니 그때 내 나이가 스물이었더니라. ③앞 절의 행위가 진행된 결과 뒤 절의 사실이 그러하거나 곧 뒤 절의 행동이 일어남을 나타내는 말. ¶진작 맹석을 깔아 낳으이 고래 말 많던 사램들이 아무도 나설 생각을 안하네. =정작 멍석을 깔아 놓으니 그리 말 많던 사람들이 아무도 나설 생각을 않네. ④대응되거나 대립되는 생각을 나열하는 뜻을 나타내는 말. 흔히 화자가 바람직하지 않다고 여기는 일을 표현하는 데 쓰인다. ¶이기이 좋으이 저기이 좋으이 말이 많애. =이게 좋으니 저게 좋으니 말이 많아. ⑤당연하게 여길 만한 사실을 단정적으로 상대에게 일러 주는 뜻을 나타내는 말. 하게체로 쓰인다. ¶【속담】사이 아모리 높아봤자 하알뿌담은 낮으이. =산이 아무리 높아봤자 하늘보다는 낮으니.

윽대[윽때 _-] 명 ((동물))늑대. ¶【속담】우묵한 밭이래야 윽대가 새끼 친다. =우거진 밭이라야 늑대가 새끼 친다.

은거이[은거~이 __-] 부 은근히(慇懃-). ①아닌 것 같으면서도 느낄 수 있을 만큼. ¶저 둘이는 은거이 닮았네. =저 둘은 은근히 닮았네. ②야단스럽거나 부산스럽지 않고. ¶은거이 자석 자랑한다. =은근히 자식 자랑한다. ③겉으로 드러나지는 않지만 속으로 깊게. ¶이분에는 은거이 기대했어예. =이번에는 은근히 기대했어요. ⑤불이나 온도가 약하거나 낮지만 꾸준하게. ¶은거이 타는 융구럭불에 기기 꿉는다. =은근히 타는 잉걸불에 고기 굽는다.

은까락찌[__-_] 명 은가락지(銀---). ¶【속담】적삼 벗이고 은까락지 찐다. =적삼 벗고 은가락지 낀다. ¶【속담】같은 값이마 은까락지 찐 손에 맞으랬다. =같은 값이면 은반지 낀 손에 맞으랬다.

은비네[__-] 명 은비녀(銀--).

은아수[으나수 _-_] 명 은하수(銀河水). ¶【속담】겐우직녀도 은아수가 있어야 만낸다. =견우직녀도 은하수가 있어야 만난다.

은앙[으낭 -_] 명 은행(銀杏). 은행나무의 열매. ¶【속담】밤낭게서 은앙이 열기로 바랜다. =밤나무에서 은행이 열기를 바란다. ☞은앵.

은앙낭[으낭낭 -___] 명 ((식물))은행나무(銀杏--). ¶【속담】은앙낭도 마지서야 연다. =은행나무도 마주서야 연다. ☞은앵나무.

은애[으내 -_] 명 은혜(恩惠). ¶【속담】은애로 모루는 거는 당나구. =은혜를 모르는 건 당나귀. ¶【속담】욕은 욕으로 갚고 은애는 은애로 갚는다. =욕은 욕으로 갚고 은혜는 은혜로 갚는다.

은앵[1][으냉 -_] 명 은행(銀杏). ☞은앙.

은앵[2][으냉 -_] 명 은행(銀行).

은앵나무[으냉나무 -___] 명 ((식물))은행나무(銀杏--). ☞은앙낭.

은에[으네 _-] 명 ((동물))은어(銀魚). ¶은에는 휘치서 무우마 수박내미가 난다. =은어는 회쳐서 먹으면 수박냄새가 난다.

은인중에[으닌중에 __-_] 부 은연중에(隱然中-). 남이 모르는 가운데. ¶이약하다가 은인중에 지 본심을 내비챘다. =이야기하다가 은연중에 자기 본심을 내비쳤다.

-을라[-_] 어 -으려. ((동사의 어간 뒤에 붙어)) 장차 어떤 행동이나 일을 하고자 하는 의도를 지니고 있음을 나타내는 말. ¶【속담】한 가래이에 두 다리 옇을라 칸다. =한 가랑이에 두 다리 넣으려 한다.

음북하다[음부카다 __-_] 동 음복하다(飮福--). 제사를 지내고 난 뒤 제사에 쓴 음식을 나누어 먹다.

음석[_-] 명 음식(飮食). ¶【속담】음석 끝에 마움 상한다. =음식 끝에 마음 상한다. ¶【속담】음석은 갈수룩 줄고 말은 할수룩 는다. =음식은 갈수록 줄고 말은 할수록 는다.

음숭하다[__-_] 형 음흉하다(陰凶--). ¶【속담】음숭하기로는 능구리이. =음흉하기로는 능구렁이. ☞엉큼하다.

응개낭ㄱ[__-] 명 ((식물))엄나무. ¶【속담】급하마 응개낭게도 손잡는다. =급하면 엄나무에도 손잡는다. ¶【속담】응개낭게도 구신 붙으까이. =엄나무에도 귀신 붙으랴.

응개다[_-_] 동 으깨다. 굳은 물건이나 덩이로 된 물건을 눌러 부스러뜨리다. ¶미지콩을 낫기 응개낳아라. =메주콩을 넉넉하게 으깨놓아라.

-응께네[--_] 어 -으니까. -우니까. 앞말이 뒷말의 원인이나 근거, 전제 따위가 됨을 나타내는 연결어미. ¶날이 어둡응께네 단디이 살피가이소. =날이 어두우니까 잘 살펴가세요.

응아리[_-_] 명 응어리. 가슴속에 쌓여 있는 한이나 불만 따위의 감정. ¶【관용구】응아리로 빼다. =응어리를 뽑다. ¶【관용구】응아리가 맺히다. =응어리가 맺히다. ¶【관용구】응아리가 풀리다. =응어리가 풀리다.

이[1][_] 명 ((식물))참외. *창녕방언에서 '이'나 '위'는 '참외'를 뜻하며 '물이'는 '오이'를 일컫는 말이다. ¶【속담】이 밭가아서 심발 끄내끼 곤치 매지 마라. =참외 밭가에서 신발 끈 고쳐 매지 마라. ☞위. 참이.

이[2][-] 명 사개. 상자나 문틀 따위의 모퉁이를 끼워 맞추기 위하여 서로 맞물리는 끝을 들쭉날쭉하게 파낸 부분. 또는 그런 짜임새. ¶문째기가 어개지서 이가 안 맞네예. =문짝이 어긋나서 사개가 안 맞네요.

-이[1][-] 어 -어. -여. ①((동사 어간 뒤에 붙어)) 수단이나 방법을 일컫는 연결어미. ¶찌디란 비암이 기이갔다. =기다란 뱀이 기어갔다. ②본용언과 보조용언을 연결하는 데 쓰는 연결어미. ¶냇가에 공구리 다리가 놓이있다. =냇가에 콘크리트 다리가 놓여있다.

-이[2][_] 접 -게. ①((일부 어근 뒤에 붙어)) 부사를 만드는 접미사. ¶아아가 얄궂이 해가아 들왔데예. =애가 얄궂게 해서 들어왔데요. ②(('-하'로 끝나는 형용사 어간 뒤에 붙어)) 부사 기능을 하

ㅇ

는 말로 바꾸는 접미사. ¶멀쩡하이 잘 놀더마는 저란다. =멀쩡하게 잘 놀더니 저런다.

-이[3][_] 접 -히. ((용언 어간에 붙어)) 부사로 만드는 접미사. ¶간조롬이(가지런히). ¶비미이(어련히). ¶빼꼼이(빠끔히).

-이[4][~이 _] 어 -니. ①앞말이 뒷말의 원인이나 근거, 전제 따위가 됨을 나타내는 연결어미. ¶【속담】그카고 보이 울산 나그네. =그러고 보니 울산 나그네. ②앞 절의 행위가 진행된 결과 뒤 절의 사실이 그러하거나 곧 뒤 절의 행동이 일어남을 나타내는 말. ¶【속담】지새끼가 열두 해 나이 방구로 낀다. =쥐새끼가 열두 해 나니 방귀를 뀐다.

이가[-_] 조 이. ((‘ㄹ’ 받침으로 끝나는 체언의 뒤에 붙어)) 상태나 성질의 대상임을 나타내는 주격 조사. *창녕방언 주격조사 ‘이’에는 습관적으로 ‘가’ 덧붙는다. ¶서양사램은 눈깔이가 파랗다. =서양사람은 눈깔이 파랗다. ¶저 꽃은 색깔이가 허훟다. =저 꽃은 색깔이 허옇다.

이갓집[이가찝 _-_] 명 외갓집(外家-). ☞애갓집. 위갓집.

이개다[1][_-_] 동 이기다. 가루나 흙 따위에 물을 부어 반죽하다. ¶밀가리에 물로 버어서 매매 이갰다. =밀가루에 물을 부어서 잘 이겼다.

이개다[2][_-_] 동 짓이기다. 함부로 마구 이기다. ¶벌개이로 이개서 직있다. =벌레를 짓이겨서 죽였다. ☞까라문때다.

이갠[_-] 명 의견(意見). ¶【관용구】이갠이 맞다. =의견이 맞다. ¶【관용구】이갠이 다리다. =의견이 다르다.

이것가아[이거까아 -_-_] 부 이걸로. 표준어에서 도구를 지시하는 대명사 ‘이것’에 부사격 조사 ‘ㄹ로’가 붙은 말. ‘이것으로’의 구어적 표현에 해당하는 말이다. ¶이것가아 하마 수얼을 끼다. =이걸로 하면 수월할 것이다.

이구라지다[_-_-__] 동 일그러지다. ①얼굴이나 그 표정이 불쾌함 따위로 인하여 펴지지 못하고 비틀리다. ¶【관용구】낯이 이구라지다. =낯이 일그러지다. ②물체가 한쪽으로 좀 뒤틀리며 비뚤어지다. ¶양푸이가 이구라졌다. =양푼이 일그러졌다. ③일이 그릇된 방향으로 비틀리다. ¶【관용구】일이 이구라지다. =일이 일그러지다. ☞빼개지다.

이국[_-] 명 외국(外國). ☞위국.

이국말[_-_] 명 외국말(外國-). ☞위국말.

이기다[-__] 동 여기다. 마음속으로 그러하다고 인정하거나 생각하다. ¶【속담】헌 정승마이도 안 이긴다. =헌 정승만도 안 여긴다. ¶【속담】개가 맨발로 댕긴께네 오니얼인가 이긴다. =개가 맨발로 다니니까 오뉴월인가 여긴다. ☞이이다.

이기이[--_] 명 이게. ‘이것이’의 축약 형태. ¶이기이 머꼬? =이것이 뭐니?

이까리[_-_] 명 쇠고삐. 소의 굴레에 매어 끄는 줄. ¶【속담】질에서 이까리로 조오왔더마는 그 끈티이에 소가 달리 있더라. =길에서 쇠고삐를 주워왔더니만 그 끝에 소가 달려 있더라.

이까이[이까~이 _-_] 관 이까짓. ①겨우 그만한 정도의. ¶사나자석이 이까이 일로 울우가아 데겠나? =사내자식이 이까짓 일로 울어서 되겠니? ②화가 나서 푸념으로 하는 말. ¶이까이 꺼! 때리치알란다. =이까짓 것! 때려치우련다.

이깝[-_] 명 미끼. 낚시 끝에 꿰는 물고기의 먹이. ¶【속담】이깝 없는 바알에 기기 무까이. =미끼 없는 바늘에 고기 물까. ☞미깝. 미꼬미.

이나따나[---_] 조 이나마. ①불만스럽지만 아쉬운 대로 양보하거나 수용하는 뜻을 나타내는 보조사. ¶밥이나따 묵고 살마 다행이다. =밥이나마 먹고 살면 다행이다. ②좋지 않거나 모자라기는 하지만 이것이나마. ¶쪼맨치만 이기이나따나 옇어두우이소. =적지만 이것이나마 넣어두세요.

이넘아[이너마 __-] 명 이놈. ①듣는 이에게 가까이 있거나 듣는 이가 생각하고 있는 남자를 비속하게 이르는 삼인칭 대명사. ¶이넘아로 절로 끟고 가거라. =이놈을 저리 끌고 가거라. ②듣는 이가 남자일 때, 그 사람을 낮잡아 이르는 이인칭 대명사. ¶이넘아 이거 잘 만냈다. =이놈 이것 잘 만났다. ③'이 아이'를 살갑게 이르는 삼인칭 대명사. ¶이넘아 참 잘 생깄다. =이놈 참 잘생겼다. ☞인마. 일마.

이넘우[이너무 __-] 관 이놈의. 말하는 이나 듣는 이로부터 가까운 곳에 있는 물건이나 일, 남자 따위를 얕잡아 가리키는 말. ¶이넘우 꼬치는 와 이래 맵노. =이놈의 고추는 왜 이리 맵나. ☞이놈우. 이니러.

이녁[이녁 _-] 명 이녁. 듣는 이를 조금 낮추어 가리키는 말. 종종 부부간에 쓴다. ¶이녁은 거게 안 갈 끼지예? =이녁은 거기에 안 갈 거죠? *이녁은[이녀큰 _-_], 이녁을[이녀클 _-_], 이녁이[이녀키 _-_], 이녁도[이녁또 _-_].

이놈우[이노무 _-_] 관 이놈의. ☞이넘우. 이니러.

이니러[_-_] 관 이놈의. 화난 상태에서 어떤 대상에 대하여 욕설처럼 속되게 하는 말. ¶【속담】이니러 개이 물우라 카는 지는 안 문다. =이놈의 고양이 물어라 하는 쥐는 안 문다. ☞이넘우. 이놈우.

이다[-_] 동 외치다. ☞위다.

이다[-_] 조 에다. 일정한 위치를 나타내는 격조사. ¶이거는 개쭘치이다 징기낳아라. =이것은 호주머니에다 지녀놓아라. ☞다. 다아. 아다. 오다. 우다.

이다가[--_] 조 에다가. 일정한 위치를 나타내는 격조사. ¶니인데 말하니이 대애지 기이다가 씨부리는 기이 더 낫을다. =너한테 말하느니 돼지 귀에다가 씨부렁거리는 게 더 낫겠다. ☞다가. 아다가. 어다가. 에다아. 오다가. 우다가.

이다암[_-_] 명 이다음. 뒤이어 오는 때나 기회. ¶【속담】기때기가 떨어짔으마 이다암에 오서 찾지. =귀때기가 떨어졌으면 이다음에 와서 찾지. ☞이다움.

이다움[_-_] 명 이다음. ☞이다암.

ㅇ

이더럼[-_ _] 명 여드름.

이덤해[-_ _] 명 이듬해. 그 다음해. ☞이둠해.

이데이[--_] 조 이다. *창녕방언 '이데이'는 표준어 '이다'보다 훨씬 정감이 있는 표현으로 쓰인다. ①((체언의 뒤에 붙어)) 사물을 지정하는 뜻을 나타내는 서술격 조사. ¶이거는 좋운 책이데이. =이건 좋은 책이다. ②((부사의 뒤에 붙어)) 주체의 행동이나 상태에 대한 양상을 나타내는 서술격 조사. ¶글씨는 솜씨가 우북이데이. =글 쓰는 솜씨가 제법이다.

이동딸[--_] 명 외동딸. ☞위동딸.

이동아들[--_ _] 명 외동아들. ☞위동아들.

이둠해[-_ _] 명 이듬해. ☞이덤해.

이따구[_-_] 명 이따위. 이러한 부류의 대상을 낮잡아 이르는 지시 대명사. ¶먼 이따구 물견을 돈 받고 팝미꺼? =뭔 이따위 물건을 돈 받고 팝니까?

이따만쿰[_ _-_] 부 이만큼. 이만한 정도로. ¶이따만쿰 키아놓으마 고맙운 줄로 알아야제. =이만큼 키워놓았으면 고마운 줄을 알아야지. ☞이마이. 이만침. 이만쿰.

이따만하다[_---_] 형 이만하다. 크기가 이러할 정도로 매우 크다. ¶글마는 덤부리가 이따만하더라. =그놈은 덩치가 이만하더라.

이따아[1][_-_] 명 여기. 말하는 이에게 가까운 곳을 가리키는 지시 대명사. ¶이따아 갖다 낳아라. =여기 가져다 놓아라. ☞여게. 여어. 여따아.

이따아[2][_-_] 부 이따가. 조금 지난 뒤에. ¶너거는 이따아 지익 때 오니라. =너희들은 이따가 저녁 때 오너라.

이때꺼정[_--_] 부 여태껏. ☞여때꺼정. 여때꿈. 여태꺼정. 이태꺼정. 이때꿈.

이때꿈[1][_--] 부 여태껏. ☞여때꺼정. 여때꿈. 여태꺼정. 이때꺼정. 이태꺼정.

이때꿈[2][_--] 부 이때껏. 과거로부터 지금에 이르기까지. ¶니는 이때꿈 학조 안 가고 머 했디노? =너는 이때껏 학교 안 가고 뭘 했었니?

이라[_-] 감 이랴. 소 몰 때 내는 소리. *소더러 앞으로 가라는 뜻.

-이라[-_] 어 -너라. ☞-ㄴ나. -내이. -니라.

이라구로[_-_ _] 부 이러구러. ①이럭저럭 일이 진행되는 모양. ¶이라구로 다리 건니고 산 넘우서 집에 대있다. =이러구러 다리 건너고 산 넘어서 집에 이르렀다. ②이럭저럭 시간이 흐르는 모양. ¶살다보이 이라구로 십 녀이 지냈다. =살다보니 이러구러 십 년이 지났다.

이라다[1][_-_] 동 이루다. ①어떤 대상이 일정한 상태나 결과를 생기게 하거나 일으키거나 만들다. ¶【속담】돌캉이 모이야 강을 이란다. =도랑이 모여야 강을 이룬다. ②뜻한 대로 되게 하다. ¶큰아 덕에 저거 할배 원을 이랐습미더. =큰아들 덕분에 저희 할아버지 원을 이루었습니다.

이라다[2][--_] 동 이러다. '이렇게 하다'의 준말. ①이렇게 말하다. ¶이넘아가 이란다꼬 니가 이카마 안 덴다. =이놈이 이런다고 네가 이러면 안 된다. ②이렇게 행동하다. ¶니가 발로 조오차고 이란께네 가아가 달기들지. =네가 발로 걷어차고 이러니까 걔가 달려들지. ☞이카다.

이라마[--_] 부 이러면. ①'이리하면'이 줄어든 말. ¶자꾸 이라마 우짜노? =자꾸 이러면 어쩌나? ②'이러하면'이 줄어든 말. ¶질기 이라마 때리치아는 기이 낫겄다. =길게 이러면 때려치우는 게 낫겠다.

이라이[이라~이 --_] 부 이러니까. ①앞의 내용이 뒤의 내용의 이유나 근거 따위가 될 때 쓰는 접속 부사. ¶니가 이라이 니 동상이 그라제. =네가 이러니까 네 동생이 그러지. ②'이리하니까'가 줄어든 말. ¶니가 자꾸 울고 이라이 아아들이 놀리는 기라. =네가 자꾸 울고 이러니까 애들이 놀리는 거야. ③'이러하니까'가 줄어든 말. ¶아부지는 싱미가 이라이 비우로 잘 맞차디리야지. =아버지는 성미가 이러니까 비위를 잘 맞춰드려야지. ☞이라이께네. 이란께네. 이런께네.

이라이께네[이라~이께네 --___] 부 이러니까. '이러하니까'의 준말. ☞이라이. 이란께네. 이런께네.

이라이시더[이라~이시더 --___] 동 이럽시다. '이렇게 합시다'의 준말. ¶정 그라마 이라이시더. =정 그러면 이럽시다.

이라자[--_] 동 이러자. 이리하자. '이렇게 하자'의 준말. ¶아부지 씨기는 대로 우리도 이라자. =아버지 시키는 대로 우리도 이러자.

이라제[--_] 동 이러지. '이렇게 하지?'의 준말. ¶아부지가 니보고 잘 캤다 이라제? =아버지가 너더러 잘 그랬다 이러지? ☞이카제.

이란께네[--__] 부 이러니까. '이러하니까'의 준말. ☞이라이. 이라이께네.

이랄라마[--__] 부 이러려면. '이렇게 하려면'의 준말. ¶이랄라마 학조는 말라꼬 댕기노? =이러려면 학교는 뭣 하러 다니니? ☞이랄라카마.

이랄라카마[--_-_] 부 이러려면. ☞이랄라마.

이랄래[--_] 동 이럴래. '이렇게 할 거니'의 준말. ¶날씨고 이랄래? =날마다 이럴래?

이래[--] 부 이리. ①이러하게. 상태, 모양, 성질 따위가 이러한. ¶니는 이래 잘났으민서도 장개로 와 안 가노? =너는 이리 잘났으면서도 장가를 왜 안 가니? ②이렇게도. 이러한 정도까지. ¶내가 이래 머라카는데도 말로 안 듣네. =내가 이리 야단치는데도 말을 안 듣네. ③이렇게. 이러한 방법으로. ¶그라지 말고 이래 한분 해바라. =그러지 말고 이리 한번 해봐라.

이래가아[---_] 부 이래서. '이렇게 해서'의 준말. ¶이래가아 무신 놈우 공부로 하까 집다. =이래서 무슨 놈의 공부를 할까 싶다.

이래고[--_] 부 이러고. '이리하고'의 준말. ¶밥을 묵고, 이래고 나서 이로 딲았다. =밥을 먹고, 이러고 나서 이를 닦았다.

ㅇ

이래꾸마[--_ _] 동 이리하마. '이렇게 하마' 또는 '이렇게 할게'의 준말. *여기서 '이래꾸마'는 '이래(이렇게)+하마'로 분석할 수 있는데, '-꾸마'는 창녕방언의 약속법어미로 기능한다. ¶오야, 알았니라. 내도 이래꾸마. =오냐, 알았느니라. 나도 이리하마.

이래나저래나[--_--_] 부 이러나저러나. 이것은 이렇다 치고. 지금까지의 화제를 다른 데로 돌릴 때 쓴다. ¶이래나저래나 내는 안 갈 끼다. =이러나저러나 나는 안 갈 것이다.

이래놓이[이래나이 ---_] 부 이러놓으니. '이런 일이 있어놓으니까'의 준말. 앞의 내용이 뒤의 내용의 이유나 근거 따위가 될 때 쓰는 접속 부사. ¶이 냥바이 이래놓이 마너래 이약은 안 했구나. =이 양반이 이러놓으니 마누라 이야기는 안 했구나.

-이래서[-_ _] 어 -이라서. 앞 말이 뒷말의 원인이나 근거가 됨을 나타내는 말. ¶니가 내 자석이래서 이런 말로 한다. =네가 내 자식이라서 이런 말을 한다.

이러다[_-_] 동 읽다. 글이나 글자를 보고 그 음대로 소리 내어 말로써 나타내다. ¶【속담】끼을밪은 선비 설날에 다락에 올라가서 글 이런다. =게으른 선비 설날에 다락에 올라가서 글 읽는다.

이러이저러이[이러~이저러~이 --_--_] 부 이러니저러니. '이러하다느니 저러하다느니'가 줄어든 말. ¶오만 사램들이 이러이저러이 말이 많네예. =온갖 사람들이 이러니저러니 말이 많네요.

이런께네[--_ _] 부 이러니까. 이유나 근거를 뜻하는 '이렇게 하니까'의 준말. ¶이런께네 아부지가 니보고 머라카지. =이러니까 아버지가 너더러 야단치지. ☞이라이. 이란께네. 이라이께네.

이런머리[-_-_] 부 이래서. 이렇기 때문에. ¶날이 떱고, 이런머리 내가 안 가제. =날이 덥고, 이래서 내가 안 가지. ☞이머리.

이렁[_-] 명 이랑. 갈아 놓은 밭의 한 두둑과 한 고랑을 아울러 이르는 말. ¶【속담】이렁이 고랑 데고 고랑이 이렁 덴다. =이랑이 고랑 되고 고랑이 이랑 된다. ☞고랑.

이렁씨[_-_] 명 주문(呪文). 민속에서 음양가나 점술에 정통한 사람이 술법을 부리거나 귀신을 쫓을 때 외는 글귀. ¶【관용구】이렁씨로 위아다. =주문을 외우다.

이렇구롬[이러쿠롬 --_ _] 부 이렇게나. '이렇게'를 강조하여 이르는 말. ¶오올따라 와 이렇구롬 팔이 아푼강 몰라. =오늘따라 왜 이렇게나 팔이 아픈지 몰라. ☞이렇굼이나. 이렇기나. 이렇짐이나.

이렇굼[이러쿰 --_] 부 이렇게. ①이러한 정도로. ¶국에 지렁장을 이렇굼 마이 옇어마 우야노? =국에 간장을 이렇게 많이 넣으면 어쩌나? ②앞의 내용을 받거나 뒤에서 말할 내용을 지시하여 가리킬 때 쓰는 말. ¶머 때미로 이렇굼 썽을 내노? =뭣 때문에 이렇게 성을 내니? ③이러한 모양으로. ¶이거는 이렇굼 하마 덴다. =이건 이렇게 하면 된다. ☞이렇기. 이렇짐.

이렇굼이나[이러쿰이나 --___] 부 이렇게나. ☞이렇구롬. 이렇기나. 이렇짐이나.

이렇기[이러키 --_] 부 이렇게. ☞이렇굼. 이렇짐.

이렇기나[이러키나 --__] 부 이렇게나. ☞이렇구롬. 이렇굼이나. 이렇짐이나.

이렇지만서도[이러치만써도 --_-__] 부 이렇지만. 서로 일치하지 아니하거나 상반되는 사실을 나타내는 두 문장을 이어 줄 때 쓰는 접속 부사. ¶니가 잘 몬한 기 많다. 이렇지만서도 이 애비는 널로 한 분 더 믿어보께. =네가 잘못한 게 많다. 이렇지만 이 아비는 너를 한 번 더 믿어볼게.

이렇짐[이러침 --_] 부 이렇게. ☞이렇굼. 이렇기.

이렇짐이나[이러침이나 --___] 부 이렇게나. ☞이렇구롬. 이렇굼이나. 이렇기나.

이롷다[이로타 --_] 형 이렇다. ①무엇이 말하는 이쪽에 가까이 있는 것과 같다. ¶생긴 기이 이롷다꼬 맛이 없는 거는 아이다. =생긴 게 이렇다고 맛이 없는 건 아니다. ②무엇이 말하는 것과 같다. ¶이거는 이롷다 저거는 저롷다고 말로 해라. =이건 이렇다 저건 저렇다고 말을 해라.

이롷다시[이로타시 --__] 부 이렇듯이. 이러하듯이. ¶우리들네가 이롷다시 그 사램들도 온가 어럽움을 젺었겠지예. =우리가 이렇듯이 그 사람들도 온갖 어려움을 겪었겠죠.

이룸[-_] 명 이름. ¶【관용구】이룸이 있다. =이름이 있다. ¶【관용구】이룸이 없다. =이름이 없다. ¶【관용구】이룸을 냉기다. =이름을 남기다. ¶【관용구】성도 이룸도 모룬다. =성도 이름도 모른다. ¶【속담】이룸마 석숭이가 뎄다. =이름만 석숭이가 되었다. ☞이림.

이룸자[이룸짜 -__] 명 이름자(--字). 이름을 나타내는 글자. ¶【속담】망신을 당알라마 아부지 이룸자도 안 생앙킨다. =망신을 당하려면 아버지 이름자도 안 생각난다.

이르다[_-_] 동 일러바치다. ☞가알주다. 갈차주다. 갈치주다. 갤차주다. 꼰질라다. 일라주다. 찌르다.

이른능 거[--_ _] 구 이런 것. 창녕방언에서는 형용사 어간 뒤에, 그리고 '동사 어간+-었-' 뒤에 '-느-'가 통합한 다음에 관형사형 어미가 다시 통합할 수 있다는 특징이 있다. '이른능거'는 '이렇-(←이러하-)+-느-+-ㄴ+거(←것)'에서 온 것인데, 표준어적인 용법에는 '이렇는 것'과 같은 것이 존재하지 않는다. '안잔는 사람'(앉았는 사람)과 같은 '동사 어간+-었-+-느-' 뒤에 다시 관형사형어미가 통합한 뒤에 다시 '-느-'가 통합한 예이다. ¶뿌리이가 우붕뿌리이매이로 이른능 거는 쌂아서 문치묵지예. =뿌리가 우엉뿌리처럼 이런 것은 삶아서 무쳐먹지요.

이리[-_] 명 이레. ①일곱 날. ¶【속담】생알날 잘 무울라꼬 이리로 굶우까. =생일날 잘 먹으려고 이레를 굶으랴. ②초이렛날. ¶오올이 이리다. =오늘이 이

ㅇ

레다.

이리다[1][-_ _] 형 어리다. 나이가 적다. ☞에리다.

이리다[2][_-_] 형 이르다. 대중이나 기준을 잡은 때보다 앞서거나 빠르다. ¶날이 샐라마 안주 이리다. =날이 새려면 아직 이르다. ☞일쩍다. 일찍다. 일척다.

이림[-_] 명 이름. *표준어 '이름'은 창녕 방언에서 주로 '이룸'이지만, 뒤에 'ㅣ' 모음이 오면 '이름'은 '이림'이 된다. ¶【속담】이림이 좋아 불노초라. =이름이 좋아 불로초라. ¶【속담】어니 동네 아아 이림인 줄 아나. =어느 동네 아이 이름인 줄 아나. ☞이룸.

이릿날[이린날 -_ _] 명 이렛날. ①(('열', '스무' 뒤에 쓰여)) 일곱째 날. ②그 달의 일곱째 날. 초이렛날(初---). ¶시얼 이릿날이 먼 날고? =시월 이렛날이 무슨 날인가?

이마[--] 조 이면. 둘 이상의 사물을 같은 자격으로 이어 주는 접속 조사. ¶【속담】해필이마 가는 날이 장날이다. =하필이면 가는 날이 장날이다. *이 속담에서 '장날'은 '시장이 서는 날'이 아니라 원래는 '장삿날(葬事-)'에서 와전된 말이다.

-이마[-_] 어 -으면. ①어떤 사실을 가정하여 조건으로 삼는 뜻을 나타내는 말. ¶니가 일등 했이마 내가 춤이래도 치께. =네가 일등 했으면 내가 춤이라도 출게. ②희망이나 바람을 나타내는 말. ¶내는 꼰또나 민했이마 좋울다. =나는 꼴찌나 면했으면 좋겠다.

이마이[이마~이 _-_] 부 이만큼. 이만큼이나. ①이만한 정도로. ¶쪼맪던 낭기 버씨로 이마이 컸네. =조그맣던 나무가 벌써 이만큼 자랐네. ②이쯤 떨어진 곳으로. ¶니는 이마이 떨어지가아 있거라. =너는 이만큼 떨어져서 있어라. ☞이따만쿰. 이만침. 이만쿰.

이만때[--_] 명 이맘때. 이만큼 된 때. ¶첫눈 오는 이만때가 지일 칩다. =첫눈 오는 이맘때가 제일 춥다.

이만침[1][_-_] 부 이만치.

이만침[2][_-_] 부 이만큼. ☞이따만쿰. 이마이. 이만쿰.

이만코저만코[_-_ _-_] 명 자초지종(自初至終). 어떤 일의 처음부터 끝까지의 자세한 사정이나 상황. ¶이만코저만코 말로 해바라. =자초지종 말을 해봐라.

이만쿰[_-_] 부 이만큼. ☞이따만쿰. 이마이. 이만침.

이망[-_] 명 이마. 얼굴의 눈썹 위로부터 머리털이 난 아래까지의 부분. ¶【관용구】이망에 파래이 미끄러지겄다. =이마에 파리 미끄러지겠다. ¶【속담】사주(四柱)에 없는 간을 씨마 이망이 빗기진다. =사주에 없는 관을 쓰면 이마가 벗겨진다.

이망빼기[_ _-_] 명 이마빼기. '이마'를 속되게 이르는 말. ¶【속담】이망빼기에 사잣밥 붙이고 댕긴다. =이마빼기에 사잣밥 붙이고 다닌다.

이머리[--_] 부 이래서. 이렇기 때문에. ☞이런머리.

이모아재[-_ _ _] 명 이모부(姨母夫). 이모

의 남편을 이르는 말.

이무[-_] 명 이모(姨母). 어머니의 여자 형제를 이르거나 부르는 말.

이미[--] 명 어미. *창녕방언에서는 표준어 '어미'에 해당하는 '이미'와 '에미'는 지칭과 호칭에서 언어 환경에 따라 달리 실현된다. ①'어머니'를 편하게 이르는 낮춤말. ¶【속담】이미 팔아 동무 산다. =어미 팔아 동무 산다. ¶【속담】생쌀 무우마 이미 일찍 죽는다. =생쌀을 먹으면 어미 일찍 죽는다. ②결혼하여 자식을 둔 딸을 이르는 말. ¶박서방은 우야고, 이미 니 하분채 왔노? =박서방은 어쩌고, 어미 너 혼자 왔느냐? ③손자나 손녀에게 그들의 어머니를 이르는 말. ¶너거 이미 쫌 불러 오니라. =네 어미 좀 불러 오너라. ④친부모나 장인 장모 앞에서 자기 아내를 이르는 말. ¶재인어른, 아 이미인데 술상 보라 캤습미더. =장인어른, 애 어미에게 술상을 보라고 했습니다. ⑤새끼를 낳은 암컷. ¶이미 소가 지 새끼 치중을 잘 합미더. =어미 소가 제 새끼 간수를 잘 합니다. ☞어마이. 어메. 에미.

이바구[_-_] 명 이야기. ☞이박. 이약.

이바구재이[이바구재~이 _-___] 명 이야기꾼. 이야기를 재미있게 잘하는 사람. ¶【속담】이바구재이 지 하분채 날 시안다. =이야기꾼 제 혼자 날 새운다.

이바구하다[_--__] 동 이야기하다. 말하는 사람끼리 서로 오가는 말을 하다. ¶【속담】굶운 기신 듣는 데서 떡 이바구한다. =굶은 귀신 듣는 데서 떡 이야기한다. ¶【속담】요순시절 이바구한다. =요순시절 이야기한다. ¶【속담】났던 곳에서 힌죽 쑤서 묵던 이바구한다. =났던 곳에서 흰죽 쑤어 먹던 이야기한다. ☞이박하다. 이약하다.

이바알[이바~알 --_] 명 외바늘. ☞위바알.

이박[_-] 명 이야기. ☞이바구. 이약.

이박하다[이바카다 _-__] 동 이야기하다. ☞이바구하다. 이약하다.

이발독[_--] 명 기계총(機械-). '두부 백선'을 일상적으로 이르는 말. ☞기게똥. 도래버짐.

이발재이[이발재~이 __-_] 명 이발쟁이(理髮--). '이발사(理髮師)'를 얕잡아 이르는 말.

이밸[-_] 명 이별(離別). ☞이빌.

이보이소오[---__] 감 이보시오. ☞보이소.

이부쩡[_-_] 명 의부증(疑夫症). ☞이부찡.

이부찡[_-_] 명 의부증(疑夫症). ☞이부쩡.

이분[_-] 명 이번(-番). 이제 돌아온 바로 이 차례. ¶이분에는 반다시 가께. =이번에는 반드시 갈게.

이분참[__-] 명 이참. ☞요분참.

이빌[-_] 명 이별(離別). ☞이밸.

이뿌다[_-_] 형 예쁘다. ①생긴 모양이 아름다워 눈으로 보기에 좋다. ¶【속담】안사램이 이뿌마 꾸룽내도 다다. =안사람이 예쁘면 구린내도 달다. ②행동이나 동작이 보기에 사랑스럽거나 귀엽다. ¶【속담】딸은 이뿐 도독. =딸은 예쁜 도둑. ③아이가 말을 잘 듣거나 행동이 발라서 흐뭇하다. ¶얼라가 하는 짓이 억시기 이뿝미더. =애가 하는 짓이 참 예쁩니다. ☞에뿌다. 예뿌다. 미하다.

이뿌장하다[_ _ _-_] 형 예쁘장하다. ☞에뿌장하다. 예뿌장하다.

이뿌하다[_-_ _] 형 예뻐하다. ☞곱아하다. 에뿌하다. 예뿌하다.

이사[1][_-] 명 예사(例事). ☞여사.

이사[2][-_] 조 이야. ((받침 있는 체언이나 부사어 뒤에 붙어)) 강조의 뜻을 나타내는 보조사. ¶【관용구】넘이사 쌂아묵덩강 찌지묵덩강. =남이야 삶아먹든 지져먹든. ¶【속담】말이사 빈호사다. =말이야 변호사다. ¶【속담】말이사 비다이다. =말이야 비단이다. ¶【속담】입이사 하앙산도 잉기지. =입이야 화왕산도 옮기지.

이사로[_--] 부 예사로(例事-). ☞벌로. 여사로.

이삿말[여산말 _--] 명 예사말(例事-). ☞여삿말.

이삿일[이산닐 _--] 명 예삿일(例事-). ☞여삿일.

이상[_-] 명 외상(外上). 값은 나중에 치르기로 하고 물건을 사거나 파는 일. ☞에상. 에상빼기. 에상빼이. 이상빼기. 이상빼이.

이상빼기[_ _-_] 명 외상(外上). '외상(外上)'을 속되게 이르는 말. ☞에상. 에상빼기. 에상빼이. 이상. 이상빼이.

이상빼이[이상빼~이 _ _-_] 명 외상(外上). '외상(外上)'을 속되게 이르는 말. ☞에상. 에상빼기. 에상빼이. 이상. 이상빼기.

이삻다[1][이상타 _-_] 형 이상하다(異常--). ①정상적인 것과 달라 별나거나 색다르다. ¶오올따라 너가부지가 이삻제? =오늘따라 너희 아버지가 이상하지? ②사람의 몸이나 기계 따위의 기능이나 활동이 원활하지 못하다. ¶몸이 이삻거들랑 빙언에 가바라. =몸이 이상하거든 병원에 가봐라. ③의문이 있거나 의심스러운 데가 있다. ¶글마가 하는 말이 이삻다. =그놈이 하는 말이 이상하다.

이삻다[2][이상타 _-_] 형 착하다. 마음이 곱고 어질다. ¶아아가 우째 저래 이삻고 얼굴도 잘생깄노. =애가 어찌 저리 착하고 얼굴도 잘생겼나.

이샇디이[이삳티~이 -_-_] 부 이러쌓더니. 이러한 언행을 해쌓더니. *'쌓더니'는 '쌓'이 '산'으로 발음된 뒤에, '더니'가 '더이→더이→데→디'의 변화를 거쳐 최종적으로 '산디이'로 발음된다. ¶아아가 놀래고 이샇디이 언자는 안 그칸다. =애가 놀라고 이러쌓더니 이제는 안 그런다.

이새가다[_ _-_] 동 이사하다(移徙--). ¶【속담】이새가는 넘이 지집 애삐리고 간다. =이사하는 놈이 계집 내버리고 간다. ¶【속담】이새갈 때 강새이 따라댕기딧기. =이사할 때 강아지 따라다니듯이.

이색[_-] 명 이삭. 벼, 보리 따위 곡식에서, 꽃이 피고 꽃대의 끝에 열매가 더 부룩하게 많이 열리는 부분. ¶【속담】이색 밥에도 가나이 든다. =이삭 밥에도 가난이 든다.

이샛짐[이새찜 _-_] 명 이삿짐(移徙-). ¶이샛짐을 둘둘 뭉구라서 쌌다. =이삿짐을 둘둘 뭉쳐서 쌌다.

이서[~이서 -_] 조 에서. 처소부사격 조사. ¶개가 디이서 자꾸 물라 캅미더. =개가 뒤에서 자꾸 물려고 합니다. ☞서. 아서. 어서. 오서.

-이서[-_] 어 -어서. *시간적 선후 관계를 나타내는 연결어미 '-이서'는 ㅣ모음으로 끝나는 어간의 그 모음에 완전동화되는 것이 창녕방언의 특색이다. ¶집이 비이서 걱정시럽다. =집이 비어서 걱정스럽다.

이석다[-__] 형 이슥하다. ①밤이 꽤 깊다. ¶밤이 이석었으이 퍼떡 가거래이. =밤이 이슥했으니 빨리 가거라. ②깊숙하고 외지다. ¶【속담】이석은 데 꽁알 놓는다. =으슥한 데 꿩알 낳는다.

이성가리[__-_] 명 이음새. 두 물체를 이은 모양새. ¶이성가리로 여무기 해낳았네. =이음새를 여물게 해놓았네. ☞이싱개.

-이소오[-__] 어 -세요. ((모음이나 'ㄹ'로 끝나는 동사의 어간 뒤에 붙어)) 상대에게 정중하게 명령하거나 권유하는 뜻을 나타내는 말. 해요체로, 주로 구어체에 쓰인다. *'-이소오'는 신분적으로 화자보다 확연히 높아 청자에게 편하게 대할 수 없는 경우에 실현되며, '-소오'는 청자와 화자의 관계가 편한 사이거나 청자의 신분을 확실히 모르는 경우에 실현된다. ¶아부지, 돈 쫌 주이소오. =아버지 돈 좀 주세요. ¶고마 일로 넘가이소오. =그만 이리로 넘기세요.

이손녀[__-] 명 외손녀(外孫女). ☞위손녀.

이손자[__-] 명 외손자(外孫子). ☞위손지. 위손자. 이손지.

이손지[__-] 명 외손자(外孫子). ☞위손자. 위손지. 이손자.

이숙무[__-] 명 외숙모(外叔母). 외삼촌의 아내. ☞이아주매.

이실[-_] 명 이슬. ①공기 중의 수증기가 기온이 내려가거나 찬 물체에 부딪힐 때 엉겨서 생기는 물방울. ¶【속담】새북질 걷는 사램이 첫 이실로 턴다. =새벽길 걷는 사람이 첫 이슬을 턴다. ②여자의 월경이나 해산 전에 조금 나오는 누르스름한 물.

이실비[_-_] 명 이슬비. ☞구실비.

이실빠알[이실빠~알 -_-_] 명 이슬방울. ¶【관용구】이실빠알이 맺히다. =이슬방울이 맺다.

이심[-_] 명 이음. 이어서 합하는 일. 또는 그 부분. ¶이심이 풀랬다. =이음이 풀렸다.

이싱[-_] 명 이승. 지금 살고 있는 세상. ¶【속담】개똥밭에 구불우도 이싱이 낫다. =개똥밭에 굴러도 이승이 낫다. ¶【속담】떨감을 따 묵고 살아도 이싱이 좋다. =땡감을 따 먹고 살아도 이승이 좋다

이싱개[_-_] 명 이음매. ☞이성가리.

이아다[1][-__] 동 외우다. ☞애아다. 위아다.

이아다[2][-__] 동 이다. 지붕을 기와나 이

엉으로 씌우거나 이어 놓다. ¶지붕에 게아 이안다. =지붕에 기와 인다.

이아재[_ _-] 명 외삼촌(外三寸). 어머니의 남자 형제를 가리키거나 부르는 말.

이아주매[_ _-_] 명 외숙모(外叔母). ☞이숙무.

이애하다[-_ _] 동 이해하다(理解--). ¶이거는 도저이 이애할 수가 없다. =이건 도저히 이해할 수가 없다.

이야[-_] 조 이며. ((받침 있는 체언에 붙어)) 둘 이상의 사물을 같은 자격으로 이어 주는 접속 조사. ¶【관용구】밥이야 떡이야 닥치는 대로. =밥이며 떡이며 닥치는 대로.

이약[_-] 명 이야기. ☞이바구. 이박.

이약하다[이야카다 _-_ _] 동 이야기하다. ☞이바구하다. 이박하다.

이양[1][--] 부 이냥. 이와 같이. ¶입운 대로 이양 갈란다. =입은 대로 이냥 가련다.

이양[2][--] 명 이왕(已往). 이미 지나간 이전. ¶이양 말이 났으이 말이지. =이왕 말이 났으니 말이지.

이양이마[--_ _] 부 이왕이면(已往--). 어차피 그리할 바에는. ¶【속담】이양이마 다옹치매. =이왕이면 다홍치마.

이양지[--_] 부 이왕에(已往-). 이미 정하여진 사실로서 그렇게 된 바에. ¶【관용구】이양지 그럭뎬 일. =이왕에 그릇된 일.

이양지사[--_ _] 명 이왕지사(已往之事). 이미 지나간 일. ¶【관용구】이양지사 이래 덴 일. =이왕지사 이리 된 일.

이우지[-_ _] 명 이웃. ¶【속담】가죽운 이우지가 먼 일개뽀담 낫다. =가까운 이웃이 먼 일가보다 낫다. ¶【속담】싯 닢 주고 집을 사고 천 냥 주고 이우지 산다. =셋 닢 주고 집을 사고 천 냥 주고 이웃 산다.

이이다[-_ _] 동 여기다. 마음속으로 그러하다고 생각하다. ¶【속담】개 짓어 도독 온 줄 이인다. =개 짖어 도둑 온 줄 여긴다. ☞이기다.

이이쌓다[이이싸타 --_ _] 동 이러해쌓다. ((동사 뒤에서)) 앞말이 뜻하는 행동을 반복하거나 행동의 정도가 심함을 나타내는 말. ①이렇게 반복해서 행동을 하다. ¶기게로 붙들고 암만 이이쌓도 안 곤치진다. =기계를 붙들고 아무리 이러해쌓아도 안 고쳐진다. ②이렇게 자꾸 나무라다. ¶가암지르고 이이쌓지만 콧방구도 안 낀다. =고함지르고 이러해쌓지만 콧방귀도 안 뀐다. ☞이캐쌓다.

이일나다[-_-_] 동 일어나다. ①일정한 자리에서 누웠다가 앉거나 앉았다가 서다. ¶【속담】열 분 씨러지마 열 분 이일난다. =열 번 쓰러지면 열 번 일어난다. ②움직임이나 기세가 성(盛)하게 되다. ¶【속담】묻어낳안 불이 이일났다. =묻어놓은 불이 일어났다. ③마음이나 기운이 새로이 있게 되다. ¶【관용구】자리로 차고 이일나다. =자리를 차고 일어나다. ④다른 장소로 옮기기 위해 움직이다. ¶【관용구】자리로 걷고 이일나다. =자리를 걷고 일어나다. ⑤재산 따위가 더 늘어나다. ¶【관용구】

살림이 이일나다. =살림이 일어나다. ⑥어떤 일이 발생하다. ¶【관용구】사고가 이일나다. =사고가 일어나다. ☞인나다. 일나다.

이장[_-] 명 연장. 어떠한 일을 하는 데에 사용하는 도구. ¶【속담】목수가 이장 나무랜다. =목수가 연장 나무란다.

이적지[이적찌 __-] 부 이제껏. 지금까지. 또는 아직까지. ¶만다꼬 이적지 꾸무작기렀노? =뭐 한다고 이제껏 꾸물거렸니?

이전[_-] 명 예전(-前). 꽤 오래된 지난날. ¶이전 이약을 우예 다 하겄노. =예전 이야기를 어찌 다 하겠나. ☞애전.

이점저점[----] 부 겸사겸사(兼事兼事). 한꺼번에 여러 가지 일을 겸하여 하는 모양을 나타내는 말. ¶시얼도 보낼 김해서 이점저점 바알질하고 있어예. =세월도 보낼 겸해서 겸사겸사 바느질하고 있어요. ☞갬사갬사. 김사김사. 이참저참.

이정삼다[_--_] 동 허실삼다(虛失--). 별반 기대는 하지 않고 혹시나 하는 마음으로 해 보다. ¶이거는 이정삼아 한분 맨들어본다. =이건 허실삼아 한번 만들어본다. ☞허뿌삼다.

이지다[1][--_] 형 외지다. ☞위지다.

이지다[2][_-_] 형 이롭다(利--). ¶【속담】입에 씹운 약이 몸에는 이지다. =입에 쓴 약이 몸에는 이롭다. ☞이하다.

이질로[--_] 부 이 길로. *표준어 '이 길로'에 해당하는 '이질로'의 본래 성조는 [- _-]이다. 그런데 이 말은 쉼 없이 발음되고 또 그 성조도 [--_]로 바뀌기 때문에, 이는 하나의 단어로 굳어진 것으로 볼 수 있다. ①현재 상황에서 곧바로. ¶이일난 이질로 밭에 가볼랍미더. =일어난 이 길로 밭에 가보렵니다. ②어떤 일이 끝난 지금 바로. ¶일로 조진 이질로 빙언에 가바라. =일을 매조진 이 길로 병원에 가봐라.

이짜[1][_-] 명 이쪽. 말하는 이와 가까운 위치나 방향. ☞이쭈. 이쭉.

이짜[2][_-] 명 ≒언급(言及). 어떤 문제에 대하여 말함. *창녕방언 '이짜'는 일반적으로 '없다'와 어울려 '언급도 없다'는 뜻으로 쓰인다. ¶돈 채애간 지가 운젠데 이짜도 없네. =돈 빌려간 지가 언젠데 언급도 없네. ☞연개. 연기.

이짜로[_-_] 부 이쪽으로. ☞이쭈로. 이쭉우로. 일로.

이짜저짜[_-_-] 부 이쪽저쪽. 이쪽과 저쪽을 아울러 이르는 말. ¶내보고 이짜저짜서 놀로 오라 칸다. =날더러 이쪽저쪽에서 놀러 오라 한다. ☞이짝저짝. 이쭉저쭉.

이짝저짝[----] 부 이쪽저쪽. ☞이짜저짜. 이쭉저쭉.

이짬[1][_-] 명 이쯤. ①이만한 정도. ¶오올은 이짬서 히이자. =오늘은 이쯤에서 헤어지자. ②여기쯤. 이 지점 정도. ¶이짬꺼정 테가리로 날리뿌라. =이쯤까지 모서리를 날려버려라. ☞이쭘.

이짬[2][_-] 부 이쯤. ①이만한 정도로. ¶이짬 데는 거는 내인데도 많다. =이쯤 되는 건 내한테도 많다. ②여기쯤에. ¶이거는 이짬 앉하놓아마 델다. =이건 이쯤 앉혀놓으면 되겠다. ☞이쭘.

이짬치[_-_] 부 여기쯤. 말하는 이와 가까운 곳에. ¶거거는 이짬치 니라놓아라. =그것은 여기쯤 내려놓아라. ☞이쭘치.

이쭈[_-] 명 이쪽. ☞이짜. 이쭉.

이쭈로[_-_] 부 이쪽으로. ☞이짜로. 이쭉우로. 일로.

이쭉[_-] 명 이쪽. ☞이짜. 이쭈.

이쭉우로[이쭈구로 _-__] 부 이쪽으로. ☞이짜로. 이쭈로. 일로.

이쭉저쭉[----] 부 이쪽저쪽. ☞이짜저짜. 이짝저짝.

이쭘[1][_-] 명 이쯤. ☞이짬.

이쭘[2][_-] 부 이쯤. ☞이짬.

이쭘치[_-_] 부 이쯤에. ☞이짬치.

이참저참[----] 부 겸사겸사(兼事兼事). ☞갬사갬사. 김사김사. 이점저점.

이카다[--_] 동 이러다. '이렇게 하다'의 준말. ①이렇게 말을 하다. ¶내보고 와 이캅미꺼? =날보고 왜 이럽니까? ②이렇게 언행을 하다. ¶술로 묵고 이카는 거로 갋아가아 머 합미꺼? =술을 먹고 이러는 걸 가려서 뭐 하겠습니까? ☞이라다.

이카제[--_] 동 이러지. '이렇게 하지?'의 준말. ¶선상님이 니보고 참 몬땠다 이카제? =선생님이 너더러 참 못됐다 이러지? ☞이라제.

이캐쌓다[이캐싸타 --__] 동 이러해쌓다. ☞이이쌓다.

이탁하다[이타카다 __-_] 형 외탁하다(外---). ☞위탁하다.

이포리[_-_] 명 이파리. *창녕방언에서 '이파리'가 사이시옷이 첨가될 수 있는 합성명사를 구성할 경우 사이시옷이 들어가지 않는 특이한 성질이 있다. '꼬치포리(고춧잎)'나 '나무이포리(나뭇잎)', '대이포리(댓잎)', '깨잎포리(깻이파리)' 등이 그러하다. 이는 '이푸리(이파리)'나 '잎사구(잎사귀)'의 경우에도 그대로 적용된다. 그러나 '감이포리(감이파리)'처럼 자음으로 끝난 체언에 '이파리'가 합성이 될 경우에는 적용되지 않는다. ¶【속담】가랑잎 이포리에 불딩긴다. =가랑잎 이파리에 불붙는다. ☞이푸리.

이푸리[_-_] 명 이파리. ☞이포리.

이하다[_-_] 형 이롭다(利--). ☞이지다.

이할매[_--] 명 외할머니(外---). ☞애할매. 위할매. 이할무이.

이할무이[이할무~이 _--_] 명 외할머니(外---). ☞애할매. 위할매. 이할매.

이할배[_--] 명 외할아버지(外----). ☞애할배. 위할배. 이할부지.

이할부지[_--_] 명 외할아버지(外----). ☞애할배. 위할배. 이할배.

익하다[이카다 _-_] 동 익히다. 익게 하다. '익다'의 사동사. ①과일이나 곡식이 익게 하다. ¶우리들네는 나락을 매 익하서 빕미더. =우리는 벼를 잘 익혀서 벱니다. ☞여물카다. ②날것이 뜨거운 열을 받아 제대로 익게 하다. ¶【속담】지내가는 불에 밥 익한다. =지나가는 불에 밥 익힌다. ③술이나 김치, 장 따위가 충분히 맛이 들게 하다. ¶덜 익한

짐치는 맛이 없어예. =덜 익힌 김치는 맛이 없어요. ④신체나 피부가 햇볕을 오래 쬐거나 뜨거운 물에 데어 빨갛게 되게 하다. ¶팔로 햇빛에 익하서 뻘개예. =팔을 햇살에 익혀서 뻘개요. ⑤어떤 일에 익숙해지게 하다. ¶인자는 바알질 솜씨가 지북 손에 익하졌다. =이젠 바느질 솜씨가 제법 손에 익혀졌다. *익하고[이카고 _-_], 익하지[이카지 _-_], 익하야[이카야 _-_], 익핬다[이칸따 _-_].

익히다[이키다 -__] 동 곪다. ☞공기다. 띠부리키다. 부리키다.

인[1][-] 명 회충(蛔蟲). ¶쏙에 인이 있능가 앵꼽다. =속에 회충이 있는지 메스껍다. ☞꺼끼이. 꺼시이.

인[2][_] 부 이리. ☞언.

-인[-] 어 -은. ((‘ㄹ’을 제외한 자음으로 끝나는 형용사의 어간 뒤에 붙어)) 상태나 대상을 나타내는 관형사형 전성어미. ¶【속담】지는 지인 데로 가고 물은 낮인 골째기로 흐런다. =죄는 지은 데로 가고 물은 낮은 골짜기로 흐른다.

인가이[인가~이 _-_] 부 어지간히. ☞어지가이. 언가이. 엔가이.

인간말종[인간말쫑 __--] 명 인간말짜(人間--). 아주 못된 사람이나 쓸모없는 인간을 이르는 말. *인간(人間)+말종(末種). ¶인간말종을 갊아서 머 하겠노. =인간말짜를 가루어서 뭘 하나.

인간하다[__-_] 형 어지간하다. ☞언간하다. 엔간하다.

-인강[-_] 어 -인지. ①((체언 뒤에 붙어)) 확인을 요하는 말. ¶【속담】손돌이 죽운 날인강 바램도 찹다. =손돌이 죽은 날인지 바람도 차다. ②((체언 뒤에 붙어)) 미래를 추측하여 가정하는 말. ¶저카다가 운제 갈 끼인강 알 수가 없지. =저러다가 언제 갈 것인지 알 수가 없지. ☞-인고. -인동.

-인고[-_] 어 -인지. ((받침 있는 체언 뒤에 붙어)) 확인을 요하는 말. ¶【속담】콩인고 폴인고 구빌도 몬 한다. =콩인지 팥인지 구별도 못 한다. ☞-인강. -인동.

인나다[--_] 동 일어나다. ☞이일나다. 일나다.

인덩넝쿨[__-_] 명 ((식물))인동초(忍冬草). ☞윤동초.

인데[1][-_] 조 한테. ¶【속담】지 자석인데는 팥죽 주고 어붓자석인데는 콩죽 준다. =자기 자식한테는 팥죽 주고 의붓자식한테는 콩죽 준다. ☞안테. 인테.

인데[2][-_] 조 에게. 일정하게 제한된 대상을 지목함을 나타내는 격 조사. ¶【속담】쌩지가 개이인데 딤빈다. =생쥐가 고양이에게 덤빈다. ☞게. 끼. 보고.

인데서[1][-__] 조 한테서. ☞안테서. 안테서리. 인데서리.

인데서[2][-__] 조 로부터. 어떤 행동이나 일 따위가 비롯되는 출처나 대상임을 나타내는 부사격 조사. ¶논 서 마지기로 아부지인데서 물리받았다. =논 세 마지기를 아버지로부터 물려받았다.

인데서리[-___] 조 한테서. ☞안테서. 안테서리. 인데서.

인도지이[인도지~이 --_ _] 명 인도인(印度人). 피부가 검은 외국인을 두루 이르는 말. *인도+징. '지이'는 일본어에서 '사람' 또는 백성을 뜻하는 '징(じん)'에서 온 접미사. ¶낯 씨꺼먼 절마는 똑 인도지이 겉다. =얼굴이 시커먼 저놈은 꼭 인도인 같다.

-인동[-_] 어 -인지. ¶【속담】똥인동 딘장인동 모룬다. =똥인지 된장인지 모른다. ☞-인고. -인강.

인마[_-] 명 이놈. ☞이넘아. 일마.

인배[인빼 -_] 명 거위배. 회충으로 인한 배앓이. ☞꺼시이배.

인배앓이[인빼아리 -_ _ _] 명 횟배앓이(蛔---). 회충으로 인한 배앓이. ¶【관용구】인배앓이로 하다. =횟배앓이를 하다.

인벵[인뻥 -_] 명 마음병(--病). ¶자석 잊아뿐 부모가 인벵이 날빽이. =자식 잃어버린 부모가 인병이 날밖에. ☞인빙.

인빙[인뼁 -_] 명 마음병(--病). ☞인벵.

인영[_-] 명 인형(人形). ¶【관용구】협상 인영 겉다. =흡사 인형 같다.

인자[_-] 명 이제. 바로 이때. ¶인자부텀은 니하고 같이 안 놀란다. =이제부터는 너하고 같이 안 놀련다. ☞언자. 인지.

인자사[_-_] 부 이제야. ☞언자사. 언자서. 인자서. 인지사. 인지서.

인자서[_-_] 부 이제야. ☞언자사. 언자서. 인자사. 인지사. 인지사.

인정내미[_ _-_] 명 인정머리(人情--). ((흔히 '없다'와 함께 쓰여)) '인정'을 속되게 이르는 말. ¶【관용구】인정내미 없다. =인정머리 없다.

인정시럽다[_ _-_ _] 형 인정스럽다(人情---). 상냥한 말씨로 남에게 베풀다. ¶우리 할매는 참 인정시럽어예. =우리 할머니는 참 인정스러워요. ☞입정곱다.

인정시리[_ _-_] 부 인정스레(人情--). ¶옴마가 인정시리 윗는다. =엄마가 인정스레 웃는다. ☞입정곱기.

인정쑥[_-_] 명 ((식물))인진쑥(茵蔯-).

인지[1][--] 명 이제. 바로 이때. ¶인지꺼지 안 인나고 머 하노? =이제가지 안 일어나고 뭐 하니? ☞언자. 인자.

인지[2][--] 부 이제. ①바로 이때에. ¶인지 학조 드가마 운제 졸웁하까? =이제 학교 들어가면 언제 졸업할까? ②시간적으로, 지금부터 앞으로. ¶인지 시작으마 미칠은 고상할 끼다. =이제 시작하면 며칠은 고생할 게다. ☞언자. 인자.

인지사[_-_] 부 이제야. ☞언자사. 언자서. 인자사. 인자서.

인지서[_-_] 부 이제야. ☞언자사. 언자서. 인자사. 인자서.

인테[-_] 조 한테. ¶우리인테 와 아캅미꺼? =우리한테 왜 이럽니까? ☞안테. 인데.

인팬[_-] 명 인편(人便). ¶인팬에 부칬다. =인편에 부쳤다. ☞인핀.

인핀[_-] 명 인편(人便). ☞인팬.

일가다[_-_] 동 일구다. ①논밭을 만들기 위하여 땅을 파서 일으키다. ¶돌짝밭을 일가서 곡석을 숭구무웄다. =자갈밭을 일구어서 곡식을 심어먹었다. ②집안 살림을 일으키다. ¶아부지가 살림을 일갔다. =아버지가 살림을 일구었다.

일개[--] 명 일가(一家). 성(姓)과 본이 같은 피붙이. ¶【속담】궂운일에는 일개. =궂은일에는 일가. ¶【속담】몬뗀 일개가 항열마 높다. =못된 일가가 항렬만 높다.

일겉잖다[일거짠타 __-__] 형 일같잖다. 일이 별로 힘들일 것도 없고 하찮다. ¶이런 일겉잖은 일 때미로 날로 불러냈단 말가? =이런 일같잖은 일 때문에 나를 불러냈단 말이니?

일고야달[__-_] 수 일고여덟. 대강 어림쳐서 일곱이나 여덟쯤. ¶일고야달 살. =일고여덟 살. ☞일고야덜.

일고야덜[__-_] 수 일고여덟. ☞일고야달.

일깨아다[_-__] 동 일깨우다. 사실이나 숨겨진 뜻을 가르치거나 일러 주어서 알게 하다. ¶자석이 멀 모루마 부모가 일깨아야 덴다. =자식이 뭘 모르면 부모가 일깨워야 된다.

일꾼[_-] 명 놉. 그날그날 품삯과 음식을 받고 일을 하는 품팔이꾼. ¶【관용구】일꾼을 대다. =놉을 사다. ☞놉꾼. 품꾼.

일나다[--_] 동 일어나다. ☞이일나다. 인나다.

일나더미로[--___] 부 일어나자마자. 잠자리에서 일어나는 즉시. ¶저가부지는 자고 일나더미로 일하로 나갔다. =애아버지는 자고 일어나자마자 일하러 나갔다. ☞일나덤질로. 일나자말자.

일나덤질로[---__] 부 일어나자마자. ☞일나더미로. 일나자말자.

일나자말자[---__] 부 일어나자마자. ☞일나더미로. 일나덤질로.

일라주다[1][-_-_] 동 일러바치다. ☞가알주다. 갈차주다. 갈치주다. 갤차주다. 꼰질라다. 이르다. 찌르다.

일라주다[2][-_-_] 동 일러두다. 특별히 부탁하거나 지시하여 두다. ¶오올 할 일을 일꾼들인데 일라좄다. =오늘 할 일을 일꾼들에게 일러줬다.

일로[--] 부 이쪽으로. 이곳으로. ¶너거는 일로 오지 마래이. =너희들은 이리로 오지 마라. ☞이짜로. 이쭈로. 이쭉우로.

일리다[-__] 동 읽히다. '읽다'의 사동사. 글자나 숫자를 약속된 대로 발음해 소리 내게 하다. ¶손지인데 핀지로 일맀다. =손자에게 편지를 읽혔다. ☞읽하다.

일마[_-] 명 이놈. ☞이넘아. 인마.

일바시다[1][_-__] 동 일으키다. ①몸이나 사물 따위를 눕거나 앉아 있는 상태에서 서게 하다. ¶【속담】눕운 소 일바시딧기 한다. =누운 소 일으키듯 한다. ②어떤 집단을 번성하게 하다. ¶【관용구】집안을 일바시다. =집안을 일으키다. ③무엇이 물리적인 어떤 현상을 만들거나 생기게 하다. ¶【관용구】두디리기 일바시다. =두드러기 일으키다. ④어떤 사건을 빚거나 벌이다. ¶【관용구】전쟁을 일바시다. =전쟁을 일으키다. ☞일배키다. 일이키다.

일바시다[2][_-__] 동 켜다. ①스위치를 작동하거나 라이터 따위로 조리 기구에 불을 일으키다. ¶까수렌지에 불 쫌 일

ㅇ

바시도고. =가스레인지에 불 좀 켜다오. ②등이나 초 따위에 불을 붙게 하다. ¶여게 너무 어덥어서 불로 일바시야 덴다. =여기 너무 어두워서 불을 켜야 되겠다. ☞써다.

일반베[--_] 명 일반벼(一般-). 통일벼가 아닌, 다른 품종의 벼들을 통틀어 이르는 말. ¶일반베는 통일베에 비하마 헐씬 찰지고 윤끼가 많데이. =일반벼는 통일벼에 비해서 훨씬 차지고 윤기가 많다. ☞일반비.

일반비[--_] 명 일반벼(一般-). ☞일반베.

일배키다[_-__] 동 일으키다. ☞일바시다. 일이키다.

일부로[__-] 부 일부러. ☞덜부더리. 덜부로. 부로. 역부로.

일삯[일싹 _-] 명 품삯. 품을 판 대가로 받거나, 품을 산 대가로 주는 보수.

일없다[1][일엄따 _-_] 동 소용없다(所用--). 의의가 없거나 득이 될 것이 없다. ¶너거는 오도 일없으이 오지 마래이. =너희들은 와도 소용없으니 오지 마라. ☞소앙없다.

일없다[2][일엄따 _-_] 형 상관없다(相關--). ☞상간없다.

일유[--] 명 일류(一流). 어떤 분야나 사물이나 사람 가운데서 첫째가는 위치나 부류. ¶일유대학조. =일류대학교.

일이키다[이리키다 _-__] 동 일으키다. ☞일바시다. 일배키다.

일쩍[-_] 부 일찍. 시간적으로 일정한 기준보다 이르게. ¶【속담】밭갈 소는 일쩍 안다. =밭갈 소는 일찍 안다. ☞일척.

일쩍다[일찍따 -__] 형 이르다. ☞이리다. 일찍다. 일척다.

일쭈감치[__-_] 부 일찌감치. 좀 더 일찍이. ¶【속담】까시 델 거는 일쭈감치 찌른다. =가시 될 것은 일찌감치 찌른다.

일찌거이[일찌거~이 __-_] 부 일찌거니. ①조금 이르다고 할 정도로 얼른. ¶【속담】델 낭근 일찌거이 알아본다. =될 나무는 일찌거니 알아본다. ②될 수 있는 한 얼른. ¶닐아직에는 일찌거이 일나라. =내일아침에는 일찌거니 일어나라.

일찍다[일찍따 -__] 형 이르다. ☞이리다. 일쩍다. 일척다.

일척[-_] 부 일찍. ☞일쩍.

일척다[일척따 -__] 형 이르다. ☞이리다. 일쩍다. 일찍다.

일철[_-] 명 농번기(農繁期). 농사일이 바쁜 철. ¶【관용구】일철 소 팔자 겉다. =농번기 소 팔자 같다.

일터러[_-_] 부 이를테면. ①예를 들어 말하자면. 앞의 내용에 대하여 부연하거나 구체적인 예를 제시할 때 이어 주는 말이다. ¶니 동상이 일터러 니인데 욕을 했다 치도 그렇지, 쌔리마 우야노. =네 동생이 이를테면 너한테 욕을 했다 쳐도 그렇지, 때리면 어쩌나. ②가령 말하자면. 사실이 아닌, 가정하여 내놓는 방안이나 내용을 이어 주는 말이다. ¶쫌 몬살아도 인간겉이 살아야 덴다. 일터러 조상 싱기는 거, 어룬 아는 거 말이다. =조금 못 살아도 인간같이 살아야 된다. 이를테면 조상 섬기는 것, 어른 아는 것 말이다. ③((주로 '-이다' 구문과 함께 쓰여)) 굳이 말하자면. ¶그분은 일터러 내인데 부모님 겉은 사램이다. =그분은 이를테면 내게 부모님 같은 사람이다. ☞일터로.

일터로[_-_] 부 이를테면. ☞일터러.

일팽상[일팽쌍 _-] 명 일평생(一平生). ☞일핑상.

일핑상[일핑쌍 _-] 명 일평생(一平生). ☞일팽상.

읽하다[일카다 _-_] 동 읽히다. ☞일리다.

잃앟다[이라타 _-_] 동 잃다. ①가졌던 물건이 자신도 모르게 없어지다. ¶【속담】잃안 도치가 씨가 더 좋다. =잃은 도끼가 쇠가 더 좋다. ②크게 손해를 보게 되다. ¶【속담】재산 잃앟고 쌀 낼기 줍는다. =재산 잃고 쌀 낟 줍는다. ③몸의 일부분이 잘려 나가거나 본래의 기능을 전혀 발휘하지 못하다. ¶사고로 다리마 잃앟지 안했어도 저래 안 뎄을 끼다. =사고로 다리만 잃지 않았어도 저리 안 됐을 게다. ④식욕이 점점 줄어줄다. ¶【관용구】입맛을 잃앟다. =입맛을 잃다. ⑤의식이나 감정 따위가 아주 사라지다. ¶【관용구】정신을 잃앟다. =정신을 잃다. ⑥어떤 대상이 본디 지녔던 모습이나 상태를 아주 유지하지 못하게 되다. ¶선거에 노오갖고 고 잘난 얼굴은 잃앟고 남운 거는 빗뿌이다. =선거에 나와서 그 잘난 얼굴은 잃고 남은 것은 빚뿐이다. ⑦길을 아예 못 찾거나 방향을 분간 못 하게 되다. ¶【관용구】질로 잃앟다. =길을 잃다. ⑧같이 있거나 같이 길을 가던 사람을 놓쳐 헤어지게 되다. ¶【관용구】피붙이로 잃앟다. =피붙이를 잃다. ⑨노름 따위로 재물을 빼앗기거나 손해를 보다. ¶【관용구】돈을 잃앟다. =돈을 잃다. ☞꿇다. 뿕히다. ⑩의미나 의의가 아주 없어지다. ¶내는 인자 살아야 델 이미로 잃아뿠다. =나는 이제 살아야 될 의미를 잃어버렸다. *잃앟고[이라코 _-_], 잃앟지[이라치 _-_], 잃아야[이라야 _-_], 잃앐다[이랃따 _-_].

임재[_-] 명 임자. ①어떤 것을 자기 것으로 가지고 있는 사람. ¶【속담】동아 쏙 썩는 거는 밭 임재도 모룬다. =동아 속 썩는 것은 밭 임자도 모른다. ②아내가 남편을 지칭하는 말. ¶이 일은 임재가 하던동 하이소. =이 일은 임자가 하든지 하소.

임진애란[임지내란 __-_] 명 임진왜란(壬辰倭亂). ¶이수신 장군은 임진애란 때미로 유밍해짔다. =이순신 장군은 임진왜란 때문에 유명해졌다.

입가세[-__] 명 입가. 입의 가장자리. ¶【속담】입가세에 춤이나 발라라. =입가에 침이나 발라라. ☞입가시.

입가시[-__] 명 입가. ☞입가세.

입내미[--_] 명 입내. 입에서 나는 좋지 아니한 냄새. ¶걸레로 쌂아무웄나, 입내미가 와 이래 나노? =걸레를 삶아먹었나, 입내가 왜 이리 나니?

입다시다[--__] 동 요기하다(療飢--). ¶저게 가서 입다시고 가자. =저기 가서 요기하고 가자. ☞요구하다.

입때[--] 명 이때. 바로 지금의 때. ¶복덥우 때는 땁때기가 마이 납미더. 입때 난 땁때기는 지질로 낫아예. =복더위 때에는 땀띠가 많이 납니다. 이때 난 땀띠는 저절로 나아요.

입맞하다[입마차다 --__] 동 입맞춤하다. ①사랑하는 표현으로 서로 입을 맞대다. ¶알라가 강새이인데 입맞하길래 말겼다. =애가 강아지한테 입맞춤하기에 말렸다. ②다른 사람과 서로 말의 내용을 짜 어긋남이 없게 하다. ¶말하는 꼬라지로 보이 둘이서 입맞핬네. =말하는 꼴을 보니 둘이 입맞춤했네.

입바리다[--__] 형 입바르다. ((주로 '입바린'의 꼴로 쓰여)) 옳다고 생각되는 내용이 담겨 거침없이 나오는 데가 있다. ¶저 아재는 입바린 소리로 잘한다. =저 아저씨는 입바른 소리를 잘한다.

입수구리[입쑤구리 __-_] 명 입술. ¶【관용구】지 자아무운 입수구리. =쥐 잡아먹은 입술. ¶【속담】입수구리에 춤이나 바르지. =입술에 침이나 바르지. ¶【속담】입수구리에 춤도 안 말랐다. =입술에 침도 안 말랐다. ☞입수부리.

입수부리[입쑤부리 __-_] 명 입술. ☞입수구리.

-입시더[1][-__] 어 -세요. ((합쇼할 자리에 쓰여)) 상대에게 정중하게 명령하거나 권유하는 뜻을 나타내는 말. ¶어덥운데 단디 살피가입시더. =어두운데 잘 살펴가세요.

-입시더[2][-__] 어 -시다. 어떤 행동을 함께 하자는 뜻을 나타내는 종결어미. 비교적 격의 없는 상대에게 말할 때 쓴다. ¶내캉 같이 가보입시더. =나랑 같이 가봅시다.

입언지리[__-_] 명 입언저리. 입의 언저리. ¶【속담】입언지리에 용심 묻운 기나 딲아라. =입언저리에 용심 묻은 것이나 닦아라.

입정[입쩡 --] 명 입맛. 음식을 먹을 때 입으로 느끼는 맛. ¶【관용구】입정에 땡기다. =입맛에 당기다.

입정곱기[입쩡곱기 --__] 부 인정스레(人情--). 상냥한 말씨로. *입+정(情)+곱게. ¶새딕이가 참 입정곱기도 말로 하네. =새댁이 참 인정스레도 말을 하네. ☞인정시리.

입정곱다[입쩡곱따 --__] 형 인정스럽다(人情---). 상냥한 말씨로 남을 대하다. ¶우째 이래 입정곱기도 하까. =어찌 이리 인정스럽기도 할까. ☞인정시럽다.

입정없다[1][입쩡엄따 -__-] 형 밥맛없다. ¶【속담】입정없을 때는 삘가리 궁디이마 따라댕기도 낫다. =밥맛없을 때에는 병아리 궁둥이만 따라다녀도 낫다. ¶치라볼수룩이 입정없는 넘. =쳐다볼수록 밥맛없는 놈. ☞밥정없다.

입정없다[2][입쩡엄따 -__-] 형 쌀쌀맞다. ☞쌀쌀밪다. 찹다.

입조디이[입조디~이 __-_] 명 조동이. ①사람의 입을 속되게 이르는 말. ¶【관용구】입조디이 놀리다. =조동이 놀리다. ②병이나 그릇에서, 안에 담긴 것을 쉽게 따르기 위해 좁고 길쭉하게 만든 부분. ¶빙 입조디이. =병 조동이. ☞조디이.

입주디이[[입주디~이 __-_] 명 주둥이. ①사람의 입을 속되게 이르는 말. ¶【관용구】입주디이마 살았다. =주둥이만 살았다. ②병이나 그릇에서, 안에 담긴 것을 쉽게 따르기 위해 좁고 길쭉하게 만든 부분. ¶짐칫독 입주디이. =김칫독 주둥이. ☞주디이.

입짐[입찜 --] 명 입김. ①입에서 나오는 더운 김. ¶소이 시럽우서 입짐을 호호 불윴다. =손이 시리어 입김을 호호 불었다. ②타인에게 행사하는 어떤 일에 대한 영향력을 비유적으로 이르는 말. ¶【관용구】입짐을 옇다. =입김을 넣다. ¶【관용구】입짐이 씨다. =입김이 세다.

입치리[--_] 명 입치레. ①끼니를 때움. ¶벌씨로 사알째 입치리도 몬했다. =벌써 사흘째 입치레도 못했다. ②과자 따위의 군음식을 먹음. 또는 그런 입버릇. ¶아아가 밥운 안 묵고 입치리마 해서 걱정시럽다. =아이가 밥은 안 먹고 입치레만 해서 걱정스럽다.

입하다[이파다 _-_] 동 입히다. 옷을 몸에 걸치거나 두르게 하다. '입다'의 사동사. ¶할매가 잠바로 입하줐다. =할머니가 점퍼를 입혀줬다.

잇기다[이끼다 -__] 동 웃기다. ☞윘기다.

잇날[인날 _-] 명 옛날. ☞앳날.

잇날이약[인날이약 ___-] 명 옛날이야기. ☞앳날이약.

잇다[이따 _-] 동 웃다. ☞윘다.

잇말[인말 _-] 명 옛말. ☞앳말.

잇바지[이빠지 --_] 명 잇바디. '이빨'을 속되게 이르는 말. ¶【속담】잇바지도 안 드갈다. =잇바디도 안 들어가겠다. ¶【속담】감홍시 묵다가 잇바지 빠진다. =홍시 먹다가 잇바디 빠진다.

잇아다[이사다 _-_] 동 잇다. *표준어 '잇다'는 'ㅅ'이 불규칙 활용하는 동사지만 창녕방언 '잇다'는 규칙활용을 한다. ①두 끝을 맞대어 붙이다. ¶【속담】끊진 줄은 잇아서 씨마 데지만 끊진 인연은 잇사지로 몬한다. =끊어진 줄은 이어서 쓰면 되지만 끊어진 인연은 잇지를 못한다. ②끊어지지 않게 계속하다. ¶【속담】대장재이는 잇아 널아는 솜씨가 있어서 잘산다. =대장장이는 이어 늘이는 솜씨가 있어서 잘산다. ③많은 사람이나 물체가 줄을 이루어 서다. ¶사램들이 포로 살라꼬 줄로 잇아서 서 있다. =사람들이 표를 사려고 줄을 이어서 서 있다. *잇아고[이사고 _-_], 잇아지[이사지 _-_], 잇아야[이사야 _-_], 잇았다[이삳따 _-_].

잇이다[이시다 _-_] 동 이어지다. ①시간상으로 끊어지지 않고 계속되다. ¶장시꾸이 잇있구마는. =장사꾼이 이어졌구먼. ②서로 잇대어져 붙다. ¶우리 동네는 읍내캉 잇이 있어예. =우리 동네는 읍내랑 이어져 있어요.

있제[읻쩨 -_] 부 있잖아. 어떤 이야기를 시작하는 경우, 또는 이야기 중에 내용에서 강조하거나 확인하여야 할 사항이 있는 경우를 나타내는 말. ¶있제, 난제 내 쫌 보재이. =있잖아, 나중에

ㅇ

나 좀 보자. ☞아있나.

잉구럭불[__-_] 명 잉걸불. 이글이글한 숯불. ¶기기는 은그이 타는 잉구럭불에 꿉우야 맛입다. =고기는 은근히 타는 잉걸불에 구워야 맛있다. ☞융구럭불. 융구룩불. 잉구룩불.

잉구룩불[__-_] 명 잉걸불. ☞융구럭불. 융구룩불. 잉구럭불.

잉기가다[-_-_] 동 옮겨가다. ☞옹기가다.

잉기다[-__] 동 옮기다. ☞옹기다.

잉기들다[1][-_-_] 동 대들다. ☞다알들다. 달기들다. 달라들다. 앵기들다.

잉기들다[2][-_-_] 동 엉겨들다. ☞앵기들다.

잉기붙다[1][잉기부따 -_-_] 동 엉겨붙다. ☞앵기붙다.

잉기붙다[2][잉기부따 -_-_] 동 옮겨붙다. ☞옹기붙다.

잉기숭구다[-__-_] 동 옮겨심기하다. ☞옹기숭구다.

-잉께네[--_] 어 -으니까. '-잉께네'는 '-응께네'에서 온 것인데, 이유나 원인을 나타내는 연결어미의 하나이다. ¶니가 안 오잉께네 내가 왔지. =네가 안 오니까 내가 왔지.

잉끼[--] 명 잉크[ink]. ¶【속담】족보에 잉끼도 안 마른 넘. =족보에 잉크도 안 마른 놈.

잉끼나무[--__] 명 ((식물))자리공. 자리공과의 여러해살이풀. *'잉끼나무'는 '나무'가 붙었지만, 나무가 아니고 풀 종류에 속한다. 잎이 넓고 열매는 포도처럼 한 송이에 아주 많이 달린다. 여름에 열매는 검정색으로 익는데, 그 열매를 터뜨려 아이들은 색깔로 장난을 치기도 한다. 뿌리는 칡뿌리처럼 생겼다. 조약으로 즐겨 쓰인다. ☞황장목.

잉앳대[잉애때 _-_] 명 잉앗대. 베틀에서, 위로는 눈썹줄에 대고 아래로는 잉아를 걸어 놓은 나무.

잊아묵다[이자묵따 _-__] 동 잊어먹다. ☞까묵다. 잊이묵다.

잊아뿌다[이자뿌다 _-__] 동 잊어버리다. ☞까무뿌다. 잊이삐리다.

잊앟다[이자타 _-_] 동 잊다. ①알았던 것을 기억하지 못하거나 기억해 내지 못하다. ¶【속담】낳안 정은 알아도 키안 정은 잊앟는다. =낳은 정은 알아도 키운 정은 잊는다. ②어떠한 환경 따위를 느끼지 못 하다. ¶【속담】아아들은 덥우캉 춥우로 잊앟고 산다. =애들은 더위랑 추위를 잊고 산다. *잊앟고[이자코 _-_], 잊앟지[이자치 _-_], 잊아야[이자야 _-_], 잊았다[이잗따 _-_]. ☞까묵다.

잊이묵다[이지묵따 -___] 동 잊어버리다. ☞까묵다. 잊아묵다.

잊이삐리다[이지삐리다 __-__] 동 잊어버리다. ☞까무뿌다. 잊아뿌다.

잊임[이짐 -_] 명 잊음. 기억력이 떨어진 상태. ¶언자는 늙었는강 잊임이 헗고 그래예. =이제는 늙었는지 잊음이 쉽고 그래요.

잎사구[입사구 _-_] 명 잎사귀. 낱낱의 잎. ¶감잎사구(감잎사귀). ¶뱁차잎사구(배추잎사귀). ¶우붕잎사구(우엉잎사귀).

자[_] 관 저. 말하는 이가 자신과 듣는 이 모두에게 멀리 떨어져 있는 장소를 가리킬 때 쓰는 말. ¶자 우 잔집에 갔다 왔다. =저 위 작은집에 갔다 왔다.

-자[-] 어 -지게. ((동사 어간에 붙어 '-되어 지게'의 뜻으로)) 사동을 만드는 접사. ¶끄내끼로 알로 더 처자 바라. =끈을 아래로 더 처지게 해봐라.

자가옷[자가옫 _-_] 명 자가웃. 한 자 반쯤 정도 되는 길이. ¶이거는 질이가 자가옷이나 델다. =이건 길이가 자가웃이나 되겠다.

자개[--] 명 자기(自己). 부부 사이에서 스스럼없이 상대방을 가리키는 말. ¶내인데 그카지 말고 자개가 한분 댕기오이소. =나한테 그러지 말고 자기가 한번 다녀오세요. ☞재개. 저거. 지.

자구랍다[자구랍따 __-_] 형 자그럽다. 날카로운 소리가 신경을 자극하여 몹시 듣기에 거북하다. ¶자구랍구로 와 손텁을 거어다가 끍노? =자그럽게 왜 손톱을 거기에다 긁니? ☞재거랍다.

자구만침[_--] 부 자그마치. 예상보다 훨씬 많이. 또는 적지 않게. ¶저래 비이도 저 할배는 나가 자구만침 구십 둘이다. =저리 보여도 저 할아버지는 나이가 자그마치 아흔 둘이다.

자굴자굴하다[____-_] 형 자글자글하다. 물체의 거죽이 여기저기 쪼그라들어 잔주름이 많다. ¶눈가세에 주룸이 자굴자굴하네예. =눈가에 주름이 자글자글하네요.

자라[_-] 감 저라. 소를 왼편으로 가도록 몰 때 내는 소리.

자락처매[___-] 명 겹치마. ☞거들처매. 꼬리처매. 웃처매. 큰처매.

자래[_-] 명 ((동물))자라. ¶【속담】자래 보고 놀랜 가숨 쏠띠끼이 보고 놀랜다. =자라 보고 놀란 가슴 소댕 보고 놀란다. ¶【속담】자래 좆이 질마 배겉으로 노오까. =자라 좆이 길면 바깥으로 나올까.

자래꼬치[___-] 명 자라자지. 자라목처럼 생긴 남자의 성기를 일컫는 말. ¶【속담】자래꼬치가 더 무숩다. =자라자지가 더 무섭다.

자래배[_-_] 명 자라배. 어린아이에게 생기는 병의 하나. 배 안에 자라 모양의 멍울이 생기고, 열이 몹시 올랐다 내렸다 하며 몸이 점차 쇠약하여지는 병이다.

자래풀[_-_] 명 ((식물))자라풀.

자랙[짜랙 -_] 명 자락. ①옷이나 피륙 따위의, 아래로 드리운 넓은 부분. ¶치매가 자랙이 질어서 바댁을 씰고 댕긴다. =치마가 자락이 길어서 바닥을 쓸고 다닌다. ②길게 뻗어 나간 산이나 강 따위에서 갈라져 나간 갈래. ¶하앙산 자랙은 저짜로 뻗어있어예. =화왕산 자락은 저쪽으로 뻗어있어요. ③((주로 '한 자랙'의 꼴로 쓰여)) 문득 불어오는 바람의 움직임. ¶찹운 바람 한 자랙이 지내갔다. =차가운 바람 한 자락이 지나갔다.

자랭[-_] 명 자랑. ¶【속담】빙 자랭은 해라. =병 자랑은 하여라. ¶【속담】고양 자랭은 암만 해도 욕 안한다. =고향 자랑은 아무리 해도 욕 않는다.

자리[1][_-] 명 자루. ①속에 물건을 담을 수 있도록 헝겊 따위로 길고 크게 만든 주머니. ¶【속담】사나아는 거짓말 시 자리는 갖고 댕기야 한다. =남자는 거짓말 세 자루는 가지고 다녀야 한다. ②((수량을 나타내는 말 뒤에 쓰여)) 물건을 '자루'에 담아 그 분량을 세는 단위. ¶다무네기 니 자리. =양파 네 자루. ☞잘리.

자리[2][_-] 명 자루. ①손으로 다루게 되어 있는 연장이나 기구 따위의 끝에 달린 손잡이. ¶【속담】도치가 지 자리 몬 찍는다. =도끼가 제 자루 못 찍는다. ②((수량을 나타내는 말 뒤에 쓰여)) 기름하게 생긴 연장 따위를 세는 단위. ¶낫 니 자리. =낫 네 자루. ☞가락.

자리[3][-_] 명 자락. ((수량을 나타내는 말 뒤에 쓰여)) 곡조나 이야기를 나타내는 말. ¶재밌는 이약 한 자리 해바라. =재미있는 이야기 한 자락 해봐라. ¶소리 한 자리 불루보까? =노래 한 자락 불러볼까?

자리다[_-_] 동 닿다. ☞대이다. 짜리다. 짤리다.

자리때기[_ _-_] 명 돗자리. ☞맹석자리. 밍석자리.

자리바가치[_ _ _-_] 명 자루바가지. 손잡이가 있는 나무바가지.

-자말자[_ _-] 어 -자마자. ((동사 어간이나 어미 '-으시-' 뒤에 붙어)) 앞 절의 동작이 이루어지자 잇따라 곧 다음 절의 사건이나 동작이 일어남을 나타내는 연결어미. ¶쏙이 안 좋아서 음석을 묵자말자 올렀다. =속이 안 좋아서 음식을 먹자마자 게웠다. ☞-더미로. -던질로. -덤질로.

자묵다[자묵따 --_] 동 잡아먹다. ①동물을 죽여 그 고기를 먹다. ¶【속담】뚜끼비 파래이 자묵딧기. =두꺼비 파리 잡아먹듯이. ¶【속담】닭 자묵고 오리발 내민다. =닭 잡아먹고 오리발 내민다. ②남을 몹시 괴롭히거나 죽게 하다. ¶자석이 부모로 자물라 칸다. =자식이 부모를 잡아먹으려 한다. ③경비, 시간, 자재, 노력 따위를 낭비하다. ¶씰데없이 돌아댕긴다꼬 시간마 자무웄다. =쓸데없이 돌아다니느라고 시간만 잡아먹었다. ☞잡아묵다.

자물다[_-_] 동 잠기다. 물속에 들어가거나 수면 아래에 있는 상태가 되다. ¶비가 마이 오서 노이 말키 자물웄다. =비가 많이 와서 논이 모두 잠겼다. ☞담다. 물담다. 잠피다.

자물시다[1][_ _-_] 동 까무러지다. ①엄청나게 좋아하다. ¶우리 할매는 손지라카마 까빡 자물시더라. =우리 할머니는 손자라면 아주 까무러지더라. ②놀라서 기절하다. ¶우리 누부야는 벌거재이마 보마 놀래서 자물신다. =우리 누나는 벌레만 보면 놀라서 까무러진다.

자물시다[2][_ _-_] 동 자지러지다. ①듣기에 짜릿한 느낌이 들 정도로 격렬해지거나 빨라지다. ¶그 이약 듣고 자물시기 윘었다. =그 이야기 듣고 자지러지게 웃었다. ②고통이나 놀라움으로 까무러칠 듯이 몸을 비틀며 떨다. ¶아푼 데로 살째기마 건디리도 자물신다. =아픈 데를 살짝만 건드려도 자지러진다. ☞자절치다. 자지라지다.

자물씨[_-_] 명 자물쇠. ☞걸씨.

자믹히다[자미키다 -_-_] 동 잡아먹히다. '잡아먹다'의 피동사. ¶【속담】파래이가 뚜끼비인데 자믹히듯기 한다. =파리가 두꺼비한테 잡아먹히듯 한다. ☞잡아믹히다.

자방털[_-_] 명 재봉틀(裁縫-). 바느질을 하는 기계. ☞자봉털. 털.

자봉털[_-_] 명 재봉틀(裁縫-). ☞자방털. 털.

자부럽다[_ _-_] 동 졸리다. 잠이 오다. ☞자불리다. 조불리다.

자부룩하다[1][자부루카다 _ _ _-_] 형 수두룩하다. 매우 많거나 흔하다. ¶이 동네는 게앗집이 자부룩하네예. =이 동네는 기와집이 수두룩하네요. ☞수두룩빽빽하다.

자부룩하다[2][자부루카다 _ _ _-_] 형 수북하다. 식물이나 털 따위가 어떤 장소에 제법 길고 빽빽하게 많다. ¶묵하낳안 밭에 풀이 자부룩합미더. =묵혀놓은 밭에 풀이 수북합니다. ☞우묵하다. 지북하다. 타박하다.

자부시럽다[_ _-_ _] 형 자상스럽다(仔詳---). 마음씀씀이가 세심하고 정이 깊은 듯하다. ☞자상시럽다.

자부시리[1][_ _-_] 부 자상스레((仔詳--). ¶억수로 자부시리도 가알주네. =엄청나게 자상스레도 가르쳐주네. ☞자상시리.

자부시리[2][_ _-_] 부 잡다하게(雜多--). *표준어 '잡다하게'는 '잡스러운 여러 가지가 뒤섞여 너저분하게'라는 부정적인 의미이지만 창녕방언 '자부시리'는 '온갖 것을 다 갖추어'라는, 주로 긍정적인 뜻으로도 사용한다. ¶살림을 자부시리 채리낳고 사네. =살림을 잡다하게 차려놓고 사네.

자북하다[자부카다 _ _-_] 형 자욱하다. ①연기나 안개가 어떤 곳에 잔뜩 끼어 매우 흐리다. ¶늪가세 앙개가 자북하다. =늪가에 안개가 자욱하다. ②어떤 곳이 연기나 안개로 가득 차 매우 흐리다. ¶쫍운 바아 댐배 영기가 자북하다. =좁은 방에 담배 연기가 자욱하다.

자불다[_-_] 동 졸다. 잠을 자려고 하지 않으나 저절로 잠이 드는 상태로 자꾸 접어들다. ¶【속담】자다아 얻운 빙인강

ㅈ

자불다가 얻운 빙인강. =자다가 얻은 병인가 졸다가 얻은 병인가. ☞조불다.

자불리다[_ _-_] 동 졸리다. 잠이 오다. ☞자부럽다. 조불리다.

자불엄[_ _-] 명 졸음. ¶고래 자부럼이 오서 우짜노. =고렇게 졸음이 와서 어쩌나. ☞자불움. 조불움. 졸움.

자불움[자부룸 _ _-] 명 졸음. ☞자불엄. 조불움. 졸움.

자비동[_ _-] 명 방석(方席). *일본어 '자부동(ざぶとん)'에서 온 말. ¶방이 찹운데, 자비동 깔고 앉이예. =방이 차가운데 방석 깔고 앉아요.

자빠라지다[_-_ _ _] 동 자빠지다. ①뒤로 또는 앞으로 넘어지다. ¶【속담】자빠라진 짐에 시이간다. =자빠진 김에 쉬어간다. ¶【관용구】자빠라짔더마는 밑에 여자가 있더라. =자빠졌더니만 밑에 여자가 있더라. ②'눕다'를 속되게 이르는 말. ¶【속담】장판바아서 자빠라진다. =장판방에서 자빠진다. ③서 있던 물체가 모로 기울어져 쓰러지다. ¶【속담】얼움에 자빠라진 소 눈깔. =얼음에 자빠진 쇠 눈깔. ④몸에 탈이 나거나 몹시 시달려서 일을 감당하지 못하게 되다. ¶밤을 새아가미 일로 하더마는 고마 자빠라짔뿠다. =밤을 새워가며 일을 하더니 그만 자빠져버렸다. ⑤'있다'를 속되게 이르는 말. ¶【관용구】놀고 자빠라지다. =놀고 자빠지다. ¶【관용구】지랄빙하고 자빠라지다. =지랄병하고 자빠지다. ☞보틸리다.

자빨치다[_-_ _] 동 자빠뜨리다. ¶【속담】밉다꼬 자빨치마 떡함비기에 자빠라진다. =밉다고 자빠뜨리면 떡함지에 자빠진다. ☞보딜티리다. 보티리다. 자빨티리다.

자빨티리다[_ _-_ _] 동 자빠뜨리다. ☞보딜티리다. 보티리다. 자빨치다.

자상시럽다[_ _-_ _] 형 자상스럽다(仔詳---). ☞자부시럽다.

자상시리[_ _-_] 부 자상스레(仔詳--). ☞자부시리.

자새[_-] 명 얼레. 연줄을 감는 데 쓰는 기구. *잣+애<자새. ☞연자새.

자새받기[_ _-_] 명 자사받기. 공깃돌을 던져 손등으로 받은 뒤에 다시 던져 잡는 일. 또는 그런 공기놀이 기술. *잣+애받기<자새받기.

자석[--] 명 자식(子息). 부모가 낳은 아이를, 그 부모에 상대하여 이르는 말. ¶【속담】자석 이기는 부모 없다. =자식 이기는 부모 없다. ¶【속담】곡석은 넘우 끼이 잘데 비이고 자석은 지 자석이 잘나 비인다. =곡식은 남의 것이 잘되 보이고 자식은 제 자식이 잘나 보인다. ☞손.

자시[-_] 명 자세(姿勢). ①사물이나 현상에 대해 가지는 마음가짐이나 태도. ¶【관용구】자시로 가다둠다. =자세를 가다듬다. ②몸을 움직이거나 가누는 모양. ¶【관용구】자시로 바라다. =자세를 바루다.

자시이[자시~이 --_] 부 자세히(仔細-). ¶머 때미로 그카능가 자시이 이약해바라. =뭣 때문에 그러는지 자세히 이야기해봐라.

자아[--] 명 재. '저 아이'가 줄어든 말. ¶자아 덜꼬 가께예. =재 데리고 갈게요.

자아간[_-_] 부 좌우간(左右間). 앞 내용을 막론하고 뒤 내용을 말할 때 쓰여 앞뒤 문장을 이어 주는 말. ¶자아간 내씨긴 대로 해라. =좌우간 내가 시킨 대로 해라. ☞자아튼. 자오간. 자우당간.

자아튼[_-_] 부 좌우간(左右間). ☞자아간. 자오간. 자우당간.

자안차[--_] 명 자전거(自轉車). ¶【속담】갓 씨고 자안차 탄다. =갓 쓰고 자전거 탄다. ☞자장구.

자알매[_-_] 명 작은어머니. 숙모(叔母). ¶우리 자알매는 잔아부지보담 키가 크다. =우리 작은어머니는 작은아버지보다 키가 크다. ☞잔어매. 잘매.

자여이[자여~이 _-_] 부 자연히(自然-). ¶나 무우마 힌머리는 자여이 난다. =나이 먹으면 흰머리는 자연히 난다.

자영[_-] 명 자형(姊兄). 손위 누이의 남편.

자오간[_-_] 부 좌우간(左右間). ☞자아간. 자아튼. 자우당간.

자우당간[_--_] 명 좌우간(左右間). ☞자아간. 자아튼. 자오간.

자우뚱[__-] 부 갸우뚱. 물체가 한쪽으로 약간 갸울어지는 모양. ¶머가 먼지 몰라서 목고개로 자우뚱 한다. =뭐가 뭔지 몰라서 고개를 갸우뚱 한다. ☞재우뚱.

자우뚱기리다[___-__] 동 갸우뚱거리다. 물체가 자꾸 이쪽저쪽으로 갸울어지며 흔들리다. 또는 그렇게 하다. ¶짐차가 양쪽우로 자우뚱기리민서 간다. =짐차가 양쪽으로 갸우뚱거리면서 간다. ☞재우뚱기리다.

자우뚱하다[_-_-_] 형 갸우뚱하다. 물체가 한쪽으로 약간 갸울어져 있다. ¶전봇대가 한쭉우로 자우뚱하기 찌불어졌다. =전봇대가 한쪽으로 갸우뚱하게 기울어졌다. ☞재우뚱하다.

-자이[1][자~이 -_] 어 -자니. '-자 하니'가 줄어든 말. ((동사의 어간 뒤에 붙어)) 화자의 행동이 뒤 절에 대한 이유가 됨을 나타내는 말. ¶【속담】나그네 묵던 김칫국 묵자이 더럽고 넘 주자이 아깝다. =나그네 먹던 김칫국 먹자니 더럽고 남 주자니 아깝다.

-자이[2][자~이 -_] 어 -자느니. 함께 하기를 요청하는 둘 이상의 제안을 나열하여 이렇게 하자고 하기도 하고 저렇게 하자고 하기도 함을 나타내는 연결어미. ¶시방 바리 가자이 니일 가자이 말이 많애. =지금 바로 가자느니, 내일 가자느니 말이 많아.

자이나[_-_] 부 작히나. ①((주로 감탄문이나 수사 의문문에 쓰여)) 그 정도가 대단하다는 뜻을 나타내는 말. ¶그래마 덴다민야 자이나 좋우까? =그렇게만 된다면야 작히나 좋을까? ②반어적 어법에 쓰여 가당치 않음을 나타내는 말. ¶니 말대로 자이나 데겠다. =너 말대로 작히나 되겠다.

자작시럽다[---__] 형 얄망스럽다. 언행이 장난하는 태도가 있다. ¶머슴아들이사 본래 자작시럽운 짓을 잘 한다. =남자애들이야 본래 얄망스러운 짓을 잘 한다. ☞낭창시럽다.

자작지이다[---_ _] 동 손짭손하다. 얄망스럽게 손장난을 하다. ¶저 넘은 우째 저래 자작지이노. =저 놈은 어찌 저리 손짭손하느냐. ☞해작질하다. 호작질하다.

자잔하다[_ _-_] 형 자잘하다. ①여럿이 다 가늘거나 작다. ¶낚수해서 자잔한 송에 및 바리빽이 몬 잡았다. =낚시해서 자잘한 붕어 몇 마리밖에 못 잡았다. ②여러 가지 물건이나 일, 또는 여러 생각이나 행동 따위가 다 작고 소소하다. ¶오새는 자잔한 일 때미로 바뿌다. =요즘은 자잘한 일 때문에 바쁘다. ☞싸씨락하다. 짜잔하다. 짜잘하다. 짜잡하다.

자잘구리하다[_ _ _ _-_] 형 자질구레하다. 모두가 잘고 시시하여 대수롭지 아니하다. ¶이 바아 자잘구리한 거는 쫌 치아 뿌라. =이 방의 자질구레한 것은 좀 치워 버려라. ☞자질구리하다. 찌지부리하다.

자장구[--_] 명 자전거(自轉車). ☞자안차.

자절치다[_ _-_] 동 자지러지다. ☞자물시다. 자지라지다.

자조[-_] 부 자주. 짧은 동안에 같은 일을 여러 번 되풀이하여. ¶운제던동 자조 놀로 온내이. =언제든지 자주 놀러 오너라.

자죽[_-] 명 자국. ①다른 물건이 닿거나 묻어서 생긴 자리. 또는 어떤 것에 의하여 원래의 상태가 달라진 흔적. ¶【속담】젖믹이 애삐리고 가는 년은 자죽마당 피가 맺힌다. =젖먹이 내버리고 가는 년은 자국마다 피가 맺힌다. ②발자국. ¶내는 인자 한 자죽도 몬 걷습미더. =나는 이제 한 자국도 못 걷습니다. ☞재죽.

자지라지다[_-_ _ _] 동 자지러지다. ☞자물시다. 자절치다.

자지색[-_ _] 명 자주색(紫朱色). ¶자지색 꽃이 이뿌기도 핐다. =자주색 꽃이 예쁘게도 피었다.

자질개[_-_] 명 ≒오줌소태. *표준어 '젖을 개'에서 와전된 말. ①오줌소태를 앓는 사람. ¶니는 자질개매로 지익내 오강단지 차고 있네. =너는 오줌소태처럼 저녁내 요강단지 차고 있네. ②어떤 일을 자주 하는 사람을 빗대어 이르는 말. ¶자질개도 아이고 툭하마 그 짓을 하네. =오줌소태도 아니고 툭하면 그 짓을 하네. ☞오줌세끼. 오짐수꾸리.

자질구리하다[_ _ _ _-_] 형 자질구레하다. ☞자잘구리하다. 찌지부리하다.

작것[작껃 --] 명 잡것(雜-). ①순수하지 못하고 여러 가지가 섞여 있는 잡스러운 물건. ¶이 작것들 쫌 치아라. =이 잡것들 좀 치워라. ②점잖지 못하고 잡스러운 사람을 속되게 이르는 말. ¶아이고, 이 작것이 쌩사람 잡네. =어이구, 이 잡것이 생사람 잡네.

작기장[자끼장 _ _-] 명 잡기장(雜記帳). 여러 가지를 적는 공책. ¶아부지는 생진에 작기장에 오만 거로 다 적어싰다. =아버지는 생전에 잡기장에 온갖 것을 다 적으셨다.

작때기[_-_] 명 작대기. 긴 막대. ¶【속담】굽운 작때기는 그림자도 굽눈다. =굽은 작대기는 그림자도 굽는다. ☞작지. 짝대기.

작씬[_-] 부 작신. 작고 단단한 물건이 갑자기 세게 부러지거나 깨지는 모양. ¶장개이가 작씬 뿔라짔다. =정강이가 작신 부러졌다.

작은기리기[자근기리기 __--_] 명 ((동물))쇠기러기.

작은다리[자근다리 ___-] 명 작은사폭(--邪幅). 남자의 한복 바지나 고의에서, 오른쪽 마루폭에 대는 작은 폭의 헝겊.

작은아부지[자근아부지 ___-_] 명 작은아버지. 아버지의 결혼한 남동생을 가리키거나 부르는 말. ☞잔아부지.

작지[1][-_] 명 작대기. ¶【속담】안 뭉개진 하알에 작지 방가치자 칸다. =아니 무너진 하늘에 작대기 괴자 한다. ☞작때기. 짝대기.

작지[2][-_] 명 지팡이. ¶【속담】장님인데 작지 빼뜰린다. =장님에게 지팡이 빼앗긴다. ¶【속담】수진상전(壽進床廛)에 작지 짚기 숩겄다. =수진상전에 지팡이 짚기 쉽겠다. ☞지팽이. 짝대기.

잔기기[_-_] 명 잔고기. 크기가 작은 물고기. ¶【속담】잔기기 까시가 더 씨다. =잔고기 가시가 더 세다.

잔끼[-_] 명 잔꾀. 약고 얕은 꾀. ¶니가 잔끼 피아 밨자 소양없다. =네가 잔꾀 피워 보았자 소용없다.

잔내비[_-_] 명 ((동물))원숭이. *잔나비<잔내비<잘내비<잘래비. ¶【속담】잔내비 궁디이 겉다. =원숭이 궁둥이 같다. ☞원시이. 잘래비.

잔내비띠[_-__] 명 원숭이띠. 원숭이해에 태어난 사람의 띠. ☞원시이띠. 잘래비띠.

잔누부[__-] 명 작은누나. 둘째 누나. *지칭어로만 쓴다. ☞잔누야.

잔누야[_-_] 명 작은누나. 둘째 누나. *지칭어와 호칭어로 두루 쓴다. ☞잔누부.

잔메너리[_-__] 명 작은며느리. 작은아들의 아내. ¶【속담】잔메너리 보고 나이 큰메너리 무덩다 칸다. =작은며느리 보고 나니 큰며느리 무던하다 한다. ☞잔미너리.

잔미너리[_-__] 명 작은며느리. ☞잔메너리.

잔방[_-] 명 작은방(--房). 집안의 큰방과 나란히 있는 방. ¶니 꺼는 잔바아 갖다 낳았다. =네 것은 작은방에 가져다놓았다.

잔빙치리[-___] 명 잔병치레(-病--). 잔병을 자주 앓음. 또는 그런 일. ¶아아가 잔빙치리로 한다. =애가 잔병치레를 한다.

잔솔개비[잔쏠깨비 __-_] 명 잔솔가지. 소나무의 어린 가지.

잔수[--] 명 ((식물))조. ☞조비. 지비.

잔심바람[-__-] 명 잔심부름. 여러 가지 자질구레한 심부름. ☞잔심부룸.

잔심부룸[-__-] 명 잔심부름. ☞잔심바람.

잔아들[_-_] 명 작은아들. 맏아들이 아닌 아들. ¶마너래가 잔아들 군대 보내낳고 씨기 울윴다. =마누라가 작은아들 군대에 보내놓고 세게 울었다.

잔아부지[__-_] 명 작은아버지. ☞작은아부지.

잔어매[-__] 명 작은어머니. 숙모(叔母). ☞자알매. 잘매.

잔주라다[__-_] 동 전주르다. 동작을 진행하다가 다음 동작에 힘을 더하기 위하여 한 번 쉬다. ¶안 데마 참시 잔주라고 나서 해바라. =안 되면 잠시 전주르고 나서 해봐라.

잔주리하다[_-___] 동 몸조리하다(-調理--). 몸을 잘 보살피고 기력을 돋우다. ¶우옛기나 잘 잔주리하이소. =어쨌거나 잘 몸조리하세요.

잔주코[_-_] 부 잠자코. 아무 말 없이 가만히. ¶【속담】잔주코 있는 기이 무식을 민한다. =잠자코 있는 것이 무식을 면한다. ☞잔죽고.

잔죽고[잔주꼬 _-_] 부 잠자코. ☞잔주코.

잔지침[_-_] 명 잔기침. 소리를 작게 내면서 잦게 하는 기침.

잔집[_-] 명 작은집. 따로 사는 아들이나 아우, 작은아버지의 집. ¶잔집에는 빌일 없더나? =작은집에는 별일 없더냐?

잔채이[잔채~이 _-_] 명 잔챙이. 여럿 가운데에서 유달리 작고 품질이 낮은 것. ☞뽀씨리기.

잔할매[-__] 명 작은할머니. ①작은할아버지의 아내를 가리키거나 부르는 말. ②할아버지의 첩(妾).

잔히야[_-_] 명 작은형(--兄). 둘 이상의 형 가운데 맏형이 아닌 형을 이르거나 부르는 말. ¶모루는 기이 있으마 잔히야인데 물우바라. =모르는 것이 있으면 작은형에게 물어봐라. ☞잔히이.

잔히이[잔히~이 _-_] 명 작은형(--兄). ☞잔히야.

잘겁하다[잘거파다 --__] 동 질겁하다(窒怯--). 뜻밖의 일에 자지러질 정도로 깜짝 놀라다. ¶어둡운 데서 송안치만한 개가 티노오서 잘겁했다. =어두운 데서 송아지만한 개가 튀어나와서 질겁했다.

잘군잘군[___-] 부 잘근잘근. 질깃한 물건을 가볍게 자꾸 씹는 모양. ¶수루미로 잘군잘군 씹윴다. =오징어를 잘근잘근 씹었다.

잘굼잘굼[___-] 부 잘금잘금. ①적은 양의 액체가 조금씩 자꾸 새어 나왔다가 그쳤다가 하는 모양을 나타내는 말. ¶수도꼭따리서 물이 잘굼잘굼 새 노옵미더. =수도꼭지에서 물이 잘금잘금 새어 나옵니다. ②물건이나 돈 따위를 조금씩 자꾸 쓰거나 나누어주는 모양을 나타내는 말. ¶돈을 잘굼잘굼 씨다 보이 말키 다 없어짔다. =돈을 잘금잘금 쓰다 보니 모두 다 없어졌다.

잘끈[_-] 부 질끈. 단단히 졸라매거나 동이는 모양. ¶헐끈을 잘끈 짜맸다. =허리띠를 질끈 맸다.

잘난치하다[_-___] 동 젠체하다. 잘난 체하다. ¶지뿔도 없는 기이 잘난치하네. =쥐뿔도 없는 게 젠체하네.

잘데다[_-_] 동 잘되다. ①제대로 좋게 이

루어지다. ¶【속담】잘덴 밥 묵고 덜 덴 소리한다. =잘된 밥 먹고 덜 된 소리한다. ¶【속담】글 잘데고 몬덴 거는 내인데 달맀고 칭송받고 욕 얻어묵는 거는 넘인데 달맀다. =글 잘되고 못된 것은 내게 달렸고 칭송받고 욕 얻어먹는 것은 남에게 달렸다. ②일이 수월하게 이루어지다. ¶【관용구】걸움이 잘데다. =걸음이 잘되다. ③사람이 훌륭하게 되다. ¶【속담】잘덴 사촌 통영갓이 밉다. =잘된 사촌 통영갓이 밉다.

잘래비[_-_] 명 ((동물))원숭이. *잔나비<잔내비<잘내비<잘래비. ¶【속담】잘래비 잔치다. =잔나비 잔치다. ¶【속담】잘래비 밥하딧기. =잔나비 밥하듯. ☞원시이. 잔내비.

잘래비띠[_-__] 명 원숭이띠. ☞원시이띠. 잔내비띠.

잘리[-_] 명 자루. ☞자리.

잘망궂다[잘망굳따 _--_] 형 잔망하다(孱妄--). ①몸이 몹시 약하고 가냘프다. ¶우리 막내이가 빌시리 잘망궂어서 우야까예? =우리 막내가 별스레 잔망해서 어쩔까요? ②행동이 자질구레하고 가볍다. ¶【속담】잘망궂기는 쪽찌비 새끼다. =잔망하기는 족제비 새끼다. ③얄밉도록 맹랑하다. ¶저거 할배인데 차 조심하라이, 고놈 참 잘망궂네. =자기 할아버지한테 차 조심하라니, 고놈 참 잔망하네.

잘매[__] 명 작은어머니. 숙모(叔母). ☞자알매. 잔어매.

잘몬[_-] 부 잘못. ①틀리거나 그릇되게. ¶【속담】심발로 잘몬 신깄다. =신발을 잘못 신겼다. ②적당하지 아니하게. ¶소곰을 잘몬 옇어서 음석이 짭다. =소금을 잘못 넣어서 음식이 짜다. ③깊이 생각하지 아니하고 사리에 어긋나게 함부로. ¶절마 잘몬 건디리마 클 난다. =저놈을 잘못 건드리면 큰일 난다. ④불행하게. 또는 재수 없게. ¶【관용구】잘몬 걸리다. =잘못 걸리다.

잘몬데다[잘몬떼다 __-_] 동 잘못되다. ①어떤 일이 그릇되거나 실패로 돌아가다. ¶기사이 잘몬데서 새로 했다. =계산이 잘못되어 다시 했다. ②나쁜 길로 빠지다. ¶젊울 때 한분 잘몬데마 늙두룩 고상한다. =젊을 때 한번 잘못되면 늙도록 고생한다. ③((완곡한 표현으로)) 사람이 사고나 병 따위로 불행하게 죽다. ¶사고가 나가아 아재가 잘몬뎄다. =사고가 나서 아저씨가 잘못됐다. ☞디비데다.

잘몬하다[1][__-_] 동 잘못하다. ①틀리거나 그릇되게 하다. ¶【속담】소진(蘇秦)도 말 잘몬할 때가 있다. =소진도 말 잘못할 때가 있다. ②적당하지 아니하게 하다. ¶보간을 잘몬해서 물기기가 상해뿄다. =보관을 잘못해서 물고기가 상해버렸다. ③불행하거나 재수가 좋지 아니하게 하다. ¶잘몬해서 큰비래도 오마 우짤라카노? =잘못해서 큰비라도 오면 어쩌려느냐? ④올바르게 행동하지 못하고 어물어물하다. ¶우째 잘몬하다가는 널찌는 수가 있니라. =어찌 잘못하다가는 떨어지는 수가 있느

ㅈ

니라. ⑤일이 어그러지다. ¶잘몬하마 큰 싸암 벌어지겄다. =잘못하면 큰 싸움 벌어지겠다.

잘몬하다[2][_ _-_] 동 자칫하다. ☞까딱하다.

잘밤[잘빰 _-] 명 자야 할 밤. *'자야 할 밤'은 표준어로 보면 구(句)지만 창녕 방언에서는 굳어진 말이라 하나의 명사로 보는 게 낫다. ¶잘밤에 자지도 안하고 와 무울 꺼 찾노? =자야 할 밤에 자지도 않고 왜 먹을 것 찾니?

잘자리[잘짜리 _-_] 명 잠자리. 누워서 잠을 자는 곳. ¶잘자리가 핀애야 오래 산다. =잠자리가 편해야 오래 산다.

잘피[-_] 명 ((식물))나사말(螺絲-).

잠꾸리기[_ _-_] 명 잠꾸러기. ¶【속담】잠꾸리기 집은 잠꾸리기마 모친다. =잠꾸러기 집은 잠꾸러기만 모인다. ☞잠치이. 잠티이.

잠눈썹[--_] 명 속눈썹. ☞가문눈썹. 쏙눈썹.

잠떳[잠떧 -_] 명 잠투정. 어린아이가 잠을 자려고 할 때나 잠이 깨었을 때 떼를 쓰며 우는 짓. ¶알라가 잠떳하민서 찡부리기로 부린다. =애기가 잠투정하면서 찡부럭을 부린다.

잠바[-_] 명 점퍼[jumper]. *일본어 '잠파(ジャンパー)'. ¶이 툭진 잠바는 엄청시리 춥운 날 입지예. =이 두터운 점퍼는 엄청나게 추운 날 입죠.

잠자리풀[_-_ _] 명 ((식물))땅빈대.

잠질[잠찔 -_] 명 잠결. ¶【속담】잠질에 넘우 다리 끍는다. =잠결에 남의 다리 긁는다.

잠치이[잠치~이 --_] 명 잠꾸러기. ☞잠꾸리기. 잠티이.

잠티이[잠티~이 --_] 명 잠꾸러기. ☞잠꾸리기. 잠치이.

잠피다[_-_] 동 잠기다. 무엇이 물속에 들어가거나 수면 아래에 있는 상태가 되다. ¶질이 물에 폭 잠핐다. =길이 물에 폭 잠겼다. ☞담다. 물담다. 자물다.

잡다[1][잡따 -_] 동 제거하다(除去--). 잡초 따위를 뽑거나 베서 없어지게 하다. ¶논에 지섬이 나싸이 잡아야지. =논에 잡초가 나쌓으니 뽑아야지.

잡다[2][잡따 -_] 형 싶다. 무엇을 하고자 하는 마음이나 의욕이 있음을 나타내는 말. ¶【속담】데마 더 데고 잡다. =되면 더 되고 싶다. ¶【속담】절에 가마 중노롯 하고 잡다. =절에 가면 중노릇 하고 싶다. *잡고[잡꼬 -_], 잡지[잡찌 -_], 잡어[자버 -_], 잡었다[자번따 -_ _]. ☞싶우다. 접다. 집다.

잡동사이[잡똥사~이 --_ _] 명 잡동사니(雜---). ☞구천띡이.

잡사다[잡싸다 _-_] 동 자시다. ①'먹다'를 높여 이르는 말. ¶【속담】시주님이 잡사야 잡샀나 하지. =시주님이 자셔야 자시었나 하지. ②생각이나 마음을 속에 가지시다. ¶마움을 단디 잡샀고 기시이소. =마음을 단단히 자시고 계십시오. ③나이를 보태어 많아지시다. ¶나로 그마이 잡샀으마 나깞 해야지예. =나이를 그만큼 자셨으면 나잇값 해야지요. *잡사고[잡싸꼬 _-_], 잡싸지[잡싸지 _-_], 잡사야[잡싸야 _-_], 잡샀다[잡싼따 _-_].

잡소롬하다[___-_] 형 짤따랗다. 꽤 또는 생각보다 짧다. ¶잡소롬한 꼬중개이 고오 바라. =짤따란 막대기 가져와 보아라.

잡아딜이다[자바디리다 -_-__] 동 잡아들이다. ①죄인을 잡아서 가두다. ¶【속담】몬난 넘 잡아딜이라 카마 없는 넘 잡아간다. =못난 놈 잡아들이라 하면 가난한 놈 잡아간다. ②밖에 있는 사람을 안으로 억지로 들어오게 하다. ¶배걸에서 놀고 있는 동상을 방 안으로 잡아딜있다. =바깥에서 놀고 있는 동생을 방 안으로 잡아들였다.

잡아땡기다[자바땡기다 -_-__] 동 잡아당기다. ¶【속담】썩은 새끼 잡아땡끼다간 끊긴다. =썩은 새끼 잡아당기다간 끊어진다.

잡아띠다[자바띠다 -_-_] 동 잡아떼다. ①아는 것을 모른다고 하거나, 한 짓을 안 하였다고 부인하여 말하다. ¶【속담】쌩파래이 잡아띠딧기 한다. =생파리 잡아떼듯 한다. ②붙어 있는 것을 잡아당겨서 떨어지게 하다. ¶발묵에 붙은 거무리로 잡아띴다. =발목에 붙은 거머리를 잡아떼었다.

잡아묵다[자바묵따 -_-_] 동 잡아먹다. ☞자묵다.

잡아믹히다[자바미키다 -__-_] 동 잡아먹히다. ☞자믹히다.

잡아옇다[자바여타 -_-_] 동 잡아넣다. 밖에 있는 것을 통 따위의 물건 속에 집어서 넣다. ¶【속담】새미기신 잡아옇딧기 한다. =우물귀신 잡아넣듯 한다.

잡찌다[-__] 동 잡죄다. ①아주 엄하게 다잡다. ¶일로 잘 몬 한다꼬 잡찌쌓는다. =일을 잘 못 한다고 잡죄어쌓는다. ②몹시 독촉하다. ¶채아간 돈을 퍼떡 갚아라꼬 잡찐다. =빌려간 돈을 빨리 갚으라고 잡죈다.

잣아오리다[자사올리다 -_-__] 동 자아올리다. 기계를 사용하여 물을 빨아서 올라오게 하다. ¶양수기로 밤새두룩 물을 잣아올랐다. =양수기로 밤새도록 물을 자아올렸다.

잣이다[자시다 -__] 동 잣다. *창녕방언 '잣다'는 표준어와는 달리 받침 'ㅅ'이 규칙적 활용하는 단어이다. ①물레 따위로 섬유에서 실을 뽑다. ¶【속담】짜런 밤에 미잉마 잣일 끼가? =짧은 밤에 무명만 자을 거니? ②양수기나 펌프 따위로 낮은 데 있는 물을 빨아올리다. ¶뽐뿌로 물을 잣있다. =펌프로 물을 자았다. *잣이고[자시고 -__], 잣이서[자시서 -__], 잣이야[자시야 -__], 잣있다[자싣따 -__].

장[1][자~앙 _] 부 늘. 계속하여 언제나. ¶저넘우 개는 장 짓는다. =저놈의 개는 늘 짖는다. ☞노다지. 늘상. 사시로.

장[2][자~앙 _-] 부 항상(恒常). 어떤 경우든 한결같이. ☞내나.

장가다[_-_] 동 잠그다. ①여닫는 물건을 열지 못하도록 자물쇠를 채우거나 빗장을 걸거나 하다. ¶【속담】가실 상치는 문 걸어 장가낳고 묵는다. =가을 상추는 문 걸어 잠가놓고 먹는다. ②옷을

ㅈ

입고 단추를 끼우다. ¶단춧구뭉이 작애서 단추 장가키가 어럽다. =단춧구멍이 작아서 단추 잠그기가 어렵다. ③ ((‘입’과 함께 쓰여)) 입을 다물고 아무 말도 하지 않다. ¶그넘우 입 좀 장가마 안 데나? =그놈의 입 좀 잠그면 안 되니? ④물속에 물체를 넣거나 가라앉게 하다. ¶뱁차로 소곰물에 장갔다. =배추를 소금물에 잠갔다. ⑤물이나 가스 따위가 흘러나오지 않도록 돌리다. ¶물이 안 새구로 수도꼭따리 좀 장가라. =물이 안 새게 수도꼭지 좀 잠가라. ☞장구다. 짱가다. 짱구다.

장개[_-] 명 장가(丈家). ¶【속담】장개가는 넘이 머 빼놓고 간다. =장가가는 놈이 뭐 빼놓고 간다. ¶【속담】동네 처이 믿고 장개 몬 간다. =동네 처녀 믿고 장가 못 간다.

장개딜이다[장개디리다 _---_] 동 장가들이다(丈家---). ¶【속담】서천에 갱[經] 가지로 가는 사램은 가고 장개딜일 사램은 장개딜인다. =서천에 경 가지러 가는 사람은 가고 장가들일 사람은 장가들인다.

장개이[장개~이 -__] 명 정강이. 무릎 아래에서 앞 뼈가 있는 부분. ¶【관용구】장개이 피 말란다. =정강이 피 말린다. ¶【속담】장개이가 맏아달뽀담아 낫다. =정강이가 맏아들보다 낫다.

장개이뻬[[장개~이뻬 -___] 명 정강뼈. 종아리 안쪽에 있는 긴 뼈. ¶장개이뻬로 다칬다. =정강뼈를 다쳤다. ☞칼뻬.

장고방[1][장꼬방 __-] 명 장독간(醬-間). 장독 따위를 놓아두는 곳. ☞장뚝간.

장고방[2][장꼬방 __-] 명 고방(庫房). 장독이나 세간을 넣어 두는 곳.

장골이[장고리 _--] 명 장골(壯骨). 기운이 세고 큼직하게 생긴 뼈대를 가진 사람. ¶도가지가 장골이 키만 하네예. =독이 장골 키만 하네요.

장구다[_-_] 동 잠그다. ☞장가다. 짱가다. 짱구다.

장구치나물[--__-] 명 ((식물))장구채.

장국[장꾹 _-] 명 수제비. ☞밀지비. 수지비.

장기다[_-_] 동 잠기다. ‘잠그다’의 피동사. ①열리지 않는 상태가 되다. ¶장긴 문을 건거이 열었다. =잠긴 문을 겨우 열었다. ②목이 붓거나 쉬거나 하여 제대로 나오지 않다. ¶목이 장기서 말이 안 노온다. =목이 잠겨서 말이 안 나온다. ③물이나 가스 따위가 흘러나오지 않도록 돌려지다. ¶수도꼭따리가 장깄다. =수도꼭지가 잠겼다. ☞잼기다. 쟁기다. 짱기다.

장깨이보[장깨~이보 --_-] 명 가위바위보(----褓). *일본어 ‘장껭뽕(じゃんけんぽん)’에서 온 말.

장꽁[_-] 명 ((동물))장끼. 꿩의 수컷. ☞쟁끼.

장끼[_-] 명 장기(將棋). ¶【속담】장끼로 뚜다. =장기를 두다. ¶【속담】이니러 장끼 보리숭년에 비았나. =이놈의 장기 보리흉년에 배웠나.

장내[_-] 명 장리(長利). 돈이나 곡식을 꾸어 주고, 받을 때에는 한 해 이자로 본디 곡식의 절반 이상을 받는 변리(邊

利). ¶자석 공부는 장내로 내서래도 씨긴다. =자식 공부는 장리를 내어서라도 시킨다.

장단지[장딴지 _-_] 명 장독(醬-). 간장이나 된장 따위를 담그거나 담아 두는 독. ¶【속담】아아캉 장단지는 얼지로 안한다. =애랑 장독은 얼지 않는다. ☞장도가지.

장단지띠껑[장딴지띠껑 _-__-] 명 장독소래기(醬----). 진흙을 빚어서 접시 모양으로 꼭지가 없이 밋밋하게 만든 뚜껑. ☞도가지띠껑. 장도가지띠껑.

장닭[장딱 _-] 명 ((동물))수탉. ☞쑥딱. 장딸.

장도가지[__-_] 명 장독(醬-). ☞장단지.

장도가지띠껑[__-_-] 명 장독소래기(醬----). ☞도가지띠껑. 장단지띠껑.

장디이[장디~이 _-_] 명 등짝. '등짝'을 속되게 이르는 말. ¶장디이로 한 대 쌔렸다. =등짝을 한 대 때렸다. ☞등짹이.

장따리[_--] 명 장딴지. 종아리 뒤쪽의 살이 불룩한 부분. ¶오래 걸어서 장따리가 땡긴다. =오래 걸어서 장단지가 당긴다.

장딸[_-] 명 ((동물))수탉. ☞쑥딱. 장닭.

장때겉다[-___] 형 장대하다(壯大--). 허우대가 크고 튼튼하다. ¶그 장때겉은 넘이 아파서 들눕웄다. =그 장대한 놈이 아파서 드러누웠다.

장때이[장때~이 _-_] 명 장땡. ①화투 노름에서, 열 끗짜리 두 장을 잡은 제일 높은 끗수. ¶이분 판에는 내가 장때이 지있다. =이번 판에는 내가 장땡 쥐었다. ②가장 좋은 수나 최고를 속되게 이르는 말. ¶오올 겉은 날은 집에서 시는 기이 장때이다. =오늘 같은 날은 집에서 쉬는 게 장땡이다.

장똘배이[장똘배~이 __-_] 명 장돌림(場--). 여러 장으로 돌아다니면서 물건을 파는 장수.

장뚝간[장뚜깐 _-_] 명 장독간(醬-間). ☞장고방.

장뚝대[장뚝때 _-_] 명 장독대(醬-臺). 장독 따위를 놓아두려고 만든 약간 높직한 곳.

장만느다[-___] 동 장만하다. 필요하여 준비하거나 마련하여 갖추다. ¶【속담】널감을 장만는다. =널감을 장만한다. ¶【속담】아아 놓기도 전에 두디기부텀 장만는다. =애 낳기도 전에 포대기부터 장만한다. ☞장많다.

장많다[장만타 -__] 동 장만하다. 필요하여 준비하거나 마련하여 갖추다. ¶음석을 너무 마이는 장많지 마래이. =음식을 너무 많이 장만하지 마라. *장많고[장만코 -__], 장많지[장만치 -__], 장만었다[장마넏따 -___]. ☞장만느다.

장매[_-] 명 장마. ¶【속담】가무럼 끝은 있어도 장매 끝은 없다. =가뭄 끝은 있어도 장마 끝은 없다. ¶【속담】칠년대한(七年大旱)에 비 안 오는 날 없었고 구 년 장매에 빝 안 드는 날 없었다. =칠년대한에 비 안 오는 날 없었고 구 년 장마에 볕 안 드는 날 없었다.

장매짐[__-] 명 장 마중(場 --). 오일장 보러 간 사람을 마중하는 일. *'장매짐'은

ㅈ

표준어로 보면 명사구지만 창녕방언에서는 굳어진 말이라 하나의 명사로 쓴다. ¶【속담】장매짐 갈래, 신치[屍體] 지킬래? =장 마중 갈래, 시체 지킬래?

장매철[_-_] 명 장마철.

장밀[-_] 명 ((식물))호밀(胡-). ☞키다리밀.

장반찬[_-_] 명 장 반찬(場 飯饌). 시장에서 사온 반찬. 시골에서는 예전부터 반찬을 직접 장만해서 먹는 게 일반적인 일이라서 생겨난 말이다. *'장반찬'은 표준어로 보면 명사구지만 창녕방언에서는 굳어진 말이라 하나의 명사로 쓴다.

장배기[--_] 명 정수리(頂--). ¶【속담】장배기에 피도 안 마른 넘. =정수리에 피도 안 마른 놈. ¶【속담】장배기에 버은 물이 발디꿈치꺼정 흐런다. =정수리에 부은 물이 발뒤꿈치까지 흐른다. ☞짱배기.

장빠구리[__-_] 명 장바구니(場---). ¶오올은 무싯날인데 장빠구리 들고 오데 가능교? =오늘은 무싯날인데 장바구니 들고 어디 갑니까?

장삘가리[__-_] 명 ((동물))수평아리. ☞쑥삘가리. 쑥삘개이. 장삘개이.

장삘개이[장삘개~이 __-_] 명 ((동물))수평아리. ☞쑥삘가리. 쑥삘개이. 장삘가리.

장시[1][-_] 명 장수. 이윤을 얻고자 물건을 파는 일을 업으로 하는 사람. ¶【속담】독한 해삼 장시다. =독한 해삼 장수다. ☞재이.

장시[2][-_] 명 장사. 이윤을 얻고자 물건을 파는 일. ¶【속담】논 팔아낳고 장시를 한다. =논 팔아놓고 장사를 한다.

장시꾼[--_] 명 장사꾼. 장사를 업으로 하는 사람을 얕잡아 이르는 말. ¶여게는 우야다가 따문따문 장시꾸이 온다. =여기는 어쩌다가 드문드문 장사꾼이 온다.

장시하다[--__] 동 장사하다. 이윤을 얻고자 물건을 파는 일을 하다. ¶【속담】간 큰 넘이 널[棺] 장시한다. =간 큰 놈이 널 장수한다.

장싯속[장씨쏙 --_] 명 장삿속. 언제나 이익을 꾀하는 장사치의 속마음. ¶【관용구】장싯속을 채아다. =장삿속을 채우다.

장우[_-] 명 자웅(雌雄). 암수 한 쌍(雙). ¶아부지가 이쁜 강새이 한 장우로 사왔다. =아버지가 예쁜 강아지 한 자웅을 사왔다.

장터껄[-__] 명 장터거리(場---).

잦이다[자지다 -__] 동 잦히다. 불의 세기를 잠깐 줄였다가 다시 조금 세게 해서 음식의 물이 잦아지게 하다. ¶【속담】잦인 밥에 흑 퍼벗기. =잦힌 밥에 흙 퍼붓기. ¶【속담】잦인 밥이 멀까 말탄 서방이 멀까. =잦힌 밥이 멀랴 말탄 서방이 멀랴.

재개[--] 명 자기(自己). 아내가 남편을 완곡하게 이르는 말. ☞자개. 저거. 지.

재거랍다[재거랍따 __-_] 형 자그럽다. ☞자구랍다.

재깨미[_-_] 명 기왓개미. 기와의 부스러진 가루. ¶녹그륵 딲구로 재깨미 쫌 맹글어 바라. =놋그릇 닦게 기왓개미 좀 만들어 봐라.

재나새이[재나새~이 __-_] 명 ((식물))개갓냉이.

재넘다[--_] 동 변질되다(變質--). 식혜 따위의 음식을 만들 때 발효시간을 놓쳐 맛이 변하다. ¶깜빡했더마는, 단술이 재넘어뿄다. =깜박했더니, 식혜가 변질되어버렸다.

재당새기[__-_] 명 유골함(遺骨函).

재물[_-] 명 잿물. 짚이나 나무를 태운 재를 우려낸 물. 예전에 주로 빨래할 때 썼다. ¶【속담】공꺼라카마 재물도 묵는다. =공짜라고 하면 잿물도 먹는다. ☞지물.

재미시럽다[__-__] 형 재미스럽다.

재미시리[__-_] 부 재미스레. ¶살림을 찬말로 재미시리 산다. =살림을 정말로 재미스레 산다.

재민하다[_--_] 동 조면하다(阻面--). 오랫동안 서로 만나지 못하다. ¶너거는 이갓집 식구캉 재민하제? =너희는 외갓집 식구랑 조면하지?

재불[_-] 명 두벌. 초벌 다음에 두 번째로 하는 일. 또는 두 번 하는 일. *재(再)+벌. ☞두불.

재불기리다[__-__] 동 재재거리다. 조금 수다스럽게 자꾸 재잘거리다. ¶여석아들이 모이서 참새매이로 재불기린다. =여자애들이 모여서 참새처럼 재재거린다.

재불논[_-_] 명 두벌논. 초벌 다음에 두 번째로 하는 논매기. *재(再)+벌+논매기. ☞두불논.

재불서답[___-] 명 두벌빨래. *재(再)벌+세답(洗踏). ☞두불서답.

재불일하다[_-___] 동 두벌일하다. ☞두불일하다.

재불콩[__-] 명 ((식물))강낭콩. ☞두불콩. 봄콩. 양대콩. 울콩.

재아다[1][-__] 동 재다. 길이나 너비 따위의 수치를 측정하여 알아보다. ¶【관용구】자로 재아다. =자로 재다. ¶【속담】꿀밤 키 재아기다. =도토리 키 재기다. ☞재애다.

재아다[2][-__] 동 재우다. '재다'의 사동사. ①푸슬푸슬하거나 더부룩한 것을 가다듬어 자리가 잡히게 하다. ¶뿌시시 일난 멀꺼디이로 손우로 씰어서 재았다. =부스스 일어난 머리칼을 손으로 쓸어서 재웠다. ②고기 따위의 음식을 양념하여 그릇에 차곡차곡 담아 두다. ¶소기기로 양님에 재았다. =쇠고기를 양념에 재웠다. ③두엄이나 거름이 잘 썩도록 손질하다. ¶마구깐 거룸을 재았다. =외양간 거름을 재웠다. ④잠을 자게 하다. ¶알라 재아라. =아기 재워라. ☞지아다.

재아다[3][-__] 동 쟁이다. ☞개리다. 당가리치다. 재애다. 짜다.

재애다[1][-__] 동 쟁이다. ☞개리다. 당가리치다. 재아다. 짜다.

재애다[2][-__] 동 재다. 길이나 너비 따위의 수치를 측정하여 알아보다. ☞재아다.

재우뚱[__-] 부 갸우뚱. 물체가 한쪽으로 약간 갸울어지는 모양. ☞자우뚱.

ㅈ

재우뚱기리다[___-__] 동 갸우뚱거리다. ☞자우뚱기리다.

재우뚱하다[___-_] 형 갸우뚱하다. ☞자우뚱하다.

재이[1][재~이 -_] 명 장수. ≒상인(商人). ¶떡재이(떡장수). ¶쌀재이(쌀장수). ¶약재이(약장수). ¶배차재이(배추장수). ☞장시.

재이[2][재~이 __] 조 자. *'재이'에서 '-이'는 청유형 종결어미에 붙는 친밀특수조사. *'자이'에서 '이'는 문장 끝에 오는 일종의 문말 끝 요소인데, 창녕방언에서는 '재이'가 하나의 어미처럼 굳어, '자'와 구별된다. '-재이'는 '자'보다 훨씬 부드럽게 인식된다. ¶난제 또 놀로 오재이. =나중에 또 놀러 오자. ¶니일 또 만내재이. =내일 또 만나자.

-재이[재~이 -_] 접 -쟁이. ①((일부 명사나 어근 뒤에 붙어)) '남다른 솜씨나 능력을 가진 사람' 또는 기술을 가진 사람의 뜻을 더하여 명사를 만드는 말. ¶간판재이(간판장이). ¶굿재이(무당). ¶대장재이(대장장이). ¶디재이(말감고). ¶미재이(미장이). ¶신재이(갖바치). ¶이바구쟁이(이야기장이). ¶이발재이(이발쟁이). ¶풍시재이(풍수쟁이). ②((사람의 성질이나 특성, 행동, 직업 등을 나타내는 일부 어근 뒤에 붙어)) '그러한 특성을 가진 사람'의 뜻과 얕잡는 뜻을 더하여 명사를 만드는 접미사. ¶가난재이(가난뱅이). ¶겁재이(겁쟁이). ¶고집재이(고집쟁이). ¶노롬재이(노름꾼). ¶말썽재이(말썽쟁이). ¶멋재이(멋쟁이). ¶무식재이(무식쟁이). ¶엿재이(엿장수). ¶옥니재이(옥니박이). ¶용심재이(용심꾸러기). ¶풍재이(허풍쟁이). ③((일부 명사나 어근 뒤에 붙어)) '특정한 동물, 식물 이름'의 뜻을 더하여 명사를 만드는 말. ¶배암재이(장어). ¶삐부재이(질경이). ¶소굼재이(게아재비).

재인[_-] 명 장인(丈人). 아내의 아버지. ¶【속담】재인이 사우 맨든다. =장인이 사위 만든다.

재인어룬[_--_] 명 장인어른(丈人--). '장인'을 높여 이르는 말.

재죽[_-] 명 자국. ☞자죽.

재추[_-] 명 재취(再娶). ①아내를 여의었거나 이혼한 사람이 다시 결혼하여 두 번째 아내를 맞음. ¶【속담】재추로 얻다. =재취를 얻다. ②아내를 여의었거나 이혼한 사람이 다시 결혼하여 맞아들인 두 번째 아내. ¶새파란 처이인데 재추 자리가 다 머꼬. =새파란 처녀에게 재취 자리가 다 무어냐. ☞재치.

재추떡이[재추띠기 _--_] 명 재취댁(再娶宅). *재추(재취)+띠기(댁). ¶【속담】재추떡이가 본처 노롯한다. =재취댁이 본처 노릇한다. ☞재치떡이.

재치[_-] 명 재취(再娶). ☞재추.

재치기[-__] 명 재채기. ¶【속담】지침에 재치기. =기침에 재채기.

재치다[-__] 동 재끼다. ((동사 뒤에서 '-어 재치다' 구성으로 쓰여)) 일을 솜씨 있게 쉽게 처리하거나 빨리 해 버림을 나타내는 말. ¶그 많던 음석을 다 무우 재칬다. =그 많던 음식을 다 먹어 재꼈다.

재치띡이[재치띠기 _--_] 명 재취댁(再娶宅). ☞재추띡이.

재털이[재터리 _-_] 명 재떨이. ¶【속담】재털이캉 부재는 모일수룩이 드럽다. =재떨이와 부자는 모일수록 더럽다.

잼기다[_-_] 동 잠기다. '잠그다'의 피동사. ☞장기다. 쟁기다. 짱기다.

잽히다[1][재피다 _-_] 동 잡히다. '잡다'의 피동사. ①고름 따위가 몸의 어떤 부위에 괴다. ¶등더리에 고룸이 잽힜다. =등에 고름이 잡혔다. ②붙들리다. ¶【속담】도덕넘이 지 말에 잽힌다. =도둑놈이 제 말에 잡힌다. ③실마리, 요점, 단점 따위를 찾아내거나 알아내다. ¶【관용구】약점이 잽히다. =약점이 잡히다. ④자동차 따위를 타기 위하여 세우다. ¶급한 짐에 택시로 잡울라 캐도 당체 안 잽히데예. =급한 김에 택시를 잡으려 해도 당최 안 잡히데요. ⑤자리, 방향, 날짜 따위를 정하다. ¶큰아 장개보내는 날이 잽힜다 카더나? =큰애 장가보내는 날짜가 잡혔다 하더냐? ⑥일, 기회 따위를 얻다. ¶니인데 그 일이 잽히기나 할랑강 모룰다. =네게 그 일이 잡히기나 할는지 모르겠다. ⑦주름 따위를 만들다. ¶【속담】방매이가 개굽우마 주룸이 잽힌다. =방망이가 가벼우면 주름이 잡힌다. ⑧논 따위에 물이 적당히 차다. ¶【관용구】논에 물이 잽히다. =논에 물이 잡히다. ⑨기세가 꺾이다. ¶언자 제우 불길이 잽힜다. =이제 겨우 불길이 잡혔다.

잽히다[2][재피다 -__] 동 잡히다. '잡다'의 사동사. ①손아귀에 쥐게 하다. ¶아부지가 내인데 수굼포자리로 잽힜다. =아버지는 내게 삽자루를 잡혔다. ②어떤 물건 따위를 담보로 맡기다. ¶【속담】계 타고 논문서 잽힌다. =계 타고 논문서 잡힌다.

잿장[재짱 _-] 명 기왓장(--張). ☞게앗장. 기앗장.

잿집[재찝 _-] 명 기와집. ☞게앗집. 기앗집.

쟁기다[_-_] 동 잠기다. '잠그다'의 피동사. ☞장기다. 잼기다. 짱기다.

쟁기씨[-_-] 명 보습. ☞보십. 보십날. 훌치이씨.

쟁끼[1][-_] 명 ((동물))장끼. 꿩의 수컷. ☞장꽁.

쟁끼[2][-_] 명 장기(長技). 가장 잘하는 재주. ¶니는 쟁끼가 머꼬? =너는 장기가 뭐니?

쟁일[-_] 명 종일(終日). 아침부터 저녁까지. ¶【속담】쟁일 가는 질에 중도 보고 속(俗)도 본다. =종일 가는 길에 중도 보고 속도 본다. ☞젱일. 하로점두룩. 하리점두룩.

쟁피[_-] 명 ((식물))창포(菖蒲).

저가배[1][_-_] 명 자기 아버지. *'저가배'는 표준어로 보면 명사구지만 창녕방언에서는 굳어진 말이라 하나의 명사로 보는 게 낫다. ¶가아 저가배는 오새 머선 일로 한다 캅디꺼? =걔 자기 아버지는 요사이 무슨 일을 한다 하던가요? ☞저가부지.

저가배[2][__-_] 명 애아버지. 아내가 자기 남편을 지칭할 때 쓰는 말. ¶저가배는 시방 집에 없는데예. =애아버지는 지금 집에 없는데요. ☞저가부지. 아아부지.

저가부지[1][__-_] 명 자기 아버지. ☞저가배.

저가부지[2][__-_] 명 애아버지. ☞저가배. 아아부지.

저거[1][--] 명 저것. 말하는 이에게 멀리 있거나 말하는 이가 생각하고 있는 사물을 가리키는 지시 대명사. ¶저거는 억씨기 헗다. =저것은 엄청 헐하다. ☞조고.

저거[2][_-] 명 저희. ¶저거찌리 먼첨 가보께예. =저희끼리 먼저 가볼게요.

저거[3][_-] 명 자기(自己). 그 사람 자신. ¶가아가 저거 집에 놀로오라 카데예. =걔가 자기 집에 놀러오라고 하데요. ☞자개. 재개. 지.

저거마이[저거마~이 __-_] 명 자기 어머니. 시부모가 아들에게 며느리를 이르는 말. ¶저거마이는 오데 갔노? =자기 어머니는 어디 갔니? ☞저거매. 저어매.

저거매[1][_--] 명 자기 어머니. *'저거매'는 표준어로 보면 명사구지만 창녕방언에서는 굳어진 말이라 하나의 명사로 보는 게 낫다. ¶절마는 저거매 믿고 저래 까불제? =저놈은 자기 어머니 믿고 저렇게 까불지? ☞저거마이. 저어매.

저거매[2][_--] 명 자기 어미. 자기를 낳아준 어미. ¶강새이가 저거매로 디기 치대네. =강아지가 자기 어미를 되게 치근거리네. ☞저어매.

저것가아[저거까아 ---_] 부 저걸로. *표준어에서 도구를 지시하는 대명사 '저것'에 부사격 조사 '-가아'가 붙은 말. '그것으로'의 구어적 표현에 해당하는 말이다. ¶저것가아 안 데마 이것가아 해바라. =저걸로 안 되면 이걸로 해봐라.

저게[-_] 명 저기. 말하는 이나 듣는 이로부터 멀리 있는 곳을 가리키는 지시 대명사. ¶【속담】빰 맞는 넘이 여게 쌔리라 저게 쌔리라 칸다. =뺨 맞는 놈이 여기 때려라 저기 때려라 한다. ☞저어.

저구리[_-_] 명 저고리. ¶이래 이쁜 저구리로 어데서 샀능교? =이렇게 예쁜 저고리를 어디서 샀습니까?

저기이[--_] 명 저게. '저것이'의 축약 형태. ¶저기이 니 꺼 맞다. =저게 네 것 맞다.

저까이[_-_] 관 저까짓. 겨우 저만한 정도의. ¶저까이 끼 머라고 그캐쌓노? =저까짓 게 뭐라고 그러느냐? ☞저깐.

저깐[_-] 관 저까짓. ☞저까이.

저끔내기[__-_] 명 겨끔내기. (('저끔내기로' 꼴로 쓰여)) 서로 번갈아 하기. ¶자석들이 저끔내기로 지이미로 부둘우준다. =자식들이 겨끔내기로 제어미를 거들어준다.

저넘아[저너마 __-] 명 저놈. ①듣는 이에게 멀리 있거나 듣는 이가 생각하고 있는 남자를 비속하게 이르는 삼인칭 대명사. ¶저넘아로 일로 델꼬 온나. =저놈을 이리로 데리고 오너라. ②듣는 이가 남자일 때, 그 사람을 낮잡아 이르는 이인칭 대명사. ¶저넘아 저거 잘 만냈다. =저놈 저것 잘 만났다. ③'저 아이'를 반어적으로 살갑게 이르는 삼인칭 대명사. ¶저넘아 참 잘 생겼다. =저놈 참 잘생겼다. ☞절마.

저넘우[저너무 _-_] 관 저놈의. 말하는 이나 듣는 이로부터 떨어진 곳에 있는 물건이나 일, 남자 따위를 얕잡아 가리키는 말. ¶저넘우 집구숙은 와 저러꼬. =저놈의 집구석은 왜 저럴까. ☞저놈우. 저니러.

저놈우[저노무 _-_] 관 저놈의. ☞저넘우. 저니러.

저니러[_-_] 관 저놈의. 화난 상태에서 욕설처럼 속되게 하는 말. ¶저니러 달구새끼들이 난서밭을 조지낳았는 기라. =저놈의 닭들이 남새밭을 망쳐놓은 거라. ☞저넘우. 저놈우.

저따구[1][_-_] 명 저따위. 저러한 부류의 대상을 낮잡아 이르는 지시 대명사. ¶먼 인가이 저따구가 다 있노. =뭔 인간이 저따위가 다 있나.

저따구[2][_-_] 관 저따위. 저러한 부류의. 낮잡아 이르는 말이다. ¶저따구 축기가 내 친구라이, 뿌꾸룹다. =저따위 축구가 내 친구라니, 부끄럽다.

저따만쿰[_ _-_] 부 저만큼. ①저만한 정도로. ¶저따만쿰 키아낳았으마 언자 지 알아서 하겄지. =저만큼 키워놓았으면 이제 제 알아서 하겠지. ②저쯤 떨어진 곳으로. ¶너거는 저따만쿰 떨어지가아 있거라. =너희는 저만큼 떨어져서 있어라. ☞저마이. 저만침. 저만쿰.

저따아[_-_] 부 저기에다. 말하는 이나 듣는 이로부터 멀리 있는 곳을 가리키는 지시 대명사. ¶저따아 갖다 낳라. =저기에다 가져다 놓아라.

저라고[--_] 부 저러고. '저리하고'의 준말. ¶할일로 다 해낳고, 저라고 나마 가볼랍미더. =할일을 다 해놓고, 저러고 나면 가보렵니다.

저라다[--_] 동 저러다. '저렇게 하다'의 준말. ①저렇게 말하다. ¶가아가 저란다꼬 니가 이라마 안 덴다. =걔가 저런다고 네가 이러면 안 된다. ②저렇게 행동하다. ¶저라다 더들키마 우짤라 카노? =저러다 들키면 어쩌려고 하니? ☞저카다.

저라마[--_] 부 저러면. ①'저리하면'이 줄어든 말. ¶자꾸 저라마 우짜노? =자꾸 저러면 어쩌나? ②'저러하면'이 줄어든 말. ¶내닌에도 저라마 때리치알란다. =내년에도 저러면 때려치우련다.

저라이[저라~이 --_] 부 저러니까. ①앞의 내용이 뒤의 내용의 이유나 근거 따위가 될 때 쓰는 접속 부사. ¶히이가 저라이 동상이 그라제. =형이 저러니까 동생이 그러지. ②'저리하니까'가 줄어든 말. ¶니가 그카고 저라이 넘들이 그카지. =네가 그러고 저러니까 남들이 그러지. ③'저러하니까'가 줄어든 말. ¶아부지는 성끽이 저라이 잘 맞차 디리라. =아버지는 성격이 저러니까 잘 맞춰 드려라. ☞저라이께네. 저래놓이. 저런께네.

저라이께네[저라~이께네 --_ _ _] 부 저러니까. ☞저라이. 저래놓이. 저런께네.

저라이시더[저라~이시더--_ _ _] 동 저럽시다. '저렇게 합시다.'의 준말. ¶정 그라

ㅈ

마 저라이시더. =정 그러면 저럽시다.

저라자[--_] 동 저리하자. '저렇게 하자'의 준말. ¶아부지가 씨기는 대로 우리도 저라자. =아버지가 시키는 대로 우리도 저리하자.

저라제[--_] 동 저러지. '저렇게 하지'의 준말. ¶다른 아아들도 안 갈라꼬 저라제? =다른 애들도 안 가려고 저러지? ☞저카제.

저랄라마[--__] 부 저러려면. '저렇게 하려면'의 준말. ¶저랄라마 핵교는 와 댕기능강 모룰다. =저러려면 학교는 왜 다니는지 모르겠다. ☞저랄라카마.

저랄라카마[--_-_] 부 저러려면. '저렇게 하려면'의 준말. ☞저랄라마.

저랄래[---] 동 저럴래. '저리 할래.'의 준말. ¶니도 궁매[國馬]매로 날씨고 저랄래? =너도 국마처럼 날마다 저럴래?

저래[--] 부 저렇게. ①저러하게. 저리. ((상태, 모양, 성질 따위가)) 저러한. ¶저래 잘 하민서 와 안 하능가 몰라. =저렇게 잘 하면서 왜 안 하는지 몰라. ②저렇게도. 저러한 정도까지. ¶저래 머라카는데도 말로 안 듣네. =저렇게 야단치는데도 말을 안 듣네. ☞저렇기.

저래가아[---_] 부 저래서. '저렇게 해서'의 준말. ¶농사로 저래가아 잘 데까? =농사를 저래서 잘 될까?

저래꾸마[--__] 동 저리하마. '저렇게 하마' 또는 '저렇게 할게'의 준말. *여기서 '저래꾸마'는 '저래(저렇게)+하마'로 분석할 수 있는데, '-꾸마'는 창녕방언의 약속법어미로 기능한다. ¶오야, 알았니라. 내도 저래꾸마. =오냐, 알았느니라. 나도 저리하마.

저래놓이[저래노~이 ---_] 부 저러니까. ☞저라이. 저라이께네. 저런께네.

저런께네[--__] 부 저러니까. ☞저라이. 저라이께네. 저래놓이.

저런능 거[--_ _] 구 저런 것. *창녕방언에서는 형용사 어간 뒤에, 그리고 '동사 어간+-었-' 뒤에 '-느-'가 통합한 다음에 관형사형 어미가 다시 통합할 수 있다는 특징이 있다. '저런능거'는 '저렇-(←저러하-)+-느-+-ㄴ+거(←것)'에서 온 것인데, 표준어적인 용법에는 '저렇는 것'과 같은 것이 존재하지 않는다. '앉있는 사람'(앉았는 사람)과 같은 '동사 어간+-었-+-느-' 뒤에 다시 관형사형어미가 통합한 뒤에 다시 '-느-'가 통합한 예이다. ¶생긴 기이 저런능 거는 말라낳아도 말키 헛깁미더. =생긴 게 저런 것은 말려놓아도 모두 헛것입니다.

저런머리[-_-_] 부 저래서. 저렇기 때문에. ¶놀고 묵고, 저런머리 글마는 대접을 몬 받제. =놀고 먹고, 저래서 그놈은 대접을 못 받지. ☞저머리.

저렁[--] 관 저런. ①상태, 모양, 성질 따위가 저러한. ¶내는 저렁 일로 모룬다. =나는 저런 일을 모른다. ②'저리한'이 줄어든 말. ¶내는 저렁 줄 진책이 알았디라. =나는 저런 줄 진즉에 알았더니라.

저렇구롬[저러쿠롬 --__] 부 저렇게나. '저렇게'의 강조어법. ¶저렇구롬 말로 해도 몬 알아묵눈다. =저렇게나 말을 해도 못 알아먹는다. ☞저렇굼. 저렇짐.

저렇굼[저러쿰 --_] 부 저렇게나. ☞저렇구롬. 저렇짐.

저렇기[저러키 --_] 부 저렇게. ①저러한 정도로. ¶와 저렇기 썽을 내노? =왜 저렇게 성을 내니? ②저러한 모양으로. 또는 저러한 방식으로. ¶우짜마 저렇기 이뿔까. =어찌하면 저렇게 예쁠까. ③조금 멀리 떨어져 있는 사람이나 사물을 가리킬 때 쓰는 말. ¶사램들이 와 저렇기 모치 있노? =사람들이 왜 저렇게 모여 있니? ☞저래.

저렇기나[저러키나 --__] 부 저다지. ((주로 의문문이나 감탄문에 쓰여)) 저러한 정도로까지. 또는 저러하게까지. ¶놀로 간다꼬 저렇기 좋으까? =놀러 간다고 저다지 좋을까?

저렇다시[저러타시 --__] 부 저렇듯이. 저러한 정도로까지 몹시. ¶누이 저렇다시 오마 차가 몬 댕긴다. =눈이 저렇듯이 오면 차가 못 다닌다.

저렇지만서도[저러치만서도 --_-__] 부 저렇지만. 서로 일치하지 아니하거나 상반되는 사실을 나타내는 두 문장을 이어 줄 때 쓰는 접속 부사. ¶겉어리는 저렇지만서도 맛은 좋아예. =겉은 저렇지만 맛은 좋아요.

저렇짐[저러침 --_] 부 저렇게나. ☞저렇구롬. 저렇굼.

저마이[1][저마~이 _-_] 부 저만치. ①저만한 정도로. ¶저마이 많으마 갈라무우야제. =저만치 많으면 나눠먹어야지. ②저쯤 떨어진 곳에서. ¶니는 저마이에서부텀 숭구가아 온나. =너는 저만치에서부터 심어서 오너라. ☞저만침.

저마이[2][저마~이 _-_] 부 저만큼. ☞저따만쿰. 저만침. 저만쿰.

저만때[_-_] 명 저맘때. 저만큼 된 때. ¶보리가 누루수룸한 저만때 풍개가 익습미더. =보리가 누르스름한 저맘때 자두가 익습니다.

저만침[1][_-_] 부 저만치.

저만침[2][_-_] 부 저만큼. ☞저따만쿰. 저마이. 저만쿰.

저만쿰[_-_] 부 저만큼. ☞저따만쿰. 저마이. 저만침.

저머리[--_] 부 저래서. 저렇기 때문에. ☞저런머리.

저머이[__-] 명 먼젓번(--番). 지나간 차례나 때. ¶저머이는 오데 간다꼬 고래 바뿌기 갔어예? =먼젓번에는 어딜 가느라고 그리 바쁘게 갔어요? ☞먼짓분.

저모리[-__] 명 글피. 모레의 다음날. ¶저모리가 메칠고? =글피가 며칠이지? ☞고모리. 구패. 그모리. 내모레. 내모리.

저모리구패[-__-_] 명 그글피. 글피의 다음날. 오늘로부터 나흘 후를 이른다. ¶저모리구패꺼정은 지다리 보께. =그글피까지는 기다려 볼게.

저보이소오[---__] 감 저보시오. 하오할 자리에 쓰여, 조금 떨어져 있는 사람을 부르는 말. ¶저보이소오, 읍내 가는 차는 오데서 타능교? =저보시오, 읍내 가는 차는 어디서 탑니까?

저분[1][-_] 명 젓가락. ¶【속담】저분으로 짐칫국 집우 무울 넘. =젓가락으로 김

ㅈ

칫국 집어 먹을 놈. ☞젓가치.

저분[2][_-] 명 저번(-番). 지난 번. ¶저분보담아 이분이 헐썩 낫제? =저번보다는 이번이 훨씬 낫지? ☞조분.

저분질[-__] 명 젓가락질. ☞젓가치질.

저샇디이[저삳티~이 -__-] 부 저러쌓더니. '저러해쌓더니'의 준말. *'쌓더니'는 '쌓'이 '삳'으로 발음된 뒤에, '더니'가 '더이→더이→데→디'의 변화를 거쳐 최종적으로 '삳티이'로 발음된다. ¶깐치가 울고 저샇디이 반갑운 핀지가 왔다. =까치가 울고 저러더니 반가운 편지가 왔다.

저신만신에[1][저신만시네 _-___] 부 전신에(全身-). 몸 전체에. *전신+만신(滿身)에. ¶얼라가 저신만신에 국개털감칠로 했네. =애가 전신에 개흙칠갑을 했네. ☞저신에.

저신만신에[2][저신만시네 _-___] 부 온데. 특별히 정해지지 않은 여러 장소나 위치에. *'온몸'을 강조하여 이르는 '전신만신(全身滿身)'에서 온 말. ¶여어는 저신만신에 마알농사로 지이예. =여기는 온데에 마늘농사를 지어요. ☞저신에.

저신에[1][저시네 _-_] 부 전신에(全身-). 몸 전체에. ☞저신만신에.

저신에[2][저시네 _-_] 부 온데. *'전신(全身)+에. ☞저신만신에.

저신에[3][저시네 _-_] 부 온통. 어떤 대상이 전부 다. ¶비가 오서 짐을 저신에 다 적샀어예. =비가 와서 짐을 온통 다 적셨어요. ☞말키. 삼통.

저신에[4][저시네 _-_] 부 모두들. 모든 사람들이. ¶오줌은 가실한다꼬 저신에 난리다. =요즘은 추수하느라고 모두들 난리다.

저실[-_] 명 겨울. ☞게울. 기울.

저실내[-__] 부 겨우내. ☞게울내. 기울내.

저심[_-] 명 점심(點心). ¶【속담】끼니 없는 넘인데 저심 으논한다. =끼니 없는 놈에게 점심 의논한다. ☞전심.

저심거리[저심꺼리 __-_] 명 점심거리(點心--). 점심 끼니를 지을 거리. 또는 점심을 때울 거리. ¶우리들네는 저심거리가 고오매 겉은 거뿌입미더. =우리들은 점심거리가 고구마 같은 것뿐입니다.

저심나잘[__-_] 명 점심나절(點心--). 점심때를 앞뒤로 한 반나절 정도의 동안. ¶저심나잘이마 끝낼 일로 해가 저물두룩 하고 있네. =점심나절이면 끝날 일을 해가 저물도록 하고 있네. ☞저심나질. 저심땀. 저심쩔.

저심나질[__-_] 명 점심나절(點心--). ☞저심나잘. 저심땀. 저심찔.

저심땀[__-] 명 점심나절(點心--). ¶저심땀에 비가 오더마는 인자는 뻔하네. =점심나절에 비가 오더니 이제는 훤하네. ☞저심나잘. 저심나질. 저심찔.

저심아래[저심마래 __-_] 명 점심 이전(點心 以前). 점심 식사하기 전. *창녕방언에서 특수하게 쓰이는 '아래'는 시간 개념으로 아침, 점심, 저녁을 기준으로 '이전'의 뜻을 나타내는 관용적인 말이다. '아직아래(아침아래 =아침 이전)'나 '지익아래(저녁 이전)'도 마찬 가지 경우이다. 이는 표준어로 보면 명사구지만 창녕방언에서는 굳어진 말이라 하나의 단어로 쓴다. ¶그거는 닐 저심아래 가아온다 카네예. =그것은 내일 점심 이전에 가져온다 하네요.

저심알래[저시말래 __-_] 부 오전 내내(午前 --). *'저심알래'는 표준어로 보면 구(句)지만 창녕방언에서는 굳어진 말이라 하나의 단어로 쓴다. ¶저심알래 걸었더마는 허북지가 땡글린다. =오전 내내 걸었더니 허벅지가 땅긴다.

저심찔[_--] 명 점심나절(點心--). ☞저심나잘. 저심나질. 저심땀.

저싱[-_] 명 저승. ¶【속담】디지바야 저싱을 안다. =뒈져봐야 저승을 안다. ¶【속담】유얼 저싱을 지나마 팔얼 신서이 돌아온다. =유월 저승을 지나면 팔월 신선이 돌아온다.

저싱꽃[저싱꼳 -__] 명 저승꽃. '검버섯'을 비유적으로 이르는 말.

저싱사자[-___] 명 저승사자(--使者). ¶【관용구】저싱사자캉 말 어부랄 때 뎄다. =저승사자랑 말 어우를 때 됐다.

저싱질[저싱찔 -__] 명 저승길. ¶【속담】빈소 질캉 저싱질은 대신 몬 간다. =변소길과 저승길은 대신 못 간다. ¶【속담】저싱질도 벗이 있어야 좋다. =저승길도 벗이 있어야 좋다. ¶【속담】저싱질이 대문 배껕이다. =저승길이 대문 바깥이다.

저아리[-__] 명 그끄제. 그저께의 전날. 오늘로부터 사흘 전의 날을 이른다. ¶잔아부지가 저아리부텀 아푸다 캅미더. =작은아버지가 그끄저께부터 아프다고 합니다.

저아리께[-___] 명 그끄저께.

저양[--] 부 저냥. 저러한 모양으로 줄곧. ¶비 맞하도 저양 낳아뚜라. =비 맞혀도 저냥 놓아둬라. ☞조양.

저어[-_] 명 저기. 말하는 이나 듣는 이로부터 멀리 있는 곳을 가리키는 지시대명사. ¶저어가 우리 학조다. =저기가 우리 학교다. ☞저게.

저어넘[_-_] 명 시숙모(媤叔母). 며느리가 '시댁 숙모'를 부를 때 쓰는 호칭어. *저(작은)+어넘(어머니). ¶저어넘, 아직 잡샀습미꺼? =시숙모님, 아침 잡수셨습니까?

저어매[1][_--] 명 자기 어머니. ☞저거마이. 저거매.

저어매[2][_--] 명 자기 어미. ☞저거매.

저어쌓다[---_] 동 저러해쌓다. ((동사 뒤에서 '-어 쌓다' 구성으로 쓰여)) 앞말이 뜻하는 행동을 반복하거나 그 행동의 정도가 심함을 나타내는 말. ①저렇게 반복해서 행동을 하다. ¶절마가 암만 저어쌓도 모룬 치 해야지예. =저놈이 아무리 저러해쌓아도 모른 척 해야지요. ②그렇게 자꾸 나무라다. ¶질래 저어쌓다가 일낼다. =자꾸 저러해쌓다가 일내겠다. ☞저캐쌓다.

저엄[-_] 명 겸(兼). ¶아직 저엄 저심 묵는다. =아침 겸 점심 먹는다.

저재[_-] 명 저자. 날마다 아침과 저녁으로 반찬거리를 사고팔기 위하여 열리

ㅈ

는 작은 규모의 시장. ¶저재에 장보로 간다. =저자에 장보러 간다.

저잿거리[저재꺼리 _--_] 명 저잣거리. 가게가 죽 늘어서 있는 길거리.

저지난[__-] 명 지지난. 지난번의 바로 그 전. ¶그 아재는 저지난 저실에 만냈십미더. =그 아저씨는 지지난 겨울에 만났습니다.

저지난분[__-_] 명 지지난번(---番). 지난번의 바로 전번. ¶저지난분에 줄라캤는데 까뭈다. =지지난번에 주려했는데 까먹었다.

저지리[_-_] 명 저지레. 일이나 물건을 들추어내거나 떠벌려 그르치는 짓.

저지리다[_-__] 동 저지르다. 잘못이나 사고 따위를 일으키는 행동을 하다. ¶일로 저지리 낳고 어델 갔노. =일을 저질러 놓고 어딜 갔나.

저지리하다[_-___] 동 저지레하다. 일이나 물건을 들추어내거나 떠벌려 그르치다. ¶손지 넘이 기이 댕기미 저지리한다. =손자 놈이 기어 다니며 저지레한다.

저질로[1][--_] 부 저 길로. *표준어 '저 길로'에 해당하는 '저질로'의 본래 성조는 [- _-]이다. 그런데 이 말은 쉼 없이 발음되고 또 그 성조도 [--_]로 바뀌기 때문에, 이는 하나의 단어로 굳어진 것으로 볼 수 있다. ①현재 상황에서 곧바로. ¶빙 들은 닭이 저질로 죽우까 집어서 안씨럽다. =병 든 닭이 저 길로 죽을까 싶어서 안쓰럽다. ②어떤 일이 끝난 그때 바로. ¶개가 집을 나가서 저질로 나뿐 짓하까 집어서 겂이 난다. =개가 집을 나가서 저 길로 나쁜 짓할까 겁이 난다.

저질로[2][_-_] 부 저절로. 다른 힘을 빌리지 아니하고 제 스스로. 또는 인공의 힘을 더하지 아니하고 자연적으로. ¶【속담】저질로 구불우온 복을 발로 찬다. =저절로 굴러온 복을 발로 찬다. ☞지질로.

저짜[_-] 명 저쪽. ①말하는 이와 듣는 이로부터 멀리 있는 곳이나 방향을 가리키는 지시 대명사. ¶저짜 가는 기이 누고? =저쪽에 가는 게 누구니? ②말하는 이와 듣는 이로부터 멀리 있는 사람 또는 사람들을 가리키는 삼인칭 대명사. ¶저짜가 우리 아재다. =저쪽이 우리 아저씨다. ③말하는 이와 듣는 이로부터 멀리 있는 사람과 그 사람을 포함한 집단을 가리키는 삼인칭 대명사. ¶저짜캉 잘 아나? =저쪽과 잘 아니? ④어떤 것을 사이에 둔 반대편을 가리키는 지시 대명사. ¶개가 한질 저짜서 오던데예. =개가 한길 저쪽에서 오던데요. ⑤현재로부터 떨어진 과거의 어느 한 시점을 가리키는 지시 대명사. ¶여개를 오본 기이 한 30년쭘 저짜 일이다. =여기를 와본 것이 한 30년쯤 저쪽 일이다. ☞저짝. 저쭈. 저쭉.

저짜로[_-_] 부 저쪽으로. ¶저짜로 가입시더. =저쪽으로 갑시다. ☞저짝우로. 저쭈로. 저쭉우로. 절로.

저짝[_-] 명 저쪽. ☞저짜. 저쭈. 저쭉.

저짝우로[저짜구로 _-__] 부 저쪽으로. ☞저짜로. 저쭈로. 저쭉우로. 절로.

저짬[_-] 명 저쯤. ①저만한 정도. ¶저짬 데마 썽이 날 만도 하제? =저쯤 되면 성이 날 만도 하지? ②저기 위치쯤. ¶닐은 저짬서 시작자. =내일은 저쯤에서 시작하자. ☞저쭘.

저짬치[_-_] 부 저쯤에. 말하는 이와 듣는 이로부터 멀리 떨어져 있는 곳에. ¶이거는 저짬치 니라낳아라. =이건 저쯤에 내려놓아라. ☞저쭘치.

저쭈[_-] 명 저쪽. ☞저짜. 저짝. 저쭉.

저쭈로[_-_] 부 저쪽으로. ☞저짜로. 저짝우로. 저쭉우로. 절로.

저쭉[_-] 명 저쪽. ☞저짜. 저짝. 저쭈.

저쭉우로[_-__] 부 저쪽으로. ☞저짜로. 저짝우로. 저쭈로. 절로.

저쭘[_-] 명 저쯤. ☞저짬.

저쭘치[_-_] 부 저쯤에. ☞저짬치.

저카다[--_] 동 저러다. '저렇게 하다'의 준말. ☞저라다.

저카제[--_] 동 저러지. '저렇게 하지'의 준말. ☞저라제.

저캐쌓다[--__] 동 저러해쌓다. 자꾸 저러하다. ☞저어쌓다.

저터랑[__-] 명 겨드랑. ☞제터랑.

적따이[적따~이 --_] 부 적당히(適當-). ¶고마 적따이 해라. =그만 적당히 해라.

적사다[_-_] 동 적시다. 물 따위의 액체를 묻혀 젖게 하다. ¶【관용구】손을 적사다. =손을 적시다. ¶【관용구】몸을 적사다. =몸을 적시다. ¶【관용구】이부자리로 적사다. =이부자리를 적시다. ¶【관용구】창시로 적사다. =창자를 적시다.

적신[적씬 --] 명 적선(積善). ¶살아생진에 적신 마이 해라. =살아생전에 적선 많이 해라.

적씨[--] 명 석쇠. *적(炙)+씨(쇠). ☞모태. 몰태. 철씨.

적어나먼[저거나먼 __-_] 부 적이나하면. 형편이 약간이라도 되면. ¶적어나먼 한분 딜따볼 낀데, 여개가 없어예. =적이나하면 한번 들여다볼 건데, 여가가 없어요. ☞적어나하마.

적어나하마[저거나하마 ___-_] 부 적이나하면. ☞저거나먼.

적다[적따 -_] 동 겪다. 어렵거나 경험될 만한 일을 당하여 치르다. ¶【속담】닭 잡아 젺을 나그네 소 잡아 젺는다. =닭 잡아 겪을 나그네 소 잡아 겪는다.

전개이[전개~이 -__] 명 ((동물))전갱이. ☞정개이.

전기다마[__-_] 명 전구(電球). *일본어 '다마(たま). ¶전기다마가 껌뻑껌뻑 맛이 갔어예. =전구가 껌뻑껌뻑 맛이 갔어요.

전디내다[-___] 동 붙견디다. 일을 그만두지 않고 꾸준히 하다. ☞심부하다.

전디다[-__] 동 견디다. 시련이나 고통을 참아 내다. *창녕방언 '전디다'는 첫 음절의 'ㄱ'은 구개음화하여 'ㅈ'으로 실현되는 데 반해, 둘째 음절의 'ㄷ'은 구개음화하지 않는 특징이 있다. '견디다'가 역사적으로 '견듸다'였다는 점과 관련이 있다. ¶【속담】굶주림을 참으마 춥우에 잘 전딘다. =굶주림을 참으면 추위에 잘 견딘다.

전딜심[-__] 명 견딜힘. 잘 참아 견디어

ㅈ

내는 힘. ¶나만사람이 전딜심이 오데 있노? =노인이 견딜힘이 어디 있니? ☞질수.

전반[_-] 명 인두판(--板). 인두질할 때 다리는 물건을 받치는, 네모꼴의 널조각에 솜을 두고 헝겊으로 싸 만든 기구.

전배기[_-_] 명 전내기(全--). 물을 조금도 타지 않은 막걸리. ¶전배기 묵고 시상 모루고 잤다. =전내기 먹고 세상모르고 잤다.

전봇대[전볻때 __-] 명 전봇대(電報-). ¶【관용구】키가 전봇대만하다. =키가 전봇대만하다.

전빵[_-] 명 가게. *'전빵'은 원래 '가게로 쓰는 방'을 뜻하는 '점방(店房)'에서 온 말이지만 가게 그 자체를 의미하는 말로 쓰인다. ¶【속담】전빵 지둥에 입춘. =가게 기둥에 입춘. ☞점빵.

전소두배이[전소두배~이 ___-_] 명 번철(燔鐵). 전을 부치거나 고기 따위를 볶을 때에 쓰는, 솥뚜껑처럼 생긴 무쇠 그릇.

전심[_-] 명 점심(點心). ☞저심.

전아[저나 _-] 명 전화(電話).

전에[_-] 명 ((동물))전어(錢魚). ¶【속담】가실 전에는 깨가 시 말이다. =가을 전어는 깨가 세 말이다. ¶【속담】전에 꿉는 내미에 나갔던 미너리 다부 돌아온다. =전어 굽는 냄새에 나갔던 며느리 다시 돌아온다.

전여[_-] 부 전혀(全-). ¶내는 전여 모룬다. =나는 전혀 모른다.

전오줌[_--] 명 절은 오줌. 밭에 거름으로 뿌리기 위해 모아둔 오줌. *'전오줌'은 표준어로 보면 구(句)이지만 창녕방언에서는 굳어진 말이다. ¶난서밭에 전오줌 흩이라. =남새밭에 절은 오줌 흩뿌려라.

전잎[전닙 _-] 명 누렁 잎. 색깔이 누렇게 변한 채소 잎. ¶전잎운 몬 씬다. 소 주우라. =누렁 잎은 못 쓴다. 소 줘라.

전자다[1][_-_] 동 견주다. ☞여자다. 전주다.

전자다[2][_-_] 동 겨누다. ☞가나다. 꼬라다. 야꼬라다. 여자다. 전주다.

전자다[3][_-_] 동 가늠하다. ☞여자다. 전주다.

전주다[1][_-_] 동 견주다. ☞여자다. 전자다.

전주다[2][_-_] 동 겨누다. ☞가나다. 꼬라다. 야꼬라다. 여자다. 전자다.

전주다[3][_-_] 동 가늠하다. ☞여자다. 전자다.

전중[_-] 명 징역(懲役). 죄인을 교도소에 가두어 노동을 시키는 형벌. ¶【관용구】전중 살다. =징역 살다. ☞진역.

전중살이[전중사리 __-_] 명 징역살이(懲役--). 징역형을 받고 교도소에서 복역하는 일. ①교도소에 갇히어 지내는 생활. ¶질래 저래 몬덴 짓 하다가 전중살이로 하겄다. =자꾸 저리 못된 짓하다가 징역살이를 하겠다. ②행동의 자유를 구속당하는 생활을 비유적으로 이르는 말. ¶배깥에 노오지도 몬하고 들눕어 있었으이, 전중살이 한 기이지예. =바깥에 나오지도 못하고 드러누워 있었으니, 징역살이한 것이지요. ☞진역살이.

전치[-_] 명 전체(全體). 아래쪽부터 위쪽까지. ¶비 마아서 옷을 전치 적샀네. =비 맞아서 옷을 치다리 적셨네. ☞치다리.

절[-] 관 저럴. ¶절 꺼로 와 샀으까. =저럴 것을 왜 샀을까.

절네[-_] 형 저러하네. ¶찬말로 절네. =참말로 저러하네.

절딴나다[--__] 동 결딴나다. ☞난봉나다.

절로[--] 부 저쪽으로. ☞저짜로. 저짝우로. 저쭈로. 저쭉우로.

절리다[1][_-_] 동 결리다. ☞마치다. 빼쩔리다.

절리다[2][_-_] 형 저리다. ①강한 감동이나 심한 슬픔 따위로 인해서 아린 듯이 아프다. ¶【관용구】가숨이 절리다. =가슴이 저리다. ②근육이나 뼈마디가 피가 잘 통하지 못하여, 감각이 둔하고 아리며 움직이기가 거북하다. ¶오래 걸었디이 발디꼼치가 절립미더. =오래 걸었더니 발뒤꿈치가 저립니다. ☞제리다. 지리다.

절마[_-] 명 저놈. ☞저넘아.

절사옷[절사옫 --_] 명 수의(壽衣). 염습할 때에 송장에 입히는 옷. *'절사옷'은 '세제지구(歲製之具)'에서 와전된 말이다. ¶송장에 절사옷을 입하낳고 간[棺]에 반듯하기 눕핬다. =시신에 수의를 입혀놓고 관에 반듯하게 눕혔다.

절아다[저라다 _-_] 동 절이다. 푸성귀나 생선 따위에 소금기나 식초, 설탕 따위가 배어들다. ¶짐장뱁차는 소곰에 절아야 덴다. =김장배추는 소금에 절여야 된다. ☞젤이다.

절체[-_] 형 저러하지. 저러한 모습이지. ¶다리 다치서 절체. =다리 다쳐서 저러하지.

절핀[-_] 명 절편. 떡살로 눌러 모나거나 둥글게 만든 떡. *'절핀'은 주로 '흰떡'을 지칭한다.

젊우이[1][절무~이 -__] 명 젊은이. 나이가 젊은 사람. ¶보소, 젊우이! 내 쫌 보소. =이봐, 젊은이! 나 좀 봐요.

젊우이[2][절무~이 -__] 명 며늘아기. '며느리'를 귀엽게 이르는 말. *지칭어와 호칭어로 두루 쓴다. ¶젊우이야! 지익 안치라. =며늘아기야! 저녁 안치라.

젊움[절뭄 -_] 명 젊음. ¶【관용구】젊움을 불태아다. =젊음을 불태우다.

젏다[절타 -_] 형 저렇다. 상태, 모양, 성질 따위가 저와 같다. ¶아모리 썽질이 젏다 캐도 우짤 방도가 없다. =아무리 성질이 저렇다고 해도 어찌할 방도가 없다.

점깨[--] 명 점괘(占卦). 점을 쳐서 나오는 괘. ¶좋운 점깨가 노왔다. =좋은 점괘가 나왔다 ☞끼. 점끼.

점끼[--] 명 점괘(占卦). ☞끼. 점깨.

점두룩[__-] 부 저물도록. 해가 져서 어두워질 때까지. ¶점두룩 아아 바주고 욕얻어묵눈다. =저물도록 애 봐주고 욕얻어먹는다.

점바치[_-_] 명 점쟁이(占--). ¶【속담】점바치 지 점 몬 친다. =점쟁이 제 점 못 친다. ¶【속담】점바치 딧집에 살았나.

ㅈ

=점쟁이 뒷집에 살았나. ☞점재이.

점부[-_] 명 전부(全部). ¶여어 있는 거는 점부 다 니 해라. =여기 있는 건 전부 다 너 가져라.

점빵[_-] 명 가게. ☞전빵.

점상[_-] 명 겸상(兼床). 둘 또는 그 이상의 사람이 함께 음식을 먹을 수 있도록 차린 상. ¶내는 이릴 쩍에 할배캉 점상을 했다. =나는 어릴 적에 할아버지와 겸상을 했다.

점재이[점재~이 _-_] 명 점쟁이. ☞점바치.

점채[1][--] 명 복채(卜債). 점을 쳐 준 값으로 점쟁이에게 주는 돈. ¶【속담】점바치도 점채 바가미 점친다. =점쟁이도 복채 봐가며 점친다.

점채[2][_-] 부 점차(漸次). 시간이나 차례에 따라 조금씩. ¶아푼 데는 점채 낫았다. =아픈 데는 점차 나았다.

접[-] 명 겹. ((주로 '접으로' 꼴로 쓰여)) 물체의 면과 면 또는 선과 선이 포개진 상태. 또는 그러한 상태로 된 것. ¶이 저구리는 접어로 지인 깁미더. =이 저고리는 겹으로 지은 것입니다.

접꽃[접꼳 _-] 명 겹꽃. 여러 겹의 꽃잎으로 된 꽃.

접다[접따 -_] 형 싫다. ¶【속담】독 깨까 접어서 지 몬 잡는다. =독 깰까 싫어서 쥐 못 잡는다. ☞싫우다. 잡다. 집다.

접두루막[_ _ _-] 명 겹두루마기.

접바지[_-_] 명 겹바지. 솜을 두지 않고 거죽과 안을 맞추어 겹으로 지은 바지. *겹바지<접바지<첩바지<칩바지. ☞칩바지.

접버신[_ _-] 겹버선. 솜을 두지 않고 겹으로 지은 버선. ☞접보선.

접보선[_ _-] 겹버선. ☞접버신.

접붙이다[접부치다 _-_ _] 동 흘레붙이다. ☞데피다. 쌍대붙이다. 접하다.

접사돈[_-_] 명 겹사돈(-査頓). 사돈 관계에 있는 집안끼리 혼인을 하여 다시 사돈 관계가 맺어진 사이. ¶저 집캉 우리 집은 접사돈 맺인 집이라예. =저 집과 우리 집은 겹사돈 맺은 집이라오.

접시기[_-_] 명 접시. 운두가 낮고 납작한 그릇. ¶【관용구】재수가 더럽어마 접시기 물에도 빠지 죽는다. =재수가 더러우면 접시 물에도 빠져 죽는다.

접접이[접저비 --_] 부 겹겹이. 여러 겹으로. ¶날이 춥우서 옷을 접접이 찌입었다. =날씨가 추워서 옷을 겹겹이 껴입었다.

접질리다[_ _-_] 동 겹질리다. 팔목이나 발목의 근육이나 관절이 제 방향대로 움직이지 않거나 너무 빨리 움직여서 다치다. ¶발묵을 접질리서 고상을 했다. =발목을 겹질려서 고생을 했다.

접차다[_-_] 동 겹치다. 둘 이상을 서로 덧놓거나 포개도록 하다. ¶【속담】사그륵은 접차낳아마 안 덴다. =사기그릇은 겹쳐놓으면 안 된다.

접차지다[_-_ _] 동 겹쳐지다. ①이미 놓여 있는 위에 다른 물건이 덧놓이다. ¶시리떡캉 찰떡이 접차짔다. =시루떡과 찰떡이 겹쳐졌다. ②기존의 어떤 일에 다른 일이 일어나다. ¶뒷집 장삿날캉 우리 집 혼삿날이 접차짔다. =뒷집 장삿날과 우리 집 혼삿날이 겹쳐졌다.

접치다[1][-__] 동 접다. 천이나 종이를 휘거나 꺾어서 겹치다. ¶시문조오로 차국차국 접치낳아라. =신문지를 차곡차곡 접어놓아라.

접치다[2][_-_] 동 접히다. 휘거나 꺾여서 겹쳐지다. '접다'의 피동사. ¶【관용구】배가 접치다. =뱃살이 접히다.

접치다[3][-__] 동 겹치다. ①여러 사물이나 내용 따위가 서로 덧놓이거나 포개어지다. ¶송굿니가 젙에 있는 어굼니캉 접칬다. =송곳니가 곁에 있는 어금니와 겹쳤다. ②여러 가지 일이나 현상이 한꺼번에 일어나다. ¶강기에 몸살꺼정 접칬다. =감기에 몸살까지 겹쳤다.

접치이[접치~이 --_] 명 고운체. 올이 가늘고 구멍이 잔 체. ☞곱운체.

접하다[저파다 _-_] 동 흘레붙이다. ☞데피다. 쌍대붙이다. 접붙이다.

젓가치[저까치 _-_] 명 젓가락. ☞저분.

젓가치질[저까치질 _-__] 명 젓가락질. ☞저분질.

젓이다[저시다 -__] 동 젓다. *표준어 '젓다'는 'ㅅ' 불규칙 활용을 하는 말이지만, 창녕방언의 '젓이다'는 규칙 활용을 하는 동사이다. ①액체나 가루 따위가 고르게 섞이도록 손이나 기구 따위를 내용물에 넣고 이리저리 돌리다. ¶맛이 씹우마 설탕을 옇고 잘 젓이라. =맛이 쓰면 설탕을 넣고 잘 저어라. ②배나 맷돌 따위를 움직이기 위하여 노나 손잡이를 일정한 방향으로 계속 움직이다. ¶이전에는 배로 젓이갖고 강 건니로 갔디라. =예전에는 배를 저어 가지고 강 건너로 갔더니라. ③거절하거나 싫다는 표시로 머리나 손을 흔들다. ¶【관용구】고개로 젓이다. =고개를 젓다. ④팔이나 어깨 따위 신체의 일부를 일정한 방향으로 계속해서 움직이다. ¶팔로 쫌 심차기 젓이라. =팔을 좀 힘차게 저으라. ⑤짐승이 꼬리를 흔들다. ¶【속담】꼬랑대이 젓이는 개는 안 쌔린다. =꼬리 젓는 개는 안 때린다. *젓이고[저시고 -__], 젓이지[저시지 -__], 젓이야[저시야 -__], 젓었다[저섣따 -__].

정갆다[정강타 _-_] 형 정하다(淨--). ①((주로 '정갆기'의 꼴로 쓰여)) 조심스럽게 다루어 더럽히거나 상함이 없다. ¶이우지서 빌린 거는 정갆기 씨고 갖다 주래이. =이웃에서 빌린 것은 정하게 쓰고 갖다 줘라. ②어떤 대상이 맑고 깨끗하다. ¶집을 참 정갆기 해낳고 산다. =집을 참 정하게 해놓고 산다. *정갆고[정강코 _-_], 정갆지[정강치 _-_], 정갆어서[정강어서 _-__], 정갆었다[정강얻따 _-__].

정개이[정개~이 -__] 명 ((동물))전갱이. ☞전개이.

정구지[_-_] 명 ((식물))부추. ¶【속담】만물 정구지는 사우도 안 준다. =만물 부추는 사위도 안 준다. ☞정구치.

정구치[_-_] 명 ((식물))부추. ☞정구지.

정끼하다[-___] 동 경기(驚氣--). 어린 아이가 풍(風)으로 인해 갑자기 의식을 잃고 경련을 일으키다. ¶얼라가 눈을

ㅈ

까디비고 정끼했습미더예. =어린애가 눈 까뒤집고 경기했습니다. ☞갱끼하다. 깅끼하다.

정낭[_-] 명 뒷간. 변소를 지칭하는 말. ☞ 뒷간. 똥구디기. 통시.

정내미[_-_] 명 정나미(情--). 어떠한 사람이나 사물에 대하여 애착이 생기는 마음. ¶【속담】돈 떨어지마 정내미도 떨어진다. =돈 떨어지면 정나미도 떨어진다.

정딜이다[정디리다 __-_] 동 정들이다(情---). 사람이나 사물, 주변 환경 따위에 대하여 정이 깊어지게 하다. ¶【속담】고양이 따리 있나 정딜이마 고양이제. =고향이 따로 있나 정들이면 고향이지.

정때[_-] 명 정오(正午) 때. *'정때'는 연속적으로 발음하며 하나의 합성어로 쓰인다. ¶정때 만내서 저심이나 같이 무웁시더. =정오 때 만나서 점심이나 같이 먹읍시다.

정붙다[정부따 _-_] 동 정들다(情--). 정이 깊어지다. ¶【속담】싸암 끝에 정붙는다. =싸움 끝에 정든다.

정붙하다[정부차다 __-_] 동 정붙이다(情---). 유정물이 어디에 정을 두다. ¶【속담】정붙한 강새이가 꼬랑대이 친다. =정붙인 강아지가 꼬리친다.

정성디리[__-_] 부 정성껏(精誠-). ¶탄약을 정성디리 달있다. =탕약을 정성껏 달였다.

정울[1][-_] 명 정월(正月). ¶【속담】정울에 옴 올랐다. =정월에 옴 올랐다. ¶【속담】정울에 묘일(卯日)이 서이마 보리 풍년 든다. =정월에 묘일이 셋이면 보리 풍년 든다. ¶【속담】정울에 오일(午日)이 서이마 큰 가물움이 있다. =정월에 오일이 셋이면 큰 가뭄이 있다.

정울[2][-_] 명 저울. 물건의 무게를 다는 데 쓰는 기구를 통틀어 이르는 말. ¶【관용구】누이 정울이라. =눈이 저울이라.

정울달[정울딸 -__] 명 정월달(正月-). ¶【속담】정울달에는 개로 안 자아묵는다. =정월달에는 개를 안 잡아먹는다.

정울대보룸[-__-_] 명 정월대보름(正月大--). ¶【속담】정울대보룸에 기머리장군 연 떠나가덧기. =정월대보름에 귀머리장군 연 떠나가듯.

정자[_-] 명 증좌(證左). 참고가 될 만한 증거. ¶【관용구】정자로 지다. =증좌를 쥐다. ☞징자.

정자낭ㄱ[-__] 명 정자나무(亭子--). 집 근처나 길가에 있는 큰 나무. ¶【속담】왕개미가 정자낭글 흔들란다. =왕개미가 정자나무를 흔든다.

정지[_-] 명 부엌. ☞부석.

정지가서나[____-] 명 부엌데기. 부엌일을 주로 맡아서 하는 여자를 얕잡아 이르는 말. ¶【속담】정지가서나 기생덴 거만 한 모냥이다. =부엌데기 기생된 것만 한 모양이다. ☞밥재이. 부석떡이. 정지꾼.

정지걸레[정지껄레 __-_] 명 행주. 밥상이나 그릇 따위를 닦는 데 쓰는 헝겊. ☞ 행자. 행지.

정지꾼[__-] 명 부엌데기. ☞밥재이. 부석떡이. 정지가서나.

정지딸아[_ _-_] 명 식모(食母).

정지문[_ _-] 명 부엌문(--門).

정지칼[_-_] 명 부엌칼. ¶【속담】대장재이 집에 씰 만한 정지칼 없다. =대장장이 집에 쓸 만한 부엌칼 없다.

정짓간[정지깐 _ _-] 명 부엌간(--間). ¶사나아는 정짓간에 들오마 안 덴다. =사내는 부엌간에 들어오면 안 된다.

정짓방[정지빵 _ _-] 명 부엌방(--房). 부엌에 딸린 조그마한 방.

정첩[_-] 명 경첩. 여닫이문을 달 때 한쪽은 문틀에, 다른 한쪽은 문짝에 고정하여 문짝이나 창문을 다는 데 쓰는 철물.

정혈[_-] 명 명당(明堂). *정(正)+혈(穴). ☞맹당. 밍당.

젖[젇 -] 명 진액(津液). 풀이나 나무의 껍질 따위에서 분비되는 끈끈한 물질. ¶소똥꼬부레이 쭐구지로 뿔라마 뽀한 젖이 노온다. =민들레 줄기를 부러뜨리면 뽀얀 진액이 나온다.

젖꼭따리[젇꼭따리 _ _-_] 명 젖꼭지. 젖의 한가운데에 도드라져 올라온 부분. ¶알라가 저거매 젖꼭따리로 빨고 있다. =애기가 자기 엄마 젖꼭지를 빨고 있다.

젖띠다[젇띠다 --_] 동 젖떼다. 젖먹이나 짐승의 새끼를 젖을 먹이는 일을 그만두다. ¶【속담】금상 젖띤 대이새끼 겉다. =금방 젖뗀 돼지새끼 같다.

젖몽아리[젇몽아리 _ _-_] 명 젖멍울. ①포유류의 유방 속에 있으며 젖을 내보내는 샘. ②젖이 곪아 생기는 종기(腫氣). ¶젖몽아리가 생기마 디기 아픕미더. =젖멍울이 생기면 되게 아픕니다. ☞젖몽알.

젖몽알[젇몽알 _-_] 명 젖멍울. ☞젖몽아리.

젖무디기[젇무디기 _ _-_] 명 젖무덤. 여자의 '유방(乳房)'을 무덤의 모습에 비유하여 이르는 말. ¶알라가 저거매 젖무디기에 파묻히서 산다. =아기가 자기 어머니 젖무덤에 파묻혀서 산다.

젖믹이[젇미기 _-_] 명 젖먹이. ¶【속담】젖믹이 애삐리고 가는 년은 자죽마당 피가 맺힌다. =젖먹이 내버리고 가는 년은 자국마다 피가 맺힌다.

젖비렁내[젇비렁내 _ _-_] 명 젖비린내. 유치한 느낌을 비유적으로 이르는 말. ¶【속담】입에서 젖비렁내 난다. =입에서 젖비린내 난다.

젖인날[저진날 -_ _] 명 진날. 비나 눈이 오는 날. *'젖인날'은 '젖은+날'로 구성된 말이지만 창녕방언에서는 연속적으로 발음하며 하나의 합성어로 쓰인다. ¶이래 젖인날에는 집에 가마이 들앉이 있다. =이렇게 진날에는 집에 가만히 들어앉아 있다.

젖티이[젇티~이 _-_] 명 젖통. ①'젖무덤'을 낮잡아 이르는 말. ¶【속담】몬뗀 가서나 젖티이마 키안다. =못된 계집애 젖통만 키운다. ②'젖부들기'를 낮잡아 이르는 말. ¶개이 새끼 두 바리가 저거매 젖티이로 물고 있다. =고양이 새끼 두 마리가 자기 어미 젖통을 물고 있다.

젖하다[저차다 _-_] 동 젖히다. '젖다'의 사동사. ①뒤로 기울게 하다. ¶【속담】손텁이 젖하지두룩 벌이서 무우라. =손톱이 젖히도록 벌어서 먹어라. ②안

ㅈ

쪽이 겉으로 나오게 하다. ¶이불로 젗하고 일쭈감치 일났다. =이불을 젖히고 일찌감치 일어났다. ☞젳히다.

젙[젇 -] 명 곁. 어떤 대상의 옆. 또는 공간적이나 심리적으로 가까운 데. ¶【속담】모진 넘 젙에 있다가 베락 맞는다. =모진 놈 곁에 있다가 벼락 맞는다.

젙가지[젇까지 -__] 명 곁가지. ①원가지에서 곁으로 돋은 작은 가지. ¶【관용구】젙가지 끊이다. =곁가지 자르다. ②어떤 사물이나 관계 따위에서 덜 중요하거나 본질적이 아닌 부분을 비유적으로 이르는 말. ¶【관용구】젙가지로 새다. =곁가지로 새다. ☞지슬가지

젙방[젇빵 _-] 명 곁방(-房). ①안방에 딸린 작은 방. ¶【속담】젙방에서 불난다. =곁방에서 불난다. ②남의 집 한 부분을 빌려 사는 방. ¶넘우 집 젙바아 살 쩍에는 참 서럽디라. =남의 집 곁방에 살 적에는 참 서럽더니라.

젙방살이[젇빵사리 __-_] 명 곁방살이(-房--). 남의 집 곁방을 빌려서 삶. ¶【속담】젙방살이 말또 많다. =곁방살이 말도 많다.

젙사돈[젇싸돈 _-_] 명 곁사돈(-査頓). 직접 사돈 간이 아닌, 같은 항렬의 방계 간의 사돈. ¶내캉 우리 자영 동상은 젙사돈이다. =나랑 우리 자형 동생은 곁사돈이다.

제[_] 명 죄(罪). ¶【속담】없는 기이 제다. =가난한 게 죄다. ¶【속담】제 진 넘은 다리 뻗고 몬 잔다. =죄 지은 놈은 다리 뻗고 못 잔다. ☞지.

-제[-] 어 -지. ((해할 자리에 쓰여)) 의문을 서술하는 종결어미. *창녕방언에서 의문형 어미는, 의문사('어찌', '어떻게', '무엇', '왜' 등)가 있고 서술어가 용언이면, '-노'나 '-고'가 선택된다. 그러나 의문사가 없는 의문형 어미는 '-나', 또는 '-제'로 실현된다. ¶이거는 맛있더제? =이것은 맛있었지? ¶소풍가이 재미있었제? =소풍 가니 재미있었지? ☞-지러.

제각꿈[_-_] 부 제각기(-各-). 사람마다 또는 사물마다 따로따로. ¶사램마당 이겐이 제각꿈이다. =사람마다 의견이 제각기이다.

제검나다[__-_] 동 따로나다. 가족의 일부가 딴살림을 차려 나가다. ¶삼초이 장개가서 살림을 제검났어예. =삼촌이 장가가서 살림을 따로났어요.

제깍[_-] 부 제꺽. ①어떤 일을 시원스럽게 재빨리 해치우는 모양을 나타내는 말. ¶일로 제깍 해치았다. =일을 제꺽 해치웠다. ②당장에. 이 자리에서 바로. ¶채애간 돈을 제깍 내낳아라. =빌려간 돈을 제꺽 내놓아라.

제깍했으마[제깍핻으마 __-__] 부 하마터면. 조금만 잘못하였더라면. ☞가신했으마. 가씬했으마. 까딱했으마.

제껄지기다[__-__] 동 불평하다(不平--). 마음에 들지 않아 못마땅한 생각을 말하다. ¶【속담】쭉떡밤시이가 제껄지긴다. =쭉정밤송이가 불평한다.

제끼낳다[제끼나타 -_-_] 동 제쳐놓다. ①대상을 생각의 범위나 대상에서 빼다.

¶내마 제끼낳고 저거끼리 놀로 갔다. =나만 제쳐놓고 자기들끼리 놀러 갔다. ②일을 나중에 하려고 미루어 놓다. ¶만사로 제끼낳고 띠왔습미더. =만사를 제쳐놓고 뛰어왔습니다.

제끼다[1][-__] 동 제치다. ①경쟁상대보다 앞서다. ¶우리 손지가 다른 아아들로 말키 제끼고 일등 했다. =우리 손자가 다른 애들을 모두 제치고 일등 했다. ②거치적거리지 않게 하다. ¶이거는 안 걸거치구로 저짜로 제끼낳아라. =이건 안 거치적거리게 저쪽으로 제쳐놓아라. ③어떤 대상을 범위나 대상에서 빼다. ¶절마는 저거 집에서도 제끼낳안 넘이다. =저놈은 자기 집에서도 제쳐놓은 놈이다. ④일을 미루다. ¶하던 일로 우예 제끼낳겠습미꺼? =하던 일을 어찌 제쳐놓겠습니까?

제끼다[2][-__] 동 빼돌리다. 사람 또는 물건을 슬쩍 빼내어 다른 곳으로 보내거나 남이 모르는 곳에 감추다. ¶마이는 말고, 이만쿰마 제끼자. =많이는 말고, 이만큼만 빼돌리자. ☞꼬불치다.

제끼다[3][-__] 동 빼먹다. ☞꾸우묵다. 꿉어묵다. 꿉우묵다. 빠자묵다. 빼묵다.

제룹대[제룹때 _-_] 명 겨릅대. 껍질을 벗긴 삼의 줄기. ☞지룹대.

제리다[-__] 형 저리다. ☞절리다. 지리다.

제받다[제받따 __-] 동 죄받다(罪--). 지은 죄에 대하여 벌을 받다. ¶음석을 그래 함부리 내삐리마 제받는데이. =음식을 그렇게 함부로 내버리면 죄받는다. ☞지받다.

제비나물[__-_] 명 ((식물))닭의장풀.

제우[1][_-] 명 제위(祭位). 제사를 받는 신위. *제위<제우<지우. ¶올지익에 제우 미신다. =오늘저녁에 제위 모신다. ☞지우.

제우[2][_-] 부 겨우. ☞게우. 기우. 지우.

제우답[_--] 명 제위답(祭位畓). 추수한 곡식으로 제사 비용을 대기 위해 특별히 마련해 놓은 논을 이르는 말. ☞지우답.

제인[_-] 명 죄인(罪人). ☞지인.

제짓다[제짇따 __-] 동 죄짓다(罪--). 죄가 될 만한 행동을 하다. ¶【속담】제진 넘 절에 오마 방구도 몬 낀다. =죄지은 놈 옆에 오면 방귀도 못 뀐다. ☞지짓다.

제터랑[__-] 명 겨드랑. ☞저터랑.

젤이다[제리다 -__] 동 절이다. '절다'의 사동사. ☞절아다.

젤쭉하다[1][젤쭈카다 __-_] 형 길쭉하다. 꽤 길다. ¶니는 텍쭈가리가 젤쭉하네. =너는 턱이 길쭉하네. ☞길쭘하다. 젤쭘하다. 질쭉하다. 쩰쫌하다. 찔쭉하다. 찔쭘하다.

젤쭉하다[2][젤쭈카다 __-_] 형 길차다. 미끈하게 잘 자라서 길다. ¶이 물이는 젤쭉하네예. =이 오이는 길차네요. ☞질쭉하다.

젤쭘하다[__-_] 형 길쭉하다. ☞길쭘하다. 젤쭉하다. 질쭉하다. 쩰쫌하다. 찔쭉하다. 찔쭘하다.

젯히다[젣치다 -__] 동 젖히다. ☞젓하다.

조갑지[_-_] 명 ((동물))조개. ¶【속담】강가세 조갑지라꼬 껍띠기 없으까. =강가 조개라고 껍데기 없을까.

ㅈ

조갑징[조갑찡 _-_] 명 조급증(躁急症). ¶와 이래 조갑징을 내노? =왜 이리 조급증을 내니? ☞조굴징. 졸갑징. 졸굽징.

조개풀[_-_] 명 ((식물))산해박(山--).

조게[-_] 명 조기. 말하는 이와 듣는 이로부터 멀리 떨어져 있는 곳을 조금 귀엽게 가리키는 말. ¶조게는 말라꼬 갔디노? =조기는 뭐하려고 갔었니? ☞조오.

조고[--] 명 조것. 말하는 이와 떨어져 있는 사물을 귀엽게 가리키거나 낮잡아 가리키는 말. ¶조고는 멉미꺼? =조것은 무엇입니까?

조곰[_-] 명 조금. ☞선나. 선떠꺼리. 시떠꺼리. 조굼. 쨰깨이. 쨰매이. 쪼깨이. 쪼꿈. 쪼매이.

조구[-_] 명 ((동물))조기. ¶【속담】개이인데 조구 맽긴다. =고양이에게 조기 맡긴다.

조굴징[조글찡 _-_] 명 조급증(躁急症). ☞조갑징. 졸갑징. 졸굽징.

조굼[_-] 명 조금. ☞선나. 선떠꺼리. 시떠꺼리. 조곰. 쨰깨이. 쨰매이. 쪼깨이. 쪼꿈. 쪼매이.

조굽하다[조구파다 -___] 형 조급하다(躁急--). 참을성 없이 매우 급하다. ¶【속담】조굽한 기신은 물밥도 몬 얻어묵는다. =조급한 귀신은 무랍도 못 얻어먹는다. ☞졸갑시럽다.

조까이[조까~이 _-_] 관 조까짓. 겨우 조 정도밖에 안 되는. ¶조까이 끼 대학 노웄다꼬 디기 까부네. =조까짓 게 대학 나왔다고 되게 까부네.

조넘[--] 명 조놈. '저 사내아이'를 친근하고 귀엽게 이르는 말. ¶조넘은 커서 머가 데도 델 끼다. =조놈은 커서 뭐가 되어도 될 것이다. ☞졸마.

조넘우[조너무 _-_] 관 조놈의. 말하는 이나 듣는 이로부터 떨어진 곳에 있는 물건이나 일, 남자 따위를 얕잡아 가리키는 말. ¶조넘우 개는 맨날 저카네. =조놈의 개는 매일 저러네. ☞조놈우. 조니러.

조놈우[조노무 _-_] 관 조놈의. ☞조넘우. 조니러.

조니러[_-_] 관 조놈의. 화난 상태에서 욕설처럼 속되게 하는 말. ¶조니러 달구새끼가 죽구 집우서 한장했다. =조놈의 닭이 죽고 싶어서 환장했다. ☞조넘우. 조놈우.

조디이[조디~이 _-_] 명 조동이. ①사람의 입을 속되게 이르는 말. ¶【관용구】조디이마 깐 넘. =조동이만 깐 놈. ②병이나 그릇에서, 안에 담긴 것을 쉽게 따르기 위해 좁고 길쭉하게 만든 부분. ¶참지름 빙 조디이. =참기름 병 조동이. ☞입조디이.

조따구[_-_] 명 조따위. 조러한 부류의 대상을 낮잡아 이르는 지시 대명사. ¶먼 인가이 조따구가 다 있노. =뭔 인간이 조따위가 다 있나.

조따만쿰[__-_] 부 조만큼. ①조만한 정도로. ¶나락이 언자 조따만쿰 컸네예. =벼가 이제 조만큼 자랐네요. ②조쯤 떨어진 곳으로. ¶너거는 조따만쿰 나가 있거라. =너희는 조만큼 나가 있어라.

☞조마이. 조만침. 조만쿰.

조따아[조따~아 _-_] 부 조기에다. 말하는 이와 듣는 이로부터 멀리 떨어져 있는 곳에다. ¶조따아 멀로 숭궀으마 좋으꼬? =조기에다 뭘 심었으면 좋을까?

조라다[_-_] 동 조르다. ☞깝치다. 조아다. 조우다. 쪼라다. 쪼우다. 쫄라다.

조랑박[_-_] 명 조롱박. ①((식물))박과(科)에 속한 한해살이 덩굴 풀. ②호리병박으로 만든 바가지. ¶조랑박 갖고 물 떠 마싰다. =조롱박 가지고 물 떠서 마셨다.

조래[--] 부 조렇게. ①조러한 정도로. ¶조래 설치쌓다가 다치겄다. =조렇게 설쳐쌓다가 다치겠다. ②조금 멀리 떨어져 있는 사람이나 사물을 가리킬 때 쓰는 말. ¶먼 사램들이 조래 많노? =뭔 사람들이 조렇게 많니? ☞조렇굼. 조렇기. 조롷굼. 조롷기. 조렇짐.

조래가아[---_] 부 조래서. '조렇게 해서'의 준말. ¶조 어럽운 일로 조래가아 잘 데까? =조 어려운 일을 조래서 잘 될까?

조런머리[-_-_] 부 조래서. 조렇기 때문에. ¶자석이 조런머리 부모가 욕보제. =자식이 조래서 부모가 고생하지. ☞조머리.

조렇굼[조러쿰 --_] 부 조렇게. ☞조래. 조렇기. 조롷굼. 조롷기. 조렇짐.

조렇기[조러키 --_] 부 조렇게. ☞조래. 조렇굼. 조롷굼. 조롷기. 조렇짐.

조렇다시[조러타시 --__] 부 조렇듯이. 조러하듯이. ¶일로 조렇다시 해가아 우째노. =일을 조렇듯이 해서 어쩌나. ☞조롷다시.

조렇지만서도[조러치만서도 --____] 부 조렇지만. ¶생긴 꼬라지사 조렇지만서도 사램은 착해예. =생긴 꼴은 조렇지만 사람은 착해요.

조론[--] 관 조런. 상태나 모양, 성질 따위가 조러한. ¶시상에 조론 일이 어데 있으꼬. =세상에 조런 일이 어디 있을까.

조롷굼[조로쿰 --_] 부 조렇게. ☞조래. 조렇굼. 조렇기. 조롷기. 조렇짐.

조롷기[조로키 --_] 부 조렇게. ☞조래. 조렇굼. 조렇기. 조롷굼. 조렇짐.

조롷다[조로타 --_] 형 조렇다. 무엇이 말하는 이와 듣는 이 모두에게 멀리 떨어져 있는 것과 같다. ¶지 딴에 잘 한 기이 조롷다. =제 딴에 잘한 게 조렇다.

조롷다시[조로타시 --__] 부 조렇듯이. ☞조렇다시.

조롷짐[조로침 --_] 부 조렇게. ☞조래. 조렇굼. 조렇기. 조롷굼. 조롷기.

조리[-_] 명 물뿌리개. *포르투칼어 'jorro'에서 온 말. ☞물조리.

조리개[_-_] 명 자리개. 무엇을 옮거나 묶는 데 쓰는, 짚으로 엮은 굵은 줄. ☞맥띠이.

조리연[_--] 명 가오리연(---鳶). 조리 모양으로 만들어 꼬리를 길게 단 연. ☞가보리연. 가부리연.

조리재이[1][조리재~이 _--_] 명 조리장사. 조리를 파는 사람. ¶【속담】조리재이 매끼 돈을 내서래도. =조리장사 매끼 돈을 내어서라도.

ㅈ

조리재이[2][조리재~이 __-_] 명 무녀리. ①한 배에서 태어난 여러 새끼 중에서 맨 먼저 나와서 유별나게 발육이 더딘 녀석. ¶【속담】암딹 조리재이냐 작기도 하다. =암탉 무녀리냐 작기도 하다. ②야무지지 못한 사람을 놀림조로 이르는 말. ¶조리재이 주제에 우북 까분다. =무녀리 주제에 제법 까분다.

조마이[1][조마~이 _-_] 부 조만치. ①조만한 양이나 질의 정도로. ¶일로 조마이 해낳고 저칸다. =일을 조만치 해놓고 저런다. ②조쯤 떨어진 곳에서. ¶조마이서 새가 우네예. =조만치에서 새가 우네요. ☞조만침.

조마이[2][조마~이 _-_] 부 조만큼. ☞조따만쿰. 조만쿰. 조만침.

조만때[_-_] 명 조맘때. 저만큼 된 때. ¶모싱기할 조만때 복숭이 익기 시작지예. =모내기할 조맘때 복숭아가 익기 시작하죠.

조만침[1][_-_] 부 조만치. ☞조마이.

조만침[2][_-_] 부 조만큼. ☞조따만쿰. 조마이. 조만쿰.

조만쿰[_-_] 부 조만큼. ☞조따만쿰. 조마이. 조만침.

조머리[--_] 부 조래서. 조렇기 때문에. ☞조런머리.

조바기[_-_] 명 조바위. 추울 때에 여자가 머리에 쓰는 물건의 하나. 모양은 아얌과 비슷하나 볼끼가 커서 귀와 뺨을 덮게 되어 있다. ☞조바우.

조바우[_-_] 명 조바위. ☞조바기.

조분[_-] 명 저번(-番). 지난 번. ☞저분.

조불다[_-_] 동 졸다. ☞자불다.

조불리다[__-_] 동 졸리다. 잠이 오다. ☞자부럽다. 자불리다.

조불움[조부룸 __-] 명 졸음. ☞자불엄. 자불움. 졸움.

조비[-_] 명 ((식물))조. ☞잔수. 지비.

조비밥[-__] 명 조밥. 맨 좁쌀로 짓거나 입쌀에 좁쌀을 많이 두어서 지은 밥. ¶【속담】조비밥에도 큰 덩거리 작은 덩거리가 있다. =조밥에도 큰 덩이 작은 덩이가 있다. ☞지비밥.

조비쌀[-__] 명 좁쌀. 조의 열매를 찧은 쌀. ¶【속담】조비쌀에 디웅 판다. =좁쌀에 뒤웅 판다. ☞지비쌀.

조선무시[___-] 명 ((식물))조선무(朝鮮-). 모양이 둥글고 살이 단단한 무. 왜무에 대하여 우리나라 재래의 무를 이르는 말이다.

조선솥[조선솓 __-] 명 무쇠솥. 무쇠로 만든 솥.

조선안다이[조선안다~이 _-___] 명 안다니. ☞안다이.

조선조오[조선조~오 __-_] 명 닥종이. 닥나무 따위의 껍질을 원료로 하여 한국 고유의 방법으로 만든 종이. ☞딱조오. 문조오.

조시[-_] 명 자위. 눈알이나 새 따위의 알에서 빛깔에 따라 구분된 부분. 눈알의 검은자위와 흰자위, 달걀의 노른자위와 흰자위 따위를 이른다. ¶기랄 노랑조시. =계란 노른자위. ¶눈까리 흰조시. =눈알 흰자위.

조심시럽다[_--__] 형 조심스럽다(操心

---).

조심시리[_--_] 부 조심스레(操心--). ¶조심시리 댕기온나. =조심스레 다녀오너라. ☞단디이.

조아다[1][-__] 동 죄다. ☞디아다. 조우다. 쪼아다. 쪼우다.

조아다[2][-__] 동 조르다. ☞깝치다. 조라다. 조우다. 쪼라다. 쪼우다. 쫄라다.

조아다[3][-__] 동 무치다. ☞문치다. 조우다.

조압[-_] 명 조합(組合).

조양[--] 부 조냥. 조러한 모양으로 줄곧. ¶조고로 안 덮고 조양 내비둘 낀강. =조걸 안 덮고 조냥 내버려둘 건지.

조오[1][-_] 부 ≒확. *'조오'는 표준어 대역이 쉽지 않은 창녕방언이다. 아쉬움이나 한탄조, 분노 따위를 '강조'하는 뜻을 갖는 부사이다. ¶노롬빚 갚는다꼬 소로 조오 팔아뿠다. =노름빚 갚는다고 소를 확 팔아버렸다. ¶말로 안 들어마 조오 팰 끼다. =말을 안 들으면 확 팰 것이다.

조오[2][-_] 명 조기. 말하는 이에게 먼 곳을 가리키는 지시 대명사. *'조기'를 뜻하는 창녕방언에는 '조오'와 '조게'가 있다. 공시론적으로 볼 때, '조게'는 '조기+에'로 분석 가능하지만, '조오'에 대한 설명은 쉽지 않다. 이론적으로 말하면, '조오'가 '조기'의 뜻이고 장음(하강조)은 처격조사 '에'가 앞 모음에 완전 동화한 결과이다. '조오'가 '조게'로 되는 과정이 설명하기 어려운 부분이다. 창녕방언 처격조사 '에'가 체언의 끝소리가 'ㅇ'이거나 모음이면 앞 체언의 마지막 모음에 완전 동화되는 일은 자연스러운 현상처럼 보인다. '여어/여게, 저어/저게'도 같은 양상을 보인다. '이, 그, 저'와 관련되면서도 모음이 변이하는 '요오/요게, 고오/고게, 조오/조게'도 성조까지 동일한 양상을 보인다. ¶조오서 여꺼정 및 걸움데까? =조기서 여기까지 몇 걸음 될까? ☞조게.

조오[3][-_] 부 주워. 떨어지거나 흩어져 있는데 집어 올려. ¶【속담】기신 낫밥 조오 묵는 소리 한다. =귀신 낮밥 주워 먹는 소리 한다. ¶【속담】넘우 둘매기에 밤 조오 담는다. =남의 두루마기에 밤 주워 담는다.

조오[4][-_] 부 냅다. 몹시 빠르고 세차게. 또는 그런 모양으로. ¶【속담】씨이미인데 욕 얻우묵고 개 배때지 조오 찬다. =시어미한테 욕 얻어먹고 개 배때기 냅다 찬다. ☞둘구.

조오[5][조~오 -_] 명 종이. ¶빨간 조오 주까 껌운 조오 주까. =빨간 종이 줄까 검은 종이 줄까.

조오대다[-_-_] 동 주워대다. 생각이나 논리가 없이 이것저것 끌어대어 말하다. ¶말또 안 데는 소리, 고마 조오대라. =말도 안 되는 소리, 그만 주워대라. ☞주서대다.

조오돈[조~오돈 -__] 명 종이돈. 지폐(紙幣). ¶할매가 내인데 빤닥빤닥한 조오돈을 좄다. =할머니가 내게 반질반질한 종이돈을 줬다.

조오듣다[조오드따 -___] 동 주워듣다. 말

이나 이야기를 귓결에 얻어듣다. ¶오데서 고런 말을 조오들었디노? =어디서 그런 말을 주워들었더냐?

조오싱기다[-____] 동 주워섬기다. 들은 대로 본 대로 이러저러한 말을 아무렇게나 늘어놓다. ¶노오는 대로 지나끼나 조오싱기지 마라. =나오는 대로 도나캐나 주워섬기지 마라.

조오옇다[조오여타 -___] 동 집어넣다. ①다른 사람이나 사물을 특정 장소 안에 들어가도록 하다. ¶【속담】넘우 입에 떡 조오옇기. =남의 입에 떡 집어넣기. ②사람이 다른 사람을 집단에 구성원이 되게 하다. ¶가아는 우리 핀에 조오옇었다. =걔는 우리 편에 집어넣었다. ③수감(收監)을 하다. ¶저런 넘은 감악소에 조오옇어야 데. =저런 놈은 감옥에 집어넣어야 돼. ☞따까옇다. 지이옇다. 집우옇다.

조오쪼가리[조~오쪼가리 ___-_] 명 종이쪽. 종이의 작은 조각. ¶너거 할배는 생진에 조오쪼가리 한나래도 애끼싰다. =너희 할아버지는 생전에 종이쪽 하나라도 아끼셨다.

조오차다[조~오차다 -_-_] 동 걷어차다. ①발을 들어서 물건을 세게 차다. ¶궁디이로 조오찼다. =엉덩이를 걷어찼다. ②복이나 기회를 받아들이지 않고 끊다. ¶굴루들온 복을 지 발로 조오찼다. =굴러들어온 복을 제 발로 걷어찼다.

조오터지다[-_-__] 동 얻어맞다. 주먹 따위로 두들김을 당하다. ¶【속담】마치로 조오터지고 홍두깨로 친다. =망치로 얻어맞고 홍두깨로 친다.

조오패다[-_-_] 동 들이패다. 마구 때리다. ¶히이가 썽이 나서 동상을 조오팼다. =형이 성이 나서 동생을 들이팼다.

조옷장[조~오짱 __-] 명 종잇장. ①종이의 낱장. ¶조옷장도 맞들마 낫다. =종잇장도 맞들면 낫다. ②핏기가 없이 창백한 얼굴빛을 비유적으로 이르는 말. ¶헛거로 보고 놀래서 얼굴이 조옷장겉이 허얘짔다. =헛것을 보고 놀라서 얼굴이 종잇장같이 하얘졌다

조우다[1][-__] 동 죄다. ☞디아다. 조아다. 쪼아다. 쪼우다.

조우다[2][-__] 동 조르다. ☞깝치다. 조라다. 조아다. 쪼라다. 쪼우다. 쫄라다.

조우다[3][-__] 동 무치다. ☞문치다. 조아다.

조지다[1][-__] 동 망치다. 해를 끼쳐 집안이나 단체를 멸망하게 하다. ¶【속담】서투룬 풍시가 집안 조진다. =서투른 풍수 집안만 망친다.

조지다[2][-__] 동 잡치다. ①일을 잘못하여 그르치다. ¶썽질이 더럽으마 큰일 조진다. =성질이 더러우면 큰일 잡친다. ②기분을 상하거나 망치다. ¶니 때미로 기분 조짔다. =너 때문에 기분 잡쳤다.

조지다[3][-__] 동 매조지다. 어떤 일의 끝을 단단히 단속하여 마무리하다. ¶이 일은 니일쭘치 조질 꺼 겉은데예. =이 일은 내일쯤에 매조질 것 같은데요.

조지다[4][-__] 동 패다. 몹시 때리다. ¶아아가 말로 안 들어서 조지낳았다. =애가 말을 안 들어서 패놓았다. ☞패딲다.

조짜[_-] 명 조쪽. 말하는 이가 듣는 이로

부터 멀리 있는 곳이나 방향을 가리키는 말. ¶너거는 조짜아 가 앉있거라. =너희들은 조쪽에 가서 앉아있어라. ☞조짝. 조쭈. 조쭉.

조짜로[_-_] 부 조쪽으로. 말하는 이가 듣는 이로부터 멀리 있는 곳이나 방향으로. ¶언자 조짜로 한분 가보입시더. =이제 조쪽으로 한번 가봅시다. ☞조짝우로. 조쭈로. 조쭉우로. 졸로.

조짜배기[__-_] 명 가짜배기(假---). '가짜'를 속되게 이르는 말. ¶진짠 줄 알고 조짜배기 물견을 사왔다. =진짜인 줄 알고 가짜배기 물건을 사왔다.

조짝[_-] 명 조쪽. ¶조짝에 오는 사램이 니고? =조쪽에 오는 사람이 누구니? ☞조짜. 조쭈. 조쭉.

조짝우로[조짜구로 _-_] 부 조쪽으로. ☞조짜로. 조쭈로. 조쭉우로. 졸로.

조쭈[_-] 명 조쪽. ☞조짜. 조짝. 조쭉.

조쭈로[_-_] 부 조쪽으로. ☞조짜로. 조짝우로. 조쭉우로. 졸로.

조쭉[_-] 명 조쪽. ☞조짜. 조짝. 조쭈.

조쭉우로[조쭈구로 _-__] 부 조쪽으로. ☞조짜로. 조짝으로. 조쭈로. 졸로.

조참[-_] 조 조차. ((흔히 체언 뒤에 붙어)) 이미 어떤 것이 포함되고 그 위에 더함의 뜻을 나타내는 보조사. ¶가아 이룸조참 잊아뿄다. =그 애 이름조차 잊어버렸다. ☞조창. 함부래.

조창[-_] 조 조차. ☞조참. 함부래.

조캐[--] 명 조카. 형제자매의 아들과 딸. ¶【속담】내 배 부르이 핑안 감사가 조캐 겉다. =내 배 부르니 평안 감사가 조카 같다.

조캐사우[__-_] 명 조카사위. 조카딸의 남편.

조캐쌓다[조캐싸타 _--_] 동 조러해쌓다. 앞말이 뜻하는 행동을 반복하거나 그 행동의 정도가 심함을 나타내는 말. ¶지가 아모리 조캐쌓아도 델 일인강. =제가 아무리 조러해쌓아도 될 일인가.

조푸[_-] 명 두부(豆腐). *'두부'를 '조푸'라 하는 것은 옛날 관가에 두부를 만들어 바치는 곳을 '조포소(造泡所)'라 했고, 능(陵)이나 원소(園所)에 속하여 나라 제사에 쓰는 두부를 맡아 만들던 절을 '조포사(造泡寺)'라 한 것에서 연유한 말이다. 조포<조푸<조피. ¶【속담】콩 가아 조푸 맨든다 캐도 안 곧이듣는다. =콩 가지고 두부를 만든다 해도 안 곧이듣는다. ☞더부. 조피.

조피[_-] 명 두부(豆腐). ☞더부. 조푸.

존암[_-] 명 존함(尊銜). 남의 이름을 높여 이르는 말. ¶너가부지 존암이 머꼬? =너희 아버지 존함이 뭐니?

존주라다[__-_] 동 조리하다(調理--). 건강이 회복되도록 몸을 보살피고 병을 다스리다. ¶미너리가 아아 놓고 친저어 존주라로 갔다. =며느리는 애 낳고 친정에 조리하러 갔다.

졸갑시럽다[__-__] 형 조급하다(早急--). ☞조굽하다.

졸갑지기다[__-__] 동 서두르다. 어떤 일을 급히 해내려고 조급하게 굴다. ¶졸갑지기지 말고 진지이 해라. =서두르지 말고 천천히 해라. ☞서두루다.

졸갑징[졸갑찡 _-_] 명 조급증(躁急症). ☞

ㅈ

조갑징. 조굴징. 졸굽징.

졸굽징[졸굽찡 _-_] 명 조급증(躁急症). ☞조갑징. 조굴징. 졸갑징.

졸로[-_] 부 조쪽으로. ¶읍내 갈라카마 졸로 가마 뎁미더. =읍내 가려하면 조쪽으로 가면 됩니다. ☞조짜로. 조짝으로. 조쭈로. 조쭉우로.

졸마[_-] 명 조놈. '저 사내아이'를 친근하고 귀엽게 이르는 말. ¶졸마는 커서 머 델랄강 모룰다. =조놈은 커서 뭐 될는지 모르겠다. ☞조넘.

졸움[조룸 _-] 명 졸음. ☞자불엄. 자불움. 조불움.

졸웁[조룹 -_] 명 졸업(卒業). ¶우리 손지는 버씨로 중핵교 졸웁했어예. =우리 손자는 벌써 중학교 졸업했어요.

졸웁맟다[조룹맏따 -_-_] 동 졸업하다(卒業--). ①학생이 규정에 따라 소정의 교과 과정을 마치다. ¶대학조로 졸웁맟았다. =대학교를 졸업했다. ②어떤 일이나 기술, 학문 따위에 통달하여 익숙해지다. ¶꼬치농사는 졸웁맟안 지가 운젠데예. =고추농사는 졸업한 지가 언젠데요.

졸웁씨기다[조룹씨기다 -_-__] 동 조련하다(調鍊--). 짐승을 거듭하여 가르쳐 훈련하다. ¶디기 나부대는 강새이로 졸웁씨깄다. =되게 나부대는 강아지를 조련했다.

좀[-] 명 ((동물))바구미. *창녕방언에서 일컫는 '좀'은 표준어에서 말하는 것과는 전혀 다른 곤충인 '바구미'를 뜻한다. ¶묵운쌀에 좀이 생깄다. =묵은 쌀에 바구미가 생겼다. ☞바기미.

좀묵다[좀묵따 --_] 동 좀먹다. 눈에 뜨이지 않게 조금씩 자꾸 해를 입히다. ¶【관용구】시월이 좀묵다. =세월이 좀먹다.

좀체로[__-] 부 좀처럼. ①(('안하다', '없다' 따위의 부정하는 말과 함께 쓰여)) 웬만해서는 어떤 행동을 하지 않음 또는 쉽게 어떤 일이 일어나지 않음을 나타내는 말. ¶비가 좀체로 멎을 거 겉지 안하다. =비가 좀처럼 멎을 것 같지 않다. ②((부정하는 말과 함께 쓰여)) 어지간해서는 어떤 일이 쉽게 일어나지 않음을 나타내는 말. ¶미칠 만에 이 만침 해낳기가 좀체로 심들다. =며칠 만에 이만큼 해놓기가 좀처럼 힘들다.

좀해[_-] 부 좀체. ((주로 '않다', '없다', '몬하다' 따위의 부정하는 말과 함께 쓰여)) 웬만해서는 어떤 행동을 하지 않음 또는 쉽게 어떤 일이 일어나지 않음을 나타내는 말. ¶오새는 맛입는 기이 좀해 없다. =요새는 맛있는 게 좀체 없다.

좀해가[__-] 부 좀해서는. 웬만해서는 어떤 행동을 하지 않음 또는 쉽게 어떤 일이 일어나지 않음을 나타내는 말. ¶내는 좀해가 늦이까 일나는 벱이 없다 =나는 좀해서는 늦게 일어나는 법이 없다.

종걸움[종거룸 _-_] 명 종종걸음. 발을 잇달아 재게 떼며 작은 보폭으로 바삐 걷는 걸음. ¶【관용구】종걸움울 하다. =종종걸음을 치다.

종내기[_-_] 명 종락(種落). 종류, 품종, 종자 따위를 이르는 본래 의미에서 와전되어 '말썽 피우는 아이'를 속되게 이르는 말. ¶저넘우 종내기들로 우짜꼬? =저놈의 종락들을 어찌할까?

종노롯[종노롣 _ _-] 명 종노릇. 종으로서의 할 바. 종처럼 행동하는 일. ¶【속담】종을 부릴라마 주인이 먼첨 종노롯을 해야 덴다. =종을 부리려면 주인이 먼저 종노릇을 해야 된다. ☞종노룻.

종노룻[종노룯 _ _-] 명 종노릇. ☞종노롯.

종목[-_] 명 손목. ((‘종목 지다’의 꼴로 쓰여)) 팔씨름을 할 때 강한 상대에게는 손목을 쥐어줄 때 쓰는 말이다. ¶종목 지주고 팔씨룸 한분 하까? =손목 쥐어주고 팔씨름 한번 할까? ☞소목. 소묵. 손묵.

종바리[_-_] 명 종발(鍾鉢). 중발보다는 작고, 종지보다는 조금 넓고 평평한 그릇. ¶쏘지 및 종바리 묵더마는 버씨로 치했나? =소주 몇 종발 먹더니 벌써 취했니?

종자나락[_ _-_] 명 볍씨. ☞씻나락.

종지기[_-_] 명 종지. 간장, 고추장 따위를 담아서 상(床)에 놓는 작은 그릇. ¶【속담】난제 꿀 한 종지기 더 무울라꼬 당장 엿 한 가락 안 무우까. =나중에 꿀 한 종지 더 먹으려고 당장 엿 한 가락 안 먹으랴.

좆나기[1][존나기 --_] 부 ≒힘껏. ‘힘껏’을 욕으로 하는 말. ¶좆나기 설칬더마는 언자 다해치았다. =힘껏 설쳤더니 이제 다해치웠다. ☞심껏. 심대로. 쎄빠지기. 씨빠지기. 좆빠지기.

좆나기[2][존나기 --_] 부 ≒몹시. ‘몹시’를 욕으로 하는 말. ¶영감재이인데 욕을 좆나기 얻어무윴다. =영감쟁이한테 욕을 몹시 얻어먹었다. ☞좆빠지기. 진딱.

좆빠지기[1][졷빠지기 ---_] 부 ≒힘껏. ‘힘껏’을 욕으로 하는 말. ☞심껏. 심대로. 쎄빠지기. 씨빠지기. 좆나기.

좆빠지기[2][졷빠지기 ---_] 부 ≒몹시. ‘몹시’를 욕으로 하는 말. ☞좆나기. 진딱.

좋기[1][조키 _-] 부 좋이. ①수량이나 부피가 넉넉하고 충분히. ¶글마는 돈냥이나 좋기 몯았다. =그놈은 돈냥이나 좋이 모았다. ②아무런 문제없이 편안히. ¶다암에 만날 때꺼정 좋기 지내거라. =다음에 만날 때까지 좋이 지내라. ③마음에 들어 흡족히. ¶자석이 공부할라 카는 거는 좋기 이이야지예. =자식이 공부하려는 것은 좋이 여겨야죠.

좋기[2][조키 _-] 부 좋게. *표준어 ‘좋게’는 ‘좋다’의 활용형의 하나이지만 창녕방언 ‘좋기’는 하나의 단어로 쓰이기도 한다. ¶【관용구】좋기 말할 때. =좋게 말할 때.

좋기하다[조키하다 _-_ _] 동 해결하다(解決--). 다투지 않고 좋게 마무리하다. ¶싸암하지 말고, 말로 좋기해라. =싸움하지 말고, 말로 해결해라. ¶이분 일마 좋기하마 뎁미더. =이번 일만 해결하면 됩니다. ☞빈지라다. 해갤하다. 해길하다.

좋다[조타 _-] 동 줍다. ①바닥에 떨어지거나 흩어져 있는 것을 집다. ¶그런 거는 좋지 마라. =그런 것은 줍지 마라.

②남이 분실한 물건을 집어 지니다. ¶질에 널찐 돈을 좋오 챙깄다. =길에 떨어진 돈을 주워 챙겼다. ③버려진 아이를 키우기 위하여 데려오다. ¶좋오온 아아로 지 자석매이로 키았습미더. =주워온 아이를 제 자식처럼 키웠습니다. *좋고[조코 _-], 좋지[조치 _-], 좋오야[조오야 -__], 좋옸다[조온따 -__]. ☞줏다.

좋다카다[조타카다 __-_] 동 좋아하다. ①다른 사람을 애틋한 감정을 가지고 아끼고 위하거나 친하게 여기다. ¶【속담】심사(心思)가 좋아도 이우지 불붙는 거 보고 좋다칸다. =심사가 좋아도 이웃 불붙는 것 보고 좋아한다. ②일이나 사물을 상대로 마음이 기울거나 호의를 가지다. ¶【속담】대애지는 꾸정물로 좋다칸다. =돼지는 흙탕물을 좋아한다. ③어떤 음식을 특별히 좋아하다. ¶저 아재는 송에휘로 좋다캅미더. =저 아저씨는 붕어회를 좋아합니다. ④남의 어리석은 말이나 행동을 비웃거나 빈정거릴 때 하는 말. ¶일등 좋다카시네. 꼰또나 하지 마래이. =일등 좋아하시네. 꼴찌나 하지 마라.

좋운날[조운날 __-] 명 좋은날. 기쁘고 경사스러운 일이 생기는 날. ¶이래 좋운날 와 우능교? =이리 좋은날 왜 웁니까?

좽일[-_] 명 종일(終日). ¶【속담】쏘내기 좽일 오까이. =소나기 종일 오랴. ☞쟁일. 하로점두룩. 하리점두룩.

주개[_-] 명 주걱. 밥 따위를 푸는 도구. *죽[拾]+애<주개. ¶【속담】넘우 떡에 주개 들고 딤빈다. =남의 떡에 주걱 들고 덤빈다. ¶【속담】이뿌지 안한 개이가 주개 물고 조앙[竈王]에 오룬다. =예쁘지 않은 고양이가 주걱 물고 조왕에 오른다. ☞주국. 주기.

주국[_-] 명 주걱. *죽[拾]+애<주개<주국. ☞주개. 주기.

주국턱[_-_] 명 주걱턱. 끝이 길고 밖으로 굽어서 주걱처럼 생긴 턱. 또는 그런 턱을 가진 사람을 놀림조로 이르는 말.

주군깨[_-_] 명 주근깨. ☞까마딱지. 까무딱지.

주군깨투시이[주군깨투시~이 _-__-_] 명 주근깨투성이.

주기[_-] 명 주걱. ☞주개. 주국.

주디이[주디~이 _-_] 명 주둥이. ①사람의 입을 속되게 이르는 말. ¶【관용구】주디이로 놀리다. =주둥이를 놀리다. ¶【속담】조상 덕은 몬 입우도 주디이 덕은 입는다. =조상 덕은 못 입어도 주둥이 덕은 입는다. ②병이나 그릇에서, 안에 담긴 것을 쉽게 따르기 위해 좁고 길쭉하게 만든 부분. ¶장도가지 주디이. =장독 주둥이. ☞입주디이.

주롬[-_] 명 주름. ①피부가 쇠하여 생긴 잔줄. ¶눈가세에 주롬이 많네예. =눈가에 주름이 많네요. ②종이나 옷감 따위의 구김살. 옷의 폭 따위를 접어서 줄이 지게 한 것. ¶이 옷을 대리서 주롬을 피낳아라. =이 옷을 다려서 주름을 펴놓아라. ☞주룸.

주롬살[주롬쌀 _-_] 명 주름살. ☞주룸살.

쭈굴사리. 쭈굴살.

주롬살지다[주롬쌀지다 _-___] 동 주름살지다. ☞주룸살지다. 쭈굴사리지다. 쭈굴살지다.

주롬잡다[-___] 동 주름잡다. ①옷을 주름이 지게 하다. ¶다리비로 옷에 주롬잡았어예. =다리미로 옷에 주름잡았어요. ②어떤 장소나 단체를 마음대로 움직이다. ¶가아가 학조에서 주롬잡는다. =걔가 학교에서 주름잡는다. ③그 분야의 전문가 앞에서 주제넘게 잘난 척하다. ¶【속담】뻔디기 앞에서 주롬잡는다. =번데기 앞에서 주름잡는다. ☞주룸잡다.

주롬지다[-___] 동 주름지다. 피부나 옷, 종이 따위가 잔줄이 진 금이 생기다. ¶눕웠다가 일났더마는 양복이 금상 주롬짔다. =누웠다가 일어났더니 양복이 금방 주름졌다. ☞주룸지다.

주롬처매[___-] 명 주름치마. ☞주룸처매.

주루[--] 부 주로(主-). 기본으로 삼거나 특별히 중심이 되게. ¶저 밭에는 주루 뱁차로 심습미더. =저 밭에는 주로 배추를 심습니다. ☞주장.

주룸[-_] 명 주름. ☞주롬.

주룸살[주룸쌀 _-_] 명 주름살. ☞주롬살. 쭈굴사리. 쭈굴살.

주룸살지다[주롬쌀지다 _-___] 동 주름살지다. ☞주롬살지다. 쭈굴사리지다. 쭈굴살지다.

주룸잡다[-___] 동 주름잡다. ☞주롬잡다.

주룸지다[-___] 동 주름지다. ☞주롬지다.

주룸처매[___-] 명 주름치마. ☞주롬처매.

주룸투시이[주룸투시~이 -__-_] 명 주름투성이. ¶우짜다가 옷이 주룸투시이가 데뺐노? =어쩌다가 옷이 주름투성이가 되어버렸나? ☞쭈굴망태.

주룽주룽[___-] 부 주렁주렁. ①큰 열매 따위가 많이 매달려 있는 모양을 나타내는 말. ¶포도싱이가 주룽주룽 달렸다. =포도송이가 주렁주렁 달렸다. ②사람들이 많이 딸려 있다. ¶자석들이 주룽주룽 달렸다. =자식들이 주렁주렁 달렸다.

주리[-_] 명 거스름돈. *일본어 '쯔리센(つりせん)'에서 온 말. ☞끝따리. 남운돈.

주무이[주무~이 _-_] 명 주머니. ¶【속담】떨어진 주무이에 어패 들었다. =떨어진 주머니에 어패 들었다. ☞쪼마이.

주무잇돈[주무~이똔 _-__] 명 주머닛돈. 주머니 안에 든 돈. ¶【속담】주무잇도이 쌈지돈. =주머닛돈이 쌈짓돈. ¶【속담】영감 주무잇돈은 내 돈, 아들 주무잇돈은 사돈 돈. =영감 주머닛돈은 내 돈, 아들 주머닛돈은 사돈 돈. ☞쪼마잇돈.

주묵[_-] 명 주먹. ①손가락을 모두 오므려 쥔 손. ¶【속담】주묵이 운다. =주먹이 운다. ¶【속담】주묵우로 물 찡기. =주먹으로 물 찧기. ②물리적인 힘이나 폭력, 폭력배를 비유적으로 이르는 말. ¶【속담】주묵이 앞선다. =주먹이 앞선다. ¶【속담】법뽀다마 주묵이 가죽다. =법보다는 주먹이 가깝다. ③한 손에 쥘 만한 분량을 세는 단위. ¶【관용구】좁쌀 한 주묵도 몬 징길 넘. =좁쌀 한

ㅈ

주먹도 못 지닐 놈.

주묵감[주묵깜 _-_] 명 평핵무(平核無). *'주묵감'은 감의 한 종류로, 마치 주먹처럼 생긴 데에서 유래한 이름.

주묵구구[_-__] 명 주먹구구(--九九). 정확하지 않고 대충 어림잡아 하는 계산. ¶【관용구】주묵구구로 기산하다. =주먹구구로 계산하다. ¶【속담】주묵구구에 박 터진다. =주먹구구에 박 터진다.

주묵다짐하다[__-___] 동 주먹다짐하다. ①주먹으로 때리다. ¶저거찌리 주묵다짐했다. =저희끼리 주먹다짐했다. ②함부로 윽박지르다. ¶아아인데 고래 주묵다짐하지 마래이. =아이한테 고렇게 주먹다짐하지 마라.

주묵심[_-_] 명 주먹심. 주먹으로 때리거나 쥐는 힘. ¶【관용구】주묵심이 씨다. =주먹심이 세다.

주묵질[주묵찔 _-_] 명 주먹질. 주먹을 휘둘러 위압하거나 때리는 짓. ¶【속담】어둡운 밤에 주묵질. =어두운 밤에 주먹질.

주물딱주물딱[__-__-] 부 주물럭주물럭. ¶너물에 깨소곰을 옇어가아 주물딱주물딱 문치낳았다. =나물에 깨소금을 넣어서 주물럭주물럭 무쳐놓았다. ☞주물주물. 쭈물딱쭈물딱. 쭈물쭈물.

주물라다[__-_] 동 주무르다. ①손으로 어떤 물건이나 몸뚱이 따위를 쥐었다 놓았다 하면서 자꾸 만지다. ¶【관용구】딩기떡겉이 주물란다. =개떡같이 주무른다. ②자그마한 빨래를 빨기 위하여 손으로 비비거나 쥐어짜다. ¶팔에 심줄이 생길 만치 빨래로 주물라고 있다. =팔이 힘줄이 생길 만큼 빨래를 주무르고 있다. ③다른 사람이나 일 따위를 제 마음대로 다루거나 놀리다. ¶처갓집 재산을 지 신대로 주물랐다. =처갓집 재산을 제 신명대로 주물렀다. ☞쭈물라다.

주물주물[_-_-] 부 주물럭주물럭. ☞주물딱주물딱. 쭈물딱쭈물딱. 쭈물쭈물.

주봉[_-] 명 바지. *프랑스어 '즈봉[jupon]'. ¶【속담】넘우 주봉 입고 춤치기. =남의 바지 입고 춤추기. ¶【속담】주봉 벗이고 환도 찬 객이다. =바지 벗고 환도 찬 격이다. ☞주우.

주산[-_] 명 수판(數板). 셈을 놓는 데 쓰는 기구의 하나.

주산알[-_-] 명 수판알(數板-). ¶【관용구】주산알로 팅가다. =수판알을 튕기다.

주색잭기[주색재끼 _---] 명 주색잡기(酒色雜技). 술과 여자와 노름을 아울러 이르는 말. ¶【속담】주색잭기에 패가망신 안 하는 넘 없다. =주색잡기에 패가망신 안 하는 놈 없다

주서대다[-_-_] 동 주워대다. 말을 생각이나 논리가 없이 이것저것 끌어대어 말하다. ¶아재가 데도 안한 말로 주서댄다. =아저씨가 되지도 않은 말을 주워댄다. ☞조오대다.

주야장철[--_-] 명 주야장천(晝夜長川). 밤낮으로 쉬지 아니하고 연달아. ¶우리 부몬님은 주야장철 자석 걱정뿌이다. =우리 부모님은 주야장천 자식 걱정뿐이다.

주우[1][주~우 _-] 명 바지. *표준어 '중의'는 '남자의 여름 홑바지'를 뜻하지만 창녕지역에서는 '바지'를 통틀어서 지칭하는 말로 두루 사용한다. *중의<중우<주우. ☞주봉.

주우[2][주~우 --] 부 중에(中-). 둘 이상에서 어떤. ¶이 둘 주우 어넌 기이 더 무굽노? =이 둘 중에 어느 게 더 무겁니?

주우가래이[주~우가래~이 _-_-_] 명 바짓가랑이. ☞바짓가래이.

주운자[_-_] 명 주전자(酒煎子). ¶주운자 가아 가서 탁주 한 디 사온나. =주전자 갖고 가서 탁주 한 되 사오너라. ☞주준자.

주장[--] 부 주로(主-). *주(주로)+장(항상). ¶인날에는 큰일로 칠 때 주장 대애지로 잡아가 썼다. =옛날에는 큰일을 치를 때 주로 돼지를 잡아서 썼다. ☞주루.

주전입[_-_] 동 주전부리. 끼니 외에 떡이나 과일, 과자 따위의 군음식을 먹음. ¶주전입 하마 밥정없다. =부전부리 하면 밥맛없다.

주준자[_-_] 명 주전자(酒煎子). ☞주운자.

주지[1][-_] 명 송이. ①열매가 따로따로 다른 꼭지에 달린 과일 한 덩이. ¶포도 주지가 묵움직시럽기 익었다. =포도송이가 먹음직스럽게 익었다. ②열매 덩이를 세는 단위. ¶머리 열 시 주지. =머루 열 세 송이. ☞시이. 싱이.

주지[2][_-] 명 넉살. 말과 행동에서 드러나는 의외의 지나침.

주지껍띠기[___-_] 명 나무껍질. ¶【속담】나무장시 하고 나마 주지껍디기래도 남는다. =나무장사 하고 나면 나무껍질이라도 남는다.

주지넓다[주지널따 __-_] 형 넉살좋다. 말과 행동이 의외로 지나치다. *'주지넓다'는 긍정적인 의미와 부정적인 의미로 두루 쓰인다. ¶자아는 보기카마 주지넓다. =쟤는 보기보다 넉살좋다. ¶절마는 주지넓어서 굶우죽지는 안 할끼다 =저놈은 넉살좋아서 굶어죽지는 않을 것이다. *주지넓고[주지널꼬 __-_], 주지넓지[주지널찌 __-_], 주지넓어야[주지널버야 __-__], 주지넓었다[주지널번따 __-__].

주지앉다[주지안따 __-_] 동 주저앉다. ①서 있던 자리에 그대로 힘없이 앉다. ¶【속담】넘 눈 똥에 주지앉고 애매한 뚜끼비 떡돌에 칭긴다. =남 눈 똥에 주저앉고 애매한 두꺼비 떡돌에 치인다. ¶【속담】지가 눈 똥에 지가 주지앉는다. =제가 눈 똥에 제가 주저앉는다. ☞퍼지앉다. ②일정한 곳에 그대로 자리 잡고 살다. ¶이 동네에 주지앉있다. =이 동네에 주저앉았다. ③자세를 낮게 하다. ¶【속담】멀기 띠는 깨구리가 마이 주지앉는다. =멀리 뛰는 개구리가 많이 주저앉는다. ④하던 일이 힘에 겨워 도중에 그만두다. ¶여어서 주지앉이서 데겠나? =여기서 주저앉아서 되겠니? ⑤감정 따위가 수그러지다. ¶【관용구】썽이 주지앉다. =성이 주저앉다.

주지앉하다[주지안차다 ___-_] 동 주저앉히다. 주저앉게 하다. '주저앉다'의 사

ㅈ

동사. ¶【속담】똥 눈 넘 주지앉한다. =똥 눈 놈 주저앉힌다.

주지하다[_ _-_] 동 주저하다(躊躇--). ☞만종기리다.

주책바가치다[--_-_ _] 형 주책없다. 일정한 줏대가 없이 이랬다저랬다 하여 몹시 실없다. ¶저 아주매는 아모리 바도 주책바가치다. =저 아줌마는 아무리 봐도 주책없다.

주축돌[주축똘 --_] 명 주춧돌. ①건물의 기초를 튼튼히 하기 위해 기둥 밑에 괴는 돌. ¶집 짓는 일꾼들이 터로 딲고 주축돌을 박았다. =집을 짓는 일꾼들이 터를 닦고 주춧돌을 박았다. ②어떤 일의 근본이 되는 중요한 것을 비유적으로 이르는 말. ¶니는 우리 집안에 주축돌이다. =너는 우리 집안의 주춧돌이다. ☞주칫돌. 지칫돌.

주칫돌[주치똘 --_] 명 주춧돌. ☞주축돌. 지칫돌.

죽고살기로[-_ _ _ _] 부 죽자사자. 죽을힘을 다하여. ¶처자석 안 굶가쥑일라꼬 죽고살기로 일 했지예. =처자식 안 굶겨죽이려고 죽자사자 일했죠.

죽눈소리[죽눈쏘리 _ _-_] 명 죽는소리. 엄살을 부리는 소리. ¶아푸다꼬 죽눈소리로 하네. =아프다고 죽는소리를 하네.

죽눈시늉[_ _ _-] 명 죽는시늉. 변변찮은 고통이나 곤란에 대하여 엄살을 부리는 몸짓. ¶어매가 돈 없다고 죽눈시늉을 합미더. =어머니가 돈 없다고 죽는시늉을 합니다.

죽신[_-] 명 죽순(竹筍). ¶【관용구】비 온 디에 죽신 자라덧기. =비 온 뒤에 죽순 자라듯.

죽우라꼬[주구라꼬 -_ _ _] 부 죽으라고. ①죽기로 기를 쓰고. ¶【관용구】죽우라꼬 하다. =죽으라고 하다. ☞죽자꼬. ②죽기를 바라며. ¶【속담】씨이미 죽우라꼬 축수했더마는 보리바아 찧을 때에 새앵킨다. =시어미 죽으라고 축수했더니 보리방아 찧을 때에 생각난다. ¶【속담】한집에 늙으이가 둘이마 서리 죽우라꼬 떠민다. =한집에 늙은이가 둘이면 서로 죽으라고 떠민다. ☞죽자꼬.

죽우지내다[주구지내다 -_ _ _ _] 동 죽어지내다. 남에게 눌려 기를 못 펴고 지내다. ¶실컨 머라캐나이 아아가 죽우지냅미더. =실컷 야단쳐놓으니 애가 죽어지냅니다.

죽울동살동[주굴똥살똥 -_ _ _-] 부 죽을둥살둥. 있는 힘을 다하여 마구 덤비는 모양을 나타내는 말. 또는 다른 일은 제쳐두고 한 가지 일에만 매우 몰두하는 모양을 나타내는 말. ¶젊웄을 쩍에는 죽울동살동 모루고 일마 했어예. =젊었을 적에는 죽을둥살둥 모르고 일만 했어요.

죽울빙[주굴삥 -_ _] 명 죽을병(--病). 살아날 가망이 없는 병. ☞디질빙.

죽울상[주굴쌍 -_ _] 명 죽을상(--相). 거의 죽을 지경이 된 얼굴. 또는 그런 표정. ¶【관용구】죽울상을 씨다. =죽을상을 짓다.

죽울심[주굴심 -_ _] 명 죽을힘. 죽기를 각오하고 쓰는 힘. ¶【관용구】죽울심을 씨다. =죽을힘을 쓰다.

죽울제[주굴제 -_ _] 명 죽을죄(--罪). 죽어 마땅한 큰 죄. ¶내가 먼 넘우 죽울제로 지있다꼬 그카노? =내가 무슨 놈의 죽을죄를 지었다고 그러니? ☞죽울지.

죽울지[주굴지 -_ _] 명 죽을죄(--罪). ☞죽울제.

죽움[주굼 -_] 명 죽음. 죽는 일. ¶【속담】죽움에 노소 없다. =죽음에 노소 없다. ¶【속담】늙어 고적(孤寂)한 거는 죽움보담 시 갑절 무굽다. =늙어서 고적한 것은 죽음보다 세 갑절 무겁다.

죽자꼬[죽짜꼬 -_ _] 부 죽으라고. 죽기로 기를 쓰고. ¶【관용구】죽우라꼬 하다. =죽으라고 하다. ☞죽우라꼬.

줄댓보[줄때뽀 --_] 명 횃댓보(--褓). 횃대에 걸어 놓은 옷을 덮는 보자기. ¶줄댓보에 미굼이 허옇기 앉힜다. =횃댓보에 먼지가 뽀얗게 앉혔다.

줄때[--] 명 ((식물))줄.

줄땡기기[--_ _] 명 줄다리기. 여러 사람이 양편으로 갈려서 굵은 밧줄을 마주 잡아당겨 승부를 겨루는 민속놀이. ¶삼일절이 데마 창녕 영산서 해마당 줄땡기기로 크기 한다. =삼일절이 되면 창녕 영산에서 해마다 줄다리기를 크게 한다.

줄똥[--] 명 산똥. 배탈이 나서 먹은 것이 제대로 소화되지 못하고 나오는 똥. ¶【관용구】줄똥을 싸다. =산똥을 누다. ☞쌩똥.

줄말타기[--_ _] 명 말뚝박기. 아이들 놀이의 하나. 여러 명의 술래가 기차처럼 이어진 상태로, 앞 아이의 다리 사이에 머리를 집어넣고 반쯤 구부린 상태에서 등에 올라타는 놀이.

줄아다[주라다 _-_] 동 줄이다. ①무엇의 수효나 규모 따위를 적어지게 하다. ¶내닌부텀은 일로 줄아야 델다. =내년부터는 일을 줄여야 되겠다. ②길이나 넓이 따위를 이전보다 작은 상태로 되게 하다. ¶오매가 내 옷을 줄아서 동상인데 입힜다. =어머니가 내 옷을 줄여서 동생한테 입혔다. ③힘이나 속력 따위를 본디보다 못하게 하다. ¶차 속도로 쫌 줄아라. =차 속도를 좀 줄여라. ④살림의 규모를 본디보다 못하게 하다. ¶언자는 살림을 줄알란다. =이제는 살림을 줄이련다. ⑤시간이나 여유를 적게 하다. ¶얼매나 바뿌마 밥 묵는 시간도 줄았디나? =얼마나 바쁘면 밥 먹는 시간도 줄였더냐? ⑥소리 따위의 크기를 적어지게 하다. ¶테레비 소리 쫌 줄아라. =텔레비전 소리 좀 줄여라. ☞쫄아다.

줄우들다[주루들다 -_ _ _] 동 줄어들다. ☞깝아들다. 쫄우들다.

줄우지다[주루지다 -_ _ _] 동 줄어지다. ☞깝아지다. 쫄우지다.

줄창[--] 부 줄곧. 끊임없이 죽 잇달아. ¶학조서 집에꺼정 줄창 띠왔다. =학교에서 집에까지 줄곧 뛰어왔다.

줌치[-_] 명 두루주머니. 허리에 차는 작은 주머니의 하나. ¶【속담】줌치 도이 쌈짓도이다. =두루주머니 돈이 쌈짓돈이다.

ㅈ

줏다[줃따 _-] 동 줍다. *표준어 '줍다'와는 달리 창녕방언 '줏다'는 규칙활용을 하는 동사이다. ①바닥에 떨어지거나 흩어져 있는 것을 집다. ¶【속담】참지름 엎지고 깨 줏는다. =참기름 엎지르고 깨 줍는다. ¶【속담】쏟은 쌀은 줏어도 쏟은 말은 몬 줏는다. =쏟은 쌀은 주워도 쏟은 말은 못 줍는다. ②남이 분실한 물건을 집어 지니다. ¶돈을 줏어가아 누인데 줐노? =돈을 주워서 누구한테 줬니? ③버려진 아이를 키우기 위하여 데려오다. ¶줏운 아아로 잘 키았습미더. =주운 아이를 잘 키웠습니다. ④이것저것 되는 대로 취하거나 가져오다. ¶말이라꼬 노오는 대로 줏어서 싱긴다. =말이라고 나오는 대로 주워서 섬긴다. *줏고[줃꼬 _-], 줏지[줃찌 _-], 줏어야[주서야 -__], 줏었다[주섣따 -__]. ☞좋다.

중[_] 명 무지(無知). 어떤 일에 대해서 알지 못함. ¶니는 기게 만치는 데는 중이제? =너는 기계 만지는 데는 무지하지?

중너미[_-_] 명 중노미. 음식점이나 술집 같은 곳에서 허드렛일을 하는 사람.

중년[_-] 명 근자(近者). 요 얼마 되는 동안. ¶중년에는 소벌에 새가 마이 날아옵미더. =근자에는 우포늪에 새가 많이 날아옵니다.

중노롯[중노롣 __-] 명 중노릇. 중으로서 처신하며 행동하는 일. ¶【속담】내 몸이 중이마 중노롯을 해야 덴다. =내 몸이 중이면 중노릇을 해야 된다. ☞중노룻.

중노룻[중노룯 __-] 명 중노릇. ☞중노롯.

중늙으이[중늘그~이 _-__] 명 중늙은이(中---). 젊지도 아니하고 아주 늙지도 아니한 사람. 또는 조금 늙은 사람. ¶【속담】보리누룸에 중늙으이 얼어 죽는다. =보리누름에 중늙은이 얼어 죽는다.

중신애비[중시내비 __-_] 명 중매쟁이(仲媒--). *표준어에서는 여자가 중매를 하면 '중신어미'가 되고 남자가 중매를 하면 '중신아비'가 된다. 그러나 창녕방언에서는 중신(중매)을 남자가 하든 여자가 하든 똑같이 '중신애비'라 한다. 따라서 창녕방언의 중신애비는 '중신아비'라는 뜻이 아니라 '중매쟁이'를 일컫는다. ¶【속담】자석이 가년하마 부모가 반 중신애비 덴다. =자식이 과년하면 부모가 반 중매쟁이 된다.

중씨[-_] 명 맷돌중쇠(--中-). 중쇠. 맷돌의 위짝과 아래짝 한가운데 박는 쇠. ¶【속담】맷돌은 중씨마 잘 무우마 덴다. =맷돌은 중쇠만 잘 먹으면 된다.

중씨구녕[-__-] 명 중쇠구멍(中---). ☞중씨구뇽. 중씨구뭉. 중씨구중.

중씨구뇽[-__-] 명 중쇠구멍(中---). ☞중씨구녕. 중씨구뭉. 중씨구중.

중씨구뭉[-__-] 명 중쇠구멍(中---). ☞중씨구녕. 중씨구뇽. 중씨구중.

중씨구중[-__-] 명 중쇠구멍(中---). ☞중씨구녕. 중씨구뇽. 중씨구뭉.

중씨암넘[-_--] 명 암쇠. ☞우째기. 쫑패.

중치[_-] 명 ((동물))강준치(江--).

중학조[중학쪼 -__] 명 중학교(中學校). ¶우리 손지는 중학조 댕기예. =우리 손자는 중학교 다녀요. ☞중핵교. 중핵조.

중핵교[중핵꾜 -__] 명 중학교(中學校). ☞중학조. 중핵조.

중핵조[중핵쪼 -__] 명 중학교(中學校). ☞중학조. 중핵교.

쥑이다[쥐기다 -__] 동 죽이다. ①사람이 생물의 목숨을 끊어지게 하다. ¶【속담】쥑일 넘도 믹이고 쥑인다. =죽일 놈도 먹이고 죽인다. ¶【속담】선무당이 사람 쥑인다. =선무당이 사람 죽인다. ②숨소리나 하품 따위를 억눌러 내지 않게 하다. ¶아아들이 모도 숨울 쥑이고 선상님 이약을 들었다. =아이들이 모두 숨을 죽이고 선생님 이야기를 들었다. ③기운이나 생기 따위를 누그러지게 하거나 없애다. ¶똥고집 좀 쥑이고 내 말 들어보이소. =똥고집 좀 죽이고 내 말을 들어보세요. ④색깔이나 특성 따위를 어떤 대상에서 없어지게 하다. ¶여룸철 옷은 어둡운 색은 쥑이고 밝은 색을 살리야 덴다. =여름철 옷은 어두운 색을 죽이고 밝은 색을 살려야 된다. ⑤불이나 불빛을 꺼지게 하다. ¶부석에 불씨로 말키 쥑있다. =부엌의 불씨를 모두 죽였다. ⑥날카롭거나 뻣뻣한 것을 무디게 하거나 부드럽게 하다. ¶아아가 다칠지도 모룬께네 탁자 테가리 쫌 쥑이주우이소. =아이가 다칠지 모르니까 탁자 모서리 좀 죽여주세요. ⑦속력을 느리게 하다. ¶차 속도로 쥑이라. =차 속도를 죽여라. ⑧기계 등 움직이는 것을 멈추게 하다. ¶깅운기로 쥑이 낳았다. =경운기를 죽여 놓았다. ⑨시간을 보내거나 소비하다. ¶할 일이 없어서 시간마 쥑이고 있다. =할일이 없어서 시간만 죽이고 있다. ☞골로 보내다. 직이다.

지[1][_] 명 자기(自己). 당사자 자신. ¶【속담】지 똥 꾸룽내는 모른다. =자기 똥 구린내는 모른다. ¶【속담】중이 지 머리 몬 깎는다. =중이 자기 머리 못 깎는다. ☞자개. 재개. 저거.

지[2][_] 명 제. '자기(自己)'의 준말. ¶【속담】지 버릇 개주까이. =제 버릇 개주랴.

지[3][_] 명 죄(罪). ☞제.

지[4][-] 명 ((동물))쥐. ¶【관용구】지 죽운 듯기. =쥐 죽은 듯이. ¶【속담】지 무울 꺼는 없어도 사우 무울 꺼는 있다. =쥐 먹을 건 없어도 사위 먹을 건 있다. ¶【속담】물우라 카는 지는 안 물고 넘우 씨암딱 문다. =물라고 하는 쥐는 안 물고 남의 씨암탉 문다. ¶【속담】도가지 안에 들은 지다. =독 안에 든 쥐다.

지[5][-] 명 쥐. 몸의 한 부분에 경련이나 마비가 일어나는 현상. ¶【속담】몬난 다리에 지가 난다. =못난 다리에 쥐가 난다.

지[6][_] 명 줄. ((용언의 관형사형 어미 '-은', '-는', '-을'의 뒤에 쓰여)) 어떤 사실이나 사태를 나타내는 말. ¶【관용구】죽는 지 사는 지 모른다. =죽는 줄 사는 줄 모른다. ¶【속담】호래이 날기기 묵눈 지는 다 안다. =호랑이 날고기 먹는 줄은 다 안다. ¶【속담】늦이까 시작한 도독이 새북 다 가는 지 모룬다. =늦게 시작한 도둑이 새벽 다 가는 줄 모른다.

지[7][_] 조 의. ((체언의 뒤에 붙어)) 선행하는 체언이 후행하는 체언의 수량이나 정도를 나타내는 관형격 조사. ¶삼분지 일. =삼분의 일. ☞우.

-지[_] 어 -져. ((용언의 어간에 붙어)) 뒤에 오는 용언을 연결하는 어미. ¶구디이에 빠진 거를 건지냈다. =구덩이에 빠진 것을 건져냈다. ¶이 동네캉 저 동네는 잇아지 있다. =이 동네와 저 동네는 이어져 있다.

지각각[지가깍 __-] 명 제각각(-各各). 저마다 다 따로따로. ¶【속담】눈 묵던 토까이 얼움 묵던 토까이 지각각이다. =눈 먹던 토끼 얼음 먹던 토끼 제각각이다.

지객[-_] 명 제격(-格). 정도나 신분에 알맞은 격식. ¶【속담】무덕찐 입에는 들깨묵이 지객이다. =무드럭진 입에는 들깻묵이 제격이다.

지갱[_-] 명 지경(地境). ((관형사나 어미 뒤에 쓰여)) 어떠한 처지나 형편. ¶우야다가 이 지갱이 댔노? =어쩌다 이 지경이 됐니? ☞지깅.

지게작지[__-_] 명 지겟작대기. 지게를 받쳐서 세우는 긴 막대기.

지구녕[__-] 명 쥐구멍. ①쥐가 드나드는 구멍. ¶【속담】지구녕에도 벹들 날이 있다. =쥐구멍에도 볕들 날이 있다. ②몸을 숨길만한 최소한의 공간을 비유적으로 이르는 말. ¶【속담】지구녕으로 소 몰라 칸다. =쥐구멍으로 소를 몰려고 한다. ¶【속담】지구녕에 홍살문 시알라 칸다. =쥐구멍에 홍살문 세우려 한다. ☞지구늉. 지구뭉.

지구늉[__-] 명 쥐구멍. ☞지구녕. 지구뭉.

지구뭉[__-] 명 쥐구멍. ☞지구녕. 지구늉.

지구실[-__] 명 제구실. 자기가 마땅히 해야 할 일이나 책임. ¶【속담】허새비도 지구실은 한다. =허수아비도 제구실은 한다.

지기[_-] 명 제기(祭器). 제사에 쓰는 그릇. ¶이전에는 젯장 가리로 지기 딲았다. =예전에는 기왓장 가루로 제기 닦았다.

지기기[__-] 명 쥐치 고기. 바닷물고기인 쥐치로 만든 고기.

지기다[-__] 동 부리다. 행동이나 성질 따위를 계속 드러내거나 보이다. ¶난리지기다(난리치다). ¶빈덕지기다(변덕부리다). ¶용심지기다(용심부리다). ☞지이다. 처지이다.

지기미[1][_-_] 명 비듬. 살가죽, 특히 두피(頭皮)에 생기는 회백색의 잔 비늘.

지기미[2][_-_] 감 네미. 몹시 못마땅하여 욕으로 하는 말. ☞니기미. 니미. 떡을 할. 씨발. 씨부랄.

지깅[_-] 명 지경(地境). ☞지갱.

지까이[지까~이 _-_] 관 제까짓. 화가 나서 푸념으로 하는 말. ¶저 꼬라지 주제에 지까이 끼 알마 얼매나 알까이. =제 꼴 주제에 제까짓 게 알면 얼마나 알까. ☞지까짓. 지깐.

지까짓[지까짇 _-_] 관 제까짓. ☞지까이. 지깐.

지깐[_-] 관 제까짓. ☞지까이. 지까짓.

지껄지기다[__-__] 동 지껄이다. 아무렇

게나 함부로 이야기하다. ¶【속담】안다이 이민지 지껄지기기도 잘 한다. =안다니 어미인지 지껄이기도 잘 한다. ☞지끼다.

지껄타다[1][__-_] 동 알아보다. 대상의 가치나 능력, 뜻 따위를 헤아려 이해하거나 분간하다. ¶【속담】입이 먼첨 지껄탄다. =입이 먼저 알아본다. ¶【속담】개도 지 주인 지껄탄다. =개도 제 주인 알아본다.

지껄타다[2][__-_] 동 ≒병치레하다(病----). 한 종류의 농작물을 이어짓기해서 병에 걸리다. ¶참이가 지껄타서 올개는 영 파입미더. =참외가 병치레해서 올해는 영 좋잖습니다. ☞빙치리하다.

지껌[--] 명 지금(只今). 말하는 바로 이때. ¶【속담】인날에는 절하기 바빴고 지껌은 절 받기 바뿌다. =옛날은 절하기 바빴고 지금은 절 받기 바쁘다.

지꼬랑대이[지꼬랑대~이 ___-_] 명 쥐꼬리. ①쥐의 꼬리. ¶【속담】지꼬랑대이는 송굿집으로나 씨지. =쥐꼬리는 송곳집으로나 쓰지. ②매우 적은 것을 비유적으로 이르는 말. ¶【관용구】아심찮은 마움은 지꼬랑대이만치도 안 든다. =안심찮은 마음은 쥐꼬리만큼도 안 든다.

지끼다[-__] 동 지껄이다. ☞지껄지기다.

지나깨나[_--_] 부 도나캐나. ☞또나개나.

지난분[_--] 명 지난번(--番). 말하는 때 이전의 지나간 차례나 때. ¶지난분에 본께네 개않던데예. =지난번에 보니까 괜찮던데요.

지날[1][-_] 명 제날. 미리 때를 정하여 둔 날. ¶지사는 반다시 지날 지내야 뎁미더. =제사는 반드시 제날 지내야 됩니다.

지날[2][-_] 명 당일(當日). 일이 있는 바로 그날. ¶여름 음석은 장만하마 지날 무우야 덴다. =여름 음식은 장만하면 당일 먹어야 된다.

지날지날[-_-_] 부 그날그날. 해당하는 그 날짜마다. ¶지 할일로 지날지날 안 하고 머했디노? =제 할 일을 그날그날 하지 않고 뭐했니?

지날짜[-__] 명 제날짜. 미리 때를 정하여 둔 날. 또는 기한이 꽉 찬 날. ¶채애간 돈은 지날짜에 갚읍시더. =빌려간 돈을 제날짜에 갚읍시다.

지날치기[-___] 명 당일치기(當日--). 어떤 일을 그날 하루에 모두 해 버림. ¶서울은 언캉 먼 곳이라 지날치기로는 몬 댕기옵미더. =서울은 워낙 먼 곳이라 당일치기로는 못 다녀옵니다.

지내가다[__-_] 동 지나가다. ①시간이 흘러가서 그 시기에서 벗어나다. ¶【속담】소한 대한 다 지내가마 얼어 죽울 아들 넘 없다. =소한 대한 다 지나가면 얼어 죽을 아들 놈 없다. ②일, 위험, 행사 따위가 끝나다. ¶우옛기나 빌일 없이 지내가서 다행이다. =어쨌거나 별일 없이 지나가서 다행이다. ③말 따위를 별다른 의미 없이 하다. ¶【관용구】지내가는 말. =지나가는 말. ④어떤 일을 문제 삼지 아니하다. ¶이분에는 기양 지내갈 끼다. =이번에는 그냥 지나

ㅈ

갈 것이다. ⑤어디를 거치거나 통과하여 가다. ¶【속담】사또 지내가고 나발 분다. =사또 지나가고 나발 분다. ⑥어떤 사람이나 사물과 같은 대상물의 주위를 지나쳐 가다. ¶【속담】지내가는 소도 윘을다. =지나가는 소도 웃겠다. ⑦바람, 비 따위가 지나치다. ¶바램이 지내가민서 미굼을 일바쉈다. =바람이 지나가면서 먼지를 일으켰다. ⑧어떤 표정이나 예감, 생각 따위가 머리를 스쳐 가다. ¶무숩운 생각이 머리에 지내갔다. =무서운 생각이 머리에 지나갔다. ⑨어디를 들르지 않고 그대로 가다. ¶이아재 집을 기양 지내가뺐나? =외삼촌 집을 그냥 지나가버렸니?

지내다[_-_] 동 지나다. ①어떤 시점 또는 일정한 기간을 넘어 흐르다. ¶버씨로 열 두시가 지냈다. =벌써 열두 시가 지났다. ②탈것 따위가 어떤 장소를 통과하여 가거나 오거나 하다. ¶지내는 질에 참시 들렀어예. =지나는 길에 잠시 들렀어요. ③일정한 시기나 시간을 보내거나 넘어오다. ¶우리 손지는 사춘기 지냈다. =우리 손자는 사춘기 지났다.

지내댕기다[_-___] 동 지나다니다. 어디를 거쳐서 가고 오고하다. ¶【속담】밀밭도 몬 지내댕긴다. =밀밭도 못 지나다닌다.

지내오다[_-__] 동 지나오다. ①어디를 들르지 않고 그대로 오다. ¶【속담】참새가 방깐을 기양 지내오까이. =참새가 방앗간을 그냥 지나오랴. ②세월의 흐름에 따라 무슨 일을 겪어 오다. ¶할무이 하분채 진진 시월로 지내오싰다. =할머니 혼자 긴긴 세월을 지나오셨다. ③어디를 거치거나 가로질러 오다. ¶깅찰서 앞을 지내올 때마당 우짠지 겂이 난다. =경찰서 앞을 지나올 때마다 어쩐지 겁이 난다.

지니[-_] 명 ((동물))지네. ¶【속담】지니 발에 신 신칸다. =지네 발에 신 신긴다.

지다[1][-_] 형 흉작이다(凶作--). 농작물이 잘 자라지 않은 상태가 되다. ¶올개는 깨가 지고 콩은 질었다. =올해는 깨가 흉작이고 콩은 풍작이다.

지다[2][__] 동 쥐다. ①손가락을 다 오므려 엄지손가락과 다른 네 손가락을 겹쳐지게 하다. ¶【속담】친정하고 멩 발하고는 가마 지고 온다. =친정하고 무명 발하고는 가면 쥐고 온다. ②제 뜻대로 다루거나 움직일 수 있는 상태에 두다. ¶【관용구】지고 흔들다. =쥐고 흔들다. ③증거 따위를 얻거나 가지다. ¶【관용구】징자로 지다. =증좌를 쥐다. ④재물 따위를 벌거나 가지다. ¶【속담】지고 필 줄로 모룬다. =쥐고 펼 줄을 모른다.

지다리다[_-__] 동 기다리다. ☞바랗다.

지다이[지다~이 _-_] 부 기다랗게. 길이가 길게. ¶깨이자리는 지다이 맹글어야 씨기 펂다. =괭이자루는 기다랗게 만들어야 쓰기 편하다. ☞찌다이.

지닪다[지단타 __-] 형 기다랗다. 꽤 길다. ¶【속담】모간지 지닪다고 모지리 항새가. =모가지 기다랗다고 모조리 황새냐. *지닪고[지단코 __-], 지닪지[지단치 __-], 지단어서[지다너서 __-_], 지

단었다[지다넌따 __-_]. ☞질다랗다. 찌닿다. 찔따랗다.

지달리다[__-_] 동 기다려지다. 어떤 사람이나 때가 오기를 바라다. ¶【속담】봄이 지달리는 거는 저실이 있기 때무이다. =봄이 기다려지는 건 겨울이 있기 때문이다. ☞지달피다.

지달피다[__-_] 동 기다려지다. ☞지달리다.

지대다[_-_] 동 기대다. ①몸이나 물건을 무엇에 의지하면서 비스듬히 대다. ¶우사이 안 자빠라지구로 빅에 지대 낳아라. =우산이 안 자빠지게 벽에 기대어 놓아라. ②남의 힘에 의지하다. ¶이나 묵두룩이 안주꺼정 부몬님인데 지대고 사나? =이 나이 먹도록 아직까지 부모님한테 기대고 사니? ☞지시다.

지대로[_-_] 부 제대로. ①제 격식이나 규격대로. ¶니 할 일로 지대로 해래이. =네 할 일을 제대로 해라. ②마음먹은 대로. ¶지 몸띠이도 지대로 몬 가난다. =제 몸뚱이도 제대로 못 가눈다. ③알맞은 정도로. ¶잠이나 지대로 잤으마 집다. =잠이나 제대로 잤으면 싶다. ④본래 상태 그대로. ¶있는 집이나 지대로 간수하마 다앵이다. =있는 집이나 제대로 간수하면 다행이다.

지독밧이[지독빠시 --__] 부 지독하게(至毒--). ①마음이 매우 앙칼지고 모진 데가 있게. ¶와 저래 넘인데 지독밧이 구노? =왜 저리 남에게 지독하게 구느냐? ②맛이나 냄새 따위가 해롭거나 참기 어려울 정도로 지독하게 심하게. ¶여어마 오마 꾸룽내가 지독밧이 난다. =여기만 오면 구린내가 지독하게 난다. ③날씨나 기온 따위가 일정한 한계를 넘은 데가 있게. ¶날이 지독밧이 떱다. =날씨가 지독하게 덥다. ④어떤 모양이나 상태 따위가 극에 달한 데가 있게. ¶이거는 지독밧이 몬 생갰네예. =이건 지독하게 못생겼네요. ⑤병(病) 따위가 더할 수 없을 정도로 심하게. ¶이넘우 빙은 지독밧이 안 낫는다. =이놈의 병은 지독하게 안 낫는다. ⑥의지나 마음이 매우 크고 강한 데가 있게. ¶저 여핀네는 일로 지독밧이 한다. =저 여편네는 일을 지독하게 한다.

지독밧다[지독빧따 --__] 부 지독하다(至毒--). ①정도가 아주 심하다. ¶지난여룸운 지독밧기도 떱웠다. =지난여름은 지독하게도 더웠다. ②성질이 아주 모질고 독하다. ¶저레 지독밧은 넘은 처움 본다. =저리 지독한 놈은 처음 본다. *지독밧고[지독빧꼬 --__], 지독밧은[지독빠즌 --__], 지독밧아야[지독빠자야 --___], 지독밧았다[지독빠잗따 --___].

지독시리[--__] 부 지독스레(至毒--).

지동[_-] 명 기둥. ①건축물에서, 주춧돌 위에 세워서 보나 도리 따위를 받치는 나무. ¶【속담】썩은 지동 낳아두고 써까리 갈아댄다꼬 새집 데까. =썩은 기둥 놓아두고 서까래 갈아댄다고 새집 되랴. ②한 집안이나 단체의 중심이 되어 활약할 수 있는 중요한 사람을 비유적으로 이르는 말. ¶아부지는 우리 집안에 지동이싰다. =아버지는 우리 집안의 기동이셨다. ☞지둥.

지동떡이[지동띠기 -___] 명 본동댁(本洞宅). 자기 동네에서 시집온 여자를 일컫는 택호(宅號). *지(자기)+동(동네)+떡이(댁).

지동뿌리이[지동뿌리~이 ___-_] 명 기둥뿌리. ①기둥의 맨 밑부분. ②사물을 지탱하는 기반을 비유적으로 이르는 말. ¶【속담】자석이 여럿 데마 지동뿌리이 빼진다. =자식이 여럿 되면 기둥뿌리 뽑힌다. ☞지둥뿌리이.

지둥[_-] 명 기둥. ☞지동.

지둥뿌리이[지둥뿌리~이 ___-_] 명 기둥뿌리. ☞지동뿌리이.

지둥서방[___-] 명 기둥서방(--書房). 기생이나 몸 파는 여자들의 영업을 돌보아 주면서 얻어먹고 지내는 사내.

지둥시게[__-_] 명 벽시계(壁時計). ¶【관용구】지둥시게 밥 주다. =기둥시계 태엽 감다.

지딴에는[지따네는 _-__] 부 제딴은. 자기 나름대로의 생각이나 기준으로는. ¶지딴에는 그라는 기이 멋지기 비일 끼라꼬 생각는 모냥이다. =제딴은 그러는 것이 멋있게 보일 것이라고 생각하는 모양이다.

지때[-_] 명 제때. 일이 있는 그때. ¶할일은 지때 해치아라. =할일은 제때 해치워라.

지떡지떡[___-] 부 기우뚱기우뚱. 사람이나 물체가 좌우로 흔들리는 모양. ¶소꼴로 한 바다리 지고 지떡지떡 왔다. =소꼴을 한 바지게 지고 기우뚱기우뚱 왔다.

지뜯다[지뜨따 --_] 동 쥐뜯다. ①손으로 쥐고 뜯어내듯이 당기거나 마구 꼬집다. ¶가서나들이 지뜯고 싸암을 한다. =계집애들이 쥐뜯고 싸움을 한다. ②어떤 곳에 붙어있는 것을 단단히 잡고 뜯어내다. ¶【속담】닭터리기 지뜯어낳은 거 겉다. =닭털 쥐뜯어놓은 것 같다.

지라다[1][_-_] 동 기르다. ☞기라다. 지루다. 키아다.

지라다[2][_-_] 동 불리다. 이자(利子)를 붇게 하다. '붇다'의 사동사. ¶돈을 채애주마 이자로 지라서 준다. =돈을 빌려주면 이자를 불려서 준다. ☞불라다. 불아다. 불카다. 뿔카다.

지랄빙[지랄삥 --_] 명 지랄병(--病). ①'간질(癎疾)'을 속되게 이르는 말. ②마구 법석을 떨며 분별없이 하는 행동을 속되게 이르는 말. ¶【관용구】오만 지랄빙을 다한다. =온갖 지랄병을 다 한다.

지래[_-] 명 지라. 척추동물의 위 근처에 있는 내장 기관.

-지러[-_] 어 -지. ①((용언이나 선어말 어미 뒤에 붙어)) 어떤 사실에 대하여 친근한 말투로 서술하는 뜻을 나타내는 말. ¶버씨로 집에 갔지러. =벌써 집에 갔지. ②((용언이나 선어말어미 뒤에 붙어)) 말하는 이가 이미 알고 있는 사실을 상대에게 다시 확인하여 묻고는 긍정적으로 서술하는 종결어미. ¶암, 그 냥반은 참 호자지러. =암, 그 양반은 참 효자지. ¶옳지 그리, 이곳은 살기 좋은 곳이지러. =옳지 그래, 이곳은

살기 좋은 곳이지. ③((해할 자리에 쓰여)) 당연한 사실이나 상황을 묻는 의문형 종결어미. ¶이기이 먼강 알지러? =이게 무엇인지 알지? ☞-제.

지럭배기[_ _-_] 명 길이. 한쪽 끝에서 다른 쪽 끝까지의 거리. ¶지럭배기로 질기 끊이라. =길이를 길게 끊어라. ☞기럭지. 질이.

지렁[_-] 명 간장(-醬). *창녕방언 '지렁'은 간장을 뜻하는 중세국어 '지령'이 단모음화된 말이다. ¶지렁 보시기. =간장 종지. ¶【속담】지렁이 시고 소곰에 곰바리 피까이. =간장이 쉬고 소금에 곰팡이 피랴. ¶【속담】넘우 밥 보고 지렁부텀 떠묵눈다. =남의 밥을 보고 간장부터 떠먹는다. ☞지렁장.

지렁장[_-_] 명 간장(-醬). *지령<지령장<지렁장. ☞지렁.

지렁추마리[_ _ _-_] 명 간장독(-醬-).

지루다[_-_] 동 기르다. ☞기라다. 지라다. 키아다.

지룸[-_] 명 기름. 약간 끈끈하고 미끈미끈한 성질의 액체. ¶【속담】물 우에 지룸 겉다. =물 위의 기름 같다.

지룸질[_-_] 명 지름길. ☞소릿질.

지룹대[제룹때 _-_] 명 겨릅대. 껍질을 벗긴 삼의 줄기. ☞제룹대.

지리[-_] 부 지레. 어떤 일이 일어나기 전 또는 어떤 기회나 때가 무르익기 전에 미리. ¶가보도 안하고 지리 겂을 묵고 저칸다. =가보지도 않고 지레 겁을 먹고 저런다.

지리기[_-_] 명 겉절이. ☞생지리기.

지리다[1][-_ _] 형 저리다. ☞절리다. 제리다.

지리다[2][-_ _] 형 풍작이다(豊作--). ¶올개는 수시가 지랐네. =올해는 수수가 풍작이네. ☞질다.

지리다[3][-_ _] 형 잦다. 잇따라 자주 있다. ¶이분 봄에는 비가 지리네. =이번 봄에는 비가 잦네.

지리짐작[_ _-_] 명 지레짐작(--斟酌). 어떤 일이 일어나기 전 또는 어떤 기회나 때가 무르익기 전에 미리 넘겨짚어 어림잡아 헤아림. ¶【속담】지리짐작 용심꾸리기. =지레짐작 용심꾸러기.

-지만서도[_-_ _] 어 -지만. '-지마는'의 준말. 어떤 사실이나 내용을 시인하면서 그에 반대되는 내용을 말하거나 조건을 붙여 말할 때에 쓰는 연결어미. ¶어럽운 일이지만서도 참고 해보재이. =어려운 일이지만 참고 해보자.

지맘대로[_ _-_] 부 제멋대로. 제 하고 싶은 마음대로. ☞난양대로. 지맛대로. 지신대로.

지맛[1][지맏 -_] 명 제맛. ①음식 본래의 맛. ¶딘장은 툭사리에 낋이야 지맛이 난다. =된장은 뚝배기에 끓여야 제맛이 난다. ②어떤 사물이나 현상 본래의 느낌. ¶저실은 춥우야 지맛이라. =겨울은 추워야 제맛이라.

지맛[2][지맏 _-] 명 제멋. 자기 나름으로 느끼거나 생각하는 멋. ¶【속담】동냥자리도 지맛에 찬다. =동냥자루도 제멋에 찬다. ¶【속담】갓 씨고 박치기해도 지맛이라. =갓 쓰고 박치기해도 제멋이라.

지맛대로[지맏때로 _--_] 부 제멋대로. 제

ㅈ

하고 싶은 마음대로. ¶오데 지맛대로 하구로 나뚜바라. =어디 제멋대로 하게 놔둬봐라. ☞난양대로. 지맘대로. 지신대로.

지망때[--_] 명 낚시찌. 물고기가 낚시를 물면 이를 곧 알 수 있도록 낚싯줄에 매달아 물에 뜨게 한 물건.

지매[_-] 명 제매(弟妹). 여동생의 남편. * 표준어에서 '제매'는 '남동생과 여동생을 아울러 이르는 말'로 되어 있으나 창녕방언에서는 '지매' 또는 '매제(妹弟)'라 한다.

지머구[__-] 명 ((식물))가시연(--蓮). ¶소벌에는 이푸리가 커단한 지머구가 엄청시리 많애예. =우포늪에는 이파리가 커다란 가시연이 엄청나게 많아요. ☞지모구.

지모구[__-] 명 ((식물))가시연(--蓮). ☞지머구.

지물[1][_-] 명 잿물. ☞재물.

지물[2][_-] 명 제물(祭物). 제사에 드는 여러 가지 재료.

지물에[1][지무레 _-_] 부 제풀에. 어떤 다른 이유가 있어서가 아니라 자기 스스로의 기운으로 말미암아. ¶맥찌 지물에 썽나서 저칸다. =괜히 제풀에 성나서 저런다. ☞지바램에.

지물에[2][지무레 _-_] 부 제물에. 저 혼자 스스로의 바람에. ¶【관용구】지물에 물루 떨어진다. =제물에 물러 떨어진다.

지미[-_] 명 기미. ¶낯짝에 지미가 찌있다. =얼굴에 기미가 끼었다.

지바램에[1][지바래메 __-_] 부 제바람에. 자기 스스로의 기운으로 말미암아. ¶【속담】개살구 지바램에 터진다. =개살구 제바람에 터진다.

지바램에[2][지바래메 __-_] 부 제풀에. 어떤 다른 이유가 있어서가 아니라 자기 스스로의 기운으로 말미암아. ¶돌삐이에 걸리서 지바램에 자빠라짔다. =돌멩이에 걸려서 제풀에 자빠졌다. ☞지물에.

지박다[지박따 --_] 동 줴박다. 주먹으로 지르듯이 마구 치다. ¶히이가 동상을 한 대 지박았다. =형이 동생을 한 대 줴박았다.

지받다[지받따 __-] 동 죄받다(罪--). ☞제받다.

지발[1][_-] 부 제발. ①간절하게 바라건대. ¶지발 쫌 고마 해라. =제발 좀 그만 해라. ②(('이다'와 결합하여 쓰여)) 요청하는 것이 간절함을 나타내는 말. ¶지발이지, 다시는 이런 일이 없구로 해라. =제발이지, 다시는 이런 일이 없게 해라. ③((반어적인 구문에 쓰여)) 어떤 일이 있더라도 반드시. ¶언자부텀 열심이 하겠다이, 지발 그래 해라. =이제부터 열심히 하겠다니, 제발 그리 해라.

지발[2][-_] 명 제 발. 제 자신의 발. *'지발'은 표준어로 보면 명사구지만 창녕방언에서는 굳어진 말이라 하나의 명사로 보는 게 낫다. ¶【속담】도둑넘 지발 제린다. =도둑놈 제 발 저린다.

지발로[-__] 부 제 발로. 스스로. *'지발로'는 표준어로 보면 구(句)이지만 창녕방언에서는 굳어진 말이라 하나의 단어로 보는 게 낫다. ¶【속담】나간 녀이 지발로 들오까이. =나간 년이 제 발로 들어오랴.

지방돌[지방똘 --_] 명 댓돌(臺-). 집채의 낙숫물이 떨어지는 곳 안쪽으로 돌려 가며 놓은 돌. ¶【속담】지슭물이 지방돌 떫는다. =낙숫물이 댓돌 뚫는다.

지부[_-] 명 제부(弟夫). 언니가 여동생의 남편을 부르는 말.

지북[-_] 부 제법. ☞어북. 에북. 우북.

지북하다[지부카다 __-_] 형 수북하다. ☞우묵하다. 자부룩하다. 타박하다.

지불땅[__-] 명 지붕. ¶【속담】지불땅에 호박도 몬 따민서 하늘 천(天)도 따겠단다. =지붕의 호박도 못 따면서 하늘의 천도 따겠단다. ☞지붕때까리. 집때까리.

지불땅만대이[지불땅만대~이 ____-_] 명 지붕꼭대기. ¶【속담】지불땅만대이서 암땱이 울마 집구숙이 망안다. =지붕꼭대기에서 암탉이 울면 집구석이 망한다.

지붕때까리[___-_] 명 지붕. ☞지불땅. 집때까리.

지붕지슬[__-_] 명 처마. 지붕이 도리 밖으로 내민 부분. ☞모시. 시껄. 지붕지실. 처매.

지붕지실[__-_] 명 처마. ☞모시. 시껄. 지붕지슬. 처매.

지비[-_] 명 ((식물))조. ☞잔수. 조비.

지비룩이[지비루기 _-__] 명 ((동물))일본쥐벼룩(日本---). ¶개로 고래 암지 마라. 지비룩이 옮우마 클 난다. =개를 그렇게 안지 마라. 쥐벼룩 옮으면 큰일 난다.

지비밥[-__] 명 조밥. ☞조비밥.

지비쌀[-__] 명 좁쌀. ☞조비쌀.

지뼘[-_] 명 집뼘. 엄지손가락과 집게손가락을 벌렸을 때에 손가락 사이의 길이. ¶이거는 크기가 지뼘 한 뼘쭘빽이 안 덴다. =이건 크기가 집뼘 한 뼘쯤밖에 안 된다.

지사[_-] 명 제사(祭祀). ¶【속담】없는 집 지사 대이오딧기. =가난한 집 제사 닿아오듯이. ¶【속담】지사 덕에 쌀밥이라. =제사 덕에 쌀밥이라. ¶【속담】떡 본 짐에 지사 지낸다. =떡 본 김에 제사 지낸다.

지삿날[지산날 _--] 명 제삿날(祭祀-). ¶【속담】몬뗀 미너리 지삿날 빙난다. =못된 며느리 제삿날 병난다. ¶【속담】지삿날 천자아 뱀이가 든다. =제삿날 천장에 뱀이 든다.

지삿밥[지사빱 _--] 명 제삿밥(祭祀-). ¶【속담】지삿밥 잘 묵는 넘 염치꺼정 묵는다. =제삿밥 잘 먹는 놈 염치까지 먹는다.

지상없다[지상엄따 -___] 형 상없다(常--). 사람이나 동물의 행동이 보통의 이치에서 벗어나 상스럽다. ¶저 껌둥개는 맨날 지상없이 짓어쌓는다. =저 검둥개는 만날 상없이 짖어쌓는다.

지새끼[_-_] 명 ((동물))쥐새끼. ¶【관용구】지새끼 겉은 넘. =쥐새끼 같은 놈. ¶【속담】지새끼도 볿으마 찍 한다. =쥐새끼도 밟으면 찍 한다. ¶【속담】지새끼가 소 새끼 보고 짝다 칸다. =쥐새끼 가 소 새끼 보고 작다 한다.

지새아다[_-__] 동 지새우다. 밤을 고스란히 새우다. ¶잠이 안 오서 밤을 꼽빡 지새았다. =잠이 안 와서 밤을 꼬박 지새웠다.

지섬[-_] 명 김. 논밭의 잡풀. ☞지심. 짐.

지섬매다[-___] 동 김매다. 논밭의 잡풀을 뽑아 없애다. ¶【속담】지섬매기 싫은 넘 밭골마 시알린다. =김매기 싫은 놈 밭골만 센다. ¶【속담】지섬매는 데 주인이 아은 아옵 뭀을 맨다. =김매는 데 주인이 아흔 아홉 몫을 맨다. ☞지심매다. 짐매다.

지송시럽다[_-___] 형 죄송스럽다(罪----). 다른 사람에게 죄송한 느낌이 있다. ¶이렇기 심여로 끼치디리서 지송시럽습미더. =이렇게 심려를 끼쳐드려서 죄송스럽습니다.

지수[1][_-] 명 제수(祭需). 제사를 지낼 때 쓰는 여러 가지 물품이나 음식.

지수[2][지쑤 _-] 명 제수(弟嫂). ①남자 형제 사이에서 아우의 아내를 이르는 말. ②가깝게 지내는 남남의 남자 사이에서 동생뻘 되는 남자의 아내를 이르는 말.

지수씨[지쑤씨 __-] 명 제수씨(弟嫂氏). ①남자 형제 사이에서, 동생의 아내를 대접하여 이르거나 부르는 말. ¶지수씨 덕분에 잘 놀았습미더이. =제수씨 덕분에 잘 놀았습니다. ②형제가 아니지만 가깝게 지내는 남자 사이에서, 동생뻘이 되는 남자의 아내를 대접하여 이르거나 부르는 말. ¶지수씨! 저심 잘 묵고 갑미더이. =제수씨! 점심 잘 먹고 갑니다.

지슬가지[__-_] 명 곁가지. ☞젙가지.

지슭[지슬 -_] 명 기슭. 산이나 처마 따위에서 비탈진 곳의 아랫부분. ¶높우당한 지슭에 할배 미로 씄다. =높다란 기슭에 할아버지 묘를 썼다. ☞지슭어리.

지슭물[지슥물 _-_] 명 낙숫물(落水-). ☞씨껄물. 집지슭물.

지슭어리[지슬거리 __-_] 명 기슭. ☞지슭.

지시간[_-_] 명 제시간(-時間). 정한 시간. ¶마춤 차가 지시간에 대있다. =마침 차가 제시간에 닿았다.

지시다[_-_] 동 ≒기대다. ①무엇에 물건을 무게를 싣고 의지하면서 대다. ¶우산은 빅에 지시낳아라. =우산은 벽에 기대놓아라. ②대문 따위를 대충 닫아 두다. ¶넘우 집 개가 들올라, 대문을 지시낳아라. =남의 집 개가 들어올라, 대문을 기대놓아라. ☞지대다.

지시럽다[지시럽따 -___] 형 죄스럽다(罪---). 죄가 되는 듯하여 마음이 편하지 않다. ¶부몬님께 지시럽우서 우짜까예? =부모님께 죄스러워 어쩔까요?

지신대로[_-__] 부 제멋대로. ☞난양대로. 지맘대로. 지맛대로.

지심[-_] 명 김. 논밭의 잡풀. ☞지섬. 짐.

지심매다[-___] 동 김매다. ☞지섬매다. 짐매다.

지아[--] 명 지하(地下). 땅 속. ¶여어는 지아에 물이 많애예. =여기는 지하에 물이 많아요.

지아다[1][-__] 동 재우다. '자다'의 사동사.

①잠을 들게 하다. ¶찜부리기 하는 얼라로 제우 지아낳았다. =찜부럭하는 아기를 겨우 재워놓았다. ②푸슬푸슬하거나 더부룩한 것을 가다듬어 자리가 잡히게 하다. ¶빽씬 멀꺼디이는 손우로 씰어도 잘 안 지아진다. =뻣센 머리칼은 손으로 쓸어도 잘 안 재워진다. ③음식에 양념이 배게 하다. ¶소기기로 양님에 지았다. =쇠고기를 양념에 재웠다. ☞재아다.

지아다[2][-__] 동 지우다. ①글씨나 그림을 지우개나 천 따위로 문지르거나 닦아서 보이지 않게 하다. ¶【관용구】힌적을 지아다. =흔적을 지우다. ☞까문태다. 문때다. 뭉때다. 엉때다. ②책임이나 의무 따위를 자신의 것으로 가지게 하다. ¶【속담】부랑운 말한테는 떡빌난 질매 지안다. =사나운 말한테는 특별난 길마 지운다. ③빚 따위를 갚아서 없애다. ¶이상깞을 지았다. =외상값을 지웠다. ④태아를 어미의 뱃속에서 죽게 하다. ¶【관용구】아아로 지아다. =애를 지우다. ⑤일정한 시간을 지나도록 보내다. ¶밍기적거리다가 해 지아고 말았다. =미적거리다가 해 지우고 말았다. ⑥주름이나 흉터 따위가 생기게 하다. ¶처마에 주롬을 마이 지았다. =치마에 주름을 많이 지웠다.

지아다[3][-__] 동 짓다. 밭이나 논에 줄이나 골을 내어 두 쪽으로 나누다. ¶난서밭에 고랑을 지았다. =남새밭에 골을 지었다.

지아다[4][-__] 동 쥐이다. 다른 사람으로 하여금 잡게 하다. ¶【관용구】손에 지아서 주다. =손에 쥐여서 주다.

지아모리[__-_] 부 제아무리. 제 딴에는 아주 몹시. 남의 능력이나 됨됨이 따위를 얕잡는 뜻으로 이르는 말이다. ¶【속담】지아모리 없이 살아도 집 안에 날라들은 꽁은 안 잡는다. =제아무리 가난하게 살아도 집 안에 날아든 꿩은 안 잡는다. ☞지아무리.

지아무리[__-_] 부 제아무리. ☞지아모리.

지애비[_-_] 명 지아비. '자기 아버지'를 속되게 이르는 말. ¶지애비는 저캐도 자석이라 카는 사램은 참 착싫다. =지아비는 저러해도 자식이라 하는 사람은 참 착실하다.

지양꽃[지양꼳 __-] 명 ((식물))들현호색(-玄胡索).

지양나물[___-] 명 ((식물))활나물.

지업다[-__] 형 지겹다. 시간이 지루하게 느껴지다. ¶【속담】한핑생은 짜러고 하리는 지업다. =한평생은 짧고 하루는 지겹다. *지업고[지업꼬 -__], 지업지[지업찌 -__], 지업어[지어버 -__], 지업었다[지어번따 -___].

지엃다[1][지엉타 _-_] 형 조용하다. ①아무런 소리도 없이 잠잠하고 고요하다. ¶무싯날에는 장터가 지엃다. =무싯날에는 장터가 조용하다. ②말썽이나 문제가 없이 평안하다. ¶비 오고 나이 지엃지예. =비 오고 나니 조용하죠. ③어떤 시기가 편안하다. ¶언자 남운 생은 지엃기 지내야지예. =이제 남은 생은 조용하게 지내야죠. *지엃고[지엉코 _-_], 지엃지[지엉치 _-_], 지엉어서 [지엉어서 _-__], 지엉었다[지엉얻따 _-__].

지엃다[2][지엉타 _-_] 형 한가하다(閑暇--). ☞날랄하다. 할랑하다.

지엃다[3][지엉타 _-_] 형 찬찬하다. 동작이 들뜨지 않아 가만가만하고 차분하다. ¶이 집 알라는 참 지엃기 노네예. =이 집 애는 참 찬찬하게 노네요.

지에[--] 명 지혜(智慧). 사물의 이치나 상황을 제대로 깨닫고 그것에 현명하게 대처할 방도를 생각해 내는 정신의 능력. ¶그 냥반은 지에캉 재주가 많다. =그 양반은 지혜와 재주가 많다.

지에미[_-_] 명 지어미. ①'아내'를 예스럽게 이르는 말. ¶【속담】봄비가 잦으마 지에미 소이 크다. =봄비가 잦으면 지어미 손이 크다. ②자기를 낳아준 어머니. ¶자석이 지에미 쏙을 우예 알겠고. =자식이 지어미 속을 어찌 알겠나. ☞지이미.

-지예[-_] 어 -죠. ①((용언이나 '이다'의 어간 또는 선어말 어미 뒤에 붙어)) 어떤 사실에 대하여 친근한 말투로 묻는 뜻을 서술하는 말. 해요체로 쓰인다. ¶거어도 비가 마이 왔지예? =거기도 비가 많이 왔죠? ②((동사의 어간이나 선어말 어미 뒤에 붙어)) 상대에게 어떤 행동을 하도록 권유하는 뜻을 나타내는 말. 해요체로 쓰인다. ¶날도 떱운데 찹운물 한 잔 쭉 드시지예. =날씨도 더운데 찬물 한 잔 쭉 드시죠.

지우[1][--] 명 지방(紙榜). 종잇조각에 지방문을 써서 만든 신주(神主). *지위(紙位)<지우. ☞지주.

지우[2][_-] 명 제위(祭位). 제사를 받는 신위. *제위<제우<지우. ☞제우.

지우[3][_-] 부 겨우. ☞게우. 기우. 제우.

지우답[_--] 명 제위답(祭位畓). ☞제우답.

지우치[-__] 명 ((식물))오이풀.

지울[-_] 명 기울. 밀이나 귀리 따위의 가루를 쳐내고 남은 속껍질.

지이[1][_-] 명 김치. ¶묵운 지이는 언자 다 묵꼬 없어예. =묵은 김치는 이제 다 먹고 없어요. ☞짐치.

지이[2][-_] 부 마구. 몹시 세차게. ¶얼매나 서룹운지 눈물이 지이 쏟아진다. =얼마나 서러운지 눈물이 마구 쏟아진다. ☞따까. 쌔리.

지이[3][지~이 _-] 부 천천히. 움직임이나 일의 진행이 급하지 않고 느리게. ¶니는 저심 묵고 지이 오도 덴다. =너는 점심 먹고 천천히 와도 된다. ☞지인지. 진지이. 천처이.

-지이[지~이 -_] 접 인(人). 사람. ((일부 명사 뒤에 붙어)) '사람의 무리' 또는 '집단'의 뜻을 더하는 접미사. *일본어 '징(じん)'에서 온 말. ¶절마는 낯이 씨꺼먼 기이 똑 인도지이 겉다. =저놈은 얼굴이 시커먼 것이 꼭 인도인 같다.

지이내다[-___] 동 지어내다. ①없는 사실을 만들거나 꾸며서 내다. ¶없는 이약을 지이낸다. =없는 이야기를 지어낸다. ②거짓으로 감정이나 표정을 꾸며서 내다. ¶안 노오는 웃움을 우예 지이내라 캅미꺼? =안 나오는 웃음을 어찌

지어내라 합니까?

지이다[1][-__] 동 부리다. ☞지기다. 처지이다.

지이다[2][_-_] 동 쥐이다. '쥐다'의 피동사. ①손가락을 다 오므려 엄지손가락과 다른 네 손가락을 겹쳐지다. ¶주묵이 안 지인다. =주먹이 안 쥐인다. ②어떤 물건을 손바닥에 들게 되거나 손가락 사이에 낀 채로 손가락을 오므려 힘있게 잡게 되다. ¶【속담】손에 지인 딧기 덜다비인다. =손에 쥐인 듯이 들여다보인다. ③제 뜻대로 다루어지거나 움직일 수 있는 상태에 놓이게 되다. ¶안들이 냄핀인데 깍 지이서 산다. =아내가 남편한테 꽉 쥐여서 산다.

지이다[3][_-_] 동 헐다. 몸에 부스럼이나 상처 따위가 나서 짓무르다. ¶디이서 입수구리가 지있다. =되서 입술이 헐었다.

지이뜯기다[지이뜨끼다 -____] 동 쥐어뜯기다. 손으로 쥐고 뜯어내듯이 당겨지거나 마구 꼬집히다. ¶개인데 옷을 지이뜯깄다. =개한테 옷을 쥐어뜯겼다.

지이뜯다[지이뜯따 -_-_] 동 쥐어뜯다. 손으로 쥐고 뜯어내듯이 당기거나 마구 꼬집다. ¶【관용구】가숨을 지이뜯다. =가슴을 쥐어뜯다. ¶【관용구】머리로 지이뜯다. =머리를 쥐어뜯다. ☞깔찌뜯다.

지이묵다[1][지이묵따 -_-_] 동 경작하다(耕作--). 땅을 갈아서 농사를 짓다. ¶저 아재는 넘우 논 서 마지기 빌리서 지이묵는다. =저 아저씨는 남의 논 세 마지기 빌려서 경작한다.

지이묵다[2][지이묵따 -_-_] 동 집어먹다. ①음식을 손이나 젓가락 따위로 들어서 먹다. ¶【속담】맹문[名文] 지이묵고 후지에 똥 쌀 넘. =명문 집어먹고 휴지에 똥 쌀 놈. ¶【속담】눈 지이무운 토까이 다려고 얼움 지이무운 토까이 다러다. =눈 집어 먹은 토끼 다르고 얼음 집어 먹은 토끼 다르다. ②겁이나 두려움을 잔뜩 가지게 되다. ¶빌꺼 아인 일에 겂을 지이무운 눈치다. =별것 아닌 일에 겁을 집어먹은 눈치다. ③다른 사람의 것을 부당하게 가로채어 제 것으로 만들다. ¶넘우 땅을 지이묵고도 개않을 쭐 알았디나? =남의 땅을 집어먹고도 괜찮을 줄 알았더냐? ☞집우묵다.

지이미[--_] 명 지어미. ☞지에미.

지이박다[-_-_] 동 쥐어박다. 주먹으로 지르듯이 마구 치다. ¶【속담】언 코 지이박기. =언 코 쥐어박기.

지이백히다[지이배키다 -__-_] 동 쥐어박히다. 주먹으로 맞다. ¶까불다가 저가부지인데 지이백힜다. =까불다가 자기 아버지한테 쥐어박혔다.

지이뿌싸다[-__-_] 동 깨부수다. 단단한 것을 쳐서 조각이 나게 하다. ¶안주 씰만한 그륵을 지이뿌싸마 우짭미꺼? =아직 쓸 만한 그릇을 깨부수면 어쩝니까?

지이살다[_-__] 동 쥐여살다. 다른 사람에게 억눌리어 기를 펴지 못하고 살다. ¶오새 여핀네들이사 오데 지 냄핀인데 지이살라 캅미꺼? =요새 여편네들이야 어디 제 남편에게 쥐여살려고 합니까?

지이옇다[지이여타 -_-_] 동 집어넣다. ①

어떤 사물이나 동물을 장소 안에 들어가도록 하다. ¶【속담】부떠막 소굼도 지이옇어야 짭다. =부뚜막 소금도 집어넣어야 짜다. ②다른 사람을 집단에 구성원이 되게 하다. ¶큰아로 이분에 학조에 지이옇었다. =큰애를 이번에 학교에 집어넣었다. ☞따까옇다. 조오옇다. 집우옇다.

지이짤다[-_-_] 동 쥐어짜다. ①물건을 쥐고서 비틀거나 눌러 액체 따위를 꼭 짜내다. ¶축사낳안 수군을 지이짤아서 빨랫줄에 널었다. =축여놓은 수건을 쥐어짜서 빨랫줄에 널었다. ②눈물을 찔끔찔끔 흘리며 울다. ¶【관용구】눈물마 지이짤다. =눈물만 쥐어짜다. ③무엇을 오기 있게 떼를 쓰며 조르다. ¶없는 도이 지이짠다꼬 노올 상싶우나? =없는 돈이 쥐어짠다고 나올 성싶으냐? ④일을 이리저리 따져 골똘히 생각하다. ¶아모리 머리로 지이짤아도 해길할 방도가 없다. =아무리 머리를 쥐어짜도 해결할 방도가 없다. ☞지짤다.

지익[_-] 명 저녁. ①해 질 무렵부터 밤이 오기까지의 사이. ¶【속담】지익 깐채이는 근심 깐채이. =저녁 까치는 근심 까치. ②저녁 무렵에 먹는 끼니. ¶【속담】지익 굶운 씨이미 낯짝이다. =저녁 굶은 시어머니 낯짝이다.

지익거리[지익꺼리 _ _-_] 명 저녁거리. 저녁 끼니를 지을 거리. ¶【속담】열두 가지 재주에 지익거리가 없다. =열두 가지 재주에 저녁거리가 없다. ¶【속담】큰일 친 집에 지익거리 있고 큰굿 한 집에 지익거리 없다. =큰일 치른 집에 저녁거리 있고 큰굿 한 집에 저녁거리 없다.

지익나잘[_ _-_] 명 저녁나절. ¶지익나잘에 비가 오더마는 인자는 안 오네. =저녁나절에 비가 오더니 이제는 안 오네. ☞지익나질. 지익땀. 지익알로. 지익찔.

지익나질[_ _-_] 명 저녁나절. ☞지익나잘. 지익땀. 지익알로. 지익찔.

지익내[_-_] 부 저녁내. 저녁 동안 줄곧. ¶절마는 지익내 저카고 있다. =저놈은 저녁내 저러고 있다.

지익노올[_ _-_] 명 저녁노을. ¶【속담】지익노올은 맑애지고 아직노올은 쏘내기 온다. =저녁노을은 맑아지고 아침노을은 소나기 온다.

지익땀[_ _-] 명 저녁나절. ☞지익나잘. 지익나질. 지익찔.

지익아래[지이가래 _ _-_] 명 저녁 이전(--以前). 저녁 식사 전. *창녕방언에서 '지익'은 '저녁'을 뜻한다. 여기에 특수하게 쓰이는 '아래'는 시간 개념으로 아침, 점심, 저녁을 기준으로 '이전'의 뜻을 나타내는 관용적인 말이다. '아직아래(아침아래 =아침 이전)'나 '저심아래(점심 이전)'도 마찬가지 경우이다. 이러한 단어들은 창녕방언에서 연속적으로 발음하며 하나의 단어로 쓰인다. ¶이거는 지익아래 다 해낳아야 덴다. =이것은 저녁 이전에 다 해놓아야 된다.

지익알로[지이갈로 --__] 명 저녁나절. ☞지익나잘. 지익나질. 지익땀. 지익찔.

지익지[지익찌 _-_] 명 ≒만찬(晩餐). 상가(喪家)에서 출상 하루 전 저녁에 상두꾼에게 푸짐하게 베푸는 저녁 식사 또는 술과 고기. ¶지익지 자시로 가입시더. =만찬 잡수시러 갑시다.

지익찔[__-] 명 저녁나절. ☞지익나잘. 지익나질. 지익땀. 지익알로.

지인[1][-_] 명 주인(主人). ①대상이나 물건 따위를 소유한 사람. ¶【속담】지인 바랳고 있는 개가 항산마 치라본다. =주인 기다리고 있는 개가 화왕산만 쳐다본다. ②집안이나 단체 따위를 책임감을 가지고 이끌어 가는 사람. ¶니는 후주께 나라에 지인이 델 사램이다. =너는 나중에 나라의 주인이 될 사람이다. ③'남편'을 간접적으로 이르는 말. ¶지인 냥반은 기시능교? =주인 양반은 계십니까? ④손님을 맞아 상대하는 사람. ¶【속담】칠얼 더부살이가 지인 마누래 쏙꿋 걱정한다. =칠월 더부살이가 주인 마누라 속곳 걱정한다.

지인[2][_-] 명 죄인(罪人). ☞제인.

지인지[__-] 부 천천히. ☞지이. 진지이. 천처이.

지일[_-] 명 제일(第一). ①여럿 가운데서 첫째가는 것. ¶【속담】이 섧움 저 섧움 캐도 배고푼 섧움이 지일이다. =이 설움 저 설움 해도 배고픈 설움이 제일이다. ②여럿 가운데 가장. ¶시상에서 지일로 무섭운 기 머꼬? =세상에서 제일로 무서운 게 뭐니?

지일가다[_-__] 동 제일가다(第一--). 여럿 가운데서 가장 뛰어나다. ¶이 동네 다무네기는 우리나라서 지일간다. =이 동네 양파는 우리나라에서 제일간다.

지자[_-] 명 ((식물))치자(梔子). 치자나무의 열매.

지자리[_-_] 명 제자리. ①본래 있던 자리. ¶사램은 지 있을 지자리에 있어야 덴다. =사람은 제 있을 제자리에 있어야 된다. ②위치의 변화가 없는 같은 자리. ¶【속담】씨껄물은 늘상 지자리에 널찐다. =낙숫물은 항상 제자리에 떨어진다. ③마땅히 있어야 할 자리. ¶큰넘이 인자 지자리 잡았다. =큰놈이 이제 제자리 잡았다.

지자리걸움[지자리거룸 ___-_] 명 제자리걸음. ①일의 진행 상태가 나아가지 않고 그대로 멈추어 있음. ¶니가 하던 일은 안주꺼정 지자리걸움가? =네가 하던 일은 아직까지 제자리걸음이니? ②기본적인 다리 운동의 하나. 제자리에 선 채 걷는 것처럼 다리를 움직인다. ¶【속담】무루팍 올리미 지자리걸움. =무릎 올리며 제자리걸음. ③시세가 오르지도 않고 내리지도 않는 상태. ¶【관용구】깂이 지자리걸움이다. =값이 제자리걸음이다.

지작년[지장년 _-_] 명 재작년(再昨年). ¶【속담】지작년에 죽운 소 생각는다. =재작년에 죽은 소 생각한다.

지정[_-] 명 ((식물))기장.

지정신[지정씬 __-] 명 제정신(-精神). 자기 본래의 바른 정신. ¶【관용구】지정

ㅈ

시이 아이다. =제정신이 아니다.

지주[_-] 명 지방(紙榜). 종잇조각에 지방문을 써서 만든 신주(神主). ☞지우.

지줌[_-] 명 제가끔. 여럿이 저마다 따로 따로. ¶지줌 지가 할 일마 챙기라. =제가끔 자기가 할 일만 챙겨라.

지줏대[지주때 --_] 명 지주(支柱). 어떠한 물건이 쓰러지지 아니하도록 버티어 괴는 기둥. ¶【관용구】지줏대로 시아다. =지주를 세우다.

지지개[_ _-] 명 기지개. 피로하거나 나른할 때 몸을 쭉 펴고 팔다리를 뻗는 짓. ¶【관용구】지지개로 키다. =기지개를 켜다. ☞기지기.

지지기다[_-_ _] 동 지저귀다. 새가 자꾸 소리를 내어 우짖다. ¶【속담】어니 참새새끼가 지지기노 칸다. =어느 참새새끼가 지저귀냐 한다.

지질로[_-_] 부 저절로. 작위적인 노력 없이 자연적으로. ☞저질로.

지질밧이[지질바시 _ _-_] 부 지지리. '아주 몹시' 또는 '지긋지긋하게'의 뜻을 나타내는 말. ¶이 무시는 지질밧이 몬생깄다. =이 무는 지지리 못생겼다. ¶【관용구】지질밧이도 재수가 없다. =지지리도 재수가 없다.

지질밪다[지질받따 _ _-_] 형 지질맞다. 변변하지 못하고 보잘것없다. ¶하는 짓이 지질밪아서 사람대접을 몬 받는다. =하는 짓이 지질맞아서 사람대접을 못 받는다. *지질밪고[지질바꼬 _ _-_], 지질밪아서[지질바자서 _ _-_ _], 지질밪았다[지질바잗따 _ _-_ _].

지질이[_-_] 명 짝꿍. 서로 잘 어울리는 물건이나 사람. *제+길[道]+이<제질이<지질이. ¶육무초캉 대추는 지질이가 맞습미더. =익모초와 대추는 짝꿍이 맞습니다. ¶우리 아아캉 자아가 지질이다. =우리 애랑 쟤가 짝꿍이다.

지집[_-] 명 계집. ☞기집.

지집년[지짐년 _ _-] 명 계집년. ☞기집년.

지집아[지지바 _ _-] 명 계집애. ☞가서나. 가시내. 기집아. 기집애. 지집애.

지집애[지지배 _ _-] 명 계집애. ☞가서나. 가시내. 기집아. 기집애. 지집아.

지집자석[_ _-_] 명 계집자식(--子息). ☞기집자석.

지집질[지집찔 _ _-] 명 계집질. ☞기집질.

지짓다[지짇따 _ _-] 동 죄짓다(罪--). ☞제짓다.

지짤다[--_] 동 쥐어짜다. ☞지이짤다.

지천[--] 명 지청구. 상대방의 잘못을 꾸짖는 말. ¶와 자꾸 얼라로 지천하노? =왜 자꾸 어린애를 지청구하니?

지천꾸리기[--_-_] 명 지청구꾸러기. 지청구를 자주 듣는 사람을 낮잡아 이르는 말. ¶저넘우 자석은 지천꾸리기다. =저놈의 자식은 지청구꾸러기다.

지철[-_] 명 제철. 알맞은 시절. ¶지철 가실. =제철 과일. ¶지철 음석. =제철 음식. ¶【관용구】지철로 만내다. =제철을 만나다.

지침[-_] 명 기침. ¶【속담】지침에 재치기. =기침에 재치기.

지칫돌[지치똘 _-_] 명 주춧돌. ☞주축돌. 주칫돌.

지키보다[-_-_] 동 지켜보다. ¶【속담】물은 건니바야 알고 사램은 지키바야 안다. =물은 건너봐야 알고 사람은 지켜봐야 안다.

지털[_-] 명 쥐덫. ¶부석에 지털을 낳았다. =부엌에 쥐덫을 놓았다.

지팽이[_-_] 명 지팡이. ¶【속담】장님 지팽이 나무랜다. =장님 지팡이 나무란다. ☞작지. 짝대기.

지푸래기[__-_] 명 지푸라기. 짚의 부스러기. 또는 낱개의 짚. ¶【속담】물에 빠진 넘은 지푸래기래도 건잡는다. =물에 빠진 놈은 지푸라기라도 거머잡는다.

지피나무[___-] 명 ((식물))초피나무(椒皮--). *창녕방언에서 '지피나무'는 '난디나무'라고 불리는 '산초나무'와 유사하지만 산초나무는 가시와 열매가 검고, '지피나무'라 불리는 '초피나무'는 가시와 열매가 붉다는 차이가 있다. 그리고 산초나무 열매는 가지 끝부분에만 뭉쳐서 열리는 반면 초피나무 열매는 가지 전체에 골고루 달린다. 추어탕에 가루를 넣어먹기도 하는 향신료로 주로 쓰이는 초피나무 열매를 산초나무 열매보다 더 쳐준다.

지핏가리[지피까리 ___-] 명 초피가루(椒皮--). 초피나무 열매껍질을 빻아서 만든 가루. ¶미꾸래이국에는 지핏가리가 드가야 잡내미가 안 나고 맛이 썽다. =추어탕에는 초피가루가 들어가야 잡냄새가 안 나고 맛이 시원하다.

지하다[_-_] 동 제하다(除--). 덜어 내거나 빼다. ¶지난분 꺼는 지하고, 잔돈 주우소오. =지난번 것은 제하고, 거스름돈 주세요.

지해[-_] 명 그해. 말하는 이가 이야기하고자 하는 바로 그 시기의 해. ¶도래는 씨로 뿌리낳마 지해에 꽃이 핍미더. =도라지는 씨를 뿌려놓으면 그해에 꽃이 핍니다.

직사기[_-_] 부 죽도록. *'즉사하게(卽死--)'에서 온 말. ¶【관용구】직사기 얻어터지다. =죽도록 얻어맞다.

직사하다[--__] 동 즉사하다(卽死--).

직시[_-_] 부 즉시(卽時). ¶먼 일이 생기마 직시 내안테 아라라. =뭔 일이 생기면 즉시 내게 알려라.

직이다[지기다 -__] 동 죽이다. ☞골로 보내다. 쥑이다.

직이주다[지기주다 -_-_] 동 죽여주다. ①몹시 고통을 당하여 못 견디게 하다. ¶아까부텀 옆꾸리가 직이주기 아푸다. =아까부터 옆구리가 죽여주게 아프다. ②몹시 만족스럽거나 흡족하게 하다. ¶이집 국시 맛은 직이준다. =이집 국수 맛은 죽여준다.

진[_] 명 기력(氣力). ¶가실한다고 진이 다 빠졌다. =추수한다고 기력이 다 빠졌다.

진구디기[__-_] 명 진구렁. ①질척거리는 진흙 구렁. ¶자안차가 진구디기에 빠졌다. =자전거가 진구렁에 빠졌다. ②빠져나오기 어려운 험난한 처지를 비유적으로 이르는 말. ¶【관용구】진구디기에 빠지다. =진구렁에 빠지다.

진달래[_--] 명 ((식물))민들레. ¶진달래는 이푸리도 개않고 뿌리이도 약으로 씬다. =민들레는 이파리도 괜찮고 뿌리도 약으로 쓴다. ☞소똥꼬부레이.

진대[_-] 명 ((동물))업구렁이. *표준어로 '업구렁이'인 '진대'는 집터 안에 살면서 그 집안의 살림을 보호하고 번창하게 해준다는 구렁이다. 크기가 크고 색깔은 누런 것(암컷)과 검은 것(수컷)이 있다. 예전에는 초가지붕 위나 담 위로 천천히 이동하는 진대를 볼 수 있었다. 집을 지키는 '찌끼미'(지킴이)로 알려져 함부로 손을 대지 않았다.

진딱[_-] 부 몹시. 더할 수 없이 심하게. ¶【관용구】술로 진딱 퍼다. =술을 몹시 마시다. ¶【관용구】욕을 진딱 얻우묵다. =욕을 몹시 얻어먹다. ☞좆나기. 좆빠지기.

진말하다[_--_] 동 긴말하다. 필요 이상으로 말을 길게 늘어놓다. ¶진말할 거 없다. =긴말할 것 없다.

진빙[_-] 명 긴병(-炳). 오랫동안 앓는 병. ¶【속담】진빙에 소자 없다. =긴병에 효자 없다.

진뻘[_-] 명 진펄. 땅이 매우 부드럽고 질어 질퍽한 벌.

진사매[_--] 명 긴소매. 길이가 팔꿈치 아래로 내려오도록 만든 소매.

진설[_-] 명 진눈깨비. 비가 섞여 내리는 눈. *진(축축한)+설(눈). ¶【속담】다선애비 진설 맞으미 소 팔로 간다. =의붓아비 진눈깨비 맞으며 소 팔러 간다.

진역[지녁 -_] 명 징역(懲役). ☞전중.

진역살이[지녁사리 -_-_] 명 징역살이(懲役--). ☞전중살이.

진장[_-] 감 젠장. 뜻대로 되지 않아서 불만스러울 때 혼자 욕으로 하는 말. ¶진장, 오올도 허탕이구마는. =젠장, 오늘도 허탕이구먼.

진장맞이[진장마지 _--_ _] 감 젠장맞을. '제기 난장(亂杖)을 맞을'이란 뜻으로, 자기 마음에 맞지 않아서 불만스러울 때 혼자 욕으로 하는 말. ¶진장맞이, 여어꺼정 제우 옸는데 아무도 없다이. =젠장맞을, 여기까지 겨우 왔는데 아무도 없다니.

진잭이[진재기 _-_] 부 진작. 과거의 어느 때에 이미. ¶진잭이부텀 내도 그 생각을 했디라. =진즉부터 나도 그 생각을 했더니라.

진절미나다[_-___] 동 진저리나다. 어떤 대상이나 일에 몹시 귀찮거나 싫증이 나서 끔찍하다. ¶이놈우 농사는 인자 진절미난다. =이놈의 농사는 이제 진저리난다.

진지이[진지~이 _-_] 부 천천히. ☞지이. 지인지. 천처이.

진진[__] 관 긴긴. 매우 긴. ¶이 진진 하리로 머 하미 보내까? =이 긴긴 하루를 무얼 하며 보낼까?

진진날[__-] 명 긴긴날. ①길고 긴 날. ¶우리 할매는 수무 해 진진날을 할배가 오기만을 바랬깄다. =우리 할머니는 스무 해 긴긴날을 할아버지가 오기만을 기다렸다. ②낮이 밤보다 썩 긴 여름날을 이르는 말. ¶이 방은 여룸철 진진날에도 햇빛 한 떠꺼리 기겅 몬한다.

=이 방은 여름철 긴긴날에도 햇빛 한 톨 구경 못한다.

진진낯[진진낟 __-] 명 긴긴낮. 길고 긴 낮. ¶이래 진진낮에 하리 죙일 일해도 요거빽이 몬 했다. =이리 긴긴낮에 하루 종일 일해도 요것밖에 못 했다.

진진밤[__-] 명 긴긴밤. 길고 긴 밤. ¶진진밤을 뜬눈우로 새았다. =긴긴밤을 뜬눈으로 새웠다.

진진산중[___-] 명 심심산중(深深山中). 깊고 깊은 산속. ¶【속담】진진산중에 실마 호래이 안 살까이. =심심산중에 설마 호랑이 안 살까.

진진진진[_-_-] 감 곤지곤지. 젖먹이에게 왼손 손바닥에 오른손 집게손가락을 댔다 뗐다 하라는 뜻으로 내는 소리. ☞꼰지꼰지.

진진해[__-] 명 긴긴해. 길고 긴 해. ¶유얼 초하리 진진해가 서산마리에 걸리 있다. =유월 초하루 긴긴해가 서산마루에 걸려 있다.

진짐승[진짐씅 __-] 명 ((동물))뱀. *표준어 '긴짐승'은 뱀 따위와 같이 몸이 긴 짐승을 통틀어 이르는 말이지만 창녕 방언에서는 '뱀'을 이르는 말이다. ¶【속담】진짐승은 앙물한다. =뱀은 앙갚음한다. ☞배암. 뱀이. 비암.

진차이[진차~이 --_] 부 괜히. 아무 이유나 실속이 없이. *긴찮이<진찮이<진차이. ¶안 해도 델 소리로 진차이 하구마는. =안 해도 될 소리를 괜히 하구먼. ☞겐이. 맥찌. 맥찌로. 메일없이. 백찌. 백찌로.

진처매[__-] 명 긴치마. ①발목까지 내려오는 치마. ¶우리 누부야는 늘상 진처매마 입고 댕긴다. =우리 누나는 늘 긴치마만 입고 다닌다. ②예전에, 여자들이 한복 맨 겉에 입는 치마를 이르던 말. ☞진치매.

진치매[__-] 명 긴치마. ☞진처매.

진페기밭[진페기받 _-__] 명 수렁. ☞뻘구디기. 시비구디기. 헤찌구디기.

진흑[진흑 _-] 명 진흙. 질척질척하게 짓이겨진 흙. ☞찐덕.

진흑탕[진흑탕 _-_] 명 진흙탕. 흙이 질척질척하게 된 상태나 그런 땅.

짇다[짇따 _-] 동 긷다. 고여 있는 물을 두레박으로 퍼서 담다. ¶【속담】다시는 안 질을 끼라꼬 새미에 똥을 누까이. =다시는 안 길을 거라고 우물에 똥을 누랴. *짇고[짇꼬 _-], 짇지[짇찌 _-], 질어서[지러서 -__], 질었다[지럳따 -__].

질[1][-] 명 길. ①사람이나 동물 또는 자동차 따위가 지나갈 수 있게 땅 위에 낸 일정한 너비의 공간. ¶【속담】질이 아이마 가지로 말고 말이 아이마 하지로 마라. =길이 아니면 가지를 말고 말이 아니면 하지를 마라. ②걷거나 탈것을 타고 어느 곳으로 가는 노정(路程). ¶【속담】질로 모루마 물우서 가라. =길을 모르면 물어서 가라. ③걷거나 탈것을 타고 어느 곳으로 어떤 행동이 끝나자마자 즉시. ¶학조서 오덤 질로 일로 욌다. =학교에서 오던 길로 이리로 왔다. ④어떠한 일을 하는 도중이나 기

ㅈ

회. ¶볼일 보로 오는 질에 한분 들리라. =볼일 보러 오는 길에 한번 들러라. ⑤물건에 손질을 잘하여 생기는 윤기. ¶이 자안차는 질이 잘 나 있다. =이 자전거는 길이 잘 나 있다. ⑥짐승 따위를 잘 가르쳐서 부리기 좋게 된 버릇. ¶우리 집 암시는 질이 잘 나서 말로 잘 들어예. =우리 집 암소는 길이 잘 나서 말을 잘 들어요. ⑦어떤 일에 익숙하게 된 솜씨. ¶이 일도 언자는 질이 났어예. =이 일도 이제는 길이 났어요. ⑧길이의 단위. 한 길은 여덟 자 또는 열 자로 약 2.4미터 또는 3미터에 해당한다. ¶이 낭근 시 질은 델다. =이 나무는 세 길은 되겠다. ⑨길이의 단위. 한 길은 사람의 키 정도의 길이이다. ¶【속담】땅 열 질 파도 돈 한 푼 안 노온다. =땅 열 길 파도 돈 한 푼 안 나온다.

질[2][-] 명 버릇. ¶【속담】안 끼던 방구도 자꾸 끼마 질덴다. =안 뀌던 방구도 자꾸 뀌면 버릇된다. ☞버롯. 버릇.

질가세[-_ _] 명 길가. 길의 주변. *질가+ㅅ+에<질갓에<질가세<질가시. 이런 경우 창녕방언에서는 처소격 조사 '에'가 습관처럼 붙어 다니는 특징이 있다. ¶【속담】질가세에 집 지이마 옳운 집 안 덴다. =길가에 집 지으면 옳은 집 안 된다. ☞질가시.

질가시[-_ _] 명 길가. ☞질가세.

질거리[질꺼리 _-_] 명 길거리. ¶【관용구】질거리에 나앉이다. =길거리에 나앉다.

질건니[--_] 명 길 건너. 길 건너편. *'질건네'의 본래 성조는 [- _-]이다. 그런데 이 말은 쉼 없이 발음되고 또 그 성조도 [--_]로 바뀌기 때문에, 이는 하나의 단어로 굳어진 것으로 볼 수 있다. ¶민소는 질건니에 있다. =면사무소는 길 건너에 있다.

질겁다[--_] 형 즐겁다. 마음에 들어 흐뭇하고 기쁘다. ¶【속담】칼부림 질겁운 넘운 칼 마아 죽눈다. =칼부림 즐거운 놈은 칼 맞아 죽는다. *질겁고[질겁꼬 --_], 질겁지[질겁찌 --_], 질겁어야[질거버야 --_ _], 질겁었다[질거벋따 --_ _].

질겁우하다[질거부하다 --_ _ _] 동 즐거워하다. ¶까자로 사준께네 아아가 질겁우합미더. =과자를 사주니까 애가 즐거워합니다.

질겁하다[질거파다 --_ _] 동 기겁하다(氣怯--). 숨이 막힐 듯이 갑작스럽게 겁을 내며 놀라다. ¶죽운 개로 보고 질겁했디라. =죽은 개를 보고 기겁했더니라.

질굼[1][_-] 명 엿기름. ☞엿질굼.

질굼[2][_-] 명 숙주. 녹두를 그릇에 담고 물을 주어 싹이 나게 한 나물.

질굼가리[질굼까리 _ _ _-] 명 엿기름가루. 엿기름을 맷돌에 갈아서 만든 가루.

질굼나물[_ _ _-] 명 숙주나물. ☞녹디질굼.

질그륵[_-_] 명 질그릇. 잿물을 입히지 않고 진흙만으로 구워 만든 그릇. ¶【속담】질그륵 뿌쌓고 놋그륵 장만는다. =질그릇 부수고 놋그릇 장만한다.

질기[_-] 부 길게. ①어떤 사물을 길게. ¶끄내끼로 쫌 더 질기 끊이라. =끈을 좀 더 길게 끊어라. ②어떤 행위를 되풀이 해서. ¶질기 그카다가 큰일 내겄다. = 길게 그러다가 큰일 내겠다.

질기눕다[질기눕따 _--_] 동 죽다. *길게+눕다. ¶자석들 애믹이던 그 나만사람이 언자사 질기눕웄다. =자식들 애먹이던 그 노인이 이제야 죽었다. ☞골로 가다. 꼬두라지다.

질기다[--_] 동 즐기다. 좋아하여 자주하다. ¶【속담】장(醬) 없는 넘이 국 질긴다. =장 없는 놈이 국 즐긴다. ¶【속담】돈 한 푼 없는 넘이 찹쌀떡마 질긴다. =돈 한 푼 없는 놈이 찹쌀떡만 즐긴다.

질나다[--_] 동 길나다. ①버릇이나 습관이 되어 익숙해지다. ¶【속담】안 묵던 콩죽도 자조 무우마 질난다. =안 먹던 콩죽도 자주 먹으면 길난다. ②윤기가 나거나 쓰기 좋게 되다. ¶【속담】질난 솥이 밥 잘 덴다. =길난 솥이 밥 잘 된다.

질나이[질나~이 _-_] 명 능수꾼(能手-). 일솜씨가 능란한 사람. *길+난+이. ¶니는 하뚜 치는 데는 질나이네. =너는 화투 치는 데에는 능수꾼이네.

질눈[-_] 명 길눈. 한 번 가 본 길을 잘 익혀 두어 기억하는 눈썰미. ¶【관용구】질누이 맵다. =길눈이 밝다. ¶【관용구】질누이 어덥다. =길눈이 어둡다.

질다[1][_] 형 길다. ①머리카락이나 수염 따위가 점점 무성하게 자라나 있다. ¶씨엄이 질어서 텍 밑이 씨꺼메졌다. =수염이 길어서 턱 밑이 시커메졌다. ②물체의 처음과 끝이 서로 멀다. ¶【관용구】질기 눕웄다. =길게 누웠다. ¶【속담】질고 짧운 거는 대 바야 안다. =길고 짧은 것은 대 봐야 안다. ③이어지는 시간상의 한 때에서 다른 때까지의 동안이 오래다. ¶【속담】진 빙에 소자 없다. =긴 병에 효자 없다. ④글이나 말 따위의 분량이 많다. ¶【관용구】말이 질다. =말이 길다.

질다[2][-_] 형 풍작이다(豊作--). ¶작년에사 보리는 짔지마는 나락은 질었지예. =작년에야 보리는 흉작이었지만 벼는 풍작이었지요. ☞지리다.

질다랗다[질다라타 _-__] 형 기다랗다. 매우 길거나 생각보다 길다. ¶모간지를 질다랗기 빼고 바랬긴다. =목을 기다랗게 빼고 기다린다. ☞지닿다. 찌닿다. 찔다랗다.

질데다[--_] 동 버릇되다. ☞버룻데다. 버릇데다. 짓이나다.

질동무[질똥무 --_] 명 길동무. 길을 함께 가는 동무. 또는 같은 길을 가는 사람. ¶【속담】저싱질에도 질동무로 하겄다. =저승길에도 길동무를 하겠다.

질들다[--_] 동 길들다. ①짐승이 잘 따르도록 가르쳐서 부리기 좋게 되다. ¶이 개는 사램인데 질들어서 말로 잘 듣습미더. =이 개는 사람에게 길들어서 말을 잘 듣습니다. ②어떤 물건이 오랫동안 매만져서 보기 좋거나 쓰기 좋게 되다. ¶【속담】질들은 자안차가 잘 구불우간다. =길든 자전거가 잘 굴러간다.

질딜이다[질디리다 --__] 동 길들이다. 어떤 일에 익숙하게 하다. ¶【속담】팔자(八字)도 질딜일 탓. =팔자도 길들일

ㅈ

탓. ¶【속담】새딕이는 다홍치매 입읐을 쩍에 질딜이라. =새댁은 다홍치마 입었을 적에 길들여라.

질따막하다[질따마카다 ＿＿＿-＿] 형 기다마하다. 꽤 길다. ¶질따막한 간때미로 감홍시로 땄다. =기다마한 간짓대로 홍시를 땄다.

질래[＿-] 부 자꾸. 잇달아서 여러 번. *창녕방언 '질래'는 '길게'에서 온 말이지만 '자꾸'에 가까운 뜻을 지닌다. 주로 부정적인 뜻으로 쓰인다. ¶질래 그카다가 클 난다. =자꾸 그러다가 큰일 난다.

질로[-＿] 부 절로. 자연적으로. ¶서답은 이래 널어낳아마 질로 마릅미더. =빨래는 이렇게 널어놓으면 절로 마릅니다.

질매[--] 명 길마. 짐을 싣거나 수레를 끌기 위하여 소나 말 따위의 등에 얹는 안장. ¶【속담】질매 무굽다꼬 소 들눕우까이. =길마 무겁다고 소 드러누우랴.

질머리[--＿] 명 길머리. ①넓은 길에서 좁은 길로 들어서는 첫머리. ¶잔아부지는 시방 질머리에 있는 주막에 기신다. =작은아버지는 지금 길머리에 있는 주막에 계신다. ②길의 중요한 통로가 되는 곳. ¶누이 마이 오서 읍내 가는 질머리가 맥힜습미더. =눈이 많이 와서 읍내 가는 길머리가 막혔습니다. ③일이나 시기가 바뀌는 때를 이르는 말. ¶가실에서 저실로 넘우가는 질머리에 큰아부지가 다칬다. =가을에서 겨울로 넘어가는 길머리에 큰아버지가 다쳤다.

질모티이[질모티~이 ＿＿-＿] 명 길모퉁이. 길이 구부러지거나 꺾여 돌아가는 자리. ¶질모티이서 추룩이 툭 티노왔다. =길모퉁이에서 트럭이 툭 튀어나왔다.

질목[-＿] 명 길목. ①넓은 길에서 좁은 길로 들어서는 첫머리. ¶동네 질목에 큰 점빵이 있다. =동네 길목에 큰 가게가 있다. ②길의 중요한 통로가 되는 곳. ¶먼 일인동 질목마당 깅찰이 지키고 있어예. =뭔 일인지 길목마다 경찰이 지키고 있어요. ③일이나 시기가 바뀌는 때를 비유적으로 이르는 말. ¶여룸 질목에는 늘상 비가 이래 마이 온다. =여름 길목에는 항상 비가 이리 많이 온다.

질바닥[질빠닥 ＿-＿] 명 길바닥. ¶【속담】삼식이 저아부지 질바닥 씰고 있다. =삼식이 자기 아버지 길바닥 쓸고 있다.

질삼[--] 명 길쌈. 실을 내어 옷감을 짜는 모든 일을 통틀어 이르는 말. ¶【속담】질삼 잘 하는 첩사이가 밑도 여무다. =길쌈 잘하는 첩이 밑도 여물다.

질섶[질섭 ＿-] 명 길섶. 길의 양쪽 가장자리. 흔히 풀이 나 있는 곳을 가리킨다.

질수[1][--] 명 방법(方法). 해결 수단. ¶우째할 질수로 모루겄다. =어찌할 방법을 모르겠다. ☞방수.

질수[2][--] 명 견딜힘. 잘 참아 견디어 내는 힘. ¶이 끄내끼는 질수가 좋다. =이 끈은 견딜힘이 좋다. ☞전딜심.

질수[3][--] 명 질서(姪壻). 조카딸의 남편을 이르는 말.

질수[4][--] 명 찰기(-氣). 곡식이나 그것으로 만든 음식 따위의 끈기 있는 성질이나 기운. ¶저분 국시는 질수가 하잖았어예. =저번 국수는 찰기가 나빴어요.

질오강[_-_] 명 질그릇요강. 질그릇으로 만든 요강. ¶【속담】질오강 깨고 놋오강 얻는다. =질그릇 요강 깨고 놋요강 얻는다.

질이[지리 -_] 명 길이. ¶질이로 질기 끊이라. =길이를 길게 끊어라. ☞기럭지. 지럭배기.

질쭉하다[1][질쭈카다 __-_] 형 길차다. ☞젤쭉하다.

질쭉하다[2][질쭈카다 __-_] 형 길쭉하다. ☞길쭘하다. 젤쭉하다. 젤쭘하다. 쩰쭘하다. 찔쭉하다. 찔쭘하다.

질푹하다[질푸카다 __-_] 형 질퍽하다. 진흙이나 반죽이 물기가 많아 매우 부드럽고 질다. ¶미나리는 질푹한 따아서 컨다. =미나리는 질퍽한 땅에서 자란다.

짊우지다[질무지다 -_-_] 동 짊어지다. ① 짐 따위를 뭉뚱그려서 지다. ¶【속담】노리 본 넘이 그물 짊우진다. =노루 본 놈이 그물 짊어진다. ¶【속담】목줄기에 사잣밥 짊우지고 댕긴다. =목덜미에 사잣잡 짊어지고 다닌다. ②빚을 지다. ¶【관용구】빚을 짊우지다. =빚을 짊어지다. ③책임이나 의무를 맡다. ¶지 한 몸 감당도 어렵운 판에 동상식구꺼정 짊우짔다. =제 한 몸 감당도 어려운 판에 동생식구까지 짊어졌다.

짐[1][_] 명 ((식물))김. ¶【속담】말키 짐 싸 무윘다. =모두 김 싸먹었다.

짐[2][_] 명 김. ①액체가 열을 받아서 기체로 변한 것. ¶가매솥에서 짐이 술술 난다. =가마솥에서 김이 술술 난다. ② 수증기가 찬 기운을 받아서 엉긴 아주 작은 물방울의 집합체. ¶밍경에 짐이 찌있네예. =면경에 김이 끼었네요. ③ 맥주나 청량음료 속에 들어 있는 이산화탄소. ¶짐이 빠진 사이다로 우예 묵노. =김이 빠진 사이다를 어떻게 먹니.

짐[3][-] 명 김. (('-은/는 짐에' 구성으로 쓰여)) 어떤 일의 기회나 계기. ¶【속담】소뿔도 단짐에 뺀다. =소뿔도 단김에 뺀다.

짐[4][_] 명 김. 논밭의 잡풀. ☞지섬. 지심.

짐매다[_-_] 동 김매다. ☞지섬매다. 지심매다.

짐밥[짐빱 _-] 명 김밥. ¶짐밥을 맹글었다. =김밥을 쌌다.

짐빠[--] 명 봇짐(褓-). ¶【속담】짐빠 내애주미 앉이라 칸다. =봇짐 내어주며 앉으라 한다.

짐빠삐[--_] 명 포대기 줄. 어린애들이 쓰는 포대기에 달린 줄. *'짐빠삐'는 표준어로 보면 명사구지만 창녕방언에서는 굳어진 말이라 하나의 단어로 보는 게 낫다. ¶인날에는 신랑 다란다꼬 짐빠삐로 다리로 묶아낳고 마른 밍태로 뚜길기 패고 그래했어. =옛날에는 신랑 다룬다고 포대기 줄로 다리를 묶어놓고 마른 명태로 두들겨 패고 그랬어.

짐빠지다[_-__] 동 김빠지다. ①음료가 본래 맛이나 향이 없어지다. ¶짐빠진 맥주로 무신 맛으로 무우까. =김빠진 맥주를 무슨 맛으로 먹을까. ②흥이 깨지거나 맥이 빠져 싱겁게 되다. ¶【관용

ㅈ

구】짐빠지는 소리로 하다. =김빠지는 소리를 하다. ☞짐새다.

짐새다[_-_] 동 김빠지다. ☞짐빠지다.

짐에[지메 -_] 부 ≒김에. 어떤 일의 기회나 계기에. ¶【속담】떡 본 짐에 지사 지낸다. =떡 본 김에 제사 지낸다. ¶【속담】썽난 짐에 돌뿌리 찬다. =화난 김에 돌부리 찬다. ☞머리에.

짐장[_-] 명 김장. ¶짐장짐치(김장김치).

짐장거리[짐장꺼리 __-_] 명 김장거리. 김장하는 데 쓰는 재료. ¶우리들네야 짐장거리가 천지삐까리다. =우리들이야 김장거리가 아주 많다.

짐장배차[_-__] 명 결구배추(結球--) . ☞알배차. 알뱁차. 짐장뱁차.

짐잭[-_] 명 짐작(斟酌). 사정이나 형편 사물 따위를 어림잡아 헤아림. ¶【속담】감투가 커도 기가 짐잭이라. =감투가 커도 귀가 짐작이라.

짐잭하다[짐재카다 -_-_] 동 짐작하다(斟酌--). ¶【속담】도감포시[都監砲手] 저거 마누래 오좀 짐잭한다. =도감포수 자기 마누라 오줌 짐작한다.

짐치[-_] 명 김치. ☞지이.

짐치쭐구리[___-_] 명 김치주저리. 청이 달린 채로 소금에 절여 담근 무김치나 배추김치의 잎. ¶고오매는 짐치쭐구리캉 무우마 맛입다. =고구마는 김치주저리랑 먹으면 맛있다.

짐칫국[짐치꾹 __-] 명 김칫국. 김치의 국물. ¶【속담】짐칫국 묵고 씨엄 씬다. =김칫국 먹고 수염 쓴다. ¶【속담】짐칫국 얻어문 걸배이 떨딧기 한다. =김칫국 얻어먹은 거지 떨듯 한다. ¶【속담】떡 줄 넘은 생각도 안하는데 짐칫국부텀 마신다. =떡 줄 놈은 생각도 않는데 김칫국부터 마신다. ☞짐칫국물.

짐칫국물[짐치꿍물 __-_] 명 김칫국. ☞짐칫국.

짐칫단지[짐치딴지 _-__] 명 김칫독. 김치를 넣어두는 독. ¶【속담】이얼에 짐칫단지 터진다. =이월에 김칫독 터진다. ¶【속담】다 퍼무운 짐칫단지에 빠진다. =다 퍼먹은 김칫독에 빠진다.

집[-] 명 즙(汁). ¶육모초는 집을 내가주고 약을 합미더. =익모초는 즙을 내어가지고 약을 합니다.

집골묵[-__] 명 집골목. 집들 사이로 난 골목. ¶【속담】장님 집골묵 안 틀린다. =장님 집골목 안 틀린다.

집구숙[__-] 명 집구석. '집안'을 낮잡아 이르는 말. ¶【관용구】나간 넘우 집구숙. =나간 놈의 집구석. ¶【속담】불한당 치란 넘우 집구숙 겉다. =불한당 치른 놈의 집구석 같다. ¶【속담】집구숙이 망할라 카마 개가 절구로 씨고 지붕 우로 올라간다. =집구석이 망하려고 하면 개가 절구를 쓰고 지붕 위로 올라간다.

집다[1][집따 _-] 동 깁다. 떨어지거나 해어진 곳에 다른 조각을 대거나 또는 그대로 꿰매다. ¶이전에는 옷을 집어 입기 여사디라. =예전에는 옷을 기워 입기 예사였느니라. *집고[집꼬 _-], 집지[집찌 _-], 집어[지버 -_], 집었다[지벋따 -__].

집다[2][집따 -_] 형 싶다. ☞싶우다. 잡다. 접다.

집때까리[_ _-_] 명 지붕. ☞지붕땅. 지붕때까리.

집에[지베 -_] 명 안사람. 남에게 '아내'를 일컫는 말. ¶음석이사 집에서 알아서 안 하겠능교? =음식이야 안사람이 알아서 안 할까요?

집우내다[지부내다 -_ _ _] 동 집어내다. ①어떤 곳에서 사물을 집어서 밖으로 내놓다. ¶【속담】둥주리서 막 집우낸 기랄이 따시다. =둥우리에서 막 집어낸 계란이 따뜻하다. ②무엇을 지목하거나 지적하여 밝혀내다. ¶아부지가 동상이 잘몬한 거로 일일이 집우냈다. =아버지가 동생이 잘못한 것을 일일이 집어냈다.

집우떤지다[지부떤지다 -_-_ _] 동 집어던지다. ①물건을 들어서 다른 곳에 떨어지게 공중으로 내보내다. ¶【속담】여꾸리에 붙은 뱀이 집우떤지딧기. =옆구리에 붙은 뱀 집어던지듯이. ②어떤 태도나 직위 따위를 냅다 포기하거나 그만두다. ¶묵는 거 앞에서는 치미이고 머고 다 집우떤진다. =먹는 것 앞에서는 체면이고 뭐고 다 집어던진다.

집우매다[지부매다 -_-_] 동 꿰매다. *집(깁)+우+매다. ☞꼬매다. 꾸매다. 끼매다.

집우묵다[지부묵따 -_ _ _] 동 집어먹다. ☞지이묵다.

집우생키다[지부생키다 -_-_ _] 동 집어삼키다. ①무엇을 아무 거리낌없이 입속으로 삼키다. ¶배가 고픈지 알라가 까자로 집우생킨다. =배가 고픈지 애기가 과자를 집어삼킨다. ②남의 것을 부당하게 슬그머니 자기 것으로 삼다. ¶애정 때 애넘덜이 우리 논을 집우생킸다. =왜정 때 왜놈들이 우리 논을 집어삼켰다.

집우옇다[지부여타 -_-_] 동 집어넣다. ☞따까옇다. 조오옇다. 지이옇다.

집우치아다[지부치아다 -_-_ _] 동 집어치우다. 어떤 일을 중도에서 그만두다. ¶언자 오서 이 일로 집우치아자이 너무 아깝운 기라. =이제 와서 이 일을 집어치우자니 너무 아까운 거라.

집우타다[지부타다 -_-_] 동 집어타다. 자동차 따위를 잡아 세워서 타다. ¶지내가는 추룩을 집우타고 갔다. =지나가는 트럭을 집어타고 갔다.

집지슭물[집찌슬물 _-_ _] 명 낙숫물(落水-). ☞씨껄물. 지슭물.

집청[-_] 명 조청(造淸). 엿 따위를 고는 과정에서 묽게 고아서 굳지 않은 엿. ¶【속담】집청에 찰떡이라. =조청에 찰떡이라.

집터실이[집터시리 _ _-_] 명 집터. *'터실이'는 '터+실(室)+-이'로, '실'의 의미가 무엇인지는 분명하지 않지만 '室'로 짐작된다. '-이'는 접미사이다. ¶【속담】집아이 망아마 집터실이 잡운 사램마 탐살한다. =집안이 망하면 집터 잡은 사람만 탓한다.

짓고때이[지꼬때~이 _ _-_] 명 짓고땡. 화투 노름의 하나.

ㅈ

짓다[1][짇따 _-] 동 깃다. 잡초가 많이 나다. *창녕방언에서 '짓다'는 표준어와 달리 규칙활용을 하는 동사이다. ¶마다아 풀 짓어 있는 거로 보이 똑 나간 집구숙 겉다. =마당에 풀 깃어 있는 것을 보니 꼭 빈집 같다. *짓고[지꼬 -_], 짓어서[지서서 -__], 짓은[지슨 -_], 짓었다[지섣따 -__].

짓다[2][짇따 _-] 동 불어나다. 이자(利子)가 늘어나다. ¶짓은 이자로 논 사까. =불어난 이자로 논 살까.

짓다[3][짇따 _-] 동 짖다. ①개가 목청으로 소리를 내다. ¶【속담】지상없이 짓어쌓는 개가 겂이 많다. =상없이 짖어쌓는 개가 겁이 많다. ②까마귀나 까치가 시끄럽게 울어서 지저귀다. ¶【속담】아직에 깐채이가 짓어마 반갑운 소이 온다. =아침에 까치가 짖으면 반가운 손님이 온다. *짓고[지꼬 -_], 짓어서[지서서 -__], 짓은[지슨 -_], 짓었다[지섣따 -__].

짓다[4][짇따 _-] 동 읊다. 시 따위를 지어 드러내다. ¶【속담】서당개 삼년에 풍얼을 짓는다. =서당개 삼년에 풍월을 읊는다.

짓동산[지똥산 _-_] 명 뒷동산. ¶【속담】이릴 쩍 짓동산서 노던 이약한다. =어릴 적 뒷동산에서 놀던 이야기한다.

짓물[진물 _-] 명 제물. 그 자체에서 우러난 물. ¶나물은 우라낸 짓물에 국을 끓이야 맛입다. =나물은 우려낸 제물에 국을 끓여야 맛있다.

짓이나다[지시나다 _-__] 형 버릇되다. ☞버릇데다. 버릇데다. 질데다.

징가하다[-___] 동 증가하다(增加--). ¶땅깞이 징가했제? =땅값이 증가했지?

징거[_-] 명 증거(證據). ¶머선 징거가 있으이 그라겠지. =무슨 증거가 있으니 그러겠지.

징겅징겅[___-] 부 질겅질겅. 질긴 물건을 자꾸 크게 씹는 모양을 나타내는 말. ¶수루미 달구지로 징겅징겅 씹었다. =오징어 다리를 질겅질겅 씹었다.

징구룹다[__-_] 형 징그럽다. ①만지거나 보기에 소름이 끼칠 만큼 끔찍하게 흉하다. ¶저 벌거재이는 징구룹기 생깄다. =저 벌레는 징그럽게 생겼다. ②하는 짓이 유들유들하여 역겹다. ¶징구룹구로 옷은 와 말키 벗있노? =징그럽게 옷은 왜 모두 벗었니? ☞숭시럽다.

징굴밪다[징굴바따 __-_] 형 징글맞다. 하는 행동이 불쾌할 만큼 몹시 흉하거나 역겹다. ¶뱀이는 운제 바도 징굴밪다. =뱀은 언제 봐도 징글맞다. *징굴밪고[징굴바꼬 __-_], 징굴밪지[징굴바찌 __-_], 징굴밪아서[징굴바자서 __-__], 징굴밪았다[징굴바잗따 __-__]. ☞숭시럽다.

징기다[1][-__] 동 지니다. ①몸에 간직하여 가지다. ¶우리 어무이는 부적을 늘상 징기고 댕깄다. =우리 어머니는 부적을 늘 지니고 다녔다. ②기억하여 잊지 않고 새겨 두다. ¶아부지 유언을 마암쏙에 징기고 산다. =아버지 유언을 마음속에 지니고 산다. ③바탕으로 갖추고 있다. ¶【관용구】업을 징기다. =업을 지니다. ④본래의 모양이나 근본을 그대로 간직하다. ¶【속담】논밭은 다 팔아무우도 향로 촛대는 징긴다. =논밭은 다 팔아먹어도 향로 촛대는 지닌다. ⑤재산 따위를 소유하다. ¶그 냥반은 재산을 마이 징기고 있다. =그 양반은 재산을 많이 지니고 있다.

징기다[2][-__] 동 가지다. 물건 따위를 손에 쥐거나 몸에 지니다. ¶【속담】징긴 것도 없는 넘이 시계 찰라칸다. =가진 것도 없는 놈이 시계 차려한다.

징기초[-__] 명 ((식물))진득찰. ☞찐디기풀.

징맹[_-] 명 증명(證明). ☞징밍.

징맹사진[_--_] 명 증명사진(證明寫眞). ☞징밍사진.

징밍[_-] 명 증명(證明). ☞징맹.

징밍사진[_--_] 명 증명사진(證明寫眞). ☞징맹사진.

징상[-_] 명 증상(症狀). ¶허북지에 얄궂운 징상이 있어예. =허벅지에 얄궂은 증상이 있어요.

징세[-_] 명 증세(症勢). ¶강기 몸치 징세. =감기 몸살 증세.

징손지[_-_] 명 증손자(曾孫子). 손자의 아들. ¶【속담】나 서룬에 징손지 보고도 남울다. =나이 서른에 증손자 보고도 남겠다.

징솔여[_-_] 명 증손녀(曾孫女). 손자의 딸. ¶【속담】우는 징솔여 달개듯기. =우는 증손녀 달래듯이.

징자[_-] 명 증좌(證左). ☞정자.

징조할매[-__-] 명 증조할머니(曾祖---). 아버지의 할머니. ¶징조할매 지삿날이 대이옵미더. =증조할머니 제삿날이 다가옵니다.

징조할배[-__-] 명 증조할아버지(曾祖----). 아버지의 할아버지.

짙푸루다[짇푸루다 _-__] 형 짙푸르다. 사물이나 그 빛깔이 매우 짙고 푸르다.

짚나래미[집나래미 __-_] 명 새꽤기. 껍질을 벗긴 빳빳하고 곧은 볏짚. ¶새끼로 수옳기 까알라카마 짚나래미를 잘 축사야 덴다. =새끼를 수월하게 꼬려면 새꽤기를 잘 축여야 된다. ☞짚헤끼.

짚다[집따 -_] 형 깊다. ①위에서 밑까지의 길이가 길다. ¶【속담】확 짚운 집에 주디이 진 개 들온다. =돌확 깊은 집에 주둥이 긴 개 들어온다. ②생각이 듬쑥하고 신중하다. ¶먼 놈우 생각을 고래 짚이 하노? =뭔 놈의 생각을 그리 깊게 하니? ③수준이 높거나 정도가 심하다. ¶저가부지는 짚운 잠을 자는데예. =애아버지는 깊은 잠을 자는데요. ④시간이 오래다. ¶이래 짚운 밤에 먼 일인교? =이리 깊은 밤에 뭔 일입니까? ⑤어둠이나 안개 따위가 자욱하고 빽빽하다. ¶앙개가 짚이 찌있다. =안개가 깊이 끼었다. *짚고[집꼬 -_], 짚지[집찌 -_], 짚어야[지퍼야 -__], 짚었다[지펃따 -__]. ☞짚우다.

짚뿍띠기[집뿍띠기 __-_] 명 짚북데기. 볏짚이 엉클어져 있는 뭉텅이. ¶【속담】짚뿍띠기 치마 땟거리 노오도 마누래 치마 밥 굶는다. =짚북데기 치면 땟거리 나와도 마누라 치면 밥 굶는다.

짚삐까리[집삐까리 __-_] 명 짚가리. 볏짚

의 묶음을 쌓은 큰 덩어리. ¶나만사람들이 따시다꼬 짚삐까리 앞에서 저실내 노네예. =노인네들이 따뜻하다고 짚가리 앞에서 겨우내 노네요.

짚세기[집세기 _-_] 명 짚신. ☞미신.

짚세기감발[집세기감발 _-___] 명 짚신감발. 짚신을 신고 발감개를 함. ¶【속담】짚세기감발에 사립 씨고 간다. =짚신감발에 사립 쓰고 간다.

짚소꾸리[집소꾸리 -_-_] 명 삼태기. 흙이나 쓰레기, 거름 따위를 담아 나르는 데 쓰는 소쿠리의 일종. ¶【속담】짚소꾸리로 앞개린다. =삼태기로 앞가린다. ☞거룸소꾸리.

짚신재이[집신재~이 __-_] 명 짚신장이. 짚신 삼는 일을 업으로 하는 사람. ¶【속담】짚신재이 헌 신 신는다. =짚신장이 헌 신 신는다.

짚신째기[집신째기 __-_] 명 짚신짝. ①짚신의 낱 짝. ②'짚신'을 속되게 이르는 말. ¶【속담】짚신째기도 짝이 있다. =짚신짝도 짝이 있다. ☞미신째기.

짚쑤씨[집쑤씨 --_] 명 짚수세미. 짚으로 만든 수세미.

짚우다[지푸다 _-_] 형 깊다. ☞짚다.

짚우당하다[지푸당하다 ___-_] 형 깊다랗다. 매우 깊다. ¶고라이가 짚우당한 웅디이에 빠짔다. =고라니가 깊다란 웅덩이에 빠졌다.

짚이[1][지피 -_] 명 깊이. ¶이 못은 짚이가 얼매나 데까? =이 저수지는 깊이가 얼마나 될까?

짚이[2][지피 -_] 부 깊이. 생각이나 지식의 수준이나 정도가 높게. ¶니가 잘몬했은께네 짚이 니우치래이. =네가 잘못했으니까 깊이 뉘우쳐라.

짚헤끼[집헤끼 _-_] 명 새꽤기. ☞짚나래미.

짜[-] 명 쪽. ①어떤 것이 향하고 있는 곳. ¶저게 짜로 가입시더. =저기 쪽으로 갑시다. ②서로 갈라지거나 맞서는 사람 중에서 같은 의견을 가진 무리. ¶우리 짜 말도 들어조야 데지예. =우리 쪽 말도 들어줘야 되지요. ☞짝. 쭉.

짜개다[_-_] 동 쪼개다. 둘 이상의 부분으로 나누다. ¶【관용구】대낭기 짜개지듯기. =대나무가 쪼개지듯이. ☞따개다.

짜개지다[_-__] 동 쪼개지다. '쪼개다'의 피동사. ☞따개지다.

짜구[1][--] 명 자귀. 나무를 깎아 다듬는 연장의 하나.

짜구[2][_-] 명 자귀. 너무 많이 먹어서 생기는 병. ¶【관용구】짜구가 나다. =자귀가 생기다.

짜다[-_] 동 쟁이다. ¶짐을 잘 짜야 이거로 한 차에 다 실겄다. =짐을 잘 쟁여야 이걸 한 차에 다 싣겠다. ☞개리다. 당가리치다. 재아다. 재애다.

짜다라[__-] 부 그다지. 그러한 정도로는. 또는 그렇게까지는. ¶지는 짜다라 잘하는 것도 없어민서 저칸다. =자기는 그다지 잘하는 것도 없으면서 저런다. ☞그래. 애차. 짜다리. 짜달시리.

짜다리[1][__-] 부 그다지. ☞그래. 애차. 짜다라. 짜달시리.

짜다리[2][__-] 부 많이. ☞마이. 한삐까리.

짜달시리[_--_] 부 그다지. ☞그래. 애차.

짜다라. 짜다리.

짜러다[1][_-_] 동 자르다. ①동강을 내거나 끊어 내다. ¶【속담】디에 볼 낭근 뿌리이로 높이 짤라라. =뒤에 볼 나무는 뿌리를 높이 잘라라. ②((속되게)) 직장에서 해고하다. ¶일로 잘 몬한다고 직자아서 짤맀다. =일을 잘 못한다고 직장에서 잘렸다. ③남의 요구를 야무지게 거절하다. ¶넘우 부택이로 고래 짜러마 우야노. =남의 부탁을 그리 자르면 어떡하니. ④말이나 일 따위를 길게 오래 끌지 아니하고 적당한 곳에서 끊다. ¶똑 짤라서 말하마 그렇다는 기다. =똑 잘라서 말하면 그렇다는 거다. ☞동치다. 똥굴라다. 문질타. 뿔라다. 뿌질라다.

짜러다[2][_-_] 형 짧다. ①사물의 길이가 짧다. ¶【속담】한날한시에 난 손가락도 질고 짜러다. =한날한시에 난 손가락도 길고 짧다. ②이어지는 시간상의 한 때에서 다른 때까지의 동안이 오래지 않다. ¶【속담】봄비 짜런 거 하고 담부랑배 부런 거는 몬씬다. =봄비 짧은 것하고 담장 배부른 것은 못쓴다. ¶【속담】짜런 밤에 진 노래 부루까. =짧은 밤에 긴 노래 부를까. ③존댓말을 쓰지 않고 하대하다. ¶【관용구】말이 짜러다. =말이 짧다. ④음식을 적게 먹거나 가려 먹는 버릇이 있다. ¶【관용구】입이 짜러다. =입이 짧다. ☞갖다. ⑤자본이나 생각, 실력 따위가 어느 정도나 수준에 미치지 못하고 모자라다. ¶【관용구】밑처이 짜러다. =밑천이 짧다.

짜리다[_-_] 동 닿다. ①일정한 지점을 향하여 팔을 뻗었을 때 그에 미치다. ¶저게꺼정은 팔이 안 짜린다. =저기까지는 팔이 안 닿는다. ②힘이나 능력이 일정한 정도에 이르다. ¶내 심에 짜리는 대로 자석 밑 딲았다. =내 힘에 닿는 대로 자식 밑 닦았다. ☞대이다. 자리다. 짤리다.

짜리몽땅하다[1][____-_] 형 작달막하다. 사람이나 그 키가 몸통의 굵기에 비하여 자그마하다. ¶어지는 짜리몽땅한 젊우이가 찾아왔다. =어제는 작달막한 젊은이가 찾아왔다. ☞짝딸막하다.

짜리몽땅하다[2][____-_] 형 몽땅하다. 물체가 작게 잘리거나 끊어진 것처럼 짤막하다. ¶작년에 입던 주우가 짜리몽땅해졌다. =작년에 입던 바지가 몽땅해졌다.

짜린주우[짜린주~우 ___-] 명 잠방이. ☞단방주우. 몽당주우.

짜매다[1][_-_] 동 졸라매다. 느슨하지 않도록 단단히 동여매다. ¶【관용구】헐끈을 짜매다. =허리끈을 졸라매다. ☞쫄아매다.

짜매다[2][_-_] 동 잡아매다. ☞붙둘우매다.

짜발나다[__-_] 동 짜증나다. 불쾌한 감정이 솟구치다. ¶날이 떱우서 짜발난다. =날씨가 더워서 짜증난다. ☞짜징나다.

짜부라들다[_-___] 동 짜부라지다. ①물체가 한쪽 면이 눌리거나 부딪쳐서 오그라지다. ¶차에 받친 코가 짜부라들었다. =차에 부딪힌 코가 짜부라졌다. ②세력이나 형세가 형편없이 꺾여서 망

ㅈ

할 지경이 되다. ¶천석꾼이던 그 집아이 짜부라들었다. =천석꾼이던 그 집안이 짜부라졌다. ☞찌개지다.

짜작하다[짜자카다 __-_] 형 자작하다. 조리한 음식에 국물이 잦아들어 적다. ¶된장은 짜작하이 찌지마 더 맛닉다. =된장은 자작하게 지지면 더 맛있다. ☞짤박하다. 짤칵하다.

짜잔하다[1][__-_] 형 자잘하다. ①물체가 여럿이 다 작고 가늘다. ¶짜잔한 거는 애삐리라. =자잘한 것은 내버려라. ②((주로 '짜잔한'의 꼴로 쓰여)) 여럿이 다 하찮고 소소하다. ¶짜잔한 일에 마암 씨지 마래이. =자잘한 일에 마음 쓰지 마라. ☞싸씨락하다. 자잔하다. 짜잘하다. 짜잡하다.

짜잔하다[2][__-_] 형 하찮다. ①무엇이 대수롭지 않다. ¶짜잔한 일에 와 고래 썽을 내노? =하찮은 일에 왜 그리 성을 내니? ②그다지 훌륭하지 않다. ¶그륵 꿉는 일이 짜잔한 기이 아이네. =그릇 굽는 일이 하찮은 게 아니네. ☞시피하다. 쪼잖다.

짜잘하다[__-_] 형 자잘하다. ☞싸씨락하다. 자잔하다. 짜잔하다. 짜잡하다.

짜잡하다[1][짜자파다 __-_] 형 자잘하다. ☞싸씨락하다. 짜잔하다. 짜잘하다.

짜잡하다[2][짜자파다 __-_] 형 쪼잔하다. 통이 크거나 너그럽지 못하고 좀스럽다. ¶사나아 자석이 짜잡하구로 삐끼고 캐쌓네. =사내자식이 쪼잔하게 삐치고 그러쌓네. ☞쪼잖다.

짜집기[짜집끼 _-_] 명 짜깁기.

짜징나다[--__] 동 짜증나다. ☞짜발나다.

짜징내다[--__] 동 짜증내다. ¶그깐 일로 짜징내지 마래이. =그까짓 일로 짜증내지 마라. ☞짤다.

짜치다[_-_] 형 쪼들리다. 살림살이나 생활이 넉넉하지 못하고 어렵다. ¶【관용구】살림이 짜치다. =살림이 쪼들리다. ☞째이다. 째치다. 쪼달리다.

짜터레기[__-_] 명 자투리. 일정한 용도로 쓰고 남은 나머지를 비유적으로 이르는 말. ¶숭구고 남운 짜터레기 꼬치모상은 넘 좄다. =심고 남은 자투리 고추모종은 남 줬다.

짝[1][-] 부 쫙. ①넓은 범위나 여러 갈래로 흩어져 퍼지는 모양. ¶더럽운 소무이 짝 번짔네. =더러운 소문이 쫙 번졌네. ②비나 물 따위가 갑자기 쏟아지거나 흘러내리는 소리. 또는 그 모양. ¶쏘내기가 각중에 짝 쏟아짔다. =소나기가 갑자기 쫙 쏟아졌다. ③어떤 일이나 행동 따위가 한꺼번에 이루어지는 모양. ¶술잔을 한묵에 짝 비았다. =술잔을 한꺼번에 쫙 비웠다. ④활짝 펴지거나 찢어지는 모양. ¶송안치만한 개가 주디이로 짝 벌씨고 달들었다. =송아지만한 개가 주둥이를 쫙 벌리고 달려들었다.

짝[2][-] 명 쪽. ①어떤 것이 향하고 있는 곳. ¶해가 뜨는 짝에서 보마 산이 더 커 비인다. =해가 뜨는 쪽에서 보면 산이 더 커 보인다. ②서로 갈라지거나 맞서는 사람 중에서 같은 의견을 가진 무리. ¶【속담】이긴 짝도 할 말 있고 진짜도 할 말 있다. ☞짜. 쭉.

짝다[짝따 _-] 형 작다. ①부피, 넓이 따위가 일정한 기준이나 보통보다 덜한 상태에 있다. ¶먼 넘우 발이 이래 짝노. =뭔 놈의 발이 이렇게 작니. ②돈의 액수나 단위가 적거나 낮다. ¶【속담】짝은 물이 모치야 큰물이 덴다. =작은 물이 모여야 큰물이 된다. ③옷이나 신발이 몸에 또는 누구에게 맞아야 할 치수에 모자라는 상태에 있다. ¶이 옷은 짝애서 몬 입울다. =이 옷은 작아서 못 입겠다. ④'범위를 좁힌다면'의 뜻을 나타내는 말. ¶이분 일은 아모리 짝기 잡아도 여을은 걸릴 끼야. =이번 일은 아무리 작게 잡아도 열흘은 걸릴 거야. ☞째깮다. 쪼깮다. 쪼맪다.

짝대기[1][_-_] 명 작대기. 긴 막대기. ☞작때기. 작지.

짝대기[2][_-_] 명 지팡이. ☞작지. 지팽이.

짝딸막하다[짝딸마카다 ___-_] 형 작달막하다. 몸통의 굵기에 비하여 키가 자그마하다. ¶철수는 억쑤로 짝달막하다. =철수는 엄청 작달막하다. ☞짜리몽땅하다.

짝뚜[_-] 명 작두. ¶【속담】짝뚜 밑에 모간지 딜이미는 객이다. =작두 밑에 모가지 들이미는 격이다. ¶【속담】밉다칸께네 짝뚜로 이망빼기 밀어도라 칸다. =밉다니까 작두로 이마 밀어달라고 한다.

짝봉알[_-_] 명 토산불알. 산증(疝症)으로 한쪽이 특히 커진 불알. ☞짝붕알.

짝붕알[_-_] 명 토산불알. ☞짝봉알.

짝빼기[_-_] 명 왼손잡이. ☞앤손잽이. 윈손잽이. 윈짝빼기.

짝짹이[1][짝째기 _-_] 명 짝짝이. ①원래의 자기 짝이 아닌 다른 짝과 합하여 이루어진 것. ¶양발을 짝짹이로 신었다. =양말을 짝짝이로 신었다. ②((사물을 나타내는 일부 명사 앞에 붙어)) '쌍을 이루지 못한'의 뜻을 더하는 말. ¶짝짹이 보선. =짝짝이 버선. ③((신체를 나타내는 일부 명사 앞에 붙어)) '크기가 다른'의 뜻을 더하는 말. ¶니는 누이 짝짹이네. =너는 눈이 짝짝이네.

짝짹이[2][짝째기 _-_] 부 쌍쌍이(雙雙-). ☞쌍쌩이.

짠다구[_-_] 명 소견머리(所見--). '소견'을 속되게 이르는 말. ☞시건머리.

짠데기[_-_] 명 ((식물))잔디. ¶【속담】함안 칠언 넘 앉인 데는 짠데기도 안 난다. =함안 칠원 놈 앉은 데는 잔디도 안 난다.

짠지[-_] 명 무말랭이반찬. 썰어서 말린 무를 양념하여 만든 반찬.

짤감대다[__-_] 동 껄떡대다. 매우 먹고 싶거나 갖고 싶어 입맛을 다시거나 안달하다. ¶절마는 술마 보마 짤감댄다. =저놈은 술만 보면 껄떡댄다. ☞껄띠이다.

짤감시럽다[__-__] 형 욕심스럽다(慾心---). ¶지 일도 아이민서 짤감시럽기 넘바다보네. =자기 일도 아니면서 욕심스럽게 넘겨다보네.

짤감시리[__-_] 부 욕심스레(慾心--). 어떤 일에 의욕이 심하게. ¶짤감시리도

ㅈ

묵구 집운 갑다. =욕심스레도 먹고 싶은 같다. ☞욕심시리.

짤꼼짤꼼[_ _ _-] 부 짤끔짤끔. ①적은 양의 액체가 조금씩 자꾸 새어 나왔다가 그쳤다가 하는 모양을 나타내는 말. ¶수도꼭다리서 물이 짤꼼짤꼼 노온다. =수도꼭지에서 물이 짤끔짤끔 나온다. ②비가 조금씩 자꾸 내리다 그치다 하는 모양을 나타내는 말. ¶비가 마이 안 오고 짤꼼짤꼼 온다. =비가 많이 안 오고 짤끔짤끔 온다. ③물건이나 돈 따위를 조금씩 자꾸 쓰거나 나누어주는 모양을 나타내는 말. ¶돈을 짤꼼짤꼼 씨다 보이 얼매 안 남았다. =돈을 짤끔짤끔 쓰다 보니 얼마 안 남았다. ☞짤꿈짤꿈.

짤꿈짤꿈[_ _ _-] 부 짤끔짤끔. ☞짤꼼짤꼼.

짤다[1][-_] 동 짜다. ①누르거나 비틀어서 물기나 기름 따위를 빼내다. ¶서답은 매매 짤아서 널어야 덴다. =빨래는 야무지게 짜서 널어야 된다. ②잘 나오지 아니하거나 생기지 아니하는 것을 억지로 만들다. ¶부모로 짤마 없는 도이 노오더나? =부모를 짜면 없는 돈이 나오더니?

짤다[2][-_] 동 울다. 기쁨, 슬픔 따위로 눈물을 흘리다. ¶【속담】짤기는, 굴묵에 바람 들었나. =울기는, 굴뚝에 바람 들었나.

짤다[3][-_] 동 짜증내다. ☞짜징내다.

짤룩하다[짤루카다 _ _-_] 형 짤록하다. ¶허리가 엄청시리 짤룩하다. =허리가 엄청 짤록하다.

짤리다[1][_-_] 동 잘리다. ①날카로운 연장 따위로 베여 동강이 나거나 끊어지다. ¶꼴 비다가 낫에 손가락이 짤릴 뻔했다. =꼴 베다가 낫에 손가락이 잘릴 뻔했다. ②있던 자리나 지위에서 내쫓기다. ¶절마는 싸암하다가 핵조서 짤랐다. =저놈은 싸움하다가 학교에서 잘렸다.

짤리다[2][_-_] 동 닿다. ☞대이다. 자리다. 짜리다.

짤박하다[짤박카다 _ _-_] 형 자작하다. 조리한 음식에 국물이 잦아들어 적다. ☞짜작하다. 짤칵하다.

짤숨하다[_ _-_] 형 짤막하다. ¶짤숨한 끄내끼로 묶아라. =짤막한 끈으로 묶어라.

짤짤기리다[_ _-_ _] 동 촐랑거리다. 매우 가볍고 방정맞게 자꾸 까불다. ¶엉가이 짤짤기리고 댕기라. =어지간히 촐랑거리며 다녀라.

짤쫌하다[_ _-_] 형 갈쭉하다. 보기 좋을 정도로 조금 길다. ¶총각무시로 짤쫌하이 싸리낳아라. =총각무를 갈쭉하게 썰어놓아라. ☞짤쫌하다.

짤칵하다[짤카카다 _ _-_] 형 자작하다. ☞짜작하다. 짤박하다.

짬보[_-] 명 울보. ¶절마는 이릴 때 툭하마 울우쌓아서 빌밍이 짬보였디라. =저놈은 어렸을 때 툭하면 울어쌓아서 별명이 울보였더니라. ☞울냄이.

짬없다[짬엄따 -_ _] 형 대중없다. ①미리 어림쳐서 헤아릴 수가 없다. ¶오새는 쌀끔이 짬없네예. =요즘은 쌀금이 대중

없네요. ②어떠한 표준을 세울 수가 없다. ¶지익 술묵 낳고 나마 짬없이 잠이 오예. =저녁 숟가락 놓고 나면 대중없이 잠이 와요.

짬치[1][-_] 명 즈음. 일이 어찌 될 어름. ¶어지는 해 뜰 짬치 일났다. =어제는 해 뜰 즈음 일어났다. ☞머리. 쭘. 쭘치.

짬치[2][-_] 명 만큼. 앞의 내용에 상당한 수량이나 정도임을 나타내는 의존명사. ¶지가 아는 짬치 말씸을 디릴께예. =제가 아는 만큼 말씀을 드릴게요. ☞마이. 만치. 만침. 만쿰. 쭘. 쭘치.

-짬치[-_] 접 -쯤. ((일부 명사 또는 명사구 뒤에 붙어)) '정도'의 뜻을 더하는 접미사. ¶모리짬치 오실랍미꺼? =모레쯤 오시렵니까? ☞-쭘. -쭘치.

짭다[짭따 -_] 형 짜다. 소금과 같은 맛이 있다. ¶【관용구】짭기 논다. =짜게 논다. ¶【속담】바닷물로 다 마시야 짭우까이. =바닷물을 다 마셔야 짜랴. *짭고[짭꼬 -_], 짭지[짭찌 -_], 짭아서[짜바서 --_], 짭았다[짜받따 --_].

짭운맛[짜분맏 --_] 명 짠맛. 소금 맛과 같은 맛. ¶음석은 짭운맛이 좀 있어야 묵지. =음식은 짠맛이 좀 있어야 먹지.

짭짜리하다[_ _ _-_] 형 짭조름하다. 음식이 약간 짠맛이 있다. ¶동짐치가 써언하기는 한데 짭짜리한 기이 탈이다. =동치미가 시원하기는 한데 짭조름한 게 탈이다. ☞짭짜부리하다. 짭쪼롬하다. 짭쪼리하다. 짭쭈룸하다. 짭쭈부리하다. 짭찌리하다.

짭짜부리하다[_ _ _ _-_] 형 짭조름하다. ☞짭짜리하다. 짭쪼롬하다. 짭쪼리하다. 짭쭈룸하다. 짭쭈부리하다. 짭찌리하다.

짭짤밧다[짭짤바따 _ _-_] 형 짭짤하다. 내용이 충실하고 실속이 있다. ¶이분 달에는 들오는 도이 짭짤밧습미더. =이번 달에는 들어오는 돈이 짭짤합니다. *짭짤밧고[짭짤바꼬 _ _-_], 짭짤밧지[짭짤바찌 _ _-_], 짭짤밧아서[짭짤바자서 _ _-_ _], 짭짤밧았다[짭짤바잗따 _ _-_ _]. ☞짭찔밧다. 짭찗다.

짭쪼롬하다[_ _ _-_] 형 짭조름하다. ☞짭짜리하다. 짭짜부리하다. 짭쪼리하다. 짭쭈룸하다. 짭쭈부리하다. 짭찌리하다.

짭쪼리하다[_ _ _-_] 형 짭쪼름하다. ☞짭짜리하다. 짭짜부리하다. 짭쪼롬하다. 짭쭈룸하다. 짭쭈부리하다. 짭찌리하다.

짭쭈룸하다[_ _ _-_] 형 짭조름하다. ☞짭짜리하다. 짭짜부리하다. 짭쪼롬하다. 짭쪼리하다. 짭쭈부리하다. 짭찌리하다.

짭쭈부리하다[_ _ _ _-_] 형 짭조름하다. ☞짭짜리하다. 짭짜부리하다. 짭쪼롬하다. 짭쪼리하다. 짭쭈룸하다. 짭찌리하다.

짭찌리하다[_ _ _-_] 형 짭조름하다. ☞짭짜리하다. 짭짜부리하다. 짭쪼롬하다. 짭쪼리하다. 짭쭈룸하다. 짭쭈부리하다.

짭찔밧다[1][짭찔바따 _ _-_] 형 짭짤하다. 내용이 충실하고 실속이 있다. ☞짭짤밧다. 짭찗다.

짭찔밧다[2][짭찔바따 _ _-_] 형 깔축없다(-縮--). 조금도 축나거나 버릴 것이 없다. ¶우리 잔미너리는 짭찔밧습미더. =우리 작은며느리는 깔축없습니다. ☞여축없다. 영축없다.

ㅈ

짭찔찮다[짭찔찬타 _--_] 형 짭짤찮다. ① 사람이나 그 행동이 점잖지 못하고 추하다. ¶니는 와 이래 짭찔찮노? =너는 왜 이리 짭짤찮니? ②솜씨나 재주가 서투르고 엉성하다. ¶일을 참 짭찔찮기 해났네. =일을 참 짭짤찮게 해놨네.

짭찛다[짭찔타 _-_] 형 짭짤하다. 내용이 충실하고 실속이 있다. ☞짭짤밪다. 짭짤밪다.

짱가다[_-_] 동 잠그다. ☞장가다. 장구다. 짱구다.

짱구다[_-_] 동 잠그다. ☞장가다. 장구다. 짱가다.

짱기다[_-_] 동 잠기다. '잠그다'의 피동사. ☞장기다. 잼기다. 쟁기다.

짱배기[--_] 명 정수리(頂--). ☞장배기.

짱아치[_-_] 명 장아찌. 양념하여서 오래 두고 먹는 음식.

짱어[_-] 명 ((동물))장어(長魚). ¶【속담】짱어는 누이 짝애도 지 무울 꺼는 다 본다. =장어는 눈이 작아도 저 먹을 것은 다 본다. ☞짱에.

짱에[_-] 명 ((동물))장어(長魚). ☞짱어.

째거락거리다[___-__] 동 지그럭거리다. 대수롭지 않은 일로 옥신각신하며 크게 다투다. ¶저 집 내우는 맨날 째거락거린다. =저 집 내외는 만날 지그럭거린다.

째깨이[째깨~이 _-_] 명 조금. ☞선나. 선떠꺼리. 시떠꺼리. 조곰. 조굼. 째매이. 쪼깨이. 쪼꿈. 쪼매이.

째깬썩[_-_] 부 조금씩. 많지 않게 계속하여. ¶수돗물이 째깬썩 노온다. =수돗물이 조금씩 나온다. ☞째맨썩. 쪼깬석. 쪼꿈썩. 쪼맨썩.

째깬치도[_-__] 부 조금도. 극단적인 경우까지 양보하여 다른 경우는 더 말할 필요도 없이 그러하다는 뜻을 나타내는 말. 부정 호응한다. ¶이거는 애삐리도 째깬치도 안 아깝다. =이건 내버려도 조금도 안 아깝다. ¶니보고는 째깬치도 안 주더나? =너한테는 조금도 안 주더냐? ☞째맨치도. 쪼깬치도. 쪼맨치도.

째깮다[1][째깬타 _-_] 형 작다. ☞작다. 째맪다. 쪼깮다. 쪼맪다.

째깮다[2][째깬타 _-_] 형 적다. ☞적다. 째맪다. 쪼깮다. 쪼맪다.

째다[-_] 동 찢다. 옷감 따위를 잡아당기어 가르다. ¶【속담】셋 닢 보고 보리밭에 따라갔다가 삼십 냥짜리 양단 쏙꼿다 쨌다. =셋 닢 보고 보리밭에 따라갔다가 삼십 냥짜리 양단 속곳 다 찢었다.

째리다[_-_] 동 취하다(醉--). ¶【속담】술 째린 넘 달갈 팔딧기. =술 취한 놈 달걀 팔듯이. ☞쩌리다. 체하다. 치하다.

째리보다[-_-_] 동 째려보다. 못마땅한 표정을 지으며 곁눈으로 노려보다. ¶늦까 욌다꼬 아부지가 째리봤다. =늦게 왔다고 아버지가 째려보았다.

째매이[째매~이 _-_] 명 조금. ☞선나. 선떠꺼리. 시떠꺼리. 조곰. 조굼. 째깨이. 쪼깨이. 쪼꿈. 쪼매이.

째맨썩[_-_] 부 조금씩. ☞째깬썩. 쪼깬석. 쪼꿈썩. 쪼맨썩.

짜맨치도[_-__] 부 조금도. ☞째깬치도. 쪼깬치도. 쪼맨치도.

째맪다[1][째맨타 _-_] 형 작다. ☞짝다. 째깮다. 쪼깮다. 쪼맪다.

째맪다[2][째맨타 _-_] 형 적다. ☞짝다. 째깮다. 쪼깮다. 쪼맪다.

째보[_-] 명 언청이. 윗입술이 태어날 때부터 세로로 찢어진 사람. ¶【속담】째보 콩가리 묵딧기 한다. =언청이 콩가루 먹듯 한다. ¶【속담】째보 아이마 누가 빙시이라 카까. =언청이 아니면 누가 병신이라 할까.

째비다[1][-__] 동 꼬집다. ☞꼬잡다.

째비다[2][-__] 동 훔치다. 다른 사람의 것을 자기 것으로 하기 위해 몰래 가져가다. ☞뚱치다. 찌바다. 찌파다.

째뺏째뺏[째삗째삗 ___-] 부 쪼뼛쪼뼛. 여러 물체의 끝이 차차 가늘어져서 작고 날카로운 모양을 나타내는 말. ¶다무네기 모상이 인자 제우 째뺏째뺏 노왔다. =양파 모종이 이제 겨우 쪼뼛쪼뼛 나왔다. ☞쪼뺏쪼뺏. 찌뺏찌뺏.

째뺏하다[째삐타다 __-_] 형 쪼뼛하다. 물체의 끝이 점차 가늘어져서 날카롭다. ¶고숨도치 등더리에는 째뺏한 까시가 많애. =고슴도치 등에는 쪼뼛한 가시가 많아. ☞쪼뺏하다. 찌뺏하다.

째아다[_-_] 동 쬐다. 볕이나 불기운 따위를 몸에 받다. ¶【속담】양반은 얼어죽우도 짚불은 안 째안다. =양반은 얼어죽어도 짚불은 안 쬔다. ☞찌아다.

째이다[1][_-_] 동 쪼들리다. ☞짜치다. 째치다. 쪼달리다.

째이다[2][_-_] 동 어울리다. ☞어불리다.

째이다[3][_-_] 동 짜이다. ①얽이가 세워지다. ¶대나무 울로 잘 째이구로 했네예. =대나무 울타리를 잘 짜이도록 했네요. ②여러 사람들의 무리로 일정하게 이루어지다. ¶상두꾼은 심 씬 청년들로 째있다. =상여꾼은 힘 센 청년들로 짜였다. ③가구 따위가 사개를 맞추어 만들어지다. ¶뚜꿉운 판때기로 째인 두지가 오래 갑미더. =두꺼운 판자로 짜인 뒤주가 오래 갑니다. ④피륙 따위가 실이나 끈 따위를 씨와 날로 얽어서 만들어지다. ¶잘 째인 삼비가 비싸기 팔린다. =잘 짜인 삼베가 비싸게 팔린다.

째이다[4][_-_] 동 쬐이다. 사람이나 사물에게 햇볕이나 불기운을 몸체에 받게 하거나 쬐게 하다. ¶【속담】봄삩은 미너리 째이고 가실삩은 딸 째인다. =봄볕은 며느리를 쬐이고 가을볕은 딸을 쬐인다. ☞찌이다.

째지다[1][--_] 동 찢어지다. ①찢기어 갈라지다. ¶【관용구】똥구뭉 째지다. =똥구멍 찢어지다. ¶【관용구】입이 기밑꺼지 째지다. =입이 귀밑까지 찢어지다. ¶【속담】뱁새가 항새 따라가마 가래이가 째진다. =뱁새가 황새 따라가면 가랑이가 찢어진다. ②어떤 일로 상처를 받아 괴롭게 되다. ¶【관용구】가숨이 째지다. =가슴이 찢어지다.

째지다[2][--_] 형 신명나다. 기분 따위가 아주 좋다. ¶【관용구】기부이 째지다. =기분이 신명나다.

ㅈ

째지다[3][--_] 형 충분하다(充分--). ¶니 사람이 무울라카마 소기기 엿 근마 하마 째진다. =네 사람이 먹으려면 소고기 여섯 근만 하면 충분하다. ☞널너리하다. 널럴하다. 더부시씨다. 덮우씨다. 디비시씨다.

째지다[4][--_] 동 갈라서다. 혼인이나 교제 관계를 끊고 헤어지다. ¶내우간에 그래 싸우쌓더마는 길국 째졌다. =내외간에 그렇게 싸워쌓더니만 결국 갈라섰다.

째치다[_-_] 동 쪼들리다. ☞짜치다. 째이다. 쪼달리다.

짹이[째기 -_] 명 짝. ①((수 관형사 뒤에서 의존적 용법으로 쓰여)) '짝'을 세는 단위를 나타내는 말. ¶양발 한 짹이가 없다. =양말 한 짝이 없다. ②궤나 장롱, 상자 따위를 세는 단위를 나타내는 말. ¶칼치 한 짹이. =갈치 한 짝. ③소, 돼지 따위의 한쪽 가슴의 갈비 여러 대를 묶어 세는 단위를 나타내는 말. ¶대지 갈비 시 짹이. =돼지갈비 세 짝.

짼하다[_-_] 형 짠하다. ¶【관용구】마움 한구식이 짼하다. =마음 한구석이 짠하다.

짿기다[-__] 동 지리다. 똥이나 오줌을 참지 못하고 조금 싸다. ¶【관용구】오좀을 짿기다. =오줌을 지리다.

짿이다[1][째리다 _-_] 동 절다. ①땀이나 기름 따위의 더러운 물질이 묻거나 끼어 찌들다. ¶몸띠이가 땀에 짿있다. =몸이 땀에 절었다. ②사람이 술이나 독한 기운에 의하여 영향을 받게 되다. ¶맨날 술에 짿이가아 산다. =만날 술에 절어서 산다. ③생선이나 야채 따위가 소금이나 식초 따위에 빳빳한 기운이 없어지거나 그 간이 배어들다. ¶【속담】소곰에 안 짿인 넘이 장에 짿일까이. =소금에 아니 전 놈이 장에 절까. ☞쩔이다.

짿이다[2][째리다 _-_] 동 배다. 물기나 냄새가 어떤 곳에 스며들거나 스며 나오다. ¶옷에 땀 내미가 짿있구마는. =옷에 땀 냄새가 배었구먼. ☞배기다. 배이다. 쩔이다.

짿쫌하다[__-_] 형 갸쭉하다. ☞짤쫌하다.

쨈쨈이[쨈째미 --_] 부 짬짬이. 짬이 날 때마다 그때그때. ¶바뿌지마는 쨈쨈이 책또 이럽미더. =바쁘지만 짬짬이 책도 읽습니다.

쨍쨍하다[__-_] 형 짱짱하다. 주로 노인의 몸이 튼튼하고 건강함을 이르는 말. ¶울 할매는 안주꺼정 쨍쨍합미더. =우리 할머니는 아직까지 짱짱합니다.

쩌리다[1][_-_] 동 우거지다. ☞우구지다.

쩌리다[2][_-_] 동 끼다. 구름이나 연기가 어떤 곳에 퍼져서 서리다. ¶하알에 구룸이 깍 쩌렀다. =하늘에 구름이 꽉 끼었다. ☞찌다.

쩌리다[3][_-_] 동 취하다(醉). ☞째리다. 체하다. 치하다.

쩌북쩌북[___-] 부 쩌벅쩌벅. 발에 힘을 꽉 주어 묵직하고 크게 내디디며 자꾸 걷는 소리를 나타내는 말. 또는 그 모양을 나타내는 말. ¶항시가 쩌북쩌북 걸어오마 무숩다. =황소가 쩌벅쩌벅

걸어오면 무섭다.

쩌어놓옹께네[쩌어노옹께네 -_-___] 부 찧어놓으니까. *'쩌어놓옹께네'에서 '찧어'가 창녕방언에서 '쩌어'로 발화된다는 것은, 그 기저형이 '쩡다'임을 말해 주는 것이다. '노옹께네'는 '놓-+-응께네(원인을 나타내는 연결어미)'로 분석되는데, '-응께네'가 '-옹께네'로 발음되는 것은, 앞 음절의 모음 '오'에 '응'이 완전 동화된 결과이다. ¶쌀로 항거석 쩌어놓옹께네 부자 덴 거 겉다. =쌀로 한가득 찧어놓으니까 부자 된 것 같다.

쩍[-] 명 적. ①지나간 어떤 때를 나타내는 말. ¶【속담】깨구리 올채이 쩍 생각 몬한다. =개구리 올챙이 적 생각 못한다. ②동작이 진행되거나 상태가 나타나 있을 때를 나타내는 말. ¶어룬이 말할 쩍에는 가마이 있거라. =어른이 말할 적에는 가만히 있어라. ☞찍.

쩍다[쩍따 _-] 형 적다. 수효나 분량이 일정한 기준에 미치지 못한 상태에 있다. ¶【속담】쩍기 무우마 부치님이라. =적게 먹으면 부처님이라. ☞째깮다. 째맪다. 쪼깮다. 쪼맪다.

쩔뚝발이[쩔뚝바리 __-_] 명 절름발이. 다리가 성하지 못하여 다리를 저는 사람. ☞쩔룸뱅이.

쩔룸뱅이[_-_-_] 명 절름발이. ☞쩔뚝발이.

쩔리쩔리[___-] 부 절레절레. 머리를 좌우로 자꾸 흔드는 모양. ¶글마가 니인데 졌다 카민서 고개로 쩔리쩔리 흔들더라. =그놈이 네게 졌다 하면서 고개를 절레절레 흔들더라.

쩔이다[1][쩌리다 _-_] 동 절다. ☞쩔다.

쩔이다[2][쩌리다 _-_] 동 배다. ☞배기다. 배이다. 쨀이다.

쩛다[쩡타 -_] 동 찧다. ①곡식이나 열매를 잘게 부수거나 가루로 만들기 위해 절구통이나 확에 넣고 공이로 내리치다. ¶【속담】갑자년(甲子年)에 팥 바아 쩛듯기. =갑자년에 팥 방아 찧듯. ②무거운 물건 따위로 내리치다. ¶믿는 도치에 발등더리 쩛는다. =믿는 도끼에 발등 찧는다. ③마주 부딪다. ¶【속담】쩛는 바아도 소이 나들어야 덴다. =찧는 방아도 손이 나들어야 된다. *쩛고[쩡코 -_], 쩛지[쩡치 -_], 쩛어야[쩡어야 -__], 쩛었다[쩡언따 -__]. ☞대끼다.

쩰쭘하다[__-_] 형 길쭉하다. ☞길쭘하다. 젤쭉하다. 젤쭘하다. 질쭉하다. 찔쭉하다. 찔쭘하다.

쪄입다[쩌입다 --_] 동 껴입다. ☞끼입다. 찌입다. 포개입다.

쪄입하다[쩌이파다 __-_] 동 껴입히다. ☞끼입하다. 찌입하다. 포개입하다.

쪼[-] 명 투(套). ①어떤 일을 하는 방식이나 솜씨를 나타내는 말. ¶글마가 내인데 맹녕하는 쪼로 말했다. =그놈이 나한테 명령하는 투로 말했다. ②버릇으로 굳어진 일정한 방식의 틀을 나타내는 말. ¶사램을 놀리는 쪼로 말하는 버릇은 곤치야 덴다. =사람을 놀리는 투로 말하는 버릇은 고쳐야 된다.

쪼개이[쪼개~이 _-_] 명 쪼가리. ¶【속담】콩 한 쪼개이도 갈라묵는다. =콩 한 쪼가리도 나눠먹는다. ¶【속담】벙치 쪼개이에 콩가리 묻히 무울 넘. =벙거지 조가리에 콩가루 묻혀 먹을 놈.

쪼개이나다[쪼개~이나다 _-___] 동 조각나다. ①어떤 사물이 깨지거나 갈라져 조각이 생기다. ¶쪼개이난 사그륵을 씰어 담았다. =조각난 사기그릇을 쓸어 담았다. ②여러 사람이 뜻이 맞지 않아 서로 갈라지다. ¶두 사람 새가 쪼개이났다. =두 사람 사이가 조각났다.

쪼개이쪼개이[쪼개~이쪼개~이 _-__-_] 부 조각조각. 여러 조각. 또는 각각의 조각.

쪼고라다[__-_] 동 쪼그리다. ①누르거나 옥여서 부피를 작게 만들다. ¶깡통을 쪼고라가아 애삐랐다. =깡통을 쪼그려서 내버렸다. ②팔다리를 오그려 몸을 작게 옴츠리다. ¶쪼고라고 앉이 있었디마는 다리가 제리다. =쪼그리고 앉아 있었더니만 다리가 저리다. ☞쪼골시다. 쪼구라다. 쪼구리다. 쪼굴시다.

쪼골시다[_-__] 동 쪼그리다. ☞쪼고라다. 쪼구라다. 쪼구리다. 쪼굴시다.

쪼골쪼골[___-] 부 쪼글쪼글. 쪼그라지거나 구겨져서 주름이 매우 많은 모양을 나타내는 말. ¶할매 손은 쪼골쪼골 주롬이 짔다. =할머니 손은 쪼글쪼글 주름이 졌다. ☞쪼굴쪼굴.

쪼구라다[__-_] 동 쪼그리다. ☞쪼고라다. 쪼골시다. 쪼구리다. 쪼굴시다.

쪼구랑박[__-_] 명 쪼그랑박. 제대로 자라지 못하고 쪼그라든 박. ¶【관용구】쪼구랑박 신세. =쪼그랑박 신세.

쪼구랑할마시[____-_] 명 쪼그랑할멈. 얼굴이 쪼글쪼글한 늙은 여자를 얕잡아 이르는 말. ¶쪼구랑할마시들이 만다꼬 저카노? =쪼그랑할멈들이 뭐한다고 저러니?

쪼구리다[_-__] 동 쪼그리다. ☞쪼고라다. 쪼골시다. 쪼구라다. 쪼굴시다.

쪼굴시다[_-__] 동 쪼그리다. ☞쪼고라다. 쪼골시다. 쪼구라다. 쪼구리다.

쪼굴쪼굴[___-] 부 쪼글쪼글. ☞쪼골쪼골.

쪼깨이[쪼깨~이_-_] 명 조금. ☞선나. 선떠꺼리. 시떠꺼리. 조곰. 조굼. 째깨이. 째매이. 쪼꿈. 쪼매이.

쪼깬썩[_-_] 부 조금씩. ☞째깬썩. 째맨썩. 쪼꿈썩. 쪼맨썩.

쪼깬치도[_-__] 부 조금도. ☞째깬치도. 째맨치도. 쪼맨치도.

쪼깮다[1][쪼깬타 _-_] 형 작다. ☞짝다. 째깮다. 째맪다. 쪼맪다.

쪼깮다[2][쪼깬타 _-_] 형 적다. ☞쩍다. 째깮다. 째맪다. 쪼맪다.

쪼꼼쪼꼼[___-] 부 쪼금쪼금. 여럿이 다 조금인 모양. ¶음석을 쪼꼼쪼꼼 담아라. =음식을 조금조금 담아라. ☞쪼꿈쪼꿈.

쪼꾸많다[쪼꾸만타 ___-_] 형 조그맣다. ①부피, 넓이, 크기, 소리 따위가 일정한 기준이나 보통보다 덜한 상태에 있다. ¶시이 쪼꾸많애서 발에 안 드간다. =신이 조그마해서 발에 안 들어간다. ②수나 양이 적다. ¶이 동네는 쪼꾸많고 저 동네는 커예. =이 동네는 조그맣고 저 동네는 커요. ③액수나 단위가 적거나 낮다. ¶도이 쪼꾸많지마는 받아가이소. =돈이 조그맣지만 받아가세요.

쪼꿈[_-] 명 조금. ☞선나. 선떠꺼리. 시떠꺼리. 조곰. 조굼. 째깨이. 째매이. 쪼깨이. 쪼매이.

쪼꿈치도[_-__] 부 조금도. ☞째깨이치도. 째매이치도. 쪼맨치도.

쪼꿈썩[_-_] 부 조금씩. ☞째깬썩. 째맨썩. 쪼깬썩. 쪼맨썩.

쪼꿈쪼굼[___-] 부 쪼금쪼금. ☞쪼꼼쪼꼼.

쪼다리[--_] 명 쪼다. 제구실을 못하는 좀 어리석고 모자라는 사람을 속되게 이르는 말. ¶지 동상을 쪼다리라꼬 놀리마 안 데. =제 동생을 쪼다라고 놀리면 안 돼.

쪼달리다[__-_] 동 쪼들리다. ☞짜치다. 째이다. 째치다.

쪼대로[--_] 부 마음대로. ☞마암대로. 마움대로.

쪼라다[1][_-_] 동 조르다. ☞깝치다. 조라다. 조아다. 조우다. 쪼우다. 쫄라다.

쪼라다[2][-__] 동 열중하다(熱中--). 공부 따위의 일에 정신을 쏟다. ¶시엄 때라꼬 언가이 쪼라네. =시험 때라고 어지간히 열중하네. ☞쪼아다. 쪼우다.

쪼롬이[쪼로미 __-] 부 나란히. ☞나라이. 쫄로리.

쪼루다[_-_] 형 어금버금하다. ¶동상이 저거 히이캉 키가 쪼루네. =동생이 자기 형이랑 키가 어금버금하네. ☞빵빵하다. 시라다. 어굼버굼하다.

쪼루루[__-] 부 쪼르르. ①적은 양의 액체가 매우 빠르게 흘러내리는 소리를 나타내는 말. 또는 그 모양을 나타내는 말. ¶【관용구】쏙에서 쪼루루 소리가 난다. =속에서 쪼르륵 소리가 난다. ②경사진 곳에서 작은 것이 힘없이 빠르게 미끄러져 내리는 모양을 나타내는 말. ¶호박이 어덕 밑어로 쪼루루 구불우갔다. =호박이 언덕 밑으로 쪼르르 굴러갔다. ③작은 발걸음을 아주 재게 움직여 걷거나 뒤를 따라다니는 모양을 나타내는 말. ¶아아가 저거 옴마인데 쪼루루 띠가네예. =애가 자기 엄마한테 쪼르르 뛰어가네요. ④작은 것들이 한 줄로 매우 고르게 죽 잇달아 있는 모양을 나타내는 말. ¶지붕지슭에 조롱박이 쪼루루 달맀다. =지붕에 조롱박이 쪼르르 달렸다. ⑤지체 없이 행동함을 이르는 말. ¶내가 잘몬한 거로 쪼루루 일러바칬다. =내가 잘못한 것을 쪼르르 일러바쳤다.

쪼마이[쪼마~이 _-_] 명 주머니. ☞주무이.

쪼마이돈[쪼마~이똔 _-__] 명 주머닛돈. ☞주무잇돈.

쪼막디이[쪼막디~이 __-_] 명 조막덩이. 주먹보다 작은 물건의 덩이를 비유적으로 이르는 말. ¶쪼막디이만한 기이 간띠이는 배 배겉에 노왔다. =조막덩이만한 것이 간덩이는 배 바깥에 나왔다.

쪼막손[_-_] 명 조막손. 손가락이 없거나 오그라져서 펴지 못하는 손. ¶【속담】쪼막소이 기랄 만치덧기. =조막손이 계란 만지듯이.

쪼막쪼막[___-] 감 죄암죄암. 젖먹이에게 죄암질을 하라는 뜻으로 내는 소리.

ㅈ

쪼매이[쪼매~이 _-_] 명 조금. ☞선나. 선떠꺼리. 시떠꺼리. 조곰. 조굼. 째깨이. 째매이. 쪼깨이. 쪼꿈.

쪼맨썩[_-_] 부 조금씩. ☞째깬썩. 째맨썩. 쪼깬썩. 쪼꿈썩.

쪼맨치도[_-__] 부 조금도. ☞째깬치도. 째맨치도. 쪼깬치도.

쪼맪다[1][쪼맨타 _-_] 형 작다. ☞쩍다. 째깮다. 째맪다. 쪼깮다.

쪼맪다[2][쪼맨타 _-_] 형 적다. ☞쩍다. 째깮다. 째맪다. 쪼깮다.

쪼무라들다[_-___] 동 쪼그라들다. ①부피가 오그라들거나 움츠러들어 작아지다. ¶빵빵하던 봉티이가 운제 이래 쪼무라들었노? =빵빵하던 풍선이 언제 이리 쪼그라들었나? ②살림 형편이나 기세가 기울어 줄어들다. ¶엄청시리 잘 사던 집이 그단새 쪼무라들었다. =엄청나게 잘 살던 집이 그동안에 쪼그라들었다.

쪼무라지다[_-___] 동 쪼그라지다. ①살이 빠져서 쪼글쪼글 주름이 지다. ¶그 냥바이 마이 아푸다 카더마는 쪼무라짔네. =그 양반이 많이 아프다고 하더니만 쪼그라졌네. ②물건이 눌리거나 구겨지거나 하여 부피가 몹시 줄어들다. ¶처매가 불에 타서 쪼무라지뿄다. =치마가 불에 타서 쪼그라져버렸다.

쪼무래이[쪼무래~이 __-_] 명 조무래기. ①어린아이를 얕잡아 이르는 말. ¶쪼무래이는 절로 가서 놀아라. =조무래기는 저리 가서 놀아라. ②자질구레한 물건. ¶큰 거마 챙기고 쪼무래이는 애삐리자. =큰 것만 챙기고 조무래기는 내버리자.

쪼물럭기리다[___-__] 동 조몰락거리다. 물건 따위를 작은 동작으로 자꾸 주무르다. ¶강새이 고마 쪼물럭기리라. =강아지 그만 조몰락거려라.

쪼삣쪼삣[쪼삗쪼삗 ___-] 부 쪼뼛쪼뼛. ☞째삣째삣. 찌삣찌삣.

쪼삣하다[쪼삐타다 __-_] 형 쪼뼛하다. ☞째삣하다. 찌삣하다.

쪼아다[1][-__] 동 죄다. ☞디아다. 조아다. 조우다. 쪼우다.

쪼아다[2][-__] 동 열중하다(熱中--). ☞쪼라다. 쪼우다.

쪼아들다[-___] 동 죄어들다. ①무엇이 안으로 바싹 조여서 차츰 파고들다. ¶손묵에 감은 줄이 쪼아들었다. =손목에 감은 줄이 죄어들었다. ②마음이 점점 긴장되거나 불안하고 초조해지다. ¶【관용구】가숨이 쪼아들다. =가슴이 죄어들다. ③무엇을 오그라뜨리거나 조금씩 범위를 좁혀 가다. ¶토까이 잡을라꼬 골째기로 쪼꿈석 쪼아들어 갔다. =토끼 잡으려고 골짜기를 조금씩 죄어들어 갔다. ☞쪼이들다.

쪼우다[1][-__] 동 죄다. ☞디아다. 조아다. 조우다. 쪼아다.

쪼우다[2][-__] 동 열중하다(熱中--). ☞쪼라다. 쪼아다.

쪼우다[3][-__] 동 조르다. ☞깝치다. 조라다. 조아다. 조우다. 쪼라다. 쫄라다.

쪼이다[_-_] 동 죄이다. '죄다'의 피동사. ①헐겁거나 벌어진 것 따위가 죔을 당하다. ¶수도꼭따리가 덜 쪼있다. =수도꼭지가 덜 죄었다. ②신체 부위 둘레가 힘껏 잡혀 눌리다. ¶헐끈 때미로 배가 쪼인다. =허리띠 때문에 배가 죄인다. ③마음을 졸이거나 긴장하다. ¶【관용구】마암이 쪼이다. =마음이 죄이다. ☞쫄리다.

쪼이들다[_-__] 동 죄어들다. ☞쪼아들다.

쪼잖다[1][쪼잔타 _-_] 형 쪼잔하다. ☞짜잡하다.

쪼잖다[2][쪼잔타 _-_] 형 하찮다. ☞시피하다. 짜잔하다.

쪽[-] 명 국자. 국이나 액체 따위를 뜨는 데 쓰는 기구. ¶【속담】끓는 죽에 쪽 누질란다. =끓는 죽에 국자 누른다. ☞쪽자.

쪽대[쪽때 _-] 명 ≒족대. 물고기를 잡는 데 쓰는 도구. *표준어에서 '족대'는 양쪽 끝에 가늘고 긴 막대로 손잡이를 만든 그물을 지칭한다. 그러나 창녕지역에서는 일반적으로 대나무 손잡이 하나에 달린 삼각형 모양의 가는 철망을 사용한다. 주로 얕은 도랑이나 개울에서 미꾸라지를 몰아서 잡는 데에 주로 쓴다.

쪽도리[_-_] 명 족두리. 부녀자들이 예복을 입을 때에 머리에 얹던 관의 하나. ¶【관용구】쪽도리 씨다. =족두리 쓰다. ☞쪽뚜리.

쪽따거리하다[____-_] 형 홀쭉하다. ①어떤 대상이 속이 비어 안으로 오므라져 있다. ¶저심을 굶웄더마는 배가 쪽따거리해졌다. =점심을 굶었더니 배가 홀쭉해졌다. ②타이어에 든 공기가 빠진 상태이다. ¶타이아가 바램이 빠지가아 쪽따거리하다. =타이어가 바람이 빠져서 홀쭉하다. ☞쪽딱하다. 쭉떠거리하다. 쭉떡하다. 홀쪽하다.

쪽딱하다[쪽따카다 __-_] 형 홀쭉하다. ☞쪽따거리하다. 쭉떠거리하다. 쭉떡하다. 홀쪽하다.

쪽뚜리[_-_] 명 족두리. ☞쪽도리.

쪽바가치[__-_] 명 쪽박. 작은 바가지. ¶【관용구】쪽바가치 차기 생깄다. =쪽박 차게 생겼다. ¶【속담】쪽바가치 빌리준께네 쌀 채아 도란다. =쪽박 빌려주니까 쌀 빌려 달란다. ☞쪽빼기.

쪽바로[쪽빠로 __-] 부 똑바로. ☞똑바리. 쪽바리.

쪽바리[쪽빠리 __-] 부 똑바로. ☞똑바리. 쪽바로.

쪽빼기[_-_] 명 쪽박. ☞쪽바가치.

쪽자[쪽짜 -_] 명 국자. ☞쪽.

쪽지비[_-_] 명 ((동물))족제비. ¶【속담】쪽지비 똥 누듯기. =족제비 똥 누듯. ¶【속담】쪽지비도 낯짝이 있다. =족제비도 낯짝이 있다. ¶【속담】쪽지비 잡아서 꽁대기 뺏깄다. =족제비 잡아서 꼬리 빼앗겼다. ☞쪽찌비.

쪽쪽[--] 명 족족. 어떤 일을 하는 하나하나. ¶【속담】개새끼는 놓는 쪽쪽 짓는다. =강아지는 낳는 족족 짖는다.

쪽찌비[_-_] 명 ((동물))족제비. ☞쪽지비.

쪽찍게[쪽찌께 _-_] 명 족집게. ①잔털이나 가시 따위를 뽑는 데 쓰는, 쇠로 만든 작은 기구. ¶【속담】까시는 쪽찍게가 빼다. =가시는 족집게가 뽑는다. ②

ㅈ

점을 치거나 어떤 일을 예상할 때, 신통하게 잘 맞히는 사람을 비유적으로 이르는 말. ¶【관용구】용하기는 쪽찍게다. =용하기는 족집게다.

쫅다[쪽따 -_] 동 쫓다. ①있는 자리에서 떠나도록 몰아내다. ¶모개이 쫅을라꼬 모개이불 피앉다. =모기 쫓으려고 모깃불을 피웠다. ②기운이나 생각을 더 생기지 않도록 물리치다. ¶덥우 쫅는 데에는 찹운물만한 기이 없다. =더위 쫓는 데에는 찬물만한 게 없다. ③달아나는 사람이나 짐승을 잡기 위해 빠른 속도로 뒤를 따르다. ¶포시가 산대지 쫅는다꼬 띠갔다. =포수가 멧돼지 쫓는다고 뛰어갔다. *쫅고[쪽꼬 -_], 쫅지[쪽찌 -_], 쫅아[쪽까 -_], 쫅았다[쪽깓따 -__]. ☞쫒아다. 후둒아다. 후뚤다. 홓아다.

쫅아내다[쪼까내다 _-__] 동 쫓아내다. ①강제로 어떤 곳에서 밖으로 내몰다. ¶【속담】개도 나갈 구뭉을 보고 쫅아내라. =개도 나갈 구멍을 보고 쫓아내라. ②그만두게 하다. ¶끼을밪은 일꾼을 쫅아냈다. =게으른 일꾼을 쫓아냈다. ③밀려드는 졸음이나 잡념 따위를 아주 물리치다. ¶잠을 쫅아낼라꼬 찹운물에 시수했다. =잠을 쫓아내려고 찬물에 세수했다. ☞후둒아내다. 홓아내다.

쫒아다[쪼까다 _-_] 동 쫓다. ☞쫅다. 후둒아다. 후뚤다. 홓아다.

쫅이가다[쪼끼가다 _-__] 동 쫓겨가다. 사람이나 동물이 남에게 강제로 내몰려 다른 곳으로 가다. ¶【속담】쫅이가다가 깅치 보겄다. =쫓겨가다가 경치 보겠다. ☞후둒이가다.

쫅이나다[쪼끼나다 _-__] 동 쫓겨나다. 어떤 장소에서 내쫓겨 나가게 되다. ¶저 할매는 시집서 쫅이났다 카데예. =저 할머니는 시집에서 쫓겨났다 하데요. ☞후둒이나다.

쫅이다[쪼끼다 _-_] 동 쫓기다. '쫓다'의 피동사. ①어떤 자리에서 떠나도록 몰리다. ¶【속담】쫅이 가는 미너리가 말이 많다. =쫓겨 가는 며느리가 말이 많다. ②일에 몹시 몰려 지내다. ¶일에 쫅이서 몬 살겄다. =일에 쫓겨서 못 살겠다. ☞후둒이다.

쫄다[-_] 동 졸다. ①찌개, 국, 한약 따위의 물이 증발하여 분량이 적어지다. ☞딹다. ②((속되게)) 위협적이거나 압도하는 대상 앞에서 겁을 먹거나 기를 펴지 못하다. ¶지가 개이인데 쫄아서 꼼짝달싹을 몬 한다. =쥐가 고양이에게 졸아서 옴짝달싹을 못 한다. ☞쫄이다.

쫄따구[_-_] 명 졸때기. 변변하지 못한 낮은 지위에 있는 사람. ¶나가 짝은 넘이 쫄따구 노롯을 해야지. =나이가 적은 놈이 졸때기 노릇을 해야지.

쫄라다[_-_] 동 조르다. ☞깝치다. 조라다. 조아다. 조우다. 쪼라다. 쪼우다.

쫄로리[__-] 부 나란히. ☞나라이. 쪼롬이.

쫄리다[1][_-_] 동 죄이다. '죄다'의 피동사. ☞쪼이다.

쫄리다[2][_-_] 동 졸리다. '조르다'의 피동사.

쫄아다[쪼라다 _-_] 동 졸이다. 졸게 하다.

'졸다'의 사동사. ☞달카다. 딸카다.

쫄아매다[쪼라매다 _--_] 동 졸라매다. ☞짜매다.

쫄이다[쪼리다 _-_] 동 졸이다. '졸다'의 피동사. ①찌개, 국, 한약 따위의 물이 증발하여 분량이 적어지다. ☞달키다. 딸키다. ②((속되게)) 위협적이거나 압도하는 대상 앞에서 겁을 먹거나 기를 펴지 못하게 되다. ☞쫄다.

쫌[-] 부 좀. ①'조금'의 준말. ¶오올은 쫌 늦었습미더. =오늘은 좀 늦었습니다. ②부탁이나 동의를 구할 때 말을 부드럽게 하기 위하여 삽입하는 말. ¶이거 쫌 일바시바라. =이것 좀 일으켜보아라. ③'어지간히'의 뜻을 나타내는 말. ¶날이 쫌 춥우야 나가보등가 하지. =날씨가 좀 추워야 나가보든지 하지. ④'얼마나'의 뜻을 나타내는 말. ¶이래낳이 쫌 좋노? =이리해놓으니 좀 좋니?

쫌새이[쫌새~이 -__] 명 좀생이. 좀스러운 사람. 또는 자질구레한 물건. ¶저 쫌새이가 자이나 술받겄다. =저 좀생이가 작히나 술사겠다.

쫍다[쫍따 -_] 형 좁다. ①면이나 바닥 따위의 면적이 작다. ¶【속담】쫍운 데에 장모(丈母) 찡긴다. =좁은 데에 장모 낀다. ②너비가 작다. ¶【속담】쫍운 틈새 장목(長木) 찡긴다. =좁은 틈에 장목 낀다. ③마음 쓰는 것이 너그럽지 못하다. ¶【관용구】쏙이 쫍다. =속이 좁다.

쫍우당하다[쪼부당하다 ___-_] 형 좁다랗다. 너비나 공간이 매우 좁다. ¶여게는 쫍우당한 골묵이래서 차가 몬 들온다. =여기는 좁다란 골목이라서 차가 못 들어온다. ☞쫍짝하다. 쫍짱하다.

쫍짝하다[쫍짜카다 __-_] 형 좁다랗다. ☞쫍우당하다. 쫍짱하다.

쫍짱하다[__-_] 형 좁다랗다. ☞쫍우당하다. 쫍짝하다.

쫍하다[쪼파다 _-_] 동 좁히다. 좁게 하다. '좁다'의 사동사. ¶【속담】대문은 넓하야 데고 깃문은 쫍하야 덴다. =대문은 넓혀야 되고 귓문은 좁혀야 된다.

쫍하지다[쪼파지다 _-__] 동 좁혀지다. '좁다'의 피동사. ¶이 질은 전에보담아 마이 쫍하졌다. =이 길은 전보다 많이 좁혀졌다. ☞쫍히지다.

쫍히지다[쪼피지다 _-__] 동 좁혀지다. '좁다'의 피동사. ☞쫍하지다.

쫏다[쫃따 -_] 동 쪼다. ①뾰족한 끝으로 쳐서 찍다. ¶달구새끼가 뱁차로 말키 쫏아 무웄다. =닭이 배추를 모두 쪼아 먹었다 ②괭이 따위로 논밭을 일구다. ¶돌짝밭을 쫏아서 일갔다. =자갈밭을 쪼아서 일구었다. *쫏고[쫃꼬 -_], 쫏지[쫃찌 -_], 쫏아서[쪼사서 -__], 쫏았다[쪼삳따 -__].

쫑곳[쫑곧 _-] 부 쫑긋. 입이나 귀 따위를 꼿꼿이 세우거나 뾰족이 내미는 모양을 나타내는 말. ¶토깨이가 기로 쫑곳시아가아 치라보네. =토끼가 귀를 쫑긋 세워서 쳐다보네. ☞쫑긋.

쫑곳하다[쫑고타다 __-_] 동 쫑긋하다. 자꾸 꼿꼿이 세우거나 뾰족이 내밀다. ¶제비새끼가 조디이로 쫑곳한다. =제비새끼가 주둥이를 쫑긋한다. ☞쫑긋하다.

쫑구래기[_ _-_] 명 종구라기. ①조그마한 바가지. ¶지렁장을 쫑구래기로 퍼왔다. =간장을 종구라기로 퍼왔다. ②물이나 액체 따위를 '종구라기'에 담아 분량을 세는 단위를 나타내는 말. ¶쌀 니 쫑구래기로 밥을 안칬다. =쌀 네 종구라기로 밥을 안쳤다. ☞쫑구래이.

쫑구래이[쫑구래~이 _ _-_] 명 종구라기. ☞쫑구래기.

쫑긋[쫑귿 _-] 부 쭝긋. ☞쫑곳.

쫑긋하다[쫑구타다 _ _-_] 동 쭝긋하다. ☞쫑곳하다.

쫑꼬[-_] 명 쫑코. 맞대어 놓고 언짢게 꾸짖거나 비꼬아 꾸짖는 일을 속되게 이르는 말. ¶【관용구】쫑꼬로 주다. =쫑코를 주다. ☞쫑꾸.

쫑꾸[-_] 명 쫑코. ☞쫑꼬.

쫑다리[_-_] 명 장다리. 마늘 양파 따위의 꽃대. ¶마알 쫑다리. =마늘 장다리. ¶다무네기 쫑다리. =양파 장다리. ☞쫑대. 추대.

쫑대[_-] 명 장다리. ☞쫑다리. 추대.

쫑치다[1][-_ _] 동 다그치다. ☞다구치다.

쫑치다[2][-_ _] 동 ≒조각내다. 가위 따위의 도구로 잘라서 못쓰게 만들다. ¶언 넘이 옷을 이래 쫑치 낳았노? =어느 놈이 옷을 이렇게 조각내 놓았니?

쫑패[_-] 명 암쇠. ☞우째기. 중씨암넘.

쭈구라다[_ _-_] 동 쭈그리다. ①팔다리를 오그려 몸을 작게 옴츠리다. ¶【속담】쭈구라고 앉인 손님 사알 만에 간다. =쭈그리고 앉은 손님 사흘 만에 간다. ②누르거나 옥여서 부피를 작게 만들다. ¶이거 한분 쭈구라 바라. =이것 한번 쭈그려 보아라. ☞쭈구리다. 쭈굴시다.

쭈구래이[쭈구래~이 _ _-_] 명 쭈그렁이. ①쭈그러진 물건. ¶쭈구래이 냄비는 애삐리라. =쭈그렁이 냄비는 내버려라. ②살이 빠져서 쭈글쭈글한 노인을 얕잡아 이르는 말. ¶쭈구래이 할마시. =쭈그렁이 할망구. ③제대로 여물지 않은 낟알. ¶콩이 말키 쭈구래이 뿌이다. =콩이 모두 쭈그렁이 뿐이다. ☞쭈굴탱이.

쭈구렁밤시이[쭈구렁밤시~이 _ _ _ _-_] 명 쭈그렁밤송이. 밤톨이 실하지 않아 쭈그러진 밤송이. ¶【속담】쭈구렁밤시이 삼년 간다. =쭈그렁밤송이 삼년 간다. ¶【속담】쭈구렁밤시이가 제껄지긴다. =쭉정밤송이가 불평한다. ☞쭉떡밤시이.

쭈구루지다[_-_ _ _] 동 쭈그러지다. ①눌리거나 구겨지거나 우그러져 부피가 몹시 작아지다. ¶쭈구루진 모자로 씨고 댕긴다. =쭈그러진 모자를 쓰고 다닌다. ②살가죽이 살기가 빠져서 쭈글쭈글 주름이 잡히다. ¶소이 쭈구루졌다. =손이 쭈그러졌다.

쭈구루티리다[_ _ _-_ _] 동 쭈그러트리다. 세게 누르거나 욱여서 몹시 쭈그러지게 하다. ¶안주 씰 만한 냄비로 누가 쭈구루티맀노? =아직 쓸 만한 냄비를 누가 쭈그러트렸니? ☞쭈굴티리다.

쭈구리다[_-_ _] 동 쭈그리다. ☞쭈구라다. 쭈굴시다.

쭈굴망태[_ _-_] 명 주름투성이. ☞주룸투시이.

쭈굴사리[_ _-_] 명 주름살. ☞주롬살. 주룸살. 쭈굴살.

쭈굴사리지다[_ _-_ _ _] 동 주름살지다. ☞주롬살지다. 주룸살지다. 쭈굴살지다.

쭈굴살[쭈굴쌀 _-_] 명 주름살. ☞주롬살. 주룸살. 쭈굴사리.

쭈굴살지다[쭈굴쌀지다 _-_ _ _] 동 주름살지다. ☞주롬살지다. 주룸살지다. 쭈굴사리지다.

쪼굴시다[_-_ _] 동 쭈그리다. ☞쭈구라다. 쭈구리다.

쭈굴시럽다[_ _-_ _] 형 창피스럽다(猖披---). ¶몬난 자석 때미로 쭈굴시럽어서 고개로 몬 들겄다. =못난 자식 때문에 창피스러워서 고개를 못 들겠다. ☞챙피시럽다.

쭈굴쭈굴[_ _ _-] 부 쭈글쭈글. 쭈그러지거나 구겨져서 고르지 않게 주름이 많이 잡힌 모양. ¶잠바가 쭈굴쭈굴 꾸개짔다. =점퍼가 쭈글쭈글 구겨졌다.

쭈굴쭈굴하다[_ _ _ _-_] 형 쭈글쭈글하다. ¶주봉이 쭈굴쭈굴해서 대맀다. =바지가 쭈글쭈글해서 다렸다.

쭈굴탱이[_ _-_] 명 쭈그렁이. ☞쭈구래이.

쭈굴티리다[_ _-_ _] 동 쭈그러트리다. ☞쭈구루티리다.

쭈루기[_-_] 명 ((동물))발강이. 잉어의 새끼. ☞쭈리기.

쭈루룩[_ _-] 부 쭈르륵. ①많은 양의 액체가 빠르게 흘러내리는 소리를 나타내는 말. 또는 그 모양을 나타내는 말. ¶볼때기 우로 눈물이 쭈루룩 흐른다. =볼 위로 눈물이 쭈르륵 흐른다. ②얼음판이나 경사진 곳에서 조금 큰 것이 힘없이 미끄러져 내리는 모양을 나타내는 말. ¶얼움 우서 쭈루룩 미끄러짔다. =얼음 위에서 쭈르륵 미끄러졌다. ☞쭐딱. ③조금 큰 것들이 한 줄로 고르게 잇달아 있는 모양을 나타내는 말. ¶옴마가 난서밭에 온가 껏들을 쭈루룩 숭구낳았다. =엄마가 남새밭에 온갖 것들을 쭈르륵 심어놓았다.

쭈리기[_-_] 명 ((동물))발강이. ☞쭈루기.

쭈물딱쭈물딱[_ _-_ _-] 부 주물럭주물럭. ☞주물딱주물딱. 주물주물. 쭈물쭈물.

쭈물라다[_ _-_] 동 주무르다. ☞주물라다.

쭈물쭈물[_ _ _-] 부 주물럭주물럭. ☞주물딱주물딱. 주물주물. 쭈물딱쭈물딱.

쭈뺏[쭈뻳 _-] 부 쭈뼛. ①물건의 끝이 차차 가늘어지면서 삐죽하게 솟은 모양. ¶놀랜 토까이가 기로 쭈뺏 시았다. =놀란 토끼가 귀를 쭈뼛 세웠다. ②무섭거나 놀라서 머리카락이 꼿꼿하게 일어서는 듯한 느낌. ¶밤중에 개마 짖어도 멀꺼디이가 쭈뺏 선다. =밤중에 개만 짖어도 머리카락이 쭈뼛 선다. ③수줍거나 부끄러워서 자꾸 머뭇거리거나 주저하는 모양. ¶낯선 사람 머리바아 몬 드가고 쭈뺏 멈차 섰다. =낯선 사람 때문에 방에 못 들어가고 쭈뼛 멈춰 섰다. ④입술 끝을 비죽 내미는 모양. ¶누부야가 입수구리로 쭈뺏 내밀고 지 바아로 드갔다. =누나가 입술을 쭈뼛 내밀고 제 방으로 들어갔다.

ㅈ

☞찌삣.

쭈삣기리다[쭈삗기리다 __-__] 동 쭈뼛거리다. ①부끄럽거나 무서워서 쉽게 나서지 못하고 자꾸 몹시 머뭇거리다. ¶쭈삣기리민서 눈치마 본다. =쭈뼛거리면서 눈치만 본다. ②머리카락이나 털이 몹시 무섭거나 놀라거나 하여 아주 꼿꼿하게 일어서는 듯한 느낌이 자꾸 들다. ¶얼매나 무섭등가 멀꺼디이가 쭈삣기리데예. =얼마나 무섭던지 머리카락이 쭈뼛거리데요. ☞찌삣기리다.

쭈삣하다[쭈삐타다 __-_] 동 쭈뼛하다. ①무섭거나 놀라서 머리카락이 꼿꼿하게 일어서는 듯한 느낌이 들다. ¶놀래서 멀끄디이가 쭈삣해진다. =놀라서 머리카락이 쭈뼛해진다. ②어줍거나 부끄러워서 머뭇거리거나 주저하다. ¶머때미로 고래 쭈삣해쌓노? =무엇 때문에 그렇게 쭈뼛해쌓니? ③입술 끝을 비죽 내밀다. ¶동상이 입을 쭈삣한다. =동생이 입을 쭈뼛한다. ☞찌삣하다.

쭈시다[1][-__] 동 쑤시다. ☞쑤씨다.

쭈시다[2][-__] 동 찌르다. ☞쑤씨다.

쭈지쭈지하다[____-_] 동 주저주저하다(躊躇躊躇--). 선뜻 결정하지 않고 자꾸 망설이는 모양을 나타내는 말. ¶와 그래 쭈지쭈지하노? =왜 그리 주저주저하니?

쭉[-] 명 쪽. 방향을 가리키는 말. ☞짜. 짝.

쭉떠거리하다[___-__] 형 홀쭉하다. ☞쪽따거리하다. 쪽딱하다. 쭉떡하다. 홀쪽하다.

쭉떡밤[_-_] 명 쭉정밤. 껍질만 있고 속에 알맹이가 들어 있지 않은 밤. ☞쭉밤.

쭉떡밤시이[쭉떡밤시~이 ___-_] 명 쭉정밤송이. ☞쭈구렁밤시이.

쭉떡하다[쭉떠카다 __-_] 형 홀쭉하다. ☞쪽따거리하다. 쪽딱하다. 쭉떠거리하다. 홀쪽하다.

쭉띠기[_-_] 명 쭉정이. ①껍질만 있고 속에 알맹이가 들어 있지 않은 곡식이나 과실 따위의 열매. ¶【속담】쭉띠기는 불 낳고 알매이는 걷아 딜인다. =쭉정이는 불 놓고 알맹이는 걷어 들인다. ②쓸모없게 되어 사람 구실을 제대로 하지 못하는 사람을 비유적으로 이르는 말. ¶【관용구】쭉띠기 치겁을 하다. =쭉정이 취급을 하다. ☞쭉찌.

쭉밤[-_] 명 쭉정밤. ☞쭉떡밤.

쭉찌[1][-_] 명 죽지. ①팔과 어깨가 이어진 부분. ¶쭉찌가 마이 아푸다. =죽지가 많이 아프다. ②새의 날개가 몸에 붙은 부분. ¶【속담】쭉찌 뿔라진 까마구가 데뱄다. =죽지 부러진 까마귀가 돼버렸다.

쭉찌[2][-_] 명 쭉정이. ☞쭉띠기.

쭐[-] 명 줄. 어떤 방법, 셈속 따위를 나타내는 의존명사. ¶【속담】범이 날기기 무울 쭐 모루나. =범이 날고기 먹을 줄 모르나. ¶【속담】까마구가 쏙꺼지 씨꺼멀 쭐 누가 아까. =까마귀가 속까지 시커멀 줄 누가 알까.

쭐구리[_-_] 명 줄거리. 가지, 덩굴, 줄기 따위에서 잎을 제외한 부분. ¶고오매 쭐구리. =고구마 줄거리. ¶뱁차 쭐구리. =배추 줄거리.

쫄구지[_-_] 명 줄기. ¶【속담】뿌리이가 다러마 쫄구지가 다러고 쫄구지가 다러마 이푸리가 다러다. =뿌리가 다르면 줄기가 다르고 줄기가 다르면 이파리가 다르다. ☞쫄기.

쫄기[-_] 명 줄기. ☞쫄구지.

쫄다[__] 동 줄다. ①수효나 분량이 낮은 수치로 되다. ¶몸건대가 쫄았다. =몸무게가 줄었다. ②물건이 길이나 넓이, 무게 또는 부피가 이전보다 작은 상태로 되다. ¶【관용구】옷이 쫄다. =옷이 줄다. ③능력이나 재주가 전보다 못하여지다. ¶【관용구】실력이 쫄다. =실력이 줄다. ¶【관용구】솜씨가 쫄다. =솜씨가 줄다. ④생활 형편이 살아가기 어렵거나 좋지 않게 되다. ¶【관용구】살림이 쫄다. =살림이 줄다.

쫄딱[_-] 부 쭈르륵. ¶얼움 우서 쫄딱 미끄러짔다. =얼음 위에서 쭈르륵 미끄러졌다. ☞쭈루룩.

쫄리쫄리[___-] 부 줄레줄레. 몸집이 큰 사람이나 동물이 볼품없이 남의 뒤를 자꾸 따라다니는 모양을 나타내는 말. ¶송안치만한 개가 쫄리쫄리 따라옵미더. =송아지만한 개가 줄레줄레 따라옵니다.

쫄아다[쭈라다 _-_] 동 줄이다. ☞줄아다.

쫄우들다[쭈루들다 -___] 동 줄어들다. ☞깝아들다. 줄우들다.

쫄우지다[쭈루지다 -___] 동 까부라지다. ☞깝아지다. 줄우지다.

쭘[1][-] 명 즈음. ☞머리. 짬치. 쭘치.

쭘[2][-] 명 만큼. ☞마이. 만치. 만침. 만쿰. 짬치. 쭘치.

-쭘[-] 접 -쯤. ☞-짬치. -쭘치.

쭘치[1][-_] 명 호주머니(胡---). ☞개앰치. 갯주무이. 갯줌치. 보게또. 호주무이.

쭘치[2][-_] 명 즈음. ☞머리. 짬치. 쭘.

쭘치[3][-_] 명 만큼. ☞마이. 만치. 만침. 만쿰. 짬치. 쭘.

-쭘치[-_] 접 -쯤. ☞-짬치. -쭘.

-찌[-] 접 -짜리. ((수나 양 또는 값을 나타내는 명사구 뒤에 붙어)) '그만한 수나 양을 가진 것' 또는 '그만한 가치를 가진 것'의 뜻을 더하는 접미사. ¶서 말찌 솥. =서 말짜리 솥. ¶니 살찌 알라. =네 살짜리 어린애.

찌개다[_-_] 동 찌그리다. ①짓눌러서 여기저기 고르지 아니하게 우그러지게 하다. ¶빈 통을 찌갰다. =빈 통을 찌그렸다. ②눈살이나 얼굴의 근육에 힘을 주어 주름이 잡히게 하다. ¶【관용구】눈쌀로 찌개다. =눈살을 찌그리다. ☞찌구라다.

찌개지다[1][_-__] 동 찌그러지다. ①짓눌려서 여기저기 고르지 아니하게 우그러지다. ¶주준자가 찌개짔다. =주전자가 찌그러졌다. ②살가죽에 쭈글쭈글 주름이 잡히다. ¶【관용구】낯이 찌개지다. =낯이 찌그러지다. ③형편이 펴이지 아니하고 점점 어렵게 되다. ¶살림이 채채 찌개짔다. =살림이 차차 찌그러졌다. ☞찌구라지다.

찌개지다[2][_-__] 동 짜부라지다. ☞짜부라들다.

찌거리[_-_] 명 부리망(--網). 소를 부릴

ㅈ

때에 소가 곡식이나 풀을 뜯어먹지 못하게 하려고 소의 주둥이에 씌우는 물건. 가는 새끼로 그물같이 엮어서 만든다. ¶【관용구】찌거리로 채아다. =부리망을 씌우다.

찌구라다[_ _-_] 동 찌그리다. ☞찌개다.

찌구라지다[_ _-_ _] 동 찌그러지다. ☞찌개지다.

찌꺼리기[_ _-_] 명 찌꺼기. 쓸 만하거나 값어치가 있는 것을 골라낸 나머지. ¶음석 묵고 남운 찌꺼리기는 개 준다. =음식 먹고 남은 찌꺼기는 개 준다. ☞찌꺽지. 찌끼이.

찌꺽지[_-_] 명 찌꺼기. ☞찌꺼리기. 찌끼이.

찌꿈찌꿈하다[_ _ _ _-_] 형 들쭉날쭉하다. 사물이 어떤 곳은 들어가고 어떤 곳은 나오고 하여 고르지 않다. ¶이발소서 멀꺼디이로 찌꿈찌꿈하이 깎아낳네. =이발소에서 머리카락을 들쭉날쭉하게 깎아놓았네.

찌끼미[_-_] 명 지게미. 술을 거르고 남은 찌꺼기. ¶【속담】막걸리 거럴라카다가 찌끼미도 몬 건진다. =막걸리 거르려다 지게미도 못 건진다.

찌끼이[찌끼~이 _-_] 명 찌꺼기. ☞찌꺼리기. 찌꺽지.

찌끼칼[_-_] 명 주머니칼. 접어서 주머니에 넣어 가지고 다니며 쓰는 작은 칼.

찌다[-_] 동 끼다. ①팔이나 손을 서로 걸다. ¶【관용구】팔찜 찌고 보다. =팔짱 끼고 보다. ②곁에 두거나 가까이 하다. ¶【속담】열녀전 찌고 서방질한다. =열녀전 끼고 서방질한다. ③덧붙이거나 지니다. ¶【속담】지 사랑은 지가 찌고 있다. =제 사랑은 제가 끼고 있다. ④남의 힘을 빌리거나 이용하다. ¶【속담】이방은 사또로 찌야 목충이 커진다. =이방은 사또를 껴야 목청이 커진다. ⑤반지 따위를 손가락에 끼우다. ¶【속담】적삼 벗이고 은까락지 찐다. =적삼 벗고 은가락지 낀다. ⑥구름이나 안개가 어떤 곳에 퍼져서 서리다. ¶【속담】앙개 찐 날 소 찾아댕기딧기 한다. =안개 낀 날 소 찾아다니듯 한다. ☞쩌리다. ⑦장갑 따위를 착용하다. ¶【속담】털토시 찌고 끼 구뭉을 쭈시도 지 재미라. =털토시 끼고 게 구멍을 쑤셔도 제 재미라.

찌다이[찌다~이 _-_] 부 기다랗게. ☞지다이.

찌닪다[찌단타 _-_] 형 기다랗다. ¶감홍시 따는 간때미는 찌닪다. =홍시 따는 간짓대는 기다랗다. ☞지닪다. 질다랗다. 찔따랗다.

찌뚱[_-] 부 뒤뚱. 묵직한 물체가 중심을 잃고 쓰러질 듯이 한쪽으로 기울어지는 모양을 나타내는 말. ¶술로 묵고 찌뚱 자빠라짔다. =술을 먹고 뒤뚱 자빠졌다.

찌뚱기리다[_ _-_ _] 동 뒤뚱거리다. 묵직한 물체가 중심을 잃고 쓰러질 듯이 이리저리 자꾸 기울어지다. ¶짐차가 찌뚱기리민서 간다. =짐차가 뒤뚱거리면서 간다.

찌뚱발이[찌뚱바리 _ _-_] 명 뒤뚱발이. 뒤뚱거리며 걷는 사람을 얕잡아 이르는 말.

찌뚱찌뚱[_ _ _-] 부 뒤뚱뒤뚱. 묵직한 물체가 중심을 잃고 쓰러질 듯이 이리저리 자꾸 기울어지는 모양을 나타내는 말. ¶거우가 찌뚱찌뚱 걸어 댕긴다. =거위가 뒤뚱뒤뚱 걸어 다닌다.

찌뚱하다[_ _-_] 동 뒤뚱하다. 묵직한 물체가 중심을 잃고 쓰러질 듯이 한쪽으로 기울어지다. ¶전봇대가 찌뚱하기 서 있다. =전봇대가 뒤뚱하게 서 있다.

찌러기[_-_] 명 ((동물))방아깨비 암컷. ¶방아로 콩닥콩닥 찧어쌓는 기이 찌러기 맞제? =방아를 콩닥콩닥 찧어쌓는 게 방아깨비 맞지?

찌렁내[_-_] 명 지린내. 오줌 냄새와 비슷한 냄새. ¶【관용구】찌렁내가 나다. =지린내가 나다. ☞찌린내.

찌르다[1][_-_] 동 일러바치다. ☞가알주다. 갈차주다. 갈치주다. 갤차주다. 꼰질라다. 이르다. 일라주다.

찌르다[2][_-_] 동 지르다. 도박이나 내기에서, 돈이나 물건 따위를 걸다. ¶【관용구】판돈을 찌르다. =판돈을 지르다.

-찌리[-_] 접 -끼리. ¶【속담】웬쑤찌리 한배 탔다. =원수끼리 한배 탔다. ☞-꺼정. -꺼지.

찌리찌리[1][-_-_] 부 끼리끼리. 여럿이 무리를 지어 제각기 따로. ¶【관용구】찌리찌리 논다. =끼리끼리 논다. ☞구미구미.

찌리찌리[2][_-_-] 부 쩌릿쩌릿. 피가 잘 돌지 못하여 몹시 감각이 무디고 자꾸 아주 세게 아린 느낌을 나타내는 말.

찌리찌리하다[_ _ _ _-_] 형 쩌릿쩌릿하다. 몸의 일부가 피가 잘 돌지 못하여 몹시 감각이 무디고 자꾸 아주 세게 아린 느낌이 있다. ¶어깨받이가 찌리찌리하다. =어깻죽지가 쩌릿쩌릿하다.

찌린내[_-_] 명 지린내. ☞찌렁내.

찌바다[_-_] 동 훔치다. 다른 사람의 것을 자기 것으로 하기 위해 몰래 가져가다. ☞뚱치다. 째비다. 찌파다.

찌부덩하다[_ _ _-_] 동 기우뚱하다. 물체가 한쪽으로 약간 기울어지다. ①한쪽으로 비스듬히 기울어지다. ¶깅운기가 옆쭉우로 찌부덩합미더. =경운기가 옆쪽으로 기우뚱합니다. ②한쪽으로 비스듬히 기울어 있다. ¶산비알에 소낭기 찌부덩하기 서 있다. =산비탈에 소나무가 기우뚱하게 서 있다. ☞찌불딱하다. 찌뿌덩하다.

찌부라다[_ _-_] 동 기울이다. 비스듬하게 한쪽이 낮아지게 하다. ¶【속담】부치 밑을 찌부라마 삼검불이 노온다. =부처 밑을 기울이면 삼거웃이 나온다. ☞찌불씨다.

찌부리다[_-_ _] 동 찌푸리다. ¶【관용구】눈쌀 찌부리다. =눈살 찌푸리다. ☞엉걸띠리다.

찌불다[-_ _] 동 기울다. ①비스듬하게 한쪽이 낮아지거나 비뚤어지다. ¶【속담】선무당이 마당 찌불다 칸다. =선무당이 마당 기울다 한다. ②다른 것에 견주어 그것보다 못하다. ¶사돈찌리는 찌불마 곤랂다. =사돈끼리는 기울면 곤란하다.

ㅈ

찌불딱하다[___-_] 형 기우뚱하다. ☞찌부덩하다. 찌뿌덩하다.

찌불씨다[_-__] 동 기울이다. ☞찌부라다.

찌붓이[찌부시 __-] 부 기웃이. 한쪽이 조금 낮거나 비뚤게. ¶알라가 저거 옴마 어깨에 찌붓이 지대고 잔다. =아기가 자기 엄마 어깨에 기웃이 기대고 잔다.

찌붓찌붓하다[1][찌붇찌부타다 ____-_] 동 데면데면하다. 낯설어하며 결단력이 없는 언행을 하다. ¶들오등가 안하고 와 찌붓찌붓해쌓노? =들어오든지 않고 왜 데면데면해쌓니? ☞데민데민하다.

찌붓찌붓하다[2][찌붇찌부타다 ____-_] 동 멈칫멈칫하다. 어떤 행동이나 말 따위를 선뜻 하지 못하고 자꾸 망설이다. ¶자시이 없는강 대답을 자꾸 찌붓찌붓한다. =자신이 없는지 대답을 자꾸 멈칫멈칫한다.

찌뿌덩하다[1][___-_] 형 찌뿌듯하다. ①몸살이나 감기로 약간 무겁고 거북하다. ¶온 전시이 다 찌뿌덩하다. =온 전신이 다 찌뿌듯하다. ②표정이나 기분이 밝지 못하고 약간 언짢다. ¶아부지 얼굴이 찌뿌덩하지예? =아버지 얼굴이 찌뿌듯하죠? ③날씨가 비나 눈이 올 것 같이 약간 흐리다. ¶날이 찌뿌덩한 거로 보이 비 올란 갑다. =날씨가 찌뿌듯한 걸 보니 비 오려나 보다.

찌뿌덩하다[2][___-_] 형 기우뚱하다. ☞찌부덩하다. 찌불딱하다.

찌뻣[찌삗 _-] 부 쭈뼛. ☞쭈뼛.

찌뻣기리다[찌삗기리다 __-__] 동 쭈뼛거리다. ☞쭈뼛기리다.

찌뻣찌뻣[찌삗찌삗 ___-] 부 쪼뼛쪼뼛. ☞째뻣째뻣. 쪼뻣쪼뻣.

찌뻣하다[1][찌삐타다 __-_] 형 쪼뼛하다. ☞째뻣하다. 쪼뻣하다.

찌뻣하다[2][찌삐타다 __-_] 형 쭈뼛하다. ☞쭈뻣하다.

찌뻣하다[3][찌삐타다 __-_] 동 쭈뼛하다. ☞쭈뻣하다.

찌아다[1][-__] 동 찌우다. 사람이나 짐승을 몸에 살이 많아지게 하다. ¶니는 살마 디룩디룩 찌아서 우짤래? =너는 살만 뒤룩뒤룩 찌워서 어쩔래?

찌아다[2][-__] 동 쬐다. ☞째아다.

찌아다[3][-__] 동 끼우다. ☞끼아다. 낑가다. 찡가다.

찌아주다[-_-_] 동 끼워주다. ☞끼아주다. 낑가주다. 찡가주다.

찌얹다[찌언따 _-_] 동 끼얹다. 액체나 가루 따위를 어떤 대상에 흩어지게 뿌리다. ¶【관용구】찹운물 찌얹다. =찬물 끼얹다. ¶【속담】붙는 불에 지름 찌얹는다. =붙는 불에 기름 끼얹는다.

찌얹하다[찌언차다 __-_] 동 끼얹히다. 액체나 가루 따위를 어떤 대상에 흩어지게 뿌리다. ¶【관용구】찹운물 찌얹하다. =찬물 끼얹히다. ¶【속담】딩기는 불에 지름 찌얹한다. =댕기는 불에 기름 끼얹힌다.

찌얹히다[찌언치다 _-__] 동 끼얹히다. 무엇에 액체나 가루가 흩어지게 뿌려지다.

찌이다[1][_-_] 동 끼다. ①안개나 연기 따위가 퍼져서 서리다. ¶【속담】앙개 찌인 날 중 대가리 버어진다. =안개 낀 날 중 대가리 벗겨진다. ②때나 먼지, 이끼 따위가 엉겨 붙다. ¶【속담】구루는 돌에는 물때가 안 찌인다. =구르는 돌에는 이끼가 안 낀다. ③병해충이나 녹 따위가 물체를 덮다. ¶물이 이포리에 비리가 찌있다. =오이 잎사귀에 진딧물이 끼었다. ④얼굴이나 목소리에 어떤 기미가 어리어 돌다. ¶수심이 찌인 얼굴이다. =수심이 낀 얼굴이다. ⑤사람을 해치거나 물건을 깨뜨리는 모질고 독한 귀신의 기운이 돌다. ¶올개는 살(煞)이 찌있능가, 데는 기 없네. =올해는 살이 끼었는지, 되는 게 없네.

찌이다[2][_-_] 동 걸리다. 눈이나 마음 따위에 만족스럽지 않고 언짢다. ¶【관용구】마암에 찌이다. =마음에 걸리다.

찌이다[3][_-_] 동 죄이다. ☞끼이다.

찌이다[4][_-_] 동 쬐이다. ☞째이다.

찌이다[5][_-_] 동 슬다. ☞씰다.

찌입다[찌입따 --_] 동 껴입다. ☞끼입다. 쪄입다. 포개입다.

찌입하다[찌이파다 __-_] 동 껴입히다. ☞끼입하다. 쪄입하다. 포개입하다.

찌줌[_-] 명 지짐이. 빈대떡, 누름적, 전병과 같은 기름에 부쳐서 만드는 음식을 통틀어 이르는 말. ¶정구지찌줌(부추지짐이). ¶배차찌줌(배추지짐이). ¶밍태찌줌(명태지짐이). ☞찌짐.

찌지다[-__] 동 지지다. ①국물을 조금 붓고 끓여서 익히다. ¶딘장을 짜작하이 찌집미더. =된장을 자작하니 지집니다. ②불에 달군 판에 기름을 바르고 전 따위를 부쳐 익히다. ¶설 팔얼 밍절에는 찌짐을 찌지서 음석을 장만는다. =설 팔월 명절에는 전을 지져서 음식을 장만한다. ③불에 달군 물건을 다른 물체에 대어 약간 태우거나 눋게 하다. ¶윤디로 찌진 자죽이 누리끼리하다. =인두로 지진 자국이 누르스름하다. ④열을 내는 것에 대어 찜질을 하다. ¶아릿묵에 눕우서 전신을 찌지이소. =아랫목에 누워서 온몸을 지지세요.

찌지부리하다[1][____-_] 형 자질구레하다. 둘 이상의 것이 모두 다 그만그만하게 시시하고 보잘것없다. ¶찌지부리한 거는 말키 애삐리라. =자질구레한 것은 모두 내버려라. ☞자잘구리하다. 자질구리하다.

찌지부리하다[2][____-_] 형 지질하다. 보잘것없고 변변하지 못하다. ¶【관용구】찌지부리하기 생기다. =지질하게 생기다. ☞찌질하다.

찌질하다[__-_] 형 지질하다. ¶【관용구】찌질한 넘. =지질한 놈. ☞찌지부리하다.

찌짐[_-] 명 지짐이. ☞찌줌.

찌찌[--] 명 젖. *'찌찌'는 일본어 '치찌(ちち)'에서 온 말이다. ¶우지 말고 찌찌 무우라. =울지 말고 젖 먹어라.

찌킴이[찌키미 _-_] 명 지킴이. ①한 집이나 마을, 공동 구역을 지켜 주는 신. 집 지킴이에는 터주신, 조왕신 등이 있고, 마을 지킴이에는 장승과 짐대 따위가 있다. ②한 집이나 마을, 공동 구역을 지켜 주는 동물. '집 찌킴이'에는 흔히 '진대'라고 부르는 뱀이 있고, '늪 찌킴

ㅈ

이'로는 큰 잉어 따위를 일컫는다. ¶저래 큰 잉어는 찌킴이래서 자아무우마안 덴다. =저리 큰 잉어는 지킴이라서 잡아먹으면 안 된다.

찌파다[_-_] 동 훔치다. 다른 사람의 것을 자기 것으로 하기 위해 몰래 가져가다. ☞뚱치다. 째비다. 찌바다.

찍[-] 명 적. 그 동작이 진행되거나 그 상태가 나타나 있는 때, 또는 지나간 어떤 때. ¶마누래가 젙에 있을 찍에 잘해라. =마누라가 곁에 있을 적에 잘 해라. ☞쩍.

찍게[-_] 명 집게. 물건을 집는 데 쓰는, 끝이 두 가닥으로 갈라진 도구. ¶서답을 찍게로 찝어낳았다. =빨래를 집게로 집어놓았다.

찍짜[-_] 명 시비(是非). 옳으니 그르니 하는 말다툼. ¶【관용구】찍짜 붙다. =시비 붙다.

찐덕[1][_-] 명 진흙. 질척질척하게 짓이겨진 흙. ¶깅운기가 찐덕에 빠짔다. =경운기가 진흙에 빠졌다. ☞찐흑.

찐덕[2][_-] 명 찰흙. 끈기가 있어 차진 흙. ¶담부랑은 찐덕어로 싸야 오래간다. =담벼락은 찰흙으로 쌓아야 오래간다. ☞찰흑.

찐덕거리다[_ _-_ _] 동 찐득거리다. ①몸이나 물체가 끈끈하여 자꾸 척척 들러붙다. ¶땀 때미로 온 몸이 찐덕거린다. =땀 때문에 온몸이 찐득거린다. ②성질이 끈끈하여 자꾸 질기게 굴다. ¶장시꾼들이 찐덕거리미 달라붙는다. =장사꾼이 찐득거리며 달라붙는다.

찐덕찐덕[_ _ _-] 부 찐득찐득. ¶떡국가리가 찐덕찐덕 손에 달라붙웄다. =가래떡이 찐득찐득 손에 들러붙었다.

찐덕찐덕하다[_ _ _ _-_] 형 찐득찐득하다. ¶물고오매는 쌂아낳아마 찐덕찐덕하이 맛입다. =물고구마는 삶아놓으면 찐득찐득하니 맛있다.

찐디기[_-_] 명 ((동물))진드기. ☞가부나리. 가분다리.

찐디기풀[_-_ _] 명 ((식물))진득찰. ☞징기초.

찐맛없다[찐맏엄따 --_ _] 형 싱겁다. 어떤 일이 재미없고 흐지부지하다. ¶【관용구】찐맛없이 데다. =싱겁게 되다. ¶【속담】찐맛없기는 윽대 붕알이다. =싱겁기는 늑대 불알이다. ☞싱굽다.

찐지레기[_ _-_] 명 지스러기. 수확하거나 고르고 남은 찌꺼기나 부스러기. ¶마알 뽑운 밭에서 찐지레기로 조왔다. =마늘 뽑은 밭에서 지스러기를 주워왔다. ☞찐지리기.

찐지리기[_ _-_] 명 지스러기. ☞찐지레기.

찐하다[_-_] 형 진하다(津--). 맛이나 냄새 정도가 강하다. ¶【속담】피는 물보담아 찐하다. =피는 물보다는 진하다.

찔기다[-_ _] 형 질기다. ①쉽게 해지거나 끊어지지 않고 견디는 힘이 있다. ¶이 노내끼는 찔기다. =이 노끈은 질기다. ②목숨이 끊어지지 않고 끈덕지게 붙어 있다. ¶【관용구】밍이 찔기다. =명이 질기다. ③성질이 모지도록 견디는 힘이 강하다. ¶【관용구】궁디이가 찔기다. =엉덩이가 질기다. ④약속 따위를 지키지 않다. ¶【관용구】여수(與受)가 찔기다. =여수가 질기다. ☞빡시다.

찔꿈[_-] 뭐 찔끔. ①액체가 아주 조금 세게 새어 나오거나 흐르는 모양을 나타내는 말. ¶하도 윗기서 눈물이 찔꿈 노왔다. =하도 웃겨서 눈물이 찔끔 나왔다. ②비 따위가 아주 조금 내리다가 그치는 모양을 나타내는 말. ¶비가 및 빠알 찔꿈 오다 말았다. =비가 몇 방울 찔끔 오다가 말았다. ③갑자기 놀라거나 겁이 나서 몸을 몹시 움츠리는 모양을 나타내는 말. ¶씨꺼문 개로 보고 찔꿈 놀랬다. =시커먼 개를 보고 찔끔 놀랐다.

찔꿈거리다[_ _-_ _] 동 찔끔거리다. ¶【관용구】눈물로 찔꿈거리다. =눈물을 찔끔거리다. ¶【관용구】빗바알이 찔꿈거리다. =빗방울이 찔끔거리다.

찔꿈찔꿈[_ _ _-] 뭐 찔끔찔끔. ①액체가 아주 조금씩 자꾸 세게 새어 나오거나 흐르다가 그치다가 하는 모양을 나타내는 말. ¶오짐을 찔꿈찔꿈 눈다. =오줌을 찔끔찔끔 눈다. ②비가 자꾸 조금씩 내렸다 그쳤다 하는 모양. ¶비가 찔꿈찔꿈 온다. =비가 찔끔찔끔 온다. ③작은 물건 따위를 자꾸 조금씩 흘리는 모양. ¶난서밭에 거룸을 찔꿈찔꿈 흘 있다. =남새밭에 거름을 찔끔찔끔 흘었다. ④물건이나 돈 따위를 자꾸 조금씩 쓰거나 여러 번 나누어서 주는 모양. ¶빌리간 돈을 한묵에 안 주고 찔꿈찔꿈 줍디더에. =빌려간 돈을 한꺼번에 안 주고 찔끔찔끔 줍디다.

찔다랗다[찔다라타 _-_ _] 형 기다랗다. ☞지닿다. 질다랗다. 찌닿다.

찔락거리다[_ _-_ _] 동 칠렐레팔렐레하다. 가볍고 조심성 없이 행동을 하다. ¶아직도 안 묵고 찔락거리미 돌아댕깄더마는 배가 고푸다. =아침도 안 먹고 칠렐레팔렐레하고 돌아다녔더니 배가 고프다.

찔락팔락[_ _ _-] 뭐 칠락팔락. ①뿔뿔이 흩어져 갈피를 잡을 수 없음. ¶마다아 온가 잡동사이가 찔락팔락 널리 있었다. =마당에 온갖 잡동사니들이 칠락팔락 널려 있었다. ②이곳저곳을 돌아다니는 모습을 나타내는 말. ¶절마는 미천넘매로 오데로 저래 찔락팔락 돌아댕기노. =저놈은 미친놈처럼 어딜 저리 칠락팔락 돌아다니나. ☞찔럭찔럭.

찔럭찔럭[_ _ _-] 뭐 칠락팔락. ☞찔락팔락.

찔쭉하다[_ _-_] 형 길쭉하다. ☞길쭘하다. 젤쭉하다. 젤쭘하다. 질쭉하다. 쩰쫌하다. 찔쭘하다.

찔쭘하다[_ _-_] 형 길쭉하다. ☞길쭘하다. 젤쭉하다. 젤쭘하다. 질쭉하다. 쩰쫌하다. 찔쭉하다.

찔찔[_-] 뭐 쩔쩔. ①머리 따위를 좌우로 조금 크고 세게 자꾸 흔드는 모양을 나타내는 말. ¶지는 안 갈 끼라꼬 머리로 찔찔 흔든다. =자기는 안 갈 거라고 머리를 쩔쩔 흔든다. ②온도가 매우 높아 몹시 더운 모양을 나타내는 말. ¶아린목이 찔찔 끓는다. =아랫목이 쩔쩔 끓는다. ③액체 따위가 매우 높은 열에서 크게 끓는 모양을 나타내는 말. ¶이래 춥운 날에는 찔찔 끓는 밍탯국

ㅈ

캉 탁배기 한 뚝뻬기가 기립어진다. =이리 추운 날에는 쩔쩔 끓는 명탯국과 탁주 한 뚝배기가 그리워진다.

찔찔매다[__-_] 동 쩔쩔매다. 어쩔 줄을 모르고 갈팡질팡 헤매다. ¶누부야가 구리로 보더마는 우얄 줄 모루고 찔찔매더라. =누나가 구렁이를 보더니만 어쩔 줄 모르고 쩔쩔매더라.

찜부리기[__-_] 명 찜부럭. 몸이나 마음이 괴로울 때 걸핏하면 짜증을 내는 짓. ¶【속담】찜부리기를 하는 얼라는 젖 한 분 더 믹인다. =찜부럭을 하는 애기는 젖 한 번 더 먹인다.

찜찌묵다[--__] 동 찜쪄먹다. ((주로 '찜찌묵기', '찜찌무울'의 꼴로 쓰여)) 속된 말로, 어떤 사람이 다른 사람을 외양이나 능력에서 능가하거나 앞지르다. ¶미쓰 코리아 찜찌묵기 생깄다. =미스 코리아 찜쪄먹게 생겼다. ¶하는 짓이 사기꾼 찜찌묵겠다. =하는 짓이 사기꾼 찜쪄먹겠다.

찝다[찝따 -_] 동 집다. ①손가락이나 발가락으로 물건을 잡아서 들다. ¶구실을 찝어서 개쭘치에 옇었다. =구슬을 집어서 주머니에 넣었다. ②기구나 손가락으로 물건을 마주 잡아서 들다. ¶【속담】끼 새끼는 찝꼬 개이 새끼는 까러빈다. =게 새끼는 집고 고양이 새끼는 할퀸다. ③지적하여 가리키다. ¶철수보고 해장해라꼬 찝었다. =철수더러 회장하라고 집었다.

찝쩍거리다[__-__] 동 집적거리다. 건드리거나 말이나 행동으로 공연히 자꾸 성가시게 하다. ¶【속담】땡벌이 집 찝쩍거리딧기. =땅벌 집 집적거리듯이.

찝쩍대다[__-_] 동 집적대다. 남의 일에 자꾸 함부로 손을 대거나 끼어들어 참견하다. ¶언자 고마 찝쩍대라. =이제 그만 집적대라. ☞껄띠이다.

찝찌다[찝찌~다_-__] 동 집적이다. ①아무 일에나 함부로 손대거나 참견하다. ¶【관용구】개이가 지 찝찌듯기. =고양이가 쥐 집적이듯. ¶【속담】잠자는 호래이로 찝찐다. =잠자는 호랑이를 집적인다. ②말이나 행동으로 물건 따위를 건드려 성가시게 하다. ¶【속담】똥은 찝찔수룩이 꾸룽내가 난다. =똥은 집적일수록 구린내가 난다.

찝찌부리하다[____-_] 형 찜찜하다. 어떤 일이 마음에 걸려 개운하지 않다. ¶자석이 한 말이 암만캐도 찝찌부리하다. =자식이 한 말이 아무래도 찜찜하다. ☞끼꾸룸하다.

찝히다[찌피다 _-_] 동 집히다. 집게 따위의 도구에 의해 끼워져 들리다. ¶【관용구】찍게에 찝히다. =집게에 집히다.

찡가다[_-_] 동 끼우다. '끼다'의 사동사. ☞끼아다. 낑가다. 찌아다.

찡가주다[_-__] 동 끼워주다. ☞끼아주다. 낑가주다. 찌아주다.

찡기다[_-_] 동 끼이다. '끼다'의 피동사. ☞낑기다.

찡기들다[_--_] 동 끼어들다. ☞끼들다. 낑기들다.

찡짜부리다[-____] 동 훼방하다(毁謗--). ☞깨방낳다. 끼살지이다. 해작낳다.

-차[-] 접 -추-. ((일부 용언의 어간에 붙어)) 사동의 뜻을 더하는 접사. ¶곧차다(곧추다). ¶낮차다(낮추다). ¶늦차다(늦추다). ¶맞차다(맞추다).

차개차개[___-] 부 차곡차곡. ☞동개동개. 차국차국.

차겁다[차겁따 --_] 형 차갑다. ①표정이나 태도가 정다운 맛이 없고 쌀쌀하다. ¶어럽운 부택이로 차겁기 뿌리칬다. =어려운 부탁을 차갑게 뿌리쳤다. ②살에 닿는 느낌이 매우 서늘하다. ¶【속담】오니얼 바램도 불마 차겁다. =오뉴월 바람도 불면 차갑다. ☞차굽다.

차국차국[___-] 부 차곡차곡. ☞동개동개. 차개차개.

차굽다[차굽따 --_] 형 차갑다. ☞차굽다.

차돌미이[차돌미~이 __-_] 명 차돌멩이. ①작은 차돌. ②야무진 사람을 비유적으로 이르는 말. ¶【관용구】차돌미이 겉다. =차돌멩이 같다. ☞차돌삐이.

차돌삐이[차돌삐~이 __-_] 명 차돌멩이. ☞차돌미이.

차띠기[_-_] 명 차떼기. 화물차 한 대 분량의 상품을 한꺼번에 사들이는 일. 또는 그렇게 하기 위한 흥정. ¶뱁차로 차띠기로 팔았어예. =배추를 차떼기로 팔았어요.

차래리[--_] 부 차라리. 그럴 바에는 오히려. ¶【속담】넘이 날로 배반할라 카마 차래리 내가 먼첨 넘을 배반한다. =남이 나를 배반하려 하면 차라리 내가 먼저 남을 배반한다. ☞엘로.

차럼둘매기[___-_] 명 차렵두루마기. 솜을 얇게 두어 지은 두루마기.

차럼이불[__-_] 명 차렵이불. 솜을 얇게 두어 만든 이불.

차럼저구리[___-_] 명 차렵저고리. 솜을 얇게 두어 지은 저고리.

차럼주우[차럼주~우 ___-] 명 차렵중의(--中衣). 솜을 얇게 두어 지은 바지.

차롬하다[__-_] 형 골막하다. 그릇에 가득하지 않고 조금 모자라게 담기다. ¶바가치에다 물을 차롬하기 떠온나. =바가지에다 물을 골막하게 떠오너라.

차리[1][--] 명 차례(次例). ①순서 있게 구분하여 벌여 나가는 관계. 또는 그 구분에 따라 각각에게 돌아오는 기회. ¶【속담】상두꾼에도 순버이 있고 초라니탈에도 차리가 있다. =상두꾼에도 순번이 있고 초라니탈에도 차례가 있다. ②((수 관형사 다음에 의존적 용법으로 쓰여)) 특정한 일이 일어난 횟수를 나타내는 말. ¶쏘내기가 두어 차리 지내가고 나이 쫌 써얺다. =소나기가 두어 차례 지나가고 나니 좀 시원하다.

차리[2][--] 명 차례(茶禮). ¶【관용구】차리로 미시다. =차례를 모시다.

차리상[차리쌍 --_] 명 차례상(茶禮床). ¶【관용구】차리상을 채리다. =차례상을 차리다.

차리차리[-_-_] 부 차례차례(次例次例). ¶먼첨 온 사램들부텀 차리차리 갈라조라. =먼저 온 사람들부터 차례차례 나눠줘라.

차물미[_-_] 명 차멀미(車--).

차조비[_-_] 명 ((식물))차조. ☞찰서숙. 찰점시리.

차춤차춤[___-] 부 차츰차츰. ¶아푼 데는 차춤차춤 낫을 낌미더. =아픈 데는 차츰차츰 나을 겁니다. ☞채춤채춤.

착싫다[착실타 --_] 형 착실하다. ①언행이 차분하고 성실하다. ¶우리 아재는 억쑤로 착싫다. =우리 삼촌은 엄청 착실하다. ②무엇이 어떤 정도가 되기에 모자람이 없이 넉넉하다. ¶샛질로 왔어도 삼십 리는 착싫기 델 끼다. =샛길로 왔어도 삼십 리는 착실하게 될 것이다. *착싫고[착실코 --_], 착싫지[착실치 --_], 착실어서[착시러서 --__], 착실었다[착시런따 --__].

찬나락[_-_] 명 ((식물))찰벼. ¶【속담】찬나락 숭군 논에 멧나락 나까이. =찰벼 심은 논에 메벼 나랴.

찬말[1][--] 명 참말. 사실과 조금도 틀림없는 말. ¶전쟁이 날 끼라 카더마는 찬말가? =전쟁이 날 거라 하더니만 참말이니?

찬말[2][--] 명 정말(正-). 거짓이 없이 진실함. 또는 그런 말. *'찬말'은 '사실과 조금도 틀림없는 말'이라는 뜻도 있지만 창녕방언에서는 '정말' 대신 '찬말' 또는 '참말'을 즐겨 쓴다. ¶이거는 사램인데 찬말로 이합미더. =이것은 사람에게 정말로 이롭습니다. ¶니가 미국 간다카더마는, 찬말가? =네가 미국 간다하더니만, 정말이니? ☞참말.

찬말로[1][--_] 부 정말로(正--). ①그대로 틀림없이. ¶우리가 찬말로 이깄어예. =우리가 정말로 이겼어요. ②말 그대로 매우. ¶저 집 딸래미는 찬말로 이뿝미더. =저 집 딸내미는 정말로 예쁩니다. ☞참말로.

찬말로[2][--_] 감 정말로(正--). ①어떤 일을 심각하게 여길 때 하는 말. ¶클났네, 찬말로! =큰일났네, 정말로! ②어떤 일에 대해 다짐할 때 하는 말. ¶이분 약속은 꼭 지키야 데. 찬말로! =이번 약속은 꼭 지켜야 돼. 정말로! ☞참말로.

찬새미[---] 명 냉천(冷泉). 차가운 물이 나오는 샘. ☞참새미.

찬압[차납 _-] 명 찬합(饌盒).

찬이실[--_] 명 찬이슬. 차가운 이슬. ¶【속담】찬이실 맞고 댕긴다. =찬이슬 맞고 다닌다.

찬차이[찬차~이 _-_] 부 찬찬히. ①성질이나 태도가 꼼꼼하고 차분하게. ¶오데서부텀 잘몬 뎄능강 찬차이 뜯어바라.

=어디서부터 잘못 됐는지 찬찬히 뜯어봐라. ②동작이 들뜨지 않아 가만가만하고 차분하게. ¶질이 미꺼럽운머리 찬차이 댕기라. =길이 미끄러우니까 찬찬히 다녀라.

찰거무리[-__-] 명 ((동물))찰거머리. ①몸이 작고 빨판이 발달되어 잘 들러붙고 떨어지지 않는 거머리. ②끈질기게 달라붙어서 남을 괴롭히는 사람을 비유적으로 이르는 말. ¶【속담】찰거무리인데 대덩걸렸다. =찰거머리한테 걸려들었다.

찰떡[--] 명 인절미. *창녕방언 '찰떡'은 모나게 썰어 고물을 묻힌 떡을 일컫는다. ¶【속담】찰떡에 집청 찍은 맛. =인절미에 조청 찍은 맛.

찰랑개비[__-_] 명 팔랑개비. ①종이를 여러 갈래로 자르고 끝을 구부려 바람에 빙빙 돌게 만든 놀이 기구. ¶아아들이 찰랑개비로 들고 띠이댕긴다. =아이들이 팔랑개비를 들고 뛰어다닌다. ②한 곳에 지그시 머물지 못하고 방정맞게 돌아다니는 사람을 비유적으로 이르는 말. ¶【관용구】싸돌아댕기는 찰랑개비. =싸돌아다니는 팔랑개비. ☞팔랑개미.

찰박하다[찰바카다 __-_] 형 ≒흥건하다. 음식에 물기가 충분하다. *창녕방언 '찰박하다'는 표준어 '찰박하다'가 '얕은 물이나 진창이 거칠게 밟히는 소리가 나다'라는 뜻으로 쓰는 것과는 달리 사용된다. ¶무시짐치는 찰박하기 담아야 덴다. =무김치는 흥건하게 담가야 된다. ☞항강하다. 헝겅하다.

찰뻐끼미[--__] 명 찰부꾸미. 찹쌀가루로 만든 부꾸미.

찰서숙[-_-] 명 ((식물))차조. ☞차조비. 찰점시리.

찰쑤씨[-_-] 명 ((식물))찰수수.

찰점시리[__-_] 명 ((식물))차조. ☞차조비. 찰서숙.

찰조밥[--_] 명 차조밥. ①차좁쌀로 지은 밥. ②차조와 쌀을 섞어서 지은 밥.

찰좁쌀[--_] 명 차좁쌀. 차조의 열매를 찧어서 깨끗하게 한 쌀.

찰지다[--_] 형 차지다. ①퍽퍽하지 않고 끈기가 많다. ¶우리 할매는 찰진 밥을 좋다캅미더. =우리 할머니는 차진 밥을 좋아합니다. ②성질이 야무지고 까다로우며 빈틈이 없다. ¶너거 할배는 냅고 찰진 사램이었디라. =너희 할아버지는 맵고 차진 사람이었더니라.

찰흙[-_] 명 찰흙. ☞찐덕.

참까재[--_] 명 ((동물))물방개. ☞방까재. 빵까재.

참깨구리[__-_] 명 ((동물))참개구리.

참너꾸때[-_-_] 명 ((식물))이삭여뀌.

참도꾸마리[-__-_] 명 ((식물))무릇.

참때기[_-_] 명 딱지(-紙). 두꺼운 종이쪽에 그림을 그리거나 글을 쓴 것. 인쇄술이 발달함에 따라 1960년대 이후는 공장에서 인쇄한 것이 대세를 이루었다. 종이를 손으로 접어서 만든 '개때기'는 치면서 노는 놀이이고, '참때기'는 손 안에 때기를 넣어 '짓기'로 하는 놀이이다. '참때기'는 가게에서나 엿장

ㅊ

수가 팔기도 했다. 이를 통칭하여 '때기'라 칭하지만 '참때기'와 상대되는 것을 '개때기'라 지칭한다. ☞개때기. 때기.

참말[--] 명 정말(正-). 거짓이 없이 진실함. 또는 그런 말. ☞찬말.

참말로[1][--_] 부 정말로(正--). ☞찬말로.

참말로[2][--_] 감 정말로(正--). ☞찬말로.

참새미[--_] 명 냉천(冷泉). ☞찬새미.

참솔나무[--_ _] 명 ((식물))곰솔.

참시[1][_-] 부 잠깐. ☞빼떡.

참시[2][_-] 부 잠시. 짧은 시간에. ¶참시마 바랬고 있거래이. =잠시만 기다리고 있어라.

참연[--] 명 방패연(防牌鳶). 구멍이 없고 네모반듯한 연. *창녕지역에서 '참연'은 '가오리연'에 대응되는 말로 쓴다. ☞방피연.

참우로[차무로 --_] 부 참으로. 거짓이 없는 참된 말로. ¶참우로 오랜만에 누이 니렀다. =참으로 오랜만에 눈이 내렸다.

참울성[차물썽 --_] 명 참을성(--性). 꾹 참고 견디는 성질. ¶【관용구】참울성이 있다. =참을성이 있다. ¶【관용구】참울성이 없다. =참을성이 없다.

참이[차미 -_] 명 ((식물))참외. ☞위. 이.

참조구[_-_] 명 ((동물))참조기.

참지룸[_-_] 명 참기름.

참촉새[--_] 명 ((식물))피. ☞피쌀.

찹다[1][찹따 -_] 형 차다. 몸에 느껴지는 온도가 보통에 미치지 못하는 상태에 있다. ¶물이 너무 찹아서 시수로 몬할다. =물이 너무 차가워서 세수를 못하겠다. *찹고[찹꼬 -_], 찹지[찹찌 -_], 찹아서[차바서 --_], 찹았다[차받따 --_].

찹다[2][찹따 -_] 형 춥다. 기온이 낮아 몸에 느끼는 기운이 차다. ¶오올 겉이 찹운 날씨에도 배껕일로 하나? =오늘 같이 추운 날씨에도 바깥일을 하니? ☞칩다.

찹다[3][찹따 -_] 형 쌀쌀맞다. 인정이 없이 매정하거나 쌀쌀하다. ¶사램이 저래 찹아서 우짜노. =사람이 저렇게 쌀쌀맞아서 어쩌나. ☞쌀쌀밪다. 입정없다.

찹운물[차분물 --_] 명 찬물. 차가운 물. ¶【속담】찹운물에 지룸 돌딧기. =찬물에 기름 돌듯. ¶【속담】찹운물 묵고 냉돌바아서 땀 낸다. =찬물 먹고 냉돌방에서 땀 낸다.

창깨[--] 명 ((식물))참깨. ¶【속담】창깨가 기니이 짧우이 한다. =참깨가 기느니 짧으니 한다. ¶【속담】창깨 들깨 노는데 아주까린들 몬 놀까이. =참깨 들깨 노는데 아주까리인들 못 놀까.

창꼬[-_] 명 창고(倉庫). ¶비로는 창꼬 안에다가 차국차국 재아낳아라. =비료는 창고 안에다 차곡차곡 쟁여놓아라.

창사[--] 명 창자(腸子). ¶【속담】창사 빠진 넘. =창자 빠진 놈. ¶【속담】지집 둘 가진 넘 창사는 호래이도 안 묵는다. =계집 둘 가진 놈 창자는 호랑이도 안 먹는다. ☞창시. 피창.

창시[--] 명 창자(腸子). ☞창사. 피창.

창오지[_-_] 명 창호지(窓戶紙).

창창[_-] 부 친친. 긴 천이나 끈으로 여러 번 돌려 꽁꽁 감기거나 동여매인 모양을 나타내는 말. ¶칼에 비인 손가락을 헝겊으로 창창 감았다. =칼에 베인 손가락을 헝겊으로 친친 감았다.

찾기다[차끼다 _-_] 동 찾아지다. 숨어 있던 사람이나 사물이 눈에 띄다. ¶부엥이는 찾아볼라 캐도 잘 안 찾깁미더. =부엉이는 찾아보려 해도 잘 안 찾아집니다. ☞챚기다.

찾아댕기다[차자댕기다 __-__] 동 찾아다니다. ☞더털어댕기다.

-채[-] 접 -째. ①((일부 명사 뒤에 붙어)) '그대로', 또는 '전부'의 뜻을 더하는 접미사. ¶나새이는 뿌리이채 묵는 기이 몸에 이하다. =냉이는 뿌리째 먹는 게 몸에 이롭다. ②((수량, 기간을 나타내는 명사 또는 명사구 뒤와 수사 뒤에 붙어)) '차례'의 뜻을 더하는 접미사. ¶저가부지는 버씨로 사알채 눕어 있습미더. =애아버지는 벌써 사흘째 누워있습니다.

채고[_-] 명 최고(最高). ¶【속담】디질빙에는 급살빙(急煞炳)이 채고다. =죽을 병에는 급살병이 최고다. ☞만구때이. 치고.

채꼬바알[__-_] 명 옷핀[-pin]. ☞삔. 옷삔.

채당새이[채당새~이 __-_] 명 고리. 큰 반짇고리처럼 생긴, 뚜껑이 있는 소쿠리. '채'는 껍질을 벗긴 싸릿개비나 가는 나무오리를 가리키는데, 바구니, 광주리 따위를 만드는 데 쓴다. 창녕방언에서는 '채'가 접두사처럼 쓰인다. ☞당새기. 당새이. 당시기.

채리다[1][-__] 동 차리다. ①음식 따위를 장만하여 먹을 수 있게 상 위에 벌이다. ¶【속담】채리 낳안 밥상 받딧기 한다. =차려 놓은 밥상 받듯 한다. ②기운이나 정신 따위를 가다듬어 되찾다. ¶【속담】범인데 물리가도 정신마 채리마 산다. =범한테 물려가도 정신만 차리면 산다. ③마땅히 해야 할 도리, 체모 따위를 갖추다. ¶【속담】묵고 살만해야 애절로 채린다. =먹고 살만해야 예절을 차린다. ④살림, 가게 따위를 벌이다. ¶【관용구】살림을 채리다. =살림을 차리다. ☞치리다.

채리다[2][-__] 동 채다. 분위기나 상황 따위를 재빨리 헤아리다. ¶【관용구】눈치로 채리다. =눈치를 채다.

채리입다[채리입따 -___] 동 차려입다. 잘 갖추어 입다. ¶옷을 미꿈하기 채리입었다. =옷을 매끈하게 차려입었다.

채림[_-] 명 차림. ¶말 겉은 처이가 고런 방정밪은 채림우로 오델 나댕기노? =말 같은 처녀가 고런 방정맞은 차림으로 어딜 나다니느냐?

채림씨[_-_] 명 차림새. 차린 그 모양. ¶저 냥반은 채림씨로 바서 모모한 사램이다. =저 양반은 차림새로 봐서 유명한 사람이다.

채소꾸리[__-_] 명 대소쿠리. 대로 결어 만든 소쿠리. ☞대소꾸리.

채송아[__-] 명 ((식물))채송화(菜松花).

채수[_-] 명 ((식물))채소(菜蔬).

채시리다[_-__] 동 추스르다. ①몸을 가누어 움직이다. ¶【관용구】몸울 채시리다. =몸을 추스르다. ②물건 따위를 추

ㅊ

어올려 잘 다루다. ¶누부야가 업운 알라로 채시리고 배껕으로 노욌다. =누나가 업은 아기를 추스르고 바깥으로 나왔다. ③산만한 정신이나 마음 따위를 바로잡아 안정시키다. ¶【관용구】정신을 채시리다. =정신을 추스르다. ④일을 수습하여 처리하다. ¶우리들네는 궂인일 채실라 주는 사램이 많애예. =우리는 궂은일 추슬러 주는 사람이 많아요. ☞추시리다. 추아다. 치시리다.

채아다[1][-__] 동 채우다. ①자물쇠 따위로 잠가서 문이나 서랍 따위를 열지 못하게 하다. ¶【관용구】자물씨로 채아다. =자물쇠를 채우다. ②단추 따위를 구멍 같은 데에 넣어 걸다. ¶단추 쫌 단디 채아라. =단추를 좀 단단히 채워라. ③돌리거나 틀어서 움직이거나 작동하지 않게 하다. ¶안 풀리구로 나사로 깍 채았다. =안 풀리게 나사를 꽉 채웠다. ④일정한 공간에 사람, 사물, 냄새 따위가 더 들어갈 수 없이 가득하게 하다. ¶물더무에 물로 채아낳았다. =물두멍에 물을 채워놓았다. ⑤정한 수량, 나이, 기간 따위가 다 되다. ¶군대 삼년을 모도 채았다 =군대 삼년을 모두 채웠다. ⑥만족하게 하다. ¶【속담】바다는 미까도 사람 퉁때는 몬 채안다. =바다는 메워도 사람 욕심은 못 채운다. ⑦물건을 몸의 한 부분에 달아매거나 끼워서 지니다. ¶알라인데 기주기 채아라. =아기에게 기저귀 채워라. ⑧수갑이나 차꼬 따위를 팔목이나 발목에 끼우다. ¶깅찰이 도둑넘 손묵에 수갑을 채았다. =경찰이 도둑놈 손목에 수갑을 채웠다. ☞치아다.

채아다[2][-__] 동 꾸다. 남에게 다음에 주기로 하고 돈이나 물건 따위를 빌리다. ¶【속담】칠얼 장매는 채아서래도 한다. =칠월 장마는 꾸어서라도 한다. ¶【속담】소한(小寒) 춥우는 채아서래도 한다. =소한 추위는 꾸어서라도 한다. ☞채애다.

채아주다[-___] 동 꿔어주다. 어떤 사람이 다른 사람에게 돈이나 물건을 다음에 받기로 하고 빌려주다. ¶하도 급하다꼬 캐서 돈을 채아좄다. =하도 급하다고 해서 돈을 꿔어주었다. ☞채애주다.

채애다[-__] 동 꾸다. ☞채아다.

채애주다[-___] 동 꿔어주다. ☞채아주다.

채이다[_-_] 동 차이다. '차다'의 피동사. ①일정한 공간에 사람, 사물, 냄새 따위가 더 들어갈 수 없이 가득하게 되다. ¶바아 누구가 채이서 꿉꿉하다. =방에 누기가 차여서 눅눅하다. ②어떤 높이나 한도에 이르는 상태가 되다. ¶누이 가래이꺼정 채있다. =눈이 가랑이까지 차였다. ③발로 내어 지름을 당하다. ¶【속담】붕알 채인 중넘 다알나듯기 한다. =불알 차인 중놈 달아나듯 한다. ④무엇이 발에 부딪히다. ¶【속담】쏙캐에 채이도 발꾸락이 뿌싸진다. =솜에 차여도 발가락이 부서진다. ⑤이성에게 일방적으로 거절당하고 관계가 정리되다. ¶【관용구】여자인데 채이다. =여자한테 차이다.

채쭉[_-] 명 채찍. 가느다란 막대기의 끝

에 가죽이나 노끈 따위를 매어, 가축을 때려서 모는 데 쓰는 물건.

채쭉질하다[_-___] 동 채찍질하다. ¶【속담】초헌에 채쭉질한다. =초헌에 채찍질한다. ¶【속담】달라빼는 말에 채쭉질한다. =달리는 말에 채찍질한다.

채채[--] 부 차차(次次). 어떤 사물의 상태가 시간의 흐름에 따라 일정한 방향으로 조금씩 진행하는 모양. ¶들눕우 있던 할배가 채채 좋아지서 인자 일났습미더예. =드러누워 있던 할아버지가 차차 좋아져서 이제 일어났습니다.

채채로[--_] 부 차차로(次次-). '차차(次次)'를 강조하여 이르는 말. ¶우리 창녕 토백이말이 채채로 없어지고 있다. =우리 창녕 토박이말이 차차로 없어지고 있다.

채춤[-_] 부 차츰. ①어떤 상태나 정도가 시간이 흐름에 따라 한 방향으로 조금씩 진행되는 모양을 나타내는 말. ¶석노가 익어민서 채춤 뿕우졌다. =석류가 익으면서 차츰 붉어졌다. ②서두르지 않고 천천히 조금씩. ¶언자는 일거리로 채춤 줄알 생각이다. =이제는 일거리를 차츰 줄일 생각이다.

채춤채춤[___-] 부 차츰차츰. ¶다앵이 날이 채춤채춤 좋아집미더. =다행히 날씨가 차츰차츰 좋아집니다. ☞차춤차춤.

책꺼푸리[__-_] 명 표지(表紙). ☞꺼푸리. 꺼풀. 책꺼풀.

책꺼풀[_-_] 명 표지(表紙). ☞꺼푸리. 꺼풀. 책꺼푸리.

책벌개이[책뻘개~이 __-_] 명 책벌레(冊--). 책을 아주 많이 보거나 공부에 열중하는 사람을 비유적으로 이르는 말. ¶글마는 책벌개이래서 책마 본다. =그 놈은 책벌레라서 책만 본다.

책보따리[책뽀따리 _-_-] 명 책보(冊褓). 책을 싸 가지고 다닐 수 있게 만든 네모진 작은 천. ¶이전에는 책보따리 싸가아 학조 댕깄다. =예전에는 책보 싸가지고 학교 다녔다.

책엄[채검 --] 명 책임(責任). 맡아서 행해야 할 의무나 임무. ¶【관용구】책엄이 무굽다. =책임이 무겁다. ¶【속담】나아 오십이마 지 얼굴 책엄을 지야 덴다. =나이 오십이면 제 얼굴 책임을 져야 된다.

책점[책쩜 --] 명 토정비결(土亭秘訣). ¶【관용구】책점을 치다. =토정비결을 보다.

챔[_] 명 참. 무엇을 할 생각이나 예정을 나타내는 말. ¶장보로 가는 챔에 그 점빵에 딜리라. =장보러 가는 참에 그 가게에 들러라.

챔빗[-_] 명 참빗. 빗살이 아주 가늘고 촘촘한 빗. ¶【속담】챔빗으로 훑딧기 한다. =참빗으로 훑듯 한다.

챗독[채똑 _-] 명 쌀독. ¶【속담】챗독에 거무줄 쳤다. =쌀독에 거미줄 쳤다.

챙피시럽다[__-__] 형 창피스럽다(猖披---). ☞쭈굴시럽다.

챙피하다[__-_] 형 창피하다(猖披--).

챗기다[채끼다 _-_] 동 찾아지다. ☞찾기다.

처내다[_-_] 동 감당하다(堪當--). ¶이 심든 일로 내 하분채 다 처냈다. =이 힘든 일을 나 혼자 다 감당해냈다. ☞치

ㅊ

내다.

처매[1][-_] 명 처마. 지붕이 도리 밖으로 내민 부분. ☞모시. 시껄. 지붕지슬. 지붕지실.

처매[2][_-] 명 치마. 여자의 아랫도리 겉옷. ¶【속담】처매 밑에서 키안 자석. =치마 밑에서 키운 자식. ¶【속담】열 두 폭 처매로 둘롰나. =열 두 폭 치마를 둘렀나. ☞치매.

처매폭[_-] 명 치마폭. ¶【관용구】처매폭에 오다다. =치마폭에 감싸다. ☞치매폭.

처맷자락[처매짜락 _ _-_] 명 치맛자락. ¶【속담】쫍운 입우로 한 말로 넓운 처맷자락우로 몬 막는다. =좁은 입으로 한 말을 넓은 치맛자락으로 못 막는다.

처묵다[처묵따 _-_] 동 처먹다. ①'먹다'를 속되게 이르는 말. ¶【속담】잡사요 카마 안 묵다가 처무우라 카마 묵눈다. =잡수세요 하면 안 먹다가 처먹어라 하면 먹는다. ②음식을 욕심 사납게 마구 먹다. ¶【속담】굶우 죽운 기신뽀담아 처묵고 배 터지 죽운 기시이 더 이뿌다. =굶어 죽은 귀신보다는 처먹고 배 터져 죽은 귀신이 더 예쁘다.

처미이다[_-_ _] 동 처먹이다. '먹이다'를 속되게 이르는 말.

처백히다[처배키다 _ _-_] 동 처박히다. ①((주로 '처백히 있다'의 꼴로 쓰여)) 한 곳에 오랫동안 머물러 있다. ¶내는 하리 쟁일 집에마 처백히 있다. =나는 하루 종일 집에만 처박혀 있다. ②무엇이 어떤 곳에 함부로 놓여 있거나 쑤셔 넣어지다. ¶책가방이 오데 처백힜능가 당채 알 수가 없다. =책가방이 어디에 처박혔는지 당최 알 수가 없다. ③어떤 물건이나 신체의 일부가 다른 물건에 세게 부딪히다. ¶애넘 비양구가 산만대이에 처백힜다. =왜놈 비행기가 산꼭대기에 처박혔다. ☞꽁치이다. 때리백히다. 쌔리백히다.

처수[처쑤 _-] 명 처남댁(妻男宅). 처남의 아내. *주로 지칭어로 쓴다. ☞처수씨.

처수씨[처쑤씨 _-_] 명 처남댁(妻男宅). *주로 호칭어로 쓴다. ☞처수.

처씨부리다[_ _-_ _] 동 씨부렁거리다. ☞씨부리다.

처엄[--] 명 처음. ¶【관용구】대가리에 털 나고 처엄 본다. =머리에 털 나고 처음 본다. ¶【속담】무당질 십 년에 목또기라 카는 기신은 처엄 밨다. =무당질 십 년에 목또기라 하는 귀신은 처음 보았다. ☞처움. 첫머이.

처옇다[처여타 _-_] 동 처넣다. 무엇을 일정한 공간에 마구 집어넣다. ¶【속담】버부리 입에 깻묵장 처옇덧기. =벙어리 입에 깻묵장 처넣듯이.

처움[--] 명 처음. ☞처엄. 첫머이.

처이[처~이 _-] 명 처녀(處女). ¶【속담】처이가 아아로 놓아도 지 할 말은 있다. =처녀가 애를 낳아도 제 할 말은 있다. ¶【속담】처이가 늙어 가마 맷돌짜기 지고 산에 오룬다. =처녀가 늙어 가면 맷돌짝 지고 산에 오른다.

처이기신[처~이기씬 _--_] 명 처녀귀신(處女鬼神). ¶【속담】처이기신 시집가는 소리하고 자빠졌다. =처녀귀신 시집가는 소리하고 자빠졌다.

처이장개[처~이장개 _--_] 명 처녀장가(處女丈家). 재혼하는 남자가 처녀를 아내로 맞은 장가.

처자다[1][_-_] 동 늘어뜨리다. ①위에서 아래로 축 늘어지게 하다. ¶빨랫줄을 밑어로 처잤다. =빨랫줄을 밑으로 늘어뜨렸다. ②밑으로 가라앉게 하다. ¶어깨를 와 처자고 댕기노? =어깨를 왜 늘어뜨리고 다니니? ☞늘어띠리다. 디라다.

처자다[2][_-_] 동 떨어뜨리다. 뒤에 처지게 하다. ¶같이 오등가 안 하고, 니 동상을 와 처자 낳고 하분차 오노? =같이 오든지 않고, 네 동생을 왜 떨어뜨려 놓고 혼자 오니?

처자다[3][_-_] 동 제치다. 우열 또는 선후를 가리는 상황에서 앞지르다. ¶우리 아아는 도부띠기마 하마 저거 동무들을 말키 디로 처잡미더. =우리 애는 달리기만 하면 제 동무들을 모두 뒤로 제칩니다.

처재[_-] 명 처자(處子). 아직 결혼하지 않은 성숙한 여자. *창녕방언 '처자(處子)'를 뜻하는 '처재'의 성조는 [_-]이고, 아내의 여동생을 뜻하는 '처제'(妻弟)'는 성조가 [-_]이다. ¶【속담】다무네기 값 내리마 이 동네 처재 울겄다. =양파 값 내리면 이 동네 처자 울겠다.

처지이다[_-__] 동 부리다. 버릇없는 행동을 심하게 하다. ¶절마는 맥찌로 난리로 처지인다. =저놈은 괜히 난리를 부린다. ☞지기다. 지이다.

처직이다[처지기다 _-__] 동 쳐죽이다. 어떤 사람이나 짐승을 치거나 때려서 죽이다. ¶【속담】문디이 처직이고 살인 당는다. =문둥이 쳐죽이고 살인 당한다.

처채[1][--] 수 첫째. 순서가 가장 먼저인 차례. ¶처채는 부모캉 히이 말부텀 잘 들어라. =첫째는 부모와 형 말부터 잘 들어라. ☞첫채.

처채[2][--] 명 첫째. ①((주로 '첫째로' 꼴로 쓰여)) 무엇보다도 앞서는 것. ¶신은 처채로 발이 핀해야 덴다. =신발은 첫째로 발이 편해야 된다. ②맏이. ¶처채가 장개가서 버씨로 손지 솔여 서이로 밨다. =첫째가 장가가서 벌써 손자 손녀 셋을 보았다. ☞첫채.

척하마[_-_] 부 척하면. 한마디만 하면. 또는 약간의 암시만 주면. ¶【속담】척하마 삼척. =척하면 삼척.

천걱시럽다[_--__] 형 천박스럽다(淺薄--). ¶천걱시럽구로 넘우 꺼로 말라꼬 넘보노? =천박스럽게 남의 것을 뭐하려고 넘보니?

천걱시리[_--_] 부 천박하게(淺薄--). ¶와 천걱시리 그카노? =왜 천박하게 그러니?

천날만날[-___] 명 만날. *천(千)날+만(萬)날. ①어떤 경우든 한결같이. ¶앞집 아재는 천날만날 윗어민서 댕긴다. =앞집 아저씨는 만날 웃으면서 다닌다. ②때를 가리지 않을 만큼 매우 자주. ¶니는 우째 천날만날 여어서 노노? =너는 어찌 만날 여기서 노니?

천덕구디기[_-_-_] 명 천덕구니. 업신여

ㅊ

김과 푸대접을 받는 사람. 또는 그런 물건. ¶이거로 비싼 돈 주고 샀디이 인자는 천덕구디기가 데뿄다. =이걸 비싼 돈 주고 샀더니 이제는 천덕구니가 돼버렸다.

천덕꾸리기[_-_-_] 명 천덕꾸러기. 업신여김과 푸대접을 받는 사람이나 물건. ☞구천떡이. 눈치꾸리기.

천동[_-] 명 천둥. 뇌성(雷聲)과 번개를 동반하는 대기 중의 방전 현상. ¶【속담】천동인지 지동인지 모르겄다. =천둥인지 지둥인지 모르겠다. ¶【속담】천동에 떠는 잠치이 겉다. =천둥에 떠는 잠꾸러기 같다. ¶【속담】천동 우는 날 놓은 아들가. =천둥 우는 날 낳은 아들인가.

천동비락[__--] 명 천둥벼락. 천둥소리와 벼락을 아울러 이르는 말. ¶【속담】청천하알에 천동비락이 친다. =청천하늘에 천둥벼락이 친다.

천동소리[천동쏘리 __-_] 명 천둥소리. ¶【속담】모구도 모이마 천동소리가 난다. =모기도 모이면 천둥소리가 난다.

천디기[_-_] 명 천더기. 업신여김과 푸대접을 받는 사람. ¶가는 이릴 쩍에 천디기로 컸다. =걔는 어릴 적에 천더기로 컸다.

천만날[-__] 부 언제나. 어떤 경우든 한결같이. *천(千)+만(萬)+날. ☞묵고새고. 온천날. 운제나.

천불나다[-___] 동 화나다(火--). ¶【속담】천불난 짐에 서방질한다. =화난 김에 서방질한다. ☞북기다. 애불나다. 토시다. 투시다.

천상[_-] 부 천생(天生). ①이미 정하여진 것처럼 어쩔 수 없이. ¶아무도 안 갈라카마 천상 내가 가야 델다. =아무도 안 가려하면 천생 내가 가야 되겠다. ②하늘로부터 타고남. 또는 그런 바탕. ¶저 사램은 천상 여자라카이. =저 사람은 천생 여자라니까. ☞청상.

천상요절하다[_--_-_] 동 빼쏘다. ☞덮우씨다. 둘루씨다. 빼꽂다. 빼다박다. 탁하다.

천아태피이[천아태피~이 -_--_] 명 천하태평이(天下泰平-). 근심 걱정이 없거나 성질이 느긋한 사람. 또는 동작이 느려 답답한 사람. ¶다들 바뿌다꼬 이난린데, 절마는 천아태피이다. =다들 바쁘다고 난린데 저놈은 천하태평이다.

천없다[천엄따 -__] 형 세상없다(世上--). 세상에 다시없거나 비할 데 없다. ¶이래 착해빠진 냥반은 천없을 끼다. =이리 착해빠진 양반은 세상없을 게다.

천없어도[천엄서도 -___] 부 세상없어도(世上---). ①어떠한 일이 생기더라도 반드시. ¶거거는 천없어도 가아오고 말 끼다. =그건 세상없어도 가져오고 말 것이다. ②어떤 일이 있어도 절대로. ¶이 집은 천없어도 몬 판다. =이 집은 세상없어도 못 판다.

천연하다[_-_] 형 의젓하다. 그 태도가 점잖고 무게가 있다. ¶【속담】미친개가 천연한 치한다. =미친개가 의젓한 체한다. ☞천옍다.

천옃다[천연타 _-_] 형 의젓하다. ¶【속담】천옃기는 씨애비 빰쌔릴다. =의젓하기는 시아비 빰때리겠다. ☞천연하다.

천지개백[-_-_] 명 천지개벽(天地開闢). ¶【속담】빌우묵던 넘이 천지개백을 해도 넘우 집 울따리 밑을 얏본다. =빌어먹던 놈이 천지개벽을 해도 남의 집 울타리 밑을 엿본다. ☞천지개빅.

천지개빅[-_-_] 명 천지개벽(天地開闢). ☞천지개백.

천지만지[-__-] 명 천지(天地). 대단히 많음을 비유적으로 이르는 말. ¶소벌에는 새가 천지만지로 바굴바굴한다. =우포늪에는 새가 천지로 바글바글한다. ☞천지삐까리.

천지삐까리[-__-_] 명 천지(天地). 대단히 많음을 비유적으로 이르는 말. *천지+볏가리. ☞천지만지.

천지삐까리다[1][-__-__] 형 천지다(天地-). 대단히 많다.

천지삐까리다[2][-__-__] 형 흔하다. ☞쌔비리다. 천하다. 흖다.

천처이[천처~이 _-_] 부 천천히. ☞지이. 지인지. 진지이.

천칭만칭[_-__] 명 천층만층(千層萬層). ①매우 많은 사물의 구별되는 층. 또는 그런 모양. ¶사램은 천칭만칭이라 빌아빌 사램이 다 있다. =사람은 천층만층이라 별의별 사람이 다 있다. ②수없이 많이 포개어진 켜. ¶하앙산에는 바우가 천칭만칭 쌓이있더라. =화왕산에는 바위가 천층만층 쌓여있더라.

천하다[_-_] 형 흔하다. 보통보다 더 자주 있거나 일어나서 쉽게 접할 수 있다. ¶【관용구】천해 빠지다. =흔해 빠지다. ¶【속담】내가 중이 데이 기기도 천하다. =내가 중이 되니 고기도 흔하다. ☞쌔비리다. 천지삐까리다. 흖다.

철기[_-] 명 ((동물))잠자리. ¶【관용구】철기 날개 겉다. =잠자리 날개 같다.

철까시[--_] 명 철조망(鐵條網). ☞말밤씨.

철따구[_-_] 명 철따구니. '철'을 속되게 이르는 말. ¶【관용구】철따구 없다. =철따구니 없다.

철딱서이[철딱서~이 __-_] 명 철딱서니. '철'을 속되게 이르는 말. ¶【관용구】철딱서이 없다. =철딱서니 없다.

철북하다[철부카다 __-_] 동 철벅하다. 크고 거칠게 밟히는 소리가 나다. ¶비가 마이 오서 질이 철북하네. =비가 많이 와서 길이 철벅하네.

철숭아[--_] 명 ((식물))선인장(仙人掌).

철씨[--] 명 석쇠. ☞모태. 몰태. 적씨.

철판때기[__-_] 명 철판(鐵板). ¶【속담】배애지에 철판때기 붙잇나. =배에 철판 붙였나.

철퍼덩하다[___-_] 동 철퍼덕하다. ①옅은 물이나 진창이 매우 크고 거칠게 밟히는 소리가 자꾸 나다. ¶【속담】모구자리 아이마 철퍼덩하까이. =못자리 아니면 철퍼덕하랴. ②갑자기 매우 맥없이 넘어지거나 아무렇게나 툭 주저앉는 소리가 자꾸 나다. ¶우떤 할마시가 질바닥에 철퍼덩하미 앉데예. =어떤 할망구가 길바닥에 철퍼덕하며 앉데요. ☞철푸덕하다.

ㅊ

철푸덕하다[___-_] 동 철퍼덕하다. ☞철퍼덩하다.

첨머리[--_] 명 첫머리. 어떤 사물이 시작되는 처음 부분. ¶그 이바구는 첨머리부텀 잘 들어바야 덴다. =그 이야기는 첫머리부터 잘 들어봐야 된다. ☞첫대가리.

첩사이[첩사~이 _-_] 명 첩실(妾室). 정식 아내 외에 데리고 사는 여자. ¶【속담】동냥바치 첩사이도 지맛에 들앉한다. =동냥아치 첩도 제멋에 들어앉힌다.

첫걸움[첟거룸 --_] 명 첫걸음. ①어떤 일에서, 첫 시작이나 단계. ¶【관용구】첫걸움을 띠다. =첫걸음을 떼다. ②어떤 일 때문에 행한 맨 처음 걸음. ¶이분에 첫걸움을 했습미더. =이번에 첫걸음을 했습니다. ③어디를 향하여 처음 내디디는 걸음. ¶【속담】천릿질도 첫걸움부텀. =천릿길도 첫걸음부터. ④모르는 길을 처음으로 가는 걸음. ¶서울은 첫걸움인머리 오데가 오덴지 잘 모루겠다. =서울은 첫걸음이라서 어디가 어딘지 잘 모르겠다.

첫걸움마[첟거룸마 _--_] 명 첫걸음마. ①태어나 처음으로 내딛는 걸음마. ②어떤 일의 첫 시작을 비유적으로 이르는 말. ¶【관용구】첫걸움마로 띠다. =첫걸음마를 떼다.

첫대가리[처때가리 ---_] 명 첫머리. '첫머리'를 속되게 이르는 말. ☞첨머리.

첫더부[첟더부 --_] 명 첫더위. 그해 여름 들어 처음으로 맞는 더위. ¶올개는 첫더부가 늦기 오네예. =올해는 첫더위가 늦게 오네요.

첫머이[1][천머이 --_] 부 맨 먼저. *'첨머이'는 표준어로 보면 구(句)지만 창녕방언에서는 굳어진 말이라 하나의 단어로 보는 게 낫다. 첨(처음)+머이(먼저). ¶이 일은 첫머이부텀 잘몬 뎄다. =이 일은 맨 먼저부터 잘못 됐다. ¶내가 여게 첫머이 왔다. =내가 여기에 맨 먼저 왔다.

첫머이[2][천머이 --_] 명 처음. ¶【속담】사또 술 치한 거는 이방이 첫머이부텀 알아본다. =사또 술 취한 것은 이방이 처음부터 알아본다. ☞처엄. 처움.

첫분[처뿐 --] 명 첫번. 차례에서 맨 처음. ¶오분에는 첫분부텀 일이 잘 풀리예. =요번에는 첫번부터 일이 잘 풀려요.

첫새북[첟새북 --_] 명 첫새벽. 첫날이 막 새기 시작하는 이른 새벽. ¶저가부지는 첫새북에 일나서 일하로 가싰다. =애아버지는 첫새벽에 일어나서 일하러 가셨다.

첫아[첟아 --] 명 첫애. 결혼하여 처음으로 낳은 아이. ¶【속담】첫아 놓고 나마 펑안감사도 디돌아본다. =첫애 낳고 나면 평안감사도 뒤돌아본다.

첫저구리[첟쩌구리 ---_] 명 배냇저고리. 갓난아이에게 입히는, 깃을 달지 않은 저고리.

첫질[첟찔 --] 명 첫길. 처음으로 가는 길. ¶서울은 첫질이래서 멀기 느끼진다. =서울은 첫길이라서 멀게 느껴진다.

첫채[1][첟채 --] 수 첫째. ☞처채.

첫채[2][첟채 --] 명 첫째. ☞처채.

첫춥우[천추부 --_] 명 첫추위. 그해 겨울 들어 처음으로 닥친 추위. ¶【관용구】첫춥우에 떨다. =첫추위에 떨다.

청[-] 명 층(層). ①물체가 거듭 포개져 생긴 켜. ¶미굼이 청이 짔다. =먼지가 층이 졌다. ②나이나, 재산이나 사물 따위가 서로 같지 아니하거나 수평을 이루지 못하여 나는 차이(差異). ¶그륵도 여러 청이 납미더. =그릇도 여러 층이 납니다. ③위로 높이 포개어 짓는 건물에서, 같은 높이를 이루는 부분. ¶저 집은 및 청고? =저 집은 몇 층이니?

-청[-] 접 -층(層). '어떤 능력이나 수준이 비슷한 무리'의 뜻을 더하는 접미사. ¶식자청(식자층). ¶젊운청(젊은층). ☞-칭.

청걸레[청껄레 _-_] 명 걸레. 더러운 곳을 닦거나 훔치는 데 쓰는 헝겊. ¶【속담】넘우 옷 얻어 입우마 청걸레 감마 남고 넘우 서방 얻어 가마 송장치리마 한다. =남의 옷 얻어 입으면 걸레 감만 남고 남의 서방 얻어 가면 송장치레만 한다.

청게[_-] 명 층계(層階). ¶【속담】찬물도 노소가 있고 소똥도 청게가 있다. =찬물도 노소가 있고 소똥에도 층계가 있다. ☞칭게.

청게다리[___-] 명 층층다리(層層--). 높은 데로 오르내릴 수 있게 돌이나 나무로 여러 턱이 지게 높이 쌓아올린 설비. ☞칭게다리.

청게아[__-] 명 청기와(靑--). 푸른색 기와. ¶【속담】청게아 장시 만냈다. =청기와 장수 만났다.

청깨고리[__-_] 명 ((동물))청개구리(靑---). ¶【속담】호박이푸리에 청깨고리 띠오루딧기. =호박이파리에 청개구리 뛰어오르듯. ☞청깨구리.

청깨구리[__-_] 명 ((동물))청개구리(靑---). ☞청깨고리.

청동오리[_-__] 명 ((동물))청둥오리.

청마리[__-] 명 마루청(--廳). 한옥에서, 몸채의 방과 방 사이에 있는 큰 마루. ¶청마리에 달구새끼가 올라왔다. =마루청에 닭이 올라왔다. ☞마리.

청바닥[청빠닥 _-_] 명 마룻바닥. ¶청바닥을 맬가이 딲아 낳아라. =마룻바닥을 말갛게 닦아 놓아라.

청산갈리[__-_] 명 청산가리(靑酸加里). ¶【속담】청산갈리 묵고도 배부루다 칼 넘. =청산가루 먹고도 배부르다 할 놈. ☞싸이나.

청상[_-] 부 천생(天生). ☞천상.

청석[_-] 부 층석(層石). 층이 진 돌.

청석밭[청석받 __-] 부 층석 밭(層石 -). 층이 진 돌로 이루어진 밭. *'청석밭'은 표준어로 보면 명사구지만 창녕방언에서는 굳어진 하나의 명사로 쓴다. ¶청석밭에 고오매 숭궀다. =층석 밭에 고구마 심었다.

청솔깨비[청쏠깨비 __-_] 명 청솔가지(靑---). 푸른 소나무 가지. ¶청솔깨비 태아마 꺼시럼이 마이 난다. =청솔가지 태우면 그을음이 많이 난다.

청승밪다[청승받따 __-_] 형 청승맞다. 궁상스럽고 처량하여 보기에 몹시 언짢

ㅊ

다. ¶비가 참 청승밮기도 오네. =비가 참 청승맞게도 오네. *청승밮고[청승바꼬 __-_], 청승밮지[청승바찌 __-_], 청승밮아서[청승바자서 __-__], 청승밮았다[청승바잗따 __-__].

청승시리[_-_-_] 부 청승스레. ¶딛기 싫구로 청승시리도 울우쌓는다. =듣기 싫게 청승스레도 울어쌓는다.

청심안[_-_-] 명 청심환(淸心丸). ¶【속담】사후에 청심안. =사후에 청심환.

청에[_-] 명 ((동물))청어(鯖魚).

청염갤백[_-_-_] 명 청렴결백(淸廉潔白). 성품과 행실이 맑고 깨끗하며 아무런 허물이 없음. ¶우리 아부지는 팽생 동안 청염갤백을 실천하미 사싰다. =우리 아버지는 평생 동안 청렴결백을 실천하며 사셨다.

청태[_-] 명 ((식물))돌옷. 돌이나 바위 표면에 난 이끼. ☞돌옥.

체[-] 명 척. 그럴듯하게 꾸미는 거짓 태도나 모양. ¶와 날로 본 체 만 체 하노? =왜 나를 본 척 만 척 하니? ☞치. 칙.

체찡[--] 명 체증(滯症). ¶【관용구】십년 묵운 체찡이 니리다. =십년 묵은 체증이 내리다.

체하다[1][-__] 동 척하다. ((관형사형 어미 뒤에 쓰여)) 그러한 행동이나 상태를 그럴듯하게 꾸밈을 나타내는 말. ¶【속담】참이 장시는 사초이 지내가도 몬 본 체한다. =참외 장사는 사촌이 지나가도 못 본 척한다. ☞치하다. 칙하다.

체하다[2][_-_] 동 취하다(醉--). ☞째리다. 쩌리다. 치하다.

쳇바꾸[체빠꾸 _-_] 명 쳇바퀴. ①체의 몸이 되는 부분. 곧 얇은 널빤지를 둥글게 휘어, 쳇불을 메워 만드는 테. ¶멀쩡하던 쳇바꾸가 와 깨짔으꼬? =멀쩡하던 쳇바퀴가 왜 깨어졌을까? ②지속적으로 반복되는 생활이나 행동을 비유적으로 이르는 말. ¶【속담】다램지 쳇바꾸 돌딧기. =다람쥐 쳇바퀴 돌듯.

초개삼칸[--__] 명 초가삼간(草家三間). ¶【속담】빈대 잡을라꼬 초개삼칸 태안다. =빈대 잡으려고 초가삼간 태운다.

초개집[초개찝 --_] 명 초가집(草家-). ¶시칸찌 초개집. =세 칸짜리 초가집.

초꼬[_-] 명 걸그물. ☞설그물.

초눈물[_--] 명 촛농(-膿). 초가 탈 때에 녹아 흐르며 엉기는 기름. ☞초똥.

초똥[--] 명 촛농(-膿). ☞초눈물.

초라이[초라~이 _-_] 명 초라니. 몹시 경망스럽고 야단스러운 것을 비유적으로 이르는 말. ¶【속담】초라이 수고 채 미딧기. =초라니 수고 채 메듯이. ¶【속담】초라이 열은 바아도 능구리 한나는 몬 본다. =초라니 열은 보아도 능구렁이 하나는 못 본다. ¶【속담】양반네 집 몬델라마 초라이 새끼가 난다. =양반네 집 못되려면 초라니 새끼가 난다. ☞초래이.

초래방정[___-] 명 오두방정. ☞도래방정. 오도방정. 촐래방정.

초래이[초래~이 _-_] 명 초라니. ☞초라이.

초망[--] 명 투망(投網).

초물[_-] 명 첫물. 푸성귀나 해산물, 또는 곡식이나 과일 등에서 그해에 맨 먼저

거두어들이거나 생산된 것. *초(初)+물. ¶【속담】초물 정구치는 사우도 안 준다. =첫물 부추는 사위도 안 준다. ¶【속담】술은 초물에 치하고 사램은 홋물에 치한다. =술은 첫물에 취하고 사람은 홋물에 취한다.

초불[-_] 명 초벌(初-). 같은 일을 되풀이할 때에 그 첫 번째 차례. ¶【관용구】초불로 꿉다. =초벌로 굽다. ¶【관용구】초불로 매다. =초벌로 매다. ¶【관용구】초불로 빨다. =초벌로 빨다.

초비이[초삐~이 _-_] 명 초병(醋甁). ①초(醋)를 담아 두는, 목이 좁은 그릇. ¶초비이는 이래 '내캉 살자' 카민서 자주 흔들어 조야 지맛이 든다. =초병은 이렇게 '나랑 살자' 하면서 자주 흔들어 줘야 제맛이 든다. ¶【속담】초비이로 흔들어 빴나. =초병을 흔들어 뺐나. ②'술고래' 혹은 술에 만취한 사람을 낮잡아 이르는 말. ¶저어 초비이가 온다. =저기 초병이 온다.

초빼이치다[초빼~이치다 _-__] 동 고생하다(苦生--). '고생하다(苦生--)'를 속되게 이르는 말. ¶비가 오서 초빼이칬습미더. =비가 와서 고생했습니다. ☞고상하다. 쎄빠지다. 씨빠지다. 욕보다.

초생달[_-_] 명 초승달(初生-). 초승에 뜨는 달. ¶【관용구】초생달 겉은 눈쑵. =초승달 같은 눈썹.

초악[--] 명 초학(初瘧). 학질 초기증상. ¶【속담】초악에 걸리마 똥짱군 걸무지 안다. =학질에 걸리면 똥장군 걸머지운다.

초악장군[--__] 명 학질(瘧疾)을 자주 앓는 사람을 일컫는 말.

초잡다[1][초잡따 -__] 형 추잡하다(醜雜--). ①때나 찌끼기 따위가 있어 지저분하다. ¶하로마 안 쒸어도 몸에서 초잡운 내미가 납미더. =하루만 안 씻어도 몸에서 추잡한 냄새가 납니다. ②못마땅하거나 불쾌하다. ¶초잡구로 싸안 참이 하나 갖고 그캐쌓심미꺼? =추잡하게 그깟 참외 하나 가지고 그러쌓습니까? ③언행이 순수하지 못하거나 인색하다. ¶절마는 행우지가 초잡다. =저 놈은 행실머리가 추잡하다. ☞추줍다. 추접다.

초잡다[2][초잡따 -__] 형 추접하다(醜---). 더럽고 지저분하다. ¶집구숙이 디기 초잡다. =집구석이 되게 추접하다. ☞추접다. 추줍다.

초잡시럽다[초잡시럽따 -_-__] 형 추접스럽다(醜----). 더럽고 지저분한 데가 있다. ¶초잡시럽구로 묵능 거 갖고 와 카노? =추접스럽게 먹는 것 갖고 왜 그러니? ☞추접시럽다. 추줍시럽다.

초잡시리[-_-_] 부 추잡스레(醜雜--). ¶사나아 자석이 초잡시리도 논다. =사내자식이 추잡스레도 논다. ☞추접시리. 추줍시리.

초주굼[--_] 명 초주검(初--). 몹시 맞거나 다치거나 지쳐서 거의 죽을 지경에 이른 사람.

초지[--] 명 굽도리. 방 안 벽의 밑 부분. ☞안찌.

초지익[__-] 명 초저녁(初--). ①날이 어두

ㅊ

워진 지 얼마 되지 않은 때. ¶【속담】초지익 구둘이 따시야 새북 구둘도 따시다. =초저녁 구들이 따뜻해야 새벽 구들도 따듯하다. ②일의 시초를 속되게 이르는 말. ¶【관용구】초지익에 걸러묵다. =초저녁에 틀려먹다.

초집[-_] 명 조장(醋醬). ¶【속담】초집에 쩐 넘이 지렁장에 죽우까이. =초장에 절은 놈이 간장에 죽으랴.

초파래이[초파래~이 -_-_] 명 ((동물))초파리(醋--).

초하리[_ _-] 명 초하루(初--). ¶대중 모사[大宗 墓祀]는 시얼 초하리에 시작심미더. =대종 묘사는 시월 초하루에 시작합니다.

촉[1][-] 명 침(針). ¶벌이인데 쌔있으마 퍼떡 촉을 빼라. =벌한테 쏘였으면 빨리 침을 빼라.

촉[2][-] 명 싹. ¶버씨로 낭게서 촉이 난다. =벌써 나무에서 싹이 난다.

촉새[--] 명 ((식물))뚝새풀. ☞쏙새피.

촉잡다[--_] 동 책잡다(責--). 잘못을 지적하여 비난하거나 꾸짖어 말하다. ¶【속담】미너리 촉잡을라 카다가 씨이미 촉잽힌다. =며느리 책잡으려다 시어미 책잡힌다.

촉잽히다[촉재피다 ---_] 동 책잡히다(責---). '책잡다'의 피동사.

촌구숙[촌꾸쑥 _--] 명 촌구석(村--). ①도시에서 멀리 떨어진 마을의 구석진 곳. ¶너거 이아재는 이 촌구숙에서는 깨나 모모한 부자였디라. =너희 외삼촌은 이 촌구석에서는 꽤나 유명한 부자였더니라. ②'촌(村)'을 낮잡아 이르는 말. ¶이런 촌구숙에 우예 사노? =이런 촌구석에 어찌 사니?

촌기기[촌끼기 _-_] 명 ((동물))민물고기. *창녕은 내륙지방이라 민물고기를 쉽게 접하는 지역적 특성 때문에, '촌기기'는 '바닷고기'와 대립하여 생겨난 말이다.

촌넘[_-] 명 촌놈(村-). '촌사람'을 낮잡아 이르는 말. ¶【속담】장날이 촌넘 생알이다. =장날이 촌놈 생일이다. ¶【속담】촌넘 간청에 끟기온 거 겉다. =촌놈 관청에 끌려온 것 같다.

촌때[_-] 명 촌티(村-). ¶【관용구】촌때로 벗이다. =촌티를 벗다. ☞촌태.

촌띠기[_--] 명 촌뜨기(村--). '촌사람'을 낮잡아 이르는 말. ¶【속담】촌띠기 밥그륵 높운 거마 친다. =촌뜨기 밥그릇 높은 것만 친다. ¶【속담】촌띠기 똥배 부른 거마 친다. =촌뜨기 똥배 부른 것만 친다.

촌시럽다[_-__] 형 촌스럽다(村---). ¶촌시럽구로 와 저카까. =촌스럽게 왜 저럴까.

촌태[_-] 명 촌티(村-). ☞촌때.

촐래방정[___-] 명 오두방정. ☞도래방정. 오도방정. 초래방정.

촐래촐래[___-] 부 졸래졸래. ①까불거리며 경망스럽게 행동하는 모양. ¶아아들이 엿장시 디로 촐래촐래 따라댕긴다. =애들이 엿장수 뒤를 졸래졸래 따라다닌다. ②여럿이 무질서하게 졸졸 뒤따르는 모양. ¶강새이 여어 바리가 이미 개 디로 촐래촐래 쫓아댕긴다. = 강아지 여섯 마리가 어미 개 뒤로 졸래졸래 쫓아다닌다.

총각무시[_-_-] 명 ((식물))총각무(總角-). ☞알무시.

총구[-_] 명 총기(聰氣). ①총명한 기운. ¶야아는 총구 있기 말로 잘 한다. =얘는 총기 있게 말을 잘 한다. ②좋은 기억력. ¶니는 총구가 좋아서 이전 일로 한나도 안 잊아뿠네. =너는 총기가 좋아서 예전 일을 하나도 안 잊어버렸네.

총냉이[_-_] 명 총냥이. 얼굴이 빼빼 말라서 여우나 이리처럼 '눈이 툭 불거지고 입이 뾰족한 사람'을 비유하여 이르는 말. ¶똑 총냉이겉이 생겼다. =꼭 총냥이같이 생겼다.

총잽이[총재비 --_] 명 사냥꾼.

총중[--] 명 와중(渦中). ((흔히 '총중에' 꼴로 쓰여)) 일이나 사건 따위가 시끄럽고 복잡하게 벌어지는 가운데. *표준어 '총중(悤中)'은 '경황없이 여러 가지로 바쁜 가운데'의 뜻으로 쓰이나 창녕방언에서는 '와중'의 뜻에 훨씬 가깝다. ¶이렇기 난리지이는 총중에도 잠을 잔다. =이렇게 난리치는 와중에도 잠을 잔다.

총초이[1][총초~이 _-_] 부 총총히(怱怱-). 급하고 바쁘게. ¶오데로 고리 총초이 가능교? =어딜 고렇게 총총히 갑니까?

총초이[2][총초~이 _-_] 부 총총히. 별들이 촘촘하게 떠서 또렷또렷하게.

총초이[3][총초~이 _-_] 부 총총히(蔥蔥-). 나무가 빽빽하게 들어서서 무성하고 푸르게.

추니[-_] 명 추녀. 네모지고 끝이 번쩍 들린, 처마의 네 귀에 있는 큰 서까래. ☞씨껄. 춘새. 춘시.

추대[_-] 명 장다리. ☞쫑다리. 쫑대.

추럭[-_] 명 트럭[truck]. 화물 자동차. ☞추룩.

추룩[-_] 명 트럭[truck]. ☞추럭.

추룸[--] 명 추렴. 모임, 놀이, 잔치 등의 비용을 마련하기 위해서 여럿이 얼마씩 돈이나 물건 등을 나누어 내거나 거둠. ¶【속담】산지기는 놀고 중이 추룸 낸다. =산지기는 놀고 중이 추렴 낸다.

추리내다[1][--_ _] 동 가려내다. ☞가리내다. 개리내다.

추리내다[2][--_ _] 동 해내다. 주어지거나 닥친 일을 감당해내다. ¶그 어렵운 일로 추리냈다. =그 어려운 일을 해냈다.

추리다[1][--_] 동 ≒베다. 낫으로 풀 따위를 쳐서 잘라내다. ¶어덕에 난 잡풀을 낫 갖고 깔꿈하기 추랐다. =언덕에 난 잡초를 낫 가지고 깔끔하게 벴다. ☞비다.

추리다[2][--_] 동 간추리다. 흐트러진 것을 가지런히 바로잡다. ¶짚을 추리가아 물에 축사낳았다. =짚을 간추려서 물에 축여놓았다. ☞간종키다. 삼치다.

추리하다[_ _-_] 형 추레하다. ☞꺼주구리하다. 씨주구리하다. 씹주구리하다.

추마리[_-_] 명 ≒항아리. 독의 일종으로 주로 큰 항아리를 일컫는다. '추마리'는 이동용 또는 저장용 용기류의 하나이다. 배는 부르고 아가리는 좁은 것이 특징이다. ¶딘장추마리(된장독). ¶똥

ㅊ

추마리(똥장군). ☞추무리.

추무리[_-_] 명 ≒항아리. ☞추마리.

추부[--] 명 추위. 추운 기운. ¶【속담】소한(小寒) 추부는 꾸서래도 한다. =소한 추위는 꾸어서라도 한다. ☞치부.

추부타다[--__] 동 추위타다. 추위를 쉽게 느끼고 잘 견디어 내지 못하다. ¶아아가 추부타서 걱정시럽다. =애가 추위타서 걱정스럽다. ☞치부타다.

추부하다[--__] 동 추워하다. 춥게 여기다. ¶자아는 저실 데마 디기 추부함미더. =쟤는 겨울 되면 되게 추워합니다. ☞치부하다.

추시리다[_-__] 동 추스르다. ☞채시리다. 추아다. 치시리다.

추쑥이다[추쑤기다 _-__] 동 추썩이다. ①남을 이리저리 들쑤셔서 어떤 일을 하게 만들다. ¶가마이 있는 사램을 추쑥인다. =가만히 있는 사람을 추썩인다. ②감정이나 상황 따위가 더 심해지도록 영향을 미치다. ¶싸암은 말기야지와 추쑥이노? =싸움은 말려야지 왜 추썩이니?

추아다[1][-__] 동 추키다. ①지거나 업은 것을 아래로 흘러내리거나 처진 상태에서 위로 올리다. ¶누부야가 업힌 동상을 추아서 지대로 업웄다. =누나가 업힌 동생을 추켜서 제대로 업었다. ②바지나 치마를 힘 있게 위로 끌어올리거나 채어 올리다. ¶【속담】난재이 허리춤 추아딧기. =난쟁이 허리춤 추키듯이. ③가마니나 자루 따위에 담을 물건을 차곡차곡 쌓이도록 담을 것의 귀를 붙들고 세차게 흔들거나 들었다 놓았다 하다. ¶아부지가 곡석을 자리에 추아서 옇었다. =아버지가 곡식을 자루에 추켜서 넣었다.

추아다[2][--_] 동 추스르다. ☞채시리다. 추시리다. 치시리다.

추아올라다[1][-_-__] 동 추어올리다. ①다른 사람이나 사물을 정도 이상으로 높이 칭찬하다. ¶부모가 자석을 너무 추아올라 키아마 안 덴다. =부모가 자석을 너무 추어올려 키우면 안 된다. ②어떤 사물이나 신체, 옷 따위를 위로 추슬러서 올리다. ¶바짓가래이로 끟고 댕기지 말고 쫌 추아올라라. =바짓가랑이를 끌고 다니지 말고 좀 추어올려라. ☞치끼올라다. 치끼올리다.

추아올라다[2][-_-__] 동 치켜세우다. 다른 사람을 정도 이상으로 높이 칭찬하다. ¶아아로 맥찌 추아올란다.=애를 괜히 치켜세운다. ☞치끼세아다. 치끼시아다.

추자[_-] 명 ((식물))호두(胡桃). 호두나무의 열매. ☞호도.

추자다[_-_] 동 축이다. 물에 적시어 축축하게 하다. ¶떱운데, 목을 쫌 추자고 하이소. =더운데, 목을 좀 축이고 하세요. ¶옷을 와 이래 추잤노? =옷을 왜 이리 축였니? ☞축사다.

추잡떨다[-___] 동 추잡스러운 짓하다(醜雜--- ---). 언행이 고상하지 못하고 지저분하며 막된 행동을 하다. *'추잡떨다'는 표준어로 보면 구(句)지만 창녕 방언에서는 굳어진 말이라 하나의 단어로 보는 게 낫다. ¶넘우 잔칫집에서 와 추잡떠노? =남의 잔칫집에서 왜 추잡스러운 짓을 하니?

추접다[1][-_ _] 형 추접하다(醜---). ①어떤 장소가 거칠고 어지러워 깨끗하지 못하다. ¶누가 방을 추접구로 해낳았네. =누가 방을 추접하게 해놓았네. ②언행이 추잡하고 더럽다. ¶추접운 이약은 언자 고마하자. =추접한 이야기는 이제 그만하자. ③때나 찌꺼기 따위가 있어 더럽다. ¶추접운 옷을 입고 댕긴다. =추접한 옷을 입고 다닌다. ☞쑥쑥밪다. 쑥씬하다. 추줍다.

추접다[2][추접따 -_ _] 형 지저분하다. 어지럽혀져 깨끗하지 못한 상태가 되다. ☞초잡다. 추줍다.

추접시럽다[추접시럽따 -_-_ _] 형 추접스럽다(醜----). ☞초잡시럽다. 추줍시럽다.

추접시리[-_-_] 부 추접스레(醜---). ¶추접시린 소리로 한다. =추접스런 소리를 한다. ☞초잡시리. 추줍시리.

추죽추죽[_ _ _-] 부 추적추적. 비나 진눈깨비가 축축하게 자꾸 내리는 모양을 나타내는 말. ¶비가 지익내 추죽추죽 옵미더. =비가 저녁내 추적추적 옵니다.

추줍다[1][추줍따 -_ _] 형 추잡하다(醜雜--). ☞초잡다. 추접다.

추줍다[2][추줍따 -_ _] 형 지저분하다. ☞쑥쑥밪다. 쑥씬하다. 추접다.

추줍시럽다[추줍시럽따 -_-_ _] 형 추접스럽다(醜----). ☞초잡시럽다. 추접시럽다.

추줍시리[-_-_] 부 추잡스레(醜雜--). ¶저더룹운 손으로 추줍시리도 묵네. =저 더러운 손으로 추잡스레도 먹네. ☞초잡시리. 추접시리.

추지다[--_] 동 축축하다. 물기가 있어서 젖은 듯하다. ¶추진 빅에 곰바리가 핐다. =축축한 벽에 곰팡이가 폈다.

추진장작[---_] 명 희나리. 채 마르지 아니한 장작. ¶【속담】추진장작이 오래 탄다. =희나리가 오래 탄다.

축기[축끼 --] 명 축구(畜狗). 사람답지 못한, 바보짓을 하는 사람을 낮잡아 이르는 말. ¶【속담】멍치이가 축기더리 머라칸다. =멍청이가 축구더러 야단친다. ¶【속담】축기는 약으로 몬 곤친다. =축구는 약으로 못 고친다.

축담[축땀 _-] 명 ≒지대(地臺). 건축물을 세우기 위하여 터를 잡고 돌로 쌓은 부분. 마당보다 높고 마루보다 낮은 가로로 길쭉한 공간. *'축담'과 관련되는 표준어로는 '토방(土房)', '섬돌', '댓돌'이 있으나 '축담'과 일치하는 것은 아니다. ¶마안 넘우 달구새끼가 축담에꺼정 올라오서 와 이카능가 모룰다. =망할 놈의 닭이 지대에까지 올라와서 왜 이러는지 모르겠다.

축사다[_-_] 동 축이다. ☞추자다.

춘새[-_] 명 추녀. ☞씨껄. 추니. 춘시.

춘시[-_] 명 추녀. ☞씨껄. 추니. 춘새.

춘피이[춘피~이 _-_] 명 바보. 지능이 부족하거나 바보 같은 짓을 하는 사람을 이르는 말. ¶에라이, 춘피이 겉은 넘아! =에라, 바보 같은 놈아! ☞어비이.

출시[-_] 명 출세(出世). 사회적으로 높은 지위나 신분에 오르거나 유명하게 됨. ¶【관용구】논두둑 정기래도 타고 나야

ㅊ

출시로 한다. =논두렁 정기라도 타고 나야 출세를 한다.

출시하다[--_ _] 동 출세하다(出世--). ¶【속담】밉우하던 사초이 출시한다. =미워하던 사촌이 출세한다.

출웁하다[추룹하다 --_ _] 동 ≒출입하다(出入--). *'출웁하다'는 단순히 '출입하다'를 지칭하는 것이 아니라, 향교나 재실 등 공적인 공간으로 드나든다는 뜻이다. ¶아부지는 둘매기 입우시고 재실에 출웁하신다. =아버지는 두루마기 입으시고 재실에 출입하신다.

춤[-] 명 침. ¶【속담】눕어서 춤 밭기. =누워서 침 뱉기. ¶【속담】입수부리에 춤이나 바루고 말해라. =입술에 침이나 바르고 말해라.

춤재이[춤재~이 --_] 명 춤꾼.

춤치다[--_] 동 춤추다. ¶【속담】달밤에 토째비 춤치딪기 한다. =달밤에 도깨비 춤추듯 한다. ¶【속담】논 팔아서 굿한께네 맏미너리 춤치더라. =논 팔아 굿하니까 맏며느리 춤추더라.

충디이[충디~이 -_ _] 명 충고(忠告). 남의 잘못이나 허물을 충심으로 타이름. ¶【관용구】충디이로 하다. =충고를 하다. ¶【관용구】충디이로 듣다. =충고를 듣다.

치[1][-] 명 덫. ¶【속담】지가 낳안 치에 지가 칭긴다. =제가 놓은 덫에 제가 치인다. ¶【속담】치에 칭긴 범이요 그물에 걸린 물기기라. =덫에 치인 범이요 그물에 걸린 물고기라. ☞털.

치[2][-] 명 척. 그럴듯하게 꾸미는 거짓 태도나 모양. ¶【관용구】아는 치하다. =아는 척하다. ☞체. 칙.

치겁[_-] 명 취급(取扱). 여기거나 그에 맞는 태도로 다루다. ¶【관용구】짐승 치겁을 하다. =짐승 취급을 하다.

치고[_-] 명 최고(最高). ☞만구때이. 채고.

치꾼[_-] 명 취객(醉客). 술 취한 사람. ¶【속담】치꾼은 원님도 안 건디린다. =취객은 원님도 안 건드린다.

치끼들다[_ _-_] 동 추켜들다. 높이 들어서 올리다. ¶지 지인 넘이 쌍판때기로 치끼들고 댕긴다. =죄 지은 놈이 상판대기를 추켜들고 다닌다.

치끼세아다[_ _-_ _] 동 치켜세우다. ☞추아올라다. 치끼시아다.

치끼시아다[_ _-_ _] 동 치켜세우다. ☞추아올라다. 치끼세아다.

치끼올라다[-_-_ _] 동 추어올리다. ☞추아올라다. 치끼올리다.

치끼올리다[-_-_ _] 동 추어올리다. ☞추아올라다. 치끼올라다.

치내다[1][_-_] 동 쳐내다. ①깨끗하지 못한 것을 쓸어 모아서 일정한 곳으로 가져가다. ¶달구똥을 치냈다. =닭똥을 쳐냈다. ②체를 흔들어서 고운 가루를 뽑아내다

치내다[2][_-_] 동 감당하다(堪當--). ☞처내다.

치다[1][-_] 동 치르다. 무슨 일을 겪어 내다. ¶【속담】불한당 친 넘우 집구숙 겉다. =불한당 치른 놈의 집구석 같다. ¶【속담】옘빙 친 넘우 대가리 겉다. =염병 치른 놈의 대가리 같다. ☞치라다.

치다[2][-_] 동 추다. 춤과 관련된 명사를 목적어로 하여, 춤 동작을 보이다. ¶【속담】오동낭게 달린 씨로 보고 춤을 친다. =오동나무에 달린 씨를 보고 춤을 춘다.

치다[3][-_] 동 따르다. 조상님 제사상 술잔에 술을 붓다. ¶【관용구】잔을 치다. =잔을 따르다. ☞따라다.

치다[4][-_] 동 치우다. 장소나 사물을 청소하거나 정리하다. ¶온아직에는 소마구로 칬다. =오늘아침에는 외양간을 치웠다.

치다리[--_] 명 전체(全體). 아래쪽부터 위쪽까지. ¶이 밭에는 치다리 콩을 숭갔다. =이 밭에는 전체 콩을 심었다. ☞전치.

치다보다[-___] 동 쳐다보다. ¶【속담】소 닭 치다보듯기 한다. =소 닭 쳐다보듯 한다. ¶【속담】닭 쫓던 개 지붕지슬 치다본다. =닭 쫓던 개 지붕처마 쳐다본다. ¶【속담】손자 밥 떠묵고 천장 치다본다. =손자 밥 떠먹고 천장 쳐다본다. ☞치라보다.

치다비이다[-____] 동 쳐다보이다. ¶저 앞쪽에 치다비이는 사이 바리 하앙사이다. =저 앞쪽에 쳐다보이는 산이 바로 화왕산이다. ☞치라비이다.

치닥꺼리하다[-_-___] 동 치다꺼리하다. ¶자석들 치닥꺼리하다가 시월 다 보냈다. =자식들 치다꺼리하다가 세월 다 보냈다.

치대다[1][_-_] 동 치근대다. ①사람이나 동물이 상대방을 몹시 성가실 정도로 자꾸 귀찮게 굴다. ¶강새이가 저거매로 디기 치대네. =강아지가 자기 어미를 되게 치근대네. ②사람이나 동물이 상대방의 몸통에 바짝 붙어 비벼대다. ¶이 떱운 여룸에 와 이래 치대노? =이 더운 여름에 왜 이리 치근대니?

치대다[2][_-_] 동 버무리다. 어떤 재료에 다른 재료를 넣어 한데 골고루 뒤섞다. ¶뱁차로 치댔다. =배추를 버무렸다. ☞버물리다.

치떠보다[--__] 동 칩떠보다. 눈을 치뜨고 보다. ¶개가 사램을 무섭구로 치떠본다. =개가 사람을 무섭게 칩떠본다.

치떠오루다[--___] 동 치오르다. 아래에서 위로 향하여 오르다. ¶【속담】건방진 똥덩거리 낙동강 치떠오룬다. =건방진 똥 덩어리 낙동강 치오른다.

치라다[_-_] 동 치르다. ①어떤 대상에게 주어야 할 돈을 내어 주다. ¶품쌂을 치랐다. =품삯을 치렀다. ②사람이나 단체가 어떤 일을 당하여 겪어 내다. ¶【관용구】곤욕을 치라다. =곤욕을 치르다. ☞치다. ③손님 따위를 받아 대접하여 보내다. ¶【관용구】손님을 치라다. =손님을 치르다.

치라보다[-___] 동 쳐다보다. ☞치다보다.

치라비이다[-____] 동 쳐다보이다. ☞치다비이다.

치리[-_] 명 치레. 어떤 일을 치르거나 겪어 낼 때, 당연히 하여야 하는 일이나 과정. ¶【속담】호인에 치리 말고 팔짜 치리나 하랬다. =혼인에 치레 말고 팔자 치레나 하랬다.

-치리[-_] 접 -치레. ¶인사치리(인사치레). ¶치민치리(체면치레). ¶빙치리(병치레). ¶손치리(손치레).

치리다[-__] 동 차리다. ☞채리다.

치리하다[-___] 명 치레하다. ①잘 손질하여 모양을 내다. ¶【속담】멀꺼디이 없는 넘이 댕기 치리한다. =머리카락 없는 놈이 댕기 치레한다. ②무슨 일에 실속 이상으로 꾸미어 드러내다. ¶【속담】당나구 기 치리한다. =당나귀 귀 치레한다.

치릿말[치린말 -__] 명 치렛말. 인사치레로 하는 말. ¶아심찮다꼬 치릿말을 했다. =고맙다고 치렛말을 했다.

치매[_-] 명 치마. 여자의 아랫도리 겉옷. ☞처매.

치매다[_-_] 동 처매다. 다친 자리 따위를 붕대나 천 따위로 친친 감아서 매다. ¶다친 팔로 치맸다. =다친 팔을 처맸다.

치매폭[__-] 명 치마폭. ☞처매폭.

치민[--] 명 체면(體面). 남을 대하기에 떳떳한 도리나 얼굴. ¶【속담】앞디 치민다 치린다. =앞뒤 체면 다 차린다. ¶【속담】치미이 사람 쥑인다. =체면이 사람 죽인다.

치민치리[--__] 명 체면치레(體面--). 체면이 서도록 꾸미는 일. ¶이거는 치민치리로 했심더. =이건 체면치레로 했습니다.

치받아보다[--___] 동 올려다보다. ☞울로보다. 치보다.

치보다[--_] 동 올려다보다. ☞울로보다. 치받아보다.

치부[--] 명 추위. ☞추부.

치부타다[--__] 동 추위타다. ☞추부타다.

치부하다[--__] 동 추워하다. ☞추부하다.

치송하다[__-_] 동 대접하다(待接--). ①어떤 사람이 다른 사람에게 음식을 차려 내놓거나 사 주다. ¶【속담】이렇기 치송할 손님이 있고 저렇기 치송할 손님이 따리 있다. =이렇게 대접할 손님이 있고 저렇게 대접할 손님이 따로 있다. ②다른 사람을 인격이나 지위, 또는 자격에 걸맞게 대하다. ¶아재를 할애비맨치로 치송한다. =아재비를 할아비처럼 대접한다.

치시리다[_-__] 동 추스르다. ☞채시리다. 추시리다. 추아다.

치아다[1][-__] 동 치우다. ①청소하거나 정리하다. ②방 따위를 정리하여 비우다. ¶왕거시리로 타작마당을 씰어서 치았다. =대빗자루로 타작마당을 쓸어서 치웠다. ③하던 일을 중단하고 중간에 그치다. ¶고 일은 인자 치았다. =그 일은 이제 치웠다. ④앞 말이 뜻하는 행동을 쉽고 빠르게 해 버림을 나타내는 말. ¶음석을 말키 무우 치았다. =음식을 모두 먹어 치웠다.

치아다[2][-__] 동 시집보내다(媤----). 딸내미 시집보내는 일을 속되게 이르는 말. ¶【속담】딸 서이로 치아마 지둥뿌리이 파진다. =딸 셋을 시집보내면 기둥뿌리 파인다.

치아다[3][-__] 동 채우다. ☞채아다.

치알[-_] 명 차일(遮日). 주로 햇볕을 가리기 위하여 치는 장막(帳幕). ¶【속담】

여든 살 난 큰애기 시집가라 캤더마는 치알이 없다 칸다. =여든 살 난 큰아기 시집가라 했더니만 차일이 없다 한다.

치이[치~이 -_] 명 키. 곡식 따위를 까불러 쭉정이나 티끌을 골라내는 도구. ¶【속담】치이 장시 집에 헌 치이. =키 장사 집에 헌 키.

치이질[치~이질 -__] 명 키질. 곡식 따위를 키에 담아 키 끝을 위아래로 흔들어 티나 검불 따위를 날리어 보내는 일. ¶【속담】불붙는 데에 치이질 한다. =불붙는 데에 키질 한다. ¶【속담】지아모리 여물기 치이질을 해도 미는 남는다. =제아무리 여물게 키질해도 뉘는 남는다.

치적[_-] 명 취직(就職). ¶우리 막내이가 이분에 큰 히사에 치적을 했다. =우리 막내가 이번에 큰 회사에 취직을 했다.

치주다[_-_] 동 쳐주다. ①어떤 대상을 무엇으로 인정하여 주다. ¶우리 동네는 양반 동네로 치준다. =우리 동네는 양반 동네로 쳐준다. ②어떤 대상을 어떤 값으로, 또는 사람이 어떤 대상에 어떤 값을 셈을 맞추어 주다. ¶【관용구】깞을 비싸기 치주다. =값을 비싸게 쳐주다.

치중[_-] 명 간수(看守). 보살피고 지킴. *창녕방언에서 '치중'은 주로 짐승이 새끼를 간수하는 말로 쓰인다. ¶【관용구】새끼 치중을 하다. =새끼 간수를 하다.

치하다[1][-__] 형 척하다. ☞체하다. 칙하다.

치하다[2][_-_] 동 취하다(醉--). ☞째리다. 쩌리다. 체하다.

칙[1][-] 명 척. 그럴듯하게 꾸미는 거짓 태도나 모양. ☞체. 치.

칙[2][-] 명 측(側). ¶우리 칙에서는 할 말이 없어예. =우리 측에서는 할 말이 없어요.

칙간[칙깐 _-] 명 측간(厠間). 사람의 분뇨를 배설할 수 있도록 만들어 놓은 곳. ¶【속담】개로 따라가마 칙간으로 간다. =개를 따라가면 측간으로 간다.

칙냥[--] 명 측량(測量). ①지표상의 한 부분의 위치, 모양, 면적, 방향 등을 재어 도표나 그림으로 나타냄. ②어떤 일에 대하여 생각하여 헤아림. ¶【관용구】칙냥이 없다. =측량이 없다.

칙백나무[--__] 명 ((식물))측백나무(側柏--).

칙은하다[치근하다 ---_] 형 측은하다(惻隱--).

칙하다[치카다 -__] 형 척하다. ☞체하다. 치하다.

친손지[_-_] 명 친손자(親孫子). ¶【속담】친손지는 걸리고 위손지는 업고 간다. =친손자는 걸리고 외손자는 업고 간다.

친솔녀[_-_] 명 친손녀(親孫女).

친아바이[_-__] 명 친아버지(親---). ¶【속담】어무이가 어붓어마이마 친아바이도 다선애비가 덴다. =어머니가 의붓어머니면 친아버지도 의붓아버지가 된다.

친어마이[__-_] 명 친어머니(親---).

칠개이[1][칠개~이 _-_] 명 ((식물))댕댕이덩굴. ☞달강넝쿨.

칠개이[2][칠개~이 _-_] 명 ((식물))칡. ☞칠기.

칠개이넌출[칠개~이넌출 _-_-_] 명 칡넝

ㅊ

쿨. ¶【속담】항우장사도 칠개이넌출에 걸리서 넘우진다. =항우장사도 칡넝쿨에 걸려서 넘어진다.

칠기[_-] 명 ((식물))칡. ☞칠개이.

칠칠밪다[칠칠바따 __-_] 형 칠칠맞다. 사람이나 그 언행이 야무지고 반듯한 데가 없다. ¶머섬아가 칠칠밪구로 잘 자빠라진다. =머슴애가 칠칠맞게 잘 자빠진다.

칠푸이[칠푸~이 --_] 명 칠푼이(七分-). 지능이 조금 모자라는 사람을 놀림조로 이르는 말. ¶【관용구】축기 겉은 칠푸이. =축구 같은 칠푼이.

침재이[침재~이 _-_] 명 침쟁이(鍼--). '침의(鍼醫)'를 얕잡아 이르는 말.

칩다[칩따 --] 형 춥다. ¶【속담】칩기는 삼청냉돌이라. =춥기는 삼청냉돌이라. ¶【속담】칩기는 사맹당 사첫방이라. =춥기는 사명당 사첫방이라. ¶【속담】애믹이는 딸래미는 칩운 날 치안다. =애먹이는 딸내미는 추운 날 시집보낸다. * 칩고[칩꼬 --], 칩지[칩찌 --], 칩어야[치버야 --_], 칩었다[치번따 --_]. ☞잡다.

칩바지[칩빠지 --_] 명 겹바지. ☞접바지.

칭[-] 명 층(層). ☞청.

-칭[-] 접 -층(層). '어떤 능력이나 수준이 비슷한 무리'의 뜻을 더하는 접미사. ☞-청.

칭가다[_-_] 동 치이다. 치이게 하다. ☞갈라다.

칭게[_-] 명 층계(層階). ☞청게.

칭게다리[___-] 명 층층다리(層層--). ☞청게다리.

칭기다[_-_] 동 치이다. ①어떤 일 따위에 압박을 받거나 시달림을 당하다. ¶일에 칭기서 욕본다. =일에 치여서 고생한다. ②사람이나 짐승이 무거운 물건에 눌리거나 받히다. ¶개가 추룩에 칭깄다. =개가 트럭에 치였다. ☞갈리다.

칭치이[칭치~이 _-_] 부 층층이(層層-). 여러 층으로 겹겹이. ¶빅돌로 칭치이 쌌다. =벽돌로 층층이 쌓았다.

ㅋ

카길래[_-_] 부 하기에. ((구어체로)) 그렇게 말했기 때문에. ¶딸래미가 저 심발이 이뿌다꼬 카길래 사줬다. =딸내미가 저 신발이 예쁘다고 하기에 사줬다.

-카길래[_-_] 어 -려기에. ((모음이나 'ㄹ'로 끝나는 동사의 어간 또는 선어말어미 뒤에 붙어)) 어떤 행동을 할 의도를 가지고 있음을 나타내면서 그것이 뒤 절에 대한 원인이나 근거가 됨을 나타내는 말이다. ¶아아가 강새이캉 입맞할라카길래 내가 말깄어예. =아이가 강아지랑 입맞추려하기에 내가 말렸어요.

-카나[-_] 어 -하니. ((해라할 자리에 쓰여)) 의문사가 없는 물음을 나타내는 종결어미. ¶버씨로 갈라 카나? =벌써 가려 하니?

-카노[-_] 어 -하니. 하느냐. ((해라할 자리에 쓰여)) 의문사가 있는 물음을 나타내는 종결어미. ¶머 때미로 갈라 카노? =뭣 때문에 가려 하니?

카는머리[--__] 부 하니까. 그러한 언행을 하니까. ¶니가 밉다 카는머리 알라가 울제. =네가 밉다 하니까 애가 울지. ☞칸께네. 하는머리. 하이께네.

카다[-_] 동 하다. ①어떠하다고 말하다. ¶【속담】대한(大寒)이 소한(小寒) 집에 가서 춥다 칸다. =대한이 소한 집에 가서 춥다 한다. ②이름 지어 부르다. ¶일로 잘 하마 장골이라 칸다. =일을 잘하면 장골이라고 한다. ③강조하여 이르거나 말하다. ¶【속담】분다 분다 칸께네 하리아직에 딩기 석 섬을 분다. =분다 분다 하니까 하루아침에 왕겨 석 섬을 분다. ④다른 사람의 말이나 생각 따위를 나타내는 문장의 내용을 받아 뒤에 오는 체언을 꾸미는 기능을 나타내는 말. ¶이분에는 소기기 묵자 카는 말이 노왔다. =이번에는 소고기 먹자 하는 말이 나왔다. ⑤나열되거나 되풀이되는 둘 이상의 일을 서술하는 기능을 나타내는 말. ¶가던동 말던동 카는 거는 니인데 맽긴다. =가거나 말거나 하는 것은 네게 맡긴다. ⑥생각하거나 추측하다. ¶혹시 비가 올란가 캤는데, 안 오네 =혹시 비가 올는지 했는데, 안 오네. ⑦이러저러하게 말하거나 행동하다. ¶【속담】내는 바담풍 캐도 니는 바람풍 캐라. =나는 바담풍 해도 너는 바람풍 해라. ⑧만일 어떤 상황이 일어나면 그에 따르는 어떤 상황이 반드시 뒤따라옴을 나타내는 말. ¶내는 비마 왔다 카마 삐가 쭈씬다. =나는 비만 왔다 하면 뼈가 쑤신다. ⑨어떤 행동을 시키거나 앞말이 뜻하는 상태가 되도록 함을 나타내는 말. ¶아부지가 내보고 노래로 불러 보라 칸다. =아버지가 날더러 노래를 불러 보라 한다. ⑩앞말이 뜻하는 행동이나 상태를 의도하거나 바람을 나타내는 말. ¶【속담】기지도 몬 하는 기이 날라 칸다. =기지도 못하는 것이 날려고 한다.

-카다[-_] 접 -하다. ((일부 동작을 꾸미는 부사나 반복성 의성의태어의 뒤에 붙어)) '그렇게 움직이다'의 뜻을 더하여 동사를 만드는 말. ¶【속담】개가 똥마다카까이. =개가 똥 마다하랴. ¶【속담】범을 잡을라카마 숲을 키아라. =범을 잡으려하면 숲을 키워라.

-카다가[--_] 어 -려다가. '-려고 하다가'가 준 말. 어떤 행동을 할 의도를 가지고 있다가 그와는 다른 행동을 하게 됨을 나타내는 말이다. ¶【속담】정배(定配)도 갈라카다가 안 가마 써붆다. =정배도 가려다가 안가면 서운하다.

카더마는[--__] 부 하더니만. ¶큰아가 온다꼬 카더마는 안 오네예. =큰애가 온다고 하더니만 안 오네요.

카도[-_] 명 커브길[curve-]. 곡선으로 굽은 길. *카[curve-]+도(道). ¶너거 집은 이 질 끈티이서 카도 돌마 비이제? =너희 집은 이 길 끝에서 커브길 돌면 보이지?

카마[1][-_] 조 보다. ☞보다마. 보담. 뽀다마. 뽀담. 뿌다. 뿌다마.

-카마[2][-_] 어 -려면. ☞-라마.

카마사[-__] 조 보다야. ☞보담사. 보담아. 뽀담사. 뽀담아. 카마야.

카마야[-__] 조 보다야. ☞보담사. 보담아. 뽀담사. 뽀담아. 카마사.

카뱁차[_-_] 명 ((식물))양배추(洋--). *일본어 '차배쯔(キャベツ)'. ☞간낭. 양뱁차.

카수[--] 명 가수(歌手). ¶저 아재는 카수 빰치기 노래로 잘 부른다. =저 아저씨는 가수 뺨치게 노래를 잘 부른다.

카스[-_] 명 가스(gas). ¶배에 카스가 깍 찼다. =배에 가스가 꽉 찼다.

-카이[1][카~이 -_] 어 -러니까. ((구어체로)) 원인을 나타내는 연결어미. ¶니가 그카이 내가 그카지. =네가 그러니까 내가 그러지.

-카이[2][카~이 -_] 어 -러니. ((구어체로)) 어떤 말이나 행동을 하니. ¶【관용구】이카이 아까 저카이 아까. =이러니 알까 저러니 알까.

-카이[3][카~이 -_] 어 -니까. ((구어체로)) 종결어미 '-다'에 붙어 앞말을 강조하여 이르는 말. ¶내 말이 틸림없이 맞다카이! =내 말이 틀림없이 맞다니까!

칸께네[-__] 부 하니까. 그러한 언행을 하니까. ¶【속담】저 중 잘 다알난다 칸께네 고깔 벗이 들고 다알난다. =저 중 잘 달아난다 하니까 고깔 벗어 들고 달아난다. ☞카는머리. 하는머리. 하이께네.

칸맥이[칸매기 _-_] 명 칸막이. ¶【관용구】칸맥이로 치다. =칸막이를 하다.

칸카이[칸카~이 _-_] 부 칸칸이. 일정한

크기로 둘러막은 각각의 칸마다. ¶빼닫이 칸카이 단배가 들었다. =서랍 칸칸이 담배가 들어있다.

칼국시[칼국씨 --_] 명 칼국수.

칼덩더리[칼떵더리 _-_] 명 칼등. ¶칼덩더리로 마알을 두디리 쩧었다. =칼등으로 마늘을 두드려 찧었다.

칼삐[--] 명 정강뼈. ☞장개이삐.

칼씬내이[칼씬내~이 ---_] 명 ((식물))벋음씀바귀. ☞가시랑구.

칼자리[칼짜리 _-] 명 칼자루. ¶【관용구】칼자리로 지다. =칼자루를 쥐다.

칼재죽[칼째죽 _-] 명 칼자국.

칼잽이[칼재비 --_] 명 백정(白丁). ¶【속담】대신(大臣) 댁 송안치 칼잽이 무숩운 줄 모룬다. =대신 댁 송아지 백정 무서운 줄 모른다.

칼치[-_] 명 ((동물))갈치. ☞깔치.

칼큻기[칼클키 _-_] 부 깨끗이. ☞매. 매매. 칼큻기.

칼큻다[칼클타 _-_] 형 깨끗하다. ①사물이 때나 먼지가 없이 말끔하다. ¶【속담】통시가 칼큻으마 들왔던 도독도 기양 간다. =뒷간이 깨끗하면 들어왔던 도둑도 그냥 간다. ②물이나 공기 따위가 흐리지 않고 맑고 산뜻하다. ¶또랑물이 엄청시리 칼큻다. =도랑물이 엄청나게 깨끗하다. ③가지런히 잘 정돈되어 군더더기가 없고 깔끔하다. ¶너거 집은 칼큻고 좋네. =너희 집은 깨끗하고 좋네. ④맛이나 느낌이 개운하고 상쾌하다. ¶이 국은 딧맛이 칼큻다. =이 국은 뒷맛이 깨끗하다. ⑤내용물이나 미련 따위가 남은 것이 없다. ¶밥그륵을 칼큻구로 비았다. =밥그릇을 깨끗하게 비웠다. ⑥상처나 병이 흔적이 없이 말짱하다. ¶빙이 칼큻기 다 낫았다. =병이 깨끗이 다 나았다. *칼큻고[칼클코 _-_], 칼큻은[칼크른 _-_], 칼큻어서[칼크러서 _-__], 칼큻었다[칼크럳따 _-__].

캉[1][_] 조 와. *창녕방언에서 비교부사격 조사 '와/과'는 존재하지 않는다. ①둘 이상의 대상을 대등한 자격으로 이어 주는 말. ¶【속담】핑게캉 고약은 아무데나 잘 붙는다. =핑계와 고약은 아무데나 잘 붙는다. ②어떤 행동이나 일을 함께 하는 대상임을 나타내는 말. ¶【속담】니캉 말 하니이 개캉 말할다. =너와 말하느니 개와 말하겠다. ③다른 것과 비교되는 대상임을 나타내는 말. ¶어룬이 아아캉 똑 같애예. =어른이 애와 꼭 같아요. ④기준이 되는 대상임을 나타내는 말. ¶자아는 저가부지캉 영판 닮았제? =쟤는 저희 아버지와 흡사 닮았지? ☞하고.

캉[2][_] 조 과. 비교부사격 조사. 다른 것과 비교되는 대상임을 나타내는 말. ¶엉구꾸는 우붕 맛캉 똑 같애예. =엉겅퀴는 우엉 맛과 꼭 같아요. ☞하고.

캉[3][_] 조 랑. 어떤 일을 할 때 상대로 하는 대상임을 나타내는 부사격 조사. ¶니캉 내캉 놀재이. =너랑 나랑 놀자. ☞하고.

캐알하다[--__] 형 쾌활하다(快活--). ¶가아는 성긱이 캐알합미더. =걔는 성격

ㅋ

이 쾌활합니다.

캐이다[1][_-_] 동 내키다. 하고 싶은 마음이 생기다. ¶캐이지도 안하는 일로 말라꼬 합미꺼? =내키지도 않는 일을 뭐 하려고 합니까?

캐이다[2][_-_] 동 나다. ((앞말에 붙어)) 어떤 사람에게 꾸지람 따위를 '당하다'는 뜻을 지닌 말. ¶니가 선상님 말씸을 기념우들은께네 자꾸 머라 캐인다. =네가 선생님 말씀을 귀넘어들으니까 자꾸 혼이 난다.

커능 기라[-_ __] 구 하는 거야. (라)고 하는 거야. *창녕방언 '커능기라'에서 '-능기라'는 '-는 거야'에 대응되는 말이다. 의미를 더 풀어쓰면, '-ㄴ다 이 말이다' 정도가 된다. '거야'는 '것+이-(계사)+-아(반말 어미)'에서 온 것이다. '-능기라'는 '-는+것+일-(계사 '이-'의 기원형)+-아(반말 어미)'에 기원을 둔 말로 보인다. ¶저거 자석이 우리 자석보담아 잘 낫다꼬 커능 기라. =자기 자식이 우리 자식보다 잘 났다고 하는 거야.

커단하다[_-__] 형 커다랗다. ¶이 그륵은 커단하지마는 개굽다. =이 그릇은 커다랗지만 가볍다. ☞커닳다.

커닳다[커단타 _-_] 형 커다랗다. ☞커단하다.

커리[-_] 명 켤레. 신발, 버선, 방망이 따위의 두 짝을 한 벌로 하여 세는 단위를 나타내는 말. ¶양발 니 커리. =양말 네 켤레. ¶심발 시 커리. =신발 세 켤레.

커얼[--] 명 큰일. 큰 사고나 안 좋은 일. ¶【관용구】커얼 나다. =큰일 나다. ¶【속담】커얼 났던 집에는 지익거리 있고 큰굿 한 집에는 지익거리 없다. =큰일 났던 집에는 저녁거리 있고 큰굿 한 집에는 저녁거리 없다. ☞컬.

커이[커~이 -_] 조 커녕. ①어떤 사실을 부정하는 것은 물론 그보다 덜하거나 못한 것까지 부정하는 뜻을 나타내는 말. ¶부재는커이 밥이나 묵고 살란강 모룰다. =부자는커녕 밥이나 먹고 살는지 모르겠다. ②'말할 것도 없거니와 도리어'의 뜻을 나타내는 말. ¶출시는 커이 넘인데 욕이나 안 얻어묵고 살마 다앵이다. =출세는커녕 남한테 욕이나 안 얻어먹고 살면 다행이다. ☞케도.

컬[-] 명 큰일. ☞커얼.

케도[-_] 조 커녕. ☞커이.

코끈티이[코끈티~이 __-_] 명 코끝. 콧등의 끝. ¶【관용구】코끈티이도 안 비인다. =코끝도 안 보인다. ¶【속담】떠신 술 불고 마시마 코끈티이가 뿕어진다. =더운술을 불고 마시면 코끝이 붉어진다.

코때까리[__-_] 명 코딱지. ①콧구멍에 콧물과 먼지가 섞여 말라붙은 것. ¶【속담】코때까리 기양 두마 살이 데까이. =코딱지 그냥 두면 살이 되랴. ②아주 작고 보잘것없는 것을 비유적으로 이르는 말. ¶쌀로 코때까리만쿰 얻어왔다. =쌀을 코딱지만큼 얻어왔다.

코똥[--] 명 콧방귀. ¶【관용구】코똥 끼다. =콧방귀 뀌다. ¶【관용구】코똥도 안 끼다. =콧방귀도 안 뀌다. ¶【관용구】코똥도 안 노오다. =콧방귀도 안 나오다. ☞콧방구.

코망깨이[코망깨~이 _ _-_] 명 코맹맹이. 코가 막혀서 소리를 제대로 내지 못하는 상태. ¶【관용구】코망깨이 소리를 하다. =코맹맹이 소리를 하다.

코머구리[_ _-_] 명 코머거리. 코가 막히는 증세가 있는 사람.

코빼이[코빼~이 _-_] 명 코뚜레. 소의 코청을 꿰뚫어 끼는 나무 고리. ¶【관용구】코빼이로 지다. =코뚜레를 쥐다.

코삐이[코빼~이 _-_] 명 코빼기. '코'를 비속하게 이르는 말. ¶【관용구】코삐이도 안 비이다. =코빼기도 안 보이다. ¶【속담】호래이 코삐이에 붙운 것도 띠이 묵눈다. =호랑이 코빼기에 붙은 것도 떼어 먹는다.

코언지리[_ _-_] 명 코언저리. 코 둘레의 가장자리 부분. ¶코언지리에 땀이 송굴송굴 맺핐다. =코언저리에 땀이 송골송골 맺혔다.

코웃움[코우숨 --_] 명 코웃음. 비웃듯 콧김만으로 웃는 웃음. ¶【관용구】코웃움을 치다. =코웃음을 치다.

코재이[코재~이 --_] 명 코쟁이. 코가 크다는 뜻에서 서양 사람을 놀림조로 이르는 말. ¶우리 아부지는 코재이 음석을 잘 몬 자신다. =우리 아버지는 코쟁이 음식을 잘 못 잡수신다.

코터리기[_ _-_] 명 코털. 콧구멍 속에 난 털. ¶【관용구】코터리기가 시다. =코털이 세다. ¶【속담】잠자는 호래이 코터리기로 건디린다. =잠자는 호랑이 코털을 건드린다.

콧구녕[코꾸녕 _ _-] 명 콧구멍. 코에 뚫린 구멍. ¶【관용구】콧구녕이 맥히다. =콧구멍이 막히다. ¶【관용구】콧구녕에 바람 옇다. =콧구멍에 바람 넣다. ¶【속담】콧구녕에 찡긴 대추씨. =콧구멍에 낀 대추씨. ¶【속담】콧구녕 겉은 집에 밑구녕 겉은 나그네 온다. =콧구멍 같은 집에 밑구멍 같은 나그네 온다. ¶【속담】문디이 콧구녕에 마알도 빼묵울다. =문둥이 콧구멍에 마늘도 빼먹겠다. ☞콧구늉. 콧구뭉. 콧구중.

콧구늉[코꾸늉 _ _-] 명 콧구멍. ☞콧구녕. 콧구뭉. 콧구중.

콧구뭉[코꾸뭉 _ _-] 명 콧구멍. ☞콧구녕. 콧구늉. 콧구중.

콧구중[코꾸중 _ _-] 명 콧구멍. ☞콧구녕. 콧구늉. 콧구뭉.

콧디이[코띠~이 _-_] 명 콧등. ¶【속담】사납운 개 콧디이 아물 날 없다. =사운 개 콧등 아물 날 없다. ☞콧방매이.

콧바아[코빠~아 _-_] 명 코방아. 엎어져서 코를 바닥에 부딪치는 일. ¶【속담】소똥에 미끄러지서 개똥에 콧바아 쨚는다. =쇠똥에 미끄러져서 개똥에 코방아 찧는다.

콧방구[코빵구 --_] 명 콧방귀. ☞코똥.

콧방매이[코빵매~이 _ _-_] 명 콧등. ☞콧디이.

콧빙[코삥 --] 명 콧병(-病). 코에 생기는 병. ¶【속담】콧빙 딜린 뻴가리 겉다. =콧병 든 병아리 같다.

콧시엄[코씨엄 ---] 명 콧수염(-鬚髯). ¶

ㅋ

【관용구】콧시엄을 지라다. =콧수염을 기르다.

콧잔디이[코짠디~이 _ _-_] 명 콧잔등이. '코허리'를 낮추어 부르는 말. ¶【관용구】콧잔디이가 간지랍다. =콧잔등이가 간지럽다.

콧짐[코찜 --] 명 콧김. 콧구멍으로 나오는 더운 김. ¶【속담】방(房)이 죽운 넘 콧짐만도 몬하다. =방이 죽은 놈 콧김만도 못하다.

콩가리[콩까리 _ _-] 명 콩가루. ①콩을 빻아서 만든 가루. ¶【속담】째보 아가리에 콩가리. =언청이 아가리에 콩가루. ②한 집단 구성원 간의 상하 질서가 흐트러지거나 유대 관계가 깨어져 버린 상태를 비유적으로 이르는 말. ¶【관용구】콩가리 집안. =콩가루 집안.

콩각시[1][_-_] 명 민며느리. 장래 성인이 된 뒤 아들과 혼인시켜 며느리로 삼기 위하여 민머리인 채로 장래의 시집에서 데려다가 기르는 여자 아이. ¶【관용구】콩각시 키아다. =민며느리 들이다.

콩각시[2][_-_] 명 키가 작고 어려보이는 새댁을 일컫는 말.

콩깍때기[_ _-_] 명 콩깍지. 콩을 털어 내고 남은 껍질. ¶【속담】눈에 콩깍때기가 씨이다. =눈에 콩깍지가 씌이다. ☞콩껍띠기.

콩껍띠기[_ _-_] 명 콩깍지. ☞콩깍때기.

콩꼬사리[_ _-_] 명 콩사리. 콩을 포기째 불에 그을려 먹는 일.

콩꼬사리하다[_ _-_ _ _] 동 콩사리하다. ¶【속담】콩꼬사리해 무운 아 조디이 겉다. =콩사리해 먹은 애 조동이 같다.

콩꼬타리[_ _-_] 명 콩꼬투리. 콩알이 들어있는 콩의 껍질.

콩돌[콩똘 -_] 명 공깃돌. 공기놀이에 쓰이는, 크기가 작은 돌. ¶【속담】콩돌 놀리덧기 한다. =공깃돌 놀리듯 한다.

콩지름[1][_-_] 명 콩나물. *창녕방언 '콩지름'이 '콩나물'의 뜻일 때는 키우는 상태에 있는 것만을 가리켜 '콩지름'이라 하고, 나물로 만들어 놓은 것은 '콩나물'이라 한다. ¶【속담】콩지름 지라 묵드끼. =콩나물을 길러서 먹듯이. ¶【속담】사램으로 콩지름 지랐다. =사람으로 콩나물 길렀다.

콩지름[2][_-_] 명 콩기름. 콩에서 짜낸 기름.

콩지름국[콩지름꾹 _ _ _-] 명 콩나물국.

콩지름도오[콩지름도~오 _ _ _-_] 명 콩나물시루. ¶【관용구】콩지름도오가 따리 없다. =콩나물시루가 따로 없다. ☞콩지름시리.

콩지름밥[_ _-_] 명 콩나물밥.

콩지름시리[_ _ _-_] 명 콩나물시루. ☞콩지름도오.

콩지름콩[_ _ _-] 명 기름콩. 콩나물로 기르는 잘고 흰콩. ¶올개는 논뚜룽에 콩지름콩을 마이 숭궀네예. =올해는 논두렁에 기름콩을 많이 심었네요.

크얼매[--_] 명 큰어머니. 백모(伯母). ¶크얼매, 큰아부지는 오데 갔습미꺼? =큰어머니, 큰아버지는 어디 갔습니까? ☞큰어매. 큰어무이.

큰고상[--_] 명 극고생(極苦生). ①몹시 심한 고생. ¶저 할마시는 저분에 큰고상을 닳고 나서 살이 쏙 빠졌다. =저 할멈은 저번에 극고생을 당하고 나서 살이 쏙 빠졌다. ②상대에게 고마움의 표시로 쓰는 말. ¶아직부텀 이래 큰고상을 했네예. =아침부터 이렇게 극고생을 했네요. ☞큰욕.

큰고상하다[--___] 동 극고생하다(極苦生--). ¶아들 장개보낸다꼬 큰고상했지예? =아들 장가보낸다고 극고생했죠? ☞큰고상하다.

큰기리기[---_] 명 ((동물))큰기러기. ☞큰기우리.

큰기우리[---_] 명 ((동물))큰기러기. ☞큰기리기.

큰넘[-_] 명 큰놈. 장남(長男). '큰아들'을 속되게 이르는 말.

큰누부[--_] 명 큰누나. 장녀(長女). ☞큰누야.

큰누야[--_] 명 큰누나. 장녀(長女). ☞큰누부.

큰딸아[--_] 명 큰딸. 장녀(長女). ¶큰딸아는 진작에 치았어예. =큰딸은 진즉에 시집보냈어요.

큰메너리[--__] 명 큰며느리. 큰아들의 아내. ¶【속담】잔미너리 보고 나서야 큰메너리 무던운 줄 안다. =작은며느리 보고 나서야 큰며느리 무던한 줄 안다. ☞큰미너리.

큰미너리[--__] 명 큰며느리. ☞큰메너리.

큰시이[큰시~이 --_] 명 큰형(-兄). '장남(長男)'을 호칭하는 말. ☞큰히이.

큰아[--] 명 큰애. 자식들 중에서 장남(長男)과 장녀(長女).

큰아부지[크나부지 ---_] 명 큰아버지. 백부(伯父).

큰어매[크너매 --_] 명 큰어머니. ☞크얼매. 큰어무이.

큰어무이[크너무이 --__] 명 큰어머니. 백모(伯母). ☞크얼매. 큰어매.

큰욕[크뇩 --] 명 극고생(極苦生). ¶【관용구】큰욕을 보다. =극고생을 하다. ☞큰고상.

큰욕보다[크뇩보다 --__] 동 극고생하다(極苦生--). ¶손지가 아파서 미너리가 큰욕본다. =손자가 아파서 며느리가 극고생한다. ☞큰고상하다.

큰질[--] 명 큰길. 넓은 길. ¶【속담】양반은 큰질로마 댕긴다. =양반은 큰길로만 다닌다.

큰처매[__-] 명 겹치마. ☞거들처매. 꼬리처매. 웃처매. 자락처매.

큰할매[-__] 명 큰할머니. 아버지의 큰어머니를 가리키거나 부르는 말. ¶너거 큰할매 지사가 니일이다. =너희 큰할머니 제사가 내일이다.

큰할배[-__] 명 큰할아버지. 아버지의 큰아버지를 가리키거나 부르는 말. ☞큰할부지.

큰할부지[---_] 명 큰할아버지. ☞큰할배.

큰히이[큰히~이 --_] 명 큰형(-兄). ☞큰시이.

키다[-_] 동 켜다. ☞써다. 씨다. 일바시다.

키다리밀[--__] 명 ((식물))호밀(胡-). ☞장밀.

키아다[1][-__] 동 키우다. '크다'의 사동사.

ㅋ

①사람이 자라서 어른이 되게 하다. ¶【속담】태마 줏어다가 키안 넘. =태만 주워 키운 놈. ☞기라다. ②동식물을 자라게 하다. ¶【속담】키아던 개인데 다리 물렀다. =키우던 개에게 다리 물렸다. ☞기라다. ③식물이나 그것을 손질하고 보살피다. ¶우리 할마시는 꽃 키아는 거로 좋아할 거로. =우리 할멈은 꽃 키우는 걸 좋아할 걸. ☞지라다. 지루다. ④병을 악화시키다. ¶치로도 안 하고 고래 나뚜마 빙을 키아자는 소리백이 더데나? =치료도 안 하고 그리 놓아두면 병을 키우자는 소리밖에 더되니? ⑤소리 따위를 더 크게 하다. ¶테레비 소리로 쫌 더 키아바라. =텔레비전 소리를 좀 더 키워봐라.

키아다[2][-__] 동 기르다. ☞기라다. 지라다. 지루다.

키이다[_-_] 동 켜이다. '켜다'의 피동사. ☞써이다. 씨이다.

ㅌ

타[-] 명 차(茶). *창녕방언 '타'는 영어 '티(tea)'에서 와전 된 것으로 보인다. ¶【관용구】타로 마시다. =차를 마시다.

타렁[_-] 명 타령. ((일부 명사 뒤에서 의존적 용법으로 쓰여)) 그 말이나 노래를 자꾸 되풀이함. 또는 그런 말. ¶【속담】지뿔도 없는 넘이 매구 치미 타렁을 한다. =쥐뿔도 없는 놈이 꽹과리 치며 타령을 한다.

타박고오매[_-_-_] 명 밤고구마.

타박솔[타박쏠 _-_] 명 다복솔. 가지가 탐스럽고 소복하게 많이 퍼진 어린 소나무. ☞다북솔.

타박하다[1][타바카다 __-_] 형 수북하다. ☞우묵하다. 자부룩하다. 지북하다.

타박하다[2][타바카다 __-_] 형 퍽퍽하다. 음식이 물기나 끈기가 매우 적어 목이 멜 정도로 몹시 메마르고 부드럽지 못하다. ¶이 고오매는 억쑤로 타박하다. =이 고구마는 엄청 퍽퍽하다.

타방[_-] 명 다방(茶房). ¶저심 묵고 타바아서 노다가 왔다. =점심 먹고 다방에서 놀다가 왔다.

타방커피[_-__] 명 다방커피(茶房coffee). 다방에서 파는 커피. 프림과 설탕을 한두 스푼 타 맛이 부드럽고 달짝지근한 커피를 이르는 말로 주로 쓰인다.

타양[_-] 명 타향(他鄕). ¶【속담】바램도 타양서 맞는 바램이 더 찹고 시럽다. =바람도 타향에서 맞는 바람이 더 차고 시리다

타이아[__-] 명 타이어(tire). ☞다이아.

타자다[_-_] 동 태우다. '타다'의 사동사. ①불씨나 높은 열로 불이 붙어 번지거나 불꽃이 일어나게 하다. ¶【속담】빈대 잡울라꼬 초개삼칸 타잔다. =빈대 잡으려고 초가삼간 태운다. ②피부가 햇볕을 오래 쬐어 검은색으로 변하다. ¶땡빝에 낯을 쌔까마이 타잤다. =땡볕에 낯을 새까맣게 태웠다. ③뜨거운 열을 받아 검은색으로 변할 정도로 지나치게 익다. ¶밥 타자는 내미가 왕등한다. =밥 태우는 냄새가 진동한다. ④마음이 몹시 달다. ¶【관용구】쏙을 타자다. =속을 태우다. ☞태아다.

타지다[-__] 동 타다. ①피부가 햇볕을 오래 쬐어 검은색으로 변하다. ¶땡삩에 모간지가 까마이 타짔다. =땡볕에 모가지가 까맣게 탔다. ②뜨거운 열을 받아 검은색으로 변할 정도로 지나치게 익다. ¶불이 씨서 기기가 말키 타지뿄네. =불이 세서 고기가 모두 타버렸네. ③

ㅌ

마음이 몹시 달다. ¶【관용구】쏙이 타지다. =속이 타다. ④물기가 없어 바싹 마르다. ¶하도 가물어가 청석밭이 타진다. =하도 가물어서 층석 밭이 탄다.

탁근하다[--__] 동 착근하다(着根--). 옮겨 심은 식물이 뿌리를 내리다. ¶나락이 잘 탁근했다. =벼가 잘 착근했다.

탁배기[탁빼기 _-_] 명 탁주(濁酒). ¶점빠아 가서 탁배기 좀 받아온나. =가게에 가서 탁주 좀 사오너라.

탁상보[탁상뽀 __-] 명 탁자보(卓子褓). 탁자를 덮는 보자기. ¶칼큻던 탁상보로 알라가 베리낳았다. =깨끗하던 탁자보를 애기가 버려놓았다.

탁새이[탁새~이 _-_] 명 ((동물))풀쐐기. ¶탁새이인데 쌔이서 팔이 뻘거이 붓어올랐다. =풀쐐기한테 쏘여서 팔이 벌겋게 부어올랐다.

탁하다[타카다 --_] 동 빼쏘다. 다른 사람을 얼굴을 꼭 닮다. ¶【관용구】묵고 탁하다. =먹고 빼쏘다. ☞덮우씨다. 둘루씨다. 빼꽂다. 빼다박다. 천상요절하다.

탄약[타냑 _-] 명 탕약(湯藥). 달여서 마시는 한약. ¶【속담】탄약에 감초 빠지까이. =탕약에 감초 빠지랴.

탈놀움[탈노룸 _-_] 명 탈놀음.

탈바가치[탈빠가치 __-_] 명 탈바가지. ¶【관용구】탈바가치로 씨다. =탈바가지를 쓰다. ☞탈박재기.

탈박재기[__-_] 명 탈바가지. ☞탈바가치.

탐나물[__-] 명 ((식물))기린초(麒麟草).

탐살[-_] 명 탓. 구실이나 핑계로 삼아 원망하거나 나무라는 일. ¶【속담】봉사가 자빠라지마 작때기 탐살. =봉사가 자빠지면 작대기 탓. ¶【속담】글 잘 씨는 사램은 필묵 탐살 안 한다. =글 잘 쓰는 사람은 필묵 탓 안 한다. ☞탓이.

탐살하다[-___] 동 탓하다. ¶【속담】선무당이 장고 탐살한다. =선무당이 장구 탓한다. ¶【속담】훌치이질 몬하는 넘이 소 탐살한다. =쟁기질 못하는 놈이 소 탓한다. ☞탓이하다.

탐시럽다[_-__] 형 탐스럽다(貪---). 마음이 끌리도록 보기에 좋은 데가 있다. ¶【속담】딸래미는 지 딸래미가 곱아 비이고 곡석은 넘우 곡석이 탐시럽어 비인다. =딸내미는 제 딸내미가 고와 보이고 곡식은 남의 곡식이 탐스러워 보인다.

탓이[타시 -_] 명 탓. ☞탐살.

탓이하다[타시하다 -___] 동 탓하다. ☞탐살하다.

탕수국[탕쑤꾹 __-] 명 탕국(湯-). 제사에 쓰는, 건더기가 많고 국물이 적은 국. ¶【속담】탕수국 내미가 난다. =탕국 냄새가 난다.

태개[_-] 명 태가(駄價). 짐을 부탁한 사람의 집에 실어 날라 준 삯. 오늘날 '택배(宅配)'에 해당한다.

태개꾼[__-] 명 태가짐꾼(駄價--). 태가하는 짐꾼. 주로 장날에 소달구지로 여러 사람의 짐을 실어다 주고 태가를 받는 사람. 오늘날 '택배기사(宅配技士)'에 해당한다.

태개미이다[__-__] 동 태가먹이다(駄價---). 태가짐꾼에게 보수를 주고 집으로 짐을 실어 보내다. ¶우리 짐도 진작에 태개미있다. =우리 짐도 진즉에 태가먹였다.

태국기[태구끼 --_] 명 태극기(太極旗). ¶오올은 태국기 다는 날 맞제? =오늘은 태극기 다는 날 맞지?

태댁기리다[1][_ _-_ _] 동 타닥거리다. 콩깍지나 장작 따위가 타면서 가볍게 튀는 소리가 자꾸 나다. ¶콩꼬사리로 해묵다가 보마 태댁기리는 소리가 난다. =콩사리를 해먹다 보면 타닥거리는 소리가 난다.

태댁기리다[2][_ _-_ _] 동 파드닥거리다. 작은 새가 잇따라 힘차게 날개를 치다. ¶참새가 놀래서 태댁기리민서 날라간다. =참새가 놀라서 파드닥거리면서 날아간다. ②물고기가 잇따라 힘차게 꼬리를 치다. ¶금상 잡운 송에가 태댁기린다. =금방 잡은 붕어가 파드닥거린다.

태댁기리다[3][_ _-_ _] 동 다투다. 의견이나 이해의 대립으로 서로 따지며 싸우다. ¶저 집 내우는 이우지 씨끄럽구로 맨날 태댁기린다. =저 집 내외는 이웃 시끄럽게 만날 다툰다. ☞다타다.

태박하다[태바카다 _-_ _] 동 타박하다. 남의 허물이나 결함을 잡아 나무라거나 핀잔을 하다. ¶【속담】서투룬 가방[果房]이 안반(案盤) 태박한다. =서툰 과방이 안반 타박한다.

태배기[_-_] 명 됫박. ①되 대신 쓰는 바가지. ¶쌀 한 태배기마 채애주소. =쌀 한 됫박만 꿔주세요. ②곡식 따위를 '되'에 담아 그 분량을 세는 단위. ¶보쌀 시 태배기. =보리쌀 세 됫박. ③비유적으로 '엄청나게'라는 의미로, 부정적인 상황에 사용하는 말. ¶【관용구】욕을 태배기로 얻어묵다. =욕을 됫박으로 얻어먹다. ☞뎃박. 도배기. 티비기.

태성[1][태썽 --] 명 본성(本性). ¶【관용구】태성을 똶다. =본성을 따르다. ¶【관용구】태성이 들나다. =본성이 드러나다.

태성[2][태썽 --] 명 태생(胎生). 사람이 일정한 곳에 태어남. ¶저 사램은 어니 나라 태성인고? =저 사람은 어느 나라 태생인가?

태아다[1][-_ _] 동 타다. ①다량의 액체에 소량의 액체나 가루 따위를 넣어 섞다. ¶【관용구】물로 태아다. =물을 타다. ②도박판에서 돈을 걸다. ¶【관용구】돈을 태아다. =돈을 타다.

태아다[2][-_ _] 동 태우다. '타다'의 사동사. 탈것이나 짐승의 등 따위에 몸을 얹게 하다. ¶【속담】잔칫날 신부로 가매에 태아 놓고 보선이 없다 칸다. =잔칫날 신부를 가마에 태워 놓고 버선이 없다 한다.

태아다[3][-_ _] 동 태우다. '타다'의 사동사. ☞타자다.

태침이[태치미 _-_] 명 퇴침(退枕). 서랍이 있는 목침. ¶아아들은 태침이 비고 몬 잔다. =애들은 퇴침 베고 못 잔다. ☞티침이.

태팽시럽다[---_ _] 형 태평스럽다(泰平---). 몸과 마음이 걱정없이 평안한 듯하다. ¶넘이사 머라 카던강 지 한분채 태

ㅌ

팽시럽다. =남이야 뭐라 하든지 제 혼자 태평스럽다. ☞태핑시럽다.

태팽시리[--__] 부 태평스레(泰平--). ☞태핑시리.

태팽하다[--__] 형 태평하다(泰平--). ¶태팽한 소리 고마 해래이. =태평한 소리 그만 해라. ☞태핑하다.

태피이[태피~이 --_] 명 무량태평(無量泰平-). ☞무랑태피이.

태핑시럽다[---__] 형 태평스럽다(泰平---). ☞태팽시럽다.

태핑시리[---_] 부 태평스레(泰平--). ☞태팽시리.

태핑하다[--__] 형 태평하다(泰平-). ☞태팽하다.

택구[태꾸 -_] 명 택호(宅號). 이름 대신에 집주인의 벼슬 이름이나 고향 지명 따위를 붙여서 그 사람의 집을 부르는 말. ¶【속담】머심살이 삼년에 주인집 택구 묻는다. =머슴살이 삼년에 주인집 택호 묻는다.

탱가다[1][_-_] 동 튕기다. ①어떤 물체가 다른 물체에 부딪쳤다가 바깥쪽으로 반사되듯 움직이다. ¶【속담】손끈티이로 물마 탱간다. =손끝으로 물만 튕긴다. ②탄력성 있는 물체를 고정시킨 상태에서 다른 한쪽을 당겼다가 놓음으로써 본래의 상태로 힘있게 되돌리다. ¶빨랫줄로 탱탱하이 탱가라. =빨랫줄을 팽팽하게 튕겨라. ③용수철 따위를 힘을 주어 눌렀다가 놓음으로써 힘있게 바깥으로 움직이게 하다. ¶【관용구】곡철을 탱가다. =용수철을 튕기다. ④수판알 따위를 손가락 끝으로 올리거나 내리다. ¶【관용구】주산알로 탱가다. =주판알을 튕기다. ☞팅가다.

탱가다[2][_-_] 동 켕기다. ☞시라다. 씨라다. 팅가다.

탱가다[3][_-_] 동 거절하다(拒絶--). 요구나 제안을 받아들이지 않고 물리치다. ¶저 냥반이 내 어렵운 부택이로 탱가더라. =저 양반이 내 어려운 부탁을 거절하더라. ☞팅가다.

탱건[_-] 명 탕건(宕巾). 벼슬아치가 갓 아래 받쳐 쓰던 관(冠)의 하나. ¶【속담】탱건 씨고 시수한다. =탕건 쓰고 세수한다. ¶【속담】탱건 밑이 맹건[網巾]인지 맹건 밑이 탱거인지. =탕건 밑이 망건인지 망건 밑이 탕건인지.

탱주낭ㄱ[-_-] 명 ((식물))탱자나무. ¶【속담】탱주낭게서 유자 열기로 바랜다. =탱자나무에서 유자 열기를 바란다.

탱탱하다[1][__-_] 형 팽팽하다. ①힘이 서로 엇비슷하여 우열을 가르기가 힘들다. ¶두 넘 심이 탱탱하네. =두 놈 힘이 팽팽하네. ②줄이나 실이 잔뜩 잡아당겨져 있어 튕기는 힘이 있다. ¶끄내끼로 탱탱하이 시라라. =끈을 팽팽하게 켕겨라.

탱탱하다[2][__-_] 형 팽팽하다(膨膨--). 피부나 사물의 표면이 조금도 주름이 없이 팽창되어 탄력이 있다. ¶북이 탱탱하기 매이 있어서 소리가 좋아예. =북이 팽팽하게 매여 있어서 소리가 좋아요.

터낳다[터나타 _-_] 동 터놓다. ①친구 사이로 서로 친하게 마음을 열다. ¶절마캉 내는 쏙을 터낳고 산다. =저놈과 나는 속을 터놓고 산다. ②통로나 길 따위를 열거나 새로 만들다. ¶【속담】오나락논에 물 터낳기. =오려논에 물 터놓기.

터다[-_] 형 그르다. 어떤 일이 제대로 될 가능성이나 희망이 없다. ¶【속담】사우머 꼬라지 보이 이손자 보기는 텄다. =사위 뭐 꼴 보니 외손자 보기는 글렀다.

터러기[_-_] 명 털. ¶【속담】터러기도 안 난 기이 날라 칸다. =털도 안 난 게 날려고 한다. ¶【속담】터러기도 안 빼고 자아묵눈다. =털도 안 뽑고 잡아먹는다. ¶【속담】터러기도 내리씰어야 빛이 난다. =털도 내려쓸어야 빛이 난다. ☞터리기.

터럼하다[-___] 동 트림하다. ¶【속담】미꾸래이국 묵고 용(龍) 터럼한다. =미꾸라짓국 먹고 용 트림한다. ¶【속담】양반은 안 무우도 진 터럼한다. =양반은 안 먹어도 긴 트림한다.

터리기[_-_] 명 털. ☞터러기.

터무이[터무~이 _-_] 명 터무니. 정당한 근거나 이유. ¶【관용구】터무이가 없다. =터무니가 없다. ☞터문.

터무이없다[터무~이엄따 _-___] 형 터무니없다. ☞터문없다.

터문[_-] 명 터무니. ☞터무이.

터문없다[터문엄따 _-__] 형 터무니없다. ☞터무이없다.

터벅하다[1][터버카다 __-_] 형 터부룩하다. ①풀이나 나무 따위가 거칠게 수북하다. ¶할배 산소가 벌초도 안 한 산소매이로 터벅합미더. =할아버지 산소가 벌초도 안 한 산소처럼 터부룩합니다. ②수염이나 머리털 따위가 좀 길고 촘촘하게 많이 나서 어지럽다. ¶멀꺼디이가 터벅해서 이발로 한다. =머리카락이 터부룩해서 이발을 한다. ☞어벅하다.

터벅하다[2][터버카다 __-_] 형 텁텁하다. 고구마나 감자 따위의 맛이 시원하거나 깨끗하지 못하다. ¶이 고오매는 터벅해서 맛이 없다. =이 고구마는 텁텁해서 맛이 없다.

터부리하다[_-___] 동 투레질하다. 젖먹이가 두 입술을 떨며 투루루 소리를 내다. ¶【속담】젖믹이가 터부리하마 비 온다. =젖먹이가 투레질하면 비 온다.

터불[-_] 명 터울. 한 어머니에게서 태어난 자녀들의 나이 차이. ¶내 동상은 내캉 시 살 터불이다. =내 동생은 나와 세 살 터울이다.

터실이[터시리 _-_] 명 터. 집이나 묘 따위가 앉을 자리. *'터실이'는 '터+실(室)+-이'로, '실'의 의미가 무엇인지는 분명하지 않지만 '室'로 짐작된다. '-이'는 접미사이다. ¶【관용구】터실이가 너러다. =터가 너르다. ¶【관용구】터실이가 쫍다. =터가 좁다. ¶【관용구】터실이가 빝바루다. =터가 볕바르다.

터자다[1][_-_] 동 틔우다. ①막혀 있던 것을 치우고 통하게 하다. ¶비가 마이 오서 수통을 터잤다. =비가 많이 와서 물꼬를 틔웠다. ②식물의 싹, 움, 순 따위가 벌어지다. ¶물로 조서 고오매 싹을

ㅌ

터자놓았다. =물을 줘서 고구마 싹을 틔워놓았다. ☞티아다.

터자다[2][_-_] 동 터뜨리다. 터지게 하다. ¶【관용구】물꼬로 터자다. =물고를 터뜨리다. ¶【관용구】곪안 데로 터자다. =곪은 데를 터뜨리다. ☞터주다. 파달개다.

터자다[3][_-_] 동 트다. ①중간에 막고 있는 것을 치워 통하게 하다. ☞끄니다. ②서로 거래하는 관계를 맺다. ¶저 상인캉 거래로 터잤다. =저 상인과 거래를 텄다. ☞티아다.

터주다[_-_] 동 터뜨리다. 터지게 하다. ☞터자다. 파달개다.

터지다[--_] 동 트이다. ①장소가 막히거나 거치적거리는 것이 없게 되다. ¶여어는 사방이 툭 터짔다. =여기는 사방이 툭 트였다. ②막혔던 것이 뚫리거나 통하게 되다. ¶맥힜던 수채구뭉이 터짔습미더. =막혔던 수챗구멍이 트였습니다. ③운수나 일 따위가 좋아지거나 잘되어 가다. ¶【관용구】우이 터지다. =운이 트이다. ④무엇을 알고 깨닫게 되다. ¶【관용구】물미가 터지다. =문리가 트이다. ⑤마음이나 생각이 어느 한 쪽에 편향되지 않고 포용성이나 융통성이 있게 되다. ¶【관용구】생각이 터지다. =생각이 트이다. ⑥옷이 사이가 벌어져 갈라지다. ¶처매가 앞이 터짔다. =치마가 앞이 트였다. ☞티이다.

털[1][-] 명 재봉틀(裁縫-). ¶누야가 털로 내 주봉을 줄아줬다. =누나가 재봉틀로 내 바지를 줄여주었다. ☞자방털. 자봉털.

털[2][-] 명 덫. ¶【관용구】털로 낳다. =덫을 놓다. ☞치.

-털감칠[_-_] 접 -투성이. 일부 명사 뒤에 붙어, '온통 그것을 뒤집어쓴 상태임'의 뜻을 더하여 명사를 만드는 말. ¶미검털감칠(먼지투성이). ¶주군깨털감칠(주근깨투성이). ¶피털감칠(피투성이). ¶흙털감칠(흙투성이). ☞-투시이.

털감칠하다[_-___] 동 ≒칠갑하다(漆甲--). 먼지나 진흙 따위로 겉을 온통 칠하여 바르다. ¶동상이 국개 털감칠해서 왔다. =동상이 개흙 칠갑해서 왔다.

털개[_-] 명 먼지떨이. ☞문지털개. 미검털개. 미굼털개.

털복시이[털복시~이 __-_] 명 털북숭이. 털이 많이 난 사람이나 동물, 물건을 이르는 말. ¶털복시이 강새이로 사왔다. =털북숭이 강아지를 사왔다.

털수군[-__] 명 털수건(-手巾). '타월(towel)'을 이르는 말.

털시럽다[1][--__] 형 퉁명스럽다. 사람의 그 언행이 공손하지 않고 무뚝뚝하고 거친 데가 있다. ¶손님을 털시럽기 대하마 안 덴다. =손님을 퉁명스럽게 대하면 안 된다.

털시럽다[2][--__] 형 투깔스럽다. 일이나 물건의 모양새가 투박스럽고 거칠다. ¶일 해낳안 솜씨가 털시럽다. =일 해놓은 솜씨가 투깔스럽다. ☞툭깔시럽다.

털어낳다[터러나타 -_-_] 동 털어놓다. ①다른 사람에게 사실이나 속마음 따위를 숨김없이 모두 말하다. ¶【관용구】

흉굼을 털어낳다. =흉금을 털어놓다. ②가지고 있는 돈이나 물건을 모두 내놓다. ¶있는 재산을 다 털어낳았다. =있는 재산을 다 털어놓았다.

털어막하다[터러마카다 --_-_] 동 틀어막다. ①뜻대로 못 하게 막다. ¶【속담】노올 쩍에 봤으마 짚신째기로 털어막할 꺼로 그랬다. =나올 적에 봤으면 짚신짝으로 틀어막을 걸 그랬다. ②틀어넣어 통하지 못하게 막다. ¶【속담】지구뭉 털어막할라꼬 대둘보 딜이미까. =쥐구멍 틀어막으려고 대들보 들이밀까.

털어묵다[터러묵따 -_-_] 동 털어먹다. ①가루로 된 음식물 따위를 입 안으로 넣다. ¶【속담】하적[火賊] 보따리 털어묵눈다. =화적 보따리 털어먹는다. ¶【속담】개 대가리에 묻은 딩기도 털어묵눈다. =개 대가리에 묻은 등겨도 털어먹는다. ②돈이나 재산을 함부로 써서 없애다. ¶【속담】어물전 털어묵고 꼴띠기 장시한다. =어물전 털어먹고 꼴뚜기 장사한다.

털어옇다[터러여타 -_-_] 동 털어넣다. ①가진 것을 모두 입으로 넣다. ¶【속담】호박씨 까가아 한입에 털어옇었다. =호박씨 까서 한입에 털어 넣었다. ②가진 것을 모두 투자하다. ¶씨빠지기 일해서 자석 밀 딲는 데 모지리 털어옇었다. =힘들게 일해서 자식 밑 닦는 데에 모조리 털어넣었다.

털어지다[1][터러지다 --_-_] 동 토라지다. 상대방에게 섭섭하거나 못마땅한 감정이 생겨 응대하지 않다. ¶빌일도 아인 일에 털어졌다. =별일도 아닌 일에 토라졌다.

털어지다[2][터러지다 --_-_] 동 틀어지다. ①다른 사람과, 또는 둘 이상의 사람이 관계가 더 이상 서로 호의적으로 통하지 않게 되다. ¶【관용구】새애가 털어지다. =사이가 틀어지다. ②꾀하던 일이나 진행 중이던 일이 더 이상 추진할 수 없는 상태로 되다. ¶【관용구】게액이 털어지다. =계획이 틀어지다. ③아귀를 맞추어 짜 만든 물건이 어떤 이유로 비틀리다. ¶문째기가 털어졌다. =문짝이 틀어졌다.

털치다[1][-_-_] 동 ≒낚아채다. 남이 손에 쥐고 있는 것을 잽싸게 빼앗다. ¶히이가 내 꺼로 털치 무웄다. =형이 내 것을 낚아채 먹었다.

털치다[2][-_-_] 동 뿌리치다. 붙잡힌 것을 확 빼내어, 놓치게 하거나 붙잡지 못하게 하다. ¶【관용구】손을 털치다. =손을 뿌리치다.

털털이[털터리 _-_] 명 쑥버무리. ¶오올은 쑥 뜯어서 털털이 해묵재이. =오늘은 쑥 캐서 쑥버무리 해먹자. ☞쑥털털이.

털팔이[털파리 -_-_] 명 더펄이. 성미가 침착하지 못하고 덜렁대는 사람. ¶가서 나가 저래 털팔이 짓을 한다. =계집애가 저리 더펄이 짓을 한다. ☞쑤씨. 털피이.

털피이[털피~이 -_-_] 명 더펄이. ☞쑤씨. 털팔이.

텃시부리다[터씨부리다 -____] 명 텃세하다(-勢--). ¶【속담】개도 텃시부린다. =

ㅌ

개도 텃세한다.

테가리[1][_-_] 명 모서리. ☞모배기. 모시리.

테가리[2][_-_] 명 아가리. 물건을 넣고 내고 하는, 병이나 자루 따위의 구멍 어귀. ¶【속담】지 잡울라다가 장도가지 테가리 뿌쌓는다. =쥐 잡으려다 장독 아가리 부순다.

테가리[3][_-_] 명 턱주가리. '턱'을 속되게 이르는 말. ¶그놈우 테가리 쫌 닥치라. =그놈의 턱주가리 좀 닥쳐라. ☞텍주가리.

테리비[_-_] 명 텔레비전[television].

텍[1][-] 명 턱. 아래턱의 바깥 부분. ¶【속담】텍 짧운 개 쌀섬 넘바다보는 듯다. =턱 짧은 개 쌀섬 넘겨다보는 듯하다.

텍[2][_] 명 셈. 어떤 일의 형편이나 결과를 나타내는 말. ¶【속담】담부랑캉 말하는 텍이다. =담벼락과 말하는 셈이다. ¶【속담】풀꾹새 북한 댕기온 텍이다. =뻐꾸기 북한 다녀온 셈이다.

텍걸이[텍거리 --_] 명 턱걸이. ①철봉을 손으로 잡고 매달린 상태에서 팔의 힘으로 몸을 올려 턱이 철봉 위까지 올라가게 하는 운동. ¶학조 댕길 적에 텍걸이 마이 했다. =학교 다닐 적에 턱걸이 많이 했다. ②기준에 겨우 다다름을 비유적으로 이르는 말. ¶니는 중핵교에 텍걸이로 드갔제? =너는 중학교에 턱걸이로 들어갔지? ③턱에 걸도록 된 모자의 끈.

텍도없다[텍또엄따 --__] 형 턱없다. ①말이나 행동이 근거가 없거나 이치에 맞지 않다. ¶【관용구】텍도없는 소리. =턱없는 소리. ②어떤 일을 하기에 무엇이 수준이나 분수에 맞지 않다. ¶이거로는 텍도없다. =이것으로는 턱없다.

텍씨엄[--_] 명 턱수염(-鬚髯). ¶【속담】손자 이뿌다 카마 할부지 텍씨엄을 잡아땡긴다. =손자 예쁘다 하면 할아버지 턱수염을 잡아당긴다.

텍없이[텍엄씨 --_] 부 턱없이. ①근거가 없거나 이치에 맞지 않게. ¶단장이 텍없이 높우다. =담장이 턱없이 높다. ②수준이나 분수에 한참 맞지 않게. ¶쌀끔이 텍없이 비싸다. =쌀금이 턱없이 비싸다.

텍이다[테기다 --_] 형 셈이다. ①((주로 '-은 텍이다'의 구성으로 쓰여)) 어떤 일의 형편이나 결과를 나타내는 말. ¶【속담】소똥에 미끄러지서 개똥에 코 박은 텍이다. =쇠똥에 미끄러져서 개똥에 코 박은 셈이다. ②어떻게 하겠다는 생각이나 마음가짐을 나타내는 말. ¶퍼떡 해치알 텍으로 이래 설친다. =빨리 해치울 셈으로 이리 서두른다. ③미루어 가정함을 나타내는 말. ¶니가 덕 보는 텍이라 이이라. =네가 덕 보는 셈이라 여겨라.

텍주가리[텍쭈가리 __-_] 명 턱주가리. ☞테가리.

텐께네[-__] 부 테니까. 미래의 일어날 동작이나 상태를 예측하여 나타내는 말. ¶다시는 안 그랄 텐께네 한분마 바주우소오. =다시는 안 그럴 테니까 한번만 봐주세요.

텟마리[텐마리 _-_] 명 툇마루(退--). 방과 마당 사이에 있는 좁은 마루.

텟줄[테쭐 -_] 명 피대(皮帶). 두 개의 기계 바퀴에 걸어 한 축의 동력을 다른 축에 전하는 띠 모양의 물건. ¶텟줄에 소이 말리 드가마 크기 다친데이. =피대에 손이 말려 들어가면 크게 다친다.

토까이[토까~이 _-_] 명 ((동물))토끼. ¶【속담】토까이가 지 방구에 놀랜다. =토끼가 제 방귀에 놀란다. ¶【속담】두 토까이 잡울라카다가 잡운 토까이도 떨갔는다. =두 토끼 잡으려다가 잡은 토끼도 놓친다. ☞토깨이.

토까이잠[토까~이잠 _-__] 명 토끼잠. 깊이 들지 못하고 자주 깨는 잠. ¶오새는 날이 떱우서 맨날 토까이잠을 잔다. =요새는 날씨가 더워서 만날 토끼잠을 잔다.

토깨이[토깨~이 _-_] 명 ((동물))토끼. ☞토까이.

토림[--] 명 토렴. 밥이나 국수 따위에 따뜻한 국물을 부었다 따랐다 하며 데움. ¶씩움밥에 떠신 국물로 토림을 해가아 한술 들었다. =식은밥에 따뜻한 국물로 토렴을 해서 한술 들었다.

토백이[토배기 --_] 명 토박이(土--).

토백이말[토배기말 --__] 명 토박이말(土---). ①본디부터 그 나라나 고장에서 써 온 말. 외래어나 한자어에 상대하는 말이다. ¶어렵운 한자말은 토백이말로 곤치는 기이 맞다. =어려운 한자말은 토박이말로 고치는 것이 맞다. ②어떤 고장에서만 사용하는 독특한 말. ¶우리 창녕 토백이말로 알아듣는 젊우이가 오새는 잘 없다. =우리 창녕 토박이말을 알아듣는 젊은이가 요새는 잘 없다.

토사가라지풀[--____] 명 ((식물))새삼.

토사각낭[----] 명 토사곽란(吐瀉癨亂).

토시다[_-_] 동 화나다(火--). ☞북기다. 애불나다. 천불나다. 투시다.

토째비[--_] 명 도깨비. ¶【속담】덤불이 우구지야 토째비가 노온다. =덤불이 우거져야 도깨비가 나온다. ¶【속담】무식한 토째비는 진언(眞言)도 모룬다. =무식한 도깨비는 진언도 모른다. ☞해치이.

톰바아[톰바~아 _-_] 명 개상(-床). 볏단을 메어쳐서 이삭을 떨어내는 데 쓰던 농기구. 굵은 서까래 같은 통나무 네댓 개를 가로로 대어 엮고 다리 네 개를 박아 만든다. ☞공산.

톰방[_-] 명 토막. ☞동가리. 동개이. 똥가리. 똥개이. 톰배기.

톰배기[_-_] 명 토막. 짧고 작은 동강. ¶【관용구】고둥어 가운데 톰배기 겉다. =고등어 가운데 토막 같다. ☞동가리. 동개이. 똥가리. 똥개이. 톰방.

통두루미[--__] 부 통째. 나누지 않고 있는 그대로의 덩어리로. ¶【속담】터리기도 안 빼고 통두루미 생킨다. =털도 안 뽑고 통째 삼킨다. ¶【속담】시장하마 밥그럭을 통두루미 묵나. =시장하면 밥그릇을 통째 먹나. ☞온거. 통두루미채. 통채.

통두루미채[--___] 부 통째. ☞온거. 통두루미. 통채.

ㅌ

통마알[--_] 명 통마늘. 쪼개지 않은 통째로의 마늘.

통빨[1][--] 명 인과(因果). 원인과 결과. ¶【관용구】통빨이 뻔하다. =인과가 뻔하다.

통빨[2][--] 명 어림짐작. ¶【관용구】통빨로 짚다. =어림짐작을 하다. ¶【관용구】통빨로 알다. =어림짐작으로 알다.

통시[_-] 명 변소(便所). ¶【관용구】통시 질도 몬 간다. =변소 길도 못 간다. ¶【속담】통시서 개 부르기보담 수얺다. =변소에서 개 부르기보다 수월하다. ¶【속담】통시 갈 쩍 마암하고 올 쩍 마암은 다르다. =변소 갈 적 마음하고 올 적 마음은 다르다. ☞딧간. 똥구디기. 정낭.

통싯개[통시깨 _-_] 더러운 개. 똥통에 빠진 듯이 더러운 개. 이 경우는 더러운 사람을 빈정거릴 때에도 쓴다. *통시+개. ¶【속담】삼년 묵운 통싯개 겉다. =삼년 묵은 더러운 개 같다.

통일베[_-_] 명 통일벼(統一-). 농촌 진흥청에서 1965년부터 1972년까지 여러 차례 실험 재배를 거쳐 개량한 벼 품종의 하나. 일본과 인도의 벼 품종을 교잡한 것으로 수확량이 많다. 벼 생산량을 늘리는 것은 당시 정권의 정책 중 하나였다. ¶통일베는 일반베에 비하마사 소출이사 마이 났다 카지만서도 밥맛또 없고 빙이 들어쌓아서 몬 숭구겠더라. =통일벼는 일반벼에 비하면 소출이야 많이 났다 하지만 밥맛도 없고 병이 들어쌓아서 못 심겠더라. ☞통일비.

통일비[_-_] 명 통일벼(統一-). ☞통일베.

통찡[_-] 명 통증(痛症). ¶알라들은 통찡을 잘 몬 참는다. =어린애들은 통증을 잘 못 참는다.

통채[--] 부 통째. ☞온거. 통두루미. 통두루미채.

투구[_-] 명 토우(土雨). 바람결에 날아 떨어지는 보드라운 모래흙. ¶강가는 투구 때미로 몬 살다. =강가에는 토우 때문에 못 살겠다.

투룩[--] 조 토록. ¶저라마 핑생투룩 고상을 몬 민한다. =저러면 평생토록 고생을 못 면한다.

투시다[_-_] 동 화나다(火--). ☞북기다. 애불나다. 천불나다. 토시다.

-투시이[투시~이 _-_] 접 -투성이. ①((일부 명사 뒤에 붙어)) '온통 그것을 뒤집어쓴 상태임'의 뜻을 더하여 명사를 만드는 말. ¶국개투시이(개흙투성이). ¶미검투시이(먼지투성이). ¶주군깨투시이(주근깨투성이). ¶피투시이(피투성이). ¶흙투시이(흙투성이). ☞-털감칠. ②((일부 구체적인 명사 뒤에 붙어)) '그것을 매우 많이 가지고 있는 상태임'의 뜻을 더하여 명사를 만드는 말. ¶자갈투시이(자갈투성이). ¶주룸투시이(주름투성이). ¶털투시이(털투성이). ¶한문투시이(한문투성이). ③((부정적인 의미를 갖는 일부 추상적인 명사 뒤에 붙어)) '그것이 매우 많이 드러나 있는 상태임'의 뜻을 더하여 명사를 만드는 말. ¶불만투시이(불

만투성이). ¶문제투시이(문제투성이). ¶실수투시이(실수투성이).

툭깔시럽다[-_-__] 형 투깔스럽다. ☞털시럽다.

툭빠리[_-_] 명 뚝배기. ☞뚝빠리. 뚝삐기. 뚝사리. 툭사리. 툭사발. 툭수리. 툭수바리.

툭사리[_-_] 명 뚝배기. ☞뚝빠리. 뚝삐기. 뚝사리. 툭빠리. 툭사발. 툭수리. 툭수바리.

툭사발[_-_] 명 뚝배기. ☞뚝빠리. 뚝삐기. 뚝사리. 툭빠리. 툭사리. 툭수리. 툭수바리.

툭수리[_-_] 명 뚝배기. ☞뚝빠리. 뚝삐기. 뚝사리. 툭빠리. 툭사리. 툭사발. 툭수바리.

툭수바리[__-_] 명 뚝배기. ☞뚝빠리. 뚝삐기. 뚝사리. 툭빠리. 툭사리. 툭사발. 툭수리.

툭지다[1][--_] 형 툭하다. ①어떤 물체가 끝이 좀 뭉툭하다. ¶호매이 끈티이가 툭지다. =호미 끝이 툭하다. ②좀 거칠고 투박하다. ¶이 툭진 잠바는 엄청시리 춥운 날 입는다. =이 툭한 점퍼는 엄청나게 추운 날 입는다. ③어떤 물체가 좀 굵고 뭉툭하다. ¶손가락이 툭지서 까락지가 안 드간다. =손가락이 툭해서 가락지가 안 들어간다.

툭지다[2][--_] 형 바특하다. 국물이 조금 적어 묽지 아니하다. ¶국을 너무 툭지기 낋있네. =국을 너무 바특하게 끓였네.

툭하마[_-_] 부 툭하면. ①조금이라도 일이 있기만 하면 버릇처럼 곧. ¶얼라가 툭하마 운다. =아기가 툭하면 운다. ②눈치를 주면. 힌트를 주면. ¶【관용구】툭하마 알아채리다. =툭하면 알아차리다. ③그러한 느낌이 있으면 당연히. ¶【관용구】툭하마 호박 널찌는 소리. =툭하면 호박 떨어지는 소리.

퉁때[-_] 명 욕심(慾心). *'퉁때'는 원래 '엽전에 묻은 때'를 일컫는 말이다. ¶【관용구】돈에 퉁때가 오루다. =돈에 욕심을 부리다. ☞썽. 썽질.

퉁때지이다[-_-__] 동 욕심내다(慾心--).

퉁수[--] 명 퉁소. 대로 만든 국악기의 하나. ¶【속담】째보 퉁수 대딧기 한다. =언청이 퉁소 대듯 한다. ¶【속담】달밤에 퉁수 부는 소리 하고 자빠짔다. =달밤에 퉁소 부는 소리 하고 자빠졌다. ☞퉁시.

퉁시[--] 명 퉁소. ☞퉁수.

특곤[_-_] 명 특권(特權). ¶내인데는 고런 특곤이 없다. =내게는 고런 특권이 없다.

특곤칭[_-_] 명 특권층(特權層).

튼트이[튼트~이 _-_] 부 튼튼히. 사물이 굳고 실하게.

튼틇다[튼튼타 _-_] 형 튼튼하다. ¶모상을 튼틇기 키았네. =모종을 튼튼하게 키웠네.

티[1][-] 명 가시. 된장 따위의 음식물에 생기는 구더기. ¶딘장에 티가 씰었다. =된장에 가시가 슬었다.

티[2][_] 명 테. 물건의 둘레를 띠 모양으로 두른 것. ¶장단지 티로 미았다. =장독 테를 맸다.

티가다[_-_] 동 튀기다. 식재료 따위를 끓

는 기름에 넣어서 익히다. ¶닭다리로 지름에 티갔다. =닭다리를 기름에 튀겼다. ☞티아다.

티김지럼[_ _-_] 명 튀김기름. 식용유(食用油).

티꺼리[1][_-_] 명 티끌. ¶【속담】티꺼리 쏙에 구실. =티끌 속의 구슬. ¶【속담】티꺼리 몯아 태산. =티끌 모아 태산. ☞티꺼리기.

티꺼리[2][_-_] 명 시빗거리(是非--). 옳으니 그르니 하는 말다툼의 내용이 될 만한 것. ¶【관용구】티꺼리 잡다. =시빗거리 잡다. ¶【관용구】티꺼리 잡힐 모티이가 없다. =시빗거리 잡힐 근거가 없다.

티꺼리기[_ _-_] 명 티끌. ☞티꺼리.

티내다[_-_] 동 퇴내다(退--). 음식을 물리도록 실컷 먹거나 가지거나 누리다. ¶【관용구】음석을 티내다. =음식을 퇴내다.

티노오다[-_ _ _] 동 튀어나오다. ①물체의 모양이 겉으로 툭 비어져 나오다. ¶니는 이망빼이가 툭 티노왔네. =너는 이마가 툭 튀어나왔네. ②말이 불쑥 나오다. ¶썽이 나서 욕이 티노온다. =화가 나서 욕이 튀어나온다. ③갑자기 불쑥 나타나다. ¶개가 골묵에서 티노왔다. =개가 골목에서 튀어나왔다.

티미하다[_ _-_] 형 투미하다. 판단력이 없어 모자라는 구석이 있다.

티비기[_-_] 명 됫박. ☞뎃박. 도배기. 태배기.

티아다[1][-_ _] 동 티우다. 트게 하다. '트다'의 사동사. ☞터자다.

티아다[2][-_ _] 동 튀기다. 열을 가해서 부풀어 퍼지게 하다. ¶【관용구】박산을 티아다. =튀밥을 튀기다. ☞티가다.

티아다[3][_-_] 동 트다. ☞터자다.

티이나가다[-_ _-_] 동 튀어나다. 물체가 튀어서 나가다. ¶곡철이 티이나갔다. =용수철이 튀어났다.

티이다[_-_] 동 트이다. ☞터지다.

티집[--] 명 트집. ¶【관용구】티집을 부리다. =트집이 나다. ¶【관용구】티집을 잡다. =트집을 잡다. ¶【관용구】티집이 잽히다. =트집이 잡히다. ☞때까리.

티침이[티치미 _-_] 명 퇴침(退枕). ☞태침이.

틱빌나다[--_ _] 형 특별나다(特別--). ☞떡빌나다.

틸림없다[틸림엄따 _-_ _] 형 틀림없다. ☞여축없다. 영축없다.

팀[-] 명 틈. ①어떤 행동을 할 만한 기회나 겨를. ¶【속담】바뿌기 쪓는 바아도 손 놀 팀이 있다. =급하게 찧는 방아에도 손 놀 틈이 있다. ②모여 있는 사람들 사이. ¶사램들 팀에 찡기서 약장시 기깅을 했다. =사람들 틈에 끼어서 약장수 구경을 했다. ③벌어져 사이가 난 자리. ¶돌 팀에서 맑안 물이 솟친다. =돌 틈에서 맑은 물이 솟아오른다. ④사람 사이에 정분이 떨어진 거리. ¶이우지찌리 팀을 두고 우예 살아? =이웃끼리 틈을 두고 어떻게 살아?

팀바구[_-_] 명 틈바구니. ①벌어져 사이가 난 자리. ¶대문 팀바구에 강새이가 찡깄다. =대문 틈바구니에 강아지가 끼었다. ②모여 있는 사람의 속. ¶사람들 틤바구서 좋운 거로 밨다. =사람들 틈바구니에서 좋은 것을 봤다.

팅가다[1][_-_] 동 튕기다. ☞탱가다.

팅가다[2][_-_] 동 삐기다. ☞삐개다.

팅가다[3][_-_] 동 켕기다. ☞시라다. 씨라다. 탱가다.

팅가다[4][_-_] 동 거절하다(拒絶--). ☞탱가다.

팅거리[_-_] 명 ((동물))소등에.

팅글팅글[___-] 부 땡글땡글. 탱탱하고 둥글둥글한 모양. ¶감홍시가 팅글팅글 익어서 묵움직하다. =홍시가 탱글탱글 익어서 먹음직하다.

팅글팅글하다[____-_] 형 땡글땡글하다. 탱탱하고 둥글둥글하다. ¶까시에 찔린 데가 익히서 팅글팅글하다. =가시에 찔린 데가 곪아서 땡글땡글하다.

ㅌ

ㅍ

파달개다[_ _-_] 동 ≒터뜨리다. 내용물이 가득 차 있는 상태에서 그것을 싸고 있는 외피 따위를 납작하게 하거나 부서지게 하다. ¶까자봉다리로 볿아서 파달갰다. =과자봉지를 밟아서 터뜨렸다. ☞터자다. 터주다.

파달개지다[_ _-_ _] 동 ≒터지다. 액체 성질을 가진 내용물이 가득 차 있는 상태에서 그것이 싸고 있던 외피 따위가 납작하게 되거나 터져나가다. ¶매 익은 감홍시가 낭게서 널찌서 파달개짔다. =잘 익은 홍시가 나무에서 떨어져서 터졌다.

파딱[_-] 부 빨리. ☞날래. 날리. 빨랑. 싸기. 퍼떡.

파딱파딱[_-_-] 부 빨리빨리. ☞날래날래. 날리날리. 빨랑빨랑. 싸기싸기. 퍼떡퍼떡.

파라이[파라~이 _-_] 부 파랗게. ¶사이 파라이 빈했다. =산이 파랗게 변했다. ☞파랗기.

파랗기[파라키 _-_] 부 파랗게. ☞파라이.

파래이[파래~이 _-_] 명 ((동물))파리. ¶【관용구】파래이 목심이다. =파리 목숨이다. ¶【속담】뚜끼비 파래이 자아묵눈 딧기 한다. =두꺼비 파리 잡아먹는 듯이 한다.

파래이꽃[파래~이꼳 _-_ _] 명 ((식물))파리풀.

파루수룸하다[_ _ _ _-_] 형 파르스름하다. 약간 파란 듯하다. ¶봄이 오이 들판이 파루수룸합미더. =봄이 오니 들판이 파르스름합니다. ☞포로수룸하다.

파릇파릇[파른파른 _ _ _-] 부 파릇파릇. 조금 파란빛이 군데군데 생기 있게 드러난 모양을 나타내는 말. ¶온데만데 쑥이 파릇파릇 돋았다. =여기저기 쑥이 파릇파릇 돋았다.

파릇파릇하다[파른파루타다 _ _ _ _-_] 형 파릇파릇하다. 여기저기 파란빛이 생기 있게 드러나 있다. ☞포롯포롯하다.

파묵다[파묵따 _-_] 동 파먹다. ①땅을 경작하여 생계를 유지하다. ¶니는 펭생 땅마 파무우미 살 끼가? =너는 평생 땅만 파먹으며 살 셈인가? ②먹을 것을 겉에서부터 속으로 먹어 들어가다. ¶【속담】까마구 골수박 파묵딧기. =까마귀 골수박 파먹듯. ③구근 따위를 파내어 먹다. ¶【속담】문디이 콧구뭉에 백힌 마알씨도 파묵겄다. =문둥이 콧구멍에 박힌 마늘씨도 파먹겠다.

파물[_-] 명 끝물. 곡식, 과실, 해산물 따위에서, 그해의 맨 마지막으로 나오는 것. ¶물이가 파물이라서 영 썬찮네. =오이가 끝물이라서 영 시원찮네.

파믹히다[파미키다 __-_] 동 파먹히다. 먹을 것이 겉에서부터 속으로 먹혀 들어가다. ¶고오매가 지인데 말키 파믹힜어예. =고구마가 쥐한테 모두 파먹혔어요.

파수[-_] 명 파스(Pasta). 연고보다 굳고 기름기가 적은 약제. *독일식 'Pasta'의 일어식 조어. ¶【관용구】파수로 붙하다. =파스를 붙이다.

파실파실하다[____-_] 형 파슬파슬하다. 덩이나 가루 따위가 물기가 말라 부스러지거나 흩어지기 매우 쉬운 상태에 있다. ¶떡고물이 파실파실하다. =떡고물이 파슬파슬하다.

파이다[___] 형 나쁘다. ☞나뿌다. 하잖다.

파지다[_-_] 동 파이다. ①구덩이나 구멍 따위가 땅이나 돌 따위에 만들어지다. ¶마당에 동구랗기 구뭉이 파짔다. =마당에 동그랗게 구멍이 파였다. ②땅이 움푹 꺼지다. ¶질이 온데만데 파짔다. =길이 여기저기 파였다. ③옷의 목, 가슴 따위 천의 경계가 아래로 많이 내려가다. ¶모간지가 짚이 파진 옷. =목이 깊게 파인 옷. ④보조개나 주름이 오목하게 들어가다. ¶낯에 주룸이 마이 파짔다. =낯에 주름이 많이 파였다. ☞패이다.

파짐치[--_] 명 파김치. ¶【관용구】파짐치가 데다. =파김치가 되다.

파토[_-] 명 파투(破鬪). ①화투 놀이에서, 잘못되어 그 판이 무효가 됨. ¶일부로 파토 냈제? =일부러 파투 냈지? ②일이 잘못되어 흐지부지됨을 비유적으로 이르는 말. ¶놀로 갈라캤는데 비가 오서 파토 나뿄다. =놀러 가려했는데 비가 와서 파투 나버렸다.

파허씨다[_-__] 동 파헤치다. ①감추어져 있는 것을 밝히어 드러내다. ¶누가 잘못했능가 파허씨 보자. =누가 잘못했는지 파헤쳐 보자. ②땅이나 흙을 파서 속에 묻혀 있는 것을 드러나게 하다. ¶산대지가 고오매 밭을 말키 파허씨 낪다. =산돼지가 고구마 밭을 전부 파헤쳐 놨다. ☞까러비다.

판[_] 명 상(床). 음식을 차려놓고 먹을 수 있도록 나무나 기타의 재료로 다리를 만들고, 그 위에 판을 얹어 만든 물건. ¶지익 묵구로 판 쫌 피라. =저녁 먹게 상 좀 펴라.

판가룸[---] 명 판가름. ¶【관용구】판가룸 나다. =판가름 나다. ¶【관용구】판가룸 내다. =판가름 내다. ☞판가림.

판가림[---] 명 판가름. ☞판가룸.

판때기[_-_] 명 판(板). ①표면을 넓고 판판하게 만든 기구. ¶하뚜 판때기 피 바라. =화투 판 펴 봐라. ②((수 관형사 뒤에서 의존적 용법으로 쓰여)) 오목오목하게 파인 종이나 플라스틱 따위에 담아 놓은 달걀을 세는 단위를 나타내는 말. 한 판은 달걀 삼십 개를 말한다. ¶기랄 시 판때기. =계란 세 판.

판때기장시[_-___] 명 노점상(露店商).

판백이[판배기 --_] 명 판박이(版--). ①판에 박은 듯이 똑같아 변화가 없는 것.

¶【관용구】판백이 쌍넘. =판박이 상놈. ②판에 박은 듯이 매우 비슷하게 닮은 사람. ¶저가부지 판백이. =저희 아버지 판박이. ③바탕 종이에 어떤 형상을 인쇄하여, 물을 묻히거나 문지른 뒤에 바탕 종이를 떼어 내면 인쇄한 형상만 따로 남도록 만든 종이.

판시[--] 명 판수. ①점치는 일을 업으로 삼는 소경. ②'소경'을 달리 이르는 말.

판파이[판파~이 _-_] 부 판판이. ①언제나 늘. ¶에릴 쩍에는 판파이 굶윴어예. =어릴 적에는 판판이 굶었어요. ②판마다 번번이. ¶내기마 하마 판파이 이긴다. =내기만 하면 판판이 이긴다.

팔꼼치[_-_] 명 팔꿈치. ¶우짜다가 팔꼼치로 다칬어예? =어쩌다가 팔꿈치를 다쳤어요? ☞팔꾸무리.

팔꾸무리[_ _-_] 명 팔꿈치. ☞팔꼼치.

팔대장승[팔때장씅 ---_] 명 팔척장신(八尺長身). ①키가 몹시 큰 사람을 빗대서 이르는 말. ¶니는 머 묵고 키가 팔대장승 겉이 컸노? =너는 뭘 먹고 키가 팔척장신 같이 컸니? ②우두커니 서 있는 사람을 빗대서 이르는 말. ¶여게 안 앉고 와 팔대장승매이로 서 있노? =여기 앉지 않고 왜 팔척장신처럼 서 있니?

팔띠이[팔띠~이 _-_] 명 팔뚝. '팔'을 일상적으로 이르는 말. ¶【관용구】오야, 니 팔띠이 굵다. =오냐, 네 팔뚝 굵다.

팔라다[_-_] 동 팔리다. '팔다'의 사동사. ①다른 사람에게 넘어가게 하다. ¶자석들이 집을 팔랐어예. =자식들이 집을 팔렸어요. ②정신이나 시선 따위가 어느 한곳에 쏠리게 하거나 돌려지게 하다. ¶야바구꾼이 정신을 다른 데에 팔란다. =야바위꾼이 정신을 다른 데에 팔린다. ③얼굴이나 이름이 널리 알리다. ¶잘난 자석은 아부지 이룸을 널리 팔란다. =잘난 자식은 아버지 이름을 널리 팔린다.

팔랑개미[_ _-_] 명 팔랑개비. ☞찰랑개비.

팔모간지[_ _-_] 명 팔모가지. '팔목'을 속되게 이르는 말. ¶【관용구】팔모간지로 비틀치다. =팔모가지를 비틀다. ☞팔묵띠기.

팔묵[_-] 명 팔목. ¶【관용구】팔묵을 지다. =팔목을 쥐다.

팔묵띠기[_ _-_] 명 팔모가지. ☞팔모간지.

팔삭디이[팔싹디~이 _ _-_] 명 팔삭둥이(八朔--). ①임신한 지 여덟 달 만에 낳은 아이. ¶【관용구】팔삭디이로 놓다. =팔삭둥이를 낳다. ②똑똑하지 못한 사람을 비웃어 이르는 말. ¶【관용구】팔삭디이 짓을 하다. =팔삭둥이 짓을 하다.

팔아넘가다[파라넝가다 -_-_ _] 동 팔아넘기다. ①물건의 소유권을 다른 사람에게 물건 값을 받고 넘겨주다. ¶【속담】종중산 팔아넘간 오촌 당숙 몬쨚다. =종중산 팔아넘긴 오촌 당숙 못잖다. ②지조나 양심 따위를 어떤 이득을 얻기 위하여 내버리다. ¶【관용구】양심을 팔아넘가다. =양심을 팔아넘기다.

팔아묵다[파라묵따 -_-_] 동 팔아먹다. ①물건 따위를 팔아서 없애 버리다. ¶【속담】들온 넘이 동네 팔아묵는다. =

들어온 놈이 동네 팔아먹는다. ¶【속담】이상 좋아하다가 소 팔아묵눈다. =외상 좋아하다가 소 팔아먹는다. ②양심이나 지조를 저버리고 자신의 이익을 위하다. ¶【관용구】양심을 팔아묵다. =양심을 팔아먹다. ③기능이나 지식 따위를 제공하는 일을 생업으로 하여 먹고살다. ¶【관용구】글로 팔아묵다. =글을 팔아먹다. ④영향력이 있는 사람이나 사물을 이름을 내세워 방편으로 삼다. ¶【관용구】넘우 이룸을 팔아묵다. =남의 이름을 팔아먹다. ⑤곡식을 사서 먹다. ¶【관용구】곡석을 팔아묵다. =곡식을 팔아먹다.

팔얼[파럴 -_] 명 추석(秋夕). 음력 '팔월 한가위'의 준말.

팔얼칠[파럴칠 --_] 명 추석빔(秋夕-). 추석날에 입는 새 옷이나 신발 따위.

팔자곤치다[팔짜곤치다 ---__] 동 팔자 고치다(八字 ---). *'팔자곤치다'는 표준어로 보면 동사구지만 창녕방언에서는 굳어진 말이라 하나의 동사로 보는 게 낫다. ①재가하다(再嫁--). ¶【속담】팔자곤치로 온 가부 겉다. =팔자 고치러 온 과부 같다. ☞살로오다. ②가난하던 사람이 잘 살게 되다. ¶소 키아가아 팔자곤칬다. =소 키워서 팔자 고쳤다.

팔자로[팔짜로 --_] 부 기막히게. 무어라고 말할 수 없을 만큼 대단하게. ¶약장시가 자아서 팔자로 씨불이더라. =약장수가 장에서 기막히게 씨불이더라. ¶굿재이가 춤을 팔자로 칬다. =무당이 춤을 기막히게 췄다.

팔찜[-_] 명 팔짱.

팔찜찌다[-___] 동 팔짱끼다. ①나란히 선 옆 사람의 팔에 자기의 팔을 끼다. ¶【속담】한 팔로 팔찜찐다. =한 팔로 팔짱낀다. ②눈앞의 일을 나서서 하려 하지 않고 보고만 있다. ¶【관용구】팔찜찌고 바래보다. =팔짱끼고 바라보다.

팔푸이[팔푸~이 --_] 명 팔푼이. 생각이나 행동이 조금 모자라 어리석은 사람을 얕잡아 이르는 말. ¶고런 팔푸이 겉은 소리는 인자 고마 해라. =그런 팔푼이 같은 소리는 이제 그만 해라.

패꼰[_-] 명 패권(霸權). ¶【관용구】패꼰을 지다. =패권을 쥐다.

패내끼[_-_] 부 휑하니. 중도에서 지체하지 아니하고 곧장 빠르게. ¶패내끼 댕기오니라. =휑하니 다녀오너라.

패대이치다[패대~이치다 _-___] 동 패대기치다. 마음에 못마땅하여 세차게 집어 내던지다. ¶【속담】여꾸리에 붙운 뱀이 건잡아 패대이치덧기. =옆구리에 붙은 뱀 검잡아 패대기치듯. ☞때기치다.

패딲다[패딱따 _-_] 동 패다. '패다'를 강조하여 일컫는 말. 거칠게 사정없이 마구 때리다. ¶조런 놈운 패딲아낳아야 정신을 채린다. =저런 놈은 패놓아야 정신을 차린다. ☞조지다.

패래이[패래~이 _-_] 명 패랭이. ①예전에, 대오리로 얽어 만든 갓의 하나를 이르던 말. ¶【속담】패래이에 술묵 꽂아낳고 산다. =패랭이에 숟가락 꽂아놓고 산다. ②((식물))패랭이.

패악지기다[_--__] 동 패악질하다(悖惡

ㅍ

---). 흉악한 짓을 하다. ¶매일없이 패악지긴다. =괜히 패악질한다. ☞팽물지기다.

패이다[_-_] 동 파이다. ☞파지다.

팬[1][-] 명 편(便). ①여러 패로 나누었을 때 그 하나하나의 쪽. ¶【관용구】팬을 가러다. =편을 나누다. ②사람이 오고 가거나 물건을 부쳐 보내는 데 이용하는 기회나 수단. ¶잔치부지를 아재 팬에 부칬다. =잔치부조를 아저씨 편에 부쳤다. ③((용언의 관형사형 어미 '-는'의 뒤에 쓰여)) 여럿 중에서 어느 것을 선택할 때 그 하나를 나타내는 말. ¶얻우무울 빼애야 차래리 굶는 팬이 낫다. =얻어먹을 바에야 차라리 굶는 편이 낫다. ④대체로 어디에 속하는 부류임을 나타내는 말. ¶이거에 비하마사 저거는 짝은 팬이다. =이것에 비하면 저건 작은 편이다. ☞핀.

팬[2][-] 명 편. '떡'을 점잖게 이르는 말. ¶지사에 씰 팬인께네 칼긇기 해라. =제사에 쓸 편이니까 깨끗하게 해라. ☞핀.

팬들다[--_] 동 편들다(便--). 다른 사람을 돕거나 감싸 주다. ¶【속담】자석 둔 골에는 호래이도 팬든다. =자식 둔 골에는 호랑이도 편든다. ☞핀들다.

팬리하다[팰리하다 -___] 형 편리하다(便利--). ¶차가 있으이 팬리합미더. =차가 있으니 편리합니다. ☞핀리하다.

팬묵다[팬묵따 --_] 동 편먹다(便--). ((속된 말로)) 편을 갈라 짜서 한편이 되다. ¶내는 제끼낳고 저거찌리 팬무윴다. =나는 제쳐놓고 자기들끼리 편먹었다. ☞핀묵다.

팬수[팬쑤 -_] 명 편수(編首). 쇠를 달구어 연장 따위를 만드는 일을 업으로 하는 사람. ☞대장재이. 성냥꾼. 핀수.

팬수하다[팬쑤하다 -_-_] 동 편수하다(編首--). 대장장이가 쇠를 두들겨 작업하다. ¶성냥꾼이 팬수해가주고 이 칼로 맨들었다. =대장장이가 편수해서 이 칼을 만들었다. ☞핀수하다.

팬싸암[--_] 명 편싸움(便--). 편을 갈라서 하는 싸움. ☞핀싸암.

팬아이[팬아~이 _-_] 부 편안히(便--). ¶언자는 팬아이 시이소오. =이제는 편안히 쉬세요. ☞핀아이.

팬안하다[패난하다 __-_] 형 편안하다(便安--). 몸이나 마음이 편하고 좋다. ¶다들 팬안하기 지내지예? =다들 편안하게 지내지요? ☞팬않다. 핀안하다. 핀않다.

팬않다[팬안타 _-_] 형 편안하다(便安--). ☞팬안하다. 핀안하다. 핀않다.

팬애하다[패내하다 -_-_] 동 편애하다(偏愛--). ¶우리 막내이는 부몬님이 팬애해서 버릇이 나빠짔다. =우리 막내는 부모님이 편애해서 버릇이 나빠졌다. ☞핀애하다.

팬지[_-] 명 편지(便紙). ¶【속담】장님 서이가 모이마 몬 보는 팬지로 뜯어본다. =장님 셋이 모이면 못 보는 편지를 뜯어본다. ☞핀지.

팬찮다[팬찬타 -__] 형 편찮다(便--). ①몸이 병 따위로 괴롭다. ¶어무이가 팬찮어서 빙언에 입언했어예. =어머님이 편찮으셔 병원에 입원했어요. ②마음이 또는 어떤 일을 하기가 거북하거나 괴롭다. ¶니가 그카이 마암이 팬찮다. =네가 그러니 마음이 편찮다. ☞핀찮다.

팬팬하다[_ _-_] 형 편평하다(扁平--). 장소나 물건이 넓고 평평하다. ¶땅이 너르고 팬팬하네예. =땅이 넓고 편평하네요. ☞핀핀하다.

팬하기[팬하기 -_] 부 편하게(便--). ①몸이나 마음이 거북하거나 괴롭지 않아 좋게. ¶【관용구】마암을 팬하기 묵다. =마음을 편하게 먹다. ②힘이 들거나 어렵지 않아 편리하게. ¶이 수굼파는 팬하기 씰 겁미더. =이 삽은 편하게 쓸 겁니다. ☞팽기. 피이. 핀하기. 핂기.

팬하다[_-_] 형 편하다(便--). ①몸이나 마음이 거북하거나 괴롭지 아니하여 좋다. ¶【속담】하리로 참우마 백날이 팬하다. =하루를 참으면 백날이 편하다. ¶【속담】팬한 개팔자 안 붋다. =편한 개팔자 안 부럽다. ②쉽고 편리하다. ¶【관용구】씨기에 팬하다. =쓰기에 편하다. ☞퍁다. 핀하다. 핂다.

팮기[팬키 -_] 부 편하게(便--). ☞팬하기. 피이. 핀하기. 핂기.

팮다[팬타 -_] 형 편하다(便--). ☞팬하다. 핀하다. 핂다.

팰구[_-] 명 팽. 팽나무의 열매.

팰구낭ㄱ[_ _ _-] 명 ((식물))팽나무. ¶【관용구】팰구낭게 깐치 끓딧기 한다. =팽나무에 까치 끓듯 한다. ☞포구나무.

팰치다[-_ _] 동 펼치다. ①펴서 드러내다. ¶개애낳안 가빠로 팰치낳아라. =개켜 놓은 방수포를 펼쳐놓아라. ②꿈, 계획 따위를 이루기 위해 행동하다. ¶【관용구】꿈을 팰치다. =꿈을 펼치다. ☞필치다.

팽물시럽다[--_ _ _] 형 패악스럽다(悖惡---). 사람이나 동물의 행동이 흉악한 데가 있다. ¶개가 팽물시럽기 짓는다. =개가 패악스럽게 짖는다.

팽물지기다[--_ _ _] 동 패악질하다(悖惡---). ☞패악지기다.

팽상[1][팽쌍 _-] 명 평생(平生). ¶내는 팽상 넘안테 하잖은 소리 안 들었다. =나는 평생 남한테 나쁜 소리 안 들었다. ☞핑상.

팽상[2][팽쌍 _-] 명 평상(平床). ¶팽상에 쫌 앉이소오. =평상에 좀 앉으세요. ☞들청. 핑상.

팽상내[팽쌍내 _-_] 부 평생토록(平生--). 한평생이 다하도록. 또는 죽을 때까지 계속. ¶【속담】팽상내 살아도 님 쏙은 모룬다. =평생토록 살아도 임 속은 모른다. ☞핑상내.

팽아[-_] 명 평화(平和).

팽지[-_] 명 평지(平地). ¶【속담】태산을 넘우야 팽지가 비인다. =태산을 넘어야 평지가 보인다. ¶【속담】하앙산 배바우에 배 띠아 팽지 되거들랑. =화왕산 배바위에 배 띄워 평지 되거든. ☞핑지.

팽토장[-_ _] 명 평토장(平土葬). 봉분(封墳)을 만들지 않고 평평하게 매장함. ☞핑토장.

팽풍[_-] 명 병풍(屛風). ¶【속담】팽풍에

ㅍ

기린 닭이 해로 치까이. =병풍에 그린 닭이 홰를 치랴. ☞핑풍.

퍼다[-_] 동 푸다. 액체나 가루, 곡식 따위를 퍼서 밖으로 나오게 하다. *창녕방언 '퍼다'는 표준어 '푸다'와는 달리 규칙 활용을 한다. ¶새미서 물로 퍼고 있다. =우물에서 물을 푸고 있다. *퍼고[퍼고 -_], 퍼서[퍼서 -_], 퍼니[퍼니 --], 펐다[펃따 -_].

퍼대다[_-_] 동 퍼더버리다. 팔다리를 아무렇게나 편하게 뻗다. ¶맨땅바닥에 퍼대고 앉이마 우짜노? =맨땅바닥에 퍼더버리고 앉으면 어쩌나?

퍼덜개다[__-__] 동 ≒퍼지게 하다. *창녕방언 '퍼덜개다'는 표준어 '퍼지게 하다'와는 달리 부정적인 상황에서만 쓰인다. ①곡식이 물에 불려지거나 끓여져 커지게 하다. ¶밥을 와 이래 퍼덜갰노? =밥을 왜 이리 퍼지게 했니? ②내용물이 감싸여 있던 것을 터지게 하다. ¶봉다리에 싸낳안 짐치로 퍼덜개서 몬 씨구로 해낳았다. =봉지에 싸놓은 김치를 퍼지게 해서 못 쓰게 해놓았다.

퍼덜개지다[__-__] 동 ≒퍼지다. *창녕방언 '퍼덜개지다'는 표준어 '퍼지다'와는 달리 주로 부정적인 상황에서만 쓰인다. ①사람이 힘이 빠져 늘어지다. ¶바아 들오자말자 퍼덜개짔다. =방에 들어오자마자 퍼졌다. ②곡식이 물에 불려지거나 끓여져 커지다. ¶새로 찐 떡이 퍼덜개짔다. =다시 찐 떡이 퍼졌다. ③감싸여 있던 것이 터져서 내용물이 못 쓰게 되다. ¶감홍시가 퍼덜개지서 몬 묵겠다. =홍시가 퍼져서 못 먹겠다.

퍼떡[_-] 부 빨리. ☞날래. 날리. 빨랑. 싸기. 파딱.

퍼떡퍼떡[_-_-] 부 빨리빨리. ☞날래날래. 날리날리. 빨랑빨랑. 싸기싸기. 파딱파딱.

퍼러이[퍼러~이 _-_] 부 퍼렇게. ①사물이나 그 빛이 탁하고 약간 어두운 빛을 내며 푸르다. ¶들파이 퍼러이 비인다. =들판이 퍼렇게 보인다. ②얼굴이나 입술이 춥거나 겁에 질려 푸르께하다. ¶춥우서 낯이 퍼러이 얼었다. =추워서 낯이 퍼렇게 얼었다. ☞퍼렇기.

퍼렇기[퍼러키 _-_] 부 퍼렇게. ☞퍼러이.

퍼벗다[퍼벋따 _-_] 동 퍼붓다. ①가루 따위를 위에서 아래로 마구 붓다. ¶【속담】잦인 밥에 흙 퍼벗기. =잦힌 밥에 흙 퍼붓기. ②비, 눈 따위가 억세게 마구 쏟아지다. ¶비가 얼매나 퍼벗던동 앞이 안 비더라. =비가 얼마나 퍼붓던지 앞이 안 보이더라. ☞따라다. 따라벗다. ③달빛이나 별빛 따위가 쏟아지듯 비치다. ¶보룸이라 그란지 달빛이 퍼벗는다. =보름이라 그런지 달빛이 퍼붓는다. ④잠이나 졸음 따위가 심하게 밀려오다. ¶초지익부텀 잠이 퍼벗는다. =초저녁부터 잠이 퍼붓는다. ⑤물이나 국 따위를 마구 퍼서 붓다. ¶삼복덥우에는 물로 퍼버도 떱디라. =삼복더위에는 물을 퍼부어도 덥더니라. ☞따라다. 따라벗다. ⑥저주, 욕설, 비난 따위를 마구 하다. ¶오만띠만 욕을 퍼벘다. =온갖 욕을 퍼부었다. ⑦찬사,

애정, 열의나 열정 따위를 아낌없이 보내거나 바치다. ¶사램들이 잘 했다꼬 찬사로 퍼벗더라. =사람들이 잘 했다고 찬사를 퍼붓더라. ⑧술 따위를 매우 많이 마시다. ¶술로 얼매나 퍼벗으마 안죽까정 몬 일나노? =술을 얼마나 퍼부었으면 아직까지 못 일어나니?

퍼실퍼실하다[____-_] 형 퍼슬퍼슬하다. 덩이졌던 것이 물기가 바싹 말라 부스러지거나 흩어지기 매우 쉬운 상태에 있다. ¶흑이 퍼실퍼실해서 갈기가 수얿다. =흙이 퍼슬퍼슬해서 갈기가 수월하다.

퍼썩돌[퍼썩똘 _-_] 명 푸석돌. 화강암, 화강 편마암 등이 풍화 작용을 받아 푸석푸석해진 돌. ☞썩돌.

퍼썩하다[퍼써카다 __-_] 형 푸석하다. 사물이 부피만 크고 바탕이 굵어서 잘게 부스러지기 쉽다. ¶짚이 오래 데서 퍼썩하다. =짚이 오래 되어서 푸석하다.

퍼자다[_-_] 동 퍼뜨리다. ①말이나 이야기 따위를 남들에게 널리 알려 알게 하다. ¶【관용구】소문을 퍼자다. =소문을 퍼뜨리다. ②사람이나 짐승이 질병을 다른 사람이나 짐승, 장소에 옮겨 감염되게 하다. ¶【관용구】빙을 퍼자다. =병을 퍼뜨리다. ③자손을 많이 낳아 여러 곳으로 보내다. ¶소똥꼬부래이는 씨앗을 멀기 퍼잤는다. =민들레는 씨앗을 멀리 퍼뜨린다.

퍼지다[1][--_] 동 드러눕다. 과음이나 피로 때문에 일어나지 못하다. ¶안주꺼정 퍼지 잔다. =아직까지 드러누워 잔다. ☞들눕다.

퍼지다[2][--_] 동 멈춰서다. 기계가 고장이 나서 작동을 멈추다. ¶추럭이 잘 가다가 퍼지뺐다. =트럭이 잘 가다가 멈춰서버렸다. ☞멈차서다.

퍼지앉다[퍼지안따 -_-_] 동 퍼질러앉다. 팔다리를 아무렇게나 편하게 뻗다. ¶디마 퍼지앉이서 하이소. =되면 퍼질러앉아서 하세요.

퍼질라낳다[퍼질라나타 __-__] 동 퍼질러놓다. ①물건 따위를 아무렇게나 어질러 놓다. ¶아아가 꺼부지기로 온데 퍼질라낳았다. =애가 검불을 온데 퍼질러놓았다. ②사람이나 짐승이 배설물 따위를 매우 많이 싸놓다. ¶개가 똥을 억씨기 퍼질라낳았다. =개가 똥을 엄청나게 퍼질러놓았다. ③사람이 아이를 매우 많이 낳다. ¶자석을 아옵이나 퍼질라낳았다. =자식을 아홉이나 퍼질러놓았다.

펄렁거리다[__-__] 동 펄럭거리다. ①깃발이나 옷이 바람에 날려 크고 빠르게 자꾸 흔들리다. ¶빨랫줄에 널어낳안 처매가 펄렁거린다. =빨랫줄에 널어놓은 치마가 펄럭거린다. ②깃발이나 옷을 바람에 크고 빠르게 자꾸 흔들다. ¶철수가 옷을 펄렁거리민서 띠온다. =철수가 옷을 펄럭거리며 뛰어온다.

펏다[펃따 _-] 동 피우다. ¶【관용구】호래이 댐배 펏던 시절. =호랑이 담배 피우던 시절. ¶아아들이 댐배 퍼어마 뻬 녹는다. =애들이 담배 피우면 뼈 녹는다. *펏고[펃꼬 _-], 펏지[펃찌 _-], 퍼어야

ㅍ

[퍼어야 -__], 퍼었다[퍼얻따 -__]. ☞꼬실라다. 풋다. 피아다.

펑펑하다[1][__-_] 형 펀펀하다. 표면이 울퉁불퉁하지 않고 번듯하게 고르고 널찍하다. ¶야들아! 여서 이카지 말고 너르고 펑펑한 데 가서 놀아래이. =애들아! 여기서 이러지 말고 너르고 펀펀한 데 가서 놀아라.

펑펑하다[2][__-_] 형 평평하다(平平--). 바닥이 고르고 판판하다. 면이나 바닥이 고르고 판판하다. ¶알라들은 니내없이 발바댁이 펑펑하네. =애기들은 내남없이 발바닥이 평평하네. ☞맨맹다.

포개입다[포개입따 --__] 동 껴입다. ☞끼입다. 쪄입다. 찌입다.

포개입하다[포개이파다 --___] 동 껴입히다. ☞끼입하다. 쪄입하다. 찌입하다.

포곤하다[__-_] 형 포근하다. ①마음이나 분위기가 보드랍고 아늑하다. ¶【관용구】마암이 포곤하다. =마음이 포근하다. ②도톰한 물건이 폭신하고 따스하다. ¶포곤한 밍지이불. =포근한 명주이불. ③날씨가 덥거나 춥지 않을 정도로 따스하다. ¶오올은 날이 포곤하다. =오늘은 날씨가 포근하다. ☞포곦다. 포군하다. 포궁다.

포곦다[포곤타 _-_] 형 포근하다. ☞포곤하다. 포군하다. 포궁다.

포구나무[___-] 명 ((식물))팽나무. ☞팰구낭ㄱ.

포군하다[__-_] 형 포근하다. ☞포곤하다. 포곦다. 포궁다.

포궁다[포군타 _-_] 형 포근하다. ☞포곤하다. 포곦다. 포군하다.

포대기[_-_] 명 포대(布袋). 베니 비닐 따위로 만든 큰 자루. ¶비로 포대기. =비료 포대. ¶고오매 포대기. =고구마 포대.

포띠[--] 명 표시(標示). 겉으로 드러내 보임. ¶거짓말하는 기이 포띠가 난다. =거짓말하는 게 표시가 난다.

포랑[_-] 명 녹색(綠色). ¶포랑 나물 한분 문치바라. =녹색 나물 한번 무쳐봐라.

포랗다[포라타 _-_] 형 파랗다. ¶오올은 하알이 포랗네. =오늘은 하늘이 파랗네.

포로수룸하다[____-_] 형 파르스름하다. 사물이나 그 빛이 약간 파란 듯하다. ¶눈뚜부리에 멍이 들어가아 포로수룸하네. =눈두덩에 멍이 들어서 파르스름하네. ☞파루수룸하다.

포롬하다[__-_] 형 파릇하다. 짙지는 않으나 싱싱한 푸른빛이 돌다. ¶꼬치모상이 우북 포롬하네예. =고추모종이 제법 파릇하네요. ☞포리하다. 푸리하다.

포롯포롯하다[포롣포로타다 ____-_] 형 파릇파릇하다. 군데군데 파르스름하다. ¶봄이래서 새싹이 포롯포롯하기 노왔다. =봄이라서 새싹이 파릇파릇하게 나왔다. ☞파룻파룻하다.

포루쪽쪽하다[포루쪽쪼카다 ____-_] 형 파르족족하다. 깨끗하거나 고르지 않고 칙칙하게 약간 파랗다. ¶오올은 하알이 포루쪽쪽하지예. =오늘은 하늘이 파르족족하지요.

포리다[-__] 형 푸르다. ¶포린 감은 떫우서 몬 묵는다. =푸른 감은 떫어서 못 먹는다. ☞푸루다. 푸리다.

포리하다[_ _-_] 형 파릇하다. ☞포롬하다. 푸리하다.

포시[_-] 명 포수(砲手). ¶【속담】강언도 포시다. =강원도 포수다. ¶【관용구】응달 포시 머 떨듯기 한다. =응달 포수 뭐 떨듯이 한다. ¶【속담】포시 집 강새이 범 무숩운 줄 모룬다. =포수 집 강아지 범 무서운 줄 모른다.

포실눈[_-_] 명 포슬눈. 가늘고 성기게 내리는 눈.

포실포실하다[_ _ _ _-_] 형 포슬포슬하다. 덩이졌던 것이 물기가 매우 적어서 잘 엉기지 못하고 잘게 부스러지기 쉬운 상태에 있다. ¶모상밭은 포실포실해야 씨로 흩인다. =모종밭은 포슬포슬해야 씨를 흩는다.

포암씨기다[---_ _] 동 포함시키다(包含---). 범위 속에 함께 들이거나 넣다. ¶저 아재는 우리 친척에 포암씨기마 안 덴다. =저 아저씨는 우리 친척에 포함시키면 안 된다.

포암하다[--_ _] 동 포함하다(包含--). 사물이나 범위 속에 함께 들이거나 넣다. ¶우리 집 궁구는 할매 포암해서 모도 여덜이다. =우리 집 권구는 할머니 포함해서 모두 여덟이다.

포온지다[_--_] 동 포원하다(抱寃--). 마음속에 한을 품다. ¶쌀밥 지대로 몬 묵운 기이 포온짔습미더. =쌀밥 제대로 못 먹은 게 포원했습니다.

폭딱하다[_ _-_] 형 폭신하다. ¶이 이불보담아 저 이불이 더 폭딱하다. =이 이불보다 저 이불이 더 폭신하다.

폴심[폴씸 -_] 명 팔심. 팔뚝의 힘. ¶니는 폴심이 씨네. =너는 팔심이 세네.

퐅[폳 -] 명 ((식물))팥. ¶【속담】퐅을 콩이라 캐도 곧이듣는다. =팥을 콩이라 해도 곧이듣는다. ¶【속담】콩인지 퐅인지 구빌도 몬 한다. =콩인지 팥인지 구별도 못 한다.

퐅고물[폳꼬물 _-_] 명 팥고물.

푸군하다[_ _-_] 형 푸근하다. ①감정이나 분위기가 부드럽고 편안하다. ¶【관용구】마암이 푸군하다. =마음이 푸근하다. ②두툼한 물건이 폭신하고 따뜻하다. ¶이 이불은 참 푸군합미더. =이 이불은 참 푸근합니다. ③날씨가 덥거나 춥지 않을 정도로 바람이 없고 꽤 따뜻하다. ¶저실날씨 치고 억쑤로 푸군하다. =겨울날씨 치고 아주 푸근하다. ☞푸욶다.

푸답하다[푸다파다 --_ _] 동 푸새하다. 천이나 옷 따위를 풀을 먹여 빳빳하게 하다. ¶아버지 둘매기에 푸답했다. =아버지 두루마기에 푸새했다. ☞풀미이다.

푸대[_-] 명 부대(負袋). 종이, 피륙 따위로 만든 큰 자루. ¶마알 시 푸대 =마늘 세 부대. ☞푸댓자리.

푸대집[--_] 명 푸대접(-待接). ¶기한 소이 오싰는데 푸대집을 하마 안 데지. =귀한 손이 오셨는데 푸대접을 하면 안 되지.

푸댓자리[푸대짜리 _ _ _-] 명 부대(負袋). ☞푸대.

푸렁물[_-_] 명 풀물. 풀에서 배어 나오는

ㅍ

퍼런 물. ¶풀섶에 앉지 마래이. 힌옷에 푸렁물 들라. =풀숲에 앉지 마라. 흰옷에 풀물 들라.

푸루다[-__] 형 푸르다. ①사물이나 그 빛이 맑은 하늘빛이나 풀빛과 같은 색을 띤 상태에 있다. ¶하알이 높우고 푸루다. =하늘이 높고 푸르다. ②얼굴빛이 추위나 공포로 핏기가 가신 듯 창백하다. ¶춥운 날씨에 얼매나 떨었능가 낯이 푸루기 얼었네. =추운 날씨에 얼마나 떨었는지 낯이 푸르게 얼었네. ③열매가 아직 익지 않은 상태에 있다. ¶대추가 안주꺼정 푸룹미더. =대추가 아직까지 푸릅니다. ☞포리다. 푸리다.

푸루딩딩하다[____-_] 형 푸르뎅뎅하다. 사물이나 그 빛이 칙칙하고 고르지 않게 푸르스름하다. ¶해차리 맞아서 종아리가 푸루딩딩하다. =회초리를 맞아서 종아리가 푸르뎅뎅하다.

푸루수룸하다[____-_] 형 푸르스름하다. 사물이나 그 빛이 약간 푸른 듯하다. ¶새북빛이 푸루수룸하다. =새벽빛이 푸르스름하다.

푸루쭉쭉하다[푸루쭉쭈카다 ____-_] 형 푸르죽죽하다. 사물이나 그 빛깔이 고르지 않고 칙칙하게 푸르스름하다. ¶알라가 오데 아푼가 입수구리가 푸루쭉쭉합미더. =아기가 어디 아픈지 입술이 푸르죽죽합니다.

푸룬빛[-__] 명 푸른빛. ¶봄이 데이 들에 푸룬빛이 돕미더. =봄이 되니 들판에 푸른빛이 돕니다.

푸룬색[-__] 명 푸른색(--色). ¶내는 푸룬색 옷을 질기 입는다. =나는 푸른색 옷을 즐겨 입는다.

푸룬콩[__-] 명 ((식물))청대콩(靑--).

푸룻푸룻[푸룯푸룯 ___-] 부 푸릇푸릇. 푸른빛이 군데군데 생기 있게 드러난 모양을 나타내는 말. ¶비가 오서 배차가 푸룻푸룻 살아났네예. =비가 와서 배추가 푸릇푸릇 살아났네요.

푸리다[-__] 형 푸르다. ☞포리다. 푸루다.

푸리하다[__-_] 형 파릇하다. ☞포롬하다. 포리하다.

푸심[-_] 명 학질(瘧疾). 말라리아. ☞도덕넘.

푸염하다[--__] 형 푸념하다. ¶언자 오서 푸염해밨자 소양없다. =이제 와서 푸념해봤자 소용없다.

푸읂다[푸운타 _-_] 형 푸근하다. *푸읂고[푸운코 _-_], 푸읂지[푸운치 _-_], 푸운어서[푸우너서 _-__], 푸운었다[푸우넏따 _-__]. ☞푸군하다.

푼감[_-] 명 풋감. 빛이 퍼렇고 아직 덜 익은 감. ¶【속담】푼감도 널찌고 익은 감도 널찐다. =풋감도 떨어지고 익은 감도 떨어진다.

푼푸이[푼푸~이 _-_] 부 푼푼이. 한 푼씩 한 푼씩. ¶푼푸이 몯안 돈으로 집을 샀어예. =푼푼이 모은 돈으로 집을 샀어요.

풀[-] 명 잡초(雜草). ¶밭에 풀이 우묵하네예. =밭에 잡초가 수북하네요.

풀꾹새[_-_] 명 ((동물))뻐꾸기. ☞뿌꾹새.

풀때죽[__-] 명 풀떼기. ①보리나 밀, 콩, 수수 따위의 잡곡을 가루로 만들어 풀처럼 쑨 죽. ¶보리숭년에는 풀때죽 기경하는 것도 오감다. =보리흉년에는 풀떼기 구경하는 것도 과분하다. ②진흙이나 반죽 따위가 물기가 많아 매우 진 느낌을 비유적으로 나타내는 말. ¶비가 마이 오서 질이 풀때죽이 데뺐다. =비가 많이 와서 길이 풀떼기가 되어 버렸다.

풀무깐[__-] 명 대장간. ¶오새는 풀무깐 기경하기가 어렵다. =요새는 대장간 구경하기가 어렵다. ☞불미깐. 성냥깐.

풀미이다[--__] 동 푸새하다. ☞푸답하다.

풀벌거지[__-_] 명 ((동물))풀벌레. ¶【속담】장비(張飛)더리 풀벌거지 기리라 칸다. =장비더러 풀벌레를 그려라 한다.

풀비[풀삐 -_] 명 귀얄. 풀이나 옻을 칠할 때에 쓰는 솔의 하나. 주로 돼지털이나 말총을 넓적하게 묶어 만든다. ☞풀비짜리.

풀비짜리[__-_] 명 귀얄. ☞풀비.

풀섶[풀섭 _-] 명 풀숲. ¶뱀이가 노올라, 풀섶에 앉지 마래이. =뱀이 나올라, 풀숲에 앉지 마라.

풀씨[-_] 명 ((식물))자운영(紫雲英).

풀약[풀략 --] 명 제초제(除草劑). ¶풀약을 치낳마 풀 밍삭은 없다. =제초제를 쳐 놓으면 잡초 명색은 없다.

품꾼[--] 명 놉. 삯일하는 사람. ☞놉꾼. 일꾼.

품다[품따 -_] 동 뿜다. 액체 따위를 밖으로 세차게 내보내다. ¶다리비질할 적에는 옷에다가 물로 품어낳고 하마 수욿다. =다림질 할 적에는 옷에다 물을 뿜어놓고 하면 수월하다.

풋꼬치[풑꼬치 --_] 명 풋고추. ¶【관용구】딘장에 풋꼬치 박히덧기. =된장에 풋고추 박히듯.

풋다[풑따 _-] 동 피우다. ☞꼬실라다. 펏다. 피아다.

풋돌[풑똘 --] 명 풀매. 물에 불린 쌀을 가는 데 쓰는 작은 맷돌. ¶풋돌에 마알 쫌 갈아라. =풀매에 마늘 좀 갈아라.

풋이파리[푼니파리 --__] 명 푸성귀. 사람이 직접 심어 가꾼 채소나 저절로 난 온갖 나물을 통틀어 이르는 말. ¶【속담】풋이파리는 떡잎사구부텀 알고 사램은 이릴 때부텀 안다. =푸성귀는 떡잎부터 알고 사람은 어릴 때부터 안다. ☞풋이푸리. 풋잎사구.

풋이푸리[푼니푸리 --__] 명 푸성귀. ☞풋이파리. 풋잎사구.

풋잎사구[푼닙사구 ---_] 명 푸성귀. ☞풋이파리. 풋이푸리.

풋초[풑초 --] 명 풋나무. 갈잎나무, 새나무, 잡목이나 잡풀을 베어서 말린 땔나무 따위를 통틀어 이르는 말.

풍개[_-] 명 ((식물))자두. 자두나무의 열매.

풍굼[_-] 명 풍금(風琴). ¶【관용구】풍굼을 짚다. =풍금을 치다.

풍노[_-] 명 풍구(風-). 곡물에 섞인 쭉정이, 겨, 먼지 따위를 날려서 제거하는 농기구.

풍덩하다[__-_] 형 너르다. 품이 넓고 크다. ¶저실옷은 풍덩한 기이 좋니라. =겨울옷은 너른 게 좋으니라. ☞너러다. 너리다.

풍빙[1][풍삥 -_] 명 나병(癩病). 문둥병.

ㅍ

풍빙[2][풍삥 -_] 명 중풍병(中風病). ¶풍빙이 들마 문밖걸움을 몬 한다. =중풍이 들면 문밖걸음을 못 한다.

풍시[-_] 명 풍수(風水). ①음양론과 오행설을 기반으로, 산수의 형세나 방위 등을 인간의 길흉화복에 연결시켜 설명하는 전통적인 이론. ②'풍수'를 보는 사람. ¶【속담】서투룬 풍시가 집안 망치 낳는다. =서툰 풍수가 집안 망쳐 놓는다. ☞풍시재이.

풍시재이[풍시재~이 -_-_] 명 풍수쟁이(風水--). '지관(地官)'을 얕잡아 이르는 말. ☞풍시.

풍십[-_] 명 풍습(風習). ¶이 동네 풍십은 딴 동네캉 달라예. =이 동네 풍습은 딴 동네랑 달라요.

풍유[_-] 명 풍류(風流). 풍치가 있고 멋스럽게 노는 일. ¶【관용구】기떠래미 풍유 한다. =귀뚜라미 풍류 한다.

풍재이[풍재~이 _-_] 명 허풍쟁이. '허풍'을 잘 떠는 사람을 낮잡아 이르는 말. ¶【관용구】풍재이 허풍 몬지안하다. =허풍쟁이 허풍 못지않다. ☞허풍재이.

풍지박산[풍지박싼 __--] 명 풍비박산(風飛雹散). ¶노롬 때미로 살림이 풍지박사이 났다. =노름 때문에 살림이 풍비박산이 났다.

풍차주우[풍차주~우 ___-] 명 풍차바지. 한복 바지의 하나. 앞에는 큰사폭과 작은사폭이 있고, 뒤가 길게 터지고 그 터진 자리에 풍차(風遮)를 댄 속곳바지이다.

피곤시럽다[__-__] 형 피곤하다(疲困--). 지쳐서 고달프다. ¶사다 보이 피곤시럽운 일이 많애예. =살다 보니 피곤한 일이 많아요. ☞개럽다. 고롭다. 기럽다.

피기[--] 명 포기. ①뿌리를 단위로 한 초목의 낱개. ¶뱁차 피기가 비기 좋다. =배추 포기가 보기 좋다. ②뿌리를 단위로 한 초목의 낱개를 세는 단위. ¶마당가세에 소낭글 시 피기 숭궀다. =마당가에 소나무를 세 포기 심었다.

피끼[--] 명 삘기. 띠의 어린 꽃 이삭. 예전에는 껍질을 까서 먹었다. ☞삐삐.

피끼때[--_] 명 ((식물))띠.

피낳다[피나타 --_] 동 펴놓다. 물건을 펴서 벌려 놓다. ¶【속담】하던 굿도 덕석 피낳마 안 한다. =하던 굿도 멍석 펴놓으면 안 한다.

피내다[-__] 동 펴내다. 출판물 따위를 세상에 내놓다. ¶족보로 피내다. =족보를 펴내다.

피다[-_] 동 펴다. ①접히거나 개킨 것을 젖히어 벌리다. ¶【속담】눕울 자리 바가민서 이불 핀다. =누울 자리 봐 가면서 이불 편다. ②굽은 것을 곧게 하다. 또는 움츠리거나 구부리거나 오므라든 것을 벌리다. ¶【관용구】허리로 피다. =허리를 펴다. ③구김이나 주름 따위를 없애어 반반하게 하다. ¶대리미로 꾸개진 옷을 피있다. =다리미로 구겨진 옷을 폈다. ④살림살이 따위가 나아지다. ¶【관용구】살림이 피다. =살림이 펴다. ⑤생각, 감정, 기세 따위를 얽매임 없이 자유롭게 표현하거나 주장하다. ¶【관용구】주장을 피다. =주장을 펴다.

⑥넓게 늘어놓거나 골고루 헤쳐 놓다. ¶【관용구】피서 널다. =펴서 널다.

피디이[피디~이 _-_] 명 건문어(乾文魚). 제수용으로 쓰는 말린 문어. ☞피문이.

피래미[_-_] 명 ((동물))피라미. ¶【관용구】송에 꼬랑대기뽀담아 피래미 대가리 데는 기이 낫다. =붕어 꼬리보다 피라미 대가리 되는 게 낫다. ☞피리.

피롱[_-] 명 폐농(廢農). 농사를 망침. ¶【속담】낮 이바구는 농사 피롱한다. =낮 이야기는 농사 폐농한다.

피리[-_] 명 ((동물))피라미. ☞피래미.

피마알[_-_] 명 피 마늘(皮 --). '깐 마늘'과 상대되는 뜻으로, 껍질을 까지 않은 상태의 마늘. *'피마알'은 표준어로 보면 구(句)지만 창녕방언에서는 굳어진 말이라 하나의 명사로 보는 게 낫다.

피문이[피무니 _-_] 명 건문어(乾文魚). ☞피디이.

피보리[_ _-] 명 ((식물))겉보리. 겉보리 열매. ¶【속담】피보리 서 말마 있어도 처가살이 안 한다. =겉보리 세 말만 있어도 처가살이 안 한다.

피뽑기[--_] 명 피사리. 농작물에 섞여서 자란 피를 뽑아내는 일. ¶【관용구】피뽑기로 하다. =피사리를 하다.

피색[-_] 명 피부색(皮膚色). ¶【관용구】피색이 하잖다. =피부색이 나쁘다.

피시럽다[_-_ _] 형 폐스럽다(弊---). 남에게 성가시고 귀찮게 하는 면이 있다. ¶이래 자꾸 빌리 도라 캐서 피시럽습미더. =이렇게 자꾸 빌려 달라 해서 폐스럽습니다.

피쌀[-_] 명 ((식물))피. 피의 열매. ¶【속담】피쌀 훑는 저 댁은 쪽쪽 피마 훑는다. =피 훑는 저 댁은 쪽족 피만 훑는다. ☞참촉새.

피아다[-_ _] 동 피우다. ①불을 일으켜 번지게 하다. ¶춥우서 불로 피았다. =추워서 불을 피웠다. ②담배를 빨아 연기를 들이마셨다가 내보내다. ¶【속담】댐배는 꽁초 맛에 피안다. =담배는 꽁초 맛에 피운다. ☞꼬실라다. 펏다. 풋다. ③행동이나 태도를 나타내어 보이다. ¶【관용구】말썽을 피아다. =말썽을 피우다. ④연기나 냄새를 일어나게 하다. ¶【관용구】내미로 피아다. =냄새를 피우다. ⑤식물이 꽃을 벌어지게 하다. ¶【속담】고목도 꽃을 피안다. =고목도 꽃을 피운다. ⑥재주 따위를 부리다. ¶【속담】토째비도 덤풀이 있어야 재조로 피안다. =도깨비도 덤불이 있어야 재주를 피운다.

피이[피~이 -_] 부 편히(便-). ☞팬하기. 팽기. 핀하기. 핑기.

피이나다[--_ _] 동 피어나다. ①꽃이나 잎 따위가 피거나 부풀어오르다. ¶꽃이 허옇기 피이났네. =꽃이 허옇게 피어났네. ②얼굴에 웃음이나 생기 따위가 겉으로 나타나다. ¶【관용구】얼굴에 윗움이 피이나다. =얼굴에 웃음이 피어나다. ③불이나 연기가 붙어서 일어나다. ¶【속담】안 땐 굴뚝에서 영기 피이나까이. =아니 땐 굴뚝에서 연기 피어나랴.

피이다[_-_] 동 펴지다. ①순조롭지 못한

일이 제대로 잘되어 가다. ¶【속담】소 짐승을 잘 만내마 살림이 피이고 사램을 잘 만내마 팔자가 피인다. =소 짐승을 잘 만나면 살림이 펴지고 사람을 잘 만나면 팔자가 펴진다. ②접힌 것이나 말린 것 따위가 젖혀져 벌려지다. ¶우사이 고장 낫능강 잘 안 피인다. =우산이 고장 났는지 잘 안 펴진다. ③굽힌 것이나 오므라든 것이 곧아지게 되다. ¶【관용구】오굼이 피이지 안한다. =오금이 펴지지 않는다. ④구김살이나 주름살이 없어져 반반하게 되다. ¶【관용구】주룸살이 피이다. =주름살이 펴지다. ☞피지다.

피죽[-_] 명 죽데기. 통나무의 표면에서 떼어 낸 널조각. 주로 땔감으로 쓴다. ¶피죽 갖고 울타리 칬다. =죽데기 가지고 울타리 쳤다.

피지다[--_] 동 펴지다. ☞피이다.

피창[1][--] 명 창자. '창자'의 속된 말. ¶【관용구】피창이 터지다. =창자가 터지다. ☞창사. 창시.

피창[2][--] 명 순대. 돼지의 창자 속에 돼지 피를 넣고 삶아 익힌 음식. ¶피창이 잘 쌂핐다. =순대가 잘 삶겼다.

피털감칠[__-_] 명 피칠갑(-漆甲). 온몸에 피를 칠한 것처럼 피가 많이 묻어 있는 것. ¶【관용구】피털감칠을 하다. =피칠갑을 하다.

핀[1][-] 명 편(便). ☞팬.

핀[2][-] 명 편. '떡'을 점잖게 이르는 말. ☞팬.

핀들다[--_] 동 편들다(便--). ☞팬들다.

핀리하다[필리하다 -___] 형 편리하다(便利--). ☞팰리하다.

핀묵다[핀묵따 --_] 동 편먹다(便--). ☞팬묵다.

핀수[핀쑤 _-] 명 대장장이. ☞대장재이. 성냥꾼. 팬수.

핀수하다[핀쑤하다 -___] 동 편수하다(編首--). ☞팬수하다.

핀싸암[--_] 명 편싸움(便--). ☞팬싸암.

핀아이[핀아~이 _-_] 부 편안히(便--). ☞팬아이.

핀안하다[피난하다 __-_] 형 편안하다(便安--). ☞팬안하다. 팬않다. 핀않다.

핀않다[핀안타 _-_] 형 편안하다(便安--). ☞팬안하다. 팬않다. 핀안하다.

핀애하다[피내하다 -_-_] 동 편애하다(偏愛--). ☞팬애하다.

핀지[_-] 명 편지(便紙). ☞팬지.

핀찮다[핀찬타 -__] 형 편찮다(便--). ☞팬찮다.

핀핀하다[__-_] 형 편평하다(扁平--). ☞팬팬하다.

핀하기[_-_] 부 편하게(便--). ☞팬하기. 팮기. 피이. 핂기.

핀하다[_-_] 형 편하다(便--). ☞팬하다. 팮다. 핂다.

핂기[핀키 -_] 부 편하게(便--). ☞팬하기. 팮기. 피이. 핀하기.

핂다[핀타 -_] 형 편하다(便--). *핂기[핀키 -_], 핂지[핀치 -_], 핂어서[피너서 -__], 핂었다[피넏따 -__]. ☞팬하다. 팮다. 핀하다.

필낭[--] 명 굴레. 어린아이의 머리에 씌우는 수놓은 모자.

필치다[-__] 동 펼치다. ☞팰치다.

핏덩거리[피떵거리 __-_] 명 핏덩이. ①갓 태어난 어린아이를 비유적으로 이르는 말. ¶핏덩거리로 나뚜고 이미가 다 알났다. =핏덩이를 놔두고 어미가 달아났다. ②피가 엉겨 이루어진 덩이. ¶입에서 핏덩거리가 노왔다. =입에서 핏덩이가 나왔다.

핏죽[피쭉 --] 명 피죽(-粥). 피로 쑨 죽. ¶【속담】사알에 핏죽또 한 보시 몬 무운 넘 겉다. =사흘에 피죽도 한 보시기 못 먹은 놈 같다.

핑기다[1][-__] 동 풍기다. ①냄새를 밖으로 퍼뜨리다. ¶【관용구】홍시내로 핑기다. =문뱃내를 풍기다. ¶【속담】쪽찌비 지내간 곳에 노랑내 핑긴다. =족제비 지나간 곳에 노린내 풍긴다. ②무엇이 분위기를 끄집어서 우러나게 하다. ¶【관용구】좋운 인상을 핑기다. =좋은 인상을 풍기다.

핑기다[2][-__] 동 흩뿌리다. 물 따위를 흩어서 뿌리다. ¶미금 난다. 마다아 물 쫌 핑기라. =먼지 난다. 마당에 물 좀 흩뿌려라.

핑기치다[-___] 동 팽개치다. ¶【속담】내 건니간 넘 지패이 핑기치듯기 한다. =내 건너간 놈 지팡이 팽개치듯 한다.

핑디이[핑디~이 -__] 명 ((동물))풍뎅이. ¶【속담】핑디이가 불 끄잤는다. =풍뎅이가 불 끈다.

핑비이[핑비~이 -__] 명 팽이. ☞공개.

핑상[1][핑쌍 _-] 명 평생(平生). ☞팽상.

핑상[2][핑쌍 _-] 명 평상(平床). ☞들청. 팽상.

핑상내[핑쌍내 _-_] 부 평생토록(平生--). ☞팽상내.

핑지[-_] 명 평지(平地). ☞팽지.

핑토장[-__] 명 평토장(平土葬). ☞팽토장.

핑풍[_-] 명 병풍(屛風). ☞팽풍.

ㅍ

ㅎ

-하-[1][-] 접 -이-. ((일부 동사나 형용사 어간 뒤에 붙어)) '사동'의 뜻을 더하는 접미사. ¶녹하다(녹이다). ¶높하다(높이다). ¶붙하다(붙이다). ¶삭하다(삭이다). ¶쏙하다(속이다).

-하-[2][-] 접 -히-. ((일부 동사나 형용사 어간 뒤에 붙어)) '사동'의 뜻을 더하는 접미사. ¶굳하다(굳히다). ¶굽하다(굽히다). ¶넓하다(넓히다). ¶높하다(높히다). ¶묵하다(묵히다). ¶뿕하다(붉히다). ¶앉하다(앉히다). ¶익하다(익히다). ¶젖하다(젖히다).

하겄다[하거따 _-_] 동 하겠다. 어떤 원인으로 다른 역할을 할 가능성이 있다. ¶【속담】조래[條例]마 있으마 내도 사또질 하겄다. =조례만 있으면 나도 사또질 하겠다. ¶【속담】밥주기가 수굼파 구실꺼정 하겄다. =밥주걱이 삽 구실까지 하겠다. ☞할다.

하고[1][-_] 조 와. 둘 이상의 대상을 대등한 자격으로 이어 주는 말. *창녕방언에서 비교부사격 조사 '와/과'는 존재하지 않는다. ¶【속담】핑게하고 고약은 아무데나 잘 붙는다. =핑계와 고약은 아무데나 잘 붙는다. ☞캉.

하고[2][-_] 조 과. 다른 것과 비교되는 대상임을 나타내는 말. ¶이거하고 저거는 같애예. =이것과 저건 같아요. ☞캉.

하고[3][-_] 조 랑. 어떤 사물 따위를 비교할 때, 상대로 하는 대상임을 나타내는 부사격 조사. ¶얌소하고 염새이는 색깔이가 달라예. =얌소랑 염소는 색깔이 달라요. ☞캉.

하구집이[하구지비 __-_] 명 어떤 일을 하고 싶어 안달이 난 사람. 뭐든 자기가 하겠다고 나서는 사람을 놀림조로 이르는 말. *하고+집이. ¶저런 하구집이는 조선팔도에 없을 끼다. =저런 하고집이는 조선팔도에 없을 게다.

-하기[-_] 어 -하게. ((상태성이 있는 일부 명사나 어근 '하'에 붙어)) '그러한 상태이다'의 뜻을 더하여 형용사를 만드는 말에 붙은 연결어미. ①어떤 상태나 모양으로 드러나다. ¶이거는 노란 꽃이 납딱하기 핍미더. =이건 노란 꽃이 납작하게 핍니다. ②어떤 방식으로 행위를 이루다. ¶땅을 팬팬하기 고라래이. =땅을 판판하게 골라라. ☞하이.

하기사[_-_] 부 하기야. (('실상 적당히 말하자면'의 뜻으로)) 이미 있었던 일을 긍정하며 아래에 어떤 조건을 붙일 때에 쓰는 접속 부사. ¶일이 잘 뎄다꼬?

하기사 고래 열심이 했은머리 그렇겠지. =일이 잘 됐다고? 하기야 그리 열심히 했으니까 그렇겠지.

하나겉다[하나걷따 __-_] 형 하나같다. 모양이나 성질이 예외 없이 꼭 같다. ¶【속담】이망은 하나겉애도 쏙은 하나겉지 않다. =이마는 하나같아도 속은 하나같지 않다.

하내이[하내~이 _-_] 명 한 사람. *창녕방언 '하내이'는 '한 사람'을 뜻하는 말로 마치 한 단어처럼 연속적으로 발음하여 사용한다. 두 사람 이상일 경우에는 '두내이'처럼 조합하지는 않는다. ¶【관용구】하내이 하나썩. =한 사람이 하나씩. ¶【속담】하내이 덕을 열 사램이 본다. =한 사람 덕을 열 사람이 본다.

하는머리[--__] 부 하니까. 앞말의 사실이 뒷말의 이유나 근거가 됨을 나타내는 말. ¶눈도 오고 하는머리 난제 가래이. =눈도 오고 하니까 나중에 가라. ☞카는머리. 칸께네. 하이께네.

하다몬해[--__] 부 하다못해. ①요구되는 수준을 가장 낮춘다고 하더라도. ¶머리가 나뿌마 하다몬해 몰움이래도 씨야 덴다. =머리가 나쁘면 하다못해 애라도 써야 된다. ②애써 노력하거나 바라다가 별수 없이. ¶장시로 하다몬해 언자는 막일로 한다. =장사를 하다못해 이제는 막일을 한다.

하닥하닥[___-] 부 화끈화끈. ①얼굴 따위가 부끄러움이나 노여움으로 자꾸 갑자기 달아오르는 모양을 나타내는 말. ¶민지럽우서 낯이 하닥하닥 달아올랐다. =민망해서 얼굴이 화끈화끈 달아올랐다. ②몸이나 쇠 따위가 뜨거운 기운을 받아 자꾸 갑자기 달아오르는 모양을 나타내는 말. ¶불에 딘 자리가 하닥하닥 달아오른다. =불에 덴 자리가 화끈화끈 달아오른다.

하닥하닥하다[하닥하다카다 ____-_] 동 화끈화끈하다. ①얼굴이나 몸이 부끄러움이나 노여움 등으로 자꾸 갑자기 달아오르다. ②몸이나 쇠 따위가 뜨거운 기운을 받아 자꾸 갑자기 달아오르다.

-하디[-_] 어 -하더니. *앞 절과 뒤의 절을 연결하는 말. ¶【속담】간다 간다 하디 아 서이 놓고 간다. =간다 간다 하더니 애 셋 낳고 간다.

하뚜[_-] 명 화투(花鬪). ¶【관용구】하뚜로 치다. =화투를 하다. ☞하토.

하러살이[하러사리 __-_] 명 ((동물))하루살이. ☞날벌개이. 날벌거지. 날파리. 하로살이. 하리살이.

하런초[__-] 명 ((식물))한련초(旱蓮草).

하럿밤[하러빰 __-] 명 하룻밤. ①해가 지고 나서 다음날 해가 뜰 때까지의 동안. ¶【속담】하럿밤 자고 나마 수가 난다. =하룻밤 자고 나면 수가 난다. ¶【속담】하럿밤에 소곰 석 섬을 무우도 짭다는 소리가 없다. =하룻밤에 소금 석 섬을 먹어도 짜다는 소리가 없다. ②어느 날의 밤. ¶하럿밤에는 이우지 개가 엄청시리 짓더라. =하룻밤에는 이웃 개가 엄청나게 짖더라. ☞하룻밤.

하릿밤.

하로[_-] 명 하루. 해가 지고 나서 다음 날 해가 뜰 때까지의 동안. ¶【관용구】하로가 다르다. =하루가 다르다. ¶【관용구】하로가 머다하고. =하루가 멀다고. ¶【속담】모싱기 때 하로는 저실 열을 맞잽이다. =모내기 때 하루는 겨울 열흘 맞잡이다. ¶【속담】오니얼 삘 하로마 더 찌아도 낫다. =오뉴월 볕 하루만 더 쬐어도 낫다. ☞하리.

하로걸러[__-_] 부 하루걸러. 하루씩 띄어서. ¶개가 하로걸러 한 분썩 저 난리로 친다. =개가 하루걸러 한 번씩 저 난리를 친다. ☞하리걸러.

하로배삐[__-_] 부 하루바삐. 하루라도 빨리. ¶나뿐 풍십은 하로배삐 없어지야 덴다. =나쁜 풍습은 하루바삐 없어져야 된다. ☞하리배삐.

하로살이[하로사리 __-_] 명 ((동물))하루살이. ☞날벌개이. 날벌거지. 날파리. 하러살이. 하리살이.

하로섹히[하로세키 __-_] 부 하루속히(--速-). 하루라도 빠르게. ¶다친 데는 하로섹히 낫구로 해라. =다친 데는 하루속히 낫게 해라. ☞하리섹히.

하로아직[___-] 명 하루아침. ((흔히 '하리아직에' 꼴로 쓰여)) 갑작스러울 정도의 짧은 시간. ¶【속담】석숭이 재물도 하로아직. =석숭의 재물도 하루아침. ¶【속담】입에 말 다 듣자마 고래 등 겉은 게아집도 하로아직에 넘우간다. =입의 말 다 듣자면 고래 등 같은 기와집도 하루아침에 넘어간다. ☞하리아직.

하로이틀[__-_] 명 하루이틀. 하루나 이틀 정도 되는 짧은 기간. ¶하로이틀 지다리보다가 안 오마 한분 찾아가바야 덴다. =하루이틀 기다려보다가 안 오면 한번 찾아가봐야 되겠다. ☞하리이틀.

하로점두룩[__-__] 명 종일(終日). *하루+점두룩(저물도록). ☞쟁일. 죙일. 하리점두룩.

하로치[_-_] 명 하루치. 하루의 몫이나 분량. ¶요거는 우리 식구 하로치 양석도 안 덴다. =요건 우리 식구 하루치 양식도 안 된다. ☞하리치.

하로치기[__-_] 명 하루치기. 하루 안에 할 만한 양의 일. ¶하로치기로 여앵을 댕기왔다. =하루치기로 여행을 다녀왔다. ☞하리치기.

하로하로[1][___-] 명 하루하루. 그날그날의 날. ¶하로하로가 바뿝미더. =하루하루가 바쁩니다. ☞하리하리.

하로하로[2][___-] 부 하루하루. 하루가 지날 때마다. ¶【관용구】하로하로 몰라 비기. =하루하루 몰라보게. ☞하리하리.

하롯가에[하로까세 _-__] 명 화롯가(火爐-). *하롯+갓+에. ¶【속담】하롯가세에 엿을 붙이놓고 왔나. =화롯가에 엿을 붙여놓고 왔나. ☞하릿가시.

하롯강새이[하로깡새~이 ___-_] 명 하룻강아지. 경험이 적고 세상 물정 모르는 어린 사람을 얕잡아 이르는 말. ¶【속담】하롯강새이 재 몬 넘는다. =하룻강아지 고개 못 넘는다. ¶【속담】하롯강새이 범 무숩운 줄 모른다. =하룻강아지 범 무서운 줄 모른다. ☞하릿강새이.

하롯밤[하롣빰 __-] 명 하룻밤. ☞하럿밤. 하릿밤.

하롯지익[하롣찌익 ___-] 명 하룻저녁. ①하루의 저녁 동안. ¶오올 하롯지익마 노다 가거래이. =오늘 하룻저녁만 놀다 가거라. ②어느 날의 저녁. ¶하롯지익에는 소짝새가 우더라. =하룻저녁에는 소쩍새가 울더라. ③'짧은 시일'을 이르는 말. ¶그 어렵운 일이 하롯지익에 척척 델 리는 없다. =그 어려운 일이 하룻저녁에 척척 될 리는 없다. ☞하럿지익.

하리[1][_-] 명 하루. ☞하로.

하리[2][_-] 명 화로(火爐). 숯불을 담아 놓는 그릇. ¶【속담】하리 가시에 엿 붙이낳았나. =화로 가에 엿 붙여 놓았나. ☞화리.

하리걸러[__-_] 부 하루걸러. ☞하로걸러.

하리곶[하리곧 _-_] 명 하루 곳. 하루 만에 다녀올 수 있는 곳. ¶큰딸아로 하리곶에 치아낳고 보이 마암이 낳인다. =큰딸을 하루 곳에 시집보내놓고 보니 맘이 놓인다.

하리배삐[__-_] 부 하루바삐. ☞하로배삐.

하리살이[하리사리 __-_] 명 ((동물))하루살이. ☞날벌개이. 날벌거지. 날파리. 하러살이. 하로살이.

하리섹히[하리세키 __-_] 부 하루속히(--速-). ☞하로섹히.

하리아직[___-] 명 하루아침. ☞하로아직.

하리이틀[__-_] 명 하루이틀. ☞하로이틀.

하리점두룩[__-__] 명 종일(終日). ☞쟁일. 젱일. 하로점두룩.

하리치[_-_] 명 하루치. ☞하로치.

하리치기[__-_] 명 하루치기. ☞하로치기.

하리하리[1][___-] 명 하루하루. ☞하로하로.

하리하리[2][___-] 부 하루하루. ☞하로하로.

하릿가시[하리까시 _-__] 명 화롯가(火爐-). *하릿+갓+에. ☞하롯가세.

하릿강새이[하리깡새~이 ___-_] 명 하룻강아지. ☞하롯강새이.

하릿밤[하리빰 __-] 명 하룻밤. ☞하럿밤. 하롯밤.

하릿불[하리뿔 _-_] 명 화롯불(火爐-). ¶【속담】저실 하릿불은 어무이보담아 낫다. =겨울 화롯불은 어머니보다 낫다. ¶【속담】소봉알 보고 하릿불 장만는다. =쇠불알 보고 화롯불 장만한다.

하릿지익[하리찌익 ___-] 명 하룻저녁. ☞하롯지익.

하마[-_] 부 벌써. ☞버씨로. 하매.

하마나[-__] 부 이제나저제나. 언제인지 알 수 없을 때 또는 어떤 일을 몹시 안타깝게 기다릴 때 쓰는 말. ¶자석이 하마나 올란강 부몬님이 지다린다. =자식이 이제나저제나 올는지 부모님이 기다린다. ☞하매나.

하매[-_] 부 벌써. ☞버씨로. 하마.

하매나[-__] 부 이제나저제나. ☞하마나.

하모[-_] 감 아무렴. ☞암마. 암만. 암매.

하물미[_-_] 부 하물며. 앞 내용보다 뒤 내용에 대한 더 강한 긍정을 나타낼 때 쓰이는 말. ¶개도 지 새끼로 이뻐하는데 하물미 사램이사 말해 머하까. =개도 제 새끼를 예뻐하는데 하물며 사람이야 말해 뭣하랴.

ㅎ

하부래[-__] 조 마저. ¶오올따라 비하부래 오고 이카네. =오늘따라 비마저 오고 이러네. ☞마자. 하부리.

하부리[_-_] 조 마저. ☞마자. 하부래.

하분차[1][_-_] 명 혼자. ①다른 사람과 어울리거나 함께 있지 아니하고 그 사람 한 명만 있는 상태. ¶【속담】도독질도 하분차 해 무우라. =도둑질도 혼자 해 먹어라. ②남과 함께하지 않고 홀로. ¶【속담】같이 새미 파고 하분차 묵는다. =같이 우물 파고 혼자 먹는다. ☞하분채. 호분채. 혼채.

하분차[2][_-_] 명 홀로. ①혼자서만 또는 짝 없이 외롭게. ¶【속담】동냥은 하분차 간다. =동냥은 홀로 간다. ②다른 사람의 도움 없이 혼자의 힘으로. ¶아부지 없이 어무이 하분차 자석 서이로 키았다. =아버지 없이 어머니 홀로 자식 셋을 키웠다. ☞하분채. 호분채. 혼채.

하분채[1][_-_] 명 혼자. ☞하분차. 호분채. 혼채.

하분채[2][_-_] 명 홀로. ☞하분차. 호분채. 혼채.

하빠리[_-_] 명 하치(下-). ①같은 종류의 물건 가운데 가장 등급이 낮은 물건. ¶【관용구】하빠리 물견. =하치 물건. ②어떠한 부류에서 그 수준이 가장 낮은 층. ¶【관용구】하빠리 학조. =하치 학교.

하알[-_] 명 하늘. ¶【관용구】하알이 무숩다. =하늘이 무섭다. ¶【속담】하알 높운 줄 모룬다. =하늘 높은 줄 모른다. ¶【속담】비는 데는 하알도 몬 이긴다. =비는 데는 하늘도 못 이긴다.

하알나라[-___] 명 하늘나라. ¶【관용구】하알나라로 가다. =하늘나라로 가다.

하알님[-__] 명 하느님. ¶【관용구】하알님 맙소사. =하느님 맙소사.

하알대앙구[-__-_] 명 대완구(--大碗口). 대단한 존재를 빗대어 이르는 말. *하늘+대완구(조선시대 무기의 일종). ¶하알대앙구 겉은 울 아부지. =대완구 같은 우리 아버지. ☞대앙구.

하알소[하알쏘 -__] 명 ((동물))하늘소.

하알수박[-___] 명 ((식물))하눌타리. ¶【속담】허울 좋운 하알수박. =허울 좋은 하눌타리.

하앙산[_-_] 명 화왕산(火旺山). 창녕의 명산. 창녕읍을 둘러싼 산으로 높이는 757m이다. 가을이면 사방으로 뻗은 능선의 억새풀이 장관을 이루며, 봄의 진달래도 절경이다. ¶【속담】통때 하나는 하앙산 배바우만하다. =욕심 하나는 화왕산 배 바위만하다. ☞항산.

-하이[하~이 -_] 어 -하게. ☞-하기.

하이간에[하이가네 __-_] 부 하여간에(何如間-). 앞 내용을 막론하고 뒤 내용을 말할 때 쓰여 앞뒤 문장을 이어 주는 말. ¶하이간에 바아 드갑시더. =하여간에 방에 들어갑시다.

하이께네[하~이께네 -___] 부 하니까. 앞말의 사실이 뒷말의 결과로 나타나게 됨을 이르는 말. ¶【속담】행실 배아라 하이께네 포도청 문꼬리 뺀다. =행실을 배워라 하니까 포도청 문고리 뽑는다. ☞카는머리. 칸께네. 하는머리.

하이튼[_-_] 부 하여튼(何如-). 앞 내용을 막론하고 뒤 내용을 말할 때 쓰여 앞뒤 문장을 이어 주는 말. ¶하이튼, 우예덴 일인가 이약이나 들어보자. =하여튼, 어찌된 일인지 이야기나 들어보자.

하입[_-] 명 한입. ①입안에 음식물 등을 한 번에 넣을 수 있을 만큼 넣은 상태. 또는 그만큼의 양. ¶하입마 비이 묵구로 주라. =한입만 베어 먹게 줘라. ②음식물 따위를 여러 번에 나누지 않고 한 번에 먹음. ¶【속담】호박씨 까가아 하입에 털어 옇었다. =호박씨 까서 한입에 털어 넣었다. ③단지 하나의 입을 이르는 말. ¶【속담】하입으로 온 까마구질 한다. =한입으로 온 까마귀질 한다.

하잖다[하잔타 _-_] 형 나쁘다. ①무엇이 몸이나 건강에 좋지 않은 영향을 미치는 점이 있다. ¶【속담】하잖은 술 묵기는 정승 하기보담아 어럽다. =나쁜 술 먹기는 정승 하기보다 어렵다. ②감정상태가 좋지 않다. ¶【관용구】기부이 하잖다. =기분이 나쁘다. ③어떤 일을 하기에 적절하지 아니하다. ¶비가 오서 배껕일하기가 하잖다. =비가 와서 바깥일하기가 나쁘다. ④어떤 대상을 다루기가 불편하다. ¶이거는 징기고 댕기기에 하잖다. =이건 지니고 다니기에 나쁘다. ⑤도덕적으로 옳지 않다. ¶【속담】하잖은 일은 천리 배껕에서 난다. =나쁜 일은 천리 밖에서 난다. ☞나뿌다. 파이다.

하지만서도[-____] 부 하지만. 서로 일치하지 아니하거나 상반되는 사실을 나타내는 두 문장을 이어 줄 때 쓰는 접속 부사. ¶니가 잘몬한 기이 많다. 하지만서도 이 애비는 널로 한분 더 믿는다. =네가 잘못한 게 많다. 하지만 이 아비는 너를 한 번 더 믿는다.

하토[_-] 명 화투(花鬪). ☞하뚜.

하하이[하하~이 _-_] 부 하얗게. ¶딘장에 꽃가지가 하하이 핐네예. =된장에 골마지가 하얗게 폈네요. ☞하핳기.

하핳기[하하키 _-_] 부 하얗게. ¶하핳기 핀 저 꽃은 이룸이 머꼬? =하얗게 핀 저 꽃은 이름이 뭐니? ☞하하이.

하핳다[하하타 _-_] 형 하얗다. 사물이나 그 빛이 매우 짙게 희다. ¶누이 오서 사이 하핳다. =눈이 와서 산이 하얗다. *하핳기[하하키 _-_], 하핳지[하하치 _-_], 하하이[하하이 _-_], 하했다[하핻따 _-_].

학상[-_] 명 학생(學生). ¶학상이라마 모룸지기 공부로 해야 덴다. =학생이라면 모름지기 공부를 해야 된다.

학조[학쪼 --] 명 학교(學校). ¶【관용구】학조 기깅도 몬하다. =학교 구경도 못하다. ☞핵교. 핵조.

학조생알[학쪼생알 ----] 명 개교기념일(開校紀念日). ☞핵교생알. 핵조생알.

한갓데잖다[한갇데잔타 __--_] 형 한결같잖다. ①어떤 대상이 한결같지 않고 변화가 있다. ¶정부서 하는 일이 한갓데잖고 개덕이 죽 끓딧기 한다. =정부에서 하는 일이 한결같잖고 변덕이 죽 끓듯 한다. ②여럿이 모양이나 성질이 다르다. ¶한 성지간이라 캐도 한갓데잖다. =한 형제간이라 해도 한결같잖다.

ㅎ

한검[--] 부 기껏. 정도나 힘이 미치는 데까지. ¶징긴 거는 한검 이거뿌이다. =지닌 것은 기껏 이것뿐이다. ☞기껀. 까지껀. 꼴랑. 호부.

한검해야[---_] 부 기껏해야. ①아무리 한다고 하여도. ¶밤새두룩 일로 했는데도 한검해야 이거빽이 몬했다. =밤새도록 일을 했는데도 기껏해야 이것밖에 못했다. ②((수를 나타내는 말 앞에 쓰여)) 아무리 많게 잡아도. 또는 최대한도로 하여도. ¶여어서 대구꺼정은 한검해야 한 시간도 안 걸리예. =여기서 대구까지는 기껏해야 한 시간도 안 걸려요. ☞기껀해야. 까지껀해야.

한군자리[_ _-_] 명 한군데. 일정하게 정해진 한곳. ¶【속담】밥은 열 곳에 가 무우도 잠은 한군자리서 자랬다. =밥은 열 곳에 가 먹어도 잠은 한군데에서 자랬다.

한꺼분에[한꺼부네 _ _-_] 부 한꺼번에(--番-). 몰아서 한 차례에. 또는 죄다 동시에. ¶【속담】한 해 닭이 한꺼분에 운다. =한 홰 닭이 한꺼번에 운다. ☞한꾼에. 한묵에. 한분에. 한참에.

한꾼에[1][한꾸네 _-_] 부 함께. 여럿이 한데 어울려. ¶음석은 한꾼에 무우야 맛입다. =음식은 함께 먹어야 맛있다. ☞한테.

한꾼에[2][한꾸네 _-_] 부 한꺼번에(--番-). ☞한꺼분에. 한묵에. 한분에. 한참에.

한나[1][_-] 수 하나. 자연수의 첫 수. ¶【속담】둘이 묵다가 한나 죽우도 모른다. =둘이 먹다가 하나 죽어도 모른다.

한나[2][_-] 명 하나. ①주로 '한나또'의 꼴로 부정적인 뜻의 서술어와 함께 쓰여, '전혀', '조금도'의 뜻을 나타내는 말. ¶【속담】까마구 열 두 소리 한나또 딛기 좋운 거 없다. =까마귀 열 두 소리 하나도 듣기 좋은 것 없다. ②((체언의 뒤에 쓰여) 앞선 체언을 강조하는 뜻을 나타내는 말. ¶【속담】도갓집[都家-] 강새이 눈치 한나 빠르다. =도갓집 강아지 눈치 하나 빠르다.

한나잘[_-_] 명 한나절. 하루 낮의 반(半). ¶한나잘이나 걸었더마는 종아리가 땡길리고 허북지도 빼군하다. =한나절이나 걸었더니 종아리가 땅기고 허벅지도 뻐근하다. ☞한나질.

한나질[_-_] 명 한나절. ☞한나잘.

한님[--] 명 ≒하님. 시집가는 색시를 따라갔다가 돌아오는 나이가 든 여자 하인(下人)을 이르는 말. *예전에 '하인'을 높여서 부르던 '하님'에서 온 말이지만 조금 따른 뜻으로 이르는 말이다.

한다카는[-_-_] 관 한다하는. 수준이나 실력 따위가 상당하다고 자처하거나 그렇게 인정받는. ¶한다카는 싸암소들이 여게 다 모칬다. =한다하는 싸움소들이 여기에 다 모였다.

한달움에[한다루메 _ _-_] 부 한달음에. 도중에 쉬지 않고 달음질함을 이르는 말. ¶읍내서 여어꺼정 한달움에 띠이왔다. =읍내에서 여기까지 한달음에 뛰어왔다.

한더부[--_] 명 한더위. 한창 심한 더위. ¶【속담】한더부에 털 감투. =한더위에 털 감투.

한데마당[_-__] 명 바깥마당. ☞배껕마당.

한데부석[한데부석 _-__] 명 한뎃부엌. 마당가에 만들어 놓은 간이 부엌.

한데새미[_-__] 명 한데우물. 집의 울타리 밖에 있는 우물

한데쪽[_--] 명 바깥쪽. 바깥으로 향한 곳. ¶거거는 바아 들라지 말고 한데쪽에 낳아뚜라. =그건 방에 들이지 말고 바깥쪽에 놓아둬라. ☞배껕쪽. 배껕쪽.

한도리[--_] 명 핸들[handle]. *일본어 '한도루(ハンドル)'. ¶자안차 한도리가 말로 안 듣는다. =자전거 핸들이 말을 안 듣는다.

한매디[__-] 명 한마디. 짧거나 간단한 말. ¶【속담】말 한매디가 대포알 만 개도 당는다. =말 한마디가 대포알 만 개도 당한다. ¶【속담】까마구 열 소리에 한매디 신통한 소리 없다. =까마귀 열 소리에 한마디 신통한 소리 없다

한묵[1][_-] 명 한몫. ①한 사람에게 부여된 역할이나 임무. ¶철수는 일로 맽기낳아마 한묵은 하는 핀이다. =철수는 일을 맡겨놓으면 한몫은 하는 편이다. ②한 사람 앞에 돌아가는 이익. ¶내 바램에 절마는 한묵 톡톡히 챙깄다. =나 바람에 저놈은 한몫 톡톡히 챙겼다.

한묵[2][_-] 명 한목. 한 번에 모두. ¶이거는 한묵에 몬 듭미더. =이건 한목에 못 듭니다.

한묵에[한무게 _-_] 부 한꺼번에(--番-). ☞한꺼분에. 한꾼에. 한분에. 한참에.

한문[_-] 부 한번(-番). ①어떤 일을 시험삼아 시도함을 나타내는 말. ¶【관용구】한문 해보다. =한번 해보다. ②기회 있는 어떤 때에. ¶큰 뱅언에 운제 한문 가서 진찰로 받아바라. =큰 병원에 언제 한번 가서 진찰을 받아봐라. ③어떤 행동이나 상태를 강조하는 뜻을 나타내는 말. ¶【속담】한문 껌으마 힐 줄 모룬다. =한번 검으면 흴 줄 모른다. ④일단 한 차례. ¶【속담】한문 실수는 빙가지상사. =한번 실수는 병가지상사. ⑤기회가 있는, 미래의 어떤 때. ¶저카다가 한문은 클 날 끼다. =저러다가 한번은 큰일 날 것이다. ⑥우선 한 차례. ¶【속담】암만 춥운 저실도 한문 지나가마 봄은 지질로 온다. =아무리 추운 겨울도 한번 지나가면 봄은 저절로 온다. ⑦지난 어느 때나 기회. ¶한문은 얄궂운 일이 있었지예. =한번은 얄궂은 일이 있었지요. ☞한분. 함.

한분[_-] 부 한번(-番). ☞한문. 함.

한분에[한부네 _-_] 부 한꺼번에(--番-). ☞한꺼분에. 한꾼에. 한묵에. 한참에.

한불[-_] 명 단벌(單-). 오직 한 벌의 옷. ¶【속담】춘포[春布] 창옷 한불 호사. =춘포 창옷 단벌 호사. ☞단불.

한불가다[-_-_] 동 한물가다. ①유행이나 사조 따위가 전성기를 지나다. ¶옷장시도 인자 한불갔다. =옷장사도 이제 한물갔다. ②채소나 과일, 어물 따위가 한창 거두어지거나 쏟아져 나오는 제철이 지나다. ¶복숭도 한불갔다. =복숭아도 한물갔다. ③채소나 과일, 어물 따위가 싱싱한 정도가 떨어지다. ¶한

ㅎ

불간 칼치로 헗기 샀다. =한물간 갈치를 싸게 샀다.

한비[-_] 명 큰비. 오래도록 많이 쏟아지는 비. *'한비'는 중세국어 흔적이 남은 예이다. ¶언자 한비는 지내간 모냥이다. =이제 큰비는 지나간 모양이다.

한삐까리[_ _-_] 부 많이. ☞마이. 짜다리.

한사꼬[_-_] 부 한사코(限死-). 기를 쓰고. ¶【관용구】한사꼬 다알들다. =한사코 달려들다. ☞한사라꼬.

한사라꼬[_ _-_] 부 한사코(限死-). ☞한사꼬.

한손낳다[한손나타 -_-_] 동 한손놓다. ①일의 어려운 고비를 넘기고 나서 여유가 생기게 되다. ¶【관용구】인자 한손낳았다. =이제 한손놓았다. ②쉬운 일이라고 생각하여 한 손만 쓴다는 뜻으로, 상대방을 얕보다. ¶니캉은 한손낳고 해도 이기겄다. =너랑은 한손놓고 해도 이기겠다.

한손띠다[-_-_] 동 한손떼다. 하던 일을 좀 소홀히 하다. ¶떱다꼬 한손띴더마는 밭 꼬라지가 얄궂다. =덥다고 한손뗐더니만 밭 꼴이 얄궂다.

한시룸[_-_] 명 한시름. 큰 근심과 걱정. ¶【관용구】한시룸 낳다. =한시름 놓다.

한시배삐[_ _-_] 부 한시바삐. 조금이라도 빨리. ¶한시배삐 댕기오니라. =한시바삐 다녀오너라.

한심[-_] 명 한숨. ①근심이나 설움이 있을 때, 또는 긴장하였다가 안도할 때 길게 몰아서 내쉬는 숨. ¶【관용구】한심을 내시다. =한숨을 내쉬다. ②잠깐 동안의 휴식이나 잠. ¶【관용구】한심 자다. =한숨 자다. ③힘겨운 고비를 넘기고 좀 여유를 갖다. ¶【관용구】한심 돌리다. =한숨 돌리다.

한여룸[--_] 명 한여름. 한창 무르익은 여름철. ¶【속담】한여룸에 핫옷 걱정한다. =한여름에 핫옷 걱정한다.

한이불[하니불 -_ _] 명 핫이불. 솜을 넣어 만든 이불. ¶【속담】오니얼에 한이불 핀다. =오뉴월에 핫이불 편다.

한저실[--_] 명 한겨울. 한창 무르익은 겨울철. ¶【속담】한저실에 삼비옷 걱정한다. =한겨울에 삼베옷 걱정한다.

한주묵[_ _-] 명 한주먹. ①주먹으로 한 번 때림. 또는 그 주먹. ¶【관용구】한주묵에 눕하다. =한주먹에 눕히다. ②상대를 얕잡아 이르는 말. ¶【관용구】한주묵 깜이다. =한주먹 감이다.

한질[1][_-] 명 한길. 차나 사람이 많이 다니는 큰길. ¶【관용구】한질에 나앉기 생기다. =한길에 나앉게 생기다. ☞행길.

한질[2][-_] 명 한길. 하나의 길. ¶【속담】굼비이도 지 일 할라마 한질을 판다. =굼벵이도 제 일 하려면 한길을 판다.

한짐[-_] 명 센 김. 한창 불기운이 셀 때 솥에서 나오는 김. *'한짐'은 표준어로 보면 구(句)지만 창녕방언에서는 굳어진 말이라 하나의 명사로 보는 게 낫다. ¶송핀은 한짐 나가고 나서 솥에 옇어라. =송편은 센 김 나가고 나서 솥에 넣어라.

한짝[_-] 명 한쪽. 어느 하나의 편이나 방향. ¶【속담】한짝 말마 듣고 송사 몬한다. =한쪽 말만 듣고 송사 못한다. ☞한쪽. 한쭉머리.

한쭉[_-] 명 한쪽. ☞한짝. 한쭉머리.

한쭉구숙[___-] 명 한구석. 한쪽 방향에 있는 구석진 곳. ¶우리들네는 한쭉구숙에서 노다가 왔다. =우리는 한구석에서 놀다가 왔다.

한쭉머리[__-_] 명 한쪽. 무엇을 둘 이상으로 가르거나 방위로 나누어 보았을 때, 어느 특정한 지점이나 방향. ¶여어서는 춤치고 한쭉머리서는 노래로 불러쌓는다. =여기에서는 춤추고 한쪽에서는 노래를 불러쌓는다. ☞한짝. 한쭉.

한참에[한차메 _-_] 부 한꺼번에(--番-). ☞한꺼분에. 한꾼에. 한묵에. 한분에.

한챔[1][--] 명 한참. 시간이 상당히 지나는 동안. ¶동상이 내뽀담아 한챔 디에 왔다. =동생이 나보다는 한참 뒤에 왔다.

한챔[2][--] 부 한참. ①어떤 일이 상당히 오랜 시간 일어나는 모양. ¶둘이서 한챔을 실개이 했다. =둘이서 한참을 실랑이 했다. ②수효나 분량, 정도 따위가 일정한 기준보다 훨씬 넘게. ¶이거보담은 저기이 한챔 많다. =이것보다는 저게 한참 많다.

한칭[-_] 부 한층(-層). 일정한 정도에서 한 단계 더. ¶【관용구】한칭 몬하다. =한층 못하다. ☞언청.

한테[_-] 부 함께. 한데 섞여 어우러져. ¶【속담】숯캉 얼움은 한테 있지 몬 한다. =숯과 얼음은 함께 있지 못 한다. ☞한꾼에.

한팬[1][-_] 명 한편. ①어떤 행동을 하면서 동시에 또 다른 행동을 하는 것이나 어떤 상황에 또 다른 상황이 이어지는 것을 나타내는 말. ¶저 냥반은 바지런하고 한팬으로 집안 살림도 잘한다. =저 양반은 부지런하고 한편으로 집안 살림도 잘한다. ②어떤 새로운 측면. ¶지는 한팬으로 이런 생각또 합미더. =저는 한편으로 이런 생각도 합니다. ③서로 뜻이 통하는 무리나 상대가 되는 무리. ¶【속담】한팬 말마 듣고 송사 몬한다. =한편 말만 듣고 송사 못 한다. ☞한핀.

한팬[2][-_] 부 한편. 앞 내용과 다른 측면의 내용을 말할 때 쓰여 앞뒤 문장을 이어 주는 말. ¶이분 일로 장시들은 목돈을 벌 끼고, 한핀 우리들네는 손애를 볼 끼이다. =이번 일로 장사들은 목돈을 벌 것이고, 한편 우리는 손해를 볼 것이다. ☞한핀.

한팽상[한팽쌍 _-] 명 한평생(-平生). ☞한핑상.

한핀[1][-_] 명 한편. ☞한팬.

한핀[2][-_] 부 한편. ☞한팬.

한핑상[한핑쌍 _-] 명 한평생(一平生). ☞한팽상.

한하다[_-_] 형 환하다. ①빛이 또렷하게 밝고 맑다. ¶【속담】동쭉이 한한께네 지 시상인 줄 안다. =동쪽이 환하니까 제 세상인 줄 안다. ②표정이나 성격이 구김살이 없이 맑고 밝다. ¶【관용구】얼굴이 한하다. =얼굴이 환하다. ③특정 분야에 잘 알아 꿰뚫어 보는 듯하다. ¶【관용구】한하이 안다. =환하게 안다. ④빛깔이 명도가 높아 밝다. ¶내는 한한 색 옷이 좋아예. =나는 환한 색 옷이 좋아요. ⑤일의 조리나 속내가 의심할 나위 없이 또렷하다. ¶【관용구】한하기 밝히지다. =환하게 밝혀지다. ⑥가린 것이 없어 잘 드러난 상태에 있다. ¶【관용구】앞날이 한하다. =앞날이 환하다.

한해[-_] 명 어느 해. 지나간 어떤 해. ¶한해는 비가 안 오서 큰고상을 했디라. =어느 해는 비가 안 와서 극고생을 했더니라. ☞언젯년. 운젯년.

한해끼[-__] 명 어느 해께. 지나간 어떤 해께. ☞언젯년에끼. 운젯년에끼.

할개[-_] 명 홀기(笏記). 혼례나 제례 때에 의식의 순서를 적은 글. ¶【관용구】할개로 부루다. =홀기를 부르다.

할꿈[_-] 부 할끔. 재빨리 곁눈으로 살짝 노려보는 모양을 나타내는 말. ¶넘우 개가 날로 할꿈 치라본다. =남의 개가 나를 할끔 쳐다본다.

할꿈기리다[__-__] 동 할끔거리다. 재빨리 곁눈으로 살짝 자꾸 노려보다. ¶니는 머 때미로 눈을 할꿈기리노? =너는 뭣 때문에 눈을 할끔거리니?

할다[-_] 동 하겠다. ¶【속담】밤새두룩 지사상 앞에서 절마 할다. =밤새도록 제사상 앞에서 절만 하겠다. ☞하겄다.

할딱[_-] 부 홀딱. ①남김없이 벗거나 벗어진 모양. ¶【속담】도독질도 할딱 벗이고는 몬한다. =도둑질도 홀딱 벗고는 못한다. ②몹시 반하거나 여지없이 속아 넘어가는 모양. ¶그 여자인데 할딱 반했다. =그 여자에게 홀딱 반했다. ③가지고 있던 것이 모두 다 없어지는 모양. ¶재산을 할딱 날맀다. =재산을 홀딱 날렸다. ④남김없이 모두 젖은 모양. ¶각중에 비가 퍼벗는 바램에 옷이 할딱 젖어뿠다. =갑자기 비가 퍼붓는 바람에 옷이 홀딱 젖어버렸다. ⑤밤을 고스란히 새우는 모양. ¶밤을 할딱 새았다. =밤을 홀딱 새웠다. ☞옴팍. 핼딱. 힐떡.

할딱벗기다[할딱버끼다 __-__] 동 빨가벗기다. ☞빨개벗기다. 빨개빗기다. 빨가벗기다. 빨가빗기다. 할딱빗기다.

할딱벗다[할딱벋따 __-_] 동 빨가벗다. ☞빨개벗이다. 빨가벗다. 빨가벗이다. 할딱벗이다.

할딱벗이다[할딱버시다 __-__] 동 빨가벗다. ☞빨개벗이다. 빨가벗다. 빨가벗이다. 할딱벗다.

할딱빗기다[할딱비끼다 __-__] 동 빨가벗기다. ☞빨개벗기다. 빨개빗기다. 빨가벗기다. 빨가빗기다. 할딱벗기다.

할딱하다[할따카다 __-_] 동 홀딱하다. 몹시 반하거나 여지없이 속아 넘어가다. ¶사기꾼 말에 할딱했다. =사기꾼 말에 홀딱했다. ☞호딱하다.

할랑하다[__-_] 형 한가하다(閑暇--). ☞날랄하다. 지옳다. 헐빈하다.

할마씨[_-_] 명 할망구. 나이 든 여자나 자기 아내를 낮잡아 이르는 말. ¶【관용구】할마씨 뱃가죽 겉다. =할망구 뱃가죽 같다. ☞할마이.

할마이[할마~이 _-_] 명 할망구. ☞할마씨.

할매[--] 명 할머니. ¶【속담】친정간다 카마 할매도 얼씨구나 칸다. =친정 간다 하면 할머니도 얼씨구나 한다. ☞할무이.

할매꼬디이[할매꼬디~이 --___] 명 ((동물))달팽이. ☞달패이.

할매꽂[할매꼳 --_] 명 ((식물))할미꽃.

할무이[할무~이 --_] 명 할머니. ☞할매.

할배[--] 명 할아버지. 늙은 남자를 친근하게 이르는 말. ¶【속담】할배 감투로 손지가 씬 거 겉다. =할아버지 감투를 손자가 쓴 것 같다.

할부지[--_] 명 할아버님. 부모의 아버지를 이르거나 부르는 가장 높임말. ☞할아부지.

할아부지[--__] 명 할아버님. ☞할부지.

할애비[하래비 --_] 명 할아비. '할아범'의 낮춘 말. ¶【속담】손지로 기애하마 할애비 씨엄 잡는다. =손자를 귀여워하면 할아비 수염 잡는다. ¶【속담】염나대앙이 지 할애비라 캐도 안 덴다. =염라대왕이 제 할아버지라 해도 안 된다.

함[-] 부 한번(-番). ¶할부지 오시능강 마짐 함 나가바라. =할아버지 오시는지 마중 한번 나가봐라. ☞한문. 한분.

함배기[1][_-_] 명 함지박. 통나무의 속을 파서 큰 바가지같이 만든 그릇. ¶【속담】쏙꼿 벗고 함배기에 드갔다. =속곳 벗고 함지박에 들어갔다. ☞반티이. 함비기.

함배기[2][_-_] 명 함지. 나무로 네모지게 짜서 만든 그릇. 운두가 조금 깊으며 밑은 좁고 위는 넓다. ¶【속담】넘우 떡 함배기에 자빠라진다. =남의 떡 함지에 자빠진다. ☞함비기.

함부두룩[-___] 부 함부로. 조심하거나 깊이 생각하지 아니하고 마음 내키는 대로 마구. ¶째진 입이라고 말로 함부두룩 한다. =찢어진 입이라고 말을 함부로 한다. ☞벌로. 함부리.

함부래[-__] 조 조차. 이미 어떤 것이 있는데 다른 것이 그 위에 또 더하여지거나 거기에서 한 걸음 더 나아감을 나타내는 보조사. ¶안 그래도 춥운데 옷함부래 얇부리해서 더 춥제? =안 그래도 추운데 옷조차 얇아서 더 춥지? ☞조참. 조창.

함부리[1][-__] 부 아예. ①어떤 일과 행동을 하기 전에 처음부터. ¶높운 산에는 함부리 가지 마래이. =높은 산에는 아예 가지 마라. ②아주 조금이라도. 또는 무슨 일이 있더라도. ¶내인데 거짓말할 생각은 함부리 하지도 말게. =나에게 거짓말할 생각은 아예 하지 말게. ③그럴 바에는 차라리. 또는 완전히. ¶이랄라카마 함부리 때리치아라. =이러려거든 아예 때려치워라.

함부리[2][-__] 부 함부로. ☞벌로. 함부두룩.

함비기[1][_-_] 명 함지박. ☞반티이. 함배기.

함비기[2][_-_] 명 함지. ☞함배기.

함재이[함재~이 _-_] 명 함진아비. 혼인 때, 신랑집에서 채단을 넣은 함을 지고 신부 집으로 가는 사람. ☞함진애비.

함지게아[-__-] 명 암키와. 지붕의 고랑이 되도록 젖혀 놓는 기와. ☞암게아.

함진애비[__-_] 명 함진아비. ☞함재이.

ㅎ

합바지[합빠지 --_] 명 핫바지. ①솜을 두어 지은 바지. ¶【속담】합바지에 똥 싼 비우. =핫바지에 똥 싼 비위. ②무식하고 어리석은 사람을 낮잡아 이르는 말. ¶【관용구】합바지로 이이다. =핫바지로 여기다.

합젝이[합제기 _-_] 명 합죽이. 이가 빠져서 입과 볼이 움푹 들어간 사람을 낮잡아 이르는 말. ¶합젝이 할마시. =합죽이 할망구.

항강하다[__-_] 형 흥건하다. 물 따위가 푹 잠기거나 고일 정도로 많다. ¶마다아 물이 항강하이 고있다. =마당에 물이 흥건하게 고였다. ☞찰박하다. 헝겅하다.

항거[_-] 부 한가득. 꽉 차도록 가득. *'항거'는 거의 '한가득'에 해당하는 창녕 방언이지만, 추상적인 표현과는 어울리지 않는다는 특징이 있다. 예컨대 '복수심에 가득 찬 사람'을 '복수심에 항거 찬 사람'이라고는 하지 않는다. '한 것'에서 유래한 말로 보인다. '항:거'에 있는 장음은 인상적 장음이다. 이는 같은 뜻으로 쓰는 '항거석'이나 '항검', '항거시'도 마찬가지이다. ¶할매가 밥을 항거 좄다. =할머니가 밥을 한가득 주었다. ☞항거석. 항거시. 항검.

항거석[1][_-_] 부 한가득. ☞항거. 항거시. 항검.

항거석[2][_-_] 부 잔뜩. 대단히 많이. ¶개가 문지로 항거석 묻하가아 왔네. =개가 먼지를 잔뜩 묻혀서 왔네. ☞가뿍. 갑씬. 목씬. 볼쑥. 항검.

항거시[_-_] 부 한가득. ☞항거. 항거석. 항검.

항건[_-] 명 한삼(汗衫). ☞손집.

항검[1][_-] 부 한가득. ☞항거. 항거석. 항거시.

항검[2][_-] 부 잔뜩. ☞가뿍. 갑씬. 목씬. 볼쏙. 항거석.

항산[_-] 명 화왕산(火旺山). *창녕에 있는 명산 이름. ☞하앙산.

항새걸움[항새거룸 _--_] 명 황새걸음. 긴 다리로 성큼성큼 걷는 걸음. ¶【속담】뱁새가 항새걸움 걸으마 가래이가 째진다. =뱁새가 황새걸음 걸으면 가랑이가 찢어진다.

항새나물[_-__] 명 ((식물))황새냉이.

항송안치[__-_] 명 ((동물))황송아지. 수컷 송아지. ☞쑥송안치.

항시[--] 명 ((동물))황소. 큰 수소. ¶【속담】삼 동시[同壻]가 모이마 항시도 잡는다. =삼 동서가 모이면 황소도 잡는다. ☞쑥소.

항시걸움[항시거룸 --__] 명 황소걸음. 비록 느리기는 하나 모든 일을 실수 없이 착실하게 해 나가는 행동을 비유적으로 이르는 말. ¶【속담】떠문떠문 걸어도 항시걸움이다. =뜨문뜨문 걸어도 황소걸음이다.

항시깨구리[--___] 명 ((동물))황소개구리.

항시바람[--__] 명 황소바람. 좁은 곳으로 불어 드는 센바람. ¶【속담】바알구녕으로 항시바람 들온다. =바늘구멍으로 황소바람 들어온다.

항아장시[_-__] 명 황화장수(荒貨--). 예전에 담배쌈지, 바늘, 실 따위의 자질구레한 일용품을 팔로 다니던 장사치. ¶【속담】갓인 항아장시다. =갖은 황화장수다.

항칠[_-] 명 낙서(落書). 글씨나 그림 따위를 장난이나 심심풀이로 아무데나 함부로 씀. *'항칠'은 표준어 '환칠(-漆)'이 와전된 것으로 보인다. 그러나 '환칠'은 되는대로 얼룩덜룩하게 칠한 것을 뜻하나 창녕방언에서는 '낙서'에 가까운 의미로 사용한다. ¶빅에다 항칠하마 안 덴데이. =벽에다가 낙서하면 안 된다.

해갤하다[_-__] 동 해결하다(解決--). ☞빈지라다. 좋기하다. 해길하다.

해거러쌓다[해거러싸타 _-_-_] 동 해대다. ((부정적인 뜻으로 쓰여)) 좋지 않은 언행을 자꾸 반복하다. ¶내가 니 해거러쌓알 때 알아봤다. =내가 네 해댈 때 알아봤다.

해거리다[_-__] 동 나대다. 얌전히 있지 못하고 철없이 촐랑거리다. ¶【관용구】질기 해거리다. =길게 나대다. ¶【관용구】해거릴 때 알아봤다. =나댈 때 알아봤다.

해거룸[__-] 명 해거름. 해가 서쪽으로 넘어갈 무렵. ¶【속담】해거룸에 중넘 내빼딧기. =해거름에 중놈 내빼듯. ☞해질머리.

해길하다[_-__] 동 해결하다(解決--). ☞빈지라다. 좋기하다. 해갤하다.

해꼬지[_-_] 명 해코지(害--). 남을 해치고자 하는 짓. ¶지발 넘인데 해꼬지 고마해라. =제발 남한테 해코지 그만 해라. ☞해꾸지. 해치.

해꼽다[해꼽따 _-_] 형 가볍다. 사물이 무게가 적다. *창녕방언에서 '해꼽다'나 '해꼽하다', '해꿉다', '해꿉하다'는 '무게가 일반적이거나 기준이 되는 대상의 것보다 가볍다.'는 의미로만 사용된다. '개겁다'와 '개굽다'는 다의어로 사용한다. ¶쌀자리로 들어보이 해꼽다. =쌀자루를 들어보니 가볍다. ☞개겁다. 개굽다. 날리다. 해꼽하다. 해꿉다. 해꿉하다.

해꼽하다[해꼬파다 __-_] 형 가볍다. ☞개겁다. 개굽다. 날리다. 해꼽다. 해꿉다. 해꿉하다.

해꾸지[_-_] 명 해코지(害--). ☞해꼬지. 해치.

해꿉다[해꿉따 _-_] 형 가볍다. ☞개겁다. 개굽다. 날리다. 해꼽다. 해꼽하다. 해꿉하다.

해꿉하다[해꾸파다 __-_] 형 가볍다. ☞개겁다. 개굽다. 날리다. 해꼽다. 해꼽하다. 해꿉다.

해나[_-] 부 행여나(幸--). ①앞 내용이 가정된 일이나 상황이며 뒤 내용이 그에 따른 결과나 반응을 말할 때 쓰여 앞뒤 문장을 이어 주는 말. 충분히 일어날 수 있는 사실적 상황에 대해 주로 쓰인다. ¶해나 내가 늦이까 오도 바랳기고 있지 말거래이. =행여나 내가 늦게 와도 기다리고 있지 마라. ②((주로 부정문이나 반어 의문문에 쓰여)) 그럴 리야 없겠지만 그래도. ¶해나 다치까 집우서 걱정했디라. =행여나 다칠까 싶어서 걱정했더니라.

해낳다[해나타 _-_] 동 해놓다. 어떠한 결과를 이루어 내놓다. ¶일로 참하기 잘 해낳았다. =일을 참하게 잘 해놓았다.

해도해도[-_-_] 부 아무래도. ((부정적인 뜻으로 쓰여)) '아무리 해도'의 준말. ¶해도해도 너무한다. =아무래도 너무한다. ☞암만캐도. 암만해도.

해딱[_-] 부 해뜩. ①갑자기 몸을 뒤로 조금 젖히며 자빠지는 모양을 나타내는 말. ¶【관용구】디로 해딱 자빠라지다. =뒤로 해뜩 자빠지다. ②갑자기 얼굴을 돌리며 뒤를 살짝 돌아보는 모양을 나타내는 말. ¶【관용구】디로 해딱 돌아보다. =뒤로 해뜩 돌아보다. ☞히떡.

해딱개비[__-_] 명 달랑쇠. ①무게가 의외로 가벼운 물건을 이르는 말. ¶이거는 개굽우서 해딱개비네. =이건 가벼워서 달랑쇠네. ②언행이 가벼운 사람을 낮잡아 이르는 말. ¶절마는 해딱개비라서 욕을 얻어묵눈다. =저놈은 달랑쇠라서 욕을 얻어먹는다.

해딴[--] 명 해안. 주로 '해안에'의 꼴로 쓰여, 해가 떠 있는 동안을 이르는 말. ¶해딴에 다 해치안다꼬 욕봤다. =해안에 다 해치운다고 수고했다.

해때줄똥[----] 명 활개똥. 몹시 힘차게 내깔기는 물똥. ¶【관용구】해때줄똥을 싸다. =활개똥을 싸다.

해럽다[해럽따 _-_] 형 해롭다(害--). 몸이나 건강에 나쁜 영향을 미치는 점이 있다. ¶【속담】몸에 이한 약도 지나치마 해럽다. =몸에 이로운 약도 지나치면 해롭다. ☞해룹다.

해룹다[해룹따 _-_] 형 해롭다(害--). ☞해럽다.

해묵다[해묵따 _-_] 동 해먹다. ①속된 말로, 어떤 일을 업으로 삼다. ¶인자는 장사도 몬 해묵겄네. =이제는 장사도 못 해먹겠네. ②속된 말로, 남의 재화를 부정한 방법으로 얻다. ¶【관용구】넘우 돈을 해묵다. =남의 돈을 해먹다. ③어떤 식재료로 요리해서 먹다. ¶【속담】떡도 떡겉이 몬 해묵고 생떡국우로 망안다. =떡도 떡같이 못 해 먹고 생떡국으로 망한다.

해문[--] 명 햇무리. 해의 둘레에 둥글게 나타나는 흰빛의 테. ¶해문이 히빔하기 진 거로 보이 비가 올 거 겉다. =햇무리가 희붐하게 진 것을 보니 비가 올 것 같다.

해바래기[__-_] 명 ((식물))해바라기.

해바래기하다[__-_-_] 동 해바라기하다. 추운 날에 양지바른 곳에서 햇볕을 쬐다. ¶나만사람들이 갱노당 앞에서 해바래기한다. =노인들이 경로당 앞에서 해바라기한다.

해삼[_-] 명 ((식물))실새삼.

해쌀[--] 명 햅쌀. 그해에 새로 난 쌀. ☞새쌀.

해쌓다[해싸타 _-_] 동 해대다. ①화풀이로 함부로 말하거나 마구 대들다. ¶하잖은 짓을 해쌓는다. =나쁜 짓을 해댄다. ②어떤 언행을 자꾸 반복하여 하다. ¶【관용구】잔소리로 해쌓다. =잔소리를 해대다.

해애여앵[_-__] 명 해외여행(海外旅行).

해이[해~이 _-] 명 행의(行衣). 안쪽에 옷감을 대지 않고 지은 도포.

해작낳다[해작나타 _--_] 동 훼방하다(毁謗--). ☞깨방낳다. 끼살지이다. 찡짜부리다.

해작질[_-_] 명 손짭손. 심심풀이로 쓸데없이 손을 놀리어 하는 여러 가지 장난. *표준어 '해작질'은 '탐탁지 않은 태도로 무엇을 조금씩 자꾸 들추거나 파서 헤치는 짓'을 뜻하는 것으로 창녕방언의 '해작질'과는 전혀 다르게 쓰인다. ☞호작질.

해작질하다[_-___] 동 손짭손하다. 얄망스럽게 손장난을 하다. ¶와 이래 해작질하노. =왜 이리 손짭손하니. ☞자작지이다. 호작질하다.

해장작패다[--_-_] 동 넉장거리하다. 네 활개를 벌리고 뒤로 벌렁 나자빠지다. ¶술로 묵고 해장작팬다. =술을 먹고 넉장거리한다.

해재끼다[_-__] 동 해치우다. 어떤 일을 빠르고 시원스럽게 끝내다. ¶이런 일쭘이사 거지묵기로 해재끼지예. =이런 일쯤이야 거저먹기로 해치우지요. ☞해치아다.

해질머리[---_] 명 해거름. ☞해거룸.

해차리[_-_] 명 회초리. ☞매차리. 매초리.

해찰지기다[_--__] 동 해찰하다. 이것저것 공연히 집적거려 상하게 하다. ¶씰만한 거로 누가 이래 해찰지깄노? =쓸만한 것을 누가 이리 해찰했니?

해창해창[___-] 부 회창회창. 가늘고 긴 물건이 탄력 있게 조금씩 휘어지는 모양을 나타내는 말. ¶진 솔가재이가 바램에 해창해창 흔들린다. =긴 솔가지가 바람에 회창회창 흔들린다.

해창해창하다[____-_] 동 회창회창하다. ¶대낭기 해창해창한다. =대나무가 회창회창한다.

해치[_-] 명 해코지(害--). ☞해꼬지. 해꾸지.

해치다[-__] 동 홰치다. 닭이나 새 따위가 날개를 벌리면서 탁탁 치다. ¶【속담】용마리에 올라간 장닭이 해치듯기 한다. =용마루에 올라간 수탉이 홰치듯이 한다. ☞히치다.

해치아다[_-__] 동 해치우다. ☞해재끼다.

해치이[해치~이 _-_] 명 도깨비. ☞토째비.

해통하다[_-_] 동 화통하다. 성격이나 생각, 태도 따위가 막힘이 없이 당차다. ¶【관용구】싱미가 해통하다. =성미가 화통하다.

해필[-_] 부 하필(何必). 달리하거나 달리되지 않고 어찌하여 꼭. ¶와 해필 내보고 가라 캅미꺼? =왜 하필 날더러 가라고 합니까?

해필이마[-___] 부 하필이면(何必--). ¶【속담】삼밭 사자 해필이마 이 빠진다. =삼밭 사자 하필이면 이 빠진다.

핵교[핵꾜 --] 명 학교(學校). ☞학조. 핵조.

핵교생알[핵꾜생알 ----] 명 개교기념일(開校紀念日). ☞학조생알. 핵조생알.

핵맹[--] 명 혁명(革命). ¶【관용구】핵맹을 일바시다. =혁명을 일으키다.

핵조[핵쪼 --] 명 학교(學校). ☞학조. 핵교.

핵조생알[핵꾜생알 ----] 명 개교기념일(開校紀念日). ☞학조생알. 핵교생알.

핼갛다[핼가타 _-_] 형 해쓱하다. 얼굴에 핏기나 생기가 없어 파리하다. ¶미칠 뱅언에 입언해 있더마는 낯이 핼갛다. =며칠 병원에 입원해 있더니 낯이 해쓱하다.

핼기[--] 명 혈기(血氣). ¶핼기가 방장네. =혈기가 방장하네.

핼딱[_-] 부 홀딱. ☞옴팍. 할딱. 힐떡.

핼미[--] 명 할미. ①'할머니'나 '할멈'을 홀하게 이르는 말. ¶너거 핼미가 그카더나? =너희 할미가 그러더냐? ②할머니가 손자, 손녀에게 자기 자신을 이르는 말. ¶이 핼미가 너거 머리 윗는다. =이 할미가 너희 때문에 웃는다.

핼압[해랍 --] 명 혈압(血壓). ¶핼압이 높우다. =혈압이 높다. ☞힐압.

햅조[햅쪼 --] 명 협조(協助).

햇곡석[해꼭석 --_] 명 햇곡식(-穀食). 그해에 새로 난 곡식. ¶햇곡석캉 햇가실로 추석 차리 상을 채린다. =햇곡식과 햇과일로 추석 차례 상을 차리다.

햇대[해때 -_] 명 횃대. 긴 장대를 잘라 두 끝에 끈을 매어 벽에 달아 놓고 옷을 거는 막대. ¶【속담】햇대 밑 사나자석. =횃대 밑 사내자식.

햇비들끼[해삐들끼 ---_] 명 햇비둘기. 그해에 새로 나서 자란 비둘기. ¶【속담】햇비들끼가 재 넘우까. =햇비둘기가 재 넘을까.

햇빌개이[해삘개~이 ---_] 명 햇병아리. ①알에서 나온 지 얼마 안 되는 어린 병아리. ¶암딹이 햇빌개이로 소독하이 까낳았다. =암탉이 햇병아리를 소복하게 까놓았다. ②어떤 일을 시작한 지 얼마 안 되는 사람 또는 경험이 부족하여 일에 서투른 사람을 비유적으로 이르는 말. ¶햇빌개이 선상. =햇병아리 교사.

행강등[_ _-] 명 형광등(螢光燈). ¶【관용구】눈치가 행강등이다. =눈치가 형광등이다.

행건[_-] 명 행전(行纏). 한복의 바지나 고의를 입을 때, 움직임을 가볍게 하려고 바짓가랑이를 정강이에 감아 무릎 아래에 매는 물건. ☞개덜. 개항. 마끼항.

행길[_-] 명 한길. 차나 사람이 많이 다니는 큰길. ☞한질.

행님[-_] 명 형님(兄-). ☞성님.

행매이[행매~이 _-_] 명 농악놀이에서 상모(象毛)를 돌리는 사람.

행미[-_] 명 상모(象毛). 풍물놀이에서, 벙거지의 꼭지에다 참대와 구슬로 장식하고 그 끝에 해오라기의 털이나 긴 백지 오리를 붙인 것.

행사[-_] 명 행실(行實). 행동이나 몸가짐. ¶【속담】행사 배아라 칸께네 포도청 문꼬리 뺀다. =행실 배우라 하니까 포도청 문고리를 뺀다.

행사하다[-_ _ _] 동 행세하다(行世--). 해당되지 않는 사람이 당사자인 것처럼 행동하다. ¶【속담】가부띠기 종넘은 왕방울로 행사한다. =과부댁 종놈은 왕방울로 행세한다. ¶【속담】당나구가 양반 행사할라꼬 든다. =당나귀가 양반 행세하려고 든다.

행수[행쑤 _-] 명 형수(兄嫂). ☞아주매. 아지매.

행십[-_] 명 행습(行習). ①버릇이 들도록 행동함. 또는 그렇게 해서 생긴 버릇. ¶【관용구】행십이 하잖다. =행습이 나쁘다. ②집단이나 개인에게서 특징적으로 보이는 풍속과 습관. ¶좋운 행십을 징깄다. =좋은 행습을 지녔다.

행우지[1][_-_] 명 행동거지(行動擧止). 몸을 움직여 하는 모든 짓. '행실(行實)'을 속되게 이르는 말. ¶절마는 하는 행우지가 몬뗐다. =저놈은 하는 행동거지가 못됐다.

행우지[2][_-_] 명 행실머리(行實--). '행실머리'를 속되게 이르는 말.

행인물[_-_] 명 보통사람(普通--). 흔히 볼 수 있는 사람. *행인(行人)+물색(物色)<행인물(行人物). ¶저 사램은 알고 보이 행인물이 아이다. =저 사람은 알고 보니 보통사람이 아니다.

행자[-_] 명 행주. ☞정지걸레. 행지.

행지[-_] 명 행주. ☞정지걸레. 행자.

행태[-_] 명 형태(形態). ¶이거캉 저거는 행태가 다르다. =이것과 저것은 형태가 다르다.

행토[_-] 명 행티. 심술을 부려 남을 해롭게 하는 버릇. ¶【관용구】행토로 부리다. =행티를 부리다.

행팬[_-] 명 형편(形便). ①개인이나 집단의 재정(財政) 상태. ¶【속담】돈이 있으마 저승 행팬도 피인다. =돈이 있으면 저승 형편도 편다. ②일이 되어 가는 꼴. ¶【관용구】행팬을 살피보다. =형편을 살펴보다. ☞행핀. 힝핀.

행팬없다[행팬엄따 _-__] 형 형편없다(形便--). 사람이나 일의 결과나 상태 따위가 매우 한심할 정도로 좋지 못하다. ¶쌀금이 행핀없이 널찌다. =쌀값이 형편없이 떨어졌다. ☞행핀없다. 힝핀없다.

행핀[_-] 명 형편(形便). ☞행팬. 힝핀.

행핀없다[행핀엄따 _-__] 형 형편없다(形便--). ☞행팬없다. 힝핀없다.

허걸징[허걸찡 _-_] 명 허기증(虛飢症). 몹시 굶주려 기운이 빠지고 배가 고픈 증세. ¶허걸징이 나던 뱃속이 언가이 채아짔다. =허기증이 나던 뱃속이 어지간히 채워졌다.

허농[_-] 명 형용(形容). 사람의 생김새나 모습. ¶【관용구】허농이 얄궂다. =형용이 얄궂다.

허다이[--_] 부 허다히(許多-). ¶저런 일이사 허다이 있지예. =저런 일이야 허다히 있지요.

허더릿일[허더린닐 __-_] 명 허드렛일. 중요하지 아니하고 허름한 일. ¶구질짭잘한 허더릿일로 한다. =구지레한 허드렛일을 한다.

허더부리하다[____-_] 형 허술하다. 건물이나 옷이 낡고 헐어서 보잘것없다. ¶허더부리한 옷은 갖다애삐리라. =지저분한 옷은 갖다버려라.

허덜갑[__-] 명 호들갑. 가볍고 방정맞게 야단을 피우는 말이나 행동. ¶허덜갑

ㅎ

고마 떨어라. =호들갑 그만 떨어라. ☞호도갑. 호두갑.

허덜갑시리[_ _ _-_] 부 호들갑스레. 언행이 야단스럽고 경망스러운 데가 있게. ¶허덜갑시리 그카지 말고 잔주코 있거라. =호들갑스레 그러지 말고 잠자코 있어라. ☞호도갑시리. 호두갑시리.

허덜시럽다[1][_-_ _ _] 형 엄살스럽다. 아픔이나 괴로움 따위를 거짓으로 꾸미거나 실제보다 부풀려 나타내는 데가 있다. ¶안 아푸겄구마는 허덜시럽기 그카네. =안 아프겠는데 엄살스레 그러네. ☞험덕시럽다.

허덜시럽다[2][_-_ _ _] 형 과장스럽다(誇張---). 실제보다 크게 부풀려진 데가 있다. ¶언가이 허덜시럽기 그카이소오. =어지간히 과장스럽게 그러세요. ☞험덕시럽다.

허덜지이다[1][_ _-_ _] 동 엄살하다. ☞엉구럭지이다.

허덜지이다[2][_ _-_ _] 동 엄살떨다. ☞엄살피아다. 엉구럭피아다.

허덜지이다[3][_ _-_ _] 동 과장하다(誇張--). 사실보다 더 크게 부풀리다. ¶빌거 아인 거로 갖고 저래 허덜지인다. =별것 아닌 걸 갖고 저리 과장한다.

허따[--] 감 아따. ①상대방의 말이나 행동이 못마땅하거나 정도가 심하여 빈정거릴 때 내는 말. ¶허따, 말이사 뻔디리하네. =아따, 말이야 번드레하네. ②어떤 것을 어렵지 않거나 하찮게 여길 때 내는 말. ¶허따, 이거 빌껏도 아이네. =아따, 이것 별것도 아니네. ☞아따라. 아따거라. 와따. 와따라.

허룸하다[_ _-_] 형 허름하다. ①사물이 좀 낡고 헌 듯하다. ¶이거는 비기는 이래 허룸해도 안주 씰 만하다. =이건 보기에는 이렇게 허름해도 아직 쓸 만하다. ②사람이 보통에 약간 미치지 못한 듯하다. ¶사나아자석들이 하나겉이 허룸하네. =사내자식들이 하나같이 허름하네. ③물건의 외양이 볼품없고 값이 싼 듯하다. ¶여게는 허룸한 옷마 갖다 낳고 판다. =여기는 허름한 옷만 갖다 놓고 판다.

허리멍텅하다[_ _ _ _-_] 형 흐리멍덩하다. ①눈빛이 맑지 못하고 아주 흐릿하다. ¶저 허리멍텅한 눈우로 머 하겄노? =저 흐리멍덩한 눈으로 뭘 하겠니? ②일이나 행동이 경과나 결과가 전혀 분명하지 않다. ¶말하는 기이 우째 이래 허리멍텅하노? =말 하는 게 어찌 이리 흐리멍덩한가? ③기억이 맑거나 분명하지 못하고 아주 흐리다. ¶그날 젺은 일이 허리멍텅하이 잘 생앙키지로 안 한다. =그날 겪은 일이 흐리멍덩하게 잘 생각나질 않는다. ④정신이 가물가물하여 꽤 몽롱하다. ¶정시이 허리멍텅하다. =정신이 흐리멍덩하다.

허물우띠리다[허무루띠리다 _ _ _-_ _] 동 허물어뜨리다. ①쌓아올린 축조물 따위를 헐어서 완전히 무너지게 하다. ¶낡아뿐 집을 허물우띠리고 새집 질라칸다. =낡아버린 집을 허물어뜨리고 새집 지으려 한다. ②이루어 놓은 공이나 명성, 권세 따위를 손상시키거나 완전히 없어지게 하다. ¶이분 일로 지난 공을 허물우띠렀다. =이번 일로 지난 공을 허물어뜨렸다.

허북다리[--__] 명 허벅다리. ¶【관용구】허북다리가 섫다. =허벅다리가 성하다.

허북지[허북찌 --_] 명 허벅지. ¶【속담】국 쏟고 허북지 딘다. =국 쏟고 허벅지 덴다.

허불[_-] 명 허물. ①잘못 저지른 실수. ¶【속담】허불이 커야 고롬이 많다. =허물이 커야 고름이 많다. ②모자라는 점이나 결점. ¶【속담】허불없는 사램은 없다. =허물없는 사람은 없다. ③뱀이나 매미, 누에 따위가 벗는 껍질. ¶【관용구】허불로 벗이다. =허물을 벗다. ④살갗에서 저절로 일어나는 꺼풀. ¶손에 허불이 삣기짔다. =손에 허물이 벗겨졌다.

허불거지[__-_] 명 누렁 채소(-- 菜蔬). 잎사귀 채소의 잎이 누런색으로 변해 먹을 수 없는 부분. *'허불거지'는 표준어로 보면 명사구지만 창녕방언에서는 굳어진 한 단어이다. ¶묵지도 몬할 허불거지는 띠서 소나 주라. =먹지도 못할 누렁 채소는 떼서 소나 줘라.

허비다[_-_] 동 후비다. ①틈이나 구멍 속을 긁거나 돌려 파내다. ¶【속담】새이 미고 가다가 기창 허빈다. =상여 메고 가다가 귀청 후빈다. ②몹시 괴롭게 하거나 아프게 하다. ¶【관용구】쏙을 허비다. =속을 후비다. ☞히비다.

허비파다[_--_] 동 후벼파다. 구멍이나 틈의 속을 날카로운 끝으로 넓고 깊게 긁어내거나 돌려 파내다. ¶드럽구로 콧구뭉을 와 허비파노? =더럽게 콧구멍을 왜 후벼파니? ☞히비파다.

허빵구디이[허빵구디~이 --___] 명 허방. 땅바닥이 움푹 패어 빠지기 쉬운 구덩이. ¶【관용구】허빵구디이에 빠지다. =허방에 빠지다.

허뿌[1][--] 접 헛. ((일부 명사 앞에 붙어)) '쓸데없는' 또는 '보람이나 실속이 없는'의 뜻을 더하는 말. ¶허뿌걸움. =헛걸음. ¶허뿌소문. =헛소문. ¶허뿌윘움. =헛웃음.

허뿌[2][--] 명 헛일. 보람을 얻지 못하고 쓸데없이 한 노력. ¶이분 일은 허뿌가 뎄다. =이번 일은 헛일이 되었다. ☞헛거. 헛방. 헷일.

허뿌삼다[허뿌삼따 -___] 동 허실삼다(虛失--). 별반 기대는 하지 않고 혹시나 하는 마음으로 해 보다. ¶이 깨는 허뿌삼아 한분 털어봅미더. =이 깨는 허실삼아 한번 털어봅니다. ☞이정삼다.

허새비[--_] 명 허수아비. ①주로 곡식을 축내는 새나 짐승 따위를 막으려고 막대기와 짚 등으로 사람 모양을 만들어 논밭에 세우는 물건. ¶【속담】허새비도 지구실은 한다. =허수아비도 제구실은 한다. ¶【속담】참새가 허새비 무숩우서 나락 몬 까무울까이. =참새가 허수아비 무서워서 나락 못 까먹으랴. ②제구실을 하지 못하고 자리만 잡고 있으면서 주관 없이 행동하는 사람을 비유적으로 이르는 말. ¶꿈이 없이 살마 허새비캉 같다. =꿈이 없이 살면 허수아비랑 같다.

허씨다[-__] 동 헤집다. 쌓여 있는 곳을 파다. ¶부지깨이로 불로 허씼다. =부지깽이로 불을 헤집었다. ☞허지이다.

허씨싸하다[_-___] 동 ≒물시하다(勿施--). 어떤 사실이나 행위를 없었던 일로 하다. ¶이분 한 분마 허씨싸해주께. =이번 한 번만 물시해줄게. ☞물세하다.

허이[허~이 -_] 부 흔히. 일상적으로 보고 듣거나 구할 수 있도록 잦거나 많게. ¶이런 일이사 허이 있다. =이런 일이야 흔히 있다.

허지이다[1][_-__] 동 헤집다. 쌓여 있는 것을 긁고 난 뒤 팬 곳을 파다. ¶달구새끼가 난서밭을 모지리 허지이 낳았다. =닭이 남새밭을 모조리 헤집어 놓았다. ☞허씨다.

허지이다[2][_-__] 동 뒤적이다. 무엇을 이리저리 자꾸 뒤집다. ¶고구매가 익었능가 볼라꼬 부지깨이로 불로 허지있다. =고구마가 익었는지 보려고 부지깽이로 불을 뒤적였다. ☞디직이다.

허투로[__-] 부 허투루. 아무렇게나 마구 되는대로. ¶쌀 한 낱기도 허투로 하마 복 나간다. =쌀 한 낱도 허투루 하면 복 나간다.

허패[--] 명 허파. 사람이나 동물의 호흡기의 기관 중의 하나.

허패디비다[--___] 동 화나게 하다. *창녕 방언 '허패디비다'는 연속적으로 발음하여 한 단어로 사용한다. 허패(허파)+디비다(뒤집다). ¶조놈우 자석이 허패디비네. =저놈의 자식이 화나게 하네.

허풍시이[허풍시~이 --__] 명 허풍선이. 너무 과장하여 실속이나 믿음성이 없는 말과 행동을 자주 하는 사람. ¶저 허풍시이 말은 고대로 믿어마 안 덴다. =저 허풍선이 말은 고대로 믿으면 안 된다.

허풍재이[허풍재~이 --__] 명 허풍쟁이. ☞풍재이.

허허이[허허~이 _-_] 부 허옇게. ¶우리 할배는 멀꺼디이가 허허이 시있다. =우리 할아버지는 머리카락이 허옇게 셌다. ☞허헣기.

허헣기[허허키 _-_] 부 허옇게. ☞허허이.

허헣다[허허타 _-_] 형 허옇다. ①다소 탁하고 흐릿하게 희다. ¶누이 오서 들파이 허헣다. =눈이 와서 들판이 허옇다. ②빛을 못 본 얼굴이거나 핏기가 없는 얼굴이 아주 희다. ¶아푸다 카더마는 낯짝이 허헣구마는. =아프다 하더니 낯짝이 허옇구먼. ③사람의 외양이 허여멀겋다. ¶낯이 허헌 저 냥반은 서울 사램가? =낯이 허연 저 양반은 서울 사람이니?

헌갬[_-] 명 현감(縣監). 조선 시대, 현의 우두머리. ¶【속담】염체없기는 함안 헌갬[縣監]일세. =염치없기는 함안 현감일세.

헌거[헝거 _-] 명 헌것. ¶헌거는 애삐리고 쌔거 샀다. =헌것은 버리고 새것 샀다.

헌다리[__-] 명 헐은 다리. 피부병 따위로 상처가 헐어버린 다리. *'헌다리'는 연속적으로 발음하여 한 단어로 사용한다. ¶【관용구】부곡온천에 헌다리 몰리오듯기. =부곡온천에 헐은 다리 몰려오듯이.

헌두디기[_--_] 명 누더기. ☞누디기. 두디기.

헌디[_-] 명 헌데. 부스럼이나 상처가 나서 살갗이 헐어 상한 자리. *헌(헐은)+디(데). ¶이 약은 헌디 바르마 잘 낫아예. =이 약은 헌데 바르면 잘 나아요.

헌씨[_-] 명 헌쇠. 녹이 슬거나 깨어져서 못 쓰게 된 쇠붙이. ¶헌씨는 말키 고물장시인테 팔았어예. =헌쇠는 모두 고물장사한테 팔았어요.

헌언장부[_-_-] 명 헌헌장부(軒軒丈夫).

헌지집[_--] 명 헌계집. '한번 시집갔다가 홀로된 여자'를 속되게 이르는 말.

헌집곤치기[_--__] 명 헌집고치기. 낡은 집은 한 곳을 고치고 나면 또 다른 곳이 헐어 고쳐야 된다는 뜻으로, 일을 아무리 해도 뚜렷한 보람이나 성과가 나타나지 않고 새로운 일거리가 계속해서 생기게 됨을 비유적으로 이르는 말. ¶【속담】오니얼 밭 매는 거는 헌집곤치기. =오뉴월 밭 매는 것은 헌집고치기.

헌출하다[__-_] 형 훤칠하다. ①길고 미끈하다. ¶키가 헌출하고 인물도 잘났다. =키가 훤칠하고 인물도 잘났다. ②모습이 깨끗하고도 시원스럽다. ¶저 알라는 생긴 기이 헌출하구마는. =저 어린애는 생긴 게 훤칠하구먼.

헌하다[1][_-_] 형 훤하다. ①빛으로 충분히 비치어 밝다. ¶날이 새서 헌해졌다. =날이 새서 훤해졌다. ②어떤 일의 조리나 속내가 분명하여 알기 쉽다. ¶【관용구】쏙이 헌하이 딜다비다. =속이 훤하게 들여다보이다. ③앞이 탁 트여 넓고 시원스럽다. ¶들파이 헌하기 비인다. =들판이 훤하게 보인다. ④얼굴이나 외모가 잘생겨서 보기에 시원스럽다. ¶헌하기 잘 생깄다. =훤하게 잘 생겼다. ⑤표정이나 성격이 구김살이 없이 매우 밝다. ¶오새는 얼굴이 헌하다. =요새는 얼굴이 훤하다. ⑥특정 분야에 잘 알아 꿰뚫어 보는 듯하다. ¶이 일 하나만큼은 내가 헌하다. =이 일 하나만큼은 내가 훤하다.

헌하다[2][_-_] 형 뻔하다. 굳이 확인해 보거나 경험해 보지 않아도 알 수 있을 만큼 명확하다. ¶안 바도 헌한 일이다. =안 봐도 뻔한 일이다.

헐[-] 부 훨씬. ☞얼매로. 헐썩.

헐굽다[헐굽따 _-_] 형 헐겁다. 헐렁한 느낌이 있다. ¶살이 빠지낳이 주우가 헐굽다. =살이 빠져놓으니 바지가 헐겁다. ☞헐붕하다.

헐끈[_-] 명 허리끈. ¶【관용구】헐끈을 짜매다. =허리끈을 졸라매다.

헐떡이다[헐띠기다 _-__] 동 헐떡이다. ¶【속담】덥우묵운 소는 달마 바도 헐떡인다. =더위한 소는 달만 봐도 헐떡인다.

헐리벌떡[___-] 부 헐레벌떡. ¶놀래서 헐리벌떡 띠왔제? =놀라서 헐레벌떡 뛰어왔지?

헐붕하다[__-_] 형 헐겁다. ☞헐굽다.

헐붓다[헐붇다 _-_] 형 ≒쉽다. (('잊음'에 붙어)) '쉽다'는 뜻을 나타내는 말. 즉 어떤 기억이나 사실 따위를 쉽게 잊어

ㅎ

버린다는 말. ¶언자는 늙었는강 잊임이 헐붗고 그래예. =이제는 늙었는지 잊음이 쉽고 그래요. *헐붗고[헐붇꼬 _-_], 헐붗지[헐붇찌 _-_], 헐붗어서[헐부저서 _-__], 헐붗었다[헐부전따 _-__]. ☞헗다.

헐빈하다[__-_] 형 비다. ①일정한 공간에 사람, 사물 따위가 들어 있지 아니하게 되다. ¶무싯날이라서 뻐쓰가 헐빈하다. =무싯날이라서 버스가 비어있다. ②((주로 '머리'와 함께 쓰여)) 지식이나 생각, 판단하는 능력이 없어지다. ¶아무 생각없이 살았더마는 머리가 헐빈해잤다. =아무 생각 없이 살았더니 머리가 비었다. ③돈, 재산 따위가 없어지다. ¶개쭘치가 헐빈하다. =주머니가 비어있다.

헐썩[--] 부 훨씬. ☞얼매로. 훨.

헐아다[허라다 _-_] 동 헐다. ①집이나 쌓은 물건을 헐어서 내려앉게 하거나 흩뜨리다. ¶인날 집을 헐아서 새집 지있다. =옛날 집을 헐어서 새집 지었다. ☞뜯다. ②저장하여 둔 돈이나 물건 따위를 꺼내어 쓰기 시작하다. ¶새 짐장독을 헐았다. =새 김장독을 헐었다. ③물건 따위를 낡아지게 하다. ¶이장을 비 맞하서 다 헐아낳았네. =연장을 비 맞혀서 다 헐어놓았네.

헐아지다[허라지다 _-__] 동 헐어지다. ①집이나 쌓은 물건 따위가 허물어져 내려앉거나 흩어지게 되다. ¶비가 마이 오서 단장이 말키 헐아잤다. =비가 많이 와서 담장이 모두 헐어졌다. ②물건 따위를 낡아지게 되다. ¶오래 탔디마는 자안차가 헐아지서 몬 씰다. =오래 탔더니만 자전거가 헐어져서 못 쓰겠다. ③부스럼이나 상처로 인하여 짓무르거나 진물이 나게 되다. ¶몸살이 나디마는 입 아이 말키 헐아잤다. =몸살이 나더니만 입 안이 온통 헐어졌다.

헐애빠지다[허래빠지다 _--__] 형 헐하다(歇--). '헐하다'를 속되게 이르는 말. 아주 헐하다는 말. ¶올개는 뱁차 깞이 헐애빠짔네. =올해는 배추 값이 헐하네. ☞헐찍하다. 헗다.

헐찍하다[헐찌카다 __-_] 형 헐하다(歇--). 값이 시세보다 싸다. ¶【속담】헐찍한 개 깞이다. =헐한 개 값이다. ☞헐애빠지다. 헗다.

헐출하다[__-_] 형 시장하다. 배가 고프다. ¶【속담】헐출하마 밥그륵을 통채로 생키나. =시장하면 밥그릇을 통째로 삼키나.

헗기[헐키 --] 부 헐하게(歇--). 물건 값이나 사람 또는 물건을 쓰는 데 드는 비용이 보통보다 낮게. ¶퍼떡 팔라꼬 집을 헗기 내낳았다. =빨리 팔려고 집을 헐하게 내놓았다. ☞싸기.

헗다[1][헐타 --] 형 헐하다(歇--). 값이 시세보다 싸다. ¶【속담】헗은 기이 비지떡이다. =헐한 것이 비지떡이다. ¶【속담】깞도 모루고 헗다 칸다. =값도 모르고 헐하다 한다. ¶【속담】비싼 밥 묵고 헗한 걱정한다. =비싼 밥 먹고 헐한 걱정한다. *헗고[헐코 --], 헗어서[허러서 --_], 헗은[허른 --], 헗었다[허럳따

--_]. ☞헐애빠지다. 헐찍하다.

헗다[2][헐타 --] 형 ≒쉽다. ((‘잊음’에 붙어)) ‘쉽다’는 뜻을 나타내는 말. ☞헐붗다.

험덕시럽다[1][_-___] 형 엄살스럽다. ☞허덜시럽다.

험덕시럽다[2][_-___] 형 과장스럽다(誇張---). ☞허덜시럽다.

험살궂다[험살굳따 _-__] 형 험상궂다. 생김새나 인상이 거칠고 흉하다. ¶조래 험살궂운 개가 시사아 오데 있겠노. =조렇게 험상궂은 개가 세상에 어디 있겠나.

험살시럽다[_-___] 형 험상스럽다. 생김새나 표정 따위가 험하고 사나운 데가 있다. ¶저 냥반은 비기에는 저래 험살시럽우도 아주 순애터진 냥반입미더. =저 양반은 보기에는 저렇게 험상스러워도 아주 순한 양반입니다.

협상[협쌍 --] 부 흡사(恰似). ((주로 ‘맨치로’, ‘겉다’ 따위와 함께 쓰여)) 거의 똑같을 정도로 비슷하게. ¶협상 기신인데 홀낀 거 겉다. =흡사 귀신에게 홀린 것 같다. ☞영판.

협상이다[협쌍이다 --__] 형 흡사하다(恰似--). 다른 것과 거의 똑같을 정도로 비슷하다. ¶생긴 기이 저거 히이캉 협상이다. =생긴 게 자기 형이랑 흡사하다. ☞영판이다.

협죽하다[협쭈카다 __-_] 형 합죽하다. 이가 빠져서 입술이나 볼이 오므라져 있다. ¶저게 입이 협죽한 저 할매는 눈교? =저기 입이 합죽한 저 할머니는 누구입니까?

헛갈리다[헏갈리다 __-_] 동 헷갈리다. 잘 구분되지 않다. ¶인자는 니 이룸조창 헛갈린다. =이제는 네 이름조차 헷갈린다.

헛거[헏꺼 _-] 명 헛일. 보람이나 성과가 없는 헛된 일. ☞허뿌. 헛방. 헷일.

헛거무[헏꺼무 _-_] 명 헛것. 실제로는 없는데 있는 듯이 보이는 대상. ¶【관용구】눈에 헛거무가 찌이다. =눈에 헛것이 끼이다. ☞헛기이.

헛걸움[헌거룸 __-] 명 헛걸음. 뜻한 바를 이루지 못하고 아무 보람 없이 가거나 오는 일. ¶【관용구】맥찌 헛걸움을 하다. =괜히 헛걸음을 하다. ☞빈걸움.

헛걸움하다[헌거룸하다 _-___] 동 헛걸음하다. ¶및 부이나 헛걸움했다. =몇 번이나 헛걸음했다. ☞빈걸움하다.

헛게악질[헌게악찔 __-_] 명 헛구역질(-嘔逆-). 속이 메스꺼워 토하려고 하는 짓.

헛고상[헌고쌍 -__] 명 헛고생(-苦生).

헛기이[허끼이 _-_] 명 헛것. ☞헛거무.

헛길라다[헌길라다 __-_] 동 헛기르다. 어떤 대상을 아무 보람도 없이 기르다. ¶콩지름을 헛길랐어예. =콩나물을 헛길렀어요. ☞헛지라다. 헛키아다.

헛나[헌나 -_] 명 헛나이. 하는 짓이나 됨됨이가 나이에 비하여 유치하여 나잇값을 못함을 이르는 말. ¶【관용구】헛나로 묵다. =헛나이를 먹다.

헛노롯[헌노롣 _-_] 명 헛노릇. 아무 보람도 없는 헛된 일. ¶내 하분차 헛노롯을 했다. =나 혼자 헛노릇을 했다. ☞

헛노릇.

헛노룻[헌노룯 _-_] 명 헛노릇. ☞헛노롯.

헛물씨다[헌물씨다 -___] 동 헛물켜다. 이루어지지 않을 일을 두고 꼭 될 것으로 생각하여 헛되이 노력하다. ¶【관용구】맥찌로 헛물씨다. =괜히 헛물켜다.

헛방[허빵 -_] 명 헛일. ☞허뿌. 헛거.

헛방구[헌빵구 -__] 명 헛방귀. 소리도 냄새도 거의 안 나게 뀌는 방귀. ¶【관용구】헛방구 끼다. =헛방귀 뀌다.

헛방다리[허빵다리 --__] 명 허방다리. 짐승을 잡기 위하여 파 놓은 구덩이. ¶【속담】지가 판 헛방다리에 지가 빠진다. =제가 판 허방다리에 제가 빠진다.

헛배아다[헌배아다 _-__] 동 헛배우다. ①공부 따위를 실속 있게 배우지 아니하여 잘 모르고 써먹지 못하다. ¶이런 것도 모루는 거로 보이 헛배았다. =이런 것도 모르는 걸 보니 헛배웠다. ②배워야 할 것을 배우지 아니하고 배우지 말아야 할 것을 배우다. ¶니는 학조에 가서 헛배았나? =넌 학교에 가서 헛배웠니? ☞헛비아다.

헛불리[허뿔리 _-_] 부 섣불리. ((부정어와 함께 쓰여)) 솜씨가 어설프게. ¶【관용구】헛불리 건디리다. =섣불리 건드리다. ☞섯부리.

헛비아다[헌비아다 _-__] 동 헛배우다. ☞헛배아다.

헛사[허싸 -_] 명 허사(虛事). 소용없는 일. ¶애 씬 일이 헛사가 데뿄다. =애 쓴 일이 허사가 되어버렸다.

헛욕보다[1][헌녹보다 -___] 동 헛수고하다. 아무 보람이 없이 힘들이고 애쓰다. ¶【관용구】맥찌 헛욕보다. =괜히 헛수고하다.

헛욕보다[2][-___] 동 헛고생하다(-苦生--). 아무런 보람도 없이 쓸데없는 고생을 하다. ¶【관용구】맥찌로 헛욕보다. =괜히 헛고생하다.

헛윗움[허뒤쑴 _-_] 명 헛웃음. ①어처구니가 없거나 가소로워서 피식 터져 나오는 웃음. ¶【관용구】헛윗움을 치다. =헛웃음을 치다. ②마음에 없이 겉으로 웃는 거짓 웃음. ¶쏙내로 감차고 헛윗움 친다. =속내를 감추고 헛웃음 친다.

헛젖[헌절 -_] 명 빈 젖. 젖이 나지 않는 여자가 애를 달래기 위해 물리는 젖. *'헛젖'은 표준어로 보면 구(句)지만 창녕방언에서는 한 단어로 굳어진 말이다. ¶【관용구】헛젖을 물라다. =빈 젖을 물리다.

헛지라다[헌지라다 __-_] 동 헛기르다. ☞헛길라다. 헛키아다.

헛지침[헌지침 _-_] 명 헛기침. 인기척을 내거나 목청을 가다듬거나 하기 위하여 일부러 하는 기침. ¶넘우 집에 드갈 때는 헛지침이래도 해야 데니라. =남의 집에 들어갈 때는 헛기침이라도 해야 되느니라. ☞맨지침.

헛총낳다[헌총나타 -___] 동 헛총놓다(-銃--). 성과나 효력을 거두지 못하고 헛수고하다. ¶【관용구】만구 헛총낳다. =만고 헛총놓다.

헛키아다[헌키아다 _-__] 동 헛기르다. ☞헛길라다. 헛지라다.

헝감하다[-_-_] 형 흔감하다(欣感--). 매우 기쁘게 느끼다. ¶냇사 헝감하지마는 자네인데는 민지럽네. =나야 흔감하지만 자네한테는 민망하네.

헝겅하다[_ _-_] 형 흥건하다. ☞찰박하다. 항강하다.

헝겁[_-] 명 헝겊. ¶넘우지서 다친 데로 헝겁으로 짜맸다. =넘어져서 다친 데를 헝겊으로 잡아매었다. *헝겁을[헝거블 _--], 헝겁으로[헝거브로 _-_ _], 헝겁이[헝거비 _-_].

헝겁떠기[_--_] 명 헝겊오라기. 베나 비단 따위의 긴 조각.

헝지[-_] 명 형제(兄弟). ☞성지.

헝지간[-_ _] 명 형제간(兄弟間). ☞성지간.

헝컬띠리다[_ _-_ _] 동 헝클어뜨리다. ①실이나 줄을 풀기 힘들 정도로 마구 뒤얽히게 하다. ¶아아가 실타래로 헝컬띠린다. =애가 실타래를 헝클어뜨린다. ②어떤 일을 뒤얽고 흩뜨려 갈피를 잡아 정리하기 어렵게 만들어 놓다. ¶실컨 시아낳안 게액을 헝컬띠린다. =실컷 세워놓은 계획을 헝클어뜨린다.

헝컬라다[_ _-_] 동 헝클다. ①길고 가는 것을 한데 마구 뒤얽어 풀기 어렵게 덩이를 만들다. ¶히이가 내 연줄로 막 헝컬랐다. =형이 내 연줄을 마구 헝클었다. ②물건을 한데 마구 뒤섞어 몹시 흩어 놓다. ¶개리낳안 거를 점부 헝컬라낳았다. =가려놓은 것을 전부 헝클어놓았다. ③어떤 일을 해결하거나 갈피를 잡기 어렵게 아주 뒤죽박죽으로 만들다. ¶일로 다부 헝컬랐다. =일을 도로 헝클었다.

헡이다[허치다 -_ _] 동 흩다. ①한데 모였던 것을 따로따로 떨어지게 하다. ¶밭에 거룸을 헡있다. =밭에 거름을 흩었다. ②파종하다(播種--). ¶다무네기씨로 헡인다. =양파씨앗을 흩는다. ③살림을 파산하다. ¶너거 이아재는 살림을 말키 헡이뺐다 카네. =너희 외삼촌은 살림을 모두 흩어버렸다 하네.

헤벌레하다[_ _ _-_] 형 헤벌쭉하다. 속이 훤히 들여다보일 정도로 입이 넓게 벌어진 상태에 있다. ¶술마 보마 입을 헤벌레하기 벌씬다. =술만 보면 입을 헤벌쭉하게 벌린다.

헤뿌다[_-_] 형 헤프다. ①어떤 물건이 써서 없어지는 기간이 짧다. ¶무룬 사분은 헤뿌다. =무른 비누는 헤프다. ②씀씀이가 보통보다 심하여 아끼지 않는 경향이 있다. ¶【관용구】돈을 헤뿌기 씨다. =돈을 헤프게 쓰다. ③말이나 행동이 겉으로 쉽게 드러나는 경향이 있다. ¶【관용구】말이 헤뿌다. =말이 헤프다. ④다른 사람에게 몸이나 마음 따위를 쉽게 주는 경향이 있다. ¶【관용구】행우지가 헤뿌다. =행실머리가 헤프다. ☞히뿌다.

헤알리다[_-_ _] 동 헤아리다. ①물건의 수효나 횟수를 하나씩 더해서 꼽다. ¶【관용구】손가락으로 헤알릴 정도. =손가락으로 헤아릴 정도. ②사람의 마음이나 일의 속뜻을 미루어 짐작하거나 가늠하여 살피다. ¶【속담】꽃 본 나부가 불로 헤알릴까이. =꽃 본 나비가 불을 헤아리랴. ¶【속담】도덕넘이 씻나락을 헤알릴까이. =도둑놈이 볍씨를 헤아리랴. ¶【속담】새북 호래이가 중이나 개로 헤알리지 안한다. =새벽 호랑이가 중이나 개를 헤아리지 않는다. ☞히아리다.

헤찌구디기[___-_] 명 수렁. ①곤죽이 된 진흙과 개흙이 물과 섞여 많이 괸 웅덩이. ¶이래 생기무운 짐승은 헤찌구디기에 산다. =이리 생겨먹은 짐승은 수렁에 산다. ②헤어나기 힘든 곤욕을 비유적으로 이르는 말. ¶【관용구】헤찌구디기에 빠지다. =수렁에 빠지다. ☞뻘구디기. 시비구디기. 진페기밭.

헷소리[헫쏘리 _-_] 명 헛소리. ①실속이 없고 미덥지 아니한 말. ¶【속담】비싼 밥 묵고 먼 헷소리로 한다. =비싼 밥 먹고 뭔 헛소리를 한다. ②잠결이나 술김에 하는 말. ¶저 아재는 술마 무우마 헷소리로 한다. =저 아저씨는 술만 먹으면 헛소리를 한다. ③앓는 사람이 정신을 잃고 중얼거리는 말. ¶아아가 얼매나 아푼지 밤시 헷소리로 했어예. =애가 얼마나 아픈지 밤새 헛소리를 했어요.

헷소문[헫쏘문 -__] 명 헛소문(-所聞). ¶【속담】죽윘다는 헷소문이 돈 사램은 오래 산다. =죽었다는 헛소문이 돈 사람은 오래 산다.

헷손질[헫쏜질 -__] 명 헛손질. ①겨냥이 빗나가 제대로 맞지 않는 손질. ¶마치질 하다가 헷손질을 해서 손가락을 다쳤다. =망치질 하다가 헛손질을 해서 손가락을 다쳤다. ②정신없이 손을 휘젓는 짓. ¶할매가 앓는 소리로 내미 헷손질을 해댄다. =할머니가 앓는 소리를 내며 헛손질을 해댄다. ③쓸데없이 손으로 다듬고 매만지는 일. ¶【관용구】헷손질마 하다. =헛손질만 하다.

헷일[헨닐 -_] 명 헛일. ☞허뻐. 헛거. 헛방.

헷일하다[헨닐하다 -___] 동 헛일하다. 아무런 성과가 없는 일을 하다.

헷짓[헫찓 -_] 명 헛짓. 쓸모없고 헛되이 하는 짓.

헷짓하다[헫찌타다 -_-_] 동 헛짓하다. ¶이 일은 다들 헷짓하는 거라꼬 씨로 찬다. =이 일은 다들 헛짓하는 거라고 혀를 찬다.

헹가다[-__] 동 헹구다. 물에 넣어 흔들어 씻다. ¶【속담】때자구 묻운 왕사발 헹가딧기 한다. =때 묻은 왕사발 헹구듯 한다. ☞힝가다. 힝구다.

헹하다[_-_] 형 휑하다. ①넓은 공간이 놓여 있는 것이 거의 없어 매우 허전하다. ¶【속담】헹한 빈 집에 서발 막때기 거칠 거 없다. =휑한 빈 집에 서발 막대 거칠 것 없다. ②구멍이나 문 따위가 막힌 데 없이 뚫려 있어 속이 훤히 드러나 보이다. ¶기차가 헹하기 떫힌 굴을 빠지나가고 있다. =기차가 휑하게 뚫린 굴을 빠져나가고 있다. ③사람의 눈이 쑥 들어가 보이고 정기가 없다. ¶할매가 사알로 앓고 나더마는 누이 헹하다. =할머니가 사흘을 앓고 나더니만 눈이 휑하다. ④속이 텅 비고 매우 허전하다. ¶대낭근 속이 헹하기 비있다. =대나무는 속이 휑하게 비었다. ☞훌빈하다.

헹하이[헹하~이 _-_] 부 휑하니. ①말이나 행동 따위가 망설여지거나 막히는 것 없이. ¶【관용구】헹하이 가다. =휑하니 가다. ②놓여 있는 것이 거의 없고 넓어 매우 허전하게. ¶대문은 열리 있고 집은 헹하이 비이 있다. =대문은 열려 있고 집은 휑하니 비어 있다.

호갈[-_] 명 호각(號角). ¶【관용구】호갈로 불다. =호각을 불다.

호더락바람[____-] 명 회오리바람. ¶호더락바람 불어가아 낭기 자빠라잤다. =회오리바람 불어서 나무가 자빠졌다. ☞호더래기.

호더래기[__-_] 명 회오리바람. ☞호더락바람.

호도[_-] 명 ((식물))호두(胡桃). 호두나무의 열매. ☞추자.

호도갑[__-] 명 호들갑. 가볍고 방정맞게 야단을 피우는 말이나 행동. ¶【관용구】호도갑 떨다. =호들갑 떨다. ☞허덜갑. 호두갑.

호도갑시리[___-_] 부 호들갑스레. ☞허덜갑시리. 호두갑시리.

호두갑[__-] 명 호들갑. ☞허덜갑. 호도갑.

호두갑시리[___-_] 부 호들갑스레. ☞허덜갑시리. 호도갑시리.

호딱하다[호따카다 __-_] 동 홀딱하다. 어떤 말이나 모습 따위에 더할 나위 없이 반하거나 속아 넘어가다. ¶총각이 처자로 보더마는 호딱했다. =총각이 처녀를 보더니 홀딱했다. ☞할딱하다.

호라시[_-_] 명 플래시(flash). *일본어 '후라슈(フラッシュ)'에서 와전 된 말. ¶호라시로 멀기 비차바라. =플래시를 멀리 비춰봐라.

호랑[_-] 명 호롱. 석유를 담아 불을 켜는 데에 쓰는 그릇. ¶【관용구】호랑에 불로 딩가다. =호롱에 불을 댕기다.

호랑나부[__-_] 명 ((동물))호랑나비.

호랑불[호랑뿔 _-_] 명 호롱불. 호롱에 켠 불. ¶호랑불 밑에서도 씨개이 잡는다. =호롱불 밑에서도 서캐 잡는다.

호래이[호래~이 _-_] 명 ((동물))호랑이. ¶【관용구】호래이 새끼 칠다. =호랑이 새끼 치겠다. ¶【속담】호래이도 지 말하마 온다. =호랑이도 제 말 하면 온다. ¶【속담】바닷가 개는 호래이 무숩운 줄 모룬다. =바닷가 개는 호랑이 무서운 줄 모른다.

호래이잡다[호래~이잡다 _-___] 동 호통치다. 몹시 화가 나서 큰소리로 꾸짖다. ¶저 영감재이는 핑상 내 저거 안사람인데 호래이잡는다. =저 영감쟁이는 평생 내 제 안사람에게 호통친다.

호로라기[__-_] 명 호루라기. ¶【관용구】호로라기로 불다. =호루라기를 불다.

호로자석[_-__] 명 후레자식(--子息). 배운 데 없이 제풀로 막되게 자라 교양이나 버릇이 없는 사람을 낮잡아 이르는 말. ¶【관용구】애비 없는 호로자석. =아비 없는 후레자식. ¶【속담】만장(滿場)에 호로자석이 없으까이. =만장에 후레자식이 없을까.

호롱꽃[호롱꼳 __-] 명 ((식물))초롱꽃.

호매이[호매~이 _-_] 명 호미. 김을 매는 농기구의 하나. ¶【속담】호매이 날에 흙이 묻으마 비 온다. =호미 날에 흙이 묻으면 비 온다.

호박[_-] 명 확. 돌로 만든 절구. ¶【속담】호박 짚운 집에 주디이 진 개 들온다. =확 깊은 집에 주둥이 긴 개 들어온다. ☞돌고방. 호방.

호박구디기[___-_] 명 호박구덩이. 호박을 심기 위해 넓고 깊게 파는 구덩이. 예전에는 구덩이 안에 거름을 하기 위해 인분을 퍼서 넣기도 했다.

호박벌이[호박버리 _--_] 명 ((동물))호박벌.

호박뿌끼미[1][___-_] 명 호박부꾸미. 호박을 빻아 찹쌀가루나 수수가루 등과 반죽하여 둥글넓적하게 빚어 번철(燔鐵)에 지진 음식.

호박뿌끼미[2][___-_] 명 호박떡.

호박애디이[호박애디~이 ___-_] 명 애호박. 덜 여문 어린 호박. ☞애디이.

호박우구리[___-_] 명 호박고지. 호박을 잘게 썰어 말린 반찬거리.

호방[_-] 명 확. ☞돌고방. 호박.

호부[_-] 부 기껏. ☞기껀. 까지껀. 꼴랑. 한검.

호분채[1][_-_] 명 혼자. ☞하분차. 하분채. 혼채.

호분채[2][_-_] 부 홀로. ☞하분차. 하분채. 혼채.

호불[_-] 접 홀. ((일부 명사 앞에 붙어)) '짝을 갖추지 못한'의 뜻을 더하는 접두사. ¶호불씨애비(홀시아버지). ¶호불애비(홀아비). ¶호불이미(홀어미).

호불몸[_-_] 명 홀몸. 배우자나 형제가 없는 사람. ¶마누래 잃아뿌고 호불몸이 뎄다. =마누라 잃어버리고 홀몸이 되었다.

호불씨애비[__--_] 명 홀시아버지(-媤---). 혼자된 시아버지. ¶【속담】풍빙 들린 호불씨애비 미시는 가택이 처지다. =중풍 든 홀시아버지 모시는 과붓댁 처지다. ☞홀씨애비.

호불씨이미[__--_] 명 홀시어머니(-媤---). 혼자된 시어머니. ¶【속담】호불씨이미 거니리기가 빅에 오루기보담도 어렵다. =홀시어머니 거느리기가 벽에 오르기보다도 어렵다. ☞홀씨이미.

호불애비[호부래비 __-_] 명 홀아비. 아내를 잃고 홀로 지내는 남자. ¶【속담】가부 섧움은 호불애비가 안다. =과부 설움은 홀아비가 안다. ☞홀애비.

호불이미[__-_] 명 홀어미. 남편을 잃고 홀로 지내는 여자. ¶【속담】호불이미 아아 놓듯기 한다. =홀어미 애 낳듯 한다. ☞홀이미.

호불이불[__-_] 명 홑이불. 한 겹으로 된 이불. ¶딸랑 호불이불 한 장 갖고 춥운 저실을 우예 나노. =달랑 홑이불 한 장 가지고 추운 겨울을 어찌 나니. ☞홑때기.

호비파다[_--_] 동 호벼파다. ①구멍이나 틈의 속을 날카로운 끝으로 깊게 갉아 내거나 돌려 파내다. ¶기꾸녕을 호비파마 아푸다. =귓구멍을 호벼파면 아프다. ②어떤 사실이나 비밀 따위를 파헤치다. ¶와 넘우 집 일로 호비팔라 캅미꺼? =왜 남의 집 일을 호벼파려 합니까?

호시뺑빼이[호시뺑빼~이 ___-_] 명 거저먹기. 매우 쉬운 일을 비유적으로 이르는 말. *'호시'는 굵은 나뭇가지, 그네, 시소 따위를 타는 놀이를 이르는 말이다. 따라서 '호시뺑빼이'는 그런 놀이처럼 쉬운 일이라는 뜻이다. ¶이전에 도루깨질해서 보리타작하던 거에 비하마 오새는 기게가 좋아가아 호시뺑빼이다. =예전에 도리깨질해서 보리타작하던 것에 비하면 요새는 기계가 좋아서 거저먹기다. ☞거지묵기.

호아다[-__] 동 휘다. 꼿꼿하던 물체를 구부리게 하다. '휘다'의 사동사. ¶대낭근 불에 꿉어야 호알 수가 있다. =대나무는 불에 구워야 휠 수가 있다. ☞후아다. 히아다.

호아들다[-___] 동 휘어들다. ①무엇이 어떤 곳으로 안쪽으로 휘어지다. ¶간대미가 호아들었네예. =간짓대가 휘어들었네요. ②곧던 것이 휘기 시작하다. ¶씨는 불에 꿉우마 잘 호아든다. =쇠는 불에 구우면 잘 휘어든다. ☞후아들다. 히아들다.

호아지다[-___] 동 휘어지다. ①곧은 물체가 어떤 힘을 받아서 구부러지게 되다. ¶상다리가 호아질 정도로 음석을 차렸다. =상다리가 휘어질 정도로 음식을 차렸다. ②등이나 허리 따위가 고된 노동으로 한쪽으로 굽어지다. ¶할매 등더리가 호아졌다. =할머니 등이 휘어졌다. ③길이나 강 따위가 똑바르지 않고 구부러지다. ¶강줄기가 꾸불꾸불 호아지서 흘러간다. =강줄기가 구불구불 휘어져 흘러간다. ☞후아지다. 히아지다.

호여[--] 부 혹여(或如). 어쩌다가 충분히 일어날 수 있는 사실적 상황에 대해 쓰는 말. ¶내는 호여 자아 가도 술은 안 묵는다. =나는 혹여 장에 가도 술은 안 먹는다.

호욕[1][-_] 부 혹간(或間). 어쩌다가 한 번씩. ¶니 동상이 우예 사능가 호욕 딜따바라. =네 동생이 어찌 사는지 혹간 들여다봐라.

호욕[2][_-] 부 간혹(間或). 어쩌다가 드물게. ¶사다보이 이릴 쩍 일이 호욕 생앙킵미더. =살다보니 어릴 적 일이 간혹 생각납니다.

호인하다[__-_] 동 혼인하다(婚姻--). 남자와 여자가 예를 갖추어 부부가 되다. ¶【속담】삼대 적선해야 동네 호인한다. =삼대적선 해야 동네 혼인한다.

호작질[호작찔 _-_] 명 손짭손. ☞해작질.

호작질하다[_-___] 동 손짭손하다. ☞자작지이다. 해작질하다.

호주무이[호주무~이 __-_] 명 호주머니(胡---). ☞개앰치. 갯주무이. 갯줌치. 보게또. 줌치.

호지나다[_--_] 동 ≒재미나다. 사람의 기분이 자동차나 놀이기구 등을 탈 때 몸이 쏠리거나 흔들거려 신나고 짜릿하다. ¶기차로 처움 타보이, 무섭도 안하고 호지나더라. =기차를 처음 타보니, 무섭지도 않고 재미나더라.

호청[_-] 명 홑청. ¶비개호청(베개홑청). ¶이불호청(이불홑청).

호치이[호치~이 _-_] 명 굵은체. 올이 굵고 구멍이 큰 체.

호쿰[-_] 명 움큼. ¶【관용구】한 호쿰도 안 덴다. =한 움큼도 안 된다. ☞오쿰. 우쿰. 웅쿰.

혹가다[---] 부 가끔씩. 어쩌다 한 번씩. ☞가꿈썩.

혹가다가[---_] 부 가끔가다가. 시간이나 공간의 간격이 뜨게 어쩌다가. ¶혹가다가 저런 일이 일난다. =가끔가다가 저런 일이 일어난다. ☞가꿈가다가.

혹딱하다[혹따카다 __-_] 형 오붓하다. ☞속딱하다. 쏙딱하다.

혹말[--] 명 목말. 두 다리를 벌리고 남의 어깨 위에 올라타는 일. ☞몰뚜각시.

혹말타기[--__] 명 목마타기. 어린이들이 어른의 어깨 위에 올라타는 일.

혹재이[혹재~이 --_] 명 혹부리. 얼굴에 혹이 달린 사람을 놀림조로 이르는 말.

혼꾸늉나다[___-_] 동 혼꾸멍나다(魂----). '혼나다'를 속되게 이르는 말. ¶아부지인데 혼꾸녕났다. =아버지한테 혼꾸멍났다. ☞혼꾸뭉나다.

혼꾸늉내다[__-__] 동 혼꾸멍내다(魂----). '혼내다'를 속되게 이르는 말. ¶온가저지리 하는 넘을 혼꾸녕냈다. =온갖 저지레 하는 놈을 혼꾸멍냈다. ☞혼꾸뭉내다.

혼꾸뭉나다[___-_] 동 혼꾸멍나다(魂----). ☞혼꾸늉나다.

혼꾸뭉내다[__-__] 동 혼꾸멍내다(魂----). ☞혼꾸늉내다.

혼내키다[__-_] 동 혼나다(魂--). ☞머라캐이다.

혼딸림하다[___-_] 동 혼돌림하다(魂----). 다른 사람을 몹시 혼을 내다. ¶저런 넘운 혼딸림해 낳야지예. =저런 놈은 혼돌림해 놓아야지요.

혼땜나다[__-_] 동 혼쭐나다(魂---). ①다른 사람에게 매우 심하게 꾸지람을 듣거나 벌을 받다. ¶동상을 쌔랐다가 엄마인데 혼땜났다. =동생을 때렸다가 엄마한테 혼쭐났다. ②어찌하여서 몹시 괴롭고 힘이 들다. ¶어지는 배가 아파서 혼땜났디라. =어제는 배가 아파서 혼쭐났더니라.

혼채[1][-_] 명 혼자. ☞하분차. 하분채. 호분채.

혼채[2][-_] 부 홀로. ☞하분차. 하분채. 호분채.

홀갑다[_-_] 형 홀가분하다. ①근심이나 걱정 등이 해결되어 상쾌하고 가뿐하다. ¶일로 다 해낳고 나이 인자 홀갑아예. =일을 다 해놓고 나니 이제 홀가분해요. ②손쉽게 다루거나 대할 만하여 대수롭지 않다. ¶우리 집은 궁구가 쩍어서 홀갑다. =우리 집은 권구가 적어서 홀가분하다.

홀까다[1][_-_] 동 홀맺다. ①풀리지 않도록 단단히 동여매다. ¶소가 멀기 몬 가구로 이까리로 매매 홀까낳아라. =소가 멀리 못 가게 고삐를 단단히 홀맺어놓아라. ②천의 구멍 난 곳을 덧천을 대지 아니하고 맞걸어 꿰매다. ¶타진 주우로 어매가 홀깠다. =따진 바지를 어머니가 홀맺었다. ☞홀매다.

홀까다[2][_-_] 동 홀리다. 사람을 유혹하여 정신을 차리지 못하게 하다. ¶처이기신이 총각을 홀깐다. =처녀귀신이 총각을 홀린다. ☞홀라다.

홀까매다[_--_] 동 동여매다. ☞동치매다. 디아매다. 똥치매다.

홀까묵다[_--_] 동 호리다. 다른 사람을 유혹하거나 꾀어 정신을 흐리게 하다. ¶약장시가 나만사람을 홀까무웄다. =약장사가 노인을 호렸다.

홀깨[1][-_] 명 벼훑이. ☞나락홀깨. 대홀깨. 손홀깨.

홀깨[2][-_] 명 그네. 강철로 빗살처럼 촘촘히 날을 세우고, 그 사이에 벼, 보리, 밀 따위의 이삭을 넣고 훑어내어 낟알을 터는 농기구의 하나.

홀깨미[_-_] 명 올무. 새나 짐승을 잡기 위하여 만든 올가미. ¶【관용구】홀깨미 낳다. =올무 놓다. ¶【관용구】홀깨미에 걸리다. =올무에 걸리다. ☞골갱이. 올개미. 홀깨이. 홀치기.

홀깨이[홀깨~이 _-_] 명 올무. ☞골갱이. 올개미. 홀깨미. 홀치기.

홀깨타작[-__-] 명 그네타작(--打作).

홀끼다[1][_-_] 동 홀리다. 어떤 대상이 유혹에 넘어가 마음을 빼앗겨 정신을 차리지 못하게 되다. ¶협상 토째비인데 홀낀 거맨치로 정시이 없었다. =흡사 도깨비에게 홀린 것처럼 정신이 없었다.

홀끼다[2][_-_] 동 홀맺히다. 풀리지 않도록 단단히 옭아매어지다. ¶이 매끼은 야무치기 홀낐다. =이 매듭은 야무지게 홀맺혔다.

홀라다[_-_] 동 홀리다. ☞홀까다.

홀매다[_-_] 동 홀맺다. ☞홀까다.

홀씨애비[--__] 명 홀시아버지(-媤---). ☞호불씨애비.

홀씨이미[--__] 명 홀시어머니(-媤---). ☞호불씨이미.

홀애비[호래비 _-_] 명 홀아비. ¶【속담】홀애비는 이가 시 말이고 가부는 으이[銀-] 시 말이라. =홀아비는 이가 서 말이고 과부는 은이 서 말이라. ☞호불애비.

홀이미[-__] 명 홀어미. ¶【속담】홀이미 유복자 위하딧기 칸다. =홀어미 유복자 위하듯 한다. ☞호불이미.

홀쪽하다[홀쪼카다 __-_] 형 홀쭉하다. ☞쪽따거리하다. 쪽딱하다. 쭉떠거리하다. 쭉떡하다.

홀치기[-__] 명 올가미. ☞골갱이. 올개미. 홀깨미. 홀깨이.

홀티리[_-_] 부 모조리. ☞마둥구리. 모딜티리. 모지리. 싸거리.

홅다[홀타 -_] 동 핥다. 혀가 물체의 겉면에 살짝 닿으면서 지나가게 하다. ¶【관용구】홅고 빤다. =핥고 빤다. ¶【속담】개가 홅아낳안 죽 그륵 겉다. =개가 핥아놓은 죽 그릇 같다. *홅고[홀꼬 -_], 홅은[홀튼 -_], 홅아서[홀타서 -__], 홅았다[홀타따 -__].

홈두리막[-__-] 명 홑두루마기. ☞삐끼두리막.

홈빡[_-] 부 함빡. 물이나 빛, 분위기 따위

ㅎ

에 푹 젖은 모양을 나타내는 말. ¶아아가 비로 홈빡 맞고 왔다. =애가 비를 함빡 맞고 왔다.

홍두끼[_-_] 명 홍두깨. 빨래한 옷감을 감아서 다듬잇돌 위에 얹어 놓고 반드럽게 다듬는, 단단한 나무로 만든 방망이. ¶【속담】가는 방매이 오는 홍두끼. =가는 방망이 오는 홍두깨.

홍시내[-__] 명 문뱃내. 술에 취한 사람의 입에서 나는 술 냄새. 홍시(紅柹) 냄새와 비슷하다. ¶【관용구】홍시내로 핑기다. =문뱃내를 풍기다.

홍우리[_-_] 명 홍시 우리(紅柹 --). 홍시(紅柹)를 따기 위해 장대 끝에 단 그물망. *이 경우 '우리'는 '짐승을 가두어 두는 곳'이란 뜻에서 온 말이다. ¶홍시 따구로 홍우리 맨들어라. =홍시 따게 홍시 우리 만들어라.

홍재[_-] 명 횡재(橫財).

홍재만내다[__-__] 동 횡재하다(橫財--). 뜻밖에 복 따위를 얻게 되다. ¶절마는 장개로 잘 가서 홍재만냈다. =저놈은 장가를 잘 가서 횡재했다.

홍진손[__-] 명 홍역(紅疫). *홍진(紅疹)+손(님). ☞가게. 과게.

홑껍띠기[홑껍띠기 __-_] 명 홑옷. 한 겹으로 지은 옷.

홑때기[홑때기 _-_] 명 홑이불. ☞호불이불.

홑주우[홑주~우 __-] 명 홑중의(-中衣). 홑겹으로 지은 바지. ¶【속담】홑주우에 접말 한다. =홑중의에 겹말 한다.

홑주우적삼[홑주~우적삼 ____-] 명 고이적삼. 여름에 입는 홑바지와 저고리.

홑처매[홑처매 __-] 명 홑치마. 한 겹으로 된 치마.

화건내[_--] 명 화독내(火毒-). ①음식이 눋다가 타게 될 때에 나는 냄새. ¶밥이 타능강 화건내가 난다. =밥이 타는지 화독내가 난다. ②불 지필 때 나오는 연기의 냄새. ¶소죽 끓이다 왔나? 화건내가 씨기 나네. =쇠죽 끓이다가 왔니? 화독내가 세게 나네.

화닥징[화닥찡 _-_] 명 화딱지. '화(火)'를 속되게 이르는 말. ¶【속담】화닥징이 복 덴다. =화딱지가 복 된다. ¶【속담】화닥징이 홀애비 동심(動心)하듯기. =화딱지가 홀아비 동심하듯.

화리[_-] 명 화로(火爐). ☞하리.

화젓가락[화젇까락 __-_] 명 부젓가락. 화로에 꽂아 두고 불덩이를 집거나 불을 헤치는 데 쓰는 쇠 젓가락. ☞부저까치. 부짓가락. 불저까치. 불젓가락.

홧짐[화찜 _-] 명 홧김(火-). ((주로 '홧짐에'의 꼴로 쓰여)) 화가 치미는 날카로운 기세. ¶【속담】홧짐에 서방질한다. =홧김에 서방질한다.

황소말밤[-_-_] 명 ((식물))왕마름.

황장목[_-_] 명 ((식물))자리공. ☞잉끼나무.

후꾼[_-] 부 후끈. 몸이나 쇠 따위가 뜨거운 기운을 받아서 갑자기 몹시 달아오르는 모양. ¶부꾸룹우서 낯이 후꾼 달아올랐다. =부끄러워서 낯이 후끈 달아올랐다.

후꾼하다[__-_] 형 후끈하다. 뜨거운 기운으로 갑자기 달아오르는 느낌이 있다. ¶굼불로 낫기 때서 방이 후꾼합미더.

=군불을 낫게 때서 방이 후끈합니다.

후두분하다[___-_] 형 후더분하다. 날씨가 불쾌할 정도로 무더운 기운이 있다. ¶처서 지낸 지가 운제데, 이래 후두분하노. =처서 지난 지가 언젠데 이리 후더분한가.

후둒아내다[후두까내다 __-__] 동 쫓아내다. ☞쬒아내다. 훛아내다.

후둒아다[후두까다 __-_] 동 쫓다. ☞쬒다. 쬒아다. 후뚤다. 훛아다.

후둒이가다[후두끼가다 __-__] 동 쫓겨가다. ☞쬒이가다.

후둒이나다[후두끼나다 __-__] 동 쫓겨나다. ☞쬒이나다.

후둒이다[후두끼다 __-_] 동 쫓기다. ☞쬒이다.

후둘후둘[___-] 부 후들후들. 팔다리나 몸이 맥없이 자꾸 크게 떨리는 모양을 나타내는 말. ¶【관용구】아릿두리가 후둘후둘 떨리다. =아랫도리가 후들후들 떨리다.

후둡찌근하다[____-_] 형 후텁지근하다. 날씨가 좀 답답할 정도로 습기가 많고 무더운 기운이 있다. ¶장매철 날씨래서 억쑤로 후둡찌근합미더. =장마철 날씨라서 엄청 후텁지근합니다.

후뚤다[_-_] 동 쫓다. ☞쬒다. 쬒아다. 후둒아다. 훛아다.

후리갈기다[-_-__] 동 후려갈기다. 길쭉한 물건이나 손으로 휘둘러 세게 치거나 때리다. ¶미천개는 몽디이로 후리갈기야 덴다. =미친개는 몽둥이로 후려갈겨야 된다.

후리잡다[-_-_] 동 후려잡다. ①후리어서 자기 손아귀에 넣다. ¶【관용구】멀꺼디이로 후리잡다. =머리채를 후려잡다. ②어떤 대상에 대하여 강력한 지배력을 가지다. ¶자석을 후리잡고 산다. =자식을 후려잡고 산다.

후리치다[-_-_] 동 후려치다. 주먹이나 사물로 휘둘러 갈기다. ¶【관용구】빠말때기로 후리치다. =뺨따귀를 후려치다. ☞훌치다.

후린하다[__-_] 형 후련하다. ①맺혔던 일이나 답답하던 것이 풀려서 시원하다. ¶【관용구】마암이 후린하다. =마음이 후련하다. ②속이 좋지 않거나 체한 것이 풀려서 시원하다. ¶【관용구】쏙이 후린하다. =속이 후련하다.

후밍년[__-] 명 내후년(來後年). 후년의 바로 다음 해.

후아다[-__] 동 휘다. ☞호아다. 히아다.

후아들다[-___] 동 휘어들다. ☞호아들다. 히아들다.

후아잡다[-_-_] 동 휘어잡다. ①가는 물체를 손으로 감아서 움켜잡다. ¶나뭇가재이로 후아잡았다. =나뭇가지를 휘어잡았다. ②어떤 대상을 손아귀에 넣고 마음대로 다루다. ¶오새는 부모가 자석을 후아잡지 몬한다. =요새는 부모가 자식을 휘어잡지 못한다. ③생각이나 마음 따위를 한곳으로 쏠리게 하다. ¶약재이가 나만사람들 마움을 후아잡았다. =약장수가 노인들 마음을 휘어잡았다.

후아지다[-___] 동 휘어지다. ☞호아지다.

ㅎ

히아지다.

후안[_-] 명 후환(後患). 어떤 일로 말미암아 뒷날에 생기는 걱정과 근심. ¶【관용구】후안이 두럽다. =후환이 두렵다.

후애[_-] 명 후회(後悔). 이전의 잘못을 깨닫고 뉘우침. ¶【관용구】후애가 막겁하다. =후회가 막급하다. ¶【관용구】후애 없다. =후회 없다.

후애시럽다[__-__] 형 후회스럽다(後悔---). ¶자석 마움 상하기 한 기이 후애시럽다. =자식 마음 상하게 한 게 후회스럽다.

후이다[_-_] 동 휘다. 곧은 물체가 힘을 받아 구부러지게 되다. ¶【속담】중년상처(喪妻)는 대둘보가 후인다. =중년상처는 대들보가 휜다. ☞히이다.

후주께[__-] 부 후제(後-). 나중에. 뒷날의 어느 때. ¶이뿐 옷은 후주께 사주께. =예쁜 옷은 후제 사줄게.

후줄군하다[___-_] 형 후줄근하다. 종이나 옷이 약간 젖어 추레하다. ¶웃도리가 후줄군하기 젖이뿄어예. =윗도리가 후줄근하게 젖어버렸어요.

훈짐[-_] 명 훈김(薰-). 연기나 김 따위로 인해 생기는 따뜻한 기운. ¶【관용구】훈짐이 돌다. =훈김이 돌다.

훌빈하다[__-_] 형 휑하다. 어떤 공간에 놓여 있는 것이 거의 없어 매우 허전하다. ¶자석들이 없어서 집이 훌빈합미더. =자식들이 없어서 집이 휑합니다. ☞헹하다.

훌치다[1][-__] 동 훔치다. 문질러 닦다. ¶청마리 쫌 훌치낳아라. =마루청 좀 훔쳐놓아라.

훌치다[2][-__] 동 쓸다. 태풍이나 홍수 따위가 피해를 입히다. ¶【관용구】태풍이 훌치고 지내가다. =태풍이 쓸고 지나가다.

훌치다[3][-__] 동 후려치다. ☞후리치다.

훌치다[4][-__] 동 욱대기다. 난폭하게 윽박질러 기를 억누르다. ¶【속담】쌀 찌파무운 개 훌치딧기 한다. =쌀 훔쳐 먹은 개 욱대기듯이 한다. ☞왈기다.

훌치이[훌치~이 _-_] 명 쟁기. 논밭을 가는 농기구. ¶【속담】훌훌하다가 훌치이 떨간다. =훌훌하다가 쟁기 놓친다.

훌치이씨[훌치~이씨 _-_-] 명 보습. ☞보십. 보십날. 쟁기씨.

훔뿍[_-] 부 흠뻑. ①분량이 가득차고도 남을 만큼 아주 넉넉한 상태를 나타내는 말. ¶밥그륵에 밥을 훔뿍 담았다. =밥그릇에 밥을 흠뻑 담았다. ②물이나 빛, 분위기 따위에 푹 배도록 몹시 젖은 모양을 나타내는 말. ¶멀꺼디이로 훔뿍 적샀다. =머리카락을 흠뻑 적셨다.

훗발없다[후빨엄따 _-__] 형 ≒희망 없다(希望 --). 훗날을 기약할 수 없다. *'훗발없다'는 표준어로 보면 구(句)이지만 창녕방언에서는 굳어진 말이라 하나의 단어로 보는 게 옳다. ¶고래 처자빠지 놀마 훗발없다. =그렇게 처자빠져 놀면 희망 없다.

훗장[후짱 _-] 명 다음 장(-- 場). 다음번에 열리는 오일장. *후(後)ㅅ+장(場). *'훗장'은 표준어로 보면 명사구지만 창녕방언에서는 굳어진 말이라 한 단어로 쓴다. ¶【속담】홋장에 소다리 무울라꼬 이 장에 개다리 안 무우까이. =다음 장에 소다리 먹으려고 이 장에 개다리 안 먹으랴.

홓아내다[후차내다 -___] 동 쫓아내다. ☞쫒아내다. 후둒아내다.

홓아다[후차다 -__] 동 쫓다. ☞쫒다. 쫒아다. 후둒아다. 후뚤다.

훨[-] 부 훨씬. ☞얼매로. 헐썩.

휘[_] 명 회(膾). 고기나 생선 따위를 날로 잘게 썰어서 먹는 음식. ¶【속담】중이 휘 깞을 치란다. =중이 회 값을 치른다.

휫집[휘찝 _-] 명 횟집(膾-). ¶【속담】실마 휫집에 드는 칼 없으까이. =설마 횟집에 드는 칼 없으랴.

흐라다[___-_] 동 흐리다. 사물이나 분위기 따위를 좋지 않게 하다. ¶【관용구】물로 흐라다. =물을 흐리다. ☞꾸중구라다.

흔들라다[__-_] 동 흔들다. 좌우 또는 앞뒤로 자꾸 움직이게 하다. ¶【속담】낭게 올라가라 캐낳고 흔들란다. =나무에 올라가라 해놓고 흔든다. ☞흔들치다.

흔들치다[_-__] 동 흔들다. ¶【속담】꼬랑대기가 몸통 흔들친다. =꼬리가 몸통 흔든다. ☞흔들라다.

흖다[흔타 -_] 동 흔하다. 일상적으로 보고 듣거나 구할 수 있게 잦거나 많다. ¶【속담】내가 상주가 데이 대지기기도 흖다. =내가 상주가 되니 돼지고기도 흔하다. *흖고[흔코 -_], 흖지[흔치 -_], 흖어서[흐너서 -__], 흖었다[흐넏따 -__]. ☞쌔비리다. 천지삐까리다. 천하다.

흘리노오다[-____] 동 흘러나오다. ①액체나 빛이 밖으로 미끄러지듯 빠지거나 비쳐 나오다. ¶수챗구뭉에서 꾸정물이 흘리노온다. =수챗구멍에서 꾸중물이 흘러나온다. ②소리나 냄새가 밖으로 퍼져 나오다. ¶부섴에서 맛입는 음석내미가 흘리노온다. =부엌에서 맛있는 음식냄새가 흘러나온다. ③소문이 생겨서 퍼지기 시작하다. ¶히안한 소무이 흘리노오지예? =희한한 소문이 흘러나오죠?

흘리니리다[-_-__] 동 흘러내리다. ①액체가 아래로 미끄러져 움직이거나 떨어지다. ¶등꼴에서 식은땀이 흘리니랐다. =등골에서 식은땀이 흘러내렸다. ②매거나 걸어 놓은 것이 풀리거나 느슨해져서 아래로 처지거나 미끄러지다. ¶주봉이 흘리니린다. =바지가 흘러내린다.

흨[흑 -] 명 흙. ¶【속담】태사이라꼬 흨 마다카까이. =태산이라고 흙 마다하랴. *흨이[흐키 -_], 흨을[흐클 -_], 흨에[흐케 -_], 흨도[흑또 -_].

흑구디기[흑꾸디기 __-_] 명 흙구덩이. 흙을 우묵하게 파낸 자리. ¶자안차가 흑구디기에 빠잤다. =자전거가 흙구덩이에 빠졌다.

흑더비기[흑더비기 __-_] 명 흙더버기. 흙이 무더기로 쌓이거나 덕지덕지 붙은 것. 또는 그 상태.

흑덩거리[흑떵거리 __-_] 명 흙덩어리. 흙이 엉기어 뭉쳐진 덩이. ¶곰배로 흑덩

ㅎ

거리로 뿌쌌다. =고무래로 흙덩어리를 부숴다. ☞흑디이.

흑디이[흑띠~이 _-_] 명 흙덩어리. ☞흑덩거리.

흑무디기[흑무디기 __-_] 명 흙무더기. 쌓여서 더미를 이룬 흙. ¶머 노오까 집어서 흑무디기로 디잤다. =뭐 나올까 싶어서 흙무더기를 뒤졌다.

흑문지[흑문지 __-] 명 흙먼지. 흙이 날려 일어나는 먼지. ¶【관용구】흑문지로 일바시다. =흙먼지를 일으키다.

흑칠갑[흑칠갑 _-_] 명 흙투성이. 흙이 잔뜩 묻은 상태. ¶개가 흑칠갑이 뎄다. =개가 흙투성이가 되었다. ☞흑투시이.

흑칼[흑칼 -_] 명 흙손. 흙일을 할 때에, 이긴 흙이나 시멘트 따위를 떠서 바르고 그 겉 표면을 반반하게 하는 연장.

흑투시이[흑투시~이 __-_] 명 흙투성이. ☞흑칠갑.

히[-] 명 혀. *혀<히. ¶【관용구】시 치 히. =세 치 혀. ¶【속담】히가 굳웂나. =혀가 굳었나. ☞쎄. 씨.

히가리하다[_-___] 동 엇셈하다. 주고받을 것을 서로 비겨 없애는 셈을 하다. ¶저분에 채애간 돈은 이 마알로 히가리하입시더. =저번에 빌려간 돈은 이 마늘로 엇셈합시다.

히기하다[_-__] 동 회계하다(會計--). ① 나가고 들어온 돈을 따져서 셈하다. ¶니인데 드간 돈을 말키 히기했다. =네게 들어간 돈을 모두 회계했다. ②빚이나 물건의 값을 셈하여 치르다. ¶물견 깞을 히기해좄다. =물건 값을 회계해줬다.

히꼬부래이[히꼬부래~이 ___-_] 명 혀꼬부랑이. ☞쎄꼬부래이. 씨꼬부래이.

히꾸무리하다[____-_] 형 희끄무레하다. 어떤 사물의 모습이나 불빛 따위가 선명하지 아니하고 흐릿하다. ¶사지이 언캉 히꾸무리해서 몬 알아볼다. =사진이 워낙 희끄무레해서 못 알아보겠다. ☞히덕시리하다.

히꿈하다[__-_] 형 희끔하다. 사물이나 그 빛이 희고 깨끗하다. ¶버씨로 날이 히꿈하이 밝았구마는. =벌써 날이 희끔하게 밝았구먼.

히끈티이[히끈티~이 __-_] 명 혀끝. ☞쎄끈티이. 씨끈티이.

히끼[--] 명 휘파람. ¶【속담】밤에 히끼 불마 뱀이가 노온다. =밤에 휘파람 불면 뱀이 나온다.

히나리[1][--_] 명 ((동물))붕어. ☞땅붕어. 송에.

히나리[2][--_] 명 희아리. 조금 상한 채로 말라서 군데군데 흰 빛깔의 얼룩이 진 고추. ¶짐장할라꼬 히나리도 한테 옇어서 빠쌌다. =김장하려고 희아리도 한데 넣어서 빻았다.

히덕시리하다[1][____-_] 형 희뜩하다. 빛깔이 다른 색깔 사이에 뒤섞여 있다. ¶우리 집 강새이는 히덕시리한 색입미더. =우리 집 강아지는 희뜩한 색입니다.

히덕시리하다[2][____-_] 형 희끄무레하다. ☞히꾸무리하다.

히두루다[__-_] 동 휘두르다. ①무엇을 이리저리 휘휘 마구 돌리다. ¶멋이 저래 바뿌길래 팔로 히두루민서 가노? =뭣이 저리 바쁘기에 팔을 휘두르면서 가니? ②제 마음대로 다루거나 정신을 차릴 수 없도록 얼떨떨하게 만들다. ¶저 집은 자석들로 히두루미 키안다. =저 집은 자식들을 휘두르며 키운다.

히둘루보다[_-_-_] 동 휘둘러보다. 휘휘 둘러보다. ¶사램이 얼매나 모칬능강 히둘루보고 오니라. =사람이 얼마나 모였는지 휘둘러보고 오너라.

히떡[1][_-] 부 후딱. 어떤 행동이나 일을 매우 빠르고 날쌔게 해내는 모양을 나타내는 말. ¶일로 히떡 해치았다. =일을 후딱 해치웠다.

히떡[2][_-] 부 해뜩. 갑자기 얼굴을 돌리며 뒤를 살짝 돌아보는 모양을 나타내는 말. ¶노리가 날로 히떡 돌아보더마는 달라빼더라. =노루가 나를 해뜩 돌아보더니 달아나더라. ☞해딱.

히띠기[_-_] 명 호드기. 봄철에 물오른 버드나무 가지의 껍질을 고루 비틀어 뽑은 껍질이나 짤막한 밀짚 토막 따위로 만든 피리. ¶【속담】이 저실에 히띠기 부는 소리한다. =이 겨울에 호드기 부는 소리한다.

히로치다[_--_] 동 회치다(膾--). 신체의 일부를 '상처투성이로 만들다'는 뜻을 빗대어서 나타낸 말. ¶모개이가 얼라 낯짝을 히로치낳았다. =모기가 애기 낯짝을 회쳐놓았다.

히리하다[__-_] 형 흐릿하다. ①색, 형체, 빛이 뚜렷하지 않고 어슴푸레하다. ¶앙개가 찌이서 질이 히리하기 비인다. =안개가 끼어서 길이 흐릿하게 보인다. ②기억이나 의식이 또렷하지 않고 희미하다. ¶언자사 고 일이 히리하기 새앙킨다. =이제야 고 일이 흐릿하게 생각난다.

히마리[_-_] 명 힘. '힘'의 속된 말. *창녕방언에서 '히마리, 히매가리, 히바리'는 '없다'와 호응하는 말이다. '히마리가 있다' 또는 '히마리가 세다'는 말은 사용하지 않는다. ☞심. 히매가리. 히바리.

히마리없다[히마리엄따 _-___] 형 힘없다. 기운이나 기력이 없어 맥을 잘 추지 못하다. ¶【속담】히마리없는 여럽조시다. =힘없는 열쭝이다. ☞심없다. 히매가리없다. 히바리없다.

히매가리[__-_] 명 힘. '힘'의 속된 말. ☞심. 히마리. 히바리.

히매가리없다[히매가리엄따 __-___] 형 힘없다. ☞심없다. 히마리없다. 히바리없다.

히바리[_-_] 명 힘. '힘'의 속된 말. ☞심. 히마리. 히매가리.

히바리없다[히바리엄따 _-___] 형 힘없다. ☞심없다. 히마리없다. 히매가리없다.

히불히불하다[____-_] 형 흐물흐물하다. ①푹 익어서 매우 무르다. ¶쌂아낳안 무시가 히불히불합미더. =삶아놓은 무가 흐물흐물합니다. ②사물이 단단하거나 빳빳한 기운이 없다. ¶이 대지기기는 너무 히불히불해서 싸리기가 심들다. =이 돼지고기는 너무 흐물흐물해서 썰기가 힘들다.

히비다[_-_] 동 허비다. ☞깔어비다.

히비파다[_--_] 동 후벼파다. ☞허비파다.

히빔하다[_ _-_] 형 희붐하다. 날이 새려고 빛이 희미하게 돌아 약간 밝은 듯하다. ¶히빔한 새북에 일났다. =희붐한 새벽에 일어났다.

히뿌다[_-_] 형 헤프다. ☞헤뿌다.

히씨다[-_ _] 동 헤치다. 속에 든 것을 드러나게 파헤치다. ¶보리 히씨 낳았다. =보리 헤쳐 놓았다.

히아다[-_ _] 동 휘다. '휘다'의 사동사. ☞호아다. 후아다.

히아들다[-_ _ _] 동 휘어들다. ☞호아들다. 후아들다.

히아리다[_-_ _] 동 헤아리다. ☞헤알리다.

히아지다[-_ _ _] 동 휘어지다. ☞호아지다. 후아지다.

히안하다[1][-_ _ _] 형 희한하다(稀罕--). 보기에 매우 드물거나 신기하다. ¶소짝새가 히안한 소리로 내미 웁미더. =소쩍새가 희한한 소리를 내며 웁니다.

히안하다[2][-_ _ _] 형 신통하다(神通--). ①어떤 일이나 현상이 신기할 정도로 묘하다. ¶이래 춥운데도 꽃이 피다이 히안하네. =이렇게 추운데도 꽃이 피다니 신통하네. ②병 치료를 위한 처방이나 그 효과가 놀라울 정도로 빠르고 훌륭하다. ¶도래는 지침에 히안하기 잘 듣는다. =도라지는 기침에 신통하게 잘 듣는다. ③어떤 기계나 물건이 사용하기에 아주 편리하다. ¶이 찌끼칼은 히안하기 씨이네. =이 주머니칼은 신통하게 쓰이네.

히앙[_-] 명 휘항(揮項). 추울 때 머리에 쓰던 모자의 하나. 남바위와 비슷하나 뒤가 훨씬 길고 볼끼를 달아 목덜미와 뺨까지 싸게 만들었는데 볼끼는 뒤로 잦혀 매기도 하였다.

히야[히~야 -_] 명 형(兄). ☞새이. 성. 시야. 시이. 엉가. 히이.

히엄[_-] 명 헤엄. ¶【속담】히엄 잘 치는 넘은 물에 빠지서 죽고, 낭게 잘 오르는 넘은 낭게서 널찌서 죽는다. =헤엄 잘 치는 놈은 물에 빠져서 죽고, 나무에 잘 오르는 놈은 나무에서 떨어져서 죽는다.

히엄치다[_-_ _] 동 헤엄치다. ¶【속담】땅 짚고 히엄친다. =땅 짚고 헤엄친다.

히이[히~이 -_] 명 형(兄). ☞새이. 성. 시야. 시이. 엉가. 히야.

히이나다[-_-_] 동 헤어나다. 어려운 상태에서 헤쳐서 벗어나다. ¶일에 칭기서 히이나지로 몬하고 있습미더. =일에 치여서 헤어나지를 못하고 있습니다.

히이다[1][-_ _] 동 헤어지다. ☞갈리다. 히이지다.

히이다[2][-_ _] 동 해산하다(解散--). 모였던 사람들이 따로따로 흩어지다. ¶해이는 고마하고 히입시더. =회의는 그만하고 해산합시다.

히이다[3][_-_] 동 휘이다. '휘다'의 피동사. ☞후이다.

히이지다[-_-_] 동 헤어지다. ☞갈리다. 히이다.

히젓이다[히저시다 _-_ _] 동 휘젓다. ①액체나 기체 따위를 이리저리 마구 젓다. ¶밀가리 반죽을 매매 히젓이라. =밀가루 반죽을 잘 휘저으라. ②손이나 손에 든 물건을 심하게 뒤흔들다. ¶나만 사램이 구리로 보고 지팽이로 막 히젓있다. =노인이 구렁이를 보고 지팡이를 마구 휘저었다. ③자기 마음대로 누비고 다니다. ¶커단한 껌둥개가 온 동네로 히젓이고 댕깁미더. =커다란 검둥개가 온 동네를 휘젓고 다닙니다. *히젓이고[히저시고 _-__], 히젓이지[히저시지 _-__], 히젓이서[히저시서 _-__], 히젓이야[히저시야 _-__], 히젓있다[히저싣따 _-__].

히지다[-__] 동 희어지다. 색깔이 흰색으로 되다. ¶【속담】껌운 데 가마 껌우지고 힌 데 가마 히진다. =검은 데 가면 검어지고 흰 데 가면 희어진다.

히직이다[히지기다 _-__] 동 헤적이다. 무엇을 찾으려고 들추거나 파서 헤치다. ¶따아 파묻어낳안 뻭따구 찾는다고 개가 히직인다. =땅에 파묻어놓은 뼈다귀 찾느라고 개가 헤적인다.

히짜리기[__-_] 명 혀짜래기. ☞쎄자리기. 씨짜리기.

히짤비기[__-_] 명 혀짤배기. ☞쎄짤비기. 씨짤비기.

히추[-_] 명 야유회(野遊會). *창녕방언 '히추'는 표준어 '회취(會聚)'에서 단모음화 된 말이다. 그러나 그 의미는 표준어에서처럼 '사람이 한곳에 많이 모이는 일'을 뜻하는 '회취'가 아니라 '음식 따위를 추렴해서 야외로 나가 음식을 즐기며 모여 노는 일'을 뜻하는 '야유회'에 더 가깝다. ¶【관용구】히추로 가다. =야유회를 가다.

히치다[-__] 동 홰치다. ☞해치다.

힌나부[--_] 명 ((동물))흰나비. ¶【속담】꿈에 힌나부 보마 상주(喪主)가 덴다. =꿈에 흰나비 보면 상주가 된다.

힌디이[힌디~이 --_] 명 흰둥이. ①털빛이 흰 어린 짐승을 귀엽게 이르는 말. ②'백인(白人)'을 얕잡아 이르는 말.

힌적[-_] 명 흔적(痕迹). 어떤 현상이나 실체가 없어졌거나 지나간 뒤에 남은 자국이나 자취. ¶【관용구】힌적이 남다. =흔적이 남다. ¶【관용구】힌적을 지아다. =흔적을 지우다.

힌적없다[힌적엄따 -___] 형 가뭇없다. ①보이던 것이 전혀 보이지 않아 찾을 곳이 감감하다. ¶【관용구】힌적없이 사라지다. =가뭇없이 사라지다. ②사물이 눈에 띄지 않고 감쪽같다. ¶금 간 사그륵을 힌적없이 붙이 낳았다. =금 간 사기그릇을 가뭇없게 붙여 놓았다.

힌조시[--_] 명 흰자위. ①새알이나 달걀 따위의 속에 노른자위를 둘러싼 빛이 흰 부분. ¶기랄은 노랑조시보담 힌조시가 더 맛입다. =계란은 노른자위보다 흰자위가 더 맛있다. ②눈알의 흰 부분. ¶눈뻥이 걸리서 힌조시가 뻘게졌다. =눈병이 걸려서 흰자위가 뻘게졌다. ☞힌창.

힌창[--] 명 흰자위. ☞힌조시.

힐기다[-__] 동 흘기다. 눈동자를 옆으로 굴리어 못마땅하게 노려보다. ¶【속담】읍내서 빰때기 맞고 오리저어서 눈 힐긴다. =읍내에서 뺨 맞고 오리정에서

ㅎ

눈 흘긴다. ☞눈깔질하다.

힐기보다[-___] 동 흘겨보다. 못마땅하게 여기거나 하여 눈동자를 옆으로 굴려 노려보다. ¶두고 보자 카민서 디통시로 힐기본다. =두고 보자 하면서 뒤통수를 흘겨본다.

힐꿈[_-] 부 힐끗. ☞실꿈.

힐꿈기리다[__-__] 동 힐끗거리다. ☞실꿈기리다.

힐꿈대다[__-_] 동 힐끔대다. 곁눈질하여 자꾸 슬쩍 쳐다보다. ¶알라가 옴마 손에 들린 빠나나로 힐꿈댄다. =어린애가 엄마 손에 들린 바나나를 힐끔댄다.

힐꿈힐꿈[___-] 부 힐끗힐끗. ①가볍게 슬쩍 한 번 흘겨보는 모양. ¶아재가 내 눈치로 힐꿈힐꿈 살피데예. =아저씨가 내 눈치를 힐끗힐끗 살피데요. ②눈에 언뜻 띄는 모양. ¶저게 힐꿈힐꿈 눈에 띠는 기이 머꼬? =저기에 힐끗힐끗 눈에 띄는 게 뭐니?

힐떡[_-] 부 훨떡. 아주 남김없이 시원스레 벗거나 벗어진 모양. ¶떱어서 옷을 힐떡 벗있다. =더워서 옷을 훨떡 벗었다. ☞옴팍. 할딱. 핼딱.

힐압[히랍 --] 명 혈압(血壓). ☞핼압.

힙씰다[_-_] 동 휩쓸다. ①질병이나 재해가 어디를 두루 영향을 끼쳐 피해를 입히다. ¶강물이 넘치서 온 들판을 힙씰었다. =강물이 넘쳐서 온 들판을 휩쓸었다. ②분위기가 사람을 어떤 심리적 상태 등에 빠지게 하다. ¶두룹움이 가숨을 힙씰고 지내갔다. =두려움이 가슴을 휩쓸고 지나갔다. ③거리낌 없이 제멋대로 행동하며 세력을 부리다. ¶미천개가 질을 힙씰고 댕긴다. =미친개가 길을 휩쓸고 다닌다. ④무엇이 일정한 범위의 장소에 영향을 강하게 주다. ¶얄궂운 소무이 동네를 힙씰고 댕긴다. =얄궂은 소문이 동네를 휩쓸고 다닌다. ⑤상이나 대회 따위를 남김없이 독차지하다. ¶올림픽서 우리나라가 금메달로 모지리 힙씰었다. =올림픽에서 우리나라가 금메달을 모조리 휩쓸었다.

힙씰리다[__-_] 동 휩쓸리다. ①사물이 물이나 바람에 모조리 휘몰려 치워지다. ¶빗물에 힙씰리서 떠니러 온 씨레기가 곶곶에 쌔이 있다. =빗물에 휩쓸려서 떠내려 온 쓰레기가 곳곳에 쌓여 있다. ②다른 사람이나 분위기에 휘몰려 자신도 모르게 제멋대로 행동을 하게 되다. ¶아아가 노는 친구들캉 힙씰리 댕긴다. =애가 노는 친구들과 휩쓸려 다닌다.

힛가리[히까리 __-] 명 횟가루(灰--). 석회석을 고온으로 가열하여 얻는 흰색의 가루.

힛바늘[히빠늘 _-_] 명 혓바늘. ☞쎗바늘. 쎗바알. 씻바늘. 씻바알. 힛바알.

힛바닥[히빠닥 _-_] 명 혓바닥. ☞쎗바닥. 씻바닥.

힛바알[히빠~알 _-_] 명 혓바늘. ☞쎗바늘. 쎗바알. 씻바늘. 씻바알. 힛바늘.

힝가다[-__] 동 헹구다. 물에 넣어 흔들어 씻다. ¶【속담】힝가 낳안 사발 겉다. =헹궈 놓은 사발 같다.☞헹가다. 힝구다.

힝구다[-__] 동 헹구다. ☞헹가다. 힝가다.

힝핀[_-] 명 형편(形便). ☞행팬. 행핀.

힝핀없다[힝핀엄따 _-__] 형 형편없다(形便--). ☞행팬없다. 행핀없다.

【표준어로 찾아보기】

*표준어 색인(索引)은 올림말 중에서 어미와 접사 그리고
표준어로 대역할 수 없는 것은 제외하였음.

가 명 가세. 가시.
가게 명 전빵. 점빵.
가관이다(可觀--) 형 가가이다.
가까이 부 가죽기. 가찹기.
가깝다 형 가죽다. 가찹다.
가꾸다 동 가까다.
가끔 부 가꿈.
가끔가다가 부 가꿈가다가. 혹가다가.
가끔씩 부 가꿈썩. 혹가다.
가난뱅이 명 가난재이.
가난하게 부 없이.
가난하다 형 없이사다.
가냘프다[1] 형 가날푸다. 애리애리하다.
가냘프다[2] 형 뽀뽓하다.
가누다 동 가나다.
가느다랗다 형 가느다리하다. 가느리하다.
가느라고 부 가니라꼬.
가느스름하다 형 가누소롬하다.
가늠하다 동 여자다. 전자다. 전주다.
가다듬다 동 가다둠다.
가다루다 동 가다라다.
가닥 명 가댁.
가두다 동 가다다. 가닿다.
가두어지다 동 갇아지다.
가득 부 가뿍.
가뜩이나 부 개따나. 개뜩이나.
가라앉다 동 가다지다. 까라앉다. 깔앉다.
가라앉히다 동 까라앉하다.
가락지 명 까락지.
가랑니 명 갈방니. 깔방니.
가랑이 명 가래이.
가랑잎 명 가랑잎사구. 갈방잎사구.
가래[1] 명 가리.
가래[2] 명 갈.
가래다 동 갋다.
가래떡 명 떡가리. 떡국가리.
가래질[1] 명 가리질.
가래질[2] 명 가리찜.
가래톳 명 가래톳이.
가려내다 동 가리내다. 개리내다. 추리내다.
가렵다 형 건지럽다. 껀지럽다.
가령(假令) 부 가사일로.
가로 명 가리.
가로로 부 가리지기로.
가로막다 동 가리막다. 가리막하다.
가로막히다 동 가리맥히다.
가로지르다 동 가리지러다.
가로채다 동 가리채다.
가루 명 가리. 갈리.
가루모이 명 가리모시.

가루비누 명 가리사분.
가르다 동 갈라티리다. 기리다. 따개다. 따다.
가르마 명 가리마. 가리매. 가리미.
가르쳐주다 동 가알주다. 갈차주다. 갈치주다. 갤차주다. 갤치주다.
가르치다 동 가알치다. 가알키다. 갈차다. 갈치다. 갈키다. 갤차다. 갤치다.
가리 명 가래.
가리다[1] 동 가라다. 개리다.
가리다[2] 동 개리다.
가리질 명 가래질.
가리키다 동 가알치다. 가알키다. 갈차다. 갈치다. 갈키다. 갤차다. 갤치다.
가마[1]**(旋毛)** 명 가매.
가마[2] 명 가매.
가마니 명 가마이. 가마때기.
가마솥 명 가매솥.
가막사리 명 까막싸리.
가만히 부 가마이.
가무락조개 명 밤조리. 밤졸개.
가물치 명 가무치.
가뭄 명 가무살. 가물움.
가뭇없다 형 힌적없다.
가볍다 형 개겁다. 개굽다. 날리다. 해꼽다. 해꼽하다. 해꿉다. 해꿉하다.
가봐 형 ㄴ가배.
가비얍다 형 가배얍다.
가쁘다 형 가뿌다.
가살 명 깨살.
가살궂다 형 깨살맞다.
가살부리다 동 간살지기다. 깨살지기다.
가살스럽다 형 간살시럽다. 깨살시럽다.
가살쟁이 명 깨살재이.
가설랑은 감 가설나무내.
가세요 동 가입시더. 가입시데이. 갑시더. 갑시데이.
가소롭다 형 가사롭다.
가수(歌手) 명 카수.
가스[gas] 명 카스.
가스러지다 동 까시리지다.
가슴 명 가숨. 가심.
가슴팍 명 가숨패기. 가심패기.
가시[1] 명 까시.
가시[2] 명 티.
가시나무 명 까시낭ㄱ.
가시다 동 니이다.
가시덤불 명 까시덩꿀. 까시디이.
가시랭이 명 까시끌티이.
가시연(--蓮) 명 지모구. 지머구.
가에 부 가아.
가엽게 부 애인하기. 애잉기.
가엽다 형 애인하다.
가오리 명 가보리. 가부리.
가오리연(---鳶) 명 가보리연. 가부리연. 조리연.
가욋돈(加外-) 명 우엣돈.
가욋일(加外-) 명 우엣일.
가운데 명 가분데. 가온데.
가운뎃손가락 명 복판손까락.
가웃 명 가옷.
가위 명 가새. 가시개.
가위바위보(----褓) 명 장깨이보.
가으내 부 가실내. 가알내.
가을 명 가실. 가알.
가을누에 명 가실니비. 가알니비.

가을무 명 가실무시. 가알무시.
가을밭 명 가실밭. 가알밭.
가을볕 명 가실볕. 가알볕.
가을보리 명 널보리.
가을비 명 가실비. 가알비.
가을하다 동 가실하다. 가알하다.
가자마자 부 가더미로. 가덤질로. 가자말자.
가자미 명 가재미. 납새미.
가자미눈 명 가재미눈.
가재 명 까재.
가정주부(家庭主婦) 명 소더배이운전수.
가져가다 동 가아가다. 가주가다. 가지가다.
가져다 부 갓다가.
가져다가 동 가아다가. 가주다가. 가지다가.
가져다주다 동 가주다주다. 가지다주다.
가져오다 동 가아오다. 가주오다. 가지오다. 고오다.
가죽 명 까죽.
가죽허리띠 명 까죽헐끈.
가증스럽다(可憎---) 형 가징시럽다.
가증하다(可憎--) 형 가잖다.
가지[1] 명 가재이.
가지[2] 명 까지. 까지낭ㄱ.
가지고 부 가꼬. 가아. 가주고.
가지다 동 징기다.
가지런하다 형 간조롬하다. 간지롬하다.
가지런히 부 간조롬이.
가짜배기(假---) 명 조짜배기.
가풀막 명 까푸막. 까풀막.
가풀막지다 형 까푸막지다. 까풀막지다.
각다귀 명 깔따구. 왕모구.
각대(角帶) 명 각띠.
각목(角木) 명 각기목.
각별하다(各別--) 형 각밸나다. 각빌나다.
각별히(各別-) 부 각밸이. 각빌이.
각살림(各--) 명 딴살림.
각성바지(各姓--) 명 깍성바지.
각오하다(覺悟--) 동 요랑하다.
간간이(間間-) 부 간가이.
간간하다 형 감가무리하다. 감감하다.
간기(-氣) 명 강기.
간당간당하다[1] 동 딸막거리다. 딸막딸막하다.
간당간당하다[2] 동 달랑달랑하다.
간땡이(肝--) 명 간떵거리. 간띠이.
간 마늘 구 간마알.
간섭(干涉) 명 똥가이.
간섭하다(干涉--) 동 간십하다. 똥가이하다.
간수(看守) 명 치중.
간잔지런하다 형 간지롬하다.
간장(-醬) 명 지렁. 지렁장.
간장독(-醬-) 명 지렁추마리.
간조기 명 간조구.
간지럼 명 간지람. 간지룸.
간지럽다 형 간지랍다. 간지룹다.
간질이다 동 간지라다.
간짓대 명 간때미.
간추리다 동 간종키다. 삼치다. 추리다.
간탐하다(慳貪--) 형 거탐하다.
간판장이(看板--) 명 간판재이.
간혹(間或) 부 호욕.
갇히다 동 갑하다.
갈겨먹다 동 올가묵다. 울가묵다.
갈겨쓰다 동 갈기씨다. 날리씨다. 날치다.
갈고랑이 명 까꾸래이. 깔꾸랭이.
갈까마귀 명 갈가마구.

갈대 명 깔때.
갈라서다 동 째지다.
갈리다 동 갈라다.
갈무리하다 동 다라다.
갈보 명 깔보. 똥깔보.
갈수록 부 갈수록이. 갈수룩. 갈수룩이.
갈씬갈씬 부 가신가신. 가씬가씬.
갈씬갈씬하다 동 가신가신하다. 가씬가씬하다.
갈취하다(喝取--) 동 따까묵다.
갈치 명 깔치. 칼치.
갈퀴 명 까꾸리. 깔꾸리.
갈퀴덩굴 명 산치꺼리.
갉다 동 깕다.
갉아먹다 동 깕아묵다.
갉작갉작 부 깔짝깔짝.
감 명 깜.
감감하다 형 감가무리하다.
감기(感氣) 명 강기.
감기다[1] 동 갱기다.
감기다[2] 동 깜끼다. 깸끼다.
감꽃 명 강꽃.
감나무 명 감낭ㄱ.
감다[1] 동 깜다. 빨다.
감다[2] 동 밥주다.
감당하다(堪當--) 동 처내다. 치내다.
감싸다 동 오다다. 오도바다. 오두바다. 우다다. 우두바다.
감옥(監獄) 명 감악소.
감옥살이(監獄--) 명 감악살이.
감쪽같다 형 매구겉다. 미구겉다.
감추다 동 감차다.
감히(敢-) 부 감이.

갑갑하다 형 까깝하다. 깝깝하다.
갑시다[1] 동 가입시더. 가입시데이. 갑시더. 갑시데이.
갑시다[2] 동 갑씨다.
갑자기 부 각주우. 각중에. 갑째기.
갑작스레 부 갑짝시럽기. 갑짝시리.
값 명 값.
값어치 명 값우치.
갓 명 갖.
갓김치 명 갖짐치.
갓난아기 명 깐얼라. 깔방알라.
갓장이 명 갓재이.
강가(江-) 명 강가세. 강가시.
강 건너(江 --) 구 물건니.
강권하다(強勸--) 동 강검하다.
강낭콩 명 두불콩. 봄콩. 양대콩. 울콩. 재불콩.
강냉이 명 깡내이.
강냉이튀밥 명 깡내이박상.
강마르다 형 깍마르다.
강변(江邊) 명 갱분. 갱비랑.
강샘 명 강새. 강찡.
강소주(-燒酒) 명 깡쏘지.
강술 명 강술.
강아지 명 강새이.
강아지풀 명 강새이풀.
강정 명 깡밥. 어리.
강준치(江--) 명 중치.
강철이(強鐵-) 명 깡철이. 꽝철이.
강피 명 갱피.
강피죽(--粥) 명 갱피죽.
강하다(強--) 형 빡시다.
갖바치 명 신재이.

갖신 명 까죽신. 까직신.
갖은 관 갖인.
갖은소리 명 갖인소리.
갖추다 동 갖차다.
같다 형 겉다.
같다면야 부 겉으마사.
같아서 부 겉애서.
같아서는 부 겉애서는.
같아지다 동 같애지다.
같으면 부 겉으마.
같이 조 겉이. 매로. 매이로. 맨치로. 맹쿠로.
같잖다 형 가짢다. 겉짢다.
같잖이 부 겉짜이.
개갓냉이 명 재나새이.
개교기념일(開校紀念日) 명 학조생알. 핵교생알. 핵조생알.
개구리 명 깨고리. 깨구리.
개구리밥 명 깨구리풀. 맹겅지심.
개구멍바지 명 개구녕바지. 똥갈이주우.
개굴개굴 부 깨골깨골. 깨굴깨굴.
개기름 명 개지름.
개꼬리 명 개꼬랑대이. 개꽁대기.
개놈 명 개아덜넘.
개다[1] 동 개비다.
개다[2] 동 개이다.
개다리상(---床) 명 개다리판. 개상판.
개다리소반(---小盤) 명 곰배상.
개떡 명 딩기떡.
개떡수제비 명 개떡수지비.
개똥벌레 명 개똥벌거지. 까래이.
개망나니 명 개망내이.
개망초 명 개국화.
개망초꽃 명 기랄꽃.
개머루 명 개머리.
개미 명 깨미.
개미 먹이다 구 사 미이다. 사 믹이다.
개밥그릇 명 개밥그륵.
개방귀 명 개방구.
개비 명 까치. 깨비.
개상(-床) 명 공산. 톰바아.
개상타작(-床打作) 명 공산타작.
개쇠스랑개비 명 소시랑풀.
개수통(--桶) 명 기밍통.
개숫물 명 기밍물. 기엉물.
개씨바리 명 개씸.
개암 명 깨목. 깨묵.
개오동나무(-梧桐--) 명 노꼴나무.
개운하다 형 깨븥다.
개울 명 개골창. 개구랑. 개굴창. 깨뚝. 걸.
개울가 명 걸가.
개장수 명 개장시.
개좆부리 명 개때까리. 개짓때까리.
개 주둥이 구 개주디이.
개지랄 명 띠지랄. 쌩지랄.
개키다 동 개비다.
개평 명 갱핀.
개평꾼 명 갱핀꾼.
개피 명 쑥촉새.
개헤엄 명 개히엄.
개호주 명 개오지. 개우지.
개화하다(開花--) 동 개아하다.
개흙 명 국개.
개흙더버기 명 국개덤비기.
개흙칠갑(--漆甲) 명 국개털감칠.
개흙투성이 명 국개투시이.
객귀(客鬼) 명 객구.

객스럽다(客---) 형 객강시럽다. 굴쭉시럽다.

객스레(客--) 부 객강시리. 굴쭉시리.

객지(客地) 명 객리.

객쩍은 짓하다(客-- ---) 구 시인떨다.

갯버들 명 개고랑버들. 땅버들.

갱엿 명 강엿.

갱죽(羹粥) 명 밥국.

갱지(更紙) 명 똥조오.

갸름하다 형 가롬하다. 개롬하다.

갸우뚱 부 자우뚱. 재우뚱.

갸우뚱거리다 동 자우뚱기리다. 재우뚱기리다.

갸우뚱하다 형 자우뚱하다. 재우뚱하다.

갈쭉하다 형 짤쫌하다. 쨀쫌하다.

걔 명 가아.

걔만큼 부 가마이.

거기 명 거게. 거어.

거기서 부 거게서. 거어서.

거꾸로 부 꺼꾸로. 꺼꾸리. 꺼꿀로. 꺼꿀배기로. 디비. 디비씨.

거나하다 형 갑씬하다.

거느리다 동 거니리다.

거니까 부 낀께네.

거도(鋸刀) 명 거두.

거두다 동 거다다.

거들다 동 부둘다

거들먹거리다 동 거들묵기리다. 건갈지이다. 꺼떡대다.

거르다 동 바치다.

거름 명 거룸.

거름바지게 명 거룸바다리. 거룸바자리. 거룸바지기.

거름풀 명 거울.

거리 명 걸.

거머들이다 동 꺼무딜이다.

거머리 명 거무리.

거머먹다 동 꺼무묵다.

거머안다 동 꺼무안다.

거머잡다 동 거무잡다. 꺼무잡다.

거머쥐다 동 거무지다. 꺼무지다.

거멀쇠 명 거물쎄. 거물씨.

거멀장 명 거물장.

거무스름하다 형 꺼무끼리하다. 꺼무수룸하다.

거무칙칙하다 형 꺼무틱틱하다.

거무튀튀하다 형 꺼무티티하다.

거미 명 거무.

거미줄 명 거무줄.

거방지다 형 걸팡지다.

거북스럽다 형 거북시럽다.

거섶 명 거십.

거세다 형 거씨다.

거세하다(去勢--) 동 붕알까다.

거스러미 명 까시리기.

거스르다 동 거실다.

거스름돈 명 끝따리. 남운돈. 주리.

거슬리다 동 거실리다. 거실치다.

거슴츠레 부 게숨추리.

거슴츠레하다 형 게숨추리하다.

거위 명 거우. 기우.

거위배 명 꺼시이배. 인배.

거의 부 거진.

거저 부 거지.

거저먹기 명 거지묵기. 호시빵빼이.

거저먹다 동 거지묵다.

거적 명 꺼직이.
거적눈 명 꺼죽눈. 꺼직이눈.
거적때기 명 꺼직띠기.
거적문(--門) 명 꺼직이문.
거절하다(拒絶--) 동 탱가다. 팅가다.
거지 명 거러지. 거레이. 껄배이.
거짓으로 부 부로.
거추장스럽다 형 거치장시럽다.
거치적거리다 동 거치이다. 걸거치다.
거칠거칠하다 형 꺼치리하다.
거칠다 형 어씨다.
거푸 부 거퍼.
거품 명 버꿈.
거피하다(去皮--) 동 기피앗다.
걱정스럽다 형 걱정시럽다.
건 부 거는.
건너 명 건니.
건너가다 동 건니가다.
건너다 동 건니다.
건너다니다 동 건니댕기다.
건너뛰다 동 건니띠다.
건너오다 동 건니오다.
건넌방(--房) 명 건니방.
건너편(--便) 명 건니핀.
건넌집 명 건니집.
건네주다 동 앗아주다. 앗이주다.
건더기 명 건디기. 껀디기.
건드려지다 동 건털리다.
건드리다 동 건디리다.
건들건들 부 꺼떡지떡.
건문어(乾文魚) 명 피디이. 피문이.
건밤 명 날밤.
건방지다 형 건방시럽다.
건빵(乾-) 명 간빵.
건어물시장(乾魚物市場) 명 마련장.
건져내다 동 건지내다.
건지다 동 껀지다.
걷다[1] 동 건아다.
걷다[2] 동 걷이다.
걷어붙이다 동 걷이붙이다.
걷어차다 동 조오차다.
걸 명 거로. 꺼로.
걸귀(乞鬼) 명 걸구신.
걸그물 명 설그물. 초꼬.
걸다 동 걷아다.
걸레 명 청걸레.
걸려들다 동 대덩걸리다.
걸리다[1] 동 걸라다.
걸리다[2] 동 걸치이다.
걸리다[3] 동 찌이다.
걸립패(乞粒牌) 명 걸궁패.
걸망하다 형 걸망ㅎ다.
걸머지다 동 걸무지다.
걸머지우다 동 걸무지아다.
걸물(傑物) 명 기물.
걸쇠 명 걸씨. 자물씨.
걸신들리다(乞神---) 동 걸구신딜리다.
걸우다 동 걸아다.
걸음 명 걸움.
걸음걸이 명 걸움걸이.
걸음마 명 걸움마.
걸쭉하다 형 걸찍하다.
걸치다 동 걸차다.
걸터앉다 동 걸치앉다.
걸핏하면 부 거씬하마. 꺼떡하마. 삐떡하마. 삐떡하마.

검다[1] 형 껌다.
검다[2] 동 껌다. 끎다.
검둥개 명 껌둥개. 껌정개. 씰개.
검둥이 명 껌디이.
검부러기 명 꺼부지기.
검불 명 꺼부지기.
검어지다 동 껌우지다.
검은깨 명 껌둥깨. 껌정깨. 먹깨.
검은자위 명 껌운조시. 껌운창.
검잡다 동 건잡다.
검정 명 껌둥. 껌정.
검정말 명 새마리.
검정물방개 명 똥까재.
검정칠갑(--漆甲) 명 껌정털감칠.
검질기다 형 빡찔기다.
검푸르다 형 검푸루다.
겁(怯) 명 겂.
겁나다(怯--) 동 겂이나다.
겁쟁이(怯--) 명 겁재이.
것 명 거. 꺼. 끼.
것으로 부 거로.
것인지 부 낀강. 낀동. 낀지.
겅그레 명 겅거리. 엉거리.
겉 명 겉어리.
겉꾸미다 동 뻔지기다.
겉보기 명 겉비기.
겉보리 명 피보리.
겉옷 명 겉어리옷. 깝떼기.
겉저고리 명 웃저구리.
겉절이 명 생지리기. 지리기.
겉치레 명 겉치리.
겉치레하다 동 겉치리하다.
겉핥기 명 겉어리핥기.
게[1] 명 께. 끼.
게[2] 명 기이. 께. 끼.
게다가 부 거게다가. 거따가. 거어다. 거어다가. 게따나.
게슴츠레 부 게숨추리.
게슴츠레하다 형 게숨추리하다.
게아재비 명 소굼재이. 소꼴재이. 엿재이.
게우다 동 게아다. 기아다. 올리다.
게워내다 동 게아내다. 기아내다. 밭아내다.
게으르다 형 께을밪다. 께읋다. 끼을밪다. 끼읋다. 망태겉다.
게으름 명 께으럼. 끼으럼.
게으름뱅이 명 께을배이. 끼을배이.
게을리 부 께읋기. 끼읋기.
게을리하다 동 께읋기하다. 끼읋기하다.
겨끔내기 명 저끔내기.
겨누다 동 가나다. 꼬라다. 야꼬라다. 여자다. 전자다. 전주다.
겨드랑 명 저터랑. 제터랑.
겨루다 동 게라다. 시라다. 씨라다.
겨릅대 명 제룹대. 지룹대.
겨우 부 게우. 기우. 제우. 지우.
겨우내 부 게울내. 기울내. 저실내.
겨울 명 게울. 기울. 저실.
격(格) 명 객. 긱.
겪다 동 젞다.
견디다 동 전디다.
견딜힘 명 전딜심. 질수.
견주다 동 여자다. 전자다. 전주다.
견치석(犬齒石) 명 갱치석. 깅치석.
결구배추(結球--) 명 알배차. 알뱁차. 짐장배차. 짐장뱁차.
결국(結局) 명 갤국. 길국.

결딴나다 형 난봉나다. 절딴나다.
결론(結論) 명 갤론. 길론.
결리다 동 마치다. 뻐쩔리다. 절리다.
결말짓다(結末--) 동 맺임짓다.
결명자(決明子) 명 길밍자.
결심(決心) 명 갤심. 길심.
결정(決定) 명 갤정. 길정.
결판(決判) 명 갤판. 길판.
결혼(結婚) 명 갤온. 길온.
결혼식(結婚式) 명 갤온식. 길온식.
겸(兼) 명 저엄.
겸사(兼事) 명 갬사. 김사.
겸사겸사(兼事兼事) 부 갬사갬사. 김사김사. 이점저점. 이참저참.
겸상(兼床) 명 점상.
겹 명 접.
겹겹이 부 접접이.
겹꽃 명 접꽃.
겹다 형 뻑차다.
겹두루마기 명 접두루막.
겹바지 명 접바지. 칩바지.
겹버선 명 접버신. 접보선.
겹사돈(-査頓) 명 접사돈.
겹질리다 동 접질리다.
겹쳐지다 동 접차지다.
겹치다[1] 동 접차다.
겹치다[2] 동 접치다.
겹치마 명 거들처매. 꼬리처매. 웃처매. 자락처매. 큰처매.
겻불 명 딩깃불. 매지밋불. 왕딩깃불.
경기하다(驚氣--) 동 갱끼하다. 깅끼하다. 정끼하다.
경로당(敬老堂) 명 갱노당. 깅노당.
경비(經費) 명 갱비. 깅비.
경사(京辭) 명 갱사. 갱어. 깅사. 깅어.
경우(境遇) 명 갱오. 깅우.
경운기(耕耘機) 명 갱운기. 기운기.
경작하다(耕作--) 동 지이묵다.
경제(經濟) 명 갱제. 깅제.
경찰(警察) 명 갱찰. 깅찰.
경첩 명 정첩.
경치(景致) 명 갱치. 깅치.
경험(經驗) 명 갱엄. 깅엄.
곁 명 젙.
곁가지 명 젙가지. 지슬가지
곁눈질 명 옆눈질.
곁다리 명 갓다리.
곁두리 명 술참.
곁들이다 동 깃딜이다.
곁방(-房) 명 젙방.
곁방살이(-房--) 명 젙방살이.
곁사돈(-査頓) 명 젙사돈.
계란(鷄卵) 명 게랄. 기랄.
계면떡 명 개민떡. 기민떡.
계모임(契--) 명 다리모시.
계산(計算) 명 구구.
계셨고 동 기식고.
계속(繼續) 부 바리바리.
계시다 동 기시다.
계집 명 기집. 지집.
계집년 명 기집년. 지집년.
계집애 명 가서나. 가시내. 기집아. 기집애. 지집아. 지집애.
계집자식(--子息) 명 기집자석. 지집자석.
계집질 명 기집질. 지집질.
계취(契聚) 명 기추.

계취하다(契聚--) 동 기추하다.
계획(計劃) 명 게액.
곗돈(契-) 명 다리모시.
고 명 고다리.
고개[1] 명 꼬오.
고개[2] 명 목고개.
고갱이 명 깡태이. 알개이.
고것 명 고거. 고고.
고게 명 고기.
고구마 명 고구매. 고오매.
고구마똥 명 고매똥.
고구마줄기 명 고매쭐구리.
고기[1] 명 게기. 기기.
고기[2] 명 고오.
고기값 명 게기깞. 기기깞.
고기맛 명 게기맛. 기기맛.
고기서 부 고오서.
고까짓 관 고까이. 고깐.
고까옷 명 꼬까.
고까워하다 동 꼬깝아하다.
고깔 명 꼬깔.
고깔모자(--帽子) 명 꼬깔모자.
고깝다 형 꼬깝다.
고나마 부 고런따나.
고냥 부 고양.
고놈 명 고넘. 고넘아. 골마.
고놈의 관 고넘우. 고넘우. 고니러.
고누 명 꼰.
고니 명 고이.
고다 동 고아다. 소꾸라다. 소쿠라다.
고다지 부 고래.
고달프다 형 고달푸다.
고두밥 명 꼬도밥. 꼬두밥.
고둥 명 고동. 고디이.
고드러지다 동 꾸더러지다.
고드름 명 고도롬. 고두룸.
고들빼기 명 꼬둘빼이.
고등어 명 고둥어.
고등학교(高等學校) 명 고둥학조. 고둥핵교. 고둥핵조.
고따위 명 고따구.
고라니 명 고라이.
고래고함(--高喊) 명 고래가암.
고래서[1] 동 고래가아.
고래서[2] 부 고런머리. 고머리.
고랭이 명 고대.
고러놓으니까 부 고래놓이.
고러니까 부 고라이께네. 고란께네. 고런께네.
고러다 동 고라다. 고카다.
고러면 부 고라마.
고런 관 고렁.
고럴게 동 고랄끼. 고칼끼.
고럴래 동 고랄래. 고칼래.
고렇게 부 고래. 고렇굼. 고렇기. 고렇짐. 고리.
고렇게나 부 고렇구롬. 고렇굼이나. 고렇기나. 고렇짐이나.
고렇다 형 고롷다.
고렇듯이 부 고롷다시.
고렇지 감 고래.
고렇지만 부 고렇지만서도. 고롷지만서도.
고려장(高麗葬) 명 고래장.
고루 부 고리.
고루고루 부 고리고리.
고르다[1] 동 가리다. 개리다. 골라다.

고르다[2] 동 고라다. 고루다. 골라다. 공구라다. 반틀라다. 빈지라다.

고름 명 고롬. 고룸.

고리[1] 명 당새기. 당새이. 당시기. 채당새이.

고리[2] 부 고래.

고리짝 명 고리째기.

고린내 명 꼬랑내.

고마워하다 동 고맙어하다.

고만 부 고마. 마. 마아.

고만고만하다 형 고마고마하다.

고만이다 형 고마이다.

고만치 부 고만침.

고만큼 부 고따만쿰. 고마이. 고만침. 고만쿰.

고명 명 끼미.

고명딸 명 양님딸.

고모(姑母) 명 고모아지매. 고무.

고모부(姑母夫) 명 고모아재.

고무래 명 당거래. 당거리.

고무지우개 명 고무딲개.

고무풍선(--風扇) 명 불통. 불티이. 붕티이.

고방(庫房) 명 장고방.

고부랑이 명 꼬부래이.

고삐 명 꼬빼이. 소꼬빼이.

고사리 명 꼬사리.

고새 명 고단새. 고단에.

고생(苦生) 명 고상.

고생문(苦生門) 명 고상문.

고생스럽다(苦生---) 형 고상시럽다.

고생스레(苦生--) 부 고상시리.

고생하다(苦生--) 동 고상하다. 쎄빠지다. 씨빠지다. 욕보다. 초빼이치다.

고생시키다(苦生--) 동 고상씨기다. 욕비다.

고소하다[1] 형 고시다. 꼬솜하다. 꼬시다. 꼬심하다.

고소하다[2] 형 마뜩다. 오지다.

고소한 냄새 구 고신내. 꼬신내.

고손녀(高孫女) 명 고솔여.

고손자(高孫子) 명 고손지.

고수레 감 고시레.

고스란히 부 고시라이. 소롯이. 솔배기.

고스러지다 동 고시라지다.

고슬고슬하다 형 꼬실꼬실하다.

고슴도치 명 고솜도치.

고양이 명 개이. 고얘이. 살찌이.

고욤 명 개암. 기암.

고욤나무 명 개암낭ㄱ. 기암낭ㄱ.

고운 관 곱운.

고운때 명 곱운때.

고운체 명 곱운체. 접치이.

고을 명 고올.

고이다 동 가피다. 개피다.

고이적삼 명 홑주우적삼.

고자리 명 고지리.

고작 부 꼴난.

고쟁이 명 꼬장주우.

고주망태 명 고랑망태이.

고주박 명 고자배기.

고지 명 고대.

고집 명 엉티이.

고집부리다 동 고집피아다. 엉티이부리다.

고쪽 명 고짜. 고짝. 고쭈. 고쭉.

고쪽으로 부 꼬짜로. 고짝우로. 고쭈로. 고쭉우로. 골로.

고추 명 꼬치. 꼬치낭ㄱ.

고추이파리 명 꼬치푸리.

고추잠자리 명 꼬치철기.
고추장(--醬) 명 꼬장. 꼬치장.
고춧가루 명 꼬치갈리. 꼬치까리.
고춧잎 명 꼬치이푸리.
고치다 동 곤치다. 낫아다. 낫우다.
고프다 형 고푸다.
고함(高喊) 명 가암. 괌.
고함지르다(高喊---) 동 가암지르다. 괌지르다.
고향(故鄕) 명 고양.
곡(谷) 명 실.
곡괭이 명 고깨이. 곡깽이 모깨이. 목깨이. 목깽이.
곡식(穀食) 명 곡석.
곤달비 명 건달비.
곤이(鯤鮞) 명 고이
곤지곤지 감 꼰지꼰지. 진진진진.
곧바로 부 곧바리. 막바리.
곧장 부 고마.
곧추다 동 곧하다.
골고루 부 골고리.
골골하다 동 꼬락꼬락하다.
골다 동 기리다.
골담초(--草) 명 윤디나무.
골때리다 동 골쌔리다.
골마지 명 꽃가지.
골막하다 형 차롬하다.
골목 명 골묵.
골목골목 명 골묵골묵.
골목길 명 골묵질.
골목대장(--大將) 명 골묵대장.
골무 명 골미.
골뭇감 명 골밋감.
골백번(-百番) 명 골백분.
골병(-炳) 명 골벵. 골빙.
골짜기 명 꼴짝. 꼴째기.
골초(-草) 명 댄배재이. 댐배재이.
골치 명 머리띠이.
골칫덩어리 명 골칫덩거리.
골탕 명 고랑태.
골판지(-板紙) 명 보리바꾸.
골풀 명 무쟁피.
곪다 동 공기다. 띠부리키다. 부리키다. 익히다.
곯다 동 골다.
곰방메 명 곰배.
곰보 명 꼼보. 꼼보딱지. 빡지.
곰솔 명 참솔나무.
곰팡내 명 곰바리내. 꼼내.
곰팡이 명 곰바리. 곰배이. 곰패이.
곱 명 꼽.
곱게 부 고이. 곱기.
곱다시 부 꼽따시.
곱빼기 명 꼽빼기.
곱사등이 명 꼽새.
곱삶다 동 꼽쌂다.
곱삶이 명 꼽쌂이. 꽁동보리밥.
곱상하다 형 곱상시럽다.
곱슬곱슬 부 꼽실꼽실. 오골오골. 오굴오굴.
곱슬머리 명 꼬시랑머리. 꼽실머리.
곱씹다 동 깨씹다.
곱장리(-長利) 명 꼽장내.
곱장사 명 꼽장시.
곱창 명 꼽창.
곳 명 곧. 곶.
곳곳이 부 곶곶이.

공것(空-) 명 공꺼.
공기놀이 명 깔래받기. 살구받기.
공깃돌 명 콩돌.
공대하다(恭待--) 동 예바치다.
공동묘지(共同墓地) 명 공구산. 공동산.
공들이다(功---) 동 공딜이다.
공민학교(公民學校) 명 공민학조. 공민핵교. 공민핵조.
공연히(公然-) 부 공여이.
공짜배기 명 공빼이.
곶감 명 꽂감.
과 조 캉. 하고.
과거(科擧) 명 가게. 과게.
과댁(寡宅) 명 가택이.
과똑똑이(過---) 명 가똑띠기. 가똑띠이. 겉똑띠기. 똑뚝새.
과부(寡婦) 명 가부.
과부댁(寡婦宅) 명 가부떡이.
과부조합장(寡婦組合長) 명 가부조압장.
과분하다(過分--) 형 가븧다. 대택이다. 엄첩다. 오갋다.
과수댁(寡守宅) 명 가수떡이.
과실(果實) 명 가실.
과연(果然) 부 가연.
과자(菓子) 명 까자.
과장스럽다(誇張---) 형 허덜시럽다. 험덕시럽다.
과장하다(誇張--) 동 허덜지이다.
과장해 있다(誇張- --) 구 부품하다.
과하다(過--) 형 괗다.
관두다 동 간두다.
관솔불 명 솔깨이불.
관재살(官災煞) 명 간재살.
관절염(關節炎) 명 간절님.
괄시(恝視) 명 갈세.
괄시하다(恝視--) 동 갈세하다.
광 명 고방. 도장.
광대 명 걸궁.
광대뼈 명 간지삐. 강치삐.
광주리 명 강지리.
괜스레 부 갠시리.
괘씸하다 형 게씸하다.
괜찮다 형 개않다. 갠찮다.
괜히 부 겐이. 맥찌. 맥찌로. 메일없이. 백찌. 백찌로. 진차이.
괭이 명 깨이. 꾀이.
괭이밥 명 새굼채나물.
괴끼 명 끼끼.
괴나리봇짐(---褓-) 명 담봇짐.
괴다 동 고아다. 공가다. 바치다. 방가다. 방가치다.
괴덕스럽다 형 개떡시럽다.
괴로이 부 게럽기.
괴로워하다 동 게럽어하다. 고롭어하다. 기럽어하다.
괴롭다 형 게럽다. 고롭다. 기럽다.
괴롭히다 동 게럽히다. 고롭히다. 기럽히다.
괴발개발 명 개발새발.
괴불주머니 명 노랑재이.
괴죄죄하다 형 깨재재하다.
괴팍 명 개물.
괴팍스럽다 형 개물시럽다.
괴팍스레 부 개물시리.
교미하다(交尾--) 동 쌍대붙다.
교미시키다(交尾---) 동 쌍대붙이다.
교편(敎鞭) 명 교팬. 교핀.

교활하다(狡猾--) 형 매구겉다. 미구겉다.
구경 명 기경. 기깅. 기잉.
구경꺼리 명 기경꺼리. 기깅꺼리. 기잉꺼리.
구경꾼 명 기경꾼. 기깅꾼. 기잉꾼.
구경하다 동 기경하다. 기깅하다. 기잉하다.
구기자(枸杞子) 명 구구자.
구더기 명 구더리. 기더리.
구덩이 명 구디기. 구디이.
구두쇠 명 꼽야이. 때때모찌. 땐땐모찌.
구들 명 구둘.
구들돌 명 구둘돌. 불묵돌.
구들장 명 구둘장.
구렁논 명 굼논.
구렁이 명 구리.
구렁텅이 명 구룽티이.
구레나룻 명 굴레씨염.
구르다 동 구루다. 구불다. 굼불다.
구름 명 구룸.
구릿하다 형 꼬롬하다. 꼬리하다.
구멍 명 구녕. 구늉. 구뭉. 구중. 굶.
구부러뜨리다 동 꾸불라다. 꾸불치다. 꼽하다.
구부리다 동 꼬꾸리다. 꼬불라다. 꼬불차다. 꼬불치다.
구석 명 구숙. 구식.
구석구석 명 구숙구숙. 구식구식.
구석빼기 명 구숙때기.
구설(口舌) 명 구실.
구설수(口舌數) 명 구실수.
구수하다 형 구시다. 꾸숨하다. 꾸시다. 꾸심하다.
구슬 명 구실.
구슬땀 명 구실땀.
구슬리다 동 구시리다. 구실라다.
구슬프다 형 구실푸다.
구시렁거리다 동 궁시렁기리다.
구역질나다(嘔逆---) 동 게악질나다. 게액질나다.
구워먹다 동 꾸우묵다. 꿉어묵다. 꿉우묵다.
구워삶다 동 꾸쌂다. 꿉우쌂다.
구정물 명 꾸중물.
구지레하다 형 구질짭잘하다. 꾸지리하다. 꾸질하다.
국량(局量) 명 궁냥.
국마(國馬) 명 국매.
국수 명 국시.
국자 명 쪽. 쪽자.
군마음 명 군맴.
군물 명 갱물.
군밤 명 꿉운밤.
군불 명 굼불.
군식구(-食口) 명 군지리기.
군음식(-飮食) 명 군음석.
굳세다 형 굳씨다.
굳은살 명 굳웅살. 꾿웅살.
굳히다 동 곧하다. 굳하다.
굴다 동 거라다.
굴뚝 명 굴묵. 꿀뚝.
굴뚝같다 형 꿀뚝겉다.
굴러가다 동 구불어가다.
굴러다니다 동 구불어댕기다.
굴러먹다 동 굴루묵다.
굴러오다 동 구불어오다.
굴렁쇠 명 동태. 동터래.
굴레[1] 명 굴리.
굴레[2] 명 필낭.

굴리다 동 구부라다. 구불라다.
굴퉁이 명 굴티이.
굵다랗다 형 굵딴하다.
굵은체 명 호치이.
굶기다 동 굶가다.
굼벵이 명 굼비이.
굽다 동 꿉다. 꿉하다.
굽도리 명 안찌. 초지.
굽실거리다 동 굽신기리다.
굽실굽실 부 곱신곱신.
굽실굽실하다 동 곱신곱신하다.
굽히다 동 굽하다. 꾸부라다. 꿉하다.
궁글다 형 궁굴다.
궁금하다 형 궁긇다.
궁둥이 명 궁디이.
궁량 명 궁냥.
궁상맞다(窮狀--) 형 궁상빚다.
궁합(宮合) 명 궁압.
궂은날 명 궂운날. 궂인날. 샛날.
궂은비 명 궂운비. 궂인비.
궂은일 명 궂운일. 궂인일.
권구(眷口) 명 궁구.
권련(卷煙) 명 골용.
권주가(勸酒歌) 명 건줄가.
권총(拳銃) 명 곤총.
권투(拳鬪) 명 곤투.
권하다(勸--) 동 건아다.
궤(櫃) 명 기. 기짝.
귀 명 기.
귀고리 명 기고리.
귀넘어듣다 동 기넘우듣다.
귀담아듣다 동 기담아듣다.
귀때기 명 기때기.
귀뚜라미 명 기떠래미.
귀띔 명 기땜.
귀리 명 기밀. 기보리.
귀마개 명 기마기.
귀머거리 명 기머기리. 기먹재이. 먹찌꺼리. 먹티이.
귀먹다 동 기묵다.
귀밝이술 명 기밝애술.
귀뿌리 명 기뿔.
귀신(鬼神) 명 구신. 기신.
귀신같다(鬼神--) 형 구신겉다. 기신겉다.
귀싸대기 명 기빵매이. 기싸대기.
귀얄 명 풀비. 풀비짜리.
귀양 명 기양.
귀여워하다 동 기애하다. 기엽어하다.
귀염둥이 명 기염디이.
귀염성 명 기염상.
귀엽게 부 기엽기.
귀엽다 형 기엽다.
귀이개 명 기파개. 기히비개.
귀지 명 기창. 깃밥.
귀찮게 부 구찮구로. 구찮기. 기찮구로. 기찮기. 시장시럽구로. 시장시럽기.
귀찮다 형 구찮다. 구찮시럽다. 기찮다. 기찮시럽다. 시장시럽다.
귀퉁배기 명 기퉁배기.
귀퉁이[1] 명 기퉁바리. 기티이.
귀퉁이[2] 명 굼티이. 기이기. 기티이.
귀하다(貴--) 형 기하다.
귓구멍 명 깃구녕. 깃구늉. 깃구뭉. 깃구중.
귓불 명 깃밥.
귓속 명 깃속.
그걸로 부 거것가아.

그것 명 거거. 거기.
그것이나마 부 그기나따나.
그게 명 거기.
그곳에다가 부 거따다. 거어다.
그곳으로 부 거리.
그글피 명 저모리구패.
그길로 부 고질로. 그질로.
그까짓 관 그까이. 그깐.
그깟 관 싸안.
그끄저께 명 거꺼지끼.
그끄제 명 저아리.
그끄제께 명 저아리끼.
그나마 부 그런따나.
그날그날 부 지날지날.
그냥 부 거양. 기냥. 기양. 노. 마. 마아. 밍창.
그네[1] 명 군데. 근데.
그네[2] 명 홀깨.
그네타작(--打作) 명 홀깨타작.
그놈 명 그넘. 그넘아. 글마.
그놈의 관 그넘우. 그넘우. 그니러.
그느다 동 개리다.
그늘 명 그렁지.
그다지 부 그래. 애차. 짜다라. 짜다리. 짜달시리.
그따위 명 그따구.
그때마다 부 덜부더리. 덜부로.
그래 감 그리. 어어.
그래서[1] 부 고래가아.
그래서[2] 부 그런머리. 그머리.
그러게 감 글케.
그러고 부 그라고.
그러구러 부 고래구로. 고러구로. 그래구로. 그러구로.
그러놓으니까 부 그래놓이.
그러니 부 그라이. 그러이.
그러니까 부 그라이께네. 그란께네. 그런께네.
그러다 동 구카다. 그라다. 그어카다. 그카다.
그러다가 부 그라다. 그라다가. 그카다. 그카다가.
그러당기다 동 꺼어땡기다.
그러려면 부 그랄라마. 그랄라카마. 그칼라마. 그칼라카마.
그러마 동 그래꾸마.
그러면 부 그라마.
그러잖아도 부 게딴에. 그라내도.
그러지 동 그라제. 그카제.
그러해쌓다 동 그어쌓다. 그캐쌓다.
그러해쌓더니 부 그쌓디이.
그런 관 그렁.
그런 것 구 그런능 거.
그런다고 동 그란다꼬.
그런데 부 그란데. 그은데.
그런지 부 그런강.
그럴게 동 그랄끼. 그칼끼.
그럴래 동 그랄래. 그칼래.
그럽시다 동 그라이시더.
그렇게 부 그렇굼. 그렇기. 그렇짐.
그렇게나 부 그렇구롬. 그렇기나. 그렇짐이나.
그렇게도 부 긇기도.
그렇다 형 긇다.
그렇듯이 부 그렇다시.
그렇잖으면 부 그라나마.
그렇지 감 그래. 긇지. 긇지러.

그렇지만 부 그렇지만서도.
그루터기 명 껄티기. 썩둥구리.
그르다 형 터다.
그르치다 동 그리치다. 삐껄티리다.
그릇 명 그륵.
그릇되다 동 그럭데다.
그리 부 그래.
그리고 부 고라고. 그라고. 그래고.
그리다 동 기리다.
그리로 부 골로.
그리마 명 시렁거무. 신바리.
그리워하다 동 기럽어하다. 기립어하다.
그리하자 동 그라자. 그래하자.
그림 명 기림.
그립다 형 기럽다. 기립다.
그만 부 고마. 마. 마아.
그만그만하다 형 고만고만하다.
그만이다 형 그마이다.
그만치 부 그만침.
그만큼 부 그따만쿰. 그마이. 그만쿰. 그만침.
그만하다 동 고마하다.
그맘때 명 그만때.
그믐 명 그뭄.
그믐께 명 그뭄끼.
그믐달 명 그뭄달.
그믐밤 명 그뭄밤.
그새 명 그단새. 그단에.
그슬다 동 끄실다.
그윽하다 형 기석하다.
그을리다 동 꼬실라다. 꼬실리다. 끄실라다. 끄실리다.
그을음 명 꺼시럼.
그저께 명 그아레. 그아리. 그지끼. 아레끼. 아렛분에. 아리끼.
그제 명 그지. 아레. 아리.
그제야 부 고때사. 고때야. 고제사. 고지사. 그때사. 그제사. 그지사.
그지 감 그자.
그쪽 명 그짜. 그짝. 그쭈. 그쭉.
그쪽으로 부 그짝우로. 그쭈로. 그쭉우로. 글로.
그쯤[1] 명 그짬. 그쭘.
그쯤[2] 부 그짬. 그쭘.
그쯤에 부 그짬치. 그쭘치.
그치다 동 근치다. 끈치다.
그토록 부 글키.
그해 명 지해.
극고생(極苦生) 명 큰고상. 큰욕.
극고생하다(極苦生--) 동 큰고상하다. 큰욕보다.
근거(根據) 명 껀덕지. 모티이. 얼틀거지.
근근이(僅僅-) 부 건거이.
근수(斤數) 명 건대.
근자(近者) 명 중넌.
근지럽다 형 껀지럽다.
글겅이 명 끌개.
글쎄 감 글씨.
글쟁이 명 글꾼. 글재이.
글치레 명 글치리.
글피 명 고모리. 그모리. 구패. 내모레. 내모리. 저모리.
긁다[1] 동 껀질다. 끍다.
긁다[2] 동 껌다.
긁어먹다 동 끍어묵다.
긁히다 동 끍히다.

금 명 낙.
금가락지(金---) 명 검까락찌.
금방(今方) 명 금상.
금비녀(金--) 명 검비네.
금세 부 금시.
금줄(禁-) 명 경궂줄.
급경사(急傾斜) 명 고바우.
급소(急所) 명 요지통.
급하다(急--) 형 바뿌다.
급히(急-) 부 급하기.
긋다 동 기리다. 끗다.
기겁하다(氣怯--) 동 질겁하다.
기계총(機械-) 명 기게똥. 도래버짐. 이발독.
기껏 부 기껀. 까지껀. 꼴랑. 한검. 호부.
기껏해야 부 기껀해야. 까지껀해야. 한검해야.
기다랗게 부 지다이. 찌다이.
기다랗다 형 지닳다. 질다랗다. 찌닳다. 찔다랗다.
기다려지다 동 지달리다. 지달피다.
기다리다 동 바랬다. 지다리다.
기다마하다 형 질따막하다.
기대다 동 지대다. 지시다.
기둥 명 지동. 지둥.
기둥뿌리 명 지동뿌리이. 지둥뿌리이.
기둥서방(--書房) 명 지둥서방.
기똥차게 부 기똥차기.
기러기 명 기리기. 기우리. 말기우.
기력(氣力) 명 진.
기르다 동 기라다. 지라다. 지루다. 키아다.
기름 명 지름.
기름콩 명 콩지름콩.
기린초(麒麟草) 명 탐나물.
기막히게 부 팔자로.
기막히다(氣---) 형 기맥히다.
기미[1](氣味) 명 개미. 깨미.
기미[2] 명 지미.
기별(奇別) 명 기밸. 기빌. 끼꾸.
기쁘다 형 기뿌다.
기쁨 명 기뿜.
기슭 명 지슭. 지슭어리.
기어가다 동 기이가다.
기어오르다 동 기이오루다.
기어이(期於-) 부 기여. 기여이.
기어코(期於-) 부 기어꼬.
기연가미연가(其然-未然-) 부 깅가밍가.
기와 명 게아. 기아.
기와집 명 게앗집. 기앗집. 잿집.
기왓개미 명 재깨미.
기왓장(--張) 명 게앗장. 기앗장. 잿장.
기왕(既往) 명 기양.
기왕에(既往-) 부 기양에. 기양지.
기우뚱기우뚱 부 지떡지떡.
기우뚱하다 동 찌부덩하다. 찌불딱하다. 찌뿌덩하다.
기울 명 지울.
기울다 동 찌불다.
기울이다 동 찌부라다. 찌불씨다.
기웃이 부 찌붓이.
기장 명 지정.
기저귀 명 기주기. 똥걸레.
기죽이다(氣---) 동 기쥑이다.
기지개 명 기지기. 지지개.
기침 명 지침.

기함하다(氣陷--) 동 기암하다. 기얌하다.
긴긴 관 진진.
긴긴날 명 진진날.
긴긴낮 명 진진낮.
긴긴밤 명 진진밤.
긴긴해 명 진진해.
긴말하다 동 진말하다.
긴병(-炳) 명 진빙.
긴소매 명 진사매.
긴치마 명 진처매. 진치매.
긷다 동 진다.
길 명 질.
길가 명 질가세. 질가시.
길거리 명 질거리.
길 건너 구 질건니.
길게 부 질기.
길나다 동 질나다.
길눈 명 질눈.
길다 형 질다.
길동무 명 질동무.
길들다 동 질들다.
길들이다 동 질딜이다.
길마 명 질매.
길머리 명 질머리.
길모퉁이 명 질모티이.
길목 명 질목.
길바닥 명 질바닥.
길섶 명 질섶.
길쌈 명 질삼.
길이 명 기럭지. 지럭배기. 질이.
길쭉하다 형 길쭘하다. 젤쭉하다. 젤쭘하다. 질쭉하다. 쩰쫌하다. 찔쭉하다. 찔쭘하다.
길차다 형 젤쭉하다. 질쭉하다.
김[1] 명 짐.
김[2] 명 지섬. 지심. 짐.
김매다 동 지섬매다. 지심매다. 짐매다.
김밥 명 짐밥.
김빠지다 동 짐빠지다. 짐새다.
김에 부 머리에. 짐에.
김장 명 짐장.
김장거리 명 짐장거리.
김치 명 지이. 짐치.
김치주저리 명 짐치쭐구리.
김치죽(--粥) 명 국시기.
김칫국 명 짐치국물. 짐칫국.
김칫독 명 짐칫단지.
깁다 동 집다.
깃다 동 짓다.
깊다 형 짚다. 짚우다.
깊다랗다 형 짚우당하다.
깊이[1] 명 짚이.
깊이[2] 부 짚이.
까끄라기 명 까꺼래기. 까꺼리기. 깔꺼리기.
까놓다 동 까낳다. 깨낳다.
까다롭다 형 까꺼랍다. 까탈시럽다. 깨꺼럽다. 꼭딱시럽다. 상그랍다.
까뒤집다 동 까디비다.
까뒤집히다 동 까디집히다.
까마귀 명 까마구.
까마중 명 개땡깔. 똥땡깔.
까막까치 명 까막깐치.
까맣게 부 까마이. 까맣기.
까맣다 형 깜다.
까먹다 동 까묵다.
까무끄름하다 형 까무꾸리하다.

까무러지다 동 자물시다.
까무스름하다 형 까무수룸하다. 깜시리하다.
까뭇하다 형 까무리하다.
까뭉개다 동 까문태다.
까부라지다 동 깝아지다. 줄우지다. 쭐우지다.
까부르다 동 까불라다.
까불거리다 동 까불락기리다. 욜랑거리다.
까불대다 동 까대다. 까불락대다.
까슬까슬 부 까실까실.
까슬까슬하다 형 까실까실하다.
까지 조 꺼정. 꺼지.
까짓 관 깐니러.
까짓것 감 까이꺼. 까지꺼. 깐니러꺼.
까치 명 깐채이. 깐치.
까치걸음 명 깐치걸움.
까치발 명 꼰짓발.
까치밥 명 깐치밥.
까치살모사(--殺母蛇) 명 까시독새.
까치집 명 깐치집.
까투리 명 까토리.
깍두기 명 깍대기짐치.
깍쟁이 명 깍재이. 꼼재이.
깍지[1] 명 고동. 손고동.
깍지[2] 명 깍대기.
깎다 동 삐무리다.
깎음 명 깩이.
깎이다 동 깩이다.
깐 마늘 구 깐마알.
깔깔하다 형 꺼꺼럽다.
깔끔떨다 동 깔꿈떨다.
깔끔하다 형 까리빵상하다. 깔꿈빳다. 깔꿈하다. 깔쌈하다. 깨꿈빳다. 다담빳다. 매타붆다. 맨도롬하다.
깔딱 부 까빡.
깔때기 명 깔띠기. 나발. 수대.
깔보다 동 낮하보다. 니러다보다. 니리다보다. 시뿌보다. 시피보다. 알로보다.
깔아뭉개다 동 깔아문태다.
깔축없다(-縮--) 형 짭찔빳다. 여축없다. 영축없다.
깜둥이 명 깜디이.
깜부기 명 깜배기. 깜비기.
깜빡 부 까빡.
깜빡거리다 동 까빡기리다.
깜짝이다 동 깜짹이다.
깜찍하다 형 새첩다. 새촙다.
깡그리 부 몽창시리.
깨끗이 부 매. 매매. 칼큻기.
깨끗하다 형 칼큻다.
깨다[1] 동 깨싸다. 뿌쌓다.
깨다[2] 동 깨이다.
깨뜨리다 동 깨쌓다.
깨버리다 동 깨뿌다.
깨부수다 동 지이뿌싸다.
깨소금 명 깨소곰. 깨소굼.
깨알 명 끼알.
깨우다 동 까배다. 깨배다. 깨아다
깨죽거리다 동 깨작기리다.
깨지다 동 깨싸지다.
깻묵 명 깨목.
꺼당기다 동 꺼잡아땡기다.
꺼뜨리다 동 깝하다. 꺼자다. 꺼주우다.
꺼림칙하다 형 깨롬하다. 끼꾸룸하다.
꺼림하다 형 끼롬하다.

꺼멓게 부 꺼머이. 꺼멓기.
꺼병이 명 꺼비이. 꽁삘가리. 꽁새끼.
꺽저기 명 꺽따구.
꺽지 명 꺼리.
꺽지탕(--湯) 명 꺼리탕.
껄끄럽다 형 꺼꺼럽다.
껄떡대다 동 껄띠이다. 짤감대다.
껌벅 부 껌쩍.
껌뻑껌뻑 부 껌뿍껌뿍. 껌쩍껌쩍. 꿈뿍꿈뿍.
껌뻑껌뻑하다 동 껌뿍껌뿍하다. 껌쩍껌쩍하다. 꿈뿍꿈뿍하다.
껌정소 명 껌둥소. 껌운소.
껍데기 명 껍띠기.
껍질 명 꺼푸리. 꺼풀. 껍지.
께서는 조 끼서는.
껴입다 동 끼입다. 쪄입다. 찌입다. 포개입다.
껴입히다 동 끼입하다. 쪄입하다. 찌입하다. 포개입하다.
꼬깃꼬깃 부 꼬개꼬개.
꼬꾸라지다 동 꼬두라지다.
꼬나보다 동 꼬라보다. 꼴씨보다.
꼬느다 동 꼬라다.
꼬다 동 까아다. 꽈다.
꼬드기다 동 꼬사다. 꼬시다. 꼬아다.
꼬들꼬들 부 꼬둘꼬둘.
꼬라박다 동 꼴박다.
꼬락서니 명 꼬라지.
꼬리 명 꼬랑대기. 꼬랑대이. 꽁대기.
꼬무락거리다 동 꼬물락거리다.
꼬박 부 꼴딱. 꼽빡.
꼬박이다 동 꼽빡대다.
꼬부랑 명 꼬꾸랑.
꼬부랑길 명 꼬꾸랑질.
꼬부랑노인(---老人) 명 꼬부랑태기.
꼬부랑말 명 꼬꾸랑말.
꼬부랑하다 형 꼬꾸랑하다.
꼬부랑할멈 명 꼬꾸랑할매.
꼬불꼬불 부 꼬불탕.
꼬불꼬불하다 형 꼬불탕하다.
꼬집다 동 꼬잡다. 째비다.
꼬집히다 동 꼬잽히다.
꼬챙이 명 꼬재이. 꼬중가리. 꼬중개이.
꼬투리 명 꼬타리.
꼭 부 깍. 딱. 똑.
꼭꼭 부 꽁꽁. 매. 매매.
꼭대기 명 꼭뚜배기. 낭낭끈티이. 만대이.
꼭두서니 명 꼭뚜사이.
꼭뒤 명 디꼭지.
꼭지 명 꼭따리.
꼭지마리 명 꼭두마리.
꼭지자배기 명 꼭따리사구.
꼴 명 꼬라지.
꼴값 명 꼬라지값.
꼴값하다 동 꼴깝지기다.
꼴뚜기 명 꼴띠기.
꼴망태 명 소꼴망태기.
꼴사납다 형 꼴상시럽다.
꼴찌 명 꼰또. 꼰또바리. 꽁바리.
꼼꼼하다 형 꼽딸시럽다.
꼽꼽하다 형 꼬꼽하다.
꽁꽁 부 깡깡.
꽁다리 명 꽁대기.
꽁무니 명 똥궁디이.
꽁보리밥 명 꼽쌂이. 꽁동보리밥.
꽁지 명 꼬랑대기. 꼬랑대이. 꽁대기.

꽂다 동 꼽다.
꽂히다 동 꼽히다.
꽃다발 명 꽃다불.
꽃봉오리 명 꽃몽아리. 꽃봉우리.
꽃송이 명 꽃시이.
꽃피우다 동 꽃피아다.
꽈리 명 땡깔.
꽉 부 깍. 깡. 볼끈. 불끈. 뽈끈. 뿔끈.
꽤나 부 깨나.
꽹과리 명 깽가리. 매구. 씨.
꾀 명 끼.
꾀꼬리 명 깨꾸리. 깨꿀새.
꾀병(-炳) 명 깨빙. 끼빙.
꾀쓰다 동 끼내다. 끼씨다.
꾀어내다 동 꼬사내다. 꼬시내다.
꾀이다 동 꼬시키다.
꾀피우다 동 끼내다. 끼피아다.
꾸겨지다 동 꼬개지다. 꾸개지다.
꾸기다 동 꼬개다. 꾸개다.
꾸다[1] 동 끼다.
꾸다[2] 동 채아다. 채애다.
꾸덕꾸덕하다 형 꾸덜꾸덜하다. 삐더거리하다. 삐덜삐덜하다.
꾸러미 명 꺼럼지. 꾸리미.
꾸물거리다 동 꾸무작기리다.
꾸물대다 동 꾸무대다.
꾸미다 동 끼미다.
꾸부러뜨리다 동 꾸불라다. 꾸불치다. 꼽하다.
꾸부러지다 동 꾸부라지다. 꾸부루지다. 꼽히다.
꾸부리다 동 꾸꾸리다.
꾸부정하다 형 꾸부당하다. 꾸부덩하다. 꾸부장하다. 꾸부중하다.
꾸불꾸불하다 형 꾸불텅하다.
꾸이다 동 끼이다.
꾸지람 명 꾸지럼.
꿀꺽 부 꿀꾹.
꿀단지 명 갱단지.
꿀밤 명 땜꼼.
꿇리다 동 꿇라다.
꿇어앉다 동 꿇이앉다.
꿇어앉히다 동 꿇이앉하다.
꿈결 명 꿈갤. 꿈질.
꿈적이다 동 꿈지이다. 꿈직이다.
꿈쩍 부 껌쩍.
꿈틀거리다 동 꿈털기리다.
꿈틀꿈틀 부 꿈털꿈털.
꿉꿉하다 형 꾸꿉하다.
꿍꿍이셈 명 꿍심.
꿩 명 꽁.
꿩알 명 꽁알.
꿰다 동 끼다.
꿰맞추다 동 끼맞하다.
꿰매다 동 꼬매다. 꾸매다. 끼매다. 집우매다.
꿰이다 동 끼이다.
꿰차다 동 끼차다.
뀌다 동 끼다.
뀌어주다 동 채아주다. 채애주다.
뀌어지다 동 끼이다.
끄르다 동 깨라다. 끌라다. 끼라다.
끄무레하다 형 꾸루무리하다. 꾸룸하다. 꾸무리하다.
끄적거리다 동 끄직기리다.
끄집다 동 꺼잡다.

끄집어내다 동 꺼잡아내다.
끄트머리 명 끄터무리. 끈터머리.
끈 명 끄내끼.
끈적거리다 동 찐덕거리다.
끈적끈적 부 찐덕찐덕.
끊기다 동 끊지다.
끊다 동 끊이다.
끊어지다 동 끊지다.
끊임없이 부 시남없이.
끌다 동 끄실다. 끟다.
끌려가다 동 끄끼가다. 끌리가다. 끟기가다.
끌리다 동 끄끼다.
끌어가다 동 끟고가다.
끌어내리다 동 끄어니라다.
끌어들이다 동 끄어딜이다.
끌어모으다 동 끄어모다다.
끌어올리다 동 끄어올라다.
끓이다 동 낋이다.
끗발 명 끌발.
끙끙 부 꿍꿍.
끝물 명 파물.
끼니때 명 밥때. 밥물때.
끼다[1] 동 쩌리다. 찌다.
끼다[2] 동 찌다. 찌이다.
끼리끼리 부 구미구미. 찌리찌리.
끼어들다 동 끼들다. 낑기들다. 찡기들다.
끼얹다 동 찌얹다.
끼얹히다 동 찌얹하다. 찌얹히다.
끼우다 동 끼아다. 낑가다. 찌아다. 찡가다
끼워주다 동 끼아주다. 낑가주다. 찌아주다. 찡가주다.
끼이다 동 낑기다. 찡기다.
끼치다 동 비이다.
끽소리 명 깩소리.
낌새 명 긴피.

나 명 내.
나귀 명 나구.
나긋나긋하다 형 나부랍다.
나누다 동 나나다. 노나다. 반타다.
나눠먹기 명 갈라묵기. 나나묵기. 노나묵기.
나눠먹다 동 갈라묵다. 나나묵다. 노나묵다. 반타서묵다.
나눠주다 동 갈라주다. 나나주다. 노나주다. 반타주다.
나다 동 캐이다.
나다니다 동 나댕기다.
나대다 동 해거리다.
나들이옷 명 가림옷.
나란히 부 나라이. 쪼롬이. 쫄로리.
나루 명 나리.
나른하다 형 나룬하다.
나름 명 나룸.
나름대로 부 나룸대로.
나막신 명 나목신.
나머지 명 나무지. 나무지기. 나무치기.
나무 명 낭ㄱ.
나무껍질 명 주지껍띠기.
나무꼭대기 명 낭끈티이.
나무라다 동 나무래다.
나무바가지 명 나무바가치. 남바가치.
나무젓가락 명 나무저까치.
나무토막 명 나무똥가리.

나물 명 너물.
나뭇가리 명 나무삐까리.
나방 명 나배이.
나병(癩病) 명 풍빙.
나부랭이 명 나부래이. 너부래이.
나불대다 동 나부리다.
나비 명 나부.
나쁘다 형 나뿌다. 파이다. 하잖다.
나사말(螺絲-) 명 잘피.
나서다 동 내띠서다.
나쎄 명 나씨.
나아지다 동 낫아지다.
나오다 동 노오다.
나이 명 나.
나일론[nylon] 명 백뿌로.
나잇값 명 나깞.
나자빠지다 동 나자빠라지다.
나절 명 나잘. 나질.
나절갈이 명 나잘갈이.
나중 명 난중. 내중.
나중에 부 나주우. 난제. 난중에. 내중에.
나중에야 부 나주우사. 난제사. 난중에사. 내중에사.
나직하다 형 나작하다.
나흗날 명 나안날.
나흘 명 나알. 나을.
낙낙하다 형 날랄하다.
낙마살(落馬煞) 명 낙매살.
낙상(落傷) 명 낙매.
낙상당하다(落傷---) 동 낙매보다.
낙서(落書) 명 항칠.
낙숫물(落水-) 명 씨껄물. 지슭물. 집지슭물.
낙엽(落葉) 명 낙앱. 낙입.
낚시 명 낚수.
낚시질하다 동 낚수낳다.
낚시찌 명 지망때.
낚아채다 동 털치다.
낚이다 동 낚이다.
난놈 명 난넘.
난데없다 형 깨깡시럽다.
난데없이 부 깨깡시리.
난장판(亂場-) 명 쑥씨기판.
난쟁이 명 난재이.
난 척하다 구 낸 체하다. 냅 네하다.
낟가리 명 까대기. 삐까리.
날개 명 날개미.
날고기 명 날기기. 쌩기기.
날뛰다 동 날띠다.
날름 부 날룸. 낼룸.
날리다 동 날라다.
날림 명 날치기.
날마다 부 날마당. 날씨고. 밍창.
날벌레 명 날벌개이. 날벌거지.
날벼락 명 날베락. 날비락.
날아가다 동 날라가다.
날아다니다 동 날라댕기다.
날장구 명 쌍장구.
남 명 넘.
남기다 동 남가다. 냉기다.
남몰래 부 넘모리기. 넘몰리.
남바위 명 남바우.
남부끄럽다 형 넘부꾸룹다.
남부럽다 형 넘부룹다.
남부럽잖다 형 넘부룹짢다.
남새 명 나무새. 남시.
남새밭 명 난밭. 난서밭. 날수밭.

남생이 명 남시이.
남세 명 남사. 넘사.
남세거리 명 남사꺼리. 넘사꺼리.
남세스럽다 형 남사시럽다. 넘사시럽다.
남세하다 동 끄실리다. 남사하다. 넘사하다.
남우세 명 남사. 넘사. 넘우사.
남의 관 넘우.
남의 집 구 넘우집.
남이야 부 넘이사.
남짓 명 날쭉.
남짓이 부 날쭉이.
남짓하다 형 날쭉하다. 남직하다.
남쪽(西-) 명 남쪽.
남처럼은 부 넘데두룩. 넘매이로는.
남편(男便) 명 남팬. 냄핀.
남한(南韓) 명 남안.
납자루 명 납쪼래기. 납쪼리.
납작 부 납딱.
납작감 명 납딱감.
납작납작 부 납딱납딱.
납작납작하다 형 납딱납딱하다.
납작보리 명 납딱보쌀.
납작코 명 납딱코.
납작하게 하다 구 납딸개다.
납작하다 형 납딱하다.
납작해지다 동 납딸개지다.
낫게 부 낫기. 냇기.
낭떠러지 명 낭끄터리. 낭떠라지.
낮추다 동 낮하다.
낯가죽 명 낯거죽.
낯간지럽다 형 낯간지랍다. 낯간지룹다.
낯바대기 명 낯빤때기.
낯설다 형 나씨다.
낯짝 명 낯째기.
낱 명 낼기.
낱낱이 부 낼낼이.
낳다 동 놓다.
낳아놓으면 부 낳낳마.
내남없이 부 내냄없이. 니내없이.
내내 부 내걸로. 내내로. 내더리. 내두룩. 수시껀. 신추룩.
내놓다 동 내낳다.
내다보이다 동 내다비다.
내던지다 동 내떤지다.
내두르다 동 내두루다.
내려가다 동 내리가다. 니러가다. 니리가다.
내려놓다 동 내라낳다. 니라낳다.
내려다보다 동 니러다보다. 니리다보다.
내려앉다 동 내리앉다. 니리앉다. 둘루꺼지다.
내려오다 동 내리오다. 니러오다.
내려치다 동 내리치다. 니리치다.
내력(來歷) 명 내리기.
내리 부 니리.
내리꽂다 동 내리꼽다. 니리꼽다.
내리다[1] 동 니리다.
내리다[2] 동 내라다. 내랗다. 내루다. 내룾다. 니라다. 니랗다. 니루다. 니룾다.
내리막 명 내루막. 니러막.
내리사랑 명 니리사랑.
내림 명 니림.
내림굿 명 니림굿. 신굿.
내먹다 동 내묵다. 빼묵다.
내버려두다 동 내비두다. 냅뚜다. 애삐리두다.
내버리다 동 내삐리다. 애삐리다.

내비치다 동 내비차다.
내빼다 동 둘루빼다.
내뿜다 동 내품다.
내세우다 동 내세아다. 내시아다.
내숭하다 동 내숭떨다.
내앉다 동 내바다앉다. 내시앉다.
내외(內外) 명 내우.
내외하다(內外--) 동 내우하다.
내일(來日) 명 내앨. 낼. 니얼. 니일. 닐.
내일모레(來日--) 명 ☞내앨모레. 내앨모리. 낼모레. 낼모리. 니얼모레. 니얼모리. 니일모리. 니일모리. 닐모레. 닐모리.
내켜놓다 동 내시놓다.
내키다 동 캐이다.
내팽개치다 동 내보티리다. 내핑기치다. 보티리다. 부티리다. 빼들티리다.
내후년(來後年) 명 후밍년.
냄새 명 내미. 냄시.
냅다[1] 형 내다. 맵다.
냅다[2] 부 둘구. 조오.
냅뛰다 동 둘구띠다.
냅뜨다 동 내띠다.
냉가슴(冷--) 명 냉가숨.
냉국(冷-) 명 맥국.
냉이 명 나새이. 내이. 매사이.
냉정하다(冷情--) 형 냉칼시럽다. 매륵궂다.
냉천(冷泉) 명 찬새미. 참새미.
냉큼 부 덜렁.
냠냠 부 옴싹옴싹.
너 명 니.
너나들이 명 니내둘이.
너덜겅 명 너더랑.
너르다 형 너러다. 너리다. 풍덩하다.
너머 명 너메. 너미.
너비 명 너부.
너주레하다 형 너주구리하다. 너줄하다.
너희 명 너거.
너희 아버지 구 너가배. 너가부지. 니애비.
너희 어머니 구 너거마이. 너거매. 너어매. 니이미.
넉가래 명 넉가리.
넉넉하게 부 낫기. 냇기.
넉넉하다 형 널너리하다. 널럴하다.
넉동내기 명 넉동빼이.
넉동무니 명 넉동망새이.
넉동사니 명 넉동사이.
넉살 명 주지.
넉살좋다 형 주지넓다.
넉장거리하다 동 해장작패다.
넌더리 명 넌저리.
넌더리나다 동 널치나다. 엉걸징나다.
널따랗다 형 널딴하다.
널뛰다 동 널띠다.
널름 부 널럼. 널룸. 넬럼. 넬룸.
널브러지다 동 널부루지다.
널빤지 명 나무판때기. 널판때이.
널찍널찍 부 널썩널썩.
널찍널찍하다 형 널썩널썩하다.
널찍하다 형 널너리하다. 널럴하다.
넓게 부 너러기. 너리기.
넓어지다 동 넓히다.
넓적넓적 부 넙떡넙떡.
넓적넓적하다 형 넙떡넙떡하다.
넓적이 명 넙띠기.
넓죽하다 형 넙떠거리하다. 넙떡하다.
넓히다 동 넓하다.

넘겨다보다 동 넘바다보다.
넘겨다보이다 동 넘바다비이다.
넘겨받다 동 넘가받다. 넘기받다. 님기받다.
넘겨씌우다 동 넘가씨아다. 넘기씨아다. 님기씨아다.
넘겨주다 동 넘가주다. 넘기주다. 님기주다.
넘겨짚다 동 넘가짚다. 넘기짚다. 님기짚다.
넘기다 동 넘가다. 님기다.
넘어 동 넘우.
넘어가다 동 넘우가다.
넘어뜨리다 동 공가다. 구불치다. 넘가띠리다. 넘어띠리다. 님기띠리다. 보티리다. 부티리다.
넘어지다 동 구불우지다. 넘우지다.
넙적넙적 부 넙떡넙떡.
넙죽 부 넙떡.
넝쿨 명 넝꿀. 덩꿀.
넣다 동 옇다.
네[1] 관 니.
네[2] 감 야아.
네가래 명 뜬다부래이.
네까짓 관 니까이.
네모 명 니모.
네모지다 형 니모나다.
네모판 명 사모판.
네미 감 니기미. 니미. 떡을할. 씨발. 씨부랄. 지기미.
네발 명 니발.
넷 수 너이. 네치.
넷째 수 니채.
넷째 딸 구 꼭따리. 꼭지.
노고초(老姑草) 명 노구치.
노글노글하다 형 노골노골하다.
노끈 명 노나끈. 노내끼.
노느매기 명 갈라묵기.
노랑어리연 명 다부랭이.
노랑이짓 명 노래이짓.
노랗게 부 노라이. 노랗기.
노래 명 소리.
노래기 명 고동각시. 노랑재이. 문디이각시.
노려보다 동 노리보다.
노루 명 노리.
노루고기 명 노리기기.
노루발 명 마가나물.
노르께하다 형 놀롤하다.
노르끄레하다 형 노리탱탱하다. 노리팅팅하다.
노르무레하다 형 노로무리하다. 노리무리하다.
노르스레하다 형 노로짱하다. 노리끼리하다.
노르스름하다 형 노로소롬하다. 노루수룸하다.
노른자위 명 노랑조시.
노름 명 노롬. 노룸.
노름하다[1] 형 노랑하다. 노롬하다. 노룸하다.
노름하다[2] 동 노롬하다. 노룸하다.
노릇 명 노롯. 노룻.
노릇노릇 부 노랑노랑.
노릇노릇하다 형 노랑노랑하다. 노롬노롬하다. 노롯노롯하다. 노룻노룻하다. 노릿노릿하다.
노릇하다 형 노롯하다. 노룻하다.
노린내 명 노랑내.
노을 명 노올. 붉살. 뿕살.

누르다 동 누루다. 누질라다. 눌라다.
누르스름하다 형 누루수룸하다.
누르퉁퉁하다 형 누루텅텅하다.
누릇누릇하다 형 누룻누룻하다. 누릿누릿하다.
누린내 명 누렁내. 누룽내.
누비 명 니비.
누비다 동 나비다. 니비다.
누비이불 명 니비이불.
누에 명 누비. 눠비. 니비
누에고치 명 꼬치. 누비꼬치. 눠비꼬치. 니비고치.
누에나방 명 나비.
누워먹다 동 눕우묵다.
누이다 동 니아다.
누지다 형 눅찌다.
누치 명 눈치.
눈가 명 눈가세. 눈가시.
눈감다 동 눈깜다.
눈곱 명 눈꼬바리.
눈곱자기 명 눈꼽재기.
눈구석 명 눈구숙.
눈금 명 눈꿈.
눈길 명 눈질.
눈깔 명 눈깔이.
눈깜작이 명 눈깜짹이.
눈꺼풀 명 눈까죽. 눈꺼불. 눈꺼죽.
눈꼴시다 형 눈꼴시럽다.
눈독들이다 동 눈똑딜이다.
눈두덩 명 눈뚜부리.
눈망울 명 눈바알.
눈부시다 형 눈바시다.
눈송이 명 눈시이.
눈시울 명 눈시불.
눈심지 명 눈씸지.
눈썰미 명 눈때. 눈살미.
눈썹 명 눈쑵.
눈언저리 명 눈언지리.
눈여겨보다 동 눈이기보다.
눈요기(-療飢) 명 눈요구.
눈웃음치다 동 눈꼬리치다.
눈치레 명 눈치리.
눈칫밥 명 눈치밥.
눈퉁이 명 눈티이.
눋다 동 눌다.
눌리다[1] 동 누라다. 누랗다.
눌리다[2] 동 누질리다.
눌은밥 명 눌움밥.
눕히다 동 눕하다. 닙히다.
뉘 명 니. 미.
뉘우치다 동 니우치다.
느긋하다 형 낭창하다.
느끼하다 형 니끼하다.
느닷없다 형 서문없다.
느루먹다 동 느라묵다.
느릅나무 명 누룩나무.
느리게 부 너리기.
느리다 형 너리터지다.
느슨하다 형 널너리하다. 널럴하다.
느지막이 부 느질매기.
늑대 명 윽대.
는개 명 안개오짐.
-는 거야 구 -닝 기라.
늘 부 노다지. 늘상. 사시로. 장.
늘리다 동 널라다. 널카다.
늘썽늘썽하다 형 늘썩늘썩하다.

늘어뜨리다 동 늘어띠리다. 디라다. 처자다.
늘어지다 동 까라지다. 디라지다.
늘이다 동 널아다. 널카다.
늘품 명 늘푼수.
늙수그레하다 형 늙쑤구리하다. 늙어쑤리하다.
늙은이 명 늙어이.
늙히다 동 늙하다.
능구렁이 명 능구리.
능글맞다 형 능글밪다. 닝글밪다.
능수꾼(能手-) 명 질나이.
능청거리다 동 능청떨다.
능청스럽다 형 능꿈시럽다.
늦게 부 늦가. 늦이까.
늦깎이 명 늦깩이.
늦더위 명 늦더부.
늦둥이 명 늦디이.
늦 또래 구 늦배기. 늦살배기.
늦모내기 명 늦모싱기.
늦벼 명 늦나락.
늦심기 명 늦싱기.
늦장마 명 늦장매.
늦추다 동 늦차다.
늦추위 명 늦추부.
늦추잡다 동 늦차잡다.
늦춰지다 동 늦차지다.
늪 명 벌.
니글거리다 동 니길기리다.

다가서다 동 땡기서다.
다가앉다 동 땡기앉다.
다가오다 동 다아오다. 대이오다.
다그치다 동 다구치다. 쫑치다.
다녀가다 동 댕기가다.
다녀오다 동 갔다오다. 댕기오다.
다니다 동 댕기다.
다달이 부 달달이.
다독거리다 동 따둑기리다.
다듬다 동 따둠다.
다듬이 명 따딤이
다듬잇돌 명 따둠돌. 따딤돌.
다듬잇방망이 명 따딤이방매이.
다듬질하다 동 따둠질하다. 따딤질하다.
다람쥐 명 다램지.
다랑이 명 골따리. 골따리논.
다래끼[1] 명 바구니.
다래끼[2] 명 눈다리끼. 다리끼.
다루다 동 다라다.
다르다 형 다러다. 다리다.
다른 이 구 다리이.
다리[1] 명 달비.
다리[2] 명 다릿발.
다리다 동 대리다.
다리목 명 다리껄.
다리몽둥이 명 다리몽데이. 다리몽디이. 달가지. 달구지.
다리미 명 다리미. 대리비.
다리쇠 명 삼바리.
다만 부 다문.
다물다 동 다무리다.
다발 명 다부리. 다불.
다방(茶房) 명 타방.
다방커피[茶房coffee] 명 타방커피.

다복다복 뮈 다북다북.
다복솔 명 다북솔. 타박솔.
다부지다 형 다구지다.
다섯 수 다서. 다앗.
다섯째[1] 수 다앗채.
다섯째[2] 명 다앗채.
다슬기 명 꼴부리. 소래꼬디이.
다음 명 다암. 다움.
다음번(--番) 명 다암분. 다움분.
다음 장(-- 場) 구 훗장.
다짜고짜 뮈 대짜고짜.
다투다 동 다타다. 태댁기리다.
다행(多幸) 명 다앵.
다행스럽다(多幸---) 형 다앵시럽다.
다행하다(多幸--) 형 다앵이다.
다행히(多幸-) 뮈 다앵이.
다홍치마(-紅--) 명 다옹처마. 다옹처매.
닥나무 명 딱나무.
닥닥 뮈 딸딸.
닥종이 명 딱조오. 문조오. 조선조오.
닦다 동 딲다.
닦이다 동 땎이다.
단골 명 도꾼.
단김에 뮈 단짐에.
단단히 뮈 단다이. 단디이.
단대목 명 단대묵.
단대목 장(--- 場) 구 단대묵장.
단무지 명 노랑무시.
단번에(單番-) 뮈 단방에. 단분에.
단벌(單-) 명 단불. 한불.
단속(團束) 명 단도리. 단두리.
단속곳 명 단쏙꼿.
단술 명 단물.
단의(單衣) 명 단애.
단출하다 형 단촐밪다.
단합(團合) 명 단압.
닫히다 동 닫끼다. 댇끼다.
달가워하다 형 달갑아하다.
달개비 명 닭풀.
달걀 명 닥알. 달갈.
달구 명 망깨.
달구다 동 달카다. 딸카다.
달궈지다 동 달가지다. 달키지다. 딸카지다. 딸키지다.
달다 동 땱다.
달달 뮈 다굴다굴.
달덩이 명 달띠이.
달라고 뮈 도라꼬.
달라다 동 도라카다.
달라붙다 동 덜러붙다.
달랑쇠 명 해딱깨비.
달래 명 달내이. 달롱개.
달래다 동 달개다.
달려들다 동 다알들다. 달기들다. 달라들다.
달력(-歷) 명 달역.
달리기 명 도부. 도부띠기.
달리다[1] 동 딸리다.
달리다[2] 동 빼다. 달라빼다.
달무리 명 달문.
달아나다 동 다알나다. 달라빼다.
달아매다 동 당걸어매다.
달음박질 명 달움박질. 모둠박질.
달이다[1] 동 달카다. 딸카다.
달이다[2] 동 대리다.
달짝지근하다 형 달짝찌근하다. 달찌근하다.

달착지근하다 형 덜척지근하다.
달콤하다 형 달달하다.
달팽이 명 달패이. 할매꼬디이.
닭 명 달. 달구새끼.
닭고기 명 달기기.
닭똥 명 달구똥.
닭 볏 구 닥비실. 달구비실.
닭의어리 명 삘가리통.
닭의장풀 명 제비나물.
닭장(-欌) 명 달구통.
닭털 명 달구터리기. 닭터리기.
닳다 동 닭다. 땋다.
닳리다[1] 동 닭하다. 땋하다.
닳리다[2] 동 닭히다. 땋히다.
닳아빠지다 형 닭아빠지다. 뽈리다.
담그다 동 담가다. 담다.
담기다 동 담피다.
담배 명 댄배. 댐배. 심심초.
담배꽁초 명 꼬바리.
담배쌈지 명 부새미.
담뱃대 명 대꼬바리.
담뱃불 명 댄뱃불. 댐뱃불.
담벼락 명 담베락. 담부랑.
담장(-牆) 명 단장.
담쟁이 명 담재이.
답답이 명 답댑이.
답답하다 형 답댑다.
닷새 명 닷시.
닷샛날 명 다신날.
당겨먹다 동 땡기묵다.
당겨쓰다 동 땡기씨다.
당겨오다 동 땡기오다.
당근 명 빨간무시.
당기다 동 땡기다. 땡기리다.
당나귀(唐--) 명 당나구.
당달봉사(--奉事) 명 눈뜬봉사.
당마루(堂--) 명 당마리.
당산나무(堂山--) 명 당산낭ㄱ.
당연히(當然-) 부 당여이.
당일(當日) 명 지날.
당일치기(當日--) 명 지날치기.
당최 부 당채.
당하다[1]**(當--)** 동 당아다. 닿다.
당하다[2]**(當--)** 형 당아다. 닿다.
당황(唐黃) 명 다항.
닿다 동 대이다. 자리다. 짜리다. 짤리다.
대 명 대개이. 대공.
대가다 동 맞하가다.
대갈빡 명 대갈빼기.
대견하다 형 엄첩다.
대궐(大闕) 명 대골. 대굴.
대길하다(大吉--) 형 대낄이다.
대꼬챙이 명 대꼬재이.
대낮 명 대나절. 대나질.
대놓고 부 대낳고.
대님 명 갑때기. 다임.
대다 동 공가다.
대단하다 형 대닪다. 얼척없다. 엄첩다.
대단히 부 대다이.
대들다 동 다알들다. 달기들다. 달라들다. 앵기들다. 잉기들다.
대들보(大--) 명 대둘보.
대뜸 부 대뚬.
대로 조 마따나.
대마씨앗(大麻--) 명 여럭씨.
대머리 명 맨대가리. 버꺼지이.

대면하다(對面--) 동 낯묵다.
대목 명 대묵.
대목땜 명 대묵땜.
대목장(--場) 명 대묵장.
대번에 부 대반에. 대분에. 대참에.
대보름(大--) 명 대보룸.
대봉감(大奉-) 명 도오감.
대비하다(對備--) 동 유럼하다.
대빗자루 명 왕거시리.
대소가(大小家) 명 대수가.
대소쿠리 명 대소꾸리. 채소꾸리.
대야 명 대애.
대엿 수 대앳.
대완구(大碗口) 명 대앙구. 하알대앙구.
대장간 명 불미깐. 성냥깐. 풀무깐.
대장장이 명 대장재이. 성냥꾼. 팬수. 핀수.
대접 명 대집이.
대접하다(待接--) 동 치송하다.
대종(大宗) 명 대중.
대중없다 형 짬없다.
대청마루(大廳--) 명 청마리.
대추 명 대초.
대칭이 명 대치이.
대통 명 대꼭바리.
대통령(大統領) 명 대통냥.
대하다(對--) 동 보다.
대학교(大學校) 명 대학조. 대핵교. 대핵조.
댁(宅) 명 띡이. 마너래. 마누래.
댑싸리 명 갱개빗대. 빗자리나무.
댓돌(臺-) 명 지방돌.
댓잎 명 대이푸리.
댕강 부 달랑.
댕견(-犬) 명 댕개이.
댕기다[1] 동 딩가다.
댕기다[2] 동 딩기다.
댕댕이덩굴 명 달강넝쿨. 칠개이.
더군다나 부 더분다나.
더덜뭇하다 형 더덤하다. 어렴하다.
더듬다 동 더둠다. 더털다.
더듬이 명 더둠이. 말더둠이.
더러[1] 부 더리.
더러[2] 조 더리. 로보고. 보고.
더러운 개 구 통싯개.
더러움 명 더럼.
더럭 부 덜썩.
더럽다 형 더룹다.
더미 명 덤비기. 디미.
더버기 명 더비기. 덤비기.
더운물 명 덥운물. 따신물. 떠신물.
더운밥 명 따신밥. 떠신밥.
더운술 명 따신술. 떠신술.
더운점심(--點心) 명 따신저심. 떠신저심.
더운죽(--粥) 명 따신죽. 떠신죽.
더워지다 동 덥어지다. 떱어지다.
더워하다 동 덥어하다. 떱어하다.
더위 명 더우. 덥우. 떱우.
더위팔기 명 덥우팔기. 떱우팔기.
더위하다 동 덥우묵다. 떱우묵다.
더펄더펄 부 더풀더풀.
더펄이 명 쑤시. 털파리. 털피이.
덕석 명 삼정. 소삼정.
덕지덕지 부 떡찌떡찌.
덖다 동 덖아다.
던지 조 던강. 던동.
던지다 동 떤지다.

덜 부 더리.
덜미 명 딜미.
덜어내다 동 더얼내다.
덤 명 우애꺼.
덤불 명 덤풀.
덤비다 동 뎀비다. 딤비다.
덤터기 명 덤티기.
덤프트럭[dump truck] 명 담뿌차. 담뿌추럭.
덥다 형 떱다.
덥석 부 덜퍽.
덥히다 동 덥하다. 뎁하다. 뎁히다. 따사다. 따쌓다. 떠쌓다.
덧나다 동 덧이나다.
덧니 명 엇니.
덧저고리 명 덥저구리.
덩어리 명 덩거리. 디이. 떵거리. 띠이.
덩치 명 덤부리. 덩빨. 모타리.
덩칫값 명 덤부리값.
덫 명 치. 털.
덮개 명 덧개.
덮어놓다 동 덮우낳다.
덮어쓰다 동 더부시씨다. 덮우씨다. 디비시씨다.
덮어씌우다 동 덮우씨아다. 따까씨아다.
데다 동 디다.
데데하다 형 디디하다. 디숭하다.
데되다 동 디데다.
데려가다 동 델꼬가다. 딜꼬가다.
데려다주다 동 델따주다. 딜따주다.
데려오다 동 델꼬오다. 딜꼬오다.
데리다 동 딜다.
데면데면하다 형 데민데민하다. 찌붓찌붓하다.
데치다 동 디치다. 소꾸라다. 소쿠라다.
데퉁스럽다 형 데통시럽다. 디퉁시럽다.
데퉁스레 부 데통시리. 디퉁시리.
도 조 또.
도감포수(都監砲手) 명 도감포시.
도깨비 명 토째비. 해치이.
도깨비바늘 명 깐치풀. 도덕넘까시. 문디이까시.
도꼬마리 명 도꾸마리.
도끼 명 도치.
도낏자루 명 도칫자리.
도나캐나 부 또나개나. 지나깨나.
도둑 명 도덕. 도독.
도둑고양이 명 도독개이. 도덕개이.
도둑놈 명 도덕넘. 도독넘. 푸심.
도둑맞다 동 도덕맞다. 도독맞다.
도둑장가(--杖家) 명 도둑장개. 도독장개.
도둑질 명 도덕질. 도독질.
도라지 명 도래. 돌까지.
도랑 명 돌캉. 또랑.
도려내다 동 도리내다.
도련님 명 데럼. 디럼.
도로 부 다부. 도루. 도리.
도루묵 명 도리묵.
도르래 명 도로래.
도리기하다 동 디리하다.
도리깨 명 도로깨. 도루깨.
도리깨꼭지 명 꼭두마리.
도리도리[1] 감 도래도래.
도리도리[2] 명 도래도래.
도리질 명 도래질.
도리질하다 동 도래질하다.

도마 명 도매.
도매금(都賣金) 명 무디기금.
도무지 부 다아시. 도오시.
도배(塗褙) 명 디비.
도붓장수(到付--) 명 도부장시.
도저히 부 도저이.
도지(賭地) 명 수. 수곡. 수국.
도지세(賭地貰) 명 수. 수곡. 수국.
도착하다(倒着--) 동 대이다.
도토리 명 꿀밤.
도토리묵 명 꿀밤묵.
도투마리 명 도토마리. 들마리.
도편수(都--) 명 도대목.
도포(道袍) 명 도복.
도화지(圖畫紙) 명 동와지.
독 명 도가지.
독메(獨-) 명 똥메.
독사(毒蛇) 명 독새.
독수리(禿--) 명 둑서리.
돈거래(-去來) 명 여수.
돈다발 명 돈다부리. 돈다불.
돈벼락 명 돈베락.
돈치기 명 동전치기.
돋보기 명 돋비기.
돋보이다 동 돋비다.
돋아나다 동 독기다. 돋끼다. 돋히다.
돋우다 동 도아다. 독가다. 돋아다. 돋까다.
돌껫 명 돌곳대.
돌나물 명 돈냉이.
돌담 명 돌담부랑.
돌덩이 명 돌떵거리. 돌띠이. 돌팍.
돌려놓다 동 돌리낳다.
돌려대다 동 돌리대다.
돌려받다 동 다부받다. 돌리받다.
돌려보내다 동 다부보내다. 돌리보내다.
돌려세우다 동 돌리시아다.
돌려주다 동 다부주다. 돌리주다.
돌마자 명 돌무기.
돌멩이 명 돌미이. 돌삐이.
돌무더기 명 돌무디기. 돌무디이.
돌보다 동 걷아다. 거천하다.
돌복숭아 명 돌복숭.
돌부처 명 돌부치.
돌아다니다 동 돌아댕기다.
돌옷 명 돌옥. 청태.
돌장승 명 벅수.
돌쩌귀 명 돌쭉. 돌축.
돌확 명 돌고방. 호박. 호방.
돕다 동 도아다. 부둘다.
돗바늘 명 또바알.
돗자리 명 맹석자리. 밍석자리. 자리때기.
동갑(同甲) 명 동갭. 동갭이.
동구래저고리 명 동저구리.
동그라미 명 동구래미. 동굴배이.
동그랗다 형 돌방하다. 동구랗다. 동구리하다.
동그래지다 동 동구래지다.
동그스름하다 형 동구수룸하다.
동글납작하다 형 동굴납딱하다. 똥굴납딱하다.
동글동글 부 돌방돌방.
동글동글하다 형 동굴동굴하다.
동냥아치 명 동냥바치.
동냥자루 명 동냥자리.
동년배(同年輩) 명 동대.
동무니 명 망새이.

동부 명 동비.
동사리 명 망태.
동상례지(東床禮紙) 명 동상지.
동생(同生) 명 동상.
동생 보다(同生 --) 구 아시보다.
동서(同壻) 명 동시.
동안 명 따안.
동여매다 동 동치매다. 디아매다. 똥치매다. 홀까매다.
동이 명 도가지. 도오.
동이다 동 디아다.
동자개 명 빠가사리.
동정 명 동전.
동쪽(東-) 명 동쭉.
동치미 명 동짐치. 싱건짐치.
돼 버렸는가 구 데 뺐능고.
돼지 명 대애지.
돼지감자 명 문디이감자.
돼지고기 명 대지기기.
돼지구유 명 대지구시.
돼지새끼 명 대이새끼.
돼지우리 명 대지마구.
되 명 디.
되게 부 데기. 디기.
되놈 명 뗏넘.
되다[1] 동 데다. 디다.
되다[2] 형 데다. 디다.
되들이 접 디딜이.
되먹다 동 다부묵다.
되바라지다 형 데라지다.
되작거리다 동 디적기리다.
되작되작 부 데작데작.
되잖다 형 디도안했다.
되직하다 형 데작하다.
되질 명 디질.
되질하다 동 디질하다.
된똥 명 딘똥.
된밥 명 딘밥.
된서리 명 딘써리.
된서방(-書房) 명 딘서방.
된장(-醬) 명 덴장. 딘장.
된장잠자리 명 딘장철기. 미물짠자리.
될성부르다 형 델성하다.
됫박 명 댓박. 도배기. 태배기. 티비기.
됫병(-甁) 명 댓비이.
두건둥이(頭巾--) 명 두건디이.
두고 부 보고.
두근거리다 동 두군거리다.
두근두근 부 두군두군.
두꺼비 명 뚜끼비. 심룽개우리.
두꺼비집 명 뚜끼비집.
두껍다 형 또깝다. 뚜꿉다.
두께 명 뚜께. 뚝께.
두다 동 뚜다.
두더지 명 디지개. 디지기.
두동내기 명 두동빼이.
두동무니 명 두동망새이. 두동사이.
두둑 명 두덕. 두룸. 뚜룽.
두드러기 명 두디리기.
두드리다 동 뚜디리다. 뚜딜기다.
두들겨 부 뚜디리. 뚜딜기.
두들겨 맞다 구 뚤맞다.
두들겨 패다 구 뚤패다.
두렁 명 두룸. 뚜룽.
두렁이 명 땅주우.
두레박 명 뚜루박. 뚜리박.

두려움 명 두럽움. 두룹움.
두려워하다 동 두럽어하다. 두룹어하다.
두렵다 형 두럽다. 두룹다.
두루두루 부 두리두리.
두루마기 명 두리막. 두리매기. 둘매기.
두루뭉수리 명 두리뭉시리.
두루뭉술하다 형 두리뭉실하다.
두루미 명 두리미.
두루주머니 명 줌치.
두루치기 명 두루걸이. 두리치기.
두르다 동 두루다.
두름 명 두루미.
두리반(--盤) 명 도래상. 도래판.
두리번거리다 동 둘래둘래하다.
두메 명 산중.
두벌 명 두불. 재불.
두벌논 명 두불논. 재불논.
두벌빨래 명 두불서답. 재불서답.
두벌일하다 동 두불일하다. 재불일하다.
두부(豆腐) 명 더부. 조푸. 조피.
두서없다(頭緖--) 형 우시두시하다.
두어 관 두우.
두텁다 형 두툽다.
둑 명 둘. 뚝. 뚝방.
둑새풀 명 독새풀.
둘둘 부 디디.
둘러가다 동 둘루가다.
둘러대다 동 둘루대다.
둘러말하다 동 둘루말하다.
둘러메다 동 둘루미다. 울루미다.
둘러보다 동 둘루보다.
둘러빠지다 동 둘루빠지다.
둘러서다 동 둘루서다.
둘러싸다 동 둘루싸다. 오다싸다. 오도바싸다. 우다싸다. 우두바싸다.
둘러싸이다 동 둘루쌔이다.
둘러쓰다 동 둘루씨다.
둘러씌우다 동 둘루씨아다.
둘러앉다 동 둘루앉다.
둘러치다 동 둘루치다.
둘레둘레 부 도리도리. 똘래똘래. 뚤리뚤리.
둘째 수 두채.
둘치 명 불기.
둥 명 동. 똥.
둥그렇다 형 뚱구랗다. 뚱구렇다.
둥그스름하다 형 둥구리하다. 둥구수룸하다. 뚱구리하다. 뚱구수룸하다.
둥글납작하다 형 둥굴납짝하다. 뚱굴납짝하다.
둥글넓적하다 형 둥굴넙쭉하다. 뚱굴넙쭉하다.
둥글다 형 두리벙하다. 둥굴다. 뚱굴다.
둥글둥글하다 형 둥굴둥굴하다. 뚱굴뚱굴하다.
둥우리 명 닥알통. 달갈통.
둥치 명 원뚱구리.
둥치다 동 뚱치다.
뒈지다 동 디지다.
뒤 명 디.
뒤 골짜기 구 딧골.
뒤꼍 명 굴묵디. 디안. 딧단.
뒤꾸머리 명 디꾸무리.
뒤꿈치 명 디꼼치.
뒤늦게 부 가리늦가. 디늦가.
뒤늦게야 부 가리늦가사. 디늦가사.
뒤듬바리 명 더덤바리.

뒤뚱 早 찌뚱.
뒤뚱거리다 동 찌뚱거리다.
뒤뚱뒤뚱 早 찌뚱찌뚱.
뒤뚱발이 명 찌뚱발이.
뒤뚱하다 동 찌뚱하다.
뒤룩뒤룩 早 디룩디룩.
뒤숭숭하다 형 디쑹쑹하다.
뒤웅박 명 디옹박.
뒤적이다 동 디직이다. 허지이다.
뒤주 명 두지. 디주.
뒤지다 동 디비다. 디지다.
뒤집기 명 디비나새이.
뒤집다 동 더부시다. 덜끼다. 디끼다. 디비다. 디비씨다.
뒤집어쓰다 동 디집우씨다.
뒤집어씌우다 동 디집우씨아다.
뒤집어지다 동 디비지다.
뒤집어하다 동 디비쪼아다.
뒤집히다 동 디집히다.
뒤쪽 명 디쪽.
뒤치다꺼리 명 디치닥꺼리. 딧손.
뒤치다꺼리하다 동 디치닥꺼리하다. 딧손보다.
뒤통수 명 디꼭띠기. 디통시.
뒤틀리다 동 디틸리다.
뒤틈바리 명 디퉁바리.
뒷간 명 딧간. 똥구디기. 정낭. 통시.
뒷걸음 명 딧걸움.
뒷걸음치다 동 딧걸움치다.
뒷골 명 딧골.
뒷골목 명 딧골묵.
뒷구멍 명 딧구녕. 딧구눙. 딧구뭉. 딧구중.
뒷구석 명 딧구숙.
뒷동산 명 짓동산.
뒷모습 명 딧골. 딧모숩.
뒷목 명 딧묵.
뒷벌 명 디불.
뒷일 명 딧일.
뒷짐 명 딧짐.
드러나다 동 들나다.
드러내다 동 들내다.
드러눕다 동 들눕다. 퍼지다.
드럼통[drum桶] 명 도람통.
드렁허리 명 두룸허리.
드리다 동 디라다. 디리다.
드림장식(--粧飾) 명 매댕기.
드므 명 떠무.
득시글득시글하다 동 덕신덕신하다.
든지 조 던강. 던동. 디이.
듣다 동 딛다.
들곡식(-穀食) 명 들곡. 들곡석.
들그서내다 동 들거티리다.
들락거리다 동 딜락기리다.
들러리 명 둘러리.
들르다 동 들리다. 딜리다.
들리다 동 딛기다. 딜리다.
들머리 명 들무리.
들먹이다 동 덜미이다. 덜믹이다. 딜미이다. 딜믹이다.
들보 명 봇장.
들볶다 동 딜이뽂다.
들부드레하다 형 달부더리하다.
들쑤시다 동 딜쑤씨다.
들어가다 동 드가다.
들어내다 동 들내다.
들어박히다 동 들이백히다. 딜이백히다.

들어앉다 동 들앉다. 딜이앉다.
들어오다 동 들오다.
들어있다 형 들었다.
들여 부 들받아. 들밧이. 들씨.
들여가다 동 들라가다. 딜라가다.
들여놓다 동 딜낳다. 딜라낳다. 딜이낳다.
들여다보다 동 더다보다. 들받아보다. 디다보다. 딜이다보다.
들여다보이다 동 딜따비이다.
들여쌓다 동 딜이재아다.
들여앉히다 동 들앉하다. 딜이앉하다.
들이다[1] 동 들라다. 딜라다. 딜이다.
들이다[2] 동 딜이다.
들이대다 동 딜이대다.
들이마시다 동 들어마시다.
들이받다 동 딜이박다. 뜰받다.
들이붓다 동 끌어벗다. 낄이벗다. 덜어벗다.
들이세우다 동 딜이시아다.
들이쉬다 동 딜이시다.
들이패다 동 조오패다.
들입다 부 딜따. 딜입다. 딜입디.
들쭉날쭉하다 형 찌꿈찌꿈하다.
들추다 동 들씨다. 들차다. 떠덜씨다.
들추어내다 동 들씨내다. 들차내다. 떠덜씨내다.
들큼하다 형 들컨하다.
들키다 동 더들키다.
들현호색(-玄胡索) 명 지양꽃.
듬뿍 부 덤뻑.
듬뿍듬뿍 부 떰뿍떰뿍.
듬성듬성 부 담상담상.
듬성듬성하다 형 늘썩늘썩하다.
듬성하다 형 담상하다.
듯이 명 듯기. 딧기.
듯하다 형 듯다.
등 명 등더리.
등거리 명 등지개.
등겨 명 딩기.
등껍질 명 등껍띠기.
등덜미 명 등떨미.
등목(-沐) 명 등물.
등뼈 명 등삐. 등삐간지.
등신(等神) 명 등시이.
등짝 명 등짹이. 장디이.
등한히(等閒-) 부 등하이.
등허리 명 등더리.
디뎌놓다 동 디디낳다.
디딜방아 명 디덜빠아.
따귀 명 따구.
따까리 명 때까리.
따끔따끔 부 따꼼따꼼. 따꿈따꿈. 때끼때끼.
따끔따끔하다 동 따꼼따꼼하다. 따꿈따꿈하다. 때끼때끼하다. 떠꿈떠꿈하다.
따끔하다 형 따꿈하다.
따다 동 끄니다.
따돌리다 동 돌라다. 돌리다. 돌루다.
따뜻하다 형 따땃하다. 따시다.
따라붙다 동 따라마시다.
따로 부 따리.
따로국밥 명 따리국밥.
따로나다 동 제검나다.
따로내다 동 따리내다.
따로따로 부 따리따리.
따르다[1] 동 따라다. 치다.
따르다[2] 동 땋다.
따름 명 따룸.

따먹다 [동] 따묵다.

따스하다 [형] 따따무리하다.

따오기 [명] 따옥새.

따위 [명] 따구. 따우.

딱 [부] 땍.

딱따구리 [명] 딱사구리.

딱따기 [명] 때때구리.

딱지[1] [명] 따까리. 때까리.

딱지[2]**(-紙)** [명] 개때기. 때기. 참때기.

딱지치기(-紙--) [명] 때기치기.

딴딴하다 [형] 땐땐하다.

딴에 [부] 따나.

딴은 [부] 딴에는.

딴청부리다 [동] 만구강산하다.

딸기 [명] 딸.

딸기 바가지 [구] 딸바가치.

딸꾹질 [명] 깔딱질. 따꾹질.

딸내미 [명] 딸래미.

딸네 [명] 딸넷집.

딸애 [명] 딸아.

딸자식(-子息) [명] 딸자석.

땀띠 [명] 땀때기. 땀띠기.

땀범벅 [명] 땀범북.

땀투성이 [명] 땀칠갑. 땀투시이.

땅강아지 [명] 논두룸강새이. 땅강새이.

땅거미 [명] 땅거무. 땅검. 똥거무.

땅고집(-固執) [명] 땡고집.

땅기다 [동] 땡걸리다. 땡기다. 땡길리다

땅덩어리 [명] 땅떵거리.

땅딸막하다 [형] 똥짤막하다.

땅뙈기 [명] 땅때기.

땅벌 [명] 땡벌이. 땡삐.

땅빈대 [명] 잠자리풀.

땅빼기 [명] 땅따묵기. 땅빼뜰어묵기.

땅콩 [명] 애콩. 왜콩.

땅 힘 [구] 땅심.

땋다 [동] 땋다.

때 [명] 때자구.

때굴때굴 [부] 뚜굴뚜굴.

때꼽재기 [명] 때꼽재이.

때려눕히다 [동] 쌔리눕하다.

때려잡다 [동] 쌔리잡다.

때려죽이다 [동] 쌔리쥑이다.

때려치우다 [동] 때리치아다. 쌔리치아다.

때리다 [동] 쌔리다.

때문에 [부] 들어서. 따문에. 때미. 때미로. 머리.

때우다 [동] 때아다. 띠아다.

땔나무 [명] 땔낭구.

땜장이 [명] 땜재이.

땜질 [명] 땜빵.

땡 [명] 때이.

땡감 [명] 떫감. 떫운감.

땡고추 [명] 땡초.

땡고함(-高喊) [명] 땡가암.

땡글땡글 [부] 팅글팅글.

땡글땡글하다 [형] 팅글팅글하다.

땡땡이 [명] 땡때이.

땡볕 [명] 땡뼅.

땡전(-錢) [명] 땡땡구리.

땡추 [명] 땡때이중. 땡초.

떠내려가다 [동] 떠니러가다.

떠내려오다 [동] 떠니러오다.

떠넘기다 [동] 떠님기다.

떠놓다 [동] 떠낳다.

떠다니다 [동] 떠댕기다.

떠다밀다 동 띠다밀다. 띠밀다.
떠듬떠듬 부 떠둠떠둠.
떠름하다 형 떠룸하다.
떠맡기다 동 띠맽기다.
떠맡다 동 띠맡다.
떠먹다 동 떠묵다.
떠먹이다 동 띠미이다. 띠믹이다.
떠밀다 동 띠밀다. 띠다밀다.
떠받들다 동 떠덜다.
떠버리 명 떠더리. 떠벌개이.
떠벌리다 동 떠벌시다.
떡가래 명 떡가리. 떡국가리.
떡고리 명 떡당새이.
떡 덩어리 구 떡덩거리.
떡두꺼비 명 떡뚜끼비.
떡방아 명 떡바아.
떡시루 명 떡시리.
떡쑥 명 기쑥.
떡잎 명 떡잎사구.
떡장수 명 떡재이.
떡하니 부 떡하이.
떡함지 명 떡함배기. 떡함비기.
떨떠름하다 형 떨뚜룸하다.
떨어뜨리다[1] 동 널짜다. 떨가다. 떨아다. 떨어띠리다.
떨어뜨리다[2] 동 처자다.
떨어지다[1] 동 널찌다.
떨어지다[2] 동 누지다.
떨이 명 떨이미.
떼 명 떼짠데기. 띠.
떼거리 명 떼거지.
떼굴떼굴 부 떼골떼골. 또골또골.
떼다 동 끼랗다. 띠다.
떼먹다 동 띠묵다. 띵가묵다
떼어놓다 동 띠낳다.
떼이다 동 띠이다.
떼전명 떼거리.
또래 명 또리.
또록또록하다 형 똑뚝다.
또박또박 부 따박따박. 때꼭때꼭.
똑똑이 명 똑떽이.
똑똑하다 형 똑뚝다.
똑똑히 부 똑뚝히. 똑띠이.
똑바로 부 똑바리. 쪽바로. 쪽바리.
똘똘하다 형 똘뚫다.
똘마니 명 똘마이.
똥감태기 명 똥칠갑.
똥구멍 명 똥구녕. 똥구늉. 똥구뭉. 똥구중. 밑구녕. 밑구늉. 밑구뭉. 밑구중.
똥그라미 명 똥구래미. 똥굴배이.
똥그랗다 형 똥구랗다. 똥구렇다. 똥구리하다.
똥그래지다 동 똥구래지다.
똥그스름하다 형 똥구수룸하다.
똥글똥글하다 형 똥굴똥굴하다.
똥냄새 명 똥내미.
똥넉가래 명 똥넉가리.
똥 덩어리 구 똥덩거리.
똥물 명 구디기물.
똥오줌 명 똥오짐.
똥장군 명 똥추마리. 똥추무리.
똥짤막하다 형 빵빵하다.
똥파리 명 똥파래이.
똥항아리 명 똥딴지.
똬리 명 따바리. 따배이.
뙈기 명 도가리. 빼미.

뙤약볕 [명] 떼약벹.
뚜껑 [명] 따까리. 따꿍. 때까리. 떠꿍. 뚜꿍. 띠껑. 띠끼이.
뚜벅뚜벅 [부] 떠벅떠벅.
뚝배기 [명] 뚝빠리. 뚝삐기. 뚝사리. 툭빠리. 툭사리. 툭사발. 툭수리. 툭수바리.
뚝새풀 [명] 쏙새피. 촉새.
뚫다 [동] 뚧다. 뚧하다.
뚫리다 [동] 뚧히다.
뚫어지다. [동] 뚧어지다.
뚱뚱보 [명] 뚱띠이.
뛰다 [동] 띠다.
뛰어가다 [동] 띠가다.
뛰어나가다 [동] 띠나가다.
뛰어나오다 [동] 띠노오다.
뛰어넘다 [동] 띠넘다.
뛰어다니다 [동] 띠댕기다.
뛰어들다 [동] 띠들다.
뛰어오다 [동] 띠오다. 띠이오다.
뛰어오르다 [동] 띠오루다.
뜀박질 [명] 띠꿈박질.
뜨겁다 [형] 떠굽다.
뜨끔거리다 [동] 뜨꿈기리다. 마덜기리다. 머덜기리다.
뜨끔뜨끔 [부] 떠꿈떠꿈.
뜨다 [동] 덜다. 떠다. 떠덜리다.
뜨더귀 [명] 두디기.
뜨뜻무레하다 [형] 뜨떠무리하다.
뜨뜻미지근하다 [형] 떠떠무리하다.
뜨문뜨문 [부] 따문따문. 떠문떠문.
뜨습다 [형] 떠시다.
뜨이다 [동] 띠이다.
뜬구름 [명] 떤구룸.
뜬금없다 [형] 떤굼밪다. 뜬굼없다.
뜬풀 [명] 떰풀.
뜯기다 [동] 띧기다.
뜯어고치다 [동] 뜯어곤치다.
뜯어말리다 [동] 뜯어말기다.
뜯어맞추다 [동] 뜯어맞하다.
뜯어먹다 [동] 뜯어묵다.
뜸들이다 [동] 떰딜이다.
뜸부기 [명] 뜸비기. 뜸뿍새.
뜸하다 [형] 시적하다.
뜸해지다 [형] 시적해지다.
뜻대로 [부] 간대로.
띄엄띄엄 [부] 띠움띠움.
띄우다 [동] 띠아다.
띠 [명] 피끼때.

라고 [조] 꼬. 라꼬.
라고는 [조] 라꼬는.
라도 [조] 나따나. 래도.
라디오[radio] [명] 나지오.
라이방[Ray Ban] [명] 나이방.
-라 하는 것이 [구] -라 커능기.
랑 [조] 캉. 하고.
렵니다 [동] 랍미다.
로 [조] 가. 가꼬. 가아.
로부터 [조] 인데서.
로써 [조] 가. 가꼬. 가아.
를 [조] 로. 로갓다가. 울.

마고자 명 마구자.
마구 부 따까. 쌔리. 지이.
마구간(馬廐間) 명 마판.
마구잡이 명 마구잽이. 마구집이.
마냥 부 만판.
마누라 명 마너래. 마누래.
마는 조 만서도.
마늘 명 마알.
마다 조 마당. 마중. 마지.
마당가 명 마당가세. 마당가시.
마대(麻袋) 명 마다리.
마들가리 명 마덜가지. 매들가리.
마디 명 매디.
마디다 형 마찌다.
마땅하다 형 싸다.
마땅히 부 마따이.
마뜩하다 형 마뜩다. 오지다.
마련 명 매런.
마련하다 동 매런하다.
마렵다 형 누럽다. 누룹다. 매럽다.
마루 명 마리. 청마리.
마루청(--廳) 명 청마리.
마룻바닥 명 청바닥.
마르다 동 마루다.
마른풀 명 말란풀.
마름[1] 명 말밤. 물밤.
마름[2] 명 마룸.
마름쇠 명 마룸씨.
마름질 명 마룸질. 마림질.
마름질하다 동 마룸질하다. 마림질하다.
마리 명 바리.
마맛자국 명 손님재죽.
마사니 명 매사이.
마시다 동 걸치다. 둘루마시다.
마을 명 마실.
마음 명 마암. 마움.
마음놓다 동 마암낳다. 마움낳다.
마음대로 부 마암대로. 마움대로. 쪼대로.
마음먹다 동 마암묵다. 마움묵다.
마음병(--病) 명 인벵. 인빙.
마음속 명 마암쏙. 마움쏙.
마음씀씀이 명 마암씸씸이. 마움씸씸이.
마음씨 명 마암씨. 마움씨.
마음잡다 동 마암잡다. 마움잡다.
마저[1] 부 마자. 만자. 밍삭.
마저[2] 조 마자. 하부래. 하부리
마주 부 마지.
마주보다 동 마지보다.
마주서다 동 마지서다.
마주앉다 동 마지앉다.
마주치다 동 마지치다.
마중 명 마짐.
마중하다 동 내다보다.
마지막 명 마자. 만자.
마찬가지로 부 내나.
마취(痲醉) 명 모옴.
마침 부 마춤.
마침맞다 형 마치맞다.
마호병[maho瓶] 명 마오병. 마우빙.
마흔 수 마안. 마은.
막가다 동 막나가다.
막급하다(莫及--) 형 막겁하다.
막내 명 막내이.
막다 동 막하다.

막둥이 명 막디이.
막설하다(莫說--) 동 막살낳다. 막살옇다. 막살하다.
막히다 동 맥히다. 믹히다.
만 조 마.
만고(萬古) 명 만구. 만구강산. 만탕. 시상천지.
만나다 동 만내다.
만날 명 천날만날.
만년치기 명 만년구짜.
만도리하다 동 맞매기하다.
만든 관 맨들은.
만들다 동 맨들다. 맹글다.
만만하다 형 만만때때하다. 맨맨하다. 맨맹다. 시피하다.
만만히 부 만마이. 만만때때하기.
만부득이(萬不得已) 부 만부딕이.
만생종(晩生種) 명 늦종.
만생종양파(晩生種洋-) 명 늦다무네기.
만신창이(滿身瘡痍) 명 만신챙이.
만장같다(萬丈--) 형 만장겉다.
만지다 동 나문치다. 만치다.
만질만질하다 형 맨지리하다. 맨질맨질하다.
만찬(晩餐) 명 지익지.
만큼[1] 명 마이. 만치. 만침. 만쿰. 짬치. 쭘. 쭘치.
만큼[2] 조 마안. 마이. 만침. 만쿰.
만큼씩 조 만썩.
많아 부 많애. 쌔애.
많아도 부 많애도. 쌔애도.
많아야 부 많애야. 쌔애야.
많이 부 마이. 짜다리. 한삐까리.
맏동서(-同壻) 명 맏동시.
맏며느리 명 맏메느리. 맏미느리.
맏물 명 몬물.
맏사위 명 맏사우.
맏아들 명 맏아달.
말가웃 명 말가옷.
말감고(-監考) 명 디재이.
말갛게 부 말가이. 맬가이.
말갛다 형 맬갛다.
말거머리 명 말거무리.
말귀 명 말끼.
말꼬투리 명 말꼬타리.
말끄러미 부 말꼬로미. 말꼬미. 말꾸루미. 맬꼬로미. 맬꼬미. 밀꾸루미. 밀꾸미.
말끄트머리 명 말끈터무리. 말끈티이.
말끔 부 말키.
말끔하다 형 말꿈하다. 매꼬롬하다. 매꿈하다. 맨더리하다. 맬꿈하다. 밀꿈하다.
말끔히 부 말꿈하기. 매꼬롬하기. 매꿈하기. 맨더리하기. 맬꿈하기. 밀꿈하기.
말대꾸하다 동 앵조가리다.
말더듬이 명 더덤바리. 더덤배이. 더둠이. 말더둠이.
말똥비름 명 개살대.
말뚝 명 말띠기. 말목. 말묵.
말뚝박기 명 줄말타기.
말려들다 동 말리드가다.
말리다[1] 동 말기다.
말리다[2] 동 말라다.
말매미 명 말매리이.
말벌 명 대추벌이. 말벌이.
말본새 명 말뽄때가리.
말승강이(-昇降-) 명 말싱간. 말싱개이.

말싸움 명 말싸암.
말썽꾸러기 명 말썽꾸리기.
말썽쟁이 명 말썽재이.
말쑥하다 형 맬쑥하다.
말씀 명 말씸.
말잠자리 명 말철기.
말조개 명 말씹조개.
말주변 명 말주빈.
말즘 명 마재기.
말즘 열매 구 마재기뒷봉알.
말짱 부 말캉. 맬간.
말편자 명 다갈.
맑아지다 동 맑애지다.
맘 명 맴.
맘가짐 명 맴가짐.
맘껏 부 맴껏.
맘대로 부 맴대로.
맘먹다 동 맴묵다.
맘속 명 맴쏙.
맘씨 명 맴씨.
맛들이다 동 맛딜이다.
맛보기 명 맛비기.
맛있게 부 맛닉기. 맛입기.
맛있는 부 맛닉는. 맛입운.
맛있다 형 맛닉다. 맛입다.
망가지다 동 망개지다.
망건(網巾) 명 맹건.
망문과부(望門寡婦) 명 맹문가부.
망설이다 동 딸막거리다. 딸막딸막하다.
망신(亡身) 명 개피.
망신당하다(亡身---) 동 망신당아다
망아지 명 망새이.
망치 명 마치.
망치다 동 조지다.
망태기 명 망태이.
망하다(亡--) 동 망아다.
망할(亡-) 관 망알.
망할 년(亡- -) 구 마안녀.
망할 놈(亡- -) 구 마안넘.
망해버리다(亡----) 동 망애뿌다.
맞구멍 명 맞구녕. 맞구늉. 맞구뭉. 맞구중.
맞닥뜨리다 동 대댕기다. 대덩걸리다. 맞딱띠리다.
맞대매 명 맞따내기.
맞먹다 동 막묵다.
맞아 부 마아.
맞아죽다 동 마아죽다.
맞은바라기 명 맞인바래기.
맞은쪽 명 맞운쭉.
맞은편(--便) 명 맞인핀.
맞잡이 명 맞잽이.
맞추다 동 맞하다.
맞히다 동 맞하다.
맡기다 동 둘루미아다. 맽기다. 울루미아다.
맡다 동 둘루미다. 울루미다.
매[1] 명 매차리. 매초리.
매[2] 명 새초리. 매초리.
매구 명 미구.
매구같다 형 매구겉다.
매끈하다 형 맨드리하다. 매꿈하다.
매다 동 미아다.
매달리다 동 댕걸리다.
매듭 명 매끼. 매짐.
매만지다 동 매만치다.
매몰차다 형 냉칼시럽다. 매륵궂다.
매무새 명 매무시.

매미 명 매리이.
매번(每番) 부 매분.
매운맛 명 맵운맛.
매일매일(每日每日) 부 맨날천날.
매자기 명 개골때.
매정하다 형 냉칼시럽다. 매륵궂다.
매조미(-造米) 명 매지미.
매조지다 동 조지다.
매한가지 부 내나한가지.
매형(妹兄) 명 매영.
맥쩍다 형 머쩍다.
맨날 명 만구천날.
맨드라미꽃 명 달구비실꽃. 닭비실꽃. 맨드래미.
맨머리 명 맨대가리.
맨 먼저 구 첫머이.
맨몸뚱이 명 맨몸띠이.
맨송맨송하다 형 맹송맹송하다.
맨입 명 빈입.
맨주먹 명 맨주묵. 빈주묵.
맴 명 빵빠꾸. 빵빼이.
맵다 형 냅다.
맵싸하다 형 맵싹하다.
맷돌 명 매.
맷돌중쇠(--中-) 명 중씨.
맹감 명 망개.
맹꽁이 명 맹꼬이. 엉망깨구리.
맹물 명 밍물.
맹탕(-湯) 명 맹국.
맺음말 명 맺임말.
머금다 동 머굼다.
머루 명 머리. 멀구.
머루나무 명 머리나무. 멀구나무.
머리끄덩이 명 멀꺼디이.
머리카락 명 멀꺼디이.
머무르다 동 머무루다.
머무적거리다 동 미미적기리다.
머슴 명 담지기. 머숨. 머심.
머슴살이 명 머숨살이. 머심살이.
머슴살이하다 동 머숨살이하다. 머심살이하다.
머슴애 명 머섬아. 머섬애. 머숨아. 머숨애. 머심아. 머심애.
머위 명 머구. 산기숙.
머저리 명 머지리.
머지않다 형 머지안하다.
머큐로크롬[mercurochrome] 명 아까징기.
먹구렁이 명 먹구리이.
먹구름 명 먹구룸.
먹다 동 묵다.
먹보 명 묵구집이. 묵돌이.
먹은 관 무운. 묵운. 문.
먹을거리 명 무울끼.
먹음직스럽다 형 묵움직시럽다.
먹음직하다 형 묵움직하다.
먹이 명 믹이.
먹이다 동 미이다. 믹이다.
먹자골목 명 묵자골묵.
먹자마자 부 묵더미로. 묵덤질로. 묵자말자.
먹자판 명 묵자판.
먹장어(-長魚) 명 꼼재이.
먹종이 명 먹조오.
먹히다 동 믹히다.
먼길 명 먼질.
먼저 부 머이. 먼지. 먼첨.

먼젓번(--番) 명 먼짓분. 저머이.
먼지 명 문지. 미검. 미굼.
먼지떨이 명 문지털개. 미검털개. 미굼털개. 털개.
먼지투성이 명 문지구디기. 문지투시이. 미검구디기. 미검투시이. 미굼구디기. 미굼투시이.
먼 촌수 구 개촌수.
멀겋게 부 멀거이.
멀겋다 형 밀겋다.
멀그스름하다 형 멀구수룸하다.
멀끔하다 형 멀꿈하다. 미꿈하다.
멀다 형 가맣다.
멀리 부 멀기.
멀리하다 동 멀기하다.
멀미 명 물미.
멀어지다 동 가매지다.
멀쩡하게 부 멀거이.
멀쩡한 부 멀건.
멀찌감치 부 멀쭈감치.
멀찍하다 형 멀쭉하다.
멈추다 동 멈차다.
멈춰서다 동 멈차서다. 퍼지다.
멈칫멈칫하다 동 찌붓찌붓하다.
멋대가리 명 멋짜구.
멋대로 부 난양대로. 맛대로. 신대로.
멋부리다 동 갈롱부리다. 갈롱지기다.
멋있다 형 멋나다.
멋쟁이 명 갈롱재이. 멋재이.
멍게 명 멍기.
멍석 명 덕석. 맹석. 방석.
멍석딸기 명 왕초딸.
멍석말이 명 덕석말이.
멍에 명 몽에.
멍울 명 마덜개이. 몽아리.
멍청이 명 또디기. 또디이. 멍치이.
메 명 모메.
메기 명 미거지. 미이기.
메기다 동 미기다.
메꽂다 동 미이꽂다.
메다[1] 동 멕히다.
메다[2] 동 미다.
메뚜기 명 메띠기.
메밀 명 미물.
메밀씨앗 명 미물씨.
메벼 명 멧나락.
메 뿌리 구 모메싹.
메수수 명 메수시.
메스껍다 형 미시껍다. 앵꼽다.
메슥거리다 동 미식기리다. 미싱기리다. 미싱미싱하다.
메아리 명 미아리.
메어치다 동 미이치다.
메우다 동 메까다. 메아다. 미까다. 미아다.
메조 명 메조비.
메주 명 미주. 미지.
메주덩이 명 미줏덩거리. 미짓덩거리.
메치다 동 메애치다.
멜빵 명 걸빵. 밀빵.
멜빵끈 명 밀끈.
멥쌀 명 메쌀.
멧갓 명 갓.
멧돼지 명 산대지. 멧대지. 멧돌. 산돌.
며느리 명 메너리. 미너리.
며느리발톱 명 딧발텁.
며느리배꼽 명 원앙꽃.

며늘아기 명 젊우이.
며칠 명 메칠. 미칠.
멱감다 동 목깜다.
멱둥구미 명 둥구마리. 뚜꾸마리.
멱따다 동 믹따다.
멱살 명 매간지. 맥살. 목살.
멱살잡이 명 맥살잽이.
멱서리 명 믹써리.
면[1] 조 마.
면[2](面) 명 맨. 민.
면[3](綿) 명 맨. 민.
면[4](麵) 명 맨. 민.
면경(面鏡) 명 맹경. 밍경.
면도(面刀) 명 맨도. 민도. 민모.
면도칼(面刀-) 명 맨도칼. 민도칼. 민모칼.
면면이(面面-) 부 민미이.
면목(面目) 명 맨목. 민목.
면박(面駁) 명 구사리.
면발(麵-) 명 맨발. 민발.
면치레(面--) 명 맨치리. 민치리.
면하다(免--) 동 맨하다. 민하다.
면허증(免許證) 명 맨애찡. 민어찡.
면화(棉花) 명 미잉.
면회(面會) 명 맨애.
멸구 명 맬구. 밀구.
멸치 명 메루치. 미러치. 밀치.
멸치젓 명 맥젓.
명공(名工) 명 맹공. 밍공.
명년(明年) 명 맹년. 밍년.
명당(明堂) 명 맹당. 밍당. 정혈.
명령(命令) 명 맹영. 밍영.
명백히(明白-) 부 맹백히. 밍백히.
명색(名色) 명 맹삭. 맹색. 밍삭. 밍색.
명색이(名色-) 부 맹삭이. 맹색이. 밍삭이. 밍색이.
명아자-여뀌 명 너삼대.
명아주 명 도투라지. 맹아주. 밍아주.
명절(名節) 명 맹절. 맹질. 밍절. 밍질.
명주솜(明紬-) 명 맹지소캐. 밍지실.
명주실(明紬-) 명 맹지실. 밍지실.
명주옷(明紬-) 명 맹지옷. 밍지옷.
명주자루(明紬--) 명 맹지자리. 밍지자리.
명줄(命-) 명 맹줄. 밍줄.
명치 명 맹치. 밍치.
명태(明太) 명 맹태. 밍태.
몇 명 멫. 밎.
몇몇 명 멫멫. 밎밎.
모가지 명 매가지. 매간지. 모간지.
모개로 부 몰아서.
모과(木瓜) 명 모개. 목짜.
모금 명 모곰. 모굼.
모기 명 머구. 모개이. 모구.
모기장(--帳) 명 모구장. 방장.
모닥불 명 오목불.
모두 명 모도.
모두들 부 저신에.
모래 명 몰개.
모래바람 명 몰개바람.
모래밭 명 몰개밭.
모래알 명 몰개알.
모레 명 모리.
모루 명 모리띠이.
모르다 동 모루다.
모름지기 부 모룸지기.
모본단(模本緞) 명 모비단.
모서리 명 모배기. 모시리. 테가리.

모습 명 모숩.
모시 명 모수.
모시다 동 미시다.
모시두루마기 명 모수두리막.
모심기 명 모싱기.
모양(模樣) 명 모냥. 몬냥.
모양새(模樣-) 명 모냥새. 뽄때가리.
모여들다 동 모다들다. 모이들다. 모치들다.
모으다 동 모다다. 모닿다. 모두다. 모아다.
모은 관 몯안.
모이 명 모시.
모이다 동 모치다.
모자라다 동 모잘라다. 모지라다. 모지래다.
모조리 부 마둥구리. 모딜티리. 모지리. 싸거리. 홀티리.
모종(-種) 명 모상. 모중.
모종하다(-種--) 동 모상벗다. 모중벗다.
모지락스럽다 형 모질시럽다.
모지랑이 명 모지래이.
모질다 형 모질밫다.
모탕 명 보탕.
모퉁이 명 모래이. 모티이.
목거리 명 목빙.
목걸이 명 목골이.
목구멍 명 목구녕. 목구늉. 목구뭉. 목구중.
목덜미 명 딧덜미. 딧목. 딧목아지. 목줄기.
목도리 명 목두리.
목말 명 몰뚜각시. 혹말.
목말타기 명 혹말타기.
목매기송아지 명 목맨송안치.
목새 명 복새.
목수건(-手巾) 명 목수군.
목숨 명 목심.
목욕탕(沐浴湯) 명 목간통.
목욕하다(沐浴--) 동 모욕하다.
목젖 명 목좃.
목직하다 형 모쫄하다. 몰쭉하다.
목청 명 목충.
목침(木枕) 명 몽침이.
목탁(木鐸) 명 개목딱. 목딱.
목화(木花) 명 미잉꽃.
목화밭(木花-) 명 미잉밭. 쏘캐밭.
목화송이(木化--) 명 미잉꼬타리.
몫 명 꺼붙이.
몰골 명 꼬라지. 몰꼴.
몰골사납다 형 몰꼴사냅다.
몰다 동 모꾸라다.
몰랑몰랑하다 형 아낭아낭하다.
몰래 부 가마이. 몰리.
몰려가다 동 몰리가다.
몰려다니다 동 몰리댕기다.
몰려들다 동 모다들다. 모이들다. 모치들다. 몰리들다.
몰려오다 동 몰리오다.
몰아넣다 동 몰아옇다.
몰아들이다 동 몰아딜라다.
몰아세우다 동 몰아시아다.
몸나다 형 몸불다.
몸뚱이 명 몸뚱아리. 몸띠이.
몸무게 명 몸건대.
몸부림 명 몸부럼. 몸부룸.
몸뻬[monpe] 명 몸빼이.
몸살 명 몸치.
몸살하다 동 널치나다.
몸서리나다 형 언성시럽다.
몸조리하다(-調理--) 동 잔주리하다.

몹시 부 좆나기. 좆빠지기. 진딱.
몹쓸 관 몬씰. 몹씰.
못 부 몬.
못나다 형 몬나다.
못난이 명 몬고이. 몬내이. 몬냄이.
못다 부 몬따.
못돼먹다 형 몬데묵다.
못되다 형 몬데다. 몬떼다.
못마땅하다 형 몬마땅하다.
못미처 명 몬미차.
못살다 동 몬살다.
못생기다 형 몬생기다. 목딱걸다.
못 쓰는 누에고치 구 부꼬치.
못쓰다 동 몬씨다.
못자리 명 모구자리. 모구지.
못잖다 형 몬짢다.
못지않다 형 몬지안하다.
못하다 동 형 몬하다.
못해먹다 동 몬해묵다.
몽글몽글 부 몽골몽골. 몽굴몽굴.
몽당비 명 모지랑빗자리.
몽당빗자루 명 몽땅빗자리. 빗자리몽대이.
몽당이 명 몽대이.
몽당치마 명 몽땅처매.
몽둥이 명 몽디이.
몽둥이찜질 명 몽디이떰질.
몽땅 부 맹창. 솔딱. 솔방. 솔빡.
몽땅하다 형 짜리몽땅하다.
몽우리 명 몽오리. 몽올.
몽톡하다 형 몽탕하다.
뫼등 명 멧등. 밋등.
뫼자리 명 멧자리. 미터. 미터실이. 밋자리.
묘(墓) 명 미.
묘사(墓祀) 명 모사.
무 명 무시.
무거리 명 무구리.
무거워하다 동 무굽어하다.
무겁다 형 무굽다.
무관심하다(無關心--) 동 백파중하다.
무김치 명 무시지.
무너뜨리다 동 무네띠리다. 엉걸띠리다.
무너지다 동 무네지다. 무라지다. 엉개지다.
무녀리 명 조리재이.
무논 명 물논.
무능하다(無能--) 형 무랑하다.
무늬 명 문채.
무단히(無斷-) 부 무다이.
무당(巫堂) 명 굿재이.
무당개구리 명 비단깨구리.
무더기 명 무디기. 무디이.
무더위 명 무더부.
무던하다 형 무덚다.
무드럭지다 형 무덕찌다.
무랍 명 물밥.
무량태평(無量泰平) 명 무랑태피이. 태피이.
무렵 명 답. 무릅. 물사. 물시.
무르다 형 무루다. 무리다.
무르익다 형 매익다.
무르팍 명 무루팍. 물팍.
무릇 명 참도꾸마리.
무릎 명 무룹.
무말랭이 명 무시오가리. 무시우구리.
무말랭이반찬 명 짠지.
무명 명 미잉.
무명베 명 미잉비. 밍비.
무명실 명 목기울. 미잉실. 밍실.

무명씨 명 맹씨. 밍씨.
무명지(無名指) 명 니채손까락.
무모히(無謀-) 부 무대뽀로.
무사마귀 명 물사마구.
무사히(無事-) 부 무사이.
무서워라 감 무시라.
무서워하다 동 무숩어하다.
무섭다 동 무숩다.
무성하다(茂盛--) 형 어벅하다. 우벙하다.
무쇠 명 무씨.
무쇠솥 명 조선솥.
무슨 관 머선. 무순. 무신.
무시무시하다 형 어마무시하다.
무심결(無心-) 부 무심질.
무심히(無心-) 부 무심차이.
무엇을 부 머로.
무자식(無子息) 명 무자석.
무작배기 명 무작빼기.
무작스럽다 형 무작시럽다.
무정란(無精卵) 명 썩달갈.
무조건(無條件) 명 무조꾼. 무주꾼.
무지(無知) 명 중.
무지렁이 명 무지래이.
무치다 동 문치다. 조아다. 조우다.
무턱대고 부 대고. 무짜로.
무효(無效) 명 무요.
묵뫼 명 묵미. 묵운미.
묵은내 명 묵운내.
묵은눈 명 묵운눈.
묵은닭 명 묵운닭.
묵은땅 명 묵운땅.
묵은보리 명 묵운보리.
묵은빚 명 묵운빚.
묵정이 명 묵운디이.
묵직하다 형 무쭐하다. 물쭉하다.
묶다 동 묶아다. 뭉치다.
묶음 명 묶움.
문고리(門--) 명 문꼬리.
문구멍(門--) 명 문꾸녕. 문꾸늉. 문꾸뭉. 문꾸중.
문단속(門團束) 명 문단도리.
문대다 동 문때다. 엉때다.
문둥이 명 문디이. 용총개이.
문드러지다 형 문두루빠지다.
문리(文理) 명 물미.
문뱃내 명 홍시내.
문살(門-) 명 문살대.
문어(文魚) 명 문이. 물이.
문어가랑이(文魚---) 명 문이까리. 물이까리.
문절망둑(文鰤--) 명 꼬시래기.
문제투성이(問題---) 명 문제투시이.
문지르다 동 문지라다.
문지방(門地枋) 명 문쭈방.
문짝(門-) 명 문째기.
문틀(門-) 명 문구틀.
묻어가다 동 묻히가다.
묻어오다 동 묻히오다.
묻히다 동 문치다. 묻하다.
물 명 땟물.
물가에 부 물가세. 물가시.
물건(物件) 명 물견.
물고구마 명 물고매.
물고기 명 물기기.
물곬 명 도구.
물구덩이 명 물구디이.

물구멍 명 물구녕. 물구늉. 물구뭉. 물구중.
물그스레하다 형 물구수룸하다.
물까마귀 명 물까마구.
물까치 명 물깐치.
물까치수염 명 개꼬래이.
물꼬 명 수통.
물꼬챙이골 명 바알고대.
물끄러미 부 멀꾸루미. 멀꾸미. 물꾸루미. 물꾸미.
물동이 명 물도오.
물두멍 명 더무. 물더무. 수티이.
물들이다 동 물딜이다.
물러나다 동 물루나다.
물레 명 물리.
물레방아 명 물리바아. 물바아.
물려받다 동 물리받다.
물려주다 동 물라주다. 물리주다.
물리다 동 물라다.
물리치다 동 물리다.
물맴이 명 땡땡이. 매군자리. 맹검재이. 앵금재이.
물방개 명 까재. 방까재. 빵까재. 참까재.
물방울 명 물빠알.
물뱀 명 물자새.
물벼룩 명 물비룩이.
물복숭아 명 물복숭.
물부리 명 담배물쪼리. 대물찌. 댄배물쪼리. 댐배물쪼리. 물뿌리. 물찌. 빨뿌리.
물뿌리개 명 물쪼리. 조리.
물색(物色) 명 물씨.
물수세미 명 가사리때.
물수제비 명 물빤대.
물수제비뜨기 명 빤대치기.
물시하다(勿施--) 동 물세하다. 허씨싸하다.
물싸움하다 동 물싸암하다.
물쑥 명 용애.
물어내다 동 물리내다. 물우내다.
물어뜯기다 동 물우띧기다.
물어뜯다 동 물우띠다.
물외 명 물이.
물웅덩이 명 물굼티이.
물음 명 물움.
물음표 명 물움포.
물이끼 명 물때.
물커지다 동 물캐지다.
물컹하다 형 물커덩하다.
물켜다 동 물써다. 물씨다.
물쿠다 형 무라다. 물카다.
물큰 부 물쿤.
물큰물큰 부 물쿤물쿤.
물퉁이 명 물티이.
묽다 형 눅다.
뭉개다 동 문때다. 뭉때다.
뭉개지다 동 뭉가지다.
뭉치 명 뭉티이.
뭉치다 동 뭉구라다.
뭉클뭉클 부 뭉쿨뭉쿨.
뭉클하다 형 뭉쿨하다.
뭉텅이 명 뭉티기.
뭉텅하다 형 뭉턱하다.
뭉툭뭉툭 부 몽탁몽탁.
뭉툭뭉툭하다 형 몽탁몽탁하다.
뭐 부 머.
뭐되다 형 머데다.
뭐라고 부 머시라꼬.
뭐라고 해쌓다 구 머라쌓다.

뭐하느라고 부 마안다꼬. 마안데. 만다꼬. 머한다꼬.

뭐하다 동 머하다.

뭐하려고 부 마안다꼬. 마안데. 만다꼬. 말라꼬. 머할라꼬.

뭣같이 부 머겉이.

뭣하다 형 머하다. 멋하다.

미강(米糠) 명 미깡.

미꾸라지 명 미꾸래이.

미끄럽다 형 매끄럽다. 뺀더럽다.

미끈둥하다 형 미끈덕하다.

미끼 명 미깝. 미꼬미. 이깝.

미닫이창(---窓) 명 밀창.

미련스럽다 형 미런시럽다.

미루다 동 미라다.

미숫가루 명 미싯가리.

미안스럽다(未安---) 형 미안시럽다.

미어지다 동 미이지다.

미어터지다 동 미이터지다.

미운 관 밉운.

미운털 명 밉운털.

미움받다 동 밉상받다.

미움받이 명 밉상받이.

미워하다 동 밉어하다. 밉다카다.

미음 명 미움.

미장이 명 미재이.

미적거리다 동 미기적기리다. 밍기적기리다.

미주알 명 똥짜바리. 미자바리.

미지근하다 형 미지그리하다.

미처 부 미차.

미치광이 명 미청개이.

미친개 명 미천개.

미친년 명 미천년.

미친놈 명 미천넘.

미투리 명 메투리. 미터리. 삼신.

민들레 명 소똥꼬부래이. 진달래.

민망하다(憫惘--) 형 민지럽다. 바시다.

민며느리 명 콩각시.

민물고기 명 촌기기.

밀기울 명 밀지불.

밀려나다 동 밀리나다.

밀려나오다 동 밀리노오다.

밀려오다 동 밀리오다.

밀방망이 명 밀방매이.

밀삐 명 미끈. 밀끈.

밀사리 명 밀꼬사리.

밀사리하다 동 밀꼬사리하다.

밀어젖히다 동 밀어재끼다.

밀짚모자 명 보릿대모자.

밉보이다 동 밉비다.

밉살스레 부 밉깔시리. 밉쌀시리. 밉쌍시리.

밉상(-相) 명 밉새이.

밉상스러운 짓하다(-相--- ---) 구 밉쌍지기다.

밉상스럽다(-相---) 형 밉깔시럽다. 밉상받다. 밉쌀시럽다. 밉쌍시럽다.

밍밍하다 형 닝닝하다.

밑거름 명 밑거룸.

밑구멍 명 납딱꼬치. 밑구녕. 밑구늉. 밑구뭉. 밑구중.

밑신개 명 군데발판. 발판.

밑알 명 밑달갈. 알자리알.

밑지다 동 밑가다.

밑질기다 동 밑찔기다.

밑천(-錢) 명 미천.

밑털 명 밑터리기.

바가지 명 바가치. 박재기.

바구니 명 도래소꾸리. 바구리.

바구미 명 바기미. 좀

바글거리다 동 바굴기리다.

바글바글하다 동 바굴바굴하다. 박실박실하다.

바깥 명 배겉. 배겉.

바깥마당 명 배껕마당. 한데마당.

바깥양반(--兩班) 명 배껕냥반.

바깥쪽 명 배껕쪽. 배겉쪽. 한데쭉.

바꾸다 동 바까다.

바꿔치기 명 바까치기.

바뀌다 동 바끼다. 배끼다.

바느질 명 바알질.

바늘 명 바알.

바늘구멍 명 바알구녕. 바알구늉. 바알구뭉. 바알구중.

바늘귀 명 바알기.

바늘방석(--方席) 명 바알방석.

바닥 명 바댁.

바닷물 명 갱물.

바들바들 부 빠들빠들.

바디 명 보대. 보디.

바라다 동 바래다.

바락바락 부 빠락빠락. 빡빡.

바람 명 바램.

바람기(--氣) 명 바램기.

바람나다 동 바램들다. 바램들리다.

바람둥이 명 바램디이.

바람벽(--壁) 명 베룩빡. 베룩빵. 비룩빡. 비룩빵.

바람살 명 바램살.

바람잡이 명 바램잽이.

바람쟁이 명 바램재이.

바람피우다 동 바램피아다.

바랭이 명 바래이.

바로 부 바리.

바로 밑 동생(同生) 구 아시동상.

바로바로 부 바리바리.

바로잡다 동 바리잡다.

바루다 동 바라다. 반지라다. 반틀라다. 발라다.

바르다 동 바러다.

바른길 명 바린질.

바보 명 어비이. 춘피이.

바쁘다 형 바뿌다.

바삐 부 배삐.

바스라기 명 뽀씨리기.

바스락거리다 동 바시락기리다.

바싹 부 빼짝.

바위 명 바구. 바우.

바위솔 명 산돈내이.

바지 명 주봉. 주우.

바지게 명 바다리. 바자리. 바지기.

바지랑대 명 간때미.

바지저고리 명 바지저구리.

바지춤 명 바지말.

바짓가랑이 명 바짓가래이. 주우가래이.

바짝 부 빼싹.

바퀴 명 동터래. 바꾸. 바끼. 발통.

바퀴벌레 명 강구.

바특하다[1] 형 빠덕하다.

바특하다[2] 형 툭지다.

박고지 명 박오가리. 박우구리.

박수 명 북재이.
박이다 동 백이다.
박이두루마기 명 박움두리막.
박쥐 명 뽈지.
박히다 동 백히다.
밖에 조 백이. 빼이. 빽이. 삐이.
반(半) 명 반실. 반ㅌ. 반텀.
반가움 명 반갑움.
반가워하다 동 반갑아하다.
반가이 부 반갑기.
반거충이(半---) 명 반거치이.
반나절(半--) 명 나잘가웃. 반나잘. 반나질.
반대쪽(反對-) 명 반대쪽.
반대편(反對便) 명 반대팬. 반대핀.
반동강(半--) 명 반동가리.
반두 명 반도.
반드레하다 형 빤드리하다.
반드시 부 반다시.
반들반들하다 형 뺀들뺀들하다.
반듯반듯 부 똠방똠방.
반듯반듯하다 형 똠방똠방하다.
반딧불 명 개똥벌개이불. 까래이불.
반반하다 형 매꼬롬하다. 매꿈하다. 밴밴하다.
반벙어리(半---) 명 반버부리.
반병신(半病身) 명 반빙시이.
반살미 명 반살기.
반의반(半-半) 명 반에반.
반죽음(半--) 명 얼죽움.
반짇고리 명 바알당새이. 반당새이. 반짇그륵.
반질반질하다 형 빤닥빤닥하다.
반짝거리다 동 빠딱거리다.
반짝반짝 부 빠딱빠딱.
반창고(絆瘡膏) 명 반창구.
반편이(半偏-) 명 반피이.
반풍수(半風水) 명 반풍시.
반 효자(半 孝子) 구 반호자.
받다 동 박다.
받아들이다 동 받아딜이다.
받치다 동 받하다.
받히다 동 받하다.
발가락 명 발꾸락.
발강이 명 쭈루기. 쭈리기.
발갛다 형 밸갛다.
발걸음 명 발걸움. 발재죽.
발견하다(發見--) 동 발갠하다. 발긴하다.
발그스름하다 형 뻑따구리하다. 뻑딱하다.
발 넓다 구 발씨넒다.
발뒤꿈치 명 발디꼼치.
발동하다(發動--) 동 발동걸리다.
발등 명 발등더리. 발띠이.
발라내다 동 볼가내다. 뽈가내다.
발라먹다 동 볼가묵다. 뽈가묵다.
발리다 동 볼가다. 뽈가다.
발름발름하다 동 발룸발룸하다.
발름하다 형 빠꼼하다. 빠꿈하다. 빨롬하다. 빨쫌하다. 빨쭘하다. 빼꼼하다. 빼꿈하다.
발명(發明) 명 발맹. 발밍
발모가지 명 발모간지. 발목떼기. 발묵띠기.
발목 명 발묵.
발밭게 부 애불시리.
발밭다 형 애불시럽다.
발버둥치다 동 발부덩치다.
발자국 명 발재죽.

발자취 [명] 발자치.
발찌 [명] 발치.
발톱 [명] 발텁.
밝다 [형] 맵다.
밝히다 [동] 볽히다. 뽉히다.
밟다 [동] 볿다.
밟히다 [동] 볿히다.
밤고구마 [명] 타박고오매.
밤길 [명] 밤질.
밤나무 [명] 밤낭ㄱ.
밤새 [명] 밤시.
밤새우다 [동] 날시아다. 밤시아다.
밤송이 [명] 밤시이.
밥그릇 [명] 밥그륵.
밥뚜껑 [명] 개띠비이. 띠비이. 밥띠비이.
밥맛없다 [형] 밥정없다. 입정없다.
밥숟가락 [명] 밥수가락.
밥알 [명] 밥떠꺼리.
밥주걱 [명] 밥주개. 밥주국. 밥주기.
밥풀 [명] 밥떠꺼리. 밥풀띠기.
밥함지 [명] 밥반티이.
방가지똥 [명] 먹통씬내이.
방고래(房--) [명] 고랫구녕. 고랫구뭉.
방구석(房--) [명] 방구식.
방귀 [명] 방구.
방금(方今) [명] 방굼.
방동사니 [명] 꼬꾸람때. 방동사이.
방둥이 [명] 방디이.
방망이 [명] 방매이.
방법(方法) [명] 방수. 질수.
방사하다(倣似--) [형] 방상하다.
방석(方席) [명] 자비동.
방수포(防水布) [명] 가빠.
방아깨비 암놈 [구] 찌러기.
방앗간(--間) [명] 바아실. 방깐.
방앗공이 [명] 바아꼬. 방앗고오.
방에(房-) [부] 바아.
방울 [명] 빠알.
방위(方位) [명] 방우.
방이다 [동] 공가다.
방정맞다 [형] 방정밪다.
방천(防川) [명] 둥천.
방천쌓다(防川--) [동] 방천하다.
방패연(防牌鳶) [명] 방피연. 참연.
방해하다(妨害--) [동] 방애하다.
방향(方向) [명] 방양.
밭 놓다 [구] 밭낳다.
밭다 [형] 봍다.
밭둑 [명] 밭깍단. 밭두덕. 밭두룸. 밭어덕.
밭떼기 [명] 밭띠기.
밭뙈기 [명] 밭떼기.
밭사돈(-査頓) [명] 사장어룬.
밭은기침 [명] 봍은지침.
밭은 이 [구] 봍애기. 오새.
배고프다 [형] 배고푸다.
배고픔 [명] 배고품.
배꼽 [명] 배꾸녕. 배꾸뉴. 배꾸뭉. 배꾸중. 배총.
배꼽 쥐다 [구] 뱃살곶하다.
배내 [명] 배내기.
배냇병신(--病身) [명] 뱃속빙시이.
배냇저고리 [명] 첫저구리.
배냇짓 [명] 뱃속짓.
배다[1] [동] 배기다. 배이다. 쨀이다. 쩔이다.
배다[2] [동] 배설라다.
배다[3] [형] 쏘물다.

배돌이 명 뺀돌이.
배때기 명 배때지. 배애지.
배배 부 비비.
배부르다 형 배부루다.
배불뚝이 명 배불띠기.
배슥배슥 부 배실배실.
배슥하다 형 빼삭하다.
배앓이 명 배앓이.
배우다 동 배아다. 비아다.
배웅하다 동 바래주다.
배지기 명 배치기.
배질 명 배질미질.
배창자 명 배창사. 배창시.
배추 명 배차. 뱁차. 뱁추.
배추장수 명 배차재이.
배퉁이 명 배티이.
백마(白馬) 명 백말.
백설기(白--) 명 백시리떡. 백찜.
백여우(白--) 명 백야시.
백정(白丁) 명 칼잽이.
밴대보지 명 맨보지. 백보지.
밴대자지 명 맨자지.
뱀 명 배암. 뱀이. 비암. 진짐승.
뱀딸기 명 개딸기. 구리딸. 배암딸. 뱀딸.
뱀장어(-長魚) 명 배암재이. 비암재이.
뱀차즈기 명 꼼보뱁차. 문디이뱁차. 문디이풀.
뱃가죽 명 뱃거죽.
뱃놈 명 뱃넘.
뱃속 나이 구 뱃속나.
뱉다 동 밭다.
뱉어내다 동 게아내다. 기아내다. 밭아내다.
버거워하다 동 버굽어하다.
버겁다 형 버굽다.
버그러지다 동 삐꺼러지다.
버글거리다 동 버굴거리다.
버꾸놀음하다 동 버꾸통지기다.
버꾸놀이 명 버꾸통.
버둥거리다 동 버덩기리다.
버드나무 명 빼들낭ㄱ.
버드렁니 명 빼더랑니.
버들강아지 명 빼들강새이.
버들말즘 명 마리.
버들붕어 명 긴조.
버럭버럭 부 빼럭빼럭. 빽빽.
버르장머리 명 버루장머리.
버릇 명 버롯. 버룻. 질.
버릇되다 동 버롯데다. 버룻데다. 질데다. 짓이나다.
버릇없다 형 버롯없다. 버룻없다.
버릇하다 동 버롯하다. 버룻하다. 볼실하다.
버리다[1] 동 베리다. 비리다.
버리다[2] 동 뿌다. 삐다.
버무리다 동 버물리다. 치대다.
버선 명 버신. 보선. 보신.
버선발 명 버신발. 보선발. 보신발.
버선 홈 구 아설개.
버섯 명 버석.
버스[bus] 명 빠서.
버치 명 버지기. 엄버지기.
버캐 명 버거리. 버기미.
버티다 동 버팅기다. 빼때다. 빼태다.
벅신거리다 동 벅썩기리다.
벅적거리다 동 박작기리다.
번(番) 명 분.
번갈아(番--) 부 번내기로.

번개 명 벙개.
번갯불 명 벙갯불.
번거롭다 형 번거럽다.
번데기 명 뻔디기.
번드레하다 형 뻔디리하다.
번번이(番番-) 부 번버이.
번설하다(煩屑--) 형 번성없다.
번연히 부 번여이. 빼이. 뻔하이.
번지 명 가리. 고람.
번지게 하다 번자다.
번째(番-) 명 분채.
번쩍번쩍하다 형 삐까뻔쩍하다.
번차례로(番次例-) 부 번치로.
번철(燔鐵) 명 전소두배이.
벋음씀바귀 명 가시랑구. 칼씬내이.
벋정다리 명 곰배다리. 빼덩개다리.
벌[1] 명 벌이.
벌[2] 명 불.
벌거숭이 명 빨가디이. 빨거싱이.
벌다 동 벌이다.
벌떼 명 벌이떼.
벌레 명 벌개이. 벌거재이. 벌거지.
벌레 먹다 구 가토 묵다.
벌름거리다 동 벌룸기리다.
벌름벌름 부 벌룸벌룸.
벌리다 동 발기다. 발씨다. 벌기다. 벌씨다. 비씨다.
벌어먹다 동 벌이묵다.
벌어지다 동 발아지다. 벌씨지다. 벌우지다.
벌이다 동 벌기다. 벌씨다.
벌써 부 버씨로. 하마. 하매.
벌집 명 벌이집.
범벅 명 범북.
법(法) 명 벱. 빕.
벗겨지다 동 버어지다. 벗거지다. 벗기지다. 벳기지다. 빗기지다. 뻿기지다. 빗기지다.
벗기다 동 벳기다. 빗기다. 뻿기다.
벗다 동 벗이다.
벙거지 명 벙치.
벙어리 명 버부리. 벙짜.
베 명 비.
베개 명 벼개. 비개.
베갯머리송사(---訟事) 명 벼갯밑송사. 비갯밑송사.
베끼다 동 빼끼다.
베다 동 비다. 추리다.
베먹다 동 비이묵다.
베어내다 동 비이내다.
베이다 동 비이다.
베틀 명 비틀.
벼 명 나락. 베. 비.
벼농사(-農事) 명 나락농사. 베농사. 비농사.
벼락 명 베락. 비락.
벼랑 명 낭. 베랑. 비렁.
벼랑길 명 비릿질.
벼루 명 베루. 비루.
벼룩 명 베룩이. 비룩이.
벼룩나물 명 나랑내이.
벼르다 동 바랳다. 베라다. 비라다.
벼리다 동 비라다.
벼메뚜기 명 나락메띠기.
벼슬 명 배실. 비실.
벼이삭 명 나락이색.
벼훑이 명 나락홀깨. 대홀깨. 손홀깨. 홀깨.
벼훑이타작(---打作) 명 손훑깨타작.

벽돌(甓-) 명 백돌. 빅돌.
벽시계(壁時計) 명 지둥시게.
벽지(壁紙) 명 백지. 빅지.
변경(變更) 명 밴갱. 빈깅.
변덕(變德) 명 개덕. 밴덕. 빈덕.
변덕맞다(變德--) 형 개덕맞다. 개덕지기다. 밴덕맞다. 밴덕지기다. 빈덕맞다. 빈덕지기다.
변덕스럽다(變德---) 형 개덕시럽다. 밴덕시럽다. 빈덕시럽다.
변덕스레(變德--) 부 개덕시리. 밴덕시리. 빈덕시리.
변덕쟁이(變德--) 명 개덕재이. 밴덕재이. 빈덕재이.
변명(辨明) 명 밴맹. 빈밍.
변변찮다 형 밴밴찮다. 빈빈찮다.
변변하다 형 밴밴하다. 빈빈하다.
변상하다(辨償--) 동 물라주다. 물리주다. 물아주다. 물우주다.
변소(便所) 명 딧간. 똥구디기. 정낭. 통시.
변질되다(變質--) 동 재넘다.
변하다(變--) 동 벤하다. 빈하다.
변호사(辯護士) 명 벤오사. 빈오사.
별[1] 명 밸. 빌.
별[2](別) 관 밸. 빌.
별것(別-) 명 밸꺼. 빌꺼.
별것이(別--) 부 밸끼. 빌끼.
별꼴(別-) 명 밸꼬라지. 밸꼴. 빌꼬라지. 빌꼴.
별나다(別--) 형 밸나다. 빌나다.
별놈(別-) 명 밸넘. 빌넘.
별도(別-) 명 밸도. 빌도.
별로(別-) 부 밸로. 빌로. 에차.
별말(別-) 명 밸말. 빌말.
별말씀(別--) 명 밸말씸. 빌말씸.
별맛(別-) 명 밸맛. 빌맛.
별명(別名) 명 밸밍. 빌밍.
별미(別味) 명 밸미. 빌미.
별별(別別) 명 밸밸. 밸아밸. 빌빌. 빌아빌.
별 볼일(別 --) 구 밸볼일. 빌볼일.
별사람(別--) 명 밸사람. 빌사람.
별세하다(別世--) 동 벨세하다. 빌세하다. 시상베리다. 시상비리다.
별소리(別--) 명 밸소리. 빌소리.
별수(別-) 명 밸수. 빌수. 빼쪽한수.
별수없다(別---) 형 밸수없다. 빌수없다. 빼쪽한수없다.
별스럽다(別---) 형 밸시럽다. 빌시럽다.
별스레(別--) 부 밸시리. 볼받기. 빌시리.
별일(別-) 명 밸일. 빌일.
별자리 명 밸자리. 빌자리.
별장(別莊) 명 밸장. 빌장.
별짓(別-) 명 밸짓. 빌짓.
별쭝스럽다 형 뽈쪽시럽다.
별천지(別天地) 명 밸천지. 빌천지.
볍씨 명 씻나락. 종자나락.
볏 명 비실.
볏가리 명 나락까대기. 나락삐까리. 삐까리.
볏단 명 깻단. 나락단.
볏짚 명 벳짚. 빗짚.
병[1](甁) 명 비이. 빙. 삐이. 삥.
병[2](病) 명 빙.
병나다(病--) 동 빙나다.
병들다(病--) 동 빙들리다.
병뚜껑(甁--) 명 빙때까리.
병사[1](兵士) 명 뱅사. 빙사.

병사²(病死) 명 뱅사. 빙사.
병신(病身) 명 뱅신. 빙시이. 빙신.
병아리 명 삘가리. 삘개이.
병원(病院) 명 뱅온.
병치레(病--) 명 빙치리.
병치레하다(病----) 동 빙치리하다. 지껄타다.
병풍(屛風) 명 팽풍. 핑풍.
볕 명 벹. 빝. 뼅. 삩.
볕바르다 형 벹바루다. 빝바루다.
보건소(保健所) 명 보군소.
보국대(報國隊) 명 보옥대.
보글보글 부 보골보골.
보금자리 명 보굼자리.
보기 명 비기.
보늬 명 보이.
보다¹ 조 보다마. 보담. 뽀다마. 뽀담. 뿌다. 뿌다마. 카마.
보다² 형 갑다.
보다는 조 뽀다마는. 뿌다마는.
보다야 조 보담사. 보담아. 뽀담사. 뽀담아. 카마사. 카마야.
보드랍다 형 보도랍다. 보두랍다.
보드레하다 형 보더리하다.
보들보들하다 형 보돌보돌하다. 보둘보둘하다.
보듬다 동 보덤다. 보둠다.
보람 명 보램. 본치.
보람을 느끼다 구 너리보다.
보름 명 보룸.
보름달 명 보룸달.
보리경사(--京辭) 명 보리갱사. 보리갱어. 보리깅사. 보리깅어.
보리까끄라기 명 보리까시래기.
보리누름 명 보리누룸.
보리떡 명 보리개떡.
보리뚝배기 명 보리뚝수바리. 보리툭수바리.
보리밥 명 보쌀밥.
보리밥알 명 보리밥떠꺼리.
보리방아 명 보리바아.
보리새우 명 모이비.
보리수나무 명 보리팰구. 볼똥. 뺄똥.
보리쌀 명 보리양석. 보쌀.
보리차(--茶) 명 오차.
보리 흉년(-- 凶年) 구 보리숭년.
보릿겨 명 보릿딩기.
보릿자루 명 보릿자리.
보슬보슬 부 바실바실. 보실보실.
보슬비 명 보실비.
보습 명 보십. 보십날. 쟁기씨. 훌치이씨.
보시기 명 보시.
보식하다(補植--) 동 머더리다. 머덜다. 머디리다. 머딜다.
보얗게 부 보하이. 보핳기.
보얗다 형 보핳다.
보이다 동 비이다.
보자기(褓--) 명 밥수군. 보재기. 뽀재이.
보조개 명 보조기.
보통사람(普通--) 명 행인물.
보퉁이(褓--) 명 보티이.
보푸라기 명 보푸래기.
복불복(福不福) 명 복골복. 복지복.
복사뼈 명 복숭뻬. 복숭씨.
복숭아 명 복숭.
복숭아씨 명 복숭씨.

복스럽다(福---) 형 복시럽다.
복슬강아지 명 복실강새이.
복슬복슬하다 형 복씰복씰하다.
복어 명 복생선. 복재이. 뽁재이.
복작거리다 동 뽁짝기리다.
복채(卜債) 명 점채.
볶다 동 뽂다.
볶아치다 동 뽂아재끼다.
볶음 명 뽂움.
볶음밥 명 뽂움밥.
볶이다 동 뽂이다.
본(本) 명 뽄.
본데없다 형 본바없다. 비안데없다.
본데없이 부 본바없이. 비안데없이.
본동댁(本洞宅) 명 지동떡이.
본디(本-) 명 본대.
본때(本-) 명 뽄때. 뽄때가리.
본받다(本--) 동 뽄받다.
본보기(本--) 명 뽄비기.
본보다(本--) 동 뽄보다.
본보이다(本---) 동 뽄비다.
본새(本-) 명 뽄시.
본성(本性) 명 태성.
본처(本妻) 명 본각시. 본마님.
본체만체 부 본동만동.
본체만체하다 동 본동만동하다. 본치만치하다.
본토박이(本土--) 명 본토백이.
볼[1] 명 뽈.
볼[2]**[ball]** 명 뽈.
볼가지다 동 뽈가지다.
볼강스럽다 형 볼강시럽다. 뽈강시럽다.
볼거리 명 볼치기. 뽈치기.
볼그레하다 형 볼구리하다.
볼그스름하다 형 볼구수룸하다.
볼그족족하다 형 볼구쭉쭉하다.
볼긋볼긋하다 형 볼굿볼굿하다.
볼기 명 똥빵디이.
볼기짝 명 볼기짹이.
볼끈 부 볼꼰. 뽈꼰.
볼끈거리다 동 볼꼰기리다. 뽈꼰기리다.
볼끈하다 동 볼꼰하다. 뽈꼰하다.
볼때기 명 볼태기. 볼티이. 뽈따구. 뽈티이.
볼우물 명 볼움물.
볼펜[ball pen] 명 골팬.
봄가을 명 봄가실.
봄볕 명 봄벹.
봄새 명 봄새르.
봇짐(褓-) 명 짐빠.
봉덕이 각시 구 봉덕각시.
봉변(逢變) 명 봉벤. 봉빈.
봉분(封墳) 명 봉헌.
봉사 명 먹눈.
봉송(封送) 명 봉개.
봉쇠 명 봉씨.
봉숭아 명 봉송아.
봉지(封紙) 명 봉다리.
봤자 부 밨자.
부귀영화(富貴榮華) 명 부기영아.
부글부글 부 부굴부굴.
부기(浮氣) 명 부우.
부꾸미 명 뿌끼미.
부끄럼 명 부꾸럼. 부꾸룸.
부끄럽다 형 부꾸룹다.
부나방 명 부나부.
부대(負袋) 명 푸대. 푸댓자리.

부대끼다 동 다리이다. 부디끼다.
부드럽다 형 부두룹다.
부드레하다 형 부드리하다.
부득이(不得已) 부 부딕이.
부들부들 부 부둘부둘.
부들부들하다 형 부둘부둘하다.
부디 부 부대.
부딪히다 동 받히다.
부뚜 명 부뚝.
부뚜막 명 부떠막. 부뚜묵.
부뚜막 강아지 구 뿍덕강새이.
부뚜질하다 동 부뚝질하다.
부라리다 동 불씨다. 뿔시다.
부라부라 감 불매불매.
부러뜨리다 동 뿌질라다. 뿔라다.
부러움 명 부룹움. 붊움.
부러워하다 형 부룹어하다. 붊어하다.
부러지다 동 뿔라지다.
부럽다 형 부룹다. 붊다.
부려먹다 동 부리묵다.
부르다[1] 동 부루다.
부르다[2] 형 부루다.
부르트다 동 부리키다. 불키다.
부릅뜨다 동 뿔씨다.
부리나케 부 부리내키. 불내키.
부리다[1] 동 부라다.
부리다[2] 동 지기다. 지이다. 처지이다.
부리망(--網) 명 찌거리.
부리부리하다 형 구리구리하다.
부모님(父母-) 명 부몬님.
부삽 명 불가래. 불수굼파.
부서지다 동 뽀싸지다. 뿌싸지다.
부석부석 부 뿌썩뿌썩. 뿌쑥뿌쑥.
부석하다 형 뿌썩하다. 뿌쑥하다.
부수다 동 뽀싸다. 뽀쌓다. 뿌싸다. 뿌쌓다
부스러기 명 뿌씨리기.
부스러지다 동 뿌씨라지다.
부스럼 명 부시럼.
부스스 부 뿌시시.
부스스하다 형 뿌시시하다.
부슬부슬 부 부실부실.
부슬비 명 부실비.
부시다 형 바시다. 보시다.
부아 명 보갈. 보골. 부애.
부아질하다 동 보갈믹이다. 보갈채아다. 부애채아다.
부앗김 명 부앳짐.
부어 부 붓어.
부어오르다 동 붓어오루다.
부엉이 명 부엥이. 부웅이.
부엌 명 부섴. 정지.
부엌간(--間) 명 정짓간.
부엌데기 명 밥재이. 부섴띠이. 정지가서나. 정지꾼.
부엌문(--門) 명 정지문.
부엌방(--房) 명 정짓방.
부엌칼 명 정지칼.
부자(富者) 명 부재.
부잣집(富者-) 명 부잿집.
부젓가락 명 부저까치. 부짓가락. 불저까치. 불젓가락. 화젓가락.
부조(扶助) 명 부지.
부좃돈(扶助-) 명 부짓돈.
부좃일(扶助-) 명 부짓일.
부지깽이 명 부시깨이. 부작대기. 부지깨이.
부지깽이나물 명 부시깨이나물.

부지런하다 형 바지랂다. 보지랂다.
부지런히 부 부지리이.
부집게 명 불찍게.
부채질 명 부치질.
부처 명 부치. 부치떵거리.
부처꽃 명 부치꽃.
부쳐서 먹다 구 부치묵다.
부추 명 정구지. 정구치.
부탁(付託) 명 부택이.
부터 조 부텀. 부텅.
부풀다 동 부푸다.
부풀려지다 동 부라지다. 부푸라지다.
부풀리다 동 부라다. 부푸라다.
부풀어 있다 구 부품하다.
부황(浮黃) 명 부색.
부황나다(浮黃--) 명 부색들다. 부잭들다.
북 같다 구 북장걷다.
북데기 명 뿍띠기.
북데기농사(---農事) 명 뿍띠기농사.
북돋우다 동 북돋까다. 북돋아다.
북슬강아지 명 북실강새이.
북슬개 명 북실개.
북슬북슬하다 형 북씰북씰하다.
북어(北魚) 명 강태.
북엇국(北魚-) 명 강탯국.
북쪽(西-) 명 북쭉.
분답하다(紛沓--) 형 분답다. 상그랍다.
분명하다(分明--) 형 분맹하다. 분밍하다.
분명히(分明-) 부 분맹이. 분밍이.
분별하다(分別--) 동 분밸하다. 분빌하다.
분잡하다(紛雜--) 형 분잡다.
분지르다 동 뿌질라다. 뿔라다.
분탕하다(焚蕩--) 동 분탕지기다.
분홍(粉紅) 명 분옹.
분홍색(粉紅色) 명 분옹색.
붇다 동 뿔다.
불거지다 동 불구지다.
불구경 명 불기경. 불기깅. 불기잉.
불그레하다 형 불구리하다.
불그스름하다 형 불구수룸하다.
불그죽죽하다 형 불구쭉쭉하다.
불긋불긋하다 형 불긋불긋하다.
불끈 부 불끈. 뿔끈.
불끈거리다 동 불끈기리다. 뿔끈기리다.
불끈하다 동 불끈하다. 뿔끈하다.
불당곡(佛堂谷) 명 뿔땅골.
불덩어리 명 불덩거리.
불도저[bulldozer] 명 도오자.
불두덩 명 불뚜디이.
불뚝 부 뿔뚝.
불뚝성 명 뿔뚝썽질.
불러들이다 동 불루딜라다. 불루딜이다.
불리다[1] 동 불라다. 불아다. 불카다. 뿔카다. 지라다.
불리다[2] 동 불라지다. 불아지다. 불카지다. 불키다. 뿔카지다. 뿔키다.
불만투성이(不滿---) 명 불만투시이.
불면증(不眠症) 명 불맨징. 불민징.
불목 명 불묵.
불분주야하다(不分晝夜--) 동 불문주야하다.
불상년(-常-) 명 씨쌍년.
불상놈(-常-) 명 씨쌍넘.
불쏘시개 명 부살개. 불살개.
불알 명 보알. 봉알. 붕알. 불.
불알친구(--親舊) 명 보알친구. 봉알친

구. 붕알친구.

불어나다 동 짓다.

불여우 명 불야시. 불여시.

불잉걸 명 융구럭불. 융구룩불. 잉구럭불. 잉구룩불.

불붙다 동 불딩기다.

불태우다 동 불태아다.

불편하다(不便--) 형 불팬하다. 불핀하다.

불평하다(不平--) 동 제껄지기다.

붉다 형 뿕다.

붉으락푸르락하다 동 뿕우락푸루락하다.

붉은색(--色) 명 뿕운색.

붉히다 동 뿔씨다. 뿕하다.

붓다 동 벗다.

붕어 명 땅붕어. 송에. 히나리.

붕어마름 명 개고랑풀, 개꼬래이. 개사리풀.

붙견디다 동 심부하다. 전디내다.

붙어먹다 동 붙우묵다.

붙이다 동 붙하다.

붙잡다 동 건잡다.

붙잡히다 동 꺼잽히다. 붙잽히다.

브레이크[brake] 명 부레끼.

브로치[brooch] 명 뿌로찌.

블록[block] 명 보루꾸.

블루길[Blue gill] 명 부루기리.

비겟덩어리 명 비겟덩거리.

비껴가다 동 비끼가다.

비꼬다 동 비까다.

비꾸러지다 동 삐꺼러지다.

비녀 명 비네.

비누 명 사분.

비닐[vinyl] 명 비니루. 빤딱조오. 빨락조오.

비다 형 헐빈하다.

비단결(緋緞-) 명 비단갤. 비단길.

비둘기 명 비들끼. 삐둘끼. 삐들끼.

비듬 명 지기미.

비뚜름하다 형 빼또롬하다. 삐뚜룸하다.

비뚜름히 부 빼또롬이. 삐뚜룸이.

비뚤다 형 비떨다. 삐떨다.

비뚤비뚤 부 삐떨삐떨. 삐털삐털.

비뚤비뚤하다 형 삐떨삐떨하다. 삐털삐털하다.

비뚤어지다 동 비떨어지다. 삐떨어지다. 삐뚤우지다.

비렁뱅이 명 비렁배이.

비루 명 비리.

비루먹다 동 비리묵다.

비린내 명 비렁내.

비벼서 동 비비서.

비비꼬다 동 비비까다.

비비다 동 부비다.

비사치기 명 비석치기.

비석거리(碑石--) 명 비찌껄.

비스름하다 형 비수룸하다.

비슥이 부 비식이.

비슷비슷하다 형 삐까삐까하다.

비실비실하다 동 배실배실하다.

비어지다 동 삐이지다.

비우다 동 비아다.

비웃음 명 비웃움.

비위(脾胃) 명 비우.

비좁다 형 비잡다. 소잡다.

비주룩이 부 삐쭈룸이.

비추다 동 비차다.

비침 명 빛값.

비켜나다 동 비끼나다.

비켜서다 동 비끼서다.

비키다 동 비끼다. 비이다.

비탈 명 삐알. 삐얄.

비틀다 동 비털치다.

비틀어지다 동 삐털어지다.

비하다(比--) 동 요랑하다.

비행기(飛行機) 명 비양구. 비양기.

빈손으로 부 빈걸로.

빈 젖 구 헛젖.

빈주먹 명 맨주묵. 빈주묵.

빈집 명 나간집구석.

빌리다 동 얻다.

빌붙다 동 삐대다.

빌빌거리다 동 갤갤거리다. 삘삘거리다.

빌어먹다 동 밸아묵다. 빌우묵다.

빌어먹을[1] 관 밸아묵울. 빌우묵울.

빌어먹을[2] 감 밸아묵울. 빌우묵울.

빗기다 동 삣기다.

빗나가다 동 삣나가다.

빗나다 동 삣나다.

빗다 동 삣다.

빗밑 명 비밑.

빗방울 명 비빠알.

빗자루 명 빗자리.

빙 부 삥.

빙모님(聘母-) 명 빙몬님.

빚쟁이 명 빚재이.

빛 명 빛.

빛깔 명 삧깔이.

빛나다 동 삧나다.

빛내다 동 삧내다.

빠개다 동 뽀개다.

빠꼼이 명 빠꿈이.

빠끔빠끔 부 빠꼼빠꼼. 빠꿈빠꿈. 빡씬빡씬.

빠끔하다 형 빠꼼하다. 빠꿈하다. 빼꼼하다.

빠끔히 부 빠꼼이. 빠꿈이. 빼꼼이. 빼꿈이. 삐꿈이.

빠듯하게 부 뽀돗이.

빠듯하다 형 뽀돗하다.

빠뜨리다 동 빠자다.

빠르다 형 빠러다.

빠릿빠릿하다 형 빠리빠리하다.

빠져나오다 동 빠지노오다.

빡빡하다[1] 형 빡시다.

빡빡하다[2] 형 뻑짝하다.

빤드럽다 형 뺀지럽다.

빤드레하다 형 뺀더거리하다. 뺀더리하다.

빤히 부 빠꼼이. 빠이.

빨가벗기다 동 빨개벗기다. 빨개빗기다. 빨가벗기다. 빨가빗기다. 할딱벗기다. 할딱빗기다.빨가벗다 동 빨개벗이다. 빨가벗다. 빨가벗이다. 할딱벗다. 할딱벗이다.

빨간 부 빨간.

빨갛게 부 빨가이. 빨갛기. 빨가이. 빨갛기.

빨갛다 형 빨갛다.

빨갱이 명 빨개이. 빨개이.

빨그레하다 형 빨구리하다.

빨래판(--板) 명 빨랫대. 빨랫도매.

빨랫방망이 명 물방매이. 빨래방매이. 서답방매이.

빨랫비누 명 빨래사분. 서답사분.

빨리 부 날래. 날리. 빨랑. 싸기. 파딱. 퍼떡.

빨리다 동 빨라다.

빨리빨리 부 날래날래. 날리날리. 빨랑빨랑. 싸기싸기. 파딱파딱. 퍼떡퍼떡.

뾰족 부 빼쪽.
뾰족이 부 빼쪽이.
뾰족하다 형 빼쪽하다. 뽀쪽하다.
뿌득뿌득 부 뿌둑뿌둑.
뿌듯하다 형 뿌둣하다.
뿌리 명 뿌리이.
뿌리치다 동 털치다.
뿌스럭거리다 동 뿌씨럭기리다.
뿌옇게 부 뿌헣기.
뿌옇다 형 뿌헣다.
뿌예지다 동 뿌해지다.
뿐이다 조 뿌이다.
뿔 명 뿔다구.
뿔그레하다 형 뿔구리하다.
뿔그스름하다 형 뿔구수룸하다.
뿔그죽죽하다 형 뿔구쭉쭉하다.
뿔긋뿔긋하다 형 뿔긋뿔긋하다.
뿜다 동 품다.
삐다 동 가무타다. 삐아다.
삐뚜름하다 형 빼또롬하다. 삐뚜룸하다.
삐져나오다 동 삐지노오다.
삐쩍 부 삐썩.
삐치다 동 삐꿈타다. 삐끼다. 삐지다.
삘기 명 삐삐. 피끼.

사개 명 이.
사과(沙果) 명 능금.
사귀다 동 새기다.
사금파리 명 사암파리.
사기그릇(沙器--) 명 사그륵.
사나흘 명 사나알. 사날. 사알나알.
사납다 형 부랋다. 사냅다.
사내 명 사나아.
사내새끼 명 머숨아새끼. 머심아새끼. 사나새끼.
사내자식(--子息) 명 머숨아자석. 머심아자석. 사나자석.
사냥꾼 명 총잽이.
사다 동 받다.
사다리 명 사닥다리. 새다리.
사들이다 동 사들라다. 사딜이다.
사람 명 사램. 사암.
사람냄새 명 사람내.
사람멀미 명 사램물미.
사랑스럽다 형 사랑시럽다.
사랑스레 부 사랑시리.
사랑어른(舍廊--) 명 배껕어룬. 사랑어룬.
사레 명 사리. 새알.
사레들리다 동 가리넘가다. 새알들리다.
사로잡히다 동 사로잽히다.
사르다 동 사라다. 살다. 살라다.
사름 명 땅내.
사립문(--門) 명 삽짝.
사립문 주위(--門 周圍) 구 삽짝껄.
사마귀 명 눈까시. 사마구. 연까시.
사마귀풀 명 위다리풀.
사먹다 동 사묵다.
사방(四方) 명 양사방.
사방나무(砂防--) 명 사방오리나무.
사사건건이(事事件件-) 부 사사껀꺼이.
사생결단(死生決斷) 명 사생절단.
사설(辭說) 명 사실.
사슴 명 사숨.

사시장철(四時長-) 부 사시장천.
사월(四月) 명 사울달.
사위 명 사우.
사이 명 상간. 새애.
사족(四足) 명 사죽.
사지(四肢) 명 니할개.
사철쑥 명 머리쑥.
사카린[saccharin] 명 꼴아재비. 꿀아재비. 사까리.
사타구니 명 사초. 사타리.
사팔뜨기 명 눈찌거디이. 사또. 사티이. 사팔띠기. 사팔이.
사흗날 명 사안날.
사흘 명 사알. 사얼.
사흘돌이 부 사알디리.
삭이다 동 삭하다. 색이다.
삭정이 명 삭다리.
삯 명 싻.
삯매 명 싻매.
삯바느질 명 싻바알질.
삯방아 명 싻바아.
삯일하다 동 놉일하다. 놉하다.
산 것은 구 살응 거느.
산골(山-) 명 산꼴.
산골짜기(山---) 명 산꼴짝. 산꼴째기.
산기슭(山--) 명 산지슬.
산길(山-) 명 산질.
산더미(山--) 명 산디미.
산덩이(山--) 명 산띠이.
산도(山稻) 명 산두.
산도라지(山---) 명 산도래.
산딸기(山--) 명 나무딸. 산딸.
산딸기나무(山----) 명 딸나무.
산똥 명 쌩똥. 줄똥.
산마루(山--) 명 만대이. 산마리. 산만대이.
산모롱이(山---) 명 산모래이.
산모퉁이(山---) 명 산모티이.
산목숨 명 산목심.
산비둘기(山---) 명 두두새. 산삐들끼.
산비탈(山--) 명 산비알. 산비얄.
산신(産神) 명 삼시랑.
산언덕(山--) 명 산어덕.
산언저리(山---) 명 산언지리.
산역꾼(山役-) 명 산일꾼.
산자락(山--) 명 사입.
산줄기(山--) 명 산주렁.
산초나무(山椒--) 명 난디나무.
산토끼(山--) 명 산토까이.
산해박(山--) 명 조개풀.
살가죽 명 꺼죽.
살갑다 형 애지랍다. 애질갑다.
살결 명 살갤. 살길.
살금살금 부 살곰살곰. 살굼살굼.
살다가 부 사다가.
살덩어리 명 살덩거리.
살리다 동 살라다.
살보시(-布施) 명 육보시.
살살 부 사살. 사알.
살성(-性) 명 살끼.
살아생전(--生前) 명 살아생진.
살얼음 명 살얼움.
살얼음판 명 살얼움판.
살점 명 살찜이. 살키.
살짝 부 살꿈. 살짹이. 살푼.
살찌우다 동 살찌아다.
살찐 개 명 떡개.

살코기 명 살꼬기. 살끼기.
살쾡이 명 살깨이. 살캐이. 씰깨이.
살펴보다 동 덜어보다. 살피보다.
삶기다 동 쌂키다. 쌂피다.
삶다 동 쌂다.
삶으면 부 쌂으메는.
삼 명 쌈.
삼거리길(三---) 명 상그랑질.
삼거웃 명 삼검불.
삼굿 명 삼꽂.
삼베 명 삼비.
삼베감투 명 삼비감투.
삼세번(三-番) 명 삼시분.
삼수갑산(三水甲山) 명 산수갑산.
삼시세끼(三時--) 명 삼시시끼.
삼신할머니(三神---) 명 삼신할매.
삼우(三虞) 명 삼오.
삼이웃(三--) 명 삼이우지.
삼작(三作) 명 삼재기.
삼촌(三寸) 명 삼춘. 아재.
삼키다 동 생키다.
삼태기 명 거룸소꾸리. 짚소꾸리.
삽 명 수굼파. 수굼포.
삽괭이 명 미군깨이.
삽살개 명 쌉쌀개.
삽자루 명 삽자리. 수굼파자리. 수굼포자리.
삽주 명 삽초.
삿되다(邪--) 형 사데다.
삿자리 명 삭자리.
상(床) 명 판.
상객(上客) 명 상각.
상관없다(相關--) 동 상간없다. 일없다.
상극(相剋) 명 애불개.
상냥하다 형 애지랍다. 애질갑다.
상놈(常-) 명 쌍넘.
상두꾼(喪頭-) 명 상토꾼. 새이꾼.
상량(上樑) 명 상낭.
상모(象毛) 명 행미.
상스럽다(常---) 형 몰쌍시럽다.
상식(上食) 명 상석.
상 양반(上 兩班) 구 알양반.
상없다(常--) 형 지상없다.
상여(喪輿) 명 새이.
상엿소리(喪輿--) 명 새잇소리.
상엿집(喪輿-) 명 새이집.
상엿집거리(喪輿---) 명 새이찌껄.
상처(傷處) 명 대럼.
상처나다(傷處--) 동 대럼일다.
상추 명 부상치. 상치.
상판대기(相---) 명 싼다구. 쌍판때기.
상황(狀況) 명 바꾸.
새 관 쌔.
새것 명 새거. 쌔거.
새겨듣다 동 새기듣다.
새그무레하다 형 새꾸무리하다.
새까맣게 부 새까마이. 새까맣기.
새꽤기 명 짚나래미. 짚헤끼.
새끼손가락 명 애기손가락. 앵기손가락.
새끼줄 명 새끼디이.
새끼토막 명 새끼동가리.
새댁(-宅) 명 새딕이.
새덫 명 새털.
새뜻하다 형 샌뜩하다.
새벽 명 새복. 새북.
새벽녘 명 새북땀. 새북질.
새벽달 명 새복달. 새북달.

새벽닭 명 새북닭.
새벽밥 명 새북밥.
새벽이슬 명 새북이실.
새벽장(--場) 명 새북장.
새벽차(--車) 명 새북차.
새벽하늘 명 새북하알.
새삼 명 토사가라지풀.
새삼스럽다 형 굴쭉시럽다. 시삼시럽다.
새삼스레 부 굴쭉시리. 시삼시리.
새색시 명 새악시.
새알심 명 새알.
새우 명 새비. 쌔비.
새우다 동 새아다. 시아다.
새우등 명 새비등. 쌔비등.
새우젓 명 새비젓. 쌔비젓.
새참 명 실참.
새침데기 명 새침띠기. 시침띠기.
색깔(色-) 명 색깔이.
샘 명 옹태이.
샘나다 동 새나다.
샘내다 동 새내다.
샛길 명 샛질.
샛노랗다 형 노루탱탱하다. 노리탱탱하다.
생각 동 새앙.
생각나다 동 새앵키다. 생키다. 생각히다.
생각하다 동 새앙느다. 새앙하다.
생것 명 쌩거.
생겨나다 동 생기지다.
생광스럽다(生光---) 형 생강시럽다.
생광스레(生光--) 부 생강시리.
생글거리다 동 생길기리다.
생기다[1] 형 생기묵다.
생기다[2] 동 생기묵다.
생김새 명 꼬라지. 바꾸. 생긴바꾸.
생니(生-) 명 쌩니빨.
생딱지(生--) 명 쌩때까리.
생뚱맞다 형 쌩퉁맞다.
생면부지(生面不知) 명 생부지.
생식겁(生食怯) 명 쌩씩겁.
생식겁하다(生食怯--) 동 쌩씩겁묵다. 쌩씩겁하다.
생일(生日) 명 생알.
생일날(生日-) 명 생알날.
생장(生葬) 명 쌩장.
생전에(生前-) 부 생진에.
생쥐 명 새앙지. 쌩지.
생트집(生--) 명 쌩때까리. 쌩티집.
생판(生-) 명 쌩판.
생홀아비(生---) 명 쌩홀애비.
생활(生活) 명 생알.
생활하다(生活--) 동 생알하다.
서글프다 형 서거푸다. 서어푸다.
서까래 명 서까리. 써까리.
서늘하다 형 써늖다.
서두르다 동 서두루다. 졸갑지기다.
서랍 명 빼닫이.
서러움 명 서럼. 서럽움.
서럽다 형 서룹다. 섧다. 섭하다.
서로 부 서리.
서른 수 서룬.
서리 명 써리.
서방님(書房-) 명 아주밤. 아지뱀.
서슬 명 서실.
서운하다 형 써분하다. 써븧다. 써웋다.
서쪽(西-) 명 서쭉.
서캐 명 씨가리. 씨개이.

서투르다 형 서투루다.
서풍(西風) 명 서갈풍.
석동내기 명 석동빼이. 시동빼이.
석동무니 명 석동망새이. 석동사이.
석류(石榴) 명 석노.
석비레(石--) 명 썩비럭.
석새삼베 명 썩씨삼비. 썩씨비.
석새짚신 명 썩씨짚신.
석쇠 명 모태. 몰태. 적씨. 철씨.
석수장이(石手--) 명 돌재이. 돌쪼시.
석유(石油) 명 애지럼. 애지룸.
섞갈리다 동 썪갈리다.
섞다 동 썪다. 썪아다.
섞이다 동 썪이다.
선걸음 명 나선걸움.
선걸음에 부 선걸움에.
선길에 부 선질로.
선머슴 명 선머숨아. 선머심아.
선물(膳物) 명 선사.
선보이다 동 선비이다.
선새벽(先--) 명 선새북.
선생노릇(先生--) 명 선상노롯. 선상노릇. 선상질.
선생님(先生-) 명 선상님. 세엠.
선웃음 명 선윘임.
선인장(仙人掌) 명 철숭아.
선피막이 명 씨금나물.
섣달그믐날 명 섣달그뭄날.
섣불리 부 섯부리. 헛불리.
설두(設頭) 명 설도.
설두하다(設頭--) 동 설도하다.
설레발 명 설리발이.
설마 부 설매. 실마.
설마하니 부 설마더라. 설마더리.
설멍하다 형 단방하다.
설사병(泄瀉病) 명 똥뻥. 뱃빙.
설사하다(泄瀉--) 동 똥싸다.
설삶기다 동 덜쌂피다.
설삶다 동 덜쌂다.
설빔 명 설치리.
설움 명 섧움.
설익다 동 덜익다.
설익히다 동 덜익하다.
설쳐대다 동 설치대다.
섬기다 동 싱기다.
섬돌 명 신방돌.
섬뜩하다 형 섬뚝시럽다.
섬마섬마 감 선다선다.
섭슬리다 동 섭씰리다. 썹씰리다. 씹씰리다.
성[1] 명 상.
성[2] 명 썽.
성가시다 형 군시럽다. 성가실다. 송싢다.
성격(性格) 명 성객. 성긱.
성깔(性-) 명 기갈.
성깔부리다(性----) 동 기갈지이다.
성내다 동 부리키다. 불키다. 썽내다.
성냥 명 성양.
성냥개비 명 성양까치. 성양알캐이.
성묘하다(省墓--) 동 싱모하다.
성미(性味) 명 싱미.
성싶다 형 상싶우다. 상집다.
성정(性情) 명 썽질.
성질(性質) 명 썽질.
성질머리(性質--) 명 썽질머리.
성질부리다(性質---) 동 부랑떨다. 부랑빼다. 부랑지이다.

성하다[1] 형 빠꼼하다. 빠꿈하다. 빼꼼하다. 빼꿈하다.
성하다[2] 형 상하다.
세 관 시.
세게 부 쎄기. 씨기.
세끼 명 시끼.
세나절 명 시나잘. 시나질.
세놓다(貰--) 동 시낳다.
세다[1] 동 세아리다. 세알리다. 시아리다. 시알리다.
세다[2] 동 시다.
세다[3] 형 쎄다. 씨다.
세답(洗踏) 명 서답.
세답하다(洗踏--) 동 서답씪다.
세모 명 시모.
세모지다 형 시모나다.
세밑(歲-) 명 설아래.
세밑까지(歲---) 부 설알래.
세벌논 명 막논. 시무구지. 시불논.
세벌논매기소리 명 시무구지소리.
세상(世上) 명 시상.
세상모르다(世上---) 동 시상모루다.
세상없다(世上--) 형 천없다.
세상없어도(世上---) 부 천없어도.
세상에(世上-) 감 시사아. 시상에.
세상천지(世上天地) 명 만구. 만구강산. 만탕. 시상천지.
세설하다(細說--) 동 세실까다.
세수(洗手) 명 물칠. 시수.
세숫대야(洗手--) 명 시때애. 시숫대아.
세요 조 소이.
세우다 동 세아다. 시아다.
세월(歲月) 명 시월.
센 김 구 한짐.
센바람 명 쎈바람. 씬바람.
셈 명 텍.
셈이다 형 텍이다.
셋 수 서이.
셋째[1] 수 시째. 시채.
셋째[2] 명 시째. 시채.
소가지 명 쏘가지.
소견(所見) 명 시건.
소견머리(所見--) 명 시건머리. 짠다구.
소구유 명 구시. 소구시. 소죽구시.
소금 명 소곰. 소굼.
소금물 명 간물.
소금버캐 명 강검.
소금쟁이 명 물거무.
소꼬리 명 소꼬랑대이.
소꿉놀이 명 빤주깨이.
소나기 명 쏘내기.
소나무 명 솔낭ㄱ. 솔낭구.
소달구지 명 소구루마.
소댕꼭지 명 소더배이꼭따리.
소두엄 명 소거룸. 소마구거룸.
소등에 명 팅거리.
소라 명 소래.
소로(小路) 명 소릿질.
소름 명 소롬. 소룸.
소리쟁이 명 소굴채이.
소매 명 사매.
소매치기 명 써리. 얍새이꾼.
소매치기하다 동 써리하다. 얍새이몰다.
소문(所聞) 명 노랑시문.
소박데기 명 소박띠기.
소박이 명 소백이. 쏙박지.

소복소복 부 소독소독.
소복이 부 소독이. 소딕이. 소부래기. 소빅이.
소복하다 형 소독하다.
소생(所生) 명 삼시랑. 소상.
소슬바람(蕭瑟--) 명 소실바람.
소싯적(少時-) 명 소시절.
소용(所用) 명 소양.
소용없다(所用--) 동 소양없다. 일없다.
소제(掃除) 명 소지.
소주(燒酒) 명 소지. 쏘지. 쐬주.
소지(燒紙) 명 소지조오.
소쩍새 명 소짝새. 소쭉새.
소쿠리 명 소구리. 소꾸리.
소쿠리엉덩이 명 소꾸리궁디이.
소홀하다(疏忽--) 형 소올하다.
소화(消化) 명 소아.
소화시키다(消化---) 동 소아씨기다
속[1] 명 소꿈.
속[2] 명 여물.
속[3] 명 쏙.
속겨 명 쏙딩기.
속곳 명 쏙꼿.
속눈썹 명 가문눈썹. 쏙눈썹. 잠눈썹.
속다 동 쏙기다. 쏙다. 쏙히다.
속마음 명 쏙마암. 쏙마움.
속속들이 부 쏙쏙디리.
속썩이다 동 속썩하다. 쏙썩후다.
속쓰림 명 쏙씨림.
속없다 형 쏙없다.
속이다 동 쏙하다. 씩이다.
속치마 명 버처매.
속히(速-) 부 섹히.
솎다 동 까리다. 깔기다. 쏚다. 쏚아다. 쏚우라다.
솎음배추 명 쏚움배차.
손거스러미 명 손까시리기.
손금 명 손꿈.
손금쟁이 명 손꿈재이.
손끝 명 손끈티이.
손녀(孫女) 명 솔여.
손놀림 명 손깝육깝.
손님하다 동 가게하다. 소임하다.
손등 명 손등더리.
손떼다 동 손띠다.
손마디 명 손매디.
손모가지 명 손모간지. 손묵띠기.
손목 명 소목. 소묵. 손묵. 종목.
손목 때리기 구 심패때리기.
손목시계(--時計) 명 손묵시게.
손버릇 명 손버룻.
손부끄럽다 형 손부꾸룹다.
손뼉 명 손뻭. 손뻑.
손사래 명 사리. 손사리.
손수건(-手巾) 명 손수군.
손수레 명 손구루마.
손쉽다 형 손숩다.
손쓰다 동 손씨다.
손아귀 명 손아구. 아구.
손아래 명 손아리.
손위 명 손우.
손이 많다 구 꾼이 달다.
손자(孫子) 명 손지.
손자국 명 손재죽.
손잡이 명 손잽이.
손짭손 명 해작질. 호작질.

손짭손하다 [동] 자작지이다. 해작질하다. 호작질하다.
손톱 [명] 손텁. 손툽.
손톱깎이 [명] 손텁깩이. 손툽깩이.
손해(損害) [명] 손애.
손해나다(損害--) [동] 손애보다.
솔가리 [명] 깔비. 솔깔비.
솔가지 [명] 솔깨비.
솔개 [명] 소리개.
솔기 [명] 실밥.
솔깃하다 [형] 솔곳하다.
솔나물 [명] 기울초.
솔다 [형] 솔쪽하다.
솔방울 [명] 솔빠알.
솔새 [명] 산쟁피.
솜 [명] 쏘캐. 쏨.
솜뭉치 [명] 쏙캐뭉티이.
솟구다 [동] 솟아다.
솟구치다 [동] 솟치다.
솟다 [동] 솟이다.
솟을대문(--大門) [명] 솟일대문.
송골송골 [부] 송굴송굴.
송곳 [명] 송굿.
송곳니 [명] 송굿니.
송사리 [명] 깔피리. 눈채이. 들꼬지.
송아지 [명] 송안치.
송이[1](松栮) [명] 세이버석.
송이[2] [명] 시이. 싱이. 주지.
송장 [명] 영장.
송충이(松蟲-) [명] 송치이.
송편(松-) [명] 송핀.
송화순(松花筍) [명] 솔나무꼼밥.
솥뚜껑 [명] 소더방. 소더배이. 솥띠끼이.
쇠 [명] 쎄. 씨.
쇠게 하다 [구] 세아다. 시아다.
쇠고기 [명] 소기기.
쇠고랑 [명] 쎄고랑. 씨고랑.
쇠고삐 [명] 이까리.
쇠기러기 [명] 작은기리기.
쇠꼬챙이 [명] 쎄꼬채이. 씨꼬채이.
쇠다 [동] 세다. 시다.
쇠두엄 [명] 마구거룸.
쇠똥 [명] 시똥.
쇠똥구리 [명] 소똥벌거재이.
쇠뜨기 [명] 끼띠기. 소쌀밥. 소찰밥.
쇠말뚝 [명] 쎄말띠기. 씨말묵.
쇠망치 [명] 쎄마치. 씨마치.
쇠불알 [명] 소붕알.
쇠붙이 [명] 쎄붙이. 씨붙이.
쇠비름 [명] 소비름.
쇠뿔 [명] 소뿔따구.
쇠사슬 [명] 쎄사실. 씨사실.
쇠살쭈 [명] 소재이.
쇠스랑 [명] 소시래이.
쇠오리 [명] 새오리.
쇠절구 [명] 쎄절구. 씨절구.
쇠젓가락 [명] 쎄저까치. 씨저까치.
쇠죽바가지(-粥---) [명] 감바가치. 소죽바가치.
쇠지랑물 [명] 소지슬물.
쇠코뚜레 [명] 꼬빼이. 소꼬빼이.
쇠털 [명] 소터리기.
쇠털골 [명] 싸래기풀.
쇠파리 [명] 팅거리.
쇠파이프[-pipe] [명] 쎄빠이뿌. 씨빠이뿌.
쇳가루 [명] 쎗가리. 씻가리.

쇳덩어리 명 쎗덩거리. 쎗디이. 씻덩거리. 씻디이.

쇳소리 명 쎗소리. 씻소리.

쇳조각 명 쎗동가리. 쎗조가리. 씻동가리. 씻조가리.

수가물치 명 쑥가무치.

수거미 명 쑥거무.

수건(手巾) 명 수군.

수고양이 명 쑥개이.

수고하다 동 쏙다. 욕보다.

수구렁이 명 쑥구리. 쑥구리이.

수군거리다 동 수건기리다.

수그러들다 동 까라앉다. 수구라들다.

수그리다 동 꾸꾸리다. 수구리다.

수까마귀 명 쑥까마구.

수꿩 명 수꽁. 쑥꽁.

수나무 명 쑥나무.

수놈 명 쑥넘.

수놓다(繡--) 동 수낳다.

수다 명 노가리.

수다스럽다 형 수답다.

수두룩하다 형 수두룩빽빽하다. 자부룩하다.

수렁 명 뻘구디기. 시비구디기. 진페기밭. 헤찌구디기.

수말 명 쑥말.

수벌 명 쑥벌이.

수북이 부 수덕이. 수빅이.

수북하다 형 우묵하다. 자부룩하다. 지북하다. 타박하다.

수상하다(殊常--) 형 수상빛다.

수세미 명 쑤씨미. 쑤시.

수소 명 쑥소. 항시.

수소문하다(搜所聞--) 동 덜어보다.

수송아지 명 쑥송안치. 항송안치.

수쇠 명 아래우째기. 아리우째기.

수수 명 수시.

수수깡 명 수시깨비.

수수께끼 명 씨끼놀움. 씨끼놀움. 씨끼질움.

수수엿 명 수시엿.

수술(繡-) 명 수실.

수양버들(垂楊--) 명 세양빼들.

수염(鬚髥) 명 씨엄. 씨염.

수월찮다 형 수얼찮다. 수울찮다.

수월찮이 부 수얼차이. 수울차이.

수월하다 형 수얿다. 수욿다.

수의(壽衣) 명 절사옷.

수제비 명 밀지비. 수지비. 장국.

수줍다 형 수집다.

수줍어하다 동 수집우하다.

수줍음 명 수집움.

수챗구멍 명 수채구디이. 수챗구뭉. 옹태.

수청둥오리 명 씬티이.

수캉아지 명 쑥강새이.

수캐 명 쑥개. 덜렁쑥개.

수컷 명 쑥꺼.

수키와 명 골기아. 쑥게아.

수탉 명 쑥딱. 장닭. 장딸.

수탕나귀 명 쑥당나구.

수토끼 명 쑥토까이.

수퇘지 명 쑥대지.

수판(數板) 명 주산.

수판알(數板-) 명 주산알.

수평아리 명 쑥삘가리. 쑥삘개이. 장삘가리. 장삘개이.

숙덕공론(--公論) 명 쑥떡바아.

숙덕공론하다(--公論--) [동] 쑥떡바아쩧다.
숙덕숙덕 [부] 쑥떡쑥떡.
숙이다 [동] 수굴티리다. 식이다.
숙주 [명] 질굼.
숙주나물 [명] 녹디질굼. 질굼나물.
숙지근하다 [형] 숙지마하다.
순[1] [부] 싸안.
순[2](筍) [명] 매순.
순대 [명] 피창.
순두부(-豆腐) [명] 숨떠부.
순둥이(順--) [명] 순디이.
순순히(順順-) [부] 순수이.
순식간에(瞬息間-) [부] 어영간에.
순전히(純全--) [부] 순저이.
순하다(順--) [형] 수엃다. 수욿다. 순애터지다. 숧다.
숟가락 [명] 수까락. 술묵.
숟가락총 [명] 술묵총.
술값 [명] 술깞.
술고래 [명] 술푸대.
술김에 [부] 술짐에.
술도가(-都家) [명] 도가.
술독 [명] 술추마리.
술두루미 [명] 술두리미.
술망나니 [명] 개구신. 술구신.
술버릇 [명] 술꾸세. 술버릇.
술병[1](-甁) [명] 술비이. 술빙.
술병[2](-病) [명] 술빙.
술안주(-按酒) [명] 술안지.
술장사 [명] 술장시.
술주정(-酒酊) [명] 술치정.
술지게미 [명] 술찌끼미.
숨결 [명] 숨갤. 숨질.
숨구멍 [명] 숨구녕. 숨구늉. 숨구뭉. 숨구중.
숨기다 [동] 숨카다. 심카다.
숨막히다 [동] 숨맥히다.
숨바꼭질하다 [동] 게띠놀이하다. 숨박꼭질하다.
숨죽이다 [동] 숨직이다.
숫구멍 [명] 숨골. 숨구녕. 숨구늉. 숨구뭉. 숨구중.
숫기(-氣) [명] 숫구.
숫눈길 [명] 숫눈질.
숫염소 [명] 쑥얌새이. 쑥염새이.
숫양 [명] 쑥양.
숫쥐 [명] 쑥지.
숭늉 [명] 숭냥.
숯가마 [명] 숯굴.
숯덩이 [명] 숯디이.
숱하게 [부] 숱애. 숱애기.
쉬 [명] 시. 씨.
쉬다 [동] 시다.
쉬슬다 [동] 시씰다.
쉬우다 [동] 세아다. 시아다.
쉬이 [부] 숩기.
쉬파리 [명] 소파리.
쉰내 [명] 신내.
쉰둥이 [명] 신디이.
쉽다[1] [형] 숩다. 십다.
쉽다[2] [형] 헐붗다. 헗다.
쉽사리 [부] 우루루.
스님 [명] 시님.
스르르 [부] 시리리.
스멀스멀 [부] 서물서물. 수물수물.
스멀스멀하다 [동] 서물서물하다. 수물수물하다.

스며들다 동 시미들다.
스무고개 명 수무고개.
스무날 명 수무날. 시무날.
스무남은 관 수무남. 시무남.
스물 수 수무. 수물. 시물.
스물두째 명 수물둘째. 시물둘째.
스미다 동 시미다.
스치다 동 시치다.
스타킹[stocking] 명 살다비. 살양발.
슬그머니 부 실거머이. 실구무이.
슬금슬금 부 실굼실굼.
슬다 동 씰다. 찌이다.
슬리퍼[slipper] 명 딸따리.
슬며시 부 사부지기. 살모시. 살무시. 시리리. 실. 실무시.
슬슬 부 시실.
슬쩍 부 실쩍. 실찍이.
슬프다 동 슬푸다.
슬픔 명 슬품.
습진(濕疹) 명 물옴.
승강이(昇降-) 명 싱간. 싱개이.
승강이하다(昇降---) 동 시라다. 싱간하다. 싱개이하다. 씨라다.
승냥이 명 승냉이.
승용차(乘用車) 명 쎄망새이. 씨망새이.
시계추(時計錘) 명 시게붕알.
시궁창 명 꼬랑창.
시그무레하다 형 시구무리하다.
시금치 명 시곰치. 시굼초. 시굼치. 시금초.
시금털털하다 형 시굼털털하다.
시금하다 형 시굼하다.
시꺼멓게 부 씨꺼머이. 씨꺼무이. 씨꺼멓기. 씨꺼뭏기.
시꺼멓다 형 씨꺼멓다. 씨꺼뭏다.
시나브로 부 시나무로. 시남없이.
시누이(媤--) 명 시누부. 씨누. 씨누부.
시다 형 새그랍다. 새그럽다. 시그랍다. 시그럽다.
시달리다[1] 동 씨달카다. 씨달파다.
시달리다[2] 동 씨달키다. 씨달피다.
시답잖다 형 씨답짢다.
시댁(媤宅) 명 씨댁.
시동생(媤同生) 명 시동상.
시들게 하다 구 씨들라다. 씨들카다. 씨들파다.
시들다 동 씨들다. 씨들리다. 씨들키다. 씨들피다.
시들시들 부 씨들씨들.
시들시들하다 형 씨들씨들하다.
시들하다 형 시적하다. 씨들하다.
시들해지다 형 시적해지다.
시래기 명 씨래기.
시래깃국 명 씨락국.
시렁 명 실겅.
시력(視力) 명 안질.
시루 명 시리.
시루떡 명 시리떡.
시룻밑 명 시리방석. 엉거리.
시름시름 부 시룸시룸.
시름하다 동 시룸하다.
시리다[1] 형 시그랍다. 시그럽다.
시리다[2] 형 시럽다.
시멘트[cement] 명 돌까리. 쎄멘. 씨멘.
시무룩하다 형 띠무룩하다. 시꾸룬하다.
시부저기 부 시부지기.
시비(是非) 명 찍짜.

시빗거리(是非--) 명 티꺼리.
시뻘겋다 형 씨뻘궇다.
시쁘게 부 시뿌.
시쁘다 형 시뿌다.
시샘 명 새.
시숙(媤叔) 명 씨쑥.
시숙모(媤叔母) 명 저어넘.
시시덕이 명 시시떡이.
시시하다 형 씨씨하다.
시아버지(媤---) 명 씨분님. 씨아바씨. 씨아바이. 씨애비. 아분님.
시앗 명 씨앗.
시어머니(媤---) 명 씨몬님. 씨어마씨. 씨어무이. 씨오마시. 씨이미.
시원스럽다 형 나부랍다. 써언시럽다.
시원스레 부 써언시리. 썳기.
시원찮다 형 시인찮다. 써언찮다. 썬찮다.
시원하다 형 써언하다. 써엻다. 썳다.
시원히 부 써엻구로. 써엻기.
시작하다(始作--) 동 시작다.
시장하다 형 헐출하다.
시집보내다(媤----) 동 치아다.
시체(屍體) 명 신치.
시큰둥하다 형 씨쿤둥하다.
시큼털털하다 형 시쿰떨떨하다. 시쿰텁텁하다.
시큼하다 형 새꼬롬하다. 시쿰하다.
시키다 동 씨기다. 씨피다.
시퍼렇게 부 시퍼러이. 시퍼렇기. 시푸렇기.
시퍼렇다 형 시푸렇다.
시할머니(媤---) 명 씨할매.
시할아버지(媤---) 명 씨할부지.
시험(試驗) 명 시엄.
식겁(食怯) 명 씩겁.
식겁하다(食怯--) 동 씩겁똥싸다. 씩겁묵다. 씩겁하다.
식모(食母) 명 정지딸아.
식은밥 명 씩움밥.
식자(識者) 명 글꾼.
식충이(食蟲-) 명 씽티이.
식해(食醢) 명 식끼.
식혜(食醯) 명 식키.
식히다 동 식하다.
신기(神氣) 명 신양기.
신기다 동 신가다. 신카다.
신명나다 형 째지다.
신명대로 부 신대로.
신문(新聞) 명 시문.
신문지(新聞紙) 명 시문조오.
신발 명 심발.
신방(新房) 명 산방.
신방 엿보기(新房 ---) 구 상방지끼.
신선놀음(神仙--) 명 신선놀움.
신선놀음하다(神仙----) 동 신선놀움하다.
신우대 명 시러대.
신 장수 구 신재이.
신주머니 명 신쭈무이.
신중 명 씬중.
신짝 명 신짹이.
신출내기(新出--) 명 신촐내기.
신통방통하다(神通-通--) 형 신통망통하다.
신통하다(神通--) 형 히안하다.
신행(新行) 명 신앵.
싣다 동 실다.
실개천(--川) 명 깨굴창.
실랑이 명 실개이. 실래이.

실새삼 명 해삼.
실수투성이(失手---) 명 실수투시이.
실없다 형 신둥굿다.
실없쟁이 명 실업이.
실오라기 명 실오래기.
실제로(實際-) 부 실찌로.
실지렁이 명 실꺼시이.
실컷 부 실컨.
실패 명 실패꾸리. 동터래.
싫어하다 동 싫다카다.
싫증(-症) 명 싫징.
싫증나다(-症--) 동 끼나다. 싫징나다.
심기다 동 심키다.
심다 동 숭구다. 심가다.
심드렁하다 형 심두룽하다. 심룽하다.
심란하다(心亂--) 형 실란하다. 실랂다.
심려(心慮) 명 심여.
심마니 명 심마이.
심부름 명 심바람. 심부룸.
심술(心術) 명 심청.
심술궂다(心術--) 형 심청궂다.
심술부리다(心術---) 동 심술피아다. 심청떨다. 심청부리다. 심청피아다.
심심산중(深深山中) 명 진진산중.
심심하다[1] 형 심싫다.
심심하다[2] 형 싱거부리하다.
심지 명 씸지.
심히(甚-) 부 심이.
싱겁다 형 싱굽다. 찐맛없다.
싱겁이 명 싱깁이.
싱싱하다 형 똑뚝다.
싶다 형 싶우다. 잡다. 접다. 집다.
싸구려 명 싸구리.
싸느랗다 형 쌍그랗다. 썽그렇다.
싸다니다 동 싸댕기다.
싸라기 명 싸래기.
싸래기밥 명 싸라기밥.
싸움 명 싸암.
싸움하다 동 싸암하다.
싸전(-廛) 명 시기전. 쌀전.
싹 명 촉.
싹수 명 싸가지.
싹싹 부 뽀독뽀독.
삯 명 싻.
삯매 명 싻매.
쌀가루 명 쌀가리.
쌀강아지 명 쌀강새이.
쌀겨 명 당갈딩기. 쌀딩기.
쌀독 명 챗독.
쌀되 명 쌀도배기.
쌀밥 명 맨자지.
쌀벌레 명 쌀벌거지.
쌀쌀맞다 형 쌀쌀밪다. 입정없다. 찹다.
쌀알 명 쌀내끼.
쌀자루 명 쌀자리.
쌉싸래하다 형 싸부룸하다. 쌉쓰룸하다.
쌉싸름하다 형 쌉씨룸하다.
쌍가마(雙--) 명 쌍가매.
쌍고치(雙--) 명 쌍꼬치.
쌍꺼풀(雙--) 명 삼시불.
쌍꺼풀지다(雙----) 형 삼시불지다.
쌍둥이(雙--) 명 쌍디이.
쌍스럽다 형 쌍시럽다.
쌍쌍이(雙雙-) 부 쌍쌩이. 짝짹이.
쌍언청이(雙--) 명 쌍째보.
쌍여닫이(雙---) 명 쌍닫이.

씨름 명 씨룸.
씨부렁거리다 동 씨부리다. 처씨부리다.
씨실 명 북실.
씨아 명 목쌔기. 씨애기.
씨알 명 씨.
씨앗주머니 명 오재기.
씻기다 동 씪이다.
씻다 동 씪다.

아 조 아이.
아가리[1] 명 테가리.
아가리[2] 명 아구지. 아구통.
아가미 명 아감지. 아개미.
아가씨 명 아개씨.
아궁이 명 부석. 부석아리. 아구지.
아귀[1] 명 아구.
아귀[2]**(餓鬼)** 명 어구.
아귀다툼 명 아구다툼.
아귀아귀 명 아구아구.
아귀힘 명 아구심.
아금받다 형 몰움받다. 아굼밧다.
아기 명 알라. 얼라.
아기동지(-冬至) 명 애기동지.
아기씨 명 애기씨.
아기자기 부 아개자개.
아기집 명 아거집.
아까워하다 동 아깝아하다.
아까처럼 부 아까맨치로.
아끼다 동 애끼다.
아내 명 안들. 안에.
아니[1] 부 아이.
아니[2] 감 아이. 아이가. 어데. 어언지. 언지. 없이. 엉어. 오데.
아니꼽다 형 아이꼽다. 앵꼽다.
아니냐 형 아이가.
아니다 형 아이다.
아니오 감 어데예. 어언지예. 언지예. 오데예.
아니할 말로 구 안할 말로.
아들내미 명 아달. 아들래미.
아등바등 부 아둥바둥.
아따 감 아따라. 아따거라. 와따. 와따라. 허따.
아래 명 아리.
아래뜸 명 아래땀. 아러땀. 아리땀.
아래로 부 알로.
아래위 명 아래우. 아리우.
아래윗집 명 아래웃집. 아리웃집.
아래짝 명 아리짝.
아래쪽 명 아래쪽. 아리쪽.
아래채 명 아릿채.
아랫길 명 아릿질.
아랫도리 명 아랫두리. 아릿두리.
아랫돌 명 아릿돌.
아랫목 명 구둘막. 구둘묵. 아랫묵. 아릿목. 아릿묵.
아랫물 명 아릿물.
아랫방(--房) 명 아릿방.
아랫입술 명 아래입수구리. 아릿입수구리.
아름 명 아람. 아룸.
아름답다 형 공단걸다. 아룸답다.
아름드리 명 아람디리. 아룸디리.
아리다 형 애리다.

아리아리하다 형 애리애리하다.
아릿하다 형 아리하다.
아마 부 아매.
아마도 부 아매도.
아무[1] 명 아모.
아무[2] 관 아모.
아무개 명 아모개. 아무거시.
아무것 명 아모껏. 아무껏.
아무것이나 부 아무끼나.
아무데나 부 아모곶에나. 아무곶에나.
아무래도 부 암만캐도. 암만해도. 해도해도.
아무런 관 아모.
아무렇게나 부 아모따나. 아무따나.
아무렴 감 암마. 암만. 암매. 하모.
아무리 부 아모리.
아무 맛 구 니맛내맛.
아무에게나 부 아모나인데. 아무나인데.
아무짝 명 아모짜. 아무짜.
아무짝에도 부 아모곶에도. 아모짜도. 아무곶에도. 아무짜도.
아무튼 부 어야던강. 어야던동. 어짜던강. 어짜던동. 우야던강. 우야던동. 우짜던강. 우짜던동.
아버지 명 아부지.
아범 명 아바시. 아바이.
아비[1] 명 애비.
아비[2] 명 아아부지.
아뿔싸 감 아뿔쌍개.
아쉬움 명 아숩움.
아쉽다 형 아숩다.
아슬아슬하다 형 아치랍다.
아슴푸레하다 형 아숨푸리하다. 아심하다.
아얌 명 애암.
아예 부 함부리.
아이 명 아아. 알라. 얼라.
아이고 감 아이구.
아이고아이고 감 어이어이.
아장아장 부 따박따박.
아저씨 명 아이씨. 아자씨. 아재. 아재비.
아주 부 꺼뻑.
아주머니 명 아주매. 아지매. 행수.
아주버님 명 시매씨. 아주범. 아지반님.
아줌마 명 아주머이.
아지랑이 명 아지래이.
아직 부 안주. 안죽.
아직까지 부 안주꺼정.
아차 감 아참.
아침 명 아직.
아침거리 명 아직거리.
아침나절 명 아직나잘. 아직나질. 아직땀. 아직찔.
아침내 명 아직내.
아침노을 명 아직노올.
아침 이전(以前) 구 아직아래.
아침 이전에(以前-) 구 아직알로.
아침저녁 명 아직지익.
아편(阿片) 명 아핀. 애핀.
아편쟁이(阿片--) 명 아핀재이. 애핀재이.
아프다 형 아푸다.
아픔 명 아품.
아홉 수 아옵.
아홉수(--數) 명 아옵수.
아흐레 명 아으레.
아흐렛날 명 아어릿날.
아흔 수 아은.
악머구리 명 억머구리.

악쓰다 동 악씨다.
악착같다(齷齪--) 동 악다밧다. 악착밧다.
안 부 앙.
안간힘 명 간씸.
안개 명 앙개.
안경(眼鏡) 명 앵경.
안기다[1] 동 보덤키다. 보둠키다. 아둠키다. 암기다. 앰기다. 앵기다.
안기다[2] 동 아둠카다. 암기다. 앰기다. 앵기다.
안남미(安南米) 명 알랑미.
안다 동 아둠다. 암다.
안다니 명 안다이. 조선안다이.
안달복달하다 동 애달복달하다.
안되다 형 안데다.
안사돈(-査頓) 명 사장마너래.
안사람 명 집에.
안상제(-喪制) 명 안상주.
안심찮다(安心--) 형 아심찮다.
안심찮아하다(安心----) 동 아심찮아하다.
안쓰러워하다 동 안씨럽어하다. 알씨럽어하다.
안쓰럽다 형 안씨럽다. 알씨럽다.
안주(按酒) 명 안지.
안주머니 명 안주무이. 안줌치.
안주인(-主人) 명 안냥반.
안짱다리 명 앙개다리. 앵기다리. 엉개다리.
안쪽 명 안짝. 안쭉.
안태본(安胎本) 명 안티고향. 안티곶.
안팎 명 안팩.
앉다 동 앉이다.
앉은뱅이 명 앉인배이.
앉은자리 명 앉인자리.
앉음새 명 앉임새
앉자마자 부 앉이자말자.
앉히다 동 안추다. 앉하다.
않 명 앙.
않다 동 안하다.
않을는지 부 안할란지.
알갱이 명 알개미. 알개이. 알캐이. 알키.
알거지 명 알껄배이.
알겨내다 동 알가내다.
알겨먹다 동 알가묵다.
알곡식(-穀食) 명 알곡석.
알껍데기 명 알껍띠기.
알딸딸하다 형 아리하다.
알려지다 동 알리지다.
알리다 동 아라다. 아리키다. 알라다.
알맞게 부 알맞이. 알맞임.
알맹이 명 알매이. 알미이.
알면서 부 알민서. 알민시로. 암시로.
알몸뚱이 명 알몸띠이.
알쏭달쏭하다 형 알똥말똥하다.
알아맞히다 동 알아맞하다.
알아먹다 동 알아묵다.
알아보다[1] 동 더털어보다.
알아보다[2] 동 지껄타다.
알아차리다 동 알아채리다. 알아치리다.
알알하다 형 아리하다.
알은체 명 아는치.
알음알음 명 알움알움.
알집 명 알주무이.
알짜배기 명 알짜비기.
알큰하다 형 알키하다.
암거(暗渠) 명 엉기.
암거래(暗去來) 명 야매.

암고양이 명 암개이.
암꿩 명 암꽁.
암내 명 상내.
암놈 명 암넘.
암되다 형 암띠다.
암만 부 안마. 암마.
암사내 명 암사나.
암소 명 암시.
암쇠 명 우째기. 중씨암넘. 쫑패.
암청둥오리 명 암청동오리.
암캉아지 명 암강새이.
암캐 명 암개.
암컷 명 암꺼. 암껏.
암키와 명 암게아. 함지게아.
암탉 명 암딹.
암퇘지 명 암대지.
암평아리 명 암삘개이.
앗아넣다 동 앗아옇다. 앗이옇다.
앙감질 명 깨굼발. 깽깨이.
앙갚음 명 앙갚움. 앙물.
앙갚음하다 동 앙갚움하다. 앙물하다.
앙분하다(怏憤--) 동 앙문하다.
앙살궂다 형 앙살밫다.
앙살하다 동 개살부리다. 앙살지기다.
앙큼하다 형 앙콤하다.
앞가림 명 앞개림.
앞당기다 동 앞땡기다.
앞세우다 동 아부시다. 앞시아다.
앞앞이 부 앞뱉이.
앞잡이 명 앞잽이.
앞정강이 명 앞장개이.
앞쪽 명 앞쭉.
앞치레 명 앞치리.
애[1] 명 몰옴. 몰움.
애[2] 명 아아. 알라. 얼라.
애교부리다(愛嬌---) 동 갈롱떨다. 갈롱부리다. 갈롱지기다. 애지랑부리다.
애기마름 명 시말밤.
애기메꽃 명 물나팔꽃.
애기수영 명 목색풀.
애기풀 명 새조개풀.
애꾸눈 명 반봉사. 사또.
애달게 부 애달기. 애달시리.
애달프다 형 애달푸다.
애당초(-當初) 명 애시당초.
애먹다 동 애묵다.
애먹이다 동 애미이다. 애믹이다.
애먼 부 어만.
애바리 명 애불개.
애벌 명 아시.
애벌갈이 명 쌩갈이. 아시갈이. 애불갈이.
애벌구이 명 아시꾸이. 애불꾸이.
애벌논 명 아시논. 애불논.
애벌레 명 깨누리.
애벌매기하다 동 아시매다.
애벌방아 명 아시바아. 애불바아.
애벌빨래 명 아시빨래. 아시서답. 애불빨래. 애불서답.
애송이 명 애시이.
애쓰다 동 몰옴씨다. 몰움씨다. 애씨다.
애아버지 명 아아부지. 저가배. 저가부지.
애연하게(哀然--) 부 애인하기. 애잆기.
애연하다(哀然--) 형 애인하다. 애잆다.
애착심(愛着心) 명 애살.
애착심 많다(愛着心 --) 구 애살밫다.
애처롭다 형 아치랍다. 애처럽다. 애초롭다.

애타다 동 애터지다.
애태우다 동 간태아다. 애달카다. 애태아다.
애호박 명 애디이. 호박애디이.
액막이(厄--) 명 액맥이.
앳되다 형 앳대다. 앳디다.
앵두 명 앵도(櫻桃).
야 조 사.
야금야금 부 야굼야굼.
야다하면 부 야차하마. 여차하마.
야단법석(惹端--) 명 난리버꾸통.
야단법석하다(惹端--_) 동 난리버꾸지이다.
야단스럽다(惹端---) 형 야단시럽다.
야단스레(惹端--) 부 야단시리.
야단쳐쌓다(惹端---) 동 머라쌓다.
야단치다(惹端--) 동 머라카다. 머러카다. 머얼쿠다.
야리다 형 얘리다.
야리야리하다 형 얘리얘리하다.
야무지게 부 다담시리. 매. 매매. 야무치기.
야무지다 형 다담빻다. 야무치다. 야물딱지다.
야물다 동 야무다.
야바위 명 야바구.
야바위꾼 명 야바구꾼.
야비하다(野卑--) 형 꼬롬하다. 얍삽하다.
야유회(野遊會) 명 히추.
야코 명 야꼬. 야꾸.
야코죽다 동 야꼬죽다. 야꾸죽다.
야코죽이다 동 야꼬쥑이다. 야꾸쥑이다.
야트막하다 형 야투막하다.
야하다(冶--) 형 야시시하다.
약간(若干) 부 약가이.
약병아리(藥---) 명 약삘개이.
약수건(藥手巾) 명 약뽀재기.
약아빠지다 형 매꺼럽다. 뺀더럽다.
약오르다 동 약발받다. 에골나다.
약장수(藥--) 명 약장시. 약재이.
얀마 감 얄마.
얄궂게 부 얄궂기. 얄궂이.
얄궂어라 감 얄궂이라. 얄궂이래이.
얄궂은 부 얄궂운.
얄망스럽다 형 낭창시럽다. 자작시럽다.
얄짤없다 형 얄짜리없다.
얄팍수 명 더덤수.
얇다 형 얄부리하다. 얄핀하다.
얌전히 부 얌저이.
얌치없다 형 얌체없다.
얌통머리 명 야마리. 얌똥마리.
양(量) 명 썽.
양념 명 양님.
양동이(洋--) 명 양도오. 양철도오.
양말(洋襪) 명 양발.
양반(兩班) 명 냥반.
양배추(洋--) 명 간냥. 양뱁차. 카뱁차.
양법(禳法) 명 양밥.
양식(糧食) 명 양석.
양재기(洋--) 명 양지기.
양조장집(釀造場-) 명 도갓집.
양지바르다(陽地---) 형 양지바리다.
양지쪽(陽地-) 명 양지바래기. 양지짝.
양쪽(兩-) 명 양짝. 양쪽.
양파(洋-) 명 다무네기.
양푼 명 양푸이.
얕다 형 야푸다. 야푸당하다.
얕보다 동 낮하보다. 니러다보다. 니리다보다. 시뿌보다. 시피보다. 알로보다.

얘 명 야아.
얘야 감 야야.
어귀 명 어구.
어금니 명 어굼니.
어금버금하다 형 빵빵하다. 시라다. 어굼버굼하다. 쪼루다.
어긋나다 동 삐꺼러지다. 어개지다. 어긋나다. 어긋지다.
어기적어기적 부 엉거적엉거적.
어깃장 명 어긋장.
어깨너머 명 어깨너메. 어깨너미.
어깻죽지 명 어깨받이.
어느 관 어넌. 어니. 언.
어느새 부 어넌새. 언새.
어느 해 구 언젯년. 운젯년. 한해.
어느 해께 구 언젯년에끼. 운젯년에끼. 한해끼.
어둑새벽 명 어둑새북.
어둑어둑하다 형 어두부리하다. 어둑시리하다.
어둠살 명 어둑사리.
어둡다 형 어덥다.
어디[1] 명 오데.
어디[2] 감 어데. 오데.
어디에다 부 어따.
어떡하나 감 어얬기나. 어쨌기나. 우얬기나. 우쨌기나.
어떤 부 우떤.
어떻게 부 어떻굼. 어떻기. 우떻굼. 우떻기.
어떻게나 부 어떻기나.
어떻든지 부 어떻던강. 어떻던동.
어뜨무러차 감 어라차.
어레미 명 얼기미.
어려움 명 어럽움. 에럽움.
어려워하다 동 어럽어하다. 에럽어하다.
어련히 부 비미이. 빈미이.
어렴풋이 부 얼풋이.
어렵다 형 어럽다. 에럽다.
어렵사리 부 어럽사리.
어르다 동 어라다. 얼라다.
어르신 명 어루신.
어른 명 어룬.
어른거리다 동 얼렁기리다.
어른스럽다 형 어룬시럽다.
어름 명 어부럼.
어리광 명 어링장.
어리다 형 에리다. 이리다.
어리바리하다 형 어리버리하다.
어리석다 형 어리숙다. 얼석다. 얼숙다.
어리전(--廛) 명 닭전.
어린애 명 아아. 알라. 얼라.
어림없다[1] 감 아나. 아나콩.
어림없다[2] 형 어럼없다. 어룸없다. 얼런없다.
어림잡다 동 어럼잡다.
어림짐작 명 통빨.
어마어마하다 형 어마무시하다.
어머나 감 어마나. 엄마야. 엄매야. 옴마야.
어머니 명 어마씨. 어매. 어무이. 오마씨. 오매.
어물거리다 동 어물기리다.
어물쩍 부 어물쩡.
어미 명 어마이. 어메. 에미. 이미.
어바리 명 어주바리. 얼바리.
어서 부 어여.
어석술 명 어석술묵.
어설프다 형 어설푸다.

어수선하다 형 싱간시럽다.
어스름 명 어수룸.
어스름하다 형 어수룸하다.
어슴푸레하다 형 어수무리하다. 어심치리하다.
어우르다 동 어부라다. 어불다. 어불라다.
어울리다[1] 동 어불리다. 쨰이다.
어울리다[2] 동 당이지다. 어불리다.
어저께 명 어지끼.
어정어정 부 어거정어거정.
어정잡이 명 어중개비.
어제 명 어지.
어제오늘 명 어지오올.
어젯밤 명 어짓밤.
어중이떠중이 명 어주이떠주이.
어지간하다 형 언간하다. 엔간하다. 인간하다.
어지간히 부 어지가이. 언가이. 엔가이. 인가이.
어지럽다 형 아지랍다.
어지르다 동 어질라다. 어지리다.
어질다 형 어지다.
어질병 명 어지룸빙.
어째서 부 어예서. 우째서. 우예서.
어쨌거나 부 어앴기나. 어쨌기나. 우앴기나. 우쨌기나.
어쩌고저쩌고 부 어짜고저짜고. 우짜고저짜고.
어쩌다 부 어야다. 어짜다. 우야다. 우짜다.
어쩌다가 부 어야다가. 어짜다가. 우야다가. 우짜다가.
어쩌려고 부 어얄라꼬. 어짤라꼬. 우얄라꼬. 우짤라꼬.
어쩌면 부 어야마. 어짜마. 우야마. 우짜마.
어쩌자고 부 어야자꼬. 어짜자꼬. 우야자꼬. 우짜자꼬.
어쩐 관 어얀. 어짠. 우얀. 우짠.
어쩐지 부 어얀지. 어짠지. 우얀지. 우짠지.
어쭙잖게 부 어줍짜이. 어집짜이. 어줍짢기. 어집짢기.
어쭙잖다 형 어줍잖다. 어집잖다.
어쭙지않다 형 어줍지안하다. 어집지안하다.
어찌 부 어애. 어이. 우예. 우째.
어찌나 부 어떻굼. 어띠. 어띠기. 어띠나. 우찌나.
어찌하느냐 부 어야노. 어짜노. 우야노. 우짜노.
어찌하다 동 어야다. 어짜다. 우야다. 우짜다.
어찌하든 부 어야던강. 어야던동. 어짜던강. 어짜던동. 우야던강. 우야던동. 우짜던강. 우짜던동.
어찌할까 부 어야까. 어짜까. 우야까. 우짜까.
어찌할꼬 감 어야꼬. 어짜꼬. 우야꼬. 우짜꼬.
어차피(於此彼) 부 어채피.
어처구니 명 얼척.
어처구니없다 형 얼척없다.
어허 감 어이가.
어휴 감 아이구나. 아이구야.
억누르다 동 억누루다. 억눌라다.
억새 명 새. 샛대. 샛대기.
억세게 부 억수로. 억시기. 엄청나기. 엄청시리.

억세다 형 억씨다.
억울하다(抑鬱--) 형 애민하다.
억지 명 어거지.
언급(言及) 명 연개. 연기. 이짜.
언덕 명 깍단. 어덕.
언저리 명 언지리.
언제[1] 명 운제.
언제[2] 부 운제.
언제나 부 묵고새고. 온천날. 운제나. 천만날.
언젠가 부 운젠가.
언짢아하다 동 빈정상하다.
언청이 명 째보.
언턱거리 명 껄티기.
얹다 동 얹이다. 얹하다.
얻어맞다 동 조오터지다.
얻어먹다 동 빳기묵다. 얻우묵다.
얼간이 명 얼가이.
얼굴 명 얼골.
얼금뱅이 명 얼굼배이.
얼금얼금 부 얼굼얼굼.
얼기설기 부 얼개설개.
얼기설기해놓다 동 얼가낳다.
얼떨결 명 얼떨김.
얼떨떨하다 형 어떨떨하다.
얼뜨기 명 얼띠기.
얼뜨다 형 떨빵하다. 삐리하다. 얼빵하다. 얼띠다.
얼레 명 연자새. 자새.
얼레빗 명 얼기빗.
얼른 부 어푼.
얼른얼른[1] 부 어푼어푼.
얼른얼른[2] 부 어런어런.
얼리다 동 얼라다. 얼아다.
얼마 부 얼매. 울매.
얼마나 부 얼매나. 울매나.
얼마든지 부 얼매던강. 얼매던동. 울매던강. 울매던동.
얼마만큼 부 어너만침. 얼매만치. 얼매만쿰.
얼마큼 부 얼만치. 얼매쭘. 얼매쭘치.
얼버무리다 동 뭉구라다. 얼부무리다.
얼씬 부 얼런.
얼음 명 얼움.
얼음덩어리 명 얼움떵거리.
얼음찜질 명 얼움떰질.
얼음판 명 얼움판.
얼추 부 얼쭈. 얼쭉.
얼추잡다 동 얼쭈잡다.
얼큰하다 형 알기하다.
얼토당토않다 형 얼또당또안하다.
얽다 동 얽아다.
얽히다 동 얽하다.
엄나무 명 응개낭ㄱ.
엄마 명 옴마.
엄살 명 엉구럭.
엄살떨다 동 엄살피아다. 엉구럭피아다. 허덜지이다.
엄살스럽다 형 허덜시럽다. 험덕시럽다.
엄살하다 동 엉구럭지이다. 허덜지이다.
엄청나게 부 억수로. 억시기. 엄청나기. 엄청시리.
엄청나다 형 섬뚝시럽다. 엄첩다.
업구렁이 명 진대.
업구렁이 암컷 구 누굴미기.
업둥이 명 업디이.
업신여기다 동 엄시보다. 엄신이이다.

업히다 동 업하다.

없다 형 없다.

없애다 형 없애다.

없이 부 없이.

엇길 명 엇질.

엇나가다 동 엇질나다.

엇비슷하다 형 가리방상하다. 비수무리하다.

엇셈하다 동 히가리하다.

엉 감 어.

엉겁결에 부 엉겁질로. 엉겁질에.

엉겅퀴 명 엉거꾸.

엉겨들다 동 앵기들다. 잉기들다.

엉겨붙다 동 앵기붙다. 잉기붙다.

엉금엉금 부 불불. 엉굼엉굼.

엉덩방아 명 궁디이바아.

엉덩이 명 엉디이. 엉치.

엉덩이춤 명 엉디이춤.

엉뚱하다 형 굴척시럽다. 엉떵하다.

엉뚱한 부 어만. 어문. 엄떤. 엉떤.

엉망진창 명 구신떡당새이. 기신떡당새이. 쑥씨기범북. 쑤씨방트레.

엉성하다 형 어떨떨하다.

엉큼스럽다 형 넝꿈시럽다. 엉쿰시럽다.

엉큼하다 형 넝꿈하다. 엉쿰하다.

엊그제 명 어지그지. 어지아리. 엊그지.

엊그제께 명 어지그지끼. 어지아리끼. 엊그지끼.

엊저녁 명 엊지익.

엎드리다 동 엎디리다.

엎어지다 동 엎우지다.

엎지르다 동 엎지다.

에 조 르. 아. 어.

에게 조 게. 끼. 보고. 인데.

에구머니 감 아이고매.

에구머니나 감 아이고매야.

에는 조 으로는.

에다 조 다. 다아. 아다. 오다. 우다. 이다.

에다가 조 다가. 아다가. 어다가. 에다아. 오다가. 우다가. 이다가.

에라 감 에라이.

에서 조 서. 아서. 어서. 오서. 우서. 이서.

에야 조 사. 에사.

에우다 동 에아다.

에워가다 동 에로가다.

에워싸다 동 에아싸다.

에워싸이다 동 에아쌔이다.

에잇 감 에이씨.

여가(餘暇) 명 여개.

여겨듣다 동 여기듣다.

여겨보다 동 여기보다.

여기 명 여게. 여어. 여따아. 이따아.

여기다 동 이기다. 이이다.

여기저기 명 여게저게. 온데만데.

여뀌 명 너굿대. 보악때. 여꿀대. 여꿋대.

여남은 수 여나암. 여남운.

여덟 수 야달. 야덜.

여드렛날 명 여드릿날.

여드름 명 이더럼.

여럿이 명 여러치.

여름 명 여룸.

여름내 명 여룸내.

여름누에 명 여룸니비.

여름밤 명 여룸밤.

여름비 명 여룸비.

여름풀 명 여룸풀.

여무지다 형 여무치다.
여물간(--間) 명 여물깐.
여물게 부 매. 매매. 여무기.
여물다 동 여무다.
여물리다 동 여물카다. 익하다.
여물바가지 명 여물바가치. 여물박재기.
여보세요 감 보소.
여보시오 감 보입시더. 여어보이소오.
여봐라 감 아나.
여섯 수 여서. 여어. 엿.
여식(女息) 명 여석아.
여우 명 야시. 여시. 여호.
여우비 명 야시비. 여시비.
여울목 명 여울묵.
여위다 형 애비다. 얘비다. 여비다.
여주 명 여자.
여쭈다 동 여짭다.
여쭈어보다 동 여짭아보다.
여치 명 연치.
여태껏 부 여때꺼정. 여때꿈. 여태꺼정. 이때꺼정. 이태꺼정. 이때꿈.
여투다 동 유럼하다.
여편네(女便-) 명 안들. 여핀네. 애핀네.
여하튼(如何-) 부 야아턴. 여아턴.
여하튼지(如何--) 부 야아턴강. 야아턴동. 여아턴강. 여아턴동.
여행(旅行) 명 여앵.
역마살(驛馬煞) 명 거리기신.
역증(逆症) 명 역찡.
엮다 동 엮아다.
연거푸(連--) 부 연거퍼.
연결하다(連結--) 동 고빼이달다.
연기(煙氣) 명 영기.
연년생(年年生) 명 여연생.
연년이(年年-) 부 연여이.
연놈 명 연넘.
연달아(連--) 부 연에
연설(演說) 명 연실.
연세(年歲) 명 연수.
연신 부 여신.
연약하다(軟弱--) 형 깔락깔락하다. 놀롤하다.
연자방아(硏子--) 명 돌빠아.
연장 명 이장.
연필(鉛筆) 명 염필.
연필깎이(鉛筆--) 명 염필깩이.
연후(然後) 명 연에.
열게 하다 구 열라다.
열꽃(熱-) 명 열.
열다 동 끄니다.
열무 명 열무시.
열쇠 명 쎗대. 씻대. 열씨.
열심히(熱心-) 부 열심이.
열없다 형 여렵다.
열없쟁이 명 여렵이.
열중하다(熱中--) 동 쪼라다. 쪼아다. 쪼우다.
열쭝이 명 써리뻴가리. 여렵조시.
열흘 명 여을. 열을.
열흘날 명 여을날. 열을날.
염라대왕(閻羅大王) 명 염나대앙.
염려하다(念慮--) 명 염여하다.
염병(染病) 명 옘빙.
염소 명 얌새이. 얌소. 염새이.
염주(念珠) 명 염줄.
염증(厭症) 명 염쩡. 염찡.

염치없다(廉恥--) 형 깜냥없다. 염체없다.
엿기름 명 엿질굼. 질굼.
엿기름가루 명 질굼가리.
엿듣다 동 얏듣다.
엿보다 동 넘가보다. 넘기보다. 님기보다. 얏보다.
엿새 명 엿시.
엿샛날 명 여신날.
엿장수 명 엿재이.
영감(令監) 명 영갬.
영감쟁이(令監--) 명 영감재이.
영감탱이(令監--) 명 영감태이.
영검(靈驗) 명 영엄.
영검하다(靈驗--) 형 영엄하다.
영등할머니(靈登---) 명 영동할매.
영여(靈輿) 명 에이.
영여꾼(靈輿-) 명 에이꾼.
영영(永永) 부 영걸. 영걸로. 영걸영천.
영좌(靈座) 명 미빈.
영향(影響) 명 영양.
영험하다(靈驗--) 형 영엄하다.
옆구리 명 여꾸리. 옆우리.
옆길 명 옆질.
옆댕이 명 야불때기. 야불띠기. 야풀때기. 야풀띠기. 여불때기. 여불띠기. 여풀때기. 여풀띠기.
옆쪽 명 옆쭉.
예닐곱 주 에닐곱.
예민하다(銳敏--) 형 애민하다.
예방(豫防) 명 방치.
예뻐하다 형 곱아하다. 에뿌하다. 예뿌하다. 이뿌하다.
예쁘다 형 미하다. 에뿌다. 예뿌다. 이뿌다.
예쁘장하다 형 에뿌짱하다. 예뿌장하다. 이뿌장하다.
예사(例事) 명 여사. 이사.
예사내기(例事--) 명 여사내기.
예사로(例事) 부 벌로. 여사로. 이사로.
예삿말(例事-) 명 여삿말. 이삿말.
예삿일(例事-) 명 여삿일. 이삿일.
예상(豫想) 명 애상.
예수[Jesus] 명 여수.
예수쟁이[Jesus--] 명 여수재이.
예전(-前) 명 애전. 이전.
예절(禮節) 명 애절.
예초기(刈草機) 명 예치기.
옛길 명 옛질.
옛날 명 앳날. 잇날.
옛날이야기 명 앳날이약. 잇날이약.
옛말 명 앳말. 잇말.
옜다 감 아나. 여있다.
오가리 명 우구리.
오그라지다 동 오고라지다. 오구라지다.
오그리다 동 오고라다. 오고리다. 오골라다. 오골씨다. 오구라다. 오구리다. 오굴라다. 오굴씨다.
오글보글 부 오굴뽀굴.
오글오글 부 오골오골. 오굴오굴.
오글쪼글 부 오골쪼골. 오굴쪼굴.
오글쪼글하다 형 오골쪼골하다. 오굴쪼굴하다. 오굴쭈굴하다.
오금 명 오곰. 오굼.
오금팽이 명 오곰쟁이. 오곰팍. 오곰패이. 오굼재이. 오굼팍. 오굼패이.
오긋하다 형 오곳하다. 오구당하다. 오굿하다.

오냐 감 어야. 오야.
오너라 동 온나.
오너라가너라 부 온나가라.
오뉴월[五六月] 명 오니얼.
오늘 명 오올. 올.
오늘껏 명 오올껏.
오늘날 명 오올날.
오늘내일(--來日) 명 오올니일.
오늘내일하다(--來日--) 동 오올니일하다.
오늘따라 부 오올따라.
오늘아침 명 온아직.
오늘자 명 오올자.
오늘저녁 명 올지익.
오다 동 아다.
오달지게 부 오더락시리. 오지기.
오달지다 형 오더락지다.
오도독뼈 명 오돌삐.
오도카니 부 오도커이. 오두커이.
오돌토돌하다 형 오둘토둘하다.
오되다 동 올데다.
오두막 명 오더막.
오두방정 명 도래방정. 오도방정. 초래방정. 촐래방정.
오들오들 부 오돌오돌. 오둘오둘.
오디 명 오덜깨.
오디새 명 오덜깨새.
오뚝 부 오똑.
오뚝이 부 오똑이.
오뚝하다 형 오똑하다.
오라기 명 오래기.
오라버니 명 오라바씨. 오라바이.
오라비 명 오래비.
오려논 명 오나락논. 올나락논. 올베논. 올비논.
오려송편(--松-) 명 오레송핀.
오르다 동 오루다.
오르막 명 오루막. 오리막.
오른손 명 오룬손.
오른쪽 명 오룬쭉. 오린짝.
오른팔 명 오룬팔.
오른편(--便) 명 오룬핀.
오리나무 명 오리목.
오리새 명 기보리.
오만 관 오만떼만. 오만띠만.
오목조목 부 오묵조묵.
오물오물하다 동 오굴기리다.
오므라지다 동 오마지다. 오무라지다.
오므리다 동 오마다. 오무라다. 오무리다. 오바다. 오비다.
오므려들다 동 오마들다. 오무라들다.
오밤중 명 오밤.
오복조림 명 오북조룸.
오붓하다 형 속딱하다. 쏙딱하다. 혹딱하다.
오빠 명 옵빠. 옵빠야.
오사리하다 동 올사리하다.
오순도순 부 오신도신.
오스스 부 어시시.
오슬오슬 부 오실오실.
오이 명 물이.
오이냉국(--冷-) 명 물이맥국.
오이소박이 명 오이속박지.
오이풀 명 지우치.
오자마자 부 오더미로. 오덤질로. 오자말자.
오자미 명 오재미.
오쟁이 명 오재기. 오재이.
오전 내내(午前 --) 구 저심알래.

오죽 부 오직.
오죽하다 부 오직하다.
오줌 명 오짐.
오줌발 명 오짐발.
오줌소태 명 오줌세끼. 오짐수꾸리. 자질개.
오줌싸개 명 오줌재이.
오줌장군 명 오줌추마리.
오지게 부 오지기.
오징어 명 수루미.
오토바이[auto bicycle] 명 가부차. 오도바이.
오히려 부 디우. 덧디. 엘로. 오히리.
옥니박이 명 옹니재이.
옥도정기(沃度丁幾) 명 옥또징기.
옥생각 명 옥운생각.
옥셈 명 옥운셈.
옥수수 명 옥수시.
옥이다 동 옥아다.
온갖 관 온가.
온데 부 전신만신에. 전신에.
온돌방(溫突房) 명 구둘방.
온살배기 명 온배기. 온비기. 온살비기. 올배기.
온전한 효자(穩全- 孝子) 구 온호자.
온전히(穩全-) 부 오이. 온저이. 온히.
온통 부 말키. 삼통. 저신에.
올가미 명 골갱이. 올개미. 홀깨미. 홀깨이. 홀치기.
올고구마 명 올고매.
올려놓다 동 올라낳다. 올리낳다.
올려다보다 동 울로보다. 치받아보다. 치보다.
올려보다 동 올라보다. 올리보다.
올려붙이다 동 올리붙이다.
올리다 동 올라다. 올랗다.
올 모내기 구 올싱기.
올무[1] 명 올무시.
올무[2] 명 홀깨미. 홀깨이. 홀치기.
올바로 부 올바리.
올바르게 부 올바루게.
올바르다 형 올바루다.
올방개 명 올비.
올벼 명 오나락. 올나락. 올베. 올비.
올빼미 명 올삐미.
올챙이 명 오골챙이.
올챙이배 명 오골챙이배.
올케 명 올키.
올해 명 올개.
옮겨가다 동 옹기가다. 잉기가다.
옮겨붙다 동 옹기붙다. 잉기붙다.
옮겨심기하다 동 옹기숭구다. 잉기숭구다.
옮기다 동 옹기다. 잉기다.
옳게 부 옳기.
옳지 감 옳제.
옴뚜꺼비 명 옴두끼비.
옴짝달싹 부 옴싹달싹.
옴짝달싹하다 동 옴싹달싹하다.
옴츠려들다 동 옴추러들다. 옴치러들다.
옴츠리다 동 옴추리다. 옴치리다.
옴켜잡다 동 옴치잡다.
옴켜잡히다 동 옴치잽히다.
옴켜쥐다 동 옴치지다.
옴키다 동 옴치다.
옴파리 명 옹바리.
옴팍하게 부 옴박하이.
옴팍하다 형 옴박하다.

외양간(--間) 명 마구. 마구깐. 소마구. 소마굿간.

외양간 변소(--- 便所) 구 들통시.

외언청이 명 위째보.

외우다 동 애아다. 위아다. 이아다.

외정(外丁) 명 위정.

외지다 형 위지다. 이지다.

외지인(外地人) 명 어굿지이.

외출(外出) 명 문밖걸움.

외치다 동 위다. 이다.

외탁하다(外---) 형 위탁하다. 이탁하다.

외톨이 명 애톨배기. 애톨비기. 애톨이. 위톨배기. 위톨비기. 위톨이.

외팔이 명 위팔이.

외풍(外風) 명 우풍.

외할머니(外---) 명 애할매. 위할매. 이할매. 이할무이.

외할아버지(外----) 명 애할배. 위할배. 이할배. 이할부지.

왼 관 윈.

왼발잡이 명 윈발잽이.

왼새끼 명 윈새끼.

왼손 명 앤손. 윈손.

왼손잡이 명 앤손잽이. 윈손잽이. 윈짝빼기. 짝빼기.

왼쪽 명 윈짝. 윈쪽. 윈쭉.

요 조 예.

요강 명 오강. 오강단지.

요강장수 명 오강장시.

요것 명 요고.

요기[1] 명 요오.

요기[2](療飢) 명 깔딱요구.

요기하다(療飢--) 동 요구하다. 입다시다.

요깃거리(療飢--) 명 요굿거리.

요놈 명 요넘아. 요놈아. 욜마.

요놈의 관 요넘우. 요놈우. 요니러.

요따위 명 요따구.

요래서 부 요런머리. 요머리.

요량(料量) 명 요랑.

요량하다(料量--) 동 요랑하다.

요러해쌓다 동 요쌓다. 요캐쌓다.

요렇게 부 요래. 요렇굼. 요렇기. 요렇짐.

요렇지만 부 요렇지만서도.

요령(要領) 명 요랑. 용맹.

요령껏(要領-) 부 요랑껏.

요령소리(鐃鈴--) 명 요롱소리.

요리로 부 욜로.

요만치 명 요만침.

요만큼 명 요따만쿰. 요마이. 요만침. 요만쿰.

요번(-番) 명 오분. 요분.

요사스럽다(妖邪---) 형 요상시럽다.

요사하다(妖邪--) 형 요상하다.

요새 명 오새. 요시.

요전번(-前番) 명 요앞새. 요앞시.

요즘 명 요줌.

요지경(瑤池鏡) 명 요지갱. 요지깅.

요쪽 명 여짜. 여쭈. 여쭉. 요짜. 요쭈. 요쭉.

요쪽으로 부 여짜로. 여쭈로. 여쭉우로. 요짜로. 요쭈로. 요쭉우로. 욜로.

욕심(慾心) 명 썽. 썽질. 퉁때.

욕심꾸러기(慾心---) 명 굴보. 욕심꾸리기.

욕심내다(慾心--) 동 퉁때지이다.

욕심스럽다(慾心---) 형 짤감시럽다.

욕심스레(慾心--) 부 욕심시리. 짤감시리.

욕심쟁이(慾心--) 명 욕심재이.

욕지기 명 욕구리.
욧잇 명 요껍띠기. 요호청.
용두질 명 딸따리.
용마루(龍--) 명 댓마리. 용마리.
용마름(龍--) 명 용마람.
용버들 명 사꾸라버들.
용솟음 명 용솟움.
용수 명 용시.
용수철(龍鬚鐵) 명 곡철.
용심꾸러기 명 용심꾸리기. 용심재이.
용심부리다 동 용심지기다.
용쓰다 동 용씨다.
용천하다 동 용천떨다.
용하다 형 용애빠지다.
우거지다 동 우구지다. 쩌리다.
우그러지다 동 우구라지다.
우그러트리다 동 우구러띠리다. 우굴티리다.
우그리다 동 우구라다. 우구리다. 우굴시다.
우글거리다 동 우굴기리다.
우글대다 동 우굴대다.
우글우글 부 우굴우굴.
우글우글하다 동 우굴우굴하다.
우글쭈글 부 우굴쭈굴.
우글쭈글하다 형 우굴쭈굴하다.
우기다 동 따까리씨아다. 때까리씨아다. 씨아다. 씨우다.
우두머리 명 고수. 원대가리.
우두커니 부 우두커이.
우둘투둘하다 형 어실터실하다. 오덜투덜하다. 우덜투덜하다.
우러나다 동 우루나다.
우렁이 명 꼬디이. 논고동. 논꼬디이.
우려내다 동 올가내다. 우라내다. 울카내다.
우려먹다 동 우라묵다.
우르르 부 우루루.
우리네 명 우리들네.
우리다[1] 동 삭하다. 우라다.
우리다[2] 동 우리이다.
우리 아버지 구 울아부지.
우리 어머니 구 울어매.
우린감 명 담운감. 삭한감.
우멍하다 형 우뭉하다.
우물 명 새미. 움물.
우물길 명 새밋질.
우므리다 동 우마다.
우선(于先) 부 우신. 위선.
우선에(于先-) 부 우신딴에. 우신에. 위선딴에. 위선에.
우세스럽다 형 우사시럽다.
우세하다 동 우사하다.
우셋거리 명 우삿거리.
우수리 명 끝따리.
우스개 명 우수개. 위서개.
우스갯소리 명 우수개소리. 위서개소리.
우스갯짓 명 고깨이짓. 우수갯짓. 위서갯짓.
우습다 형 우숩다. 위섭다.
우악스럽다 형 우악시럽다.
우엉 명 우붕. 우웅.
우연히(偶然-) 부 우여이.
우포늪(牛浦-) 명 소벌.
우표(郵票) 명 딱지포.
우환(憂患) 명 우안.
욱대기다 동 왈기다. 훌치다.
욱여넣다 동 오다옇다. 오도바옇다. 우다옇다. 우두바옇다.

욱여싸다 동 오다싸다. 오도바싸다. 우다싸다. 우두바싸다.

운김 명 운찜.

운동화(運動靴) 명 운동아.

울긋불긋 부 올곳뿔곳. 울긋뿔긋.

울긋불긋하다 형 올곳뿔곳하다. 울긋뿔긋하다.

울다 동 짤다.

울렁거리다 동 울룽기리다.

울리다 동 울라다.

울먹울먹하다 동 울묵울묵하다.

울보 명 짬보. 울냄이.

울음 명 울움.

울음바다 명 울움바다.

울음소리 명 울움소리.

울음판 명 울움판.

울타리 명 울따리.

울퉁불퉁하다 형 울텅불텅하다.

울화(鬱火) 명 울애.

울화통(鬱火-) 명 울애통.

움츠리다 동 움추리다. 움치리다.

움켜넣다 동 오다옇다. 오도바옇다. 우다옇다. 우두바옇다.

움켜잡다 동 오다잡다. 오도바잡다. 우다잡다. 우두바잡다. 움치잡다.

움켜쥐다 동 오다지다. 오도바지다. 우다지다. 우두바지다.

움큼 명 오쿰. 우쿰. 웅쿰. 호쿰.

움푹움푹하다 형 움폭짐푹하다.

웃기다 동 윘기다. 잇기다.

웃다 동 윘다. 잇다.

웃어넘기다 동 윘어넘가다.

웃음 명 웃움. 윘움.

웃음거리 명 웃움거리. 윘움거리.

웅덩이 명 덤붕. 둠벙. 옹뎅이. 웅덩. 웅동. 웅디이.

웅얼웅얼하다 동 웅울웅울하다.

웅크리다 동 웅쿠리다.

워낙 부 언캉.

워낭소리 명 요롱소리.

워리워리 감 독꾸독꾸.

원두막 명 원더막. 위막.

원망하다(怨望--) 동 원실하다.

원성(怨聲) 명 원실.

원수(怨讐) 명 원씨. 웬수.

원수지다(怨讐--) 명 원씨지다. 웬수지다.

원숭이 명 원시이. 잔내비. 잘래비.

원숭이띠 명 원시이띠. 잔내비띠. 잘래비띠.

원체(元體) 명 금분. 언캉.

원추리 명 단초꽃.

원통하다(寃痛--) 형 앵통하다.

웬 관 우얀.

웬걸 감 웬총.

웬만치 부 엔만침.

위 명 우.

위뜸 명 웃담.

위로 부 울로.

위아래 명 우아래.

위에서 부 우게서.

위짝 명 우짝. 우째기. 웃짝.

위쪽 명 우쪽. 우쭉. 웃쪽. 웃쭉. 위쭉.

위층(-層) 명 우청. 우칭.

위치(位置) 명 소롭.

위태롭다(危殆--) 형 상그랍다. 우태하다. 우터럽다.

위험하다(危險--) 형 우움하다.

윗길 명 웃질.
윗녘 명 웃녘.
윗니 명 웃니.
윗도리 명 우통. 웃도리.
윗머리 명 웃머리.
윗목 명 우묵. 웃묵
윗물 명 웃물.
윗사람 명 우엣사람.
윗옷 명 우통. 웃도리. 웃옷.
윗입술 명 웃입수구리.
유건(儒巾) 명 유군.
유골함(遺骨函) 명 재당새기.
유과(油菓) 명 유개.
유만부동(類萬不同) 명 유만부덕.
유명하다(有名--) 형 모모하다. 유맹하다. 유밍하다.
유별나다(有別--) 형 유달밧다. 유밸나다. 유빌나다.
유별스럽다(有別---) 형 유달시럽다. 유밸시럽다. 유빌시럽다.
유별스레(有別--) 부 유달시리. 유밸시리. 유빌시리.
유성기(留聲機) 명 유싱개.
유세(有勢) 명 세.
유세하다(有勢--) 동 유시떨다.
유야무야(有耶無耶) 명 우야무야.
유야무야되다(有耶無耶--) 동 우야무야데다.
유월(六月) 명 유울달.
유월도(六月桃) 명 까칠복숭.
유채(油菜) 명 게울초. 기울초. 유치.
유혈목이 명 너불때. 누굴미기. 율목이.
육고기(肉--) 명 육기기.
율무 명 율미.
윷가락 명 윷가치.
으깨다 동 응개다.
으등거리다 동 엉덩거리다.
으러 조 우로.
으레 부 으러껀. 으러꿈. 으레이.
으로 조 아로. 어로. 우로.
으로부터 조 인데서.
으름덩굴 명 시곰치풀.
으름장 명 어룸장. 얼림장. 울림장.
으스대다 동 어씨대다.
으슥하다 형 어석지다.
으슬으슬 부 어실어실.
으아리 명 모개이꽃.
윽박지르다 동 욱박지르다.
은가락지(銀---) 명 은까락찌.
은근히(慇懃-) 부 은거이.
은둔자(隱遁者) 명 구둘막장군.
은박지(銀箔紙) 명 빤딱조오. 빨락조오.
은비녀(銀--) 명 은비네.
은사시나무 명 모깅나무.
은어(銀魚) 명 은에.
은연중에(隱然中-) 부 은인중에.
은하수(銀河水) 명 은아수.
은행[1](銀杏) 명 은앙. 은앵.
은행[2](銀行) 명 은앵.
은행나무(銀杏--) 명 은앙낭. 은앵나무.
은혜(恩惠) 명 은애.
을 조 로. 로갓다가. 르. 울.
을근거리다 동 어러렁기리다. 얼겅기리다.
읊다 동 짓다.
음복하다(飮福--) 동 음북하다.
음식(飮食) 명 음석.

음침하다(陰沈--) 형 새꼬롬하다. 새꾸무리하다.
음흉하다(陰凶--) 형 엉굼하다. 음숭하다.
응 감 어.
응가 명 엉가.
응당(應當) 부 어당.
응애 명 비리.
응어리 명 응아리.
의 조 우. 지.
의견(意見) 명 이갠.
의부증(疑夫症) 명 이부쩡. 이부찡.
의붓아비 명 다선애비. 어붓애비.
의붓어미 명 다선이미. 어붓이미.
의붓자식 명 어붓자석.
의심스럽다(疑心---) 형 으심시럽다. 이심시럽다.
의외(意外) 명 어애.
의외로(意外-) 부 어애로.
의젓하다 형 천연하다. 천옇다.
의향(意向) 명 어양.
이걸로 부 이것가아.
이것저것 명 오만거떼만거. 오만거띠만거.
이게 명 이기이.
이기다 동 이개다.
이 길로 구 이질로.
이까짓[1] 관 이까이.
이까짓[2] 감 이까이.
이끌리다 동 끄끼다.
이나마 조 이나따나.
이남박 명 널비기.
이내 부 여내.
이냥 부 이양.
이녁 명 이녘.
이놈 명 이넘아. 인마. 일마.
이놈의 관 이넘우. 이놈우. 이니러.
이다[1] 동 이아다.
이다[2] 조 이데이.
이다음 명 이다암. 이다움.
이듬해 명 이덤해. 이둠해.
이따가 부 이따아.
이따위 명 이따구.
이때 명 입때.
이때껏 부 이때꿈.
이랑 명 고랑. 이렁.
이래서[1] 부 이래가아.
이래서[2] 부 이런머리. 이머리.
이랴 감 이라.
이러고 부 이래고.
이러구러 부 이라구로.
이러나저러나 부 이래나저래나.
이러놓으니 부 이래낳이.
이러니까 부 이라이. 이라이께네. 이란께네. 이런께네.
이러니저러니 부 이러이저러이.
이러다 동 이라다. 이카다.
이러려면 부 이랄라마. 이랄라카마.
이러면 부 이라마.
이러쌓더니 부 이샇디이.
이러자 동 이라자.
이러지 동 이라제. 이카제.
이러해쌓다 동 이이쌓다. 이캐쌓다.
이런 것 구 이른능 거.
이럴래 동 이랄래.
이럽시다 동 이라이시더.
이렇게 부 이렇굼. 이렇기. 이렇짐.
이렇게나 부 이렇구롬. 이렇굼이나. 이렇

기나. 이렇짐이나.
이렇다 형 이롷다.
이렇듯이 부 이롷다시.
이렇지만 부 이렇지만서도.
이레 명 이리.
이렛날 명 이릿날.
이롭다(利--) 형 이지다. 이하다.
이루다 동 이라다.
이르다 형 이리다. 일쩍다. 일찍다. 일칙다.
이를테면 부 일터러. 일터로.
이름 명 이룸. 이림.
이름자(--字) 명 이룸자.
이리[1] 부 이래.
이리[2] 부 언. 인.
이리 다오 구 언더라. 언도고. 언도라.
이리로 부 일로.
이리하마 동 이래꾸마.
이마 명 이망.
이마빼기 명 이망빼기.
이만치 부 이만침.
이만큼 부 이따만쿰. 이마이. 이만침. 이만쿰.
이만하다 형 이따만하다.
이맘때 명 이만때.
이며 조 이야.
이면 조 이마.
이모(姨母) 명 이무.
이모부(姨母夫) 명 이모아재.
이미 부 내나.
이바지 명 상수.
이발쟁이(理髮--) 명 이발재이.
이번(-番) 명 이분.
이별(離別) 명 이밸. 이빌.
이보시오 감 보이소오. 이보이소오.
이봐 감 어이.
이봐요 감 아요.
이사하다(移徙--) 동 이새가다.
이삭 명 이색.
이삭여뀌 명 참너꾸때.
이삿짐(移徙-) 명 이샛짐.
이상하다(異常--) 형 이샇다.
이슥하다 형 이석다.
이슬 명 이실.
이슬방울 명 이실빠알.
이슬비 명 구실비. 이실비.
이승 명 이싱.
이야 조 이사.
이야기 명 이바구. 이박. 이약.
이야기꾼 명 이바구재이.
이야기하다 동 이바구하다. 이박하다. 이약하다.
이어지다 동 잇이다.
이엉 명 마람.
이엉뭉치 명 나래.
이왕(已往) 명 이양.
이왕에(已往-) 부 이양지.
이왕이면(已往--) 부 이양이마.
이왕지사(已往之事) 명 이양지사.
이웃 명 이우지.
이웃나들이 명 마실.
이음 명 이심.
이음새 명 이성가리. 이싱개.
이제 명 언자. 인자. 인지.
이제껏 부 이적지.
이제나저제나 부 하마나. 하매나.
이제야 부 언자사. 언자서. 인자사. 인자

서. 인지서.

이질풀 명 써구랑풀.

이쪽 명 이짜. 이쭈. 이쭉.

이쪽으로 부 이짜로. 이쭈로. 이쭉우로. 일로.

이쪽저쪽 부 이짜저짜. 이짝저짝. 이쭉저쭉.

이쯤 부 이짬. 이쭘.

이쯤에 부 이짬치. 이쭘치.

이참 명 요분참. 이분참.

이키나 감 아이쿠야.

이파리 명 이포리. 이푸리.

이해하다(理解--) 동 이애하다.

익모초(益母草) 명 육모초. 육무초.

익살꾼 명 고깨이. 씨분대. 씨싸이. 씨씩바리.

익히다 동 익하다.

인(人) 접 지이.

인간말짜(人間--) 명 인간말종.

인공눈알(人工--) 명 개눈깔.

인과(因果) 명 통빨.

인기척도 없이 구 소리도 매도 없이.

인도인(印度人) 명 인도지이.

인동초(忍冬草) 명 윤동초. 인덩넝쿨.

인두 명 윤두. 윤디.

인두판(--板) 명 전반.

인절미 명 찰떡.

인정머리(人情--) 명 인정내미.

인정스럽다(人情---) 형 인정시럽다. 입정곱다.

인정스레(人情--) 부 인정시리. 입정곱기.

인진쑥(茵蔯-) 명 인정쑥.

인편(人便) 명 인팬. 인핀.

인형(人形) 명 인영.

일가(一家) 명 일개.

일같잖다 형 일겉잖다.

일거리 명 껀덕지.

일고여덟 수 일고야달. 일고야덜.

일구다 동 일가다.

일그러지다 동 삐개지다. 이구라지다.

일깨우다 동 일깨아다.

일러두다 동 일라주다.

일러바치다 동 가알주다. 갈차주다. 갈치주다. 갤차주다. 갤치주다. 꼰질라다. 이르다. 일라주다. 찌르다.

일류(一流) 명 일유.

일반벼(一般-) 명 일반베. 일반비.

일본쥐벼룩(日本---) 명 지비룩이.

일부러 부 덜부더리. 덜부로. 부로. 역부로. 일부로.

일어나다 동 이일나다. 인나다. 일나다.

일어나자마자 부 일나더미로. 일나덤질로. 일나자말자.

일으키다 동 일바시다. 일배키다. 일이키다.

일주기(一週期) 명 돌시.

일찌감치 부 일쭈감치.

일찌거니 부 일찌거이.

일찍 부 일쩍. 일척.

일평생(一平生) 명 일팽상. 일핑상.

읽다 동 이러다.

읽히다 동 일리다. 읽하다.

잃다 동 꿇다. 뽉히다. 잃왕다.

임자 명 임재.

임진왜란(壬辰倭亂) 명 임진애란.

입가 명 입가세. 입가시.

입김 명 입짐.

입내 명 입내미.

입맛 명 입정.
입맞춤하다 동 입맞하다.
입바르다 형 입바리다.
입술 명 입수구리. 입수부리.
입언저리 명 입언지리.
입치레 명 입치리.
입히다 동 입하다.
잇다 동 잇아다.
잇달아 부 달아.
잇바디 명 잇바지.
있잖아 부 아있나. 있제.
잉걸불 명 융구럭불. 융구룩불. 잉구럭불. 잉구룩불.
잉앗대 명 잉앳대.
잉크[ink] 명 잉끼.
잊다 동 까묵다. 잊앟다.
잊어먹다 동 까묵다. 잊아묵다. 잊이묵다.
잊어버리다 동 까무뿌다. 잊아뿌다. 잊이삐리다.
잊음 명 잊임.
잎사귀 명 잎사구.

자 조 재이.
자가웃 명 자가옷.
자갈밭 명 돌짝밭.
자국 명 자죽. 재죽.
자귀 명 짜구.
자귀풀 명 가랑풀.
자그럽다 형 자구랍다. 재거랍다.
자그마치 부 자구만침.
자글자글 부 오골오골.
자글자글하다 형 자굴자굴하다.
자기(自己) 명 자개. 재개. 저거. 지.
자기 아버지 구 저가배. 저가부지.
자기 어머니 구 저거마이. 저거매. 저어매.
자기 어미 구 저거매. 저어매.
자꾸 부 질래.
자다 동 디비자다.
자두 명 풍개.
자라 명 자래.
자라배 명 자래배.
자라자지 명 자래자지.
자라풀 명 자래풀.
자락[1] 명 자랙.
자락[2] 명 자리.
자랑 명 자랭.
자루[1] 명 자리. 잘리.
자루[2] 명 가락. 자리.
자루바가지 명 자리바가치.
자르다 동 동치다. 똥굴라다. 문질다. 뿌질라다. 뿔라다. 짜러다.
자리개 명 맥띠이. 조리개.
자리공 명 잉끼나무. 황장목.
자물통 명 쎄통. 씨통.
자반 명 간기기.
자반고등어 명 꼬더리.
자배기 명 도랑사구. 사구. 엉버지기.
자빠뜨리다 동 보딜티리다. 보티리다. 자빨치다. 자빨티리다.
자빠지다 동 보틸리다. 자빠라지다.
자사받기 명 자새받기.
자상스럽다(仔詳---) 형 자부시럽다. 자상시럽다.

자상스레(仔詳--) 早 자부시리. 자상시리.
자세(姿勢) 명 자시.
자세히(仔細-) 早 자시이.
자시다 동 잡사다.
자식(子息) 명 손. 자석.
자아올리다 동 잣아올리다.
자야 할 밤 구 잘밤.
자연히(自然-) 早 자여이.
자욱하다 형 자북하다.
자운영(紫雲英) 명 풀씨.
자웅(雌雄) 명 장우.
자위 명 조시.
자작하다 형 짜작하다. 짤박하다. 짤칵하다.
자잘하다 형 싸씨락하다. 자잔하다. 짜잔하다. 짜잘하다. 짜잡하다.
자전거(自轉車) 명 자안차. 자장구.
자존심(自尊心) 명 쏙창시.
자주 早 자조.
자주색(紫朱色) 명 자지색.
자지러지다 동 자물시다. 자절치다. 자지라지다.
자질구레하다 형 자잘구리하다. 자질구리하다. 찌지부리하다.
자초지종(自初至終) 명 이만코저만코.
자칫 早 까딱.
자칫하다 동 까딱하다. 잘몬하다.
자투리 명 짜터레기.
자형(姊兄) 명 자영.
작다 형 짜다. 째깮다. 째맪다. 쪼깮다. 쪼맪다.
작달막하다 형 짝딸막하다. 짜리몽땅하다.
작대기 명 작때기. 작지. 짝대기.
작두 명 짝뚜.
작신 早 작씬.
작은누나 명 잔누부. 잔누야.
작은며느리 명 잔메너리. 잔미너리.
작은방(--房) 명 잔방.
작은사폭(--邪幅) 명 작은다리.
작은아들 명 잔아들.
작은아버지 명 작은아부지. 잔아부지.
작은어머니 명 자알매. 잔어매. 잘매.
작은집 명 잔집.
작은할머니 명 잔할매.
작은형(--兄) 명 잔히야. 잔히이.
작히나 早 자이나.
잔고기 명 잔기기.
잔기침 명 잔지침.
잔꾀 명 잔끼.
잔돈(殘-) 명 낱돈.
잔디 명 짠데기.
잔뜩 早 가뿍. 갑씬. 목씬. 볼쏙. 항거석. 항검.
잔망하다(孱妄--) 형 잘망궂다.
잔병치레(-病--) 명 잔빙치리.
잔솔가지 명 잔솔개비.
잔심부름 명 잔심바람. 잔심부룸.
잔일하다 동 꿈지이다. 꿈직이다.
잔챙이 명 뽀씨리기. 잔채이.
잘근잘근 早 잘군잘군.
잘금잘금 早 잘굼잘굼.
잘되다 동 잘데다.
잘라내다 동 날리다.
잘리다 동 짤리다.
잘못 早 잘몬.
잘못되다 동 디비데다. 잘몬데다.
잘못하다 동 잘몬하다.

잠결 [명] 잠질.
잠그다 [동] 장가다. 장구다. 짱가다. 짱구다.
잠기다[1] [동] 담다. 물담다. 자물다. 잠피다.
잠기다[2] [동] 장기다. 잼기다. 쟁기다. 짱기다.
잠깐 [부] 빼떡. 참시.
잠꾸러기 [명] 잠꾸리기. 잠치이. 잠티이.
잠방이 [명] 단방주우. 몽당주우. 짜린주우.
잠시 [부] 참시.
잠자리[1] [명] 철기.
잠자리[2] [명] 잘자리.
잠자코 [부] 잔주코. 잔죽고.
잠투정 [명] 잠떳.
잡것(雜-) [명] 작것.
잡기장(雜記帳) [명] 작기장.
잡다하게(雜多--) [부] 자부시리.
잡동사니(雜---) [명] 구천떡이. 잡동사이.
잡숫다 [동] 잡샀다.
잡아넣다 [동] 잡아옇다.
잡아당기다 [동] 잡아땡기다.
잡아들이다 [동] 잡아딜이다.
잡아떼다 [동] 잡아띠다.
잡아매다 [동] 붙둘우매다. 짜매다.
잡아먹다 [동] 자묵다. 잡아묵다.
잡아먹히다 [동] 자믹히다. 잡아믹히다.
잡일(雜-) [명] 궂일.
잡죄다 [동] 잡찌다.
잡초(雜草) [명] 풀.
잡치다 [동] 조지다.
잡히다 [동] 잽히다.
잣다 [동] 잣이다.
장(章) [명] 넙띠기.
장가(丈家) [명] 장개.
장가들이다(丈家---) [동] 장개딜이다.
장골(壯骨) [명] 장골이.
장구벌레 [명] 갈가세이. 물벌개이.
장구채 [명] 장구치나물.
장기[1]**(將棋)** [명] 장끼.
장기[2]**(長技)** [명] 쟁끼.
장끼 [명] 장꽁. 쟁끼.
장다리 [명] 쫑다리. 쫑대. 추대.
장다리 양파 [구] 쑥다무네기. 쑥양파.
장대하다(壯大--) [형] 장때겉다.
장독(醬-) [명] 장단지. 장도가지.
장독간(醬-間) [명] 장고방. 장뚝간.
장독대(醬-臺) [명] 장뚝대.
장독소래기(醬----) [명] 도가지띠껑. 장단지띠껑. 장도가지띠껑.
장돌림(場--) [명] 장똘배이.
장딴지 [명] 장따리.
장땡 [명] 장때이.
장리(長利) [명] 장내.
장마 [명] 장매.
장 마중(場 --) [구] 장매짐.
장마철 [명] 장매철.
장만하다 [동] 장마느다. 장많다.
장목수수 [명] 서울수시.
장바구니(場---) [명] 장빠구리.
장 반찬(場 飯饌) [구] 장반찬.
장사 [명] 장시.
장사꾼 [명] 장시꾼.
장사하다 [명] 장시하다.
장삿속 [명] 장싯속.
장수 [명] 장시. 재이.
장수하다(長壽--) [동] 수하다.
장아찌 [명] 짱아치.
장어 [명] 짱어. 짱에.

장인(丈人) 명 재인.
장인어른(丈人--) 명 재인어룬.
장작 명 둥구리.
장작 장만하다 구 둥구리하다.
장터거리(場---) 명 장터껄.
장화(長靴) 명 물신.
잦다 형 지리다.
잦히다 동 잦이다.
재가하다(再嫁--) 동 살로오다. 팔자곤치다.
재끼다 동 재치다.
재다[1] 동 야라다. 재아다.
재다[2] 동 재아다. 재애다.
재떨이 명 재털이.
재롱부리다(才弄---) 동 애지랑부리다.
재미나다 동 호지나다.
재미스럽다 형 재미시럽다.
재미스레 부 재미시리.
재봉틀(裁縫-) 명 자방털. 자봉털. 털.
재우다[1] 동 재아다.
재우다[2] 동 재아다. 지아다.
재작년(再昨年) 명 지작년.
재재거리다 동 재불기리다.
재주넘다 동 벅수넘다.
재채기 명 재치기.
재촉하다 동 깝치다.
재취(再娶) 명 재추. 재치.
재취댁(再娶宅) 명 재추떡이. 재치떡이.
잿물 명 재물. 지물.
쟁기 명 훌치이.
쟁기질 명 시비질.
쟁이다 동 개리다. 당가리치다. 재아다. 재애다. 짜다.
쟤 명 자아.
저 관 자.
저걸로 부 저것가아.
저것 명 저거.
저게 명 저기이.
저고리 명 저구리.
저기 명 저게. 저어.
저기에다 부 저따아.
저 길로 구 저질로.
저까짓 관 저까이. 저깐.
저냥 부 저양. 조양.
저녁 명 지익.
저녁거리 명 지익거리.
저녁나절 명 지익나잘. 지익나질. 지익땀. 지익알로. 지익쩔.
저녁내 부 지익내.
저녁노을 명 지익노올.
저녁 이전(以前) 구 지익아래.
저놈 명 저넘아. 절마.
저놈의 관 저넘우. 저놈우. 저니러.
저다지 부 저렇기나.
저따위[1] 명 저따구.
저따위[2] 관 저따구.
저라 감 자라.
저래서[1] 부 저래가아.
저래서[2] 부 저런머리. 저머리.
저러고 부 저라고.
저러니까 부 저라이. 저라이께네. 저래놓이. 저런께네.
저러다 동 저라다. 저카다.
저러려면 부 저랄라마. 저랄라카마.
저러면 부 저라마.
저러쌓더니 부 저샇디이.
저러지 동 저라제. 저카제.

저러하네 형 절네.
저러하지 형 절체.
저러해쌓다 동 저어쌓다. 저캐쌓다.
저런 관 저렁.
저런 것 저런능 거.
저럴 관 절.
저럴래 동 저랄래.
저럽시다 동 저라이시더.
저렇게 부 저래. 저렇기.
저렇게나 부 저렇구롬. 저렇굼. 저렇짐.
저렇다 형 졇다.
저렇듯이 부 저렇다시.
저렇지만 부 저렇지만서도.
저리다 형 절리다. 제리다. 지리다.
저리하마 동 저래꾸마.
저리하자 동 저라자.
저만치 부 저마이. 저만침.
저만큼 부 저따만쿰. 저마이. 저만침. 저만쿰.
저맘때 명 저만때.
저물도록 부 점두룩.
저번(-番) 명 저분. 조분.
저보시오 감 저보이소.
저수지(貯水池) 명 못.
저승 명 저싱.
저승길 명 저싱질.
저승꽃 명 저싱꽃.
저승사자 명 저싱사자.
저울 명 정울.
저자 명 저재.
저잣거리 명 저잿거리.
저절로 부 저질로. 지질로.
저지레 명 저지리.
저지레하다 동 저지리하다.
저지르다 동 저지리다.
저쪽 명 저짜. 저짝. 저쭈. 저쭉.
저쪽으로 부 저짜로. 저짝우로. 저쭈로. 저쭉우로. 절로.
저쯤 명 저짬. 저쭘.
저쯤에 부 저짬치. 저쭘치.
저희 명 저거.
적 명 쩍. 찍.
적다 형 쩍다. 째깮다. 째맪다. 쪼깮다. 쪼맪다.
적당히(適當-) 부 적따이.
적선(積善) 명 적신.
적시다 동 적사다.
적어도 부 몬해도.
적이나하면 부 적어나먼. 적어나하마.
전갱이 명 전개이. 정개이.
전구(電球) 명 전기다마.
전근하다(轉勤--) 동 갈리가다.
전근해오다(轉勤---) 동 갈리오다.
전내기(全--) 명 전배기.
전봇대(電報-) 명 전붓대.
전부(全部) 명 점부.
전신에(全身-) 부 저신만신에. 저신에.
전어(錢魚) 명 전에.
전주르다 동 잔주라다.
전체(全體) 명 전치. 치다리.
전혀(全-) 부 전여.
전화(電話) 명 전아.
절간고구마(切干---) 명 빼때기.
절구 명 도구통.
절구방아 명 도꾸바아.
절굿공이 명 고. 도굿대. 미이.

절다 동 쨀이다. 쩔이다.
절레절레 부 쩔리쩔리.
절로 부 질로.
절름발이 명 쩔뚝발이. 쩔룸뱅이.
절은 오줌 구 전오줌.
절이다 동 절아다. 젤이다.
절편 명 절핀.
젊은이 명 젊우이.
젊음 명 젊움.
점[1](點) 명 까무딱지.
점[2](點) 명 모타리.
점괘(占卦) 명 끼. 점깨. 점끼.
점심(點心) 명 저심. 전심.
점심거리(點心--) 명 저심거리
점심나절(點心--) 명 저심나잘. 저심나질. 저심땀. 저심쩔.
점심 이전(點心 以前) 구 저심아래.
점쟁이(占--) 명 점바치. 점재이.
점차(漸次) 부 점채.
점퍼[jumper] 명 잠바.
접다 동 접치다.
접시 명 접시기.
접질리다 동 가무타다.
접히다 동 접치다.
젓가락 명 저분. 젓가치.
젓가락나물 명 오골챙이풀.
젓가락질 명 저분질. 젓가치질.
젓다 동 젓이다.
정강뼈 명 장개이뻬. 칼뻬.
정강이 명 장개이.
정나미(情--) 명 정내미.
정들다(情--) 동 정붙다.
정들이다(情---) 동 정딜이다.
정리하다(整理--) 동 동개다.
정말(正-) 명 찬말 참말.
정말로[1](正--) 부 찬말로 참말로.
정말로[2](正--) 감 찬말로 참말로.
정붙이다(情---) 동 정붙하다.
정성껏(精誠-) 부 정성디리.
정수리(頂--) 명 장배기. 짱배기.
정오 때(正午 -) 구 정때.
정월(正月) 명 정울.
정월달(正月-) 명 정울달.
정월대보름(正月大--) 명 정울대보룸.
정자나무(亭子--) 명 정자낭ㄱ.
정통하다(精通--) 형 빠싹하다.
정하다(淨--) 형 정갢다.
정해놓다(定---) 동 대낳다.
정확하다(正確--) 형 여축없다. 영축없다.
젖 명 찌찌.
젖꼭지 명 젖꼭따리.
젖떼다 동 젖띠다.
젖먹이 명 젖믹이.
젖멍울 명 젖몽아리. 젖몽알.
젖무덤 명 젖무디기.
젖비린내 명 젖비렁내.
젖통 명 젖티이.
젖히다 동 젖하다. 젲히다.
제 명 지.
제가끔 명 지줌.
제각각(-各各) 부 지각각.
제각기(-各-) 부 제각꿈.
제거하다(除去--) 동 잡다.
제격(-格) 명 지객.
제구실 명 지구실.
제기(祭器) 명 지기.

제까짓[1] [관] 지까이. 지까짓. 지깐.

제까짓[2] [감] 제까이.

제꺽 [부] 제깍.

제날 [명] 지날.

제날짜 [명] 지날짜.

제대로 [부] 지대로.

제딴은 [부] 지딴에는.

제때 [명] 지때.

제맛 [명] 지맛.

제매(弟妹) [명] 지매.

제멋 [명] 지맛.

제멋대로 [부] 난양대로. 지맘대로. 지맛대로. 지신대로.

제물[1]**(祭物)** [명] 지물.

제물[2] [명] 짓물.

제물에 [부] 지물에.

제바람에 [부] 지바램에.

제발 [부] 지발.

제 발 [구] 지발.

제 발로 [구] 지발로.

제법 [부] 어북. 에북. 우북. 지북.

제부(弟夫) [명] 지부.

제비 [명] 씸지.

제비뽑기 [명] 뺑빼이.

제사(祭祀) [명] 지사.

제삿날(祭祀-) [명] 지삿날.

제삿밥(祭祀-) [명] 지삿밥.

제수[1]**(祭需)** [명] 지수.

제수[2]**(弟嫂)** [명] 지수.

제수씨(弟嫂氏) [명] 지수씨.

제시간(-時間) [명] 지시간.

제아무리 [부] 지아모리. 지아무리.

제위(祭位) [명] 제우. 지우.

제위답(祭位畓) [명] 제우답. 지우답.

제일(第一) [명] 지일.

제일가다(第一--) [동] 지일가다.

제자리 [명] 지자리.

제자리걸음 [명] 지자리걸움.

제정신(-精神) [명] 지정신.

제철 [명] 지철.

제쳐놓다 [동] 제끼놓다.

제초제(除草劑) [명] 풀약.

제치다[1] [동] 처자다.

제치다[2] [동] 제끼다.

제풀에 [부] 지물에. 지바램에.

제하다(除--) [동] 지하다.

젠장 [감] 진장.

젠장맞을 [감] 진장맞이.

젠체하다 [동] 잘난치하다.

젯메쌀(祭--) [명] 메쌀.

조 [명] 잔수. 조비. 지비.

조각나다 [동] 쪼개이나다.

조각내다 [동] 쫑치다.

조각조각 [부] 쪼개이쪼개이.

조개 [명] 조갑지.

조것 [명] 조고.

조그맣다 [형] 쪼꾸맗다.

조금 [명] 선나. 선떠꺼리. 시떠꺼리. 조곰. 조굼. 째깨이. 째매이. 쪼깨이. 쪼꿈. 쪼매이.

조금도 [부] 째깬치도. 째맨치도. 쪼깬치도. 쪼맨치도.

조금씩 [부] 째깬썩. 째맨썩. 쪼깬석. 쪼꿈썩. 쪼맨썩.

조급증(躁急症) [명] 조갑징. 조굴징. 졸갑징. 졸굽징.

조급하다(躁急--) 형 조급하다. 졸갑시럽다.
조기[1] 명 조구.
조기[2] 명 조게. 조오.
조기에다 부 조따아.
조까짓 관 조까이.
조냥 부 조양.
조놈 명 조넘. 졸마.
조놈의 관 조넘우. 조놈우. 조니러.
조동이 명 입조디이. 조디이.
조따위 명 조따구.
조래서[1] 부 조래가아.
조래서[2] 부 조런머리. 조머리.
조러해쌓다 동 조캐쌓다.
조런 관 조론.
조렇게 부 조래. 조렇굼. 조렇기. 조롷굼. 조롷기. 조렇짐.
조렇다 형 조롷다.
조렇듯이 부 조렇다시. 조롷다시.
조렇지만 부 조렇지만서도.
조련하다(調鍊--) 동 졸웁씨기다.
조롱박 명 조랑박.
조르다 동 깝치다. 조라다. 조아다. 조우다. 쪼라다. 쪼우다. 쫄라다.
조리장사 명 조리재이.
조리하다(調理--) 동 존주라다.
조릿대 명 시러대.
조막덩이 명 쪼막디이.
조막손 명 쪼막손.
조만때 명 조맘때.
조만치 부 조만침.
조만큼 부 조따만쿰. 조마이. 조만침. 조만쿰.
조면하다(阻面--) 동 재민하다.
조몰락거리다] 동 쪼물럭기리다.
조무래기 명 쪼무래이.
조바심 명 간조찡.
조바위 명 조바기. 조바우.
조밥 명 조비밥. 지비밥.
조뱅이 명 쑥대꽃.
조생종(早生種) 명 오종.
조생종양파(早生種洋-) 명 올다무네기.
조선무(朝鮮-) 명 조선무시.
조심스럽다(操心---) 형 조심시럽다.
조심스레(操心--) 부 단디이. 조심시리.
조약돌 명 빤댓돌.
조용하다 형 지옳다.
조쪽 명 조짜. 조짝. 조쭈. 조쭉.
조쪽으로 부 조짜로. 조짝우로. 조쭈로. 조쭉우로. 졸로.
조차 조 조참. 조창. 함부래.
조청(造淸) 명 집청.
조카 명 조캐.
조카사위 명 조캐사우.
조합(組合) 명 조압.
족대 명 쪽대.
족두리 명 쪽도리. 쪽뚜리.
족제비 명 쪽지비. 쪽찌비.
족제비싸리 명 머로풀.
족족 명 쪽쪽.
족집게 명 쪽찍게.
존함(尊銜) 명 존암.
졸래졸래 부 촐래촐래.
졸다[1] 동 자불다. 조불다.
졸다[2] 동 딹다. 쫄다.
졸때기 명 쫄따구.
졸라매다 동 짜매다. 쫄아매다.

졸렬하다(拙劣--) 형 꼴짭하다.
졸리다[1] 동 자부럽다. 자불리다. 조불리다.
졸리다[2] 동 쫄리다.
졸방제비꽃 명 가자풀.
졸업(卒業) 명 졸웁.
졸업하다(卒業--) 동 졸웁맞다.
졸음 명 자불엄. 자불움. 조불움. 졸움.
졸이다[1] 동 쫄아다.
졸이다[2] 동 쫄이다.
졸참나무 명 쏠쏘리꿀밤.
좀 부 쫌.
좀겨풀 명 써리풀.
좀먹다 동 좀묵다.
좀생이 명 쫌새이.
좀처럼 부 좀체로.
좀체 부 좀해.
좀해서는 부 좀해가.
좁다 형 쫍다.
좁다랗다 형 쫍우당하다. 쫍짝하다. 쫍짱하다.
좁쌀 명 조비쌀. 지비쌀.
좁혀지다 동 쫍하지다.
좁히다 동 쫍하다.
종구라기 명 쫑구래기. 쫑구래이.
종노릇 명 종노롯. 종노릇.
종달새 명 노고자리. 노구자리. 노구지리.
종락(種落) 명 종내기.
종무소식(終無消息) 명 동문소식.
종발(鍾鉢) 명 종바리.
종이 명 조오.
종이돈 명 조오돈.
종이쪽 명 조오쪼가리.
종일(終日) 명 쟁일. 죙일. 하로점두룩. 하리점두룩.
종잇장 명 조오장.
종종걸음 명 종걸움.
종지 명 종지기.
좋게 부 좋기.
좋아하다 동 좋다카다.
좋은날 명 좋운날.
좋이 부 좋기.
좌우간(左右間) 부 자아간. 자아튼. 자오간. 자우당간.
죄(罪) 명 제. 지.
죄다 동 디아다. 조아다. 조우다. 쪼아다. 쪼우다.
죄받다(罪--) 동 제받다. 지받다.
죄송스럽다(罪----) 형 지송시럽다.
죄스럽다(罪---) 형 지시럽다.
죄암죄암 감 쪼막쪼막.
죄어들다 동 쪼아들다. 쪼이들다.
죄이다[1] 동 쪼이다. 쫄리다.
죄이다[2] 동 끼이다. 찌이다.
죄인(罪人) 명 제인. 지인.
죄짓다(罪--) 동 제짓다. 지짓다.
주걱 명 주개. 주국. 주기.
주걱턱 명 주국턱.
주근깨 명 까마딱지. 까무딱지. 주군깨.
주근깨투성이 명 주군깨투시이.
주둥이 명 입주디이. 주디이.
주렁주렁 부 주룽주룽.
주로(主-) 부 주루. 주장.
주름 명 주롬. 주룸.
주름살 명 주롬살. 주룸살. 쭈굴사리. 쭈굴살.
주름살지다 동 주롬살지다. 주룸살지다.

쭈굴사리지다. 쭈굴살지다.

주름잡다 동 주롬잡다. 주룸잡다.

주름지다 동 주롬지다. 주룸지다.

주름치마 명 주롬처매. 주룸처매.

주름투성이 명 주룸투시이. 쭈굴망태.

주머니 명 주무이. 쪼마이.

주머니칼 명 찌끼칼.

주머닛돈 명 주무잇돈. 쪼마잇돈.

주먹 명 주묵.

주먹구구(--九九) 명 주묵구구.

주먹다짐하다 동 주묵다짐하다.

주먹심 명 주묵심.

주먹질 명 주묵질.

주무르다 동 주물라다. 쭈물라다.

주문(呪文) 명 이렁씨.

주물럭주물럭 부 주물딱주물딱. 주물주물. 쭈물딱쭈물딱. 쭈물쭈물.

주발(周鉢) 명 개우.

주색잡기(酒色雜技) 명 주색잭기.

주야장천(晝夜長川) 명 주야장철.

주워 부 조오.

주워대다 동 조오대다. 주서대다.

주워듣다 동 조오듣다.

주워섬기다 동 조오싱기다.

주인(主人) 명 지인.

주저앉다 동 주지앉다.

주저앉히다 동 주지앉하다.

주저주저하다(躊躇躊躇--) 동 쭈지쭈지하다.

주저하다(躊躇--) 동 만종기리다. 주지하다.

주전부리 명 주전입.

주전자(酒煎子) 명 주운자. 주준자.

주정뱅이 명 술개구신.

주책없다 형 주책바가치다.

주춧돌 명 주축돌. 주칫돌. 지칫돌.

죽는소리 명 죽눈소리.

죽는시늉 명 죽눈시늉.

죽다 동 골로 가다. 꼬두라지다. 질기눕다.

죽데기 명 피죽.

죽도록 부 직사기.

죽순(竹筍) 명 죽신.

죽어버리다 동 꺼빠라지다.

죽어지내다 동 죽우지내다.

죽여주다 동 직이주다.

죽으라고 부 죽우라꼬. 죽자꼬.

죽을둥살둥 부 죽울동살동.

죽을병(--病) 명 디질빙. 죽울빙.

죽을상(--相) 명 죽울상.

죽을죄(--罪) 명 죽울제. 죽울지.

죽을힘 명 죽울심.

죽음 명 죽움.

죽이다 동 골로 보내다. 쥑이다. 직이다.

죽자사자 부 죽고살기로.

죽지 명 쭉찌.

줄[1] 명 지.

줄[2] 명 쭐.

줄[3] 명 줄때.

줄가리 명 나락까리. 물삐. 발가리.

줄거리 명 쭐구리.

줄곧 부 줄창.

줄기 명 쭐구지. 쭐기.

줄꽁치 명 꽃기기.

줄다 동 쭐다.

줄다리기 명 줄땡기기.

줄레줄레 부 쭐리쭐리.

줄어들다 동 줄우들다. 쭐우들다.

줄어지다 동 깝아지다. 줄우지다. 쫄우지다.
줄이다[1] 동 줄아다. 쫄아다.
줄이다[2] 동 깝하다. 꺼자다.
줍다 동 좋다. 줏다.
중노릇 명 중노롯. 중노룻.
중노미 명 중너미.
중늙은이(中---) 명 중늙으이.
중매쟁이(仲媒--) 명 중신애비.
중쇠(中-) 명 중씨.
중쇠구멍(中---) 명 중씨구녕. 중씨구늉. 중씨구뭉. 중씨구중.
중에(中-) 부 주우.
중지(中指) 명 시째손가락. 시채손가락.
중풍병(中風病) 명 풍빙.
중학교(中學校) 명 중학조. 중핵교. 중핵조.
줴뜯다 동 지뜯다.
줴박다 동 지박다.
쥐[1] 명 지.
쥐[2] 명 지.
쥐구멍 명 지구녕. 지구늉. 지구뭉.
쥐꼬리 명 지꼬랑대이.
쥐다 동 지다.
쥐덫 명 지털.
쥐새끼 명 지새끼.
쥐손이풀 명 당목꽃.
쥐어뜯기다 동 지이뜯기다.
쥐어뜯다 동 깔찌뜯다. 지이뜯다.
쥐어박다 동 지이박다.
쥐어박히다 동 지이백히다.
쥐어짜다 동 지이짤다. 지짤다.
쥐여살다 동 지이살다.
쥐이다[1] 동 지아다.
쥐이다[2] 동 지이다.
쥐치 고기 구 지기기.
즈음 명 머리. 짬치. 쭘. 쭘치.
즉사하다(卽死--) 동 직사하다.
즉시(卽時) 부 직시.
즐거워하다 동 질겁우하다.
즐겁다 형 질겁다.
즐기다 동 질기다.
즙(汁) 명 집.
증가하다(增加--) 동 징가하다.
증거(證據) 명 징거.
증명(證明) 명 징맹. 징밍.
증명사진(證明寫眞) 명 징맹사진. 징밍사진.
증상(症狀) 명 징상.
증세(症勢) 명 징세.
증손녀(曾孫女) 명 징솔여.
증손자(曾孫子) 명 징손지.
증조할머니(曾祖---) 명 징조할매.
증조할아버지曾祖----) 명 징조할배.
증좌(證左) 명 정자. 징자.
지게미 명 찌끼미.
지겟다리 명 목발.
지겟작대기 명 지게작지.
지겹다 형 지업다.
지경(地境) 명 지갱. 지깅.
지그럭거리다 동 째거락거리다.
지금(只今) 명 지껌.
지긋지긋하다 형 엉성시럽다.
지껄이다 동 지껄지기다. 지끼다.
지나가다 동 지내가다.
지나다 동 지내다.
지나다니다 동 지내댕기다.
지나오다 동 지내오다.
지나치게 부 몽창시리.

지난번(--番) 명 지난분.
지남철(指南鐵) 명 씨.
지네 명 지니.
지니다 동 징기다.
지대(地臺) 명 축담.
지도 조 도. 또.
지독스레(至毒--) 부 지독시리.
지독하게(至毒--) 부 지독밧이.
지독하다(至毒--) 형 지독밪다.
지라 명 지래.
지랄병(--病) 명 지랄빙.
지렁이 명 꺼끼이. 꺼시이.
지레 부 지리.
지레짐작(--斟酌) 명 지리짐작.
지르다 동 찌르다.
지름길 명 소릿질. 지룸질.
지리다 동 쨀기다.
지린내 명 찌렁내. 찌린내.
지방(紙榜) 명 지우. 지주.
지붕 명 지불땅. 지붕때까리. 집때까리.
지붕꼭대기 명 지불땅만대이.
지새우다 동 지새아다.
지스러기 명 찐지레기. 찐지리기.
지아비 명 지애비.
지어내다 동 지이내다.
지어미 명 지에미. 지이미.
지우개 명 딲개.
지우다 동 까문태다. 문때다. 뭉때다. 엉때다. 지아다.
지저귀다 동 지지기다.
지저분하다 형 쑥쑥밪다. 쑥씬하다. 추접다. 추줍다.
지주(支柱) 명 지줏대.
지지난 명 저지난.
지지난번(---番) 명 저지난분.
지지다 동 찌지다.
지지리 부 지질밧이.
지질맞다 형 지질밪다.
지질하다 형 찌지부리하다. 찌질하다.
지짐이 명 찌줌. 찌짐.
지차(之次) 명 기차.
지청구 명 지천.
지청구꾸러기 명 지천꾸리기.
지치다 동 널치나다. 널캐지다.
지칭개 명 쑥넘꽃.
지켜보다 동 지키보다.
지키다 동 바랳다.
지킴이 명 찌킴이.
지팡이 명 작지. 지팽이. 짝대기.
지푸라기 명 지푸래기.
지피다 동 살라다.
지하(地下) 명 지아.
지혜(智慧) 명 지에.
진구렁 명 진구디기.
진날 명 젖인날.
진눈깨비 명 진설.
진동하다(振動--) 동 등창하다. 등천하다. 왕등하다.
진드기 명 가부나리. 가분다리. 찐디기.
진득찰 명 징기초. 찐디기풀.
진딧물 명 갱비리. 비리.
진버짐 명 소버짐.
진액(津液) 명 젓.
진작 부 진잭이.
진저리나다 동 진절미나다.
진펄 명 진뻘.

진하다(津--) [형] 찐하다.
진흙 [명] 진흑. 찐덕.
진흙탕 [명] 진흑탕.
질겁하다(窒怯--) [동] 잘겁하다.
질겅질겅 [부] 징겅징겅.
질경이 [명] 빼부재이. 삐부재이.
질그릇 [명] 질그륵.
질그릇요강 [명] 질오강.
질기다 [형] 빡시다. 찔기다.
질끈 [부] 잘끈.
질리다 [형] 물리다.
질빵 [명] 걸빵.
질서(姪壻) [명] 질수.
질퍽하다 [형] 질푹하다.
짊어지다 [동] 짊우지다.
짐작(斟酌) [명] 짐잭.
짐작하다(斟酌--) [동] 짐잭하다.
집게 [명] 찍게.
집게손가락 [명] 두채손가락.
집골목 [명] 집골묵.
집구석 [명] 집구숙.
집다 [동] 찝다.
집뼘 [명] 지뼘.
집어내다 [동] 집우내다.
집어넣다 [동] 따까옇다. 조오옇다. 지이옇다. 집우옇다.
집어던지다 [동] 집우떤지다.
집어먹다 [동] 지이묵다. 집우묵다.
집어삼키다 [동] 집우생키다.
집어치우다 [동] 집우치아다.
집어타다 [동] 집우타다.
집적거리다 [동] 찝쩍거리다.
집적대다 [동] 껄띠이다. 찝쩍대다.
집적이다 [동] 찝찌다.
집터 [명] 집터실이.
집히다 [동] 찝히다.
짓고땡 [명] 짓고때이.
짓다 [동] 지아다.
짓뭉개다 [동] 까문태다.
짓밟다 [동] 삐대다.
짓씹다 [동] 씹어돌리다.
짓이기다 [동] 까라문때다. 이개다.
징검다리 [명] 놋다리.
징그럽다 [형] 숭시럽다. 징구룹다.
징글맞다 [형] 숭시럽다. 징굴밪다.
징두리 [명] 굽두리. 굽찌이. 도릿발.
징역(懲役) [명] 전중. 진역.
징역살이(懲役--) [명] 전중살이. 진역살이.
짖다 [동] 짓다.
짙푸르다 [형] 짙푸루다.
짚가리 [명] 짚삐까리.
짚북데기 [명] 짚뿍띠기.
짚수세미 [명] 짚쑤씨.
짚신 [명] 미신. 짚세기.
짚신감발 [명] 짚세기감발.
짚신나물 [명] 싸리나물.
짚신장이 [명] 짚신재이.
짚신짝 [명] 미신째기. 짚신째기.
짜깁기 [명] 짜집기.
짜다[1] [동] 짤다.
짜다[2] [형] 짭다.
짜리 [접] 찌.
짜부라지다 [동] 짜부라들다. 찌개지다.
짜이다 [동] 째이다.
짜증나다 [동] 짜발나다. 짜징나다.
짜증내다 [동] 짜징내다. 짤다.

짝 명 짹이.
짝꿍 명 지질이.
짝짝이 명 짝짹이.
짠맛 명 짭운맛.
짠하다 형 짼하다.
짤끔짤끔 부 짤꼼짤꼼. 짤꿈짤꿈.
짤따랗다 형 잡소롬하다.
짤록하다 형 짤룩하다.
짤막하다 형 짤숨하다.
짧다 형 갖다. 짜러다.
짬짬이 부 쨈쨈이.
짭조름하다 형 짭짜리하다. 짭짜부리하다. 짭조롬하다. 짭조리하다. 짭쭈룸하다. 짭쭈부리하다. 짭찌리하다.
짭짤찮다 형 짭찔찮다.
짭짤하다 형 짭짤밧다. 짭찔밧다. 짭쬟다.
짱짱하다 형 쨍쨍하다.
째려보다 동 째리보다.
쨍쨍 부 땡땡.
쩌릿쩌릿 부 찌리찌리.
쩌릿쩌릿하다 형 찌리찌리하다.
쩌벅쩌벅 부 쩌북쩌북.
쩍 부 떡.
쩍쩍 부 떡떡.
쩔쩔 부 찔찔.
쩔쩔매다 동 찔찔매다.
쪼가리 명 쪼개이.
쪼개다 동 따개다. 짜개다.
쪼개지다 동 따개지다. 짜개지다.
쪼그라들다 동 쪼무라들다.
쪼그라지다 동 쪼무라지다.
쪼그랑박 명 쪼구랑박.
쪼그랑할멈 명 쪼구랑할마시.
쪼그리다 동 쪼고라다. 쪼골시다. 쪼구라다. 쪼구리다. 쪼굴시다.
쪼글쪼글 부 쪼골쪼골. 쪼굴쪼굴.
쪼금쪼금 부 쪼꼼쪼꼼. 쪼꿈쪼꿈.
쪼다[1] 명 쪼다리.
쪼다[2] 동 좃다.
쪼들리다 형 짜치다. 째이다. 째치다. 쪼달리다.
쪼르르 부 쪼루루.
쪼뼛쪼뼛 부 째삣째삣. 쪼삣쪼삣. 찌삣찌삣.
쪼뼛하다 형 째삣하다. 쪼삣하다. 찌삣하다.
쪼잔하다 형 짜잡하다. 쪼잖다.
쪽 명 짜. 짝. 쭉.
쪽박 명 쪽바가치. 쪽빼기.
쪽파 명 당파.
쫑긋 부 쫑곳. 쫑긋.
쫑긋하다 동 쫑곳하다. 쫑긋하다.
쫑코 명 쫑꼬. 쫑꾸.
쫓겨가다 동 쬒이가다. 후듺이가다.
쫓겨나다 동 쬒이나다. 후듺이나다.
쫓겨난 사람 문출네. 문칠네.
쫓기다 동 쬒이다. 후듺이다.
쫓다 동 쬒다. 쬒아다. 후듺아다. 후뚤다. 홏아다.
쫓아내다 동 쬒아내다. 후듺아내다. 홏아내다.
쫙 부 짝.
쬐다 동 째아다. 찌아다.
쬐이다 동 째이다. 찌이다.
쭈그러지다 동 쭈구루지다.
쭈그러트리다 동 쭈구루티리다. 쭈굴티리다.
쭈그렁밤송이 명 쭈구렁밤시이. 쭉떡밤

시이.

쭈그렁이 명 쭈구래이. 쭈굴탱이.

쭈그리다 동 쭈구라다. 쭈구리다. 쭈굴시다.

쭈글쭈글 부 쭈굴쭈굴.

쭈글쭈글하다 형 쭈굴쭈굴하다.

쭈르륵 부 쭈루룩. 쭐딱.

쭈뼛 부 쭈삣. 찌삣.

쭈뼛거리다 동 쭈삣기리다. 찌삣기리다.

쭈뼛하다 형 쭈삣하다. 찌삣하다.

쭉정밤 명 쭉떡밤. 쭉밤.

쭉정밤송이 명 쭈구렁밤시이. 쭉떡밤시이.

쭉정이 명 쭉띠기. 쭉찌.

찌그러지다 동 찌개지다. 찌구라지다.

찌그리다 동 찌개다. 찌구라다.

찌꺼기 명 찌꺼리기. 찌꺽지. 찌끼이.

찌다 동 떠다.

찌르다 동 쑤씨다. 쭈시다.

찌뿌듯하다 형 찌뿌덩하다.

찌우다 동 찌아다.

찌푸리다 동 엉걸띠리다. 찌부리다.

찍다 동 배끼다.

찐득거리다 동 찐덕거리다.

찐득찐득 부 찐덕찐덕.

찐득찐득하다 형 찐덕찐덕하다.

찔끔 부 찔꿈.

찔끔거리다 동 찔꿈거리다.

찔끔찔끔 부 찔꿈찔꿈.

찜부럭 명 찜부리기.

찜질 명 뜸질.

찜쪄먹다 동 찜찌묵다.

찜찜하다 형 끼꾸룸하다. 찝찌부리하다.

찢다 동 째다.

찢어지다 동 째지다.

찧다 동 대끼다. 쩧다.

찧어놓으니까 부 쩌어놓옹께네.

차(茶) 명 타.

차갑다 형 차겁다. 차굽다.

차곡차곡 부 동개동개. 차개차개. 차국차국.

차다 형 찹다.

차돌멩이 명 차돌미이. 차돌삐이.

차떼기 명 차띠기.

차라리 부 엘로. 차래리.

차려입다 동 채리입다.

차렵두루마기 명 차럼둘매기.

차렵이불 명 차럼이불.

차렵저고리 명 차럼저구리.

차렵중의(--中衣) 명 차럼주우.

차례[1](次例) 명 차리.

차례[2](茶禮) 명 차리.

차례상(茶禮床) 명 차리상.

차례차례(次例次例) 부 차리차리.

차리다 동 채리다. 치리다.

차림 명 채림.

차림새 명 채림씨.

차멀미(車--) 명 차물미.

차이다 동 채이다.

차일(遮日) 명 치알.

차조 명 차조비. 찰서숙. 찰점시리.

차조밥 명 찰조밥.

차좁쌀 명 찰좁쌀.

차지다 형 찰지다.

차차(次次) 부 채채.

차차로(次次-) 早 채채로.
차츰 早 차춤.
차츰차츰 早 차춤차춤. 채춤채춤.
착근하다(着根--) 동 탁근하다.
착실하다 형 착싏다.
착하다 형 이샇다.
찬물 명 찹운물.
찬이슬 명 찬이실.
찬찬하다 형 지얺다.
찬찬히 早 찬차이.
찬합(饌盒) 명 찬압.
찰거머리 명 찰거무리.
찰기(-氣) 명 질수.
찰벼 명 찬나락.
찰부꾸미 명 찰뿌끼미.
찰수수 명 찰쑤씨.
찰흙 명 찐덕. 찰흑.
참 명 챔.
참개구리 명 참깨구리.
참기름 명 참지룸.
참깨 명 창깨.
참나리 명 나리.
참대 명 생대.
참말 명 찬말.
참바 명 놋줄.
참붕어 명 돌꼬리. 동구리.
참빗 명 챔빗.
참외 명 위. 이. 참이.
참으로 早 참우로.
참을성(--性) 명 참울성.
참조기 명 참조구.
참죽나무 명 가죽나무.
참죽나물 명 가죽나물.
참죽순 명 가죽순.
참죽자반 명 가죽자반.
창고(倉庫) 명 창꼬.
창구멍(窓--) 명 봉창구녕. 봉창구늉. 봉창구뭉. 봉창구중.
창자(腸子) 명 창사. 창시. 피창.
창포(菖蒲) 명 쟁피.
창피스럽다(猖披---) 형 쭈굴시럽다. 챙피시럽다.
창피하다(猖披--) 형 챙피하다.
창호지(窓戶紙) 명 창오지.
찾아다니다 동 더털어댕기다. 찾아댕기다.
찾아지다 동 찾기다. 챚기다.
채다 동 채리다.
채소(菜蔬) 명 채수.
채소나물(菜蔬--) 명 숙지나물.
채송화(菜松花) 명 채송아.
채우다 동 채아다. 치아다.
채찍 명 채쭉.
채찍질하다 동 채쭉질하다.
책벌레(冊--) 명 책벌개이.
책보(冊褓) 명 책보따리.
책임(責任) 명 책엄.
책잡다(責--) 동 촉잡다.
책잡히다(責---) 동 촉잽히다.
처남댁(妻男宅) 명 처수. 처수씨.
처넣다 동 처옇다.
처녀(處女) 명 처이.
처녀귀신(處女鬼神) 명 처이기신.
처녀장가(處女丈家) 명 처이장개.
처럼 조 매로. 매이로. 맨치로. 맨키로. 맹쿠로.
처마 명 모시. 시껄. 지붕지슬. 지붕지실.

처매.
처매다 동 치매다.
처먹다 동 처묵다.
처먹이다 동 처미이다.
처박다 동 꽁치다. 때리박다. 쌔리박다.
처박히다 동 꽁치이다. 때리백히다. 쌔리백히다. 처백히다.
처음 명 처엄. 처움. 첫머이.
처자(處子) 명 처재.
척 명 체. 치. 칙.
척하다 동 체하다. 치하다. 칙하다.
척하면 부 척하마.
천더기 명 천디기.
천덕구니 명 천덕구디기.
천덕꾸러기 명 구천떡이. 눈치꾸리기. 천덕꾸리기.
천둥 명 천동
천둥벼락 명 천동비락.
천둥소리 명 천동소리.
천둥치다 동 노숭치다.
천만다행(千萬多幸) 명 만냉. 만분다앵.
천박스럽다(淺薄---) 형 천걱시럽다.
천박하게(淺薄--) 부 천걱시리.
천생(天生) 부 천상. 청상.
천지(天地) 명 천지만지. 천지삐까리.
천지개벽(天地開闢) 명 천지개백. 천지개빅.
천지다(天地-) 형 천지삐까리다.
천천히 부 지이. 지인지. 진지이. 천처이.
천층만층(千層萬層) 명 천칭만칭.
천하태평이(天下泰平-) 명 천아태피이.
철들다 형 시건나다.
철따구니 명 철따구.
철딱서니 명 철딱서이.
철면피(鐵面皮) 명 뻔대.
철벅하다 동 철북하다.
철새 명 기오리. 기우리.
철조망(鐵條網) 명 말밤씨. 철까시.
철판(鐵板) 명 철판때기.
철퍼덕하다 동 철퍼덩하다. 철푸덕하다.
첩실(妾室) 명 첩사이.
첫걸음 명 첫걸움.
첫걸음마 명 첫걸움마.
첫길 명 첫질.
첫더위 명 첫더부.
첫머리 명 첨머리. 첫대가리.
첫물 명 초물.
첫번 명 첫분.
첫새벽 명 첫새북.
첫애 명 첫아.
첫째[1] 수 처채. 첫채.
첫째[2] 명 처채. 첫채.
첫추위 명 첫춥우.
청개구리(青---) 명 청깨고리. 청깨구리.
청기와(青--) 명 청게아.
청대콩(青--) 명 푸른콩.
청동잠자리(青銅---) 명 강철기.
청둥오리 명 청동오리.
청둥호박 명 누렁디이. 누룽디이. 늙다리호박.
청렴결백(清廉潔白) 명 청염갤백.
청산가리(青酸加里) 명 싸이나. 청산갈리.
청솔가지(青---) 명 청솔깨비.
청승맞다 형 청승밪다.
청승스레 부 청승시리.
청심환(清心丸) 명 청심안.
청어(鯖魚) 명 청에.

체면(體面) 명 치민.
체면치레(體面--) 명 치민치리.
체증(滯症) 명 체찡.
체하다(滯--) 동 멕히다.
쳇바퀴 명 쳇바꾸.
쳐내다 동 치내다.
쳐다보다 동 치다보다. 치라보다.
쳐다보이다 동 치다비이다. 치라비이다.
쳐주다 동 치주다.
쳐죽이다 동 처직이다.
초가삼간(草家三間) 명 초개삼칸.
초가집(草家-) 명 초개집.
초등학교(初等學校) 명 국민학조. 국민핵교. 국민핵조.
초라니 명 초라이. 초래이.
초롱꽃 명 호롱꽃.
초롱초롱하다 형 똘똟다.
초벌(初-) 명 초불.
초병(醋甁) 명 초삐이.
초승달(初生-) 명 초생달.
초장(醋醬) 명 초집.
초저녁(初--) 명 초지익.
초주검(初--) 명 초주굼.
초짜(初-) 명 신마이. 신삐이.
초파리(醋--) 명 초파래이.
초피가루(椒皮--) 명 지핏가리.
초피나무(椒皮--) 명 지피나무.
초하루(初--) 명 초하리.
초학(初瘧) 명 초악.
촌구석(村--) 명 촌구숙.
촌놈(村-) 명 촌넘.
촌뜨기(村--) 명 촌띠기.
촌스럽다(村---) 형 촌시럽다.
촌티(村-) 명 촌때. 촌태.
촐랑거리다 동 짤짤기리다.
촘촘하다 형 와벅하다.
촛농(-膿) 명 초눈물. 초똥.
총각무(總角-) 명 알무시. 총각무시
총기(聰氣) 명 총구.
총냥이 명 총냉이.
총알 맞다(銃- --) 구 불콩묵다.
총총히[1](忽忽-) 부 총초이.
총총히[2] 부 총초이.
총총히[3](蔥蔥-) 부 총초이.
최고(最高) 명 만구때이. 채고. 치고.
추깃물 명 신칫물.
추녀 명 씨걸. 추니. 춘새. 춘시.
추다 동 치다.
추레하다 형 꺼주구리하다. 씨주구리하다. 씹주구리하다. 추리하다.
추렴 명 추룸.
추석(秋夕) 명 팔얼.
추석빔(秋夕-) 명 팔얼칠.
추스르다 동 채시리다. 추시리다. 추아다. 치시리다.
추썩이다 동 추쑥이다.
추어올리다 동 추아올라다. 치끼올라다. 치끼올리다.
추어탕(鰍魚湯) 명 미꾸래잇국.
추워하다 동 추부하다. 치부하다.
추위 명 추부. 치부.
추위타다 동 추부타다. 치부타다.
추잡스러운 짓하다(醜雜--- ---) 구 추잡떨다.
추잡하다(醜雜--) 형 초잡다. 추줍다. 추접다.

추적추적 부 추죽추죽.
추접스럽다(醜----) 형 초잡시럽다. 추접시럽다. 추줍시럽다.
추접스레(醜---) 부 초잡시리. 추접시리. 추줍시리.
추접하다(醜---) 형 초잡다. 추접다. 추줍다.
추켜들다 동 치끼들다.
추켜세우다 동 추아올라다. 치끼세아다. 치끼시아다.
추키다 동 추아다.
축구(畜狗) 명 축기.
축이다 동 추자다. 축사다.
축축하다 동 추지다.
출세(出世) 명 출시.
출세하다(出世--) 동 출시하다.
출입하다(出入--) 동 출웁하다.
춤꾼 명 춤재이.
춤추다 동 춤치다.
춥다 형 잡다. 칩다.
충고(忠告) 명 충디이.
충분하다(充分--) 형 널너리하다. 널럴하다. 더부시씨다. 덮우씨다. 디비시씨다. 쨰지다.
취객(醉客) 명 치꾼.
취급(取扱) 명 치겁.
취직(就職) 명 치적.
취하다(醉--) 동 째리다. 쩌리다. 체하다. 치하다.
측(側) 명 칙.
측간(厠間) 명 칙간.
측량(測量) 명 칙냥.
측백나무(側柏--) 명 칙백나무.
측은하다(惻隱--) 형 칙은하다.
층(層) 명 청. 칭.
층계(層階) 명 청게. 칭게.
층꽃나무 명 금치나무.
층석(層石) 부 청석.
층석 밭(層石 -) 구 청석밭.
층층다리(層層--) 명 청게다리. 칭게다리.
층층이(層層-) 부 칭칭이.
치근대다 동 치대다.
치다[1] 동 요랑하다.
치다[2] 동 치르다.
치다꺼리하다 동 치닥꺼리하다.
치레 명 치리.
치레하다 명 치리하다.
치렛말 명 치릿말.
치르다 동 치다. 치라다.
치마 명 처매. 치매.
치마폭 명 처매폭. 치매폭.
치맛자락 명 처맷자락.
체면(體面) 명 치민.
체면치레(體面--) 명 치민치리.
치부책(置簿冊) 명 배차문서. 배차재이문서.
치오르다 동 치떠오루다.
치우다[1] 동 치다.
치우다[2] 동 치아다.
치이다[1] 동 갈라다. 칭가다.
치이다[2] 동 갈리다. 칭기다.
치자(梔子) 명 지자.
치장하다(治粧--) 동 까다.
치켜세우다 동 추아올라다. 치끼세아다. 치끼시아다.
친손녀(親孫女) 명 친솔녀.
친손자(親孫子) 명 친손지.
친아버지(親---) 명 친아바이.

친어머니(親---) 명 친어마이.
친친 부 창창.
칠갑하다(漆甲--) 동 털감칠하다.
칠락팔락 부 찔락팔락. 찔럭찔럭.
칠렐레팔렐레하다 동 찔락거리다.
칠칠맞다 형 칠칠밪다.
칠푼이(七分-) 명 칠푸이.
칡 명 칠기. 칠개이.
칡넝쿨 명 칠개이넌출.
침[1](針) 명 촉.
침[2] 명 춤.
침쟁이(鍼--) 명 침재이.
칩떠보다 동 치떠보다.

칸막이 명 칸맥이.
칸칸이 부 칸카이.
칼국수 명 칼국시.
칼등 명 칼덩더리.
칼자국 명 칼재죽.
칼자루 명 칼자리.
캐다 동 뜯다.
커녕 조 커이. 케도.
커다랗다 형 커단하다. 커닳다.
커브길[curve-] 명 카도.
켕기다 동 시라다. 씨라다. 탱가다. 팅가다.
켜 명 불.
켜다 동 써다. 씨다. 일바시다. 키다.
켜이다 동 써이다. 씨이다. 키이다.
켤레 명 커리.
코끝 명 코끈티이.
코딱지 명 코때까리.
코뚜레 명 코빼이.
코맹맹이 명 코망깨이.
코머거리 명 코머구리.
코빼기 명 코삐이.
코언저리 명 코언지리.
코웃음 명 코웃움.
코쟁이 명 코재이.
코털 명 코터리기.
콘크리트 명 공구리.
콤콤하다 형 꼼꼼하다.
콧구멍 명 콧구녕. 콧구늉. 콧구뭉. 콧구중.
콧김 명 콧짐.
콧등 명 콧디이. 콧방매이.
콧방귀 명 코똥. 콧방구.
콧방아 명 콧바아.
콧병(-病) 명 콧빙.
콧수염(-鬚髥) 명 콧시엄.
콧잔등이 명 콧잔디이.
콩가루 명 콩가리.
콩기름 명 콩지름.
콩깍지 명 콩깍때기. 콩껍띠기.
콩꼬투리 명 콩꼬타리.
콩나물 명 콩지름.
콩나물국 명 콩지름국.
콩나물밥 명 콩지름밥.
콩나물시루 명 콩지름도오. 콩지름시리.
콩사리 명 콩꼬사리.
콩사리하다 동 콩꼬사리하다.
쾌 명 띠.
쾌활하다(快活--) 형 캐알하다.
쿠린내 명 꾸렁내. 꾸룽내.
쿰쿰하다 형 꾸리꾸리하다.

크림[cream] 명 고라분.
큰기러기 명 큰기리기. 큰기우리.
큰길 명 큰질.
큰놈 명 큰넘.
큰누나 명 큰누부. 큰누야.
큰딸 명 큰딸아.
큰며느리 명 큰메느리. 큰미느리.
큰비 명 한비.
큰소리깨나 부 똥깨나. 말쫑부이나.
큰아버지 명 큰아부지.
큰애 명 큰아.
큰어머니 명 크얼매. 큰어매. 큰어무이.
큰일 명 커얼. 컬.
큰톱장이 명 거두재이.
큰할머니 명 큰할매.
큰할아버지 명 큰할배. 큰할부지.
큰형(-兄) 명 큰시이. 큰히이.
키 명 치이.
키우다 동 키아다.
키질 명 치이질.

타다[1] 동 태아다.
타다[2] 동 타지다.
타다[3] 동 기리다.
타닥거리다 동 태댁기리다.
타령 명 타렁.
타박하다 동 태박하다.
타이어[tire] 명 다이아. 타이아.
타지다 동 따지다.
타향(他鄕) 명 타양.
탁자보(卓子褓) 명 탁상보.
탁주(濁酒) 명 탁배기.
탈놀음 명 탈놀움.
탈바가지 명 탈바가치. 탈박재기.
탐스럽다(貪---) 형 탐시럽다.
탓 명 탐살. 탓이.
탓하다 동 탐살하다. 탓이하다.
탕건(宕巾) 명 탱건.
탕국(湯-) 명 탕수국.
탕약(湯藥) 명 탄약.
태가(駄價) 명 태개.
태가먹이다(駄價---) 동 태개미이다.
태가짐꾼(駄價--) 명 태개꾼.
태극기(太極旗) 명 태국기.
태산(泰山) 명 북태산.
태생(胎生) 명 태성.
태우다[1] 동 타자다. 태아다.
태우다[2] 동 태아다.
태평스럽다(泰平---) 형 태팽시럽다. 태핑시럽다.
태평스레(泰平--) 부 태팽시리. 태핑시리.
태평하다(泰平--) 형 태팽하다. 태핑하다.
택호(宅號) 명 택구.
탱자나무 명 탱주낭ㄱ.
터 명 터실이.
터놓다 동 터낳다.
터뜨리다 동 터자다. 터주다. 파달개다.
터무니 명 터무이. 터문.
터무니없다 형 터무이없다. 터문없다.
터부룩하다 형 어벅하다. 터벅하다.
터울 명 터불.
터지다 동 파달개지다.
턱 명 텍.

턱걸이 명 텍걸이.
턱수염(-鬚髥) 명 텍씨엄.
턱없다 형 텍도없다.
턱없이 부 텍없이.
턱주가리 명 테가리. 텍주가리.
털 명 터러기. 터리기.
털북숭이 명 털복시이.
털수건(-手巾) 명 털수군.
털어넣다 동 털어옇다.
털어놓다 동 털어낳다.
털어먹다 동 털어묵다.
텁텁하다 형 터벅하다.
텃세하다(-勢--) 명 텃시부리다.
테 명 티.
테니까 부 텐께네.
텔레비전[television] 명 테리비.
토관(土管) 명 도깡.
토끼 명 토까이. 토깨이.
토끼잠 명 토까이잠.
토라지다 동 털어지다.
토렴 명 토림.
토록 조 투룩.
토마토[tomato] 명 도마도.
토막 명 동가리. 동개이. 똥가리. 똥개이. 톰방. 톰배기.
토박이(土--) 명 토백이.
토박이말(土---) 명 토백이말.
토사곽란(吐瀉癨亂) 명 토사각낭.
토산불알 명 짝봉알. 짝붕알.
토우(土雨) 명 투구.
토정비결(土亭秘訣) 명 책점.
톨 명 떠꺼리.
통마늘 명 통마알.
통일벼(統一-) 명 통일베. 통일비.
통조림(桶--) 명 간지매.
통증(痛症) 명 통찡.
통째 부 온거. 통두루미. 통두루미채. 통채.
퇴내다(退--) 동 티내다.
퇴침(退枕) 명 태침이. 티침이.
툇마루(退--) 명 텟마리.
투(套) 명 쪼.
투깔스럽다 형 털시럽다. 툭깔시럽다.
투레질 명 더부리.
투레질하다 동 터부리하다.
투망(投網) 명 초망.
투미하다 형 티미하다.
투실하다 형 둘지다.
툭하다 형 툭지다.
툭하면 부 툭하마.
퉁명스럽다 형 털시럽다.
퉁소 명 퉁수. 퉁시.
튀기다 동 티가다. 티아다.
튀김기름 명 티김지럼.
튀밥 명 박산.
튀어나다 동 티이나가다.
튀어나오다 동 티노오다.
튕기다 동 탱가다. 팅가다.
트다 동 끄니다. 터자다. 티아다.
트럭[truck] 명 추룩. 추럭.
트림하다 동 터럼하다.
트이다 동 터지다. 티이다.
트집 명 때까리. 티집.
특권(特權) 명 특곤.
특권층(特權層) 명 특곤칭.
특별나다(特別--) 형 띡빌나다. 틱빌나다.
튼튼하다 형 턴턶다.

튼튼히 [부] 턴터이.

틀려먹다 [동] 걸러묵다.

틀림없다 [형] 틸림없다. 여축없다. 영축없다.

틀어막다 [동] 털어막하다.

틀어지다 [동] 털어지다.

틈 [명] 팀.

틈바구니 [명] 팀바구.

틔우다 [동] 터자다. 티아다.

티끌 [명] 티꺼리. 티꺼리기.

파김치 [명] 파짐치.

파드닥거리다 [동] 태댁기리다.

파랗게 [부] 파라이. 파랗기.

파랗다 [형] 포랗다.

파르스름하다 [형] 파루수룸하다. 포로수룸하다.

파르족족하다 [형] 포루쪽쪽하다.

파릇파릇 [부] 파룻파룻.

파릇파릇하다 [형] 파룻파룻하다. 포롯포롯하다.

파릇하다 [형] 포롬하다. 포리하다. 푸리하다.

파리 [명] 파래이.

파리풀 [명] 파래이꽃.

파마[permanent] [명] 빠마.

파먹다 [동] 파묵다.

파먹히다 [동] 파믹히다.

파스[Pasta] [명] 파수.

파슬파슬하다 [형] 파실파실하다.

파이다 [동] 파지다. 패이다.

파이프[pipe] [명] 빠이뿌.

파투(破鬪) [명] 파토.

파헤치다 [동] 까러비다. 파허씨다.

판(板) [명] 판때기.

판가름 [명] 판가룸. 판가림.

판박이(版--) [명] 판백이.

판수 [명] 판시.

판판이 [부] 판파이.

팔꿈치 [명] 팔꼼치. 팔꾸무리.

팔다 [동] 돈사다. 돈하다.

팔뚝 [명] 팔띠이.

팔랑개비 [명] 찰랑개비. 팔랑개미.

팔리다 [동] 팔라다.

팔모가지 [명] 팔모간지. 팔묵띠기.

팔목 [명] 팔묵.

팔삭둥이(八朔--) [명] 팔삭디이.

팔심 [명] 폴심.

팔아넘기다 [동] 팔아넘가다.

팔아먹다 [동] 팔아묵다.

팔자 고치다(八字 ---) [구] 살로오다. 팔자 곤치다.

팔짱 [명] 팔찜.

팔짱끼다 [동] 팔찜찌다.

팔척장신(八尺長身) [명] 팔대장승.

팔푼이 [명] 팔푸이.

팥 [명] 폿.

팥고물 [명] 폿고물.

패권(覇權) [명] 패꼰.

패다[1] [동] 따개다.

패다[2] [동] 조지다. 패딲다.

패대기치다 [동] 때기치다. 패대이치다.

패랭이 [명] 패래이.

패악스럽다(悖惡---) [형] 팽물시럽다.

패악질하다(悖惡---) [동] 패악지기다. 팽

물지기다.

팬티[panties] 명 빤수.

팽 명 팰구.

팽개치다 동 핑기치다.

팽나무 명 팰구낭ㄱ. 포구나무.

팽이 명 공개. 핑비이.

팽이치기 명 공개치기.

팽팽하다[1] 형 탱탱하다.

팽팽하다[2](膨膨--) 형 탱탱하다.

퍼더버리다 동 퍼대다.

퍼뜨리다 동 퍼자다.

퍼렇게 부 퍼러이. 퍼렇기.

퍼붓다 동 따라다. 따라벗다. 퍼벗다.

퍼슬퍼슬하다 형 퍼실퍼실하다.

퍼지게 하다 구 퍼덜개다.

퍼지다 동 퍼덜개지다.

퍼질러놓다 동 퍼질라낳다.

퍼질러앉다 동 퍼지앉다.

퍽퍽하다 형 타박하다.

펀펀하다 형 펑펑하다.

펄럭거리다 동 펄렁거리다.

페인트[feint] 명 빼끼.

펴내다 동 피내다.

펴놓다 동 피낳다.

펴다 동 피다.

펴지다 동 피이다. 피지다.

편[1](便) 명 팬. 핀.

편[2] 명 팬. 핀.

편들다(便--) 동 팬들다. 핀들다.

편리하다(便利--) 형 팬리하다. 핀리하다.

편먹다(便--) 동 팬묵다. 핀묵다.

편수(編首) 명 대장재이. 성냥꾼. 팬수. 핀수.

편수하다(編首--) 동 팬수하다. 핀수하다.

편싸움(便--) 명 팬싸암. 핀싸암.

편안하다(便安--) 형 팬안하다. 팬앓다. 핀안하다. 핀앓다.

편안히(便--) 부 팬아이. 핀아이.

편애하다(偏愛--) 동 팬애하다. 핀애하다.

편지(便紙) 명 팬지. 핀지.

편찮다(便--) 형 팬찮다. 핀찮다.

편평하다(扁平--) 형 팬팬하다. 핀핀하다.

편하게(便--) 부 팬하기. 팮기. 피이. 핀하기. 핂기.

편하다(便--) 형 팬하다. 팮다. 핀하다. 핂다.

편히(便-) 부 팬하기. 팮기. 피이. 핀하기. 핂기.

펼치다 동 팰치다. 필치다.

평미레(平--) 명 공굴대. 디방매이.

평상(平床) 명 들청. 팽상. 핑상.

평생(平生) 명 팽상. 핑상.

평생토록(平生--) 부 팽상내. 핑상내.

평일(平日) 명 무싯날.

평지(平地) 명 팽지. 핑지.

평토장(平土葬) 명 팽토장. 핑토장.

평평하다(平平--) 형 맨맪다. 펑펑하다.

평핵무(平核無) 명 주묵감.

평화(平和) 명 팽아.

폐농(廢農) 명 피롱.

폐스럽다(弊---) 형 피시럽다.

포개다 동 동개다.

포근하다 형 포곤하다. 포곬다. 포군하다. 포궁다.

포기 명 피기.

포대(布袋) 명 포대기.

포대기 명 두디기.

포대기 줄 구 짐빠삐.
포락(浦落) 명 개락.
포락하다(浦落--) 동 개락지다.
포수(砲手) 명 포시.
포슬눈 명 포실눈.
포슬포슬하다 형 포실포실하다.
포원하다(抱寃--) 동 포온지다.
포장지(包裝紙) 명 꺼푸리. 꺼풀.
포함시키다(包含---) 동 포암씨기다.
포함하다(包含--) 동 포암하다.
폭신하다 형 폭딱하다.
표시(標示) 명 포띠.
표지(表紙) 명 꺼푸리. 꺼풀. 책꺼푸리. 책꺼풀.
푸근하다 형 푸군하다. 푸읗다.
푸념하다 형 푸염하다.
푸다 동 퍼다.
푸대접(-待接) 명 푸대집.
푸릇푸릇 부 푸룻푸룻.
푸르다 형 포리다. 푸루다. 푸리다.
푸르뎅뎅하다 형 푸루딩딩하다.
푸르스름하다 형 푸루수룸하다.
푸르죽죽하다 형 푸루쭉쭉하다.
푸른빛 명 푸룬빛.
푸른색(--色) 명 푸룬색.
푸새하다 동 푸답하다. 풀미이다.
푸석돌 명 썩돌. 퍼썩돌.
푸석하다 형 퍼썩하다.
푸성귀 명 풋이파리. 풋이푸리. 풋잎사구.
푸줏간(--間) 명 육숫간.
푹 부 매. 매매.
푼푼이 부 푼푸이.
풀떼기 명 풀때죽.
풀매 명 풋돌.
풀무 명 불미.
풀물 명 푸렁물.
풀벌레 명 풀벌거지.
풀숲 명 풀섶.
풀쐐기 명 탁새이.
품삯 명 일삯.
풋감 명 푼감.
풋고추 명 풋꼬치.
풋나무 명 풋초.
풍구(風-) 명 풍노.
풍금(風琴) 명 풍굼.
풍기다 동 핑기다.
풍뎅이 명 핑디이.
풍류(風流) 명 풍유.
풍비박산(風飛雹散) 명 풍지박산.
풍수(風水) 명 풍시.
풍수쟁이(風水--) 명 풍시재이.
풍습(風習) 명 풍십.
풍작이다(豊作--) 형 지리다. 질다.
풍차바지 명 풍차주우.
플라스틱[plastic] 명 뿔.
플래시[flash] 명 호라시.
플러스[plus] 명 뿌라써.
피 명 참촉새. 피쌀.
피곤하다(疲困--) 형 개럽다. 고롭다. 기럽다. 피곤시럽다.
피대(皮帶) 명 텟줄.
피라미 명 피래미. 피리.
피 마늘(皮 --) 구 피마알.
피보다 동 개피보다.
피부색(皮膚色) 명 피색.
피사리 명 피뽑기.

피어나다 동 피이나다.
피우다 동 꼬실라다. 펏다. 풋다. 피아다.
피죽(-粥) 명 핏죽.
피칠갑(-漆甲) 명 피털감칠.
핏덩이 명 핏덩거리.

하겠다 동 하겄다. 할다.
하기야 부 하기사.
하기에 부 카길래.
하나[1] 수 한나.
하나[2] 명 한나.
하나같다 형 하나겉다.
하눌타리 명 하알수박.
하느님 명 하알님.
하는 거야 구 커능 기라.
하늘 명 하알.
하늘나라 명 하알나라.
하늘소 명 하알소.
하니까 부 카는머리. 칸께네. 하는머리. 하이께네.
하님 명 한님.
하다 동 카다.
하다못해 부 하다몬해.
하대하다(下待--) 동 낳아하다.
하더니만 부 카더마는.
하루 명 하로. 하리.
하루걸러 부 하로걸러. 하리걸러.
하루 곳 구 하리곶.
하루바삐 부 하로배삐. 하리배삐.
하루살이 명 날벌개이. 날벌거지. 날파리. 하러살이. 하로살이. 하리살이.
하루속히(--速-) 부 하로색히. 하리색히.
하루아침 명 하로아직. 하리아직.
하루이틀 명 하로이틀. 하리이틀.
하루치 명 하로치. 하리치.
하루치기 명 하로치기. 하리치기.
하루하루[1] 명 하로하로. 하리하리.
하루하루[2] 부 하로하로. 하리하리.
하룻강아지 명 하롯강새이. 하릿강새이.
하룻밤 명 하럿밤. 하롯밤. 하릿밤.
하룻저녁 명 하롯지익. 하릿지익.
하마터면 부 가신했으마. 가씬했으마. 까딱했으마. 제깍했으마. 하마터마.
하물며 부 하물미.
하얗게 부 하하이. 하핳기.
하얗다 형 하핳다.
하여간에(何如間-) 부 하이간에.
하여튼(何如-) 부 하이튼.
하이고 감 애개.
하이힐[high heeled shoes] 명 빼딱구두. 삐딱구두.
하지만 부 하지만서도.
하찮다 형 시피하다. 짜잔하다. 쪼잖다.
하치(下-) 명 하빠리.
하필(何必) 부 해필.
하필이면(何必--) 부 해필이마.
학교(學校) 명 학조. 핵교. 핵조.
학생(學生) 명 학상.
학질(瘧疾) 명 도덕넘. 푸심.
한가득 부 항거. 항거석. 항거시. 항검.
한가하다(閑暇--) 형 날랄하다. 지얺다. 할랑하다.
한겨울 명 한저실.

한결같잖다 형 한갓데잖다.
한구석 명 한쭉구숙.
한군데 명 한군자리.
한길 명 한질. 행길.
한꺼번에(--番-) 부 한꺼분에. 한끈에. 한묵에. 한분에. 한참에.
한나절 명 한나잘. 한나질.
한눈팔다 동 먼눈팔다. 먼산파다.
한다하는 관 한다카는.
한달음에 부 한달움에.
한더위 명 한더부.
한데우물 명 한데새미.
한뎃부엌 명 한데부섞.
한련초(旱蓮草) 명 하런초.
한마디 명 한매디.
한목 명 한묵.
한몫 명 한묵.
한물가다 동 한불가다.
한번(-番) 부 한문. 한분. 함.
한 사람 구 하내이.
한사코(限死-) 부 한사꼬. 한사라꼬.
한삼(汗衫) 명 손집. 항건.
한삼덩굴 명 씨렁덩쿨.
한손놓다 동 한손낳다.
한손떼다 동 한손띠다.
한숨 명 한심.
한시름 명 한시룸.
한시바삐 부 한시배삐.
한여름 명 한여룸.
한입 명 하입.
한주먹 명 한주묵.
한쪽 명 한짝. 한쭉. 한쭉머리.
한참[1] 명 한챔.
한참[2] 부 한챔.
한층(-層) 부 언청. 한칭.
한테 조 안테. 인데. 인테.
한테서 조 안테서. 안테서리. 인데서. 인데서리.
한편[1] 명 한팬. 한핀.
한편[2] 부 한팬. 한핀.
한평생(-平生) 명 한팽상. 한핑상.
한해께 명 언젯년에끼. 운젯년에끼. 한해끼.
할끔 부 할꿈.
할끔거리다 동 할꿈기리다.
할망구 명 할마이. 할마씨.
할머니 명 할매. 할무이.
할미 명 핼미.
할미꽃 명 할매꽃.
할아버님 명 할아부지. 할부지.
할아버지 명 할배.
할아비 명 할애비.
할퀴다 동 까러비다. 끍다.
핥다 동 훑다.
함께 부 한끈에. 한테.
함부로 부 벌로. 함부두룩. 함부리.
함빡 부 홈빡.
함지 명 함배기. 함비기.
함지박 명 반티이. 함배기. 함비기.
함진아비 명 함재이. 함진애비.
합죽이 명 합젝이.
합죽하다 형 헙죽하다.
핫바지 명 합바지.
핫이불 명 한이불.
항상(恒常) 부 내나. 장.
항아리 명 추마리. 추무리.
해거름 명 해거룸. 해질머리.

해결하다(解決--) 동 빈지라다. 좋기하다. 해갤하다. 해길하다.
해금(奚琴) 명 깽깨이. 앵금.
해내다 동 추리내다.
해놓다 동 해낳다.
해대다[1] 동 해쌓다.
해대다[2] 동 해거러쌓다.
해뜩 부 해딱. 히떡.
해롭다(害--) 형 해럽다. 해룹다.
해먹다 동 해묵다.
해바라기 명 해바래기.
해바라기하다 동 해바래기하다.
해산달(解産-) 명 산훗달.
해산하다(解散--) 동 히이다.
해쓱하다 형 핼갛다.
해안 명 해딴.
해외여행(海外旅行) 명 해애여앵.
해찰하다 동 해찰지기다.
해치우다 동 해재끼다. 해치아다.
해코지(害--) 명 해꼬지. 해꾸지. 해치.
핵심(核心) 명 원떵거리.
핸들[handle] 명 한도리.
햅쌀 명 새쌀. 해쌀.
햇곡식(-穀食) 명 햇곡석.
햇무리 명 해문.
햇병아리 명 햇삘개이.
햇비둘기 명 햇비들끼.
행동거지(行動擧止) 명 행우지.
행세하다(行世--) 동 행사하다.
행습(行習) 명 행십.
행실(行實) 명 행사.
행실머리(行實--) 명 행우지.
행여나(幸--) 부 해나.
행의(行衣) 명 해이.
행전(行纏) 명 개덜. 개항. 마끼항. 행건.
행주 명 정지걸레. 행자. 행지.
행티 명 행토.
행패(行悖) 명 깽판. 땡깡. 띵깡.
행패부리다(行悖---) 동 구신지기다. 기신지기다. 깽판부리다. 땡깡부리다. 띵깡부리다.
향(香) 명 상.
향긋하다 형 상긋하다.
향부자(香附子) 명 꼬꾸람.
향불(香-) 명 상불.
허기증(虛飢症) 명 허걸징.
허다히(許多-) 부 허다이.
허드렛일 명 허더릿일.
허름하다 형 허룸하다.
허리끈 명 헐끈.
허물 명 허불.
허물다 동 무낳다.
허물어뜨리다 동 허물우띠리다.
허방 명 허빵구디이.
허방다리 명 헛방다리.
허벅다리 명 허북다리.
허벅지 명 허북지.
허비다 동 깔어비다. 히비다.
허사(虛事) 명 헛사.
허수아비 명 허새비.
허술하다 형 허더부리하다.
허실삼다(虛失--) 동 이정삼다. 허뿌삼다.
허옇게 부 허허이. 허헣기.
허옇다 형 허헣다.
허투루 부 허투로.
허파 명 허패.

허풍선이 명 허풍시이.
허풍쟁이 명 풍재이. 허풍재이.
헌것 명 헌거.
헌계집 명 헌지집.
헌데 명 헌디.
헌쇠 명 헌씨.
헌집고치기 명 헌집곤치기.
헌헌장부(軒軒丈夫) 명 헌언장부.
헐겁다 형 헐굽다. 헐붕하다.
헐다[1] 동 뜯다. 헐아다.
헐다[2] 동 빵꾸나다. 지이다.
헐떡이다 동 헐딱이다.
헐레벌떡 부 헐리벌떡.
헐어지다 동 헐아지다.
헐은 다리 구 헌다리.
헐하게(歇--) 부 헗기.
헐하다(歇--) 형 헐애빠지다. 헐찍하다. 헗다.
험상궂다 형 험살궂다.
험상스럽다 형 험살시럽다.
헛걸음 명 빈걸움. 헛걸움.
헛걸음하다 동 빈걸움하다. 헛걸움하다.
헛것 명 헛거무. 헛기이.
헛고생(-苦生) 명 헛고상.
헛고생하다(-苦生--) 동 헛욕보다.
헛구역질(-嘔逆-) 명 헛게악질.
헛기르다 동 헛길라다. 헛지라다. 헛키아다.
헛기침 명 맨지침. 헛지침.
헛나이 명 헛나.
헛노릇 명 헛노롯. 헛노릇.
헛돌다 동 겉돌다.
헛물켜다 동 헛물씨다.
헛방귀 명 헛방구.
헛배우다 동 헛배아다. 헛비아다.
헛소리 명 헷소리.
헛소문(-所聞) 명 헷소문.
헛손질 명 헷손질.
헛수고하다 동 헛욕보다.
헛웃음 명 헛윘움.
헛일 명 허뿌. 헛거. 헛방. 헷일.
헛일하다 동 헷일하다.
헛짓 명 헷짓.
헛짓하다 동 헷짓하다.
헛총놓다(-銃--) 동 헛총낳다.
헝겊 명 헝겁.
헝겊오라기 명 헝겁띠기.
헝겊조각 명 비쪼가리.
헝클다 동 헝컬라다.
헝클어뜨리다 동 헝컬띠리다.
헤벌쭉하다 형 헤벌레하다.
헤아리다 동 헤알리다. 히아리다.
헤어나다 동 히이나다.
헤어지다 동 갈리다. 히이다. 히이지다.
헤엄 명 히엄.
헤엄치다 동 히엄치다.
헤적이다 동 히직이다.
헤집다 동 허씨다. 허지이다.
헤치다 동 히씨다.
헤프다 형 헤뿌다. 히뿌다.
헷갈리다 동 헛갈리다.
헹구다 동 헹가다. 힝가다. 힝구다.
혀 명 쎄. 씨. 히.
혀꼬부랑이 명 쎄꼬부래이. 씨꼬부래이. 히꼬부래이.
혀끝 명 쎄끈티이. 씨끈티이. 히끈티이.
혀 빠지다 구 쎄빠지다. 씨빠지다.

허짜래기 명 쎄자리기. 씨짜리기. 히짜리기.
허짤배기 명 쎄짤비기. 씨짤비기. 히짤비기.
혁명(革命) 명 핵맹.
현감(縣監) 명 헌갬.
혈기(血氣) 명 핼기.
혈압(血壓) 명 핼압. 힐압.
협조(協助) 명 햅조.
혓바늘 명 쎗바늘. 쎗바알. 씻바늘. 씻바알. 힛바늘. 힛바알.
혓바닥 명 쎗바닥. 씻바닥. 힛바닥.
형(兄) 명 새이. 성. 시야. 시이. 엉가. 히야. 히이.
형광등(螢光燈) 명 행강등.
형님(兄-) 명 성님. 행님.
형수(兄嫂) 명 아주매. 아지매. 행수.
형용(形容) 명 허놓.
형제(兄弟) 명 성지. 헝지.
형제간(兄弟間) 명 성지간. 헝지간.
형태(形態) 명 행태.
형편(形便) 명 행팬. 행핀. 힝핀.
형편없다(形便--) 형 행팬없다. 행핀없다. 힝핀없다.
호각(號角) 명 호갈.
호두(胡桃) 명 추자. 호도.
호드기 명 히띠기.
호들갑 명 허덜갑. 호도갑. 호두갑.
호들갑스레 부 허덜갑시리. 호도갑시리. 호두갑시리.
호랑거미 명 떡거무.
호랑나비 명 호랑나부.
호랑이 명 호래이.
호롱 명 호랑.
호롱기 명 와롱기.
호롱기타작 명 와롱타작.
호롱불 명 호랑불.
호루라기 명 호로라기.
호리다 동 홀까묵다.
호미 명 호매이.
호미씻이 명 꼼비기.
호밀(胡-) 명 장밀. 키다리밀.
호박고지 명 호박우구리.
호박구덩이 명 호박구디기.
호박떡 명 호박뿌끼미.
호박벌 명 호박벌이.
호박부꾸미 명 호박뿌끼미.
호벼파다 동 호비파다.
호주머니(胡---) 명 개앰치. 갯주무이. 갯줌치. 보게또. 쫌치. 호주무이.
호통치다 동 호래이잡다.
혹간(或間) 부 호욕.
혹부리 명 혹재이.
혹여(或如) 부 호여.
혼꾸멍나다(魂----) 동 혼꾸녕나다. 혼꾸뭉나다.
혼꾸멍내다(魂----) 동 혼꾸녕내다. 혼꾸뭉내다.
혼나다(魂--) 동 머라캐이다. 혼내키다.
혼돌림하다(魂----) 동 혼딸림하다.
혼란스럽다(混亂---) 형 쑥씬하다.
혼수품(婚需品) 명 상짐.
혼인하다(婚姻--) 동 호인하다.
혼자 명 하분차. 하분채. 호분채. 혼채.
혼잣손 명 단손.
혼쭐나다(魂---) 동 혼땜나다.
혼혈아(混血兒) 명 반조시.
홀가분하다 형 홀갑다.

홀기(笏記) 명 할개.
홀딱 부 옴팍. 할딱. 핼딱. 힐떡.
홀딱하다 동 할딱하다. 호딱하다.
홀로 명 하분차 하분채. 호분채. 혼채.
홀리다[1] 동 홀까다. 홀라다.
홀리다[2] 동 홀끼다.
홀맺다 동 홀까다. 홀매다.
홀맺히다 동 홀끼다.
홀몸 명 호불몸.
홀시아버지(-媤---) 명 호불씨애비. 홀씨애비.
홀시어머니(-媤---) 명 호불씨이미. 홀씨이미.
홀아비 명 호불애비. 홀애비.
홀어미 명 호불이미. 홀이미.
홀쭉하다 형 쪽따거리하다. 쪽딱하다. 쪽떡하다. 쪽떠거리하다. 홀쪽하다.
홍두깨 명 홍두끼.
홍시(紅柿) 명 감홍시.
홍시 우리(紅柿 --) 구 홍우리.
홍역(紅疫) 명 가게. 과게. 홍진손.
홍역앓다(紅疫--) 동 가게하다. 소임하다.
홍합(紅蛤) 명 열합.
홑두루마기 명 삐끼두리막. 홈두리막.
홑옷 명 홑껍디기.
홑이불 명 호불이불. 홑때기.
홑중의(-中衣) 명 홑주우.
홑청 명 호청.
홑치마 명 홑처매.
화끈화끈 부 하닥하닥.
화끈화끈하다 동 하닥하닥하다.
화나게 하다 구 허패디비다.
화나다 동 북기다. 애불나다. 천불나다. 토시다. 투시다.
화독내(火毒-) 명 화건내.
화딱지 명 화닥징.
화로(火爐) 명 하리. 화리.
화롯가(火爐-) 명 하롯갓에. 하릿갓이.
화롯불(火爐-) 명 하릿불.
화왕산(火旺山) 명 하앙산. 항산.
화통(火筒) 명 불통.
화통하다 동 해통하다.
화투(花鬪) 명 하뚜. 하토.
확[1] 명 돌고방. 호박. 호방.
확[2] 부 조오.
환삼덩굴 명 도덕넘풀.
환하다 형 한하다.
활개똥 명 해때줄똥.
활나물 명 지양나물.
홧김(火-) 명 홧짐.
황새걸음 명 항새걸움.
황새냉이 명 항새나물.
황소 명 쑥소. 항시.
황소개구리 명 항시깨구리.
황소걸음 명 항시걸움.
황소바람 명 항시바람.
황송아지 명 쑥송안치. 항송안치.
황화장수(荒貨--) 명 항아장시.
홰치다 동 해치다. 히치다.
횃대 명 햇대.
횃댓보(--褓) 명 줄댓보.
회(膾) 명 휘.
회계하다(會計--) 동 히기하다.
회양목(-楊木) 명 도장나무.
회오리바람 명 호더락바람. 호더래기.
회창회창 부 해창해창.

회창회창하다 동 해창해창하다.
회초리 명 매차리. 매초리. 해차리.
회충(蛔蟲) 명 꺼끼이. 꺼시이. 인.
회치다(膾--) 동 휘로치다.
횟가루(灰--) 명 힛가리.
횟배앓이(蛔---) 명 인배앓이.
횟집(膾-) 명 휫집.
횡재(橫財) 명 홍재.
횡재하다(橫財--) 동 홍재만내다.
효자(孝子) 명 소자.
효험(效驗) 명 소옴.
후끈 부 후꾼.
후끈하다 형 후꾼하다.
후더분하다 형 후두분하다.
후덕하다(厚德--) 형 덥다. 떱다.
후들후들 부 후둘후둘.
후딱 부 히떡.
후레자식(--子息) 명 호로자석.
후려갈기다 동 후리갈기다.
후려잡다 동 후리잡다.
후려치다 동 후리치다. 훌치다.
후련하다 형 후린하다.
후벼파다 동 허비파다. 히비파다.
후비다 동 허비다. 히비다.
후제(後-) 부 후주께.
후줄근하다 형 후줄군하다.
후텁지근하다 형 후둡찌근하다.
후환(後患) 명 후안.
후회(後悔) 명 후애.
후회스럽다(後悔---) 형 후애시럽다.
훈김(薰-) 명 훈짐.
훌닦아세우다 동 따까씨아다.
훔치다[1] 동 훌치다.
훔치다[2] 동 뚱치다. 째비다. 찌바다. 찌파다.
훤칠하다 형 헌출하다.
훤하다 형 헌하다.
훨떡 부 힐떡.
훨씬 부 얼매로. 헐. 헐썩.
훼방하다(毁謗--) 동 깨방놓다. 끼살지이다. 찡짜부리다. 해작놓다.
휑하니 부 헹하이.
휑하다 형 헹하다. 훌빈하다.
휘감기다 동 감치이다.
휘다[1] 동 호아다. 후아다. 히아다.
휘다[2] 동 후이다. 히이다.
휘두르다 동 히두루다.
휘둘러보다 동 히둘루보다.
휘말리다 동 감치이다.
휘어들다 동 호아들다. 후아들다. 히아들다.
휘어잡다 동 후아잡다.
휘어지다 동 호아지다. 후아지다. 히아지다.
휘젓다 동 히젓이다.
휘정거리다 동 꾸중구라다. 흐라다.
휘파람 명 히끼.
휘황(揮項) 명 히앙.
휩쓸다 동 힙씰다.
휩쓸리다 동 힙씰리다.
휭하니 부 패내끼.
휴경답(休耕沓) 명 맥논.
휴경하다(休耕--) 동 놀라다. 묵하다. 묵후다.
흉 명 숭. 숭터. 쑹. 쑹터.
흉내 명 숭내. 쑹내.
흉내쟁이 명 쑹내재이.
흉년(凶年) 명 숭년.
흉년들다(凶年--) 동 숭년지다.

흉물스럽다(凶物---) 형 숭시럽다. 쑹시럽다.
흉보다 동 숭보다. 쑹보다.
흉악하다(凶惡--) 형 숭악하다. 쑹악하다.
흉작이다(凶作--) 형 지다.
흉잡다 동 숭잡다. 쑹잡다.
흉잡히다 동 숭잽히다. 쑹잽히다.
흉측하다(凶測--) 형 숭축밪다. 쑹축밪다.
흉터 명 숭. 숭터. 쑹. 쑹터.
흉하다(凶--) 형 숭하다. 쑹하다.
흉허물 명 쑹허물.
흐리멍덩하다 형 허리멍텅하다.
흐릿하다 형 히리하다.
흐물흐물하다 형 히불히불하다.
흐지부지 부 시부지기. 시지부지.
흐지부지하다 동 시부적하다. 시지부지하다.
흑미(黑米) 명 껌둥쌀. 껌정쌀.
흑삼릉 명 그랑풀.
흑염소(黑--) 명 염새이.
흔감하다(欣感--) 형 헝감하다.
흔들다 동 흔들라다. 흔들치다.
흔적(痕迹) 명 힌적.
흔전만전 부 만푸장우로.
흔전만전하다 형 만푸장이다. 망개나다.
흔하다 동 쌔비리다. 천지삐까리다. 천하다. 흖다.
흔히 부 허이.
흘겨보다 동 힐기보다.
흘기다 동 눈깔질하다. 힐기다.
흘러나오다 동 흘리노오다.
흘러내리다 동 흘리니리다.
흘레붙이다 동 데피다. 쌍대붙이다. 접붙이다. 접하다.
흙 명 흑.
흙구덩이 명 흑구디기.
흙더버기 명 흑더비기.
흙덩어리 명 흑덩거리. 흑디이.
흙먼지 명 흑문지.
흙무더기 명 흑무디기.
흙손 명 흑칼.
흙탕물 명 꾸중물. 뻘탕물.
흙투성이 명 흑칠갑. 흑투시이.
흠뻑 부 훔뿍.
흡사(恰似) 부 영판. 협상.
흡사하다(恰似--) 형 영판이다. 협상이다.
흥건하다 형 찰박하다. 항강하다. 헝겅하다.
흩다 동 헐이다.
흩뿌리다 동 핑기다.
희끄무레하다 형 히꾸무리하다. 히덕시리하다.
희끔하다 형 히꿈하다.
희나리 명 추진장작.
희뜩하다 형 히덕시리하다.
희망 없다(希望 --) 구 홋발없다.
희붐하다 형 히빔하다.
희아리 명 히나리.
희어지다 동 히지다.
희한하다(稀罕--) 형 히안하다.
흰겨이삭 명 딴짠디.
흰나비 명 힌나부.
흰둥이 명 힌디이.
흰 염소 구 얌새이. 얌소.
흰자위 명 힌조시. 힌창.
힐끔대다 동 힐꿈대다.
힐끗 부 실꿈. 힐꿈.

힐끗거리다 동 실꿈기리다. 힐꿈기리다.

힐끗힐끗 부 힐꿈힐꿈.

힘 명 심. 히마리. 히매가리. 히바리.

힘껏 부 심껏. 심대로. 쎄빠지기. 씨빠지기. 좆나기. 좆빠지기.

힘닿다 형 심닿다. 심대이다. 자리다. 짜리다. 짤리다.

힘들다 형 심들다.

힘들이다 동 심딜이다.

힘살 명 심살.

힘세다 동 심씨다.

힘쓰다 동 심씨다.

힘없다 형 심없다. 히마리없다. 히매가리없다. 히바리없다.

힘있다 형 심있다.

힘주어 부 매. 매매.

힘줄 명 심줄.

힘차다 동 심차다.

[참고 문헌]

- 사단법인 경남방언연구보존회, 『경남방언사전』, 2017.
- 구현옥, 『함안방언연구』, 함안문화원, 2015.
- 송인만, 『합천지방의 말』, 합천문화원, 2015.
- 신기상, 『울산방언사전』, 북스힐, 2014.
- 김정대, 『경남 창녕 지역의 언어와 생활』, 태학사, 2009.
- 경북대학교 조류생태환경연구소, 『소멸 위기의 늪지 생태계 언어 조사』, 2007.
- 변재옥, 『동서속담사전』, 영남대학교 출판부, 2007.
- 창녕군지 편찬위원회, 『창녕군지』, 2003.
- 부산대학교 한국민족문화연구소, 『경남 창녕지역 학술조사 연구보고서』, 2003.
- 최재남 성기각, 「밀양 창녕지역의 문헌 및 구비문학 자료연구」, 『밀양 창녕 지역 전통문화 연구』, 경남대학교 출판부, 2001.
- 창녕문화원, 『창녕군 구비문학』, 1999.
- 경남대 국문과, 「창녕지역 학술조사자료」, 『다뭇어문 7집』, 1995.
- 김영태, 『경상남도 방언 연구』, 진명문화사, 1974.

창녕방언사전

성기각 문학박사. 경남 창녕군 대지면 석동에서 태어나 창녕중학교, 창녕농업고등학교 원예과, 경남대 국문과 및 대학원을 졸업하였다. 경남대 연구교수. 강의전담교수를 거쳤다. 『창녕군지』(2002년) 책임편집위원과 창녕문인협회장을 역임했으며 우포생태문학제 위원장과 경남방언보존연구회 이사를 맡고 있다. 1987년 『소설문학』 신인상에 시가 당선하여 등단하였으며 『문학과비평』 신인문학상과 황우문학상 등을 수상하였다. 저서로는 연구서 『한국 현대 농민시와 현실인식』 등이 있으며 시집 『붉은 소벌』 외 다수가 있다. 장편소설 『늪에 눕다』를 펴냈다.

창녕문인협회 검토위원

김군자(시인) 김인숙(시인) 남기태(시인) 박정선(시인)
윤세희(시인) 차수경(수필가)
* 자문/ 김정대(경남대 명예교수)

1판 1쇄_ 2019년 11월 01일

발행_ 창녕문인협회
저자_ 성기각
교정 편집_ 도서출판 우포
전자우편_ upo9988@hanmail.net

북디자인_ 푸른영토
제작 배본_ 도서출판 북인
출판등록번호_ 313 - 2004 - 000111
주소_ 121 - 842 서울 마포구 서교동 467 - 4, 301호
전화_ 02 - 323 - 7767
팩스_ 02 - 323 - 7845

*** 이 사전은 창녕군으로부터 발간비 일부를 지원받았습니다.**

이 도서의 국립중앙도서관 출판예정도서목록(CIP)은 서지정보유통지원스템 홈페이지(http://seoji.nl.go.kr)와 국가자료종합목록시스템(http:/www.nl.go.kr/kolisnet)에서 이용하실 수 있습니다. (CIP제어번호 : CIP2019041425)

ISBN 979-11-87413-65-3 01710
값 50,000원